D1725024

J.B.METZLER
1682

Metzler Lexikon Sprache

Herausgegeben von
Helmut Glück

4., aktualisierte und
überarbeitete Auflage

Mit 40 Abbildungen
und 12 vierfarbigen Karten

Verlag J. B. Metzler
Stuttgart · Weimar

Der Herausgeber

Helmut Glück; Studium der Slavistik, Germanistik
und Nordistik in Tübingen und Bochum;
seit 1991 Professor für Deutsche Sprachwissenschaft an der Universität Bamberg.
Bei J. B. Metzler sind erschienen: »Schrift und
Schriftlichkeit«, 1986 (vergriffen);
»Gegenwartsdeutsch«, SM 252, 2. Auflage 1997
(zus. mit Wolfgang W. Sauer).

Inhalt

Bibliografische Information der Deutschen
Nationalbibliothek
Die Deutsche Nationalbibliothek verzeichnet diese
Publikation in der Deutschen Nationalbibliografie;
detaillierte bibliografische Daten sind im Internet über
http://dnb.d-nb.de abrufbar.

Gedruckt auf säure- und chlorfreiem,
alterungsbeständigem Papier

ISBN 978-3-476-02335-3

© 2010 J. B. Metzler'sche Verlagsbuchhandlung
und Carl Ernst Poeschel Verlag GmbH in Stuttgart
www.metzlerverlag.de
info@metzlerverlag.de

Einbandgestaltung: Willy Löffelhardt
Satz: Dörr + Schiller GmbH, Stuttgart
Druck und Bindung: CPI – Ebner & Spiegel, Ulm
Printed in Germany
September 2010

Verlag J. B. Metzler Stuttgart · Weimar

Vorwort zur ersten Auflage

Das Lexikon erfaßt den Gesamtbereich der heutigen Sprachwissenschaft, soweit das in einem einbändigen Handlexikon möglich ist. Es richtet sich nicht nur an die linguistische Fachwelt, sondern an die Philologie im allgemeinen, an ihre Nachbardisziplinen und nicht zuletzt auch an »das gebildete Publikum«, indem es neben im engeren Sinne linguistischen Gesichtspunkten konsequent auch anthropologische, kulturelle, soziale, areale, pragmatische, psychologische, textuelle und historische Aspekte der Sprache und ihrer Erforschung in angemessenem Umfang berücksichtigt. Auch Grenzgebiete der Sprachwissenschaft zu anderen Disziplinen werden erfaßt, so die Anatomie und Physiologie der Sprech- und Hörorgane, die Sprachpathologie, die Paläographie, das Sprachenrecht, die Sprachdidaktik und die Sprechwissenschaft. Dazu kommt eine Reihe neuerer und neuester linguistischer Arbeitsbereiche wie zum Beispiel die Computerlinguistik und die Forschung über künstliche Intelligenz, die linguistische Informatik, die Diskursanalyse und die Ethnographie der Kommunikation. Der umfangreichste Teilbereich bleibt jedoch die grammatische Terminologie. Sie wird zum größten Teil am Beispiel des Deutschen und anhand von Beispielen aus dem Deutschen erläutert. Andere Sprachen werden stets dann berücksichtigt, wenn dies aus sachlichen Gründen geboten ist; Entsprechendes gilt für die meisten anderen Teilbereiche. Die beiden wichtigsten Ausdrucksformen von Sprache werden systematisch auseinandergehalten: Fragen der gesprochenen Sprachform werden in Artikeln zu Phonetik, Phonologie, Sprechwissenschaft, Konversationsanalyse u.a. behandelt, solche der geschriebenen Sprachform in den Artikeln zur Schriftlinguistik, zum Schreiben und Lesen und ihrem Erwerb, zur Paläographie u.a.

Das Lexikon ist für eine deutsche Leserschaft konzipiert, ist aber kein rein germanistisches Lexikon. Es enthält etwa 8 000 Stichwörter (davon ca. 3 000 Verweislemmata bzw. englische und französische Entsprechungen). Sie verteilen sich auf 30 Teilgebiete, in die das Gesamtgebiet der Sprachwissenschaft für die Zwecke dieses Lexikons aufgegliedert wurde. Jedes dieser Gebiete wurde von einem oder mehreren Fachleuten bearbeitet. Die fachlichen Zuständigkeiten sind in der Autorenliste[1] vermerkt. Jeder Artikel ist mit dem Kürzel des Autornamens versehen.

Zur Konzeption und zur Auswahl der Stichwörter

Das Lexikon ist keiner besonderen Richtung der linguistischen Forschung verpflichtet. Bei theoriegebundenen Stichwörtern wird auf deren konzeptionellen Kontext hingewiesen. Die Autoren haben ihre durchaus unterschiedlichen theoretischen Orientierungen nicht verleugnet; allerdings waren sie gehalten, konkurrierende Orientierungen zu berücksichtigen. Insbesondere bei einigen Artikeln zur Grammatik im engeren Sinn führte dies mitunter zu Darstellungen unter unterschiedlichen Voraussetzungen und Perspektiven. Das entspricht der Konzeption des Lexikons vollkommen, denn es will nicht nur gesichertes Wissen vorlegen, sondern auch Fragestellungen dokumentieren, die kontrovers diskutiert werden. Die Auswahl der Stichwörter orientiert sich in erster Linie an Lehrbüchern, Grammatiken und Handlexika, die im Unterricht des Faches Deutsch und der Schulfremdsprachen an Gymnasien und in den philologischen Studiengängen der Universitäten verbreitet sind. Dabei wurden ausdrücklich auch in der DDR erschienene Werke berücksichtigt. Daneben wurde eine Reihe von sprachwissenschaftlichen terminologischen Lexika und Wörterbüchern in deutscher, englischer, französischer und russischer Sprache ausgewertet. Die Auswahl ist nach systematischen Gesichtspunkten nicht durchgängig zwingend, denn es wurden solche Terminologien, die an sehr spezielle grammatiktheoretische Schulen gebunden sind, nur zurückhaltend aufgenommen. Termini, die sich auf Spezifika von Grammatiken einzelner Sprachen oder Sprachgruppen beziehen, sind aufgenommen, soweit sie von sprachwissenschaftlichem oder allgemein kulturellem Interesse sind. Aufgenommen wurden insbesondere wichtige Termini aus den Grammatiken der wichtigen Schulfremdsprachen (Englisch, Französisch, Latein, Griechisch, Russisch), auch wenn sie für das Deutsche irrelevant sind.

Sprache und Sprachen

Etwa 1 000 Artikel sind Sprachfamilien, Sprachgruppen und Einzelsprachen gewidmet. Vollständigkeit im Sinne der Erfassung aller Sprachen, Sprachgruppen usw. eines Raumes konnte nur bei den

---

[1] In diesem Vorwort werden alle maskulinen Personenbezeichnungen ∕ generisch verwendet, d.h. daß z.B. *Autorenliste* als *Liste der Autorinnen und Autoren* zu lesen ist. Im Hauptteil des Lexikons werden unterschiedliche Konventionen befolgt *(Auto-* *ren und Autorinnen, Autor(inn)en, AutorInnen).* Der Herausgeber hat auf eine Vereinheitlichung an diesem Punkt verzichtet, weil hier nicht nur der fachliche, sondern auch der öffentliche Sprachgebrauch schwankend ist.

Sprachen Europas angestrebt werden. Für alle übrigen Sprachräume wurde so verfahren, daß für die höheren Gliederungsebenen (Sprachstamm, Sprachfamilie, Sprachzweig) längere Artikel verfaßt wurden, in denen alle oder ein Großteil oder wenigstens die wichtigen Einzelsprachen erwähnt werden (z. B. Papuasprachen, Südamerikanische Sprachen). Entsprechendes gilt in geeigneten Fällen für mittlere Gliederungsebenen (z. B. Bantusprachen, Pamirsprachen). Diese Artikel enthalten in der Regel einen Hinweis auf das *Sondersammelgebiet* einer wissenschaftlichen Bibliothek (↗ Verzeichnis der Sondersammelgebiete). Viele, jedoch – aus Gründen des Umfangs – nicht alle in solchen Artikeln oder in den Sprachenkarten erwähnten Einzelsprachen sind als Verweislemmata aufgenommen. Für die Artikel zu Einzelsprachen galt als Auswahlprinzip, daß die betreffende Sprache aus linguistischen (z. B. typologischen), demographisch-soziologischen (Sprecherzahl, Verwendung als Schriftsprache usw.) oder historischen Gründen von Bedeutung ist; die Abgrenzung war oftmals schwierig und wurde gemeinsam mit den Bearbeitern für die einzelnen Sprachzweige getroffen. Dieses Prinzip hat dazu geführt, daß kleine Sprachzweige/Sprachgruppen (z. B. die paläoasiatischen Sprachen) manchmal besser dokumentiert werden als große (z. B. die sinotibetischen Sprachen). Schließlich werden solche Sprachen in Einzelartikeln oder in Verweisen erwähnt, deren Namen aus außerlinguistischen Gründen in Deutschland geläufig sind, z. B. aus verbreiteten literarischen Werken. – Die dialektale Gliederung von Sprachen wird nur beim Deutschen in Einzelartikeln und in einer Dialektkarte vollständig dokumentiert. Für andere »große« Sprachen sind ihre Dialekte teils im Artikel zu dieser Sprache, teils in Einzelartikeln behandelt.

Zielgruppen

Das Lexikon wendet sich an Studierende, Lehrer und Hochschullehrer philologischer Fächer und anderer Disziplinen, in denen Sprache einen relevanten Forschungsgegenstand darstellt (Historiker, Theologen, Psychologen, Soziologen, Pädagogen, Philosophen, Rechtswissenschaftler usw.), an Angehörige von »Sprachberufen« (z. B. Redakteure, Journalisten, Übersetzer, Pfarrer, Werbefachleute, Juristen, Angehörige von Sprachheilberufen), an Oberstufenschüler von Gymnasien, an Lehrende und Studierende der Germanistik im Ausland, Dozenten an Goethe-Instituten und – last but not least – an interessierte Laien. Diese Vorstellungen von den potentiellen Zielgruppen schlagen sich im Lexikon in seiner quasi-enzyklopädischen Ausrichtung und darin nieder, daß jeder Autor beim Verfassen seiner Artikel auf größtmögliche Verständlichkeit geachtet hat und nach Möglichkeit anschau-

liche Beispiele aus dem Deutschen oder den Schulfremdsprachen bringt. Komplizierte Konzepte, die sich mitunter bei bestimmten Termini eröffnen, können in einem Lexikon nicht einfacher gemacht werden, als sie sind, und werden mit der vom Gegenstand erforderten Komplexität dargestellt.

Deutsch, Englisch, Französisch

Alle Einträge sind in deutscher Sprache verfaßt. In den Kopf vieler Einträge sind jedoch die englischen und französischen Entsprechungen des Lemmas aufgenommen, soweit sie keine Internationalismen sind bzw. nicht nur systematische orthographische Unterschiede aufweisen (Fälle wie z. B. engl. frz. ⟨c⟩ statt dt. ⟨k⟩, ⟨-isme⟩ bzw. ⟨-ism⟩ statt ⟨-ismus⟩ sind nicht berücksichtigt). Die Aufnahme der englischen und französischen Terminologie soll das Lexikon für ausländische Germanisten bzw. Linguisten leichter benutzbar machen, die eine der beiden Sprachen als erste bzw. Wissenschaftssprache besser beherrschen, ebenso für Studierende und Lehrer von Fremdsprachenphilologien im Inland, die das Lexikon als Nachschlagewerk bei der Lektüre englischer bzw. französischer Fachtexte verwenden wollen.

Lexikographischer Kontext

Das Lexikon steht im Zusammenhang mit anderen Fachlexika des Verlags, nämlich dem *Metzler Literatur Lexikon* (1. Aufl. 1984, 2. Aufl. 1991) und dem *Metzler Philosophie Lexikon* (1. Aufl. 1996, 2. Aufl. 1998). Im vorliegenden Lexikon werden deshalb Gebiete wie *Stilistik, Rhetorik, literarische Formen, Philosophie* und *Logik* nicht vorrangig berücksichtigt. Ein Teil der hier vorgelegten Artikel zu den Gebieten *Stilistik, Rhetorik, literarische Formen* wurde (teilweise mit Kürzungen und Veränderungen) mit freundlicher Genehmigung der Herausgeber aus dem Literaturlexikon übernommen. Die Herausgeber des *Metzler Lexikon Philosophie* haben in diesem Lexikon den Großteil der Artikel für die Gebiete *Philosophie* und *Logik* verfaßt, so daß eine inhaltliche Verzahnung dieser Lexika erreicht wird.

Was der Herausgeber noch mitteilen will

Die Entstehung dieses Lexikons geht einerseits auf einige Diskussionen mit Bernd Lutz zurück, der als Verlagsleiter das lexikographische Profil des Verlags ausweiten wollte. Andererseits verdankt es seine Entstehung meiner Überzeugung, daß das Verfassen eines breit angelegten, alle Teilgebiete der heutigen Sprachwissenschaft abdeckenden Fachlexikons Kompetenz und Kräfte eines einzelnen weit übersteigt. Um über das Gesamtgebiet wirklich umfassend zu informieren, mußte deshalb eine Vielzahl von Spezialisten für die einzelnen Bereiche gewonnen und ihre Arbeit sorgfältig koordiniert werden. In diesem Lexikon wurde dieser Weg beschritten: insgesamt hat es über 70 Autoren. Schon vorhandene Fachlexika waren als Quellen, Muster und durchaus auch als Vorbilder, mit denen sich Herausgeber und Autoren intensiv auseinanderzusetzen hatten, von großem Wert. Dieses Lexikon geht aber von anderen konzeptionellen Voraussetzungen aus: es ist ein wirkliches Gemeinschaftswerk vieler Fachwissenschaftler – anders wäre es nicht zu realisieren gewesen. Ob es mir gelungen ist, immer im notwendigen Maße ihre unterschiedlichen Überzeugungen, Orientierungen, stilistischen Vorlieben und auch ihre Temperamente textsortengerecht zu vereinheitlichen, muß dem Urteil der Benutzer überlassen bleiben.

Dem Deutschen Akademischen Austauschdienst und namentlich Hans Günther Schmidt habe ich für ein Stipendium im Jahre 1989 zu danken, das mir die konzentrierte Arbeit an der Liste der vorgesehenen Einträge ermöglicht hat. Für kritische und ermunternde Diskussionen zu den ersten Fassungen der Liste der Einträge danke ich besonders meiner Frau Annette Glück-Schmidt und Wolf Thümmel, die mir auch, ebenso wie Danièle Clément, Norbert Fries, Jost Gippert und Sebastian Kempgen, als Leser von vorläufigen Fassungen vieler Artikel

mit wertvoller Kritik zur Seite gestanden sind. Meine Frau und meine Töchter haben vor allem in der Endphase der Fertigstellung oft unter dem Lexikon leiden müssen; ihnen danke ich dafür, daß sie mich in diesen Monaten recht gelassen ertragen haben. Für das Nachtragen und Überprüfen einer Unzahl griechischer und lateinischer Etymologien und Beispiele und für die Markierung lateinischer Vokallängen danke ich meiner Frau und Gregor Bauer, aber auch Erika Schmidt; die Verantwortung für eventuelle Fehler liegt jedoch bei mir. Unschätzbare Hilfe beim Korrigieren der Ergebnisse des Konvertierens von Dateien und anderen redaktionellen und technischen Arbeiten leisteten Julia Dahm und Martina Rolland, aber auch Jost Gippert, Sebastian Kempgen, Ariane Reimann, Marianne Wilke und Annette Wünsch. Jost Gippert danke ich außerdem für seine vorzüglichen Sprachenkarten. Schwer, aber sicher nicht niedrig einzuschätzen ist der Beitrag, den Kollegen und Studenten wohl aller Autoren in Diskussionen und Seminaren für die Entwicklung vieler Artikel von Entwürfen zu Endfassungen geleistet haben. Bernd Lutz und Ute Hechtfischer vom Metzler-Verlag schließlich habe ich zu danken für ihre Gelassenheit und Geduld in den Krisen des Frühjahrs 1993 und bei den vielen Verzögerungen bei der Fertigstellung des Manuskripts.

Bamberg, im August 1993   Helmut Glück

Vorwort zur vierten Auflage

Für die vierte Auflage dieses Lexikons wurden erneut alle Artikel inhaltlich kontrolliert und, falls erforderlich, sachlich und bibliographisch aktualisiert. Einige Dutzend Artikel wurden gestrichen oder zu Verweisen heruntergestuft, weil sie entbehrlich erschienen. Auf der anderen Seite wurden gut 100 neue Artikel aufgenommen, namentlich zur Grammatik, zur Computerlinguistik und zur Spracherwerbsforschung. Damit reagiert das Lexikon auf neue Entwicklungen in der Sprachwissenschaft. Sein Umfang stieg deshalb gegenüber der letzten Auflage um etwa 30 Seiten.

Auch in der vierten Auflage bleibt das Deutsche die »Leitsprache« des Lexikons, d. h. dass seine Einträge unter dem deutschen Terminus eingeordnet bleiben, wenn er einigermaßen gebräuchlich ist. Englischsprachige Termini werden dann als Lemma verwendet, wenn bislang kein deutscher Terminus existiert oder verbreitet ist, z.B. *Chart-Parser* oder *Cluster*. Den deutschen Lemmata sind ihre englischen (und französischen) Entsprechungen beigefügt, wo das sinnvoll ist. Damit wird nicht in Frage gestellt oder

gar verkannt, dass die Wissenschaftssprache Englisch in der deutschen Sprachwissenschaft laufend an Gewicht gewinnt. Das Lexikon versteht sich angesichts dieser Entwicklung aber durchaus auch als aktiven Beitrag zum Erhalt und zur Weiterentwicklung der Wissenschaftssprache Deutsch.

Diese Auflage erscheint fünf Jahre nach ihrer Vorgängerin. Das ist ein Hinweis darauf, dass das Lexikon nach wie vor bei einem großen Benutzerkreis geschätzt wird, der sprachwissenschaftliche Fragen auf Deutsch bedenken und erforschen will: Es erreicht die Zielgruppen, für die es konzipiert wurde. Die orthographische Gestalt der Texte wurde in dieser Auflage den amtlichen Regeln für die deutsche Rechtschreibung, wie sie seit 2005/2006 gelten, zurückhaltend angepasst. Strukturell fragwürdige Schreibungen wurden nach Möglichkeit vermieden. Dies scheint sachlich vertretbar, weil die Regelungen der Jahre 2005/2006 viele problematische Neuerungen aus den Jahren 1996/1998 zurücknahmen. Ein Satz aus den Vorworten zur zweiten und dritten Auflage behält seine Gültigkeit und wird deshalb hier wiederholt: Ein Lexikon ist nicht der Ort, an dem die Auseinandersetzung über die deutsche Rechtschreibung geführt werden kann.

Einige Autorinnen und Autoren, die an den ersten drei Auflagen mitgearbeitet haben, sind aus dem Verfasserkreis ausgeschieden, andere sind dazugekommen. Das Autorenverzeichnis (S. IX) dokumentiert diese Veränderungen im Einzelnen. Johannes Meyer-Ingwersen, Peter Prechtl, Martin Rockel, Gisela Schoenthal, Irmgard und Günther Schweikle haben das Erscheinen der vierten Auflage nicht erlebt. Ihnen sei an dieser Stelle ein dankbares und ehrendes Gedenken bewahrt.

Für ihre engagierte und effiziente Unterstützung bei der inhaltlichen und redaktionellen Vorbereitung dieser Auflage habe ich meinen Bamberger Mitarbeitern zu danken, allen voran Dr. Wieland Eins. Corinna Bogdahn danke ich für die Kontrolle und Aktualisierung der Internetadressen für Linguisten (S. XXVI ff.). Ute Hechtfischer vom Verlag J. B. Metzler schließlich bin ich dankbar verbunden für eine eingespielte, reibungslose und freundschaftliche Zusammenarbeit.

Bamberg, im August 2010   Helmut Glück

Autorenverzeichnis

Bearbeitete Bereiche

AD	Prof. Dr. Willem F. H. **Adelaar**, Leiden	Südamerikanische Sprachen
AM	Prof. Dr. Ulrich **Ammon**, Duisburg	Soziolinguistik
AN	Prof. Dr. Helga **Andresen**, Flensburg	Spracherwerbsforschung, Sprachdidaktik
AT	Prof. Dr. Gerhard **Augst**, Siegen	Orthographie
B	Prof. Dr. Rolf **Bergmann**, Bamberg	Sprachgeschichte, Altgermanistik
BA	Prof. Dr. Otto **Bantel**, Stuttgart	Rhetorik, Stilistik, Literaturwissenschaft
BO	Prof. Dr. Winfried **Boeder**, Oldenburg	Kaukasische Sprachen
C	Prof. Dr. Danièle **Clément**, Montpellier	Grammatik
CE	Prof. Dr. Rainer **Carle**, Hamburg	Austronesische Sprachen
CO	Prof. Dr. Florian **Coulmas**, Tokyo	Japanisch, Koreanisch
D	Prof. Dr. Michael **Dürr**, Berlin	Nord- und mittelamerikanische Sprachen, Sprachtypologie
DB	Prof. Dr. Hansgerd **Delbrück**, Wellington	Rhetorik, Stilistik, Literaturwissenschaft
DD	Dr. Heinrich **Dingeldein**, Marburg	Deutsche Dialekte
DL	Prof. Dr. Reinhard **Döhl**, Stuttgart	Rhetorik, Stilistik, Literaturwissenschaft
DS	Dr. Eberhard **Däschler** †	Rhetorik, Stilistik, Literaturwissenschaft
E	Prof. Dr. Konrad **Ehlich**, München	Linguistische Pragmatik
EN	Prof. Dr. Horst **Enzensberger**, Bamberg	Epigraphik, Paläographie
ES	Dr. Wieland **Eins**, Bamberg	Grammatik
F	Prof. Dr. Norbert **Fries**, Berlin	Grammatik
FR	Nicola **Frank** M. A., Tübingen	Grammatik
FZ	Priv. Doz. Dr. Sonja **Fritz**, Frankfurt a. M.	Indoarische Sprachen
G	Prof. Dr. Helmut **Glück**, Bamberg	Verschiedene Bereiche
GAE	Dr. Hans-Martin **Gärtner**, Potsdam	Generative Grammatik
GH	Prof. Dr. Manfred **Görlach**, Köln	Englisch
GI	Prof. Dr. Heinz W. **Giese**, Braunschweig	Spracherwerbsforschung, Sprachdidaktik
GL	Dr. Martin K. **Glück**, Kassel	Anatomie der Sprech- und Hörorgane
GM	Prof. Dr. Gunter **Grimm**, Würzburg	Rhetorik, Stilistik, Literaturwissenschaft
GP	Prof. Dr. Jost **Gippert**, Frankfurt a. M.	Indogermanistik, Sprachtypologie
GR	Prof. Dr. Elvira **Glaser**, Zürich	Sprachgeschichte, Altgermanistik
GS	Annette **Glück-Schmidt**, Bamberg	Klassische Philologie
GT	Prof. Dr. Klaus B. **Günther**, Hamburg	Sprachpathologie, Sprachtherapie
GU	Prof. Dr. Norbert **Gutenberg**, Saarbrücken	Sprecherziehung, Sprechwissenschaft
GZ	Prof. Dr. Ursula **Götz**, Rostock	Sprachgeschichte, Altgermanistik
HA	Prof. Dr. Klaus **Hartenstein**, Hamburg	Slavische Sprachen
HU	Prof. Dr. Bernhard **Hurch**, Graz	Romanische Sprachen
K	Prof. Dr. Ulrich **Knoop**, Freiburg	Dialektologie
KE	Prof. Dr. Sebastian **Kempgen**, Bamberg	Grammatik
KH	Dr. Jürgen **Kühnel**, Siegen	Rhetorik, Stilistik, Literaturwissenschaft
KL	Prof. Dr. Karin **Kleppin**, Bochum	Spracherwerbsforschung, Sprachdidaktik
KN	Prof. Dr. Clemens **Knobloch**, Siegen	Psycholinguistik
KR	Prof. Dr. Jarmo **Korhonen**, Helsinki	Phraseologie
L	Priv.-Doz. Dr. Hagen **Langer**, Bremen	Computerlinguistik, Grammatik
MI	Dr. Johannes **Meyer-Ingwersen** †	Iranische Sprachen, Turksprachen
MO	Prof. Dr. Claudine **Moulin**, Trier	Sprachgeschichte, Altgermanistik
P	Dr. Jörg **Pätzold**, Berlin	Textlinguistik
PL	Dr. Jochen **Pleines**, Bochum	Kasusgrammatik
PM	Prof. Dr. Bernd **Pompino-Marschall**, Berlin	Phonetik, Phonologie
PR	Prof. Dr. Peter **Prechtl** †	Sprachphilosophie, Logik
PT	Prof. Dr. Karin **Pittner**, Bochum	Grammatik
R	Dr. Joachim **Raith**, Essen	Soziolinguistik
RB	Dr. Helmut **Rehbock**, Braunschweig	Semantik, Semiotik
RE	Prof. Dr. Mechthild **Reh**, Mainz	Afrikanische Sprachen
RK	Prof. Dr. Ludwig **Rübekeil**, Zürich	Sprachgeschichte, Altgermanistik
RL	Dr. Michael **Rödel**, Bamberg	Grammatik

RO	Doz. Dr. sc. Martin **Rockel** †	
S	Prof. Dr. Wolfgang **Sauer**, Hannover	Orthographie, Soziolinguistik
SB	Dr. Markus **Steinbach**, Mainz	Generative Grammatik
SCH	Priv. Doz. Dr. Rainer **Schönhaar**, Stuttgart	Rhetorik, Stilistik, Literaturwissenschaft
SE	Prof. Dr. Günther **Schweikle** †	**Rhetorik, Stilistik, Literaturwissenschaft**
SF	Dr. Gerhard **Schäfer**, Rottweil	Rhetorik, Stilistik, Literaturwissenschaft
SK	Dr. Werner **Schöneck**, Essen	Empirische und angewandte Sprachwissenschaft
SL	Dr. Gisela **Schoenthal** †	Grammatik, Linguistische Pragmatik
SLE	Irmgard **Schweikle** †	Rhetorik, Stilistik, Literaturwissenschaft
SM	Friederike **Schmidt**, Berlin	Sprache und Recht
SN	Dr. Horst **Schwinn**, Mannheim	Grammatik
SO	Priv. Doz. Dr. Friederike **Schmöe**, Bamberg	Verschiedene Bereiche
SR	Doz. Dr. sc. Gert **Sauer**, Berlin	Finnougrische Sprachen
ST	Prof. Dr. Stefanie **Stricker**, Bamberg	Sprachgeschichte, Altgermanistik
STE	Prof. Dr. Hans-Hugo **Steinhoff**, Paderborn	Rhetorik, Stilistik, Literaturwissenschaft
SZ	Prof. Dr. Manfred Günter **Scholz**, Tübingen	Rhetorik, Stilistik, Literaturwissenschaft
T	Prof. Dr. Wolf **Thümmel**, Montpellier	Grammatik, Germanische Sprachen
VS	Dr. Elisabeth **Vollers-Sauer**, Hannover	Rhetorik, Stilistik, Literaturwissenschaft
W	Dr. Arndt **Wigger**, Wuppertal	Keltische Sprachen
WH	Dr. Helmut **Weidhase**, Konstanz	Rhetorik, Stilistik, Literaturwissenschaft
WI	Veronika **Wilbertz**, Köln	Semitische Sprachen
WK	Prof. Dr. Klaus **Welke**, Berlin	Valenzgrammatik
WR	Prof. Dr. Gordon **Whittaker**, Göttingen	Austroasiatische, dravidische, sinobetische Sprachen
Z	Dr. Andrea **Zielinski**, Heidelberg	Computerlinguistik
ZA	Anja **Zanini**, Köln	Grammatik

Hinweise für die Benutzung

Anordnung der Stichwörter

Die Stichwörter sind nach den für das Deutsche geltenden Regeln für die ↗ alphabetische Reihenfolge angeordnet; Umlautbuchstaben werden wie Grundbuchstaben, ⟨ß⟩ als ⟨ss⟩ behandelt. Bei der Anordnung der Lemmata werden Wortgrenzen berücksichtigt (z. B. *genus proximum – Genus verbi – Genusschwankung – Genusvariante*). Abkürzungen werden dem alphabetischen Anordnungsprinzip unterworfen, auch wenn sie Bestandteile von Komposita sind, z. B. *Wetterverb – W-Frage – Wheelersches Gesetz.*

Aufbau der Einträge

Substantive sind grundsätzlich Grundlemmata. Sie werden mit Genussigle (und ggf. Pluralsuffix nach Tilde) rubriziert, z. B. *Akanje f., Epikoinon n., Lemma n., pl. ~ mata,* soweit dies für nicht fachkundige Benutzer angezeigt erscheint. Konkurrierende Schreibungen werden mitunter durch runde Klammern angezeigt (z. B. *Dag(h)estanische Sprachen:* lies *Daghestanische Sprachen* oder *Dagestanische Sprachen*). Sind Verb oder Adjektiv desselben Wortstamms abweichend terminologisiert oder bedeutend häufiger als das Substantiv, bekommen sie einen eigenen Eintrag. An das Lemma schließt sich ggf. ein Hinweis auf seine Etymologie und seine Wortstruktur an, z. B. *Phonotaktik f.* (griech. φωνή (fōnē) *Stimme, Laut*; griech. τάττειν (tattein) *zusammensetzen*) *Lehre von der Kombinierbarkeit der Phoneme in einer bestimmten Sprache.* Die etymologischen Hinweise werden sparsam gehandhabt, d. h. beispielsweise, dass nicht bei jedem Eintrag, der *phon-* enthält, mitgeteilt wird, dass er auf griech. φωνή zurückgeht; der interessierte Benutzer muss ggf. den ersten Eintrag, der mit *phon-* beginnt, aufsuchen, um die Etymologie zu erfahren. Daran schließen sich ggf. Synonyme, eingeleitet mit »Auch:…«, sowie ggf. englische oder französische Äquivalente an. Griechische Ausdrücke werden stets in Originalschreibung und in Transkription angeführt, in der die Vokalbuchstaben ω, η, ου durch ein Makron markiert werden: ō, ē, ū. Die Transkription entfällt, wenn sie mit dem Lemma identisch wäre. Griech. φ wird mit *f* transkribiert. Bei lateinischen Ausdrücken (außer bei Lemmata) werden die Vokallängen durch ein Makron markiert, bei Beispielen aus dem Russischen wird der Wortakzent durch einen Akút angegeben. Für alle fremdsprachigen Ausdrücke in Wort- oder Satzbeispielen wird eine Übersetzung ins Deutsche gegeben (außer beim Englischen). Hat ein Terminus mehrere Lesarten oder deutlich voneinander unterscheidbare

Bedeutungsvarianten, ist der Artikel durch arabische Ziffern (1., 2., 3. usw.) gegliedert. Sind mehrere Autoren an einem solchen Artikel beteiligt, so stehen ihre Namenssiglen am Ende des jeweiligen Abschnitts innerhalb des Artikels. Wenn innerhalb eines längeren Artikels eine inhaltliche Gliederung erforderlich ist, werden eingeklammerte Kleinbuchstaben verwendet: (a), (b), (c) usw., ggf. auch (aa), (ab), (ac), (ba), (bb) usw. Das jeweilige Lemma wird innerhalb eines Artikels mit seinem Anfangsbuchstaben abgekürzt (bei Lemmata, die aus mehreren Wörtern bestehen, mitunter auch mit mehreren Anfangsbuchstaben). Flexionsaffixe bleiben dabei unberücksichtigt; der Plural wird lediglich dann markiert, wenn dies von inhaltlicher Wichtigkeit ist. Das Wort *Sprache* und Komposita mit *-sprache* als letztem Glied werden mit *spr.* bzw. *-spr.* abgekürzt. Alle weiteren Abkürzungskonventionen sind im *Verzeichnis der Abkürzungen,* alle Siglen von Zeitschriften, Reihenwerken usw. im Verzeichnis der *Siglen von Periodica und Handbüchern* aufgeführt.

Komposita/Wortgruppen

Semantisch additive Komposita sind nicht aufgenommen. Es ist bei den einzelnen Bestandteilen nachzuschlagen. Aufgenommen werden Komposita, die selbständig terminologisiert sind oder eine überdurchschnittlich hohe Frequenz haben. Terminologisierte Wortgruppen werden nicht rubriziert, wenn dem Benutzer zugemutet werden kann, die einzelnen Elemente selbst aufzusuchen. Lässt sich durch dieses Verfahren die terminologisierte Bedeutung einer Wortgruppe nicht ermitteln oder tritt ein Element (fast) ausschließlich in einer festen Wortgruppe auf, so ist es in der Regel unter dem *ersten* Element eingetragen, z. B.: *obliquer Kasus, diskontinuierliches Morphem, Bühlersches Organonmodell.*

Lateinisch, Griechisch, Deutsch, Französisch und Englisch als Terminologiebasis

Lateinisch-griechisch basierte Termini werden in der Regel als Grundeintrag gewählt. Gebräuchliche deutsche Entsprechungen werden im Kopf des Eintrags als Synonyme aufgeführt, z. B. *Adjektiv (auch: Eigenschaftswort).* Der ›deutsche‹ Begriff wird an seiner Systemstelle als Verweislemma eingetragen, z. B. *Eigenschaftswort ↗ Adjektiv.* Diese Regel findet nur dann umgekehrte Anwendung, wenn der ›deutsche‹ Terminus eindeutig gebräuchlicher ist, z. B. *Klammer (auch: Parenthese) / Parenthese ↗ Klammer.* Deutsch basierte Termini werden vor allem dann berücksichtigt, wenn sie in Schul- oder Hochschul-Grammatiken oder -Lehrbüchern, die nach 1970 erschienen sind, tatsächlich häufig belegt sind, z.B. *Beugung ↗ Flexion, ↗ Konjugation, ↗ Deklination.* Ausdrücke, die sich auf grammatische Eigenschaften anderer Sprachen beziehen, werden unter dem Fachterminus der jeweiligen Philologie rubriziert, z.B. *dativus commodi, Apokopat, mater lectionis, Nunation.* Anderssprachige Ausdrücke, die im Deutschen keine gebräuchliche Entsprechung haben bzw. im Deutschen in der ausgangssprachlichen Form terminologisiert sind, werden als Grundeinträge behandelt (bei Wortgruppenkomposita ggf. (teilweise) übersetzt), z.B. *Akanje, Arc-Pair-Grammatik, Complementizer, Crossover-Prinzip, Parole.*

Verweislemmata

Verweislemmata enthalten keine Hinweise zur Pluralbildung und zur Etymologie. Soweit sie echte Synonyme ihrer Referenzlemmata sind, werden die englische und französische Entsprechung nur beim Referenzlemma notiert. Wenn sie keine Synonyme sind, sind sie lediglich im Text des Eintrags berücksichtigt, eine Erwähnung im Kopf des Eintrags entfällt (z.B. *Differenzhypothese ↗ Soziolinguistik, Defizithypothese ↗ Soziolinguistik* (lies: *Differenzhypothese, Defizithypothese* werden im Eintrag *Soziolinguistik* erwähnt bzw. behandelt). ↗ Antonyme (Ausdrücke, die terminologische Oppositionen darstellen) werden in solchen Fällen, in denen lediglich eine kurze Definition gegeben wird, nur einmal behandelt (in der Regel bei demjenigen Lemma, das im Alphabet weiter vorn steht), also z.B. *Schub* und *Sog* unter *Schub, physei* und *thesei* unter *physei.* Steht das Verweislemma aus syntagmatischen Gründen im Plural (z.B. *↗ Onomastika, ↗ Thesauri*), so ist stets die Singularform nachzuschlagen (im Beispiel: *Onomastikon, Thesaurus*).

Literaturangaben

Den meisten sachlich und vom Umfang her gewichtigeren Artikeln sind Literaturangaben beigegeben. Sie enthalten vor allem elementare Literatur, Standardwerke, ggf. »Klassiker« und – falls vorhanden – eine weiterführende Bibliographie. Nach Möglichkeit wurde Monographien, Sammelbänden, Festschriften u. dgl. der Vorzug vor Zeitschriftenbeiträgen gegeben. In der Regel ist die letzte Auflage der erwähnten Arbeit zitiert. Die Literaturangaben sind Hinweise auf die weiterführende Literatur und keine Kurzbibliographien.

Die Schreibung von transliterierten Eigennamen richtet sich ggf. nach dem zitierten Referenzwerk und wird nicht vereinheitlicht, so dass Doppelformen vorkommen (z.B. *Trubeckoj/Trubetzkoj, Vygotskij/Wygotski*).

Einträge zu Einzelsprachen und Einzeldialekten

Einzelsprachen und -dialekte werden in der im Deutschen gebräuchlichen orthographischen Form rubriziert. Eigenbezeichnungen, z.B. *Spanisch (Eigenbez. Español)* oder *Polnisch (Eigenbez. Polski)*, folgen ggf. in Klammern nach dem Lemma. Daran schließt sich in der Regel eine Einordnung der Sprache nach den Klassifikationsmustern der historisch-vergleichenden Sprachwissenschaft bzw. der neueren deskriptiven Typologie an (z.B. *Abchasisch. Nordwestkaukasische Sprache* oder *Armenisch. Indogermanische Sprache*). Bei Dialekten wird der historische und dialektgeographische Zusammenhang genannt. Es folgen Angaben zur Sprecherzahl (soweit verfügbar) und zum Verbreitungsgebiet (Länder, Regionen), ggf. zum offiziellen Status (als Amts-, Staats-, Schulsprache usw.). Soweit die jeweilige Sprache Schriftsprachenstatus hat, werden Zeitpunkt und ggf. geographischer Raum der Erstverschriftung genannt (z.B. *Georgisch. Älteste Zeugnisse aus dem 4. Jahrhundert* oder *Tschechisch. Seit dem 9. Jh. Zeugnisse in ↗ Altkirchenslavischer Sprache. Seit dem 13. Jh. wird Tschechisch als Schriftsprache verwendet*). Weiterhin wird erwähnt, ob die jeweilige Sprache als Zweitsprache bei anderen Sprachgemeinschaften eine Rolle spielt, ob nennenswerte Teile der Sprachgemeinschaft zweisprachig sind, in welchem Maße die Sprachgemeinschaft in ihrer Sprache und ggf. in einer oder mehreren Zweitsprache(n) alphabetisiert ist. Schließlich wird auf die jeweils einschlägige Sprachenkarte verwiesen. Ausführungen zu typologischen Charakteristika und Besonderheiten der jeweiligen Sprache finden sich in der Regel in einem übergeordneten Eintrag zur jeweiligen Sprachgruppe/Sprachfamilie.

Abkürzungen

Abh.	Abhandlung	DAAD	Deutscher Akademischer Austausch-
Abl., abl.	Ablativ(isch)		dienst (Bonn)
Acad.	Academia, academy, académie	DaF	Deutsch als Fremdsprache
AcI, a.c.i.	accusativus cum infinitivo	Dat., dat.	Dativ(isch)
Adj., adj.	Adjektiv(isch)	DaZ	Deutsch als Zweitsprache
Adv., adv.	Adverb(ial)	Ddf.	Düsseldorf
ADVB	Adverbial	ders.	derselbe
afrz.	Altfranzösisch	DG	Dependenzgrammatik
ags.	angelsächsich	dgl.	dergleichen, desgleichen
ahd.	althochdeutsch	dies.	dieselbe, dieselben
ai.	altindisch	Dim.	Diminutiv
air.	altirisch	Diss.	Dissertation
Akad.	Akademie, Akademija	dt.	deutsch
Akk., akk.	Akkusativ(isch)	Ed., ed.	Editor, editio, edidit
aksl.	altkirchenslavisch	EDV	Elektronische Datenverarbeitung
alem.	alemannisch	Einf.	Einführung
anord.	altnordisch	Einl.	Einleitung
Aor.	Aorist	entspr.	entsprechend(-e, -en, -er, -es)
API	Association (Alphabet) Phonétique	epigr.	epigraphisch
	Internationale	erw.	erweitert
aram.	aramäisch	ESCOL	Eastern States Conference
Art.	Artikel		on Linguistics, USA
as.	altsächsisch	EST	erweiterte Standardtheorie
ASL	American Sign Language	et al.	et alii (lat. ›und andere‹)
AT	Altes Testament	etw.	etwas
ATR	advanced tongue root ›vorgescho-	europ.	europäisch
	bene Zungenwurzel‹	f., fem.	Femininum
Attr., attr.	Attribut(iv)	f., ff.	folgend(e)
aufgr.	aufgrund	Ffm.	Frankfurt am Main
Aufl.	Auflage	Forsch.	Forschung(en)
Aux.	Auxiliarkomplex	frz.	französisch
AV	audiovisuell	Fs.	Festschrift
Bd., Bde.	Band, Bände	FU	Fremdsprachenunterricht
bearb.	bearbeitet	FUB	Freie Universität Berlin
Ber.	Bericht(e)	Fut., fut.	Futur(isch)
bes.	besonders	gegr.	gegründet
best.	bestimmt	Gen., gen.	1. Genitiv(isch), 2. Genesis (1. Buch
Bez.	Bezeichnung(en)		Mosis)
Bibl.	Bibliographie	germ.	germanisch
Bln.	Berlin	Ges.	Gesellschaft
bspw.	beispielsweise	GG	Generative Grammatik
bulg.	bulgarisch	ggf.	gegebenenfalls
bzgl.	bezüglich	Ggs.	Gegensatz
bzw.	beziehungsweise	ggü.	gegenüber
C	Konsonant	GIDLP	Generalized ID/LP Format
CA	California	glott.	glottalisiert
ca.	circa	GPSG	Generalized Phrase Structure
chin.	chinesisch		Grammar
CIS	Centrum für Informations- und	H.	Heft
	Sprachverarbeitung. München.	Hdb.	Handbuch
CMU	Carnegie Mellon University,	hdt.	hochdeutsch
	Pittsburgh	hebr.	hebräisch
COLING	Conference on Computational	Hg., Hgg.	Herausgeber
	Linguistics	hg., hgg.	herausgegeben
d.h.	das heißt	HNO	Hals-Nasen-Ohren (-Arzt)
d.i.	das ist	holl.	holländisch

HPSG	Head-Driven Phrase Structure Grammar	Ling.	Linguistik
HS	Hauptsatz	ling.	linguistisch
Hs., Hss.	Handschrift(en)	lit.	literarisch; litauisch
HUB	Humboldt Universität zu Berlin	Lit.	Literatur
i.R.	im Rahmen	LMU	Ludwig-Maximilians-Universität München
i.d.R.	in der Regel		
i.E.	im Erscheinen	lothr.	lothringisch
i.e.S.	im engeren Sinn	Lpz.	Leipzig
i.S.v.	im Sinne von	lux.	luxemburgisch
i.V.	in Vorbereitung	M.	Moskau
i.w.S.	im weiteren Sinn	m., masc.	Maskulinum
IACL	International Association of Chinese Linguistics	MA, ma.	Mittelalter(lich)
		Ma., Maa.	Mundart(en)
		m.a.W.	mit anderen Worten
IC	Immediate Constituent(s)	Mass.	Massachusetts
idg.	indogermanisch	Mchn.	München
IdS	Institut für deutsche Sprache	mdt.	mitteldeutsch
ie.	indoeuropäisch	mengl.	mittelenglisch
Imp., imp.	Imperativ(isch)	MGD	Project Modern Grammar of Dutch. Tilburg
Impf., impf.	Imperfekt(isch)		
IN	Indiana	mhd.	mittelhochdeutsch
ind.	indisch	Mio.	Million
Ind., ind.	Indikativ(isch)	MIT	Massachusetts Institute of Technology
indir.	indirekt		
Inf., inf.	Infinitiv(isch)	mlat.	mittellateinisch
insbes.	insbesondere	mnd.	mittelniederdeutsch
insges.	insgesamt	mndl.	mittelniederländisch
internat.	international	mpers.	mittelpersisch
IPA	Internationales Phonetisches Alphabet	Mrd.	Milliarde
		Ms., Mss.	Manuskript(e)
ipf.	imperfektiv	ms	Millisekunde
isl.	isländisch	N	Nomen
it., ital.	italienisch; italisch	n., ntr.	Neutrum, neutral
IULC	Indiana University Linguistics Club	NACCL	North American Conference of Chinese Linguistics
IWPT	International Workshop on Parsing Technologies		
		nat.	national
Jb., Jbb.	Jahrbuch, Jahrbücher	NC	North Carolina
jd.	jemand	ndl.	niederländisch
Jg.	Jahrgang	ndt.	niederdeutsch
Jh.	Jahrhundert	NELS	North East Linguistic Society
Jt.	Jahrtausend	nhd.	neuhochdeutsch
K, Kons.	Konsonant	NJ	New Jersey
KI	Künstliche Intelligenz	nlat.	neulateinisch
KIT	Projektgruppe Kommunikations- und Informationstechnologie, TUB	Nom., nom.	Nominativ(isch)
		NP	Nominalphrase
Konj., konj.	Konjunktion(al); Konjunktiv(isch)	NS	Nebensatz
Kons., kons.	Konsonant(isch)	NT	Neues Testament
ksl.	kirchenslavisch	N.Y.	New York
L	1. lat. *lingua*, frz. *langue, langage*, engl. *language* Sprache 2. Language (Variable für: Sprache X)	o.ä.	oder ähnliche(s)
		obdt.	oberdeutsch
		Obj.	Objekt
		österr.	österreichisch
L.	Leningrad	pal.	palatalisiert
L.A.	Los Angeles	paläogr.	paläographisch
lab.	labialisiert	Part.	Partizip(ial)
LAD	Language Acqisition Device (Spracherwerbsmechanismus)	Pass., pass.	Passiv(isch)
		Perf., perf.	Perfekt(ivisch)
lat.	lateinisch	Pers., pers.	Person(al)
Ldn.	London	pf.	perfektiv
Lfg.	Lieferung		

Pl., pl.	Plural(isch)	TIT	Tokyo Institute of Technology
Plq.	Plusquamperfekt	TUB	Technische Universität Berlin
port.	portugiesisch	u. a.	1. und andere(s), 2. unter
Poss.	Possessiv		anderem (-en)
PP	Präpositionalphrase	UAN	Uraustronesisch
PPP	Partizip Perfekt Passiv (Partizip II)	Übers.	Übersetzung
Präd., präd.	Prädikat, prädikativ	UCAM	University of Cambridge, UK
Präp., präp.	Präposition(al)	UCLA	University of California Los Angeles
Präs., präs.	Präsens, präsentisch	u. d. T.	unter dem Titel
Prät., prät.	Präteritum, präterital	ugs.	umgangssprachlich
Pron.	Pronomen, pronominal	UK	United Kingdom
prov.	provençalisch	ukr.	ukrainisch
PSG	Phrasenstrukturgrammatik	Univ.	Universität, University, Université,
REST	revidierte erweiterte Standardtheorie		Universiteit
S	Satz	u. ö.	und öfter
S1	Erstsprache	UPenn	University of Pennsylvania
S2	Zweitsprache	urspr.	ursprünglich
Sanskr.	Sanskrit	USC	University of Southern California
SB	Strukturbeschreibung (in der GG)	u. U.	unter Umständen
SBer.	Sitzungsbericht	u. v. a.	und viele(s) andere
sc.	scilicet (lat. nämlich)	u. v. m.	und vieles mehr
SFB	Sonderforschungsbereich	u. Z.	unserer Zeitrechnung
Sg., sg.	Singular(isch)	V	Vokal
SIL	Summer Institute of Linguistics.	v. a.	vor allem
	Dallas.	Vb., Vbb.	Verb(en)
skr.	serbokroatisch	vel.	velarisiert
SLE	Societas Linguistica Europea	veröff.	veröffentlicht
Slg.	Sammlung	vgl.	vergleiche
Soc.	Societas, société, society	vollst.	vollständig
sog.	sogenannt	VP	Verbalphrase
SOV	Subjekt-Objekt-Verb	Vp.	Versuchsperson
SPb.	Sanktpeterburg	vs.	versus (lat. gegen(über))
spez.	speziell(e/er)	VSO	Verb-Subjekt-Objekt
Spr.	Sprache	v.u.Z.	vor unserer Zeitrechnung
SSG	Sondersammelgebiet (s. Verzeichnis	WB	Wortbildung
	der Sondersammelgebiete,	Wb., Wbb.	Wörterbuch, Wörterbücher
	S. XXXIV)	WCCFL	West Coast Conference on Formal
Stgt.	Stuttgart		Linguistics
sth.	stimmhaft	Wiss., wiss.	Wissenschaft(lich)
stl.	stimmlos	WP(L)	Working Papers (on Linguistics)
Subj.	Subjekt	z. B.	zum Beispiel
Subst., subst.	Substantiv(isch), substantiviert	ZAS	Zentrum für Allgemeine Sprach-
Suppl.	Supplement		wissenschaft, Typologie und
SV	Strukturveränderung (in der TG)		Universalienforschung. Berlin
SVO	Subjekt-Verb-Objekt	Zf.	Ziffer
temp.	temporal	Zs., Zss.	Zeitschrift(en)
TG	Transformationsgrammatik	zus.	zusammen
TiLT	Tools in Linguistic Theory	zw.	zwischen

Allgemein verwendete Symbole

In diesem Lexikon wird für die Schreibung phonetischer Einheiten das Internationale Phonetische Alphabet verwendet. Es ist in den Abbildungen auf S. 50–51 dargestellt. Darüber hinaus kommen folgende Zeichen und Symbole vor:

#	Morphemgrenze	a < b	1. a wird aus/entsteht aus b
##	Wortgrenze		2. a kleiner als b
*	↗ Asterisk:	a > b	1. b wird aus/entsteht aus a
	1. ungrammatischer Ausdruck		2. a größer als b
	2. rekonstruierte Form	a ≧ b	a größer oder gleich b
[…]	1. phonetische Einheit(en)	a ≦ b	a kleiner oder gleich b
	2. ↗ Merkmal, z.B. [± gespannt],	∞	unendlich (im mathematischen Sinn)
	[± belebt]	a ≡ b	Äquivalenz (›genau dann, wenn‹)
	3. Dominanzrelation, z.B. [V, NP]$_{VP}$	a ≢ b	Nicht-Äquivalenz, Disjunktion
	oder [$_{VP}$V, NP] (lies: VP dominiert V und NP)	A → B + C	einfacher Pfeil:
			1. Konstituente A wird zerlegt in
/…/	phonologische Einheit(en)		(B, C)
⟨…⟩	graphematische Einheit(en)		2. A impliziert B, C
{…}	1. morphologische Einheit(en)	A ⇒ B + C	doppelter Pfeil: Konstituente A wird
	2. alternatives Vorkommen,		transformiert in (B, C)
	alternative Regelanwendung	a ↔ b	doppelt gerichteter Pfeil: materiale
	3. Mengensymbol		Implikation (›wenn, dann‹)
(…)	fakultatives Element	a ⊃ b	materiale Implikation (›wenn, dann‹)
a/b	alternative Ausdrücke	∅	Nullelement
+	1. Verkettungszeichen	∩, ∧	Konjunktion
	2. Merkmal ist vorhanden, z.B.	∪, ∨	Disjunktion
	[+sth]	¬, ~, −	Negation
±	Merkmal ist neutral, z.B. [±sth]	∀	Allquantor (›für alle x gilt…‹)
−	Merkmal ist nicht vorhanden, z.B.	∃	Existenzquantor (›es gibt wenigstens
	[−sth]		ein x, für das gilt…‹)
:	Vokallänge	²1994	hochgestellte Ziffer vor einer
ā, ē, ū usw.	(Makron): Vokallänge		Jahreszahl in bibliographischen
’	nach Konsonantbuchstaben:		Angaben: weitere Auflage
	Palatalisierung (in Transkriptionen		
	aus slavischen u.a. Sprachen im		
	Bereich der früheren Sowjetunion)		

Spezielle Symbole

In einigen Einzelphilologien sind vom Internationalen Phonetischen Alphabet (API) abweichende Notationskonventionen üblich. Sie werden in den einschlägigen Artikeln verwendet, ohne daß eine API-Transkription beigegeben ist. Insbesondere werden objektsprachliche Einheiten aus älteren Sprachstufen, deren phonetische Realisierung unbekannt oder rekonstruiert ist, ohne Klammerungen angegeben, wie das in historischen Grammatiken üblich ist. Folgende spezielle Zeichen werden verwendet:

1. Indogermanistik, Altgermanistik, Dialektologie

r̥, l̥, m̥, n̥, h̥	silbentragende Konsonanten	ẹ, ë	›geschlossenes e‹ ([e])
ǵ, k̂	palatale Konsonanten	ę	›offenes e‹ ([ɛ])
u̯	u consonans, Halbvokal	ʀ	Runenzeichen für das aus germ. z
ƕ	got. h (oder ch) + w (Labiovelar)		entstandene r
ǫ	(nordische Sprachen) offenes o ([ɔ])	h₁, h₂, h₃	idg. Laryngale
å	(nordische Sprachen) offenes o ([ɔ])	T	Tenuis (stimmloser Verschlußlaut)
ą	(nordische Sprachen) nasaliertes a ([ã])	V̄	Langvokal

2. Indologie

Sog. ⸘Tenues bzw. ⸘Mediae aspiratae (aspirierte Plosive, Affrikaten) werden durch ein folgendes h bezeichnet, z.B. bh (aspiriertes [b]), ph (aspiriertes [p]). ⸘Retroflexe Konsonanten werden durch einen subskribierten Punkt bezeichnet: ṭ, ṭh, ḍ, ḍh, ṇ, ḷ, ṛ, ṣ.

ś	=	palataler Frikativ (ɕ)	ñ = palataler Nasal (ɲ)	
j	=	stimmhafte palatale Affrikate (dʒ)	ṃ = Nasal im Wort- bzw. Silbenauslaut (ŋ; wie ṅ,	
c	=	stimmlose palatale Affrikate (tʃ)	jedoch stellungsgebunden)	
ṛ	=	silb. r (kein eig. Zeichen; r̥)	x = hinterer velarer Frikativ (χ)	
ṅ	=	velarer Nasal (ŋ)		

3. Semitistik

ḥ ([ħ])	pharyngaler stimmloser Frikativ	ṣ ([s̩])	velarisiert
ʿ ([ʔ])	pharyngaler stimmhafter Friaktiv	ẓ ([z̩])	velarisiert
ḫ ([x])	velarer stimmloser Frikativ	ṭ ([t̩])	velarisiert
ġ ([ɣ])	velarer stimmhafter Frikativ	ḍ ([d̩])	velarisiert
ś	lateraler alveodentaler Frikativ	ṯ ([θ])	interdentaler stimmloser Frikativ
š ([ʃ])	palataler stimmloser Sibilant	ḏ ([ð])	interdentaler stimmhafter Frikativ
ž ([ʒ])	palataler stimmhafter Sibilant	b̲	spirantisierte Aussprache
ǧ ([dʒ])	präpalatale stimmhafte Affrikate	k̲	spirantisierte Aussprache

4. Kaukasiologie

a˙	hochgestellter Punkt nach einem Vokalzeichen: Pharyngalisierung
ç	Punkt unter einem Konsonantenzeichen: Glottalisierung
k°	Kreis hochgestellt neben einem Konsonantenzeichen: Labialisierung

Siglen von Periodica und Handbüchern

AI	Artificial Intelligence. Amsterdam.
AJCL	American Journal of Computational Linguistics. New York.
AJPh	American Journal of Philology. Baltimore.
AKM	Abhandlungen für die Kunde des Morgenlandes. Wiesbaden.
AKUP	Arbeiten des Kölner Universalienprojekts. Köln.
AL	Acta Linguistica Hafnensia. International Journal of Structural Linguistics. Kopenhagen.
ALH	Acta Linguistica Academiae Scientiarum Hungaricae. Budapest.
AmA	American Anthropologist. Menasha, Wisconsin.
AnL	Anthropological Linguistics. Bloomington, Indiana.
ANPE	Archives Néerlandaises de Phonétique Expérimentale. Den Haag.
Anthropos	Anthropos. Revue Internationale d'Ethnologie et de Linguistique. Internationale Zeitschrift für Völker- und Sprachenkunde. St. Augustin.
ArchL	Archivum Linguisticum. A Review of Comparative Philology and General Linguistics. Neue Serie. Menston, Yorkshire.
AS	American Speech. A Quarterly of Linguistic Usage. New York.
ASNS	Archiv für das Studium der neueren Sprachen. Berlin.
AU	Der altsprachliche Unterricht. Arbeitshefte zu seiner wissenschaftlichen Begründung und praktischen Gestalt. Velber.
AUC	Acta Universitatis Carolinae. Philologica. Prag.
BBS	Behavioral and Brain Sciences. Cambridge.
BGBl	Bundesgesetzblatt. Berlin.
BJPS	British Journal for the Philosophy of Science. Oxford.
BKI	Bijdragen tot de Taal-, Land- en Volkenkunde. Leiden.
BL	Bibliographie Linguistique. Publiée par le Comité International Permanent des Linguistes. Utrecht.
BNF	Beiträge zur Namensforschung. Neue Folge. Heidelberg.
BRPh	Beiträge zur Romanischen Philologie. Berlin.
BSLP	Bulletin de la Société de Linguistique de Paris. Paris.
CFS	Cahiers Ferdinand de Saussure. Genf.
CJL	Canadian Journal of Linguistics. Toronto.
CJP	Canadian Journal of Philosophy. Calgary.
CLA	Codices Latini Antiquiores. Oxford.
CLS	Papers from the Regional Meeting, Chicago Linguistic Society. Chicago.
COLING	Proceedings of the International Conference on Computational Linguistics.
Cortex	Cortex. Journal Devoted to the Study of the Nervous System and Behaviour. Varese.
CSLE	Commentationes Societatis Linguisticae Europaeae. München.
CTL	Current Trends in Linguistics. Ed. Th. A. Sebeok. Den Haag, Paris.
DaF	Deutsch als Fremdsprache. München/Berlin.
DD	Diskussion Deutsch. Zeitschrift für Deutschlehrer aller Schulformen in Ausbildung und Praxis. Frankfurt a. M.
DDG	Deutsche Dialektographie. Marburg.
DL	Deutsch lernen. Zeitschrift für den Sprachunterricht mit ausländischen Arbeitnehmern. Ingelheim, Baltmannsweiler.
DRLAV	Documentation et Recherche en Linguistique Allemande Contemporaine Vincennes. Paris.
DS	Deutsche Sprache. Zeitschrift für Theorie, Praxis, Dokumentation. München.
DSA	Die Sprachen Afrikas. Hg. von B. Heine, T. C. Schadeberg und E. Wolf. Hamburg 1981.
DU	Der Deutschunterricht. Beiträge zu seiner Gestaltung und wissenschaftlichen Grundlegung. Velber.
DVjs	Deutsche Vierteljahrsschrift für Literaturwissenschaft und Geistesgeschichte. Halle, später Stuttgart.
EGerm	Études Germaniques. Revue trimestrielle de la Société des Études Germaniques. Paris.
ENTCS	Electronic Notes in Theoretical Computer Science. Online: http://www.math.entcs.org
FCCL	Formal, Computational & Cognitive Linguistics. Web Journal. Online: http://fccl.ksu.ru/
FIPKM	Forschungsberichte des Instituts für Phonetik und sprachliche Kommunikation. München.

FL	Foundations of Language. International Journal of Language and Philosophy. Dordrecht.		4 Bde. 1998, 2000, 2003, 2004. 2., vollst. neu bearb. u. erw. Aufl.
FM	Le Français Moderne. Paris.	HSK 3	Sociolinguistics / Sozilinguistik.

FL Foundations of Language. International Journal of Language and Philosophy. Dordrecht.

FM Le Français Moderne. Paris.

FoL Folia Linguistica. Acta Societatis Linguisticae Europaeae. Den Haag.

FoLH Folia Linguistica Historica. Acta Societatis Linguisticae Europaeae. Den Haag.

GAGL Groninger Arbeiten zur germanistischen Linguistik. Groningen.

Germanistik Germanistik. Internationales Referatenorgan mit bibliographischen Hinweisen. Tübingen.

GermL Germanistische Linguistik. Berichte aus dem Forschungsinstitut für deutsche Sprache. Marburg, Hildesheim.

GM Germanistische Mitteilungen. Brüssel.

Glossa Glossa. A Journal of Linguistics. Burnaby, B. C.

GLOT Glot International. Monthly Magazine for Linguists. Leiden.

Glotta Glotta. Zeitschrift für griechische und lateinische Sprache. Göttingen.

GrLS Grazer Linguistische Studien. Graz.

GRM Germanisch-Romanische Monatshefte. Neue Folge. Heidelberg.

HdO Handbuch der Orientalistik. Hg. von B. Spuler. Leiden/Köln 1959.

HL Historiographia Linguistica. International Journal for the History of Linguistics. Amsterdam.

HNAI–L Handbook of North American Indians, vol. 17. Languages. Washington 1996 (W. C. Sturtevant, general ed., I. Goddard, volume ed.).

HSK Handbücher zur Sprach- und Kommunikationswissenschaft. Mitbegründet von Gerold Ungeheuer, hg. von Hugo Steger und Herbert Ernst Wiegand. Berlin/New York.

HSK 1 Dialektologie. Ein Handbuch zur deutschen und allgemeinen Dialektforschung. Hgg. von Werner Besch, Ulrich Knoop, Wolfgang Putschke & Herbert Ernst Wiegand. 2 Bde. 1982, 1983.

HSK 2 Sprachgeschichte. Ein Handbuch zur Geschichte der deutschen Sprache und ihrer Erforschung. Hgg. von Werner Besch, Oskar Reichmann & Stefan Sonderegger. 2. Bde. 1984, 1985. 1. Aufl.

HSK 2 Sprachgeschichte. Ein Handbuch zur Geschichte der deutschen Sprache und ihrer Erforschung. Hgg. von Werner Besch, Anne Betten, Oskar Reichmann & Stefan Sonderegger.

    4 Bde. 1998, 2000, 2003, 2004. 2., vollst. neu bearb. u. erw. Aufl.

HSK 3 Sociolinguistics / Sozilinguistik. An International Handbook of the Science of Language and Society / Ein internationales Handbuch zur Wissenschaft von Sprache und Gesellschaft. Hgg. von Ulrich Ammon, Norbert Dittmar & Klaus J. Mattheier. 2 Bde. 1987. 1. Aufl.

HSK 3 Sociolinguistics – Sozilinguistik. An International Handbook of the Science of Language and Society / Ein internationales Handbuch zur Wissenschaft von Sprache und Gesellschaft. Hgg. von Ulrich Ammon, Norbert Dittmar, Klaus J. Mattheier & Peter Trudgill. 3 Bde. 2004, 2005, 2006. 2., vollst. neu bearb. u. erw. Aufl.

HSK 4 Computational Linguistics / Computerlinguistik. An International Handbook on Computer Oriented Language research and Applications. Ein internationales Handbuch zur computergestützten Sprachforschung und ihren Anwendungen. Hgg. von István S. Batori, Winfried Lenders & Wolfgang Putschke. 1989.

HSK 5 Wörterbücher / Dictionaries / Dictionaires. Ein internationales Handbuch zur Lexikographie. Hgg. von Franz Josef Hausmann, Oskar Reichmann, Herbert Ernst Wiegand & Ladislav Zgusta. 3 Bde. 1989 – 1991.

HSK 6 Semantik / Semantics. Ein internationales Handbuch zeitgenössischer Forschung. An International Handbook of Contemporary Research. Hgg. von Armin von Stechow & Dieter Wunderlich. 1991.

HSK 7 Sprachphilosophie – Philosophy of Language – La philosophie du langage. Ein internationales Handbuch zeitgenössischer Forschung / An International Handbook of Contemporary Research / Manuel international des recherches contemporaines. Hgg. von Marcelo Dascal, Dietfried Gerhardus, Kuno Lorenz & Georg Meggle. 2 Bde. 1992, 1996.

HSK 8 Linguistic Disorders and Pathologies. An International Handbook. Hgg. von Gerhard Blanken, Jürgen Dittmann, Hannelore Grimm, John C. Marshall & Claus-W. Wallesch. 1993.

HSK 9 Syntax. Ein internationales Handbuch zeitgenössischer Forschung /

An international Handbook of Contemporary Research. Hgg. von Joachim Jacobs, Arnim von Stechow, Wolfgang Sternefeld & Theo Vennemann. 2 Bde. 1993, 1995.

HSK 10   Schrift und Schriftlichkeit / Writing and Its Use. Ein interdisziplinäres Handbuch internationaler Forschung. Hgg. in Verbindung mit mehreren Mitherausgebern von Hartmut Günther & Otto Ludwig. 2 Bde. 1994, 1996.

HSK 11   Namenforschung / Name Studies / Les noms propres. Ein internationales Handbuch zur Onomastik / An International Handbook of Onomastics / Manuel international d'onomastique. Hgg. von Ernst Eichler, Gerold Hilty , Heinrich Löffler, Hugo Steger & Ladislav Zgusta. 2 Bde. 1995, 1996.

HSK 12   Kontaktlinguistik / Contact Linguistics / Linguistique de contact. Ein internationales Handbuch zeitgenössischer Forschung / An International Handbook of Contemporary Research / Manuel international des recherches contemporaines. Hgg. von Hans Goebl, Peter H. Nelde, Zdenek Stary & Wolfgang Wölck. 2 Bde. 1996, 1997.

HSK 13   Semiotik / Semiotics. Ein Handbuch zu den zeichentheoretischen Grundlagen von Natur und Kultur / A Handbook on the Sign-Theoretic Foundations of Nature and Culture. Hgg. von Roland Posner, Klaus Robering & Thomas A. Sebeok. 4 Bde. 1997, 1998, 2003, 2004.

HSK 14   Fachsprachen / Languages for Special Purposes. Ein internationales Handbuch zur Fachsprachenforschung und Terminologiewissenschaft / An International Handbook of Special-Language and Terminology Research. Hgg. von Lothar Hoffmann, Hartwig Kalverkämper & Herbert Ernst Wiegand. 2 Bde. 1998, 1999.

HSK 15   Medienwissenschaft. Ein Handbuch zur Entwicklung der Medien und Kommunikationsformen. Hgg. von Joachim-Felix Leonhardt, Hans-Werner Ludwig, Dietrich Schwarze & Erich Straßner. 3 Bde. 1999, 2001, 2002.

HSK 16   Text- und Gesprächslinguistik. Linguistics of Text and Conversation. Ein internationales Handbuch zeit-genössischer Forschung. An International Handbook of Contemporary Research. Hgg. von Klaus Brinker, Klaus, Gerd Antos, Wolfgang Heinemann & Sven G. Sager. 2 Bde. 2000, 2001.

HSK 17   Morphologie. Morphology. Ein internationales Handbuch zur Flexion und Wortbildung. An International Handbook on Inflection and Word-Formation. 2 Bde. Hgg. von Geert E. Booij, Christian Lehmann & Joachim Mugdan. Bd. 1 unter Mitarbeit von Wolfgang Kesselheim & Stavros Skopeteas, 2000. Bd. 2 in Zusammenarbeit mit Wolfgang Kesselheim. 2004.

HSK 18   History of the Language Sciences / Geschichte der Sprachwissenschaften / Histoire des sciences du language. An International Handbook on the Evolution of the Study of Language from the Beginnings to the Present / Ein internationales Handbuch zur Entwicklung der Sprachforschung von den Anfängen bis zur Gegenwart. Hgg. von Sylvain Auroux, E. F. K. Koerner, Hans-Josef Niederehe & Kees Versteegh. 3 Bde. 2000, 2001, 2007.

HSK 19   Deutsch als Fremdsprache. Ein internationales Handbuch. Hgg. von Gerhard Helbig, Lutz Götze, Gert Henrici & Hans-Jürgen Krumm. 2 Bde. 2001.

HSK 20   Language Typology and Language Universals / Sprachtypologie und sprachliche Universalien / La typologie des langues et les universaux linguistiques. An International Handbook / Ein internationales Handbuch / Manuel international. Hgg. von Martin Haspelmath, Ekkehard König, Wulf Oesterreicher & Wolfgang Raible. 2 Bde. 2001.

HSK 21   Lexikologie / Lexicology. Hgg. von Alan Cruse, Franz Hundsnurscher, Michael Job & Peter Rolf Lutzeier. 2 Bde. 2002, 2005.

HSK 22   The Nordic Languages. An International Handbook of the History of the North Germanic Languages. Hgg. von Oscar Bandle, Kurt Braunmüller, Ernst Hakon Jahr, Allan Karker, Hans-Peter Naumann, Ulf Telemann, Lennart Elmevik & Gun Widmark. 2 Bde. 2002, 2005.

HSK 23   Romanische Sprachgeschichte / Histoire linguistique de la Romania.

Ein internationales Handbuch zur Geschichte der romanischen Sprachen / Manuel international d'histoire linguistique de la Romania. Hgg. von Gerhard Ernst, Martin-Dietrich Gleßgen, Christian Schmitt & Wolfgang Schweickard. 3 Bde. 2003, 2006, 2009.

HSK 24   Psycholinguistik / Psycholinguistics. Ein internationales Handbuch / An International Handbook. Hgg. von Gert Rickheit, Theo Herrmann & Werner Deutsch. 2003.

HSK 25   Dependenz und Valenz / Dependency and Valency. Ein internationales Handbuch der zeitgenössischen Forschung / An International Handbook of Contemporary Research. Hgg. von Vilmos Ágel, Ludwig M. Eichinger, Hans Werner Eroms, Peter Hellwig, Hans Jürgen Heringer & Henning Lobin. 2 Bde. 2003, 2006.

HSK 26   Übersetzung – Translation – Traduction. Ein internationales Handbuch zur Übersetzungsforschung / An International Encyclopedia of Translation Studies / Encyclopédie internationale des sciences de traduction. Hgg. von Harald Kittel, Armin Paul Frank, Norbert Greiner, Theo Hermans, Werner Koller, José Lambert & Fritz Paul. 2 Bde. 2004, 2007.

HSK 27   Quantitative Linguistik / Quantitative Linguistics. Ein internationales Handbuch / An International Handbook. Hgg. von Reinhard Köhler, Gabriel Altmann & Rajmund G. Piotrowski. 2005.

HSK 28   Phraseologie / Phraseology. Ein internationales Handbuch der zeitgenössischen Forschung / A International Handbook of Contemporary Research. Hgg. von Harald Burger, Dmitrij Dobrovol'skij, Peter Kühn & Neal R. Norrick. 2 Bde. 2007.

HSK 29   Corpus Linguistics. An International Handbook. Hgg. von Anke Lüdeling & Merja Kytö. 2 Bde. 2008, 2009.

HSK 30   Language and Space. An International Handbook of Linguistic Variation. Hg. von Jürgen Erich Schmidt. Bd. 1: Theories and Methods. Hgg. in Zusammenarbeit mit Peter Auer. 2010.

HSK 31   Rhetorik und Stilistik / Rhetoric and Stilistics. Ein internationales Handbuch historischer und systematischer Forschung / An International Handbook of Historical and Systematic Research. Hgg. von Ulla Fix, Andreas Gardt & Joachim Knape. 2 Bde. 2008, 2009.

HSK 32   Die slavischen Sprachen / The Slavic Languages. Ein internationales Handbuch ihrer Geschichte und ihrer Erforschung / An International Handbook of their Structure, their History and their Investigation. Hgg. von Sebastian Kempgen, Peter Kosta, Tilman Berger & Karl Gutschmidt. Bd. 1. 2009.

IBS   Innsbrucker Beiträge zur Sprachwissenschaft. Innsbruck.

IF   Indogermanische Forschungen. Zeitschrift für Indogermanistik und allgemeine Sprachwissenschaft. Berlin.

IEL   Inventaire des études linguistiques sur les pays d'Afrique noire d'expression française et sur Madagascar. Paris 1978.

ILC   The Indigenous Languages of the Caucasus. Delmar/New York Vol. 1: The Kartvelian Languages, ed. A. C. Harris, 1991. Vol. 2: The North West Caucasian Languages, ed. G. Hewitt, 1989. Vol. 3: The North East Caucasian Langauges. Part 1, ed. M. Job, 2004; vol. 4: North East Caucasian Languages Part 2, Presenting the Three Nakh Languages and Six Minor Lezgian Languages, ed. R. Smeets. 1994.

IJ   Indogermanisches Jahrbuch. Berlin.

IJAL   International Journal of American Linguistics. Baltimore.

IJL   Italian Journal of Linguistics (Rivista di Linguistica). Torino.

IJPs   International Journal of Psycholinguistics. The Hague.

IJSL   International Journal of the Sociology of Language. Berlin, New York.

Info DaF   Informationen Deutsch als Fremdsprache. München.

IRAL   International Review of Applied Linguistics in Language Teaching/ Internationale Zeitschrift für angewandte Linguistik in der Spracherziehung. Heidelberg.

IULC   Indiana University Linguistics Club. Bloomington.

IZAS   Internationale Zeitschrift für Allgemeine Sprachwissenschaft. Leipzig.

JaAA   Jazyki Azii i Afriki. Moskva 1976 ff.

JaNSSSR   Jazyki narodov SSSR. Moskva 1966–1969.

JbIG   Jahrbuch für internationale Germanistik. Frankfurt a.M.

JCGL	Journal of Comparative Germanic Linguistics. Dordrecht, Boston, New York, London.
JGL	Journal of Germanic Linguistics. Cambridge.
JIdS	Jahrbuch des Instituts für deutsche Sprache. Düsseldorf, Tübingen.
JIPA	Journal of the International Phonetic Association. London.
JL	Journal of Linguistics. London.
JLR	Journal of Linguistic Research. Bloomington.
JN	Journal of Neuroscience. Washington.
JPhon	Journal of Phonology. London.
JPr	Journal of Pragmatics. An Interdisciplinary Quarterly of Language Studies. Amsterdam.
JPR	Journal of Psycholinguistic Research. New York.
JRF	Jarceva, V. N. et al. (ed.), Jazyki Rossijskoj Federacii i sosednix gosudarstv. Enciklopedija v trex tomax / The Languages of Russia and Adjacent States. Encyclopaedia. In 3 volumes. I (1997): A–I (V. N. Jarceva (predsedatel'), V. A. Vinogradov (zamestitel' predsedatelja), V. M. Solncev, E. R. Tenišev, A. M. Šaxnarovič); II (2001): K–R (V. A. Vinogradov (predsedatel'), E. R. Tenišev (zamestitel' predsedatelja), V. M. Solncev, A. M. Šaxnarovič); III (2005): S–Ja (V. A. Vinogradov (predsedatel'), E. R. Tenišev (zamestitel' predsedatelja), V. M. Solncev, A. M. Šaxnarovič). Moskva 1997–2005.
JS	Journal of Semantics. Nijmegen.
KGBL	Kopenhagener Beiträge zur Germanistischen Linguistik. Kopenhagen.
KLAGE	Kölner Linguistische Arbeiten Germanistik. Köln.
Kratylos	Kratylos. Kritisches Berichts- und Rezensionsorgan für indogermanische und allgemeine Sprachwissenschaft. Wiesbaden.
KZ	[Kuhns Zeitschrift] Zeitschrift für vergleichende Sprachforschung auf dem Gebiete der indogermanischen Sprachen, begründet von A. Kuhn. Göttingen.
LAB	Linguistische Arbeiten und Berichte. Berlin.
LABer	Linguistische Arbeitsberichte. Leipzig.
LACUS	Linguistic Association of Canada and the United States. Columbia, SC.
Langages	Langages. Paris.
L. A. U. D.	Linguistic Agency at the University of Duisburg. Duisburg.
L. A. U. T.	Linguistic Agency at the University of Trier. Trier.
LB	Leuvense Bijdragen. Tijdschrift voor moderne philologie. Leuven.
LBer	Linguistische Berichte. Braunschweig.
LCS	Linguistics: The Cambridge Survey. Ed. F. Newmeyer. Cambridge 1988.
LDS	Lingua Descriptive Series. Amsterdam.
LF	Linguistische Forschungen. Wiesbaden.
LFr	Langue Française. Paris.
Lg.	Language. Journal of the Linguistic Society of America. Baltimore.
LGL	Lexikon der Germanistischen Linguistik. Hgg. von H. P. Althaus, H. Henne und H. E. Wiegand. Tübingen 1973, ²1980.
LiLi	Zeitschrift für Literaturwissenschaft und Linguistik. Stuttgart/Weimar.
LIn	Linguistic Inquiry. Cambridge, Massachusetts.
Lingua	Lingua. International Review of General Linguistics. Amsterdam.
Linguistics	Linguistics. An International Review. Den Haag.
Linguistique	Linguistique. Revue internationale de linguistique générale. Paris.
LiS	Language in Society. London.
LL	Language Learning. Ann Arbor, MI.
LM	Les Langues Modernes. Révue et bulletin de l'Association des Professeurs de langues vivantes de l'enseignement. Paris.
LNA	The Langues of Native America. Ed. L. Campbell & M. Mithun. Austin, Texas 1979.
LP	Linguistics & Philosophy. Frankfurt a. M., Paris, Ebikon, Lancaster, New Brunswick.
LR	Language Reform. History and Future. Hg. von I. Fodor & G. Hagège. Bd. 2 (1983), Bd. 3 (1984), Bd. 4 (1989), Bd. 5 (1990). Hamburg.
LRL	Lexikon der romanistischen Linguistik. Hg. von G. Holtus, M. Metzelthin & C. Schmitt. Tübingen 1987 ff.
LRev	The Lingustic Review. Dordrecht.
LS	Linguistische Studien des Zentralinstituts für Sprachwissenschaft der Akademie der Wissenschaften der DDR. Berlin.
LuD	Linguistik und Didaktik. München.
LW-M	Languages of the World-Materials. Oberschleißheim/München/Newcastle (LINCOM).

MAP	Mémoires de l'Académie Impériale des Sciences de St.-Pétersbourg. Sanktpeterburg.
MDGV	Mitteilungen des Deutschen Germanistenverbandes. Frankfurt a. M.
MGDOP	Modern Grammar of Dutch Occasional Papers. Tilburg.
MGH	Monumenta Germaniae Historica. Berlin u. a.
MIÖG	Mitteilung des Österreichischen Instituts für Geschichtsforschung. Innsbruck.
ML	Modern Languages. London.
MLJ	The Modern Language Journal. Ann Arbor.
MPL	Münchner Papiere zur Linguistik. München.
MSpråk	Moderna Språk. Stockholm.
MU	Muttersprache. Zeitschrift zur Pflege und Erforschung der deutschen Sprache. Wiesbaden.
NCL	The Niger-Congo Languages. Ed. by J. Bendor-Samuel. Lanham, New York/London 1989.
NGG	Nachrichten (von) der (königlichen) Gesellschaft der Wissenschaften zu Göttingen (und der Georg-August-Universität). Göttingen.
NLLT	Natural Language and Linguistic Theory. Dordrecht.
NMWP	Neusprachliche Mitteilungen aus Wissenschaft und Praxis. Berlin.
NPh	Neophilologus. Groningen.
NPhM	Neuphilologische Mitteilungen. Helsinki.
NS	Die Neueren Sprachen. Frankfurt a. M.
OBST	Osnabrücker Beiträge zur Sprachtheorie. Osnabrück.
Orbis	Orbis. Bulletin international de documentation linguistique. Louvain.
PBB	Beiträge zur Geschichte der deutschen Sprache und Literatur, begründet von H. Paul und W. Braune. Halle, Tübingen.
PD	Praxis Deutsch. Velber.
PF	Prace filologiczne. Warschau.
Phonetica	Journal of the International Society of Phonetic Sciences. Basel.
PhP	Philologica Pragensia. Prag.
PJM	MakKonnell, G. D., V. Solncev & V. Mixal'enko (ed.), Pis'mennye jazyki mira. Jazyki Rossijskoj Federacii. Sociolingvističeskaja enciklopedija. Kniga 1; 2 (Rossijskaja Akademija Nauk, Institut Jazykoznanija). Moskva 2000.
PMLA	Publication of the Modern Language Association of America. New York.
Poetica	Poetica. Zeitschrift für Sprach- und Literaturwissenschaft. München.
Praxis	Praxis des neusprachlichen Unterrichts. Dortmund.
PSA	R. Jakobson, G. Fant & M. Halle, Preliminaries to Speech Analysis. Cambridge, Mass. 1952.
PWPL	Penn Working Papers in Linguistics. Philadelphia.
PzL	Papiere zur Linguistik. Tübingen (Fortsetzung von MPL).
RES	The Review of English Studies. London.
RF	Romanische Forschungen. Vierteljahresschrift für romanische Sprachen und Literaturen. Frankfurt a. M.
RFE	Revista de Filologia Española. Madrid.
RGA	Reallexikon der Germanischen Altertumskunde. Von J. Hoops. 2., völlig neu bearbeitete und stark erweiterte Auflage. Hgg. von H. Beck, D. Geuenich & H. Steuer. Berlin/ New York 1972 ff.
RGL	Revue de linguistique générale. Genf.
RJb	Romanistisches Jahrbuch. Hamburg.
RLR	Revue de Linguistique Romane. Paris.
Romania	Romania. Paris.
RomGG	Romanistik in Geschichte und Gegenwart. Hamburg.
SAIL	South American Indian Languages. Ed. by H. E. M. Klein & L. R. Stark. Austin 1985.
SBDAW	Sitzungsberichte der deutschen Akademie der Wissenschaften zu Berlin. Berlin.
SaS	Slovo a slovesnost. Prag.
SbBAW	Sitzungsberichte der Bayerischen Akademie der Wissenschaften, Philosophisch-historische Klasse. München.
SbÖAW	Sitzungsberichte der Österreichischen Akademie der Wissenschaften. Philosophisch-historische Klasse. Wien.
SBS	Studienbibliographien Sprachwissenschaft. Heidelberg.
SbSAW	Sitzungsberichte der Sächsischen Akademie der Wissenschaften zu Leipzig, Philologisch-historische Klasse. Berlin.
SdG	Sprache der Gegenwart. Düsseldorf.
Semiotica	Semiotica. Revue publiée par l'Association internationale de Sémiotique / Journal of the International Association for Semiotic Studies. The Hague.

SG	Studia Grammatica. Berlin.	ZCPh	Zeitschrift für Celtische Philologie. Tübingen.
SgL	Sprachtheorie und germanistische Linguistik. Debrecen.	ZD	Zielsprache Deutsch. Zeitschrift für Unterrichtsmethodik und angewandte Sprachwissenschaft. München.
SiL	Studies in Linguistics. Dallas, TX.		
SL	Studium Linguistik. Kronberg.		
SNPh	Studia Neophilologica. A Journal of Germanic and Romance Philology. Stockholm.	ZDL	Zeitschrift für Dialektologie und Linguistik. Wiesbaden.
		ZDPh	Zeitschrift für deutsche Philologie. Berlin.
SPE	N. Chomsky & M. Halle, The Sound Pattern of English. New York 1968.	ZDMG	Zeitschrift der deutschen morgenländischen Gesellschaft. Hamburg.
Sprache	Die Sprache. Zeitschrift für Sprachwissenschaft. Wien.	ZDS	Zeitschrift für deutsche Sprache. Berlin.
Sprachw.	Sprachwissenschaft. Heidelberg.		
STZ	Sprache im technischen Zeitalter. Köln.	ZDW	Zeitschrift für deutsche Wortforschung. Straßburg.
S&P	Sprache und Pragmatik. Lund.	ZES	Zeitschrift für Eingeborenen-Sprachen. Berlin.
SuS	Sprache und Sprechen. Frankfurt a. M.	ZfdPh	Zeitschrift für deutsche Philologie. Berlin.
TCLC	Travaux du Cercle Linguistique de Copenhague. Kopenhagen.	ZFF	Zeitschrift für Fremdsprachenforschung. Bochum.
TCLP	Travaux du Cercle Linguistique de Prague. Prag.	ZfG	Zeitschrift für Germanistik. Berlin, Bern, Frankfurt a.M.
TESOL	Teachers of English to Speakers of Other Languages Quartely. Washington.	ZfM	Zeitschrift für Mundartforschung. Wiesbaden.
TL	Theoretical Linguistics. Berlin, New York.	ZfO	Zeitschrift für Ortsnamenforschung. Berlin.
TLP	Travaux Linguistiques de Prague. Prag.	ZFSL	Zeitschrift für Französische Sprache und Literatur. Wiesbaden.
TPhS	Transactions of the Philological Society. Oxford.	ZGL	Zeitschrift für Germanistische Linguistik. Berlin.
UCAM-CL-TR	Technical Report Univ. of Cambridge Computer Laboratory. Cambridge.	ZM	Zeitschrift für (hoch)deutsche Mundarten. Berlin.
UCLWPL	University College London Working Papers in Linguistics. London.	ZPhAS	Zeitschrift für Phonetik und allgemeine Sprachwissenschaft. Berlin.
VJa	Voprosy jazykoznanija. Moskva.	ZPSK	Zeitschrift für Phonetik, Sprachwissenschaft und Kommunikationsforschung. Berlin.
WLG	Wiener Linguistische Gazette. Wien.		
Word	Word. Journal of the International Linguistic Association. New York.	ZRPh	Zeitschrift für Romanische Philologie. Tübingen.
WPSS	Working Papers in Scandinavian Syntax. Lund.	ZPhon	Zeitschrift für Phonetik, Sprachwissenschaft und Kommunikationsforschung. Berlin.
WW	Wirkendes Wort. Deutsches Sprachschaffen in Lehre und Leben. Düsseldorf.	ZS	Zeitschrift für Sprachwissenschaft. Göttingen.
WZ	Wissenschaftliche Zeitschrift [Potsdam: WZPHP, Berlin: WZUB, Greifswald: WZUG, Halle-Wittenberg: WZUH, Jena: WZUJ, Leipzig: WZUL, Rostock: WZUR].	ZSem	Zeitschrift für Semiotik. Tübingen.
		ZSl	Zeitschrift für Slavistik. Berlin.
		ZSlPh	Zeitschrift für slavische Philologie. Heidelberg.
YPL	York Papers in Linguistics. York.	ZVS	Zeitschrift für Vergleichende Sprachforschung auf dem Gebiet der indogermanischen Sprachen. Begründet von A. Kuhn. Göttingen (auch: Kuhns Zeitschrift).
ZAA	Zeitschrift für Anglistik und Amerikanistik. Berlin.		
ZASPIL	ZAS Papers in Linguistics. Berlin.		

Siglen häufig zitierter Literatur

Um den Umfang des Lexikons in Grenzen zu halten, werden einige der am häufigsten zitierten Werke abgekürzt zitiert. Hat ein Werk mehrere Auflagen, wird die verwendete Auflage durch eine hochgestellte Ziffer nach der Sigle für das betreffende Werk bezeichnet, denn in den Artikeln des Lexikons ist – aus unterschiedlichen Gründen – nicht immer die letzte Auflage des jeweiligen Werks zitiert.

Bühler, Sprachtheorie	K. Bühler, Sprachtheorie. Die Darstellungsfunktion der Sprache. Jena 1934. Stgt. [2]1965.
Chomsky, Aspects	N. Chomsky, Aspects of the Theory of Syntax. 1965. Dt. Aspekte der Syntax-Theorie. Übers. von E. Lang. Ffm. 1968 u.ö.
Duden Gr[5]	Duden Grammatik der dt. Gegenwartssprache. Mannheim, Lpz., Wien, Zürich [5]1995.
Duden Gr[6]	Duden. Grammatik der deutschen Gegenwartssprache. Mannheim, Lpz., Wien, Zürich [6]1998.
Duden Gr[7]	Duden. Die Grammatik. Mannheim, Lpz., Wien, Zürich [7]2005.
Eisenberg I, II	P. Eisenberg, Grundriß der dt. Grammatik. Bd. I: Das Wort. Bd. II: Der Satz. Stgt., Weimar [3]2006.
Fleischer & Barz WB[2]	W. Fleischer & I. Barz, Wortbildung der dt. Gegenwartssprache. Tübingen [2]1995.
Ggwdt.[2]	H. Glück & W. W. Sauer, Gegenwartsdeutsch. Stgt., Weimar [2]1997.
Greenberg[3]	J. H. Greenberg, The Languages of Africa. Bloomington [3]1970.
Heidolph, Grundzüge	K. E. Heidolph, W. Flämig & W. Motsch, Grundzüge einer dt. Grammatik. Bln. 1981.
Helbig & Buscha[17]	G. Helbig & J. Buscha, Dt. Grammatik. Ein Handbuch für den Ausländerunterricht. Lpz., Bln., Mchn. [17]1996. Neubearbeitung [2]2002.
Saussure, Cours	F. de Saussure, Cours de linguistique générale. Paris/Lausanne 1916. Dt. u. d. T. Grundfragen der allgemeinen Sprachwissenschaft. Bln., Lpz. 1931 u.ö.

Internetadressen für Linguisten

Zusammengestellt von Friederike Schmöe, korrigiert und aktualisiert durch Corinna Bogdahn

1. Dienstleistungen und Informationen

BABEL-System: Eine Implementation einer HPSH (head driven phrase structure grammar) für das Deutsche
http://www.cl.uni-bremen.de/~stefan/Babel/hpsg.fu-berlin/~stefan/babel/index.html.de

Das BABEL-System ist ein Sprachanalysesystem, das syntaktische und semantische Analysen von Sätzen durchführen kann.

Bibliotheken, Bücher und Berichte: Verzeichnis deutschsprachiger Kataloge und Institutionen
http://www.grass-gis.de/bibliotheken/

Umfassende Sammlung deutschsprachiger wissenschaftlicher Bibliothekskataloge. Auch nach Wörterbüchern kann recherchiert werden: http://www.grass-gis.de/bibliotheken/woerterbuecher.html; unter http://www.grass-gis.de/bibliotheken/zeitungsarchive.html gibt es einen Zugang zu Zeitungsarchiven.

COSMAS II
http://www.ids-mannheim.de/cosmas2/

Online-Korpus der deutschen Sprache, angesiedelt beim Institut für deutsche Sprache (s. Abschnitt 2).

Das deutsche Wörterbuch von Jacob und Wilhelm Grimm im Internet
http://www.dwb.uni-trier.de/index.html

Internetzugang zum Deutschen Wörterbuch.

Die Deutsche Bibliothek
http://www.ddb.de/

Die Webseite der Deutschen Bibliothek ermöglicht unter anderem die Suche in verschiedenen Online-Katalogen, auch international. Es gibt neben weiteren spezielleren Informationen auch einen Zugang zum Verzeichnis der Inkunabeln.

Ethnologue. Languages of The World
www.ethnologue.com

Webversion der – vom SIL (s. Abschnitt 2) herausgegebenen – ›Enzyklopädie Ethnologue. Languages of The World‹, die in ihrer aktuellen Ausgabe (April 2010) 6909 lebende Sprachen katalogisiert und beschreibt. Der Nutzer kann die Daten nach Sprachfamilie, Land, Region und Sprachengröße filtern. Es gibt einen Link zu vom Aussterben bedrohten Sprachen, eine umfangreiche Bibliographie u.v.m. Die Online-Version enthält die kompletten Daten der gedruckten Fassung.

Germanistik im Internet
www.germanistik-im-netz.de

Ausführliche und gut kommentierte Ausgangsseite für Recherchen im ganzen Bereich der Germanistik: Es gibt Informationen zu germanistischen Instituten an Universitäten weltweit, zu relevanten Institutionen, Ressourcen, digitalen Texten, Literaturarchiven usw.

Google-Suche zum Thema Sprachen
http://www.google.com/language_tools?

Diese Seite öffnet eine spezielle Suchmaske für Abfragen zum Thema Sprache(n). Hier kann der Nutzer außerdem die Sprache(n) eingeben, in der/in denen er schwerpunktmäßig Webseiten sucht (momentan 35 verschiedene Sprachen). Augenblicklich bietet Google seine Benutzeroberfläche in 130 Sprachen an.

I Love Languages
http://www.ilovelanguages.com/

Katalog zu sprachenbezogenen Internetressourcen mit sehr differenzierten Suchfunktionen, u. a. zu Sprachschulen und Übersetzungsdiensten.

Internetquellen zu den Sprach- und Literaturwissenschaften
http://www.uni-mannheim.de/users/bibsplit/litrech.html

Sehr ausführliches, breit gefächertes Angebot von Links zu unterschiedlichen Quellen und Institutionen, die für die Sprach- und Literaturwissenschaften von Interesse sind.

Lingsoft, Language Sense
http://www.lingsoft.fi/?lang=de

Anbieter von Software unterschiedlicher Art, die für Linguisten bzw. im Kontext von Sprache und Fremdsprachen nützlich sein können (z. B. elektronische Wörterbücher, Spracherkennungstechnologie). Schwerpunkte liegen auf den Sprachen Dänisch, Deutsch, Englisch, Finnisch, Norwegisch und Schwedisch, werden aber nach Bedarf auch für andere Sprachen angeboten.

Linguist-List
http://www.linguistlist.org

Forum für akademische Linguisten, das der Diskussion, der Fachinformation und dem fachlichen Austausch dient und insbesondere variable Such- und Recherchemöglichkeiten bietet. Es enthält u. a. Informationen zu Konferenzen, Publikationen, Institutionen, Forschungsförderung, Software u. v. m.

Linguistik online
http://www.linguistik-online.de/deutsch/index.html

Zeitschrift, die ihre Beiträge im Netz kostenlos zugänglich macht. Das Spektrum der behandelten Themen deckt folgende Bereiche ab: Geschichte, Theorie und Methoden der Linguistik; Konversationsanalyse; Morphologie und Syntax; Pragmatik; Semantik; Soziolinguistik; Spracherwerb; Sprachgeschichte.

Linguistik-Server Essen
http://www.linse.uni-due.de/linse/index.php

Bietet Literatur, nach Themen und Rubriken sortiert. Auch Bibliographien sind zugänglich sowie weitere Links zur Linguistik.

L;inkolon
http://www.linse.uni-due.de/linkolon/index.html

Projekt, in dem multimediale Lernmodule zur Einführung in verschiedene Bereiche der Linguistik entwickelt werden. Die Module stehen im Netz kostenlos zur Verfügung.

Linksammlung des Fachbereichs Anglistik 3, Heinrich-Heine-Universität Düsseldorf
http://www.phil-fak.uni-duesseldorf.de/anglistik3/studium/online-sources

Sammlung interessanter Links zur Linguistik allgemein, speziell auch zur Anglistik.

LINSE-Links
http://www.links.linse.uni-due.de

Kommentierte Linkdatenbank mit über 3000 Links zu linguistisch interessanten Adressen. Der Nutzer kann selbst neue Links vorschlagen sowie Links kommentieren und bewerten.

Noam Chomsky Archive
www.zcummunications.org/chomsky/index.cfm
www.chomsky.info/index.htm; www.chomskyarchiv.de

Hier können ausgewählte Texte aus Chomskys wissenschaftlichen und publizistischen Werken, aus Interviews und Vorträgen abgerufen werden.

Permanent Information About Esperanto
http://donh.best.vwh.net/esperanto.php

Informationen zu Esperanto, zur Esperantologie und allgemein zu Plansprachen.

The European Language Certificates (TELC)
www.sprachenzertifikate.de

Überblick über in 17 europäischen Ländern durchgeführte und anerkannte Sprachenzertifikate, sortiert nach Sprachen bzw. Niveaustufen. Derzeit sind katalogisiert: Tschechisch, Spanisch, Italienisch, Türkisch, Englisch, Russisch, Deutsch, Französisch, Portugiesisch. Die Webseite führt auch zu Vorbereitungsmaterial weiter und informiert über Institutionen, an denen die Prüfungen abgelegt werden können.

Thesaurus indogermanischer Text- und Sprachmaterialien (TITUS)
http://titus.uni-frankfurt.de/indexd.htm

TITUS koordiniert Projekte zur indogermanistischen Forschung sowie die Darstellung bearbeiteter Textmaterialien im Web. Es bietet Lehrmaterialien, Links zu Datenbanken, Lexika, Projekten u.a.

University of Rochester, Department of Linguistics
http://www.ling.rochester.edu

Liefert v.a. weiterführende Informationen zu Computerlinguistik, kognitiver Linguistik, Sprachphilosophie und American Sign Language. Über http://www.ling.rochester.edu/links.html gelangt man zu einem sprachwissenschaftlichen Linkkatalog.

Wortwarte
www.wortwarte.de

Your Dictionary – Wörterbuch-Dienstleister
http://www.yourdictionary.com/

Ausgangsseite für Recherchen nach und in Wörterbüchern für knapp 300 Sprachen. Für die großen Sprachen (Englisch, Deutsch, Russisch u.a.) gibt es Links zu unterschiedlichen Wörterbüchern: einsprachige, zweisprachige, Fachwörterbücher usw. Weiterhin kann man Sprachkurse, Sprachlernmaterialien und Grammatiken zu verschiedenen Sprachen recherchieren. Hier ist auch Zugang zum Deutschen Wörterbuch der Grimms zu finden: http://www.dwb.uni-trier.de/index.html

Zentrale für Unterrichtsmaterialien
www.Zum.de

Ausgangsseite für Lehr- und Lernmaterialien, auch zu Fremdsprachen. Eine Suchfunktion ermöglicht die gezielte Abfrage von Material zu einzelnen Fächern.

2. Organisationen und Institutionen

Association for Computational Linguistics
http://www.aclweb.org

Internationale wissenschaftliche Gesellschaft mit den Schwerpunkten natürliche Sprache und Computerlinguistik.

Bibliographisches Institut & F. A. Brockhaus AG
www.duden.de

Webseite des Bibliographischen Instituts & F. A. Brockhaus AG mit Hinweisen zum Wörterbuchprogramm des Verlages, Zugang zum Gesamtkatalog u.a.

Deutsche Forschungsgemeinschaft (DFG)
www.dfg.de

Die Webseite der DFG bietet Zugang zu umfangreichen Dienstleistungen und Informationen wie Ausschreibungen, Modalitäten der Projektförderung, Stellenausschreibungen, koordinierte Programme, Nachwuchsförderung, -preisen, Fachtagungen usw. Formulare und Merkblätter können direkt heruntergeladen werden.

Deutsche Gesellschaft für Sprachwissenschaft (DGfS)
https://dgfs.de/cgi-bin/dgfs.pl

Die DGfS ist eine Vereinigung von Personen, die natürliche Sprache(n) wissenschaftlich erforschen. Sie organisiert Fachtagungen, Sommerschulen und gibt die ›Zeitschrift für Sprachwissenschaft‹ heraus. Es gibt eine Sektion Computerlinguistik (http://www.dgfs.de/cgi-bin/dgfs.pl/coli) mit eigenen Fachtagungen.

Duden
s. o. Bibliographisches Institut & F. A. Brockhaus AG

EsperantoLand
http://home.snafu.de/behrmann/index.html

Das Zentrum für Esperanto-Studien bietet Informationen über Aktivitäten im Bereich Esperanto und Plansprachen, Zugang zu Büchern in Esperanto sowie weitere Links zu Esperanto-Seiten im Netz.

European Center for Minority Issues (ECMI)
www.ecmi.de

Zentrum der Forschung, des wissenschaftlichen Austausches und der Dokumentation zu Fragen von Beziehungen zwischen Mehrheiten und Minderheiten in Europa. Sprache ist ein Aspekt neben politischen, historischen, ethnologischen und sozialen Sachverhalten.

Forensic Linguistics Institute
http://www.thetext.co.uk/

Auf praktische und anwendungsbezogene Fragen ausgerichtete Webseite für Interessenten an forensischer Linguistik. Es kann beispielsweise eine Software heruntergeladen werden, die die einfache phonetische Transkription gehörter Texte ermöglicht. Die Seite leitet außerdem zu Experten in unterschiedlichen Bereichen der forensischen Linguistik weiter.

Forschungskolleg Bremen
http://www.fb10.uni-bremen.de/inform/default.asp?main=http://www.fb10.uni-bremen.de/inform/eurgradkoll.htm

Gesellschaft für deutsche Sprache (GfdS)
www.gfds.de

Vereinigung von ca. 2000 Sprachfreunden, die meist in lokalen Zweigvereinen organisiert sind. Die staatlich geförderte Geschäftsstelle verfügt über Belegsammlungen zum aktuellen Sprachgebrauch und eine Spezialbibliothek. Sie gibt die Zeitschriften ›Muttersprache‹ und ›Sprachdienst‹ heraus. **Lit.** S. Wiechers, Die GfdS. Vorgeschichte, Geschichte und Arbeit eines dt. Sprachvereins. Ffm. u. a. 2004.

GeSuS e. V.; Gesellschaft für Sprache und Sprachen
http://www.gesus-info.de

Verein, der sich der Vermittlung und interdisziplinären Erforschung von Sprache und Sprachen widmet. Neben linguistischen Ansatzpunkten werden auch philosophische, psychologische, soziologische, politische u. a. Aspekte von Sprache(n) einbezogen. GeSuS e. V. richtet Konferenzen aus und gibt die Publikation Zeitschrift für ›Sprache und Sprachen‹ heraus.

Graduiertenkolleg Linguistik/Anglistik Stuttgart
http://ifla.uni-stuttgart.de/gradcol/index.shtml

Graduiertenkolleg theoretische Linguistik Frankfurt
http://web.uni-frankfurt.de/fb10/grad_koll/htmld/projekta.html

Henning-Kaufmann-Stiftung zur Pflege der Reinheit der deutschen Sprache
http://stiftungen.stifterverband.info/t038_kaufmannamen/index.html

Die Stiftung wurde 1978 aus dem Nachlass des Gymnasiallehrers und Namenforschers Henning Kaufmann begründet. Sie will auf gutes, verständliches Deutsch und einen sorgfältigen Sprachgebrauch hinwirken. Seit 1984 vergibt sie jährlich den Dt. Sprachpreis, der mit 5000 Euro dotiert ist.

Institut für deutsche Sprache (IdS)
www.ids-mannheim.de

Im Jahr 1964 gegründetes Institut zur Erforschung der deutschen Gegenwartssprache (Grammatik, Lexik, Pragmatik). Es gibt mehrere wissenschaftliche Reihen (›Sprache der Gegenwart‹ (SdG), Schriften des Instituts, Jahrbücher des Instituts u.a.) und Zeitschriften (›Deutsche Sprache‹ (DS), ›Sprachreport‹) heraus. Sitz der umstrittenen Kommission für deutsche Rechtschreibung (bis 2004), seither Rat für deutsche Rechtschreibung. Bibliothek und Archive, Online-Korpora.

International Phonetic Association
www.langsci.ucl.ac.uk/ipa/

Fördert die wissenschaftliche Forschung im Bereich Phonetik und eröffnet Schnittstellen zur praktischen Anwendung. Auf der Webseite werden u.a. Fonts bereitgestellt, es gibt eine vollständige Darstellung des internationalen phonetischen Alphabets sowie Hördateien zur Illustration der entsprechenden Daten im ›Handbook of the IPA‹.

International Quantitive Linguistic Association
http://www.iqla.org

Forum für Linguisten, die sich mit quantitativer Linguistik beschäftigen.

Landesspracheninstitut Nordrhein-Westfalen (LSI)
http://www.lsi-nrw.de/daslsi/portrait/index.html

1973 gegründete Einrichtung des Landes NRW zur Vermittlung von praktisch einsetzbaren, kommunikativen Fremdsprachenkenntnissen (hauptsächlich in Arabisch, Chinesisch, Japanisch und Russisch, daneben Koreanisch, Persisch und Polnisch) in einem möglichst kurzen Zeitraum (Intensivkurse).

Max-Planck-Institut für Psycholinguistik
http://www.mpg.de/instituteProjekteEinrichtungen/institutsauswahl/psycholinguistik/index.html

Zentrale Seite auf Englisch: http://www.mpi.nl/world/index.html
Fördert die Forschung zu allen Aspekten der Psycholinguistik wie Sprachverstehen, Spracherwerb, Sprachproduktion, Sprache und Kognition, Mehrsprachigkeit. Die Webseite stellt Dokumente und Materialien bereit.

Stiftung Deutsche Sprache
http://www.stiftung-deutsche-sprache.de

Die Stiftung Deutsche Sprache wurde 2001 mit dem Ziel gegründet, das Deutsche als ein Kulturgut, als vollwertiges Mittel der Verständigung im Alltag, als Medium der Forschung und des gesellschaftlichen Diskurses zu schützen und zu fördern. Insbesondere wendet sie sich gegen die als schädlich empfundene Anglisierung des gegenwärtigen Deutsch.

Summer Institute of Linguistics (SIL)
http://www.sil.org

Das SIL erforscht, dokumentiert und unterstützt (bspw. durch Alphabetisierungskampagnen) die weniger bekannten, kleineren Sprachen der Welt. Es tut dies vor dem Hintergrund expansiver Missionsbestrebungen im Sinne fundamentalistischer protestantischer Kirchen und Sekten in den USA. Außer in der deskriptiven

Linguistik i.w.S. ist das SIL im Bereich der Anthropologie, des Sprachenlernens und der Übersetzung aktiv, v.a. in der Bibelübersetzung. Dem SIL wird immer wieder vorgeworfen, mit dem amerikanischen Geheimdienst bzw. repressiven Regimes von Ländern, in denen es Feldforschung betreibt, zusammenzuarbeiten. Seine Webseite bietet u.a. umfangreiche Software, etwa Alphabetfonts für unterschiedliche Sprachen (z.B. Armenisch), aber auch Software für Textanalysen, Utilities für die Feldforschung u.v.m.

Verein Deutsche Sprache (VDS)
www.vds-ev.de

Vereinigung von ca. 30.000 Sprachfreunden, die sich v.a. der Bekämpfung von Anglizismen widmet. Er gibt die Zeitschrift ›Sprachnachrichten‹ und Verdeutschungslisten heraus. Der VDS ist in eine Vielzahl von Regionalgruppen und Arbeitsgemeinschaften gegliedert. Die Geschäftsstelle verfügt über Belegsammlungen zu Anglizismen.

3. Deutsche Organisationen in der auswärtigen Kultur- und Spracharbeit

Deutscher Akademischer Austauschdienst (DAAD)
http://www.daad.de/de/index.html

Startseite des DAAD, die zu den Außenstellen im Ausland, zu Programmen und Ausschreibungen, zu Informationen über Fördermöglichkeiten für Deutsche und Ausländer führt. Bewerbungsformulare können an Ort und Stelle heruntergeladen werden. Separate Seiten führen zu Informationen für Ausländer, für Deutsche, für Hochschulen und für Stipendiaten.

Deutsche Kultur International
http://deutsche-kultur-international.de/dir/

Fungiert als Schnittstelle zu Internetseiten in den Bereichen Sprachförderung, auswärtige Kultur- und Spracharbeit, führt zu Ansprechpartnern in den Mittlerorganisationen, informiert über Programme und Projekte (etwa Jugendaustausch), deutsche Bibliotheken weltweit, Aus- und Fortbildungen für Deutschlehrer usw.

Goethe-Institut e.V. (GI)
www.goethe.de

Zentrale Webseite des Goethe-Instituts, die zu (fast) allen Seiten des GI weltweit führt, zu Projekten und Aktivitäten. Die Seite bietet die Möglichkeit, Lernmaterialien herunterzuladen, sich über deutsche Kulturtage in anderen Ländern zu informieren u.v.m. Der Linkkatalog http://www.goethe.de/lks/deindex.htm führt zu externen Seiten zu den Themen DaF, Kunst, Gesellschaft, Bildung und Wissenschaft, Medien und Information u.a.

Institut für Auslandsbeziehungen (IfA)
http://www.ifa.de

Webseite, auf der das IfA seine Aktivitäten zur Kulturförderung und Auslandskulturarbeit vorstellt und dokumentiert. Es gibt Zugang zu Datenbanken, Ausschreibung für Förderprogramme, Informationen zu Deutschkursen, online-Zugriff auf die IfA-Presseschau, außerdem Zugang zur ›Zeitschrift für Kulturaustausch‹ u.a.m.

Zentralstelle für das Auslandsschulwesen (ZfA)
http://www.auslandsschulwesen.de

Die ZfA ist eine Abteilung des Bundesverwaltungsamtes unter der Fachaufsicht des Auswärtigen Amtes. Ihre Aufgabe ist es, deutsche Schulen im Ausland (amtlich) zu betreuen und zu fördern, u.a. durch Vermittlung, Vorbereitung und Beratung von deutschen Lehrern an ausländischen Schulen bzw. als Fachberater an ausländischen Bildungsministerien, durch Fortbildungen und Fachinformationen.

4. Organisationen anderer Länder für die Kultur- und Spracharbeit

Alliance Française
http://www.alliancefr.org

Die Alliance Française fördert die französische Sprache durch Sprach- und Kulturarbeit in ihren Niederlassungen in derzeit über 130 Ländern. Sprachschüler können dort Prüfungen ablegen und Sprachdiplome und -zertifikate erwerben. Informativer als die ziemlich unübersichtliche Hauptseite sind die Seiten der einzelnen Filialen, zu denen man über den zentralen URL gelangt. Eine deutsch-französische Seite über Sprachtests und -kurse findet man unter http://www.fplusd.de

British Council
www.britishcouncil.de

Hauptseite des British Council für Deutschland. Der Nutzer erhält einen Überblick über die Aktivitäten der Organisation, Informationen zu Kultur, Kunst, Gesellschaft Großbritanniens, zu Sprachkursen und -prüfungen, akademischen Kooperationen, Studienmöglichkeiten in Großbritannien u.a.m.

Instituto Cervantes
http://www.cervantes.es

Hauptseite (in spanischer Sprache) des spanischen Kulturinstituts zur Förderung der spanischen Sprache und Kultur. Das Institut bietet u.a. Sprachkurse an, die mit anerkannten Zertifikaten abschließen. Die deutschsprachige Seite des Berliner Instituts ist unter www.cervantes.de zu finden, u.a. mit Zugang zur institutseigenen Bibliothek und zu Angeboten der Lehrerfortbildung.

Österreichischer Austauschdienst
http://www.oead.at

Ähnlich wie der DAAD bietet der ÖAD Dienstleistungen für Österreicher und Ausländer, Lehrende, Forschende und Studierende, im Hinblick auf Forschungsförderung, Austauschprogramme, internationale Kooperationen usw.

Società Dante Alighieri
http://www.ladante.it

Die Gesellschaft fördert die Verbreitung der italienischen Sprache und Kultur, v.a. bezogen auf im Ausland lebende Italiener. In Deutschland gibt es allein über 20 Niederlassungen. Die Homepage bietet Zugriff auf Informationen zu aktuellen Projekten und Veranstaltungen, Auskünfte über italienbezogene Fragestellungen gesellschaftlicher, politischer, kultureller u.a. Art.

5. Virtuelle Fachbibliotheken

Virtuelle Fachbibliotheken ermöglichen den fachspezifischen Zugriff auf wissenschaftsrelevante Informationen. Dokumente und Materialien werden – durch die parallele Suche in unterschiedlichen, auch heterogenen Datenbeständen – an einem virtuellen Ort gebündelt. Recherche, Bestellung und Zugang sind zentral möglich.
Im folgenden eine Auswahl von für die Bereiche Sprache, Literatur, Kultur und Philologie interessanten virtuellen Fachbibliotheken:

Datenbank Gesprochenes Deutsch (DGD)
http://dsav-oeff.ids-mannheim.de/

ELRA: European Language Resources Association
http://www.elra.info/

Fachportal für Geschichtswissenschaften (clio-online)
http://www.clio-online.de

Middle East Virtual Library (MENALIB)
http://ssgdoc.bibliothek.uni-halle.de/vlib/html/index.html

OLAC: Open Language Archives Community
http://www.language-archives.org/

Virtual Library of Anglo-American Culture (Vlib-AAC)
http://www.sub.uni-goettingen.de/vlib

Virtuelle Fachbibliothek Ethnologie (EthnoViB EViFa)
http://www.evifa.de

Virtuelle Fachbibliothek Ibero-Amerika (cibera)
http://www.cibera.de/de/

Virtuelle Fachbibliothek Niederländischer Kulturkreis (NedGuide)
http://www.nedguide.de

Virtuelle Fachbibliothek Osteuropa (ViFaOst)
http://www.vifaost.de

Virtuelle Fachbibliothek Psychologie (FIPS/ViFaPsych)
http://fips.sulb.uni-saarland.de/port.htm

Virtuelle Fachbibliothek Romanistik (ViFaRom)
http://www.ub.uni-heidelberg.de/helios/fachinfo/www/roman/rominet.htm

Stand: August 2010

Verzeichnis der Sondersammelgebiete

Sondersammelgebiete (Abk. SSG) sind ein von der Deutschen Forschungsgemeinschaft (DFG) unterstütztes Sammelschwerpunktprogramm wissenschaftlicher Bibliotheken. Die beteiligten Bibliotheken sollen Material zu ihren Sammelschwerpunkten möglichst umfassend kaufen. Sie erteilen bibliographische Auskünfte, geben z.T. Neuerwerbungslisten heraus und sind Anlaufstelle für Fernleihbestellungen (Zahlen in Klammern: Sigel der Bibliothek im Deutschen Leihverkehr).

Afrika, südlich der Sahara	Stadt- und Universitätsbibliothek Frankfurt a.M. (30)
Ägyptologie	Universitätsbibliothek Heidelberg (16)
Albanien	Bayerische Staatsbibliothek München (12)
Allgemeine Sprachwiss.	Stadt- und Universitätsbibliothek Frankfurt a.M. (30)
Altaische Sprachen	Niedersächsische Staats- und Universitätsbibliothek Göttingen (7)
Altorientalistik	Universitätsbibliothek Tübingen (21)
Australische Sprachen	Niedersächsische Staats- und Universitätsbibliothek Göttingen (7)
Englische Sprache	Niedersächsische Staats- und Universitätsbibliothek Göttingen (7)
Eskimo-Sprachen	Staats- und Universitätsbibliothek Hamburg (18)
Finno-Ugrische Sprachen	Niedersächsische Staats- und Universitätsbibliothek Göttingen (7)
Flämisch, Friesisch	Universitätsbibliothek Münster (6)
Frankreich, Italien	Universitätsbibliothek Bonn (5)
Germanistik	Stadt- und Universitätsbibliothek Frankfurt a.M. (30)
Iberoroman. Sprachen	Ibero-Amerikanisches Institut Berlin (204)
Islamische Turksprachen	Universitätsbibliothek Tübingen (21)
Judaistik	Stadt- und Universitätsbibliothek Frankfurt a.M. (30)
Keltologie	Niedersächsisches Staats- und Universitätsbibliothek Göttingen (7)
Koreanistik	Niedersächsische Staats- und Universitätsbibliothek Göttingen (7)
Litauisch, Lettisch	Bayerische Staatsbibliothek München (12)
Niederlandistik	Universitätsbibliothek Münster (6)
Nordamerikan. Sprachen	Staats- und Universitätsbibliothek Hamburg (18)
Orientalistik	Staatsbibliothek zu Berlin (1, 1a)
Ostasiatische Sprachen	Staatsbibliothek zu Berlin (1a, 1)
Ozeanische Sprachen	Stadt- und Universitätsbibliothek Frankfurt a.M. (30)
Romanistik allg.	Universitätsbibliothek Bonn (5)
Rumänisch	Bayerische Staatsbibliothek München (12)
Semitische Sprachen	Universitätsbibliothek Tübingen (21)
Skandinavische Sprachen	Universitätsbibliothek Kiel (8)
Slavische Sprachen	Bayerische Staatsbibliothek München (12), ab 1998: Staatsbibliothek zu Berlin (1a, 1)
Süd- und Mittelamerikan. Sprachen	Ibero-Amerikanisches Institut Berlin (204)
Südasiatische Sprachen	Universitätsbibliothek Tübingen (21)
Südostasiatische Sprachen	Staatsbibliothek zu Berlin (1a, 1)
Tungusische Sprachen	Niedersächsische Staats- und Universitätsbibliothek Göttingen (7)

A-bar-Position ↗ A-Position

Abasa (auch: Abasinisch. Eigenbez. abaza (bəzš°a)) ↗ Westkaukasische Sprache, ca. 38 000 Sprecher (2002) im Kubangebiet bei Tscherkessk, unbekannte Zahl in der Türkei. Schriftspr., lat., heute kyrill. Schrift mit Zusatzzeichen. Karte ↗ Kaukasische Sprachen, im Anhang. **Lit.** A. Genko, Abazinskij jazyk [Das A.]. M., L. 1955. – K. Bouda, Das Abasin., eine unbekannte abchas. Mundart. ZDMG 94, 1940, 234–250. – W. S. Allen, Structure and System in the Abaza Verbal Complex. TPhS 1956, 127–176. – K. Lomtatidze & R. Klychev, Abaza. ILC 2, 89–154. BO

Abasinisch ↗ Abasa

Abbildtheorie Bez. für unterschiedl. Theorien der Erkenntnis mit den gemeinsamen Grundannahmen einer vom Bewusstsein unabhängigen, objektiv existierenden Wirklichkeit und einer Bewusstseinsleistung des menschl. Verstandes oder einer sprachl. Darstellung, durch die die Wirklichkeit oder deren log. Form abgebildet wird. Hinsichtl. des Abbildungscharakters lassen sich positionale Unterscheidungen anführen: (a) Die naiv-realist. A. geht davon aus, dass im Bewusstsein die Abbilder der wirkl. Dinge erscheinen. Die griech. Atomisten Leukipp und Epikur fassen es in eine Vorstellungstheorie, wonach die Gegenstände unsichtbare Bilder in Form von Atomgruppen aussenden, die über die Sinnesorgane aufgenommen und zu unmittelbaren Gegenständen der Wahrnehmung werden. (b) Im Empirismus der Neuzeit wird der A. ein Affektionsmodell zugrunde gelegt: Ein passives Affiziertwerden durch die ›primären Qualitäten‹ (J. Locke) führt zur Abbildung der Gegenstände im Verstand. (c) Der histor.-dialekt. Materialismus (W. I. Lenin, I. P. Pawlow, S. L. Rubinstein) erweitert die bloß rezeptive Abbildung um den Handlungsaspekt: Die sozial determinierte psych. Tätigkeit des Gehirns führt zu einer histor. vermittelten vorstellungsmäßigen Reproduktion der materiellen Objekte. Die Anforderungen der gesellschaftl. Handlungspraxis bestimmen die Selektion der Abbilder. Die isomorphe Entsprechung von Abbildung und objektiver Realität wird als subjektive Widerspiegelung der objektiven Wirklichkeit im menschl. Bewusstsein begriffen. (d) In der analyt. Sprachphilosophie (L. Wittgenstein) wird die semant. Funktion der Spr. allein in ihrer Abbildungsfunktion gesehen. Durch den Aufbau einer exakten Spr. soll die ↗ Abbildung der Wirklichkeit gewährleistet sein. (e) Der Rationalismus (J. F. Herbart, O. Külpe, N. Hartmann) versteht die A. in dem Sinne, dass nicht die wirkl. Dinge wahrgenommen werden, sondern nur ihre Abbilder dem Bewusstsein zugängl. sind. Auf die Beschaffenheit der Wirklichkeit kann von den Abbildern her hypothet. geschlossen werden. PR

Abbildung 1. Bildl. oder sprachl. Darstellung eines Gegenstandes oder Sachverhalts. **2.** In der ↗ analytischen Sprachphilosophie (Wittgenstein, Tractatus) versteht man unter A., dass die Sätze die Form der Welt darstellen. Ausgehend von der ontolog. Vorstellung, dass sich die Welt in komplexe und einfache Tatsachen gliedert, soll durch den Aufbau einer ↗ idealen Sprache sichergestellt werden, dass der Aufbau der Spr. den Aufbau der abgebildeten Tatsachen wiedergibt. Die Tatsachen, die sich aus einfachen Dingen, d. h. Objekten und Attributen, zusammensetzen, sollen durch einfache Terme für einfache Dinge und durch den log.-formalen Satzbau den objektiven Zusammenhang der Sachverhalte abgebildet werden. Der log. Satz widerspiegelt die log. Form der Wirklichkeit insofern, als alle mögl. Verbindungen seiner Einzelzeichen mögliche Komplexe der entsprechenden Entitäten der Wirklichkeit vertreten. Jeder mögl. Konfiguration dieser Entitäten muss eine mögl., richtig gebildete Verbindung von Symbolen entsprechen. Nach diesem Verständnis stellen Sätze isomorphe A. als mögl. Sachverhalte dar. PR

Abbreviation ↗ Abkürzung

Abbreviatur ↗ Abkürzung

Abbruch ↗ Anakoluth

ABC-Buch ↗ Fibel

Abchasisch (Eigenbez. àpswa (bəzš°a), georg. apxazuri (ena)) ↗ Westkaukasische Sprache, ca. 98 500 Sprecher (1989) in Abchasien (Georgien, nördl. und südl. von Suchum(i)) und Russland, unbekannte Zahl in der Türkei. Schriftspr. lat., georg., seit 1954 kyrill. Schrift mit Zusatzzeichen. Karte ↗ Kaukasische Sprachen, im Anhang. **Lit.** G. Hewitt (in Collaboration with Z. H. Khiba), Abkhaz (= Lingua Descriptive Studies 2). Amsterdam 1979. – B. G. Hewitt, Abkhaz. ILC 2, 37–88. – V. A. Chirikba, Abkhaz. Mchn. 2003. BO

Abchasisch-tscherkessische Sprachen ↗ Westkaukasische Sprachen

Abduktion (lat. abdúcere ›wegführen‹) Verfahren des log. Schließens: Herleitung einer Hypothese, die einen Einzelfall betrifft, aus einer allgemeingültigen Aussage und einer Einzelaussage: *Alle Menschen müssen sterben. Friedrich Nietzsche war ein Mensch. Friedrich Nietzsche ist gestorben.* G, SO

Abecedarium n. Vorläufer der ↗ Fibel. Das A. wurde als Buch im ↗ Anfangsunterricht eingesetzt. Es machte Lehrer, Schüler und Autodidakten mit den Formen und Namen der ↗ Buchstaben vertraut. Die didakt.-method. Konzeption des A. ging von der Annahme aus, dass das ↗ Lesen ident. sei mit der Fähigkeit, Buchstaben richtig zu identifizieren und sie in Sprachlaute umzusetzen. GI, KL, SO

Abessinisch ↗ Ge'ez

Abessiv (lat. abesse ›abwesend, nicht da sein‹. Auch: Karitiv) ↗ Kasus z. B. in finnougr. Spr. mit der Kasusbedeutung ›Nichtvorhandensein‹, z. B. Finn. {-tta}, {-ttä}, z. B. *talotta* ›ohne Haus‹, *syyttä* ›ohne Grund‹. G

Abfolge ↗ Wortstellung

Abgeleitetes Wort ↗ Ableitung

Abglitt (engl. off-glide, release, frz. détente) Nach der Vorstellung der frühen Experimentalphonetiker (bis zum 1. Drittel des 20. Jh.) der schnelle artikulator. Übergang von der Haltephase (engl. steady-state, frz. tenue; d. h. die über eine gewisse Zeit beibehaltene, für einen best. Sprachlaut charakterist. Artikulationsstellung) in die Ruhelage bzw. zum folgenden Laut. Parallel dazu der *Anglitt* (engl. on-glide, frz. tension) als schnelle Bewegung der Artikulatoren aus der Ruhe- bzw. Ausgangslage hin zur spezif. Position des entsprechenden Sprachlauts. An- und Abglitt galten als eigentl. Sprechteil, die Haltephase als Singteil bei der Artikulation. Spätere Untersuchungen (z. B. P. Menzerath & A. de Lacerda, Koartikulation, Steuerung und Lautabgrenzung. Bln. 1933) zeigten, dass bei der Sprachproduktion von grundsätzl. kontinuierl. Bewegungen des Artikulationsapparats auszugehen ist.   PM

Abhängige Rede ↗ Indirekte Rede
Abhängiger Fragesatz ↗ Indirekter Fragesatz
Abhängiger Kasus ↗ Casus obliquus
Abhängiger Satz ↗ Nebensatz
Abhängigkeit (auch: ↗ Dependenz) In der ↗ Glossematik L. Hjelmslevs ein allgemeiner nicht-terminolog. verwendeter Ausdruck für Relation. Hjelmslev spricht auch von Beziehungslinien, um anzudeuten, dass es darum geht, nicht irgendwelche Entitäten zu betrachten, sondern lediglich relationale Netze.   T
Abhängigkeitsbaum (auch: Stemma, ↗ Strukturbaum) Graph. Darstellung der ↗ Dependenzstruktur innerhalb der ↗ Dependenzgrammatik. In seiner äußeren Form ist der A. mit dem ↗ Strukturbaum der ↗ Phrasenstrukturgrammatik (PSG) ident. Er hat eine Wurzel (einen Zentralknoten). Der Zentralknoten ist durch Äste (Kanten) mit abhängigen Knoten (↗ Dominanz) direkt oder indirekt verbunden. Die dominierten Knoten sind nicht durch Kanten direkt untereinander verbunden, sondern nur über den jeweils übergeordneten (dominierenden) Knoten. Die Besonderheit des A. gegenüber dem Strukturbaum der PSG besteht darin, dass an den Knoten nur Endelemente (bzw. ↗ Endsymbole) und nicht komplexe Symbole (wie S (Satz) bzw. CP, IP oder NP) auftreten. Z. B. *Spielende Kinder beobachteten fliegende Enten*:

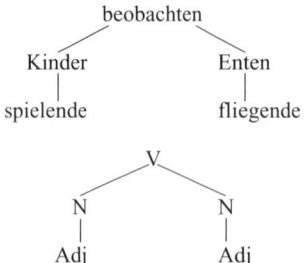

Ein Unterschied zwischen einem dependentiellen A. und einem (Phrasen-)Strukturbaum besteht darin,

dass Ersterer Beziehungen zwischen Wörtern, Letzterer Beziehungen zwischen syntakt. Konstituenten (die umfangreicher sein können als Wörter) darstellt, Ersterer mit dem Verb als dominierender Kategorie, Letzterer mit der Satzkategorie als größter Konstituente an der Spitze. **Lit.** ↗ Dependenzgrammatik.   WK
Abhängigkeitsgrammatik ↗ Dependenzgrammatik
Abhängigkeitshypothese In der älteren ↗ Schriftlinguistik verbreitete Position, die besagt, dass ↗ Schrift bzw. die ↗ geschriebene Sprachform einer Spr. kein Forschungsgegenstand eigenen Rechts, sondern eine sekundäre und minderwertige Ausdrucksform der ↗ gesprochenen Sprachform darstelle. Besonders nachdrücklich wurde diese Auffassung von den ↗ Junggrammatikern (H. Paul, F. de Saussure) und wichtigen Vertretern des ↗ Strukturalismus (L. Bloomfield) vertreten. Sie wird in der neueren Forschung (↗ Autonomiehypothese, ↗ Interdependenzhypothese) durchgängig abgelehnt, wobei vielfach übersehen wurde, dass die A. eher als theoret. (manchmal fast ideolog.) Position und weniger als method. Leitlinie vertreten wurde, denn Schriftzeugnisse waren trotz aller Abwertung des Geschriebenen und aller Hochschätzung des Gesprochenen als »eigentlicher Spr.« die wesentl. Grundlage der ling. Forschung. **Lit.** ↗ Schrift, ↗ Schriftlinguistik.   G
Abkhaz ↗ Abchasisch
Abkhazo-Adyghian languages ↗ Westkaukasische Sprachen
Abklatsch ↗ Lehnprägung
Abkürzung (auch: Abbreviation. Engl. abbreviation, frz. abréviation) **1.** Bez. für nur graphemat. reduzierte Repräsentationen von Vollformen, etwa *ca.* für *circa*, *bzgl.* für *bezüglich* etc. A. sind ein Phänomen der Schriftlichkeit, da in der Rede die Vollformen artikuliert werden. Die Auswahl der Grapheme zeigt eine Präferenz für initiale Segmente (*u. U.*, *Abs.*, *u. a.*) oder Konsonantengerüste (*Bd.*, *vgl.*, *zzgl.* *MwSt.*). Charakterist. ist der Punkt, der die A. signalisiert, wenngleich auch hier unterschiedlich verfahren wird, vgl. *i. d. R.* und *usw.* **2.** Bez. für graphemat. und artikulator. reduzierte Repräsentationen von Vollformen (meist durch deren Initialen), etwa *LKW* für *Lastkraftwagen*, *DGfS* für *Deutsche Gesellschaft für Sprachwissenschaft* etc. Für A. sind referenzident. Vollformen konstitutiv, weshalb Einwände, es handele sich hier nicht um Wortbildung, durchaus berechtigt sind; es werden durch A. keine Wörter gebildet (anders: Kobler-Trill 1994, 121). Dennoch bleibt die Entscheidung schwierig, da viele gekürzte Formen mit referenzident. Vollformen zumindest zusätzl. Konnotationen haben oder ugs. markiert sind (*Bib*, *Uni*, *Prof.*). Werden neue Bedeutungsträger geschaffen, liegt zumindest Wortbildung durch ↗ Kürzung vor. Das Wortbildungsprodukt wird (in Abgrenzung zu A.) i. d. R. als ↗ Kurzwort bezeichnet; ↗ Akronym, ↗ Kurzform, ↗ Kürzung. **Lit.** B. Fradin, Combining Forms, Blends and Related

Phenomena. In: U. Doleschal & A. Thornton (eds.), Extragrammatical and Marginal Morphology. Mchn. 1999, 11–55. – D. Kobler-Trill, Das Kurzwort im Dt. Tübingen 1994. ES

Ablativ (lat. ablātus ›weggebracht‹. Auch: Separativ) In vielen Spr. ↗ Kasus mit vorwiegend adverbialen Funktionen, ohne genau eingrenzbare Kasusbedeutung. Im Türk. ({-dan}, {-den}) ist der A. ein Richtungskasus mit der Kasusbedeutung ›Ortsveränderung von… her‹, z. B. türk. *Ankaradan, İzmirden* ›aus Ankara‹, ›aus Izmir‹, auch temporal, z. B. *yıldan* ›aus dem Jahr, vom Jahr‹. In den finnougr. Spr. hat der Abl. die Kasusbedeutung ›von… weg‹, z. B. Finn. ({-lta}, {-ltä}) *talolta* ›vom Haus weg‹; ↗ Lokativ, Ggs. ↗ Allativ. In der Latinistik wird als semant. Grundfunktion des A. die Bez. des Ausgangspunktes einer Bewegung (erfragbar durch ›woher‹) angenommen, z. B. *domō* ›vom Haus‹; *rūre* ›vom Land‹; *mundus ā deō gubernātur* ›Die Welt wird von Gott gelenkt‹. Der A. gilt dort als Mischkasus, in dem ein idg. Separativ (↗ ablativus separativus), ↗ Instrumentalis (erfragbar mit *wodurch?, womit?*, ↗ ablativus instrumenti) und ↗ Lokativ (erfragbar mit *wo, wann?*; ↗ ablativus loci) zusammengefallen sind. Die Latinistik unterscheidet darüber hinaus eine Vielzahl weiterer semant. Funktionen des A. (oft nicht trennscharf); sie werden in den folgenden Einträgen behandelt. G, GS

Ablativus absolutus (›losgelöster Ablativ‹. Abk. abl. abs.) Im Lat. verbreitete adverbiale Konstruktion, in der (a) ein Partizip mit einem Subst. verbunden wird (abl. abs. i. e. S.; ob das Part. attributiv oder prädikativ aufzufassen ist, ist strittig), z. B. *Sōle oriente virī profectī sunt* ›Bei Sonnenaufgang (Beim Aufgehen der Sonne) machten sich die Männer auf den Weg‹. (b) Statt eines Partizips können auch Subst. oder Adj. bestimmter Bedeutungsgruppen (»verbale Bedeutung«) als abl. abs. (i. w. S.) konstruiert werden, z. B. *Patre vīvō* ›zu Lebzeiten des Vaters‹. Der abl. abs. kann unterschiedl. Bedeutung ausdrücken; neben temporalen verlangt er auch modale, kausale, konzessive, konditionale u. a. Interpretationen, z. B. *Rēbus sīc stantibus* ›nachdem/weil/obwohl die Dinge so stehen‹; *Dracōne ab Hercule victō* ›nachdem/weil/obwohl Herakles die Schlange besiegte‹. GS

Ablativus causae (lat. causa ›Grund‹) In der Latinistik (wenig trennscharfe) Bez. für die semant. Funktion des ↗ Ablativs, die Ursache, den Grund des vom Verb ausgedrückten Vorgangs oder Zustands zu bezeichnen (erfragbar durch *weshalb?, weswegen?*), z. B. *fame interīre* ›an Hunger zugrunde gehen; *dolēre aliquā rē* ›über etw. Schmerz empfinden‹; ↗ dativus causae, ↗ genitivus causae. GS

Ablativus comitativus ↗ Ablativus sociativus

Ablativus comparationis (lat. comparātiō ›Vergleich‹) In der Linguistik (wenig trennscharfe) Bez. für die semant. Funktion des ↗ Ablativs, in Verbindung mit einem ↗ Komparativ das tertium comparationis eines Vergleichs zu bezeichnen (vom ↗ ablativus mensurae nur unscharf abgrenzbar), z. B. *Nihil melius habēmus ratiōne et ōrātiōne* ›Wir haben nichts Besseres als die Vernunft und die Redegabe‹; *Platōnem sequāmur, quō nēmo fuit sapientior* ›Lasst uns Platon nachfolgen, dem größten Weisen, den es je gegeben hat‹ (im Vergleich zu dem es keinen größeren Weisen gegeben hat)‹; ↗ genitivus comparationis, ↗ Komparation. GS

Ablativus copiae (lat. cōpia ›Menge, Fülle‹) In der Latinistik (wenig trennscharfe) Bez. für die Objektsablative, die nach einer kleinen (und eher impressionist. bestimmten) Gruppe von Verben stehen, die einen Überfluss (z. B. *abundāre* ›im Überfluss haben‹), einen Mangel (z. B. *carēre* ›entbehren‹, mitunter auch als ↗ ablativus separativus bestimmt), ein Angefülltsein (z. B. *complēre* ›vollfüllen‹, mitunter auch als ↗ ablativus instrumenti bestimmt) oder ein Beraubtwerden (z. B. *orbāre, prīvāre* ›berauben‹, mitunter auch als ↗ ablativus separativus bestimmt) bezeichnen. GS

Ablativus discriminis ↗ Ablativus mensurae

Ablativus instrumenti (lat. instrumentum ›Werkzeug‹) In der Latinistik (wenig trennscharfe) Bez. (a) für die semant. Funktion des ↗ Ablativs, als Adverbial ein Mittel oder Werkzeug zu bezeichnen, durch das die vom Verb bezeichnete Handlung realisiert wird (erfragbar mit *wodurch?, womit?*, ↗ Instrumental), z. B. lat. *pedibus īre* ›zu Fuß gehen‹; *violāre alterum nātūrae lēge prohibēmur* ›Wir werden durch das Naturgesetz davon abgehalten, andere zu verletzen‹. (b) Als Objektkasus steht der a. i. nach einer Reihe von ↗ Deponentien, z. B. lat. *abūtī lībertāte* ›die Freiheit missbrauchen‹; *Vincere scīs, Hannibal, victōriā ūtī nescīs* ›Zu siegen verstehst du, Hannibal, den Sieg zu nutzen nicht‹. Vielfach wird der a. i. in die Nähe des ↗ ablativus sociativus gerückt. GS

Ablativus limitationis (lat. līmitātiō ›Bestimmung‹. Auch: Ablativ der Beziehung, ablativus respectus; respectus ›Berücksichtigung‹) In der Latinistik (wenig trennscharfe) Bez. für die semant. Funktion des ↗ Ablativs, nähere Bestimmungen eines Nominalausdrucks auszudrücken, ihn eingrenzend zu charakterisieren. Erfragbar ist der a. l. durch *in welcher Beziehung, wodurch, worin?*, z. B. lat. *Gallī omnēs linguā, īnstitūtīs, mōribus inter sē differunt* ›Die Gallier insgesamt unterscheiden sich voneinander im Hinblick auf Sprache, Einrichtungen und Bräuche‹. GS

Ablativus loci (lat. locus ›Ort, Platz‹) In der Latinistik Bez. für die semant. Funktion des ↗ Ablativs, als adverbialer Orientierungs- oder Lagekasus (↗ Lokativ i. e. S.) z. T. allein, z. T. kombiniert mit den Präpositionen *ab, dē* ›von‹ und *ex* ›aus‹, eine Ortsangabe v. a. bei Namen von Städten, kleinen Inseln u. a. auszudrücken, z. B. lat. *Athēnīs* ›in Athen‹, *Hammoniae* ›in Hamburg‹. Restformen eines alten ↗ Lokativs, die formal mit Genitivformen ident. sind, sind z. B. *domī meae* ›bei mir zu Hause‹; *Corinthi* ›in Korinth‹.   GS

Ablativus materiae (lat. materia ›Stoff‹) In der Latinistik Bez. für die semant. Funktion des ↗ Ablativs, statt des ↗ ablativus instrumenti den Stoff, aus dem etwas besteht oder gefertigt ist, zu bezeichnen, der als eine Art Mittel betrachtet wird, so mitunter bei *constare* ›bestehen aus‹, *consistere* ›dass.‹ *facere* ›tun, machen‹, mitunter in unmittelbarer Abhängigkeit von einem Substantiv, z. B. *faber parietes calce et caementis faciat* (Cato R. R. 14,1) ›Der Baumeister soll die Wände aus Kalk und Mauersteinen verfertigen‹.   GS

Ablativus mensurae (lat. mēnsūra ›Maß‹. Auch: Ablativ der Maßes, ablativus discriminis; discrīmen ›Unterschied, Entscheidung‹) In der Latinistik Bez. für die semant. Funktion des ↗ Ablativs, in Vergleichen auszudrücken, in welchem Maß/Grad sich die verglichenen Gegenstände, Personen oder Sachverhalte voneinander unterscheiden (vom ↗ ablativus comparationis nur unscharf abgrenzbar), erfragbar mit *um wieviel?*. Er fungiert als Adverbial zu einem ↗ Komparativ oder einem Vergleichsausdruck, z. B. lat. *Hominēs quō plūra habent, eō ampliōra cupiunt* ›Je mehr die Menschen haben, desto mehr begehren sie‹, ↗ Komparation.   GS

Ablativus modi (lat. modus ›Art und Weise‹) In der Latinistik (wenig trennscharfe) Bez. für die semant. Funktion des ↗ Ablativs, als Adverbial (a) eine Verfahrensweise oder Absicht (z. B. lat. *nūllō modō* ›auf keine Weise‹) und (b) einen körperl. oder seel. Zustand (z. B. *aequō animō* ›mit Gelassenheit‹) zu bezeichnen. Schließlich werden einige (adverbiale) Phraseologismen unter den a. m. gerechnet, z. B. *iūre* ›mit Recht‹.   GS

Ablativus originis (lat. orīgō ›Abstammung‹) In der Latinistik Bez. für die semant. Funktion des ↗ Ablativs, als Attribut oder Prädikativum die Herkunft einer Person zu bezeichnen, z. B. lat. *summō ortus locō* ›von höchstem Stand‹.   GS

Ablativus pretii (lat. pretium ›Preis‹) In der Latinistik (wenig trennscharfe) Bez. für die semant. Funktion des ↗ Ablativs, nach »Verben des geschäftl. Verkehrs« eine Preis- oder Wertangabe auszudrücken, z. B. lat. *agrī magnō emuntur* ›Grundstücke werden teuer gekauft‹; vgl. dt. *gratis* ›umsonst‹ < lat. *grātiīs* ›um bloßen Dank‹. Bei vergleichenden Wert- oder Preisangaben steht der ↗ genitivus pretii.

Ablativus qualitatis (lat. quālitās ›Beschaffenheit‹) In der Latinistik (wenig trennscharfe) Bez. für die semant. Funktion des ↗ Ablativs, eine Eigenschaft oder Eigenheit einer Person oder Sache zu bezeichnen, z. B. lat. *mulier summō ingeniō* ›eine hochbegabte Frau‹; *vir eximiā pulchritūdine* ›ein Mann von ausnehmender Schönheit‹; ↗ genitivus qualitatis. GS

Ablativus respectus ↗ Ablativus limitationis

Ablativus separativus (lat. separāre ›trennen‹) In der Latinistik (wenig trennscharfe) Bez. für die semant. Funktion des ↗ Ablativs, nach einer Gruppe

von Verben, die »Trennung« ausdrücken, z. T. allein, z. T. kombiniert mit den Präpositionen *ab, dē* ›von‹ und *ex* ›aus‹, den Gegenstand oder Sachverhalt zu bezeichnen, dem diese »Trennung« widerfährt, z. B. lat. *orbāre līberīs* ›der Kinder berauben‹ (↗ ablativus copiae); *sē abstinēre ab iniūriā* ›sich eines Unrechts enthalten‹.   GS

Ablativus sociativus (lat. sociāre ›vereinigen, in Gesellschaft etwas tun‹. Auch: ablativus comitativus; comitātus ›Begleitung‹) In der Latinistik (wenig trennscharfe) Bez. für die semant. Funktion des ↗ Ablativs, ein »Zusammensein« (↗ Komitativ) oder eine Begleiterscheinung einer Handlung (hier mit der Präp. *cum* ›mit‹) zu bezeichnen; er gilt als Spezialfall des ↗ ablativus modi und des ↗ ablativus qualitatis, z. B. lat. *omnibus cōpiīs proficīscī* ›mit allen Truppen aufbrechen‹; *cum cūrā* ›sorgfältig‹; *cum aliquō esse* ›mit jdm. zusammensein‹.   GS

Ablativus temporis (lat. tempus ›Zeit‹) In der Latinistik Bez. für die semant. Funktion des ↗ Ablativs, Zeitpunkte (erfragbar mit *wann?*) oder Zeitspannen (erfragbar mit *innerhalb welcher Zeit?*) zu bezeichnen, z. B. *īdibus Mārtiīs* ›an den Iden des März‹ (= am 15. März); *paucīs diēbus* ›innerhalb weniger Tage‹.   GS

Ablaut (auch: Apophonie. Engl. ablaut, apophony, vowel gradation, frz. apophonie) Von J. Grimm (1785–1863) aufgebrachter Begriff zur Bezeichnung der morphonolog. geregelten Vokalalternation in Flexion und Wortbildung der ↗ indogermanischen Sprachen. Beim idg. A. handelte es sich um eine im Ursprung rein kontextbedingte, sekundär jedoch grammatikalisierte Vokalalternation zwischen e : ø (Vollstufe vs. Schwundstufe, »qualitativer A.« resp. »Abstufung«) einerseits sowie e : o (Normalstufe vs. Abtönungsstufe, »qualitativer A.« resp. »Abtönung«) andererseits. Die urspr. Allophonie wurzelte in den Akzentverhältnissen des Uridg., wobei dynam. Akzent für die Abstufung e : ø, musikal. Akzent für die Abtönung e : o verantwortl. zu sein scheint. Die zum quantitativen A. gehörige und früher als primär angesehene Dehnstufe (ē, ō) ist erst durch morpholog. ↗ Analogie entstanden. Aufgegeben ist heute die Annahme primärer nicht auf e basierender A.reihen (↗ Laryngaltheorie). Durch die Übertragung grammat. Funktionen vom idg. freien Akzent auf die ablautende Silbe wurden die A.varianten in Wortbildung (nhd. *fließen : Fluss*, lat. *tegō : tōga*) und Flexion, Letzteres bes. in der Flexionsstammbildung des germ. ↗ starken Verbs (vgl. nhd. *singen – sang – gesungen*, ne. *sing – sang – sung*), morphologisiert. Wegen ihrer Systematisierung des A. klassifiziert man die starben Vbb. nach dem A.verhalten. Dabei basieren die Klassen (»A.reihen«) 1.–5. auf dem Präs.vokal germ. *e*, Klasse 6. auf (sekundär erstandenem, ↗ Laryngaltheorie) germ. *a*. Die 7. Klasse (auch: »reduplizierende Vbb.«), die als einzige die idg. Perfektreduplikation bis ins Frühgerm. bewahrt, behält den A.

nur in einigen Unterklassen als zusätzl. Tempus-Modus-Marker. Nachdem die Reduplikation in den meisten altgerm. Einzelspr. verlorengeht, entwickeln sich allerdings sekundäre A.schemata (got. *haitan : haihait* vs. ahd. *heizzan : hiez* > nhd. *heißen : hieß*). Während das Bildungsprinzip der 6. und 7. Klasse ganz unterschiedl. Herkunft ist, liegt den Hauptreihen 1.–5. der starken Vbb. im Wesentl. das Schema der idg. themat. Präsentien zugrunde; der Systemzwang bedingte aber tiefgreifende Umstellungen. Bspw. ordnen sich wegen des Lautwandels *enh* > *inh* > *īh* einige urspr. in die 3. A.reihe gehörige Nasalpräsentien und Nasalwurzeln (idg. **tenk-* ›gerinnen‹: aind. *tanákti* vs. urgerm. **þenha-* > ahd. *thīhan* > nhd. *ge-deihen*) in die 1. A.reihe ein. Die Stammformen (A.varianten) des germ. starken Vb. lassen sich nach folgenden Referenzkategorien (Averbostellen) unterscheiden: (a) Inf. und Präs. – (b) Ind. Prät. Sg. – (c) Sonstiges Prät. – (d) PPP. Demzufolge ergeben sich folgende urgerm. A.varianten: (1) *ī-ai-i-i* (germ. **rīda-* > nhd. *reiten*), (2) *eu-au-u-u* (germ. **beuda-* > nhd. *bieten*), (3) *eRK-aRK-uRK-uRK* (germ. **werþa-* > nhd. *werden*), (4) *eR-aR-ēR-uR* (germ. **nema-* > nhd. *nehmen*), (5) *eK-aK-ēK-eK* (germ **geba-* > nhd. *geben*), (6) *aK-ōK-ōK-aK* (germ. **fara-* > nhd. *fahren*). Ablautende deverbale Wortbildungen lassen sich in der Regel auf best. Stammformen des starken Vb. zurückführen, etwa kausative schwache Vbb. 1. auf die Averbostelle b (starkes Vb. **drinkan* ›trinken‹ : **drank* ›ich trank‹ > schwaches Vb. **drankjan* > nhd. *tränken*) oder Verbalabstrakta auf die Averbostelle c (**geutan* ›gießen‹ : **gutum* ›wir gossen‹ > **guti-* ›Guss‹). – In der jüngeren dt. Sprachgeschichte wird die A.systematik in Wortbildung und Flexion zunehmend aufgelöst. Das übersichtl. germ. A.system der starken Vbb. bläht sich durch lautl. Entwicklungen zu einer Vielzahl von A.reihen auf, andererseits führt v. a. der paradigmat. Ausgleich zwischen der 2. und 3. Averbostelle zu einem Abbau der A.varianten (altertüml. *ich ward : wir wurden > ich wurde : wir wurden*; *ich fand : wir funden > ich fand : wir fanden*). **Lit.** F. van Coetsem, A. and Reduplication in the Germanic Verb. Heidelberg 1990. – R. D. Fulk, The Origins of Indo-European Quantitative A. Innsbruck 1986. – J. Kuryłowicz, Idg. Grammatik, Bd. II: Akzent, A. Heidelberg 1968. – B. W. Fortson IV, Indo-European Language and Culture. Oxford ²2010. – J. Clackson, Indo-European Linguistics. Cambridge 2007. – M. Meier-Brügger, Idg. Sprachwiss. Bln. ⁸2002. **RK**

Ablautreihe ↗ Ablaut

Ableitung (auch: Derivation. Engl. derivation, frz. dérivation). **1.** Einer der vier Haupttypen der ↗ Wortbildung. A. ist die Wortbildung mithilfe von ↗ Affixen, die an den ↗ Stamm angefügt werden, z. B. *un-fein, ent-lehnen, Vize-präsident; Änderung, arbeit-sam.* Als A. bezeichnet man gleichzeitig den Prozess und das ↗ Derivat, das Resultat dieser

Wortbildungsart. Einige Autoren rechnen auch affixlose Bildungen hierher, z. B. *Ruf* von *rufen*; ↗ Konversion. Andere bezeichnen die ↗ Präfixbildung als eigenen Typ der Wortbildung neben der A. – Von der ↗ Flexion wird A. durch folgende Kriterien unterschieden: (a) Bildung eines Wortes, nicht einer Wortform, (b) Veränderung der Bedeutung, (c) häufig Veränderung der syntakt. Kategorie, (d) eingeschränkter Anwendungsbereich. Es gibt Übergangsbereiche wie den Komparativ oder den russ. Aspekt; auch sind nicht immer alle Kriterien zugleich erfüllt (Bybee 1985, Boiij 2004). Von der ↗ Komposition unterscheidet sich A. dadurch, dass das ↗ Ableitungsaffix nicht frei vorkommt und nicht basisfähig ist. Dass das Affix ↗ Kopf des Derivats ist, ist bei suffixaler A. unstrittig, bei ↗ Präfix-A. dagegen umstritten. – Ein abgeleitetes Wort kann seinerseits A.basis sein, z. B. *Sache, sach-lich, ver-sachlichen, Versachlich-ung,* lat. *super* ›über‹, *super-āre* ›überwinden‹, *superā-bilis* ›überwindbar‹, *īn-superābilis* ›unüberwindbar‹, *īnsuperabili-tās* ›Unüberwindbarkeit‹. – A. lassen sich klassifizieren: (a) nach der Wortart: substantivische A., z. B. *Berg-ung, Heiter-keit, Pferd-chen, Un-glück*; adjektivische A., z. B. *berg-ig, röt-lich, bedroh-lich, ungenieß-bar*; verbale A., z. B. *ver-trinken, be-reifen, er-hellen, kontroll-ieren*; (b) nach der Wortart des Stammes: ↗ denominale A., z. B. *Männ-lein, staubig, marsch-ieren*; ↗ deverbale A., z. B. *ver-mischen, Führ-er, pfleg-lich*; ↗ deadjektivische A., z. B. *ver-dunkeln, Heiter-keit, grün-lich*; ↗ deonymische A. wie *genscher-n, günther-sch, Barzel-ei, bemeiern*; ↗ deappellative A. wie *sägen* von *Säge*; ↗ denumerale A . wie *Eins-er, Hundert-schaft*; (c) nach der semant. Funktion der A. (↗ Wortstand), z. B. ↗ Personenbezeichnungen wie *Lehr-er, Sportler, Biolog-e, Kontroll-eur, Gymnasi-ast*, ↗ Instrumentativa wie *Bohr-er, Ge-bläse*, ↗ Ornativa wie *be-reifen, ver-glasen, ein-fetten, aus-täfeln*. – Histor. entstehen A. häufig aus ↗ Komposita, in denen ein Glied reihenbildend ist und phonet. abgeschwächt wird (↗ Affixoid). In der psycholing. Forschung ist die Frage umstritten, ob Ableitungen im mentalen Lexikon als unanalysierte Einheiten oder als Morpheme plus Kombinationsregeln gespeichert sind (Günther 2004). **Lit.** G. Boiij, Inflection and Derivation, HSK 17, I, 360–369. – J. L. Bybee, Morphology. A Study of the Relation between Meaning and Form. Amsterdam 1985. – E. Donalies, Die Wortbildung des Dt. Tübingen ²2005, 97–141. – Eisenberg I, 247–294. – H. Günther, Mentale Repräsentation morphol. Strukturen. HSK 17, II. **2.** In der GG der Prozess und das Resultat der Anwendung von Struktur-Erzeugungsregeln und Struktur-Veränderungsregeln. A.en unterliegen Prinzipien der ↗ Analysierbarkeit. – **3.** ↗ Kalkül, ↗ Logische Syntax. **F**

Ableitungsaffix (auch: Derivationsaffix, ↗ Formativ). Bez. für ein wortbildendes ↗ Affix, also jedes ↗ Präfix, ↗ Suffix und ↗ Zirkumfix, das der ↗ Derivation dient. Positionsbedingt unterscheiden sich die Funktionen der A. Erstglieder (in Derivationen also Präfixe) modifizieren die lexikal. Bedeutung der ↗ Ableitungsbasis, während Zweitglieder – also auch Suffixe und der finale Bestandteil von Zirkumfixen – ein morpholog. ↗ Kopf und damit Träger der grammat. Informationen sind: Ableitungen auf -heit z. B. sind feminin. Substantivische Distributionsbeschränkungen sind unterschiedl. stark ausgeprägt. So leitet -heit neben Adj. Subst. ab (*Frechheit, Kindheit*), während sein ↗ Allomorph -keit ausschließl. adjektivische Basen zulässt (*Traurigkeit*). Die Zahl der A. nimmt durch ↗ Entlehnung und ↗ Grammatikalisierung freier Grundmorpheme zu, was mitunter zu unscharfen Kategoriegrenzen führt.   ES

Ableitungsbasis (auch: Basis. Engl., frz. base) In der Wortbildung Bez. für den abgeleiteten Bestandteil einer ↗ Derivation (*Ableitung*). A. müssen keine Wörter sein, in der Lehnwortbildung sind sie i. d. R. gebunden (*Derivation*). A. sind bedeutungstragende Konstituenten (↗ Kern), aber nicht notwendig ↗ Grundmorpheme, da A. nicht immer morpholog. einfach (↗ Simplizia) sind; ↗ Ableitungsaffix.   ES

Ableitungsgeschichte (auch: Transformationsgeschichte, Derivation) In der GG die geordnete Menge aller ↗ Ableitungen (2) einer Struktur. Die A. lässt sich durch die Auflistung der Strukturen und der zwischen ihnen bestehenden Ableitungsregeln darstellen.   F

Ablesen (auch: Absehen, Lippenlesen, engl. lip reading) Die Wahrnehmung gesprochener Spr. durch das A. visuell wahrnehmbarer Informationen im Lippen-/Mundbereich ergänzt bzw. ersetzt insbesondere bei ↗ Gehörlosigkeit die unzureichende oder fehlende auditive Wahrnehmung. Die spezif. Probleme des A. werden daran deutl., dass den etwa 40 Lauten des Dt. nur 12 als Kineme bezeichnete differenzierbare Ablesegestalten entsprechen. Dennoch entwickeln Gehörlose und Schwerhörige z. T. phänomenale Wahrnehmungsleistungen, indem sie die A.-Merkmale mit weiteren situativen und ling. Informationen kombinieren. **Lit.** G. Alich, Die Erkennbarkeit der Buchstabengestalten beim Ablesen vom Munde. Diss. Phil. Bonn 1960.   GT

Abrupt Phonolog. ↗ distinktives Merkmal (vs. dauernd, engl. continuant; in PSA binär [±continuant]), artikulator. durch abruptes Ein-/Aussetzen der Phonation bzw. akust. durch plötzliches Ein-/Aussetzen spektraler Energie bzw. Pausen im Signal charakterisiert; ↗ Plosiv vs. ↗ Frikativ.   PM

Abruptiv ↗ Ejektiv

Absatz (auch: (Text-) Block. Engl. (new) paragraph) Elementares Strukturierungs- und Konstruktionsmittel graph. Texte. A. sind Folgen von Zeilen (bzw. Spalten), die voneinander durch begrenzende ↗ Leerstellen wie ↗ Einzug, Leerstellen nach dem letzten graph. Wort der A. oder Leerzeilen bzw. Leerspalten getrennt sind. Auch Überschriften verschiedener Ordnung (deren interne Hierarchie z. B.

durch eine Zählkonvention oder Typengrößen ausgedrückt werden kann), Unterschriften unter Abbildungen oder Diagrammen u. a. und Fußnoten unterhalb des laufenden Texts können als A. aufgefasst werden. In einem eingeschränkten Sinn sind auch Tabellen und Diagramme in einem laufenden Text A., soweit sie primär Geschriebenes enthalten. Beispiele dafür sind Zeitungsartikel auf der Fußballseite, die Ligatabellen oder Mannschaftsaufstellungen enthalten, die nach dem (konventionellen) System 1–4–3–3 (1: Torwart, 4: Verteidiger usw.) angeordnet sind, oder Säulen- oder Tortendiagramme usw.; solche »Texte« sind allerdings durch weitere graph. Mittel intern strukturiert. Der A. kann auch das strukturierende Element von Listen sein, beispielsweise in Lexika wie diesem, in dem jeder Eintrag einen A. darstellt, in Wörterbüchern, Literaturlisten oder Verzeichnissen aller Art. In der Terminologie von Günther (1988, 64 ff.) handelt es sich beim A. um ein *flächiges Suprasegment*. Je nach ↗ Schriftrichtung sind die begrenzenden Leerstellen unterschiedl. platziert, z. B. die absatzschließende Leerstelle in lat. basierten ↗ Schriftsystemen nach dem absatzschließenden Punkt rechts, in arab. basierten Schriftsystemen nach dem absatzschließenden Punkt links, in chines. Texten mit Kolumnenanordnung (↗ Kolumne) vom letzten ↗ Hanzi (oder dem Punkt) an nach unten. **Lit.** H. Günther, Schriftl. Sprache. Tübingen 1988.   G

Abschiedsformel ↗ Grußformel

Abschnitt (engl. chapter, section, paragraph) Segment (↗ Absatz) oder Folge von Segmenten (z. B.: Teil eines Kapitels) in graph. Texten; nicht präzise terminologisiert.   G

Abschwächung Vokalreduktion in nichtakzenttragenden Derivations- und Flexionssilben (z. B. dt. *ver-nehmen* im Ggs. zu *vor-nehmen*) bzw. Kompositionsgliedern (z. B. dt. *Drittel* < *Dritteil*).   PM

Absentiv (lat. absēns ›abwesend, entfernt‹) Grammatik. Ausdruck der Abwesenheit der vom Subj. bezeichneten Person, im Dt. ausgedrückt durch eine Prädikativkonstruktion mit dem Inf. eines Handlungsverbs, z. B. *Clemens ist einkaufen, Jenny ist schwimmen*. **Lit.** C. de Groot, The Absentive. In: Ö. Dahl (ed.), Tense and Aspect in the Languages of Europe. Bln., N. Y. 2000, 693–722.   G

Absichtssatz ↗ Finalsatz

Absoluter Akkusativ ↗ Absoluter Kasus

Absoluter Genitiv ↗ Absoluter Kasus

Absoluter Kasus (auch: reiner Kasus) In manchen Spr. auftretende Konstruktion, in der ein (ein- oder zweigliedriger) Nominalausdruck ohne Referenzidentität und Kongruenz mit dem regierenden Verb auftritt, z. B. der ↗ Ablativus absolutus im Lat., der ↗ Genitivus absolutus im Griech. oder der absolute Gen. im Lat. (z. B. *eines Tages gesenkten Blickes des Weges kommen*), der absolute Akkusativ (auch: absolutes Objekt; ↗ accusativus mensurae, ↗ accusativus temporis), z. B. im Dt. (z. B. *den ganzen Monat;*

diesen Sonntag; drei Kilometer) oder im ↗ Arabischen, wo das dem Verb entsprechende Verbalnomen im Akk. in der Funktion einer Modalbestimmung auftreten kann (auch: innerer Akk., z. B. *ḍarabahū ḍarban šadīdan* ›er schlug ihn heftig‹) und der absolute Nominativ (↗ Nominativus pendens), z. B. engl. *She being British and he American, their children had both citizenships*. Im Dt. gelten ähnl. Konstruktionen als ↗ Anakoluthe oder ↗ Parenthesen, z. B. *Der Teller aus Ägypten – Jenny hat ihn fallenlassen*. Konstruktionen mit a. K. weisen in funktionaler Hinsicht Ähnlichkeit zu ↗ Adverbialen auf. **Lit.** A. Dittmer, Über den »sogenannten absoluten Akkusativ«. In: Fs. Gunnar Bech. København 1980, 61–83. **G, WI**

Absoluter Nominativ ↗ Nominativus absolutus

Absoluter Superlativ ↗ Elativ

Absoluter Tempusgebrauch, absolutes Tempus ↗ Tempusgebrauch

Absolutes Objekt ↗ Innerer Akkusativ

Absolutes Partizip ↗ Participium absolutum

Absolutes Verb (auch: bedeutungsgesättigtes Verb, einwertiges Verb) In einigen Grammatiken des Dt. Bez. für Verben, die ohne Objekte auftreten können bzw., in valenzgrammat. Terminologie, außer der Nominativergänzung keine weiteren Ergänzungen verlangen, z. B. *schlafen, liegen*; ↗ relatives Verb. **G**

Absolutiv (lat. *absolūtīvus* ›in sich abgeschlossen, vollständig, unabhängig‹) **1.** Subjektkasus in ↗ Ergativsprachen. Der A. markiert die Subjekte ↗ intransitiver und die Objekte ↗ transitiver Verben und ist zusammen mit dem ↗ Ergativ definierendes Charakteristikum von Ergativspr. **2.** In einigen idg. Spr. (z. B. im Iran., Griech., Lat.) Verbalsubstantiv, das eine Handlung eines (belebten) Subjekts bezeichnet und zum Prädikatsausdruck im Verhältnis der Gleich- oder Vorzeitigkeit steht, da das ↗ Tempus als einzige Kategorie markiert werden kann, ↗ Gerundium, ↗ Supinum. **G**

Absolutivsprache ↗ Ergativsprache

Absorption (lat. *absorbēre* ›aufsaugen‹) **1.** Vokalschwund bei gleichzeitiger Übernahme der Silbizität durch benachbarten ↗ Sonanten (z. B. dt. *ritten* [rittn̩], *Segel* [segl]), aber auch Vokalverlust bei Silbenausfall (lat. *quīndecim* < *quīnque-decem* ›fünfzehn‹) oder Schwund intervokal. Okklusive (lat. *iocus* ›Scherz‹ > frz. *jeu* ›Spiel‹). **2.** ↗ Kasusabsorption. **PM**

Abstandsprache Von H. Kloss in die ↗ Soziolinguistik eingeführter Terminus, der einen der beiden hauptsächl. Gründe benennt neben Ausbau (↗ Ausbausprache), warum eine Varietät als eigenständige Spr. gilt, nämlich struktureller »Abstand« von allen übrigen Varietäten. Damit ist eine so große ling. Distanz gemeint, dass ↗ gegenseitige Verständlichkeit nicht mögl. ist. Es handelt sich dabei i. d. R. um beträchtl., aber beim derzeitigen Forschungsstand (noch) nicht präzise definierbare Unterschiede auf allen grammat. Ebenen: Phonetik, Phonologie, (evtl. Graphemik), Morphologie, Lexik und Syntax. Typ. A. sind ↗ Baskisch oder ↗ Finnisch. **Lit.** H. Kloss, A. und Ausbauspr. In: J. Göschel, N. Nail & G. van der Elst (Hgg.), Zur Theorie des Dialekts. Wiesbaden 1976, 301–322. – Ders., A. und Ausbauspr. HSK 3, II, 1987, 302–308. **AM**

Abstoßung ↗ Apokope

Abstraktion Gedankl. Verfahren, das von den als unwesentl. erachteten Merkmalen absieht, um das Augenmerk auf die als wesentl. beurteilten Merkmale zu lenken. Das Kriterium des Wesentl. ist nach pragmat. Gesichtspunkten festgelegt und variiert mit dem jeweiligen Erkenntnisinteresse. Die gedankl. Operation ermöglicht es, das Gemeinsame einer Menge von Gegenständen festzulegen, um zu Allgemein- und Gattungsbegriffen und den damit bezeichneten Gegenstandsbereichen zu gelangen. Im Hinblick auf die generalisierende Leistung der A. werden zwei Auffassungen vertreten: (a) Sie bezeichne den psych. Prozess, durch den wir zu ↗ Universalien als Allgemeinbegriffen gelangen. Die log. Konstruktion des gedankl. Prozesses würde zeigen, dass das Verständnis der allgemeinen Begriffe nur durch Bezug auf Sinnesdaten als unmittelbar Gegebenem zu erreichen sei. (b) Die log. Konstruktion der A. sei ein Verfahren, das einen allgemeinen Begriff neu gewinnen lässt, indem man definitor. festlegt, worin das gemeinsame Merkmal und damit der Aspekt der Gleichheit mehrerer einzelner Entitäten bestehen soll. Durch die definitor. Festlegung wird der Inhalt des allgemeinen Begriffs bestimmt, worunter eine offene Menge von Einzelfällen subsumierbar ist. Dadurch ist der Umfang des Begriffs durch die Menge dessen, was als tatsächl. oder noch mögl. Einzelfall gelten kann, bestimmt, ohne dass der begrenzte Menge aufweisbarer Einzelfälle eingeengt ist. **PR**

Abstraktionsrelation ↗ Hyperonymie

Abstraktive Relevanz ↗ Bühlersches Organonmodell, ↗ Prinzip der abstraktiven Relevanz

Abstraktum (lat. *abstrāctus* ›weggezogen, verallgemeinert‹. Auch: Begriffswort. Engl. *abstract noun*, frz. *nom abstrait*) Nach ihrer Bedeutung bestimmte Klasse der Substantive, die Nicht-Gegenständliches bezeichnen im Ggs. zu den ↗ Konkreta. A. bezeichnen Eigenschaften (*Freundlichkeit*), Zustände (*Streß*), Vorgänge (*Prüfung*), Vorstellungen und Gefühle (*Gott, Haß*), Konzepte (*Liberalismus*) usw. Sie bilden i. d. R. keinen regulären Plural. **G**

Abstrichmethode, Abstrichprobe ↗ Weglassprobe

Abstufung (auch: quantitativer ↗ Ablaut) Quantitativer Vokalwechsel bei etymolog. zusammengehörigen Wörtern bzw. Wortformen zwischen Kurzvokal (Grund-, Hoch-, Normal-, Vollstufe; z. B. griech., πατέρα (patera) ›den Vater‹; lat. *ferō* ›ich trage‹), Langvokal (Dehnstufe; z. B. griech. πατήρ (patēr) ›der Vater‹; got. *berusjos* ›Eltern‹) und reduziertem bzw. eliminiertem Vokal (Tief-, Reduktions- bzw. Schwund-, Nullstufe; z. B. griech. πατρός; (patros)

›des Vaters‹; ai. *bhrti* ›Tragen‹, dt. ›Geburt‹). Daneben *Abtönung* (auch: qualitativer ↗ Ablaut): Wechsel der Vokalqualität bei etymolog. zusammengehörigen Wörtern (lat. *tegere* ›bedecken‹ – *toga* ›Toga‹); im Dt. z. B. in der Flexion der starken Verben, z. B. *binden – band – gebunden*, und in der Derivation, z. B. *das Gebinde, das/der Band, der Bund*.   PM

Abtaster ↗ Scanner

Abtönung ↗ Abstufung, ↗ Abtönungspartikel

Abtönungspartikel (auch: Einstellungspartikel, Modalpartikel, Satzpartikel. Engl. sentence word, downtoning particle, frz. mot du discours) Subklasse der ↗ Partikeln. Zu ihnen gehören bspw. *aber, auch, denn, eben, halt, ja, jetzt, mal, nur, ruhig, wohl*. Neben der Unflektierbarkeit und der Unfähigkeit, im Vorfeld (↗ Feldgliederung) zu stehen, sind A. i. d. R. nicht betonbar und nicht erfragbar. Sie dienen der ›Abtönung‹ des Gesagten im Sinne einer Wertung, einer Vermutung etc.: *Männer sind eben so* – ›was ist schon von ihnen zu erwarten‹. *Rauchen Sie nur weiter* – ›der Krebs kommt bestimmt‹. A. sind vielfältig kombinierbar, ihre Abfolge ist aber meist nicht veränderbar: *Wo sind denn jetzt bloß wieder meine Socken!* Gerade letztere Eigenschaften stellen beim Erwerb des Deutschen als Fremdsprache eine besondere Schwierigkeit dar. **Lit.** M. Thurmair, Modalpartikeln und ihre Kombinationen. Tübingen 1989. – H. Simon, Zur Problematik einer Geschichte der deutschen Abtönungspartikeln. In: Sprachwissenschaft 21, 1996, 262–300. – H. Wegener, Zur Grammatikalisierung von Modalpartikeln. In: R. Barz & G. Öhlschläger (Hgg.), Zwischen Grammatik und Lexikon. Tübingen 1998, 37–56.   SO

Abtönungsstufe ↗ Ablaut

Abwehrzeichen ↗ Warenzeichenrecht

Abweichung (auch: Deviation. Engl. deviation, deviance, frz. déviation) Sprachgebrauch, der gegen grammat. ↗ Regeln verstößt oder geltenden ↗ Sprachnormen und ↗ Konventionen nicht entspricht. A. können auf verschiedenen sprachl. Ebenen vorkommen, auf der phonet.-phonolog. (**Wolfgang leimt ein Gedicht*), morpholog. (**Angst essen Seele auf*), syntakt. (**Hans gibt Georg*), semant. (**Claus raucht eine Tasse Kaffee*) und pragmat. (**Der deutsche Kaiser sprach gestern im Bundestag*) Ebene. Abweichende, d. h. ungrammat. bzw. nichtakzeptable Sätze sind meistens rückführbar auf eine bewusste oder unbewusste Verletzung einer lexikal. Kategorie, auf den Verstoß gegen ↗ Subkategorisierungsregeln oder ein ↗ Selektionsmerkmal, ↗ Kompatibilität.   SN

Abxazisch ↗ Abchasisch

Accumulatio ↗ Dihärese

Accusativus absolutus ↗ Participium absolutum

Accusativus cum infinitivo ↗ Akkusativ mit Infinitiv

Accusativus graecus (›griechischer Akkusativ‹. Auch: accusativus limitationis; lat. līmitātiō ›Begrenzung‹) In der Altphilologie gebräuchliche Bez. für den ↗ Akkusativ in der Funktion eines ↗ inneren Objekts (»Akk. der Beziehung, des Inhalts«), z. B. griech. ἀγαθός ἐστι τὸν τρόπον (agathos esti ton tropon) ›er ist charakterlich (dem Charakter nach) gut‹, lat. *flāva comās* ›mit blondem Haar (blond in Bezug auf die Haare)‹.   GS

Accusativus limitationis ↗ Accusativus graecus

Accusativus loci (lat. locus ›Ort, Stelle‹) In der Altphilologie Bez. für die semant. Funktion des ↗ Ablativs, eine räuml. oder zeitl. Ausdehnung zu bezeichnen oder eine Ortsangabe auszudrücken. Manche intransitiven Bewegungsverben (↗ verbum movendi) werden in Ableitungen mit best. Präpositionen (z. B. *circum-* ›um – herum‹, *praeter-* ›neben‹, *trāns-* ›über – hinaus‹) transitiv (vgl. dt. *durch den Wald wandern* vs. *den Wald durchwandern*). Auch best. transitive Verben wie *trādūcere* ›hinüberführen‹, *trāicere* ›hinüberwerfen‹, *trānsportāre* ›hinübertragen‹ können den a. l. bei sich haben, z. B. *trādūcere exercitum Alpes* ›ein Heer über die Alpen führen‹. Im Passiv bleibt die Ortsangabe im Akkusativ, z. B. *A Caesare cōpiae Rhēnum trāductae sunt* ›von Caesar wurden die Truppen über den Rhein gesetzt‹.   GS

Accusativus mensurae (lat. mēnsura ›Maß‹) In der Altphilologie Bez. für die semant. Funktion des ↗ Akkusativs, eine räuml. Entfernung oder eine zeitl. Ausdehnung zu bezeichnen, z. B. *tria mīlia passuum (longē) ā flūmine cōnsistere* ›3 000 Schritte vom Fluss entfernt haltmachen‹. Der a. m. steht in Konkurrenz zum ↗ Ablativus mensurae, dem möglich ist auch *tribus mīlibus passuum…* ›3 000 Schritte…‹; ↗ absoluter Kasus.   GS

Accusativus temporis (lat. tempus ›Zeit‹) In der Altphilologie Bez. für die semant. Funktion des ↗ Akkusativs, eine zeitl. Ausdehnung zu bezeichnen; Sonderfall des ↗ accusativus mensurae. Der a. t. kann sowohl als Objekt wie auch als Adverbial aufgefasst werden. Er steht bei Zeitangaben (erfragbar mit *wie lange?*), z. B. *decem quondam annōs Trōia oppūgnāta est* ›Zehn Jahre lang ist Troja einst belagert worden‹; *(bēstiolae) quae ūnum diem vīvant* (Cic. Tusc. 1,94) ›kleine Tiere, die (nur) einen Tag lang leben‹; ↗ absoluter Kasus.   GS

Acehisch (auch: Atchinesisch. Eigenbez. aceh) West- ↗ austronesische Sprache im nördl. Teil Sumatras (v. a. Küstensaum), Indonesien; Karte ↗ Austroasiatische Sprachen. Genet. enge Verwandtschaft mit den ↗ Cham-Sprachen wahrscheinlich; beide mit austroasiat. Elementen. 1,8 Mill. Sprecher. Seit dem 15. Jh. ↗ Malaiisch als Amts- und Handelssprache; seit dem 18. Jh. Handelsspr. in arab. Schrift; heute vorwiegend lat. Schrift. SVO. Starke Behauptung ggü. ↗ Indonesisch als offizieller Spr.   CE

Achäisch ↗ Altgriechisch

Aché-Guayakí ↗ Tupí-Guaraní-Sprachen

Achi ↗ Quiche-Sprachen, ↗ Maya-Sprachen

Achievement test ↗ Sprachtest

Ach-Laut (API-Notation: [x] (velar), [χ] (uvular))

neben dem Ich-Laut [ç] (palatal) im Deutschen allophon. Variante des stimmlosen ⁊ dorsalen (hinteren) Frikativs /x/, ⟨ch⟩ in komplementärer Verteilung: [ç] nach Konsonanten und vorderen Vokalen sowie morpheminitial, [x] nach hohen und mittleren gespannten Hinterzungenvokalen, [χ] nach tiefen Hinterzungenvokalen. PM

Acholi ⁊ Lwo

Achsenstellung ⁊ Kernsatz 2.

Achtelcicero f. ⁊ Schriftgrad von 1,5 p.; ⁊ Didotsystem. G

Achtelpetit f. ⁊ Schriftgrad von 1 p.; ⁊ Didotsystem. G

Achual ⁊ Jivaro-Sprachen

Achwach(isch) ⁊ Dagestanische Sprachen

AcI ⁊ Akkusativ mit Infinitiv

Acoma ⁊ Keres

Adamawa-Sprachen Über 100 Sprachvarietäten östl. der Mandaraberge an der Grenze von Nigeria und Kamerun bis in den südl. Tschad. Die A. bilden mit den ⁊ Ubangi-Sprachen den Adamawa-Ubangi-Zweig der ⁊ Niger-Kongo-Sprachen. Auch die größten A. wie das Mumuye, Tupuri, Daka oder Fali haben nicht mehr als je 75 000–130 000 Sprecher. Mehrsprachigkeit (Ful, Hausa) ist deshalb weitverbreitet; Karte ⁊ Afrikanische Sprachen, im Anhang. Die A. sind ⁊ Tonsprachen, teilweise mit ⁊ Nominalklassen, die Wortstellung ist zumeist SVO, Aspektsystem, suffigale Verbalderivation, unterschiedl. Anzahl initialer und nicht-initialer Konsonantenphoneme. **Lit.** R. Boyd, Adamawa-Ubangi. NCL 1989, 178–215. – Ders., Etude comparative dans le groupe Adamawa. Paris 1974. – C. Hagège, La langue mbum de Nganha (Cameroun). 2 Bde. Paris 1970. – K. Shimizu, The Zing Dialect of Mumuye: A Descriptive Grammar. Hamburg 1983. **SSG** Stadt- und Universitätsbibliothek Frankfurt/M. (30). RE

Adaptieren (lat. (ad-)aptus, adaptātus ›angepasst‹) Anpassung eines ling. Elements an eine veränderte Umgebung, ggf. durch partielle Umformung dieses Elements. G

Adäquatheit (lat. adaequāre ›angleichen‹. Engl. adequacy, frz. adéquation) Bewertungskriterium für Theorien. Hinsichtl. Theorien wird seit Chomsky, Aspects zwischen drei A.ebenen differenziert: Das Kriterium der Beobachtungsadäquatheit (*observational adequacy*) erfüllen jene Theorien, welche die sprachl. Daten (⁊ Datum) korrekt und vollständig erfassen; das Kriterium der Beschreibungsadäquatheit (*descriptive adequacy*) wird von Theorien erfüllt, die beobachtungsadäquat sind und zudem die Kompetenz (⁊ Kompetenz vs. Performanz) eines muttersprachl. Sprechers abbilden; Erklärungsadäquatheit (*explanatory adequacy*) wird von einer grammat. Theorie erfüllt, wenn sie zugleich eine Theorie der menschl. Sprachfähigkeit schlechthin darstellt, d.h. z.B. die Möglichkeit des ⁊ Spracherwerbs und Sprachverlusts begründet und vereinbar mit ling. ⁊ Universalien ist. Eine erklä-

rungsadäquate Sprachtheorie bietet die Möglichkeit, aus verschiedenen beschreibungsadäquaten Theorien die erklärungsadäquateste auszuwählen (⁊ Mentalismus). Die Kriterien für A. sind dementspr. abhängig von Vorgaben für den Beschreibungsbereich der jeweiligen Theorienmenge, wie dies v.a. in der Beurteilung und Klassifikation der ⁊ generativen Kapazität von Grammatiken deutl. wird. **Lit.** N. Chomsky, Current Issues in Linguistic Theory. Den Haag 1964. – Chomsky, Aspects. – Ders., Beyond Explanatory Adequacy. In: A. Belletti (ed.), Structures and Beyond: The Cartography of Syntactic Structures, Vol. 3. Oxford 2004. – E. Lepore, The Problem of Adequacy in Linguistics. TL 6, 1979, 161–172. – J. Moore & M. Polinsky (eds.), The Nature of Explanation in Linguistic Theory. Chicago 2003. F

Addental (auch: apikodental) Artikulation mit der Zungenspitze (lat. apex) an der Hinterseite der oberen Schneidezähne (lat. dentēs), z.B. [s], [t]; Ggs. ⁊ interdental bzw. ⁊ alveolar; ⁊ Lispellaut. PM

Addition ⁊ Adjunktion

Additionsform ⁊ Kompromissform

Additionswort ⁊ Kopulativkompositum

Additiv Ein in der Mereologie (Logik der Teil-Ganzes-Relation) gebräuchl. Merkmal zur Charakterisierung von Verben und Nomina. Nach einem Vorschlag von E. Bach (1981), der von E. Leiss (1992) übernommen wurde, lassen sich die Verben auf der Grundlage der Merkmalsopposition Additivität/Nonadditivität in zwei Klassen einteilen. Leiss (S. 49 f.) unterscheidet (a) »teilbare Verbsituationen«, in denen die Verben »mit sich selbst ident. bleiben. Zerteilt man die vom Verb realisierte Verbalsituation in beliebig viele Phasen, so bleibt das Resultat immer gleich: die jeweiligen Phasen können mit dem gleichen Verb benannt werden« (z.B. *lieben*), von (b) »nichtteilbaren Verbsituationen«, in denen »die Verben nicht mit sich selbst ident. bleiben. Die Verbalsituation lässt sich nicht in miteinander ident. Phasen aufteilen« (z.B. *finden, erobern, abbrechen*). Die Verben nach (a) sind a. (auch: nicht-holist.), diejenigen nach (b) sind nicht-a. (auch: holist.). A. Verbsituationen implizieren Innenperspektive (⁊ Perspektivierung), z.B. *suchen*, nicht-a. Verbsituationen implizieren Außenperspektive, z.B. *finden*. Innenperspektivierte Grundverben (Simplizia) sind demnach partitiv (a. und teilbar, z.B. *lieben, husten*), außenperspektivierte Aktionsartverben (gewisse Präfixverben) sind holist. (nicht-a. und nicht teilbar, z.B. *verlassen, abhusten*), und innenperspektivierte ⁊ iterative Aktionsartverben sind gleichzeitig a. und nicht teilbar (z.B. *streicheln, hüsteln*). Der hier verwendete Begriff der ⁊ Aktionsart unterscheidet sich allerdings von der in diesem Lexikon gegebenen Definition. **Lit.** E. Bach, On Time, Tense, and Aspect. An Essay in English Metaphysics. In: Radical Pragmatics, 1981, 63–81. – P. Simons, Parts. A Study in Ontology.

Oxford 1987. – E. Leiss, Die Verbalkategorien des Dt. Bln., N. Y. 1992. G

Additiver Anschluss (auch: Anschluss, Ergänzungsanschluss, Isolierung) **1.** Nachgestellte nichtfinite Satzglieder. R. Conrad verwendet a. A. als Oberbegriff für ↗ Nachtrag und Isolierung und definiert ihn als zusätzl., nachträgl. Erklärung von Sachverhalten, die emotionale Verbindung zwischen Wortgruppen und Sätzen herstellt, wie z. B. *Diese Abende sind violett in den Straßen. In den engeren Straßen der Stadt jedenfalls, in unserer Stadt jedenfalls* (Borchert). Sommerfeldt et al. unterscheiden zwischen *Ausrahmung*, die durch Weiterwirken der Satzspannung charakterisiert ist, und *Nachtrag*, bei dem von einer Art Neuansatz ausgegangen wird und unterscheiden isolierte Nachträge, nachgetragene Präzisierungen und nachgestellte Glieder einer getrennten Wortreihe. **2.** Einen Anschluss stellen nach Engel bei ↗ Ergänzungen vor allem bestimmte Pronomina, Determinative und Adverbien her, bei ↗ Angaben bestimmte Adverbien, Präpositionalphrasen mit definitem Artikel u. a., z. B. *Sie dachte an Berlin. Dort hatte sie gerne gelebt.* Diese Einheiten – es kann sich auch um mehrere Anschlusselemente handeln – können prinzipiell an verschiedenen Stellen stehen, z. B. *An diesem Abend erschien auch Emilie. Wir hatten sie lange nicht gesehen.* Vorfeldstellung verstärkt aber die Verweisfunktion, z. B. *An diesem Abend erschien Emilie, sie hatten wir lange nicht gesehen.* Die Verweisfunktion wird weiter verstärkt, wenn es sich um Elemente handelt, die nur selten im Vorfeld stehen; ↗ Stellungsfeld. **Lit.** R. Conrad (Hg.), Lexikon sprachwiss. Termini. Lpz. ²1988. – K.-E. Sommerfeldt et al., Einf. in die Grammatik und Orthographie der dt. Gegenwartsspr. Lpz. 1981. SL

Additivum ↗ Kopulativkompositum

Adenoidal ↗ Artikulationsbasis

Adessiv (lat. adesse ›anwesend sein‹). **1.** ↗ Kasus z. B. der finnougr. Spr. mit der Kasusbedeutung ›befindlich an, nahe bei‹, z. B. finn. {-lla}, {-llä}, *talolla* ›am Haus‹, ungar. *az asztalnál* ›am Tisch‹; ↗ Inessiv, ↗ Lokativ. **2.** Verbaltempus zur Markierung der Sprechzeit in semit. Spr. G

Ad hoc-Bildung ↗ Gelegenheitsbildung

Adhortativ (lat. adhortātīvus ›ermahnend‹. Auch: Hortativ) Klasse von sprachl. Formen, die in semant.-pragmat. Hinsicht die ↗ Aufforderung an die 1. Ps. Pl. zur gemeinsamen Aktion ausdrückt. In den ie. Spr. nicht durch ein eigenes morpholog. Paradigma gekennzeichnet, wird der A. in diesen z. B. periphrast. oder durch konj. Formen der 1. Pers. Pl. ausgedrückt, z. B. *Lasst uns streiken! Seien wir mutig!*; ↗ Modus, ↗ Modalität. **Lit.** J. van der Auwera, N. Dobrushina & V. Goussev, Imperative-Hortative Systems. In: M. Haspelmath et al. (eds.), The World Atlas of Language Structures. Oxford 2005, 294–295. – E. König & P. Siemund, Speech Act Distinctions in Grammar. In: T. Shopen (ed.), Language

Typology and Syntactic Description. Cambridge 2005. – B. Ulvestad, Die kanon. dt. A.e im Auslandsdeutschunterricht. In: G. Stoetzel (Hg.), Germanistik – Forschungsstand und Perspektiven. 1. Teil. Bln. 1985, 518–534. F

Adjacency pair (engl. ›benachbartes Paar‹. Auch: Paarsequenz). In der ↗ Konversationsanalyse gebrauchter Ausdruck für Bez. von an der sprachl. Oberfläche häufig nacheinander vorkommenden sprachl. Ereignissen, z. B. Gruß-Gegengruß, ↗ Frage-Antwort. Aufgrund der methodolog. Beschränkungen der *conversation analysis* auf strikt Beobachtbares wird die Vorkommensauffälligkeit zum Bestimmungskriterium für diese systemat. miteinander verbundenen Sprechhandlungsfolgen. Beide Paarelemente sind über eine verstärkte Erwartbarkeit für die Aktanten »konditionell relevant«; d. h. sie bestimmen das Handeln des anderen Interaktanten. **Lit.** E. Schegloff, Sequenzing in Conversational Openings. AmA 70, 1968, 1075–1095. – Ders., On Some Questions and Ambiguities. In: J. M. Atkinson & J. Heritage (eds.), Structures of Social Action. 1984, 28–52. E

Adjazenz f. (lat. adiacentia ›Umgegend‹. Engl. adjacency, frz. adjacence) Konstituenten sind adjazent, wenn sie einander unmittelbar folgen und zwischen ihnen keine andere Konstituente auftritt. Adjazente Konstituenten müssen nicht notwendigerweise ↗ Schwestern sein, d. h. die A. gibt keine Auskunft über die spezif. ↗ Dominanz-Relationen einer Struktur. F

Adjektiv (lat. adiectīvum, Übersetzung von griech. ἐπίθετον (epitheton) ›das Hinzugefügte‹. In Schulgrammatiken auch: Antwort, Beiwort, Eigenschaftswort, Wiewort. Engl. adjective, frz. adjectif) Im Dt. offene ↗ Wortart, deren Lexembestand durch ↗ Wortbildung erweiterbar ist. Morpholog. sind A. im Deutschen durch drei Deklinationsmuster (↗ Deklination, ↗ Flexion) gekennzeichnet: stark, schwach und gemischt, wobei die begleitenden Determinatoren (↗ Artikel 2) die Flexionsklasse bestimmen. Attributive A. stehen üblicherweise vor dem Nomen und kongruieren mit diesem in Numerus, Genus und Kasus. Selten auftretende postnominale attributive A. sind endungslos: *Karpfen blau.* A. sind komparierbar (↗ Komparation), wobei es neben den regelmäßigen Formen einige Suppletivformen (↗ Suppletion) gibt: *gut, besser, am besten.* Syntakt. fungieren A. als ↗ Attribut, ↗ Prädikativum oder ↗ Adverbial. Nicht alle Vertreter der Wortart können in allen drei Positionen stehen: *Die Firma ist pleite* (prädikativ), **Die pleite Firma* (attributiv), *ᵒDer Chef ging pleite nach Hause* (adverbial). Prädikative A. sind unflektiert außer in Fällen wie *Das Hotel ist ein schlechtes.* Da adverbial verwendete A. im Deutschen endungslos sind, ist die Abgrenzung zum prädikativen A. syntakt. nicht immer eindeutig und wird – wenn möglich – durch die Semantik geklärt: *Er schlingt die Spaghetti heiß hi-*

nunter (Die Spaghetti sind heiß – prädikativ) vs. *Er schlingt die Spaghetti schnell hinunter* (Er tut es schnell – adverbial). A. in letzterer Verwendung werden heute nur noch selten als ↗ Adverbien (genauer als Adjektivadverb) bezeichnet. In vielen Fällen kann eine Bedeutungsverschiebung ausgedrückt werden, wenn dasselbe A. attributiv oder prädikativ verwendet wird; Letzteres versprachlicht meist temporäre, Ersteres beständige Eigenschaften: *Ein blinder Mann stand an der Kreuzung* vs. *ein Mann stand blind an der Kreuzung.* Semant. sind A. Modifikatoren (↗ Modifikation 2) und schreiben der von ihnen spezifizierten Größe Eigenschaften zu. Für das Dt. ist eine allein auf semant. Basis vorgenommene Kategorisierung der A. als Makrokategorie problemat., hilfreich ist jedoch die semant. motivierte Binnengliederung in ↗ Qualitäts- und ↗ Relationsadjektive. Weitere Untergliederungen richten sich nach der Art der Eigenschaft, die einer Größe mittels A. zugewiesen wird: ↗ Gradadjektiv, ↗ Stoffadjektiv, ↗ Temporaladjektiv. Die Beziehungen zwischen A. und Adjektive sind vielfältig, da beide Wortarten als Modifikatoren dienen, was sich u. a. in Ableitungsbeziehungen zeigt: *unglücklich – unglücklicherweise.* Aus Adverbien abgeleitete A. *(heute > heutig)* werden zuweilen als Adverbialadjektive bezeichnet. Sie stehen nur prädikativ. **Lit.** Eisenberg II, 223 ff. – I. Trost, Das dt. Adj. Hamburg 2006. – P. Eisenberg, Morphologie und Distribution. Zur Morphosyntax von A. und Adverb im Deutschen. In: F. Schmöe (Hg.): Das Adverb. Zentrum und Peripherie einer Wortklasse. Wien 2002, 61–76. – N. Hami, Das appositiv nachgestellte attributive Adjektiv, flektiert und unflektiert, in der dt. Gegenwartssprache. Algier 1993. – K. E. Heidolph, Adjektivische Modifizierung. In: I. Zimmermann & A. Strigin (Hgg.), Fügungspotenzen. Zum 60. Geburtstag von Manfred Bierwisch. Bln. 1992, 63–88. – P. M. Vogel, Unflektierte A. im Dt.: Zum Verhältnis von semant. Struktur und syntakt. Funktion und ein Vergleich mit flektierten A. In: Sprachw. 22, 1997, 403–433. SO

Adjektivadverb ↗ Adverb

Adjektivattribut ↗ Adjektiv in der Funktion eines ↗ Attributs. G

Adjektivierung Bez. für Adjektive, die durch ↗ Ableitung von Wörtern anderer Wortart gebildet werden, etwa *sündhaft* (desubstantivisch), *lachhaft* (deverbal). Der Bestand an Suffixen zur A. ist vergleichsweise groß, Fleischer & Barz (1995, 251–269) nennen neben *-haft* noch *-bar, -en, -er, -fach, -ig, -isch, -lich, -los, -mäßig, -sam* und eine große Zahl entlehnter Suffixe zur A. wie *-abel* oder *-iv.* Auch ↗ Konversionen leisten A. Produktiv sind hier insbes. Konversionen von Partizipien, z. B. *abgeleitete* Adjektive. **Lit.** Fleischer & Barz WB[2]. ES

Adjektivischer zu-Infinitiv ↗ Gerundiv(um)

Adjektivphrase (engl. degree phrase ›Maßphrase‹. Abk. AP) ↗ Phrase, als deren ↗ Kopf ein ↗ Adjektiv

gilt, z. B. *dem Meer nahen* in [*die* [$_{AP}$*dem Meer nahen*] *Häuser*]. Als ↗ Kopf der AP wird im Rahmen der ↗ X-Bar-Theorie auch die ↗ funktionale Kategorie DEG(REE) diskutiert, z. B. *viele* in [$_{NP}$ [$_{AP}$ *viele schöne*] *Häuser*] , mit dem Ziel, spezif. Aspekte der ↗ Projektion bzw. ↗ Expansion syntakt. Kategorien zu generalisieren. **Lit.** ↗ Adjektiv, ↗ Nominalphrase. F

Adjungiertes Merkmal (lat. adiungere ›hinzufügen‹) Redundantes, d. h. nicht ↗ distinktives, ↗ inhärentes Merkmal (z. B. die ↗ Aspiration initialer stimmloser Plosive im Dt. und Engl.); ↗ inhärentes Merkmal. PM

Adjunkt n. (lat. adiunctus ›verknüpft, angebunden‹) **1.** In der ↗ strukturellen Linguistik (Z. Harris, J. Lyons etc.) versteht man unter A. »syntakt. fakultative oder periphere Ausdrücke« (Lyons 1983). »An adjunct is by definition a ›modifier‹ attached to a ›head‹, upon which it is dependent and from which it can be ›detached‹ without any consequent syntactic change in the sentence« (J. Lyons 1968, 344; die dt. Ausgabe (1971) übersetzt ›adjunct‹ als ›Adjunktion‹). Neben NP-internen Attributen, z. B. *ein schönes Mädchen*, rechnet Lyons zu den A. auch VP-interne Adverbiale, z. B. *Sie formuliert gut*, sowie Adverbialangaben im Rang von »sentence-adjuncts« (Zeit, Ort, Zweck, Ergebnis, Bedingung etc., z. B. *Deswegen ging Herbert am Sonntag im Stadtpark spazieren*). Die Fakultativität unterscheidet A. von den oft strukturell ident., aber obligator. ↗ Komplementen (↗ Bestimmungsrelation. RB – **2.** H.-J. Heringer (1970) bezeichnete syntakt. Einheiten als A., die in paradigmat. Relation zueinander stehen und durch Anwendung von »Adjunktionsregeln« aus höherrangigen Einheiten ausdifferenziert werden; ↗ Konjunkt. **Lit.** J. Lyons, Introduction to Theoretical Linguistics. Cambridge 1968; dt.: Einf. in die moderne Ling. Mchn. 1971. – H.-J. Heringer, Theorie der dt. Syntax. Mchn. 1970. – J. Lyons, Semantik. Bd. II. Mchn. 1983. – C. Maienborn, Situation und Lokation. Die Bedeutung lokaler A. von Verbalprojektionen. Tübingen 1996. – F. Beckmann, Untersuchungen zur Grammatik der A. Bln. 1997. – E. Lang (ed.), Modifying Adjuncts. Bln. 2003. RB

Adjunktion (lat. adiūnctiō ›Anknüpfung‹. Engl. adjunction, frz. adjonction) **1.** (Auch: Addition, Insertion) In der GG werden zwei elementare strukturverändernde Transformationen der A. unterschieden, welche eine syntakt. Einheit zu einer schon vorhandenen Struktur-A. hinzufügen: Die Schwestern-A. (*sister adjunction*) fügt einem von C unmittelbar dominierten ↗ Knoten B (↗ Dominanz) einen linken oder rechten ↗ Schwester-Knoten A hinzu, so dass A und B von C unmittelbar dominiert werden:

Die Chomsky-A. generiert bei der Ausgangsstruktur [$_C$ B] durch Erzeugung eines neuen B-Knotens und Hinzufügen eines Knotens A eine komplexere Struktur [$_C$ [$_B$ A B]], in welcher A zugleich ↗ Schwester und ↗ Tochter von B ist:

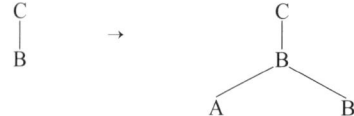

A.en werden z. B. für die Bewegung von ↗ Operatoren in der ↗ Logischen Form angenommen. A.strukturen sind einerseits das Resultat von ↗ Bewegungstransformationen, andererseits können sie auch basisgeneriert auftreten; ↗ Beschränkungen für A.en können demnach aus generellen Phrasenstruktur-Prinzipien folgen, andererseits aus Beschränkungen über ↗ Bewegungstransformationen. Im Rahmen der ↗ Barrieren-Theorie werden A.en als Sonderfälle von ↗ Move α diskutiert. **Lit.** C. Fabricius-Hansen et al. (eds.), Modifying Adjuncts. Bln. 2003. – M. Kracht, Is Adjunction Compositional? Research on Language & Computation 6.1, 2008, 53–77. – Weitere Lit. ↗ Adjunkt. F – **2.** Der Logiker P. Lorenzen benennt als A. die inklusive ODER-Verbindung von Aussagen (lat. vel ›und/oder‹, Symbol v): Die Aussage p v q ist wahr, wenn mindestens p oder q wahr, dann auch falsch, wenn p und q falsch sind. Während i. d. R. diese Wahrheitsfunktion als ↗ Disjunktion bezeichnet wird, verwendet Lorenzen (und mit ihm einige Linguisten) diesen Terminus, da er unter Disjunktion die exklusive EXOR-Verbindung (lat. *aut-aut* ›entweder-oder‹; ↗ Kontravalenz, ↗ Exklusion) versteht; ↗ Konjunktion (2). RB – **3.** ↗ Adjunkt (1).

Adlativ (lat. adlātum ›herangebracht‹. Auch: Allativ) ↗ Kasus (Richtungskasus), z. B. der finnougr. Spr. mit der Kasusbedeutung ›Ziel einer Ortsveränderung‹, z. B. finn. {-lle}, *talolle* ›zum Haus hin‹, ungar. *az autóhoz* ›zum Auto hin‹; ↗ Lokativ.   G

Admirativ (lat. admīrārī ›staunen‹) In einigen Spr. ↗ Modus, der Erstaunen, Verwunderung ausdrückt, z. B. im Alban.   G

Adnexio ↗ Zeugma

Adnominal (lat. ad nōmen ›zum Nomen gehörig‹) Bez. für syntakt. Elemente, die in einer ↗ endozentrischen Konstruktion das regierende Nomen modifizieren bzw. semant. näher bestimmen. A.-Elemente realisieren die Kategorie ↗ Attribut, d. h. attr. Adjektiv, Genitivattribut, Präpositionalattribut, attr. Konjunktional- und Relativsatz, Partikel; ↗ Adverbal.   SN

Adoptivform ↗ Hybridbildung

Adposition (lat. adpositiō ›Zusatz‹. Engl. adposition) Überbegriff für ↗ Präposition, ↗ Ambiposition, ↗ Postposition und ↗ Zirkumposition.   PT

Adressat (engl. addressee, frz. destinataire) **1.** Derjenige, an den eine sprachl. Handlung gerichtet

wird. In der unmittelbaren ↗ face-to-face-Kommunikation ist ein Hörer (H) der A. der Äußerung eines ↗ Sprechers (S). In komplexeren Kommunikationskonstellationen (z. B. in den Medien oder im polit. Diskurs) kann ein und dieselbe Sprechhandlung sich an mehrere A. richten und dabei unterschiedl. illokutive Qualität annehmen (Mehrfachadressierung). Bei ↗ Texten wird der Adressatenbezug aufgrund der zerdehnten ↗ Sprechsituation häufig diffus. **2.** ↗ Rezipient.   E

Adressatenpassiv ↗ Rezipientenpassiv

Adresse ↗ Lemma

Adsentential ↗ Satzadverbial

Adstrat n. (lat. adstrātum ›Danebengestreutes‹. Engl. adstratum, frz. adstrat) Ein Terminus, der gelegentlich auch für ↗ Superstrat verwendet wird bei sowohl Superstrat als auch ↗ Substrat bezeichnet. ›Sprachen im Kontakt‹ wird gelegentl. als Synonym gebraucht, wobei impliziert wird, dass die im Kontakt stehenden Spr.n als eigenständige Einheiten weiter bestehen, auch wenn sie sich gegenseitig beeinflussen, während Adstrat, Substrat, Superstrat implizieren, dass eine Spr. verschwindet und nur ihre Spuren in der anderen Kontaktspr. hinterlässt; ↗ Sprachkontakt.   R

ADSV ↗ Allgemeiner Deutscher Sprachverein

Advanced tongue root (engl. ›vorverlagerte Zungenwurzel‹, ATR) Binäres phonolog. Merkmal, das (bei positivem Wert) durch eine Artikulation mit vorverlagerter Zungenwurzel (bei gleichzeitig stärkerer Zungenwölbung) definiert ist; teilweise gleichbedeutend mit ↗ gespannt verwendet.   POM

Adverb, Pl. ~ien (lat. ad-verbum ›zum Verb gehörig‹. In Schulgrammatiken auch: Umstandswort, Beiwort. Engl. adverb, frz. adverbe) Im Deutschen offene ↗ Wortart, deren Bestand über 1000 Lexeme umfasst und durch ↗ Wortbildung erweiterbar ist. Ausschließl. Sprachen, die auch über Adjektive verfügen, haben A. ausgebildet. In der Sprachbeschreibung wird das unflektierbare A. oft als ↗ Papierkorbkategorie missbraucht, d. h. der Klasse werden andere unflektierbare, ansonsten schwer einzuordnende lexikal. Einheiten zugesprochen. Dies hat das Verständnis der Kategorie A. lange verdunkelt. A. sind Nachbarkategorie der ↗ Adjektive, beide Wortarten fungieren als Modifikatoren (↗ Modifikation 2). Adverbial stehende Adjektive wurden bisweilen fälschl. als A. oder Adjektivadverbien bezeichnet. Missverständl. ist auch die häufige Gleichsetzung der syntakt. Funktion ↗ Adverbial mit der Wortart A. Eine eindeutige Zuordnung von Lexemen zur Kategorie A. kommt über morpho-syntakt. Merkmale zustande: (a) A. sind unflektierbar, (b) haben Satzgliedcharakter (sind also erststellfähig), (c) fungieren im Satz nicht als ↗ Subjekte. (a) ermöglicht die Abgrenzung des A. vom ↗ Adjektiv, welches i. d. R. flektierbar ist. Nur wenige A. sind komparierbar, wobei auf Suppletivformen (↗ Suppletion) zurückgegriffen werden muss: *bald – eher – am* *ehesten, gern – lieber – am liebsten, oft – öfter – am häufigsten, sehr – mehr – am meisten.* (b) unterscheidet A. von ↗ Partikeln, die generell keinen Satzgliedstatus haben. (c) trägt der Tatsache Rechnung, dass A. im Satz Adverbial, ↗ Attribut, ↗ Objekt sein können, aber nie Subjekt. Die Binnengliederung der A. kann über ihren ↗ Skopus vorgenommen werden. Je nach der Bezugsgröße sind zu unterscheiden ↗ Grad- und Fokusadverbien, Modaladverbien (↗ prädikatsbezogene A.), ↗ Satzadverbien, ↗ Textadverbien. Eine Sonderstellung nehmen Lokal- und Temporaladverbien (↗ Situierungsadverbien; *gestern, dort*) und ↗ Pronominaladverbien (*daran, worüber*) ein, die Proformcharakter (↗ Proform) haben und Deiktika fungieren (↗ Deixis). Mehr als 80 % des A.-Wortschatzes bestehen aus komplexen Bildungen. Über zehn ↗ Suffixe sind ausschließlich für die ↗ Ableitung von A. vorgesehen, darunter *-ens, -mals, -orts, -weise* und *-erweise.* Die adverbiale ↗ Komposition unterliegt anderen Regularitäten als die des ↗ Substantivs. Die Glieder zusammengesetzter A. können nicht als ↗ Bestimmungswort und ↗ Grundwort gewertet werden. Vielmehr sind die ↗ Stämme univerbiert (↗ Univerbierung), ›zusammengewachsen‹. Komplexe A. bilden morphol. klar umgrenzte Klassen, bspw. A. + Präposition: *vornedurch, hintendurch, mittendurch.* ↗ Kürzungen im A.-Wortschatz sind auf die Unterklasse der ↗ Pronominaladverbien beschränkt und grammatikalisieren sich zu ↗ Verbzusätzen (↗ Grammatikalisierung). Kontaminationen kommen bei den A. selten vor: *knallfall* (aus *Knall auf Fall*), *lauthals* (aus *laut aus vollem Halse*). Wenige ↗ Reduplikationsbildungen: *ruckzuck, holterdiepolter.* In typolog. orientierten Forschungsrichtungen wird derzeit versucht, universale Funktionen oder Bedeutungen für die Wortart A. bzw. ein ›typisches‹ A. zu destillieren (↗ Prototypensemantik). Für das Dt. gilt, dass die Makrokategorie A. zu stark differenziert ist, um einen ↗ Prototypen auszubilden, die Binnenklassen jedoch durchaus Prototypen aufweisen. **Lit.** J. van der Auwera (ed.), Adverbial Constructions in the Languages of Europe. Bln., N. Y. 1998. – G. Cinque, Adverbs and Functional Heads. A Cross-Linguistic Approach. Oxford 1999. – C. Guimier & P. Larcher (Hgg.), L'adverbe dans tous ses états. Rennes 1991. – P. Ramat & D. Ricca, Prototypical Adverbs: On the Scalarity/Radiality of the Notion of Adverb. In: Rivista di Linguistica 1994, 6:2, 289–326. – F. Schmöe (Hg.), Das Adverb. Zentrum und Peripherie einer Wortklasse. Wien 2002. – F. Schmöe, Die dt. A. als Wortklasse. Habil. Schrift. Bamberg 2003. SO

Adverbal Bez. für unflektierbare Elemente (Adv. und Präp.), welche sich semant. (teilweise lexikalisiert, ↗ Rektion) auf das regierende Verb beziehen und dieses bezügl. eines Sachverhaltes oder der raum-zeitl., modalen und kausalen Bestimmung modifizieren, z. B. *müde abwinken.* SN

Adverbe de mode ↗ Modaladverb

Adverbial n. (auch: Adverbialbestimmung, Adverbialergänzung, Umstandsbestimmung, Umstandsergänzung. Abk. Advb. Engl. adverbial (phrase), frz. complément circonstanciel) A. bezeichnet sowohl die grammat. Funktion als auch den sprachl. Ausdruck eines Satzgliedes, das die Umstände des vom Satz bezeichneten Geschehens näher bestimmt, und zwar bezogen auf Ort (*Karl lebt in München*), Richtung (*Karl fährt nach Genf*), Dauer (*Er wartete zwanzig Jahre*), Zeitpunkt (*Um 7:32 hob die Maschine ab*), Frequenz (*Er reiste siebenmal nach Chicago*), Art und Weise (*Karl schuftet wie ein Tier*), oder auch in kausaler (*aus Angst*), konditionaler (*bei Regen*), finaler (*zur Erholung*), konzessiver (*trotz vieler Probleme*), konsekutiver (*Sie sehen sich zum Verwechseln ähnlich*) Hinsicht. Der Begriff A. suggeriert eine Beziehung zum Verb(komplex) und signalisiert eine Verwandtschaft zum Terminus ↗ Adverb, womit unterstellt wird, dass Adverbien die klass. Ausdrucksmittel für A.e seien. Dies birgt die Gefahr, die Satzfunktion mit der Wortklassenkategorie (↗ Wortart) zu verwechseln. A.e werden außerdem durch ↗ Präpositionalphrasen und ↗ Nominalphrasen ausgedrückt und können satzförmig sein (↗ Adverbialsatz). – Die Def. von A. als ›Umstandsbestimmung‹ ist eine semant., da eine syntakt. nicht gut gegeben werden kann. Steinitz' Einteilung (1969) beruhte auf dem Aspects-Modell Chomskys (1965) und postulierte zwei Hauptkategorien von A.en: eine, die eine obligator. Ko-Konstituente zum Verb darstellt, und eine frei hinzufügbare. Mittlerweile gilt die Überzeugung, dass Weglassbarkeit ein schlechtes Kriterium für die syntakt. Def. und Beschreibung von A.en ist, da es fast immer Umstände gibt, unter denen sie wegfallen können (sogar bei Lokal-A.en): *Die Lampe hängt.* Zudem können A.e im Kontext lokalist. zu interpretierender Verben auch aus dem nicht-lokalen Bereich selegiert werden: *Die Lampe hängt endlich.* Lokal-A.e können weiterhin wegfallen, wenn an ihre Stelle ein anderes fokussierbares Element tritt: *Katinka verbrachte ihre Ferien in Schweden* vs. **Katinka verbrachte ihre Ferien vs. Katinka verbrachte ihre Ferien angenehm.* Die Obligatorik von Adverbialtypen ist also kein rein syntakt. Phänomen, »sondern eng mit der Informationsstruktur [des Satzes] verknüpft« (Pittner 1999, 12). A.e sind damit weglassbar, solange der verbleibende Satz noch ausreichend informativ ist. Daher sind auch Versuche, A.e in der ↗ Valenzgrammatik vor dem Hintergrund der Unterscheidung zwischen ↗ Ergänzung und ↗ Angabe zu kategorisieren (↗ Kategorisieren), nicht zu einem Durchbruch gekommen. Insbesondere bei Positionsverben wie *sitzen, liegen, hängen* gelten Lokal-A.e als Ergänzungen, wodurch spezielle Umstände bemüht werden müssen, um Sätze wie *Die Lampe hängt* erklären zu können (s. o.). – Die Unterscheidung A. vs. Objekt ist ebenfalls nicht über die Obligatorik operationalisierbar, sondern allein plausibel im Kontext der traditionellen Annahme, dass A.e ›unregiert‹ sind in dem Sinne, dass sie in ihrer Form nicht durch das Verb determiniert werden. – Nicht jedes A. ist mit jedem Verb verträgl. Durativitäts-A.e bspw. können nur mit atel. Verben stehen: *Er hockte stundenlang vor der Glotze.* – Weiterhin offen ist die Unterscheidung zwischen A. und ↗ Attribut: (a) *Er sitzt auf dem Bücherstapel* (Adverbial), (b) *Der Mann auf dem Bücherstapel* (Attribut). Pittner spricht bei Letzteren von A.en in attributiver Funktion. – Steinitz problematisierte bereits die Unterscheidung zwischen A. und ↗ Prädikativ in Fällen wie: *Der Teddy sitzt auf der Schaukel* (Adverbial) vs. *Der Teddy ist auf der Schaukel* (Prädikativ). Sie schlägt vor, Verben wie *sitzen* als semant. angereicherte Kopula zu verstehen, da ein plausibler Grund fehlt, die syntakt. Funktion der PP in den entsprechenden Sätzen zu unterscheiden. – Interessant auf dem momentanen Stand der Forschung zum A. sind v. a. folgende Fragen: (1) Welche A.e können gedoppelt werden, (2) wie können sie als Komplex eine einzige Konstituente bilden, (3) welche können koordiniert werden, (4) wie beinflusst ihre Stellung im Satz dessen Interpretation? Ad (1): Mehrfaches Auftreten desselben A.-Typs im einfachen Satz ist mögl., wenn die konzeptuelle Struktur eine Enthaltensein-Relation vorgibt: *Carolina wohnt in Madrid in der Calle de Aránzazu.* Entsprechend ist dann, wenn die Enthaltensein-Relation ausgeschlossen ist, eine Dopplung ungrammat.: **Sie wohnt in Madrid in Bamberg.* Ad (2): Zwei A.e können ein komplexes, nur gemeinsam verschiebbares A. bilden und sind dann als *eine* Konstituente zu verstehen: *Er hat seine Sachen oben im Schrank* (Pittner 1999, 88). Ad (3): Nicht nur A.e des gleichen Typs sind koordinierbar, sondern auch solche unterschiedl. Typs: *hierzulande und heutzutage* (Pittner 1999, 91). Die Erklärung basiert auf der Annahme einer gemeinsamen Einordnungsinstanz (Lang 1977): Der Satz bleibt informativ, wenn ein konzeptueller Rahmen vorhanden ist, in den beide A.e eingeordnet werden können. Es gibt Indizien, dass die Koordination von A.en umso leichter möglich ist, je allgemeiner ihre Bedeutung ist. Außerdem können A.e und Objekte koordiniert werden: *Das kann jedem und jederzeit passieren* (Pittner 1999, 92). Ad (4): Die Stellung von A.en im Satz bestimmt oft dessen Interpretation: *Ich bin schon hungrig* – (a) *du könntest langsam das Essen kochen;* (b) *du könntest das Essen langsam kochen.* Die hier zu favorisierende Variante (a) bezieht sich auf die Schnelligkeit des Eintretens des Ereignisses, während (b) die Geschwindigkeit des Prozessvollzugs bezeichnet. Interessant ist bei Lesart (a) die semant. Umkehrung von *langsam* ins Gegenteil. Die genannten Befunde verweisen darauf, wie vielfältig sich die ↗ Semantik in der ↗ Syntax manifestiert. **Lit.** Chomsky, Aspects. – R.

Steinitz, A.-Syntax. Unter Mitarbeit von E. Lang. Bln. 1969. – E. Lang, Semantik der koordinativen Verknüpfung. Bln. 1977. – K. Pittner, A.e im Dt. Untersuchungen zu ihrer Stellung und Interpretation. Tübingen 1999. – K. Welke, Schwierigkeiten beim Schreiben einer Einf. in die Valenztheorie: Ergänzungen und Angaben. In: ZfG 11, 1990, 5 – 10. – K. Hansson, Adverbiale der Art und Weise. Göteborg 2007.   SO

Adverbialadjektiv ↗ Adjektiv

Adverbialbestimmung ↗ Adverbial

Adverbiale Bestimmung ↗ Adverbial

Adverbialer Akkusativ ↗ Adverbialkasus

Adverbialer Genitiv ↗ Adverbialkasus

Adverbialergänzung ↗ Adverbial

Adverbialis m. ↗ Kasus des Georg., dessen Kasusmorphem {-ad} mit dem Ableitungsmorphem von Adverbien identisch ist, mit der Kasusbedeutung ›in der Eigenschaft von, als‹, z. B. *prop^{h}esorad* ›als Professor‹; ↗ Essiv.   G

Adverbialisierung Bez. für Wortbildungsprozesse, deren Resultat Adverbien sind. Im Dt. ist die Zahl entsprechender Suffixe beschränkt, insbes. gibt es kein Suffix, das regelhaft Adjektive in die Klasse der Adverbien überführt, wie etwa -ly im Engl. Das produktivste Suffix zur A. dürfte -s sein, es transponiert Subst. (*morgen-s*), Adj. (*bereit-s*) und Verben/Partizipien (*vergeben-s*) gleichermaßen. Neben Suffigierungen spielen auch ↗ Univerbierungen eine bedeutende Rolle (*unten-, oben-, mittendrin* usw.), bei denen unklar ist, ob sie zu den Komposita zu zählen sind. Bei A. wie *sowieso* oder *sozusagen* ist die Kompositionslesart ausgeschlossen, hier werden syntakt. Einheiten adverbialisiert; ↗ Zusammenrückung, ↗ Zusammenbildung.   ES

Adverbialkasus Obliquer ↗ Kasus in adverbialer Funktion (↗ Adverbial), im Dt. Akkusativ und Genitiv in Raum-, Zeit- und Gradangaben, z. B. *Jochen blieb die ganze Woche zu Hause; Das Ulmer Münster ist 148 Meter hoch; Leichten Schrittes kam Annette des Wegs.* A.-Konstruktionen sind nicht pronominalisierbar, vgl. **Jochen blieb sie zu Hause; *Das Ulmer Münster ist sie hoch,* und sie sind nicht passivfähig, vgl. **Die Woche wurde von Jochen zu Hause geblieben; *Des Wegs/leichten Schrittes wurde von Annette gekommen.*   G

Adverbialpartizip ↗ Gerundium, ↗ Partizip

Adverbialsatz (auch: Umstandssatz. Engl. adverbial clause, frz. (proposition) circonstancielle) (Neben-)Satz, der im ↗ Matrixsatz die syntakt. Funktion eines ↗ Adverbials übernimmt. A. sind abzugrenzen von ↗ Subjektsätzen ↗ Objektsätzen und unterscheiden sich von Letzteren auch in ihren (in unterschiedl. Hinsicht freieren) Stellungseigenschaften. Mehr als Subjekt- und Objektsätze können A. außerdem intonator. nicht-integriert sein, sie sind dann durch Pausen deutl. vom Matrixsatz abgetrennt. Für verschiedene Typen des A. können unterschiedl. Grundpositionen im Mittelfeld (↗ Feldgliederung) festgestellt werden, es gibt also keine einheitl. Stellung für A. – Oft werden auch ↗ Infinitkonstruktionen zu den A. gerechnet, da sie im Matrixsatz die entsprechende Funktion ausüben: *Er schwamm hinaus, ohne sich umzusehen*. *Obwohl außerordentlich vermögend, lebte Karl nie im Luxus*. – Wie auch ↗ Adverbiale werden A. semant. untergliedert, und zwar in Orientierung an den sie einleitenden ↗ Konjunktionen (Pittner 1999, 225 ff.): ↗ Temporalsatz, ↗ Kausalsatz, ↗ Konditionalsatz, ↗ Exzeptivkonditionalsatz, ↗ Konzessivsatz, ↗ Irrelevanzkonditional, ↗ Konsekutivsatz, ↗ Finalsatz, ↗ Modalsatz und der eine Sonderstellung einnehmende ↗ Lokalsatz. Die Untergliederung nach semant. Kriterien hat zur Folge, dass die Abgrenzung im Einzelfall nicht immer trennscharf vorgenommen werden kann und verschiedene Grammatiken unterschiedl. viele Arten von A. kategorisieren. – Bestimmte A. des Dt. können ohne einleitende Konjunktion stehen, z.B. *Hätte er mehr Mut, würde er sich wehren* (die Verberststellung evoziert die konditionale Lesart; ↗ Uneingeleiteter Nebensatz). Auch Sätze ohne spezif. formales Merkmal wie *Er konnte nicht mit, er war erkältet* können als A. verstanden werden. – Die aktuelle Forschung zu den A. interessiert sich v.a. für deren unterschiedl. Stellungseigenschaften, Informationsstruktur und Intonatorik. **Lit.** K. Pittner, A.e im Dt. Untersuchungen zu ihrer Stellung und Interpretation. Tübingen 1999. Weitere Lit. ↗ Adverbial. C, RL, SO

Adverbialverschiebung Wird eine unmittelbare Äußerung (↗ direkte Rede) in die zitierende ↗ indirekte Rede transformiert (↗ Redewiedergabe), ist es notwendig, die Deiktika (↗ Deixis) neu zu perspektivieren. Wenn z.B. Wolfgang aus Hannover an einem bestimmten Tag am Telephon sagt: *Gestern hat hier die Expo 2 000 begonnen*, dann müssen in der Zitierung die Referenten beider Adverbiale durch A. identifizierbar gemacht werden: *Wolfgang sagte eben/heute, dass in Hannover gestern die Expo 2000 begonnen habe*. G

Adverbphrase (engl. adverb phrase) In der GG Bez. für einen syntakt. Komplex, der als ↗ Projektion eines ↗ Adverbs gilt. Die A. ist der fünfte Phrasentyp neben NP, VP, PP und AP. Innerhalb der GG besteht Uneinigkeit, ob A. angenommen werden sollen. Alexiadou und Brandt et al. sprechen sich dafür aus, sofern Erweiterbarkeit besteht: *He is [very seriously] in love with her* (Alexiadou 1997, 6); *[ziemlich weit] links] von der Mitte* (Brandt et al. 1999, 97). **Lit.** A. Alexiadou, Adverb Placement: A Case Study in Antisymmetric Syntax. Amsterdam 1997. – P. Brandt et al., Sprachwissenschaft. Ein roter Faden für das Studium. Köln u.a. 1999. SO

Adversativ (lat. *adversātīvus* ›gegensätzlich‹. Auch: entgegenstellend. Engl. *adversative*, frz. *adversatif*) **1.** Zwischen zwei Sätzen besteht eine a. Beziehung, wenn sie semant. miteinander kontrastieren, einen

Gegensatz ausdrücken. Die a. Beziehung kann durch Adversativpartikeln (dt. *indessen*), durch koordinierende Konjunktionen (dt. *aber, jedoch* u.a.) oder durch Subjunktionen (dt. *während, indes(sen)*) ausgedrückt werden; ↗ Adversativsatz. C, G – **2.** (Russ. vozmozno-protivitel'noe) In manchen Spr. morpholog. realisierte Kategorie des Verbalmodus (mit ähnl. semant. Funktion wie in 1. beschrieben), z.B. im Adygeischen (↗ Tscherkessische Sprachen). G

Adversativsatz Durch eine ↗ adversative (kontrastierende) Subjunktion (z.B. dt. *während*) eingeleiteter ↗ Adverbialsatz, z.B. *Während Wolf Chopin liebt, ist Maria ein Schubert-Fan*. Nicht alle durch *während* eingeleiteten Sätze sind in gleichem Maße adversativ zu interpretieren, da *während* auch temporale Bedeutung haben kann (↗ Gleichzeitigkeit): *Während Wolf kocht, liest Maria Zeitung*. Kontrastierende Sätze in adversativem Sinne können auch durch konzessive und konditionale Konjunktionen (*Spielte er auch damals gern Piano, so interessiert sich Wolf jetzt nur noch für Bratschen*) verknüpft werden; ebenso können satzwertige Infinitive adversativ gelesen werden, z.B. *Statt den Schalter zu drehen, starrte er auf das blinkende Lämpchen*. – A. können nicht unmittelbar erfragt werden, sind nicht durch eine PP oder ein Adverb substituierbar und nicht negierbar (*nicht während). C, RL

Adversion (lat. *advertere* ›hinwenden‹) In der Forschung über ↗ Anredeformen verwendete Bez. für Akte der Kontaktaufnahme, für die verbale und nonverbale (↗ Gestik, ↗ Mimik, ↗ Augenkommunikation, ↗ nonverbale Kommunikation) Kundgabe der Absicht, mit einer anderen Person zu kommunizieren, ein Gespräch aufzunehmen. G

Adyg(h)eisch Karte ↗ Kaukasische Sprachen; ↗ Tscherkessische Sprachen

Adygische Sprachen ↗ Tscherkessische Sprachen

Adynaton n. (griech. ἀδύνατον (adynaton) ›das Unmögliche, das Untaugliche‹). Das A. als ↗ rhetorische Figur umschreibt (↗ Periphrase) den Begriff des ›Unmöglichen‹ in hyperbol. Weise (↗ Hyperbel) durch die Behauptung der Existenz einer offensichtl. (Natur-) Unmöglichkeit, die in eine Beziehung gesetzt wird (z.B. durch einen Vergleich) zu einem Sachverhalt, der damit gleichfalls als ›unmöglich‹ kenntlich gemacht werden soll. Der Sinn ergibt sich aus der Übertragung der Negation auf die Vergleichsaussage, z.B. »hier ist kein Raum zum Entrinnen mehr – so gewiss Kirschen auf diesen Eichen wachsen, und diese Tannen Pfirsiche tragen, so gewiss werdet Ihr unversehrt diesen Eichen und Tannen den Rücken kehren« (F. Schiller, Die Räuber II,3). VS

Affect alpha In der GG Oberbegriff für grammat. Operationen, die eine Kategorie α bewegen, einfügen oder tilgen, ↗ Move α. F

Affektgemination (lat. *affectus* ›Gefühl, Leidenschaft‹, *gemīnātiō* ›Verdopplung‹) Gelegentlich Bez.

für Silbenreduplikationen im frühkindl. ↗ Spracherwerb, etwa *Mama, Papa* (↗ Reduplikation, ↗ Iteration). Es wird auch diskutiert, ob Graphemverdopplungen expressive Funktionen haben bzw. hatten. Einen Überblick über die Literatur zu expressiver Gemination im Germ. bietet Lühr (1988), die aber die Ursachen für Gemination meist nicht im ↗ »Gefühlswert« (ebd., 88) sieht. **Lit.** R. Lühr, Expressivität und Lautgesetz im German. Heidelberg 1988. ES

Affektiv (lat. affectus ›Gefühl, Leidenschaft‹) **1.** Die a. oder ↗ emotive Bedeutung lexikal. Zeichen (ihr ↗ Gefühlswert) ist ein wesentl. Teil ihrer ↗ Konnotation (2). Sie beruht u. a. auf konventionellen Gefühlen ggü. der bezeichneten Sache (*Folter, Krebs, Erfolg*) oder ggü. der soziolektalen Herkunft des Lexems (*latschen, piepe, Wampe*). Daneben gibt es spezielle Zeichen, die dem Affektausdruck dienen, u. a. »Affektlaute« (*Au!, Ih!*) und ein Teil der ↗ Interjektionen (*Mist! Irre! Mensch!*). A. Bedeutungen werden im Text durch ↗ Kollokationen geschwächt oder verstärkt und häufig bei »uneigentl.« Lexemgebrauch (↗ Tropus, ↗ Metapher, ↗ Metonymie, ↗ Hyperbel, ↗ Ironie) durch die »Bildspanne« zwischen ↗ Designat und Referenzobjekt allererst hervorgerufen. Durch die ↗ Lexikalisierung solcher Tropen ist eine Fülle a. stark aufgeladener Lexeme und ↗ Phraseologismen entstanden, etwa metaphor. ↗ Schimpfwörter wie *Affe, Schwein, Esel* (↗ Pejorativ). H. Sperber hat gegen H. Paul die Wichtigkeit der a. Antriebe als »Ursache der Sprachveränderung« aufgezeigt. **Lit.** H. Sperber, Über den Affekt als Ursache der Sprachveränderung. Halle a. S. 1914. – R. Fiehler, Kommunikation und Emotion. Bln., N. Y. 1990. Weitere Lit. ↗ Emotiv. RB – **2.** Emotional bedingte Variation der Aussprache, die akzentbedingt beispielsweise zu Vokalqualitätsänderung, ↗ Diphthongierung führt; auch a. Gemination (z. B. lat. *tōtus* > ital. *tutto*). PM **3.** In einigen Spr., in denen ↗ affektive Verben existieren, spezieller (Subjekts-) Kasus zur Markierung der »affektivischen« Konstruktion (mit dem ↗ Absolutiv als Objektskasus). G

Affektives Verb In einigen Spr., z. B. vielen ↗ kaukasischen Sprachen, vorhandene Klasse von Verben (i. d. R. ↗ verba sentiendi), die eine spezielle, weder »transitive« noch »intransitive« syntakt. Konstruktion bewirken (z. B. im Georg. mit Subjekt im Dat.-Akk., in einigen ↗ ostkaukas. Spr. im ↗ Affektiv 3.), näml. die sog. »inversive« oder »affektive« Satzkonstruktion. G

Affigierung (lat. affigere ›anheften‹. Engl., frz. affixation) Bez. sowohl des Wortbildungsprozesses, in dem Affixe an Stämme angefügt werden (*Wort* ↗ *Wörtchen*) als auch der Erweiterung von Stämmen durch Flexive (*Wort* ↗ *Wörter*); ↗ Affix, ↗ Flexion, ↗ Derivation. ES

Affiliation (lat. affiliātiō ›Adoptierung‹) Zuweisung einer Spr. zu einer ↗ genetisch einheitl. ↗ Sprachfamilie (↗ Sprachverwandtschaft) und Bestimmung ihrer Position innerhalb dieser Familie, meist unter Rückgriff auf die sog. ↗ Stammbaumtheorie. GP

Affinität ↗ Lexikalische Solidaritäten

Affirmation (lat. affirmātiō ›Versicherung; Bejahung‹; griech. κατάφασις (katáphasis); engl., frz. affirmation) **1.** In der rhetor./bildungssprachl. Bedeutung »bekräftigende Sprachhandlung« (so schon bei Quintilian IX 3, 28). **2.** Aristoteles (peri hermeneias 5) unterscheidet zwei Grundformen »einheitlicher aussagender Rede«: das »Zusprechen« (katáphasis) und »Absprechen« (apóphasis; ↗ Negation); die Übersetzung *affirmatio* für die positive Aussage stammt von Boethius. Dieser Ausdruck bzw. das Adj. *affirmativ* leben fort in Logik und Grammatik, wobei bis ins 20. Jh. i. d. R. zwischen Satzform, Urteil und Behauptung (↗ Assertion) nicht reinlich unterschieden wird (prototypisch: J. C. A. Heyse, S. 6 ff.; vgl. auch HWP). In sprechakttheoret. reflektierter Sicht ist der Terminus ›A.‹ allenfalls brauchbar zur Bezeichnung des positiv-unmarkierten Modus der ↗ Prädikation, der sowohl in ↗ Assertionen als auch in anderen Sprachhandlungen (z. B. ↗ Frage, ↗ Aufforderung) vorliegen kann. Ein affirmativer Satz ist (i. d. R.) ein Gefüge aus positiven Prädikationen (HEIRATET (x, y) – CHEF (x) – SEKRETÄRIN (y): *Der Chef heiratet die Sekretärin*), deren Negierungen (*Nicht der Chef... /... heiratet... nicht /... die Sekretärin*) die ↗ Wahrheitsbedingungen des Satzes verändern. Diese bleiben andererseits erhalten bei Verneinung des Gegenteils (*Ist der Vogel tot? / Lebt der Vogel nicht mehr?*); bei nicht-strikter ↗ Kontradiktion (*Mein Bruder ist wach / schläft nicht. Denk dran! / Vergiss es nicht!*) wird die Äquivalenz affirmativer und negativer Formulierungen i. d. R. durch den Kontext gewährleistet, der die mangelnde Spezifik der negativen Prädikation auf das gemeinte ›Gegenteil‹ einengt. **Lit.** J. C. A. Heyse/K. W. L. Heyse, Theoret.-prakt. dt. Gramm. 2. Bd. Hannover ⁵1849. – K. F. Becker, Ausführl. dt. Gramm. 2. Bd. Prag 1870. – (HWP): A. Menne, Affirmation/Bejahung. In: Histor. Wb. der Philosophie. Hg. J. Ritter & K. Gründer. Bd. 1, A–C. Darmstadt 1971. RB

Affix (lat. affigere ›anheften‹) Sammelbez. für gebundene Morpheme, mit deren Hilfe a) Wörter oder b) flektierte Wortformen gebildet werden. Der Terminus ist damit ein Hyperonym heterogener Erscheinungen, weswegen terminolog. differenziert wird: A., mit denen neue Wörter generiert werden, sind Wortbildungsaffixe (*Wort* ↗ *wörtlich;* ↗ Wortbildungsmorphem), A., die Wörter den syntakt. Kontexten anpassen, in denen sie stehen (*Wort* ↗ *Wörter*), sind Flexionsaffixe (auch: ↗ Flexive). Während Flexive im Dt. rechts stehen (zur Partizipienbildung s. u.), sind Wortbildungsmorpheme entweder links- oder rechtsperipher, woraus sich weitere Subkategorien ergeben: ↗ Präfixe stehen vor der ↗ Ableitungsbasis (*Unwort*), ↗ Suffixe hinter ihr (*wörtlich*). Da das Dt. eine rechtsköpfige Spr. ist (↗ Rechtsköpfigkeit), unterscheidet sich die Funktion von Wortbildungspräfixen und -suffixen signifikant: Präfixe modifizieren (↗ Modifikationen), während Suffixe die wortkategorialen Eigenschaften (↗ Wortart) festlegen; ↗ Transposition. Diskontinuierl. Wortbildungsmorpheme mit einem Bestandteil vor und einem nach dem affigierten Stamm (↗ Zirkumfix) sind weder häufig noch synchron produktive Wortbildungsmittel, sie existieren aber etwa in den *Ge-*...-*e*-Ableitungen (*Gemälde*, *Gebilde* etc.). Analoges ist in der verbalen Flexion zu beobachten (*gemalt, gebildet*). Hier ist strittig, ob nur das finale Element Flexiv ist oder ob ein zweiteiliges Affix (Zirkumfix) anzusetzen ist. Ein weiteres deskriptives Problem stellen Affixe dar, die zwischen Stämmen stehen (*Wörterbuch*), denn diese haben homophone Flexive (ohne selber Flexive zu sein), sie modifizieren oder transponieren auch nicht (anders als ↗ Formative). Diese Infixe haben andere, außermorpholog. Funktionen, ebenso wie Elemente, die aus phonolog. Gründen zwischen Stämmen und Affixen eingefügt werden (*eigen-t-lich*). Die Bez. und die vermuteten Eigenschaften dieser Binnenelemente variieren beträchtlich. Unstrittig ist, dass sie Affixe sind. Die gängigste Bezeichnung ist ↗ Fuge. ES

Affixation ↗ Affigierung

Affixbildung ↗ Affigierung

Affixoid (auch: Halbaffix) Heute weithin abgelehnte Morphemkategorie, deren Mitglieder Grundmorpheme sind, die z. T. deutl. Anzeichen von Grammatikalisierung aufweisen. Anders als ihre Homophone kommen sie nur als Erst- (↗ Präfixoid) oder Zweitglieder (↗ Suffixoid) vor. Semant. Restriktionen erinnern an Funktionen, die gemeinhin Affixen zugewiesen werden; vgl. die augmentierende Funktion von *riesen-* (*Riesenspaß*; ↗ Augmentativum) oder die Funktion von *-werk* (*Astwerk*; ↗ Kollektivum) Neben phonet. Identität sowie etymolog. und semant. Verwandtschaft mit entspr. freien Grundmorphemen wird häufig eingeschränkte ↗ Reihenbildung als Merkmal benannt. Allerdings leistet keines der Merkmale – ebensowenig ihre Summe – Abgrenzbarkeit in die eine Richtung zum Affix oder in die andere zum freien Grundmorphem, so dass der Verzicht auf die Kategorie gerechtfertigt erscheint. **Lit.** G. D. Schmidt, Das A. In: G. Hoppe (Hg.), Dt. Lehnwortbildung. Tübingen 1987, 53–101. – S. Olsen, Flickzeug vs. abgasarm: eine Studie zur Analogie in der Wortbildung. In: F. G. Gentry (Hg.), Semper idem et novus. Göppingen 1988, 75–94. ES

Affiziertes Objekt (lat. afficere ›behandeln‹. Auch: betroffenes Objekt. Engl. affected object) Objekt, im Dt. meist Akk.-Objekt, das in einer besonderen semant. Relation zum Verb steht: das Objekt existiert schon vor der durch das Verb bezeichneten Handlung, unabhängig von dieser; es wird von der Handlung betroffen, ›affiziert‹, z. B. *Sie liest ein Gedicht.* Ggs. ↗ effiziertes Objekt (lat. efficere ›hervorbringen, produzieren‹): das Objekt wird durch die vom Verb bezeichnete Handlung geschaffen, es existiert erst als ihr Resultat, z. B. *Sie schreibt ein Gedicht.* PL

Afformativ (lat. ad- ›hinzu-‹, formāre ›formen‹) Perfektsuffix in ↗ semitischen Sprachen, das Person, Numerus und Genus des Subjekts bezeichnet. Das A. leitet sich histor. aus den freien Pers.pronomina ab. WI

African American English ↗ Black English

Affrikate f. (lat. affricāre ›anreiben‹. Auch: angeriebener Laut, Anreißlaut. Engl. affricate, frz. affriqué) Verbindung eines ↗ Plosivs mit einem folgenden ↗ homorganen ((an)/mit gleicher/m Artikulationsstelle/artikulierendem Organ gebildetem) ↗ Frikativ, z. B. dt. [pf], ⟨pf⟩; [ts], ⟨(t)z⟩. Der mono- bzw. biphonemat. Status der Affrikaten ist dabei theorieabhängig (als monophonemat. werden A. im Ggs. zu Plosiven auch mit dem binären phonolog. distinktiven Merkmal [+ delayed release] gekennzeichnet). *Affrizierung* ist der Lautwandelprozess bzw. dessen Ergebnis, der/das zu Affrikaten führt, z. B. in der 2.»hochdeutschen« ↗ Lautverschiebung: as. *herta, penning* vs. ahd. *herza, pfenning*. PM

Affrizierung ↗ Affrikate

Afganisch, Afghanisch ↗ Paschto

Afrikaans ↗ Germanische, genauer: westgerman. Sprache, die sich seit der Kolonisierung Südafrikas vom 17. Jh. an auf der Basis ndl. Varietäten entwickelt hat. A. wird von weißen und nicht-weißen Nachfahren der ndl. Kolonisten gesprochen, aber auch von Nachfahren malai. Sklaven. Heute ca. 4 Mio. Sprecher, davon ca. 100 000 in Namibia und ca. 50 000 in Simbabwe (früher Rhodesien). In Südafrika bedienen sich außerdem ca. 3 Mio. des A. als einer S2. A. ist neben Engl. Staatsspr. der Republik Südafrika, Karte ↗ Afrikanische Sprachen, im Anhang. Gegenüber dem Standardndl. weist das A. erhebl. morpholog. Vereinheitlichungen auf; so gibt es – wie im Engl. – keine nominalen Genera: Es heißt *die hand* ›die Hand‹, *die wolf* ›der Wolf‹ und *die kind* ›das Kind‹. – Die Bez. *Kapholländisch* für A. ist gänzlich veraltet. – Orthograph. Erkennungszeichen: (zur Unterscheidung von Ndl.) ⟨y⟩ anstelle von ⟨ij⟩, ⟨â⟩, ⟨ê⟩, ⟨î⟩, ⟨ô⟩, ⟨û⟩. – Das Dt. hat aus dem A. nur wenige Ausdrücke entlehnt, z. B. *Apartheid* von a. *apartheid* ›Absonderung‹. **Lit.** R. Raidt, Einführung in Geschichte und Struktur des A. Darmstadt 1983. – H. G. Schulze & G. P. J. Trümpelmann, Handwörterbuch A. Bln. 1957. T

Afrikanische Schriftsysteme Auf dem afrikan. Kontinent entstandene Schriften sind u. a. (a) die für das ↗ Ägyptische gebräuchl. ↗ Hieroglyphen, die hierat. Schrift und die ↗ demotische Schrift, (b) die meroit. Schrift, einer von ca. 200 v. Chr. bis ins 4. Jh. n. Chr. im Reich Meroe (Nord-Sudan) verwendeten Buchstabenschrift mit Vokalzeichen, deren Zeichen einerseits den ägypt. Hieroglyphen und andererseits der demot. Schrift entnommen waren, (c) die ⁊ Tifinagh-Schrift und (d) mehrere ⁊ westafrikanische Schriftsysteme. Die in Äthiopien gebräuchliche ⁊ amharische (auch: äthiop.) Schrift ist dagegen aus Südarabien übernommen und im Laufe der Jahrhunderte den Bedürfnissen der verschiedenen Spr. Äthiopiens angepasst worden.   RE

Afrikanische Sprachen (Karte im Anhang) Seit J. H. Greenberg werden die schätzungsweise 2 000 a. S. zumeist in vier genet. als nicht verwandt geltende Sprachphylen unterteilt: (a) die ⁊ afroasiatischen Sprachen, (b) die ⁊ Niger-Kongo-Sprachen (früher: niger-kordofan. Spr.), (c) die ⁊ nilo-saharanischen Sprachen und (d) die ⁊ Khoisan-Sprachen. Die a. s. sind mehrheitlich ⁊ Tonsprachen (prominente Ausnahme: ⁊ Swahili). Ansonsten sind die a. s. typolog. so vielfältig, dass sich keine generalisierenden Aussagen machen lassen. **Lit.** J. H. Greenberg, The Languages of Africa. Ldn. ³1970 (¹1963). – Handbook of African Languages. Ed. Internat. African Institute. Ldn. 1952 ff. – ALI 2000. – H. Jungraithmayr & W. J. G. Möhlig (Hgg.), Lexikon der Afrikanistik. Bln. 1983. – CTL 7, 1971. – IEL, 1978. – W. Welmers, African Language Structure. Berkeley 1973. – W. Meier, Bibliography of African Languages. Wiesbaden 1984. **SSG** Stadt- und Universitätsbibliothek Frankfurt/M. (30).   RE

Afroasiatische Sprachen (früher: hamitosemitische Spr.) Die a. s. umfassen die ⁊ Berbersprachen, die ⁊ tschadischen, ⁊ kuschitischen, ⁊ omotischen und ⁊ semitischen Sprachen sowie das ⁊ Ägyptische und ⁊ Koptische. Das Sprachgebiet erstreckt sich von Vorderasien über Nordostafrika bis nach Zentral- und Nordwestafrika, Karte ⁊ Afrikanische Sprachen, im Anhang. Weitverbreitete morpholog. Übereinstimmungen bei den Personalpronomina, im Genussystem (z. B. Femininmorphem {t}), im nominalen und verbalen Derivationssystem (z. B. Präfix {m-} für Nomina Agentis und Loci; Suffix {-s-}, {-š-} für Kausativ), im Aspektsystem (Perfektiv- vs. Imperfektivstämme) sowie Gemeinsamkeiten im Grundwortschatz (z. B. Berber. *i-γəs*, Ägypt. *ḳś*, Kuschit. *k'aš-*, Omot. *k'us-*, Taschd. * *Jaš-u* ›Knochen‹) dienen als Belege für die genet. Einheit dieser Sprachfamilie. **Lit.** Ch. Ehret, Reconstructing Proto-Afroasiatic (Proto-Afrasian). Berkeley 1995. – H.-J. Sasse, Afroasiatisch. DSA, 1981, 129 ff. – Afroasiatic. A Survey. Ed. C.T. Hodge. The Hague 1971. **SSG** Stadt- und Universitätsbibliothek Frankfurt/M. (30).   RE

Agar ⁊ Dinka

Agaw ⁊ Kuschitische Sprachen

Agens n. (lat. agere ›handeln‹, engl., frz. agent) In syntakt. und semant. Zusammenhängen vorkommende Bez. der handelnden Person, des Verursachers oder Urhebers einer Handlung. Das A. wird häufig als ⁊ Subjekt realisiert. Die Relation A. → Subj. gilt jedoch nur eingeschränkt, denn sie gilt nur für den Aktivsatz und nicht bei allen Verben, z. B. *Er erhielt die Urkunde von seinem Trainer.* Auch die Umkehrung dieser Relation ist nicht gültig: nicht jedes Subjekt ist ein A. – In der ⁊ Kasusgrammatik ist das A. das nominale Element der ⁊ Kasusrelation Agentiv, welche von Ch. Fillmore ursprüngl. definiert wurde als »the case of the typically animate perceived instigator of the action identified by the verb« (Fillmore 1968, 24). Schwierigkeiten ergeben sich bei der präzisen Bestimmung und Abgrenzung dieser Kasusrelation. Idealtyp. sind als Merkmale zu nennen: (a) das A. bezeichnet einen Menschen (oder ein belebtes Wesen), der (b) willentlich und intentional handelt, (c) eine Veränderung bewirkt, (d) verantwortl. ist für die (Folgen der) Handlung; ⁊ Transitiv, ⁊ Ergativ, ⁊ Kausativ. **Lit.** Ch. Fillmore, The Case for Case. In: E. Bach & R. T. Harms (eds.), Universals in Linguistic Theory. N. Y. 1968.   PL

Agens-Actio-Modell (lat. agēns ›Handelnder, Täter‹; actiō ›Handlung‹. Engl. actor-action) Schema für den Aussagesatz, das von der Vorstellung ausgeht, das Subjekt müsse ein handelndes sein. Nach K. F. Becker (1775–1849) verbindet der Satz den Begriff einer Tätigkeit mit dem Begriff eines Seins derart, dass die Tätigkeit als Tätigkeit des Seins betrachtet wird. L. Bloomfield (1887–1949) bedient sich dieser Konstruktion, um an ihr einige elementare syntakt. Begriffe und Verfahren vorzuführen. Sie besteht aus zwei unmittelbaren ⁊ Konstituenten. Bloomfield (1935: 184 f.) gibt als engl. Beispiele: *John ran; John fell; Bill ran; Bill fell; Our horses ran away.* Die erste Konstituente ist je eine Form, die einer spezif. Formklasse angehört. Dieser Formklasse gehörten *John, Bill, our horses* und andere – auch komplexere – Ausdrücke an, nicht aber beispielsweise *ran* oder *very good.* Die zweite Komponente ist eine Form aus einer anderen Formklasse mit *ran, fell, ran away* sowie anderen – auch komplexeren – Ausdrücken. In diese Klasse fallen nicht: *John, very good.* Die erste Konstituente steht vor der zweiten, jede nimmt in der Reihenfolge eine ⁊ Position ein. Die Konstituenten sind nicht vertauschbar. Die erste Position übernimmt die Agens-Funktion, die zweite die Actio-Funktion. Die Bedeutung der gesamten Konstruktion ist (grob gesehen): Das mit der ersten Konstituente Benannte führt eine Handlung aus, die mit der zweiten Konstituente bezeichnet wird. **Lit.** K. F. Becker, Schulgrammatik der dt. Spr. Ffm. 1842/43. – L. Bloomfield, Language. N. Y. 1933, Ldn. ²1935.   T

Agensnominalisierung Deverbale Substantivableitungen auf *-er*, die Klassen von Individuen bezeichnen, welche die vom Verbstamm bezeichnete Tätigkeit vollziehen, z. B. *Läufer, Schwimmer* (Eisenberg II, 252). Wird das Individuum genannt, so ist eine verbale Konstruktion notwendig, z. B. *Jenny läuft,*

Maja schwimmt. Bei A. wird die Klasse bezeichnet, zu der das Individuum gehört, z. B. *Jenny ist (eine) Läuferin, Maja ist (eine) Schwimmerin.* Bei A. von transitiven Verben kann das direkte Objekt als Attribut erscheinen, z. B. *Helmut ist der Verfasser dieser Zeilen.* G

Agensverb Verb, dessen Subjekt die thematische Rolle ↗ Agens ausfüllt. A. bilden das Perfekt i. d. R. mit *haben* und sind passivfähig. G

Agentiv ↗ Agens

Agglutination 1. ↗ Sprachtypologie **2.** ↗ Juxtaposition

Agglutinierende Sprache (lat. agglūtināre ›aneinanderleimen‹) ↗ Synthetischer Sprachtyp, der durch die Ankettung von ↗ Affixen an den Wortstamm v. a. des Verbs und/oder des Nomens gekennzeichnet ist. Im Ggs. zu fusionierenden (↗ flektierenden) Sprachen sind a. S. in der Regel leicht zu segmentieren, d. h. Wortstamm und Affix bzw. Affixe haben klar erkennbare Formen und Grenzen, und die Affixe tragen jeweils meist nur eine grammat. Bedeutung, z. B. Swahili *ni-na-soma* (ich-PRÄS.-lesen) ›ich lese‹, *ni-li-soma* (ich-PRÄT.-lesen) ›ich las‹, *a-na-soma* (er-PRÄS.-lesen) ›er liest‹, *a-li-soma* (er-PRÄT.-lesen) ›er las‹. WR

Ag(h)ulisch ↗ Dag(h)estanische Sprachen

Agnomen ↗ Epitheton

Agnosie f. (griech. ἀγνωσία (agnōsia) ›Nichtkennen, Unkenntnis‹) Zentral bedingte angeborene oder erworbene Unfähigkeit zur Verarbeitung von sensor. Reizen trotz intakter peripherer Sinnesorgane. Eine extreme Form der ↗ Sprachentwicklungsstörung ist die früher als *Hörstummheit* bezeichnete verbal-auditor. A. Kinder mit dieser Störung sind trotz unbeeinträchtigter Hörfähigkeit nicht nur unfähig, ↗ gesprochene Sprache differentiell wahrzunehmen, zu verarbeiten und selbst zu produzieren, sondern erweisen sich auch gegenüber lautsprachl. Therapieversuchen als weitgehend resistent. Dagegen sind sie über ↗ Schriftsprache und ↗ Gebärdensprache kompensator. erreichbar. Eine mildere Unterform der A. ist die partielle Laut-A., die sich als schwere ↗ Dyslalie manifestiert. **Lit.** I. Rapin, St. Mattis, A. J. Rowan & G. G. Golden, Verbal Auditory Agnosia in Children. In: Develop. Med. Child Neurol. 19, 1977, 197–207. – Y. Tanaka, Pure Word Deafness (Verbal Auditory Agnosia). HSK 8, 498–503. – I. Rapin, Practitioner Review: Developmental Language Disorders: A Clinic Update. J. of Child Psychology and Psychiatry. 37, 1996, 643–655. – C. J. Langen, Agnosie/Anosognomie und Prosopagnosie. In: H. C. Hopf, G. Deuschl, H.-G. Diener & H. Reichmann (Hgg.), Neuropsychologie in Praxis und Klinik. Bd. I. Stgt. ³1999, 161–166. GT

Agogik ↗ Singen, ↗ Sprechausdruck

Agrammatisch ↗ Akzeptabilität, ↗ Ungrammatisch

Agrammatismus Mit A. wird ein häufig bei ↗ Broca-Aphasien auftretendes Störungsbild bezeichnet, bei dem es aufgrund von fehlenden ↗ Funktionswörtern und ↗ Flexiven zu fragmentar., auf sog. Inhaltswörter (↗ Autosemantikon) beschränkten Satzproduktionsmustern kommt (↗ Telegrammstil). Die traditionelle abgrenzende Gegenüberstellung zum ↗ Paragrammatismus lässt sich nach neueren Befunden nicht mehr aufrechterhalten. Die bis in die 1980er Jahre vorkommende Verwendung des Begriffes A. auch für ↗ Sprachentwicklungsstörungen ist heute nicht mehr übl. (↗ Dysgrammatismus). **Lit.** M. Kean (ed.), Agrammatism. Orlando 1985. – J. Tesak, Agrammatismus – Ergebnisse und Probleme der Forschung. In: Neurolinguistik 1, 1990, 1–4. – R. de Bleser & J. Bajer, Syntactic Disorders in Aphasia. HSK 8, 160–169. – C. Schlenck, K. J. Schlenck & L. Springer, Die Behandlung des schweren A. Stgt. 1995. – M. Fenke, Die Grammatik des A. Eine ling. Untersuchung zu Wortstellung und Flexion bei Broca-Aphasie. Tübingen 1998. GT

Agraphie f. (griech. ἄγραφος (agrafos) ›ungeschrieben‹) ↗ Erworbene Sprachstörung, in den meisten Fällen mit einer ↗ Aphasie und ↗ Alexie verbundene Störung oder Verlust bereits erworbener schriftl. Produktionsfähigkeit. **Lit.** D. P. Roeltgeul & St. Z. Rapsak, Aquired Disorders of Writing and Spelling. HSK 8, 1993, 262–287. – W. Huber, Alexie und A. In: W. Hartje & K. Poeck (Hgg.), Klin. Neuropsychologie. Stgt., N. Y. ⁵2002, 203-226 GT

AgrP (engl. Agreement Phrase; agreement ›Übereinstimmung, Kongruenz‹) ↗ Small clause

Aguaruna (Eigenbez. Aénts chícham) ↗ Jívaro-Sprache, Sprachgebiet: Nordperu (Departement Amazonas nördl. des Maroñón-Flusses); Karte ↗ Südamerikanische Sprachen. Ca. 39 000 Sprecher. **Lit.** J. M. Cuesta, El aguaruna: la lengua del Cóndor. Lima 1982. – M. R. Wise, Indigenous Languages of Lowland Peru. SAIL, 194–223. – S. E. Overall, A Grammar of Aguaruna. Diss. La Trobe University 2007. AD

Ägyptisch Sprachfamilie der ↗ afroasiatischen Sprachen, belegt von den ersten ↗ Hieroglyphen (ca. 3000 v. Chr.) bis zum Erlöschen des ↗ Koptischen als gesprochener Spr. im MA. Ägypt. Wörter bestehen meist aus 3 Kons., Vokale sind nicht überliefert. Durch Reduplikation und Affixe sind mannigfache Ableitungen möglich, z. B. *ndnd* ›sich beraten‹ zu *nd* ›fragen‹, Personenbezeichnungen auf -*w*: *fsjw* ›Koch‹ von *fsj* ›kochen‹, Kollektiva auf -*wt* bzw. -*t*: *hrdt* ›Kinderschar‹ von *hrd* ›Kind‹. Das Verb hat im älteren Ägypt. Aspekt-, im neueren Ägypt. (ab ca. 1400 v. Chr.) Tempusbedeutung. Die ↗ synthet. Formen des älteren Ägypt. werden im neueren Ägypt. meist durch Periphrasen ersetzt; z. B. wird im älteren Ägypt. der ↗ Kausativ durch das Präfix s- (ᶜnh ›leben‹, sᶜnh ›beleben‹), im neueren Ägypt. durch eine Umschreibung mit *dj* < *rdj* ›veranlassen‹ bezeichnet. Eine der wichtigsten Neuerungen ist der best. Artikel. Der Dual schwindet im

Laufe der Sprachgeschichte; Wortstellung VSO. – Ägypt. ist in 4 ↗ Schriftarten überliefert: (a) den ↗ Hieroglyphen v. a. auf Tempel- und Grabwänden, (b) dem daraus für Alltagszwecke entwickelten Hierat., (c) dem ↗ Demotischen, das zugleich eine Sprachstufe und eine Schriftart bezeichnet, und (d) der seit dem 1. Jh. n. Chr. bezeugten kopt. Schrift, die neben dem griech. Alphabet 6+3 (je nach Dialekt) aus dem Demot. abgeleitete Schriftzeichen kennt. **Lit.** F. Junge, Einf. in die Grammatik des Neuägypt. Wiesbaden 1996. – W. Schenkel, Tübinger Einf. in die klass.-ägypt. Spr. und Schrift. Tübingen 1997. – W. Till, Kopt. Grammatik. Lpz. 1970. **SSG** Universitätsbibliothek Heidelberg (16).   WI

Ägyptisch-Arabisch In Ägypten gesprochene Dialektgruppe des ↗ Arabischen; Karte ↗ Afrikanische Sprachen. Der wichtigste Dialekt des Ägypt.-Arab. ist der von Kairo, der aufgrund zahlreicher ägypt. Filme im gesamten arab. Sprachraum verstanden und als Verständigungsmittel zwischen Arabern unterschiedl. Herkunft benutzt werden kann. Das Partizip Aktiv ist ins Verbalsystem integriert, u. a. als resultatives Perfekt. Das Imperfekt wird durch präfigierte Verbmodifikatoren temporal näher bestimmt, ohne Präfixe hat es die modale Bedeutung ›sollen‹. Im Pl. sind die Genera nicht mehr unterschieden. Vokallängen werden vor zwei Kons. meist gekürzt. In Umgebung hinterer Vokale wird /r/ velarisiert, /ġ/ wird als [g] realisiert. **Lit.** M. Woidich, Ahlan wa Sahlan. Eine Einf. in die Kairoer Umgangsspr. Wiesbaden ²2002.   WI

Ähnlichkeit (engl. similarity, frz. similarité) Ä. ist partielle Gleichheit komplexer Gegebenheiten, bei Fokussierung des Übereinstimmenden. In ↗ Semiotik und Ling. ist Ä. in mehreren Hinsichten wichtig: **1.** Ä. zwischen ↗ Zeichen(ausdruck) und ↗ Denotat/ ↗ Designat ist das Kennzeichen ikon. Zeichen (↗ Ikon, ↗ Ikonismus); sie kann auf materieller (z. B. Farbe, Klang; ↗ Onomatopoetika) oder struktureller (z. B. Form (↗ Piktographie), Komposition (↗ Motiviertheit), Zeitfolge) Übereinstimmung beruhen. **2.** Wie generell für alle Begriffe ist Ä. auch für Einheiten des ↗ Sprachsystems konstitutiv. Diese lassen sich als Klassen von ↗ Äußerungs-Kombinationen auffassen, die in allen ↗ relevanten Merkmalen übereinstimmen und daher – unter Abstraktion von ihren Unterschieden (↗ Prinzip der abstrakten Relevanz) – als ›gleich‹ gelten. Z. B. sind ↗ Phoneme Klassen ähnl. ↗ Phone (↗ Phonetische Verwandtschaft) mit ident. ↗ distinktiver Funktion. **3.** Ein ↗ Paradigma ist eine Klasse von Systemeinheiten, die in einer Teilmenge ihrer distinktiven Merkmale übereinstimmen, also funktional ähnlich sind. Die Ä. der Einheiten konstituiert das Paradigma, indem sie deren kontextuelle ↗ Substitution ermöglicht; der funktionale »Wert« der Einheiten resultiert dagegen nach F. de Saussure aus ihrer Verschiedenheit (↗ Opposition). Die paradigmat. Ä. erfasst de Saussure in seinem Modell »assoziativer Beziehungen«

(Beispiel: *Belehrung*), die er den »syntagmat. Beziehungen« gegenüberstellt. R. Jakobson sieht in dem Gegensatz von paradigmat. ↗ Similarität (= Ä.) und syntagmat. ↗ Kontiguität einen »Doppelcharakter der Spr.«. **4.** Paradigmat. Ä. spielt in der ling. Semantik eine bedeutende Rolle, z. B. bei Ch. Bally und S. Ullmann; der Letztere ergänzt »Sinnähnlichkeit« durch »Namensähnlichkeit« und untersucht deren Auswirkungen auf den ↗ Bedeutungswandel (»Sinnähnlichkeit«: *Augapfel, Ohrmuschel*; »Namensähnlichkeit«: *Sintflut → Sündflut*; ↗ Volksetymologie). In der ↗ strukturellen Semantik werden Arten semant. Ä. als »Sinnrelation« (Lyons) beschrieben und mittels semant. Merkmale analysiert: ↗ Synonymie, ↗ Hyperonymie, ↗ Hyponymie, ↗ Kohyponymie, ↗ Antonymie. Darüber hinaus ist Ä. zwischen lexemat. Teilbedeutungen das Definiens der ↗ Polysemie. **5.** Für die ↗ Prototypensemantik bestimmt sich die Zugehörigkeit von Lexemen zu einer semant. Klasse nicht nach übereinstimmenden Merkmalen, sondern nach ihrer graduell abgestuften, unanalysierten Ä. zu einem ›besten Vertreter‹; die Klassengrenzen sind wie in der sprachl. Realität unscharf. Dies impliziert auch der Begriff »Familienähnlichkeit«, den L. Wittgenstein am Beispiel der *Spiele* entwickelt und der auf stark polyseme Lexeme anwendbar ist, deren Teilbedeutungen durch »ein kompliziertes Netz von Ä.«, nicht aber durch ein allen gemeinsames Merkmal verknüpft sind. **6.** Einen zentralen Stellenwert besitzt Ä. für die Konstitution und ästhet. Verdichtung von ↗ Texten. Zum einen beruht ↗ Textkohärenz u. a. auf isotoper Vernetzung (↗ Isotopie), d. h. auf Merkmalsrekurrenz in ähnl. Lexemen; zum anderen speist sich ein Großteil der »poet.« Textfunktion aus vermehrter ↗ Rekurrenz – phonet. (↗ Reim), metr.-rhythm. (↗ Metrum), syntakt. (↗ Parallelismus), semant. (z. B. Paronomasie) – sowie Substitutionen, die H. F. Plett »Similaritätstropen« nennt: ↗ Metapher, ↗ Ironie, ↗ Hyperbel u. a. Jakobson (1971, 153) fasste dies programmat. zusammen: »Die poet. Funktion überträgt das Prinzip der Äquivalenz [hier ≡ »Similarität«] von der Achse der [paradigmat.] Selektion auf die Achse der [syntagmat.] Kombination.« **Lit.** S. Ullmann, Grundzüge der Semantik. Bln. 1967. – F. de Saussure, Cours. – R. Jakobson, Linguistik und Poetik. In: J. Ihwe (Hg.), Lit.wiss. und Ling., Bd. II/1. Ffm. 1971, 142–178. – H. F. Plett, Textwiss. und Textanalyse. Heidelberg 1975. – J. Lyons, Semantik, Bd. I. Mchn. 1980. – Ders., Linguistic Semantics. An Introduction. Cambridge 1995. – J. Lakoff, Women, Fire, and Dangerous Things. Chicago 1987. – C. Cacciari (ed.), Similarity in Language, Thought, and Perception. Brepols 1995. – H. Ringbom, Cross-Linguistic Similarity in Foreign Language Learning. Clevedon 2007.   RB

Aikana ↗ Südamerikanische Indianersprachen

Ainu Isolierte Sprache. Das Sprachgebiet umfasste die südl. Teile Kamtschatkas und Sachalins und die

Kurilen in Russland sowie Hokkaido und den Ostteil Honshus in Japan; Karte ↗ Paläoasiatische Sprachen, im Anhang. Heute in der A.-Bevölkerung (ca.
16 000) fast ganz außer Gebrauch (Japan. bzw.
Russ. sind S1). Die Verschriftung des A. in der
UdSSR in den 1920er und 30er Jahren blieb wenig
erfolgreich.   G
Aisorisch ↗ Neuaramäisch
Aja ↗ Gbe
Akalkulie f. (lat. a- (Negationspräfix), calculāre
›rechnen‹) Unter die ↗ Aphasien gerechnete Erkrankung: der Patient ist trotz normaler Intelligenz unfähig, einfachste Rechenoperationen auszuführen. G
Akan (auch: Twi-Fante) ↗ Kwa-Sprache. Wichtigste Spr. Ghanas mit ca. 6 Mio. S1-Sprechern (40 %
der Bevölkerung) und weiteren 2 Mio. S2-Spre-
chern; Karte ↗ Afrikanische Sprachen, im Anhang.
Hauptdialekte: Asante (Ashanti), Fante, Brong
(Abron) und Akuapem. Die A.-Dialekte ohne Fante werden auch als Twi bezeichnet. Mitte des
19. Jh. erfolgte eine Verschriftung im lat. Alphabet, jedoch keine Standardisierung. – In der Klassifikation Greenbergs bezeichnet A. nicht nur das
Twi-Fante, sondern eine größere Gruppe von in
Ghana und an der Elfenbeinküste gesprochenen
↗ Kwa-Sprachen.   RE
Ákanje ↗ Russisch
Akkadisch Älteste ↗ semitische Sprache (neben
↗ Eblaitisch), nach der Hauptstadt Akkade des Sar-
gon-Reiches (um 2350 v. Chr.) benannt. Im 3. Jt. v.
Chr. verdrängten akkad. Einwanderer in Mesopotamien die Sumerer, von denen sie die ↗ Keilschrift
und zahlreiche Lehnwörter übernahmen. Das Alt-A.
(2350–1950 v. Chr.) ist hauptsächl. in königl. Inschriften überliefert. Nach der Teilung des Reiches
ist zwischen ↗ Babylonisch (1950–0 v. Chr.), der
Sprachform des südl. Sprachgebiets, und ↗ Assyrisch (1950–600 v. Chr.) im nördl. Sprachgebiet zu
trennen. A. wurde unter starkem babylon. Kulturein-
fluss auch in den Nachbarländern als ↗ lingua franca
verwendet. Im A. gingen durch Einfluss des ↗ Sumerischen die typ. semit. Laryngale verloren; die Wortstellung wandelte sich von VSO zu SOV; temporales
Verbsystem. **Lit.** W. v. Soden, Grundriß der akkad.
Grammatik. Rom ³1995. – Ders., Einführung in die
Altorientalistik. Darmstadt 1985.   WI
Akkomodation ↗ Assimilation
Akkulturation (lat. ad ›zu‹, cultūra ›Kultur‹, ›Hin-
führung zu einer Kultur‹) Prozess oder Resultat der
Einbindung eines Individuums in eine bestehende
Kultur (Sozialisation: Einbindung in eine bestehende
Gesellschaft). A. bezieht sich hauptsächl. auf Er-
wachsene, die von einer Kultur zur andern wechseln
(Immigranten, Wanderarbeiter). Bei sozioling. Ver-
wendung des Terminus A. wird Spr. als Teilsystem
der Gesamtkultur aufgefasst, neben Werten, Bräu-
chen, Normen und Sachkultur. Sprachl. A.prozesse,
die oft konfliktreich sind, wurden beschrieben im
Rahmen der Spracherhaltforschung, der sog. Sprach-

todforschung, der Forschung zum ↗ Bilingualismus,
bei Wanderarbeitern und Immigranten zwischen verschiedenen Sprach- und Dialektgebieten.   AM
Akkusativ (lat. accūsātum ›Angeklagtes, gerichtlich
Belangtes‹; Lehnübers. von griech. αἰτιατική
(πτῶςις) (aitiatikē ptōsis) ›Kasus der Ursache‹.
Auch: Objektsakkusativ, in Schulbüchern auch:
Wenfall, Zielgröße. Engl. accusative, objective,
frz. accusatif. Abk. Akk.) In ↗ Nominativsprachen
Kasus des ↗ direkten Objekts, des A.objekts. Der
Akk. ist Bezugspunkt für die Klassifizierung nach
↗ transitiven und ↗ intransitiven Verben. Im Dt. entsprechen Akk.objekte beim Passiv den Subjekten
(z. B. entspricht *Maja beschimpft Jenny* der Passivkonstruktion *Jenny wird von Maja beschimpft*), sofern das betreffende Verb Passivierung zulässt (vgl.
Annette bekommt einen Brief (von Elvira) mit **ein
Brief wird von Annette (von Elvira) bekommen*). Im
Dt. erfordert die ↗ Rektion vieler Verben und Präpositionen den Akk., gelegentlich auch zwei Akk.
(sog. *Objektsprädikativ*, ↗ doppelter Akkusativ, z. B.
*Das Spiel in Rostock kostete die Eintracht 1992 die
Meisterschaft*), oft daneben auch andere Kasus, z. B.
den Dativ (*bieten, rauben* usw.), den Genitiv (*berauben, versichern* usw.) sowie verschiedene ↗ Präpositionalkasus. In einigen Fällen erfordert die
↗ Rektion von (prädikativ verwendeten) Adjektiven
das Objekt im Akk., z. B. *Er ist Ärger gewohnt*. Als
»Akk. des Inhalts« bezeichnet man sein Auftreten
in der Funktion eines ↗ inneren Objektes, z. B. *Sie
kämpfte einen schweren Kampf*. Der Akk. kann als
↗ Adverbialkasus fungieren, z. B. im Dt. und Russ.,
z. B. *on rabótal vsju noč'* ›er arbeitete die ganze
Nacht‹ (»Akk. der Zeit«), *éto stóit sto rublèj* ›das
kostet 100 Rubel‹ (»Akk. des Maßes«). Im Lat.
fungiert der Akk. als Richtungskasus, z. B. *Rōmam
īre* ›nach Rom gehen‹; ↗ Lativ. Eine generelle Kasusbedeutung kommt dem Akk. nicht zu; es gibt
jedoch eine Reihe spezieller Verwendungsweisen,
die in den Einzelphilologien terminologisiert sind;
↗ absoluter Akkusativ, ↗ absoluter Kasus, ↗ accusativus graecus, ↗ accusativus subiectivus, ↗ Akkusativ mit Infinitiv, ↗ Subjektsakkusativ. **Lit.** E. A. Moravcsik, Case Marking of Objects. In: J. H. Greenberg (ed.), Universals of Human Language. Vol. 4,
Stanford 1978, 250–289. – Ch. Touratier, Accusatif
et analyse en morphèmes. BSLP 74, 1979, 43–92. –
F. Planck (ed.), Objects. Towards a Theory of
Grammatical Relations. Ldn. 1984.   G
Akkusativ des Inhalts ↗ Absoluter Kasus, ↗ Accusativus graecus, ↗ Inneres Objekt
Akkusativ mit Infinitiv (lat. accūsātīvus cum
īnfīnītīvō. Abk. AcI) Konstruktion eines transitiven
Verbs mit einem direkten Objekt und einem Ob-
jektinfinitiv (Prädikativ), z. B. lat. *Audiō tē loquī*
›ich höre dich sprechen‹; *Sciō tē adesse* ›ich weiß,
dass du anwesend bist‹. In dt. Grammatiken bezeichnet AcI in Sätzen, deren Finitum ein Wahrnehmungsverb (↗ verbum sentiendi) ist, dieselbe Kon-

struktion, z.B. *Wolfgang sah Elisabeth nicht kommen; Elisabeth hört Wolfgang schnarchen.* AcI-Konstruktionen sind erweiterbar um Adverbiale und weitere Objekte, z.B. *Wolfgang sah Elisabeth oft ins Haus und die Treppe herauf kommen; Elisabeth hörte gestern abend Wolfgang im Treppenhaus laut fluchen.* Strittig ist, ob das Akkusativobjekt im AcI als Bestandteil der Infinitivgruppe oder als direktes Objekt des Finitums aufzufassen ist. Verben, die eine AcI-Konstruktion erlauben, werden als AcI–Verben bzw. als ↗ECM-Verben bezeichnet. **Lit.** M. Reis, Reflexivierung in dt. AcI-Konstruktionen. Ein transformationsgrammat. Dilemma. PzL 9, 1976, 5–82. – L. Gunkel, Reflexivierung in AcI-Konstruktionen. In: L. Gunkel et al. (Hgg.), Arbeiten zur Reflexivierung. Tübingen 2003, 115–133. – Eisenberg II, 366–371.   G, GS

Akkusativierung In vielen ↗Nominativsprachen vorhandene Möglichkeit der Substitution von Genitiv-, Dativ- und Präpositionalobjekten durch Akkusativobjekte, die z.T. durch entsprechenden Wechsel der ↗Rektion, z.T. durch gleichzeitige (kausative) Modifikation des regierenden Verbs realisiert wird, z.B. dt. *jdm. liefern – jdn. beliefern.* In der ↗inhaltbezogenen Sprachwissenschaft war A. eine abwertend-krit. Bez. für Tendenzen v.a. in der dt.»Verwaltungssprache«, den »betroffenen Menschen«, statt ihn mit dativregierenden verba simplicia zu bezeichnen, mittels kausativer Präfixverben zu »akkusativieren«, z.B. *jdn. berenten, bevorschussen, etw. beurkunden.* **Lit.** L. Weisgerber, Der Mensch im Akkusativ. WW 8, 1956/57, 193–205. – H. Kolb, Der »inhumane« Akkusativ. ZDW 16, 1960, 168–177.   G

Akkusativobjekt ↗ Direktes Objekt

Akkusativsprache ↗ Nominativsprache

Akrolekt m. (griech. ἄϰϱον (akron) ›Höchstes, Spitze‹) In der ↗ Soziolinguistik Bez. für eine sozial als hochstehend eingestufte ↗ Varietät einer Spr. mit hohem ↗ Prestige; Ggs. Basilekt. Eine Varietät, die sozial weder als hoch- noch als tiefstehend eingestuft wird, heißt Mesolekt.   G

Akronym n. (auch: Initialwort) Bez. eines ↗ Kurzwortes, das aus den Initialen der Konstituenten des zugrundeliegenden ↗ Kompositums (*AG* zu ›Aktiengesellschaft‹) oder den Konstituenten des zugrundeliegenden Syntagmas (*EDV* zu ›elektron. Datenverarbeitung‹) besteht. Uneinheitl. wird verfahren, wenn initiale Silben zur Bildung von Kurzwörtern verwendet werden (*Kita* zu ›Kindertagesstätte‹); gelegentlich werden sie als ›Silbenwörter‹ bezeichnet und so terminolog. von A. abgegrenzt.   ES

Akrophonisch Verfahren der phonet. bzw. alphabet. Verwendung logograph. Zeichen, bei dem der erste Lautwert des logograph. bezeichneten Wortes alphabet. verwendet wird, z.B. das nordwestsemit. Schriftzeichen *beth* ›Haus‹ für [b].   PM

Akrostatisch (griech. ἄϰϱον (akron) ›Spitze‹, στ-ατιϰός (statikós) ›positioniert‹) In der ↗ Indogerma-

nistik rekonstruiertes Ablautschema der uridg. Grundspr., bei dem Akzentsitz und ablauttragende Vokale auf die Wortwurzel fixiert sind.   GP

Aktant ↗ Ergänzung

Aktional die ↗ Aktionsarten betreffend, nach der Kategorie Aktionsart modifizierte Verben.   G, T

Aktionsart (auch: Handlungsart, Handlungsstufe, Verlaufsweise. Engl. lexical aspect) In vielen Spr. das ↗ Verbsystem teilweise oder durchgängig strukturierende, morpholog. ausgedrückte zeitl. oder modale Bedeutungsmodifikation des im Verbstamm ausgedrückten Vorgangs oder Zustands. ↗ Aktionsartspezifizierte Verben haben stets ein ↗ verbum simplex als aktionsartneutrales Gegenstück, dessen »lexikal. Grundbedeutung« (Isačenko) ↗ Verbalcharakter) sie durch grammat. Mittel modifizieren. Die A. sind durch »systemat. Bezug von semant. Modifikation einer Grundbedeutung und morpholog. Ableitung eines Grundverbs« (Steinitz 1981, 4) charakterisiert. Rein semant. gestützte Definitionen von A. sind problemat., da ihnen keine innersprachl.-strukturellen Sachverhalte entsprechen; es handelt sich in diesem Fall eher um einzelsprachl. spezif. semant. Bestimmungen, die auf Einteilungen von Verbinventaren in semant. Gruppen beruhen. Formale Ausdrucksmittel der A. sind ↗ Flexions- und ↗ Wortbildungsaffixe, ↗ Ablaut und ↗ Akzentwechsel. Elementare Kriterien zur Bestimmung der A. sind die Art und Weise des Ablaufs des bezeichneten Vorgangs (↗ Delimitativ, ↗ Durativ, ↗ Perdurativ vs. ↗ Momentan, ↗ Punktuell), Einmaligkeit vs. Wiederholbarkeit (↗ Egressiv, ↗ Evolutiv, ↗ Finitiv, ↗ Inchoativ, ↗ Ingressiv, ↗ Momentan, ↗ Resultativ und ↗ Semelfaktiv vs. ↗ Gnomisch und ↗ Iterativ), Grad der Intensität des Vorgangs (↗ Intensiv-iterativ, ↗ Intensiv-semelfaktiv vs. ↗ Attenuativ und ↗ Diminutiv-iterativ). Es ist fraglich, ob die ↗ Kausativa (Faktitiva) als aktionsartspezifiziert betrachtet werden dürfen, da sie zwar eine semant., aber z.B. im Dt. keine durchgängig morpholog. markierte Klasse bilden; z.B. *hängen* vs. *hangen.* Spezielle Fälle sind die ↗ distributive A., bei der die Zerlegbarkeit von Handlungssequenzen in Serien gleichartiger Einzelhandlungen Kriterium ist, die ↗ komitative A., bei der die begleitende, sekundäre Rolle eines Vorgangs bei synchronem Ablauf zweier Vorgänge das Kriterium darstellt, die ↗ konative A., die dem Modus des Wollen nahesteht (↗ Volitiv), und die ↗ mutuelle A., die die Reziprozität zweier Handlungen ausdrückt (↗ Reziprok). – In den slav. Spr. stellen die A. ↗ Aspektkorrelation relativ zum verbum simplex nicht selbst her, sind ihr aber unterworfen. Die Nähe der lexikal.-semant. Klassifizierung durch die A. zur Kategorie des ↗ Aspekts als grammat. Kategorie hat zu vielerlei unzulässigen Vermischungen dieser beiden Phänomene Anlass gegeben; ↗ Aspektualität. – Im Dt. ist die Kategorie der A. nicht systemhaft entwickelt (↗ Grammatikalisierung). Lediglich die ↗ diminutiv-iterative A. ist morpholog. markiert durch ein infigiertes {-l-} und ggf. Vokalwechsel, z. B. *hüsteln, tröpfeln, lächeln, streicheln*; die ⁊ intensiv-iterative A. ist in wenigen Fällen (infigiertes {-r-}) belegbar, z. B. *klappern, plätschern*. Viele neuere dt. Grammatiken behandeln die angeblichen A. des Dt. (v. a. einige Verbalpräfixe und den Gegensatz von ⁊ Vorgangs- und ⁊ Zustandspassiv) als systemat. Kategorien, was zwangsläufig zu Widersprüchen führen muss. – Die progressive form des Engl. kann in Opposition zum simple present als Vertreter der durativen A. aufgefasst werden, es liegt aber näher, den Gegensatz als ⁊ Aspektkorrelation zu behandeln, ebenso die ⁊ Progressiv-Konstruktion {am-Inf-sein} des Dt. (z. B. *Sie ist am Arbeiten, er ist am Schlafen*). Lit. A. V. Isačenko, Die russ. Sprache der Gegenwart. Formenlehre. Mchn. ³1975. §§ 215–220. – R. Steinitz, Der Status der Kategorie »A.« in der Grammatik (oder: Gibt es A.en im Dt.?). LS, A 76, 1981. – E. Coseriu, Der periphrast. Verbalaspekt im Altgriech. Glotta 53, 1975, 1–25. – N. Nikolay, Aktionsarten im Deutschen. Prozessualität und Stativität. Tübingen 2004. – R. Folli & H. Harley (eds.), Special Issue on Aspect and Aktionsart. Cambridge 2007. G, T

Aktionsartneutral Verb, das bezügl. der ⁊ Aktionsart unmarkiert ist, z. B. sämtl. verba simplicia des Russ. G, T

Aktionsartspezifiziert Verb, das bezügl. der Kategorie ⁊ Aktionsart durch morpholog. Merkmale (meist Affixe) markiert ist. G, T

Aktionsform ⁊ Genus verbi

Aktionsprädikat Mitunter verwendete Bez. für die semant. Grundcharakteristik eines finiten ⁊ Handlungsverbs. G

Aktiv n. 1. (auch: Tatform, Tätigkeitsform. Engl. active, active voice; frz. actif, voix active) Im Dt. mit dem ⁊ Passiv Subkategorie des ⁊ genus verbi. Verglichen mit dem Passiv ist das A. die morphosyntakt. einfachere Konstruktion und gilt als die neutrale, unmarkierte Form des Verbs oder grundlegende *Diathese*. Statist. sind A.formen wesentl. häufiger. Der Anteil der werden-Passivkonstruktionen an der Zahl aller Finita liegt im Dt. in geschriebener und gesprochener Sprache etwa bei 5 %, der der sein-Passiva bei 2–4 %. Im prototyp. A.satz ist das ⁊ Agens einer Handlung grammat. Subjekt des Satzes. Das A. erlaubt deshalb im Ggs. zum Passiv eine handlungsorientierte sprachl. Perspektive auf denselben Sachverhalt. Im A. ist aber auch eine Wiedergabe von Sachverhalten möglich, in der das syntakt. Subjekt nicht Agens ist, z. B. *Der Aufsatz behandelt das Problem sehr ausführlich; Franz bekommt einen Brief*. Die Aktivbildung unterliegt keinerlei Beschränkung, aber nicht alle Verben können passiviert werden, z. B. *bekommen, kriegen, kosten, sich schämen, entstehen*. Bedeutung und syntakt. Struktur des Verbs (transitiv/intransitiv) spielen eine Rolle. Solche Verben entziehen sich der

semant. Bestimmung als aktiv. Lit. ⁊ Passiv. – 2. ⁊ Produktivität, ⁊ Wortbildung. SL

Aktivsprache Sprachtyp der ⁊ relationalen Typologie, bei dem die Distinktion der primären Aktanten transitiver Prädikationen in der Form geschieht, dass der prototyp. mit ⁊ Agens besetzte Aktant die gleiche grammat. Markierung erhält wie der mit Agens besetzte Aktant einer ⁊ intransitiven Prädikation, wogegen der prototyp. mit ⁊ Patiens besetzte Aktant die gleiche Markierung erhält wie der mit Patiens besetzte Aktant einer intransitiven Prädikation, so dass gespaltene Intransitivität auftritt. Dieser Sprachtyp wird z. B. durch das Dakota (⁊ Sioux-Sprachen) repräsentiert, z. B. intransitiv *wa-lową* ›ich singe‹ neben *ma-khuže* ›ich bin krank‹, transitiv *wa-kastaka* ›ich schlage ihn‹ vs. *ma-kastaka* ›er schlägt mich‹. D

Aktualisierung 1. Umsetzung von Begriffen bzw. Lexemen und grammat. Regeln in konkrete, aktuelle Rede oder Schrift, empir. beobachtbare Realisierung von Sprache bzw. Sprecherintentionen in Äußerungen und Texten; ⁊ Parole, ⁊ Performanz. Ggs. ⁊ Potentiell. 2. ⁊ Genfer Schule. G

Aktuelle Bedeutung (engl. actual meaning) 1. Ch. Bally entwickelt aus F. de Saussures ⁊ Dichotomie von ⁊ Langue und ⁊ Parole eine Theorie der kontextuellen Aktualisierung (actualisation) virtueller Sprachzeichen. Daran anknüpfend unterscheidet W. Schmidt zwischen »lexikal.« und »aktueller Wortbedeutung« und beschreibt deren »dialekt. Wechselwirkung«: Als kontextuell geprägte Verwendungsvarianten konstituieren a. B. in ihrer Summe die ⁊ lexikalische Bedeutung (2), die damit ein virtuelles Bedeutungspotential bereitstellt, aus dem der Aktualisierungskontext durch Unterdrückung nicht-passender ⁊ semantischer Merkmale eine a. B. selegiert (⁊ Lesart 1, ⁊ Disambiguierung); z. B. *fiel* in den Kontexten *Der Soldat … / Er … von der Leiter / Sie … ihm um den Hals*. 2. W. Kallmeyer et al. führten zusätzlich den Begriff der »Spezifizierung« ein: Ein polysemes Lexem wie *Flügel* wird im Kontext *der großen Amsel* nicht nur zum ›Vogelflügel‹ monosemiert, sondern auch hinsichtl. der ⁊ Parameter Form, Farbe und Größe spezifiziert; auch das Adj. *groß* wird durch *Amsel* monosemiert (›räuml. Ausdehnung‹) sowie spezifiziert hinsichtl. seiner quantitativen Bezugsnorm, die sich verändert bei der Anwendung auf Kolibris oder Adler. Durch Integration in eine komplexe Textbedeutung und damit in ein Netz themat., satz- und textsemant. (⁊ Isotopie), stilist. und situativer, speziell auch kontrastiver Bezüge (Deppermann 2007, Kap. 3) wird die a. B. des Lexems zusätzl. konkretisiert sowie konnotativ (⁊ Konnotation) entfaltet oder aufgeladen. In diesem Sinne sind a. B. ⁊ okkasionell und ggf. – insbesondere bei trop. Verwendung (⁊ Tropus; z. B. *Flügel* zur Bez. waagrecht gestellter Hundeohren) – neuartig. Diese letztere Wirkung des Kontextes würde Cruse (2004) als

»coercing« (›Erzwingen einer neuen Lesart‹) einordnen, – neben »selection« und »modulation« die dritte der von ihm genannten Wirkungsarten; ↗ Äußerungsbedeutung. **Lit.** Ch. Bally, Linguistique générale et linguistique française. Bern ⁴1965. – W. Schmidt, Lexikal. und aktuelle Bedeutung. Bln. 1963, ⁵1986. – W. Kallmeyer et al., Lektürekolleg zur Textling. Bd. 1. Königstein/Ts. ³1980. – H. Henne & H. Rehbock, Sprachzeichenkonstitution. LGL ²1980, 151–159. – M. Kaempfert, Wort und Wortverwendung. Göppingen 1984. – Kleine Enzyklopädie dt. Spr. 2001, 78 f. – A. Cruse, Meaning in Language. Oxford ²2004. – A. Deppermann, Grammatik und Semantik aus geprächsanalyt. Sicht. Bln., N. Y. 2007.   RB

Aktuelle Gliederung ↗ Funktionale Satzperspektive

Aktzeit Grammat. Begriff, der mit den Termini ↗ Betrachtzeit und ↗ Sprechzeit ein Bezeichnungssystem bildet und dazu dient, zeitl. Relationen zwischen einer sprachl. Äußerung und der Wirklichkeit zu kennzeichnen. A. bezeichnet die objektive zeitl. Lokalisierung (Referenz) eines Geschehens, ist also sprecherunabhängig, z. B. *1460 druckt Pfister in Bamberg*. A. ist das Jahr 1460. Die A. kann vor, während oder nach der ↗ Sprechzeit liegen.   KE

Akuemtheorie ↗ Biophonetik

Akusma n. (griech. ἄκουσμα (akusma) ›das Gehörte‹) Bez. für die akust. Vorstellung des gehörten Lautes.   PM

Akustik (griech. ἀκουστός (akustos) ›hörbar‹; engl. acoustics, frz. acoustique) Unterdisziplin der Mechanik: die Lehre vom ↗ Schall; ↗ akustische Phonetik.   PM

Akustische Artikulation ↗ Ansatzrohr

Akustische Phonetik (engl. acoustic phonetics, frz. phonétique acoustique) Teildisziplin der allgemeinen ↗ Phonetik, die die Schalleigenschaften von lautsprachl. Äußerungen nach den Parametern der akust. ↗ Schallanalyse untersucht bzw. auf diesen Grundlagen künstl. Sprache synthetisiert (↗ Sprachsynthese). Entscheidend beeinflusst ist die a. Ph. durch die Entwicklung der Elektroakustik und die Erfindung der Sonagraphen (↗ Sonagramm), heute stärker durch den Einsatz digitaler Analyseverfahren. Phonet. relevante akust. Merkmale bzw. *cues* (engl. ›Merkmal, das die Natur des Wahrnehmungsgegenstandes bestimmt‹) sind u. a.: Dauer (↗ Quantität) akust. Segmente, Grundfrequenz f_0 (bei stimmhaftem Sprachschall, ↗ Frequenz), Lage der ↗ Formanten (↗ Ansatzrohr; Frequenzbänder erhöhter Energie, frequenzmäßig aufsteigend durchgezählt): F1–F2 (3) beziehungsweise deren Verhältnis zueinander als maßgeblich für die wahrgenommene Vokalidentität (höhere für die Sprecherwahrnehmung), deren schnelle Änderungen, die sog. Transitionen: F1–F3 als maßgebl. für die Wahrnehmung des konsonant. ↗ Artikulationsmodus (zeitl. Ausdehnung) und der ↗ Artikulationsstelle (frequenzmäßiger Verlauf), die spektrale Charakteristik von Rauschsignalen (bei Plosionsgeräuschen und ↗ Frikativen) etc. Wichtige Anwendungsgebiete sind die ↗ automatische Sprach- und Sprecher-Erkennung sowie die ↗ Sprachsynthese. – **Lit.** C. G. M. Fant, Acoustic Theory of Speech Production. Den Haag 1961. – J. L. Flanagan, Speech Analysis, Synthesis and Perception. Bln. 1972. – D. B. Fry (ed.), Acoustic Phonetics. A Course of Basic Readings. Cambridge, Mass. 1976. – P. Ladefoged, Elements of Acoustic Phonetics. Chicago ²1996. – I. Lehiste (ed.), Readings in Acoustic Phonetics. Cambridge, Mass. 1967. – J. M. Pickett, The Acoustics of Speech Communication. Boston u. a. 1999. – R. K. Potter et al., Visible Speech. N. Y. 1966. – L. R. Rabiner & R. W. Schafer, Digital Processing of Speech Signals. Englewood Cliffs 1978. – K. N. Stevens, Acoustic Phonetics. Cambridge, Mass. 1998.   PM

Akustogenese f. Die artikulator. gesteuerten aerodynam.-akust. Vorgänge der Sprachlautproduktion, insbesondere der Zusammenhang zwischen der spezif. Sprechbewegung (bzw. der geometr. Form des ↗ Ansatzrohres) und den resultierenden akust. Signaleigenschaften; ↗ akustische Phonetik.   PM

Akut m. (lat. acútus ›scharf, spitz‹. Engl. acute, frz. aigu) **1.** Steigender Silbenakzent. **2.** 2-moriger Schlussakzent; ↗ More, ↗ Dreimorengesetz. **3.** Distinktives phonolog. Merkmal (hell vs. ↗ dunkel, engl. acute vs. grave). PM – **4.** Auf den alexandrin. Gelehrten Aristophanes von Byzanz (ca. 220 v. Chr.) zurückgehendes, seit dem 2. Jh. n. Chr. im Griech. zur Bez. eines hohen steigenden Tonhöhenverlaufs bei kurzen Silben (bei langen Silben nur, wenn die zweite ↗ More Hochton trägt) systemat. verwendetes ↗ Diakritikon in Gestalt eines von rechts oben nach links unten geneigten Strichs oberhalb des modifizierten ↗ Buchstabens. In modernen alphabet. ↗ Schriftsystemen wird der A. verwendet zur Bez. (a) einer Akzentstelle, z. B. span. *hablo* ›ich spreche‹ vs. *habló* ›er/sie sprach‹ (3. Sg. indefinido), (b) eines Tonhöhenverlaufs wie im Altgriech., z. B. in Lehrbüchern des Serbokroat. Für den lang-steigenden Ton (*rúka* ›Hand‹, *váljati* ›wälzen‹), für den steigenden Ton in der pinyin-Transkription des Chines., (c) von Quantitätsverhältnissen, z. B. im Ungar., Slovak. oder Tschech., wo die Langvokale durch den A. (im Ungar. auch ö : ő, ü : ű) bezeichnet werden, (d) der Vokalqualität, z. B. frz. é [e] vs. e [ə], Isländ. á [au] vs. a [a], (e) als Palatalitätsindex (im Poln. ć [ɕ], ń [n'], (f) zur Homonymendifferenzierung, z. B. griech. τι ›etwas‹ vs. τί ›was‹, span. *más* ›mehr‹ (Steigerungspartikel) vs. *mas* ›aber‹, (g) zu graph. Markierung eines emphat. Satzakzents, z. B. *Uwe hat éinen Hut* (nur einen Hut).   G

Akwe ↗ Xavante

Akzent (lat. accentus < ad-cantus ›Dazugesungenes‹. Engl., frz. accent) **1.** ↗ Suprasegmentales Merkmal der Hervorhebung im Sinne von ↗ Betonung, das auf den in den einzelnen Spr. unter-

schiedl. genutzten akust. Faktoren der Tonhöhe (↗ Intonation), der Intensität bzw. Lautstärke und der Dauer (↗ Quantität) beruht. – Nach der Prominenz der genannten A.-Faktoren unterscheidet man als A-Qualitäten zwischen ↗ *dynamischem Akzent* (auch: Druck-A., Intensitäts-A., Stärke-A., engl. stress accent, frz. accent d'intensité), ↗ *musikalischem Akzent* (auch. chromat. A., melod. A., Tonhöhen-A., tonaler A., engl. pitch accent, frz. accent musical), *quantitativem* A. (auch: temporaler A.) und gelegentl. auch *Spannungs-A.* (auch: Artikulations-A.). – Nach der ling. Domäne des A. unterscheidet man als A.-Arten: den *Silben*-A. (eingipflig, zweigipflig; eben, steigend, fallend, steigend-fallend); den *Wort*-A., der bei einem mehrsilbigen Wort eine Silbe durch den *Haupt*-A. (auch: Starkton, engl. primary stress, frz. accent principal) hervorhebt, wobei andere Silben *Neben*-A. (auch: Nebenton, engl. secondary stress, frz. accent accessoire) erhalten können, die übrigen unbetont (auch: Schwachton, engl. tertiary stress) sind; den *Wortgruppen*- und *Satz*-A., der als *grammatischer* A., aber auch als ↗ *emphatischer* A. auftreten kann. – Bezüglich seiner Regelhaftigkeit unterscheidet man zwischen *gebundenem* A. (auch: fester A.) in Spr., bei denen der A. immer auf einer best. Silbe des Wortes liegt (z. B. Initialbetonung in Ungar. und Finn., Stamm- bzw. Anfangsbetonung im Germ.) und *ungebundenem* A. (auch: freier A., z. B. im Russ.). – Im Rahmen dieser grundsätzl. Unterscheidungen erfüllt der A. unterschiedl. Funktionen wie die eines ↗ Grenzsignals bei gebundenem Akzent, grammat. Kennzeichnung (z. B. im Russ. oder bei der Verb-Nomen-Unterscheidung im Engl.) bzw. Bedeutungsdifferenzierung (z. B. dt. *über'setzen* (von einer Spr. in eine andere) vs. *'übersetzen* (über einen Fluss)) sowie die Hervorhebung sinntragender Einheiten. – Insbesondere die A.-Verhältnisse haben entscheidenden Einfluss auch auf die Prozesse des histor. ↗ Lautwandels (wie z. B. Verlust der unbetonten Silben von germ. > ahd. > mhd. > nhd.; ↗ Dehnung bzw. ↗ Diphthongierung betonter Silben, ↗ Vernersches Gesetz). – **2.** Aufgrund der perzeptiven Prominenz des A. (1.) bei lautsprachl. Äußerungen auch allgemein für individuelle Sprechgewohnheiten wie ↗ Dialekt und ↗ Idiolekt bzw. muttersprachl. Einflüsse in einer Fremdsprache. – **3.** Graph. Zeichen für den A. (1). wie ↗ Akut, ↗ Gravis, ↗ Zirkumflex; ↗ Diakritikon. – **Lit.** H. Hirt, Der idg. Accent. Straßburg 1895. – P. Kiparski, Über den dt. Akzent. SG 7, Bln. 1966, 69–98. – Ders., Stress, Syntax, and Meter. Lg. 51, 1975, 576–616. **PM**
Akzentmuster Das durch die Verteilung des ↗ Akzents bedingte rhythm.-metr. Muster einer sprachl. Äußerung. **PM**
Akzentologie Ling. Teildisziplin, die sich mit Fragen des ↗ Akzents und anderer ↗ Suprasegmentalia befasst. **PM**

Akzentregel Morpho-phonolog. Regel, die die Position des Wort-, Phrasen- bzw. Satzakzents bestimmt (z. B. die ›main stress rule‹ des SPE). **PM**
Akzentsilbe ↗ Akzent
Akzentuierung Die betonungsmäßige Hervorhebung von Äußerungsteilen durch Stärken- und Tonhöhenabstufungen; ↗ Akzent. **PM**
Akzentverschiebung ↗ Akzentzusammenstoß
Akzentwechsel (auch: Akzentbewegung) Veränderung der Position des Wortakzents innerhalb eines Flexionsparadigmas (z. B. dt. 'Doktor vs. Dok'toren) bzw. bei ↗ Konversion (z. B. engl. 'compound (N.) vs. com'pound (V.)). **PM**
Akzentzählend 1. (auch: betonungszählend) Typolog. Bez. für Spr., in denen der ↗ Rhythmus durch die regelmäßige zeitl. Abfolge (↗ Isochronie) der Akzentstellen (↗ Fuß) gekennzeichnet ist. Daraus folgend ist die kompensator. zeitl. Kompression unbetonter Silben abhängig von deren Anzahl (phonet. dauerkompensierende Spr.). **PM 2.** Typolog. Bez. für Spr., bei denen die Position des ↗ Wortakzents in irgendeiner Weise »fest«, d. h. aus der Wortstruktur vorhersagbar ist. Je nachdem, ob dabei die Silben oder andere Einheiten die Grundlage für die »Zählung« bilden, spricht man von ↗ silbenzählenden und ↗ morenzählenden Sprachen. **GP**
Akzentzeichen ↗ Diakritikon
Akzentzusammenstoß (engl. stress clash) Durch Akzentverschiebung zu vermeidende Aufeinanderfolge zweier betonter Silben, z. B. engl. *fourtéen > fóurteen póund.* **PM**
Akzeptabilität (mlat. acceptábilis ›annehmbar‹. Engl. acceptability, frz. acceptabilité) Die A. einer sprachl. Äußerung ist ihre durch einen kundigen Sprecher beurteilbare Annehmbarkeit in der Sprachverwendung. Die Kriterien für die A. sprachl. Äußerungen müssen nicht notwendig mit den von einem Grammatik-Modell formulierten Kriterien für die ↗ Grammatikalität sprachl. Einheiten übereinstimmen. So kann einerseits eine von einem Grammatik-Modell als grammat. ausgewiesene sprachl. Einheit in der Sprachverwendung (mehr oder weniger) inakzeptabel sein, wie dies z. B. bei stilist. Abweichungen mit einer Vielzahl von Wortwiederholungen oder mit zahlreichen ↗ Einbettungen der Fall sein kann, vgl. z. B. einen Satz wie *Die, die die, die die Lexikonartikel, die für Laien gedacht sind, schreiben, kritisieren, werden kritisiert*, dessen Äußerung in den meisten Kontexten inakzeptabel (weil eine relativ unverständl. ↗ selbsteinbettende Konstruktion) sein dürfte. Andererseits können auch durch ein Grammatik-Modell als ↗ ungrammatisch ausgewiesene sprachl. Einheiten in der Sprachverwendung (mehr oder weniger) akzeptabel sein, z. B. bei ↗ anaphorischen Bezügen wie in *Eva ist ein Mädchen, die sich ständig ihren Kopf kratzt.* Seit Mitte der 1990er Jahre wird die A. bzw. ↗ Grammatikalität sprachl. Äußerungen zunehmend als gradierte Größe (*gradience*)

und im Rahmen der ↗ Optimalitätstheorie diskutiert. In der ling. Datenverarbeitung werden unter dem Begriff ›Robust Parsing‹ Modelle zur automat. Analyse inakzeptabler bzw. ↗ ungrammatischer sprachl. Vorkommnisse entwickelt (vgl. Carroll 1996; Core 1999). **Lit.** M. Bader & J. Häussler, Toward a Model of Grammaticality Judgments. Journal of Linguistics 2010, 46. – W. Cowart, Experimental Syntax: Applying Objective Methods to Sentence Judgments. Thousands Oaks, Cal. 1997. – G. Erbach, Towards a Theory of Degrees of Grammaticality. CLAUS Report 34, Saarland Univ. Saarbrücken 1993. – G. Fanselow et al. (eds.), Gradience in Grammar. Oxford 2004. – M. B. Kac, Grammars and Grammaticality. Amsterdam 1992. – F. Keller, Gradience in Grammar. Diss. Univ. of Edinburgh 2000. – M. Reis & S. Kepser (Hgg.), Evidence in Linguistics: Empirical, Theoretical, and Computational Perspectives. Bln. 2005. – C. T. Schütze, The Empirical Base of Linguistics: Grammaticality Judgments and Linguistic Methodology. Chicago 1996.   F

Akzession (lat. accēdere ›hinzukommen, herantreten‹) Lautwandelprozess (bzw. dessen Ergebnis), der mit einem Lautzuwachs verbunden ist.   PM

Akzessorisch Hinzutretende, zusätzl., weniger wichtige Eigenschaft oder Bedingung.   G

Akzidentiell (lat. accidēns ›Zufall‹) **1.** Wert, den eine best. grammat. Kategorie in einem best. Ausdruck annimmt. Die Nomina des Dt. z. B. sind durch die grammat. Kategorisierungen (↗ Akzidentien) ↗ Numerus und ↗ Kasus charakterisiert, die in konkreten nominalen Wortformen durch die jeweiligen morpholog. Mittel ausgedrückt werden müssen. **2.** Weniger wichtige, zufällig zustandekommende und kategorial unselbständige Eigenschaft oder Bedingung, z. B. beim ↗ Adaptieren eines Elements an eine andere Umgebung; Ggs. essentiell.   G

Alacaluf ↗ Südamerikanische Indianersprachen

Alagwa ↗ Kuschitische Sprachen

Alanisch ↗ Iranische Sprachen, ↗ Mitteliranisch, ↗ Ossetisch

Alaska-Schrift Von Uyakoq (bekannter als »Neck«, engl. Form seines Namens) ab 1900 eigenständig entwickelte ↗ Schrift für das ↗ Eskimo (Yup'ik) in Alaska. Trotz nur geringer Verbreitung ist die A.-Schrift schriftgeschichtl. bedeutend, da Uyakoq sie im Laufe der Jahre von einer ↗ Wort-Bildschrift hin zu einer ↗ Silbenschrift weiterentwickelte. **Lit.** A. Schmitt, Die Alaska-Schrift. Marburg 1951.   D

Albanisch 1. Seit dem 15. Jh. überwiegend in lat. Graphie überlieferte ↗ indogermanische Sprache, die heute im Staatsgebiet Albaniens sowie den angrenzenden Gebieten Serbiens (Kosovo) und Makedoniens gesprochen wird. A. Sprachinseln gibt es in Griechenland und Süditalien; Karte ↗ Europäische Sprachen, im Anhang. Grundlage der heutigen Standardspr. Albaniens ist der tosk. Dialekt im Sü-

den, dem der geg. Dialekt im Norden gegenübersteht. Das A. ist unter den idg. Spr. isoliert, wurde aber bisweilen als engere Verwandte des in wenigen inschriftl. Zeugnissen in Dalmatien bezeugten Illyrischen angesehen. Das A. hat im Laufe seiner Geschichte starke Interferenzen seitens idg. (Latein/Roman., Griech., slav. Spr.) und nichtidg. Spr. (Türk.) erfahren. **Lit.** M. Lambertz, Lehrgang des A. Teil 1–3, Bln. 1954–1959. – O. Buchholz & W. Fiedler, A. Grammatik. Lpz. 1987. – M. Camaj, Albanian Grammar. Wiesbaden 1984. **GP – 2.** Durch Inschriften und ein Lektionar bezeugte Spr. von Trägern eines der drei frühmittelalterl. christl. Reiche in Transkaukasien (Albanien auf dem Gebiet des heutigen Aserbaidschan; Armenien; Georgien); sie steht dem heutigen Udisch (↗ Dag(h)estanische Sprachen) nahe. **Lit.** W. Schulze & J. Gippert, The Caucasian Albanian Language. In: The Caucasian Albanian Palimpsests of Mt. Sinai. Ed. J. Gippert et al. Vol. I. Turnhout 2009, II-1, 1 – 102.   BO

»Aldi-Du« ↗ »Münchner Du«

Alemannisch In sich gegliederter Dialektverband des westl. ↗ Oberdeutschen (deshalb auch »Westoberdt.«). Das A. umfasst die deutl. eigenständigen Dialektgruppen des Schwäbischen, Nieder-, Hoch- und Höchstalemannischen. Das Gebiet des A. erstreckt sich über den Südwesten Deutschlands (Baden-Württemberg und Bayr. Schwaben), das Elsaß (Départements Haut-Rhin und Bas Rhin), die deutschsprachigen Kantone der Schweiz, Liechtenstein und den Westen Österreichs (Vorarlberg und Randbereiche Tirols). Im Süden und Westen grenzt es an die Sprachgebiete des Ital., Rätoroman. und Frz., im Norden und Osten mit Übergangszonen an die Dialektverbände des ↗ Rheinfränkischen, ↗ Ostfränkischen und ↗ Bairischen; Karte ↗ Deutsche Dialekte, im Anhang. Die stammeshistor. zu begründende Einheit des A. spiegelt sich in den gegenwärtigen Dialektstrukturen nur undeutl. wider. Als Abgrenzungskriterium gegenüber dem Rheinfränk. dienen i. d. R. die ↗ Isoglossen *Apfel/Appel, Pfund/Pund, -le/-chen* (Dim.), gegenüber dem Ostfränk. die Isoglosse *fešt/fest*, gegenüber dem Bair. die Isoglossen *ihr/ös, euch/enk*, jedoch sind breite Übergangszonen in Rechnung zu stellen (Südost-, Süd(rhein)fränkisch; Lechgebiet). Kennzeichen des Schwäb. innerhalb des A.: Diphthongierung der mhd. Reihe i+y-u zu ẹi-ọu (z. B. *zẹit* ›Zeit‹, *họus* ›Haus‹) bei sonst erhaltenen Monophthongen, westgerm. k im Anlaut unverschoben (z. B. *kind* ›Kind‹). Kennzeichen des Niederalemann. (südl. Baden, Elsaß): westgerm. k im Anlaut wie im Schwäb. unverschoben, Erhalt der mhd. Monophthonge i+ü-u (Bsp. *zīt* ›Zeit‹, *hūs/hȳs* ›Haus‹). Kennzeichen des Hochalemann. (deutschsprachige Schweiz ohne Gebiete des Höchstalemann.): westgerm. k verschoben zu ch (z. B. *chind* ›Kind‹), wie das Niederalemann. und Schwäb. nach-mhd. Flexion des Verbs. Kennzeichen des Höchstalemann. (südl. Kantone der deutschsprachigen Schweiz, Wallis, Walsergebiete): konservative, nach-ahd. Flexionssysteme. Mit Mittelalemann. wird der schwäb.-hochalemann. Interferenzraum nördl. des Bodensees bezeichnet. **Lit.** P. Wiesinger, Die Einteilung der dt. Dialekte. HKS 1, II, 829–836. – Bad. Wb., Bd. 1 ff. Lahr 1925 ff. – Wb. der elsäss. Mdaa. Bd. 1–2. Straßburg 1899–1907. – Schwäb. Wb. Bd. 1–6. Tübingen 1904–1936. – Schweizerisches Idiotikon. Wb. der schweizerdt. Sprache. Bd. 1 ff. Frauenfeld 1881 ff. – Voralberg. Wb. Bd. 1–2. Wien 1955–1965.   DD

Alentejano ↗ Portugiesisch

Alethisch ↗ Modallogik

Aleutisch ↗ Eskimo-aleutische Sprachen

Alexie f. (griech. ἀ- (Negationspräfix), λέξις (lexis) ›Wort, Rede‹. Engl. alexia, z. T. auch (acquired) dyslexia) ↗ Erworbene Sprachstörung, überwiegend mit einer ↗ Aphasie verbundene, nicht peripher bedingte Störung oder Verlust bereits erworbener Lesefähigkeit. Eine detaillierte neurolinguist. Übersicht und Klassifikation der verschiedenen Formen der A. findet sich in Anlehnung an anglo-amerikan. Studien bei De Langen. **Lit.** E. G. De Langen, Lesen und Schreiben. In: D. v. Cramon & J. Zihl (Hgg.), Neuropsycholog. Rehabilitation. Bln. u. a. 1988, 289–305. – J. Kay, Aquired Disorders of Reading. HSK 8, 251–262. – W. Huber, Alexie und Agraphie. In: W. Hartje & K. Poeck (Hg.), Klin. Neuropsychologie. Stgt., N. Y. ⁵2002, 203–226. GT

Algarvio ↗ Portugiesisch

Algerisches Arabisch ↗ Maghrebinisches Arabisch

Algische Sprachen ↗ Makro-Algonkin-Sprachgruppe

Algonkin-Sprachen ↗ Nordamerikanische Sprachgruppe, die im Nordosten Kanadas und der USA weit verbreitet war; Karte ↗ Nordamerikanische Sprachen, im Anhang. Wichtige A.-S. sind Blackfoot und Micmac mit 6 000 bzw. 8 000 Sprechern sowie Ojibwa (Chippewa) und das Dialektkontinuum Cree-Montagnais-Naskapi mit jeweils über 50 000 Sprechern. Vor allem in Kanada sind diese A.-S. noch stark in Gebrauch. Andere A.-S. sind vom Aussterben bedroht bzw. bereits ausgestorben. Für einige ausgestorbene A.-S. der Neuengland-Staaten finden sich jurist.-administrative Texte aus dem 17. Jh. (Massachusetts). Im 19. Jh. gab es mehrere Versuche, A.-S. mit ↗ Silbenschriften zu verschriftlichen (Algonkin-Syllabar), ↗ Cree-Schrift). Zahlreiche Toponyme in Nordamerika gehen auf A.-Wörter zurück, z. B. *Chicago, Massachusetts, Mississippi, Ottawa.* Als Lehnwörter finden sich im Dt. z. B. *Karibu, Totem, Mokassin* oder *Mondamin,* ein Handelsname aus dem Ojibwa-Wort für ›Mais‹. Die A.-S. haben einfache Lautsysteme mit nur einer Verschlussreihe. Die Morphologie kann als agglutinierend-polysynthet. gekennzeichnet werden. Die Genus-Distinktion [± belebt] ist stark ausgeprägt (verschiedene Pron.affixe, suppletive Stämme). Bei der 1. Pers. wird zwischen

↗ inklusiv und exklusiv unterschieden. Aus dem Zusammenspiel von ↗ Belebtheit, Transitivität und Personenhierarchie ergibt sich eine komplexe Affixkombinatorik im Hinblick auf die Koreferenz von Subj., direktem und indirektem Obj. im Verb; Obviation (↗ obviativ). Die Verblexik und Morphologie des Cree bildete neben dem Frz. die wesentl. Grundlage für die ↗ Kreolsprache Mitchif. **Lit.** L. Bloomfield, Algonquian. In: Linguistic Structures of Native America. N. Y. 1946, 85–129. – I. Goddard, Comparative Algonquian. LNA, 70–132. – D. H. Pentland & H. C. Wolfart, A Bibliography of Algonquian Linguistics. Winnipeg ²1982. – L. Bloomfield, The Menomini Language. New Haven 1962. – H. C. Wolfart & J. F. Carroll, Meet Cree. Edmonton ²1981. – H. C. Wolfart, Sketch of Cree, an Algonquian Language. HNAI–L, 390–439. **SSG** Staats- und Universitätsbibliothek Hamburg (18).   D

Algorithmus (mlat.-arab. Namensform von al-Chwaresm, arab. Mathematiker des 9. Jh., durch dessen Algebra-Lehrbuch die arab. ↗ Ziffern in Europa bekannt wurden) Ein generelles, schrittweise vorgehendes Rechenverfahren, das nach schemat. Regeln vollzogen wird. Die das Rechenverfahren leitende Anweisung muss in allen Einzelheiten genau und von endl. Länge sein. Sie muss so abgefasst sein, dass jedes Mitglied der Sprachgemeinschaft, in deren Spr. die Anweisung formuliert ist, nach ihr handeln kann. Gefordert ist, dass die Folge der Schritte eindeutig erfolgen kann. Der ↗ Kalkül stellt eine Modifikation des A. dar, die statt der eindeutigen Festlegung der Schrittabfolge endl. viele Wahlmöglichkeiten bei jedem Schritt bietet. A. kommen in Verfahren der Berechenbarkeit, Entscheidbarkeit, Aufzählbarkeit zur Anwendung. Dabei soll nach endl. vielen Schritten das Verfahren abbrechen und zu einem gültigen Ergebnis bzw. einer korrekten Antwort führen. Statt des Abbruchs ist auch die unbegrenzte Fortsetzbarkeit d. S. einer approximativen Berechnung möglich. Die Übertragbarkeit des A. auf Rechenautomaten hat zu einer Algorithmentheorie geführt.   PR

Alienabel (auch: nichtorganisch possessiv. Engl. alienable ›veräußerbar‹) In vielen Spr. wird in Possessivausdrücken grammat. zwischen veräußerbarem (a.) und unveräußerlichem (inalienablem, organisch possessivem) Besitz unterschieden, z. B. Manding ni_1 $ká_2$ $só_3$ ›mein₁ haus₃‹ (a.) ggü. ni_1 $fà_2$ ›mein₁ Vater₂‹ (inalienabel). In den europ. Spr. ist diese Differenz in nominalen Possessivausdrücken nicht realisiert, weshalb z. B. *Mein Buch* in a. Verwendung *Ich besitze ein Buch,* in inalienabler Verwendung *Ich habe ein Buch geschrieben* ausdrückt. Hingegen bezeichnen einige possessive Verben des Dt. wie *besitzen* und *gehören* nur ein a. Besitzverhältnis, z. B. *Peter besitzt/gehört ein Reihenhaus/ein(en) Schreibtischstuhl* vs. **Peter besitzt/gehört eine Tochter/ein Magengeschwür* (jedoch: *Mein Bauch gehört mir!*). **Lit.** H.

Chappell & W. McGregor (eds.), The Grammar of Inalienability. Bln., N. Y. 1995.   G, RE

Alignierung (engl. alignment) In der ↗ Maschinellen Übersetzung bezeichnet A. das Auffinden von korrespondierenden Texteinheiten (Wörter, Sätze, oder Paragraphen) von Original und Übersetzung. Während die A. auf Satzebene zur Erstellung von ↗ Translation Memories dient, ist die A. auf Wortebene wesentl. für die computergestützte Akquisition bilingualer (terminolog.) Lexika. In der ↗ Computerlinguistik entwickelte Verfahren zur A. basieren auf stochast. ↗ Sprachmodellen bzw. heurist. Verfahren. Bei multimedialen Korpora wird das Abgleichen von Sound und Gestik zu korrespondierenden Transkriptionen als Zeitalignierung bezeichnet. **Lit.** D. Jurafsky & J. H. Martin, Speech & Language Processing. Upper Saddle River 2000. – F. J. Och & H. Ney, A Systematic Comparison of Various Statistical Alignment Models. ACL. Cambridge 2003.   Z

Alignierungsconstraint (engl. alignment constraint) Constraint-Familie in der ↗ Optimalitätstheorie, die den Zusammenfall der Ränder von prosod. und/oder morpholog. Konstituenten regelt; z. B. fordert ALIGN FT (Fuß, Links, Stamm, Links), dass der linke Rand jedes prosod. Fußes mit dem linken Rand eines Stammes zusammengefügt wird.   PM

Alinea ↗ Absatz mit und ohne Einzug in einem gedruckten Text.   G

Aliteral ↗ Schriftlichkeit

Allativ ↗ Adlativ, ↗ Kasus

Allaussage (auch: Generalisation) Eine Aussage, in der mit den Wörtern *alle, sämtliche, jeder, jegliche* eine Generalisierung des ausgesagten Sachverhalts zum Ausdruck gebracht wird. In der ↗ Prädikatenlogik wird zur Kennzeichnung der Allquantor ⋀ oder ∀ vorangestellt, um zu kennzeichnen, dass ein bestimmtes Prädikat (der Aussage) für den genannten Individuenbereich universal gilt.   PR

Allegation (lat. allēgātiō ›Anführung einer Textstelle‹) Ein von P. Sgall eingeführter Terminus für eine Sonderform von ↗ Implikation, die er so definiert: I (eine Implikation) gilt als A. von S, der Äußerungsbedeutung eines Satzes, wenn S I impliziert und die Negation von S weder I noch die Negation von I einschließt. Ausgehend vom Negationskriterium steht die A. zwischen der ↗ Assertion und der ↗ Präsupposition. **Lit.** P. Sgall u. a., The Meaning of the Sentence in Its Semantic and Pragmatic Aspects. Dordrecht 1986, 83–91.   P

Allegorie (griech. ἀλληγορία (allēgoria) ›bildlicher Ausdruck‹, zu ἀλληγορεῖν (allegorein) ›anders, bildlich reden‹) Bildhaft-symbolischer Ausdruck eines Gedankens in solcher Weise, dass das eigentlich Gemeinte auch in den Details zu erkennen ist, z. B. die Kunst des Gartenbaus als Bild für die Kunst der Erziehung und Bildung von Kindern. G

Allegroform ↗ Sprechausdruck

Allemand ↗ Deutsch

Allgemeine Grammatik (auch: Universalgrammatik, Philosophische Grammatik) Von der antiken Philosophie bis zu heutigen Modellen der GG verfolgtes Ziel ling. Forschungen, die menschl. Sprachfähigkeit auf generelle Prinzipien zurückzuführen. Die A. G. soll Regeln und Strukturen aller natürl. Spr.n so generell wie mögl. formulieren und damit die Bedingungen einer natürl. Spr. überhaupt erfassen. **Lit.** N. Chomsky, Cartesian Linguistics: A Chapter in the History of Rationalist Thought. N. Y. 1966. – A. Joly & J. Stéfanini (Hgg.), La grammaire générale. Villeneuve 1977. – O. Jungen & H. Lohnstein, Einf. in die Grammatiktheorie. Mchn. 2000. – Weitere Lit. ↗ Mentalismus, ↗ Universalgrammatik, ↗ Universalien.   F

Allgemeine Semantik (engl. General Semantics; frz. sémantique générale) Von A. Korzybski (1933) in den USA begründeter und dort v. a. von S. I. Hayakawa ausgebauter Ansatz mit sprachkrit.-pädagog. Zielsetzung. Die a. S. versucht das Bewusstsein dafür zu wecken, dass lexikal. Zeichen ihre ↗ Denotate nicht vollständig und wertfrei abbilden, dass Wortbedeutungen vielmehr in je spezif. Maße abstrakt und zugleich konnotativ (↗ Konnotation 2) gefärbt sind und dass eine naive oder manipulative Identifikation von Wort und Sache massive Verzerrungen der Realitätswahrnehmung bewirken kann. Ein »intensionales«, von randscharfen Begriffen und stereotypen Konzepten beherrschtes, »zweiwertiges« Denken ist nach Auffassung der a. S. die Wurzel für Streit, Kampf und Krieg. Rationale Kommunikation und Kooperation werden dagegen gefördert durch eine»vielwertige Orientierung«, die individuelle Variation und begriffl. Übergänge betont, durch ein »extensionales« Denken, welches mit individuell »indizierten« Kategorien arbeitet und sich darum auf abgestufte, ja konträre Wahrheitsansprüche einzulassen bereit ist. In der Analyse des Einflusses der Spr. auf Wahrnehmung, Denken und Handeln berührt sich die a. S. mit der ↗ Sapir-Whorf-Hypothese (ferner: ↗ Inhaltsbezogene Grammatik), doch verfolgt sie das Ziel, sprachl. Determination durch semant. Reflexion und verstehendes Zuhören zu überwinden. Damit hat sie zweifelsohne in den USA wichtige pädagog. und therapeut. Anstöße gegeben; ihre Vertreter hegten überdies die Hoffnung, einen wesentl. Beitrag zur Verminderung oder Beseitigung gesellschaftl. und internat. Konflikte leisten zu können. **Lit.** A. Korzybski, Science and Sanity: An Introduction to Non-Aristotelian Systems and General Semantics. Lancaster, Pa. 1933, ⁵1994. – S. Chase, The Tyranny of Words. Ldn. 1938. – S. I. Hayakawa, Semantik. Spr. im Denken und Handeln. Darmstadt ³1969. – G. Schwarz (Hg.), Wort und Wirklichkeit. Darmstadt 1968. – J. S. Bois, The Art of Awareness. Dubuque, Iowa 1978. – R. E. Paulson, Language, Science, and Action. Westport, Conn. 1983.   RB

Allgemeine Sprachwissenschaft (engl. general linguistics, frz. linguistique générale) Zentrale Teildisziplin der Ling., die sich mit den generellen Eigenschaften von Spr. und den kategorialen Grundlagen der Sprachwiss. befasst im Ggs. zu den auf Einzelspr. (z. B. Russistik, Hispanistik) oder Sprachgruppen (z. B. Slavistik, Turkologie) oder geograph. bestimmte Sprachräume (z. B. Kaukasiologie, Afrikanistik) bezogenen ling. Teildisziplinen und im Ggs. zur ↗ vergleichenden Sprachwissenschaft, deren Ziel in bi- und multilateralen Vergleichen einzelner sprachl. Sachverhalte liegt. Dies stellt die a. S. in die Nähe der empir. orientierten ↗ Universalienforschung und der ↗ Sprachtypologie. **Lit.** E. Coseriu, Einf. in die allg. Sprachwiss. Mchn. ²1992. **SSG** Stadt- und Universitätsbibliothek Frankfurt (30). G

Allgemeiner Deutscher Sprachverein (Abk. ADSV) Der ADSV wurde 1885 in Dresden gegründet. Ziel des Vereins war »die Reinigung der deutschen Sprache von unnöthigen fremden Bestandteilen« im allgemeinen vaterländisch-nationalist. Rahmen. Diese ↗ Sprachpflege war zwar phasenweise auf pädagog. Ziele gerichtet, nämlich auf eine Vereinfachung der dt. Spr. durch Übersetzung und Ersetzung fremdsprachl. Wörter. So sind z. B. das BGB und damit die Rechtssprache verdeutscht worden i. S. einer größeren Verständlichkeit für die des Lat. nicht mächtigen Teile der Bevölkerung. Aber sehr früh haben die nationalist. Tendenzen des ADSV die Arbeit des Vereins geprägt. Eine Vielzahl erfolgloser Eindeutschungsversuche (z. B. *Rauchrolle* für *Zigarre*) legen davon Zeugnis ab. Mit Beginn des 1. Weltkriegs wurde der ADSV offen chauvinist. Eine wilde Jagd auf ›Fremdwörter‹ und auf Fremdes setzte ein. K. Kraus skizziert in mehreren Szenen der »Letzten Tage der Menschheit« (Wien 1919) die Unsinnigkeit totaler Verdeutschungskampagnen. Einige der amtlicherseits unterstützten Aktivitäten haben Spuren hinterlassen: *Kaffee/Café*. Der ADSV, der bis zu 45 000 Mitglieder hatte, kooperierte in den zwanziger Jahren mit bündischen Vereinen. Die prominenten NS-Politiker standen ab 1933 den deutschtümelnden Zielen des ADSV reserviert gegenüber, da diese u. a. nicht zu einer effizienten Propaganda passten. Die Entwicklung der ↗ NS-Sprache vermochte die Sprachvereine nicht mehr zu beeinflussen, trotz aller Anbiederungsversuche. Das Organ des ADSV, die Zs. *Muttersprache*, musste 1943 aus »kriegswirtschaftl. Gründen« ihr Erscheinen einstellen. Drei Jahre zuvor hatte Hitler ein Verbot gegen die Fremdwortjägerei ausgesprochen. 1947 wurde die »Gesellschaft für deutsche Sprache« (GfdS) gegründet, die in heutiger Zeit nicht mehr als Nachfolgeverein des ADSV gesehen werden kann; ↗ Purismus. **Lit.** P. v. Polenz, Sprachpurismus und Nationalsozialismus. In: E. Lämmert u. a., Germanistik – eine dt. Wiss. Ffm. 1967. – H. Bernsmeier (1977 ff.) Der Allge-

meine Deutsche Sprachverein. (3 Aufsätze). MU Jg. 1987, 1990, 1993. – J. Schiewe, Die Macht der Sprache. Mchn. 1998. – P. v. Polenz, Dt. Sprachgeschichte Bd. III. Bln., N. Y. 1999. S

Alliance Française ↗ Sprachenpolitik

Alliteration (lat. ad ›hinzu‹, littera ›Buchstabe‹. Auch: Anreim, Stabreim) Gleichklingender Anlaut der betonten Silben innerhalb einer Wortgruppe. Die griech. Bez. für A. ist *Homoioprophoron* (griech. ὁμοῖος (homoios) ›gleich‹, προφέρειν (proferein) ›vortragen, zum Vorschein bringen‹). – Die A. ist eine Klangfigur, die in der antiken ↗ Rhetorik bei Häufung als Stilfehler galt (↗ Solözismus). – Die A. gründet sich auf die starke Anfangsbetonung der ital., kelt., german. Sprachen (↗ Initialbetonung). In der metr. geregelten Form des Stabreims ist die A. ältestes Formprinzip der german. Versgliederung. Der Stabreim verlangt den Gleichklang benachbarter Starktonsilben. Konsonanten und Vokale können den Stabreim bilden. – Im Nhd. ist die A. noch in ↗ Zwillingsformen erkennbar, z. B. *auf Biegen und Brechen*, in Werbeslogans (↗ Werbesprache, z. B. *Milch macht müde Männer munter, Metzler macht Musik*), Filmtiteln (z. B. *Manche mögen's heiß*), Buchtiteln (z. B. H. Fallada, *Bauern, Bonzen und Bomben*), Zungenbrechern (z. B. *Fischers Fritze…*), Nonsense-Versen und Poesie. Die A. bewirkt eine Steigerung der Klangintensität. VS

Allo- (griech. ἄλλο (allo-) ›anders als‹) Fachsprachl. Wortbildungselement, das auf konkrete Realisationen von sprachl. Einheiten verweist. So sind ↗ Allophone die mögl. Realisationen eines Phonems (vgl. die Ich- und Ach-Laute [ç, χ]) oder ↗ Allomorphe die unterschiedlichen Realisationen eines Morphems (vgl. die Verwendung von -*heit* und -*keit* zur Bildung von Abstrakta); ↗ Alloflex, ↗ Allograph, ↗ Allonym, ↗ Allosem, ↗ Allotagma, ↗ Allotax. ES

Alloflex Selten verwendete Bez. für eine Menge von Realisationen eines Flexionsmorphems. So stehen für die Pluralmarkierungen dt. Subst. etwa ein halbes Dutzend A. eines Flexivs zur Verfügung. Ausdrucksseitige Variation von Morphemen wird terminolog. häufig unter der Bez. ↗ Allomorphie subsumiert. ES

Allograph n. (griech. ἄλλο (allo-) ›anders als‹, γράφειν (grafein) ›schreiben‹) Varianten eines ↗ Schriftzeichens innerhalb einer ↗ Transkription (z. B. IPA [i] = [ɪ]) oder eines ↗ Schriftsystems (z. B. dt. ⟨g⟩ = ⟨ɡ⟩) oder Varianten einer Schreibung, z. B. dt. *chic* vs. *schick*, *photographieren* vs. *fotografieren*. Kombinator. Allographie liegt vor, wenn das Auftreten der Varianten distributionell festliegt, z. B. bei der Fraktur beim »langen« ⟨ſ⟩ und runden ⟨s⟩, im Griech. beim ⟨ς⟩ (nur wortfinal) und ⟨σ⟩ (in allen übrigen Positionen). In der ↗ arabischen Schrift haben die meisten Schriftzeichen vier kombinator. Varianten (in Isolation, wortinitial, wortintern, wortfinal). **Lit.** ↗ Graphematik. G

Allomorph n. (griech. ἄλλο (allo-) ›anders als‹, μορφή (morfē) ›Gestalt‹. Auch. Morphemalternante, Polymorph(ie)) Realisierung eines ↗ Morphems in aktualen Sprachäußerungen; z.B. wird das Morphem {Plural} bei dt. Substantiven durch die A. {-n}, z.B. *Löwen, Bauern*; {-en}, z.B. *Frauen*; {-er}, z.B. *Kinder*; {-s}, z.B. *Kinos, Muttis*; Vokalwechsel, z.B. *Väter, Mütter, Öfen*; {-ø}, z.B. *Fahrer* (↗ Nullsuffix) u.a., das Morphem {singen} durch {sing-}, {sang-}, {säng-}, {(ge)-sung-} ausgedrückt. Man ermittelt die A. eines Morphems durch die Feststellung von ↗ Synonymie und (weitgehend, vgl. Fälle wie *buk/backte, Pizzas/Pizzen/Pizze*) komplementärer ↗ Distribution.   G

Allonym ↗ Eigenname, der verschiedene einzelsprachl. Formen besitzt, v.a. bei Personennamen, z.B. *Wilhelm, Guillaume, William, Guglielmo* und bei Ortsnamen, z.B. *Wien, Vienna, Vĕden*; ↗ Exonym.   G

Allophon n. (griech. ἄλλο (allo-) ›anders als‹, φωνή (fōnē) ›Stimme‹. Auch: Phonemvariante, subphonem. Variante) Phonet. Variante der Realisierung eines ↗ Phonems. Je nach seiner Distribution unterscheidet man *freie* (auch: fakultative, engl. free) *Varianten* (wie z.B. im Dt. Zungen- und Zäpfchen-R [r, ʀ]) und *kombinator.* (engl. determined) *Varianten* wie z.B. /x/ im Dt. als komplementär verteilte Ich- und ↗ Ach-Laute: [ç] nach Konsonanten und vorderen Vokalen sowie morpheminitial, [x] nach hohen und mittleren gespannten Hinterzungenvokalen, [χ] nach tiefen Hinterzungenvokalen.   PM

Allosem n. (griech. ἄλλο (allo-) ›anders als‹, σῆμα (sēma) ›Zeichen‹ Im Rahmen eines monolateralen Zeichenbegriffs nennt E.A. Nida die Morphembedeutung Semem (↗ Semem 1). Parallel zum ↗ Allomorph als Morphemvariante (ident. Bedeutung bei unterschiedl. Form) bezeichnet er distributionelle Varianten des Semems als A. (unterschiedl. Bedeutung bei ident. Form) und nennt als Beispiel u.a. die ↗ Polysemie von engl. *out*: »außerhalb« (*go out*) / »Resultat« (*outcome*) / »hoher Grad« (*outwit*) / »Auswahl« (*find out*). **Lit.** E.A. Nida, Morphology. Ann. Arbor ²1949. – Ders., A System for the Description of Semantic Elements. Word 7, 1951, 1–14.   RB

Allotagma n., pl. ∼men (griech. ἄλλο (allo-) ›anders als‹; τάγμα (tagma) ›das Arrangierte‹) In der ↗ Tagmemik ein ↗ Tagma als Manifestationsvariante ein und desselben ↗ Tagmems. Die A. können variieren (a) in der Form, (b) in der Position und – eng begrenzt – (c) in der Bedeutung.   T

Allotax n. (griech. ἄλλο (allo-) ›anders als‹, τάξις (taxis) ›Ordnung‹) Variante eines kleinsten nichtbedeutungtragenden Formelements (eines ↗ Taxems), die abhängig ist von der Position in der linearen Abfolge, z.B. frz. *moi* gegenüber *m'* in *écoute-moi* ›hör mich an‹ ggü. *tu m'écoute*s ›du hörst mich an‹.   T

Alltagssprache (engl. everyday language, vernacular, frz. langue familière) Der alltägl. Bereich der ↗ Standardsprache, in Abgrenzung zum lit.-künstlerischen, wiss., arbeitsprakt. Bereich der ↗ Standardsprache. Ihre Funktion ist die Sicherung sozialer Beziehungen. Spezif. Bedeutung hat der Terminus A. in der ↗ Ethnomethodologie (Alltagswissen, Alltagshandeln). Die Abgrenzung zwischen Alltagsspr. und ↗ Umgangssprache ist nicht unproblemat. Oft gilt die Umgangsspr. als Hauptvarietät der Alltagsspr., die sogar in Fachspr.n und in die Literaturspr. eindringt. Die Umgangsspr. ist weniger durch bestimmte soziale Schichten charakterist. als für bestimmte Sprechsituationen.   R

Almosan-Sprachgruppe ↗ Makro-Algonkin-Sprachgruppe

Alpendeutsch ↗ Oberdeutsch

Alpha privativum n. (ἄλφα ›1. Buchstabe der griech. ↗ Alphabetreihe‹, lat. prīvātīvum ›abgesondert, eine Beraubung anzeigend‹) Griech. Negationspräfix, das in vielen ↗ Internationalismen in die modernen europ. Spr. eingegangen ist, z.B. dt. *atypisch, amusisch*. Das a.p. geht zurück auf die idg. »liquida sonans« ṇ, griech. *ṇ-δικος > ἄδικος, vgl. lat. *in-iūstus*, dt. *un-gerecht*.   GS

Alpha purum n. (lat. pūrum ›rein‹) **1.** (Veraltete) Bez. für solche Subst. der griech. a-Deklination, die (nach ε, ι, ϱ) in allen Kasus -α aufweisen, im Ggs. zu solchen, die im Gen. und Dat. Sg. -η zeigen (sog. alpha impurum). **2.** Bez. für das Resultat eines Lautwandelprozesses von idg. ā > dor. ᾱ > ion.-att. η (z.B. dor. μάτηρ, ion.-att. μήτηρ (lat. *māter*), ›Mutter‹), nach ε, ι, ϱ > att. α, ion. η (z.B. dor. χώϱη, att. χώϱα ›Raum, Fläche‹).   GS

Alphabet (griech. ἄλφα, βῆτα (alfa, bēta): Namen der beiden ersten Buchstaben der griech. ↗ Alphabetreihe) **1.** Inventar der ↗ Schriftzeichen eines ↗ alphabetischen ↗ Schriftsystems; ↗ Buchstabe. A. sind geordnete Inventare; sie stellen neben den ↗ Ziffern das wichtigste Strukturmittel für Listen aller Art dar, z.B. Lexika, Wörterbücher, Bibliothekskataloge, Warenverzeichnisse usw.; ↗ Regeln für die alphabetische Ordnung. Viele A. enthalten eine größere Zahl von Buchstaben als ihre ↗ Alphabetliste (im Dt. z.B. ä, ö, ü, ß). A. waren von der griech.-lat. Antike bis ins 20. Jh. Grundlage und erster Gegenstand des Schulunterrichts (↗ Alphabetisierung, ↗ Lautieren, ↗ Lesenlernen; ↗ Schreibenlernen). Im Laufe der Jhh. entstand deshalb eine Fülle von didakt. und lit. Texten, die das Erlernen und Behalten des A. erleichtern sollten, z.B. sog. Alphabetgedichte und -lieder. **Lit.** ↗ Alphabetische Schrift. **2.** (Auch: Vokabular) Metaphor. Bez. für Inventare anderer Art, in ↗ Phrasenstrukturgrammatiken z.B. alle nichtterminalen Symbole (wie NP, VP) im Ggs. zu den (lexikal.) Endsymbolen.   G

Alphabetische Schrift (auch: Buchstabenschrift) ↗ Schrifttyp, dessen dominante Bezugsebene im Sprachsystem die ↗ phonolog. Ebene ist; seine

Grundeinheiten sind ↗ Grapheme, die auf einem Inventar von ↗ Buchstaben basieren, die ↗ Alphabete heißen. A. S. sind ↗ kenematische (phonograph.) ↗ Schriftsysteme. Alphabete sind im Vergleich zu Inventaren ↗ plerematischer Schriftsysteme (↗ Logographie) wenig umfangreich, da sie ledigl. die zentralen Einheiten des phonolog. Systems der jeweiligen Spr. repräsentieren müssen, um zu funktionieren. In A. S. werden Lexeme und Grammeme (Flexive, Ableitungsmittel, grammat. Wörter) gleichermaßen ausgedrückt; Morpheme werden in der geschriebenen Sprachform (soweit nicht ↗ scriptio continua verwendet wird, d. h., dass die Zeilen ohne Markierung von Wortgrenzen vollgeschrieben werden) nur als Wörter markiert (durch ↗ Leerstellen oder andere Worttrenner). Es ist deshalb i. d. R. nicht möglich, systemat. morpholog. Sachverhalte direkt abzubilden (z. B. Pluralmorphe wie dt. {-en} *Frauen,* {-n} *Löwen,* {-er} *Kinder,* {(Vokalwechsel)} *Mütter, Väter, Höfe* usw., wogegen z. B. im Chines. grammat. Sachverhalte durch grammat. Wörter und dazugehörige Logogramme geschrieben werden (müssen), z. B. {-men} [mən] als Pluralmarker mit dem Hanzi 门, {-le} [lə] zur Markierung des Präteritums mit dem Hanzi 了). Die histor. frühesten alphabet. ↗ Schriftsysteme entwickelten sich um die Mitte des 2. Jt. v. Chr. im nordsemit. Sprachraum (↗ Phönizisch. ↗ Ugaritisch). Jedoch kennen bereits ältere Logographien (ägypt. ↗ Hieroglyphen, ↗ chinesische Hanzi, ↗ Sumerisch) lautbezogene Desambiguierungsverfahren (↗ Determinativ, ↗ Rebus) und Silben- und Lautzeichen. A. S. sind im Ggs. zu Logographien und ↗ Piktographien einzelsprachabhängig, da ihre Elemente bzw. deren Kombinationen zu graph. Wörtern direkt auf die Lautformen von Wörtern referieren. Die Unmittelbarkeit dieser Repräsentationsbeziehung kann im Laufe der einzelsprachl. Entwicklung abnehmen und stellt dann häufig den Anlass für Forderungen nach phonograph. Reformen dar (↗ Orthographiereform). Extrem ist die ↗ Grammatikalisierung des Schriftsystems z. B. im modernen Engl. und Frz., wo vielfach die Rekonstruktion von ↗ Phonem-Graphem-Korrespondenzen schwierig oder unmöglich ist, weil viele Schreibungen nur (noch) morpholog. analysierbar sind (z. B. bei Wörtern wie engl. *enough* [in'af], frz. *est-ce qu'il-y-a* [ɛskil'ya]). Dies hat einige Forscher (z. B. P. Eisenman, W. Haas) dazu veranlasst, »phonolog. tiefe« Schriftsysteme dieser Art als nicht (mehr) alphabet., sondern morphograph. Schriftsysteme zu klassifizieren. So berechtigt die damit verbundene Kritik an der – unter Orthographiedidaktikern verbreiteten – Auffassung vom idealiter phonograph. Charakter jeder A. S. ist (»schreibe, wie du sprichst!«), so vorschnell ist die Konsequenz, deshalb einen abweichenden Schrifttyp zu postulieren. Denn auch phonolog. tiefe Schriftsysteme basieren zentral auf festen ↗ Graphem-Phonem-Korrespondenzen, insbes. im Be-

reich der Konsonantengrapheme. Die umfangreichen und oft jenseits der phonolog.-graphemat. Ebene begründeten Abweichungen und Besonderheiten lassen sich i. d. R. als Konservierung älterer Sprachzustände in der ↗ geschriebenen Sprachform erklären, die synchron nicht (mehr) phonograph. analysierbar sind. – Histor. oft belegt ist der Fall, dass Logogramme bzw. Inventare von Logogrammen bei Neuverschriftungen mit gleichen Bedeutungsbezügen, aber anderen Lautformen verbunden werden (↗ Kanzi, ↗ Sumerogramm). Auch moderne ↗ Alphabetschriften inkorporieren logograph. Inventare (z. B. wird & realisiert als frz. *et,* dt. *und,* engl. *and,* ital. *e,* span. *y,* russ. *i,* schwed. *och* usw.). **Lit.** ↗ Schrift. G

Alphabetisierung Vermittlung der Fähigkeit des ↗ Lesens und ↗ Schreibens an Kinder, Jugendliche und Erwachsene, unabhängig vom jew. ↗ Schrifttyp. In vielen Ländern richtet sich die A. an Menschen, die aufgrund schlechter infrastruktureller Bedingungen überhaupt nicht oder nur für kurze Zeit eine Schule besuchen konnten. Große A.kampagnen gab es im 20. Jh. im Zuge gesellschaftspolit. Umwälzungen (bspw. nach den sozialist. Revolutionen in Russland und China); sie dienten auch als Mittel polit. Beeinflussung. In den Industrieländern kommt es heute trotz allg. Schulpflicht zu ›sekundärem Analphabetismus‹, wenn der Schulbesuch die Lese- und Schreibfähigkeit nicht ausreichend verankert hat oder die erworbenen Kenntnisse (z. B. wegen seltener Anwendung) ›verlernt‹ werden. Von ›funktionalem Analphabetismus‹ spricht man, wenn Menschen die im Alltag geforderten Lese- und Schreibleistungen nicht erbringen können. Hier setzt die A. im Rahmen der Erwachsenenbildung an. In Deutschland wird dabei eine möglichst weitgehende Lese- und Schreibfähigkeit angestrebt, während bspw. in Schweden primär auf prakt. Hilfe in Lese- und Schreibsituationen (z. B. auf Banken) abgezielt wird; ↗ Fähigkeitenansatz, ↗ Morphemmethode, ↗ Spracherfahrungsansatz. **Lit.** J. Genz, 25 Jahre Alphabetisierung in Deutschland. Stgt. 2004. GI, KL, SO

Alphabetplanung ↗ Alphabetreform, ↗ Verschriftung

Alphabetreform Veränderung im Bestand eines Alphabets: (a) komplette Ersetzung eines Alphabets einer ↗ Schriftart A durch eines einer Schriftart B, z. B. die ↗ Latinisierung vorher auf arab.-em. Basis geschriebener Spr. wie im Falle der Türkeitürk. (1926/28) oder des Somalischen (1960er Jahre) oder die ↗ Kyrillisierung vieler ↗ altverschrifteter Sprachen in der UdSSR zwischen 1936 und 1941; (b) Reduktion oder Erweiterung des Bestands eines Alphabets, z. B. zum Zwecke besserer Differenzierung (z. B. die Einführung von ⟨u⟩ und ⟨j⟩ ins lat. Alphabet durch humanist. Gelehrte, die Einführung des ↗ Háček in die Graphie des Tschech. durch Jan Hus), zum Zwecke höherer Abbildungsgenauigkeit (so ist in fast allen lat. basierten Schriftsystemen das Inventar der Vokalbuchstaben ggü. dem lat. Basisalphabet erweitert, z. B. dt. *ä, ö, ü, y* und viele Digraphe wie *aa, ah, ie* usw.), zum Zwecke der Abschaffung als überflüssig empfundener Differenzierungen (z. B. wurden im Zuge der russ. A. 1917/18 eine Reihe von Buchstaben abgeschafft; ↗ Kirillica; das »lange ſ« des Dt. verschwand mit dem Erlöschen der ↗ Fraktur). Der Terminus ↗ Orthographiereform bezieht sich i. d. R. nicht auf Veränderungen im Bestand des Alphabets des zu reformierenden Schriftsystems.   G

Alphabetreihe Konventionelle Anordnung der ↗ Schriftzeichen alphabet. ↗ Schriftarten. In lat. basierten ↗ Schriftsystemen umfasst die A., die ↗ Buchstaben A, B, C, D, E, F, G, H, I, (J), (K), L, M, N, O, P, Q, R, S, T, U, (V), (W), X, (Y), (Z). Zusätzl. Buchstaben einzelner Schriftsysteme werden nach unterschiedl. Gesichtspunkten eingeordnet: durch ↗ Diakritika abgeleitete Buchstaben nach dem jeweiligen Grundbuchstaben, z. B. tschech. *č* nach *c, š* nach *s* oder am Ende der A., z. B. schwed. *y, z, å, ä, ö.* Mitunter werden auch kombinierte ↗ Grapheme in die A. aufgenommen, z. B. tschech. *ch* nach *c,* ungar. *sz* nach *s, gy* nach *g* usw. Dt. *ä, ö, ü, ß* sind keine Bestandteile der A.; sie werden teils unter *a, o, u,* teils unter *ae, oe, ue* (DIN 5007) rubriziert, *ß* stets unter *ss.* Die hohe Stabilität der A. der lat., griech. und kyrill. Schriftart erklärt sich daraus, dass die Buchstaben bis in die frühe Neuzeit zugleich Zahlzeichen (↗ Ziffer) waren und Schwankungen in der A. das Rechnen erschwert hätten. Manchmal wurden Buchstaben in der A. beibehalten, die zum Schreiben nicht (mehr) verwendet, aber zum Rechnen gebraucht wurden (z. B. ↗ Koppa, ↗ Sampi und ↗ Digamma im Altgriech). Die A. altind. Schriftsysteme sind nach phonolog. Gesichtspunkten geordnet: Vokalbuchstaben, Diphthongbuchstaben, dann die Konsonantbuchstaben (deren Grundform ein inhärentes [a] oder [ə] inkorporiert): Gutturale, Palatale, Zerebrale, Dentale, Labiale, Halbvokale und Spiranten. Die A. alphabet. Silbenschriften ist doppelt geordnet (z. B. im Amhar. oder Korean.): einerseits gibt es eine festgelegte Reihe der Konsonanten (K), andererseits eine festgelegte Reihe der Vokale (V), so dass die A. dieser Systeme stets als zweidimensionale Matrix dargestellt wird (horizontal: K_1 ohne V, $K_1 + V_1$, $K_1 + V_2, \dots K_1 + V_n$, vertikal: K_1 ohne V, K_2 ohne V, $\dots K_n$ ohne V).   G

Alphabetschaffung ↗ Verschriftung

Alt ↗ Sprechausdruck, ↗ Stimme

Altaisch (Eigenbez. Altaj til, früher: Ojrot til) Nordtürk. Spr. (↗ Turksprachen), in den südl. Dialekten mit starken Bezügen zum ↗ Kirgisischen und den osttürk. Sprachen. Sprachgebiet: Altai-Gebirge und Kemerovo; Karte ↗ Türkische Sprachen, im Anhang. In den 1920er Jahren wurden sechs kleine Völker (nach ihren früheren westmongol. Herrschern zunächst als »Ojroten« benannt) zusammen-

gefasst: Altaier, Telengiten, Teleuten (Südaltai), Tuba, Kumandinen, Lebed-Tataren (Nordaltai). Seit 1948 bezeichnet sich die Gesamtgruppe als Altaier. Das A. wurde ab 1845 in einer von Missionaren angepassten kyrill. Schrift geschrieben. 1928 wurde die lat. Schrift eingeführt, 1938 Rückkehr zur kyrill. Schrift. **Lit.** O. Pritsak, Das Altaitürk. In: Philologiae Turcicae Fundamenta I, Wiesbaden 1959, 568–598.   MI

Altaische Sprachen ↗ Sprachbund, der neben den ↗ Turksprachen das ↗ Mongolische und das ↗ Tungusische umfasst. Die Einbeziehung des ↗ Koreanischen und ↗ Japanischen ist strittig. Unklar ist ebenfalls, was mit dem Terminus »a. Sprachen« sinnvollerweise zum Ausdruck gebracht werden kann. Offensichtlich ist ein hohes Maß struktureller Gemeinsamkeiten: einfacher Silbenbau, Opposition [velar/palatal] und Vokalharmonie, suffixagglutinierende Morphologie, Wortstellung SOV, Einbeziehung der Nebensätze in den Hauptsatz. Lexikal. Parallelen gehen aber wohl eher auf Entlehnung zurück, so dass eine genet. Verwandtschaft zwischen den drei Sprachgruppen nicht anzunehmen ist. Andererseits ist der a. Sprachbund – ebenfalls unter dem Eindruck struktureller Ähnlichkeiten – von manchen Forschern mit den Gruppen der ↗ finno-ugrischen und den samojed. Sprachen unter dem Terminus ↗ ural-altaische Sprachen zusammengefasst worden. **Lit.** J. Benzing, Einf. in das Studium der Altaischen Philologie und der Turkologie. Wiesbaden 1953. – N. Poppe, Introduction to Altaic Linguistics. Philadelphia 1965. MI – **SSG** Niedersächsische Staats- und Universitätsbibliothek Göttingen (7).

Altanatolische Sprachen (auch: altkleinasiatische Sprachen) Überbegriff für die vor der Ausbreitung der griechischen ↗ Koine in Anatolien gesprochenen Spr., darunter idg. (↗ Hethitisch, Luvisch, Lydisch, Lykisch, Palaisch, Phrygisch) und nichtidg. Spr. (z. B. ↗ Hattisch, ↗ Hurritisch, ↗ Urartäisch). Am reichhaltigsten bezeugt sind das Hethit. (Keilschrifttexte, 19.–12. Jh. v. Chr.) und das eng mit ihm verwandte Luv. (Texte in Keilschrift, 14.–12. Jh., und in einer eigenständigen Hieroglyphenschrift, 18.–8. Jh. v. Chr.); beide sind die Hauptvertreter des anatol. Zweigs der ↗ indogermanischen Sprachen. Zum selben Sprachzweig dürfte auch das in Abarten des griech. Alphabets inschriftl. bezeugte Lyd. (7.–3. Jh.) sowie das Lyk. (8.–3. Jh.) gehören, das möglicherweise ein jüngerer Fortsetzer des Luv. ist. Ebenfalls in griech. Schrift sind die Inschriften des Phryg. gehalten (Altphryg. 7.–3. Jh. v. Chr., Jungphryg. 1.–4. Jh. n. Chr.), das als idg. Spr. gewisse Ähnlichkeiten mit dem ↗ Griechischen und dem ↗ Armenischen aufweist. Bei einigen a. Spr. reicht das Material zu einer genaueren genealog. Einordnung nicht aus (Karisch). Die nicht-idg. a. Spr. sind ebenfalls in Keilschrift überliefert. **Lit.** Altkleinasiatische Sprachen. HdO 1./2./1–2./2. Leiden, Köln 1969.   GP

Altay ↗ Altaisch

Altbaktrisch ↗ Avestisch

Altbulgarisch ↗ Altkirchenslavisch

Altenglisch Früheste Epoche des ↗ Englischen (450–1100); gelegentl. auch ↗ Angelsächsisch genannt. GH

Alternante f. (lat. alternāre ›abwechseln‹) In der Terminologie L. Bloomfields (1887–1949) allophon. (↗ Allophon) oder allomorph. (↗ Allomorph) Variante. PM

Alternanz ↗ Alternation

Alternation (lat. alternāre ›abwechseln‹. Auch: Alternanz, Lautwechsel, Mutation) Der regelmäßige Lautwechsel bei etymolog. zusammengehörigen Wörtern auf synchroner Ebene, wobei zu unterscheiden ist zwischen rein *phonetischer* A. (Bloomfield 1926, Def. 40), z. B. im Fall der dt. ↗ Auslautverhärtung oder des Wechsels zwischen Ich- und ↗ Ach-Laut, einer *formalen* allomorph. (↗ Allomorph, ↗ Morphonem) A. (Def. 42; z. B. das engl. Pluralmorphem als /-s/, /-z/, /-iz/, /-en/, /-ø/ in *cats, dogs, horses, oxen, sheep*), *automatischer* A., wenn formale A. phonet. kontextuell bedingt ist, z. B. beim dt. ↗ Umlaut (ahd. *gast – gesti* > nhd. *Gast – Gäste*), einer *grammatischen* A. (Def. 47), z. B. beim dt. ↗ Ablaut: *helfen – Hilfe, binden – Band – Bund*), wobei weiter reguläre A. und irreguläre A. (Def. 48) zu unterscheiden sind. **Lit.** L. Bloomfield, A Set of Postulates for the Science of Language. Lg. 2, 1926, 153–164. PM

Alternativfrage (auch: disjunkte Frage. Engl. alternative/disjunctive question, frz. interrogation disjonctive) ↗ Fragesatz, der in grammat. Hinsicht aus mehreren durch *oder* verbundenen ↗ Entscheidungsfragen besteht und in pragmat. Hinsicht nicht durch *Ja* oder *Nein* beantwortet werden kann, z. B. *Kommst du oder kommst du nicht?* **Lit.** ↗ Fragesatz. F

Altersstil, Altersstilforschung ↗ Stilalter

Altfränkisch 1. Unübliche zusammenfassende Bez. für die fränk. Dialekte der ahd. Epoche. **2.** Keine Bez. für eine Sprachstufe, sondern veraltendes Synonym von ›altmodisch, verstaubt‹. G

Altfranzösisch ↗ Französisch

Altgriechisch Bez. für die zwischen dem 8. Jh. v. Chr. und dem 3. Jh. n. Chr. dokumentierten Sprachformen des ↗ Griechischen. Schon erste Denkmäler (Inschriften) aus dem 8. Jh. v. Chr. zeigen starke dialektale Unterschiede, die in heterogenen Einwanderungswellen griech. Siedler seit dem 2. Jt. v. Chr. in den östl. Mittelmeerraum begründet sind: Ionier und Attiker besiedelten Attika, Euboea, die Kykladen und die südl. Westküste Vorderasiens (Dialekte: *Ionisch* [Homer], *Attisch* [Thukydides, Platon, Aristoteles]); die Arkadisch-Kyprische Gruppe besiedelte die Peloponnes und Zypern (Dialekte: *Arkadisch-Kyprisch*, auch *Achäisch* genannt); die Äolier besiedelten Böotien und Thessalien, die als letzte eindringende Gruppe der Dorer besiedelte ganz Nordwest-Griechenland. Die größte Bedeutung dieser Dialekte erlangte das Attische, das auf der im 5. Jh. v. Chr. in Attika und Athen gesprochenen Spr. basiert, in der Folge Verbreitung im ganzen vorderasiat. Raum fand (unter Mischung mit insbes. ion. Formen) und schließl. Spr. der griech. Prosadichtung und Wiss. wurde (das Attische des 5./4. Jh. v. Chr. ist das in Gymnasien der BRD unterrichtete A.). Diese Form des Attischen, Koine ›allgemeine Spr.‹ genannt, entspricht zwischen dem 3. Jh. v. Chr. und dem 3. Jh. n. Chr. dem ↗ Neutestamentlichen Griechisch. **Lit.** ↗ Griechisch. F

Althebräisch Die von ca. 1200–200 v. Chr. v. a. im Alten Testament dokumentierte Form des ↗ Hebräischen. A. basiert auf einem judäischen (südl.) Dialekt, ist aber sprachl. nicht homogen. Vom ältesten Lied Deborahs (Richter 5) bis zu den Qumran-Texten vom Toten Meer zeigen die bibl. Bücher je nach Zeitstufe und Dialekteinflüssen verschiedene Sprachformen. A. wurde nach der Zerstörung des 1. Tempels in Jerusalem (586 v. Chr.) nach und nach durch ↗ Aramäisch verdrängt. WI

Althochdeutsch (Abk. Ahd. Engl. Old high German, frz. Ancien Haut Allemand) Bez. der Schreibspr. im hochdt. Raum vom Beginn der schriftl. Überlieferung bis in das 11. Jh. in räuml. Abgrenzung zu den benachbarten ndt. und nichtdt. Maa. Erste Zeugnisse der ahd. Spr. treten vereinzelt im 6./7. Jh. auf. Der Beginn umfangreicher ↗ Schriftlichkeit liegt im 8. Jh. Die obere zeitl. Grenze markiert das Übersetzungswerk Notkers III. († 1022). Der Sprachraum des A. wird im Norden durch das Ndt. und Ndl. begrenzt, die an der Zweiten ↗ Lautverschiebung nicht teilgenommen haben. Im Westen reichte die Grenze des A. über die heutige germ.-roman. Sprachgrenze hinaus. Im Süden wird das A. durch das ↗ Langobardische begrenzt, im Osten durch das ↗ Bairische und ↗ Thüringische. Die wichtigste Erscheinung, die das A. von vorausgehenden Sprachstufen abgrenzt, ist die Zweite ↗ Lautverschiebung, die das Hochdt. bis in die Gegenwart hinein geprägt hat. – Das Schrifttum des A. erscheint an etwa 25 klösterl. Überlieferungsorten, die im Gefolge der ir., ags. und fränk. Missionierung entstanden sind. Am Anfang der ahd. Schreibtradition stehen seit dem 7. Jh. Namen und Wörter in urkundl. und erzählenden Quellen sowie Leges-Texten, sodann ↗ Glossen zu lat. Texten (besonders zur Bibel und zu Schulautoren) bzw. lat.-ahd. Glossare, insgesamt in über 1300 Handschriften. Neben den Namen machen die Glossen den Hauptanteil des ahd. Sprachmaterials aus. Außerdem werden aus ahd. Zeit über 70 lit. Texte überliefert. Ahd. Prosa besteht vorrangig aus Übersetzungen. Zu unterscheiden sind dabei ↗ Interlinearversionen (z. B. die Benediktinerregel), sodann eng an die lat. Vorlage angelehnte Übers. (z. B. Tatian) und freie Übers. (z. B. Isidor). Die freien Übers. umfassen das AT und NT, katechet. und hymn. Texte, Rechtsliteratur und einzelne Textgattungen der Artes (Übersetzungswerk Notkers III.). Die dichterische Überlieferung des A. be-

Aksl.	Ⰰⰰ	Ⰱⰱ	Ⰲⰲ	Ⰳⰳ	Ⰴⰴ	Ⰵⰵ	Ⰶⰶ	Ⱄⱄ	Ⰸⰸ	Ⰻⰻ	Ⰹⰹ	Ⰽⰽ	Ⰾⰾ	Ⰿⰿ	Ⱀⱀ
	a	b	v	g	d	e	$ž$	dz	z	i	i	k	l	m	n
	Ⱁⱁ	Ⱂⱂ	Ⱃⱃ	Ⱄⱄ	Ⱅⱅ	Оу оу	Ⱇⱇ	Ⱈⱈ	Ⱉⱉ	Ⱌⱌ	Ⱍⱍ	Ⱎⱎ	Ⱋⱋ	Ъъ	Ыы
	o	p	r	s	t	u	f	$ch(x)$	$ō$	c	$č$	$š$	$št$	$ŭ$	y
	Ьь	Ѣѣ	Юю	ꙖⰓ	ѤⰋⰍ	ѦⰔ	ѪⰕ	ѨⰎⰔ	ѬⰎⰕ	ѮⰟ	ѰⰞ	ѲⰘ	ѴⰜ
	$ĭ$	$ě$	ju	ja	je	$ę$	$ǫ$	$ję$	$jǫ$	ks	ps	$f·$	$ÿ$

Varianten	є-е	ѕ-ҙ	з-ҙ	і-ї	о-ꙩ	оу-8	ч-ү	ы-ы
	e	dz	z	i	o	u	$č$	y

steht aus Stabreimdichtung (z. B. Hildebrandslied) und Endreimdichtung (z. B. Otfrid von Weißenburgs Evangelienharmonie). **Lit.** R. Schützeichel, Ahd. Wb. Tübingen [5]1995. – R. Schützeichel, Ahd. und As. Glossenwortschatz. Tübingen 2004. – R. Bergmann, Rückläufiges morpholog. Wb. des Ahd. Tübingen 1991. – Ders. et al. (Hgg.), Ahd. I., II. Heidelberg 1987. – W. Braune & I. Reiffenstein, Ahd. Grammatik. Tübingen [15]2004. – R. Schrodt, Ahd. Grammatik II. Tübingen 2004. – E. Karg-Gasterstädt & Th. Frings, Ahd. Wb. I ff. Bln. 1968 ff. – H. Penzl, Ahd. Bern u. a. [2]1986. – R. Bergmann & St. Stricker, Katalog der ahd. und as. Glossenhandschriften. Bln., N. Y. 2005. – R. Bergmann & St. Stricker, Die ahd. und as. Glossographie. Ein Handbuch. 2 Bde. Bln., N. Y. 2009. ST

Altindisch (Abk. Ai.) Oberbegriff für die ältesten bezeugten Ausprägungen der ↗ indoarischen Sprachen, d. h. der in Indien gesprochenen ↗ indogermanischen Sprachen. Die früheste ai. Sprachform stellt das ↗ Vedische dar, dessen älteste schriftl. Denkmäler möglicherweise noch in das 2. Jt. v. Chr. fallen (Rigveda). Eine jüngere, normativ »regulierte« Form des Ai. ist das ↗ Sanskrit (altind. saṃskṛtá ›eingerichtete [Spr.]‹), dessen herausragende Zeugnisse die großen Epen (Mahābhārata, Rāmāyaṇa) sowie Kunstdichtungen (Kālidāsa) sind (»klass. Sanskrit«) und die darüber hinaus im Bereich der buddhist. (»buddhist. Sanskrit«) und der hinduist. Religion als Gelehrtenspr. teilweise heute in Gebrauch geblieben ist. **Lit.** J. Gonda, Old Indian. HdO 2./1./1. 1971. – J. Wackernagel & A. Debrunner, Ai. Grammatik. Göttingen 1896–1957. GP

Altiranisch Oberbegriff für die bis zum Zusammenbruch des Achämenidenreichs im 4. Jh. v. Chr. gesprochenen ↗ iranischen Sprachen. In schriftl. Überlieferung sind zwei dialektale Ausprägungen erhalten, das ↗ Avestische, das die in den religiösen Schriften der Zoroastrier niedergelegte, vermutlich aus Ostiran stammende Sprachform darstellt, und das ↗ Altpersische, das als Vorläufer des heutigen ↗ Neupersischen in den Keilinschriften der Achämeniden bezeugt ist und einem südwestiran. Dialekt repräsentiert. Darüber hinaus dürfte es noch weitere altiran. Dialekte gegeben haben, die als Vorfahren der verschiedenen ↗ mitteliranischen Sprachen anzusetzen sind. Ein nordwestl. »medischer« Dialekt, der

die Hofspr. des vor der Achämenidenzeit etablierten Medenreichs gewesen sein müsste und dessen Nachfolger das mitteliran. ↗ Parthische und möglicherweise das heutige ↗ Kurdische darstellen könnten, wird aufgrund bestimmter Lautstrukturen im altpers. Wortmaterial erschlossen. **Lit.** W. Geiger & E. Kuhn (ed.), Grundriss der iran. Philologie. Strassburg 1895–1904. – K. Hoffmann, Altiran. HdO 1./4./1, 1958, 1–20. – R. Schmitt, Die a. Spr. im Überblick. In: R. Schmitt (ed.), Compendium linguarum iranicarum. Wiesbaden 1989, 25–31. – Chr. Bartholomae, Altiran. Wörterbuch. Strassburg 1904. GP

Altisländisch ↗ Altnordisch

Altkirchenslavisch (auch: Altbulgarisch, Altslavisch, bisweilen auch Kirchenslavisch. Abk. Aksl. Engl. Old Church Slavonic, frz. vieux slave) Alle drei Bezeichnungen beziehen sich auf die erste slav. Schriftspr., wobei jeder Name andere Aspekte ihrer Entstehung hervorhebt. »Aksl.« unterstreicht die Tatsache, dass sie primär für religiöse Zwecke bestimmt war, »Altbulgar.« sagt aus, dass sie auf einer ↗ südslavischen Sprache (einem bulgar.-mazedon. Dialekt) beruht, und »Altslav.« betont, dass es sich um die älteste belegte und wegen ihrer Nähe zum Urslav. bzw. Gemeinslav. für die histor.-vergleichende Grammatik des ↗ Slavischen und ↗ Indogermanischen bes. wichtige Sprachstufe des Slav. handelt. – Das Aksl. ist von den aus dem nordgriech. Thessaloniki (Saloniki) stammenden Brüdern Konstantin (Kyrill) (ca. 827–869) und Method (ca. 815–885) in Gebrauch gebracht worden, um im Zuge ihrer von 863/65 bis 885 währenden Mission der (west-) slav. Bevölkerung des Großmähr. Reichs das byzantin. geprägte Christentum nahezubringen. Beide sog. »Slavenapostel« waren griech.-slav. zweisprachig, was sie befähigte, Kirchenbücher aus dem Griech. in den slav. Dialekt ihrer Heimat zu übersetzen. Dies geschah notwendigerweise unter starker Bearbeitung dieses Dialekts, v. a. durch seine grammat. Reglementierung und Erweiterung mit Kalkierungen griech. syntakt. Konstruktionen (z. B. Partizipialwendungen) und mit griech. Lexik (als Lehngut oder Kalkierungsbildungen). Außerdem entwarfen sie für die Verschriftung des Aksl. ein Alphabet, die ↗ Glagolica, zu der sich wenig später ein weiteres, die ↗ Kyrillica, gesellte. Das Aksl. präsentiert sich somit als eine vom Slav. und Griech. inspirierte

↗ Plansprache, die zwar nie von einer Sprachgemeinschaft als S1 benutzt worden ist, aber wegen der damals noch geringeren Differenziertheit der slav. Spr. bzw. Dialekte von allen Slaven verstanden und erlernt werden konnte. Nach dem aus polit. Gründen erzwungenen Ende der mähr. Mission gelangte das A. durch die Schüler der Slavenapostel in den südostslav. Sprachraum (Bulgarien, Kroatien), aus dem es später nach Russland (ab Ende des 10. Jh.) und zu den Serben gelangte. – Im Laufe seiner Verbreitung wurde das Aksl. zur ersten, überregionalen Schriftspr. der Slaven, wobei es zusehends den Einflüssen lokaler volkssprachl. Sprachzustände ausgesetzt war, so dass sich verschiedene Varietäten (sog. Redaktionen) des nunmehr als Kirchenslavisch (Abk. Ksl.) bezeichneten Idioms herausbildeten, u. a. das Bulgar.-Ksl. (mit den Kulturzentren Preslav und Ochrid) und das Russ.-Ksl. (mit den Zentren Kiev, Novgorod, Pleskau (Pskov), Moskau); Letzteres hat sich bis heute als Sakralspr. der russ. Orthodoxie erhalten. – Älteste belegte Zeugnisse des Aksl. stammen aus dem späten 10. Jh. **Lit.** H. Birnbaum, Das aksl. Wort: Bildung, Bedeutung, Herleitung. Mchn. 1997. – W. Hock, Das Aksl. In: P. Rehder (Hg.), Einf. in die slav. Spr.n. Darmstadt ³1998, 35– 48. – N. H. Trunte, Slavenskij jazyk. Bd. 2: Mittel- und Neukirchenslav. Mchn. 1998. – J. Schaeken, Die aksl. Schriftkultur: Geschichte – Laute und Schriftzeichen – Spr.denkmäler (mit Textproben, Glossar und Flexionsmustern). Mchn. 1999. – N. H. Trunte, Slovensk"i jazyk. Aksl. Bd. 1. Mchn. ⁵2003. HA

Altkleinasiatische Sprachen ↗ Altanatolische Spr.

Altlateinisch ↗ Lateinisch

Altniederdeutsch ↗ Altniederfränkisch, ↗ Altsächsisch

Altniederfränkisch (auch: Altniederländisch) Bez. für die vom Beginn der Überlieferung (9. Jh.) bis ins 12. Jh. nur spärl. belegte Frühstufe des ↗ Niederländischen. Zusammen mit dem ↗ Altsächsischen wird das A. auch i. w. S. als Altniederdeutsch bezeichnet. MO

Altniederländisch ↗ Altniederfränkisch

Altnordisch Letzte, dialektal (↗ Ostnordisch, Westnordisch) geprägte Stufe des ↗ Nordgerm. vor seiner Aufspaltung in die nord. Einzelsprachen. Die Selbstbezeichnung *dǫnsk tunga* ›dän. Spr.‹ lässt sich als Beleg für das Anord. als Spracheinheit werten. Anord. i.e. S. umfasst die Zeit der frühen lit. Überlieferung (ca. 1150–1350), i. w. S. die der Inschriften im jüngeren, 16-typigen Futhark aus der Wikingerzeit (ab 800, ↗ Runen). Hauptquelle des Anord. ist die reiche Literatur des sprachl. konservativen Altisl. (skald. und edd. Dichtung, Sagas, Gesetze, Chroniken, Übersetzungen); das gebräuchl. Anord. ist damit v. a. eine normalisierte Form des Altwestnord. Von früheren Sprachstufen (↗ Urnordisch) hebt sich das Anord. v. a. durch ↗ Synkope (Sg. Nom. *hamaraʀ > hamarr* vs. Dat. *hamarē > hamri* ›Hammer‹), ↗ Brechung (*skelduʀ

> *skiǫldr* ›Schild‹) und ↗ Umlaut (*gastiʀ > gestr* ›Gast‹, *hallu > hǫll* ›Halle‹) ab. Ggü. den zeitgleichen germ. Spr. zeichnet sich das Anord. durch Archaismen wie Bewahrung der Flexionssuffixe, weniger paradigm. Ausgleich des Umlauts, Erhalt und Ausbau der germ. Klassendistinktion, Produktivität altertüml. Klassen (↗ Wurzelnomina), Bewahrung aussterbender Formenmuster und Kategorien (↗ Reduplikation, ↗ Dual) usw. aus. **Lit.** O. Bandle (ed.), The Nordic Languages. Bln., N. Y. 2002 (= HSK 22.1). RK

Altosmanisch ↗ Türkisch, ↗ Turksprachen

Altpermische Schrift ↗ Geheimschrift, ↗ Syrjänisch

Altpersisch (engl. Old Persian, frz. Vieux Perse) In den Keilinschriften der achämenid. Könige des Iran (7.–4. Jh. v. Chr.) erhaltene frühe Sprachform des ↗ Persischen. Gegenüber der zweiten schriftl. überlieferten ↗ altiranischen Sprache, dem ↗ Avestischen, zeigt das A. deutliche lautl. und grammatikal. Unterschiede, die ihm ein weniger archaisches Gepräge geben. **Lit.** R. G. Kent, Old Persian Grammar. Texts, Lexicon. New Haven, Connecticut 1953. – W. Brandenstein & M. Mayrhofer, Hb. des A. Wiesbaden 1964. – R. Schmitt, A. In: Ders. (ed.), Compendium linguarum iranicarum. Wiesbaden 1989, 56–85. – G. Schweiger, Krit. Neuedition der achaemenid. Keilinschriften. Taimering 1998. GP

Altphilologie ↗ Klassische Philologie

Altpreußisch (auch: Prussisch) ↗ Baltische Sprache, die spätestens zu Beginn des 18. Jh. ausgestorben ist (Verdrängung durch das Dt.). Das A. ist seit dem 15. Jh. hauptsächl. in Form von a.-dt. Glossaren und Katechismen sowie von onomast. Daten belegt, wobei diese Denkmäler allesamt starke dt., z. T. auch poln. Einflüsse aufweisen. **Lit.** W. R. Schmalstieg, An Old Prussian Grammar. Ldn. 1974. – W. Smoczyński, Lexikon der a. Verben. Innsbruck 2005. HA

Altrussisch ↗ Russisch

Altsächsisch (Abk. As.) Bez. für die Schreibsprache des im ndt. Raum verbliebenen Teils des Stammes der Sachsen vom Beginn der schriftl. Überlieferung (um 800) bis in das 12. Jh., als sie vom ↗ Mittelniederdeutschen abgelöst wird. Das As. bildet i. w. S. zusammen mit dem nur spärl. überlieferten ↗ Altniederfränkischen (auch: Altniederländ.) das ↗ Altniederdeutsche; teilweise wird i. e. S. ausschließlich das As. als Altndt. bezeichnet. Der Sprachraum des As. wird im Norden durch das Anord. und Afries., im Osten durch das Slav., im Westen durch das Altniederfränk. sowie im Süden durch das ↗ Althochdeutsche begrenzt. Sprachl. unterscheidet sich das As. vom Ahd. hauptsächl. dadurch, dass es nicht an der zweiten ↗ Lautverschiebung teilgenommen hat. Weitere Kennzeichen des As. gegenüber dem Ahd. sind das Bewahren von germ. *ô* (ahd. *uo*), die durchgehende Monophthongierung von germ. *au* und *ai* zu *ô* und *ê*, ferner der Einheitsplural beim Verb, Nasalausfall vor *f* und *s* sowie die Einheitsformen *mi/thi* für *mir/mich* und *dir/dich*. – Die Überlieferung des

As. ist nicht so umfangreich wie die des Ahd., was auch die Herausarbeitung großer innerer dialektaler Unterschiede erschwert. Wichtige Schreibstätten des as. Sprachraumes sind die westfäl. Klöster Essen und Werden. Die Quellen des As. umfassen Namen und Glossen, ferner einige kurze kirchl. Prosatexte und Übers., die sich teilw. stark an fränk. Vorlagen orientieren, sowie zwei herausragende bibelepische, stabreimende Werke aus dem 9. Jh. (Heliand und bruchstückhaft die as. Genesis); ↗ Germanisch, ↗ Niederdeutsch. **Lit.** J. H. Gallée, As. Grammatik, Tübingen ³1993. – F. Holthausen, As. Elementarbuch, Heidelberg ²1921.   MO

Altslavisch ↗ Altkirchenslavisch

Altsüdarabisch (auch: Epigraphic South Arabian, Sayhadic) ↗ Zentralsemitisch, in meist religiösen Inschriften aus dem 12. Jh. v. bis 6. Jh. n. Chr. in einer sehr schönen, geometr. Schriftart erhalten, die Basisalphabet der äthiop. Schriftart ist. Die wichtigsten altsüdarab. Spr. sind ↗ Sabäisch, Qataban., Minä., Hadramaut. Die heutigen neusüdarab. Spr. gehören zum ↗ südsemitischen Sprachzweig.   WI

Altusbekisch ↗ Tschagataisch

Altverschriftet In der russ.-sowjet. Ling. übl. (staropís'mennyj), im Dt. gelegentl. verwendete Bez. für Spr. mit einer für den jeweils betrachteten Fall relativ langen Schrifttradition. So sind in Mitteleuropa das Dt., Poln., Tschech. und Ungar. a. Spr. im Vergleich zum Sorb. oder Sloven.; Ggs. neuverschriftet; ↗ Verschriftung.   G

Alur ↗ Lwo

Alveolar, Alveolarlaut (auch: Superdental) Mit der Zungenspitze (lat. apex, ↗ Apikal) bzw. dem Zungenrand bzw. -blatt (lat. lāmina, ↗ Laminal, ↗ Koronal) an den ↗ Alveolen (Zahndamm) bzw. dahinter (postalveolar) gebildeter kons. Sprachlaut.   PM

Alveolen pl. (lat. alveolus ›Mulde‹) **1.** Zahntaschen. Knöcherne Aussparungen im Alveolarfortsatz (Zahndamm) des Ober- und Unterkieferknochens (↗ Kiefer), in denen die Zähne (↗ Zahn) durch die Wurzelhaut federnd verankert sind. Alveolenwand und Wurzelhaut bilden den Zahnhalteapparat. Die A. dienen der Zunge als Widerlager (↗ Artikulationsstelle) bei der ↗ Artikulation von ↗ Alveolaren. **2.** Lungenbläschen. Endstrecke der Atemwege, die dem Gasaustausch zwischen Atemgas (Luft) und Lungenblut dienen; ↗ Lunge, ↗ Atmung.   GL

Alveolo-palatal, Alveopalatal ↗ Laminopalatal

Amahuaca ↗ Pano-Tacana-Sprachen

Amalgam ↗ Kontamination

Amalgamierung (mlat. amalgama, wohl aus arab. amal al-ǧamā'a ›Werk der Vereinigung‹ oder arab. al-malġam ›Quecksilberlegierung‹; engl., frz. amalgamation, frz. amalgame ›Verschmelzung‹) **1.** Prozess wechselseitiger ↗ Disambiguierung und schrittweiser Zusammenfassung der Bedeutung von ↗ Konstituenten bis hin zur semant. Interpretation des Gesamtsatzes. Die ↗ Interpretative Semantik beschreibt A. als Ergebnis von ↗ Projektionsregeln, die

die semant. »Lesarten« der Lexeme, gelenkt durch deren ↗ Selektionsbeschränkungen und entlang dem syntakt. ↗ Strukturbaum, zu abgeleiteten Lesarten der jeweils höheren Konstituenten kombinieren. **Lit.** ↗ Interpretative Semantik. **2.** ↗ Kontamination.   RB

Ambaniándro ↗ Madagassisch

Ambig ↗ Ambiguität

Ambiguität (lat. ambiguitās ›Doppelsinn‹. Engl. ambiguity, frz. ambiguité. Auch: Ambivalenz, Amphibolie, Mehrdeutigkeit, Vieldeutigkeit, semant. Unbestimmtheit) Typ semant. Unbestimmtheit eines Zeichens, der in Abgrenzung zur ↗ Vagheit dadurch charakterisiert werden kann, dass für ein und dieselbe Zeichenform mehrere miteinander konkurrende Interpretationen feststellbar sind. Aus psycholog. Perspektive sind mit ambigen Ausdrücken diskrete Wahrnehmungen verbunden, aus log. Perspektive unterliegt ihr Gebrauch unterschiedl. Wahrheitswertbedingungen (z. B. kann ein als *Kiefer* bezeichnetes Obj. nicht zugleich ein Nadelbaum und ein Schädelknochen sein). In der Sprachwiss. wird unterschieden zwischen lexikal. A. (auch ↗ Homonymie, ↗ Polysemie oder ↗ Homographie, z. B. *Kiefer*: 1. Interpretation: ›Nadelbaum‹, 2. Interpretation: ›Schädelknochen‹) und struktureller oder syntakt. A. Eine Abfolge syntakt. Einheiten ist syntakt. ambig, wenn sie mehrere unterschiedl. Analysen erlaubt, z. B. *junge Männer und Kinder*: [[*junge Männer*] *und* [*Kinder*]] und [*junge* [*Männer und Kinder*]], mit jeweils unterschiedl. Interpretationen: 1. Interpretation: ›Kinder und junge Männer‹, 2. Interpretation: ›junge Männer und junge Kinder‹. Ein dritter Typ sprachl. A., die Skopus-A. (vgl. Pafel 2006, Villalta 2003) entsteht durch die unterschiedl. ↗ Skopus sprachl. ↗ Operatoren, z. B. *alle Filme sind nicht sehenswert*, 1. Interpretation: ›kein Film ist sehenswert‹, in welcher *alle* Skopus über *nicht* hat, 2. Interpretation: ›ein Teil von Filmen ist sehenswert‹, in welcher *nicht* Skopus über *alle* hat. Die Diskussion um entspr. Beschreibungen und somit um die Typisierung von A. spielt bei der Entwicklung moderner Grammatiktheorien eine große Rolle (vgl. Zwicky & Sadock 1975, Fries 1980, Pinkal 1991). In der Psycholing. bildet die Verarbeitung ambiger Ausdrücke, insbes. solcher mit ↗ Holzwegeffekt (*Garden-Path*) eine empir. Basis für Hypothesen über die Sprachprozessualisierung. Für die ↗ ling. Datenverarbeitung ist die Auflösung der A. sprachl. Zeichen, ihre ↗ Disambiguierung, eines der Hauptprobleme (vgl. Baldwin 2000, Gorfein 1989, King et al. 2004, Riezler et al. 2003, Schütze 1997, Shemtov 1997). **Lit.** H. Cuyckens & B. E. Zawada (eds.), Polysemy in Cognitive Linguistics. Amsterdam 1997. – K. v. Deemter & S. Peters, Semantic Ambiguity and Underspecification. Chicago 1996. – N. Fries, A. und Vagheit. Tübingen 1980. – B. S. Gillon, Ambiguity, Generality, and Indeterminacy: Tests and Definitions. Synthèse 85, 1990, 391–416. – E. Laporte (ed.), Ambiguity. Special Issue Lingvisticæ Investigationes 24.1, 2001. – M. Pinkal, Vagheit und A. HSK 6, 250–269. – M. Poesio & R. Artstein (eds.), Special Issue on Ambiguity and Semantic Judgments. Research on Language and Computation 6, 2008, 3–4. – Q. Zhang, Fuzziness – Vagueness – Generality – Ambiguity. JPr 29, 1998, 13–31. – A. Zwicky & J. Sadock, Ambiguity Tests and How to Fail Them. In: J. Kimball (ed.), Syntax and Semantics. N. Y. 1975, 4, 1–36. – Weitere Lit. ↗ Disambiguierung. F

Ambiposition (lat. ambi- ›von zwei Seiten‹. Engl. ambiposition) ↗ Adposition (bzw. ↗ Präposition), die entweder vor oder nach ihrer Ergänzung auftreten kann, z. B. *wegen der Kinder, der Kinder wegen*. PT

Ambisyllabisch (lat. ambi- ›von zwei Seiten‹, griech. συλλαβή (syllabē) ›Silbe‹) Zu beiden aufeinanderfolgenden ↗ Silben als End- bzw. Anfangsrand gehörender Konsonant, in der dt. Orthographie meist durch Doppelschreibung gekennzeichnet, z. B. *Mutter* /muṭɐr/; ↗ Silbengelenk. PM

Ambivalent ↗ Ambig

Ambonesisch ↗ Austronesische Sprachen

Amelioration ↗ Bedeutungsverbesserung

American Sign Language (ASL) ↗ Gebärdenspr.

Amerikanische Sprachen ↗ Südamerikanische Sprachen, ↗ Mesoamerikanische Sprachen, ↗ Nordamerikanische Sprachen

Amerikanisches Englisch Durch Auswanderung von Engländern, Schotten und Iren und ›Einschmelzung‹ (»melting pot«) anderssprachiger Einwanderer entstandene nationale Standard-Varietät des ↗ Englischen. Phasen: 1620–1783 koloniales Engl. mit größerer Einheitlichkeit als in den Mutterländern (Dialektausgleich), aber auf London bezogener Norm; 1783–1914 Phase der Unabhängigkeit und Konsolidierung (Noah Webster, 1758–1852) bei relativer Isoliertheit; 1914 bis heute verstärkte Expansion des am. E. und Einfluss auf andere Varietäten des Engl., Eigenständigkeit besonders in der Aussprache und im Wortschatz, dagegen unerheblich in der Syntax. **Lit.** Ch. A. Ferguson & S. B. Heath (eds.), Language in the U. S. A. Cambridge 1981. – A. H. Marckwardt & Rev. J. L. Dillard, American English. N. Y. 1980. – H. L. Mencken (1919), The American Language. One-Volume Edition by Raven I. McDavid, Jr. N. Y. 1963. – N. Webster, American Dictionary of the English Language. Boston 1828 u. ö. GH

Amerikanistik Die sprachwiss. Erforschung der geschichtl. Wurzeln des ↗ amerikanischen Englisch, besonders im Hinblick auf die Siedlungsgeschichte (H. Kurath, 1891–1992) und die Trennung von der brit. Norm (H. L. Mencken, 1880–1956) sowie die Herausbildung des ↗ Black English. Daneben stehen die ↗ Soziolinguistik der Großstädte (W. Labov), neue Ansätze zur Dialektlexikographie (F. G. Cassidy) und Fragen des ↗ Multilingualismus und des ↗ Sprachwechsels (J. A. Fishman). Besonders die neueren Ansätze haben forschungsgeschichtl. weit ausgestrahlt. **Lit.** F. G. Cassidy, Dictionary of American Regional English. Vols. 1, 2 (A–H). Cambridge, Mass. 1985. – J. A. Fishman, Language Loyalty in the United States. The Hague 1966. – W. Labov, Sociolinguistic Patterns. Philadelphia 1972. GH

Amerindisch ↗ Indianersprachen

Amharisch Spr. der sesshaften, meist christl. Bevölkerung des zentralen Hochlandes in Äthiopien. Mit ca. 10 Mio. S1- und ca. 10 Mio. S2-Sprechern am weitesten verbreitete ↗ äthiosemitische Sprache; Karte ↗ Afrikanische Sprachen, im Anhang. Die frühesten Quellen stammen aus dem 14. Jh. n. Chr. A. löste ↗ Ge'ez zwar erst im 20. Jh. als offizielle Spr. des äthiop. Reiches ab, war aber schon seit Jahrhunderten Spr. des Hofes und der Administration und ist heute ↗ lingua franca in Äthiopien. Die Ge'ez-Schrift ist für das A. um sieben Zeichen erweitert. Lautwandelprozesse veränderten die für das ↗ Semitische typische morpholog. Struktur tiefgreifend. WI

Ami ↗ Formosa-Sprachen

Ammensprache (auch: Elternsprache. Engl. babytalk, motherese, caretaker speech) Reduzierte Sprachform, die einige Erwachsene in der Kommunikation mit Kleinkindern verwenden in der Absicht, sich deren sprachl. und kognitivem Niveau anzupassen. Typ. sind Verkleinerungsformen (↗ Diminutivum; z. B. *Hündchen, Strümpflein*), morpholog. und syntakt. Reduktionen, phonet. Vereinfachungen (*hattu heiaheia macht* ›hast du geschlafen‹). A. gilt allgemein als dem ↗ Spracherwerb eher hinderlich. Davon zu unterscheiden ist die (meist unbewusste) Anpassung von Erwachsenen und älteren Kindern an das Niveau des Sprachverständnisses kleiner Kinder, z. B. durch Gebrauch syntakt. Konstruktionen von relativ geringer Komplexität. Im Ggs. zur A. wird dabei nicht gegen Sprachregeln verstoßen, sondern eine spezif. Auswahl aus dem Regel- und Formeninventar der jeweiligen Spr. getroffen; ↗ Kindgerichtete Sprache. AN

Amorphe Sprache (griech. ἀ- (a-) Negationspräfix, μορφή (morfē) ›Gestalt‹, wörtl. ›formlos‹. Auch: Wurzelsprache) Veraltete Bez. für ↗ isolierende Sprachen, die über wenige oder keine Mittel der ↗ Morphologie verfügen, z. B. das Vietnames.; Ggs. ↗ »Formsprache«. G

Amphibolie ↗ Ambiguität

Amplifikativum ↗ Augmentativbildung

Amto-Musi ↗ Papua-Sprachen

Amtssprache (auch: offizielle Sprache. Engl. official language, frz. langue officielle) **1.** Im internat. Umgang ist eine A. die für den amtl. Verkehr zugelassene Spr., in der Verhandlungen geführt und Dokumente oder Verträge veröffentlicht werden, manchmal unterschieden in deklarierte (in Satzung oder Verfassung als solche bestimmt) und fakt. (tatsächl. als solche verwendete) A. (auch *Arbeitsspra-*

che). Auf nat. Ebene ist es die offizielle Spr. eines Staates, insbesondere die Spr. seiner Gesetzgebung (Gesetzessprache) und seiner Verwaltung, der Gerichte und der Schulen; neben überregionalen (gesamtstaatl.) A.n (↗ Staatssprache) können regionale A.n existieren (z. B. Dt. in Südtirol). Weiterhin wird unterschieden zwischen externer A. (zwischen Staatsorganen im internationalen Verkehr) und interner A. (innere Verwaltungssprache); ↗ Geschäftssprache, ↗ Gerichtssprache. **2.** Bez. für die Fachsprache(n) von öffentl. Behörden und Gerichten, die oftmals als Instrument von Autorität und Herrschaft empfunden wird (werden) und dem Leitbild von demokrat., bürgerfreundl. und effizienter Justiz und Verwaltung widerspricht. Der »Amtsstil« ist gekennzeichnet durch umständliche Einleitungen (z. B. *es wird ausdrücklich darauf hingewiesen, dass...*), durch Schachtelsätze mit undurchsichtigen Satzkonstruktionen, durch pedant., pseudoamtl. Floskeln (z. B. *... der Zeuge wird in Abstand verwiesen..., das Verfahren erhält Fortgang...*), durch Häufung von Substantiven und Ketten von Genitivattributen (z. B. *der Text des Beschlusses der Kammer für Handelssachen des Landgerichts...*), durch Verwendung als typisch geltender Adverbiale und Präpositionen (z. B. *leihweise überlassen, hinsichtlich des*) und durch übermäßige Verwendung von Passivkonstruktionen. Professionelle Abkürzungen und Hinweise werden oft nicht aufgelöst und erklärt. Der Adressat erhält im schriftl. Text eine schemat. Rollenzuweisung (Antragsteller, Beklagter); er erscheint dann nur noch in der dritten Person. Versuche, die A. zu verbessern, blieben bisher ohne nachhaltigen Erfolg. **SM**

Amuzgo ↗ Otomangue-Sprachen

Amygdale ↗ Mandeln

Anadeixis ↗ Deixis

Anagramm n. (griech. ἀναγράφειν (anagrafein) ›buchstäbliches Ein-, Auf- oder Umschreiben‹) ›Buchstabenversetzrätsel‹ auf der Grundlage von Permutationen der Buchstaben, wobei die Umstellung in beliebiger Reihenfolge ein neues ›versetztes‹ Wort ergibt. Seine Tradition reicht von der Antike (Platons Namenstudien im ›Kratylos‹), den anagrammat. Versen griech. und lat. Dichter bis zu modernen poetolog. Reflexionen (z. B. Gruppe TEL QUEL, J. Baudrillard) und der Poesie der Moderne (z. B. Unika Zürns »Hexentexte«, 1954, »Oracles et Spectacles«, 1967). Die Bez. stammt aus dem frz. Kulturkreis um 1570 in direkter Übernahme des griech. Namens. Das A. lässt sich vermutl. zurückführen auf mag. oder orakelhafte Zauberformeln und mag. Praktiken (kabbalist. Tradition der jüd. Mystik). – Zum Gegenstand ling. Überlegungen wird das A. bei F. de Saussure in den Anagramm-Studien mit dem Ziel der Begründung eines allgemeinen sprachl. Gesetzes der klass. Poesie. Das A. setzt die Zeichenrelation zwischen ↗ Signifikant und ↗ Signifikat außer Kraft, widerspricht dem linearen Charakter sprachl. Äußerungen und verstößt gegen das Gesetz der Unbegrenztheit der Bildung sprachl. Äußerungen. – Das A. ist häufiges Prinzip der Verrätselung von Eigennamen zur Bildung von ↗ Pseudonymen (z. B. *François Rabelais > Alcofrybas Nasier*, von Christoffel von Grimmelshausen sind sieben A. bekannt, u. a. *German Schleifheim von Sulsfort*) und dient Namensspielen parodist. oder iron. Art. (z. B. *Martin Luther: lehre in Armut, Salvador Dalí: avida* (›ich liebe‹) *dollars*). Die anagrammat. Permutation kann sich auch auf ganze Sätze beziehen. – **Lit.** E. Kuh, Buchstabendichtung. Heidelberg 1982. – J. Starobinski, Wörter unter Wörtern. Die A. von F. de Saussure. Ffm., Bln., Wien 1980. – P. Wunderli, F. de Saussure und die A. Tübingen 1972. – M. Geier, A.e: von Platon bis Unica Zürn. In: ders., Ling. Analyse und lit. Praxis. Eine Orientierungsgrundlage für das Studium von Spr. und Kultur. Tübingen 1986. **VS**

Anakoluth m. (gr. ἀνακόλουθον (anakoluton) ›zusammenhangslos‹, wörtl. ›verstümmelte, verkürzte Konstruktion‹. Auch: Abbruch, Satzbruch. Engl. anacoluthon, frz. anacoluthe) Bruch in der syntakt. Konstruktion. A. wurden häufig als Stilfehler kategorisiert, sind eher aber eines der Charakteristika ↗ gesprochener Sprache. A. treten vor allem bei Selbstkorrekturprozessen im sprachl. ↗ Dialog auf. Sie sind die einfachste Art, sich zu korrigieren: eine Konstruktion wird erkennbar nicht zu Ende geführt, stattdessen wird eine andere gewählt, z. B. *... Un die Frau hat bestimmt eh da is es sogar so, da... der also bei den Germanen wurde ja die Frau so unheimlich hoch eingeschätzt...* A. stehen signifikant häufig am Beginn von Äußerungseinheiten, sie sind für den Hörer – zusammen mit den prosod. Mitteln der mündl. Rede – eine wichtige Hilfe zur Erfassung der Sprecherintention und in ihrer Bedeutung für die mündl. Kommunikation nicht zu überschätzen. A., die nicht in Zusammenhang mit Korrekturprozessen stehen, sind genuine Ausdrucksformen mündl. Kommunikation. **Lit.** L. Hoffmann, A. und sprachl. Wissen. DS 19, 1991, 97–119. – J. Schwitalla, Gesprochenes Dt. Bln. 1997. **SL**

Analog (griech. ἀνάλογον (analogon) ›dem Logos, der Vernunft Entsprechendes‹, griech.-lat. ἀναλογία (analogia) ›Entsprechung, Gleichartigkeit‹) Als a. werden zwei Größen bezeichnet, die sich in bestimmten Aspekten ähnlich sind. Bei A.rechnern werden interne Zeichen durch a. Größen dargestellt; ↗ Digital **WG, PA**

Analogie (griech. ἀναλογία (analogia) ›Entsprechung, Gleichartigkeit‹. Engl. analogy, levelling, analogical extension, frz. analogie) Terminus zur Bez. von Veränderungen nach einem vorgegebenen sprachl. Muster auf verschiedenen sprachl. Ebenen, bes. von Sprachwandelprozessen der formalen Angleichung lexikal. oder grammat. verwandter morpholog. Einheiten. Der bereits in der Antike gebrauchte Terminus wird unterschiedl. definiert und ist z. T. wegen seiner Unschärfe auch ganz abgelehnt worden. Die A. gewinnt in der Sprachwandeltheorie der ↗ Junggrammatiker zentrale Bedeutung als Erklärung von Ausnahmen zu ↗ Lautgesetzen. In dieser Tradition wird A. verstanden als sog. Proportional-A., bei der sich eine Form durch Auflösung einer Proportionengleichung ergibt (Paul ⁹1975, 117), etwa *sinken* : *gesunken* = *winken* : *gewunken*. A. bewirkt so nicht nur Regelmäßigkeit, sondern kann als sog. falsche A. zur Veränderung des ↗ Usus führen. Dem vielfach kritisierten Konzept der Proportional-A. wird neuerdings wieder Aufmerksamkeit geschenkt (Becker 1990). Umstritten ist, inwiefern semant.-paradigmat. oder syntagmat. bedingte Angleichungen, wie aksl. *devętъ* ›9‹ mit [d-] nach *desętъ* ›10‹ bzw. got. *nahtam* in *nahtam jah dagam* ›Tag und Nacht‹ mit Dat. Pl.-Endung {-am} nach *dagam*, zur A. zu rechnen sind. Bereits früh (Baudouin de Courtenay 1870) wurde versucht, die analog. Prozesse zu klassifizieren. Hjelmslev (1968, 64–69) unterscheidet (a) Ausgleich, durch den sich die Glieder eines lexikal. od. grammat. Paradigmas angleichen, (b) Kontamination zweier Glieder, (c) Proportionsbildung, bei der ein Zeichen in ein anderes Paradigma eindringt, z. B. das Dentalsuffix {-te} der schwachen Verben bei einem starken Verb (*sog/saugte*). Häufig werden, allerdings in unterschiedl. Terminologie, nach den betroffenen Morphemen zwei Hauptarten der A. bestimmt, die sich z. T. mit Hjelmslevs Gruppen (a) und (c) decken: (a) paradigmat. Ausgleich: Vereinheitlichung des Stammes in einem alternierenden morpholog. Paradigma, z. B. Übertragung der frühnhd. langvokal. Stammvariante, wie in [ta:ges], auf den Nom. Sg. [tak], so dass sich nhd. [ta:k] ergibt, oder mhd. 1. Pers. Sg. *sihe* > nhd. *sehe*, (b) Endungsausgleich: Übertragung von Flexionsendungen in andere paradigmat. Positionen oder Klassen, vgl. tschech. {-ovi} im Lok. Sg. Mask. nach Dat. Sg. Mask. bzw. die nhd. Pl.endung {-er} bei Maskulina (*Männer*) nach dem Vorbild der Neutra. – Die A. stellt einen wichtigen Aspekt des grammat. Wandels dar, ohne sich aber mit diesem zu decken; ↗ Sprachwandel. **Lit.** H. Paul, Prinzipien der Sprachgeschichte. Lpz. 1880, Tübingen ⁹1975. – J. Baudouin de Courtenay, Einige fälle der wirkung der a. in der poln. deklination. KZ 6, 1870, 19–88. – E. Hermann, Lautgesetz und A. Bln. 1931. – L. Hjelmslev, Sproget. Dt. Die Sprache. Darmstadt 1968. – R. Anttila & W. A. Brewer, Analogy. A Basic Bibliography. Amsterdam 1977. – Th. Becker, A. und morpholog. Theorie. Mchn. 1990. – J. van de Weijer, Analogical Change. In: HSK 17, II, 1611–1614. **GR**

Analogiebildung Von H. Paul formuliertes Postulat, dem bis heute kaum widersprochen wird. Der A. zufolge geschieht die Erweiterung des Wortschatzes durch ↗ Wortbildung grundsätzl. in Analogie zu bereits bestehenden Wortbildungsproduk-

ten. Eindrucksvoll belegt wird die Stärke der Analogie durch Bildungen wie *Sanftmut* aus *sanftmütig*, denn Wortbildung durch Tilgung eines Suffixes (↗ Rückbildung) ist kein Wortbildungsverfahren, sondern ausschließlich analogiegesteuert. Durch Analogie entstehen aber auch neue Muster, etwa durch ↗ Entlehnung von Wörtern, die Mitglieder derselben Wortbildungsparadigmen sind. Diese fungieren dann als »Leitwörter einer Mustergenese« (Hoppe 1999, 11) in der Nehmerspr. **Lit.** Th. Becker, Analogie und morpholog. Theorie. Mchn. 1990. – G. Hoppe, Das Präfix *ex-*. Beiträge zur Lehnwortbildung. Tübingen 1999. – H. Paul, Prinzipien der Sprachgeschichte. Tübingen ¹⁰1995. **ES**

Analogiewirkung ↗ Analogie

Analphabetismus ↗ Alphabetisierung, ↗ Schriftlichkeit

Analyse, Analysis ↗ Sprachanalyse

Analysebaum ↗ Strukturbaum

Analysegrammatik ↗ Erkennungsgrammatik

Analysierbarkeit Grundlegende Eigenschaft sprachl. Einheiten, aufgrund welcher die Theorie der ↗ Transformationen entwickelt wurde (Chomsky 1955). Die A. einer grammat. Kategorie X als [Y, Z] bedeutet, dass X so zerlegt werden kann, dass die Kategorien Y und Z von X dominiert werden. Die A. einer Sequenz bezieht sich im Rahmen der GG auf die Möglichkeit, der betreffenden Sequenz eine solche Strukturbeschreibung zuzuweisen, dass sie Regeln des grammat. Modells anwendbar sind (↗ Faktorisierung). Genereller bedeutet die A. einer Kategorienkette, dass diese in Form von ↗ Dominanz-Relationen, die auf ein ↗ Anfangssymbol zurückgeführt werden können, darstellbar ist. **Lit.** N. Chomsky, The Logical Structure of Linguistic Theory. Cambridge, Mass. 1955. **F**

Analytisch (griech. ἀνάλυσις (analysis) ›Zerlegung, Auflösung‹) Ausdruck zur Bez. einer Eigenschaft eines Satzes, eines Urteils, einer Aussage. (a) Ein Satz heißt a. genau dann, wenn sich seine Wahrheit oder Falschheit allein aus den semant. Regeln der Spr. ergibt (↗ Wahrheitswert). A. Sätze werden als Bedeutungswahrheiten (im Ggs. zu Tatsachenwahrheiten) bezeichnet. Sie sind aufgrund definitor. und log. Vereinbarungen wahr. (b) Ein Urteil ist a. dann, wenn das Urteilsprädikat im Urteilssubjekt bereits enthalten ist und sich das Prädikat durch Zergliederung des Subjektbegriffs als Teilbegriff ergibt. Dem Subjektbegriff kann nicht widerspruchsfrei der Prädikatsbegriff abgesprochen werden. (c) A. Aussagen können von synthet. Aussagen hinsichtlich ihres Sachbereichs unterschieden werden: a. Aussagen beziehen sich auf rein formale Gesetze, synthet. auf materiale Wesensgesetze, d. h. sagen etwas über allgemeine Strukturen materialer Zusammenhänge aus. (d) Zur Bez. der Berechtigung von Urteilen: die a. Wahrheit ergibt sich durch Bezug auf Wahrheiten allgemein log. Natur. (e)

Eine Aussage ist a., wenn sie in allen ↗ möglichen Welten wahr ist bzw. wenn sie für jede Zustandsbeschreibung wahr ist. (f) A. ist ein Synonym für ›logisch wahr‹ und gilt auch für Aussagen, die durch Einsetzen von ↗ Synonymen in log. wahre Sätze umgewandelt werden; ↗ Prädikatenlogik. PR

Analytische Flexion ↗ Präpositionalkasus

Analytische Methode ↗ Lesenlernen

Analytische Sprache Sprachtyp, der die Tendenz zeigt, grammat. Beziehungen nicht durch ↗ Flexion oder ↗ Agglutination, sondern außerhalb des Worts durch Partikeln und Wortstellungsregularitäten auszudrücken, vgl. lat. *canis*, russ. *sobaki*, frz. *du chien*, engl. *of the dog* ›Hund‹ (Genitiv). Der Unterschied analyt. vs. ↗ synthetisch erweist sich als graduell. Ein Höchstmaß an Analyzität weisen die ↗ isolierenden Sprachen auf.   WR

Analytische Sprachphilosophie In der gegenwärtigen Sprachphilosophie spielt deren sprachanalyt. Orientierung eine bedeutsame Rolle. Zwei unterschiedl. Strömungen lassen sich dazu ausmachen: (a) Von G. Frege (1848–1925) und B. Russell (1872–1970) ausgehend unternimmt sie eine log. Analyse der Wissenschaftsspr. und der philosoph. Spr. (↗ Philosophie der idealen Sprache). (b) Die von L. Wittgenstein (1889–1951) und G. E. Moore (1873–1958) geprägte Ordinary-Language-Philosophy (↗ Philosophie der normalen Sprache) setzt sich zum Ziel, durch die Analyse des umgangssprachl. Gebrauchs die philosoph. Begriffe und Probleme einer Klärung zuzuführen. Die log. Analyse der Spr. konzentriert ihre Überlegungen auf die Klärung des Zusammenhangs von sprachl. Gegenständen wie Wörtern, Ausdrücken, Sätzen und den Gegenständen in der Welt. Das zentrale Problem stellt die semant. Funktion sprachl. Äußerungen dar, d. h. die Klärung dessen, wie sich die sprachl. Ausdrücke zu den Objekten und Zuständen der Welt verhalten. Die Theorie der ↗ Referenz thematisiert die für den Weltbezug bedeutsamen Ausdrücke, die referentiellen Ausdrücke. Dabei ist zu unterscheiden zwischen der Bedeutung des referentiellen Ausdrucks und dem Referenzgegenstand, auf den durch den Ausdruck Bezug genommen wird. Indem das Verhältnis zwischen ↗ »Bedeutung« (↗ Intension) und Referenz (↗ Extension) erörtert wird, thematisiert sie die Beziehung zwischen Spr., Denken und Wirklichkeit. Die einzelnen Positionen der a. S. variieren danach, wie sie den Stellenwert von Bedeutung/Intension im Verhältnis zu Referenz/Extension gewichten. Entweder wird angenommen, dass das sprachl. Zeichen einen konventionell festgelegten Gehalt zugeordnet ist, der die bezeichneten Gegenstände bestimmt, oder die Annahme einer Bedeutung wird abgelehnt, da dem Zeichen unmittelbar ein Gegenstand (Ding, Sachverhalt) zugeordnet wird bzw. die Annahme einer eindeutigen Referenz für einen Ausdruck bestritten wird (Quine). Ein repräsentatives Beispiel einer konventionellen Festlegung von Bedeutung stellt die ↗ Abbildtheorie und die damit verbundene Annahme einer realist. Semantik dar: Die semant. Funktionen sprachl. Ausdrücke werden als konventionell festgelegte Bez. von Entitäten angesehen. Die Kennzeichnungs- und Merkmalstheorie der Referenz von Frege und Russell machen die Referenz eines Ausdrucks von seiner Bedeutung, d. h. von der Angabe von Bezeichnungsmerkmalen abhängig. Erweiterte Fassungen dieser Kennzeichnungstheorie finden sich zum einen in der Position der Bündeltheorie der Referenz (Searle), in der die Bedeutung referierender Ausdrücke durch ein Bündel von Merkmalen bestimmt ist, von denen für die Festlegung der Referenz nicht alle gleichzeitig zutreffen müssen, zum andern in der Auffassung der mit der ↗ Prädikation einhergehenden raum-zeitl. Lokalisierung des Referenzobjekts (Strawson, Tugendhat). Der pragmat. Semantiktheorie zufolge ergibt sich die Bedeutung eines sprachl. Zeichens aus dem Wesen seines Gebrauchs (↗ Sprachgebrauch). Die Sprechakttheorie bindet die Bedeutung einer Aussage. Proposition an den spezifischen Status der Äußerungsform (z. B. Behauptung, Frage, Befehl, Wunsch) zurück, der in der illokutionären Rolle angezeigt ist (Austin, Searle). **Lit.** A. Beckermann, Analyt. Einf. in die Philosophie des Geistes. Bln., N. Y. ²2001. – Th. Blume & Ch. Demmerling, Grundprobleme der analyt. Sprachphilosophie. Paderborn u. a. 1998. – H.-U. Hoche, Einf. in das sprachanalyt. Philosophieren. Darmstadt 1990. – P. Prechtl, Sprachphilosophie. Stgt., Weimar 1999. – E. Runggaldier, Analyt. Sprachphilosophie. Stgt., Bln., Köln 1990. – E. Runggaldier & Ch. Kanzian, Grundprobleme der analyt. Ontologie. Paderborn u. a. 1998.   PR

Analytische Verbform (auch: zusammengesetzte Verbform) Bez. für diejenigen Formen innerhalb des verbalen Paradigmas, die Flexionsmarkierungen nicht ausschließl. am Verb selbst vornehmen. So werden das dt. Perfekt oder die engl. ›progressive form‹ analyt. gebildet (*ich habe gewartet – I have been waiting*), und zwar mithilfe von ↗ Hilfsverben. Außerhalb verbaler Paradigmen kommen ebenfalls analyt. Formen vor, etwa in der ↗ Komparation morpholog. komplexer Adjektive, etwa *die weniger gelungene* oder die *eher* oder *mehr zusagende Erklärung*.   ES

Analytischer Kasus ↗ Präpositionalkasus

Anapäst ↗ Fuß

Anapher f. (griech. ἀναφορά (anafora) ›Rückbeziehung, Wiederaufnahme‹. Engl. anaphora, frz. anaphore) ↗ Rhetor. Figur, Wiederholung eines Wortes oder einer Wortgruppe am Anfang aufeinanderfolgender Sätze, Satzteile, Verse oder Strophen (Ggs. ↗ Epipher; Verbindung von A. und Epipher: ↗ Symploke). Seit der antiken Kunstprosa häufiges Mittel syntakt. Gliederung und rhetor. Nachdrucks, z. B.: »Wer nie sein Brot mit Tränen aß,/ Wer nie die kummervollen Nächte/ Auf seinem Bette weinend saß...« (Goethe, »Harfenspieler«). HI

Anaphernresolution (auch: Koreferenzauflösung. Abk. AR. Engl. anaphora resolution) A. ist ein automat. Verfahren der ↗ Computerlinguistik zur Bestimmung ↗ anaphorischer Relationen (im wesentlichen Diskursanaphora, deren Antezedenz typischerweise eine NP ist). Die Auswahl des richtigen Antezedenten eines anaphor. Ausdrucks wird zunächst durch syntakt. und semant. Filter eingeschränkt und dann anhand von Präferenzen gemäß seiner ↗ Salienz im Diskurs bewertet (vgl. Hobbs 1978). Die Schwierigkeit der A. besteht darin, dass zur korrekten Auflösung des Pronomens i. d. R. Domänen- und Weltwissen benötigt wird. Prinzipiell unterschieden werden wissensreiche Ansätze gegenüber wissensarmen Ansätzen, die nur mit syntakt. und semant. Constraints (↗ Bindungstheorie, ↗ Kongruenz) angereichert sind und/oder über Heuristiken (vgl. Lappin & Leass 1994) verfügen. Eine Alternative zu den regelbasierten Ansätzen stellen ↗ maschinelle Lernverfahren dar (vgl. Soon et al. 2001), die z. T. als Sprach- bzw. Wissensressourcen z. B. WordNet oder Wikipedia einbeziehen. **Lit.** J. Hobbs, Resolving Pronoun References. Lingua 44, 1978, 311–338. – S. Lappin & H. Leass, An Algorithm for Pronominal Anaphora Resolution. Computational Linguistics 20(4), 1994, 535–561. – Wee Meng Soon et al., A Machine Learning Approach to Coreference Resolution of Noun Phrases. Computational Linguistics (Special Issue on Computational Anaphora Resolution) 27(4), 2001, 521–544. Z

Anaphorisch (griech. ἀναφέρειν (anaferein) ›hinauftragen‹) Als a. wird die satz- und satzfolgenübergreifende, nach links (rückwärts-, hinauf-) verweisende und verknüpfende Relation zwischen dem im Text ersten Auftreten eines Sprachzeichens und einer im Textverlauf späteren Wiederaufnahme bezeichnet, wobei das originäre Sprachzeichen (↗ Substituendum) und das wiederaufnehmende Zeichen (↗ Substituens) referenzident. sind (↗ Koreferenz). Als problemat. gilt in der Lit. die Unterscheidung zwischen a. und deikt. Verweisen. A. Elemente, mit denen auf vorerwähnte Referenzobjekte Bezug genommen wird (Anapher, Anaphora), sind meist ↗ Pro-Formen, vor allem Pronomina, z. B. *Ein Mann ging vorbei. Wir kannten ihn nicht. Aber er grüßte uns trotzdem.* Aber auch *auf vorerwähnte komplexe Inhalte kann im Textverlauf mit a. Elementen, z. B. mit sog. Pro-Adverbien, verwiesen werden, z. B. Hans hatte nach seiner Scheidung angefangen zu trinken. Dann verlor er seine Arbeit. Und nun saß er schon am frühen Morgen in der Kneipe.* So *konnte es nicht weitergehen. In a. Funktion sind auch wörtl. Wiederholungen und (text-)synonyme Ausdrücke (↑ Paraphrasen) möglich, z. B. Zwei Mädchen auf Fahrrädern überholten uns. Dieses Duo hatte es offensichtlich eilig.* In solchen Fällen müssen determinierende Artikel oder Prono-

mina (↗ Pronominalisierung) die grammat. Kennzeichnung der a. Relation bzw. der zwischen den unterschiedl. Zeichen bestehenden Referenzidentität übernehmen. Eine Besonderheit stellen die sog. a. Ellipsen dar. Dabei erscheint die vollständige syntakt. Struktur vor der ellipt., z. B. *Anna war mit dem Leben, das sie führten, zufrieden. Ihr Mann nicht.* ↗ Kohäsion und ↗ Kohärenz als wesentl. Merkmale der ↗ Textualität von Satzfolgen sind gebunden an das Vorhandensein und die Verteilung von a. Elementen in einem Text. Das gesamte semant.-syntakt. System von links- bzw. rückverweisenden Sprachzeichen im Text bezeichnet man als Anaphorik. Der a. Verweisrichtung entgegengesetzt ist die ↗ kataphorische. **Lit.** Bühler, Sprachtheorie. – S. Levinson, Pragmatik. Tübingen 1990. – J. Hintikka & J. Kulas, Anaphora and Definite Descriptions. Dordrecht 1987. – G. Kleiber, L'anaphore et ses domaines. Paris 1990. – A. Barss (ed.), Anaphora. A Reference Guide. Malden, M. A. 2003. P

Anaptyxe ↗ Sprosskonsonant, Sprossvokal

Anarthrie f. (griech. ἀναρθρος (anarthros) ›ungegliedert‹) Totale motor. Sprechunfähigkeit und somit schwerste Form der ↗ Dysarthrie aufgrund von angeborenen und erworbenen Schädigungen (↗ Sprechstörung) der subkortikalen Nervenbahnen/-zentren. GT

Anastrophe f. (griech. ἀναστροφή ›Umkehren, Umlenken‹) Zurückverlagerung des griech. Endakzents bei Nachstellung von Präpositionen, z. B. ἔριδος πέρι (éridos péri) ›aus Streitsucht‹ statt περὶ ἔριδος (perí éridos), ↗ Akzentzusammenstoß. PM

Anatolisch ↗ Altanatolische Sprachen

Andalusisch ↗ Spanisch

Andaquí ↗ Südamerikanische Indianersprachen

Andi-Sprachen ↗ Dag(h)estanische Sprachen

Andisch ↗ Dag(h)estanische Sprachen

Andoque ↗ Südamerikanische Indianersprachen

Andronym n., pl. ~e (griech. ἀνήρ (anēr), Gen. ἀνδρός (andros) ›Mann‹. Auch: Andronymikon) Familienname einer Frau, der von dem ihres Ehemannes abgeleitet ist, z. B. russ. *Pavlovna < Pavlov*, tschech. *Fialova < Fiala*. G

Anfangsbetonung ↗ Initialbetonung

Anfangselement ↗ Anfangssymbol

Anfangskette ↗ Anfangssymbol

Anfangsrand ↗ Silbenkopf

Anfangsstellung ↗ Spitzenstellung

Anfangssymbol (auch: Anfangselement, Anfangskette, Axiom. Engl. initial symbol) In einem ↗ Strukturbaum derjenige ↗ Knoten, der nicht von einem anderen Knoten dominiert wird (↗ Dominanz). Im Allgemeinen handelt es sich hierbei um ein Symbol für die Kategorie Satz (S, CP). Für die Definition von ↗ Chomsky-Grammatiken ist das A. dasjenige Nicht-Terminalsymbol als Element der Menge aller Nicht-Terminal-Symbole, das das allgemeinste Konstrukt einer Spr. repräsentiert. F

Anfangsunterricht (frz. enseignement primaire, enseignement pour débutants) **1.** In der Grundschuldidaktik traditionell die Vermittlung der grundlegenden Fähigkeiten im ↗ Lesen und ↗ Schreiben; manchmal wird auch die Vermittlung der grundlegenden mathemat. Fähigkeiten (engl. numeracy) zum A. gerechnet. Die Konzeption einer besonderen Didaktik für den A. in der Grundschule hat v. a. den Zweck, eine Trennung des Unterrichts nach verschiedenen Fächern zu vermeiden. Deshalb ist für den A. ein Klassen- und kein Fachlehrerprinzip vorgesehen. **2.** In der Didaktik des FU meint A. die Anfangsphase des Erwerbs einer S2. Diskutiert werden in diesem Zusammenhang die spezif. Verfahren und Formen für die ersten Lernschritte in einer S2; ↗ Lesenlernen, ↗ Schreibenlernen.   GI, KL

Anführungszeichen (umgangssprachl. auch: Gänsefüßchen. Engl. quotation marks, inverted commas, frz. guillemets) Mittel der ↗ Interpunktion und der ↗ Auszeichnung, stets paarig auftretend, wobei das erste Vorkommen auf die Grundlinie („…") oder in Versalhöhe ("…"), das zweite Vorkommen stets in Versalhöhe positioniert ist. Es wird unterschieden zwischen einfachen ('…') und doppelten A. Eine andere Konvention ist die Verwendung von einfachen (›…‹) oder doppelten (»…«) Winkeln; sie wird in diesem Lexikon befolgt. Im Dt. dienen die A. zur Markierung von direkten Zitaten in der geschriebenen Sprachform, zur ↗ Auszeichnung von Zitatwörtern und -phrasen (»Fremdtext«), z. B. Titeln von Büchern oder Filmen (z. B. *Joseph Roths »Legende vom heiligen Trinker« fand Walter schon bemerkenswert, aber seine »Kapuzinergruft« einfach großartig*). In dieser Funktion sind die A. anderen Mitteln der Auszeichnung äquivalent. In »modalisierender Funktion« (Klockow) dienen A. dem Ausdruck von Distanz oder Ironie dem im markierten Ausdruck Bezeichneten gegenüber (z. B. *der finnische Privatgelehrte »entzifferte« viele Schriften*). Gestaltgleich mit den A. sind die sog. Unterführungszeichen in tabellar. Aufstellungen wie Handwerkerrechnungen oder Lagerlisten. **Lit.** R. Klockow, Ling. der Gänsefüßchen. Ffm. 1980. – U. Behrens, Wenn nicht alle Zeichen trügen. Interpunktion als Markierung syntakt. Konstruktionen. Ffm. 1989.   G

Angabe In der ↗ Valenzgrammatik teilen sich die mit einem ↗ Valenzträger gemeinsam auftretenden syntakt. Einheiten in zwei Klassen: ↗ Ergänzungen und A. A. sind diejenigen Einheiten, die weder obligator. noch subklassenspezif. (↗ Subklassenspezifik) sind, sondern als sog. »freie A.« relativ beliebig (abgesehen von gewissen ↗ Selektionsbeschränkungen) hinzugefügt oder weggelassen werden können, ohne einen gegebenen Satz in seiner Grammatikalität einzuschränken; ↗ Valenz, ↗ Ergänzung. **Lit.** ↗ Adjunkt, ↗ Dependenzgrammatik.   WK

Angas ↗ Tschadische Sprachen

Angabesatz ↗ Nebensatz

Angeborene Ideen (lat. ideae innātae, engl. innate ideas, franz. idées innées) Die begriffstheoret. Untersuchungen von R. Descartes (1596–1650) führten zur Unterscheidung dreier Klassen von einfachen Begriffen: (a) nicht durch Rekurs auf Erfahrung gewonnene Begriffe (ideae innātae), (b) durch Erfahrung erworbene Begriffe (lat. ideae adventīciae), (c) künstl. Begriffe (lat. ideae ā mē ipsō factae). Die Verknüpfung dieser Einteilung mit der Frage nach dem Ursprung des menschl. Wissens führt zu zwei mögl. Positionen: (a) zur Annahme, dass bereits das Kind über derartige a. I. verfüge – die genet. Erklärung (J. Locke), (b) zu der Behauptung, dass für die Erkenntnisleistungen des Subjekts von einem besonderen begriffl. Vermögen des Verstandes auszugehen ist – die methodolog. Erklärung (I. Kant). Die genet. Erklärung ist von N. Chomsky zur mentalist. Erklärung der Spr. herangezogen worden; ↗ Mentalismus, ↗ Nativismus, ↗ Universalien.   PR

Angelsächsisch Die Kultur der Westgermanen in England (450–1100) betreffend; die Spr. wird heute meist als ↗ Altenglisch bezeichnet; ↗ Englisch.   GH

Angeriebener Laut ↗ Affrikate

Angewandte Sprachwissenschaft (engl. applied linguistics, frz. linguistique appliquée) Bez. für sehr unterschiedl. Ansätze und Bereiche der Erfassung, Analyse und Beschreibung sprachl. bzw. sprachgebundener Phänomene, in denen Theorien, Methoden und Forschungsergebnisse der Sprachwiss. Anwendung finden. Die a. S. wurde häufig im Gegensatz gestellt zur theoret. Sprachwiss. und auf ↗ Sprachdidaktik reduziert (dies mag auch seit ihren institutionalisierten Anfängen in den 60er Jahren für 2 Jahrzehnte berechtigt gewesen sein), doch heute ist die a. S. eher als Diskussions- und Forschungszusammenhang anzusehen, der sich durch Paradigmen auszeichnet wie (a) Praxisorientierung: Ausgangspunkt ist Spr. in ihrer Verwendung, (b) Interdisziplinarität: Kooperation mit anderen Wiss. (z. B. Soziologie, Psychologie, Pädagogik u. a.) bzw. die Arbeit mit ihren Methoden, (c) Produktivität: die Forschungsresultate sollen die Vorgaben der prakt. Aufgabenstellungen erfüllen und verwertbar sein, (d) Innovation: Einsatz vorhandener und Entwicklung neuer Techniken. Entsprechend lassen sich als Bereiche der a. S. nennen ↗ Ethnolinguistik, ↗ Lexikographie, ↗ linguistische Datenverarbeitung, ↗ Patholinguistik, ↗ Psycholinguistik, ↗ Soziolinguistik, ↗ Spracherwerbsforschung, ↗ Sprachlehrforschung, aber auch ↗ Rhetorik, ↗ Stilistik, ↗ Übersetzung u. a. m. Vielen Ansätzen gemeinsam ist eine empir.-experimentelle Ausrichtung (↗ empirische Sprachwissenschaft). – Es ist zu erwarten, dass sich Bereiche der a. S. im allgemeinen Aufgliederungsprozess der Sprachwiss. weiterhin zunehmend verselbständigen und als eigenständige Disziplinen etablieren. **Lit.** W. Kühlwein & A. Raasch (Hgg.), Angewandte Ling.: Positionen, Wege, Perspektiven. Tübingen 1980. – W. Kühlwein, Angewandte Ling.

LGL ²1980, 761–768. – W. Kühlwein & A. Raasch (Hgg.), Angewandte Ling.: Bilanz und Perspektiven. Tübingen 1989. SK

Angleichung ↗ Assimilation, ↗ Attraktion

Anglistik Die sprachwiss. Beschäftigung mit dem ↗ Englischen hat traditionellerweise drei Schwerpunkte, die sich in ihrer Gewichtung gegeneinander verschoben haben: (a) Die sprachgeschichtl. Analyse des Engl., besonders seiner älteren Formen, Rekonstruktion und Etymologie, Laut- und Formenlehre, philolog. Interpretation von (v. a. lit.) Texten. Dieser Ansatz ist in der Neuzeit um viele neue Methoden und besonders die Ausweitung auf die neuere Sprachgeschichte nach 1800 erweitert worden. Vielfältige Berührungen mit der Areal- und ↗ Soziolinguistik legen nahe, diese in der Neuzeit stark expandierenden Disziplinen unter (a) einzuordnen. (b) Die deskriptive (oft methoden- oder theorieorientierte) Analyse der Gegenwartsspr. ist besonders seit dem amerikan. ↗ Strukturalismus und der GG in den Vordergrund getreten. Bei der Vielzahl mögl. Beschreibungsmodelle wird häufig die Beziehung zur Sprachlehre (c) betont. (c) Als kompensator. Maßnahme für Muttersprachler und als Sprachlehre für Anderssprachige beschäftigt sich die anglist. ↗ Sprachlehrforschung mit den wiss. Inhalten (nach b.) und ihrer optimalen Vermittlung als Teil einer ↗ angewandten Sprachwissenschaft. **SSG** Niedersächsische Staats- und Universitätsbibliothek Göttingen (7). GH

Anglitt ↗ Abglitt

Anglizismenwörterbuch ↗ Wörterbuch, in dem die im Dt. gebräuchl. ↗ Anglizismen verzeichnet sind. **Lit.** B. Carstensen, Anglizismen-Wörterbuch. Der Einfluss des Engl. auf den dt. Wortschatz nach 1945. 3 Bde. Bln. 1993–1996. SO

Anglizismus Lexikal., morpholog., graphem. oder syntakt., mehr oder weniger ins Dt. integrierte ↗ Entlehnung aus dem Engl.: Während *Keks* (< engl. *cakes*) phonol. und graphemat. komplett integriert ist, bewahren die meisten semant. und pragmat. integrierten A. die Originalschreibung (und teils auch -lautung): *Jetlag, Computer, Fake* u. a. A. können als Basen für Wortbildungsprozesse dienen: *Jeanshose*. Die Datumsangabe *in 2004* (statt *im Jahr 2004* oder *2004*) ist ein syntakt. A., ebenso wie die inkorrekte Verwendung des ↗ Apostrophs im Deutschen: *Bert's Bratwursteck*. In zahlreichen Fach- und Sonderspr. setzt sich englischsprachige Terminologie durch (*downloaden, upgraden* u. a.). Die vielfältige Verwendung engl. und pseudoengl. Wörter im Alltag und v. a. in der Werbung (das sog. ↗ Denglisch) wird oft als ›übertrieben‹ und lächerlich empfunden (z. B. *McClean* als Bezeichnung für die Bahnhofstoiletten). Der Unmut darüber führte zur Gründung des Vereins deutsche Sprache. Neben rein ling. ausgerichteten Studien und Erhebungen gibt es auf dem Buchmarkt eine Reihe von publizist.-journalist. Abhandlungen zum A. **Lit.** W. Yang,

A.en im Dt. Am Beispiel des Nachrichtenmagazins ›Der Spiegel‹. Tübingen 1990. – A. Onykso, Anglicisms in German. Bln. u. a. 2007. – Wolf Schneider, Speak German! Reinbek 2008. SO

Anhebung (auch: Hebung. Engl. raising, frz. rehaussement) In der GG angenommene ↗ Transformation zur spezif. Bewegung eines Ausdrucks aus einer tieferen Strukturebene in eine höhere. In verschiedenen früheren Phasen der GG wurde z. B. für AcI-Konstruktionen eine Subj.-zu-Obj.-A. angenommen, welche das Subj. eines eingebetteten Satzes (*Er hört [sie schrei-]*) in die Obj.-Position des Matrixsatzes verschiebt (*Er hört sie [schreien]*); Subj.-zu-Subj.-A., in welcher ein eingebettetes Subj. zum Subj. des Matrixsatzes gehoben wird, wurde z. B. für *scheinen*-Konstruktionen angenommen, z. B. *er scheint [zu kommen]*. Subj.-zu-Subj.-A. ist dadurch charakterisiert, dass das Matrixverb selbst (z. B. *scheinen*) kein Subj.-Argument besitzt. A. steht im Ggs. zum Phänomen der ↗ EQUI-NP-Deletion bzw. der ↗ Kontrolle, da sich die entspr. ↗ Infinitiv-Konstruktionen in verschiedenen Hinsichten unterscheiden (mit *zu* vs. ohne *zu*, Zulassung von ↗ Extraposition u. a.); Verben, welche A.-Konstruktionen zulassen, werden als A.-Verben bezeichnet, solche, die Kontroll-Strukturen zulassen, als Kontroll-Verben. Andere A.en werden für verschiedene Bewegungen in der ↗ Logischen Form angenommen, z. B. für Quantoren-Bewegungen (Quantoren-Raising). **Lit.** W. Davies, The Grammar of Raising and Control. Ldn. 2004. – K. Hartmann, Right Node Raising and Gapping. Interface Conditions on Prosodic Deletion. Amsterdam 2001. – R. Müller & M. Reis (Hgg.), Modalität und Modalverben im Dt. Hamburg 2001. – M. Becker, Raising, Control and the Subset Principle. In: J. Alderete et al. (eds.), Proceedings of the 24th West Coast Conference on Formal Linguistics. Somerville, MA 2005, 52–60. F

Anhebungs-Verben ↗ Anhebung, ↗ Kontrolle

Anlaut (engl. initial position, frz. position initiale) Wort-, morphem- bzw. silbeninitialer Laut oder Lautsequenz. PM

Anlautgesetz ↗ Notkers Anlautgesetz

Anlautveränderung Veränderung des Wortanlauts z. B. durch Wortgrenzenverschiebung bei ↗ Agglutination (dt. *Lafette* < frz. *l'affût* ›Geschützlade‹) oder ↗ Deglutination (dt. *Agram* vs. kroat. *Zagreb*). PM

Anlo ↗ Gbe

Annamesisch Veraltete Bez. für Vietnames.; ↗ Mon-Khmer-Sprachen, ↗ Austroasiatische Sprachen. G

Annominatio ↗ Paronomasie

Annotation (engl. frz. annotation) Auszeichnung ling. Informationen i. d. R. mithilfe einer ↗ Markup-Sprache. Hierbei werden dem Primärtext interpretative Analysen auf unterschiedl. ling. Ebenen (Phonetik, Syntax, Semantik, Pragmatik, Diskurs, Stil, Lexik) hinzugefügt. Besondere A. sind Fehlerannotationen in Lernerkorpora sowie die Transkription gesprochener Sprache in Sprachkorpora. Für die Korpusrecherche (↗ Korpus, ↗ Korpuslinguistik) werden i.d.R. ›explizite‹ A. vorausgesetzt, bei denen ↗ Ambiguitäten soweit möglich anhand des Kontextes aufgelöst sind. Da die A. aufwendig ist und um eine hohe Wiederverwendbarkeit zu erzielen, orientiert sie sich weitgehend an Standards (z.B. TEI, ↗ Corpus Encoding Standard) und allgemeinen Richtlinien (A.-Guidelines; vgl. die Annotationsmaxime von Leech). In der Praxis setzt sich zunehmend die stand-off A. durch, in der die A. separat vom Primärtext erfolgt. Computerling. Werkzeuge zur automat. Erstellung von A. und ↗ Prozesskettensysteme unterstützen den A.prozess. In der ↗ Computerlinguistik werden annotierte Korpora zur Entwicklung datengetriebener ↗ maschineller Lernverfahren genutzt. So können z.B. syntaktisch annotierte Korpora (↗ Treebanks) für das Trainieren statist. Parser und alignierte Korpora (↗ Alignierung) für das Trainieren von statistischen MT-Systemen (↗ Maschinelle Übersetzung) verwendet werden. Vertreter der korpusgetriebenen (corpus-driven) Lexikograhie bzw. Grammatik bevorzugen aufgrund von fehlerhaften A. und der Theorielastigkeit dagegen nicht-annotierte Korpora. **Lit.** E. Tognini-Bonelli 2001. The corpus-driven approach. In: Corpus Linguistics at Work. Amsterdamm 2001, 84–100. – R. Krishnamurthy, Corpus-Driven Lexicography. International Journal of Lexicography 21/3, 2008, 231–242.　　　　　　　　　　　Z

Anomalie ↗ Semantische Anomalie

Anopisthographon n. (griech. ὄπισθεν (opisthen) ›von hinten‹, γράφειν (grafein) ›schreiben‹). Bez. für nur auf der Vorderseite beschriebene Schriftstücke. Um den wertvollen Beschreibstoff Papyrus besser auszunutzen, wurden auf der nicht beschriebenen (Rück-)Seite oft andere Texte eingetragen (Opisthographon). Bei Pergament ↗ Palimpsest. EN

Anorganischer Laut ↗ Epenthese

Anpassung In der ↗ Sprachkontaktforschung mitunter Bez. für die ↗ Integration von ↗ Lehngut.　　G

Anredefall ↗ Vokativ

Anredeformen Grammat. eigens ausgeprägte Form zur Realisierung expediter ↗ Prozeduren. In der Lit. häufig übertragen auf den Bereich des Anredens insgesamt einerseits, der ↗ Höflichkeit andererseits sowie drittens mit Blick auf die Verwendung sog. ↗ »Honorative«. – Die Anrede stellt den Kontakt zwischen einem Sprecher (S) und einem Hörer (H) her bzw. hält ihn während der Kommunikation aufrecht bzw. erneuert ihn wiederholt; ↗ Adversion. Im nominalen Bereich werden A. durch den ↗ Vokativ ausgedrückt, im verbalen durch den ↗ Imperativ und die Pers.endungen, im »pronominalen« durch die du-/↗ Deixis (↗ Personaldeixis; ›duzen‹ vs. ›siezen‹, früher auch ›ihrzen‹ und (im 18. Jh.) ›erzen‹). Der Vokativ als spezielle sprachl. Form kann in Spr., die dafür eigene morpholog. Einheiten ausgebildet haben, von Eigennamen (nomina propria) bzw. von aktantenbezeichnenden Appellativa (nomina appellativa) gebildet werden. Im »pronominalen« Bereich tritt neben die du-Deixis häufig deren plural. Parallelform, die ihr-Deixis, zur Anrede (aber auch zur Bezeichnung) des einzelnen Hörers. Unter Bezug auf das entsprechende frz. Teilsystem *tu/vous* wird dann zwischen t-Formen und v-Formen unterschieden. – In komplexeren gesellschaftl. Strukturen tendieren diese Anrede-Teilsysteme zu einer z.T. weitreichenden Differenzierung – bis hinein etwa in die Orthographie (Großschreibung). Das Anredesystem wird so zum Indikator und Ausdrucksmittel für soziale Differenzierungen bzw. deren Veränderungen. Seine Untersuchung (Anredeforschung) ist ein besonders günstiges Arbeitsfeld der Sprachsoziologie und der ling. Pragmatik, weil mit den A. ein leicht identifizierbares sprachl. Teilsystem in seiner sozialen Relevanz erfasst werden kann. – Arbeiten der 60er und 70er Jahre (vgl. z.B. Ervin-Tripp 1969, Brown & Gilman 1968, Brown & Levinson 1978, Kohz 1984) haben – z.T. mit einem universalist. Anspruch – allgemeinere Kategorien für die Verwendung differenzierter Anredeformen aufgestellt (Macht vs. Solidarität oder Intimität; positive face vs. negative face u.a.). Andere Arbeiten (Watts, Ide & Ehlich 1991, Coulmas 1991) verweisen auf die histor. und ethnograph. Komplexität der Erscheinungen und das Erfordernis zu differenzierter Theoriebildung. **Lit.** R. Brown & A. Gilman, The Pronouns of Power and Solidarity. In: T. Sebeok (ed.), Style in Language. N.Y. 1960, 435–449. – P. Brown & S. Levinson, Universals in Language Usage: Politeness Phenomena. In: E. Goody (ed.), Questions and Politeness. Cambridge 1978, 51–289. – R.J. Watts, S. Ide & K. Ehlich (eds.), Politeness in Language. Bln. 1992. – F. Coulmas, Linguistic Etiquette in Japanese Society. In: R.J. Watts et al. (eds.) 1992, 299–323. – A. Kohz, Ling. Aspekte des Anredeverhaltens. Tübingen 1982. – H. Weinrich, Lügt man im Deutschen, wenn man höflich ist? Mannheim 1986. – W. Besch, Duzen, Siezen, titulieren. Göttingen ²1998. **Bibl.** T. Braun, A. Kohz & K. Schubert, Anredeforschung. Kommentierte Bibl. zur Soziolinguistik der Anrede. Tübingen 1986.　　　　　　　　　　　　　　E

Anredenominativ Im Dt. ↗ Nominativ in vokativischer Funktion ohne syntagmat. Bindung und ohne feste Position, z.B. *Sie da, lassen Sie das!; Dein Zimmer, mein liebes Kind, ist schon wieder ein Saustall; Dir werd' ich's zeigen, du Obergermanist!*; auch in der Briefanrede, z.B. *Sehr geehrte Damen und Herren!, Liebe Mutter!*; ↗ Vokativ.　　G

Anredepronomen ↗ Anredeformen

Anreibelaut ↗ Affrikate

Anreim ↗ Alliteration

Ansatz ↗ Thema

Ansatzrohr (auch: Artikulationskanal, Lautgang. Engl. vocal tract, supraglottal cavities, frz. conduit vocale; ursprüngl. Begriff aus der Instrumentenkunde) Der anatom. von der Mund- bzw. Nasenöffnung begrenzte Luftraum oberhalb des ⁊ Kehlkopfs bzw. der ⁊ Glottis, bestehend aus Rachen-, Mund- und Nasenraum, in dem sich die ⁊ Artikulation abspielt. Akust. wirkt dieser Hohlraum aufgrund der Form seines – zeitl. variablen – Querschnittverlaufs als Resonator (⁊ Resonanz) bzw. Filter, in dem durch die Gewichtung der Frequenzanteile des Phonationsschalls (⁊ Phonation) aufgrund seiner Eigen- bzw. Resonanzfrequenzen die sog. ⁊ Formanten (Frequenzbänder erhöhter Energie, frequenzmäßig aufsteigend bezeichnet als F1, F2, F3,...; ⁊ akustische Phonetik) entstehen, die für die einzelnen ⁊ Laute charakterist. sind. **Anschluss 1.** In der Terminologie N. Trubeckojs (russ. Linguist, 1890–1938) ⁊ prosodisches ⁊ distinktives Merkmal der Art der Zusammenfügung einzelner ⁊ Laute bzw. ⁊ Moren: mit oder ohne Stoß (= Glottalverschluss; z. B. dän. stød) bzw. von ⁊ Silben: fester oder loser Anschluss (⁊ Silbenschnitt). – **2.** ⁊ Additiver Anschluss.   PM

Anspielung ⁊ Antonomasie, ⁊ Periphrase

Anteilgröße ⁊ Genitiv

Antepaenultima (lat. ›vorvorletzte (Silbe)‹) In der Silben- und Aussprachelehre der traditionellen lat. Grammatik Bez. für die drittletzte Silbe, auf die ein Wortakzent fällt, wenn die ⁊ paenultima kurz ist; ⁊ Dreimorengesetz, ⁊ More.   GS

Anterior (lat. ›weiter vorn‹) Binäres distinktives phonolog. Merkmal (nach SPE) auf der Basis der ⁊ Artikulationsstelle: vor der alveolo-palatalen Grenze (vor [ʃ]) gelegen (vs. posterior): z. B. /p, t/ vs. /k/.   PM

Antezedens n., pl.-dentien (lat. antecēdens ›vorhergehend‹) **1.** Bezeichnet in einem hypothet. Urteil die Annahme(n), den Ausgangspunkt: wenn A, dann B. In der deduktiv-nomolog. Erklärung werden als A.bedingungen eine allgemeine Gesetzesaussage und mindestens ein singulärer Satz, der die begleitenden Umstände der zu erklärenden Tatsache angibt, gefordert. PR – **2.** In Korrelationen zwischen zwei ling. Elementen das topolog. links stehende Element. Z. B. ist in diskontinuierlichen Morphemen (z. B. dt. *sowohl ... als auch*) das jeweils erste Glied das A., ebenso in ⁊ Anaphern; z. B. ist in *Maja, die nichts als Fußball im Kopf hat, ... Maja* das A. von *die*.   G

Anthropologische Sprachwissenschaft ⁊ Ethnographie, ⁊ Ethnographie der Kommunikation, ⁊ Sapir-Whorf-Hypothese

Anthropomorphisierung (griech. ἄνϑρωπος (anthrōpos) ›Mensch‹, μορφή (morfē) ›Gestalt‹. Engl., frz. personification) Method. Verfahren, Eigenschaften und Verhaltensweisen von Menschen auf außermenschl. Gegenstände und Verhältnisse zu übertragen. A. spielt eine besondere Rolle in der Beschreibung von Naturerscheinungen, der Anschauung vom Handeln der Götter (in der Antike),

in Mythen vom göttl. Wirken analog dem menschl. Verhalten. In der Ling. findet sich A. bezügl. sprachl. Gegebenheiten z. B. in ⁊ Organismusmodellen; ⁊ Sprachgeist.   PR

Anthroponomastik ⁊ Personenname

Anthroponym ⁊ Personenname

Anthroposemiotik ⁊ Semiotik, ⁊ Zoosemiotik

Antibarbarus ⁊ Purismus

Antikausativ ⁊ Kausativkonstruktion, ⁊ Valenzreduktion, ⁊ Mediales Verb

Antiklimax ⁊ Aufzählung, ⁊ Klimax

Antilogie ⁊ Kontradiktion

Antimentalismus ⁊ Behaviorismus

Antinomie f. (griech. ἀντινομία (antinomia) ›innerer Widerspruch (eines Gesetzes)‹. Auch: Paradoxie) Widersprüchlichkeit eines Satzes hinsichtl. seines Wahrheitswertes. Wenn im antiken Beispiel ein Kreter sagt: *Alle Kreter lügen immer*, sagt er damit implizit: *Auch ich lüge jetzt* und somit: *Dieser Satz ist falsch*; diese Aussage aber ist falsch, wenn sie wahr, und wahr, wenn sie falsch ist. Eine derartige, durch Selbstreferenz entstandene A. wird in der Logik »semant. A.« genannt (z. B. Reichenbach 1947, 220); der klass. Vorschlag zu ihrer Vermeidung unterscheidet ⁊ Objekt- und Metaspr. und untersagt deren Vermischung (das obige Beispiel lautet ohne A.: Der Satz *Dieser Satz ist falsch* ist falsch.). Da eine strikte Trennung für natürl. Spr. unangemessen ist, versuchen neuere semant. Ansätze, das Problem der A. über differenzierte Gebrauchsregeln zu lösen. **Lit.** H. Reichenbach, Elements of Symbolic Logic. N. Y., Ldn. 1947. – F. v. Kutschera, Die Antinomien der Logik. 1964.   RB

Antipassiv ⁊ Ergativ, ⁊ Ergativsprache, ⁊ Genus verbi

Antiphrasis f. (griech. ἀντί (anti) ›entgegengesetzt‹, φράσις (frasis) ›Redeweise‹) Rhetor. Stilmittel, ⁊ Tropus: meint das Gegenteil des Gesagten, iron., sarkast., z. B. *eine schöne Bescherung*; ⁊ Litotes, ⁊ Emphase, ⁊ Ironie.   VS

Antiqua f. (lat. antīquus ›alt‹). Bez. für die von den ital. Humanisten nach Vorbildern in ⁊ karolingischer Minuskel gestaltete humanist. Minuskel, die auch in das System der ⁊ Druckschriften, zuerst 1456 von Sweynheim und Pannartz in Subiaco, übernommen wurde. Der Name geht darauf zurück, dass man seit Petrarca (1304–1374) die Schrift der Klassikerhss. der Karolingerzeit als antik ansah. Vollendete A. unterscheidet sich von karoling. Minuskel oft nur in der Anwendung des i-Punktes, Verwendung von rundem ⟨s⟩ als ⟨r⟩ in der Wortmitte oder durch konsonant. ⟨v⟩ am Wortanfang. Als erster hat der Florentiner Staatskanzler Coluccio Salutati (1330–1406) mit der Schrifterneuerung experimentiert, zur Verbreitung hat vor allem Poggio Bracciolini (1380–1459) beigetragen. Auf Niccolò Niccoli (1364–1437) geht eine ⁊ kalligraphische kursive Variante zurück, die von Aldo Manuzio 1501 in den

Buchdruck eingeführt wurde; ↗ Lateinschrift. **Lit.** B. L. Ullman, The Origin and Development of Humanistic Script (Storia e letteratura, 79) Roma 1960. – A. C. De la Mare. The Handwriting of Italian Humanists, I. Oxford 1973.   EN

Antistasis ↗ Diaphora

Antisymmetrie Auf Kayne (1994) zurückgehende Annahme über die mögl. Struktur von Grammatiken, die dem menschl. Sprachvermögen verfügbar sind. Verschiedene Varianten der generativen Syntax gehen von einer relativen Flexibilität für die Erzeugung von Strukturen aus. A. postuliert, dass Köpfe immer links von ihrem Komplement stehen müssen und Adjunktion nur links erfolgen kann. Zugrunde liegt die These, dass das Verhältnis zwischen linearer Abfolge und hierarch. Struktur stärker festgelegt sein muss, als es bspw. das ↗ X-bar-Schema leistet. **Lit.** R. Kayne, The Antisymmetry of Syntax. Cambridge, Mass. 1994.   FR

Antithese (griech. ἀντί-θερις (anti-thesis) ›Gegen-Satz‹) **1.** ↗ Rhetor. Figur der pointierten Gegenüberstellung von Gegensätzen, oft in Form des ↗ Parallelismus (z. B. *kleine Ursache, große Wirkung*), ↗ Chiasmus (z. B. *Love's fire heats water, water cools not love,* Shakespeare), des ↗ Oxymorons (z. B. *beredtes Schweigen*). Die A. ist klass. Mittel der Poetik (bes. der Barocklyrik, z. B. *Was dieser heute baut/reißt jener morgen ein*, Gryphius), der ↗ Werbesprache (*Heiß geliebt und kalt getrunken*), der politischen Rede (z. B. *Friede den Hütten, Krieg den Palästen*, G. Büchner). **2.** Behauptung, die im Gegensatz zu einer These aufgestellt wird.   VS

Antizipation (lat. *anticipere* ›vorwegnehmen‹. Auch: Katalepsis) Vorwegnahme eines Elements einer nachfolgenden Einheit in der davor angeordneten Einheit, z. B. Vorwegnahme eines Phonems der zweiten Silbe in der ersten, z. B. griech.-lat. *thesaurus* > frz. *trésor*.   G

Antonomasie f. (griech. ἀντ-ονομάζειν (ant-onomazein) ›anders benennen‹ Umschreibender (↗ Periphrase) Ersatz des ↗ Eigennamens z. B. durch eine dieser Person oder Sache zugeschriebene Eigenschaft (*Der Erlöser* für *Jesus*) oder durch einen Gattungsnamen (*Der fünfte Kontinent* für *Australien*) als Variante zur Vermeidung von Wiederholungen und zur Charakterisierung. Außerdem (umgekehrt) Bez. für den Gebrauch eines Eigennamens als Gattungsbezeichnung (*Eva* für *Frau*). Sonderfall einer ↗ Synekdoche.   VS

Antonym ↗ Antonymie

Antonymie f. (griech. ἀντωνυμία (antōnymia) ›Gegennamigkeit‹. Erst in der Neuzeit hat A. die Bedeutung ›Semant. Gegensatz zwischen Lexemen‹) **1.** In älterer Lit. (z. B. Lyons 1963, Katz 1972), auch in der ↗ Lexikologie (z. B. Heusinger) ist A. oft der Oberbegriff für ›gegensätzl.‹ Lexemrelationen: ↗ Kontravalenz bzw. Komplementarität (*tot/lebendig*), ↗ Kontrarität (*hell/dunkel*), ↗ Inkompatibilität (*ankommen/abfahren*), ↗ Konversion (1)

(*geben/bekommen*). **2.** Gegenwärtig wird A. zumeist (speziell im Anschluss an Lyons 1977) auf graduierbar-polare (↗ Polarität) Lexeme (z. B. *groß/klein, stark/schwach, hell/dunkel, schön/hässlich*) angewendet: (a) Ihre Bedeutungen sind teilsynonym, nur durch ein polares Merkmal unterschieden. (b) Antonyme stehen zueinander in konträrer Relation, d. h. sie können gemeinsam nur negativ, nicht aber affirmativ über dasselbe Objekt prädiziert werden, z. B. **Martin ist groß und klein. Martin ist weder groß noch klein.* (c) In der unspezifizierten Grundform bezeichnen sie die Pole oder Polbereiche einer Eigenschaftsskala, relativ zu einer Erwartungs-/Wertungsnorm (↗ Heckenausdruck), die entweder asymmetr.-polnah ist (z. B. *sauber/schmutzig*) oder einen mittleren Normalbereich bildet, der von Fall zu Fall variieren kann: *Die große Maus sitzt unter dem kleinen Elefanten. Dein heißer Kaffee ist mir zu kalt.* (d) Ist die Skala prinzipiell quantifizierbar und die Polarität symmetr., dient das unmarkierte der beiden Lexeme (↗ Markiertheit) im Verein mit Maßangaben als neutrales ↗ Hyperonym: *Mein Enkel ist jetzt vier Tage alt. Das winzige, 1/10 mm große Insekt.* (e) Antonyme können i. d. R. vergleichend prädiziert werden. Komparative Aussagen sind im Maße der Polsymmetrie (denotativ) ↗ konvers: *Geparden sind kleiner/schneller als Löwen ≡ Löwen sind größer/langsamer als Geparden.* Für asymmetr. und für nicht-quantifizierende, ›äquipollente‹ (Rachidi 1989; ↗ Äquipollenz) A. trifft dies zumeist nicht zu: *Katzen sind sauberer als Hunde ≢ Hunde sind schmutziger als Katzen. Carola ist schöner/fröhlicher als Beate ≢ Beate ist hässlicher/trauriger als Carola.* (f) Gelegentl. werden Skalen durch mehr als ein Antonymenpaar gegliedert: *heiß, warm, kühl, kalt.* (g) Auch in anderen Wortarten gibt es deadjektivisch gebildete Antonymenpaare: *verlängern/verkürzen, Länge/Kürze.* – A. wird lexikographisch erfasst in Antonymenwörterbüchern, in denen zu jedem gebuchten Lemma ein oder mehrere Antonyme genannt sind. **Lit.** J. J. Katz, Semantic Theory. N. Y. 1972. – J. Lyons, Structural Semantics. Oxford 1963. – Ders., Semantics. 2 Bde. Cambridge 1977. – O. Gsell, Gegensatzrelationen im Wortschatz roman. Spr. Tübingen 1979. – D. A. Cruse, Lexical Semantics. Cambridge 1986. – M. Bierwisch & E. Lang (Hgg.), Grammat. und konzeptuelle Aspekte von Dimensionsadjektiven. Bln. 1987. – R. Rachidi, Gegensatzrelationen im Bereich dt. Adj. Tübingen 1989. – Ch. Agricola & E. Agricola, Wörter und Gegenwörter. Antonyme der dt. Spr. Mannheim ²1992. – E. Lang, A. im Lexikon und im Wb. Ddf. 1994. – W. Müller, Das Gegenwort-Wb. Ein Kontrastwb. mit Gebrauchshinweisen. Bln., N. Y. 1998. – A. J. Lehrer, Gradable Antonymy and Complementarity. HSK 21.1, 498–506. – A. Cruse, Meaning in Language. Oxford ²2004. – S. Heusinger, Die Lexik der dt. Gegenwartssprache. Paderborn 2004.   RB

Antwort Illokutiver Akt, der durch seine Zweitstellung in der elementaren Sprechhandlungssequenz Frage-Antwort gekennzeichnet ist. Dies wird in der ↗ ethnomethodologischen Analyse unter dem Stichwort des »benachbarten Paars« (↗ Adjacency pair) zum zentralen analyt. Bestimmungspunkt gemacht. Häufig sind A. ↗ Assertionen. Die Bindung der A. an die ↗ Frage weist auf den interaktiven Charakter auch der scheinbar isoliertesten Sprechhandlung, der Assertion, hin. Diese Bindung ermöglicht eine Handlungsanalyse auch der Assertion. **Lit.** ↗ Frage.   E

Antwortpartikel Subklasse der Wortart ↗ Partikel, bspw. *ach was, bitte, danke, denkste, doch, ja, nein, okay.* A. sind unflektierbar, betonbar und fungieren als Antworten auf Fragen; deshalb werden sie als ›Satzäquivalente‹ bezeichnet. Eine scharfe Abgrenzung zu den ↗ Interjektionen ist nicht möglich, da beide Klassen kaum syntakt. Funktionen im Satz übernehmen können und außerhalb des Satzrahmens stehen; ↗ Satzwort.   SO

Anyi ↗ Kwa-Sprachen

Anywa ↗ Nilotische Sprachen

Anywhere-Regeln ↗ Extrinsische Regelanordnung

Anzeichen ↗ Index 1.

Anzeigewort ↗ Pronomen

Äolisch ↗ Altgriechisch

Aorist m. (griech. ἀόριστος (aoristos) ›unbestimmt‹) Formkategorie des Verbalparadigmas einiger idg. Spr., z. B. des Altind., Griech., Aksl., Bulgar. Der A. dient ursprüngl. dem Ausdruck des ↗ perfektiven ↗ Aspekts, ist also keine Tempusform, auch wenn er i. d. R. Vergangenes bezeichnet. Der A. wird verwendet zur Bez. abgeschlossener Vorgänge bzw. Handlungen; ↗ Resultativ, ↗ Narrativ. In der Gräzistik wird unterschieden zwischen ingressivem (z. B. ἐθαύμασα (ethaumasa) ›ich muss mich wundern‹ (mich hat Verwunderung ergriffen) und effektivem A. (z. B. ἀπέπτυσα (apeptysa) ›pfui‹, lit. ›ich habe soeben ausgespuckt‹). Der effektive A. wird vielfach in histor. Berichten verwendet und ist dem lat. histor. ↗ Perfekt äquivalent. Auf Zukünftiges bezieht sich der griech. sog. *prophetische* A., den (z. B. in konditionalen Ausdrücken) eine unvermeidliche Folge eines anderen Vorgangs bezeichnet werden kann. Der griech. sog. *gnomische* A. wird in allgemeinen, sprichwörtl. Sentenzen verwendet; ↗ gnomisch.   G, GS

Aoriststamm ↗ Tempusstamm

Apabhra'sa ↗ Mittelindische Sprachen

Apache ↗ Athabaskische Sprachen, ↗ Na-Dene-Sprachen

Apagogisch ↗ Beweis

Apalaí ↗ Karibische Sprachen

Apex m. (lat. ›Spitze‹) Oberer spitzer Winkel einiger lat. Versalbuchstaben, z. B. bei A, N, M.   G

Apex linguae ↗ Apikal, ↗ Zunge

Aphärese f. (griech. ἀφαίρεσις (afairesis) ›das Wegnehmen‹. Auch: ēlīsiō inversa, ↗ Deglutination)

In der klass. Philologie Bez. für die Tilgung eines kurzen Vokals im Wortanlaut nach wortfinalem langem Vokal oder Diphthong, z. B. griech. γενήσομαι ἐγώ > γενήσομαι ᾽γώ ›ich werde sein‹.   GS

Aphasie f. (griech. ἀφασία (afasia) ›Sprachlosigkeit‹) Oberbegriff für zentrale, aufgrund von Hirnschädigungen durch Tumor, Trauma, Gefäßerkrankung, Unfall u. a. ↗ erworbene Sprachstörung, bei der je nach Lokalisation, Art und Umfang der Schädigung die Rezeption und Produktion ↗ gesprochener Sprache auf verschiedenen Ebenen unterschiedl. stark beeinträchtigt sind; ↗ Agrammatismus, ↗ Paragrammatismus, ↗ Brocasches Zentrum, ↗ Wernickesches Feld. Die A. sind abzugrenzen von sprachl. Störungen aufgrund von sensor. Behinderung (z. B. Hörschädigung), geistiger Behinderung oder psych.-emotionalen Ursachen. In der neuroling. und -psycholog. Forschungslit. findet sich eine Vielfalt von Syndromtypen und -untertypen, die sich jedoch nach Huber zu 4 Standardsyndromen der A. zusammenfassen lassen. **Lit.** A. R. Luria, Basic Problems of Neurolinguistics. The Hague 1976. – C.-W. Wallesch & A. Kertersz, Clinical Symptoms and Syndromes of Aphasia. HSK 8, 98–119. – J. Tesak, Einführung in die Aphasiologie. Stgt. 1997. – J. Tesak, Geschichte der A. Idstein 2001. – W. Huber, K. Poeck & D. Weniger, A. In: W. Hartje & K. Poeck (Hg.), Klin. Neuropsychologie. Stgt., N. Y. ⁵2002, 93–173.   GT

Aphemie f. Veraltet für ↗ Aphasie.   GT

Aphonie f. (griech. ἀφωνία (afōnia) ›Sprachlosigkeit, Verstummen‹) Psychogene traumat. bedingte schwere Stimmstörung, die sich in Stimmlosigkeit, verhauchtem oder stimmlosem Sprechen manifestiert; ↗ Dysphonie.   GT

Aphorismus (griech. ἀφορίζειν (aforizein) ›abgrenzen, definieren‹). Ursprüngl. im Corpus Hippocraticum (400 v. Chr.) die kurze, prägnante Formulierung erprobter medizin. und anderer Lebenserfahrungen. Kurzer, treffsicherer, provokativ oder witzig in ↗ Prosa geformter Gedanke, der sich rhetor. Mittel wie z. B. ↗ Antithese, ↗ Ironie, ↗ Paradoxon, ↗ Parallelismus, ↗ Wortspiel bedient und sprachl. oft in lapidarer Kürze und Schärfe, aus der Perspektive einer skep.-krit. Denkhaltung heraus, Stellung bezieht. In der Antike Vorformen bei Hippokrates und Marc Aurel, im 16. Jh. Sammlung antiker A. durch Erasmus, in der heutigen Ausprägung zuerst bei den frz. Moralisten La Rochefoucauld, Pascal, Montesquieu, Chamfort u. a. In Deutschland hat G. Ch. Lichtenberg (1742–1799) in Orientierung an der aphorist. Gedankenführung der Essais von M. de Montaigne und in Anlehnung an die engl. Aphoristik von F. Bacon die Form des A. geprägt, z. B. »Dann gnade Gott denen von Gottes Gnaden« (Lichtenberg). Im Ggs. zu ↗ Sentenz und ↗ Sprichwort werden sog. ›allgem. Wahrheiten‹ durch den A. eher in Frage gestellt; didakt. Optimismus wird gemieden.

Lit. F. A. Mauthner, Der A. als lit. Gattung. Zs. f. Ästhetik und allgemeine Kunstwiss., 27, 1933, 2. – S. Fedler, Der A. Begriffspiel zwischen Philosophie und Poesie. Stgt. 1992. VS

Aphrasie Veraltet für / Aphasie. GT

API (Association Phonétique Internationale. Auch: IPA, International Phonetic Association, Weltlautschriftverein) Ältester, als *The Phonetic Teacher's Association* 1886 von P. Passy (frz. Phonetiker,

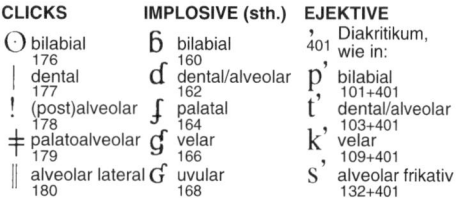

CLICKS		IMPLOSIVE (sth.)		EJEKTIVE	
⊙	bilabial 176	ɓ	bilabial 160	ʼ₄₀₁	Diakritikum, wie in:
ǀ	dental 177	ɗ	dental/alveolar 162	pʼ	bilabial 101+401
ǃ	(post)alveolar 178	ʄ	palatal 164	tʼ	dental/alveolar 103+401
ǂ	palatoalveolar 179	ɠ	velar 166	kʼ	velar 109+401
ǁ	alveolar lateral 180	ʛ	uvular 168	sʼ	alveolar frikativ 132+401

Das Zeicheninventar der API – nichtpulmonale Konsonanten (die Ziffern geben die den Symbolen zugeordneten IPA-Nummern an)

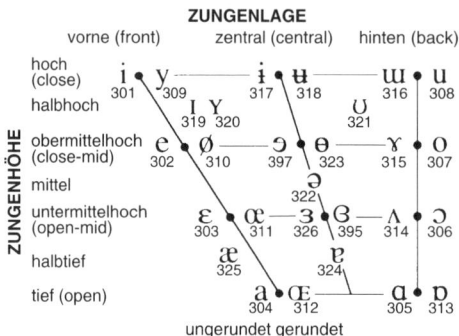

ZUNGENLAGE

Das Zeicheninventar der API – Vokale (die Ziffern unter den Symbolen geben die diesen zugeordneten IPA-Nummern an)

169	ʍ stl. velar-labialer Frikativ	ɕ ʑ alveolo-palatale Frikative 182 183
170	w sth. labial-velarer Approximant	ɺ alveolarer lateraler Schlag 181
171	ɥ sth. labial-palataler Approximant	ɧ gleichzeitig ʃ und x 175
172	ʜ stl. epiglottaler Frikativ	Doppelartikulationen und Affrikaten
174	ʢ sth. epiglottaler Frikativ	können durch Klammerung
173	ʡ epiglottaler Plosiv	gekennzeichnet werden:

k͡p t͡s
433 (509)

Das Zeicheninventar der API – weitere Symbole (die Ziffern geben die den Symbolen zugeordneten IPA-Nummern an)

ARTIKULIERENDES ORGAN	labial			apikal/laminal				dorsal	(uvular)		glottal	
ARTIKULATIONS-STELLE	bilabial	labio-dental	dental	alveolar	post-alveolar	retroflex	palatal	velar	uvular	pharyn-gal	glottal	
ARTIKULATIONS-MODUS	stl. sth.											
plosiv	p b 101 102			t d 103 104		ʈ ɖ 105 106	c ɟ 107 108	k g 109 110	q ɢ 111 112		ʔ 113	
nasal	m 114	ɱ 115		n 116		ɳ 117	ɲ 118	ŋ 119	ɴ 120			
gerollt	ʙ 121			r 122					ʀ 123			
geschlagen				ɾ 124		ɽ 125						
frikativ	ɸ β 126 127	f v 128 129	θ ð 130 131	s z 132 133	ʃ ʒ 134 135	ʂ ʐ 136 137	ç ʝ 138 139	x ɣ 140 141	χ ʁ 142 143	ħ ʕ 144 145	h ɦ 146 147	
lateral-frikativ				ɬ ɮ 148 149								
approximant		ʋ 150		ɹ 151		ɻ 152	j 153	ɰ 154				
lateral-approximant				l 155		ɭ 156	ʎ 157	ʟ 158				

schraffierte Flächen kennzeichnen unmögliche Artikulationen

Das Zeicheninventar der API – pulmonale Konsonanten (die Ziffern unter den Symbolen geben die diesen zugeordneten IPA-Nummern an)

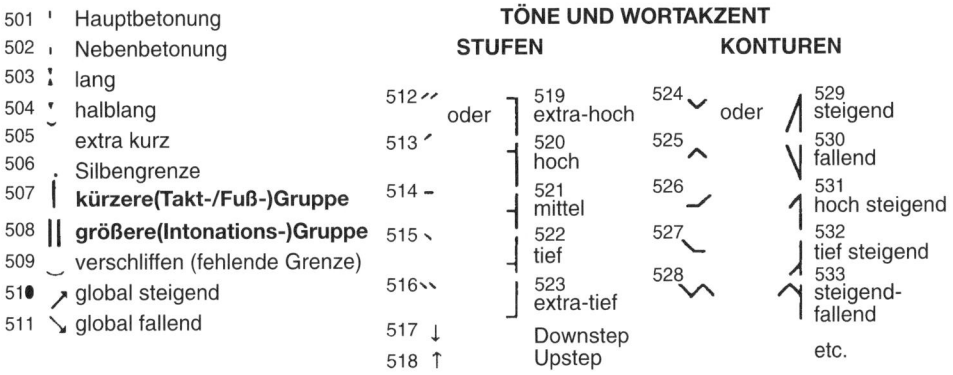

402 stimmlos ŋ̥ d̥	411 gerundeter ɔ̹	420 labialisiert tʷ dʷ	424 nasaliert ẽ
403 stimmhaft s̬ t̬	412 weniger gerundet ɔ̜	421 palatalisiert tʲ dʲ	425 nasale Lösung dⁿ
404 aspiriert tʰ dʰ	413 vorverlagert u̟	422 velarisiert tˠ dˠ	426 laterale Lösung dˡ
405 behaucht b̤ a̤	414 rückverlagert i̠	423 pharyngalisiert tˤ dˤ	427 ungelöst d̚
406 laryngali-siert b̰ a̰	415 zentralisiert ë	428 velarisiert od. pharyngalisiert ɫ
407 linguolabial t̼ d̼	416 mittel-zentralisiert ë̽	429 erhöht e̝ ɹ̝ (ɹ̝ = sth. alveolarer Frikativ)
408 dental t̪ d̪	417 vorverlagerte Zungenwurzel e̘	430 erniedrigt e̞ β̞ (β̞ = sth. bilabialer Approximant)
409 apikal t̺ d̺	418 rückverlagerte Zungenwurzel e̙
410 laminal t̻ d̻	419 rhotaziert ɚ	431 silbisch l̩	432 nichtsilbisch e̯

Das Zeicheninventar der API – Diakritika
(die Ziffern geben die den Symbolen zugeordneten IPA-Nummern an)

501 ˈ Hauptbetonung		**TÖNE UND WORTAKZENT**	
502 ˌ Nebenbetonung		**STUFEN**	**KONTUREN**
503 ː lang			
504 ˑ halblang	512 ̋ oder	519 extra-hoch	524 ̌ oder 529 steigend
505 ̆ extra kurz	513 ́	520 hoch	525 ̂ 530 fallend
506 . Silbengrenze	514 –	521 mittel	526 ᷄ 531 hoch steigend
507 | **kürzere(Takt-/Fuß-)Gruppe**	515 ̀	522 tief	527 ᷅ 532 tief steigend
508 ‖ **größere(Intonations-)Gruppe**	516 ̏	523 extra-tief	528 ᷈ 533 steigend-fallend
509 ‿ verschliffen (fehlende Grenze)			
510 ↗ global steigend	517 ↓	Downstep	etc.
511 ↘ global fallend	518 ↑	Upstep	

Das Zeicheninventar der API – Suprasegmentalia
(die Ziffern geben die den Symbolen zugeordneten IPA-Nummern an)

1859–1940) gegründeter Verein, der die Förderung der Phonetik zum Ziel hat, insbesondere die Standardisierung der phonet. ↗ Transkription (IPA = International Phonetic Alphabet, 1. Fassung 1888; letzte Überarbeitung 1993 (korr. 1996), vgl. JIPA 25, 1 (1995), »Preview of the IPA Handbook« und dortige Tab. nach S. 24; den Transkriptionssymbolen wurden auf der ›Kiel Convention‹ 1993 für die eindeutige Computercodierung dreistellige IPA-Nummern (vgl. Abb. auf den beiden folgenden Seiten) zugeordnet. (http://www.arts.gla.ac.uk/IPA/ipa.html). Zs.: *Dhi Fonètik Tîtcer* (1886–1888), *Le Maître Phonétique* (1889–1970), beide in einzelsprachl. Lautschrift, seit 1971 in engl. Orthographie als *Journal of the International Phonetic Associa-*tion (JIPA). **Lit.** Handbook of the International Phonetic Association. Cambridge 1999. – The Principles of the International Phonetic Association. Ldn. 1949 (letztes Reprint 1984). **PM**

Apikal, Apikallaut m. (lat. apex ›Spitze‹. Auch: Zungenspitzenlaut) Mit der Zungenspitze an unterschiedl. ↗ Artikulationsstellen gebildeter (und nach diesen bezeichneter) konsonant. Sprachlaut (↗ Koronal): am Zahndamm: (apiko-) alveolar (↗ Alveolar), an den oberen Schneidezähnen: (apiko-/ad-) dental (↗ Dental), an der Oberlippe: apiko-labial (↗ Labial), am harten Gaumen: ↗ retroflex. **PM**

Apiko-alveolar ↗ Apikal
Apiko-dental ↗ Apikal, ↗ Addental
Apiko-labial ↗ Apikal

Apinayé ↗ Ge-Sprachen
Apodiktisch ↗ Modallogik
Apodosis ↗ Protasis
Apokoinou n. (griech. eigentl. σχῆμα ἀποκοινοῦ (schēma apokoinou) oder lat. cōnstrūctiō apokoinou ›vom Gemeinsamen‹) ↗ Rhetorische Figur, bei der in zwei topolog. benachbarten Sätzen (oder Syntagmen) ein Satzglied (oder Teilsyntagma) nur einmal realisiert wird. Es steht i. d. R. an der Kontaktstelle der beiden Sätze (oder Syntagmen); ↗ Zeugma. In der antiken und v. a. der mittelalterl. Dichtung (Spielmanns- und Heldenepos) belegt. Umgangssprachl. Rahmenstellung (»du machst a zu a scheenes Gebete machst du immer«, G. Hauptmann, »Die Weber«, V) ist kein A. i. e. S., auch nicht das sog. Satz-A., bei dem ein Hauptsatz zwischen zwei von ihm abhängigen Nebensätzen steht (»Was sein Pfeil erreicht, das ist seine Beute, was da kreucht und fleucht«, Schiller, »Wilh. Tell«, III, 1).   STE
Apokopat m. (griech. ἀποκοπή (apokopē) ›Abschneiden‹) Lehnübersetzung des arab. grammat. Terminus für die ›abgeschnittene‹ Imperfektform ohne Endvokal. Die ursprüngl. präteritale Funktion des A. ist nur noch in Verbindung mit *lam* ›nicht‹ erhalten: *lam yasmaᶜ* ›er hörte nicht‹. Daneben hat der A. mit *li-* oder der Neg. *lā* ↗ Jussiv-Funktion, z. B. *li-yadhul* ›er soll eintreten‹, *lā taqtul* ›du sollst nicht töten, töte nicht!‹.   WI
Apokope f. (auch: Abstoßung) Wegfall (↗ Elision) auslautender (im Ggs. zur ↗ Synkope) Vokale und Konsonanten (z. B. dt. *dem Mann(e)*).   PM
Apophonie ↗ Ablaut
Aposiopese f. (griech. ἀποσιώπησις (aposiōpēsis) ›das Verstummen‹) ↗ Rhetorische Figur der Auslassung. Affektives oder affektiv scheinendes und damit berechnetes Abbrechen eines begonnenen Satzes (↗ Satzabbruch) oder Auslassen eines Gedankens mitten in der Rede, so dass die ausgelassene Äußerung dennoch ergänzt und damit verstanden werden kann. Kann u. a. der Spannungssteigerung, dem Ausdruck von Besorgnis, von Ergriffenheit, Zorn oder einer Drohung o. ä. dienen.   VS
A-Position (auch: Argument-Position) Seit der ↗ REST Bez. für eine syntakt. Position, in welcher eine ↗ thematische Rolle zugewiesen werden kann, z. B. Subj.- und Obj.-Positionen. Die Unterscheidung von A-P.en und Non-A-P.en (= A-bar-Positionen) ist z. B. in der ↗ Bindungstheorie relevant, in welcher zwischen Bindung einer ↗ Anapher mit einem ↗ Antezedens in einer A-P. (= A-Bindung) und der Bindung einer Variablen mit einem ↗ Antezedens in einer Non-A.-P. (= A-bar-Bindung) unterschieden wird. Die ↗ NP-Bewegung (z. B. bei einer ↗ Anhebung wie in [*John₁ seems* [*t₁ to have won*]]) erfolgt stets in eine A-P.; die ↗ w-Bewegung in eine Non-A-P. **Lit.** ↗ Bewegung.   F
Aposteriorisch ↗ Plansprache
Apostroph m. (griech. ἀποστροφή (apostrofē) ›Abwendung‹. Auch: Auslassungszeichen) ↗ Diakri-

tikon in Gestalt eines kurzen vertikalen, nach links gebogenen Häkchens rechts oben neben dem modifizierten ↗ Buchstaben. Im Dt. wird der A. zur Markierung von sog. Auslassungen (↗ Elision) eingesetzt (z. B. *'s ist Krieg* (M. Claudius), *so'n Quatsch*), bei Tilgung des Suffixes *-e* bei Subst. und Verben (z. B. *Sünd', Händ', ich sitz' hier und wart' auf dich*), bei Tilgung des ⟨i⟩ im Suffix *-ig* (z. B. *sünd'ger, wen'ge*) und zur Markierung des Genitivs in Wörtern mit [s] im Auslaut (in Konkurrenz mit dem Suffix *-ens*), z. B. *Hans' Freundin, Lutz' Schreibtisch, Obelix' Hinkelstein.* In anderen Spr. hat der A. unterschiedliche Funktionen, die nur im Rahmen einer Analyse des jeweiligen ↗ Schriftsystems geklärt werden können. **2.** In Verbindung mit einem griech. Schriftzeichen Zahlsymbol, z. B. α' = 1, β' = 2, γ' = 3 usw.   G
Apostrophe f. (griech. ἀποστροφή (apostrofē) ›Abwendung‹. Auch: Aversio) Urspr. in att. Gerichtsreden Abwendung des Redners von den Richtern und Anrede des Prozessgegners, dann rhetor. (Gedanken-) Figur der Abwendung des Redners oder des Dichters vom Publikum und direkte Anrede an vom Redner überraschend gewähltes Zweitpublikum (abwesende lebende oder tote Personen, Götter) oder an Naturerscheinungen und Abstrakta, die durch die A. personifiziert werden. Die A. ist ein Merkmal der feierlichen kult. Lyrik (z. B. der Hymne) und tritt oft auf z. B. in der Form der feierlichen pathet. invocātiō ›Anrufung‹ der Götter und Musen im klass. Epos (z. B. in Homers Odyssee I, 1), Gottes (»Ach Gott, wie ist verderbt die Welt«, Hans Sachs) und Heiliger. Häufig in Eingangsformeln von Urkunden u. ä.; auch in Verwünschungen und beim Fluchen.   VS
Apostrophic genitive ↗ Sächsischer Genitiv
Appellativierung Bez. für einen semant. definierten Wortbildungstyp, dessen Produkt eine Gattungsbez. ist, z. B. *deutsch → Deutsche(r)*; ↗ Nomen commune, ↗ Appellativum.   ES
Appellativum n. (lat. appellātiō ›Benennung‹. Auch: Nomen appellativum, Nomen commune, Gattungsbezeichnung, Gattungsname, Individuativum. Engl. appellative noun, count noun, common noun, frz. appellatif, nom commun) Teilklasse der Substantive, neben den ↗ Eigennamen Unterklasse der ↗ Konkreta. Die A. werden weiter unterteilt in Kollektiva (↗ Kollektivum) und ↗ Stoffbezeichnungen. A. bezeichnen die Mitglieder von Klassen von gleichwertigen gegenständl. Erscheinungen, namentl. Personen, Lebewesen und Dinge, z. B. *Knabe, Goldfisch, Heckenrose, Gartenteich.* Ein A. bezeichnet i. d. R. alle existierenden Sorten und alle individuellen Exemplare einer Gattung: z. B. Hund: {*Pudel, Dackel, Dogge* usw., *Nachbar Müllers Fiffi, der Köter im Hinterhof bei Meiers Oma* usw.}. Es gibt A., die aus Eigennamen entstanden sind, z. B. *Diesel* (Rudolf Diesel, 1858–1913), *Marxismus, Genscherismus, Zeppelin* (Ferdinand Graf von Zeppe-

Apposition 51

lin, 1837–1917), und es gibt Eigennamen, die aus A.
entstanden sind, z. B. Familiennamen wie *Beck(er), Zimmermann, Schwertfeger.* A. treten i. d. R. sowohl im Sg. als auch im Pl. auf und gelten als prototyp. Vertreter der Wortklasse Subst.   G

Appellfunktion ↗ Axiomatik der Sprachwissenschaft

Apperzeption (lat. perceptiō ›Auffassung, Erkenntnis‹) Im Unterschied zur eher passiven Rezeption und Perzeption meint A. das aktive, bewusste und willentl. Erfassen von Wahrnehmungs- und Denkinhalten. In der Sprachpsychologie des 19. Jh. spielen zwei A.theorien eine Rolle: Bei J. F. Herbart (1776–1841) und bei denen, die sich auf ihn berufen (u. a. H. Steinthal (1823–1899), M. Lazarus (1824–1903), H. Paul (1846–1921)), ist A. die bewusste Aneignung neuer Vorstellungen mithilfe der bereits vorhandenen Wissenselemente (= »apperzeptive Masse«). In der ↗ Völkerpsychologie W. Wundts (1832–1920) wird die A. der ↗ Assoziation gegenübergestellt und von dieser durch die Beteiligung von Wille und Aufmerksamkeit unterschieden. Beide Traditionen gehen auf G. W. Leibniz (1646–1716) zurück. Herbart betont den Wissens-, Wundt eher den Willensbezug der A. Der Begriff wird in der heutigen Psycholinguistik selten gebraucht.   KN

Apperzeptionstheorie ↗ Völkerpsychologie

Applikation ↗ Applikativ-generative Grammatik

Applikativ (lat. applicātus ›auf etw. gerichtet‹. Auch: Präpositionalform) Verbalableitung mit der Funktion, eine weitere NP einzuführen, die das Ziel angibt, auf die die in der Verbwurzel genannte Handlung gerichtet ist; es kann sich dabei um eine Person, einen Ort und in einigen Spr. auch um ein Instrument handeln. Der A. vereinigt in sich somit die Funktionen eines Dativs, Benefaktivs, Direktivs und (teilw.) eines Instrumentals. In den ↗ Bantusprachen hat diese Verbalableitung zumeist die Form *-i(l)-/-e(l)-*, z. B. Swahili *-som-* ›lesen‹ > *-some-* ›jdm. vorlesen‹; *-end-* ›gehen‹ > *-ende-* ›gehen nach‹.   RE

Applikativbildung Bez. für deverbale Verben (↗ Modifikation), bei denen sich mit der Ableitung auch die Argumentstruktur ändert. So hat *streichen* in *Sie streicht Farbe über den Riss* neben dem direkten Objekt eine Präpositionalergänzung, während in *überstreichen* die Präposition inkorporiert (↗ Inkorporation) und das Nominal aus der Präpositionalergänzung zum direkten Objekt wird (*Sie überstreicht den Riss mit Farbe*). Rekonstruierte Strukturen (x *streicht* y *über* z → x *überstreicht* y) beschreiben den syntakt. Ursprung solcher Bildungen. In morpholog. Hinsicht handelt es sich um Partikelverben. **Lit.** Eisenberg I, 257 ff.   ES

Applikativ-generative Grammatik (russ. applikácija, frz. application ›Abbildung, Funktion‹; lat. generātiō ›Erzeugung, Generierung‹). Ursprüngl. auf dependenzielle (↗ Dependenzgrammatik), seit 1965 auf kategorialgrammat. Strukturen (↗ Kategorial-

grammatik) gegründetes Grammatiksystem, das von S. K. Šaumjan entwickelt wurde. Im Unterschied zu grammat. Systemen, die der Tradition des an L. Bloomfield (1887–1949) orientierten amerikan. ↗ Strukturalismus folgen (G. L. Trager, C. F. Hockett, N. Chomsky), wird in der a. g. strikt unterschieden zwischen den abstrakten Repräsentationen der tieferen Sprachzusammenhänge (den Genotypen) und den sprachl. Phänomenen, die der unmittelbaren Beobachtung zugängl. sind (den Phänotypen). Zu den phänotyp. Aspekten zählt auch die lineare Anordnung der Elemente innerhalb eines sprachl. Ausdrucks (sog. ↗ Wortstellung), die in der a. g. nicht unmittelbar als lineare Anordnung abstrakter Elemente in der genotyp. Struktur dargestellt wird. Wegen der Unterscheidung zwischen Phänotypen und Genotypen nennt man die a. g. auch ein Zweistufenmodell. Die Unterscheidung wird auch getroffen für die Erfassung von Reihenfolgebeziehungen: Die genotyp. Strukturen geben nicht die lineare Anordnung von phänotyp. Strukturen wieder. In der a. g. waltet nicht die starke Hypothese der ↗ Kontiguität. – Wie in vielen Versionen der ↗ Kategorialgrammatik so sind auch in der a. g. Satz und Nomen die zwei Grundkategorien. Durch Anwendung funktionaler Ausdrücke (sog. Applikationen) werden – ganz im Stile von Kategorialgrammatiken – aus sprachl. Ausdrücken der Kategorie Nomen oder der Kategorie Satz Ausdrücke der Kategorie Nomen oder Satz. Der Aufbau der a. g. ist komplexer als der kategorialer Grammatiken. Es werden unterschieden: (a) der abstrakte Generator, der Paare isomorpher kategorialgrammat. konstruierter Strukturen erzeugt, die frei sind von lexikal. Material (frei von Wörtern), (b) der Wortgenerator, der Wörter erzeugt, (c) der Phrasengenerator, der Phrasen und Sätze (als größte Phrasen) aus Wörtern und Phrasen erzeugt, (d) der Generator von Phrasentransformationsfeldern, der z. B. russ. *bélyj sneg* (›weißer Schnee‹) in *sneg bélyj* (›der Schnee ist weiß‹) und dieses in *belizná snéga* (›das Weiß des Schnees‹) überführt. **Lit.** S. K. Šaumjan, Strukturale Ling. Mchn. 1971. – Ders., Philosophie und theoret. Ling. Mchn. 1973.   T

Apposition (lat. appositiō ›Danebengestelltes, Zusatz‹. Engl. apposition, frz. nom appositif. Auch: Zusatz, Beisatz, Beistellung) Der Terminus A. wird nicht immer einheitl. definiert und oft als Spezialfall der Attribuierung (↗ Attribut) gesehen. Es handelt sich um ein nominales Satzglied (Konstituente), in dem ein (meist) nominaler Ausdruck (↗ Appositiv) mit einem nominalen Kopf (Basis der A.) in Kasus und Numerus übereinstimmt (Eisenberg II, 254–261). Man unterscheidet zwischen enger A. und lockerer A. Die lockere A. wird durch Kommata von ihrem Bezugswort getrennt, z. B. *Ronald, der berühmte Kammersänger*, die enge Apposition nicht, z. B. *Tante Lilo, Fräulein Leni, Karl der Kahle* (↗ Beiname). Die zentralen Fälle der A.

sind A. mit Eigennamen und A. mit Maßangaben (↗ Numerativkonstruktion), die meist auf einen ↗ Genitivus partitivus zurückgehen, z. B. *eine Maß Bier, eine Kompanie Rekruten.* Mitunter sind Kern (Kopf, Basis) und Appositiv nicht zu unterscheiden, z. B. *Meister Müller, Professor Becker.* Definitor. Merkmal der Apposition ist zudem die Referenzidentität von Kern und Appositiv; der Referent des Bezugswortes wird näher bestimmt, aber die Menge der Referenten wird nicht eingeschränkt (↗ Relativsatz). Anders als ↗ Parenthesen (*Rudolf – er ist unser Obergrammatiker –*) unterbrechen A. (*unser Obergrammatiker Rudolf*) nicht die lineare Struktur von Sätzen. Beispiele für nichtnominale A. sind *wir Bürger, hinten in der Türkei.* – Es ist umstritten, ob ein gleichsetzendes *als* eine A. darstellt, z. B. *Ich als dein Freund*; *Hartmuts Aufgabe als Pastor.* **Lit.** H. Seiler, Relativsatz, Attribut und A. Wiesbaden 1960. – E. Löbel, A. und Komposition in der Quantifizierung. Tübingen 1986. – W. Hackel, Einige appositionelle Syntagmen in der dt. Gegenwartsspr. Ffm. 1995. – J. C. Freienstein, Das erweiterte Appositiv. Tübingen 2008.   C, RL

Appositiv Die Funktion einer ↗ Apposition ausübend. Zugleich etabliert sich der Sprachgebrauch, dass eine Apposition aus einer Basis und einem A. besteht. **Lit.** ↗ Apposition.   RL

Apprecatio ↗ Diplomatik

Appreziator (lat. apprētiāre ›einschätzen‹; engl. to appraise, frz. apprécier ›dass.‹) Ein A. (appraisor) ist in der Theorie der ↗ Signifikationsmodi von Ch. W. Morris ein Zeichen, das ein »Valuatum« (Präferenzwert) »im Rahmen eines Positiv-Negativ-Kontinuums« signifiziert. Morris denkt dabei nicht nur an Adj. wie *gut, miserabel,* sondern auch an ↗ Designatoren mit appraisivem Gehalt wie *Feigling, Erfolg* (↗ Konnotation 2b), die in best. Kontexten (vorwiegend) als A. fungieren; ↗ Aktuelle Bedeutung. **Lit.** ↗ Signifikationsmodus.   RB

Approximant ↗ Öffnungslaut

Approximativ (lat. ad ›zu‹, proximus ›der nächste‹) Durch Affixe ausgedrückte Vergleichsstufe, die eine unvollständige Qualität bezeichnet, z. B. tschetschen. *sijna* ›dunkelblau‹ vs. *sijnuo* ›bläulich‹, georg. *mo-did-o* ›nicht sehr groß‹ vs. *did-i* ›groß‹; ↗ Graduierung, ↗ Komparation.   G

Apraxie f. (griech. ἀπραξία (apraxia) ›Untätigkeit‹) Erworbene zentrale Störung der willentl. Organisation und Koordination von Einzelbewegungen und Bewegungsabläufen bei erhaltener Beweglichkeit der entsprechenden Körperteile. Im Gegensatz zur ↗ Dysarthrie ist eine Sprech-A. durch inkonsistente Artikulationsfehler und Ersetzungen gekennzeichnet. Beeinträchtigungen des Schreibens werden als aprakt. ↗ Agraphie bezeichnet. **Lit.** J. C. Rosenbek, Speech Apraxia. HSK 8, 288–295. – W. Ziegler, Sprechapraxien bei Erwachsenen. In: M. Grohnfeldt (Hg.), Lehrbuch der Sprachheilpädagogik und Logopädie Bd. 2: Erscheinungsformen

und Störungsbilder. Stgt. 2001, 262–268. – K. Poeck, A. In: W. Hartje & K. Poeck (Hg.), Klin. Neuropsychologie. Stgt., N. Y. ⁵2002, 203–226. GT

Apriorisch ↗ Plansprache

Aprosdoketon n. (griech. ἀπροσδόκητον (aprosdokēton) ›Unerwartetes‹) ↗ Rhetorische Figur, unerwarteter Ausdruck (Wort, Redewendung) anstelle eines vom Hörer oder Leser zu erwartenden; z. B. »…(Trompeten), die den Marsch blasen, die griechischen den Trojanern, die trojanischen – na, wem wohl?« (statt: *den Griechen*; R. Hagelstange, »Spielball der Götter«).   SF

Äquativ (lat. aequus ›gleich, gleichartig‹) Im Dt. morpholog. unmarkierte, in *(genau)so … wie* lexikalisierte Form des Vergleichs zwischen Adj. oder Adv. im ↗ Positiv in ↗ Vergleichssätzen, z. B. *Jenny ist (genau) so groß wie Maja* bzw. *Maja läuft (genau) so schnell wie Jenny.*   G

Äquipollent, Äquipollente Opposition ↗ Opposition

Äquipollenz f. (lat. aequipollēns ›gleichviel geltend‹) Log. Gleichberechtigung zwischen den Gliedern eines Gegensatz(paar)es: Keines der Glieder ist ledigl. als Negation (↗ privativ) oder graduelle Ausprägung einer von einem anderen Glied bezeichneten Eigenschaft, jedes vielmehr durch ein eigenes positives Merkmal charakterisiert: z. B. *weiblich/männlich*; *beginnen/beenden*; *Stadt/Land*; *Pro-/Haupt-/Oberseminar*; *Osten/Süden/Westen/Norden.* Äquipollente Gegensatzpaare sind nicht polar i. e. S.; ↗ Polarität (1.).   RB

Äquivalenz (lat. aequus ›gleich, gleichartig‹, valēns ›wirksam‹. Auch: Bisubjunktion. Engl., frz. equivalence) **1.** In der ↗ formalen Logik durch ↗ Junktoren ausgedrückte Verknüpfung zweier elementarer Aussagen p und q (symbol. $p \leftrightarrow q$ oder $p \equiv q$). Bei der Ä. liegt eine Aussagenverknüpfung vor, welche dann wahr ist, wenn entweder sowohl p als auch q wahr oder beide falsch sind; in allen anderen Fällen ist sie falsch. In einer ↗ Wahrheitswert-Tabelle lassen sich die Aussagenverknüpfungen wie folgt darstellen:

p	q	$p \leftrightarrow q$
w	w	w
w	f	f
f	w	f
f	f	w

Ä. kann ebenso als bilaterale ↗ Implikation charakterisiert werden, nämlich dann, wenn gilt: $p \leftrightarrow q$ = $(p \rightarrow q) \cap (q \rightarrow p)$. Der Sinn dieser Aussagenverknüpfungen weicht von dem der Umgangsspr. erhebl. ab: Dort nennen wir zwei Aussagen äquivalent, wenn p dieselbe Bedeutung wie q hat, z. B. (p) *Dieses Dreieck ist gleichseitig* und (q) *Dieses Dreieck hat drei gleiche Seiten*; ↗ Bikonditional. SN – **2.** ↗ Korrelation. **3.** In der Mengenlehre bedeutet Ä., dass beide Elemente sich eindeutig zuordnen lassen. PR

– **4.** Die definitor. Ä. besagt, dass zwei Ausdrücke dadurch auseinander hervorgehen, dass der definierte Ausdruck durch den definierenden ersetzt wird. PR
Äquivalenzregel ↗ Etalonsprache
Äquivalenzrelation ↗ Synonymie
Äquivokation (lat. aequivocus ›doppelsinnig, mehrdeutig‹. Engl., frz. equivocation) Lexikal. Mehrdeutigkeit (↗ Bisemie, ↗ Polysemie, ↗ Homonymie), speziell i. S. der Polysemie, vom bisemen *Aas* (›Tierleiche‹, ›gemeiner Mensch‹) bis zum überaus polysemen *Zug* (das »Große Wörterbuch der dt. Sprache« verzeichnet 24 Teilbedeutungen). Wenn sich dieselbe Merkmalsopposition in einer größeren Gruppe lexikal. Einheiten findet, spricht man von systemat. Ä., z. B. bei der Vorgang-/Resultat-Bisemie bei vielen ↗ verba actionis (*Arbeit, Bildung, Wurf*) oder bei der Ort-/Richtung-Dichotomie von Präpositionen mit Dat. und Akk. RB
Arabisch ↗ Semitische Sprache mit ca. 230 Mio. Sprechern in den arab. Staaten sowie von Minderheiten in den Nachfolgestaaten der UdSSR, Afghanistan, dem Iran und der Südosttürkei. In den arab. Staaten ist die Sprachsituation durch ↗ Diglossie gekennzeichnet, d. h. der gemeinsamen arab. Hochspr. steht eine Vielzahl arab. Dialekte gegenüber, die als S1 erworben und im Alltag verwendet werden, während die Hochspr. erst in der Schule gelernt und auf das öffentl. und religiöse Leben beschränkt ist: Karte ↗ Afrikanische Sprachen, im Anhang. – Ende des 19. Jh. wurden auf der arab. Halbinsel in südarab. Schrift geschriebene ↗ Graffiti aus dem 6. Jh. v. bis 4. Jh. n. Chr. entdeckt, die eine Vorstufe zum Altarab. darstellen. Im 5. Jh. n. Chr. erscheint eine voll ausgebildete Literaturspr. der Dichter, Redner und Wahrsager, die als Hochspr. neben den Dialekten der verschiedenen Stämme existierte und in der auch der Koran geschrieben ist. Mit den arab. Eroberungen des 7. bis 8. Jh. n. Chr. dehnte sich das Verbreitungsgebiet des A. enorm aus. Abdalmalik (685–705) führte A. als Spr. der Verwaltung anstelle des ↗ Griechischen und ↗ Persischen ein. A. wurde die Spr. der muslim. Bildung und Kultur im gesamten Vorderen Orient bis Persien. Sibawayh (gest. 793) begründete die arab. Grammatiktradition, die auf der Sammlung der altarab. Dichterspr. beruht und die Ausbildung der klass. arab. Standardspr. abschließt; in der Folgezeit blieben ihre Normen in allen wesentl. Punkten unverändert. Von dieser Norm zeigten sich schon im 9. Jh. n. Chr. v. a. bei Christen und Juden, die sich dem Ideal des Hocharab. weniger verpflichtet fühlten, Abweichungen. Dieses A. mit dialektalen ↗ Interferenzen wird Mittelarab. genannt, was sich nicht auf eine best. Zeitstufe, sondern auf die Vermengung hocharab. und dialektaler Elemente bezieht. Die korrekte Anwendung des Hocharab. hängt von Bildung und Stilebene ab; private Dokumente zeigen stärkeren Einfluss der gesprochenen Dialekte als muslim. religiöse Schriften. Alle Dialekte weisen starke Differenzen zum Hocharab. auf. Gemeinsam ist ihnen die Aufgabe des alten Kasus- und Modussystems (Wegfall der kurzvokal. Endungen). ↗ Synthetische Strukturen werden durch analyt. abgelöst. So wird das Genitivverhältnis meist durch einen Genitivexponenten anstelle des ↗ Status constructus ausgedrückt. Den ↗ Dual gibt es nur noch bei Nomina. Verschiedene unregelmäßige Formen sind vereinheitlicht. Im Sprachgebiet lassen sich verschiedene Dialektgruppen unterscheiden: die Dialekte der Arab. Halbinsel (z. B. ↗ Jemenitisches Arabisch), ↗ Mesopotamisches Arabisch, ↗ Syrisch-Libanesisches Arabisch, ↗ Ägyptisch-Arabisch, ↗ Maghrebinisches Arabisch, die Dialekte in Mauretanien, Mali, Senegal, Tschad und Nigeria (insgesamt ca. 2 Mio. Sprecher), und ↗ Sudanesisches Arabisch. Das Arab. auf Malta entwickelte sich zum heutigen ↗ Maltesisch. Das zypriotische Arab. ist nahezu ausgelöscht. Im MA wurde auch auf Sizilien und der Pyrenäenhalbinsel Arab. gesprochen. Während aus Sizilien nur spärliche Zeugnisse überliefert sind, sind die Stadtdialekte der Pyrenäenhalbinsel durch Werke des 13. und 16. Jh. gut belegt. Am meisten Prestige hat der arab. Dialekt von Kairo, der v. a. durch ägypt. Filme sehr verbreitet ist. Neben der geograph. Gliederung der Dialekte ist zwischen Ansässigen- und Beduinendialekttypen zu unterscheiden. Von Beduinen wird /q/ als [g], von Sesshaften v. a. in Großstädten als [ʔ] oder [q] gesprochen. In Beduinendialekten sind alte morpholog. Formen häufiger erhalten. **Lit.** E. Badawi, M. Carter & A. Gully, Modern Written Arabic: A Comprehensive Grammar. Ldn. 2004. – W. Diem, Hochspr. und Dialekt im A. Wiesbaden ²2006. – W. Fischer, Grammatik des Klass. Arab. Wiesbaden ⁴2006. – W. Fischer (Hg.), Grundriß der arab. Philologie. Band I: Sprachwissenschaft. Wiesbaden 1982. – P. Behnstedt & M. Woidich, Arab. Dialektgeographie. Ldn. 2005. – J. Owens, A Linguistic History of Arabic. Oxford 2006. **SSG** Universitätsbibliothek Tübingen (21). WI
Arabische Schrift Die arab. Schrift ist eine ↗ linksläufige ↗ Alphabetschrift, die sich zwischen dem 4. und 6. Jh. n. Chr. aus der nabatäischen Kursive des ↗ Aramäischen entwickelte. Die erste arab. Inschrift von Zebed (südöstl. von Aleppo) ist auf 512 n. Chr. datiert. Da ↗ Arabisch mehr konsonant. Phoneme als das Aramäische besitzt und Phoneme z. T. zusammengefallen sind, waren diese in den ältesten Denkmälern der arab. Schrift nicht unterschieden. Unter Abdalmalik (685–705) wurde das heute noch gültige System der diakrit. Punkte festgelegt, um diese Kons. in der arab. Schrift zu unterscheiden (vgl. ⟨b⟩, ⟨t⟩, ⟨t̠⟩, im Wortinneren auch ⟨a⟩, ⟨y⟩). In der Folgezeit blieben die Buchstabenformen im Wesentl. unverändert. Einige Zeichen besitzen an Wortanfang, -mitte oder -ende unterschiedl. Formen. Die Zeichen ⟨ʾ⟩, ⟨y⟩, ⟨w⟩ korrespondieren mit

Transliteration	Final	Medial	Initial	Alone	Buchstabenname
ā	ا			ا	ʔalif
b	ـب	ـبـ	بـ	ب	bāʔ
t	ـت	ـتـ	تـ	ت	tāʔ
θ	ـث	ـثـ	ثـ	ث	θaʔ
ǰ	ـج	ـجـ	جـ	ج	ǰīm
ħ	ـح	ـحـ	حـ	ح	ħāʔ
x	ـخ	ـخـ	خـ	خ	xāʔ
d	ـد			د	dāl
ð	ـذ			ذ	ðāl
r	ـر			ر	rāʔ
z	ـز		ٮ	ز	zāy
s	ـس	ـسـ	سـ	س	sīn
š	ـش	ـشـ	شـ	ش	šīn
ṣ	ـص	ـصـ	صـ	ص	ṣād
ḍ	ـض	ـضـ	ضـ	ض	ḍād
ṭ	ـط	ـطـ	طـ	ط	ṭāʔ
ð̣	ـظ	ـظـ	ظـ	ظ	ð̣aʔ
ʕ	ـع	ـعـ	عـ	ع	ʕayn
ɣ	ـغ	ـغـ	غـ	غ	ɣayn
f	ـف	ـفـ	فـ	ف	fāʔ
q	ـق	ـقـ	قـ	ق	qāf
k	ـك	ـكـ	كـ	ك	kāf
l	ـل	ـلـ	لـ	ل	lām
m	ـم	ـمـ	مـ	م	mīm
n	ـن	ـنـ	نـ	ن	nūn
h	ـه	ـهـ	هـ	ه	hāʔ
w	ـو			و	wāw
y	ـى	ـىـ	ىـ	ى	yāʔ

Zahlen

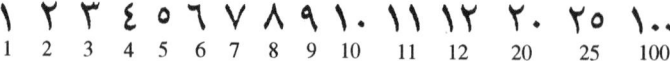

١	٢	٣	٤	٥	٦	٧	٨	٩	١٠	١١	١٢	٢٠	٢٥	١٠٠
1	2	3	4	5	6	7	8	9	10	11	12	20	25	100

Das arabische Alphabet

den entsprechenden konsonant. Phonemen, aber auch mit den Langvokalen *ā, ī, ū.* Die Kurzvokale *a* (Fatḥa), *i* (Kasra), *u* (Ḍamma), die Vokallosigkeit (Sukūn) und Verdopplung eines Kons. (Šadda) werden i. d. R. nicht geschrieben (ledigl. bei Bedarf und in wichtigen religiösen Texten durch Hilfszeichen über und unter der Schriftlinie; ↗ Vokalisierung). Nur der Koran ist durchgängig vokalisiert. Die arab. Schrift ist hauptsächl. ↗ phonographisch orientiert und keine ↗ Konsonantenschrift, auch wenn der Vokalismus nur teilweise repräsentiert wird. Die ↗ Interpunktion diente ursprüngl. nur der Verseinteilung der Koransuren, erst im 20. Jh. wird im Buchdruck syntakt. interpungiert. Mit der Ausbreitung des Islam wurde die arab. Schrift auch zur Schreibung anderer Spr. wie Persisch, Urdu, der Berbersprachen, Malaiisch, Hausa, Swahili und Türkisch (bis zu den türk. Schriftreformen der 1920er Jahre) u.a. übernommen. Sie hat aufgrund des Bildverbots in der islam. Kunst große Bedeutung (↗ Kalligraphie). Der kuf. Duktus geht auf die stark geometr. gestalteten Monumentalformen der älteren Schrift zurück, die v.a. für Korancodices verwendet wurden. Wörter werden dabei ohne Rücksicht auf grammat. Formen getrennt, um den Buchstabenabstand gleichmäßig zu halten. Der Nasḫi-Duktus (runde Schriftzeichengestaltung) charakterisiert die normale Buchschrift. Zur Vereinfachung des Schriftverkehrs im osman. Reich wurde als Kursive der Ruq'a-Duktus entwickelt. **Lit.** M.-R. Majidi, Das arab.-pers. Alphabet in den Spr. der Welt. Hamburg 1984. – M.-R. Majidi, Geschichte und Entwicklung der arab.-pers. Schrift. Hamburg 1986.   WI

Arabist 1. Person, die das Studium der arab. Spr. und Lit. betreibt; ↗ Arabisch. **2.** In Russland und in der UdSSR Bez. für Personen, die gegen die Ersetzung der arab. Graphien türk., kaukas. und iran. Spr. durch das Lateinalphabet eintraten; ↗ Latinist, ↗ Latinisierung.   G

Aragonesisch ↗ Spanisch

Arai ↗ Papua-Sprachen

Aramäisch ↗ Nordwestsemitische Spr. mit fast 3000-jähriger Geschichte. Von den Phöniziern übernahmen die Aramäer die Alphabetschrift und entwickelten bald darauf für Vokale im Auslaut ↗ matres lectionis. Vom 8. Jh. v. Chr. an verdrängte A. ↗ Akkadisch und ↗ Kanaanäisch, bis es im gesamten semit. Kulturland verbreitet war. Im 7. Jh. n. Chr. wurde es vom ↗ Arabischen abgelöst, hat sich jedoch bis heute in entlegenen Berggegenden gehalten. A. lässt sich in vier zeitl. Abschnitte einteilen: Altes A., Mittelaram., Klass. A. und ↗ Neuaramäisch. Älteste Zeugnisse des A. sind ein Staatsvertrag und nordsyr. Inschriften vom 10. bis 8. Jh. v. Chr. Dareios I. (522–486) machte A. zur einheitl. Amtsspr. des pers. Reiches. Dieses sog. Reichsaram. (engl. Imperial Aramaic), in dem auch Passagen der Bibel im Buch Esra verfasst sind, blieb

Verkehrsspr. im Vorderen Orient von Kleinasien bis Afghanistan, Ägypten und Nordarabien, bis es mit dem Sturz des Pers. Reiches (331 v. Chr.) allmähl. vom ↗ Griechischen, ↗ Persischen und verschiedenen mitteluram. Dialekten abgelöst wurde, u.a. dem ↗ Nabatäischen und ↗ Palmyrenischen. Das Klass. A. (ca. 200–1200 n. Chr.) wird in drei Gruppen eingeteilt: (1) ↗ Syrisch und eine jüd. Sprachform, in der v.a. liturg. Texte erhalten sind, (2) ↗ Mandäisch und die im Babylon. Talmud bezeugte und von Juden in Babylon gesprochene Spr. und (3) die palästinens. Gruppe mit Samaritan., das von einer jüd.-synkretist. Religionsgemeinschaft in lit. Werken vom 4. Jh. n. Chr. an bis heute in der Liturgie verwendet wird, dem galiläischen A. im Jerusalemer Talmud vom 3.-11. Jh. n. Chr. und dem aram. Dialekt der Christen Palästinas, der vom 5.-8. Jh. n. Chr. belegt ist und im 11.-12. Jh. n. Chr. in Ägypten als Kirchenspr. eine zweite Blüte erlebte. Sprecher des Neuaram. gibt es heute noch in der Nähe von Damaskus und in Sprachinseln im kurd. Sprachgebiet. **Lit.** K. Beyer, Die aram. Texte vom Toten Meer. 2 Bde. Göttingen 1984, 2004. – S. Segert, Altaram. Grammatik. Leipzig 1975. – R. Macuch, Handbook of Classical and Modern Mandaic. Bln. 1965. – R. Macuch, Grammatik des Samaritan. Aram. Bln. 1982. – O. Jastrow, Laut- und Formenlehre des neuaram. Dialekts von Mīdīn im Ṭur 'Abdīn. Wiesbaden ⁴1993. – W. Arnold, Das Neuwestaram. I–V. Wiesbaden 1989 ff.   WI

Aranda ↗ Australische Sprachen

Araona ↗ Pano-Tacana-Sprachen

Araukanisch (auch: Mapuche; Eigenbez. Mapudungun) Isolierte Spr., Sprachgebiet: Südchile (zwischen dem Bíobío-Fluss und der Reloncaví-Bucht), Süd- und Mittelargentinien (Chubut, Neuquén, Río Negro). Schätzungen der Zahl der Araukaner variieren von 200 000 bis zu einer Million. Ursprüngl. wurde das A. auch in Mittelchile (z. B. um Santiago) und auf der Insel Chiloé gesprochen. Nur ein Teil der Araukaner kennt die Spr. noch, sie sind meist zweisprachig (Span.). Das A. ist dialektal homogen. Nur die Maa. der südl. Huilliche unterscheiden sich wesentl. von dem übrigen A. Die Wortbildung erfolgt durch Serien von Suffixen. Die verbale Morphologie ist außerordentl. reich und fast durchgängig regelmäßig; ↗ Inkorporation der Objekte, Verbalkomposition. Wortstellung SVO. Karte ↗ Südamerikanische Sprachen, im Anhang. **Lit.** F. J. de Augusta, Diccionario araucano, Vol. 1, 2. Santiago de Chile 1916. – R. A. Croese, Mapuche Dialect Survey. SAIL, 1985, 784–801. – A. Salas, El mapuche o araucano. Madrid 1992. – F. Zúñiga, Mapudungun. Mchn. 2000. – I. Smeets, A Grammar of Mapuche. Bln. 2008.   AD

Arawakische Sprachen (auch: Maipuran) Die a. S. sind verteilt über große Teile Südamerikas und ursprüngl. auch über die karib. Inseln. Zur a. Sprachfamilie gehören Baure und Moxo (Bolivien), Terena und Waurá (Brasilien), Lokono (in den Guyanas), Achagua und Piapoco (Kolumbien), Amuesha, ↗ Campa und Machiguenga (Peru), das ↗ Goajiro u. v. a. Die a. S. der karib. Inseln, unter denen bes. das Taino von Kuba und Santo Domingo zu erwähnen ist, sind – das Garifuna (Black Carib) in Belize, Guatemala und Honduras ausgenommen – alle ausgestorben. Die a. S. sind bekannt durch ihre morpholog. Komplexität. Genusunterschiede (menschl.-nicht menschl., männl.-nicht männl.). Manche dt. Wörter (*Mais, Tabak*) sind arawak. Herkunft. Karte ↗ Südamerikanische Sprachen, im Anhang. **Lit.** G. Kingsley Noble, Proto-Arawakan and its Descendants. Haag 1965. – A. Tovar, Las lenguas arahuacas. Bogotá 1986. – D. L. Payne, A Classification of Maipuran (Arawakan) Languages Based on Shared Lexical Retentions. In: D. Derbyshire & G. K. Pullum, Handbook of Amazonian Languages, Vol. 3. Bln., N. Y. 1991, 355–499. – H. Ramírez, Línguas Arawak da Amazônia Setentrional. Manaus 2001. – A. Y. Aikhenvald, A Grammar of Tariana. Cambridge 2003. – S. Danielsen, Baure. Leiden 2007. **SSG** Ibero-Amerikanisches Institut Berlin (204).   AD

Arawan-Sprachen ↗ Südamerikanische Indianersprachen

Arbeitssprache ↗ Amtssprache

Arbitrarität (lat. arbitrium ›Willkür‹. Auch: Unmotiviertheit, Willkürlichkeit) Auf F. de Saussure (1857–1913) zurückgehende Bez. für die Beliebigkeit des sprachl. ↗ Zeichens. Einerseits gibt es keinen natürl. Zusammenhang zwischen dem Lautkörper (image acoustique) des Zeichens und dessen Inhalt (concept): Die Beziehung zwischen ↗ Signifikant (Bezeichnendem) und ↗ Signifikat (Bezeichnetem) ist willkürl. Darüber und über de Saussure hinausgehend ist die Relation zwischen dem tatsächl. Objekt (↗ Referent) und dem Signifikanten beliebig. Die oft als Ausnahmen angeführten ↗ Onomatopoetika (lautmalerische Wörter) sind zwar durch ihre nachahmende Bildung motiviert, dass sie dennoch arbiträr sind, zeigen ihre unterschiedl. Realisierungsformen in verschiedenen Sprachen (z. B. dt. *Kuckuck*, engl. *cuckoo*, frz. *coucou*, lat. *cuculus*, ital. *cuculo*, bulgar. *kukuvica*, russ. *kukuška*). In einigen Wortbildungsbereichen gilt das Prinzip der A. nicht: Die semantische Relation zwischen den Konstituenten der meisten ↗ Komposita ist nicht willkürlich (z. B. *Rotkehlchen, achtundzwanzig*); motivierte Wortbildungsmuster kommen bei der Affigierung vor (z. B. das Negationspräfix *un-* und das Adjektivsuffix *-lich* im Adjektiv *unfreundlich*). Außerdem ist die A. durch ↗ Konventionen innerhalb einer ↗ Sprachgemeinschaft eingeschränkt. **Lit**. De Saussure, Cours. – H. Wiese, Sprachl. A. als Schnittstellenphänomen. Habil-Schrift, Bln. 2003.   SN

Archaismus (griech. ἀρχαῖος (archaios) ›alt, altertümlich‹). Wörter, Wortformen, syntakt. Erschei-

nungen und Schreibungen, die für einen best. Zeitraum als veraltend gelten und schließl. als veraltet betrachtet werden. In der antiken ↗ Rhetorik stilist. Mittel des Redeschmucks (ornatus). – Als rhetor. ↗ Stilmittel werden A. absichtsvoll in Lit. und Poesie, polit. Rede, in der Werbung genutzt und sollen je nach Kontext zeitdistanzierend, iron. oder pathet. wirken. **Lit**. D. Cherubim, Sprach-Fossilien. Betrachtungen zum Gebrauch, zur Beschreibung und zur Bewertung der sog. A. In: H. H. Munske u. a. (Hgg.), Dt. Wortschatz. L. E. Schmitt zum 80. Geburtstag. Bln. 1988, 525–552.   VS

Archigraphem n. (griech. ἀρχι- (archi-) ›Erst-, Ober-, Ur-‹, γράφειν (grafein) ›schreiben‹) In der ↗ Schriftlinguistik mitunter analog zu ↗ Archiphonem verwendeter Begriff zur Bez. der »Neutralisierung« graphemat. Oppositionen: z. B. in lat. basierten Schriftsystemen die Aufhebung der Opposition zwischen Groß- und Kleinbuchstaben an Satzanfängen, im Dt. in der sog. Substantivgroßschreibung oder bei g vs. g, a vs. α.   G

Archilexem n. (griech. ἀρχι- (archi-) ›Erst-, Ober-, Ur-‹, λέξις (lexis) ›Wort‹. Auch: Oberbegriff, ↗ Hyperonym. Engl. archilexeme, frz. archilexème) Von Pottier und Coseriu eingeführter Begriff zur Bez. desjenigen Lexems, »dessen Inhalt mit dem eines ganzen Wortfeldes identisch« (Coseriu 1970, 167) und somit Bestandteil des Inhalts aller zum Wortfeld gehörigen Lexeme ist. So bildet z. B. *Gewässer* das A. zu Lexemen wie *Meer, See, Teich, Fluss, Bach* und *schimpfen* das A. zu Lexemen wie *keifen, meckern, rüffeln, schelten*. Das A. vertritt in Texten oft die ihm untergeordneten Lexeme und fungiert in aller Regel bei der Definition bzw. (lexikograph.) Bedeutungserklärung als ↗ Genus proximum (↗ Hyperonym); ↗ Definition, ↗ Hyperonymie, ↗ Hyponymie, ↗ Paradigma. **Lit**. E. Coseriu, Die lexemat. Strukturen. In: Ders., Sprache – Strukturen und Funktionen. Tübingen ³1979. – H. Geckeler, Strukturelle Semantik und Wortfeldtheorie. Mchn. 1971.   RB

Archiphonem n. (griech. ἀρχι- (archi-) ›Erst-, Ober-, Ur-‹, φωνή (fōnē) ›Stimme‹. Auch: Hyperphonem) In der Terminologie N. Trubeckojs (russ. Linguist, 1890–1938) die Gesamtheit der ↗ distinktiven Merkmale, die zwei ↗ Phonemen in einer aufhebbaren ↗ Opposition (↗ Aufhebungsstellung) gemeinsam ist.   PM

Arc-Pair-Grammatik ↗ Relationale Grammatik

Ardhamāgadhī ↗ Mittelindische Sprachen

Areallinguistik (Adj. zu lat. ārea ›freier, ebener Platz‹, demnach: ›ein Verbreitungsgebiet betreffend‹) Terminolog. Versuch, die sprachwiss. Erforschung ↗ diatopischer Aspekte der Spr. zusammenzufassen. Er konnte sich nicht durchsetzen, weil die darunter hauptsächl. subsumierten ↗ Dialekte als histor. Sprechweisen (und z. T. auch Schreibweisen) nicht nur diatop., sondern auch ↗ diastratische und ↗ diaphasische Prägungen aufweisen, so dass einer solchen A. der genuine sprachl. Objektbereich fehlt, andererseits mit ↗ Dialektgeographie schon ein eingeführter Terminus vorliegt. **Lit.** J. Goossens, A. LGL ²1980, 445–453. K

Arenga ↗ Diplomatik

Argobba ↗ Äthiosemitische Sprachen

Argot m. Der aus dem Frz. stammende Terminus bezeichnet verschiedene spezielle, geheime Varietäten sozialer Randgruppen (Diebe, Gauner etc.), ↗ Sondersprachen, die im Dt. als ↗ Rotwelsch, im Engl. als Cant bekannt sind; Klassenjargon mit speziellem Vokabular, geheime Diebesspr. zur Verschlüsselung vor der Außenwelt und zur Identifikation für Eingeweihte. Das Benutzen euphemist. Deckwörter ist charakterist. für den A. **Lit.** A. I. Domaschnev, Umgangsspr., Slang, Jargon. HSK 3, I, 308–315. R

Argument (lat. argūmentum ›Darstellung, Beweis‹) **1.** Bez. für eine Aussage, die im Hinblick auf eine Behauptung begründende Funktion beansprucht bzw. deren Begründungswert hinsichtl. der Behauptung anerkannt wird. Die A. besitzen eine allgemeine Struktur: Ein A. setzt sich zusammen aus der problemat. Äußerung, für die ein bestimmter Geltungsanspruch erhoben wird, und aus dem grundlegenden Prinzip oder der Regel, mit dem bzw. der dieser Anspruch etabliert werden soll. In einer Argumentation stellt ein A. oder eine Reihe von A. Schritte zur Begründung einer Aussage dar. Von einer Argumentationskette wird gesprochen, wenn jedem A. ein anderes vorausgeht und jedes A. vom Ergebnis des vorhergehenden Gebrauch macht. Eine schlüssige Argumentation, in der in einer Reihe von Argumentationsschritten jedem einzelnen zugestimmt wurde, gilt als Begründung bzw. als Beweis einer Aussage. Das Kriterium der Schlüssigkeit besteht darin, dass niemand, der den Ausgangssätzen einer Argumentation zugestimmt hat, einem A. widersprechen kann, ohne nicht einem von ihm bereits akzeptierten früheren A. zu widersprechen. – In der lat. ↗ Rhetorik und ↗ Logik werden verschiedene Arten des Begründens unterschieden: (a) der Beweis *ā forteriōrī*: die zu beweisende Behauptung folgt aus einer schon bewiesenen, (b) der Beweis *ē concessū*: die zu beweisende Aussage folgt aus einer bereits als wahr anerkannten, (c) der Beweis *ē contrāriō*: das ↗ kontradiktorische Urteil ist unwahr. Hinsichtl. der Berufungsinstanzen sind von Bedeutung (a) das A. *ad rem*, in dem die angeführten Aussagen sachl. geprüft werden, (b) das A. *ad hominem*, in dem auf solche vom Dialogpartner als wahr angenommenen Aussagen Bezug genommen wird, (c) das A. *ad vēritātem*, das nur überprüfbare Aussagen heranzieht, (d) das A. *ad iūdicium*, in das die vom sog. gesunden Menschenverstand als gültig anerkannten Meinungen Eingang finden, (e) das A. *ad verēcundiam*, das in der Autorität der Tradition die begründende Instanz sucht, (f) das A. *ē concessū gentium*, in dem

eine kultur- und zeitunabhängige Wahrheitsgeltung einer Aussage unterstellt wird. – Als A. in einer log. Funktion werden diejenigen Objekte bezeichnet, deren Namen für die Variable eines die Funktion darstellenden Terms eingesetzt werden kann. **Lit.** St. Toulmin, Der Gebrauch von Argumenten. Kronberg 1975. – P. Lorenzen & O. Schwemmer, Konstruktive Logik, Ethik und Wiss.theorie. Mannheim u. a. ²1975. – G. Frege, Begriffsschrift. Hg. I. Angelelli. Darmstadt 1964. – M. Kienpointner, Alltagslogik, Struktur und Funktion von Argumentationsmustern. Stgt., Bad Cannstatt 1992. – G.-L. Lueken, Inkommensurabilität als Problem rationalen Argumentierens. Stgt., Bad Cannstatt 1992. PR – **2.** In der ↗ Rektions-Bindungs-Theorie eine Größe, welcher (a) auf syntakt. Seite die maximale ↗ Projektion einer syntakt. Kategorie, (b) in der ↗ Logischen Form eine und nur eine ↗ Theta-Rolle, d. h. eine log. A.stelle eines Prädikats entspricht. Eine Position, der in einer syntakt. Struktur eine ↗ Theta-Rolle zugewiesen werden kann, heißt A.-Position; eine Position, auf welche dies nicht zutrifft, Non-A.-Position (auch A-quer-Position, engl. A-bar-Position). So ist z. B. *den Apfel* in *Eva sah den Apfel zuerst* ein A. von *sah*, hingegen *zuerst* nicht; ebenso ist *es* in *Es regnet* kein A., da *regnen* im Rahmen der Theorie lexikal. nicht für ein A. spezifiziert ist. Auch *es* in *Es kam der 1. FC Köln* repräsentiert kein A., da die einzige A.stelle von *kommen* durch *der 1. FC Köln* eingenommen wird. Die Relationen zwischen syntakt. und semant. Größen werden im Rahmen der ↗ Rektions-Bindungs-Theorie mit dem ↗ Theta-Kriterium erfasst. Im Rahmen der Barrieren-Theorie kann ein A. durch eine Kette repräsentiert werden, so dass das A. von *hit* in *John$_i$ was hit t$_i$* durch die Kette (*John$_i$, t$_i$*) repräsentiert wird. **Lit.** ↗ Rektions-Bindungs-Theorie, ↗ Bindungs-Theorie, ↗ Move α, ↗ Theta-Rolle, ↗ Theta-Raster. F – **3.** ↗ Ergänzung.

Argumentation Typus sprachl. Handelns, dessen genauer theoret. Status noch immer umstritten ist. Versuchen, A. als ↗ Sprechakt zu bestimmen, stehen solche gegenüber, die A. eher als Sprechhandlungsfolge analysieren. Toulmins (1958) Schematismus bezieht sich dagegen stärker auf die in A. aktualisierten Wissensstrukturen. Charakterist. für Argumentationen ist, dass in ihnen zwischen zwei Interaktanten strittige, konkurrentielle Wissenselemente durch verbale Interaktion in ihrem Status geklärt werden sollen. A. kommt also für das wechselseitige Überzeugen der Interaktanten eine große Bedeutung zu. Da die ↗ Rhetorik in ihrem ursprüngl. Sinn als Kunstlehre zum Auffinden des »stärkeren Wortes« am Gelingen des Überzeugens primär interessiert war, gehört die A. zu deren primären Interessengebieten, ein Zusammenhang, den die »neue Rhetorik« (Perelman) erneut herausarbeitet. Die enge Bindung von A. an den Gedanken der Rationalität verleiht ihr zugleich eine zentrale Stellung für rationalitäts- und diskursbezogene gesellschafts-theoret. (Habermas) und eth. Konzepte (van Emeren, Grotendorst). Insbesondere für prakt. Anwendungen wären entscheidungsfähige Applikationssysteme von Bedeutung. Die analyt.-empir. Identifikation und Analyse von A. steht noch am Anfang (vgl. Pander Maat 1985, Trautmann 2004). **Lit.** F. van Emeren et al. (eds.) Handbook of Argumentation Theory. Dordrecht 1987. – W. Klein (Hg.), A. (LiLi 38/39). Göttingen 1980. – J. Kopperschmidt, A., Methodik der Argumentationsanalyse. Stgt. 1989. – H. Pander Maat, A.: Zur Charakterisierung und Abgrenzung eines Forschungsgegenstandes. SL 16, 1985, 1–20. – Th. Pavlidou, Wahrheit – Handlung – A. Hamburg 1978. – Ch. Perelman, Logik und A. Kronberg 1979. – S. Toulmin, The Uses of Arguments. Cambridge 1958. – C. Trautmann, Argumentieren. Ffm. 2004. E

Argumentbereich ↗ Funktion

Argumentenpotential ↗ Valenz

Argumentposition, -stelle ↗ Argument 2.

Argumentstruktur Ähnlich dem ↗ Theta-Raster Angabe über die Argumentstellen eines Lexems. Die A. legt die syntakt. Kombinationsmöglichkeiten fest und versucht, diese aus der Semantik herzuleiten. Dabei werden Generalisierungen formuliert (Grimshaw 1990), nach denen die A. keine rein idiosynkrat. Eigenschaft von Lexemen darstellt, sondern einer universellen Hierarchie der ↗ Theta-Rollen (↗ Agens, ↗ Experiencer, ↗ Patiens) folgt. Nach dieser Hierarchie erfolgt die Besetzung freier Argumentstellen derart, dass die am höchsten eingestufte Theta-Rolle als das syntakt. prominenteste Satzglied realisiert wird, d. h. wenn in der A. eines Lexems die Rolle Agens vorhanden ist, muss diese als Subjekt realisiert werden. So vermittelt die A. zwischen syntak. und semant. Struktur eines Lexems. **Lit.** ↗ Theta-Rolle. FR

Argumentvererbung Bez. eines syntakt. Reflexes in der deverbalen Wortbildung, der in der Übernahme der Argumentstrukturen der jeweiligen Basisverben besteht. So sind ↗ Deverbativa (etwa Nomina agentis: *Fahrer, Schläfer* etc.) zwar bildbar, solange die Basisverben neben AGENS keine zusätzliche themat. Rolle zuweisen. Sieht die verbale Argumentstruktur aber weitere Rollen vor, müssen diese auch in Deverbativa realisiert sein; Bildungen wie **Hemmer, *Zieher, *Schützer* usw. sind nicht wohlgeformt, weil ihnen ein THEMA-Argument fehlt. *Appetithemmer, Korkenzieher, Umweltschützer* sind wohlgeformt, weil die obligatorischen Argumente der Basisverben in den Wortbildungsprodukten realisiert sind. A. ist damit der zentrale Wortbildungsprozess aller ↗ Rektionskomposita. **Lit.** S. Olsen, Wortbildung im Dt. Eine Einf. in die Theorie der Wortstruktur. Stgt. 1986, 78 ff. ES

Ari ↗ Omotische Sprachen

Arikara-Pawnee ↗ Caddo-Sprachen

Arische Sprachen ↗ Indoarische Sprachen

Arkadisch ↗ Altgriechisch

Armenisch Seit dem 5. Jh. in eigener Schrift überlieferte ↗ indogermanische Sprache. Das Verbreitungsgebiet erstreckte sich ursprüngl. vom ostanatol. Raum um den Van-See bis zum Kleinen Kaukasus, ist seit dem Genozid am armen. Volk in 1. Weltkrieg aber weitgehend auf das Gebiet der heutigen Armen. Republik zurückgedrängt (ostarmen. Dialekt). Sprecher des ehemals in Anatolien beheimateten westarmen. Dialekts leben heute über verschiedene Länder des Vorderen Orients, Europas und Amerikas verstreut. In der Überlieferung werden eine klass. (5. Jh.: »Grabar«), eine altarmen. (5.–10. Jh.), eine mittelarmen. (11.–17. Jh.) und eine neuarmen. Epoche geschieden. Das klass. A. ist als Schriftspr. v. a. im kirchl. Bereich bis in die Neuzeit in Gebrauch geblieben. Unter den idg. Spr. repräsentiert das A. einen eigenen Zweig. In lautl. und morpholog. Hinsicht zeigt das A. starke Ähnlichkeiten mit den benachbarten ↗ südkaukasischen Sprachen, die sich im Sinne eines ↗ Sprachbunds deuten lassen; Karte ↗ Kaukasische Sprachen, im Anhang. **Lit.** G. R. Solta, A. HdO 1./7., 1963, 80–128. – H. Hübschmann, A. Grammatik I. Lpz. 1897. – F. N. Finck, Lehrbuch der neuostarmen. Literatursprache. Vagarshapat, Marburg 1902. – J. Karst, Histor. Grammatik des Kilikisch-Armen. Straßburg 1901. – D. Froundjian, A.-Dt. Wb. Mchn. 1952. – L. Movessian, A. Grammatik. Wien 1959. – J. Dum-Tragut (Hg.), Die armen. Spr. in der europ. Diaspora. Graz 1997. GP

Aromunisch ↗ Rumänisch

Arrondi ↗ Gerundet

Artbestimmer ↗ Zählwort

Artenplural ↗ Sortenplural

Artergänzung ↗ Modalbestimmung

Artikel (lat. articulus ›Gelenk‹. Engl., frz. article) **1.** (Auch: Begleiter, in Schulgrammatiken auch: Geschlechtswort) Wortart, deren Grundbestand der bestimmte A. (dt. *der, die, das*, engl. *the*) und der unbestimmte A. (dt. *ein/e/r*, engl. *a*) ausmachen. Der A. fungiert als ↗ Kokonstituente von N. Er wird in neueren Fassungen der GG als Vertreter der funktionalen Kategorie ↗ DET aufgefasst, die den ↗ Kopf einer ↗ Determinansphrase (DP) bildet. Der A. drückt im Dt. innerhalb der NP (DP) die grammat. Kategorisierungen Numerus, Kasus und Definitheit aus und übernimmt die Genusspezifikation des Substantivs. Der A. stimmt im Dt. hinsichtl. Numerus und Kasus mit seinem Bezugs-N überein und legt durch die Korrelation der ↗ Definitheit den Deklinationstyp der attributiven Adjektive fest. Im Engl. drückt der A. ledigl. die Definitheitskorrelation aus. Weitere Funktionen des A. sind der Ausdruck von Generalisierung (sog. Nullartikel) vs. Individualisierung, z. B. *Schule/die Schule/eine Schule soll fordern und fördern,* und von Bekanntheit vs. Nichtbekanntheit (↗ Deixis, ↗ Anaphorisch). In artikellosen Spr.n kann die Kasus- und Numerusspezifikation am Substaniv vorgenommen werden, z. B. im Lat. oder den meisten slav. Spr.n, z. B. lat. *urbs*, russ. *gorod* ›Stadt, die Stadt, eine Stadt‹. Im Dt. und vielen anderen Sprachen ist der A. präponiert, d. h. er steht am linken Rand der NP; ↗ nominale Klammer. In anderen Spr.n wird der A. nicht als Wort, sondern als Suffix realisiert (sog. postponierter A.; z. B. bulgar. *kniga-ta* ›das Buch‹, rumän. *student-ul* ›der Student‹), in wiederum anderen Spr.n wird der unbestimmte A. als Wort, der bestimmte A. als Suffix realisiert (z. B. schwed. *ett äpple* ›ein Apfel‹ vs. *äpplet* ›der Apfel‹, *en bok* ›ein Buch‹ vs. *boken* ›das Buch‹). In manchen Spr.n gibt es funktionale Äquivalenzen zwischen A.systemen und Systemen der Markierung von ↗ Nominalklassen (↗ Klassifikator, ↗ Zählwort). **2.** (Auch: Artikelwort) Die grammat. Funktionen des A. können im Dt. von best. Pronomina erfüllt werden, z. B. *diese Schule/keine Schule/jede Schule/manche Schule soll fordern und fördern*, was einigen Grammatikern (z. B. Helbig & Buscha) Anlass gab zur Etablierung einer Wortklasse »Artikelwort«. A. in diesem Sinn hätten dann auch artikellose Spr.n; ↗ Artikellosigkeit. **Lit.** H. Vater, Das System der A.formen im gegenwärtigen Dt. Tübingen ²1979. – J. van der Auwera (ed.), The Semantics of Determiners. Ldn. 1980. – H. Vater (Hg.), Zur Syntax der Determinanten. Tübingen 1986. – H. Bisle-Müller, A.wörter im Dt. Semant. und pragmat. Aspekte ihrer Verwendung. Tübingen 1991. – M. Vuillaume, J. Marillier & I. Behr (Hgg.), Studien zur Syntax und Semantik der Nominalgruppe. Tübingen 1993. – E. Löbel & T. Tappe (Hgg.), Die Struktur der Nominalphrase. Wuppertal 1996. – N. Himmelmann, Deiktikon, A., Nominalphrase. Zur Emergenz syntakt. Struktur. Tübingen 1997. – E. Leiß, A. und Aspekt. Bln. u. a. 2000. G

Artikellosigkeit In manchen Spr. (z. B. vielen slav. Spr.) gibt es die Wortart ↗ Artikel (1) nicht. Sie gelten daher als artikellos. Problemat. ist die Redeweise von A. in Fällen, in denen das Fehlen eines Artikels Generalisierung ausdrückt (sog. Nullartikel), z. B. *Schule muss fordern und fördern,* und beim »Plural des unbestimmten Artikels«, z. B. *Schulen müssen fordern und fördern.* In best. Wendungen (↗ Phraseologismus) des Dt. ist A. regelhaft, z. B. *er hat *den/*einen Hunger,* aber: *er hat keinen/großen Hunger.* G

Artikelwort ↗ Artikel 2.

Artikulation (lat. *articuläre* ›deutlich aussprechen‹. Auch: Artikulierung) **1.** I. w. S. alle intentional gesteuerten und untereinander koordinierten, ursächl. mit der Produktion lautsprachl. Äußerungen zusammenhängenden Bewegungsvorgänge im Bereich der Funktionskreise ↗ Atmung (Brustraum), ↗ Phonation (↗ Kehlkopf) und A. im engeren Sinne, d. h. Sprechbewegungen (↗ artikulatorische Phonetik) im ↗ Ansatzrohr bzw. auf die Produktion ling. relevanter Einheiten bezogener Bewegungen. – Bei der Pro-

duktion lautsprachl. Äußerungen dient die (Sprech-)Atmung (im Normalfall expirator.) als Initiator dem Aufbau eines für die Rohschallerzeugung (↗ Phonation; bei sth. Lauten) im ↗ Kehlkopf (Generator) nötigen subglottalen Drucks. Dieser Rohschall wird vor der Abstrahlung an den Lippen durch die geometr. Verhältnisse im Ansatzrohr akust. modifiziert/gefiltert (Modifikator), und es treten dort (bei ↗ Frikativen, ↗ Plosiven, ↗ Schnalzlauten) auch weitere (sekundäre) Schallquellen auf. Neben einer generellen, für die Lautproduktion notwendigen Koordinierung der Aktivitäten zwischen diesen Funktionskreisen sind als enger artikulator. (d. h. intentional segmentbezogen) zu sehen: im Bereich der Atmung z. B. die pulmonal gesteuerte Produktion von Drucksilben, im Bereich der Kehlkopfaktivitäten z. B. dessen vertikale Lageveränderung bei der Vokalproduktion (Absenkung bei gerundeten Vokalen) und die zeitl. differenziert mit den supraglottalen A.-Bewegungen koordinierten glottalen Öffnungs-/Schließbewegungen zur Produktion stimmloser, aspirierter und behauchter Lautsegmente. – Unter Artikulation i. e. S. sind die luftstrom-/schallmodifizierenden Bewegungen (↗ Artikulationsmodus) der frei bewegl. Teile (↗ artikulierendes Organ) zu den (eher) unbewegl. Teilen (↗ Artikulationsstelle) des Artikulationsapparates des Ansatzrohres zu verstehen. – Artikulator. gesehen vollzieht sich die Produktion lautsprachl. Äußerungen in Form von kontinuierl. Dauerbewegungen (Sprechbewegungen), wobei die Produktion der einzelnen Sprachlaute durch best. Zielkonfigurationen (engl. *targets*) der Artikulatoren gekennzeichnet sind: Für die Vokale ist dies die jeweilige durch die Lage der Zunge (Systematik ↗ artikulatorische Phonetik) gegebene spezif. geometr. Form des offenen Ansatzrohres, für die Konsonanten das jeweilige durch das artikulierende Organ an einer best. Artikulationsstelle gebildete spezif. ↗ Hindernis (Enge/Verschluss); ↗ Artikulationsmodus, Systematik ↗ artikulatorische Phonetik. – **2.** Die Zahnbögen gegeneinander führende ↗ Kiefer-Bewegung. **Lit.** W. J. Hardcastle, Physiology of Speech Production. Ldn. u. a. 1976. – P. E. MacNeilage (ed.), The Production of Speech. N. Y. 1983. – F. Minifie, T. J. Hixon & F. Williams (eds.), Normal Aspects of Speech, Hearing, and Language. Englewood Cliffs, N. J. 1972. – W. H. Perkins & R. D. Kent (eds.), Textbook of Functional Anatomy of Speech, Language and Hearing. Ldn. 1986. – H. H. Wängler, Physiolog. Phonetik. Marburg 1972. PM

Artikulationsart ↗ Artikulationsmodus

Artikulationsausgleich ↗ Assimilation

Artikulationsbasis (engl. articulatory base/setting, frz. base articulatoire) **1.** Sprecher- bzw. Sprachgemeinschaftstyp. Grundeinstellung des Artikulationsapparates bzw. Durchschnittsmenge der einer Sprachgemeinschaft mögl. Artikulationsstellungen bzw. -bewegungen. **2.** Im Sinne von engl. *setting* ideolektale (↗ Ideolekt) artikulator. Grundeinstellung, die sich z.B. in durchgehender Lippenrundung bzw. -entrundung, Nasalität (engl. *twang*) bzw. Nichtnasalierung (adenoidal), gespannter Artikulation etc. äußert.   PM

Artikulationskanal ↗ Ansatzrohr

Artikulationsluft Luftstrom der ↗ Exspiration (lat. ›Ausatmung‹), dient durch Überwindung von Hindernissen, die im Luftweg von ↗ Artikulationsstelle und ↗ artikulierendem Organ gebildet werden, der Lautbildung; ↗ Artikulation.   GL

Artikulationsmodus (auch: Artikulationsart. Engl. manner of articulation, frz. mode d'articulation) Art und Weise der durch die Stellung der Artikulatoren bedingten Luftstrom- bzw. Schallmodifikation im ↗ Ansatzrohr (↗ Tabelle 2 im Artikel ›API‹). Grundsätzl.: Vokalischer (offene Passage im Ansatzrohr) vs. konsonant. A. (Verschluss- bzw. Engebildung). Unter Letzterem wird differenziert nach ↗ *plosiv* (Verschluss), ↗ *frikativ* (geräuscherzeugende Engebildung), ↗ *nasal* (oraler Verschluss bei gesenktem Velum), ↗ *lateral* (seitl. Öffnung) und *gerollt* (↗ Vibrant, intermittierender Verschluss).   PM

Artikulationsorgane (auch: Sprechwerkzeuge. Engl. organs of articulation, articulators, frz. organes de la parole) Gesamtheit aller bei der ↗ Artikulation beteiligten anatom. Strukturen. Während die ↗ Atmung mit dem exspirator. Luftstrom die Basis für die Erzeugung akust. Signale durch Schwingung liefert und der ↗ Kehlkopf als »Stimmorgan« den Rohschall produziert, vollzieht sich die Artikulation i.e.S. oberhalb der Stimmlippen (↗ Stimmbänder). Dieser in Analogie zu den Blasinstrumenten als ↗ Ansatzrohr bezeichnete Bereich umfasst die oberen Atemwege von den Stimmlippen über den ↗ Rachenraum, die ↗ Mund- und ↗ Nasenhöhle bis zu den ↗ Lippen. Hier wird der Kehlkopfschall durch Resonanz einerseits und Bildung von Hindernissen im Luftweg andererseits modifiziert. Bei den ↗ stimmlosen Konsonanten sind diese Unterbrechungen im expirator. Atemstrom die alleinige Schallquelle. Die Aufgabe der A. ist es, durch Formveränderung des Ansatzrohres den Rohschall zu modifizieren. Aus der Vielzahl möglicher Laute und deren Abstufungen ist ersichtlich, dass anatom. geringfügige Verformungen des Ansatzrohres zu ausgeprägten Änderungen des akust. Produktes führen können. Die Muskulatur der A. ist daher fein regulierbar, die Schleimhaut ist reich an sensiblen nervalen Strukturen. Das Sprechenlernen ist auch ein Einüben der Handhabung des eigenen Ansatzrohres. Dies wird deutlich, wenn bisher unbekannte Laute von Fremdsprachen ausgesprochen werden sollen (ein häufig schwieriges Unterfangen). – Oberhalb der Stimmlippen wölben sich die Taschenbänder oder »falschen Stimmlippen« in das Kehlkopflumen (↗ Kehlkopf). Zwischen diesen und den Stimmbändern befindet sich eine Schleimhauteinbuchtung, die ↗ Morgagnischen Taschen. Sie ge-

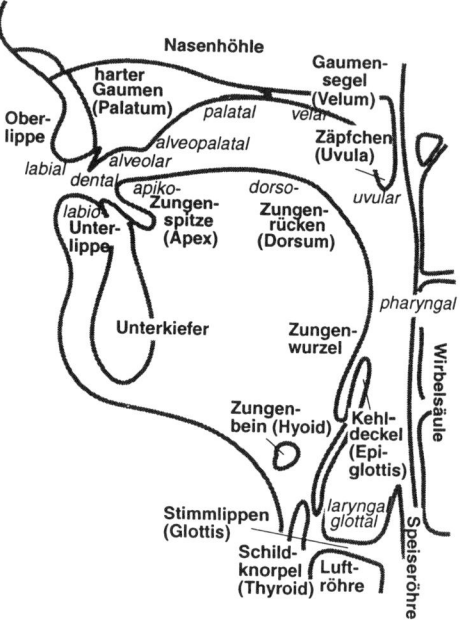

Artikulierende Organe und Artikulationsstellen

währleisten eine freie Beweglichkeit der Stimmlippen und haben Einfluss auf die individuelle Klangfarbe der Stimme. Hinter und oberhalb des Kehlkopfeinganges schließt sich der untere Rachenraum (auch: Hypopharynx, Kehlraum) an (↗ Pharynx). Dieser sehr flexible Muskel- und Schleimhautschlauch bestimmt wesentlich die ↗ Klangfarbe und das »Volumen« der Stimme. Weiter cranial (lat. ›kopfwärts‹) folgen der mittlere und obere Rachen (griech. Meso-, Epipharynx, lat.-griech. Oro-, Nasopharynx). Sie stehen nach vorne über die Rachenenge (↗ Mund) bzw. die Choanen (griech. ›hintere Nasenlöcher‹, ↗ Nase) mit der Mund- und Nasenhöhle in Verbindung. Die vordere untere Begrenzung des Mesopharynx bildet die Zungenwurzel. Die obere Begrenzung bildet der weiche ↗ Gaumen (lat. velum palatini, ›Gaumensegel‹). Dieser muskuläre Gaumenanteil vermag bei Kontraktion den Mesopharynx vom Epipharynx luftdicht abzuschließen: velopharyngeales Ventil. Ein Entweichen der Expirationsluft über die Nase wird so (außer bei ↗ Nasalen) unterbunden, womit der expirator. Luftstrom der Artikulation in der Mundhöhle zur Verfügung steht. Die ↗ Zunge füllt die Mundhöhle nahezu aus und nimmt eine zentrale Rolle bei der A. ein. Sie ist bei gleichbleibendem Volumen zu extremen Formveränderungen fähig. Die Mundhöhle i.e.S. wird nach oben vom weichen und harten Gaumen, seitlich und vorne durch den Zahndamm mit den Zahntaschen (↗ Alveolen) und die Zahnreihen begrenzt.

Diese Strukturen dienen der Zunge bei der Lautbildung als Widerlager; ↗ Artikulationsstelle. Je nach Stellung der Zunge als ↗ artikulierendem Organ an unterschiedl. ↗ Artikulationsstellen wie ↗ Zähnen, ↗ Alveolen oder hartem ↗ Gaumen entstehen unterschiedliche Laute. Die ↗ Lippen haben ein kräftiges muskuläres Gerüst und eine hochsensible Schleimhaut (Lippenrot). Sie vermögen die Mundhöhle luftdicht zu verschließen und sind als Artikulationsstelle und artikulierendes Organ bedeutsam. Der Unterkiefer (↗ Kiefer) nimmt nicht direkt an der Artikulation teil, beeinflusst jedoch je nach Öffnungswinkel die Größe der Mundhöhle sowie die Stellung von Zunge und Lippen und schafft damit günstige Voraussetzungen für die Artikulation unterschiedl. Laute. Die Nase dient dem Entweichen der Luft bei Nasalen und in gewissem Umfang als Resonanzraum. **Lit.** G. Habermann, Stimme und Sprache. Stgt. 1986. GL

Artikulationsort ↗ Artikulationsstelle

Artikulationsposition ↗ Artikulationsstelle

Artikulationsstelle (engl. place of articulation, frz. pointe d'articulation) Ort, an dem bei Konsonanten durch die ↗ Artikulationsorgane im ↗ Ansatzrohr je nach ↗ Artikulationsmodus Verschluss oder Enge gebildet wird (↗ Tabelle 2 im Artikel ›API‹). Bezeichnet nach den (eher) unbewegl. Teilen des Artikulationsapparates: ↗ labial (Oberlippe), ↗ dental (obere Schneidezähne), ↗ alveolar (Zahndamm), (prä-/post-) ↗ palatal (harter ↗ Gaumen), ↗ velar (weicher Gaumen), ↗ uvular (↗ Zäpfchen), ↗ pharyngal (hintere Rachenwand), ↗ laryngal, ↗ glottal (↗ Kehlkopf, Stimmritze). PM

Artikulator 1. ↗ Artikulierendes Organ, ↗ Sprechorgan, ↗ Artikulatorische Phonologie. **2.** ↗ Sprachtheorie, ↗ Theorie des Artikulators.

Artikulatorische Phonetik (engl. articulatory/organogenetic phonetics, frz. phonétique articulatoire/génétique) **1.** Als ↗ deskriptive Phonetik: systemat. Beschreibung der Sprachlaute unter dem Aspekt ihrer Hervorbringung (genet.) anhand der artikulator. Grundparameter ↗ Artikulationsmodus, ↗ Artikulationsstelle und ↗ Artikulationsorgane bzw. bei Vokalen nach Zungenlage/-höhe und Lippenrundung sowie weiterer modifizierenden Parametern wie Stimmbeteiligung, Luftstrommechanismen, sekundäre Artikulationen etc. – Histor. geht die artikulator. Lautbeschreibung auf die span. Taubstummenpädagogik des 16./17. Jh. zurück. Systemat. aufgegriffen von den dt. Lautphysiologen der 2. Hälfte des 19. Jh. (E. Brücke (1819–1892), C. L. Merkel (Hauptwerk 1857), E. Sievers (1850–1932)). Den heutigen Standard der ↗ Transkription bildet das System der ↗ API. – **2.** Als Teilgebiet der ↗ Experimentalphonetik (auch: physiolog. Phonetik): wiss. Untersuchung der bei der Sprachproduktion ablaufenden Bewegungsvorgänge sowie der ihnen zugrundeliegenden muskulären Aktivitäten und deren neuronaler Kontrolle in den Bereichen der Funktionskreise ↗ Atmung, ↗ Phonation und ↗ Artikulation. – Die frühe Experimentalphonetik (Ende 19./Anfang 20. Jh.) registrierte die artikulator. Bewegungsvorgänge mittels mechan. bzw. pneumat. Erfassungs- bzw. Übertragungsvorrichtungen am ↗ Kymographen. Heute stehen im Wesentl. neben dem medizin. Röntgenverfahren und dessen Weiterentwicklung in der *x-ray microbeam*-Technologie sowie der Magnetresonanztomographie (MRT, MRI) verschiedene (elektro-) opt., elektron. und elektromagnet. Verfahren zur Erfassung der Artikulation zur Verfügung (z. B. fiberopt. Laryngoskopie, Elektroglottographie (ELG) und Photoelektroglottographie zur Messung des Kehlkopfverhaltens; Elektropalatographie (EPG), Glossometrie (elektro-opt.), elektromagnetische Artikulographie (EMA, EMMA), Ultraschall-Sonographie zur Messung supraglottaler Artikulation und Leuchtdioden-*Tracking* zur Messung äußerer Artikulation). Mittels Elektromyographie (EMG) können zudem die elektromuskulären Prozesse bei der Artikulation erfasst werden. **Lit.** Handbook of the International Phonetic Association. Cambridge 1999. – D. Abercrombie, Elements of General Phonetics. Edinburgh 1967. – P. Ladefoged, Preliminaries to Linguistic Phonetics. Chicago 1971. – H. H. Wängler, Atlas dt. Sprachlaute. Bln. 1961. PM

Artikulatorische Phonologie Von C. Browman und L. Goldstein in den 80er Jahren von der ↗ autosegmentalen Phonologie ausgehend entwickelte phonolog.-phonet. Theorie, deren Grundeinheiten die durch dynam. Gleichungen (Feder-Masse-Systeme mit variabler Federkonstante und krit. Dämpfung) beschriebenen artikulator. Gesten darstellen. Diese Gesten werden in der gesturalen Partitur auf den unterschiedlichen Schichten (↗ velar, ↗ laryngal, ↗ oral) im Aufgaben-Raum (*task space*; z. B. ↗ labialer Verschluss, Konstriktionsort und -grad des Zungenrückens/der Zungenspitze, ↗ glottale Öffnung etc.) bezügl. ihrer Abfolge spezifiziert. Die zeitl. Koordination wird relativ, d. h. als Phasenbeziehung zwischen den dynam. Gesten, (einzelsprachl.) definiert. Die gesturale Aktivation wird schließl. übersetzt in die kinemat. Trajektorien der Artikulatoren (Zungenrücken, -spitze, Lippen, Kiefer, Velum, Glottis), d. h. Artikulationsbewegungen im Artikulator-Raum, und kann zur Ansteuerung eines artikulator. Synthetisators benutzt werden. Phonolog. Prozesse werden als artikulator. Verschmelzungen (*blending*; z. B. bei durch Vokal- wie velaren Konsonantgesten gleichermaßen notwendigen Zungenrückengesten) und Überlappungen (z. B. einer ↗ koronalen Verschlussgeste durch eine velare und/oder eine labiale) beschrieben. **Lit.** C. Browman & L. Goldstein, Towards an Articulatory Phonology. Phonology Yearbook 3, 1986, 219–252. – J. Phon. 19, 1991, Special issue on AP. PM

Artikulierendes Organ ↗ Artikulationsorgane

Artikulierung ↗ Artikulation

Artschi, Artsch(in)isch ↗ Dag(h)estanische Sprachen

Artwort ↗ Adjektiv

Aru ↗ Aymara-Sprachen

Aruaco ↗ Chibcha-Sprachen

Arusi ↗ Oromo

Arutani ↗ Südamerikanische Indianersprachen

Asante ↗ Akan

Ascender ↗ Oberlänge

Aserbajdschanisch (auch: Azerī-Türkisch. Eigenbez. Azärbaycan dili, Azärice) Südwesttürk. Spr.; ↗ Turksprachen. Sprachgebiet: die Republik Aserbajdschan (einschl. Nachitschewan) und die gleichnamige Provinz im Nordwestiran. Über 30 Mio. Sprecher, davon in Aserbajdschan über 6 Mio., im Iran über 10 Mio., weiterhin in der Russ. Föderation, in Georgien, im Irak und in der Türkei (ostanatol. Dialekte); Karte ↗ Türkische Sprachen, im Anhang. Die a. Schriftspr. bildet sich in arab. Schrift ab dem 11. Jh. heraus; ab dem 12. Jh. bedeutende lit. Werke (Nizami). 1923 wird in Sowjet-Aserbajdschan der Übergang zur lat. Schrift beschlossen und 1925–1929 vollzogen; ↗ Latinisierung. Baku wird Zentrum für die Verbreitung des ↗ Neuen türkischen Alphabets. Übergang zur kyrill. Schrift 1940. Inzwischen Rückkehr zu einem in Richtung auf das ↗ Türkische modifizierten lat. Alphabet. Die Aseris im Iran und Irak verwenden weiter die arab. Schrift. **Lit.** A. Caferoglu & G. Doerfer, Das A. In: Philologiae Turcicae Fundamenta I. Wiesbaden 1959, 280–307. – F. W. Householder & M. Lotfi, Basic Course in Azerbaijani. Bloomington, Den Haag 1965.   MI

Asháninca ↗ Kampa

Ashanti ↗ Akan

Ashkun ↗ Dardische Sprachen

Asigmatisch (griech. σίγμα, ⟨σ, ς⟩ ›18. Buchstabe der griech. (att.) Alphabetreihe, ⟨s⟩‹) In der Indogermanistik und der Altphilologie Bez. für »endungslose« Formen des Nom. Sg., z.B. der griech. Feminina der α-Deklination (z.B. νίκη (nikē) ›Sieg‹, οἰκία (oikia) ›Haus‹) im Ggs. z.B. zu den sigmat. o-Stämmen (Nom. Sg. auf -ος, z.B. φίλος (filos) ›Freund‹).   GS

Askriptor ↗ Signifikationsmodus

ASL (American Sign Language) ↗ Gebärdensprache

Aslian ↗ Austroasiatische Sprachen

Aspekt (lat. aspectus ›Anblick‹. Auch: Verbalaspekt. Engl. grammatical aspect, frz. aspect, russ. vid) Binäre Kategorie des Verbsystems in ↗ Aspektsprachen, z.B. in den slav. Spr. Das Verbsystem z.B. des Russ., das als prototyp. Aspektspr. gilt, ist (fast) durchgängig durch die i.d.R. morpholog. markierte Opposition zwischen ↗ perfektivem (Abk. pf.) und ↗ imperfektivem (Abk. ipf.) A. geprägt. Die A.korrelation im Russ. charakterisiert den vom Verb bezeichneten Sachverhalt im Prinzip tempusneutral entweder als perfektiv, d.h. – grob gesagt – als abgeschlossen, in seinem Ablauf (»ganzheitliches,

zusammengefasstes Geschehen«: Isačenko 1975, 350) überschaubar, wobei der »Blickpunkt des Sprechers außerhalb des Geschehens« (ebd.) liegt oder als Imperfektiv, d.h. – grob gesagt – als unabgeschlossen, in seinem Ablauf nicht überschaubar bzw. im Hinblick auf Abgeschlossenheit unspezifiziert, wobei der »Blickpunkt des Sprechers inmitten des Geschehens« (ebd.) liegt. – In den meisten slav. Spr. kompensiert die A.korrelation – in Verbindung mit der kontextuellen und situativen Einbettung der Äußerung sowie mit lexikal. Signalen, z.B. Adverbialen, Konjunktionen u.ä. – die fehlende Tempusdifferenzierung der Verben innerhalb der Vergangenheitszeitstufe, da hier nur ein Tempusgrammem (Präteritum) vorhanden bzw. gebräuchl. ist, z.B. russ. *včerá my otremontírovali* (pf.) *lift* ›gestern haben wir den Aufzug repariert‹, d.h. der Aufzug funktioniert jetzt (= zum Äußerungszeitpunkt) wieder (↗ deiktisches, ↗ resultatives Perfekt wegen der ↗ telischen Funktion des pf. Aspekts) vs. *včerá my remontírovali* (ipf.) *lift*, im Dt. je nach Kontext interpretierbar als (a) ›gestern haben wir den Aufzug repariert‹ (in der Lesart des nichtresultativen, allgemein-fakt., rein aktionalen deikt. Perfekts) oder als (b) ›gestern haben wir den Aufzug repariert‹ (in der Lesart des ↗ narrativen, d.h. ohne Bezug zum Äußerungszeitpunkt verwendeten aktionalen Perfekts, das in dieser Interpretation mit dem dt. Präteritum ›gestern reparierten wir...‹ äquivalent sein kann; Aspektpartner sind *remontírovat'* (ipf.), *otremontírovat'* (pf.) ›reparieren‹. Als grundlegende Funktionen der A. im Bereich des narrativen Präteritums gelten die Darstellungsweisen der *Sequenz*, der *Inzidenz* und des *Parallelismus*. Dabei handelt es sich um Markierungen von Sachverhalten, die im Verhältnis zueinander auf unterschiedl. Weise zeitl. situiert sind, z.B. russ. (a) *kogdá Larísa pozávtrakala* (pf.), *Andrej pomýl* (pf.) *posúdu* ›als (nachdem) Larisa gefrühstückt hatte, spülte Andrej das Geschirr‹ (↗ Vorzeitigkeit) vs. (b) *kogdá Larísa závtrakala* (ipf.), *Andrej pomýl* (pf.) *posúdu* ›während Larisa frühstückte, spülte Andrej das Geschirr (zu Ende)‹ (↗ Gleichzeitigkeit) vs. (c) *Larísa závtrakala* (ipf.), *i Andrej myl* (ipf.) *posúdu* ›Larisa frühstückte, und Andrej spülte (dabei, währenddessen) das Geschirr‹ (↗ Gleichzeitigkeit). Ausgedrückt werden in (a)–(c) Vor- bzw. Gleichzeitigkeit und partieller oder totaler zeitl. Zusammenfall von Sachverhalten: in (a) (pf. – pf.) eine dem im Russ. nicht vorhandenen ↗ Plusquamperfekt funktional äquivalente Vorzeitigkeitsbeziehung (Sequenz), in (b) (ipf. – pf.) partielle Gleichzeitigkeit (Inzidenz), in (c) (ipf. – ipf.) totale Gleichzeitigkeit (Parallelismus; Aspektpartner sind in (a)–(c) die Formen des Präteritums der Verben *závtrakat'* (ipf.) und *pozávtrakat'* (pf.) ›frühstücken‹, *myt'* (ipf.) und *pomýt'* (pf.) ›spülen‹. – Fast jede synthet. finite Verbform und alle Infinitive (außer ↗ Aspekthomonymen und ↗ imperfectiva tantum) verfügen über eine pf. und eine ipf. Form. Ipf. Präsensformen drücken im Russ. ↗ Gegenwart bzw. ↗ Atemporalis aus, pf. Präsensformen einen futurischen ↗ Prospektiv. In jeder Äußerung muss jede Verbform einem Glied der A.korrelation zugeordnet werden, so dass das Inventar (fast) aller Verben als Inventar von ↗ *Aspektpaaren* oder *Aspektpartnern* vorliegt. Dies gilt auch für die reflexiven Verben und Partizipien. Es ist umstritten, ob als A.paare nur solche Verben betrachtet werden sollen, die durch Suffigierung eines pf. Verbs sein ipf. Korrelat herstellen (z. B. russ. *zapisát'* (pf.), *zapísyvat'* (ipf.) ›aufschreiben‹, *dat'* (pf.), *davát'* (ipf.) ›geben‹) und Suppletivpaare (z. B. russ. *vzjat'* (pf.), *brat'* (ipf.) ›nehmen‹), oder ob auch alle Paare, die durch Präfigierung eines ipf. Verbs sein pf. Korrelat herstellen, darunter fallen (z. B. russ. *pisát'* (ipf.), *napisát'* (pf.) ›schreiben‹). Die meisten verba simplicia des Russ. sind ipf., die korrelierenden Perfektiva präfigiert, so dass der zweite Standpunkt für die Beschreibung der slav. Spr. systemat. Gesichtspunkten offenbar besser Rechnung trägt. In der Lexikographie werden A.paare als ein Lexem mit zwei Verbstämmen behandelt (z. B. Daum & Schenk 1965 bei 14 000 russ. Verben). In der Theorie wird der A. als Flexionskategorie, in der prakt. Beschreibung jedoch eher als eine Derivationskategorie behandelt. Die grammat. Kategorie A. stellt eine überaus komplexe semant.-pragmat. Erscheinung mit vielen, z. T. modalen, Einzelbedeutungen dar, deren Verwendung sich nicht durchgängig in strikte Regeln fassen lässt, weil sie letzten Endes oft von der aktuellen Sprecherintention abhängig ist. Dies zeigt sich u. a. darin, dass nicht alle Gebrauchstypen eines A. aus einer ihm zugewiesenen Gesamtbedeutung, z. B. ›imperfektiv‹, herleitbar sind, z. B. russ. *ty bral* (ipf. Prät.) *ključ?* ›Hast Du auch den Schlüssel (mit)genommen?‹ (ipf. A. in Funktion des sog. themat. (deikt.) Perfekts bei Bezug auf einen vorerwähnten Sachverhalt). Die Kategorie A. steht in vielfältigen Beziehungen zur Kategorie ↗ Aktionsart, die ebenfalls (z. T. tempusneutral) den Ablauf bzw. die innere Systematik von Vorgängen modifiziert und in manchen Spr. (z. B. den slav. Spr.) z. T. morpholog. (und nicht nur lexikal.) kodiert ist. Die Abgrenzung kann wegen fließender Übergänge mitunter schwierig sein. Die in Aspektspr. in der Aspektkorrelation morpholog. kodierte Information kann natürlich auch in Nicht-Aspektspr. ausgedrückt werden, dort allerdings v. a. durch lexikal. Mittel, die nicht unter die Aspektkategorie gerechnet werden dürfen; z. B. dt. *essen – aufessen, kommen – ankommen*. Es ist sehr problemat., Tempusbedeutungen (z. B. des Dt.) als aspektuell markiert aufzufassen und die analyt. Tempusformen als pf., die synthet. als ipf. zu bezeichnen (vgl. Eisenberg II, 121 ff.). **Lit.** E. Daum & W. Schenk, Die russ. Verben. Mchn. 1965. – A. V. Isačenko. Die russ. Spr. der Gegenwart.

Formenlehre. Mchn. ³1975. – L. Johanson, Aktionalphrase und Verlaufsordnung. In margine einer Monographie zur »Aktionalität« im Dt. Studia Neophilologica 47, 1975, 120–150. – B. Comrie, Aspect. Cambridge 1976. – Ö. Dahl, Tense and Aspect Systems. Oxford, N. Y. 1985. – M. S. Flier & A. Timberlake (eds.), The Scope of Slavic Aspect. UCLA Slavic Studies, 12. Columbus, Ohio 1985. – A. Mugler, Tempus und A. als Zeitbeziehungen. Mchn. 1988. – U. Schwall, Aspektualität. Eine semant.-funktionelle Kategorie. Tübingen 1991. – W. Breu, Probleme der Interaktion von Lexik und A. (ILA). Tübingen 2000. – E. Leiss, Artikel und A. Die grammat. Muster von Definitheit. Bln. 2000. – L. Gautier (ed.), A. und Aktionsarten im heutigen Dt. Tübingen 2004. – H. Henriksson, Aspektualität ohne A.? Progressivität und Imperfektivität im Dt. und Schwed. Stockholm 2006. – J. E. MacDonald, The Syntactic Nature of Inner Aspect: A Minimalist Perspective. Amsterdam 2008. – K. Richardson, Case and Aspect in Slavic. Oxford 2007.   G, HA, T

Aspekte-Modell (auch: Standardtheorie) Bez. für die in Chomsky, Aspects, entwickelte Version der GG, die eine Revision des in Chomsky (1957) entwickelten Modells darstellt. Zentrale Punkte des A.-M. sind (a) die Unterscheidung zwischen ↗ Kompetenz vs. Performanz, (b) das Konzept bedeutungserhaltender ↗ Transformationen und durch diese vermittelten ↗ Tiefenstrukturen und ↗ Oberflächenstrukturen, (c) die Einbeziehung des Lexikons als Teil der ↗ Basiskomponente, (d) die Behandlung der ↗ Semantik als eine die ↗ Tiefenstruktur interpretierende Komponente. Wie seine Vorstufen repräsentiert das A.-M. eine ↗ Chomsky-Grammatik und somit ein ↗ Modell abstrakter struktureller und funktionaler Aspekte der Spr.; durch das Konzept bedeutungsneutraler ↗ Transformationen wurde jedoch eine neue Erfassung der ↗ Rekursivität ermöglicht. Rekursive Strukturen werden im A.-M. nicht mehr mit generalisierenden ↗ Transformationen über eine endl. Menge von Kernsatztypen erzeugt, sondern in der ↗ Basiskomponente durch die rekursive Phrasenstrukturregel NP → NP + S (S: Satz), welche die ↗ Einbettung von S in eine ↗ Nominalphrase erlaubt. Während dies im A.-M. die einzige rekursive Phrasenstrukturregel darstellt, werden in der ↗ EST rekursive Strukturen ausschließl. in der Basis generiert. **Lit.** N. Chomsky, Syntactic Structures. Den Haag 1957. – A. Kasher (ed.), The Chomskyan Turn. Cambridge, Mass. 1991.   F

Aspekthomonym Verbstamm, der hinsichtl. der Aspektkorrelation undifferenziert ist, also den ↗ perfektiven (pf.) wie den ↗ imperfektiven (ipf.) ↗ Aspekt ausdrückt, z. B. russ. *ránit* ›verwunden‹, *obeščát* ›versprechen‹. Im Russ. sind v. a. Verben mit dem Infix {-ova} A., z. B. *fotografírovat'* ›photographieren‹. Desambiguierung erfolgt durch verschiedene Mittel, z. B. durch Funktionalisierung der

Akzentposition (z. B. *oná rodilá* (pf.) ›sie gebar‹, *oná rodíla* ›sie war dabei zu gebären‹), durch sekundäre Perfektivierung mittels Präfigierung (z. B. *sfotografírovat'* (pf.) ›photographieren‹, zusätzl. als ↗ resultativ markiert) oder durch sekundäre Imperfektivierung (bei Verben mit dem Infix {-ova} durch sekundäre Infigierung: {-o-vy-vat'}, z. B. *organizovát'* (ipf., pf.), *organizóvyvat'* (ipf.) ›organisieren‹).   G, T

Aspektkorrelation ↗ Aspekt, ↗ Aspektsprache

Aspektpaar (engl. aspectual pair, frz. couple aspectuel. Auch: Aspektpartner) Verb, das zwei hinsichtl. der Aspektkorrelation differenzierte Ausdrucksformen besitzt, die keine ↗ Aspekthomonyme sind, z. B. russ. *pisát', napisát'* ›schreiben‹; ↗ Aspekt.   G

Aspektpartner ↗ Aspekt, ↗ Aspektpaar

Aspektsprache Spr., deren Verbsystem strukturell durch die Aspektkorrelation charakterisiert ist. I. e. S. können nur solche Spr. als A. gelten, bei denen dies durchgängig der Fall ist, z. B. das Russ. u. a. ↗ slavische Sprachen. In jüngerer Zeit ist es zu vielerlei Ausweitungen des Begriffs ↗ Aspekt gekommen, insbesondere zu rein inhaltsbezogenen Interpretationen (›Aspektualität‹) dieser im Prinzip morpholog. ausgedrückten grammat. Kategorie, so dass mitunter auch Spr., die (a) zwar durchgängig, aber nach anderen Kategorien als ↗ perfektiv und ↗ imperfektiv (z. B. im Engl. *progressive* vs. *simple form*), (b) nur an einigen oder einer Systemstelle (z. B. im Altgriech. Präteritum vs. Aorist vs. Perfekt, im Frz. *passé simple* vs. *imparfait*) oder (c) überhaupt nicht (z. B. das Dt.) durch eine Aspektkorrelation charakterisiert sind, unter die A. gerechnet werden, was in Fällen wie (a) eine Differenzierung bzw. Reanalyse der v. a. auf der Basis von Analysen der slav. Spr. definierten Kategorie Aspekt erforderlich macht, in Fällen wie (b) als problemat. und in Fällen wie (c) als gegenstandslos gelten muss.   G, T

Aspektualität ↗ Aspektsprache

Aspirata f. (lat. aspīrāre ›Luft aushauchen‹) **1.** Behauchter stl. ↗ Plosiv, im Dt. stl. Plosiv im ↗ Anlaut und intervokalisch im ↗ Inlaut sowie alle Plosive im ↗ Auslaut (↗ Auslautverhärtung): [pʰ, tʰ, kʰ]. **2.** Bei J. Grimm (1785–1863): stl. aspirierte Plosive, stl. Frikative und die aus der 2. »hochdeutschen« ↗ Lautverschiebung hervorgegangenen Affrikaten /pᶠ, tˢ, (kˣ)/.   PM

Aspiratendissimilationsgesetz ↗ Grassmanns Gesetz

Aspiration (lat. aspīrāre ›Luft aushauchen‹. Auch: Behauchung) Vorgang und Ergebnis der Sprachlautproduktion (vornehmlich stl. ↗ Plosive) mit (noch) geöffneter Glottis, d. h. verzögertem Stimmtoneinsatz (engl. *voice onset time*, VOT). Akust. gekennzeichnet durch das Fehlen des ersten und die geräuschhafte Anregung der höheren Formanten; ↗ akustische Phonetik.   PM

Aspirationskorrelation ↗ Aspiration, ↗ Korrelation

ASR ↗ Automatische Spracherkennung

Assamisch (auch: Assamesisch. Eigenbez. asamīyā) Als ↗ indoarische Sprache offizielle und wichtige Umgangsspr. im ind. Bundesstaat Assam. Das A. zerfällt in ein westl. und ein östl. Dialektgebiet; die Standardspr. ist Letzterem zuzuordnen. Abseits steht der Dialekt Mayãṅ, der viele gemeinsame Züge mit dem ↗ Bengali teilt; Karte ↗ Indische Sprachen, im Anhang. – Die nicht sehr umfangreiche Lit. verfügt über ein innerhalb der Schriftsprachen Indiens seltenes Genre: die histor. Chronik, die Aufschluss über die regionale Geschichte der letzten sechs Jhh. gibt. Daneben auch traditionelle Lyrik, v. a. religiös-philosoph. Inhalts. Seit Ende des 19. Jh. Entwicklung europ. Genres wie Roman, Erzählung etc. Für das A. wird die bengal. Schrift mit zwei zusätzl. Zeichen verwendet; ↗ Indische Schriften. **Lit.** G. C. Goswami & J. Tamuli, Asamiya. In: G. Cardona & Dh. Jain (eds.), The Indo-Aryan Languages. Ldn., N. Y. ²2007, 391–443.   FZ

Assertion (lat. assertiō ›Behauptung‹. Engl., frz. assertion) **1.** In laxer Redeweise der ↗ propositionale Gehalt eines Satzes im Unterschied zu seinen ↗ Präsuppositionen, die weder von einer Satznegation betroffen noch ›behauptet‹ werden. Dieser Unterschied gilt aber für alle Arten von Sprachhandlungen, auch z. B. für Fragen oder Aufforderungen, vgl. etwa die propositionale Differenz zwischen *Öffne die Tür!* vs. *Öffne die Tür nicht!* bei ident. Präsuppositionen (*Da ist eine Tür. Sie ist geschlossen.*). **2.** In vielen älteren sowie in einigen neueren Grammatiken ist der ↗ Deklarativsatz nach seiner prototyp. Verwendung als ›Urtheilssatz‹ (K. F. Becker), »Behauptungssatz« (H. Paul), »Konstativsatz« (U. Engel) oder »Assertionssatz« (E. Hentschel & H. Weydt) bezeichnet; vgl. aber z. B. *Du bist jetzt still!* **3.** Der kognitive Akt des »Urteilens« als »die Anerkennung der Wahrheit eines Gedankens« (G. Frege). Das Aufstellen eines Wahrheitsanspruchs für eine Proposition liegt dessen kommunikativer »Kundgebung« in einem Assertiv (»Behauptung« bei Frege) zugrunde und kann wie diese zwar modalisiert (*vermutlich, mit Sicherheit* etc.), aber nicht negiert (allenfalls zurückgenommen, dementiert…) werden. Assertive Akte werden i. d. R. mit Deklarativsätzen, aber etwa auch mit ↗ rhetorischen Fragen vollzogen; nicht-propositionale Satzelemente, wie z. B. ↗ Abtönungspartikeln, fallen nicht in ihren ↗ Skopus. Andererseits können mit ↗ Satzverbindungen oder best. ↗ Satzgefügen, die z. B. ↗ weiterführende Nebensätze oder ↗ Kausalsätze enthalten, mehrere A. vollzogen werden. In der Logik werden A. mithilfe des Behauptungszeichens ⊢ (Frege: »Urteilsstrich«) notiert. **Lit.** K. F. Becker, Ausführl. dt. Gramm. 2. Bd. Prag 1870. – H. Paul, Prinzipien der Sprachgeschichte. Darmstadt ⁶1960. – G. Frege, Der Gedanke. In: Log. Untersuchungen. Hg. v. G. Patzig. Göttingen ⁵2003, 30–53. – Ders.,

Funktion, Begriff, Bedeutung. Hg. v. G. Patzig. Göttingen 2008. – U. Engel, Dt. Gramm. Heidelberg 1988. – E. Hentschel & H. Weydt, Hdb. der dt. Gramm. Bln., N. Y. 1990. – M. Brandt, Weiterführende Nebensätze. Stockholm 1990.   RB

Assertive (auch: Repräsentative) Klasse von ↗ Sprechakten (Feststellungen, Behauptungen usw.), deren Charakteristikum ist, dass der Sprecher auf die Wahr- oder Falschheit der in der Äußerung zum Ausdruck gebrachten ↗ Proposition festgelegt wird (Wort-auf-Welt-Zuordnung); ↗ Assertion, ↗ Sprechaktklassifikation. **Lit.** J. Searle, A Taxonomy of Illocutionary Acts. In: Ders., Expression and Meaning. Cambridge 1979, 1–29.   F

Assertorisch ↗ Modallogik

Assibilation ↗ Assibilierung

Assibilierung (lat. sībilāre ›zischen‹. Auch: Assibilation, Zetazismus) Durch hohe bis mittelhohe Vokale induzierter assimilator. Vorgang der ↗ Palatalisierung (↗ Sibilant): dt. ⟨-tion⟩ [-tsio:n]; lat. centum [k-] > frz. cent [s-].   PM

Assimilation (lat. assimilis ›sehr ähnlich‹: Auch: Akkomodation, Angleichung) Lautwandelprozess/-ergebnis bzw. phonolog. Prozess (bzw. dessen Ergebnis) der Angleichung zwischen Lautsegmenten in einer Sequenz bezügl. eines oder mehrerer Merkmale (meist im Sinne artikulator. Vereinfachung; ↗ Koartikulation). Man unterscheidet: (nach Richtung der Angleichung) *progressive* A. bei angeglichenem Folgelaut (z.B. mhd. *zimber* > nhd. *Zimmer*), *regressive* A. bei Angleichung an den Folgelaut (dt. /fynf/ umgangssprachl. [fymf]) und *reziproke* A. bei Ersetzung beider Laute durch einen durch gegenseitige Anpassung unterschiedl. Ausgangsmerkmale entstandenen Laut (z.B. ahd. *fisk* > mhd. *visch*); (nach Merkmalsübereinstimmung): *totale* A., d.h. Produkt der A. gleich dem auslösenden Laut vs. *partielle* A.; (bezügl. der sequentiellen Nähe der beteiligten Segmente): Kontakt-A. bei benachbarten Lauten, Fern-A. bei nichtbenachbarten (z.B. ahd. ↗ Umlaut wie in ahd. *gasti > gesti* (Pl. von *gast*). PM **2.** In der ↗ Sprachkontaktforschung mitunter Bez. für die ↗ Integration von ↗ Lehngut, v.a. auf phonolog. Prozesse bezogen. G

Assimilationskette Folge von ↗ Assimilationen zwischen Vokalen der Haupttonsilbe und der Endsilbe, die sich lautphysiolog. Gegebenheiten, an bestimmten Artikulationspositionen (obere, hintere, mittlere Laute) und dem Akzententwicklungen, insbes. an den jeweiligen Akzentverhältnissen zwischen den betroffenen Silben, orientiert. Es korrespondieren dabei jeweils phasenweise Kontakt- und Fernassimilationen: einer Kontaktassimilation *e/i > î* (idg. **deikonom* > germ. **tîhan*) entspricht eine Fernassimilation *e > i* vor *i* (germ. **nemiz* > westgerm. **nimiz*); eine Gegenbewegung aus demselben Prinzip führt zu *i > e* vor *a, e, o* der Folgesilbe (idg. **viros* > germ. **wiraz* > westgerm. **weraz*). In diese Folge stellt sich der ahd. i-Umlaut:

Auch hier folgt einer gleichgeordneten Kontaktassimilation (westgerm. **staini* > ahd. *stein*) die entsprechende Fernassimilation (westgerm. **gastiz* > ahd. *gesti*). Diese gesetzhafte Assimilationskette liefert auch eine Erklärungsbasis für spätere fernassimilator. Umlautfälle, bei denen nicht *i*, sondern *e* in der Endsilbe erscheint wie bei ahd. *hōren* > mhd. *hœren* oder ahd. *wânen* > mhd. *wænen*. Damit lassen sich auch Umlaute in Wörtern phonet. erklären, die erst in mhd. Zeit ins Dt. gelangt waren, wie *ketzer* < lat. *catharus* oder mhd. *korper/körper* < lat. *corpus*. **Lit.** G. Schweikle, Germ.-dt. Sprachgeschichte. Stgt. ³1990, § 16.   SE

Assiniboin ↗ Sioux-Sprachen

Association Phonétique Internationale ↗ API

Assonanz f. (lat. assonāre ›übereinstimmen‹ > frz. assonance ›Anklang‹). Vorform des ↗ Reims, bei der nur die Vokale von der letzten Tonsilbe an übereinstimmen (männl.: B*a*d/T*a*g, weibl.: S*u*ppe/h*u*ndert), ersetzte in der vokalreichen span. Dichtung zeitweise den Endreim. Im altfranz. Heldenepos Mittel der Verszusammenfassung.   VS

Assoziation (lat. associare ›verbinden‹) Prozess und Zustand einer nicht willentl., mechan. und automat. Verknüpfung zweier oder mehrerer psych. Inhalte. In der behaviorist. Psychologie sind Reiz und Reaktion durch A. verbunden; ↗ Reiz-Reaktions-Modell, ↗ Behaviorismus. Als Motive für A. kommen u.a. ↗ Ähnlichkeit, ↗ Kontrast, ↗ Kontiguität, emotionale Äquivalenz, in der Tiefenpsychologie aber auch unbewusste Bezüge in Betracht. Bei vielen Sprachpsychologen gilt (in der Nachfolge von H. Paul (1846–1921) und F. de Saussure (1857–1913)) A. als Basis für die Wirksamkeit von ↗ Paradigmen. Bisweilen wird auch A. als (Pseudo-)Erklärung für zahlreiche andere in der Sprachbeherrschung wirksame Beziehungen gebraucht (u.a. für syntagmat. Relationen, für semant. Felder, für die Beziehung zwischen Zeichenkörper und Bedeutung, für die Beziehung zwischen Zeichen und Referent). **Lit.** A. Thumb & K. Marbe, Experimentelle Untersuchungen über die psycholog. Grundlagen der sprachl. Analogiebildung. Lpz. 1901. – E. A. Esper, Analogy and Association in Linguistics and Psychology. Athens, Georgia 1973. – G. Strube, A.: der Prozess des Erinnerns und die Struktur des Gedächtnisses. Bln. u.a. 1984.   KN

Assyrisch Nach der Teilung des altakkad. Reiches Sprachform des ↗ Akkadischen im nördl. Reich mit der Hauptstadt Assur und seinen Handelskolonien in Ostkleinasien. Von 1950–600 v.Chr. v.a. in Briefen und Urkunden bezeugt; ↗ Keilschrift. WI

Ast ↗ Kante

Asterisk m. pl. ~e (griech. ἀστερίσκος (asteriskos) ›Sternchen‹) Vor dem markierten Ausdruck (Wort, Wortform, Syntagma, Satz u.a.) platziertes hochgestelltes kleines Sternchen »*«, das (a) rekonstruierte, d.h. nicht belegte Laut- oder Wortformen (z.B. **brzo* ›schnell‹) oder (b) ↗ ungrammatische Ausdrü-

cke oder Sätze (↗ Grammatikalität) bezeichnet, z. B.
Elisabeth arbeiten Verlag. In ↗ regulären Ausdrü-
cken bezeichnet ein nachgestellter Asterisk den sog.
Kleene-Stern (beliebig viele Vorkommen des Be-
zugsausdrucks). G, L
Ästhetenpräteritum Stilist. markierte Verwen-
dungsweise des ↗ Präteritums in iron. oder »monu-
mentalem« Sinne anstelle des ↗ Perfekts im Dt.,
z. B. *Nie sah ich ein hübscheres Hündchen!* (Th.
Mann) oder *Die berühmte Athena Parthenos schuf
Phidias.* KE
Ästhetischer Idealismus ↗ Idealistische Sprachwissenschaft
Asyllabischer Laut ↗ Extrasilbisch
Asymmetrisches Anredeverhalten ↗ Reziprok 3.
Asyndese f. (griech. ἀ- (Negationspräfix), σύνδεσις (syndesis) ›Verbindung‹) Konjunktionslose (unverbundene) Reihung sprachl. Ausdrücke derselben
Kategorie (Wörter, Phrasen, Syntagmen, (Teil-) Sätze). In einer ↗ monosyndetischen Konstruktion sind
alle Elemente bis auf die letzten beiden konjunktionslos verbunden, z. B. *Er glaubte an das Wahre,
das Schöne und das Gute im Leben.* Ggs. ↗ Syndese.
SN
Asyndetisch Eigenschaft einer Aneinanderreihung
syntakt. Elemente. Bei einer a. Konstruktion ist die
Reihung sprachl. Elemente derselben Kategorie
(Wörter, Syntagmen, (Teil-) Sätze) im Ggs. zur
syndet. oder ↗ polysyndetischen unverbunden, d. h.
konjunktionslos, z. B. *der junge, neue, attraktive
Dozent.* In einer ↗ monosyndetischen Konstruktion
sind alle Elemente bis auf die letzten beiden konjunktionslos verbunden, z. B. *der junge, neue und
attraktive Dozent.* Ggs. syndet. Reihung (↗ Subordination), z. B. *der junge und neue und attraktive
Dozent.* SN
Aszendent Bei der Analyse von hierarch. geordneten Systemen, z. B. von Sprachsystemen, Verfahren
der Beschreibung bzw. Analyse von ›unten‹ nach
›oben‹, also von den jeweils weniger komplexen,
untergeordneten (Klassen von) Elementen zu den
komplexeren, übergeordneten (Klassen von) Elementen, z. B. von der Ebene der Phoneme zur Ebene der Silben zur Ebene der Morpheme usw.; Ggs.:
Deszendent. G
Atacameño (auch: Kunza, Likan Antai) ↗ Isolierte
Sprache; Sprachgebiet: San Pedro de Atacamas und
weitere Oasen der Atacama-Wüste, Nordchile. Das
A. wurde gesprochen bis zum Ende des 19. Jh.; in
der Gegenwart nur noch in rituellen Gesängen, die
nicht mehr verständl. sind. Nur der Wortschatz des
A. ist (teilweise) bekannt; Karte ↗ Südamerikanische Sprachen, im Anhang. **Lit.** G. Mostny u. a.,
Peine, un pueblo atacameño. Santiago de Chile
1954. – R. Lehnert, Diccionario normalizado de la
lengua cunsa. Antofagasta 2002. – W. F. H. Adelaar,
unter Mitwirkung von P .C. Muysken, The Languages of the Andes. Cambridge 2004. AD
Atchinesisch ↗ Acehisch

Atelisch ↗ Terminativ
Atem ↗ Atmung
Atem- und Stimmbildung ↗ Sprecherziehung
Atemdruck (auch: subglottaler Druck) Grundprinzip
der Atemmechanik sind durch Volumenänderung er-
zeugte Druckschwankungen, die wiederum Luftströ-
mungen erzeugen; ↗ Atmung. Von bes. Bedeutung
für ↗ Phonation und ↗ Artikulation ist der unterhalb
der Stimmbänder herrschende subglottale Druck der
↗ Exspiration sowie der Gradient zum superglottalen
Druck im ↗ Ansatzrohr; ↗ Kehlkopf. GL
Atemporal Attribut eines grammat. Tempus, v. a.
des ↗ Präsens. Ein atemporales oder ›generelles‹
Präsens liegt in Sätzen vor, die allgemeingültige
Sachverhalte ausdrücken, z. B. *Im Osten geht die
Sonne auf.* KE
Atemporalis (lat. ›zeitlos‹) Konzept der Tempus-
funktion des ↗ Präsens (seine Vertreter sind u. a.
H. Glinz, Th. Vennemann, U. Engel), derzufolge
das Präsens keinen Tempusbezug besitzt und keine
zeitl. Bedeutung ausdrückt, sondern in beiden Hin-
sichten ein unmarkiertes A. darstelle. G
Atemstütze ↗ Singen
Atemvolumen Die Physiologie der ↗ Atmung ist
gekennzeichnet durch unterschiedl. (Atemgas-)Vo-
lumina. Das bei Ruheatmung pro Atemzug venti-
lierte (ein- und ausgeatmete) Volumen von ca. 0,5 l
(beim Erwachsenen) nennt man *Atemzugvolumen*
(Atemluft). Bei willentlicher maximaler Ein- und
Ausatmung erweitert sich dieses um das in- und
exspiratorische *Reservevolumen* (»Ergänzungs- und
Reserveluft«) von je ca. 1,5 l. Die dadurch maximal
in einem Atemzug ventilierbare Luftmenge von ca.
3,5 l (bis 6 l) nennt man *Vitalkapazität.* Nach maximal mögl. Exspiration verbleibt eine Luftmenge
von ca. 1,5 l in den Luftwegen und der Lunge, das
Residualvolumen. Das Luftvolumen, das pro Zeiteinheit ventiliert wird, definiert durch Atemzugvolumen mal ↗ Atmungsfrequenz, nennt man *Atem-
zeitvolumen* (in l/min). Als Atem- oder Minuten-

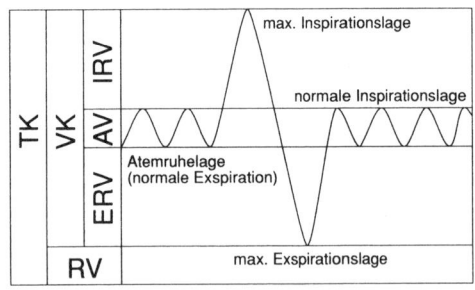

Atemvolumen – Lungenvolumina
*AV = Atemzugvolumen (Atemluft), IRV = inspirato-
risches Reservevolumen, ERV = exspiratorisches Reservevolumen, RV = Residualvolumen, VK = Vitalkapazität, TK = Totalkapazität*

grenzwert bezeichnet man das bei maximaler Ventilation (willentliche, schnelle und tiefe Atemzüge) ventilierbare Luftvolumen (70–80 l/min); ↗ Lunge, ↗ Atmung. GL

Aterminativ ↗ Durativ, ↗ Terminativ

Athabaskische Sprachen (auch: Athapaskische Sprachen) Zweig der ↗ Na-Dene-Sprachgruppe. A. S. sind von Alaska und dem Nordwesten Kanadas bis in den Südwesten der USA verbreitet; Karte ↗ Nordamerikanische Sprachen, im Anhang. Die südl. oder Apache-Gruppe stellt mit ↗ Navaho und Western Apache (ca. 12 000) die sprecherreichsten Spr. Mit Abstand folgen in Kanada Chipewyan und Slave (je ca. 4 000) aus der nördl. Gruppe, bei der die Sprachgrenzen aufgrund enger Kontakte fließend sind. Die Spr. der pazif. Gruppe sind fast alle ausgestorben oder dem Aussterben nahe. Fast alle a. S. sind ↗ Tonsprachen mit komplexen Konsonantensystemen: 3 Okklusiv-, 2 Frikativreihen, labialisierte vel./postvel. Okklusive und Frikative, mehrere Laterale, phonem. Kontrast /k/ vs. /q/, /x/ vs. /χ/, glottalisierte und labialisierte Reihen. Die Verbmorphologie ist polysynthet. und durch zahlreiche Affixe (aspektuell, modal, klassifikator., Subj., Obj.) gekennzeichnet, die oft umfangreichen morphophonem. Prozessen unterworfen sind. Es gibt Ablaut- und suppletive Formen für Plural und Perfektiv sowie klassifikator. Verben, die Vorgänge und Handlungen nach der Form des Themas (rund, längl.- stockartig, weich und verformbar u. ä.) charakterisieren. Endstellung des Verbs. **Lit.** E. D. Cook & K. Rice (eds.), Athapaskan Linguistics. Bln. 1989. – E. D. Cook, A. Sarcee Grammar. Vancouver 1984. – H.-J. Pinnow, Die Sprache der Chiricahua-Apachen. Hamburg 1988. – K. Rice, A. Grammar of Slave. Bln. 1989. **SSG** Staats- und Universitätsbibliothek Hamburg (18). D

Athematisch In der klass. Philologie Bez. für solche flektierten Verbformen, die ohne ↗ Themavokal (1.) gebildet sind; z. B. hat das Verb εἶναι (einai) ›sein‹ im Griech. den »Verbalstock« ἐσ-, den Präs.- Stamm ἐσ- (athemat.), 3. Pers. Sg. ἐστί. Vgl. im Lat. athematisch *es-t* ›er ist‹, *vul-tis* ›ihr wollt‹. GS

Äthiopisch ↗ Ge'ez

Äthiosemitische Sprachen In Äthiopien gesprochene ↗ südsemitische Sprachen der im 1. Jt. v. Chr. nach Äthiopien eingewanderten Sprecher des ↗ Altsüdarabischen. Heute gibt es ca. 20 ä. S., die in einen nördl. und einen südl. Zweig eingeteilt werden. Zum nördl. Zweig gehören ↗ Ge'ez, die älteste äthiosemit. Spr., ↗ Tigre und ↗ Tigrinya. Die wichtigste Spr. des südl. Zweiges ist ↗ Amharisch, die Amtsspr. Äthiopiens. Weitere Spr. sind die als ↗ Gurage zusammengefasste Sprachgruppe sowie das in wenigen Sprachinseln erhaltene Argobba, das in der Nähe Addis Abebas gesprochen wird; Karte ↗ Afrikanische Sprachen, im Anhang. ↗ Harari ist die Spr. der Stadt Harar. In den ä. S. ist durch das ↗ Substrat der ↗ kuschitischen Sprachen u. a. die Syntax stark

verändert: Wortstellung SOV, Nebensatz vor Hauptsatz, differenziertes Tempussystem mit Auxiliaren. Geschlossenes Verbsystem mit 4 Diathesen, ↗ Palatalisierung, verschiedene Labiovelare, keine Interdentale, keine velarisierten Laute, sondern ↗ Ejektive. Die Vokalqualität, nicht die -quantität ist bedeutungsunterscheidend: /ā ō ē ī ū a i u/ wurde zu /a o e i u ʁ ə/. **Lit.** E. Ullendorff, The Ethiopians. Ldn. 1973. – W. Leslau, Amharic Textbook. Wiesbaden 1967. – R. Richter, Lehrbuch der amhar. Spr. Lpz. 1987. – E. Ullendorff, A Tigrinya Chrestomaty. Stgt. 1985. – Sh. Raz, Tigre Grammar and Texts. Malibu 1983. – J. Tropper, Altäthiop. Münster 2002. WI

Atmung (engl. breathing, respiration, frz. réspiration) Gesamtheit der Vorgänge, die den Gasaustausch zwischen Gewebe und Umwelt für Stoffwechselzwecke gewährleisten. Als »äußere Atmung« oder Lungenatmung bezeichnet man die Belüftung des Lungengewebes (Ventilation) und Gasaustausch zwischen Atemgas und Lungenblut (Diffusion). Grundlage der Atemmechanik ist eine period. Erweiterung des Brustkorbes (griech. θώρ-αζ (thōrax) ↗ ›Brust‹), was eine Erweiterung der Luftwege und Lungenbläschen in der ↗ Lunge bewirkt. Der entstehende intrapulmonale Unterdruck führt über die Atemwege zu einer Luftströmung in die Lunge: Einatmung, ↗ Inspiration. In den Lungenbläschen findet über eine gasdurchlässige Membran der Gasaustausch zwischen Atemgas und Lungenblut statt, wobei Sauerstoff ins Blut und Kohlensäure ins Atemgas diffundiert. Durch Reduktion des Brustvolumens kommt es dann zu einer Umkehrung der Druckverhältnisse, wodurch der Gasstrom aus der Lunge geführt wird: der Inspiration folgt die Ausatmung, ↗ Exspiration. – Die Regulation der Atmung erfolgt über einen biolog. Regelkreis im Atemzentrum des Hirnstamms auf nicht bewusster Ebene. Bei der *Ruheatmung* (lat. respiratio muta) erfolgt die Inspiration durch die Kontraktion des ↗ Zwerchfells, was eine Erweiterung des Brustraumes in einer bewirkt. Bei Erschlaffung des Zwerchfells erfolgt, passiv durch elast. Rückstellkräfte der Brustwand und der Lunge, die Exspiration. Unter Bedingungen körperl. Aktivität steigt der Sauerstoffbedarf des Organismus auf das Vielfache, so dass das Volumen der ventilierten Luft pro Zeiteinheit (Atemminutenvolumen) gesteigert werden muss. Dies erfolgt über eine Anhebung der ↗ Atmungsfrequenz und eine Erhöhung des Atemzugvolumens (»tiefe Atemzüge«; ↗ Atemvolumen. Dafür stehen außer dem Zwerchfell die anderen Atmungsmuskeln (Brustkorbmuskulatur) und die Atemhilfsmuskeln (Bauch und Schultergürtel) zur Verfügung, die eine kraftvollere Volumenänderung des Brustkorbes ermöglichen: die Exspiration wird dabei zu einem aktiven Vorgang. – Neben der lebenswichtigen Funktion des Gasaustausches erfüllt die Atmung die Voraussetzung zur ↗ Phonation und ↗ Artikulation und somit zum Sprechen. Der bewegte Luftstrom der Exspiration versetzt die Stimmbänder des Kehlkopfes in Schwingung und erzeugt so einen Ton. Im Gegensatz zur Ruheatmung, bei der In- und Exspiration ungefähr gleich viel Zeit in Anspruch nehmen, steigert sich die Dauer der Exspiration bei der *Phonationsatmung* (lat. respiratio phonatoria, auch: Sprechatmung) auf das Vielfache gegenüber der Inspiration. Die Ausatmung erfolgt hierbei aktiv verlangsamt gegen den bei geschlossener ↗ Glottis erhöhten Strömungswiderstand der elast. ↗ Stimmbänder. Dadurch kann der expirator. Luftstrom »ökonomisch« den Notwendigkeiten der Phonation angepasst werden. – Definiert nach Art der Erweiterung des Brustraumes unterscheidet man weiterhin unterschiedl. Atmungstypen: Bei der *Bauchatmung* (Tiefen-, Costoabdominalatmung) erweitert sich inspirator. durch die Bewegung des Zwerchfells vor allem der untere Brustraum, der Bauch dehnt sich dabei ebenso. Die basalen (unteren) Lungenpartien werden dabei am besten belüftet. Bei der *Hochatmung* (Schlüsselbeinatmung) hebt sich, unterstützt durch die Aktivität der Schultergürtelmuskulatur (Atemhilfsmuskulatur), im Wesentl. der obere Brustraum samt Schultergürtel. Die Bauchatmung wird im Allgemeinen als der physiolog. Atmungstypus angesehen. **Lit.** G. Thews, Lungenatmung. In: R. F. Schmidt & G. Thews (Hgg.), Physiologie des Menschen. Bln., Heidelberg, N. Y. ²⁹2005, 737–765.   GL

Atmungsfrequenz Anzahl der Atemzüge (Ein- und Ausatmung) pro Zeiteinheit. In körperl. Ruhe beträgt die A. beim Erwachsenen im Mittel 14 (10–18) Atemzüge pro Minute; ↗ Atmung.   GL

Atmungsinsuffizienz Medizin. Bez. für alle die innere oder äußere ↗ Atmung betreffenden Störungen des Gasaustausches im Körper. Im Gegensatz zur manifesten sind bei drohender A. organ. oder zentrale Regelsysteme zwar schon gestört, werden jedoch noch vollkommen kompensiert.   GT

Atomar (griech. ἄτομος (atomos) ›unteilbar‹) In der ↗ analytischen Sprachphilosophie versteht man unter einer a. Aussage (dem Elementarsatz) eine einfache Aussage, die selbst nicht aus anderen Aussagen zusammengesetzt ist, z. B. ein singuläres Urteil wie ›der Tisch ist rund‹, in dem nur Individuennamen auftreten.   PR

Atomares Prädikat (auch: Primitiv-Prädikat. Engl. primitive predicate, atomic concept, semantic primitive) In der ↗ Generativen Semantik und in kognitionswiss. orientierten Theorien der ↗ Semantik Bez. für die Minimaleinheiten der ↗ Metasprache. A. P. dienen zur Erfassung der Bedeutung semant. komplexer Ausdrücke. A. P. werden durch sog. *lexikal. Dekomposition* gewonnen, wobei die Menge der a. P. in dem jeweils vorausgesetzten theoret. Rahmen begrenzt wird. So werden die von A. Wierzbicka in den 1970er Jahren entwickelten sog. *Natural Semantic Metalanguage* (NSM) ca.

60 a. P. angenommen, unter ihnen I, YOU, THIS, ONE, THINK, SAY, GOOD, BAD. Die lexikal. Dekomposition wurde vor allem an den ↗ Kausativa diskutiert, z. B. wird ›X tötet Y‹ zerlegt in ›X macht, dass es dazu kommt, dass es nicht der Fall ist, dass Y lebt‹. **Lit.** A. Wierzbicka, Semantics: Primes and Universals. Oxford 1996.   F

Atonon n. (griech. ἄτονον ›abgespannt, tonlos‹) In der Gräzistik Bez. für eine Gruppe von 10 Lexemen (vier Formen des Artikels, drei Präpositionen, zwei Konjunktionen und das Negationswort οὐ mit den Varianten οὐκ und οὐχ), welche als akzentlos geltend, a.h., dass sie proklit. (↗ Klitikon) der folgenden Akzentstelle subsumiert werden.   GS

Atoyal ↗ Formosa-Sprachen

ATR ↗ Advanced Tongue Root

Attenuativ (lat. attenuātum ›abgeschwächt‹) ↗ Aktionsart, die eine Abschwächung, Milderung der Intensität eines Vorgangs oder eines Zustands ausdrückt, z. B. russ. *poobsoxnút'* ›langsam, allmählich trocknen‹, *prinažát'* ›einen leichten Druck ausüben‹, *podvýpit'* ›ein bisschen trinken‹ (Praet. *on podvýpil* ›er hat einen gehoben‹). Die a. Aktionsart ist im Russ. auf den ↗ perfektiven ↗ Aspekt beschränkt; ↗ Delimitativ ↗ Diminutiv-iterativ.   G, T

Attenuative Ableitung ↗ Diminutiv

Atti ↗ Kwa-Sprachen

Attisch ↗ Altgriechisch

Attitude ↗ Einstellung

Attractio inversa ↗ Attraktion

Attractio modi ↗ Attraktion

Attractio relativi ↗ Attraktion

Attraktion (lat. attrāctiō ›Anziehung‹) Angleichung eines dominierten an das dominierende Element im Hinblick auf morpholog. Kategorien. Bei *Modusattraktion* (lat. attractio modi) zieht eine Konjunktivform im dominierenden Satz eine Konjunktivform im dominierten Satz nach sich, z. B. dt. *Koste es, was es wolle!*, lat. *Vellēs scrībere, cūr ita putārēs!* ›Würdest du doch schreiben, weshalb du so denkst!‹. *Kasusattraktion* liegt vor, wenn das Prädikatsnomen im Kasus des Bezugsnomens steht, z. B. lat. *Tibī non licet ōtiōsō esse* ›es gehört sich für dich nicht, faul/müßig zu sein‹; *Mihī est nōmen Gāiō* ›ich heiße Gaius‹. In lat. Grammatiken wird Kasuskongruenz zwischen Relativum und ↗ Antezedenz als *attractio relativi* bezeichnet, z. B. *Nūlla beātior possit esse [...] et dēlectātiōne quā* (statt: *quam*) *dixī et saturitāte* ›Keine Lebensweise dürfte glücklicher sein, sowohl was das Vergnügen betrifft, wovon ich gesprochen habe, als auch im Hinblick auf den Überfluss‹ (Cicero, Sen. 56) und als *attractio inversa* der Fall, dass das ↗ Antezedens den Kasus des Relativums annimmt, z. B. *Naucratem* (statt: *Naucrates*) *quem convenīre voluī in nāvī non erat* ›Naukrates, den ich treffen wollte, war nicht an Bord‹ (Pl. Am. 1009). *Numerusattraktion* liegt z. B. vor in Fällen, in denen das Personalpronomen der 1. Person in Subjektsposition koordiniert ist mit

einer Personenbezeichnung und dann die Pluralform erhält, also zum Ausdruck bringt, dass zwei Personen agieren, z. B. dt. *Der Vater und ich kamen an* vs. russ. *my s otcóm priéchali* (wörtl. ›wir mit dem Vater kamen an‹) und frz. *nous sommes arrivés avec le père* (wörtl. ›wir sind angekommen mit dem Vater‹); ↗ Kongruenz, ↗ Constructio ad sensum.   G
Attribuierung, Attribution ↗ Attribut
Attribut n. (lat. attribuere ›zuteilen, zuweisen‹. In lat. Grammatiken auch: nomen rectum, in Schulbüchern auch: Beifügung, Gliedteil. Engl. attribute, frz. épithète) ↗ Funktion, die ein Ausdruck in Bezug auf den Kern einer nominalen Konstruktion ausübt; oft auch verwendet als Bez. für den Ausdruck selbst, der diese Funktion ausübt. Das A. weist dem Kern der nominalen Konstruktion eine Eigenschaft zu und bestimmt ihn näher. Als A. können fungieren: (a) Adj. (*kühne Träume*), (b) NPs im Gen. (*die Hüter des Hauses, eine Grammatik zweifelhafter Qualität*), auch der sog. ↗ sächsische Genitiv, (c) appositive NPs (↗ Apposition), (d) PPen (*eine Reise an den Vierwaldstätter See, die Dame in Rot*), (e) ein ↗ Relativsatz, (f) ein ↗ Konjunktionalsatz (*der Umstand, dass die Insel ihn verzauberte; die Zeit, als gute Kinderstube noch etwas galt*), (g) eine ↗ Infinitivkonstruktion (*die Absicht, das Haus zu verkaufen*), (h) eine ↗ Partizipialgruppe (*die übermäßig aufgetakelte Dame; die kränkelnde Konjunktur*), (k) ↗ Adverbien (*das Auto dort; das Gespräch gestern*). Diskutiert wird der A.status von *als* und *wie* + NP (*der Bock als Gärtner, ein Ignorant wie Rudolf*); sehr fragwürdig ist eine Einordnung von Artikeln, »Artikelwörtern« und Partikeln als A. – Im Falle von pränominalen Adj. oder appositiven N. als A. ist ↗ Kongruenz zu erwarten; postnominale Adj. oder Partizipien bleiben hingegen unflektiert (*Stefanie, schön und strahlend, …; ↗* Apposition). – Bei Satzgliedern mit mehreren A. lässt sich meist eine Hierarchie der A. feststellen: in [₁ *die Problematik* [₂ *der Beziehung* [₃ *zwischen Eltern und Kindern*]]] ist [₁] Kern, [₂] A. zum Kern und [₃] A. zu [₂] *Beziehung*. Hingegen fungieren in *die vierte, erweiterte Auflage* beide Adj. als gleichrangige A. zum Kern *Auflage*, während bei der Auslassung des Kommas *vierte* als A. zu *erweiterte Auflage* zu werten wäre. Das Beispiel zeigt, dass es prinzipiell nicht sinnvoll ist, das A. nur auf den nominalen Kern des Satzgliedes zu beziehen. Oft sind konkurrierende Analysen von Attributstrukturen möglich. **Lit.** Eisenberg II, 236–269. C, RL
Attributiv Die Funktion ↗ Attribut-von ausübend. C
Attributive Bedeutung ↗ Referentielle Bedeutung
Attributive Lesart ↗ Intensionales Verb
Attributsatz (in Schulbüchern auch: Beifügungssatz, Gliedteilsatz. Engl. (subordinate) attributive clause, frz. proposition (subordonnée) épithète) Satzförmiges ↗ Attribut einer ↗ Konstituente. Ein A. wird als ↗ Konjunktionalsatz, ↗ Relativsatz, ↗ un-

eingeleiteter Nebensatz, ↗ (indirekter) Fragesatz, ↗ Infinitivsatz oder als ↗ Partizipialkonstruktion realisiert.   C
Audiogen (lat. audire ›hören‹, griech. γένος (genos) ›Art‹) ↗ Dyslalien, die auf Funktionsstörungen des ↗ Ohres zurückgehen, sind a.   G
Audiogramm ↗ Audiometrie
Audiolingual (lat. audīre ›hören‹, līngua ›Zunge, Sprache‹) Methode des FU, basierend v. a. auf strukturalist. Beschreibungen der S2 und auf behaviorist. sprachpsycholog. Modellen; ↗ Behaviorismus. Ziel ist nicht, Wissen über die S2 zu erwerben, sondern sie für Alltagssituationen möglichst schnell beherrschen zu lernen. Die a. Methode stellte den Erwerb der ↗ gesprochenen Sprache in den Mittelpunkt. Die Aneignung von Äußerungstypen (»pattern practice«) sollte den Lerner schnell in die Lage versetzen, in Standardsituationen zu kommunizieren. Im weiteren Verlauf der Entwicklung dieser Methode wurden auch Ergebnisse der ling. ↗ Pragmatik berücksichtigt: Die Lerner sollten befähigt werden, charakterist. Sprechhandlungstypen zu realisieren. Zu den Prinzipien eines a. Unterrichts gehören ferner die Einübung von Sprachmustern durch Imitation und Wiederholung mit dem Ziel der Habitualisierung fremdsprachl. Muster; der Unterricht verläuft grundsätzl. (auch im ↗ Anfangsunterricht) einsprachig. Für einen a. Unterricht ist der Einsatz eines Sprachlabors unabdingbar; hierbei soll das sprachl. Vorbild eines ↗ native speaker nachgeahmt werden. Durch den Einsatz des Sprachlabors wird der Unterricht individualisiert, so dass sich die tatsächlichen Sprechzeiten für den einzelnen Lerner erhöhen.   GI, KL
Audiometrie f. (lat. audīre ›hören‹, griech. μετϱέω (metrēo) ›messen‹ (engl. audiometry, frz. audiomêtrie) HNO-ärztl. Untersuchungsverfahren zur quantitativen Erfassung des Hörvermögens. Mittels eines Tongenerators (Audiometer) wird das ↗ Ohr über Luft- (Kopfhörer) und Knochenleitung (Schallquelle auf dem Warzenfortsatz des Felsenbeines) reinen ↗ Tönen unterschiedl. ↗ Frequenz ausgesetzt. Der zunächst unterschwellige Schalldruck wird langsam erhöht, bis der Proband einen Höreindruck angibt *(Schwellenaudiometrie)*. Damit lässt sich eine Kurve der ↗ Hörschwellen *(Audiogramm)* erheben, wobei Abweichungen von Normalwerten das Ausmaß eines *Hörverlustes* in ↗ Dezibel (dB) wiedergeben. Weiterhin kann durch Vergleich der Kurven (Luft- und Knochenleitung) zwischen Schalleitungs- (Mittelohr) und Schallempfindungsstörungen (Innenohr) sowie retrocochleären (d. h. nervalen) Störungen unterschieden werden. Bei der *Sprachaudiometrie* wird die Verständlichkeit von S. über normierte Tonträgeraufnahmen in unterschiedl. ↗ Lautstärke geprüft. Neben diesen klass. subjektiven audiometr. Verfahren, die die Mitarbeit des Probanden erfordern, kommen bei kleinen Kindern *(Neugeborenenscreening)* oder kooperationsunfähi-

gen Patienten objektive Verfahren zur Anwendung. Bei der Messung der *otoakustischen Emissionen* (OAE) werden die Ohren seitengetrennt mittels einer Sonde im Gehörgang mit einem Prüfton beschallt, die aktive Emissionsantwort der Haarzellen im Innenohr wird mittels eines Sensors in der Sonde erfasst. Bleiben diese Emissionen partiell oder gänzlich aus, weist dies auf eine Schädigung des Innenohres hin. Bei der *Brainstem Electric Response Audiometry* (BERA) wird die Funktion der Hörbahn von der Schnecke über den Hörnerv (N. vestibulocochlearis, VIII. Hirnnerv) zu den verschiedene Kerngebieten des Stammhirn geprüft. Nach Beschallung des Ohrs wird die Nervenaktivtät erfasst, indem Elektroden auf der Kopfhaut die elektrischen Potentiale (evozierte Potentiale) erfassen. **Lit.** R. Laszig E. Lenhard, Prakt. A. Stgt. 2009. GL

Audiovisuell (lat. audīre ›hören‹, vīdēre ›sehen‹, frz. visuel ›sichtbar‹. Abk. AV) Bez. für die Verbindung von auditiven (z. B. Sprachlabor, Tonband, Tonkassetten) mit visuellen Medien (z. B. Dia, Film, Video). Eine entscheidende Rolle spielen wie auch in der ↗ audiolingualen Methode der Primat des Mündl., strenges Durchhalten der Einsprachigkeit, Lernen über Imitation eines muttersprachl. Vorbildes und Strukturmusterübungen (↗ Pattern Drill). ↗ Kontext und ↗ Situation werden über die Darbietung des Bildes stärker berücksichtigt. Als Haupttextsorte wird der ↗ Dialog eingesetzt. Der Unterricht folgt einer strengen Phaseneinteilung: (a) Darbietung des dialog. strukturierten Lernstoffes über Bild und Ton, (b) Verstehen und Nachahmen des dargebotenen Stoffes, (c) Einüben des Materials, (d) ↗ Transfer des Gelernten auf mögl. andere Situationen. Die AV-Methode wird inzwischen v. a. wegen dieser starren Unterrichtsform und der Fixierung auf den Dialog nicht mehr verwendet. Visuelle Medien haben aber in der ↗ Fremdsprachenmethodik heutzutage einen festen Platz. **Lit.** P. Guberina, La méthode audiovisuelle structuro-globale. Revue de phonétique appliquée, 1, 1965, 35–64. GI, KL, SO

Auditive Phonetik (engl. auditive/aural phonetics, frz. phonétique auditive) **1.** Als ↗ deskriptive Phonetik (auch: Ohrenphonetik) systemat. Beschreibung der wahrgenommenen phonet. Ereignisse nach (meist) artikulator. (↗ artikulatorische Phonetik) Merkmalen. – **2.** Als Teildisziplin der ↗ Experimentalphonetik (auch: perzeptive Phonetik) Erforschung der physiolog. und psycholog. Vorgänge bei der Wahrnehmung ↗ gesprochener Sprache (↗ akustische Phonetik). Neben direkten physiolog. Messungen (z. B. evozierte Potentiale) werden hierbei insbesondere die Hörerurteile zu manipulierten bzw. synthet. akust. Sprachsignalen untersucht (↗ Sprachsynthese). – Spezielle Effekte der Sprachwahrnehmung bzw. häufig eingesetzte experimentelle Verfahren sind u. a. (a) *Kategoriale Wahrneh-*

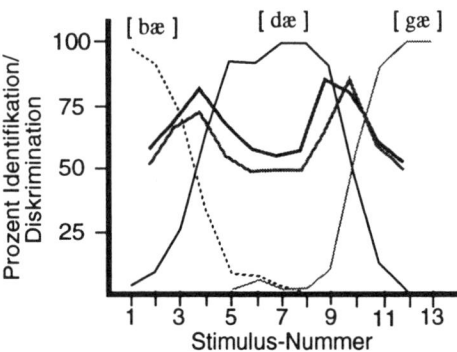

Kategoriale Wahrnehmung eines akustischen Kontinuums (dünne Linien: Identifikation; dicke Linien: berechnete (grau) / gemessene (schwarz) Diskriminationsleistung)

mung: bei der Identifikation von in physikal. gleich großen Schritten variierten akust. Sprachsignalen (z. B. einem Kontinuum mit monotoner Änderung der Startfrequenz des 2. Formanten als akust. Merkmal für die ↗ Artikulationsstelle des silbeninitialen Plosivs; ↗ akustische Phonetik) zeigt sich bei der Aufgabe der Identifikation eine nichtlineare Zuordnung der Stimuli zu den einzelnen Lautkategorien (im Beispiel [b, d, g]), bei der Diskrimination von Stimuluspaaren aus diesem Kontinuum eine Unterscheidungsfähigkeit nur bei Paarungen von Stimuli, die bei der Identifikation unterschiedl. Kategorien zugeordnet würden. (b) *Selektive Adaptierbarkeit*: Bei einer dem Identifikationstest vorgeschalteten Dauerbeschallung mit einem akust. klaren Vertreter einer der im Kontinuum vorkommenden Lautkategorien (im Beispiel [bæ]) verschiebt sich die Gren-

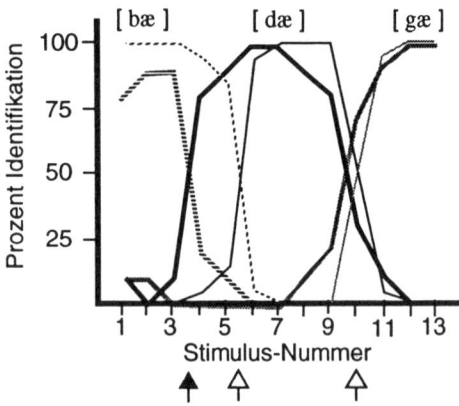

Identifikation mit eingezeichneten Kategoriegrenzen (Pfeile) vor (dünne Linien, offene Pfeile) und nach der Adaption (dicke Linien, gefüllter Pfeil) mit [bæ]

ze der Kategorienwahrnehmung zuungunsten dieser Adapterkategorie. (c) *Rechts-Ohr-Vorteil* (engl. right ear advantage, REA. Auch: rechtsohriger Vorteil): Werden einer Versuchsperson zwei unterschiedl. akust. Sprachsignale *dichotisch* (gleichzeitig beiden Ohren konkurrierende Stimuli) dargeboten, so zeigt sich ein Wahrnehmungsvorteil für das rechte Ohr (bedingt durch die (kontralaterale) Verarbeitung von Sprache in der linken Großhirnhemisphäre). – Lit. C. J. Darwin, The Perception of Speech. In: E. C. Carterette & M. P. Friedman (eds.), Handbook of Perception. Vol. 7: Language and Speech. N. Y. 1976, 175–226. – D. B. Pisoni & R. E. Remez (eds.), The Handbook of Speech Perception. Malden, Mass. u. a. 2005. – F. Restle et al. (eds.), Cognitive Theory, Vol. 1. Potomac, Maryland 1975. – M. Studdert-Kennedy, Speech Perception. In: N. J. Lass (ed.), Contemporary Issues in Experimental Phonetics. Springfield, Illinois 1975, 243–293. **PM**

Auditive Verarbeitungs- und Wahrnehmungsstörungen (Abk. AVWS. Engl. central auditory processing disorders) Seit etwa 30 Jahren werden AVWS als spezif. Störungsbild erfasst. Eine AVWS liegt vor, wenn eine klass. periphere Hörstörung nach audiometr. Überprüfung (↗ Audiometrie) ausgeschlossen ist. Wesentl. Störungsbereiche sind die auditive Lokalisation, Selektion, Differenzierung, Merkfähigkeit, Analyse und Synthese sowie das dichot. Hören. Um die AVWS von anderen Störungsbildern abzugrenzen, ist eine aufwendige Diagnostik notwendig. Leichtere Fälle werden ambulant oder intergrativ, schwere häufig an Hörgeschädigtenschulen beschult, wo ihr Anteil im Bundesdurchschnitt bei etwa 8 % liegt. **Lit.** G. Böhme, Auditive Verarbeitungs- und Wahrnehmungsstörungen (AVWS) im Kindes- und Erwachsenenalter. Defizite, Diagnostik, Fallbeschreibungen. Bern ²2006. – N. Lauer, Zentral-auditive Verarbeitungsstörungen im Kindesalter. Grundlagen – Klinik – Diagnostik – Therapie. Stgt. ³2006. – N. Ptok et al., Auditive Verarbeitungs- und Wahrnehmungsstörungen. Konsensusstatement. In: HNO 48, 2000, 357–360. **GT**

Aufbauwortschatz ↗ Grundwortschatz

Auffindungsprozedur (auch: Entdeckungsprozedur. Engl. discovery procedure, frz. procédure de découverte) ez. für Verfahren zur Auffindung sprachl. Regularitäten und grammat. relevanter Kategorien, insbes. durch die Anwendung strukturalist. Methoden wie ↗ Segmentierung und ↗ Klassifizierung. **F**

Aufforderung In der ↗ Sprechakttheorie als Sprechakttyp klassifizierte Handlungseinheit, deren Hauptcharakteristikum darin besteht, den Adressaten einer Äußerung zu einer best. Handlung oder zur Unterlassung einer Handlung zu veranlassen; i. S. der von Searle (1979) konstatierten Zuordnung von Äußerung zur Welt gehören Aufforderungen in die Klasse der Direktive mit einer Welt-auf-Wort-Ausrichtung. Dt. Verben, die Elemente dieser Klasse bezeichnen, sind z. B. *befehlen, anordnen, auffordern, plädieren, bitten, einladen, raten, verbieten*; ↗ Imperativ, ↗ Prohibitiv, ↗ Sprechaktklassifikation. **Lit.** J. Erben, Sprechakte der A. im Neuhochdt. Sprachw. 8, 1983, 399–412. – G. Hindelang, Auffordern. Die Untertypen des Aufforderns und ihre sprachl. Realisierungsformen. Göppingen 1978. – E. König & P. Siemund, Speech Act Distinctions in Grammar. In: T. Shopen (ed.), Language Typology and Syntactic Description. Cambridge 2005. – U. Schilling, Kommunikative Basisstrategien des Aufforderns. Tübingen 1999. – C. Taleghani-Nikazm, Request Sequences: The Intersection of Grammar, Interaction, and Social Context. Amsterdam 2006. **F**

Aufforderungssatz (auch: Imperativsatz. Engl. hortatory sentence, frz. proposition hortative) Klasse von Sätzen, deren wichtigste pragmat. Funktion der Ausdruck einer ↗ Aufforderung ist; ↗ Aufforderung, ↗ Direktive, ↗ Imperativ, ↗ Satzmodus, ↗ Satztyp. **F**

Aufgaben-Raum ↗ Artikulatorische Phonologie

Aufhebbare Opposition ↗ Opposition

Aufhebungsstellung (auch: Neutralisationsstellung) In der Terminologie N. Trubeckojs (1890–1938) eine Lautstellung, in der eine in einer Spr. sonst (in der *Relevanzstellung*) vorhandene phonolog. ↗ Opposition aufgehoben, neutralisiert ist und nur die beiden Oppositionsgliedern gemeinsamen Merkmale phonolog. relevant bleiben (↗ Archiphonem), z. B. der dt. Auslaut als A. für die Stimmbeteiligungskorrelation, ↗ Auslautverhärtung. **PM**

Aufrichtigkeitsbedingungen ↗ Expressive, ↗ Grußformel, ↗ Sprechakt

Aufsatzunterricht (frz. enseignement de rédaction) Zentraler Bereich des ↗ muttersprachlichen Unterrichts (1.), der in allen Schulstufen vorgesehen ist, auch unter Stichwörtern wie »Textproduktion« und ↗ Schreiben behandelt. Mit solchen neuen Etikettierungen soll angedeutet werden, dass man sich von einem traditionellen A., in dem vorgefertigte Formen (wie Bericht, Schilderung, Bildbeschreibung, Referat usw.) eingeübt werden, fortbewegen und an Ansätze integrieren möchte, die unter Stichwörtern wie »freies (kreatives) Schreiben« einzuordnen sind; ↗ Kreatives Schreiben, ↗ Schreibenlernen. Von größter Bedeutung ist die Frage nach den Kriterien bei der Korrektur von Aufsätzen. Eine objektive Korrektur scheint kaum möglich; Untersuchungen haben immer wieder gezeigt, dass verschiedene Lehrer einen Aufsatz sehr unterschiedl. korrigieren und benoten. Auch im FU spielt das Lernziel, eigenständig Texte erstellen zu können, eine Rolle. Die Kriterien für die Bewertung von Texten der Lerner sind uneinheitl. und umstritten. **Lit.** O. Ludwig, Der Schulaufsatz. Seine Geschichte in Deutschland. Bln., N. Y. 1988. **GI, KL, SO**

Aufzählung (lat. ēnumerātiō) Anordnung einer Wort- oder Satzreihe zu einer »koordinierenden

Häufung im Kontakt« (Lausberg 1990, § 669). In der antiken ↗ Rhetorik sprachl. Mittel der Beweisführung (*argūmentātiō*). Ihre Glieder sind die koordinierten Teile eines Ganzen. Die die A. zusammensetzenden Teile sind grundsätzlich einander gleichgeordnet (sowohl semant. als auch syntakt.); ↗ Asyndese, ↗ Syndese. Die A. als ↗ rhetorische Figur kann darüber hinaus an jeder Stelle auftreten. – A. können durch die Konjunktionen *und* oder *sowie* verbunden sein. Man unterscheidet A. als ↗ rhetorische Figuren danach, ob und wie sie durch Konjunktionen verbunden sind und ob und wie sie einen Kollektivbegriff (ein zusammenfassendes Glied) voranstellen oder nachstellen. Die rhetor. Figur der steigernden Aufzählung heißt Klimax (griech. ›Leiter‹), wobei die Reihenfolge semant. festgelegt ist (vom weniger Bedeutenden zum Wichtigen oder vom ›schwachen‹ zum ›starken‹ Wort; ↗ Konnotation). Bei der Klimax nimmt jedes Folgeglied an Gewicht zu, so dass das letzte Element der Reihung semant. den Höhepunkt der Äußerung enthält, z. B. *Das große Karthago führte drei Kriege. Es war noch mächtig nach dem ersten, noch bewohnbar nach dem zweiten. Es war nicht mehr auffindbar nach dem dritten* (B. Brecht). Im Ggs. dazu bezeichnet die Antiklimax eine semant. abfallende Reihung, z. B. *Männer, Frauen und Kinder.* – Bei der Gradation (lat. gradātiō »Steigerung‹) handelt es sich um eine durch Hinzufügung gebildete rhetor. (Wort-)Figur, bei der eine stufenweise Steigerung stattfindet nach dem Muster a…b / b…c / c…d. Die Gradation ist eine fortgesetzte ↗ Anadiplose, z. B. *Dem Africanus erwarb seine Tätigkeit Tugend, seine Tugend Ruhm, sein Ruhm Nebenbuhler* (Rhetorik an Herennius). **Lt.** H. Lausberg, Handbuch der lit. Rhetorik. Stgt. ³1990.   VS

Aufzählungswort ↗ Ordinalzahl

Augenbewegung beim Lesen Die visuelle Wahrnehmung ist generell von sprunghaften Bewegungen einerseits und Phasen der Fixierung andererseits geprägt. Auch beim Lesen bewegen sich die Augen nicht linear entlang der linearen Kette von Zeichen, sondern in Sprüngen (↗ Saccade). Die Anzahl und Weite dieser Sprünge hängt mit der Komplexität des Satzes bzw. Textes und der kognitiven Reife des Lesers zusammen. Je schwieriger ein Text ist, umso häufiger sind die Saccaden und umso länger ist die ↗ Fixation einzelner Textelemente. Die durchschnittl. Länge der Fixationen beträgt ca. 200 ms, die durchschnittliche Saccadenweite sieben Buchstaben. Sie ist in der Regel auf das folgende Wort gerichtet. Das Zusammenspiel von Fixationen und Saccaden beim Lesen liefert wertvolle Hinweise auf den Ablauf kognitiver Verarbeitungsprozesse und ist deshalb von zentraler psycholing. Bedeutung. Zur Messung des Blickverhaltens werden ↗ Eyetracker verwendet. **Lit.** W. Inhoff & K. Rayner, Das Blickverhalten beim Lesen. HSK 10, 2, 942–957.   ES

Augenblicksbildung ↗ Gelegenheitsbildung
Augenblickslaut ↗ Plosiv
Augenkommunikation (auch: Blickkommunikation, Visuelle Interaktion) Elementares Element jeder ↗ Face-to-face-Kommunikation, das art- und kulturspezif. unterschiedl. kodiert ist. In jedem direkten Interaktionsvorgang ist A. präsent, wobei Blickkontakt genauso wie Wegschauen sind signifikative nonverbale Elemente der Kommunikation. Bei vielen Tierarten sind Anstarren bzw. Wegsehen Signale für Drohung, Interesse oder Verteidigungsbereitschaft bzw. Desinteresse und Friedfertigkeit; ↗ Zoosemiotik. In der menschl. A. scheint es universelle Gemeinsamkeiten (z. B. Brauenheben als Zeichen von Überraschung) und vielerlei kulturelle Differenzen zu geben, z. B. bei der Häufigkeit und Zulässigkeit von Blickkontakten zwischen Kommunikationspartnern von verschiedenem Alter, Geschlecht und sozialem Status. So ist z. B. direkter Blickkontakt zwischen Lehrer und Schüler in Deutschland normal (Blickvermeidung des Schülers wird als unhöflich und ggf. als Schuldeingeständnis gewertet), während er z. B. in traditionellen nordafrikan. Kontexten als Unverschämtheit seitens des Kindes gewertet würde. A. fungiert als Ausdrucksmittel für elementare zwischenmenschl. Beziehungen wie Sympathie, Antipathie, Angst, sexuelles Interesse, Aggression, Feindschaft, Dominanzstreben und Intimität. Empir. Untersuchungen ergaben, dass in der A. Emotionen wie Freude, Überraschung, Verärgerung, Abscheu und Trauer zieml. eindeutig kommuniziert werden. Der signifikative Wert von unwillkürl. Pupillenreaktionen und Augen- und Lidbewegungen (z. B. Zwinkern als Einverständnissignal) ist noch weitgehend unerforscht, ebenso die Rolle der A. bei der Vorbereitung des ↗ Sprecherwechsels. Die Taxonomie der A. umfasst nach Nöth (2000, 311 f.) folgende Modi der A. (in abnehmender Intensität): (a) Blickkontakt (gegenseitiger Blick in die Augen), (b) gegenseitiger Blick (ins Gesicht), (c) einseitiger Blick, (d) Blickbewegung, Blickwechsel, (e) Blickunterlassung eines Partners, (f) Blickvermeidung (Wegblicken eines Partners), (g) gegenseitige Blickvermeidung. Eine umfassende Taxonomie der A. findet sich in Ehlich & Rehbein (1982, 48–77); ↗ Mimik, ↗ Nonverbale Kommunikation, ↗ Paralinguistik. **Lit.** W. Nöth, Handbuch der Semiotik. Kap. V, 5. Stgt., Weimar ²2000. – H. G. Walbott, Nonverbale Phänomene. HSK 3, II, 1987, 1227–1237.   G

Augenreim Reim zwischen orthographisch ident., aber verschieden ausgesprochenen Wörtern, die entweder in einer älteren Sprachstufe lautl. noch übereinstimmen, z. B. frz. *ours* [urs]; *toujours* [tuˈʒuːr] (Perrault, im 17. Jh. noch Reim) oder aber sich von vornherein nur an das Auge richteten, z. B. engl. *love: prove, good: blood* (Tennyson, »In memoriam A. H. H.«, 1850).   SE

Augment (lat. augmentāre ›vermehren‹) Ursprüngl. das idg. Präfix *e-* (*ē-*) im Indikativ der A.-Tempora

ↂ Imperfekt, ↂ Aorist und ↂ Plusquamperfekt, das vor konsonant. anlautender Wurzel als silbisches A., vor Vokal als Vokallängung (temporales A.) in Erscheinung tritt. Später Silben-A. auch für Affixe allgemein (z.B. die nicht selbständig vorkommenden Präverbien *be-, ge-, er-* des Dt.).　　　PM

Augmentativ ↂ Evolutiv

Augmentativbildung (lat. augmentäre ›vermehren‹. Auch: Amplifikativum, Augmentativum, Vergrößerungsform) Semant. bestimmte ↂ Ableitung, deren im Vergleich zur adj. oder subst. Basis zusätzliches Merkmal in der Steigerung oder Verstärkung besteht. Neben Präfigierungen (*erzkonservativ, Erzbischof*) stehen A. mit Erstgliedern, deren morphemkategoriale Einordnung strittig ist, z.B. *mega-* (ↂ Affix oder ↂ Konfix?) oder *riesen-* (Affix oder ↂ Affixoid?). Dissens besteht auch darin, ob deverbale Verben wie *betrinken* zu den A. gehören (Karbelaschwili 2001, 135). Gelegentl. wird hier von ↂ Intensivbildungen gesprochen. Unstrittig kann die semant. Funktion der Augmentation auch durch lexikal. Wortbildungsmittel erreicht werden (vgl. *Minibus – Kleinbus*). Der Terminus A. bezeichnet aber ausschließlich ↂ Derivate, deren Antonyme die ↂ Diminutivbildungen sind. **Lit.** S. Karbelaschwili, Lexikon zur Wortbildung der dt. Spr. Regensburg ²2001.　　　ES

Augmentativum ↂ Augmentativbildung

Augmented Transition Network (Abk. ATN. Auch: Erweitertes Übergangsnetzwerk). Ein von W. Woods entwickelter Formalismus zur Syntaxanalyse, der Aufschluss über die Sprachverarbeitung im ↂ Gehirn geben soll. ATNs stellen eine Erweiterung von rekursiven Übergangsnetzwerken (Recursive Transition Networks, RTNs) dar. Wesentl. Bestandteile von RTNs sind (a) die ↂ Knoten, (b) die beschrifteten ↂ Kanten und (c) rekursive Subnetzaufrufe. In ATNs sind auch (d) Übergänge mit Vorbedingungen und Aktionen, Register (d.h. globale Variablen) und Unterprogramme in LISP erlaubt. Die grammat. Analyse eines Satzes geschieht ↂ top-down (ↂ Suchalgorithmus) und ist bei restriktiver Verwendung von Tests und Aktionen sehr effizient, obwohl ATNs die Ausdrucksmächtigkeit einer ↂ Turing-Maschine (ↂ Formale Sprachen) haben. **Lit.** W.A. Woods, Transition Network Grammars for Natural Language Analysis. In: Communications of the ACM 13 (10), 1970, 591–606.　　　Z

Ausatmung ↂ Exspiration

Ausbau ↂ Ausbausprache

Ausbausprache Von H. Kloss in die ↂ Soziolinguistik eingeführter Terminus, der einen der beiden hauptsächl. Gründe benennt (neben Abstand; ↂ Abstandsprache), warum eine Varietät als eigenständige Spr. gilt, nämlich ihre Ausgebautheit. Der Ausbau einer Varietät geschieht durch ↂ Verschriftung, ↂ Standardisierung, Modernisierung (Entwicklung fachl. ↂ Terminologien) und die Verwendung in der Fachliteratur (Sachprosa). Insbesondere durch ihre Verwendung in der wiss. Lit., vor allem in den Naturwiss., wird dieser Ausbau gefördert. Eine ausgebaute Varietät bedarf nicht des Abstandes, um als eigenständige Spr. zu gelten. Eine gewisse Mindestdistanz von allen anderen Varietäten ist jedoch ebenfalls erforderlich. So ist z.B. das ↂ österreichische Deutsch dem dt. Deutsch – trotz Ausgebautheit – zu ähnl., um als eigenständige Spr. zu gelten. ↂ Letzeburgisch z.B. hat dagegen die erforderl. Mindestdistanz und gilt spätestens seit seiner Standardisierung als eigenständige Spr., obwohl es keinen Abstand hat, denn es ist vom Standarddt. ling. nicht weiter entfernt als manche dt. Dialekte. **Lit.** H. Kloss, Die Entwicklung neuer german. Kulturspr. seit 1800. Ddf. ²1978. – H. Haarmann, Abstandsprache – Ausbausprache. HSK 3, I, 238–250.　　　AM

Ausdruck ↂ Glossematik, ↂ Signifikant, ↂ Inhalt

Ausdrucksebene, -form, -linie, -plan, -seite, -substanz ↂ Form 3, ↂ Glossematik

Ausdrucksfunktion ↂ Axiomatik der Sprachwissenschaft, ↂ Bühlersches Organonmodell, ↂ Emotiv

Ausdrucksstellung ↂ Kontraststellung

Ausgabe ↂ Eingabe

Ausgabeschicht ↂ Neuronales Netz

Ausgangspol ↂ Zielpol

Ausgangsschrift ↂ Schulschrift

Ausgangssprache (engl. source language, frz. langue-source) **1.** Bez. für eine Spr., aus der in eine ↂ Zielsprache übersetzt oder gedolmetscht wird. **2.** S1 von Personen, die (eine) weitere Spr.(n) lernen oder verwenden. **3.** (Auch: Quellsprache, Gebersprache. Engl. donor language) Spr., aus der lexikal. oder grammat. Elemente in eine andere Spr. (ↂ Empfängersprache) übernommen werden; ↂ Sprachkontakt.　　　G

Ausgleich In der Konzeption der ↂ Junggrammatiker das Resultat des Wirkens der Gesetze der ↂ Analogie, die A. auf verschiedenen Ebenen der Sprachstruktur bewirken, z.B. (a) lautl. bzw. graph. A. in Fällen wie *trügen* < mhd. *triegen* analog zu *lügen*, (b) formaler A. in Fällen wie dem des {-s} bei einigen Zeitadverbien des Dt. (z.B. *nachts*), (c) A. durch paradigmat. Vereinheitlichung bzw. Vereinfachung, z.B. *backte, sendete* statt *buk, sandte*.　　　G

Ausgleichskomponente ↂ Morphologische Komponente

Ausgleichsmundart Ergebnis eines Annäherungsprozesses mehrerer Dialekte, der aufgrund des Zusammenfließens ihrer Sprecher (z.B. durch Ansiedlung aus verschiedenen Regionen) zu einem neuen Dialekt führt. Bekannte Beispiele sind der ostmd. Dialekt als ›koloniale‹ – also neusiedlerische – Ausgleichsmundart (und Basis für die hochdt. Standardspr.), der schles. Dialekt oder die städt. Dialekte (aufgrund ihres Zuzugs von Sprechern verschiedener Dialekte).　　　K

Ausgliederung ↂ Ausklammerung

Aushiri ↂ Südamerikanische Indianersprachen

Ausklammerung (auch: Ausrahmung. Engl. exbraciation) Extraposition von Elementen im Satz nach rechts in die strukturelle Position im Nachfeld, außerhalb der durch finites und infinites Element des Prädikats gebildeten ↗ Satzklammer, z. B. *Sie haben gestritten von morgens bis abends.* Anders als bei der ↗ Herausstellung gibt es kein Bezugselement. Viele Grammatiken vertreten die Auffassung, dass mit dem Schließen der Satzklammer der Satz beendet ist und eine Besetzung des Nachfeldes (↗ Feldgliederung) eine – meist kommunikativ-pragmat. – Abweichung von einer Grundwortstellung bildet. Die Nachfeldbesetzung ist aber z. B. bei Aufzählungen, freistehenden ↗ Appositionen und ↗ Vergleichen grammatikalisiert. Deshalb wird z. B. zwischen echter und notwendiger A. unterschieden oder vorgeschlagen, von A. nur zu sprechen, wenn die entsprechenden Elemente auch einklammerbar sind, also im Mittelfeld stehen können, »Nachfeldbesetzung« hingegen für Konstruktionen zu verwenden, die im Nachfeld stehen müssen (Zahn 1991). Gründe für die A. sind u. a. ein überfülltes Mittelfeld oder das Bedürfnis zur Hervorhebung des Stellungsgliedes. Wiederholt wurde die Ansicht vertreten, dass die A. in der ↗ gesprochenen Sprache häufiger sei als in der geschriebenen. Nach der Untersuchung von Zahn trifft dies nicht zu. **Lit.** G. Zahn, A. und Nachfeldbesetzung im Dt. Erlangen 1991.   SL

Ausländerpädagogik ↗ Deutsch als Zweitsprache
Ausländerregister (auch: foreigner talk, petit nègre) Weitgehende, vielfach fehlerhafte »Vereinfachungen« in Äußerungen von Muttersprachlern in der Kommunikation mit Nichtmuttersprachlern, die z. T. auf populären Hypothesen über besondere Schwierigkeiten der betreffenden Spr. beruhen, z. T. verbreitete Fehler von Nichtmuttersprachlern kopieren. Ein A. kann verschiedene Bereiche betreffen: (a) Phonetik und Intonation: überkorrekte Artikulation, unnatürl. Verlangsamung des Sprechtempos (↗ »DaF-Aussprache«), (b) Lexik: Vermeidung von Wörtern, die man für »schwer« hält, übermäßig häufiges Einschieben von Paraphrasen, (c) Morphologie: im Dt. z. B. der »Gastarbeiterinfinitiv« (d. h. die Reduktion aller Verbformen auf den Infinitiv, wobei Zeitrelationen lexikalisiert werden, z. B. *Ich gestern Hannover fahren; Er morgen wollen Freund besuchen*), die Ersetzung der Komparation durch Gradangaben z. B. *mehr schnell, viel gut*, (d) Syntax: im Dt. z. B. Weglassen der Kopula (Hinnenkamps schönes Beispiel »Du türkisch Mann«), Abweichungen von der regulären Wortstellung z. B. *Nix kommen du morgen, Büro nix jetzt offen* usw., (e) Pragmatik: z. B. ungerechtfertigtes, diskriminierendes Duzen. A. beruhen mitunter auf der wohlmeinenden Absicht, dem Partner die Kommunikation zu erleichtern, vielfach zielen sie jedoch auf seine Diskriminierung ab. In Deutschland sind A. spätestens seit dem Beginn des 20. Jh. belegt

(z. B. in Spottversen auf poln. Einwanderer im Ruhrgebiet (vgl. Glück 1982), vielfach auch in alten Filmen). **Lit.** M. Clyne (ed.), Foreigner Talk (IJSL, 28). The Hague 1982. – H. Glück, Die Polen im Ruhrgebiet und die gegenwärtige Ausländerfrage. DL 3, 1982, 3–25. – V. Hinnenkamp, Foreigner talk und Tarzanisch. Hamburg 1984. – Ders., Interaktionale Soziolinguistik und Interkulturelle Kommunikation. Gesprächsmanagement zwischen Deutschen und Türken. Tübingen 1989.   G
Auslandsgermanistik ↗ Deutsch als Fremdsprache
Auslandslinie ↗ Deutsch als Zweitsprache
Auslassung ↗ Ellipse
Auslassungszeichen ↗ Apostroph, ↗ Interpunktion
Auslaut ↗ Silbenkoda
Auslautgesetz ↗ Besondere ↗ Lautgesetze, die markierte Position an Wort- und Silbengrenze betreffend; im Germ. als suffigierender Spr. durch die ggü. dem Lexem geringere morphol. Stabilität der Endungen sowie den Erstsilbenakzent (↗ Initialbetonung) noch verstärkt. Typ. Prozesse sind die ↗ Auslautverhärtung (germ. *hauzjan > got. hausjan ›hören‹; ahd. *kind > mhd. kint) oder ↗ Kürzung, Schwund auslautender Silben (idg. *bʰéronti ›sie tragen‹, got. baírand, ahd. berant, nhd. (ge)bären, engl. bear; idg. *krnom, urgerm. *hurnan, horna (Gallehus ± 400), nhd. Horn). Ihren gravierendsten Niederschlag finden die germ. A. im Umbau des ↗ synthetischen zum ↗ analytischen Sprachtyp. **Lit.** D. Boutkan, The Germanic ›Auslautgesetze‹. Amsterdam 1995.   RK
Auslautverhärtung Stimmtonverlust bzw. Fortisierung (↗ Fortis) des Wort- bzw. Silbenauslauts, was zur ↗ Neutralisierung der sonst phonolog. gegebenen stimmhaft-stimmlos- (bzw. fortis-lenis-) Opposition führt; z. B. nhd. *Tag* (mhd. *tac*) [ta:kʰ] vs. *Tages* [-g-].   PM
Ausrahmung ↗ Additiver Anschluss, ↗ Ausklammerung, ↗ Nachtrag
Ausrufesatz ↗ Exklamativsatz
Ausrufewort ↗ Interjektion
Ausrufezeichen, Ausrufungszeichen ↗ Interpunktion
Aussage ↗ Allaussage, ↗ Existenzaussage, ↗ Proposition
Aussagenlogik Eine Aussage (↗ Behauptung, Urteil, ↗ Proposition) ist nach Aristoteles etwas, von dem man sinnvoll sagen kann, es sei wahr oder falsch. Die A. ist ein Teil der ↗ formalen Logik, die sich mit Satzkonstruktionen befasst. Es werden diejenigen sprachl. Ausdrücke untersucht, mit denen sich aus gegebenen Sätzen neue komplexere Sätze erzeugen lassen. Grundlegend für die A. ist das Postulat der Wahrheitsdefinitheit, wonach jeder Aussagesatz, der keine Indikatoren (*ich, du, jetzt, heute, hier* usw.; ↗ Deixis) enthält, entweder wahr oder falsch ist. Die zur Verknüpfung verwendeten sprachl. Ausdrücke (Satzoperatoren) sind: ↗ Negation, ↗ Konjunktion (*und*), ↗ Adjunktion bzw. nicht-

ausschließende ↗ Disjunktion (nichtausschließendes *oder*), ↗ Implikation (*wenn, so*), ↗ Äquivalenz (*genau dann, wenn*). Zur Beurteilung der Wahrheitsverteilung bezügl. der durch die Verknüpfung von Teilaussagen mittels Satzoperatoren entstandenen komplexen Aussagen wird mit Wahrheitswerttabellen gearbeitet. Der ↗ Wahrheitswert ›wahr‹ ist bei der Konjunktion nur gegeben, wenn beide Teilsätze wahr sind, bei der Implikation der Wahrheitswert ›falsch‹ nur dann, wenn der Vordersatz wahr und der Hintersatz falsch ist, bei der ↗ Äquivalenz der Wahrheitswert ›wahr‹, wenn beide Teilsätze denselben Wahrheitswert haben. Ein Satz heißt aussagenlog. ›wahr‹, wenn er immer wahr ist, unabhängig davon, welche Wahrheitswerte seine einfachen Teilsätze haben. PR

Aussagesatz ↗ Deklarativsatz

Aussageweise ↗ Modus

Aussagewort In Schulbüchern vorkommende Bez. für ↗ Verb. G

Ausschließende Konjunktion ↗ Disjunktion, ↗ Konjunktion

Außenfeld ↗ Feldgliederung

Außenperspektive ↗ Additiv, ↗ Interkulturelle Germanistik

Äußere Rekonstruktion ↗ Innere Rekonstruktion, ↗ Rekonstruktion

Äußere Sprachwissenschaft Zusammenfassende Bez. für ling. Modelle und Methoden, die neben sprachl. Fakten i. e. S. (d. h. den Gegenständen der Phonologie, der Morphologie, der Lexikologie und Wortbildung, der Syntax und der Semantik) auch äußere Faktoren, die mit der Sprachentwicklung bzw. der Sprachverwendung korrelieren, (mehr oder weniger) systemat. in ihre Beschreibungen und Analysen einbeziehen; Ggs. ↗ Innere Sprachwissenschaft. G

Äußerer Plural ↗ Gesunder Plural

Außersprachlich (auch: extralinguistisch) Gegenstände und Sachverhalte, die nicht in den Untersuchungsbereich der Sprachwiss. gehören, sind a., wobei diese Festlegung stets davon abhängig ist, was im Rahmen des jeweiligen method.-theoret. Ansatzes als Untersuchungsbereich definiert ist. Systembezogene Ansätze bestimmen den Skopus der Sprachwiss. gemeinhin enger als verwendungsbezogene Ansätze, d. h. dass diese die Grenzen des Innersprachlichen (Intralinguistischen) viel enger ziehen als jene, was mitunter dazu führt, dass man sich gegenseitig Faktenferne bzw. Dilettantismus vorhält; ↗ Systemlinguistik. G

Äußerung (engl. utterance) Alltagsspr. Ausdruck, auf den in verschiedenen ling. Theoriezusammenhängen in unterschiedl. Weise zurückgegriffen wird, sowohl mit Bezug auf die Handlung des Sich-Äußerns wie auf deren Resultat. In zeichenzentrierten ling. Theorien (z. B. in der Saussure-Rezeption) wird Ä. auf die ↗ Parole bezogen, bei Chomsky der Performanz zugerechnet und so aus dem syste-

mat. ling. Analyse ausgeklammert. – In Theorien, die auf nominalist. Grundannahmen basieren, gewinnt Ä. z. T. die Qualität einer elementaren Grundeinheit (vgl. Bloomfield 1926). Ä. sind jedenfalls sinnlich (durch akust. oder visuelle Umsetzung) wahrnehmbar gemachte sprachl. Handlungen. Erst der ↗ Äußerungsakt bedeutet die vollständige Realisierung einer sprachl. ↗ Handlung oder einer selbstsuffizienten sprachl. ↗ Prozedur. Häufig wird der Ausdruck Ä. herangezogen, um Probleme bei der Definition von ↗ »Satz« zu umgehen. Ä. erscheinen dann als kleiner, gleich groß oder größer als der Satz. Die Grenzen der Ä. sind in diesem Zusammenhang theoret. von grundlegender Bedeutung. Das hierfür herangezogene Kriterium (insbesondere im ↗ Distributionalismus, vgl. Harris 1966) der »zwischen zwei Pausen produzierte(n) Laut- (oder Schriftzeichen-)Kette« ist empir. schwer umzusetzen, weil ↗ Pausenmarkierungen von unterschiedl. Faktoren beeinflusst werden. – Eine systemat. Rekonstruktion der Kategorie Ä. ist im Rahmen der ling. Pragmatik dann möglich, wenn Ä. als Äußerungsakt verstanden und zugleich traditionelle Termini der ling. Theoriebildung wie »Satz« auf das sprachl. Handeln als eine dafür relevante sprachl. Form bezogen werden. **Lit.** ↗ Illokution. E

Äußerungsakt Von Searle in die ↗ Sprechakttheorie eingeführte Zusammenfassung des phonet. und ↗ phatischen Aktes bei Austin. In die Sprechhandlungstheorie (↗ Sprechhandlung) übernommene Kategorisierung für die Umsetzung der beim »Sprecher« mental vorbereiteten propositionalen und illokutiven Akte. Durch den Ä. wird die Sprechhandlung realisiert, d. h. für den ↗ Hörer sinnl. zugänglich gemacht. Erst der Ä. konstituiert die vollständige sprachl. Handlung. Durch sie wird ›origo‹ in der ↗ Sprechsituation konkret gesetzt. **Lit.** ↗ Sprechhandlung. E

Äußerungsbedeutung (engl. utterance meaning) Im Rahmen einer reifizierenden (verdinglichenden) Sprachauffassung entwickelte Kategorie zur Beschreibung und Erklärung der Unterschiede zwischen »wörtlichen«, eigentl., »sprachinhärenten«, den Ausdrücken, Sätzen usw. »an sich« zugehörigen »Bedeutungen« und den »Bedeutungen«, die die Ausdrücke, Sätze usw. in der Realität des sprachl. Handelns offensichtl. erhalten. **Lit.** G. Gazdar, Pragmatics. Implicature, Presupposition, and Logical Form. N. Y. 1979. – H. P. Grice, Utterer's Meaning, Sentence Meaning, and Word Meaning. FoL 4, 1968, 1–18. – S. C. Levinson, Pragmatics. Cambridge 1983. Dt. Tübingen 1990. – J. R. Searle, Ausdruck und Bedeutung. Ffm. 1982. – P. F. Strawson, Intention and Convention. Phil. Review 73, 1964, 439–460. – E. Rolf, Sagen und Meinen. Opladen 1994. E

Aussprache (engl. pronounciation, diction, accent; frz. prononciation, diction, accent) Realisation von Sprachlauten in idio-, regio-, sozio- und patholektalen Varietäten. Die A.lehre (Orthoepie, Orthophonie, Rechtlautung) steht im Spannungsfeld von phonolog., phonet. und kulturspezif. (↗ Psychophonetik, Soziophonetik und ↗ Phonostilistik) Normierung. In der ↗ Sprecherziehung wird A. für redende Berufe gelehrt. Für die dt. A. ist außer dem dt. ↗ Phonemsystem relevant ein phonistilist. typ. Verhältnis von Vokalismus und Konsonantismus, eine typ. Ausprägung der ↗ Artikulationsbasis und des Lautungsgriffs (weit, gespannt), spezif. Lautbindung (z. B. ↗ Assimilation von Konsonanten, Glottisverschluss beim unbehauchten Vokaleinsatz) u. a. Merkmale des dt. phonet. Systems. Die Kodifizierung der dt. A. erfolgte zuerst 1898 in Th. Siebs' (1862–1941) »Dt. Bühnensprache« (seit 1910 Schulnorm). Die Geschichte des ›Siebs‹ spiegelt den Geltungsanspruch der A.norm: Spezialnorm für das Theater (1898), Allgemeinnorm für die ›Hochsprache‹ (1922–1957), flankiert durch eine ›Rundfunk-A.‹ (1931) bis zum Kompromiss einer ›reinen und gemäßigten Hochlautung‹ 1969. Rundfunk und später Fernsehen werden Grundlage der A.norm des ›Wörterbuchs der dt. A.‹ (WdA, Halle 1964), als ›Großes Wörterbuch der dt. A.‹ (GWdA) (1982) neu bearbeitet. Das Duden-A.-Wörterbuch von M. Mangold folgt zunächst dem ›Siebs‹ (1. Aufl. 1962) und später dem WdA bzw. dem GWdA (1974 bis 1991). Mangold entwickelte A.normen aufgrund der eigenen Logik des phonet. Systems des Dt. in Kenntnis der phonet. Verhältnisse in einer Vielzahl anderer Spr.n und mit hochdifferenzierter auditiv-phonet. Intuition. Dagegen beruht das ›Dt. Aussprachewörterbuch‹ (DAWB) aus Halle (2009) auf einem umfangreichen Korpus (Rundfunk und Fernsehen) vom Beginn der 1990er Jahre. Es ist ein Gemeinschaftswerk zahlreicher Autorinnen und Autoren, berücksichtigt in ihm wertender Skalierung textsortenspezif. phonostilist. Varianten und enthält erstmals Ausführungen zur Standardaussprache des Dt. in Österreich und der deutschsprachigen Schweiz. **Lit.** Duden Aussprachewb. Wb. der dt. Standardaussprache. Bearb. von M. Mangold. Mannheim ⁶2005. – E.-M. Krech u. a. (Hgg.), Großes Wb. der dt. Aussprache. Lpz. 1982. – Th. Siebs, Dt. Aussprache. Reine und gemäßigte Hochlautung. Bln. ¹⁹1969. – E.-M. Krech u. a., Dt. Aussprachewb. Bln., N. Y. 2009. GU

Aussprachestörung ↗ Dyslalie

Ausstoßung ↗ Synkope

Austauschprobe (auch: Ersetzungsprobe, Ersetzungsprobe; teilweise auch: Kommutation, ↗ Kommutationstest) ↗ Operationales Verfahren zur Ermittlung und Beschreibung sprachl. Elemente, die derselben Klasse zugeordnet werden können, wenn sie in der gleichen ↗ Umgebung einsetzbar sind. Die A. i. e. S. dient in Verbindung mit anderen analyt. Proben (z. B. ↗ Verschiebeprobe, ↗ Weglassprobe) der Aufdeckung der syntakt. Struktur von Sätzen. Durch den systemat. Austausch einzelner Teile des Satzes lassen sich z. B. ↗ Satzglieder abgrenzen und deren

syntakt. Funktion bestimmen, z. B. *Petra/sie/mein Onkel kauft/verschenkt/zerreißt ein Buch/einen Hut*; ↗ Substitution. SK

Australische Sprachen Spr. der austral. Ureinwohner (engl. *aborigines*). Von wenigen, auch typolog. abweichenden Spr. im Norden des Kontinents abgesehen (insbes. Arnhem-Land) werden die a. S. zur Pama-Nyunga-Gruppe zusammengefasst, wobei die Klassifikation durch kontinentweite Wortentlehnungen erschwert ist. Das Engl. hat die a. S. weitgehend verdrängt, so dass die meisten der ursprüngl. etwa 250 Spr. bereits ausgestorben oder dem Aussterben nahe sind. Nur wenige Spr. haben mehr als 1 000 Sprecher: Aranda, Warlpiri, Western Desert (Pitjantjatjara u. a.), Tiwi, Walmatjari und, unter Berücksichtigung der Zweitsprachler, Gunwinggu. ↗ Schriftlichkeit spielt keine Rolle. Bekannt geworden ist das Dyirbal, dessen Beschreibung (Dixon 1972) eine Diskussion über Ergativität (↗ Ergativsprache) auslöste. Die Phoneminventare sind überwiegend recht klein (16–25 Phoneme) mit meist nur einer Plosivreihe und ohne Frikative, jedoch häufig bis zu sechs Artikulationsstellen für Plosive und Nasale (bilabial, apiko-alveolar, retroflex, laminodental oder interdental, laminopalatal und dorsal). Die a. S. sind agglutinierend (suffigal) und bilden vielsilbige Wörter. Beim Verb wird zwischen intransitiv und transitiv streng unterschieden; Tempusflexion ohne Kongruenz, z. T. sind aber Aktanten als Pron. gebunden. Direktionalia und deikt. System können elaboriert sein (z. B. topograph.: bergauf-bergab, flussauf-flussab). Pron. existieren oft nur für die 1. und 2. Pers. (Sg., ↗ Dual, vereinzelt ↗ Trial, Pl.; ↗ inklusiv und ↗ exklusiv), ansonsten wird mit Deiktika (↗ Deixis) oder ↗ generischen Nomina (z. T. in Form von ↗ Klassifikatoren) koreferiert. Die a. S. sind überwiegend ↗ Ergativsprachen, oft mit Split-Ergativität (bei Pron. meist Nom./Akk.) und haben reiche Kasussysteme. Die Wortstellung ist relativ frei, Endstellung des Verbs und Nachstellung von Adj. werden bevorzugt. Satzverknüpfung erfolgt z. T. durch ↗ Switch Reference. Die abweichenden Spr. des Nordens besitzen komplexere Phonem- und Morphemsysteme, sind oft präfigierend und zeigen eine Neigung zur Polysynthese (↗ polysynthetische Sprachen) bzw. ↗ Inkorporierung. Die a. S. sind von Sprachtabus geprägt, z. B. sind Namen Verstorbener und deren Homophone tabuisiert, was oft zu Entlehnungen aus Nachbarsprachen führt. In vielen a. S. wird gegenüber bestimmten Verwandten (Schwiegermutter u. a.) gegenüber eine Sonderspr. oder Zeichenspr. verwendet, zu anderen besteht eine freie »joking relationship«. **Lit.** R. M. W. Dixon, The Dyirbal Language of North Queensland. Cambridge 1972. – Ders., Australian Languages. Cambridge 2002. – Ders. & B. Blake (eds.), Handbook of Australian Languages. 5 vols. Canberra, Amsterdam 1979 ff. – B. Blake, Australian Aboriginal Grammar. Ldn. 1987. – H. L. Shorto, P. Sidwell, D. Cooper & C.

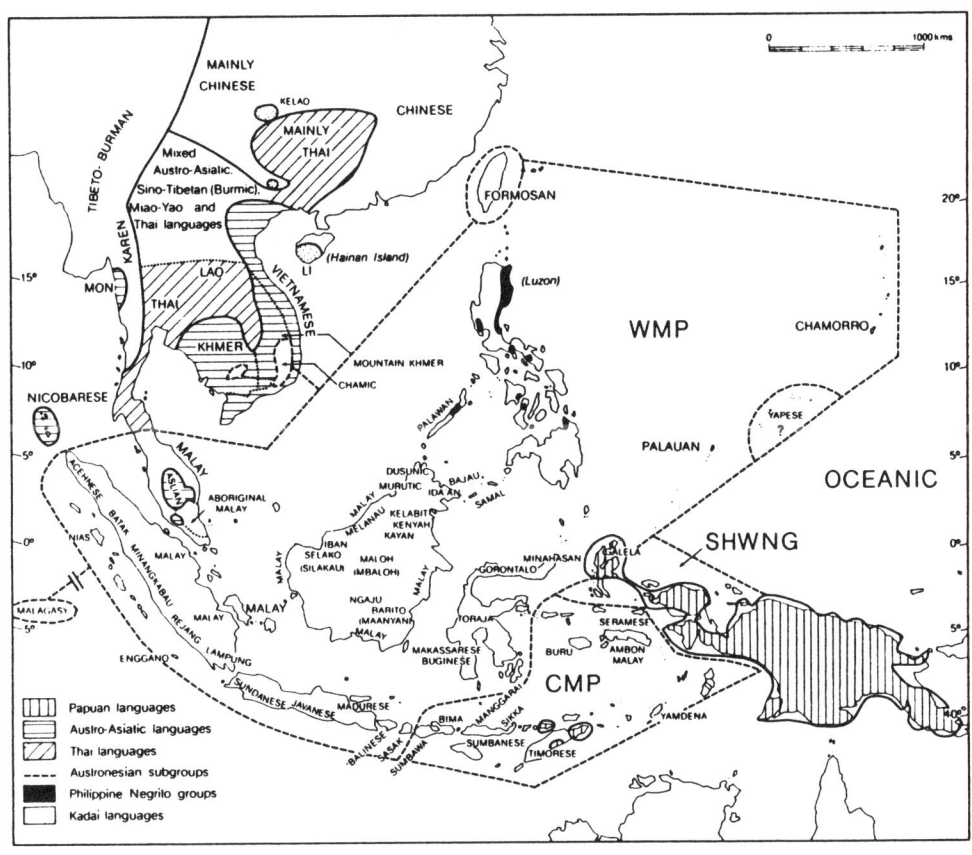

Austroasiatische und andere südostasiatische Sprachen

Bauer (eds.), A Mon-Khmer Comparative Dictionary. Canberra 2006. – **SSG** Niedersächsische Staats- und Universitätsbibliothek Göttingen (7).　　D

Australisches Englisch Durch Besiedlung seit 1788 (ursprüngl. Sträflingskolonie in New South Wales) und Dialektausgleich vorwiegend südengl., später ir. Sprecher des Engl. hervorgegangene nat. Standardvarietät des Engl. mit geograph. bemerkenswerter Einheitlichkeit. Phasen: 1788–1914 koloniales Engl. mit allmählichem Ausgleich zwischen den sozial und sprachl. stark unterschiedenen Sprechergruppen, mit auf London bezogener Norm; seit 1914 wachsende Selbständigkeit und Ausstrahlung auf andere Varietäten des pazif. und südostasiat. Raums. **Lit.** P. Collins & D. Blair (eds.), Australian English. The Language of a New Society. St. Lucia 1989. – B. Horvath, Variation in Australian English. The Sociolects of Sydney. Cambridge 1985. – W. S. Ramson, The Australian National Dictionary. Melbourne 1988. – S. Romaine (ed.), Language in Australia. Cambridge 1991. GH

Austriazismus Für die österr. Varietäten typ., im übrigen dt. Sprachgebiet unübl. und als typ. österr. empfundene (z. B. *Schlagobers*) oder unverständl. Ausdrücke (z. B. *Ribisln, Paradeiser*). **Lit.** J. Ebner, Wie sagt man in Österreich? Wb. des österr. Dt. Mannheim ³1998.　　G

Austroasiatische Sprachen Südostasiat. Sprachfamilie, die sich von Nordostindien bis Vietnam und Malaysia erstreckt. Vier untergeordnete Sprachgruppen sind bekannt: Munda in Indien (insgesamt ca. 6–7 Mio. Sprecher), Nikobares. auf den westl. von Thailand liegenden Nikobaren (ca. 20 000 Sprecher), Aslian auf der malay. Halbinsel (ca. 55 000 Sprecher) und ↗ Mon-Khmer auf dem ganzen südostasiat. Festland westl. bis Ostindien (über 70 Mio. Sprecher). Der Status von Aslian ist umstritten. Histor., kulturell und polit. am wichtigsten sind die Mon-Khmer-Schriftspr. Khmer (Kambodschan.) und Vietnames. (Annames.). In der chines. Vor- und Frühgeschichte spielten austroasiat. Völker in Süd-China eine Schlüsselrolle. Aufgrund von Kul-

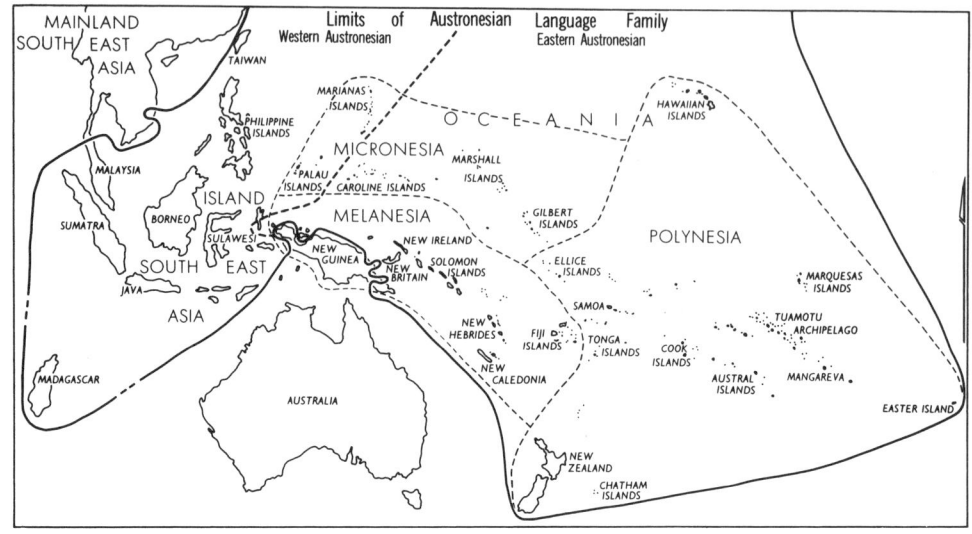

Austronesische Sprachen

turwörtern und geograph. Bez. in dieser Region wird angenommen, dass Süd-China bis zum Yangtse-Fluss ursprüngl. von ihnen besiedelt war. Ein phonolog. Merkmal der a. S., das in andere Sprachfamilien Südostasiens entlehnt wurde, sind Implosive im Auslaut. Im starken Gegensatz zu anderen Spr. Südostasiens können Palatale am Wortende stehen. Charakterist. für die a. S. ist die ungewöhnlich hohe Zahl der Vokale (oft 30–40 Phoneme), die verschiedene ↗ Register hinsichtl. Stimmhaftigkeit (v. a. Normal-, Knarr-, Murmel- ↗ Stimme) aufweisen. Unter dem Einfluss des Chines. sind im Viet-Muong (↗ Mon-Khmer-Sprachen) ↗ Tonsprachen entstanden. Sonst ist diese Entwicklung in den a. S. selten und auf eine einfache Tonhöhen-Opposition beschränkt. In der Morphologie stellen Munda und Vietnames. wegen des lang anhaltenden Einflusses einerseits ↗ indoarischer Sprachen auf das Munda und andererseits des Chines. auf das Vietnames. zwei Extreme dar. Im Kontrast zum sehr stark agglutinierenden Munda ist das Vietnames. beinahe morphologielos. Für die a. S. typ. ist die Wortbildung mit Präfixen und Infixen (einschließl. des wie im ↗ Austronesischen weitverbreiteten Nominalisierungsinfixes {-n-} und eines labialen Kausativpräfixes) statt Suffixen und die im Munda und Mon-Khmer belegten Expressiva, d. h. wortspielerische Satzadverbiale, die auf ikon. Art visuelle und lautl. Sensation ausdrücken. Die Wortstellung der a. S. ist meistens SVO, obwohl unklar ist, ob dies die ursprüngl. Folge darstellt. Ergative Konstruktionen sind weitverbreitet. Soziolingu. interessant sind die Partikeln am Satzende, die auf die Gefühle, Absichten und Erwartungen des Sprechers

u. a. hinweisen, sowie die sprachl. Tabus, die v. a. Tiernamen (eine Praxis, die ins klass. Chines. übernommen wurde) und Namen von Verstorbenen betreffen. Für die Ersteren werden Verwandtschaftstermini benutzt, für die Letzteren Metaphern bzw. Umschreibungen. **Lit.** G. Diffloth & N. H. Zide, Austroasiatic Languages. In: W. Bright (ed.), International Encyclopedia of Linguistics. I. Oxford 1992, 137–142. – P. N. Jenner et al. (eds.), Austroasiatic Studies. 2 vols. Honolulu 1976. – R. Parkin, A Guide to Austroasiatic Speakers and Their Languages. Honolulu 1991. – H. L. Shorto, P. Sidwell, D. Cooper & C. Bauer (eds.), A Mon-Khmer Comparative Dictionary. Canberra 2006. – **SSG** Staatsbibliothek Berlin (1 a, 1). WR

Austronesische Sprachen (veraltet: Malaio- bzw. Malayo-Polynesisch, das jedoch auch die größte austrones. Subgruppe (vs. ↗ Formosa-Spr.n) bezeichnet) Die A. bilden mit ca. 1 200 Spr. und ca. 270 Mio. Sprechern weltweit die differenzierteste und nach dem ↗ Indogermanischen die räuml. weitreichendste Sprachfamilie: (a) West-austrones. Spr. mit hesperones. Subgruppe in Insel-Südostasien (Philippinen, Ost-Malaysia, Brunei, Indonesien), Festland-Südostasien (West-Malaysia, ↗ Cham-Spr. in Vietnam und Kambodscha, Moken in Myanmar), Madagaskar und ↗ Formosa-Spr. auf Taiwan sowie diverse Spr. des östl. Indonesien (Kleine Sunda-Inseln, Molukken). (b) Ost-austrones. oder ↗ ozeanische Sprachen in Melanesien (ohne ↗ Papua-Sprachen), Mikronesien und Polynesien. (a) weist Spr. mit großer Sprecherzahl auf wie ↗ Malaiisch mit der Variante ↗ Indonesisch als S1 und S2 (über 150 Mio.) und ↗ Javanisch (ca. 70 Mio.), (b) dagegen wesentlich kleinere Sprachgemeinschaften wie Fiji (260 000) und ↗ Samoanisch (250 000). – Die arealtypolog. Klassifikation zu (a) ist zwar teils umstritten, zumal großräumige vergleichende phonolog., lexikal. und morpholog. Untersuchungen ausstehen (Schwankungsbreite zwischen 15 und 24 Sprachgruppen); derzeit wird aber im Wesentl. Folgendes angenommen: Groß-Philippin. mit oder ohne Formosa-Spr. und mikrones. Exklaven; Sabgir, Minahasa, Gorontalo-Mongondow (nördl. Celebes); Sama-Bajau (Sulu-Archipel und dispers); Malaio-Cham (↗ Acehisch, Cham, ↗ Malaiisch, ↗ Sundanesisch, Madures. und mit noch unklarem Status Moken und Moklen vor der Westküste Thailands); Nordwest-Borneo (Nordost, Rejang-Baram, Kayan-Kenyah), Land-Dayak (Südwest-Borneo), Ost-Barito (Südost-Borneo, Madagaskar), Barito-Mahakam (Südost-Borneo), West-Barito (Südl. Borneo); ↗ Lampung, Nordwest-Sumatra/Barrier-Inseln; Java-Bali-Sasak: Zentral-, Süd-Celebes und Muna-Buton-Inseln sowie Taman (Zentral-Borneo). – Die a. S. sind für die präkoloniale Zeit nur wenig schriftl. dokumentiert (Alt-↗ Cham, Alt-↗ Malaiisch, Alt-↗ Javanisch und später u. a. Alt-↗ Sudanesisch, Alt-↗ Balinesisch). O. Dempwolff (1871–1938) hat als erster den systemat. Versuch unternommen, ein uraustrones. Lautsystem und Vokabular zu konstruieren, indem er aus dem induktiven Aufbau einer indones. Urspr. auf der Basis von ↗ Tagalog, ↗ Toba-Batak und ↗ Javanisch und deren deduktive Anwendung auf indones. (Malai., Ngaju-Dayak, madagass. Hova), melanes. (Fiji, Sa'a) und polynes. Einzelspr. (↗ Tonganisch, Futuna, ↗ Samoanisch) ein austrones. Wörterverzeichnis mit ca. 2 200 Proto-Konstruktionen entwickelte (1934–38). Heute sind gut 5 000 Konstruktionen einer Ursprachen-Variation bekannt, die sich glottochronolog. Untersuchungen zufolge vor 5 000 bis 7 000 Jahren entwickelt haben muss (↗ Glottochronologie). Als Urheimat gelten Süd-China und große Teile Indochinas. Archäolog. Untersuchungen sprechen dafür, dass die Expansion der Austronesier im Wesentl. über Taiwan (4000 v. Chr.), die Philippinen (3000 v. Chr.), Indonesien (2500 v. Chr.) westwärts über die Großen Sunda-Inseln bis nach Madagaskar und ostwärts über die Marianen-Inseln bis nach Melanesien (1200 v. Chr.), via Mikronesien (200 v. Chr.) nach Polynesien (300–400 n. Chr. bis Hawaii und Osterinseln) schließlich nach Neuseeland (um 800 n. Chr.) erfolgte. – Die genealog. Klassifikation höchster Ordnung ist in Ermangelung hinreichender sprachwiss. Einzeluntersuchungen bzw. aus grundsätzlichen Erwägungen nach wie vor umstritten. Weit verbreitet ist das Modell nach Dahl (1976) und Blust (1988): An = F; MP – MP = WMP: CEMP – CEMP = CMP: EMP – EMP = SHWNG: OC. (Legende: AN = Austronesian; F = Formosan; MP = Malayo-Polynesian; WMP = Western MP; CEMP = Central-Eastern MP; CMP = Central MP (Kleine Sunda-Inseln ab Ost-Sumbawam, südl. und zentrale Molukken inkl. Aru Inseln und partiell Sula-Archipel; EMP = Eastern MP; SHWNG = South Halmahera-West New Guinea; OC = Oceanic). Wolff (1991) z. B. tritt für eine Klassifikation auf der Basis von Kontakt-Erscheinungen ein; Akzent-Rekonstruktion spricht gegen das Argument, dass die nicht-formos. Spr. aufgrund phonem. Erscheinungen eine eigene Gruppe bilden. Nothofer geht von der Hypothese aus, der westaustrones. Raum sei größtenteils von einer paläo-hesperones. Sprachgruppe besiedelt gewesen, die sich an den Peripherien erhalten habe, während sie im westl. Indonesien und Malaysia von den hesperones. Spr. (Malaio-Cham, die drei Barito-Gruppen, Java-Bali-Sasak) verdrängt worden sei. Andere zählen hierzu auch die zentral-philippin. Spr. Einigkeit besteht darüber, dass die Besiedlung des austrones. Raums von West nach Ost erfolgte. Erst heute gewinnt die vergleichende Untersuchung von Morphologie und Syntax an Bedeutung. – In den westaustrones. Sprachgebieten finden sich mehr oder weniger verdrängte ↗ Schriftsysteme ind. Ursprungs (javan.-balines., bataksche, rejang-lampungsche, makassar.-bugines. und philippin. Gruppen); Sonderstellung der Osterinsel-Schrift im ozean. Raum. Ab dem 16. Jh. lat. Schrift. Daneben leicht modifizierte arab. Schrift (Malai., Aceh. und Ternate). – Typologie: Dominanz zweisilbiger Wurzeln der zwei Typen KV(K)KVK, wobei (K) häufig ein Nasal ist; synthet. affigierende Wortbildung; Regens-Rectum-Wortstellung, und zwar mit (Javan., Bataksch) oder ohne Attributanzeiger (Malai.); VSO (VOS) ursprünglicher neben SOV und allg. ohne Verbindungsmorphem; keine obligator. Pluralbildung; Topikalisierung durch syntakt. Voranstellung oder Partikeln; Status pendens; Partikel-Vielfalt; distinktiver Akzent. Himmelmanns Untersuchung zur Morphosyntax des Tagalog beschreibt gewissermaßen einen austrones. Grundtyp (vgl. ferner Malai. als Variante für westaustrones. Spr. sowie Fiji als Variante für ozean. Spr.): Vollwörter als Träger der lexikal. Information; kleine Gruppe von Partikeln für Referenz, Prädikation, Attribution und Lokalisation im Satz ohne begriffl. Differenzierung; Kodierung von Transitivität, Orientierung, Grad der Affiziertheit, Kontrolle und Involviertheit durch Affixe (morpholog. Ableitungen ohne Determination durch das morphosyntakt. Umfeld), die nach Modus (Realis und Irrealis) und Aspekt (Perfektiv und Imperfektiv), Ausrichtung (mit Unterscheidungsmöglichkeiten verschiedener Partizipanten eines komplexen Sachverhalts) und ›Aktionsart‹ differenziert sind. Die Patiens-Ausrichtung (Objekt-Fokus) herrscht ggü. der kontextuell bedingten Agens-Ausrichtung vor. Das Grundwort ist keiner Wortart zuzuordnen, kann aber aspektuell-modal und ggf. durch Anlautveränderungen (»Pränasalierung«) flektiert werden, wodurch aus einem stat. Zustandsausdruck ein Handlungs- und Vorgangsausdruck wird: *báhay* ›Haus‹ u.a. zu *mag = báhay* ›Haus haben/bauen‹, *pa = mahay* (*pa = Mbáhay*) ›für den Hausgebrauch‹, *pa = Mahay = an* ›Haus haben/wohnen in‹, *pá = Mahay = án* ›Wohngebiet‹, *pa = Mahay = in* ›an einem bestimmten Ort wohnen lassen‹, *pag = bahay = an* ›Haus auf etwas bauen (lassen)‹, *pag = bahay = in* ›jmd. sich ein Haus bauen lassen‹, *maki = báhay* ›bei jmd. wohnen‹, *ma = báhay* ›viele Häuser haben‹, *ma = bahay = an* ›Häuser bauen können‹, *ma = baháy = baháy* ›Gruppe von Häusern nacheinander aufsuchen (können)‹, *ka = bahay* ›(nicht-familiärer) Mitbewohner‹, *ka = bahay = an* ›Häusergruppe eines Bezirks; Wohnraum‹, *ka = bahay = in* ›mit jdm. in einem Haus wohnen‹. Verbale Wurzeln treten auch als Substantive auf; der Akzent *kann* bedeutungsmodifizierend wirken, z.B. *dalá* ›bringen‹ oder ›Last‹; *kain* ›essen‹ oder ›das Essen (Vorgang)‹, *kaín* ›gerne essen‹. **Lit.** O. Dempwolff, Vergleichende Lautlehre des austrones. Wortschatzes. ZES 15, 17, 19. Bln. 1934–38. Reprint Nendeln 1969. – O. Chr. Dahl, Proto-Austronesian. Lund ²1976. – W.A. Foley, Comparative Syntax in Austronesian. Berkeley 1976. – S.A. Wurm & Sh. Hattori (eds.), Language Atlas of the Pacific Area. Canberra 1981. – R.A. Blust, Austronesian Root Theory. Amsterdam, Philadelphia 1988. – T.E. Dutton & D.T. Tryon (eds.), Language Contact and Change in the Austronesian World. Bln. 1994. – G.P. Reesink (ed.), Topics in Descriptive Austronesian Linguistics. Semaian 11. Leiden 1994. – P. Bellwood, J.J. Fox & D. Tryon (eds.), The Austronesians: Historical and Comparative Perspectives. Canberra 1995. – D.T. Tryon et al. (eds.), Comparative Austronesian Dictionary. An Introduction to Austronesian Studies. 5 vols. Bln. 1995. – A. Adelaar & N.P. Himmelmann (eds.), The Austronesian Languages of Asia and Madagascar. Ldn./N.Y. 2005. – **SSG** Staatsbibliothek Berlin (1 a, 1). CE

Auszeichnung (engl. display) Mittel der graph. Hervorhebung einzelner Elemente der ↗ geschriebenen Sprachform (Schriftzeichen-Verbindungen, Wörter, Wortgruppen, Sätze und ganze Abschnitte) gegenüber dem »normalen« Text. In Drucken kontrastieren die sog. ↗ Auszeichnungsschriften (z.B. *Kursive*, **Halbfett** usw.; ↗ Schriftfamilie) mit ihrer Grundschrift. Andere Verfahren sind S p e r r u n g, Unterstreichung, größerer Schriftgrad u.a. und die Verwendung von ↗ Anführungszeichen. Bei der Transponierung in die gesprochene Sprachform werden A. i.d.R. durch intonator. Mittel wiedergegeben. In der Satzdomäne korrespondiert die A. oft mit expressiver Intonation in der ↗ gesprochenen Sprachform, z.B. *Uwe hat den Vertrag versprochen (und nicht Bernd)*; ↗ Rhema. G

Auszeichnungsschrift Besondere graph. Ausstattung zur Hervorhebung einzelner Textabschnitte. In mittelalterl. Hss. werden vor allem ↗ Capitalis und ↗ Unziale, vereinzelt ↗ Halbunziale als A. verwendet, daneben ist auch die Rubrizierung (Verwendung von Rötel oder roter Tinte) möglich. Im Spätmittelalter werden auch andere Tintenfarben bei der Hervorhebung von Initialen verwendet. Bei Prachthss. kommt auch Chrysographie, d.h. die Verwendung von Goldtinte auf gefärbtem Pergament, in Frage. In der byzantin. Kaiserurkunde ist die Verwendung von Rottinte (minium) Reservatrecht des Kaisers bzw. seiner unmittelbaren Beauftragten. In Urkunden findet sich A. im Protokoll und Eschatokoll, meist in Form der Elongata, einer extrem schmal und hochgezogen geschriebenen Minuskel. Ornamentale Verzierungen zur Hervorhebung finden sich vor allem in der spätmittelalterl. Papsturkunde (litterae cum flōribus). Typograph. wird als A. meist Fettschrift in verschiedenen Stufen (halbfett, fett), oft in Verbindung mit ↗ Versalien, verwendet. Daneben finden sich auch Konturschriften u. dgl. Im Mehrfarbendruck ist auch die Verwendung anderer Druckfarben möglich; ↗ Auszeichnung. EN

Auszeichnungssprache ↗ Markup-Sprache

Autismus (griech. αὐτός (autos) ›selbst‹) Schwere, ursächlich wenig geklärte psycho-zentrale Entwicklungsstörung des Sozial- und Kommunikationsverhaltens sowie der sprachl. Fähigkeiten (↗ Sprachentwicklungsstörung) mit ausgeprägten Stereotypen und Ritualen, ↗ Echolalie und normabweichender ↗ Prosodie. **Lit.** D.J. Cohen & F.R. Volkmar (eds.), Handbook of Autism an Pervasive Development Disorders. Second Edition. N.Y. 1997. – F.R. Volkmar (ed.), Autism and Pervasive Developmental Disorders. Cambridge 1998. – A. Hüge, Prinzenkinder. Erscheinungsbild, mögl. Ursachen und Behandlungsansätze bei autist. Syndrom. Marburg 2003. GT

Autokommunikation ↗ Zoosemiotik

Automat m. (griech. αὐτόματος ›sich selbst bewegend, aus eigenem Antrieb‹) In der Mathematik und in mathemat. orientierten Teildisziplinen der Ling. wird unter einem A. ein abstraktes System verstanden, dessen Eigenschaften durch (i.d.R.) diskrete Zustände definiert werden sowie durch eine Übergangsfunktion, die festlegt, unter welchen Bedingungen der A. von einem Ausgangszustand in den nächsten Zustand übergeht. Ein A. »liest« ein Symbol von einem »Eingabeband« und geht abhängig von seinem Ausgangszustand und dem gelesenen Eingabesymbol in einen anderen Zustand über. Wenn mit einem solchen Zustandsübergang eine »Ausgabeoperation« verbunden ist, spricht man auch von einer »Maschine« (engl. *transducer*). In der Automatentheorie werden die Eigenschaften verschiedener Automatentypen untersucht. Zu den wichtigsten Automatentypen zählen: (a) die ↗ Turing-Maschine als allg. Form eines A., (b) der ›Kellerautomat‹ (engl. *push down automaton*), der als automatentheoret. Pendant einer ↗ kontextfreien ↗ Chomsky-Grammatik angesehen werden kann, (c) der »endliche Automat« (engl. *finite state automation*), der im Ggs. zu Turing-maschine und Kellerautomat einen endl. Speicher voraussetzt und damit den Beschränkungen eines tatsächlich physikal. realisierbaren A. (Computer) entspricht. **Lit.** J.E. Hopcraft & J.D. Ullman, Introduction to Automata Theory, Languages, and Computation. Reading, Mass. 1979. L

Automatische Spracherkennung (engl. automatic speech recognition. Abk. ASR) Abbildung von Sprachsignalen auf schriftsprachl. oder semant. Repräsentationen. Ein System zur a. S. umfasst typischerweise Verfahren für die akust. Vorverarbeitung, ↗ Wortmodelle und ↗ Sprachmodelle. Es wird einerseits zwischen sprecherabhängiger und sprecherunabhängiger a. S. unterschieden und andererseits zwischen einzelwortbasierter a. S. und Erkennung kontinuierlicher (fließender) Spontanspr. Sprecherabhängige Systeme spezialisieren sich in einer Trainingsphase auf die spezif. Aussprache eines einzelnen Benutzers, während sprecherunabhängige Systeme ohne vorheriges Training arbeiten. In der wortbasierten a. S. muss der Benutzer das System dadurch unterstützen, dass er Wortgrenzen durch eine Sprechpause markiert. Auf dem gegenwärtigen Stand der Technik kann a. S. für einen sehr kleinen Wortschatz (etwa die Ziffern) auch sprecherunabhängig mit hoher Qualität (d. h. niedriger Fehlerquote) realisiert werden und ist (z. B. in telefon. Auskunftssystemen) bereits im prakt. Einsatz. Sprecherunabhängige a. S. kontinuierlicher Sprache mit sehr großen Vokabularen stellt hingegen immer noch eine Herausforderung dar. **Lit.** D. Jurafsky & J. H. Martin, Speech and Language Processing. Upper Saddle River, NJ ²2000. – F. Jelinek, Statistical Methods for Speech Recognition. Cambridge, Mass. 1997. – D. Jurafsky & J. H. Martin, Speech and Language Processing. Prentice Hall, Upper Saddle River, NJ ²2008. L

Automatische Sprachverarbeitung ↗ Linguistische Datenverarbeitung

Automatische Textzusammenfassung (engl. summarization) Bez. für ein Verfahren der ↗ Computerlinguistik, das einen Text auf eine Kurzform abbildet, die seinen wesentl. Inhalt wiedergibt. **Lit.** E. Hovy, Text Summarization. In: R. Mitkov (ed.), The Oxford Handbook of Computational Linguistics. Oxford 2003, 583–599. Z

Automatische Übersetzung ↗ Maschinelle Übersetzung

Autonome Syntax ↗ Autonomieprinzip

Autonomie (griech. αὐτός (autos) ›selbst‹; -νομία (nomia) ›-verwaltung‹) In der ↗ Glossematik eine Relation (bei L. Hjelmslev eine sog. Funktion) zwischen zwei Größen, die nicht innerhalb ein und desselben Zeichens vorkommen. Es handelt sich um eine ↗ Konstellation. Beispiel: Im Dt. besteht A. zwischen *griechisch* und *friesisch* sowie zwischen *Siegfried* und *Ingrid*. In beiden Fällen ist es so, dass die Existenz des einen Lexems im System nicht die des anderen voraussetzt oder zur Konsequenz hat. So kann in beiden Paaren das eine durch

das andere derart ersetzt werden (↗ Kommutation), dass sich ein neuer dt. Ausdruck (ein dt. Satz) mit neuer Bedeutung ergibt: *Siegfried spricht wirklich richtig griechisch, Siegfried spricht wirklich richtig friesisch, Ingrid spricht wirklich richtig griechisch, Ingrid spricht wirklich richtig friesisch.* T

Autonomiehypothese In der ↗ Schriftlinguistik verbreitete Position, die besagt, dass ↗ Schrift bzw. die ↗ geschriebene Sprachform einer Spr. als Forschungsgegenstand eigenen Rechts und nicht als sekundäre Ausdrucksform der ↗ gesprochenen Sprachform aufzufassen sind. Radikale Verfechter der A. (z. B. A. A. Leont'ev) lehnen es ab, überhaupt Zusammenhänge oder Korrelationen zwischen den beiden Ausdrucksformen von Spr. anzunehmen. Folgerichtig leugnen sie damit die Existenz eines beiden Ausdrucksformen gemeinsamen ↗ Sprachsystems und betrachten die gesprochene und geschriebene Sprachform ein und derselben Spr. als sich gegenseitig fremde Spr. Diese Position wird überwiegend als unrealist. Überspitzung abgelehnt. Übereinstimmung herrscht jedoch darin, dass die Ausdrucksseite größerer Bereiche des Sprachsystems in vielen ↗ Schriftsprachen dominant ist in einer der beiden Sprachformen realisiert wird (z. B. steht den ↗ Interpunktionszeichen im Bereich des Gesprochenen kein vergleichbares System gegenüber). Deshalb ist es angemessen, beide Sprachformen nicht nur als empir. Substanzen des Ausdrucks von Spr., sondern als method. differenziert zu behandelnde und theoret. elementare Kategorien der Sprachbeschreibung und -analyse schlechthin aufzufassen. Vielfach wurde deshalb gefordert, separate Grammatiken für beide Sprachformen zu erarbeiten, um aus ihnen eine integrierte Gesamtgrammatik zu erstellen. Eine vermittelnde Position zwischen der älteren ↗ Abhängigkeitshypothese und der A. wird in der ↗ Interdependenzhypothese eingenommen. **Lit.** ↗ Schrift, ↗ Schriftlinguistik. G

Autonomieprinzip 1. I. w. S. bezieht sich das A. auf die prinzipielle Annahme, dass die Mechanismen der internen Organisation und die Arbeitsweise best. neuronaler oder mentaler Bereiche bzw. Subsysteme unabhängig voneinander als informationell geschlossene Teilprozesse modelliert werden sollten, die über Schnittstellen (interfaces) interagieren. In den Neurowiss. sind die entspr. Positionen als lokalisierende (dem A. folgend) vs. holist. (dem A. nicht folgend) polarisiert. Für N. Chomsky ist die Annahme der Autonomie sprachl. Prozesse eine der grundlegenden Bedingungen für ihre wiss. Untersuchung: »[Falls] nichtsprachl. Faktoren in die Grammatik [einbezogen werden müssen], Überzeugungen, Einstellungen etc., [läuft dies] auf eine Ablehnung der anfänglichen Idealisierung von Spr. als Forschungsgegenstand hinaus. [... Wenn sich dies] als richtig erweist, dann würde ich folgern, dass Spr. ein Chaos ist, das der Untersuchung nicht wert ist.« (Chomsky 1981, 173). Unter der Voraussetzung eines autonomen kognitiven Moduls für die Verarbeitung von Spr. (Spr. als Organ, vgl. Grewendorf 1995; Anderson & Lightfoot 2002) können die für eine best. Spr. spezif. grammat. und lexikal. Eigenschaften als eine arbiträre Auswahl (↗ Arbitrarität) eines universalen (↗ Universalien) Inventars an generell kognitiven und spezif. sprachl. Möglichkeiten interpretiert werden (vgl. Wiese 2003). Als empir. Evidenz für die Autonomie sprachl. relevanter Bereiche werden Ergebnisse aus der Erforschung des ↗ Spracherwerbs, der Sprachprozessualisierung (↗ Sprachproduktion und -rezeption), aus der Aphasieforschung und aus der Neuropsychologie und Neurobiologie (vgl. Pulvermüller 2003) herangezogen; ↗ Mentalismus. **Lit.** S. R. Anderson & D. W. Lightfoot, The Language Organ. Cambridge 2002. – N. Chomsky, Lectures on Government and Binding. Dordrecht 1981. – Ders., On Nature and Language. Cambridge 2002. – G. Grewendorf, Spr. als Organ – Spr. als Lebensform. Ffm. 1995. – R. Samuels, Evolutionary Psychology and the Massive Modularity Hypothesis. BJPS 49, 1998, 575–602. – D. Sperber, In Defense of Massive Modularity. In: E. Dupoux (ed.), Language, Brain and Cognitive Development: Essays in Honor of Jacques Mehler. Cambridge, Mass. 2002, 47–57. – H. Wiese, Sprachl. Arbitrarität als Schnittstellenphänomen. Habil.schrift Bln. 2003. – D. Wilson, New Directions for Research on Pragmatics and Modularity. UCLWPL 15, 2003. **2.** I.e.S. bezieht sich das A. auf die Architektur einer Sprachtheorie, welche ihre einzelnen Beschreibungs- und Erklärungsebenen unabhängig voneinander in einzelnen Modulen (↗ Modularität) modelliert. Die betreffenden Module interagieren miteinander über Schnittstellen, so dass z. B. unter der Annahme der Autonomie der ↗ Syntax syntakt. Regeln nicht direkt auf phonolog., semant. oder pragmat. Informationen rekurrieren dürfen. **Lit.** P. A. M. Seuren, The Importance of Being Modular. JL 40, 2004, 593–635. – E. Yuasa, Modularity in Language. Bln. 2005.   F

Autophonie f. (griech. αὐτός (autos) ›selbst‹, φωνή (phōnē) ›Laut‹) Subjektive phonet. oder phonolog. Beschreibung des eigenen (Orts-) ↗ Dialekts bzw. auf dieser beruhende Beschreibung benachbarter (Orts-) Dialekte; besonders bei den ↗ Junggrammatikern.   PM

Autorenplural ↗ Pluralis auctoris

Autosegmentale Phonologie (auch: mehrlagige Phonologie) Die in Hierarchiebeziehungen zueinander stehenden Einheiten – die auch die phonolog. Domänen für die unterschiedl. Regeln bilden – phonolog. Phrase (engl. *phonological phrase*), phonolog. Wort (engl. *phonological word*), > Fuß (engl. *foot*), > Silbe, C-/V-(X-)Segment sowie die zugehörigen Merkmale (↗ Merkmalsgeometrie) werden durch Assoziationslinien aufeinander bezogen, wobei generell das *no-crossing constraint* gilt (auf gleiche Schichten bezogene Assoziationslinien dürfen einander nicht kreuzen). Universell gültig ist auch das Prinzip der obligator. Kontur (engl. *obligatory contour principle*, Abk. OCP): innerhalb einer Schicht darf aufeinanderfolgenden Stellen nicht der gleiche Merkmalswert zugeordnet sein.   PM

Autosemantikum n. (griech. αὐτός (autos) ›selbst‹, σῆμα (sēma) ›Zeichen‹. Engl. autosemantic word. Auch: Kategorema, Bedeutungswort, Begriffswort, Inhaltswort, Vollwort) Lexem, das im Ggs. zum ↗ Synsemantikum eine eigenständige lexikal. ↗ Bedeutung besitzt. Zu den A. gehören Substantive, Verben, Adjektive, Adverbien, während Artikel, Präpositionen und Konjunktionen gemeinhin zu den ↗ Synsemantika gerechnet werden.   PT

Auvergnatisch ↗ Okzitanisch

AUX 1. ↗ Auxiliarkomplex. **2.** In der GG angenommenes Sekundär-Merkmal für die Kennzeichnung von Verben. Verben werden demnach mit dem Merkmalskomplex [+V, –N, –AUX] versehen. [–AUX] ist für die Beschreibung sowohl morpholog. wie auch syntakt. Phänomene einsetzbar. ↗ Hilfsverben erhalten die Markierung [+V, –N, +AUX]. [+AUX]-markierte Verben erlauben im Engl. z. B. Subj.-Verb-Inversion und direkte Negation mit *not*; [–AUX]-markierte Verben erlauben eine *-ing*-Form. **Lit.** ↗ Auxiliarkomplex.   F

Auxiliar ↗ Hilfsverb, ↗ Kopula

Auxiliarkomplex (lat. auxiliāris ›hilfreich‹. Auch ↗ AUX) In früheren Phasen der GG angenommene, seit der ↗ REST durch ↗ INFL und weitere ↗ Funktionale Kategorien ersetzte Konstituente zur Erfassung von Verbalkategorien wie ↗ Person, ↗ Modus, ↗ Numerus, ↗ Tempus, ↗ Aspekt. N. Chomsky (1957) nimmt eine Regel (›Korrespondenzregel‹) an, die besagt, dass, falls ein Satz mit der Struktur [NP$_1$ – Aux – V – NP$_2$] grammat. ist, auch ein Satz [NP$_2$ – Aux+ be+ en- V- by + NP$_1$] grammatisch sein muss. In Chomsky, Aspects, wird angenommen, dass im Engl. der AUX(iliar)-Knoten Hilfsverben (z. B. *be, have, do, need, dare*) sowie die Modalverben dominiert. Die syntakt. Kriterien für die Abgrenzung von Hilfsverben und Vollverben im Engl. (direkte Negierbarkeit mit *not*, Subj.-Verb-Inversion in Interrogativsätzen u. a.) treffen jedoch in vielen Spr.n (z. B. im Dt.) nicht zu. **Lit.** A. Akmajian et al., The Category AUX in Universal Grammar. LIn 10, 1979, 1–64. – N. Chomsky, Syntactic Structures. Den Haag 1957. – F. Heny & B. Richards (eds.), Grammatical Categories: Auxiliaries and Related Puzzles. Dordrecht 1983. – S. Steele, An Encyclopedia of AUX. Cambridge, Mass. 1981.   F

Auxiliarverb ↗ Hilfsverb, ↗ AUX, ↗ Auxiliarkomplex

AV ↗ Audiovisuell

Ava ↗ Chiriguano

Avadhī ↗ Indoarische Sprachen

Avalent ↗ Valenz

Avarisch ↗ Awarisch

Avestisch Name der in einer eigenen, phonet. sehr exakten Buchstabenschrift überlieferten ↗ altirani-

schen Sprachform, in der die Textsammlung des
»Avesta«, die heilige Schrift der auf Zarathustra
zurückgehenden zoroastr. Religion, niedergelegt
ist. Die älteste Form ist in den dem Religionsgrün-
der selbst zugeschriebenen Gāthās erhalten (»ga-
thisch-avestisch«); ihnen und den wenigen sonstigen altavest. Textteilen steht eine größere Menge
sog. jungavest. Textmaterialen gegenüber, deren
Spr. durch starke Vereinheitlichungstendenzen,
möglicherweise auch dialektale Besonderheiten gekennzeichnet ist. Das Altavest. steht dem ↗ vedischen ↗ Altindischen sehr nahe. Die früher bisweilen verwendete Benennung als »Altbaktrisch« kann
heute als obsolet gelten. **Lit.** K. Hoffmann, Avestan
Language. In: E. Yarshater (ed.), Encyclopaedia Ira-
nica, III. N. Y. 1989, 47–62. – J. Kellens, Avestique.
In: R. Schmitt (ed.), Compendium linguarum iranica-
rum. Wiesbaden 1989, 32–55. – Chr. Bartholomae,
Altiran. Wörterbuch. Strassburg 1904. – H. Reichelt,
Awest. Elementarbuch. Heidelberg ³1978. – R. S. P.
Beekes, A Grammar of Gatha-Avestan. Leiden u. a.
1988. – J. Gippert, The Avestan Language and its
Problems. In: N. Sims-Williams (ed.), Indo-Iranian
Languages and Peoples. Oxford 2002, 165–188. GP
Avulsiv ↗ Schnalzlaut
Awaké ↗ Südamerikanische Indianersprachen
Awarisch (Eigenbez. maᶜárul ma·ç, georg. xunʒ-
uri- (ena)) ↗ Dag(h)estanische Sprache im Bereich
des Koissu vom Sulak im Norden bis über die
Hauptkette des Kaukasus (Gebiet von Zakatali in
Ostgeorgien) im Süden; Karte ↗ Kaukasische Sprachen, im Anhang. Ca. 770 900 Sprecher (2002) in
Dag(h)estan, ca. 40 000 in Aserbaidschan, ca.
10 000(?) in der Türkei. Geschrieben seit spätestens
dem 18. Jh. in arab., lat., seit 1937 kyrill. Schrift mit
Zusatzzeichen. Unter dem Namen *bol ma·ç* ›Hee-
resspr.‹ wichtige ↗ lingua franca in Dag(h)estan;
insbesondere die Sprecher der and. (↗ dag(h)e-
stanische Sprachen) sprechen auch A. **Lit.** E. Lewy,
Versuch einer Charakteristik des A. SB DAW, Klasse für Lit. und Kunst 1952. Bln. 1953. – J. Bechert,
Zu den Teilen des einfachen Satzes im A. KZ 85,
1971, 134–177. – G. Charachidzé, Grammaire de la
langue avar. Paris 1981. – M. Alekseev & B. Ataev,
Avarskij jazyk [Die a. Spr.]. M. 1998. – JRF 1, 14–
34. – S. Crisp, The Formation and Development of
Literary Avar. Contributions to the Sociology of
Language 40, 1985, 143–162. BO
Awetí ↗ Tupí-Guaraní-Sprachen
Axiologisch (griech. ἀξία (axia) ›Wert‹) Versuche,
die »Leistung« von Spr. zu bewerten bzw. zu kritisieren, werden als a. bezeichnet. Sie können den
kommunikative Funktion sprachl. Elemente betreffen und Urteile über Sprachrichtigkeit, »treffenden
Ausdruck« oder Präzision zum Inhalt haben, aber
auch Fragen des ↗ Stils und sprachl. Ästhetik;
↗ Sprachkritik, ↗ Sprachpflege. G
Axiom n. (griech. ἀξίωμα (axiōma) ›Wertschätzung, Urteil, als wahr angenommener Grundsatz‹:

(a) ›ein erster unvermittelt einsichtiger Satz‹ i. S.
von ›wertschätzen, für richtig halten‹, (b) ›eine An-
nahme, Forderung‹ i. S. von ›verlangen, fordern‹) **1.**
A.e sind allgemeine Sätze, aus denen sich in einer
deduktiv aufgebauten Wiss. weitere Sätze dieser
Wiss. ableiten; ↗ Deduktion. In dieser Funktion stellen sie method. erste Sätze dar, die innerhalb dieser
Wiss. nicht bewiesen werden (können). Der Grund-
legungscharakter der A.e war lange Zeit mit dem
Anspruch ihrer unmittelbaren Evidenz verbunden.
Erst seit dem axiomat. System des Mathematikers
D. Hilbert (1899) wird der Evidenzanspruch durch
die Forderung der Konsistenz und Widerspruchs-
freiheit des A.systems ersetzt. **2.** ↗ Anfangssymbol,
↗ Chomsky-Grammatik. PR
Axiomatik der Sprachwissenschaft Nach K. Büh-
ler (1879–1963) vier grundsätzl. und für alle Spr.
geltende Prinzipien, die keiner Beweise bedürfen
(Axiome). Von der A. der S. sollen alle sprachl.
Begebenheiten deduktiv ableitbar sein. Das erste
↗ Axiom gilt den drei als übergeordnet: (a) Der
Schlüsselsatz von der Zeichennatur der Spr.: Spr.
ist »durch und durch (…) ein System von Zeichen.«
(b) Die Ling. muss »den Gegenstand ›Sprache‹ in
zwei korrelierenden oder sich ergänzenden Bestim-
mungsweisen« erfassen: Sprechhandlung und
Sprachgebilde (im Sinne von Handlungen und Erzeugnissen), in der ›Sprachtheorie‹ weiterentwickelt
zum Vierfelderschema: Sprechhandlung, Sprechakt
und Sprachgebilde, Sprachwerk. (c) Spr. ist ein
System von Phonemen und lexikal. Sinneinheiten.
Diese Elemente bedingen sich gegenseitig, es besteht unter ihnen ein strukturgesetzl. Zusammenhang. (d) Die Spr. besitzt drei Grundfunktionen:
die Darstellungs-, Ausdrucks- und Appellfunktion;
↗ Bühlersches Organonmodell, ↗ Symbolfeld. **Lit.**
K. Bühler, Die Axiomatik der Sprachwissenschaften. In: Kant-Studien 38, 1933, 19–90. Ffm. ²1969.
– Ders., Sprachtheorie. SN
Aymara-Sprachen (auch: Jaqi, Aru) Sprachfamilie
im südamerikan. Andenraum, bestehend aus dem
Aymara und dem Jaqaru. Die Mehrzahl der ca.
2 Mio. Aymara-Sprecher befindet sich in Bolivien
östl. und südl. des Titicaca-Sees; auch in Südperu
und Nordchile; Karte ↗ Südamerikanische Sprachen,
im Anhang. Das Jaqaru ist beschränkt auf 1 000 Sprecher
in der peruan. Provinz Yauyos (Departement Lima).
Wortstellung grundsätzl. SOV. Die Wortbildung der
A.-S. ist äußerst komplex und erfolgt durch Serien
von Suffixen. Nicht phonolog. motivierten Vokal-
auslöschungen liegen Anhäufungen von bis zu acht
Kons. zugrunde. In der Konjugation spielt die Identifizierung der Informationsquelle (data source) eine
zentrale Rolle. Das Pers.-system enthält vier grammat. Pers. (± Sprecher, ± Hörer). **Lit.** M. J. Hardman,
Jaqaru. Mchn. 2000. – M. J. Hardman u. a., Aymara:
Compendio de estructura fonológica y gramatical. La
Paz 1988. – L. Th. Briggs, El idioma aymara, Varian-
tes regionales y sociales. La Paz 1993. – R. Cerrón-

Palomino, Lingüística Aimara. Lima 2000. – W. F. H. Adelaar, unter Mitwirkung von P. C. Muysken, The Languages of the Andes. Cambridge 2004. **SSG** Ibero-Amerikanisches Institut Berlin (204).   AD

Azande ↗ Ubangi-Sprachen

Aztec-Tano-Sprachen ↗ Kiowa-Tano-Sprachen

Aztekisch ↗ Nahuatl, ↗ Uto-Aztekische Sprachen

Azyklische Derivation Ableitungen, die gegen die Forderung nach ↗ Zyklizität beim Phrasenaufbau verstoßen. Der Verstoß gegen die Zyklizität ist v. a. dann von Bedeutung, wenn die fragliche Ableitung nicht durch ↗ generative Ökonomieprinzipien ausgeschlossen werden kann. **Lit.** ↗ Minimalismus. FR

Babel 1. Nach Gen. 11, 1–9 unternahm die bis dahin einsprachige Menschheit in Babel den Versuch, einen bis in den Himmel reichenden Turm zu erbauen, was Gott missfiel, so dass er »ihre Sprache verwirrte«, damit »keiner des anderen Sprache verstehe« (11, 7). Das Resultat waren die ↗ zweiundsiebzig Sprachen. Der Assyriologe Fr. Delitzsch wies nach, dass der Babel-Stoff aus sumer. und assyr. Quellen stammt, und löste damit 1902 den *Babel-Bibel-Streit* aus. **2.** Titel der Zs. der *Fédération Internationale des Traducteurs* (Bonn, 1955 ff.)   G

Babylonisch Nach der Teilung des altakkad. Reiches Sprachform des ↗ Akkadischen im südl. Reich mit der Hauptstadt Babylon. Von 1950 v. Chr. bis zum Ende des 1. Jh. v. Chr. v. a. in Briefen und Urkunden, aber auch in lit. Denkmälern (z. B. Gilgamesch-Epos, im 12. Jh. v. Chr. aus verschiedenen älteren Quellen zusammengestellt) und in der Gesetzessammlung von Hammurabi (1728–1686 v. Chr.) bezeugt. Neubabylon. Texte zeigen zunehmenden Einfluss des ↗ Aramäischen; ↗ Keilschrift.   WI

Babytalk ↗ Ammensprache

Back channel behavior ↗ Hörersteuerung, ↗ Kontaktsignal, ↗ Rückkopplung

Backdrop ↗ Backsliding

Backsliding (auch: backdrop) Bez. für Rückschritte im Zweit- oder Fremdspracherwerb. Typischerweise treten diese nach Beendigung des ↗ gesteuerten Spracherwerbs auf, wenn muttersprachl. Strukturen oder ältere Lernervarietäten die noch nicht gefestigten Zweitsprachstrukturen wieder verdrängen. Im gesteuerten Fremdspracherwerb tritt B. phasenweise auf, was sich durch Unsicherheit oder Zunahme von Fehlern in Bereichen äußert, die bereits als erworben galten. B. ist hier eine temporäre Erscheinung, die zeigt, dass Fremdspracherwerb viel mit dem Unterdrücken älterer oder konkurrierender Sprachstände zu tun hat. Auch im ↗ Erstspracherwerb kommt es zu Rückschritten. Diese beruhen i. d. R. auf falschen Hypothesen zu muttersprachl. Strukturen, die schnell revidiert werden; ↗ Kontrastivhypothese, ↗ Interimsprache, ↗ Fossilierung.   ES

Backtracking (['bæktrækɪŋ]). Auch: Rückverfolgung, Rückwärtsfolgerung) Allg. bei Suchalgorithmen (↗ Suchalgorithmus) solche Verfahren, die im Falle einer falschen oder unvollständigen Analyse zum letzten Entscheidungspunkt zurückspringen und dann einen der alternativen, bis dahin noch nicht durchlaufenen Lösungswege verfolgen. Da Backtracking-Algorithmen i. d. R. nicht optimal effizient sind, wurden sie im Bereich Satzanalyse weitgehend durch ↗ Chart-Parser verdrängt; ↗ Satzanalyse.   L

Badewanneneffekt In der Sprachpsychologie gilt als gesichert, dass die Anfänge von Wörtern besser erinnert werden als die Wortenden und diese besser als die mittleren Teile. Die Metapher vom B. bemüht das Bild einer Person, die in einer Badewanne liegt, weshalb nicht nur der Kopf, sondern auch die Füße herausschauen.   G

Badisch ↗ Alemannisch, ↗ Ostfränkisch, ↗ Rheinfränkisch

Bad Simple English (Abk. BSE) Bez. für Varianten des Engl. in der Interaktion zwischen Personen mit anderen Erstspr.n, deren Kenntnisse des Engl. wenig ausgeprägt sind; vielfach bei internat. Kongressen und im internat. Geschäftsverkehr dokumentiert.   G

BAG ↗ Bay Area Grammars, ↗ Unifikationsgrammatik

Baghelī ↗ Indoarische Sprachen

Bagwalal(isch) ↗ Dag(h)estanische Sprachen

Bahasa Indonesia ↗ Indonesisch

Bahasa Malaysia ↗ Malaiisch

Bahuvrihi (altind. ›viel Reis habend‹) Aus der Sanskrit-Grammatik in die ling. Nomenklatur übernommene Bez. für Wortbildungsprodukte, die Personen oder Dinge über die Beschreibung ihrer Eigenschaften benennen; ein *Dickhäuter* ist ein Tier (mit dicker Haut), ein *Dreirad* ein Fahrzeug (mit drei Rädern). In den europ. Linguistiken ist der gleichbedeutende Terminus ↗ Possessivkompositum gebräuchlicher.   ES

Bairisch In sich gegliederter Dialektverband des ↗ Oberdeutschen, umfasst die »altbayerischen« Regierungsbezirke Oberbayern, Niederbayern und Oberpfalz im Freistaat Bayern, Österreich (ohne Vorarlberg) und Südtirol, vor 1945/46 auch die deutschsprachigen Gebiete West- und Südböhmens und Südmährens und die westl. Grenzgebiete Ungarns. Das B. grenzt an das Tschech., Slowak., Ungar., Slowen., Ital., Friaulisch und Ladin., innerhalb des Dt. an das ↗ Alemannische im Westen und das ↗ Ostfränkische im Norden, bis 1945/46 auch an das ↗ Ostsächsische im Nordosten; Karte ↗ Deutsche Dialekte, im Anhang. Als gemeinbair. Kennzeichen über die Binnengliederung i. d. Nord-, Mittel- und Südbair. hinweg können gelten: im Lautsystem die Verdumpfung von mhd. *a* und *ā* zu *ǫ* [ɔ] und *ǭ* [ɔ:] (Bsp. *gǫsn* ›Gasse‹, *hǫsn* ›Hase‹), die Senkung von mhd. *æ* und *ǣ* [æ:] zu *a* und *ā* (z. B. *fasl* ›Fass‹, *wāgl* ›Wagen‹, *kās* ›Käse‹). In der Morphologie des Verbs die auf Besonderheiten der Flexion des Personalpronomens zurückgehende Endung {-ts} in der 2. Pers. Pl. (z. B. *gebts* ›ihr gebt‹), ferner eine

Reihe bair. ↗»Schibboleth«-Wörter (z. B. *Pfinztag* ›Donnerstag‹, *tengg* ›links‹ usw.). Als kennzeichnende Gegensätze zwischen dem konservativen Südbair. in Tirol, Kärnten usw. und dem innovativen Mittelbair. im Donau-Isar-Raum (und dem Nordbair.) sind anzusehen: südbair. erhaltene Verbalendung *-en* (z. B. *machen*) vs. mittelbair. *-e* (*mache*); südbair. erhaltene Differenzierung zwischen /d/ und /t/ (*Feder/Wetter*) vs. mittelbair. Zusammenfall in der Lenis /d/; südbair. Opposition zwischen Affrikate /kx/ und Lenis /g/ vor Nasal und Liquid (z. B. *glai* ›gleich‹, *kxlaim* ›Kleie‹) vs. mittelbair. Zusammenfall in der Lenis (*glai, glaim*). Spezif. mittelbair. ist die Vokalisierung von /l/ (z. B. *fui* ›viel‹). Wesentl. Unterschied zwischen dem Mittelbair. und dem Nordbair. (Oberpfalz, Egerland) sind die erwähnte l-Vokalisierung im Mittelbair. sowie die Entwicklung sog. »gestürzter Diphthonge« im Nordbair. bei unmittelbarem Anschluss an die mhd. Diphtonge *ie-uo* (z. B. nordbair. *breif* ›Brief‹, *brouder* ›Bruder‹ vs. mittel- und südbair. *briaf, bruader*). Die verschiedentl. vorgenommene Zusammenfassung des Nordbair. mit dem Ostfränk. zu einem »nordoberdt.« Sprachraum (im Unterschied zu einem aus dem mittel- und dem südbair. bestehenden »ostoberdt.« Sprachraum) ist wegen der grundsätzlichen Strukturunterschiede nicht gerechtfertigt. **Lit.** P. Wiesinger, Die Einteilung der dt. Dialekte. HSK I, 836–842. – R. Freudenberg, Ostoberdt. LGL ²1980, 486–491. – E. Straßner, Nordoberdt. LGL ²1980, 479–482. – J. A. Schmeller, Bayerisches Wb, Teile 1–4. Stgt., Tübingen 1827–1837 (Neudruck Aalen 1973). – Wörterbuch der bair. Maa. in Österreich. Bd. 1 ff. Wien 1963 ff. – Bayerisches Wb. Heft 1 ff. München 1995 ff. – H. Weiß, Syntax des B. Tübingen 1998. **DD**

Bakairi ↗ Karibische Sprachen

Bale ↗ Zentralsudanische Sprachen

Balinesisch (Eigenbez. basa Bali) West- ↗ austronesische Sprache auf Bali und in West-Lombok, Indonesien; Bali-Sasak-Sprachgruppe; Karte ↗ austroasiatische Sprachen. 2,6 Mio. Sprecher. Alt-B. Dialekt (Bali-Aga). Silbenschrift ind. Ursprungs (hanakaraka); heute vorwiegend lat. Schrift. Alt-B. Urkunden aus dem 9. Jh., ab dem 10. Jh. verstärkt in alt-↗javanisch. Neben der Tradierung alt-javan. Texte eigenständige klass. und moderne Literaturtraditionen. Vier ↗ Sprachebenen, darunter basa ketah und basa singgih; ↗ Anredeform, ↗ Honorativ. Starke Behauptung ggü. ↗ Indonesisch als offizieller Spr. **CE**

Balkansprachbund Übergreifende Bez. für eine durch auffällige Gemeinsamkeiten im grammat. Bau gekennzeichnete Gruppe genet. nur mittelbar verwandter Spr. im Balkanraum; ↗ Sprachbund. **GP**

Balkarisch (Eigenbez. Malqar til) Westtürk. Spr. der pont.-kasp. Untergruppe, Karte ↗ Türkische Sprachen, im Anhang. Sprachgebiet: Kabardin.-Balkar. ASSR (im Nordwestkaukasus), ca. 100 000

Sprecher. 1944–1957 waren die Balkaren nach Kasachstan und Kirigisien deportiert. Das B. ist mit dem ↗ Karatschaischen weitgehend ident., für beide Dialekte wurde eine gemeinsame Schriftspr. geschaffen. **MI**

Balochi ↗ Beludshi

Baltische Sprachen Zweig der idg. Sprachen, bestehend aus dem ↗ Litauischen, ↗ Lettischen und dem heute ausgestorbenen ↗ Altpreußischen; Karte ↗ Europäische Sprachen, im Anhang. – Histor. betrachtet, bewahren die b. S. in Phonematik und (Nominal-)Morphologie die Züge des alten idg. Sprachbaus vollständiger als andere seiner Zweige; sie haben eine partiell gemeinsame, als ↗ Balto-Slavisch bezeichnete Entwicklungsphase mit den ↗ slavischen Sprachen durchlaufen. – Aus synchroner Sicht sind die b. S. in Phonematik, Grammatik und Wortschatz durch einige typolog. Besonderheiten als eigenständiger Zweig gekennzeichnet. Sie benutzen als phonolog. relevante Ausdrucksmittel verschiedene Akzenttypen und die Opposition zwischen kurzen und langen Vokalen, z. B. lett. *virs* ›über‹ vs. *vĩrs* ›Gatte‹. Die Nominalflexion erfolgt nur bezügl. der beiden Grammeme Mask. und Fem. (die Kongruenzklasse Neutrum ist geschwunden), die Adj.- und Partizipialflexion gliedert sich in ein nominales und ein pronominales Paradigma, das im Textzusammenhang als Artikelersatz fungiert (↗ Balto-Slavisch). Die Verbalflexion ist vereinfacht, da in der 3. Pers. die Numerusopposition neutralisiert worden ist, im Indikativ nur ein Flexionsschema existiert und die Vergangenheittempora bis auf das Prät. geschwunden sind; dagegen ist das Passiv gut ausgebaut. Im Bereich der ↗ Wortbildung zeichnen sich die b. S. (z. B. im Ggs. zu den ↗ slavischen und ↗ germanischen Sprachen) u. a. durch eine produktive Derivation ↗ kausativer Verben (mithilfe des Suffixes *-inta*) aus. Ihnen ist z. T. eine spezielle, nur für sie belegte Lexik gemeinsam, z. B. lit. *brĩedis*, lett. *briêdis*, altpreuß. *braydis* ›Hirsch, Elch‹. – Individuelle Charakteristika, durch die sich die b. S. voneinander abheben, sind z. B. Betonungsunterschiede (1. Silbe im Lett., freier Akzent mit verschiedenen Qualitäten im Lit.), die weitere Vereinfachung der Nominalflexion im Lett. durch Kasuszusammenfall (im Sg. Instrumental und Akk. im Pl. Instrumental und Dat.) und das Vorhandensein eines ↗ Debitivs im Lett. (vermutlich aufgrund finno-ugr. Substrateinflüsse). **Lit.** Chr. S. Stang, Vergleichende Grammatik der b. S. Oslo u. a. 1966. – R. Eckert et al., Die b. Spr.n: eine Einführung. Lpz. u. a. 1994. – P. E. Dini, Le lingue baltiche. Firenze 1997. – Ö. Dahl, The Circum-Baltic Languages: Typology and Contact. Amsterdam u. a. 2001. – **SSG** Bayerische Staatsbibliothek München (6) bis 1997, seit 1998: UB Greifswald. **HA**

Balto-Finnisch ↗ Uralische Sprachen

Balto-Slavisch Die besonders große Nähe der ↗ baltischen und ↗ slavischen Sprachen, z. B. die

Entsprechung balt. (lit.) mit frühen slav. Akzentverhältnissen und die Entwicklung einer (zumindest im Hinblick auf das ⁊ Altkirchenslavische) funktional gleich belasteten, weil Indefinitheit bzw. Definitheit signalisierenden nominalen und pronominalen Adj.- und Partizipalflexion, z. B. *geràsis žmogùs* ›der gute Mensch‹ vs. *gẽras žmogùs* ›ein guter Mensch‹, hat dazu geführt, dass die Hypothese eines balto-slav. Zweigs des ⁊ Indogermanischen aufgestellt worden ist (u. a. von Vaillant, Georgiev). Heute neigt man eher zu der Auffassung (u. a. Stang, Karaliūnas), dass diese Parallelen als Indizien für einen engen Kontakt zwischen beiden Sprachzweigen gedeutet werden müssen, eventuell für ein balt.-slav. Dialektgebiet in nachidg. Zeit, das eine Reihe von gemeinschaftl. Neuerungen durchgemacht hat, während andere Veränderungen nur das spätere balt. Gebiet betrafen. **Lit.** W. Man´czak, Le degré de parenté entre le baltique et le slave. In: Baltistica 23/1, 1987, 13–22. – O. Poljakov, Das Problem der balto-slav. Spr.gemeinschaft. Ffm. u. a. 1995.   HA

Baluchi ⁊ Beludschi

Bambara ⁊ Manding

Bamum-Schrift ⁊ Westafrikanische Schriftsysteme

Banda ⁊ Ubangi-Sprachen

Bantaeng ⁊ Makassarisch

Bantusprachen Einige hundert Spr. umfassende, morpholog. bes. einheitl. Untergruppe der ⁊ Benue-Kongo-Sprachen. Sprachgebiet: Zentral-, Süd- und Ostafrika; Karte ⁊ Afrikanische Sprachen, im Anhang. Größte B. mit ca. 80 Mio. Sprechern (mehrheitlich S2) ist das ⁊ Swahili. Ca. 30 weitere B. haben je 1–10 Mio. Sprecher. Mehrheitl. ⁊ Tonsprachen (nicht jedoch das Swahili), agglutinierender Bau, bis zu 23 durch ein- oder zweisilbige Präfixe markierte ⁊ Nominalklassen mit ⁊ Konkordanz innerhalb der NP sowie zwischen Subj. und Präd., suffigale Verbalderivation (u. a. ⁊ Applikativ, ⁊ Stativ, ⁊ Reziprok, ⁊ Reversiv, ⁊ Kausativ, ⁊ Passiv). **Lit.** M. A. Bryan. The Bantu Languages of Africa. Ldn. 1959. – M. Guthrie, Comparative Bantu. 4 Bde. Farnborough 1967–1971. – C. Meinhof, Grundzüge einer vergleichenden Grammatik der Bantusprachen. Bln. ³1967. – D. Nurse & G. Philippson (eds.), The Bantu Languages. Ldn. 2003.   RE

Baoan ⁊ Mongolisch

Bar ⁊ X-Bar-Theorie

Barasana ⁊ Tukano-Sprachen

Barbacoa-Sprachen Südamerikan. Sprachfamilie; Sprachgebiet: Küste und Andengebiet Südkolumbiens und Nordekuadors; Karte ⁊ Südamerikanische Sprachen, im Anhang. Zu den B.-S. gehören das Cayapa (Cha'palaachi), das Colorado (Tsafiki), das Kwaiker (Awa Pit) und das Guambiano. Das Verhältnis der B.-S. zu der Familie der ⁊ Chibcha-Sprachen ist umstritten. **Lit.** L. R. Stark, Indigenous Languages of Lowland Ecuador. SAIL, 1985, 157–193. – A. Costenla Umaña, Las lenguas del

área intermedia. San José 1991. – T. J. Curnow & A. D. Liddicoat, The Barbacoan Languages of Colombia and Ecuador. AnL 40, 1998, 384–408. **SSG** Ibero-Amerikanisches Institut Berlin (204).   AD

Barbarismus m. (griech. βάρβαρος (barbaros) ›der nicht griech. sprechende Fremde‹ (im Ggs. zum Hellenen), aus sumer. barbar (onomatopoet. Bildung im Sinne von ›unverständl. Murmelnder‹, ›Fremder‹) Bez. der antiken ⁊ Rhetorik (vgl. Quintilian, Inst. I, 5; 4 ff.) für den Verstoß gegen die Puritas, d. h. gegen idiomat. Korrektheit (im Ggs. zu Fehlern der Syntax, dem ⁊ Solöcismus). Als B. galten falsch ausgesprochene oder verstümmelte Wörter, Phantasie- und Fremdwörter, bes. aus Spr. kulturell unterlegener Völker. B. war dagegen erlaubt in poet. Funktion (⁊ Metaplasmus), bes. in bestimmten Literaturgattungen (Komödien). – Heute bezeichnet B. allgemein eine sprachl. Unkorrektheit; ⁊ Purismus.   SLE

Barea ⁊ Chari-Nil-Sprachen

Bare'e ⁊ Toraja-Sprachen

Bargunsch ⁊ Rotwelsch

Bari ⁊ Chibcha-Sprachen, ⁊ Nilotische Sprachen

Bariba ⁊ Gur-Sprachen

Bariton ⁊ Sprechausdruck, ⁊ Stimme

Barrieren-Theorie (engl. barrier ›Grenze‹, auch: syntakt. Grenze) Nach N. Chomsky (1986) benanntes Entwicklungsstadium der GG. Die B.-T. formuliert als Weiterentwicklung der ⁊ Rektions-Bindungs-Theorie gemeinsame Grundlagen für Rektions- und Bindungsphänomene. Hierbei präzisiert eine komplexe Definition der Barriere den Begriff der ⁊ Insel und soll der Erfassung einheitl. ⁊ Beschränkungen für ⁊ Move α, ⁊ Bindung und ⁊ Rektion dienen. **Lit.** C. Boeckx & K. K. Grohmann, Barriers and Phases: Forward to the Past? Conference on Tools in Linguistic Theory. Budapest 2004. – N. Chomsky, Barriers. Cambridge, Mass. 1986. – Ders., Language and Problems of Knowledge. Cambridge, Mass. 1986. – W. Sternefeld, Syntakt. Grenzen. Opladen 1991.   F

Bartholomaes Gesetz (Auch: Bartholomaesches Aspiratengesetz) Von C. Bartholomae (1855–1925) 1882 publiziertes Lautgesetz, das die phonotaktische Entwicklung der Sequenz Media aspirata + Tenuis (aspirierter sth. + stl. Okklusiv) zu Media + Media aspirata etwa in aind. *labh-* ›fassen‹ + *-ta-* > *labdha-* ›gefasst‹ beschreibt. Umstritten ist der Geltungsbereich von B. G.: ursprüngl. für das Gemeinidg. in Anspruch genommen, beschränkt heute die Mehrzahl der Forscher seine Gültigkeit auf das Indoiran. Trennt man B. G. jedoch in zwei Teilprozesse, so könnte sich der erste Schritt (Assimilation *ght* > *ghdh*) auch in got. *(ga)hugds* < *kug^hd^hi-* < *kug^h-ti-* finden, während der zweite (Dissimilation *g^hd^h* > *gd^h*) als Sonderfall von ⁊ Grassmanns Gesetz auf das Indoiran. beschränkt wäre. **Lit.** N. E. Collinge, The Laws of Indo-European. Amsterdam 1985.   RK

Barytonon n. (griech. βαρύς (barys) ›tief, dumpf‹, τόνος (tonos) ›Klang der Stimme‹) In der Gräzistik ursprüngl. Bezeichnung für jede Silbe ohne Hochton, was dann übertragen wurde auf alle griech. Lexeme, deren Akzentstelle nicht auf der letzten Silbe liegt; ↗ Paroxytonon, ↗ Proparoxytonon, ↗ Properispomenon. GS

Baschkirisch (Eigenbez. Bašqort têlê) Westtürk. Spr. der ural. Untergruppe, ↗ Türkische Sprachen, im Anhang. Sprachgebiet: Baschkir. ASSR, außerdem größere Gruppen in den Gebieten Tscheljabinsk, Perm, Orenburg, Sverdlovsk und Kurgan; Karte ↗ Türkische Sprachen, im Anhang. Ca. 1,5 Mio. Sprecher. B. ist Schriftspr. seit 1923: zunächst arab. Schrift, ab 1930 Lateinschrift, Ende 1938 kyrill. Schrift. In vorsowjet. Zeit wurde als Schriftspr. ↗ Tschagataisch oder ↗ Tatarisch benutzt. **Lit.** J. Benzing, Das B. In: Philologiae Turcicae Fundamenta I, Wiesbaden 1959, 421–434. – A. A. Juldašev, Grammatika sovremennogo baškirskogo literaturnogo jazyka [Grammatik der heutigen b. Literatursprache]. M. 1981. MI

Basic English ↗ Grundwortschatz

Basic-Sprache ↗ Grundwortschatz

Basilekt ↗ Akrolekt

Basis ↗ Ableitungsbasis, ↗ Grundwort, ↗ Stamm, ↗ Stamm-Morphem, ↗ Thema, ↗ Wurzel

Basisalphabet ↗ Alphabet einer ↗ Schriftsprache, das einer ↗ Verschriftung einer anderen Spr. zugrunde gelegt wird. Der Ausdruck B. dient der Bez. histor. Entlehnungs- und Verwandtschaftsbeziehungen zwischen ↗ Schriftsystemen derselben ↗ Schriftart. So ist z. B. das lat. Alphabet B. der Alphabete des Isländ., Finn., Swahili, Vietnames., Guaraní usw., die als eine *Tochteralphabete* bezeichnet werden. Sie stehen zueinander in der Beziehung von *Schwesteralphabeten*. Dem lat. Alphabet liegen wiederum die Alphabete des Etrusk. und westgriech. »Dialekte« als B. zugrunde, diesen wiederum ältere griech. Alphabete. G

Basisdeutsch ↗ Grunddeutsch, ↗ Grundwortschatz

Basiskategorie ↗ Prototyp (2), ↗ Prototypensemantik

Basiskomponente Im ↗ Aspekte-Modell der GG Bez. für denjenigen Bereich des Grammatik-Modells, der aus dem abstrakten Lexikon, ↗ Subkategorisierungsregeln und ↗ Phrasenstrukturregeln besteht. Das Lexikon der B. stellt eine ungeordnete Menge von ↗ Formativen (*lexical entries*, ›Lexikoneinträgen‹) dar; sie sind durch idiosynkrat., d. h. nur ihnen zukommende phonolog., morpholog., semant., syntakt. und u. U. pragmat. Spezifikationen charakterisiert. Die B. erzeugt mittels Ersetzungsregeln und Lexikon-Regeln ↗ Tiefenstrukturen, die in Form von ↗ Strukturbäumen dargestellt werden und die ↗ Eingabe für die transformationelle Komponente der Grammatik darstellen (vgl. Chomsky, Aspects, 113 ff.). F

Basismorphem ↗ Grundmorphem, ↗ Morphem

Basisstruktur ↗ Tiefenstruktur

Baskisch (Eigenbez. Euskara) Isolierte vor-indoeurop. Spr., deren Genese ungeklärt ist. Viele Forscher vermuten Verwandtschaft mit den ↗ kaukasischen Sprachen. Das Sprachgebiet reichte im MA von der Garonne bis zum Ebro und umfasst heute die span. Provinzen Alava, Guipúzcoa, Navarra (Nafaroa) und Viscaya (Bizkaia) und die frz. Départements Labourd, Basse-Navarre und Soule; Karte ↗ Europäische Sprachen, im Anhang. Ca. 750 000 Sprecher, fast durchgängig zwei- oder mehrsprachig (Frz., Kastil.). 4 Hauptdialekte (biskay., guipúzkoan., navarrolaburdin., suletin.). Auf der Grundlage des Dialekts von Guipúzcoa wurde ein *Euskára batúa* ›Einheitsbask.‹ genannter Standard entwickelt. Die bask. lit. Tradition beginnt im 16. Jh.; bis Anfang des 20. Jh. v. a. religiöse Schriften. Die Sprachakademie *Euskaltzaindia* (1908 gegr.) wurde 1976 zur *Real academia de la lengua vasca* ›Kgl. Akad. der bask. Spr.‹ ausgebaut. Scharfe Repression der Verwendung des B. in der Franco-Zeit. Seit dem Ende der 1970er Jahre gezielte Förderung des *Euskára batúa*: Autonomiestatut 1979, Gesetz über die »Grundlage der Normalisierung des Gebrauchs des B.« 1982, »Landesgesetz über die bask. Spr.« der Regierung von Navarra 1986, Förderung von *Euskaltegis* (bask. Sprachschulen) und Maßnahmen zur »Baskisierung« der Lehrerschaft (IRALE) seit ca. 1980. Agglutinierend mit ↗ polysynthet. Zügen. Reiches Kasussystem, ausgedehntes Kongruenzsystem (Subjekt – direkte und indirekte Objekte), vorwiegend analyt. Konjugationssystem auf der Basis von Hilfsverben, ergativ. Bau. Fremdwörter werden grammat. und graph. adaptiert, z. B. *intolerantzia, monogamo, bi-aldedun* ›bilateral‹. **Lit.** P. Lafitte, Grammaire basque (Navarro-labourdin littéraire). Bayonne ²1962. – A. Tovar, The Basque Language. Philadelphia 1957. – M. Saltarelli, Basque. London 1988. – M. Haase, Sprachkontakt und Sprachwandel im Baskenland. Hamburg 1992. – J. I. Hualde, A Grammar of Basque. Bln., N. Y. 2003. – Ders., Towards a Grammar of the Basque Language. Amsterdam 1995. – Chr. Bendel, B. Grammatik. Hamburg 2007. – E. Urteaga, La langue basque dans tous ses états – sociolinguistique du Pays Basque. Paris 2006. – J.-B. Coyos, Politique linguistique – langue basque. Baiona 2004. G

Bass ↗ Sprechausdruck, ↗ Stimme

Bassa ↗ Kru-Sprachen

Bastarda f. Bez. für spätmittelalterl. ↗ gotische Schriften, die Merkmale verschiedener Schriftgenera, vor allem von ↗ Kursive und ↗ Textura, in sich vereinigen, neuerdings auch als Hybridschriften bezeichnet. Bekannteste Form ist die burgund. B., die im 15. Jh. aus der frz. Kanzleikursive stilisiert wurde. Im frühen Buchdruck wurden B. für dt. Texte verwendet. EN

Bastardform ↗ Hybridbildung, ↗ hybride Form

Bataksch (Eigenbez. hata/kata bzw. cakap Batak) West- ↗ austronesische Sprache in Nord-Sumatra

(Hochland um den Toba-See), Indonesien; Karte ⏶ austroasiatische Sprachen. Subgruppe Nordwest-Sumatra/Barrier-Inseln, Batak-Spr. Nordgruppe (545 000 Sprecher) mit Karo-Batak (cakap Karo), Dairi Pakpak (kata D. P.) und Alas; Südgruppe (2 Mio.) mit Toba-Batak (hata Batak Toba), Angkola-Mandailing sowie Simalungun (200 000). Alte Silbenschrift-Variationen ind. Ursprungs (pustaha-Literatur). Starke Behauptung ggü. ⏶ Indonesisch als offizieller Spr.   CE

Batan-Sprachen ⏶ Philippinische Sprachen

Batsisch (Eigenbez. bacbijn (mo·t); georg. (çova-) tuš-ur-i. Früher auch: Tsowa-Tusch(in)isch) ⏶ Nachische Sprache, ca. 1 000(?) Sprecher in Zemo Alvani bei Achmeta (Georgien), die auch Georg. sprechen; Karte ⏶ Kaukasische Sprachen, im Anhang. **Lit.** J. D. Dešeriev, Bacbijskij jazyk [Das B.]. M. 1953. – D. A. Holisky & R. Gagua, Tsova-Tush (Batsbi). ILC4, 147–212.   BO

Battarismus Veraltet für ⏶ Poltern.   GT

Bauchredner (auch: Ventriloquist, lat. venter ›Bauch‹, loquī ›sprechen‹) Person, die ohne Lippen- oder Mundbewegung mithilfe einer gedämpften ⏶ Fistelstimme bzw. eines Quetschtones, der durch starkes Zusammenpressen der ⏶ Stimmbänder entsteht, zu sprechen vermag. Die Laute entstehen weiterhin durch Bewegungen des Gaumensegels (⏶ Gaumen) und durch das Zurückziehen der ⏶ Zunge, wodurch Verengungen im ⏶ Ansatzrohr entstehen (⏶ Artikulation). Da dabei keine Bewegung des ⏶ Kiefers sowie der Gesichtsmimik, der ⏶ Lippen und des ⏶ Mundes zu sehen ist, entsteht der Eindruck, die Stimme käme aus dem Bauch. Diese Täuschung wird durch den starken klangl. Unterschied zur normalen Stimme bei den B. noch verstärkt. B. waren schon in der griech. Antike als »Engastrimanten« (griech. ›Bauchwahrsager‹) oder »Eurykliden« (nach dem B. Eurykles) bekannt. **Lit.** R. H. Hill, You Can Be a Ventriloquist. N. Y. 1975. – D. Hutton, Ventriloquism. N. Y. 1975.   GL

Baule ⏶ Kwa-Sprache, die an der Elfenbeinküste von rd. 20 % der Bevölkerung (etwa 2,5 Mio.) v. a. östl. des Bandama-Flusses gesprochen wird. Als S2 dienen Dyula (⏶ Manding) und Frz. Mitte des 20. Jh. lat. basierte Verschriftung, jedoch bis heute als Schriftspr. nur marginale Verwendung.   RE

Baumadjunktionsgrammatik (engl. tree adjoining grammar, TAG) Von A. Joshi entwickelter Grammatikformalismus, der insbes. in der ⏶ Computerlinguistik verwendet wird. Im Unterschied zu ⏶ kontextfreien Grammatiken verwenden B. als Ausgangspunkt nicht nur Bäume der Kantenlänge 1, die durch jeweils eine ⏶ Ersetzungsregel definiert werden, sondern elementare Bäume beliebiger Kantenlänge. Die Verknüpfung der elementaren Bäume zu komplexeren ⏶ Strukturbäumen erfolgt nicht durch Substitution von Blättern, sondern durch die Operation der ⏶ »Adjunktion«, bei der ein Baum an einer dafür vorgesehenen Position in einen anderen

Baum eingefügt wird. Die ⏶ generative Kapazität von B. liegt zwischen der von kontextfreien und ⏶ kontextsensitiven Phrasenstrukturgrammatiken. **Lit.** A. Joshi, Tree Adjoining Grammars. In: D. Dowty et al. (eds.), Natural Language Parsing. Psychological, Computational, and Theoretical Perspectives. Cambridge 1985.   L

Baumdiagramm ⏶ Strukturbaum

Baumgraph ⏶ Strukturbaum

Bay Area Grammars (Abk. BAG) Oberbegriff für neuere generative Grammatikmodelle vom Typ der ⏶ Unifikationsgrammatik, die an der San Francisco Bay entwickelt wurden.   F

Bazar-Hindustānī (Eigenbez. bāzārū hindustānī) Außerhalb des Geltungsbereichs des lit. ⏶ Hindī entstandene Jargon-Variante des ⏶ Hindustānī (⏶ Indoarische Sprachen) mit vereinfachter Grammatik und eingeschränktem Wortschatz (⏶ Reduktionssprache); dient als Verständigungsmittel in Handels- und Wirtschaftszentren (v. a. Calcutta und Bombay) bes. unter Gastarbeitern verschiedener südasiat. Nationalitäten; ⏶ Hindī, ⏶ Urdū.   FZ

Beach-la-Mar ⏶ Germanische Sprachen

Bedeckte Silbe (engl. covered syllable) ⏶ Silbe mit konsonant. Silbenkopf; im Ggs. zur nackten Silbe, der dieser fehlt.   PM

Bedeutung (engl. meaning, frz. signification, sens) Zentraler Begriff der ⏶ Semiotik, da ⏶ Zeichen durch ihre B. definiert sind: Alles sinnl. Wahrnehmbare kann ein ⏶ Zeichenausdruck sein, sofern es für Interaktanten etwas anderes, i. d. R. nicht unmittelbar Gegebenes repräsentiert. Aus den unterschiedl. Modi und der Komplexität dieser Repräsentation ergibt sich der große Facettenreichtum des B.-Begriffs (vgl. C. K. Ogden & I. A. Richards), der durch die strukturelle Polysemie des Lexems *Bedeutung* mit seinen Objekt-, Relations- und Funktionslesarten vermehrt wird. **1.** Entsprechend den Zeichentypen ⏶ Index (1), ⏶ Ikon und ⏶ Symbol (2) lässt sich zwischen indexikal. (auf ⏶ Kontiguität beruhender), ikon. (abbildhafter) und symbol. (konventionell-arbiträrer) B. unterscheiden. Zwar ist ⏶ Sprachzeichen wegen ihrer ⏶ Arbitrarität die symbol. B. kennzeichnend, doch findet sich bei ihnen auf allen Ebenen auch indexikal. und ikon. B. Indexikal. sind z. B. ihre symptomat. ⏶ Konnotationen (2) sowie die »deikt. B.« der Pronomina und vieler Adverbien (⏶ Deixis). Ikon. B. haben Texte, die symbol. dargestellte Sachverhalte auch substantiell (z. B. phon. oder zeitl.) oder kompositionell (»diagrammat.«) abbilden. Viele indexikal. und ikon. B. verbaler Äußerungen beruhen auf habituellen Zuordnungen, u. a. auf speziellen Zeichen (z. B. ⏶ Interjektionen, ⏶ Onomatopoetika) des Sprachsystems (⏶ Ikonismus 1) und unterliegen deshalb ähnl. Interpretationsprozessen, wie dies für die dominante symbol. B. gilt. – **2.** Die ling. ⏶ Semantik beschäftigt sich vorwiegend mit der symbol. B. von sprachl. Einheiten im Spannungsfeld zwischen System-B. und ↗ Äußerungsbedeutung. Die Einheiten und Regeln des Sprachsystems stellen abstrakte Bedeutungspotentiale bereit, die in der kommunikativen Aktualisierung beschränkt, gewichtet und angereichert werden. Geht man bei den Systemeinheiten zunächst von ↗ Wortformen aus, so ist zu unterscheiden zwischen deren »lexikal.« und »grammat. B.«, die sich oft, aber nicht immer auf unterschiedl. ↗ Morpheme verteilen, z. B. *leg-t-e* vs. *gab*. **2.1.** Die einzelsprachl. System-B. der ↗ Lexeme wurde in der traditionellen Ling. differenziert beschrieben, und zwar v. a. im Hinblick auf ↗ Inhaltswörter mit »deskriptiver B.« (Subst., Vb., Adj. und Adv.); die übrigen Wortarten haben ausschließl. oder überwiegend expressive, deikt. oder grammat.-funktionale (»synkategoremat.«) B. Die Lexem-B. lässt sich grob gliedern in: (a) begriffl. »denotative B.« (↗ Denotation (4)), (b) »konnotative B.«, (c) Wortbildungs-B., (d) »kategoriale B.«, (e) semant. Kotextregeln. Im Einzelnen: (a) Selbst im Kernbereich der denotativen Wortsemantik ist die Spannweite der Verwendung des Terminus ›B.‹ erstaunl. groß: Außer dem Zeichenausdruck wurden alle an der ↗ Semiose beteiligten Faktoren oder Relationen so bezeichnet. Zu deren Differenzierung sind deshalb präzisere Begriffe vonnöten: (a1) ↗ Denotate (von einer naiven »Referenztheorie«, aber auch von G. Frege als ›B.‹, danach oft als ↗ Referent bezeichnet) sind die vom Lexem bezeichneten ›Gegenstände‹ (auch Prozesse, Zustände, Sachverhalte), deren Klasse das (a2) ↗ Designat bildet. Dieses ist die ›B.‹ in einer weniger naiven Referenztheorie, die die Möglichkeit leerer Klassen (*perpetuum mobile*) in Rechnung stellt; es wird als ↗ Extension eines log. Begriffs oder mentalen Konzepts (traditionell: »Vorstellung«), ggf. eines durch Eigennamen bezeichneten Individualkonzepts definiert. Häufiger wird die klassenbildende (a3) ↗ Intension (Frege: ↗ Sinn (1); L. Hjelmslev: ↗ Inhalt) von ↗ Appellativa als B. benannt und dabei ebenfalls entweder begriffl. objektiv oder als mentale Repräsentation aufgefasst; Letzteres u. a. von F. de Saussure, der das »concept« (Vorstellung) als ↗ Signifikat bezeichnet und als Teil des somit ↗ bilateralen einzelsprachl. Zeichens bestimmt. Das Signifikat ist in Anbetracht der fast durchgängigen ↗ Mehrdeutigkeit natürl. Sprachzeichen als »Gesamtbedeutung« aufzufassen, die sich in (a4) ↗ Sememe (3), d. h. Teilbedeutungen gliedert, welche die oben genannten Intensionen entsprechen und unterschiedl. Designate konstituieren. Traditionell werden die Sememe entweder log.-synchron in »Haupt-, Neben- und ggf. Sonderbedeutungen«, in »eigentl.« und »übertragene B.« oder histor. in (»etymolog.«) »Grundbedeutung« und »abgeleitete B.« unterschieden. Die ↗ strukturelle Semantik analysiert die zunächst ganzheitl. (»holist.«) gedachten Signifikate oder Sememe in (a5) ↗ semantische Merkmale, definiert also B. als Merkmalskonfiguration; je nach dem theoret. An-

satz sind die Merkmale entweder als einzelsprachl. ↗ Seme oder als konzeptuelle ↗ Noeme bzw. ↗ Komponenten gedacht. De Saussure benennt die Relation zwischen ↗ Signifikant (Zeichenausdruck) und Signifikat als (a6) »signification« (↗ Signifikation); entsprechend definiert S. Ullmann ›B.‹ als Beziehung zwischen »Name« und »Sinn«. Demgegenüber bezeichnet de Saussure die paradigmat. Relationen eines Lexems als seinen (a7) »Wert« (*valeur*), der seine Signifikation begrenzt, eine Auffassung, die von J. Trier in seiner ↗ Wortfeldtheorie wieder aufgenommen wurde. Auch J. Lyons beschreibt den Sinn (2) von Lexemen als paradigmat. »Sinnrelationen«. Von Ch. S. Peirce wird B. als (a8) ↗ Interpretant bestimmt, d. h. als emotionale, aktionale oder kognitive Wirkung im Bewusstsein des Interpreten. Ch. W. Morris (²1955), dessen behaviorist. Theorie zwar auch den Begriff Signifikation enthält und unterschiedl. ↗ Signifikationsmodi unterscheidet, macht dennoch den Interpretanten, d. h. die Disposition, auf ein Zeichen mit einem bestimmten Verhalten zu reagieren, zum Kern seines B.-Begriffs. (b) Der denotativen B. als Bündel ↗ distinktiver Merkmale (↗ strukturelle Semantik) bzw. als Menge notwendiger und hinreichender Wahrheitsbedingungen (↗ modelltheoretische Semantik) werden idealtyp. nicht-distinktive »enzyklopäd.« (d. h. deskriptive), wertende und symptomat. Merkmale als »konnotative B.« (↗ Konnotation (2), ↗ Gefühlswert, ↗ Nebensinn) gegenübergestellt. Doch sind konnotative Merkmale dann als distinktiv anzusehen, wenn sie zur Differenzierung denotativ synonymer Lexeme dienen, z. B. bei *Dame – Frau – Weib, Neurologe – Nervenarzt, Großmutter – Oma*. Ferner hat sich durch Untersuchungen der ↗ Prototypensemantik herausgestellt, dass Teile des enzyklopäd. Wissens als »charakterisierende« Default-Merkmale zum denotativen Bedeutungskern zu rechnen sind; so z. B. bei *Vogel* das Merkmal [flugfähig], das zwar auf Pinguine oder Strauße nicht zutrifft, aber etwa die B. von *Vogelperspektive* fundiert. Welche weiteren Wissenselemente (z. B. [besitzt Kropf]) dagegen zur konnotativen B. (»Nebensinn« nach K. O. Erdmann) gehören, ist ebenso schwer zu entscheiden wie die Einordnung sachgebundener Wertungen (»Gefühlswert«), z. B. von *Gefängnis* oder *Kuß*, während etwa der konnotative Wert von lektal-stilist. Varianten wie *Knast* oder *Schmatz* als sprachl. distinktiv gesichert ist. (c) Ein Teil der denotativen B. der durch WB gebildeten Lexeme ist i. d. R. strukturell bedingt und führt zu Reihen von Ableitungen mit gleicher »Ableitungsbedeutung«, z. B. bei den Subst. mit *-er*: Agens (*Schwimmer*), Beruf (*Schlosser*), Werkzeug (*Bohrer*) u. a., oder zu ↗ Reihenbildungen bei den Komposita, z. B. mit dem Merkmal [gemacht aus]: *Holzhaus, -bank, -tisch, Steinhaus, -bank* usw. (d) Unter »kategorialer« B. versteht man die ↗ Wortart-B. von Lexemen (L. Bloomfield:

»class meaning«), soweit man eine solche akzeptiert. Da die klass. Zuordnungen wie Subst. → »Gegenstand«, Adj. → »Eigenschaft«, Vb. → »Prozess« zu kurz greifen, bestehen zwei Möglichkeiten, an einer kategorialen B. festzuhalten: Man definiert sie im Hinblick auf Satzfunktionen oder prototyp. geprägt nach dem Muster »fokaler« Lexeme (J. Lyons) wie *Stein, Pferd, Kind* bei den Subst. (e) Relationale Lexeme implizieren inhaltl. Beschränkungen für die Argumente, über die sie prädiziert werden können: *X ist Tochter von Y* impliziert in der Kernbedeutung von *Tochter: X und Y sind menschl.* und *X ist eine Generation jünger als Y; X repariert Y* impliziert: *X ist Mensch, Tier oder Roboter* und *Y ist ein Artefakt und defekt.* Es handelt sich bei diesen Kotextregeln um die ↗ Selektionsmerkmale von J. J. Katz (E. Coseriu: ↗ Lexikalische Solidaritäten), darüber hinaus auch um lexikal. ↗ Präsuppositionen. **2.2.** Schon im Kotext von »Systemsätzen« (Lyons), um so mehr im Kontext kommunikativer Äußerungen verändert sich i. d. R. die Lexem-B. Die aktuelle ↗ Referenz wählt unter den designierten Denotaten oder greift – bei ›uneigentl.‹ (z. B. metaphor. oder iron.) Gebrauch – darüber hinaus (vgl. die »referentielle B.« von *Ziege* in *Diese Ziege kann immer nur rumtratschen!*). Entsprechend wandelt sich das Signifikat durch Rückgriff auf sprachl. und konzeptuelles Wissen zur ↗ aktuellen Bedeutung, die i. d. R. monosem, konkret und spezifiziert ist durch die Belegung offener Parameter (z. B. bei *Tier-Flügel*: Größe, Farbe…) sowie die Aktivierung von Konnotationen. Oft wird das aktivierte Semem durch »Priorisierung« (W. Abraham) und Ausblendung von Merkmalen umstrukturiert zu einer ↗ »okkasionellen Bedeutung«, die durch Wiederholung »usuell« (H. Paul) werden und damit das Signifikat dauerhaft verändern kann. Man unterscheidet ferner nicht-figurative Aktualisierungsmodi, u. a. die von der ma. Sprachphilosophie *suppositio* genannten Arten der metasprachl., ↗ generischen und »konkreten« Referenz: *Der Wal ist eine Nominalphrase / ein Säugetier / im Watt gestrandet.* – **3.** ↗ Satzbedeutung. – **4.** Die hochkomplexe B.-Struktur, die der Rezipient eines Textes zu verstehen sucht, fällt nur teilweise in den Forschungsbereich der Ling. Die ↗ Textlinguistik untersucht u. a. (a) die Entfaltung von ↗ Textthemen in propositionale ↗ Makrostrukturen bis hinunter zu den Satzpropositionen, ihren lokalen Verknüpfungen, ↗ Fokussierungen und ihrer ↗ thematischen Progression; (b) den Aufbau einer referentiellen »Textwelt«, deren inhaltl. Ausgestaltung aus sprachl. B.en, konzeptuellen ↗ Schemata und wissensbasierten ↗ Inferenzen schöpft; (c) die Etablierung von ↗ Isotopien durch rekurrente semant. Merkmale, mit i. d. R. bedeutungsvollen wechselseitigen (u. a. komplementären, oppositiven, metaphor.) Bezügen; (d) die Aktualisierung konnotativer Potenzen von lexikal. und syntakt. Mitteln für un-

terschiedl. stilist. Funktionen und Wirkungen; (e) die Erzeugung der illokutiven ↗ Textfunktion aus referentiellen, prädikativen und stilist. B.en, ggf. mittels einer Struktur partieller oder subsidiärer Textillokutionen; (f) die Nutzung der Funktionen und Konnotationen von ↗ Textsorten-Mustern. Diese Aufzählung textueller B.-Schichten ist keineswegs erschöpfend und nennt insbesondere nicht solche Ebenen des »Textsinns« (↗ Sinn 6), für die ↗ Textsemantik und Textpragmatik nicht zuständig sind, u. a. »intertextuell« erzeugte B.en (↗ Intertextualität) wie etwa die Nutzung von Anspielungen, Zitaten oder lit. Motiven. **Lit.** G. Frege, Über Sinn und B. (1892). In: Ders., Funktion, Begriff, B. Göttingen 2008. – F. de Saussure, Cours. – K. O. Erdmann, Die B. des Wortes. Lpz. ⁴1925. – C. K. Ogden & I. A. Richards, The Meaning of Meaning. Ldn. 1923. – W. Abraham, Zur Ling. der Metapher. Poetics 14, 1975, 133–172. – H. Putnam, Die B. von »B.« Ffm. 1979. – F. Hermanns, Dimensionen der B. I: Ein Überblick. HSK 21.1, 343–350. – D. A. Cruse, Meaning in Language. Oxford ²2004. – Weitere Lit. ↗ Semantik, ↗ Sinn.   RB

Bedeutungsbereich ↗ Extension

Bedeutungsbeschränkung ↗ Bedeutungspostulat

Bedeutungsbeziehung ↗ Semantische Relation

Bedeutungseinengung (auch: Bedeutungsverengung) Korrektur von ↗ Übergeneralisierung bzw. ↗ Lückenfüller-Strategien. Kinder entfalten im Prozess der B. neue Bezeichnungsfelder, z. B. *Wauwau* ›vierbeiniges Tier‹ → *Wauwau* ›Hund‹, *Katze, Kuh, Reh* usw. B. kann auch grammat. Sachverhalte betreffen, z. B. den Übergang vom generellen s-Plural (z. B. *Tigers, Türs, Mantels*) zu den einzelnen Plural-Paradigmen.   G

Bedeutungsentlehnung Veränderung einer Lexembedeutung nach fremdsprachl. Vorbild. Basis der Übernahme ist semant. Ähnlichkeit zwischen Vorbild- und Ziellexem (z. B. lat. *baptizāre, deus, sanctus, anima* und vorahd. *daupjan, guð, hailags, sēula*); oft stimmen einige ↗ Sememe oder Kollokationsmöglichkeiten überein (z. B. engl. *cut, underworld* und dt. *schneiden, Unterwelt*); oft sind auch die Ausdrücke ähnlich (z. B. engl. *ballad* ›Erzählgedicht‹, *realize* ›verwirklichen, erkennen‹ und dt. *Ballade* ›Tanzlied‹, *realisieren* ›verwirklichen‹). Als Ergebnis der B. wird entweder die alte Bedeutung durch die neue ersetzt (wie in *taufen, Gott, heilig, Seele, Ballade*) oder um ein neues Semem erweitert (wie in *realisieren* ›erkennen‹, *schneiden* ›jdn. demonstrativ übersehen‹, *Unterwelt* ›kriminelles Milieu‹); ↗ Bedeutungsübertragung (2), ↗ Bedeutungswandel, ↗ Entlehnung.   RB

Bedeutungserweiterung (engl. semantic extension) Ergebnis der Vergrößerung des ↗ Bedeutungsumfangs eines Lexems. **1.** Erweiterung der ↗ Extension ↗ Semems durch Fortfall spezieller ↗ semantischer Merkmale (↗ semantische Generalisierung): z. B. *drosseln* (›erwürgen‹, 20. Jh.) ›reduzieren‹), *Tier*

(›vierfüßiges, wildlebendes Lebewesen‹, ab 17. Jh. ›nicht-pflanzl., nicht-menschl. Lebewesen‹). **2.** Vermehrung der Sememe eines Lexems: z. B. *Horn* (ursprüngl. nur ›tier. Stirnauswuchs‹, dann auch ›Hornsubstanz‹, ›Trinkgefäß‹, ›Blasinstrument‹), *packen* (16. Jh. ›Sachen gedrängt in Kiste u. ä. legen‹, später ›fassen, ergreifen‹, ›seel. ergreifen‹, ›bewältigen‹, ›begreifen‹); ↗ Bedeutungswandel, ↗ Bedeutungsverengung. **3.** ↗ Überdehnung. RB

Bedeutungsfeld ↗ Wortfeld

Bedeutungsgesättigtes Verb ↗ Absolutes Verb

Bedeutungsisolierung ↗ Idiomatisierung, ↗ Lexikalisierung

Bedeutungskonzept ↗ Begriff

Bedeutungslehnwort ↗ Bedeutungsentlehnung, ↗ Lehnwort

Bedeutungslehre ↗ Semantik, ↗ Semasiologie

Bedeutungsmessung ↗ Semantisches Differential

Bedeutungsnische ↗ Semantische Nische

Bedeutungspostulat (engl. meaning postulate) Von Carnap (1952) eingeführt zur Erklärung der analyt. Wahrheit: In einer formalen Spr., in der das B. gilt: Für alle x: JUNGGESELLE (x) ⊃ ¬ VERHEIRATET (x), folgt aus dem Satz *Fritz ist Junggeselle* notwendig der analyt. wahre Satz *Fritz ist nicht verheiratet*, und zwar unbeschadet aller Bedeutungsbeschreibungen von *Junggeselle* und *verheiratet*; ↗ analytische Sprachphilosophie. Mit einem System von B. lassen sich demnach paradigmat. Relationen und syntagmat. Beschränkungen sowie sprachbezogene Inferenzregeln festlegen »without providing any *representation* which could be substituted for a word in a sentence as a way of making explicit its meaning« (Katz 1977, 194; ↗ Repräsentation). Verwendet wurden B. im Rahmen der ↗ Generativen Semantik v. a. von Lakoff (1971) zur Definition der Relationen zwischen nicht zerlegbaren ↗ atomaren Prädikaten (CERTAIN (S₁) ⊃ POSSIBLE (S₁)). Sie wurden auch in Untersuchungen der ↗ modelltheoretischen Semantik übernommen. Allerdings bedürfte eine umfassendere Verwendung von B. einer Theorie, die eine klare Trennung von Welt- und Sprachwissen begründen sowie Kriterien für die gültige Formulierung sprachgebundener ↗ Implikationen garantieren könnte (Bäuerle 1985, 214 f., Lyons 1977). Darüber hinaus besitzen B. für natürl. Spr. allenfalls den Rang von Default-Regeln, denn sie müssen Ausnahmen zulassen: so z. B., dass in bestimmten Kontexten widersprüchl.-sinnvoll (↗ Oxymoron) von *verheirateten Junggesellen* oder *unverheirateten Ehemännern* die Rede sein kann. **Lit.** R. Bäuerle, Das Lexikon in der kompositionellen Satzsemantik. In: C. Schwarze & D. Wunderlich (Hgg.), Hdb. der Lexikologie. Königstein 1985, 199–228. – R. Carnap, Meaning Postulates. Philosophical Studies 3, 1952, 65–73. – J. A. Fodor, Semantics. N. Y. 1977. – J. Lakoff, Linguistik und Natürl. Logik. Ffm. 1971. – J. Lyons, Semantics. Bd. 1. Cambridge 1977. – H. Schnelle, Meaning Constraints. Synthe-se 23, 1973, 15–25. – E. T. Zimmermann, Zu Risiken und Nebenwirkungen von Bedeutungspostulaten. LBer 146, 1993, 263–282. RB

Bedeutungsrepräsentation (engl. semantic representation) Unter B. versteht man die Darstellung von Zeichenbedeutungen in einem anderen semiot. Medium oder Symbolsystem. Dabei kann es sich z. B. handeln um neuronale oder elektromagnet. Formate, in denen Informationen im Gehirn oder im Computer gespeichert und prozessiert werden, wie auch um die explikative Übersetzung von natürlichsprachl. Äußerungen in die Symbole einer formalen Programm- oder Logikspr. **1.** Die zahlreichen in der ↗ kognitiven Linguistik entwickelten Modelle der B. dienen primär dem Ziel, ling. und psycholog. Forschungsergebnisse, also Wissen über semant. Strukturen und Funktionen einerseits und über kognitive Prozesse andererseits, zu einer konsistenten Theorie mentaler Sprachverarbeitung zusammenzufügen und diese soweit wie mögl. mithilfe von Computerimplementierungen zu überprüfen. Die Vielfalt der Konzeptionen (von kompositionellen bis zu konnektionist. Modellen, von propositionalen bis zu multimodalen Ansätzen, genauer Weber 1999) spiegelt nicht nur die Entwicklung der kognitiven Ling., sondern auch gegensätzl. Einschätzungen z. B. des Verhältnisses von Kognition und Spr.; so etwa Jackendoffs einstufige B. (direkte Korrespondenz von kognitiv-begriffl. und syntakt. Strukturen) und die zweistufige B. von Bierwisch und Lang (die grammat. determinierte »semant. Form« vermittelt zwischen Syntax und »konzeptueller Struktur«; ↗ Zwei-Ebenen-Semantik). **2.** Als Spezialfall der ↗ Wissensrepräsentation können im Computer generierte B. auch prakt. Zwecken der Informationsverarbeitung dienen, ohne simulativen Bezug zu mentalen Modellen. **3.** In Philosophie und Ling. dienen B. dem Ziel, implizite semant. Strukturen und Relationen sichtbar und kalkulierbar zu machen. I. w. S. repräsentiert jede diskursive, natürlichsprachl. Paraphrase die Bedeutung, die sie definiert oder expliziert; i. e. S. jedoch versteht man unter B. eine analyt. Notation in einer wie immer gearteten künstl. ↗ Metasprache: sei es durch Dekomposition der Lexembedeutungen in ↗ semantische Komponenten (↗ Seme) oder ↗ atomare Prädikate (oder »semant. Primitive« bei Wierzbicka), sei es durch Übersetzung lexikal., satz- und textsemant. Relationen in das Röntgenbild einer formalen Logikspr., an dem der log. Bewegungsapparat sprachl. Äußerungen intuitionsfrei kalkuliert werden kann. Damit ist zugleich die Stärke als auch die Begrenzung formaler B. (z. B. der ↗ Montague-Grammatik) angedeutet; ↗ Repräsentation. **Lit.** R. Jackendoff, Semantics and Cognition. Cambridge, Mass. 1983. – M. Bierwisch, Semant. und konzeptuelle Repräsentationen lexikal. Einheiten. In: R. Růžička & W. Motsch (Hgg.), Untersuchungen zur Semantik. Bln. 1983, 61–99. – E. Lang, Semant. vs. konzep-

tuelle Struktur: Unterscheidung und Überschneidung. In: M. Schwarz (Hg.), Kognitive Semantik.
Tübingen 1994, 25–40. – A. Wierzbicka, Semantics. Oxford 1996. – N. Weber, Die Semantik von
Bedeutungsexplikationen. Ffm. 1999, Kap. 1.   RB

Bedeutungsstruktur (engl. semantic structure, frz.
structure sémantique) **1.** Das ↗ Signifikat von ↗ Lexemen (↗ Lexikalische Bedeutung) ist i.d.R. strukturiert in mehrere Teilbedeutungen (↗ Polysemie, ↗ Homonymie). Diese ↗ Sememe sind ihrerseits intern
strukturiert; sie stehen mit Sememen anderer Lexeme in paradigmat. und syntagmat. semant. Relationen und bilden mit ihnen mehrdimensional strukturierte ↗ Wortfelder. Derartige B.en untersucht die
↗ strukturelle Semantik mittels der Analyse in ↗ semantische Merkmale (↗ Sem, ↗ Komponentenanalyse). Neuere Ansätze explizieren die B. u.a. mithilfe
von Netz-, Prototypizitäts- oder Rahmenstrukturen
(↗ Semantisches Netz, ↗ Prototypensemantik, ↗ Rahmen). **2.** Die B. einer syntakt. Einheit (↗ Syntagma,
↗ Satz) setzt sich zusammen aus den Bedeutungen
ihrer ↗ Konstituenten sowie deren Relationen und
Implikationen; sie ist hierarch. gegliedert entsprechend ihrer jeweiligen Konstituentenstruktur. **Lit.**
↗ Strukturelle Semantik.   RB

Bedeutungsübertragung 1. (auch: Bedeutungsverschiebung) In der alten »logisch-rhetorischen« Klassifikation des Bedeutungswandels Ergebnis der qualitativen Veränderung der ↗ Extension eines Lexems/
Semems durch ↗ Metapher, ↗ Metonymie, Synästhesie (u. ä.), z. B. *Blatt* (Papier), *einsehen* (›erkennen‹);
Zunge (›Sprache‹), *Wäsche* (›waschbare Kleidungs-
stücke‹); *kalt* (Farbe). Die Beispiele zeigen, dass B.
sehr oft zur Vermehrung der ↗ Sememe, also zur
Bedeutungserweiterung (2) führt, nicht dagegen
z. B. in: *aushecken* (frühnhd. ›ausbrüten‹), *hänseln*
(frühnhd. ›in eine Hanse/Genossenschaft aufnehmen‹). Die zur B. führenden semant. Prozesse werden als ↗ »Bezeichnungsübertragung« zusammengefasst. – **2.** Prozessualer Terminus für die Übertragung
der Bedeutung eines Lexems auf ein im Ausdruck
oder Inhalt ähnliches (↗ Volksetymologie, ↗ Bedeutungsentlehnung) oder in fester Kollokation stehendes Lexem (durch ↗ Ellipse: z. B. *ein Helles* (Bier),
die Elektrische (Bahn), (Karten) *geben*); ↗ Bedeutungswandel.   RB

Bedeutungsumfang ↗ Begriffsumfang, ↗ Extension, Menge von ↗ Sememen, die ein ↗ Signifikat
enthält.   RB

Bedeutungsunterscheidend ↗ Distinktiv

Bedeutungsverbesserung (auch: Amelioration)
Ergebnis der ↗ konnotativen Aufwertung eines Lexems, sei es aufgrund ideolog./gesellschaftl. Aufwertung des ↗ Designats: z. B. *Arbeit* (mhd. ›Mühe,
Kampfesnot‹, seit Luther: ›produktive Tätigkeit zur
Sicherung des Lebensunterhalts‹), *Ritter* (›dienen-
der Reiter‹, seit dem 12. Jh. adlige Standesbez.), sei
es aufgrund von Wertungsambivalenz: z. B. *Racker*
(frühnhd. ›Schinder‹, Schimpfwort, ab 18. Jh. Kose-

wort für Kinder). Lexeme können auch durch ↗ Opposition zu moderneren Lexemrivalen zum »gehobenen« ↗ Synonym werden: z. B. *Antlitz* (im Nhd.
verdrängt durch *Gesicht*, mhd. ›das Sehen‹, ›Anblick‹); ↗ Bedeutungswandel, ↗ Bedeutungsverschlechterung.   RB

Bedeutungsverengung Ergebnis der Verringerung
des ↗ Bedeutungsumfangs eines Lexems: **1.** Verengung der ↗ Extension eines ↗ Semems durch Vermehrung seiner ↗ semantischen Merkmale (»Spezialisierung«), z. B. *fegen* (mhd. allg. ›reinigen‹, vgl.
Fegefeuer), *Gift* (mhd. ›Gabe‹). Oft bleiben ältere,
generelle Sememe neben den spezielleren erhalten,
z. B. in *billig, Frucht, Glas, Zug*. – **2.** Fortfall von
Sememen eines Lexems: z. B. *artig* (bis 18. Jh. auch
von Dingen: ›angenehm, angemessen‹; bis 20. Jh.
auch von Erwachsenen: ›höflich, anmutig‹; heute
nur von Kindern: ›brav‹; *brav* hat eine ähnl. Geschichte); ↗ Bedeutungswandel, ↗ Bedeutungserweiterung, ↗ Bedeutungseinengung.   RB

Bedeutungsverschiebung   ↗ Bedeutungsübertragung (1)

Bedeutungsverschlechterung Ergebnis der konnotativen Abwertung eines Lexems, sei es aufgrund
gesellschaftl. Abwertung des ↗ Designats, z. B. aus
aristokrat. Sicht: *gemein* (›allgemein‹, 18. Jh. ›niedrig (gesonnen)‹), aus demokrat. Sicht: *herablassend*
(›huldvoll‹, 19. Jh. ›arrogant‹), aus reformator.
Sicht: *Pfaffe* (mhd. neutral ›Priester‹); sei es als
Folge aufwertender/euphemist. Verwendung: *Propaganda* (bis 1870: ›kirchl. Glau-
benswerbung‹), *Dirne* (ahd. ›Jungfrau, Mädchen‹).
B. betrifft oft (teil-)synonyme (↗ Synonymie) Lexeme gleichermaßen (z. B. *gemein/ordinär/gewöhn-
lich*) oder differenzierend (z. B. *stinken/riechen/duf-
ten*: Rosen *stinchant* im Ahd., *riechent* im Mhd.,
duften im Nhd.; *Frau/Weib*: *Frau*: mhd. ›Herrin‹
und ↗ meliorativ, nhd. zunehmend neutral; *Weib*:
mhd. neutral, nhd. zunehmend ↗ pejorativ); ↗ Bedeutungswandel, ↗ Bedeutungsverbesserung.   RB

Bedeutungsverschmelzung Ergebnis der Beseitigung einer semant. Distinktion, die mit dem Außer-
Gebrauch-Kommen von Lexemen einhergehen
kann. Das klass. Beispiel in der dt. Wortgeschichte
ist die Aufgabe der Unterscheidung patrilinearer
und matrilinearer Verwandtschaftsbez.: mhd. *base*
vs. *muome, veter* vs. *œheim* können seit dem 16. Jh.
synonym gebraucht werden mit der Bedeutung
›Schwester‹ bzw. ›Bruder der Eltern‹; seit dem
18./19. Jh. werden sie durch die Lehnwörter *Tante*
und *Onkel* abgelöst. Im morpholog. Bereich ist die
Übernahme der Bedeutung des idg./germ. Dualis
durch den Plural ein Beispiel. **Lit.** R. Anttila, An
Introduction to Historical and Comparative Linguistics. N. Y., Ldn. 1972. – G. Ruipérez, Die strukturelle Umschichtung der Verwandtschaftsbez. im Dt.
Marburg 1984.   RB

Bedeutungswandel (engl. semantic change, frz.
changement sémantique) Veränderung der virtuellen

Bedeutung von Lexemen als kollektive Folge zunächst individueller Modifikationen in der »gewöhnlichen Sprechtätigkeit« (Paul 1920). B. betrifft ⁊ denotative und ⁊ konnotative Komponenten und Gebrauchsbedingungen von Lexemen, die Struktur ihrer ⁊ Signifikate und ihre semant. Relationen zu anderen Lexemen. Grob gegliedert wird B. durch die traditionelle, auch von ⁊ Semasiologie und ⁊ Onomasiologie übernommene »logisch-rhetor.« Klassifikation der Vorher-nachher-Relation; ⁊ Bedeutungserweiterung, ⁊ Bedeutungsverengung, ⁊ Bedeutungsübertragung (1), ⁊ Bedeutungsverbesserung, ⁊ Bedeutungsverschlechterung. Diese Kategorien erfassen allerdings weder die Art der Wandlungsprozesse hinsichtl. (a) ⁊ Denotat, (b) Signifikat und (c) ⁊ Wortfeld noch (d) psycholog., soziokulturelle oder histor. Ursachen und Bedingungen des jeweiligen B. Jedes der genannten B.ergebnisse kann zustande kommen (aa) entweder durch Veränderungen des Denotats (z. B. *Schreibfeder*) bzw. des Wissens darüber (z. B. *Atom*) bzw. der Einstellung dazu (z. B. *Homosexualität*) ohne Veränderung des sprachl. Ausdrucks (»sprachl. Konservatismus«, »Sachwandel«); oder aber (ab) durch Veränderung der ⁊ Extension(en), also der Zuordnung des Ausdrucks zu Denotaten, und zwar via ⁊ Bezeichnungsübertragung (*Speiche* ›Unterarmknochen‹), (ellipt.) ⁊ Bedeutungsübertragung (2) (*Kette* ›Fahrradkette‹) oder ⁊ Bedeutungsentlehnung. I. d. R. wird dabei (b) das Signifikat ⁊ Sememe dazugewinnen (wachsende ⁊ Polysemie, s. o. *Speiche*); andererseits veralten Bezeichnungsmöglichkeiten auch (z. B. *Schalter* ›Ruderstange‹). (c) Dies geschieht oft in Konkurrenz zu anderen Lexemen (z. B. verliert *list* im Nhd. seine mit *kunst* synonymen positiven Teilbedeutungen): B. kann – wie zuerst Trier (1931) umfassend gezeigt hat – nicht zureichend am einzelnen Lexem, sondern nur im Rahmen der paradigmat. und syntagmat. Beziehungen eines ⁊ Wortfelds beschrieben werden. B. dient u. a. der Ausbildung, Aufrechterhaltung oder Einebnung von Bedeutungsoppositionen (viele Beispiele bei Fritz ²2006). (d) Eben dies findet und fand statt in »sinnkonstituierenden« (Busse 1987), zielbezogenen Interaktionen, motiviert durch individuelle Intentionen und Bedürfnisse (z. B. des Ausdrucks oder der Verhüllung), geprägt durch zeit-, gesellschafts- und gruppentyp. Kenntnisse und Wertungen, bezogen auf gegenstands-, text- und situationsspezifische Stilnormen, oft auch angeregt durch fremde Vorbilder; ⁊ Bedeutungsentlehnung. Mit derartigen Gesichtspunkten nehmen neuere begriffsgeschichtl. (⁊ historische Semantik) und handlungstheoret. (Fritz ²2006) Ansätze eine pragmat. Perspektive wieder auf, aus der heraus ältere Forschung die Fülle psych. (u. a. affektiver: Sperber 1923) und sozialer (Meillet 1921) Ursachen und Bedingungen des B. zu erfassen versuchte. **Lit.** H. Paul, Prinzipien der Sprachgeschichte. Halle ⁵1920. – A. Meillet, Linguistique historique et linguistique générale. Bd. I. Paris 1921. – H. Sperber, Einf. in die Bedeutungslehre. Bonn 1923. – J. Trier, Der dt. Wortschatz im Sinnbezirk des Verstandes. Heidelberg 1931. – G. Stern, Meaning and Change of Meaning. Bloomington 1931. – S. Ullmann, Grundzüge der Semantik. Bln. 1967, Kap. 4. – D. Busse, Histor. Semantik. Stgt. 1987. – Th. Schippan, Lexikologie der dt. Gegenwartsspr. Tübingen ²2002, Kap. 10. – G. Fritz, Historische Semantik. Stgt., Weimar ²2006. – R. Keller & I. Kirschbaum, B. Eine Einführung. Bln., N. Y. 2003. **RB**

Bedeutungswort ⁊ Autosemantikum

Bedeutungswörterbuch ⁊ Definitionswörterbuch

Bedingter Lautwandel ⁊ Lautwandel

Bedingung ⁊ Präsupposition

Bedingungsform ⁊ Konditional(is)

Bedingungssatz ⁊ Konditionalsatz

Bedrohte Sprachen (engl. endangered languages, frz. langues menacées de disparition) Spr.n, deren aktive Verwendung rückläufig ist aufgrund des Drucks zu ⁊ Sprachwechsel, d. h. Zwei- oder Mehrsprachigkeit, auf ihre Sprecher. Die Gefährdung einer Spr. beginnt i. d. R. mit ihrer Verdrängung aus einer relevanten ⁊ Domäne, z. B. aus dem Schulunterricht, oder damit, dass eine Spr. aus neu entstehenden Domänen ausgeschlossen wird, z. B. bei der Errichtung einer Fabrik. Von den heute weltweit gesprochenen Spr.n werden 40 von 3/4 der Menschheit gesprochen, die übrigen etwa 6000 vom restl. Viertel. Schätzungen der UNESCO besagen, dass um das Jahr 2100 noch die Hälfte, schlimmstenfalls 1/10 davon übrig sein wird. Die Gründe für diese Entwicklung sind Kolonisation und nachkoloniale Nationenbildung, bei der regelmäßig Minderheiten marginalisiert werden, soziale Stigmatisierung von Spr.n und Kulturen, (Bürger-) Kriege, Naturkatastrophen sowie die als Globalisierung bezeichnete Entwicklung. In Deutschland gehören das Nordfries., das Saterfries. und das Sorb. zu den b. S. Die *Gesellschaft für bedrohte Sprachen* (www.uni-koeln.de/gbs) bemüht sich, b. S. zu schützen und ggf. vor ihrem Aussterben wenigstens zu dokumentieren. **Lit.** D. Nettle & S. Romaine, Vanishing Voices. The Extinction of the World's Languages. N. Y. 2000. – M. Ossenkop, Dokumentation bedrohter Spr. Eine Reise zu den weltweiten Projekten einer Förderinitiative Hannover 2004. – K. D. Harrison, When Languages Die. The Extinction of the World's Languages and the Erosion of Human Knowledge. Oxford, N. Y. 2007. – N. Evans, Dying Words. Endangered Languages and What They Have to Tell Us. Malden 2010. **G**

Befehlsform ⁊ Aufforderung, ⁊ Heischeform, ⁊ Imperativ

Befehlsname ⁊ Satzname

Befehlssatz ⁊ Imperativsatz

Befragung (engl. survey, interview) Verfahren der ling. Datenerhebung, die sich auf die Antworten von ↗ Informanten auf direkte, explizite Fragen stützt. Eine B. kann mündl. durch ↗ Interviews und schriftl. z.B. durch Fragebögen erfolgen; ↗ Beobachtung, ↗ Feldforschung.   **G**

Begabung ↗ Sprachbegabung

Begehrsatz   ↗ Aufforderungssatz,   ↗ Heischesatz, ↗ Wunschsatz

Begleitaussage ↗ Komplement

Begleiter ↗ Artikel

Begleitname ↗ Familienname

Begriff (lat. conceptus, nōtiō. Engl., frz. concept, notion) Aggregat kategorialer oder relationaler Merkmale, das die Gegenstände, Zustände, Prozesse etc., denen die Merkmale zukommen, zu einer ↗ Klasse zusammenfasst und das mit einem kommunizierbaren, i.d.R. verbalen Ausdruck verknüpft ist; wer eine Entität mit diesem Ausdruck benennt, ›begreift‹ sie als Instanz der durch das Merkmalsaggregat (die ↗ Intension) gekennzeichneten Klasse. Vom konkreten Objekt her gesehen ist also der B. abstraktiv (Ausblendung nicht-klassenbildender Merkmale) und verallgemeinernd (Einordnung in Klassen) sowie eben deshalb »ungesättigt« (Frege ³1969, 29); als prädikativer Funktor bedarf er der Ergänzung durch einen (so Frege) oder mehrere referentielle Ausdrücke (z.B. »Sohn« [x, y] ← x: *Igor*, y: *David*) mit dem Ergebnis der log. Normalform eines wahren oder falschen Urteils ([*Igor* ist] »Sohn« [von David]). Zugleich ist der B. notwendig analytisch: Eine holist. ›Vorstellung‹ ist noch kein B.; sie wird dazu in dem Maße, in dem sich die Spezifika ihrer ›Gestalt‹ ausdifferenzieren zu Merkmalsbegriffen, mit deren Hilfe der fragl. B. reflexiv geklärt und im Idealfall gegenüber konkurrierenden B. zureichend abgegrenzt werden kann. Ein durch derartige ↗ Definition(en) konstituierter B. ist zugleich *klar* (= zureichend bestimmt) und *deutlich* (= vollständig analysiert) – eine bei komplexen B. oft unabschließbare Aufgabe, insbes. wenn auch für die definierenden Merkmalsbegriffe ↗ rekursiv Klarheit und Deutlichkeit fordert. Die Möglichkeit, durch Vergrößerung der Merkmalsmenge aus ↗ Oberbegriffen ↗ Unterbegriffe engerer ↗ Extension abzuleiten (»Fahrzeug« → »Automobil« → »Pkw« → »Kabrio«), zeigt, dass B. i.d.R. hierarchisch organisiert sind (in traditioneller Metaphorik: ›Baum‹ oder ›Pyramide‹). Quer dazu jedoch steht jeder B. durch seine unterscheidenden Merkmale (»differentiae specificae«) in vielfältigen Relationen zu anderen B. (z.B. »Kabrio« → HAT : »Verdeck« → MÖGLICH : »zurückklappen«), so dass es angemessener erscheint, B. als Knoten innerhalb vieldimensionaler ›Netze‹ zu bezeichnen, deren Kanten sich durch Vollständigkeit, Ökonomie, Stabilität und Wohlunterschiedenheit auszeichnen. Eine minimale Extension besitzen die sog. Individualbegriffe (»Heiland«, »Urknall«, »Französ. Revolution«); sie unterscheiden sich durch eine definierbare Intension von den deikt. ↗ Eigen-

namen, können allerdings in prädikativem Gebrauch aus diesen hervorgehen (*Er ist ein neuer Caruso*). – Ein Begriffsnetz kann man auch als ↗ Terminologie bezeichnen; die (↗ denotative) Bedeutung eines in ihr präzise definierten ↗ Terminus besitzt – zumindest dem Anspruch nach – die Struktur eines klaren und deutl. B., und zwar dieselbe im System *und* im (fachkommunikativen) Text. Dagegen zeigt die zumeist beträchtl. Differenz zwischen System- und ↗ Äußerungsbedeutung in der ↗ Alltagssprache, dass diese begriffl. flexible ↗ Lexeme ihr eigen nennt: Im Gegensatz zu Termini sind alltagssprachl. Lexeme durch Eigenschaften wie ↗ Polysemie, ↗ Vagheit, Prototypik (↗ Prototyp) und Emotionalität (↗ Konnotation (2), ↗ Gefühlswert, ↗ Nebensinn), die die ↗ Philosophie der idealen Sprache als Mängel betrachtete, angelegt auf situative Anpassung, kreative Modifikation und hintersinnige Andeutung. Hinzu kommt, dass deren Repräsentationen im ↗ mentalen Lexikon der Sprachteilhaber selten das hohe Maß an begriffl. Transparenz der Bedeutung erreichen, wie es die Methodik der ling. ↗ Wortsemantik zuweilen suggeriert. Dennoch ist an dem Faktum ihrer analyt. Bedeutungsstruktur nicht zu rütteln; denn auch für alltagssprachl. ↗ Autosemantika gilt, dass sie Klassen designieren mithilfe eines intensionalen Aggregats konventionaler Merkmale, in die sich die mentalen Bedeutungen seit frühester Kindheit ausdifferenzieren als Folge zahlloser Akte gelingender Prädikation, relevanter Unterscheidung und verständl. syntakt. Verbindung der lexemat. Einheiten. Lexembedeutungen tragen somit die Statur, nicht (immer) jedoch den ernsten Anspruch des (»wissenschaftl.«) B.; Schaff (1969, 252 ff.) charakterisiert sie daher, unter dem »Gesichtspunkt des Denkprozesses«, als »umgangssprachl. B.«. Ihre Begriffsstatur macht Lexembedeutungen erreichbar für kommunikative und metakommunikative ↗ Paraphrasen und garantiert zugleich die Übersetzbarkeit der Sprachen trotz aller Unterschiede im Lexembestand. Dies bedeutet auch, dass B. durchaus nicht nur in Lexemen ihren sprachl. Ausdruck finden, sondern ebensosehr in entsprechenden (nominalen, verbalen etc.) ↗ Syntagmen; ja vom B. her gesehen ist der definitor. Syntagma wie *gleichseitiges rechtwinkliges Viereck* log. primär gegenüber dem Lexem *Quadrat*, das die dt. Sprache als ökonom. Abkürzung bereitstellt, während eine solche z.B. dem B. »gleichseitiges Dreieck« vorenthält. – Über den ontolog. Status des B. herrscht von der griech. Antike bis zur Gegenwart keine Einigkeit. Strittig waren oder sind insbes. die folgenden Punkte: (a) Existieren B. bzw. deren Äquivalente außermental als ideale Entitäten (Plato, ma. ›Realisten‹, Bolzano, Husserl), oder sind B. »passiones animi« (Boethius), ›Gedanken‹ oder ›Vorstellungen‹, sei es als abstraktive mentale Konstruktionen (Nominalisten, Locke), sei es als psych. Abbilder der Dinge und ihrer Gemeinsamkeiten? Die letztere, von Aristoteles zuerst formulierte (Peri hermeneias, I, 16 a 3 f.), von der Stoa und ma. Sprachtheoretikern tradierte und modifizierte Auffassung wurde auch für die Neuzeit bestimmend bis hin zur marxist. Widerspiegelungstheorie und entspricht mit ihrer triad. Struktur dem ↗ Semiotischen Dreieck (s. die Abb.). (b) Gibt es neben »empir.« abgeleiteten B. (wie »Energie«) auch projektiv entworfene (Hegel, Lipps) bzw. »kognitiv-konstitutive« (Burkhardt) B. (wie »Gerechtigkeit«) oder gar

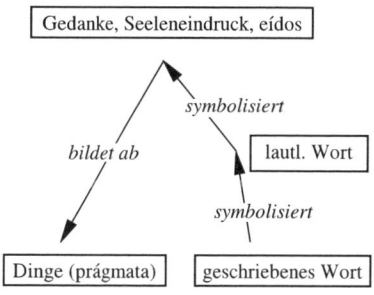

Begriffsmodell nach Aristoteles

»eingeborene B.« (Descartes: »Gott«)? (c) Kant (Logik 1, § 1) bestimmt im Gegensatz zur »einzelnen Vorstellung« (= ›Anschauung‹) den ›B.‹ als »allgemeine oder reflektierte Vorstellung«, ohne für diese das Merkmal ›Sprachgebundenheit‹ zu fordern. Es ist aber fragl., ob B., seien sie »empir.« (wie »Katze« oder »Säugetier«) oder »rein« (wie »Ewigkeit«), eine eigene außersprachl. Repräsentationsebene bilden oder ob sie nicht vielmehr – wie dies schon die Stoiker nahelegen und in der Neuzeit u. a. Vico, Hamann, Herder und Humboldt fordern – konstitutiv sprachgebundene Einheiten sind. (d) Unter der letzteren Annahme muss aber der ↗ Synonymie und ↗ Heteronymie (2), d. h. der relativen Unabhängigkeit des B. von der einzelsprachl. Form Rechnung getragen werden. In der ↗ strukturellen Semantik resultiert daraus die Auffassung von der »Außer*einzel*sprachlichkeit« (Heger) der B., die als nicht einzelsprachl. definierte Einheiten (↗ Noem (3)) die method. Grundlage für die Untersuchung einzelsprachl. Bezeichnungsmöglichkeiten bilden (↗ Onomasiologie), ohne dass eine Aussage über ihren ontolog. Status getroffen würde. Wer darin die Gefahr von Hypostasierung fürchtet, wird B. mit »Wörtern einer Einzelsprache« (Weinrich 1966, 29) identifizieren, insoweit diese sprachübergreifende und kontextinvariante Bedeutungsstrukturen aufweisen (z. B. Schaff, Schmidt). (e) Neuere kognitionswiss. Ansätze nehmen i. d. R. eine außersprachl. Repräsentationsebene an, sprechen dann aber seltener von ›B.‹ (Hoffmann) als von ›Konzepten‹ und verstehen darunter kognitive Repräsentationen aller Art, soweit sie nur eine gewisse inva-

riante Struktur aufweisen wie u. a. auch die sensomotor. Muster und »inneren Bilder« (Piaget) des vorsprachl. Kindes. Die dt. Sprache bietet hier die Möglichkeit der terminolog. Differenzierung: einerseits das ›Konzept‹ als nicht-sprachl., jedoch oft mit einem sprachl. Ausdruck verknüpfte, in der individuellen ›Psyche‹ existente Repräsentation; andererseits die überindividuelle Geltung beanspruchende ›B.‹ als definierbare Position in der Struktur eines elaborierten konzeptuellen Netzes, dessen stabile Relationen auf interaktiv ›ausgehandelten‹, sprachl. fixierten, ggf. zu einer Theorie verbundenen Urteilen beruhen. **Lit.** H. Lipps, Die Verbindlichkeit der Spr. Ffm. [2]1958. – K. Heger, Monem, Wort, Satz und Text. Tübingen [2]1976. – H. Weinrich, Ling. der Lüge. Heidelberg 1966. – I. Kant, Logik: Allgemeine Elementarlehre. In: Werke, hg. von W. Weischedel, Bd 5. Darmstadt 1968, 521–529. – G. Frege, Funktion, B., Bedeutung (1892). In: Ders., Funktion, B., Bedeutung. Göttingen 2008. – S. J. Schmidt, Bedeutung und B. Braunschweig 1969. – A. Schaff, Einf. in die Semantik. Ffm. 1969. – R. Haller, B. In: J. Ritter & K. Gründer (Hgg.), Histor. Wb. der Philosophie. Bd. 1. Darmstadt 1971, Sp. 780–785. – H. Wagner, B. In: H. Krings, H. M. Baumgartner & Ch. Wild (Hgg.), Hdb. philosoph. Grundbegriffe. Bd. 1. Mchn. 1973, 191–209. – A. Burkhardt, Bedeutung und B. In: Zs. f. philosoph. Forschung 37, 1983, 68–87. – J. Hoffmann, Die Welt der B. Weinheim 1986. – J. H. J. Schneider & S. Majetschak, B. In: G. Ueding (ed.), Histor. Wb. der Rhetorik. Bd. 1. Tübingen 1992, Sp. 1399–1422.   RB

Begriffsbildung (auch: Konzeptualisierung) Entwicklung von Erkenntnisstrukturen beim Kind, die aus der Verallgemeinerung der Erfahrung in der Interaktion des Subjekts mit der dingl. und personalen Umwelt entstehen. In der ↗ Spracherwerbsforschung ist das Verhältnis von B. und Bedeutungserwerb ein zentrales Thema. Wörter können als Symbol für ↗ Begriffe verstanden werden; Wortbedeutungen sind demnach Begriffen zugeordnet. Die Spracherwerbsforschung befasst sich mit Strukturen, Inhalten und Entwicklungsstadien kindl. Begriffe und mit dem Verhältnis zwischen B. und Bedeutungsentwicklung. Der Begriff »Leben« von vierjährigen Kindern z. B. ist durch die Attribute »in Bewegung sein«, »in Funktion sein«, »dem Menschen ähnlich sein« charakterisiert. Pflanzen oder Tiere, die dem Menschen wenig ähnl. sind, werden nicht darunter subsumiert. Entsprechend unterscheidet sich die Bedeutung des Wortes »Leben« bei einem vierjährigen Kind von der eines Erwachsenen. In der Entwicklung eines Kindes wechseln Stadien, in denen die Begriffsentwicklung der Bedeutungsentwicklung vorauseilt, mit Stadien, in denen es sich umgekehrt verhält. **Lit.** P. Bloom, How Children Learn the Meaning of Words. Cambridge, Mass. 2000. – K. Nelson, Language in Cognitive Development. Cambridge 1996. – J. Piaget, Meine Theorie der geistigen Entwicklung. Ffm. 1983. – G. Szagun, Sprachentwicklung beim Kind. Weinheim u. a. ⁶2003. – L. S. Vygotskij, Denken und Sprechen. Weinheim u. a. 2002.   AN

Begriffsgeschichte ↗ Historische Semantik, ↗ Bedeutungswandel

Begriffsinhalt ↗ Intension

Begriffsschrift (auch: Semiographie, Semantographie < griech. σημεῖον (sēmeion) ›Zeichen‹, γράφειν (grafein) ›schreiben‹) **1.** ↗ Schrifttyp, dessen ↗ Schriftzeichen Bedeutungen und keine sprachl. Formen (Lautgestalten, phonolog. oder morpholog. Einheiten, Wörter) repräsentieren. Der oft synonym verwandte Ausdruck ↗ Piktographie referiert auf die Ausdrucksseite, näml. den Sachverhalt, dass das Zeicheninventar aus Bildzeichen (ikon. Zeichen) besteht, die mit Begriffen oder »Ideen«, aber auch mit Wörtern (↗ Logographie) korrespondieren. B. und Logographien unterscheiden sich dadurch, dass die Elemente Letzterer sich systemat. auf freie Morpheme (Wörter) beziehen, während sich die Elemente von B. nicht direkt auf Ausdrucksformen (Lautgestalten) beziehen lassen, sondern oft mehrere sprachl. Interpretationen zulassen. Soweit die begriffsschriftl. Komponente in realen ↗ Schriftsystemen dominiert (z.B. in der ägypt. ↗ Hieroglyphenschrift, in den ↗ mesoamerikanischen Schriften), produziert sie Mehrfachlesarten, Mehrdeutigkeiten und Vagheiten, denn es muss beim Lesen stets von ↗ Begriffen auf sprachl. Ausdrücke geschlossen werden. Zur Linderung dieser Schwierigkeit wurden in solchen Schriftsystemen Disambiguierungsverfahren entwickelt, z.B. Systeme von ↗ Determinativen, von phonet. Markierungen u. dgl., die Hinweise auf die sprachl. Form des zu lesenden Ausdrucks geben. B. wird oft gleichbedeutend mit ↗ Ideographie verwendet, wobei ›Begriff‹ und ›Idee‹ in eins gesetzt werden. Einige Autoren rechnen die sog. *Gegenstandsschriften* zu den B., z.B. die andinen Knotensysteme (Quippus) und andere Zeichensysteme, in denen Gegenstände (und nicht Darstellungen von Gegenständen) zeichenhaft sind; hierbei handelt es sich nicht um ↗ Schriften im eigentl. Sinn. Dasselbe gilt für vielerlei Mischsysteme aus gegenständl. und graph. Zeichen wie z.B. traditionelle Handwerkermarken, Eigentumszeichen, ↗ Zinken u. dgl. Die ↗ Schriftzeichen in B., Begriffszeichen, korrespondieren mit sprachl. Einheiten der Inhaltsseite und beziehen sich oft unmittelbar auf eine sprachl. Einheit der Ausdrucksseite; die oft synonym verwendete Bez. »Ideogramm« ist unpräzis und veraltend. In Alphabetschriften konstituieren Begriffszeichen den nichtalphabet. Sektor. Dazu gehören z.B. ↗ Ziffern, Zeichen wie &, §, %, +, – usw., nicht jedoch ↗ Interpunktionszeichen. **2.** Name der 1879 von dem Mathematiker und Logiker G. Frege (1848–1925) publizierten Logikspr. zur Darstellung prädikatenlog. Beziehungen. **3.** Zusammenfassende Bez. für eine Reihe von ↗ Pasigraphien, die Bedeutungen unabhängig von Einzelspr. schriftl. repräsentieren wollen, z.B. die Bliss-Symbole. **Lit.** G. Frege, B. Eine der arithmet. nachgebildete Formelspr. des reinen Denkens. Hg. v. I. Angelelli. Darmstadt 1974. – Bundesverband für spast. Gelähmte u. a. Körperbehinderte (Hg.), Wörterbuch der Bliss-Symbole. Heidelberg 1987. – HSK 10.   G

Begriffsumfang ↗ Extension

Begriffswort ↗ Abstraktum, ↗ Autosemantikum

Begriffszeichen ↗ Schriftzeichen, das mit einer sprachl. Einheit der Inhaltsseite korrespondiert und oft nicht unmittelbar auf eine sprachl. Einheit der Ausdrucksseite beziehbar ist; »Ideogramm« ist ein unpräzises und veraltendes Synonym von B. In Alphabetschriften konstituieren B. den nichtalphabet. Sektor; dazu gehören z.B. ↗ Ziffern, Zeichen wie &, §, %, +, – usw., nicht jedoch ↗ Interpunktionszeichen. Schriftzeichen logograph. Schriftarten sind Wortzeichen, ↗ Logogramme. Werden sie in Neuverschriftungen verwendet, übernehmen sie in der sekundär verschrifteten Spr. oft völlig andere Formbezüge und wechseln in den Status von B. (z.B. chines. Zeichen im Japan. (Kanji), im Vietnames., Korean. (↗ Ido) u. a.; ↗ Sumerogramm.   G

Begründungssatz ↗ Kausalsatz

Behabitiv ↗ Sprechaktklassifikation

Behaghelsche Gesetze Bez. für zwei von O. Behaghel (1854–1936) formulierte Grundprinzipien der Wort- und Satzgliedstellung. (a) Als Erstes B. G. gilt, »dass das geistig eng Zusammengehörige auch eng zusammengestellt wird«. (b) Das Zweite B. G. besagt, dass das Wichtigere im Satz später steht als das Unwichtige. Dieser Grundsatz findet sich schon ansatzweise in dem ›Gesetz der wachsenden Glieder‹, wonach bei mehreren Satzgliedern stets das kürzere dem längeren vorausgeht. Der Sprecher rückt das ans Ende des Satzes, was besonders wichtig ist und sich dem Gedächtnis des Hörers einprägen soll, oder das, was etwas umfangreicher ist und nicht so leicht vom Gedächtnis aufgenommen wird. Das zweite Gesetz gilt auch für das Alte und das Neue. Weniger wichtig ist das, was bereits im Bewusstsein vorhanden ist, in dem Sinne also das Alte. Mit den B. G. wird ein zentraler Bestandteil der Theorie der ↗ funktionalen Satzperspektive der ↗ Prager Schule angesprochen. Die B. G. sind Grundlage der ↗ Thema – Rhema – Gliederung.   ST

Behauchung ↗ Aspiration, ↗ Phonation. ↗ Stimmqualität

Behauptung (engl., frz. assertion) I. w. S. ein assertiver Sprechakt (↗ Assertive), mit dem der Sprecher für eine Proposition einen Wahrheitsanspruch erhebt und kommuniziert. I. e. S. bezeichnet der Terminus ›B.‹ in sprechakttheoret. Untersuchungen oft eine Subklasse der Assertive, die sich dadurch auszeichnet, dass der Sprecher seinen Wahrheitsanspruch als möglicherweise strittig und begründungsbedürftig einschätzt. In diesem Sinne bildet die B. den Gegenbegriff zur ↗ faktiven ›Feststellung‹; ↗ Assertion. **RB**

Behauptungssatz ↗ Assertion, ↗ Deklarativsatz

Behaviorem n. (amerikan. behavior ›Verhalten‹ mit pseudogriech. Suffix -em) Bei K. L. Pike eine ↗ emische Einheit fokussierten sprachl. und nichtsprachl. Verhaltens, die aufgrund gesellschaftl. Verbindlichkeiten im Ablauf konventionalisiert und objektiv erkennbar ist: Anfang, Ende und interne Strukturierung sind durch den ↗ Rahmen eines Verhaltenssystems festgelegt. Beispiele: Gottesdienst, Fußballspiel, Frühstück. Ein sprachl. B. nennt Pike ein *Uttereme* (gebildet aus *utterance* ›Äußerung‹ und -eme); ↗ Emisch. **T**

Behaviorismus (amerikan. behavior ›Verhalten‹) Bez. für ein methodolog. Prinzip der Erklärung. – **1.** Innerhalb der Psychologie wird der Forschungsgegenstand auf das empir. beobachtbare Verhalten des Menschen, auf das Feststellen von Reiz-Reaktions-Mechanismen eingeschränkt; ↗ Reiz-Reaktions-Modell. Andere Methoden der Psychologie wie Selbstbeobachtung, Prozesse des Sinnverstehens werden als unwissenschaftl. ausgegrenzt, da solche Bewusstseinsphänomene prinzipiell nicht beobachtbar sind. Der funktionale Zusammenhang von Reiz (*input*) und Reaktion (*output*) wird in manchen Lerntheorien als ↗ Konditionierung zur Anwendung gebracht. **2.** Das methodolog. Prinzip führt innerhalb der Sprachwiss. (L. Bloomfield, 1887–1949) dazu, Spr. als eine besondere Form des menschl. Verhaltens und damit als Zusammenhang von Reiz (*stimulus*) und Reaktion (*response*) zu erklären. Nicht mentalist. Elemente und Sprachbedeutung werden untersucht, sondern die konkrete ↗ Sprechhandlung und die zugehörige Reaktion eines Hörers. **3.** Der log. B. (W. v. O. Quine) wendet sich gegen die Bedeutungstheorie des ↗ Mentalismus, der die Bedeutung eines Wortes als eine Vorstellung, eine Idee fasst, auf die wir das Wort in den geistigen Akten des Meinens und Verstehens beziehen. Die behaviorist. ↗ Semantik geht von der Spr. als einer sozialen Kunstfertigkeit aus, die wir allein auf der Grundlage des beobachtbaren Verhaltens anderer Menschen unter öffentl. identifizierbaren Umständen erwerben. ↗ Bedeutungen sind Verhaltensdispositionen, Bedeutungsunterschiede werden auf Unterschiede in den Dispositionen zum öffentl. beobachtbaren Verhalten reduziert. Die Existenz von Sprachbedeutungen wäre nur dann anzunehmen, wenn eindeutige Übersetzungen von der Spr. A. in die Spr. B gelängen. Aus der Tatsache, dass nach Quine bestenfalls einfache Ereignissätze mit eindeutigen Reizbedeutungen, die zu aktuellen Reizen in einer festen Beziehung stehen, in eine andere Spr. übersetzbar sind, nicht aber Sätze, die weiter von einer unmittelbaren Erfahrungssphäre entfernt sind, z. B. sog. Dauersätze, schließt er auf die These

von der Unbestimmtheit der Übersetzung, die er als Beleg für die Unhaltbarkeit der Annahme mentaler Objekte wie ›Bedeutungen‹ anführt. Ebensowenig kann nach Kriterien des B. ein eindeutiger Gegenstandsbezug eines Wortes bestimmt werden. **Lit.** B. F. Skinner, Verbal Behavior. N. Y. 1957. – L. Bloomfield, Language. Ldn. 1953. – W. v. O. Quine, Word and Object. Cambridge/Mass. 1960. – Ders., Ontological Relativity. N. Y. 1969. **PR**

Behördensprache ↗ Verwaltungssprache

Beifügung ↗ Attribut

Beifügungssatz ↗ Attributsatz

Beiname 1. Nähere Bestimmung eines Personennamens durch ein ↗ Attribut, z. B. *Friedrich der Weise, Eberhard im Bart, Ivan Groznyj* (›der Schreckliche‹). **2.** ↗ Epitheton. **G**

Beiordnung ↗ Koordination

Beirão ↗ Portugiesisch

Beisatz ↗ Apposition

Beistellung ↗ Apposition

Beistrich ↗ Komma

Beiwort 1. Sammelbez. für ↗ Adjektiv und ↗ Adverb. **2.** ↗ Epitheton. **G**

Beja ↗ Kuschitische Sprachen

Belebtheit, Belebtheitskategorie 1. (auch: Beseeltheit(skategorie). Engl. animacy, animate gender, frz. genre animé) Grammat. Kategorie u. a. in den slav. Spr. mit den beiden Grammemen ›belebt‹ (auch: animat) und ›unbelebt‹ (auch: inanimat). B. wird bei bestimmten semant. ausgrenzbaren Klassen von Subst., den zählbaren konkreten Appellativa, in Abhängigkeit vom jeweiligen Deklinationstyp morpholog. beim Subst. selbst und/oder syntakt. über morpholog. Kongruenzmarkierungen (↗ Kongruenz) an den vom Subst. abhängigen Modifikatoren (Adj., Pron.) ausgedrückt, z. B. russ. *vižu drúga* (Akk. Sg. Mask., Subst. formgleich mit dem Gen. Sg. ›Ich sehe den Freund‹) vs. *vižu dom* (Akk. Sg. Mask., Subst. formgleich mit dem Nom. Sg. ›Ich sehe das Haus‹). Die B. stellt eine rein sprachl. motivierte begriffl. Verallgemeinerung von Eigenschaften der bezeichneten Gegenstände dar, denn sie deckt sich nicht mit dem naturwiss. Konzept der (Un-)Belebtheit der organ. Natur: z. B. werden Pflanzen sowie auch »kleinere« Tiere generell als grammat. unbelebt versprachlicht. Die B. ist in den Flexionsparadigmen der slav. Spr. nur schwach ausgeprägt. Zudem zeigen sich sprachspezif. Unterschiede in der Ausnutzung ihrer morpholog. Ausdrucksmittel am Subst., insbesondere im Umfang des jeweiligen Kasussynkretismus (↗ Kasus), z. B. russ. Akk. Pl. Fem. = Gen. Pl. Fem., z. B. *zovú sestёr* (›Ich rufe die Schwestern‹), aber serbokroat. Akk. Pl. Fem. = Nom Pl. Fem., vgl. *zóvem séstre* ›dass.‹, bzw. im Bestand der (mitunter als fakultative Varianten auftretenden) speziellen Kasusendungen. Im Tschech. endet der Gen. Sg. der entsprechenden Substantivklasse obligator. auf {-a}, vgl. *pána* ›des Herrn‹ (anstelle von *domu* ›des

Hauses‹), der Dat./Lok. Sg. entsprechend auf {-ovi}, vgl. *bratrovi* ›dem Bruder‹ (anstelle von *dubu* ›der Eiche‹). – Eine spezielle Ausprägung der B. bildet das sogenannte *männlich-personale Genus*, ein männl. Personen bezeichnendes Grammem, über das das das Westslav. in Teilen der Nominalflexion und der Verbalflexion verfügt. Es ist je nach Wortstammauslaut durch besondere morphonolog. Alternationen, ausgelöst durch eigene Endungen, gekennzeichnet und hat einzelsprachspezif. Realisationsformen, z. B. im Poln. (a) *młodzi studenci zapomnieli* ›die jungen Studenten vergaßen‹ vs. (b) *młode kobiety zapomniały* ›die jungen Frauen vergaßen‹, Nom. Pl. des Adj. bzw. Subst. mit den Stammalternationen: /d/ : /ʒ̇/ (Sg. *młody*) bzw. /t/ : / ć/ (Sg. *student*) und dem Adj. und Subst. gemeinsamen Endungsmorphem /i/ in (a), 3. Pers. Pl. Prät. des Verbs *zapomnieć* ›vergessen‹ mit den Stammalternationen: /e/ : /a/, /l'/ : /u̯/ (= unsilb. [u]) und den Endungsallomorphen /i/ : /y/ (= ungerundeter, halbgeschlossener Vokal [y]) in (a) bzw. in (b), (c) *trzej mężczyźni* ›drei Männer‹ vs. (d) *trzy psy (kobiety)* ›drei Hunde (Frauen)‹, Markierung der B. in (c) ggü. (d) durch eine spezielle Form des Zahlworts sowie am Subst. durch die Alternation der stamauslautenden Konsonantengruppe /z/ : /ź/ (= stimmhafter Mittelzungenpalatal) und, graph. nicht realisiert, /n/ : /n'/, hervorgerufen durch das Endungsallomorph /i/ (Sg. *mężyzna*). Im Tschech. wird das männl.-personale Genus vornehmlich kodespezif. durch die graphemat. Varianten ⟨i, y⟩ = /i/ realisiert, vgl. *páni* ›Herren‹ vs. *stromy* ›Bäume‹, neben z. T. als fakultative Varianten auftretenden speziellen Endungen, z. B. *mužové* ›Männer‹. – Die B. ist in speziellen morpho-syntakt. und semant. Ausformungen, z. B. den Grammemen ›personal-belebt‹ vs. ›nichtpersonal-belebt‹, auch für andere Spr. (Sprachfamilien) typisch, z. B. in best. ⁊ Ergativsprachen (u. a. in den ⁊ australischen Sprachen). **Lit.** J. Zieniukowa, Rodzaj męski osobowy we współczesnych językach zachodniosłowianskich [Das männl.-personale Genus in den modernen westslav. Spr.]. Wrocław 1981. – E. Klenin, Animacy in Russian. A New Interpretation. Columbus 1983. – D. Weiss, Frau und Tier in der sprachl. Grauzone: diskriminierende Strukturen slav. Spr.n. Slavist. Ling. 1984. Mchn. 1985, 317–358. – J. Mindak, Językowa kategoria żywotności w polszczyźnie i słowiańszczyźnie na tle innych języków świata. Próba ujęcia typologicznego. [Die sprachl. Kategorie der B. im Poln. und Slav. auf dem Hintergrund von anderen Spr. der Welt. Versuch ihrer typolog. Erfassung] Wrocław u. a. 1990. HA – **2.** Semant. Merkmal in Grammatiken unterschiedl. Typus, z. B. in den ⁊ Subkategorisierungsregeln der GG, in der Kasusgrammatik, in der Valenzgrammatik. B. wird üblicherweise differenziert nach [± belebt], [± human], [+ weiblich] vs. [+ männlich] usw.   **G**

Beleg (engl. reference, frz. référence) **1.** Zitat, das durch bibliograph. Angaben das Auffinden der Vorlage ermöglicht. – **2.** Beispiel und Nachweis des Vorkommens eines zu beschreibenden sprachl. oder sprachgebundenen Phänomens bzw. der Anwendung einer bestimmten analyt. Prozedur. Im Unterschied zu Daten (⁊ Datum) werden B. als Referenz angegeben, d. h. sie sind nicht Basis, sondern Ergebnis ling. Analyse; so können z. B. ausgewertete Einträge eines ⁊ Korpus im Rahmen der ⁊ Beschreibung sprachl. Strukturen als B. dienen.   **SK**

Bella Coola ⁊ Salish-Sprachen

Belorussisch ⁊ Weißrussisch

Beludschi (Eigenbez. Baluči, Bālōčī) Nordwestiran. Spr.; ⁊ Iranische Sprachen. Ca. 4 Mio. Sprecher im südwestl. Pakistan, südöstl. Iran und angrenzenden Gebieten Afghanistans sowie im Gebiet Mary in Turkmenistan; Karte ⁊ Iranische Sprachen, im Anhang. B. gliedert sich in einen nordöstl. und einen südwestl. Dialekt, die durch die Brahui-Enklave voneinander getrennt sind. Die Beludschen sollen aus dem Nordwestiran zugewandert sein. Als früheres Siedlungsgebiet wird ein Bereich südl. des Kasp. Meeres angenommen. Im 10. Jh. befanden sie sich zwischen Kerman und Fars. Die Beludschen in Mary sind Ende des 19. Jh. aus Iran und Afghanistan eingewandert und sprechen den südwestl. Dialekt. In Turkmenistan erschienen in den 1930er Jahren Bücher (einschließl. Schulbücher) und Zeitungen in B. In Pakistan wird B. in arab. Schrift geschrieben (Zeitungen und Zss. in Quetta und Karachi). Als Schriftspr. benutzen die Baludschen heute die jeweilige Amtssprache. **Lit.** M. A. Barker & A. Kh. Mengal, A Course in Baluchi. 2 Bde. Montreal 1969.   **MI**

Bemba (Eigenbez. Chibemba) In Sambia verbreitete ⁊ Bantu-Sprache. Ca. 1,5 Mio. S1-Sprecher (rd. 18 % der samb. Bevölkerung, bes. in Nord- und Zentralsambia, zumeist mehrsprachig (Engl., andere samb. Spr.), teilw. in B. alphabetisiert. S2 von ca. 1,5 Mio. weiteren Sambiern, bes. im Copperbelt. Anfang des 20. Jh. lat. basierte Verschriftung. Regionale Verwendung in Schule, Presse und Rundfunk. Karte ⁊ Afrikanische Sprachen, im Anhang.   **RE**

Bencho-She ⁊ Omotische Sprachen

Benefaktiv (lat. bene facere ›wohltun‹. Auch: Beneficient) In der ⁊ Kasusgrammatik und einigen valenzgrammat. Ansätzen ⁊ semantische Rolle des Nutznießers oder des Geschädigten einer Handlung, z. B. *Er trägt ihm den (seinen) Koffer zum Bahnhof; Er macht ihm den Koffer kaputt.*   **WK**

Beneficient ⁊ Benefaktiv

Benennung (engl. naming (unit), denomination, frz. dénomination) **1.** ⁊ Nomination. **2.** Sprachl. oder symbol. Bez. eines ⁊ Begriffs.   **G**

Benennungslehre ⁊ Onomasiologie

Bengali (Eigenbez. bāṅgālī, baṅglā bhāṣā, baṅga bhāṣā) Offizielle Spr. im ind. Bundesstaat West-

Bengalen sowie in Bangladesh; bengal. Minderheiten auch in Assam, Bihar und Orissa; Karte ↗ Indische Sprachen, im Anhang. Das dialektal sehr zerklüftete B. ist die sprecherreichste ↗ indoarische Sprache. Eine Sonderstellung in ling. Hinsicht hat der Dialekt von Chittagong inne, der sich phonolog. und morpholog. dem ↗ Assamischen annähert. Die Schriftspr. wird durch zwei sehr unterschiedliche Stilebenen repräsentiert: Die archaische klass. Spr. (*sādhu bhāṣā*), die auf dem westl. Dialekt beruht und bis in die 1920er Jahre das gesamte Druckwesen dominierte, heute aber nur mehr für offizielle Zwecke eingesetzt wird und zusehends von der standardisierten Umgangsspr. (*calit bhāṣā*), einem Gemisch aus westl. Dialekten und der in Calcutta üblichen Mundart, verdrängt wird. Im heutigen West-Bengalen dient fast nur noch Letztere als Schriftspr. Von ihr unterscheidet sich die auf dem Dialekt Dakkī beruhende schriftsprachl. Variante von Bangladesh v. a. auf phonolog., geringer auf morpholog. Ebene. Die sehr reiche bengal. Lit. lässt sich bis ins 10.–12. Jh. n. Chr. zurückverfolgen; im 14.–17. Jh. hatte die traditionelle lyr. Dichtkunst ihre Hochblüte. Im 19. Jh. gelang es dem Bengali als der ersten Literaturspr. Indiens, sich europ. Genres erfolgreich anzueignen, v. a. im Bereich des Romans (R. Tagore). Verwendete Schrift ist Bengali, eine Variante der Devanāgarī (↗ Indische Schriften. **Lit.** S. K. Chatterji, The Origin and Development of the Bengali Language. Ldn. 1926. FZ

Benrather Linie Die stärkste sprachl. Trennlinie im dt. Sprachgebiet. Fälschlicherweise wird sie auch *Ich-* oder *machen*-Linie genannt. Mit ihr werden die meisten Phänomene der Zweiten (hochdt.) ↗ Lautverschiebung erfasst, näml. die Verschiebung von *t* in allen Positionen (südl.: *Zeit, setzen, Holz*) und die postvokal. Frikative von germ. *p, t, k* zu *ff, zz* und *ch* (*offen, Wasser* und *machen*). Diese Sprachentrennung betrifft viele und z. T. hochfrequente Wörter, so dass sie intensiv und auffällig für jeden Sprachteilnehmer ist. Getrennt davon ist der ↗ Rheinische Fächer anzusetzen, der oft auf demselben Kartenbild wiedergegeben wird, aber ledigl. die westfränk. Teilmundarten kennzeichnet. **Lit.** ↗ Rheinischer Fächer. K

Benue-Kongo-Sprachen Größte Untergruppe der ↗ Niger-Kongo-Srachen, die nach neueren Klassifikationsvorschlägen (NCL 1989) aus den folgenden Untergruppen besteht: (a) Defoid (Zentraltogo, Benin, West-Nigeria) mit dem ↗ Yoruba als zahlenmäßig größtem Vertreter, (b) Edoid (Süd-Nigeria) u. a. mit Edo (Bini), Itsekiri, Igala und Urhobo, (c) Nupoid (Zentralnigeria) u. a. mit Nupe und Gwari, (d) Idomoid (Zentralnigeria) u. a. mit Idoma, (e) Igboid (Ostnigeria) mit dem ↗ Igbo als größtem Vertreter, (f) Kainji, (g) Platoid, (h) Cross-River (SO-Nigeria) mit ↗ Efik und ↗ Ibibio sowie ca. 60 weiteren Spr. mit zumeist jeweils unter 100 000 Sprechern, (i) Bantoid mit den ↗ Bantusprachen als größter Unter-

gruppe; Karte ↗ Afrikanische Sprachen, im Anhang. Greenberg (³1970) verwendet die Bezeichnung B. in seiner Klassifikation nur für die Gruppen (g)–(i), die Gruppen (a)–(e) zählen bei ihm zu den ↗ Kwa-Sprachen. – Die B. sind überwiegend ↗ Tonsprachen, Wortstellung zumeist SVO, mitunter SOV (z. B. Ijo). Ansonsten deutliche typolog. Unterschiede: in Gruppe (g)–(i) überwiegend ↗ agglutinierender Bau, durch Präfixe gekennzeichnete ↗ Nominalklassen und suffigale Verbalderivation; in Gruppe (a)–(e) v. a. ↗ isolierender Bau, ↗ serielle Verbkonstruktionen und teilw. ↗ Vokalharmonie (± ATR). **Lit.** NCL 1989, 247 ff. – I. C. Ward, Introduction to the Yoruba Language. Cambridge 1952. – M. M. Green & G. E. Igwe, A. Descriptive Grammar of Igbo. Bln., Oxford 1963. – P. L. Carrell, A Transformational Grammar of Igbo. Cambridge 1970. – E. E. Pritchard, An Efik Grammar. Ldn. 1965. – E. Kaufman, Ibibio Grammar. Berkeley 1968. – J. Wescott, A Bini Grammar. New Haven 1962. **SSG** Stadt- und Universitätsbibliothek Frankfurt/M. (30). RE

Beobachtung (engl., frz. observation) **1.** I. w. S. die bewusste Wahrnehmung sinnl. zugängl. Gegebenheiten oder aufgrund von Erfahrung bzw. ↗ Intuition getroffene Feststellungen; auch eher zufällige B. dieser Art können zu sprachwiss. Fragestellungen führen. – **2.** V. a. in der empir. Sozialforschung systematische Verfahren der gezielten ↗ Datenerhebung, die in der ↗ empirischen Sprachwissenschaft und in anderen Bereichen sprachwiss. Forsch. empir.-experimenteller Ausrichtung (↗ Soziolinguistik, ↗ Konversationsanalyse, ↗ Ethnolinguistik) eingesetzt werden, um sprachl. bzw. sprachgebundene Phänomene zu erfassen. Die sehr unterschiedl. Techniken der B. werden durch korrespondierende Faktoren bestimmt wie (a) Forschungsziel und Methodenorientierung, (b) B.-objekt bzw. -subjekt und deren situative Einbindung, (c) techn. Hilfsmittel, (d) Erhebungssituation, (e) kommunikative Rolle des Beobachters. Entsprechend lassen sich als polare Merkmale bzw. Formen der B. unterscheiden: (aa) Fremdb. – Selbstb., (ab) standardisiert – unstandardisiert; (ba) wiederholbar – einmalig, (bb) Gruppenstudie – Einzelfallstudie, (bc) partiell erfassbar – relativ umfassend festzuhalten; (ca) direkt – indirekt, (cb) stationär – mobil; (da) Feld – Labor, (db) authent. – experimentell, (dc) natürl. – künstl., (dd) offen – verdeckt; (ea) teilnehmend – extern, (eb) aktiv – passiv. – Wiss. B. sollte zu möglichst exakten und objektiven Ergebnissen führen, die intersubjektiv kontrollierbar sind. Da normale B. jedoch immer ein aktiver, selektiver, erfahrungs- und theoriegebundener Prozess ist, verlangt der wiss. Zusammenhang i. d. R. die Schulung des Beobachters und die Reflexion der B.methode. Gegebene Techniken ermöglichen heute zwar die tendenzielle Instrumentalisierung der B. als Verfahren der Datengewinnung, doch bleibt – neben anderen Problemen – das von Labov formulierte Paradoxon: »Um die Daten zu erhalten, die am wichtigsten für die ling. Theorie sind, müssen wir beobachten, wie Leute sprechen, wenn sie nicht beobachtet werden.« (1980, 17). **Lit.** W. Labov, Spr. im sozialen Kontext. Königstein/Ts. 1980 (v. a. 1–24). – H. Lüdtke, Beobachtung. HSK 3, II, 1988, 911–922.   SK

Beobachtungsadäquatheit ↗ Adäquatheit

Berberschrift ↗ Tifinagh-Schrift

Berbersprachen Untergruppe der ↗ afroasiatischen Sprachen. Das Sprachgebiet erstreckt sich von den Maghrebstaaten an Atlantik und Mittelmeer in zahlr. Enklaven bis zur Oase Siwa (Ägypten) und im Süden bis zum Niger; ursprünglich auch auf den Kanar. Inseln; Karte ↗ Afrikanische Sprachen, im Anhang. Über 10 Mio. Sprecher, häufig mehrsprachig (Arab., Frz., in Niger auch Hausa). Die interne Gliederung der B. ist bis heute unklar. Wiederholt diskutiert wurde, ob es mehrere oder nur eine B. gibt. Unterschieden werden u. a. ↗ Tamazight (Zentralmarokko), ↗ Schilh (Südmarokko), Rif (oder Tarifit; Nordmarokko), ↗ Kabylisch (Nordalgerien), Schawiya (Nordwest-Algerien) und ↗ Tamaschek, die Spr. der Tuareg (Niger, Mali, Mauretanien, Südalgerien). Die B. sind Genusspr. (fem./mask.) mit reicher Verbalflexion und -derivation mittels Affigierung und internem Lautwechsel; Wortstellung VSO und SVO, reduziertes Vokalinventar, dafür zusätzl. pharyngalisierte und stark aspirierte Konsonantenreihen. **Lit.** A. Basset, La langue berbère. Oxford 1952. – L. Galand, Langue et littérature berbères. Paris 1979. – T. G. Penchoen, Tamazight of the Ayt Ndhir. L. A. 1973. – J. M. Cortade, Essai de grammaire touarègue (dialecte de l'Ahaggar). Algier 1969. – S. Chaker, Un parler berbère d'Algérie (Kabylie). Syntaxe. Aix en Provence 1983.   RE

Berichtete Rede Fall der ↗ indirekten Rede, in dem mehrere indirekt zitierte Äußerungen aufeinanderfolgen und das redeeinleitende Verb nicht wiederholt wird. Die Markierung als b. R. erfolgt durch die Verwendung von Konjunktiven, z. B. *Elisabeth erzählte, sie sei in Hannover freundlich aufgenommen worden. Die neue Redaktion arbeite gut zusammen, und die Atmosphäre sei angenehm. Auch die Wohnung, die sie dort bezogen habe, gefalle ihr gut.*   G

Berlinisch Stadtsprache Berlins; auf der Basis des ↗ Brandenburgischen unter Einfluss des Ostmitteldt.-Obersächs. und der dt. Standardsprache dem 15./16. Jh. entstanden, im 19. Jh. voll ausgeprägt. Wegen der Übernahme der zweiten (oder hochdt.) ↗ Lautverschiebung in zahlreichen Positionen trotz der niederdt.-brandenburg. Grundlage meist zum ↗ Ostmitteldeutschen gezählt. Karte ↗ Deutsche Dialekte, im Anhang. Kennformen des B. sind u. a. langes *ō* für nhd. *au* (z. B. *kōfən* ›kaufen‹, *ōx* ›auch‹), *j* für nhd. *g* (*jejaŋən* ›gegangen‹, *jūt* ›gut‹), unverschobene Plosive in *ik* ›ich‹, *det*

›das‹. Als regionale Umgangsspr. hat das B. die niederdt. Dialekte des Brandenburg. im weiten Umland Berlins heute fast vollständig verdrängt. Es hatte besonders nach 1871 (Reichshauptstadt) darüber hinaus in der Idiomatik und im Sonderwortschatz starken Einfluss auf die (städt.) Umgangssprachen in ganz Deutschland. Durch Bevölkerungsaustausch im Westteil (Wegzug großer Bevölkerungsgruppen, Zuzug westdt. und ausländ. Neubürger) bei relativer demograph. Kontinuität im Ostteil während der Teilung der Stadt zwischen 1961 und 1989 ist das B. heute v. a. Alltagsspr. in den östl. Stadtteilen Berlins. **Lit.** J. Schmidt u. a. (Hgg.), B. Bln. ²1992. – P. Schlobinski, Stadtsprache Berlin. Bln. 1987. – H. Schönfeld, B. heute. Ffm. u. a. 2001. – Brandenburg-B. Wb. Bd. 1–4. Bln., Neumünster 1963–2001.   DD

Berner Mattenenglisch ↗ Rotwelsch

Bernoulli-Effekt ↗ Phonation

Berta ↗ Chari-Nil-Sprachen

Berti ↗ Saharanische Sprachen

Berufsbezeichnung (engl. name of profession, frz. nom de métier) Bez. einer professionellen berufl. Tätigkeit. Mitunter weichen ugs. B. (z. B. *Schaffner, Müllmann*) von amtl. B. ab (z. B. *Zugbegleiter, Betriebswerker*).   G

Berufsname ↗ Familienname

Berufssprache (engl. technical language, frz. langue professionnelle) Spr. einer bestimmten Berufsgruppe, vor allem ihre ↗ Fachsprache. Den Kern einer B. bildet ihre ↗ Terminologie; sie kann jedoch auch in informellen Gruppenprozessen entstandene Besonderheiten umfassen (↗ Phraseologismen des speziellen ↗ Jargons) sowie besondere Textsorten. Der Jargon kann bei einer Berufsgruppe innerhalb einer Spr. stark variieren, z. B. von Betrieb zu Betrieb. Traditionelle ↗ Fachsprachen der Landwirtschaft und des Handwerks zeigen ebenfalls beträchtl. regionale Variation. In der Ausbildung von B. verbinden sich Bedürfnisse nach präziser und ökonom. Kommunikation mit gruppenpsycholog. Mechanismen (Ausdruck der Zugehörigkeit zur Berufsgruppe bzw. Ausgrenzung Nichtzugehöriger).   AM

Beschränkungen (auch: Wohlgeformtheitsbedingungen. Engl. constraints, conditions, frz. constraintes) Bedingungen für die Anwendung und Form von Regeln in einer Theorie. In der GG haben B. die Aufgabe, als universal angenommene Regeln so einzuschränken, dass ausschließl. grammat. natürlichsprachl. Strukturen erzeugt werden; sie gelten somit als Teil der universalen und angeborenen Sprachfähigkeit. B. wurden auf der Basis empir. Untersuchungen zu einzelnen Spr.n v. a. in den Nachfolgemodellen des ↗ Aspekte-Modells seit J. R. Ross (1967) diskutiert und spielen neben ↗ Filtern in der ↗ EST, in der ↗ REST und in der ↗ Barrieren-Theorie eine wesentl. Rolle. Ziel der Diskussion war es stets, B. so generell wie mögl. zu formulieren. Generalisierungen wurden v. a. im

Rahmen der ↗ X-Bar-Theorie hinsichtl. zugelassener Phrasenstrukturen sowie in der ↗ Bindungstheorie hinsichtl. der Distribution referentieller Satzteile erreicht; ↗ ECP, ↗ Subjazenz, ↗ Zyklusprinzip. Im Rahmen des ↗ Minimalismus werden die in früheren Modellen formulierten B. entspr. den minimalist. Anforderungen über ökonom. geordnete Ableitungsschritte diskutiert bzw. umformuliert (Cho 2000, Hornstein 2000); ↗ Bindungstheorie; ↗ Generative Ökonomieprinzipien. In der klassischen ↗ Optimalitätstheorie werden universelle, verletzbare Beschränkungen einzelsprachl. geordnet und auf eine von einem ›Generator‹ erzeugte Kandidatenmenge angewandt. Dabei gilt ein Element der Kandidatenmenge als optimal (bzw. grammatisch; ↗ Grammatikalität), wenn kein anderes Element die am höchsten geordnete Beschränkung, hinsichtl. derer sich die Kandidaten unterscheiden, besser erfüllt, vgl. Lombardi (2001); zu Modifikationen z. B. Haspelmath (1999). In Unifikationsgrammatiken spielen B. eine unterschiedl. Rolle. So formuliert die ↗ Head-Driven Phrase Structure Grammar (HPSG) mithilfe von Merkmalstrukturen universelle und einzelsprachl. Beschränkungen über ebenfalls als Merkmalstrukturen modellierte sprachl. Gegenstände. **Lit.** J. Cho, The Nature of Legibility Conditions. Diss. Univ. of Toronto 2000. – T. Ebneter, Konditionen und Restriktionen in der Generativen Grammatik. Tübingen 1985. – E. van Gelderen, Economy, Innovation, and Prescriptivism: from Spec to Head and Head to Head. JCGL 7, 2004, 59–98. – M. Haspelmath, Optimality and Diachronic Adaptation. ZS 18.2, 1999, 180–205. – N. Hornstein, Move! A Minimalist Theory of Construal. Oxford 2000. – S. Kuno & K. Takami, Functional Constraints in Grammar. On the Unergative-Unaccusative Distinction. Amsterdam 2004. – L. Lombardi (ed.), Segmental Phonology in Optimality Theory: Constraints and Representations. Cambridge, Mass. 2001. – J. McCloskey, Constraints on Syntactic Processes. HSK 9, I, 496–506. – J. R. Ross, Constraints on Variables in Syntax. Cambridge, Mass. 1967 [erschienen als: J. R. Ross, Infinite Syntax. N. Y. 1981]. – G. Webelhuth (Hg.), Government and Binding Theory and the Minimalist Program. Oxford 1995. **F**

Beschreibstoff Material, auf dem mit einem Schreibgerät Schrift sichtbar gemacht wird. Dies erfolgt auf Ton- und Wachstafeln durch Einritzen mit dem Griffel, auf dem Kerbholz durch Einschneiden mit dem Messer, auf Papyrus, Pergament und Papier durch Auftragen von Tinte mit Schreibrohr oder Feder, in einzelnen Fällen auch mit dem Pinsel. Neben den altoriental. Tontafeln und den griech. Ostraka kennen wir aus der Antike den Gebrauch von Wachstafeln, die zu Diptycha (zwei Tafeln) oder Polyptycha (mehr als zwei Tafeln) vereinigt werden konnten. Im MA wurden Wachstafeln in der Schule (in neuerer Zeit durch die Schiefertafel ersetzt) und für das Rechnungswesen verwendet. Für Bücher wurde in der Antike der aus Pflanzenfasern hergestellte Papyrus verwendet. Für die Buchrollen wurden Einzelstücke aus zwei Lagen rechtwinklig zueinandergelegten und durch Pressen verbundenen Streifen des Papyrusmarks aneinandergeleimt. In der Papstkanzlei wurde Papyrus bis ins 11. Jh. verwendet. Hauptbeschreibstoff des MA ist Pergament, das aus in Kalklauge gebeizter Tierhaut (meist Schafs-, daneben auch Ziegen- und Kalbshaut) hergestellt wird. Aus dem Orient wurde die ursprünglich chines. Erfindung des Papiers, das sich seit dem 8. Jh. in der arab. Welt verbreitete, nach Europa übertragen, wo es seit dem 13. Jh. Anwendung fand. Papierherstellung aus Textilfasern (Hadern) setzt in Europa im 13. Jh. im christl. Spanien und in Italien (Fabriano) ein; die erste dt. Papiermühle wurde 1390 von dem Nürnberger Ulman Stromer gegründet. Wasserzeichen als Fabrikmarken, die durch ein auf das Schöpfsieb gelegtes geformtes Drahtstück gebildet werden, sind schon gegen 1300 in Gebrauch. Durch die sinkenden Preise wurde Papier als B. zunehmend attraktiver. Auch der ↗ Buchdruck förderte die Verwendung von Papier und die Verdrängung des Pergaments, obwohl dies vereinzelt für ↗ Inkunabeln Anwendung fand. **EN**

Beschreibung (engl. description, frz. déscription) **1.** ↗ Textsorte, die sich durch ihre Verwendungszusammenhänge, textinterne Merkmale u. a. als informativ und sachl. kennzeichnen lässt: wiederholbare Geschehnisse, Gegenstände, Personen, aber auch Zustände, Einstellungen u. ä. werden distanziert, unpersönl. und merkmalsorientiert sprachl. gefasst (z. B. Gebrauchsanweisungen). – **2.** In der Sprachwiss. bezeichnet B. (auch: ↗ Sprachbeschreibung) sowohl den Prozess als auch das Resultat der Klassifizierung, Strukturierung und Systematisierung erhobener Daten (↗ Datum). Je nach Ausrichtung der einzelnen Ansätze sprachwiss. Forsch. wird der B. unterschiedl. Bedeutung für die Theoriebildung zugesprochen. In empir.-deskriptiven Theorien z. B. ist sie dieser nahezu gleichzusetzen (↗ Deskription), während sie für deduktiv-normative Theorien eher den Status eines ↗ Belegs einnimmt. – V. a. der amerikan. ↗ Strukturalismus entwickelte funktionale Techniken der B., die in modifizierten Formen in der ↗ empirischen Sprachwissenschaft weiterhin Anwendung finden: Die B. geht aus von dem durch ↗ Datenerhebung erfassten Material zu ausgewählten sprachl. bzw. sprachgebundenen Phänomenen (↗ Korpus), das i. d. R. durch ↗ Transkription bzw. ↗ Notation aufbereitet wurde. Mittels ausgewählter ↗ operationaler Techniken, ↗ Testverfahren u. a. Methoden (↗ Sprachstatistik) erfolgen nach Maßgabe der ↗ Korpusanalyse am Material (a) die begriffl. Zuordnung, (b) die Ermittlung von Relationen und (c) die Aufdeckung von Regularitäten, wobei sich diese Faktoren als Dimensionen der Analyse wechselseitig bedingen und in ihrer jeweiligen Anwendung zu reflektieren sind. Jede B. sollte (a) nachvollziehbar sein, (b) konsistent in Hinsicht auf ↗ Metasprache und Analyseprozeduren, (c) vollständig in Bezug auf das Korpus und (d) reflexiv, d. h. dass die angewendeten Verfahren selbst Gegenstand der B. sind. Stark formalisierte Formen der B. (z. B. ↗ mathematische Linguistik) bedienen sich log. Operatoren. – **3.** In der GG als B.adäquatheit die mittlere Ebene der ↗ Adäquatheit einer Grammatik zwischen Beobachtungs- und Erklärungsadäquatheit. **Lit.** D. Wunderlich, Grundlagen der Ling. Opladen ²1981. – R. Wimmer, Beschreibung – Erklärung. HSK 3, I, 1987, 29–39.   SK

Beschreibungsadäquatheit ↗ Adäquatheit

Beschreibungssprache ↗ Metasprache

Beseeltheit ↗ Belebtheit

Beshta, Beshit(in)isch ↗ Dag(h)estanische Sprachen

Besitzanzeigendes Fürwort In Schulbüchern Bezeichnung für ↗ Possessivpronomen.   G

Bestandsrelation ↗ Hyperonymie

Bestätigungsfrage ↗ Echofrage

Besternte Form ↗ Asterisk

Bestimmt ↗ Definit

Bestimmtheit ↗ Determiniertheit, ↗ Definitheit

Bestimmungselement ↗ Bestimmungsrelation

Bestimmungsfrage ↗ Ergänzungsfrage

Bestimmungsrelation (auch: Determinationsrelation, Modifikationsrelation, Spezifikationsrelation. Engl. determinating/modifying relation) Beziehung zwischen zwei oder mehreren sprachl. Elementen A (auch: Bezugselement, Bezugswort, ↗ Nukleus, ↗ Kopf, Trägerelement) und B (C, D,… N) (auch: ↗ Attribut, Bestimmungselement, ↗ Satellit), in der B (C, D,… N) eine Spezifikation der Bedeutung von A vornimmt und alle Konstituenten derselben Kategorie angehören (↗ Endozentrische Konstruktion). Prototyp. für die B. ist die Attribuierung als *Präspezifizierung*, z. B. ($_C$ gute ($_B$ alte ($_A$ Bimmelbahn))) und als *Postspezifizierung*, z. B. (($_A$ die Frau ($_B$ meiner Träume)). Verben stehen zu Adverbien und Adverbialen in einer B., z. B. ($_C$ ahnungslos, ($_B$ ohne böse Absichten ($_A$ ankommen))).   G

Bestimmungswort (auch: Determinans. Engl. determinant, frz. déterminant) Im Dt. linksstehender Bestandteil eines ↗ Determinativkompositums. B. schränken die lexikal. Bedeutung des Kompositums gegenüber der des finalen ↗ Grundwortes ein. Auswirkungen auf die grammat. Eigenschaften des Kompositums hat das B. nicht; ein *Zeigefinger* ist ein Substantiv und bezeichnet eine bestimmte Art von *Finger*.   ES

Bete ↗ Kru-Sprachen

Betonung (auch: ↗ Akzent) ↗ Suprasegmentales Merkmal der Hervorhebung durch Intensivierung des Atemdrucks und/oder Tonhöhenverlauf; ↗ Sprechausdruck.   PM

Betonungskorrelation ↗ Betonung

Betonungszählend ↗ Akzentzählend, ↗ Rhythmus

Betoy ↗ Südamerikanische Indianersprachen

Betrachtzeit Grammat. Begriff, der mit den Termini ↗ Aktzeit und ↗ Sprechzeit ein Bez.system bildet und dazu dient, die Relation zwischen der temporalen Struktur einer Äußerung und der objektiven Zeit zu kennzeichnen. Im Gegensatz zur Aktzeit ist die B. eine durch den Sprecher frei wählbare Perspektive, unter der er einen Sachverhalt darstellt, z. B. *Bis zur Wintersaison haben wir den Lift überholt.* Der Sprecher kann seine Perspektive in die Zukunft oder in die Vergangenheit legen: dann unterscheiden sich ↗ Sprechzeit und B.   KE

Betroffenes Objekt ↗ Affiziertes Objekt

Beugung ↗ Flexion

Bewegung (engl. move, frz. mouvement) In der GG angenommene Regel zur Verschiebung einer Konstituente. Während in den frühen Modellen der GG B.en strukturverändernd wirkten, konstruktionsspezif. formuliert wurden (z. B. Passivierung, ↗ Anhebung usw.) und in Abgrenzung zu z. B. Tilgungs- und Pronominalisierungstransformationen standen (z. B. die ↗ EQUI-NP-Deletion), wird in der ↗ REST angenommen, dass B.en ↗ Spuren (*traces*; *t*) hinterlassen und in einer generellen Form ↗ Move α darstellbar sind. Der Zusammenhang zwischen einer Konstituente und ihrer Spur kann hierbei derivationell, d. h. in einem ableitungsgeschichtl. Zusammenhang, oder repräsentationell als Antezedens-Beziehung aufgefasst werden. Im ↗ Minimalismus gehört die B., *Move*, wie *Merge* zu den strukturaufbauenden Operationen: *Move* erzeugt aus der Struktur [$_{P…}$ [$_Q$ …] …] eine Phrase [$_R$ [$_Q$ …] [$_P$ … t$_Q$ …]], während *Merge* aus [$_P$ …] und [$_Q$ …] eine neue Phrase [$_R$ [$_P$ …] [$_Q$ …]] erzeugt. **Lit.** A. Alexiadou et al. (eds.), Dimensions of Movement. From Features to Remnants. Amsterdam 2002. – S. Cheng & N. Corver (eds.), Wh-Movement on the Move. Cambridge, Mass. 2005. – A. Cormack & N. Smith, Don't Move! UCLWPL 13, 2001. – J. M. Fitzpatrick, On Minimalist Approaches to the Locality of Movement. LIn 33.3, 2002, 443–463. – K. K. Grohmann, Prolific Domains: On the Anti-Locality of Movement Dependencies. Amsterdam 2003. – N. Hornstein, Move! A Minimalist Theory of Construal. Oxford 2000. – H. Lasnik, Conceptions of the Cycle. In: L. Lai-Shen (ed.), Wh-Movement on the Move. Cambridge, Mass. 2005. – J. Nunes, Linearization of Chains and Sideward Movement. Cambridge, Mass. 2004. – D. Pesetsky, Phrasal Movement and its Kin. Cambridge, Mass. 2000. – N. Richards, Movement in Language. Oxford 2001. – A. Simpson, Wh-Movement and the Theory of Feature-Checking. Amsterdam 2000. – S. Wurmbrand, Infinitives. Restructuring and Clause Structure. Bln. 2003.   F

Bewegungskasus ↗ Lokativ

Bewegungskette ↗ Move α

Bewegungssilbe ↗ Silbe

Bewegungstransformation ↗ Bewegung, ↗ Move α
Bewegungsverben (engl. verbs of motion, frz. verbes de mouvement) **1.** In der Russistik Bez. für eine Gruppe von 14 morpholog. charakterisierten, jeweils in Paaren aufeinander bezogenen russ. Verben, die eine Fortbewegung im Raum ausdrücken, wobei beide Verben ihrer Aspektzugehörigkeit nach ↗ imperfektiv sind; ↗ Aspekt. Perfektiviert werden kann – und zwar durch Präfigierung – jeweils nur das erste Verb des jeweiligen Verbpaares, während das zweite Verb bei Präfigierung mit einem Präfix mit räuml. Bedeutung imperfektiv bleibt. Die perfektivierbaren Verben dieser Verbpaare werden als *determinierte*, die nicht perfektivierbaren als *indeterminierte* (undeterminierte) Verben bezeichnet. Determinierte B. drücken zielgerichtete Handlungen und Vorgänge aus, indeterminierte B. ziellose Bewegungen, das Wiederholen einer Handlung, Fähigkeit zu einer Handlung usw., z. B. *nestí, nosít'* ›bringen‹, *bežát', begát'* ›laufen‹, *idtí, chodít'* ›gehen‹, *on idёt v školu* ›Er geht in die Schule, ist auf dem Weg zur Schule‹ vs. *on chódit v školu* ›Er geht zur Schule, besucht die Schule, ist Schüler‹. **2.** I. w. S. wird die Bez. B. in Grammatiken anderer Spr. als derjenigen des Russ. zur semant. Charakterisierung von Verben verwendet, die eine Bewegung ausdrücken. **Lit.** N. Muraav'eva, Die Verben der Bewegung im Russ. M. ²1978. – Y. Cheng, Dt. und chines. B.en. Bln. 1988. – C. DiMeola, ›kommen‹ und ›gehen‹. Eine kognitivling. Untersuchung der Polysemie deikt. B.en. Tübingen 1994. **KE**

Beweis (engl. proof, demonstration, frz. preuve, démonstration) Ein Beweis begründet die Geltung einer Behauptungsaussage. Beim ↗ deduktiven B. wird eine Aussage durch die log. Folgerung aus bereits anerkannten Prämissen bewiesen. Der ↗ induktive B. begründet eine generelle Aussage aus der Gültigkeit aller zugehörigen Einzelaussagen. Der indirekte (apagogische) B. führt zu einer Begründung, indem die gegenteilige Annahme der zu beweisenden Aussage in einen Widerspruch geführt wird. **PR**

Bewertung (engl. evaluation, frz. évaluation) **1.** Im Rahmen der traditionellen grammat. Forschung wurden Aspekte der B. als ↗ Konnotationen eingestuft. Hinsichtl. konversationsanalyt. Fragestellungen haben B. an diversen Typen von ↗ Sprechakten bzw. Kommunikationsereignissen bzw. Gesprächsstilen und der Beziehungsregulierung in Gesprächen (vgl. Streeck 2004) in unterschiedl. Ausmaß Anteil. Während sie z. B. für Ratschlag, Drohung und Warnung konstitutiv zu sein scheinen, nehmen sie an ↗ Sprechakten wie ↗ Fragen oder Berichten allenfalls sekundär Anteil. Darüber hinaus stehen sie in engerer Verbindung mit ↗ Emotionen (vgl. z. B. Walrod 2004), die im Rahmen neuerer ling. Beschreibungsansätze als bewertende ↗ Einstellungen diskutiert werden; ↗ Bewertungsprozedur, ↗ Evaluieren. **Lit.** J. Baker, The Metaphysical Con-

ception of Value. JPr 86, 1989. – N. Fries, B.: Ling. und konzeptuelle Aspekte des Phänomens. S&P 23, Lund 1991, 1–31. – P. Grice, The Conception of Value. Oxford 1991. – A. P. Müller, ›Reden ist Chefsache‹: Ling. Studien zu sprachl. Formen sozialer ›Kontrolle‹ in innerbetriebl. Arbeitsbesprechungen. Tübingen 1997. – J. L. Pollock, Evaluative Cognition. Noûs, Amsterdam 2005. – M. R. Walrod, The Role of Emotions in Normative Discourse and Persuasion. In: E. Weigand (ed.), Emotion in Dialogic Interaction. Amsterdam 2004, 207–219. – W. Zillig, B. Sprechakttypen der bewertenden Rede. Tübingen 1982. **2.** ↗ Axiologie, ↗ Sprachkritik. **F**

Bewertungsprozedur (auch: Entscheidungsprozedur. Engl. evaluation procedure, frz. procédure d'évaluation) Method. Verfahren zur Entscheidung zwischen alternativen Grammatik-Modellen. Kriterien in B.en sind u. a. ↗ Adäquatheit, Einfachheit und Eleganz; ↗ Mentalismus. **Lit.** Chomsky, Aspects. – W. Thümmel, Bewertung von Syntaxen für die Beschreibung natürl. Spr.n. Glottometrika 13, 1992, 241–286. **F**

Bewirktes Objekt ↗ Effiziertes Objekt

Bewohnerbezeichnung Von geograph. Namen abgeleitete Bez. für die Bewohner einer Stadt, einer Region, eines Landes, eines Staates usw., z. B. *Freiburger, Allgäuer, Belgier.* B. können sekundär zu Sachbezeichnungen werden, z. B. *Amerikaner, Pariser, Florentiner* (Gebäck), *Wernesgrüner* (Bier). **G**

Bewusst (engl. aware) Im produktiven und rezeptiven Sprachverhalten unterscheidet man zwischen Ebenen und Größen unterschiedl. Bewusstheit bzw. Automatisierung. So konzentriert sich die Bewusstheit im spontanen Sprechen und Sprachverstehen weitgehend auf die Ebene der Nachricht (der Diskurs- oder Sinnrepräsentation), während Wortwahl, Grammatikalisierung, Artikulation in wachsendem Maße automat. organisiert werden. Charakterist. für das Sprachverhalten (und für Handeln überhaupt) ist aber, dass Bewusstheit als Ressource gegebenenfalls auch in Ebenen zur Verfügung steht, die gewöhnl. hochgradig automat. organisiert sind; Ggs. automatisch. **KN**

Bewusstsein (engl. mind, consciousness) Bis zur »Entdeckung des Unbewussten« in der Tiefenpsychologie durch S. Freud (1856–1939) war B. konstitutiver Grundbegriff der Psychologie. Das B. umfasste den gesamten Raum mögl. Erfahrung, und die Psychologie verstand sich als Wiss. vom Aufbau der elementaren und komplexen B.gebilde (↗ Empfindungen, Wahrnehmungen, Vorstellungen, Erinnerungen usw.). Meist galten die Sinnesdaten als einfachste Bausteine des B. Nahezu die gesamte Psychologie des 19. Jh. war B.psychologie, während fast alle psycholog. Theorien des 20. Jh. ihre Hauptbegriffe (Handlung, beobachtbares Verhalten, Unbewusstes, Struktur/Gestalt) in bewusster Opposition zum B.begriff bildeten. Vielfach ist B. als anthropolog. Merkmal herausgestellt und entweder mit Spr. überhaupt oder in seiner spezif. Ausprägung mit dem lexikal.-grammatikal. Bau bestimmter Einzelspr. in Verbindung gebracht worden. Vom B. durch Spr. ist das B. der Spr. selbst deutlich zu unterscheiden. Das ⁊ Sprachbewusstsein wird als Gegenstand psycholing. Forschung zunehmend wichtiger. Viele Strukturmerkmale natürl. Spr. werden den Sprechern erst durch den ⁊ Schriftspracherwerb bewusst. **Lit.** M. Geier, Sprachbewusstsein. Stgt. 1979. – S. N. Karpova, The Realization of the Verbal Composition of Speech by Preschool Children. The Hague 1977. – A. R. Lurija, Sprache und B. Köln, Bln. 1982. – P. N. Johnson-Laird, Mental Models. Cambridge 1983.   KN

Bezeichnendes (auch: Bezeichnung, signans, ⁊ Zeichengestalt, -körper, -träger) Dt. Übersetzung für F. de Saussures Terminus ⁊ *signifiant*. Wegen der Polysemie des Vb. *bezeichnen* (›signifizieren‹, ›designieren‹, ›denotieren‹) ist der eingebürgerte Terminus ⁊ Signifikant vorzuziehen.   RB

Bezeichnetes (auch: Bedeutung, signatum, Zeicheninhalt, ⁊ Inhalt) Dt. Übersetzung für F. de Saussures Terminus ⁊ *signifié*. Da man unter ›B.‹ auch das ⁊ Designat oder das ⁊ Denotat verstehen kann, ist der eingebürgerte Terminus ⁊ Signifikat vorzuziehen.   RB

Bezeichnung ⁊ Designation, ⁊ Denotation, ⁊ Referenz

Bezeichnungsdimension ⁊ Modi significandi

Bezeichnungsexotismus ⁊ Exotismus

Bezeichnungslehre ⁊ Onomasiologie

Bezeichnungsübertragung Dieser Terminus von Schippan (1975, 1992; bei Ullmann 1967: »Namenübertragung«) übersetzt den Begriff μεταφορά (metafora) / ⁊ Metapher) ›Übertragung‹ in dem, auch ⁊ Metonymie, ⁊ Ironie etc. umfassenden Definition des Aristoteles, allerdings i. S. einer lexikalisierten Übertragung, d. h. der Entstehung eines neuen ⁊ Semems. B. erfasst oft – auf der Basis eines Denkmodells – umfangreiche Lexemgruppen; vgl. z. B. die aus dem Kartenspiel übertragenen Bedeutungen von *gute Karten haben, aus dem Schneider sein, ausreizen, mauern, passen, As, Trumpf, Joker, Pik Sieben*; ⁊ Bedeutungsübertragung (1), ⁊ Bedeutungswandel.   RB

Beziehungsadjektiv ⁊ Relationsadjektiv

Beziehungsfürwort ⁊ Relativpronomen

Beziehungspronomen ⁊ Relativpronomen

Beziehungswort ⁊ Relativadverb, ⁊ Relativpronomen

Beziehungswortsatz ⁊ Relativsatz

Bezüglich ⁊ Relativ

Bezugsadjektiv ⁊ Relationsadjektiv

Bezugsbereich ⁊ Skopus

Bezugselement ⁊ Bestimmungsrelation, ⁊ Substituendum

Bezugswort ⁊ Bestimmungsrelation

Bezugswortsatz ⁊ Relativsatz

Bhīlī ⁊ Indoarische Sprachen

Bhojpurī ⁊ Bihārī, ⁊ Indoarische Sprachen

Bibelübersetzung In der Geschichte vieler ⁊ Schriftsprachen war die Übers. der Bibel (oder einzelner Schriften daraus) Anfangspunkt oder wichtige Station in der Anfangsphase der Entwicklung einer selbständigen ⁊ Schriftlichkeit (fürs Ahd. z. B. Otfrid v. Weißenburgs Evangelienharmonie). Mit dem Aufkommen des europ. und nordamerikan. Kolonialismus und Imperialismus wurde die christl. Mission wesentl. Instrument zur Verbreitung europ. Spr. und Schriften außerhalb Europas. Dabei entstand eine Vielzahl vorwiss. und wiss. Beschreibungen außereurop. Spr. Auch heute ist die B. erklärtes Ziel vieler Missionsgesellschaften, z. B. des ⁊ Summer Institute of Linguistics.   G

Bibliothekstranskription ⁊ Transliteration, ⁊ Transkription

Biegung ⁊ Flexion

Bienensprache ⁊ Tiersprachen

Bietschlamar ⁊ Germanische Sprachen

Bifokal (lat. bis ›zweimal‹, focus ›Herd, Mitte‹) Sätze oder Äußerungen mit zwei Foki; ⁊ Fokus, ⁊ Fokussierung.   G

Bihārī Nur im arealen Sinne gebrauchte Bez. für drei ⁊ indoarische Sprachen, die im ind. Bundesstaat Bihar und im angrenzenden Teil von Uttar Pradesh gesprochen werden: (a) Bhojpurī im westl. Gebiet von Bihar sowie im äußersten Osten von Uttar Pradesh; zerfällt in vier Dialekte. Wenig überlieferte Lit., v. a. Folklore; zur Zeit lässt sich die Entstehung von moderner Lyrik und Prosa beobachten; (b) Maithilī im ganzen nördlichen Bihar; 7 Dialekte. Bedeutende Lyrik aus der Zeit zwischen dem 15. und 18. Jh.; (c) Magahī (auch Māgadhī) in Zentralbihar; keine Lit. Tradition, doch reiche mündlich überlieferte Volksdichtung; Karte ⁊ Indische Sprachen, im Anhang. Verwendete Schriften sind Devanāgarī, daneben auch Kaithī und Maithilī; ⁊ Indische Schriften. **Lit.** M. K. Verma, Bhojpuri. In: G. Cardona & Dh. Jain (eds.),The Indo-Aryan Languages. Ldn, N. Y. ²2007, 515–537. – R. Yadav, Maithili. Ebd. 477–497. – Sh. Verma, Magahi. Ebd. 498–514.   FZ

Bikol ⁊ Philippinische Sprachen

Bikonditional (lat. bis ›zweimal‹, condītiō ›Bedingung‹. Auch: Äquivalenz) In der ⁊ Formalen Logik die Verbindung zweier elementarer Aussagen p und q, die dann und nur dann wahr ist, wenn beide Aussagen denselben Wahrheitswert haben.   F

Bilabial, Bilabiallaut m. (lat. bis ›zweimal‹, labium ›Lippe‹) Mit der Unterlippe als ⁊ artikulierendem Organ (⁊ Labial) an der Oberlippe als ⁊ Artikulationsstelle gebildeter ⁊ Konsonant, z. B. ⁊ Plosive [b], [p]; ⁊ Nasal [m]; ⁊ Frikativ [β]; ⁊ Lippen.   PM

Bilateral (lat. bis ›zweimal‹, lateralis ›seitlich‹) Zweiseitige, zwei Elemente und Aspekte erfassende Betrachtung oder Untersuchung, z. B. in der Lehre vom b. sprachl. ⁊ Zeichen (⁊ Semiologie) oder in

der Komparatistik, wenn b. ↗ Sprachvergleiche unternommen werden; ↗ Repräsentation.　　　　G
Bilaterale Opposition ↗ Opposition
Bilderschrift ↗ Piktographie, ↗ Wort-Bild-Schrift
Bildungssprache Sprachformen, die überwiegend von Bevölkerungsgruppen mit hohem Bildungsniveau verwendet werden oder von denen dies zumindest weithin angenommen wird. In den modernen europ. Spr. gehören dazu vor allem ↗ Latinismen und ↗ Gräzismen (↗ Fremdwort), aber auch autochthone ↗ Archaismen und komplexe syntakt. Strukturen (z. B. Mehrfacheinbettungen; ↗ Hypotaxe). Auch Fremdsprachenkenntnisse und ein ↗ elaborierter ↗ Kode, in manchen Regionen auch die sichere Beherrschung der Standardvarietät, sind nach soziolig. Erkenntnissen typ. für die Bildungsschichten (mit längerer Schulbildung), fallen aber gewöhnl. nicht unter den Begriff B. Anstelle einer einst vorbehaltlos positiven Bewertung der B. ist heute eine nüchterne Sicht getreten, die B. auch im Zusammenhang mit sozialen Privilegien und sozialer Ungleichheit sieht; ↗ Funktionalstil, ↗ Stil.　　AM
Bildzeichen 1. ↗ Piktogramm, **2.** ↗ Warenzeichen
Bilingual (lat. bis ›zweimal‹, lingua ›Sprache‹. Auch: zweisprachig) **1.** ↗ Bilingualismus. **2.** Als Charakteristikum schriftl. Zeugnisse (Inschriften, Handschriften) ↗ Bilingue.　　GP
Bilingualismus (auch: Bilinguismus, Zweisprachigkeit) Bez. für den Zustand einzelner Personen oder einer sozialen Gemeinschaft, die sich bei der täglichen Kommunikation zweier unterschiedl. Spr. bedienen. Ein bilingualer Zustand tritt gewöhnlich unter der Bedingung auf, dass Angehörige zweier verschiedener Ethnien in engem Kontakt miteinander leben und kommunizieren; je nachdem, ob dabei ein soziales Gleichgewicht besteht, kann sich der B. auf beide Ethnien erstrecken wie in bestimmten Gegenden des Balkanraums, oder er bleibt auf die Sprecher der weniger prestigeträchtigen Spr. beschränkt wie im Falle zahlreicher im Gebiet Russlands gesprochener Spr. Der letztere Fall betrifft gewöhnlich auch im Ausland lebende Arbeitsmigranten. Häufig ist B. eine episodenhafte Begleiterscheinung beim Übergang einer Ethnie auf eine andere Spr. (↗ Sprachwechsel), wie er zumeist infolge territorialer Fremdherrschaft zustande kommt; dies gilt z. B. für die ↗ keltischen Sprachen Westeuropas (Walis., Schott.-Gäl., Irisch-Gäl. gegenüber Engl.; Breton. gegenüber Frz.). Ein Sonderfall des B. liegt vor, wenn im tägl. Umgang mehr als zwei Spr. eingesetzt werden (↗ Multilingualismus); auch dabei fallen meist starke soziale Unterschiede auf, wie z. B. bei den in Georgien gesprochenen Spr. ↗ Megrelisch, ↗ Svanisch, ↗ Ossetisch, ↗ Abchasisch, deren Sprecher sämtlich sowohl das Georg. als auch das Russ. als ↗ Verkehrssprache einsetzen. Die Kompetenz bilingualer und multilingualer Sprecher kann extrem schwanken; »echter« B. (in der Terminologie Weinreichs: koordinierter B.), bei dem

die Sprecher die beteiligten Spr. in gleicher »muttersprachl.« Weise beherrschen, ist eher selten. Die besonderen Probleme, die beim ↗ Spracherwerb in bilingualen Umgebungen auftreten, sind v. a. Untersuchungsgegenstand der ↗ Psycholinguistik. Bilinguale und multilinguale Zustände sind vielfach verantwortl. für Sprachveränderungen, bei denen lexikal., morpholog. oder phonolog. Elemente der einen auf die andere Spr. übertragen werden. Je nachdem, ob derartige ↗ Interferenzen von der sozial »höherstehenden« Spr. auf die »tieferstehende«, in umgekehrter Richtung oder zwischen »gleichwertigen« Spr. verlaufen (↗ Prestige), spricht man von ↗ Superstrat, ↗ Substrat und ↗ Adstrat. Wenn die gegenseitigen Beeinflussungen in erkennbarer Weise zu einer Angleichung der grammat. Systeme führen, spricht man von einem ↗ Sprachbund. Im Unterschied zum B. spricht man von ↗ Diglossie, wenn sich eine Zweisprachigkeit nicht auf zwei unterschiedliche Spr. erstreckt, sondern auf zwei Varietäten derselben Spr.; allerdings ist der Übergang zwischen B. und Diglossie oft fließend, da die Abgrenzung der beiden von der nicht immer sicheren Definition »unterschiedlicher« Spr. abhängt (z. B. im Verhältnis ↗ Hochdeutsch/↗ Niederdeutsch); ↗ Thümmelsches Paradoxon. **Lit.** U. Weinreich, Languages in Contact. N. Y. 1953. – W. F. Mackey, Bilingualism and Multilingualism. HSK 3, I, 799–813. – F. Grosjean, Life with Two Languages. An Introduction to Bilingualism. Cambridge, Mass. ⁵1982. – S. Romaine, Bilingualism. Oxford 1989. – J. F. Hamers & M. H. A. Blanc, Bilinguality and Bilingualism. Cambridge 1989.　　GP
Bilingue f. I. e. S. (Stein-)Inschrift, i. w. S. jedes Schriftprodukt unabhängig vom ↗ Beschreibstoff, die bzw. das einen Text und ggf. eine Übersetzung dieses Textes in zwei Schriften unterschiedlicher ↗ Schriftarten oder ↗ Schriftsysteme enthält. Im Falle doppelt verschrifteter (zweischriftiger) Spr. können sich diese Textpaare nur hinsichtlich der Schriftart unterscheiden, z. B. bei serbokroat. B. in lat. und in serb.-kyrill. Schrift, ansonsten ist Sprachverschiedenheit impliziert. B. waren (und sind) eine wesentl. Grundlage bei der Entzifferung unbekannter Schriften und damit oft auch für die Rekonstruktion unbekannter Spr. Die berühmteste B. ist der Stein von Rosette, dessen Text in altägypt. Spr. (Hieroglyphen und Demot.) und in Griech. abgefasst ist; er war der Schlüssel zur Entzifferung der ↗ Hieroglyphen und zur Rekonstruktion des Altägypt.　　G
Bilinguismus ↗ Bilingualismus
Bima-Sumba-Sprachen　West-↗ austronesische Sprachen auf den Kleinen Sunda-Inseln, Indonesien. 1,5 Mio. Sprecher. Ost-Sumbawa (Bima, 365 000 Sprecher), Sumba (u. a. Kambera, 125 000), West- und Zentral-Flores (u. a. Manggarai, 400 000; Ende-Lio, 300 000), Savu (Savu, 80 000). Alte Bima-Endeh-Schrift ind. Ursprungs. ↗ Indonesisch als offizielle Spr.; Karte ↗ Austroasiatische Sprachen.　　CE

Binär ↗ Binarismus

Binarismus (auch: Alternativprinzip) Von R. Jakobson (russ.-amerikan. Linguist, 1896–1982) vertretenes Prinzip der dichotomen Klassifikation ling. Elemente nach binären [±] Merkmalen (↗ distinktives Merkmal), d. h. nach einer Menge von Ja-Nein-Entscheidungen. PM

Binarität (lat. bīnārius ›zwei enthaltend‹) **1.** Darstellungsweise von Objekten in einem Dualsystem, wenn das System aus zwei Sorten von Elementen konstituiert ist. In der ↗ Informationstheorie bedeutet B. die Annahme von nur genau zwei verschiedenen Zuständen. Die B. der zweiwertigen ↗ Logik zeigt sich in der Grundannahme nur zweier ↗ Wahrheitswerte: wahr – falsch. **2.** ↗ Binarismus. PR

Bindelaut ↗ Gleitlaut

Bindestrich (engl. hyphen, frz. trait d'union) Mittel der ↗ Interpunktion zur Markierung von Abkürzungen (auch: *Ergänzungsstrich*, z. B. *Maul- und Klauenseuche, Hals-Nasen-Ohren-Arzt*), als *Durchkopplungs-B.* in Reihungen (z. B. *Top-Braun-Sonnen-Figur-Nagelstudio*) und zwischen Lexemgrenzen in Mehrfachkomposita (z. B. *Karl-Marx-Allee, Rot-Weiß-Geschäftsstelle*), in Nominalisierungen von Wortgruppen (z. B. *In-die-Hände-Spucken war die Devise der Wirtschaftswunderzeit*) sowie als *Trennungsstrich* bei der Silbentrennung. In anderen Verwendungsweisen steht der einfache horizontale Strich zwischen Grund- und Mittellinie für »gegen«, z. B. in Sportberichten (*Bayern München – VfB Stuttgart 0 : 2*), für »bis« (z. B. *30–40 Klausuren, Gustav-Heinemann-Ufer 84–88*) und als sog. *Streckenstrich* bei Streckenangaben (z. B. *Blaubeuren–Münsingen*); ↗ Gedankenstrich. G

Bindestrichlinguistik Jargonhafte und nicht terminologisierte Bez. für eine Reihe von Komposita mit »-linguistik« als zweitem Glied für Teilgebiete der Ling., die sich mit speziellen Gegenstands- oder Anwendungsgebieten der Sprachforschung befassen, z. B. ↗ Kontaktlinguistik, ↗ Pragmalinguistik, und für interdisziplinäre Forschungsgebiete, in deren Rahmen ling. Fragen von Bedeutung sind, z. B. ↗ Neurolinguistik, ↗ Patholinguistik u. a. G

Bindevokal ↗ Fugenelement, ↗ Kennlaut, ↗ Stammvokal

Bindewort ↗ Konjunktion

Bindung ↗ Bindungstheorie

Bindungstheorie (engl. binding theory, frz. théorie de liage) In der ↗ Rektions-Bindungs-Theorie von N. Chomsky (1980) eingeführter Regelkomplex, der gemäß den durch die ↗ X-Bar-Theorie beschränkten ↗ Phrasenstrukturen generalisierende ↗ Beschränkungen für syntakt.-semant. Beziehungen zwischen ↗ Anaphern, ↗ Pronomina, ↗ Namen und best. leeren Kategorien (↗ Spur, ↗ PRO) und anderen Konstituenten erfasst. Ein Knoten A bindet einen Knoten B, wenn B durch A ↗ c-kommandiert wird und A und B denselben ↗ Index tragen, d. h. wenn A und B koreferent (↗ Koreferenz) sind. Die B. löste die in

früheren Versionen der GG angenommenen strukturverändernden Reflexivierungs- und Pronominalisierungs-Transformationen ab und ist damit genereller als die im Aspekte-Modell angenommenen Mechanismen. Die B. unterscheidet unterschiedl. Typen nominaler Ausdrücke, die jeweils verschiedene Bindungseigenschaften aufweisen (↗ A-Position): So müssen reziproke und reflexive nominale Ausdrücke und ↗ Spuren von Nominalphrasen mit der Merkmalskennzeichnung [+anaphorisch, –pronominal] in dem Bereich der sie regierenden Kategorien gebunden sein (= Prinzip A); pronominale Ausdrücke (z. B. Personalpron.) sind im Bereich der sie regierenden Kategorie frei, d. h. sowohl anaphorisch wie deiktisch interpretierbar (= Prinzip B), und sog. referierende Ausdrücke, z. B. Namen, sind in allen Positionen ungebunden, d. h. müssen deikt. interpretiert werden (= Prinzip C). So ist in dem Satz *Er glaubt, dass die Lehrer sich auf seinen Rat hin verbesserten* das Pronomen *er* ungebunden, d. h. *er* wird deikt. interpretiert; *seinen* ist im Bereich von *auf seinen Rat hin* frei und somit sowohl deikt. wie anaphor. interpretierbar, d. h. *seinen* kann (muss jedoch nicht) als ↗ koreferent mit *er* interpretiert werden, nicht aber mit *sich*; demggü. ist *sich* durch *die Lehrer* gebunden, muss sich demzufolge auf *die Lehrer* beziehen und darf nicht mit *er* ↗ koreferent sein. Im Rahmen eines derivationell orientierten ↗ Minimalismus werden die Bindungsprinzipien erneut diskutiert und erfahren eine entspr. Reformulierung (z. B. Chomsky 1993, Webelhuth 1996, Hornstein 2000, Kayne 2002). Zur Explikation des Begriffs Bindung in der Semantik vgl. Heusinger (2005). **Lit.** C. Boeckx, Indirect Binding. Syntax 6, 2003, 213–236. – D. Büring, Binding Theory. Cambridge, Mass. 2004. – N. Chomsky, Lectures on Government and Binding. Dordrecht 1981. – Ders., Some Concepts and Consequences of the Theory of Government and Binding. Cambridge, Mass. 1982. – Ders., A Minimalist Porgram for Linguistic Theory. In: K. Hale & S. J. Keyser (eds.), The View from Building 20: Essays in Linguistics in Honor of Sylvain Bromberger. Cambridge, Mass. 1993, 1–52. – L. Haegeman, Introduction to Government and Binding Theory. Oxford 1994. – K. v. Heusinger, Nominalphrasensemantik und Anaphora. Hürth-Efferen 2005. – N. Hornstein, Move! A Minimalist Theory of Construal. Oxford 2000. – R. S. Kayne, Pronouns and their Antecedents. In: S. D. Epstein & T. D. Seely (eds.), Derivation and Explanation in the Minimalist Program. Oxford 2002, 133–166. – G.-J. M. Kruijff & R. T. Oehrle (eds.), Resource Sensitivity, Binding, and Anaphora. Dordrecht 2003. – M. D. Moss, A Reduced Theory of Theta-Role and Case Assignment and Binding. LINCOM Studies in Theoretical Linguistics 34. Mchn. 2004. – A. v. Stechow & W. Sternefeld, Bausteine syntakt. Wissens. Opladen 1988, Kap. 6. – W. Sternefeld, Syntax. Eine merkmalbasierte generative Beschreibung des Dt. Ms. Tübingen ³2009. – G. Tsoulas, On a Binding-Theoretic Argument for Base Generation of Long Distance Scrambling. YPL (Series 2) 1, 2004, 223–236. – G. Webelhuth, Government and Binding Theory and the Minimalist Program: Principles and Parameters in Syntactic Theory. Oxford 1996. **F**

Bini ↗ Benue-Kongo-Sprachen

Binnendeutsch ↗ Deutsch, ↗ Binnenhochdeutsch

Binnenflexion ↗ Innenflexion

Binnenfränkisch Bez. für die (histor.) Dialekte der südhess. Ausgleichslandschaft zwischen dem »Pfälzischen« und dem »Hessischen« (↗ Rheinfränkisch); das B. findet seine Fortsetzung im ↗ Neuhessischen. **DD**

Binnenhochdeutsch Eigenschaften der dt. Dialekte im hochdt. Kernsprachgebiet im Ggs. zu solchen der hochdt. Dialekte in Randgebieten. Terminologisiert ist der Ausdruck b. (auch: binnendeutsche) Konsonantenschwächung, der die oberdt. ↗ Lenisierung bezeichnet. Sie ist am weitesten in den ↗ ostmitteldeutschen Dialekten durchgeführt, wo sämtliche Fortes (↗ Fortis) durch Lenes (↗ Lenis) ersetzt sind. **G**

Binnen-I ↗ Splitting

Binomen n. (lat. bis ›zweimal‹, nōmen ›Name‹) Auch: Einwortapposition) In der Slavistik Bez. für Verknüpfungen zweier Substantive unterschiedl. Flexionsklassenzugehörigkeit, die einen einheitl. semant. Komplex (↗ Phraseologismus) darstellen und als syntakt.-lexikal. Einheit aufgefasst werden (↗ Juxtaposition), z. B. russ. *chleb-sol'* ›Brot und Salz zur Begrüßung‹. **G**

Binomiale ↗ Zwillingsformel

Biologismus Bez. für Betrachtungsweisen, die ihren Gegenstand nach dem ↗ Modell des plasmat. Lebens oder nach biolog. Schemata erklären. Die grundlegende Annahme ist ein biolog.-organismisches Wirkungsprinzip. Im B. wird die Geltung der menschl. Erkenntnis aus ihrer Funktion für die Lebenserhaltung, die eth. Normen nach ihrer Funktion für Lebenserhaltung und -förderung, die sozialen Institutionen aus ihrer Funktion für den Gesamtorganismus begründet; ↗ Organismusmodelle. **PR**

Biophonetik (griech. βίος (bios) ›Leben‹, φωνή (fōnē) ›Stimme‹) Zweig der ↗ Phonetik, der Ausdruckspsychologie, Evolutionsbiologie, physiolog., auditive und akust. Phonetik zusammenfassen will, dabei auch Ergebnisse von Neurophysiologie und Phoniatrie berücksichtigt, um menschl. Laut- und Stimmäußerungen auditiv und akust. zu beschreiben. Dabei werden die Klangfarben- und Klangfülleaspekte der ↗ Stimme und andere Merkmale des ↗ Sprechausdrucks untersucht. F. Trojan (1885–1968) versuchte in Analogie zu anderen ↗ emischen Konzepten in Ling. und Phonetik, Merkmalbündel des ↗ Sprechausdrucks zu systematisieren und ihre Bedeutungen in einer ›Akuemtheorie‹ zu beschreiben. **Lit.** F. Trojan, Biophonetik. Hg. v. H. Schendl.

Mannheim, Wien, Zürich 1975. – G. Tembrock, Akust. Kommunikation bei Säugetieren. Darmstadt 1996. **GU**

Biphonematische Wertung (lat. bis ›zweimal‹, griech. φωνή (fōnē) ›Stimme‹) Bei der phonolog. Analyse als zwei Phoneme gewertete phonet. enge Verbindung zweier Laute (z. B. die dt. Diphthonge); ↗ polyphonematische Wertung. Ggs. ↗ monophonematische Wertung. **PM**

Birmanisch ↗ Sino-Tibetische Sprachen

Bisa ↗ Mandesprachen

Bisegmentalisierung Lautwandelprozess/-ergebnis der Aufspaltung eines ursprüngl. einzelnen phonolog. Segments in zwei aufeinanderfolgende Segmente (z. B. Geminierung von ↗ Plosiven nach vorheriger Affrizierung; ↗ Geminate). **PM**

Bisemie f. (lat. bis ›zweimal‹, griech. σῆμα (sēma) ›Zeichen‹. Frz. bissémie) Spezialfall der ↗ Polysemie: Ein Zeichen hat zwei, sich partiell überschneidende ↗ Sememe (z. B. die Konjunktion *während*: temporal oder adversativ; *einsilbig*: Wörter oder Menschen), oft mit gegensätzl. Ausprägung, z. B. *Sanktion* ›Billigung‹, ›Bestrafung‹). **RB**

Biskayisch ↗ Baskisch

Bislamar ↗ Germanische Sprachen

Bisubjunktion ↗ Äquivalenz

Bisyllabisch (lat. bis ›zweimal‹, griech. συλλαβή (syllabē) ›Silbe‹) B. sind zweisilbige Wörter. Der Ausdruck bezieht sich auch auf ling. Sachverhalte, deren Domäne sich auf (mindestens) zwei Silben erstreckt (z. B. Akzentverteilungen). **G**

Bitten Unterform des illokutiven Typus ↗ Aufforderung. Dem B. als Interaktionsform kommt eine gewisse Affinität zur ↗ Höflichkeit zu. **E**

Biuniquität ↗ Eineindeutigkeit (1)

Bivalent ↗ Valenz

Black box f., pl. ~es (engl. [blæk bɔks] ›schwarzer Kasten‹) Aus der ↗ Kybernetik stammende metaphor. Bez. für natürl. und künstl. Systeme, die der unmittelbaren ↗ Beobachtung nicht zugängl. sind. Auf die innere Struktur und Funktionsweise solcher Systeme kann nur durch ↗ Beobachtung und Analyse der Ein- und Ausgabedaten (Input, Output) geschlossen werden. Wird ein Black-box-System modelliert, das gleiche oder ähnl. Ergebnisse erzeugt wie die Vorgabe, ist zumindest in Bezug auf natürl. Systeme der Schluss auf deren tatsächl. Verfasstheit nur sehr bedingt möglich. Auch die mit Spr. und Sprechen verbundenen neurophysiolog. Vorgänge sind bis heute als Prozesse in einer B. anzusehen, wenngleich neuere Forschungsergebnisse (z. B. der ↗ Neurolinguistik) zunehmend Aufschluss liefern über die Repräsentation von Spr. bzw. Sprachverarbeitung im ↗ Gehirn. **SK**

Black English (auch: Black English Vernacular, African American English, Ebonics) Variante des ↗ amerikanischen Englisch. B. E. hat gewisse phonolog., morpholog. und syntakt. Eigenheiten, z. B. Th-fronting, z. B. *thing* als *ting*, *bath* als *baff*, *noth-*

ing als *nuffin*, ferner eine Auslautverhärtung bei Wörtern wie *big* als *bik*, *kid* als *kit*; Reduktion von Konsonantenclustern, z. B. *test, desk* als *tes*; Tilgung von intervokal. /r/ z. B. in *Paris, Carol.* Als Folge dieser Lautprozesse gibt es im B. E. mehr Homophone als im amerikan. Standard. Im morpholog. Bereich führt der Verlust des Suffixes *-t, -d* in der Aussprache zu Homophonie von *I walk* und *I walked*. In der Syntax hat B. E. Nullkopula, z. B. *he nice* ›er ist nett‹ aus *he is nice.* Dieses Fehlen der Kopula ist eine soziale Markierung für Gruppenzugehörigkeit von schwarzen *in-groups.* Linguisten sind über den Status von B. E. geteilter Meinung. Eine Gruppe (H. Kurath, R. I. McDavid) argumentiert, dass B. E. keine Merkmale zeigt, die man nicht auch in anderen Nichtstandard-Varianten des amerikan. Engl. findet. Deshalb sei B. E. ledigl. ein anderer amerikan. Dialekt. Andere halten B. E. für eine kreolisierte Form des Engl. W. Labov zeigte, dass man jedes Merkmal, das typ. für B. E. ist, regelhaft aus dem Standardengl. ableiten kann. Neben systemhaften Unterschieden zum amerikan. Engl. sind bei seiner Beschreibung soziale und ethn. Gesichtspunkte zu berücksichtigen. In den Schulen hat die Ansicht, dass B. E. eine defiziente Varietät des Engl. sei, dazu geführt, dass sprachl. Verschiedenheit als kognitives Defizit interpretiert wurde. Hierauf basiert das pädagog. Konzept der ↗ kompensatorischen Erziehung. Labov demonstriert, dass B. E. weder defizient noch unsystemat. ist, sondern Teil einer Kultur, in der sprachl. Fertigkeiten hochangesehen sind, z. B. die ritualisierten Kommunikationsformen des *rapping, sounding, signifying, rifting* und *fancy talk.* **Lit.** W. Labov, The Logic of Non-Standard English. In: Georgetown Monographs, No. 22, Georgetown 1969, 319–354. – Ders., Language in the Inner City: Studies in the B. E. Vernacular. Philadelphia 1972. – S. S. Mufwene, African-American English: Structure, History and Use. London u. a. 1998. – J. Rickford, African American Vernacular English: Features, Evolution, Educational Implications. Malden, Mass. 1999. – Ders. & R. Rickford, Spoken Soul: The Story of Black English. N. Y. 2000.   R

Blackfoot ↗ Algonkin-Sprachen

Blatnaja muzyka, blatnoj jazyk ↗ Rotwelsch

Blended Learning (auch: Integriertes Lernen) Unterrichtsform, in der Präsenzphasen und die virtuellen Lehr-/Lernmethoden und -umgebungen des ↗ E-Learnings miteinander verknüpft werden. B. L. erweitert damit das method. Spektrum um rechnergestützte Phasen ›selbstgesteuerten‹ und ›kooperativen‹ Lernens, ohne persönl. Kontakte innerhalb der Lerngruppe auf virtuelle Kommunikationsplattformen zu beschränken. In den selbstgesteuerten Phasen entscheidet der Lerner, wann oder wo eine Aufgabe bearbeitet wird, während in kooperativen (auch: ›kollaborativen‹) Phasen eine zeitgleiche Präsenz in entsprechenden virtuellen Lernumgebun-

gen vonnöten ist. Die Präsenzphasen (auch: ›face-to-face‹) dienen der Festigung gelernter Inhalte sowie der sozialen Interaktion, die in reinen E-Learning-Veranstaltungen auf virtuelle Kontakte begrenzt bleibt.   ES

Blickkommunikation ↗ Augenkommunikation

Blindenschrift Unter B. werden seit dem 17. Jh. Systeme verstanden, die es Blinden durch das Tasten ermöglichen, die Buchstaben des Alphabets zu erkennen. So ›übersetzte‹ der Jesuitenpater F. Lana die Buchstaben in eine Tafel, die aus vier Linien bestand, und markierte den Platz der einzelnen Buchstaben durch einen oder zwei Punkte. Auf diese Weise entstand eine ›Punkt-Winkelschrift‹. Die Grundelemente für eine tastende Erfassung, nämlich Linie und Punkt, sind in diesem Entwurf bereits entwickelt. Die Realisierung der Zeichen als erhabene erfolgte jedoch erst später. Die heute gebräuchliche sog. Braille-Schrift (benannt nach ihrem Erfinder L. Braille, 1809–1852) basiert auf einem Punktesystem, dessen Grundform zwei nebeneinander stehende Punktreihen mit je drei Punkten bilden. Aus den möglichen knapp 70 Kombinationen von einem bis sechs Punkten können Buchstaben, Interpunktions- und Rechenzeichen der meisten Spr. realisiert werden. Durch die UNESCO ist das Braille-Alphabet internat. standardisiert. Für viele Spr. existieren – wegen des großen Raumbedarfs der Braille-Schrift – spezielle Kurzschriftsysteme. Geschrieben wird die Schrift mit einer Schreibtafel, die in rechteckige Felder eingeteilt ist, unter denen sich sechs Vertiefungen befinden. Mit einem Stichel können so die Punkte gleichmäßig in das Papier gesetzt werden. Geschrieben wird von rechts nach links und seitenverkehrt, da das Blatt zum Lesen umgedreht werden muss, um die erhabenen Punkte ertasten zu können. Bei der Verwendung von Maschinen entfällt das spiegelverkehrte Schreiben, da die Punkte von unten nach oben gedrückt werden können. **Lit.** A. Mell, Zur Entwicklungsgeschichte der B. mit besonderer Rücksicht auf die Punktschrift. Wien 1919. – E. Freund, Leitfaden der dt. Blindenkurzschrift. Marburg/L. 1973.   S

Bliss-Symbole ↗ Sprachergänzende und -ersetzende Kommunikationssysteme, ↗ Universalschrift

Block ↗ Absatz

Blockierte Bildung Bez. für potentielle Wortbildungsprodukte, die nicht realisiert sind, weil gleichbedeutende Lexeme existieren (*unjung wegen *alt,* *unalt wegen *jung*) oder weil gleichlautende Lexeme mit anderer Bedeutung vorhanden sind (*blau* → *bläulich* aber: *grau* → *gräulich). Dass Homonyme vermieden werden, liegt auf der Hand (vgl. Plank 1981, 170–173), dass semant. Dubletten aus sprachökonom. Gründen (↗ Sprachökonomie 1.) nicht sinnvoll sind, ebenso. Allerdings führen Lexikalisierungen zu Bedeutungsverengungen, die Platz für bedeutungsähnliche Lexeme schaffen. **Lit.** A. Fill,

Remotivation and Reinterpretation. HSK 17, 2, 1615–1625. – F. Plank, Morpholog. (Ir-)Regularitäten. Tübingen 1981. ES

Blockiertes Morphem ↗ Unikales Morphem

Blockierung 1. Bez. für das Phänomen, dass eine Person in ihrem Gedächtnis ein Wort sucht, aber allenfalls ein anderes, ähnl. klingendes findet, z. B. beim Erinnern von Eigennamen. **2.** ↗ Blockierte Bildung. G

Blockschrift (engl. block letters) **1.** ↗ Satzschrift ohne Haar- und Grundstriche, Schraffen und Serifen, in Deutschland »serifenlose Linearantiqua« nach DIN 16518; ↗ Druckschrift (2). **2.** In unverbundenen Versalen (»Blockbuchstaben«) geschriebene Handschrift. G

Blumensprache In der Antike hatten etliche Blumen symbol. Bedeutungen, die auf Göttermythen zurückgingen. So war bei den Griechen die Narzisse Sinnbild der Vergänglichkeit, denn der schöne Jüngling Narkissos hatte den Zorn der Götter erregt und war von ihnen bestraft worden. Im Orient wird heute noch jeder Blume ein Sinn zugeordnet, die sprachl. jeweils eng mit dem Namen der Blume verbunden ist. In Europa wurden im 18. und 19. Jahrhundert ganze B. entwickelt, deren Reste bis heute fortwirken. So stehen bis in die Gegenwart die Mimose für Empfindlichkeit, die Rose für den Wunsch nach (körperlicher) Liebe, das Kleeblatt für Glück und Freundschaft. Die verschiedenen Broschüren und Abhandlungen über B. sind nicht widerspruchsfrei, das Veilchen bedeutet mal geheime Liebe, mal Treue, mal Bescheidenheit. Förderung erfährt die B. heutzutage vor allem durch den Blumenhandel. Soll die Botschaft durch die Blume eindeutig sein, empfiehlt es sich für Sender und Empfänger, Schenkende und Beschenkte, dasselbe Codebuch zu benutzen. **Lit.** Sag es mit Blumen. o. O. 1984. S

Bobo-Fing ↗ Mandesprachen

Bocotá ↗ Chibcha-Sprachen

Bohemistik (lat. Bohemia ›Böhmen‹) Akadem. Disziplin, die sich mit dem ↗ Tschechischen und den an diese Spr. gebundenen Gegenständen beschäftigt. HA

Bokmål ↗ Norwegisch

Bolgartürkisch ↗ Turksprachen

Boolean Phrase ↗ Konjunktionsphrase

Bootstrapping (engl. bootstrap ›Stiefelriemen‹) In der ↗ Psycholinguistik verwendete Bez. für eine induktive Spracherwerbsstrategie, mit deren Hilfe Hypothesen über sprachl. Strukturen aufgestellt werden. So isolieren Kinder Wörter, indem sie Lautketten unter Rückgriff auf bereits erworbene Intonationsmuster segmentieren (›prosod. B.‹). Sie generieren grammat. Wissen (z. B. Flexionsparadigmen), indem sie z. B. aus dem Vorhandensein von Pluralmarkierungen in entspr. Kontexten auf weitere grammat. Konzepte schließen und gezielt nach den entspr. Markern suchen (›syntakt. B.‹). Auch im L2-Erwerb sind B.-Effekte zu beobachten: Die

Existenz bestimmter Strukturen in der Muttterspr. veranlasst Lerner, nach Äquivalenten in der Fremdspr. zu suchen; ↗ Transfer. **Lit.** S. Pinker, Language Learnability and Language Development. Cambridge, Mass. 1984, 37 ff. ES

Bor ↗ Dinka

Borana ↗ Oromo

Bora-Sprachen ↗ Südamerikanische Indianersprachen, ↗ Witoto

Bororo Südamerikan. Sprachfamilie; Sprachgebiet: Teile des brasilian. Staates Mato Grosso. Zwei Spr. (Bororo und Umutina). Nur die Bororo-Spr. mit 1400 Sprechern wird noch gesprochen. Die B.-S. gehören zum Makro-Ge-Sprachstamm. (↗ Ge-Sprachen); Karte ↗ Südamerikanische Sprachen, im Anhang. **Lit.** A. D. Rodrigues, Línguas brasileiras. São Paulo 1986. AD

Bosnisch (bòsānski jezik) In Bosnien-Herzegovina von ca. 2 Mio. Sprechern verwendete S., die neben ↗ Kroatisch und ↗ Serbisch als dritte ↗ Amtssprache fungiert. Sprachplanungsbestrebungen zielen seit den 1990er Jahren darauf ab, eine sprachspezif. Norm zu schaffen und B. als ↗ Standardsprache zu etablieren. In der Slavistik ist der Status von B. kontrovers: Eigenständige Spr. oder eine nationale Varietät des ↗ Serbokroatischen? **Lit.** G. Neweklowsky, Serb., Kroat., Bosn., Montenegrin. – Perspektiven. In: L. Zybatow (Hg.), Spr.wandel in der Slavia. Die slav. Spr. an der Schwelle zum 21. Jh. Ein internat. Hdb. Teil 2. Ffm. 2000, 543–559. – D. Zabarh, Das Bosn. auf dem Weg zur Standardspr. Saarbrücken 2008. – N. Tölimir-Hölz, Bosnien und Herzegowina. Sprachl. Divergenz auf dem Prüfstand. Mchn. 2009. HA

Botlichisch ↗ Dag(h)estanische Sprachen

Botocudo Südamerikan. Sprachfamilie; Sprachgebiet: Mitte Ostbrasiliens; Karte ↗ Südamerikanische Sprachen, im Anhang. Es gibt noch einzelne Sprecher der Krenak- und Nakrehé-Dialekte in den Staaten Minas Gerais und São Paulo. Die B.-S. gehören wahrscheinl. zum Makro-Ge-Sprachstamm (↗ Ge-Sprachen). **Lit.** A. D. Rodrigues, Línguas brasileiras. São Paulo 1986. – L. Seki, Os Krenak (Botocudo Borum) e sua língua. In: L. Miranda (ed.), Actas I Congreso de Lenguas Indígenas de Sudamérica, Bd. 1. Lima 2000, 351–374. AD

Bottom-up (›von unten nach oben gerichtet‹. Auch: datengetrieben) In der ↗ Computerlinguistik verwendete Analysestrategie beim ↗ Parsing, bei der schrittweise ausgehend von den Wörtern eines Eingabesatzes der Aufbau der grammat. Struktur erfolgt. Wesentl. Nachteil des bottom-up-Ansatzes ist, dass der Algorithmus bei zykl. Regeln nicht terminiert; ↗ Induktion, ↗ Top-down. Z

Boustrophedon ↗ Schriftrichtung, ↗ Zeile

Brachylogie (griech. βραχυλογία (brachylogia) ›kurze Redeweise‹, lat. brevitās) Bez. der antiken ↗ Rhetorik und ↗ Stilistik für einen gedrängten, knappen Stil, der das zum Verständnis nicht unbedingt Notwendige, oft aber auch Notwendiges weglässt; neigt zu Dunkelheit. Als künstlerisches Gestaltungsmittel typ. für Sallust, Tacitus, in der Neuzeit H. von Kleist. – Mittel der B. sind ↗ Ellipse, ↗ Aposiopese, ↗ Apokoinou u. a.   SE

Brāhmī ↗ Indische Schriften

Brahui ↗ Dravidische Sprachen

Braille-Schrift ↗ Blindenschrift

Brainstem Evoked Response Audiometrie (Abk. BERA. Dt. Frühe Akust. Evozierte Hirnstamm-Potentiale (FAEP)) Besonders bei Säuglingen und Kleinkindern verwendetes objektives Hörprüfverfahren (↗ Audiologie), bei dem über am Kopf angebrachte Elektroden akust. evozierte Aktivitäten des Hirnstammes gemessen werden können. Die Grenzen dieses Messverfahrens liegen darin, dass genaue frequenzspezif. Messungen über die gesamte Hörschwelle nicht mögl. sind.   GT

Braj bhaṣā ↗ Indoarische Sprachen

Brandenburgisch (auch: Märkisch) Dialektverband im ↗ Niederdeutschen im Gebiet der zwischen dem 12. und dem 14. Jh. von ndt. Siedlern und Niederländern (urkundl.»Flandres«) besiedelten ehemals slavischsprachigen Mark Brandenburg. Die Gebiete der Neumark östl. der Oder sind seit 1945/46 polnischsprachig. Das B. grenzt im Osten an das Poln., im Westen an das ↗ Ostfälische, im Nordwesten mit einem breiten Interferenzraum an das ↗ Nordniederdeutsche, im Norden an das ↗ Mecklenburgisch-Vorpommersche, im Nordosten an das ↗ Mittelpommersche (bis 1945/46 auch an das ↗ Ostpommersche); im Süden besteht eine breitere Übergangszone zum ehemals ebenfalls niederdt., zum ↗ Ostmitteldeutschen übergetretenen Gebiet des ↗ Nordobersächsisch-Südmarkischen, das sprachl. bereits mitteldt. Berlin mitumfasst (↗ Berlinisch); Karte ↗ Deutsche Dialekte, im Anhang. Mit dem Mecklenburgisch-Vorpommerschen, dem Mittelpommerschen, Ostpommerschen und ↗ Niederpreußischen teilt das B. den Einheitsplural des Verbs auf -e(n) (z. B. *make(n)* ›wir, ihr, sie machen‹) gegenüber -(e)t in den sonstigen niederdt. Dialekten, deshalb für diese auch die Gruppenbezeichnung »Ostniederdt.«. Neben dem stark vom Niederfränk.-Ndl. durchsetzten Lexikon kann u. a. die Form *det* ›das‹ (vs. sonst *dat*) als Kennzeichen des B. gelten, ferner die Palatalisierung von mnd. /a/ (z. B. [ænəs] ›anders‹) und in der Morphologie der Zusammenfall von Dativ und Akkusativ in der Akkusativform (wie im niederfränkischen): *up det Feld* ›auf dem Feld‹, *hinter det Hus* ›hinter dem Haus‹. Das B. ist nach Kriterien des Vokalismus in einen nördl. (Kennform *ẹzl* ›Esel‹) und einen südl. *(ęazəl)* Bereich binnengegliedert. **Lit.** A. Bretschneider, Die brandenburg. Sprachlandschaft. Gießen 1981. – P. Wiesinger, Die Einteilung der dt. Dialekte. HSK 1, II, 880–885. – D. Stellmacher, Ostniederdt. LGL ²1980, 464–468. – Brandenburg-Berlinisches Wb. Bd. 1–4 Bln., Neumünster 1963–2001.   DD

Brasilianisches Portugiesisch Größte portugies. Sprachgemeinschaft, ca. 150 Mio. Sprecher. In einigen wichtigen Punkten basiert das b. P. auf den Dialekten des Südens von Portugal. Gelegentlich sind ältere Formen erhalten, aber das b. P. durchlief andere Innovationsschübe als das europ. Portugies. Durch die rasche Urbanisierung ist das b. P. relativ instabil, wiewohl sich eine brasilian. Norm in den Großstädten herausbildet, die sowohl konservative als auch innovatorische Züge trägt. Phonologie: Vokalisierung von velarem [1] (*Brasil* [brasiw]), neue Diphthongierung in betonter Stellung vor finalem [ʃ] (*atrás* [atrajʃ]), weniger Palatalisierung von auslautendem -s als im europ. Portugies., dagegen aber stärkere Affrikatisierung von finalem [d, t] zu [dʒ, tʃ], Clustervereinfachung (*director > diretor, óptimo > ótimo*). Morphosyntax: Ersetzung des Gerundiums durch Infinitiv in Konstruktionen mit *estar* + Verb; Akzeptanz des unbetonten Pronomens in Initialstellung. Daneben eine Reihe von lexikal. Innovationen, aber stärker aus dem afrikan. als dem indigenen Bereich. **Lit.** V. Noll, Das b. P.: Herausbildung und Kontraste. Heidelberg 1999.   HU

Bray bháká ↗ Indoarische Sprachen

Breadth-first search ↗ Suchalgorithmus

Breathy   ↗ Aspiration,   ↗ Phonation,   ↗ Plosiv, ↗ Stimmqualität

Brechung (engl. breaking, frz. fracture) Auf J. Grimm zurückgehende Bez. für verschiedene Fälle von Senkung oder ↗ Diphthongierung unter dem Einfluss folgender Vokale oder Konsonanten in mehreren germ. Spr., z. B. im Got. *i > e* ⟨ai⟩ und *u > o* ⟨au⟩ vor *h, ƕ* oder *r* (germ. **li(g)wum >* got. *laiƕum* ›wir liehen‹). Die Senkung von *i, u > e, o* (auch in *eu > eo*, später *io*) vor *e, a, o* der Folgesilbe im Ahd. (ahd. *ˌsmeckar* ›zierlich‹ ggü. altengl. *smicer* ›hübsch‹) wird auch als a-↗ Umlaut bezeichnet (zusammen mit der früheren Entwicklung von *e > i* vor *i, j, u* der Folgesilbe ergab sich hier eine charakterist. Verteilung von *e* und *i, o* und *u*: ↗ Vokalharmonie. Im weitesten Sinn wird auch der u-Umlaut im Altengl. und Altnord. zur B. gerechnet. Heute bezeichnet man als B. üblicherweise nur Diphthongierungen wie altengl. *a > ea, e > eo* vor einfachem *h* und vor *r, l, h* + Kons. (altengl. *earm* ggü. ahd. as. *arm* ›arm‹; altengl. *heorte* ggü. as. *herta* ›Herz‹) oder altnord. *e > ia* (vor *a*) bzw. *io, io* (vor *u* und *w*) (urnord. **snellaʀ >* altnord. *sniallr* ›tüchtig‹; **meku >* anord. *miǫk* ›viel‹).   GZ

Breitensuche ↗ Suchalgorithmus

Breslauisch ↗ Hochpreußisch

Bretonisch (Eigenbez. Brezhoneg) Idg. Spr., die dem britann. Zweig der ↗ keltischen Sprachen angehört und durch Migration aus Britannien (Süd-Wales, Cornwall) auf die Halbinsel Aremorica (heutige Bretagne) gelangte. Älteste Denkmäler sind Glossen und Cartularien aus dem 7.-9. Jh.; Mysterien, Ritterromane u. a. sind aus dem 16./17. Jh. überliefert. Das Sprachgebiet ist schon im Mittelalter stark geschrumpft (Romanisierung der Haute Bretagne) und wird heute etwa von einer Linie Guingamp – Pontivy – Muzillac begrenzt. Die Angaben zu Sprecherzahlen (nichtamtlich) schwanken zwischen 20.000 und 700.000; Karte ↗ Europäische Sprachen, im Anhang. Von den vier Dialekten Léonnais (Leoneg), Trégorois (Tregereg), Cornouaillais (Kerneveg) und Vannetais (Gwenedeg), die sich schon während der britann. Besiedlung ausgebildet haben mögen, zeigt das Vannetais stärker abweichende Züge, möglicherweise unter Einfluss des damals noch existierenden ↗ Gallischen **Lit.** J. Stephens, Breton. In: M. Ball & J. Fife (eds.), The Celtic Languages, London 1993, 349–409. – E. Ternes, The Breton Language. In: D. Macaulay (ed.), The Celtic Languages, Cambridge 1992, 371–452. – F. Favereau, Grammaire du breton contemporain. Morlaix 1997. – J. Heinicke, Bretonisch. In: Th. Roelcke (ed.), Variationstypologie. Berlin 2003, 308–323. RO, W

Breve ↗ Diakritikon

Brevier ↗ Rheinländer

Brevitas ↗ Brachylogie

Bribri ↗ Chibcha-Sprachen

Briefmarkensprache Möglichkeit, durch Anordnung zweier Briefmarken auf einer Postsendung zusätzl. Botschaften auszudrücken. Diese Botschaften sind beschränkt auf einige wenige Aussagen neckischen Inhalts. Der Absender bedient sich – vornehml. auf Postkarten – dabei eines Codes, der vom Empfänger entschlüsselt werden kann, wenn ihm die festgelegten Regeln bekannt sind. So bedeutet in einer Reihe von zwei Marken eine stufenförmige Anordnung, bei der die zweite Marke leicht nach unten verschoben ist, ›Vergiss mich nie‹, zwei kopfstehende, stufenförmig verklebte Marken in aufsteigender Linie stehen für ›Ich bin Dir treu‹. Nachgewiesen ist die B. seit Anfang des 20. Jahrhunderts, ihre Hoch-Zeit hatte sie in den fünfziger Jahren, als Gefühlsthemen für viele Menschen in Deutschland ein Tabu waren. Gerne wurden zur Übermittlung des Codes solche Postkarten verwendet, auf deren Vorderseite die Botschaft in Bildform abgebildet war, oft verziert mit Herzen und Versen, die den Bezug zur Symbolik der rückseitig verwendeten Briefmarken eindeutig herstellten. Solche Karten mit entsprechenden Markenpaaren sind heute beliebte Sammelgegenstände. S

Britannisch ↗ Inselkeltisch

British Council ↗ Sprachenpolitik

Broca-Aphasie (auch: motorische Aphasie. Engl. Broca's aphasia) Vor 150 Jahren entdeckte der frz. Chirurg Paul Broca (1824–1888), dass Hirnschädigungen – z.B. durch Durchblutungsstörungen (Sauerstoffmangel, Schlaganfall) oder Schädel-Hirntrauma – im unteren Abschnitt der dritten Stirnwindung der (meist) linken ↗ Hemisphäre, dem Brocaschen Zentrum, zu einem Sprachversagen (↗ Aphasie) führen, das bei weitgehend intaktem Sprachverständnis und dadurch bedingtem ausgeprägten Störungsbewusstsein der Betroffenen gekennzeichnet ist durch massiv verzögerte, unvollständige und fehlerhafte Sprechweise (»Telegrammstil«) mit ↗ Agrammatismus, phonemat. ↗ Paraphasien und z.T. starken ↗ Wortfindungsstörungen. Die Muskulatur der ↗ Artikulationsorgane ist dabei nicht gelähmt. Mit seiner Fallbeschreibung hat Broca bis heute Vorstellungen zur Hemisphärendominanz und Lokalisation von Aphasieformen nachhaltig beeinflusst. **Lit.** J. Tesak, Geschichte der Aphasie. Idstein 2001. – W. Huber, K. Poeck & D. Weniger, Aphasie. In: W. Hartje & K. Poeck (Hgg.), Klin. Neuropsychologie. Stgt., N. Y. ⁵2002, 93–173. GL, GT

Brocasches Zentrum (auch Brocasche Sprachregion, motorisches Sprachzentrum. Engl. Broca's convolution) Nach dem frz. Chirurgen Paul Broca (1824–1880), dem Entdecker ihrer Bedeutung für die Spr. benannte Region der Großhirnrinde (↗ Gehirn) im unteren Abschnitt der dritten Stirnwindung der (meist) linken Hemisphäre. Eine Schädigung dieses Rindenareals, beispielsweise durch Durchblutungsstörung (Sauerstoffmangel, Schlaganfall) oder Schädel-Hirntrauma, führt zu einer ↗ Broca-Aphasie (früher: motorische Aphasie). GL

Bruchzahl ↗ Partitivzahl, ↗ Numerale

Brückendiagramm ↗ Kastendiagramm

Brückensprache ↗ Verständigungssprache, ↗ lingua franca

Brust (griech. θώραξ (thōrax) ›Brustpanzer, Harnisch‹, engl. breast, frz. poitrine). Die B. beherbergt die Brusthöhle, die obere große Körperhöhle des Rumpfes. Ihre äußere Begrenzung bildet die elast. Brustwand. Diese ist aus 12 Rippenpaaren, dem Brustbein und der Brustwirbelsäule sowie der dazugehörigen Muskulatur aufgebaut. Die Rippen sind dünne, halbkreisförmig gebogene Knochen, die hinten mit den Wirbeln der Wirbelsäule beidseitig jeweils zwei gelenkige Verbindungen bilden. Dadurch sind sie nach oben und auswärts beweglich, was eine erhebl. Umfangs-, d.h. Volumenerweiterung des Brustraumes ermöglicht. Vorne sind die Rippen über eine elast. Knorpelzone mit dem Brustbein verbunden, die Zwischenrippenmuskeln (Intercostalmuskeln) verbinden sie bewegl. untereinander. Für die Atemmechanik sind weiterhin die Muskulatur des Schultergürtels und der Bauchwand sowie v.a. das Zwerchfell (↗ Diaphragma) von Bedeutung. Letzteres grenzt die Brusthöhle nach unten hin zur Bauchhöhle (Abdominalhöhle) ab. – Die Brusthöhle untergliedert sich in drei nebeneinander liegende, voneinander abgegrenzte Höhlen: In der Mitte das Mediastinum, links und rechts je eine Pleurahöhle. Diese sind mit einer glatten Haut, dem Rippenfell (lat. pleura parietālis) ausgekleidet, und enthalten je einen Lungenflügel (↗ Lunge). Letztere sind mit dem Lungenfell (pleura viscerālis) überzogen. Zwischen den beiden Pleurablättern (Rippen- und Lungenfell) herrscht ein Unterdruck, der die Entfaltung der Lunge entgegen ihrer elast. Tendenz zur Volumenverminderung gewährleistet. Durch ihre glatte und feuchte Oberfläche sind die Pleurablätter gegeneinander verschieblich. Durch diese Verschiebeschicht (Pleuraspalt) werden die Atemexkursionen der Brustwand auf die Lungenflügel übertragen. Dies führt ebenso wie die Aktivität des Zwerchfells zu einer Volumenänderung der Lunge. Kommt es, z. B. durch eine Verletzung, zu einem Lufteintritt in den Pleuraspalt, geht der Unterdruck verloren: die Folge ist ein Zusammenfallen des betroffenen Lungenflügels (Pneumothorax). Zwischen beiden Pleurahöhlen befindet sich das Mediastinum, das neben dem Herzbeutel auch die Speiseröhre, die Luftröhre mit den Hauptbronchien, die großen Blutgefäße sowie Strukturen des Nerven- und Lymphsystems enthält. – Die B. beherbergt also im Wesentl. die großen Organe des Kreislaufes und der ⁊ Atmung. Da der Luftstrom der Ausatmung den »Betriebsstoff« für die ⁊ Phonation liefert, ist die B. anatom. von besonderer Bedeutung für die ⁊ gesprochene Sprache. **Lit.** R. Putz, Brustkorb, Compages thoracis. In: J. Straubesand (Hg.), Benninghoff Anatomie, Bd. 1. Mchn. [14]1985, 283–289. – D. Drenkhahn (Hg.), Anatomie. Bd. 1. Mchn. [16]2003.   GL

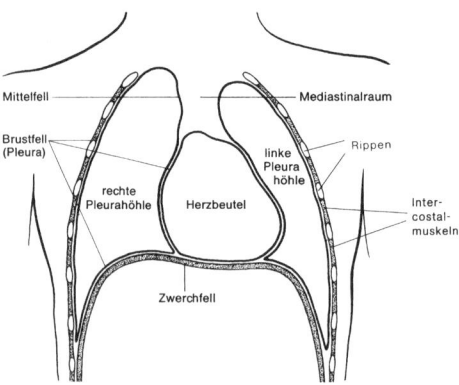

Brustraum, Frontalschnitt

Bruststimme ⁊ Stimme
BSE ⁊ Bad Simple English
Buccal ⁊ Oral
Buchdruck (auch: Druck. Engl. letter press, letter printing) Techn. Verfahren zur Herstellung von Büchern und Druckschriften unter Verwendung von bewegl., d. h. wieder verwendbaren Lettern, die spiegelverkehrt auf einer Druckplatte angeordnet, mit Druckerschwärze eingefärbt und auf den Druckbögen abgedruckt werden. Im Hochdruckverfahren drucken nur die erhabenen Teile. Die Lettern wurden aus einer Legierung von Blei, Zinn und Antimon mit einem Handgießinstrument in einer Hohl-

form des Buchstabens (Matrize), die mithilfe des handgeschnittenen Punzens hergestellt wurde, gegossen, nach dem Abdruck abgelegt und für einen neuen Schriftsatz wieder entsprechend auf dem Winkelhaken zu Zeilen und diese auf dem Setzschiff zu Seiten oder Spalten zusammengestellt. Die Bögen wurden einmal (Folioformat, 2°), zweimal (Quartformat, 4°) oder dreimal (Oktavformat, 8°) gefaltet und dann zu Lagen zusammengelegt, deren obere und rechte Ränder durch Beschnitt geöffnet werden müssen. Die Reihenfolge der Lagen und Blätter wurde durch Signaturen und Kustoden, deren Reihenfolge am Schluss im Registrum verzeichnet war, für den Buchbinder gesichert. Erfinder des Verfahrens ist der Mainzer Johannes Gutenberg (1394/99–1468). Die ältesten sicher datierbaren Druckerzeugnisse stammen vom Ende des Jahres 1454, das älteste gedruckte Buch mit einem Kolophon ist der Mainzer Psalter von 1457. Die »zweiundvierzigzeilige Bibel« wurde spätestens im Sommer 1456 vollendet. Von Mainz verbreitete sich der B. noch im 15. Jh. in Deutschland (Bamberg, Straßburg, Basel, Augsburg, Nürnberg) und Europa, häufig durch dt. Drucker: Subiaco 1464, Rom 1466, Venedig 1469, Utrecht vor 1470, Paris 1470, Valencia 1473, Krakau 1473, Ofen 1473. Der erste engl. Text wurde 1474 in Brügge gedruckt, danach verlegte W. Caxton seine Druckerei nach Westminster. In London wurde seit 1491 gedruckt. Der Bamberger Drucker Albrecht Pfister verband zuerst B. mit Illustration durch Holzschnitte, wie es in den Blockbüchern vorgebildet worden war. Der durch den Zeilensatz (Linotype) beschleunigte B. wird heute für Massenauflagen durch Offsetdruck und ansonsten durch computergesteuerte Satz- und Druckverfahren weitgehend ersetzt.   EN

Buchenargument Eines der Hauptargumente für mitteleurop. Herkunft der idg. Grundsprache. Aufgrund der Wortgleichung germ. *bōkō (> nhd. *Buche*), lat. *fāgus* ›Buche‹, griech. φηγός (fēgós) ›Speiseeiche‹ (unsicher russ. *buziná* ›Holunder‹ und kurd. *būz* ›Ulme‹; vgl. aber die *silva Bācenis* bei Caesar, mittelalterl. *Boconia*, sowie *-bagos* in kelt. Ortsnamen) postulierte man eine idg. »Urheimat« innerhalb des Verbreitungsgebiets der Buche (westl. der Linie Krim–Königsberg). Das B. wird heute weitgehend abgelehnt, weil es nicht sicher ist, welche Baumart das idg. Wort wirkl. benannte. **Lit.** J. P. Mallory & D. Q. Adams, The Oxford Introduction to Proto-Indo-European and the Proto-Indo-European World. Oxford 2006.   RK

Buchpahlavi ⁊ Mittelpersisch
Buchreligion Religiöse Gemeinschaft, deren Glaubensinhalte und Dogmen (i. d. R. in einer ⁊ heiligen Sprache) in kanonischen Büchern fixiert sind, namentl. das Judentum (Thora), das Christentum (NT) und der Islam (Koran). Auch andere Glaubensgemeinschaften stützen sich auf solche Bücher (z. B. die Buddhisten, die Konfuzianer, die Mormonen),

ohne dass sie zu den B. gerechnet werden; ↗ Schriftlichkeit.   G
Buchrolle Durch den Beschreibstoff ↗ Papyrus bedingte ursprüngl. Form des handschriftl. Buches
(Volumen) in Antike und Spätantike. Im MA vor
allem in liturg. Bereich (Exultetrollen) und für die
Aufzeichnung dramat. Texte gebräuchl., gelegentlich auch für Archivalien. Die Beschriftung erfolgte
in der Antike wegen der Faserung des Beschreib-
stoffs parallel zu den Längsseiten, im MA auf Pergament parallel zu den Schmalseiten der B.   EN
Buchschrift Bez. für die kalligraph. geprägten
Schriftarten, die in Handschriften Anwendung finden, wobei am Ende eines jeden Buchstabens das
Schreibwerkzeug vom Beschreibstoff abgehoben
wird. Im Gegensatz zu den kursiv beeinflussten,
auf Schreibgeschwindigkeit hin ausgelegten Ge-
schäfts- oder Urkundenschriften weist die B. ein
schöneres Schriftbild und meist eine bessere Lesbarkeit auf. Hauptarten sind ↗ Unziale, ↗ Halbunziale, ↗ Nationalschriften, präkaroling. und ↗ karolingische Minuskel, ↗ gotische und humanist. Minuskel;
↗ Geschäftsschrift, ↗ Kanzleischrift, ↗ Urkundenschrift.   EN
Buchstabe (engl. character, type, letter) ↗ Schriftzeichen in ↗ alphabetischen ↗ Schriftsystemen. B.
sind keine Ausdrucksformen von Einheiten des
↗ Sprachsystems, sondern Elemente von Inventaren
graph. Gestalten, die im ↗ Schriftsystem der jeweiligen Einzelsprache strukturell und funktional definiert sind. Ein B. fungiert als ↗ Graphem, wenn im
Schriftsystem, zu dessen Inventar er gehört, für ihn
eine feste ↗ Korrespondenz zu einem Phonem oder
einer Phonemverbindung etabliert ist. In vielen
Schriftsystemen werden aus festen Verbindungen
zweier oder mehrerer B. kombinierte Grapheme gebildet, z. B. dt. ⟨sch⟩ zur Bezeichnung von /ʃ/ (außer
an Morphemgrenzen, z. B. ⟨Häuschen⟩). Zwischen
den Termini B. und Graphem besteht keine Beziehung gegenseitiger Inklusion. Zwar werden alle
Grapheme durch B. oder feste Kombinationen von
B. repräsentiert, aber nicht jeder B. ist in jeder
graph. Distribution ein Graphem; z. B. sind ⟨s⟩, ⟨c⟩
und ⟨h⟩ in dt. *schwach* und ital. *schiccherone*
[skikeˈrɔne] ⟩Säufer⟨ keine Grapheme, nur ⟨sch⟩
und ⟨ch⟩ bzw. ⟨ch⟩ und ⟨cch⟩. In manchen Spr. gibt
es B., die nie Graphemstatus haben, z. B. das
↗ Weichheitszeichen der ↗ Kirillica. In phonolog.
tiefen Schriftsystemen (↗ Graphem) sind die graphemat. Funktionen der B. komplex und ohne Rekurs v. a. auf morpholog. Gesichtspunkte unanaly-
sierbar. **Lit.** D. Abercrombie, What is a Letter?
Lingua 2, 1949/50, 54–63.   G
Buchstabenname Bez. der Buchstaben des Alphabets einer Spr. in dieser Spr. In älteren Stufen sind
die B. oft ↗ akrophonisch gebildet, d. h. dass eine
Gegenstandsbezeichnung als B. dient, deren Bezeichnetes der Buchstabengestalt ähnl. ist und deren
erster Laut den Lautwert des jeweiligen Buchsta-

bens besitzt (z. B. nordwestsemit. *beth* ⟩Haus⟨ für
den Buchstaben mit dem Lautwert [b]). B. sind in
den meisten Spr. lexikalisiert; sie werden z. B. beim
↗ Buchstabieren und beim Aufsagen der Alphabetreihe verwendet.   G
Buchstabenschrift ↗ Alphabetische Schrift
Buchstabenvariante Buchstaben weisen vielfach
mehrere Gestaltvarianten auf. Die Variation kann
systemat. eingesetzt werden, z. B. in Korrelation
zu Positionen im Wort (etwa im pers.-arab. Alphabet), zur Wortart bzw. zu syntakt. Positionen
(↗ Groß- und Kleinschreibung), sie kann auf synchron undurchsichtigen histor. Differenzierungen
(z. B. a vs. ɑ, g vs. ɡ) und v. a. ästhet. und typograph. Ausdrucksbedürfnissen beruhen. Die Etablierung einer ↗ Graphetik zum Studium dieser
Variation wurde vorgeschlagen.   G
Buchstabenverbindung ↗ Ligatur
Buchstabieren Übermittlung der Schreibung eines
Wortes durch das Sprechen der Namen der Buchstaben (↗ Akrophonie), aus denen es zusammengesetzt ist, z. B. für ⟩Glück⟨ [geː ˀɛl uˀˀumlaɔt tseː kaː].
Standardisiert ist dieses Verfahren in nat. und internat. Buchstabieralphabeten (sie sind in Telefonbü-
chern nachzuschlagen), in denen Eigennamen nach
dem akrophon. Prinzip verwendet werden (z. B.
Caesar bzw. *Casablanca* für C).   G
Buchstabiermethode ↗ Lesenlernen, ↗ Schreibenlernen
Buduchisch ↗ Dag(h)estanische Sprachen
Buginesisch (Eigenbez. basa Wugi) West-↗ austronesische Sprache in Südwest-Sulawesi (Celebes) und
in den Küstenregionen von Südost-Sulawesi, Indonesien. Süd-Sulawesi-Sprachgruppe. 2,313 Mio.
Sprecher. Ferner bugines. Emigranten auf Borneo
(400 000); Karte ↗ Austroasiatische Sprachen. Wichtige Dialekte: Wajo, Sidenreng, Parepare, Soppeng,
Palakka, Enna. Alte Schrift ind. Ursprungs, *lontara*-
Handschriften. ↗ Indonesisch als offizielle Spr.   CE
Bühlersches Organonmodell Von dem Sprachpsychologen Karl Bühler (1879–1963) in mehreren Arbeiten (insbes. 1918, 1933) entwickeltes und dann in
seiner »Sprachtheorie« (1934) als erster »Leitsatz«
ausgearbeitetes Sprach-(Zeichen-)Modell. Den Ausdruck ⟩organon⟨ (griech. ὄργανον ⟩Werkzeug⟨) zur
Kennzeichnung von Sprache übernimmt Bühler aus
Platos ⟩Kratylos⟨, und zwar in der Form »die Sprache
sei ein organum, um einer dem andern etwas mitzu-
teilen über die Dinge« (1934, 24). Diese Bestimmung ist allerdings ledigl. einer der Ausgangspunkte
für die Bühlersche Analyse. In krit. Auseinandersetzung mit einer naiv-kausalist., besonders mit der
behaviorist. Interpretation (↗ Behaviorismus) von
Spr. entwickelt Bühler das O. über den platon. Ansatz hinaus. Besonders die Unterscheidung von Phonologie vs. Phonetik ist für das Verständnis des O.
zentral. Im Mittelpunkt steht das »konkrete Schall-
phänomen« (der Kreis in der Abb.), das phonet. Ereignis, das freilich nur durch die unterschiedl. se-

mant. Funktionen (die in der Abb. durch die drei Linienscharen angedeutet werden) »zum Rang eines Zeichens zu erheben« ist, diese Zeichenqualität also nicht »an sich« hat. Vielmehr gewinnt es seine Zeichenqualität erst und allein durch die Interaktion der Interaktanten. Die drei Seiten des Dreiecks »symbolisieren« die drei »variablen Momente«, die dem Schallereignis zur Zeichenqualität verhelfen. Dabei ergibt sich ein »Weniger« und ein »Mehr« gegenüber dem phonet. Ereignis: nicht alles, was zum phonet. Ereignis gehört, ist für das Zeichen relevant, von einigem wird vielmehr abstrahiert (»Prinzip der abstraktiven Relevanz«); das Zeichen geht aber auch nicht im (sinnl. wahrnehmbaren) Schallereignis auf, sondern es wird im Prozess der Wahrnehmung mental ergänzt (»apperzeptive Ergänzung«). So ist das Sprachzeichen also in sich bereits hinsichtl. seiner (bei Bühler nicht eigens bezeichneten) Lautseite komplex strukturiert. Dies gilt noch stärker, sobald die kommunikativen Funktionen in die Analyse einbezogen werden. – Die drei durch die interaktiven Aufgaben bestimmten Funktionen des Sprachzeichens bestimmt Bühler als ↗ Symbol, Symptom und ↗ Signal. »Symbol (ist es) kraft seiner Zuordnung zu Gegenständen und Sachverhalten, Symptom (Anzeichen, Indicium) kraft seiner Abhängigkeit vom Sender, dessen Innerlichkeit es ausdrückt, und Signal kraft seines Appells an den Hörer, dessen äußeres und inneres Verhalten es steuert wie andere Verkehrszeichen« (1934, 28). Am konkreten Zeichen kommen alle drei Funktionen freilich im allg. gemeinsam vor: »Dasselbe konkrete Phänomen ist Gegenstandszeichen, hat einen Ausdruckswert und spricht den Empfänger… an, es hat Appell-Werte« (1934, 35). Diese drei Funktionen, die die Zeichenhaftigkeit konstituieren, weisen dem O. »drei weitgehend unabhängig variable Sinnbezüge« (ebd.) zu. Diese sind analyt. an »den reinsten Exempeln«

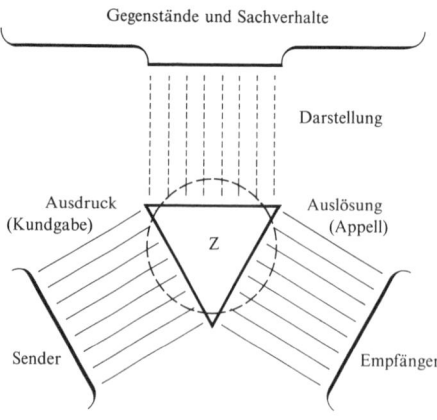

Das Bühlersche Organonmodell

(1934, 31) zu erarbeiten – wobei insgesamt das O. konsequenterweise »drei Bücher über die Sprache« verlangt (1934, 33). – Dieses Programm Bühlers ist bis jetzt nicht ausgearbeitet worden. Vielmehr ist die Rezeption, die in den 1960er Jahren in der dt. Ling. zunächst und allein das O. betraf (noch nicht Bühlers Theorie der ↗ Deixis), durch mehrfache Verkürzungen gekennzeichnet, in denen besonders das komplexe Zweistufen-Konzept des Zeichens (›Zweifeldertheorie‹) wie die stark methodolog. Implikationen der Bühlerschen Argumentation, aber auch ihr wissenschaftsgeschichtl. (insbes. ihr psycholog. und philosoph.) Zusammenhang nicht hinreichend beachtet wurden. – Bühlers Ausführungen trugen dazu freilich auch durch die Art seiner Wissenschaftsspr. selbst bei, in der terminolog. Konstanz und Systematisierung nur bedingt erreicht wurden. Diese Problematik betrifft insbes. das bei Bühler kaum geklärte Verhältnis von »Zeichen« und »Sprache«: Werden im O. Aussagen über das Zeichen oder über die Sprache gemacht? Die weitgehende Auswechslung beider Ausdrücke im Teil I der »Sprachtheorie« unterstellt eine Gleichheit, die mit anderen Teilen des Werkes (bes. in der Theorie der ↗ Deixis) nur schwer in Übereinstimmung zu bringen ist. **Lit.** K. Bühler, Krit. Musterung der neueren Theorien des Satzes. IJ 6, 1918, 1–20. – Ders., Die Axiomatik der Sprachwissenschaften. Kant-Studien 38, 1933 (Neudruck Ffm. 1969), 19–90. – Ders., Sprachtheorie. – A. Eschbach, Bühler-Studien. 2 Bde. Ffm. 1984. – F. Vonk, Gestaltprinzip und abstraktive Relevanz. Münster 1992.   E

Bühnenaussprache ↗ Aussprache

Bühnenhochlautung ↗ Aussprache

Bulgarisch (Eigenbez. bǎlgarski) ↗ Slavische Sprache des ↗ südslavischen Zweigs. Das B. wird von ca. 8 Mio. Sprechern in der Republik Bulgarien (es ist dort die einzige Amtsspr.) benutzt sowie von den bulg. Minderheiten in Mazedonien, Nordgriechenland, Rumänen, der Moldau und der Ukraine; Karte ↗ Europäische Sprachen, im Anhang. – Älteste belegte Zeugnisse des B. stammen aus dem späten 10. Jh. und sind auf ↗ Altkirchenslavisch bzw. Altbulgar. abgefasst. Eine neubulgar., v.a. von ksl. Einflüssen bereinigte Standardspr. bildete sich erst zum Ende des 19. Jh. heraus. – Das B. verfügt über einige Merkmale, die auf intensive, areal-histor. gewachsene Kontakte zu seinen Nachbarspr. zurückzuführen sind, u.a. den Verlust der Nominaldeklination (Kasusabbau) und die Einführung eines definiten Artikels; es wird daher zum ↗ Balkansprachbund gezählt. **Lit.** H. Walter & E. Karvanbasieva, Lehrbuch der bulg. Spr. Lzp. 1987. – P. Hill, Das Bulgar. In: P. Rehder (Hg.), Einf. in die slav. Spr.n. Darmstadt ³1998, 310–325. – P. Asenova, Bulgarian. In: U. Hinrichs (Hg.), Hdb. der Südosteuropa-Ling. Wiesbaden 1999, 211–238. – R. K. Hauge, A Short Grammar of Contemporary Bulgarian. Bloomigton 1999. – R. Rusionov & S.

Georgiev (Hgg.), Encikolpedija na săvremennija bălgarski ezik [Enzyklopädie der bulg. Gegenwartsspr.]. Veliko Tărnovo 2000. – S. Daieva-Schneider, B. lernen, Bulgarien verstehen. Bln. 2009. HA

Bunak ↗ Papuasprachen, ↗ Timoresisch

Bundelī ↗ Indoarische Sprachen

Bündnerromanisch ↗ Rätoromanisch

Bunun ↗ Formosa-Sprachen

Bura ↗ Tschadische Sprachen

Burgundisch Altgerman. Dialekt des zu den Ostgermanen zählenden Volks der Burgunder. Das B. ist nur in Sprachresten überliefert, vor allem aus dem Bereich der Namenüberlieferung, ferner auch einige Rechtswörter aus der Lex Burgundionum (um 500); ↗ Französisch, ↗ Germanisch, ↗ Ostgermanisch. MO

Burjat-Mongolisch (Eigenbez. Burjaad chelen. Auch: Burjätisch.) Ostmongol. Spr.; ↗ Mongolisch. Sprachgebiet: Burjat-Mongol. ASSR, Nordosten der Mongolei sowie das Bargu-Gebiet in der Inneren Mongolei; ca. 750 000 Sprecher; Karte ↗ Paläoasiatische Sprachen, im Anhang. Das B. ist in der ehemaligen UdSSR Schriftspr., ab 1931 zunächst in lat., ab 1938 in kyrill. Schrift. Im Gegensatz zum Ujguromongol. und Khalkha-Mongol. hat das B. (ähnlich wie die Turkspr.) auf der Basis angehängter Personalpronomina Possessivendungen und Personalendungen entwickelt. **Lit.** Y. Konogaya (ed.), A People Divided: Buriyat Mongols in Russia, Mongolia and China. Köln 2002. MI

Burmesisch ↗ Sino-Tibetische Sprachen

Burunge ↗ Kuschitische Sprachen

Buryat ↗ Burjat-Mongolisch

Burzios Generalisierung (engl. Burzio's Generalization, frz. Généralisation de Burzio) Von L. Burzio (1986, 185) postulierter Zusammenhang zwischen dem Vorhandensein einer themat. Subj.position (d. h. der Existenz einer Subj.-↗ Theta-Rolle) und der Fähigkeit eines Verbs, seinem Obj. einen strukturellen Kasus (d. h. Akk.) zuzuweisen. Demnach sollte es universal kein Verb geben, das seinem Subj. eine ↗ Theta-Rolle, seinem Obj. aber keinen Kasus zuweist und umgekehrt. In der ↗ Rektions-Bindungs-Theorie kann die B. G. teilweise aus übergeordneten Prinzipien abgeleitet werden, im ↗ Minimalismus führt sie H. Haider (in: Reuland 2000) auf Ökonomieprinzipien über die Kasuslizensierung zurück. **Lit.** L. Burzio, Italian Syntax. Dordrecht 1986. – L. Pylkkanen, Introducing Arguments. Diss. MIT Cambridge, Mass. 2002. – E. Reuland (ed.), Arguments and Case: Explaining Burzio's Generalization. Amsterdam 2000. – E. Woolford, Burzio's Generalization, Markedness, and Locality Constraints on Nominative Objects. In: E. Brandner & H. Zinsmeister (eds.), New Perspectives on Case Theory. Stanford 2003, 301–329. F

Buschmannsprachen ↗ Khoisan-Sprachen

Bwamu ↗ Gur-Sprachen

Byzantinisch-Griechisch ↗ Mittelgriechisch

Byzantinistik (auch: Byzantinologie) Wiss. von Geschichte, Spr. (↗ Mittelgriechisch) und Kultur des Oström. bzw. Byzantin. Reiches (von der Teilung Roms 395 u. Z. bis zur türk. Eroberung Konstantinopels 1453). Grundlage ihrer Entstehung war, wie für die ↗ Neogräzistik, das Interesse des Renaissance-Humanismus an allem Griech. Im Rahmen der Herausbildung neuer philolog. Fächer konstituierte sich die B. Ende des 19. Jh. an Universitäten als selbständige Disziplin, die auch heute noch meist die ↗ Neogräzistik mit abdeckt (1892 erster Lehrstuhl für B. in Mchn.: K. Krumbacher). **Lit.** ↗ Griechisch. **Zs.**, Byzantin. Zs. Mchn. 1894 ff. **SSG** Bayerische Staatsbibliothek München (12). F

Cabécar ↗ Chibcha-Sprachen

Cabo Delgado ↗ Makua

Cachurisch ↗ Dag(h)estanische Sprachen

Caddo-Sprachen ↗ Nordamerikanische Sprachgruppe der ↗ Makro-Sioux-Sprachgruppe. Sprachgebiet: ursprüngl. von North Dakota bis nach Texas, heute nur noch in Reservaten in North Dakota und Oklahoma, noch ca. 250 Sprecher. Der nördl. Zweig besteht aus Arikara-Pawnee und Wichita, der südl. aus Caddo. Typolog. nehmen die C.-S. eine Zwischenstellung zwischen den anderen zur Makro-Sioux-Gruppe gerechneten Spr. ein; ↗ Irokesische Sprachen, ↗ Sioux-Sprachen; Karte ↗ Nordamerikanische Sprachen, im Anhang. **Lit.** W. L. Chafe, The Caddoan, Iroquoian, and Siouan Languages. The Hague 1976. – W. L. Chafe, Caddoan. LNA, 213–235. – D. S. Rood, Sketch of Wichita, a Caddoan Language. HNAI–L, 580–608. – **SSG** Staats- und Universitätsbibliothek Hamburg (18). D

Cadence ↗ Kadenz

Cahuapana-Sprachen ↗ Südamerikanische Indianersprachen

Cahuilla ↗ Uto-Aztekische Sprachen

Čakavisch Gruppe nordwestl. Dialekte des ↗ Serbokroatischen (nach *ča* ›was‹); ↗ Kajkavisch, ↗ Stokavisch. G

Cakchiquel ↗ Quiché-Sprachen, ↗ Maya-Sprachen

Calabar ↗ Efik

Calembour(g) ↗ Wortspiel

CALL ↗ Computergestützter Sprachunterricht

Calque (frz. ›getreue Nachahmung‹) ↗ Entlehnung, ↗ Lehngut, ↗ Lehnprägung, ↗ Lehnübersetzung

Campa ↗ Arawakische Sprache; Sprachgebiet: Osthang der Anden und Amazonastiefland von Mittelperu (Departemente Ayacucho, Junín, Pasco und Ucayali). Ca. 40 000 Sprecher. Verschiedene Dialekte: Asháninca, Ashéninca, Campa del Gran Pajonal, Nomatsiguenga. Das Machiguenga (Dep. Cuzco) ist dem C. nahe verwandt; Karte ↗ Südamerikanische Sprachen, im Anhang. **Lit.** D. L. Payne, Phonology and Morphology of Axininca Campa. Dallas 1981. – M. R. Wise, Indigenous Languages of Lowland Peru. SAIL, 194–223. AD

Campa del Gran Pajonal ↗ Campa

Candoshi ↗ Südamerikanische Indianersprachen
Canela ↗ Ge-Sprachen
Canichana ↗ Südamerikanische Indianersprachen
Capitalis f. Älteste Form der röm. Schrift, zunächst nur epigraph. nachweisbar. Als hauptsächl. ↗ Buchschrift im 5. Jh. n. Chr. von der ↗ Unziale verdrängt, als ↗ Auszeichnungsschrift weiter gebräuchlich für Rubriken, Kapitelanfänge usw. Der Name C. ist mittelalterl. und von *capitulum* (wörtl. ›Köpfchen‹) abgeleitet. Die c. quadrāta, auch als Monumentalis bezeichnet, weist statisch gebaute, in ein Quadrat einschreibbare Buchstaben auf. Die c. rustica ist stärker kursiv beeinflusst und vor allem in Hss. als eigentliche Buchschrift nachzuweisen. Unsere Großbuchstaben lassen sich weitgehend auf die C. zurückführen; ↗ Lateinschrift. EN
Capixana ↗ Südamerikanische Indianersprachen
Captatio benevolentiae (lat. ›Erlangen, Gewinnen von Wohlwollen‹, wörtl.: ›Fangen/Gefangennehmen des Wohlwollens‹) ↗ Rhetorische Figur. Ansprache, Anrede, durch die sich ein Redner zu Beginn seines Vortrages oder an Autor am Anfang seines Werkes (oft im Vorwort) des Wohlwollens des Publikums versichern will. Die C. b. sucht den Adressaten günstig zu stimmen, ihn aufmerksam und zugänglich zu machen, z. B. durch Devotionsformeln. VS
Carijona ↗ Karibische Sprachen
Cariña ↗ Karibische Sprachen
Cartesianische Linguistik (Cartesius = mlat. Name für René Descartes, frz. Philosoph, 1596–1650) Von N. Chomsky verwendete Bez. für eine rationalist. und mentalist.-nativist. orientierte Sprachauffassung, wie sie z. B. der Konzeption der GGen zugrunde liegt. **Lit.** ↗ Mentalismus, ↗ Nativismus. F
Cashibo ↗ Pano-Tacana-Sprachen
Cashinaua ↗ Pano-Tacana-Sprachen
Castellano ↗ Kastilisch
Casus activus ↗ Ergativ
Casus obliquus (lat. oblīquus ›seitlich, schräg‹. Auch: abhängiger Kasus) In vielen idg. Spr. von der ↗ Rektion eines Verbs, einer Präposition oder eines Adjektivs geforderter Kasus; Ggs. casus rēctus; ↗ Subjektsnominativ. G
Casus rectus ↗ Absolutiv, ↗ casus obliquus, ↗ Kasus, ↗ Nominativ, ↗ Subjektsnominativ
CAT (Computer Aided Translation) ↗ Maschinelle Übersetzung
Catawba ↗ Makro-Sioux-Sprachgruppe
Categorial Unification Grammar ↗ Unifikationsgrammatik
Catuquina da Aore ↗ Pano-Takana-Sprachen
Cavineña ↗ Pano-Tacana-Sprachen
Cayuga ↗ Irokesische Sprachen
Cayuvava ↗ Südamerikanische Indianersprachen
Cebuano ↗ Philippinische Sprachen
Čechisch ↗ Tschechisch
Cedille f. (span. zedilla ›kleines Zet‹) ↗ Diakritikon in der Gestalt eines nach links geöffneten Häkchens, an der Basis eines lat. Buchstabenkorpus

ansetzend. Die Funktionen der C. in einzelnen Spr. sind unterschiedlich. Im Frz., Katalan. und Port. bezeichnet ç ein [s], im Türk. [tʃ], im Rumän. differenziert die C. zwischen ş [ʃ] und s [s], ţ [tʃ] und t [t], im Lett. bezeichnet die C. Palatalität der mit den entsprechenden Schriftzeichen korrespondierenden Phoneme (z. B. ķ, ļ, ņ, in Drucken oft durch ein subskribiertes Komma ersetzt). G
Chabacano ↗ Spanisch basierte Kreolsprachen
Chácobo ↗ Pano-Takana-Sprachen
Chaca ↗ Makua
Chagatay ↗ Tschagataisch
Chakassisch (Eigenbez. Xakas tili) Nordtürk. Spr., ↗ Turksprachen, Sprachgebiet: Chakass. Autonomes Gebiet der Region Krasnojarsk, nördl. anschließend an Tuwinien; Sprecherzahl: max. 100 000; Karte ↗ Türkische Sprachen, im Anhang. Die Lexik des T. ist stark mongol. und russ. beeinflusst. Vereinzelt finden sich auch arab. und pers. Wörter. Schriftspr. seit 1926 kyrill., ab 1929 lat. Schrift, ab 1939 erneut kyrill. **Lit.** N. A. Baskakov, Grammatika chakasskogo jazyka. M. 1975. – G. D. S. Anderson, Xakas. Mchn. u. a. 1998. MI
Chaldäisch ↗ Neuaramäisch
Champagnisch ↗ Französisch
Cham-Sprachen West-↗ austronesische Sprachen in Süd-Vietnam, Kambodscha und einer Enklave auf Hainan (Süd-China). Cham (235 000 Sprecher), Jarai (200 000), Rhade (120 000), Roglai (45 000), Chru (15 000) und Haroi (15 000); Karte ↗ Austroasiatische Sprachen. Frühester dynast. Nachweis des einst mächtigen Champa-Reiches von 192 n. Chr. (Sanskrit-Inschrift), früheste Cham-Inschrift von 829 n. Chr. Daneben Vietnames. bzw. Kambodschan. (Khmer) als offizielle Spr. CE
Chané ↗ Chiriguano
Chanty ↗ Ostjakisch
Charaktervokal In der Gräzistik (nicht trennscharfe) Bez. für einen Vokal, der für eine best. Tempusform »charakterist.« ist, ohne Bestandteil des ↗ Tempusstamms zu sein und ohne in allen Formen des Paradigmas aufzutreten; z. B. gilt -α als Ch. des griech. σ-Aorists, z. B. ἐπαίδευσα ›ich erzog‹, ἐπαίδευσας ›du erzogst‹, aber ἐπαίδευσεν ›er/sie erzog‹. GS
Chari-Nil-Sprachen Gruppe ↗ nilosaharanischer Sprachen, die im Gebiet zwischen den Flüssen Chari (Schari) und Nil gesprochen werden. Die C. umfassen neben den ↗ nilotischen und ↗ zentralsudanischen Sprachen mehrere kleine Sprachgruppen und Einzelspr.: Baraea (Nera), Kunama, Gumuz, Ingassana (Tabi, Gaam), Berta, Uduk und die Didinga-Surma-Spr. im sudanes.-äthiop. Grenzgebiet, Nyimang und Temein in Kordofan (Sudan), die Tama-Gruppe im tschad.-sudanes. Grenzgebiet, die Daju-Gruppe in Kordofan und im tschad.-sudanes. Grenzgebiet sowie das ↗ Nubische; Karte ↗ Afrikanische Sprachen, im Anhang. Der Nachweis tatsächl. genet. Verwandtschaft dieser Spr. steht

noch aus. – Greenberg ([3]1970) bezeichnete die C. außer Berta, Kunama und den zentralsudan. Spr. als »ostsudanische Spr.« (Eastern Sudanic). **SSG** Stadt- und Universitätsbibliothek Frankfurt/M. (30). RE

Chari-Sprachen ↗ Zentralsudanische Sprachen

Charrúa-Sprachen ↗ Südamerikanische Indianer- sprachen

Chart-Parser Ein nach der Datenstruktur *Chart* benannter Parsertyp (↗ Satzanalyse). In einer *Chart* können partielle Resultate eines Syntaxanalysepro- zesses repräsentiert werden. Dabei wird für jeden Schritt des Analyseprozesses ein sog. *Chart-item* (auch: *Chart-Kante*) angelegt, in dem mindestens die folgenden Informationen enthalten sind: (a) ein Verweis auf den Abschnitt im zu analysierenden Satz, auf den sich das *item* bezieht; die Position wird i.d.R. durch ein Paar von Zahlen angegeben, wobei 0 die Position am Satzanfang bezeichnet, 1 die Position nach dem ersten Wort usw.; (b) die Regel, die im jeweiligen Analyseschritt angewandt wurde. – Abhängig vom jeweils verwendeten Par- singalgorithmus werden nur für solche Analyse- schritte *Chart-items* angelegt, bei denen alle Be- standteile einer Regel vollständig mit den bereits zuvor erzielten Analyseresultaten kompatibel sind, oder auch für solche, bei denen ledigl. eine partielle Übereinstimmung erzielt wurde. Im letzteren Falle spricht man von einem *aktiven Chart-Parser*. Bei der Darstellung von aktiven *Chart-items* wird das Begrenzungszeichen >•< (>dot<) verwendet, das den inaktiven Abschnitt vom aktiven trennt. Das *Chart-item* (0, 3) S → NP • VP bezeichnet also den Analysezustand, in dem der Parser die ersten drei Wörter der Eingabekette bereits als dem Typ NP angehörig erkannt hat und für den Abschnitt, der mit dem vierten Wort beginnt, eine Konstituente vom Typ VP erwartet. Wird eine solche VP im weiteren Verlauf des Analyseprozesses gefunden, ist insgesamt eine Konstituente vom Typ S erkannt worden. Die Zwischenspeicherung partieller Analy- seresultate hat den Vorteil, dass die wiederholte Analyse derselben Satzabschnitte, die z.B. bei *Backtracking*-Algorithmen unvermeidbar sein kann, nicht mehr erforderl. ist. Dies führt zu einer höheren Effizienz von *Chart-Parsing*-Algorithmen, wobei der Speicherbedarf jedoch höher liegt als bei entsprechenden *Backtracking*-Algorithmen. Die Verwendung einer *Chart* kann mit verschiedenen Suchalgorithmen (z.B. Top-down, ↗ Bottom-up oder ↗ Left-corner) kombiniert werden und erlaubt zumeist die Verwendung beliebiger kontextfreier Grammatiken (während z.B. *topdown* verarbeitende *Backtracking*-Algorithmen bei Grammatiken mit linksrekursiven Regeln nicht notwendigerweise terminieren). Die wichtigsten Varianten sind der Earley-Algorithmus und der Cocke-Kasami-Youn- ger-Algorithmus. **Lit.** G. Görz, Strukturanalyse natürl. Spr. Bonn 1988. – M. Kay, Algorithm Schemata and Data Structures in Syntactic Proces-

sing. Xerox PARC Report CSL-80–12, Palo Alto 1980. – S. Naumann & H. Langer, Parsing. Stgt. 1994. L

Chatino ↗ Zapotekische Sprachen

Chattīsgaṛhī ↗ Indoarische Sprachen

Checked ↗ Gehemmt

Cheilognathopalatoschisis ↗ Lippen-Kiefer-Gau- menspalte

Cheiloschisis ↗ Lippenspalte

Chemakum-Sprachen ↗ Wakash-Sprachen

Cherem ↗ Cherologie

Cherokee (Eigenbez. Tsalagi. Auch: Tscheroke- sisch) Südl. Zweig der ↗ Irokesischen Sprachen, im Anhang. Sprachgebiet: ursprüngl. im Südosten der USA, nach Umsiedlung auch in Oklahoma; ca. 22 500 Sprecher; Karte ↗ Nordamerikanische Spra- chen. Vor allem im 19. Jh. gab es eine umfangreiche Schriftlichkeit auf der Grundlage einer eigenständig entwickelten ↗ Silbenschrift, die ein interessanter Fall von Stimulusdiffusion ist. Sequoyah (George Guess, ca. 1760–1843), der Engl. weder sprechen noch lesen konnte, entwickelte um 1820 eine Sil- benschrift mit 85 Zeichen. Als Vorlage dienten engl. Bücher, so dass viele Zeichen auf lat. Buch- staben zurückgehen, z.B. ꭳꭲ [sa-du-i] ›11‹ oder ꭽꮝꮦ [ni-ga-du-i] ›14‹. Innerhalb weniger Jahre erzielten die C. beträchtl. Erfolge bei der Alphabe- tisierung. Bereits 1828 erschien die erste Zeitung. Die Schrift wurde vor allem für jurist. (z.B. Ver- fassung der C.-Nation) und religiöse Druckwerke verwendet, die fast immer zweisprachig C. und Engl. erschienen. Daneben existieren aber auch handschriftl. Aufzeichnungen von Liedern, Sprü- chen zur Krankenheilung etc. Heute dürften noch ca. 20 % der C. die C.-Schrift lesen können. **Lit.** R. B. Holmes & B. S. Smith, Beginning Cherokee. Norman [2]1977. – W. Walker, Native Writing Sys- tems. HNAI–L, 158–184. D

Cherologie (griech. χείρ (cheir) ›Hand‹) Analyse der Struktur von ↗ Gebärdensprachen, deren bedeu- tungsunterscheidende Grundelemente (sog. Chere- me) in Analogie zum Phonembegriff definiert sind. Chereme setzen sich zusammen aus *Handkon- figuration* (Abk. dez < designator), *Handbewegung* (Abk. sig < signation) und *Handposition* in Bezug auf den Körper (Abk. tab < tabula). Jedes Lexem besteht aus einer simultanen Kombination dieser drei Chereme. Auf der Basis von 55 Cheremen (12 tab, 19 dez und 24 sig) lassen sich in der American Sign Language (ASL) 2500 Lexeme bil- den. **Lit.** S. K. Liddell, ASL Syntax. The Hague 1980. – I. M. Schlesinger & L. Namir (eds.), Sign Language of the Deaf. N. Y. 1978. – W. C. Stokoe, Sign Language Autonomy. CTL 12, 1974, 345– 371. G

Chewa (auch: Nyanja. Eigenbez.: Chichewa, Chi- nyanja) ↗ Bantusprache in Malawi, Ost-Sambia und den angrenzenden Gebieten Mosambiks. Über 7 Mio. S1-Sprecher (ca. 50 % der Bevölkerung

Malawis, 12 % in Sambia, 10 % in Mosambik), teilweise in C. alphabetisiert. Ferner 2–3 Mio. S2-Sprecher, bes. in Malawi, wo C. neben Engl. offiziellen Status hat, sowie in Lusaka/Sambia; Karte ↗ Afrikanische Sprachen, im Anhang. Ende des 19. Jh. Verschriftung im lat. Alphabet auf Basis des Mang'anja-Dialekts, später auf Grundlage des Chewa-Dialekts. **Lit.** G. J. Orr & C. Myers-Scotton, Learning Chichewa. 2 vols. East Lansing 1980. – P. J. Kishindo, An [!] Historical Survey of Spontaneous and Planned Development of Chichewa. LR 5, 1990, 59–82. RE

Chiapanek-Mangue ↗ Otomangue-Sprachen

Chiasmus m. (lat. ›in der Form des griech. Buchstabens X (chi)‹, d.h. in Überkreuzstellung) ↗ Rhetorische Figur, überkreuzte syntakt. Stellung von Wörtern zweier aufeinander bezogener Wortgruppen oder Sätze, dient oft der sprachl. Veranschaulichung einer ↗ Antithese, z. B. »Eng ist die Welt und das Gehirn ist weit« (Schiller, »Wallenstein«); Ggs. ↗ Parallelismus. SE

Chibcha-Sprachen Sprachfamilie in Zentral- und Südamerika (1890 von M. Uhle festgestellt). Die C.-S. sind verteilt über Honduras (Paya), Nicaragua (Rama), Costa Rica (Bribri, Cabécar, Guatuso), Panama (Bocotá, ↗ Guaimi, ↗ Kuna), Kolumbien (Aruaco, Bari, Chimila, Kogi, Tunebo) und Venezuela; Karte ↗ Südamerikanische Sprachen, im Anhang. Die Spr. des klass. Chibcha- oder Muyscagesellschaft der Hochebene von Cundinamarca und Boyacá (Zentralkolumbien) gehörte ebenfalls zur C.-Sprachfamilie. Die Verwandtschaft zwischen den C.-S. und vielen weiteren süd- und mittelamerikan. Spr. (z. B. das Andaquí, die ↗ Barbacoa-Sprachen, das ↗ Guambiano, das ↗ Páez und die ↗ Misumalpan-Sprachen) ist umstritten. Typolog. sind die C.-S. äußerst heterogen. Das klass. Muysca neigt zum agglutinierenden Sprachtyp. Die meisten costarican. und westpanames. C.-S. sind Tonspr. und durch relativ reiche Vokalsysteme gekennzeichnet. Koartikulierte Kons. (bes. im Muysca). **Lit.** A. Constenla Umaña, Comparative Chibcha Phonology. Diss. Pennsylvania 1981. – Ders., Las lenguas del área intermedia. San José 1991. – M. S. González de Pérez, Diccionario y gramática chibcha. Bogotá 1987. – A. Constenla Umaña, Gramática de la lengua guatusa. Heredia 1998. – D. Holt, Pech (Paya). Mchn. 1999. – N. Ostler, Syntactic Typology of Muisca, a Sketch. In: P. Cole, G. Hermon & M. D. Martín (eds.), Language in the Andes. Newark, Delaware 1994, 205–30. – W. F. H. Adelaar, unter Mitwirkung von P. C. Muysken, The Languages of the Andes. Cambridge 2004. – J. D. Quesada, The Chibchan Languages. Cartago 2007. **SSG** Ibero-Amerikanisches Institut Berlin (204). AD

Chibemba ↗ Bemba

Chicanos ↗ Romanische Sprachen, ↗ Spanisch, ↗ Spanisch basierte Kreolsprachen

Chichewa ↗ Chewa

Chickasaw ↗ Muskogee-Sprachen

Chiffre f. ([ʃifʀ]; frz. ›Ziffer, Zahlzeichen‹ < mlat. cifra, < arab. sifr ›Null‹]) **1.** Namenszeichen, ↗ Monogramm. **2.** ↗ Geheimschrift, bei der jeder Buchstabe (Zeichen) nach einem bestimmten System (↗ Kode) durch einen anderen ersetzt wird (Chiffrierung). **3.** Stilfigur der modernen Lyrik, seltener des Romans: einfache, meist bildhaft-sinnfällige Wörter oder Wortverbindungen, die ihren selbstverständlichen Bedeutungsgehalt verloren haben und ihren Sinn aus der Funktion in einem vom Dichter selbst gesetzten vieldeutigen System von Zeichen und Assoziationen erhalten. STE

Chimú ↗ Muchik

Chimila ↗ Chibcha-Sprachen

Chinalugisch ↗ Dag(h)estanische Sprachen

Chinantekische Sprachen Zeig der ↗ Otomangue-Sprachen im mexikan. Bundesstaat Oaxaca mit ca. 130 000 Sprechern. D

Chinesisch (auch: Sinitisch) (Karte im Anhang) Ostasiat. Sprachgruppe der ↗ Sino-Tibetischen Sprachfamilie, die wegen der weitgehend durch die Verwendung eines gemeinsamen morphem. basierten ↗ Schriftsystems begünstigten Übereinstimmungen im Bereich der Morphologie und Syntax oft als Dialektgruppe bezeichnet wird. In diesem Sinne besteht das Chin. aus Mandarin (ca. 740 Mio. Sprecher), Gan (= Kan, über 20 Mio. Sprecher), Nord- und Süd-Min (Min Pei und Min Nan, zus. ca. 60 Mio. Sprecher), Hakka (= Kejia, Kechia, mit ca. 30 Mio. Sprechern), Wu (ca. 50 Mio. Sprecher), Xiang (= Hsiang, Hunanes., ca. 36 Mio. Sprecher), Yue (= Yüeh, Kantones., ca. 55 Mio. Sprecher). Als Nationalspr. ist Mandarin (Chin. i.e.S.) in der Volksrepublik China offiziell unter dem Namen *Putonghua*, in Taiwan unter *Guoyu* bekannt. In Putonghua ist der Aussprachestandard geregelt; das in der Volksrepublik China amtl. verwendete lat. Transkriptionssystem *Pinyin* basiert auf Putonghua. Die schriftl. Dokumentation des Chin. kann bis in die 2. Hälfte des 2. Jt. v. Chr. ununterbrochen zurückverfolgt werden. Orakelinschriften auf den Schulterblättern von Ochsen und auf Schildkrötenpanzern sowie Weihinschriften auf bronzenen Gefäßen aus der Zeit der Shang-Dynastie belegen das Proto-Chin. mittels der hieroglyph. Urform der heute noch verwendeten chines. Schrift, die als logograph. System entwickelt wurde. Aufgrund des Vergleichs mit anderen sinotibet. Spr., insbes. dem klass. Tibet., und der Analyse der histor. Entwicklung des für das Chin. charakterist. Tonsystems wird davon ausgegangen, dass Chin. noch zu dieser Zeit eine komplexe Morphologie besaß, die v. a. von Wortbildung durch Affigierung gekennzeichnet war. Die vermuteten Präfix-, Infix- und Suffixreihen lassen sich in der Schrift nur indirekt bezeugen. Wörter mit der gleichen Wurzel, aber unterschiedl. Affixen gehören zu einer Wortfamilie, der ein Grundzeichen (mit und oft ohne

↗ Determinativ) zugeordnet war. Diese shangzeitl. Praxis der logograph. (↗ Rebus-) Phonetik, kombiniert mit einem Hilfssystem semant. Determinative (meist ↗ Radikale genannt), wird noch heute fortgesetzt. Die Analyse der Lieder und Reimkategorien des Alt- (bzw. klass.) und Mittel-Chin. hat es ermöglicht, die allmähl. phonet. Umwandlung des Affigierungssystems in ein morphologieloses (↗ isolierendes) System mit phonem. Ton zu dokumentieren. Mit dem Wegfall der in der Schrift unberücksichtigten Affigierung verwandelte sich das ursprüngl. logograph. System automat. in eine bis heute verwendete rein morphem. Schrift. Das Tonsystem variiert in den chin. Spr. von vier in Mandarin (wie im Mittel-C.) bis mindestens acht in Süd-Min und Yue. In der heutigen Hauptform des Schanghaines. (Wu) ist phonem. Ton sogar völlig weggefallen. Die drast. Vereinfachung des ererbten phonem. Inventars im Mandarin ist ein wichtiger Faktor in der Entstehung zusammengesetzter Verben und Substantiva. Auch Nominalsuffixe wie -r und -zi spielen eine nicht unwesentl. Rolle im Beijing-Dialekt des Mandarin. **Lit.** J. DeFrancis, The Chinese Language: Fact and Fantasy. Honolulu 1986. – S. R. Ramsey, The Languages of China. Princeton 1987. – J. Norman, Chinese. Cambridge 1988. – W. Boltz, The Origin and Early Development of the Chinese Writing System. New Haven 1994. – D. Shi, Beijing Mandarin. Mchn. 2000. – A. Shue, Komplexe Sätze im Ch. und im Dt. Mchn. 2007. – **SSG** Staatsbibliothek Berlin (1 a, 1). WR

Chinook [tʃĩnu:k]) Nahezu ausgestorbene ↗ Penuti-Sprache in Oregon und Washington, USA; Karte ↗ Nordamerikanische Sprachen, im Anhang. Das C. bildete eine wesentliche Grundlage für die ↗ Pidginsprache des nordwestl. Amerikas, den C. Jargon oder C. Wawa. D

Chinyanja ↗ Nyanja

Chipaya ↗ Uru-Chipaya-Sprachen

Chipewyan ↗ Athabaskische Sprachen, ↗ Na-Dene-Sprachen

Chippewa (= Objibwa) ↗ Algonkin-Sprachen

Chiquitano (Chiquito) Isolierte Spr. des ostbolivian. Tieflands (Departement Santa Cruz). ca. 6 000 Sprecher. Das Ch. gehört wahrscheinl. zum Makro-Ge-Sprachstamm; ↗ Ge-Sprachen. Während der span. Kolonialverwaltung wurde das C. als eine der Missionsspr. verwendet. Deswegen haben mehrere kleine Stammesgruppen das C. übernommen; Karte ↗ Südamerikanische Sprachen, im Anhang. **Lit.** S. Varese, Los grupos etno-lingüísticos de la selva andina. In: B. Pottier (ed.), América Latina en sus lenguas indígenas. Caracas 1983, 119–155. – J. Riester, Zubaka. La Paz 1986. – J. H. Greenberg, Language in the Americas. Stanford 1987. – W. F. H. Adelaar, Relações externas do Macro-Jê. O caso do chiquitano. In: S. Telles & A. Santos de Paula (eds.), Topicalizando Macro-Jê. Recife 2008, 9–28. AD

Chiriguano (Ava, bolivian. Guaraní) Spr. gehörend zu den ↗ Tupí-Guaraní-Sprachen. Sprachgebiet: zwischen Santa Cruz de la Sierra (Ostbolivien) und San Pedro de Ledesma (Jujuy, Argentinien). Das C. ist dem paraguay. ↗ Guaraní nahe verwandt und hat ca. 65 000 Sprecher. Die Chané-Untergruppe arawak. Herkunft ist im C. aufgegangen. **Lit.** B. Schuchard, Ñande ñë. Santa Cruz de la Sierra 1979. – W. Dietrich, El idioma chiriguano. Madrid 1986. AD

Chirima ↗ Makua

Chitismus ↗ Dyslalie

Chleuh ↗ Schilh

Chocho ↗ Popoloca-Sprachen

Chocó-Sprachen Isolierte südamerikan. Sprachfamilie, bestehend aus dem Emberá und dem Waunana. Sprachgebiet: Westkolumbien zwischen dem Pazifik und dem Caucatal sowie die südl. Pazifikküste des Dariendschungels (Panama). Mindestens 80 000 Sprecher. Die Emberá sind der Gegend entsprechend unter verschiedenen Namen bekannt (Catío, Chamí, Saija, Sambu). Möglicherweise gehörten auch die Spr. des Caucatals im 16. Jh. (z. B. das Quimbaya) zur C.-Sprachfamilie; Karte ↗ Südamerikanische Sprachen, im Anhang. **Lit.** J. H. Wassén & N. M. Holmer, Estudios chocoes. Etnologiska Studier 26. Göteborg 1963. – J. A. Loewen, Chocó I, II. IJAL 29, 1963, 239–263, 357–371. – N. S. de Friedeman & J. Arocha, Herederos del jaguar y la anaconda. Bogotá 1985. – M. S. González de Pérez & M. L. Rodríguez de Montes (eds.), Lenguas indígenas de Colombia. Una visión descriptiva. Bogotá 2000. **SSG** Ibero-Amerikanisches Institut Berlin (204). AD

Choctaw ↗ Muskogee-Sprachen

Chol ↗ Maya-Sprachen

Chomsky-Adjunktion ↗ Adjunktion

Chomsky-Grammatik Bez. für formal definierbare Grammatikmodelle, welche Spr.n beliebigen Typs erzeugen und somit auch beschreiben können. Eine C.-G. wird als Viertupel G = (N, T, P, S) definiert, für das gilt: (a) N ist eine endl., nichtleere Menge von Zeichen, sog. Nicht-Terminalsymbolen; (b) T ist eine endl., nichtleere Menge von Zeichen, ↗ End- oder Terminalsymbolen; (c) N und T sind disjunkt; (d) S ist ein Element von N und heißt ↗ Anfangs- oder Startsymbol oder Axiom; (e) P ist eine endl. Menge von ↗ Ersetzungsregeln. C.-G.en werden entspr. ihrer Generativen Kapazität (auch Generative Mächtigkeit, vgl. Miller 2000) in der Chomsky-Hierarchie klassifiziert; diese spiegeln die Leistungsfähigkeit einer ↗ Grammatik im Hinblick darauf wider, (a) welche Sprachtypen eine C. G. erzeugen kann und (b) mit welcher Art und mit welchem Grad an ↗ Adäquatheit sie eine gegebene Spr. erfassen kann. Ausgehend von einer Grund-Grammatik, der sog. Typ-0-Grammatik, werden hierbei zunehmend Einschränkungen bezügl. der für den jeweiligen Typ erlaubten Produktionsregeln gemacht. Grammatiken sind vom Typ 0, wenn sie dem Aufbau einer Grammatik entsprechen, sie werden auch als unbeschränkt bezeichnet. Typ-1-Grammatiken heißen kontextsensitiv und haben auf der linken Seite einer Regel immer einen gleich langen oder längeren Ausdruck als auf der rechten Seite. Die Abbildung auf das leere Wort ist zulässig, sofern das Terminal auf keiner rechten Seite vorkommt. Typ-2-Grammatiken heißen kontextfrei und haben zusätzl. auf der rechten Seite nur Terminale. Typ-3-Grammatiken heißen regulär oder rechtslinear und haben zusätzl. auf der linken Seite einer Regel maximal ein Terminal. Typ-1-Grammatiken sind ein Spezialfall der Typ-0-Grammatiken, Typ-2-Grammatiken ein Spezialfall der Typ-1-Grammatiken usw., d.h. eine reguläre Spr. ist kontextfrei, eine kontextfreie Spr. ist kontextsensitiv und eine kontextsensitive Spr. ist unbeschränkt (auch: rekursiv aufzählbar). Jeder Grammatik-Typ kann durch einen entspr. Automat beschrieben werden: Turingmaschinen entsprechen dem Typ 0, linear beschränkte Automaten dem Typ 1, Kellerautomaten stehen für Typ 2 und endliche Automaten für Typ 3. Da eine C.-G. keine Regeln aufweist, die sich auf den Gebrauch sprachl. Zeichen beziehen, setzt sie, falls sie zur Beschreibung natürl. Spr. verwendet wird, eine Idealisierung des Gebrauchs sprachl. Strukturen voraus, die sich in den Begriffen ⁊ Kompetenz vs. Performanz , ⁊ Native Speaker und ⁊ Idealer Sprecher-Hörer widerspiegelt; ⁊ Chomsky-Normalform. **Lit.** R. C. Berwick, Strong Generative Capacity, Weak Generative Capacity, and Modern Linguistic Theories. Computational Linguistics 10, 1984, 189– 202. – N. Chomsky, The Logical Structure of Linguistic Theory. Cambridge, Mass. 1955; N. Y. 1975. – Ders., Three Models for the Description of Language. IRE Transactions on Information Theory 2, 1956, 113– 124. – Ders., On Certain Formal Properties of Grammars. Information and Control 1, 1959, 91– 112. – J. E. Hopcroft et al., Introduction to Automata Theory, Languages, and Computation. Boston 2001 [Dt.: Einf. in die Automatentheorie, Formale Spr.n und Komplexitätstheorie. Bonn ²2002]. – U. Klenk, Formale Spr.n. HSK 9. – P. Miller, Strong Generative Capacity: The Semantics of Linguistic Formalism. Chicago 2000.   F

Chomsky-Hierarchie ⁊ Chomsky-Grammatik

Chomsky-Normalform (Abk. CNF) Eine ⁊ Chomsky-Grammatik G = (N, T, P, S) ist genau dann in CNF, wenn sie ausschließl. ⁊ Ersetzungsregeln der folgenden Form enthält: 1. A → B C, mit A, B, C ∈ N; 2. A → a, mit A ∈ N, a ∈ T; 3. S → ε. D. h.: Alle Regeln, die nichtterminale Symbole einführen, verzweigen binär; alle Regeln, die terminale Symbole einführen, verzweigen unär; die leere Kette (e) wird nur durch eine Regel eingeführt, die das Startsymbol expandiert. Die CNF wird von einigen Parsingalgorithmen (⁊ Satzanalyse) sowie in best. Beweisen aus der Theorie der formalen Spr.n vorausgesetzt; sie steht in Opposition zu kontextfreien Grammatiken in Greibach-Normalform (GNF) und zu formalen Grammatiken in Kuroda-Normalform (KNF), die kontext-sensitive Spr.en generieren. Grammatiken in CNF sind schwach äquivalent zu Typ-2-Syntaxen, d. h. für eine beliebige Typ-2-Grammatik G1 kann eine ⁊ Syntax G2 in CNF konstruiert werden, die dieselbe Spr. erzeugt. **Lit.** ⁊ Chomsky-Grammatik.   L, F

Chono ⁊ Südamerikanische Indianersprachen

Chontal ⁊ Maya-Sprachen

Choresmtürkisch ⁊ Turksprachen

Chorotí ⁊ Mataco-Sprachen

Chorti ⁊ Maya-Sprachen

Chromatischer Akzent ⁊ Musikalischer Akzent

Chronogramm n. (griech. χρόνος (chronos) ›Zeit‹, γράμμα (gramma) ›Schriftzeichen‹) Lat. Inschrift oder Aufzeichnung, in der bestimmte lat. Großbuchstaben, die auch als Zahlzeichen gelten, herausgehoben sind und die in richtiger Ordnung die Jahreszahl eines histor. Ereignisses ergeben, auf das sich der Satz direkt oder indirekt bezieht, z.B. *IesVs nazarenVs reX IVDaeorVM* (M = 1000, D = 500, X = 10, 4mal V = 20, 2mal I = 2 = 1532, das Jahr des Religionsfriedens in Nürnberg). – Ein Ch. in Versform (meist Hexametern) wird auch als Chronostichon bzw. als Chronodistichon (2 Verse) bezeichnet.   SE

Chronolekt ⁊ Lekt

Chronologie ⁊ Glottochronologie, ⁊ Historische Sprachwissenschaft, ⁊ Sprachwandel

Chru ⁊ Cham-Sprachen

Chrysographie ⁊ Auszeichnungsschrift

Chuj ⁊ Maya-Sprachen

Chulupí ⁊ Mataco-Sprachen

Chunk (engl. ›Klumpen‹) In der Kognitionsforschung Bez. für komplexe Informationseinheiten, die trotz ihrer Komplexität wie einzelne Informationen (›bits‹) verarbeitet werden können. ⁊ Mnemotechniken basieren wesentl. auf dem ›Chunken‹ von Informationen, etwa wenn mehrstellige Zahlen (z. B. Telefonnummern) zu i. d. R. dreistelligen Ch.s zusammengefasst werden. In der fremdsprachl. Wortschatzvermittlung werden Ch.s method. eingesetzt, indem Einzellexeme in sinnvollen Kontexten oder semant. Feldern präsentiert werden (⁊ Cluster, ⁊ Kollokation, ⁊ Hyponym, ⁊ Hyperonym). Wortschatz wird besser behalten, wenn Verknüpfungsmöglichkeiten mit anderen lexikal. Elementen bereitgestellt werden; ⁊ Gedächtnis, ⁊ mentales Lexikon. **2.** Ein von S. Abney eingeführter Begriff für eine syntakt. Teilstruktur mit einem Inhaltswort, das von Funktionswörtern umgeben sein kann und einem festen Muster entspricht: »The typical chunk consists of a single content word surrounded by a constellation of function words, matching a fixed template« (Abney 1991). Ein Ch. ist zudem eine psycholog. motivierte Einheit (Miller 1956), die einen prosod. Akzent trägt, wobei Pausen in der Regel zwischen zwei Ch.s auftreten. Beispiel für einen Ch. (nach Abney): *[I begin] [with an intuition]: [when I read] [a sentence], [I read it] [a chunk] [at a time]*. Da Ch.s i.d.R. flache nichtrekursive syntakt. Strukturen darstellen, gibt es hierfür effektive (z.T. finite-state-basierte) Parsing-Verfahren (Chunk Parser; ↗ Parsing), die eine partielle syntakt. Analyse erzeugen. **Lit.** G.A. Miller, The Magical Number Seven, Plus or Minus Two: Some Limits on our Capacity for Processing Information. Psychological Review 63, 1956, 81–97. – S. Abney, Parsing by Chunks. In: R. Berwick, S. Abney & C. Tenny (eds.), Principle-Based Parsing. Dordrecht 1991. Z

Churwelsch Alte Bez. für ↗ Rätoromanisch. G

Chvostik (russ. ›Schwänzchen‹) Bez. für das subskribierte Häkchen oder Schwänzchen in den Graphemen ц [ts] und щ [ʃtʃ] in der russ. ↗ Kirillica. Nur in щ kann das Ch. als ↗ Diakritikon betrachtet werden, weil es graph. mit ш [ʃ] kontrastiert. G

Chwaresmisch ↗ Iranische Sprachen ↗ Mitteliranisch, ↗ Sogdisch

Chwarschi(sch) ↗ Dag(h)estanische Sprachen

Cinta Larga ↗ Tupí-Guaraní-Sprachen

Circassisch ↗ Tscherkessische Sprachen

Circumfix ↗ Zirkumfix

Circumflex ↗ Zirkumflex

Circumposition ↗ Zirkumposition

C-Kommando (auch: K-Herrschaft. Abk. für engl. constituent-command) In der GG universeller strukturbezogener Begriff für die syntakt. Beziehung zwischen syntakt. Konstituenten einer sprachl. Struktur ohne Bezugnahme auf den lexikal. Typ einer Kategorie. Ein ↗ Knoten A c-kommandiert einen Knoten B dann und nur dann, wenn (a) der erste verzweigende Knoten über A auch B dominiert und (b) weder A von B noch B von A dominiert wird. Bspw. c-kommandiert *auf* in *auf seinen Rat* die Phrase *seinen Rat; seinen* c-kommandiert *Rat,* aber nicht *auf.* Der Begriff C-K. erlaubt Generalisierungen verschiedener ↗ Beschränkungen, welche auf spezif. Phrasentypen Bezug nehmen, und hat wesentl. Anteil an Prinzipien der ↗ Bindungs-Theorie. Frühere Fassungen des Begriffs *Kommando* nahmen Bezug auf spezif. Kategorien wie S oder NP; ↗ Privilegierung. **Lit.** N. Chomsky, Barriers. Cambridge, Mass. 1986. – T. Reinhart, The Syntactic Domain of Anaphora. Cambridge, Mass. 1976. F

Clic, Click ↗ Schnalzlaut

Cliché ↗ Klischee

Clipping ↗ Kurzform, ↗ Kurzwort

Clitic, clitique ↗ Klitikon

Cloze-Verfahren (engl. cloze procedure, cloze < closure ›Schließen‹) ↗ Testverfahren, ↗ Sprachtest, bei dem die nach systemat. Tilgung (z.B. jedes n-te Wort) entstandenen Leerstellen (Lücken) eines Textes auszufüllen sind. SK

Cluster (engl. ›Haufen‹) **1.** In der Semantik von U. Weinreich (1970, 417 ff.) Bez. für best. gruppenbildende semant. Eigenschaften von Wörtern. C. sind demnach ungeordnete Gruppen von Merkmalen; *Tochter* z.B. ist *Nachkomme* und *weiblich.* Geordnete Gruppen von Merkmalen dagegen bilden ↗ Konfigurationen: *Stuhl* ist zwar *Möbel,* aber nicht auch *sitzen,* sondern ein *Möbel zum Sitzen.* **Lit.** U. Weinreich, Explorations in Semantic Theory. In: CTL 3, ²1970, 395–477. **2.** In der Spracherwerbsforschung Bez. für Gruppen sich wechselseitig aktivierender Konzepte, letztl. von Wörtern, die in Wortfeldern organisiert sind. C. sind durch psycholing. Tests und ↗ Versprecher nachweisbar, die zeigen, dass Sprecher nicht direkt auf einzelne Wörter zugreifen, sondern C. aktiviert werden, aus denen das gesuchte Element ausgewählt wird; ↗ Gedächtnis, ↗ mentales Lexikon. **Lit.** J. Aitchison, Wörter im Kopf. Tübingen 1997. ES

Clustering 1. In der ↗ Computerlinguistik und der ↗ Künstlichen Intelligenz Bez. für ein automat. Verfahren zur Gruppierung von zusammengehörigen Objekten (z.B. natürlichsprachl. Dokumenten). Das Resultat ist entweder eine Taxonomie (hierarch. C.) oder ledigl. eine Gruppenbildung ohne Ordnungsrelation über den resultierenden Gruppen. C. ist den nichtüberwachten ↗ maschinellen Lernverfahren zuzuordnen und gehört zu den im ↗ Text Mining eingesetzten Methoden. L **2.** ↗ Information Retrieval-Verfahren zur explorativen Datenanalyse, das Teilmengen von Objekten auf der Basis von gegebenen Relationen zwischen diesen Objekten identifiziert. Im Gegensatz zur ↗ Textkategorisierung ist beim C. kein Kategorienmodell vorgegeben. Anwendung von C.-Verfahren in der Korpuslinguistik ist das Auffinden von ↗ Kookkurrenzen. Unterschieden werden flache und hierarch., statist. C.-Verfahren. **Lit.** A. Hotho et al., A Brief Survey of Text Mining. LDV-Forum 20, 2005, 1, 19–62. Z

Cocama ↗ Tupí-Guaraní-Sprachen

Cochlea-Implantat (Abk. CI. Engl. cochlear implant) Anders als ein Hörgerät, das im Prinzip akust. Schall nur verstärkt, ist ein CI eine echte Innenohrprothese, die die Umwandlung des akust. Schalls in elektroakust. Impulse durch die Haarzellen in der Schnecke (griech. κοχλίας (kochlias)) quasi simuliert und damit seine Weiterleitung über einen intakten Hörnerv ins Gehirn ermöglicht. Während sich das CI bei nach dem Spracherwerb Ertaubten überwiegend im Sinne einer Restitution der Hörfähigkeit bewährt hat, sind die Erfolgsquoten bei kongenital gehörlosen Kindern auch bei früher Diagnose, Versorgung und hörgeschädigten-pädagogischer Betreuung different. Nach einer sehr sorgfältig angelegten Untersuchung von Szagun erreichen unter 15% der untersuchten gehörlosen Kinder nach Cochlea-Implantation eine annähernd normale Lautsprachentwicklung, andererseits weisen über 50% unzureichende bis fehlende diesbezügliche Fortschritte auf, Ergebnisse, die Szagun (2010) bestätigen konnte. **Lit.** G. Szagun, Wie Sprache entsteht. Spracherwerb bei Kindern mit beeinträchtigtem und normalem Hören. Weinheim, Basel 2001. – G. Szagun, Einflüsse auf den Spracherwerb bei Kindern mit Cochlea-Implantat: Implantationsalter, soziale Faktoren und die Sprache der Eltern. In: hörgeschädigte kinder – erwachsene hörgeschädigte 47/1, 2010, 8–36. – M. v. Heusinger, Hörglück mit dem CI und hörbehindert bleiben. hörgeschädigte kinder – erwachsene hörgeschädigte 40, 2003, 135–142.   GT

Cocke-Kasami-Younger-Algorithmus ↗ Chart-Parser

Cockney (etymolog. vermutlich aus cock's egg ›Hahnenei‹) ↗ Soziolekt des brit. Engl. Es gibt eine engere und eine weitere Definition: Erstere lokalisiert das C. innerhalb des Umkreises von Bow Bell Church in Ostlondon, Letztere begreift C. als Stadtakzent von London (auch: Popular London English). Merkmale des C. beeinflussen zunehmend die Standardaussprache (Received Pronunciation), z. B. l-Vokalisierung und t-Glottalisierung. **Lit.** J. C. Wells, Accents of English, Bd. 2. Cambridge 1982.   R

Cocoliche ↗ Spanisch basierte Kreolsprachen

Coda ↗ Silbenkoda

Code ↗ Kode

Code-switching ↗ Sprachwechsel (2)

Codex m. (lat. caudex ›Baumstamm, Holztafel‹) Hauptform des mittelalterl. Buches, da im Gegensatz zur Buchrolle der Beschreibstoff zweiseitig genutzt werden konnte. Der C. besteht aus durch ineinandergelegte Doppelblätter gebildeten Lagen, deren Umfang unterschiedlich sein kann. Die häufigsten Arten sind der Quaternio aus vier Doppelblättern (16 Seiten) und der Sexternio aus sechs Doppelblättern (24 Seiten). Die gehefteten Lagen wurden mit einem Einband versehen, meist lederbezogenen Holzdeckeln, die gegen Ende des MA durch pergamentbezogene Pappdeckel verdrängt wurden. Die Verwendung von Papier führte zu einer größeren Gleichmäßigkeit der C.formate gegenüber den natürl. bedingten Unregelmäßigkeiten der Pergamentgewinnung; ↗ Handschriftenkunde.   EN

Cofán ↗ Südamerikanische Indianersprachen

Comment ↗ Fokus, ↗ Rhema, ↗ Funktionale Satzperspektive

Commonsense Reasoning (engl. ›Schlussfolgern mithilfe von Alltagswissen‹) *Als mein Tischnachbar hörte, dass ich Psychologin bin, wurde er ziemlich einsilbig:* Ein Adressat, der diese Äußerung verstehen will, muss denselben, auf Alltagswissen (›Psychologen ist nicht zu trauen‹) gestützten Schluss ziehen wie der erwähnte Tischnachbar, und die Sprecherin hat eben dies in ihrer Formulierung vorausgesetzt. Implizites C. R. ist eine der wesentl. Quellen der ↗ Kohärenz von Texten und seine Modellierung anhand geeigneter ↗ Wissensrepräsen-

tationen eine besondere Herausforderung an die Forschungen zur ↗ Künstlichen Intelligenz; ↗ Argumentation, ↗ Satzsemantik (3), ↗ Sinn (5), ↗ Wissen.   RB

Communia pl. ↗ Utrum

COMP ↗ Complementizer, ↗ COMP-Position

Comparātiō compendiāria (lat. ›abgekürzter Vergleich‹) In lat. Vergleichssätzen mögliche Tilgung der Nominale, die die verglichene Größe wiederholt. Der Vergleich muss Substantive betreffen, die unterschiedl. Attribute regieren, z. B. lat. *Suās quisque opēs cum potentissimīs aequārī vidēbat* ›Jeder sah, dass seine Besitztümer mit denen der Vornehmen gleichgestellt wurden‹ (Caesar). Die c. c. erlaubt die Tilgung der zweiten Position bei Umformung des Attributs in die Kasus des regierenden Substantivs (Kasusattraktion), also: *…(cum) opibus potentissimōrum…*   G, GS

Complementizer (engl. ›Ergänzer‹. Auch: Komplementierer, Subordinator, frz. complémenteur) Von Rosenbaum (1967) in die GG eingeführte Bez. für Wörter, die im Satz die spezif. Funktion syntakt. abhängiger Sätze (↗ Einbettung) anzeigen, z. B. im Dt. *dass, ob.* Es handelt sich um eine nicht durch synchrone Wortbildungsmittel erweiterbare (daher: geschlossene) Klasse minimaler syntakt. Einheiten. C. besetzen nach Auffassung der ↗ REST die ↗ COMP-Position eines Satzes (einer CP). **Lit.** ↗ COMP-Position   F

Complete Functional Complex ↗ Maximale Projektion

COMP-Position (Abk. für engl. complementizer position) In der GG Bez. für die Position in einer Satzstruktur, die im Allgemeinen von ↗ Complementizern eingenommen wird, jedoch auch, insbes. bei fehlendem ↗ Complementizer, von anderen Konstituenten eingenommen werden kann bzw., je nach theoret. Voraussetzungen des Modells, eingenommen werden muss. Zu solchen Elementen zählen insbes. sog. *w-Wörter*, d. h. Fragepron. wie *wer, was, wo* usw. Im Rahmen der seit Rosenbaum (1967) und Chomsky (1970) geführten Diskussion wurden in der ↗ REST verschiedene interne Strukturierungen der COMP-P. angenommen, die sich insbes. aufgrund theoret. Überlegungen als nicht haltbar erwiesen; vgl. Reis (1985). In der ↗ Barrieren-Theorie wird angenommen, dass die COMP-P. zur Kategorie SATZ expandiert, die durch eine Complementizer Phrase (CP) repräsentiert wird, was bei einer Theorie über ↗ Funktionale Kategorien eine generelle Erfassung grammat.-funktionaler Eigenschaften verschiedener, oberfläch. als heterogen erscheinender Strukturen ermöglicht. Die CP stellt dementspr. einen vollständigen Satz dar und besitzt die Struktur [$_{CP}$ SPEC–CP [C' COMP [$_{IP}$ SPEC–IP [$_{IP'}$ INFL VP]]]]. In der ↗ Generalized Phrase Structure Grammar (GPSG) ist COMP hingegen ein syntakt. Merkmal unter anderen, das in einer spezif. Variante der ↗ X-Bar-Theorie S von

↗ Verbalphrasen differenziert. **Lit.** N. Chomsky, Remarks on Nominalization. In: R. A. Jacobs & P. S. Rosenbaum (eds.), Readings in English Transformational Grammar. Waltham, Mass. 1970, 120–221. – S. Olsen & G. Fanselow (Hgg.), DET, COMP und INFL. Tübingen 1991. – M. Reis, Satzeinleitende Strukturen im Dt. In: W. Abraham (Hg.), Erklärende Syntax des Dt. Tübingen 1985. – P. S. Rosenbaum, The Grammar of English Predicate Complement Constructions. Cambridge, Mass. 1967. – W. Sternefeld, Syntax. Eine merkmalbasierte generative Beschreibung des Dt. Ms. Tübingen ³2009. **F**

Computational Theory of Mind ↗ Kognitionswissenschaft

Computer Aided Learning ↗ E-Learning

Computer Based Training ↗ E-Learning

Computergestützte Lexikographie (engl. computational lexicography) Bereich der ↗ Computerlinguistik, der sich mit der Erstellung von Lexika beschäftigt; vor allem der Akquisition lexikal. Informationen (aus Wörterbüchern und/oder Textkorpora) sowie deren Repräsentation und Bereitstellung für unterschiedl. Anwendungen. **Z**

Computergestützte Terminologie (engl. computational terminology) In der ↗ Computerlinguistik Bez. für computergestützte Verfahren zur Extraktion von Termkandidaten aus domänenspezif. Korpora, deren Bearbeitung, Repräsentation und Standardisierung. Der Begriff C. T. umfasst auch die automat. Konstruktion von ↗ Thesauri, die computergestützte Akquisition von Termdefinitionen sowie die Erstellung bilingualer terminolog. Lexika anhand von parallelen Korpora; ↗ Alignierung. **Z**

Computergestützte Übersetzung ↗ Maschinelle Übersetzung

Computergestützter Sprachunterricht (engl. computer assisted language learning, Abk. CALL, frz. enseignement de langue assisté par ordinateur) Eines der aktuellen Hauptinteressen in der ↗ Fremdsprachendidaktik ist der Einsatz von Computerprogrammen und online-Angeboten als Ergänzung zum Unterricht durch einen Lehrer, aber auch als Sprachkursersatz. Die Vorteile des kursbegleitenden c. S. liegen v. a. in der Möglichkeit zur individuellen Gestaltung des Lern- und Übungstempos und in der reichhaltigen Auswahl der Software; für fast jedes moderne Lehrwerk wird Begleitmaterial im Internet angeboten. Weiterhin sind Online-Wbb. und andere Nachschlagewerke, Rechtschreibprogramme usw. jederzeit nutzbar. Digitale Medien für Autodidakten sind in Regionen ohne attraktives Fremdsprachenlernangebot oft die einzige Zugangsmöglichkeit. Im Internet finden sich Angebote vom Gratismaterial bis zum teuren betreuten Kurs, vom tutorenunterstützten Lernen über integrierte Fernseh- und Computerkurse bis zur Vermittlung von Tandempartnern (↗ Tandem). Bisher fehlen detailgenaue Erkenntnisse über den Erfolg des c. S. Sicher ist, dass selbst die beste Software den Lehrer nicht

vollständig ersetzen kann. **Lit.** S. Münchow, Computer, Internet & Co. im Französisch-Unterricht. Bln. 2004. **SO**

Computerlinguistik (engl. computational linguistics, natural language processing, frz. linguistique informatique) **1.** Gegenstandsbereich der C. ist die Repräsentation und Verarbeitung natürlicher Spr. mit den Methoden der ↗ Informatik. Dazu zählt i. e. S. die Realisierung von ↗ sprachverarbeitenden Systemen (↗ Spracherkennung, ↗ maschinelle Übersetzung, ↗ Frage-Antwort-Systeme usw.) als Computerprogramme, i. w. S. aber auch die Untersuchung der log., math., techn., wirtschaftl. und sozialen Voraussetzungen, Rahmenbedingungen und Auswirkungen solcher Systeme. Die softwaretechn. Umsetzung von ling. Wissen ist u. a. durch folgende Ziele motiviert: Realisierung neuartiger Anwendungssoftware oder Erweiterung von Standardsoftware um neue Funktionen, Bereitstellung von Werkzeugen zur Entwicklung und Evaluation ling. Methoden und Resultate, Simulation u. Modellierung von menschl. Sprachverarbeitungsprozessen. Gelegentl. wird zwischen anwendungsorientierter und theoret. C. unterschieden, wobei Letztere weitgehend dem älteren Begriff ↗ Mathematische Linguistik entspricht und Erstere oftmals auch als ↗ Sprachtechnologie bezeichnet wird. **Lit.** D. Jurafsky & J. H. Martin, Speech and Language Processing. Upper Saddle River, NJ 2000. – K.-U. Carstensen et al. (Hgg.), C. und Sprachtechnologie. Eine Einf. Mchn. ²2004. – R. Mitkov (ed.), The Oxford Handbook of Computational Linguistics. Oxford 2003. – K.-U. Carstensen et al. (Hgg.), C. und Sprachtechnologie. Eine Einf. Heidelberg ³2010 – D. Jurafsky & J. H. Martin, Speech and Language Processing. Prentice Hall, Upper Saddle River, NJ, ²2008. **L 2.** Interdisziplinäres Forschungsgebiet, das aus Linguistik, Informatik und Psychologie hervorgegangen ist und sich mit der maschinellen Verarbeitung natürl. Spr. beschäftigt. Es gliedert sich in (a) anwendungsorientierte C., in der die praxisorientierte Entwicklung von Sprachsoftware (Sprachtechnologie) vorangetrieben wird, und (b) theoretische C., die sich der zentralen Aufgabe widmet, formale, theoret. fundierte Sprachmodelle zu entwickeln. Der sprachtechnolog. Bereich hat in den letzten Jahren eine Vielzahl von sprachbasierten Systemen hervorgebracht (↗ Automatische Spracherkennung, ↗ Sprachgenerierung, ↗ Dialogsystem, ↗ Information Retrieval, ↗ Information Extraction, ↗ Maschinelle Übersetzung, ↗ Automatische Textzusammenfassung, ↗ Mensch-Computer-Interaktion usw.), die z. T. kommerziell genutzt werden. Da die Effizienz der Sprachverarbeitung aufgrund der ↗ Komplexität von Spr. ein krit. Faktor ist, ist dieser Bereich eng an die theoret. C. gekoppelt, welche berechenbare Modelle (Architekturen und Theorien) für Aspekte von menschl. Sprache und Sprachverarbeitung entwirft und formalisiert.

Zentrale Forschungsfragen betreffen die Struktur natürl. Spr.n und ihren formalen (mathemat. und log.) Eigenschaften, die auf den unterschiedl. ling. Ebenen (morpholog., syntakt., semant.) in ihrer Komplexität z. T. stark variieren. In diesem Zusammenhang soll auch ein Beitrag zum Verständnis, zur Verifikation und zur Verbesserung der zugrundeliegenden kognitionswiss. Theorien geleistet werden (↗ Kognitionswissenschaft, ↗ Künstliche Intelligenz). Zudem werden ling. Theorien anhand konkreter Implementierungen überprüft bzw. neue ling. Theorien entwickelt (z. B. ↗ HPSG, ↗ LFG), die auch auf der Basis beobachteter Sprachdaten (↗ Korpuslinguistik) empir. überprüft und evaluiert werden. Die Breite dieser Forschungsziele erfordert die Integration unterschiedl. Methoden aus Mathematik, Logik, Kognitionswiss. und Linguistik. Hierbei werden sowohl analyt., wissensbasierte Ansätze als auch empir., statist. Ansätze verfolgt. **Lit.** K.-U. Carstensen et al. (Hgg.), C. und Sprachtechnologie. Eine Einf. Heidelberg ³2010.   Z

Computermorphologie (engl. Computational Morphology) Bereich der ↗ Computerlinguistik, der sich mit der Repräsentation und Verarbeitung von Wörtern und Wortformen in graphem. oder phonem. Form beschäftigt. Die meisten Ansätze der C. basieren auf finite state-Methoden (↗ Finite State Grammar, ↗ Endlicher Automat; vgl. auch ↗ Zweiebenenmorphologie und ↗ Item-and-Arrangement Grammar), für die Finite State Transducer ein effizientes bidirektionales Modell für die ↗ Generierung bzw. das ↗ Parsing bieten. Neuere Ansätze liefern Erweiterungen im Bereich nicht-konkatenativer Phänomene wie z. B. der ↗ Reduplikation (vgl. Kiraz 1994, Karttunen 1998). Da finite-state-Ansätze jedoch nur eingeschränkt zur Beschreibung morpholog. Strukuren geeignet sind, werden hier i. d. R. mächtigere Modelle (z. B. kontextfreie, unifikationsbasierte Grammatiken) bevorzugt. Anwendungen sind ↗ Maschinelle Übersetzung, ↗ Rechtschreib- und Grammatikprüfung, ↗ Information Retrieval, ↗ Text-to-Speech-Systeme. **Lit.** G. A. Kiraz, Multi-Tape Two-Level Morphology: a Case Study in Semitic Non-linear Morphology. Kyoto 1994. – L. Karttunen The Proper Treatment of Optimality in Computational Phonology. Ankara 1998.   Z

Computer-Psycholinguistik (engl. Computational Psycholinguistics) Interdisziplinäres Forschungsgebiet der Ling., der ↗ Computerlinguistik und der Psychologie, das sich mit der Erforschung des Verstehens, des Erwerbs, der Produktion und der Repräsentation menschl. Spr. befasst. **Lit.** M. W. Crocker, Computational Psycholinguistics. Dordrecht 1996. Z

Concessio (lat. ›Zugeständnis‹) ↗ Rhetorische Figur der Argumentation; kalkuliertes Zugeständnis des Sprechers, das anschließend wieder eingeschränkt oder sogar aufgehoben wird: »Sicherlich bin ich verantwortlich für das Gesetz, aber nicht schuld an der Umsetzung.«   VS

Conibo ↗ Pano-Takana-Sprachen, ↗ Shipibo

Coniugatio periphrastica f. (griech. περίφρασις (perifrasis) ›Umschreibung‹. Auch: periphrastische Konjugation) In der lat. Grammatiktradition Bez. für Verbformen, die mit ↗ Hilfsverben gebildet werden im Ggs. zu Formen, die durch Flexion des Stamms und Affixe entstehen, z. B. lat *scrībo* ›ich schreibe‹, *scrīpsī* ›ich habe geschrieben‹ vs. *scrīptūrus sum* ›ich bin willens zu schreiben, habe die Absicht zu schreiben‹. Im Dt. sind die sog. zusammengesetzten Tempusformen periphrast. konjugiert.   G

Coniunctivus subiunctivus (lat. subīunctus ›untergeordnet‹) Im Lat. hat der ↗ Konjunktiv (neben der Funktion, eine Redeabsicht auszudrücken) die Funktion, in Konstituentensätzen auszudrücken, dass ihre Proposition von der des Matrixsatzes »abhängig« ist, dass eine »gedankliche Abhängigkeit« besteht. Der c. s. taucht namentlich in abhängigen Fragesätzen, Final- und Konsekutivsätzen auf aber auch in best. Temporal-, Kausal- und Konzessivsätzen, z. B. *Dīcō tibī, cūr dīvitēs rūs petant* ›Ich sage dir, warum die Reichen aufs Land fahren‹. Diese Funktion des Konjunktivs war Anlass, die Kategorie selbst in einigen Spr. als *Subjunktiv* (statt Konjunktiv) zu bezeichnen, z. B. frz. *subjonctif*, span. *subjuntivo*.   GS

ConjP ↗ Conjunction Phrase

Conjunction Phrase (›Konjunktionsphrase‹. Auch: Boolean Phrase; Abk. ConjP, BP) Im Rahmen der neueren GG angenommene Phrase als Projektion einer lexikal. koordinierenden ↗ Konjunktion bzw. einer entspr. ↗ Funktionalen Kategorie. Chomsky, Aspects (Kap. 1, § 2) argumentiert für den mehrfachverzweigenden Status koordinierter Phrasen; auch für das Dt. wird die Auffassung präferiert, dass koordinierende Konj. syntakt. symmetr., sog. flache, ↗ mehrfachverzweigende Konstruktionen des Typs [X [K] Y] erzeugen (vgl. Lang 2002). Beobachtungen von Ross (1967) folgend und theoret. motiviert durch Basisannahmen der ↗ X-Bar-Theorie bzw. des ↗ Minimalismus werden in der neueren Diskussion asymmetr. Eigenschaften koordinierter Konstruktionen in den Vordergrund gestellt (Kayne 1994, im Rahmen von ↗ Unifikationsgrammatiken vgl. Mouret 2005, Sag 2002): Die ConjP erlaubt, koordinierte Konstruktionen als binär verzweigende und ↗ endozentrische Konstruktionen vom Typ [X [$_{Conj'}$ [$_{Conj}$ K] Y]] zu explizieren, wobei auf der Basis von Daten aus verschiedenen Spr.n intern unterschiedl. Strukturierungen in Erwägung gezogen werden, welche sich in (a) symmetr. (mit 2 Köpfen und ggf. einer leeren Konjunktion, vgl. z. B. Johannessen 1998) und (b) asymmetr. (1 Kopf) unterteilen lassen, z. B. für *John and Mary*: (a) [$_{NP/ConjP}$ [$_{Conj}$ *e*] [*John*]] [$_{NP/ConjP}$ [$_{Conj}$ *and*] [$_{NP Mary}$]], (b) [$_{ConjP}$ [$_{Spec}$ $_{NP John}$]] [$_{Conj'}$ [$_{Conj}$ *and*] [$_{NP Mary}$]]] oder als Kopf-Adjunkt-Struktur (Munn 1993, 2000) [$_{NP}$ [$_{NP John}$] [$_{BP}$ [$_{Boolean}$ *and*] [$_{NP}$

Mary]]]; ↗ Koordination. **Lit.** R. D. Borsley, Against ConjP. Lingua 115, 2005, 461–482. – J. B. Johannessen, Coordination. Oxford 1998. – J. Kandybowicz, On the Syntax of Nupe Coordination. Ms. UCLA 2005. – R. Kayne, The Antisymmetry of Syntax. Cambridge, Mass. 1994. – E. Lang, Die Wortart ›Konjunktion‹. HSK 17, II, 634–641. – F. Mouret, The Syntax of French Conjunction Doubling. Papers from the 40th Regional Meeting of the Chicago Linguistic Society. Chicago 2005. – A. B. Munn, Three Types of Coordination Asymmetries. In: K. Schwabe & N. Zhang (eds.), Ellipsis in Conjunction. Tübingen 2000, 1–22. – J. R. Ross, Constraints on Variables in Syntax. Cambridge, Mass. 1967 [erschienen als: J. R. Ross, Infinite Syntax. N. Y. 1981]. – I. A. Sag, Coordination and Underspecification. In: J. Kim & S. Wechsler (eds.), Proceedings of HPSG02 Conference, Kyung-Hee University Seoul. Stanford 2002, 267–291. – M. de Vries, Hierarchy in Coordinate Structures. In: J. Koster & H. v. Riemsdijk (eds.), Germania et Alia: A Linguistic Webschrift for Hans den Besten. Online 2003 [http://odur.let.rug.nl/~koster/DenBesten/contents.htm]. – C. E. Zoerner, One Coordinator for All. Linguistic Analysis 29, 1999, 322–341.   F

Consecutio temporum f. (lat. ›die Abfolge der Zeiten‹. Auch: Zeitenfolge. Engl. sequence of tenses) Begriff aus der Grammatik des Lat., in der die Verwendung der Tempora in komplexen Sätzen besonders streng geregelt ist. Die c. t. regelt die Form, die das Verb des untergeordneten konjunktivischen Satzes annehmen muss, in Abhängigkeit davon, ob das von ihm ausgedrückte Ereignis gleich-, vor- oder nachzeitig zum Ereignis des übergeordneten Satzes eintritt, außerdem unterschieden danach, in welchem Tempus (↗ Haupttempus vs. ↗ Nebentempus) das übergeordnete Verb steht, z. B. *Satis multa eum dīxisse appāret, cūr hoc faciendum esset* ›Es ist offensichtlich, dass er genug Gründe vorgebracht hat, warum dies zu tun sei.‹ Der Begriff wurde aus der lat. Grammatik auch auf andere Sprachen übertragen (z. B. Dt.), obwohl hier – außer in ↗ Konditionalsätzen – keine so strenge Regelung gegeben ist; ↗ Konjunktiv, ↗ Indirekte Rede.   KE

Constraint Based Grammar ↗ Unifikationsgrammatik

Constructio ad sensum f. (lat. ›Konstruktion nach dem Sinn, dem Sinne nach‹. Auch: Synesis < griech. σύνεσις ›Sinnzusammenhang‹). I. w. S. Gebrauch und allgemeiner syntakt. Struktur nach semant. Kriterien statt grammat. Regeln (z. B. *Eine Gruppe vieler Kinder spielten* (statt *spielte*) *auf dem Hof*). I. e. S. von der grammat. ↗ Kongruenz abweichender Gebrauch bei ›formelhaften‹, mit *und* koordinierten nominalen Subjekten, die syntakt. gesehen ein finites Verb im Plural fordern, dem ›Sinne nach‹ durch die c. a. s. jedoch ein Verb im Singular möglich machen, z. B. *Wind und Wetter <u>kann</u> uns nichts anhaben.*   VS

Constructio apo koinu ↗ Apokoinou, ↗ Constructio ad sensum

Construction Grammar ↗ Konstruktionsgrammatik

Contentio ↗ Antithese, ↗ Diaphora

Continuant (lat. continuāns ›zusammenhängend, unmittelbar verbunden‹) **1.** ↗ Vibrant – **2.** Bináres akust.-artikulator. definiertes, phonolog. distinktives Merkmal [± cont.] (nach PSA), gekennzeichnet durch die Möglichkeit eines kontinuierl. oralen Luftstroms entlang der mittsagittalen Region des ↗ Ansatzrohres bzw. durch das Fehlen eines kompletten oralen Verschlusses und dadurch bedingten kontinuierl. akust. Einsatz; Ggs. ↗ abrupt (engl. c. vs. interrupted, stop).   PM

Contoid In der Terminologie von K. L. Pike (1943) nicht-vokal., konsonant. Sprachlaut (vs. vocoid), wobei weiter unterschieden werden kann zwischen verlängerbaren C. (↗ Liquide, ↗ Nasale, ↗ Frikative) und nicht verlängerbaren (↗ Plosive) sowie silb. (in der Funktion als ↗ Silbenkern mögl.) und nicht-silb. **Lit.** K. L. Pike, Phonetics. Ann Arbor 1943.   PM

Contradictio in adiecto f. (lat. ›Widerspruch im Beiwort‹) Semant. Gegensatz zwischen einem attributiven Adj. und seinem Bezugssubst. (*traurige Freude, junger Greis*), dessen Bedeutung oft nur in einzelnen Merkmalen widersprochen wird (*trockenes Wasser, schwarzer Schimmel*). Als rhetor. Figur (↗ Rhetorik) ist die C. i. a. eine Form des ↗ Oxymoron; in diesem Fall verweist der Widerspruch auf einen in sich antithet. ↗ Sinn (Horaz: ›die zwieträchtige Eintracht der Stoffe‹), der oft erst auf metaphor. Ebene konstituiert wird, z. B. *beredtes Schweigen, schwarze Milch der Frühe.*   RB

Contrapositum ↗ Antithese

Coos ↗ Penuti-Sprachen

Cora ↗ Uto-Aztekische Sprachen

Corachol ↗ Uto-Aztekische Sprachen

Core grammar ↗ Kerngrammatik

Coreguaje ↗ Tukano-Sprachen

Cornouaille ↗ Bretonisch

Corona linguae ↗ Zunge

Corpus Encoding Standard (Abk. CES bzw. XCES für die XML–Variante) CES ist ein TEI-konformer Annotationsstandard für ling. ↗ Korpora, der als Teil der EAGLES-Guidelines (Expert Advisory Group on Language Engineering Standards) entwickelt wurde. CES wird mithilfe einer DTD (↗ Dokumententypbeschreibung) definiert, die obligator. und optionale Elemente für die Auszeichnung von Satzsegmentierungen, grammat. Informationen sowie für die ↗ Alignierung paralleler Texte enthält. In Kooperation mit dem Komitee für ISO-Standardisierung von ↗ Sprachressourcen (ISO TC37/SC4) wird das Schema derzeit weiterentwickelt; ↗ Texttechnologie. **Lit.** N. Ide, P. Bonhomme & L. Romary, XCES: An XML-based Encoding Standard for Linguistic Corpora. Paris 2000.   Z

Corroboratio ↗ Diplomatik

Covered (engl. ›gedeckt‹) Binäres phonolog. Merkmal in SPE: [+ c.]-Laute sind mit verengtem, angespanntem Pharynx und gehobenem Kehlkopf produziert (vs. non-covered). PM

CP ↗ COMP-Position

Cps ↗ Hertz

Creaky voice ↗ Glottalisierung

Cree ↗ Algonkin-Sprachen

Creek ↗ Muskogee-Sprachen

Cree-Schrift Für das Cree (↗ Algonkin-Sprachen) im 19. Jh. von Missionaren entwickelte ↗ Silbenschrift. Sie wurde in abgewandelter und erweiterter Form auch für Ojibwa (↗ Algonkin-Sprachen), für mehrere ↗ athabaskische Sprachen (sog. Dene-Schrift) und für das kanad. ↗ Eskimo (Inuit) eingeführt. Früher hauptsächl. für christl. Literatur verwendet, erlebt die C.-Schrift eine Renaissance, da sie beim Druck traditioneller Texte und Reden sowie von Zeitungen in Cree und Inuit benutzt wird. **Lit.** W. Walker, Native Writing Systems. HNAI–L, 158–184. D

Crioulo ↗ Portugiesisch basierte Kreolsprachen, ↗ Spanisch basierte Kreolsprachen

Cross-cultural pragmatics ↗ Kontrastive Pragmatik

Cross-Language Information Retrieval (›sprachübergreifendes Information Retrieval.‹ Abk. CLIR) Disziplin im ↗ Information Retrieval, bei der eine Suchanfrage in einer best. Spr. formuliert wird, das Ergebnis (i. d. R. relevante Informationen zur Suchanfrage) jedoch in einer anderen Spr. zurückgeliefert wird. Im Rahmen des ›Cross Language Evaluation Forums‹ (CLEF) werden Verfahren und Systeme für das CLIR evaluiert. **Lit.** D. A. Grossman & O. Frieder, Information Retrieval: Algorithms and Heuristics. Dordrecht 2004. Z

Cross-linguistic In der ↗ Sprachtypologie Bez. für sprachl. Einheiten oder ling. Eigenschaften von sprachl. Einheiten, deren Existenz in genet. und areal nicht zusammenhängenden Spr. festgestellt wird (ins Dt. nur unzulängl. mit *übereinzelsprachlich* übersetzbar). G

Crossover-Prinzip (engl. ›Überkreuzungsprinzip‹) In der GG eine der ↗ Beschränkungen für ↗ Transformationen, welche die lineare Vertauschung referenzident. Konstituenten verhindern soll. Prinzipiell handelt es sich hierbei um Phänomene der Interpretation von Pron. (und leeren Positionen, ↗ ECP) hinsichtl. ihrer Referenz. Das C.-P. verhindert z. B. einerseits Interpretationen wie die ↗ Koreferenz von *wem* und *er* in *Wem$_i$ hat er$_j$ geholfen?* und lässt andererseits Interpretationen wie *Wer$_i$ hat sich$_i$ geholfen?* mit koreferentem *wer* und *sich* zu, weil im ersten Fall, unter Voraussetzung einer Ableitung dieses Satzes durch eine ↗ Bewegung des *w*-Pronomens aus der Obj.-Position, eine ko-indizierte Subj.-Position ›überkreuzt‹ würde, im zweiten Fall nicht. In der Diskussion wird zwischen schwachem und starkem C.-P. unterschieden, da in verschiedenen Spr.n diverse Verletzungen des C.-P. mehr oder weniger akzeptabel sind. In der ↗ Rektions-Bindungs-Theorie wird das C.-P. zu einem Sonderfall, der durch die generellen Prinzipien der ↗ Bindungstheorie erfasst wird; zur Explikation entspr. Phänomene im Minimalismus vgl. Koot & Mathieu (2003). **Lit.** J. Bresnan, Morphology Competes with Syntax: Explaining Typological Variation in Weak Crossover Effects. In: P. Barbosa et al. (eds.), Is the Best Good Enough? Optimality and Competition in Syntax. Cambridge, Mass. 1998, 59–92. – R. Kluender, On the Distinction between Strong and Weak Islands: A Processing Perspective. Syntax and Semantics 29, 1998, 241–279. – H. v. de Koot & E. Mathieu, What's in an Island? UCLWPL 15, 2003. – H. Lasnik & T. Stowell, Weakest Crossover. LIn 22, 1991, 687–720. – P. Postal, Remarks on Weak Crossover. LIn 24, 1993, 539–556. F

Cross-River-Sprachen ↗ Benue-Kongo-Sprachen

Crow ↗ Sioux-Sprachen

C-Struktur ↗ Lexical Functional Grammar

Cubeo ↗ Tukano-Sprachen

Cue Validity ↗ Prototyp, ↗ Prototypensemantik

Cuiba ↗ Guahibo-Sprachen

Cuicatekisch ↗ Mixtekische Sprachen

Cuica-Timote-Sprachen ↗ Südamerikanische Indianersprachen

Culli ↗ Südamerikanische Indianersprachen

Cuna (Eigenbez. Tule) Chibcha-Sprache, Sprachgebiet: San Blas-Archipel und karib. Küste des Dariendschungels (Ostpanama), Ufer des Urabá-Golfs (Departemente Antioquia und Chocó, Kolumbien). Ca. 40 000 Sprecher. Piktograph. Schrifttradition; Karte ↗ Südamerikanische Sprachen, im Anhang. **Lit.** M. S. González de Pérez & M. L Rodríguez de Montes (eds.), Lenguas indígenas de Colombia. Una visión descriptiva. Bogotá 2000. – R. Llerena Villalobos, Relación y determinación en el predicado de la lengua Kuna. Bogotá 1987. AD

Cuneiform ↗ Keilschrift

CV-Phonologie ↗ Autosegmentale Phonologie, ↗ Metrische Phonologie, ↗ Silbenphonologie

D ↗ DET, ↗ Determinansphrase, ↗ Determinierer

DaF ↗ Deutsch als Fremdsprache

»DaF-Aussprache« ↗ Explizitlautung

Dagaari ↗ Gur-Sprachen

Dagbani ↗ Gur-Sprachen

Dageš Bez. des Punktes in der Mitte eines Buchstaben der jüd. ↗ Quadratschrift, der die Verdopplung eines vokalisierten Konsonanten bezeichnet (D. forte) oder die explosive im Ggs. zur spirantisierten Aussprache anzeigt (D. lene). WI

Dag(h)estanische Sprachen Gruppe der ↗ ostkaukasischen Sprachen in Dag(h)estan und den nördl. und südl. angrenzenden Gebieten: (a) awaro-and. Spr., eng miteinander verwandt: ↗ Awarisch; and. Spr. am mittleren And. Koissu mit jeweils zwischen 500 und 20 000 Sprechern (And., Botlich., G(h)odober., Karata/Karat(in)., Bagwalal., Tschamalal., Tindi, Achwach.); didoische oder zes./ces. Spr. am oberen And. Koissu mit jeweils zwischen 400 und 8000 Sprechern (Dido., Hinuch., Chwarschin., Kaputsch(in). oder Beshta/Beshit(in)., Hunsib.; (b) Artsch(in)./Artschi, ca. 1000 Sprecher; (c) ⁊ Lakkisch; (d) ⁊ Dargwa; (e) Samurspr. oder lesg. Spr. im Südosten Dag(h)estans und in Aserbaidschan: ⁊ Lesgisch; Rutul., ca. 34000(?) Sprecher; Zachur./Cachur., ca. 22000(?) Sprecher; ⁊ Tabassaranisch; Ag(h)ul., ca. 28000(?) Sprecher; Buduch., ca. 500(?) Sprecher; Kryz. oder Dschek., ca. 4000(?) Sprecher; manchmal werden dazu noch das Artsch(in). (s.o.) sowie das Chinalug. (ca. 1500(?) Sprecher) und das Ud. (⁊ Alban. 2); ca. 8000(?) Sprecher) in Aserbaidschan und Russland gezählt; Karte ⁊ Kaukasische Sprachen, im Anhang. **Lit.** G. G. Gamzatov red.), Jazyki Dagestana. Maxačkala, M. 2000. – JaNSSSR 4, 1967, 247–688. – ILC 3 [darin: P. T. Magomedova, Chamalal, 1–65; P. A. Saidova, Ghodoberi, 67–112; M. E. Alekseev & R. N. Radžabov, Tsez, 113–163; I. A. Isakov & M. Š. Xalilov, Hinukh, 165–214; A. E. Kibrik & Ja. G. Testelets, Bezhta, 217–295; M.-Š. A. Isaev, Dargwa, 299–343; B. B. Talibov, Tsakhur, 347–419]. – ILC 4 [M. E. Alekseev, Rutul, 213–258; Ders., Budukh, 259–296; A. E. Kibrik, Archi, 297–365; Ders., Khinalug, 367–406; Sh. M. Saadiev, Kryts, 407–446; W. Schulze-Fürhoff, Udi, 447–514]. – A. E. Kibrik, S. V. Kodzasov & I. P. Olovjannikova, Fragmenty grammatiki chinalugskogo jazyka [Fragmente einer Grammatik des Chinalug.]. M. 1972. – Dies. & D. S. Samedov, Opyt strukturnogo opisanija arčinskogo jazyka [Versuch einer strukturellen Beschreibung des Artschi]. 1–3. M. 1977. – A. E. Kibrik, Godoberi. Mchn. 1996. – Ders. & J. G. Testelec (Hgg.), Èlementy cachurskogo jazyka v tipologičeskom osveščenii. M. 1999. – Ders. (red.), Bagvalinskij jazyk. Grammatika. Teksty. Slovari. M. 2001. – A. A. Magometov Agul'skij jayzk. Tbilisi 1970. – Z. M. Magomedbekova, Achvachskij jazyk. Tbilisi 1967. – Dies., Karatinskij jazyk. Tbilisi 1971. – G. I. Madieva, Grammatičeskij očerk bežitinskogo jazyka. Maxačkala 1965. – B. B. Talibov, Buduchskij jazyk. M. 2007. – S. M. Machmudova, Morfologia rutul'skogo jazyka. M. 2001. – G. Authier, Grammaire kryz. Paris 2006. – S. V. Kodzasov, Caucasian: Daghestanian Languages. In: H. van der Hulst (ed.), Word Prosodic Systems in the Languages of Europe. Bln. 1999, 995–1020. – W. Schulze, Die Spr. der Uden in Nord-Azerbajdžan. Wiesbaden 1982. – H. van den Berg, A Grammar of Hunzib. Mchn., Newcastle 1995. – W. Schulze, Tsakhur. LW-M, 133 Mchn., Newcastle 1997. – JRF 2.   BO

Dagur ⁊ Mongolisch
Daju-Sprachen ⁊ Chari-Nil-Sprachen
Dakisch ⁊ Indogermanische Sprachen
Dakorumänisch ⁊ Rumänisch

Dakota ⁊ Sioux-Sprachen
Daktylologie ⁊ Handalphabete
Daktylus ⁊ Fuß
Dalmatinisch (auch: Dalmatisch) Roman. Spr. an der Ostküste der Adria (Dalmatien) aus dem Zweig der ⁊ Ostromania, im 19. Jh. endgültig ausgestorben. Seit dem frühen 14. Jh. schriftl. belegt, bes. im Dialekt von Dubrovnik (Ragusa). Am längsten hat sie sich auf der Insel Krk (Veglia) erhalten. Das D. stand über Jahrhunderte unter dem erdrückenden Einfluss einerseits des Venezian., von dem es schließlich auch absorbiert wurde, und andererseits der südslav. Spr. Nach Bartoli besaß das D. eine Reihe besonders konservativer Züge, wie etwa den Erhalt der velaren Verschlusslaute vor vorderen Vokalen. **Lit.** Ž. Muljačić, Das Dalmat.: Studien zu einer untergegangenen Spr. Köln, Wien 2000. HU
Dameli ⁊ Dardische Sprachen
Ḍamma ⁊ Arabische Schrift
Dan ⁊ Mandesprachen
Dani ⁊ Papua-Sprachen
Dänisch (Eigenbez. Dansk. Engl. Danish, frz. danois) ⁊ Nordgermanische Sprache. Sprachhistor. wird D. zum ⁊ Ostnordischen gerechnet. Es ist Staatsspr. in Dänemark sowie grundgesetzl. geschützte Minderheitenspr. in Schleswig-Holstein. Außerdem ist es als S2 auf den zu Dänemark gehörenden Färöern sowie auf Grönland (ebenfalls zu Dänemark gehörig) verbreitet; Karte ⁊ Europäische Sprachen, im Anhang. D. ist S1 von annähernd 5 Mio. Sprechern. Man unterscheidet Altdän. (9 Jh. bis ca. 1500) und Neudän. (seit dem Anfang des 16. Jh.). Ältester Text: Das »Schonische Recht« aus dem 13. Jh. Die heutige Schriftspr. ist reich an Ausdrücken ndt. Herkunft. Die Großschreibung der Substantive wurde 1948 in einer ⁊ Orthographiereform abgeschafft. – Vom ⁊ norwegischen Bokmål hebt sich das D. vor allem durch zwei sprachhistor. »jüngere« Eigentümlichkeiten ab: (a) Den norweg. Tönen entspricht Vorhandensein oder Abwesenheit des Glottisverschlusslautes (stød), (b) den intervokal. Konsonanten *p, t, k* entsprechen im D. schwach (oder gar nicht artikulierte) *b, d, g*, z. B. *kjøpe* ggü. *købe* ›kaufen‹, *gate* ggü. *gade* ›Straße‹, *pike* ggü. *pige* ›Mädchen‹. – Auf den Färöern ist ⁊ Färöisch S1, auf Grönland im allgemeinen Grönländ. (⁊ Eskimo). Im Süden Jütlands ist Dt. geschützte Minderheitenspr. – Orthograph. Erkennungszeichen: zur Unterscheidung vom Norweg.: kein freistehendes *å* (oder älter: *aa*), vom Schwed.: *ø*. **Lit.** P. Diderichsen, Elementær Dansk Grammatik. København 1946. – Aa. Hansen, Moderne Dansk. I–III. København 1967. – **SSG** Universitätsbibliothek Kiel (8).   T
Dardische Sprachen Gruppe von Sprachen und Dialekten in den Gebirgsregionen des nordöstl. Afghanistan, westl. Pakistan und nordwestl. Indien. Die Stellung der d. S. innerhalb des ⁊ Indoiran. sowie die genet. Beziehungen dieser Spr. untereinander waren lange Zeit heftig umstritten und sind auch

heute z. T. noch nicht völlig geklärt. Die d. S. zeigen in unterschiedl. Ausmaß Übereinstimmungen sowohl mit ↗ iranischen als auch mit ↗ indoarischen Sprachen. Die Tatsache, dass die d. S. bis auf eine Ausnahme (↗ Kashmiri) keine schriftl. Tradition aufweisen, erschwert die ling. Argumentation zusätzlich. Sprachhistor. und arealling. Gründe rechtfertigen eine Unterteilung in drei Gruppen: (a) Nuristan-Spr. (auch westdard. oder Kāfir-Spr.) in Nuristan/Afghanistan: Katī (auch Bašgalī), Waigalī, Prasun, Aškun und Tregamī (dem Waigalī nahestehend, nur in drei Dörfern gesprochen); Karte ↗ Indische Sprachen, im Anhang. Bestimmte nur diesen Spr. eigene Lautentwicklungen haben zu der Annahme geführt, dass es sich bei ihnen um die einzigen direkten Nachfolgesprachen eines Dialektes handle, der sich neben dem Uriran. und dem Urindoar. als »3. Glied« aus der anzustrebenden urindoiran. Grundsprache entwickelt habe. – Die beiden anderen Gruppen werden den ↗ indoarischen Sprachen zugerechnet: (b) Die zentraldard. Spr. mit einem südlichen (Pašai, Šumāštī, Niṇgalāmī, Woṭapūrī, Gawar, Tirāhī) und einem nördlichen Zweig (Khowār, Kalása). – Gewissermaßen ein Dialektkontinuum zwischen den Nuristan-Spr. und der zentraldard. Gruppe stellt das Damelī dar, bei dem noch zu klären ist, ob es sich um eine eigentliche dard. (↗ indoarische Sprachen) oder eine Nuristan-Spr. handelt. – (c) Die ostdard. Spr. gelten als ›dardisch‹ im engeren Sinn: Kohistānī (›Bergspr.n‹: Baškarik, Gārwī, Tōrwālī, Mayan, auch Kohistānī genannt); Šiṇā, Phalūṛa; ↗ Kashmiri. **Lit.** D. I. Edelman, Dardic and Nuristani Languages. Moscow 1983. – G. Buddruss, Nochmals zur Stellung der Nūristān-Sprachen des afghan. Hindukusch. MSS 36, 177. – K. Jettmar, Kafiren, Nuristani, Darden: Zur Klärung des Begriffssystems. Anthropos 77, 1982. – A. Degener, Die Spr. von Nisheygram im afghan. Hindukusch. Wiesbaden 1998. – E. Bashir, Dardic. In: G. Cardona & Dh. Jain (eds.), The Indo-Aryan Languages. Ldn., N. Y. [2]2007, 818–894. – A. Degener, Die Sprache von Nisheygram im afghan. Hindukush. Wiesbaden 1998. – C. P. Zoller, A Grammar and Dictionary of Indus Kohistani. Bln. 2005. FZ

Darg(in)isch ↗ Dargwa

Dargwa (auch: Darg(in)isch. Eigenbez. dargalla miʒ. Früher auch: Hürkanisch, Hürkilinisch) ↗ Dag(h)estanische Familie von teilweise sehr verschiedenen Dialekten bzw. Spr. (einschießl. des Kubatschi(n.)), im mittleren Dag(h)estan, westl./südwestl. von Machačkala; ca. 493 000 Sprecher (2002); Schriftspr. in lat., seit 1938 kyrill. Schrift; Karte ↗ Kaukasische Sprachen, im Anhang. **Lit.** K. Bouda, Beiträge zur kaukas. und sibir. Sprachwiss. 1: Die dargin. Schriftspr. AKM 22, 4, 1937, 1–42. – Z. G. Abdullaev, Darginskij jazyk [Das D.]. JaNSSR. 4, 508–523. – M.-Š. A. Isaev, Dargwa. In: ILC 3, 2004, 299–343. – A. Magometov, Megebskij

jazyk darginskogo jazyka. Tbilisi 1982. – S. M. Chajdakov, Darginskij i megebskij jazyki. M. 1985. – N. R. Sumbatova & R. O. Mutalov, A Grammar of Icari Dargwa. LW-M 92. Mchn. 2003. – A. A. Magometov, Kubačinskij jazyk [Das Kubatschin]. Tbilisi 1963. – JRF 1, 100–118. BO

Dari ↗ Persisch, ↗ Tadschikisch

Darstellungsfunktion ↗ Axiomatik der Sprachwissenschaft

Data ↗ Datum

Datamining Auswertung großer Datenbestände mithilfe automat. Verfahren. Ziel ist das Aufspüren von Regularitäten und Ausnahmen, also statist. Auffälligkeiten. Für die Extraktion von implizitem, vorher unbekanntem interessantem Wissen werden insbesondere statist. Verfahren eingesetzt (↗ Text Mining). Anwendungsgebiete des Textmining sind ↗ Automatische Textzusammenfassung und ↗ Frage-Antwort-Systeme. **Lit.** Frawley, G. Piatetsky-Shapiro & C. Matheus, Knowledge Discovery in Database: An Overview. AI Magazine 1992, 213–228. Z

Datenerhebung (engl. data collection, frz. enquête) Gewinnung sprachl. bzw. sprachgebundener ↗ Daten als Ausgangsmaterial (↗ Korpus) der Untersuchung, auf dessen Grundlage die Analyse, Auswertung und ↗ Beschreibung eines Phänomens erfolgen. In der ↗ empirischen Sprachwissenschaft und in anderen Ansätzen der ling. Forschung mit empir.-experimenteller Ausrichtung erfolgt die D. häufig in direktem Kontakt mit ↗ Informanten, ggf. durch Mittel der ↗ Feldforschung wie ↗ Interview, ↗ Elizitierung, ↗ Beobachtung, gezielte ↗ Experimente, oder es werden ausgewählte ↗ Testverfahren eingesetzt, Methoden der ↗ Sprachstatistik u. a. In anderen Bereichen ling. Forschung (z. B. in der GG) gilt auch die ↗ Intuition des Forschers als Datenquelle. – Techn. Hilfsmittel erleichtern heute zwar die Datensammlung und -organisation, doch bleiben bei jeder D. die Fragen nach Größe und Repräsentativität des Korpus (↗ Stichprobe) zu bedenken. SK

Datengetrieben ↗ Bottom-up

Datenstruktur ↗ Scripts

Dativ (lat. datum ›Gegebenes‹. In Schulbüchern auch: Wemfall, Zuwendgröße) **1.** In vielen Spr. ↗ Kasus, der ↗ indirekte Objekte (Objektsdativ) markiert (Dativobjekte; ↗ intransitiv). Im Dt. erfordert die ↗ Rektion vieler Verben und Präpositionen den D. als Objektkasus (z. B. begegnen, vertrauen) oder fakultatives Objekt im D. (z. B. helfen, versprechen), oft daneben auch den Akkusativ (bieten, rauben usw.; ↗ ditransitiv) und ↗ Präpositionalobjekte. Als ↗ freien Dativ bezeichnet man freie ↗ Angaben im D., die bei einer Reihe von Verben möglich sind, z. B. Maja hilft ihrem Vater beim Kochen; Der Lektor legt seinem Autor einen Scheck in den Brief. In einigen Fällen erfordern (prädikativ verwendete) Adjektive den D. als Objektkasus, z. B. Das sieht ihm ähnlich; Die Dame ist mir nicht bekannt. Eine generelle

Kasusbedeutung kommt dem D. nicht zu. Es gibt jedoch eine Reihe spezieller Verwendungsweisen, die in den Einzelphilologien terminologisiert sind; sie sind n separaten Einträgen dargestellt. Für das Dt. sind dies der ⁊ Pertinenzdativ (Possessivdativ), der ⁊ Trägerdativ und die Möglichkeiten der ⁊ Dativierung. **2.** In der ⁊ Kasusgrammatik ist der D. Kasus (-Rolle) des belebten Objekts, das affiziert wird durch die vom Verb bezeichnete Tätigkeit (bzw. Vorgang); in späteren Versionen statt D. ⁊ Experiencer. **Lit.** H. Wegener, Der D. im heutigen Dt. Tübingen 1985. – G. Schöfer, Semant. Funktionen des dt. Dativs. Münster 1992. – W. van Belle & W. van Langendonck (eds.), The Dative. Vol 1. Amsterdam 1996. – A. Ogawa, D. und Valenzerweiterung. Syntax, Semantik und Typologie. Tübingen 2003. – G. Börger, Der eth. D. in der Kommunikation. Sprachvergleich: Dt., Russ., Bulgar. Ffm. 2008.   G

Dativierung In einigen Spr. mögliche Substitution von Genitiv-, Akkusativ- und Präpositionalobjekten durch Dativobjekte bei entsprechendem Wechsel der Rektion des Verbs, z.B. *Maja holt dem Vater ein Bier* vs. *Maja holt ein Bier für den Vater;* ⁊ freier Dativ.   G

Dativpassiv ⁊ Rezipientenpassiv

Dativus auctoris (lat. auctor ›Urheber‹) In der Altphilologie (wenig trennscharfe) Bez. für die semant. Funktion des ⁊ Dativs, in Gerundivkonstruktionen die Person zu bezeichnen, die das im Gerundivausdruck Bezeichnete tun muss, soll oder darf, z.B. lat. *Omnia hominī, dum vīvit, spēranda sunt* ›solange der Mensch lebt, darf er auf alles hoffen‹; *Sua cuique sors est ferenda* ›jeder muss sein Los/ Schicksal (selber) tragen‹ (= jeder hat sein eigenes Päckchen zu tragen). In griech. Grammatiken kommt die Bez. d. a. mitunter vor zur Charakterisierung der tätigen Person, des Urhebers bei ⁊ Gerundiva (Verbaladjektiven) auf -τέος (-teos), z.B. ἡμῖν ποιητέον (hēmin poiēteon) ›wir müssen machen, tun‹ und vielfach beim Perf. Pass., z.B. τὰ ὑμῖν πεπραγμένα (ta hymin pepragmena) ›eure Taten (das von euch Getane)‹.   GS

Dativus causae (lat. causa ›Ursache, Grund‹) In der Altphilologie (wenig trennscharfe) Bez. für die semant. Funktion des ⁊ Dativs, eine Ursache des vom Verb ausgedrückten Vorgangs zu bezeichnen (⁊ ablativus causae, ⁊ genitivus causae), z.B. bei den sog. »Verben der Gemütsbewegung« (⁊ verbum sentiendi), z.B. χαίρομεν (ἐπὶ) τῳ ἐπαίνῳ (chairomen (epi) tō epainō) ›Wir freuen uns über das Lob‹.   GS

Dativus commodi (›Dativ des Nutzens, Vorteils‹) Bez. für ein Dativobjekt, in dem ein ⁊ »Agens« (in Subjektstellung) ⁊ »Benefizient« seiner Aktion ist, z.B. bei Reflexivkonstruktionen wie *Jenny kauft sich einen Mantel; Maja brät sich Spiegeleier.* In dt. Grammatiken wird mitunter das bei einigen transitiven Verben mögl. Dativobjekt als d. c. be-

zeichnet, z.B. *Der Vater putzt seiner Tochter die Nase.*   G

Dativus commodi possessivus ⁊ Pertinenzdativ, ⁊ Trägerdativ

Dativus ethicus (griech. ἠθικός (ēthikos) ›das Gefühl, den Charakter betreffend‹. Auch: ethischer Dativ) In der Altphilologie (wenig trennscharfe) Bez. für die semant. Funktion des ⁊ Dativs, eine »geistige Teilnahme« zu bezeichnen, z.B. lat. *Hīc mihi quisquam misericordiam nōminat* ›hier will mir noch einer von Mitleid reden‹, griech. μή μοι θορυβήσητε (mē moi thorybēsēte) ›macht mir jetzt keinen Lärm‹; in dt. Grammatiken mitunter als ›Dativ der emotionalen Anteilnahme« (z.B. Helbig & Buscha Gr¹⁷, 290), »der Gefühlsanteil und Mitbetroffenheit des Sprechers ausdrücken will« (Erben, § 380), bezeichnet; ⁊ Pertinenzdativ. **Lit.** J. Erben, Dt. Grammatik. Mchn. ¹²1980. – Eisenberg II, 293.   G, GS

Dativus finalis (lat. fīnālis ›die Grenze, das Ende, das Ziel betreffend‹) In der Altphilologie (wenig trennscharfe) Bez. für die semant. Funktion des ⁊ Dativs, einen Zweck oder eine Wirkung zu bezeichnen, meist zusammen mit einer Personenbez. im Dativ (›doppelter Dativ‹), erfragbar durch *wozu,* z.B. lat. *Rēs mihi ūsuī est* ›Die Sache ist mir von Nutzen‹; *Rēs mihi cordī est* ›Die Sache liegt mir am Herzen‹.   GS

Dativus incommodi ⁊ Dativus commodi

Dativus incommodi possessivus ⁊ Pertinenzdativ, ⁊ Trägerdativ

Dativus instrumenti (lat. instrūmentum ›Werkzeug‹) In der Altphilologie (wenig trennscharfe) Bez. für die semant. Funktion des ⁊ Dativs, das Mittel, Instrument der vom Verb ausgedrückten Handlung zu bezeichnen, z.B. griech. λόγοις παιδεύομεν (logois paideuomen) ›wir erziehen mit Worten‹, χρῶμαι Σωκράτει φίλῳ (chrōmai Sōkratei filō) ›Ich habe Sokrates zum Freund‹.   GS

Dativus iudicantis ⁊ Dativus relationis

Dativus mensurae (lat. mēnsūra ›Maß‹. Auch: dativus discriminis < discrīmen ›Unterschied‹, Dativ des Maßstabs, des Standpunkts) In der Altphilologie (wenig trennscharfe) Bez. für die semant. Funktion des ⁊ Dativs, ein Maß, eine Relation, bei Vergleichen einen Unterschied zu bezeichnen, z.B. τοῦτο πολλῷ κρεῖττον ἐστίν (tūto pollō kreiton estin) ›Das ist um vieles besser‹, dt. *Die Zeit vergeht ihnen schnell; Er fährt mir zu schnell.*   GS

Dativus modi (lat. modus ›Art und Weise‹) In der Altphilologie (wenig trennscharfe) Bezeichnung für die semant. Funktion des ⁊ Dativs, die »Art und Weise« eines Vorgangs zu bezeichnen, die ihn begleitenden Umstände zu bezeichnen, z.B. griech. Ἀλέξανδρος Τύρον βίᾳ εἷλεν (Alexandros Tyron biā heilen) ›Alexander nahm Tyros mit Gewalt‹.   GS

Dativus possessivus (lat. possessor ›Besitzer‹) In der Altphilologie (wenig trennscharfe) Bez. für die semant. Funktion des ⁊ Dativs, ein Verhältnis der

Erstreckung zu bezeichnen (↗ Possessivdativ), wobei der d. p. die Person bezeichnet, der das im Subjektausdruck Bezeichnete zuteil wird, z. B. lat. *Sua cuique fortūna in manū est* ›Jeder hat sein Schicksal in seiner Hand‹; ↗ Pertinenzdativ. Demgegenüber wird der ↗ genitivus possessivus zum Ausdruck materieller Besitzverhältnisse verwendet. Sehr fragwürdig ist die mitunter vorkommende Subsumption subjektloser Sätze des Dt. unter den d. p., z. B. *mir ist kalt, angst, bange.*   GS

Dativus relationis (lat. relātiō ›Beziehung, Verhältnis‹. Auch: dativus iudicantis < lat. iūdicāre ›urteilen‹) In der Altphilologie (wenig trennscharfe) Bez. für die semant. Funktion des ↗ Dativs, eine Person zu bezeichnen, von deren Standpunkt aus eine Aussage gilt (»Dativ des Beurteilers«: Eisenberg II, 293 f.), z. B. griech. γίγνεταί μοι βουλομένῳ (gignetai moi bulomenō) ›es geschieht mir nach Wunsch‹, lat. *Procul intuentibus rēs parvae videntur* ›Den Betrachtern aus der Ferne erscheinen die Dinge klein‹; *Doctō hominī vīvere est cōgitāre* ›Leben bedeutet für einen Gebildeten (zu) denken‹; vgl. dt. *Dem Glücklichen schlägt keine Stunde*; ↗ Pertinenzdativ.   G, GS

Dativus sociativus (lat. socius ›Verbündeter‹) In der Gräzistik (wenig trennscharfe) Bez. für die semant. Funktion des ↗ Dativs, ein Verhältnis der Kooperation oder des Antagonismus zu bezeichnen, z. B. griech. διαλέγομαί τινι (dialegomai tini) ›ich unterrede mich mit jdm.‹; Ἕλληνες Πέρσαις πολεμοῦσιν (Hellēnes Persais polemūsin) ›Die Griechen führen mit den Persern Krieg‹.   GS

Dativus sympatheticus ↗ Dativus commodi

Dativus temporis (lat. tempus ›Zeit‹) In der Gräzistik (wenig trennscharfe) Bez. für die semant. Funktion des ↗ Dativs, einen Zeitpunkt zu bezeichnen, z. B. τῆδε τῇ νυκτὶ ὁ ξένος ἀφίκετο (tēde tē nykti ho xenos afiketo) ›in dieser Nacht kam der Fremde an‹.   GS

DATR Eine von R. Evans und G. Gazdar entwickelte lexikal. Repräsentationsspr., die ↗ Defaults mit multipler Vererbung verbindet; ↗ Vererbungsnetzwerk. **Lit.** R. Evans & G. Gazdar, DATR: A Language for Lexical Knowledge Representation. Computational Linguistics 22, 1996.   L

Datum n., pl. Daten (lat. dare ›geben‹. Engl. data, frz. donnée) Erfassbare sprachl. bzw. sprachgebundene Erscheinungen; im Unterschied zum ↗ Beleg nicht Resultat, sondern empir. Ausgangsmaterial sprachwiss. Analyse (↗ Korpus). Ein Phänomen kann allerdings erst dann als D. gelten, wenn es aufgrund der Erhebungsprozedur oder durch die Festlegung best. Kennzeichen als solches definiert ist; damit aber reflektieren Daten immer auch Situation und Verfahren der ↗ Datenerhebung. – In der Sprachwiss. wird mit sehr unterschiedl. Daten gearbeitet, abhängig von der theoret. Ausrichtung sowie Forschungsgegenstand und -ziel. So müssen z. B. Bereiche der ↗ historischen Linguistik mit Daten umgehen (↗ Texten), deren Zustandekommen

und Repräsentativität häufig nicht mehr zu klären ist, während für die ↗ empirische Sprachwissenschaft diese Kriterien die Qualität der Daten wesentl. bedingen. Außerdem sollten Daten (a) durch ↗ Beobachtung nachweisbar oder festgelegt und damit zugängl., (b) durch eine überschaubare Anzahl von Merkmalen bestimmt und (c) die Art ihrer Bearbeitung ausgewiesen sein. – In der GG werden ›Daten‹ als Erscheinungen der ↗ Performanz den ↗ ›Fakten‹ gegenübergestellt, die als Aussagen über die Daten zur Kompetenz des ↗ idealen Sprecher-Hörers gerechnet werden. **Lit.** W. Labov, What Is a Linguistic Fact? Lisse 1975.   SK

Dauer ↗ Quantität

Dauerlaut ↗ Vibrant

Dauernd ↗ Abrupt

Dauersatz ↗ Behaviorismus

Dayak-Sprachen ↗ Malaiisch

DaZ ↗ Deutsch als Zweitsprache

dB ↗ Dezibel

Deadjektivum (auch: deadjektivische Ableitung) Bez. für ein Wortbildungsprodukt mit adjektivischer Basis, z. B. *Blindheit* (Subst.), *erblinden* (Verb), *blindlings* (Adv.). D. impliziert keinen Wortartwechsel (↗ Transposition), auch ↗ Modifikationen kommen vor (*rot → rötlich*). Einige wenige Wortbildungstypen sind insoweit restringiert, als sie nur adjektivische Basen zulassen (↗ Nomen qualitatis).   ES

Deadverbial Von einem Adverb abgeleitetes Adjektiv, z. B. dt. *immerwährend, dortig.*   G

Deappellativum Bez. für einen semant. best. Wortbildungstyp, dessen Basis eine Gattungsbez. ist (z. B. *Mensch*). Da für die Bestimmung von Wortbildungsprodukten die semant. Beschreibung der Basen vergleichsweise unergiebig ist, erscheint die Kategorie entbehrl.; so gehören *menschlich, Menschheit, menscheln* zu den D., worin sich die Gemeinsamkeiten der Wortbildungsprodukte erschöpfen; ↗ Appellativum.   ES

Debitiv (lat. dēbēre ›verpflichtet sein‹. Auch: Kompulsiv, Nezessitativ, Notwendigkeitsform) In verschiedenen Spr.n (z. B. ↗ Lettisch, ↗ Tamilisch, ↗ Türkisch) formal (morpholog., syntakt.) ausgedrückte Kategorie des ↗ Modus (bzw. der ↗ Modalität), welche die nicht-sprecherbezogene Notwendigkeit der durch das Verb ausgedrückten Handlung kennzeichnet; z. B. Türk. *gel-meli-sin*, ›komm-Debitiv-2. Pers. Sg.‹, ›du musst kommen‹. Im Dt. wird dieser Bedeutungsaspekt z. B. durch die nicht-epistem. Lesart von Modalverben zum Ausdruck gebracht: *Er darf/soll/ muss sich nicht so anstellen!* **Lit.** E. König & P. Siemund, Speech Act Distinctions in Grammar. In: T. Shopen (ed.), Language Typology and Syntactic Description. Cambridge 2005. – F. R. Palmer, Mood and Modality. Cambridge 2001.   F

Deckname ↗ Pseudonym

Dedikationstitel ↗ Titelei

Deduktion (lat. dēdūcere ›herleiten‹) Bei einer D. wird nach Regeln des log. Schließens eine ↗ Aussage (Konklusion) aus anderen Aussagen (Prämissen) abgeleitet. Die Gültigkeit der Schlussfolgerung ist durch die Form der Prämissen und der ↗ Konklusion feststellbar. In der klass. ↗ Logik findet die D. ihre besondere Ausprägung bei der Feststellung von gültigen Schlussfolgerungen. Für die wiss. Erklärung spielt das deduktivnomolog. Schema eine bedeutsame Rolle: Darin wird das zu Erklärende log. notwendig deduziert aus den Antezendensbedingungen (↗ Antezedens), d. h. der allgemeinen Gesetzesaussage und mindestens einem singulären Satz, der die begleitenden Umstände der zu erklärenden Tatsache darstellt; ↗ Bottom up. PR

Default (auch: Standardannahme) Die Annahme, dass eine Eigenschaft (auch eine Relation oder ein Satz) im Standardfall gilt. Im Gegensatz zu einer ↗ Allaussage sind Abweichungen von einem D. zulässig. Damit eignen sich Formalismen mit D.-Mechanismen besonders gut für die Repräsentation von Systemen, in denen Irregularitäten auftreten oder deren Eigenschaften nicht vollständig bekannt sind. Formale Systeme wie Default-Logiken, Default-Vererbungsnetzwerke usw. werden deshalb zur Modellierung von partiell irregulären sprachl. Teilsystemen (etwa defektiven Paradigmen in der Morphologie), zur Repräsentation von prototyp. Standardannahmen über Alltags-Konzepte (z. B. *Ein Vogel kann fliegen, Schwäne sind weiß*) und für die Simulation von Lernprozessen verwendet. **Lit.** R. Reiter, A Logic for Default Reasoning. In: Artificial Intelligence 13, 1980. L

Default-Regel ↗ Bedeutungspostulat, ↗ Unterspezifikation

Defektiv ↗ Distribution

Defektivschreibung ↗ Pleneschreibung

Defektivum (lat. dēfectīvus ›unvollständig‹) Bez. für Wörter, deren Formeninventar gegenüber dem der Default-Mitglieder seiner Wortart eingeschränkt ist. So fehlen den Paradigmen der ↗ Singulariatantum die Pluralformen (*Obst, Fleiß*), den ↗ Pluraliatantum fehlen die Singularformen (*Ferien, Masern*), den absoluten Adjektiven fehlen die Komparationsformen (**schwangerer*), den lat. oder griech. ↗ Deponentia fehlen die Aktivformen (bei gleichzeitig aktivischer Bedeutung der passivischen Formen). Nicht immer geht mit eingeschränkten Inventaren auch eingeschränkte Verwendbarkeit einher: Den meisten entlehnten Farbadjektiven fehlen zwar Kasus- und Numerusmarkierungen (*rote Bonbons* aber: *lila Lollies*), dennoch können sie auch attributiv verwendet werden. ES

Definit (lat. dēfinīre ›abgrenzen, bestimmen‹) Der Terminus geht auf Untersuchungen der mathemat. Grundlagentheorie (E. Zermelo, 1871–1953) zurück. **1.** Als d. wird eine Aussage bezeichnet, über deren Gültigkeit innerhalb eines Bereichs nach allgemeinen log. Gesetzen oder ↗ Axiomen entschieden werden kann und die innerhalb eines formalen mengentheoret. Systems syntakt. korrekt gebildet

ist. In der ↗ Logik heißt ein Prädikat d. genau dann, wenn im Bereich seiner sinnvollen Anwendbarkeit für jeden Fall durch ein endl. Verfahren festgestellt werden kann, ob das Prädikat zutrifft. PR – **2.** Eigenschaft von Kennzeichnungen. Eine Größe oder Kennzeichnung ist dann d., wenn sie innerhalb eines Bezugssystems eindeutig bestimmt ist, z. B. *das Buch, mein Buch, dieses Buch;* ↗ Definitheit. SN

Definite Clause Grammar (Abk. DCG). Von A. Colmerauer entwickelter logikbasierter Grammatikformalismus, der eine Variante der Metamorphose-Grammatik darstellt. Er wird v.a. in der ↗ Computerlinguistik verwendet. Grundlegend für die Beschreibung der Grammatik sind hier die sog. Horn-Klauseln (auch: Definite Clauses), welche eine Teilmenge der prädikatenlog. Formeln bilden und in der log. Programmierung eine zentrale Rolle spielen. Ähnlich wie die ↗ Augmented Transition Networks (vgl. Pereira & Warren 1980) stellen sie eine Erweiterung der kontextfreien Grammatiken dar: Zugelassen sind z. B. kontextsensitive Merkmale, ↗ Inferenzen und Unterprozeduren. Mithilfe eines PROLOG-Compilers können DCGs unmittelbar für die Syntaxanalyse (↗ Parsing) eingesetzt werden. Dabei werden die deklarativen DCG-Grammatikregeln als Tiefensuche (↗ Suchalgorithmus) mit ↗ Unifikation und ↗ Backtracking interpretiert. **Lit.** F. Pereira & D. Warren, Definite Clause Grammars for Language Analysis. In: Artificial Intelligence 13, 1980, 237–278. Z

Definitheit Eigenschaft eines einzelnen Exemplars einer Menge, die es individualisiert. Sprachl. Ausdrücke sind ↗ definit, wenn (a) Referenten durch Kontext, Situation bzw. Vorerwähnung bestimmt sind, z. B. bei Pronomina oder (b) Determinanten, wie z. B. bestimmte Artikel, Pronomina, Demonstrativa, die Bestimmtheit der Referenten ausdrücken, z. B. *Ulrike liest ein Buch* vs. *Ulrike liest ihr Buch* (↗ alienabel). Ein Gegenstand wird durch seine D. im besonderen seiner Gattung (›Individuenausdruck‹); seine Referenz wird durch die D. eingegrenzt. D. kann im Flexionsparadigma eine Rolle spielen, z. B. beim attributiven Adjektiv im Dt., z. B. *der schöne Pole* vs. *ein schöner Pole*. ↗ Eigennamen sind grundsätzlich definit, sie bedürfen keiner näheren Bestimmung durch Determinanten. SN

Definition (lat. dēfinīre ›abgrenzen, bestimmen‹) Die D. dient der Festlegung der ↗ Bedeutung eines ↗ Ausdrucks. Für Aristoteles und die ma. Schullogik besteht eine D. in der Angabe des Gattungsmerkmals (↗ genus proximum) und der wesentl., unterscheidenden Merkmale (↗ differentia specifica). Beide Bestandteile bilden das Definiens des zu bestimmenden Ausdrucks (Definiendum): z. B. *der Mensch* ›das Lebewesen, das mit Vernunft begabt ist‹. Die weitere Entwicklung der D.lehre führt zu der Unterscheidung zwischen Nominal-D. und

Real-D.: (a) die Nominal-D. soll den Begriff einer Sache erklären, unabhängig davon, ob über deren Existenz eine Aussage gemacht werden kann. (b) Die Real-D. soll noch eine Aussage über die Möglichkeit der Sache, eine Existenzbehauptung, enthalten. Eine Form der Real-D. stellt die genet. D. dar, in der eine Sache durch Angabe ihrer Entstehung oder ihrer Konstruktion definiert wird. – D. werden hinsichtl. ihrer Verwendungsweisen unterschieden: (a) die deskriptive (feststellende) D. rekurriert auf die allgemein akzeptierte Bedeutung; (b) die stipulative (festsetzende) D. stellt eine Vereinbarung hinsichtl. der Verwendungsweise eines Ausdrucks dar; (c) die ostensive (hinweisende) D. legt die Verwendungsweise eines Ausdrucks durch Aufzählen geeigneter Beispiele fest; (d) die operationale D. durch Bezug auf ein bestimmtes Mess- oder Untersuchungsverfahren (z.B. den Begriff der Intelligenz durch den Intelligenztest). – Die traditionelle D.lehre erfährt eine Veränderung innerhalb der Wiss.theorie durch das Postulat der Explizitheit: Das Definiendum darf nicht weitere log. einfache Grundzeichen oder bereits definierte Zeichen enthalten. Das D.schema der ↗ expliziten D. hat die Form einer Identitätsaussage (↗ Identität) bei Gegenstandsausdrücken oder die Form der ↗ Äquivalenz bei Prädikatsausdrücken (z.B. die medizin. D. verschiedener Krankheiten). Bei der impliziten D. werden mittels Gruppen von ↗ Axiomen die Beziehungen zwischen deren Grundbegriffen bestimmt. PR

Definitionsbereich ↗ Funktion
Definitionsgenitiv ↗ Genitivus definitivus
Definitionswörterbuch (auch: Bedeutungswörterbuch. Engl. definitial dictionary, frz. dictionnaire de définitions) Alphabet. geordnetes Sprachwb., das die Bedeutung(en) der gebuchten Stichwörter erklärt; ↗ Wörterbuch. G
DEFIRS-Sprachen In der ↗ Interlinguistik verwendetes ↗ Akronym zur Bez. der sechs »großen« Spr. Europas (D̲t., E̲ngl., F̲rz., I̲tal., R̲uss., S̲pan. = DEFIRS). G
Defizithypothese ↗ Soziolinguistik
Deflexion (lat. dēflexus ›abgebogen, abgeändert‹) Entwicklung einer ↗ flektierenden Sprache zum sog. analyt. Typ, d.h. dass Gramme, die zu einem früheren Zeitpunkt durch ↗ Flexive (↗ Flexion) ausgedrückt werden, zu einem späteren Zeitpunkt durch lexikal. Mittel ausgedrückt werden, z.B. durch ↗ Hilfsverben, Artikel und/oder Präpositionen; ↗ Präpositionalkasus, ↗ coniugatio periphrastica. G
DEG ↗ Adjektivphrase
Deglutination (lat. dēglutinātiō ›Auseinandernehmen‹. Auch: ↗ Aphärese) Tilgung von Elementen am Vorderrand (Anlaut) eines Wortes, z.B. dt. *rauf* < *herauf*; Ggs. ↗ Prokope, ↗ Prothese. G
Degrammatikalisierung ↗ Grammatikalisierung
Dehnstufe ↗ Anlaut, ↗ Abstufung

Dehnung (engl. lengthening, frz. allongement) Phonolog. Prozess der Längung (↗ Quantität) eines Lautes, z.B. Ersatzdehnung des ↗ Vokals bei Ausfall eines Folgelautes (insbesondere ↗ Nasalen) wie in lat. *hortōn* < *hortons*. PM
Deiktisch ↗ Deixis
Deixis f., pl. Deixeis (griech. δεικνύναι (deiknynai) ›zeigen‹, lat. dēmōnstrātiō. Auch: deiktischer, indexikalischer Ausdruck, Zeig(e)wort) Ausdrücke wie *ich, du; hier, da; jetzt, dann; so*. D. Ausdrücke gewinnen ihre Bedeutung nur durch den Bezug auf die ↗ Sprechsituation, in der sie geäußert werden. Sie werden beim sprachl. Handeln in deikt. ↗ Prozeduren eingesetzt. Mithilfe von d. Ausdrücken bewirkt ein Sprecher in seiner ↗ Sprechhandlung eine Fokussierung der Aufmerksamkeit des Hörers auf einzelne Aspekte eines für den Sprecher und Hörer gemeinsamen Bezugsraums, den Verweisraum. Im elementaren Fall ist dies der ihnen gemeinsame Wahrnehmungsraum, in dem die Sprechhandlung geschieht und der sinnl. zugänglich ist. Der Verweisraum wird in einen Nähe- und einen oder mehrere Ferne-Bereich(e) zerlegt (z.B. dt. *hier* (Nähe) – *da* (nahe) Ferne – *dort drüben* (ferne) Ferne). Der Sprechzeitraum hat in der Sprechhandlung seinen Mittelpunkt, die Hier-Jetzt-Ich-Origo (Bühler). – Abstraktere Verwendungen ermöglichen dem Sprecher die Orientierung des Hörers in anderen Verweisräumen, bes. dem Rederaum (Rededeixis, »discourse deixis«), dem Textraum (Textdeixis, Anadeixis, Katadeixis), dem Vorstellungsraum (Deixis am Phantasma, Bühler). – Formal kann die D. morpholog. (Verbalmorpheme von Präs. und Prät. im Dt.) oder durch eigenständige Wörter ausgedrückt werden (*hier, jetzt, ich* usw.). Je abstrakter der D.typ ist, um so mehr ist eine gemeinsame Vororientierung von Sprecher und Hörer erforderl., wenn der Hörer die Orientierungsleistung erbringen soll, die der Sprecher bei ihm erreichen will. – Die Erforschung der D. ist erst im 20. Jh. (bes. – im Anschluss an Brugmann – durch K. Bühler (1879–1963) und durch die ling. Pragmatik) systemat. entwickelt worden. Für die Bedeutungsanalyse von Ling., Philosophie und Logik bildeten d. Phänomene lange eine problemat. Gruppe. Bei Festhalten an der Zeichenkonstanz wurden d. Ausdrücke als »kontext«- oder »situations«-abhängig beschrieben. Bühlers (1934) prinzipielle Scheidung von d. (oder ↗ Zeigfeld-) und nicht-d. (oder ↗ Symbolfeld-) Ausdrücken bildete den Übergang zu einer handlungstheoret. Analyse, die auch zur systemat. terminolog. Präzisierung führte. In der funktionalen Pragmatik wird die handlungstheoret. Analyse zur Theorie der d. ↗ Prozedur weiterentwickelt (Ehlich 1979). – **Lit.** K. Bühler, Sprachtheorie. – G. M. Diewald, D. und Textsorten im Deutschen. Tübingen 1991. – K. Ehlich, Verwendungen der D. beim sprachl. Handeln. 2 Bde. Bern 1979. – R. Harweg, Pronomina und Textkonstitution. Mchn. 1968. – K. Heger, Persona-

le D. und grammat. Person. ZRPh 81, 1965, 76–97. – G. Rauh (ed.), Essays on D. Tübingen 1983. – F. Lenz (ed.), Deictic Conceptualization of Space, Time and Person. Amsterdam 2003. – A. Redder, Grammatiktheorie und sprachl. Handeln. Tübingen 1990. E

Deklarationen ↗ Deklarative

Deklarativ Im Bereich der ↗ Künstlichen Intelligenz und der ↗ Computerlinguistik verwendeter Begriff zur Charakterisierung solcher Komponenten von ↗ Formalismen, ↗ sprachverarbeitenden Systemen und Programmen, die als stat. Fakten reihenfolgeunabhängig formuliert sind. Als d. gelten vor allem solche Sprachelemente von formalen Systemen, deren Semantik durch eine klass. Logik oder die Mengentheorie definiert werden kann. Formalismen, die von Mechanismen wie Prozeduren, ↗ extrinsischen Regelanordnungen oder anderweitigen Bezugnahmen auf temporal interpretierte Skalen oder Relationen Gebrauch machen, gelten als nicht d.: Sie sind prozedural. Ein Vorteil der d. Formulierung einer Komponente besteht darin, dass sie ggü. verschiedenen prozeduralen Interpretationen und Verwendungen neutral bleibt: So kann z. B. eine d. formulierte Grammatik grundsätzl. sowohl für Analyse- als auch Generierungsaufgaben verwendet werden. Innerhalb eines Anwendungsbereichs, z. B. ↗ Parsing, kann sie mit verschiedenen Suchstrategien und Verarbeitungsrichtungen kombiniert werden. – Der Begriff d. ist ebenso wie sein Pendant *prozedural* letztl. informell, obwohl beide Begriffe auf formale Systeme angewandt werden. Deshalb ist eine scharfe Abgrenzung selten mögl. Umstritten ist z. B., ob auch solche Systeme, deren Semantik in Form einer (prozeduralen) abstrakten Maschine definiert wird (z. B. die Programmiersprache ↗ PROLOG), als d. bezeichnet werden sollten. Die in den frühen 80er Jahren zunehmend vertretene Auffassung, dass Wissensrepräsentationen d. formuliert werden sollten, führte zur Ablösung der ↗ ATN-Grammatiken durch ↗ Unifikationsgrammatiken. L

Deklarative (lat. dēclārāre ›erklären, öffentl. verkünden‹. Auch: Deklarationen. Engl. statement) Klasse von ↗ Sprechakten, deren Charakteristikum ist, eine Korrespondenz von propositionalem Gehalt und außersprachl. Welt zu erzeugen, z. B.: *Ich eröffne hiermit die Sitzung; Sie sind entlassen!* Lit. ↗ Assertive. F

Deklarativsatz (auch: Aussagesatz. Engl. declarative sentence, frz. phrase assertive) **1.** Von J. R. Ross (1968) in die GG eingeführte Bez. für Sätze, die in ihrer zugrundeliegenden Struktur von Verben wie *behaupten, feststellen, sagen* usw. (↗ verbum dicendi, ↗ verbum sentiendi) abhängen; im Rahmen der ↗ Performativen Analyse wurden Sätze wie *Chomskys Minimalismus ist radikal* von einer ↗ Tiefenstruktur wie z. B. *Ich behaupte, dass Chomskys Minimalismus radikal ist* abgeleitet; ↗ Generative Se-

mantik **2.** In der neueren Diskussion des ↗ Satzmodus Bez. für denjenigen Satztyp, (a) der in vielen Spr.n im Verhältnis zu anderen ↗ Satztypen der betreffenden Spr. die wenigsten grammat. ↗ Beschränkungen aufweist, (b) dessen Wortstellung die normale Wortstellung der betreffenden Spr. repräsentiert (SOV, SVO, VSO usw.), (c) dessen Distribution am wenigsten eingeschränkt ist (in vielen Spr. besitzen syntakt. abhängige Sätze die Eigenschaften von D.en), (d) der ein volles morpholog. Paradigma mit Tempus (und ggf. Aspekt-Markierungen) aufweist, z. B. im Ggs. zum ↗ Aufforderungssatz) und (e) der ebenso dem Ausdruck einer Feststellungsäußerung dienen kann (↗ Assertive) wie dem Ausdruck der meisten sprechaktklassifikatorisch unterscheidbaren Typen (↗ Deklarationen, ↗ Direktive, ↗ Expressive, ↗ Kommissive). In vielen Spr. können andere Satztypen als von D.en abgeleitet expliziert werden. Dt. D. sind gekennzeichnet durch die Verb-Zweit-Stellung des finiten Verbs, durch eine steigend-fallende ↗ Intonation und ggf. mittels best. Partikeln, die nicht in entsprechenden abhängigen bzw. eingebetteten Sätzen bzw. anderen Satztypen auftreten (vgl. dt. *Er kommt ja.* vs. **Ich weiß, dass er ja kommt.*). **Lit.** M. Brandt et al., Satztyp, Satzmodus und Illokution. In: I. Rosengren (Hg.), Satz und Illokution. Tübingen 1992, 1–190. – O. Önnerfors, Verb-Erst-Deklarativsätze. Stockholm 1997. – M. Reis, Anmerkungen zu Verb-Erst-Satz-Typen im Dt. In: R. Thieroff et al. (Hgg.), Dt. Grammatik in Theorie und Praxis. Tübingen 2000, 215–228. – J. R. Ross, On Declarative Sentences. In: R. A. Jacobs & P. S. Rosenbaum (eds.), Readings in English Transformational Grammar. Waltham, Mass. 1968, 222–272. – Weitere Lit. ↗ Satztyp. F

Deklination (lat. dēclīnātiō ›Wegbiegen‹. Auch: Beugung. Abk. Dekl. Engl. declension, frz. déclinaison) **1.** In flektierenden und wurzelflektierenden Spr. ↗ Flexion der nominalen Wortarten (Subst., Adj., Artikel, Numerale, Pronomen) nach den grammat. Kategorisierungen ↗ Kasus und ↗ Numerus. In anderen Spr. gibt es weitere Dekl.kategorisierungen, z. B. in Turksprachen Bestimmtheit vs. Unbestimmtheit; ↗ Nominalklasse. Die sog. Verbalsubstantive (↗ Gerundium, ↗ Supinum), Verbaladjektive (↗ Gerundiv) und ↗ Partizipien werden (oft nur eingeschränkt) dekliniert. Dekl.kategorien sind im Dt. Sg. und Pl. sowie ↗ Nominativ, ↗ Genitiv, ↗ Dativ und ↗ Akkusativ, im Lat. dazu ↗ Ablativ, im Russ. ↗ Instrumental und Präpositiv; ↗ Kasus. Während in agglutinierenden Spr. die einzelnen Kasus- und Numeruskategorien durch stabile (allenfalls dem ↗ Synharmonismus unterworfene) ↗ Affixe ausgedrückt werden (z. B. im Türk. oder Finn.), weisen sie in flektierenden Spr. eine Vielzahl von Allomorphen auf, die zu Dekl.typen und Dekl.klassen zusammengefasst werden können. So unterscheidet man für die dt. Substantive (a) einen starken (Mask. und Neutra mit Nullendung im Nom., s-Genitiv u.a., z.B. *Tisch, Fenster*), (b) einen schwachen (Mask., außer im Nom. stets *-(e)n*, z.B. *Held, Narr, Affe*), (c) einen gemischten (Mask. und Neutra, stark im Sg., schwach im Pl., z.B. *Fett, Funke*) D.typ und (d) einen fem. (auch: unveränderlichen, endungslosen) Dekl.typ (endungslos im Sg., konsequente Pl.-Markierung u.a., z.B. *Frau, Hand, Katze, Nadel*); jeder von ihnen weist einige Subklassen auf. In der Dekl. der dt. Adjektive wird zwischen (a) starker (ohne Artikel, z.B. *schönes Wetter, schöner Tag, schöne Frau*), (b) schwacher (nach bestimmtem Artikel oder einer entsprechend deklinierten Einheit, z.B. *das gute Kind, dieser schöne Tag, jede schöne Frau*) und (c) gemischter Dekl. (nach unbestimmtem Artikel oder einer entsprechend deklinierten Einheit, z.B. *ein gutes Kind, ein schöner Tag, keine schöne Frau*). Vielfach wird weiterhin zwischen substantivischer und pronominaler Dekl. unterschieden. In stark flektierenden Spr. wie dem Griech., Russ. oder Lat. werden die einzelnen Dekl.klassen nach dem »Stammvokal« voneinander unterschieden; so wird im Lat. einer a-Dekl. (*fēmina* ›Frau‹, *poēta* ›Dichter‹), einer o-Dekl. (*dominus* ›Herr‹), einer u-Dekl. (*currus* ›Wagen‹), einigen kons. Deklinationstypen u.a. unterschieden. **2.** ⁊ Intonation. G

Deklinationsklasse ⁊ Deklination
Deklinationstyp ⁊ Deklination
Dekodierung (engl. decoding, frz. décodage) Aus der Nachrichtentechnik stammende Bez. für eine inverse Abbildung zu einer ⁊ Kodierung. I.e.S. bezeichnet die D. in der ⁊ Spracherkennung den Prozess der Zuordnung einer akust. Lautfolge zu einer Sequenz von Wörtern, die das beobachtete Sprachsignal möglichst präzise repräsentieren. Als Wissensquellen werden dazu ein akust. Modell, ein Sprachmodell und ein Lexikon verwendet. In der ⁊ Maschinellen Übersetzung versteht man unter D. die Zuordnung von Wörtern der Ausgangssprache zu denen der Zielsprache. Hierzu sind sowohl syntakt. Transformationen (entsprechend den Wortstellungsregeln der Zielsprache) als auch lexikal. Transformationen (gemäß der Lexikalisierung in der Zielsprache) notwendig. Z
Dekompositum (auch: Parasynthetum) Bez. für ein Wortbildungsprodukt, dessen ⁊ Grundwort seinerseits Wortbildungsprodukt (genauer: ⁊ Kompositum) ist. Komposita sind ⁊ rekursiv, und die Erweiterung sind keine sprachsystemat. Grenzen gesetzt (*Donaudampfschifffahrtsgesellschaft...*), so dass nur die kognitive Verarbeitbarkeit für Beschränkungen sorgt. Die Extension des Begriffs ist strittig. Es spräche nichts dagegen, auch Ableitungen von Komposita als D. zu bezeichnen; Bloomfield (1933, 210, 227) etwa verfährt so. **Lit.** L. Bloomfield, Language. Ldn. ¹³1976. ES
Dekonstruktion ⁊ Grammatologie
Delabialisation ⁊ Entrundung
Delaware ⁊ Algonkin-Sprachen

Deletion (auch: ⁊ Tilgung) Auslassung eines Lautes. PM
Delexikalisierung ⁊ Lexikalisierung
Delimitativ (lat. dēlīmitātum ›abgeschwächt‹. Auch: determinativ) **1.** ⁊ Aktionsart, die ausdrückt, dass ein Vorgang oder ein Zustand eine gewisse, nicht näher bestimmte Zeit andauert, ohne dass eine zeitl. Beschränkung oder qualitative Bewertung (⁊ Attenuativ) vorgenommen wird, z.B. russ. *spat'* ›schlafen‹ – *pospát'* ›etwas schlafen‹, *čitát'* ›lesen‹ – *počitát'* ›ein bisschen, eine Weile lesen‹). Die d. Aktionsart ist im Russ. auf den ⁊ perfektiven ⁊ Aspekt beschränkt. G, T – **2.** Begrenzend, als ⁊ Grenzsignal dienend. Z.B. ⁊ delimitativer Akzent, bestimmte Laute/Phoneme, die aufgrund ⁊ phonotaktischer Beschränkungen nur an bestimmten Wortpositionen stehen können (z.B. dt. initialer Glottalverschluss, [h_]), grenzgebundene phonolog. Regeln (z.B. dt. ⁊ Auslautverhärtung), aber auch rein phonet. Prozesse an Silben-, Wort-, Phrasengrenzen (z.B. finale Längung, engl. prepausal lengthening). PM
Delimitativer Akzent (auch: rhythmischer Akzent) Signalisierung der Wortgrenze durch festen ⁊ Akzent (z.B. der ersten ⁊ Silbe im Finn. und Ungar., der letzten im Frz.). PM
Delphinatisch ⁊ Okzitanisch
Deltazismus ⁊ Dyslalie
Deminutiv ⁊ Diminutiv
Demonstration ⁊ Beweis
Demonstrativadverb (lat. dēmōnstrāre ›zeigen‹) Kaum terminologisierte Bez. für ⁊ Adverbien, die die deikt. Funktion eines ⁊ Pronomens semant. verstärken: *er hier, die Frau dort, der Typ da hinten*. Als D. dienen vorwiegend ⁊ Lokaladverbien, aber auch best. ⁊ Temporaladverbien: *Die Vorlesung gestern war öde*. Im Rahmen der Wortbildung von Adverbien spielen Gegensatzpaare aus D. und ⁊ Interrogativadverb eine Rolle: *dann/wann, deshalb/weshalb, deswegen/weswegen*. SO
Demonstrativpronomen (in Schulbüchern auch: Hinweisendes Fürwort. Engl. demonstrative pronoun, frz. pronom démonstratif, adjectif démonstratif) Subklasse der ⁊ Pronomen mit der Funktion des ausdrückl. Hinweisens auf in der Situation Präsentes bzw. Vorerwähntes, z.B. *der* (betont), *dieser, jener, derjenige, derselbe, solcher, solch ein*. In zahlreichen Spr. signalisieren D. Nähe und Ferne, z.B. engl. *this – that*, lat. *hic – ille*, dt. *dieser – jener*; ⁊ Deixis. D. werden als selbständige Nominalphrase oder als ⁊ Artikelwort verwendet. **Lit.** ⁊ Pronomen PT
Demonstrativum n. **1.** ⁊ Demonstrativpronomen. **2.** Überbegriff für ⁊ Demonstrativpronomen und ⁊ Demonstrativadverb. PT
Demotisch Sprachform des ⁊ Ägyptischen ab der XXV. Dynastie (751–656 v.Chr.). D. bleibt bis ins 3. Jh. n.Chr. vorherrschend und wird im 5. Jh. durch ⁊ Koptisch verdrängt. Es ist eine aus dem Neuägypt.

fortentwickelte Urkunden- und Literaturspr.; selbständige ↗ Schriftart, ↗ phonographisch orientiert. D. bezeichnet zugleich eine Sprachstufe und eine Schriftart des Ägypt. **WI**

Demotivierte Bildung (auch: opake Bildung, idiomatisierte Bildung) Bez. für ein Wortbildungsprodukt, bei dem nicht mehr transparent ist, wie es zu seiner Gesamtbedeutung kommt. D. B. stehen am Ende von Lexikalisierungsprozessen, die entweder die Konstituenten selbst betreffen (*Him-beere*) oder die Beziehung der Konstituenten zueinander (*Buchstabe*). Für die synchrone Wortbildung sind die Konsequenzen dieselben: Es entstehen sekundäre Stämme, die nicht segmentierbar sind; ↗ Lexikalisierung, ↗ Idiomatisierung, ↗ Unikales Morphem. **ES**

Demotivierung ↗ Idiomatisierung, ↗ Lexikalisierung

Dempwolffs Gesetz Die nach O. Dempwolff (Vox, 1922) bestehende Korrelation zwischen hartem Vokaleinsatz (↗ Stimmeinsatz) und kurzfristiger Erhöhung bzw. gehauchtem Vokaleinsatz und kurzfristiger Erniedrigung der Tonhöhe bzw. die von ihm beschriebene sekundäre Tonerhöhung als Ersatz für den geschwundenen, aus velar-postdorsalen Nasalen hervorgegangenen Glottisverschluss in der Papua-Sprache Kâte. **PM**

Denasalierung ↗ Entnasalisierung

Dendi ↗ Songhai

Dene-Schrift ↗ Cree-Schrift

Denglisch (auch: Engleutsch, Deutschlish) Analog zu ↗ Franglais gebildete, krit.-polem. Bez. für Texte bzw. Arten des Sprechens im Dt., in denen ein Übermaß an Ausdrücken aus dem Engl. vorkommt, die wenigstens teilweise nicht allgemein verständlich sind, z.B. in vielen Werbekampagnen, in Produktbezeichnungen oder in Fernsehsendungen. Als Motive für die Verwendung dieses D. betrachten seine Kritiker mangelnde Beherrschung des Dt. und den Wunsch, am ↗ Prestige des Engl. zu partizipieren. Der Bekämpfung des D. hat sich der *Verein Deutsche Sprache* verschrieben; ↗ Sprachkritik, ↗ Spracherhalt. **G**

Denominale Ableitung ↗ Denominativum

Denomination ↗ Benennung

Denominativum n. (auch: denominale Ableitung, desubstantivische Ableitung, Desubstantivum) Bez. für Wortbildungsprodukte mit substantivischer Basis, z.B. *mangeln* (Verb), *mangels* (Adv.), *mangelhaft* (Adj.). Mit Ausnahme einiger grundsätzl. deverbaler oder deadjektivischer Wortbildungstypen (↗ Deverbativum, ↗ Deadjektivum) sind Derivate denominaler Art mithilfe aller Derivationstypen einschl. ↗ Konversion bildbar. Einige D. sind ↗ Modifikationen. ↗ Diminutivbildungen etwa sind Subst. mit substantivischen Basen. **ES**

Denotat n. (lat. dēnotāre ›bezeichnen, deutlich hinweisen‹. Auch: Denotatum. Engl. denotatum) **1.** I. d. R. bezeichnet D. das Objekt oder Ziel der ↗ Denotation (2–6), womit allerdings je nach Ansatz unterschiedl. Komponenten im semiot. Gefüge ge-

meint sind: (a) im Anschluss an Ch. W. Morris (1938) die existierenden Referenzobjekte eines virtuellen oder aktuellen ↗ Zeichens, die zugleich die Elemente der vom Zeichen designierten Klasse (↗ Designat 1) sind; (b) bei J. Lyons die Gesamtheit von Objekten, Eigenschaften etc., auf die ein virtuelles Lexem »zutrifft«, und zwar bei ↗ Appellativa sowohl die Objektklasse als auch deren Elemente, bei Adjektiven sowohl die bezeichneten Eigenschaften als auch deren Träger oder Ausprägungen; (c) in der ↗ modelltheoret. Semantik die einem Ausdruck *a* in einem Modell *M* zugewiesene ↗ Extension $[[a]]^M$; sonst oft auch informell der von der Denotation (4) (der denotativen Bedeutung) designierte Objektbereich; (d) im Anschluss an H. Henne & H. E. Wiegand die vom realisierten (und monosemierten) Sprachzeichen denotierte »Individualvorstellung«, welche »spezifische Sachen/Sachverhalte abbildet«, und damit zugleich Element der dem virtuellen Sprachzeichen zugeordneten klassenkonstituierenden »begriffl. Vorstellung« (↗ Designat 2); (e) bei U. Eco »die semant. Valenz in einem best. Feld« und folgl. »das, was gewisse Autoren (… z.B. Lyons…) *sense* nennen« (bei Lyons Gegenbegriff zur Denotation 1); ↗ Sinn (4); (f) bei S. Löbner – ähnlich der Auffassung von Lyons (s. oben (b)) – die »Kategorie […] aller seiner potentiellen Referenten«, allerdings mit der Differenzierung zwischen einer weiten, abstrakten, stabilen semant. Kategorie und einem engeren, konkreten, wandelbaren kulturellen Kernkonzept. Dieses nennt er »aktuelle Denotation« (er benennt nämlich das D. durchgängig als ›Denotation‹). **2.** Umgekehrt wird D. zuweilen auch abkürzend synonym für Denotation (4) bzw. denotative Bedeutung verwendet, insbes. in Opposition zum ↗ Konnotat (der ↗ Konnotation 2). **3.** In behaviorist. Generalisierung definiert Morris (²1955) das D. als etwas, »das die Vervollständigung der Reaktionsfolge, zu der ein Interpret aufgrund eines [jegl., nicht nur designativen] Zeichens disponiert wird, erlauben würde.« **Lit.** ↗ Denotation. **RB**

Denotation (lat. dēnotātiō ›Bezeichnung‹, engl. denotation, frz. dénotation) **1.** J. St. Mill, der ›D.‹ als Gegenbegriff zu ↗ Konnotation (1) einführte, versteht darunter die Gesamtheit der außersprachl. »Subjekte«, die mit einem Wort »direkt bezeichnet« werden können. ↗ Eigennamen denotieren als bloße Indices (↗ Index 1) Individuen; ein ↗ Appellativum dagegen denotiert alle Elemente einer Individuenklasse, die konstituiert ist durch »Attribute«, welche das betreffende Lexem »konnotiert«. D. entspricht also bei Mill und späteren Autoren (z. B. B. Russell) der vorpragmat. ↗ Referenz (1), fällt dagegen nicht zus. mit ↗ Extension (z. B. hat der Begriff ›Fabelwesen‹ keine D., dagegen die Extension {Medusa, Pegasus, Kentauren,…}). **2.** Wo seit Ch. W. Morris (1938) für D. (1) der klarere Terminus ↗ Denotat(um) verwendet wird, wird der Ausdruck ›D.‹ frei zur Bezeichnung der entsprechenden Relation Zeichen → Denotat. Dabei tritt D. bei Morris und vielen strukturellen Semantikern in Opposition zum Terminus ↗ Designation. Während dieser die klassenkonstituierende Funktion eines jeden Zeichens benennt, die die semant. Bedingungen seiner Anwendbarkeit regelt, bezeichnet D. den Bezug auf die Elemente der designierten Klasse, insofern solche existieren und es sich nicht um eine ›leere Klasse‹ handelt (z. B. *Marsmensch*). **3.** J. Lyons (1977; 1991; 1995) dagegen integriert die Designation in die D., die bei ihm auch Klassen und Eigenschaften erfasst. Andererseits präzisiert er den Begriff D. in zwei Richtungen: (a) Er stellt ihn in Opposition zur Referenz, die er im Anschluss an L. Linsky als Funktion kontextuell gebundener Äußerungen versteht (↗ Referenz 2), während D. eine Funktion virtueller Lexeme ist (mit dem Lexem *Kuh*, das eine Teilmenge weibl. Wiederkäuer denotiert, kann man in der Äußerung *Diese Kuh!* auf eine unliebsame Frau referieren). (b) Er liberalisiert die »Existenzbedingung« im Hinblick auf ↗ mögliche Welten: Lexeme denotieren relativ zu variablen Glaubenssystemen (*Engel, Einhorn* im Mittelalter, *Phlogiston* im 18. Jh.) und ↗ Diskurswelten (*Fee, Vampir, Jediritter*) oder »sekundär« bei zitathafter Verwendung (*Einhorn* in einer Kunstgeschichte). **4.** Die Bindung der D. an die designierenden Merkmale des ↗ Signifikats (bei den Appellativa) führt in der ling. Semantik oft zur Gleichsetzung: Als D. (oder häufiger: denotative Bedeutung, auch: deskriptive Bedeutung; Löbner) bezeichnet man dann die Gesamtheit der kontextunabhängigen, objektbezogenen, ↗ distinktiven ↗ semantischen Merkmale. Diese werden der ↗ Konnotation (2) (oder konnotativen Bedeutung) gegenübergestellt; *Sprachwissenschaftler – Linguist, Brathähnchen – Broiler, stehlen – klauen, entzwei – kaputt* sind konnotativ differierende Lexempaare mit gleicher D. Der so verstandenen D. (4) stellt D. Viehweger die »referentielle Bedeutung« gegenüber, die er im Sinne von D. (2) versteht, während andere sie mit D. (4) identifizieren. **5.** Demgegenüber halten H. Henne & H. E. Wiegand (sowie Henne und O. Reichmann) an der Opposition D. – Designation fest, allerdings mit pragmat. Wendung: D. wird bestimmt als »Zuordnungsrelation« des *realisierten*, monosemierten Sprachzeichens zu einer zu kommunizierenden »Individualvorstellung«; ↗ Denotat (1d). **6.** In diametralem Gegensatz zur Tradition definiert U. Eco die D. als innersemiot. Relation: »Das isolierte Lexem denotiert eine Position im semant. System« und damit seine »semant. Valenz« der Interpretation durch andere Lexeme; ↗ Denotat (1e). **7.** ↗ Denotat (1f). **Lit.** L. Bloomfield, Language. Ldn. 1935. – Ch. W. Morris, Foundations of the Theory of Signs. Chicago, Ldn. 1938. – Ders., Signs, Language, and Behavior. N. Y. ²1955. – H. Henne & H. E. Wiegand, Geometr. Modelle und das

Problem der Bedeutung. ZDL 31, 1969, 129–173. – U. Eco, Einf. in die Semiotik. Mchn. 1972. – H. Henne, Semantik und Lexikographie. Bln., N. Y. 1972. – O. Reichmann, Germanist. Lexikologie. Stgt. 1976. – D. Viehweger [u. a.], Probleme der semant. Analyse. Bln. 1977. – J. Lyons, Semantics. Bd. 1, Cambridge 1977. – Ders., Bedeutungstheorien. HSK 6, 1991, 1–24. – Th. Schippan, Lexikologie der dt. Gegenwartsspr. Tübingen 1992. – J. Lyons, Linguistic Semantics. An Introduction. Cambridge 1995; 2002. – S. Löbner, Semantik. Eine Einführung. Bln., N. Y. 2003.   RB

Denotative Bedeutung ↗ Denotat, ↗ Denotation (4), ↗ Lexikalische Bedeutung

Denotator m. (lat. dēnotāre ›bezeichnen, deutlich hinweisen‹. Engl. denotator) Zeichen, insofern es auf etwas in einer ↗ möglichen Welt Existierendes zutreffend verweist; ↗ Denotation (2).   RB

Denotatum ↗ Denotat

Dental, Dentallaut m. (lat. dentēs ›Zähne‹. Auch: Zahnlaut; ↗ Zahn) An den oberen Schneidezähnen mit der Unterlippe (labiodental, dentilabial; z. B. Frikative [v], [f]) oder der Zungenspitze (apikodental, ↗ addental) bzw. mit der ↗ Zunge zwischen den Zähnen (↗ interdental) gebildeter konsonant. Sprachlaut.   PM

Dentalsuffix In der Germanistik Bez. für das Suffix *-t-* zur Bildung der Präteritalformen der schwachen Verben, z. B. dt. *hör-t-e*, schwed. *gjor-d-e* ›machte‹.   G

Dentilabial ↗ Dental

Denumerale Bildung Bez. für Wortbildungsprodukte mit einem ↗ Numeral als ↗ Ableitungsbasis, etwa *fünftens* (Adv.), *Fünfte* (Subst.), *fünfzig* (Adj./ Numeral), *verfünffachen* (Verb). ↗ Ordinalzahlen und ↗ Kardinalzahlen stehen gleichermaßen als Basen zur Verfügung.   ES

Deontisch ↗ Modalverb

Deontische Logik (griech. τὸ δέον (to deon) ›das Nötige, das Schickliche‹, δεόντως (deontōs) ›in gebührender Weise‹. Auch: Logik des Normativen) Anwendung der ↗ formalen Logik auf das Gebiet des Normativen. In Anlehnung an die ↗ Modallogik und deren ↗ Operatoren (›möglich‹, ›unmöglich‹, ›kontingent‹) werden als deont. Operatoren ›ist erlaubt‹, ›ist verboten‹, ›ist indifferent‹ eingeführt. Der propositonale (↗ Proposition) Teil einer Normaussage beinhaltet keinen Sachverhalt, sondern ist als Bez. für ↗ generische Handlungen (Handlungstypen) zu verstehen. Die d. L. dient der Analyse normativer Aussagen, um die Argumentationsstruktur von Handlungsbegründungen und die Rationalität von zielgerichtetem Handeln aufzuzeigen. Im Vordergrund steht die Analyse des formalen Problems, wie ↗ normative Aussagen untereinander und mit anderen Aussagen so verknüpft werden können, dass diese Verknüpfung Anspruch auf allgemeine Verbindlichkeit erheben kann. **Lit.** H. v. Wright, Handlung, Norm und Intention. Untersuchungen der d. L. Bl. u.a. 1977. – F. v. Kutschera, Einf. in die Logik der Normen, Werte und Entscheidungen. Freiburg, Mchn. 1973. – W. Stegmüller, Hauptströmungen der Gegenwartsphilosophie. Bd. II. Stgt. 1975, 156 ff. PR

Deonymische Bildung (ὄνυμα (onyma) aeol.-dor. Form von griech. ὄνομα (onoma) ›Name‹) Bez. für Wortbildungsprodukte mit einem Eigennamen als ↗ Ableitungsbasis, die entweder ›Zugehörigkeit zu‹ (*grimmsche* Märchen) oder ›Ähnlichkeit mit‹ (*kafkaeske* Geschichten) signalisieren. Während Ableitungen anthroponym. Basen (wie hier der Familiennamen; ↗ Personenname) vergleichsweise regelhaft verlaufen, sind die Wortbildungsparadigmen, die Orts- oder Länderbezeichnungen beinhalten, von Unregelmäßigkeiten geprägt; vgl. *China – Chinese, Frankreich – Franzose, Polen – Pole, Ungarn – Ungar, Zypern – Zypriot, Montenegro – Montenegriner* usw. ES

Depalatalisierung ↗ Entpalatalisierung

Dependens (lat. ›abhängig‹) Abhängiges Element innerhalb der Relation der ↗ Dependenz. WK

»Dependent-marking«-Sprache ↗ »Head-marking«-Sprache

Dependenz f. (lat. dēpendēre ›abhängen, herabhängen‹. Auch: Abhängigkeit) Neben der Konstituenz (↗ Kontiguität 1) eine der beiden syntakt. Relationen, die als grundlegende Strukturierungsprinzipien des Satzes angenommen werden (↗ Phrasenstrukturgrammatik, ↗ Dependenzgrammatik). Geht man von der allgemeinen Relation des Miteinandervorkommens im Satz (↗ Vorkommen, ↗ Distribution, ↗ Kookkurrenz) aus, so sind es außer der linearen Abfolge von syntakt. Einheiten (Wörtern) in der Zeit die Konstituenz von Wörtern und die D. zwischen Wörtern, die die Satzstruktur begründen. Konstituenz ist eine Relation der schrittweisen hierarch. Gliederung des Satzes in Konstituenten. D. ist eine asymmetr. Relation der syntakt. Abhängigkeit eines gegebenen Wortes A von einem anderen Wort B im Satz. Der Aufbau der jeweiligen syntakt. Konstruktion erfolgt von A aus. Das Vorkommen von A ist Voraussetzung des Vorkommens von B. Das abhängige Wort heißt ↗ Dependens, das Wort, von dem die Abhängigkeit ausgeht, heißt ↗ Regens. Der Begriff der D. begegnet bereits seit dem 13. Jh. (vgl. Baum 1976, 29). Bei der Definition von D. wird teilweise oder auch grundsätzl. auf reine Festgungsdefinitionen zurückgegriffen. D. ist dann eine Relation, die kraft Festlegung des Linguisten gilt und deren Rechtfertigung sich erst aus der Erklärungs- bzw. Beschreibungskraft des jeweiligen Grammatikmodells insgesamt ergibt. Der Begriff der D. wird aber auch aus anderen grammat. Grundbegriffen abgeleitet, insbesondere aus ↗ endozentrischer Konstruktion (Weglassbarkeit), ↗ Subklassenspezifik bzw. ↗ Rektion. Keiner dieser Begriffe reicht jedoch für sich allein aus, alle Entscheidungen über Abhängigkeiten innerhalb einer vollstän-

digen ↗ Dependenzstruktur eines Satzes zu rechtfertigen, so dass in jedem Fall zusätzl. Festlegungen über einzelne Abhängigkeiten notwendig werden. Bezieht man sich auf endozentr. Konstruktionen, wie es häufig geschieht, und nennt den weglassbaren Teil der endozentr. Konstruktion dependent, so sind zwar u.a. Adverbialbestimmungen und Attribute erfasst, jedoch nicht das Subjekt und obligator. Objekte. Gerade auch diese Satzglieder werden aber in der DG als dependent gewertet. Geht man außerdem von der ↗ Subklassenspezifik aus und bezeichnet die darunter fallenden Komplemente als dependent, so können z.B. Objekte als dependent charakterisiert werden. Dann sind alle Möglichkeiten mit Ausnahme des Subjekts oder lokaler Ergänzungen wie in *Er wohnt in Berlin* erfasst. Diese müssen als Dependentien durch Festlegung bestimmt werden. B ist also von A abhängig, wenn B weglassbar und/oder regiert ist. **Lit.** ↗ Dependenzgrammatik. WK

Dependenzgrammatik (Abk. DG) Grundlegender Grammatiktyp neben der ↗ Phrasenstrukturgrammatik (Konstituentenstrukturgrammatik) entsprechend den syntakt. Grundrelationen der ↗ Dependenz und ↗ Konstituenz. Als Begründer der modernen DG gilt L. Tesnière (1893–1954). Grundzüge seiner Konzeption hatte Tesnière bereits in den 30er Jahren entwickelt. Sein Hauptwerk erschien postum 1959 (nach einer Vorstudie 1953). Wie andere strukturelle Grammatiken (↗ Strukturalismus) dieser Zeit orientiert sich die DG nicht mehr am Einzelwort und fasst Grammatik nicht mehr vornehml. als ↗ Morphologie auf, sondern entwickelt sie von der Satzstruktur her und versteht sie folglich primär als Syntax. Weitere wichtige Gemeinsamkeiten mit anderen strukturellen Grammatiken sind das Methodenbewusstsein sowie das Postulat der Autonomie der Syntax gegenüber Semantik und Pragmatik. Tesnière geht vom Begriff der ↗ Konnexion aus, worunter er syntakt. Relationen im Allgemeinen (↗ Vorkommen, ↗ Distribution) versteht. Konnexion interpretiert er als ↗ Dependenz. Den untergeordneten Term der Dependenzrelation nennt er ↗ Dependens, den übergeordneten Regens. Das Regens regiert das Dependens. Tesnière greift bei der Definition der Dependenz auf den traditionellen Begriff der ↗ Rektion zurück, der jedoch undefiniert bleibt. Zur graph. Darstellung der ↗ Dependenzstruktur des Satzes entwickelt Tesnière ↗ Abhängigkeitsbäume. Er legt fest, dass ein Dependens nur von einem Regens regiert werden darf, ein Regens jedoch mehrere Dependentien haben darf. Ein Dependens kann wiederum Regens für ein Dependens sein. Die aus Regens und Dependens vermöge der Konnexion (Dependenz) gebildete ↗ Dependenzstruktur nennt er ↗ Nexus. Zentralnexus ist die vom obersten Regens gebildete Dependenzstruktur. Dieses Regens ist ein Verb. An der Spitze (Wurzel) des Abhängigkeitsbaums steht somit immer das verbum finitum des Hauptsatzes bzw. ein ↗ Nukleus, der das finite

Verb enthält. Im Gefolge von Tesnière gibt es zahlreiche Weiterentwicklungen auf dem Gebiet der DG (Abhängigkeitsgrammatiken). Einen wichtigen Bereich stellen Modellierungen zum Zweck der automat. Sprachverarbeitung, insbesondere der automat. Übersetzung, dar. Aus der DG Tesnières ist die ⁊ Valenzgrammatik hervorgegangen. Dort werden die Termini ›Dependenz‹ und ›Valenz‹ teilweise synonym gebraucht. **Lit.** H. J. Heringer, Deutsche Syntax Dependentiell. Tübingen. 1996. – H.-W. Eroms, Syntax der deutschen Sprache. Bln. 2000. – HSK 25. WK

Dependenzphonologie (engl. dependency phonology, Abk. DP) Neueres, nichtlineares Phonologiemodell, in dem die segmentellen Einheiten durch eine ⁊ Merkmalsgeometrie von Gesten in Form privativer Komponenten und deren Dominanz-/Dependenzrelationen erfasst werden. Segmente werden gekennzeichnet durch (a) ihre kategoriale Geste (mit initiator. und phonator. Subgeste), (b) ihre artikulator. Geste (mit lokalisator. und oro-nasaler Subgeste) und (c) ihrer tonolog. Geste. Phonator. Komponenten sind |C| und |V| in ihren unterschiedl. Dependenzrelationen (z. B. |C| = stl. Plosiv, |C;V| (|C| dominiert |V|) = sth. Plosiv, |V, C| (mutuell/bilateral dependent) = Frikativ, |V| = Vokal), lokalisator. Komponenten |i| Palatalität, |u| Rundung, |a| Tiefe, |ə| Zentralität, |l| Lingualität, |t| Apikalität, |d| Dentalität, |r| Retrozität, |T| ATR, |L| Lateralität in ihren Dependenzrelationen (z. B. in einem 5-Vokalsystem (span.) /e/ = |i,a|; in einem 7-Vokalsystem (ital.) /e/ = |i;a|, /ε/ = |a,i|; /y/ = |i;u|, /ø/ = ||i;u|;a|). Weiterentwicklung > radikale CV Phonologie. **Lit.** J. Anderson & C. J. Ewen, Principles of DP. Cambridge 1987. PM

Dependenzstruktur Die sich aus den Abhängigkeiten zwischen einzelnen Wörtern eines Satzes zusammensetzende vollständige Struktur eines Satzes bzw. Satztyps. Sie wird dargestellt in einem sog. ⁊ Abhängigkeitsbaum. WK

Dephonologisierung ⁊ Entphonologisierung

Dephraseologische Bildung Von einem ⁊ Phraseologismus abgeleitete ⁊ Wortbildung, z. B. *Sprücheklopfer < Sprüche klopfen*; > Univerbierung. G

Deponens n., pl. Deponentia (lat. dēpōnere ›niederlegen‹) Verben mit aktiver Bedeutung und medialer (⁊ Medium) oder passiver (⁊ Passiv) Form im Griech. (⁊ Medium) und Lat. In griech. Grammatiken werden unterschieden (a) *deponentia media*, die mediales Futur und medialen Aorist (ansonsten Passivformen) bilden, z. B. αἰτιάομαι (aitiaomai) ›ich beschuldige‹; (b) *deponentia passiva*, die passives Futur und passiven Aorist bilden, z. B. ἡττάομαι (hē-taomai) ›ich unterliege‹; (c) *deponentia media-passiva*, die mediales Futur, aber passiven Aorist bilden, z. B. αἰδέομαι (aideomai) ›ich scheue mich‹. Die lat. Deponentia können von ihrer Funktion her als Weiterentwicklung der idg. Media aufgefasst werden: ⁊ Genus verbi. Als *Semideponentia* (lat.

semi- ›halb‹) werden Verben bezeichnet, die nur einen Teil ihrer Flexionsformen (entweder im Präsens- oder im Perfektstamm) deponential bilden, z. B. *solēre, soleō, solitus sum* ›gewohnt sein‹. GS

Depreziativ ⁊ Pejorativ

Derivat (auch: Ableitung, Derivativum) Bez. für lexikal. Einheiten, die mithilfe von ⁊ Wortbildungsaffixen gebildet sind (z. B. *leiten → ab-leiten, Leitung* etc.). Die ⁊ Ableitungsbasen können ihrerseits morpholog. komplex sein (*ableiten → Ableit-ung*). Sie müssen nicht notwendig auch Wörter sein, z. B. **Deriv → Deriv-at, deriv-ieren, Deriv-ation* (⁊ Konfix). Einziges Kriterium ist das Vorliegen ⁊ expliziter Ableitung (⁊ Konvertat). ES

Derivation ⁊ Ableitung, ⁊ Ableitungsgeschichte

Derivationsaffix, -morphem ⁊ Ableitungsaffix

Derivationsakzent Bez. des Umstands, dass bei ⁊ Präfixverben der Akzent auf dem Verbstamm liegt und nicht auf das Präfix verlegt wird, z. B. *umfáhren, übersétzen*; ⁊ Kompositionsakzent. G

Derivationsstammform ⁊ Stammform 2.

Derivativum ⁊ Derivat

Desambiguierung ⁊ Disambiguierung

Desana ⁊ Tukano-Sprachen

Dēsī ⁊ Marāṭhī

Desiderativum ⁊ Diminutiv-iterativ

Designat n. (lat. dēsīgnāre ›bezeichnen‹) **1.** Ch. W. Morris (1938) führt das D. als einen der konstitutiven Faktoren der ⁊ Semiose (2) ein und definiert es als »Gegenstandsart oder Gegenstandsklasse« »mit den Eigenschaften, die der Interpret durch die Gegenwart des Zeichenträgers in Betracht zieht«. Dieser Eigenschaftsbezug des ⁊ Zeichens wird formuliert als »semant. Regel«, die »die Bedingungen der ⁊ Designation festlegt und so das D. determiniert«. Bei den Elementen der designierten Klasse handelt es sich um die ⁊ Denotate des Zeichens; falls es solche nicht gibt (*Marsmensch, Nessie*), ist die Klasse leer. **2.** Logiker und Linguisten, die den Ausdruck ›D.‹ benutzen, verwenden ihn zumeist wie Morris extensional-virtuell (z. B. A. Menne, H. Henne, H. E. Wiegand), zuweilen auch spezifiziert als »begriffl. Vorstellung« (Henne). Hier steht das virtuelle, zeichenexterne D. (z. B. Klasse der Delphine) in doppelter Opposition: ggü. dem aktuellen Denotat (1d) (*Flipper*) einerseits und dem einzelsprachl. strukturierten, zeicheninternen ⁊ Signifikat (⟨Säugetier⟩ & ⟨im Meer lebend⟩ & …) andererseits. **3.** Demgegenüber gebraucht R. Carnap (⁵1967) D. als »neutralen« (hinsichtl. ⁊ Extension bzw. ⁊ Intension), später (³1968) auch als intensionalen Terminus für die Bezeichnungsfunktion. Ebenfalls als neutraler Ausdruck für das log. Objekt des »Sachbezugs« jegl. Art erscheint das D. in H. Schnelles Übersetzung von R. Montagues »Universaler Grammatik« (Montague: denotatum; A. von Stechow: Denotat). Eine ähnl. Integration des D. in einen weiten, virtuellen Denotatsbegriff – in Opposition zu ⁊ Sinn (2) – findet man bei J. Lyons (1977; 1991; ⁊ Denotat 1b). Dagegen hat Mor-

ris später (^{2}1955) das D. in seinem Semiosemodell durch das intensional definierte »significatum« ersetzt und die Opposition zum Denotat beibehalten.
Lit. ↗ Designation. RB

Designation (lat. dēsīgnātiō ›Bezeichnung‹) **1.** Bei einigen Logikern, Semiotikern und Linguisten Bez. für die virtuelle oder konzeptuelle Bezeichnungsfunktion, die eine notwendige Eigenschaft von (sprachl.) ↗ Zeichen darstellt. Sie konstituiert das ↗ Designat als Klasse von Objekten, Eigenschaften, Prozessen etc., deren Elemente ggf. – insofern die Klasse nicht leer ist – die in der ↗ Diskurswelt existierenden ↗ Denotate sind. D. gilt somit i. d. R. als Relation zwischen dem ganzen (↗ monolateralen oder ↗ bilateralen) Zeichen (als ↗ Designator 1.) und dem je verschieden explizierten Designat; L. Hjelmslev dagegen hat erwogen, die zeicheninterne Relation zwischen Inhaltsform und Inhaltssubstanz als D. zu bezeichnen; ↗ Glossematik. Neben der Opposition zur Denotation (dagegen: ↗ Denotation 3, 4) wird oft zugleich die Opposition zur intensionalen ↗ Signifikation herausgestellt, die die ling. Semantik mit Saussure als zeicheninterne Beziehung von ↗ Signifikant und einzelsprachl. strukturiertem ↗ Signifikat definiert (K. Heger, H. Henne, H. E. Wiegand); unter diesem Gesichtspunkt wurde die D. von K. Baldinger als Ausgangspunkt onomasiolog. Forschung bestimmt. Wenn Ch. W. Morris (^{2}1955) das Designat dem intensional definierten »Signifikat« opfert, so ist dies nur eine der Möglichkeiten, die Trias Denotation – D. – Signifikation zu einer Dyade zusammenzufassen; ↗ Designat. **2.** Bei Morris (^{2}1955) die Funktion der ↗ Designatoren (2), Charakteristika von »Objekten« zu signifizieren. **3.** Zuweilen konkurrierender Terminus für ↗ Designat. **Lit.** Ch. W. Morris, Foundations of the Theory of Signs. Chicago, Ldn. 1938. – Ders., Signs, Language, and Behavior. N. Y. ^{2}1955. – K. Baldinger, Die Semasiologie. Bln. 1957. – R. Carnap, Meaning and Necessity. Chicago, Ldn. ^{5}1967. – Ders., Einf. in die symbol. Logik. Wien, N. Y. ^{3}1968. – H. Henne & H. E. Wiegand, Geometr. Modelle und das Problem der Bedeutung. ZDL 31, 1969, 129–173. – K. Heger, Monem, Wort und Satz. Tübingen 1971. – H. Henne, Semantik und Lexikographie. Bln., N. Y. 1972. – R. Montague & H. Schnelle, Universale Grammatik. Braunschweig 1972. – A. Menne, Einf. in die Logik. Mchn. ^{2}1973. – J. Lyons, Semantics. Bd. 1, Cambridge 1977. – Ders., Bedeutungstheorien. HSK 6, 1–24. – A. von Stechow, Syntax und Semantik. HSK 6, 90–148. RB

Designator m. (lat. dēsīgnātor ›Bezeichnender‹) **1.** Als der das ↗ Designat (1, 2) bezeichnende D. gilt i. d. R. das ganze ↗ Zeichen, gelegentlich auch der ↗ Signifikant oder (bei L. Hjelmslev) die Inhaltssubstanz. R. Carnap nennt explizit die Bedingung, der D. müsse einer semant. Analyse der ↗ denotativen Bedeutung zugänglich sein. **2.** D. sind in der Theorie der ↗ Signifikationsmodi von Ch. W. Morris

»charakterisierende« Zeichen (*Hirsch, schwarz, schlagen*). Von anderen Zeichentypen unterscheiden sie sich dadurch, dass sie »Diskriminata« (d. h. Charakteristika) von Gegenständen oder Situationen signifizieren. **3.** S. A. Kripke (1972) argumentiert, Eigennamen seien »starre D.«, die in allen ↗ möglichen Welten das gleiche Objekt benennen, unabhängig von dessen Zuständen und Eigenschaften. **Lit.** S. A. Kripke, Naming and Necessity. In: D. Davidson & G. Harman (eds.), Semantics of Natural Language. Dordrecht 1972, 253–355. – Weitere Lit. ↗ Designation, ↗ Signifikationsmodus. RB

Designatum ↗ Designat, ↗ Bezeichnetes

Deskription (lat. dēscrīptiō ›Beschreibung‹) ↗ Beschreibung von Spr. in Abgrenzung zur ↗ Normierung, in der GG zur ↗ Beobachtung und zur Erklärung (↗ Adäquatheit). In der neueren Geschichte der Sprachwiss. war die Beschränkung ling. Forschung auf die D. v. a. im amerikanischen ↗ Strukturalismus method. Prinzip (↗ Deskriptivismus, ↗ Distributionalismus), demzufolge semant. und pragmat. Aspekte aus der Sprachbeschreibung ausgeblendet bleiben und ling. D. auf die Klassifizierung und Systematisierung von Beobachtungen (im Bereich von Phonologie, Morphologie und Syntax) beschränkt werden sollte. Kontrovers diskutiert wurden v. a. die Frage der Datenkonstitution (↗ Datum, ↗ Datenerhebung), da der Gegenstand ling. D. theoriegeleitet bestimmt werden muss, d. h. die Frage, ob sich relevante Aussagen über Sprachstrukturen auf der Basis purer D. überhaupt gewinnen lassen, wenn man voraussetzt, dass das menschl. Sprachvermögen eine kreative und keine bloß reproduktive Fähigkeit ist (↗ Mentalismus). Das Postulat, Sprachbeschreibung neutral und ohne ↗ Wertungen durchzuführen, wird heute von allen relevanten Richtungen als selbstverständl. betrachtet; ↗ Normierung und Präskription werden weitgehend abgelehnt. Deshalb ist die Frage nach den normierenden Effekten von D. von Interesse, denn faktisch führt die grammat. und lexikograph. D. i. d. R. zu Stabilisierung oder Revision der ↗ Sprachnormen, die für die beschriebene Spr. gelten, auch wenn dies nicht in der Absicht der D. liegt. Heute berufen sich v. a. empir. ausgerichtete Teildisziplinen der Ling. ausdrückl. auf das Prinzip der D., das allerdings – anders als im Deskriptivismus – eher das Sammeln von jeweils als relevant betrachteten Daten meint, z. B. in der ↗ Soziolinguistik, was unvermeidl. mit Einbußen an Generalisierungs- und Theoriefähigkeit einhergeht. Andererseits ist die D. beobachtbarer sprachl. Fakten für maßgebl. Richtungen der modernen Grammatikforschung, insbes. für Vertreter der GG, keine sinnvolle Aufgabe der Sprachwiss., da sie ja durch das Postulat, Introspektion sei die beste Quelle ling. Fakten, zu einer nebensächl. und theoret. irrelevanten Frage erklärt ist. Durch D. gewonnene Daten werden in solchen Modellen allenfalls als Illustrationsmaterial für theoriegeleitete Re-

konstruktionen grammat. Strukturen verwendet.
Lit. ↗ Deskriptivismus, ↗ Distributionalismus, ↗ Empirische Sprachwissenschaft. **G**
Deskriptiv ↗ Definition, ↗ Deskription, ↗ Deskriptivismus
Deskriptive Linguistik ↗ Deskriptivismus
Deskriptive Phonetik Geisteswiss. arbeitendes Teilgebiet der allgemeinen ↗ Phonetik, das die systemat. Beschreibung der wahrnehmbaren lautsprachl. Äußerungen (phonet. Ereignisse) zum Gegenstand hat. Hierbei bedient sie sich der symbol. Darstellung (Symbolphonetik) der Äußerungen (↗ Transkription). Die Transkriptionssymbole ihrerseits sind größtenteils durch artikulator. Kategorien (↗ artikulatorische Phonetik, ↗ Artikulationsmodus, ↗ Artikulationsstelle, ↗ artikulierendes Organ) definiert bzw. stehen für akust.-auditive Merkmalskombinationen, wie sie z. B. aus dem ↗ Sonagramm gewonnen werden. **PM**
Deskriptivismus (auch: deskriptive Linguistik) Method. Prinzip, nach dem diachrone und erst recht histor. Gesichtspunkte von der ling. Beschreibung ausgeschlossen sein sollen oder tatsächl. ausgeschlossen sind. D. ist danach jene sprachwiss. Aktivität, die sich der Beschreibung der Spr. widmet, ohne dabei histor. oder andersartigen Erklärungen eine bedeutende oder gar entscheidende Rolle zuzuweisen; ↗ Deskription. Resultate solcher Aktivitäten sind u. a. beschreibende (oder: deskriptive) Grammatiken, systemat. Darstellungen phonolog., morpholog. oder syntakt. Regelmäßigkeiten in Einzelsprachen. – D. war im Europa des 19. Jh. insbesondere in den deutschsprachigen Ländern von den Universitäten weitgehend an die Schulen verbannt. Die sog. schulgrammat. Konzepte gewannen ledigl. indirekt über die allgemeine Schulbildung Einfluss auf Universitätsgelehrte, allerdings kaum auf die maßgebl. Fachvertreter der Sprachwiss.; diese waren sprachhistor. und philolog. ausgerichtet. Am bemerkenswertesten für die weitere Entwicklung der Sprachwiss. ist der Einfluss von K. F. Becker (1775–1849) auf G. von der Gabelentz (1840–1893), W. Wundt (1832–1920) und – über diesen vermittelt – auf L. Bloomfield (1887–1949). Unter D. versteht man i. e. S. jene ling. Bemühungen, die erklärtermaßen der Tradition L. Bloomfields folgen. D. ist dabei das Prinzip jenes Faches, welches die Spr. auf der Grundlage ihrer internen Strukturen untersucht (H. A. Gleason). In diesem Sinne wird D. als Merkmal des amerikan. ↗ Strukturalismus angesehen. **Lit.** L. Bloomfield, Language. N. Y. 1933. – H. A. Gleason, An Introduction to Descriptive Linguistics. N. Y. 1967. **T**
Deskriptor ↗ Identifikator, ↗ Thesaurus
Desubstantivum ↗ Denominativum
Desubstantivische Ableitung ↗ Denominativum
Desuperlativum n. Von einem Superlativ abgeleitetes Wort, z. B. dt. *optimal* < lat. *optimus* ›der Beste‹, *maximieren* < lat. *maximus* ›der Größte‹. **G**

Desynonymisierung Semant. Differenzierung ursprüngl. ↗ synonymer Bildungen, sei es zwischen konkurrierenden ↗ Ableitungen (*parteiisch – parteilich – parteimäßig, kindisch – kindlich, heimisch – heimlich – heimelig, -täglich – -tägig*), sei es zwischen Syntagma und ↗ Kompositum (*hoher Ofen – Hochofen, kleines Kind – Kleinkind, alter Kanzler – Altkanzler*). ↗ Idiomatisierung. **RB**
Deszendent ↗ Aszendent
DET ↗ Determinansphrase, ↗ Determinierer
Deteriorativ (lat. dēterior ›schlechter‹) ↗ Pejorativ
Determinans (lat. dētermināns ›begrenzend, festsetzend‹) **1.** Bez. für syntakt. bzw. morpholog. fakultative Bestandteile komplexer Strukturen (Phrasen, Satzglieder, Wortbildungsprodukte). In ↗ Determinativkomposita des Dt. sind i. d. R. die initialen Lexeme D. (*Haustür*), denn diese schränken die Bedeutung eines Kompositums gegenüber der des finalen ↗ Determinatums ein. Wortbildungsmorpholog. D. werden meist als ↗ Bestimmungswörter bezeichnet. Innerhalb von Satzgliedern haben ↗ Attribute eine vergleichbare, ausschließlich modifizierende Funktion (*Tür des Hauses*). **2.** ↗ Determinansphrase. **ES**
Determinansphrase (Abk. DP) ↗ Phrase, als deren ↗ Kopf ein ↗ Determinierer (DET) gilt, z. B. [DP [DET *die* [NP *bergige* [N *Schweiz*]]]]. Vereinzelt schon in früheren romanist. Arbeiten vertreten, hat sich die Auffassung, dass Determinierer den Kopf einer Substantivgruppe bilden, in Arbeiten zur GG erst seit Ende der 1980er Jahre zunehmend durchgesetzt. Dies ermöglicht eine generalisierende Theorie über funktionale Kategorien, erlaubt für verschiedene Spr.n, so auch für das Dt., zudem die generalisierende Erfassung der Distribution von ↗ Pronomina und ↗ Eigennamen. **Lit.** ↗ Nominalphrase. **F**
Determinant, Déterminant ↗ Bestimmungswort
Determination (lat. dēterminātiō ›Bestimmung, Determination‹) **1.** Grammat. Beziehung (vergleichbar der ↗ Dependenz), die in Determinationsgrammatiken paarweise zwischen Wörtern eines Satzes angenommen wird. Im Unterschied zu Dependenzstrukturen ist in einer Determinationsstruktur nicht das finite Verb, sondern das nominativische Nomen (als Subjekt) das ausgezeichnete Element. D.strukturen bestimmen auch die poln. und russ. Grammatiktradition (z. B. die Akademie-Grammatik des Russ.). – **2.** In der ↗ Glossematik eine Relation (bei L. Hjelmslev eine sog. Funktion) zwischen zwei Größen, und zwar unabhängig davon, ob diese Größen ein und demselben Zeichen angehören oder nicht, ob sie also unter dem Aspekt eines Sukzesses (eines Verlaufs) oder unter dem eines Systems betrachtet werden oder ob sie überhaupt unter diese Aspekte fallen. Dabei setzt die Existenz der einen Größe die der andern voraus, nicht aber umgekehrt. D. besteht nach Hjelmslev z. B. zwischen Sukzess und System: Der Sukzess determiniert das System; ein Sukzess setzt – theoret. – immer ein System

voraus, nicht aber umgekehrt. Eine D. im Sukzess nennt Hjelmslev ↗ Selektion, eine D. im System ↗ Spezifikation. T

Determinationsrelation ↗ Bestimmungsrelation

Determinativ n. (lat. dētermināre ›bestimmen, begrenzen‹) **1.** (Auch: Deutezeichen) D. sind Klassen von ↗ Schriftzeichen in ↗ logographischen Schriften, die semant. Differenzierungen von ↗ homophonen und ↗ homographen Wörtern oder – im Fall der ägypt. ↗ Hieroglyphen – phonet. mit ein-, zwei- oder dreikonsonant. Lautzeichen geschriebenen Wörter ermöglichen, womit eine Differenzierung zwischen der Bedeutungs- und der Lautebene erreicht wird. D. haben dort keinen Lautwert. Im ↗ Sumerischen wurden D. zur Vereindeutigung von (nominalen) Logogrammen verwendet, im ↗ Akkadischen als Hinweise auf die Aussprache von ↗ Syllabogrammen und auf grammat. Affixe; sie werden auch als phonet. D. oder phonet. Komplemente bezeichnet. Auch die ↗ Zählwörter des Chines. können als D. aufgefasst werden. **2.** ↗ Deliminativ. G

Determinativkompositum (lat. dētermināre ›begrenzen, festsetzen‹. Auch: endozentrisches Kompositum) Bez. für ein ↗ Kompositum, dessen initiale Konstituente (↗ Bestimmungswort, auch: ↗ Determinans) im Dt. die Extension der finalen Konstituente (↗ Grundwort, auch: ↗ Determinatum) bestimmt; die Gruppe denkbarer Türen wird durch entspr. Erstglieder eingeschränkt (*Autotür*, *Haustür* etc.). In dt. D. ist damit die finale Konstituente nicht nur ↗ Kopf (Träger grammat. Markierungen), sondern auch der semant. ↗ Kern der Bildung. Die Mehrzahl der ↗ Nominalkomposita des Dt. sind D., während verbale und auch adverbiale Komposita i. d. R. anderen Kompositionsmustern folgen; ↗ Komposition, ↗ Kopulativkompositum, ↗ Possessivkompositum, ↗ Zusammenrückung, ↗ Zusammenbildung, ↗ Verbalkompositum, ↗ Partikelverb. ES

Determinativpronomen ↗ Pronomen, das als Artikelwort (↗ Artikel) fungiert. PT

Determinator ↗ Artikel (2), ↗ Formator

Determinatum Bez. für kategoriedeterminierende Bestandteile komplexer Strukturen (Phrasen, Satzglieder, Wortbildungsprodukte). So haben Nominalphrasen ein Nomen als D., Adjektivphrasen ein Adj. usw. In ↗ Determinativkomposita des Dt. sind i. d. R. die finalen Lexeme D., denn diese legen Wortart, Flexionskategorien und den groben lexikal. Rahmen einer Bildung fest (↗ Grundwort), sie sind ↗ Kopf (und ↗ Kern) der Bildung, sie werden ggf. von modifizierenden Elementen begleitet (↗ Determinans). ES

Determinierer (lat. dētermināre ›begrenzen, festsetzen‹. Auch: Determinator, Determinans. Engl. determiner, frz. déterminant. Abk. D, DET) In der GG Bez. für eine Kategorie von Wörtern, die ein Nomen hinsichtl. spezif. semant., syntakt. und morpholog. Aspekte näher bestimmen. Es handelt sich hierbei um Artikelwörter (↗ Artikel; dt. *der, die,*

das, dies usw.) und andere Wörter, die traditionell teilweise als ↗ Pronomen klassifiziert werden und deren Wortbestand nicht durch synchrone Wortbildungsmechanismen erweiterbar ist. D., die in verschiedenen Spr.n wie z. B. Japan. nicht lexikal. realisiert werden müssen, kodieren grammat. Merkmale wie ↗ Numerus, ↗ Genus, ↗ Kasus, ↗ Definitheit usw. und grenzen ↗ Nominalphrasen bzw. ↗ Determinansphrasen in ihrer ↗ Referenz ein; z. B. bewirken die Wörter *der, die, das* im Dt. definite oder ↗ generische Interpretationen von NPs. **Lit.** ↗ Nominalphrase ↗ Determinansphrase. F

Determiniertes Verb ↗ Bewegungsverb

Determiniertheit Bestimmtheit von themat. Einheiten im Textverlauf. Im Textverlauf neu eingeführte themat. Einheiten sind i. d. R. unbestimmt. Die innere Struktur wiedererwähnter Einheiten jedoch ist abhängig vom Grad ihrer D. Heidolph, Grundzüge, unterscheidet drei Determinationsgrade: (a) Wiedererwähnung einer schon eingeführten Einheit durch eine determinierte Substantivgruppe oder Präpositionalgruppe; (b) Wiedererwähnung, durch ein demonstratives Pro-Element, (c) (Wieder-) Erwähnung durch ein Personalpronomen. Die D. der themat. Einheiten nimmt mit dem Determinierungsgrad zu. Die D. einer themat. Einheit ist bei deren Paraphrasierung geringer als bei einer referenzident. ↗ Pro-Form. SN

Deterministisch (engl. deterministic) Ein d. endlicher ↗ Automat wechselt von einem Knoten bei Eingabe eines Zeichens (des Eingabealphabets) in einen eindeutig bestimmten Folgezustand. Der Automat ist d., wenn für alle Zustände jeweils nur ein mögl. Übergang existiert. Nicht-d. (engl. non-deterministic) endl. Automaten lassen dagegen mehrere Übergänge zu. Z

Deutezeichen ↗ Determinativ

Deutsch (engl. German, frz. allemand. Abk. Dt.) Als Dt. werden zusammenfassend recht verschiedene ↗ germanische, genauer: westgerm. Sprachen bezeichnet, die gemeinhin als Maa. des südl. ↗ Hochdeutschen oder als Mundarten des nördl. ↗ Niederdeutschen betrachtet werden; Karte ↗ Dialekt, ↗ Europäische Sprachen, im Anhang. Unter D. versteht man i. e. S. die überregional mündl. und schriftl. verwendete Spr., die in ihrer histor. Lautentwicklung hochdt. ist, d. h. partiell von der sog. zweiten (oder auch: hochdt.) ↗ Lautverschiebung erfasst wurde. Die heutige dt. Standardspr., die orthograph. durch den nach Konrad Duden benannten ↗ Duden, Bd. 1, geregelt ist, ist Landesspr. in Deutschland, Österreich, Liechtenstein, Luxemburg (neben Letzeburg. und Frz.) und der Schweiz (neben Frz., Ital. und Rätoroman.). Geschützte Minderheitenspr. ist D. in Südtirol (Italien), in einigen Kantonen Ostbelgiens (Eupen, Malmedy, St. Vith), in den südl. Bezirken Jütlands in Dänemark. Es ist verbreitet im Osten Frankreichs (Ostlothringen, Elsaß, neben Frz. als Staatsspr. und der elsäss. Mundart als gesprochener Spr.), in Polen, in Rumänien, in der ehem. Sowjetunion (v. a. bei den ehem. Wolgadeutschen) und in vielen anderen Staaten der Erde (Born & Dickgießer 1989). Die Sprecher des Niederdt. sprechen heute in der Regel auch (hoch-) dt. Insgesamt gibt es mindestens 90 Mio. Sprecher mit Dt. als S1; weiterhin mindestens 5 Mio. Einwanderer mit Dt. als S2; ↗ Deutsch als Fremdsprache, ↗ Deutsch als Zweitsprache. Üblicherweise nimmt man für die zeitl. Gliederung der Entwicklung des (Hoch-) Dt. an (a) ↗ Althochdeutsch (etwa 8. Jh. bis 1050), (b) ↗ Mittelhochdeutsch (etwa 1050 bis 1350), (c) Neuhochdeutsch (seit dem 14. Jh.). Die Varietäten des Dt. vom 14. bis zum 16. Jh. bezeichnet man als ↗ Frühneuhochdeutsch. Die heutige Gestalt des Dt. hat man im Wesentlichen auf jene ostmitteldt. Varietäten zurückgeführt, die sich bis zum 16. Jh. als schriftl. Kommunikationsmittel herausgebildet hatten (↗ Meißnisches Deutsch, ↗ Kanzleisprache). Für die Verbreitung der sich herausbildenden dt. Schriftspr. war J. Gutenbergs Erfindung des Buchdrucks im 15. Jh. (↗ Inkunabel) sowie M. Luthers ↗ Bibelübersetzung von entscheidender Bedeutung. Verschiedene Varietäten des Dt. haben sich abseits der Entwicklung der dt. Einheitsspr. entfaltet. Hierzu gehören u. a. das ↗ Pennsylvaniadeutsche und das Plautdietsche (↗ Niederdeutsch). – Einige Besonderheiten des Dt.: (a) in-, aus- und (zumindest im Oberdt.) anlautend [pf] mit phonolog. Relevanz gegenüber [p] und [f], z. B. *Hopfen – Hoffen, Stopfen – Stoffen, Tropf – troff, stopf – Stopp, Pfad – fad, Pfosten – Posten*; (b) Reichtum an satzmodalisierenden, satzintegrierten Partikeln, z. B. *leider, hoffentlich, vermutlich, wahrscheinlich, offenbar*; (c) Reichtum an satzverknüpfenden Partikeln, z. B. *aber, freilich, allerdings, jedoch*; (d) multiple Komposition als produktives Wortbildungsverfahren, z. B. *friedenssichernde Blauhelm-Missionen, Kriegswaffenkontrollgesetz, Küsten-Arbeitsplätze, Kilowattstunden-Preis*; (e) feste Stellung der finiten Verbformen innerhalb des Satzschemas: ›Erststellung‹ in: *Fordern Sie bitte dazu unseren ausführlichen Spezialprospekt an.* ›Zweitstellung‹ in: *Obwohl im vergangenen Jahr von seinem Posten als Außenminister abgelöst, erweist sich der 54-jährige Christ aus dem nordirakischen Mossul als der eigentliche Chef der irakischen Diplomatie.* ›Endstellung‹ in: *Wenn sie trotz diesen entscheidenden Schwierigkeiten vertreten sind, dann deshalb, weil die Frage, warum jemand etwas getan hat, immer sinnvoll ist*; ↗ Stellungsfeld, ↗ Wortstellung. **Lit.** Allgemeine Darstellungen: W. König, dtv-Atlas der dt. Spr. Mchn. 1978. – Kleine Enzyklopädie dt. Spr. Hgg. von W. Fleischer, G. Helbig & G. Lerchner. Ffm. 2001. – **Wbb.** R. Klappenbach & W. Steinitz, Wb. der dt. Gegenwartsspr. 6 Bde. Bln. 1961–1977. – G. Wahrig, Universalwb. Rechtschreibung. Gütersloh, Mchn. 2002. – Duden. Das große Wb. der dt. Spr. 10 Bde. Mannheim ³1999.   T

Deutsch als Fremdsprache (engl. German as a Foreign Language, frz. allemand comme langue étrangère. Abk. DaF) DaF meint gemeinhin institutionell (Schulen, Erwachsenenbildung) erworbene Kenntnisse des Dt. durch Menschen anderer Mutterspr., doch gehören auch ungesteuert erworbene Kenntnisse dazu (bis ins 19. Jh. war dies der Regelfall). Im Unterricht des DaF wird vielfach v. a. Lesefähigkeit (passive Kompetenz) im Dt. angestrebt, etwa im wiss. Bereich und an vielen Hochschulgermanistiken, an denen die lit.wiss. Ausbildung im Vordergrund steht. Seit der »pragmatischen Wende« im FU in den 1970er Jahren ist interaktive Kompetenz ein explizites Ziel. Sie blieb jedoch einseitig auf die gesprochene Spr. ausgerichtet. Inzwischen wurde die geschriebene Spr. als Lehr- und Lerngegenstand unter interaktiven Gesichtspunkten wiederentdeckt; ↗ Gemeinsamer europäischer Referenzrahmen. – Viele dt. Universitäten haben in den 1980er Jahren Fachgebiete für DaF eingerichtet, in denen die sog. Auslandsgermanistik gepflegt wird. Oft widmen sie sich unter Vernachlässigung sprachwiss. Fragestellungen v. a. Problemen des Sprachunterrichts. Das dort gelehrte Deutsch fand bereits 1970 einen lit. Niederschlag: die Absolventen des Leipziger Herder-Instituts kommunizierten »in dem eigentüml. Deutsch, das das Ausländerinstitut in Sachsen den Gaststudenten der D. D. R. als gängiges Verständigungsmittel eintrichtert, [...]« (Uwe Johnson, Jahrestage. Ffm. 1970/1993, 277). Die Frage, ob DaF ein anwendungsbezogenes Teilgebiet der sprachwiss. Germanistik, ein sprachbezogenes Teilgebiet der sog. Sprachlehr- und -lernforschung (↗ Fremdsprachendidaktik), eine selbständige Disziplin (↗ Interkulturelle Germanistik) oder nur eine theorielose Praxis ist, wurde in den 1990er Jahren kontrovers diskutiert. HSK 19 gibt keine klaren Antworten auf diese Frage. – Die Abgrenzung zu ↗ Deutsch als Zweitsprache ist für den dt. Sprachraum problemat., weil für den größten Teil der »zweiten Generation« der Arbeitsmigranten kaum zu entscheiden ist, ob für sie das Dt. Fremd-, Zweit- oder Erstsprache ist (↗ muttersprachlicher Unterricht. – In den 1970er Jahren wurde die Meinung vertreten, dass die DaF-Register der Einwanderer ein »Pidgindeutsch« (↗ Pidginsprache) hervorbrächten, was sich als begriffl. falsch und fakt. gegenstandslos erwiesen hat. DaF entwickelte sich seit dem Hochmittelalter mit hohen Sprecherzahlen besonders in Nord-, Mittel- und Osteuropa. Eine besondere Rolle spielte DaF im 18. und 19. Jh. für die andssprachigen Bürger dt. Staaten (Polen, Sorben, Kaschuben, Dänen, Wallonen, Franzosen) und der österr. Reichshälfte der K.u.K.-Monarchie (Slovenen, Kroaten, Tschechen, Polen, Italiener u. a.), die sich gegen ihre sprachl. »Germanisierung« zur Wehr setzten. Nach dem 1. Weltkrieg verlor DaF seinen Status als ↗ Lingua franca und Bildungs- und Wissenschaftsspr. in vielen dieser Gebiete allmähl.

Der 2. Weltkrieg reduzierte seinen Status auf den einer zweiten oder dritten Fremdspr. nach dem Engl. (in Skandinavien und den Niederlanden) bzw. dem Russ. (in den ehemals kommunist. Ländern). Nach 1990 stieg die Nachfrage nach DaF in Ost- und Mitteleuropa stark, geht aber seit 1995 wieder zurück. Eine Übersicht über die Nachfrage nach DaF in allen Ländern der Erde enthält *Die dt. Sprache in der Welt. Statist. Erhebungen 2010.* Hg. Netzwerk Deutsch, 2010 [www.goethe.de] **Lit.** U. Ammon, Dt. als internat. Spr. Bln. 1991. – H. Glück, DaF und Dt. als Zweitsprache. Eine Bestandsaufnahme. ZFF 1, 2, 1991, 12–63. – D. Rösler, DaF. Stgt., Weimar 1994. – HSK 19. – F. Stark, Dt. in Europa. Geschichte seiner Stellung und Ausstrahlung. St. Augustin 2002. – H. Glück, DaF in Europa vom Mittelalter bis zur Barockzeit. Bln., N. Y. 2002. – S. Haberzettl, Der Erwerb der Verbstellungsregeln in der Zweitsprache Dt. durch Kinder mit russ. und türk. Muttersp. Tübingen 2006. – B. Ahrenholz (Hg.), Dt. als Zweitsprache. Voraussetzungen und Konzepte für die Förderung von Kindern und Jugendlichen mit Migrationshintergrund. Freiburg 2007. – B. Ahrenholz (Hg.), Kinder und Jugendliche mit Migrationshintergrund. Empir. Befunde und Forschungsdesiderate. Freiburg 2008. – R. Tracy, Wie Kinder Sprachen lernen. Und wie wir sie dabei unterstützen können. Tübingen ²2008.   G
Deutsch als Zweitsprache (Abk. DaZ) Varianten des Dt., die im dt. Sprachraum von Sprechern anderer Muttersp. i. d. R. durch ↗ ungesteuerten Spracherwerb erworben werden. Die Varianten des DaZ stellen ein Kontinuum dar, das von gebrochenen Varietäten des sog. ↗»Gastarbeiterdt.« über viele Zwischenstufen (↗ doppelseitige Halbsprachigkeit) bis zu umfassender ↗ Zweisprachigkeit (v. a. in der 2. und 3. Generation in vielen Migrantenfamilien) und beginnendem ↗ Sprachwechsel von der Herkunftssprache zum Dt. reicht. Die Abgrenzung zwischen DaZ und ↗ Deutsch als Fremdsprache bezieht sich v. a. auf unterschiedl. didakt. Orientierungen (DaF auf die Auslandsgermanistik: Auslandslinie; DaZ auf Migranten: Migrantenlinie) und darauf, dass DaZ nicht nur im Klassenzimmer, sondern im alltägl. Verkehr mit der sprachl. Mehrheit praktiziert werden muss. Viele dt. Universitäten haben in den 1980er Jahren Fachgebiete für DaZ eingerichtet, in denen v. a. die sog. Ausländerpädagogik gepflegt wird. Auch Einrichtungen im Bereich der Sozialarbeit bemühen sich um die Vermittlung von DaZ. Seit Beginn der 1990er Jahre sind v. a. Aussiedlerfamilien aus den Ländern Mittel- und Osteuropas und den GUS-Staaten zur Klientel der Bildungsangebote im Bereich DaZ geworden. **Lit.** ↗ Deutsch als Fremdsprache.   G
Deutsche Gebärdensprache ↗ Gebärdensprachen
Deutsche Schrift ↗ Fraktur, ↗ Sütterlin
Deutsche Gesellschaft für Sprachwissenschaft ↗ Institutionen und Organisationen

Deutscher Sprachatlas (seit 1955 unter dem Namen »Forschungsinstitut für deutsche Sprache«) Dialektolog. Forschungsstätte der Univ. Marburg, 1888 begründet zur Beförderung des ›Sprachatlas‹ (1876 begonnen). Sie befasst sich mit der Erforschung der dt. Dialekte im In- und Ausland, mit Fach- und Sprachgeschichte des Dt.; Projekte u. a. der digitalisierte *Sprachatlas des deutschen Reichs* (DiWA). Bestand: Archiv (Sprachkarten, Fragebogen, Nachlässe), Bibliothek (30.000 Bde.), Betreuung mehrerer Reihen (DDG, HWF, Beih. ZDL), Zss. (ZDL, GermL), Handbücher. Anschrift: Hermann-Jacobsohn-Weg 3, D-35032 Marburg (www.uni-marburg.de/dsa/). **Lit.** I. Göschel, Forschungsinstitut für dt. Spr. Wiss. Bericht. Marburg 1992.   K
Deutsches Spracharchiv Dokumentation von ↗ Dialekten auf Tonträgern zum Zwecke der Untersuchung dialektaler (gesprochener) Sprache. E. Zwirner erstellte ab 1954 ca. 8 000 Aufnahmen von Dialektsprechern, nachdem es schon früh Versuche gegeben hat, ›Phonogrammarchive‹ zu bilden (Wien 1899, Paris 1901, Berlin 1902). Publikationen von Transkriptionen in der ›Lautbibliothek dt. Mundarten‹ (1958–1964) und ›Phonai‹ (1965 ff.) Standorte: Institut für dt. Sprache, Mannheim; Außenstelle ›Sprache in Südwestdeutschland‹ (Alemann. Sprachraum, Ausweitung auf Syntax und generell gesprochene Spr.) in Wolfenhausen.   K
Deutschlish ↗ Denglisch
Devanāgarī ↗ Indische Schriften
Deverbale Ableitung ↗ Deverbativum
Deverbativum (auch: deverbale Ableitung) Bez. für Wortbildungsprodukte mit verbaler Basis, z. B. *Wissenschaft* (Subst.) oder *wissentlich* (Adj.). Mit wenigen, semant. begründbaren Ausnahmen (↗ Nomen instrumenti) lassen alle Derivationstypen verbale Basen zu. Die ↗ implizite Ableitung ist grundsätzl. deverbal, ebenso das ↗ Nomen acti, das ↗ Nomen actionis und das ↗ Nomen patientis. Das Vorliegen von D. impliziert keinen Wortartwechsel (vgl. *sich vergewissern*), zahlreiche modifizierende Subtypen explizíter Ableitung sind D.; ↗ Intensivbildung, ↗ Perfektivbildung, ↗ Privativbildung.   ES
Deviation ↗ Abweichung
Devotionsname (lat. dēvōtum ›geweiht‹. Auch: Ergebenheitsname) Orts-, Gebiets- oder Ländername, der den Namen einer bedeutenden Person verewigt, um jene zu ehren, z. B. *Friedrichshafen, Louisiana, Karlovac, Virginia* (nach Elisabeth I.), *Bolivien, Jekaterinenburg*; ↗ Onomastik.   G
Dextrograd ↗ Schriftrichtung
Dezibel (dB; nach A. G. Bell, engl.-amerikan. Erfinder des Telefons, 1847–1922) Logarithm. Maßeinheit für den Schallpegel (↗ Schall), der sich aus dem Verhältnis von effektivem Schalldruck (p_{eff}) zu Bezugsschalldruck (p_0) mit $L[dB] = 20*lg(p_{eff}/p_0)$ berechnet, wobei $p_0 = 2*10^{-4}$ µb (Mikrobar). Eine Erhöhung/Verminderung des Schallpegels um 6 dB

entspricht einer Verdopplung/Halbierung des ↗ Schalldrucks.   PM

DGS (Deutsche Gebärdensprache) ↗ Gebärdensprache

Dhamma ↗ Arabische Schrift

Dhimotiki ↗ Neugriechisch

Dhivehi ↗ Maledivisch, ↗ Indoarische Sprachen

Dholuo ↗ Luo

Diachronie f. (griech. διά (dia) ›durch‹, χρόνος (chronos) ›Zeit‹) Nach F. de Saussure Entwicklungsphase einer Spr., d.h. eine Aufeinanderfolge verschiedener Sprachzustände. Die D. steht begrifflich der ↗ Synchronie gegenüber.   T

Diachronische Sprachwissenschaft (bei F. de Saussure auch: evolutive Linguistik. Bei den Vertretern der ↗ Genfer Schule auch: dynamische Linguistik) Im Unterschied zur ↗ synchronischen Sprachwiss. untersucht die d. S. die Beziehungen, die zwischen verschiedenen zeitl. aufeinanderfolgenden Sprachsystemen bestehen. Diachron. Beziehungen sind nicht solche innerhalb ein und desselben sprachl. Zeichens, innerhalb der ↗ parole, und auch nicht solche zwischen parole und parole, also Beziehungen innerhalb einer ↗ langue, sondern Beziehungen zwischen Elementen einer langue zu einer Zeit A und korrespondierenden Beziehungen zwischen Elementen einer langue zu einer Zeit B. Diese Beziehungen werden als Übergänge verstanden, die in der Zeit stattfinden, von denen aber nicht das gesamte System, sondern nur einzelne Bereiche betroffen sind. Diachron. Prozesse dieser Art können dann synchron. Auswirkungen auf das System haben. Und erst durch diese Auswirkungen führen sie zu einem neuen System. F. de Saussure (1857–1913) veranschaulicht diese Verhältnisse an einem ags. Beispiel: Für die Unterscheidung zwischen Sg. und Pl. ist lediglich die Opposition zwischen zwei Größen notwendig, z.B. (a) fōt : fōti oder (b) fōt : fēt. Durch den Übergang von (a) zu (b) hat sich systemat. nichts verändert: Die Distinktion zwischen Sg. und Pl. hat sich durch diesen Übergang nicht geändert, lediglich die Substanz. Die Betrachtungsweise, die an Hand dieses Beispiels vorgeführt wird, unterscheidet die d. S. von der ↗ historischen Sprachwissenschaft, bei der entscheidend die außersprachl. histor. Zusammenhänge eine Rolle spielen. Sie führt folgerichtig zu der de Saussureschen Auffassung, dass Spr. ein System sei, dessen Teilbereiche in ihren wechselseitigen Bedingtheiten betrachtet werden können, ja müssen. – L. Hjelmslev (1899–1965) verwendet den Terminus ↗ Metachronie, um die sprachinternen Faktoren des ↗ Sprachwandels zu bezeichnen. Werden die sprachexternen Faktoren des Sprachwandels untersucht, so spricht er von Diachronie. **Lit.** F. de Saussure, Cours.   T

Diaguita-Sprachen ↗ Südamerikanische Indianersprachen

Diahyponymie ↗ Inkompatibilität, ↗ Inkonymie

Diakritikon n., ~ka (griech. διάκρισις (diakrisis) ›Unterscheidung‹. Auch: diakritisches Zeichen) **1.** Mittel zur Erweiterung eines ↗ Basisalphabets bei zusätzl. Bezeichnungs- und Differenzierungsnotwendigkeiten durch graph. Zusätze verschiedener Arten an den ↗ Buchstaben eines gegebenen Schriftzeicheninventars. So gehen z. B. lat. G und R auf diakrit. Striche an C und P zurück. D. können unabhängig vom jeweiligen Buchstabenkorpus und damit verbunden auftreten. Sie ermöglichen es, das Zeicheninventar klein zu halten (die Alternative ist die Verwendung ↗ kombinierter Grapheme), können aber das Schreiben (Drucken) und Lesen erschweren. Zu den D. gehören die sog. Akzentzeichen ↗ Akut, ↗ Gravis und ↗ Zirkumflex, dazu ↗ Apostroph, ↗ Cedille, ↗ Haček, ↗ Makron, ↗ Tilde, ↗ Trema und die sog. Lesezeichen (↗ mater lectionis) wie ↗ Spiritus und ↗ Koronis im Griech. Dazu treten: (a) superskribierte *Ringe*, z. B. norweg. å [o] vs. *a* [a], tschech. *ů* [u:] (in mittlerer oder Endstellung) vs. *ú* [u:] in Anfangsstellung), (b) das *Brevezeichen*, superskribierte Halbkreis), z. B. rumän. *ǎ* [ə] vs. *a* [a], russ. й [j] vs. и [i], (c) der nach unten geöffnete Halbkreis, z. B. in Lehrbüchern des Serbokroat. für den lang-fallenden Ton (*grȃd* ›Stadt‹ vs. *grȁd* ›Hagel‹), (d) die *Durchstreichung*, z. B. norweg. ø [ø] vs. *o* [u], poln. *ł* [ß] vs. *l* [l], kroat. *đ* [dj] vs. *d* [d] bzw. *dž* [ʒ], serb. ħ [ts’], (e) subskribierte, superskribierte und inskribierte *Punkte*, z. B. poln. *ż* [ʒ] (*zet s kropką*) vs. *z* [z] bzw. *ź* [z]; im Türk. wird der ursprüngl. diakrit. Charakter des i-Punkts wieder funktionalisiert: *ı* [ɨ] vs. *i* [i]. (f) verschiedene Subskripte, z. B. das ↗ iota subscriptum des Griech. (φ, η). Diakrit. Punkte und Striche sind in den Alphabeten des ↗ Arabischen und des ↗ Hebräischen in vielerlei Funktionen verbreitet; ↗ arabische Schrift, ↗ Quadratschrift. Ein Sonderfall von D. ist die ↗ Ligatur in solchen Fällen, in denen aus der Verbindung zweier Buchstabenkorpora ein Schriftzeichen gebildet wird, z. B. dän. æ [æ] aus *a* und *e*, frz. œ [ø] aus *o* und *e*, in älteren ndl. Drucken *ÿ* aus *i* und *j*, serb. љ aus л und ь, serb. њ aus н und ь. Eine Kombination von Diakrise und Ligatur stellt das abchaz. Graphem ц̌ [tˢs] dar. Die Funktionen von D. in einzelnen Spr. sind völlig unterschiedlich; sie können strukturelle Sachverhalte wiedergeben (z. B. repräsentiert der Akut bzw. der doppelte Akut im Ungar. die Reihe der Langvokale, im ↗ Amhar. wird der gesamte Vokalismus systemat. durch diakrit. Häkchen repräsentiert), aber auch ganz unsystemat. verwendet werden, so dass im jeweiligen Funktionen im Rahmen einer Analyse des jeweiligen ↗ Schriftsystems geklärt werden müssen. **2.** ↗ Empraktisch.   G

Dialekt (griech. διάλεκτος (dialektos) ›Sprache der Unterhaltung, Umgangssprache‹; Karte s. Anhang) Besondere Sprech- (und z.T. auch Schreib-)weise innerhalb einer National- oder Standardsprache. Die Besonderheit erstreckt sich auf alle Sprachebenen

(Lautebene, Phonologie, Morphologie, Lexik, Syntax, Idiomatik), hat aber v. a. in Lautung und Wortschatz eine deutl. Ausprägung, die von anderen Sprachteilhabern der Standardsprache als abweichend bzw. von den Sprechern eines D. selbst so wahrgenommen wird. Die prägenden Kennzeichen verbinden sich mit dem Geltungsbereich des D. dahingehend, dass dieser räuml., öfter auch sozial eingegrenzt werden kann und D. aufgrund von Landschafts- oder älteren Stammesnamen benannt werden, z. B. Hess., Tirol. usw., aber auch best. Bevölkerungsgruppen zugeordnet werden. Eine genaue Kennzeichnung dessen, was ein D. ist, wird dadurch erschwert, dass insgesamt drei Variablen maßgebl. sind, die in ein jeweils spezif. Verhältnis zueinander treten, je nach Fragestellung und – daraus folgend – Objektkonstitution: Dialektsprecher, Dialektgeltungsbereich (Raum oder soziale Gruppe) und Dialekt. – Aufgrund polit. Staatenbildung gab es nur selten kulturell und sprachl. einheitl. Siedlungsräume von Nationen, so dass Sprachunterschiede innerhalb einer Nation oder eines großen Raums zu den kulturellen Grunderfahrungen gehören. Nach dem Interesse am D. in den Reise- und Landesbeschreibungen des 17. und 18. Jh. wird dieses Moment zur Grundlage einer wiss. Richtung, der ⁷ Dialektologie. Ein Motiv: die dt. D. vor ihrem befürchteten Untergang wenigstens noch wiss. aufzuzeichnen (⁷ Sprachatlas). Daraus erwuchs die spezielle dialektolog. Disziplin der ⁷ Dialektgeographie, die die Raumbildung durch den D. erforscht und interpretiert und die mittlerweile zu Sprachatlasunternehmungen weltweit geführt hat. Der D. referiert auf die gesamten kulturellen und histor. Gegebenheiten eines Raums, der damit als mehr oder minder stark umgrenzter Sprach- und Kulturraum erscheint. Kennzeichen bedeutet gleichzeitig auch Identifikation, so dass der D. die Besonderheit der dort Beheimateten und deren Verbindung zu ihrer Geschichte, ihren Sitten und Gebräuchen anzeigt (⁷ Germania Romana, ⁷ »Wörter und Sachen«). D. und Kultur (Geschichte, Kunst, Recht, Brauchtum) sind Forschungsobjekte einer ›Kulturraumforschung‹ (vgl. Aubin et al. 1926). Wie bei Spr. überhaupt galt und gilt der D. seit Menschengedenken als Herkunftskennzeichen. Als ›einheimisch‹ werden D. und Kultur gegen das Übergeordnete, näml. Standardspr. und Nation, aber auch das Fremde überhaupt abgegrenzt. Diese können gegenüber dem D. als ›gekünstelt‹, als nicht bodenständig erscheinen, wie überhaupt die D.e als ›echte‹, autochthone Spr.n angesehen werden. Das ist die Voraussetzung dafür, D.e als histor. interessante Sprachzustände anzusetzen, die die älteren Zustände treuer bewahrt haben. Diese Auffassung vom D., wie sie insbesondere J. Grimm (1785–1863) pflegte, war Beweggrund für die Stadt-Land-Entgegensetzung, die einerseits dem D. positive Werte zuspricht (Echtheit, Bodenständigkeit, Deutlichkeit; moderner: Lockerheit, Umgangssprachlichkeit, Direktheit) – und im Ggs. dazu der städt. Sprechweise: Künstlichkeit, ›Wurzellosigkeit/Unverbindlichkeit‹ und Verschleierung –, andererseits aber auch Negatives anlastet (Rückständigkeit, Ausdrucksbeschränktheit, geringe ›Reichweite‹, Unverständlichkeit). Ein wichtiges Beobachtungsobjekt waren dabei die Veränderungen, denen Kulturen und besonders D.e durch äußere und innere Einflüsse ausgesetzt sind und die über die D.sprecher und ihre Aktionen bzw. Reaktionen vermittelt werden. Präzisierung erfährt die Bestimmung des D. durch die Frage nach denjenigen, die den D. sprechen. Hieraus erhellt, dass je nach Alter, Geschlecht, Thema und Situation der Gebrauch des D. variieren kann und sich hieraus Differenzierungen ergeben, die seine Verbreitung und Intensität betreffen. Hieran knüpft sich die Beobachtung, dass es nicht nur eine Raumbindung des D. gibt, sondern auch eine Schichtenspezifik, die dann das Beobachtungsobjekt einer soziolog. orientierten Dialektologie bzw. der Sozioling. ist. Allerdings muss die globale Aussage eines abnehmenden Dialektgebrauchs bzw. einer Abstinenz in höheren Schichten (Mittelstand, untere Oberschicht) differenzierter gesehen werden, näml. nach dem Geltungsgrad des D. in einer Region. Dieser kann in komplexeren Verhältnissen u. U. sogar höherwertig sein als die Standardspr. Von daher ist auch die Feststellung einer räuml. beschränkten ›kommunikativen Reichweite‹ als Kennzeichen eines eingeschränkten Gebrauchsradius des D. durchaus ambivalent, denn die Standardspr. hat umgekehrt nicht überall und zu jeder Zeit ggü. dem D. kommunikative Überlegenheit. Aufgrund histor. und kultureller Voraussetzungen bestimmen die Sprecher ihr Verhältnis zum D. und seinem Gebrauch verschieden, so dass D.e in unterschiedl. Stärkegraden innerhalb der Standardspr. vertreten sein können. Das ist auch Grund dafür, dass die D.e nicht einfach in der Standardspr. aufgehen, sondern sich – meistens im Abstand zu dieser – weiterentwickeln. So gibt es im dt. Sprachraum einen Süd-Nord-Gefälle der Dialektintensität, das seine untere Ebene im Raum um die Lautverschiebungsgrenze (⁷ Rheinischer Fächer) erreicht und dann zum äußersten Norden bzw. Nordwesten wieder ansteigt. Nimmt man als Grundlage die Bestimmung des D. die mehr oder minder deutl. Identifikation der D.sprecher mit ihrem D., dann lassen sich auch ling. Bestimmungen festmachen. D. ist von seiner formalen, ausdrucksseitigen Qualität her ein selbständiges und vollständiges System, das in den meisten Fällen alle grammat. Ebenen besetzt, so dass die Meinung von einer ›defekten‹ oder unzulängl. Spr. eher davon geleitet wird, dass D. im Verhältnis zur Standardspr. nicht die ›richtige‹ Sprache ist. Das Verhältnis zu dieser ist zum einen gestuft in mehreren systemat. Annäherungen (Ort (⁷ Ortsgrammatik), Landschaft oder Region; ⁷ Regionalatlas), zum anderen dia- bzw. subsystemat. geprägt. Je nach der Betonung eines der genannten Parameter zur Bestimmung des D. erscheint dieser als Träger einer Kennzeichnung und kann dann mit weiteren Beobachtungen eingegrenzt werden. Das Verhältnis zu einer Standardspr. ist aber unaufhebbar, so dass es auch der Entscheidung der D.sprecher unterliegt und D. das ist, was sie dafür halten (↗ Überdachung). Bedenkt man Variabilität und Ausweitung der genannten Parameter der D.bestimmung, dann ist der Versuch von B. Sowinski (1974, 192) als Grundlage einer Definition hilfreich: »Mundart ist stets eine der Schriftspr. vorangehende, örtl. gebundene, auf mündl. Realisierung bedachte und vor allem die natürl. alltägl. Lebensbereiche einbeziehende Redeweise, die nach eigenen, im Verlaufe der Geschichte durch nachbarmundartl. und hochsprachl. Einflüsse entwickelten Sprachnormen von einem großen heimatgebundenen Personenkreis in bestimmten Sprechsituationen gesprochen wird.« Lit. H. Aubin, Th. Frings & J. Müller, Kulturströmungen und Kulturprovinzen. Bonn 1926. – J. Göschel, N. Nail & G. Van der Elst (Hgg.), Zur Theorie des D. Aufsätze aus 100 Jahren Forschung. Wiesbaden 1976. – J. Göschel et al., D. und Dialektologie. Wiesbaden 1980. – HSK 1. – B. Sowinski, Germanistik I: Sprachwiss. Köln ²1974. – W. König, dtv-Atlas zur dt. Spr. ¹⁴2004. – K. J. Mattheier (ed.), Dialect and Migration in a Changing Europe. Ffm. u. a. 2000.   K

Dialektbarriere Behinderung von Dialektsprechern beim Erwerb der Standardspr., Ursache für Interferenzfehler aufgrund von Asymmetrie von dialektaler und standardsprachl. Kompetenz.   K

Dialektdatenerhebung Spezif. Verfahren in der ↗ Dialektologie, wiss. verwertbare Angaben über Dialekte zu erhalten. Im Mittelpunkt steht für die gesprochene Spr. der verlässliche Sprecher als Auskunftgeber. Diese ›Gewährsperson‹ wird je nach Dialektauffassung und Forschungsansatz bestimmt (z. B. Schulkinder = Lebendigkeit des Dialekts; ›ältester Einwohner‹ = möglichst autochthone Angaben). Die Gewährspersonen werden mittels der ›direkten Methode‹ abgefragt; ihre Antworten werden auf Tonbänder aufgezeichnet durch einen wiss. geschulten ›Explorator‹, der die Fragen in einem ›Fragebuch‹ aufgelistet hat – oder mittels der ›indirekten Methode‹ über zugesandte Fragebögen, die dann selbständig ausgefüllt werden müssen. Beide Verfahren haben Vorteile und Einschränkungen: Genauigkeit, aber geringe Flächengröße bzw. Belegdichte (so beim frz. Sprachatlas), große Flächen, aber Laienantworten (so beim ↗ Deutschen Sprach- und Wortatlas und einigen Dialektwörterbüchern, z. B. beim Rheinischen Wb.). Lit. H. Löffler, Dialektologie. Darmstadt ²1980.   K

Dialektgeographie Dialektolog. (↗ Dialektologie) Forschungsrichtung, die die räuml. Verbreitung der Dialekte zum Gegenstand hat, also im Unterschied

zur diastrat. und diaphas. die diatop. Komponente. Entwickelt wurde die D. im Verlauf der Arbeiten am ↗ Deutschen Sprachatlas durch F. Wrede (1863–1934; er begründete 1908 die Reihe ›Dt. Dialektgeographie‹) vor allem zur Interpretation von Dialektkarten hinsichtl. der Ausdehnung und Begrenzung der Dialekte. Neben der Abbildung aktueller Dialektverhältnisse waren besonders die Fragen der Veränderung in ihren Einzelheiten sowohl synchron als auch histor. forschungsleitend. Zunächst als *Laut*geographie begonnen, kam ergänzend eine *Wort*geographie hinzu (Dt. Wortatlas) mit entsprechenden Versuchen, dialektale Raumbildungen zu bestimmen. Instrument der Darstellung ist die Dialektkartographie, neuerdings auch eine ↗ Dialektometrie. Lit. J. Goossens, Dialektologie. Bln. 1977. – H. Löffler, Dialektologie. Darmstadt ²1980, 27–33. Karte ↗ Deutsche Dialekte, im Anhang.   K

Dialektgrammatik ↗ Ortsgrammatik

Dialektkartographie ↗ Sprachkartographie

Dialektniveau Grad der Dialektbeherrschung, vor allem dann, wenn der Dialekt die einzige Äußerungsmöglichkeit einer Person ist. Mit hohem D. (aus eher sozioling. Sicht) korreliert erschwerter Standardsprachenerwerb bzw. -beherrschung; folglich kann soz. Benachteiligung unterstellt werden. Der Begriff D. hypostasiert die Systembindung einer Sprechweise und negiert die kreative Offenheit jeder Sprechweise. Lit. U. Ammon, Dialekt, soz. Ungleichheit und Schule. Weinheim 1972. – [Kritisch dazu:] H. Löffler, Dialektologie. ²1980, 40. K

Dialektologie Wiss. von den Dialekten, auch Mundartforschung genannt, was aber heute weniger übl. und im Übrigen annähernd synonym ist. Im Zuge der Vereinheitlichung der dt. ›Gemeinsprache‹ zu einer Standardsprache im 18. Jh. wurden die einzelnen Landesspr. als Verkehrsspr. entlastet und zu regional, meist auch sozial bzw. stilist. (›Pöbelsprachen‹) eingeschränkten Sprechweisen, denen vor allem die dann immer wichtiger werdende geschriebene Form durch die Standardspr. und ihre kodifizierte Normierung abgenommen wurde. Übrig blieben von diesen einstmals auf allen Sprachebenen gebrauchten Landesspr. die Dialekte als Sprechweisen eingeschränkter und einschränkender Gültigkeit. Sie fanden allerdings gerade deshalb wiss. Interesse, das vielfältig motiviert war, histor. variierte und die verschiedensten Ausprägungen erfahren hat. Mit der orthograph. und lexikal. Regelung des Dt. im 18. und 19. Jh. wurden die anderslautenden dialektalen Sprechweisen und die spezif. Wortschätze der Dialekte sichtbar und riefen eine zunächst sammelnde Betätigung interessierter Laien hervor, die v. a. den Wortschatz als Besonderheiten (Idiotismen) in dialektspezif. Wbb., den Idiotika, festhielten, was einer der fruchtbarsten Bereiche der D. geblieben ist, so dass heute zu fast jedem Dialekt eines oder auch mehrere, z. T. sich räuml. überschneidende Wbb. vorliegen, im Entstehen begriffen oder geplant sind. Insgesamt gibt es weit über 400 dt. Dialektwbb., davon gelten 20 als beispielhafte ›Territorialwbb.‹ (⁊ Karte ›Areale der großlandschaftl. Dialektwörterbücher des Deutschen‹). Sie werden in eigens eingerichteten Wörterbuchkanzleien bzw. -arbeitsstellen bearbeitet (Artikel 11 in HSK 1), acht davon sind abgeschlossen. Die Dialektlexikographie ist eine eigene Sparte besonders innerhalb der dt. D. mit einem ausgeprägten method. Standard in der Reflexion über Darstellungsmöglichkeiten und -notwendigkeiten des dialektalen Wortschatzes (Friebertshäuser 1983). Die Arbeit an diesem dialektalen Wortschatz zeigte aber schon früh, dass dieser natürl. nicht nur spezif. regional orientiert war, sondern durchgängige gemeinsame Züge aufwies. Dies versuchten sog. synopt. Idiotika im 18. Jh. darzustellen, mehr aber dann noch das dialektgeograph. Werk des ›Deutschen Wortatlas‹ (⁊ Sprachatlas, ⁊ Regionalatlas), der einen ausgesuchten dialektalen Wortschatz des gesamten Gebiets des damaligen Dt. Reiches abbildet. – Anders als die Dialektlexikographie und ihre Verbindung zur Kultur und Realienkunde wurde die Darstellung des ›Sprachbaus‹ (Grammatik) und insbesondere der Laute als genuin ling. Betätigung angesehen, so sehr, dass die D. sogar zu einem besonders hervorgehobenen Zweig der Sprachwiss. werden konnte. Die Junggrammatiker sahen in der gesprochenen Sprache ihr eigentliches Objekt, so dass die Dialekte für die Sprachwiss. interessant wurden. Es entstanden in mehreren Phasen wichtige Untersuchungen zu ⁊ Ortsmundarten, die wegen ihres Materials und der Bearbeitungsweise exemplar. wurden und Sprachwiss. und D. gleichermaßen befruchteten. Genannt seien hier die »Kerenzer Mundart des Kantons Glarus« (1876) von J. Winteler aus dem Umkreis der »Lautphysiologie« (artikulator. Phonetik) und der junggrammat. Schule am Ende des 19. Jh. und die Rezeption in H. Pauls (1846–1921) grundlegendem Werk »Prinzipien der Sprachgeschichte« (1880) sowie die strukturalist. orientierten, wegweisenden Arbeiten zum Diasystem der Dialekte, wie sie U. Weinreich (1954) und W. G. Moulton (1962) propagierten. Eine andere Ausrichtung der D. ergab sich aus der Verteilung der Dialekte im Raum, so dass Ende des 19. Jh. Verfahren entwickelt wurden, dieses Phänomen entsprechend darzustellen. G. Wenker (1852–1911) legte 1878 den ersten Sprachatlas vor, der zunächst beschränkt auf den rhein. Raum, Zusammenhang, Grenzen und Unterschiede der Dialekte auf Karten abbildete. Da die Dialekte aber kein deutl. trennbares räuml. Objekt darstellen, war eine Interpretation des Kartenbildes erforderl., welche mithilfe der Dialektgeographie betrieben wurde, die vor allem F. Wrede (1863–1934) Anfang des 20. Jh. auf den Weg brachte und die zu einer Zusammenarbeit mit anderen, v. a. histor. Disziplinen führte. Hieraus entstand eine reichhaltige Erforschung räuml. Kulturverhält-

nisse (Kulturraumforschung) überhaupt (⁊ Sprachkarteninterpretation), die zu neuen Erklärungszusammenhängen für die Entstehung und Ausbreitung der Dialekte und ihrer Relationen zueinander führte. Die Ergebnisse fanden Eingang in die Sprachgeschichtsschreibung des Dt. (v. a. in den Arbeiten von A. Bach und Th. Frings.) – Neben Sprachstruktur und räuml. Erstreckung war der sprechende Mensch für die D. von Interesse. Zunächst histor. orientiert (Sprachgeschichte des Dt.), richtete die D. dann ihr Interesse auf das gruppenspezif. Agieren bzw. die sozialen Konstellationen der Dialektsprecher: wer spricht wann, wo und wie Dialekt, welche Vor- und Nachteile ergeben sich daraus? Hieraus entstanden die Untersuchungen zum Dialektgebrauch nach soziolog. Kriterien (Soziolinguistik), zum Gebrauchsfeld (Pragmatik) und zur dialektalen Behinderung der Schüler beim Erwerb der Hochsprache (Besch et al. 1981, Stellmacher 1977, Ammon, Knoop & Radtke 1978). Die D. verfügt als Teil der dt. Sprach- und Kulturwiss. in den deutschsprachigen Ländern über etliche Forschungsstätten (⁊ Deutscher Sprachatlas, Dt. Spracharchiv, Wörterbuchkanzleien, Abteilungen in den landesgeschichtl. Forschungsinstituten u. a. in Bonn, Freiburg und Tübingen), Zss. (u. a. ZDL, ›Niederdeutsches Wort‹), Einführungen (Löffler 1980, Goossens 1977), Handbücher (HSK 1), regionale (Niederdt. Sprachverein; Alemann. und Bair. Dialektologentagungen) und internat. Gremien (Internat. Dialektologenkongress). **Lit.** U. Ammon, U. Knoop & I. Radtke, Grundlagen einer dialektorientierten Sprachdidaktik. Weinheim 1978. – W. Besch et al., Sprachverhalten in ländl. Gemeinden. 2 Bde. Bln. 1981. – HSK 1. – J. Goossens, Dt. D. Bln. 1977. – H. Löffler, Probleme der D. Darmstadt 1980. – K. J. Mattheier, Pragmatik und Soziologie der Dialekte. Heidelberg 1980. – W. G. Moulton, Dialect Geography and the Concept of Phonological Space. Word 18, 1962, 23–32. – H. Niebaum & J. Macha, Einf. in die D. des Dt. Tübingen 1999. – W. Putschke et al. (Hgg.), Dialektgeographie und D. Marburg 1989. – D. Stellmacher, Studien zur gesprochenen Spr. in Niedersachsen. Marburg 1977. – U. Weinreich, Is a Structural Dialectology Possible? Word 10, 1954, 388–400. **K**

Dialektometrie Quantitative Messung von Dialektphänomenen hinsichtl. ihrer spezif. Bündelung und räuml. Erstreckung. Kombinationsversuche in der Dialektologie und bes. der Dialektgeographie (Sprachkartographie) werden nun auf eine einheitl. taxometr. Form gebracht, so dass die einzelnen kartograph. dargestellten Phänomene in einer kumulativen Synopse anschaulich gemacht werden können, was aber nur aufgrund der Datenbewältigung durch EDV mögl. ist. Die D. verbessert die Veranschaulichung regionaler Distribution von Dialektähnlichkeiten, Dialektkernen oder Übergangszonen, die durch eine mehr oder weniger geringe Dialektvari-

Areale der großlandschaftlichen Dialektwörterbücher

anz zwischen benachbarten Orten gekennzeichnet sind. **Lit.** H. Goebl, D. Prinzipien und Methoden des Einsatzes der numer. Taxonomie im Bereich der Dialektgeographie. Wien 1982.   K

Dialektveränderung Da der ↗ Dialekt nicht selten der extremen Bewertung unterliegt, eine ›falsche‹ oder ›verschwindende‹ Sprechweise zu sein, stehen einfache Veränderungen, die in Dialekten wie in allen anderen Sprechweisen ablaufen, nicht im Vordergrund des dialektolog. Interesses. Entgegen der allgemeineren Tendenz, im Dialekt eine ›falsche‹ oder ›verschwindende‹ Sprechweise zu sehen, lässt sich v. a. durch Analyse von Sprachkarten (↗ Sprachkartographie) zeigen, dass Dialekte Aus-

gleichungen oder Abgrenzungen unterworfen sind. Sie werden durch verschiedene Einwirkungen auf die Sprecher ausgelöst, deren wichtigste der ↗ »sprachliche Mehrwert« und das damit verbundene Bewusstsein sind; ↗ Regionalatlas, ↗ Sprachbewusstsein.   K

Dialektwörterbuch Sammlungen eines dialektalen Wortschatzes nach regionalen und funktionalen Gesichtspunkten. Registriert und inventarisiert werden die von der Hochsprache abweichenden Wortgebräuche und Wörter. Die Bezugsräume reichen von den ↗ Ortsmundarten (z. B. Hamburgisches Wb. (1956 ff.) oder Frankfurter Wb. (1971 ff.)) bis zu den größeren kulturgeograph. oder sprachgeograph. (Westfälisches Wb., 1969 ff.) bestimmten Regionen. Vielfach uneinheitl. in der zeitl. Bestimmung, präsentieren sie Material aus direkter Befragung (vor allem die wiss. angelegten Wbb., z. B. das Hess.-Nassauische Wb.), schriftl. Quellen oder heterogen aus allem Zugänglichem. Die Ursache hierfür liegt darin, dass der dialektale Wortschatz seit der Etablierung der dt. Hochsprache im 18. Jh. (↗ Idiotikon) nach unterschiedl. Gesichtspunkten erhoben und dokumentiert worden ist; einige D. weisen ein beträchtliches Bearbeitungsalter und unterschiedl. Konzeptionen (wiss. Ausrichtung, Mundartpflege, Publikumsnähe, Regionalidentifikation) auf (z. B. Schwäb. Wb., 6 Bde., 1904–1936; Elsässisches Wb., 2 Bde., 1899–1907). Diese Heterogenität führte immer wieder zu Versuchen, die Arbeit an den D. zu koordinieren (Wörterbuchkonferenzen seit 1921, Kartell der Mundartwbb. 1927–1945, Tagungen und Publikationen zur Dialektlexikographie 1965 ff.), und hatte zur Folge, dass die D. die Fläche des dt. Sprachraums mittlerweile abdecken (vgl. Karte ↗ Dialektologie) und hauptsächlich in der Obhut wiss. Akademien sind. **Lit.** H. Friebertshäuser, Großlandschaftl. Wbb. HSK 1, 1983, 1283–1295. K

Diallele ↗ Tautologie 2.

Dialog m. (griech. διαλέγεσθαι (dialegesthai) ›durch-(einander)reden‹, sich unterhalten; διάλογος (dialogos) Subst. dazu: ›Unterhaltung, Wechselrede, Gespräch‹) In dt. Übersetzung früh als ›Zwiegespräch‹ wiedergegeben. Dies sowie das Antonym ›Monolog‹ (›Ein-Gespräch‹, Rede nur eines Sprechers) haben dazu geführt, dass das Element ›dia‹ in ›D.‹ häufig mit δύο (dyo) ›zwei‹ verwechselt wird, so dass dann auch ein ›Trialog‹ (›Drei-Gespräch‹) oder auch ein ›Polylog‹ (›Vielgespräch‹) gebildet wurden. Der D. selbst ist hinsichtl. der Sprecherzahl nicht spezifiziert. – Dem D. kommt bereits in der griech. Tradition eine besondere Bedeutung zu. Durch die platon. D. ist er zu einer prototyp. Form des auf Wahrheit gerichteten philosoph. ↗ Diskurses geworden. Der D. wird dabei ebenso als allgemeine philosoph. Grundlagenkategorie (M. Buber, Dialogisches Prinzip) wie als protolog. Konstituierungskategorie in Anspruch genommen (Kamlah, Lorenz, Lorenzen). – In der ling. Diskussion hat der Ausdruck ›D.‹ bisher keine eindeutige begriffl. Bestimmung erfahren. Er dient vielmehr, ähnlich wie die Ausdrücke ↗ ›Gespräch‹, ↗ ›Diskurs‹, ↗ ›Konversation‹ oder ↗ ›Text‹, zur kompensierenden Bez. von empir. sprachl. Phänomenen, die die enge Satzbegrenzung traditioneller und gegenwärtiger Ling. überschreiten, insbesondere unter dem Gesichtspunkt der Interaktionalität sprachl. Geschehens (vs. Monolog). Dabei wird die Authentizität des sprachl. Materials, soweit die Analyse nicht deduktiv vorgeht, als »natürlich« hervorgehoben. – Die »Dialoganalyse« (vgl. Becker-Mrotzek 1993) findet gerade in der relativen Vagheit des Ausdrucks eine Möglichkeit, unterschiedl.

sprachl. Formen und Strukturen zusammenfassend zu bezeichnen und ihre Analyse zu entfalten. **Lit.** M. Becker-Mrotzek, Diskursanalyse in der BRD. In: K. Ehlich (Hg.), Diskursanalyse in Europa. Ffm. 1994. – P. Schröder & H. Steger (Hgg.), Dialogstrukturen. Ddf. 1981. – R. Lachmann (Hg.), Dialogizität. Mchn. 1982. – P. Lorenzen & K. Lorenz, Dialogische Logik. Darmstadt 1978. – G. Schank, Untersuchungen zum Ablauf natürl. Dialoge. Mchn. 1981. – G. Fritz & F. Hundsnurscher (Hgg.), Handbuch der Dialoganalyse. Tübingen 1994. E

Dialogsystem (engl. dialogue system) Ein D. ist ein natürlichsprachl. interaktives System, bei dem der Benutzer in den ↗ Dialog (in Abgrenzung zu ↗ Frage-Antwort-Systemen) mit einer Maschine eintritt (↗ Mensch-Maschine-Interaktion), um sich Zugang zu einem wissensbasierten Informationssystem zu verschaffen. Ein D. umfasst spezielle Module für die Semantik (Domänenmodell) und Pragmatik (Dialogmodell, Benutzermodell), die über entsprechendes Domänen-, Welt- und Kontextwissen verfügen. Eine spezif. Form sind Sprachdialogsysteme und Chatterbots. Z

Diamant f. ↗ Schriftgrad von 4 p.; ↗ Didotsystem. G

Diaphasisch (griech. διά ›durch‹, griech. φάσις (fasis) ›Erscheinung‹) 1. Ähnlich wie ↗ diachronisch eine (ling.) Untersuchungsmethodik oder Sichtweise, die sich auf eine Zeitspanne bezieht; Ggs. *synphasisch* (auf einen Zeitpunkt beschränkt). D. sind auch Untersuchungen von verschiedenen Zeitpunkten (nicht nur kontinuierl. Zeitspannen) sowie von vermuteten Indikatoren von Zeitdifferenzen, z. B. Generationsunterschieden. 2. Untersuchungsmethodik oder Sichtweise, die sich auf den Sprachgebrauch in verschiedenen Situationen oder auch auf verschiedene Stilschichten erstreckt (dann *synphasisch* i. S. ›auf eine Situation, eine Stilschicht beschränkt‹); ↗ diastratisch, ↗ diatopisch. AM

Diaphonem n. Dialektales Phonem, das zwar gegenüber dem entsprechenden Phonem der Standardsprache bzw. dem eines anderen Dialekts phonet. differiert, unter phonolog. Aspekt aber mit diesem ident. ist. PM

Diaphora f. (griech. διαφορά ›Unterschied‹) 1. In der antiken ↗ Rhetorik der Hinweis auf die Verschiedenheit zweier Dinge. 2. ↗ Rhetor. Figur (auch Antistasis, lat. contentiō, cōpulātiō, dīstīnctiō): Wiederholung desselben Wortes oder Satzteiles mit emphat. Verschiebung der Bedeutung: »Spricht die Seele, so spricht, ach! schon die Seele nicht mehr« (Schiller, Votivtafeln). SE

Diaphragma f. (griech. διάφραγμα ›Scheidewand‹. Auch: Zwerchfell. Engl. diaphragm, midriff, frz. diaphragme) Großer, kuppelförmiger Muskel, der den Brust- vom Bauchraum trennt (↗ Brust). Das D. liegt quer, also zwerch, im Körper, setzt ringsum an der Innenseite der unteren Rippen an und wölbt sich weit nach oben. Das D. ist der wichtigste Atemmuskel: Bei Kontraktion zieht das D. nach unten und erweitert so den Brustraum, wodurch sich die Lunge ausdehnt (Einatmung). Bei Erschlaffung tritt das D. höher. Dadurch und durch elast. Rückstellkräfte von Lunge und Brustkorb kommt es passiv, ggf. auch aktiv durch die Tätigkeit der exspirator. Atemmuskulatur, zu einer Verringerung des Brustkorbvolumens (Ausatmung); ↗ Atmung, ↗ Lunge. GL

Diärese ↗ Dihärese

Diastratisch (griech. διά (dia) ›durch‹, lat. strātum ›Decke‹, d. h. ›sich über verschiedene Schichten erstreckend‹) Auf verschiedene Sozialschichten gleichzeitig bezogene (ling.) Untersuchungsmethodik oder Sichtweise; Ggs. *synstratisch*. D. Forschungsfragen fallen in den Aufgabenbereich der ↗ Soziolinguistik; ↗ diachronisch, ↗ diaphasisch, ↗ diatopisch. AM

Diasystem Die Sprache einer Sprachgemeinschaft hat zu keinem Zeitpunkt ein homogenes System. Die Varianten dieses heterogenen Systems werden als D.e (oder ›Subsysteme‹) der histor. Spr. zugeordnet. Der Begriff bezieht sich vor allem auf multi-dialektale Gegebenheiten und verschiedene ↗ diatopische und soziale Varietäten, die immer in Teilen systemat. übereinstimmen, in anderen aber abweichen. K

Diathese ↗ Genus verbi

Diatopisch (griech. διά (dia) ›durch‹, τόπος (topos) ›Ort, Stelle‹) Auf verschiedene Regionen (Territorien) ausgedehnte (ling.) Untersuchungsmethodik oder Sichtweise; Ggs. *syntopisch*. In diesem Sinn ist die gesamte ↗ Sprachgeographie d.; ↗ diachronisch, ↗ diaphasisch, ↗ diastratisch. AM

Dichotisches Hören ↗ Auditive Phonetik

Dichotomie f. (griech. διχο-τομία (dichotomia) ›Zweiteilung‹. Engl. dichotomy) Grobgliederung eines Gegenstandbereichs durch ein komplementäres (↗ Komplementarität), d. h. ↗ kontradiktorisches Begriffspaar, z. B. *Zeit – Ewigkeit; konkret – abstrakt; Form – Inhalt*. In der Ling. haben einige D. grundlegende Bedeutung erlangt, z. B. ↗ Synchronie – ↗ Diachronie; ↗ Signifikant – ↗ Signifikat; ↗ Langue – ↗ Parole. Als Spezialfall des Prinzips binärer Zerlegungen (↗ Binarität, ↗ Binarismus) gesehen werden, das insbes. in strukturalist. Forschungen dominiert. **Lit.** T. L. Markey (ed.), Studies in European Linguistic Theory: The Dichotomy Precept. Grossen-Linden 1976. – N. Dörschner, Dichotom. Verfahren der ling. Semantik. Münster 2003. RB

Dichte 1. Breite einer Druckletter im Bleisatz einschl. Vor- und Nachbreite. **2.** ↗ Netzwerk. G

Dida ↗ Kru-Sprachen

Didaktik ↗ Sprachdidaktik

Didaktische Grammatik Grammatikbuch, welches für die Vermittlung einer Spr. im ↗ Fremdsprachenunterricht oder im ↗ muttersprachlichen Unterricht (dann meist ›Schulgrammtik‹ genannt) konzipiert wurde. Idealerweise auf spracherwerbspsycholog. Erkenntnissen basierend, ist eine d. G. einer adäquaten Grammatikprogression (Anordnung der Lernschritte) entsprechend und den Zielsetzungen und Rahmenbedingungen des FU gemäß konzipiert. Es gibt d. G.en für unterschiedl. Niveaustufen des Spracherwerbs. Anders als die wiss. Grammatiken sollen d. G.en nicht diskutierend, sondern beschreibend und normativ die Regeln (und Ausnahmen) des Sprachgebrauchs darstellen. Sie können auch Texte, Terminologielisten, Lerntips, Übungen u. a. enthalten. Der Begriff ›Pädagogische Grammatik‹ wird oft synonym zu d. G. verwendet, bezeichnet aber auch Grammatiken, die besondere Betonung auf die konzeptuelle pädagog. Basis der Vermittlung von grammat. Wissen im Unterricht legen. **Lit.** J. Kars & U. Häussermann, Grundgrammatik Dt. Ffm. ⁵1997. – W. Rug & A. Tomaszewski, Grammatik mit Sinn und Verstand. Mchn. 2008 (Neuausgabe). SO

Didaktisierung ↗ Sprachdidaktik

Didinga-Surma-Sprachen ↗ Chari-Nil-Sprachen

Didoische Sprachen ↗ Dag(h)estanische Sprachen

Didotsystem (auch: Punktsystem, Normalsystem) In der Typographie (seit 1904) verbindliches Maßsystem für ↗ Schriftgrade. Die Maßeinheit ↗ Punkt (1 p = 0,3759 mm) wurde 1780 von dem Pariser Stempelschneider, Schriftgießer und Drucker François-Ambroise Didot (1730–1804) definiert. G

Dieresis ↗ Trema

Differential ↗ Semantisches Differential, ↗ Soziolinguistisches Differential

Differentialgenus n. (lat. differentia ›Verschiedenheit, Unterschied‹) Genusklassen sind im Dt. i. d. R. invariant. Ausnahmen mit D. bilden von substantivierten Adjektiven und Partizipien abgeleitete Bez., meist für Personen. Ihre Genusspezifikation erfolgt nicht lexeminhärent oder durch ↗ Movierung, sondern symmetr. am Artikel und ggf. an Attributen, z. B. *die/der Erziehungsberechtigte, der/die/das Beschriebene*, in Konstruktionen mit dem unbestimmten Artikel auch am substantivierten Wort selbst, z. B. *eine Erziehungsberechtigte, ein Erziehungsberechtigter*. Im Pl. entfällt die Genusmarkierung: *die Erziehungsberechtigten*. Die Pluralformen sind deshalb im Dt. seltene Beispiele für ↗ Geschlechtsabstraktion und das wichtigste Mittel, um die von der ↗ feministischen Linguistik empfohlene sprachl. Gleichbehandlung von Frauen durch Neutralisierung zu praktizieren, wie sie vor allem für Gesetzes- und Verwaltungstexte typ. ist. D. umfasst in einem weiteren Verständnis auch den systemat. Genuswechsel durch ↗ Movierung, wie es ihn in idg. Spr. gibt. SL

Differentiell Unterscheidungen bzw. Differenzierungen semant. und graph. Art bezeichnend; ↗ Merkmal. G

Differenzhypothese ↗ Soziolinguistik

Diffus (lat. diffundere ›sich verbreiten‹) Akust. definiertes binäres [± d.], distinktives phonolog. Merkmal (nach PSA). Im Gegensatz zu kompakten (auch: peripher vs. zentral) Lauten, die durch ein schmales, im zentralen Bereich des Spektrums liegendes Band konzentrierter Energie gekennzeichnet sind, zeigen d. Laute eine geringere, spektral stärker streuende Verteilung der akust. Energie. Artikulator. entspricht d. einer weiter vorn liegenden konsonant. Enge-/Verschlussbildung; z. B. dt. /m, b, p/ vs. /n, g, k/. PM

Diffuses Verb ↗ Labiles Verb

Digamma (griech. ›doppeltes Gamma‹) Buchstabe (Ϝ) in den ältesten griech. Alphabeten zur Repräsentation des labialen Frikativs, der im Ion.-Att. ausfiel (z. B. Ϝ-οῖνος (w-oinos) > οῖνος (oinos) ›Wein‹), in den westgriech. Dialekten und Alphabeten jedoch erhalten blieb und von dort in ital. Alphabete als F übernommen wurde. Als Zahlzeichen (für 6) wurde an der Stelle das Ϝ das στίγμα (stigma) in den Bestand der griech. ↗ Alphabetreihe aufgenommen, das auf eine στ-(st-)Ligatur zurückgeht; ↗ Ziffer. GS

Digital (lat. digitus ›Finger‹) Darstellung von Daten und Informationen durch Ziffern. Im Unterschied zu ↗ analog bedeutet d., dass Informationen in diskrete Bestandteile (also z. B. Ziffern) aufgelöst sind und keine kontinuierl. Unterschiede aufweisen. Das wichtigste d. System bildet hier das binäre Zahlensystem, das für phys. Zustände einer Datenverarbeitungskomponente, wie z. B. Strom-Nichtstrom, steht. Zunehmend gewinnt auch in der ↗ Telekommunikation die d. Nachrichtenübertragung an Bedeutung. WG, PA

Diglossie f. (griech. δι- (di-) ›zwei, doppelt‹, γλῶσσα (glōssa) ›Sprache‹ Form von Zweisprachigkeit (↗ Bilingualismus), die sich in der herkömml. Konzeption von C. Ferguson nicht auf zwei eigenständige Spr. bezieht, sondern auf ↗ Varietäten derselben Spr. Allerdings sind es strukturell und funktional deutlich divergierende Varietäten ohne graduelle Übergänge, wie sie ansonsten oft zwischen ↗ Dialekten, ↗ Pidgins oder ↗ Kreolsprachen und Standardvarietäten bestehen. Jedoch gibt es eine Affinität zwischen einer D. und einer Dialekt-Standard-Situation. Eine der Varietäten der D. wird als niedrig (L, ›low‹) und die andere als hoch (H, ›high‹; auch: Leitvarietät, Standardvarietät) bezeichnet; ↗ Hochsprache. Damit ist weniger eine entsprechende Verteilung auf die Sozialschichten gemeint (obwohl sie in Wirklichkeit oft gegeben ist) als ein unterschiedl. Niveau des ↗ Ausbaus (↗ Ausbausprache) und eine unterschiedl. Bewertung (↗ Prestige) beider Varietäten. Klass. (und inzwischen unzutreffendes) Beispiel einer D.situation war die deutschsprachige Schweiz mit Schwyzertütsch (↗ Alemannisch) als L und Standarddeutsch als H, das heute allenfalls noch für die ↗ Schriftsprache zutrifft. H hat in der Regel eine bedeut-

samere lit. Tradition, wird in formelleren Situationen verwendet und hat – in Spr. entsprechender Struktur – eine differenziertere Morphologie bewahrt, eine Folge der strukturkonservierenden schriftl. Verwendung. – In neuerer Zeit wurde der Begriff D. in verschiedenen Richtungen ausgeweitet: von Varietäten innerhalb derselben Spr. (*Binnendiglossie*) auf Varietäten unterschiedlicher Spr. (*Außendiglossie*) und von zwei Spr.systemen auf mehrere (*Polyglossie*); außerdem wurden alle Dialekt-Standard-Situationen darunter gefasst (D. im weiteren Sinn). Um Konfusionen zu vermeiden, sind dann die verschiedenen Unterarten von D. spezif. zu benennen. – Am D.begriff wurde oft kritisiert, dass er soziale Probleme ignoriere, z. B. die Tatsache, dass H oft auf die höheren Sozialschichten beschränkt ist, und die schul. und sonstigen sozialen Folgen dieses Sachverhalts. **Lit.** C. A. Ferguson, Diglossia. Word 15, 1959, 325–340. – J. A. Fishman, Bilingualism With and Without Diglossia; Diglossia With and Without Bilingualism. Journal of Social Issues 23, 1967, 29–38. – R. Fasold, The Sociolinguistics of Society. Oxford 1984, 34–61. – A. Hudson, Diglossia: a Bibliographic Review. Language in Society 21, 1992, 611–674. – M. Fermindez, Diglossia. A. Comprehensive Bibliography 1960–1990. Amsterdam, Philadelphia 1993. – G. Kremnitz, Diglossie/Polyglossie. HSK 3, I, 2004, 158–165. AM

Digor ↗ Ossetisch

Digraph ↗ Graphem

Dihärese f. (griech. διαίρεσις (di-(h)airesis) ›Auseinanderziehung, Trennung‹). 1. In der Orthophonie (= richtige Aussprache): getrennte, nicht diphthong. Aussprache zweier aufeinanderfolgender Vokale, in der Regel bei einer Morphemgrenze (z. B. *be-inhalten, na-iv*), wird gelegentl. graph. durch ein Trema bezeichnet. 2. In der griech.-lat. ↗ Prosodie: Zerlegung einer einsilbigen Lautfolge in zwei Silben aus metr. Gründen. 3. In der antiken ↗ Metrik: Verseinschnitt. Ggs. ↗ Zäsur. 4. ↗ Rhetor. Figur der koordinierenden Häufung (lat. *accumulātiō*). Als D. wird auch die der *prōpositiō* oder *argūmentātiō* einer Rede vorangestellte einleitende Aufzählung der zu behandelnden Punkte bezeichnet. KH

Dimension (lat. dīmēnsiō ›Abmessung, Berechnung‹. Engl, frz. dimension) 1. Von H. Geckeler (1971) im Anschluss an die ↗ Komponentenanalyse eingeführte Zwischenkategorie zwischen ↗ Archilexem und ↗ Sem. D.en bündeln Merkmalsausprägungen zu Skalen und Reihen und gliedern ↗ Kohyponyme in Gruppen von Lexemen, die dimensionsintern miteinander inkompatibel, dimensionsübergreifend aber kompatibel sind: Ein *Pudel* kann nicht zugleich eine *Dogge*, wohl aber ein *Rüde* und ein *Wachhund* sein. Merkmalsdimensionen von Nutztieren sind u. a. Rasse, Geschlecht, Funktion, von Farbadjektiven Spektrum, Helligkeit, Sättigung, von Sprechhandlungsverben u. a. Illokution, Gesprächsbezug und Aufrichtigkeit (kompatibel sind z. B. *behaupten, antworten* und *lügen*). Während die hier genannte ↗ Inkompatiblität als ↗ Sinnrelation (Lyons) allgemein akzeptiert ist, wird gegenwärtig der Terminus D. zumeist vermieden. Lutzeier verwendet ihn aber zur Wortfeldgliederung; Cruse (2004) unterscheidet »dimensions of meaning«, im ›deskriptiven‹ Bereich u. a. Qualität, Spezifik, Intensität und Vagheit. **2.** In eher herkömml. Sinn (= räuml. D.) sprechen Bierwisch & Lang von graduierbaren »Dimensionsadj.«. **Lit.** H. Geckeler, Strukturelle Semantik und Wortfeldtheorie. Mchn. 1971. – H. E. Wiegand, Lexikal. Strukturen I. Funkkolleg Sprache, Bd. 2. Ffm. 1973. – P. R. Lutzeier, Lexikologie. Tübingen 1995. – M. Bierwisch & E. Lang (Hgg.), Grammat. und konzeptuelle Aspekte von Dimensionsadj. Bln. 1987. – A. Cruse, Meaning in Language. Oxford ²2004. RB

Diminution (lat. dīminūtum ›verkleinert‹. Auch: Verkleinerung) Bez. für den Wortbildungsprozess, durch den ↗ Diminutivbildungen entstehen, etwa *Büchlein, Heftchen.* D. führt keinen Wortartwechsel herbei (↗ Modifikation). ES

Diminutiv (auch: deminutiv) ↗ Diminutivum, ↗ Aktionsart

Diminutivbildung (lat. dīminūtum ›verkleinert‹ auch: Diminutivum) Semant. bestimmte Subklasse substantivischer ↗ Ableitungen, deren im Vergleich zur ebenfalls substantivischen Basis zusätzl. Merkmal in der Verkleinerung besteht. Neben wenigen initialen Konstituenten, deren morphemkategoriale Zugehörigkeit strittig ist (*mini-* (↗ Affix oder ↗ Konfix)), werden D. durch modifizierende Suffixe gebildet (*Stiefel-ette* etc.). Die produktivsten diminuierenden Suffixe sind allerdings *-lein* und *-chen*. Welches Verwendung findet, unterliegt ein Stück weit regionaler oder durch Register bedingter Variation (*Lämmlein/-chen*), wenn nicht phonolog. Gründe eine der Varianten ausschließen (**Bälllein* / *?Bächchen*). **Lit.** S. Karbelaschwili, Lexikon zur Wortbildung der dt. Spr. (Augmentation und Diminution). Regensburg ²2001. ES

Diminutiv-iterativ ↗ Aktionsart, die kennzeichnet, dass sich der im Verbstamm ausgedrückte Vorgang oder Zustand regelmäßig, aber mit zeitlichen Unterbrechungen und geringer Intensität wiederholt, z. B. russ. *gljadét'* ›sehen, schauen‹ – *pogljádyvat'* ›ab und zu hinsehen‹, *kurít'* ›rauchen‹ – *pokúryvat'* ›ab und zu ein bisschen rauchen‹, dt. *raten – rätseln, falten – fälteln.* Die Bez. ›Desiderativum‹ für unpersönl. konstruierte dt. Verben dieses Typs (z. B. *mich schläfert*) ist veraltet; ↗ intensiv-iterativ, ↗ iterativ. G, T

Diminutivum ↗ Diminutivbildung

DIN-Format ↗ DIN-Norm

Dingwort ↗ Substantiv

Dinka ↗ Nilotische Sprache im Südsudan. Ca. 2,5 Mio. Sprecher, teilw. mehrsprachig (Engl., Arab.). Hauptdialekte: Rek, Agar, Bor und Padang.

In den 1930er Jahren im Zusammenhang mit der Übers. des NT lat. basierte Verschriftungsansätze, die jedoch der hochkomplexen Spr. (u. a. drei distinktive Vokallängen) nicht gerecht wurden. Als Schriftspr. nahezu ohne Bedeutung. RE

DIN-Norm (Abk. für Dt. Industrienorm bzw. »Das ist Norm«) Vom Dt. Normenausschuss (DNA) entwickelte, in Normblättern veröffentlichte Normen und Regeln für alle Bereiche der Industrie. Der DNA nimmt auch Aufgaben der ↗ Terminologieplanung wahr, z. B. durch Vorschriften für die Reihenfolge der Glieder von ↗ Mehrfachkomposita, durch Festlegung der Semantik von Wortbildungssuffixen (z. B. *-los* vs. *-frei* vs. *-arm*), durch die Festlegung der ↗ Regeln für die alphabetische Reihenfolge, für Formate, z. B. DIN A 4: Papierformat der Relation 1:√2. G

Diola ↗ Westatlantische Sprachen

Diolof ↗ Wolof

Diphthong m. (griech. δι + φθόγγος (di + fthongos) ›zweifach tönend‹) Vokalsequenz mit artikulator. gleitendem Übergang zwischen zwei distinkten ↗ isosyllabischen, artikulator. und akust., aber zeitl. nicht abgrenzbaren Vokalstellungen. Es wird zwischen fallenden (mit offenerem, akzentuierten ersten Vokalteil), steigenden (mit offenerem, akzentuierten zweiten Vokalteil) und schwebendem D. (bei ↗ Schwa-Laut als zweiter D.-Komponente) unterschieden. Im Dt. fallend [aɪ], [aʊ], [ɔy]; ↗ Monophthong, ↗ Triphthong, ↗ Tetraphthong. PM

Diphthongierung (engl. diphthongization, frz. diphthongaison) (a) Kontextfreie oder (b) kombinator. Entwicklung eines kurzen oder langen Monophthongs zu einem Diphthong durch Artikulationsverschiebung, z. B. (a) it. *buono* ›gut‹ < lat. *bonum*; ahd. *fuoz* < *fōz*, (b) spätahd. *fieho* < *fihu*. Als Auslöser wird für (a) gewöhnl. phonolog. Druck, für (b) ↗ Assimilation geltend gemacht. In der ahd. D. werden [o:] und [e:] zu [uo] und [ia] in der Folge der ahd. ↗ Monophthongierung. Die nhd. D., die ein Hauptmerkmal der nhd. Schriftspr. ist, wird mit der Entstehung neuer Langvokale durch Dehnung in offener Tonsilbe in Verbindung gebracht. Sie hat sich vom Südosten aus seit dem 12. Jh. bis zum Ende des Frühnhd. über das hochdt. Dialektgebiet verbreitet, aber nicht alle Randgebiete erreicht. Die mhd. hohen Langvokale [i:], [u:], [y:] sind dabei im Nhd. zu [aɛ] ⟨ei⟩, [aɔ] ⟨au⟩, [ɔy] ⟨eu, äu⟩ diphthongiert, vgl. mhd. *mîn niuwes hûs* vs. nhd. *mein neues Haus*. GR

Diplomatik (griech. δίπλωμα (diplōma) ›zweifach Gefaltetes‹ > lat. diplōma ›Urkunde, Pass‹. Auch: Urkundenlehre) Histor. Hilfswiss., die die Urkunden (schriftl. Zeugnisse rechtserhebl. Vorgänge oder Sachverhalte) untersucht und interpretiert. Entstanden in Auseinandersetzungen über die Authentizität älterer Privilegien, ist das *discrimen veri ac falsi* ›Unterscheiden von Wahrem (Echtem) und Falschem‹ auch heute noch eine wichtige Aufgabe der D., die aber nun auch Kanzleigeschichte und die mit der Urkundenherstellung befassten Personen biograph. und sozialgeschichtl. sowie die ökonom. Aspekte des Urkundenwesens untersucht. Der Begriff D. geht auf J. Mabillon (1632–1707) in seinem Werk *De re diplomatica* (1681) zurück. Bis zum Ende der alteurop. Rechtsordnung war die D. eine jurist. Disziplin; die Fortentwicklung zur histor. Richtung erfolgte u. a. an der Pariser *École des Chartes*, am Wiener *Institut für Geschichtsforschung* und durch die Herausgeber der Diplomata-Reihe der MGH. Man unterscheidet drei große Gruppen von Urkunden: (a) Kaiser- und Königsurkunden, (b) Papsturkunden, (c) die sogenannten Privaturkunden, z. B. Fürstenurkunden, Bischofsurkunden, Notariatsinstrumente, Traditionsbücher. Die äußeren Merkmale, die nur am Original untersucht werden können, umfassen ⁊ Beschreibstoff und ⁊ Schrift, Besiegelung und andere Beglaubigungsmerkmale. Die inneren Merkmale, Stil und Sprache sowie der formelhafte Aufbau lassen sich auch an Kopie oder Druck erkennen. Zum Standardformular ma. Urkunden gehören das Protokoll (Einleitungsteil) mit Invocatio (Anrufung Gottes, symbolisch und verbal), Intitulatio (Nennung des Ausstellers mit Titel) mit Legitimationsformel und Inscriptio (Adresse) mit Salutatio (Grußformel), der Text mit Arenga (rhetorische Motivation), Promulgatio (Kundmachungsformel), Narratio (Darstellung des Sachverhalts), Dispositio (rechtswirksame Verfügung), Pönformel (Strafandrohung) und Corroboratio (Beglaubigungsformel) sowie das Eschatokoll (Schlussteil) mit Subscriptio (Unterschriften), Datierung, Apprecatio (Segenswunsch). Nicht alle Formeln treten in jeder Urkundenart in gleichem Maße auf, jedoch enthalten alle Urkunden Informationen über die beteiligten Parteien (Aussteller und Empfänger), den Rechtsinhalt und in der Regel über Ort und Zeit der Urkundenausstellung. Die Mehrzahl der überlieferten Urkunden ist auf Lat. abgefasst, das in der päpstl. Kanzlei für feierl. Dokumente bis in die Gegenwart hinein gebräuchl. ist. Einzelne volkssprachl. Begriffe treten in Urkunden seit der Karolingerzeit auf, vor allem Onomastica und Toponomastica. Vollständig in der jeweiligen Volkssprache geschriebene Privaturkunden liegen erst seit dem Beginn des 12. Jh. (provenzal., span., ital., frz.) vor. Ausnahme sind die ags. Urkunden der altengl. Könige vor der normann. Eroberung. Dt. Urkunden setzen zu Beginn des 13. Jh. ein, die älteste dt. Königsurkunde ist von 1240. Als ⁊ Kanzleisprache verbreitet ist Dt. erst im Laufe des 14. Jh.   EN

Diplophonie f. (griech. διπλόος (diplóos) ›doppelt‹, φωνή (fōnē) ›Stimme‹. Engl. diplophonia, diplophonic/double voice) **1.** Pathol. ⁊ Stimmqualität, die durch (meist durch halbseitige Stimmbandlähmung bedingtes) unterschiedl. Schwingen der beiden Stimmbänder (⁊ Kehlkopf) hervor-

gerufen wird. **2.** Gleichzeitige Stimmproduktion durch Stimmbänder und Taschenbänder.   PM

Diptotische Flexion ⁊ Triptotische Flexion

Direkte Methode 1. ⁊ Dialektdatenerhebung, **2.** ⁊ Fremdsprachenmethodik

Direkte Rede (lat. orātiō rēcta. Auch: Wörtliche Rede. Engl. direct speech, frz. discours direct) Wörtl., zitierte Anführung oder Wiedergabe dessen, was eine andere Person gesagt hat; ⁊ Redewiedergabe. D. R. ermöglicht eine Verbalisierung ohne syntakt. Integration und temporale, lokale und personale Anpassung und wird deshalb vor allem in spontaner mündl. Kommunikation bevorzugt.   SL

Direktes Objekt ⁊ Akkusativobjekt, ⁊ Objekt, ⁊ Transitiv

Direktional (lat. dīrēctum ›(aus)gerichtet‹ Ausdruck, der eine räuml. Richtung bezeichnet (z. B. *von hinten, jenseits des Flusses*), auch ⁊ Kasus in der Funktion des Richtungskasus; ⁊ Lokativ.   G

Direktionaladverb ⁊ Lokaladverb

Direktive (lat. dīrigere ›hinlenken‹; dīrēctiō ›Richtung‹) **1.** ⁊ Aufforderung **2.** ⁊ Akkusativ der Richtung nach Verben, die eine Richtungsergänzung erlauben (z. B. ⁊ Bewegungsverben oder Verben wie *weisen*); ⁊ Direktional.   F

Direktivum ⁊ Syndetikon

Disambiguierung (lat. dis- ›ent-‹, ambiguitās ›Doppelsinn‹. Auch: Des-, Entambiguisierung, Monosemierung. Engl. disambiguation) Beseitigung lexikal. oder struktureller Mehrdeutigkeit (⁊ Ambiguität, ⁊ Polysemie, ⁊ Homonymie) durch den außersprachl. und sprachl. Kontext. Lexeme werden i. d. R. sowohl durch ihren referentiellen Bezug monosemiert als auch (syntagmat.) durch wechselseitigen Ausschluss inkompatibler ⁊ Sememe bzw. Etablierung von ⁊ Isotopien rekurrenter Merkmale: *Der Star muss (...) operiert werden*: (*nach seiner Tournee*) – (*am rechten Flügel*) – (*bei übergroßem Augendruck*). Entsprechend kann strukturelle Ambiguität, soweit sie nicht schon durch Situation und Prätext aufgelöst ist, durch vereindeutigende Paraphrasen, Zusätze oder Fortsetzungen disambiguiert werden: *Flying planes (...) can be dangerous*: (*incorrectly*) – (*and albatrosses*). Unter prozessualer Perspektive bildet die D. (mitsamt der involvierten Inferenzproblematik) ein wichtiges Thema der kognitionspsycholog. und -ling. Textverstehensforschung; ⁊ Ambiguität. **Lit.** J. J. Katz & A. Fodor, The Structure of a Semantic Theory. Lg. 39, 1963, 170–210. – W. Kallmeyer (u. a.), Lektürekolleg zur Textlinguistik. Bd. 1. Königstein ³1980. – H. H. Clark & E. V. Clark, Psychology and Language. N. Y. 1977, 80–84. – H. Strohner, Textverstehen. Kap. 8.2. Opladen 1990. – M. Stevenson, Word Sense Disambiguation. Stanford 2003.   RB

Discours ⁊ Diskurs, ⁊ Rede

Discourse grammar ⁊ Textgrammatik

Disjunkt (lat. disiūnctum ›entgegengesetzt‹) Disjunkte Mengen haben kein gemeinsames Element.

Komplementäre (↗ Komplementarität) Begriffe oder kontravalente (↗ Kontravalenz) Aussagen werden oft »disjunkt« (oder »disjunktiv«) genannt.   RB

Disjunkte Frage ↗ Alternativfrage

Disjunktion (lat. disiūnctiō ›Entgegensetzung‹) **1.** Log. Terminus für die ODER-Verbindung von Aussagen i. S. des inklusiven *oder* (lat. *vel* ›und/oder‹). Die D. von Aussagen ist genau dann wahr, wenn mindestens eine von ihnen wahr ist, und falsch, wenn alle falsch sind: *Ich komme früher, wenn ich eher frei habe oder wenn weniger Verkehr ist* (*oder beides*). Die D. bezeichnet daher die Vereinigungsmenge (daher auch: ↗ Adjunktion) der ↗ Extensionen der Einzelaussagen. Im Gegensatz zur extensionalen Logik wird in der natürl. Spr. mit *oder* eine inhaltl. alternative Beziehung zwischen den beiden Gliedern unterstellt; die wahre D. *FCKW ist harmlos oder Böll lebte in Köln* erscheint deshalb als pragmat. inakzeptabel. Vom inklusiven *oder* zu unterscheiden ist das ↗ kontradiktorische exklusive *oder* (lat. *aut* ›entweder-oder‹, ↗ Kontravalenz), z. B. *Wir fahren im Sommer nach Rügen oder Korsika* (*und weder beides noch beides nicht*). **2.** Zuweilen wird in ling. Arbeiten der Ausdruck D. auch als Oberbegriff von *vel/aut* (»schwache vs. starke D.«) oder gar (wohl in Anlehnung an ↗ disjunkt) zur Bez. des exklusiven *oder* (= *aut*; also als Synonym von ↗ Kontravalenz und Gegenbegriff zu ↗ Adjunktion) gebraucht.   RB

Disjunktiv ↗ Disjunktion, ↗ Konjunktion

Diskontinuierlich (mlat. discontinuus ›unterbrochen, ohne Zusammenhang‹) Nicht linearer, unterbrochener Zusammenhang zwischen einzelnen Elementen einer Konstituente bzw. fließende Übergänge zwischen den einzelnen Stadien einer Entwicklung. D. Konstituenten treten auf unterschiedl. grammat. Ebenen auf, z. B. in der Flexionsmorphologie (z. B. bei den Perfektpartizipien: {ge-{lieb}-t}, {ge-{gang}-en}, bei ↗ Gerundiva bzw. Objektsinfinitiven von trennbaren Verben: {aus-{zu}-halten}, {mit-{zu}-teilen}, in der Syntax (z. B. bei zweigliedrigen Prädikatsausdrücken, die von anderen Konstituenten unterbrochen sind: *Sie hat sich schon wieder unsterblich in einen Schwaben verliebt*). Die Beschreibung von d. Konstituenten bereitete in ↗ Phrasenstrukturgrammatiken Schwierigkeiten, was einer der Anstöße für die Entwicklung der GG war. – In der ↗ Sprachgeschichte wird der Terminus zur Bez. abrupter Veränderungen verwendet; ↗ Kontinuum.   G

Diskosprache ↗ Jugendsprache

Diskret (lat. discrētum ›getrennt‹) Eigenschaft systemhafter sprachl. Einheiten, die für die elementaren Analyseverfahren der ↗ Segmentierung und der ↗ Substitution im Rahmen der jeweiligen ↗ Ebene Voraussetzung sind: sie müssen voneinander unterscheidbar sein bzw. gemacht werden, um beschrieben und analysiert werden zu können; ↗ Phonem, ↗ Morphem, ↗ Syntagma.   G

Diskurs (lat. discurrere ›durchlaufen, hin- und herlaufen‹. Engl. discourse, frz. discours) Ausdruck für eine (themat.) Erörterung oder allgemein eine Unterhaltung; bes. auf das wahrheitssuchende philosoph. Gespräch eingeschränkt (›diskursiv‹ im Sinn von »Gründe und Gegengründe in der Für- und Widerrede erörternd«.). Im Dt. im 18. Jh. durchaus in der Alltagssprache gebraucht, war der Ausdruck zum Zeitpunkt seiner semant. Neu-Nutzung seit den 1960er Jahren zunächst terminolog. frei und so für neue inhaltl. Spezifizierungen geeignet. Diese Möglichkeiten wurden in den 70er und 80er Jahren in unterschiedl. Weise genutzt mit dem Ergebnis, dass er gegenwärtig vielfältige semant. Ausfüllungen hat und unspezif. wieder in die Alltagssprache übergegangen ist. Die semant. Ausfüllung war dabei neben eigenen, insbesondere philosoph. (Habermas) Konzeptualisierungen stark von brit. und frz. Bedeutungsentwicklungen bestimmt. Im Engl. wird der Ausdruck ›discourse‹, z. T. alternativ, aber nahezu bedeutungsgleich mit dem Ausdruck ›text‹, für die Bezeichnung transsententialer (satzübergreifender) sprachl. Erscheinungen verwendet. ›Discourse‹ steht dann für alle Formen authent., alltägl. sprachl. ↗ Kommunikation. Der frz. Terminus ›discours‹ ist demgegenüber an den semant.-epistemolog. Dimensionen des Zusammenhangs von Spr. und Denken orientiert. Besonders durch die Arbeiten von Forschern wie Bachelard, Ganguilhem und Foucault hat der Ausdruck die Funktion angenommen, die Herstellung und gesellschaftl. Unterhaltung von komplexen Wissenssystemen zu bezeichnen (›Diskurswelten‹). – Die bes. von Habermas repräsentierte Form der sprachtheoret. fundierten Gesellschaftsphilosophie sieht im »herrschaftsfreien Diskurs« eine Fundierungskategorie, die gesellschaftl. Verständigung angesichts widerstreitender Geltungsansprüche ermöglichen soll. – In der Pragmatik wird der Ausdruck zur Bezeichnung von strukturierten Ensembles von ↗ Sprechhandlungen verwendet, die aus einfachen oder komplexen Sprechhandlungsfolgen bestehen. Diese setzen sprachl. Handlungsmuster oder ihre systemat. Kombination zu größeren kommunikativen Einheiten kommunikativ um. Die Strukturiertheit dieser kommunikativen Formen bestimmt sich über die Zwecke der daran beteiligten sprachl. Handlungen und ihrer spezif. Integration. So entstehen Diskursarten. Durch die systemat. Anwesenheit und Abwesenheit von »turn-Wechsel« lassen sich zwei große Gruppen von Diskursarten unterscheiden, die ↗ Sprechhandlungssequenz (z. B. ↗ Frage vs. ↗ Antwort, Aufgabe-Stellen vs. Aufgabe-Lösen, Vorwurf vs. ↗ Entschuldigung oder Rechtfertigung) und die Sprechhandlungsverkettung (z. B. Vortrag, Predigt, Erzählung). Unterschiedl. Diskursarten lassen gemeinsame Merkmale erkennen, die sie Diskurstypen zuordnen lassen (z. B. argumentative D., Beratungsdiskurse, narrative D.). Die Ausarbeitung einer Diskursarten- und Diskurstypen-Typologie ist bisher noch kaum begonnen worden. Immer wieder werden (seit Morris 1946) mehr oder minder komplexe Typologien aufgestellt, die freilich häufig durch eine Mischung von Alltagsplausibilisierung und Beliebigkeit gekennzeichnet sind. Wesentlich ist eine systemat. Unterscheidung der Kategorien ›D.‹ und ›Text‹. Aufgrund der Austauschbarkeit der Ausdrücke ›D.‹ und ›Text‹ in einer Reihe von ling. Theorien werden Aspekte von Diskursarten unter sehr unterschiedl., meist den Phänomenen weitgehend äußerl. Parametern behandelt und zu »Sorten« (↗ Textsorten) zusammengefasst. **Lit.** K. Ehlich, Zum Textbegriff. In: A. Rothkegel & B. Sandig (Hgg.), Text – Textsorten – Semantik. Hamburg 1984, 9–25. – K. Ehlich (Hg.), Diskursanalyse in Europa. Ffm. 1994. – M. Foucault, Die Ordnung des Diskurses. Ffm. 1977. – J. Habermas, Vorbereitende Bemerkungen zu einer Theorie der kommunikativen Kompetenz. In: J. Habermas & N. Luhmann (Hgg.), Theorie der Gesellschaft oder Sozialtechnologie. Ffm. 1971. – Weitere Lit. ↗ Dialog, ↗ Entschuldigung.   E

Diskursanalyse Im Anschluss an die ling. Arbeiten von J. Firth hat sich eine Form der D. herausgebildet, die sprachl. Ereignisse in ihrem »context of situation« untersucht (↗ Londoner Schule). Mit der Metapher der »Ebene« werden verschiedene Aspekte der sprachl. Erscheinungen verortet. In einzelnen »Zügen« (»moves«) oder »transactions« werden unterschiedl. sprachl. Formen aktualisiert. Diese D. ist vor allem mit der ↗ systemischen Grammatik verbunden. – Anknüpfend an dem promiskuen Gebrauch von ›text‹ und ›discourse‹ entwickelt der ndl. Literaturwissenschaftler T. van Dijk seine ↗ Textlinguistik auch unter dem Stichwort ›discourse analysis‹, wobei er im Rahmen seiner Konzeption von Makropropositionen gedankl. Strukturen wie Vorurteile und ↗ Stereotype einbezieht und so eine »critical discourse analysis« anstrebt. – Ähnliche Schwerpunkte kennzeichnen jene Arten von dt. D., die sich stärker auf das frz. discours-Konzept beziehen. Dies ist u. a. bei U. Maas und S. Jäger der Fall. – Im frz. ling. Kontext finden sich vom Ausgangspunkt her ähnliche, in den Ergebnissen z. T. jedoch ganz anders entwickelte D.-Konzeptionen, so im Konzept Maingueneaus von den »sprachl. Archiven«. – Im deutschsprachigen ling. Zusammenhang wird der Terminus ›D.‹ teils als Oberbegriff für die sprachwiss. Analyse von Diskursphänomenen verwendet, teils wird er – bei Zugrundelegung eines theoret. entwickelten Diskurs-Begriffs – zur Bez. einer Teildisziplin der ling. Pragmatik gebraucht (Ehlich, Rehbein, Redder). Der D. kommt hier eine doppelte Vermittlungsaufgabe zu: Sie untersucht sowohl den Zusammenhang von sprachl. Handeln und sprachl. Form wie den Zusammenhang von sprachl. Handeln und gesellschaftl., insbesondere von institutionellen Strukturen. – Die Wiener Diskursanalyse (Wodak) bezieht insbesondere auch die histor. Dimensionen des sprachl. Handelns mit ein. – Ein krit. Dialog der unterschiedlichen Diskurs-Konzeptionen und eine Verhältnisbestimmung zu objekt- und/oder methodologiebezogen ähnlichen bzw. alternativen Konzeptionen wie ↗ Gesprächsanalyse, *conversational analysis*, ↗ Ethnographie des Sprechens u. ä. setzt neben Bestandsaufnahmen (vgl. Ehlich 1994) vor allem eine Aufarbeitung der jeweiligen theoret. Hintergründe voraus. **Lit.** G. Brown & G. Yule, Discourse Analysis. Cambridge 1983. – M. Coulthard, An Introduction to Discourse Analysis. Ldn. 1977. – Ders. & M. Montgomery (eds.), Studies in Discourse Analysis. Ldn. 1981. – T. van Dijk (ed.), Discourse and Communication. Bln. 1985. – W. Edmondson, Spoken Discourse. Ldn. 1981. – K. Ehlich (Hg.), Diskursanalyse in Europa. Ffm. 1994. – J. R. Firth, Papers in Linguistics 1934–1951. Ldn. 1971. – J. J. Gumperz, Discourse Strategies. Cambridge 1982. – M. A. K. Halliday, Explorations in the Functions of Language. Ldn. 1973. – S. Jäger, Text- und Diskursanalyse. Eine Anleitung zur Analyse polit. Texte (= DISS-Texte, 16). Dortmund ³1991. – U. Maas, »Als der Geist der Gemeinschaft eine Sprache fand«. Sprache im Nationalsozialismus. Opladen 1984. – D. Maingueneau, L'analyse du discours. Paris 1991. – A. Redder, Modalverben im Unterrichtsdiskurs. Tübingen 1984. – J. Rehbein, Komplexes Handeln. Stgt. 1977. – D. Tannen, Talking Voices. Cambridge 1989. – E. Ventola (ed.), Functional and Systemic Linguistics Approaches and Uses. Bln. 1991. – G. Brünner & G. Graefen (Hgg.), Texte und Diskurse. Wiesbaden 1994. – J. Rehbein, Konzepte der Diskursanalyse. HSK 16, II, 927–945. – D. Maingueneau & P. Charandeau (Hgg.), Dictionnaire d'analyse du discours. Paris 2002.   E

Diskursgrammatik ↗ Textgrammatik

Diskursiv ↗ Diskurs, ↗ Diskursanalyse

Diskurspartikel (engl. discourse particle, discourse marker. Auch: Diskursmarker, Gesprächswort, ↗ Gliederungssignal) Zusammenfassende Bez. für sprachl. Ausdrücke, deren Vorkommen der Organisation, Gliederung, Strukturierung vor allem ↗ gesprochener Sprache dient; je nach der Interpretation von ↗ »Diskurs« ändert sich die Extension der Klasse. **Lit.** H. Henne, Gesprächswörter. In: Ders. u. a. (Hgg.), Interdisziplinäres dt. Wb. in der Diskussion. Ddf. 1978, 42–47. – E. Gülich, Makrosyntax und Gliederungssignale im gesprochenen Frz. Mchn. 1970. – A. Redder, Grammatiktheorie und sprachl. Handeln. ›denn‹ und ›da‹. Tübingen 1990. – D. Schiffrin, Discourse Markers. Cambridge 1987. – E.-M. Willkop, Gliederungspartikeln im Dialog. Mchn. 1988. – W. Wolski, Partikellexikographie. Tübingen 1986. – U. Bredel, Ach so. In: LB148, 2000, 199–217. – R. Fiehler et al., Eigenschaften gesprochener Spr. Tübingen 2004.   E

Diskursrepräsentationstheorie (Abk. DRT. Engl. discourse representation theory) Von Kamp (1981)

entwickelte Theorie der Semantik natürl. Sprachen, die der Interpretation von Diskursen (Texten) dient. Der Fokus liegt auf der Behandlung satzübergreifender Phänomene, insbesondere der Anaphorik. Die DRT ist eine dynam. Semantiktheorie, d. h. die Bedeutung eines Satzes ergibt sich in Relation zum bestehenden Kontext, aus dem sog. ›Kontextänderungspotential‹. Dabei stellen Diskursrepräsentationsstrukturen (DRS) mentale Repräsentationen dar, die sukzessive durch das Einfügen neuer Diskursreferenten oder Bedingungen (d. h. Beziehungen zwischen den existierenden Diskursreferenten) aufgebaut werden. Innerhalb des Formalismus wird eine DRS graph. als Box dargestellt, für die Zugangsbeschränkungen gelten, die die Zugänglichkeitsbedingungen eines Diskursreferenten widerspiegeln. Gemäß eines speziellen Konstruktionsalgorithmus (Kamp & Reyle 1993) werden semant. Repräsentationen (DRSen) aus der Syntax gewonnen, die dann durch Einbettung in ein Modell erster Stufe formal interpretiert werden. Eine Erweiterung des Formalismus, die dem Prinzip der Kompositionalität Rechnung trägt, stellt die λ-DRT dar (van Eijck & Kamp 1997). Im Gegensatz zur ↗ Montague-Semantik wird die semant. Interpretation nicht direkt aus der Syntax abgeleitet, sondern über die Zwischenebene der Diskursrepräsentation. Im ersten Schritt wird die Satz-DRS aufgebaut, im zweiten Schritt wird mithilfe des Operators ↗ Merge die Satz-DRS mit der Diskurs-DRS vereinigt. Unabhängig von Kamp hat Heim (1982) eine ähnl. Theorie unter dem Namen ›File Change Semantics‹ veröffentlicht. Die Standard-DRT wurde in den letzten Jahren im Hinblick auf einzelne sprachl. Pänomene erweitert, etwa Zeit und Präsuppositionen (Blackburn et al. 2005), Intensionalität (Chierchia 1994), Diskursstruktur (Asher et al. 2003). **Lit.** J. van Eijck & H. Kamp. Representing discourse in context. In: J. van Benthem & A. ter Meulen (eds.), Handbook of Logic and Language. Amsterdam 1997, 179–237. – G. Chierchia, Intensionality and Context Change. Journal of Logic, Language and Information 1994, 141–168. – N. Asher & A. Lascarides, Logics of Conversation. Cambridge 2003. – P. Blackburn & J. Bos, Representation and Inference for Natural Language. A First Course in Computational Semantics. Stanford 2005. Z
Diskurswelt (engl. universe of discourse) Abstrakte Zusammenfassung der jeweiligen für die Interpretation einer Äußerung relevanten Umgebungsfaktoren; ↗ Diskurs. E
Dispositio ↗ Diplomatik, ↗ Rhetorische Figur
Dissimilation (lat. dissimilis ›unähnlich‹. Auch: Entähnlichung) Der ↗ Assimilation entgegengesetzter phonolog. bzw. Lautwandel-Prozess der Differenzierung von (benachbarten) phonet. ähnlichen Lauten; z. B. mhd. *mörter* > nhd. *Mörtel*. PM
Dissimulatio ↗ Ironie
Distanzkompositum ↗ Partikelverb

Distanzsprache Bez. für kommunikative Routinen, die unter den außersprachl. Bedingungen kommunikativer Distanz entstehen können, wie sie nach der Unterscheidung von Koch & Österreicher idealtyp. monolog. Texte in ↗ geschriebener Sprache und konzeptionelle ↗ Schriftlichkeit auszeichnen. Die Kommunikationspartner sind in der Regel räuml. und zeitl. getrennt, kennen einander nicht, und ein Wechsel zwischen Produzenten- und Rezipientenrolle ist nicht möglich. D. ist durch einen vergleichsweise hohen Planungsgrad bei der Formulierung von Äußerungen charakterisiert. Weitere Merkmale sind Informationsdichte, rascher Informationsfortschritt, extensive und kompakte Versprachlichung und als deren Resultat Integration und Komplexität sprachl. Einheiten. Prototyp der D. ist die wiss. Abhandlung; Ggs. ↗ Nähesprache. **Lit.** P. Koch & W. Österreicher, Gesprochene Spr. in der Romania. Tübingen 1990. SL
Distanzstellung (auch: Spreizstellung) Von W. Admoni geprägter Terminus für die Position, die Finitum und nichtfinite Prädikatsteile im Dt. in Mittelstellung (↗ Feldgliederung, ↗ Stellungsfeld), also bei ↗ Grundwortstellung bilden, im Gegensatz zur *Kontaktstellung* im eingeleiteten Nebensatz oder im Engl. Von D. spricht man auch, wenn andere zusammengehörige Elemente im Satz getrennt stehen, z. B. bei Appositionen; ↗ Ausklammerung. **Lit.** W. Admoni, Über die Wortstellung im Dt. (Russ. Orig. 1934). Dt. in: H. Moser (Hg.), Das Ringen um eine neue dt. Grammatik. Darmstadt ²1969. SL
Distinctio ↗ Diaphora
Distinkt (lat. distinctum ›unterschieden‹) Ling. Elemente sind d., wenn sie sich in mindestens einer für die betreffenden Elementenklasse konstitutiven Eigenschaft voneinander unterscheiden. G
Distinktiv Unterscheidend, speziell in der Sprachwiss.: bedeutungsunterscheidend; ↗ distinktives Merkmal. PM
Distinktives Merkmal (engl. distinctive feature/property, frz. trait distinctif) Phonet. (artikulator. oder akust.) definiertes bedeutungsunterscheidendes ↗ Merkmal des ↗ Phonems, das seinerseits als ›Bündel‹ von d. M.en beschreibbar ist. – Bei N. Trubeckoj (1890–1938) unter mehr typolog. Aspekt die (meist artikulator. definierten; ↗ artikulatorische Phonetik) Lauteigenschaften, die das System der in einer Spr. mögl. phonolog. ↗ Oppositionen definieren. – Bei R. Jakobson (1896–1982) universelles System von 12–15 binären (↗ Binarismus), in erster Linie akust. definierten Merkmalen (↗ akustische Phonetik, ↗ Sonagramm) zur Beschreibung phonolog. Oppositionen (vgl. PSA). Dazu gehören die Hauptklassen- bzw. Schallquellen-M. ↗ [± konsonantisch] und ↗ [± vokalisch], die konsonant. M. ↗ [± continuant], ↗ [± gehemmt], [± strident] (↗ scharf) und ↗ [± stimmhaft] sowie die Resonanz-M. ↗ [± diffus], ↗ [± dunkel], ↗ [± flach], ↗ [± scharf], ↗ [± gespannt] und ↗ [± nasal]. – In

Konsonanten

	p	b	f	v	pf	m	t	d	s	z	ts	n	l	r	ʃ	ç	j	k	g	x	ŋ	R
konsonant.	+	+	+	+	+	+	+	+	+	+	+	+	+	+	+	+	+	+	+	+	+	+
silbisch	-	-	-	-	-	-	-	-	-	-	-	-	-	-	-	-	-	-	-	-	-	-
nasal	-	-	-	-	-	+	-	-	-	-	-	+	-	-	-	-	-	-	-	-	+	-
obstruent	+	+	+	+	+	-	+	+	+	+	+	-	-	-	+	+	+	+	+	+	-	-
niedrig	-	-	-	-	-	-	-	-	-	-	-	-	-	-	-	-	-	-	-	-	-	-
hoch	-	-	-	-	-	-	-	-	-	-	-	-	-	-	+	+	+	+	+	+	+	-
hinter	-	-	-	-	-	-	-	-	-	-	-	-	-	-	-	-	-	+	+	+	+	+
anterior	+	+	+	+	+	+	+	+	+	+	+	+	+	+	-	-	-	-	-	-	-	-
koronal	-	-	-	-	-	-	+	+	+	+	+	+	+	+	+	-	-	-	-	-	-	-
dauernd	-	-	+	+	-	-	-	-	+	+	-	-	+	+	+	+	+	-	-	+	-	+
frikativ	-	-	+	+	+	-	-	-	+	+	+	-	+	+	+	+	+	-	-	+	-	+
stimmhaft	-	+	-	+	-	+	-	+	-	+	-	+	+	+	-	-	+	-	+	-	+	+
lateral	-	-	-	-	-	-	-	-	-	-	-	-	+	-	-	-	-	-	-	-	-	-

Glides

	j	w	y	h	ʔ
konsonant.	-	-	-	-	-
silbisch	-	-	-	-	-
nasal	-	-	-	-	-
obstruent	-	-	-	-	-
niedrig	-	-	-	+	+
hoch	+	+	+	-	-
hinter	-	+	-	-	-
rund	-	+	+	-	-
anterior	-	-	-	-	-
koronal	-	-	-	-	-
dauernd	+	+	+	+	-
frikativ	-	-	-	-	-
stimmhaft	+	+	+	-	-
lateral	-	-	-	-	-
gespannt	-	-	-	-	-

Vokale

	a	ā	i	ī	u	ū	ǟ	e	ē	o	ō	ü	ǖ	ö	ȫ	ə
konsonant.	-	-	-	-	-	-	-	-	-	-	-	-	-	-	-	-
silbisch	+	+	+	+	+	+	+	+	+	+	+	+	+	+	+	+
nasal	-	-	-	-	-	-	-	-	-	-	-	-	-	-	-	-
obstruent	-	-	-	-	-	-	-	-	-	-	-	-	-	-	-	-
niedrig	+	+	-	-	-	-	+	-	-	-	-	-	-	-	-	-
hoch	-	-	+	+	+	+	-	-	-	-	-	+	+	-	-	-
hinter	+	+	-	-	+	+	-	-	-	+	+	-	-	-	-	+
rund	-	-	-	-	+	+	-	-	-	+	+	+	+	+	+	-
anterior	-	-	-	-	-	-	-	-	-	-	-	-	-	-	-	-
koronal	-	-	-	-	-	-	-	-	-	-	-	-	-	-	-	-
dauernd	+	+	+	+	+	+	+	+	+	+	+	+	+	+	+	+
frikativ	-	-	-	-	-	-	-	-	-	-	-	-	-	-	-	-
stimmhaft	+	+	+	+	+	+	+	+	+	+	+	+	+	+	+	+
lateral	-	-	-	-	-	-	-	-	-	-	-	-	-	-	-	-
gespannt	-	+	-	+	-	+	+	-	+	-	+	-	+	-	+	-

Zu ›Distinktives Merkmal‹: Zugrundeliegende und abgeleitete phonologische Segmente des Deutschen

der ↗ generativen Phonologie (vgl. SPE) werden die vermehrten binären d. M.e wiederum artikulator. definiert. Hierzu gehören die Hauptklassen-M. ↗ [± konsonantisch], ↗ [± silbisch] und ↗ [± sonorant], die Raum-M. ↗ [± koronal], ↗ [± anterior], ↗ [± labial] und ↗ [± distribuiert], Zungenkörper-M., u. a. ↗ [± hoch], ↗ [± tief], ↗ [± hinten], Zungenwurzel-M., u. a. ↗ [± gespannt] sowie ↗ glottale M.; Abb. s. S. 157; ↗ Merkmalsgeometrie. **Lit.** R. Jakobson, G. Fant & M. Halle, Preliminaries to Speech Analysis (PSA). Cambridge, Mass. 1952. – R. Jakobson & M. Halle, Fundamentals of Language. The Hague 1956. – P. Ladefoged, Preliminaries to Linguistic Phonetics. Chicago 1971. – N. Trubeckoj, Grundzüge der Phonologie (1939). Göttingen [7]1989. – W. U. Wurzel, Studien zur dt. Lautstruktur. SG 8, 1970. – W. U. Wurzel, Abschnitte 1.6 (Die phonolog. Komponente) und 7 (Phonologie: Segmentale Struktur). In: Heidolph, Grundzüge, 145–152, 898–990. – T. A. Hall (ed.), Distinctive Feature Theory. Bln., N. Y. 2001   PM
Distribuiert Artikulator. durch eine längere kons. Konstriktionsfläche gekennzeichnetes binäres, phonolog. distinktives Merkmal (nach SPE) zur Unterscheidung von ↗ Laminalen und ↗ Bilabialen vs. ↗ Apikalen, ↗ Labiodentalen und ↗ Retroflexen. PM
Distributed ↗ Distribuiert
Distributed Morphology (lit. ›verteilte Morphologie‹) Von K. Hale & S. J. Keyser (1993, 1994) entworfene und inzwischen in verschiedenen Varianten entwickelte GG; vgl. einführend Harley & Noyer (1999), Embick & Noyer (2006). Charakterist. für die Architektur von Modellen, welche auf Konzeptionen der D. M. beruhen, ist die Annahme, dass syntakt. ↗ Terminalsymbole nicht widerspruchslos mit ›Wörtern‹ gleichgesetzt werden können. Dementsprechend werden in der D. M. jene sog. ↗ lexikalistischen Hypothesen über Wortformationen abgelehnt, die davon ausgehen, dass syntakt. terminale Knoten mit morpholog., phonolog. und semant. spezifizierten (d. h. als gebündelte Informationen in einer Lexikonkomponente gespeicherte ›lexikalisierte‹) Entitäten besetzt werden. Das Konzept *lexikalisierter Einheiten* wird in der D. M. verworfen, da es auf unterschiedl., nicht in einer Komponente des Grammatikmodells zu vereinende Phänomene verweist, u. a. auf semant.-konzeptuelle Idiomatisierungsprozesse, auf formal nicht durch syntakt. Operationen erzeugbare sprachl. Einheiten und auf spezif. wortphonolog. Phänomene. In der D. M. werden morpholog., phonolog., semant. und sog. enzyklopäd. Informationen von ›Wörtern‹ über mehrere Komponenten des Gesamtmodells systemat. verteilt und in verschiedenen Modulen (›Listen‹) bereitgestellt, auf welche bei der Ableitung von Sätzen unterschiedl. Strukturebenen geordnet zugreifen, – eine Grammatikarchitektur, die als *late insertion* (›späte Einsetzung‹) bezeichnet wird: Die generative syntakt. Komponente hat aus-

schließl. Zugang zu morpholog.-syntakt. und, je nach Variante, semant. Informationen über syntakt. Minimaleinheiten, nicht aber zu Informationen über den phonolog.-morpholog. Aufbau von Wortformen und Wortbildungen. Syntakt. Operationen, welche sich am ↗ Minimalismus und an der ↗ Optimalitätstheorie orientieren (wie *Move* α, *Merge*), erzeugen auf der Basis morpholog.-syntakt. Merkmale (Liste A) syntakt. ↗ Oberflächenstrukturen. Diese unterliegen einerseits (morpholog.-phonolog. irrelevanten) syntakt. Operationen, die eine ↗ Logische Form (LF) generieren, welche die Schnittstelle zum konzeptuellen System bildet. Andererseits werden syntakt. ↗ Oberflächenstrukturen in einer *morpholog. Struktur* (MS) genannten Komponente spezif. postsyntakt. und morpholog.-phonolog. Operationen unterworfen (z. B. der Vereinigung, ›Fusion‹ von Terminalsymbolen). Die MS wird in einer (wie im Minimalismus) als *spell out* bezeichneten Operation mit morpholog.-phonolog. Merkmalbündeln (›Vokabeln‹) versehen, wobei die hierfür verwendeten Merkmalbündel unterspezifiziert sind (↗ Unterspezifikation) und einem sog. ›Vokabular‹-Inventar (Liste B) entstammen. Die hierdurch entstehende *phonolog. Form* (PF) genannte Strukturebene (↗ phonologische Komponente) ist die Schnittstelle zum sensor.-motor. System. Die auf LF und auf PF vorliegenden syntakt.-morpholog.-phonolog. formatierten Merkmalbündel werden schließl. mit semant. Information aus einem enzyklopäd. Inventar (Liste C) versehen:

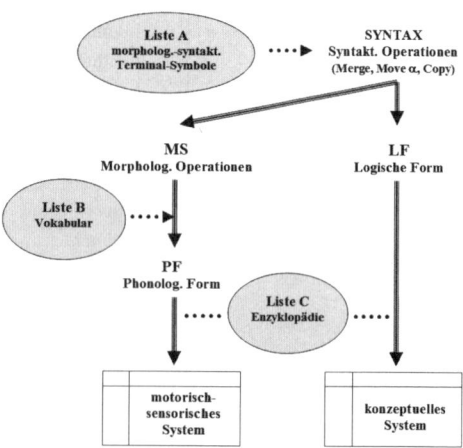

Der D. M. gelingt durch diese Architektur insbesondere eine gegliederte Zuweisung der diversen Faktoren, welche für phonolog., morpholog., syntakt. und semant. Eigenschaften von ›Wörtern‹ verantwortl. sind. Die den Grundkonzeptionen der D. M. folgenden Arbeiten konzentrieren sich dementsprechend zumeist auf Phänomene, die sich einer die syntakt., morpholog. und phonolog. Eigenschaften von Wörtern vereinheitlichenden Konzeption entziehen; detaillierte Explikationen wurden bspw. von Phänomenen wie der Distribution von Partikelverben (vgl. Zeller 2001) oder Klitika vorgelegt, die in Modellen, die keine *späte Insertion* vorsehen, nur schwer zu erfassen sind. *Späte Insertion* wird auch in verschiedenen anderen jüngeren Modellen zur Morphologie vorgesehen (vgl. Boucher 2002, Emonds 2002), z. B. in der sog. Parallel-Morphologie (PM) von H. Borer (1991). J. Trommer (2004) stellt ein modifiziertes Modell (*Distributed Optimality*) vor, das durch die Integration optimalitätstheoret. Prinzipien in die D. M. ermöglicht, Phänomene, die in der D. M. durch sprachspezif. Regeln oder Merkmale erfasst werden müssen, auf die Interaktion von verletzbaren, universellen Constraints zurückzuführen. **Lit.** J. D. Bobaljik, The Ins and Outs of Contextual Allomorphy. In: K. K. Grohmann & C. Struijke (eds.), Univ. of Maryland Working Papers in Linguistics 10, 2000, 35–71. – H. Borer, The Causative-Inchoative Alternation: A Case Study in Parallel Morphology. LRev 8, 1991, 119–158. – Ders., Structuring Sense. 3 Vols. Oxford 2004 ff. – D. Embick & R. Noyer, D. M. and the Syntax/Morphology Interface. In: G. Ramchand & C. Reiss (eds.), The Oxford Handbook of Linguistic Interfaces. Oxford 2006. – M. Halle & A. Marantz, D. M. and the Pieces of Inflection. In: K. Hale & S. J. Keyser (eds.), The View from Building 20. Cambridge, Mass. 1993, 111–176. – Dies., Some Key Features of Distributed Nominalisations. In: B. Peeters (ed.), The Lexicon-Encyclopedia Interface. Amsterdam 2000, 349–374. – M. Goldbach, The D. M. of Object Clitics in Modern French. ZS 26.1, 2007, 41–81. – H. Harley & R. Noyer, State-of-the-Article: D. M. GLOT 4.4, 1999, 3–9. – G. Müller & J. Trommer (eds.), Subanalysis of Argument Encoding in D. M. LAB 84. Univ. Leipzig, Institut für Linguistik 2007. – J. Trommer, Distributed Optimality. Diss. Univ. Potsdam 2004.   F

Distributed Optimality ↗ Distributed Morphology

Distribution (lat. distribūtiō ›Verteilung‹. Auch: Verteilung). Grundlegender Begriff des ↗ Distributionalismus, der die Verteilung ling. Phänomene und ihr diesbezügl. Verhältnis zueinander beschreibt. Die D. lässt sich für Elemente aller ling. Beschreibungsarten untersuchen. Bei der Distributionsanalyse wird das ↗ Vorkommen sprachl. Elemente (x, y) in verschiedenen Umgebungen (U₁, U₂, U₃) untersucht. Daraus ergeben sich vier voneinander zu unterscheidende Distributionstypen: (a) gleiche D. liegt dann vor, wenn in verschiedenen Umgebungen (U₁, U₂) sowohl das Element x als auch y auftreten kann. Setzt man als Umgebungen ___*säuft* und ___*frisst* an, sind *Das Nilpferd* und *Die Katze* diesbezügl. gleich distribuiert; (b) inklusive (auch: inkludierende, defektive) D. (Relation der Teilmenge) liegt dann vor, wenn x und y in einer Umgebung U₁ vorkommen, in einer anderen Umgebung U₂ aber nur y. Die Distribution der dt. Adjektiv-Morpheme /ʃmaːl/ und /ʃmɛːl/ ist inklusiv: Vor dem Komparativ-Morphem {-er} kommen beide vor (*schmaler* neben *schmäler*), sonst nur /ʃmaːl/; (c) überlappende D. (Relation der Schnittmenge) liegt dann vor, wenn zwei Elemente x und y in einer Umgebung U₁ vorkommen, x darüber hinaus aber auch in U₂ und y in U₃. Betrachtet man im Dt. die drei phonolog. Umgebungen /r__tə/, /h__t/ und /m__də/, so ist die Verteilung von /ɑː/ und /yː/ überlappend: Es gibt im Dt. weder ein /haːt/ noch ein /muːdə/, es gibt aber sowohl /raːtə/ ›rate‹ als auch /ruːtə/ ›Rute‹.; (d) ↗ komplementäre (auch: disjunkte) D. liegt dann vor, wenn ein Element x nur in einer Umgebung U₁ auftritt, während ein anderes Element y nur in einer anderen Umgebung U₂ auftritt. So ist z. B. die Distribution der Phoneme [ç] und [x] im Dt. komplementär.   RL, T

Distributionalismus Ling. Methode, nach der seit der griech. Antike (z. B. bei Apollonios Dyskolos, 2. Jh. n. Chr.) sprachl. Ausdrücke analysiert werden. Man spricht daher auch von Distributionsanalyse. Zentral für die Methode ist die Untersuchung der ↗ Distribution (oder: Verteilung) von sprachl. Elementen in Abhängigkeit von einer jeweils bestimmten Umgebung (von einem ↗ Kontext). Bei Apollonios Dyskolos findet sich z. B. das distributionelle Argument, dass die Präsenz von griech. γράφω (grafō) ›ich schreibe‹ die Präsenz von γράφει (grafei) ›er, sie schreibt‹ ausschließt und umgekehrt. Beide – so würde man heute sagen – stehen in komplementärer Distribution. – I. e. S. versteht man unter D. den weitgehenden gleichzeitigen Ausschluss anderer Analysemethoden, etwa der Methode der Paraphrasebildung, der Methode des Erfragens, der Methode der autonomen Sinnanalyse. Insbesondere werden beim D. sprachhistor. Analysekriterien ausgeschlossen. Systemat. entwickelt wurde der D. zuerst mit der Etablierung der ↗ Phonologie in den 1930er Jahren. So heißt etwa die Regeln, die N. S. Trubeckoj (1939) zur Bestimmung der Phoneme formuliert: »Wenn zwei akust. bzw. artikulator. miteinander verwandte Laute einer Spr. niemals in derselben Lautumgebung vorkommen, so werden sie als kombinator. Varianten desselben Phonems gewertet.« Eine Verallgemeinerung des D. auf alle Arten von Strukturbeschreibung sprachl. Ausdrücke erfolgte besonders in den USA in der Tradition L. Bloomfields. Der D. ist ein Charakteristikum besonders des amerikan. ↗ Strukturalismus. Weil Erklärungszusammenhänge aus Gründen der Methodendisziplin nicht hergestellt werden, spricht man auch vom ↗ Deskriptivismus. Weil der D. zur Aufstellung von Klassen – Distributionsklassen – führt und somit Verfahren der Klassifikation bereitstellt, ist auch von ↗ Taxonomie die Rede. Was die Art der syntakt. Strukturen betrifft, die dabei fast ausschließl. – bei der Analyse und bei

der Rechtfertigung – betrachtet wurden, so handelt es sich um die Resultate der ↗ Konstituentenanalyse. – Grundlegend für den D. sind die Begriffe ↗ Umgebung und ↗ Distributionsklasse. Dabei ist der Begriff der Distributionsklasse abhängig vom Begriff Umgebung. Beim engen Umgebungsbegriff zählt man die Elemente auf, die die Umgebung festlegen, beim weiten Umgebungsbegriff gibt man bestimmte Eigenschaften an (in der Regel eine kategoriale). Auch die Gegenstände, deren Distribution festgestellt werden soll, können im engen Sinne oder im weiten Sinne bestimmt sein. Die Umgebung bestimmt durch vorausgehende (U_1) und/oder nachfolgende (U_2) Ausdrücke oder Mengen solcher Ausdrücke. Man sagt (und schreibt) dann über einen Gegenstand x, dessen Distribution festgestellt werden soll, x kommt vor oder kommt nicht vor in der Umgebung U_{1_2}. Wird »_« im engen Sinne verstanden, so werden genau die Gegenstände (Phoneme, Morpheme, Wörter, Wortgruppen etc.) aufgezählt, die in $U_1\_U_2$ vorkommen. Wird »_« im weiten Sinne aufgefasst, so werden Gegenstände, die allein oder zusammen mit anderen Gegenständen in $U_1\_U_2$ vorkommen, aufgezählt. »_« im engen Sinne wird bisweilen ↗»Position« (L. Bloomfield) genannt, »_« im weiten Sinne »Feld« (G. Bech). Bisweilen (wie }P«) wird Position im engen oder im weiten Sinne verstanden. (a) Umgebung und Position im engen Sinne: U_1 = *in*, U_2 = *Haus*, P = {diesem, einem, jedem, einem großen, einem sehr großen,…}; *sehr* gehört nicht zu P. (b) Umgebung im engen Sinne, Position im weiten Sinne: U_1 = *in*, U_2 = *Haus; sehr* gehört zu P. (c) Umgebung im weiten, Position im engen Sinne: U_1 = Konjunktion, U_2 = finites Verb, P = {er, der mit dem Regenschirm, …}; *mit, dem, Regenschirm* gehören nicht zu P. (d) Umgebung und Position im weiten Sinne: U_1 = Konjunktion, U_2 = finites Verb; *mit, dem, Regenschirm* gehören zu P. **Lit.** N. S. Trubeckoj, Grundzüge der Phonologie. Prag 1939. – Z. S. Harris, Methods in Structural Linguistics. Chicago 1951. Später: Structural Linguistics. 1961.　　　　　　　　　T
Distributionsanalyse ↗ Distributionalismus
Distributionsklasse (bei L. Bloomfield: Formklasse) Weisen verschiedene sprachl. Elemente die gleiche ↗ Distribution auf, so bilden sie eine D. So gelten z. B. die Eigennamen als D., da alle enthaltenen Elemente in der gleichen (syntakt.) Umgebung auftreten, somit gleich distribuiert sind.　　RL
Distributiv (lat. distribūtum ›verteilt‹) ↗ Aktionsart, die den im Verbstamm ausgedrückten Vorgang als Resultat einer Reihe nacheinander vollzogener Einzelhandlungen charakterisiert, z. B. russ. *sobáka perekusála detéj* ›der Hund hat die Kinder nacheinander, der Reihe nach gebissen‹, *perevéšat' vsex banditóv* ›alle Banditen nacheinander, der Reihe nach aufhängen‹.　　　　　　　G, T
Distributive (number) ↗ Distributivum

Distributivum n. (auch: Distributivzahl, Verteilungszahl. Engl. distributive (number), frz. distributif) Subklasse der ↗ Numeralia (Zahlwörter). D. bezeichnen die Aufteilung einer Menge in gleich große Teilmengen. Während einige Spr. über spezielle ↗ Suffixe zur Markierung der D. verfügen (z. B. lat. *singulī, bīnī, ternī/trīnī* usw.), werden D. im Dt. aus der Partikel *je* und einer ↗ Kardinalzahl gebildet, z. B. *je zwei, je drei (Kinder).*　　　　　PT
Distributivzahl ↗ Distributivum
Dithmarsch ↗ Nordniederdeutsch
Ditransitiv Mitunter vorkommende Bez. für Verben, die obligator. sowohl ein direktes als auch ein indirektes Objekt haben, z. B. *Annette schenkt Martin einen Stapel Bilderbücher* im Unterschied zu *monotransitiven* Verben, die nur ein direktes Objekt haben können; ↗ transitiv.　　　　　　　G
Dittographie f. (griech. διττός (dittós) ›doppelt‹) Fehlerhafte verdoppelte Schreibung eines Buchstabens oder einer Buchstabenfolge innerhalb eines Wortes, z. B. *selbstständig* statt *selbständig*, *Schlussszene* statt *Schlussszene* (beide D. sind seit der Orthographiereform von 1996 den »Regeln« genügende Falschschreibungen); Ggs. Haplographie: einfache Schreibung, wo Doppelschreibung verlangt ist.　　　　　　　G
Dittologie Regelwidrige Wiederholung eines Lautsegments, wie es etwa beim ↗ Stottern auftritt. Außerhalb der Ling. auch Bez. für alternative Interpretationen, etwa bei der Exegese von Bibeltexten; Ggs. ↗ Haplologie.　　　　　ES
Divergenz f. (lat. dīversus ›verschieden, getrennt‹) Tendenz zur Auseinanderentwicklung von Varianten eines Elements, deren Resultat in der Etablierung zweier distinkter Elemente derselben Ordnung bestehen kann. D. kann auf verschiedenen Ebenen des Sprachsystems auftreten, z. B. als Auseinanderentwicklung von Allophonen (↗ Phonemspaltung) oder Allomorphen und ihre letztliche Autonomie, oder im Bereich von Wortbildung und Phraseologisierung (Fleischer 1992). Auf der Ebene von ↗ Einzelsprachen können D.-Prozesse zur *Sprachspaltung* führen, d. h. dass zwei oder mehrere Varianten einer zunächst (relativ) einheitlichen Spr. A. sich zu selbständigen Spr. A und B entwickeln (z. B. die roman. Spr. in Bezug auf das Lat.); ↗ Konvergenz. **Lit.** W. Fleischer, D. und Konvergenz von Wortbildung und Phraseologisierung. In: J. Korhonen (Hg.), Phraseologie und Wortbildung. Tübingen 1992, 53–65.　　　G
Dives akuru ↗ Maledivisch
Dizi ↗ Omotische Sprachen
Djodesmo ↗ Judenspanisch
Dogon ↗ Gursprachen
Ḍōgrī Als ↗ indoarische Sprache zweite offizielle Spr. neben ↗ Kashmiri in Jammu and Kashmir, wo es im Südosten verbreitet ist. Dialektal zerklüftet und v. a. im Wortschatz stark von den umgebenden Spr. beeinflusst (u. a. ↗ Pañjābī, Kashmiri). Kommt

allmählich als Schriftspr. in Gebrauch; Karte ↗ Indische Sprachen, im Anhang. Verwendete Schriften: Devanāgarī und Śāradā (↗ indische Schriften), daneben auch die ↗ arabische Schrift. FZ

Dokumentensprache Spr., die in einer übernationalen Organisation für die Ausfertigung von offiziellen Dokumenten zugelassen ist, z. B. das Dt. bei den Vereinten Nationen. G

Dokumententypbeschreibung (engl. document type definition. Abk. DTD) DTD ist ein Regelsatz, mit dem der Typ einer Klasse von XML-Dokumenten (↗ Mark-up-Sprache) deklariert werden kann. DTDs definieren zulässige Elemente, Attribute, Entitäten und Elementstrukturen zur syntakt. und semant. Beschreibung von Dokumenten. Somit kann ein XML-Dokument zusammen mit einer DTD auf Gültigkeit und Validität geprüft werden. Mit XCES (↗ Corpus Encoding Standard) wird eine standardisierte DTD für die Korpusannotation bereitgestellt. Als Alternative zu DTDs, die mächtiger und komplexer sind, werden zunehmend XML-Schemata verwendet, ↗ Metadaten. Z

Dokulekt In der Typologie Bez. für jede dokumentierte sprachl. Varietät, seien es Rohdaten (z. B. ein Mitschnitt), Primärdaten (z. B. eine ↗ Transkription) oder Sekundärdaten (Beschreibungen, z. B. eine Grammatik). D. sollen bei typolog. Untersuchungen möglichst miteinander vergleichbar sein hinsichtlich Themen, ↗ Stil, ↗ Register usw. G

Dolganisch ↗ Turksprachen

Dolmetscher (türk. tilmaç > ungar. tolmács > mhd. tulmetsch, tolmetsche) Zwei- oder mehrsprachige Person, die für andere Personen in einer oder beiden Richtungen mündl. übersetzt. Konsekutivdolmetscher übersetzen im zeitl. Anschluss an einen Redeabschnitt das Gesagte, so dass sich die Sprechdauer bei bidirektionalem Dolmetschen verdoppelt. Simultandolmetscher (Synchrondolmetscher) übersetzen mit geringem zeitl. Abstand während der Rede das Gesagte, oft unter Verwendung audiolingualer Hilfsmittel (Kopfhörer, Mikrophone); ↗ Übersetzung. G

Domain ↗ Domäne

Domäne (engl. domain ›Bereich‹) **1.** In der ↗ Soziolinguistik soziol. Parameter zur Identifizierung von sozialen Wertbündeln, der sich auf eine Anzahl institutionalisierter sozialer Situationen bezieht, die typischerweise von gemeinsamen Verhaltensregeln gesteuert werden; z. B. ist die D. der Familie das Haus, die der Religion die Kirche usw. J. Fishmans (1971) klass. Definition der D. besagt, dass D.n institutionalisierte Kontexte sind, die versuchen, die Hauptgruppen von Interaktionssituationen in multilingualen Gemeinschaften zu bestimmen. Das Konzept der D. ist besonders bei der Analyse von multilingualen Kommunikationssituationen von Bedeutung, in denen das Konzept hilft, Varietäten- und Themenwahl des Individuums, Rollenbeziehung, Ort des Geschehens mit weiteren soziokulturellen

Normen und Interaktionserwartungen zu verbinden. D. ist ein theoret. Konstrukt, das ein Geflecht/Netzwerk von Interaktionssituationen bezeichnet, die sich um das gleiche Erfahrungsgebiet gruppieren und die von gemeinsamen Zielen und Verpflichtungen zusammengehalten werden. Das Konzept wird zur Beschreibung von ↗ Sprachwechsel in multilingualen und/oder diglossischen Spr.gemeinschaften angewandt, wo verschiedene D.n verschiedenen Spr.n oder ↗ Varietäten entsprechen. **Lit.** J. Fishman, Sociolinguistics. A Brief Introduction. Rowley, Mass. 1970. – Ders., The Sociology of Language. Rowley, Mass. 1972. – A. M. Mioni, Domain. HSK 1, I, 170–178. – **2.** ↗ Bindungstheorie. **3.** In Grammatiken die Extension der einzelnen ↗ Ebenen, z. B. morpholog. D., semant. D. **4.** ↗ Zyklische Domäne, ↗ Zyklusprinzip. R

Dominanz (lat. domināns ›herrschend‹) In einem ↗ Strukturbaum ›dominiert‹ ein ↗ Knoten A einen Knoten B genau dann, wenn B eine Teilkonstituente von A ist. A ›dominiert unmittelbar‹ B, wenn es eine den betreffenden Strukturbaum definierende Strukturregel der Form A → […B …] gibt. Die unmittelbare D. ist die Umkehrung der ↗ Tochter-von-Relation. F

Donat m. Seit dem frühen MA bis in die Neuzeit übliche Bez. für eine lat. Elementargrammatik, teilweise auch Synonym für ›Grammatik‹ allgemein. Die Bez. D. ist eine Ableitung von dem Eigennamen des röm. Grammatikers und Rhetors Aelius Donatus (4. Jh. nach Chr.). Dieser verfasste zwei für das ganze Mittelalter maßgebende Grammatiken des Lat., die *Ars grammatica* (*Ars maior*) für Fortgeschrittene sowie eine kürzere Schulgrammatik *De octo partibus orationis ars minor*, die in Dialogform die Lehre von den Redeteilen vermittelte und in ganz Europa bis ins 18. Jh. als Elementarlehrbuch verwendet wurde. Im Lauf der Zeit entwickelten sich Übergänge zu den einzelnen ↗ Volkssprachen in Form von ↗ Glossen, ↗ Interlinearversionen und mehr oder weniger selbständigen Bearbeitungen des lat. Urtextes. Die humanist. Bearbeitungen der *Ars minor* wirkten vorbildhaft auf die ersten volkssprachigen Grammatiken. Für die Anfänge der dt. Grammatik ist die Donattradition im Bereich der Kategorienbildung von Bedeutung. – **Lit.** E. Ising, Die Anfänge der volkssprachigen Grammatik in Deutschland und Böhmen. Dargestellt am Einfluß der Schrift des Aelius Donatus *De octo partibus orationis ars minor*, I. Bln. 1966. – M. H. Jellinek, Geschichte der nhd. Grammatik von den Anfängen bis auf Adelung, I–II. Heidelberg 1913–1914. MO

Doppelartikulation Gleichzeitige Artikulation an zwei verschiedenen ↗ Artikulationsstellen, z. B. beim ↗ labiovelaren Plosiv [k°]. PM

Doppelcicero f. ↗ Schriftgrad von 24 p.; ↗ Didotsystem. G

Doppeldeutig ↗ ambig

Doppelform ↗ Dublette

Doppelfrage (auch: Wahlfrage) Bez. für mit *oder* verbundene ↗ Fragesätze, z. B. *Bist du ins Kino gegangen oder hast du mit Eva gestritten?* F

Doppelgeschlechtig In genusdifferenzierenden Spr. Bez. für Substantive, die mehr als ein Genus haben, z. B. dt. *der/das Band, der/das Gulasch.* G

Doppelkonsonant ↗ Geminate

Doppellaut ↗ Diphthong, ↗ Geminate

Doppelmittel f. ↗ Schriftgrad von 28 p.; ↗ Didotsystem. G

Doppelmodalisierung Modifikation der Bedeutung eines Modalverbs durch ein Adverb oder/und eine Partikel, z. B. *Wolfgang muss* (*wohl, offenbar, gewiss, allem Anschein nach, bald, demnächst*) *hier sein; Elisabeth dürfte* (*womöglich, vermutlich, wahrscheinlich*) *im Büro arbeiten.* G

Doppelname ↗ Familienname

Doppelnegation (auch: doppelte Negation) ↗ Negation, die durch zwei Negationsmorpheme ausgedrückt wird. In Spr. wie dem Dt. kann D. eine positive Verstärkung ausdrücken, z. B. *Er ist nicht uneben; Sie hat keine Missstimmung aufkommen lassen.* In einigen Dialekten des Dt. bewirkt die D. (verstärkte) Negation, z. B. bair. *dea hot koa Ahnung ned* ›er hat keine Ahnung‹; *dös damma goa ned ignorian* ›das ignorieren wir völlig‹. G

Doppelobjekt-Konstruktion ↗ Verbalphrase

Doppelpunkt (auch: Kolon. Engl. colon, frz. deux points) Mittel der ↗ Interpunktion mit ↗ kataphorischer Funktion zur Ankündigung eines Zitats (↗ direkte Rede), einer Aufzählung, einer Folgerung oder Begründung, z. B. *Jenny freut sich auf den Umzug: Sie hofft auf ein größeres Zimmer.* G

Doppelschreibung ↗ Geminate 2.

Doppelseitige Halbsprachigkeit (auch: Semilingualismus. Engl. double semilingualism) In Migrationssituationen (Arbeitsmigration, Flucht) auftretender Defekt der Sprachentwicklung bei Kindern, die weder in ihrer S1 (der »niedrigen« L–Varietät) noch in der S2 (der »hohen« H-Varietät) hinreichend gefördert werden. Das Resultat der d. H. besteht darin, dass sie in keiner der beiden Spr. das Entwicklungsniveau ihrer einsprachigen Altersgenossen erreichen; begleitende kognitive und soziale Störungen sind wahrscheinlich. **Lit.** ↗ Muttersprachlicher Unterricht. G

Doppelte Artikulation (auch: doppelte Gliederung, zweifache Gliederung. Frz. double articulation) Die Grammatik natürl. Spr. weist die zentrale Eigenschaft der d. A. auf. Die erste Ebene der A. ist bedeutungsbezogen und ordnet lautl. Zeichen konventionalisiert Bedeutungen zu; sie repräsentiert bedeutungstragende Einheiten (somit die Morphemebene) und bildet die Voraussetzung für die Möglichkeit einer Syntax. Martinet (1960) nimmt an, dass die kleinsten Elemente, die sich durch die erste A. ergeben, eine Bedeutung tragen. In dem dt. Satz *Ich habe Kopfweh* kann man fünf derartige bedeutungstragende Einheiten ausmachen: *ich, hab-, -e,*

Kopf, Weh. Die zweite Ebene der A. ist lautbezogen; sie repräsentiert bedeutungsunterscheidende Einheiten (somit die Phonemebene) in dem Sinne, dass es durch sie möglich wird, *Kopf* von *Zopf* (*Pfropf, Knopf, Topf*) zu unterscheiden. *K, Z, Pfr, Kn, T* sind in diesem Fall Einheiten, die sich durch die zweite A. ergeben. Sie haben keine eigene Bedeutung und dienen nur der Unterscheidung von Bedeutungen. – Im ↗ applikativ-generativen Modell entsprechen der ersten A. die genotyp., der zweiten A. die phänotyp. Strukturen. **Lit.** A. Martinet, Éléments de linguistique générale. Paris 1960. Dt. Grundzüge der Allgemeinen Sprachwiss. Stgt. 1963 RL, T

Doppelte Gliederung ↗ Doppelte Artikulation

Doppelte Negation ↗ Doppelnegation, ↗ Negation

Doppelter Akkusativ (auch: Gleichsetzungsakkusativ, Objektprädikativ, Prädikatsakkusativ) In manchen Grammatiken gebräuchliche Bez. für Fälle, in denen ein Verb zwei Akkusative regiert (Objektsprädikativ, ↗ Prädikativ), z. B. lat. *malitiam sapientiam iūdicant* ›sie halten Schlechtigkeit für Weisheit‹ (Cicero, Off. 2,10), dt. *Sie nennt ihn einen Bock*; ↗ Akkusativ. G

Doppelter Dativ ↗ Dativus finalis

Doppeltes Genus ↗ Genusschwankung

Doppelverb In der Slavistik Bez. für konjunktionslose Verbindungen zweier Verben mit ident. grammat. Merkmalen (ggf. jedoch temporalen und aspektuellen Differenzen). D. kommen im Russ. und Ukrain. v. a. in der Umgangsspr. vor. Sie werden als prosod. Einheit (Akzent meist auf dem 2. Element) realisiert, z. B. russ. *oní slúšajut ulybájutsja* ›sie hören [und] lächeln [dabei]‹, *žíly býly* ›sie lebten [und] waren‹: dem dt. *Es war einmal...* entsprechende Einleitungsformel für Märchen. Im Dt. und Engl. kommen D.-Konstruktionen bei Imperativen (z. B. *komm, hilf mir tragen, go buy some ice cream*) und in »dichterischer Sprache« (»... alles rennet, rettet, flüchtet«) vor; ↗ serielles Verb. G

Doppelvokal ↗ Geminate

Dorisch ↗ Altgriechisch

Dorsal, Dorsallaut (lat. dorsum ›Rücken‹) Mit dem Zungenrücken als ↗ artikulierendem Organ gebildeter Sprachlaut (z. B. dt. [k, g, ç, x]). PM

Dorsum linguae (Zungenrücken) ↗ Zunge

Double articulation ↗ Doppelte Artikulation

Double Bind (auch: pragmatische Paradoxie) In der ling. ↗ Pragmatik Bez. für die situative und soziale Gebundenheit von Sprechern in der ↗ Kommunikation. Einesteils wollen Sprecher ihre Intentionen durchsetzen, anderenteils müssen sie sich an diverse Kommunikationsregeln (z. B. Höflichkeit) halten. Diese ›doppelte Gebundenheit‹ findet u. a. konkreten Ausdruck in – meist konventionalisierten – indirekten ↗ Sprechakten: *Sehen Sie hier irgendwo das Salz?* (Geben Sie mir das Salz). **Lit.** J. L. Mey, Pragmatics. Oxford 1993. SO

Downdrift ↗ Tonsprache

Downstep ↗ Intonation, ↗ Tonsprache

Dozententon ↗ Sprechausdruck

DP ↗ Determinansphrase

Draväno-Polabisch ↗ Elbslavisch

Dravidische Sprachen Südasiat. Sprachfamilie, die heute hauptsächl. im Süden und Osten Indiens sowie auf Sri Lanka verbreitet ist; Karte ↗ Indische Sprachen, im Anhang). Isolierte d. S. in Pakistan (Brahui mit ca. 500 000 Sprechern) und Nordostindien (Malto mit 90 000 Sprechern) sowie eine wahrscheinl. Verwandtschaft zur Spr. der Indus-Tal-Kultur des 3. Jt. v. Chr. und zum ↗ Elamitischen, einer in ↗ Keilschrift belegten Spr. Westirans, deuten darauf hin, dass vor der indoar. Ausbreitung diese Sprachfamilie auch in weiten Teilen Nordindiens und vielleicht des Iran vorkam. Wichtigste d. S. sind Telugu und Tamil(isch) mit jeweils über 50 Mio. Sprechern, Malayalam und Kannada (Kanres.) mit je ca. 30 Mio. Sprechern, die zusammen die traditionellen Schriftspr. der d. Sprachfamilie darstellen. Die d. S. werden in vier Hauptgruppen (Zentral-, Nord-, Südzentral-, Süd-D.) unterteilt. Höhere Gruppierungen sind umstritten, obwohl manches für eine Unterteilung in nördl. (bestehend aus Zentral- und Nord-D.) und südl. D. (Südzentral- und Süd-D.) spricht. Mit Ausnahme von Telugu (Südzentral-D.) gehören die Schriftspr. den süddravid. Spr. zu. Im 3. Jh. vor Chr. ist Tamil erstmals als Lit.-, Wiss.- und Verwaltungsspr. belegt, ab 250 v. Chr. in einer abgeleiteten Form der Brahmi-Schrift; ↗ Indische Schriften. Die d. S. weisen einen starken indoar. Einfluss im Bereich des Lexikons auf, im Kontrast zur Morphologie und Syntax, die von einem deutl. Konservatismus geprägt sind. Die lange Assoziation der d. S. mit ↗ indoarischen Sprachen führte nicht nur zu einem regen Austausch von Lehnwörtern, sondern auch zu sprachbundartigen Annäherungen in Phonologie, Morphologie und Syntax; ↗ Sprachbund. D. Einfluss auf indoar. Spr. ist vor allem erkennbar in der Entwicklung retroflexer Konsonanten, im häufigen Auftreten von Gerundien, zusammengesetzten Verben, Konstruktionen stativer Verben mit Subjekt im Dativ, Lautmalerei im Bereich der nominalen Deklination. Das phonolog. Inventar des rekonstruierten Proto-D. besteht aus zehn Vokalen (i, e, a, o, u und ihren langen Entsprechungen) und sechzehn bzw. siebzehn Konsonanten, einschließlich einer Verschlusslautreihe mit sechs artikulator. Stellen und einer Retroflex-Serie. Die d. S. sind ↗ agglutinierend und stark suffigierend mit völligem Ausschluss von Präfixen und Infixen. Die dominanten grammat. Kategorien sind Substantiva und Verben. Das Nomen ist für Genus (ursprüngl. [± menschl.]) und Numerus (Sg./Pl.) markiert. Das Kasussystem unterscheidet zwischen Nominativ (unmarkiert), Genitiv (= obliquer Wortstamm), Akkusativ, Dativ, in manchen Spr. auch ↗ Instrumental bzw. ↗ Lokativ, ↗ Soziativ und ↗ Ab-

lativ. SOV-Wortstellung mit Adverben vor Verben, Adjektiva (meist Substantiva im Genitiv) vor Substantiva, Hauptverben vor Hilfsverben. Das finite Verb wird nach Tempus flektiert; pronominale Suffixe, markiert für Person und Numerus (in der 3. Person auch Genus), stehen in Kongruenz mit dem Subjekt; ausgeprägtes Negationssystem in der Verbalflexion; große Häufigkeit von Gerundien und Partizipial-Konstruktionen. Sozioling. von Interesse ist die diglossische Unterscheidung zwischen sozialen Dialekten und den polit. dominanten d. S. (z. B. Brahmin, nicht-Brahmin und Harijan im Kannada). **Lit.** Th. Burrow & M. B. Emeneau, A Dravidian Etymological Dictionary. Oxford ²1984. – K. Zvelebil, Dravidian Linguistics: An Introduction. Pondicherry 1990. – S. B. Steever (ed.), The Dravidian Languages. Ldn. 1998. – Bh. Krishnamurti, Comparative Dravidian Linguistics: Current Perspectives. Oxford 2001. – Ders., The Dravidian Languages. Cambridge 2003. – M. Andronov, A Comparative Grammar of the Dravidian Languages. Wiesbaden 2003. – **SSG** Universitätsbibliothek Tübingen (21). – WR

Dreicicero f. ↗ Schriftgrad von 36 p; ↗ Didotsystem. G

Dreimorengesetz (lat. mora ›Zeitraum‹). **1.** Akzentuierungsregel des ↗ Altgriechischen, wonach zwischen dem Wortakzent und dem Wortende nicht mehr als drei unbetonte ↗ Moren stehen können. Silben, deren Träger ein kurzer Vokal ist, umfassen dabei eine More, solche, deren Träger ein Langvokal oder Langdiphthong ist, zwei Moren. Kurzdiphthonge können, je nach ihrer Position im Wort oder nach der Formenkategorie, eine oder zwei Moren enthalten. Der griech. Wortakzent fällt entweder auf die letzte Silbe eines Wortes (»Endbetonung«; ↗ Oxytonon) und, wenn diese zweimorig ist, je nach der Formenkategorie auf die erste (↗ Zirkumflex) oder zweite More (↗ Akut; vgl. z. B. einmorig λαβέ (labé) ›nimm‹, ἰσθμοί (isthmoí) ›Landenge, Nom. Pl.‹, zweimorig ἰσθμοῖ (isthmoi) ›Landenge‹, Lok. Sg., καλῶς (kalõs) ›schön‹, Adv., λαγώς (lagõs) ›Hase‹ (↗ Perispomenon), oder aber er tendiert bis maximal zur drittletzten Silbe zum Wortanfang, wobei er durch eine zweimorige Endsilbe auf die drittletzte More, also in die vorletzte Silbe, verlegt wid (z. B. δικαίως (dikaíōs) ›gerecht‹, Adv. (↗ Paroxytonon, ↗ Properispomenon), bei einer einmorigen Endsilbe jedoch auf die letzte More der drittletzten Silbe, d. h. auf die dritt- oder viertletzte More fällt (z. B. δίκαιος (díkaios) ›gerecht‹, Nom. Sg., δίκαιοι (díkaioi) ›gerecht‹, Nom. Pl.; ↗ Proparoxytonon. Ausnahmen beruhen auf innerparadigmat. Ausgleich (z. B. Akk. πατέρα (patéra) ›den Vater‹ nach Nom. πατήρ (patēr) ›der Vater‹: sog. Kolumnenakzent), sekundären lautl. Veränderungen (z. B. πόλεως (póleōs) < πόληος (pólēos) ›Stadt‹, Gen. Sg.) oder dem sog. Wheelerschen Gesetz, das die ursprünglich endsilbenbetonte Wörter mit daktyl. Struktur betrifft (ποικίλος (poikílos) < ποικιλός (poikilós) ›bunt‹. **Lit.** B. I. Wheeler, Der griech. Nominalaccent. Straßburg 1885. – H. W. Chandler, A Practical Introduction to Greek Accentuation. New Rochelle, N. Y. [2]1983. GP – **2.** Das veraltete got. D. geht aus von uridg. schleifend betonten 3-morigen Längen, die zu einer 2-morigen Länge werden, z. B. in got. ƕaþrō ›woher‹ (im Gegensatz zu stoßend betonten 2-morigen Längen, die zur einmorigen Kürze werden, z. B. in got. *giba* ›Gabe‹). PM

Dreisilbengesetz ↗ Dreimorengesetz
Dreiwertig ↗ Valenz
Dreiwertiges Verb ↗ Relatives Verb
Dreizahl ↗ Trial
Drift ↗ Sprachwandel
Dritte Vergangenheit Veraltete Bez. für das ↗ Plusquamperfekt. G
Dritter Fall Veraltete Bez. für ↗ Dativ. G
Druck 1. ↗ Atemdruck. **2.** ↗ Buchdruck
Druckakzent ↗ Dynamischer Akzent
Druckbuchstabe (engl. block letter) Buchstabe einer ↗ Druckschrift, der innerhalb eines Wortes weder mit dem vorgehenden noch mit dem folgenden verbunden ist. Im handschriftl. Bereich werden D. bei erhöhten Anforderungen an Deutlichkeit und Leserlichkeit benutzt. EN
Druckersprache 1. Bez. für die ↗ Fachsprache der Drucker. Die D. weist besonders zahlreiche ↗ Lehnwörter aus dem Lat. und dem Frz. auf, z. B. ↗ *Antiqua, Imprimatur, Vignette* usw. – **2.** Bez. für die Schreibdialekte der frühnhd. Buchdrucker bzw. deren Druckorte (↗ Inkunabel). Die frühnhd. D.n können grob auch nach den Mundarten der Gegenwart gegliedert werden, z. B. ostmitteltd. (Wittenberg, Leipzig). Die verschiedenen D.n sind gekennzeichnet einerseits durch eine lokale Bindung, andererseits durch das Bestreben, ein einheitl. Schreibsystem zu erreichen. So unterscheiden sie sich hauptsächl. auf der orthograph. Ebene, etwa bei der Behandlung der ↗ Diphthonge. Den D. wird eine (wenn auch unterschiedl. bewertete) Rolle bei der Herausbildung der nhd. ↗ Schriftsprache zugeschrieben. **Lit.** ↗ Frühneuhochdeutsch. MO
Druckletter (auch: Letter, Type. Engl. character, printing type.) Standardisierte Gestalt eines ↗ Buchstabens (i. w. S. aller typograph. Zeichen) innerhalb einer ↗ Druckschrift. G
Drucksatz ↗ Satz 2.
Druckschrift (engl. block letters) **1.** Bez. für Druckerzeugnisse, die nicht Umfang und Gestalt eines Buches aufweisen. **2.** Bez. für eine Schrift ohne Ligaturen und mitgeschriebene Luftlinien, die in Form der Blockschrift (ursprünglich Majuskelschrift mit Buchstaben gleicher Strichstärke und Größe, zu der es aber auch eine Minuskelvariante gibt) zu den Lerninhalten des Schreibunterrichts für Anfänger gehört; ↗ Blockschrift (2). **3.** (Auch: Satzschrift) Bez. für eine in einem Druckverfahren benutzte Schrift. Bei Druckern im EDV-Bereich

spricht man von Druckerschriften, deren Gestaltung in der Regel auf Vorlagen aus dem Bereich der für den Buchdruck entworfenen oder dafür seit Jahrhunderten üblichen Schriftarten (↗ Schriftart 2) zurückgeht. EN
Drucksilbe ↗ Silbe
D-Struktur ↗ REST, ↗ Tiefenstruktur
Dual, Duālis m. (lat. duo ›zwei‹) Subkategorie des ↗ Numerus, durch die im Unterschied zum ↗ Singular und zum nicht präzise quantifizierten ↗ Plural die Zweizahl/Paarigkeit von als paarig betrachteten Elementen mit eigenen nominalen und/oder verbalen Formen angezeigt wird, z. B. lat. *ambō* ›beide‹. Das ie. D.paradigma wurde in späterer Zeit oft durch Pluralformen ersetzt. Ursprüngl. D.formen übernahmen aber auch Pluralfunktion, z. B. im Bair. *ös* ›ihr‹ < ihr beiden‹ und *enk* ›euch‹ < euch beiden‹. Der D. ist z. T. im Altgriech. und im Got. (*weis* ›wir‹ vs. *wit* ›wir beide‹) erhalten. Er wird ferner gegenwärtig in manchen slav. Spr. verwendet, z. B. im ↗ Slovenischen und im ↗ Sorbischen; ↗ Dualpronomen, ↗ Numerus. ZA
Dual Route Theory ↗ Pseudohomophoneneffekt
Dualpronomen Untergruppe der Pronomen zur Anzeige der Zweizahl, des ↗ Duals. Umfassende Sprachstudien haben gezeigt, dass unter den D. die 1. Pers. am häufigsten vorkommt; ↗ Dual. **Lit.** J. H. Greenberg, The First Person Inclusive Dual as an Ambiguous Category. Studies in Language 12, 1988, 1–18. ZA
Dubitativ (lat. dubitāre ›zweifeln‹) Modusbedeutung des Vergangenheitsmorphems {-mış} im Türk., das eine subjektive Feststellung ausdrückt, deren Wahrheit sich der Sprecher nicht ganz sicher ist, z. B. *hata yapmışsınız* ›Sie haben sich wohl geirrt‹. G
Dublette f. (frz. double ›doppelt‹. Engl., frz. doublet) **1.** (auch: Doppelform, Zwillingswörter) Doppelt oder mehrfach vorhandene Ausdrucksformen eines Lexems, die sich z. B. in der Schreibung (*Phantasie* vs. *Fantasie*) oder in der Betonung (*réchtfertigen* vs. *rechtfértigen*) unterscheiden können. **2.** (auch: Mehrfachform, Scheideform, Scheidewörter, Wortspaltung) V. a. in der ↗ Etymologie Bez. für die Aufspaltung eines ↗ Lexems in zwei oder mehr Lexeme mit unterschiedlicher Bedeutung. Zu unterscheiden sind a) etymolog. adäquate D., die zu verschiedenen Zeiten, Orten und Zwecken aus den gleichen Wörtern und/oder Affixen gebildet wurden, z. B. *sächlich – sachlich, Sonntag – Sonnentag,* und b) etymolog. ident. (herkunftsgleiche) D., die durch Auseinanderentwicklung und Verselbständigung verschiedener Formen eines Lexems entstanden sind und graph. (z. B. *das – dass, wider – wieder*), durch den Akzent (z. B. *Ténor – Tenór*), phonolog. (*Bett – Beet, Schrot – Schrott*) und morpholog. (z. B. *Etikett – Etikette*) differenziert werden können. D. können durch sprachinterne Wortspaltung (z. B. *Schild* m. – *Schild* n.) entstehen oder durch ↗ Entlehnung, insbesondere durch

mehrfache Entlehnung (z. B. *Meister, Maestro, Mister, Master, Massa, maître (de plaisir)* < lat. *magister*) **Lit.** E. Reiner, Le dictionnaire de doublets. HSK 5, II, 1241–1245. – G. Muthmann, Doppelformen in der dt. Spr. der Gegenwart. Tübingen 1994. – B. Paraschkewow, Wörter und Namen gleicher Herkunft und Struktur. Lexikon etymolog. Dubletten im Dt. Bln., N. Y. 2004.   PT

Dublin Core ↗ Metadaten

Duden Gemeinhin wird ›der Duden‹ gleichgesetzt mit dem Bd. 1 einer Reihe von sprachprakt. Büchern, der zuletzt unter dem Titel *Duden. Die deutsche Rechtschreibung* 2006 erschienen ist. Der Name D. geht zurück auf K. Duden (1829–1911), der 1872 ein Bändchen mit dem Titel: *Die dt. Rechtschreibung. Abhandlungen, Regeln und Wörterverzeichnis mit etymolog. Angaben* veröffentlicht hat, aus dem die seit 1880 im *Bibliographischen Institut* in Leipzig erscheinenden Rechtschreib-Bücher hervorgegangen sind. Das Wort ›D.‹ ist darüber hinaus heute ein geschütztes ↗ Warenzeichen für Bücher verschiedenster Art aus dem Verlag Bibliograph. Institut & F. A. Brockhaus AG. Dudens (*Vollständiges*) *orthograph. Wörterbuch der dt. Sprache* hat nach dem Tod seines Schöpfers, ab der 9. Auflage (1913), seinen Namen und seine Machart mehrfach gewechselt. Von einer Wortliste, die in erster Linie die orthograph. Schreibung der Wörter wiedergeben wollte, hat sich der D. zu einem Wörterbuch gewandelt. Heute enthält er eine Vielzahl von Angaben zu Aussprache, Betonung, Silbentrennung, Grammatik, Etymologie sowie Bedeutungserklärungen bei der Mehrzahl der Wörter. Der D. ist ein Mischwörterbuch geworden, das im Bereich der Wortbedeutungen allerdings nur rudimentär ist. Die ursprüngl. Funktion des D., nämlich Auskunft über orthograph. verbindl. Schreibungen der Wörter zu geben, ist bis heute erhalten geblieben. Seit der Rechtschreibreform von 1901 verzichteten die jeweiligen Herausgeber bis 1945 nie auf einen Hinweis auf die »amtl. Regeln«, auf denen das Buch basiert. Die Mannheimer Redaktion führt diesen Brauch seit 1986 fort. In den Vorworten zu den zahlreichen Auflagen des D. wird immer wieder auf den Namensgeber des Buches hingewiesen. K. Duden wird verlagsseitig zum ›Vater der dt. Rechtschreibung‹ stilisiert, dessen Erbe es zu bewahren gelte. Die ›dt. Einheitsschreibung‹ wurde so zu einer Größe mit polit. Charakter erhoben. 1941 ließ sie sich auf das »Gesamtgebiet des Großdt. Reichs« beziehen, fünfzig Jahre später tauchte sie sinngemäß auf bei der »Zusammenführung« der separaten Dudenausgaben aus Leipzig und Mannheim. Hinweise auf die Geltung in anderen deutschsprachigen Ländern sind die Regel, auch wenn es ein *Österreichisches Wörterbuch* (ÖWB) gibt, das seit 1951 erscheint und vom österr. Bundesministerium für Unterricht, Kunst und Sport herausgegeben wird. Seit dem Anfang des 20. Jahrhunderts beruft

sich der D. auf die amtl. Rechtschreibregeln. 95 Jahre waren das – über alle Zeitläufe hinweg – die vom Preuß. Ministerium für Unterrichts-Angelegenheiten herausgegebenen. Dieses 1901 erschienene Regelwerk ist 1996 durch eine Neufassung ersetzt worden, die zum 1. August 1998 in den deutschsprachigen Ländern eingeführt worden ist. Nur in Bayern und NRW wird in den Schulen die alte Orthographie noch nicht sanktioniert. Die lange Geschichte des D., der seit 1880 in 25 Auflagen erschienen ist, hat dazu beigetragen, dass das Buch eine Institution und der Name ein Qualitätszeichen geworden sind. Daran haben auch die fast 40 Jahre der parallelen Ausgaben aus der DDR und der BRD nichts geändert. Sechs D. sind in diesem Zeitraum in Mannheim erschienen, fünf in Leipzig. Diese konkurrierenden D. sind ein Dokument für die Sprachentwicklung in den ehemals zwei deutschen Staaten. Auch wenn die D.-Vergleiche immer wieder dem Nachweis dienen mussten, dass sich Ost und West sprachl. auseinanderentwickelten, beide D. haben die verbindl. gemeinsame dt. Orthographie gewahrt. In der Auflage von 1996, der 21. nach Mannheimer Zählung, hat der D. die nunmehr gültige Neuregelung der Rechtschreibung umgesetzt. Diese Ausgabe ist die erste zweifarbige eines Dudens, da alle neuen Regeln und Schreibungen rot hervorgehoben sind. Der alphabet. Regelteil, der wie gewohnt dem Wörterverzeichnis vorangestellt ist, wurde von der Redaktion völlig neu bearbeitet. Die Zahl der Regeln ist von 212 auf 136 verringert worden, doch in der Substanz hat sich an der expansiven Auslegung der amtl. Vorgabe nichts geändert. Auch der Umfang des Regelverzeichnisses ist etwa gleichgeblieben. Im Wörterverzeichnis sind weiterhin zahlreiche Doppelformen aufgeführt, viele von ihnen sind bedingt durch die Neuregelung. So ist bei zahlreichen Fremdwörtern neben der alten Schreibung nun auch eine integrierte zulässig (*Mohair*, auch *Mohär, Portemonnaie*, auch *Portmonnee*). Neben der etymolog. Worttrennung sind nun auch solche nach Sprechsilben zulässig (*Lin-ole-um/Li-no-le-um*). Der D. führt in diesen Fällen nur eine Variante an. Im Zuge der breiten öffentl. Diskussion um die Rechtschreibreform ist dem D. immer wieder sein amtl. Charakter abgesprochen worden, den er tatsächl. auch nicht hatte. Eine ernstzunehmende Konkurrenz ist seinem Monopol durch *Die neue deutsche Rechtschreibung* aus dem Bertelsmann-Verlag erwachsen. Auch dieses Buch beruft sich auf die »neuen amtl. Regeln« und ist mit der Macht des Medienkonzerns auf dem Markt platziert worden. 1998 ist unter dem Namen D. ein *Praxiswörterbuch zur neuen Rechtschreibung* erschienen, in dem für jedes Wort nur eine Schreibvariante verzeichnet ist, auch wenn eine zweite korrekt ist. Zweck dieses Buches ist es, angesichts der zahlreichen Doppelformen Institutionen wie Verlagen und Setzereien eine einheitl. Textgestaltung zu ermöglichen. Mit diesem Praxiswörterbuch versucht die Dudenredaktion, normierend in den Prozess der Etablierung der neuen Orthographie einzugreifen. Die Reihe der Wörterbücher, die unter dem Namen D. erscheinen, umfasst gegenwärtig 12 Bände. Dazu gehören u. a. eine Grammatik, ein Fremd-, Herkunfts- und Stilwörterbuch. Seit einiger Zeit sind die D.-Rechtschreibung sowie einige weitere Wörterbücher der Reihe als CD-ROM erhältlich. Der D. ist eine Institution. Er repräsentiert eine Kontinuität vom Kaiserreich über die erste deutsche Republik, das nationalsozialist. Reich und zwei deutsche Staaten unterschiedlicher Gesellschaftsordnung bis zur heutigen Bundesrepublik. Sein Wörterverzeichnis spiegelt die Sprachentwicklung seit 1880 qualitativ wider. Quantitativ ist die Anzahl der aufgenommenen Stichwörter seit der ersten Auflage fast vervierfacht worden. Das entspricht nicht der tatsächl. Entwicklung des Wortschatzes, sondern ist u. a. auf eine vermehrte Auflistung von Kompositabildungen zurückzuführen. So ist die Zahl der Stichwörter gegenüber der 16. Mannheimer Auflage von 1968 um mehr als 30 000 vergrößert worden. Gegenwärtig sind rund 115 000 Lemmata aufgeführt; Internetadressen s. S. XXVI. **Lit.** K. E. Rotzler, Dudens Schreib- und Sprachdummheiten. Bern o. J. (1947). – W. W. Sauer, Der ›Duden‹. Geschichte und Aktualität eines ›Volkswörterbuchs‹. Stgt. 1988. – E. A. Siegl, Duden Ost – Duden West. Zur Sprache in Deutschland seit 1945. Ddf. 1989. – W. U. Wurzel, Konrad Duden. Leben und Werk. Mannheim 1998.   S

Dummdeutsch Titel zweier sprachkrit. Wörtersammlungen, gerichtet gegen die »schleichende Verhunzung unserer Sprache« (Vorwort zu Bd. 1), in denen auffällig dunine Neuprägungen und Neuverwendungen von Wörtern und Wortgruppen, z. B. *Akzeptanz, betroffen, Brummi, Formfleisch, knabberknackig, Sachzwänge, Sinnproduzent, verschlanken* u. dgl. aus den 70er und 80er Jahren gesammelt und bissig kommentiert werden. Beide Bände wurden von Redakteuren des satir. Magazins *Titanic* verfasst. **Lit.** E. Henscheid et al., Dummdeutsch. Ffm. 1985. – C. Lierow & E. Maletzke, Dummdeutsch Zwo. Ffm. 1986. – E. Henscheid, Dummdeutsch. Ditzingen 1994.   G

Dunkel (engl. grave, frz. grave, sombre) Akust. definiertes binäres, phonolog. distinktives Merkmal im Ggs. zu hell (engl. acute), zur Kennzeichnung von Lauten, deren akust. Energie hauptsächl. im unteren Spektralbereich konzentriert ist. Artikulator. entsprechen dem die hinteren Vokale und die ↗ zentralen (vs. ↗ peripheren) Konsonanten.   PM

Durativ (lat. *dūrāre* ›dauern, währen‹. Auch: Aterminativ, Kontinuativ, Kursiv) ↗ Aktionsart, die den im Verbstamm ausgedrückten Vorgang oder Zustand als kontinuierl. und gleichmäßig über einen größeren Zeitraum erstreckt charakterisiert, z. B. griech. ἀπο-θανεῖν (apothanein) ›sterben‹ (Aor. ↗ inchoativ) –

ἀποθνῄσκειν (apothnēskein) ›im Sterben liegen‹ (Praes. durativ) – τεθνηκέναι (tethnēkenai) ›tot sein‹ (Perf. ↗ resultativ); ↗ Iterativ.   G, T

Durchkopplung Bez. eines ↗ Determinativkompositums, dessen initiale Konstituente aus mehreren, mit Durchkopplungsbindestrich gekennzeichneten Grundmorphemen besteht, etwa *Hals-Nasen-Ohren-Arzt*. Die Konstituenten der Bestimmungswörter sind i. d. R. koordinierte Grundmorpheme (↗ Kopulativkompositum), allerdings kennzeichnen Durchkopplungsbindestriche auch Wortgruppen als initiale Konstituenten von Determinativkomposita (*Arme-Leute-Essen*). D. bezeichnet damit eher eine graphemat. Besonderheit als einen Wortbildungstyp, denn dieser ist hier das ↗ phrasale Kompositum.   ES

Durchschnittseuropäisch ↗ Standard Average European

Durchsichtige Bildung ↗ Motiviertheit

Durchsichtigkeit ↗ Motiviertheit

Duzen ↗ Anredeformen

Dvandva n. (altind. ›Nomenklaturen übernommene Bez. für Wortbildungsprodukte, deren Konstituenten nebengeordnete Lexeme sind. In den europ. Linguistiken ist der gleichbedeutende Terminus ↗ Kopulativkompositum gebräuchlicher.   ES

Dyadisch ↗ Binär

Dyirbal ↗ Australische Sprachen

Dynamic Verb ↗ Handlungsverb, ↗ Vorgangsverb

Dynamische Programmierung (engl. dynamic programming) Optimierungsverfahren aus der Informatik, bei dem ein Problem in kleinere Teilprobleme zerlegt wird, für die optimale Lösungen gefunden werden, die dann zu einer Gesamtlösung zusammengesetzt werden.   Z

Dynamische Sprachwissenschaft ↗ Diachronische Sprachwissenschaft

Dynamische Semantik (engl. Dynamic Semantics. Auch: Dynamic Predicate Logic (DPL)) Sammelbegriff für eine Reihe von Ansätzen (z. B. Groenendijk & Stokhof, Chierchia), die als Modifikationen der ↗ modelltheoretischen Semantik entstanden sind. Die Bedeutung einer Aussage wird in der D. S. nicht mehr »statisch« als deren Wahrheitsbedingungen, sondern »dynamisch« als »update function on databases« begriffen (Kracht 2002, 199), die einen erreichten Informationsstand in einen neuen überführt. Damit wird versucht, den inkrementellen Wissensänderungen bei der Textrezeption, v. a. bezüglich der Referenten bei propositionsübergreifenden ↗ Anaphern, log. Rechnung zu tragen, allerdings u. a. durch Eingriffe in die Semantik der Junktoren. So ist z. B. der ↗ Konjunktor ∧ in dynam. Interpretation nicht symmetrisch (a ∧ b ≠ b ∧ a), was die pragmat. Asymmetrie vieler natürlichsprachiger Sätze (↗ Konjunktion 2) aufnimmt, aber in die Semantik zurückprojiziert. Deshalb hat die D. S. Probleme mit ↗ kataphorischen Verweisen (vgl. Geurts 1997) oder mit Mephistos bekannter Satz-

verbindung: *Ihr Mann ist tot und lässt Sie grüßen.*
Lit. J. Groenendijk & M. Stokhof, Dynamic Predicate Logic. Linguistics and Philosophy 14, 1991, 39–100. – G. Chierchia, Dynamics of Meaning. Chicago 1995. – B. Geurts, Dynamic Semantics vs. DRT. ZS 16, 1997, 209–226. – M. Kracht, Dynamic Semantics. In: F. Hamm (ed.), Semantics. Hamburg 2002, 199–223. – P. Dekker, A Guide to Dynamic Semantics. Amsterdam 2008.   RB

Dynamischer Akzent (auch: Druckakzent, Intensitätsakzent, Stärkeakzent. Engl. dynamic stress, stress accent, frz. accent d'intensité/dynamique) Hervorhebung durch Intensitätsvariation des Atemdrucks, die sich in den Einzelspr. phonet. unterschiedl. gewichtet in den Akzentfaktoren der Tonhöhe (↗ Intonation), der Intensität bzw. Lautstärke und der Dauer (↗ Quantität) äußert; ↗ Akzent. Ggs. ↗ musikalischer Akzent.   PM

Dyolof ↗ Wolof

Dysarthrie f. (griech. δυς- (dys-) ›miss-, un-‹, ἀρθρόειν (arthróein) ›gliedern‹) ↗ Sprechstörung, die aus einer Beeinträchtigung neuraler Steuerungsmechanismen der Sprechbewegungen resultiert. Im Unterschied zu ↗ Aphasie und ↗ Sprachentwicklungsstörung sind von der D. an sich ↗ Laut- und ↗ Schriftsprachverständnis sowie Grammatik und Lexikon nicht betroffen; anders als bei einer ↗ Apraxie des Sprechens erweisen sich Artikulationsfehler als konstant. **Lit.** L. Springer & G. Kattenbeck (Hgg.), Beiträge zur Dysarthrophonie und Dysprosodie. Mchn. 1987. – W. Huber, D. In: W. Hartje & K. Poeck (Hgg.), Klin. Neuropsychologie. Stgt., N. Y. ⁵2002, 174–202.   GT

Dysglossie f. (griech. δυς- (dys-) ›miss-, un-‹, γλῶσσα (glõssa) ›Zunge‹) Von ↗ Dyslalie zu unterscheidende Artikulationsstörung (↗ Dysphonie) aufgrund von Lähmungen o. ä. der peripheren Sprechorgane.   GT

Dysgnosie ↗ Sprachstörungen

Dysgrammatismus (griech. δυς- (dys-) ›miss-, un-‹, γράμμα (gramma) ›Buchstabe, Schrift‹. Veraltet auch: Agrammatismus. In Anlehnung an den engl. Sprachgebrauch allgemeiner auch: (Entwicklungs-) Dysphasie. Engl. developmental dysphasia) Meist in Verbindung mit ↗ Dyslalie und lexikal.-semant. Schwierigkeiten besonders die Morphosyntax und Syntax betreffende ↗ Sprachentwicklungsstörung. Erste Beschreibung des D. durch Liebmann (1901), in dessen Tradition das Störungsbild Jahrzehnte im Sinne einer deskriptiven Schulgrammatik und ohne Bezug auf die »normale« ↗ Sprachentwicklung verstanden wurde. Durch Einbeziehung entwicklungs-psycholing. Erkenntnisse ist eine veränderte Sichtweise des D. mit erheblichen Konsequenzen für Diagnose und Therapie entstanden. **Lit.** A. Liebmann, Agrammatismus infantilis. In: Archiv f. Psychiatrie und Nervenkrankheiten 34, 1901, 240–252. – H. Clahsen, Die Profilanalyse. Ein ling. Verfahren für die Sprachanalyse im Vorschulalter. Bln.

1986. – D. Hansen, Spracherwerb und D. Mchn., Basel 1996. – M. Rothweiler, M. Pitsch & J. Siegmüller, Spontansprachanalyse bei D. In: Die Sprachheilarbeit 40, 1995, 331–350. – F. Dannenbauer, Grammatik. In: St. Baumgartner & I. Füssenich (Hgg.), Sprachtherapie mit Kindern. Mchn., Basel ⁵2002, 105–161.   GT

Dysgraphie ↗ Lese-Rechtschreibschwäche

Dyslalie f. (griech. δυς- (dys-) ›miss-, un-‹, λαλεῖν (lalein) ›schwatzen‹. Auch: Stammeln) Fehlerhafte ↗ Lautbildung durch Ausfall, Ersetzung, Verzerrung oder silb. Vereinfachung einzelner ↗ Laute (partielle D.), einer größeren Anzahl (multiple D.) oder des gesamten (konsonantischen) Lautinventars (universelle D.) ist fast immer als Bestandteil einer ↗ Sprachentwicklungsstörung zu beobachten. Nur in seltenen Fällen tritt eine D. ohne weitere Störungsphänomene wie besonders ↗ Dysgrammatismus auf. Ohne erkennbare Erkenntnisrelevanz ist die Bez. der gestammelten Laute mit ihren griech. Buchstabenentsprechungen (z. B. Rhotazismus, Sigmatismus) bis heute weithin üblich. Neben traditionellen, phonet.-artikulator. ausgerichteten, die Diagnose und Therapie leitenden Vorstellungen findet man heute verstärkt phonolog. erweiterte, an der »normalen« Entwicklung des Lautsystems und ihren ling. Grundlagen orientierte Theorieansätze, die diese Neuorientierung auch durch den Terminus ↗ Aussprachestörungen statt D. zu verdeutlichen suchen. **Lit.** E. Wildegger-Lack, Aussprachestörungen – Phonetik. In: M. Grohnfeldt (Hg.), Lehrbuch der Sprachheilpädagogik und Logopädie Bd. 2: Erscheinungsformen und Störungsbilder. Stgt., Bln., Köln 2001, 24–36. – D. Hacker, Phonologie. In: St. Baumgartner & I. Füssenich (Hgg.), Sprachtherapie mit Kindern. Mchn., Basel ⁵2002, 13–62. – D. Hacker & H. Wilgermein, Aussprachestörungen bei Kindern. Ein Arbeitsbuch für Logopäden und Sprachtherapeuten. Mchn., Basel 2006.   GT

Dyslexie ↗ Lese-Rechtschreibschwäche

Dyslogie f. (griech. δυσ- (dys-) ›miss-, un-‹, λόγος (lógos) ›Wort‹) Bez. für Retardierung der ↗ Sprachentwicklung aufgrund von geistiger Behinderung des Kindes.   GT

Dysphasie ↗ Sprachentwicklungstörung

Dysphemismus (griech. δυσφημεῖν (dysfēmein) ›schlechte, obszöne Reden führen, Blasphemie betreiben‹. Auch: Kakophonismus) Ausdruck mit stark herabsetzender Bedeutung, saftige Beschimpfung, Beleidigung, die die Normen des sprachl. Benimms verletzt; ↗ Schimpfwort, ↗ Vulgarismus; Ggs. ↗ Euphemismus.   G

Dysphonie ↗ Stimmstörung, ↗ Stimme

Dysprosodie f. (griech. δυσπρόσοδος (dysprosodos) ›schwer zugänglich‹) ↗ Sprachstörung im Bereich der ↗ Prosodie und/oder des ↗ Rhythmus, die sich äußert in abweichender Satzintonation und abweichender Wortakzentuierung.   G

Dyula ↗ Manding

e ⁊ Leere Kategorie, ⁊ Parasitic gap
Earley-Algorithmus ⁊ Chart-Parser
Ebene (auch: Plan, Schicht, Sprachschicht. Engl. layer, level, plane, rank, scale, stratum) **1.** Durch Beschreibungskategorien bestimmter Teil des Sprachsystems, der durch ein Inventar von für die jeweilige E. konstitutiven Einheiten und die Beziehungen zwischen ihnen charakterisiert ist. In ⁊ strukturalistischen Grammatiken wird zwischen einer phonolog. (phonem.), morpholog., lexikal., syntakt. und semant. E. (⁊ Komponente) unterschieden. Die Einheiten einer E. setzen sich zusammen aus Einheiten der jeweils tieferliegenden E. (Morpheme aus Phonemen, Lexeme aus Morphemen usw.); R. Jakobson (1896–1982) sprach von der Konstruktionsfunktion, die die hierarch. tiefere für die hierarch. jeweils höhere E. (⁊ Stratum) habe. Bei F. de Saussure werden paradigmat. E. (Inventaren ling. Elemente) syntagmat. E. (Verknüpfungen paradigmat. Einheiten zu Einheiten höherer Hierarchieebenen) gegenübergestellt. In späteren Modellen tritt häufig eine pragmat. E. dazu. In der ⁊ Glossematik stehen sich eine Inhaltsebene (Inhaltsplan, *plane of content*) und eine Ausdrucksebene (Ausdrucksplan, *plane of expression*) gegenüber, für die jeweils zwischen einer ⁊ Form und einer ⁊ Substanz unterschieden wird. G – **2.** In der ⁊ Textlinguistik und der ⁊ Texttheorie bezeichnet E. ein durch elementare Einheiten und Relationen konstituiertes Repräsentationssystem, das im Zusammenwirken mit anderen E. die mehrdimensionale Struktur eines ⁊ Textes bildet, sich aber für Zwecke ling. Beschreibung isolieren lässt. Je nach Analysemodell werden z.B. Inhalt und Ausdruck, Substanz und Form, oder differenzierter: grammat., semant.-themat., pragmat., stilist., rhetor., kompositor. u.a. E. von Texten unterschieden. Es gilt als strittig, welche Beziehungen zwischen den E. und welche Einheiten (⁊ Textkonstituenten) auf den einzelnen E. anzunehmen sind. **Lit.** L. Hjelmslev, Omkring sprogteoriens grundlæggelse. Kopenhagen 1943. Dt. Prolegomena zu einer Sprachtheorie. Mchn. 1974. – F. Daneš & D. Viehweger (Hgg.), E.n der Textstruktur. LS Reihe A, 112, 1983. Weitere Lit. ⁊ Textlinguistik.   P
Ebenengrammatik ⁊ Stratifikationsgrammatik
Eblaitisch ⁊ Semitische Sprache, von der 1974 in Ebla (südl. von Aleppo) ca. 15.000 Keilschrifttexte aus dem 3. Jt. v. Chr. gefunden wurden. E. ist wohl eine ⁊ Lingua franca von Schreibern, Kaufleuten und Diplomaten gewesen. Meist wird E. als Schwesterspr. des ⁊ Akkadischen innerhalb des Ostsemit. betrachtet.   WI
Ebonics ⁊ Black English
Echofrage (griech. ἠχώ (ēchō), ἠχή (ēchē) ›Schall‹. Auch: Bestätigungsfrage, Gegenfrage, Nachfrage, Rückfrage, Vergewisserungsfrage. Engl. echo question, frz. question en echo) Bez. für eine Äußerung, die (a) entweder eine Reaktion auf eine andere ⁊ Frage darstellt, z.B. *Wann kommst du? – Wann ich ge*

komme? oder *Kommst du morgen? – Ob ich morgen komme?* oder die (b) eine Stelle, die im Diskurskontext als bekannt gelten kann, als unbekannt thematisiert (z.B. weil sie akust. nicht verständl. war), z.B. *Ich komme morgen. – Du kommst WANN?* In der bisherigen Lit. zur E. werden funktionale Aspekte kaum erörtert. Die Auseinandersetzung mit syntakt. bzw. phonolog. Eigenschaften steht im Vordergrund, wobei sog. Echo-Ergänzungsfragen zentral erörtert werden. Reis (1991) unterscheidet hierbei drei Gruppen von Echo-w-Sätzen: (i) Echo-w-Sätze mit der für Deklarativsätze typischen Verb-Zweit-Struktur, z.B. *Du kommst WANN?*, (ii) Echo-w-Sätze mit den Strukturmustern nicht-deklarativer Satztypen, z.B. *Komm WANN?*, (iii) Echo-w-Sätze, die keine normale Satzentsprechung zu haben scheinen, z.B. *Du hast ihm WAS?* Die Definition von E., ihre Abgrenzung (z.B. von Nachfragen zur Verständnissicherung, von Rückfragen zum Ausdruck einer Bewertungs- oder Wissensdivergenz oder von Konstruktionsabbrüchen) bzw. die Eingrenzung des Phänomens ist in der Lit. allerdings ausgesprochen widersprüchl.; zur Diskussion vgl. Rost-Roth (2000; 2003). **Lit.** M. Reis, Echo-w-Sätze und Echo-w-Fragen. In: M. Reis & I. Rosengren (Hgg.), Fragesätze und Fragen. Tübingen 1991, 49–76. –M. Rost-Roth, Nachfragen. Formen und Funktionen von Interrogationen im gesprochenen Dt. Habil.schrift Berlin (FU) 2000. – Dies., Fragen – Nachfragen – E.n. Formen und Funktionen von Interrogationen im gesprochenen Dt. Ling. online 13.1, 2003.   F
Echolalie f. (griech. ἠχώ (ēchō), ἠχή (ēchē) ›Schall‹; griech. λαλία (lalia) ›Rede, Geschwätz‹) Wiederholung eines oder mehrerer Wörter – insbesondere in der Frühphase des Spracherwerbs –, die das Kind gerade gehört hat. E. ist ein charakterist. Merkmal dialog. Sprechens von Kindern bis zum Alter von ca. 2 Jahren. In der ⁊ Sprachpathologie versteht man unter E. das weitgehend mechan. Nachsprechen von Wörtern bei Erwachsenen, Jugendlichen und älteren Kindern, das den Diskurs nicht weiterführt und daher gegen Kommunikationsregeln verstößt.   AN
Echo-w-Satz ⁊ Echofrage
ECM-Verben (Abk. für engl. Exceptional Case Marking) Bez. für Verben, die einer Substantivgruppe in einem von ihnen abhängigen Satz einen ⁊ Kasus zuweisen können. Zu den ECM-Verben gehören erstens AcI–Verben, das heißt Verben, die einen ⁊ Akkusativ-mit-Infinitiv als Komplement erlauben, z.B. *sehen*, vgl. *Er sieht [ihn kommen]*. Ferner werden solche Verben als ECM-Verben diskutiert, die eine ⁊ Small clause als ⁊ Komplement erlauben, z.B. *finden* oder *nennen*, vgl. *Er findet [den neuen Coen-Film langweilig]*; *Er nannte [ihn einen Streber]*.   F
Ecology of language ⁊ Ökolinguistik
ECP (Abk. für engl. Empty Category Principle ›Leere-Kategorien-Prinzip‹. Frz. catégorie vide) In

der ↗ Rektions-Bindungs-Theorie angenommenes Bedingungsgefüge zur Erfassung der Distribution ↗ leerer Kategorien und somit zugleich der Generalisierung von ↗ Bewegungen (↗ Move α, ↗ Spur, ↗ Crossover-Prinzip) und von verschiedenen anderen Phänomenen (↗ Pro-Drop-Parameter, ↗ PRO), die in früheren Versionen des Modells entweder gar nicht oder mittels heterogener Beschränkungen und Filter erfasst wurden. **Lit.** N. Hornstein & A. S. Weinberg, The ECP. In: G. Webelhuth (ed.), Government and Binding Theory and the Minimalist Program. Oxford 1995, 241–296. – P. Kosta, Empty Categories, Null-Subjects and Null-Objects and How to Treat them in the Minimalist Program. In: Ders. (ed.), Linguistics in Potsdam 2/3, 1995, 7–38. – M.-W. Lee, Another Look at the Role of Empty Categories in Sentence Processing (and Grammar). JLR 33.1, 2004 51–73. F

Edo ↗ Benue-Kongo-Sprachen

Effektiv ↗ Egressiv, ↗ Resultativ

Effiziertes Objekt (lat. efficere ›hervorbringen, bewirken‹. Engl. effected object) ↗ Kasusrolle des NP-Komplements eines transitiven Verbs: Im Gegensatz zum ↗ affizierten Objekt bezeichnet das e. O. das Produkt oder Resultat des vom Verb benannten Geschehens: z. B. *Ina bäckt einen Kuchen* (BACK (Agens, eff. Obj.)); *Reibung erzeugt Wärme* (ERZEUG (Caus., eff. Obj.)). RB

Efik Zur Cross-River Gruppe gehörende ↗ Benue-Kongo-Sprache im Gebiet in und um Calabar im Südosten Nigerias mit ca. 2 Mio. Sprechern; überwiegend S2. Hauptdialekt: Calabar. Mitte des 19. Jh. lat. basierte Verschriftung. RE

EFL ↗ Englisch als Fremdsprache

Egoismusprinzip (engl. *greed*) Ein Element kann nur dann bewegt werden, wenn in der Ausgangsposition keine Überprüfung seiner eigenen morpholog. Merkmale mögl. ist, aber nicht, um die Interpretation von Merkmalen der Zielposition zu ermöglichen. **Lit.** ↗ Minimalismus. FR

Egozentrische Sprache Der Ausdruck ist von J. Piaget (1896–1980) in den 1920er Jahren geprägt und vielfach missverstanden worden. Er bezeichnet den sprachl. Ausdruck der kindl. Unfähigkeit, Denken zu dezentrieren, es vom eigenen Ich und der eigenen Aktion abzulösen und es intelligent und sozialisiert (beides ist bei Piaget letztlich ident.) auf die Wirklichkeit einzustellen. Bei Piaget hat die e. S. keine kommunikative Funktion und stirbt im Laufe der Entwicklung in dem Maße ab, wie das Denken sich sozialisiert. Bei L. S. Wygotski (1896–1934) ist die e. S. funktionaler Vorläufer der ↗ inneren Sprache und das sprachl. Denkens, ist es Spr. für den Sprechenden selbst und wird im Laufe der Entwicklung nach innen genommen (wobei sie sich charakterist. verkürzt, verdichtet, prädikativ wird). Wygotski versteht die e. S. nicht als absterbendes Rudiment präsozialen Denkens, sondern (kraft ihrer Abstammung aus der zwischenmenschl. Kommuni-

kation) gerade als Hauptinstrument für dessen Sozialisierung. **Lit.** J. Piaget, Sprechen und Denken des Kindes. Ddf. 1975. – L. S. Wygotski, Denken und Sprechen. Bln. 1964. KN

Egressiv (lat. ēgressum ›hinausgegangen‹) **1.** Gegen die Lippen auswärts gerichteter (exspirator.) Luftstrom bei allen Lauten außer ↗ Schnalzlauten und ↗ Implosiven. Auch als binäres phonolog. distinktives Merkmal zu deren Kennzeichnung in Verwendung. PM – **2.** (Auch: effektiv) ↗ Aktionsart, die den Abschluss, das Aufhören des im Verbstamm ausgedrückten Vorgangs oder Zustands markiert, z. B. russ. *otvyknut'* ›sich abgewöhnen‹. In dt. Grammatiken werden mitunter Verben, die das Aufhören eines Zustands ausdrücken, als e. bezeichnet, z. B. *erwachen, sich entloben*; ↗ Finitiv, ↗ Inchoativ, ↗ Ingressiv, ↗ Resultativ. G, T

Ehename ↗ Familienname

Eigenfrequenz ↗ Eigenton, ↗ Frequenz

Eigenname (auch: nomen proprium. Engl. proper name, proper noun, frz. nom propre) Semant. definierte Teilklasse der ↗ Substantive. E. benennen ihre Referenten eindeutig, ihre ↗ Referenz ist direkt und bezieht sich oft auf Individuen, singulär vorkommende Personen (*Johann Sebastian Bach*), Lebewesen (*Moby Dick*) oder Objekte (*Bamberger Reiter, Großglockner, Finnischer Meerbusen*). ↗ Appellativa bezeichnen demgegenüber Klassen von Gegenständen oder Sachverhalten. Deshalb ist es schwierig zu beurteilen, ob E. ↗ Bedeutung haben. Teilklassen der E. sind die Personennamen (↗ Anthroponym, ↗ Familienname), Völkernamen (↗ Ethnonym), geograph. Namen (↗ Toponym), ↗ Gewässernamen, ↗ Produktnamen u. a. E. werden i. d. R. ohne Artikel verwendet, z. B. *Jenny ärgert Maja, München leuchtet*, doch gilt das nicht durchgängig, z. B. bei Gewässernamen (*der Neckar, die Donau, das Steinhuder Meer*). Einige E. sind Pluraliatantum, z. B. *die Alpen, die Ardennen*; ↗ Pluraletantum. E. haben den s-Plural, z. B. *die Bachs, Krugs, Norberts, Manfreds, die beiden Deutschlands*, wenn dies nicht aus phonolog. Gründen verhindert wird, z. B. *die Fritze(n), Brutusse,* oder eine Schwa-Silbe eine reguläre Pluralform ermöglicht, z. B. *die Friederiken*. E. können Basen ↗ Ableitungen sein, z. B. *Marxismus, friderizianisch, abmeiern, röntgen, genschern*, und sie können in Komposita eingehen, z. B. *Heulsuse, Pressefritze, Zappelphilipp*. In mehrgliedrigen E. werden alle nominalen Bestandteile groß geschrieben, z. B. *die Vereinigten Staaten von Amerika, das Rote Meer, die Eidgenöss. Techn. Hochschule* (Eisenberg I, 349 f.). E. können zu Gattungsnamen werden, z. B. *Uhu* (Klebstoff), *Eva* (Frau), *Dietrich* (Nachschlüssel); ↗ Namenkunde. **Lit.** P. Eisenberg, Substantiv oder E.? Über die Prinzipien unserer Regeln zur Groß- und Kleinschreibung. LBer 72, 1981, 70–85. – J.-Y. Lerner & T. E. Zimmermann, E.n. HSK 6, 349–370. – C. Knobloch, E.n als Unterklasse der Nomina und in der Technik des Sprechens. Sprachw. 17, 1992, 451–473. G

Eigennamenerkennung (engl. named entity recognition. Abk. NER) Verfahren der ↗ Computerlinguistik zum Auffinden und Klassifizieren von ↗ Eigennamen, v. a. Personen-, Firmen- und Produktnamen sowie geograph. Namen. Hierbei werden i. d. R. auch orthograph., morpholog. und syntakt. Varianten gefunden und Koreferenzen aufgelöst. Z

Eigenschaft Nicht strikt terminologisierter Ausdruck, der sich sowohl auf die Objekt- wie die Beschreibungsebene beziehen kann. E. von Elementen der Objektebene sind i. d. R. Klassen von Merkmalen dieser Elemente; z. B. haben die E. der Transitivität alle Verben, die durch das Merkmal bestimmt sind, direkte Objekte haben zu können. E. von Elementen der Beschreibungsebene werden in Definitionen festgelegt. Sie charakterisieren das betreffende Element; beispielsweise besitzen die E. der Rekursivität alle Regeln, die wiederholt auf denselben Gegenstand angewendet werden können. G

Eigenschaftsgenitiv ↗ Genitivus qualitatis

Eigenschaftswort ↗ Adjektiv

Eigenton Die einem Hohlkörper in Abhängigkeit von seiner geometr. Form zukommende Resonanzfrequenz (↗ Resonanz). PM

Einalphabetschrift Verwendung ausschließlich einer ↗ Alphabetreihe innerhalb eines Textes. Bis in die Renaissance war es üblich, in Minuskeltexten (außer bei Initialen) keine Großbuchstaben zu schreiben; ↗ Zweialphabetschrift. G

Einatmung ↗ Inspiration

Einbettung (engl. embedding, frz. emboîtement, enchâssement) Im Rahmen der GG (a) Bez. für die syntakt. Relation zwischen einem Satz, der in nicht-koordinierter Weise innerhalb eines anderen Satzes, der als Matrixsatz bezeichnet wird, auftritt. Die Bez. E. erfasst die traditionelle Unterscheidung zwischen HS und NS. (b) Bez. für beliebig viele Verschachtelungen (*Mehrfach-E.*), die durch die Anwendung einer rekursiven Phrasenstrukturregel (↗ Rekursiv) entstehen. Durch die fortgesetzte Anwendung der Regel N → A + N kann z. B. eine Struktur des Typs [N A [N A [N A [N N]]]] entstehen wie *die* [N *unangenehmen* [N *alten* [N *überkommenen* [N *Beziehungsstrukturen*]]]]. F

Einbürgerung In der germanist. ↗ Sprachkontaktforschung mitunter Bez. für die ↗ Integration von ↗ Lehngut. G

Eindeutigkeit (engl. uniqueness) **1.** Relation der Mehreindeutigkeit, die jedem Wert des Vorbereichs genau einen Wert des Nachbereichs zuordnet; z. B. die Relation *geboren am*. **2.** In Logik und Ling. geht es um die E. von sprachl. Ausdrücken: (a) E. des Mittelbegriffs im ↗ Syllogismus ist die Voraussetzung für dessen log. Gültigkeit; (b) E. von »Lexikoneinträgen«, die nur eine einzige »Lesart« haben (J. J. Katz), ist das Definiens der empir. seltenen, aber durch fachsprachl. ↗ Definition herstell-

baren ↗ Monosemie, die ↗ Synonymie nicht ausschließt (*Singular – Einzahl*); (c) E. von ↗ Syntagmen und ↗ Sätzen ist ggf. das Ergebnis der ↗ Disambiguierung ihrer Konstituenten. **Lit.** J. J. Katz, Philosophie der Spr. Ffm. 1969. RB

Eindeutschen (auch: Verdeutschen) Angleichung fremdsprachl. Ausdrücke an die Regularitäten des Dt. – Morphologie, phonolog. und orthograph. Eindeutschung hat z. B. von engl. *cakes* (Pl.) zu dt. *Keks* (Sg., mask.), von engl. *strike* zu dt. *Streik* und von frz. *resumé* zu dt. *Resümee*, frz. *bureau* zu dt. *Büro* geführt. Unter E. versteht man auch die vollständige oder partielle Ersetzung eines fremdsprachl. Ausdrucks durch einen dt. Ausdruck; ↗ Lehnübersetzung, ↗ Lehnübertragung, ↗ Lehnbedeutung. T

Eindimensional ↗ Opposition

Eindrucksstellung ↗ Normalstellung

Eindrucksverb Mitunter verwendete Bez. für Verben, die hypothet. Vergleiche einleiten (↗ Komparativsatz), z. B. *etwas wirkt/sieht so aus/hört sich an, als ob..., jemand benimmt sich/tut so, als ob.* G

Eineindeutigkeit (auch: Biuniquität, zu lat. bis ›doppelt‹; ūnicus ›einzigartig‹. Engl. biuniqueness) **1.** Relation, die jedem Wert des Vorbereichs genau einen Wert des Nachbereichs zuordnet und umgekehrt. E. besteht z. B. in monogamen Kulturen für die Relation *verheiratet mit*. **2.** Im ↗ Distributionalismus wurde für phonem. Repräsentationen u. a. eine E.-Bedingung postuliert: Jede Folge von ↗ Phonemen repräsentiere eine einzige Folge von ↗ Phonen und umgekehrt; demgemäß sei die dt. Lexemen *Bund* und *bunt* (beide phonet. [bʊnt]) dieselbe Phonemsequenz /bʊnt/ zuzuordnen. **3.** Im Bereich der ↗ Graphem-Phonem-Korrespondenz ist E. in phonolog. ›flachen‹ Systemen oft, in phonolog. ›tiefen‹ Systemen (wie dem Dt.) selten oder gar nicht anzutreffen. **4.** In der ↗ Semantik bedeutet E. eine umkehrbar eindeutige Beziehung zwischen ↗ Ausdruck und ↗ Inhalt des (sprachl.) ↗ Zeichens; sie setzt sowohl völlige ↗ Monosemie als auch den Verzicht auf jegl. ↗ Synonymie voraus. E. ist eine wesentl. Eigenschaft der Zeichen ↗ formaler Sprachen. Fach- und Wissenschaftspr. suchen sich ihr durch terminolog. Normierung anzunähern; für ↗ natürliche Sprachen dagegen ist E. allenfalls der negative Pol einer Mehrdeutigkeitsskala, dem best. Lexeme (z. B. die Zahlwörter) recht nahe kommen. RB

Einfügungssatz ↗ Nebensatz

Eingabe (engl. input) **1.** ↗ Spracheingabe. **2.** Im Rahmen des Regelsystems der GG Bez. für die links von einem Pfeil stehenden Symbole, z. B. NP in NP → A + N (= Anweisung für: ›Ersetze NP durch A und N‹ (↗ Ersetzungsregel)), während die rechts vom Pfeil stehenden Symbole die Ausgaben darstellen. F

Eingabeschicht ↗ Neuronales Netz

Eingangsbedingung ↗ Systemische Grammatik

Eingeborenensprache (engl. indigenous language, local language) Spr., die in einer bestimmten Region heimisch ist, dort gesprochen wird und nicht in die Region importiert wurde; oft abwertend gebraucht. R

Eingeschachtelte Konstruktion (auch: einnistende Konstruktion. Engl. nested construction, frz. construction emboîtée) Bez. für eine komplexe Konstruktion, in welcher ein Satz S1 bzw. eine Konstituente XP in einem Satz S2 bzw. in einer Konstituenten YP so eingebettet ist, dass links und rechts von S1 bzw. von XP Teile von S2 bzw. YP stehen, z. B.: [$_{S2}$ *Die Vorstellung* [$_{S1}$ *dass die Tatsache offensichtlich war*] *beunruhigte mich*]. Im Unterschied zu selbsteinbettenden Konstruktionen (*self-embedded constructions*) wie *Die Vorstellung* [$_{S2}$ *dass die Tatsache* [$_{S1}$ *dass er log*] *offensichtlich war*] *beunruhigte mich* oder engl. *The idea* [$_{S2}$ *that the fact* [$_{S1}$ *that he lied*] *was obvious*] *worried me* müssen S1 und S2 bzw. XP und YP in e. K. nicht vom selben syntakt. Typ sein. E. K. bereiten im Ggs. zu ⁊ Mehrfachverzweigenden Konstruktionen spezif. Verständigungsprobleme und sind, wie schon in Chomsky, Aspects (Kap. 1, § 2) ausführl. erörtert, relevant für die Untersuchung menschl. Sprachverarbeitung und des Gedächtnisses; ⁊ Rekursiv. **Lit.** M. H. Christiansen & N. Chater, Toward a Connectionist Model of Recursion in Human Linguistic Performance. Cognitive Science 23, 1999, 157–205. – R. Hudson, The Difficulty of (so-called) Self-embedded Structures. UCLWPL 8, 1996, 238–314. – C. Korthals, Self Embedded Relative Clauses in a Corpus of German Newspaper Texts. Proceedings of ESSLLI 2001. Ms. Univ. des Saarlandes, Saarbrücken 2001. – O. Sadeh-Leicht, The Grammatical Parsing of Self-Embeddings. Ms. Univ. Utrecht 2004. F

Eingliederung ⁊ Integration

Eingliedriger Satz (engl. single-element sentence, frz. phrase à un seul terme) Eher seltene Bez. für einen Satz, der sich nicht in Subjekt+Prädikat (⁊ zweigliedriger Satz) zerlegen lässt, nämlich (a) sog. Einwortsätze (z. B. *Ruhe! Feuer! Aufstehen! Stillgestanden! Vorwärts! Ja. Nein. Bestimmt.*). (b) Sog. idiomatische Sätze (z. B. *Ich ein Lügner? Du und heiraten? So ein Feigling! Mach, dass du fortkommst! Und so was nennt sich Freund! Dass du (mir) nichts verschüttest!*). C, G

Einheitenkategorie Bei Eisenberg (I, 18, 30, 220 f.) Bez. der Elemente von Paradigmenkategorien (PK). EK sind wortklassenspezif. bestimmte Positionen im Flexionsschema. So hat das Substantiv des Dt. acht EKn entspr. dem Produkt der beiden PKn Numerus (2) und Kasus (4), während der Artikel in Dt. 16 EKn umfasst, da dort die PK der ⁊ Definitheit hinzutritt. Jede PK umfasst mindestens zwei EKn, z. B. gliedert sich die PK ⁊ Numerus in die EK Singular und Plural (ggf. weiter in ⁊ Dual und ⁊ Trial). Jede Wortform kombiniert mehrere EKn, z. B. *blondes* in *ein blondes Mädchen* die EKn Nominativ, Singular und ›schwache Deklination‹. G

Einheitskasus ⁊ Gemeinschaftskasus

Einheitssprache 1. Hauptsächl. synonym mit ⁊ Standardvarietät. Im Sinne von 1. betont E. die Einheitlichkeit für die ganze Sprachgemeinschaft im Gegensatz zur regionalen Differenzierung der ⁊ Dialekte. Damit wird zugleich ein wichtiges Motiv für die Entwicklung von Standardvarietäten hervorgehoben: die Verbesserung der überregionalen Kommunikation, die mit der Modernisierung der Gesellschaft notwendig wurde (Vergrößerung der Märkte für das Schrifttum nach Einführung des Buchdrucks, für mündl. Massenmedien, regionale Mobilität usw.). **2.** Im Sinne einer (zumeist als künstl. gedachten) Idealsprache für die ganze Menschheit (als optimales Denkinstrument mit aufklärerischer Zielsetzung wie z. B. bei G. W. Leibniz oder als gemeinsames Kommunikationsmittel wie z. B. das ⁊ Esperanto; ⁊ Plansprache, ⁊ Plansprachenprojekte). **Lit.** U. Ammon, Dialekt und Einheitsspr. in ihrer sozialen Verflechtung. Weinheim, Basel 1973. – G. Augst (Hg.), Dt. Sprache – Einheit und Vielfalt. DU 44, 6, 1992. AM

Einleitewort Bez. für ⁊ Wortarten, die Nebensätze einleiten. Zu den E. gehören die Wortarten subordinierende ⁊ Konjunktion, ⁊ Relativpronomen und Relativadverb, ⁊ Interrogativpronomen und Interrogativadverb. PT

Einnistende Konstruktion ⁊ Eingeschachtelte Konstruktion

Einnistung (engl. nesting) In seiner Kritik an der semant. Theorie von J. J. Katz & J. A. Fodor ergänzt U. Weinreich ihre Annahme einer bloß additiven Merkmalsverkettung durch »nicht-verkettende Konstruktionen«, deren wichtigste die E. ist. Diese ist »dazu bestimmt, eine formale Darstellung des intuitiven Gefühls der Transitivität zu liefern« (Weinreich, S. 43) und beschreibt sowohl die semant. Struktur von VPs (*spill water* = »cause ›water‹ to flow«: die ⁊ semant. Merkmale von *water* sind in die ⁊ Leerstelle der Verbbedeutung »eingenistet«) als auch von komplexen Lexemen wie *dentist*, dessen Bedeutung das eingenistete Obj. *teeth* enthält; ⁊ Lexikalische Solidarität. **Lit.** J. J. Katz & J. A. Fodor, The Structure of a Semantic Theory. Lg. 39, 1963, 170–210. – U. Weinreich, Erkundungen zur Theorie der Semantik. Tübingen 1970. RB

Einräumungssatz ⁊ Konzessivsatz

Einsatz ⁊ Silbenkopf, ⁊ Stimmeinsatz

Einschaltung ⁊ Parenthese

Einschränkung ⁊ Beschränkungen

Einschub ⁊ Parenthese

Einsilber Aus einer einzelnen ⁊ Silbe bestehendes ⁊ Wort. PM

Einsprachigkeit ⁊ Monolingualismus

Einstellung (engl., frz. attitude) In der ⁊ Soziolinguistik spielt die E. gegenüber Spr. eine wesentl. Rolle, so z. B. für den Status von Spr. bzw. ⁊ Varietäten in mehrsprachigen Gesellschaften bzw. Gemeinschaften und die (sozial) markierte Sprachenwahl, für die Funktionalität ⁊ verbaler Repertoires

und damit verbundenen Fragen der ⁊ Spracherhaltung, der ⁊ Sprachveränderung, des ⁊ »Sprachtods«,
für die Bewertung von Dialekten, Soziolekten und
damit verbundene Verständigungsprobleme, für den
angemessenen Sprachgebrauch in diglossischen
Situationen. Spracheinstellungsmessungen liegen
zwei theoret. Positionen zugrunde, eine mentalist.-
multikomponentielle und eine behaviorist. – uni-
komponentielle. Erstere geht davon aus, dass E.
komplexe mentale Disponiertheit zugrunde liegt,
die nicht direkt beobachtbar ist, sondern aus der
Introspektion des Sprechers abgeleitet werden
muss. Die behaviorist. Position betrachtet E. gegenüber Spr. als durch direkte Beobachtung beschreibbar; ⁊ Behaviorismus. **Lit.** K. R. Scherer & H. Giles
(eds.), Social Markers in Speech. Cambridge u. a.
1979. R

Einstellungsoperator Mitunter verwendete Bez.
für ⁊ Modalpartikeln. Sie drücken keine Propositionen aus, sondern Sprechereinstellungen zu Propositionen. G, SO

Einstellungspartikel ⁊ Modalpartikel

Einverleibende Sprache ⁊ Polysynthetische Sprache

Einwertig ⁊ Valenz

Einwertiges Verb ⁊ Absolutes Verb

Einwortapposition 1. ⁊ Binomen, **2.** ⁊ Juxtaposition

Einwortphase Frühphase des Spracherwerbs, in der
die Äußerungen des Kindes aus nur einem Wort
bestehen. Einwortäußerungen erfüllen die Funktion
einer sprachl. Handlung, deren Bedeutung durch
Handlungskontext und Intonation erkennbar ist.
Teddy kann z. B. bedeuten: *Da ist mein Teddy*; *Ich
möchte den Teddy haben*; *Wo ist mein Teddy?*; ⁊ holophrastisch. AN

Einwortsatz ⁊ Satz, ⁊ Satzwort

Einzahl ⁊ Singular

Einzelsprache ⁊ Varietät, der der Status einer
⁊ Sprache zugeschrieben wird. E. sind i. d. R. Resultate langfristiger, von unterschiedl. inneren und v. a.
äußeren Faktoren bewirkter Prozesse, in denen eine
Abgrenzung einerseits ggü. ähnl. Varietäten, die in
diesen Prozessen ihrerseits zu »überdachten« Dialekten werden (z. B. Niederdt., Alemann. in Bezug
auf das Dt.), und ggü. anderen E. (⁊ Abstandsprache, z. B. Ndl. vs. Dt.) andererseits erfolgt; ⁊ Normierung, ⁊ Standardsprache, ⁊ Thümmelsches Paradoxon. G

Einzug (engl. indent, indentation) Um eine bestimmte Strecke versetzter Beginn einer Druckzeile,
in der Regel als Markierung des Beginns eines
⁊ Absatzes. G

Ejektiv m. (lat. ēicere ›hinauswerfen‹. Auch: Abruptiv) Kons. ⁊ Artikulationsmodus bzw. Sprachlaut, der durch oralen Verschluss (⁊ Plosiv) und
zusätzl. (auswärts gerichteten) glottalen Luftstrommechanismus gekennzeichnet ist: Während der Verschlussphase wird der ⁊ Kehlkopf bei geschlossener
⁊ Glottis gesenkt, bei Verschlusslösung wird er ab-

rupt gehoben, was zu einem Ausstoß der oralen Luft
führt; im Ggs. zur entgegengesetzten Luftstromrich-
tung beim ⁊ Implosiv und (velar verursacht) beim
⁊ Injektiv (⁊ Schnalzlaut); vor allem in ⁊ afroasiatischen Sprachen verbreitet. PM

Ekavisch ⁊ Serbokroatisch

Ekthlipsis f. (griech. ἐκθλίβειν (ekthlibein) ›he-
rausdrängen, wegdrängen‹) **1.** In der antiken ⁊ Rhetorik die Verschmelzung eines vokal. Auslautes mit
dem vokal. Anlaut des folgenden Wortes zu einer
Silbe, d. h. zu einem einsilbigen ⁊ Diphthong oder
⁊ Monophthong. Ist bei dieser Reduktion der auslautende Vokal dominant, so heißt diese ›Ausstoß-
ßung des Anlautvokals‹ E.; ⁊ Metaplasmus. VS –
2. ›Verschleifung‹ von Vokalen, die im Lat. durch
ein wortauslautendes -*m* getrennt sind (z. B. Vergil
Aen. I 3). GS

Ektosemantische Sphäre (griech. ἐκτός (ektós)
›außerhalb‹) W. Meyer-Eppler unterscheidet drei
»Sphären« kommunikativer Sprachsignale: die »semant.« (eigentl. Zeichenfunktion), die »diagnost.«
(habituelle und emotionale Sprechereigenschaften)
und die »expressive« (»sinnbezogene Ausdrucksmittel«). Die beiden Letzteren, die gemeinsam der
Bühlerschen ⁊ Ausdrucksfunktion entsprechen, fasst
er zur e. S. zusammen – eine »unglückl. Bez.«, wie
G. Heike mit Recht kritisiert. **Lit.** W. Meyer-Eppler,
Zum Problem der sphäriellen Analyse in der lautsprachl. Kommunikation. ZPhAS 12, 1959, 228–
236. – G. Heike, Sprachl. Kommunikation und
ling. Analyse. Heidelberg 1969. RB

E-Learning (auch: Computer Based Training, Computer Aided Learning) Computergestützte, i. d. R.
internetbasierte Anwendung, die eine neue Form
des Lehrens und Lernens bereitstellt. In digitalen
Lernumgebungen sind Lerninhalte interaktiv und
multimedial gestaltet (⁊ Multimediasysteme). Beispiele für E-L.-Systeme sind virtuelle Hochschulse-
minare, in denen in einer kollaborativen Arbeitsum-
gebung Informationen zum Selbststudium bereitgestellt werden. Z

Elaboriert (lat. ēlabōrātum ›ausgearbeitet‹) **1.** Zumeist i. S. von elaboriertem ⁊ Kode (B. Bernstein).
E. bezeichnet die Gewohnheit einer expliziten
Sprechweise gegenüber Personen mit anderem Er-
fahrungshintergrund; Ggs. *restringiert*. Ein e. Kode
hat als bloße Sprechweise keine bes. Grammatik
und kein bes. Lexikon und ist insofern keine eigene
Sprachvarietät. Er entsteht in sozialen Milieus mit
offenen (statt geschlossenen und multiplexen) sozialen ⁊ Netzwerken und personenbezogener (statt
statusbezogener) Familienstruktur, die in höheren
Sozialschichten (Bildungsschichten) häufiger vorkommen als in unteren Schichten; ⁊ Kodetheorie.
2. Gelegentl. i. S. von ›ausgebaut‹ (⁊ Ausbausprache). **Lit.** B. Bernstein, Social Class and Sociolinguistic Codes. HSK 2, II, 1287–1303. AM

Elamisch, Elamitisch In keilschriftl. Zeugnissen
seit der 1. Hälfte des 2. Jt. v. Chr. überlieferte Spr.,

Sprachgebiet: Südwestiran (Chusistan); schon im 3. Jt. v. Chr. sumer.-akkad. Schreibtradition. Im 13. Jh. v. Chr. war die e. Keilschrift weitgehend zu einer ↗ Silbenschrift entwickelt (113 Syllabogramme, 25 davon auch als Logogramme verwendet (↗ Sumerogramm), 7 ↗ Determinativzeichen, in späten Inschriften ↗ Worttrenner). Genet. Beziehungen des E. zu anderen Spr. (z. B. den ↗ dravidischen Sprachen) sind nicht nachgewiesen. **Lit.** F. W. König, Die elamit. Königsinschriften. Graz 1965. G

Elativ m. (lat. ēlātum ›erhaben, hoch‹) **1.** (Auch: absoluter Superlativ). Adj. in der Form eines ↗ Superlativs zur Charakterisierung eines hohen Grades, hoher Intensität ohne eine Vergleichsgröße. Im Dt. ist der Artikel beim E. nicht obligator., z. B. *Das ist das Größte, Hinterletzte; schönste Aussichten, größtmögliche Zurückhaltung.* Funktional äquivalente Adj.komposita und Adverbien bzw. Adv.gruppen, z. B. *riesengroß; außerordentlich groß; wunderbare Aussichten; ganz besondere Zurückhaltung* sind keine E. **2.** ↗ Kasus z. B. in finnougr. Spr. mit der Kasusbedeutung ›aus … heraus‹, z. B. Finn. {-sta}, *talosta* ›aus dem Haus‹; ↗ Illativ, ↗ Lokativ. G

Elativisch ↗ Zentrifugal 4.

Elbgermanisch Bez. für diejenigen ↗ westgermanischen Sprachen, die auf eine in den Jhh. um die Zeitwende zu beiden Seiten der Elbe siedelnde Gruppe germ. Stämme, die Elbgermanen (bei Tacitus: *Erminonen,* auch: *Herminonen, Irminonen*), zurückgehen. Histor. bezeugte e. Stämme sind die Semnonen, Markomannen, Quaden, Hermunduren, Langobarden; überlieferte Spr. auf e. Grundlage sind ↗ Langobardisch, ↗ Alemannisch, ↗ Bairisch und eventuell ↗ Thüringisch. GZ

Elbslavisch (auch: Polabisch. Slav. po ›an‹, Labe ›Elbe‹; wörtl. ›Elbanwohner‹) Ausgestorbene ↗ slavische Sprache der lech. Untergruppe des ↗ westslavischen Zweigs. Das E. wurde in den Anrainergebieten des unteren und mittleren Elbverlaufs bis zur Mitte des 18. Jh. als »Bauernspr.« verwendet, die starkem Druck durch das dt. ↗ Superstrat ausgesetzt war. Es ist nur spärlich durch onomast. Belege sowie durch Wortlisten und einige Texte belegt; Letztere sind im sog. Draväno-Polab. des Lüneburger Raums abgefasst und erst im 17. Jh. von dt. Muttersprachlern aufgezeichnet worden. **Lit.** R. Olesch, Fontes linguae dravaeno-polabicae minores et chronica venedica J. P. Schultzii. Köln, Graz 1967. – Ders., Thesaurus linguae dravaeno-polabicae [Polab.-dt. Wb.]. 4 Bde. Köln, Wien 1983– 1987. – A. Suprun, Polabskij jazyk [Die polab. Spr.]. Minsk 1987. – E. Eichler, Zur Frage von Restspr.n im dt.-slav. Berührungsgebiet. In: LiLi 21, 1983, 1991, 65–75. – E. Rzetelska-Feleszko, Das Elb- und Ostseeslav. In: P. Rehder (Hg.), Einf. in die slav. Spr.n. Mchn. ³1998, 165–170. – E. Eichler, Beiträge zur slav.-dt. Sprachkontaktforschung. Heidelberg 2001. HA

Elefantenrüssel Für ↗ Versalien in ↗ Frakturschriften charakterist. Aufschwungstrich, z. B. bei 𝔄 𝔅 𝔇 𝔑. G

Elektroglottographie ↗ Artikulatorische Phonetik

Elektromagnetische Artikulographie ↗ Artikulatorische Phonetik

Elektromyographie ↗ Artikulatorische Phonetik

Elektropalatographie ↗ Artikulatorische Phonetik, ↗ Palatogramm

Elementarphonetik ↗ Deskriptive Phonetik

Elementarsatz ↗ Atomar

Elementfunktion Von L. Hjelmslev (1899–1965) gelegentlich gebrauchte Bezeichnung für die Relation zwischen zwei lautgesetzl. einander entsprechenden Phonemen. T

Elementrelation ↗ Hyperonymie

ELG ↗ Artikulatorische Phonetik

Eliminierung ↗ Tilgung, ↗ Weglassprobe

Elisio inversa ↗ Aphärese

Elision (lat. ēlīsiō ›Auslassung‹) Lautauslassung (aus Gründen des Wohlklangs: ↗ Metaplasmus, z. B. der einen ↗ Hiatus vermeidende wortfinale Vokalausfall im Frz.: *l' ami*). Als Endungswegfall: ↗ Apokope, als Wegfall unbetonter Vokale im Wortinneren: ↗ Synkope. PM

Elizitierung (lat. ēlicere ›hervorlocken, ermitteln‹) Technik der Erhebung sprachl. bzw. sprachgebundener ↗ Daten, bei der ↗ Informanten durch den Einsatz strukturierter Befragungen systemat. zu Äußerungen veranlasst werden, die erfasst und ausgewertet werden. E.prozeduren können der Erstellung eines ↗ Korpus dienen, aber auch der Analyse, Überprüfung und u. U. Beurteilung erhobener bzw. aufbereiteter Daten (↗ Evaluieren). – Verfahren, durch Befragung Daten zu gewinnen, wurden in der sprachwiss. Forschung schon relativ früh angewandt, z. B. in der ↗ Dialektologie, doch erst im amerikan. ↗ Strukturalismus bzw. in Ansätzen der ↗ empirischen Sprachwissenschaft (v. a. in der ↗ Feldforschung) und in anderen Bereichen der ling. Forschung mit empir.-experimenteller Orientierung (z. B. ↗ Soziolinguistik, ↗ Ethnolinguistik) erfuhr diese Methode in der ↗ Datenerhebung durch ↗ Interview, Fragebogen, Questionnaire (Fragebuch) u. ä. die nötige Systematisierung und Reflexion, auch durch die Diskussion der mit E.prozessen verbundenen Problematiken wie z. B. mögl. Kontext- bzw. Situationsgelöstheit oder künstl. Frage-Antwort-Situation. Häufig wird E. unspezif. sowohl als Bez. für die Methode als auch für den Prozess der Erhebung sprachl. Daten verwendet. **Lit.** W. Labov, Spr. im sozialen Kontext. Königstein/Ts. 1980 (v. a. 1–24). – A. Cicourel, Elicitation as a Problem of Discourse. HSK 3, II, 1988, 903–910. SK

Ellipse f. (griech. ἔλλειψις (elleipsis) ›Mangel‹. Auch: Auslassung). Gemäß der engen Def. von K. Bühler die Einsparung einer Satzkonstituente, die im Wortlaut (nicht nur dem Sinn nach) eindeutig aus dem unmittelbaren sprachl. Kontext heraus rekonstruierbar ist. I. w. S. bezeichnet man Äußerungen als E., die nicht ohne Kontext verstehbar sind; ↗ Brachylogie, ↗ Kurzsatz, ↗ Prolepsis. Auslassungen von Satzteilen, die in einer geschriebensprachl. Version der Äußerungen zu erwarten wären, werden mit deren Bekanntheit aus vorhergehenden Äußerungsteilen begründet. E. wurden von Anfang an als besonders auffallendes Merkmal der ↗ gesprochenen Sprache beschrieben. Wie ↗ Anakoluth und ↗ Ausklammerung werden sie als Verfahren ökonom. Sprachverwendung in der Kommunikation aufgefasst. **Lit.** Bühler, Sprachtheorie. – A. Betten, Ellipsen, Anakoluthe und Parenthesen. DS 4, 1976, 207–229. – J. Schwittala, Gesprochenes Dt. Bln. 1997. – I. Behr & H. Quintin, Verblose Sätze im Dt. Tübingen 1996. SL

Elocutio ↗ Rhetorik, ↗ Rhetorische Figur, ↗ Stil, ↗ Stilistik

Elsässisch Dialektgruppe des ↗ Alemannischen in den frz. Departements Haut-Rhin und Bas-Rhin. Karte ↗ Deutsche Dialekte, im Anhang. Dialektgeograph. nicht von den anderen (bad.) niederalemann. Dialekten zu trennen, jedoch aufgrund der Überdachung durch die frz. Standardsprache und deren starken Einfluss auf die Lexik als eigenständig angesehen. Aufgrund sprachpolit. Maßnahmen in den jüngeren Generationen kaum mehr in Gebrauch und vom Frz. abgelöst. **Lit.** H. Lösch, Zweisprachigkeit in Elsaß und Lothringen. Wien 1997. – F. Hartweg, Die Entwicklung des Verhältnisses von Ma., dt. u. frz. Standardspr. im Elsaß seit dem 16. Jh. HSK 2, III, ²2003, 2778–2810. DD

Elternsprache ↗ Ammensprache

EMA ↗ Artikulatorische Phonetik

Emberá ↗ Choko-Sprachen

Emblem n. (griech. ἔμβλημα ›Einfügung‹). Dreiteilige lit. Kunstform, die aus der Verbindung einer Überschrift (Inscriptio, Lemma, Motto) mit einem Bild (Pictura, Icon, Ymago) und der erklärenden und deutenden Subscriptio besteht. Für das Lemma konnten antike Autoren, Bibelzitate oder auch Sprichwörter benutzt werden, die Auslegung, i. d. R. in Prosa, hat didakt.-moralischen Charakter und verkündet allgemeingültige, überpersönl. Wahrheiten. Die erste einer Reihe gedruckter Sammlungen ist der *Liber emblematum* des Andrea Alciati, 1531 in Augsburg gedruckt. Die Mehrzahl der E. ist in Latein, daneben finden sich Griech. und später auch die Volkssprachen. **Lit.** A. Henkel & A. Schöne, Emblemata. Hdb. zur Sinnbildkunst des 16. und 17. Jh. Stgt. 1967. EN

Emendation (lat. ēmendāre ›verbessern‹) In der ↗ Textkritik entweder der gesamte Vorgang der Texterstellung nach der *recensio*, der Ermittlung des Überlieferungsbestandes, oder das Erkennen und Ausscheiden des einzelnen Überlieferungsfehlers. EN

EMG ↗ Artikulatorische Phonetik

Emisch (griech. Endung -μα, -ματ-) Durch unhis-

tor. Segmentierung von Termini wie *Phonem* gegenüber *Phon* von M. Swadesh und K. L. Pike gewonnene Suffixe zur Bezeichnung von abstrakten, theoret. Zusammenhängen; im Unterschied hierzu: *etisch*, womit entsprechende physikal., beobachtungsbezogene Zusammenhänge bezeichnet werden, z. B. Phonemik vs. Phonetik. T

Emotiv (lat. ēmovēre ›aufwühlen, erschüttern. Engl. emotive ›gefühlsbetont‹) E. wird oft im Gegensatz zu ↗ affektiv als der allgemeinere, sanfte und langdauernde Gefühle einschließende, im Gegensatz zu *gefühlshaft* als der wissenschaftl., auf zeichenhaft geäußerte Gefühle bezogene Begriff verwendet. Insofern spricht man von e. Bedeutung, wenn man den gefühlshaft wertenden Teil der ↗ Konnotationen (2) von Lexemen meint (↗ Gefühlswert). In der Kommunikation hat Spr. nach R. Jakobson eine »e. oder ↗ expressive Funktion«, die sich u. a. in ↗ Interjektionen oder im »expressiven Tonfall« (viele Arten, *heute abend* zu sagen) manifestiert; Jakobson setzte sie mit der ↗ Ausdrucksfunktion im ↗ Bühlerschen Organonmodell gleich. Emotionen finden in der Ling. nach langer Vernachlässigung zunehmendes Interesse; eine erste Grundlagenstudie bot R. Fiehler. **Lit.** R. Jakobson, Ling. und Poetik. In: J. Ihwe (Hg.), Literaturwiss. und Ling., Bd. II/1. Ffm. 1971, 142–178. – R. Fiehler, Kommunikation und Emotion. Bln., N. Y. 1990. – N. Fries, Grammatik, Emotionen und Äußerungsbedeutung. S&P, Arbeitsberichte 33. Lund 1994, 1–37. – C. Caffi & R. W. Janney (eds.), Involvement in Language. Amsterdam 1993. – M. W. Batacchi et al., Emotion und Sprache. Ffm. ²1997. – A. Wierzbicka, Emotions Across Languages and Cultures. Cambridge 1999. – E. Weigand (ed.), Emotion in Dialogue Interaction. Amsterdam 2004. – M. Schwarz-Friesel, Spr. und Emotion. Tübingen 2007. – J. M. Wilce, Language and Emotion. Cambridge 2009. RB

Emotive pl. (engl. emotive ›gefühlsbetont‹) Sprachl., insbes. syntakt. Mittel des Emotionsausdrucks (z. B. ↗ Exklamativsatz, ↗ Wunschsatz) werden im Anschluss an A. Marty oft E. genannt. Überblicke über die Lit. bieten R. Fiehler und N. Fries. **Lit.** A. Marty, Untersuchungen zur Grundlegung der allg. Gramm. und Sprachphilosophie, Bd. I. Halle 1908. – A. Hübler, The Expressivity of Grammar. Bln. 1998. – Weitere Lit. ↗ Emotiv. RB

Empathie f. (griech. ἐμπάθεια (empatheia) ›Einfühlung‹) In der Diskussion zu Fragen der ↗ Deixis mitunter vorkommender Ausdruck, der die Einnahme der Perspektive des Hörers oder eines Dritten durch den Sprecher bezeichnet, z. B. *Sie bekommt einen Brief von mir* statt *Ich schicke ihr einen Brief*; ↗ Perspektivierung. G

Empfänger In ↗ Bühlers Zeichenmodell und insbes. in Jakobsons Kommunikationsmodell verwendete Metapher für den Hörer/Leser einer sprachl. Handlung. Die Bildhälfte der Metapher entstammt der

Nachrichtentechnik; ↗ Rezipient. **Lit.** ↗ Kommunikation. E

Empfängersprache (engl. recipient language) Spr., in die lexikal. oder grammat. Elemente aus einer anderen Spr. (↗ Ausgangssprache 3) übernommen werden. G

Empfindungsverb ↗ Verbum sentiendi

Empfindungswort ↗ Affektiv, ↗ Interjektion

Emphase, emphatisch (griech. ἔμφασις (emfasis) ›Nachdruck‹) **1.** Nachdrückl. Betonung. – **2.** Im Arab. Oberklasse der pharyngal(isiert)en (↗ Glottalisierung) ↗ Konsonanten. PM

Emphatischer Akzent Sinnbezogen nachdrückl. hervorhebender Satzakzent; ↗ Akzent. PM

Empirie f. (griech. ἐμπειρία (empeiria) ›Erfahrung‹) **1.** Als Ebene der Realität wird die E. in der wiss. Diskussion häufig der Theorie als Ebene der strukturierten, erklärenden Aussage gegenübergestellt; in der Sprachwiss. die Ebene der ↗ Parole, der ↗ Performanz, d. h. der konkreten sprachl. ↗ Daten. – **2.** Method. Vorgehen, das durch ↗ Beobachtung, Erfassung und Auswertung wahrnehmbarer, teilweise im ↗ Experiment gewonnener ↗ Daten induktiv zu Hypothesen, Theorien gelangt; ↗ empirische Sprachwissenschaft. SK

Empirische Sprachwissenschaft 1. Häufig Sammelbez. für unterschiedl. Ansätze sprachwiss. Forschung, die sich induktiv-analyt. Verfahren bedienen, um diese von eher deduktiv-theoret. vorgehenden Richtungen (z. B. der GG) abzugrenzen, wenngleich natürl. auch die e. S. theorien- und hypothesengeleitet arbeitet. **2.** I. e. S. zusammenfassende Bez. für Ausrichtungen in nahezu allen Bereichen der Sprachwiss., die sich durch eine gemeinsame bzw. ähnl. Methodenorientierung charakterisieren lassen; in der Tradition des europ. und amerikan. ↗ Strukturalismus hat sich unter Einbeziehung von Verfahren der empir. Sozialforschung und der Erfahrungen einzelner Bereiche der ↗ angewandten Sprachwissenschaft (z. B. ↗ Dialektologie) ein Forschungsparadigma entwickelt, das verlangt, dass sprachwiss. Forschung (a) von Spr. in ihrem realen, beobachtbaren Vorkommen ausgeht (↗ Empirie) und (b) Forschungsergebnisse in ihrem Zustandekommen nachvollziehbar sowie (c) nachprüfbar sein müssen. Entsprechend gestaltet sich der Untersuchungsprozess: (a) Ausgangspunkt ist ein empir. zugängl. Problem, z. B. ein sprachl. Phänomen, das noch nicht bzw. nicht hinreichend erfasst ist, oder eine spezif. Frage- oder Aufgabenstellung; (b) die Merkmale des Problems werden in ↗ operationalisierbare Begriffe gefasst, Bereich und Formen der ↗ Datenerhebung und -auswertung werden festgelegt; (c) nach Durchführung der empir. Untersuchung finden Analyse und ↗ Beschreibung der ↗ Daten gemäß den Vorgaben statt (z. B. ↗ Korpusanalyse, ↗ Sprachstatistik). Die folgende Hypothesenbildung unterliegt ebenso der Überprüfung (↗ Evaluation) wie die Validität der ihr zugrundeliegenden

Daten (↗ Testverfahren). Zunehmend als zulässig gelten inzwischen allerdings auch ›weichere‹ Methoden empir. Arbeitens, wenn Forschungsgegenstände die postulierte Striktheit nicht zulassen. **Lit.** L. Bloomfield, Language. N. Y. 1933. Dt.: Sprache. Ffm. 1980. – H. A. Gleason, An Introduction to Descriptive Analysis. N. Y. ²1961. – H. Pilch, Empirical Linguistics. Tübingen 1976. – K. L. Pike & E. G. Pike, Grammatical Analysis. Arlington ²1982. – M. Dürr & P. Schlobinski, Einf. in die deskriptive Ling. Opladen 1990. SK

Empirismus 1. Bez. (z. T. abwertend) für wiss.theoret. Ansätze, die in der Tradition von F. Bacon (1561–1626), J. Locke (1632–1704), D. Hume (1711–1776) u. a. Anschauung und Erfahrung als wesentl. Quelle der Erkenntnis ansehen und wiss.-method. ihre Hypothesen, Theorien induktiv aus empir.-experimentell gewonnenen ↗ Daten herleiten. In der Sprachwiss. bedeutet dies z. B., dass die Analyse eng an ein ↗ Korpus gebunden wird. – **2.** Behaviorist. Position in der sog. E.-Nativismus-Kontroverse, deren Vertreter der Ansicht sind, dass der ↗ Spracherwerb – wie alles Lernen und Wissen – entscheidender durch die Umwelt bestimmt wird als durch angeborene Fähigkeiten; ↗ Behaviorismus, ↗ Mentalismus. SK

Empraktisch (Kunstwort, griech. ἐν (en) ›in‹, πρακτικός (praktikos) ›auf das Handeln bezogen‹. Auch: sympraktisch) Von K. Bühler eingeführte Ausdrücke (Sprachtheorie, § 10) zur Bez. der Verwendung von Sprachzeichen als Diakritikon (Unterscheidungskennzeichen) in mehrdeutigen Handlungssituationen, z. B. *ohne* bei einer Bestellung eines Kaffees im Café. Nach Bühler trifft die Paraphrasierbarkeit mit dem Satz *Ich hätte gern eine Tasse Kaffee ohne Milch und Zucker* diese Sprachverwendung nicht zentral; vielmehr ist sie von einer Reihe von den Handelnden (Kellner und Gast) vorab bekannten Möglichkeiten auszugehen, aus denen durch die symprakt. Verwendung eines Sprachzeichens eine von den anderen ›unterschieden‹ wird, indem sie herausgehoben wird. Diese Interpretation setzt Bühler der von ihm als unzureichend und kritisch eingeschätzten Auffassung solcher Äußerungen als ↗ Ellipsen entgegen. – Eine ähnl. Verwendung von Sprachzeichen ist die *symphysische* (griech. σύν (syn) ›zusammen‹, φύειν (fyein) ›wachsen lassen, erzeugen‹), bei der Ausdrücke des ↗ Symbolfeldes in der Art von Markierungen als Male oder Marken mit dem Objekt, das sie benennen, »dingfest« verbunden werden (z. B. *Coca Cola* auf einer Coca-Cola-Dose). – Die symprakt. wie die symphys. Verwendung von Sprachzeichen unterscheidet sich von der ↗ *synsemantischen*, die deren eigentl. Verwendung ist (ebd. S. 312, Anm. 1.). – Die Bühlersche Konzeption ist im Zusammenhang der *Gestaltpsychologie* zu verstehen, nach deren Erkenntnissen die konkreten Werte einzelner Wahrnehmungsphänomene zentral durch deren Umgebungen bestimmt bzw. mitbestimmt sind. Diese werden terminolog. als das jeweilige *Umfeld* gefasst.   E

Empty category principle ↗ ECP

Emsländisch ↗ Nordniederdeutsch

Enallage f. (griech. ἐναλλάσσειν (enallassein) ›vertauschen‹). Auch: Hypallage) ↗ Rhetorische Figur, Verschiebung der log. Wortbeziehungen, bes. Abweichung von der erwarteten Zuordnung eines Adjektivs, das zu einem anderen als dem semant. passenden Substantiv gestellt wird, z.B. »Dennoch umgab ihn die gutsitzende Ruhe eines Anzugs« (R. Musil; auch umgangssprachl. in fehlerhaften Sätzen wie *in baldiger Erwartung Ihrer Antwort*), oder ein unpassendes Adjektiv-Attribut wird statt eines passenden Genitivattributs gesetzt: »der schuldige Scheitel« (Goethe, statt: *Scheitel des Schuldigen*; umgangssprachl. z.B.: *reiterl. Darbietungen, jagdl. Ausdrücke*).   SE

Ende-Lio ↗ Bima-Sumba-Sprachen

Endophorisch (Kunstwort. griech. φέρειν (ferein) ›tragen, sich beziehen‹, ἔνδον (endon) ›in, innerhalb‹. Ggs. exophorisch). Ausdrücke zur Bez. bestimmter Verwendungsweisen von Pronomina innerhalb einer strikt textzentrierten Interpretation der Leistung phor. und deikt. Ausdrücke. Für eine solche textzentrierte Konzeption ist der Gebrauch deikt. Ausdrücke, die gemäß der traditionellen Klassifikation als Demonstrativpronomen bzw. als Personalpronomen (der 1. und 2. Person) verstanden werden, dann problemat., wenn sich ihre Funktionen nur durch den Bezug auf extra-textuelle Phänomene (insbesondere den Sprechzeitraum und die origo; ↗ Deixis) erfassen lassen. Diese (für die Deixis grundlegenden) Bestimmungen werden so konzeptualisiert, dass sie auf Phänomene außerhalb des Textes (ko-)referieren: es wird ein exophor. Gebrauch der Pronomina gemacht. Deren (nach dieser Auffassung) eigentl. Gebrauch wird dem exophor. als e. Gebrauch eines Pronomens gegenübergestellt. E

Endosemiotik ↗ Semiotik

Endozentrische Konstruktion ↗ Kopf

Endrand ↗ Silbenkoda

Endsilbe ↗ Ultima

Endstellung (engl. final position, frz. position finale) Wie ↗ Kopfstellung Bez. für eine Position des Verbs im dt. Satz, die als Abweichung von der ↗ Grundwortstellung mit dem Verb in Mittel- oder Zweitstellung aufgefasst wird. Das finite Verb steht in E., wenn der Satz durch eine subordinierende Konjunktion eingeleitet wird. Die in der gesprochenen Spr. zu beobachtende Aufgabe der E. zugunsten der Zweitstellung ist nach Ch. Küper (1991) nur möglich, wenn der Hauptsatz eine eigene ↗ Thema-Rhema-Gliederung aufweist, z.B. *Wir können ja nachher ins Kino gehen, obwohl – viel Lust habe ich eigentlich nicht.* Unter typolog. Aspekt gilt die Verbendstellung im Dt. als die ↗ Grundwortstellung oder unmarkierte Reihenfolge; ↗ relationale

Typologie. **Lit.** W. Abraham, Wortstellung im Dt. In: L. Hoffmann (Hg.), Dt. Syntax. Berlin 1992, 484–522. – Ch. Küper, Geht die Nebensatzstellung im Dt. verloren? DS 19, 1991, 133–158.   SL

Endsymbol (auch: terminales Symbol. Engl. terminal symbol, frz. symbole terminal) In einem Regelapparat zur Erzeugung von Strukturen solche Symbole, die nur erzeugt werden können, d.h. die in einer ↗ Ersetzungsregel wie X → Y + Z (= Anweisung für: ›Ersetze X durch Y und Z‹) niemals links von einem Pfeil auftreten können.   F

Endung ↗ Suffix

Energeia f. (griech. ἐνέργεια ›Tätigkeit, Betätigung‹) Ergon (griech. ἔργον ›stat. Gebilde‹) und E. bilden für die Sprachphilosophie von W. v. Humboldt (1767–1835) die beiden Pole der Bestimmung der menschl. Spr. Der aristotel. Tradition entspr. wird die Spr. als E., als eine wirkende und sich verändernde dynam. Kraft bestimmt, als ein »sich ewig erzeugender Prozess«. Der spezif. Charakter der E. zeigt sich (a) in ihrem fortwährenden Wandel – ein Anzeichen dafür, dass sie kein fertiges Gebilde, kein Ergon, darstellt, (b) in der Erscheinungsform der Spr. als menschl. Rede, (c) in der Tätigkeit des menschl. Geistes, den artikulierten Laut zum Ausdruck eines Gedankens zu machen; ↗ Inhaltbezogene Grammatik, ↗ Linguistischer Determinismus, ↗ Mentalismus. **Lit.** J. Albrecht et al. (Hgg.), E. und Ergon. Sprachl. Variation – Sprachgeschichte – Sprachtypologie. Studia in honorem E. Coseriu. Tübingen 1988.   F

Energemisch (griech. ἐνέργημα (energēma) ›Tat‹ > lat. energēma ›Wirkung‹) Bezeichnung der frühen ↗ Experimentalphonetik für die Betrachtung der Sprachlaute unter dem Aspekt der auditiven Wahrnehmung (↗ auditive Phonetik); im Ggs. zu *genetisch*, d.h. unter dem Aspekt ihrer Hervorbringung (↗ artikulatorische Phonetik) bzw. *gennematisch*, d.h. unter dem Aspekt des akust. Produkts (↗ akustische Phonetik).   PM

Energetische Sprachauffassung ↗ Inhaltbezogene Grammatik

Energicus (griech. ἐνέργεια (energeia) ›Tätigkeit, Wirksamkeit‹, Suffix -ικός (-ikos) ›Eignung‹) In verschiedenen Spr.n (z.B. ↗ Arabisch) formal (morpholog., syntakt.) ausgedrückte Kategorie des ↗ Modus (bzw. der ↗ Modalität) zum Ausdruck einer kategor. Behauptung. In vielen Spr.n periphrast. gebildet (z.B. engl. *She does want him*) oder mit Adverbien oder durch prosod. Mittel, im Dt. z.B. durch den Haupt-Satzakzent auf dem finiten Verb, z.B. *Sie WILL ihn.* (von T. Höhle als ›Verum-Fokus‹ bezeichnet). **Lit.** T. Höhle, Verum-Fokus. S&P 5, 1988, 1–7. – T. Zewi, Energicus in Saadya Gaon's Translation of the Pentateuch. In: A. Zaborski (ed.), New Data and New Methods in Afroasiatic Linguistics – Robert Hetzron in Memoriam. Wiesbaden 2001, 214–221.   F

Enga ↗ Papua-Sprachen

Engastrimant ↗ Bauchredner
Engelaut ↗ Frikativ, ↗ Lateral
Engleutsch ↗ Denglisch
Englisch ↗ Westgermanische Sprache, die sich nach Abwanderung von Sachsen, Angeln und ›Jüten‹ im 5. Jh. in England herausbildete und sich bis 1900 auf fast alle Teile der brit. Inseln ausbreitete; nächste Verwandte sind Fries., Ndl. und Dt.; Karte ↗ Europäische Sprachen, im Anhang. Perioden und ihre typ. Merkmale: ↗ *Altenglisch* (450–1100): stark flektierende Spr. mit fast ausschließl. german. Wortschatz (u. a. durch Übersetzung fremder Inhalte). Außerordentl. breite Textüberlieferung, vor allem in spätwestsächs. Form, in verschiedensten Genres, darunter hochrangige ep. Dichtung in stabreimenden Langzeilen. Ansätze zu einer Standardisierung der Verwaltungs- und Kirchensprache im späten 10. Jh. (Spr. des Hofes in Winchester), die mit dem Ende ihrer Funktionen nach 1066 nicht fortgesetzt wurde. *Mittelenglisch* (1100–1500): Sammelbez. für die Vielzahl der gesprochenen und auf best. Textsorten eingeschränkten Dialekte (überregionale Standardfunktionen werden weitgehend von Frz. und Lat. wahrgenommen). Starker Abbau der Flexion und der Wortbildungsmöglichkeiten; Aufnahme von frz. und lat. Kulturwortschatz. Um 1360–1430 Ablösung des Frz. und Expansion des E. als Schul-, Parlaments- und Gerichtsspr., Hofdichtung (Chaucer), Privatbriefe usw. und (1430) ↗ Kanzleisprache; dadurch Normbildung nach der Spr. der Gebildeten Londons. Im 15. Jh. Normierung des Schott. im unabhängigen Königreich Schottland auf der Basis der Varietät von Edinburgh. *Frühneuenglisch* (1500–1700): Vereinheitlichung von Schreibung, Aussprache, Formen und Syntax; Ausbau der Lexik und Syntax durch Expansion auf neue Textsorten im wiss., jurist. und lit. Bereich, oft nach dem Vorbild des Lat.: Füllung sprachl. Lücken und Verfeinerung des poet.-rhetor. Ausdrucks, die den Gipfel der elisabethan. Dichtung des Rationalismus und Durchsetzung heimischer Muster bes. im Bereich der Syntax (*do*-Konstruktion, Wortstellung, Tempus- und Aspektgliederung). Die Wiedereingliederung des Schott. (nach Personalunion 1603) und die Ausgliederung des ↗ Amerikanischen Englisch (Pilgerväter 1620) beginnen. *Neuenglisch* (1700 bis heute): Der durchgehenden präskriptiven Ordnung der engl. Grammatik und Lexik im 18. Jh. und der Formulierung eines korrekten und eleganten Sprachgebrauchs im 18. Jh. folgt die Öffnung der Standardspr. für weitere Kreise im 19. Jh. (billigere Drucke, allgemeine Schulbildung, höhere Mobilität), eine allmähliche Verlagerung des Schwerpunkts auf Außereuropa, mit Bildung von neuen nationalen Varietäten. In der Aussprache gilt das E. als für die meisten Lerner schwierige Fremdspr., dagegen hat der weitgehende Verlust der Flexion das E. morpholog. einfach gemacht. In der Syntax Sonderentwicklungen durch funktionale

Wortstellung, Verwendung von *do*-Konstruktionen, weiterer Ausbau des Aspekt- und Tempussystems und weitgehende Konversionsmöglichkeiten (Nullableitung); ↗ Amerikanisches Englisch, ↗ Australisches Englisch, ↗ Black Englisch, ↗ Karibisches Englisch, ↗ Südafrikanisches Englisch. **Lit.** M. Görlach, Einführung in die engl. Sprachgeschichte. Heidelberg ²1982. – Ders., Introduction to Early Modern English. Cambridge 1991 (Dt. 1978). – The Cambridge History of the English Language. 6 Bde. Cambridge 1992–2001. – W. Viereck et al., dtv-Atlas Engl. Spr. Mchn. 2002. – D. Crystal, English as a Global Language. Cambridge u. a. ²2003. – **Zss.** English Language and Linguistics. – English Today. – English World-Wide. **SSG** Niedersächsische Staats- und Universitätsbibliothek (7). GH
Englisch als Fremdsprache (English as a Foreign Language, Abk. EFL) Über die Schulen verbreitetes ↗ Englisch zum Zwecke internat. Kommunikation (oft: Anschluss an westl. Technologie). EFL entwickelte sich sprunghaft (auch auf Kosten des Frz. und Dt.) im 20. Jh., mit hohen Sprecherzahlen besonders in Westeuropa und Ostasien. Die Normen sind zum großen Teil die des brit. Engl., nach 1945 jedoch zunehmend (außerhalb Europas) die des ↗ amerikanischen Englisch. Die Abgrenzung zu ↗ Englisch als Zweitsprache ist für viele Länder problemat. (z. B. Hongkong), zumal der Status sich geschichtl. wandeln kann (z. B. von Zweit- zu Fremdspr. nach Ausbau einer ↗ Nationalsprache, wie in Tansania, Malaysia oder auf den Philippinen). Eine Anerkennung als eigene Varietät (z. B. ›chines. Engl.‹) wird für EFL-Formen abgelehnt; bei hochgradiger Varianz werden sie eher als Zeichen unvollkommenen Spracherwerbs, d. h. als Lernerspr. eingeordnet. Ob sich Normen im internationalen Verkehr zwischen EFL-Sprechern (z. B. zwischen Skandinaviern und Franzosen) herausbilden, ist bisher ungewiss, angesichts der Seltenheit solcher Kontakte aber eher unwahrscheinl. **Lit.** ↗ Englisch GH
Englisch als Zweitsprache (English as a Second Language, Abk. ESL) Formen des Engl., die in einer Reihe von Ländern für meist ›öffentliche‹ Funktionen mit hohem Prestige verwendet werden (Schule und Universität, Rechtsprechung, Politik, Lit., z. T. Medien). Die Zahl der Länder mit ESL deckt sich weitgehend mit der Ausdehnung des brit. kolonialen Weltreichs des 19. Jh. Die damals für beide Seiten nützl. erscheinende Verbreitung des Engl. (Handel, Bildung) wurde nach der Unabhängigkeit der ›anglophonen‹ Staaten (1947–1965) üblicherweise beibehalten, auch weil das neutrale Engl. der Rivalität zwischen nat. Sprachen vorgezogen wurde (z. B. in Nigeria, Indien). Außerdem stellen Engl.kenntnisse vielfach eine Voraussetzung für sozialen Aufstieg dar (und tragen zur Stabilisierung von sozialen Hierarchien bei). Durch Verwendung für lokale oder nat. Zwecke und nachlassende Wirksamkeit von externen Normen haben sich de-

facto-Normen für das Engl. von Regionen gebildet, die allerdings weder kodifiziert noch als korrekt akzeptiert sind (besonders in Westafrika und Südasien). Trotzdem scheint die Entwicklung von nat. Standardformen des Engl. unausweichlich, weil die Zahl der Lehrer und deren Ausbildung ein Festhalten an internat. Normen illusorisch machen. Durch die weiterhin recht einheitl. Formen des schriftl. Gebrauchs ist allerdings ein Auseinanderbrechen der Weltspr. Engl. in untereinander unverständl. Spr. nicht zu befürchten. Inwieweit Immigranten sich an die engl. Spr. anpassen, bleibt für England weitgehend unerforscht; bei Schwarzen aus der Karibik ist neuerdings Betonung der karib. Kreolspr. zu beobachten (↗ Englisch basierte Kreolsprachen). Für Australien nimmt Horvath (1985) an, dass Einwandererfamilien der zweiten Generation das General Australian verstärken; ↗ Australisches Englisch. **Lit.** ↗ Englisch. **Zs.** English World-Wide. A Journal of Varieties of English. Amsterdam: Benjamins.   GH

Englisch basierte Kreolsprachen I. e. S. aus engl. basierten ↗ Pidgins hervorgegangene Spr., deren Wortschatz weitgehend auf dem Engl. basiert. Das Verbreitungsgebiet der E.b.K. entspricht weitgehend dem der kolonialen Sklavenwirtschaft (Karibik, Westafrika, Südwestpazifik), wo die Zahl der Muttersprachler jedoch von der der Pidginsprecher übertroffen wird. Der Entwicklungszyklus lässt sich nach Mühlhäusler (1986) in folgenden Stufen darstellen: (a) Jargon-Phase (instabile ↗ Reduktionssprache); (b) Pidgin-Phase (Stabilisierung als S2, oft unter (teilweisem) Abschluss von der Geber-Spr.); (c) Kreol-Phase (durch Übernahme des ↗ Pidgin als S1 bedingte stilist., syntakt. und lexikal. Expansion); (d) Dekreolisierung (Kontakte mit der koexistierenden Prestige-Spr. führen zu teilweiser Annäherung); Re-Kreolisierung teilweise bei karib. Einwanderern in Großbritannien; (e) Dialektisierung (Unterscheidung als Einzelspr. geht in stilist.-sozialen Funktionen als Teil der Geberspr. auf. Die Nähe zur Standardspr. erlaubt keine eindeutige Rekonstruktion der geschichtl. Entwicklung mehr; vgl. die fragliche Einordnung des ↗ Black English der USA). E.b.K. sind in der Karibik neuerdings Zeichen von nat. bzw. ethn. Identität und werden zunehmend in lit. Texten gebraucht. In Papua-Neuguinea und Vanuatu ist die Anerkennung einer E.b.K. (Tok Pisin) als offizielle Spr. schon vor vollzogener Kreolisierung (Stufe c) erfolgt. In umstrittener Deutung sieht D. Bickerton (1981) in der Kreolisierung ↗ Universalien des ↗ Spracherwerbs ablesbar (›bioprogram‹). Eine rein funktionale Definition (Kreolspr. als ↗ Reduktions- oder ↗ Mischsprache wie im Mittelengl.) bleibt abzulehnen, da dies alle ↗ natürlichen Sprachen potentiell dieser Kategorie zurechnen ließe. **Lit.** J. Holm, Pidgins and Creoles. 2 Bde. Cambridge 1988, 1989. – P. Mühlhäusler, Pidgin and Creole Linguistics. Oxford

1986. – J. Holm, An Introduction to Pidgins and Creoles. Cambridge 2000.   GH
Enklave ↗ Sprachinsel
Enklise f. (griech. ἔγκλισις (enklisis) ›Anlehnung‹) Orthographisch-phonologische Inkorporation eines schwachtonigen Wortes durch seinen linken Nachbarn, z. B. die Fusion von Verben und Personalpronomina in ugs. Kontexten (*willst du* → *willste*); Ggs. ↗ Proklise; ↗ Klitikon.   ES
Enklitikon ↗ Klitikon
Enkodierung ↗ Kodierung
Enquête ↗ Feldforschung, ↗ Datenerhebung
Entähnlichung ↗ Dissimilation
Entambiguierung ↗ Disambiguierung
Entdeckungsprozedur ↗ Auffindungsprozedur
Entelechialtheorie ↗ Substrattheorie
Entfaltungstheorie ↗ Historische Sprachwissenschaft, ↗ Sprachwandel
Entgegenstellend ↗ Adversativ
Enthaltensein ↗ Implikation
Entlabialisierung ↗ Entrundung
Entlehnung (auch: Transferenz. Engl. (linguistic) borrowing, frz. emprunt) Übernahme eines Wortes, eines Morphems oder einer syntakt., manchmal auch graphemat. Struktur aus einer Spr. in eine andere. E. sind entweder Mittel sprachl. Innovation (z. B. in der Werbung), signalisieren ein ›Lebensgefühl‹ (z. B. in der Jugendsprache) oder decken ein konkretes Ausdruckserfordernis ab (z. B. in Fachsprachen). Generell sind E. Ergebnisse von Mehrsprachigkeit (↗ Multilingualismus) und ↗ Sprachkontakt. Häufig lassen sich zeitl. gebündelte Entlehnungsschübe feststellen: Bspw. finden sich erste ↗ Italianismen für Bezeichnungen aus Buchhaltung und Bankwesen ab dem 14. Jh. im dt. Sprachraum, die Zahl italien. E. steigt dann im 15. Jh. an und erreicht im 16. Jh. ihren Höhepunkt. Die letzten Termini dieser Sachbereiche werden im 18. Jh. ins Dt. übernommen. Manche Spr. sind relativ offen für neues sprachl. Material (z. B. das Dt.), andere weitgehend geschlossen (z. B. das Armen.). Das fremde Zeichen kann weitestgehend in das phonolog., graphemat. und morphol. System der Nehmersprache integriert sein – man spricht dann von ↗ Lehnwort, ↗ Lehnaffix usw., oder es kann die Strukturen der Gebersprache konservieren – dann spricht man von ↗ Fremdwort, wobei diese Unterscheidung aufgrund des graduellen Charakters von Integration nicht immer klar zu treffen ist; ↗ Erbwortschatz, ↗ Fremdwort, ↗ Interferenz 2, ↗ Lehngut, ↗ Lehnwortschatz, ↗ Purismus. **Lit.** E. Haugen, The Analysis of Linguistic Borrowing. Lg. 26, 1950, 210–231. – P. v. Polenz, Dt. Sprachgeschichte vom Spätmittelalter bis zur Gegenwart. Bd. 1. Einf. Grundbegriffe. Dt. in der frühbürgerl. Zeit. Bln., N. Y. 1991. – F. W. Field, Linguistic Borrowing in Bilingual Contexts. Amsterdam 2002. – C. M. Riehl, Sprachkontaktforschung. Tübingen 2009.   SO
Entlexikalisierung ↗ Lexikalisierung

Entnasalierung (auch: Denasalierung) Verlust des Merkmals der Nasalität; ↗ nasal. G

Entpalatalisierung (auch: Depalatalisierung) Verlust des Merkmals der Palatalität; ↗ palatal. G

Entphonologisierung (auch: Dephonologisierung) Als Prozess des ↗ Lautwandels (im Ggs. zu ↗ Phonologisierung und Rephonologisierung) auftretender Verlust einer ursprüngl. vorhandenen phonolog. ↗ Opposition (z. B. Verlust von frz. /ẽ/ vs. /œ̃/). PM

Entropie f. (griech. ἐντρέπειν (entrepein) ›umwenden, umkehren‹. Engl. entropy). Zentraler Begriff der Informationstheorie, der auf Claude Shannon zurückgeht. E. ist ein Maß für den mittleren Informationsgehalt einer Nachricht (kodiert als Kette von Zeichen über einem Alphabet). Intuitiv entspricht die E. der Anzahl an Bits, die notwendig sind, um eine Nachricht in optimalem Code (d. h. mit der minimalen Anzahl von Zeichen) binär zu kodieren. Die E. einer beliebigen Zeichenkette berechnet sich durch Aufsummieren der Informationsgehalte der darin enthaltenen Zeichen, gewichtet mit deren Auftretenswahrscheinlichkeit. Die konkrete Anordnung der Zeichen innerhalb der Kette ist dabei irrelevant. Den höchsten Zahlenwert hat die E., wenn alle Zeichen mit der gleichen Wahrscheinlichkeiten auftreten. Den niedrigsten Zahlenwert hat sie, wenn das Ereignis sicher ist und die Nachricht Redundanzen oder statist. Regelmäßigkeiten enthält. Wichtige Anwendungsgebiete sind die Datenkompression und die Optimierung z. B. für das ↗ Alignment. Z

Entrundung (auch: Entlabialisierung. Engl. delabialisation, frz. délabialisation) Prozess und Ergebnis des Wegfalls der Lippenrundung bei ursprüngl. ↗ gerundeten (Vorderzungen-) ↗ Vokalen (z. B. [miɲa] dialektal für ›München‹. PM

Entscheidungsfrage (auch: Globalfrage, Ja-Nein-Frage, Satzfrage. Engl. yes-or-no-question, frz. interrogation totale) ↗ Fragesatz, der in pragmat. Hinsicht *Ja* oder *Nein* als Antwort erfordert, z. B. *Kommst du?* In grammat. Hinsicht ist die E. im Dt. durch Verb-Erst- oder Verb-Zweit-Stellung und best. intonator. Spezifika (z. B. beim Verb-Zweit-Satz durch fallend-steigendes Tonmuster) gekennzeichnet; ↗ Vergewisserungsfrage, ↗ Fragesatz. F

Entscheidungsprozedur ↗ Bewertungsprozedur

Entschuldigung (engl., frz. excuse) Sprachl. Handlung, die in der ling. Pragmatik schon früh untersucht wurde. Bereits Austin (1956/57) behandelte sie als exemplarisch interessant. Rehbein (1972) illustriert an Rechtfertigungen und E. die funktional-pragmat. Analyse sprachl. ↗ Handlungsmuster als zweckhafter Ensembles von Handlungsmöglichkeiten für best. gesellschaftl. Problemkonstellationen. Hundsnurscher & Fritz (1975) stellen im Rahmen des dialoganalyt. Verfahrens (↗ Dialog, ↗ Gesprächsanalyse) charakterist. Abläufe der beteiligten Handlungen dar. **Lit.** J. L. Austin, A Plea for Excuses. In: Proceedings of the Aristotelian Society,

1956/57. – J. Rehbein, E. und Rechtfertigungen. In: D. Wunderlich (Hg.), Ling. Pragmatik. Ffm. 1972, 288–317. – G. Fritz & F. Hundsnurscher, Sprechaktsequenzen. Überlegungen zur Vorwurf-Rechtfertigungs-Interaktion. DU 27, 1975, 81–103. E

Entterminologisierung Ein ↗ Terminus, dessen Definition in nicht fachsprachl. Verwendung verblasst oder verschwindet, unterliegt der E. Mitunter werden Ausdrücke sowohl fachsprachl. als auch ugs. verwendet. Der Ausdruck ›Struktur‹ z. B. hat in der Mathematik, der Ling., der Biologie, der Mineralogie usw. unterschiedl. Bedeutungen. Keine von ihnen entspricht den Bedeutungen, die er in alltagssprachl. Verwendung hat. Dieser Umstand hat vielfach zu sprachkrit. Reflexionen Anlass gegeben. G

Entwicklungsdysphasie ↗ Sprachentwicklungsstörung

Entwicklungsfolge Abfolge bestimmter Stadien des ↗ Spracherwerbs. Zwar differieren Beginn und Tempo des Spracherwerbs zwischen verschiedenen Kindern, aber die Reihenfolge, in der bestimmte Strukturen erworben werden, ist interindividuell weitgehend konstant. Dieses gilt für alle Bereiche des Spracherwerbs, Phonologie, Morphologie, Syntax und Semantik. Inwieweit auch die sprachpragmat. Entwicklung einem allgemeinen Muster folgt, muss die weitere Forschung zeigen. Beispiele: In der Lautentwicklung werden an den vorderen Artikulationsorganen (↗ Mund, ↗ Zähne) gebildete Konsonanten früher erworben als die im hinteren Mund- und Rachenraum (daher auch Ersetzungen wie [pɔm] oder [tɔm] für [kɔm]). Syntakt. durchlaufen Kinder zunächst die Einwortphase (↗ Einwortsatz), dann die Zweiwortphase (↗ Zweiwortsatz), nach der die Länge von Äußerungen sprunghaft ansteigt. Morpholog. werden (mit Ausnahme häufig vorkommender Hilfsverben wie das Formenparadigma von *sein*) regelmäßige Formen vor unregelmäßigen erworben. Semant. werden z. B. Konjunktionen mit konzessiver Bedeutung (*obwohl, obgleich*) später als solche mit lokaler, temporaler oder kausaler Bedeutung (*da, dann, weil*) erlernt. Wie sich eine überindividuelle E. im Detail zu individueller oder umgebungsabhängiger (z. B. kulturspezif.) Variation verhält, ist für viele Bereiche der Spracherwerbsforschung noch ungeklärt. AN

Enumeratio ↗ Aufzählung

Enzisch ↗ Uralische Sprachen

Enzyklopädisches Wörterbuch (auch: Enzyklopädie, Lexikon. Engl. encyclopedic dictionary, frz. dictionnaire encyclopédique) Allgemeinbildendes ↗ Wörterbuch, das Wissensbestände aus allen Bereichen für einen sehr breiten Benutzerkreis anbietet, »Konversationslexikon«. G

Epanalepse f. (griech. ἐπανάληψις (epanalēpsis) ›Wiederholung‹. Auch: Epizeuxis, Geminatio, Iteratio) Stilfigur der antiken ↗ Rhetorik, bestehend aus der Wiederholung eines Wortes oder einer syntakt. Einheit (mit Satzglied- oder Satzfunktion). Die

Wiederholung einer Proposition in der E. ergänzt diese Proposition, führt sie fort oder schränkt sie ein. Die E. verleiht durch die Wiederholung Nachdruck und Eindrücklichkeit, z. B. *quamvis sint sub aqua, sub aqua maledicere temptant* (Ov. met. 6, 376) ›Obwohl sie unter Wasser sind, unter Wasser versuchen sie zu fluchen‹. GS

EPA-Raum ⁊ Semantisches Differential

Epenthese f. (griech. ἐπένθεσις (epenthesis) ›Einführung‹. Auch: Lauteinschaltung, Lauteinschub) Einschub eines Lautes i. d. R. aus phonolog. Gründen, z. B. *wart-e-t* aber: *geh-t*. Die Schwa-Epenthese im verbalen Flexionsparadigma erfolgt hier, weil zwei koronale Plosive aufeinander folgen. Entsprechende Einschübe in Wortbildungen (*eigen-t-lich*) werden mitunter als Interfixe bezeichnet. **Lit.** N. Fuhrhop, Grenzfälle morpholog. Einheiten. Tübingen 1998, 185 f. ES

Epexegese ⁊ Inversion

EPG ⁊ Artikulatorische Phonetik, ⁊ Palatogramm

Epiglottis ⁊ Kehlkopf

Epigraphik (griech. ἐπί (epi) ›auf‹, γράφειν (grafein) ›schreiben‹. Auch: Inschriftenkunde) Histor. Hilfswiss., die sich mit Lesen und Deuten von Inschriften befasst. Wegen der Bedeutung von Inschriften als Schriftquelle hat die E. im Rahmen der Altertumswiss. einen besonderen Rang und spielt in der histor. Sprachwiss. sowohl unter sprach- als auch schriftgeschichtl. Aspekten eine Rolle. Die systemat. Erschließung des ma. und neuzeitl. Materials wurde erst im 20. Jh. begonnen. Mit einer gewissen Phasenverschiebung folgt die Entwicklung der Inschriftenschrift der allgemeinen Schriftentwicklung; die ältesten antiken Schriftzeugnisse stammen jedoch aus dem Bereich der E. Neben den verschiedenen Formen der ⁊ Capitalis tritt die ⁊ Minuskel i. d. R. erst in der ⁊ gotischen Epoche auf. Formvarianten sind vor allem durch den Schriftträger (Stein, Metall, Holz usw.) bestimmt. Inschriften können vertieft oder erhaben geschrieben sein, auch die Verwendung gegossener Metallbuchstaben ist nachzuweisen. Unterschiede in der Ausprägung der Schriftformen gehen auf die Verwendung von Materialien und Werkzeugen zurück, deren Gebrauch nicht während des Schreibunterrichts erlernt wird. Inschriften finden sich an Bauwerken, Flurdenkmälern, Glocken und vor allem als Grab- und Gedächtnisinschriften, ferner auf Gewandsäumen, handwerkl. Erzeugnissen und Kunstwerken. Bei älteren Inschriften kommt auch abschriftliche Überlieferung vor (Epigramme, *tituli* von Buchrollen usw.). Wesentl. ist der öffentl. Charakter der Inschrift auch in den Fällen, in denen es sich nicht um eine Monumentalinschrift handelt. Eine Sonderform ist die epigraph. Überlieferung wichtiger Urkunden und Privilegien; ⁊ Paläographie. **Lit.** E. Meyer, Einführung in die lat. E. Darmstadt 1973. – R. M. Kloos, Einführung in die E. des Mittelalters und der frühen Neuzeit. Darmstadt 1980. – A. Petrucci, La scrittura. Ideologia e rappresentazione.

Roma 1984. – Die Deutschen Inschriften. Hg. von den Akademien der Wiss. zu Berlin, Göttingen, Heidelberg, Leipzig, Mainz, München, Wien. 1942 ff. – Epigrafia medievale greca e latina. Ideologia e funzione. A cura di Guglielmo Cavallo & Cyril Mango. Spoleto 1995. EN

Epikoinon n. (griech. ἐπίκοινος (epikoinos) ›gemeinsam‹. Engl. epicene, frz. épicène ›beiderlei Geschlechts‹) ⁊ Appellativum, das sexusverschiedene Lebewesen gleichermaßen bezeichnet, z. B. *die Lerche, das Gnu, der Wal* ggü. sexusdifferenzierenden Lexempaaren (*Hengst (-Wallach)-Stute*) oder ⁊ Movierungen (*Ratte – Rättin, Maus – Mäuserich*). G

Epipher f. (griech. ἐπιφορά (epiforá) ›Zugabe‹. Auch: Epistrophe (f.) ›Wiederkehr‹, Conversio) ⁊ Rhetorische Figur, nachdrückl. Wiederholung eines Wortes oder einer Wortgruppe jeweils am Ende aufeinanderfolgender Satzteile, Sätze, Abschnitte oder Verse, z. B. »Ihr überrascht mich nicht, erschreckt mich nicht« (Schiller, »Maria Stuart«). SE

Episches Präteritum Aus der Funktion des ⁊ Präteritums als typ. Erzählform resultiert seine gehäufte Verwendung in ep. Texten, die dann als e. P. bezeichnet wird, z. B. »Wohl wahrte er eine ruhige Haltung, aber seine Augen schweiften unruhig umher und schielten dann und wann bedenklich und besorgt hinunter auf die dunkle Wasserfläche…« (W. Jan, »Dschingis Khan«). KE

Episemem n. (griech. ἐπί (epi) ›über‹, σῆμα (sēma) ›Zeichen‹) Bei L. Bloomfield die Bedeutung der kleinsten Einheit einer grammat. Form, d. h. eines ⁊ Tagmems. In *Geh!* z. B. nimmt man mit Bloomfield die Realisierung zweier Tagmeme an: (a) die fallende Intonation, (b) das Segment /geː/. Die Bedeutung von (a) ist – unabhängig von der Präsenz von (b) –: etwas auszuführen‹, die von (b) ›Fortbewegungsaktivität‹. T

Epistemisch Bez. zur Charakterisierung des Erkenntnisstatus einer Aussage; e. Modalitäten sind: es wird angenommen, vermutet, geglaubt, es ist wahrscheinlich. PR

Epithese f. (griech. ἐπίθεσις (epithesis) ›Anfügung‹) Bez. für den i. d. R. silbenphonolog. motivierten Zusatz eines Lautes am Wortende, z. B. mhd. *obez* zu nhd. *Obst*. ES

Epithète ⁊ Attribut

Epitheton n. (griech. ἐπίθετον ›Hinzugefügtes‹. Auch: Agnomen, Beiname, Beiwort, Kognomen) Bez. der ⁊ Rhetorik für attributiv gebrauchte Adjektive, Partizipien und Appositionen (a) in typisierender Funktion als Epitheton ornans (schmückendes Beiwort) in oft formelhafter Wiederholung verwendet, z. B. *der listenreiche Odysseus*; (b) in individualisierender oder bewusst expressiver Funktion verwendet, z. B. *schwarzer Wind*. In der Biologie bezeichnet E. den von Carl von Linné eingeführten zweiten Teil des wiss. Namens, der die Art bezeichnet; ⁊ Nomenklatur. VS

Eponym (griech. ἐπξνξμάζω (eponomázô) ›nach jdm./etw. benennen‹) Auf einem ↗ Eigennamen beruhendes Wort, z. B. Apellativa wie *Zeppelin, Benzin,* Verben wie *nachdieseln, einwecken, pasteurisieren.* **Lit.** R. Köster, Eigennamen im dt. Wortschatz. Ein Lexikon. Bln, N. Y. 2003.   G

EPP ↗ Kopf, ↗ Projektionsprinzip

EQUI-NP-Deletion (engl., equi (lat. aequus) ›gleich‹, deletion ›Tilgung‹) Im Rahmen des ↗ Aspekte-Modells Bez. für eine Transformation, welche das Subj. eines eingebetteten Satzes tilgt, falls dieses referenzident. mit dem Subj. oder Obj. des einbettenden Satzes ist, wodurch in verschiedenen Spr.n z. B. spezif. ↗ Infinitiv-Konstruktionen erzeugt werden, z. B. [*Hans verspricht* [*Hans kommt*]] → [*Hans verspricht* [*zu kommen*]]. Das Konzept der E. wurde in der ↗ Rektions-Bindungs-Theorie zugunsten einer Theorie über ↗ Kontrolle und ↗ Bindung aufgegeben.   F

Erbwort ↗ Erbwortschatz

Erbwortschatz (auch: heimischer Wortschatz, Kernwortschatz, nativer Wortschatz) Unter etymolog. Aspekt lässt sich der Wortschatz einer Spr. danach einteilen, ob die Wörter in histor. Zeit aus einer anderen Spr. übernommen wurden (↗ Lehnwörter i. w. S.) oder ob sie in allen Vorstufen der betreffenden Spr. bereits vorhanden waren (Erbwörter). Die Unterscheidung ist abhängig von der zeitl. Erstreckung der Beobachtung und vom etymolog. Forschungsstand. Frühe Entlehnungen im German. aus dem Kelt. können vom nhd. Standpunkt aus als Erbwörter angesehen werden (z. B. *Reich*). Für die ältesten Sprachstufen gilt wohl insgesamt, dass zum E. alles zählt, für das fremde Herkunft nicht nachgewiesen ist (z. B. *Pflug*). Der Begriff E. ist auch deshalb problemat., weil ältere Lehnwörter so assimiliert sein können, dass sie wie Erbwörter aussehen (z. B. *Mauer* < lat. *mūrus*), und weil Erbwörter gelegentl. Merkmale fremder Herkunft übernehmen (z. B. *Forelle*). Für die synchrone Betrachtung unter dem Aspekt phonet. oder graph. Regelhaftigkeit erscheint eine Unterscheidung in natives und nichtnatives Wörtern zweckmäßiger. **Lit.** E. Seebold, Etymologie. Mchn. 1981. – H. Birkhan, Etymologie des Dt. Ffm., N. Y. 1985. – O. Reichmann, Erbwortbezogene Wbb. im Dt. HSK 5, II, 1990, 1231–1241.   B

Ereignissemantik (engl. event semantics) Die Vertreter der E. verstehen im Anschluss an D. Davidson (1967) unter ›Ereignissen‹ unreduzierbare raumzeitl. Entitäten, auf die die Sprecher in ihren prädikativen Akten (i. d. R. implizit) referieren. Deshalb wird in die Bedeutungsrepräsentation verbaler ↗ Prädikate neben ihren nominalen ↗ Argumenten ein zusätzl. referentielles Ereignisargument *e* aufgenommen, das die Formalisierung zahlreicher satzsemant. Relationen erleichtert. So bildet es v. a. den intuitiv einleuchtenden Bezugspunkt für Proposi-

tionsadjunkte (temporale, lokale, instrumentale [u. a.]   ↗ Adverbiale) und   ↗ Nominalisierungen, z. B.: *Klaus hat sich gestern für seine Beleidigung bei mir entschuldigt*: $\exists e_1 \; \exists e_2$ [SICH ENTSCHULDIG ((klaus, bei sprecher, für e_2), e_1) & GESTERN (e_1) & BELEIDIG ((klaus, sprecher)), e_2) & VOR (e_2, e_1)]; oft auch mit Formalisierung der ↗ Theta-Rollen als ereignisbezogene Prädikate, z. B.: AGENS (klaus, e_1) »Klaus ist an e_1 als Agens beteiligt«. Ein Schwerpunkt der Forschung liegt in der systemat. Ausarbeitung des Ereignisbegriffs, aus dessen temporalen Spezifizierungen sich z. B. (im Anschluss an Vendler 1967) Kriterien für die Feinklassifizierung von Verben gewinnen lassen. Vgl. auch Rosengren 1992; ↗ Satzmodus. **Lit.** D. Davidson, The Logical Form of Actions Sentences (1967). In: Ders., Essays on Actions and Events. Oxford 1980, 105–122. – Z. Vendler, Linguistics in Philosophy. Ithaca 1967. – M. Krifka, Nominalreferenz und Zeitkonstitution. Mchn. 1989. – R. Eckardt, Adverbs, Events, and other Things. Tübingen 1998. – Dies., Event Semantics. In: F. Hamm & Th. E. Zimmermann (eds.), Semantics. Hamburg 2002, 91–127. – J. Higginbotham et al. (eds.), Speaking of Events. N. Y. 2000. – C. Maienborn (ed.), Event Arguments. Foundations and Applications. Tübingen 2005. – J. Dölling et al. (eds.), Event Structures in Linguistic Form and Interpretation. Bln. u. a. 2008.   RB

Ereignisverb Semant. bestimmte Subklasse der Verben, die unpersönl. konstruiert werden und Vorgänge ausdrücken, ohne dass die Rolle eines ↗ Agens sichtbar wird, z. B. *es dämmert, kracht, zieht, zischt*; ↗ Vorgangsverb, ↗ Witterungsverb.   G

Ereigniszeitpunkt ↗ Perceptual Center

Erfüllungsbedingungen ↗ Intention (6)

Ergänzung (auch: Mitspieler, Satellit) In der ↗ Valenzgrammatik diejenige syntakt. Einheit, die von der ↗ Valenz eines ↗ Valenzträgers betroffen ist (↗ Argument). Die Unterscheidung von valenzbedingten Ergänzungen und nicht valenzbedingten ↗ Angaben ist ein Grundproblem für die Valenzgrammatik, das in seinem Gewicht der Unterscheidung der Positionen von Konstituenten im X-Bar-Schema der TG analog ist. Sieht man von der Besonderheit des ↗ Spezifikators ab, so entsprechen die beiden im X-Bar-Schema verbleibenden Positionen des ↗ Komplements einerseits und des ↗ Adjunkts andererseits den Positionen der E. und der ↗ Angabe in der Valenzgrammatik. In praxi werden in der Valenzgrammatik zwei Bestimmungen für E. vorausgesetzt. E. eines Valenzträgers sind zum einen alle obligator. in der Umgebung dieses Valenzträgers auftretenden Nomina bzw. nominalen Wortgruppen. E. eines Valenzträgers sind zum anderen alle subklassenspezifisch (↗ Subklassenspezifik) in der Umgebung dieses Valenzträgers auftretenden syntakt. Einheiten. Als E. des Verbs sind damit zum einen Einheiten erfasst, die obligator., aber nicht notwendigerweise subklassenspezif. in der

Umgebung eines Verbs auftreten. Das ↗ Subjekt, bestimmte ↗ Lokalbestimmungen (z. B. *Er wohnt in Berlin*), vereinzelt ↗ Modal-, ↗ Temporal- und ↗ Kausalbestimmungen (z. B. *Er benimmt sich gut; Die Sitzung dauert lange; Es geschah aus Rachsucht*) sind obligator., aber nicht subklassenspezif. Zum anderen sind ↗ Objekte und ↗ Direktiva (Richtungsbestimmungen) Ergänzungen allein aufgrund ihrer Subklassenspezifik, also unabhängig davon, ob sie obligator. oder fakultativ in der Umgebung eines Verbs auftreten (z. B. *Er aß gerade einen Hering* ggü. *Er aß gerade; Er fiel ins Wasser* ggü. *Er fiel*). Mitunter wurde versucht, Valenz entweder allein aus der Obligatorik oder allein aus der Subklassenspezifik abzuleiten. So ist für G. Helbig der Gesichtspunkt der Obligatorik Ausgangspunkt der Definition der E. und damit der Valenz, für U. Engel dagegen die Subklassenspezifik (↗ Valenzgrammatik). E werden in unterschiedl. Weise untergliedert. Es wird zwischen obligator. und fakultativen E. unterschieden. Kriterium ist die Weglassbarkeit bei Aufrechterhaltung der ↗ Grammatikalität eines gegebenen Satzes. Da es gewisse Sonderbedingungen der Weglassbarkeit gibt, unterscheidet man absolut obligator. und relativ obligator. E. Als relativ obligator. werden solche E. bezeichnet, die unter best. kontextuellen Bedingungen wie Modalisierung und Kontrast weglassbar sind. Z. B. ist bei *schenken* die E. im Akk. obligator. und die E. im Dat. fakultativ, z. B. *Sie schenkt (ihm) Blumen*. Es ist jedoch auch möglich: *Er schenkt eben gern* (Modalisierung); *Er schenkt nie, sondern nimmt nur* (Kontrast). Bei den fakultativen E. ist zu unterscheiden zwischen indefinit weglassbaren E. (fakultative E. im engeren Sinne) und definit weglassbaren E. (fakultative E. aufgrund kontextueller Ellipse). Indefinit weglassbare E. sind E., die weglassbar sind, ohne dass die fehlende Information aus dem ↗ Kontext oder dem ↗ Situationskontext hervorgeht, z. B. *Er isst gerade* (als Antwort auf die Frage: *Was macht Emil?*). Definit weglassbar sind E., die unter der Bedingung weglassbar sind, dass die fehlende Information aus dem Kontext hervorgeht, z. B. *Ich bitte darum, dass du kommst* (= *Ich bitte dich darum, dass du kommst*). Gelegentl. wird auch von blockierten E. gesprochen, d. h. solchen, die zwar semant. vorausgesetzt, syntakt. aber nicht realisierbar sind. Z. B. sind bei *bestehlen* im Unterschied zu *stehlen* nicht drei, sondern nur zwei E. realisierbar. Die dritte E. ist blockiert, z. B. *Er hat ihm die Marmelade gestohlen* vs. *Er hat ihn bestohlen*.
Lit. ↗ Valenzgrammatik.   WK

Ergänzungsanschluss ↗ Additiver Anschluss
Ergänzungsbedürftigkeit ↗ Valenz
Ergänzungsfrage (auch: Bestimmungsfrage, Satzgliedfrage, W-Frage, Wortfrage. Engl. completive question, frz. interrogation partielle) ↗ Fragesatz, der in grammat. Hinsicht durch das Vorkommen eines W-Pronomens oder W-Adverbs gekennzeichnet

ist, z. B. *Wer kommt? Wo ist er?* E.n erfordern im Dt. Verb-Zweit-Stellung und Erststellung der W-Konstituente. In pragmat. Hinsicht erfordern sie eine Antwort, welche die durch die W-Konstituente gekennzeichnete Wissenslücke schließt (und nicht *Ja* oder *Nein* wie ↗ Entscheidungsfragen). E.n spielen für die Entwicklung moderner Grammatiktheorien eine wichtige Rolle, da die syntakt. und semant. Eigenschaften von W-Phrasen wichtige Rückschlüsse über generalisierbare grammat. Zusammenhänge zulassen (↗ W-Bewegung); ↗ Fragesatz.   F
Ergänzungsklasse Klassifizierung von ↗ Ergänzungen eines ↗ Valenzträgers hinsichtl. (a) ihrer Position in der syntakt. Struktur und (b) ihrer morpholog.-syntakt. Form bzw. ihrer Anaphorisierbarkeit (↗ Anaphorisch). Hinsichtl. der Position in der syntakt. Struktur spricht man von 1., 2., 3., … Ergänzung (auch E_1, E_2, E_3, …). Häufig wird damit nur auf die Zahl der Ergänzungen eines Valenzträgers Bezug genommen. Verschiedentl. ist jedoch implizit oder explizit eine Rangfolge der Ergänzungen im Spiel, analog zur Prädikatenlogik, wo man vom 1., 2., 3., … ↗ Argument spricht. Gemeint ist damit entweder eine Graduierung der Enge der Bindung an einen Valenzträger oder eine Rangfolge einer pragmat. Auszeichnung und entsprechend eine unterschiedl. ↗ Perspektivierung. Auch hinsichtl. der morpholog.-syntakt. Form der Ergänzungen verwendet man (z. B. H.-J. Heringer, U. Engel) Indizierungen: E_0, E_1, E_2, E_3, … E_n. Engel unterscheidet nach dem Kriterium der Anaphorisierbarkeit 10 E.: E_0 = Nom.ergänzung, Anapher: Pron. im Nom., E_1 = Akk.ergänzung, Anapher: Pron. im Akk., E_2 = Gen.ergänzung, Anapher: *dessen, deren*, E_3 = Dat.-ergänzung, Anapher: Pron. im Dat., E_4 = Präpositivergänzung, Anapher: *für ihn, dafür, auf ihn, darauf* usw., E_5 = Situativergänzung, Anapher: u. a. *da, so weit, so lange* (z. B. *Er wohnt in Kairo; Das Fest dauerte drei Tage*), E_6 = Direktivergänzung, Anapher: *da(hin), von da/dort*, E_7 = Subsumptivergänzung, Anapher: *so, es* (substantiv. Prädikatsnomen, z. B. *Meier ist mein Freund*), E_8 = Qualitativergänzung, Anapher: *so, solch-, es* (adjektiv. Prädikatsnomen, z. B. *Sonja ist durstig*), E_9 = Verbativergänzung, Anapher u. a.: *es (zu) tun, es (zu) sein, es (zu) geschehen* (Infinitivkonstruktionen und Nebensätze, die nicht mit anderen einfachen Ergänzungen kommutieren (↗ Kommutation), z. B. *Hannemann ließ die Kinder singen; Er vermutet, dass ich nicht aufgepasst habe*. H. Schumacher unterscheidet 8 E.: Nom.ergänzung (NomE), Akk.ergänzung (AkkE), Gen.ergänzung (GenE), Dat.ergänzung (DatE), Präpositionalergänzung (PräpE), Adverbialergänzung (AdvE), Prädikativergänzung (PrädE), Verbativergänzung (VerbE). **Lit.** H.-J. Heringer, Theorie der dt. Syntax. Mchn. ²1973. – U. Engel, Syntax der dt. Gegenwartsspr. Bln. ²1982. – H. Schumacher (Hg.), Verben in Feldern. Valenzwörterbuch zur Syntax und Semantik dt. Verben. Bln., N. Y. 1986.   WK

Ergänzungssatz ↗ Nebensatz

Ergänzungsstrich ↗ Bindestrich

Ergativ (griech. ἔργον (ergon) ›Tat, Werk‹) ↗ Kasus, mit dem in ↗ Ergativsprachen, das handelnde Subjekt (↗ Agens) ↗ transitiver Verben markiert wird; Gegenstück des E. ist dabei der ↗ Absolutiv, der sowohl das direkte Objekt (↗ Patiens) transitiver als auch das Subjekt ↗ intransitiver Verben markiert. Vgl. z. B. tscherkess. *l'əẑ̌ə-m č̌əyə-r əyä̌t'ə səy* ›der Greis (Erg., -m) pflanzte (tr.) den Baum (Abs., -r)‹ ggü. *š̌ə-r mǎzəm k'ʼᵒayǎ* ›das Pferd (Abs., -r) lief (intr.) in den Wald‹. Eine ergativische Sprachstruktur setzt nicht unbedingt das Vorhandensein eines eigenen Kasus E. voraus, sondern kann sich auch in anderen syntakt. (z. B. ↗ Wortstellung) oder morpholog. Ausdrucksmitteln manifestieren (z. B. personale ↗ Affixe). Entscheidend ist für Ergativität die gleiche Markierung des Patiens transitiver und des Subjekts intransitiver Verben. Häufig ist die Verwendung des E. auf bestimmte Klassen von Subjekten (z. B. belebte Wesen; ↗ Aktivsprache) oder gewisse, meist temporal fixierte Kategorien der jeweiligen Prädikatsverbs beschränkt (›gespaltene Ergativität‹); in solchen Fällen sind anstelle von E. Bezeichnungen wie *casus activus* oder ↗ Narrativ anzutreffen. In gewissem Ausmaß gestatten ↗ Ergativsprachen meist eine abgewandelte Satzkonstruktion, bei der das handelnde Subjekt in den E. in den Absolutiv tritt; ↗ Antipassiv, ↗ Genus verbi. **Lit.** F. Plank (ed.), Ergativity: Towards a Theory of Grammatical Relations. Ldn. 1979. – Ders. (ed.), Relational Typology. Bln. 1985. – R. M. Dixon, Ergativity. Cambridge 1994. – B. Primus, Cases and Thematic Roles: Ergative, Accusative, and Active. Tübingen 1999. **GP**

Ergatives Verb (auch: rezessives Verb) In GG-orientierten Arbeiten Bez. für Verben, deren Subjekt sich (mehr oder weniger genau) so verhält wie das Objekt ↗ transitiver Verben bezügl. einiger »Ergativparameter«, z. B. der Passivbildung, der Bildung des *sein*-Perfekts (im Perf. Aktiv »ergativisch«, im Perf. Passiv transitiv) und der Zulässigkeit des Part. Perf. in attributiver Funktion, z. B. *misstrauen, nützen, schmeicheln.* Die e. V. haben mit dem ↗ Kasus ↗ Ergativ systemat. nichts zu tun, weshalb die Bez. wenig befriedigend ist. **Lit.** B. Primus, Case and Thematic Roles – Ergative, Accusative and Active. Tübingen 1999 (bes. Kap. 4). **G**

Ergativparameter ↗ Ergatives Verb

Ergativsprache Sprachtyp der ↗ relationalen Typologie, bei dem die Distinktion der Aktanten transitiver Prädikationen in der Form geschieht, dass der mit Agens besetzte Aktant im ↗ Ergativ erscheint, z. B. im austral. Pitjantjatjara intransitiv *malu-∅ ŋataɳu* ›Das Känguruh stand‹, transitiv *wati-lu malu-∅ kulturu* ›Der Mann speerte das Känguruh‹ (Absolutiv) vs. *malu-lu wati-∅ pirinu* ›Das Känguruh zerkratzte den Mann‹ (Ergativ). Unter E. werden Spr. mit sehr unterschiedl. Markierungssystemen subsumiert, da die Ergativmarkierung in vielen Spr. mit anderen Markierungen formident. ist und so die semant. oder funktionale Motivation variiert; z. B. liegt in austral. Spr. oft Formidentität zwischen den Kasusmarkierungen Ergativ und ↗ Instrumental vor, in Maya-Spr. zwischen Ergativpronomen und Possessivpronomen. Häufig anzutreffen ist auch sog. Split-Ergativität; in vielen austral. E. erfolgt so bei Personalpronomina die Markierung nach dem Muster von Nominativspr. In einigen E. gibt es bei trans. Verben Umformungen, bei denen das Agens nicht im Ergativ, sondern im Absolutiv steht (sog. Antipassiv). E. sind weltweit verbreitet; ↗ Australische Sprachen, ↗ Maya-Sprachen, ↗ Kaukasische Sprachen, in Europa ↗ Baskisch. **Lit.** R. M. W. Dixon (ed.), Studies in Ergativity (= Lingua, 71). Amsterdam 1987. – R. M. W. Dixon, Ergativity. Cambridge 1994. – Chr. D. Manning, Ergativity. Argument Structure and Grammatical Relation. Stanford 1996. **D**

Ergebenheitsname ↗ Devotionsname

Ergon ↗ Energeia

Erikativ ↗ Inflektiv

Erkenntnistheorie ↗ Epistemologie

Erkennungsgrammatik (auch: Analysegrammatik, Identifikationsgrammatik, Rekognitionsgrammatik. Engl. recognition grammar) Die E. analysiert Sätze (bzw. Äußerungen, Texte) und ordnet ihnen Strukturbeschreibungen zu, mit deren Hilfe man sie verstehen kann; sie steht damit im Kontrast zu ↗ Erzeugungsgrammatiken wie der ↗ GG, die in der Lage sind, grammat. Sätze zu erzeugen. Engel (2009) sieht in der Entscheidung zwischen E. und Erzeugungsgrammatik eine der wesentl. Weichenstellungen für eine Beschreibung der Grammatik einer Sprache; als weitere Weichenstellungen gelten präskriptiv vs. ↗ normativ und ↗ aszendent vs. deszendent. – Bereits G. von der Gabelentz postulierte zwei grammat. Systeme, die sich von der zeitgenöss. Einteilung in Formenlehre und Syntax deutl. unterschieden: In einem analyt. System werden die »Spracherscheinungen durch Zerteilung« erklärt, in einem synthet. System wird gelehrt, »die grammat. Mittel zum Aufbaue der Rede zu verwerthen«. Diese Unterscheidung wird oft in schul. Lehrplänen reflektiert: Orientiert sich der muttersprachl. Unterricht an einer E., basiert der fremdsprachl. Unterricht prinzipiell auch auf Erzeugungsgrammatiken. – Da eine E. gut als Algorithmus darstellbar ist, besteht eine grundsätzl. Nähe zur ling. Datenverarbeitung. Ein solcher Algorithmus beginnt mit der Identifikation der Wortformen eines Satzes, ihrer Zuordnung zu Lexikoneinträgen, der daraus folgenden grammat. Kategorisierung im Satz durch morpholog. Merkmale und der Bildung von Syntagmen, die am Ende einen grammat. Satz ergeben. **Lit.** U. Engel, Syntax der dt. Gegenwartsspr. Bln ⁴2009. – G. von der Gabelentz, Weiteres zur vergleichenden Syntax – Wort und Satzstellung. Zs. für Völkerpsychologie und Sprachwiss. 8, 1875, 129–165. **RL**

Erklärungsadäquatheit ↗ Adäquatheit

Erlebte Rede (engl. semi-indirect speech, frz. discours (style) indirect libre) E. ist neben dem inneren Monolog eine der Möglichkeiten zur Wiedergabe von Gedanken einer handelnden Person in Prosatexten. Im Ggs. zum inneren Monolog erfolgt die Wiedergabe innerer Vorgänge und unausgesprochener Gedanken durch die sie erlebende Person in der 3., nicht in der 1. Person. Weitere Merkmale sind die Umformung von Tempora gemäß der Erzählerperspektive: Präsens und Perfekt werden durch Präteritum bzw. Plusquamperfekt, Präsens und Futur I mit Zukunftsbezug meist durch die *würde*-Form wiedergegeben. Nicht umgeformt werden Indikativ und Konjunktiv sowie Angaben, die sich auf Raum und Zeit beziehen, ↗ direkte Rede, ↗ indirekte Rede. **Lit.** M. von Roncador, Zwischen direkter und indirekter Rede. Tübingen 1988.   SL

Erminonisch ↗ Elbgermanisch, ↗ Istväonisch

Ermländisch ↗ Niederpreußisch

Erotema ↗ Fragesatz

Ersatzdehnung (engl. compensatory lenghtening, frz. allongement compensatoire) Kompensator. Längung eines Vokals in der Folge des Schwundes eines unmittelbar benachbarten Kons. Die Motivation wird im Erhalt der Silbenquantität gesehen. Im Germ. entstanden Langvokale mit Ausfall von [ŋ] vor velarem Frikativ, z. B. ahd. *brāht-* < *branht-* zu *bringan.* Im As., Ags. und Fries. findet sich E. nach Nasalschwund auch vor den anderen Frikativen, z. B. as. *ūs* < germ. *uns.* Im Frz. entstanden Langvokale durch [s]-Schwund, z. B. in *fenêtre* < *fenestre.*   GR

Ersatzinfinitiv Bez. des Umstands, dass die dt. ↗ Modalverben (und einige Vollverben, z. B. *hören, fühlen, helfen, sehen*) in Konstruktionen mit einem finiten Vollverb in den analyt. gebildeten Tempusformen anstelle des Part. II den Infinitiv (in Letztstellung) fordern, z. B. *sie hat kommen wollen, er hat fahren müssen, sie hat das kommen sehen.* In der Alltagssprache wird der E. nicht selten durch eine normwidrige Partizipialbildung ersetzt, z. B. *sie hat gehen gewollt, er hat fahren gemusst.*   G

Ersatzprobe ↗ Austauschprobe

Ersetzungsgrammatik ↗ Erzeugungsgrammatik

Ersetzungsprobe ↗ Austauschprobe

Ersetzungsregel (auch: Erzeugungs-, Expansions-, Formations-, Konstituentenstruktur-, Phrasenstruktur-, Produktions-, Verknüpfungs-, Verzweigungsregel. Engl. rewriting rule, frz. règle de réécriture) In der GG Regeltyp der Form A → B₁ … Bₙ, wobei der Pfeil bedeutet, dass das links von ihm stehende Symbol durch die rechts von ihm stehenden zu ersetzen ist. E.n sind als Strukturbäume darstellbar, wobei der Pfeil Verzweigungen im ↗ Strukturbaum repräsentiert. Man unterscheidet zwischen kontextfreien E.n (siehe Beispiel) und kontextsensitiven E.n; Letztere spezifizieren eine Umgebung für die Ersetzung. E.n

bilden eine Komponente des Viertupels zur Definition einer ↗ Chomsky-Grammatik.   F

Erste Lautverschiebung ↗ Grimmsches Gesetz, ↗ Vernersches Gesetz

Erste Vergangenheit Veraltete Bez. für das ↗ Präteritum.   G

Erster Fall Veraltete Bez. für ↗ Nominativ.   G

Erstschreiben ↗ Schreibenlernen

Erstschrift ↗ Schulschrift

Erstsprache (Abk. S1) Die erste Spr., die ein Kind erwirbt. Dieser Begriff setzt potentielle Mehrsprachigkeit voraus, d. h. die Spezifizierung einer aus mehreren (möglicherweise später zu erwerbenden) Spr. als der zuerst gelernte oder in der »Sprachbiographie« eines Menschen bedeutsamste Spr. Mit dem Gebrauch des Begriffs E. vermeidet man die wissenschaftsgeschichtl. bedingten Konnotationen des Begriffs ↗ Muttersprache, der in der älteren Fachliteratur häufig mit einer negativen Bewertung früher Mehrsprachigkeit verbunden ist.   AN

Erstspracherwerb ↗ Spracherwerb

Erststellung ↗ Feldgliederung, ↗ Grundwortstellung, ↗ Spitzenstellung

Ertaubung (engl. acquired deafness) ↗ Hörschädigung, die nach der Spracherwerbsphase eingetreten ist. Im Ggs. zu ↗ kongenital oder ↗ prälingual ↗ Gehörlosen haben demgemäß Ertaubte mit der eigentl. Sprachkompetenz weniger Probleme. Ihr Problem ist vielmehr der plötzl. Zusammenbruch vormals selbstverständl. funktionierender Kommunikation und Interaktion und die daraus folgenden psychosozialen Leiden, die sich in ihrer Dramatik über Beethovens Ertaubungsprozess nachvollziehen lassen. So weisen im Erwachsenenalter Ertaubte im Vergleich zur Normalpopulation eine um das Zehnfache über dem normalen liegende Selbstmordrate und ebenso überdurchschnittl. häufig psychosomat. Erkrankungen auf. Das Schwergewicht der rehabilitativen Maßnahmen liegt deshalb bei Ertaubten neben Ablesetraining und Einübung manueller, die Lautspr. unterstützender Zeichensysteme wie ↗ Handalphabete und Gebärden (↗ Gebärdensprache) auf der Wiederherstellung der psychosozialen Identität durch Entwicklung einer bewussten Einstellung zur eigenen Hörbehinderung. Verbesserte Rehabilitationschancen für Ertaubte bietet heute das Cochlea Implantat; ↗ Hörschädigung. **Lit.** O. Biemann, U. Hase & P. Heeg, Erfahrungen aus der Rendsburger Rehabilitation für Hörgeschädigte. In: H. H. Frerichs, K.-B. Günther & J. M. H. Neppert (Hgg.), Perspektiven in der Schwerhörigenpädagogik. Hörgeschädigtenpädagogik, Beiheft 41. Heidelberg 1997, 23–45. – M. v. Heusinger, Hörglück mit dem CI und Hörbehindert bleiben. In: hörgeschädigte kinder – erwachsene hörgeschädigte 40, 2003, 135–142. – M. Gutiérrez, Mit Beethovens Ohr gehört. Ein musikal. Hörstück über Beethovens E. – Beethoven's Deafness in Words and Music. Audio-CD. Beethovenhaus Bonn, 2004/04.   GT

Erweichung ↗ Palatalisierung

Erweiterte Standardtheorie (engl. Extended Standard Theory, Abk. EST, frz. théorie standard étendue, Abk. TSE) Bez. für die in der Folge von Chomsky, Aspects (= Standardtheorie, Abk. ST) entworfene Entwicklungsstufe der GG und Vorstufe der Revidierten Erweiterten Standardtheorie (↗ REST) und der ↗ Rektions-Bindungs-Theorie. Hauptkennzeichen der EST sind (a) die Einf. von ↗ Beschränkungen für transformationelle Regeln, (b) die ggü. der ST veränderte Auffassung von semant. Interpretation, die sich nunmehr sowohl auf die Tiefen- als auch auf die ↗ Oberflächenstruktur bezieht, (c) die ↗ lexikalistische Hypothese für Wortbildungsprozesse, (d) die Generalisierung von Phrasenstrukturen mittels der ↗ X-Bar-Theorie. Wie Chomsky (2005) betont, markiert die EST den Beginn der Entwicklung von Modellen der GG, welche grundsätzl. Eigenschaften natürl. Spr. *nicht* angemessen erfassen (↗ Adäquatheit), da sie auf ineffiziente Mechanismen (wie diverse Sprach-Ebenen, die Hinzufügung bzw. Tilgung von Elementen u. a.) zurückgreifen. **Lit.** N. Chomsky, Remarks on Nominalization. In: R. A. Jacobs & P. S. Rosenbaum (eds.), Readings in English Transformational Grammar. Waltham, Mass. 1970, 120–221. – Ders., Studies on Semantics in Generative Grammar. Den Haag 1972 [Dt.: Studien zu Fragen der Semantik. Ffm. 1978]. – R. S. Jackendoff, Semantic Interpretation in Generative Grammar. Cambridge, Mass. 1972. – Ders., Three Factors in Language Design. LIn 36, 2005, 1–22. – J. R. Ross, Constraints on Variables in Syntax. Cambridge, Mass. 1967 [erschienen als: J. R. Ross, Infinite Syntax. N. Y. 1981]. F

Erweiterter Infinitiv ↗ Infinitivkonstruktion

Erweitertes Partizip ↗ Partizipialgruppe

Erworbene Sprachstörung (engl. (acquired) language disturbance/disorder) Im Unterschied zu den ↗ Sprachentwicklungsstörungen beruhen die E. auf nach der elementaren ↗ Spracherwerbsphase eingetretenen zentralen Schädigungen oder Dysfunktionen. Seit Brocas richtungsweisenden Beobachtungen vor 145 Jahren geht man von einer genet. angelegten und damit auch für ↗ Sprachentwicklungsstörungen zutreffenden Spezialisierung der beiden Hirnhälften (Lateralisierung) aus, d. h. dass sprachl. Prozesse und Funktionen primär bei linksseitigen Verletzungen beeinträchtigt sind, während sie bei rechtsseitigen Schädigungen weitgehend intakt bleiben. Trotz zwischenzeitl. Differenzierungen dieser globalen Vorstellung ist das Grundprinzip der Hemisphärendominanz immer wieder durch Untersuchungsbefunde bestätigt worden, so auch für die ↗ Gebärdensprache Gehörloser. Je nach Lokalisation und Ausmaß der Verletzungen des ↗ Gehirns können unterschiedl. Ebenen, Funktionen und Modalitäten mit entsprechend unterschiedl. Störungsbildern (↗ Aphasie, ↗ Alexie, ↗ Agnosie u. a.) betrof-

fen sein, die z. B. durch die Nutzung intakt gebliebener Bereiche therapeut. restituiert werden können. **Lit.** A. R. Luria, Das Gehirn in Aktion. Einführung in die Neuropsychologie. Reinbek 1992. – S. P. Springer & G. Deutsch, Linkes Gehirn rechtes. Funktionelle Asymmetrien. Heidelberg ⁴1998. – J. Tesak, Geschichte der Aphasie. Idstein 2001. – W. Hartje & K. Poeck (Hgg.), Klin. Neuropsychologie. Stgt., N. Y. ⁵2002. – P. Halligan, U. Kischka & J. C. Marshall (eds.), Oxford Handbook of Clinical Neuropsychology. Oxford 2002. GT

Erźa ↗ Mordvinisch

Erzählzeit H. Weinrich unterteilte – in einer umstrittenen Einteilung – die Tempora nach ihrer Funktion in solche, die der »erzählten Welt« zuzuordnen seien, d. h. das Erzählte als Fiktion darstellen, und solche, die der »besprochenen Welt« zuzuordnen seien, d. h. das Erzählte als nichtfiktional darstellen. Nach dieser binären Unterscheidung gehört das dt. Präteritum zur ersten Gruppe, das Präsens und das Futur dagegen zur zweiten. KE

Erzen ↗ Anredeformen

Erzeugungsgrammatik (auch: Ersetzungsgrammatik, Produktionsgrammatik) Bez. für grammat. Regelsysteme, die im Ggs. zu ↗ Erkennungsgrammatiken auf dem Prinzip basieren, alle wohlgeformten Sätze einer best. Spr. zu ›erzeugen‹. Für natürl. Spr.n konzipierte E.en gehören zur Klasse der ↗ Chomsky-Grammatiken. **Lit.** ↗ Chomsky-Grammatik. F

Erzeugungsregel ↗ Ersetzungsregel

Eschatokoll ↗ Diplomatik

Ese'ejja ↗ Pano-Takana-Sprachen

Eselssatz (engl. donkey sentence) Aufgrund von Beispielen mittelalterl. Logiker so benannter Typ von Konditionalsätzen, in dem im Vordersatz indefinite Nominalphrasen stehen, die im Nachsatz anaphor. aufgenommen werden, z. B. *Wenn ein Bauer einen Esel besitzt, schlägt er ihn* (= konditionaler E.), *Jeder Bauer, der einen Esel besitzt, schlägt ihn* (= relativer E.). Verglichen mit ihrer natürlich-sprachl. Bedeutung stellen E. besondere Anforderungen an formal-log. Rekonstruktionen, die zu Weiterentwicklungen formal-semant. Theorien führten; ↗ Dynamische Semantik, ↗ Bindungstheorie. **Lit.** ↗ E-Type-Pronomen. F

Eskimo Isolierte Spr., ↗ Eskimo-aleutische Sprachen. Sprachgebiet: Ostsibirien, Alaska, Nordkanada, Grönland (dort mit offiziellem Status); Karte ↗ Nordamerikanische Sprachen, ↗ Paläoasiatische Sprachen, beide im Anhang. Ca. 105 000 Sprecher, mehrheitl. zweisprachig (Engl., Russ., Dän.). Hauptdialekte sind Yup'ik (östl.) und Inuit (westl.). Im 19. Jh. lat. Verschriftung in Grönland, 1937 kyrill. Verschriftung in der UdSSR. Autochthone Schrifterfindungen (19. Jh.) sind die piktograph. ↗ Alaskaschrift und eine auf das ↗ Cree-Syllabar zurückgehende Silbenschrift, die heute in Québec verwendet wird. G

Eskimo-aleutische Sprachen Isolierte Sprach-
gruppe, bestehend aus dem ↗ Eskimo und dem
Aleut., das auch den ↗ paläoasiatischen Sprachen
zugerechnet wird; Karte ↗ Nordamerikanische Spra-
chen, ↗ Paläoasiatische Sprachen, beide im Anhang.
Agglutinierend-polysynthet.   Bau,   Wortstellung
SOV. Die Wort- und Formenbildung erfolgt durch
Serien von Suffixen, syntakt. Basis sind Ergativ und
Absolutiv. Die Unterscheidung der Wort- von der
Satzkategorie ist problemat. **Lit.** I. Reed et al.,
Yup'ik Eskimo Grammar. Fairbanks 1977. – M.
Fortesque, West Greenlandic. Ldn. 1984. – B. Basse
& K. Jensen (eds.), Eskimo Language. Their Pre-
sent-Day Conditions. Aarhus 1979. – K. Bergsland
& M. Dirks, Atkan Aleut School Grammar. Ancho-
rage 1981. – E. Nowak, Inuktitut. Mchn. 2008. –
J. H. Holst, Einf. in die e.-a. Sprachen. Hamburg
2005. **SSG** Staats- und Universitätsbibliothek Ham-
burg (18).   G
ESL ↗ Englisch als Zweitsprache
Esmeralda ↗ Südamerikanische Indianersprachen
Esozentrische   Konstruktion   ↗ Endozentrische
Konstruktion
Esperanto n. 1887 von dem poln. Arzt Ludwig L.
Zamenhof (1859–1917) unter dem Pseudonym
Dr. Esperanto (›der Hoffende‹) veröffentl. ↗ Plansprachenprojekt. Verbreitung heute weltweit. Schätzungen der Zahl der Sprecher schwanken zwischen
0,5 und 8 Mio., sämtl. zwei- oder mehrsprachig.
Maßgebl. Sprachplanungsinstitution ist *Akademio
de Esperanto* (gegr. 1908). E. basiert v. a. auf roman. und german. Grundlagen. Einfache phonolog.
und Silbenstruktur (Akzentstelle: paenultima), einfache Wortbildungs- und Flexionsschemata (10 Präfixe, 27 Suffixe), z. B. zur Negation *mal-, ne-, sen-,
de-* (z. B. *malgrandurba* ›kleinstädtisch‹, *malsatmi-
sero* ›Hungersnot‹, *malvirgiĝi, deflori* ›entjungfern‹,
nefumanto ›Nichtraucher‹, *senkulpeĉo* ›Unschuld‹,
deturni ›abwenden‹). Die produktiven Wortklassen
sind durch Suffixe markiert (Subst. *-o*, Adj. *-a*, Vb.
(Inf.) *-i*, Adv. *-e*). Syntakt. Relationen sind v. a.
durch Wortstellung ausgedrückt. Phraseologismen
orientieren sich meist an den Ausgangsspr., z. B.
kiam kato promenas, la musoj festenas ›wenn die
Katze aus dem Haus ist, tanzen die Mäuse‹. Phonograph. orientierte Graphie, z. B. *gvidi* < frz. *guider*
›führen‹, *gajni* < frz. *gagner* ›gewinnen‹, *buljono* <
›Bouillon‹, *akso* ›Achse‹, *histera* ›hysterisch‹, *kata-
ro* ›Katarrh‹. Reiche Übers.- und Originalliteratur.
Lit. L. L. Zamenhof, Fundamenta Krestomatio de la
lingvo E. (Nachdruck der 17. Aufl.). Rickmans-
worth 1969. – P. Janton, Einf. in die Esperantologie.
Hildesheim, N. Y. 1978. – A. D. Atanasov, La ling-
va esenco de E. Rotterdam 1983. – Th. Bormann &
W. Schwanzer (Hgg.), E. – ein Jahrhundertwerk.
Bad Hersfeld 1987. – D. Willkommen, E.-Gram-
matik. Hamburg ²2007. – M. Sikosek, Die neutrale
Spr. Eine polit. Geschichte des E.-Weltbundes.
Bydgoszcz 2006.   G

Esperanto-Bewegung Die Verbreitung des ↗ Esperanto wird durch 56 nat. (1986) und internat. Verbände (z. B. *Universala Esperanto-Asocio*, gegr.
1905, jährl. Kongresse) betrieben. Die E.-B. verfolgte von Beginn an auch polit. Ziele (internat.
Verständigung, Festigung des Friedens, Abbau von
Vorurteilen) und war von pazifist., kosmopolit. und
z. T. sozialist. Grundströmungen geprägt. In den
1920er Jahren Spaltung in einen linken (»Arbeiter-
Esperantisten«) und einen »bürgerl.« Flügel, dennoch in der Zwischenkriegszeit eine polit. Kraft. In
Hitlerdeutschland und in der UdSSR (1938–1956)
verboten, blieb sie im ehemaligen sozialist. Lager,
wo mitgliederreiche Esperanto-Verbände arbeiteten,
des Pazifismus verdächtig. Im dt. Sprachraum erreichte sie nach dem 2. Weltkrieg keine große Bedeutung mehr. Dokumentationsstelle zur Geschichte
der E.-B. im *Internat. Esperanto-Museum* in der
Österr. Nat.bibliothek. Wien. **Lit.** Z. Adam, Historio
de Esperanto, 1887–1912. Varsovio (Warschau)
1979. – M. Dúrnova, Sociologia esploro de sintenoj
al Esperanto. Prag 1981. – P. G. Forster, The Esperanto Movement. Den Haag, N. Y. 1982. – U. Lins,
La danĝera lingvo. Studio pri la persekutoj kontraŭ
Esperanto [Die gefährliche Spr. Studien zur Verfolgung des Esperanto]. Gerlingen 1988.   G
Essentiell ↗ Akzidentiell
Essiv (lat. esse ›sein‹) ↗ Kasus z. B. in finnougr. Spr.
mit der Kasusbedeutung ›Vorhandensein, Existieren‹, z. B. Finn. {-na}, {-nä}, *naisena* ›als Frau‹,
miehenä ›als Mann‹; ↗ Adverbialis.   G
EST ↗ Erweiterte Standardtheorie
Estnisch (Eigenbez. Eesti. Engl. Estonian) ↗ Uralische (finn.-ugr.) Sprache, ca. 1,1 Mio. Sprecher,
überwiegend in der Republik Estland, die übrigen
in Russland (orthodoxe Minderheit der Setukesen in
der Gegend von Pskow u. a.), Schweden, Nordamerika, Australien; Karte ↗ Europäische Sprachen, im
Anhang. In sowjet. Zeit fungierte in Estland neben
E. auch Russ. als Amtsspr. Älteste e. Texte aus dem
16. Jh., vollständige Bibelübersetzung 1739. Bis ins
19. Jh. bildeten das Nordestn. (Spr. von Tallinn/Re-
val) und das Südestn. (Spr. von Tartu/Dorpat) verschiedene Schriftspr., die starke Einflüsse des Dt.
(Ndt. und Hdt.) aufweisen. Entfaltung einer einheitl.
Schriftspr. auf der Basis der Zentralmundart des
Nordestn. unter Einbeziehung der Volksspr. erst
seit dem 19. Jh. im Zusammenhang mit der von
Finnland beeinflussten nat. Bewegung. Bestrebungen der Gelehrten E. Gesellschaft (Gründung 1838)
für die Gleichstellung des E. als Amts- und
Schulspr. neben dem Dt. und Russ. Bis ins 20. Jh.
andauernder Prozess der Normierung und Sprach-
erneuerung. **Lit.** Ö. Lavotha, Kurzgefaßte estn.
Grammatik. Wiesbaden 1973. – V. Tauli, Standard
Estonian Grammar I, II. Uppsala 1973, 1983. – M.
Erelt (ed.), Estonian Language. Tallinn 2003. – C.
Hasselblatt, Grammatisches Wörterbuch des Estni-
schen. Wiesbaden 2008.   SR

Estremenho ↗ Portugiesisch
Etablierung In der ↗ Sprachkontaktforschung mitunter Bez. für die ↗ Integration von ↗ Lehngut.   G
Étalonsprache (frz. étalon [eta'lõ] ›Eichmaß, Standard‹) Von B. A. Uspenskij angenommene abstrakte Bezugssprache für sprachtypolog. Vergleiche. Die É., die Uspenskij konstruiert, beruht auf den vier Grundwortarten A (für: Adjektiv), N (für: Nomen), V (für: Verb) und Adv (für: Adverb). Über diesem Grundvokabular werden sog. Äquivalenzregeln formuliert: (Ét-1) AN ↔ N, (Ét-2) NN ↔ N, (Ét-3) NV ↔ V, (Ét-4) VN ↔ V, (Ét-5) AdvV ↔ V, (Ét-6) NA → A, (Ét-7) AdvV → A. Eine Typologie der natürl. Spr. kann man auf dieser Grundlage aufbauen, indem man für jede Spr. L Transformationsregeln (oder: Entsprechungsregeln) formuliert, die die É. in die Spr. L überführen. Eine Spr., für die Uspenskij annimmt, sie unterscheide Adverbien nicht von Adjektiven, z. B. Dän., wohl auch Dt., ergeben sich die Äquivalenzregeln. (Dä-1) AN ↔ N, (Dä-2) NN ↔ N (Dä-3) NV ↔ V, (Dä-4) VN ↔ V, (Dä-5) AV ↔ V, (Dä-6) NA ↔ A, (Dä-7) AV ↔ A. Für das Arab. nimmt Uspenskij an: (Ar-1) NN ↔ N, (Ar-2) VN ↔ V, (Ar-3) NV ↔ V. – Während Uspenskij die É. sowie alle daraus abgeleiteten Sprachen in dependenz- und determinationsgrammat. Stil konzipiert hat (mit simultaner Auszeichnung von Verb und nominativ. Nomen), überträgt S. K. Šaumjan die Idee einer É. auf Systeme, die in kategorialgrammat. Weise konstruiert sind. **Lit.** B. A. Uspenskij, Principles of Structural Typology. The Hague 1968. – S. K. Šaumjan, Strukturale Ling. Mchn. 1971.   T
Etazismus Nach dem griech. Buchstaben η (ēta) in der griech. Grammatik Bez. für die Aussprache des altgriech. η als [e:] ggü. dem ↗ Jotazismus. Die Aussprache von η schwankte in einzelnen Dialekten des ↗ Altgriechischen zwischen [e:] und [i:] bis ca. zum 3. Jh. u. Z. **Lit.** ↗ Jotazismus.   F
Eteokretisch ↗ Pelasgisch
Eteokyprisch ↗ Pelasgisch
Ethischer Dativ ↗ Dativus ethicus
Ethnogenese f. (griech. ἔθνος (ethnos) ›Volk‹, γένεσις (genesis) ›Entstehung‹) Entstehung einer (nach verschied. Kriterien) eingrenzbaren, sich selbst als solche definierenden ethn. Einheit, eines Volkes (im 20. Jh. z. B. die Israelis, die Indonesier, mittelasiat. Turkvölker). Bei der E. ist das Merkmal der gemeinsamen Spr. meist von zentraler Bedeutung.   G
Ethnographie der Kommunikation Anstelle des (älteren) Terminus *Ethnographie des Sprechens* (D. Hymes) in der ↗ Soziolinguistik gebräuchlich, um das Verhältnis von Spr. zu der Gesamtheit außerspachl. Faktoren zu charakterisieren, die die soziale Basis der Kommunikation bildet, d. h. alle Faktoren, die zum Verstehen des Funktionierens eines Interaktionsvorganges bedeutsam sind, wobei die sprachl. Interaktion im Zentrum des Beschrei-

bungsinteresses steht. In der früheren Bezeichnung ist das Wort *speaking* ›Sprechen‹ ein ↗ Akronym für diese den Kommunikationsprozess beeinflussenden Faktoren: *Setting* (S) als konkrete Angaben zu Zeit und Ort, an denen ein Sprechereignis stattfindet; *Participants* (P) bezieht sich auf die beteiligten Personen; *Ends* (E) bezieht sich auf die (sozialen) Ziele und Resultate eines Sprechereignisses; *Act sequence* (A) steht für die Form und den Inhalt des Gesagten: die benutzten sprachl. Formen, ihre Verwendung und ihren Zusammenhang mit einem Thema; *Key* (K) bezieht sich auf die Art und Weise, wie etwas gesagt wird, wobei nonverbale Verhaltensweisen (↗ Gestik, Körperhaltung, ↗ Mimik etc.) eine Rolle spielen können; *Instrumentalities* (I) beziehen sich auf die Wahl des Kommunikationskanals (mündl., schriftl., telegraf. u. a., weiterhin auf die gewählte Sprache, Varietät oder Dialekt etc.); *Norms of interaction and interpretation* (I) beziehen sich auf (kultur-)spezif. Verhaltensweisen und deren Interpretation durch Außenstehende (z. B. Lautstärkenormen, Schweigen, Blickkontakt (↗ Augenkommunikation) usw.); *Genre* (G) bezieht sich auf die ↗ Textsorte: Gedicht, Gebet, Vorlesung, Gebrauchsanweisung usw. Das Akronym *speaking* soll den Rahmen für die Beschreibung von sprachl. Tätigkeit bezeichnen und alle Aspekte sprachlich-kommunikativen Verhaltens in einer sozialen Gruppe einschließlich der angewandten Methoden charakterisieren, die notwendig sind, um Regelhaftigkeiten aufzudecken. Spr.variation kann nach Alter, Geschlecht, sozialem Status, funktionaler Rolle usw. differenziert werden. Indem die sprachl. Repertoires von Sprechern analysiert werden, werden auch die sozialen Markierungen durch Spr. freigelegt. Beschreibungen anderer Kulturen im Sinne der E. d. K. beinhalten schwerpunktmäßig empir. ↗ Feldforschung und die ständige Überprüfung der Gültigkeit der Wahrnehmungen des Feldforschers selbst im Vergleich mit den Anschauungen der zu untersuchenden Gruppe. Dabei ist der Ansatz der E. d. K. phänomenolog. Natur. Eine zentrale Aufgabe besteht darin, die einer Kultur zugrundeliegenden Regeln des angemessenen Sprachgebrauchs zu entdecken und zu formulieren und die Kulturspezifik des kommunikativen Verhaltens von ↗ Sprachgemeinschaften aufzuzeigen. Untersucht werden routinisierte Redeformeln (wie man grüßt, sich bedankt, jemanden anredet), rituelle und zeremonielle Sprechakte (wie man Geschichten erzählt, wie man Witze macht). In diesem Sinne ist die E. d. K. interkulturell. **Lit.** R. Bauman & J. Sherzer, Explorations in the Ethnography of Speaking. London 1975. – D. Hymes, The Ethnography of Speaking. In: T. Gladwin & W. C. Sturtevant (eds.), Anthropology and Human Behavior. Washington 1962, 13–53. – M. Saville-Troike, The Ethnography of Communication: An Introduction. Oxford 1982. – J. J. Gumperz & D. Hymes (eds.), Directions in Sociolinguistics: the Ethnography of Communication. N. Y. 1972. – M. Saville-Troike, The Ethnography of Speaking. HSK 3, I, 660–671.   R

Ethnolinguistik (auch: Makrolinguistik, Metalinguistik) Interdisziplinärer Arbeitsbereich von Ling. und Ethnologie, in dem Interrelationen zwischen sprachl. und nichtsprachl. Verhalten und kulturellen Spezifika, die oft auf ethn. Traditionen beruhen, untersucht werden. In der Ling. eine Richtung, die auf W. von Humboldt zurückgeführt werden kann und in der Sprachinhaltsforschung (L. Weisgerber) bis in die 1970er Jahre weiterbestand (↗ inhaltbezogene Grammatik, ↗ Zwischenwelt). In der ↗ Soziolinguistik eine Richtung, die sich mit der Beschreibung von ↗ natürlichen Sprachen (im Ggs. zu ↗ Kultursprachen) befasst, unter Einschluss der sozialen Bedingungen, auf denen sprachl. Äußerungen beruhen. Dabei überlappen sich Ethnologie, Anthropologie (Ethnosemantik), Soziologie und Ling.; ↗ Sapir-Whorf-Hypothese, ↗ linguistischer Determinismus. Die E. i. w. S. hat besonders in den USA Untersuchungen zu Sprache und Kultur der ethn. Minderheiten hervorgebracht und so zur gesellschaftl. Integration dieser Minderheiten beizutragen versucht; ↗ Ethnographie der Kommunikation, ↗ Ethnomethodologie, ↗ Anthropologische Sprachwissenschaft. R

Ethnomethodologie Richtung der amerikan. Soziologie, die die Entwicklung der ling. ↗ Konversationsanalyse beeinflusst hat. Als Begründer gelten A. Cicourel (1964) und H. Garfinkel (1967), die sich wiederum auf Begriffe des Philosophen A. Schütz beziehen. Die E. ist ein Forschungsprogramm, das sich mit den Methoden der Konstitution sozialer Wirklichkeit und sozialer Ordnung im Alltagshandeln der Gesellschaftsmitglieder befasst (Streeck 1987),»an organizational study of a member's knowledge of his ordinary affairs, of his own organized enterprises, where that knowledge is treated by us as part of the same setting that makes it orderable« (Garfinkel 1976, 18). Die E. übt Kritik an sämtl. empir. Methoden der klass. Soziologie. Sie will die vorwiegend deduktiven und quantitativen Techniken soziolog. Forschung (Schwerpunkt auf allgemeinen Fragen der Sozialstruktur) ersetzen durch Techniken und Methoden, wie sie von den Leuten selbst in der sozialen (und sprachl.) Interaktion im Alltagsleben verwandt werden: wie Individuen Erfahrungen machen, Sinn konstituieren und über ihre Alltagserfahrungen berichten. Die E. will Phänomene des Alltagslebens als Prozess der alltägl. Sinnkonstitution erfassen und herausfinden, was Mitglieder einer Gemeinschaft regelgerichtet benutzen, um ihre soziale Welt zu konstruieren. Ihre Daten bestehen deshalb aus dokumentar. Aufzeichnungen natürl. Gespräche und deren Transkription. Ziel der Analyse dieser Daten ist es herauszufinden, was ein Mitglied einer Gesellschaft kompetent macht, zu erfassen, wie in der Interaktion Intention und Interpretation wechseln, zu er-

klären, wie in spezifischen Kontexten ↗ soziale Bedeutung entsteht. **Lit.** H. Garfinkel, Studies in Ethnomethodology. Englewood Cliffs, N. J. 1967. – A. Cicourel, Methode und Messung in der Soziologie (1964). Ffm. 1975. – J. Streeck, Ethnomethodologie. HSK 3, I, 672–679.   R

Ethnonym n., ~e (griech. ἔδνος (ethnos) ›Volk‹, ὄνομα (onoma) ›Name‹. Auch: Volksname) Name von Völkern oder Stämmen mit gemeinsamer Kultur und/oder Geschichte und/oder Sprache und/oder Staatlichkeit. z. B. *Briten, Schweizer, Esten, Sachsen, Bayern.*   G

Ethnosprache Mutterspr. bzw. S1 einer ethn. Gruppe bzw. Minderheit.   R

Etikettierte Klammerung ↗ Indizierte Klammerung

Etisch ↗ Emisch

Etruskisch Spr. der vorröm. Bevölkerung Italiens, im 1. Jh. n. Chr. gänzlich vom Lat. abgelöst. Die genet. Beziehungen des E. sind unklar. Seit dem 7. Jh. v. Chr. in ca. 11 000 Inschriften überliefert (v. a. sehr kurze Grabinschriften), darunter 16 ↗ Bilinguen. Der umfangreichste Text umfasst 1500 Schriftzeichen (sog. Agramer Mumienbinde, 1. Jh. v. Chr.). Das linksläufige Alphabet folgt westgriech. Vorbild. Das Phoneminventar besteht aus 4 Vokalen, 4 Diphthongen und 16 Kons., davon 2 Nasale, die Silbenkerne bilden können. Die sth. Plosive fehlen, was schriftgeschichtl. Folgen für das Lat. hatte (»Neuerfindung« des Schriftzeichens ⟨G⟩; ↗ Diakritikon). Morphologie und Syntax sind nur unvollständig rekonstruiert. Etwa 150 e. Wörter sind lesbar, darunter die Zahlen von 1–9. Über das Lat. sind einige e. Wörter in jüngere europ. Spr. gelangt (z. B. *persona*). Forschungszentrum ist der *Istituto di Studi Etruschi e Italici* in Florenz. **Lit.** M. Torelli, Die Etrusker. Geschichte, Kultur, Gesellschaft. Ffm., N. Y. 1988. – E. Benelli, Iscrizioni etrusche – leggerle e capirle. Ancona 2007. – R. E. Wallace, Zikh Rasna: A Manual of the Etruscan Language and Inscriptions. Ann Arbor 2008.   G

Etymologie (griech. ἔτυμος (etymos) ›wahr‹, λόγος (logos) ›Wort, Lehre‹. Engl. etymology, frz. étymologie) Wissenschaft von der Herkunft, der Grundbedeutung und der Entwicklung der Wörter und der gebundenen Morpheme einer Spr. sowie ihrer Verwandtschaft mit Wörtern gleicher Herkunft in anderen Spr.n. Die E. führt einzelne Wörter bzw. Morpheme auf ihre Ursprungsform und Grundbedeutung (↗ Etymon) zurück und kann so Fragen der ↗ Sprachverwandtschaft klären. Die ↗ historischvergleichende Sprachwissenschaft des 19. Jh. stützte sich wesentl. auf etymolog. Studien, um ↗ Grundsprachen zu rekonstruieren, z. B. das Idg. (↗ indogermanische Sprachen, ↗ Indogermanistik). Maßgebl. war dabei die Aufdeckung von ↗ Lautgesetzen, aber auch Wortbildung und Lexikologie spielten eine Rolle. Die E. bemüht sich darum, die Geschichte der einzelnen Lexeme im Systemzusammenhang des gesamten Wortschatzes zu verstehen; ↗ Volksetymologie. **Lit.** E. Seebold, E., eine Einf. am Beispiel der dt. Spr. Mchn. 1981. – H. Birkhan, E. des Dt. Ffm., N. Y. 1985. – R. K. Rask, Von der E. überhaupt. Eine Einleitung in die Sprachvergleichung. Tübingen 1992. – E. Seebold, Einf. in die Terminologie. In: F. Kluge, Etymolog. Wb. der dt. Spr. Berlin, N. Y. ²³1995, XII–XXXI. – H. Wiese, Eine Zeitreise zu den Ursprüngen unserer Spr. Wie die Indogermanistik unsere Wörter erklärt. Bln. 2007. – P. Durkin, The Oxford Guide to Etymology. Oxford 2009. G

Etymologischer Akzent ↗ Morphologischer Akzent
Etymologisches Wörterbuch (auch: Herkunftswörterbuch) ↗ Wörterbuch, das die ↗ Etymologie von Wörtern einer Spr. oder mehrerer Spr.n darstellt. G

Etymon (griech. ἔτυμος ›wahr‹) Älteste belegte oder (nach lautgesetzl. Prinzipien) rekonstruierte Form und Bedeutung eines Wortes; ↗ Etymologie, ↗ Volksetymologie. G

E-Type-Pronomen (engl. E-Type-Pronoun) Von G. Evans (1977) so benannte Pron., die in anaphor. Beziehung zu einem Quantor stehen, von diesem jedoch nicht ↗ c-kommandiert werden, wie z.B. *sie* in *Wenn ein Bauer viele Esel besitzt, so schlägt er sie.* Ein E-T.-P. wird als definite ↗ Kennzeichnung interpretiert, obwohl es auf einen indefiniten Ausdruck verweist; ↗ Eselssatz, ↗ Dynamische Semantik, ↗ Bindungstheorie. **Lit.** U. Egli & K. v. Heusinger, The Epsilon Operator and E-Type Pronouns. In: Ders. et al. (eds.), Lexical Knowledge in the Organization of Language. Amsterdam 1995, 121–141. – G. Evans, Pronouns, Quantifiers, and Relative Clauses. CJP 7, 1977, 467–536. – I. Heim, E-Type Pronouns and Donkey Anaphora. LP 13, 1990, 137–177. – K. v. Heusinger, Nominalphrasensemantik und Anaphora. Hürth-Efferen 2005. – C. Barker & C.-c. Shan, Donkey Anaphora is In-scope Binding. Semantics and Pragmatics 2008/1, 1–42. – B. Eickmann, Die Semantik anaphor. Pronomen. Deskriptive singuläre Terme und E-type Pronomen. Diss. Univ. Heidelberg 2008. – K. v. Heusinger, Eselssätze und ihre Pferdefüße. ZS 15, 1997, 22–60. – Ders. & U. Egli (eds.), Reference and Anaphoric Relations. Dordrecht 2000. – R. Nouwen, Plural Pronominal Anaphora in Context: Dynamic Aspects of Quantification. Phil. Diss. Univ. Utrecht 2003. – P. A. M. Seuren, Donkey Sentences. In: A. Barber & R. J. Stainton (eds.), Concise Encyclopedia of Philosophy of Language and Linguistics. Amsterdam 2010, 169–171. F

Eunuchoide Stimme ↗ Stimme

Euphemismus m., ~men (griech. εὐφημεῖν (eufēmein) ›angenehme Worte gebrauchen, günstig reden‹. Auch: Hüllwort, Verhüllung. Engl. euphemism, frz. euphémisme) Umschreibende, beschönigende Bez. (↗ Periphrase) eines unangenehmen, anstößigen, normverletzenden Sachverhalts oder Vorgangs bzw. Ersetzung eines ↗ pejorativen, abwerten-

den Ausdrucks (↗ Bedeutungsverbesserung, ↗ Bedeutungsverschlechterung, ↗ Dysphemismus, ↗ Tabuwort). E. prägen den privaten (z.B. *tückische Krankheit* statt *Krebs*; *verkehrsgünstig gelegene Wohnung* statt *an einer Durchgangsstraße gelegene Wohnung*) wie den öffentl. Sprachgebrauch (z.B. *Minuswachstum, Tarifanpassung, Hochschulreform*). Häufiger Gebrauch schadet einem E. normalerweise, er verliert seine Funktion und wird durch einen neuen E. ersetzt, z.B. *(Hausierer) – ambulanter Verkäufer – Handelsvertreter – Mitarbeiter im Außendienst – Gebietsrepräsentant – Bezirksleiter – sales representative*; *(Stift, Lehrjunge/Lehrmädchen, Lehrling) – Auszubildende(r) – Trainee.* E. können aber auch ↗ Eigennamen werden, z.B. *Fränkische, Sächsische, Märkische, Holsteinische Schweiz.* Ein E. kann in der Verwendung eines bedeutungsgleichen fremdsprachl. Ausdrucks liegen, z.B. *Fachhochschule* vs. *University of Applied Science, Hausmeister* vs. *Facility Manager.* Euphemist. Effekte können allein durch die Betonung eines Wortes erreicht werden, z.B. *Vólkshochschule* vs. *Volkshóchschule.* **Lit.** S. Luchtenberg, E.en im heutigen Dt. Ffm. 1985. – R. W. Holder, A Dictionary of Euphemisms. Oxford 1996. – C. Dietl, E. In: Histor. Wb. der Rhetorik. Hg. von G. Ueding. Tübingen 1996, Bd. 3, 1–10. – A. Bertram, NTC's Dictionary of Euphemisms. Lincolnwood 1998. – R. Rada, Tabus und E.en in der dt. Gegenwartsspr.: Mit besonderer Berücksichtigung der Eigenschaften von E.en. Budapest 2001. – I. Forster, Euphemist. Spr. im Nationalsozialismus. Schichten, Funktionen, Intensität. Bremen 2009. – R. Schlüter, Das Schaf im Wortpelz. Lexikon der hinterhältigen Beschönigungen. Ffm. 2009. – S. Germann, Vom Greis zum Senior. Bezeichnungs- und Bedeutungswandel vor dem Hintergrund der »Political Correctness«. Hildesheim 2007. – K. Allan & K. Burridge, Forbidden Words. Taboo and the Censoring of Language. Cambridge 2006. – U. Reutner, Spr. und Tabu. Interpretationen zu frz. und ital. E. Tübingen 2009. G

Euphonie f. (griech. εὔφωνος (eufōnos) ›wohlklingend‹) Wohlklang in der Abfolge von Tönen oder Lauten bzw. gute Artikulierbarkeit; Ggs. ↗ Kakophonie. PM

Eurasisch Im ling. Sinne Überbegriff über die Sprachenwelt Europas und Asiens, oft unter dem Aspekt einer angenommenen ursprüngl. Verwandtschaft der beteiligten Sprachen gebraucht; ↗ Nostratisch. GP

Eurikliden ↗ Bauchredner

Europäische Sprachen In Europa gesprochene und (z.T.) geschriebene ↗ indogermanische (↗ germanische, ↗ keltische, ↗ romanische, ↗ slavische Sprachen, ↗ Griechisch, ↗ Albanische) und ↗ uralische Sprachen, ↗ türkische Sprachen sowie das ↗ Baskische (Karte im Anhang). G

Europäismus (engl. europeanism) In europ. bzw. aus Europa stammenden Spr. verbreitete sprachl.

Einheiten überwiegend griech. und lat. Herkunft mit übereinstimmender oder ähnl. Inhalts- und Ausdrucksseite, z. B. Wortbildungsmorpheme wie dt. *-ismus*, engl. *-ism*, frz. *-isme*, Lexeme wie dt. *Zentrum*, engl. *center*, frz. *centre*. I. w. S. zählen zu den E. auch ausdrucksseitig verschiedene, jedoch strukturell und inhaltsseitig ähnl. komplexere Einheiten wie dt. *Elfenbeinturm*, engl. *ivory tower*, frz. *tour d'ivoire*. E. sind auf europ. Spr. begrenzte ↗ Internationalismen. **Lit.** R. Bergmann, ›E.‹ und ›Internationalismus‹. Zur lexikolog. Terminologie. Sprachw. 20, 1995, 239–277. – H. H. Munske & A. Kirkness (Hgg.), Eurolatein. Das griech. und lat. Erbe in den europ. Spr. Tübingen 1996.   B

Euskara ↗ Baskisch

Evaluation (auch: Evaluierung. Engl. evaluation) Um die Leistungen von Systemen zu beschreiben und zu vergleichen, werden E. bzw. Tests durchgeführt. Innerhalb der ↗ Computerlinguistik werden unterschiedl. E.maße abhängig von der konkreten Aufgabe verwendet (Numerische Metriken: ↗ F-Maß, ↗ Perplexität). Methodologien der E. sind (a) qualitative E. (meist subjektive E. durch menschl. Begutachter); (b) Vergleich des Resultats mit einem Goldstandard, nämlich der korrekten, gewünschten, otimalen Annotation (i. d. R. ein manuell annotiertes Korpus, das mit den korrekten Annotationen versehen ist); (c) Task-basierte (extrins.) E. des Resultats; (d) E. der verwendeten Methoden (z. B. Effizienz). Für eine allgemeine Beurteilung bezügl. des Schwierigkeitsgrades der Aufgabe werden oftmals mehrere menschl. Beurteilungen herangezogen (↗ Inter Annotator Agreement). Bei ↗ maschinellen Lernverfahren wird das Korpus i. d. R. in ein Trainings- und ein Testkorpus aufgeteilt, und die E. des Algorithmus erfolgt dann auf den ungesehenen Testdaten (z. B. Teilung in 80% Trainings- und 20% Testkorpus) Eine alternative Teilungsmöglichkeit besteht in der k-fachen ↗ Kreuzvalidierung. Die europ. Organisation *Evaluations and Language Resources Distribution Agency* (ELDA) veranstaltet regelmäßige Konferenzen zur E. von ↗ Sprachressourcen (LREC). **Lit.** Chr. D. Manning & H. Schütze, Foundations of Statistical Natural Language Processing. Cambridge, Mass. 1999. Z

Evaluator ↗ Semantischer Prozess

Evaluieren (engl. to assess, to evaluate, to validate, frz. évaluer ›berechnen, abschätzen‹) **1.** In der ↗ empirischen Sprachwissenschaft und in anderen Bereichen der Sprachwiss. empir.-experimenteller Ausrichtung bezeichnet e. Ebenen bzw. Phasen der Überprüfung oder Bewertung von Vorhaben, Projekten, Programmen, Beschreibungen, Thesen. Durch die Evaluierung der zugrundeliegenden Forschungsprozesse, ihrer Resultate und Auswirkungen sollen ggf. Einschätzungen der angewandten Methoden der ↗ Datenerhebung, -auswertung und -beschreibung ebenso ermöglicht werden wie Beurteilungen der entwickelten Konzeptionen und ihrer

prakt. Umsetzung. Da Evaluierungen methoden-, inhalts- oder wirkungsorientiert sein können, werden entsprechend ausgerichtete Erhebungsmethoden eingesetzt; ↗ Testverfahren. SK – **2.** ↗ Bewertung. **3.** Im Sprachunterricht werden Lehrwerke eingesetzt, deren Aufbau auf bestimmten Annahmen darüber beruht, was sinnvollerweise früher oder später gelernt wird bzw. werden soll. Es ist nun notwendig, Verfahren zu finden, die möglichst objektiv die Folgen solcher Konzepte evaluieren, also z. B. die einer bestimmten Lehrmethode zugrundeliegenden Annahmen stützen (verifizieren) oder als unbegründet erweisen (falsifizieren). Um ein Korrektiv zu den subjektiven Eindrücken von Lernenden und Lehrenden zu erhalten, werden unterschiedl. Untersuchungsmethoden miteinander kombiniert (z. B. Beobachtung, Videoaufnahmen, Befragungen, ↗ Interviews, nachträgl. ›lautes Denken‹). Man spricht bei solchen Verfahren auch von ↗ Triangulation; ↗ Inferenz. **Lit.** G. Becker, C. von Ilsemann & M. Schratz, Qualität entwickeln: evaluieren. Friedrich Jahresheft XIX. Seelze 2001.   GI, KL, SO

Evaluierung ↗ Bewertung, ↗ Evaluieren

Evenisch ↗ Tungusisch

Evenkisch ↗ Tungusisch

Evidential ↗ Narrativ

Evidentiell (auch: inferential. Engl. evidence ›Beweis, Offensichtlichkeit‹) Semant.-pragmat. Kategorie, welche sich auf die Art und Weise der Stellungnahme des Sprechers zur Geltung des in seiner Äußerung Gesagten bezieht. Als e. bezeichnet man die Kennzeichnung eines Satzinhaltes als durch eigene Anschauung bekannt, wodurch der Sprecher die Verantwortlichkeit für die Wahrheit der ausgerückten Proposition übernimmt; ↗ Narrativ, ↗ Quotativ. **Lit.** ↗ Modus   G

Evolutiv (lat. ēvolūtum ›entwickelt, entrollt‹. Auch: Augmentativ) ↗ Aktionsart, die den Beginn, die Anfangsphase des im Verbstamm ausgedrückten Vorgangs und seine Entwicklung zu diesem Vorgang hin charakterisiert, z. B. russ. *šumét'* ›lärmen‹ – *rasšumét'sja* ›anfangen zu lärmen und dann richtig Krach machen‹ *boltát'* ›schwätzen‹ – *razboltát'sja* ›ins Schwätzen geraten‹; ↗ Inchoativ, ↗ Ingressiv.   G, T

Evolutive Linguistik ↗ Diachronische Sprachwissenschaft

Ewe ↗ Gbe

Ewenisch ↗ Tungusisch

Ewenkisch ↗ Tungusisch

Examensfrage ↗ Sprechhandlung

Exerzitiv ↗ Sprechaktklassifikation

Exhortativ ↗ Kohortativ

Existenzaussage (engl. existential proposition. Auch: Existentialaussage) Eine Aussage, in der behauptet wird, dass es mindestens einen Gegenstand gibt, dem ein bestimmtes, ausdrückl. benanntes ↗ Prädikat zugeschrieben werden kann. In der ↗ Prädikatenlogik dient der Existenzquantor $\vee$ oder $\exists$ zur Kennzeichnung einer solchen E.   PR

Existenzformen der Sprache (auch: Sprachvarietäten) Die im Rahmen der marxist. Sprachgeschichtstheorie unterschiedenen Varietäten der ↗ Dialekte, der ↗ Umgangssprache und der ↗ Literatursprache (auch ↗ Schriftsprache, ↗ Hochsprache, ↗ Einheitssprache, ↗ Standardsprache oder Standardvarietät). Diese Theorie besagt, dass in jeder sozioökonom. Formation, v. a. im Feudalismus, Kapitalismus und Sozialismus, die E. d. S. eine spezif. Ausprägung und soziale Verteilung haben. Die Gesamtheit der E. d. S. im Feudalismus und im Kapitalismus/Sozialismus wird auch jeweils mit einem spezif. Terminus bezeichnet: ↗ Nationalitätensprache bzw. ↗ Nationalsprache. In der Nationalitätenspr. ist die Literaturspr. noch nicht voll ausgebildet, v. a. noch nicht ganz vereinheitlicht, auch nicht innerhalb ein und desselben Staatswesens. In den vorsozialist. Epochen (Formationen) ist die Kenntnis der Literaturspr. weitgehend auf die privilegierten Bildungsschichten beschränkt. Während sich Dialekte und Umgangsspr. quasi naturwüchsig entwickeln, ist die Literaturspr. das Ergebnis von ↗ Sprachplanung und ↗ Sprachpflege (↗ Sprachkultur). Der Bedarf nach ihr entsteht durch die wirtschaftl. und sozialen Veränderungen bei der Entwicklung des Kapitalismus (Erweiterung der Marktgebiete, polit. Zentralisierung, regionale Mobilität). **Lit.** J. Schildt (Hg.), Existenzformen german. Spr.n. Bln. 1977. AM

Existenzquantor ↗ Existenzaussage, ↗ Logische Partikel

Existenzsatz ↗ Verbum substantivum

Existenzverb ↗ Verbum substantivum

Existimatoria (lat. exīstimāre ›meinen, schätzen‹. Auch: existimatorische Ausdrücke) Ausdrücke, die der geäußerten Proposition eine affektive Bewertung beigeben, näml. einige Partikeln und Adverbien (z. B. *ja, wirklich, leider, erfreulicherweise*). G

Exklamativsatz (lat. exclāmāre ›ausrufen‹. Auch: Ausrufesatz) Bez. für Sätze, deren Äußerung in erster Linie eine emotionale Beteiligung des Sprechers an einer im Äußerungskontext als wahr akzeptierten Proposition ausdrückt, z. B. *Ist der groß!, Wie groß der ist!, Wie groß ist der!, Dass der so groß geworden ist!* Die betreffenden Äußerungen zählen zu den ↗ Expressiven. Die Eigenständigkeit des E. als ↗ Satztyp mit einem speziellen ↗ Satzmodus ist problemat., da die Struktur der äußernden Sätze häufig der Struktur eines ↗ Deklarativsatzes, ↗ Imperativsatzes, Interrogativsatzes (↗ Fragesatz) oder eines abhängigen Satzes entspricht. **Lit.** N. Fries, Ist Pragmatik schwer! Über sog. E.e im Dt. S&P 3, 1988, 1–18. – F.-J. d'Avis, Über ›w-Exklamativsätze‹ im Dt. Tübingen 2001. – M. Krause & N. Ruge (Hgg.), Das war echt spitze! Zur Exklamation im heutigen Dt. Tübingen 2004. – H. Ono, An Investigation of Exclamatives in English and Japanese: Syntax and Sentence Processing. Diss. UMCP, Washington, DC 2006. – R. Zanuttini & P.

Portner, Exclamative Clauses: At the Syntax-Semantics Interface. Lg. 79.1, 2003, 39–81. F

Exklusion (lat. exclūsum ›ausgeschlossen‹) **1.** Gegenseitiger Ausschluss zweier Aussagen: die Annahme der einen schließt die Geltung der anderen aus. Die Aussagen stehen in einem konträren Gegensatz zueinander, z. B. *Gerd Truntschka ist Katholik oder er ist Protestant;* ↗ Disjunktion. PR – **2.** Verfahren des ↗ Distributionalismus, um ↗ Kookurrenzbeziehungen zu klären. E. liegt vor, wenn zwei Elemente nicht in derselben Umgebung vorkommen können; ↗ Kontrarität, ↗ Unverträglichkeitsprobe. G

Exklusionsprobe ↗ Unverträglichkeitsprobe

Exklusiv ↗ Inklusiv

Exklusives ›oder‹ ↗ Kontravalenz

Exonym n. (griech. ἔξω (eksō) ›außerhalb‹, ὄνομα (onoma) ›Name‹. Auch: Fremdname) Form eines ↗ Ortsnamens oder geograph. Namens, der von der amtl. Form (ggf. mehreren amtl. Formen, z. B. frz. *Bruxelles,* ndl. *Brussel,* dt. *Brüssel*) abweicht und i. d. R. von lokalen Minderheiten oder in anderen Sprachräumen gebraucht wird, z. B. dt. *Warschau,* frz. *Varsovie,* engl. *Warsaw,* russ. *Varšava* (Warszawa); frz., engl. *Cologne,* ndl. *Keulen,* it. *Colonia,* tschech. *Kolín* (Köln). **Lit.** P. Hessmann, Exonyma: Definition und Gliederung. Studia Germanica Gandensia 24, Gent 1991, 245–249. – O. Back, Übersetzbare Eigennamen. Eine synchron. Untersuchung von interlingualer Allonymie und Exonymie. Wien ³2002. G

Exophorisch ↗ Endophorisch

Exotismus ↗ Entlehnung, die Dinge oder Gewohnheiten aus der Kultur der Gebersprache bezeichnet, welche in der Nehmersprache nicht zur kulturellen Tradition gehören. E.en können daher nur mit Bezug auf die spezif. fremde Sache verwendet werden, wie malaiisch *Sarong* (›Hüftrock‹), russ. *Balalaika* oder engl. *Cowboy.* Bisweilen kann der E. in der Nehmersprache im übertragenen Sinne verwendet werden: *Der Cowboy von Coburg.* Wird die fremde Sache in der Kultur der Nehmersprache heimisch, ist der Begriff E. nicht mehr angebracht, z. B. finn. *sauna;* ↗ Wörter und Sachen. SO

Exozentrische Konstruktion ↗ Endozentrische Konstruktion, ↗ Kopf

Expanded form ↗ Progressiv (1)

Expansion (lat. expandere ›(sich) ausbreiten‹) **1.** ↗ Substitution. **2.** Der Prozess oder das Ergebnis einer ↗ Ersetzungsregel. F

Expeditiv ↗ Prozedur

Experiencer (engl. experience ›Erfahrung‹) In der ↗ Kasusgrammatik ↗ Tiefenkasus für ein belebtes Objekt, in dem ein psycholog. Vorgang ausgelöst wird, der zu einer »Erfahrung« führt, z. B. *Jenny hat Angst, Maja ist verliebt sich;* ↗ Agens. G

Experiment (lat. experīmentum ›Versuch‹) Versuch in einer Laborsituation mit weitgehend kontrollierbaren Bedingungen zur Erzeugung und Überprüfung von Forschungshypothesen. Die heutige ↗ Psy-

Bereich x ⟶

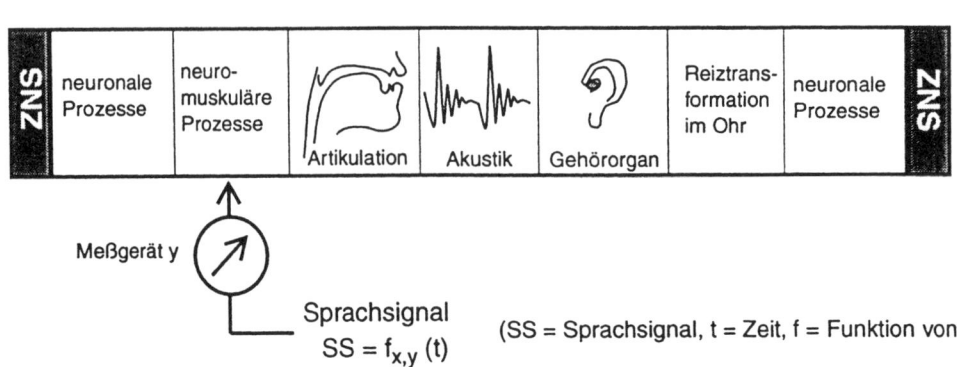

Meßgerät y

Sprachsignal
$$SS = f_{x,y}(t)$$

(SS = Sprachsignal, t = Zeit, f = Funktion von)

Bereiche der Experimentalphonetik: Das signalphonetische Band

cholinguistik versucht ihre Hypothesen und Theorien durch E. abzusichern. Freilich gibt es kein E., das sich nicht auf verschiedene Weisen interpretieren ließe, so dass die Beziehung zwischen der empir.-experimentellen Evidenz und den Theorien oftmals unterbestimmt und vage bleibt. Hinzu kommt, dass viele Theorien »ihr« experimentelles Paradigma haben, das naturgemäß die eigenen Ansichten zu bestätigen scheint. Sog. *on-line-Techniken* des E. erlauben es, den in Realzeit und (weitgehend) unter Realbedingungen ablaufenden Sprachverarbeitungsprozess anzuzapfen, sog. *off-line-Techniken* verlangen von den Vpn (= Versuchspersonen) eine sekundäre und/oder nachträgl. Zuwendung zum verarbeiteten Sprachsignal. Eine typische on-line-Technik ist das *shadowing*, bei dem die Vpn den sprachl. Input, der ihnen vorgespielt wird, mit möglichst geringer zeitl. Verzögerung fortlaufend nachsprechen müssen. Variation des vorgespielten Input (Wortreihen, ungrammat. Äußerungsfolgen, syntakt. integrierte Prosa, semant. integrierter Text, eingebaute kleinere oder größere Entstellungen), Kontrolle des Nachgesprochenen (Normalisierung von Entstellungen usw.) und genaueste Messungen der jeweiligen zeitl. Verzögerung gegenüber dem Input erlauben Rückschlüsse auf die Organisation der Sprachverarbeitung (Marslen-Wilson & Tyler 1980). Ein klass. (inzwischen, weil uninterpretierbar, nicht mehr gebrauchtes) off-line-E. besteht darin, dass Vpn ein in den Input eingeschaltetes Störgeräusch lokalisieren sollen. Aus der Tendenz, diese Geräusche an die Phrasengrenzen zu schieben, wollte man schließen, dass ⁊ Phrasen bevorzugte natürl. Verarbeitungseinheiten sind. Zu einigen weiteren klass. Techniken des psycholing. E. ⁊ Worterkennung. **Lit.** G. D. Prideaux, Psycholinguistics. The Experimental Study of Language. Ldn. 1984. – W. Marslen-Wilson & L. K. Tyler, The Temporal Structure of

Spoken Language Understanding. Cognition 8, 1980, 8–71. KN
Experimentalphonetik (auch: Instrumentalphonetik. Engl. experimental/laboratory phonetics, frz. phonétique expérimentale) Wiss. von den bei der lautsprachl. Kommunikation ablaufenden physikal. Prozessen (phonet. Vorgängen), die mittels entsprechender Messgeräte in den verschiedenen Bereichen des signalphonet. Bandes (auch: Kommunikationskette, engl. *speech chain*; vgl. Abb.) als Sprachsignale darstellbar sind. Teilgebiete: physiolog. Phonetik, ⁊ artikulatorische Phonetik, ⁊ akustische Phonetik, ⁊ auditive Phonetik. **Lit.** G. J. Borden & K. S. Harris, Speech Science Primer. Baltimore u. a. 1984. – P. Lieberman, Speech Physiology and Acoustic Phonetics: An Introduction. N. Y. 1977. – H. G. Tillmann mit P. Mansell, Phonetik. Stgt. 1980. – G. J. Borden, K. S. Harris & L. J. Raphael, Speech Science Primer. Baltimore u. a. 1994. PM
Expertensprache ⁊ Fachsprache
Expiration ⁊ Exspiration
Expletiv (lat. explētum ›ergänzt, vollkommen‹) Unpersönliche Konstruktionen, in denen das Subjektspronomen (*es*) semant. leer und referenzlos ist, sind e., z. B. bei ⁊ Witterungsverben (*es schneit*), in Existenzsätzen (*es gibt...*), nach einigen Verben, die Befinden (*es bedrückt mich*) oder Wahrnehmungen (*es stinkt*; ⁊ verbum sentiendi) ausdrücken. G
Explizite Ableitung Sammelbez. für alle Arten der Derivationen, die (anders als ⁊ implizite Ableitungen und ⁊ Konversionen) auf ⁊ Affixe zurückgreifen, um neue Wörter zu bilden; ⁊ Präfigierung, ⁊ Zirkumfigierung, ⁊ Suffigierung. ES
Explizitlautung Phonolog. vollständige, alle ⁊ distinktiven Merkmale berücksichtigende und dem ⁊ Standard entsprechende Realisierung von Wortformen, z. B. [zaːgen] statt [zaːgn]. (Nicht standardgemäße) *Überlautung* liegt vor, wenn überdeutl., lang-

sam und am Schriftbild orientiert gesprochen wird, etwa beim Sprechen in lauter Umgebung, beim Diktieren oder im Sprachunterricht (»DaF-Aussprache«), z. B. [fɛʀˈʃteːhɛn] statt [fɛʀˈʃteːn] oder [fɛʀˈʃteːən]. *Umgangslautung* ist charakterist. für die ungezwungene, normale Alltagssprache, die gegenüber der E. vielerlei auch regional unterschiedl. Assimilationen und Vereinfachungen zeigt, etwa die Ersetzung gespannter durch ungespannte Vokale (z. B. [gʀɔp] statt [gʀoːp]), die Entrundung vorderer Vokale (z. B. [zɪsteːm] statt [zʏsteːm]) oder die ↗ Spirantisierung von postvokal. [g] und [k] (z. B. [taːx] statt [taːk], [veːç] statt [veːk]).　　　G

Explosion (lat. explōsiō ›das Herausplatzen‹) Zeitl. letzte artikulator. Phase des ↗ Plosivs: Lösung des oralen Verschlusses. Akust. gekennzeichnet durch Verschlusslösungsgeräusch (engl. *burst*), ggf. ↗ Aspiration sowie schnelle Formanttransitionen; ↗ akustische Phonetik.　　　PM

Explosiv, Explosivlaut ↗ Plosiv

Exposition (lat. expositiō) ›Auseinandersetzung, Darlegung‹ **1.** In der älteren Schulterminologie Bez. für eine Übersetzung aus der S2 in die S1, z. B. vom Lat. ins Dt. **2.** ↗ Synsemantisch.　　　G

Expositiv ↗ Sprechaktklassifikation

Expositorisch Im Rahmen einer Typologisierung nach der Art, wie mit Texten die Aufmerksamkeit von Adressaten dominant auf spezif. Merkmale des Kontextes bzw. der Situation gelenkt wird, gilt ein Text als e., wenn er vorrangig der Darstellung begriffl. Vorstellungen dient.　　　P

Expressiv (lat. expressus ›ausgedrückt‹. Engl. expressive, frz. expressif ›ausdrucksvoll‹) **1.** R. Jakobson (↗ Emotiv) und D. Hymes übersetzen K. Bühlers ↗ Ausdrucksfunktion als *expressive function*. Ein jedes geäußertes Sprachzeichen drückt (nach Bühler) als ↗ Symptom mehr oder weniger »die Innerlichkeit des Senders« aus. **2.** E. i. e. S. nennt man Texte oder Textelemente, die aufgrund ihrer stilist. Gestaltung in besonderem Maße Emotionen und Einstellungen des Sprechers ausdrücken oder auch nur als bes. »lebendig oder auf andere Weise wirksam« (J. Lyons) empfunden werden. **Lit.** Bühler, Sprachtheorie. – D. Hymes, The Ethnography of Speaking. In: J. A. Fishman (ed.), Readings in the Sociology of Language. The Hague 1970, 99–139. – J. Lyons, Semantik. Bd. I. Mchn. 1980.　　　RB

Expressive pl. (engl. expressives) Klasse von ↗ Sprechakten, deren Charakteristikum es ist, den in der betreffenden Aufrichtigkeitsbedingung angebbaren psych. Zustand des Sprechers zum Ausdruck zu bringen: dieser ist auf den in der Proposition denotierten Sachverhalt gerichtet. Dt. Verben, die Elemente dieser Klasse zum Ausdruck bringen können, sind z. B. *danken, gratulieren, bedauern.*　　　F

Expressive Gemination ↗ Affektgemination

Expressive Phonetik ↗ Phonostilistik

Exspiration (auch: Expiration. Lat. ›Ausatmung‹). Teil der Atemperiodik. Durch Druckerhöhung im Brustkorb entsteht ein auswärts gerichteter Atemgasstrom; ↗ Atmung.　　　GL

Exspiratorisch ↗ Egressiv, ↗ Akzent

Extended Projection Principle ↗ Kopf, ↗ Projektionsprinzip

Extension, extensional (lat. extendere ›ausdehnen‹, verbreiten‹) In der ↗ formalen Logik und philosoph. Semantik Bez. für die Bestimmung eines Ausdrucks mit Bezug auf den Begriffsumfang, d. h. auf die Menge der Gegenstände, auf die der Ausdruck zutrifft. Ein Ausdruck gilt dann als e., wenn er durch einen anderen mit gleicher E. ersetzt werden kann, ohne dass sich dabei der ↗ Wahrheitswert des Satzes ändert. Unter Umfang versteht man den Anwendungsbereich des Begriffes: der Umfang des Begriffs *Mensch* ist die Menge der Menschen. Die E. eines singulären Ausdrucks ist das Objekt, das durch den Ausdruck bezeichnet wird, die E. eines ↗ Prädikats ist die Klasse der Objekte, auf die das Prädikat zutrifft, die E. eines Satzes ist sein Wahrheitswert. Ein ↗ Kontext ist e., wenn Ausdrücke gleicher E. substituiert werden können, ohne dass die E. des Satzes sich verändert.　　　PR

Externe Rekonstruktion ↗ Innere Rekonstruktion, ↗ Rekonstruktion

Extralinguistisch ↗ Außersprachlich

Extrametrisch (auch: extraprosodisch) Bei best. phonolog. Beschreibungsverfahren markierte periphere (initial/final) Lauteinheiten, die für best. phonolog. Regeln als nicht vorhanden gelten; ↗ Extrasilbisch.　　　PM

Extraposition (lat. extrāponere ›hinaussetzen‹. Auch: Ausgliederung) **1.** In der Terminologie von Heidolph, Grundzüge eine Abweichung von der ↗ Grundwortstellung, bei der Satzglieder aus dem Stellungsfeld ausgegliedert werden und entweder voran-, zwischen- oder nachgestellt werden, z. B. *Was unseren Patienten angeht* (Voranstellung), *der will sich das Rauchen abgewöhnen, schon seit Jahren* (↗ Nachtrag, ↗ Ausklammerung). **2.** In der Terminologie der TG ist E. eine Konstruktion zur Rhematisierung von Subjektsätzen oder Infinitivgruppen, z. B. *Es freut mich, sie zu sehen/dass ich sie sehe.*　　　SL

Extrapositionsgrammatik (lat. extrā ›außerhalb‹, positiō ›Stellung; Herausstellung‹) Grammatikformalismus, der bei der Entwicklung der Logikprogrammierung in der Computerling. entstand und auf der sog. definiten Klauselgrammatik aufbaut. Die E. führt eine bes. Art von Regeln für die Behandlung von Linksversetzungen ein (z. B. bei Interrogativ- und Relativsätzen im Engl. und Frz.). **Lit.** F. C. N. Pereira, Extraposition Grammars. AJCL 7, 1981, 243–256. – Ders. & D. H. D. Warren, Definite Clause Grammars for Language Analysis. A Survey of the Formalism and a Comparison with Augmented Transition Networks. AI 13, 1980, 231–278.　　　F

Extrasilbisch (lat. extrā ›außerhalb‹) In bestimmten phonolog. Theorien als zu keiner Silbe gehörig betrachteter ↗ Konsonant.　　　PM

Extrinsisch (lat. extrīnsecus ›außen, von außen her‹) Qualifikation von Lernmotivationen. E. Motivation meint all jene Faktoren, die einen Lerner »von außen« motivieren, sich also nicht aus einem Interesse des Lerners am Gegenstand herleiten; Ggs. ↗ intrinsisch. Die Trennung von e. und intrins. Motivation muss als eine analyt. verstanden werden. In der Realität ist es nicht leicht (auch für die Lernenden selbst nicht), zwischen beiden Motivationsarten zu unterscheiden. E. Motivation wird manchmal mit einer sehr negativen Konnotation verwendet: Dahinter kann sich der pädagog. Anspruch verbergen, lernen solle prinzipiell intrins. motiviert sein. Es gibt auch andere Konzepte zur Differenzierung von verschiedenen Motivationen, z. B. integrative vs. funktionelle Motivation. GI, KL, SO

Extrinsische Regelordnung (lat. extrīnsecus ›außen, von außen her‹) Die Reihenfolge, in welcher verschiedene grammat. Regeln bei der ↗ Ableitung grammat. Strukturen angewendet werden, kann einerseits durch empir. Fakten begründbar sein (= extrins. Ordnung), andererseits durch Anforderungen der grammat. Theorie (= intrins. Ordnung). Im syntakt. Bereich bemüht man sich seit der ↗ REST, Regeln als ungeordnet zu konzipieren (als sog. Anywhere-Regeln) und die Regelordnung durch allgemeinere Beschränkungen zu erfassen (↗ Zyklusprinzip). Demgegenüber scheint im phonolog. Bereich eine e. R. notwendig zu sein (vgl. Spencer 1996). **Lit.** J. Cole, The Cycle in Phonology. In: J. Goldsmith (ed.), The Handbook of Phonological Theory. Oxford 1995, 70–113. – P. Kiparsky, Opacity and Cyclicity. LRev 17, 2000, 351–365. – F. J. Pelletier, The Generative Power of Rule Orderings in Formal Grammars. Linguistics 18, 1980, 17–72. – A. Spencer, Phonology. Oxford 1996. – F. A. V. Stepanov, Cyclic Domains in Syntactic Theory. Diss. Univ. of Connecticut 2001. F

Exzeptivkonditionalsatz ↗ Adverbialsatz, in dem die einleitende Konjunktion eine Bedingung nennt, unter der die Matrixproposition nicht gilt, z. B. *Wir nehmen dich mit, außer wenn du nicht pünktlich bist.* RL

Exzeptivsatz (lat. exceptio ›Ausnahme, Einschränkung‹) Bez. für ↗ Konditionalsätze, in denen eine hinreichende Bedingung für das Nichteintreten der im Matrixsatz ausgedrückten Proposition genannt wird, deren Realisierung jedoch unwahrscheinlich ist, z. B. *[...] komme, was da wolle.* Grammatikalisiert ist (war) der E. in folgender Konstruktion: der Indikativ des entsprechenden *wenn*-Satzes erscheint als Konj. II., *wenn* wird getilgt, stattdessen erscheint *denn* in Endstellung. Der E. ist stilist. preziös und veraltet, z. B. *Ich lasse nicht von dir, du schlügest mich denn.* G

Exzessiv (lat. excessus ›Herausgehen, Überschreiten‹) **1.** Spezielle Form zur Charakterisierung einer im Übermaß vorhandenen, ausfernden Eigenschaft im ↗ Komparationsparadigma einiger Spr., z. B. im

↗ Baskischen. **2.** (Russ. črezmernost' ›Übermaß‹) In einigen Spr. (z. B. den ↗ westkaukasischen Sprachen) morpholog. (durch Affixe) markierte ↗ Aktionsart mit derselben semant. Funktion wie 1. G

Eyetracker Gerät zur Blickrichtungsaufzeichnung. Moderne E. filmen simultan die Augenbewegungen und das Blickfeld des Probanden und errechnen aus diesen Daten, welche Punkte im Blickfeld des Betrachters fixiert werden. Die ↗ Fixationen geben Aufschluss über Sehgewohnheiten, die für die Werbung und die Gestalter von Internetseiten von Interesse sind, v.a. aber sind sie wichtige Werkzeuge aller Wiss., die sich mit kognitiver Informationsverarbeitung befassen. So erlauben E. beispielsweise Aussagen zum Stand des rezeptiven Spracherwerbs in der frühkindl. (präverbalen) Phase, da die Blickrichtung des Kindes verrät, wie es sprachl. Reize verarbeitet. Da E. neben Fixationen auch die Bewegungen der Augen (Regressionen; ↗ Saccade) sichtbar machen, sind sie zudem ein wichtiges Hilfsmittel der Leseforschung; ↗ Augenbewegungen beim Lesen. ES

F₀ ↗ Frequenz

Face-to-face-Kommunikation (›Kommunikation von Angesicht zu Angesicht‹) Elementare Konstellation, in der (mindestens) zwei Interaktanten miteinander kommunizieren; ↗ Kommunikation. Beide haben an einem gemeinsamen Wahrnehmungsraum teil, worauf sich der Ausdruck »face to face« mit Blick auf die wechselseitige visuelle Wahrnehmung bezieht. Übertragen auf die akust. Wahrnehmung, bezeichnet er aber auch insgesamt die für die die elementare ↗ Sprechsituation kennzeichnende gleichzeitige Präsenz von Sprecher und Hörer (↗ Diskurs), die bei vermittelteren Kommunikationsformen (↗ Text) aufgegeben ist. – In der ling. Diskussion wird der Ausdruck ähnlich wie ›Gespräch‹, ›Dialog‹, ›Diskurs‹ auch als allgemeine Bezeichnung für die Untersuchung authent. kommunikativer Daten, insbes. unter Einschluss nonverbaler Kommunikation, gebraucht. **Lit.** P. Winkler (Hg.), Methoden der Analyse von Face-to-face-Situationen. Stgt. 1981. E

Fachausdruck ↗ Terminus

Fachjargon(ismus) ↗ Fachsprache

Fachlexikographie ↗ Fachwörterbuch

Fachsprache (auch: Expertensprache. Engl. technical language, frz. langue professionelle) Entweder die sprachl. Spezifika oder die Gesamtheit der sprachl. Mittel, die in einem Fachgebiet verwendet werden. Vermutl. lassen sich allen Fachgebieten Berufe zuordnen, so dass ↗ Berufssprachen mit F. extensional ident. wären: Fachgebiete sind daneben jedoch z. B. auch Hobbies. Die F. werden demnach nicht nur in den betreffenden Berufen verwendet. Die Klassifizierung von F. ist außerordentl. kompliziert und kann unterschiedl. fein durchgeführt werden. Dementsprechend divergiert die Gesamtzahl der F. Den Kern einer F. bildet in der Regel ihre ↗ Terminologie, in der sich die Fachkenntnis spiegeln. F. können jedoch auch syntakt. Besonderheiten (vgl. z. B. die aussagenlog. oder mathemat. Konnektoren) und spezif. Textformen (Versuchsbeschreibung usw.) aufweisen. **Lit.** H.-R. Fluck, F.n. München ⁵1996. – HSK 14. – U. Ammon, Probleme der Statusbestimmung von F.n. HSK 14. I, 219– 229. – L. Hoffmann, Kommunikationsmittel F. Bln. 1984. – Ders., F. HSK 3, I, 232–238. AM

Fachtext ↗ Fachwörterbuch

Fachwort ↗ Terminus

Fachwörterbuch (auch: Fachlexikon, Lexikon. Engl. dictionary, glossary, lexicon for special purposes, frz. dictionnaire spécialisé) Nachschlagewerk, das die Terminologie eines best. Faches dokumentiert und erläutert. Zwei- oder mehrsprachige F. ermöglichen interlinguale Vergleiche und Übersetzungen. F. sind in unterschiedl. Maße spezialisiert. Sie werden erarbeitet auf der empir. Basis von Fachtexten, aus denen der jeweilige Fachwortschatz extrahiert wird (Fachlexikographie). G

Fachwortschatz ↗ Fachwörterbuch

Faculté de langage f. Frz. Wiedergabe von dt. Sprachvermögen (G. von der Gabelentz 1891) und russ. slóvo čelovéčeskoe voobśćé (J. Baudouin de Courtenay 1870). Bezeichnet allgemein die Fähigkeit zur Menschensprache (J. Ch. A. Heyse 1856), die Sprachfähigkeit des Menschen gegenüber dem Tier; ↗ Zoosemiotik. Der f. d. l. stehen bei von der Gabelentz die Begriffe (a) Rede und (b) Einzelsprache gegenüber (bei Heyse: (a) Rede des Einzelnen, (b) Volkssprache; bei Baudouin de Courtenay: (a) reč, (b) jazyk; bei F. de Saussure 1916: (a) ↗ parole, (b) ↗ langue). Die frz. Terminologie von de Saussure (1857–1913) hat sich in dt.sprachigen Ländern vor allem mit dem Bestreben durchgesetzt, Sprachwiss. nicht histor.-vergleichend, sondern »strukturàl«, »strukturell« und»strukturalistisch« zu betreiben; ↗ Strukturalismus. T

Fadicca-Mahas ↗ Nubisch

FAEP ↗ BERA

Fähigkeitenansatz In der Diskussion über die ↗ Alphabetisierung Erwachsener in Deutschland entwickeltes didakt. Konzept, das davon ausgeht, dass das Scheitern beim schulischen Schriftspracherwerb auf Defiziten bei elementaren kognitiven und sinnl. Fähigkeiten beruht, nämlich einerseits der Fähigkeit des Einprägens und Erinnerns, Verstehens und Kontrollierens der in sprachl. Formen enthaltenen grammat. Informationen und des log. Folgerns, andererseits der Fähigkeiten differenzierter visueller, auditiver und kinästhet. Wahrnehmung, räuml. Orientierung und Rhythmus-Wahrnehmung. Die gezielte Förderung im Bereich dieser Defizite erbrachte positive Effekte bei der Alphabetisierung. **Lit.** G. Kamper, Elementare Fähigkeiten in der Alphabetisierung. Berlin 1987. G

»Fahnenwort« ↗ Historische Semantik

Faktitiv (lat. factum ›Tat, Handlung‹) In der ↗ Kasusgrammatik ↗ Tiefenkasus des Objekts oder Zu-

stands, der aus der Tätigkeit oder dem Vorgang resultiert, die (den) das Verb bezeichnet, z. B. *Jochen schreibt einen Artikel; Die Katze bekommt Junge*. Mitunter als Bez. für eine angebl. ↗ Aktionsart verwendet; ↗ Kausativ, ↗ semantische Rolle. G

Faktiv (auch: faktive Prädikate) Klasse von Verben, die die Faktizität von Sachverhalten ausdrücken. Nach Eisenberg (II, 117 ff., 322 f., 427) lassen f. Verben im Dt. in mit *dass* eingeleiteten Objektsätzen keinen Konjunktiv zu, z. B. *Karl meint, hört, glaubt, hofft, dass Egon bleiben will* (nicht-faktiv) vs. **Karl versteht, entschuldigt, vergisst, weiß, dass Egon bleiben wolle* (faktiv). Er knüpft daran die Überlegung, dass der Konjunktiv I im Dt. in der ↗ indirekten Rede von der Nicht-Faktivität des Verbs im dominierenden Satz abhängig sei, da er bei f. Verben nicht stehen könne und bei nicht-f. Verben ohne Bedeutungsänderung durch den Indikativ ersetzbar sei. **Lit.** R. Thieroff, Das finite Verb im Dt. Tübingen 1992, Kap. 7.4. G

Faktorenanalyse ↗ Komponentenanalyse

Faktorisierung Der aus der Mathematik entlehnte Begriff (Zerlegung eines Objektes in mehrere nichttriviale Faktoren, z. B. die Faktorisierung einer natürl. Zahl in Primzahlen) bezeichnet in der GG die Zerlegung von komplexen sprachl. Sequenzen in Teilsequenzen. Kann eine Sequenz solcherart faktorisiert werden, dass zu jedem Term einer in Frage kommenden Regel eine entsprechende Teilkette existiert (↗ Analysierbarkeit), so besitzt die Sequenz eine *proper analysis* (›passende Analyse‹); ↗ Formativ 3. F

Fakultativ (lat. facultās ›Möglichkeit‹) **1.** Regeln, deren Anwendung nicht notwendig erfolgen muss, sind f.; z. B. unterscheidet man in der ↗ Valenzgrammatik zwischen ↗ Ergänzungen, die ↗ obligatorisch (notwendig) und solchen, die f. (auch: optional) für die Konstituierung eines Satzes sind, z. B. *Hans schenkt Georg ein Buch*. Hierbei sind die Ausdrücke im Nom. und im Akk. obligator., der Ausdruck im Dat. ist f. SN – **2.** In der klass. ↗ Phonologie sind f. Varianten eines Phonems ↗ Allophone, die nicht ↗ komplementär verteilt sind, d. h. gegeneinander austauschbar sind, z. B. [l], [l] und [lʲ] im Dt. G

Faliskisch ↗ Italische Sprachen

Fall 1. ↗ Fallend. **2.** ↗ Kasus

Fallend (engl. fall, falling, frz. descendant) Distinktives tonales phonolog. Merkmal bei ↗ Tonsprachen (mit Konturtönen); Ggs. steigend (engl. rise, rising, frz. montant): Vokal/Silbe mit fallendem Stimmtonverlauf (F_0, engl. pitch) auf u. U. verschiedenen Tonstufen (↗ hoch, ↗ mittel, ↗ tief). PM

Fallfügeteil ↗ Präposition

Falsche Freunde (engl. false friends, frz. faux amis) Bez. für in zwei (oder mehr) Spr. phonolog., graph. oder morpholog. ähnl. Wörter (oder komplexe Ausdrücke), die jedoch unterschiedl. Bedeutung(sschattierung)en, Referenzbereiche bzw. Konnotationen haben: it. *lametta* ›Rasierklinge‹ vs. dt.

Lametta; engl. *sympathetic* ›verständnisvoll‹ vs. dt. *sympathisch* usw. Es gibt Spezialwbb. für einzelne Sprachenpaare sowie entsprechende Listen im Internet, etwa http://www.englisch-hilfen.de/words/ false_friends.htm für Engl./Dt. **Lit.** C. Milan & R. Sünkel, F. F. auf der Lauer. Dizionario di false analogie e ambigue affinità fra tedesco e italiano. Bologna 1990.   SO

Falschkopplung ↗ Oxymoron

Falsettstimme ↗ Stimme

Falsifizieren (mlat. falsificāre ›fälschen‹) Eine Hypothese, eine Theorie durch empir. Überprüfung oder log. Schließen als falsch nachweisen, widerlegen, Ggs.: verifizieren.   SK

Familienähnlichkeit ↗ Ähnlichkeit (5)., ↗ Prototypensemantik

Familienname (auch: Nachname, Zuname. Engl. surname, frz. nom de famille, surnom) Im Dt. vom Mittelalter bis ca. 1980 gemeinsamer ↗ Name der Mitglieder einer (genet. und sozial definierten) Familie. Verschiedene Reformen des Namensrechts im späten 20. Jh. haben diese Definition z. T. überholt, z. B. durch die Möglichkeit, bei Heirat beide Geburtsnamen beizubehalten oder nach Scheidungen den Ehenamen weiterzuführen. Dies hat viele Doppelnamen als F. ermöglicht. F. und ↗ Vorname(n), im Russ. zusätzl. der Vatersname, machen den vollständigen Namen eines Individuums aus. Nach ihrer Herkunft kann man F. unterteilen u. a. in (a) Vornamen (z. B. (*Rainer*) *Dietrich*, (*Hartmut*) *Günther*), (b) Patronyme (Vatersnamen, z. B. *Andresen, Svensson*), (c) Wohnstättennamen (z. B. *Eisenberg, Schoenthal*), (d) Herkunftsnamen (z. B. *Fries(e), Bayer*), (e) Berufsnamen (z. B. *Kanngießer, Beck, Meier*), (f) Übernamen (nach körperlichen Merkmalen, z. B. *Kurzbein, Hinker*), (g) Tiernamen (z. B. *Haase, Rehbock*), (h) ins Griech. oder Latein. übersetzte und latinisierte Namen (z. B. *Melanchthon* ›schwarze Erde‹ < *Schwarzert*), (i) Namen aus Fremdsprachen (z. B. *Hrdlička, Libuda, Pleines*) usw.; ↗ Personenname. **Lit.** HSK 11.II.   G

Fangfrage Terminus der ↗ Rhetorik zur Bez. solcher Fragen, bei der bestimmte Annahmen suggeriert werden, so dass der Befragte bei seiner Antwort irgendwelche von ihm nicht vertretene Behauptungen implizit bestätigt.   PR

Fante ↗ Akan

Farbadjektiv ↗ Farbbezeichnungen

Farbbezeichnungen (engl. colour terms, frz. noms de couleurs) Ausdrücke, die Farben, Farbschattierungen und -kontraste bezeichnen, gehören zum Grundwortschatz jeder Spr., z. B. Farbadj. wie dt. *gelb, grün, blau*. Die einzelnen Spr. teilen das Farbspektrum verschieden auf, differenzieren mehr (z. B. russ. *sínij* ›hellblau‹, *golubój* ›dunkleres Blau‹) oder weniger (z. B. griech. χλωρός (chlorós) zusammenfassend für gelb und grün) als das Dt. F. gehören zu den sprachl. ↗ Universalien. Psycholog. Untersuchungen, aus denen später die ↗ Prototypen-

semantik hervorging, ergaben in den 1960er Jahren, dass das Farbenspektrum nicht willkürl. eingeteilt wird, sondern sog. Fokalfarben folgt, die im zentralen Bereich des jeweiligen Ausschnitts des Farbspektrums liegen. Fokalfarben werden mit (max. 11) Grundfarbwörtern bezeichnet, z. B. dt. *rot*, ital. *rosso*, russ. *krasnyj*. Andere F. gehören nicht zu den Grundfarbwörtern, z. B. *hellgrün, gelbgrün, smaragdgrün, giftgrün* usw. Manche F. beruhen auf Bez. von Gegenständen, z. B. *orange, ocker, violett*. Andere F. sind in Tierbez. impliziert, z. B. *Rappe, Fuchs, Apfelschimmel*. F. können Restriktionen unterworfen sein, z. B. dt. *blond, brünett* nur für Haarfarben. F. sind wesentl. Bestandteil einiger Fachsprachen, z. B. in der Mode, der Botanik, der Philatelie, der Kosmetik. **Lit.** B. Berlin, E. A. Berlin & P. Kay, Basic Color Terms: Their Universality and Evolution. Berkeley 1969. – B. Lehmann, ROT ist nicht »rot« ist nicht [rot]. Eine Bilanz und Neuinterpretation der ling. Relativitätstheorie. Tübingen 1998. – S. Wyler, Colour Terms in the Crowd. Tübingen 2006.   G

Färingisch ↗ Färöisch

Färisch ↗ Färöisch

Faroese ↗ Färöisch

Färöisch (Eigenbez. Føroysk. Auch: Färingisch, Färisch. Engl. Faroese, frz. féroïen) ↗ Nordgerm. Sprache, die dem Isl. nahesteht. Sprachhistor. wird F. zum ↗ Westnordischen gerechnet. Auf den 17 bewohnten, zu Dänemark gehörenden Färöern (›Schafsinseln‹) gibt es ca. 37 000 Sprecher; Karte ↗ Europäische Sprachen, im Anhang. Im Unterschied zum Isl. ist das F. dialektal stark zerklüftet. Die Einheitsorthographie ist historisierend, orientiert sich am Altisl. und stiftet auf diese Weise ein System, auf das die zahlreichen Varietäten des F. bezogen werden können. F. wird heute in fast allen Bereichen des öffentl. und des privaten Lebens verwendet. Eine Literatur hat sich seit der Mitte des 19. Jh. entwickelt. Bedeutendste S2 ist ↗ Dänisch. Färinger verstehen im Allgemeinen ohne große Mühe Isl. – Orthograph. Erkennungszeichen: ⟨oy⟩, zur Unterscheidung vom Isl. Fehlen von ⟨Þ⟩. **Lit.** W. B. Lockwood, An Introduction to Modern Faroese, København 1964. – M. A. Jacobsen & Chr. Matras, Føroysk orðabók [F. Wörterbuch]. Tórshavn 1961. – **SSG** Universitätsbibliothek Kiel (8).   T

Farsi ↗ Persisch

Fataluku ↗ Timoresisch

Fatḥa ↗ Arabische Schrift

Faukal ↗ Pharyngal

Feature ↗ Merkmal

Feature checking ↗ Minimalismus

Feed back ↗ Rückkopplung

Fehler ↗ Korrektur

Fehleranalyse (engl. error analysis) In der Fremdsprachendidaktik sowohl Mittel der Sprachstandsmessung als auch wichtige Grundlage für zielgruppenspezif. Curriculumsplanung. So offenbaren

Kompetenzfehler (›attempts‹) noch nicht erworbene Strukturen, während Performanzfehler (›errors‹) darauf hinweisen, welche sprachl. Erscheinungen der Zielsprache besonders schwierig und damit wiederholt zu thematisieren sind. Flüchtigkeitsfehler (›mistakes‹) sind für die Fremdsprachendidaktik nicht von Belang, wohl aber für die ⁊ Psycholinguistik, da sie Einblicke ins ⁊ Mentale Lexikon erlauben (⁊ Versprecher). F. sind die Basis ganzer Zweit- und Fremdspracherwerbstheorien (⁊ Kontrastivhypothese, ⁊ Identitätshypothese), wenngleich monokausale Ansätze zur Fehlererklärung kaum mehr vertreten werden. Neben der Übernahme muttersprachl. Strukturen in die Zielsprache (›negativer ⁊ Transfer‹) und ⁊ Übergeneralisierungen zielsprachiger Strukturen (›intralingualer Transfer‹) treten systemat. Fehler auf, die an Erscheinungen im Erstspracherwerb erinnern. Zudem ordnen Fremdsprachenlerner das Ziel sprachl. Richtigkeit dem Ziel geglückter Kommunikation unter. Kommunikative Strategien prägen damit Lernersprachen (⁊ Interlanguage-Hypothese). Sie führen wie Interferenzen und Universalien im Spracherwerb zu mehr oder weniger abweichenden Äußerungen, was ein Grund dafür sein mag, dass der Ausdruck ›Fehler‹ heute weitgehend vermieden und durch den ›Abweichung‹ ersetzt wird. Innerhalb dieses veränderten Fehlerbegriffs ist sprachl. Korrektheit nunmehr nur noch ein Kriterium neben Verständlichkeit der Äußerung und Angemessenheit: Äußerungen können sprachl. inkorrekt, aber angemessen und verständlich sein, sie können auch sprachl. korrekt, aber unverständl. sein usw. Diese veränderte Auffassung spiegelt sich auch in den neueren fremdsprachl. Zielbestimmungen wider, etwa denen des ⁊ Europäischen Referenzrahmens für Fremdsprachen. **Lit**. K. Kleppin, Formen und Funktionen von F., -korrektur und -therapie. HSK 19/2, 986–994. – S. P. Corder, The Significance of Learners Errors. In: B. Wallace Robinett & J. Schachter, Second Language Learning. Contrastive Analysis, Error Analysis and Related Aspects. Ann Arbor 1986, 163–172.   ES

Fehlerlinguistik (engl. error analysis) Mitunter verwendete Bez. für Versuche, Erkenntnisse über eine (vermutete) Systematik von Fehlern v. a. beim ⁊ Fremdspracherwerb zu gewinnen (⁊ Interimsprache), d. h. die ⁊ Fehleranalyse als Teilgebiet der ⁊ Fremdsprachendidaktik zu etablieren.   G

Feld ⁊ Sachfeld, ⁊ Wortfeld

Feldergrammatik Fremdsprachendidakt. orientierte Grammatikkonzeption, in der dekontextualisierte Beschreibungen einzelner Strukturen ebenso vermieden werden wie die in der Fremdsprachenvermittlung häufig praktizierte isolierte Vermittlung einzelner Strukturbereiche wie Syntax und Wortschatz. Stattdessen werden Sprachmittel unterschiedl. mit Inhaltsbereichen – Feldern – assoziiert (Vermutungen ausdrücken, Vergleichen usw.). F. sind damit eher an den Erscheinungsformen natürl. Spr. und auch eher an den kommunikativen Bedürfnissen der Lerner ausgerichtet, als das bei getrennter Vermittlung einzelner Subsysteme der Zielspr. der Fall ist. F. systematisieren Grammatik nach funktionalen Gesichtspunkten. **Lit**. J. Buscha & R. Freudenberg-Findeisen (Hgg.), F. in der Diskussion. Ffm. 2007.   ES

Feldforschung (engl. field linguistics, field work) Verfahren zur Gewinnung sprachl. bzw. sprachbezogener ⁊ Daten und zur Analyse ausgewählter sprachl. Phänomene, die v. a. im amerikan. Strukturalismus entwickelt und angewandt wurde, wenngleich sich auch andere Ansätze der sprachwiss. Forschung (z. B. die ⁊ Dialektologie) schon früher ähnl., doch weniger systematisierter Vorgehensweisen bedienten. In der F. wird das Material für ein spezielles ⁊ Korpus ›vor Ort‹ erhoben, d. h. in Kontakt und Kommunikation mit einer Sprechergemeinschaft bzw. einem Sprecher (⁊ Informant). Zumeist verlangt die Aufbereitung des Materials dessen ⁊ Transkription / Notation. Bei der Analyse des Datenmaterials finden häufig Prozeduren der ⁊ empirischen Sprachwissenschaft Anwendung. – Zunächst als Instrumentarium ausgearbeitet, nicht oder wenig erforschte bzw. vom Aussterben bedrohte, oft schriftlose Spr. zu erfassen, wurde die F. mit ihren Methoden der ⁊ Datenerhebung wie ⁊ Beobachtung, ⁊ Befragung von Informanten (⁊ Interview), ⁊ Elizitierung und spezieller ⁊ Testverfahren usw. zur wichtigen Datenquelle empir.-experimenteller Ausrichtungen der Sprachwiss. (z. B. ⁊ Ethnographie der Kommunikation, ⁊ Ethnolinguistik, ⁊ Konversationsanalyse, ⁊ Soziolinguistik). Durch die heute vorhandenen Möglichkeiten der Datenaufzeichnung und -auswertung (z. B. ⁊ linguistische Datenverarbeitung) sind außerdem verstärkt die Voraussetzungen gegeben, Spr. i. S. der F. in ihrem konkreten Vorkommen zu erfassen, wenngleich damit verbundene Probleme z. T. bleiben wie z. B. die u. U. künstl. Erhebungssituation oder psychol. Zustände des Forschers oder seiner Informanten (z. B. Kulturschock). **Lit**. W. Samarin, Field Linguistics. N. Y. 1967. – M. Saville-Troike, The Ethnography of Communication. Oxford ²1989. – D. Hymes, Soziolinguistik: Zur Ethnographie der Kommunikation. Ffm. 1979. – M. Weiers, Ling. F. Wiesbaden 1980.   SK

Feldgliederung Grundgedanken der F. wurden bereits im 19. Jh. formuliert (vgl. Höhle 1986, Dürscheid 1989). Seit E. Drach (1937) hat sich die Feldterminologie für Beschreibung und Vergleich der topolog. Eigenschaften der Satztypen des Dt. eingebürgert. Er hat sie am ⁊ Kernsatz mit einfacher Verbform entwickelt und dann auf die anderen Satztypen übertragen. Die Position des Verbs bezeichnet Drach als *Mitte*, die von einem *Vorfeld* und einem *Nachfeld* umgeben ist. In *Arbeit macht niemandem Freude* bilden *macht* das Mittelfeld, *Arbeit* das Vorfeld und *niemandem Freude* das Nachfeld. Für die vollständige Beschreibung der Topologie des

⌐ Kernsatzes wird i.d.R. von sechs Feldern oder ⌐ Positionen ausgegangen. Dabei wird entweder die Struktur des konjunktionalen Nebensatzes oder des einfachen Hauptsatzes mit einer zusammengesetzten Verbform als Ausgangsform zugrundegelegt, die im Kernsatz eine ⌐ Klammer bildet und damit Felder schafft, vor allem das bei Drach fehlende Mittel- oder Hauptfeld zwischen finiter und infiniter Verbform (oder Verbpartikel), z.B. *Und Ernestine hatte die Besucher des Museums über das Missgeschick informiert, weil sie am besten Bescheid wusste.* An erster Stelle im Kernsatz ist ein Platz für eine fakultative koordinierende Konjunktion, die zweite Stelle ist das Vorfeld (*Ernestine*), dann folgt das Finitum (*hatte*), das durch das Mittelfeld (*die Besucher des Museums über das Missgeschick*) vom infiniten Verbkomplex (*informiert*) abgetrennt ist. Im Nachfeld, das auch unbesetzt sein kann, steht hier der kausale Nebensatz (*weil sie am besten Bescheid wusste*). Das Vorfeld kann mit einem oder mehreren Satzgliedern besetzt sein. Treten andere Elemente als das Subjekt ins Vorfeld, ergibt sich gegenüber der unmarkierten Abfolge des Kernsatzes eine markierte, z.B. *Und die Besucher hatte Ernestine über das Missgeschick informiert, (…).* Bei der Besetzung des Mittelfelds bestehen kaum Einschränkungen. Große Schwierigkeiten aber macht die Beschreibung der Abfolge der Satzglieder. Welche Faktoren auf welche Weise die Abfolgeregularitäten im Mittelfeld bestimmen, ist umstritten. Eisenberg (II, 394–410) geht von mindestens acht aus. Relevant sind u.a. syntakt. Funktion, z.B. Subjekt vor Objekt, Thema-Rhemastruktur, Satzakzent, Form der Satzglieder, z.B. Pronomen vor Substantiv, Bedeutung der Satzglieder, z.B. definit vor indefinit, belebt vor unbelebt. Vor das Vorfeld kann bei ⌐ Herausstellung ein Vor-Vorfeld (Außenfeld) treten, z.B. *Denn der Lukas, der kann alles.* Das Mittelfeld wird durch den infiniten Verbkomplex abgeschlossen (Satz- oder Verbalklammer), der im Ggs. zum finiten Teil in sich noch syntakt. strukturiert sein kann, z.B. *Der Minister müsste inzwischen doch über die Visa-Sache informiert worden sein.* Das Nachfeld wird häufig als ⌐ Nachtrag oder ⌐ Ausklammerung charakterisiert, z.B. bei Heidolph, Grundzüge (759 ff.). Dahinter steht die Auffassung, dass mit dem Schließen der Satzklammer der Satz beendet ist und eine Besetzung des Nachfeldes eine – meist kommunikativpragmat. begründete – Abweichung von einer ⌐ Grundwortstellung darstellt. Tatsächl. ist in bestimmten Fällen die Nachfeldbesetzung grammatikalisiert, etwa im Kausalsatz des Beispiels, der zwar ins Vorfeld, aber nicht ins Mittelfeld treten könnte. Ausklammerung und grammatikalisierte Nachfeldbesetzung müssen deshalb terminolog. voneinander unterschieden werden. Die Beschreibung der Wortfolgeregularitäten innerhalb der Nominalgruppe ist vor allem unter sprachtypolog. Ge-

sichtspunkten interessant. In Grammatiken wird sie weniger ausführl. behandelt als die Satzgliedfolge, meist aber in Bezug auf diese und in Analogie dazu. **Lit.** E. Drach, Grundgedanken der dt. Satzlehre. Ffm. ³1940. – U. Engel, Regeln zur Wortstellung. Forschungsberichte des IdS, 5. Tübingen 1970, 7–148. – Ders., Dt. Grammatik. Heidelberg ²1991. – J. Lenerz, Zur Abfolge nominaler Satzglieder im Dt. Tübingen 1977. – T. Höhle, Der Begriff ›Mittelfeld‹. In: W. Weiss et al. (Hgg.), Textling. contra Stilistik. Tübingen 1986, 329–340. – Ch. Dürscheid, Zur Vorfeldbesetzung in dt. Verbzweitstrukturen. Trier 1989. – W. Abraham, Wortstellung im Dt. In: L. Hoffmann (Hg.), Dt. Syntax. Bln. 1992, 484–522. – A. Wöllstein-Leisten et al., Dt. Satzstruktur. Grundlagen der syntakt. Analyse. Tübingen 1997. – S. Müller, Mehrfache Vorfeldbesetzung. DS 32, 2003, 19–62.   SL

Feldtheorie ⌐ Wortfeldtheorie

Feldtransposition ⌐ Prozedur

Feminin (lat. fēmina ›Frau‹. In Schulbüchern auch: weiblich) Adj. zu ⌐ Femininum. Grammat. Subklasse der Substantive des Dt., die in Nominalphrasen hinsichtl. des ⌐ Genus Artikel, Adjektive und Pronomina regieren.   SL

Femininum Neben ⌐ Maskulinum und ⌐ Neutrum eines der Genera (⌐ Genus), die im Dt. und vielen anderen ie. Spr. die durchgängigste und einheitlichste Kategorisierung der Substantivparadigmen bilden. Im Dt. gibt es drei i.d.R. invariante Genera und Genusklassen, mit gelegentl. Schwankungen und der Ausnahme des ⌐ Differentialgenus. Bezogen auf die gesamte Spr. ist die ⌐ Genusdetermination arbiträr, bei Ableitungen ist sie allerdings meist morpholog. begründet. Fem. sind z.B. Wörter auf {-heit, -keit, schaft, -ung}. Korrelation zwischen Genus und Bedeutung ist nur bei einigen Substantivgruppen möglich. Fem. sind neben den meisten Baumbezeichnungen, Blumen-, Schiffsnamen und Motorradmarken vor allem die Personenbezeichnungen für Frauen. Hier besteht in der Regel Übereinstimmung zwischen grammat. und natürl. Geschlecht bzw. ist möglich (Ausnahmen: *Weib, Mädchen*). Fehlende Übereinstimmung war für die ⌐ Sprachkritik der ⌐ feministischen Linguistik in den letzten 30 Jahren einer der Anlässe zur Anregung von Änderungen. Das hat z.B. bei Berufsbezeichnungen zur Durchsetzung von Wörtern wie *Kauffrau, Amtfrau* und zur massiven Kritik am ⌐ generischen Sprachgebrauch geführt.   SL

Feministische Linguistik (auch: linguistische Geschlechterforschung) Die f.L. hat sich im Rahmen der Frauenbewegung ausgehend von den USA u.a. in den dt.sprachigen Ländern (außer der ehem. DDR) seit ca. 1978 entwickelt. Sie thematisiert den Zusammenhang von Spr. und Geschlecht: Spr. und Sprechen werden mit der Absicht beschrieben und bewertet, gesellschaftl. Benachteiligung von Frauen in und mit Spr. aufzudecken und zu beseitigen. In »Richtlinien« werden Veränderungen propagiert und initiiert (z. B. Hellinger 1990). Die feminist. ↗ Sprachkritik gilt strukturellen Gegebenheiten, die feminist. Sprech- bzw. Kommunikationskritik gilt dem unterschiedl. kommunikativen Verhalten von Frauen und Männern. Erstere betrifft den Wortschatz und die systemat. Möglichkeiten der Personenbezeichnung, die nach Meinung der KritikerInnen das Dt. als sexist. erweisen, weil fast nur mask. Formen von Substantiven und Pronomina ↗ generisch verwendet werden können. Der Satz *Die Studenten haben vorgeschlagen, dass jeder seinen Anteil selbst bearbeiten soll* kann sich nur auf männl. Studierende oder eine gemischte Gruppe beziehen. Solche Formulierungen, so die Kritik, verleiten beim Sprechen und beim Zuhören dazu, nur an Männer zu denken, sie können einen Informationsverlust bewirken oder nur als unhöfl. empfunden werden. Im Laufe der z. T. sehr engagiert geführten Diskussion haben sich für das Dt. vier Veränderungsstrategien herausgebildet: (a) Neutralisierung, d. h. Vermeidung von ↗ Geschlechtsspezifikation z. B. durch Verwendung neutraler Wörter, z. B. *Person*, Pluralformen, z. B. *Leute*, und substantivierte Adjektive oder Partizipien, z. B. *Beteiligte, Angehörige*. (b) Feminisierung, d. h. konsequente Benennung von Frauen bei gemischten Gruppen, z. B. durch Splitting wie in *Wählerinnen und Wähler* sowie die Erwähnung fem. Formen bei Bezugnahme auf Frauen im Sg., z. B. *Ich suche jemanden, die mir hilft*. (c) Einsatz des gener. Femininums in radikaler Umkehrung des gener. Maskulinums (*Studentinnen* in der Bedeutung ›weibl. und männl. Studierende‹; Pusch 1990). (d) Das gener. Femininum in einer Modifikation von (c), die den Bedeutungsunterschied sichtbar und hörbar macht: *StudentInnen*, beim Sprechen durch eine Pause indiziert. Nur in dieser Version besteht Symmetrie, denn drei Bedeutungen entsprechen drei Formen. Kritiker der feminist. Sprachkritik argumentieren mit der histor. Entwicklung der Spr., dem Zwang zur Ökonomie, der Arbitrarität des sprachl. Zeichens, dem Vorwurf der Vermischung von Genus und Sexus (im Dt. stehen drei Genera zwei Sexus gegenüber). Feminist. Sprachkrit wird auch in populären Medien diskutiert und zunehmend praktiziert; sie hat sogar zur Änderung von Gesetzestexten geführt. Es handelt sich um polit. motivierten Sprachwandel, der in seinem Ausmaß nicht zu unterschätzen ist. – Die Existenz selbständiger Frauenspr. wurde schon von O. Jespersen (1925) selbst für exot. Spr. als Mythos entlarvt. Es gibt für Frauen und Männer immer mehr sprachl. Gemeinsamkeiten als Unterschiede. Sog. Genderlekte (auch: Sexlekte) sind weniger sexexklusiv als präferentiell (Auswahl, Häufigkeit und Kombination einzelner Elemente betreffend) zu verstehen. Von Interesse ist, welche Unterschiede es gibt, in welchen Situationen sie bestehen und wie sie zu bewer-

ten sind. In der Diskussion sind Unterschiede auf allen sprachl. Ebenen: Aussprache, Morphologie, Syntax, Wortschatz. Ein Schwerpunkt der f. L. ist die Untersuchung von interaktivem und kommunikativem Verhalten: Unterbrechungen, Redezeit, das Verhalten beim Zuhören, Bezugnahme auf das vom Gegenüber Gesagte, Unterstützung der Gesprächspartnerin oder des Gesprächspartners sowie Nonverbales (Lächeln, Blickkontakt, Körperhaltung). Die f. L. ist wesentl. geprägt durch zwei Thesen: Lakoff (1973) vertrat die Ansicht, dass weibl. Kommunikationsverhalten durch Unsicherheit und Anpassungsverhalten bestimmt sei und dass Männer qualitativ und quantitativ dominierten; nach Fishman (1978) übernehmen Frauen die Gesprächsarbeit, Männer die Gesprächskontrolle. Der Rahmen für diese Thematik ist die ↗ Soziolinguistik. Ähnl. wie in der klass. Soziolinguistik kann man unterscheiden zwischen einem Defizitansatz (z. B. S. Trömel-Plötz, C. Schmidt) und einem Differenzansatz (z. B. D. Tannen), der weibl. und männl. Kommunikationsverhalten als verschieden, aber gleichwertig ansieht, mit der Schwierigkeit, sprachl. Beschreibungen von gesellschaftl. Wertungen zu lösen. Untersucht wurden z. B. schul. und universitäre Kommunikation, Fernsehdiskussionen, therapeut. Kommunikation, Kommunikation in der Familie. Es ist kaum mögl., den Geschlechtsunterschied als einzige Variable zu isolieren; relevante zusätzl. Variablen sind Schicht, Ausbildung, Alter und Aspekte der Kommunikationssituation wie z. B. Status, gleichgeschlechtl. oder gegengeschlechtl. Kommunikationspartner. **Lit.** O. Jespersen, Die Sprache. Heidelberg 1925. – R. Lakoff, Language and Woman's Place. N. Y. 1975. – H. Andresen et al. (Hgg.), Sprache und Geschlecht. 3 Bde. (= OBST 8, 9, Beiheft 3). Osnabrück 1978, 1979. – P. Fishman, Interaction. The Work Women Do. Social Problems 25, 1978, 397–406. – L. Pusch, Das Dt. als Männerspr. Ffm. 1984. – S. Trömel-Plötz (Hg.), Gewalt durch Spr. Ffm. 1984. – G. Schoenthal, Spr. und Geschlecht. DS 13, 1985,143–185. – C. Schmidt, Typisch weibl. – typisch männl. Tübingen 1988. – G. Schoenthal, Personenbezeichnungen im Dt. als Gegenstand der feminist. Sprachkritik. ZGL 17, 1989, 296–314. – L. Pusch, Alle Menschen werden Schwestern. Ffm. 1990. – M. Hellinger, Kontrastive f. L. Mchn. 1990. – U. Gräßel, Sprachverhalten und Geschlecht. Pfaffenweiler 1991. – S. Günthner & H. Kotthof (Hgg.), Von fremden Stimmen. Ffm. 1991. – U. Jessner, Die Ontogenese von geschlechtsbedingten Sprachmerkmalen. Innsbruck 1991. – D. Tannen, Du kannst mich einfach nicht verstehen. Hamburg 1991. – S. Günthner & H. Kotthof (Hgg.), Die Geschlechter im Gespräch. Kommunikation in Institutionen. Stgt. 1992. – H. Sieburg (Hg.), Sprache – Genus/Sexus. Ffm. 1997. – G. Schoenthal (Hg.), F. L. – Ling. Geschlechterforschung. Hildesheim, N. Y. 1998. **Bibl.** H. Sieburg in: Ders. (Hg.) 1997, 346–386. SL

Fest ↗ Partikelverb
Fester Anschluss ↗ Silbenschnitt
Fester Stimmeinsatz ↗ Glottisverschluss
Festes Syntagma ↗ Idiom, ↗ Phraseologismus
Festlandskeltisch Komplementär zu ↗ Inselkeltisch. Die f. Spr. waren vorromanische bzw. -germanische Spr. des europ. Kontinents. Im Einzelnen werden unterschieden das ↗ Gallische im heutigen Zentralfrankreich, das Lepont. in Oberitalien/Tessin, das Keltiber. im NW der iber. Halbinsel. und das Galat. in Zentralanatolien. Hinsichtlich der Entsprechung von idg. *qu (Wandel zu p bzw. k) ist das F. ebenso uneinheitlich wie das Inselkelt. Über die Verbreitung des F. berichten antike Autoren wie Caesar, Tacitus, Ptolemaeus, Strabo und Diodorus Siculus. Zahlreiche Ortsnamen wie *Kempten* (< Cambodunum) oder *Leiden/Lyon* (< Lugdunum) belegen, dass große Teile Westeuropas von Kelten besiedelt waren. Zu den Schriftdenkmälern: ↗ Gallisch, ↗ Keltiberisch. **Lit.** J. F. Eska & D. E. Evans, Continental Celtic. In: M. Ball & J. Fife (Hgg.), The Celtic Languages. Ldn. 1993, 26–63. – W. Meid & P. Anreiter (Hgg.), Die größeren altkelt. Sprachdenkmäler. Innsbruck 1996. – F. B. Mozota, Los Celtiberos. Etnias y estados. Barcelona 1998.   RO, W
Fettschrift ↗ Auszeichnungsschrift
Fibel (frz. abécédaire, engl. primer) Das Wort F. ist aus *Bibel* abgeleitet, vielleicht aufgrund von kindl. falscher Aussprache (keine Beziehung zu lat. *fibula* ›Schnalle, Spange‹). Es bezeichnet das erste bebilderte (Lese-) Buch der Schüler im ↗ Anfangsunterricht; ↗ Lesenlernen, ↗ Muttersprachlicher Unterricht.   GI, KL, SO
Fidschi ↗ Ozeanische Sprachen
Figur In der ↗ Glossematik kleinste systemat. Struktureinheit (↗ Glossem) der Spr. ohne Zeichencharakter. F. werden sowohl für den Ausdrucksplan als auch für den Inhaltsplan einer Spr. angenommen. Beispiele für Ausdrucksfiguren im System: Silben, Phoneme. Beispiele für Inhaltsfiguren im System: ›männl.‹, ›weibl.‹, ›Schaf‹, ›Mensch‹, ›Kind‹, ›Pferd‹ zur Beschreibung der Inhaltsglosseme ›Widder‹, ›Zibbe‹, ›Mann‹, ›Frau‹, ›Junge‹, ›Mädchen‹, ›Hengst‹, ›Stute‹. Das Inhaltsglossem ›Widder‹ wird folglich als Kombination der Inhaltsfiguren ›männl.‹ und ›Schaf‹, ›Zibbe‹ als Kombination der Inhaltsfiguren ›weibl.‹ und ›Schaf‹ beschrieben. Entsprechend: die Kombination der F. ›männl.‹ und ›Mensch‹ entspricht dem Inhaltsglossem ›Mann‹, die Kombination von ›weibl.‹ und ›Mensch‹ dem Inhaltsglossem ›Frau‹.   T
Figura etymologica f. (lat. Kunstwort für griech. σχῆμα ἐτυμολογικόν (schēma etymologikon) ›etymolog. Figur‹) Wortspiel, Sonderfall der ↗ Paronomasie: Verbindung zweier oder mehrerer Wörter des gleichen Stamms zur Ausdruckssteigerung, oft unter Suggerierung eines dem lautl.-etymolog. Verhältnis entsprechenden inneren Zusammenhangs, auch als

Mittel der Komik; z. B. *einen schweren Gang gehen; betrogene Betrüger;* ↗ inneres Objekt.   STE
Figura synonymia f. (lat. figūra ›Bildung, Gestalt, Beschaffenheit‹, spätlat. synonymum ›von gleichem Namen, von gleicher Bedeutung‹) Durch Hinzufügung gebildete ↗ rhetorische (Wort-) Figur der Wiederholung von klang- oder bedeutungsähnl. Wörtern, z. B. *nihil agis, nihil mōlīris, nihil cōgitās* ›du tust nichts, du bewegst nichts, du denkst nichts‹ (Cicero), wobei die semant. Unterschiede der Synonyme in ihrer Betonung und Graduierung einer Ausdruckssteigerung dienen sollen. Die f. s. kann auch als ↗ Tropus gebraucht werden.   VS
Fiji (Fidschi) ↗ Ozeanische Sprachen
Filipino ↗ Tagalog
Filter Bez. für Regeln, die in verschiedenen Modellen der GG eine wichtige Rolle spielen und z. B. in der ↗ REST und ↗ Rektions-Bindungs-Theorie neben ↗ Beschränkungen die Erzeugung ungrammat. Strukturen verhindern. In Chomsky, Aspects, und der ↗ Erweiterten Standardtheorie wurden die entspr. Phänomene noch durch spez. Formulierungen für einzelne ↗ Transformationen erfasst; ↗ Lexical Functional Grammar. **Lit.** N. Chomsky & H. Lasnik, Filters and Control. LIn 8, 1977, 425–504.   F
Final ↗ Finalbestimmung, ↗ Finalsatz
Finalbestimmung (lat. fīnālis ›das Ende, das Ziel betreffend‹. Engl. adverbial of purpose, frz. complément circonstanciel du but) Finales ↗ Adverbial, das durch eine PP (*zur Erholung*) oder einen ↗ Finalsatz (*Tina korrigiert, damit sie am Wochenende tanzen kann*) realisiert wird. Die F. fungiert als ↗ Adjunkt (↗ Angabe; *zur Erholung zieht er eine Radtour vor*) oder als ↗ Attribut (*Die Karte zur Orientierung*).   C, RL
Finaler Infinitiv Inf. in der Funktion eines finalen ↗ Adverbials, z. B. *Jenny schickt Maja Brot einkaufen; Utz kommt um zu stänkern.*   G
Finalsatz (auch: Absichtssatz, Zwecksatz. Engl. final clause, frz. proposition finale) Semant. bestimmte Klasse von Nebensätzen, die im ↗ Matrixsatz die syntakt. Funktion eines nicht obligator. ↗ Adverbials oder eines ↗ Objekts einnimmt. F. werden im Dt. durch eine finale Subjunktion eingeleitet (*damit, auf dass*) und drücken das Ziel oder den Zweck aus, den bzw. dem der im Matrixsatz benannte Sachverhalt verfolgen bzw. dienen soll, z. B. *Hans redet laut, damit er gut verstanden wird.* Voraussetzung für eine Analyse als ↗ Objektsatz ist ein semant. passendes Verb (*Theo hofft inständig, dass Rudolf bald verschwindet*). Der F. kann mitunter durch den ↗ finalen Infinitiv ersetzt werden; oft wird der F. als Untergruppe des ↗ Kausalsatzes aufgefasst.   C, RL
Fingeralphabet ↗ Handalphabete
Finit ↗ Finites Verb
Finite state grammar Formale Grammatik mit endl. vielen Zuständen zur automat. Erzeugung von Symbolketten, die als Sätze einer natürl. Spr.

interpretiert werden können. Sie basiert auf einer endl. Menge von Symbolen und einer endl. Menge von Regeln, die den Übergang von einem Zustand zu einem andern festlegen. Bei jedem Übergang von einem Zustand zu einem anderen wird ein Symbol ausgegeben und mit der bereits gebildeten Symbolkette verkettet. Im Anfangs- oder Initialzustand ist noch kein Symbol gegeben. In einem der zugelassenen Endzustände ergibt sich eine Kette, die als Satz aufgefasst werden kann. Sobald zugelassen wird, dass die f. s. g. von einem Zustand z direkt oder indirekt zu z zurückkehren darf, ist die erzeugte Menge von Ketten, d. h. die erzeugte (formale) Sprache, unendl. – Während f. s. g. besonders bei der automat. Sprachverarbeitung Anwendungsbereiche kennen, haben sie für die grammat. Beschreibung von Einzelspr. keine Rolle gespielt. Lediglich wegen der krit. Kommentare, die N. Chomsky (1957) diesem Grammatiktyp gewidmet hat, werden sie außerhalb der Fachliteratur erwähnt. **Lit.** N. Chomsky, Syntactic Structures. The Hague 1957.   T

Finites Verb (lat. fīnītus ›begrenzt, bestimmt‹. Auch: Finitum, verbum finitum, Personalform) Verbform, die nach mindestens einer der verbalen Kategorien ↗ Person, ↗ Numerus, ↗ Tempus, ↗ Modus, Diathese (↗ genus verbi), ↗ Geschlecht der Aktanten, Obviation (↗ obviativ) bestimmt (↗ finit) ist. Das konjugierbare f. V. kann als ↗ Prädikat von ↗ Sätzen funktionieren und steht in Kontrast zu den ↗ infiniten Formen des Verbs (↗ Infinitiv).   WR

Finitiv (lat. fīnis ›Ende‹) ↗ Aktionsart, die den Abschluss, das Aufhören oder den Abbruch des im Verbstamm ausgedrückten Vorgangs oder Zustands charakterisiert, z. B. russ. *otdežurít'* ›den Dienst beenden‹; ↗ Egressiv, ↗ Resultativ, ↗ Terminativ. G, T

Finitum ↗ Finites Verb

Finnisch (Eigenbez. Suomi) ↗ Uralische (finn.-ugr.) Spr., ca. 5 Mio. Sprecher, davon 4,6 Mio. in Finnland, die übrigen in Schweden (bes. Provinz Norrbotten) und Russland (bes. Gebiet von Petersburg) sowie in Nordamerika und Australien. F. ist Amtsspr. vor dem Schwed. in Finnland sowie neben dem Russ. in der Karel. Republik; Karte ↗ Europäische Sprachen, im Anhang. Als S2 wird F. etwa von der Hälfte der über 300 000 in Finnland lebenden Schweden benutzt. Die f. Schriftspr. wurde in den 40er Jahren des 16. Jh. auf der Basis des südwestfinn. Dialekts von Turku (Åbo) von dem luther. Bischof M. Agricola geschaffen (Übersetzung des NT u. a.). Sie konnte sich aber erst im 19. Jh. unter dem Einfluss der nat. Bewegung gegen die Vorherrschaft des Schwed. und durch die Einbeziehung der ostfinn. Mundarten und der Volksspr. entfalten. 1863 wurde F. offiziell als Amtsspr. dem Schwed. gleichgestellt. **Lit.** L. Hakulinen, Handbuch der finn. Spr. Bd. 1, 2. Wiesbaden 1957, 1960. – H. Fromm, Finn. Grammatik. Heidelberg 1982. – H.

Sulkala & M. Karjalainen, Finnish. London, N. Y. 1992. – F. Karlsson, Finn. Grammatik. Hamburg 2000.   SR

Finnisch-Ugrische Sprachen ↗ Uralische Sprachen

Finnougristik ↗ Uralische Sprachen

Firmensprache (auch: Konzernsprache) In vielen internat. operierenden Konzernen gibt es Regelungen darüber, welche Spr. bei Kontakten (Konferenzen, Telefonaten usw.) zwischen verschiedensprachigen Angehörigen des Konzerns zu verwenden ist. Diese Spr. wird vielfach F. genannt. Mit der Internationalisierung der Märkte und der rapiden Entwicklung der Telekommunikationstechniken nehmen solche Kontakte zu und können zu innerbetriebl. Kommunikationsproblemen führen, wenn keine Regelungen über eine F. getroffen sind. Vielfach wird von Firmen in nichtanglophonen Ländern, z. B. in Deutschland, das Engl. als F. gewählt.   G

Fistelstimme ↗ Stimme

Fixation (lat. fīxum ›angeheftet‹) In der ↗ Psycholinguistik im Wortsinn gebrauchter Terminus zur Bez. der Zeit, in der das Auge etwas fixiert und damit kognitiver Verarbeitung zugängl. macht. Die Dauer der F. beim Lesen variiert in Abhängigkeit von Wortlänge, Frequenz und Ambiguität des fixierten Elements erhebl. (zwischen 100ms und 1 s). Zudem wird nicht ein Wort nach dem anderen fixiert und verarbeitet, sondern nur diejenigen Ankerpunkte in Texten, die ausreichen, um den Inhalt zu erfassen. Zusammen mit ↗ Saccaden geben F. Aufschluss über Prozesse der Sprachverarbeitung. **Lit.** H. Günther, Histor.-systemat. Aufriss der psycholog. Leseforschung. HSK 10/2, 918–931. – W. Inhoff & K. Rayner, Das Blickverhalten beim Lesen. HSK 10/2, 942–957.   ES

Flach 1. In PSA akust. durch eine Abwärtsverschiebung der Formanten (↗ akustische Phonetik) gekennzeichnetes binäres phonolog. distinktives Merkmal. **2.** Artikulator. Merkmal der Zungenform im Ggs. zu *gerillt* (↗ Rinnenfrikativ).   PM

Flächenkarte ↗ Sprachkartographie

Flaggenalphabet Verständigungssystem zwischen Schiffen auf See durch eine Reihe von Signalflaggen und Kombinationen mit festgelegter Bedeutung.   S

Flämisch ↗ Niederländisch

Flap (engl. flap ›Schlag‹. Auch: geschlagener Laut, getippter Laut, Tap, engl. to tap ›antippen‹) Konsonant. ↗ Artikulationsmodus bzw. Sprachlaut, bei dem die Zungenspitze als ↗ artikulierendes Organ mittels einer ballist. Bewegung lediglich einen kurzzeitigen geschlagenen bzw. angetippten Verschluss an der ↗ Artikulationsstelle bildet.   PM

Flathead-Kalispel ↗ Salish-Sprachen

Flektierende Sprache (auch: fusionierende Sprache. Engl. fusional language, inflectional language) ↗ Synthetischer Sprachtyp, der durch die enge, oft zu einer Verschmelzung führende Verbindung zwischen Wortstamm und Affix gekennzeichnet ist. Im

Gegensatz zu Affixen in ↗ agglutinierenden Sprachen üben Flexionsaffixe häufig einen phonolog. Einfluss aufeinander und auf den Wortstamm aus. Darüber hinaus vertritt das Affix in einer f. S. in der Regel mehr als eine grammat. Kategorie, z.B. lat. *casam* ›die Hütte‹ ({-m} drückt Akkusativ und Singular aus), Spanisch *hablo* ›ich spreche‹ ({-o} drückt 1. Pers. Sg. Präs. Ind. aus), *hablé* ›ich sprach‹ ({-e} drückt 1. Pers. Sg. Perf. Ind. aus). **Lit.** A. Carstairs, Allomorphy in Inflexion. Ldn. 1987. – A. Spencer & A. Zwicky (eds.), The Handbook of Morphology. Oxford 1998. – HSK 17, I.   WR

Flexem ↗ Flexiv

Flexion (lat. flexum ›Gebogenes‹. Auch: Beugung, Biegung, Formenbildung, Formenlehre. Engl. accidence, inflection, inflexion, frz. flexion) Auf F. v. Schlegel zurückgehender Terminus, der zunächst nur die später so genannte innere F. (↗ Ablaut, ↗ Innenflexion) bezeichnete. Ihr steht die sog. äußere F. gegenüber, in der F.kategorien durch ↗ Affixe ausgedrückt werden, die mit unveränderten Wortstämmen verbunden werden. Die F. ist definierendes Charakteristikum ↗ flektierender Sprachen, in denen die Lexeme der »großen« Wortklassen der Subst., Verben und Adj. sowie die Pronomina und Numeralia je nach ihrer Funktion im ↗ Satz unterschiedl. morpholog. Abwandlung unterworfen sind. Diese Abwandlung erfolgt durch Veränderung des ↗ Stamms (↗ Ablaut, ↗ Umlaut, ↗ Wurzelflexion) und/oder durch ↗ Affixe (in ↗ agglutinierenden Sprachen nur durch Affixe), wobei ein einzelnes ↗ Flexiv mehrere syntakt.-semant. Informationen enthalten kann, z.B. lat {-nda} in *amānda* ›(die) Liebenswerte‹ die Merkmale [gerund.], [fem.], [sg.], [nom]; ↗ Grundformflexion, ↗ Innenflexion. Die Flexionskategorisierungen, die im Dt. in diesen Abwandlungen ausgedrückt werden, sind bei den nominalen ↗ Wortarten ↗ Kasus und ↗ Numerus (außerdem bei den Adj. ↗ Komparation, bei den nichtsubstantivischen Nomina ↗ Genus, bei den Pronomina ↗ Person); ↗ Deklination; bei den Verben ↗ Tempus, ↗ Modus, Numerus, Person und ↗ genus verbi; ↗ Konjugation. Die einzelnen Kategorien drücken syntakt. Funktionen und semant. Sachverhalte aus (↗ Kongruenz, ↗ Rektion, ↗ Valenz), was dazu geführt hat, dass ↗ Syntax bis zu den ↗ Junggrammatikern im Wesentl. als »Formenlehre« betrieben wurde (heute noch üblich in lat. und griech. Schulbüchern). Die einzelnen Typen der Abwandlung in den einzelnen Wortarten werden als Flexionsparadigmen oder Flexionsklassen (Deklinations-, Konjugationsklassen) bezeichnet; ↗ Morphologie. G

Flexionsaffix ↗ Flexiv

Flexionskategorie In der ↗ Flexion (↗ Deklination, ↗ Konjugation) einer ↗ flektierenden Sprache relevante morpholog. Kategorie, im Dt. z.B. die einzelnen Kategorien von ↗ Tempus, ↗ Kasus, ↗ Numerus usw. wie Perfekt, Dativ, Plural usw.   G

Flexionskategorisierung Oberbegriff für die einzelnen Flexionskategorien. Demnach ist »Kasus« die F. der Flexionskategorien Nom., Dat., Akk., Ablativ, Elativ usw., »Tempus« die F. der Flexionskategorien Präsens, Präteritum, Plusquamperfekt usw., »Aspekt« F. der Flexionskategorien Perfektiv, Imperfektiv, Narrativ usw.   G

Flexionsklasse ↗ Flexion

Flexionsmorphem ↗ Flexiv

Flexionsparadigma Gesamtheit der Wortformen eines Lexems. Das F. dt. Verben besteht im Normalfall aus 144 Flexionsformen (6 Tempora, 3 Personalformen, 2 Numeri, 2 Modi, 2 Diathesen), dazu die Partizipien, die Imperative, die Infinitive u. a. in Spr. mit einem differenzierteren System an ↗ Flexionskategorien ist das F. entsprechend umfangreicher (z.B. Griech.), in Spr. mit einem weniger differenzierten System entsprechend kleiner (z.B. Russ.). In Grammatiken und Lehrbüchern werden F. häufig in Form von Übersichtstabellen dargestellt. G

Flexiv n. (auch: Flexem) Bez. für Morpheme, mit deren Hilfe flektierte Wortformen gebildet werden (*gehe*, *gehst*, *geht* etc.). F. bilden damit neben den Wortbildungsmorphemen die zweite Teilklasse der Affixe. Ausdrucksseitig ist das Inventar an F. im Vergleich zu den ausgedrückten Relationen beschränkt, so dass sich die Funktion nicht alleine aus der Form, sondern auch aus dem Kontext ergibt. So entspricht das verbale F. der 1. Ps. Sg. Präs. (*-e*) ausdrucksseitig F.en, die auch in adjektivischen und substantivischen Paradigmen stehen (Ubiquität), z.B. *schöne Tage*.   ES

Flickwort ↗ Gliederungssignal, ↗ Partikel

Fließlaut ↗ Liquida

Florentinisch ↗ Toskanisch

Fluchformel (engl. formulaic curse, frz. juron) Phraseologismus, der dem damit Angesprochenen übelwill, z.B. *Fahr zur Hölle!*; ↗ Formel, ↗ Schimpfwort.   G

Flurname ↗ Toponym

Flussdiagramm (engl. flow chart) Aus der Datenverarbeitung übernommene graph. Darstellungsform, um method. Vorgehen, analyt. Verfahren, aber auch bestimmte sprachl. Erscheinungen als Resultat prozesshafter Abläufe zu illustrieren. SK

Flussname ↗ Toponym

Flüsterdreieck Die an der Rückseite der bei aneinandergepressten Stimmlippen auswärts gedrehten Stellknorpel (Arythenoid) beim ↗ Flüstern entstehende glottale Öffnung (Abb. ↗ Phonation); ↗ Stimme. PM

Flüstern ↗ Phonation, ↗ Stimmqualität, ↗ Sprechen

Flüsterstimme ↗ Stimme

F-Maß Gewichtetes harmon. Mittel von *Precision* (Genauigkeit, d.h. der Anteil der relevanten Informationen an allen gefundenen Informationen) und *Recall* (Trefferquote, d.h. der Anteil der gefundenen relevanten Informationen im Verhältnis zu allen relevanten Informationen) bei Gleichgewichtung der beiden Größen.   Z

Fokus (lat. focus ›Herd, Mitte. Auch: Comment) **1.** Wie ↗ Rhema und ↗ psychologisches Prädikat Bez. für den Bedeutungskern eines Satzes, seinen Informationsschwerpunkt. Sprachl. Mittel zur Markierung des F. sind ↗ Wortstellung, ↗ Intonation und Lexik; ↗ Topikalisierung, ↗ Fokussierung. In Deklarativsätzen wird der F. behauptet, in Fragesätzen wird er erfragt. Mitunter wird unterschieden zwischen (a) dem Konstituenten-F. (z. B. *Wie ich höre, ist Ihre Frau krank? – Nein, meine Tochter*), (b) Fokus auf dem Prädikat (z. B. *Warum ist Martin noch nicht da? – Er hat sich verlaufen*) und (c) Satz-F. (z. B. *Was ist da unten für ein Krach? – Die Kinder haben die Katze gewürgt*). G – **2.** ↗ Pragmatische Rolle des Gegenstandes, auf den hin die Bedeutung eines Wortes (Verbs) perspektiviert ist; ↗ Perspektivierung, ↗ Topic. WK

Fokusadverb ↗ Gradpartikel

Fokuspartikel ↗ Gradpartikel

Fokussierer ↗ Gradpartikel

Fokussierung (auch: Rhematisierung) Bewusste Markierung eines Teilausdrucks als ↗ Fokus eines Satzes. In der Regel ist das ein Teilausdruck, der neue Information enthält (↗ Rhema), z. B. *Sabine wird die Stelle in München im März antreten* (normale Wortstellung, neutrale Intonation, Fokus auf *im März*) vs. *Sabine wird die Stelle in München im März antreten* (Kontrastakzent auf dem Subjektausdruck) vs. *Die Stelle in München wird Sabine im März antreten* (Linksversetzung der Objekts-NP) vs. *In München die Stelle wird Sabine im März antreten* (Linksversetzung des Attributs der Objekts-NP). G

Folgernd ↗ Konsekutiv

Folgerung (engl. consequence, frz. conséquence) (a) Aussage, auf die aus vorangehenden Aussagen (Hypothesen) geschlossen wird, (b) Beziehung zwischen Prämissen und der ↗ Konklusion, (c) Schlussregel von Prämissen auf die Konklusion, (d) der vollzogene Schluss. Eine bedeutende log. F. stellt die ↗ Deduktion dar, in der allein aufgrund der Zusammensetzung mit log. ↗ Operatoren die Wahrheit der These aus der Wahrheit der Hypothesen erschlossen werden kann. PR

Folgesatz ↗ Konsekutivsatz

Fon ↗ Gbe

Force P ↗ Satzmodus

Foreigner talk ↗ Ausländerregister

Forensische Linguistik Anwendung quantitativer Methoden der ↗ Sprachstatistik und philolog.-hermeneut. Interpretationsverfahren in der Kriminalistik v. a. zur Identifizierung von Sprechern durch Stimmanalysen (↗ Forensische Phonetik) bzw. zum Nachweis von Autorschaften bei geschriebenen Texten z. B. bei Erpresserschreiben, Bekennerbriefen nach Attentaten, anonymen Verleumdungen u. dgl.; ↗ Graphometrie. In der kriminaltechn. Abteilung des Bundeskriminalamts wird seit Ende der 70er Jahre ein computerlesbares Corpus (Kri-

minaltechnisches Informationssystem Texte, Abk. KISTE) solcher Texte erstellt. Die Analysen sollen Aufschluss geben über regionale und soziale Herkunft eines Verfassers, seine Schulbildung, seine berufl. Orientierung u. ä. Sie werden sowohl bei der Fahndung als auch bei der Beweisführung vor Gericht verwendet. Es ist umstritten, ob solche Analysen tatsächl. einen »sprachl. Fingerabdruck« oder einen »philolog. Steckbrief« hervorbringen können; insbesondere Stilanalysen als Beweismittel werden vielfach als ungenau, impressionist. und – im Hinblick auf die Konsequenzen – gefährlich abgelehnt. In Deutschland wird f. L. zu einem beträchtl. Teil von privaten Instituten betrieben; ↗ Internetadressen für Linguisten. Lit. H. Kniffka (Hg.), Texte zu Theorie und Praxis forens. Ling. Tübingen 1990. – M. Coulthard & A. Johnson, An Introduction to Forensic Linguistics. Language in Evidence. Ldn. 2009. – Chr. Dern, Autorenerkennung. Theorie und Praxis der ling. Tatschreibenanalyse. Stgt., Mchn. 2009. – J. Gibbons, Dimensions of Forensic Linguistics. Amsterdam u. a. 2008. – H. Kniffka, Working in Language and Law. A German Perspective. Basingstoke 2007. – J. Olsson, Wordcrime. Solving Crime Through Forensic Linguistics. Ldn. u. a. 2009. – J. Olsson, Forensic Linguistics. London 2008. – **Zs.** Kriminalistik und forens. Wissenschaften. Heidelberg. G

Forensische Phonetik Zweig der ↗ Phonetik, der die Methoden der auditiven und maschinellen Stimm- und Sprachanalyse – hauptsächl. im Bereich der Identifikation nicht kooperativer Sprecher – zur Aufklärung von Kriminalfällen einsetzt; ↗ Forensische Linguistik. PM

Form 1. Traditionell als Synonym für Flexionsform (↗ Flexion) verwendet; demnach sind lat. *flos, floris, floribus, flores, florem* usw. ›Blume‹ F. eines Wortes. G – **2.** Bei L. Bloomfield (1887–1949) ist jede Folge von Phonemen, der eine Bedeutung zugeordnet werden kann, eine ling. F. Derartige Formen können einfach oder komplex sein. Komplex ist z. B. die F. (a) *Poor John ran away.* Bloomfield nimmt an, dass die F. (b) *poor John* und (c) *ran away* die unmittelbaren F. Konstituenten von (a) und die F. *poor* und *John* die unmittelbaren Konstituenten von (b) sind. Werden zwei (oder mehrere) F. als ↗ Konstituenten einer komplexeren F. miteinander verknüpft, so ergibt sich eine *Konstruktion.* Die kleinste F. heißt bei Bloomfield ↗ Morphem. T – **3.** In der ↗ Glossematik eine der beiden Komponenten des sprachl. Zeichens: Inhaltsform oder Ausdrucksform. Das Zusammenspiel dieser beiden F. innerhalb des sprachl. Zeichens ist grundlegend für die Struktur einer jeden Spr. Hjelmslev (1899–1965) sagt daher auch verallgemeinernd, dass jedes Zeichensystem, jedes Figurensystem und jede Spr. eine Ausdrucksform und eine Inhaltsform in sich begreift. Betrachtet er die umfassendsten Formenparadigmen im Sprachsystem, so spricht Hjelmslev genauer von Ausdrucks- bzw. Inhaltsseite der Spr. Da in der Glossematik die Hypothese aufgestellt wird, dass es in einem komplexen Zeichen (z.B. in einer ↗ Periode) kleinere Zeichen (z.B. Sätze) und in diesen noch kleinere Zeichen gibt (z.B. Wörter), ergibt sich sowohl für die Ausdrucksformen als auch für die Inhaltsformen je eine Hierarchie, die Ausdruckslinie bzw. die Inhaltslinie. Als neutralen Terminus für eine Linie und dazugehörige Seiten verwendet Hjelmslev *Plan* und unterscheidet Ausdrucksplan (oder auch -ebene) und Inhaltsplan (oder: -ebene). – Dem Zeichen stehen zwei voneinander verschiedene »Welten« gegenüber, die von den beiden F. geformt werden: Die »Welt« des Inhaltssinns, der zur Inhaltssubstanz, und die »Welt« des Ausdruckssinns, der zur Ausdruckssubstanz geformt wird. – Zwischen den beiden Formen muss – so legt es die Glossematik fest – mindestens – ↗ Solidarität bestehen.   T

Formale Logik (auch: theoretische Logik) Theorie der log. Verbindung und Folgerung von Aussagen. **1.** Die traditionelle f. L. stellt die in der Syllogistik behandelten speziellen Aussageverknüpfungen in den Vordergrund. Ein Syllogismus ist ein Schluss von zwei Prädikataussagen auf eine dritte: (a) alle M sind G, (b) alle K sind M, (c) ↗ Konklusion: also sind alle K auch G. Prämisse und Schlusssatz enthalten insgesamt drei Prädikate: der Term, der im Schlusssatz das Prädikat darstellt (G), wird als ›maior‹ und der ihn einführende Satz als ›Obersatz‹ bezeichnet, der Term, der die Verbindung zwischen den Prämissen herstellt (M), wird als ›minor‹ und der ihn an der Prädikatsstelle nennende Satz als ›Untersatz‹ bezeichnet. Zur Gültigkeit der Schlussformen werden fünf Regeln angeführt: (a) es dürfen nur drei verschiedene Terme vorkommen, wobei der Mittelterm nicht in der Konklusion auftreten darf; (b) der vermittelnde Term muss in beiden Prämissen denselben Inhalt haben und mindestens in einer Prämisse universell (bejahend oder verneinend) sein; (c) zwei affirmative Prämissen können keinen negativen Schluss ergeben; (d) wenn eine Prämisse negativ ist, dann auch der Schlusssatz; (e) aus zwei negativen Prämissen ergibt sich kein gültiger Schluss. **2.** Diese inhaltl. verstandenen Schlussregeln der Logik wurden beginnend mit G. W. Leibniz (1646–1716) und in entwickelter Form bei G. Frege (1848–1925) nach Art der Rechenregeln der Arithmetik formalisiert und in Logikkalküle gefasst. Die moderne f. L. reduziert die inhaltl. Aussagen auf Aussageschemata, also nur auf den schemat. Aufbau ohne Bezug auf die Bedeutung der Aussage. Damit geht einher die Symbolisierung der Aussageschemata und der als log. Partikel verwendeten Zeichen. In der ↗ Aussagenlogik werden mithilfe von ↗ Wahrheitstafeln die Aussageschemata und deren junktorenlog. Verknüpfung nach ›wahr‹ und ›falsch‹ bestimmt, so dass auch die zusammengesetzte Aussage wieder wahr-

heitsdefinit ist. Als log. Partikel gelten dabei die ↗ Negation, die ↗ Adjunktion, die ↗ Konjunktion und die ↗ Implikation. In der ↗ Prädikaten- oder Quantorenlogik werden die nach dem Subjekt-Prädikat-Schema zerlegten Aussagen mit einem Allquantor oder Existenzquantor (↗ Quantor) versehen, um deren Status als ↗ Allaussage oder ↗ Existenzaussage zu kennzeichnen.   PR

Formale Schule ↗ Poetische Sprache

Formale Semantik (engl. formal semantics, frz. sémantique formale) Mit dem Terminus ›F. S.‹ werden diejenigen Ansätze der ↗ Semantik zusammengefasst, die sich der expliziten und eindeutigen Symbolspr. der ↗ formalen Logik (2) bedienen; ↗ Aussagenlogik, ↗ Prädikatenlogik, ↗ Modallogik, ↗ deontische Logik, ↗ epistemische Logik, Typenlogik ↗ Typentheorie. Dabei geht es durchweg um Strukturen und Relationen der ↗ Satzsemantik; aber auch in der ↗ lexikal. Semantik werden formale Analysen dort verwendet, wo ↗ Sememe syntakt. strukturiert sind (↗ atomares Prädikat) oder lexemat. ↗ Sinnrelationen als log. Aussagebeziehungen beschreiben lassen (↗ Bedeutungspostulate). Erkenntnisleitend für die Analysen der f. S. ist das von G. Frege formulierte Kompositionalitätsprinzip (↗ Frege-Prinzip): Die Bedeutung eines komplexen Ausdrucks ist eine Funktion der Bedeutung seiner Bestandteile und der Art ihrer syntakt. Fügung. Dabei bemisst sich wie bei Frege (↗ Bedeutung 2.1) die Bedeutung eines Satzes an dessen ↗ Wahrheitswert relativ zur Welt; der ↗ intensionale ↗ Sinn (1) liefert zwar die Wahrheitsbedingungen und wird zuweilen, z.B. bei ↗ intensionalen Verben, zum log. Problem, tritt aber ansonsten hinter der wahrheitsfunktionalen ›Bedeutung‹ zurück. Dieser ↗ extensionale Bedeutungsbegriff ist ein wesentl. Kennzeichen der f. S., das in allen späteren Verfeinerungen und Erweiterungen erhalten bleibt. So wird die Referenzebene ›Welt‹ seit S. A. Kripke (1963) erweitert durch den Leibniz'schen Begriff der ›↗ möglichen Welt‹, der der f. S. die Türen zum Reich der Modalitäten öffnet. Zuvor war im Anschluss an A. Tarskis Wahrheitsbegriff der weitere und stärker formalisierte Begriff ›↗ Modell‹ eingeführt worden, so dass der Mainstream der f. S. seitdem spezifischer ↗ ›modelltheoretische Semantik‹ heißt. Deren bedeutendster Vertreter Richard Montague verwendet ein ›Kripke-Modell‹, das neben dem Individuenbereich die Welt-/Zeit-Koordinaten (↗ Index 4) aller mögl. Welten umfasst und es gestattet, die Intensionen funktional über die Menge der jeweils mögl. Extensionen zu definieren. Demgemäß behandelt Montague »English as a formal language« (1970), indem er kategorialgrammat. analysierte engl. Satzstrukturen mit expliziten ›Übersetzungsregeln‹ in eine typenlog.-intensionale Form umwandelt und erst diese semant. Repräsentation in einem dritten Schritt modelltheoret. ›interpretiert‹. Die breite Rezeption der ↗ Montague-

Grammatik führte bald zu konkurrierenden Weiterentwicklungen: Die ↗ Situationssemantik konkretisierte das referentielle Fundament der f. S., indem sie die mögl. Welten durch ›Situationen‹ der realen Welt ersetzte; einen Versuch, satzübergreifende semant. Strukturen formal zu erfassen, unternahm Kamp mit seiner ↗ Diskursrepräsentationstheorie, an die sich bald mehrere Ansätze der ↗ Dynamischen Semantik anschlossen. Die differenzierte formale ↗ Metasprache der f. S. inspiriert nicht nur eine nach wie vor höchst lebendige Detailforschung, sondern hat in Ansätzen auch Eingang gefunden in grammat.-semant. Sprachbeschreibungen, z. B. in die dt. Grammatik von Zifonun et al. (1997). – **Lit.** R. Montague, English as a Formal Language (1970). In: Ders., Formal Philosophy (ed. R. H. Thomason). New Haven, CT 1974, 188–221. – H. Kamp & U. Reyle, From Discourse to Logic. Introduction to Modeltheoretic Semantics of Natural Language, Formal Logic and Discourse Representation Theory. Dordrecht 1993. – H. Lohnstein, F. S. und natürl. Spr. Opladen 1996. – G. Zifonun et al., Grammatik der dt. Spr. 3 Bde. Bln., N. Y. 1997. – P. Portner & B. H. Partee (eds.), Formal Semantics: The Essential Readings. Oxford 2002. – R. Cann, Formal Semantics. HSK 21.1, 549–555. – R. Bartsch, Kompositionalität und ihre Grenzen. HSK 21.1, 570–577. – S. Löbner, Semantik. Eine Einf. Bln., N. Y. 2003, Kap. 10. – P. H. Portner, What is Meaning? Fundamentals of Formal Semantics. Oxford 2005. – M. Schwarz & J. Chur, Semantik. Ein Arbeitsbuch. Tübingen ⁵2007. – R. Cann et al., Semantics. Cambridge 2009. – J. I. Saeed, Semantics. Oxford ³2009, Kap. 10. Weitere Lit. ↗ Modelltheoretische Semantik. **RB**

Formale Sprache ↗ Künstliche Sprache
Formale Universalien ↗ Universalien
Formales Subjekt ↗ Unpersönliche Konstruktion
Formalisierung ↗ Formelsprache
Formalismus Eine nach log.-mathemat. Prinzipien gestaltete künstl. Spr. mit einer wohldefinierten Syntax und zumeist einer formalen Semantik. F. dienen dem Zweck, präzise und eindeutige Beschreibungen zu ermöglichen, deren mathemat. Eigenschaften wie Entscheidbarkeit oder ↗ Komplexität grundsätzl. überprüfbar sind. F. werden in der ↗ Computerlinguistik für das Abfassen von Grammatiken und Lexika und in der ↗ Künstliche-Intelligenz-Forschung für allgemeine Wissensrepräsentationsaufgaben verwendet. Ein F. ist nicht notwendigerweise mit theoret. Annahmen verbunden. F., deren Ausdruckskraft einer ↗ Turing-Maschine entspricht, drücken z. B. prinzipiell keinerlei Restriktionen über ihren Gegenstandsbereich aus. **L**
Formans ↗ Formativ
Formant m. (lat. fōrmāre ›gestalten, ordnen‹) Frequenzbänder erhöhter Energie im akust. Sprachsignal (↗ akustische Phonetik), die im ↗ Sonagramm als schwarze Balken erkennbar sind, frequenzmäßig

aufsteigend bezeichnet als F1, F2, F3, … Die Lage der F. ist charakterist. für die verschiedenen ↗ Vokale, ihre Bewegung abhängig von der konsonant. Artikulation (↗ Ansatzrohr). Kenngrößen des F. sind seine Frequenz, seine Amplitude und Bandbreite; ↗ Formanttheorie. **PM**
Formantsynthese ↗ Sprachsynthese
Formanttheorie Die ursprüngl. von L. Hermann gegen H. v. Helmholtz (dt. Physiker und Physiologe, 1821–1894) vorgebrachte Theorie, dass die Vokalqualität nicht durch die Lage verstärkter harmon. Obertöne im akust. Signal (↗ akustische Phonetik) bedingt ist, sondern durch zur Grundfrequenz anharmon. liegende ↗ Formanten. **PM**
Formationsgrammatik ↗ Phrasenstrukturgrammatik
Formationsregel ↗ Ersetzungsregel
Formationsteil ↗ Basiskomponente
Formativ (auch: Formans, ↗ Wortbildungsmorphem) **1.** Uneinheitl. verwendete Bez. minimaler (nicht weiter zerlegbarer) Einheiten in Wortbildung und Syntax. Während in der ↗ GG lexikal. (bedeutungstragende) und grammat. (funktionstragende) F. unterschieden werden, bezeichnet F. in der Wortbildung meist nicht-lexikal. Minimaleinheiten. F. wäre damit eine in Abgrenzung zu den funktionstragenden ↗ Flexiven benutzte Bez. für ↗ Affixe, die zur Bildung neuer Wörter (nicht wie Flexive anderer Wortformen derselben Wörter) verwendet würden. Allerdings ist der Ausschluss lexikal. F. keine feste Konvention; Fleischer & Barz etwa beschreiben ↗ Formativstrukturen, die Festlegungen dieser Art nicht erkennen lassen. **Lit.** Fleischer & Barz WB². ES – **2.** In der GG syntakt. Minimaleinheit, die syntakt. nicht weiter analysierbar ist (↗ Analysierbarkeit, ↗ Faktorisierung). Man unterscheidet zwischen lexikal. F., z. B. *Mann, Tisch* und grammat. F., z. B. Plural, Nominativ; *Männer* besteht dementsprechend aus 3 F. **F**
Formativstruktur Bei Fleischer & Barz Bez. einer Darstellungskonvention struktureller Beziehungen der Wortbildungskonstituenten zueinander. ↗ Determinativkomposita etwa können nach Fleischer & Barz (1995, 95 f.) u. a. folgende F. aufweisen: *Stadtbahn* ›S₁+S₂‹, *Stadtautobahn* ›S₁+S₂(S,S)‹, *Reinigungsdienst* ›S₁(V[A,D₁]D₂)F+S₂(V,D₃)‹. **Lit.** Fleischer & Barz WB². **ES**
Formator m. (lat. fōrmāre ›bilden, ordnen‹) Zusammenfassende Bez. für ↗ Sprachzeichen mit ↗ grammatischer Bedeutung: ↗ Funktionswörter, ↗ Affixe, ↗ Prosodie. Sie wurde eingeführt von Ch. W. Morris, der im Rahmen seines behaviorist. Denkansatzes sowohl die Zeichenhaftigkeit der F. als auch ihre Spezifik ggü. den übrigen Zeichentypen herausarbeitet. Er unterscheidet denotationsbegrenzende Determinatoren, zeichenverknüpfende Konnektoren und (u. a. prosod.) Modoren, die den ↗ Signifikationsmodus der Gesamtäußerung beeinflussen. Der Begriff F. wird übernommen in Logik (z. B. R. Carnap) und Semantik, u. a. von U. Wein-

reich, der fünf Subklassen aufstellt: (a) »pragmat. Operatoren« zur Indizierung von ↗ Satzmodus und ↗ propositionaler Einstellung, (b) »deikt. Zeichen« (*ich, jetzt, hier*, Tempus), (c) »propositionale Operationen« (*nicht, und, oder, wenn ... dann*), (d) ↗ Quantoren (*ein, manche, alle*), (e) »rein syntakt.« F. (↗ Wortstellung, ↗ Kongruenz). **Lit.** Ch. W. Morris, Signs, Language, and Behavior. N. Y. ²1955. – U. Weinreich, Erkundungen zur Theorie der Semantik. Tübingen 1970. **RB**

Formel (lat. fōrmula ›Gestalt, Form‹) **1.** Terminus der ↗ formalen Logik für beliebige Zeichenfolgen, für syntakt. korrekt gebildete Wortfolgen. Die Formbildungsregeln normieren die Bildung korrekter log. Ausdrücke; auch allgemeine Bez. für ein Aussageschema und ein Aussageformschema. **PR** – **2.** In der ↗ Phraseologie Bez. für eine feststehende, oft satzwertige gebrauchte ↗ Kollokation, die u. a. der Kontaktaufnahme (*Wie geht's?*), dem Ausdruck von ↗ Höflichkeit (*Das wäre doch nicht nötig gewesen!*), einer Beschimpfung (*Du kannst mich mal!*) oder Beschwichtigung (*Mach mal halblang!*) dient. **G**

Formelsprache Abbildung einer Spr. in ein formales Zeichensystem (Formalisierung), um (a) Zweideutigkeiten und ↗ Vagheiten der Alltagsspr. zu vermeiden (Präzision), (b) die gültigen Aussagen einer Theorie nach einer formalen ↗ Regel angeben zu können (↗ Axiomatik), (c) den universellen Charakter sicherzustellen, d. h. verschiedene Interpretationen sind entsprechend dem Bedeutungsgehalt der verwendeten Symbole zugelassen (↗ Semantik), (d) durch eine Abgrenzung von Objektspr. und Metaspr. log. Antinomien zu vermeiden. Die F. wird durch ein ↗ Alphabet (2) der verwendeten Zeichen und ein System von Ausdrucksregeln festgelegt. Das Alphabet benennt eine endl. Anzahl von Grundzeichen für ↗ Objekte, ↗ Prädikate, ↗ Relationen, ↗ Variablen, log. Verknüpfungszeichen und Hilfszeichen. Die Ausdrucksregeln zeigen an, wie sich aus den Grundzeichen des Alphabets die formalisierten Aussagen der F. zusammensetzen lassen. **PR**

Formenbildung ↗ Flexion
Formenlehre ↗ Morphologie
Formklasse ↗ Distributionsklasse
Formosa-Sprachen West- ↗ austronesische Sprachen in Taiwan. Atayal-Gruppe (Atayal, Taroko oder Sediq/Sedeq), Süd-F. oder Tsou. Supergruppe (Tsou, Rukai) sowie andere Süd-F. oder Paiwan-Spr.n (Paiwan, Ami, Bunun und Puyuma; andere Rukai hier). Ca. 280 000 Sprecher; Karte ↗ Austroasiatische Sprachen, ↗ Chinesisch, im Anhang. Sinisierte, ursprüngl. austrones. Spr. sind weitgehend ausgestorben (Siraya, Thao, Kavalan), ihre histor. Position ist der austrones. Sprachfamilie ist umstritten. **CE**

Formsprache In der ↗ Sprachtypologie herkömmlicher Überbegriff für alle Spr., die in irgendeiner Weise über eine ↗ Morphologie (Formenbildung) verfügen, wie z. B. die ↗ indogermanischen Spra-

chen. Ggs. ↗ amorphe Sprache, ↗ isolierende Spr.: Spr., die keinerlei Formenbildung kennen und verhältnismäßig selten sind (z. B. das klass. ↗ Chinesisch). **GP**

Formwort ↗ Partikel
Forte ↗ Fortis
Fortis (lat. ›stark‹ vs. lēnis ›sanft‹. Frz. forte vs. douce) Phonolog. distinktives Merkmal, das sich im Ggs. zu *lēnis* auf die stärkere artikulator. Energie bei der Produktion von ↗ Plosiven bzw. ↗ Frikativen bezieht. Im Standarddt. mit dem Merkmal der Stimmhaftigkeit korreliert, z. B. /p/ vs. /b/, /s/ vs. /z/. Nur für Plosive gilt die partiell synonyme Unterscheidung ↗ Tenuis vs. ↗ Media. **PM**

Fossilierung (lat. fossum ›(Aus-)Gegrabenes‹. Auch: Fossilisierung) Von L. Selinker (1972) vorgeschlagener, in der ↗ Spracherwerbsforschung und der ↗ Fremdsprachendidaktik verwendete Bez. für den Sachverhalt, dass Zweitspracherwerbsprozesse vielfach nicht bis zur vollständigen Beherrschung der S2 anhalten, sondern in einem davorliegenden Stadium »versteinern«. F. kann selektiv sein, d. h. einen Bereich betreffen, während in anderen Bereichen der Erwerb weitergeht. Häufig ist F. im Bereich der Aussprache bei Weiterentwicklung in anderen Bereichen. F. ist nicht notwendig stabil, denn das bei der F. schon erreichte sprachl. Niveau kann wieder absinken (Rückfall, »Verlernen«; engl. *backsliding*); ↗ Interlanguage. **Lit.** L. Selinker, Interlanguage. IRAL 10, 1972, 209–231. **G**

Frafra ↗ Gur-Sprachen
Frage Illokutiver Akt, der der Prozessierung des Wissens vom Hörer zum Sprecher dient. Die Ermöglichung von Wissenstransfer wird offenbar in vielen Spr. als eine so elementare sprachl. Aufgabe angesehen, dass für die illokutive Indizierung dieser Sprechhandlung ein vergleichsweise umfängliches explizites Indikatorenarsenal vorgehalten wird wie die (allerdings in ihrer Einheitlichkeit oft überschätzte) Frageintonation, die Verwendung von expliziten Fragemonemen (hebr. *ha-*, chines. *ma*) oder -formeln (frz. *est-ce que*), syntakt. Strukturen (Inversion) sowie für einzelne Untergruppen von F. eine eigene Klasse von Pronomina (Fragepronomina). – Die ling. Behandlungen orientieren sich häufig an den in den zugrundegelegten Spr. explizit sichtbaren Fragemarkierungen. So wird z. B. aufgrund der Einleitung vieler englischer Fragepronomina mit den Buchstaben *wh* von *wh*-Fragen gesprochen. Eine grundlegende Unterscheidung betrifft solche Fragen, die sich auf einzelne Aspekte von mentalen Sachverhaltsrepräsentationen (Wissenseinheiten) beziehen (*wer, was, wann, wo* etc.), von Fragen, in denen in Bezug auf eine verbalisierte Sachverhaltswiedergabe nachgefragt wird, »ob« der verbalisierte Sachverhalt der Fall ist oder nicht (↗ Entscheidungsfrage, ›ja/nein-Frage‹); ↗ Alternativfrage, ↗ Echofrage, ↗ Ergänzungsfrage, ↗ Fragesatz, ↗ Mehrfachfrage). – Bei der Interaktion zwi-

schen Sprecher und Hörer, in der der Sprecher den Hörer dazu zu bewegen versucht, mittels einer F. Wissen, über das der Hörer verfügt, sich selbst durch die Antwort des Hörers der F. zugänglich zu machen, ist immer bereits ein gemeinsames Wissen von Sprecher und Hörer vorausgesetzt. Systemat. zu unterscheiden sind dasjenige Wissen, das vom Sprecher mit Blick auf den Hörer als gemeinsam stillschweigend vorausgesetzt wird (↗ Präsupposition) und als solches auch in der Verbalisierung erkennbar ist, dasjenige Wissen, das der Sprecher als konkretes Wissensumfeld für das von ihm nicht Gewusste dem Hörer kenntlich macht, und dasjenige Wissen, das der Sprecher dem Hörer als das konkrete Nicht-Gewusste kennzeichnet (Frage-Pronomina). – Assertionen, in denen der Wissenstransfer als ↗ Antwort vom Hörer der Frage vorgenommen wird, lassen sich in ihrer Sprechhandlungscharakteristik von der Wissenszerlegung in der F. her verstehen. Diese Assertionen bilden mit den F. zusammen jeweils eine elementare ↗ Sprechhandlungssequenz; ↗ Antwort, ↗ Aufforderung. **Lit.** R. Bäuerle, Questions and Answers. In: ders., U. Egli & A. von Stechow (eds.), Semantics from Different Points of View. Bln. 1979, 61–74. – K. Ehlich, Zur Struktur der psychoanalyt. »Deutung«. In: Ders. et al. (Hgg.), Medizin. und therapeut. Kommunikation. Opladen 1990, 210–227. – F. Hundsnurscher, Semantik der Fragen. ZGL 3, 1975, 1–14. – J. Meibauer, Rhetor. Fragen. Tübingen 1986. – D. Wunderlich, Fragesätze und Fragen. In: Ders., Studien zur Sprechakttheorie. Ffm. 1976, 181–250. – D. Zaefferer, Frageausdrücke und Fragen im Dt. Zu ihrer Syntax, Semantik und Pragmatik. Mchn. 1984. – M. Rost-Roth, Nachfragen. Bln. 2001.　E

Frageadverb ↗ Interrogativadverb

Frage-Antwort-System (engl. question answering system) ↗ Dialogsystem, das ähnl. wie in der ↗ Informationsextraktion relevante Fakten aus Korpora, Datenbanken oder dem Web als Antwort auf eine Benutzeranfrage extrahiert, jedoch im Unterschied dazu über eine ↗ automatische Spracheingabe (bzw. -ausgabe) und eine ↗ Inferenzmaschine verfügt.　Z

Frageartikel ↗ Interrogativartikel

Fragebogen ↗ Dialektdatenerhebung, ↗ Elizitierung

Fragebuch ↗ Dialektdatenerhebung, ↗ Elizitierung

Fragefürwort In Schulbüchern für ↗ Interrogativpronomen.　G

Frageinversion ↗ Frage

Fragepronomen ↗ Interrogativpronomen

Fragesatz (lat. interrogāre ›fragen‹. Auch: Erotema < griech. ›Frage‹, Interrogativsatz < lat. interrogātum ›Frage‹) Klasse von Sätzen, deren wichtigste pragmat. Funktion der Ausdruck von ↗ Fragen ist. F. lassen sich formal in verschiedene Gruppen gliedern, deren zentrale Typen sind: (a) der Entscheidungs-F. (E.-F.), z. B. *Kommst du morgen?*, (b) die Alternativfrage, z. B. *Kommst du oder kommst du nicht oder weißt du es noch nicht?*, und (c) der

Ergänzungs-F. (w-F.), z. B. *Wer kommt morgen?*; ↗ Echofrage, ↗ Rattenfängerkonstruktion, ↗ Rhethorische Frage, ↗ Satzmodus, ↗ Satztyp. **Lit.** J. Ginzburg & I. A. Sag, Interrogative Investigations. Stanford 2001. – I. Reich, Frage, Antwort und Fokus. Bln. 2003. – M. Reis & I. Rosengren (Hgg.), F.e und Fragen. Tübingen 1991. – M. Romero & Ch. Han, On Negative Yes/No Questions. LP 27, 2004, 609–658. – M. Schecker (Hg.), Fragen und F.e im Dt. Tübingen 1995. – H. Truckenbrodt, Zur Strukturbedeutung von Interrogativsätzen. LBer 199, 2004, 313–350. – U. Zeshan, Interrogative Constructions in Sign Languages – Cross-Linguistic Perspectives. Lg. 80.1, 2004, 7–39. – I. Szikszai-Nagy, Die Figuren der Frage. Probleme ihrer Typologie. In: Sprachtheorie und germanist. Linguistik 16.2, 2006, 181–194.　F

Fragewort ↗ w-Wort, ↗ Textadverb

Fragezeichen ↗ Frage, ↗ Interpunktion

Fraktur f. (lat. frāctum ›gebrochen‹) Ursprünglich eine längliche ↗ Kanzleischrift der spätmittelalterl. Reichskanzlei, in ähnl. Formen auch in Böhmen und Nürnberg gebräuchlich. Vorformen der F. finden sich in den Lehrbüchern für den späteren Kaiser Maximilian I., dessen von J. Schönsperger in Augsburg hergestellte Liebhaberdrucke, das Gebetbuch (1513) und der *Theuerdank* (1517), für dessen Typen der kaiserl. Sekretär Vincenz Rockner die Vorlage schrieb, für eine rasche Verbreitung der F. als Druckschrift sorgten. Als ↗ Druckschrift (engl. German type, Gothic type) für dt. Texte war sie bis zur Abschaffung durch die Nationalsozialisten 1941 in Gebrauch, obwohl bereits zu Beginn des 20. Jh. ein heftiger Streit zwischen Anhängern der F. und der ↗ Antiqua ausgebrochen war.　EN

Fraktur-Alphabet

𝔄a	𝔅b	ℭc	𝔇d	𝔈e	𝔉f	𝔊g	ℌh	ℑi	ℑj
𝔎f	𝔏l	𝔐m	𝔑n	𝔒o	𝔓p	𝔔r	𝔖s	𝔗t	𝔘u
𝔙v	𝔚w	𝔛x	𝔜y	𝔷z	à	ò	ú	ß	

Varianten und Ligaturen

ſ – ſ　　ﬀ ﬃ ﬄ ﬁ ﬂ ﬅ ﬆ ch tz

Frame ↗ Rahmen, ↗ Schema

Frame-Semantik (engl. frame semantics) Von Charles Fillmore entwickelter Formalismus zur semant. Beschreibung lexikal. Einheiten, die untereinander zu einem semant. Netz verknüpft sind. Grundlegend sind dabei die Frames (↗ Rahmen, ↗ Schema), d. h. konzeptuelle Strukturen, die eine mentale Repräsentation stereotyper Situationen, Handlungen und Zustände darstellen. Diese verfügen über Rollen (engl. frame roles), die die zentralen Beteiligten einer Situation beschreiben. Ein Verb evoziert einen Frame und bildet seine Prädikate und Argumente auf die jeweiligen semant. Rollen ab. Die F. S. ist aus der ↗ Kasusgrammatik hervorgegangen und im Rahmen der ↗ Prototypensemantik sowie der ↗ Konstruktionsgrammatik erweitert worden. **Lit.** C. F. Baker & Ch. Fillmore, The Berkeley FrameNet Project. In: Proceedings of the 17th International Conference on Computational Linguistics. Morristown, NJ. 1998, 86–90   Z

Franglais Als übermäßig empfundene Untermischung von engl. Ausdrücken in frz. Äußerungen und Texten (↗ Entlehnung), der die offizielle frz. ↗ Sprachpolitik entgegentritt. Der Terminus suggeriert in der Art der Karikatur die völlige Vermischung von Frz. und Engl., die in den damit charakterisierten Äußerungen jedoch nicht vorliegt. Entsprechende Ausdrücke aus unterschiedl. Elementen gibt es auch für andere Spr. bezügl. der ↗ Anglizismen: ↗ Denglisch, Japlais (Japanisch) usw.   AM

Frankfurterisch **1.** Histor.: Städtische Ausgleichsspr. auf der Basis des ↗ Mittelhessischen unter Einfluss des ↗ Rheinfränkischen (2); ↗ Binnenfränkisch. – **2.** Aktuell: Teil des ↗ Neuhessischen. **Lit.** Frankfurter Wb. Bd. 1–6. Ffm. 1971–1985. – H. L. Rauh, Die Frankfurter Ma. in ihren Grundzügen dargestellt. Ffm. 1921. – R. Schanze, Spr. und Gesellschaft in Frankfurt am Main. Ffm. 1988. DD

Fränkisch Sammelbez. für die Dialekte der fränk. Teilstämme und Teilgebiete innerhalb der spätgerman. und dt. Sprachgeschichte: ↗ Niederfränk. (westl. und nördl. der ↗ Benrather Linie), ↗ Mittelfränk. (zwischen Benrather Linie und dat-/das-Linie) sowie ↗ Rheinfränk. (zwischen dat-/das-Linie und Speyerer Linie) sind durch die fränk. Landnahme in röm. Zeit entstanden. Das ↗ Ostfränk. (östl. der Speyerer Linie) hat sich im Zuge der fränk. Landeserschließung ab dem 7./8. Jh. gebildet. Früh erloschen (wohl spätestens im 9. Jh.) und nicht sicher bezeugt ist das Westfränk. in Nordostfrankreich. **Lit.** ↗ Westgermanisch.   B

Frankophonie Polit. Bündnis von Staaten, in denen das Frz. entweder Staatsspr. oder eine offizielle Spr. ist, aber auch Ländern, in denen es die Spr. einer sozial dominierenden Schicht oder eines erhebl. Bevölkerungsanteils ist.   HU

Franko-Provenzalisch ↗ Provenzalisch

Französisch (Eigenbez. français. Engl. French) Roman. Spr. aus dem ↗ galloroman. Zweig. Ca. 80 Mio. Sprecher in Frankreich, Canada (↗ Québecfranzösisch), der Schweiz, Belgien und Luxemburg; Karte ↗ Europäische Sprachen, im Anhang. Das Frz. im ital. Aostatal ist in stetigem Rückgang. ↗ Internationale Sprache des Verkehrs und der Diplomatie. Über Jahrhunderte Spr. des europ. Hochadels, eine der wichtigsten Kolonialspr. und bis heute eine der wichtigsten Kulturspr. der Erde. So sind frz. Lehnwörter in besonders vielen Sprachen verbreitet. Seit 842 (Straßburger Eide) ist das Frz. schriftl. belegt. Grundlage für die Standardisierung des Frz. war der mittelalterl. Dialekt der Île de France, das sog. Francische. Als *langue d'oïl* wurde das Frz. schon im MA (z. B. bei Dante) aufgrund seiner Form für ›ja‹ (heute *oui* < *oïl* < lat. *hoc ille*) bezeichnet (im

Gegensatz zu ↗ *langue d'oc* für das Altprovenzal.). Das Frz. ist die roman. Spr., die gegenüber dem lat. Ursprung die meisten und tiefgreifendsten Innovationen aufweist. Dies hängt v. a. mit den relativ stärkeren Fremdeinflüssen zusammen. Neben dem vorröm. ↗ gallischen (↗ keltischen) Substrat, das auf eine z. T. bis ins 4. Jh. n. Chr. fortdauernde Zweisprachigkeit gründet, hinterließen vor allem die germ. Invasionen des frühen MA tiefgreifende Neuerungen. Das Altfrz. (bis Mitte des 14. Jh.) war dem Altprovenzal. noch relativ ähnlich; die meisten heute als typ. frz. wahrgenommenen Charakteristika entstammen der späteren Epoche des Mittelfrz. (bis Beginn des 17. Jh.) und dem Neufrz. Im südl. Drittel Frankreichs besteht regional unterschiedl. starke Zweisprachigkeit mit dem ↗ Okzitanischen; die Übergänge zum ↗ Frankoprovenzal. sind heute eher fließend. Die ursprüngl. dialektale Gliederung hat schon seit Jahrhunderten stark an Bedeutung verloren. Neben dem Französischen waren die nördl. Dialekte (v. a. das Pikard., das Wallon. und das Normann.), aber auch das Burgund. und das Champagn. die bedeutendsten. Die frühe Herausbildung des modernen Nationalstaates und v. a. die Politik und Ideologie der frz. Revolution trugen wesentlich zum Rückgang der Dialekte bei. Die regionalen Varianten des Frz. *(français regionaux)*, die teilweise auf die alten Dialektgebiete zurückgehen, sind untereinander verständl. Sie unterscheiden sich vorwiegend durch die Aussprache, nur z. T. in der Lexik (z. B. pikard. *œuvrer* für frz. *travailler* ›arbeiten‹) und in einigen morpholog. Formen (z. B. das südl. passé surcomposé vom Typ *J'ai eu mangé*). Die Verbreitung des Frz. außerhalb Europas geht wesentl. auf Kolonialisierung zurück. In Nordamerika bleibt das Frz. nach dem Unabhängigkeitskrieg und den frz.-engl. Kriegen im Wesentl. auf den Osten Kanadas beschränkt. ↗ Französisch basierte Kreolsprachen bestehen in Louisiana, den Antillen, Frz. Guyana und auf den westl. Inseln des Ind. Ozeans als Folge des Sklavenhandels. Die frz. Verwaltung einiger arab. Länder (bes. Algerien, Marokko und Tunesien) hat zur Folge, dass das Frz. dort bis heute als Kultursprache besonderen Status genießt, noch immer viele frz. Schulen und Ausbildungsstätten und sehr enge Beziehungen mit Frankreich bestehen. In den ehemaligen afrikan. Kolonien Frankreichs und Belgiens gibt es ein pidginisiertes Französisch *(petit nègre, petit français, français de brousse)*; das Frz. selbst wird aber in diesen Ländern nur mehr von einer kleinen Minderheit gesprochen; ebenso im ehem. frz. verwalteten Indochina (Kambodscha, Laos, Vietnam). Als Amtsspr. fungiert das Frz. noch in Neukaledonien, Französisch-Polynesien (Tahiti, Gesellschaftsinseln und Marquesasinseln). Die frz. Orthographie gilt als besonders konservativ und spiegelt häufig eher mittelalterl. Formen. Phonologie: silbenzählender Rhythmus, Nasalvokale, Elision finaler Konsonanten, sog. *liai-*

son, besondere Bedeutung des phonolog. Wortes als Organisationseinheit z. B. der Akzentuierung; Morphologie: diachron und synchron starke Tendenz zu analyt. Bildungen (vgl. *je chanterai,* das immer mehr durch *je vais chanter* ›ich werde singen‹ ersetzt wird) und zu Neutralisierung von Flexionsformen (Isolation) im Verbal- und Nominalparadigma, interessantes Tempus- und Aspektsystem, im Verhältnis zum Lat. starker Abbau von Nominalkategorien, aber Aufbau des Konditionals; Syntax: Nomen-Adjektiv als unmarkierte Folge, Wortstellung SVO, Fragepartikel *est-ce que,* doppelte ⁊ Negation (*ne ... pas*), Teilungsartikel, komplexes Präpositionalsystem. **Lit.** LRL 5, 1989. – H. Rheinfelder, Altfrz. Grammatik. 2 Bde. München ²1976. – K. Togeby, Grammaire française. 5 Bde. Kopenhagen 1982–1985. – M. Grevisse, Le bon usage. Gembloux ¹¹1980. – H. Geckeler & W. Dietrich, Einführung in die frz. Sprachwiss.: ein Lehr- und Arbeitsbuch. Bln. ³2003. – **SSG** Universitätsbibliothek Bonn (5). HU

Französisch als Zweitsprache Das Frz. besitzt v. a. in einigen Staaten Afrikas bis heute einen halboffiziellen Status als S2 bzw. Bildungs- und Kultursprache. Es sind dies insbesondere jene Länder, die von Belgien bzw. Frankreich kolonisiert waren. Die heutige Rolle des Frz. als S2 in anderen Gebieten, wie etwa in Indochina, ist in den letzten Jahrzehnten stark zurückgegangen oder ganz geschwunden. Aber auch innerhalb des afrikan. Kontinents geht die Bedeutung des Frz. stetig zurück; es bestehen unterschiedliche soziolog. Situationen je nach histor. Bindung zur europ. Frankophonie. Die wichtigste Rolle spielt das Frz. wohl im Maghreb (Tunesien, Algerien, Marokko, Westsahara), wo es in weiten Bereichen die Funktion einer Bildungs- und z. T. Verkehrsspr. einnimmt. In großen Teilen West- und Äquatorialafrikas ist das Frz. neben den einheimischen Spr. die wichtigste Kulturspr. und die am meisten gelernte Fremdspr. (mit besonderem Status in der Elfenbeinküste, Senegal, Madagaskar und Zaire). Der Status des »petit nègre« Schwarzafrikas, einer kreolisierten Form des Frz., ist nicht ganz klar. Die tatsächl. Kenntnisse der Frz. variieren stark nach soziolog. Variablen (in afrikan. Metropolen beherrschen bis zu 70 % der Bevölkerung Frz. als S2; ebenso z. B. bis zu 90 % der Verwaltungsangestellten). **Lit.** E. N. Kwofie, The Acquisition and Use of French as a Second Language in Africa. Grossen-Linden 1979. – J. Erfurt, Frankophonie: Spr. – Diskurs – Politik. Tübingen u. a. 2005. HU

Französisch basierte Kreolsprachen (auch: Créoles) F. b. K. finden sich in der Karibik (inkl. Louisiana und Frz. Guyana) und auf Inseln im westl. Ind. Ozean (Réunion, Mauritius, Rodrigues und Seychellen). Insgesamt haben die F. b. K. ca. 9 Mio. Sprecher. Stärkste Sprachgemeinschaft (ca. 5 Mio.) auf Haiti, wo das Créole neben dem Frz.

(offizielle Spr.) dominiert. In den vier frz. Überseedépartements (Guadeloupe, Martinique, Frz. Guyana und Réunion) ist Créole Verkehrsspr., in einer Reihe weiterer Gebiete trat historisch das Engl. an die Stelle des Frz. als ⁊ Kolonialsprache, Créole hielt sich aber z. T. als Verkehrssprache (Louisiana, Grenada, Dominica). Wenngleich nicht standardisiert, sind F. b. K. schrifl. bereits aus dem 18. Jh. überliefert. Bis heute nicht offizialisiert (keine Unterrichtsspr.), werden F. b. K. allerdings häufig dort verwendet, wo allgemeine Verständlichkeit gewünscht ist. Frz. basierte Pidgins wurden auch beschrieben für Vietnam und Neukaledonien, vgl. auch das »Petit Nègre« in Westafrika; ⁊ Ausländerregister. Wie für andere Kreolspr. gilt auch für die F. b. K. eine Reihe von Regelmäßigkeiten: die Eingeborenenspr. und afrikan. Spr. haben relativ geringe Spuren hinterlassen; Sprachmischung auch mit anderen Kolonialspr., bes. in jenen Gebieten, die nicht mehr unter frz. Einfluss standen. Konstante Charakteristika sind Vereinfachung des Auslauts (z. B. *pjas < piastre*), progressive und regressive Nasalierungen; extreme Tendenz zu isolierendem Typ (z. B. *bef – fimel bef* ›Kuh‹ zur Genusmarkierung), Integration des bestimmten bzw. auch des Teilungsartikels und damit Verlust der Artikelfunktion (*lekol* ›Schule‹, *lwil, dilwil* ›Öl‹); invariante Verbform, daher obligator. besetzte Subjektposition; Tempus und Aspekt werden durch Partikeln bezeichnet; Negationspartikel ist *pa*; Fragesatz intonator. markiert oder durch *eski* (frz. *est-ce que*) eingeleitet; strikte SVO-Ordnung. **Lit.** P. Stein, Kreol. und Frz. Tübingen 1984. – A. Bollée, Zur Entstehung der frz. Kreolendialekte im Ind. Ozean. Kreolisierung ohne Pidginisierung. Genf 1977. – A. Bollée, Roman. Kreolspr. V: Frz. Kreolspr. In: LRL 7, 1998, 662–679. – R. Ludwig, Kreolspr. zwischen Mündlichkeit und Schriftlichkeit: zur Syntax und Pragmatik atlant. Kreolspr. auf frz. Basis. Tübingen 1996. HU

Frauensprache Sprache oder Sprechweise von Frauen, insofern sie sich von derjenigen der Männer in der gleichen Gesellschaft unterscheidet. Hierzu gehören auch bevorzugt von Frauen gelernte oder verwendete Spr., wie z. B. Frz. in manchen europ. Ländern im 19. Jh. oder die sog. Schwiegermutterspr. austral. Ureinwohner, die allerdings auch von Schwiegersöhnen verwendet werden (spezifische, ansonsten nicht verständl. Wortschätze). Häufiger sind bevorzugte Verwendungen bestimmter Varietäten durch Frauen festgestellt worden (besonders konservativer, breiter Dialekt bei den alten Frauen auf dem Lande, stärkere Neigung zur Standardvarietät bei berufstätigen Frauen in der Stadt). Nahezu universell scheint die feinere oder höflichere Sprechweise von Frauen im Vergleich zu Männern zu sein, einschließl. eines entsprechenden Tonfalls; ⁊ Höflichkeit, ⁊ Honorativ. Auch die Vermeidung von ⁊ Vulgarismen, bestimmten Textsorten

(Zoten, »Herren«-Witzen und dgl.) gehört hierher. Im Gesprächsverhalten wurde bei Frauen oft mehr Zurückhaltung festgestellt (weniger Redeeröffnungen, -unterbrechungen und Themenwechsel, seltenere und kürzere Äußerungen). Viele, wenn nicht alle Besonderheiten der F. werden von feminist. Linguistinnen als Ausdruck oder Auswirkungen der gesellschaftl. Benachteiligung der Frau verstanden und kritisiert; ↗ Sexus, ↗ feministische Linguistik. **Lit.** R. Lakoff, Language and Women's Place. N. Y. 1975. – H. Andresen et al. (Hgg.), Sprache und Geschlecht. 3 Bde. Osnabrück 1978, 1979 (= OBST 8, 9, Beihefte 3). – H. Glück, Der Mythos von den Frauensprachen (1979). In: H. Sieburg (Hg.), Sprache – Genus/Sexus. Ffm. u. a. 1997, 181–212. – G. Klann-Delius, Sex and Language. HSK 3, II, [2]2005. – H. Kotthoff, Angewandte feministische Linguistik. HSK 3, III, [2]2005.   AM

Frege-Prinzip (auch: Funktionalitätsprinzip, Kompositionalitätsprinzip, Kompositionalitätsregularität) Nach dem dt. Logiker G. Frege (1848–1925) benanntes Prinzip, das besagt, dass sich Bedeutungen komplexer Ausdrücke aus den Bedeutungen ihrer Teile und der Art ihrer Zusammensetzung ergeben. Das Prinzip gilt als Grundannahme der Semantik. Es ist nach Wunderlich (1991, 40) in seiner starken (Fregeschen) Form aber überholt, da nicht-inhärente Faktoren wie der Kontext Bedeutungen oder Bedeutungsvariationen konstituieren. Daraus folgt, dass Bedeutungen nicht notwendig kompositional im Sinne Freges sind. Das Problem kann umgangen werden, wenn (kompositionale) Ausdrucksbedeutungen von (kontextualen) Äußerungsbedeutungen unterschieden werden. **Lit.** D. Wunderlich, Bedeutung und Gebrauch. HSK 6, 32–52.   ES

Freie Angabe ↗ Angabe

Freier Dativ Bez. für den Kasus freier ↗ Angaben im ↗ Dativ, die bei einer Reihe von Verben möglich sind. Sie sind nicht obligator., jedoch Bestandteil der Valenz dieser Verben. Sie bezeichnen häufig den Adressaten der vom Verb ausgedrückten Handlung, z. B. *Der Einserkandidat trägt dem Professor die Tasche; Der Kellner schüttet dem Gast die Suppe auf die Hose.* **Lit.** G. Helbig, Die freien Dative im Dt. Lpz. 1984. – J. Schmidt, Die freien Dative in der Gegenwartsspr. und auf Vorstufen des heutigen Dt. Ffm. 1988. – A. Ogawa, Dativ- und Valenzerweiterung: Syntax, Semantik und Typologie. Tübingen 2003.   G

Freies Morphem ↗ Morphem

Freies Schreiben ↗ Kreatives Schreiben

Freies Thema (engl. hanging topic) Linksversetzung eines Satzgliedes, das innerhalb des Satzes ↗ anaphorisch wieder aufgenommen wird durch ein Pronomen (z. B. *Dein Bruder, dem geht es doch wieder gut*), ein ↗ Hyponym, ein ↗ Hyperonym oder einen Ausdruck, zu dem das ausgegliederte Element nur in einem lockeren assoziativen Verhältnis steht (z. B. *Apropos Schweden, ist Saab jetzt*

endgültig pleite?). Anders als bei der Linksversetzung (↗ Herausstellung) muss das anaphor. Element nicht mit dem herausgestellten Element kongruieren. **Lit.** H. Altmann, Formen der »Herausstellung« im Dt. Tübingen 1981.   G

Fremdaffix ↗ Lehnaffix

Fremdkorrektur ↗ Korrektur einer fehlerhaften sprachl. Äußerung durch eine andere Person. Im Zusammenhang des ↗ Spracherwerbs sind zwei Typen von F. zu unterscheiden: (a) im Rahmen des ↗ gesteuerten Spracherwerbs, (b) im Rahmen des ↗ Spracherwerbs und des ↗ ungesteuerten ↗ Zweitsprachenerwerbs. Die häufigsten F. im Bereich von (a) sind explizite Korrekturen von Fehlern im mündl. und schriftl. Sprachgebrauch durch Lehrpersonen, im Bereich von (b) überwiegen korrigierende Wiederholungen von Äußerungen (bzw. Äußerungsteilen). Modifizierende Wiederholungen kindl. Äußerungen durch Erwachsene sind ein charakterist. Merkmal der Interaktion zwischen Erwachsenen und sprechenlernenden Kindern und fördern den Spracherwerb. Dagegen sind explizite Korrekturen (z. B. *Das heißt nicht ›den Auto‹, sondern ›das Auto‹*) kein geeignetes Mittel zur Förderung des Spracherwerbs.   AN

Fremdname ↗ Exonym

Fremdpräfix ↗ Lehnaffix

Fremdsprache (engl. foreign language, frz. langue étrangère) Eine Spr., die Menschen erlernen, die bereits eine Erstspr. erworben haben. F. werden im ↗ ungesteuerten oder ↗ gesteuerten Spracherwerb, im ↗ Fremdsprachenunterricht, gelernt. Die ↗ Fremdsprachendidaktik entwickelt Methoden der Vermittlung von F.; ↗ Erstsprache, ↗ Muttersprache, ↗ Zweitsprache.   AN

Fremdsprachendidaktik (engl. foreign language teaching, frz. didactique des langues étrangères) Die F. hat Konditionen, Ziele und Methoden (↗ Fremdsprachenmethodik) des Unterrichtens von Fremdsprachen in unterschiedl. Bildungseinrichtungen zum Gegenstand (bspw. Konzeption des Unterrichtsgeschehens inkl. Medieneinsatz, Interaktionsformen etc., Curriculaplanung, Lehrwerksanalyse). Sie hat sich als eine ›Disziplin des Anwendens‹ von ihren Bezugswissenschaften (↗ Sprachwissenschaft, ↗ Philologie, ↗ Psycholinguistik, ↗ Germanistik, ↗ Romanistik u. a.) abgegrenzt, indem sie sich auf das ›Wie‹ des Unterrichtens von Fremdsprachen bezieht, bleibt jedoch substantiell auf diese angewiesen. Von aktuellem Interesse sind für die F. Möglichkeiten und Grenzen des ↗ computergestützten Sprachunterrichts; ↗ Sprachdidaktik, ↗ Deutsch als Fremdsprache. **Lit.** ↗ Fremdsprachenunterricht.   SO

Fremdsprachenerwerb ↗ Spracherwerbsforschung

Fremdsprachenmethodik (engl. foreign language teaching methodologies, frz. méthodologie des langues étrangères) Spezialgebiet der ↗ Fremdsprachendidaktik, die sich mit den adäquaten Mitteln und Wegen beschäftigt, mit denen eine Fremdsprache am angemessensten unterrichtet und gelernt werden kann. ›Methode‹ umfasst neben den Formen und Mitteln des Unterrichtens Absichten, Ziele und pädagog., psycholog. sowie ling. Grundüberzeugungen. Die Methodendiskussion ist als Abfolge einander ablösender bzw. ergänzender (ling., lernpsycholog. u. a.) Moden und Strömungen des FU zu verstehen. Zwar erfolgte bis in die 1960er Jahre der FU (in Europa) in Anlehnung an die Vermittlung der alten Spr. Latein und Griech. mit starker Betonung der Schriftlichkeit und dem zentralen Ziel der Grammatikbeherrschung (sog. Grammatik-Übersetzungsmethode). Doch bereits um die Wende zum 19. Jh. wurden die mündl. Kommunikation und die Einbettung des Sprachlernens in situative Kontexte als wesentl. Ausgangspunkte des FU erkannt und in verschiedenen aufeinanderfolgenden Methoden gestärkt (↗ audiolingual, ↗ audiovisuell) und verfeinert. Seit den 1980er Jahren bilden pragmat. (↗ Pragmatik) und interkulturelle (↗ interkulturelle Kommunikation) Inhalte und Vorgehensweisen als zusätzl. Elemente des FU neue method. Varianten mit teilweise dogmat. Untertönen heraus. Sog. alternative Methoden wie die ↗ Suggestopädie haben in abgeschwächter Form Eingang in die F. erhalten. Mittlerweile fixieren sich nur die wenigsten Kurse und Lehrwerke auf eine einzige Methode, sondern bevorzugen (meist aus prakt. Überlegungen heraus) unterschiedl. Vermittlungsformen in Form von ↗ Modulen (Modul 2). **Lit.** G. Neuner & H. Hunfeld, Methoden des fremdsprachl. Deutschunterrichts. Bln. u. a. 1993. – B. Ortner, Alternative Methoden im FU. Lerntheoret. Hintergrund und prakt. Umsetzung. Ismaning 1998. – Weitere Lit. ↗ Fremdsprachenunterricht.　SO

Fremdsprachenpolitik (auch: Schulsprachenpolitik) In der ↗ Sprachsoziologie Bez. für die Politik eines Landes bezügl. der Fremdsprachen, die an seinen Schulen, Hochschulen und sonstigen öffentl. Ausbildungsstätten obligator. sind oder fakultativ angeboten werden. Die F. eines Landes ist v. a. Ausdruck außerpolit. und wirtschaftl. Schwerpunktsetzungen; ↗ Schulsprache (2).　G

Fremdsprachenunterricht (Abk. FU. Engl. foreign language teaching, frz. enseignement des langues étrangères) Unter FU versteht man die (einer Konzeption folgende) Vermittlung von Fremdsprachen durch einen Lehrer, die durch Software, Internetangebote, ↗ Tandems u. ä. ergänzt werden kann. FU ist in der schul. (teils vorschul.) Ausbildung in Europa zentral. Bestimmte nichtphilolog. Studiengänge verlangen ebenfalls Fremdsprachenkenntnisse und bieten entsprechenden FU an. Die Zielsetzungen des FU sind sehr unterschiedl.: allg. Bildungsabsichten, anwendungsbezogene Ziele (z. B. Wirtschaftsenglisch, Deutsch-Lesekurs für Philosophen), kulturelle, histor. u. a. Interessen, aber auch individuelle Bedürfnisse. Guter FU ist zugeschnitten auf die Lernergruppe und orientiert sich method. (↗ Fremdsprachenmethodik) und didakt. (↗ Fremdsprachen-

didaktik) an deren Voraussetzungen, Intentionen und Zielen. Unter den polit. Vorgaben der europ. Einigung bzw. der Globalisierung wird FU besonders in Europa einerseits zwar propagiert, andererseits erfährt die Weltsprache Engl. eine ausnehmend starke Nachfrage, während alle anderen Spr.n, bes. jene kleiner Gemeinschaften, auch im Bereich des FU ins Hintertreffen geraten. FU hat somit auch eine starke ökonom. Dimension. **Lit.** J. C. Herreras (Hg.), L'enseignement des langues étrangères dans les pays de l'union européenne. Louvain-la-Neuve 1998. – U. Karbe & H.-E. Piepho, FU von A bis Z. Prakt. Begriffswörterbuch. Ismaning 2000. – Europarat & Goethe-Institut (Hgg.), Gemeinsamer europ. Referenzrahmen für Spr.: Lernen, lehren und beurteilen. Bln., Mchn. 2004. – C. Neveling (Hg.), Perspektiven für die zukünftige Fremdsprachendidaktik. Tübingen 2002. – W. Butzkamm, Psycholinguistik des FU. Tübingen ³2002. – K.-R. Bausch, H. Christ & H.-J. Krumm (Hgg.), Hdb. FU. Tübingen ⁵2007. – W. Butzkamm, The Bilingual Reform. Tübingen 2009.　SO

Fremdsuffix ↗ Lehnaffix

Fremdwort (engl. foreign word, borrowed word, borrowing, frz. mot étranger) Lexikal. ↗ Entlehnung aus einer fremden Spr., die nicht oder nur sehr gering in das phonolog., morpholog. und graphemat. System der Nehmersprache integriert ist. F. gelten (im Dt.) zumeist als akzeptiert, wenn sie einer ↗ Fachsprache zuzurechnen sind. Insbes. ↗ Latinismen und ↗ Gräzismen werden als ›gebildete‹ Ausdrucksweisen geschätzt. Dagegen werden alltagssprachl. F. (z. B. aus dem Engl., ↗ Anglizismus) seit einigen Jahren wieder stärker negativ belegt, da sie in den Augen mancher das Deutsche ›überfremden‹, lächerlich wirken oder nicht verständlich sind; ↗ Denglisch, ↗ Fremdwortdiskussion, ↗ Verein deutsche Sprache, im Verz. der Institutionen.　SO

Fremdwortdiskussion Mit F. wird i. w. S. die Diskurs um die Nützlichkeit, Angemessenheit und ling. wie sozio-polit. Problematik von ↗ Fremdwörtern und ↗ Entlehnungen und ihrem Gebrauch im Dt. bezeichnet. Hinzu kommt die Debatte um eine potentielle Schwächung des Dt. in der globalisierten Welt. Im Unterschied zum ↗ Purismus, der in der schärfsten Form die Tilgung sog. fremden Wortgutes aus dem Dt. favorisiert, meint F. die intellektuell-wiss. Auseinandersetzung. Die in der zweiten Hälfte des 20. Jh. abgeschlossen geglaubte F. flammte nach Meinung vieler Linguisten als sog. Neopurismus in den 1990ern wieder auf und wird seither so gut wie ausschließl. als Anglizismuskritik (↗ Anglizismus) geführt. Zum ersten Mal seit den 1930ern wurden Ende des 20. Jh. Rufe nach Sprachgesetzen laut. Neben Linguisten beschäftigt sich aktuell eine wachsende Zahl privater Organisationen mit der Fremdwortfrage, etwa der 1997 gegründete ↗ Verein deutsche Sprache. Nach Barbour manifestiert sich in Zeiten gerade zustandegekommener nationaler Einheit die F. als besonders rege. Barbour sieht daher einen Zusammenhang zwischen der dt. Wiedervereinigung im Jahr 1990 und dem erneuten Aufflammen fremdwortkrit. Bewegungen. Seine Behauptung, »concern about foreign words« sei eine Facette des Nationalismus, ist jedoch wiss. so pauschal nicht haltbar; gerade eine F. in der Bürgergesellschaft kann die Fremdwortfrage nationalist. und rechtsradikalen Kreisen als Thema entziehen. Die Verworrenheit in der F. wird durch unterschiedl. Herangehensweisen und -motive gesteigert: (a) Eine objektive wissenschaftl. Auseinandersetzung wird erschwert durch vielfach pseudowiss. Abhandlungen und eine ideolog. Metaphorik (fremde Wörter im Dt. werden als *Flut*, *Infiltration* oder *Virus* verstanden). (b) Viele Untersuchungen, die eine Überfremdung des Deutschen belegen sollen, sind method. nicht überzeugend durchgeführt, etwa indem Werbespr. und Allgemeinspr. als Untersuchungsgegenstand bzw. Forschungsergebnisse aus beiden Bereichen gleichgesetzt werden. Best. Anglizismen werden als ›überflüssig‹ deklariert, ohne dass die Kriterien dafür ausreichend diskutiert wären. (c) Zudem werden in der F. nicht nur ling. Aspekte berührt: Neben polit. motivierten, dem anglo-amerikan. Sprach- und Kulturraum gegenüber krit. eingestellten Ausgangspositionen werden auch Kriterien wie ›allgemeine Verständlichkeit‹, Szenarien kulturellen Verlustes und nationale bis nationalist. Vorbehalte als Begründung für die Forderung nach Sprachgesetzen, Eindeutschungen etc. angeführt. Somit wird die F. oft weltanschaul. geführt. Von den ideell-ideolog. begründeten Beiträgen zur F. zu unterscheiden sind empir.-deskript. Untersuchungen von Linguisten, die den strukturellen Aspekt in den Vordergrund stellen. Allein zu den Anglizismen im Dt. sind in den letzten Jahren zahlreiche neue Publikationen zu verzeichnen. **Lit.** S. Barbour, Defending Language and Defending Nations: Some Perspectives on the Use of ›Foreign Words‹ in German. In: M. C. Davies, J. L. Ford & D. N. Yeandle (eds.): ›Proper Words in Proper Places‹. Studies in Lexicology and Lexicography in Honour of William Jervis Jones. Stgt. 2001, 361– 374. – P. Eisenberg & J. Baurmann, Fremdwörter – fremde Wörter. Praxis Deutsch 9, 1984, 15–26. – A. Kirkness, Das Phänomen des Purismus in der Geschichte des Deutschen. HSK 2, 407–416. – C. Law, Das sprachl. Ringen um die nationale und kulturelle Identität Deutschlands. Purist. Reaktionen im 17. Jh. und Ende des 20. Jhs. MS 1, 2002, 67– 83. – J. Limbach, Hat Dt. eine Zukunft? Mchn. 2008. – F. Pfalzgraf, Neopurismus in Deutschland nach der Wende. Ffm. 2006. – R. Bartzsch, R. Pogarell & M. Schröder (Hgg.), Wörterbuch überflüssiger Anglizismen. Paderborn ⁶2004. – P. Stevenson, The German Language and the Construction of National Identities. In: J. L. Flood et al. (Hgg.), Das unsichtbare Band der Spr. Studies in German Lan-

guage and Linguistic History in Memory of Leslie Seiffert. Stgt. 1993, 333–356. SO

Fremdwörterbuch (Engl. dictionary of foreign words, frz. dictionnaire de mots étrangers) ⁊ Wörterbuch, das die in einer Sprache vorkommenden ⁊ Fremdwörter verzeichnet und erklärt. Das Große F. von Duden enthält als Anhang zusätzl. eine Stichwortliste ›Deutsch-Fremd‹. **Lit.** Duden, Das Große F. Mannheim ⁴2007. SO

Fremdwörterei Anklagender pseudoterminolog. Ausdruck (veraltend). Mit dem Vorwurf der F. werden Texte abqualifiziert, in denen (nach Auffassung des Anklägers) ein Übermaß an ⁊ Fremdwörtern vorkommt; ⁊ Purismus. G

Frenulum (Zungenbändchen) ⁊ Zunge

Frequentativ ⁊ Iterativ

Frequenz (lat. frequēns ›häufig‹. Engl. frequency, frz. fréquence) **1.** (Abk. f) Geschwindigkeit, mit der eine Schwingung eine Periode durchläuft; gemessen in Hz (⁊ Hertz, wobei f[Hz] = 1/T[sec], T = Periodendauer; engl. cycles per second, cps). Bei Klängen (⁊ Klang) muss man zwischen der Grund-F. (Abk. f_0) und der Frequenz der Harmonischen (= ganzzahlige Vielfache von f_0, ⁊ Schallanalyse) unterscheiden. PM – **2.** In Untersuchungen der ⁊ empirischen Sprachwissenschaft und der ⁊ Sprachstatistik die Bez. für die Häufigkeit des Vorkommens bestimmter sprachl. Phänomene bzw. die Verteilung dieser Häufigkeit. F.beobachtungen führten z. B. schon S. Morse zu den Festlegungen in dem nach ihm benannten Alphabet zur Nachrichtenübermittlung; auch bei der Entwicklung effizienter Stenographiesysteme und der Blindenschrift wurden Ergebnisse dieser Methode berücksichtigt. F.untersuchungen lassen sich in nahezu allen Teilbereichen der Sprachwiss. und auf allen Ebenen der Sprachbetrachtung, Sprachanalyse und ⁊ Sprachbeschreibung anstellen, d. h. die F. ausgewählter phonet.-phonolog., morpholog., syntakt. u. a. sprachl. Einheiten in einem festgelegten ⁊ Korpus wird quantitativ erfasst und mit mathemat.-statist. Mitteln ausgewertet sowie u. U. graph. dargestellt. Statist. verlässliche Resultate verlangen allerdings umfangreiche Korpora. – Da F.analysen Aufschluss liefern können über signifikante Eigenheiten des ausgewerteten Materials, werden sie zu Stiluntersuchungen ebenso eingesetzt wie zur Bestimmung der Autorenschaft bzw. Herkunft von Texten. In jüngerer Zeit haben F.untersuchungen – v. a. durch die Möglichkeiten der computergestützten Erfassung, Aufbereitung und Analyse großer Mengen sprachl. Daten (⁊ linguistische Datenverarbeitung) – zunehmend an Bedeutung gewonnen u. a. in der ⁊ Lexikologie und ⁊ Lexikographie, aber auch in der Entwicklung von Lehr- und Lernmaterialien für den Erst-, Zweit- und Fremdsprachenunterricht oder in der ⁊ forensischen Linguistik. SK

Frequenzwörterbuch (auch Häufigkeitswörterbuch. Engl. frequency dictionary) Sprachwörterbuch, das die Vorkommenshäufigkeiten der Lemmata (types) entsprechend ihrem Auftreten (tokens) in einem ausgewählten Korpus enthält. **Z**

Freudsche Fehlleistung In der ⁊ Sprachpsychologie Bez. für Fälle, in denen ein ⁊ Versprecher unbewusste Gedanken, Wünsche oder Ängste sichtbar zu machen scheint. **G**

Friaulisch (Eigenbez. Friulano. Auch: Friulanisch) Die östlichste der drei ⁊ ladinischen Sprachen, die mit ca. 600 000 Sprechern (mehrsprachig) in der Region Friuli-Venezia Giulia (bes. in den Provinzen Udine und Gorizia) auch die weitaus stärkste ist. Andererseits besitzt das F. die schwächste Autonomieregelung und unterliegt durch die angrenzenden ital. Dialekte des Veneto dem stärksten Druck; Karte ⁊ Europäische Sprachen, im Anhang. **Lit.** G. Frau, Friaulisch: Arealling. LRL III, 1989, 627–636. – S. Heinemann, Studien zur Stellung des F. in der nördl. Italoromania. Bonn 2003. **HU**

Friesisch (Eigenbez. Frysk für Westfries., Frasch für Nordfries., Fräisk für Saterländ. Engl. Frisian, frz. frison) Unter der Bezeichnung F. fasst man jene westgerm. Spr. (⁊ germanische Sprachen) zusammen, die weder zum Engl. noch zum Ndl.-Dt. gerechnet werden. Man unterscheidet drei Ausprägungen: (a) Westfries., (b) Nordfries. und (c) Ostfries.; Karte ⁊ Europäische Sprachen, im Anhang. – (a) Westfries. mit mindestens 250 000 Sprechern wird in der niederländ. Provinz Friesland (einschließl. Terschelling und Schiermonnikoog) gesprochen. Es ist hier seit den 1950er Jahren als Unterrichts- und Gerichtsspr. zugelassen. Die Sprecher sind f.-ndl. zweisprachig. – (b) Nordfries. wird von ca. 10 000 Sprechern an der schleswigschen Küste (Festlandfries.) und den Inseln Amrum und Föhr sowie den Halligen (Inselfries.) gesprochen, bis in dieses Jh. auch auf Sylt und Helgoland. Die Sprecher sind mehrsprachig und sprechen außer F. mindestens eine der folgenden Spr.: Hochdt., Ndt., Dän. Als Unterrichtsspr. wird Nordfries. seit den 1920er Jahren verwendet. Von besonderem ling. Interesse ist das System zweier bestimmter Artikel für die drei Genera und die zwei Numeri. Das Nordfries. ist varietätenreich. – (c) Ostfries. wird von etwa 1 000 im Saterland (daher auch der Name Saterländ.) im Nordwesten Niedersachsens in den Ortschaften Ramsloh, Scharrel und Strücklingen gesprochen. Es gibt keine einsprachigen Sprecher des Ostf.; Nieder- und Hochdt. konkurrieren. – Orthograph. Erkennungszeichen des Westfries.: zur Unterscheidung vom Ndl. ⟨eo⟩ und ⟨ii⟩. Anders als im ⁊ Afrikaans gibt es im Westfries. kein ⟨î⟩, wohl aber ⟨ú⟩. **Lit.** B. Sjölin, Einf. in das Fries. Stgt. 1969. – P. M. Tiersma, Frisian Reference Grammar. Dordrecht 1985. – **SSG** Universitätsbibliothek Münster (6). **T**

Frikativ (lat. fricāre ›reiben‹. Auch: Engelaut, Reibelaut, Konstriktiv, Spirant) Sprachlaut bzw. konsonant. ⁊ Artikulationsmodus, bei dem eine artikulator. Enge im Ansatzrohr unter einem krit. Wert

(Reynold) aerodynam. zum Übergang von einer laminaren, d. h. gleichmäßig geradlinigen, zu einer turbulenten, verwirbelten Luftströmung führt. Akust. entspricht dem eine kontinuierl. (spektral meist höherfrequente) Geräuschbildung. In den meisten Spr. als stimmhafte (bei gleichzeitig schwingender Glottis) und stimmlose (bei offener Glottis) Varianten vertreten (vgl. Abb. ⁊ Konsonanten im Artikel ⁊ artikulatorische Phonetik. In Verbindung mit vorausgehendem ⁊ homorganem ⁊ Plosiv: ⁊ Affrikate. **PM**

Frikativierung (auch: Spirantisierung) Prozess und Ergebnis (z. B. des ⁊ Lautwandels) der Entstehung von ⁊ Frikativen aus ⁊ Plosiven; z. B. ahd. ⁊ Lautverschiebung: germ. *p, t, k* > ahd. *ff, zz, hh* (altsächs. *opan* vs. ahd. *offan*). **PM**

Friulanisch ⁊ Friaulisch
Frontal ⁊ Palatal
Frontstellung ⁊ Spitzenstellung
Frühdruck ⁊ Inkunabel

Frühneuhochdeutsch Zwischen ⁊ Mittelhochdeutsch und ⁊ Neuhochdeutsch angesetzte Sprachstufe des Dt., in deren Zeit sich die nhd. ⁊ Schriftsprache allmähl. herausbildet. Die häufigst vertretene Zeitspanne wird von 1350 bis 1650 angesetzt, bei deren Eingrenzung sowohl sprachinterne als auch sprachexterne Kriterien (etwa der Regierungsantritt Karls IV. in Prag, das Ende des Dreißigjährigen Krieges) mitberücksichtigt werden. – Das Sprachgebiet des Frühnhd. entspricht insges. dem am Ende der mhd. Periode erreichten Stand. Die weitgehend vollzogene Ostkolonisation führt zu einer Erweiterung des dt. Sprachgebietes um die dort entstandenen ostmitteldt. Ausgleichsmundarten, die wiederum für das Frühnhd. eine wichtige Rolle spielen. – Die frühnhd. Zeit zeigt eine Ausweitung des Gebrauchs der Mutterspr. auf fast alle Kommunikationsbereiche. Die Einführung des Papiers, die Erfindung des Buchdrucks sowie weitere kulturelle, soziale und religiöse Erneuerungen wie der Humanismus und besonders die Reformation, ferner die wachsende Bedeutung der Städte, des Bürgertums und des Handels führen zu einer umfangreichen, vielfältigen schriftl. Überlieferung. Hauptmerkmal der frühnhd. Schriftlichkeit ist die Zersplitterung in Schreibdialekte und deren Vielfalt, aus der sich allmähl. eine einheitl. Schriftsprache herausbildet. Die Frage nach der Entstehung des Nhd. wird nicht mehr monokausal beantwortet: Das Ostmitteldt. als eine der Hauptgrundlagen, ferner die eine gewisse Überregionalität anstrebenden Schreibsprachen, wie die verschiedenen ⁊ Geschäfts- und ⁊ Kanzleisprachen (etwa das ⁊ Gemeine Deutsch der Habsburger und das ⁊ Meißnische Deutsch der Wettiner), die ⁊ Druckersprachen, die Rolle Luthers und seiner ⁊ Bibelübersetzung sind wichtige Faktoren dieser auf Ausgleich basierenden Entwicklung. – Als Übergangszeit zum Nhd. weist das Frühnhd. viele sprachl. Kennzeichen des Nhd. auf, wobei diese regional und zeitl. unterschiedl. ausgeprägt sind. Phonolog. Veränderungen ggü. dem Mhd. betreffen v. a. den Vokalismus: die ndh. ↗ Diphthongierung (mhd. *mîn niuwes hûs > mein neues Haus*) und nhd. ↗ Monophthongierung (mhd. *liebe guote brüeder > liebe gute Brüder*), Quantitätsveränderungen (Dehnung in offener Tonsilbe, Kürzung mhd. Langvokale in geschlossener Silbe) sowie etwa Synkope und Apokope des unbetonten e (mhd *gelücke > nhd. Glück*). Morpholog. treten v. a. Entwicklungen ein, die prinzipiell eine Vereinfachung des Formenbestandes anstreben, die im Frühnhd. aber oft zu Formenvielfalt und Variation führen (etwa im nominalen Bereich hinsichtl. Klassenzugehörigkeit, Pluralkennzeichnung, Abbau der Kasusunterschiede; ferner der ↗ Präteritalausgleich). Syntakt. wird der hypotakt. Satzbau weiter ausgeprägt, neue Konnektoren und Konj. werden eingesetzt. Wichtige orthograph. Erscheinungen sind, neben der graph. Vielfalt, der zunehmende Gebrauch von ↗ Majuskeln (hin zur ↗ Substantivgroßschreibung) und von Interpunktionszeichen. Im lexikal. Bereich wird einerseits der Lehnwortschatz v. a. durch den Einfluss roman. Sprachen weiter ausgebaut, andererseits werden neue dt. Wörter etwa durch das Wirken der Humanisten, die Reformation und, gegen Ende der Periode, durch die purist. Bestrebungen der ↗ Sprachgesellschaften eingeführt. **Lit.** V. Moser, Frühnhd. Grammatik, Bd. 1.1, Heidelberg 1929, Bd. 1,3 Heidelberg 1951. – H. Moser & H. Stopp (Hgg.), Grammatik des Frühnhd. Bd. I ff., Heidelberg 1970 ff. – R. R. Anderson, U. Goebel & O. Reichmann (Hgg.), Frühnhd. Wörterbuch. Bln., N. Y. 1986 ff. – H. Penzl, Frühnhd. Bern u. a. 1984. – U. Kriegesmann, Die Entwicklung der nhd. Schriftsprache im Widerstreit der Theorien. Ffm. u. a. 1990. – O. Reichmann & K.-P. Wegera (Hgg.), Frühnhd. Grammatik. Tübingen 1993. MO

F-Struktur ↗ Lexical Functional Grammar

Fuge (auch: Bindevokal, Fugenelement, Kompositionsfuge, Interfix, Infix) Morphemkategorie, deren Mitglieder Kompositionsglieder verbinden. Bei F. (nach Fuhrhop 2000, 202 *-s-, -n-, -en-, -er-, -e-, -ens-* und möglicherweise das Lehnelement *-o-*) handelt es sich um als Wortbildungsmittel ↗ reanalysierte ↗ Flexive (i. d. R. Genitiv- oder Pluralmarker), die synchron keine genitivischen oder pluralischen Relationen signalisieren; in einem *Kinderbett* liegt gewöhnlich nur ein Kind. Die Existenz von F. ohne entspr. Flexiv im eigenen Flexionsparadigma (**Liebes* aber: *Liebes-brief* (›unparadigmische F.‹)) zeigt, dass Verfugung wenig mit Flexion, aber viel mit ↗ Analogie zu anderen, möglicherweise paradigmisch verfugten Bildungen zu tun hat, wofür auch regionale Variation spricht (*Schweinebraten* vs. *Schweinsbraten*). Nur selten werden alternative Mittel der Verfugung verwendet, um Bedeutungen zu differenzieren; o.g. *Kinderbett* meint

etwas anderes als *Kindsbett*. Bemühungen, F. andere Funktionen als Variantenbildung oder Bedeutungsdifferenzierung zuzuweisen (etwa: Ausspracheerleichterung oder Markierung von Konstituentengrenzen), haben ebenfalls nur Präferenzregeln zutage gefördert (vgl. die Konstituentengrenzen in *Friedhof-s-mauer* vs. *Mädchenhandel-s-schule*), so dass man insgesamt durchaus fragen kann, ob F. mangels identifizierbarer Funktion tatsächlich ↗ Morpheme sind. Die Unterschiede von F. und rein phonolog. motivierten Segmenten zwischen Grundmorphemen und Affixen (*eigen-t-lich, Bekenn-t-nis*) führen in der Literatur nicht durchgängig zum Ausschluss aus der Kategorie ›Fuge‹. Auch die Extension der alternativen Termini ↗ Interfix und ↗ Infix variiert beträchtlich. **Lit.** Eisenberg I, 235–241 – W. Fleischer, Wortbildung II. Prozesse. HSK 17/1, 891–893. – N. Fuhrhop, Zeigen Fugenelemente die Morphologisierung von Komposita an? In: R. Thieroff u. a. (Hgg.), Dt. Grammatik in Theorie und Praxis. Tübingen 2000, 201–213. ES

Fügelehre ↗ Syntax

Fugenelement ↗ Fuge

Fugensilbe ↗ Fuge

Fügewort (auch: Fügteil) In der traditionellen Grammatik Überbegriff für die ↗ Wortarten ↗ Konjunktion und ↗ Präposition. PT

Fügteil ↗ Fügewort

Fügungspotenz ↗ Valenz

Fügungswert ↗ Valenz

Ful (auch: Fula, Fulfulde, engl. auch Fulani, frz. Peul(h), westl. Dialekt: Pulaar) ↗ Westatlantische Sprache mit ca. 13 Mio. Sprechern. Sprachgebiet: gesamter Sudangürtel vom Senegal bis zur Republik Sudan. In Senegal/Gambia, Guinea, Mali, Niger und Nord-Kamerun jeweils ca. 1 Mio. Sprecher, in Nord-Nigeria mehrere Mio. In Nord-Kamerun ist das F. auch als Verkehrsspr. bedeutsam; Karte ↗ Afrikanische Sprachen, im Anhang. Die frühesten schriftl. Dokumente stammen aus dem Anfang des 19. Jh. (in arab. Schrift), lat. basierte Verschriftung im 20. Jh. RE

Füllelement ↗ Leerstelle

Füllwort ↗ Partikel, ↗ Modalpartikel

Fulniô ↗ Ge-Sprachen

Functional Unification Grammar ↗ Unifikationsgrammatiken

Funktion (lat. fūnctiō ›Verrichtung‹ **1.** Ausdruck in der ↗ formalen Logik und der Mathematik für die Zuordnung (oder ↗ Abbildung), durch die jedem Element einer Menge A genau ein Element einer Menge B zugewiesen wird. Die Menge A wird als Argumentbereich oder Definitionsbereich dieser Zuordnung bezeichnet, die Menge von B als Wertebereich oder Bildmenge. PR – **2.** Aus der Logik in die Ling. übernommener Begriff, der in verschiedenen sprachwiss. Richtungen unterschiedl. bestimmt worden ist und in den einzelnen Teilgebieten der

Ling. auf ihre jeweiligen Gegenstände bezogene Spezifizierungen erfuhr. Vielfach ist von generellen F. der Sprache die Rede, etwa ihrer kognitiven F., womit gemeint ist, dass menschl. Denken an Spr. gebunden ist und durch sie ausgedrückt wird, und von ihrer kommunikativen F., womit gemeint ist, dass sprachl. Kommunikation dem Austausch von Mitteilungen zwischen Menschen dient. In diesem generellen Sinn kann F. als Mittel oder Zweck, dem Spr. dient, verstanden werden. G – 3. Bei der Beschreibung der einzelnen ↗ Ebenen des ↗ Sprachsystems bezeichnet der Begriff F. eine (bezogen auf die betreffende Ebene) entweder interne oder externe Beziehung zwischen ling. Sachverhalten (Argumentbereich, Definitionsbereich). Letzteres ist z. B. der Fall, wenn in ↗ Phonetik und ↗ Phonologie die Rede davon ist, dass der ↗ Akzent die Funktion eines ↗ Grenzsignals (bei gebundenem Akzent), einer grammat. Kennzeichnung oder einer semant. Differenzierung haben könne, oder davon, dass ↗ Intonation satztypendifferenzierende F. und Tonhöhe bzw. Tonhöhenverlauf in ↗ Tonsprachen phonolog. distinktive, lexikal. bedeutungsunterscheidende F. besitze. Ersteres ist der Fall z. B. in der Syntax, wenn die Beziehungen zwischen einzelnen syntakt. Konstituenten zu klären sind. Alle syntakt. Grundkategorien wie ↗»Subjekt« (d. h. Subjekt-von), ↗»Objekt« (Objekt-von) usw. sind syntakt. Relationen untereinander und syntakt. F. in Bezug auf die Einheit ↗ Satz. Aber auch davon abgeleitete Kategorien sind syntakt. F.; so ist z. B. ein Ausdruck wie »Attributsatz« eine F. des kategorialen Konzepts »Attribut« und des strukturellen Konzepts »Nebensatz«. In ↗ flektierenden und ↗ agglutinierenden Sprachen (z. B. Russ., Finn.) werden solche syntakt. F. üblicherweise durch die ↗ Kasus ausgedrückt, in anderen Spr. (z. B. Engl., Chines.) durch Regularitäten der ↗ Wortstellung. In einzelnen Grammatikkonzeptionen werden diese F. unterschiedl. bestimmt. So ist in älteren Versionen der GG die Subjektposition als der unmittelbar von S (Satz) dominierte Knoten bestimmt (im Engl. ohne Kasusmarkierung, im Lat. oder Russ. durch ein Allomorph des ↗ Nominativs markiert), während man in ↗ Dependenzgrammatiken und ↗ Valenzgrammatiken versucht, dieselbe Position als eine Ergänzungsklasse des Verbs zu beschreiben. In semant. begründeten Syntaxen versucht man, syntakt. F. über Konzepte wie der ↗ semantischen oder ↗ thematischen Rollen zu fassen; so soll die Rolle ↗»Agens« prototyp. für die F. »Subjekt« sein (↗ Kasusgrammatik, ↗ Tiefenkasus). In Schulbüchern findet sich vielfach noch der Begriff »log. Subjekt« (vs. »grammat. Subjekt«). G – 4. In den verschiedenen Teildisziplinen der Ling. drückt der Ausdruck F. sehr heterogene Sachverhalte aus. In der ↗ Soziolinguistik ist z. B. von sozialen F. die Rede, wenn der gruppenkonstituierende oder gruppenabgrenzende oder stigmatisierende soziale Effekt einer best.

Varietät gemeint ist. In der ↗ Textlinguistik spricht man z. B. von der textuellen oder textkonstituierenden F. von ↗ Pro-Formen, ↗ anaphorischen und ↗ kataphorischen Elementen. Die ling. Pragmatik untersucht u. a., welche F. sprachl. Äußerungen und sie begleitendes nichtsprachl. Verhalten in Handlungssituationen (↗ Dialog) haben; z. B. haben in einem Dialog, in dem eine halbwüchsige Tochter ihren Vater dazu bringen will, ihr eine teure modische Jacke zu bezahlen, Äußerungen wie *Alle in meiner Klasse haben so eine Jacke, Die kann man jahrelang tragen* bzw. *Du hast doch schon eine schicke Jacke, Du ziehst die dann doch nicht an* sowie best. Intonationskurvenverläufe, Variation in der Lautstärke u. a. eindeutige pragmat. F. Daraus ergibt sich, dass für die einzelnen Teildisziplinen spezif. und miteinander inkompatible Bestimmungen von F. unvermeidbar sind. G

Funktional-kommunikative Sprachbeschreibung ↗ Funktionale Grammatik

Funktionale Grammatik Eine funktionale Grammatik erklärt syntakt. und morpholog. Strukturen nicht aus sich selbst heraus (autonom) durch Zurückführung auf a priori gegebene allgemeine Strukturprinzipien, sondern funktional durch Zurückführung auf semant. und pragmat. Gesichtspunkte und solche Gesichtspunkte, die sich aus der Sprachverarbeitung selbst ergeben, einschließlich diachroner Vermittlungen. Vorherrschend ist eine stärker empirist. und weniger rationalist. Orientierung. Vorläufer im deutschsprachigen Raum sind W. v. Humboldt, K. F. Becker und H. Paul. Eine wesentliche Brücke zu neueren Konzeptionen ist der Prager strukturelle Funktionalismus u. a. mit dem Begriff der funktionalen Satzperspektive. Es lassen sich in unterschiedl. Richtungen und Schulen unterscheiden: Functional Grammar Niederlande (u. a. S. C. Dik), Functional Grammar USA (u. a. T. Givón, S. Kuno), Systemic Grammar (Halliday). Dem Funktionalismus in einem weiteren Sinne kann man zurechnen: Role and Reference Grammar (Van Valin), Cognitive Grammar (Langacker), Kölner Universalienprojekt (Seiler), Grammatikalisierungsforschung (Givón, Lehmann), Universal Grammar (u. a. Comrie, Keenan, Givón), Semantics and Cognition (Jackendoff). Neuere deutsche Grammatiken, die sich ausdrücklich als funktional verstehen, sind Zifonun/Hoffmann/Strecker und Eisenberg. **Lit.** S. C. Dik, The Theory of Functional Grammar. Part 1, Part 2, ed. by K. Hengeveld. Bln., N. Y. 1997. – Eisenberg I, II. – R. Foley & R. D. Van Valin, Functional Syntax and Universal Grammar. Cambridge 1984. – T. Givón, On Understanding Grammar. N. Y., San Francisco, Ldn. 1979. – Ders., Syntax. A Functional-Typological Introduction. Vol. I, II. Amsterdam u. a. ²2001. – M. A. K. Halliday, An Introduction to Functional Grammar. Ldn. u. a. ³2004. – R. Jackendoff, Semantics and Cognition, Cambridge, Ldn. 1983. – S.

Kuno, Functional Syntax. Chicago, Ldn. 1987. – R. W. Langacker, Concept, Image, and Symbol. The Cognitive Basis of Grammar. Bln., N. Y. 1990. – R. D. van Valin, Advances in Role and Reference Grammar. Amsterdam, Philadelphia 1993. – K. Welke, Deutsche Syntax funktional. Tübingen 2005. – G. Zifonun et al., Grammatik der dt. Spr., 3 Bde. Bln., N. Y. 1997. WK

Funktionale Kategorie Im Rahmen der GG insbes. seit Pollock (1989) zunehmend ausgedehnte Klasse syntakt. Kategorien (vgl. z. B. Cinque 1999), die sich dadurch von nicht-funktionalen syntakt., sog. lexikal. Kategorien unterscheiden, dass sie spezif. syntakt. relevante Informationen einer komplexen Phrase repräsentieren, z. B. ↗INFL (vgl. ↗Auxiliarkomplex), T(ense) und AGR(eement) (↗Numerus, ↗Person), ↗COMP-Position, Force (↗Satzmodus), ↗DET und DEGREE (↗Adjektivphrase), ↗Kasusphrase, ↗Conjunction Phrase. F. K. weisen diverse Gemeinsamkeiten auf; z. B. besitzen sie ein und nur ein ↗Komplement, sie weisen keine ↗Theta-Rolle zu, sie sind in ihrer Semantik durch wenige, sehr generelle Merkmale erfassbar, ihre phonolog. Struktur ist in den Einzelspr. stark reduziert, und sie sind nicht durch produktive Wortbildungsregeln erweiterbar. Während in den früheren Entwicklungsstufen der GG Projektionen sog. lexikalischer Kategorien (Nomen, Verben, Adjektive, Präpositionen) über die Grammatikalität der generierten Strukturen entschieden, obliegt dies im ↗Minimalismus Projektionen von f. K., was entsprechende Modifikationen anderer Annahmen erfordert (z. B. des sog. erweiterten ↗Projektionsprinzips; ↗Kopf, ↗X-Bar-Theorie). Sprachspezif. Eigenschaften, in der ↗Rektions-Bindungs-Theorie mittels Parameter über ↗Beschränkungen expliziert, werden im ↗Minimalismus durch Eigenschaften f. K. beschrieben bzw. erklärt. Auch für diachrone Prozesse (z. B. der ↗Grammatikalisierung) wird f. K. ein wesentl. Beitrag zugeschrieben, insofern sich für solche ein Wechsel von nicht-funktionalen sprachl. Formen zu funktionalen empirisch nachweisen lässt; ↗X-Bar-Theorie. **Lit.** R. Borsley (ed.), The Nature and Function of Syntactic Categories. N. Y. 2000. – G. Cinque, Adverbs and Functional Heads. A Cross-Linguistic Perspective. Oxford 1999. – W. Davies & S. Dubinsky (eds.), Objects and Other Subjects: Grammatical Functions, Functional Categories, and Configurationality. Dordrecht 2001. – C. Dimroth & P. Jordens (eds.), Functional Categories in Learner Language. Bln., N. Y. 2009. – A. Ferdinand, The Development of Functional Categories. Diss. Univ. Antwerpen 1996. – M. Hegarty, A Feature-Based Syntax of Functional Categories. The Structure, Acquisition and Specific Impairment of Functional Systems. Bln. 2005. – P. Muysken, Functional Categories. Cambridge 2008. – J. Ouhalla, Functional Categories and Parametric Variation. Ldn. 1991. – J.-Y. Pollock, Verb Movement, Universal Grammar, and the Structure of IP. LIn 20, 1989, 365–424. F

Funktionale Phonetik ↗Phonologie

Funktionale Satzperspektive (auch: Thema-Rhema-Gliederung, kommunikative Gliederung, kommunikative Organisation, aktuelle Gliederung) Im Anschluss an Überlegungen O. Behaghels (1854–1936; ↗Behaghelsche Gesetze) in der ↗Prager Schule durch V. Mathesius (1882–1945) entwickelter, früher textling., d. h. über die Satzgrenze hinausgehender Zugriff auf die ↗Syntax, der Sätze nach ihrer informationstragenden Struktur untersucht und in Abhängigkeit davon, wie die Bestandteile des jeweiligen Satzes innerhalb des betrachteten ↗Textes (Textfragments) die Kommunikation vorantreiben, zwei Bereiche der Mitteilung ausgrenzt, ein ↗Thema, i. d. R. der bekannte Sachverhalt, und ein ↗Rhema, i. d. R. der neu eingeführte Sachverhalt, vgl. z. B. dt. *Wo ist denn die Butter?* – *Die Butter* (= Thema) *ist* (*doch*) (Nachbereich Rhema) *im Kühlschrank*. Die wichtigsten Ausdrucksmittel der f. S. sind, miteinander kombiniert verwendet, folgende: die (alle anderen Mittel überlagernde) ↗Satzintonation, d. h. die Hervorhebung des Rhemas durch die sog. neutrale oder die expressive, bei Nichtendstellung des Rhemas vorliegende Intonation, grammat.-lexikal. Signale, v. a. Artikelopposition, Partikeln sowie ↗Konversive bzw. Konversivkonstruktionen (↗Perspektivierung), d. h. in ihrem Bezug zur außersprachl. Wirklichkeit äquivalente (oder ↗denotativ äquivalente, also nicht ↗synonyme), prädikatswertige Ausdrücke, die eine Umstellung der Aktanten erlauben, z. B. Verben des Typs dt. *kaufen* – *verkaufen* bzw. die Diathese Aktiv und Passiv, spezielle Topikalisierungskonstruktionen, z. B. frz. *C'est à toi que le patron voulait parler* ›Mit *dir* wollte der Chef sprechen‹, und die ↗Wortstellung (Endstellung des Rhemas bei neutraler Satzintonation). Die Wortstellung wird aufgrund syntakt.-konstruktiver Beschränkungen, z. B. der festen Verbposition, für die f. S. u. a. im Dt., v. a. aber im Engl. und Frz. viel weniger ausgenutzt als z. B. in den über eine relativ freie Wortstellung verfügenden ↗slavischen Sprachen, vgl. z. B. dt. *Die Tapeten hat geklebt mein Nachbar* (nur mit Satzklammer bzw. Rahmenkonstruktion: *Mein Nachbar* (unter Satzakzent) *hat … oder Die Tapeten hat mein Nachbar* (unter Satzakzent) *geklebt* vs. russ. *Oboi nakléil soséd* (Endstellung des rhemat. Subjekts). **Lit.** F. Daneš (ed.), Papers on Functional Sentence Perspective. Praha 1974. – I. Kovtunova, Sovremennyj russkij jazyk. Porjadok slov i aktual'noe členenie predloženija [Die russ. Gegenwartsspr. Wortfolge und aktuelle Gliederung des Satzes]. M. 1976. – V. Mathesius, Věta a text. Studie ze syntaxe spisovné češtiny [Satz und Text. Eine Studie zur Syntax der tschech. Hochspr.]. Praha 1985. – H.-W. Eroms, F. S. Tübingen 1986. – K. Welke, F. S. Münster 1993 Ders., Dt. Syntax funktional. Perspektiviertheit syntakt. Strukturen. Tübingen 2002. – A. L. Ping, Theme and Rheme: an Alternative Account. Bern u. a. 2004.   HA

Funktionalismus ↗ Prager Schule

Funktionalitätsprinzip ↗ Frege-Prinzip

Funktionalstil Die »Theorie der F.« wurde in den 1930er Jahren vor der ↗ Prager Schule unter dem Einfluss des russ. Formalismus begründet. Sie nimmt an, dass sich natürl. Spr. in eine begrenzte Zahl von F. unterteilen lassen, dass das System einer Spr. keine uniforme, homogene Struktur aufweist, sondern dass sie sich nach dem Umfang des Sprachgebrauchs und den Redezielen untergliedern lässt; ↗ Stilistik. In der Funktionalstilistik werden zwischen außersprachl. Kommunikationsbereichen und Kommunikationssituationen und bestimmten sprachl. Formulierungs- und Ausdrucksweisen als Stilen korrelative Zusammenhänge und in diesem Sinne F. bzw. Textsorten angenommen, so z. B. wiss. Stil, lit. Stil, Geschäftsstil. Die Abgrenzung zur Konzeption der ↗ Register ist schwierig.   R

Funktionelle Belastung Häufigkeit des Auftretens bzw. Grad der Ausnutzung einer systemat. gegebenen phonolog. ↗ Opposition in einer Spr.   PM

Funktionelle Phonetik ↗ Phonologie

Funktionsstand ↗ Wortstand

Funktionsverb ↗ Funktionsverbgefüge

Funktionsverbgefüge (Abk. FVG. Auch: Schwellform, Streckform) ↗ Phraseologismus, dessen Bedeutung zwar aus den Bedeutungen der Einzelteile rekonstruierbar ist (↗ transparent), bei dem jedoch das Verb, ähnlich einem ↗ Hilfsverb oder einer ↗ Kopula, primär dazu dient, die Flexionsmerkmale zu tragen, die die Prädikation erfordert. Maßgebl. für die Bedeutung des FVG ist das in ihm enthaltene Nomen, während die lexikal. Bedeutung des Funktionsverbs ggü. der des ursprüngl. Vollverbs ›verblasst‹ ist zugunsten der semant. relevanten Aspekt- und Aktionsartmerkmale. Das Inventar der Funktionsverben im Dt. ist klein. Sie können dem jeweiligen FVG Merkmale wie Transitivität, Zustandswechsel u. a. Merkmale von ↗ Aktionsarten verleihen, was sich aus ihrer Bedeutung als Vollverben erklärt. Dass FVG Phraseologismen sind, zeigt sich u. a. daran, dass dem Nomen in der Regel kein Attribut hinzugefügt werden kann, dass das Nomen bzw. die PP weder pronominalisierbar noch erfragbar ist, dass die Negation durch *nicht* (nicht *kein*) ausgedrückt wird, dass sich das ganze Gefüge wortstellungsmäßig wie ein Verb (z. B. ein Partikelverb) verhält, dass das Gefüge als Ganzes klare Rektionseigenschaften hat. – Als idiomat. Wendungen werden die FVG unterschiedl. beschrieben: betrachtet man sie als Wortäquivalente (als Lexikoneinheiten), dann kann man ihre Distribution beschreiben, nicht aber ihre interne syntakt. Struktur. Betrachtet man sie syntakt. als Vb + NP oder Vb + PP, dann kann man die Restriktionen nicht beschreiben, denen die NP oder die PP unterliegen:

nicht-referentielle NP, meist ohne Artikel, auf jeden Fall ohne freie Artikelwahl, ohne Numerusopposition, meist nicht durch Attribute erweiterbar bzw. keine freie Präpositionswahl (z. B. *in Ekstase geraten* vs. *?in große Ekstase geraten* vs. **in die Ekstase geraten*; **worin geraten?*, **in keine Ekstase geraten*; *zum Erliegen bringen* vs. **zu Erliegen bringen* vs. **zu keinem Erliegen bringen*, **wozu bringen?*). – Die Bez. ›Streckform‹ deutet an, dass es sich um umständl. Formen handele für etwas, was ein einfaches Verb passend ausdrücken könnte. Diese Kritik mag ihre Berechtigung haben, wenn das FVG nicht mehr leistet als ein einfaches Verb (z. B. *der Bau kommt zur Vollendung* vs. *der Bau wird vollendet*). Doch die FVG sind nicht immer einem einfachen Verb äquivalent, können also eine Wortschatzbereicherung sein, z. B. *zur Debatte stehen/stellen, in Form bringen/kommen/sein.* **Lit.** P. von Polenz, Funktionsverben im heutigen Dt. In: Spr. in der rationalisierten Welt. Ddf. 1963. – W. Herrlitz, FVG vom Typ ›in Erfahrung bringen‹. Tübingen 1973. – G. Helbig, Probleme der Beschreibung von FVG im Dt. Lpz. 1984. – P. von Polenz, Funktionsverben, FVG und Verwandtes. ZGL 15, 1987, 169–189. – J. van Pottelberge, Verbnominale Kostruktionen, FVG. Vom Sinn und Unsinn eines Untersuchungsgegenstandes. Heidelberg 2001. – Eisenberg II, 309–317. – A. Kamber, F. – empir. Tübingen 2008 – A. Heine, F. in System, Text und korpusbasierter (Lerner-) Lexikographie. Ffm. 2006. – J. Seifert, F. in der dt. Gesetzessprache (18.-20. Jh.). Hildesheim u. a. 2004.   C, G

Funktionswort (auch: Synsemantikum, Strukturwort. Engl. function word, structure word, frz. mot structural) Sammelbez. für jene Wortarten, deren Repräsentanten im Ggs. zu den Inhaltswörtern (↗ Autosemantikum) in ihrer überwiegenden Zahl keine eigenständige lexikal. ↗ Bedeutung, sondern eher abstrakte grammat. Bedeutungen tragen und primär syntakt.-strukturelle Funktionen erfüllen. Zu den F., die stets auch zum ↗ Grundwortschatz einer Spr. gehören, werden ↗ Artikel, ↗ Präposition, ↗ Konjunktion, ↗ Hilfsverb und ↗ Modalverb gerechnet.   PT

Funktiv ↗ Glossematik

Funktor m. Ein Ausdruck, der einen anderen Ausdruck (sein ↗ Argument) näher bestimmt oder mehrere andere Ausdrücke in Beziehung zueinander setzt, z. B. aussagebestimmte, klassenbestimmte, individuenbestimmte Funktoren.   PR

Fur ↗ Nilosaharanische Sprachen

Furchenwendig ↗ Schriftrichtung

Fürwort In Schulbüchern mitunter für ↗ Pronomen.   G

Fusion ↗ Kontamination

Fusionierende Sprache ↗ Flektierende Sprache

Fuß 1. (auch: Versfuß. Engl. foot, metre) Metr. Grundeinheit des Versmaßes auf der Grundlage der wiederholten Abfolge betonter/unbetonter (bzw.

quantitierend schwerer/leichter) Silben. Haupttypen sind *Jambus* (⌣–́), *Trochäus* (–́⌣), *Daktylus* (–́⌣⌣), *Anapäst* (⌣⌣–́) und *Spondeus* (–́ –́). – **2.** (Auch: Takt. Engl. foot) Prosod. phonolog. Einheit, bestehend aus einer Folge von ↗ Silben, von denen eine ↗ Akzent trägt; ↗ Prosodische Einheiten. PM

Füßchen ↗ Serife

Futhark ↗ Runen

Futuna ↗ Ozeanische Sprachen, ↗ Samoanisch

Futur (lat. futūrum ›das Künftige‹. Auch: Zukunft. Engl. future, frz. futur) **1.** Mit ↗ Präsens und ↗ Präteritum Teil der grammat. Kategorie ↗ Tempus des Verbs vieler Spr. Das F. ist typolog. an das Vorhandensein des ↗ Präsens gekoppelt und setzt in der Regel auch das ↗ Präteritum voraus. Das F. wird in den idg. Spr. häufig analyt. ausgedrückt, nämlich durch das Präsens eines Hilfsverbs (*werden, wollen*) und den Infinitiv des eigentl. Verbs, z. B. dt. *wir werden siegen*, engl. *we shall overcome*, russ. *bu-dem čitat'* ›wir werden lesen‹. **2.** F. ist auch als Oberbegriff für alle Futurformen gebräuchlich, die durch Zusätze spezifiziert werden: ↗ Futur I vs. ↗ Futur II. KE

Futur I (auch: unvollendete Zukunft. Engl. simple future, frz. futur simple) Teil der grammat. Kategorisierung ↗ Tempus des Verbs in den idg. Spr. Primäre Funktion ist die Bez. eines zukünftigen Geschehens (↗ Aktzeit nach ↗ Sprechzeit), z. B. *Die Borussen werden siegen.* Eine Präzisierung durch lexikal. Mittel ist fakultativ (*morgen, am Samstag*). Mit dem Futur wird oft gleichzeitig auch eine Vermutung oder eine Absicht ausgedrückt (z. B. *Die Vernunft wird siegen; Ich werde mich kurz fassen*). In dieser Verwendung kann das F. I im Dt. regelmäßig durch das ↗ Präsens ersetzt werden, z. B. *Die Borussia siegt vermutlich gegen Köln.* Der Ausdruck der Modalität (Vermutung) kann sogar die primäre Funktion (Zeitangabe) vollständig überlagern, z. B. *Die Mannschaft wird jetzt wohl schon ihren Sieg feiern.* Der Ausdruck des F. I erfolgt, wie die Beispiele zeigen, oft analyt. In den slav. Sprachen kann die Kombination von morpholog. ↗ Präsens und vollendetem ↗ Aspekt futur. Bedeutung ausdrücken, z. B. russ. *najdú egó* ›ich werde ihn finden‹. KE

Futur II (auch: vollendete Zukunft, Vorzukunft, Futurperfekt, futurum exactum. Engl. future perfect, frz. futur antérieur) Zeitstufe einiger (idg.) Spr.; setzt das ↗ Futur I systemat. voraus: nur dann, wenn eine Spr. das Futur I hat, kann sie ein Futur II entwickeln. Das F. II stellt zukünftige Ereignisse als abgeschlossen dar, d. h. die ↗ Betrachtzeit liegt nach der ↗ Aktzeit (und beide nach der ↗ Sprechzeit), z. B. *In einer Viertelstunde wird die Borussia gesiegt haben.* Im Unterschied zum Futur I ist eine zusätzl. Temporalangabe (mit lexikal. Mitteln) obligator. Anstelle des F. II kann regelmäßig auch das ↗ Perfekt benutzt werden, z. B. *In 10 Minuten hat die Borussia gesiegt.* Das F. II dient zum Ausdruck einer Vermutung in Bezug auf einen abgeschlossenen, also vergangenen Vorgang, z. B. *Die Mannschaft wird das Stadion jetzt (wohl) bereits verlassen haben.* Auch für diese Funktion kann ersatzweise das ↗ Perfekt benutzt werden, z. B. *Der Bus hat jetzt schon die Autobahn erreicht.* Das F. II. gilt teilweise als (sprachwiss.) Kunstprodukt, entstanden durch die Anwendung von Begriffen der klass. lat. Grammatik auf das Dt. Im mündl. Sprachgebrauch ist das F. II entsprechend selten. KE

Futurperfekt ↗ Futur II

Futurstamm ↗ Tempusstamm

Futurum exactum ↗ Futur II

Futurum in praeterito Präteritum mit futurischem Zeitbezug relativ zum erzählten Vorgang, das im Dt. durch die Formen des Konjunktivs II der Modalverben *sollen* und *werden*, ein temporales Adverb oder eine temporale Partikel und einen Infinitiv ausgedrückt wird, z. B. *Utz sollte nie mehr von O. wegkommen; Dietlinde würde ihr Verhalten noch bereuen.* G

Fuzzy logic ↗ Vagheit, ↗ Propositionale Einstellung

Gaam ↗ Chari-Nil-Sprachen

Gã-Dangme ↗ Kwa-Sprachen

Gagausisch (Eigenbez. Gagauz dili) Südwesttürk. Spr. (↗ Turksprachen), basierend auf einem balkantürk. Dialekt; ↗ Türkisch. Die Gagausen sind türkischsprachige orthodoxe Christen aus Bulgarien, die in den Türkenkriegen (18./19. Jh.) nach Russland übersiedelten. Heutiges Sprachgebiet: Süden der Republik Moldau und Gebiet Odessa in der Ukraine, Restgruppen in Bulgarien und Rumänien; ca. 250 000 Sprecher; Karte ↗ Europäische Sprachen, ↗ Türkische Sprachen, beide im Anhang. Schriftspr. diskontinuierlich seit 1910, seit 1957 in kyrill. Schrift. **Lit.** G. Doerfer, Das G. In: Philologiae Turcicae Fundamenta I, Wiesbaden 1959, 262–271. – L. A. Pokrovskaja, Grammatika gagauzskogo jazyka [Grammatik der g. Spr.]. M. 1964. MI

Galatisch ↗ Festlandkeltisch

Gälisch ↗ Inselkeltisch

Galizisch, Galicisch (Eigenbez. Galego) Roman. Spr. im Nordwesten Spaniens (Galicia, Teile Asturiens). Dem heutigen ↗ Portugiesischen eng verwandt, zumeist als port. Dialekt eingestuft. Seit dem Ende des 12. Jh. schriftl. belegt; g. Troubadourlyrik am port. Hof. Das Port. selbst entstand wahrscheinl. durch eine Südwanderung aus den nördl. Dialekten, die das ansässige Mozarab. verdrängten. Die eigene Entwicklung des G. beginnt erst, als Portugal selbständig wird, Galizien aber unter kastil. Verwaltung bleibt. Damit geht auch der Status als Kultursprache verloren, und die Hispanisierung des G. nimmt stetig zu. Der Autonomiestatus in Spanien trägt heute wenig zur Standardisierung und Erhaltung des G. bei. Karte ↗ Europäische Sprachen, im Anhang. HU

Galla ↗ Oromo

Gallisch Das G. ist neben dem Keltiber. die Haupt-

quelle unserer Kenntnis über das ↗ Festlandkelti-
sche. Die wichtigsten Zeugnisse sind der Kalender
von Coligny (50–80 u. Z.) und die Graffiti von
Condetomagos (La Graufesenque, 1. Jh. u. Z.). **Lit.**
J. Whatmough, The Dialects of Ancient Gaul.
Cambridge, Mass. 1970. – G. Dottin, La langue
gauloise. Paris 1920. RO
Gallizismus ↗ Entlehnung aus dem Frz. Der erste
Entlehnungsschub fand bereits im MA unter dem
Einfluss des Rittertums und der höf. Kultur statt.
Aus dieser Phase stammen G. wie *Lanze* (frz. *lan-
ce*), *Abenteuer* (frz. *aventure*) sowie frz. Wortbildungsmorpheme, bspw. die ↗ Suffixe *-ei* (aus afrz.
-ie (mhd. *-îe*) und *-lei* (aus afrz. *leye, loie*, mhd.
-leie). Der zweite große Entlehnungsschub reichte
von den Mitte des 17. Jh. bis ins 18. Jh mit Begriffen aus der Mode, dem Militärwesen, der Ess-
kultur und des gesellschaftlichen Lebens, z.B. dt.
Massaker aus frz. *massacre*, dt. *Polemik* aus frz.
polémique. Eine jüngere Entlehnung (20. Jh.) ist
Pommes frites aus frz. *pommes frites* (frz. *pomme
de terre* ›Kartoffel‹, *frire* ›backen‹). Im ↗ österrei-
chischen Deutsch und in manchen Dialekten haben
sich deutlich mehr G. gehalten als im Standarddt.,
z.B. *Trottoir, Fauteuil*. **Lit.** B. Volland, Frz. Entlehnungen im Dt. Tübingen 1986. – R. Telling,
Französisches im dt. Wortschatz. Bln. ²1990. SO
Galloromania Unter G. versteht man jenen Teil der
roman. Welt, der auf vorröm. ↗ gallisch (↗ festlandkeltisch) besiedeltem Boden entstanden ist und somit kelt. Substrateinflüsse aufweist. Auf die Meer-
alpen bezogen spricht man von Gallia Cisalpina und
Gallia Transalpina. Im Sprachgebiet der Ersteren
liegen die galloital. Dialekte (↗ Piemontesisch,
↗ Ligurisch, Lombard., Emilian.) sowie das ↗ Ladinische (Alpenromanisch); zur Letzteren zählen
↗ Französisch, ↗ Okzitanisch und Frankoprovenzal.
Trotz der relativen Unterschiede wird diese Sprach-
gegend durch eine Reihe von weitgehenden Gemeinsamkeiten charakterisiert (etwa den Ausfall finaler Vokale außer [a], den Wandel von lat. [ū] >
[y]). **Lit.** C. Tagliavini, Le origini delle lingue neo-
latine. Bologna ⁶1972 (dt. Mchn. 1973). HU
Galluresisch ↗ Sardisch
Gammazismus ↗ Dyslalie
Gan ↗ Chinesisch
Ganda (Eigenbez. Luganda) ↗ Bantusprache im
südl. Uganda. Ca. 5 Mio. Sprecher, je etwa zur
Hälfte S1- und S2-Sprecher; Karte ↗ Afrikanische
Sprachen, im Anhang. Ende des 19. Jh. lat. basierte
Verschriftung. Verwendung in Radio, Presse, Pri-
marschulunterricht sowie zeitgenöss. Lit. (u.a. von
M. Msimbi, S. Kaddu, S. Mpalanyi). **Lit.** E. O.
Ashton u.a., A Luganda Grammar. Ldn. 1954. RE
Gänsefüßchen ↗ Anführungszeichen
Ganzheitsmethode (frz. méthode globale) Der
Streit um die beste Lese-Schreib-Lernmethode ist
so alt wie der ↗ muttersprachliche Unterricht. Schon
V. Ickelsamer (1500–ca. 1546) wandte sich in sei-

ner Leselehre »Die rechte weis auffs kürzist lesen
zu lernen« (1527) gegen Leselehrmethoden, die mit
dem Lernen der ↗ Buchstabennamen beginnen und
keinen Bezug zur Lautsprache herstellen (›Buchstabiermethode‹; ↗ Lesenlernen). Ging man in der Geschichte des ↗ Lesen- und ↗ Schreibenlernens zunächst den Weg vom (scheinbar) Einfachen zum
Komplizierten, von den einzelnen ↗ Buchstaben
und ihren Namen zu Silben und Wörtern (sehr viel
später erst von der Repräsentation von Lauten zu
deren Kombination in geschriebenen und gesprochenen Wörtern), so ging die G. von kurzen Texten
und Sätzen aus. Die Verfechter der G. begründeten
dies mit der spezif. kindl. Wahrnehmung, die zu
analyt.-synthet. Leistungen zunächst nicht in der
Lage sei. Die Auseinandersetzung um die G. ist
als »Methodenstreit« (seit 1923) in die Geschichte
des ↗ Lese-Schreibunterrichts eingegangen. Trotz
vielfältiger empir. Untersuchungen (auch im dt.
Sprachraum) konnte kein allgemeingültiger Bezug
zwischen der verwendeten Methode und dem Lese-
Schreib-Lernerfolg nachgewiesen werden (so entstand das Bonmot, die Schüler lernten *trotz* der
jeweiligen Methoden lesen und schreiben). Alle
neueren Lehrgänge zum Lesen und Schreiben verpflichten sich nicht mehr *einem* method. Konzept;
sie versuchen, die verschiedensten Aspekte zu mi-
schen. Die Frage, wie denn ein Kind tatsächl. lesen
lerne, wurde 1937 von B. Bosch erstmals wirklich
gestellt. Gerade auch im Hinblick auf den Rechtschreibunterricht war die Diskussion um die G.
bedeutsam; ↗ Grundwortschatz. GI, KL
Ganzwortmethode ↗ Lesenlernen
Gapping (engl. gap ›Lücke‹. Auch: Lückenbildung)
Im Rahmen der GG von J. R. Ross (1970) vorgeschlagene Bez. für die Vermeidung des wiederholten Auftretens desselben Verbs in koordinierten
Strukturen, z.B. *Peter kommt um 7, Fritz (kommt)
um 8 und Maria (kommt) erst später*. **Lit.** J. R. Ross,
G. and the Order of Constituents. In: M. Bierwisch
& K. E. Heidolph (eds.), Progress in Linguistics.
Den Haag 1970, 249–259. – A. Carrera Hernández,
G. as a Syntactic Dependency. Lingua 117/12, 2007,
2106–2133. – K. Hartmann, Right Node Raising
and G. Interface Conditions on Prosodic Deletion.
Amsterdam 2001. – K. Johnson (ed.), Topics in
Ellipsis. Cambridge 2008. – S. Repp, Negation in
G. Oxford 2009. F
Garamond f. **1.** (auch: Garmond, Korpus) Schrift-
grad von 10 p. **2.** Verbreitete Gruppe von ↗ Satz-
schriften, benannt nach dem frz. Stempelschneider
und Schriftgießer C. Garamond (ca. 1480–1561),
der an der Entwicklung und Perfektionierung
der Renaissance-Antiqua maßgebl. Anteil hatte;
↗ Didotsystem. G
Garden-path sentence ↗ Gartenpfad-Satz, ↗ Ambi-
guität
Garhvālī ↗ Indoarische Sprachen
Garmond ↗ Garamond

Gartenpfad-Satz (auch: Holzwegeffekt. Engl. garden-path sentence) Satz mit einer lexikal. oder strukturellen ↗ Ambiguität, die durch den Satzkontext zunächst zu der einen, später zu der anderen Lesart disambiguiert (↗ Disambiguierung) wird: z. B. *Der Fahrer trat auf die Bremse, weil sie ihn gestochen hatte.* G.-S. sind ein häufig verwendetes Testinstrument in psycholing. Untersuchungen zum Textverstehen.   RB

Gaskognisch ↗ Okzitanischer Dialekt zwischen Garonne, der bask. Sprachgrenze und den Pyrenäen. Das G. besitzt im okzitan. Raum die stärksten Eigentümlichkeiten, die häufig dazu geführt haben, es als eigene roman. Spr. zu klassifizieren. Seit dem 12. Jh. schriftl. belegt. Rege Kontakteinflüsse auf das und aus dem Baskischen, häufige Dreisprachigkeit (G., Frz., Baskisch). **Lit.** G. Rohlfs, Le Gascon. Tübingen 1970. – K. Baldinger, La position du gascon entre la Galloromania et l'Ibéroromania. RLR 22, 1958, 241–292.   HU

»Gastarbeiterdeutsch« Umgangssprachl. Bez. für die Varietäten des Dt., die sich bei den Arbeitsmigranten herausbildeten, welche seit den späten 1950er Jahren aus verschiedenen südeurop. und nordafrikan. Ländern nach Deutschland kamen. Der Begriff ›Gastarbeiter‹ ist ein problemat. Euphemismus und sachl. unzutreffend, weil er fakt. Einwanderung als reversiblen, vorübergehenden Zustand charakterisiert. Entsprechendes gilt für die Bez. ›G.‹ Die damit bezeichneten »gebrochenen« Varietäten des Dt. sind typ. Übergangsvarietäten im Prozess eines langfristigen kollektiven ↗ Sprachwechsels der Trägergruppen zum Dt. und keine ↗ Pidgins, wie in Unkenntnis der soziolog. Fakten oftmals fälschlich behauptet wurde. Sie sind charakterisiert durch Reduktionen von Strukturmustern (z. B. beim sog. »Gastarbeiterinfinitiv«; ↗ Ausländerregister), beschränkten Wortschatz, starken »Akzent«, einfache Satzmuster u. a. und sind sozial stigmatisiert (↗ Prestige). Die 1. Generation der Einwanderer, die ihre gesamte (auch sprachl.) Primärsozialisation in den Herkunftsländern erhalten hat, hat kaum organisierten Deutschunterricht genossen; sie ist die hauptsächl. soziale Basis dieser Varietäten. Die 2. und 3. Generation ist hingegen zum großen Teil in Deutschland aufgewachsen und (oft mehr schlecht als recht) mit dem Dt. als »zweiter Mutterspr.« sozialisiert worden; ↗ Deutsch als Zweitsprache. Ihre sprachl. Probleme sind entsprechend anders gelagert; ↗ doppelseitige Halbsprachigkeit, ↗ muttersprachlicher Unterricht (2).   G

Gating-Experiment Psycholing. Testverfahren, das Aufschluss über Mechanismen der auditiven Worterkennung gibt. Im G. E. werden »Gates« in die Items eingefügt, d. h. es werden Teile am Wortende abgetrennt (häufig Abschnitte von 25 ms Länge). In Testreihen werden die zunehmend vollständigeren Sequenzen präsentiert. Die Testpersonen signalisieren, nach welchem »Gate« das Zielwort gefunden

ist: am *Isolationspunkt*. G. E. bestätigen die Annahme, dass die kognitive Verarbeitung sprachl. Reize schon beginnt, bevor ein Wort vollständig akust. wahrgenommen wurde. Zudem zeigen sie, dass zunächst eine Vielzahl lexikal. Einheiten aktiviert wird, bevor das gesuchte Lexem isoliert ist (↗ Bottom-up-Prozess). Worterkennung bedeutet demnach Unterdrückung fehlaktivierter lexikal. Einheiten. G. E. offenbaren darüber hinaus, wie der Input beschaffen sein muss, um das gesuchte Wort zu isolieren: Vorerwähnung und hohe Wortfrequenz verlegen den Isolationspunkt nach vorne, ebenso die kontextuelle Einbettung des Items. Wortschließende Elemente wie flexionsmorpholog. Marker oder Wortbildungssuffixe werden hier redundant und folglich ignoriert; die Worterkennung beginnt nicht nur vor vollständiger Wahrnehmung, sie endet auch dort; ↗ Mentales Lexikon, ↗ Worterkennung, ↗ Wortüberlegenheitseffekt. **Lit.** F. Grosjean, Spoken Word Recognition Processes and the Gating Paradigm. Perception & Psychophysics, 28/4, 1980, 267–283. ES

Gattungsbezeichnung ↗ Appellativum
Gattungsname ↗ Appellativum
Gattungszahl Ausdrücke zur Bez. der Anzahl der Arten oder Gattungen, aus denen eine Menge besteht. Im Dt. werden die G. durch die Suffixe *-er -lei* aus den Kardinalzahlen zu indeklinablen Adjektiven abgeleitet, z. B. *einerlei, fünferlei.*   G

Gaumen (engl. palate, frz. palais) Der Gaumen bildet das Dach der Mundhöhle (↗ Mund) und trennt diese von der Nasenhöhle (↗ Nase). Vom Zahndamm ausgehend ist das vordere und mittlere Drittel des G. knöchern präformiert: *harter Gaumen* (lat. *palatum*). Er dient der ↗ Zunge als Widerlager und ist mit unverschieblich fixierter Mundschleimhaut überzogen. Nach hinten schließt sich der *weiche Gaumen*, auch *Gaumensegel* (lat. *velum palatinum*) genannt, an. Er hat ein kompliziertes muskuläres Gerüst aus Gaumenspanner (lat. *tensor*), Gaumenheber (lat. *levator*) und Zäpfchenmuskel (lat. *musculus uvulae*) und ist mit Mundschleimhaut bedeckt. In der Mittellinie trägt der weiche G. das abwärts gerichtete *Zäpfchen* (↗ Uvula). Die hintere seitl. Begrenzung der Mundhöhle bilden die hinteren Gaumenbögen. Der weiche G. bildet so die Rachenenge, den Übergang von der Mundhöhle zum Rachen (↗ Pharynx). Zwischen hinteren und vorderen Gaumenbögen haben beidseits die Gaumenmandeln (↗ Mandeln) ihren Sitz. Bei Kontraktion kann der weiche G. angehoben und gegen die dann vorgewölbte Rachenhinterwand (»Passavantscher Wulst«) gedrückt werden. So wird beim Schluckakt reflektor. der Nasenrachenraum vom Speiseweg getrennt, was ein Eindringen von Nahrung in die Nase verhindert. Auch beim Sprechen ist das Velum (in variablem lautabhängigem Maße) im Gegensatz zur Ruhelage angehoben, so dass (außer bei ↗ Nasalen) die Nasenhöhle gegenüber dem ⁊ Ansatzrohr abgeschlossen ist (velopharyngales Ventil). Im Ruhezustand ruht das Zäpfchen auf dem Zungengrund und gibt die Verbindung vom oberen (Nasopharynx) zum mittleren (Mesopharynx) Rachenraum für die Nasenatmung frei.   GL

Gaumenlaut ⁊ Palatallaut, ⁊ Gutturallaut

Gaumensegel ⁊ Velum

Gaumensegellaut ⁊ Velar

Gaumenspalte (griech.-lat. uranoschisis, engl. cleft palate, frz. fissure du palais) Angeborene Spaltbildung im Bereich des weichen und harten ⁊ Gaumens, die unbehandelt u. a. zu ⁊ Näseln führt und meist als komplette ⁊ Lippen-Kiefer-Gaumenspalte vorkommt.   GL

Gaunersprache ⁊ Rotwelsch

Gaunerzinken ⁊ Zinken

Gavião ⁊ Ge-Sprachen

GB ⁊ Rektions-Bindungs-Theorie

Gbaya ⁊ Ubangi-Sprachen

Gbe (auch: Ewe) ⁊ Kwa-Sprache mit ca. 6 Mio. Sprechern, die teilw. in G. alphabetisiert sind. Sprachgebiet: Südost-Ghana (2 Mio.), Süd-Togo (1,5 Mio., hier Status als Nationalspr.), Süd-Benin (2,5 Mio.) sowie äußerstes Südwest-Nigeria. Die fünf Hauptdialekte Vhe, Gen, Aja, Fon und Phla-Phera bestehen ihrerseits aus je 3–17 Varietäten. Gen (Togo) und Fon (Benin) werden oft auch als eigene Spr. angesehen, nicht zuletzt, weil die Bez. ›Ewe‹ als zu Ghana-zentriert von der Bevölkerung Benins für ihre eigene Varietät abgelehnt wird. Linguisten v. a. aus Benin setzen sich deshalb für die Verwendung der neutralen Bez. ›Gbe‹ für alle fünf Dialekte ein; Karte ⁊ Afrikanische Sprachen, im Anhang. – Mitte des 19. Jh. lat. basierte Verschriftung des G. auf Grundlage des Vhe-Dialekts Anlo. Das früheste schriftl. Dokument stammt jedoch aus der Mitte des 17. Jh. (›Doctrina Christiana‹).   RE

Ge ⁊ Ge-Sprachen

Gebärdensprache (auch: ⁊ Zeichensprache. Engl. sign language, frz. langue des signes) Über das Phänomen der Kommunikation mittels Gebärden durch ⁊ gehörlose Menschen wird schon in der Antike, z. B. in Platons Kratylos-Dialog, reflektiert. Die Erkenntnis, dass G. Sprachsysteme darstellen, die den Lautsprachen analog sind, entwickelte sich aber erst seit Mitte der 1960er Jahre. Aufgrund der Forschungen der letzten 40 Jahre – zunächst vor allem für American Sign Language (ASL), inzwischen aber auch für viele andere G., wie z. B. die deutsche Gebärdensprache (DGS) –, ist gesichert, dass G. die allgemeinen Definitionskriterien für Spr. aufweisen. Sie bestehen aus einem offenen, zeitl. und anzahlmäßig nicht begrenzten System arbiträr funktionierender Zeichen, die aus einem Satz für sich nicht bedeutungstragender Elemente – Handform, Handstellung, Ausführungsstelle und Bewegung – nach strukturellen Gesetzmäßigkeiten zusammengesetzt bedeutungsbezogene Einheiten bilden und nach grammat. Regeln zur Erzeugung von Äußerungseinheiten kombiniert werden; ⁊ Cherologie. Als visuell räumlich konstruierendes System sind bei G. Simultanität und Agglutination ungleich ausgeprägter als bei Lautsprachen. G. werden von ihren Benutzern zentral in Lautsprachen vergleichbarer Weise verarbeitet. Sie weisen die gleiche linkshemisphär. Dominanz für Spr. auf. Dies belegen neuro-psycholing. Untersuchungen bei erwachsenen Gehörlosen mit schweren Hirnverletzungen, nach denen trotz der visuell-konstruktiven Wahrnehmungs- und Darbietungsmodi von G., die basal rechtshemisphär. lokalisiert sind, Hirnverletzungen in der linken Hemisphäre zu Ausfällen in der gebärdensprachl. Wahrnehmung und Darbietung führten, während die visuell visomotor.-konstruktiven Leistungen unbeeinträchtigt blieben, rechtshemisphär. Schlaganfälle dagegen ein umgekehrtes Ergebnis erbrachten. G. entwickeln sich ontogenet. analog zum normalen ⁊ Spracherwerb. Dies gilt nicht nur für die Entwicklung von Lexikon und Syntax, sondern auch für die Aneignung elementarer Bildungsformen der Gebärdenzeichen wie etwa der Handformen. Der G. kommt eine besondere Bedeutung für die psych., soziale und kulturelle Identitätsfindung der Gehörlosen in der Gehörlosengemeinschaft zu, die sich in einer zunehmenden Anerkennung der nationalen G. äußert, so z. B. für die Bundesrepublik 2002 durch das Behindertengleichstellungsgesetz. International einklagbares Recht auf Anerkennung der G. wurde in der UN-Konvention über Rechte von Menschen mit Behinderungen, die die Bundesrepublik Deutschland Ende 2008 unterzeichnete, auch bezügl. entsprechender schul. Bildungsangebote festgeschrieben. In zweierlei Hinsicht unterscheiden sich allerdings Gebärden- von Lautsprachen: G. haben keine der Schriftsprache vergleichbare Fixierungsmodalität, wohl aber für pädagog. und/oder wiss. Zwecke einsetzbare Transkriptions- und Lernformen, wie insbes. die GebärdenSchrift nach Sutton. Von daher sind sie sowohl funktionell (Bedeutung der Schrift für die Tradierung von Wissen, Werten und Normen) als auch ling. (die Verfügbarkeit einer Laut- und/oder Schriftspr. ist notwendig, um sich in der Dominanz der hörenden Umwelt behaupten zu können) als alleiniges Kommunikations- und Repräsentationsmittel ungeeignet. Als Konsequenz führt das zu einer zweisprachigen Erziehung (⁊ Bilingualismus) gehörloser Kinder in Gebärden-, Schrift- und Lautspr. Nur eine kleine Gruppe gehörloser (und hörender) Kinder gehörloser Eltern hat jedoch die Chance, G. als S1 im sozialisationstheoret. Sinne zu erwerben. Dies impliziert erhebl. Konsequenzen für jedes G. einbeziehende Konzept, weil für gehörlose Kinder hörender Eltern ein zweisprachiger Sozialisationsrahmen sich nicht natürl. realisieren kann, sondern edukativ inszeniert und reflektiert werden muss. Zunächst in Skandinavien und später auch in der BRD gemachte Erfahrungen mit bilingualen

Bildungs- und Erziehungskonzepten haben sich entgegen der Meinung eines Teils der Hörgeschädigtenpädagogen und Mediziner als sehr erfolgreich für die Gruppe der – trotz früher Diagnose und hoch entwickelter elektroakust. Hilfen wie dem ↗ CI – auditiv nicht oder nur unzulängl. erreichbaren gehörlosen Kinder erwiesen. Als wichtig für die gesellschaftl. Akzeptanz der G. erwies sich ihre Anerkennung als ↗ Minderheitensprache (↗ Amtssprache), wie sie mittlerweile in vielen Ländern vollzogen wurde, so auch in der BRD durch das Bundesgleichstellungsgesetz (2001). Neben den Gehörlosen haben auch andere Gruppen (z. B. die Zisterziensermönche zur Umgehung des Schweigegebots (Mönchsgebärden) oder einige Indianervölker (Indian Sign Languages; ↗ Zeichensprache) Gebärden entwickelt, allerdings beschränkt auf bestimmte Mitteilungszwecke und nicht als primäres Kommunikationssystem. Von den G. zu unterscheiden sind lautsprachbegleitende Gebärden (LBG – engl. simultaneous communication; SL). Sie stellen ein Mischsystem dar, das das lexikal. Inventar einer G. entnimmt, es aber den syntakt. Strukturen der lautsprachl. Äußerung anpasst. Primärer Zweck von LBG ist die Erleichterung der Wahrnehmung von Äußerungen in lautsprachl. Kommunikationsprozessen, indem parallel zu den geäußerten Worteinheiten entsprechende Gebärden dargeboten werden, weshalb sie auch von Schwerhörigen und Ertaubten gegenüber der G. bevorzugt werden. **Lit.** P. Kaufmann (Hg.), Bericht über das LBG-Projekt Zürich. Heidelberg 1995. – Ch. Chamberlaine, J. P. Morford & R. I. Mayberry (eds.), Language Acquisition by Eye. Mahwah NJ., Ldn. 2000. – K. Emmorey, Language, Cognition and the Brain: Insights from Sign Language Research. Hillsdale NJ., 2001. – K.-B. Günther & I. Schäfke, Bilinguale Erziehung als Förderkonzept: Abschlussbericht zum Hamburger Bilingualen Schulversuch. Hamburg 2004. – R. Wilburg, After 40 Years of Sign Language Research. What Do we Know? In: S. Bradrić-Jončić & V. Ivasović (eds.), Sign Language, Deaf Culture & Bilingual Education (Congress Report). Zagreb 2004, 9–30.   GT

Gebersprache ↗ Ausgangssprache 3.
Gebrauchsbedingung ↗ Gebrauchsregel
Gebrauchsregel 1. ↗ Gebrauchstheorie der Bedeutung. **2.** I. e. S. Regel für den kontextuell adäquaten Gebrauch von Lexemen. In erster Linie ist dabei an konnotative Situationsadäquanz zu denken (↗ Konnotation), z. B. hinsichtl. der Synonyme von *Ehefrau: Frau Gemahlin* ⟨schriftl. offiziell⟩, **meine/ ?deine/Ihre Gattin* ⟨höfl. distanziert⟩, *meine/deine/ Ihre Frau* ⟨vertraut⟩, *mein/?dein/*Ihr Weib* ⟨scherzhaft⟩, *Alte/Olle* ⟨scherzhaft?, abwertend⟩.   RB
Gebrauchstheorie der Bedeutung (engl. use theory of meaning) In den ›Philosoph. Untersuchungen‹ kritisiert L. Wittgenstein die Sprachtheorie seines eigenen Frühwerks ›Tractatus logico-philosophicus‹

und damit zugleich die referentiellen und konzeptuellen Bedeutungstheorien der philosoph. Tradition. Auffassungen, die die Wortbedeutung naiv mit dem bezeichneten Gegenstand oder aber mit einem ›Gedanken‹, einer Vorstellung o. ä. (↗ Semiotisches Dreieck) identifizieren, greifen nach Wittgenstein zu kurz; denn einerseits sind sie auf manche »Wortarten« (1) (z. B. Deiktika, Numeralia, Interjektionen) schwer anwendbar, andererseits werden auch Subst., Vbb. und Adj. nicht immer zu dem Zweck gebraucht, eine »Taste auf dem Vorstellungsklavier« (6) anzuschlagen. Wittgenstein versucht, den »Nebel«, mit dem ein praxisferner »allgemeiner Begriff der Bedeutung« das »Funktionieren der Spr.« (5) umgeben hat, dadurch zu zerstreuen, dass er unterschiedl. Verwendungen verschiedener Wortarten in einer Vielzahl einfacher ↗ Sprachspiele vorführt und den Leser dazu anregt, sich die unterschiedl. semant. Funktionen im Rahmen der sich in den Sprachspielen manifestierenden »Lebensformen« (19) vorzustellen (z. B. den Ruf *Platte!* eines Maurerpoliers zum Lehrling auf dem Bau). Es versteht sich, dass Spiele nach Regeln gespielt werden; wenn Wittgenstein seine Theorie in dem (»für eine große Klasse von Fällen« geltenden) Diktum zusammenfasst: »Die Bedeutung eines Wortes ist sein Gebrauch in der Sprache« (43), so ist er dabei keineswegs ein extremer Kontextualist: Die Sprechenden »beherrschen eine Technik«, indem sie »einer Regel folgen«, die eine institutionelle »Gepflogenheit« ist (198 ff.). Wittgenstein wird nicht müde, auf die Verschiedenheit der Regeln des Wortgebrauchs, denen zu folgen eine erlernte und ggf. »blind« befolgte Praxis ist (202, 219), hinzuweisen, aber auch zu betonen, dass die Sprachspiele »nicht überall von Regeln begrenzt« (68) sind und dass wir sie oft »abändern – as we go along« (83). Systemat. zu spezifizieren, was man sich unter den Regeln im Einzelnen vorzustellen habe, gehört allerdings nicht zu Wittgensteins Sprachspielen in den »Untersuchungen«; er »zerstreut Nebel« vor der Vielfalt der Sprachwirklichkeit, die nach Erklärung verlangt, – und wurde eben damit zum bedeutenden Anreger der ›pragmat. Wende‹ in Philosophie (↗ Philosophie der normalen Sprache) und Ling. Seine Denkanstöße führten u. a. zur Ausarbeitung von Theorien des sprachl. Handelns (↗ Sprechakt, ↗ Sprechhandlung, ↗ Dialog), der ↗ Eigennamen und der ↗ Deixis und zwangen zum Umdenken hinsichtl. der Wortbedeutungen, die nun nicht mehr als starre, im Gebrauch ledigl. zu ›disambiguierende‹ Inhaltsstrukturen gedacht werden können. Was jedoch konkret an die Stelle tritt, bleibt im Wittgensteinschen Denkansatz offen; so auch in der »Prakt. Semantik« von H. J. Heringer, in der der Leser nicht erfährt, welche Eigenschaften der lexikal. Gebrauchsregeln es u. a. gestatten, bei einer erstmalig-kreativen Anwendung mühelos zwischen witziger Metaphorik, z. B. in der Schlagzeile *Der*

Fernseher: eine Seifenkiste?, und schlichtem Blödsinn (*Die Büroklammer: eine Seifenkiste*) zu unterscheiden. Zahlreiche krit. Einwände gegen die G. d. B. werden diskutiert bei F. v. Kutschera. **Lit.** L. Wittgenstein, PU. – F. v. Kutschera, Sprachphilosophie. Mchn. ²1975. – A. Kenny, Wittgenstein. Ffm. ⁴1989. – H. J. Heringer, Prakt. Semantik. Stgt. 1974. – W. Stegmüller, Hauptströmungen der Gegenwartsphilosophie. Bd. I. Stgt. ⁷1989. – G. Preyer, Bedeutung und Gebrauch. Ffm. 1989. – J. R. Taylor, How many Meanings does a Word Have? Duisburg 1992. – Th. Gloning, Bedeutung, Gebrauch und sprachl. Handlung. Tübingen 1996. – H. J. Heringer, Das höchste der Gefühle. Empir. Studien zur distributiven Semantik. Tübingen 1999. RB

Gebrochener Plural (auch: innerer Plural) Lehnübersetzung des arab. grammat. Terminus für Pluralformen, die nicht durch Suffixe, sondern durch Vokalwechsel gekennzeichnet sind; ↗ Wurzelflexion. Das System der g. P. ist v. a. im ↗ Südwestsemitischen reich entwickelt. Der g. P. mit *a* nach dem 2. Kons. ist den ↗ afroasiatischen Sprachen gemeinsam, z. B. arab. *ǧumlat* ›Satz‹, *ǧumal* ›Sätze‹. WI

Gebundene Rede ↗ Indirekte Rede

Gebundenes Morphem ↗ Morphem

Geburtsname ↗ Familienname

Gedächtnis (engl. memory) Allg. Fähigkeit, ›gehabte‹ Erfahrungselemente bei Bedarf zu reaktualisieren, sowie Name der Instanz, der diese Fähigkeit zugeschrieben wird. Nach der communis opinio setzt das G. eine Form des Speicherns und des Zugriffs auf gespeicherte Erfahrungselemente voraus. Meist wird (wenigstens) zwischen Kurzzeit-G. und Langzeit-G. unterschieden. Meist wird aber umgangssprachl. G. mit der (spezif. menschl.) willkürl. Fähigkeit gleichgesetzt, Situationen, Ereignisse, Episoden bei Bedarf wieder abzurufen. Einen anderen, noch wenig erforschten Typ von G. involviert unsere Fähigkeit, ein Inventar von mehreren 10 000 Einheiten (und eine große Zahl von vielfach rekursiven Konstruktionsmustern) mühelos und entlastet zu verwenden, ohne dass uns das als erstaunl. G.leistung überhaupt bewusst wird (↗ mentales Lexikon). Über das Behalten von Sätzen weiß man, dass deren semant.-sinnhafte Integration die Erinnerbarkeit verbessert und dass der Wortlaut rasch verblasst, während die sinnhafte Information recht lang verfügbar bleiben kann. Offenbar geht das Erinnern einer mit der aktiven Verbindung der Information mit bereits vorhandenem Wissen. Auch das ›Verpacken‹ von Information in Blöcke von maximal 6–7 Elementen (engl. *chunking*) fördert die Verfügbarkeit von gespeichertem Material. Unklar und fließend sind die Grenzen dessen, was man als G. bezeichnet. Im Grunde ist jedes Wiedererkennen eine G.leistung. Für die willkürl. Reproduktion von G.inhalten im engeren Sinne spielt Spr. eine wichtige Rolle, insofern nämlich von den jederzeit mühelos verfügbaren Wörtern her mit diesen verbun-

dene Erinnerungsinhalte reaktiviert werden können. Im Einzelnen ist der Zusammenhang von Spr. und G. noch unzureichend erforscht. KN

Gedankenstrich (auch: Halbgeviertstrich. Engl. dash, frz. tiret) Mittel der ↗ Interpunktion zur graph. Markierung von ↗ Parenthesen, ↗ freien Angaben, ↗ Anakoluthen und Satzabbrüchen; in Zitaten zur Andeutung von Sprechpausen. G

Ge'ez Älteste überlieferte ↗ äthiosemitische Sprache. Südarab. Einwanderer kamen vermutl. im 1. Jt. v. Chr. nach Äthiopien. Die ältesten Inschriften sind noch in der Konsonantenschrift des ↗ Südarabischen geschrieben, aus der sich im 3.–4. Jh. n. Chr. eine rechtsläufige ↗ Alphabetschrift entwickelte, deren Schriftzeichen zu ↗ Syllabogrammen zusammengesetzt erscheinen. Die 7 Vokale werden durch Modifikationen der 33 Konsonantenzeichen wiedergegeben. Es wird jedoch nicht zwischen folgendem Vokal /ə/ oder Vokallosigkeit unterschieden. Auch Konsonantenverdopplung wird nicht bezeichnet. Die G.-Schrift (altabessinische Schrift) wurde auch für andere äthiosemit. und ↗ kuschitische Sprachen in Äthiopien übernommen. – G. wurde seit dem 9.–10. Jh. n. Chr. nicht mehr gesprochen, erreichte aber vom 13. Jh. an eine neue Blüte als Spr. der religiösen Lit. Mit dem 19. Jh. beginnt sein Verfall; es wird jedoch bis heute als Kirchensprache verwendet. Einige (apokryphe) Bücher der Bibel sind nur im G. erhalten. WI

Geflügelte Worte (Übertragung von griech. ἔπεα πτερόεντα (epea pteroenta). Engl. stock quotations). Der Begriff wurde von den Homerübersetzern F. L. Graf zu Stolberg und J. H. Voß geprägt, die das 55mal in der ›Ilias‹ und 59mal in der »Odyssee« vorkommende ἔπεα πτερόεντα ›die vom Munde des Redners zum Ohr des Angesprochenen fliegenden Worte‹ mit g. W. übersetzten. Populär wurde die Bezeichnung durch G. Büchmanns Sammlung »G. W. Der Citatenschatz des dt. Volkes« (1864) i. S. von allgemein bekannten und festen Redewendungen, deren Herkunft Büchmann durch i. d. R. autorenbezogene Quellennachweise belegt hat, z. B. *Der Rest ist Schweigen*, Übersetzung von *The rest is silence* (Shakespeare, Hamlet V, 2.). Im Unterschied zum ↗ Sprichwort und zur sprichwörtl. Redensart ist die syntakt. Struktur für die Definition nicht wichtig, sondern allein der Quellennachweis. Aus g. W. kann ein ↗ Phraseologismus entstehen, z. B. *ein weites Feld* (nach Fontane, Effi Briest), *der rote Faden* (nach Goethe, Wahlverwandtschaften). VS

Gefühlswert K. O. Erdmann (1910) bezeichnet als G. (oder »Stimmungsgehalt«) den emotiv-wertenden Teil der nicht-begriffl. Lexembedeutung; er denkt dabei an »alle reaktiven Gefühle oder Stimmungen, die [das Wort in uns] erzeugt«. Der als »mehr oder minder interindividuell« gedachte G. beruht nach Erdmann teils auf dem »Wesen des Begriffs« (*Vaterland, Mord, Kuß, Folter, Revo-*

lution), teils auf einer »subjektiven Beurteilung«, die »mit den objektiven Merkmalen des begriffl. Inhalts nichts zu tun hat« (*betrügen – beschummeln, betrunken – benebelt – besoffen*) und zahllose »Schattierungen und Abarten an Billigung und Missbilligung, Zuneigung und Abneigung, Wert- und Geringschätzung« erlaubt. Derartige synonymdifferenzierende Unterschiede des G. gehen oft einher mit unterschiedl. (z. B. humorist., anstößigem etc.) ↗ Nebensinn, wie Erdmann an vielen Beispielen zeigt; ↗ Konnotation (2b, d–f). **Lit.** ↗ Konnotation. RB

Gegenfrage ↗ Echofrage

Gegensatz ↗ Opposition, ↗ Antonym

Gegensatzwort ↗ Antonym

Gegenseitige Verständlichkeit (auch: Interkomprehenz. Engl. mutual intelligibility) Für die prakt. Unterscheidung zwischen ↗ Einzelsprachen und das kollektive ↗ Sprachbewusstsein einer ↗ Sprachgemeinschaft bedeutsame, method. kontrolliert jedoch kaum messbare und deshalb problemat. Bez. für den Sachverhalt, dass Kommunikationspartner der Meinung sind, sie sprächen dieselbe Spr. Besonders in der ↗ Soziolinguistik hat man sich mit wechselnden Argumenten bemüht, g. V. als Parameter in die Forschung über ↗ Sprachkontakt und ↗ Sprachwechsel einzuführen; ↗ Thümmelsches Paradoxon. G

Gegensinniges Wort ↗ Antonym

Gegenstandsschrift ↗ Begriffsschrift

Gegenstandswort ↗ Substantiv

»Gegensubjekt« ↗ Objekt

Gegenwart Umgangssprachl. ein – nicht exakt definierter – Teil der physikal., objektiven ↗ Zeit oder auch die Bezeichnung einer Epoche (Kunst, Literatur, Malerei) und damit im übertragenen Sinne gebraucht. Komplementäre Begriffe sind die ↗ Vergangenheit und die ↗ Zukunft. In der Sprachwiss. eine (veraltete) Bezeichnung für ↗ Präsens, die grundlegende und wenig spezif. Zeitstufe im Tempussystem des Verbs. KE

Gegenwort ↗ Antonym

Gegisch ↗ Albanisch

Geheimschrift (auch: Steganographie) Vom ↗ Schriftsystem einer ↗ Schriftgemeinschaft unterschiedenes, dieser unverständl. Schriftsystem zum Schreiben derselben Spr. G. beruhen auf freien Erfindungen, auf Kodes (z. B. Zifferkombinationen statt Buchstabenfolgen) oder darauf, dass ein existierendes, aber allgemein unbekanntes System verwendet wird (z. B. war in Russland im 18. Jh. die perm. Schrift als G. beliebt). Unter G. werden aber auch Verfahren verstanden, Geschriebenes unlesbar zu machen, z. B. durch unsichtbare Tinten. Die Geschichte der G. reicht in die Antike zurück und ist eng verknüpft mit der Diplomatie, der Spionage und dem Verbrechen bzw. ihrer Bekämpfung. Die Forschung über G. (Kryptographie, Kryptologie) wird v. a. von Mathematikern betrieben, seit die sog.

asymmetr. Chiffrierverfahren entdeckt wurden (ca. 1975). Die *Internat. Association for Cryptologic Research* (IACR) organisiert die Forschung über G., die teilweise der Geheimhaltung unterliegt (Zs.: Cryptologia). Anwendung findet die Kryptographie v. a. beim Militär und den Sicherheitsorganen, im sog. electronic government, im elektronischen Handel und im Datenschutz. **Lit.** J. Buchmann, Einf. in die Kryptologie. Bln., Heidelberg, N. Y. 2001. – M. Briand, Les écritures secrètes. Rennes 2009. – R. Kippenhahn, Verschlüsselte Botschaften. Die G. des Julius Caesar, G.en im I. und II. Weltkrieg, das Codebuch des Papstes, Enigma. Hamburg [4]2006. – P. Lunde, The Book of Codes. Understanding the World of Hidden Messages. Berkeley 2009. – S. Singh, Geheime Botschaften. Die Kunst der Verschlüsselung von der Antike bis in die Zeiten des Internet. München [9]2010. G

Geheimsprache (engl. secret language, frz. langage secret) ↗ Sondersprache, die dadurch charakterisiert ist, dass ihrer nicht Kundige keine Verstehensmöglichkeit haben. G. beruhen i. d. R. auf spezif. Wortschätzen und haben vielfach gruppenkonstituierende Funktion, z. B. im ↗ Rotwelschen. Die Funktion einer G. kann auch von einer natürl. Spr. wahrgenommen werden, wenn eine Spr. B in einer Gruppe verwendet wird, die bis auf die Benutzer von B in einer Spr. A einsprachig ist und ↗ gegenseitige Verständlichkeit von B und A nicht gegeben ist (z. B. Norweg. in einem normalen germanist. Proseminar), aber auch von ↗ Fachsprachen, etwa bei der Kommunikation zwischen Krankenhausärzten bei Visiten. G

Gehemmt (engl. checked) In PSA akust. durch höhere Energieentladung innerhalb eines kurzen Zeitraumes bzw. artikulator. durch Zusammenpressen der Glottis definiertes binäres phonolog. distinktives Merkmal (in moderneren Merkmalssystemen ersetzt durch das privative laryngale Merkmal ›constricted glottis‹); Ggs. ungehemmt (engl. unchecked). PM

Gehirn (griech. ἐγκέφαλος (enkefalos), lat. cerebrum, engl. brain, frz. cerveau) Steuerorgan des Nervensystems. Regelt, steuert und koordiniert Vitalfunktionen (z. B. ↗ Atmung), Bewegung, Gleichgewicht, Funktionszustände der inneren Organe u. a. Das G. verarbeitet die Informationen der Sinnesorgane und initiiert Reaktionen des Individuums. Im Großhirn vollzieht sich schießl. die Kommunikation mit der Außenwelt, wird Spr. rezipiert und produziert, es ist Sitz von ↗ Bewusstsein, Intellekt und ↗ Gedächtnis. Volumen und Spezialisierung des Großhirns nahm in der Phylogenese (griech. ›Stammesentwicklung‹) des Menschen im Vergleich zu anderen Säugetierspezies erheblich zu. Phylogenet. ältere (niedere) G.systeme wie das Riechhirn verloren dagegen an Bedeutung. – Das G. bildet zusammen mit dem Rückenmark das zentrale Nervensystem, ZNS. Es gliedert sich (von unten nach oben) in verlängertes Mark (lat. *medulla oblongāta*), Brücke (lat. *pōns*), Mittelhirn (griech. *mesencephalon*), Kleinhirn (lat. *cerebrellum*), Zwischenhirn (griech. *diencephalon*) und letztlich Großhirn (lat. *cerebrum*). Erstere drei G.teile werden auch als Stammhirn zusammengefasst. Das Großhirn teilt sich symmetrisch in zwei Hälften (↗ Hemisphären), die über den Balken (lat. *corpus callosum*) verbunden sind. Das G liegt in der Schädelhöhle und schwimmt, von einer Hülle aus harter Hirnhaut (lat. *dūra māter*) umgeben, in Nervenwasser (lat. *liquor cerebrospīnālis*). An der Unterseite treten die ↗ Hirnnerven aus dem G., das Rückenmark schließt sich an das Stammhirn unterhalb des Hinterhauptloches der Schädelbasis im Wirbelkanal an. – Im feingewebl. Aufbau unterscheidet man Nervenzellen (lat. *neurōnēs*), graue Substanz, einerseits von Nervenfasern und Stützgewebe (lat. *glia*), weiße Substanz, andererseits. Nervenzellen sind rundl. Gebilde mit zahlreichen »Auswüchsen« (lat. *dentrites*) zur Aufnahme von Signalen und einer (mitunter meterlangen) Nervenfaser (lat. *axon*) zum Weitertransport von Erregungen. Die graue Substanz sitzt in der Rinde (lat. *cortex*) von Groß- und Kleinhirn sowie in Ganglien und Kernen, meist rundl. Ansammlungen innerhalb der weißen Substanz. Im Gehirn des Menschen befinden sich rund 100 Mrd. Nervenzellen. Diese sind schon bei der Geburt angelegt. Im Laufe der weiteren Entwicklung werden rund 100 Bill. Verbindungen zwischen den Zellen geschaffen. Die Erregungsleitung von Zelle zu Zelle erfolgt elektr. über die Axone und chem. mittels Überträgerstoffen (Neurotransmitter), die von der Axonendigung in den Extrazellulärspalt abgegeben und vom Zielneuron aufgenommen werden. – Die klass. neurolog. Hirnforschung bezog ihre Erkenntnisse aus dem Studium von Symptomen, die bei Verletzung bestimmter Hirnregionen regelhaft auftreten. So führt eine Verletzung des ↗ Brocaschen Zentrums zu einer Sprachstörung bei unversehrtem Sprachverstehen (motor. ↗ Aphasie), eine Läsion im ↗ Wernickeschen Feld zu einer tiefgreifenden Störung des Sprachverständnisses (sensor. Aphasie). Selbst ausgedehnte Zerstörungen im Stirnlappen des Großhirns führen zu keinem Verlust intellektueller Fähigkeiten, jedoch zu einer Störung von Sozialverhalten und Persönlichkeit. Nach einem Ausfall des Großhirns bei erhaltener Stammhirnfunktion bleiben die biolog. Regelmechanismen zur Gewährleistung der Vitalfunktionen erhalten, das Bewusstsein jedoch ist irreversibel verloren (apallisches Syndrom). Die moderne Gehirnforschung arbeitet auf molekularer Ebene mit vornehml. biochem., immunolog. und elektronenmikroskop. Methoden. Ziel ist die Erforschung der stofflichen Grundlagen (z. B. Transmitter) von Hirnfunktionen und deren Abweichung bei krankhaften Zuständen. – Wie Spr. auf kortikaler Ebene produziert wird, ist nur bruchstückhaft bekannt. Die vorliegenden Erkenntnisse deuten darauf hin, dass jeweils viele Rindenfelder, die über unzählige Assoziationsfasern verknüpft sind, zur Initiierung von sprachl. Äußerungen aktiv sein müssen. Das ↗ Brocasche und ↗ Wernickesche ↗ Sprachzentrum sowie das motor. Rindenareal im *Gȳrus praecentrālis* (Hirnwindung im Frontallappen vor der zentralen Furche) sind dabei wichtige, weil in Funktion definierte und anatom. lokalisierbare Strukturen. Spr. entsteht jedoch nur in Zusammenhang mit anderen funktionellen Systemen (Sinneseindrücke, Gefühle, Gedächtnis etc.). **Lit.** R. F. Schmidt et al., Erster Teil. Nervensystem. In: R. F. Schmidt & G. Thews (Hgg.), Physiologie des Menschen. Bln., Heidelberg, N. Y. [23]1987, 1–190.　　　　GL

Gehör ↗ Ohr

Gehörlosigkeit (alte dt. Bez. Taubstummheit. Engl. deafness, frz. sourd muet) Bez. für so massive ↗ kongenital ↗ prälinguale ↗ Hörschädigung, dass eine auditive Wahrnehmung und Identifikation lautsprachl. Äußerungen auch unter Einsatz von Hörhilfen nicht möglich ist mit entsprechenden Folgen für den Erwerb des Sprechens und der Verbalsprache. Unter den heutigen Bedingungen pränataler Vorsorgemaßnahmen, Früherkennung, Hörgeräteeinsatz und Therapie liegt der Anteil Gehörloser an der Gesamtbevölkerung etwa bei 0,1 %. Mit Gehörlosigkeit ist der Nerv des selbstverständlich auf lautsprachl. kommunikativen und kognitiven Akten beruhenden menschl. Zusammenlebens getroffen. Bis an die Schwelle der Neuzeit verstand die hörende Gesellschaft Taubstumme als unbildsame Idioten. Wie sehr dies common sense-Meinung aller Schichten war, zeigt die Bedeutungsgeschichte von *taub* und *stumm*, die beide etymolog. – wie schon ihre altgriech. Entsprechungen – mit *dumm, schwachsinnig* und *sprachlos* zusammenhängen. Erst gegen Ende des 18. Jh. setzte sich die Auffassung von ihrer Bildungsfähigkeit durch, indem man einerseits die von den Gehörlosen selbst kommenden ↗ Gebärden(-Sprachen) als alternatives, auf Gestik und Mimik basierendes Kommunikationssystem und andererseits die Möglichkeit der Sprachentwicklung durch die Nutzung des Ablesens, manueller Hilfsysteme und der Vibrationsempfindungen in systemat. pädagog. Anleitung erkannte. Dies führte zu einer schnellen Ausbreitung von speziellen Taubstummenanstalten, die von Beginn der institutionalisierten Taubstummen-Pädagogik an den Streit um die richtige Methode (manual vs. oral) implizierten. Die manual orientierten Methoden streben keineswegs nur die Entwicklung der ↗ Gebärdensprache an, sondern verstehen sie als Basis einer Sprachkompetenz, auf der sich die Schriftsprache, wenn möglich auch die Lautsprache, entfalten. Die Problematik der oralen Methoden war von Anfang an, dass durch die fehlende auditive Wahrnehmung und Rückkopplung die lautsprachl. Rezeption und das Sprechen künstlich durch i. d. R. vom Einzellaut ausgehende systemat. und langwierige Artikulationsübungen aufgebaut werden mussten. Das Ablesen ist ein wesentl. Hilfsmittel für die Sprachwahrnehmung Hörgeschädigter, bildet aber unter idealen Bedingungen nur etwa ein Drittel der auditiven Informationen ab, deren Nutzung um so besser ist, je mehr Sprachkompetenz der Ablesende bereits besitzt. Durch Beschluss einer internat. Taubstummenlehrerkonferenz 1880 in Mailand setzten sich mit wenigen Ausnahmen weltweit die oral bestimmten Methoden als maßgebend für die Unterrichtung Gehörloser durch. Dennoch wurden die Taubstummenanstalten mit ihren Internaten zum Kristallisationspunkt für die Herausbildung nat. Gebärdensprachen, denn außerhalb des Unterrichtes waren diese das primäre Kommunikationsmittel der Gehörlosen untereinander. Die aus der Behinderung entstandene Gebärdenspr. ist auch wesentl. Grundlage für die Herausbildung der Gehörlosengemeinschaft. Diese Gemeinschaft ist unter den sozialen Gesellungsformen der Menschen einzigartig. Sie gründet sich ganz wesentlich auf das durch die Behinderung erzwungene Wunder der Schöpfung einer eigenen Sprache als der artbestimmenden spezif. menschl. Fähigkeit, durch die auch gehörlosen Menschen die Möglichkeit zur entlasteten anspannungsfreien Kommunikation ebenso gegeben ist wie der kognitive Informationsaustausch auf jedem denkbaren Niveau. Die »Entdeckung der ↗ Gebärdensprache(n)« führte nahezu weltweit zu einem Selbstbewusstseins- und Emanzipationsprozess der Gehörlosen. Im Widerspruch dazu führten Fortschritte in der medizin. Frühdiagnostik und Technik (verbesserte Hörgeräte und das ↗ Cochlea-Implantat) zur funktionalen Evozierung von zuvor nicht erreichbaren auditiven Sprachwahrnehmungsmöglichkeiten, die jedoch nur bei einem Teil der gehörlosen Kinder in eine angemessene lautsprachl. Entwicklung mündet. Für diese nicht oder nur unzureichend erreichbaren gehörlosen Kinder wurden seit den achtziger Jahren ↗ bilinguale Erziehungskonzepte erprobt und setzen sich langsam auch in Deutschland durch. **Lit.** H. Lane, Mit der Seele hören. Die Lebensgeschichte des Taubstummen Laurent Clerc und sein Kampf um die Anerkennung der Gebärdensprache. Mchn. 1990. – O. Sacks, Stumme Stimmen. Reise in die Welt der Gehörlosen. Reinbek 1990. – P. Ladd, Understandig Deaf Culture. In Search of Deafhood. Clevedon 2003. – K.-B. Günther, Gehörlosigkeit und Schwerhörigkeit. In: J. Borchert (Hg.), Hdb. der Sonderpädagog. Psychologie. Göttingen u. a. 2000, 114 – 125. – K.-B. Günther, Interventionen bei behinderungsspezif. Problemen: Gehörlosigkeit und Schwerhörigkeit. In: J. Borchert (Hg.), Hdb. der Sonderpädagog. Psychologie. Göttingen u. a. 2000, 948 – 964. – K.-B. Günther & I. Schäfke, Bilinguale Erziehung als Förderkonzept: Abschlussbericht zum Hamburger Bilingualen Schulversuch. Hamburg 2004. **GT**

Gelegenheitsbildung (auch: ad hoc-Bildung, Augenblicksbildung, Okkasionalismus, okkasionelle Bildung; Ggs. usuelle Bildung) Bez. für Wortbildungsprodukte, die ohne Wissen um den Kontext ihrer Entstehung nicht transparent sind, z. B. *Erdbeergruppe* ›diejenigen Schüler, die das Erdbeerbeet säubern sollen‹. G. unterscheiden sich damit von ↗ Neologismen, deren Bildung Resultat eines über den Einzelfall hinausgehenden Benennungsbedarfs ist, durch Transparenz auch ohne Kontext und folglich durch ausbleibende lexikograph. Erfassung. Festlegungen auf einen G.-spezif. Wortbildungstyp bestehen nicht, Komposita nach dem Muster [N+N] sind nach Hohenhaus (1996, 71) zumindest im Engl. das produktivste Muster; Peschel (2002) diskutiert eine Vielzahl von G. aus den Bereichen, in denen sie vornehml. entstehen: Presse und Literatur. **Lit.** P. Hohenhaus, Ad-hoc-Wortbildung. Ffm. 1996 – C. Peschel, Zum Zusammenhang von Wortneubildung und Textkonstitution. Tübingen 2002. **ES**

Gelenk ↗ Silbengelenk

Geltungsbereich ↗ Skopus

Gemäßigte Kleinschreibung Dieser Ausdruck verbindet sich mit der dt. ↗ Orthographiereform, speziell mit den sog. Wiesbadener Empfehlungen (1958). Man versteht darunter den Vorschlag, im Dt. – wie in allen anderen europ. Spr. – Substantive und Substantivierungen nicht mehr mit großem Anfangsbuchstaben zu schreiben. Diese Kleinschreibung wird von den Vorschlagenden deshalb als gemäßigt bezeichnet, weil weiterhin der Satzanfang, Eigennamen, Titel, Überschriften und die höfliche Anrede *Sie* groß geschrieben werden sollen. Sie führen v. a. die schwere Erlern- und Handhabbarkeit der geltenden Regeln für die Groß- und Kleinschreibung ins Feld (dokumentiert durch die Fehlerstatistiken). Die Gegner verweisen auf die lange Großschreibtradition und den opt. Vorteil für die Lesenden. **Lit.** W. Mentrup, Die gemäßigte Kleinschreibung. Mannheim 1979. – D. Nerius, Untersuchungen zu einer Reform der dt. Orthographie. Bln. 1975. **AT**

Gemeine f. (engl. lower case (letter), small letter) Kleinbuchstabe in ↗ Satzschriften; Ggs. ↗ Versal. **G**

Gemeines Deutsch (auch: die gemeine Teutsch) Der erstmals 1384 belegte Ausdruck wird für das ↗ Frühneuhochdeutsche in zweifacher Weise verwendet: (a) als Bez. für eine – im Gegensatz zu einer ehter. ausgefeilten – schlichte und allgemein verständl. Sprachform, (b) speziell als Bez. für die im Südosten des dt. Sprachgebietes entwickelte, auf oberdt. Grundlage beruhende frühnhd. ↗ Geschäfts- und ↗ Verkehrssprache, die besonders durch den Einfluss der habsburgischen Kanzlei in Wien geprägt wurde, wichtige Städte wie Augsburg, Nürnberg und Regensburg erfasste, auch unter Beeinflussung der dortigen Druckereien, und ferner über den südtt. Raum hinweg in die mdt. Osten strahlte; ↗ Kanzleisprache. **Lit.** ↗ Frühneuhochdeutsch. **MO**

Gemeingermanisch ⁊ Urgermanisch

Gemeinsames Geschlecht ⁊ Genus commune

Gemeinschaftskasus (auch: Einheitskasus) In Fällen, in denen im Dt. Substantive keine erkennbare Kasusform aufweisen, also nicht erkennbar regiert (⁊ Rektion) sind, wird mitunter von G. gesprochen, z. B. bei einigen Datumsangaben wie *Mitte Dezember*, bei rektionsloser Verwendung mancher Präpositionen, z. B. *zwischen Affe und Mensch*, bei manchen ⁊ Appositionen, z. B. *eine Art Heimat*, und bei manchen Verbindungen von Maßangaben mit ⁊ Mengensubstantiven, z. B. *ein Pfund Fleisch*; ⁊ absoluter Kasus. G

Gemeinslavisch ⁊ Slavisch

Gemeinsprache (engl. common language, frz. langue commune) Erscheinungsform einer Spr., die im gesamten Sprachgebiet als verbindl. Vorbild für alle Sprachteilnehmer gilt. Synonym oder teilweise synonym gebraucht werden ⁊ Hochsprache, ⁊ Schriftsprache, ⁊ Einheitssprache, ⁊ Literatursprache und, parallel zum engl. Gebrauch, ⁊ Standardsprache. Zwei Hauptmotive für die Herausbildung einer Gemeinsprache lassen sich anführen: (a) als Instrument für gesamtgesellschaftl. (überregionale) Kommunikation; (b) als Kommunikationsmittel für höhere kulturelle und Zivilisationsbedürfnisse. Die Abgrenzung zur ⁊ Umgangssprache ist schwierig; Ggs. ⁊ Sondersprache. R

Geminate 1. (lat. gemínātiō ›Verdopplung‹. Auch: Doppelkonsonant) Verdoppelter (meist zu zwei ⁊ Silben gehöriger ⁊ ambisyllabischer) Konsonant. Die Gemination als Verdopplungsvorgang (z. B. durch ⁊ Assimilation, Zusammentreffen gleicher Konsonanten am Morphem- oder Wortfugen) bewirkt eine Längung des ⁊ Konsonanten, ohne zu einer Zweigipfligkeit zu führen. Phonolog. relevant z. B. im Ital. (*fato* vs. *fatto*), Ungar., Finn., Arab. Im Nhd. phonolog. nicht vorhanden, lediglich als orthograph. Markierung. – **2.** Doppelschreibung von Konsonanten zur Kennzeichnung phonolog. G. (z. B. im Ital.) bzw. (wie z. B. im Dt.) der orthograph. Markierung der Kürze des vorausgehenden Vokals bzw. des ⁊ Silbengelenks. PM

Geminatenreduktion Treffen in Wortformen des Dt. zwei ⁊ Dentale aufeinander, wird einer davon getilgt, z. B. *du lös-st* > [løst], *ich sand-te* > [santə]. In der Graphie wird dies z. T. nachvollzogen (*du löst*), z. T. nicht (*wandte*). G

Gemination ⁊ Geminate

Gen ⁊ Gbe

Gender ⁊ Genus

Genderlekt ⁊ Feministische Linguistik

Genealogisch ⁊ Genetisch

Genera Pl. zu ⁊ Genus

Genera dicendi n. Pl. (lat. ›Arten des Sagens, Stilarten‹) In der lat. ⁊ Rhetorik (Cicero, Quintilian) Einteilungsschema nach Stilarten, unterschieden und charakterisiert nach Wirkungsfunktion und Zweck der Rede: (a) leichter od. niederer Stil (*ge-*

nus tenue, subtile, humile): einfach und schmucklos als Nachahmung der gewöhnlichen Umgangsspr. zum Zwecke der Mitteilung oder Belehrung (*docēre* ›belehren‹); (b) mittlerer Stil (*genus medium, mediocre, floridum*) mit reicherer Verwendung ⁊ rhetor. Figuren und dem Ziel einer gefälligen Ausdrucksweise zum Zwecke angenehmer Unterhaltung über die Mitteilungs- und Belehrungstendenz hinaus (*delectāre* ›erfreuen‹); (c) erhabener, schwerer Stil (*genus sublime, grande*), unter Ausschöpfung möglichst wirkungsvoller rhetor. Figuren zum Zweck der leidenschaftl. Erregung und Gemütserschütterung (*movēre* ›bewegen‹). Die Lehre von den G. d. bleibt bis ins 18. Jh. wirksam, nachdem sie im MA von der Rhetorik in die Gattungspoetik übertragen worden war (z. B. Normen zur Sprechweise des niederen Standes in der Komödie). VS

Generalisierter Quantor (engl. generalized quantifier) Die Theorie der G. Q. geht auf Barwise & Cooper (1981) zurück. Sie hat den Vorteil, dass auch weitere Quantoren (z. B. *einige, die meisten, wenige* etc.) analog zu den Quantoren der Standard-Prädikatenlogik ∀, ∃ adäquat beschrieben werden können, so dass ⁊ Determinansphrasen eine einheitl. Interpretation erhalten. Syntakt. sind G. Q. Operatoren, die alle freien Variablen in ihrem Skopus binden, semant. betrachtet beschreiben sie Relationen zwischen zwei Mengen. In *drei Kinder basteln* ist die VP *basteln* das quantifizierte Prädikat P, die DP *drei Kinder* der Quantor Q, d. h. *basteln* muss auf mindestens drei Elemente der Menge der *Kinder* zutreffen. **Lit.** J. Barwise & R. Cooper, Generalized Quantifiers and Natural Language. Linguistics and Philosophy 4, 1981, 159–219. – R. Montague, The Proper Treatment of Quantification in Ordinary English. In: R. H. Thomason (ed.), Formal Philosophy. Selected Papers of R. Montague. New Haven 1974, 188–221. Z

Generalisierung ⁊ Semantische Generalisierung

Generalized ID/LP Grammars ⁊ ID/LP-Format

Generalized Phrase Structure Grammar (engl., ›Generalisierte Phrasenstrukturgrammatik‹; Abk. GPSG) Bez. für die von G. Gazdar, G. K. Pullum u. a. in Auseinandersetzung mit der ⁊ Rektions-Bindungs-Theorie entwickelte GG vom Typ der ⁊ Unifikationsgrammatiken. Die GPSG versucht, ohne ⁊ Transformationen und mit einer einzigen Repräsentationsebene auszukommen und Generalisierungen mit ⁊ Metaregeln sowie im ⁊ ID/LP-Format zu erfassen. Im Unterschied zur ⁊ Head-Driven Phrase Structure Grammar (HPSG), welche ihr Nachfolgemodell ist, sind lexikal. Einträge nur rudimentär spezifiziert. **Lit.** R. Borsley, Modern Phrase Structure Grammar. Oxford 1996. – S. Busemann, Generierung natürl. Spr. mit Generalisierten Phrasenstruktur-Grammatiken. Informatik Fachberichte 313. Bln. 1992 (= KIT-Report 87, TUB 1990). – G. Gazdar et al., Generalized Phrase Structure Grammar. Cambridge, Mass. 1985. – U. Klenk,

Generative Syntax. Tübingen 2003. – I. A. Sag & T. Wasow, Syntactic Theory, A Formal Introduction. Stanford ²2003. – Weitere Lit. ↗ Head-Driven Phrase Structure Grammar, ↗ ID/LP-Format, ↗ Metaregeln, ↗ Unifikationsgrammatiken.   F

General Semantics ↗ Allgemeine Semantik

Generationsstil ↗ Stilalter

Generative Grammatik ↗ GG

Generative Kapazität ↗ Chomsky-Grammatik

Generative Mächtigkeit ↗ Chomsky-Grammatik

Generative Ökonomieprinzipien Im Rahmen des ↗ Minimalismus formulierte Prinzipien, die syntakt. Operationen bestimmen und in möglichst allgemeiner Weise beschränken. Ein g. Ö. ist das Prinzip der vollständigen Interpretation, d. h. Repräsentationen dürfen keine überflüssigen Elemente enthalten. Für Ableitungen gilt, dass Bewegung in einer syntakt. Struktur nur als letzter Ausweg (*last resort*) vorgenommen wird. Außerdem ist immer die Ableitung zu bevorzugen, die am wenigsten aufwendig ist, d. h. kurze Bewegung ist ökonomischer als lange, wenige Transformationen ökonomischer als viele (*least effort*). Das Trägheitsprinzip (*procrastinate*) sichert, dass Bewegungen so spät wie möglich erfolgen. **Lit.** N. Chomsky, The Minimalist Program. Cambridge, Mass. 1995.   FR

Generative Phonologie I. e. S. Bez. für den Regelapparat, der im Rahmen von Chomsky, Aspects und SPE lautl. Aspekte des Sprachsystems in ihrem Verhältnis zu lexikal., syntakt. und semant. Informationen erfasst. In der g. P. stellen sog. distinktive Merkmale das Inventar minimaler Beschreibungskategorien dar; zugrundeliegende abstrakte lexikal. bzw. syntakt. Formen werden mittels extrins. und intrins. geordneter Regeln (↗ extrinsische Regelordnung) phonolog. interpretiert und in phonet. Varianten überführt. Der Regelapparat der g. P. selbst wird hierbei als von nicht-phonolog. Komponenten des Sprachsystems autonom erfassbar postuliert. Das in SPE entwickelte Modell wurde von W. U. Wurzel (1970) auf das Dt. angewendet. Die Diskussion in der Folgezeit ist einerseits wesentl. von der Unterscheidung zwischen lexikal.-phonolog. und nicht-lexikal.-phonolog. Prozessen geprägt (sog. ↗ Lexikalische Phonologie, ↗ Distributed Morphology), andererseits bezieht sie sich auf das Verhältnis segmentaler Merkmale (z. B. Stimmhaftigkeit usw.) und suprasegmentaler Phänomene (z. B. Silbenstrukturierung) zueinander. Alternativ zur g. P. wurden diverse Auffassungen über die Natürlichkeit phonolog. und morpholog. Prozesse entwickelt; ↗ Natürliche Phonologie, ↗ Markiertheitstheorie. **Lit.** M. K. Brame (ed.), Contributions to Generative Phonology. Austin 1972. – Chomsky, Aspects. – SPE. – J. E. Copeland, A Stepmatricial Generative Phonology of German. Den Haag 1970. – J. Durand, Generative and Non-linear Phonology. Ldn. 1994. – J. Goldsmith (ed.), The Handbook of Phonological Theory. Oxford 1995. – J. B. Hooper, An

Introduction to Natural Generative Phonology. N. Y. 1976. – M. Kenstowicz, Phonology in Generative Grammar. Cambridge, Mass. 1998. – J. Local et al. (eds.), Phonetic Interpretation. Cambridge 2003. – I. Roca, Generative Phonology. Ldn. 1994. – W. U. Wurzel, Studien zur dt. Lautstruktur. Bln. 1970. F

Generative Semantik Die Diskussion des ↗ Aspekte-Modells führte seit Mitte der 1960er Jahre in der GG zu zwei divergierenden Positionen: (a) zu einer Revision des Modells als ↗ EST, inklusive der Entwicklung interpretativ-semant. Vorstellungen (↗ Interpretative Semantik), und (b) zur sog. g. S., Letztere von einigen Kollegen N. Chomskys am MIT vertreten (u. a. G. Lakoff, J. D. McCawley, P. M. Postal, J. R. Ross). Die heftige Auseinandersetzung zwischen diesen theoret. Positionen wurde in der Öffentlichkeit als *linguistic war* bekannt (vgl. Harris 1993, Goldsmith 1995). Hauptcharakteristika der keineswegs einheitl. g. S. sind (a) die Vermeidung von ad-hoc-Annahmen für die Beschränkung transformationeller Prozesse und die Annahme ↗ globaler Regeln und (b) die Voraussetzung, dass ↗ Transformationen Beziehungen zwischen semant. und phonolog. Repräsentationen explizieren (vgl. ↗ Performative Analyse). Die g. S. postulierte, dass eine Grammatik nicht aus zwei verschiedenen Regelapparaten besteht, näml. einer generativen ↗ Syntax und einer die syntakt. Strukturen interpretierenden Semantik (↗ Interpretative Semantik), sondern aus einem einzigen Regelapparat, den man besser semant. nennen sollte, da einerseits best. Regelformate, die im Rahmen des Aspekte-Modells als syntakt. postuliert werden, mit adäquaterer Motivation zur Semantik zu rechnen seien (z. B. ↗ Selektionsbeschränkungen) und andererseits best. Regelformate im Rahmen einer generativen Syntax nicht berücksichtigt werden können (z. B. ↗ Beschränkungen, die sich auf ↗ Präsuppositionen und ↗ Implikationen beziehen). Die Kritik an der g. S. richtete sich v. a. gegen den ad-hoc-Charakter semant.-generativer Ableitungsprozesse und ihrer Nicht-Differenzierung sprach-systemat. Phänomene und solcher Erscheinungen, die auf Sprachhandlungs- und Weltwissen basieren. Mit zunehmender Differenzierung der GG und von Auffassungen über die Autonomie (↗ Autonomieprinzip) spezif. Regelsysteme für Sub-Systeme sprachl. und außersprachl. Wissens konnten die Kritikpunkte der g. S. am Aspekte-Modell konstruktiv in Revisionen verschiedener Modelle der GG umgesetzt werden. In der Argumentation einiger neuer kognitivist. Sprachtheorien (↗ Kognitive Linguistik) wurden manche grundlegenden Ideen der g. S. wiederbelebt (z. B. Lakoff & Johnson 1999; zur krit. Stellungnahme vgl. Newmeyer 2003). **Lit.** J. Allwood & P. Gärdenfors (eds.), Cognitive Semantics. Meaning and Cognition. Amsterdam 1999. – A. Goldsmith, Ideology and Linguistic Theory: Noam Chomsky and the Deep Structure Debate. Ldn. 1995. – H.

Härtl & H. Tappe (eds.), Mediating between Concepts and Grammar. Bln. 2003. – R. A. Harris , The Linguistic Wars. Oxford 1993. –M. Immler, Generative Syntax – G. S. Mchn. 1974. – G. Lakoff, On Generative Semantics. In: D. D. Steinberg & L. A. Jakobovits (eds.), Semantics. Cambridge 1972, 305–359. – Ders. & M. Johnson, Philosophy in the Flesh: The Embodied Mind and Its Challenge to Western Thought. N. Y. 1999. – F. Newmeyer, Linguistic Theory in America. N. Y. 1980. – Ders., Grammar is Grammar and Usage is Usage. Lg. 79, 2003, 682–707. – P. Sgall, Topic, Focus and Generative Semantics. Bln. 1973.   F

Generative Syntax ↗ GG
Generative Transformationsgrammatik Im Dt. übliche Bez. für von N. Chomsky entwickelte bzw. initiierte generative Grammatikmodelle; ↗ GG.   F
Generator ↗ Applikativ-generative Grammatik
Generelles Präsens ↗ Atemporal
Generierung (engl. natural language generation. Abk. NLG) G. bezeichnet ein Teilgebiet der ↗ Computerlinguistik, das sich mit der sprachl. Realisierung von (v. a. domänenspezif.) Informationen beschäftigt. G. ist ein komplexer Prozess, bestehend aus den Teilaufgaben Inhalts- und Diskursplanung, Lexikalisierung und Oberflächenrealisierung. Generell umfasst G. sowohl eine strateg. (Auswahl und Organisation des Inhalts) als auch eine takt. Komponente (Versprachlichung des Inhalts), damit ein für den Hörer kommunikativ adäquater, natürlichsprachl. Diskurs maschinell erzeugt werden kann. NLG-Systeme sind i. d. R. als ↗ Prozesskettensystem konzipiert, deren Ausgangsbasis z. T. stark variiert (d. h. pure Daten vs. semant.-log. ↗ Wissensrepräsentationen). Vorherrschend sind schemabasierte Ansätze (↗ semantische Netze, ↗ Skripts), um Texte wie z. B. Wettervorhersagen, Arztbriefe, techn. Dokumentationen usw. anhand vorgefertigter Schablonen zu generieren. **Lit.** K.-U. Carstensen et al. (Hgg.), Computerlinguistik und Sprachtechnologie. Eine Einf. Heidelberg ³2010, 165–176.   Z
Generisch (lat. generātim ›klassenweise, im Allgemeinen‹) **1.** Bez. für Ausdrücke, die Gattungsnamen oder Typenbezeichnungen darstellen. PR – **2.** Bez. für eine geschlechtsneutral gemeinte Verwendung von ↗ Personenbezeichnungen. In Texten wird vielfach darauf hingewiesen, dass die verwendeten Personenbez. g. zu verstehen seien, z. B. die Form *Studenten* sich auf Studenten und Studentinnen beziehe. Dieses Vorgehen umgeht Mehrfachformen wie *Studentinnen und Studenten*, die insbes. im pronominalen Bereich für Verwirrung sorgen können: *Der Student/Die Studentin... Er/sie... Seine/ihre...* Im Geschriebenen ist Großschreibung des Movierungssuffixes (oder auch nur dessen Erstbuchstabens) mögl.: *StudentINNEN* oder *StudentInnen*. Einige Autoren verwenden movierte Bezeichnungen als Generika (*Studentinnen* für ›Studenten und Studentinnen‹). Letztere beiden Praktiken sind

immer wieder im Zentrum vorgebl. stilist. Kritik. Teils scherzhaft, teils auch ernst gemeint movieren manche Feministinnen Substantive, bei denen eine Movierung morphol. ausgeschlossen ist: *die Beiständin*. Jenseits ideolog. Positionen ist es sinnvoll, Ausdrucksweisen zu wählen, die der Sprech- und Schreibsituation, dem Thema und dem Stil angemessen sind und gut rezipiert werden können.   SO
3. In der Grammatik bezeichnet g. die Neutralisierung der Definitheit sprachl. Ausdrücke, es wird über eine Gattung gesprochen, nicht über ein Individuum. Im Dt. geschieht dies in bestimmten Fällen über das Artikelsystem (↗ Artikel), mit Unterstützung anderer hervorhebender Mittel (↗ Fokussierung): *die(se) Männer (dort)* (individuenbezogen) vs. *Männer (im Allgemeinen)* (gattungsbezogen, g.). Die g. ↗ Lesart kann im Hochdt. nicht durchgehend durch das Artikelsystem ausgedrückt werden, anders in Dialekten. Im Bair. bspw. steht eine Artikelform für gener., ein anderer für individuenbez. Bedeutung: a. **As/Des Bia wor guad* (Dieses bestimmte Bier hier war gut) b. *As/*Des Bia is daia* (Bier im Allgemeinen ist teuer) (s. Gerstner-Link & Krifka 1993). Im Standarddt. entwickelt sich jedoch die ↗ Verschmelzungsform zu einem Kennzeichen für g. Lesart. Während die Verschmelzung aus ↗ Präposition und Artikel g. zu lesen ist, steht die nicht verschmolzene Form für die individuelle Lesart: *Im Bier ist Hopfen* (g.) vs. *In dem Bier hier schwimmt eine Fliege* (individuell). Andere Sprachen drücken g. Lesart jeweils unterschiedl. aus. Im Engl. lässt sich eine Parallele zwischen der Verwendung der *progressive form* (↗ Progressiv 1) bzw. der *simple form* und der individuenbezogenen bzw. g. Interpretation feststellen: *Lions are roaring* (Es gibt hier best. Löwen und diese brüllen) vs. *Lions roar* (Die Gattung der Löwen besitzt die Eigenschaft zu brüllen; ebd). **Lit.** C. Gerstner-Link & M. Krifka, Genericity. In: HSK 9, I, 966–978. – Weitere Lit. ↗ Verschmelzungsform.   SO
Generische Relation ↗ Hyperonymie
Genetisch (griech. γενετικός (genetikos) ›auf die Entstehung bezogen‹. Auch: genealogisch) Die Entstehung oder Herkunft einer Spr. oder einzelner Elemente daraus betreffend. G. Fragestellungen sind Gegenstand der ↗ historischen Sprachwissenschaft und, soweit es um ↗ Sprachverwandtschaft geht, v. a. der ↗ historisch-vergleichenden Sprachwissenschaft. Grundlage von g. Untersuchungen ist der ↗ Sprachvergleich. Als adäquates Beschreibungsmodell für g. Abhängigkeiten von Spr. untereinander hat sich die Klassifizierung von ↗ Sprachfamilien nach Art eines Stammbaums erwiesen (↗ Stammbaumtheorie), wobei allerdings externe Einflüsse meist unberücksichtigt bleiben; ↗ Energemisch.   GP
Genetische Phonetik ↗ Artikulatorische Phonetik
Genetiv ↗ Genitiv
Genfer Schule Sammelbez. für die in Genf wirkenden Sprachwissenschaftler, die sich in der Tradition

von F. de Saussure (1857–1913) stehend verstanden. Seinem Kurs »Grundfragen der allgemeinen Sprachwissenschaft« entsprangen die Ideen der G., zu deren erster Generation neben dem geistigen Begründer A. Sechehaye (1870–1946) Ch. Bally (1865–1947) sowie S. O. Karcevskij (1885–1955) gezählt werden. Zu einer zweiten Generation werden H. Frei (1899–1980), R. Godel (1902–1984) u. a. gerechnet. – Zentrale Ideen sind die Unterscheidung zwischen ↗ langue und ↗ parole, der Begriff des sprachl. Zeichens als bestehend aus dem Bezeichneten (signifé) und dem Bezeichnenden (Lautbild), die in einer willkürl. (arbiträren) Beziehung stehen, sowie der Begriff des Wertes von sprachl. Zeichen, der sich aus absoluten und relationalen Eigenschaften zusammensetzt. Die Wissenschaftler der G. S. setzten sich mit der Präzisierung und Weiterentwicklung der Erkenntnisse und Theorien de Saussures auseinander; sie traten dabei nicht nur mit Forschungen zur Satzstruktur hervor, sondern auch mit einer Reihe von Werken zur ↗ Stilistik. **Lit.** S. I. Karcevskij, Russkij jazyk. Čast' pervaja: Grammatika [Die russ. Spr., I: Grammatik]. Praga 1927. – A. Sechehaye, Essai sur la structure logique de la phrase. Paris 1926. – Ch. Bally, Linguistique générale et linguistique française. Bern 1932, [4]1965. RL

Genitiv (lat. genetīvus ›angeboren, von Geburt her‹. Auch: Genetiv, Relationskasus. In Schulbüchern auch: Anteilgröße, Wesfall) In vielen Spr. ↗ Kasus zur Markierung von Abhängigkeitsbeziehungen innerhalb komplexer Nominalausdrücke (↗ Attribut), oft mit possessiver oder partitiver Kasusbedeutung (adnominaler G.). In einigen Spr. der G. Objektkasus, d. h. dass Verben (z. B. *gedenken, bedürfen*) oder Adj. (z. B. *begierig, kundig*) die entsprechende Rektion aufweisen; ↗ Objektsgenitiv. Auch zur Markierung adverbialer und prädikativer Relationen dient der G. mitunter, z. B. *erhobenen Hauptes; eines schönen Tages* bzw. *Er ist des Todes*. Nominale ↗ Prädikative im G. bezeichnen eine Beschaffenheit oder Herkunft, z. B. *Die Damen sind unterschiedlichen Alters*. In vielen Spr. regieren Präpositionen den G., z. B. dt. *wegen, trotz, dank*, griech. ἀντί (anti) ›statt, für‹, πϱό (pro) ›vor, für‹, russ. *u* ›bei‹, *bez* ›ohne‹, *pósle* ›nach‹. Besondere Funktionen hat der G. in einigen slav. Spr., z. B. im Russ. als »G. des Datums« (*pjatogo sentjabrjá* ›am 5. September‹), als »G. der Negation« (*on ne pročël étoj knígi* ›er hat dieses Buch nicht gelesen‹ vs. *on pročël étu knígu* ›er hat dieses Buch durchgelesen‹) oder nach Zahlwörtern (*dva rubljá* ›zwei Rubel‹, *sto márok* ›100 Mark‹; »Währungsgenitiv«, ↗ genitivus pretii). Es gibt eine Reihe weiterer spezieller Verwendungsweisen des G., die in den Einzelphilologien (nicht immer trennscharf) terminologisiert sind; sie sind in den folgenden Einträgen dargestellt. Insges. werden über 30 unterschiedl. »Kasusbedeutungen« des G. unterschieden; es handelt sich dabei um kontextgesteuerte

Bedeutungen, nicht um eine dem Kasusmerkmal inhärente Bedeutung (Heidolph, Grundzüge, S. 587). – Sprachgeschichtl. ist der G. in einer Reihe europ. Spr. durch Präpositionalausdrücke abgelöst worden (z. B. im Frz., Ital. und Span.). Im Engl., Schwed., Norweg. u. a. hat sich ein Possessiv (↗ sächsischer Genitiv) als einzige Kasusform bei einem Teil der Substantive erhalten. Für das Dt. wird ein »Verlust des G.« seit langem befürchtet (in L. Reiners Stilfibel heißt es: »Rettet den Genitiv«), was jedoch gegenstandslos ist, weil einem Veralten der objektiven, adverbialen, prädikativen und z. T. präpositionalen G.konstruktionen eine Ausweitung der possessiven (attributiven) Funktionen und der ↗ Genitivkomposita (↗ Determinativkompositum) gegenübersteht (vgl. Ggwdt.[2], 49–52). Gegenstand scharfer Kritik ist schließlich der neuerdings wieder um sich greifende graph. Anglizismus, im Dt. s-Genitive in Namen von Ladengeschäften und Gaststätten normwidrig mit einem ↗ Apostroph zu versehen, z. B. *Monika's Wollstübchen, Rudi's Pilsbar*. **Lit.** C. Michaelis, Formale Bestimmung und Interpretation einer syntakt. Relation. Das G.attribut im Dt. Diss. Bln. 1980. – H. Anttila, Zur geschichtl. Entwicklung des G.objekts im Dt. LS, Reihe A, Nr. 107/I, 1983, 97–113. – K. Donhauser, Das G.problem in der histor. Kasusforschung. Habilschrift Passau 1992. – J. Ballweg, Eine einheitl. Interpretation der attributiven G. im Dt. In: M. Vuillaume (Hg.), Die Kasus im Dt. Form und Inhalt. Tübingen 1998, 153–166. – Eisenberg II, 246–254. G

Genitiv des Merkmals ↗ Genitivus qualitatis

Genitivkompositum Missverständl. und daher wohl zu Recht veraltete Bez. für endozentr. ↗ Determinativkomposita, deren ↗ Bestimmungswörter ausdrucksseitig an Subst. im Genitiv erinnern, etwa *Waldes-rand*. Gestützt wird die Genitiv-Lesart durch die mögl. Umformung in Genitivattribute (›Rand des Waldes‹), systemat. steht der vermeintl. Genitivmarker aber nicht (*Teller-rand*), dafür aber (durch ↗ Analogie bedingt) an Stellen, an denen er nicht stehen sollte; bei Feminina etwa: *Bebauungs-rand*. G. sind ggf. verfugte Determinativkomposita. Allerdings ergeben sich durch syntakt. Umformungen (↗ Paraphrase 3.) Beziehungen, die durchaus für Benennungen herangezogen werden (*schwarzweiß* ist ↗ Kopulativkompositum, *Rotkehlchen* ↗ Possessivkompositum), so dass G. als Bez. für Komposita mit Genitivattribut-Paraphrase verwendbar wäre; ↗ Fuge. ES

Genitivobjekt ↗ Objektsgenitiv

Genitivus absolutus ↗ Participium absolutum

Genitivus appositivus ↗ Genitivus definitivus

Genitivus auctoris (lat. auctor ›Urheber‹) Wenig trennscharfe Bez. für die semant. Funktion des ↗ Genitivs auszudrücken, dass die im Attribut bezeichnete Person den im Subjektsausdruck bezeichneten Gegenstand geschaffen hat, z. B. die *Balladen Brechts; Thümmels Gesammelte Werke*. GS

Genitivus causae (lat. causa ›Grund‹) In der Altphilologie (wenig trennscharfe) Bez. für die semant. Funktion des ↗ Genitivs, bei »Verben der Gemütsbewegung« den Grund für den im Finitum bezeichneten Vorgang auszudrücken (↗ ablativus causae, ↗ dativus causae), z. B. lat. *Suae quemque fortūnae paenitet* ›jeder ist mit seinem Los unzufrieden‹, griech. ἄγαμαι Πλάτωνα τῆς σοφίας (agamai Platōna tēs sofias) ›ich bewundere Platon wegen seiner Weisheit‹.   GS

Genitivus comparationis (lat. comparātiō ›Vergleich‹) In der Altphilologie (wenig trennscharfe) Bez. für die semant. Funktion des ↗ Genitivs, einen Vergleich auszudrücken (↗ ablativus comparationis), z. B. αἴσχιον τὸ ἀδικεῖν τοῦ ἀδικεῖσθαι (aischion to adikein tū adikeisthai) ›Es ist schändlicher, Unrecht zu tun, als Unrecht zu erleiden‹.   GS

Genitivus criminis (lat. crīmen ›Anklage, Verbrechen‹) In der Altphilologie (wenig trennscharfe) Bez. für die semant. Funktion des ↗ Genitivs, den Grund der im Finitum bezeichneten Handlung auszudrücken, speziell bei Rechtshandlungen (»verba iudicāria«), z. B. griech. ὁ φεύγων ἀπελύθη κλοπῆς (ho feugōn apelythē klopēs) ›Der Angeklagte wurde von der Anklage wegen Diebstahls freigesprochen‹; lat. *Sōcratēs impietātis īnsimulātus est* ›Sokrates wurde wegen Gottlosigkeit angeklagt‹.   GS

Genitivus definitivus (lat. dēfīnītīvus ›begrenzt‹. Auch: genitivus appositivus < lat. adpositum ›dazugestellt‹) Wenig trennscharfe Bez. für die semant. Funktion des ↗ Genitivs, ein sog. »Sein-Verhältnis« (Helbig & Buscha[17], 591) auszudrücken (»Definitionsgenitiv«: Eisenberg II, 248 f.), d. h. dass das attributive Verhältnis durch einen Kopulasatz paraphrasiert werden kann, z. B. lat. *nōmen dictātōris* ›der Titel ›Diktator‹‹, *vox voluptātis* ›das Wort »Vergnügen«‹, griech. πηγῆς ὄνομα (pēgēs onoma) ›der Namen »Quelle«‹, engl. *the city of Rome*, dt. *die Tiefe der Gefühle* < die Gefühle sind tief. Der g. d. ist kaum abgrenzbar vom ↗ genitivus explicativus.   G, GS

Genitivus explicativus (lat. explicāre ›erklären‹) Wenig trennscharfe Bez. für die semant. Funktion des ↗ Genitivs, in best. Verwendungsweisen ein sog. »Bedeuten-Verhältnis« (Helbig & Buscha[17], 591) oder eine nähere Bestimmung des regierenden Nominals auszudrücken, z. B. griech. πηγῆς ὄνομα (pēgēs onoma) ›der Name »Quelle«‹; lat. *nōmen lēgātī* ›der Titel »Gesandter«‹; dt. *der Titel eines Akademischen Oberrats; Anzeichen der Reue* < *Die Anzeichen drücken Reue aus.* Der g. e. ist kaum abgrenzbar vom ↗ genitivus definitivus und vom ↗ genitivus qualitatis.   G, GS

Genitivus materiae (lat. materia ›Stoff‹) In der Altphilologie Bez. für die semant. Funktion des ↗ Genitivs, den Stoff, aus dem etwas besteht oder gemacht ist, oder die Mächtigkeit einer Menge zu bezeichnen, z. B. griech. οἱ στέφανοι χρυσίου

ἦσαν ›die Kränze waren aus Gold‹; κρατὴρ χρυσοῦ ›ein Mischkrug aus Gold‹; lat. *classis trecentarum navium est* ›Die Flotte besteht aus 300 Schiffen‹; ↗ Genitivus qualitatis.   GS

Genitivus obiectivus (lat. obiectīvus ›entgegengesetzt‹. Auch: Objektsgenitiv) Wenig trennscharfe Bez. für die semant. Funktion des ↗ Genitivs, ein »Objekt-Prädikat-Verhältnis« (Helbig & Buscha[17], 591) auszudrücken, d. h. dass das Attribuierungsverhältnis durch ein (meist transitives) Finitum und ein direktes Objekt paraphrasierbar ist, z. B. griech. ὁ τῶν πολεμίων φόβος (ho tōn polemiōn fobos) ›die Furcht vor den Feinden‹; lat. *amor mātris* ›die Liebe zur Mutter‹ < (*aliquis*) *amat mātrem* ›(jd.) liebt die Mutter‹; ↗ Objektsgenitiv; Ggs. ↗ genitivus subiectivus.

Genitivus partitivus (lat. pars ›Teil‹. Auch: genitivus totius < lat. tōtus ›ganz‹) Wenig trennscharfe Bez. für die semant. Funktion des ↗ Genitivs, ein Teil-von-Verhältnis (Helbig & Buscha[17], 591) auszudrücken, z. B. griech. Σόλων τῶν ἑπτὰ σοφῶν ἦν (Solōn tōn hepta sofōn ēn) ›Solon gehörte zu den sieben Weisen‹; lat. *Videant cōnsulēs nē quid rēs pūblica dētrīmentī capiat* ›Die Konsuln sollen zusehen, dass das Gemeinwesen keinen Schaden nimmt‹ (Cicero, In Catilinam); dt. *Ein Bruchteil der Bevölkerung; ein Glas guten Weines*; ↗ Apposition, ↗ Partitiv.   GS

Genitivus possessivus (lat. possidēre ›besitzen‹. Auch: genitīvus possessōris) Wenig trennscharfe Bez. für die semant. Funktion des ↗ Genitivs, ein Besitzverhältnis (Helbig & Buscha[17], 591) auszudrücken, z. B. griech. τὸ τοῦ Πλάτωνος (to tū Platōnos) ›das Wort Platons‹; lat. *templa deōrum* ›die Tempel der Götter‹; *mōs maiōrum* ›die Sitten der Vorfahren‹; dt. *Peters Reihenhaus; eine Summe Geldes*; ↗ Dativus possessivus, ↗ Partitiv. GS

Genitivus possessoris ↗ Genitivus possessivus

Genitivus pretii (lat. pretium ›Preis‹) In der Altphilologie (wenig trennscharfe) Bez. für die semant. Funktion des ↗ Genitivs, eine Grad-, Preis- oder Wertangabe auszudrücken (↗ ablativus pretii), z. B. lat. *Liber magnī est* ›das Buch ist viel wert‹, griech. πολλοῦ ποιοῦμαι τὴν ἀλήθειαν (pollū poiūmai tēn alētheian) ›Ich schätze die Wahrheit sehr‹.   GS

Genitivus qualitatis (lat. quālitās ›Beschaffenheit‹) Wenig trennscharfe Bez. für die semant. Funktion des ↗ Genitivs, ein Merkmal des im Subjektausdruck Bezeichneten hervorzuheben (»Genitiv des Merkmals«: Erben § 258, »Eigenschaftsgenitiv«: Eisenberg II, 249), z. B. griech. παῖς δέκα ἐτῶν (pais deka etōn) ›ein Kind von zehn Jahren‹; lat. *Hominēs omnis aetātis* ›Menschen jeden Alters‹ (↗ ablativus qualitatis); dt. *eine Dame vorgeschrittenen Alters*. **Lit.** J. Erben, Dt. Grammatik. Mchn. [12]1980.   GS

Genitivus subiectivus (lat. subiectīvus ›zum Subjekt gehörig, hinzugesetzt‹. Auch: Subjektsgenitiv) Wenig trennscharfe Bez. für die semant. Funktion des *↗* Genitivs, ein »Subjekt-Prädikat-Verhältnis« (Helbig & Buscha[17], 591) auszudrücken, d. h. dass das Attribuierungsverhältnis durch einen einfachen Satz paraphrasierbar ist, in dem das Attribut grammat. Subjekt wird (Eisenberg II, 249 f.), z. B. griech. ὁ τῶν πολεμίων φόβος (ho tōn polemiōn fobos) ›die Furcht der Feinde‹, lat. *amor mātris* ›die Liebe der Mutter‹ < *māter amat (aliquem)* ›die Mutter liebt (jdn.)‹; *↗* Subjektsgenitiv; Ggs. *↗* genitivus obiectivus. GS

Gennematisch *↗* Energemisch

Genotyp *↗* Applikativ-generative Grammatik

Gentilname (lat. gentīlis ›zum Geschlecht, zum Sippenverband gehörig‹. Auch: nōmen gentīlicum, Geschlechtsname) Name einer Person zwischen ihren *↗* Vor- und *↗* Familiennamen. Der G. ist ein ererbter Name von Vorfahren, z. B. *Quintus Horatius Flaccus.* Im Lat. üblich, im Dt. sehr selten. G

Genus n., pl. Genera (auch: Geschlecht, grammatisches Geschlecht. Engl. gender, frz. genre) Die nominalen Wortklassen sind in vielen Spr. hinsichtlich des G. determiniert; *↗* Nominalklasse. Allerdings charakterisiert diese nicht-semant. Eigenschaft der *↗* Genusdetermination Spr. in unterschiedl. Ausmaß: z. B. haben Lat., Dt., Russ. 3 Genera (Mask., Fem., Ntr.); Frz. u. a. roman. Spr. 2 Genera (Mask., Fem.), Ndl. und skandinav. Spr. ebenfalls 2 Genera (*↗* genus commune und Ntr.), Engl.: kein G. Es gibt zahlreiche Theorien darüber, warum Spr. ein G.system entwickeln (Wienold 1967). Erklärungsversuche für die Zuweisung eines bestimmten G. zu einem Wort gibt es vor allem für solche Wörter, die in verschiedenen Spr. unterschiedliches G. haben, wie dt. *Sonne* (f.), *Tod* (m.), frz. *soleil* (m.), *mort* (f.), russ. *solnce* (n.), *smert'* (f.). G. ist die durchgängigste und einheitlichste Kategorisierung der dt. Substantivparadigmen: mit Ausnahme der *↗* Pluraliatantum hat jedes Subst. im Dt. eines der drei G. *↗* Femininum, *↗* Maskulinum und *↗* Neutrum. Vereinzelt gibt es *↗* Genusschwankungen: *der/das Barock, der/die Sellerie*, vor allem bei der G.zuweisung für Fremdwörter: z. B. *der/das Joghurt.* Beim morphosyntakt. Phänomen des G. stimmen mindestens zwei Satzelemente morphologisch überein (*↗* Kongruenz); vom genusinvarianten Nomen werden die genusveränderlichen Elemente Artikel, Adj., Pron. oder, etwa im Russ., auch präteritale und partizipiale Prädikate bestimmt (z. B. *on kuril* ›er rauchte‹ vs. *ona kurila* ›sie rauchte‹). Grammatisches G. zeigt sich im Dt. an Artikel, Artikelsuffix, Adj. und Pron. (vgl. Hellinger 1990). Die ling. Kategorie G. wird häufig mit der außersprachl. Kategorie Sexus (biolog. Geschlecht) in Verbindung gebracht: bei Personenbezeichnungen wird davon ausgegangen, dass i. d. R. grammat. und natürl. Geschlecht übereinstimmen, z. B. dt. *Dame/Herr, Onkel/Tante, Nichte/Neffe*, das G. von Personenbezeichnungen also natürl. motiviert ist. Spr. ohne G.unterscheidung bestimmt das natürl.

Geschlecht der Person die Auswahl des Pronomens, z. B. engl. *aunt-she, uncle-he.* Allerdings sind bei einigen Berufsbezeichnungen die Pronominalisierungen nur durch stereotype Vorstellungen darüber, welchem Geschlecht die bezeichnete Person normalerweise angehört, zu erklären: *lawyer-he, secretary-she.* M. Hellinger schlägt dafür den Terminus ›soziales Geschlecht‹ vor. **Lit.** G. Corbett, Gender. Cambridge 1991. – M. Hellinger, Kontrastive feminist. Ling. Mchn. 1990. – G. Wienold, G. und Semantik. Meisenheim am Glan 1967. – H. Sieburg (Hg.), Sprache – Genus/Sexus. Ffm. u. a. 1997. – S.-M. Chan, Genusintegration. Eine systemat. Untersuchung zur Genuszuweisung engl. Entlehnungen in der dt. Spr. Mchn. 2005. – J. Duke, The Development of Gender as a Grammatical Category. Five Case Studies from the Germanic Languages. Heidelberg 2009. – R.-J. Fischer, Genuszuordnung. Theorie und Praxis am Beispiel des Dt. Ffm. 2005. – F. J. Ledo-Lemos: Femininum genus. A Study on the Origins of the Indo-European Feminine Grammatical Gender. Mchn. 2003. – B. Schwarze, G. im Sprachvergleich. Klassifikation und Kongruenz im Span. Frz. und Dt. Tübingen 2008. – F. Schwink, The Third Gender. Studies in the Origin and History of Germanic Grammatical Gender. Heidelberg 2004. SL

Genus commune (auch: gemeinsames Geschlecht, eigentlich: doppeltes Genus. Engl. common gender) G. c. haben bestimmte Personenbezeichnungen, bei denen sich das grammat. Genus nach dem natürl. Geschlecht der bezeichneten Person beziehungsweise des Lebewesens richtet; im Dt. nur bei substantivierten Adjektiven und Partizipien, z. B. *die, der Adelige*; *↗* Geschlechtsabstraktion; *↗* Utrum, *↗* Differentialgenus. SL

Genusdetermination (auch: Genuszuweisung) G. wird in der modernen Ling. prinzipiell als arbiträr angesehen. Dennoch lassen sich für die Festlegung des *↗* Genus der Substantive (a) strukturelle, (b) semant., (c) syntakt. und (d) kommunikative Gründe anführen. (a) Für ungefähr 90 % der einsilbigen Subst. des Dt. ist unter Berücksichtigung phonet. Gegebenheiten das Genus voraussagbar. Bei einem großen Teil der Wörter sind Bedeutung und grammat. Geschlecht der Subst. morphologisch bestimmt, z. B. durch die Ableitungssuffixe {-ling, -er} (m.), {-ung, -keit} (f.), {-tum, -chen} (n.). Bei Komposita bestimmt das zweite Subst. die grammat. Eigenschaften des Kompositums. Bei einigen Flexionstypen ist ebenfalls das Genus erschließbar: schwach deklinierte Subst. sind Maskulina. (b) Häufig wird die Beziehung von Genus und Bedeutung als Verhältnis von Genus und Sexus aufgefasst, ein Thema, das aktuell im Zusammenhang der *↗* feministischen Ling. diskutiert wird. Eindeutig semant. Funktionen hat das Genus vornehmlich bei Personenbezeichnungen. Hier fallen das grammat. und natürl. Geschlecht nur auseinander, wenn in der

Wortbedeutung ein Merkmal des Sexus besonders markiert wird. Personenbezeichnungen zeigen eine direkte Zuordnung von Genus und Sexus, allerdings mit wichtigen formalen und semant. Asymmetrien, z.B. dem ↗ Differentialgenus bei substantivierten Adj. und Partizipien, *der/die Alte, Deutsche*, die sich nur durch den Artikel unterscheiden. Außerdem ist das Mask. als unmarkierte Form immer auch Bez. für den übergeordneten Begriff (↗ generisch), während fem. Personenbezeichnungen zu einem großen Teil Ableitungen von mask. sind (↗ Movierung). Ebenso sind i. d. R. weibl. Vornamen von männl. abgeleitet, selten umgekehrt (z.B. *Mario*). Die mask. Form wird auch als Basis für ↗ Ableitungen in der ↗ Wortbildung verwendet, z.B. *ärztlich* statt *ärztlinich*). Korrelationen von Genus und Bedeutung gibt es auch bei anderen Subst.gruppen: Wochentage, alkohol. Getränke usw. (c) Das Genus trägt zur formalen Redundanz und damit zur Stabilität von Nominalen bei: das Genus der Art. legt fest, welche Art von Substantiv die nominale Klammer schließt. Schließlich hat das Genus textverweisende und kohärenzstiftende Funktion; z.B. ist vielfach nur durch das Genus des Pron. der richtige Bezug möglich. (d) Bei Gruppen von Subst., die Wortfelder bilden (z.B. Bezeichnungen für Werkzeuge oder Teile des menschl. Körpers) ist das Genus meist gleichmäßig verteilt: *der Kopf, Hals, Nacken, Scheitel; die Nase, Lippe, Backe; das Auge, Haar, Ohr, Kinn*. Dadurch ist besonders in der gesprochenen Spr. bei Pronomina eindeutige Verweisung mögl. **Lit.** K.-M. Köpcke, Untersuchungen zum Genussystem der dt. Gegenwartsspr. Tübingen 1982. Weitere Lit. ↗ Genus. SL

Genus difficile ↗ Genera dicendi

Genus grande ↗ Genera dicendi

Genus humile ↗ Genera dicendi

Genusmarkierung ↗ Genusdetermination

Genus mediocre ↗ Genera dicendi

Genus proximum (lat. ›nächster Gattungsbegriff‹) Nach der traditionellen Definitionslehre übliche Definitionsweise eines Ausdrucks durch die Angabe des Oberbegriffs, des g. p., und der unterscheidenden und wesentl. Eigenschaften, den *differentiae specificae*, z.B. *der Mensch* ›ein Lebewesen und mit Vernunft ausgestattet‹, ↗ Definition, ↗ Hyperonymie. PR

Genusschwankung (auch: schwankendes Geschlecht, doppeltes Genus) Eigenschaft mancher Substantive, im Hinblick auf das ↗ Genus nicht festgelegt zu sein: *der/das Bonbon, der/die Abscheu*). Form und Bedeutung der Wörter bleiben gleich. Bei ↗ Entlehnungen muss das Genus jeweils zugewiesen werden. Dies kann über formale Merkmale, meist die Wortausgänge (*der Machismo*), aber auch über Silbenstruktur, graph. Analogien u.ä. oder Referenzwörter (*der Mozzarella < der Käse*) erfolgen. In anderen Fällen wird das Genus mitentlehnt. Die Genuszuweisung ist außer im Bereich der ↗ Wortbildung (insbes. bei Suffixen) meist schwer vorher-

sagbar, obgleich in best. Bereichen semant. und phonolog. Strukturen die Genuszuweisung determinieren können (Köpcke 1982). Im Dt ist G. nur am ↗ Artikelwort zu erkennen. Die Bez. G. wird bisweilen auch auf Substantive angewandt, die verschiedene Bed. haben, sofern sie etymolog. verwandt sind: *der Stift* ›Schreibgerät; Lehrling‹, *das Stift* ›Kloster, Stiftung, Altenheim‹. Von der G. zu unterscheiden ist ↗ Homonymie von nicht-verwandten Substantiven, die mit unterschiedl. Genus einhergeht: *die Heide* vs. *der Heide*; es liegen dann zwei verschiedene Substantive mit ihrem jeweiligen Genus vor. G. ist zu differenzieren von der systemat. ↗ Genusvariante. **Lit.** K.-M. Köpcke, Untersuchungen zum Genussystem der dt. Gegenwartsspr. Tübingen 1982. – Duden-Gr⁸, 232 ff. – R.-J. Fischer, Genuszuordnung. Ffm. 2005. SO

Genussprache ↗ Klassensprache

Genusvariante In manchen Sprachen kann die Genuszuweisung systemat. die Bed. eines Substantivs konstituieren, z.B. in den ↗ romanischen Sprachen. Im Ital. bedeutet das feminine *foglia* ›Blatt (eines Baumes, Strauches, einer Blüte, Laub‹, das maskuline *foglio* bedeutet ›Blatt (Papier), Bogen, Formular‹. In best. semant. Feldern entstehen Regularien wie die folgenden: ital. *la cigliegia* (fem.) ›Kirsche‹, *il cigliegio* (mask.) ›Kirschbaum‹; ↗ Nomen comune. SO

Genus verbi, pl. Genera verbi (lat. ›Geschlecht des Verbs‹. Auch: Aktionsform, Diathese, Handlungsform, Verbalgenus. Engl. voice, frz. voix) Das g. v. repräsentiert eine Verbalkategorie, deren Glieder ↗ Aktiv und ↗ Passiv im Dt. wie in vielen anderen Spr. dem Sprecher ermöglichen, einen Sachverhalt in unterschiedl. Sicht und unterschiedl. sprachl. Struktur auszudrücken. Das Aktiv ist die unmarkierte, das Passiv die markierte Struktur, das aber im Ggs. zu früheren Darstellungen als unabgeleitet gilt. Die Möglichkeiten der Bildung insbesondere von Passivkonstruktionen sind abhängig von der Bedeutung des Verbs, aber auch von der syntakt. Struktur des Verbs (↗ transitiv vs. ↗ intransitiv). Die slav. Sprachen haben keine durchgehenden Paradigmen für das Passiv; z.B. gibt es im Russ. reflexive Formen (bei Verben des ↗ imperfektiven ↗ Aspekts) und ein periphrast. Passiv mit *sein* und Partizip Passiv (bei ↗ perfektiven Verben). Im Sanskrit und im Griech. gibt es noch ein ↗ Medium oder ↗ Mediopassiv, eine passivähnl. Mittelkonstruktion, die in jüngeren europ. Sprachen durch ↗ Reflexiva ersetzt ist; ↗ Deponens. In ↗ Ergativsprachen gibt es ein Antipassiv. Sprachvergleichende Untersuchungen haben gezeigt, dass die Subkategorien des g. v. in einer Spr. zur Realisierung zweier Perspektiven, der Handlungsperspektive und der Geschehensperspektive, dienen. Die meisten indoeurop. Spr. sind Akkusativsprachen (↗ Nominativsprache). Hier überwiegen sog. ↗ Handlungsverben. Nach E. Leiss ermöglicht das Passiv die Geschehensperspektive und nichtprototyp. Subjektwahl eines definiten ↗ Patiens. Agensreduktion ist nur eine Begleiterscheinung, nicht aber der Zweck des Prozesses. In Ergativsprachen überwiegen Geschehensverben. Entsprechend realisiert das Antipassiv die Handlungsperspektive, indem es ein definites Agens in die privilegierte syntakt. Position des Subjekts bringt. Im prototyp. Fall stimmen in Akkusativsprachen Subjekt, Agens, Thema und Topic überein. Das Passiv verhindert, dass in rhemat. Position ein themat. Patiens steht und ermöglicht die Wiederherstellung der natürl., präsupponierten kommunikativen Gliederung der Äußerung. In den sogenannten ↗ Aktivsprachen (z. B. in einigen ↗ Indianersprachen Nordamerikas, im Tibet.) schließl. gibt es weder Passiv noch Antipassiv. Die Perspektivenwahl ist über zwei gleichberechtigte Sets von Handlungs- und Geschehensverben mögl. **Lit.** H. W. Eroms, Das dt. Passiv in histor. Sicht. In: L. Hoffmann (Hg.), Dt. Syntax. Bln. 1992, 225–249. – E. Leiss, Die Verbalkategorien im Dt. Bln. 1992. – M. Shibatani (ed.), Passive and Voice. Amsterdam 1988. SL

Genuszuweisung ↗ Genusdetermination

Geographischer Name ↗ Toponym

Geonym ↗ Ortsname

Georgisch (Eigenbez. kartuli (ena); Georg- volksetymologisch aus pers. gurǧi, wozu auch russ. Gruzija ›Georgien‹, gruz-in-skij ›georg.‹; griech. ἴβη-ϱες (ibēres) ›Georgier‹ seit dem 1. Jh.) ↗ Südkaukasische Sprache. Von 3 571 000 Georgiern in der früheren Sowjetunion, einschließlich der Sprecher des ↗ Mingrelischen, ↗ Lasischen und ↗ Swanischen, sprachen nach dem Zensus von 1989 98,2 %, von den ca. 17 000 (getrennt gezählten) Juden 90,9 % G. als S1. Das g. Sprachgebiet umfasst den größten Teil der Republik Georgien (1989: 70,1 % Georgier) außer den Verbreitungsgebieten des ↗ Abchasischen, ↗ Mingrelischen, ↗ Swanischen, ↗ Ossetischen, ↗ Armenischen, ↗ Aserbaidschanischen usw.; dazu kommen kleinere Sprechergruppen z. B. in der Nordosttürkei (über 40 000 nach dem türk. Zensus von 1945), in Aserbaidschan (ca. 13 000) und im Iran (Provinz Isfahan). Das G. ist Staatsspr. der Republik Georgien und traditionell die Schriftspr. der Mingrelier und Swanen. Die schriftl. Tradition mit eigenem Alphabet, das in abgewandelter Form auch heute benutzt wird, beginnt mit der Christianisierung (Inschriften des 5. Jh. und Bibelübersetzungen). Das Altgeorg. (5.–12. Jh.) war die Spr. einer umfangreichen religiösen und philosoph., teilweise aus dem Griech. übersetzten Lit., aber auch (v. a. im 12. Jh.) von Chroniken, Epen (u. a. Šota Rustavelis Nationalepos *Der Mann im Tigerfell* oder: *im Pantherfell*) und hymn. Dichtung. Altgeorg. ist die Spr. der g.-orthodoxen Liturgie; es unterscheidet sich formal so wenig vom Neugeorg., dass gebildete Georgier auch die ältesten Texte größtenteils verstehen können. Die Lit. der folgenden Jhh. lehnt sich mehr oder weniger an diese Tradition an, bis

sich Mitte des 19. Jh. (u. a. durch den Einfluss des Dichters und Publizisten Ilia Čavčavadze) eine neugeorg. Schriftspr. durchsetzt, die sich an der gesprochenen Spr. orientiert. Das G. wird seit langem in allen Funktionen verwendet, auch in Medien, Technik und Wiss. Es ist Schulspr. (vorbereitet in der 2. Hälfte des 19. Jh. durch Iakob Gogebašvili und seine *Gesellschaft zur Verbreitung des Schreibens und Lesens unter den Georgiern*), auch für Mingrelier und Swanen sowie für einige (georg.) Lasen, die fast alle G. können (wie auch ein Teil der Minderheiten). Kenntnis und Gebrauch des Russ. ist verbreitet; Karte ↗ Kaukasische Sprachen, im Anhang. **Lit.** K. Tschenkéli, Einführung in die g. Spr. Zürich 1958. – H. Vogt, Grammaire de la langue géorgienne. Oslo 1971. – Sch. Dsidsiguri, Die g. Spr. Halle 1973. – A. Schanidse, Altg. Elementarbuch. 1. Grammatik der altg. Spr. Tbilisi 1981. – H. I. Aronson, Georgian. A Reading Grammar. Columbus/Ohio ²1990. – H. Fähnrich, Kurze Grammatik der g. Spr. Lpz. 1986. – Ders., Grammatik der altg. Spr. Hamburg 1994. – Ders., Old Georgian, ILC 1, 129–217. – H. Aronson, Modern Georgian. Ibid. 219–312. – B. G. Hewitt, Georgian. A Structural Reference Grammar. Amsterdam, Philadelphia 1995. – M. Cherchi, Georgian. LW-M 147. Mchn. 1999. – L. Abuladze & A. Ludden, Lehrbuch der g. Spr. Hamburg 2006. BO

Gepresste Stimme ↗ Pressung

Geradlinige Opposition ↗ Opposition

Geräusch ↗ Schall, ↗ Schallanalyse

Geräuschkonsonant ↗ Obstruent

Geräuschlaut ↗ Obstruent

Geräuschverb Mitunter vorkommende Bez. für Verben, die Geräusche bezeichnen und i. d. R. mit einer Bez. für den Verursacher des Geräuschs als Subjekt konstruiert werden, z. B. die *Straßenbahn rumpelt vorbei; Bello knurrt; Das Handy piepst.* G

Gerichteter Graph (engl. directed graph, digraph) Ein g. G. ist eine endl. Menge V von Knoten (engl. vertices) und eine endliche Menge E von Kanten (engl. edges) mit $E \subseteq V \times V$. Die Kanten haben eine Richtung und werden demgemäß als geordnete Paare (x_i, x_j) mit x_0 als Anfangs- und x_n als Endknoten des g. G. notiert. Eine Kante mit gleichem Start- und Endknoten (x_i, x_i) wird als Schlinge bezeichnet. Ein Pfad P der Länge n, mit $n \in \mathbf{N}$, von u nach v in einem gerichteten Graphen ist die Folge von Kanten $e_1, e_2, \ldots, e_n$ des Graphen, so dass $f(e_1) = \{x_0, x_1\}$, $f(e_2) = \{x_1, x_2\}, \ldots, f(e_n) = \{x_{n-1}, x_n\}$, wobei $x_0 = u$ und $x_n = v$ ist. Gerichtete *azyklische* Graphen (DAGs), deren Kanten mit Attributnamen beschriftet sind und deren Knoten Werte der Attribute denotieren, werden häufig zur Repräsentation von ↗ Merkmalsstrukturen verwendet. Z

Gerichtssprache Seit dem In-Kraft-Treten des Gerichtsverfassungsgesetzes (GVG) am 27. 1. 1877 ist in Deutschland die G. das Dt. Das Gericht und die Verfahrensbeteiligten müssen sich auf Dt. äußern und Schriftsätze und Entscheidungen auf Dt. abfassen. Dt. Mundarten, die alle Beteiligten verstehen, dürfen benutzt werden. Der Einigungsvertrag (Anlage I, Kapitel III, Sachgebiet A, Abschnitt III lr) hält darüber hinaus das traditionelle Recht der sorb. Minderheit aufrecht, in den Heimatkreisen der sorb. Bevölkerung vor Gericht ↗ Sorbisch auch dann zu sprechen, wenn der sorb. Beteiligte des Dt. mächtig ist. Auch mit schriftl. Eingaben darf er sich in sorb. Spr. an das Gericht wenden. Nach traditionellem Verständnis sind im Übrigen schriftl. Eingaben in fremder Spr. schlechthin unbeachtlich. Sie haben keine unmittelbaren rechtserhebl. Wirkungen. Das Gericht kann jedoch die Vorlage einer Übersetzung verlangen und die Erklärung als Eingang der Übersetzung als fristwahrend ansehen. Beruht ein Fristversäumnis auf Sprachschwierigkeiten, kann Wiedereinsetzung in den vorigen Stand gewährt werden, sofern kein auf Gleichgültigkeit beruhendes Verschulden gegeben ist. In der mündl. Verhandlung muss das Gericht für den Beteiligten, der des Dt. nicht mächtig ist, sowie für Gehörlose und Stumme einen ↗ Dolmetscher hinzuziehen; ↗ Gebärdensprache. **Lit.** R. Wassermann & J. Petersen (Hgg.), Recht und Spr. Heidelberg 1983. – J. Meyer, »Die G. ist dt.« – auch für Ausländer? Zsf. für die gesamte Strafrechtswiss. 93, 1981, 507–528. – K. Lässig, Dt. als G. und Amtssprache. Bln. 1980. – D. Cao, Translating Law. Clevedon u. a. 2007. – E. Felder, Jurist. Textarbeit im Spiegel der Öffentlichkeit. Bln. 2003. – D. Heller, Studien zur Rechtskommunikation. Bern 2007. – J. Seifert, Funktionsverbgefüge in der dt. Gesetzessprache (18.-20. Jh.). Hildesheim 2004. SM

Gerillt ↗ Flach

Germania Romana Von Th. Frings (1886–1968) auf Wortschatzanalysen gegründete Bez. für die histor. german.-roman. Übergangszone westl. des Rheins, in der sich kulturelle und sprachl. Integrations- und Abgrenzungsprozesse zwischen (Gallo-) Romanen und (West-) Germanen vollzogen. G

Germanisch (engl. germanic, frz. germanique) **1.** Zusammenfassende Bez. des Sprachzweigs der idg. Spr., der die ↗ germanischen Sprachen umfasst. Das G. gehört, nach einer älteren Klassifikation, zu den sog. Kentumspr. (↗ indogermanische Sprachen). Als Ausgliederungskriterium aus dem Idg. wird gewöhnl. die Durchführung der 1. (germ.) Lautverschiebung (↗ Grimmsches Gesetz) betrachtet, bei der ein völlig neues Konsonantensystem, u. a. mit vorher nicht vorhandenen Frikativen, entsteht; ↗ Vorgermanisch. Weitere Kennzeichen des G. sind v.a. die Festlegung des Wortakzents auf die 1. Silbe, die ↗ Auslautgesetze (Reduktion der Endsilben), der systemat. Ausbau des ererbten ↗ Ablautsystems als morphonolog. Mittel der Wort- und Formenbildung (v.a. der starken Verben), die Herausbildung einer starken und schwachen Adjektivflexion und eines schwachen Präteritums mit ↗ Dentalsuffix. Die mo-

dernen germ. Spr. haben diese Charakteristika z. T. wieder verloren. Die sprachl. Besonderheiten des ältesten G. haben in jüngster Zeit wieder vermehrt zu Versuchen geführt, das G. als Kontaktsprache aufzufassen. Eine allgemeingültige Einteilung des G. besteht nicht. Die traditionelle Aufteilung nach entwicklungsgeschichtl. und geograph. Gesichtspunkten in das ↗ Westgermanische, das ↗ Nordgermanische und das heute ausgestorbene ↗ Ostgermanische findet weiterhin Anwendung. Ein anderer Klassifikationsvorschlag geht von einer Zweigliederung aus, die das Ostgerm. und das Nordgerm. zur Gruppe des ↗ Gotonordischen oder einfach Nordgerm. zusammenfasst und einer ↗ Südgermanisch genannten Gruppe gegenüberstellt. Umstritten ist aber, ob das Westgerm. (Südgerm.) als Spracheinheit überhaupt existiert hat. Stattdessen wird auch eine frühe Dreiteilung in ↗ Nordseegermanisch, ↗ Weser-Rhein-Germanisch und ↗ Elbgermanisch angenommen. Die jüngst vorgeschlagene Unterscheidung in Hoch- und Niedergerm. bleibt weiter umstritten. Gemeinsamkeiten zwischen den westgerm. und nordgerm. Spr. zeugen von weiterbestehenden Kontakten nach der Abspaltung der Ostgermanen. – Die Überlieferung des G. beginnt erst in nachchristl. Zeit mit bereits mehr oder weniger dialektal geprägten Sprachzeugnissen, zunächst Inschriften. Eine sehr frühe Inschrift (Helm von Negau, wohl vor Chr.) überliefert zwar einen germ. Personennamen, ist aber sprachl. nicht germ. Zu den frühesten Primärquellen gehören die (↗ urnordischen) Runeninschriften (ab dem 2./3.Jh.) und die Übers. der Bibel ins ↗ Gotische (4. Jh.). Die Überlieferung des Westgerm. beginnt, abgesehen von einigen Runeninschriften, erst im 7./8. Jh. Zur Verschriftung des frühen G. wurde ↗ Runen, die got. Schrift und schließlich auf dem lat. Alphabet basierende Minuskelschriften verwendet. – Besondere Gemeinsamkeiten weist das G. im Bereich des Wortschatzes mit dem ↗ Italischen und ↗ Keltischen auf, vgl. lat. *mentum* ›Kinn‹, kymr. *mant* ›Kinnbacken‹, ahd. *munt*. Neben Erbwörtern enthält das G. aber auch viele Elemente, die aus späterer Entlehnung stammen. Bes. hervorzuheben sind die kelt. Lehnwörter aus dem gesellschaftl. und kulturellen Bereich, wie got. *andbahts* < kelt. *ambaktos* ›Diener‹, vgl. nhd. *Amt*. **2.** G. wird auch als Sprachstufenbezeichnung für die relativ einheitl. Vorstufe aller germ. Einzelspr. nach der Ausgliederung aus dem Idg. verwendet; dafür auch: ↗ Urgermanisch, Gemeingermanisch. Als Urheimat, in der sich das G. als solches herausgebildet hat, wird i. a. Südskandinavien und das Gebiet an der unteren Elbe angesehen. Dabei ist aber zu beachten, dass die ↗ Ethnogenese ein vielschichtiger Prozess ist. Das G. in diesem Sinne ist nicht direkt bezeugt, sondern nur durch Rekonstruktion in einer gewissen Abstraktion erfassbar. **Lit.** A. Bammesberger, Untersuchungen zur vergleichenden Gramm. der germ.

Spr.n. Heidelberg 1986 ff. – H. Krahe & W. Meid, Germ. Sprachwiss. I. Einleitung und Lautlehre. Bln., N. Y. ⁷1969. – T. L. Markey u. a., Germanic and its Dialects: A Grammar of Proto-Germanic. III. Bibliography and Indices. Amsterdam 1977. – Th. Vennemann, Grimm's Law and Loanwords. Transactions of the Philological Society 104, 2006, 129–166. – D. H. Green, Language and History in the Early Germanic World. Cambridge 1998. – K. Braunmüller, Das älteste G.: Offene Fragen und mögliche Antworten. Sprachwiss. 33, 2008, 373–403.   GR

Germanische Sprachen Unter den g. S. versteht man eine Gruppe idg. Spr., die sich von anderen idg. Spr. durch entwicklungsgeschichtl. Gemeinsamkeiten unterscheiden. Wichtigste dieser Eigenschaften sind jene, die durch die sog. erste (die sog. germ.) ⁷ Lautverschiebung zustande kamen, bei der im Standardfall (a) die sth. Okklusive zu stl. Okklusiven, (b) die stl. Okklusie zu sth. Frikativen, (c) die gemurmelten Okklusive zu sth. Okklusiven oder Frikativen wurden. Beispiele: (a) g ~ k: lat. gĕnŭ ›Knie‹ ~ dt. *Knie*, (b) t ~ th: lat. *frāter* ›Bruder‹ ~ engl. *brother*, (c) dh ~ d: ai. *vidhávā* (›Witwe‹) ~ engl. *widow*. Außerdem sind zu nennen: Ausbildung der Verbmorphologie durch die Entwicklung ⁷ starker Verben, Unterscheidung zwischen schwacher und starker Adjektivflexion. – Da es keine kanon. Kriterien für die Unterscheidung von Spr. – und folglich auch keine für die Unterscheidung verschiedener g. S. – gibt, schwanken die Angaben zur Zahl der g. S. je nach Gesichtspunkt erheblich. Gewöhnlich teilt man die g. S. in drei Gruppen ein: (a) ⁷ Ostgermanisch, (b) ⁷ Nordgermanisch, (c) ⁷ Westgermanisch (bisweilen auch als Südgerm. bezeichnet). Die ostgerm. Spr. mit dem ⁷ Gotischen als Hauptvertreter sind ausgestorben. – Zu den heutigen g. S. mit jahrhundertealter Schrifttradition zählt man: (a) die ⁷ nordgermanischen Sprachen ⁷ Isländisch, ⁷ Norwegisch, ⁷ Schwedisch, ⁷ Dänisch; (b) die ⁷ westgermanischen Sprachen, ⁷ Englisch, ⁷ Friesisch, ⁷ Niederländisch, ⁷ Niederdeutsch, ⁷ Hochdeutsch, ⁷ Jiddisch; Karte ⁷ Europäische Sprachen, im Anhang. G. S. mit kürzerer Schrifttradition sind ⁷ Färöisch und ⁷ Afrikaans. Mit stark eingeschränkter Schriftlichkeit: (a) auf der Basis dt. Varietäten: ⁷ Letzeburgisch, ⁷ Pennsylvaniadeutsch; (b) ⁷ Kreolsprachen auf engl. Basis, u. a. Neumelanes. (auch: Tok Pisin, in Papua Neu-Guinea S1 für ca. 50 000, S2 für ca. 2 Mio. Sprecher, Amtsspr.), Sranan (in Surinam ca. 350 000 Sprecher), Bislamar (auch Beach-la-Mar, Bietschlamar, ca. 1 200 Sprecher in Neukaledonien), Jamaica-Creole (ca. 2 Mio. Sprecher in der Karibik). Darüber hinaus sind immer wieder zahlreiche unterschiedl. erfolgreiche Bestrebungen unternommen worden, diverse Varietäten der g. S., die für mündl. Alltagskommunikation in Gebrauch sind, auf andere Bereiche mündl. Kommunikation (z. B. Rundfunk, Fernsehen) auszuweiten und für unterschiedl. Zwecke (z. B. religiöse, administrative, lit.) zu ver-

schriften. **Lit.** C. J. Hutterer, Die germ. Spr. Budapest 1975. – H. Kloss, Die Entwicklung neuer german. Kulturspr. seit 1800. Ddf. ²1978. – Sravnitel'naja grammatika germanskix jazykov. [Vergleichende Grammatik der german. Spr.n]. Moskva 1962 ff.   T

Germanismus Mehr oder wenig integrierte ⁷ Entlehnung aus dem Dt. in eine andere Spr., z. B. engl. *angst* (›existentielle Angst‹), *weltanschauung*, frz. *leitmotiv*, *lied* (›Kunstlied‹), ndl. *eigentor, männerfreundschaft*, poln. *ratusz* (›Rathaus‹), russ. *šlagbaum*. Oft werden auch ⁷ Lehnübersetzungen als G. bezeichnet, wie it. *giardino d'infanzia* ›Kindergarten‹.   SO

Germanistik ist die akademische Disziplin, welche die ⁷ germanischen Sprachen mit ihrer Kultur und Literatur erforscht. In diesem Verständnis reicht die G. über die reine Philologie hinaus und umfasst auch die Volkskunde bzw. Ethnologie (Religion, Brauchtum, Recht usw.). Der moderne Sprachgebrauch beschränkt das Verständnis von G. oft auf die dt. Sprache und unterteilt das akadem. Fach in Sprachwissenschaft, Neuere deutsche Literaturwiss. und Mediävistik. Zur Abgrenzung vom eigentl. Verständnis von G. ist hierfür die Bezeichnung *Teutonistik* (W. Betz) vorgeschlagen worden. Zudem wird heute meist zwischen Inlandsgermanistik und Auslandsgermanistik (mit einer besonderen Bedeutung des Teilfaches ⁷ Deutsch als Fremdsprache) unterschieden. **SSG** Stadt- und Universitätsbibliothek Frankfurt a. M. (30).   RL

Gerollter Laut ⁷ Vibrant

Gerundet (engl. round, frz. arrondi) Binäres distinktives phonolog. Merkmal [± rund], das artikulator. durch das Vorhandensein einer Lippenrundung definiert ist.   PM

Gerundium n., pl. ~en (von lat. gerundi (modus) ›zu Besorgendes, Verrichtendes‹ als Musterbeispiel dieser Form. Engl. gerund, nominal infinitive, frz. gérondif. Auch: Adverbialpartizip, Partizipialadverb, Verbaladverb) In manchen Spr., z. B. im Lat. vorkommendes Verbalsubstantiv, das die im Sg. deklinierbare Form des lat. Partizips Futur Passiv darstellt. Im übertragenen Sinne im Dt. für den meist mit Artikel versehenen nominalisierten Infinitiv (z. B. *Das Schreiben eines Buches erfordert viel Zeit*). Entspricht engl. Verbalnomina auf -*ing* (vgl. Sukarnos Beschreibung des Jahres 1965: *the year of living dangerously*). Das G. funktioniert wie ein Nomen hinsichtl. des übergeordneten, wie ein Verb bezügl. des untergeordneten Satzteils; vgl. lat. *ars epistolam bene scrībendī* = engl. *the art of writing a letter well* ›die Kunst des Briefeschreibens (des Schreibens guter Briefe)‹; ⁷ Progressiv, ⁷ Supinum. WR

Gerundiv(um) n. (lat. gerundivum ›zu Verrichtendes‹. Auch: adjektivischer zu-Infinitiv, participium necessitätis ›Partizip der Notwendigkeit‹) Sog. ⁷ Verbaladjektiv passiven Charakters, das eine künftig vorzunehmende Aktivität (häufig mit ⁷ adhortativer Nebenbedeutung) bezeichnet. Im Dt. weist das G. das Suffix {-nd} auf wie das ↗ Partizip I. Dazu tritt die entweder frei vor der Verbform positionierte oder (bei trennbaren Verben) inkorporierte Partikel *zu*, z. B. *der zu holende Kellner* vs. *das abzuholende Paket*. Das G. kongruiert mit seinem Regens wie ein Adj. in ↗ Numerus und ↗ Kasus und markiert sein Genus entspr. den Regeln der Adjektivdeklination, z. B. *der/ein zu besuchende(r) Erbonkel, eine/ die zu beendende Affäre, ein/das abzugebende(s) Buch*. Im Dt. sind einige G. als Substantivierungen lexikalisiert, z. B. *der/die Auszubildende*. Im Lat. ist das G. formgleich mit dem ↗ Gerundium; vgl. den Cato zugeschriebenen Ausspruch *Cēterum cēnseō Carthāginem dēlēndam esse* ›Im Übrigen meine ich, dass Karthago zerstört werden muss‹. G

Gesamtname ↗ Personenname

Gesang ↗ Singen

Geschäftsschrift Sammelbez. für Schriften meist kursiven Charakters, die für Aufzeichnungen aller Art von nicht berufsmäßigen Schreibern als Gebrauchsschrift benutzt wurden, i. e. S. Bez. für die von Geschäftsleuten benutzten Schriften, die seit dem späteren MA in größerem Umfang überliefert sind; ↗ Buchschrift, ↗ Kanzleischrift, ↗ Kursive. EN

Geschäftssprache 1. In frühnhd. Zeit geschriebene Spr. der städt. und fürstl. Kanzleien im Unterschied zur gesprochenen ↗ Verkehrssprache. Die verschiedenen G. weisen trotz aller regionalen Besonderheiten Ausgleichstendenzen auf, vgl. etwa die habsburgische oder die meißn.-obersächs. ↗ Kanzleisprache. Teilweise wird zwischen der G. und der Urkundensprache i. e. S. unterschieden; ↗ Frühneuhochdeutsch. MO – **2.** In jurist. Fachtexten und in sprachenrechtl. Zusammenhängen mitunter als Synonym für ↗ Amtssprache (1), ↗ Verwaltungssprache und ↗ Gerichtssprache. G

Geschlagener Laut ↗ Flap

Geschlecht ↗ Genus, ↗ Sexus

Geschlechtsabstraktion G. ermöglicht die Bez. von Personen ohne Spezifizierung ihres ↗ Sexus; ↗ feministische Linguistik. Im Dt. ist G. nur mit grammat. und lexikal. Mitteln zur Bildung ↗ generischer Ausdrücke mögl. Grammat. Mittel sind die Vermeidung formaler Spezifizierung beim Plural von Partizipien oder Adj. oder doppelte Spezifizierung durch das sog. Splitting: z. B. *Freunde und Freundinnen; jemand, der oder die*, engl. *they* im Sg. Lexikal. Mittel im Dt. sind wenige geschlechtsneutrale Personenbezeichnungen (Einzelwörter und Komposita), z. B. *Passagier, Gast, Flüchtling, Waise, Geisel, Mitglied, Opfer*, *-kraft* (*Bürokraft*), *-person* (*Amtsperson*). Im Engl. sind diese Wörter sehr zahlreich. Hier herrscht im Ggs. zum Dt. die Tendenz zur nominalen G. vor; ↗ Epikoinon. **Lit.** ↗ Genus. SL

Geschlechtsname ↗ Gentilname

Geschlechtsspezifikation Bei Personenbezeichnungen liegt G. vor, wenn der ↗ Sexus der bezeich-

neten Person aufgrund formaler (morpholog. oder semant.) Kriterien bestimmbar ist. Für G. gibt es lexikal. und grammat. Mittel sowie Mittel der Wortbildung. Bei Substantivierung von Adj. und Partizipien (↗ Differentialgenus) erfolgt G. mit der Zuweisung des Art. *die/der Erziehungsberechtigte, Auszubildende*. Vielen Personenbezeichnungen im Dt. sind die Merkmale [weibl.] bzw. [männl.] lexeminhärent, z. B. *Tante, Bruder*, ebenso bei Komposita wie *Kauffrau, Hausmann*. Semant. Mittel der G. sind auch die Adj. *weibl.* und *männl.*, z. B. *weibl. Genie; die weibl. Angestellten; die männl. Fachkraft*. Bei mask. Personenbezeichnungen erfolgt G. überwiegend durch Substantivableitungen vor allem durch das Suffix {-er} (daneben {-ner, -ler, -ling} und einige seltene andere). Fem. Personenbezeichnungen werden durch ↗ Movierung von den mask. gebildet, meist mithilfe des Suffixes {-in}. Andere Bildungsmuster sind sehr selten und zum Teil negativ besetzt: {-ess/-esse, -ette, -ice, -euse}, z. B. *Masseuse, Friseuse*. Im Engl. erfolgt G. primär durch Pronominalisierung; ↗ Geschlechtsabstraktion, ↗ Splitting. **Lit.** ↗ Genus. SL

Geschlechtswort ↗ Artikel

Geschlossen (engl. close, frz. fermé) Binäres distinktives phonolog. Merkmal zur Kennzeichnung des mit einer stärkeren Konstriktion des Ansatzrohres produzierten ↗ Vokals in einem bezügl. der Zungenhöhe nur minimal verschiedenen Gegensatzpaar; Ggs. offen (engl. open, frz. ouvert). Im Dt. bei betonten Vokalen korreliert mit der Dauer (↗ Quantität) des Vokals; ↗ gespannt. PM

Geschlossene Silbe ↗ Silbe mit kons. ↗ Silbenkoda; im Ggs. zu offener Silbe, der diese fehlt. PM

Geschlossene Klasse Klasse von Elementen, die synchron nicht erweiterbar ist, d. h. eine feststehende, zählbare Menge von Elementen enthält. Im Bereich des Lexikons gelten die Konjunktionen, Präpositionen, Partikeln, Pronomina u. a. Klassen von ↗ Funktionswörtern als g. K., die vier ›großen‹ Wortklassen der Substantive, Verben, Adjektive und Adverbien als offene Klassen, weil sie unablässig neue Elemente aufnehmen (↗ Neologismus, ↗ Wortbildung) und alte Elemente aufgeben (↗ Archaismus). G

Geschriebene Sprache (engl. written language, frz. langue écrite) G. S. ist explizit und in Opposition zur ↗ gesprochenen Sprache seit dem 19. Jh. Gegenstand ling. Forschung. Seit W. von Humboldt (1767–1835) über H. Steinthal (1823–1899), J. Baudouin de Courtenay (1845–1929) und den ↗ Junggrammatikern (v. a. H. Paul, 1846–1921), F. de Saussure (1857–1913) bis zu L. Bloomfield (1887–1949) gibt es theoret. und v. a. method. orientierte Debatten über die Doppelheit des Ausdrucks von Spr. in allen ↗ Schriftsprachen; ↗ geschriebene Sprachform, ↗ gesprochene Sprachform. Seit der junggrammat. Hinwendung zur gesprochenen Sprache als dem primären, eigentl. und authent. Ausdruck von Spr. wird die g. S. in den meisten theoret. Modellen als sekundär und abgeleitet, korrupt und verzerrt eingestuft; ↗ Abhängigkeitshypothese, ↗ Schriftlinguistik. Bei der Erstellung von Grammatiken und der Erforschung ling. Einzelfragen blieb die g. S. jedoch prakt. stets der wesentl. Lieferant von Daten (Belegen, Beispielen), so dass ein Widerspruch zwischen theoret. Verdikt und method. Praxis zu konstatieren ist. Seit den 1970er Jahren gibt es verstärkt Forschungsansätze, die die beiden Erscheinungsformen von Spr. method. kontrolliert untersuchen und funktionale, strukturelle und mediale Gegensätze und Differenzen herauszuarbeiten suchen. Sie befassen sich – auf der Seite der g. S. – nicht nur mit dem Ergebnis von Schreibaktivitäten, d. h. Schriftprodukten (↗ Texten), sondern auch mit dem Schreibprozess (↗ Schreiben), dem Erwerb schriftsprachl. Fähigkeiten (↗ Alphabetisierung) und deren Störungen (↗ Agraphie, ↗ Dysgrammatismus, ↗ Lese-Rechtschreibschwäche). **Lit.** ↗ Schrift.   G

Geschriebene Sprachform (engl. written language, frz. langue écrite) Jede ↗ Schriftsprache hat zwei wesentl. Formen des Ausdrucks, nämlich eine (phon. realisierte) gesprochene und eine (graph. realisierte) geschriebene Form (weitere Formen des Ausdrucks von Spr. sind opt. (↗ Cherologie, ↗ Handalphabete, ↗ Gebärdensprache, ↗ Zeichensprache) und hapt. Systeme; ↗ Blindenschrift). Beide Sprachformen weisen Eigenschaften auf, die für sie spezif. sind und in der jeweils anderen Sprachform (a) keine Entsprechungen haben oder (b) dort durch andere, funktional mehr oder weniger entsprechende Mittel ausdrückbar sind. Beispiele für (a) sind viele graph. Strukturierungsmittel wie ↗ Absatz, ↗ Spalte und ↗ Zeile, ↗ Leerstellen wie ↗ Worttrenner, die ↗ Diakritika, die ↗ Groß- und Kleinschreibung, die v. a. syntakt. Sachverhalte repräsentiert (z. B. Satzgrenzen). Beispiele für (b) sind weite Bereiche der ↗ Interpunktion, die funktional v. a. mit intonator. Mitteln korreliert sind, bestimmte ↗ Leerstellen höherer Ordnung, die mitunter mit ↗ Pausen korrespondieren, die Mittel der ↗ Auszeichnung, die mit intonator. Mitteln (↗ Akzent) zum Ausdruck semant. Beziehungen zusammenhängen können. Weiterhin unterscheiden sich die beiden Sprachformen durch signifikante Unterschiede in der Frequenz bestimmter Strukturmuster. So gelten im Dt. etwa komplexere Formen der ↗ Subordination (↗ Satzgefüge) oder die Formen des ↗ Futur als typ. für die g. S., während ↗ Anakoluthe und ↗ Ellipsen als untyp. gelten. Es gibt Lexikonbereiche, die typischerweise in der g. S. vorkommen (z. B. Konjunktionaladverbien wie *folglich, ungeachtet dessen*). Die g. S. ist weitgehend dekontextualisiert, denn der Adressat ist in der Schreibsituation i. d. R. nicht anwesend, weshalb der Schreibende alles explizieren muss, was in der mündl. face-to-face-Kommunikation dem Kontext

entnommen werden kann; z. B. ist der Satz *Gestern küßte sie mich dort unter dem Kinoplakat* ohne Auflösung der ↗ Deixis und der Pronomina sinnlos, weil ohne Referenz. Ein weiteres Spezifikum der g. S. besteht darin, dass bei ihrer Herstellung (im Prinzip beliebig viele) Redaktionen, Korrekturen, Modifikationen des entstehenden Schriftprodukts erlaubt sind, die strikte zeitliche Linearität des Gesprochenen also aufgehoben ist: erst der »fertige« (vom Schreibenden als fertig autorisierte) Text ist das dem Adressaten zugängliche Schriftprodukt, und er sieht ihm seinen Entstehungsprozess i. d. R. nicht an. Heftig diskutiert wird in der ↗ Schriftlinguistik die Frage, welcher theoret. Status den beiden Sprachformen zukommt. Die traditionelle ↗ Abhängigkeitshypothese, derzufolge die g. S. eine sekundäre und durch Ableitungsregeln erklärbare Filiation der gesprochenen Sprachform sei, wird heute weitgehend abgelehnt, ebenso die radikale ↗ Autonomiehypothese, die für jede der beiden Sprachformen ein eigenständiges Sprachsystem unterstellt. Die ↗ Interdependenzhypothese nimmt ein einheitliches strukturelles Zentrum (z. B. weitgehend ident. syntakt. und morpholog. Regeln) und erhebliche Variation auf der Ausdrucksseite an. **Lit.** ↗ Schrift.   G

Gesellschaftsneutral ↗ Generisch

Gesetz der wachsenden Glieder ↗ Behaghelsche Gesetze

Gesetzessprache ↗ Amtssprache

Gespannt (engl. tense, frz. tendu) Binäres distinktives phonolog. Merkmal zur Kennzeichnung des mit einer (durch die Zungenkörper- bzw. Zungenwurzelposition bedingten) stärkeren Konstriktion des Ansatzrohres produzierten ↗ Vokals in einem bezügl. der Zungenhöhe nur minimal verschiedenen Gegensatzpaar; Ggs. ungespannt (engl. lax, frz. relâché). Im Dt. bei betonten Vokalen korreliert Gespanntheit mit der ↗ Dauer des Vokals (z. B. *beten* [eː] vs. *Betten* [ɛ], ↗ geschlossen.   PM

Ge-Sprachen (auch: Jê, Ge-Tapuia) Sprachfamilie in Zentral-, Ost- und Südbrasilien; Karte ↗ Südamerikanische Sprachen, im Anhang. Zu den G.-S. gehören das Apinayé, das Canela, das Gavião, das ↗ Kaingang, die ↗ Kayapó-Spr.n, das Krahô, das Suyá, das ↗ Xavante, das Xerente und das Xokleng. Die G.-S. bilden den Kern eines Sprachstamms mit mögl. Verzweigungen über große Teile Brasiliens und Ostboliviens. Vorgeschlagene weitere Mitglieder dieses ›Makro-Ge-Sprachstamms‹ sind die ↗ Bororo-Spr.n, die ↗ Botocudo-Spr.n, das ↗ Chiquitano, das Fulniô, das Guató, die Jabuti-Spr.n, das Kamakã, die Karajá-Spr.n, die Kariri-Spr.n, die Maxakalí-Spr.n, das Ofayé, die Purí-Coroado-Spr.n und das Rikbaktsá. Zum Makro-Ge-Sprachstamm gehören die Spr. der meisten Völker, die von den ↗ Tupí des brasilian. Küstengebiets Tapúia genannt wurden. **Lit.** A. D. Rodrigues, Línguas brasileiras. São Paulo 1986. – I. Davis, Some Marco-Jê Relationships. In: IJAL 34, 1968, 42–47. – E. R. Ribeiro

& H. van der Voort, Nimuendajú was right. The Inclusion of the Jabutí Language Family in the Macro-Jê Stock. Ms. SSG Ibero-Amerikanisches Institut Berlin (204). AD

Gespräch (engl. conversation, talk) **1.** Unter Rückgriff auf die Alltagsspr. und lit. Gesprächskonzeptionen verwendeter Ausdruck für Formen ↗ gesprochener Sprache, als Äquivalent zu ↗ Konversation, ↗ Diskurs, ↗ Dialog. Klare begriffl. Unterscheidungen sind nicht verallgemeinert. **2.** ↗ Sprechwissenschaft. E

Gesprächsanalyse ↗ Konversationsanalyse

Gesprächserziehung ↗ Rhetorische Kommunikation, ↗ Sprecherziehung

Gesprächswort Zusammenfassende Bez. für sprachl. Ausdrücke, deren Vorkommen der Organisation, Gliederung, Strukturierung ↗ mündlicher Sprache dient; ↗ Diskurspartikel, ↗ Gliederungssignal. E

Gesprochene Sprache (engl. spoken language, frz. langue parlée) G. S. ist explizit und in Opposition zur ↗ geschriebenen Sprache seit etwa 1965 Gegenstand der deutschsprachigen Ling. Zwar bestand spätestens seit Anfang des Jh. ein Primat der g. S. in der sprachtheoret. Diskussion (↗ Junggrammatiker, F. de Saussure, amerikan. ↗ Strukturalismus), jedoch ohne dass die Unterschiede Gesprochen – Geschrieben näher thematisiert wurden. O. Behaghels (1899) erste systemat. Reflexionen über g. S. und ihre Besonderheiten blieben folgenlos. Motivation für die Erforschung der g. S. war u. a. die Verbesserung des FU; deshalb beschränkte sich die Forschung anfangs auf gesprochene ↗ Standardsprache. Zunächst stand die Beschreibung syntakt. Phänomene im Vordergrund. Seit den 70er Jahren ging es zunehmend auch um die bes. Strukturiertheit der g. S. sowie die Untersuchung von Dialogabläufen. Nach weitgehender Konzentration auf das Gesprochene ist seit den 80er Jahren die Ausrichtung wieder stärker vergleichend; ↗ Mündlichkeit vs. ↗ Schriftlichkeit. Eine Systematisierung erfolgte z. B. durch L. Söll: Was wir als gesprochen bzw. mündl. bestimmen, ist nicht nur eine Sache des Mediums (phon. bzw. graph.), sondern vor allem eine Sache der Konzeption; ↗ Sprachdenken, ↗ Sprachproduktion. Die oberfläch. binäre Opposition (gesprochen vs. geschrieben) erweist sich als ein differenziertes Kontinuum, das durch außersprachl. Redekonstellations- oder Kommunikationsbedingungen charakterisierbar ist, z. B. Grad der Öffentlichkeit, phys. Nähe der Kommunikationspartner, Grad der Themenfixierung. Ein Privatbrief z. B. ist schriftl. fixiert, aber i. d. R. mit geringem sprachl. Planungsaufwand. Demgegenüber ist eine Predigt zwar gesprochen, aber i. d. R. schriftl. konzipiert und ausformuliert. G. S. weist ein geringeres Ausmaß an sprachl. Planung und an Versprachlichung auf, bedingt durch den dialog. Charakter, die situative Nähe, die Vorläufigkeit des Geäußerten

und die Tatsache, dass die sprachl. Äußerung nicht alleiniger Informationsträger ist. Für die intensive Erforschung sind Ton- sowie Tonbildträger unverzichtbar; Analysen sind jedoch ohne Verschriftlichung unmögl. Transkriptionssyteme erlauben mittlerweile die Berücksichtigung begleitender ↗ Gestik, ↗ Mimik, nichtsprachl. Handelns sowie ↗ Pausen, ↗ Intonation und Sprechgeschwindigkeit; ↗ Parlando. **Lit.** L. Söll, Gesprochenes Frz. Bln. 1974. – Weitere Lit. ↗ Gesprochene Sprachform. SL

Gesprochene Sprachform (engl. spoken language, frz. langue parlée) Die Untersuchung der ↗ gesprochenen Sprache erfolgt für das Dt. seit den 1960er Jahren. Zunächst wurden syntakt. Phänomene (wie Satzlänge und Satzstruktur; Konjunktiv, Tempus, Passiv) untersucht. Dann wurde die besondere Strukturiertheit der gesprochenen Spr. und die in ihr bevorzugten Mittel (z. B. ↗ Gliederungssignale, ↗ Paraphrasen, ↗ Korrekturen) herausgearbeitet. In Verbindung mit der ↗ Sprechakttheorie und der ↗ Konversationsanalyse entwickelten sich gesprächsanalyt. Fragestellungen. Inzwischen wird vermehrt der lautl.-prosod. Bereich untersucht, um Affektausdruck, Akzentsetzung, Betonung, Ausdruck von Sprechereinstellung untersuchen zu können. Anfangs wurde vor allem die je eigene Systemhaftigkeit und die Unvergleichbarkeit von geschriebener und gesprochener Spr. (Rupp 1965) betont; ↗ Autonomiehypothese. Heute wird angenommen, dass beide Sprachformen unterschiedl. Gebrauch von gleichen Möglichkeiten machen (Steger 1967, 1989). Es gibt universelle Besonderheiten der g. S., die in den Einzelspr. unterschiedl. genutzt werden und durch einzelsprachl. Besonderheiten ergänzt werden. Wichtige syntakt. Besonderheiten der g. S. sind die Bevorzugung der Parataxe gegenüber der Hypotaxe, geringere Variation bei den Konjunktionen und Nebensatztypen, gehäuftes Auftreten von ↗ Ellipsen, ↗ Anakoluthen und ↗ Herausstellungen und von Textherstellungsverfahren wie Wiederholungen und ↗ Korrekturen (Schlobinski 1997, Schwitalla 1997). Semant. Besonderheiten der g. S. sind geringere semant. Variation, gehäufter Einsatz von wenig differenzierenden sog. ›Allerweltswörtern‹ (z. B. Ding, Typ, machen), von Deiktika sowie expressiv-affektiven Ausdrucksverfahren, die der Verstärkung und Anschaulichkeit dienen, sparsamere Versprachlichung, aber auch höhere ↗ Redundanz. Zu den phonet. Besonderheiten zählen Sprecherleichterungen und Verschleifungen, ↗ Elisionen, ↗ Reduktionen und ↗ Assimilationen bis hin zur Tilgung von Silben. Textuell-pragmat. Merkmale sind ↗ Gliederungssignale, Sprecherwechselsignale, ↗ Kontaktsignale, ↗ Verzögerungsphänomene, Korrektursignale, Interjektionen und Abtönungserscheinungen (Couper-Kuhlen & Selting 1996). – Mit der ↗ geschriebenen Sprachform nicht vergleichbar und bisher am wenigsten erforscht sind der (kombinierte) Einsatz prosod. Elemente wie Tonhöhe, Lautstärke, Sprechtempo, Akzentuierung zur Modalisierung, Unterstreichung, ↗ Kontextualisierung und Signalisierung von Kooperationsbereitschaft. Zu Beginn der Forschungsentwicklung wurde die g. S. meist abgewertet, ihre Besonderheiten wurden als Fehler bzw. Nachlässigkeiten aufgrund von geringer Planung und mangelndem Gedächtnis erklärt. Mittlerweile überwiegen Erklärungen, die diese Besonderheiten als aktive Anpassungsleistungen an Situation und Partner beschreiben. **Lit.** H. Rupp, Gesprochenes und geschriebenes Dt. WW 1965, 19–29. – G. Schank & G. Schoenthal, G. S. Tübingen 1976. – H. Steger, Gesprochene Spr. In: Satz und Wort im heutigen Dt. Ddf. 1967. – R. Rath, Geschriebene und gesprochene Form der heutigen Standards. HSK 1, II, 1651–1663. – H. Steger, Bilden gesprochene und geschriebene Spr. eigene Spr.varietäten? In: H. Aust (Hg.), Wörter. Fs. Th. Lewandowski. Tübingen 1987, 35–58. – P. Koch & W. Österreicher, Gesprochene Spr. in der Romania. Tübingen 1990. – E. Couper-Kuhlen & M. Selting (eds.), Prosody in Conversation. Interactional Studies. Cambridge 1996. – D. Gibbon, R. Moore & R. Winski, Handbook of Standards and Resources for Spoken Language Systems. Bln. 1997. – P. Schlobinski (Hg.), Syntax des gesprochenen Dt. Opladen 1997. – J. Schwitalla, Gesprochenes Dt. Bln. ²2003. **Bibl.** L. Hoffmann, Grammatik der gesprochenen Spr. (SBS 25). Heidelberg 1998.   SL

Geste ↗ Artikulatorische Phonetik, ↗ CV-Phonologie, ↗ Gestik, ↗ Radikale Phonologie

Gestensprache ↗ Gebärdensprache

Gesteuerter Spracherwerb Durch Unterricht vermittelter Spracherwerb, im Ggs. zum ↗ ungesteuerten Spracherwerb. Das Begriffspaar wird im Bereich der Fremd- und Zweitspracherwerbsforschung und -didaktik verwendet, um das durch gezielte Lehre induzierte Sprachlernen zu unterscheiden von dem sich allein durch den Kontakt mit einer Spr. vollziehenden Sprachlernen. Charakterist. für g. S. ist, dass Lehrpersonen in didakt. und method. geplanten Unterrichtssituationen (Schule, Sprachkurse) auf der Basis von Curricula das Lernen bewusst steuern. Auch beim Selbststudium einer Spr. handelt es sich um g. S., sofern es mit didakt. aufbereiteten Lehrmaterialien durchgeführt wird. G. S. bedient sich verschiedener Medien: *face-to-face*-Unterricht, Videosprachkurse, elektron. vermitteltes interaktives Lernen (e-learning). Als Zwischenform zwischen gesteuertem und ungesteuertem Spracherwerb kann Spracherwerb durch *Immersion* (auch. »Sprachbad«) angesehen werden, d.h. Spracherwerb in Institutionen, insbes. Schule und Kindergarten, in denen die zu lernende Spr. nicht als Unterrichtsgegenstand, sondern als Unterrichtsmedium fungiert.   AN

Gestik (lat. *gestus* ›Haltung, Stellung, Bewegung (des Körpers, der Hände), Gebärden‹) Repertoire und System kommunikativ verwendeter Körperbewegungen und -haltungen, v. a. Hand- und Armbewegungen. Auch die Positionen von Händen und Armen spielen eine Rolle, z. B. offen, ineinander verschränkt, zur Faust geballt; auch das Manipulieren von Gegenständen, das Spielen mit den Haaren, nahe am eigenen Körper oder gegen den Kommunikationspartner gerichtet, können gest. eingesetzt werden. Die G. ist ein wichtiger Bestandteil des Multikanalsystems Kommunikation mit unterschiedl. Funktionen: als Demonstrativgesten, Betonungsgesten, Zeigegesten und Berührungsgesten begleiten oder ersetzen sie das Gesprochene. Sie können außerdem sowohl der »Interpunktion« des Gesprochenen dienen als auch der Gesprächssteuerung. Hauptfunktionen sind Illustration und Ergänzung sprachl. Äußerungen. Zur G. gehören nur zum Teil Zeichen, mit denen Sprecher und Hörer gezielt Absichten mitteilen, daneben aber auch sog. *cues* (Verhaltensweisen, die implizit und meist unbewusst Absichten offenbaren). Häufig dienen Kombinationen aus Ausdrucksmitteln zum Ausdruck von Gefühlen wie Ärger oder Unwillen. Allerdings ist die Variation der Handbewegungen sehr groß. In einem Versuch von Krout (1954) machten 100 VPn. 5 238 verschiedene Gesten. Als statist. Regelmäßigkeiten ergaben sich: Furcht = Hand zur Nase; Aggression = Faustgesten; Scham = Finger an die Lippen; Frustration = offene oder zwischen den Beinen baumelnde Hände. Das Ausmaß gest. Verhaltens und das Repertoire redebegleitender Gesten sind kulturell sehr unterschiedlich. G. sind nur teilweise segmentierbar, d. h. in identifizierbare Einheiten aufzulösen; ein Großteil ist nur als kontinuierliche Skala von Schattierungen im Forschungsprozess auch mit eigenen Kriterien zu unterscheiden. Gesten müssen in der Verschriftlichung nicht notiert, sondern kommentiert werden. Zwischen gest. und sprachl. Verhalten werden enge Beziehungen angenommen, die auch neuroanatom. nachweisbar sind. Hewes geht davon aus, dass Spr. in der gest. Kommunikation der Menschen ihren phylogenet. Ursprung hat. **Lit.** W. Nöth, Hdb. der Semiotik, Kap. V. Stgt., Weimar ²2000.   SL

Gesturale Partitur ↗ Artikulatorische Phonologie

Gestürzter Diphthong ↗ Mittelhessisch, ↗ Ostfränkisch

Gesunder Plural (auch: äußerer Plural) Lehnübersetzung des arab. grammat. Terminus für Pluralformen, die mit Suffixen gebildet sind, z.B. arab. *muslim* (Sg.), *muslimūna* ›Muslime‹; Ggs. ↗ gebrochener Plural.   WI

Getippter Laut ↗ Tap

Getrennt- und Zusammenschreibung In der Orthographie von Spr., die über das Wortbildungsmittel der ↗ Komposition verfügen, muss ausgedrückt werden, in welchen Fällen Komposition vorliegt und in welchen Fällen nicht. Zusammenschreibung signalisiert das Vorliegen von Komposition, die sog.

Bindestrichschreibung die unklaren und peripheren Fälle, Getrenntschreibung signalisiert morphosyntakt. Selbständigkeit der betr. Wörter. Erhebliche Probleme ergeben sich im Dt. bei den objektinkorporierenden Verben (↗ Inkorporation), bei denen Infinitive und Partizipien monolexematisch sind (z.B. *er trainiert brustschwimmen, er kann gut klavierspielen*), finite Formen in Verbzweit-Sätzen aber polylexematisch (z.B. *er schwimmt viel Brust, er spielt gut Klavier*). Weitere Probleme ergeben sich bei festen Präpositionalverbindungen mit adverbialer Funktion (z.B. *beiseite, vorzeiten*), in der Funktion einer Präposition (z.B. *zuliebe, zugunsten*) oder in der Funktion von Verbpräfixen (z.B. *zuwege* in *zuwegebringen*). Die Rechtschreibreform von 1996/98 wird dieser Problematik nicht gerecht.   G

Gewährsperson ↗ Dialektdatenerhebung, ↗ Informant

Gewässername (auch: Hydronym) ↗ Ortsname

Gewässernamenkunde ↗ Ortsnamenkunde

GG (Abk. für Generative Grammatik. Auch: Generative Transformationsgrammatik) I. e. S. Bez. für die von N. Chomsky entwickelten bzw. initiierten Grammatik-Modelle, i. w. S. Bez. für alle zur Klasse der ↗ Chomsky-Grammatiken gehörenden Grammatik-Modelle, welche Spr. mittels erzeugender Mechanismen modellieren und dementspr. über generative Regeln verfügen, bspw. ↗ Unifikationsgrammatiken, ↗ Generative Semantik, ↗ Distributed Morphology oder verschiedene Modelle aus der ↗ Kognitiven Linguistik. In der histor. Entwicklung der GG Chomskys sind bislang vier Stufen abzugrenzen: 1. das Modell der Syntakt. Strukturen (Chomsky 1957), 2. das ↗ Aspekte-Modell (= Standardtheorie; Chomsky, Aspects), 3. die erweiterten und revidierten Standardtheorien seit Mitte der 1960er Jahre (↗ EST, ↗ REST), die in die ↗ Rektions-Bindungs-Theorie und ↗ Barrierentheorie mündeten (Chomsky 1970, 1981, 1986), und 4. seit Anfang der 1990er Jahre das an der ↗ Optimalitätstheorie orientierte Programm des ↗ Minimalismus (Chomsky 1995, 1998, 1999, 2004, 2005; Hauser et al. 2002). Für alle genannten Stufen sind spezif. Ansichten und Hypothesen charakterist., die sich nicht nur auf radikale Veränderungen der internen Architektur der betreffenden ↗ Modelle beziehen, sondern auch auf method. Verfahren und Erklärungsansprüche. Wissenschaftsgeschichtl. bezieht sich N. Chomsky selbst mit Einschränkungen auf die rationalist. Sprachphilosophie von G. W. v. Leibniz (1646–1716) und R. Descartes (1596–1650) und bezeichnet die von ihm vertretene Richtung als ↗ cartesianische Linguistik; seit Anfang der 1960er Jahre wurden mentalist. und nativist. Konzepte stärker in die Grammatik-Modelle einbezogen (↗ Mentalismus), was zur Konzeption des ↗ Idealen Sprecher-Hörers und der Kompetenz (↗ Kompetenz vs. Performanz) führte. An eine Grammatik wird seit dem Aspekte-Modell der Anspruch an Erklä-rungsadäquatheit (↗ Adäquatheit) gestellt: das Grammatik-Modell muss demzufolge nicht nur in der Lage sein, die Kompetenz eines Idealen Sprecher-Hörers abzubilden, sondern soll darüber hinaus (a) mit Daten aus dem ↗ Spracherwerb und aus der mentalen Sprachverarbeitung (↗ Bewertungsprozedur) vereinbar sein und insbes. (b) mit universalen Eigenschaften natürl. Sprachen; in der Entwicklungsphase seit Anfang der 1990er Jahre, dem Minimalismus, werden zudem ökonomische Ableitungsprinzipien in den Vordergrund gestellt, insbes. im Verhältnis zum ↗ rekursiven Charakter natürlichsprachl. Strukturen und der Vorstellung, dass syntakt. Prozeduren Produkte erzeugen, welche als Schnittstellen zur Weiterverarbeitung durch kognitive und motor.-sensor. Systeme dienen (vgl. Hauser et al. 2002, Pinker & Jackendoff 2005). Während das Modell der Syntakt. Strukturen den rekursiven Charakter natürlichsprachl. Strukturen mittels nicht-bedeutungsneutraler Transformationen abbildete, welche eine endl. Menge durch ↗ Phrasenstrukturregeln erzeugter Kernsätze zu einer unbegrenzten Anzahl von Nicht-Kernsätzen transformierten, nimmt das Aspekte-Modell die Restriktion an, dass bedeutungsneutrale Transformationen zwischen den beiden syntakt. Ebenen ↗ Tiefenstruktur und ↗ Oberflächenstruktur vermitteln. Dieses Konzept verlangt nicht nur den Einbezug von semant. Verfahren in das Grammatik-Modell, sondern auch, dass semant.-interpretative Verfahren auf der Ebene der Tiefenstruktur anzusiedeln sind (↗ Interpretative Semantik), dass mithin Rekursivität durch ↗ Phrasenstrukturregeln mit ↗ selbsteinbettenden Konstruktionen abgebildet wird, was im Rahmen des Aspekte-Modells durch rekursive Regelkomplexe wie z. B. S → VP + NP oder NP → NP + S gewährleistet wird. Kritik an der Standardtheorie erfolgte von verschiedener Seite und führte zu heterogenen Alternativmodellen (z. B. ↗ Generative Semantik, ↗ Oberflächensyntax); insbes. litt das Modell unter zahlreichen ad hoc-Annahmen über sprachl. (nicht nur transformationelle) Prozeduren. Ross (1967) zeigte deutl., dass im Grammatik-Modell ↗ Beschränkungen für Prozeduren erforderl. sind, die in generalisierender Weise formulierbar sind. Chomsky selbst initiierte mit seiner Arbeit über ↗ Nominalisierung (↗ Lexikalistische vs. transformalistische Hypothese) und der auf Vorarbeiten von Z. S. Harris (1951) zurückgehenden Idee der X-Bar-Notation (Chomsky 1970) eine neue Möglichkeit, empir. überprüfbare Restriktionen für sprachl. Strukturen zunächst in formaler Hinsicht in die Theorie einzubeziehen. Die ↗ X-Bar-Theorie legte den Grundstein für eine Konzeption, die in den folgenden beiden Jahrzehnten für alle generativen Grammatik-Modelle bestimmend war: Die Suche nach generalisierbaren Prinzipien für die Restriktion sprachl. Strukturen in allen sprachsystemat. Aspekten. Mit diesem generalisierenden Anspruch wurde die Theorie der GG zugleich zu einer generellen Theorie über die menschl. Sprachfähigkeit schlechthin: Die Grammatik, so der neue Anspruch, habe weniger die Spezifika einer Einzelspr. L zu beschreiben als vielmehr die allen Einzelspr. zugrundeliegende menschl. Sprachfähigkeit schlechthin; eine Einzelspr. L, so postuliert Chomsky (1981), sei nicht durch ein spezif. Regelsystem gekennzeichnet, nicht durch konstruktionsspezif. Ableitungsregeln, sondern vielmehr dadurch, dass sie aus einem genet. determinierten Prinzipiengerüst, ↗ Universalgrammatik (UG) genannt, eine spezif. Festlegung träfe. Die Regeln von L sind somit ledigl. die für L spezif. Prinzipien aus UG. Die schrittweise Entwicklung dieser mentalist. und nativist. Ideen und ihre Einwirkung auf die Konzeption der verschiedenen Grammatikmodelle ist am Wandel der Funktion aller für die Theorie grundlegenden Komponenten bzw. Einheiten wie ↗ Basiskomponente, ↗ Tiefenstruktur, ↗ Oberflächenstruktur, ↗ Logische Form, ↗ Phonologische Form, ↗ Transformation, ↗ Move α, ↗ ECP, ↗ Leere Kategorie ablesbar. Sie führte insbes. zu einer Gesamtarchitektur des ↗ Modells, welche dadurch gekennzeichnet ist, autonome Sub-Regelbereiche zu konzipieren, die zwar durch jeweils eigenständige Objektbereiche und für diese spezif. Regeln gekennzeichnet sind, andererseits jedoch wiederum generellen Prinzipien der Gesamttheorie unterliegen (↗ Autonomieprinzip 1). **Lit.** N. Chomsky, The Logical Structure of Linguistic Theory. Cambridge, Mass. 1955 [erschienen N. Y. 1975]. – Ders., M. Halle & F. Lukoff, On Accent and Juncture in English. In: For Roman Jakobson. The Hague 1956. – N. Chomsky, Syntactic Structures. The Hague 1957. – Ders., Review of Skinner's Verbal Behaviour. Lg 1959, 35, 26–58. – Ders., Current Issues in Linguistic Theory. Den Haag 1964. – Ders., Aspects. – SPE. – Ders., Remarks on Nominalization. In: R. A. Jacobs & P. S. Rosenbaum (eds.), Readings in English Transformational Grammar. Waltham, Mass. 1970, 184–221. – Ders., Reflections on Language. The Whidden Lectures. N. Y. 1975. – Ders., Essays on Form and Interpretation. N. Y. 1977. – Ders., Lectures on Government and Binding. Dordrecht 1981. – Ders., Knowledge of Language. N. Y. 1986. – Ders., Barriers. Cambridge, Mass. 1986. – Ders., The Minimalist Program. Cambridge, Mass. 1995. – Ders., Language and Nature. Mind 104, 1995, 1–61. – Ders., Minimalist Inquiries. MIT Working Papers on Linguistics 1998, 15. – Ders., Derivation by Phase. MIT Working Papers on Linguistics 1999, 16. – Ders., Beyond Explanatory Adequacy. In: A. Belletti (Hg.), Structures and Beyond: The Cartography of Syntactic Structures, Vol. 3. Oxford 2004. – Ders., Three Factors in Language Design. LIn 2005, 36, 1–22. – M. D. Hauser et al., The Faculty of Language: What is it, Who has It, and How did It Evolve? Science 298, 2002, 1569–1579. – S. Pinker & R. S. Jackendoff, The Faculty of Language: What's Special about It? Cognition 2005, 1–36. – U. Sauerland & H.-M. Gärtner (eds.), Interfaces + Recursion = Language? Chomsky's Minimalism and the View from Syntax-Semantics. Bln. 2007. – J. R. Ross, Constraints on Variables in Syntax. Cambridge, Mass. 1967 [erschienen als: J. R. Ross, Infinite Syntax. N. Y. 1981]. **Bibl.** K. Koerner et al., Noam Chomsky. A Personal Bibliography 1951–1986. Amsterdam 1986. – N. Chomsky, Aktuelle Bibliographie. [http://web.mit.edu/linguistics/www/bibliography/noam.html]. **Einf. und Überblicke** C. Boeckx, Linguistic Minimalism: Origins, Concepts, Methods, and Aims. Oxford 2006. – M. Carbie, Syntax. A Generative Introduction. Malden, MA 2007. – O. Jungen & H. Lohnstein, Einf. in die Grammatiktheorie. Mchn. 2006. – C. Dürscheid, Syntax. Grundlagen und Theorien. Wiesbaden ²2003. – G. Fanselow & S. W. Felix, Sprachtheorie. 2 Bde. Tübingen 1987. – G. Grewendorf, Minimalist. Syntax. Stgt. 2002. – G. Grewendorf & W. Sternefeld (Hg.), Scrambling and Barriers. Amsterdam 1990. – L. Haegeman, Introduction to Government and Binding Theory. Oxford ²1994. – N. Hornstein, Logical Form: From GB to Minimalism. Oxford 1995. – Ders. et al., Understanding Minimalism. Cambridge 2005. – R. S. Jackendoff, Foundations of Language. Oxford 2002. – F. Newmeyer, Generative Linguistics: a Historical Perspective. Ldn. 1996. – J. Philippi, Einf. in die generative Grammatik. Göttingen 2008. – P. Öhl, Über Sinn und Nutzen einer Generativen Grammatiktheorie. In: R. Kozmová (Hg.), Spr. und Spr.n im mitteleurop. Raum. Vorträge der Internationalen Linguistik-Tage Trnava 2005. Trnava 2006, 229–243. – A. Radford, English Syntax: An Introduction. Cambridge 2004. – Ders., Minimalist Syntax: Exploring the Structure of English. Cambridge 2005. – Ders., An Introduction to English Sentence Structure. Cambridge 2009. – Ders., Analysing English Sentences: A Minimalist Approach. Cambridge 2009. – A. v. Stechow & W. Sternefeld, Bausteine syntakt. Wissens. Opladen 1988. – W. Sternefeld, Syntakt. Grenzen. Chomskys Barrierentheorie und ihre Weiterentwicklungen. Opladen 1991. – Ders., Syntax. Eine merkmalbasierte generative Beschreibung des Dt. Tübingen ³2009. – C. Stetter, Am Ende des Chomsky-Paradigmas – zurück zu Saussure? CFS 54, 2001, 219–267. – M. Tomalin, Linguistics and the Formal Sciences: The Origins of Generative Grammar. Cambridge 2006. – G. Webelhuth, Government and Binding Theory and the Minimalist Program. Oxford 1995.   **F**

Ghegisch ↗ Albanisch

G(h)odoberi ↗ Dag(h)estanische Sprachen

Gikuyu ↗ Kikuyu

Gilbertesisch ↗ Ozeanische Sprachen

Gileki ↗ Iranische Sprachen

Gitksian ↗ Tshimishian
Glagolica (auch: Glagolitisch) Ältestes slav. Alphabet. Es wurde mutmaßlich von den Missionaren Konstantin (Kyrill) und Method Mitte des 9. Jh. entwickelt, um für die Christianisierung der Slaven Bibeltexte im ↗ Altkirchenslavischen aufzeichnen zu können. Bei ansonsten weitgehender Äquivalenz mit der später entstandenen ↗ Kirillica hebt sich die G. hiervon durch die Gestalt ihrer Buchstaben deutlich ab. – In der Paläographie ist bis heute umstritten, welche ↗ Schriftsysteme die G. inspiriert haben könnten. Die Vermutungen reichen von einer Beeinflussung durch diverse zeitgenöss. Schriften (z. B. griech., kopt., hebr.) bis zur Annahme einer bewussten Gestaltung in Anlehnung an die christl. Grundformen Kreis, Dreieck und Kreuz. – Die G. hat sich nirgendwo im slav. Sprachraum endgültig durchsetzen können. Nach einer kurzen Verwendungsphase von Anfang der 60er bis Mitte der 80er Jahre des 9. Jh. in Mähren gelangte sie nach Bulgarien, wo sie sich im Kulturzentrum Ochrid bis ins 13. Jh. halten konnte. Im 14. und 15. Jh. erlebte die G. in Böhmen eine vorübergehende Renaissance. Am nachhaltigsten wirkte die G. in Kroatien; sie bildete bis Ende des 15. Jh. das Alphabet der wichtigsten kroat. Denkmäler und wurde erst Ende des 18. Jh. von der lat. Schrift allmählich verdrängt. In Dalmatien war die G. bis ins 19. Jh. in Gebrauch. **Lit.** ↗ Kirillica.   HA
Glagolitisch ↗ Glagolica
Gleichsetzungsakkusativ ↗ Doppelter Akkusativ, ↗ Prädikativ
Gleichsetzungsergänzung ↗ Prädikativ
Gleichsetzungsnominativ ↗ Nominativ, ↗ Prädikativ
Gleichzeitigkeit (engl. simultaneous action, simultaneity; frz. action simultanée (concomitante), simultanéité) Mit ↗ Vorzeitigkeit und ↗ Nachzeitigkeit eine der drei denkbaren Relationen zwischen zwei Zeitpunkten oder Zeitstufen, üblicherweise verwendet zur Beschreibung des zeitl. Verhältnisses der in Haupt- und Nebensatz ausgedrückten Vorgänge, z. B. *Als sie zur Schiffslände kamen, legte das Boot gerade ab.*   KE
Gleitlaut (auch: Bindelaut, Sonor, Svarabhakti. Engl. glide, frz. son de transition) **1.** In SPE ↗ Halbvokale [j, w] sowie die glottalen Segmente [ʔ, h]. – **2.** Gelegentl. auch für einen Bindelaut, d. h. einen etymolog. unmotivierten, eingeschobenen Laut zur Ausspracheerleichterung (z. B. ↗ Sprossvokal). – **3.** An- und ↗ Abglitt in der älteren Phonetik.   PM
Glide ↗ Gleitlaut
Gliederungssignal (engl. segmentation phenomenon; frz. marque de structuration) G. gehören neben z. B. Abtönungspartikeln (↗ Modalpartikeln, ↗ Diskurspartikel), ↗ Verzögerungsphänomenen und Kontaktsignalen zu den ↗ Gesprächswörtern. Das G. ist eine der zentralen Kategorien der Gesprächsanalyse, die darunter u. a. bestätigungsheischende und informationsverstärkende Partikeln wie *ne, nich,*

nicht, wa, gell, ja und *also, ich meine, ich glaube* usw., aber auch prosod. Merkmale wie Tonhöhenverlauf und Sprechpausen versteht; ↗ Konversationsanalyse. In der konventionellen ↗ Stilistik wurden G. häufig als »Flickwörter« abgewertet: unter gesprächsanalyt. Aspekt sind G. Redemittel, die nach Meinung von Henne & Rehbock die »Gelenkstellen am Körper des Gesprächs« sind. Sie eröffnen, beenden und gliedern den Gesprächsschritt im Sinne des Sprechers, verstärken den Inhalt und bereiten den Sprecherwechsel vor. Die einzelnen Gliederungssignale sind oft nicht eindeutig. Sie treten im Gespräch vielfach in Clustern auf und geben dann im Zusammenhang mit anderen Gliederungsmitteln (Formulierungshandlungen wie ↗ Anrede, Namensnennung, Aufmerksamkeitsappelle, Evaluierungen) Aufschluss darüber, wie die Sprechenden ihren Beitrag gegliedert haben wollen. **Lit.** H. Henne & H. Rehbock, Einf. in die Gesprächsanalyse. Bln., N. Y. ²1982. – J. Schwitalla, Gesprochenes Dt. Bln. 1997.   SL
Gliedfrage ↗ Ergänzungsfrage
Gliedkonjunktion ↗ Komparativsatz
Gliedsatz ↗ Nebensatz
Gliedteil ↗ Attribut
Gliedteilsatz ↗ Attributsatz
Globale Regeln (auch: transderivationale Regeln. Engl. global rules) Im Rahmen der ↗ Generativen Semantik von Lakoff (1970) angenommener Regeltyp zur Formulierung genereller Wohlgeformtheitsbedingungen und ↗ Beschränkungen für Ableitungsprozeduren. G. R. beziehen sich auf die gesamte Ableitung eines Satzes. **Lit.** G. Lakoff, Global Rules. Lg. 46, 1970, 627–639. Dt. in: W. Abraham & R. I. Binnick (Hgg.), Generative Semantik. Ffm. 1972, 73–94.   F
Globalfrage ↗ Entscheidungsfrage
Glossar n. (griech. γλῶσσα (glōssa) ›Zunge, Sprache‹. Auch: Glossarium. Engl. glossary, frz. glossaire) **1.** Sammlung von ↗ Glossen (1). **2.** Wortliste mit Erläuterungen zur Form und Bedeutung der einzelnen Einträge und bei zwei- oder mehrsprachigen G. Die in der Spätantike und im MA entstandenen lat. G. sind nach Sachgruppen geordnet; erst später setzt sich die alphabet. Anordnung durch. Die zweisprachigen G. (lat. – dt., später dt. – lat.) sind Vorformen des zweisprachigen ↗ Wörterbuchs.   G
Glosse f. **1.** Übersetzung fremdsprachiger oder Erklärung unklarer Ausdrücke in einer Hs. Die Marginal- oder Rand-G. steht neben, über oder unter dem Text, die Interlinear-G. zwischen den Zeilen, die Kontext-G. im fortlaufenden Text; ↗ Glossar. Für die Erforschung älterer Sprachstufen (z. B. Ahd.) sind G. eine wichtige Quelle. **Lit.** R. Bergmann, Die ahd. und as. Glossographie. Ein Handbuch. 2 Bände. Berlin u. a. 2009. – A. Nievergelt, Ahd. in Runenschrift. Geheimschriftl. volkssprachige Griffelglossen. Stuttgart 2009. **2.** Journalist. Textsorte. G. kommentieren in spött., iron. oder

polem. Weise Vorgänge von aktuellem Interesse oder veralbern Personen, die sich für allzu interessant halten. Sprachglossen zielen auf schlechten, unfreiwillig komischen oder entlarvenden Sprachgebrauch ab (↗ Dummdeutsch, ↗ Plastikwörter). Mustergültig für die Gegenwart ist das tägl. *Streiflicht* der *Südd. Zeitung*. **Lit.** A. Hacke et al. (Hgg.), Das Streiflichtbuch. Mchn. ³1995. – Ders. et al. (Hgg.), Das neue Streiflichtbuch. Mchn. 2000. G

Glossem n. (griech. γλῶσσα (glōssa) ›Sprache‹. Endung -μα, -ματ-) **1.** In der ↗ Glossematik kleinste systemat. Struktureinheit der Theorie, die nicht weiter gleichartig analysiert wird. G. sind Formen (↗ Form), nicht Substanzen (↗ Substanz). G. werden sowohl für den Ausdrucksplan als auch für den Inhaltsplan angenommen. Zeitweilig hat L. Hjelmslev (1899–1965) G. des Inhalts ↗ Pleremateme und solche des Ausdrucks ↗ Kenemateme genannt. G. können außerdem sowohl mit als auch ohne Zeichencharakter (als ↗ Figuren) auftreten. Beispiel: Ausdrucksformen: *Be-, un-, ruh-, -ig, -end, -er, -es* in *Etwas Beunruhigerenderes gibt es kaum*. Inhaltsformen: *be-; un-*, Negation; *ruh-; -ig; -end; -er*, Komparativbedeutung; *-es*, Sg.bedeutung in der Gesamtbedeutung des Beispiels. Die den G. ohne Zeichencharakter entsprechenden kleinsten Analyseeinheiten innerhalb ein und desselben Zeichens heißen ↗ Taxeme. In der Regel handelt es sich dabei um die Phoneme, die einem bestimmten sprachl. Ausdruck zugeordnet sind, z. B. /m/, /a/, /r/, /o/ in dt. *Marmor*. T – **2.** Bei L. Bloomfield die Bedeutung der »kleinsten bedeutungshaltigen Einheit«. G. unterteilt er in lexikal. ↗ Morpheme und grammat. ↗ Tagmeme, ↗ Noeme entsprechend in ↗ Sememe und ↗ Episememe. RB

Glossematik (griech. γλῶσσα (glōssa) ›Sprache‹) Entwurf einer umfassenden Sprachtheorie, in dem seit den 1930er Jahren H. J. Uldall (1907–1957) und L. Hjelmslev (1899–1965) die wesentl. Annahmen, die zum Aufbau einer axiomatisierten Sprachtheorie erforderl. sind, in einen systemat. Zusammenhang gebracht haben. Der Entwurf umfasst Versuche partieller Formalisierung. Bedeutsam ist die Unterscheidung des abstrakten sprachl. Zeichens und dem, wofür das Zeichen steht: einerseits für einen phonet. beschreibbaren Ausdruck – die Ausdruckssubstanz – und andererseits für einen Inhalt – die Inhaltssubstanz. Innerhalb des sprachl. Zeichens wird unterschieden zwischen der Ausdrucksform, die durch eine Ausdruckssubstanz manifestiert wird, und der Inhaltsform, der eine Inhaltssubstanz gegenübersteht. Die G. stellt sich damit in die spätestens sei J. Baudouin de Courtenay (1845–1929) dokumentierbare Tradition, nach der man von der doppelten Dualität des sprachl. Zeichens ausgeht. Der Zweiteiligkeit des sprachl. Zeichens wird die G. durch die Unterscheidung zwischen Inhaltsform und Ausdrucksform gerecht, der Zweiseitigkeit durch die Unterscheidung zwischen Form und Substanz. Ziel der G. ist es, Ling. als »eine algebra der sprache [zu etablieren], die mit größen operiert, denen keine namen zugeordnet werden, d. h. mit arbiträr benannten größen ohne naturgegebene benennungen, und die erst durch die substanzzuordnung eine motivierte benennung erhalten« (Hjelmslev 1943, 71). Der Name »G.« wurde gewählt, um gerade diesen Aspekt gegenüber Sprachbetrachtungen hervorzuheben, die sich von sprachl. nicht Geformtem leiten lassen, vor allem von psycholog., soziolog., physikal. Zusammenhängen. Die kleinsten systemat. Struktureinheiten werden ↗ Glosseme genannt, Glosseme ohne Zeichencharakter ↗ Figuren. Das Vorkommen eines Glossems in ein und demselben Zeichen heißt ↗ Taxem. Betrachtet man Mengen von Strukturen innerhalb des sprachl. Zeichens, so können grundsätzlich drei verschiedene Relationen (bei Hjelmslev sog. Funktionen) bestehen: (a) ↗ Solidarität, (b) ↗ Selektion, (c) ↗ Kombination. Die Argumente heißen bei Hjelmslev Funktive. Bei Solidarität »sieht sich« jede Struktur der einen Form »im Spiegel« der anderen und umgekehrt. Hjelmslev nennt Formen, deren Elemente sich so im Spiegel der anderen Form »sehen«, Konstante. Bei Selektion »sieht sich« jede Struktur der einen Form im Spiegel der anderen, nicht aber umgekehrt. Hjelmslev nennt Formen, die sich nicht im Spiegel der anderen Form »sehen«, Variable. Kombination ist eine Beziehung zwischen zwei Variablen. Hjelmslev postuliert Solidarität zwischen Ausdrucksform und Inhaltsform. Mit diesem Postulat wird nicht die strukturelle Gleichheit von Ausdrucksform und Inhaltsform gefordert. In der G. wird die Hypothese vertreten, dass die Teile eines Zeichens, sofern es Teile gibt, selbst wieder Zeichencharakter haben. Daher ergibt sich innerhalb eines komplexen Zeichens ein Paar von Hierarchien, in denen die Ausdrucksformen und die Inhaltsformen je für sich von den kleinsten Teilzeichen (den ↗ Glossemen) bis zum komplexen Zeichen selber organisiert sind. Hjelmslev spricht in Bezug auf diese Hierarchien von Linien, von Ausdrucks- bzw. von Inhaltslinie. Unter Nichtberücksichtigung dieser Hierarchien und mit allgemeinem Bezug auf das maximale komplexe Zeichen, das alle Teilzeichen umfasst, spricht Hjelmslev von Ausdrucks- bzw. Inhaltsplan (auch: Ausdrucksbzw. Inhaltsebene). Die Beziehungen zwischen den Strukturen innerhalb eines (komplexen oder einfachen) sprachl. Zeichens werden in der G. als *syntagmatische* bezeichnet. Den syntagmat. Beziehungen stehen die *paradigmatischen* gegenüber, Beziehungen zwischen sprachl. Zeichen untereinander sowie zwischen den Strukturen verschiedener sprachl. Zeichen. Solidarität, Selektion und Kombination sind syntagmat. Beziehungen. Die entsprechenden paradigmat. Beziehungen heißen beziehungsweise: ↗ Komplementarität, ↗ Spezifikation und ↗ Autonomie. Die syntagmat. Beziehungen konstituieren den Sukzess (›Verlauf‹; in der engl. Version irreführenderweise als ›process‹ bezeichnet), d.h. die simultane Präsenz im sprachl. Zeichen. Die pradigmat. Beziehungen konstituieren das System. Wie im Sukzess so werden auch im System die Substanzen geformt. Die Formung ist systemspezifisch. So wird der Bereich der Farben in verschiedenen Spr. verschieden geformt (↗ Farbbezeichnung). Die Unterscheidung zwischen Form und Substanz wird nicht nur auf das sprachl. Zeichen angewandt, sondern auch auf das ↗ Sprachsystem allgemein und noch allgemeiner auf alle Systeme, die den glossemat. Bedingungen unterliegen. Handelt es sich bei der Form um die einer Spr., so spricht Hjelmslev von Sprachbau. Die ↗ Substanz, die diese Form manifestiert, nennt er Sprachgebrauch (auch: Usus). – Da Hjelmslev 1931 Mitbegründer des Kopenhagener Linguistenkreises war, wird die G. fälschlicherweise nicht selten als Lehre dieses Kreises vorgestellt. V. Brøndal (1887–1942), ein anderer Mitbegründer, oder P. Diderichsen (1905–1964) haben mit G. nichts zu tun. Irreführend ist auch die Unterordnung der G. unter eine »Kopenhagener Schule«. Nicht unbedeutende Ausschnitte der G. haben eine Präzisierung sowie eine Einbettung in eine axiomat. Grammatiktheorie durch B.-N. Grunig (1981) erfahren. **Lit.** H. Hjelmslev, Omkring sprogteoriens grundlæggelse. København 1943. Dt.: Prolegomena zu einer Sprachtheorie. Mchn. 1974. – H. J. Uldall, An Outline of Glossematics. I: General Theory. København 1957. – L. Hjelmslev, Essais linguistiques. Paris. 1971. – L. Hjelmslev, Aufsätze zur Sprachwiss. Stgt. 1974. – L. Hjelmslev, Nouveaux essais. Paris 1985. – B.-N. Grunig, Structure sous-jacente: essai sur les fondements théoriques. Lille, Paris 1981. T

Glossographie Lexikograph. Erfassung und Kommentierung von ↗ Glossen (1) in ↗ Glossaren. G

Glossolalie f. (griech. γλῶσσα (glōssa) ›Zunge, Sprache‹, λαλεῖν (lalein) ›sprechen, reden‹. Auch: Zungenreden) In (religiöser) Ekstase hervorgebrachte unartikulierte Lautproduktionen, hinter denen göttl. Botschaften vermutet und gesucht werden (z.B. 1. Kor. 14, 2: »Denn wer in Zungen redet, der redet nicht für Menschen, sondern für Gott; denn niemand versteht ihn, vielmehr redet er im Geist Geheimnisse«). G

Glossometrie ↗ Artikulatorische Phonetik

Glottal, Glottallaut m. (griech. γλῶττα (glōtta) ›Stimme, Sprache‹. Auch: Kehlkopflaut, Laryngal, Laryngallaut) I.e.S. ↗ konsonantischer Sprachlaut mit der Glottis als Artikulationsstelle (↗ Glottisverschluss [ʔ] als ↗ Plosiv, [h] als ↗ Frikativ), i.w.S. auch konsonant. Sprachlaute mit glottalem Luftstrommechanismus (↗ Ejektiv, ↗ Implosiv) und die durch ↗ Pressung gekennzeichneten ↗ emphatischen Laute. PM

Glottalisierung (auch: Knarrstimme, Laryngalisierung, Pressstimme. Engl. creaky voice) Durch un-

regelmäßiges Schwingen der Stimmlippen (↗ Phonation) bedingte knarrende ↗ Stimmqualität. In vielen ↗ kaukasischen Sprachen auch phonolog. relevantes, reihenbildendes ↗ Merkmal im Konsonantismus. PM

Glottal stop ↗ Glottisverschluss

Glottaltheorie (engl. glottalic theory, frz. hypothèse glottalique) Hypothese einzelner Vertreter der jüngeren ↗ Indogermanistik, wonach die uridg. Grundsprache anstelle der üblicherweise angesetzten stimmhaften Okklusive eine Reihe stimmlos glottalisierter (»Abruptive«) besessen haben soll. Durch die G. wird das Uridg. typologisch in die Nähe ↗ kaukasischer Sprachen gerückt. **Lit.** T. V. Gamkrelidze & V. V. Ivanov, Indo-European and the Indo-Europeans. Bln. 1989. – Th. Vennemann (ed.), The New Sound of Indo-European. Bln., N. Y. 1989. GP

Glottis (auch: Stimmritze. Lat. rīma glōttidis, engl. glottis, frz. glotte) Durch die ↗ Stimmbänder begrenzter Spalt im Verlauf der Atemwege im ↗ Kehlkopf. Die Regulation der Weite der G. ist Aufgabe des Kehlkopfes. Dies dient neben dem reflektor. Verschluss der Atemwege (z.B. Husten) der Stimmbildung, ↗ Phonation. Bei der normalen Atmung ist die G. weit geöffnet, um den Strömungswiderstand zu minimieren. Bei der Phonation ist die G. geschlossen. Der nach Sprengung des G.-Verschlusses (durch den subglottalen Druck) mit erhöhter Strömungsgeschwindigkeit entweichende expirator. Atemgasstrom versetzt die Stimmbänder in Schwingung: Es entsteht ein Klang (»Rohschall«); ↗ Stimme. GL

Glottisschlag ↗ Glottisverschluss

Glottisverschluss (engl. glottal stop, frz. attaque dure. Auch: fester Stimmeinsatz, Glottisschlag, Kehlkopfverschluss, Knacklaut, stød, Stoßton) Durch die ↗ Glottis als artikulierendem Organ bzw. ↗ Artikulationsstelle definierter Sonderfall (physiolog. bedingt stimmlos) des ↗ Plosivs. Im Dt. ohne phonemat. Status (↗ Phonem) vor silbeninitialen ↗ Vokalen wie in ›verʔeisen‹ (vs. ›verreisen‹). PM

Glottochronologie f. (griech. γλῶσσα (glōssa) ›Zunge, Sprache‹, χρόνος (chronos) ›Zeit‹) Auf den amerikan. Linguisten M. Swadesh (1909–1967) zurückgehende Methode der Sprachgeschichtsforschung, die auf der Grundthese beruht, dass im Laufe von 1000 Jahren eine Spr. durchschnittl. 19 % ihres Grundwortschatzes aufgibt. Nach dieser Variante der ↗ Lexikostatistik sollen der Verwandtschaftsgrad von Spr. und der Zeitpunkt ihrer Trennung von einer gemeinsamen Grundsprache (↗ Sprachursprung) über die Vereinigungsmenge ihrer Grundwortschätze berechenbar werden. Offenbar ergibt die G. nur in manchen Fällen plausible Ergebnisse, was bei Applikationen von Methoden der ↗ Sprachstatistik auf empir. Sprache(n) öfter der Fall ist. So gibt es Spr., in denen das Ausmaß lexikal. Einbußen und Zugewinne gering ist (z.B. im Isl.), während es in anderen hoch ist (z.B. im

Engl.). Weiterhin können äußere Einwirkungen in die lexikal. Entwicklung steuernd eingreifen (z.B. Maßnahmen der ↗ Sprachplanung), so dass der G. heute allenfalls heurist. Wert zugebilligt wird. **Lit.** M. Swadesh, Lexicostatistic Dating of Prehistorical Ethnic Contacts. Proceedings of the American Philological Society 96, 1952. – S.-G. Anderson, Ist die G. endgültig ad acta gelegt? IF 89, 1984, 39–52. G

Glottodidaktik ↗ Turbodidaktik

Glottogonie f. (griech. γλῶσσα (glōssa) ›Zunge, Sprache‹, γίγνεσθαι (gignesthai) ›werden‹) Bez. für ling. Bemühungen, die Entstehung von ↗ Sprache phylogenet. zu rekonstruieren; ↗ Sprachursprung. G

Glottonym (griech. γλῶσσα (glōssa) ›Sprache‹, griech. ὄνομα (onoma) ›Name‹. Auch: Sprachenname). Meist von einem ↗ Ethnonym abgeleitete deadjektiv. Bez. für eine Spr. oder einen Dialekt, z. B. Schwed., Schwäb. G. können in polit. Konflikten instrumentalisiert werden, z.B. Bergtürk. statt ↗ Kurdisch; ↗ Wendisch, ↗ Serbokroatisch. G

Glottophagie ↗ »Sprachtod«

Glyphe f. (griech. γλυφή (glyfē) ›Eingeritztes‹) **1.** (Auch: Petroglyphe) In Stein geritztes oder geschnittenes Schriftzeichen. **2.** Mitunter auch Bez. für ↗ Schriften, deren ↗ Schriftzeichen Abbildungen natürl. Gegenstände sind, z.B. Maya-G., ↗ Hieroglyphen. G

Gnathoschisis ↗ Kieferspalte

Gnomisch (griech. γνώμη ›Urteil‹) Im Altgriech. Unterkategorie der ↗ iterativen ↗ Aktionsart, die einer speziellen Bedeutung des griech. ↗ Aorists (sog. g. Aorist) entspricht, nämlich der Bedeutung ›Allgemeingültigkeit‹. Der g. Aorist wird in allgemeinen Erfahrungssätzen, Sentenzen, Merksprüchen u. dgl. verwendet. In der Germanistik ist mitunter von einem g. Präsens des Dt. die Rede, womit Sätze oder Redewendungen bezeichnet werden, die Allgemeingültiges ausdrücken, z.B. *Alle Menschen sind sterblich; Steter Tropfen höhlt den Stein*. Dieses g. Präsens ist rein semant. bestimmt und keine Aktionsart. G, T

Goajiro (Eigenbez. Wayuu) ↗ Arawakische Sprache, Sprachgebiet: Halbinsel La Guajira an der karib. Küste Kolumbiens und Venezuelas. Ca. 300000 Sprecher; Karte ↗ Südamerikanische Sprachen. AD

Godie ↗ Kru-Sprachen

Godoberi ↗ Dag(h)estanische Sprachen

Goemai ↗ Tschadische Sprachen

Goidelisch ↗ Inselkeltisch

Goldener Schnitt Klass. Flächenmaß der Buchtypographie, nach dem die Kantenlängen (von Buchseiten, Satzspiegel usw.) im Verhältnis von 1 : 1,618 (etwa 5 : 8) zueinander stehen. G

Golf-Sprachen ↗ Muskogee-Sprachen

Gondwana-Sprachen ↗ Dravidische Sprachen

Gorgotoqui ↗ Südamerikanische Indianersprachen

Gorontalo (Eigenbez. Ioia Hulontalo) West-↗ austronesische Sprache in Nord-Sulawesi (Celebes), Indo-nesien (250000 Sprecher), Teil der Gorontola-Mongondow-Supergruppe (456000 Sprecher); Karte ↗ Austroasiatische Sprachen. ↗ Indonesisch als offizielle Spr. CE

Gorotire ↗ Kapayó

Gorowa ↗ Kuschitische Sprachen

Goticoantiqua f. Mischformen zwischen ↗ gotischer ↗ Rotunda und humanist. Schrift, die im 15. Jh. zunächst in Italien geschrieben wurden, durch Studenten und Gelehrte aber auch in Deutschland Verbreitung fand und die ↗ Bastarda verdrängte. Zunächst auch in Wiegendrucken (↗ Inkunabel) verwendet, wurde sie von dt. Buchdruckern in den 80er Jahren des 15. Jh. für lat. Texte durch die Rotunda ersetzt, für dt. Texte durch Bastarda. EN

Gotisch (engl. Gothic, frz. gotique) Die zum ↗ Ostgermanischen gehörende Spr. der got. Stämme einschließl. des ↗ Krimgotischen. Gewöhnl. im engeren Sinn mit dem »Bibelgotischen« identifiziert, der Spr. der ↗ Bibelübersetzung des arian. Bischofs Wulfila (311–383?), deren Grundlage das ↗ Westgotische ist. Neben der aus dem Griech. übersetzten got. Bibel gibt es noch einige weitere, v.a. kirchl. Denkmäler. Die profane Verwendung ist durch auf ital. Boden entstandene Urkunden bezeugt. Das G. verfügt damit über die älteste germ. Textüberlieferung. Die erhaltenen Hss. stammen wohl von ostgot. Schreibern des 5./6. Jh. Nach dem Fall des ostgot. (6. Jh.) und des westgot. Reiches (8. Jh.) ist das G. allmählich untergegangen. Allerdings ist das sog. Krimgot. noch im 16. Jh. bezeugt. – Abgesehen von wenigen evtl. got. Runeninschriften ist das G. in einer eigens von Wulfila auf der Basis der griech. ↗ Unziale entwickelten Schrift überliefert. Das G. ist aufgrund seiner weit zurückreichenden Überlieferung und sprachl. Altertümlichkeit (z.B. Bewahrung von ↗ Mediopassiv und verbalem ↗ Dual) für die germ. Philologie von bes. Wert. **Lit.** W. Krause, Hdb. des Got. Mchn. ³1968. – W. P. Lehmann, A Gothic Etymological Dictionary. Leiden 1986. – P. Scardigli, Die Goten, Spr. und Kultur. Mchn. 1973. – F. de Tollenaere & R. L. Jones, Word-Indices and Word-Lists to the Gothic Bible and Minor Fragments. Leiden 1976. – W. Streitberg, Die g. Bibel. Heidelberg ⁷2000. – W. Braune & F. Heidermanns, Gotische Grammatik. Tüb. ²⁰2004. GR

Gotische Schriften Sammelbez. für die aus der karoling. Minuskel entwickelten Schriften des 12. bis 15. Jh., die Brechung, Bogenverbindungen und als kursives Element Mitschreiben der Luftlinien aufweisen. Dabei ist der Brechung, d.h. der Umgestaltung von Bögen in Winkel, in West- und Mitteleuropa meist stärker ausgeprägt als in ital. Handschriften. EN

Goto-Nordisch ↗ Nordgermanisch

Government ↗ Rektion

Government and Binding ↗ Rektions-Bindungs-Theorie

GPK-Regeln ↗ Graphem-Phonem-Korrespondenz
GPSG ↗ Generalized Phrase Structure Grammar
Gradadjektiv ↗ Adjektiv
Gradadverb ↗ Gradpartikel
Gradatio ↗ Aufzählung
Gradation ↗ Graduierung
Gradience ↗ Akzeptabilität
Gradmodifikator ↗ Steigerungspartikel
Gradpartikel (auch: Steigerungspartikel. Engl. degree particle, frz. particule de relief) Subklasse der ↗ Partikeln. Zu ihnen gehören u. a. *allzu, äußerst, fast, ganz und gar, halbwegs, höchst, noch, nur, sehr, sogar, überaus.* G. können gemeinsam mit der Bezugskonstituente im Vorfeld stehen: *Halbwegs zufrieden ging Roberto heim.* Sie sind wie alle Partikeln unflektierbar und in Abhängigkeit von der Informationsstruktur des Satzes prinzipiell betonbar: In *Roberto hat gánz angestrengt gearbeitet* ist die Graduierung Rhema (↗ funktionale Satzperspektive) und somit die G. betont. In *Roberto ist ja ganz bláß* ist Robertos Blässe Rhema und fordert den Hauptakzent. G. dienen dem Ausdruck von ↗ Graduierung, sie sind lexikal. Mittel der Steigerung (während die ↗ Komparation Steigerung morpholog. ausdrückt): *Der Mantel ist sehr/äußerst/überaus teuer.* Auffallend viele G. sind auch ↗ prädikatsbezogene Adverbien, so dass sich zwischen beiden Wortarten eine unscharfe Grenze ergibt; ↗ Prototypensemantik. Nach Ramat & Ricca (1994) ist dies kein Zufall, sondern eine Konsequenz der semant. Ausdehnung der Adverbbedeutung – vom Verb auf eine andere Größe: *Ich freue mich sehr* → *Ich bin sehr froh.* Deshalb fassen viele Linguisten ↗ Grad- und Gradadverbien in einer Klasse als sog. ›Graduierer‹ zusammen. Den G. werden auch oft die sog. Fokuspartikeln zugerechnet, die eine Größe hervorheben, ohne sie semant. zu modifizieren, z. B. *auch, erst, etwa, gut und gern, just, nahezu, nur, rund, sage und schreibe, selbst, zumindest.* Sie sind i. d. R. nicht betont, da die fokussierte Größe ja akzentuiert wird: *Ausgerechnet(Fokuspartikel) héute(fokussierte Größe) schneit es!* Einige Fokuspartikeln können rechts von ihrer Bezugsgröße stehen: [[*Drei Studenten*] *nur*] *bestanden den Test.* Da Fokussierung und Graduierung ineinander übergehen, ist zwischen Fokuspartikeln und G. keine scharfe Abgrenzung mögl., so dass ihre Zusammenfassung als *eine* Partikelsubklasse gerechtfertigt erscheint. Zwischen Fokuspartikeln und -adverbien ist ebenfalls ein Graubereich anzunehmen, wodurch analog zu den Graduierern oft eine Klasse sog. ›Fokussierer‹ angesetzt wird. **Lit.** J. Jacobs, Fokus und Skalen: Zur Syntax und Semantik der G. im Dt. Tübingen 1993. – E. König, Focus Particles. In: HSK 9, I, 978–987. – P. Ramat & D. Ricca, Prototypical Adverbs: On the Scalarity/Radiality of the Notion of Adverb. In: Rivista di Linguistica 1994, 6:2, 289–326. SO
Graduelle Opposition ↗ Opposition

Graduierbarkeit ↗ Komparation
Graduierer ↗ Gradpartikel
Graduierung (auch: Gradation, Steigerung. Engl. comparison, frz. gradation) Der sprachl. Ausdruck von Grad, Maß oder Menge wird als G. bezeichnet. Dazu dienen v. a. Wortbildungsmittel (*steinalt*; ↗ Augmentativum) und lexikal. Mittel (*besonders sauer*; ↗ Gradpartikel). Das wichtigste Verfahren der G. im morpholog. Bereich im Dt. ist die ↗ Komparation der Adjektive. SO
Graffito m., pl. ~i (ital. ›Kritzelei‹) Meist anonyme In- oder Aufschrift an Felsen, Mauern, Wänden, Möbelstücken u. a., heute auch an Eisenbahnzügen, Bussen, Kleidungsstücken und auf anderen (meist öffentl. zugänglichen) beschreibbaren Flächen. G. sind z. B. in der Ägyptologie, der Latinistik u. a. Altertumswiss. eine wichtige epigraph. Quelle für die Rekonstruktion des alltägl. Lebens (z. B. die G. im Wadi Mukattab (›beschriebenes Tal‹) auf dem Sinai, die pompeian. G.). **Lit.** G. Batini, L'Italia sui muri [Italien auf den Mauern]. Firenze 1968. G
Grammatik (griech. γράμμα (gramma) ›Buchstabe‹ bzw. γραμματικός (grammatikos) ›die Buchstaben betreffend‹. Lat. ars grammatica ›Sprachlehre, Sprachkunst‹. Engl. grammar, frz. grammaire) G. war ursprüngl. ein Sammelname für alle mit dem Schreiben und Auslegen von Texten befassten ›Künste‹. Im MA bezeichnete G. die erste Kunst des Triviums (neben Rhetorik und Stilistik). Darin steckt bereits die Bedeutungsverengung von G. auf die Summe der Regeln bzw. Regelmäßigkeiten des richtigen Gebrauchs einer Spr. Gegenwärtig wird G. in verschiedenen Bedeutungen gebraucht. Die wichtigsten sind: (a) Inbegriff der regelhaft bzw. analog. rekurrierenden Eigenschaften und Baumuster einer Spr. Der Ggs. von G. in dieser Bedeutung ist das ↗ Lexikon. (b) Zusammenhängende Beschreibung dieser Muster und Regelmäßigkeiten zu sprachdidakt., normativen oder wiss. Zwecken. (c) ↗ Sprachtheorie, Gesamtheit der wiss. Annahmen, die hinter einer Sprachbeschreibung stehen. Demnach muss, wenn von G. die Rede ist, jeweils geklärt oder entschieden werden, ob das tatsächl. beim Sprechen (und Verstehen) operierende System (mentale G.) gemeint ist, ob sich der Ausdruck G. auf die Strukturiertheit der Sprechprodukte (Sätze, Texte) bezieht oder auf eine kodifiziert vorliegende Sprachbeschreibung (etwa: die Duden-Grammatik) bzw. die hinter einer solchen Beschreibung stehende Theorie. In der GG wird der Anspruch erhoben, Sprachtheorie und kodifizierte Sprachbeschreibung müssten Explikationen des impliziten und intuitiven Wissens sein, das kompetente Sprecher von ihrer Muttersprache haben. – Nach den dominierenden theoret. und prakt. Interessen der Verfasser unterscheidet man verschiedene Arten von G. Bis zum Ende des 18. Jh. dominierten im prakt. Gebrauch Grammatikographie sprachdidakt. Motive. Die Mehrzahl der G. wurden als Instrumente für das Erlernen der

jeweiligen Spr. verfasst. Daneben gab es, vor allem in der ↗ allgemeinen oder ↗ Universalgrammatik log.-philosoph. Motive: die Übereinstimmung der Sprachregeln mit den notwendigen Gesetzen des Denkens sollte dargetan werden. Auch diese G. wurden vielfach im Unterricht eingesetzt. Man erwartete, dass die Beschäftigung mit ihnen das Denken ausbilden oder über sich selbst belehren könne (z. B. Becker 1827/41). In der G. des 19. Jh. dominierten nationalphilolog. und histor. Motive: G. wird zur möglichst lückenlosen Rekonstruktion der Wortformen- und Lautgeschichte. Aufgesucht werden auch die histor.-genet. Verwandtschaften zwischen Spr. (die nicht mit typolog. Verwandtschaften verwechselt werden dürfen; ↗ Sprachtypologie). Die wichtigsten historischen G. des Dt. sind die von J. Grimm (1819 ff.), H. Paul (1916 ff.) und O. Behaghel (1923 ff.). Neben der ↗ historischen Grammatik entsteht aber auch im 19. Jh. eine fruchtbare und reiche Tradition der synchron. Schulgrammatik (vgl. Vesper 1980, Erlinger, Knobloch & Meyer 1989, Forsgren 1985, 1992). Orientierung auf die Synchronie und ↗ Strukturalismus prägen die Grammatikographie des 20. Jh. Als dt. Sonderentwicklung gibt es bis in die 1960er Jahre die ↗ inhaltbezogene Grammatik (z. B. Brinkmann 1962). Weiterhin können G. nach den dominierenden Zwecken unterschieden werden. Neben traditionellen Schulgrammatiken (entweder dem ↗ Fremdsprachenunterricht oder dem Schulwissen über die Muttersprache verpflichtet) gibt es Theoriegrammatiken, die die Ausführbarkeit eines sprachtheoret. Programms dartun, Problemgrammatiken, die verschiedene Beschreibungsmöglichkeiten abwägen, normative bzw. Zweifelsfallgrammatiken für den Laien, kontrastive G. für den FU, die sich gezielt auf Interferenzerscheinungen zwischen Ausgangs- und Zielsprache konzentrieren – um nur einige Arten von G. zu nennen. Während man von einer prakt. G. neben adäquater Beschreibung auch Übersichtlichkeit und Konzentration auf Benutzerbedürfnisse erwarten kann, dominiert in wiss. G. vielfach der Anspruch, die Eleganz, Sparsamkeit und Erklärungskraft der Theorie zu belegen. – Aufbau von G.: Den Kern der (kodifizierten) G. bildet seit der Spätantike (Priscian, ↗ Donat) die Lehre von den ↗ Wortarten, den grammat. Kategorien oder ↗ Redeteilen. G. beginnen i. d. R. mit einer Lautlehre der jeweiligen Spr. und enden mit einer Satzlehre. Daraus ergibt sich ein lange beinahe kanon. Aufbau: Lautlehre – Lehre von den Wortarten und Wortformen (manchmal steht hier auch die Wortbildung; über deren prekären Status zwischen G. und Lexikon ↗ Wortbildung) – Syntax, Lehre von den Satzgliedern, Satzarten, Satzverbindungen (Perioden). – Richtungen der grammat. Theorie und Praxis: Während die grammat. Theorien Legion sind und sich rasch verändern, ist die traditionelle Beschreibungspraxis der G. ungeheuer beharrend. So kommt es, dass aus der

akadem. dominierenden formal-deduktiven G.theorie (z. B. GG, ↗ Montague-G.) bislang kaum kodifizierte Beschreibungen von Einzelspr. vorliegen, die nicht bei ihrem Erscheinen bereits hochgradig veraltet gewesen wären (z. B. Heidolph, Grundzüge), was bei der GG auch durch period. Revisionen theoret. Grundannahmen bedingt sein mag. So kommt es auf der anderen Seite, dass die schul- und populärgrammat. Praxis von den Fortschritten der Theorie weitgehend unberührt in alten Traditionen weiterwurstelt. Lediglich die ↗ Valenzgrammatik hat unter den neueren Theorien auch in pädagog. und prakt. G. Eingang gefunden (etwa Engel 1988). Wichtige neuere Strömungen gibt es vor allem im Umkreis der ↗ funktionalen Grammatik, wo man auf der Basis breit angelegter empir. Sprachvergleiche grammat. Strukturen als Techniken und Verfahren untersucht, mit denen die einzelnen Spr. universelle Aufgaben des Sprechens bewältigen (Dik 1989, Seiler & Premper 1991, Givon 1984). Unter den neueren G. des Dt. ist Eisenberg hervorzuheben wegen der äußerst präzisen und problembewussten Darstellung von Oberflächensyntax und grammat. Formenlehre. Die IdS-G. (Zifonun et al.) brach mit vielen terminolog. und method. Traditionen, konnte aber keine neuen Standards setzen. Weinrich (2003) hat Perspektiven über die Satzdomäne hinaus in die G.schreibung eingebracht. Die Geschichte der älteren dt. G. stellte Jellinek (1913/14) dar. Unter den deutschen G. für den Ausländerunterricht ist Helbig & Buscha erwähnenswert. **Lit.** K. F. Becker, Organism der Spr. Ffm. 1827, ²1841. – O. Behaghel, Dt. Syntax. Heidelberg 1923–32. – H. Brinkmann, Die dt. Sprache. Ddf. 1962. – S. C. Dik, The Theory of Functional Grammar. Dordrecht 1989. – U. Engel, Dt. G. Heidelberg 1989. – H. D. Erlinger, C. Knobloch & H. Meyer (Hgg.), Satzlehre, Denkschulung, Nationalsprache: Dt. Schulgrammatik zwischen 1800 und 1850. Münster 1989. – K. A. Forsgren, Die dt. Satzgliedlehre 1780–1830. Göteborg 1985. – Ders., Satz, Satzarten, Satzglieder. Münster 1992. – T. Givón, Syntax: A Functional-Typological Introduction. Amsterdam, Philadelphia 1984. – M. H. Jellinek, Geschichte der nhd. G. bis auf Adelung. 2. Bde. Heidelberg 1913/14. – H. Paul, Dt. G. 5 Bde. Halle/S. 1916–20. – H. Seiler & W. Premper (Hgg.), Partizipation: Das sprachl. Erfassen von Sachverhalten. Tübingen 1991. – W. Vesper, Dt. Schulgrammatik im 19. Jh. Tübingen 1980. – H. Weinrich, Textgrammatik der dt. Spr. Hildesheim, N. Y. ²2003. – G. Zifonun et al., G. der dt. Spr. 3 Bde. Bln., N. Y. 1997. – Eisenberg I, II.   G, KN

Grammatikalisierung (engl. grammaticalization, frz. grammaticalisation) **1.** Auf A. Meillet zurückgehende Bez. für diachrone bis synchrone sprachl. Prozesse, bei denen sich Lexeme oder syntakt. Einheiten zu spezif. morpholog.-syntakt. Strukturen verfestigen und zu grammat. Paradigmen ordnen,

d. h. bei denen sich eine stabile Verbindung zwischen einer oder mehreren Bedeutungen und einer oder mehreren morpholog. oder syntakt. Einheiten herausbildet. Zentrale Annahme ist hierbei, dass die G. ein gradueller Prozess ist: Der Vorgang der Anreicherung grammat. Funktionen und der Eingliederung in bestehende grammat. Paradigmen geht einher mit einem allmähl. Verblassen der Bedeutung der betreffenden Lexeme und dem Verlust an prosodischer Autonomie. Typische G. sind z. B. die Entwicklung von lat. *mēns, mentem* ›Geist, Verstand‹ zum span./ital. Adverbsuffix *-mente* oder die Entwicklung von ↗ Hilfsverben, z. B. von lat. *stāre* ›stehen‹ zu span. *estar + Gerund* (mit progressiver Aktionsart), von lat. *habēre* ›haben‹ zum span. Auxiliar *haber*, von engl. *going to* zu *gonna* (mit Zukunftsbedeutung). Ob die bei dem Prozess der G. beobachtbaren semant. Veränderungen als semant. Verengung oder Erweiterung verstanden werden sollen, wird ebenso diskutiert wie die Frage, ob G. (als sog. Degrammatikalisierung oder Pragmatikalisierung) umkehrbar ist (vgl. Lehmann 2002). **Lit.** D. Bittner & L. Gaeta (Hgg.), Analyse und Synthese in der dt. Gegenwartsspr. Kodierungstechniken im Wandel. Bln. 2010. – R. Eckardt, Meaning Change in Grammaticalization. An Inquiry into Semantic Reanalysis. Oxford 2006. – O. Fischer et al. (eds.), Up and Down the Cline – The Nature of Grammaticalization. Amsterdam 2004. – E. V. Gelderen, Grammaticalization as Economy. Amsterdam 2004. – A. Giacalone-Ramat & P. J. Hopper (eds.), The Limits of Grammaticalization. Amsterdam 1998. – R. Harnisch (Hg.), Prozesse sprachl. Verstärkung. Typen formaler Resegmentierung und semant. Remotivierung. Bln., N. Y. 2010. – B. Heine & H. Narroq (eds.), The Handbook of Grammaticalization. Oxford 2009. – C. Lehmann, Thoughts on Grammaticalization. Arbeitspapiere des Seminars für Sprachwiss. der Univ. Erfurt 9, 2002. – D. Lessau, A Dictionary of Grammaticalization. Bochum 1994. – A. Levin-Steinmann, Studien zur G. Hamburg 2010. – T. Leuscher & T. Mortelmans (Hgg.), G. im Dt. Bln. 2004. – A. Meillet, Linguistique historique et linguistique générale. Paris 1912, Nachdruck 1965. – I. Roberts & A. Roussou, Syntactic Change: A Minimalist Approach to Grammaticalization. Cambridge 2003. – T. Stolz, G. und grammat. Kategorien. Bochum 2008. – R. Szczepaniak, G. im Dt. Eine Einf. Tübingen 2009. – E. C. Traugott & B. Heine (eds.), Approaches to Grammaticalization. 2 Bde. Amsterdam 1991. – Weitere Lit. ↗ Reanalyse. F – **2.** Entwicklungsprozess vieler ↗ alphabetischer Schriften von phonolog. flachen zu phonolog. tiefen (↗ Graphem) Repräsentationskonventionen, d. h. Zunahme der unmittelbaren Repräsentation morpholog. und lexikal. Einheiten im Schriftsystem. Starker G. unterworfen sind i. d. R. alphabet. Schriftsysteme, die längere Zeit keiner ↗ Orthographie-

reform unterzogen, d. h. den Veränderungen, die die ↗ gesprochene Sprachform vollzieht, nicht angepasst werden (z. B. die Schriftsysteme des Engl., Frz., Ir.; ↗ Quasilogographie). Neuverschriftungen und (phonograph. motivierten) Alphabet- oder Orthographiereformen unterzogene Schriftsysteme sind i. d. R. wenig grammatikalisiert (z. B. die (türkei-) türk. Lateingraphie, die Graphien des Serbokroat., Finn. und Span.). G

Grammatikalität (auch: Grammatizität. Engl. grammaticality, frz. grammaticalité) Die G. kommt allen Strukturen einer Spr. zu, welche durch den Regelapparat eines Sprach-Modells als solche erfasst bzw. erzeugt werden (↗ Chomsky-Grammatik); entspr. Ausdrücke heißen *grammatisch*. In diesem Sinne ist die G. sprachl. Ausdrücke theoriegebunden, im Ggs. zur ↗ Akzeptabilität, die Sprecherurteile über die Annehmbarkeit von Äußerungen sprachl. Strukturen reflektiert. Im Rahmen der GG bildet die G. die ↗ Kompetenz eines ↗ Idealen Sprecher-Hörers ab. **Lit.** ↗ Akzeptabilität. F

Grammatikalklammer (auch: Positionsklammer) Ausdruck zur Bez. von Klammerkonstruktionen des Dt., die auf Verbpartikeln beruhen (z. B. *sehe – vorher, halte – Hof*) im Unterschied zur Lexikalklammer (auch: Rektionsklammer), die auf komplexen Flexionsformen beruht (z. B. *habe – vorhergesehen, hatte – Hof gehalten, dürfte – gehen müssen*); ↗ Satzklammer, ↗ Satzrahmen. G

Grammatiktheorie Im Unterschied zu mehr oder weniger formal festgelegten und daher mehr oder weniger kontrollierbaren Beschreibungssystemen, die der grammat. Strukturierung natürlichsprachl. Ausdrücke dienen – wie sie etwa in der ↗ Lexikalisch-Funktionalen Grammatik oder der ↗ Head-Driven Phrase Structure Grammar entworfen worden sind –, stellt eine G. u. a. die Grundannahmen und die sich aus ihnen ergebenden Konsequenzen für solche Systeme zur Verfügung. Im günstigen Fall ist eine G. axiomatisiert, d. h. liegt in mathematisierter Form vor. Während die Theorie spezieller ↗ formaler Sprachen mathemat. recht gut entwickelt ist, sind Beispiele für eine mathematisierte G. äußerst rar: (a) Bałczerowskis recht eng begrenzte, weil auf einen bestimmten Typ syntakt. Strukturen – nämlich auf sog. Determinationsstrukturen – eingeschränkte »Determinationelle Theorie der Sprache«, (b) die wesentlich allgemeinere und aussagekräftigere ↗ Theorie des Artikulators von B. N. Grunig. Die Theorie des Artikulators kann wegen ihrer Allgemeinheit und Schulneutralität heute in etlichen Hinsichten als Grundlage für weitere, noch zu entwickelnde ling. Theorien dienen. Diese Allgemeinheit und Schulneutralität besteht beispielsweise darin, dass etwa Dependenz- oder Determinationsstrukturen weder von vornherein ausgeschlossen noch ein für allemal gefordert werden. Einige bedeutsame Annahmen, die in Form von Axiomen in die Theorie eingehen, finden sich in der über 2000-

jährigen Tradition sprachwiss. Tuns, z. B. (a) die Annahme, dass man zur Beschreibung von Strukturen natürlichsprachl. Ausdrücke elementare, als nicht weiter analysierte betrachtete Einheiten – grammat. Minimaleinheiten – sowie Relationen benötigt, die über diesen Minimaleinheiten erklärt sind, ist bereits bei Platon (Theaitētos) dokumentiert, (b) die Annahme der doppelten Dualität des sprachl. Zeichens hat sich spätestens am Ende des 19. Jh. etabliert (J. Baudouin de Courtenay), (c) die Annahme von ↗ Kategorien hat sich bereits in der Postulierung von Redeteilen für Determinationsstrukturen im griech. Altertum niedergeschlagen. Da die Basisaxiome der Theorie des Artikulators einzeln genommen i. a. wesentlich schwächeren Annahmen entsprechen, als sie in der Ling. gang und gäbe sind, dürfte zwar kaum ein Grammatiker ernstlich Zweifel ihnen gegenüber hegen können. Das wichtigste Theorem, das sich mit ihnen beweisen lässt, muss allem Augenschein nach aber erhebliche Konsequenzen auf bestimmte Praktiken grammat. Beschreibung haben, weil diese im Widerspruch zu dem Theorem der Erhaltung der Minimaleinheiten stehen. Dieses Theorem besagt, dass jede Minimaleinheit einer grammat. Struktur, die der Beschreibung der Bedeutung dient, auch der Beschreibung der phonolog.-morpholog. Manifestation dienen muss und umgekehrt. – Die Theorie des Artikulators ist eine Theorie über die erste, bedeutungsbezogene Artikulation (↗ doppelte Artikulation). **Lit.** J. Bałczerowski, Systems of Semantics and Syntax. A Determinational Theory of Language. Warszawa, Poznań 1980. – B.-N. Grunig, Structure sous-jacente: essai sur les fondements théoriques. Lille 1981. T

Grammatik-Übersetzungs-Methode ↗ Fremdsprachenmethodik

Grammatikunterricht Wichtiger Teilbereich des ↗ muttersprachlichen Unterrichts, in dem Kenntnisse über die Strukturen der S1 vermittelt werden. In der ↗ Sprachdidaktik ist immer wieder diskutiert worden, in welchem Umfange grammat. Kenntnisse vermittelt werden sollen. Umstritten ist weiterhin, welche Bedeutung grammat. Wissen für die sprachl. Fähigkeiten hat; ↗ didaktische Grammatik. GI, KL, SO

Grammatisch ↗ Grammatikalität

Grammatische Bedeutung (engl. grammatical meaning (L. Bloomfield, J. Lyons), structural meaning (Ch. C. Fries), frz. signification grammaticale) Im Gegensatz zur ↗ lexikalischen Bedeutung der nicht aus dem ↗ Lexikon stammende Anteil der Systembedeutung von ↗ Sätzen, ↗ Syntagmen oder ↗ Wortformen. G. B. werden indiziert durch ↗ Innenflexion, ↗ Affixe, ↗ Kongruenz, ↗ Funktionswörter, ↗ Wortstellung und ↗ Prosodie (↗ Formator). Sie betreffen ↗ Person, ↗ Genus, ↗ Numerus; ↗ Aktionsart, ↗ Aspekt, ↗ Tempus, ↗ Genus Verbi; propositionale Funktionen (↗ Wortart, ↗ Kasus, ↗ Tiefenkasus,

↗ Thematische Rolle); propositionale Relationen; ↗ Modalität (↗ Modus, ↗ Satzmodus); ↗ Informationsstruktur (↗ Fokussierung, ↗ Funktionale Satzperspektive, ↗ Rhema, ↗ Thema); ↗ Textphorik. **Lit.** L. Bloomfield, Language. Ldn. 1935. – Ch. C. Fries, The Structure of English. N. Y. 1952. – J. Lyons, Introduction to Theoretical Linguistics. Cambridge 1968. – A. Cruse, Meaning in Language. Oxford ²2004, Kap. 15. RB

Grammatischer Akzent ↗ Dynamischer ↗ Wortgruppen- bzw. ↗ Satzakzent, der syntakt. bzw. semant. Strukturen zum Ausdruck bringt; ↗ Akzent. PM

Grammatischer Reim Reimfolge aus verschiedenen Wortbildungs- und Flexionsformen eines Wortstammes, entspricht der rhetor. Figur des ↗ Polyptotons; beliebt v. a. im Minne- und Meistergesang, z. B. *geschehen : geschach; gesehen : gesach* (Reinmar d. Alte, MF 198, 16); aber auch in der Neuzeit, z. B. *schreibt : bleiben : schreiben : bleibt* (Lessing, »Sinngedichte«). SE

Grammatischer Wandel ↗ Analogie

Grammatischer Wechsel ↗ Grimmsches Gesetz, ↗ Vernersches Gesetz

Grammatisches Geschlecht ↗ Genus

Grammatische Transfiguration ↗ Hypostasierung, ↗ Wortartwechsel

Grammatizität ↗ Grammatikalität

Grammatologie Bez. für eine von J. Derrida vorgeschlagene ›Wissenschaft von der Schrift‹. Thematisiert wird das Verhältnis zwischen der Schrift i. S. der Buchstabenschrift und der Stimme i. S. des gesprochenen Worts. Die leitende These der G. äußert sich in der Behauptung, dass die Geschichte der abendländ. Metaphysik als Logozentrismus charakterisieren lasse, was sich darin zeige, dass Schrift zur Hilfsform der Spr. degradiert wurde. Die Dominanz der Spr. führe zu einem Phonozentrismus, der aufgrund der Dominanz der Spr. als stimml. Verlautbarung führt, die einzig das Sein als Präsenz gelten lässt. Der Begriff der ›Dekonstruktion‹ markiert eine Gegenposition als Ideologiekritik an Logo- und Phonozentrismus, die die Schrift als ursprüngl. grammatolog. Operation herausstellt, da ihr die geschichtl. signifikante Spur eigen ist, der jede Sprachbedeutung unterliegt. **Lit.** J. Derrida, De la grammatologie. Paris 1967. Dt. Grammatologie. Ffm. 1974. PR

Grammem ↗ Tagmem

Granularität (lat. grānum ›Korn‹) Von J. L. Austin aus der Photographie in die ling. Pragmatik übertragene Metapher für die ›Korngröße‹, die Einstellungsschärfe sprachl. Ausdrücke: je nach ↗ Textsorte, Thema und Kommunikationspartnern muss mitunter vergröbert (ausdrückbar durch Formeln wie *aufs Ganze gesehen, im großen und ganzen, grob gesagt/gesehen* u. a.) bzw. verfeinert, genauer expliziert werden (ausdrückbar durch Formeln wie *wenn man es genau nimmt, genau gesagt, strenggenom-*

men u.ä.). So kann der Satz *Ute ist Schwäbin* bei grober G. richtig (wenn Ute aus Württemberg stammt), bei feiner G. falsch sein (wenn sie z.B. aus Heilbronn stammt); ↗ Heckenausdruck. G

Graph n., pl. ~e. (griech. γράφειν (grafein) ›schreiben‹) **1.** Bei manchen Autoren Bezeichnung für ein einzelnes Exemplar eines ↗ Schriftzeichens, analog zur Definition von ↗ Phon in der ↗ Phonetik. Seine sämtlichen Vorkommen (Varianten, ↗ Allograph) sollen sich zu einer Klasse zusammenfassen lassen, deren systembezogener Prototyp ein ↗ Buchstabe oder ein ↗ Graphem sein soll; ↗ Graphetik. **2.** ↗ Strukturbaum. **3.** ↗ Gerichteter Graph. G

Graphem n. Minimale systemat. Einheit in ↗ alphabetischen ↗ Schriftsystemen; ↗ kenematische Schrift. G. sind grundsätzl. bestimmt durch ihre Korrelationen zu Elementen der phonolog. Ebene des Sprachsystems (↗ Graphematik); dies ist in der Bez. *Phonographem* terminologisiert. Analog dazu bezeichnet *Graphophonem* eine phonemat. Einheit, die direkt mit einem G. korrespondiert. Die (etwas gezwungene) Bildung *Graphographem* soll G. bezeichnen, die durch eine völlig interne Analyse der ↗ Schriftstruktur (ohne Bezug auf andere Ebenen der Sprachstruktur) gefunden werden können. Die zu Beginn jeder alphabet. ↗ Verschriftung dominierenden Korrelationen aller G. zu entsprechenden Phonemen können sich abschwächen und in einem Prozess der ↗ Grammatikalisierung (2) eines Schriftsystems z.T. ganz außer Kraft geraten, wenn höhere Systemebenen (v.a. Morphologie und Lexikon) in graph. Wörtern direkt repräsentiert werden (z.B. im sog.»Prinzip der ↗ Stammschreibung« des Dt.). Alphabet. Schriftsysteme lassen sich deshalb einteilen in *phonologisch flache* (eng. *shallow*), d.h. solche, in denen annäherungsweise regelmäßige Graphem-Phonem-Korrelationen herrschen (z.B. im Finn., Türk., Span.; sie werden auch *phonographisch* genannt), und *phonologisch tiefe* (engl. *deep*) Schriftsysteme, in denen morpholog. und lexikal. Einheiten (als feste Silben- oder Wortschreibungen) direkt abgebildet werden und elementare Graphem-Phonem-Korrelationen überlagern (verbreitet z.B. im Engl., Frz., Ir.). Viele andere Schriftsysteme sind zwischen diesen beiden Polen anzusiedeln, d.h. dass sie sowohl phonograph. als auch morphemrepräsentierend sind (z.B. Dt., Ndl., Russ.). *Digraphe* sind aus zwei ↗ Buchstaben kombinierte G. in Alphabetschriften, z.B. dt. *ch* /ç/, /x/, frz. *ch* /ʃ/, engl. *th* /θ, ð/; *Trigraphe* sind aus drei Buchstaben kombinierte G., z.B. dt. *sch* /ʃ/; *Tessaragraphe* schließlich gibt es in manchen kaukas. Graphien, z.B. avar. ⟨kIkI⟩ /kʔːˀ/ (»geminierte«, »emphatische« Form des stl. glottalisierten velaren Plosivs); zusammenfassend nennt man solche Fälle auch *Mehrgraphe*. In vielen Spr. kann der Status eines Schriftzeichens von seiner Position im graph. Wort abhängen, so kann /k/ im Dt. durch das G. ⟨k⟩, durch positionsgebundenes ⟨q⟩ (nur vor ⟨u⟩ als Element eines Digraphs am vorderen Silbenrand),

durch ⟨ck⟩ (nur am hinteren Silbenrand, z.B. *Sack*) und ⟨ch⟩ (z.B. *Chor, Fuchs*) repräsentiert werden; ↗ Orthographie. Nichtalphabet. (z.B. chin.) Schriftzeichen können nach dieser Auffassung nicht als G. betrachtet werden (anders Coulmas 1989, 50 ff.). **Lit.** M. Kohrt, Problemgeschichte des Graphembegriffs und des frühen Phonembegriffs. Tübingen 1985. – H. Glück, Schrift und Schriftlichkeit. Stgt. 1987. – H. Günther, Schriftl. Spr. Tübingen 1988. – F. Coulmas, Writing Systems of the World. Oxford 1989. – HSK 10. – U. Enderle, Autonomie der geschriebenen Spr.? Zur Theorie phonograph. Beschreibungskategorien am Beispiel des Dt.. Berlin 2005. – Weitere Lit. ↗ Graphematik. G

Graphematik (auch: Graphemik) In ↗ Schriftsprachen dasjenige Teilsystem ihres Sprachsystems, in dessen Rahmen die Beschreibung der Grundeinheiten ihres ↗ Schriftsystems (↗ Schriftzeichen, ↗ Graphem) erfolgt. Weiterhin klärt die G. ihre Kombinatorik zu komplexen Einheiten (in alphabet. Schriften z.B. graph. Wörtern) und die Regeln, denen diese Kombinatorik folgt (Graphemsystem, Graphotaktik; ↗ Graphem-Phonem-Korrespondenz). Graphemat. und phonolog. Teilsystem interagieren; es gibt in ↗ altverschrifteten Sprachen keine einfache Determination des graphemat. durch das phonolog. System; ↗ Phonographie, ↗ Schriftlinguistik. Die Entwicklung einer G. ist für grammat. Beschreibungen von Schriftsprachen unverzichtbar und von elementarer theoret. Bedeutung; sie gehört zum Kernbereich ihrer ↗ Grammatik. Für das Dt. werden erst seit den 1970er Jahren Versuche unternommen, seine G. zu beschreiben; vollständige Beschreibungen liegen nicht vor. **Lit.** G. Augst (ed.), New Trends in Graphemics and Orthography. Bln. N. Y. 1986. – P. Eisenberg, Die Grapheme des Dt. und ihre Beziehungen zu den Phonemen. GermL 93–94, 1988, 139–154. – H. Günther, Schriftl. Spr. Tübingen 1988. – HSK 10. – F. Coulmas, Writing Systems. An Introduction to their Linguistic Analysis. Cambridge 2003. – F. Coulmas: Writing Systems. An Introduction to Their Linguistic Analysis. Cambridge 2003. – H. Rogers, Writing Systems. A Linguistic Approach. Malden, Maryland 2006. – E. Birk, Philosophie der Schrift. Tübingen 2009. – Chr. Dürscheid, Einf. in die Schriftlinguistik. Wiesbaden ²2004. N. Fuhrhop, Zwischen Wort und Syntagma. Zur grammat. Fundierung der Getrennt- und Zusammenschreibung. Tübingen 2007. – M. Neef, Die G. des Dt. Tübingen 2005. G

Graphemik ↗ Graphematik

Grapheminventar Für jedes ↗ alphabetische ↗ Schriftsystem gesondert zu ermittelndes, spezif. Inventar an ↗ Graphemen. Dieses Inventar spiegelt i.d.R. Bezeichnungsnotwendigkeiten wider, die sich aus dem Phoneminventar der betreffenden Spr. ergeben. So ist in lat. verschrifteten Spr. häufig das Vokalgrapheminventar ggü. dem lat. Basisalphabet erweitert. G

Graphem-Phonem-Korrespondenz (Abk. GPK. Auch: Phonem-Graphem-Korrespondenz) Für alle ↗ Schriftsprachen ist neben einer phonolog. und einer graphemat. ↗ Ebene eine vermittelnde Korrespondenzebene anzunehmen, deren Regeln die Beziehungen zwischen ihnen beschreiben. Diese Regeln werden oft Korrespondenzregeln (GPK-Regeln) genannt. Für ↗ alphabetische Schriften ist dies evident, für ↗ Silbenschriften haben solche GPK-Regeln die Beziehungen zwischen einzelnen ↗ Syllabogrammen und dem phonolog. und silb. Wert der repräsentierten Silbe zu beschreiben. Für ↗ Logographien, soweit ihre Schriftzeichen nicht als ↗ Grapheme bestimmt werden (wie in diesem Lexikon), ist das Konzept gegenstandslos; es wäre eine anders strukturierte Logogramm-Lexem-Korrespondenzebene zu postulieren (mit einer sekundären Komponente, in der ggf. phonet. Indikatoren zu beschreiben sind). In phonograph. (phonolog. flachen) Schriftsystemen ist diese Korrespondenzebene relativ unkompliziert (die phonolog. determiniert weitgehend die graphemat. Komponente, ↗ Lautwert), in phonolog. tiefen Systemen ist sie z.T. extrem komplex, weil die lexikal. und morpholog. Ebene in starkem Maß die graphemat. Komponente determinieren. **Lit.** ↗ Graphem, ↗ Graphematik, ↗ geschriebene Sprachform, ↗ Schrift. G

Graphemsystem ↗ Graphematik

Graphetik Von H. P. Althaus terminologisierter Gedanke, demzufolge die ↗ Graphematik die ↗ emischen Einheiten von ↗ Schriftsystemen zu analysieren habe, die G. hingegen die ↗ etischen in Analogie zur Unterscheidung zwischen ↗ Phonemik und ↗ Phonetik. **Lit.** H. P. Althaus, Graphetik. LGL. G

Graphie f. Mitunter verwendete Bez. für die ↗ geschriebene Sprachform bzw. das ↗ Schriftsystem einer Spr., z.B. die G. des Dt., Arab. G

Graphisch Die ↗ geschriebene Sprachform betreffend, Form sprachl. Äußerungen jeder Art, die in geschriebener (gedruckter) Form vorliegen. G

Graphische Ebene In Ebenenmodellen zur Beschreibung der Struktur von Spr. als v.a. (aber nicht nur) mit der phonolog. Ebene des Sprachsystems korrespondierende, medial eigenständige und eigenen Strukturprinzipien verpflichtete ↗ Ebene, in der sich die ↗ geschriebene Sprachform manifestiert. Solche Strukturprinzipien treten z.B. bei der Analyse eines ↗ Schriftsystems (↗ Graphematik, ↗ Orthographie) zutage. In den wichtigen modernen Grammatiktheorien wird die g. E. von ↗ Schriftsprachen immer noch weitgehend vernachlässigt, weil die Meinung vorherrscht, sie lasse sich aus der phonolog. Komponente der Grammatik ableiten (was nicht der Fall ist). G

Graphisches Wort ↗ Leerstelle

Graphographem ↗ Graphem

Grapholatrie f. (griech. γραφή (grafē) ›Geschriebenes‹, λατρεύειν (latreuein) ›dienen, verehren‹) Formen religiöser Verehrung oder Fetischisierung von Geschriebenem; G. ist in allen Weltteilen belegt. Beispiele sind die Verwendung von Schriftträgern, die mit heiligen oder mag. Texten beschrieben sind, als Amulett oder als Zaubermittel, die Benutzung von Texten zu rituellen Praktiken, in denen es auf ihren (im Prinzip lesbaren) Inhalt nicht ankommt (z.B. in den melanes. Cargo-Kulten um 1900). **Lit.** F. Dornseiff, Das Alphabet in Mystik und Magie. Lpz. 1922, ³1980. – S. J. Tambiah, The Magical Power of Words. Man 3, 1968, 175–208. – H. Glück, Schrift und Schriftlichkeit, Kap. 6. Stgt. 1987. G

Graphologie ↗ Schrift 7.

Graphometrie f. Messverfahren zur Analyse von handgeschriebenen und gedruckten Texten nach deren äußerl., rein graph. Spezifika, v.a. im Bereich der Kriminalistik und Forensik, wenn es um den Nachweis von Autorschaften geht; ↗ forensische Linguistik. G

Graphophonem ↗ Graphem

Graphotaktik ↗ Graphematik

Grasseyement (frz. auch: parler gras) ↗ Uvulare Realisierung von ⟨r⟩ als [ʀ]. G

Grassmanns Gesetz (auch: Aspiratendissimilationsgesetz) Von H. Grassmann (1809–1877) 1862 erkannte und 1863 publizierte Regelhaftigkeit, die den Verlust der Behauchung in der ersten zweier aufeinanderfolgender Mediae aspiratae (aspirierte sth. Okklusive) im Indoiran. und Griech. beschreibt. Besonders augenfällig ist dies in reduplizierten Bildungen: so heißt das reduplizierte Präsens zur idg. Wurzel *d^heh_l ›setzen‹ ai. *dá-dhāmi* statt *$dhá-dhā$-mi*, griech. τί-ϑημι (ti-thēmi) statt *ϑί-ϑημι (thi-thēmi). Gleichungen wie got. *bindan* ›binden‹ : ai. *ba(n)dhnáti* (idg. *$b^h end^h$-), got. *biudan* ›bieten‹ : griech. πεύϑομαι (peuthomai): ai. *bódhati* (idg. *$b^h eud^h$-) zeigen die Beschränkung von G. G. auf die Sprachzweige Griech. und Indoiran. **Lit.** N. E. Collinge, The Laws of Indo-European. Amsterdam 1985. RK

Graubündnerisch ↗ Rätoromanisch

Gravis m. (lat. gravis ›schwer‹) **1.** ↗ Fallender Silbenakzent (↗ Akzent, ↗ melodischer Akzent). PM – **2.** (Engl. grave accent, frz. accent grave) Auf den alexandrin. Gelehrten Aristophanes von Byzanz (ca. 220 v.Chr.) zurückgehendes, seit dem 2. Jh. n.Chr. im Griech. systemat. verwendetes ↗ Diakritikon. Der G. ist ein von links oben nach rechts unten geneigter Strich oberhalb des modifizierten ↗ Buchstabens zur Bezeichnung (a) einer Akzentstelle, z.B. ital. *caffè* ›Kaffee‹, *città* ›Stadt‹, (b) eines Tonhöhenverlaufs, z.B. in Lehrbüchern des Serbokroat. für den kurzsteigenden Ton (*nòga* ›Fuß‹, *vàljati* ›taugen‹) und (verdoppelt) für den kurzfallenden Ton (*gräd* ›Hagel‹), zur Markierung des fallenden Tons in der Pinyin-Transkription des Chines., (c) der Vokalqualität, z.B. frz. *è* [e] vs. *e* [ə], (d) zur Homonymendifferenzierung, z.B. frz. *la* (fem. Artikel) vs. *là* ›dort‹. G

Gräzismus (lat. graecus ›griechisch‹) ↗ Entlehnung aus dem Altgriech. (z. B. dt. *Therapie* aus griech. θεραπεῖα (therapeia) ›Dienen, Dienst‹) oder Neuschöpfung auf Basis altgriech. lexikal. Elemente (z. B. dt. *Telephon* zu griech. τήλε (tēle) ›fern‹ und griech. φωνή (phōne), ›Stimme, Klang‹). Vielfach erreichten G. das Dt. über Vermittlung anderer Spr. (↗ Peregrinismus), bspw. dt. *Theater* < frz. *théâtre* < lat. *theātrum* < griech. θέατρον (theātron). Insbes. in Fachwortschätzen und den entsprechenden Wortbildungsverfahren greift das Dt. auf G. zurück; ↗ Konfix, ↗ Latinismus. **Lit.** H. H. Munske & A. Kirkness, Eurolatein. Das griech. und lat. Erbe in den europ. Spr. Tübingen 1996. – B. Kytzler, L. Redemund & N. Eberl, Unser tägliches Griech. Lexikon des griech. Spracherbes. Mainz 2001. SO
Grebo ↗ Kru-Sprachen
Greibach-Normalform ↗ Chomsky-Normalform
Grenzbezogen ↗ Terminativ
Grenzsignal (auch: Junktur, engl. border signal, boundary marking, limiting signal) Phonet. Eigenschaften bzw. phonolog. Einheiten, die die Lage von Silben-, Morphem-, Wort- oder Phrasengrenzen markieren. Im Dt. z. B. das Auftreten des ↗ Glottisverschlusses vor anlautendem Vokal, die phonotakt. Beschränkungen für /h/ (anlautend), /h/ (nichtanlautend), die ↗ Auslautverhärtung. Bei Spr. mit festem ↗ Akzent bildet auch dieser ein G. Ein rein phonet. G. bildet universell auch die finale Längung (engl. *prepausal lengthening*). PM
Grenzton ↗ ToBI
Griechisch Ie. Spr., isolierter Zweig des ie. Sprachstammes; zum ↗ Balkansprachbund zählend. Ca. 13 Mio. Sprecher, ca. 3 Mio. außerhalb Griechenlands (Australien [Melbourne], Ukraine, Türkei, Ägypten, Deutschland u. a.). Die griech. Schrift wurde im 9. Jh. v. Chr. wahrscheinl. aus dem ↗ Phönizischen entwickelt und entspricht auch heute noch, trotz umfangreicher phonolog. Wandlungen (↗ Jotazismus) im Wesentl. der des ↗ Altgriechischen (Schriftreform in der Diskussion; diakrit. Zeichen (↗ Diakritikon), seit 1976 vereinfacht). Das G. ist Gegenstand unterschiedl. wiss. Fachrichtungen im Rahmen der ↗ Klassischen Philologie, der ↗ Byzantinistik und der ↗ Neogräzistik. Die schriftsprachl. sehr gut dokumentierte Spr. kann in vier histor. Perioden eingeteilt werden: Mykenisch (1500–1150 v.Chr.), das in Form der kretischen Schrifttafeln (↗ Linear B) dokumentiert ist; ↗ Altgriechisch (800 v. Chr.–300 n. Chr., mit ↗ Neutestamentlichem Griechisch 300 v.Chr.–300 n.Chr.), ↗ Mittelgriechisch (3.–15. Jh.) und ↗ Neugriechisch. Neben starker dialektaler Variation existierten bis in jüngere Zeit zwei Sprachstandards (καθαρεύουσα (Katharevousa) ›Reinspr., Kanzleispr.‹; δημοτική (Dhimotiki) ›Volksspr.‹). Die türk. Besatzung beschränkte die Verwendung des G. auf religiöse Zwecke und auf die Dhimotiki. Erst ab dem 19. Jh. gab es größere literar. Bewegung in der Katha-

revousa, ab dem 20. Jh. ausschließl. in der Dhimotiki, die seit 1976 als offizieller Sprachstandard gilt. Im phonolog. und morpholog. Bereich bestehen zwischen Dhimotiki und Katharevousa klare Unterschiede, welche Erstere als Spr. mit zwar recht komplexen, ggü. der Katharevousa jedoch stark reduzierten Formen kennzeichnen; syntakt. und semant. Differenzierungen sind nicht so deutl. erkennbar und kaum erforscht. Das G. ist flektierend, die Wortstellung ist wahrscheinl. SVO, definite themat. Subjekts-Pronomina fallen aus (↗ Pro-Drop-Parameter). Komplexes, sich in der Entwicklung zum Neugriech. zunehmend vereinfachendes morpholog. Tempus- und Aspekt-System. Die Dhimotiki hat ggü. dem Altgriech. ein reduziertes Numerussystem (Sg., Pl., Wegfall des ↗ Duals) und Kasussystem (Nom., Akk., Vok., Zusammenfall von Dat. und Gen.). Sie verfügt seit dem Ausfall zahlreicher infiniter Formen im Mittelgriech. über Verdoppelung von Klitika (gleichzeitiges Auftreten von Obj. und entspr. klitischen Pronomina innerhalb des Verbkomplexes, z. B. *to vlepo to vivlio* ›das sehe [ich] das Buch‹). Ggü. dem Altgriech. mit musikal. ↗ Akzent verfügt das Neugriech. über ein um die Langvokale reduziertes Vokalsystem (5 Kurzvokale: [a], [e], [i], [o], [u], die ihre Quantität entspr. einem Intensitätsakzent verändern). **Lit.** F. Blass et al., Grammatik des neutestamentl. Griech. Göttingen 1984. – O. Eleftheriades, Modern Greek: A Contemporary Grammar. Palo Alto 1985. – D. Holton et al., Greek. A Comprehensive Grammar of the Modern Language. Ldn. 1997. – G. Horrocks, Greek. A History of the Language and its Speakers. Ldn. 1997. – S. Iatridou (ed.), Greek Syntax and Semantics. MIT Working Papers in Linguistics 57, Cambridge, Mass. 2009. – B. D. Joseph, Modern Greek – A Grammatical Sketch. Mchn. 2001. – Ders. & I. Philippaki-Warburton, Modern Greek. Ldn. 1987. – C. Karvounis, Neugriech. Spr.: ein Überblick. Mainz, Germersheim 2008. – Ders., Griechische Spr. (Diglossie und Verbreitung). Enzyklopädie des europ. Ostens [der] Alpen-Adria-Universität Klagenfurt [Online-Nachschlagewerk [http://eeo.uni-klu.ac.at/index.php/Hauptseite]. – P. Mackridge, The Modern

Aα	Bβ	Γγ	Δδ	Eε	Zζ	Hη	Θθ	Iι	Kκ
a	*b*	*g*	*d*	*e*	*dz*	*ē*	*th*	*i*	*k*
Λλ	Mμ	Nν	Ξξ	Oο	Ππ	Pρ	Σσ/ς	Tτ	Yυ
l	*m*	*n*	*ks*	*o*	*p*	*r*	*s*	*t*	*y*
Φφ	Xχ	Ψψ	Ωω				alt:	*F*	
f	*ch(x)*	*ps*	*ō*					*w, u̯*	

Varianten

σ an- und inlautend – ς auslautend;
θ – ϑ freie Varianten

Das griechische Alphabet

Greek Language. Oxford 1985. – I. Philippaki-Warburton et al. (eds.), Themes in Greek Linguistics. Amsterdam 1994. – H. Rix, Histor. Grammatik des Griech. Darmstadt 1976. – H. Ruge, Grammatik des Neugriech. Lautlehre, Formenlehre, Syntax, Köln ²1997. – A. Thumb, Hdb. der griech. Dialekte. Darmstadt 1909; 1932; 1959.   F

Grimmsches Gesetz (Rückübersetzung von engl. Grimm's law. Auch: Erste Lautverschiebung, Germanische Lautverschiebung. Engl. consonant shift) Bez. der systemat. Veränderungen der idg. Verschlusslaute nach dem dt. Philologen J. Grimm (1785–1863), durch die sich das Germ. von den übrigen idg. Sprachfamilien differenziert hat: (a) Die sth. Verschlusslaute *b, d, g, ĝ, gᵘ* werden zu stl. Verschlusslauten *p, t, k, kᵘ*: lat. *lābi* ›gleiten‹ – engl. *to sleep* ›schlafen‹. (b) Die stl. behauchten Verschlusslaute *pʰ, tʰ, kʰ, k̂ʰ, qᵘʰ* sind mit den unbehauchten Verschlusslauten zusammengefallen und zu den stl. Frikativen *f, þ, χ, χᵘ* geworden: lat. *pater* – engl. *father* ›Vater‹. Diese Verschiebung findet in den Verbindungen idg. *sp, st, sk*, germ. *ft, ht* nicht statt. Nach dem ⁊ Vernerschen Gesetz entstehen je nach Wortakzent stl. oder sth. Frikative, was sich im Paradigma starker Verben als grammat. Wechsel zeigt, vereinzelt bis in die Gegenwartsspr.: *ziehen – zog*. Die sth. Frikative fallen dabei mit den entsprechenden sth. Frikativen zusammen, die aus den behauchten Verschlusslauten (siehe (c)) entstanden sind. (c) Die sth. behauchten Verschlusslaute *bʰ, dʰ, gʰ, ĝʰ, gᵘʰ* werden zu sth. Frikativen, die u den Verschlusslauten *b, d, g, gᵘ* weiterverschoben worden sind: idg. **ghostis* – nhd. *Gast*. Der Beginn der Verschiebungen liegt wohl um 1200–1000 v.Chr., der Abschluss um 500–300 v.Chr. Umstritten sind die Ursachen und der Verlauf der ⁊ Lautverschiebung.   ST

Grobstruktur vor Details ⁊ Top-down
Grönländisch ⁊ Eskimo-aleutische Sprachen
Größe ⁊ Inhaltsbezogene Grammatik
Großbuchstabe ⁊ Majuskel, ⁊ Versal
Großrussisch (Eigenbez. velikorusskij. Engl. Great-Russian, frz. grand-russe) Ältere, polit. motivierte Bez. für das ⁊ Russische.   HA
Groß- und Kleinschreibung In vielen ⁊ Alphabetschriften gibt es neben den (normalen) kleingeschriebenen Buchstaben die markierte Form der mehr Raum erfassenden großen Buchstaben (⁊ Majuskel). Neben der durchgängigen Großschreibung (⁊ Versal, ⁊ Kapitälchen) von Wörtern in Überschriften u.a. wird darunter vor allem die markierte Großschreibung des ersten Buchstabens eines Wortes (Majuskel) verstanden. Das heutige Regelwerk der Groß- und Kleinschreibung bildete sich in den ⁊ Schriftsprachen Europas am Übergang vom MA zur Neuzeit aus und wird in entwicklungsgeschichtl. Studien mit dem Beginn des stummen ⁊ Lesens in Verbindung gebracht. Die Majuskel signalisiert dem Leser über ihren Lautwert hinaus zu-

sätzliche lexikal., grammat. und textuelle Informationen. Diese Informationen ergeben sich im Normalfall auch noch anderweitig aus dem Wort, Satz oder Text, denn sonst gäbe es für den Schreiber keinen Anlass für die Majuskel, aber der Leser erhält so vor aller weiteren sprachl. Analyse eine direkte unmittelbare opt. Information. Neben dieser ling. Information bewirkt die Majuskel auch eine rein äußerliche Gliederung der ⁊ Zeile in Leseblöcke (⁊ Absatz, ⁊ Abschnitt), die der Leser neben den Zwischenräumen (⁊ Leerstelle) auch bei der visuellen Erfassung der Zeile (⁊ Saccade der Augen) unbewusst nützt. – Die Majuskel bezieht sich auf das erste Wort eines Satzes, das erste und bestimmte weitere Wörter von Überschriften, (Werk) Titeln, von (mehrteiligen) Namen, bestimmte Anredepronomen und (Anrede-) Titel und im Dt. auf die Substantive und Substantivierungen. In der neueren Forschung wird Letzteres nicht über die Wortart, sondern über den ⁊ Kopf der NP beschrieben. Speziell bei den Titeln und Namen werden in den einzelnen Spr. unterschiedliche Gruppen erfasst und bei Mehrteiligkeit auch unterschiedl. Elemente groß geschrieben. Nicht obligator., aber (in älterer Zeit) häufig anzutreffen ist die Majuskel beim ersten Wort jeder Gedichtzeile und die besondere Hervorhebung (Initiale) von Text-, Gedicht-, Strophen-, Abschnittsanfängen. **Lit.** W. Mentrup (Hg.), Materialien zur historischen entwicklung der gross- und kleinschreibungsregeln. Tübingen 1980. – R. Bergmann & D. Nerius, Die Entwicklung der Großschreibung im Dt. von 1500 bis 1700. 2 Bde. Heidelberg 1998. – U. Maas, Grundzüge der dt. Orthographie. Tübingen 1992.   AT
Grotesk ⁊ Serifenlos
Grunddeutsch (engl. Basic German) In Anlehnung an das Basic English – jedoch offenkundig mit anderer Zielsetzung verbunden – soll mit dem G. ein Minimalbestand an sprachl. Mitteln festgelegt werden, der bei Erwerb und Unterricht des ⁊ Deutschen als Fremdsprache von Nutzen sein kann, und zwar sowohl auf seiten des Lerners als auch auf seiten des Mittlers. Zu diesem Minimalbestand gehören ein ⁊ Grundwortschatz und ein Grundbestand an morpholog., syntakt. sowie satztopolog. (wortstellungsbezogenem) Wissen.   T
Grundfolge ⁊ Grundwortstellung
Grundform (auch: Wörterbuchform, Zitierform. Engl. citation form) Bez. für die Form aus dem Flexionsparadigma eines Wortes, die in Wörterbüchern verzeichnet ist. Bei nominalen Lexemen sind das die nicht suffigierten Formen: (der ⁊ Positiv bei Adjektiven (*klein*), der Nom. Sg. bei Subst. (*Buch*), bei Verben die durch das Infinitivsuffix erweiterte Stämme (*leg-en*).   ES
Grundformflexion Nominale Lexeme des Dt. bilden flektierte Wortformen durch Anfügen der ⁊ Flexive an die ⁊ Grundform, z.B. *klein-es, Buch-es,* während in verbalen Flexionsparadigmen ⁊ Stamm-

flexion vorherrscht (*leg-en*, *leg-e*, *leg-st*,...). **Lit.**
Eisenberg II, 18. ES
Grundfrequenz ↗ Frequenz, ↗ Klang, ↗ Phonation
Grundkarte ↗ Sprachkartographie
Grundlinie (Gedachte) ↗ Zeile, auf der die Schriftzeichen von ↗ Schriftarten mit horizontaler ↗ Laufrichtung »stehen«. Unter die G. reichende Schriftzeichen haben ↗ Unterlängen (engl. descender),
über die G. reichende ↗ Oberlängen (engl. ascender); ↗ Mittellinie. G
Grundmorphem (auch: Basismorphem) Bez. für
nicht weiter zerlegbare morpholog. Einheiten, die
sich von Flexions- und Wortbildungsmorphemen
durch die lexikal. Bedeutung unterscheiden, die sie
tragen, z.B. *Haus*, *klein* etc. I.d.R. sind G. ↗ Lexeme, denn sie kommen frei vor (↗ Simplizia). Allerdings existieren gebundene bedeutungstragende
Einheiten, etwa verbale Stämme (↗ Basis), die nur
flektiert wortfähig sind, oder entlehnte Stämme
(↗ Konfix), die nur als Konstituenten von Wortbildungen auftreten (vgl. **leg* aber: *legen*, **Bio-* aber:
Biologe). Der Terminus G. eignet sich damit am
ehesten als ↗ Hyperonym aller ↗ autosemantischen
Morphemkategorien; ↗ Stamm, ↗ Stamm-Morphem,
↗ Wurzel. **Lit.** E. Fischer, Das »gebundene G.« in
der dt. Spr. der Gegenwart In: W. Fleischer (Hg.),
Beiträge zur Erforschung der dt. Spr. Leipzig 1985,
210–224. ES
Grundreihenfolge ↗ Grundwortstellung
Grundschrift ↗ Auszeichnung
Grundsprache ↗ Glottogonie, ↗ Sprachursprung
Grundstellung ↗ Grundwortstellung
Grundstufe ↗ Abstufung, ↗ Positiv
Grundton ↗ Frequenz, ↗ Klang, ↗ Phonation
Grundvalenz Übliche (normale) Anzahl und Rei-
henfolge der ↗ Ergänzungen eines Valenzträgers;
↗ Valenz. Gegenüber der G. gibt es ↗ Valenzerwei-
terungen und ↗ Valenzreduktionen. WK
Grundwort 1. (engl. non-derived word, root word,
frz. mot primaire) Gelegentl. Bez. für morpholog.
einfache Wörter; ↗ Simplex). **2.** (Auch: ↗ Determinatum) I.d.R. rechtsstehender Bestandteil eines
↗ Determinativkompositums des Dt. Das G. legt
die grammat. Eigenschaften und die Wortart der
gesamten Bildung fest und trägt alle flexionsmorpholog. Markierungen (morpholog. ↗ Kopf). Inwieweit die lexikal. Bedeutung des G. auf die des gesamten Kompositums übergeht, hängt vom ↗ Wortbildungstyp ab; z.B. ist ein *Zeigefinger* ein *Finger*,
ein *Langfinger* nicht; ↗ Bestimmungswort, ↗ Possessivkompositum. ES
Grundwortschatz (engl. basic vocabulary, frz. vocabulaire de base) Bez. für die Auswahl und Menge
an ↗ Wortschatz, mit dessen Hilfe man einen allgemeinspr. Text zu ca. 85% rezipieren und ein All-
tagsgespräch führen kann. Im ↗ Fremdsprachenunterricht wird zunächst dieser Wortschatz produktiv
und rezeptiv eingeführt und geübt, bis auf höheren
Niveaustufen (etwa ab dem Zertifikat DaF bzw.

Stufe B1 dem gemeinsamen europäischen ↗ Referenzrahmen entsprechend) der spezialisiertere bzw.
erweiternde sog. Aufbauwortschatz vermittelt wird
(mit dessen Hilfe man Text zu weiteren 10% verstehen kann). Zahlenangaben variieren, man geht
jedoch von ca. 2000 Wörtern und Wendungen im
G. aus und von weiteren ca. 2500 im Aufbauwortschatz. Die exakte Ermittlung eines G. ist wichtig
für die Konzeption von Lehrwerken, Curricula und
im internationalen Kontext vergleichbaren Prüfungen. Frühe Lektüretexte werden als vereinfachte
Texte bereits ab ca. 800 Wörtern angeboten. **Lit.**
PONS Basiswb. Dt. als Fremdspr. Stgt. 2002. – U.
Remanofsky, Wortschatz. Überarbeitet für das neue
Zertifikat Dt. Mchn. ³2000. SO
Grundwortstellung (auch: Unmarkierte Wortstellung. Engl. basic word order, frz. ordre de base,
ordre des mots fondamental) Eine Reihe von Grammatiken des Dt. kennzeichnet die Satzgliedfolge des
↗ Kernsatzes als G., Grundreihenfolge (z.B. Heidolph, Grundzüge), oder Grundfolge (Engel 1996).
Die Unterscheidung eines Grundtyps von den abgeleiteten Typen wird nicht immer explizit vorgenommen. I.d.R. wird aber Verbzweitstellung als G. und
funktional neutrales Stellungsmuster aufgefasst.
Nur Sätze mit Zweitstellung können alle kommunikativen Grundfunktionen erfüllen, also Aussagesätze, Fragesätze und Aufforderungssätze sein. Bei
Zweitstellung des Verbs steht typischerweise das
Subjekt im Vorfeld (↗ Feldgliederung, ↗ Stellungsfeld), beim mehrgliedrigen Prädikat wird eine
↗ Satzklammer gebildet. Nach J. Lenerz (1977)
spielen für die G. nominaler Satzglieder Thema-
Rhema-Struktur (↗ funktionale Satzperspektive), De-
finitheitsbedingung, das Gesetz der wachsenden
Glieder und die Satzklammerbildung eine Rolle.
Ein Teil dieser Bedingungen ist schon in 1932 von
O. Behaghel formulierten Gesetzen erfasst (↗ Behaghelsche Gesetze). Die G. der Stellungsglieder
ist nicht ident. mit ihren statist. häufigsten Positionen. Die Autoren von Heidolph, Grundzüge,
gehen davon aus, dass die G. dem kompetenten
Sprecher in seiner S1 mehr oder weniger unbewusst geläufig ist. Für die Ermittlung der G. der
nichtfiniten Stellungsglieder legen sie isolierte
Aussagesätze mit undeterminierten Nominalgruppen oder entsprechende Infinitivgruppen zugrunde, so dass keine Beeinflussung durch einen Textzusammenhang oder eine Situation mögl. ist, z.B.
*jdm. bei der Arbeit helfen; Eltern schenken Kin-
dern Bücher; Ein Lehrling hat gestern unbemerkt
einem Kollegen einen Brief in die Tasche gesteckt.*
Nach Auffassung von Heidolph, Grundzüge, lässt
sich die Stellung der nichtfiniten Stellungsglieder
in der G. auf die einfache Regel bringen: syntakt.
Verbnähe entspricht topolog. Verbferne, d.h. je
enger der syntakt. Bezug zum Verb ist, desto
weiter tritt die Einheit vom finiten Verb weg an
das Satzende, z.B. *Das kleine Mädchen warf den*

Ball in die Luft. Die Richtungsbestimmung ist als syntakt. enger mit dem Verb verbundene Einheit topolog. weiter entfernt vom Verb als das direkte Objekt. Abweichungen von der G. werden als funktional aufgefasst, als Hauptfunktionen gelten Textintegration, Hervorhebung und Thematisierung. Als Abweichung von der G. gelten ↗ Extrapositionen wie z. B. eine Nachfeldbesetzung, die grundsätzlich als ↗ Ausklammerung beschrieben wird, und ↗ Topikalisierungen. Die Berechtigung zur Annahme einer G. im Dt. bestreitet J. Rehbein (1992), der den Satzbau radikal sprachpsycholog. auf die Hörertätigkeit bezieht. **Lit.** O. Behaghel, Dt. Syntax, IV. Heidelberg 1932. – J. Lenerz, Zur Abfolge nominaler Satzglieder im Dt. Tübingen 1977. – W. Flämig, Grammatik des Dt. Bln. 1991. – U. Engel, Deutsche Grammatik. Heidelberg ³1996. – J. Rehbein, Zur Wortstellung im komplexen dt. Satz. In: L. Hoffmann (Hg.), Dt. Syntax. Bln. 1992, 523–574.   SL

Grundzahl ↗ Kardinalzahl

Gruppensprache ↗ Soziolekt

Grusinisch ↗ Georgisch

Grußformel ↗ Formel zu Beginn eines kommunikativen Kontaktes zwischen zwei oder mehreren Aktanten. Beginn und Ende von Kommunikation bedürfen in vielen Gesellschaften eigener verbaler und nonverbaler Handlungen, die der Herstellung des angemessenen kommunikativen Abstandes (↗ Proxemik) und elementarer ↗ Kooperation dienen. Sprachl. Mittel dafür sind, wenn sie nicht selbstsuffiziente expeditive ↗ Prozeduren ohne eigenen propositionalen Gehalt (dt. *Hallo!*, engl. *hi!*) sind, häufig ↗ idiomatische Wendungen, deren semant. Gehalt kaum noch der übl. Aufrichtigkeitsbedingung von ↗ Illokutionen unterliegt. Positive Wünsche (*Guten Morgen!*, *(Gesegnete) Mahlzeit!*, arab. *Salaam!*, hebr. *Schalom!* ›Friede (sei mit dir, möge dir beschieden sein)!‹, Erkundigungen nach dem Ergehen (griech. *kala isä?* (= Geht's dir gut?), dt. *Wohin des Wegs?*) usw. sind semant. Reservoir für die Bildung von Grußformeln, in die häufig auch ↗ Anredeformen (frz. *Bonjour, monsieur!*) integriert werden. Für die Beendigung des Kontaktes stehen Abschiedsformeln zur Verfügung. Histor. finden sich z. T. breit ausgearbeitete Sequenzen von Gruß- und Abschiedsformeln mit genauer, v. a. sozial bestimmter Verteilung der den einzelnen Interaktanten zukommenden Teilformeln. Sie bilden einen wichtigen Abschnitt der phat. ↗ Kommunikation. Die Verweigerung der Teilnahme am kommunikativen Austausch der Gruß- und Abschiedsformeln bedeutet Kommunikationsabbruch und ist häufig sozial sehr stark sanktioniert (»schneiden«, Ehrverletzung).   E

Guaharibo ↗ Yanomamö-Sprachen

Guahibo-Sprachen Südamerikan. Sprachfamilie. Sprachgebiet: das kolumbian. und venezolan. Tiefland (die Llanos); Karte ↗ Südamerikanische Sprachen, im Anhang. Zu den G.-S. gehören das Cuiba, das Guahibo (oder Sikuani), das Guayabero und das Macaguane (Hitnü). **Lit.** N. S. de Friedemann & J. Arocha, Herederos del jaguar y la anaconda. Bogotá 1985. – F. Queixalós, Diccionario sikuani-español. Bogotá 1988. – F. Queixalós, Syntaxe sikuani. Paris 2000. **SSG** Ibero-Amerikanisches Institut Berlin (204).   AD

Guaicurú-Sprachen Südamerikan. Sprachfamilie. Sprachgebiet: das Gran Chaco-Gebiet Nordargentiniens und Paraguays; Karte ↗ Südamerikanische Sprachen, im Anhang. Zu den G.-S. gehören das Mocoví, das Pilagá, das ↗ Toba, die Spr. der ausgestorbenen Abiponen und die Spr. der Caduveo des südl. Mato Grosso (Brasilien). **Lit.** H. E. M. Klein, Argentine Indigenous Languages. SAIL, 691–731. **SSG** Ibero-Amerikanisches Institut Berlin (204).   AD

Guajajara ↗ Tupí-Guaraní-Sprachen

Guambiano Einheim. Spr. Kolumbiens, Spr.gebiet: östl. von Popayán (Departement Cauca), verwandt mit den ↗ Barbacoa-Sprachen. Ca. 8 000 Sprecher. **Lit.** N. S. de Friedemann & J. Arocha, Herederos del jaguar y la anaconda. Bogotá 1985. – A. Constenla Umaña, Las lenguas del área intermedia. San José 1991.   AD

Guamí (auch: Movere) Einheim. Spr. Westpanamas (Prov. Bocas del Toro, Chiriqí Veraguas); auch in Costa Rica (Prov. Puntarenas). Ca. 160 000 Sprecher. Das G. gehört zu den ↗ Chibcha-Sprachen. Die Tonhöhe ist distinktiv. **Lit.** R. Abarca González, Análisis fonológico del guaymí movere. In: Estudios de Lingüística Chibcha IV. San José 1985, 7–46. – M. A. Quesada Pacheco, Gramática de la lengua guaymí (ngäbe). Mchn. 2008.   AD

Guamo ↗ Südamerikanische Indianersprachen

Guaraní (Avañe'e) Erfolgreichste einheim. Spr. Südamerikas. Das G. gehört zu den ↗ Tupí-Guaraní-Sprachen und ist dem ↗ Tupí und dem ↗ Chiriguano nahe verwandt. Ca. 5 Mio. Sprecher, nur teilweise zweisprachig (span.). Im 16. und 17. Jh. war das G. die Spr. der Jesuitenmissionen. Heute ist dem G. die Umgangsspr. Paraguays und entspricht dem nat. Identitätsgefühl jenes Landes. Sprachgebiet: außer Paraguay auch angrenzende Teile Argentiniens (Corrientes, Misiones) und Brasiliens (Paraná, Rio Grande do Sul, südl. Mato Grosso); Karte ↗ Südamerikanische Sprachen, im Anhang. Verschiedene Stammesgruppen (Chiripá, Mbyá, Pai-Tavyterá u. a.) mit abweichenden Maa. Die G.-Literatur umfasst Poesie und Prosa europ. Inspiration und einheim. Mythen, z. B. die Apapocúva-Mythen (hg. C. Nimuendajú) und die Mbyá-Mythen (hg. L. Cadogan). Sprachtyp: präfigierend und suffigierend, SVO. Prosodische Nasalität. Tempusmarkierung im Subst. Teilung zwischen Handlungs- und Zustandsverben (*active* vs. *stative*). **Lit.** A. Guasch, El idioma guaraní. Asunción ³1956. – L. Cadogan, Ayvu Rapyta. São Paulo 1959. – E. Gregores & J. A. Suárez, A Description of Colloquial Guaraní.

Haag & Paris 1968. – B. Meliá, La lengua guaraní: historia, sociedad y literatura. Madrid 1992. – Ders., La lengua guaraní del Paraguay. Madrid 1992. – W. Dietrich & H. Symeonidis (Hgg.), Geschichte und Aktualität der deutschsprachigen Guaraní-Philologie. Bln. 2008.   AD

Guató ↗ Ge-Sprachen

Guatuso ↗ Chibcha-Sprachen

Guayabero ↗ Guahibo-Sprachen

Guillemets ↗ Anführungszeichen

Guipúkoanisch ↗ Baskisch

Gujarātī Als ↗ indoarische Sprache offizielle Spr. im Staat Gujarat (Indien); sehr verbreitet auch in Bombay; Karte ↗ Indische Sprachen, im Anhang. Literatursp. seit dem 14. Jh., bis zum 19. Jh. v. a. Lyrik. Die moderne Standardspr. basiert auf den Dialekten von Baroda und Ahmadabad. Für das Gujarātī wird eine Schrift gleichen Namens verwendet, gelegentlich auch Devanāgarī; ↗ Indische Schriften. **Lit.** G. Cardona & B. Suthar, Gujarati. In: G. Cardona & Dh. Jain (eds.), The Indo-Aryan Languages. Ldn, N. Y. ²2007, 659–697.   FZ

Guji ↗ Oromo

Gumuz ↗ Chari-Nil-Sprachen

Gününa Küne ↗ Tschon-Sprachen, ↗ Südamerikanische Indianersprachen

Gunwinggu ↗ Australische Sprachen

Guoyu ↗ Chinesisch

Gurage Sprachgruppe der ↗ äthiosemitischen Sprachen. Südwestl. von Addis Abeba sprechen ca. 250000 Menschen verschiedene G.-Spr. Man unterscheidet eine östl., eine westl. und eine nördl. Gruppe, deren Beziehungen sowohl untereinander als auch zu den anderen äthiosemit. Sprachen noch nicht geklärt sind. Umgeben ist das Sprachgebiet von denen des ↗ Oromo und Sidamo; viele Sidamo-Lehnwörter; keine schriftl. Überlieferungen.   WI

Gurani ↗ Kurdisch

Gurkhalī ↗ Nepālī

Gurma ↗ Gur-Sprachen

Gurrlaut Mitunter in Arbeiten zum Erstspracherwerb verwendete Bez. für ↗ uvulare und ↗ velare ↗ Spiranten, kein sprachwiss. Terminus.   G

Gursprachen (auch: Voltaische Spr.) Ca. 80 Spr. umfassende Untergruppe der ↗ Niger-Kongo-Sprachen. Sprachgebiet: Burkina Faso, Norden der Elfenbeinküste, Ghanas, Togos und Benins sowie angrenzende Gebiete in Mali und Nigeria; Karte ↗ Afrikanische Sprachen, im Anhang. Nur ↗ More und Senufo haben über 1 Mio. Sprecher, 12 weitere G. haben jeweils über 100000 Sprecher (Tamari, Frafra, Dagaari, Kusaal, Dagbani, Konkomba, Gurma, Bwamu, Kabye (mit Status als Nationalspr. in Togo), Kotokoli, Lobi, Bariba), die übrigen jeweils nur einige Zehntausend Sprecher. Das früher zu den G. gezählte Dogon gilt heute als isolierte Niger-Kongo-Spr. Die G. sind ↗ Tonsprachen mit durch Affixe gekennzeichneten ↗ Nominalklassen, die Wortstellung ist SVO, teilw. auch SOV, Verwendung von

Postpositionen. **Lit.** T. Naden, Gur. NCL 1989, 140 ff. – G. Manessy, Les langues gurunsi. 2 vols. Paris 1969. – G. Manessy, Les langues oti-volta. Paris 1975. – G. Canu, Langue mò:rē. Dialecte de Ouagadougou (Haute-Volta). Paris 1976. – E. G. Cherón, Le dialecte de senufo du Minianka (Grammaire, textes, lexique). Paris 1925. **SSG** Stadt- und Universitätsbibliothek Frankfurt/M. (30).   RE

Guttural, Gutturallaut (lat. guttur ›Kehle‹. Auch: Gaumenlaut, Kehllaut) Veraltete Bezeichnung für im hinteren Mund- und Rachenraum (postpalatal bis ↗ glottal) gebildete konsonant. Sprachlaute. PM

Gwari ↗ Benue-Kongo-Sprachen

H0 ↗ Nullhypothese

Habitualis (lat. habitus ›erworbene Eigenschaft, Verhalten‹. Auch: Iterativpräteritum) Subkategorie des verbalen ↗ Modus, die in einem Vergangenheitstempus die gewohnheitsmäßige, oft wiederholte Ausführung der im Verbstamm bezeichneten Handlung ausdrückt, z. B. im Obersorb. oder im Tschech.   G

Habitualisierung In der Sprachkontaktforschung mitunter Bez. für die ↗ Integration von ↗ Lehngut, v. a. in sozialer Hinsicht.   G

Habituativ (auch: habituell. Lat. habitus ›erworbene Eigenschaft, Verhalten‹) Semant. Rolle, die oft als ↗ Aktionsart aufgefasst wird. Als h. werden Verben bezeichnet, die eine gewohnheitsmäßige, zeitl. unspezifizierte Ausführung des betr. Vorgangs bzw. die achron. Normalität des betr. Zustands ausdrücken, z. B. *Bernd wohnt in einer guten Gegend; Uwe geht freitags zum Kegeln; in seiner Freizeit reformiert Rudolf die Rechtschreibung.*   G, T

Habituell ↗ Habituativ

Habituelle Bedeutung ↗ Lexikalische Bedeutung (2)

Haček m. (tschech. háček ›Häkchen‹. Engl. wedge, reversed circumflex hook, frz. crochet, háçek) Auf die Jan Hus zugeschriebene Schrift *Orthographia Bohemica* (›Böhmische Orthographie‹, 1406) zurückgehendes ↗ Diakritikon zur leichteren Schreibung des Tschech. in lat. Graphie. Der H. hat die Gestalt eines superskribierten, nach oben geöffneten Winkels. In Europa findet der H. heute außer im Tschech. Verwendung in den Graphien des Slovak., Sorb., Sloven., Kroat., Lett. und Litauischen (und in einigen Transliterationssystemen für nichtlat. verschriftete Spr., z. B. russ. щ als ⟨šč⟩). Beispiele: tschech. *ě* (Palatalitätsindex), tschech. und slovak. *ň* [n'] vs. *n* [n], *ř* [r'] vs. *r* [r], kroat. u. a. *š* [ʃ], *č* [tʃ]. **Lit.** J. Schröpfer, Hussens Traktat ›Orthographia Bohemica‹. Die Herkunft des diakrit. Systems in der Schreibung der slav. Spr. und die älteste zusammenhängende Beschreibung slav. Laute. Wiesbaden 1968.   G, HA

Haddiyya ↗ Kuschitische Sprachen

Hadramautisch ↗ Altsüdarabisch

Hadza ↗ Khoisan-Sprachen

Haida ↗ Na-Dene-Sprachen

Hakesen ↗ Zinken
Hakka ↗ Chinesisch
Halbaffix ↗ Affixoid
Halbgeviertstrich ↗ Gedankenstrich
Halbkonsonant Stärker konsonant. geprägter Laut, der aufgrund relativer Geräuschhaftigkeit bei relativer Offenheit des ↗ Ansatzrohres weder voll den ↗ Vokalen noch den ↗ Konsonanten zugerechnet werden kann: [-vokal.], [-konsonant.]; ↗ Gleitlaut, ↗ Halbvokal. **PM**

Halbkursive f. Kalligraph. stilisierte Kursive unterschiedl. Ausprägung, die in Italien, vor allem aber im Merowingerreich (Corbie, Luxeuil) im späten 7. und 8. Jh. als ↗ Buchschrift geschrieben wurde und zu den Vorläuferschriften der ↗ karolingischen Minuskel gehört. In der älteren Lit. wird die H. als langobard. und merowing. Schrift bezeichnet. **EN**

Halbmodalverb Mitunter vorkommende Bez. für Verben, die den ↗ Modalverben in semant. Hinsicht nahestehen, anders als diese aber nicht den *zu*-Infinitiv verlangen, z. B. *scheinen*. **G**

Halbmundart ↗ Dialekt, der vom ↗ Dialektniveau her zwischen reinem Dialekt und Hochspr. steht. Hierbei wird nach mehreren Gesichtspunkten unterschieden, letztlich aber immer in absolutem Bezug zur kodifizierten Norm der Hoch- oder ↗ Standardsprache. Nimmt man die dialektal ›gefärbte‹ ↗ Umgangssprache hinzu, dann ist H. zwischen dieser und dem Dialekt einzuordnen, also: größere Reichweite, allgemeinere Verständlichkeit als ↗ Dialekt, aber noch nicht Umgangssprache. **Lit.** A. Bach, Dt. Mundartforschung. Heidelberg [3]1969, § 3. **K**

Halbpräfix ↗ Präfixoid
Halbstimme ↗ Stimme
Halbsuffix ↗ Suffixoid
Halbunziale f. Seit dem 6. Jh. neben der ↗ Unziale als frühmittelalterl. ↗ Buchschrift überliefert, die zunächst vor allem für patrist. und jurist. Texte Anwendung fand. Durch Kalligraphisierung aus der jüngeren Kursive entwickelte Minuskelschrift, die im 5. Jh. im christl. Nordafrika entstanden ist. Bis ins 8. Jh. weit verbreitet, wird die H. im 9. Jh. nur noch in einigen Schriftzentren wie Tours und den von dort beeinflussten Fulda, Salzburg und Freising als ↗ Auszeichnungsschrift weiter verwendet. Die H. ist die Grundlage für die ↗ karolingische Minuskel. **EN**

Halbvokal (auch: Semivokal, Sonor. Engl. semivowel, glide) Laut, der aufgrund relativer Geräuschhaftigkeit bei relativer Offenheit des ↗ Ansatzrohres weder voll den ↗ Vokalen noch den ↗ Konsonanten zugerechnet werden kann ([-vokal.], [-konsonant.], z. B. dt./engl. [j, w, (h, ?)]); ↗ Gleitlaut, ↗ Halbkonsonant. **PM**

Halkomelem ↗ Salish-Sprachen
Haltephase ↗ Abglitt
»Hamburger Sie« Anredekonvention im Dt., nach der sich nicht verwandte oder befreundete Erwachsene mit der intim-privaten nominalen Anredeform

des Vornamens, jedoch mit der distanziert-höfl. pronominalen und verbalen Sie-Form anreden. Das »H. Sie« wird (asymmetrisch; ↗ reziprok 3.) seit langem z. B. in der Oberstufe von Gymnasien von Lehrern gegenüber Schülern oder von Eltern heranwachsender Kinder gegenüber deren Freunden verwendet. Als gegenseitige (symmetr.) Anredeform (↗ reziprok 3.) wird das »H. Sie« traditionell in Adelskreisen und unter Angehörigen der oberen Sozialschichten Hamburgs verwendet (»hanseatisches Sie«). Seit den 1980er Jahren beginnt es, sich unter den Angestellten von sog. Trendbetrieben (Werbeagenturen, große Redaktionen) zu verbreiten (z. B. *Tina, bringen Sie uns einen Kaffee; Stephan, wann haben Sie Ihren Entwurf abgeschickt?*); ↗ Anredeformen, ↗ »Münchner Du«. **Lit.** Gegenwartsdeutsch[2], 119–128. **G**

Hamer ↗ Omotische Sprachen
Hamitosemitische Sprachen ↗ Afroasiatische Sprachen
Hamza Glottaler Verschlusslaut [?] mit Phonemstatus im klass. ↗ Arabisch. In fast allen arab. Dialekten ist H. unter Ersatzdehnung des Vokals geschwunden, z. B. *ra?s > rās* ›Kopf‹, oder durch einen Gleitvokal ersetzt, z. B. *mal?ān > malyān* ›voll‹. In der ↗ arabischen Schrift blieb H. zunächst unbezeichnet. Heute wird das H.-Zeichen über die Vokalzeichen oder am Anfang des Wortes, in der Umgebung und im Auslaut auf die Schreiblinie gesetzt. **WI**

Handalphabete (engl. finger spelling) H. stellen das Buchstabeninventar einer Schrift dar, können aber auch lautbezogen sein. Sie werden von verschiedenen Methoden für therapeut. Zwecke bei Hör- und Sprachbehinderten eingesetzt; ↗ Hörschädigung, ↗ Sprachstörung. Sehr weite Verbreitung hat das auf das 16. Jh. zurückgehende Fingeralphabet gefunden. Es wurde in der Gehörlosenpädagogik z. T. als eigenständiges Lernhilfssystem für den Erwerb der Laut/Schriftsprache (Daktylologie) eingesetzt. Heute wird es in vielen ↗ Gebärdensprachen für die Einführung von Eigennamen, unbekannten Wörtern u. ä. verwandt, wobei die Fingeralphabete sich auch in den beigezogenen Sprachen mit alphabet. Schriftsystem z. T. deutl. unterscheiden, wie etwa das hier abgebildete einhändige dt. und das zweihändige brit. Fingeralphabet. In taktiler Form wurde das Fingeralphabet schon bei dem taubblinden Wunderkind Helen Keller zur Sprachbildung eingesetzt. Daneben gibt es das vorwiegend im deutschsprachigen Raum bei spätertaubten und erblindeten Menschen eingesetzte Lormen (↗ Taubblindheit), bei dem die Buchstaben auf der Handinnenfläche als Taststellen lokalisiert werden. Beispiel für ein lautbezogenes Handzeichensystem ist das Phonembestimmte Manualsystem (PMS), das spezif. Bildungsmerkmale der Laute des Dt. durch Handzeichenformen andeutet und bei Hörgeschädigten zur Unterstützung der Artikulationsanbahnung Anwendung findet. Zahlreiche recht unsys-

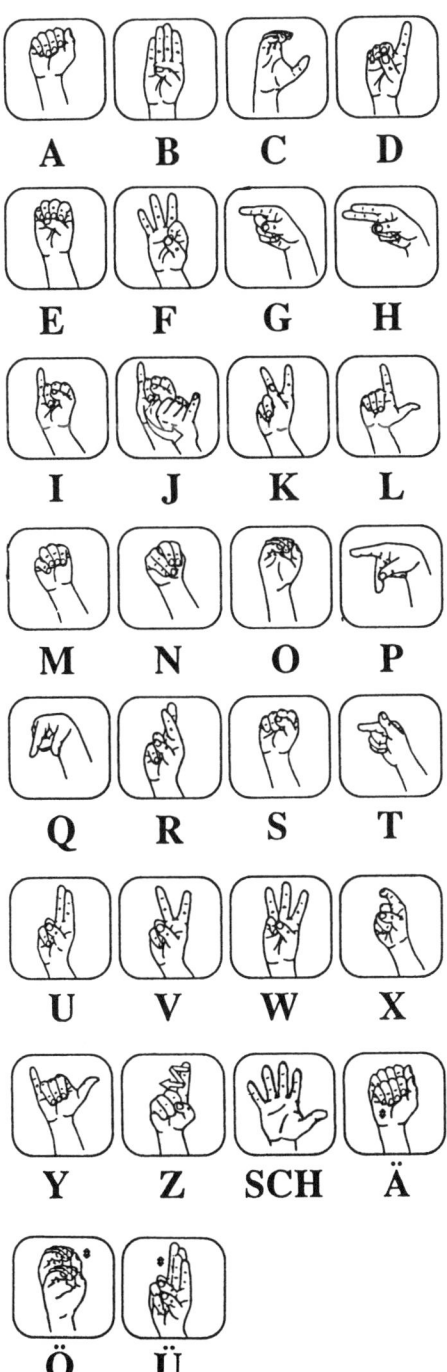

Das deutsche Fingeralphabet

temat. laut- und/oder graphembezogene Handzeichensets sind in der Therapie von ↗ Lese-Rechtschreibschwäche zu finden. **Lit.** P. Kaufmann, Zeichensysteme in der Hörgeschädigtenpädagogik. Eine Übersicht. Luzern ³1988. – S. J. Carmel, International Hand Alphabet Charts. Rockville Md. ²1982.   GT

Handelssprache (engl. trade language, frz. langue de transactions commerciales) Varietät, die zu instrumentellen Zwecken des Handels entwickelt wird, zur Kommunikation zwischen Sprechern, die über keine gemeinsame Spr. verfügen; ↗ Pidginsprache, ↗ Kreolsprache, ↗ Lingua franca, ↗ Internationale Sprache.   R

Handlung (engl. action, act, frz. action, acte, lat. āctiō, actus, griech. πρᾶξις (praxis)) Zweckvolles Tun oder Wirken. Die Erforschung des Handelns wird philosoph. (z.B. in der Ethik), log., jurist., ling., ökonom., psycholog., sozialwissenschaftl. und theolog. betrieben. Der Stellenwert des Handelns erhält eine jeweils andere Bestimmung, was aus unterschiedl. Oppositionen hervorgeht, in denen es steht, z.B. Handeln / Akt vs. Sein (eleat. Philosophie, scholast. Philosophie); Handeln vs. Leiden (Aristoteles); Handeln / Praxis vs. Theorie (dt. Idealismus, histor. Materialismus); Handeln vs. Wollen, Wahrnehmen (Psychologie); Handeln vs. Nicht-Handeln / Kontemplation (östl. Philosophie). Die Handlungstheorie ist mit zentralen Problemen der griech.-europ. Philosophie aufs engste verbunden, z.B. dem von Freiheit und Notwendigkeit. – Mit dem amerikan. Pragmatismus des 19. Jh. (Ch. S. Peirce) trat eine auf das (soziale) Handeln zentrierte Philosophie auf, deren utilitarist. Grundlinien sich von der Philosophie der Tat (Fichtes idealist. Theorie der Praxis) deutl. unterschieden. Die z. T. an der schott. Philosophie und Ökonomie (A. Smith) anknüpfende engl. Handlungstheorie der ↗ analyt. Philosophie des 20. Jh. wurde für die gegenwärtige Diskussion bestimmend, in die auch Analysen etwa von L. Wittgenstein und von Wright eingingen. In der ling. ↗ Pragmatik wird das sprachl. Handeln als eine bes., und zwar komplexe Form des Handelns (Rehbein) analysiert; ↗ Sprechhandlung. **Lit.** H. Lenk (Hg.), Handlungstheorien – interdisziplinär. 4 Bde. Mchn. 1977 ff. – Ch. Lumer, Art. Handlung, Art. Handlungstheorien. In: H. J. Sandkühler (Hg.), Europ. Enzyklopädie zu Philosophie und Wissenschaften, Band 2, Hamburg 1990. S. 499–519. – J. Rehbein, Komplexes Handeln. Stgt. 1977 – G. Harras, Handlungssprache und Sprechhandlung. Bln., N. Y. 2004. – A. Koerfer, Institutionelle Kommunikation. Opladen. 1994.   E

Handlungsart ↗ Aktionsart

Handlungsform ↗ Genus verbi

Handlungskommentierende Formel Oft mehrgliedriger sprachl. Ausdruck (↗ Formel (2)), mit dem eine bestimmte Handlung oder ein bestimmter Vorgang kommentiert wird bzw. aus Gründen der

Konvention und des »guten Tons« kommentiert werden soll(te). H. F. sind strikt kulturgebunden und können innerhalb von Einzelspr. regionale und/oder soziale Variation aufweisen. Beispiele: dt. *Gesundheit* (Niesen), aber keine H. F. beim Husten; *zum Wohl! Prost* usw. beim Trinken alkohol. Getränke, aber keine H. F. bei nichtalkohol. Getränken, *Guten Appetit* bei Beginn einer Mahlzeit, aber keine H. F. bei ihrem Abschluss. Keine Entsprechungen im Dt. haben z. B. einige H. K. des Norweg., etwa *takk for maten – vær så god* (etwa: ›danke fürs Essen – keine Ursache‹, nach einer Mahlzeit mit Händedruck) oder *takk for sisten* (etwa: ›danke für (die Einladung) gestern‹, per Postkarte oder telephon. Anruf); ↗ Kontrastive Pragmatik.   G

Handlungssatz ↗ Satzbauplan

Handlungsstufe ↗ Aktionsart

Handlungstheorie ↗ Handlung, ↗ Pragmatik, ↗ Sprechhandlung

Handlungsverb (auch: Tätigkeitsverb. Engl. verb of action) Bez. für eine semant. bestimmte Teilklasse des Verbs. H. bezeichnen eine Tätigkeit, Handlung, Aktivität eines belebten Wesens, z. B. *schwimmen, planschen, tauchen, gründeln*; ↗ Vorgangsverb, ↗ Zustandsverb.   G

Handlungsziel Bez. für die mögl. Realisierung der Proposition von Sätzen mit finiten Modalverben, die stets in der Zukunft liegt. Der Sachverhalt in *Nora ist ruhig, weil Martin schläft* wird in *Nora soll ruhig sein, weil Martin schlafen will* als potentiell und in der Zukunft liegend markiert, eben als H. der Proposition.   G

Handschrift 1. Mit der Hand geschriebene ↗ Schrift (6), die in der Regel individuellen Charakter aufweist. **2.** (Abk. Hs., pl. Hss.) Bez. für mit der Hand geschriebene Bücher (↗ Manuskript). Früh- und hochma. H. sind auf Pergament geschrieben, im Spätma. werden Papierhss. zunehmend zur Regel. Die älteste Papierhss. in Deutschland ist das 1246/47 in Lyon entstandene Briefbuch des Albert Behaim (clm 2574 b). In H. liegen die wichtigsten Überlieferungsträger der antiken und ma. Literatur vor. H. sind immer Unikate, obwohl bei Exemplaren gleicher Herkunft (↗ Schreibschule) Schrift und Ausstattung, vielfach auch der Einband enge Verwandtschaft erkennen lassen. Gleichzeitige Herstellung von Mehrfachexemplaren erfolgte durch Einsatz mehrerer Schreiber, denen der Text diktiert wurde. Größere Produktion ist im frühmittelalterl. Rom, im Umkreis der Universitäten und seit dem 14. Jh. bei handwerkl. bürgerl. Lohnschreibern zu beobachten. H. konnten Prunkanfertigungen sein, für den alltäglichen Gebrauch wurde geringerer Aufwand betrieben. In Gebrauchshss. sind Spuren der Benutzung (Kommentare, ↗ Glosse (1), Hinweise auf Wichtiges, Rubrizellen (Indices), Verbesserungen und Nachträge) regelmäßig zu beobachten. Inhaltl. bieten die H. ein vielfältiges Bild. Kauf, Verkauf, Tausch, Ausleihe und Diebstahl von H.

sind auch im MA nachweisbar. In Bibliotheken werden H. i. d. R. in eigenen Abteilungen mit besonderen Benutzungsbedingungen und Sicherheitsvorkehrungen aufbewahrt; ↗ Codex.   EN

Handschriftenkunde (auch: Kodikologie; ↗ Codex) Die H. erforscht Entstehung, Heimat, Inhalt und Geschichte von Hss., um Individualität zu erfassen und allgemeine Gesichtspunkte zur Buchgeschichte zu gewinnen. Untersucht werden Einband, Beschreibstoff mit Blatt- und Lagenfolge sowie Format, Linierung, Schrift mit Ermittlung der beteiligten Schreiberhände, Kürzungen, Interpunktion, Buchschmuck, spätere Einträge und Korrekturen, Besitzvermerke. Auch die Gestaltung des Schriftspiegels, der meist durch die Linierung vorbereitet ist, wird untersucht. Die Anordnung von Schrift in Spalten findet sich zunächst auf der Papyrusrolle. Zwei Spalten pro Seite finden sich zwar schon in karoling. Hss., regelmäßig gilt diese Anordnung in spätma. Hss., die bei normativen oder wiss. Texten meist noch auf dem Rand durch Glossen oder Kommentare umrahmt werden. Aufgrund der Ergebnisse vor allem der ↗ Paläographie lässt sich oft die Schriftheimat einer Hs. ermitteln. Daran schließen sich Untersuchungen über die Bibliotheksheimat und den Weg in die aufbewahrende Bibliothek an, wobei meist erhebl. Veränderungen gegenüber dem ma. Ursprüngen zu registrieren sind. Die möglichst genaue Bestimmung des Inhalts ist besonders bei der Erstellung von Hss.katalogen von Bedeutung, wird bei neuzeitl. Hss. aber weniger eingehend und ohne Nachweis von Parallelüberlieferung vorgenommen. **Lit.** L. Gilissen, Prolégomènes à la codicologie. Gent 1977. – O. Mazal, Lehrbuch der H. Wiesbaden 1986.   EN

Han'gul, Hangul-Schrift ↗ Koreanisch

Hanja ↗ Hanzi, ↗ Koreanisch, ↗ Ido (2)

»Hanseatisches Sie« ↗ »Hamburger Sie«

Hansesprache ↗ Niederdeutsch

Hansisch ↗ Mittelniederdeutsch, ↗ Niederdeutsch

Hanzi (wörtl. ›Han-zeichen‹ = ›Zeichen der Chinesen (Han)‹) H. werden für die schriftl. Darstellung des Chines. verwendet, wobei eine einfache Zuordnungsrelation von 1 Morphem : 1 Silbe : 1 Zeichen vorherrscht. H. wurden auch für die Schreibung des ↗ Koreanischen (Hanja) und ↗ Japanischen (Kanji) adaptiert. Mit Hanja werden nur chines. Lehnwörter geschrieben, während Kanji für die Darstellung chines. und japan. Morpheme verwendet werden, woraus ein kompliziertes System mehrfacher Lesungen und Bedeutungen für Kanji entwickelt hat. Insgesamt gibt es ca. 50 000 H., von denen jedoch nie mehr als 5 000 bis 8 000 gleichzeitig in Gebrauch waren. H. haben eine interne Struktur: Sie sind aus einfach, mehrfach oder in Kombination verwendeten Elementen zusammengesetzt, die Klassenhäupter oder ↗ Radikale genannt werden. Nach den insgesamt 214 Klassenhäuptern sind die H. in aufsteigender Strichzahl lexikal. geordnet.   CO

Hapax legomenon n. (griech. ἅπαξ λεγόμενον ›nur einmal Gesagtes‹) Nur an einer einzigen Stelle belegtes, in seiner Bedeutung oft nicht genau bestimmbares Wort einer alten Sprache, z.B. mhd. *troialdei* (Bez. für einen Tanz?; Neidhart XXVI 7). STE

Haplographie ↗ Dittographie

Haplologie (griech. ἁπλόος (haploos) ›einfach‹. Auch: Silbenschichtung) Verschmelzung zweier Lautsegmente, die aufgrund artikulator. Ähnlichkeiten zu einem Segment reduziert werden. Anders als etwa ↗ Synkopen sind H. zunächst Artikulationsfehler (*Haplogie* statt *Haplologie*). In Nebensilbenclustern (etwa bei mehrfach suffigierten Basen, z.B. *Ruder* ↗ *Ruder-er* ↗ *?Ruder-er-in*) können H. zu akzeptablen oder bevorzugten Varianten werden (*Ruderin*), da auf diese Weise, so Plank (1981, 149), unerwünschter Gleichklang vermieden werden kann; Ggs. ↗ Dittologie. **Lit.** F. Plank, Morpholog. (Ir-)Regularitäten. Tübingen 1981. ES

Harakmbut-Sprachen ↗ Südamerikanische Indianersprachen

Harari In der Stadt Harar in Äthiopien von ca. 20 000 Muslimen gesprochene ↗ äthiosemitische Sprache. Umliegendes ↗ Oromo und ↗ Somali sowie ↗ Amharisch haben starken Einfluss, so dass H. bald aussterben wird. In ↗ arabischer Schrift sind von 1500–1700 n.Chr. Lieder und Texte zum islam. Recht erhalten, die sich vom heutigen H. stark unterscheiden. WI

Hariyānavī ↗ Indoarische Sprachen

Haroi ↗ Cham-Sprachen

»Harte Linguistik« ↗ Systemlinguistik

Harter Gaumen ↗ Palatum

Härtezeichen Das Graphem ⟨ъ⟩ der russ. ↗ Kirillica, das keinen eigenständigen Laut repräsentiert. Es kommt nur in der Verbindung mit einem konsonant. Graphem ⟨K+ъ⟩ vor und symbolisiert die harte, d.h. nichtpalatalisierte Aussprache (↗ Palatalisierung) des kons. Lauts vor »weichen« Kons., z.B. dem nur als weiches Phonem vorkommenden, graphemat. nicht ausgedrückten /j'/ in отъехат'/отj'echat'/ (nicht: /otʲechat'/) ›abfahren‹; zugleich fungiert es als Silbentrenner (↗ Weichheitszeichen). Die Transkription in lat. Schriftarten erfolgt durch die Symbole ⟨-⟩ oder. ⟨"⟩, z.B. отъехать = *ot-echat'* oder *ot"echat'*. In phonolog. Transkriptionen für ältere Sprachzustände des Slav. repräsentiert /ъ/ den heute geschwundenen hinteren Halbvokal, z.B. urslav. *sъnъ* ›Schlaf, Traum‹. Das Graphem ⟨ъ⟩ ist ebenfalls in der bulgar. ↗ Kirillica vorhanden; hier repräsentiert es das vokal. Phonem /ă/, einen eng artikulierten Hinterzungenlaut, z.B. съм /săm/ ›ich bin‹. HA

»Hasenscharte« ↗ Lippen – Kiefer – Gaumenspalte

Hattisch ↗ Altanatolische Spr., auch als Protohatt. und Protohethit. bezeichnet, ohne eigene Schrift. Das H. ist nur in kurzen Einspergeln (religiösen Formeln) in ↗ hethitischen Keilschrifttexten des 2. Jt. v.Chr. belegt und nur z.T. grammat. erschlos-

sen. **Lit.** H. S. Schuster, Die hatt.-hethit. Bilinguen. Bd. I, 1. Leiden 1974. G

Hauchdissimilation ↗ Grassmanns Gesetz

Hauchlaut ↗ Glottal, ↗ Frikativ

Häufung 1. (engl. cluster) In der GG Bez. für eine ungeordnete Menge von semant. Merkmalen. Z.B. kann die Semantik des Lexems *Sohn* als H. der Merkmale ›Nachkomme‹ und ›männlich‹ explizit werden: Jeder Mensch, der ein Sohn ist, ist sowohl Nachkomme wie männlich. **2.** Im Rahmen der ↗ Dependenzgrammatik bezeichnet H. das simultane Vorkommen gleichartiger syntakt. Elemente ggü. der Kumulation verschiedenartiger Elemente. In der Phrase *die erfolgreiche schnelle Behandlung* liegt z.B. eine H. von attributiven Adjektiven vor; ↗ Verkettung. **3.** ↗ Konsonantencluster. F

Hauptakzent ↗ Akzent

Hauptsatz (in Schulbüchern auch: Stammsatz, Abk. HS. Engl. main clause/sentence, frz. proposition principale/indépendante) Traditionell wird als HS (a) ein unabhängiger, einfacher Satz (*Die Sonne schien*) oder (b) ein Teil eines Satzgefüges (*Als ich aufwachte, schien die Sonne*) bezeichnet. Weder (a) noch (b) können anderen Teilsätzen untergeordnet sein. Gegenstand der Kritik an dieser Definition ist (a) der Umstand, dass der Terminus »Hauptsatz« nur im Bezug auf komplexe Sätze angebracht ist, sowie (b), dass der HS in einem Satzgefüge nach Auslassung eines ↗ Subjekt- oder ↗ Objektsatzes keine vollständige Einheit mehr bildet (*Mich ehrt, dass du mitspielst* ↗ * *Mich ehrt*); ↗ Matrixsatz, ↗ Nebensatz, ↗ Subordination. RL

Haupttempus In manchen lat. und griech. Grammatiken verwendeter Überbegriff für das Präs., Perf., Fut. I und II des Griech. bzw. das Präs., präsentische Perfekt und das Fut. I und II des Lat.; ↗ Nebentempus, ↗ Consecutio temporum. In der Germanistik mitunter Bez. für Präs. und Präteritum. GS

Haupttitel Haupttitelblatt eines Buches; ↗ Titelei. G

Hauptton ↗ Akzent

Hauptwort ↗ Substantiv

Hausa Größte ↗ tschadische Sprache und wichtigste autochthone ↗ Verkehrssprache Westafrikas. 30–35 Mio. Sprecher, davon ca. 20 Mio. als S1. Sprachgebiet: Nord-Nigeria (seit 1960 neben Engl. mit offiziellem Status) und Niger, aber auch Ghana, Benin, Togo, Kamerun und Tschad sowie alle größeren Städte Westafrikas; Karte ↗ Afrikanische Sprachen, im Anhang. Der Dialekt von Kano (Nigeria) bildet die Grundlage des Standards. Schrifttradition besteht seit dem 14./15. Jh., zuerst in Ajamí, einer Modifikation der arab. Schrift. Seit Mitte 19. Jh. zunehmender Gebrauch der lat. Schrift, die sich in Verwaltung, Schule, Presse und moderner Lit. durchgesetzt hat, allerdings mit unterschiedl. orthograph. Konventionen in Nigeria einerseits und Niger andererseits. Bis 1968 wurden sprachplanerische Aufgaben in Nigeria von dem

Phönizisch (= Althebräisch)	Quadratschrift	Rashi	kursive (modern)	Schriftzeichenname	API-Transskription	Zahlwert
	א			alef	ʔ	1
	ב			bet	B; b, b~v	2
	ג			g'imel	G; g, g̱	3
	ד			d'alet	D; d, d̠	4
	ה			he	H; h	5
	ו			vav	W; w~v, u, o	6
	ז			z'ayin	Z; z	7
	ח			xet	Ḥ; ḥ~x	8
	ט			tet	Ṭ; ṭ~t	9
	י			yod	Y; y, i, e	10
	כ (ך)			kaf	K; k, k~x	20
	ל			l'amed	L; l	30
	מ (ם)			mem	M; m	40
	נ (ן)			nun	N; n	50
	ס			s'amex	S; s	60
	ע			'ayin	ʿ	70
	פ (ף)			pe	P; p, p~f	80
	צ (ץ)			tsade	Ṣ; ṣ~c(=ts)	90
	ק			qof	Q; q~k	100
	ר			resh	R; r	200
	ש			shin	Š; š	300
	ת			tav	T; t, t̠~t	400

Das hebräische Alphabet

1955 in Kaduna gegr. *Hausa Language Board* wahrgenommen, seit 1969 vom *Center for the Study of Nigerian Languages* an der Bayero University, Kano. **Lit.** P. & R. M. Newman (eds.), Sabon kamus na Hause zuwa Turanci. Modern H.-English Dictionary. Ibadan-Zaria 1977. – R. C. Abraham, The Language of the H. People. Ldn. 1959. – S. Brauner & M. Ashiwaju, Lehrbuch der H.-Sprache. Mchn. 1966. **Bibl.** S. Baldi, Systematic H. bibliography. Rom 1977. RE

Haush ↗ Ona, ↗ Tschon-Sprachen

Havasupai-Walapai-Yavapai ↗ Hoka-Sprachen

Hawaianisch (Eigenbez. olelo Hawaiʼi) Ost-↗ austronesische Sprache auf den Hawaiian. Inseln (Hawaiʼi). Ost-↗ Ozeanische Sprache; östl. Polynes. Gruppe; Zentral-östl. Polynes. Subgruppe; Marquesan. Subsub-Gruppe. Ca. 20 000 Sprecher. zunehmende Verdrängung durch Hawaian English. Karte ↗ Austronesische Sprachen. CE

Hazara ↗ Tadschikisch

Head ↗ Kopf, ↗ Silbenkopf

Head-Driven Phrase Structure Grammar (Abk. HPSG; ›Kopf-gesteuerte Phrasenstrukturgrammatik‹) In Auseinandersetzung mit verschiedenen neueren Grammatik-Modellen (z. B. ↗ Generalized Phrase Structure Grammar (GPSG), ↗ Lexical Functional Grammar (LFG)) insbes. von C. J. Pollard und I. A. Sag entwickelte GG vom Typ der ↗ Unifikationsgrammatiken. Im Ggs. zur GPSG basiert die HPSG wesentl. auf Prinzipien eines abstrakten Lexikons: lexikal. Informationen werden systemat. vererbt (↗ Argumentvererbung, ↗ Kopf), auf Regeln der ↗ Syntax wird weitgehend verzichtet; ↗ ID/LP-Format. **Lit.** R. D. Borsley, Modern Phrase Structure Grammar. Oxford 1996. – O. Jungen & H. Lohnstein, Einf. in die Grammatiktheorie. Mchn. 2006. – U. Klenk, Generative Syntax. Tübingen 2003. – S. Müller, HPSG: Eine Einf. Tübingen ²2008. – Ders., Grammatiktheorie: Von der Transformationsgrammatik zur beschränkungsbasierten Grammatik. Tübingen 2010. – C. J. Pollard & I. A. Sag, HPSG: Studies in Contemporary Linguistics. Chicago 1994. – J. Tseng (Hg.), Aspekte eines HPSG-Fragments des Dt. Arbeitspapiere des SFB 340, Ber. Nr. 156, Stgt. 2000. – **Bibl.** S. Müller [http://hpsg.fu-berlin.de/HPSG-Bib/]. F

»Head-marking«-Sprache Sprachtyp, bei dem die Beziehung zwischen Kern und abhängigen Komplementen bzw. Attributen am Kern markiert wird. Steht im Gegensatz zu »dependent-marking«-Sprachen, bei denen die Beziehung an den abhängigen Komplementen und Attributen markiert wird. Die

Beziehung zwischen syntakt. Elementen wird in h.-m.-S. typischerweise durch ↗ Koreferenz zum Ausdruck gebracht, wobei es sich um appositionale Beziehungen handelt. In »dependent-marking«-Spr. dagegen liegt zumeist ↗ Kongruenz und ↗ Rektion vor. **Lit.** J. Nichols, Head-marking and Dependent-marking Grammar. Lg. 62, 1986, 56–119.   D

Hebräisch Wichtigste ↗ semitische Spr. des ↗ kanaanäischen Sprachzweigs. Seit dem 12. Jh. v. Chr. ist das ↗ Althebräische v. a. durch die alttestamentl. Bücher bezeugt. Neben den späten althebr. Texten findet sich ab dem 4. Jh. v. Chr. in der Mišna (Sammlung religiöser, legislativer und anderer Texte) eine Sprachform, die vermutl. auf einen in Judäa gesprochenen Dialekt zurückgeht. Dieses Mišna-H. (MH) wurde ab ca. 200 n. Chr. nicht mehr gesprochen und im 5. Jh. n. Chr. auch als lit. Spr. aufgegeben. Es zeigt Einflüsse des ↗ Aramäischen, das sich als Umgangsspr. in Jerusalem etabliert hatte, so dass im Alltag neben MH auch ↗ Aramäisch, in der Schule und zu religiösen Zwecken jedoch ausschließl. MH verwendet wurde. Die aspektuelle Bedeutung der finiten Verbformen im ↗ Althebräischen wird im MH temporal. Im MH ersetzt das Partizip weitgehend das Imperfekt, welches modale Bedeutung bekommt. Andererseits bleibt der ↗ status constructus im Genitivverhältnis erhalten. Im 5. Jh. n. Chr. tritt das Mittelalterl. H. auf, das Juden in lit. Texten neben ihren Alltagsspr. ↗ Arabisch, ↗ Spanisch oder ↗ Jiddisch verwendeten; Juden verschiedener Herkunft diente es als Verständigungsmittel. Es setzt sich aus alth., MH und Elementen der jeweiligen Umgangsspr. zusammen, so dass sich das Mittelalterl. H. in West- und Südeuropa, wo Latein Literaturspr. war, anders entwickelte (z. B. q > k, ṭ > t, ṣ > ts) als im arabischsprachiger Umgebung, wo diese Phoneme erhalten blieben, und Juden ihre Lit. neben H. auch in ↗ Arabisch schrieben. In Spanien erlebten vom 10.–13. Jh. die religiöse und weltl. Poesie in H. und die hebr. Sprachwiss. ihre Blütezeit. Zahlreiche Schriften wurden ins H. übersetzt. Ende des 18. Jh. begannen in Deutschland Bestrebungen, das jüd. Leben zu säkularisieren (Haskalah). Um 1900 entstanden in Osteuropa Clubs, in denen H. gesprochen wurde. Osteurop. jüd. Siedler etablierten ↗ Ivrit, das neue H., in Palästina. **Lit.** E. Y. Kutscher, A History of the Hebrew Language. Leiden 1982. – M. H. Segal, A Grammar of Mishnaic Hebrew. Oxford 1927. – J. Körner, H. Studiengrammatik. Lpz. 1983. – R. Meyer, H. Grammatik. Bln. 1992. – P. Auvray, Bibelhebr. zum Selbststudium. Paderborn ²1999. **SSG** Judaistik: Stadt- und Universitätsbibliothek Frankfurt/M. (30); Semitische Sprachen: Universitätsbibliothek Tübingen (21).   WI

Hebräische Schrift Die ältesten hebr. Inschriften von ca. 1000 v. Chr. sind noch in der Schrift des ↗ Phönizischen geschrieben. In der Mitte des 9. Jh. v. Chr. entwickelte sich daraus die h. Schrift, die

↗ matres lectionis für auslautende Vokale ausbildete: ⟨h⟩ für -ā, -ē oder -ō, ⟨w⟩ für -ū, ⟨y⟩ für -ī. Die h. Schrift entwickelte keinen ausgeprägten Lapidarstil, vermutl. weil Votivtafeln für Götter nicht in Gebrauch waren. Wichtigstes epigraph. Material sind meist mit Tinte beschriebene Ostraka (Tonscherben) v. a. aus dem 7.–6. Jh. v. Chr. Bis zur Zerstörung des 1. Tempels (586 v. Chr.) war sie die nat. Schrift Judäas. Während des Exils vieler Juden in Babylon kamen ↗ Aramäisch und die aram. Schrift in Gebrauch. Auch in Judäa verdrängte Aram. als offizielle Spr. zunehmend das ↗ Hebräische. Vom 3. Jh. v. Chr. an schrieben Juden auch hebr. Texte in der aus der aram. Schrift entwickelten ↗ Quadratschrift. Die Hasmonäer (135–37 v. Chr.), die Führer der ersten Revolte gegen die Römer (66–70 n. Chr.) und Bar Kochba (132–135 n. Chr.) prägten ihre Münzen noch einmal in h. Schrift. Danach war sie nur noch bei den Samaritanern in Gebrauch. **Lit.** S. A. Birnbaum, The Hebrew Scripts. Leiden 1971.   WI

Hebung 1. ↗ Palatalisierung, **2.** ↗ Anhebung

Hebungsgrad ↗ Palatalisierung

Hebungsrichtung ↗ Palatalisierung

Hebungsverb ↗ Anhebung

Heckenausdruck (engl. hedge) Adjektivische oder adverbiale Wendung wie *gewissermaßen* oder *eigentlich,* durch die angegeben werden kann, in welchem Maße in einer gegebenen Spr. und dem dazugehörenden Kulturraum kategorisierende Aussagen möglich bzw. sinnvoll sind. Z. B. dürfte im Dt. die Eiche als der typische Laubbaum gelten, wodurch eine Aussage wie *Die Eiche ist der Laubbaum par excellence* möglich, ein Satz wie *Die Eiche ist strenggenommen ein Laubbaum* widersinnig wird; ↗ Granularität. **Lit.** G. Lakoff, Hedges. A Study in Meaning Criteria and the Logic of Fuzzy Concepts. PCLS 8, 1972, 183–228. – Ders., Hedges and Meaning Criteria. In: R. I. McDavid & A. R. Duckert (eds.), Lexicography in English. N. Y. 1973, 144–153. – R. Markkanen & H. Schröder (eds.), Hedging and Discourse. Approaches to the Analysis of a Pragmatic Phenomenon in Academic Texts. N. Y. 1997.   GP

Hedge ↗ Heckenausdruck

Heiban-Gruppe ↗ Kordofanische Sprachen

Heilige Sprache (lat. lingua sacra) Spr., in der zentrale religiöse Texte verfasst sind, sei es das geoffenbarte Wort Gottes in den Buchreligionen, seien es Glaubenslehren maßgebl. Lehrer (z. B. im Buddhismus (↗ mittelindische Sprachen) und im Konfuzianismus). Die h. S. des Islam ist das Koranarab., im Judentum ist die h. S. das Hebr. der Thora, im Christentum sind es die sog. Kreuzsprachen (Hebr., Griech., Lat.). In Asien wurden z. B. ↗ Sanskrit (im Hinduismus), ↗ Pali (im Buddhismus), Tibetisch (im lamaist. Buddhismus) als h. S. betrachtet. I. w. S. auch Spr. der religiösen Verkündigung oder der Liturgie (↗ Sakralsprache), z. B. ↗ Koptisch bei den ägypt. Christen, ↗ Ge'ez in Äthiopien oder

↗ Avesta bei den Parsen. H. S. sind oft durch Übersetzungsverbote vor Entweihung geschützt, d. h. die Gläubigen müssen die h. S. erlernen, um den Kult ausüben zu können (extrem im Judentum und im Islam, im Christentum gemildert, doch verlangt ein volles Theologiestudium auch heute den Erwerb der drei Kreuzspr.). **Lit.** A. Bertholet, Die Macht der Schrift in Glauben und Aberglauben. Bln. 1950. – A. Borst, Der Turmbau zu Babel. Geschichte der Meinungen über Ursprung und Vielfalt der Spr.n. 6 Bde. Stgt. 1957–1963. – H. Glück, Schrift und Schriftlichkeit. Kap. 5, 6. Stgt. 1987. – W. J. Samarin, Language of Religion. HSK 3, II, 1987, 85–91.   G

Heimischer Wortschatz ↗ Erbwortschatz

Heischeform (auch: heischender ↗ Konjunktiv) Gebrauchsweise des ↗ Konjunktivs (1), mit welcher der Sprecher einer Äußerung sich selbst, einen anderen oder eine Gruppe zu einer Handlung (oder Unterlassung) auffordert, z. B. *Ich sei gepriesen!*, *Er komme jetzt rein!*, *Seien wir mal ehrlich!* **Lit.** ↗ Konjunktiv.   F

Heischesatz (auch: Wunschsatz) Satz, der in einer Äußerung die Forderung nach Realisierung eines Sachverhaltes ausdrückt; ↗ Optativ, ↗ Aufforderung, ↗ Direktive, ↗ Heischeform, ↗ Imperativ.   F

Hell ↗ Dunkel

Hellenistisches Griechisch ↗ Neutestamentliches Griechisch

Helvetismus Für die schweizerdt. Varietäten (↗ Alemannisch) typ., im übrigen dt. Sprachgebiet unübliche und als typ. schweizerisch empfundene (z. B. *Rundspruch*) oder unverständl. Ausdrücke (z. B. *Meitschi* ›Mädchen‹).   G

Hemisphäre f. (griech. ἥμι- (hēmi) ›halb‹, σφαῖρα (sfaira) ›Kugel, Ball‹) Großhirnhälfte, Hälfte des symmetr. aufgebauten Großhirns (lat. *cerebrum*). Die Rindenareale (graue Substanz, Nervenzellen) beider H. sind über vielfältige, im Balken (lat. *corpus callōsum*) verlaufende Kommissurenfasern miteinander verbunden. Bei Rechtshändern ist gewöhnlich die linke H. Sitz sprachl. Fähigkeiten; ↗ Gehirn, ↗ Lateralisation.   GL

Hemisphärendominanz ↗ Erworbene Sprachstörung

Hemmlaut ↗ Öffnungslaut

Hendiadyoin n. (griech. ἕν διὰ δυοῖν ›eins durch zwei‹) ↗ Rhetorische Figur, bei der ein Begriff durch zwei gleichwertige, mit *und* verbundene Wörter (meist Substantive) ausgedrückt wird anstelle einer log. richtigeren syntakt. Unterordnung (etwa Substantiv + Adjektiv- oder Genitivattribut): *natura pudorque* (Natur und Scham) für ›natürl. Scham‹, *ir varwe und ir lîch* (Gottfried von Straßburg) für ›die Farbe ihres Leibes‹, *mir leuchtet Glück und Stern* (Goethe) für ›Glücksstern‹. Beliebt in rhetor. geprägter Literatur seit der Antike.   DB

Hennese Fleck ↗ Rotwelsch

Herausstellung (engl. dislocation, frz. construction à détachement) Bei H. werden eindeutig zum Satz gehörige Elemente aus der Satzstruktur herausge-

nommen und durch Links- oder Rechtsversetzung an die Satzränder besonders hervorgehoben. *Linksversetzung* ist eine Platzierung vor das Vorfeld (↗ Feldgliederung), z. B. *Deine Frage, die verstehe ich nicht.* Bei *Rechtsversetzung* bekommt das Element eine Position außerhalb der Satzklammer, z. B. *Davon hat sie immer geträumt, einmal eine Weltreise zu machen.* Herausgestellte Elemente erläutern ihre Bezugselemente; sie sind fakultativ und kongruieren, wenn sie Nomina sind, in Genus, Kasus und Numerus mit ihrem Bezugselement. Bezugselemente sind Satzglieder oder Attribute in Form von Pronomina, Präpositionalgruppen oder Adverbien. Linksversetzungen dienen v. a. der Hervorhebung eines Elements innerhalb eines als bekannt vorausgesetzten Themas (↗ funktionale Satzperspektive). Altmann (1981) erfasst unter H. auch ↗ Parenthesen und ↗ Nachträge, die häufig zu den Rechtsversetzungen hinzugezählt werden, in gewissem Sinne auch ↗ Spalt- und Sperrsätze, und plädiert für eine neue Grenzziehung zwischen ↗ Appositionen und Rechtsversetzungen. **Lit.** H. Altmann, Formen der H. im Dt. Tübingen 1981. – S. Müller, Mehrfache Vorfeldbesetzung. DS 32, 2003, 19–62.   SL

Herkunftsbezeichnung Adjektive des Dt., die durch die Suffixe *-isch* und *-er* (u. a.) von ↗ Toponymen, v. a. Namen von Orten (z. B. *Ulmer Spatz, Bamberger Reiter*), Ländern (z. B. *Schweizer Käse, ungarische Salami*), Kontinenten (*afrikanisch, asiatisch*) und Meeren (*atlantisch, pazifisch*) abgeleitet sind, werden als H. bezeichnet. Es gibt viele irregulär gebildete H., in denen Regularitäten der Herkunftsspr.n erhalten geblieben sind, z. B. *zypriotisch, venezianisch, portugiesisch*.   G

Herkunftsname (engl. name of origin, frz. name d'origine) ↗ Familienname, der mit einem ↗ Ortsnamen ident. ist, z. B. *Erfurt, London, Eisenberg*, oder der von einem Ortsnamen abgeleitet wurde, z. B. *Bamberger, Döring* (> Thüringen), *Bayerl*.   G

Hermeneutik ↗ Interpretation

Herminonisch ↗ Elbgermanisch

Hertz (nach H. Hertz, dt. Physiker, 1857–1894) Maßeinheit der ↗ Frequenz in Schwingungen pro Sekunde (engl. *cycles per second*, cps).   PM

Hesperonesisch ↗ Austronesische Sprachen

Hessisch ↗ Binnenfränkisch, ↗ Mittelhessisch, ↗ Niederhessisch, ↗ Neuhessisch, ↗ Osthessisch, ↗ Rheinfränkisch

Heterogene Opposition ↗ Opposition

Heterographie f. (griech. ἕτερος (heteros) ›verschieden‹, γράφειν (grafein) ›schreiben‹) 1. Auftreten von Schriftzeichen (-verbindungen), die ling. Einheiten einer Spr. A repräsentieren, in Texten einer Spr. B, wobei die Heterogramme i. d. R. als Einheiten (Wörter, Affixe) der Spr. B interpretiert werden, z. B. bei den ↗ Sumerogrammen des Akkad., bei den (chin.) Kanji im ↗ Japanischen; ↗ Hanzi. 2. Differenzierende Schreibung homophoner

Wörter (oder Morpheme) bei unterschiedl. oder gleicher Bedeutung, z. B. dt. *Moor* vs. *Mohr, Arm* vs. *arm, Zirkus* vs. *Circus*, engl. *sight* ›Sicht‹ vs. *site* ›Gelände‹ vs. *cite* ›zitieren‹; ↗ Homographie. G

Heteroklitikon n. (griech. ἕτερος (heteros) ›verschieden‹, κλίνειν (klinein) ›beugen‹) Bez. für Subst. mit unregelmäßiger Formenbildung. Die Flexionsparadigmen enthalten entweder unterschiedl. Stammformen (↗ Suppletion) oder flektierte Formen, die nach unterschiedl. Deklinationsmustern entstanden sind. ES

Heteronym ↗ Heteronymie, ↗ Synonym

Heteronymie f. (griech. ἑτερωνυμία (heterōnymia) ›Verschiedennamigkeit‹) **1.** ↗ Inkompatibilität. – **2.** Systemtranszendente ↗ Synonymie: sprachübergreifend (interlinguale H.: *père* – *father* – *Vater*), dialektübergreifend (↗ Diatopische H.; J. Goossens) oder soziolektübergreifend (↗ Diastratische H.; H. E. Wiegand, Th. Schippan). Viele Heteronyme wurden in die ↗ Standardsprache übernommen und bilden dort »landschaftl. Dubletten«, z. B. *Sonnabend – Samstag, Schlachter – Metzger – Fleischer, Sahne – Rahm – Schmand*; ↗ lexikalischer Suppletivismus. **Lit.** J. Goossens, Strukturelle Sprachgeographie. Heidelberg 1969. – H. E. Wiegand, Synchron. Onomasiologie und Semasiologie. GermL 3, 1970, 247–384. – Th. Schippan, Lexikologie der dt. Gegenwartsspr. Tübingen ²2002. RB

Heterophon (griech. ἕτερος (heteros) ›verschieden‹ φωνή (fonē) ›Stimme‹) Wörter, die bei gleicher Schreibung unterschiedl. ausgesprochen werden, z. B. *Montage* (Wochentage) vs. *Montage* (eines Gerätes), engl. *lead* ›führen‹ vs. *lead* ›Blei‹; Ggs. ↗ homophon. PM

Heterorgan (griech. ἕτερος (heteros) ›verschieden‹) (Von zwei aufeinanderfolgenden Lautsegmenten) Laute unterschiedl. ↗ Artikulationsstelle, z. B. /ps/ in *Mops*; Ggs. ↗ homorgan. PM

Heterosemie f. (griech. ἕτερος (heteros) ›verschieden‹, σῆμα (sēma) ›Zeichen‹) **1.** Bedeutungsverschiedenheit von Lexemen im Falle der ↗ Homophonie, ↗ Homographie und ↗ Homonymie. Nach H. F. Plett ist H. die Grundlage der lexikal. ↗ Ambiguität und entsprechender ↗ Wortspiele. **2.** O. Reichmann spricht von H., wenn Dialektwörter mit übereinstimmendem phonemat. Muster unterschiedl. Bedeutung haben: Das Lexem *Korn* hat in verschiedenen Dialekten die Bedeutungen ›Getreide‹, ›Roggen‹, ›Hafer‹ und ›Gerste‹; ↗ Tautonymie. **Lit.** H. F. Plett, Textwiss. und Textanalyse. Heidelberg 1975. – O. Reichmann, Germanist. Lexikologie. Stgt. 1976. – Th. Schippan, Lexikologie der dt. Gegenwartsspr. Tübingen ²2002. RB

Heterosyllabisch (griech. ἕτερος (heteros) ›verschieden‹) Aufeinanderfolgende, zu verschiedenen ↗ Silben gehörige Laute (z. B. dt. *au-ßen* vs. *aus-sehen*); Ggs. ↗ tautosyllabisch. PM

Hethitisch (engl. frz. Hittite) Mit schriftl. Zeugnissen vom 19. bis ins 12. Jh. v. Chr. bestbezeugte ↗ altanatolische Sprache, zugleich die ältest überlieferte ↗ indogermanische Sprache überhaupt. Die auf Tontafeln erhaltenen Texte sind v. a. histor., religiösen (Ritualtexte) und jurist. Inhalts. Die verwendete ↗ Keilschrift ist dem ↗ Babylonischen entlehnt und enthält zahlreiche ↗ Logogramme (Wörter, deren Schreibung eine akkad. oder sumer. Lautung widerspiegelt, die jedoch h. zu lesen sind). Das H. und die ihm nahestehenden altanatol. Spr. heben sich in morpholog. Hinsicht (kein Femininum, geringerer Umfang des Verbalparadigmas) deutlich von den anderen altüberlieferten idg. Spr. (↗ Altindisch, ↗ Altiranisch, ↗ Griechisch, ↗ Latein) ab, weshalb ihre Stellung innerhalb dieser Sprachfamilie umstritten ist. **Lit.** A. Kammenhuber, H., Palaisch, Luwisch und Hieroglyphenluwisch. HdO 1./2./1–2./2. Leiden, Köln 1969, 119–357. – J. Friedrich, H. Elementarbuch. I. Heidelberg ²1960. – J. Friedrich & A. Kammenhuber, H. Wörterbuch. Heidelberg 1975. – S. Zeilfelder, Archaismus und Ausgliederung: Studien zur sprachl. Stellung des H. Heidelberg 2001. GP

Hiatus m. (lat. hiātus ›Kluft‹) Artikulator. Unterbrechung zwischen zwei nicht diphthong. (↗ Diphthong), als zu zwei ↗ Silben gehörig ausgesprochenen ↗ Vokalen (z. B. dt. *Chaos*); ↗ Dihärese. PM

Hibito-Cholón-Sprachen ↗ Südamerikanische Indianersprachen

Hidden-Markov-Modell (HMM) Formales Modell zur Repräsentation stochast. Prozesse. Ein HMM kann als endl. Maschine (↗ Automat) aufgefasst werden, deren Zustandsübergänge und Ausgabeverhalten in einem gegebenen Zustand mit Wahrscheinlichkeiten annotiert sind. HMM werden vor allem im Bereich der ↗ Spracherkennung, aber auch beim ↗ Tagging verwendet. L

Hierarchie (griech. (nachklass.) ἱεραρχία ›Priesterherrschaft‹, ἱερεύς (hiereus) ›Priester‹, ἄρχειν (archein) ›herrschen‹) Elementares Strukturierungsverfahren, demzufolge die Beziehungen zwischen den Kategorien einer Beschreibung nicht linear, sondern in Form von Rangordnungen mit vertikaler Schichtung erfasst werden. Die entsprechenden Beschreibungskategorien werden somit in spezif. und genereller Weise aufeinander bezogen. So kann die Beziehung zwischen den Segmenten {be-}, {schreib} und {-ung} des Wortes *Beschreibung* mit den Kategorien Nomen, Verb, Präfix, Verbstamm und Suffix derart erfolgen, dass diese Kategorien in der generalisierbaren H.-Beziehung [NOMEN [VERB [Präfix] [VERB Verbstamm]] [Suffix]] stehen; diese H.-Beziehung erfasst das Faktum, dass {be-} zwar vor Verbstämmen auftritt, nicht aber vor Substantivstämmen, und dass {-ung} an Verbstämme suffigiert auftritt. Graph. kann eine H.-Beziehung in Form eines nach unten verzweigenden ↗ Strukturbaumes oder in Klammernotation (↗ indizierte Klammerung) symbolisiert werden. H.-Beziehungen werden in allen Teilgebieten der Ling. verwendet; ↗ Hierarchiegesetz. F

Hierarchiegesetz H. versuchen die für natürl. Spr. generell geltenden Gesetzmäßigkeiten der Beteiligung grammat. Kategorien bzw. Relationen an sprachl. Regularitäten zu explizieren. Sie spielen v. a. in der ↗ Relationalen Grammatik eine wesentl. Rolle, wurden jedoch auch für die Beziehungen zwischen ↗ Tiefenkasus und für zahlreiche andere Bereiche postuliert. Bspw. wird von Keenan & Comrie (1977) ein H. postuliert, das dem Subj. universell eine höhere Rangordnung zuschreibt als Objekten; dies soll z. B. erfassen, dass grammat. Regularitäten, die auf das Subj. Bezug nehmen, zwar auch für Obj. gelten können, dass dies im Allgemeinen aber nicht umgekehrt gilt (Notation: Subj. < Direktes Obj. < Indirektes Obj.). Die sog. *Silverstein-Hierarchie* (1. Person > 2. Person > 3. Person/Deiktika > Eigennamen > Menschl. > Belebt > Unbelebt) erfasst, dass die 1. und 2. Person die höchste Rangordnung bezügl. des Ausdrucks von Agentivität und Topikalität einnehmen (Silverstein 1976). **Lit.** J. Aissen, Differential Object Marking: Iconicity vs. Economy. NLLT 21, 2003, 435–483. – M. N. Carminati et al., Processing Reflexes of the Feature Hierarchy (Person > Number > Gender) and Implications for Linguistic Theory. Lingua 115, 2005, 997–1042. – N. Fries, Die hierarch. Organisation grammat. Kategorien. Sprachtheorie und germanist. Ling. 7, 1997. – E. L. Keenan & B. Comrie, Noun Phrase Accessibility and Universal Grammar. LIn 8, 1977, 63–99. – B. Primus, H. der Universalgrammatik ohne grammat. Relationen. In: S. Olsen & G. Fanselow (eds.), DET, COMP und INFL. Tübingen 1991.   F

Hieratisch ↗ Ägyptisch, ↗ Hieroglyphe

Hier-Jetzt-Ich-Origo ↗ Deixis

Hieroglyphe f. (griech. ἱερός (hieros) ›heilig‹, γλυφή (glyfē) ›(in Stein) Geritztes‹) **1.** Eingebürgerte Bez. für die bildhaften ↗ Schriftzeichen des ↗ Ägyptischen, die den griech. Namengebern (Herodot, Platon) aufgrund der Tatsache, dass sie viele kult. Monumentalinschriften zu sehen bekamen bzw. darüber berichten hörten, ›heilige‹ Zeichen zu sein schienen. Die H. stellten zu Beginn der ägypt. Schriftgeschichte (spätes 4. Jt. v. Chr.) eine ↗ Logographie dar, entwickelten aber sehr bald syllabograph. und phonograph. (Konsonantenkombinationen und Einzelkonsonanten) Lesarten, aus denen sich – über das Zwischenglied der sog. Sinaischrift – die nordsemit. ↗ Alphabetschriften entwickelten. Die letzten Belege für die H. stammen aus dem 4. Jh. n. Chr. (Philai bei Aswan). Aus den H. entwickelte sich als Kursivschrift die demot. Schrift der Ägypter, aus der das kopt. Alphabet sieben Zeichen übernommen hat. **2.** I. w. S. Bez. für verschiedene Schriftarten, deren Schriftzeichen natürl. Gegenstände abbilden (ohne dass sie deshalb stets ↗ Piktographien sind), z. B. die sumer., hethit., meroit., aztek. H. **Lit.** ↗ Schrift.   G

Higi ↗ Tschadische Sprachen

Hilfssprache ↗ Plansprache

Hilfsverb (In Schulbüchern auch: Hilfszeitwort. Engl. auxiliary, auxiliary verb, frz. (verbe) auxiliaire) Verb, das nicht selbständig das ↗ Prädikat eines Satzes bilden kann, sondern nur in Verbindung mit einem ↗ Vollverb. I. e. S. gelten im dt. *haben, werden* und *werden*, die zusammen mit Partizipien mehrteilige Prädikate bilden, i. w. S. auch die ↗ Modalverben als H. Grammat. Funktionen wie ↗ Tempus bzw. ↗ Aspekt, ↗ Modus, ↗ Diathese werden vielfach von H. getragen, die sich oft morpholog. vom Vollverb unterscheiden. H. verfügen nur eingeschränkt über ↗ Valenz und unterliegen z. T. (verglichen mit den dt. Modalverben) morpholog.-syntakt. Beschränkungen; z. B. fehlen den dt. Modalverben *dürfen, können, mögen* und *müssen* im Präs. Sg. der Umlaut sowie Flexionsaffixe in der 1. und 3. Pers. (*darf, kann, mag, muss*). Das engl. H. ist vom Fehlen der bei Vollverben obligator. Flexion der 3. Pers. Sg. (Ausnahmen: *does, has*), von einer besonderen Form der Negation (*mustn't, can't* usw.) wie auch von der Möglichkeit der Subjekt-Inversion gekennzeichnet. Ebenso wie die Unterscheidung zwischen H. und Vollverb sind die Termini selbst umstritten; ↗ Verb.   G, WR

Hilfszeichen ↗ Arabische Schrift, ↗ Formelsprache, ↗ Schriftzeichen, ↗ Vokalisierung

Hilfszeitwort ↗ Hilfsverb

Hiligaynon ↗ Philippinische Sprachen

Himācalī ↗ Pahārī, ↗ Indoarische Sprachen

Himalayische Sprachen ↗ Sino-tibetische Sprachen

Himbeermorphem ↗ Unikales Morphem

Himmelsschrift 1. Histor. vielfach belegte magische Praxis des »Erlesens« übernatürl. Botschaften. **2.** (Engl. sky-writing) »Beschriftung« höherer Luftschichten durch sichtbare Gase zu Reklamezwecken von einem Flugzeug aus. **3.** Übers. von lat. *litterae caelestes*; ↗ Kursive.   G

Hindernis Im Sinne der ↗ artikulatorischen Phonetik durch das ↗ artikulierende Organ an der ↗ Artikulationsstelle gebildete(r) Enge/Verschluss als H. für den Luftstrom.   PM

Hindī 1. Oberbegriff für das Kontinuum der zentralindoar. Spr. und Dialekte (↗ Indoarische Sprachen, Karte ↗ Indische Sprachen, im Anhang). – **2.** Staatsspr. und wichtigste Schriftspr. Indiens; Hind, eine Adj.-Ableitung zur pers. Bezeichnung *Hind* ›Indien‹, ist als Sprachname bereits im MA belegt, bezieht sich da jedoch auf das ↗ Urdū. Heute versteht man unter H. ein auf dem ↗ Hindustānī beruhendes lit. Medium, zu Beginn des 19. Jh. n. Chr. von traditionell ind. und hinduist. orientierten Schriftstellern bewusst als sprachl. Gegensatz zum ↗ Urdū geschaffen, was seinen Ausdruck v. a. in der Benutzung der Devanāgarī-Schrift (↗ Indische Schriften) und der Erweiterung des Lexikons durch zahlreiche Lehnwörter aus dem ↗ Sanskrit findet. Da Urdū und H. nur standardsprachl. Varianten derselben dialektalen Basis sind, sind die formalen

Unterschiede gering. **Lit.** R. S. McGregor, Outline of Hindi Grammar. Oxford 1972 (repr. 1995). – M. C. Shapiro, Hindi. In: G. Cardona & Dh. Jain (eds.), The Indo-Aryan Languages. Ldn, N. Y. ²2007, 250–285. FZ

Hindkō ↗ West-Pañjāb-Sprachen, ↗ Indoarische Sprachen

Hindustānī In Nordindien und Pakistan, bes. in den Städten, als lingua franca weit verbreitete ↗ indoarische Sprache. H. mit seinen lit. Ausprägungen ↗ Hindī und ↗ Urdū hat allgemeine Bedeutung als Staatsspr. Indiens bzw. Pakistans erlangt; ↗ Kharī bolī; ↗ Bazar-Hindustānī. FZ

Hinten (engl. back) Phonolog. distinktives (binäres), artikulator. durch die Position des Zungenkörpers gegenüber seiner ↗ Indifferenzlage definiertes Merkmal (nach SPE) im Ggs. zu *vorn* (engl. front) zur Kennzeichnung der konsonant. ↗ Artikulationsstelle (↗ velar bis ↗ glottal) bzw. der vokal. Zungenposition. PM

Hinterpommersch ↗ Ostpommersch

Hinterzungenlaut ↗ Lingual

Hinuchisch ↗ Dag(h)estanische Sprachen

Hinweisendes Fürwort ↗ Demonstrativpronomen

Hiragana ↗ Japanisch

Hispanismus ↗ Entlehnung aus dem Spanischen. Neben älteren H. wie *Armada* (16. Jh.) gibt es im Dt. auch neuere, z. B. die Bez. *El Niño* (›das Kind‹) für eine vorwiegend im Pazifikraum auftretende Klimaanomalie (die Bez. *El Niño* verweist auf das Jesuskind, da sich die Folgen dieses klimat. Phänomens wie Stürme, starke Regenfälle u. a. hauptsächl. im Dezember und Januar ereignen). Bestimmte H. haben als ↗ Exotismen zu gelten (*Sombrero, Matador*), während andere in die Allgemeinspr. (meist in den Bereichen Musik, Essen und Trinken, Kleidung) eingegangen sind und auch formal oft weitgehend integriert sind: *Marmelade, Gitarre, Romanze, Zigarre*. Manche H. können idiomatisiert verwendet werden, etwa span. *amigo* ›Freund‹, das heute im Dt. für den Angehörigen einer sog. Seilschaft steht, deren Mitglieder sich unterderhand zu Vorteilen verhelfen. SO

Hispanistik ↗ Spanisch, ↗ Romanistik

Historiolekt ↗ Lekt

Historiolinguistik ↗ Historische Sprachwissenschaft

Historische Grammatik In der ↗ historisch-vergleichenden Sprachwissenschaft übl. Bez. für diachrone Untersuchungen zu einzelnen Sprachen oder Sprachgruppen, die sich auf alle Ebenen ihres grammat. Systems erstrecken können. Die h. G. versucht, verschiedene Etappen in der histor. Entwicklung der Objektspr.(n) zueinander in Beziehung zu setzen und die sprachl. Veränderungen, die sich in der Phonologie, Morphologie oder Syntax in histor. oder vorhistor. Zeiträumen abgespielt haben, greifbar zu machen und, wenn mögl., zu erklären (z. B. durch die Aufdeckung von ↗ Lautgesetzen, ↗ Analogien, Kasussynkretismen u. ä.). Soweit dabei nicht

selbst bezeugte Sprachstufen zum Tragen kommen, können Verfahren der äußeren und inneren ↗ Rekonstruktion angewendet werden; ↗ historisch-vergleichende Sprachwissenschaft, ↗ Indogermanistik. GP

Historische Semantik (auch: Begriffsgeschichte) Vielfach bleibt die Bez. für einen Sachverhalt über längere Zeiträume hinweg konstant, während sich das damit Bezeichnete verändert. Dies gilt für den Bereich der materiellen Kultur (z. B. *Wagen* für *Automobil*), vor allem aber für polit., kulturelle, religiöse und ideolog. Ausdrücke (z. B. *Freiheit, Familie, Liebe* usw.). Mitunter führen diese Veränderungsprozesse zu polit. Debatten über die »richtige« Bedeutung solcher Ausdrücke (↗ Sprachlenkung). Der sog. »semant. Krieg« um 1975 wurde geführt um die »Besetzung von Begriffen«. Man stritt jedoch weniger darüber, welche Inhalte bestimmten polit. Ausdrücken zuzuschreiben sind, sondern eher darüber, welche der polit. Richtungen (Parteien) Anspruch auf die programmat. Verwendung von (positiv konnotierten) ↗ »Fahnenwörtern« wie *Freiheit, Deutschland, Solidarität, Demokratie, Sozialstaat* usw. erheben könne. – Die zuvor v. a. im Rahmen der philosoph. Hermeneutik und der Ideengeschichte erörterten Probleme der h. S. wurden in den 1970er Jahren v. a. von Soziologen und Historikern mit sozialgeschichtl. Orientierung intensiv diskutiert, ausgehend von einer »Kritik der unbesehenen Übertragung gegenwärtiger und zeitgebundener Ausdrücke des Verfassungslebens in die Vergangenheit« und einer »Kritik an der Geschichte von Ideen, sofern diese als konstante Größe eingebracht werden« (Koselleck 1980, 25). Das Ziel der h. S. ist es, die Differenzen zu thematisieren und zu klären, die zwischen einer histor. und einer gegenwärtigen Begrifflichkeit herrschen, und ihre Entstehung zu rekonstruieren; ↗ Bedeutungswandel. **Lit.** D. Busse, Histor. Semantik. Stgt. 1987. – R. Koselleck, Begriffsgeschichte und Sozialgeschichte. In: ders. (Hg.), H. S. und Begriffsgeschichte. Stgt. 1980, 19–326. – G. Fritz, H. S. Stgt. 1993. – E. Müller (Hg.), Begriffsgeschichte im Umbruch. Hamburg 2005. – H. E. Bödeker (Hg.), Begriffsgeschichte, Diskursgeschichte, Metapherngeschichte. Göttingen ²2002. – G. Fritz, Einf. in die h. S. Tübingen 2005. – H. U. Gumbrecht, Dimension und Grenzen der Begriffsgeschichte. Paderborn 2006. – R. Koselleck, Begriffsgeschichten. Ffm. 2006. **Zs.** Histor. Semantik. Göttingen 2003 ff. G

Historische Sprachwissenschaft (auch: Historiolinguistik) Gegenstand der h. S. ist die geschichtl. Entwicklung von Spr. und Spr.n als Prozess und als Resultat. Ihre Fragestellung berührt sowohl das Problem des ↗ Sprachursprungs als auch das der ↗ Sprachverwandtschaft. In der Antike wurde Sprachreflexion vorwiegend ↗ synchron betrieben (z. B. von Aristoteles, Dionysios Thrax und den röm. Grammatikern), ebenso im MA (z. B. von Isidor von Sevilla oder Thomas von Aquin). In der frühen Neuzeit werden Fragen der ⁊ Sprachge-schichte verstärkt thematisiert, sowohl bezogen auf die ⁊ heiligen Sprachen (v. a. das Lat. wollte man von der »Verderbtheit« reinigen, als die man jahr-hundertelange Gebrauchsspuren (⁊ Sprachwandel) verstand, z. B. Erasmus, J. Scaliger) als auch auf die jungen ⁊ Nationalsprachen und ⁊ Volkssprachen (z. B. Dante), denen man möglichst imposante Ge-nealogien zuschrieb (⁊ Ursprache, ⁊ Zweiundsiebzig Sprachen). Im 17. (⁊ Sprachgesellschaften) und 18. Jh. wird die Beschäftigung mit Sprachge-schichte allmählich method. kontrollierter, v. a. im Bereich der ⁊ Lexikographie (z. B. C. Stieler, J. Ch. Adelung). Das »goldene Zeitalter« der h. S. wurde das 19. Jh. 1786 publizierte W. Jones (1746–1794) die Entdeckung, dass zwischen dem Sanskrit und dem Griech., Lat., Kelt. und Got. genet. Zusammen-hänge bestehen. Sie wurde von F. v. Schlegel (1772–1829), F. Bopp (1791–1867) und R. Rask (1787–1832) in umfangreichen Arbeiten weiterver-folgt. Zusammen mit J. Grimms (1785–1863) »Deutscher Grammatik« (1818) und den Schriften von H. Steinthal (1823–1899; ⁊ Völkerpsychologie) markieren sie den Anfang der ⁊ historisch-vergli-chenden Sprachwissenschaft. Auf A. Schleicher (1821–1868) geht der Versuch zurück, h. S. im dar-winist. Sinne als Naturgeschichte zu betreiben. Alle frühen Modelle sind organizist. Vorstellungen geprägt, d. h. dass Sprachgeschichte als Entwick-lungsgeschichte verstanden wird, deren Aufgabe darin besteht, den Lebenszyklus von »Sprachorga-nismen« darzustellen (⁊ Organismusmodelle). Älte-re und zeitgenöss. Überzeugungen von Sprachver-fall, ⁊ »Sprachtod« u. ä. (⁊ Sprachkritik, ⁊ Sprach-pflege) wurzeln in diesen Vorstellungen. Die theo-ret. Grundlagen und die »positivist.« Aufarbeitung ungeheuren Materials, auf das sich die moderne h. S. im Wesentlichen heute noch stützt, erfolgte in der nach den ⁊ Junggrammatikern (H. Paul (1846–1921), K. Brugmann (1849–1919), F. F. Fortunatov (1848–1914), J. A. Baudouin de Courtenay (1845–1929) u. a.) benannten Phase zwischen ca. 1870 und 1920. Programmat. ist das junggrammat. Konzept der h. S. in Pauls »Prinzipien der Sprachgeschichte« (1880) dargelegt. Die Philologien, die sich mit nicht-idg. Spr. befassen, übernahmen zunächst die von den Junggrammatikern entwickelten method. Stan-dards; Versuche, sie zu überwinden, blieben lange Zeit wenig erfolgreich; der ⁊ Marrismus muss als Verirrung eingeschätzt werden. In der h. S. wurden unterschiedl. Erklärungsmodelle für ⁊ Sprachwan-del und ⁊ Sprachgeschichte entwickelt; wichtige Entwürfe waren die Entfaltungstheorie, ⁊ Stadial-theorien (⁊ Marrismus), ⁊ die Stammbaumtheorie, die ⁊ Wellentheorie und die ⁊ Glottochronologie. – Die h. S. befasst sich mit Veränderungen von Spr. in der Zeit. Ihr Interesse richtet sich auf den Sachver-halt, dass eine Klasse sprachl. Elemente E_x zu ei-nem Zeitpunkt t_x durch eine Formklasse F_x, eine

Klasse von Bedeutungen B_x, paradigmat. und mög-liche syntagmat. Relationen Pr_x und Sr_x charakteri-siert ist, also E_x (f) (F_x, B_x, Pr_x, Sr_x) t_x. Hat sich zu einem Zeitpunkt t_y eines der charakterisierenden Merkmale x verändert, so liegt ein verändertes E_y und damit ⁊ Sprachwandel vor; ist dies nicht der Fall, so ist die Elementenklasse unverändert. Solche Veränderungen betreffen alle Ebenen des Sprach-systems, ebenso die Regeln der Sprachverwendung, und sie müssen mit den Instrumentarien des jeweils einschlägigen Teilgebiets der Ling. analysiert wer-den, z. B. im Rahmen der ⁊ historischen Grammatik. In der h. S. wird darüber hinaus in sprachexternen Faktoren nach Bedingungen, Gründen und Zwecken von sprachinternen Veränderungen gesucht, was in den Konzepten einer ⁊ diachronischen Linguistik abgelehnt wird (F. de Saussure, L. Hjelmslev, P. Kiparsky u. a.). Wichtige Anregungen und Neuan-sätze in der h. S. hat E. Coseriu entwickelt. – Ge-genstand der h. S. ist nicht nur die Geschichte ein-zelner Sprachen (⁊ Sprachgeschichte), sondern auch die Geschichte von Sprachgruppen und Sprachzwei-gen (beide Begriffe beruhen auf Rekonstruktionen, die im Rahmen der h. S. vorgenommen wurden, z. B. ⁊ Indogermanisch) und die Phylogenese von Sprache schlechthin (⁊ Ursprache); letzteres Unter-suchungsfeld gilt jedoch vielfach als unseriös, weil die Datenlage zu Spekulationen zwingt. **Lit.** H. Paul, Prinzipien der Sprachgeschichte. Lpz. 1880, Tübingen [10]1995. – H. Arens, Sprachwiss. Der Gang ihrer Entwicklung von der Antike bis zur Gegenwart. Freiburg 1969 u. ö. – E. Coseriu, Syn-chronie, Diachronie und Geschichte. Mchn. 1974. – Ders., Vom Primat der Geschichte. Sprachw. 5, 2, 1980, 125–145. – HSK 2. – B. D. Joseph & R. D. Janda (eds.), The Handbook of Historical Linguis-tics. Oxford 2000. – S. R. Fischer, Eine kleine Geschichte der Spr. Mchn. 2003. – D. Nübling et. al., H. S. des Dt. Eine Einf. in die Prinzipien des Sprachwandels. Tübingen 2006. – W. Schmidt (Hg.), Geschichte der dt. Spr. Ein Lehrbuch für das germanist. Studium. Stgt. 2004. – R. D. Janda & B. D. Joseph (eds.), The Handbook of Historical Linguistics. Malden, Maryland 2004. – T. Crowley & T. Bowern, An Introduction to Historical Linguistics. Oxford [4]2010. – H. H. Hock & B. D. Joseph, Language History, Language Change, and Language Relationship. An Introduction to Histori-cal and Comparative Linguistics. Bln. [2]2009. – M. Hale, Historical Linguistics. Theory and Method. Malden, Maryland 2007. – D. Wanner, The Power of Analogy. An Essay on Historical Linguistics. Bln. 2006. – H. Schendl, Historical Linguistics. Oxford 2003. – L. Campbell, Historical Linguistics. An Introduction. Edinburgh 2006.   G

Historisches Präsens ⁊ Praesens historicum

Historisch-vergleichende   Sprachwissenschaft (auch: Komparatistik. Engl. historical and compa-rative linguistics, comparative philology) Forschungsrichtung, die sich mit der Untersuchung der Herkunft, Entwicklung und Verwandtschaft von Spr. befasst. Diese auf die ↗ Germanistik und ↗ Indogermanistik des 19. Jh. zurückgehende Disziplin erhielt ihren ersten Anstoß vom brit. Orientalisten W. Jones; ↗ Historische Sprachwissenschaft. Aus der darauffolgenden Auseinandersetzung mit den phonolog., morpholog. und lexikal. Details des Griech., Lat. und der german. Spr. in Hinblick auf zwischensprachl. Übereinstimmungen und in schriftl. Quellen belegten ↗ Sprachwandel entwickelte sich die indogermanist. Sprachforschung unter F. Bopp (1791–1867), R. Rask (1787–1832), J. Grimm (1785–1863) und A. Schleicher (1821–1868) zum Mittelpunkt und zum inspirierenden Motor der hist.-vergl. Sprachwiss. 1816 veröffentlichte Bopp seine vergleichende Studie des Konjugationssystems des Sanskrit, die zusammen mit seiner Vergleichenden Grammatik (1833) die Komparatistik als Wiss. begründete. Von Bopp stammt die Theorie der monosyllab. Wurzel als ursprüngl. Einheit und der Agglutination als des Verfahrens, nach dem Wurzeln mit sich selbst und mit pronominalen Flexionswurzeln kombiniert werden. Rasks vergleichende Untersuchungen nordgerm. Flexionssysteme führten zur ersten Formulierung von Regeln für die Feststellung von Verwandtschaftsbeziehungen zwischen Spr. v. a. im Hinblick auf Lautentsprechungen und -verschiebungen. 1822 wurde auf der Basis von Rasks Erkenntnissen über regelmäßige Entsprechungen zwischen Konsonantensystemen von J. Grimm (1785–1863) die These von der 1. und 2. ↗ Lautverschiebung aufgestellt. Die erste umfassende Abhandlung einer ↗ Sprachfamilie samt einer provisor. ↗ Rekonstruktion der Proto- bzw. ↗ Ursprache, aus der die einzelnen histor. belegten Spr. sich angeblich entwickelt hatten, wurde von Schleicher in seinem »Compendium der vergleichenden Grammatik der idg. Sprachen« (1861/62) gewagt, wobei er sich weitestgehend auf die Ergebnisse seiner Vorgänger stützte. Seine von der Darwinischen Evolutionstheorie maßgebl. beeinflusste Vorstellung der genet. Abstammung von ↗ Sprachfamilien kam 1871 im als Standard geltenden, aber heute umstrittenen Begriff des sprachl. ↗ Stammbaums zum Ausdruck. Als Gegenthese zur Stammbaumtheorie wurde 1868 von H. Schuchardt (1842–1927) und 1872 von J. Schmidt (1843–1901) die ↗ Wellentheorie formuliert, die anstelle des starren Abzweigungsmodells eine allmähl., wellenähnl. Ausbreitung sprachl. Erneuerungen über längere Zeiträume als natürlicheres Bild des ↗ Sprachwandels ansieht. In den Jahren 1876 bis 1880 empfing die hist.-vergl. Sprachwiss. neue Impulse aus der Auseinandersetzung mit den ↗ Junggrammatikern, die der älteren Generation mangelnde Stringenz bei der Auswertung v. a. lautl. Korrespondenzen, eine Romantisierung hist. Prozesse sprachl. Entwicklung sowie eine unangemessene philosoph. Betrachtung der Spr. als

Organismus, der sich unabhängig von den Sprechern entfaltet, vorwarf (↗ Organismusmodelle). Die Ansicht der Junggrammatiker, die Ling., insbesondere die Komparatistik, sei eine exakte Wissenschaft, deren Gegenstand, die Spr., klaren Gesetzen unterworfen ist, führte zur Formulierung des Prinzips der strengen Ausnahmslosigkeit. Vermeintl. Ausnahmen wurden als ↗ Analogiebildungen erklärt. Die Geschichte der hist.-vergl. Sprachwiss. seit Ende des 19. Jh. ist im großen und ganzen die eines Prozesses der weiteren Auswertung und Verfeinerung der Daten, Hypothesen und Methoden dieser Disziplin meist im Zusammenhang mit der Indogermanistik, wobei immer häufiger Erkenntnisse, die aus der Anwendung sprachvergleichender Methoden in Bezug auf nichtidg. Spr. gewonnen worden sind, einen korrektiven Einfluss ausüben. Aufgrund besserer und breiterer Kenntnisse der Zusammensetzung z. B. phonolog. Systeme oder von Tendenzen beim ↗ Lautwandel sind neue Thesen über die genaue Form des uridg. Lautsystems aufgestellt worden, die das traditionelle Bild der germ. Lautverschiebungen ernsthaft in Frage stellen. Außerdem sind auf idg. Spr. basierende Annahmen hinsichtl. der scheinbar gegen Ersetzung resistenten Bereiche des Wortschatzes nicht mehr ohne Qualifizierung haltbar. Im Wesentl. werden aber nach wie vor regelmäßige Entsprechungen in der Phonologie, Morphologie und Typologie zweier Spr. als Beweis einer engen »genet.« Verwandtschaft angesehen. Dabei ist aber zu berücksichtigen, dass sich die typolog. Charakteristik einer Spr. im Laufe der Zeit drast. verändern kann (wie z. B. im Falle des Chines. oder des Engl.) und dass zahlreiche Entlehnungen z. B. zwischen ↗ isolierenden und ↗ analytischen Spr. nur schwer, wenn überhaupt, von durch eine gemeinsame Abstammung verwandten Wörtern zu unterscheiden sind (wie z. B. im Verhältnis des Thai zum Chines.). Im Hinblick auf den Vergleich von Spr. ist heute bekannt, dass eine Reihe von Faktoren (einschließl. ↗ Analogie) die Regelmäßigkeit der Lautentsprechungen beeinträchtigen kann. Dennoch können, wo eine schriftl. Dokumentation der Sprachgeschichte fehlt, nur regelmäßige Entsprechungen für die Frage einer mögl. Verwandtschaft in Betracht gezogen werden. Eine besonders strenge, in der Tradition der Junggrammatiker stehende Anwendung dieses Prinzips der Ausnahmslosigkeit ist die Arbeit von R. A. Miller zum ↗ Altaischen. Obwohl die gegenseitige Beeinflussung benachbarter, verwandter Dialekte und Spr. etwa so abläuft, wie in der Wellentheorie geschildert, behält weiterhin aus prakt. Gründen der Stammbaum seinen traditionellen Platz in der Darstellung sprachl. Entwicklung. **Lit.** R. Anttila, An Introduction to Historical and Comparative Linguistics. N. Y., Ldn. 1972. – W. P. Lehmann, Historical Linguistics. An Introduction. N. Y. ²1973. Dt.: Einf. in die histor. Ling. Heidelberg 1969. – Th. Bynon,

Historical Linguistics. Cambridge u.a. 1977. – O. Szemerényi, Einf. in die vergleichende Sprachwiss. Darmstadt ⁴1990. – A. Fox, Linguistic Reconstruction: An Introduction to Theory and Method. Oxford 1995. – R. L. Trask, Historical Linguistics. Ldn. 1996. – L. Campbell, Historical Linguistics: An Introduction. Cambridge, Mass. 1999. – Ders., Dictionary of Historical and Comparative Linguistics. Chicago 2000. – B. D. Joseph & R. D. Janda (eds.), The Handbook of Historical Linguistics. Oxford 2005. – D. Nübling et al., Histor. Sprachwiss. des Dt. Eine Einf. in die Prinzipien des Sprachwandels. Tübingen 2006.   WR

Historismus Denkrichtung v. a. des 19. Jh., die bes. die Geschichtlichkeit der kulturellen Erscheinungen betont. Die histor. Orientierung der Sprachwiss. und anderer Geisteswiss. im 19. Jh. ist im Zusammenhang mit dem H. zu sehen.   GZ

Hixkaryana ↗ Karibische Sprachen

HMM ↗ Hidden-Markov-Modell

Hmong ↗ Sinotibetische Sprachen

Hoch 1. An der Höhe des Zungenrückens orientiertes (binäres) phonolog. distinktives Merkmal zur Kennzeichnung von hohen ↗ Vokalen, ↗ Palatal(i-siert)en und ↗ Velaren; im Ggs. zu (bzw. neben) *tief* (engl. *high* vs. *low*). – **2.** In ↗ Tonsprachen phonolog. distinktives tonales Merkmal der Tonhöhe bzw. -stufe im Gegensatz zu *tief* und *mittel* (engl. *mid*) mit dem akust. Korrelat der ↗ Grundfrequenz (F_0); ↗ Hochton. **3.** ↗ Diglossie.   PM

Hochalemannisch ↗ Alemannisch

Hochatmung ↗ Atmung

Hochdeutsch 1. Sammelbez. für den Teil des kontinental-westgermanischen Dialektkontinuums südlich der ↗ Uerdinger Linie bzw. ↗ Rheinischen Fächers, der im Gegensatz zum ↗ Niederdeutschen die zweite (oder hochdeutsche) ↗ Lautverschiebung ganz oder teilweise vollzogen hat. Das H. gliedert sich in das ↗ Mitteldeutsche und das ↗ Oberdeutsche; Karte ↗ Deutsche Dialekte, im Anhang. – **2.** Bez. für die aus dem hochdt. Sprachraum hervorgegangene dt. ↗ Standardsprache. **Lit.** P. Wiesinger, Die Einteilung der dt. Dialekte. HSK 1, II, 820–826.   DD

Hochlautung ↗ Aussprache, ↗ Sprechausdruck

Hochpreußisch Bis 1945/46 bestehender Dialektverband des ↗ Ostmitteldeutschen im südl. Ostpreußen. Das H. grenzte im Süden an poln. Sprachgebiet, sonst umgeben vom ↗ Niederpreußischen; in der Lexik und im Vokalismus stark von diesem beeinflusst; Karte ↗ Deutsche Dialekte, im Anhang. Entstanden als Siedlungsmundart um 1300 durch Siedler aus dem nördl. ostmitteldt. Raum. Das H. ist in sich gegliedert in das »Breslauische« und das »Oberländische«. **Lit.** W. Ziesemer, Die ostpreußischen Maa. Kiel 1924. Neudruck Wiesbaden 1970. – P. Wiesinger, Zur Entwicklungsgeschichte der h. Maa. In: Fs. F. v. Zahn, Bd. 2, Köln, Wien 1971, 35–58. – P. Wiesinger, Die Einteilung der dt. Dia-

lekte. HSK 1, II, 872. – Preuß. Wb., Lieferung 1 ff. Neumünster 1974 ff.   DD

Hochsprache Oft synonym zu ↗ Literatursprache, ↗ Schriftsprache, ↗ Einheitssprache, ↗ Standardsprache oder Standardvarietät verwendeter Ausdruck, der auf die höhere Entwicklungsstufe (im Vergleich zu ↗ Dialekten und ↗ Umgangssprachen) oder auf die soziale Verteilung der Standardvarietät überwiegend auf die höheren Sozialschichten verweist. ↗ Hochdeutsch kann neben ›dt. Hochsprache‹ auch ↗ Oberdeutsch bedeuten. Aufgrund von ↗ Sprachpflege und ↗ Ausbau (Kultivierung, Modernisierung) ist die H. tatsächlich in gewissem Sinne höher entwickelt als die Dialekte und Umgangsspr. (innerhalb derselben Spr.). Ebenso wurde die häufigere Verwendung und umfassende Beherrschung der H. durch die höheren Sozialschichten in vielen empir. Untersuchungen nachgewiesen. Neuerdings greift die Sorge um sich, dass durch die Ausbreitung des Engl. andere Sprachen einen Teil ihrer hochsprachl. Funktionen verlieren. **Lit.** K. Ehlich (Hg.), H.n in Europa. Freiburg i. B. 2001.   AM

Höchstalemannisch ↗ Alemannisch

Höchststufe ↗ Superlativ

Hochstufe ↗ Ablaut, ↗ Abstufung

Hochton Phonolog. distinktive tonale, akust. auf die Höhe der ↗ Grundfrequenz (F_0) bezogene Eigenschaft der Tonstufe im Kontrast zu Tiefton und Mittelton; ↗ Hoch, ↗ Tonsprache.   PM

Hochwertwort Auf R. Römer zurückgehende Bez. für Lexeme des Dt., denen in der Werbepsychologie hohes Prestige zugeschrieben wird, weil sie positiv bewertete Referenzen haben oder ebensolche Konnotationen aufweisen. Sie werden deshalb in Produktbezeichnungen (↗ Markenname) und Werbemaßnahmen häufig verwendet. Viele von ihnen stammen aus anderen Spr. oder sind ↗ Hybridbildungen. Herkunftsbereiche von H. sind u. a. Adelstitel, z.B. *Lord extra, Königs-Pils*, hohe militär. und administrative Ränge, z.B. *Opel Admiral, Commodore Computer, Senator-Klasse* (der Lufthansa), Eigennamen von populären Personen, z.B. *Fürst Bismarck* (Schnaps), *Steffi* (Kleinwagen), tatsächliche und scheinbare Fachbegriffe, z.B. *Umwelt, Ergonomie, Technologie*, einige ↗ Konfixe wie *öko-, bio-, thermo-, mega-, super-, tele-* und eine Reihe von Adjektiven, z.B. *neu, brillant, exquisit, kostbar*. Der Ausdruck H. ist eine bildkräftige Metapher, aber kein eingebürgerter ling. Terminus. **Lit.** R. Römer, Die Sprache der Anzeigenwerbung. Ddf. 1968, ⁶1976. – Ggwdt. ²1997, 139–148.   G

Höflichkeit (engl. politeness, frz. courtoisie) Ausdruck zur Qualifizierung sozialen – insbesondere auch sprachl. – Handelns, bei der ein diesem Handeln zugrundegelegter Maßstab des Entgegenkommens in Bezug auf die Bedürfnisse des/der anderen angewendet wird. Solche positiven bzw. negativen Qualifizierungen von sozialem Handeln unterliegen den Veränderungen des Maßstabes, der sich histor.

herausbildet und mit den jeweiligen Gesamtstrukturen des gesellschaftl. Zusammenhangs in Übereinstimmung gebracht wird. Im interkulturellen Vergleich erscheinen verallgemeinerte Formen der Kommunikation einer anderen Kultur leicht als ›höflich‹, ohne dass sie in jener Kultur als solche gelten; ↗ Anredeformen, ↗ Bitten, ↗ Honorativ, ↗ Soziativ. Die Analyse von H. wird vorwiegend universalist. (Brown & Levinson, unter Verwendung des Goffmanschen ›face‹-Konzeptes) betrieben. Neuere Arbeiten weisen auf die Notwendigkeit schärferer begriffl. Erfassung hin (Watts) und bieten Beiträge zur histor. und soziograph. Beschreibung. **Lit.** G. Brown & S. C. Levinson, Politeness. Some Universals in Language Usage. Cambridge 1987. – R. Watts, S. Ide & K. Ehlich (Hgg.), Politeness in Language. Bln., N. Y. 1992. – R. Watts, Politeness. Cambridge 2003. – G. Held (Hg.), Partikeln und H. Ffm. 2003. **E**

Hofsprache In vormodernen Staaten die Sprache »des Hofes«, d. h. des regierenden Fürstenhauses und der staatl. Zentralverwaltung. In den meisten dt. Ländern war bis 1803 neben dem Dt. das Lat. und vielfach auch das Frz. als H. üblich. **G**

Höherstufe ↗ Komparativ

Hoka-Sioux-Sprachgruppe ↗ Makro-Sioux-Sprachgruppe

Hoka-Sprachen Nordamerikanische Sprachgruppe mit Kerngebiet in Kalifornien. Der größte Zweig sind mit zusammen ca. 2 500 Sprechern die Yuma-Spr. Havasupai-Walapai-Yavapai, Mohave und Maricopa im südl. Kalifornien und westl. Arizona. Die meisten anderen Zweige der H.-S. (Karok, Yana, Pomo, Seri u. a.) sind dem Aussterben nahe oder bereits ausgestorben; Karte ↗ Nordamerikanische Sprachen, im Anhang. Die Zugehörigkeit der mexikan. Spr. ↗ Tlapanekisch und Tequistlatekisch (auch Oaxaca Chontal, ca. 8 000 Sprecher) sowie des honduran. Jicaque ist umstritten, wie überhaupt die H.-Gruppe als wenig gesichert gilt. Die H.-S. besitzen überwiegend reiche Konsonantensysteme und eine komplexe polysynthet. Morphologie; Endstellung des Verbs. Das ausgestorbene Yana erlangte durch geschlechtsspezif. Varietäten Bekanntheit. **Lit.** W. H. Jacobsen, Hokan Inter-Branch Comparisons. LNA, 545–591. – M. Langdon, Some Thoughts on Hokan With Particular Reference to Pomoan and Yuman. LNA, 592–649. – L. Gordon, Maricopa Morphology and Syntax. Berkeley 1986. – S. McLendon, Sketch of Pomo, a Pomoan Language. HNAI–L, 507–550. **SSG** Staats- und Universitätsbibliothek Hamburg (18). **D**

Holistisch ↗ Additiv

Holländisch ↗ Niederländisch

Holonymie ↗ Meronymie

Holophrastisch (griech. ὅλος (holos) ›ganz‹, φράσις (frásis) ›sprachl. Äußerung‹) **1.** ›Ganzheitlich‹ in dem Sinne, dass der gesamte Informationsgehalt einer Äußerung in einem einzigen formalen Element zum Ausdruck kommt, v. a. bei sog. ↗ eingliedrigen Sätzen. H. Äußerungen können in der Regel nur bei einem eindeutigen außersprachl. Kontext erfolgreich verwendet werden. Während des kindl. ↗ Spracherwerbs geht generell eine h. Phase (↗ Einwortsatz) der Ausbildung von eigentl., d. h. mindestens zweigliedrigen Sätzen voran. **2.** In der ↗ Sprachtypologie bisweilen soviel wie ↗ polysynthetisch. **GP**

Holsteinisch ↗ Nordniederdeutsch

Holzwegeffekt ↗ Gartenpfad-Satz

Homileische Kommunikation (Kunstwort; griech. ὁμιλέειν (homileein) ›mit jdm. zusammensein, jdn. ansprechen‹) Zusammenfassende Bez. für die Unterhaltungsfunktion sprachl. Kommunikation und die dafür ausgebildeten Handlungsformen, z. B. das Erzählen von Geschichten, von Witzen, das Rätselraten usw., aber auch für Unterhaltungen zum Zeitvertreib (Plausch, Schwatz, »conversation« i. e. S. usw.). H. K. gehört zum Teil der ↗ phatischen Kommunikation (im Sinn Malinowskis) zu. **E**

Homogen (griech. ὅμος (homos) ›gleich‹, γένος (genos) ›Art‹) Von gleicher Art und Herkunft, nach denselben Kriterien als zusammengehörig bestimmt, zur selben Klasse gehörig, z. B. h. Beschreibung, h. Sprachgemeinschaft. **G**

Homogene Opposition ↗ Opposition

Homogenetisch (griech. ὁμογενής (homogenēs) ›von gleichem Geschlecht‹) Laute von gleichem ↗ Artikulationsmodus; z. B. ↗ Frikative, ↗ Nasale, ↗ Plosive, ↗ Vokale. **PM**

Homographie f. (griech. ὅμος (homos) ›gleich‹, γράφειν (grafein) ›schreiben‹) Ident. Schreibung zweier Wörter (oder Morpheme) bei unterschiedl. Bedeutung, z. B. bei ↗ Homonymen wie *Schloß, Bank*. Homogramme müssen jedoch keine ↗ Homophone sein, z. B. dt. *Montage* ['moːntaːgə] vs. [mɔn'taːʒə], *rasten* [ʀastən] vs. [ʀaːstən]; ↗ Heterographie. **G**

Homoionymie f. (griech. ὁμοῖος (homoios) ›ähnlich‹, -ωνυμία (-ōnymia) ›-namigkeit‹) Bedeutungsähnlichkeit von ↗ Sememen; ↗ Synonymie. **RB**

Homoioprophoron ↗ Alliteration

Homoioptoton n. (griech. ὁμοῖος (homoios) ›gleich‹, πτῶσις (ptōsis) ›Kasus‹) ↗ Rhetorische (Klang-) Figur: Wiederholung gleicher Kasusendungen in einer Wortfolge, z. B. *Maerēntēs, flēntēs, lacrimāntēs, commiserāntēs* (Ennius); Sonderfall des ↗ Homoioteleuton. **DS**

Homoioteleuton n. (griech. ὁμοῖος (homoios) ›gleich‹, τελεῖν (telein) ›enden‹) Rhetorische (Klang-) Figur, gleichklingender Ausgang aufeinanderfolgender Wörter oder Wortgruppen, z. B. *nolens volens, wie gewonnen, so zerronnen*. In der nachantiken Dichtung als verskonstituierendes Mittel (↗ Reim) verwendet. **DB**

Homolog (griech. ὁμολογία (homologia) ›Übereinstimmung‹) Aus der Evolutionsbiologie übernommener Terminus zur Bez. eines sprachl. Ausdrucks, dessen Form beispielhaft für das von ihm bezeichnete Phänomen ist. So ist *Wortbildung* eine ›Wortbildung‹, *Ableitung* eine ›Ableitung‹ etc. Was häufig Zufall sein mag, wird gelegentl. bewusst zur Verdeutlichung eingesetzt: So ist die engl. Bez. für ↗ Haplologie haplologisch: *haplogy*. ES

Homonymenflucht (auch: Homonymenfurcht) Bei ↗ Homonymie (↗ Homophon, ↗ Homographie) sind Missverständnisse (Homonymenkonflikte, -kollisionen) leicht möglich. Um sie zu vermeiden, wird mitunter die Homonymie aufgelöst durch (a) differenzierende Schreibung (*Mohr – Moor, Leib – Laib*), (b) Genusunterscheidung (*der/das Verdienst*), (c) Uminterpretation eines der homonymen Elemente (z. B. mhd. *ritter* < nhd. *Reiter, Ritter*); ↗ Teekesselchen). G

Homonymenfurcht ↗ Homonymenflucht
Homonymenkollision ↗ Homonymenflucht
Homonymenkonflikt ↗ Homonymenflucht
Homonymie f. (griech. ὁμωνυμία (homōnymia) ›Gleichnamigkeit‹. Auch: Mehrdeutigkeit) Bedeutungsbeziehung zweier sprachl. Zeichen, die bei Nichtübereinstimmung ihres Inhalts ausdrucksseitig, und zwar phon. und graph. ident. sind, z. B. *Reif₁* ›gefrorener Tau‹, *Reif₂* ›ringförmiges Schmuckstück‹. In der Mehrzahl der Fälle ist H. dadurch entstanden, dass etymolog. unverwandte Wörter durch lautl. Entwicklungen (z. B. *Reif₁* < mhd. *rīfe; Reif₂* < mhd. *reif*) oder Entlehnungsprozesse (z. B. *Tau₁* ›Niederschlag feuchter Nachtluft‹ < mhd. *tou; Tau₂* ›starkes Schiffsseil‹ < mnd. *tou*) ausdrucksgleich geworden sind. In anderen Fällen haben sich Teilbedeutungen polysemer Zeichen so weit voneinander entfernt, dass sie als völlig unterschiedl. empfunden werden, z. B. *Schloß* ›Schließvorrichtung‹ ›prächtiges Wohngebäude Adliger‹, *Mutter* (des Kindes/für die Schraube), *warten* ›harren‹ ›instandhalten‹. Deshalb reicht zur Abgrenzung der H. von der ↗ Polysemie das etymolog. Kriterium nicht aus; unter synchronem Aspekt entscheidend (aber nicht trennscharf) ist das Fehlen gemeinsamer ↗ semantischer Merkmale. In vielen Fällen kommt hinzu, dass die beiden homonymen Lexeme nur in einigen Formen ausdrucksgleich sind, z. B. unterschiedl. Pluralformen (*Bank: Bänke – Banken*) oder unterschiedl. Genus (mit entsprechend unterschiedl. Flexion) aufweisen, z. B. *Kiefer, Leiter, Marsch, Tau, Tor.* Lit. N. Fries, Ambiguität und Vagheit. Tübingen 1980. – S. Wichter, Signifikantgleiche Zeichen. Tübingen 1988. Weitere Lit. ↗ Polysemie. RB

Homophon (griech. ὅμος (homos) ›gleich‹, φωνή (fōnē) ›Laut‹, ›Stimme‹) Bei unterschiedl. Schreibung gleich auszusprechende Worte; z. B. *lehren, leeren.* PM

Homorgane Laute Mit gleichem ↗ artikulierenden Organ an (fast) gleicher ↗ Artikulationsstelle gebildete Laute; z. B. die ↗ Labiale [b, p, m, v, f]. Zu h. Lautverbindungen ↗ Affrikate. PM

Homosemie f. (ὅμος (homos) ›gleich‹, σῆμα (sēma) ›Zeichen‹) Bedeutungsgleichheit von Lexemen bei unterschiedl. Lautung und/oder Schreibung; entspricht der ↗ Synonymie. RB

Homosyllabisch ↗ Isosyllabisch

Honoratiorenschwäbisch Ausgleichssprache (↗ Halbmundart) auf der Basis des Schwäb. des Stuttgarter Raums innerhalb des Dialektverbandes des ↗ Alemannischen. Kennzeichen: neben typisch schwäb. Intonation Einheitsplural beim Verb (z. B. *schreibet* ›wir schreiben, ihr schreibt, sie schreiben‹). **Lit.** E. Frey, Stuttgarter Schwäb. Marburg 1975. – U. Engel, Schwäb. Ma. und Umgangsspr. MU 1962, 257–261. DD

Honorativ (lat. honor ›Ehre, Achtung‹. Engl. honorifics) Morpholog. Formen, insbes. im Verb- und Pronominalsystem einer Spr., mittels derer die soziale Verhältnisbestimmung von Sprecher, Angesprochenen und Aktanten, über die gesprochen wird, ausgedrückt wird. Bes. in einigen ost- und südostasiat. Sprachen (↗ Japanisch, ↗ Koreanisch, Thai, einigen austrones. Spr.; ↗ Javanisch) erfahren die H. z. T. eine erhebl. Ausdehnung im sprachl. Gesamtsystem, man spricht dann von Sprachebenen. – Die Interpretation als Höflichkeitssystem greift gegenüber der grundlegenden Funktion der permanenten Indizierung von Sozialpositionen etwas zu kurz; ↗ Anredeformen, ↗ Höflichkeit, ↗ Ziativ. **Lit.** F. Coulmas, Linguistic Etiquette in Japanese Society. In: R. J. Watts et al. (eds.), 1992, 299–323. – M. Kummer, Politeness in Thai. In: R. J. Watts et al. (eds.), 1992, 325–336. – R. J. Watts, S. Ide & K. Ehlich (eds.), Politeness in Language. Bln. 1992. E

Hopi Nordamerikanische Sprache der ↗ Uto-Aztekischen Gruppe mit ca. 5 000 Sprechern in Arizona; Karte ↗ Nordamerikanische Sprachen, im Anhang. Das H. wurde durch B. L. Whorf bekannt, der es als Beispiel für das sprachl. Relativitätsprinzip benutzte; ↗ Sapir-Whorf-Hypothese. Der Mythos vom »zeitlosen« H. ist inzwischen widerlegt. **Lit.** E. Malotki, Hopi Time. Bln. 1983. – M. Kalectaca, Lessons in Hopi. Tucson 1978. – R. Albert & D. L. Shaul, A Concise Hopi and English Dictionary. Amsterdam 1985. D

Hörbahn ↗ Audiometrie
Hörersignal ↗ Hörersteuerung
Hörersteuerung Vom Sprecher verwendete sprachliche (z. T. auch nonverbale) Verfahren, um die Koordinierung und Synchronisierung von Sprecher- und Höreraktivität in der ↗ Kommunikation zu gewährleisten. H. begleitet die eigentl. Kommunikation, indem sie Voraussetzungen für ihr Gelingen interaktional herstellt und sichert. Besonders geeignete sprachl. Mittel, die ausschließl. oder vorwiegend diesem Zweck dienen, sind die Ausdrücke und Formen des ↗ Lenkfeldes (↗ Interjektion, ↗ Vokativ, ↗ Imperativ), aber auch Ausdrücke und Formeln wie nachgeschaltetes *nich, woll, gell, nicht wahr?*

(↗ Nachziehfrage; auch: Sprechhandlungsaugmente; vgl. Rehbein 1979, Liedke 1993). – Einen besonderen Fall bildet die reziproke Form der Sprechersteuerung durch den Hörer, wie sie insbesondere durch Teilklassen der ↗ Interjektionen (*hm*; Ehlich 1986) erfolgt. **Lit.** K. Ehlich, Interjektionen. Tübingen 1986. – J. Rehbein, Sprechhandlungsaugmente. In: H. Weydt (Hg.), Die Partikeln der dt. Sprache. Bln. 1979, 58–74. – V. Yngve, On Getting a Word in Edgewise. CLS 6, 1970, 567–577.   E

Hörfeld 1. (auch: Hörfläche) Durch ↗ Frequenz und ↗ Schalldruck definierter Bereich der vom menschl. ↗ Ohr hörbaren Töne. Dieser erstreckt sich beim jungen Erwachsenen von ca. 20 bis 16 000 Hz (16 kHz), wobei im unteren und oberen Frequenzbereich deutl. höhere Schalldrücke erforderl. sind als im Bereich der größten Empfindlichkeit des Gehörs von 2 bis 4 kHz (↗ Hörschwelle). Der Hauptsprachbereich liegt zwischen 250 Hz und 4 kHz. Im Alter nimmt die Empfindlichkeit des Ohres v. a. für hohe Töne ab, das H. wird dadurch eingeschränkt (Presbyakusis). **2.** Für die Schallwahrnehmung wichtige Areale der Großhirnrinde (auditiver Cortex); ↗ Gehirn, ↗ Ohr, ↗ Wernickesches Sprachzentrum.   GL

Hörgeschädigtenpädagogik Teilgebiet der Sonderpädagogik, das sich mit der Bildung, Erziehung und Rehabilitation ↗ Schwerhöriger und ↗ Gehörloser im schulischen Rahmen befasst und dafür entsprechende Lehrkräfte ausbildet.   GT

Hörorgan ↗ Ohr

Hörschädigung (auch: Hörverlust, Hörbehinderung. Engl. hearing impairment) Zusammenfassende Bez. für alle Hörbeeinträchtigungen, die in registrierbarer Weise die Wahrnehmung von ↗ akustischen Schallereignissen, speziell die Lautsprachwahrnehmung beeinträchtigen; ↗ Ohr. Die Höhe des Hörverlustes lässt sich mit verschiedenen ↗ audiometrischen Messverfahren feststellen. Es gibt unterschiedl. Gruppierungsprinzipien für Hörschädigungen. Bei ↗ Schwerhörigkeit vs. ↗ Gehörlosigkeit (Taubheit) trennt man nach dem Kriterium, ob auch unter dem Einsatz von Hörgeräten Lautspr. zumindest elementar wahrgenommen und verarbeitet werden kann oder nicht. Unter dem Einfluss von frühen Diagnose-, Hörgeräteanpassungs- und Therapiemöglichkeiten kann sich die traditionell bei 90 ↗ Dezibel durchschnittl. Hörverlust auf dem besseren ↗ Ohr liegende audiometr. Grenze zwischen Schwerhörigkeit und Gehörlosigkeit auf 100 dB und mehr verschieben. Ein anderes wichtiges Kriterium fragt danach, ob die Hörschädigung ↗ kongenital bzw. ↗ prälingual oder aber postlingual, d. h. nach der Phase des ↗ Spracherwerbs eingetreten ist. Bei der letztgenannten Gruppe spricht man von ↗ Ertaubung. Aus HNO-medizin. Sicht ist schließlich zwischen Schalleitungs- und Schallempfindungs- sowie kombinierter Hörschädigung zu unterscheiden. Die vor allem auf Defekten im Mit-

telohr beruhenden Schalleitungsstörungen lassen sich heute medikamentös oder operativ häufig bessern oder sogar beseitigen, während die Schallempfindungsstörungen als Funktionsbeeinträchtigungen des Innenohres medizin. im Prinzip nicht beeinflussbar sind. Eine gewisse Ausnahme bildet diesbezüglich das ↗ Cochlea-Implantat (CI). Die Gruppe der CI-versorgten Menschen lässt sich schwer in das klass. Schema Gehörlosigkeit vs. Schwerhörigkeit einordnen, weil bei ihnen die audiometr. Messungen zwar i. d. R. einen mittelgradigen Hörverlust anzeigen, sich daraus aber keine Aussagen bezüglich der lautsprachl. Wahrnehmungs- und Produktionsfähigkeit ableiten lassen. **Lit.** K.-B. Günther, Gehörlosigkeit und Schwerhörigkeit. In: J. Borchert (Hg.), Hdb. der Sonderpädagog. Psychologie. Göttingen u. a. 2000, 114–125. – K.-B. Günther, G. Renzelberg unter Mitarbeit von Ch. Schwarz, Pädagogik bei Hörschädigungen. Version 01/2004. Fernkurs Heilpädagogik, Kathol. Erwachsenenbildung Rheinland-Pfalz. Mainz 2004.   GT

Hörschwelle ↗ Schalldruck, den der ↗ Schall überschreiten muss, um vom menschl. Gehör wahrgenommen zu werden. Die H. ist stark von der ↗ Frequenz abhängig; ↗ Audiometrie, ↗ Hörfeld, ↗ Phon, ↗ Dezibel.   GL

Hörstummheit ↗ Agnosie

Hortativ ↗ Adhortativ

Hörverlust ↗ Audiometrie, ↗ Hörschädigung

Hörverstehen In der ↗ Fremdsprachendidaktik eingebürgerte, nicht wiss. Bezeichnung für Arbeits- und Übungsformen, in denen das Verstehen von gesprochener Sprache ohne graph. Hilfen trainiert wird. H. ist eine zentrale Fertigkeit, die der Sprachunterricht nur ansatzweise simulieren kann. Erfahrungsgemäß fällt das H. in authent. Sprechsituationen zunächst sehr schwer und erfordert eine gewisse Eingewöhnungszeit. In der DSH-Prüfung (›Deutsche Sprachprüfung für den Hochschulzugang ausländ. Studienbewerber‹) ist H. ein integraler Bestandteil.   SO

Hoti ↗ Südamerikanische Indianersprachen

Hottentottisch ↗ Khoisan-Sprachen

Hova ↗ Madagassisch

HPSG ↗ Head-Driven Phrase Structure Grammar

HTML ↗ Mark-up-Sprache

Huambisa ↗ Jivaro-Sprachen

Huao ↗ Südamerikanische Indianersprachen

Huarpe-Sprachen ↗ Südamerikanische Indianersprachen

Huastekisch ↗ Maya-Sprachen

Huaurani ↗ Südamerikanische Indianersprachen

Huave ↗ Otomangue-Sprachen

Huichol ↗ Uto-Aztekische Sprachen

Hüllwort ↗ Euphemismus

Humahuaca ↗ Südamerikanische Indianersprachen

Humanistenlatein ↗ Lateinisch

Humansemiotik ↗ Semiotik, ↗ Zoosemiotik

Humpisch ↗ Rotwelsch

Hunsibisch ↗ Dag(h)estanische Sprachen

Hurdestanisch Spött. Bez. für die Unterrichtssprache und das entsprechende Schulfach in Österreich, das von 1945 bis 1952 offiziell ›Schulsprache‹ hieß (nach dem Unterrichtsminister Felix Hurdes (1901–1974)), 1952 ›Deutsche Unterrichtssprache‹ und ab 1955 wieder ›Deutsch‹. G

Hurenkind (engl. widow) Letzte Zeile eines ↗ Absatzes oder größeren Textabschnitts, der im Druck einzeln am Beginn einer Kolumne steht; ↗ Schusterjunge. G

Hürkanisch, Hürkilinisch ↗ Dargwa

Huronisch ↗ Irokesische Sprachen

Hurritisch Im armen. Bergland, im Norden Mesopotamiens und Syriens und im Südosten Kleinasiens vom 18.–14. Jh. v. Chr. dokumentierte Spr. des Mitanni-Reiches. Die genet. Beziehungen des H. sind unklar (↗ Urartäisch). Die h. Denkmäler sind in babylon. ↗ Keilschrift, auch im ↗ ugaritischen Keilschriftalphabet abgefasst; ↗ Altanatolische Sprachen. G

Hybrid ↗ Kontamination

Hybridbildung (griech. ὕβρις (hybris) ›Übermut, Frevel‹, davon lat. hybrida ›Mischling‹. Auch: hybride Bildung, Hybridform, hybride Form, Hybridisierung, Mischbildung) **1.** In der ↗ Wortbildung eine komplexe Konstruktion, die aus einem heimischen, ererbten und einem entlehnten Element besteht: *antiamerikanisch, Wellness-Spaß, Magenkarzinom, Allrounder*. Bisweilen werden auch Bildungen als H. bezeichnet, deren Einzelbestandteile verschiedenen Fremdsprachen entstammen: *Diskothek* aus engl. *disk* ›Platte‹ (aus griech. δίσκος (diskos) ›Wurfscheibe‹) und griech. θήκη (thēke) ›Behältnis‹. **2.** (Auch: Adoptivform, Bastardform) In der Dialektologie Bez. für eine hyperkorrekte Form (↗ Hyperkorrektur), die auf falscher ↗ Analogie basiert und durch das Bedürfnis von Dialektsprechern entsteht, sich einer standardsprachl. Norm anzupassen: das dialektale *jut* (z. B. im Berlin.) lautet im Standarddeutschen *gut*. Entsprechend wird das standardsprachl. *Junge* zu *Gung* (z. B. in ostfränk. Dialekten). **3.** In der Genusforschung bezeichnet Corbett Nomina als H., die sich hinsichtl. ihrer Genuszugehörigkeit uneinheitl. verhalten; so kann das neutrale *Mädchen* durch feminines *sie* pronominalisiert werden. **Lit.** G. G. Corbett, Gender. Cambridge 1991. SO

Hybride Bildung ↗ Hybridbildung

Hybride Form ↗ Hybridbildung

Hybridisierung ↗ Hybridbildung

Hybridname, hybrider Name ↗ Mischname

Hybridschrift ↗ Bastarda

Hydronym ↗ Gewässername, ↗ Ortsname

Hypallage ↗ Enallage

Hyperbaton n. (griech. ὑπερβατόν ›Umgestelltes‹, lat. träiectiō, trānsgressiō. Auch: Sperrung) ↗ Rhetorische Figur: Trennung syntakt. eng zusammengehöriger Wörter durch eingeschobene Satzteile zur expressiven Betonung der getrennten Wörter oder aus rhythm. Gründen: »o laß nimmer von nun an mich

dieses Tödliche sehn« (Hölderlin, »Der Abschied«); kann bes. durch ↗ Parenthese oder ↗ Prolepsis entstehen: »dies Pistol, wenn Ihr die Klingel rührt, streckt mich leblos zu Euren Füßen nieder« (Kleist, »Michael Kohlhaas«); ↗ Inversion, ↗ Tmesis. STE

Hyperbel f. (griech. ὑπερβολή (hyperbolē) < ὑπερβάλλειν (hyperballein) ›über das Ziel hinauswerfen, übertreffen, übersteigen‹) ↗ Tropus, meint in der antiken ↗ Rhetorik die »schickliche Übersteigerung der Wahrheit« (Quintilian) durch Übertreibung (Steigern) und Untertreibung (Verkleinern). Quintilian unterscheidet verschiedene Arten der hyperbol. Steigerung, u. a. übertreibendes Behaupten (z. B. *Das erste Auto von Format*), Ähnlichkeit (z. B. *bildschön*), Vergleich (z. B. *sanft wie Seide*), übertragene Worte (↗ Metapher). In der Umgangsspr. ist die H. oft zur ↗ Phrase verflacht, z. B. ital. *mille grazie*, arab. *alf šukran* ›tausend Dank‹. Die H. ist wichtiges ↗ Stilmittel der ↗ Werbesprache (z. B. *Der Gipfel der Intim-Frische*). VS

Hyperkorrektur (griech. ὑπέρ (hyper) ›über … hinaus, übermäßig‹) Sprachform, die im übermäßigen Bemühen um Korrektheit falsch wurde. H. entstehen in der Regel durch Übergeneralisierungen von Übersetzungsregeln aus einer Spr. oder Sprachvarietät in eine andere. Dabei wird die Übersetzungsregel an Stellen angewandt, wo sie unangebracht ist; z. B. ein Sprecher eines süddt. Dialekts, der normalerweise statt /yː/ immer /iː/ spricht (keine gerundeten Vorderzungenvokale), sagt [ryːgl] oder schreibt ›Rügel‹ für ›Riegel‹. AM

Hypermedia ↗ Hypertext

Hyperoche f. (griech. ὑπεροχή ›Übermaß‹) ↗ Rhetorische Figur; Hervorhebung der Einmaligkeit oder Unvergleichlichkeit einer Sache oder Person durch superlativ. Steigerung: »Die stillste aller Mittagsstillen« (A. Seghers, »Die Gefährten«, 1.1). STE

Hyperonymie f. (griech. ὑπέρ (hyper) ›über‹, -ωνυμία (-ōnymía) ›-namigkeit‹. auch: Superordination. Engl., frz. superordination) Semant.-begriffl. Überordnung von ↗ Sememen. Hyperonyme definieren lexikal. Paradigmen (↗ »Wortfelder«) der ihnen subordinierten Lexeme (in jeweils einem Semem) und werden als solche in der ↗ strukturellen Semantik auch ↗ Archilexeme genannt. Zu differenzieren sind unterschiedl. Hyperonymentypen, z. B. kollektive (*Obst, Möbel*) vs. nicht-kollektive (*Frucht, Möbelstück*): eine Birne ist eine Frucht oder ein Stück Obst, nicht aber *ein Obst. In jedem Fall aber besteht zwischen dem Hyperonym und seinen Hyponymen eine Abstraktionsrelation (auch: generische Relation), von der die ebenfalls hierarch. Teil-Ganzes-Beziehung (auch: Bestandsrelation, ↗ Meronymie) mit Lyons 1977 klar unterschieden werden kann; *Körper* ist demnach kein Hyperonym zu *Brust, Arm* oder *Bein*. **Lit.** ↗ Strukturelle Semantik, ↗ Hyponymie. RB

Hyperphonem ↗ Archiphonem

Hypersyntax ↗ Textsyntax

Hypertext (auch: Hypermedia) Nichtlineares Medium zur elektron. Textpräsentation, oftmals multimedial (↗ Multimedia-System) aufbereitet, daher mit Text-, Bild-, Audio- und Videosequenzen etc. kombiniert. H. sind als Netzwerk von funktional und themat. zusammengehörigen Textfragmenten (informationellen Einheiten, ↗ Knoten) organisiert, die durch farbl. hervorgehobene Linkstrukturen, den Hyperlinks, miteinander verknüpft sind. Die Rezeption eines H. hin zu einem semant. kohärenten Text wird auf Computern durch spezielle Navigations- und Recherchekomponenten unterstützt. Anfang der 1990er Jahre schuf T. Berners-Lee einen dezentralen, auf mehreren Rechnern verteilbaren H.-orientierten Internetdienst auf Basis der Hypertext Markup Language (HTML): das World Wide Web. Weitere Anwendungsbereiche von H. sind u. a. das ↗ Elektronische Publizieren und die Konzeption von Lehrinhalten als ↗ Informationssystem, wobei der Benutzer individuell je nach Interesse unterschiedliche Pfade durch den H. wählen kann. Z

Hypertext Markup Language ↗ Mark-up-Sprache

Hypertextrhetorik Bez. für Grundüberlegungen und theoret. Vorentscheidungen bei der Gestaltung von Internettexten. Die Verarbeitung von ↗ Text im www (↗ Textverarbeitung 2) ist durch online-spezif. Verstehensprobleme gekennzeichnet, die sich aus der Delinearisierung und Modularisierung des Textes ergeben: Der Text im Netz zerfällt gleichsam in Puzzleteile, so dass die ↗ Kohärenz als fundamentale Eigenschaft von Text häufig zerbricht. Der Leser hat keinen Überblick mehr über die Gesamtheit des Textes (›lost-in-cyberspace-Phänomen‹) und kann sich auch nicht mehr wie bei einem gedruckten Text ›aus dem Augenwinkel‹ orientieren (sog. informationelle Kurzsichtigkeit). Die H. hat die Aufgabe, Techniken für die Gestaltung von Internettexten zu optimieren, damit einerseits der Einstieg in die Lektüre und andererseits das Navigieren im Text so plausibel und schnell erlernbar wie mögl. sind. Sie muss dabei auch unterschiedl. Nutzertypen berücksichtigen. Hauptsächl. unterschieden werden (a) der Sucher (der nach einer best. Information sucht) und (b) der Flaneur (der sich vom Textangebot inspirieren lässt). H. ist mithin ein Anwendungsgebiet der ↗ Textlinguistik. Typ. Mittel der Kohärenzerhaltung in Webtexten sind bspw. Informationen zur Orientierung, als ›roter Faden‹ erkennbare Links oder Modulstrukturen, zusätzl. Kontext u. a. **Lit.** H. Lobin (Hg.), Text im digitalen Medium. Opladen 1999. SO

Hyphen ↗ Bindestrich

Hypokoristisch (griech. ὑποκορίζεσθαι (hypokorizesthai) ›sich wie ein Kind gebärden, wie ein Kind sprechen, verkleinern, beschönigen‹) Lexeme mit ↗ affektiver (liebevoller, auch iron.) Bedeutung (auch: Kosenamen, Kosewörter), z. B. *Mäuschen, Kindchen*, und Affixe, die ein Lexem mit affektiver Bedeutung versehen (oft ↗ Diminutiv-Suffixe), z. B.

bair. *-erl*, alemann. *-(l)i-*, schwäb. *-le* (z. B. *Maderl, Meitschi, Mädle* ›Mädchen‹), v. a. in der Kommunikation von Liebespaaren und in der Kommunikation mancher Erwachsener mit Kleinkindern; ↗ Ammensprache. G

Hypoliteral ↗ Schriftlichkeit

Hyponymie f. (griech. ὑπό (hypo) ›unter(halb)‹, -ωνυμία (-ōnymía) ›-namigkeit‹. Auch: Subordination. Engl., frz. subordination) Semant.-begriffl. Unterordnung von ↗ Sememen i. S. der Art-Gattung-Relation (z. T. mit Einschluss der ↗ Meronymie). Die H. ist als ↗ Inklusion und ↗ Implikation beschreibbar: Die ↗ Extension des Oberbegriffs/Hyperonyms (↗ Hyperonymie) *Frucht* inkludiert die Extensionen der Hyponyme *Birne* oder *Gartenfrucht*, deren ↗ Intensionen (Merkmalsmengen) jedoch reicher sind als die von *Frucht* und diese somit inkludieren. Eben deshalb gilt die Implikation: *Hans isst eine Birne → Hans isst eine Frucht* (aber nicht umgekehrt). Die H.relation ist demnach asymmetr., ferner transitiv: Eine Teerose ist (eine Rose ist eine Blume ist) eine Pflanze. Aufgrund der Merkmalsinklusion sind hyponyme Sememe untereinander (↗ Kohyponymie) und mit ihrem Hyperonym teilsynonym (↗ Synonymie). Aufgrund lexikal. Lücken fehlen oft Hyperonyme, z. B. zu *Tante/Onkel* oder zu Geschmacksqualitäten wie *süß/sauer/bitter/salzig*; Lyons (1977) spricht hier von »quasi-hyponyms«. D. A. Cruse (1986) unterteilt die Hyponyme in »nominale« Artbez., die das Hyperonym durch ein zusätzl. Attribut spezifizieren (*Hengst – Stute*), und »natürl.« Artbez., deren Designate nur enzyklopäd. zu beschreiben sind (*Pferd – Kuh, Collie – Pudel, Trompete – Posaune*); diese nennt er »Taxonyme«. **Lit.** J. Lyons, Structural Semantics. Oxford 1963. – E. Agricola, Semant. Relationen in Text und im System. Halle 1969.- J. Lyons, Semantics. Vol. 1. Cambridge 1977. – D. A. Cruse, Lexical Semantics. Cambridge 1986. – Ders., Meaning in Language. Oxford ²2004. – S. Langer, Selektionsklassen und H. im Lexikon. Mchn. 1996. – C. H. Brown, Hyponymy. HSK 21.1, 472–480. – S. Löbner, Semantik. Eine Einf. Bln., N. Y. 2003. RB

Hypostasierung (griech. ὑπόστασις (hypostasis) ›Grundlage, Substanz, Wesen‹. Auch: grammatische Transfiguration) Spezialfall des ↗ Wortartwechsels, bei dem das Lexem, das die Wortart wechselt, ein Flexionsaffix behält, z. B. ein Genitiv-s (*namens, abends, teils*). G

Hypotaxe ↗ Subordination

Hypothetischer Komparativsatz ↗ Eindrucksverb, ↗ Komparativsatz

Hysterodynamisch (griech. ὕστερος (hýsteros) ›hinterer‹, δύναμις (dynamis) ›Stärke‹) In der ↗ Indogermanistik rekonstruiertes Ablautschema der uridg. Grundspr., bei dem der Akzentsitz und ablauttragende Vokale zwischen Stammbildungssuffix und Endung wechseln; ↗ proterodynamisch. GP

Hysteron-proteron ↗ Inversion

I ↗ INFL

Ibero-kaukasische Sprachen ↗ Kaukasische Sprachen

Iberoromania Die I. besteht aus jenem Teil der ↗ romanischen Sprachen und Kulturen, die auf der iber. Halbinsel (↗ Spanisch, ↗ Katalanisch, ↗ Portugiesisch, ↗ Galizisch) angesiedelt sind. Der Name leitet sich von den vorröm. Bevölkerungen der Iberer und Keltoiberer ab. Gelegentlich findet man die Bezeichnung Iberoromanistik auch als Abgrenzung zur Lateinamerikanistik.   HU

Ibibio Zur Cross-River-Gruppe gehörende ↗ Benue-Kongo-Sprache im Südosten Nigerias; Karte ↗ Afrikanische Sprachen, im Anhang. Die ca. 2 Mio. Sprecher sind zumeist mehrsprachig (Engl., andere nigerian. Spr.). Hauptdialekte sind das Zentral-I., Itak, Nsit und Nkari.   RE

Ibo ↗ Igbo

IC-Analyse ↗ Konstituentenanalyse

Ich-Hier-Jetzt-Origo ↗ Deixis

Ich-Laut ↗ Ach-Laut

ICM ↗ Prototyp

ICPhS ↗ Phonetik

Ideale Sprache (auch: Idealsprache) Die philosoph. Sprachkritik seit L. Wittgenstein (1889–1951) fordert für eine korrekte Beschreibung der Wirklichkeit den Aufbau einer i. S. Da die Umgangsspr. weder dem wiss. Exaktheitsideal entspricht noch hinsichtl. der Bedeutungen präzise und exakt bestimmt ist, wurde von den Vertretern der ↗ Philosophie der idealen Sprache gefordert, eine Idealspr. anzugeben, die ein getreues Bild der Wirklichkeit ist, indem sie einfache Terme für einfache Dinge aufstellt und ihren log. Satzbau so konstruiert, dass er den Aufbau der abgebildeten (↗ Abbildung) Tatsachen, die sich aus einfachen Dingen (Objekten und Attributen) zusammensetzen, wiedergibt. Dem Ideal der exakten Spr. zufolge müssen drei Grundforderungen erfüllt sein: (a) alle nicht zu den undefinierbaren Grundzeichen gehörenden Wörter müssen explizit definiert sein; (b) jedes Wort muss exakten ↗ Regeln folgen, d. h. für jeden in allen Einzelheiten bekannten Fall muss festliegen, ob das Wort auf ihn zutrifft; (c) die Regeln müssen endgültig festliegen, damit man diese Spr. benützen kann und dabei ein Verständnis von Richtigkeit hat.   PR

Idealer Sprecher-Hörer (engl. ideal speaker-hearer, frz. locuteur-auditeur idéal) In Chomsky, Aspects angenommenes theoret. Konstrukt, das die (auch für alle Revisionen des Modells gültige) Idealisierung des Untersuchungsobjekts Spr. (i. S. von ›Sprachfähigkeit‹, ↗ Sprache 1) bezeichnet: Der i. S.-H. ist *ideal* in dem Sinne, dass sich die Sprachtheorie i. S. Chomskys ledigl. für die biolog. determinierte rekursive Fähigkeit zur Koppelung konzeptueller und lautl. Strukturen interessiert (↗ Kompetenz vs. Performanz), dagegen mögl. Interferenzen der Kompetenz mit anderen kognitiv-emotiona-

len Fähigkeiten nur in dem Sinne berücksichtigt, als sie wiederum Aufschluss über die Kompetenz geben können. Die Grammatik einer Einzelspr. wird demgemäß derart konstruiert, dass sie sich auf die sprachl. Kenntnisse des i. S.-H. bezieht. Der i. S.-H. lebt in einer völlig homogenen Sprachgemeinschaft, beherrscht seine Mutterspr. vollkommen und wird bei der Anwendung seiner Sprachkenntnisse in der aktuellen Rede nicht von grammat. irrelevanten Bedingungen (begrenztes Gedächtnis, Zerstreutheit, zufällige oder typische Fehler) beeinträchtigt. Die Annahme eines i. S.-H. folgt aus der Definition von ↗ Chomsky-Grammatiken, da diese keine Regelmechanismen aufweisen, die sich auf den Gebrauch sprachl. Strukturen (Performanz) beziehen. Ein i. S.-H. verfügt über das gesamte Informationspotential, das in der betreffenden ↗ Chomsky-Grammatik in Form des Viertupels (G = (N, T, P, S)) repräsentiert wird; ↗ Native Speaker. **Lit.** Chomsky, Aspects. – Ders., Beyond Explanatory Adequacy. MITOPL 20, 2001. – E. Coseriu, Sprachkompetenz. Tübingen 1988. – W. Heydrich, Normativität in der Sprachwiss. ELiSe 3.2, 2003, 43–58. – N. Smith, Chomsky: Ideas & Ideals. Cambridge 2004.   F

Idealisierung ↗ Idealer Sprecher-Hörer

Idealistische Sprachwissenschaft (auch: Ästhetischer Idealismus, Neolinguistik) Gegen die ↗ Junggrammatiker gerichtete, eher uneinheitl. Strömung in der Sprachwiss., deren wichtigste Vertreter B. Croce (1866–1952), M. Bartoli (1873–1946), V. Pisani (1899–1970), K. Vossler (1872–1949) und L. Spitzer (1887–1960) waren. Unter Berufung auf Kant und W. v. Humboldt wird Spr. als kreativer Schöpfungsakt von Individuen betrachtet, wobei ästhet. Faktoren als ausschlaggebend betrachtet werden. Die Entwicklung von Spr. wird in engem Zusammenhang mit Kultur, Kunst und Lit. gesehen, die Sprachwiss. als Zweig der allgemeinen Ästhetik. Die individuellen Schöpfungsakte, die diese Entwicklung bewirken, verknüpfen sich zum Ausdruck der schöpferischen Potenzen des jeweiligen Volkes. Formbezogene und sozialhistor. Fragestellungen waren der i. S. fremd; besonders fruchtbar war sie im Bereich der ↗ Dialektgeographie und der ↗ Stilistik.   G

Idealsprache ↗ Ideale Sprache, ↗ Universalsprache

Ideenschrift ↗ Ideographie

Identifikationsgrammatik ↗ Erkennungsgrammatik

Identifikator m. (lat. identitās ›Wesenseinheit‹) Ein I. (identifior) ist in der Theorie der ↗ Signifikationsmodi von Ch. W. Morris ein Zeichen, das »Lokata« (d. h. Zeit-Raum-Punkte) signifiziert. Morris unterscheidet *Indikatoren (Fingerzeig, Wetterfahne), Deskriptoren (vor der Post)* und *Namoren (Charles; ich, hier, jetzt)*; ↗ Deixis. **Lit.** ↗ Signifikationsmodus.   RB

Identifizierungssatz ↗ Satzbauplan

Identität (lat. idem ›dasselbe‹) Vollständige oder absolute Gleichheit. In der ↗ formalen Logik eine zweistellige Relation, in der jeder Gegenstand zu sich selbst steht, z. B. wenn in einer Aussageform mit Gegenstandsvariablen für diese Variablen Eigennamen oder Kennzeichnungen eingesetzt werden, die denselben Gegenstand benennen, z. B. der Morgenstern ist derselbe Planet (Venus) wie der Abendstern. PR

Identitätshypothese Die I. postuliert einen im Wesentl. gleichartigen Verlauf des ↗ Erst- und ↗ Zweitsprachenerwerbs, wonach beide natürl. (weitgehend universellen) Erwerbssequenzen folgen (Ggs. ↗ Kontrastivhypothese). Entscheidender Steuerungsfaktor beim Erwerb der S2 ist der I. zufolge deren Struktur, nicht die S1 des Lernenden. Die I. wird heute nicht mehr vertreten. Zwar sind gewisse Lernetappen bei Erst- und Zweitspr. vergleichbar (etwa der Erwerb der Negation), doch ist entscheidend, dass der Erstspracherwerb gemeinsam mit der Sozialisation des Kindes verläuft, während diese beim Zweitspracherwerb bereits vorangeschritten bzw. abgeschlossen ist. Heutige Forschungen legen den Schluss nahe, dass die ↗ Universalgrammatik im Sinne Chomskys sich beim Erwerb der ersten Spr. auf diese ›einstellt‹ und für jede weitere zu erwerbende Sprache nur über diese Voreinstellungen zur Verfügung steht. GI, KL, SO

Ideogramm ↗ Begriffszeichen

Ideographie f. (griech. εἶδος (eidos) ›Idee, Begriff, Urbild‹, γράφειν (grafein) ›schreiben‹. Auch: Ideenschrift) Veraltete Bez. für ein angenommenes Übergangsstadium von den ↗ Piktographien zu den ↗ Logographien. Von Ersteren soll sich die I. durch die Verwendung des ↗ Rebus-Verfahrens unterscheiden, von Letzterer dadurch, dass sog. Ideogramme keine festen Repräsentationsbeziehungen zu sprachl. Einheiten (Wörtern) besitzen, sondern in verschiedenen Spr. auf verschiedene Weisen »gelesen« werden können; ↗ Begriffsschrift, ↗ Schrift. G

Idiolekt m. (griech. ἴδιον (idion) ›eigen(tümlich)‹, λεκτόν (lekton) ›das Gesagte‹) Spezif. Sprechweise eines Individuums. Zwar ist anzunehmen, dass so gut wie jedes Individuum zumindest spezif. Wortschatzkenntnisse und oft auch spezif. (partikulare) Fremdsprachenkenntnisse besitzt; jedoch ist der empir. Nachweis im Einzelfall äußerst schwierig. I. ist dementsprechend zumeist eher ein hypothet. Konstrukt, auf dessen Grundlage theoret. Überlegungen angestellt werden (z. B. zur Diversifiziertheit und Einheit von ↗ Sprachgemeinschaften), als ein empir. Befund. **Lit.** E. Oksaar, Idiolekt. HSK 3, I, 1987, 293–297. AM

Idiom n. (griech. ἴδιον (idion) ›eigen(tümlich)‹. Auch: idiomatischer Ausdruck, idiomatische Wendung. Engl. idiom, frz. idiotisme) **1.** Satzglied- oder satzwertiger ↗ Phraseologismus, dessen Gesamtbedeutung sich nicht oder nur teilweise aus der Bedeutung der einzelnen Komponenten ergibt, vgl. z. B. *alt aussehen* ›einen schwachen, schlechten Eindruck machen‹, *durch die Bank* ›durchweg, ohne Ausnah-

me‹ und *Da beißt die Maus keinen Faden ab* ›daran ist nicht zu rütteln‹ (= vollidiomat. Ausdrücke) vs. *frieren wie ein Schneider* ›sehr frieren‹ (= teilidiomat. Ausdruck). **2.** Spracheigentümlichkeit eines Sprechers (↗ Idiolekt) oder einer regionalen oder sozialen Gruppe von Sprechern (↗ Dialekt, ↗ Soziolekt). **Lit.** ↗ Phraseologie, ↗ Phraseologismus. KR

Idiomatik 1. Gesamtheit der idiomat. Ausdrücke (↗ Idiome) einer Spr. **2.** Teilbereich der ↗ Phraseologie. KR

Idiomatische Wendung ↗ Idiom (1), ↗ Phraseologismus

Idiomatischer Ausdruck ↗ Idiom (1), ↗ Phraseologismus

Idiomatisierte Bildung ↗ Idiomatisierung

Idiomatisierung (auch: Bedeutungsisolierung, Demotivierung, Lexikalisierung) Bez. sowohl für den Prozess als auch für das Resultat semant. Veränderung eines Wortbildungsprodukts, dessen Bedeutung sich nicht (mehr) aus den Bedeutungen seiner Teile ergibt (↗ Frege-Prinzip), z. B. *jung* + *Geselle* ≠ *Junggeselle*. I. ist damit die extremste Ausprägung von ↗ Lexikalisierung; diachron erkennbare Wortbildungsprodukte werden synchron als Grundmorpheme reanalysiert. I. ist kein Phänomen auf Wortebene allein, da auch syntakt. Einheiten idiomatisiert werden können; ↗ Phraseologismus. **Lit.** ↗ Wortbildung. ES

Idiomatizität Bez. für den Grad der semant. Distanz zwischen Default-Lesart und lexikalisierter Lesart eines Wortbildungsprodukts. So sind ↗ usuelle Bildungen weniger idiomatisiert als ↗ Lexikalisierungen, die wiederum weniger idiomatisiert sind als ↗ Idiomatisierungen. ES

Idiosynkrasie f. (griech. ἴδιος (idios) ›eigen‹, σύγκρασις (synkrasis) ›Vermischung‹) Eigenschaften eines Lexems, die nicht mit strukturellen Regelhaftigkeiten erfasst werden können, z. B. bei Komposita, deren Bedeutung nicht als Summe der Bedeutungen ihrer Einzelelemente fassbar ist, z. B. *Heckenschütze, blaumachen, fußläufig*; ↗ Lexikalisierung, ↗ Idiomatisierung. G

Idiotikon n. (griech. ἰδιωτικός (idiōtikos) ›privat, gewöhnlich‹. Auch: Regionalismenwörterbuch. Engl. dictionary of regionalisms, frz. dictionnaire de régionalismes) Wörterbuch eines Dialekts, in dem nur der besondere, von der Hochsprache abweichende Wortschatz, die ↗ Idiotismen, verzeichnet werden. I. sind eine frühe Form der Darstellung des dialektalen Wortschatzes (vor allem im 18. Jh.), heute nicht übl. bei populären ↗ Dialektwörterbüchern. **Lit.** P. Kühn & U. Püschel, Lexikographie 17.–19. Jh. HSK 5, 1990, S. 2059–2061. K

Idiotismus Bez. (bes. des 18. Jh.) für Ausdrücke, die vor allem wegen der Dialektalität von der Hochsprache abweichen und deshalb als eigentümlich angesehen werden. Ihre Sammlung (↗ Idiotikon) war Ausgangspunkt für die ↗ Dialektwörterbücher wie für die Dialektologie überhaupt. K

ID/LP-Format (engl. immediate-dominance/linear-precedence-format ›unmittelbares Dominanz-/lineares Präzedenz-Format‹) Bez. für ein Grammatikformat vom Typ der ↗ Generalized Phrase Structure Grammar (GPSG), das getrennte Regeln für hierarch. (= Dominanz- oder ID-Regeln) und lineare Ordnung (= LP-Regeln) syntakt. Konstituenten aufweist. ID-Regeln erzeugen linear ungeordnete Strukturen, wobei die Ungeordnetheit durch Kommata zwischen den Konstitutenten kodiert wird, z. B. *VP → V[fin], NP[nom], NP[dat], NP[akk], (V[inf])*. Die Reihenfolge der Konstituenten wird hingegen durch LP-Regeln bestimmt, die linear geordnete Paare syntakt. Kategorien bestimmen und für alle ID-Regeln gelten, z. B. *V[fin] < NP* oder *NP < V[inf]*. Die Trennung zwischen ID- und LP-Regeln erlaubt es, Generalisierungen auszudrücken, die in ↗ Phrasenstrukturregeln nur implizit enthalten sind und eine variable Konstituentenreihenfolge mit einer minimalen Zahl von ID-Regeln zu erfassen. So erfassen die obengenannten ID/LP-Regeln die variable Ordnung im ↗ Mittelfeld des dt. Satzes. ID-Regeln selbst können u. U. aus einer ↗ Metaregel abgeleitet werden. Für die ursprüngl. Konzeption des ID/LP-F. von Gazdar & Pullum (1981) wurden verschiedene Modifikationen entwickelt, so z. B. Regeln im Generalized ID/LP-F. zur Erfassung diskontinuierl. Abfolgen im Rahmen der ↗ Head-Driven Phrase Structure Grammar (HPSG); diese erlauben Aussagen über Adjazenz und unmittelbare Dominanz. Bspw. besagt die Regel *NP[nom] << V[fin]*, dass *NP[nom]* der Konstituente *V[fin]* unmittelbar vorausgeht (vgl. Daniels & Meurers 2004, Hinrichs et al. 2004). **Lit.** M. Daniels & D. Meurers, GIDLP: A Grammar Format for Linearization-Based HPSG. In: S. Müller (ed.), Proceedings of the HPSG Conference 2004, Leuven (Belgien). Stanford 2004, 93–111. – G. Gazdar & G. K. Pullum, Subcategorization, Constituent Order and the Notion ›Head‹. In: M. Moortgat et al. (eds.), The Scope of Lexical Rules. Dordrecht 1981, 107–123. – E. W. Hinrichs et al. (eds.), Linguistic Theory and Grammar Implementation. Special Issue Research on Language and Computation 2, 2004. – F. Morawietz, Formalization and Parsing of Typed Unification-Based ID/LP Grammars. Arbeitspapiere des SFB 340, Ber. Nr. 68. Stgt. 1995. – N. Ruge, Entwurf und Implementierung einer Unifikationsgrammatik im ID/LP-Format für ein Fragment des Russ. Herzogenrath 1998.   **F**

Ido 1. (Esperanto ›Abkömmling‹) Um 1909/13 von führenden Esperantisten (L. Coutourat, O. Jespersen, W. Ostwald u. a.) vorgestelltes autonomes (schemat.) ↗ Plansprachenprojekt, in dem Mängel des ↗ Esperanto durch strikte Systematisierung behoben werden sollten. **Lit.** L. Coutourat et al., Weltspr. und Wiss. Jena 1909. 2. Aufl. 1913. **2.** (Auch: Imun) Seit dem 7. Jh. n. Chr. für das ↗ Koreanische verwendetes Schriftsystem auf der Grund-

lage chines. Zeichen (↗ Hanzi, korean. Hanja). Auch nach der Einführung der ↗ Hangul-Schrift wurden Lehnwörter aus dem Chines. weiterhin in Hanja geschrieben, was als Ausweis von Bildung galt. In Nordkorea wurde diese Praxis abgeschafft. **Lit.** F. Coulmas, Writing Systems of the World. Oxford 1989, 116 f.   **G**

Idoma ↗ Benue-Kongo-Sprachen
ID-Regel ↗ ID/LP-Format
Igala ↗ Benue-Kongo-Sprachen
Igbo Früher den ↗ Kwa-Sprachen zugerechnete ↗ Benue-Kongo-Spr. mit zahlreichen Dialekten. Sprachgebiet: Ostnigeria, bes. in den Bundesstaaten Imo, Anambra, Bendel und Rivers; Karte ↗ Afrikanische Sprachen, im Anhang. Die mindestens 20 Mio. Sprecher (geschätzt) sind teilw. in I. alphabetisiert. I. gehört neben ↗ Hausa und ↗ Yoruba zu den drei wichtigsten Nationalspr. Nigerias und wird in Rundfunk, Printmedien und Schulunterricht verwendet. Die lat. basierte ↗ Verschriftung begann Mitte des 19. Jh., eine befriedigende Standardisierung gelang jedoch bisher nicht. **Lit.** M. M. Green & G. E. Igwe, A Descriptive Grammar of Igbo. Bln., Oxford 1963. – P. L. Carrell, A Transformational Grammar of Igbo. Cambridge 1970.   **RE**

Ihrzen ↗ Anredeformen
Ijekavisch ↗ Serbokroatisch
Ijo ↗ Benue-Kongo-Sprachen
Ikarisch ↗ Serbokroatisch
Ikon n. (griech. εἰκών (eikōn) ›Bild, Abbild, Vorstellung‹; engl. icon, frz. icone. Auch: Ikon. Zeichen) Von Ch. S. Peirce eingeführter Terminus für ↗ Zeichen, die ihren ›Gegenstand‹ mittels einer Übereinstimmung in wahrnehmbaren Merkmalen denotieren. Dieser Abbildungsbezug, durch den sich das I. vom ↗ Symbol (2) (konventioneller Denotatsbezug) und vom ↗ Index (1) (realer Denotatsbezug) unterscheidet, kann auf materieller (z. B. Farbe, Klang) oder struktureller (z. B. Form, Komposition, Bewegung, Zeitfolge) ↗ Ähnlichkeit beruhen (anders Kjørup 2009); die ↗ Semiotik nennt i. d. R. visuelle und akustische Beispiele. Ch. W. Morris (1973) betont, »Ikonizität [… sei] eine Frage des Verwandtschaftsgrades«; ikon. Zeichen können unterschiedl. stark vom Original abstrahieren (z. B. schauspielerische Imitation – Skulptur – Foto – Aquarell – Zeichnung – Piktogramm), je nach Zweck und Darstellungskonvention. Sie können auch darauf berechnet sein, den intendierten Ikonizitätsgrad erst im Geist des Betrachters zu evozieren, und zwar durch die Aktivierung von Weltwissen (z. B. beschlagenes → kühles Glas), automatisierten Interpretationsprozessen (z. B. unscharfes → bewegtes Objekt) und »ikonograph. Codes« (U. Eco; z. B. Sanduhr → Vergänglichkeit). Eine mit ikon. Abstraktion vielfach einhergehende symbol. Generalisierung und Überformung findet sich z. B. bei Piktogrammen (Rollstuhl → »Parkplatz nur für Behinderte!«) und ↗ Symbolen (1) (Hammer und

Sichel → »Arbeiter- und Bauern-Staat«), v. a. aber vielfach bei ikon. Sprachzeichen: Während die »lautnachahmenden« »Onpos« (H. Henne) der Comic- und ↗ Jugendsprache i. d. R. singuläre Laute möglichst naturalist. abbilden sollen, imitieren ↗ Onomatopoetika nicht einen konkreten Laut, sondern bezeichnen eine Lautklasse (z. B. Hahnenschrei) mit einzelsprachl. Spezifik (dt. *kikeriki*, frz. *cocorico* etc.); ähnl. verhält es sich mit ↗ Piktographien und ↗ Gebärdensprachen. Andererseits können »kausal von der Realität affizierte« (Nöth 2000, 496) ikon. Zeichen als Index (1) fungieren: Pfotenspuren, Fingerabdrücke, Foto-Schnappschüsse, Tonbandmitschnitte, Dokumentarfilme verbürgen indexikal. Existenz, Identität und Beschaffenheit des abgebildeten Originals. **Lit.** Ch. S. Peirce, Collected Papers. Cambridge, Mass. 1931–1935, 1958. – Ch. W. Morris, Zeichen, Sprache und Verhalten. Ddf. 1973. – U. Eco, Einf. in die Semiotik. Mchn. 1972. – Ders., Semiotik. Mchn. 1987. – H. Henne, Jugend und ihre Spr. Bln., N. Y. 1986. – W. Nöth, Handbuch der Semiotik. Stgt., Weimar ²2000, 193 ff. – F. Ungerer, Arbitrarität, Ikonizität und Motivation. HSK 21.1, 371–379. – S. Kjørup, Semiotik. Paderborn 2009.   RB

Ikonisches Zeichen ↗ Ikon

Ikonismus (engl. iconism, frz. iconisme) **1.** Einheiten und Strukturen des ↗ Sprachsystems sind prinzipiell arbiträr-symbol. (↗ Symbol 2), besitzen jedoch auch ikon. Potenzen (↗ Ikon), die in je unterschiedl. Maße genutzt werden: (a) ↗ Ähnlichkeit von Natur- und Sprachlauten bei ↗ Onomatopoetika; (b) Entsprechung der Komposition von Wort und Sache (*Schwarzspecht* vs. *Rappe; schwarzrotgolden*; ↗ Motiviertheit); (c) Entsprechungen formaler und inhaltl. Hervorhebung (z. B. ↗ Majuskeln im Dt. → ↗ Substantiv/ ↗ Betonung → ↗ Fokus), Komplexität (z. B. Grundfarbe *grün* – Farbnuancen *grünlich, grünlichgrau*) oder ↗ Iteration (z. B. *bittebitte*); (d) ↗ Juxtaposition (1) (z. B. *Forelle blau*) und ↗ Kongruenz (z. B. dt. NP, Subj.-Vb.) zur Kennzeichnung syntakt. Zusammengehörigkeit; (e) Reihenfolge von ↗ Morphemen, ↗ Wortformen und ↗ Syntagmen im ↗ Kompositum, ↗ Phraseologismus, Syntagma und ↗ Satz zur Abbildung unterschiedl. semant. Relationen: u. a. temporal (*Er wachte auf und schlief acht Stunden*), kausal (*Mitgehangen, mitgefangen*), determinativ (*Augenglas* vs. *Glasaugen; der letzte schöne* vs. *schöne letzte Ferientag*), informativ (z. B. unmarkiert → markiert; ↗ Thema → ↗ Rhema). Der I. im Sprachsystem unterliegt ständigem Wandel, zumeist i. S. wachsender ↗ Arbitrarität (ahd. *mezzi-sahs* ›Speise-Schwert‹ → *Messer*); es finden sich aber auch Beispiele der Ikonisierung (F. Plank 1979). **2.** Reichhaltiger können sich die ikon. Potenzen der Spr. in ihrem Gebrauch entfalten, der durch die Freiheit stilist. Wahlen und textueller Kombination vielfältige Möglichkeiten bietet, das Beschriebene oder die Sicht-, Empfindungs- und

Denkweise des Beschreibenden in Eigenschaften und Strukturen der Textelemente aller Ebenen abzubilden. Textinterpretation unter dem semiot. Konzept des I. beginnt bei Phänomenen wie Lautsymbolik, expressiver Dehnung, Paronomasie, Rhythmus, Mehrgliedrigkeit, erfasst u. a. die mimet. Funktion von Wortwahl, Syntax und Gedankenfolge (z. B. deduktiv, assoziativ, perzeptiv, wirr) und reicht hin bis zur abbildenden Funktion globaler Textstrukturen (z. B. im Roman: ›natürl. Anordnung‹ (lat. ordo nātūrālis), die dem Zeitverlauf folgt; innerer Monolog als Abbild des Bewusstseinsstroms). **Lit.** F. Plank, Ikonisierung und De-Ikonisierung als Prinzipien des Sprachwandels. Sprachw. 4, 1979, 121–158. – W. Mayerthaler, I. in der Morphologie. Zs. für Semiotik 2, 1980, 19–37. – R. Posner, I. in der Syntax. Zs. für Semiotik 2, 1980, 57–82. – J. Haiman (Hg.), Iconicity in Syntax. Amsterdam 1984. – L. Hinton et al. (eds.), Sound Symbolism. Cambridge 1994. – M. E. Landsberg, Syntactic Iconicity and Linguistic Freezes. Bln. 1995. – R. Simone (ed.), Iconicity in Language. Amsterdam 1995. – M. Nänny & O. Fischer (eds.), Form Miming Meaning. Amsterdam 1999. – O. Fischer & M. Nänny (eds.), The Motivated Sign. Amsterdam 2001. – E. Tabakowska et al., Insistent Images. Amsterdam 2007.   RB

Ikonizität ↗ Ikon

Ikpeng ↗ Karibische Sprachen

Iktus m. (lat. ictus ›Stoß, Takt(schlag)‹. Auch: Versakzent) Die durch stärkeren ↗ dynamischen Akzent markierte Hebung im akzentuierenden Vers; ↗ Akzent.   PM

Illativ (lat. illātum ›Hineingebrachtes‹) ↗ Kasus z. B. der finnougr. Spr. mit der Kasusbedeutung ›Ortsveränderung in… hinein‹, z. B. finn. {-on} in *taloon* ›in das Haus hinein‹; ↗ Elativ, ↗ Lokativ.   G

Illativisch ↗ Zentrifugal 4.

Illokution, illokutiver Akt, illokutionärer Akt (Kunstwort, lat. loquī ›reden‹, Privativpräfix ›in‹. ›Illokutiv‹ und ›illokutionär‹ sind Übersetzungsvarianten. Engl. illocution, illocutionary act) Von J. L. Austin eingeführter Terminus zur Bez. des Handlungszwecks der Äußerung eines lokutiven Akts (↗ Lokution). Äußerungen kommt neben ihrer (zur Lokution gehörigen) Bedeutung eine spezif. Kraft (engl. *force*) zu, z. B. als Warnung oder als Versprechen oder als Frage etc. zu gelten. Indem man einen lokutiven Akt ausführt, führt man zugleich einen illokutiven Akt aus. Dies kann in der Äußerung selbst explizit gemacht werden, indem Sprecher ein Verb, das zur Bez. der illokutiven Kraft oder kurz der Illokution einer Äußerung dient, performativ verwenden (↗ performative Formel), z. B. *hiermit verspreche ich dir, dass...; Hiermit frage ich dich,....* Zur Anzeige der illokutiven Kraft einer Äußerung können aber auch andere sprachl. Mittel (z. B. Partikeln, Modus etc.) verwendet werden. – J. R. Searle systematisierte diese Bestimmung, indem er den Sprechakt analyt. als aus den drei Akten ↗ Äußerungsakt, ↗ propositionaler Akt und illokutiver Akt bestehend darstellte. – In der ↗ Sprechhandlungstheorie wird der illokutive Akt als spezif. Akttyp von der ↗ Sprechhandlung als ganzer einerseits, den ↗ Prozeduren andererseits unterschieden. **Lit.** J. L. Austin, How to Do Things With Words. Oxford 1962, ²1971. Dt.: Zur Theorie der Sprechakte (bearbeitet von E. von Savigny). Stgt. 1972. – J. R. Searle, Speech Acts. An Essay in the Philosophy of Language. Cambridge 1969, ²1970. Dt.: Sprechakte. Ffm. 1971.   E

Illokutive Partikel ↗ Abtönungspartikel

Ilokano ↗ Philippinische Sprachen

Ilongo ↗ Philippinische Sprachen

Image acoustique ↗ Lautbild

Immersion ↗ Gesteuerter Spracherwerb

Immutatio ↗ Metapher

Imparisyllabum ↗ Parisyllabum

Imperativ (lat. imperäre ›befehlen‹. Auch: Befehlsform) In einigen Spr. Flexionskategorie und Teilkategorie des ↗ Modus. Die meisten flektierenden Spr. besitzen allerdings, wenn überhaupt, nur ein hinsichtl. Person und Tempus eingeschränktes morpholog. I.-Paradigma. Während z. B. im Engl. keine spezif. Verbformen mit morpholog. I.-Markierung existieren, gibt es im Dt. neben indikativ. und konjunktiv. Verbformen eine einzige eigenständige Form mit Adressatenbezug, und zwar bei den Verben mit e/i-Wechsel wie *gib* in z. B. *Gib du mir mal das Buch!* In ihren syntakt. und semant. Eigenschaften und in ihrem Funktionsspektrum stimmen Sätze mit einspr. Verbformen überein mit Sätzen wie *Gebt / Schenk mir mal das Buch!* und können mit diesen als I.-Sätze klassifiziert werden, welche den ↗ Satzmodus I. kodieren: u. a. verfügen I.-Sätze nur über ein eingeschränktes Vorfeld, das Auftreten des syntakt. Subj. ist markiert, es sind nur spezif. Modalpartikeln erlaubt (z. B. *mal*, betontes *ja*). In vielen Spr. existieren zum I.-Satz bzw. zu den entspr. morpholog. Formen morpholog. oder syntakt. Konkurrenzformen, z. B. ↗ Adhortativ, ↗ Injunktiv, ↗ Jussiv und insbes. ↗ Prohibitiv; ↗ Aufforderung, ↗ Aufforderungssatz, ↗ Direktive, ↗ Pseudo-Imperativ, ↗ Satzmodus, ↗ Satztyp. **Lit.** K. Donhauser, Der I. im Dt. Hamburg 1986. – N. Fries, Wie finit ist der I. und wie infinit darf er sein? Oder auch: Wie infinit ist der I. und wie finit muss er sein? SgL 10.2, 2001, 115–145. – V. S. Khrakovsku (Hg.), Typology of Imperative Constructions. Mchn. 2001. – E. König & P. Siemund, Speech Act Distinctions in Grammar. In: T. Shopen (ed.), Language Typology and Syntactic Description. Cambridge 2005. – R. J. Mastop, What Can You Do? Imperative Mood in Semantic Theory. Ph.D. Thesis Univ. Amsterdam 2005. – C. Platzack & I. Rosengren, On the Subject of Imperatives: A Minimalist Account of the Imperative Clause. JCGL 1, 1998, 177–224. – E. Potsdam, Syntactic Issues in the English Imperative.

N. Y. 1998. – L. Rupp, The Syntax of Imperatives in English and Germanic: Word Order Variation in the Minimalist Framework. Basingstoke 2003. – W. van der Wurff (ed.), Imperative Clauses in Generative Grammar. Studies Offered to Frits Beukema. Amsterdam 2007.   F

Imperativname ↗ Satzname

Imperativsatz ↗ Aufforderungssatz, ↗ Aufforderung, ↗ Imperativ, ↗ Direktive

Imperfectivum tantum n. In ↗ Aspektsprachen ↗ imperfektive Verben ohne ↗ perfektiven ↗ Aspektpartner, im Russ. z. B. sog. ↗ stative Verben wie *stojat'* ›stehen‹.

Imperfekt (lat. imperfectum ›das Unvollendete‹) Insbes. in den ↗ romanischen Sprachen wird I. als Bez. für die ›erste‹ Vergangenheitsform verwendet (it. *camminava*, frz. *il marchait* ›er lief‹), da diese Spr. in den Vergangenheitstempora über eine Aspektdifferenzierung verfügen (↗ Aspekt). So bezeichnet bspw. das frz. *imparfait* nicht abgeschlossene, das *passé simple* abgeschlossene Vorgänge. Da diese Korrelation für die Dt. (bzw. die ↗ germanischen Sprachen) nicht im gleichen Maß zutrifft, wird für diese Spr. der Begriff ↗ Präteritum bevorzugt.   SO

Imperfektiv (auch: introspektiv, unvollendet. Abk. ipf.) Unmarkiertes Glied der Aspektkorrelation in ↗ Aspektsprachen. Ipf. Verben kennzeichnen, ohne dass sie temporale Verhältnisse ausdrücken, mit morpholog. Mitteln den Verlauf einer Handlung als vom Sprecher nicht überschaubar, so dass nicht ihr Anfangs- und Endpunkt, sondern lediglich ein Ausschnitt oder Punkt ihres Verlaufs gewissermaßen um einen »Blickpunkt inmitten des Geschehens« (Isačenko) wahrgenommen wird; ↗ Aspekt. Der ipf. Aspekt liegt in semant. Hinsicht in der Nähe einiger ↗ Aktionsarten, z. B. der ↗ durativen, der ↗ iterativen (u. a.) Aktionsart, weshalb die Abgrenzung zwischen aspektuellen und aktionalen Bedeutungskomponenten mitunter schwierig ist. Dies hat in grammat. Beschreibungen von Nicht-Aspektspr. (z. B. in Grammatiken des Dt.) zu vielerlei Begriffsverwirrungen Anlass gegeben. G, T

Impersonal ↗ Unpersönlich, ↗ Impersonale

Impersonalia (auch: impersonale Verben. Lat. impersōnália verba ›unpersönliche Verben‹. Engl. impersonal verbs, frz. verbes impersonnels) I. verfügen im Ggs. zu den Personalia (↗ Persönliches Verb) über kein log. Subj. Zu differenzieren sind u. a. Witterungs-I. (dt. *es regnet, blitzt, donnert*) und Geschehens- oder Ereignis-I. (dt. *es ereignet sich, geschieht, passiert*). Zu den I. werden manchmal auch Verben gezählt, die ein körperl. und seel. Befinden kodieren (dt. *es friert, dürstet, hungert, freut, reut, gruselt mich*). Auch persönl. (v. a. intransitive) Verben können unpersönl. gebraucht werden (dt. z. B. *es klingelt, es stinkt*). Während I. in sog. Pro-Drop-Spr. (↗ Pro-Drop-Parameter) kein syntakt. Subj. erlauben, erfordern sie in Nicht-Pro-Drop-

Spr. ein Expletivum (dt. *es*, engl. *it*); ↗ Subjektlosigkeit, ↗ Unpersönliche Konstruktionen.   F

Impersonalis In zahlreichen Spr.n auftretende ↗ Default-Form des Verbs (z. B. neugriech. *vrechei* ›es regnet‹) bzw. Konstruktion (z. B. engl. *it's raining*) in der 3. Pers. Sg., die über kein log. Subjektargument verfügt. Syntakt. Subjekte impersonaler Konstruktionen können in Spr. wie Dt. oder Engl., die syntakt. subjektlose Konstruktionen ausschließen, nur durch ein Pronomen der 3. Pers. Sg. Neutr. (bzw. Mask. in Spr. ohne Neutr.) realisiert werden. Verschiedentl. werden auch solche Konstruktionen als impersonal bezeichnet, die nur im Numerus kongruieren; ↗ Modus.   F

Implementation ↗ Sprachnormung, ↗ Sprachplanung

Implikation (lat. implicāre ›verwickeln, verknüpfen‹) **1.** Die Verknüpfung zweier Aussagen durch den Operator *wenn – dann*. Die mit *wenn* verbundene Aussage stellt den Vordersatz dar, die mit *dann* verbundene den Nachsatz. Die Asymmetrie der I. verbietet es, beide Sätze gegeneinander zu vertauschen. Der ↗ Wahrheitswert ›falsch‹ kommt der I. nur dann zu, wenn der Vordersatz wahr und der Nachsatz falsch ist, in allen anderen Fällen ist sie wahr. **2.** ↗ Lexikalische Solidaritäten.   PR

Implikationsskala ↗ Variationslinguistik

Implikative Verben (engl. implicative verbs, frz. verbes d'implication) Klasse von Verben, insbesondere aus den Bereichen Handlungssteuerung, Kognition und Mitteilung, mit einer Infinitivkonstruktion in Objektfunktion. Bei i. V. folgt aus dem Zutreffen des Sachverhalts im übergeordneten Satz das Zutreffen des Sachverhalts in der Infinitivkonstruktion: z. B. *A brachte B dazu, die Tat zu gestehen* impliziert, dass B die Tat gestand. Gleichzeitig folgt aus der Negation des Sachverhalts im übergeordneten Satz das Nicht-Zutreffen des Sachverhalts im Infinitivsatz: *A brachte B nicht dazu, die Tat zu gestehen* impliziert, dass B die Tat nicht gestand. Negative i. V. sind solche, bei denen das Zutreffen des Sachverhalts im übergeordneten Satz das Nicht-Zutreffen des Sachverhalts im Infinitivsatz impliziert, z. B. *A hielt B davon ab, die Tat zu gestehen* impliziert, dass B die Tat nicht gestand; *A hielt B nicht davon ab, die Tat zu gestehen* impliziert, dass B die Tat gestand; ↗ Faktitiv, ↗ Implikation, ↗ Präsupposition. **Lit.** G. Zifonun u. a., Grammatik der dt. Sprache. Bln., N. Y. 1997, 1386–1388.   PT

Implikatur f. (lat. implicātūra ›Verwickelung‹. Engl. to implicate ›stillschweigend mitbehaupten‹) Von H. P. Grice geprägter Terminus (*implicature*) für eine Teilmenge impliziter Folgerungen, wobei teils der Akt des ›Implizierens‹, teils dessen Ergebnis gemeint ist. Im Rahmen einer wahren log. ↗ Implikation – sei sie ›material‹, ›streng‹ oder ›semant.‹ – beeinflusst der ↗ Wahrheitswert des Nachsatzes den des Vordersatzes. Stellt sich heraus, dass Egon ver-

heiratet ist, so ist die Behauptung *Egon ist Junggeselle* falsch, weil er den Nachsatz *Egon ist nicht verheiratet* impliziert. Dieser Effekt tritt bei der I. nicht auf, da bei ihr die Wahrheit des implizierten Nachsatzes nicht für die Wahrheit, sondern für die kommunikative Angemessenheit des geäußerten Vordersatzes notwendig ist. Der Wahrheitswert des Satzes *Dieser Roman ist lang, aber lesenswert* wird nicht tangiert, wenn sich der implizierte Satz *Lange Romane sind i. d. R. nicht lesenswert* als falsch herausstellt; man wird sich allerdings am Gebrauch der Konj. *aber* stoßen. Derartige I., die auf der »konventionellen Bedeutung der gebrauchten Wörter« beruhen, nannte Grice *konventionell* und unterschied sie (1975) von I.en, die ausgelöst werden, wenn Äußerungen »allgemeine Gesprächsmerkmale«, speziell die sog. ↗ Konversationsmaximen, intentional offenkundig verletzen. Diese ↗ konversationellen Implikaturen stehen wegen ihrer eminenten Wichtigkeit für die ling. Pragmatik im Mittelpunkt der Untersuchungen von Grice und seinen Kritikern. Die eher marginale Diskussion der konventionellen I. beschäftigt sich v. a. mit den Problemen ihrer Definition und Abgrenzung (z. B. Grice 1978, L. Karttunen & S. Peters 1979); so wurde postuliert, die konventionelle sei im Gegensatz zur konversationellen I. »nicht löschbar« (durch Variation des Kontextes), jedoch »ablösbar« (durch Variation des Wortlauts). Einen krit. Überblick zur Theorie der I. bietet A. Kemmerling (1991). **Lit.** H. P. Grice, Logic and Conversation. In: P. Cole & J. L. Morgan (eds.), Syntax and Semantics. Bd. 3. N. Y. 1975, 41–58; dt. in: P. Kußmaul (Hg.), Sprechakttheorie. Wiesbaden 1980, 109–126. – Ders., Further Notes on Logic and Conversation. In: P. Cole (ed.), Syntax and Semantics. Bd. 9. N. Y. 1978, 113–127. – L. Karttunen & S. Peters, Conventional Implicature. In: C. K. Oh & P. A. Dinneen (eds.), Presuppositions. N. Y. 1979, 1–56. – A. Kemmerling, I. HSK 6, 319–333. – E. Rolf, Sagen und Meinen. Opladen 1994. – Ders. (Hg.), I.en und Sprechakte. Opladen 1997. – R. Hausperger, Sprachökonomie in Grammatik und Pragmatik: Die Ellipse. Mchn. 2003, Kap. 3. – Ch. Potts, The Logic of Conventional Implicatures. Oxford 2005.   RB

Implizit ↗ Definition, ↗ Derivation

Implizite Ableitung Bez. für deverbale Wortbildungsprodukte, die durch Stammvokalwechsel und nicht durch Anfügen eines ↗ Wortbildungsmorphems entstanden sind, z. B. *greifen > Griff, sitzen > setzen*. I. A. ist kein synchrones Wortbildungsmuster (↗ unproduktiv), wodurch sich die Wortbildungsprodukte (neben ausbleibendem Vokalwechsel) von ↗ Konversionen unterscheiden.   ES

Implosiv m. (lat. plaudere, plōdere ›klatschen‹) **1.** Kons. ↗ Artikulationsmodus bzw. Sprachlaut, der durch oralen Verschluss (↗ Plosiv) und zusätzl. (einwärts gerichteten) glottalen Luftstrommechanismus gekennzeichnet ist. Während der Verschlussphase wird der ⟋ Kehlkopf bei (fast) geschlossener ⟋ Glottis gehoben, während er bei Verschlusslösung abrupt gesenkt wird, was zu einem oral einwärts gerichteten Luftstrom führt; vor allem in ⟋ afroasiatischen Sprachen verbreitet. In der ⟋ API-(⟋)Transkription durch Ligatur mit einem oberen Haken nach rechts (engl. hooktop) gekennzeichnet. – **2.** Ungelöster ⟋ Plosiv (engl. *unreleased plosive*), d. h. nur aus Implosion (Verschlussbildung) und Verschlussphase (bei Wegfall der ⟋ Explosion) bestehender Plosiv. PM

Imprekativ ⟋ Satzmodus

Impressum n. (lat. imprimere ›drucken‹. Engl. imprint, colophon) Vermerk in Druckschriften und Büchern mit Angaben über Ort, Zeit, Hersteller und rechtl. Verantwortliche. In ⟋ Inkunabeln und Frühdrucken meist am Ende, auch als *rubrum* bezeichnet, später in der ⟋ Titelei. In der Neuzeit oft mit Angabe von Druckprivilegien und deren Zeitdauer, heute mit Urheberrechtsvermerk ©; ⟋ Kolophon. EN

Imun ⟋ Ido

Inalienabel ⟋ Alienabel

Inchoativ (lat. inchoātīvum, incoātīvum ›anfangend‹) ⟋ Aktionsart, die den (allmählichen) Beginn des im Verbstamm ausgedrückten Vorgangs oder Zustands charakterisiert, z. B. russ. *pojti* ›losgehen‹. Im Lat. markiert das Infix {-sc-} bei einigen Verben die i. Aktionsart, z. B. *inveterāscere* ›alt werden‹, *convalēscere* ›gesund werden‹, *ārēscere* ›trocken werden‹; ⟋ Egressiv, ⟋ Evolutiv, ⟋ Ingressiv. G, T

Incipit (lat. ›es beginnt‹) Erstes Wort der Anfangsformel, die in Handschriften oder Frühdrucken anstelle des (späteren) Titels den Beginn eines Textes anzeigt, z. B. *Incipit comoedia Dantis Alagherii, Florentini natione, non moribus*; dann, ähnlich wie ⟋ Initia, Bez. für die Anfangsformel selbst. STE

Indefinitadverb (lat. indēfīnītus ›unbestimmt‹. Auch: unbestimmtes Adverb) ⟋ Adverbien, die semant. durch das Merkmal [unbestimmt] charakterisiert sind und als Erstbestandteil *irgend-* oder *nirgend-*, als Zweitbestandteil ein ⟋ w-Wort enthalten, z. B. *irgendwann, irgendwie, nirgendwoher*. Je nach ihrer Semantik sind sie ⟋ Temporaladverbien (*irgendwann*), ⟋ prädikatsbezogene Adverbien (*irgendwie*) oder ⟋ Lokaladverbien (*nirgendwoher*). I. sind zu unterscheiden von ⟋ Indefinitpronomen. SO

Indefinitpronomen (auch: unbestimmtes Pronomen, in Schulgrammatiken auch: unpersönl. Fürwort. Engl. indefinite pronoun, frz. pronom indéfini, adjectif indéfini) Traditionelle, sehr heterogene Subklasse der ⟋ Pronomen, die unterschiedlich weit gefasst wird und im Hinblick auf Definitheit als unmarkiert gilt. Zu den I. werden gerechnet: a) quantifizierende Pronomina, die entweder eine Gesamtmenge oder jedes einzelne Element einer Menge (*all-*, *jed-*), eine relativ unbestimmte Teilmenge (z. B. *einige, manche, viele, wenig*) oder eine Nullmenge (z. B. *kein, niemand, nichts*) bezeichnen; b) generische Pronomina, z. B. dt. *man*, engl. *one*,

frz. *on*, und c) indefinite Pronomina wie *jemand, etwas, irgendjemand, irgendetwas, niemand, nichts*, umgangssprachl. auch *wer* und *was*. Einige I. treten als selbständige Nominalphrasen auf, die entweder nur auf Personen (z. B. *man, jedermann, jemand, irgendwer, niemand*) oder nur auf Sachen oder Abstrakta (z. B. *etwas, nichts*) Bezug nehmen können. Die meisten I. werden auch attributiv bzw. als ⟋ Artikelwort gebraucht, wie z. B. *alle, viele, einige, etliche, irgendein(er)* (Pl. *irgendwelche*), *keiner, mancher, jeder* (ohne Pl.), *mehrere*. Sie verfügen über ein vollständig ausgebildetes Flexionsparadigma, das nach Kasus und Genus unterscheidet. Da sie mit Artikel gebraucht werden können, werden *viele* und *wenige* (z. B. *die vielen/wenigen Bücher*) auch als ⟋ Adjektive klassifiziert. **Lit.** M. Haspelmath, Indefinite Pronouns. Oxford 1997. – E. Fobbe, Die Indefinitpronomina des Dt. Heidelberg 2004. – Eisenberg II, 184 f. – H. Frosch, Indefinitum und Quantifikativum. In: L. Hoffmann (Hg.), Hdb. der dt. Wortarten. Bln., N. Y. 2007, 387–396. PT

Indeklinabel ⟋ Undeklinierbar

Indeterminiertes Verb ⟋ Bewegungsverben

Index m., pl. Indices/Indizes (lat. index ›Anzeiger‹) **1.** (Auch: Indexikal. Zeichen, Anzeichen) Im Unterschied zum arbiträren ⟋ Symbol (2) und zum abbildenden ⟋ Ikon ist ein I. nach Ch. S. Peirce ein ⟋ Zeichen, welches zu dem von ihm denotierten (⟋ Denotation) Objekt in »realer Beziehung« steht, d. h. in einem Verhältnis der ⟋ Kontiguität in mehreren, u. a. kausalen Spielarten. Wesentl. für seinen Status als »Anzeichen« (engl. *sign*) ist nach S. K. Langer (1965), dass er existenzanzeigend ist, und zwar entweder (a) »natürl.«, d. h. nicht-intentional: Polarstern ↔ Großer Wagen, Tasse ↔ Untertasse, Holstentor → Lübeck, Schuhe unterm Vorhang → Person dahinter, Rauch → Feuer, Narbe → Wunde, Zittern → Angst (u. a.), Fingerabdruck → Täter; oder (b) »künstl.«, d. h. intentional: Zeigegesten und -wörter, Pfeile, Wegweiser etc. (⟋ Deixis); Messinstrumente, vorgetäuschte Spuren, gespielte Tränen, Statussymbole. I. sind ubiquitär; jedes Verhalten kann indexikal. interpretiert werden. So ist auch jede sprachl. Äußerung, selbst wenn man nur deren verbal-symbol. Anteile berücksichtigt, nach K. Bühler (⟋ Bühlersches Organonmodell) zugleich »Symptom (Anzeichen, Indicium)« für die »Innerlichkeit« des Senders und indiziert darüber hinaus auch dessen Herkunft, Bildung etc. (⟋ Schibboleth) sowie das Ensemble kommunikativer Bedingungen, durch die die Äußerung geprägt ist – all dies u. a. durch lektale, situationale und funktionale Markierungen der verwendeten Lexeme (⟋ Konnotation 2 d). Zur Indexikalität ikon. Zeichen ⟋ Ikon. **Lit.** Ch. S. Peirce, Collected Papers. Cambridge, Mass. 1931–1935, 1958. – S. K. Langer, Philosophie auf neuem Wege. Ffm. 1965. – Th. A. Sebeok, Theorie und Geschichte der Semiotik. Reinbek 1979. – Bühler, Sprachtheorie. – P. von Polenz,

Idiolektale und soziolektale Funktionen von Spr. LB 63, 1974, 97–112. – W. Nöth, Hdb. der Semiotik. Stgt., Weimar ^{2}2000, 185 ff. RB – **2.** (Auch: Referenzindex. Engl. label) Im Rahmen der GG angenommene Variable zur Kennzeichnung grammat. determinierter Koreferenz (Referenzidentität) bzw. Referenz-Nicht-Identität. Bspw. referieren in [*Peter₁ rasiert ihn₂*] die Konstituenten *Peter* und *ihn* obligator. auf unterschiedl. Teilnehmer der Handlung *Rasieren*, was durch unterschiedl. Indizes zum Ausdruck gebracht wird, während in [*Peter₁ rasiert sich₁*] *Peter* und *sich* obligator. referenzident. sind (↗ Koreferenz 2), was durch gleichwertige Indizes, d.h. Koindizierung, ausgedrückt wird. Inwiefern es sich bei der I.-Vergabe um spezif. Regeln handelt, ist theorieabhängig. F – **3.** In der ↗ Dependenzgrammatik führt L. Tesnière neben ↗ Translativen und ↗ Junktiven Indizes als eine weitere Gruppe von formalen Markierungsmitteln ein. Ein I. kennzeichnet eine Kategorie, ohne sie wie die Translative aus einer anderen Kategorie zu transferieren. So ist der Artikel in *das Blau* Translativ, in *das Haus* jedoch nur I., d.h. dass der Artikel der syntakt. Markierung dient. WK – **4.** In der ↗ modelltheoretischen Semantik ein geordnetes Paar <w,t> aus einer (mögl.) Welt w und einem Zeitpunkt t. Relativ zu derartigen Welt-Zeit-Situationen werden die Denotate einer sprachl. Aussage in einem ↗ Modell (4) bestimmt. »Die Bedeutung einer Aussage [ist] eine Funktion von Indices in Wahrheitswerte« (Lohnstein 1996, 257). **Lit.** H. Lohnstein, Formale Semantik und natürl. Spr. Opladen 1996. Weitere Lit. ↗ Formale Semantik. RB

Indexikalisch ↗ Index (1)

Indexikalischer Ausdruck ↗ Deixis

Indexikalisches Zeichen ↗ Index (1)

Indianersprachen Sammelbez. für die autochthonen Spr. Amerikas mit Ausnahme der ↗ Eskimo-Aleutischen Sprachen. Die I. gehören vielen verschiedenen Sprachgruppen an (↗ Mesoamerikanische, ↗ Nordamerikanische und ↗ Südamerikanische Sprachen; Karten im Anhang). Der Versuch Greenbergs, alle I. unter der ↗ Na-Dene-Sprachen zu einer Supergruppe »Amerindisch« zusammenzufassen, ist auf starke Ablehnung gestoßen. **Lit.** J. H. Greenberg, Language in the Americas. Stanford 1987. – Diskussion in: Current Anthropology 28, 1987. D

Indifferenzlage (lat. indifferentia ›Gleichheit‹ **1.** Neutrale, mittlere Tonlage einer lautsprachl. Äußerung, d.h. ohne besondere Tonhöhenbewegung bzw. ↗ Akzentuierung gesprochen. – **2.** Neutrale (Sprech-) Stellung der Artikulatoren (↗ Artikulation) im Ggs. zur Ruhestellung mit an den Gaumen gelegter Zunge beim normalen Atmen; ↗ Schwa-Laut. PM

Indifferenzvokal ↗ Schwa-Laut

Indigener Wortschatz ↗ Erbwortschatz

Indikativ (lat. indicātīvus ›zur Aussage geeignet‹. Auch: Wirklichkeitsform) ↗ Modus des Verbs, der im Verhältnis zu anderen Verbmodi, z.B. ggü. dem ↗ Konjunktiv im Dt., im Allgemeinen durch ein vollständiges, nicht-defektes Paradigma gekennzeichnet und den durch die betreffende Proposition des Satzes denotierten Sachverhalt als gegeben ausweist. E

Indikator ↗ Aussagenlogik, ↗ Identifikator

Indirekte Rede (lat. ōrātiō oblīqua. Auch: abhängige, gebundene Rede, oblique Rede. Engl. indirect discourse, reported speech, frz. discours/style indirect) Von der ↗ direkten Rede abgeleitete Form der ↗ Redewiedergabe. I. R. wird durch verschiedene grammat. Mittel angezeigt: gegenüber der ↗ direkten Rede besteht eine tendenziell stärkere syntakt. Abhängigkeit (von Aussage-, Frage- oder Imperativsätzen) und Verschiebung der situationsbezogenen Ausdrucksmittel (Deiktika) von der wiedergegebenen auf die Wiedergabesituation. Verschiebungen gibt es auch bei Orts- und Zeitangaben und den ↗ epistemischen Sprecherbezügen (↗ Adverbialverschiebung, ↗ Pronominalverschiebung). Häufig werden indikativ. Tempora in konjunktivische umgewandelt; ↗ berichtete Rede. SL

Indirekter Fragesatz (auch: abhängiger Fragesatz) Von einer übergeordneten Konstituente abhängiger ↗ Fragesatz. I. F. werden im Dt. entweder durch *ob* eingeleitet (wie z.B. in *Er fragte / Die Frage, ob du kommst*) oder durch eine Phrase, die ein Fragepron. enthält (wie z.B. in *Er fragte / Das Problem, wer was getan hat*). **Lit.** ↗ Fragesatz. F

Indirekter Sprechakt ↗ Aufforderung

Indirektes Objekt ↗ Dativobjekt, ↗ Intransitiv, ↗ Objekt

Indirektes Reflexiv ↗ Logophorisch

Indirektes Subjekt In manchen Grammatiken des Dt. Bez. für Fälle, in denen Referenzidentität zwischen dem Subjekt einer dominierenden Konstruktion und einem »indirekten« Subjekt einer dominierten Konstruktion vorliegt, z.B. bei sog. Indefinitkonstruktionen (z.B. *Völlig entnervt und außer sich rief er sie an*), bei Subjektsinfinitiven und anderen Infinitivkonstruktionen mit *zu* (z.B. *Einmal beim Jahresball der Schönste zu sein war Peters sehnlichster Wunsch; Das Haus zu kaufen fehlte ihm doch das Geld*) und beim AcI (z.B. *Ich habe dich nicht kommen hören*); ↗ Akkusativ mit Infinitiv, ↗ Subjektlosigkeit. G

Indische Schriften Alle heute auf dem ind. Subkontinent für ↗ indoarische und auch viele mittelindoar. Sprachen (↗ dravidische Sprachen u. a.) gebräuchlichen autochthonen Schriftsysteme gehen auf einen Urtypus zurück – die Brāhmī-Schrift, deren älteste epigraph. Zeugnisse im Großteil der in ganz Indien verbreiteten Inschrift des Kaisers Aśoka (3. Jh. v.Chr.) vorliegen. Allen Fakten nach zu urteilen wurde diese erst in der mittelind. Sprachperiode (↗ mittelindische Sprachen) erfunden; die großen Text-Corpora des ↗ Altindischen wurden jahrhundertelang mündlich tradiert und erst später verschriftet. Gleichzeitig wurde eine weitere Schrift, die sog. Kharoṣṭhī (»Eselslippe«) verwendet; auch sie ist in Aśoka-Inschriften repräsentiert, ihr Vorkommen jedoch auf Nordwest-Indien beschränkt. Während für die linksläufige Kharoṣṭhī, die ohne Fortsetzer ist, aramäische Vorbilder als gesichert gelten können, ist die Herleitung der rechtsläufigen Brāhmī umstritten, wenn auch immer mehr Einzelheiten für eine gelenkte einheimische Schrifterfindung zu sprechen scheinen. Die Brāhmī ist eine Kombination aus Silben- und Buchstabenschrift. Es gibt eigene, selbständige Vokalzeichen nur für die Stellung im Wortanlaut, während für inlautende Vokale ein gemischtes System gilt: kurzes [a] inhäriert jedem Konsonantenzeichen, braucht also in interkonsonant. Position nicht extra geschrieben zu werden; alle anderen Vokale werden durch eigene Symbole dargestellt, die eine enge Verbindung mit dem Konsonantenzeichen eingehen und [a] automatisch tilgen. Zur Schreibung von Konsantenclusters wurden spezielle Ligaturen eingeführt. Die Anordnung der einzelnen Zeichen im Alphabet unterliegt einer phonet.-phonolog. genau durchdachten Einteilung nach Artikulationsstelle und Artikulationsart; ↗ Alphabetreihe. Alle diese systemhaften Charakteristika wurden in den Nachfolgeschriften der Brāhmī im Wesentl. beibehalten, in der formalen Ausprägung sind die Unterschiede jedoch beträchtl. Schon in den ersten Jahrhunderten nach Aśoka kristallisierten sich zwei Haupttypen heraus: Nord- und Südbrāhmī (die gerundete Form der Südbrāhmī-Zeichen erklärt sich aus dem Gebrauch von Metallstiften auf Palmblättern, die durch das Einritzen gerader kantiger Linien, wie sie für die nördl. Schriften mit Ausnahme der Oṛiyā-Schrift üblich sind, zerstört worden wären). Aus der Nordbrāhmī entwickelte sich die Gupta-Schrift (4./5. Jh. n. Chr.), die einerseits über die mittelalterl. Kuṭila-Schrift zu den frühen (Deva-) Nāgarī-Typen und Proto-Bengali führte und außerdem die Vorlage für die Śāradā-Schrift lieferte. Aus Letzterer leiten sich u. a. die Laṇḍa-Schnellschrift (teilweiser Verzicht auf Vokalzeichen, einige mehrdeutige Buchstaben), die Gurmukhī-Schrift sowie die verschiedenen Tākrī-Varianten (heute in Himachal Pradesh und Jammu/Kashmir, z. B. für das ↗ Ḍōgrī) ab. Auf die frühe Nāgarī gehen die moderne Nāgarī, die Kaithī-Schrift (vereinzelt in Bihar und östl. Uttar Pradesh), die Gujarātī-Schrift und die Moḍī-Schrift (für das Marāṭhī) zurück. Aus der Proto-Bengali-Schrift entwickelten sich die moderne bengal. Schrift, die Maithilī-Schrift und die Oṛiyā-Schrift. Die einzige für eine indoar. Spr. gebräuchl. Südbrāhmī-Variante ist die ↗ singhalesische Schrift. **Lit.** O. v. Hinüber, Der Beginn der Schrift und frühe Schriftlichkeit in Indien. Mainz 1989. – C. P. Masica, The Indo-Aryan Languages. Cambridge 1991. – H. Falk, Schrift im alten Indien: Ein Forschungsbericht mit Anmerkungen. Tübin-

gen 1993. – H. Falk, IndoSkript – Eine elektron. Paläographie. 2006 (http://userpage.fu-berlin.de/~falk/). FZ

Individuativum ↗ Appellativum

Individuenausdruck ↗ Definitheit

Indizierte Klammerung (engl. labelled bracketing, frz. parenthèses indiquées) Schreibkonvention zur Abbildung grammat. Strukturen. Die i. K. entspricht der Darstellung durch ↗ Strukturbäume, wobei jedes Klammer-Paar einen ↗ Knoten eines entspr. Strukturbaumes repräsentiert. F

Indizierung (engl. indexing) **1.** Im ↗ Information Retrieval dient die I. dazu, eine Dokumentenmenge durchsuchbar zu machen. Dazu wird ein Index erstellt, der jedem Begriff eine Liste mit deren Vorkommen in den Textdokumenten zuordnet. **2.** ↗ Thesaurus. **3.** ↗ Index. Z

Indoarische Sprachen In Südasien beheimatete Spr., die zur ↗ indogermanischen Sprachfamilie gehören. Zus. mit den ↗ iranischen Sprachen bilden die i. S. den Zweig der indoiran. Spr. Man unterscheidet drei chronolog. aufeinanderfolgende Sprachstufen, die ↗ altindische (↗ Vedisch, ↗ Sanskrit), die ↗ mittelindische (v. a. Pāli, die sog. Prakrit-Spr. sowie die Spr. verschiedener Königsinschriften) und die der sog. neuindoar. Spr. Den Beginn der neuindoar. Sprachperiode datiert man auf den Anfang des 2. Jt. n. Chr. Die geneaolog. und typolog. Beziehungen der neuindoar. Spr. untereinander sind teilweise noch nicht völlig zufriedenstellend geklärt, doch hat die folgende v. a. auf ↗ genetischen und ↗ typologischen Grundlagen beruhende Klassifizierung als Arbeitshypothese eine gewisse Gültigkeit: (a) Zentrale Spr.: sämtliche Dialekte des ↗ Hindī, die unterteilt werden in eine westl. (↗ Kharī bolī mit ↗ Hindustānī, literarischem Hindī, ↗ Bazar-Hindustāni, ↗ Urdū; Hariyāṇavī; Braj bhākā; Kanaujī; Bundelī) und eine östl. Gruppe (Avadhī, Baghelī, Chattīsgaṛhī); (b) Nordwestl. Spr.: ↗ Sindhī, ↗ westl. Pañjāb-Sprachen (auch Lahndā genannt: Poṭhohārī, Hindkō, Sirāikī), östl. Pañjābī (eigentliches ↗ Pañjābī), (c) Westl. Spr. (bilden einen kontinuierlichen dialektalen Übergang zwischen den zentralen und den nordwestl. bzw. südl. indoar. Spr.): ↗ Rājasthānī, ↗ Gujarātī, Bhīlī, Khāndēśī. Das nur ca. 1 000 Sprecher zählende Paryá (in Tadžikistan) nimmt genealog. und typolog. eine Übergangsstellung zwischen der nordwestl. und der westl. Gruppe ein; (d) Südl. Spr.: ↗ Marāṭhī, ↗ Kōṅkaṇī; (e) Pahārī-Spr.n: westl. Pahārī (eigentliches ↗ Pahārī, auch Himācalī), zentrales Pahārī (Gaṛhwālī und Kumaunī), östl. Pahārī (↗ Nepālī, auch Gurkhalī); (f) Östl. Spr.: ↗ Bengali (Baṅgālī), ↗ Assamisch (Asamīyā), ↗ Oṛiyā, ↗ Bihārī-Spr. (Bhojpurī, Maithilī, Magahī); (g) Insel-Spr.: ↗ Singhalesisch, ↗ Maledivisch (Dhivehi); (h) Zigeuner-Dialekte (↗ Romani), (i) diejenigen ↗ dardischen Sprachen, die genealog. zu den indoar. Spr. gerechnet werden: alle zentraldard. und ostdard.

Spr. (↗ Kashmiri). **Lit.** G. A. Zograf, Jazyki južnoj Azii [Die Spr. Südasiens]. M. 1990. – C. P. Masica, The Indo-Aryan Languages. Cambridge 1991. – G. Cardona & Dh. Jain (eds.), The Indo-Arya Languages. Ldn., N. Y. ²2007. **SSG** Universitätsbibliothek Tübingen (21). FZ

Indoeuropäische Sprachen ↗ Indogermanische Sprachen

Indogermanische Sprachen (auch: Indoeuropäische Sprachen. Engl. Indo-European languages, frz. langues indo-européennes) Seit der Mitte des 19. Jh. im dt. Sprachraum gebräuchl. Benennung für die Sprachfamilie, die sich in histor. überschaubarer Zeit von den ↗ germanischen Sprachen Nordeuropas bis zu den ↗ indoarischen Sprachen Südasiens erstreckt und sowohl altbezeugte (z. B. ↗ Sanskrit, ↗ Latein) als auch moderne Ausprägungen umfasst. Aufgrund besonders enger Verwandtschaft lassen sich die idg. Spr. größtenteils in Gruppen (Zweige i. S. eines Stammbaumschemas) anordnen (von Ost nach West; ↗ indoarische, ↗ iranische, ↗ altanatolische, ↗ slavische, ↗ baltische, ↗ germanische, ↗ italische, ↗ keltische Sprachen); andere idg. Spr. stehen isoliert da (↗ Tocharisch, ↗ Armenisch, ↗ Griechisch, ↗ Albanisch). Bei einigen sog. Restspr. (z. B. Dakisch, Thrak. im Balkanraum, Ligur., Rätisch in Norditalien) reicht die Belegmasse für eine Zuordnung nicht aus. Aufgrund gewisser Übereinstimmungen lassen sich engere Beziehungen auch zwischen einzelnen Gruppen annehmen (z. B. ind.iran.-griech.; ital.-kelt.; balt.-slav.), die aber nur selten zum Ansatz eines gemeinsamen Zweiges berechtigen (indoiran.). Die früher weit verbreitete Scheidung in eine westl. und eine östl. Gruppe, die auf der unterschiedl. Vertretung ursprüngl. Velarkonsonanten beruht und sich nach dem Wort für ›100‹, lat. *centum* und altiran. (avest.) *satəm*, in der Dichotomie von »Kentumsprachen« und »Satemsprachen« niedergeschlagen hat, kann heute keine Gültigkeit mehr beanspruchen. Aufgrund der breiten Überlieferungsmasse gestatten die idg. Spr. in besonderem Maße die ↗ Rekonstruktion einer selbst nicht bezeugten gemeinsamen ↗ Grundsprache (Uridg., Protoidg.), deren phonolog., morpholog. und lexikal. Züge bis in Einzelheiten bestimmbar sind; sie dürfte dem durch das ↗ Griechische und das ↗ Altindische vertretenen kategorienreichen ↗ flektierenden Typ sehr nahe gestanden und sich u. a. durch komplexe Ablautschemata (↗ Ablaut, ↗ proterodynamisch, ↗ hysterodynamisch, ↗ akrostatisch) ausgezeichnet haben. Diese Rekonstruktion und die mit ihr verbundenen sprachgeschichtl. Fragen sind Gegenstand der ↗ Indogermanistik. **Lit.** K. Brugmann & B. Delbrück, Grundriß der vergleichenden Grammatik der idg. Spr.n. Straßburg 1886–1990. – O. Szemerényi, Einführung in die Vergleichende Sprachwiss. Darmstadt ⁴1990. – J. Kuryłowicz & M. Mayrhofer (Hgg.), Idg. Grammatik. Heidelberg 1986. – N. E. Collinge, The Laws of Indo-European. Amsterdam 1985. – R. S. P.

Beekes, Comparative Indo-European Linguistics: an Introduction. Amsterdam u. a. 1995. – M. MeierBrügger, Idg. Sprachwiss. Berlin ⁷2000. – E. Tichy, Idg. Grundwissen. Bremen 2000. GP

Indogermanistik (engl. Indo-European Studies, frz. linguistique indo-européenne) Im dt. Sprachgebiet übl. Bez. für eine Disziplin, die sich der histor.vergleichenden Erforschung (↗ historisch-vergleichende Sprachwissenschaft) der ↗ indogermanischen Sprachen und der ↗ Rekonstruktion einer gemeinsamen Grundspr. (Uridg.) für diese Sprachfamilie widmet. Das Aufkommen der I. gegen Ende des 18. Jh. ist im Wesentl. mit der Kenntnisnahme des ↗ Sanskrit und der Aufdeckung systemat. Entsprechungen zwischen diesem und den »klass.« Sprachen Europas, ↗ Griechisch und ↗ Latein, verknüpft. Ihre erste Blütezeit hatte die I. in der 2. Hälfte des 19. Jh., als erkannt wurde, dass die histor. Diversifikation einzelner idg. Spr. oder Sprachgruppen durch regelmäßige lautl. Entwicklungen, sog. ↗ Lautgesetze, charakterisiert ist (z. B. ↗ Grimmsches Gesetz, ↗ Vernersches Gesetz für die ↗ germanischen Sprachen, Palatalgesetz für das ↗ Altindische). Die I. versteht sich auch als Hilfsdisziplin für die idg. Einzelphilologien, indem sie versucht, sprachhistor. Kriterien für die Bewertung einzelsprachl. Phänomene bereitzustellen. Verschiedene Einzelphilologien wie die ↗ Slavistik, Baltistik, Keltistik sind überhaupt erst aus der I. entstanden oder bilden bis jetzt einen Teilbereich derselben. Zu den heute meistdiskutierten Gebieten der I. gehören Fragen der histor. Lautlehre (↗ Laryngaltheorie, ↗ Glottaltheorie), der Stratifikation der Grundsprache in dialektaler und temporaler Hinsicht (»Raum-Zeit-Modell«) sowie die Erforschung rudimentär überlieferter idg. Einzelspr. (sog. Restspr.). **Lit.** ↗ Indogermanische Sprachen. GP

Indoiranische Sprachen ↗ Indische Sprachen, ↗ Iranische Sprachen

Indonesisch (Eigenbez. bahasa Indonesia) West↗ austronesische Sprache, malai. Sprachgruppe. Nationalspr. der Republik Indonesien (220 Mio. Einwohner; 366 Ethnien) seit Erlangung der Unabhängigkeit 1945, in außermalai. Sprachgebieten überwiegend S2. Weiterentwicklung des ↗ Malaiischen (Riau-Johore-Standard), das in einer vereinfachten Form als ↗ lingua franca seit Jahrhunderten in den Küstengebieten des Archipels verbreitet ist. Lat. Schrift. Reich an außer-indones. Lehngut, v. a. aus dem ↗ Sanskrit, auch tamil., arab., pers., portugies., ndl. und engl., ferner indones. Lehngut, v. a. ↗ Minangkabausch, ↗ Javanisch und ↗ Sundanesisch; Karte ↗ Austronesische Sprachen. – Die ersten nationalist. Massenorganisationen Anfang des 20. Jh. wählten Malai. als Medium und entschieden sich damit gegen ↗ Javanisch als größte Spr. Indonesiens. Nur so war es möglich, die Klüfte zwischen einer ndl. erzogenen Elite und der breiten Masse zu überbrücken. Ab 1928 wurde der Begriff *bahasa*

Indonesia von jungen Nationalisten anlässl. des *Sumpah Pemuda* ›Eids der Jugend‹ propagiert. Die Einf. des I. wurde als nationales Ziel u. a. in den Zeitschriften *Pujangga Baru* ›Neuer Literat‹ und auf einem Sprachkongress 1938 in Solo (Java) gefordert. Während der japan. Besatzungszeit (1942–45) nachhaltig als Ersatz für Ndl. gefördert, wurde I. schließl. zum Symbol der nationalen Einheit. Seither fortwährende Entwicklung, auch mithilfe staatl. gelenkter ↗ Sprachpolitik der Sprachbehörde *Pusat Pembinaan dan Pengembangan Bahasa* ›Zentrum für Sprachaufbau und -pflege‹. Rechtschreibreformen 1948 (z. B. ⟨u⟩ für [u] statt (ndl.) ⟨oe⟩, also z. B. *Bandoeng > Bandung*) und 1972 zur Vereinheitlichung mit der malai. Orthographie von Malaysia und Singapur (z. B. *Jakarta* statt *Djakarta; Yogyakarta* statt *Jogjakarta*). Fortgesetzte Zusammenarbeit mit der malays. Sprachbehörde zwecks gemeinsamer Standardisierung von Fachterminologien. Eine erste normative Grammatik wurde 1988 vorgelegt. I. ist als Nationalspr. zwar unumstritten und im gesamten Archipel etabliert; dennoch gibt es Kontroversen infolge zunehmendem, von der Sprachbehörde initiiertem Einfluss der bedeutenden Regionalspr. Neujavan. auf das Lexikon des öffentl. Diskurses, die wegen ihrer Sprach-Höflichkeitsebenen (↗ Anredeform, ↗ Honorativ) im Vergleich zum eher »egalitären Sprachgeist« des Malai. als »feudalist.« und damit unzeitgemäß empfunden wird. Typologie ↗ Malaiisch. **Lit.** S. T. Alisjahbana, Language Planning for Modernization: The Case of Indonesian and Malaysian. Den Haag, Paris 1976. – H. Kähler, Grammatik der Bahasa Indonesia. Wiesbaden ³1983. – J. Sneddon, Indonesian: A Comprehensive Grammar. London 1996. – J. Errington, Shifting Languages: Interaction and Identity in Javanese Indonesia. Cambridge 1998. – S. Musgrave, Non-subject Arguments in Indonesian. Melbourne 2001. – R. Englebretson, Searching for Structure: the Problem of Complementation in Colloquial Indonesian Conversation. Amsterdam 2003. CE

Indonesische Sprachen Veraltete Bez. für den überwiegenden Teil der west- ↗ austronesischen Spr. einschl. der ↗ philippinischen Sprachen, der I. Spr.n Festland-Südostasiens, Madagaskars und Mikronesiens, nicht jedoch aller Spr. des östl. Indonesien (Molukken) im Übergang zu den west- ↗ ozeanischen Sprachen. Der Begriff wird heute vermieden, da er missverständl. ist in der Bedeutung »Spr.n der Republik Indonesien« mit 241 austrones. und 227 ↗ Papua-Sprachen. CE

Induktion (lat. indūcere ›einführen‹, ›zuleiten‹) Form von Schlüssen, in der aus einer Anzahl singulärer Aussagen über einen Gegenstandsbereich (Prämissen) eine allgemeine Aussage desselben Gegenstandsbereichs (↗ Konklusion) abgeleitet wird, ohne dass die Folgerung sich log. notwendig ergäbe (wie bei der ↗ Deduktion): Wenn sämtl. beobachteten

Phänomene einer gegebenen Art eine bestimmte Eigenschaft haben, dann wird daraus geschlossen, dass alle, d. h. auch die noch nicht beobachteten Phänomene dieser Art diese Eigenschaft haben, z. B. aus den bisherigen Beobachtungen von Schwänen wird geschlossen, dass über den Kreis der beobachteten hinaus alle Schwäne weiß sind; ↗ Bottom up. PR

Inessiv (lat. inesse ›sich befinden in‹) ↗ Kasus z. B. der finnougr. Spr. mit der Kasusbedeutung ›befindlich in, innerhalb‹, z. B. finn. {-ssa}, {-ssä}, z. B. *talossa* ›im Haus, innerhalb des Hauses‹, ungar. {-ban}, z. B. *a házban* ›im Haus‹; ↗ Adessiv, ↗ Lokativ. G

Inferentiell ↗ Modalverb

Inferenz f. **1.** (lat. īnferre ›hineintragen, äußern‹) Ein wichtiger Bereich der ↗ Sprachdidaktik ist die Beobachtung von Unterrichtsprozessen. Dabei stellt sich dem Forscher das Problem der Aufzeichnung und Bewertung. Geringe I. liegt vor, wenn der Beobachter (gleichsam wie ein Messgerät) notiert, z. B. »Schüler B fragt, ob er zur Toilette gehen darf.« Hohe Inferenz liegt vor, wenn der Beobachter zugleich auch bewertet, weil er Beobachtetes in breite Kategorien einordnen muss, z. B. »Schüler B ist am Unterricht nicht interessiert«. GI, KL – **2.** (Engl. inference ›Schlussfolgerung‹) Schlussfolgerungsmechanismus, mit dessen Hilfe aus bekanntem Wissen ›neues‹ Wissen abgeleitet werden kann. In der ↗ Formalen Logik unterscheidet man die Anwendung von I.-Regeln mit Wahrheitswerterhalt (truth-maintenance) wie (a) ↗ Deduktion (folgerichtiges Schließen), (b) ↗ Resolution (Widerspruchsbeweis) im Gegensatz zu nicht-wahrheitswerterhaltenden I.-Regeln, bei denen die Konsistenz der Wissensbasis nicht gewährleistet ist. Hierzu zählen (c) ↗ Induktion (generalisierendes Schließen), (d) ↗ Abduktion (ursächl. Schließen). I.-Mechanismen finden Anwendung in der ↗ Computerlinguistik, der ↗ Wissensrepräsentation und der ↗ Künstlichen Intelligenz. Z

Inferenzmaschine In der ↗ Künstliche-Intelligenz-Forschung Bez. für solche Algorithmen und Programme, die Schlussfolgerungen berechnen. I. werden eingesetzt, wenn die für die Lösung einer Aufgabe erforderl. Informationen nicht bereits explizit vorliegen, aber aus den gegebenen Daten auf der Basis axiomat. Annahmen mit Inferenzstrategien wie Deduktion, Induktion oder Abduktion abgeleitet werden können. In sprachverarbeitenden Systemen spielen I. eine zentrale Rolle bei der Interpretation von sprachl. Äußerungen vor dem Hintergrund von Weltwissen oder domänenspezif. Informationen. L

Inferenztheorie Theorie des induktiven Schließens auf der Grundlage empir. Beobachtung durch einen Schluss (Konfidenzschluss) von Stichprobeninformationen auf einen unbekannten Parameter der Grundgesamtheit mithilfe von Konfidenzintervallen. PR

Infinit (lat. īnfīnītus ›unbegrenzt, unbestimmt‹. Engl. infinite, non-finite) Eigenschaft von Verbformen, die v. a. bezügl. der Kategorien von ↗ Numerus und ↗ Person unbestimmt sind; ↗ infinites Verb. WR

Infinites Verb (Auch: verbum īnfīnītum, Nominalform) Verbform, die in Bezug auf ↗ Numerus und ↗ Person unbestimmt ist (↗ infinit). Ein i. V. (↗ Infinitiv, ↗ Partizip, ↗ Gerundium, ↗ Gerundiv, ↗ Supinum) kann, anders als bei ↗ finiten Verben, nicht das ↗ Prädikat eines Satzes bilden; Partizipien in attributiver Stellung, Gerundien, Gerundiva und Supina flektieren nominal. Eine scharfe Trennung des i. V. vom finiten Verb ist nicht immer möglich, z. B. im Falle des persönl. Infinitivs im Portug.   WR

Infinitiv (auch: Grundform, Nennform. Abk. Inf.) Nicht-konjugierbare ↗ infinite Verbalform nominalen Charakters, die in manchen europ. Spr. als Grundform des Verbs angegeben wird. I. d. R. ist der I. hinsichtlich ↗ Person, ↗ Numerus und ↗ Modus unbestimmt. Andererseits können I.-Formen bezügl. ↗ Tempus bzw. ↗ Aspekt, Diathese (↗ Genus verbi) und ↗ Rektion markiert sein. Im Dt. wird der I. morpholog. durch das Suffix {-en} und syntakt. (durch Stellungsregeln) markiert, im Engl. dagegen lexikal. (durch die Partikel *to*) und syntakt. Die Substantivierung des I. ist im Dt. besonders ausgeprägt; ↗ Infinitivsatz, ↗ Infinitivkonstruktion. Die Ausdrücke »Grundform« und »Nennform«, die sich auf die Verwendung des I. als Wörterbuchform in einigen europ. Spr. beziehen, haben keine allgemeine Relevanz. In vielen Spr. gilt die oft unmarkierte Form des 3. Pers. Sg. (Ind. Akt.) als Grund- bzw. Nennform.   WR

Infinitivgruppe ↗ Infinitivkonstruktion, ↗ Infinitivsatz

Infinitivkomplement ↗ Infinitivkonstruktion

Infinitivkonjunktion ↗ Konjunktion, die den Infinitiv fordert: *um*. Das begleitende *zu* wird als Infinitivpartikel bezeichnet.   SO

Infinitivkonstruktion Syntakt. Konstruktion, die einen ↗ Infinitiv (Inf.) enthält, sowohl einfache Inf. (*sie soll schreiben; sie lernt schreiben*) als auch erweiterte Inf. (Inf.gruppen, auch: satzwertiger Infinitiv), die neben dem Inf. eine oder mehrere Bestimmungen enthalten (*Sie versuchte, das entliehene Buch schnell zu lesen; Sie sieht die Kinder im Garten spielen*). Im Dt. unterscheidet man (a) I. ohne *zu* (1. ↗ Status nach Bech), (b) I. mit *zu* (2. Status nach Bech) und (c) durch *um/anstatt/ohne* (*zu*) eingeleitete I. *Zu* steht unmittelbar vor dem Inf.; bei ↗ Partikelverben zwischen Präfix und Stamm (*abzuschicken, wegzugehen*). I. können Subjekt oder Objekt des Matrixsatzes sein, z. B. *Den Weg zu verlassen ist verboten; Lukas lernt (zu) schwimmen; Lukas beginnt zu schreiben*. I. als Attribut eines N kommen nur mit *zu* vor (*die Absicht, den Professor zu ärgern*). Bei der I. als Objekt hängt das Auftreten von *zu* vom Matrixverbs, (Schwankungen bei *brauchen*), bei der I. als Sub-

jekt von der Position der I. im Satz sowie von ihrer Komplexität ab z. B. *Den Weg zu verlassen ist verboten; *Es ist verboten, den Weg verlassen* (↗ Korrelat); *Rauchen (ist) verboten; Im Hörsaal zu rauchen ist verboten*. Wenn ein Verb außer dem Inf. (im 1. Status) ein Akk.obj. zulässt, spricht man vom ↗ Akkusativ mit Infinitiv (AcI) – in Anlehnung an die lat. Grammatik, wo freilich die Akk.-NP vom Verb im Inf. regiert wird (*Lukas hört den Eichelhäher; Lukas hört den Eichelhäher spotten*). *Eichelhäher* ist hier Obj. zu *hört* und gleichzeitig Subj. zu *spotten*. Ob I. Sätzen gleichzustellen sind, ist umstritten. Sie enthalten weder ein finites Verb noch ein Subjekt, werden aber mitunter als »satzwertige Inf.«, als »verkürzte Nebensätze« oder einfach als ↗ Infinitivsätze bezeichnet. Die durch *um, anstatt* oder *ohne* eingeleiteten I. ist funktional einem ↗ Adverbialsatz vergleichbar (doch fehlt das Subj., und das Verb ist infinit). – Da die I. kein overtes Subj. aufweist, stellt sich die Frage, wie das latente Subj. identifiziert wird. Es hängt weitgehend vom Matrixverb ab: das Matrixverb »kontrolliert« das Subj. der I. (↗ Kontrolle). Bei manchen Verben ist das Subj. der I. ident. mit dem Subj. des finiten Verbs (Subjekt-Kontroll-Verb), z. B. *Lukas hofft zu gewinnen; Lukas fängt an zu schimpfen*. Bei transitiven Matrixverben ist das Subj. der I. meist ident. mit dem Obj., z. B. *Jenny befiehlt Lukas, sich zu waschen; Lukas bittet Jenny, ihn zu waschen* (Objekt-Kontroll-Verben); es gibt aber auch Subjekt-Kontroll-Verben mit einem Obj. (*Lukas verspricht Jenny, bald zu kommen*). Manche Verben lassen beide Lesarten zu (*Jenny schlägt Lukas vor, ein Eis zu essen*). – I. enthalten zwar kein finites Verb, können aber zeitl. Variation ausdrücken: es gibt im Dt. zwei Inf. (*essen – gegessen haben, gehen – gegangen sein*), und es gibt Verben, die nur mit dem Inf. I möglich sind (*Jenny fordert Lukas auf, sich die Schuhe anzuziehen/*sich die Schuhe angezogen zu haben*), sowie Verben, die eher mit dem Inf. II kompatibel sind (*Lukas beschuldigt Jenny, seinen Teddy verschlampt zu haben/*seinen Teddy zu verschlampen*). – I. kommen auch in nicht eingebetteter Position vor, z. B. *Rasen nicht betreten;* ↗ Imperativsatz, ↗ Kutscherimperativ. **Lit.** G. Bech, Studien über das dt. verbum infinitum. 2 Bde. Kopenhagen 1955, 1957. – N. Fries, Syntakt. und semant. Studien zum frei verwendeten Inf. und zu verwandten Erscheinungen im Dt. Tübingen 1983. – A. Steube & G. Zybatow (Hgg.), Zur Satzwertigkeit von Inf. und Small Clauses. Tübingen 1994.   C, G

Infinitivpartikel ↗ Infinitivkonjunktion

Infinitivsatz Bez. für ↗ Infinitivkonstruktionen, die in ihrer grammat. Funktion Sätzen ähnlich oder gleich sind, v.a. solche mit *um – zu, ohne – zu* und *anstatt – zu*. Da höchst umstritten ist, ob und inwiefern Inf.konstruktionen als Sätze zu werten sind, ist statt I. auch die Bez. »satzwertige Einheit« gängig.   RL

Infinitivus absolutus Der i. a. hat im ↗ Kanaanäischen adverbiale Funktion. Er emphatisiert die Verbalhandlung, z. B. im ↗ Hebräischen *yādaˀti kī māl- ōk timlok̠* ›ich weiß, du wirst gewiss König‹ *šimˀtū šāmoˀtā* ›hört aufmerksam zu!‹. WI
Infinitivus constructus Der i. c. dient im ↗ Kanaanäischen mit präfigiertem *l-* dem Ausdruck einer Absicht, eines Ziels oder einer unmittelbar bevorstehenden Handlung, z. B. *šakam liptoh* ›er stand auf, um zu öffnen‹; mit präfigiertem *b-* oder *k-* zur Zeitbestimmung, z. B. *bihjotām bˀMizraiim* ›während sie in Ägypten waren‹. In manchen Fällen hat er gerundivische Funktion. WI
Infinitivus descriptivus (auch: infinitivus historicus) In der Latinistik Bez. für die Verwendung des Infinitiv Praesens statt einer finiten Form bei der pointierten Darstellung von Vorgängen und Zuständen der Vergangenheit, z. B. *Interea Catilina cum expeditis in prima acie versari, laborantibus succurrere, integros pro sauciis arcessere, omnia providere, multum ipse pugnare* (Sallust, De coniuratione Cat. C.60) ›Währenddessen schlägt sich Catalina mit einer leichtbeweglichen Schar im ersten Treffen, kommt in Bedrängnis zu Hilfe, ruft frische Kräfte statt der Verwundeten herbei, trifft gegen alles Vorsichtsmaßregeln, kämpft viel selbst‹. GS
Infinitkonstruktion Zusammenfassende Bez. für Konstruktionen, die infinite Verbformen enthalten, v. a. ↗ Infinitivkonstruktionen und ↗ Partizipialgruppen. G
Infinitivus historicus ↗ Infinitivus descriptivus
Infinitivverb Kleine Gruppe von Verben, die den einfachen Infinitiv regieren, ohne Modalverben zu sein, z. B. *gehen* (*er geht schwimmen*; ↗ Absentiv), *lehren* (*sie lehrt ihn schwimmen*; ↗ Akkusativ mit Infinitiv), *lernen* (*Linus lernt sprechen*). Die Frage nach dem syntakt. Status des regierten Infinitivs ist in der Diskussion. **Lit.** N. Fuhrhop, I.en. Nehmen *lernen* und *lieben* einen verbalen Infinitiv als Ergänzung? In: C. Meienborn (Hg.), (A)symmetrien – (A)Symmetries. Beiträge zu Ehren von E. Lang. Tübingen 2003, 99–114. G
Infix n. (lat. īnfigere ›einfügen‹) Uneinheitl. verwendeter Terminus (vgl. Hentschel & Weydt 2003, 23 f.). Gemein ist allen Lesarten die Auffassung, dass es sich um Affixe handelt, die im Wortinneren stehen. Der Dissens betrifft die Funktion (vgl. etwa Eichler & Bünting 1994, 226, Fleischer 2000, 891–893) oder auch die Position, d. h. die Frage, ob die fragl. Elemente in Stämme infigiert werden oder zwischen Stämmen stehen; ↗ Fuge. **Lit.** W. Eichler & K. Bünting, Dt. Grammatik. Form, Leistung und Gebrauch der Gegenwartsspr. Weinheim ⁵1994. – W. Fleischer, Wortbildung II. Prozesse. HSK 17/1, 891–893 – E. Hentschel & H. Weydt, Handbuch der dt. Grammatik. Berlin, N. Y. ³2003. ES
INFL (Abk. für engl. inflection ›Flexion‹. Abk. auch: I) Durch N. Chomsky (1986) in die GG eingeführte syntakt. Kategorie (↗ Funktionale Katego-

rie) zur Repräsentation der morpholog. Markierung des Verhältnisses von ↗ Subjekt und ↗ Prädikat und, je nach theoret. Voraussetzungen, weiterer morpholog. Merkmale des Verbs wie ↗ Tempus, ↗ Aspekt, ↗ Modus usw. INFL ersetzt den in früheren Versionen der GG angenommenen ↗ Auxiliarkomplex. Im Rahmen der ↗ Barrieren-Theorie besitzt INFL als einziges Komplement eine ↗ Verbalphrase (VP) und bildet mit dieser eine *Inflectional Phrase* (IP); gemäß der ↗ X-Bar-Theorie I' → INFL + VP (sowie IP → SpecI + I') stellen universale, grundlegende satzbildende Regeln dar. IPs selbst sind die einzig mögl. ↗ Komplemente der Kategorie COMP (↗ COMP-Position) und bilden mit dieser zusammen einen vollständigen Satz über die Regeln (S = CP), CP → Spec + C', C' → COMP + IP. Dies erlaubt eine generelle Erfassung verschiedener syntakt. und semant. Eigenschaften komplexer Phrasen, insbes. auch die Beschreibung von Sätzen als ↗ endozentrische Konstruktionen, d. h. als ↗ maximale Projektionen mit einem syntakt.-funktionalen ↗ Kopf (alternative Explikationen von Sätzen durch Jackendoff (1977, Kap. 3) im Rahmen der ↗ EST und ↗ REST fassen Sätze als Verb-Projektionen auf, etwa als V³). Seit Pollock (1989) wird intensiv die Aufspaltung von INFL in AGR(eement) und weitere Kategorien unter dem Begriff *Split-INFL* diskutiert; einzelsprachl. Realisierungen dieser Aufspaltung werden seit Thrainsson (1996) als *Split-INFL-Parametrisierung* erörtert; zur Diskussion bezügl. des Dt. vgl. Sternefeld (2009). **Lit.** N. Chomsky, Barriers. Cambridge, Mass. 1986. – G. Cinque (ed.), Functional Structure in DP and IP. The Cartography of Syntactic Structures. Vol. 1. N. Y. 2002. – M. Hegarty, A Feature-Based Syntax of Functional Categories. The Structure, Acquisition and Specific Impairment of Functional Systems. Bln. 2005. – J.-Y. Pollock, Verb Movement, Universal Grammar and the Structure of IP. LIn 20, 1989, 365–424. – L. Rizzi (ed.), The Structure of CP and IP – The Carthography of Syntactic Structures. Vol. 2. N. Y. 2004. – W. Sternefeld, Syntax. Eine merkmalbasierte generative Beschreibung des Dt. Ffm. ³2009. F
Inflektiv (auch: Lexeminterjektion) Unflektierter reiner Verbstamm ohne Infinitivendung. Der I. entstammt der Sondersprache der Comics und ist in der Netzkommunikation (Chatrooms, SMS) weit verbreitet. Der I. gilt als satzwertig. Er kommt v. a. bei Verbstämmen von, die Lautäußerungen und Geräusche (*rülps, grummel, schepper*) oder mim. und gest. Handlungen (*knuddel, knuff*) bezeichnen. Anders als die ↗ Interjektion und das ↗ Onomatopoetikon besteht ein I. aus existierenden Verbstämmen, die mitunter selbst lautmalenden Charakter haben, manchmal erst durch die Schreibung bewirkt (*sausss! klirrr!*). Die Übersetzerin der Donald-Duck-Comics, Erika Fuchs, schuf seit den 1950er Jahren viele musterbildende I., was zu der respektvoll-scherzhaften Bez. *Erikativ* für den I. führte.

Auch die Asterix-Übersetzungen wirkten stilbildend. In der Chat-Kommunikation markiert man den I. durch Sternchen oder spitze Klammern (z. B. *gaaanzliebdrück*). **Lit.** O. Teuber, fasel beschreib erwähn – Der I. als Wortform des Dt. GermL 141–142, 1998, 7–26. G

Inflexibel ↗ Unflektierbar

Informant (lat. īnfōrmāre ›unterrichten, schildern‹. Auch: Gewährsperson) Sprecher einer Spr., der einem Linguisten als Informationsquelle dient, z. B. (a) bei der Erforschung unbekannter Spr., (b) bei der Erfassung bestimmter sprachl. Phänomene, (c) bei der empir.-experimentellen Überprüfung einer Hypothese oder Theorie; (d) in der GG zur Beurteilung der ↗ Grammatikalität und ↗ Akzeptabilität sprachl. Äußerungen. – Die I.-Auswahl kann nach Zufallsvorgaben erfolgen oder von der Themenstellung der Untersuchung abhängig sein, vom Beherrschen einer ↗ Kontaktsprache, aber auch von soziokulturellen Bedingungen; ↗ Feldforschung, ↗ empirische Sprachwissenschaft, ↗ Datenerhebung. SK

Informatik (engl. computer science, seltener: informatics, frz. informatique) Wissenschaft von der Informationsverarbeitung, insbes. mithilfe von Computern, die sich aus Wurzeln in der angewandten Mathematik, Logik, Informationstheorie und Elektrotechnik nach dem 2. Weltkrieg zu einer selbständigen Disziplin entwickelt hat. Traditionell werden innerhalb der I. vier Teilgebiete unterschieden: Zur theoret. I. gehören u. a. die Theorie der Berechenbarkeit, die Automatentheorie (↗ Automat), die Komplexitätstheorie (↗ Komplexität) und die Theorie der formalen Sprachen. Zur prakt. I. werden die Gebiete Betriebssysteme und Programmierspr. gezählt. Zur techn. I. gehören auf Hardware bezogene Fragestellungen wie Rechnerarchitektur und Netzwerke. Das vierte Teilgebiet, die angewandte I., umfasst auf best. Anwendungsgebiete bezogene Ausrichtungen der I., z. B. die Wirtschaftsinformatik oder die ↗ Computerlinguistik. L

Information (lat. īnfōrmātiō ›Darlegung, Erläuterung‹) **1.** Quantitative Beschreibung von I. gemäß der ↗ Informationstheorie von Shannon & Weaver (1948). Demnach wird I. als Zeichenketten bestehend aus Zeichen eines Alphabets kodiert. Wesentl. ist der Begriff der Selektion von Zeichen und der Begriff ↗ Entropie (Unsicherheit), d. h. die durchschnittl. Anzahl an Bits, die für die Informationsspeicherung bzw. -übertragung notwendig sind. **Lit.** C. E. Shannon & W. Weaver, The Mathematical Theory of Communication. Urbana, Ill. 1949. Z – **2.** In der ↗ Psycholinguistik gibt es Theorien, die Sprachverarbeitung ausschließl. als Verarbeitung von I. ansehen. Meist arbeitet man dort aber mit einem nichtmathemat. Begriff von I. Sprachbenutzer haben eine komplexe mentale Repräsentation ihrer Umwelt, und Sprachsignale verursachen eine geordnete Veränderung dieser komplexen Repräsentationen. Entscheidend wird aus einer solchen Perspektive, wie sich das Gesprochene auf die vorgängigen I. zum angesprochenen Sachbereich beziehen lässt. **Lit.** Th. Herrmann, Allgemeine Sprachpsychologie. Mchn. 1985. KN

Information-based-grammar ↗ Unifikationsgrammatik

Information Retrieval (Abk. IR) Teilgebiet der ↗ Computerlinguistik, das sich mit der Suche von Informationen in unstrukturierten Datenmengen befasst und Methoden, Modelle und Verfahren hierfür entwickelt. Man unterscheidet mengenbasierte (Boolesche Modelle), statist.-algebraische (↗ Vektorraummodelle) und probabilist. Modelle (↗ Latente Semantische Analyse); ↗ Clustern, Filtern (↗ Textklassifizierung) und Routing (↗ Topic Detection and Tracking). Z

Informationsextraktion (Abk. IE) Bereich der ↗ Computerlinguistik (CL), der Verfahren entwickelt, die relevante Informationen zu vordefinierten Ereignissen (Templates) aus unstrukturierten domänenspezif. Texten extrahieren und zu strukturierten Daten zusammenfügen. Insbesondere werden Entitäten, Relationen zwischen Entitäten und Ereignisse analysiert. Anders als beim ↗ Information Retrieval ist das Ergebnis keine (gerankte) Liste mit Trefferdokumenten, sondern dient dem Aufbau einer Datenbank oder Ontologie. Hierzu werden i. d. R. flache Verarbeitungsmethoden der CL eingesetzt. **Lit.** R. Grishman, Information Extraction. Oxford 2003. Z

Informationslinguistik ↗ Computerlinguistik

Informationssystem Ein I. ist eine datenbankbasierte Anwendung, die dazu dient, heterogene, verteilte Informationen, die u. U. in unterschiedl. Sprachen, Medien, Modalitäten, Formaten vorliegen, zu verwalten und dem Benutzer einfach zugängl. zu machen. Hierzu werden oft computerling. Sprachtechnologien eingesetzt, insbes. Module zu ↗ Textnormalisierung; ↗ Clustering, ↗ Automatische Textzusammenfassung, ↗ Informationsextraktion, Automatisches Einfügen von ↗ Hyperlinks, ↗ Text und Data Mining, ↗ Maschinelle Übersetzung, ↗ Generierung. Z

Informationstheorie (auch: mathemat. ↗ Kommunikationstheorie. Engl. information theory) Aus der angewandten Mathematik und der Nachrichtentechnik stammende Theorie, die ↗ Information rein statist. in Abstraktion von ihrer eigentl. Bedeutung interpretiert. Ein wesentlicher Beitrag zur I. geht auf Shannon und Weaver zurück und war anfänglich dadurch motiviert, eine effiziente Übertragung von Gesprächen über Telefonleitungen zu realisieren. Der Fokus ihrer Theorie lag darauf, quantitative Aussagen über den Informationsgehalt von Zeichen (↗ Kodierung) treffen bzw. Hinweise zur Datenkompression und -übertragung ableiten zu können. Die von Shannon und Weaver entwickelte I. ist eine Grundlagendisziplin für verschiedene Wissenschaften (u. a. Physik, Neurobiologie, Psychologie,

Kryptografie, Ling.). Zahlreiche Begriffe, die bei der Beschreibung sprachl. Gesetzmäßigkeiten eine Rolle spielen, hängen mit Erkenntnissen und Definitionen der I. zusammen. **Lit.** C. E. Shannon & W. Weaver, The Mathematical Theory of Communication. Urbana, Ill. 1949.   Z

Informativ ↗ Zeichengebrauch

Ingassana ↗ Chari-Nil-Sprachen

Ingressiv (lat. ingressum ›eingetreten, begonnen‹) **1.** (Auch: Initiv) ↗ Aktionsart, die den Ausgangspunkt, das Einsetzen des im Verbstamm ausgedrückten Vorgangs oder Zustands charakterisiert, z. B. russ. *ljubit'* ›lieben‹ – *poljubit'* ›lieb gewinnen‹, *kričat'* ›schreien‹ – *zakričat'* ›losschreien‹. Eine spezielle i. Tempusbedeutung wird für den griech. ↗ Aorist angenommen, z. B. ἐράω (eraō) (Präs.) ›ich liebe‹, ἠράσθην (ērasthēn) (Aor.) ›ich gewann lieb, verliebte mich‹; ↗ Egressiv, ↗ Inchoativ. G, T – **2.** (Auch: inspiratorisch) I. ↗ Artikulation: Lautproduktion beim Einatmen statt wie normalerweise (↗ Egressiv) beim Ausatmen.   PM

Ingrisch ↗ Uralische Sprachen

Inguschisch (Eigenbez. γalγajn (muo·t)) ↗ Nachische Sprache (westl. Gebiet, östl. von Vladikavkaz), ca. 393 400 Sprecher (2002); Schriftspr. in lat., heute kyrill. Schrift mit Zusatzzeichen. **Lit.** F. Guerin, Description de l'Ingouche: parler du centre nord du Caucase. Mchn. 2001. – N. F. Jakovlev, Sintaksis inguškogo literaturnogo jazyka [Syntax der i. Litera- turspr.]. M. 2001. – R. I. Dolakova, Ingušskij jazyk [Das I.]. JaNSSR 4, 210–227. – J. Nichols, Ingush, ILC 4, 79–145. – JRF 1, 119–136.   BO

Ingväonisch ↗ Istväonisch, ↗ Nordseegermanisch

Inhalt (engl. content, frz. contenu) Die metaphor. Bezeichnung sprachl. Bedeutungen als ›I.‹ sinnl. wahrnehmbarer Zeichen›formen‹ begegnet in zwei Ausprägungen mit gegensätzl. Sinn und Bildgehalt. **1.** Die traditionelle ↗ Dichotomie von Form und I. bezieht sich auf Äußerungszeichen und soll die Ablösbarkeit der im Satz/Text ausgedrückten ›Gedanken‹ von der sprachl. Formulierung unterstreichen: Derselbe Inhalt kann in verschiedene Formen gegossen werden. Diese Vorstellung stützt sich auf die Möglichkeit von ↗ Paraphrase und ↗ Übersetzung und damit auch auf die Tatsache, dass Sätze/Texte – allerdings unter Abstraktion von feineren Differenzen – ↗ synonym sein können. Die Aufgabe, vorgegebene I. in vorgegebene Formen kunstvoll ›einzugießen‹, bestimmt seit der Antike die rhetor. Praxis ungebundener und gebundener Rede, bis sich am Ausgang des 18. Jh.s eine Poetik durchsetzt, für die die Metapher der »inneren Form« (Plotin: ἔνδον εἶδος (endon eidos), Shaftesbury: *inward form*) maßgebend ist. In ihrem Licht erscheint Textgestaltung als individueller, schöpferischer Prozess, der Textbedeutung und ›äußere Form‹ in engster Wechselbeziehung auseinander hervorgehen lässt und somit eine »lebendige Gestalt« (Schiller) erzeugt, die nur um den Preis ihres Todes in Form

und I. zu scheiden wäre. **2.** Diese Auffassung der klass. Ästhetik überträgt W. von Humboldt auf die Ebene des ↗ Sprachsystems: Jede Einzelspr. ist als »ein vollständig durchgeführter Organismus« (↗ Organismusmodelle) in allen »Theilen und Verfahren« geprägt durch eine ↗ innere Sprachform. Diese drückt eine best. »Weltansicht«, eine »nationale Eigenthümlichkeit des Geistes« aus, u. a. in einer charakterist. Weise, »die Begriffe dem Worte entgegen[zu]bilden«. Unter anderen theoret. Vorzeichen begreift auch F. de Saussure die ↗ Langue als Form, insofern sie die »amorphen Massen« der Laute und der Gedanken durch ↗ arbiträre Zuordnung in »Gedanken-Laute« gliedert; ↗ Sprachzeichen sind keine Etiketten für fertige Begriffe, vielmehr »bilaterale« Einheiten von »Lautbild« und Bedeutung, die sich gemäß einzelsprachl. Konvention wechselseitig konstituieren. Aus diesen beiden Positionen ergibt sich ein ling. I.-Begriff, der sich in erster Linie auf lexikal. und grammat. Langue-Zeichen (daneben auch auf Texte) bezieht und die Unablösbarkeit der Bedeutung vom »Lautbild« unterstreicht. (a) Im Rückgriff auf de Saussures Zeichenmodell unterscheidet L. Hjelmslev – und ihm folgend die Vertreter der ↗ Glossematik – zwischen I. und ↗ Ausdruck und bei beiden zwischen ↗ Form und ↗ Substanz. Das Sprachzeichen besteht aus der Vereinigung von I.form und Ausdrucksform; diese sind Form kraft einer Funktion, die Lautverbindungen und Ausschnitte der »amorphen Gedankenmasse« zu einer komplexen Zuordnungsstruktur verbindet. Der Begriff der ›Form‹ impliziert u. a., dass I. und Ausdruck nach gleichen strukturalist. Prinzipien analysiert werden können; Hjelmslev ist der Schöpfer einer ↗ Inhaltsanalyse (1) in »figurae« (↗ Figur), d. h. ↗ semantische Merkmale. (b) »Sprachinhalte« bilden für L. Weisgerber, der sich auch auf de Saussure beruft, v. a. jedoch an Humboldt anknüpft, den Kern einer »neuromant.« Sprachtheorie: Hervorgegangen aus dem »Zugriff« einer Sprachgemeinschaft auf die ungegliederte Welt (dem »Worten der Welt«), fügen sich die I. zu einer ›muttersprachl.‹ Zwischenwelt, die für die Sprachgemeinschaft die Wirklichkeit repräsentiert und somit als »geistgestaltende Kraft« (↗ Energeia) ihr Denken und Handeln entscheidend prägt. Die Beschreibung lexikal. (↗ Wortfeld) und morpholog.-syntakt. (↗ Akkusativierung, ↗ Satzbauplan) Sprachinhalte sieht Weisgerber als Aufgabe der ↗ Inhaltbezogenen Grammatik, deren Ergebnisse die Grundlage für eine energet. Untersuchung von Genese, Wandel und Wirkung der I. bilden **3.** Nachdem die bis in die 1960er Jahre in Deutschland erfolgreiche Sprachinhaltsforschung durch das strukturalist. Paradigma abgelöst worden war, überlebte der Terminus ›I.‹ bis zur Gegenwart allenfalls als Synonym für ↗ Signifikat. I. d. R. wird er lieber vermieden wegen seines metaphor. Gehalts (vgl. G. Lakoff & M. Johnson), der die konventionelle Geformtheit der ↗ lexikalischen Bedeutung allzu sehr betont auf Kosten ihrer denotativen und konnotativen Aktualisierungspotenzen. **Lit.** W. v. Humboldt, Ueber die Verschiedenheit des menschl. Sprachbaues und ihren Einfluss auf die geistige Entwicklung des Menschengeschlechts (1830–35). In: Ders., Schriften zur Sprachphilosophie. Darmstadt ³1963, 368–756. – De Saussure, Cours. – L. Hjelmslev, Omkring sprogteoriens grundlæggelse. Kopenhagen 1943; dt.: Prolegomena zu einer Sprachtheorie. Mchn. 1974. – G. Stötzel, Ausdrucksseite und I.seite der Spr. Mchn. 1970. – G. Helbig, Geschichte der neueren Sprachwiss. Mchn. 1971. – G. Lakoff & M. Johnson, Metaphors We Live By. Chicago, Ldn. 1980. – Weitere Lit. ↗ Inhaltbezogene Grammatik. RB

Inhaltbezogene Grammatik (auch: Sprachinhaltsforschung, energet. Sprachauffassung, synerget. Sprachwiss.) Sprachwiss. Richtung, die in den 1920er Jahren durch L. Weisgerber (1899–1985) (vgl. B. Weisgerber 2001) begründet und in der BRD der 1950er Jahre die vorherrschende Lehre wurde, aufbauend auf der Auffassung von Spr. als ↗ Energeia, deren ↗ innere Sprachform eine besondere Weltansicht repräsentieren soll. Ziel der i. G., die in diesem Sinne zu den Weltbild-Theorien zu rechnen ist, ist insbes. die Erforschung der *sprachl. Zwischenwelt*, die eine einzelsprachl. spezif. *Weltansicht* als eine Art geistiger Vermittlungsinstanz zwischen den ungeordneten Wahrnehmungsinhalten und der jeweiligen Sprachgemeinschaft darstellen soll. Besonders deutl. wird nach dieser Auffassung die *Anverwandlung der Welt*, das *Worten der Welt* durch die Mutterspr. im begriffl. Aufbau des Lexikons, der in Form von ↗ Wortfeldern beschrieben wird. Bspw. sind Verwandtschaftsbez. in verschiedenen Spr. unterschiedl. gegliedert. Die dt. Wörter *Eltern, Gatten, Ehepaar* fassen die (an sich schon der sprachl. Zwischenwelt angehörigen) Begriffe *Vater/Mutter* bzw. *Mann/Frau* zu einer Einheit zusammen, ebenso etwa wie *Geschwister* und *Kind* (*Bruder/Schwester*; *Sohn/Tochter*) – eine Strukturierung als Ergebnis des ›sprachl. Zugriffs‹ auf die Welt. Die i. G. ist in vier Stufen konzipiert: (1) laut- und gestaltbezogene Grammatik als Beschreibung der laut- und formbezogenen Aspekte, (2) i. G. als Beschreibung des Aufbaus des Wortschatzes, (3) leistungsbezogene Grammatik und (4) Wirkungen des sprachl. Zugriffs in der Lebenspraxis der Sprachgemeinschaft. Bei (1) und (2) handelt es sich um stat. Bestandsaufnahmen. (3) und (4) repräsentieren das dynam. Prinzip der Sprachbetrachtung. Weisgerbers Auffassungen wurden in der Folge vielfach modifiziert, z. B. durch W. Porzig (1895–1961), J. Trier (1894–1970), G. Ipsen (1899–1984), H. Gipper u.a. Der sprachphilosoph. Hintergrund der i. G. ist umstritten. Erkenntnistheoret. ähnl. ausgerichtete Ansätze finden sich z.B. in der ↗ Sapir-Whorf-Hypothese. Überblicke bieten Dittmann (1993) und Helbig (2002). **Lit.** J. Ditt-

mann, I. G. HSK 9.1, 242–257. – H. Gipper (Hg.), Spr. – Schlüssel zur Welt. Festschrift für L. Weisgerber. Ddf. 1959. – Ders., Das Sprachapriori. Stgt. 1987. – G. Helbig, Ling. Theorien der Moderne. Bln. 2002. – M. T. Rolland, I. G. DS 3, 1996, 250–268. – B. Weisgerber, Spr. als gesellschaftl. Erkenntnisform. Ein Beitrag zu Leo Weisgerbers ungedruckter Habil.schrift aus dem Jahre 1924. Orbis 17, 2001, 135–152. – L. Weisgerber, Von den Kräften der dt. Spr. 4 Bde., Ddf. 1949–1954. – Ders., Die inhaltbezogene Grammatik. In: W. Gewehr & K.-P. Klein (Hgg.), Grundprobleme der Linguistik Baltmannsweiler ²1982, 43–51. – I. Werlen, Spr., Mensch und Welt. Darmstadt 1989. **Bibl.** H. Gipper et al., Bibliograph. Hdb. zur Sprachinhaltsforschung. Köln 1967. F

Inhaltsanalyse 1. (frz. analyse du contenu) Älterer (z.B. von J. Holt oder H. Geckeler gebrauchter) Ausdruck für die von L. Hjelmslev inaugurierte, von der ↗ Glossematik und der ↗ strukturellen Semantik (v.a. L. Prieto, E. Coseriu, A.-J. Greimas, B. Pottier) entwickelte Analyse der Lexembedeutungen in distinktive »figurae« (Hjelmslev; ↗ Figur, ↗ Inhalt 2) bzw. ↗ semantische Merkmale oder ↗ Seme / ↗ Noeme; ↗ Komponentenanalyse. **Lit.** J. Holt, Beiträge zur sprachl. I. Innsbruck 1964. – H. Geckeler, Strukturelle Semantik und Wortfeldtheorie. Mchn. 1971. – Weitere Lit. ↗ Sem, ↗ Strukturelle Semantik. **2.** (Engl. content analysis) Von H. D. Lasswell entwickeltes und bis in die Gegenwart v. a. in Publizistik und den Sozialwiss. häufig angewendetes Verfahren »für die objektive, systemat. und quantitative Beschreibung des manifesten Inhalts von Kommunikation« (B. Berelson). Die I. behandelt Texte als indexikalische Zeichen (↗ Index (1)); ihre Untersuchungen zielen i.d.R. darauf, Eigenschaften des Kommunikators (Identität, Charakter, Überzeugungen, Einstellungen, Absichten, Strategien, Techniken, Rezipientendesign u.a.) sowie ggf. deren Veränderungen aus Textmerkmalen aufzuspüren, in denen sie sich, für das method. unbewaffnete Auge unscharf oder unsichtbar, ausdrücken. Die systemat. regelgeleitete (und in der Gegenwart computergestützte) Erfassung der Präsentation, Frequenz und Distribution theoret. begründeter, zählbarer Analyseeinheiten (Themen, Argumente, Wertungen, Begriffe, Metaphern u.a.) soll dazu dienen, intuitive Eindrücke über die relative Wichtigkeit von Textinhalten zu objektivieren und Inhaltsstrukturen größerer Textmengen (z.B. der Berichterstattung unterschiedl. Presseorgane über ein best. Ereignis) sichtbar zu machen. Gegenüber den Unzulänglichkeiten einer mechan. Auszählung von Oberflächeneinheiten forderten seit den 1950er Jahren Vertreter ›qualitativen I.‹ die Berücksichtigung kontextueller Gewichtungen und nicht-manifester, »latenter« Inhalte. Heute wird hier kein Gegensatz mehr gesehen, da alle bedeutungshaltigen Einheiten quantitativer Analysen prinzipiell auf qualitativen, das Gegebene transzendierenden Definitionen beruhen. Z.B. muss einer Auszählung von ›Schlüsselwörtern‹ die qualitative Entscheidung vorausgehen, welche Synonyma, Ableitungen und Komposita als Instanzen eines best. Schlüsselwortes zu kodieren sind. **Lit.** H. D. Lasswell, A Provisional Classification of Symbol Data. Psychiatry 1, 1938, 197–204. – Ders. [u. a.], The Comparative Study of Symbols. Stanford 1952. – I. de Sola Pool (ed.), Trends in Content Analysis. Urbana, Ill. 1959. – I. Frülau, Die Sprachlosigkeit der I. Tübingen 1982. – D. W. Langridge, I. Grundlagen und Methoden. Mchn. 1994. – W. Bos (Hg.), Computergestützte I. in den empir. Soz.wiss.: Theorie, Anwendung, Software. Münster 1996. – U. Lissmann, I. von Texten. Landau ²2001. – W. Wirth, I. Perspektiven, Probleme, Potentiale. Köln 2001. – Ph. Mayring, Die Praxis der qualitativen I. Weinheim 2004. – W. Früh, I. Theorie und Praxis. Konstanz ⁶2007. – K. Krippendorff, Content Analysis. An Introduction to its Methodology. Thousand Oaks, CA ²2004. – P. Rössler, I. Konstanz 2005. RB

Inhaltsebene, -form, -linie, -plan, -substanz ↗ Form (3), ↗ Glossematik

Inhaltssatz Nebensätze, die in der syntakt. Funktion eines ↗ Subjekts oder ↗ Objekts (↗ Subjektsatz, ↗ Objektsatz) auftreten, werden als I. bezeichnet. Der I. ist abzugrenzen vom ↗ Relativsatz und vom ↗ Adverbialsatz. Der I. wird durch Fragepronomen oder Fragepartikel (↗ indirekter Fragesatz), durch *dass* oder damit austauschbaren Anschlussausdrücken eingeleitet, z.B. *Stefanie fragte, wer die Kreide versteckt habe; Florian fragte sich, ob Christof startklar wäre; Florian freute sich, dass Christof ihn abgeholt hatte; Christof sagte, dass er später kommt; Christof sagte, er komme später.* C, RL

Inhaltswort ↗ Autosemantikum

Inhambe ↗ Tsonga

Inhärent (lat. inhaerēns ›festhaftend‹. Engl. inherent) Einem Gegenstand eigene, nicht von ihm abziehbare Eigenschaft. So ist z.B. den Verben des Russ. die Kategorie Aspekt inhärent, während es die Kategorie Aktionsart nicht ist. G

Inhärentes Merkmal (lat. inhaerēns ›anhaftend‹. Engl. inherent feature, frz. marque inhérente) Syntakt. oder semant. Merkmal von ↗ Sprachzeichen, das deren ↗ kontextfreie ↗ Subkategorisierung bestimmt und von N. Chomsky (Aspects) vom ↗ kontextuellen Merkmal unterschieden wird. I. M. sind z.B. bei Subst. [± N, ± appellativ, ± individuativ, ± belebt, ± menschlich, ± männlich, ± erwachsen…], bei Vbb. [± V, ± durativ, ± kausativ…]. RB

Inhibitiv (lat. inhibere ›verbieten, untersagen‹) Im weiteren Sinn Bez. für sprachl. (morpholog. bzw. syntakt.) Formen, welche eine ↗ Aufforderung zum Ausdruck bringen können, z.B. ↗ Adhortativ, ↗ Imperativ, ↗ Inhibitiv, ↗ Jussiv, ↗ Prohibitiv, ↗ Vetativ. Im engeren Sinn wird der Terminus in der Indogermanistik zur Bez. solcher als ↗ Injunktiv gekennzeichneter sprachl. Formen verwendet, die »eine

schon im Verlauf befindliche Handlung unterbinden« (Meier-Brügger 2002, 259). **Lit.** H. Ammann, Die ältesten Formen des Prohibitivsatzes im Griech. und Lat. IF 45, 1927, 328–344. – K. Hoffmann, Der Injunktiv im Veda. Heidelberg 1967. – R. Lühr, Sprechaktbegründungen im Altind. In: T. Krisch, T. Lindner & U. Müller (Hgg.), Analecta homini universali dicata. […]. Stgt. 2004, Bd. 1, 130–144. – M. Meier-Brügger, Indogerman. Sprachwiss. Bln. ⁸2002. – P.-A. Mumm, Verbale Definitheit und der ved. Injunktiv. In: H. Hettrich, W. Hock & P.-A. Mumm (Hgg.), Verba et Structurae. Innsbruck 1995, 169–193. F

Inhumaner Akkusativ ↗ Akkusativierung

Initia n. pl. (lat. ›Anfänge‹) Bez. für die Anfangswörter von Texten; sie dienten, solange noch keine Buch-Überschriften (Titel) üblich waren, zur Identifikation. I. wurden z.B. zur Katalogisierung von Handschriften zu Registern zusammengestellt (Initienverzeichnis); ↗ Incipit. STE

Initialbetonung (auch: Anfangsbetonung) ↗ Betonung der ersten Silbe eines Wortes (als fester ↗ Akzent z.B. im Ungar. und Finn.). PM

Initialbildung ↗ Akronym, ↗ Abkürzung, ↗ Kurzwort

Initiale f. (lat. initium ›Anfang‹) Anfangsbuchstaben von ganzen Texten oder auch Textabschnitten wurden im Rahmen der Buchausstattung hervorgehoben. Vor allem im Frühmittelalter gibt es ganzseitige, ornamental verzierte und farbig ausgestaltete I.; von 7. Jh. an finden sich auch zoomorphe, später anthropomorphe Elemente. Im späteren MA werden I. häufig mit Miniaturen ausgestattet. Buchstabenformen werden oft einer ↗ Auszeichnungsschrift entnommen, nicht der Textschrift. EN

Initialsymbol ↗ Anfangssymbol

Initialwort ↗ Akronym, ↗ Abkürzung, ↗ Kurzwort

Initiv ↗ Ingressiv

Injektiv ↗ Schnalzlaut

Injunktiv m. (lat. iniunctio ›Vorschrift‹) I. w. S. Bez. für sprachl. (morpholog. bzw. syntakt.) Formen, die eine ↗ Aufforderung zum Ausdruck bringen können; ↗ Adhortativ, ↗ Imperativ, ↗ Inhibitiv, ↗ Jussiv, ↗ Kutscherimperativ, ↗ Prohibitiv. I. e. S. wird der Terminus in der Indogermanistik seit K. Brugmann (1880) für den bis dahin (z.B. von B. Delbrück) verwendeten Ausdruck ›unechter Konjunktiv‹ zur Bez. von Verbformen verwendet, die ein Geschehen bezeichnen, ohne es zeitl. einzuordnen (vgl. Thurneysen 1885, Hoffmann 1967). Nach Mumm (1995, 177, 190) kodiert der I. im Ved. verbale Definitheit (eine vorausgesetzte Gültigkeit des Geschehens). Die Verbindung der Negationspartikel *mā* mit dem I. des perfektiven Aoriststammes drückt im Ved. präventive Verbote aus (von Meier-Brügger 2002, 259 als ↗ Prohibitiv bezeichnet), in Verbindung mit dem I. des ipf. Präsensstammes inhibitive Verbote: »Präventive Verbote sollen eine Handlung von vornherein verhindern, inhibitive sollen eine schon im Verlauf befindliche Handlung unterbinden.« **Lit.**

K. Brugmann, Morpholog. Untersuchungen auf dem Gebiet der idg. Spr.n III. Lpz. 1880. – A. Christol, L'injonctif védique. In: S. Mellet & M. Vuillaume (Hgg.), Modes de repérages temporels. Amsterdam 2003, 37–54. – N. Fries, Syntakt. und semant. Studien zum frei verwendeten Infinitiv im Dt. Tübingen 1983. – K. Hoffmann, Der I. im Veda. Heidelberg 1967. – M. Meier-Brügger, Idg. Sprachwiss. Bln. [8]2002. – P.-A. Mumm, Verbale Definitheit und der ved. I. In: H. Hettrich, W. Hock & P.-A. Mumm (Hgg.), Verba et Structurae. Innsbruck 1995, 169–193. –R. Thurneysen, Der idg. Imperativ. Zs. für vergleichende Sprachforschung 27, 1885, 172–182.   F

Inkludierend ↗ Distribution

Inklusion (lat. inclusivum ›eingefügt, beschlossen‹) Bez. für die Beziehung des Enthaltenseins einer Menge A in einer Menge B, z. B. *Bussarde sind Greifvögel*; ↗ Hyponymie.   PR

Inklusiv (lat. inclūsivum ›eingefügt, beschlossen‹) **1.** In manchen Spr. existierende Grammatikalisierung des Umstands, dass das Personalpronomen der 1. Pers. Pl. (dt. *wir*) entweder Sprecher und Angesprochene(n), also *ich und du/ihr* (I.) oder Sprecher und eine (oder mehrere) dritte Person(en), nicht jedoch den Angesprochenen bezeichnet, also *ich und er/sie* (exklusiv); ↗ Disjunktion, ↗ Person. **2.** Distribution.   G, RE

Inklusivbedingung Die I. besagt, dass jede Struktur innerhalb einer Derivation ausschließl. aus Elementen besteht, die in der ↗ Numeration vorhanden sind. Ausgeschlossen werden, anders als in älteren Versionen der GG, Elemente wie ↗ Spuren, die im Verlauf von Derivationen erst eingeführt werden; ↗ Minimalismus.   FR

Inkomparabel ↗ Komparation

Inkompatibilität (engl. incompatibility, frz. incompatibilité ›Unverträglichkeit‹) **1.** (Auch: Inkonymie, Heteronymie, Diahyponymie) Paradigmat. Gegensatzrelation zwischen Kohyponymen (↗ Kohyponymie), die sich in der gleichen Merkmalsdimension (z. B. Farbe, Geschlecht, Alter; ↗ Dimension) unterscheiden; ihr Austausch in bestimmten syntakt. Kontexten führt zu ↗ konträren, seltener ↗ kontradiktor. Aussagen. Konträr: *Inas Pferd ist ein Rappe/Fuchs. Heute ist Dienstag/Freitag. Am Tisch sitzen fünf/sechs Personen.* (jeweils auch denkbar: *beides nicht*); kontradiktor.: *Dieses Register kann nur mit dem Pedal/den Manualen bespielt werden.* Inkompatible Wortschatzeinheiten heißen auch Inkonyme. Zu ihnen gehören u. a. die »direktionalen Oppositionen« i. S. von Lyons (1977): z. B. *ankommen/abfahren, hinauf/hinunter, wissen/vergessen, aufblühen/verblühen.* Inkonyme sind nicht graduierbar, aber (falls nicht-binär) oft skalar oder zykl. geordnet; Beispiele für Skalen sind Numeralia und Farbwörter, für Zyklen Wochentags- und Monatsnamen. – **2.** (Auch: ↗ semantische Anomalie) Syntagmat. Unvereinbarkeit von Lexemen aufgrund der Verletzung syntakt. oder semant. Restriktionen: **Der Kater ist blond*; **Die Freiheit blutet Tränen* (*blond* und *bluten* »fordern« ein Subjekt mit dem Merkmal [+ menschlich] bzw. [+ animalisch]; *bluten* ist ferner syntakt. einwertig); ↗ Selektionsbeschränkung, ↗ lexikalische Solidarität, ↗ Valenz. I. d. R. ist I. (2) Ergebnis intentional-kreativer Sprachverwendung und somit angelegt auf eine »rhetor.« (z. B. metaphor.) Interpretation. **Lit.** J. Lyons, Semantics. Vol. 1. Cambridge 1977. – Ders., Linguistic Semantics. Cambridge 1995. – D. A. Cruse, Lexical Semantics. Cambridge 1986. – Ders., Meaning in Language. Oxford [2]2004.   RB

Inkongruenz ↗ Kongruenz

Inkonymie ↗ Inkompatibilität (1)

Inkorporation 1. ↗ Polysythetische Sprache. **2.** ↗ Inkorporierung. **3.** In der ↗ Sprachkontaktforschung mitunter Bez. für die ↗ Integration von ↗ Lehngut.   G

Inkorporierende Sprache ↗ Polysynthetische Sprache

Inkorporierung (auch: Inkorporation. Lat. incorporātiō ›Einverleibung‹) Wortbildungsverfahren, bei dem freie Morpheme mit Verbstämmen zu komplexen Verben kombiniert werden, v. a. in ↗ inkorporierenden Sprachen. Im Dt. ist dieses Verfahren v. a. in techn. Fachsprachen belegt, in denen (u. U. komplexe) Nominale mit Verben als Zweitgliedern verbunden werden. Häufig sind diese Bildungen nur als Infinitive oder Partizipien belegt, z. B. *pendelfräsen, punktschweißen, trittschallgehemmt, silberlackummantelt, festkochend, selbstreinigend.* In den Fällen, in denen solche Bildungen finit verwendet werden können, ist der syntakt. Status des dann freien, eine ↗ Klammer bildenden nominalen Elements problemat. (z. B. *ich laufe Schlittschuh, er rechnet Kopf*). Die ↗ Rechtschreibreform von 1996/98 hat viele Bildungen dieser Art für irregulär erklärt und sie kurzerhand als Lexeme abgeschafft, z. B. *Eis laufen* (wie *Eis kaufen*), aber: *eiskunstlaufen*; ↗ Getrennt- und Zusammenschreibung.   G

Inkrementell (lat. incrēmentum ›Wachsen, Zunehmen, Steigen‹) Sprachverarbeitung im Gehirn verläuft nach neuesten Erkenntnissen i.: Ein Satz oder ein syntakt. komplexer Ausdruck muss nicht erst komplett geäußert worden sein, damit der Zuhörer/Leser mit dem Dekodieren beginnt (↗ Sprachverstehen), sondern die Analyse und Interpretation des Inputs beginnt mit der ersten Äußerung und wird notfalls im Rückgriff reorganisiert oder korrigiert. Gleiches gilt für die ↗ Sprachproduktion: Die sprachl. Form des Satzes liegt noch nicht komplett vor, wenn das Sprechen einsetzt. Die Bez. i. stammt ursprüngl. aus der Informatik. I. Datensicherung bspw. sichert nur Dateien, die seit der letzten Sitzung verändert wurden oder hinzugekommen sind. **Lit.** W. J. M. Levelt, Speaking – From Intention to Articulation. Cambridge, Mass, 1989.   SO

Inkunabel f. (lat. incūnābula ›Windeln, Kinderjahre‹; Ursprung, erster Anfang. Auch: Wiegendruck)

In der Zeit zwischen der Erfindung des Buchdrucks mit beweglichen Lettern durch J. Gutenberg (1445) und dem Jahre 1500 gedrucktes Buch. Von den rund 40 000 bekannten Schriften sind ca. 10 000 Flugblätter und Einblattdrucke. Die Gesamtzahl der erhaltenen Kopien beträgt über eine halbe Million. Die durchschnittl. Auflagenhöhe wird mit 200 Exemplaren pro Schrift angesetzt. Die Mehrzahl der bekannten und lokalisierbaren I. sind in Deutschland, Italien und Frankreich entstanden. Nach 1500 wird die Bezeichnung Frühdruck verwendet.　　　　EN

Inlaut (engl. medial position, frz. position médiane/intérieure) Laut(e) im Wortinnern im Ggs. zu ↗ Anlaut und ↗ Auslaut.　　　　PM

Innatismus ↗ Nativismus, ↗ Mentalismus

Innenflexion (Auch: Binnenflexion, Introflexion, Wurzelflexion. Engl. internal flexion, frz. flexion interne) ↗ Flexion der Wurzel bzw. Lexemsilbe mithilfe alternierender Konsonanten (↗ Vernersches Gesetz) oder Vokale (↗ Ablaut, ↗ Umlaut).　　RK

Innenperspektive ↗ Additiv

Innere Rekonstruktion Method. Prinzip in der Sprachgeschichtsforschung, das im 19. Jh. entwickelt wurde (u. a. von F. de Saussure) und es erlaubt, aus histor. überlieferten sprachl. Fakten kontrolliert nicht überlieferte Formen zu erschließen, soweit sie demselben Strukturausschnitt zugehören. Die Methode der i. R. geht aus von systemat. Korrelationen zwischen den Elementen eines solchen Strukturausschnitts und rekonstruiert von den bekannten Elementen her die nicht bekannten. Im Ggs. zur ↗ historisch-vergleichenden Sprachwiss., die auf der Basis von umfassenden ↗ Sprachvergleichen zu Formrekonstruktionen gelangt (sog. äußere oder externe Rekonstruktion), arbeitet die i. R. im Rahmen einer Einzelspr. bzw. eines Sprachzweigs.

Innere Sprache (engl. inner speech, inner language) Ende des 19. Jh. aufgekommen als Name für die Gesamtheit der inneren Prozesse, die dem manifesten Sprechen vorausgehen. Heute vorwiegend in der ganz anderen Bedeutung, die L. S. Wygotski (1896–1934) dem Ausdruck gegeben hat: gegenüber der entfalteten äußeren Sprache ›für andere‹ die interiorisierte, charakterist. verkürzte und veränderte Sprache ›für den Sprechenden selbst‹, die als Vehikel des sprachl. Denkens und des inneren Problemlösens verwandt wird (↗ egozentrische Sprache), nicht zu verwechseln mit der *inneren Rede*, die einfach Sprechen minus Laut ist (etwa wenn man sich ein memoriertes Gedicht still aufsagt), und auch nicht mit der inneren Programmierung der Rede, die der Ausdruck ursprüngl. mit umfasste. Ebenfalls häufig verwechselt mit der ↗ Inneren Sprachform W. von Humboldts.　　KN

Innere Sprachform Von W. v. Humboldt (1767–1835) begründeter Begriff für die Bez. der in einer Einzelspr. verankerten *Weltansicht* (im Unterschied zur äußeren, materiell realisierten Sprachform). Auf die Ideen Humboldts wurde und wird in unter-

schiedl. Sprachtheorien zurückgegriffen: in der ↗ Sapir-Whorf-Hypothese, nach der die Weltanschauung einzelsprachl. determiniert ist; in der ↗ Inhaltbezogenen Grammatik, welche die Erforschung des einzelsprachl. *Weltbildes* anstrebt; schließl. auch in verschiedenen Richtungen der ↗ Kognitiven Linguistik. **Lit.** W. v. Humboldt, Über die Verschiedenheit des menschl. Sprachbaus und ihren Einfluß auf die geistige Entwicklung des Menschengeschlechts (1835). In: A. Flitner & K. Giel, Studienausgabe in 3 Bdn. Bd. 3, Darmstadt 1963. – E. Kokochkina, De Humboldt à Potebnja: Évolution de la notion d'›innere Sprachform‹ dans la linguistique russe. CFS 53, 2000, 101–122. – E. Stubbs, Wilhelm von Humboldt's Philosophy of Language, its Sources and Influence. Lewiston 2002. – J. W. Underhill, Humboldt, Worldview and Language. Edinburgh 2009. – I. Werlen, Spr., Mensch und Welt. Darmstadt 1989. **Bibl.** M. E. Conte, Wilhelm von Humboldt nella Linguistica Contemporanea. Bibliografia ragionata 1960–1972. Lingua e Stile 8, 1973, 127–165.　　F

Innere Sprachwissenschaft Bez. für ling. Modelle und Methoden, die nur sprachl. Fakten i. e. S. (d. h. die Gegenstände der Phonologie, der Morphologie, der Lexikologie und Wortbildung, der Syntax und der Semantik) in ihren Beschreibungen und Analysen systemat. untersuchen (»Systemlinguistik«) und äußere Faktoren, die mit der Sprachentwicklung bzw. der Sprachverwendung korrelieren, ausschließen; ↗ Äußere Sprachwissenschaft.　　G

Innerer Akkusativ ↗ Absoluter Kasus

Innerer Plural ↗ Gebrochener Plural

Inneres Lexikon ↗ Mentales Lexikon

Inneres Objekt (auch: Kognates Objekt. Lat. cōgnātum ›blutsverwandt‹. Engl. internal object, frz. objet interne) Prädikatausdrücke, in denen Verb und direktes Objekt denselben Wortstamm haben oder sehr enge semant. Verwandtschaft (Paraphrasenbeziehung) besteht, z. B. griech. δουλείας δουλεύειν (duleias duleuein) ›in Knechtschaft leben‹, lat. *pūgnam pūgnare* ›einen Kampf kämpfen‹, engl. *to ask a question* ›eine Frage stellen‹, dt. *den Schlaf der Gerechten schlafen*; ↗ figura etymologica, ↗ absoluter Kasus.　　G

Innersprachlich ↗ Außersprachlich

Input ↗ Eingabe

Inschriftenkunde ↗ Epigraphik

Inscriptio ↗ Diplomatik

Insel 1. Im Rahmen der GG auf Ross (1967) zurückgehende Bez. für grammat. Strukturen, auf welche der Anwendungsbereich spezif. ↗ Transformationen beschränkt ist. Aus einer I. wie z. B. einer ↗ Nominalphrase oder einem Subj.-Satz kann z. B. durch eine ↗ Bewegungstransformation (wenn überhaupt) nur unter sprachspezif. grammat. Bedingungen eine Konstituente herausbewegt werden. Transformationelle Beschränkungen, die auf den I.-Charakter einer Konstruktion zurückgeführt werden können, nennt man Inselbeschränkungen; ↗ Subjazenz. Im Rahmen der ⁊ Barrieren-Theorie wird der Begriff I. durch den der Barriere präzisiert. Im ⁊ Minimalismus erfolgt eine Reformulierung über das Konzept der Lokalität (vgl. z. B. v. de Koot & Matthieu 2003). **Lit.** J. M. Fitzpatrick, On Minimalist Approaches to the Locality of Movement. LIn 33.3, 2002, 443–463. – H. v. de Koot & E. Mathieu, What's in an Island? UCLWPL 15, 2003, 277–313. – G. Müller, Verb-Second as vP-First. JCGL 7, 2004, 179–234. – J. R. Ross, Constraints on Variables in Syntax. Cambridge, Mass. 1967 [erschienen als: J. R. Ross, Infinite Syntax. N. Y. 1981]. – M. Starke, Move Dissolves into Merge: a Theory of Locality. Diss. Univ. Genf 2001. – A. V. Stepanov, Cyclic Domains in Syntactic Theory. Diss. Univ. of Connecticut 2001. – A. Szabolcsi & M. D. Dikken, Islands. In: L. Cheng & R. Sybesma (eds.), The Second Glot International State-of-the-Article Book. Bln. 2003, 213–340. F **2.** ⁊ Sprachinsel

Inselbeschränkung ⁊ Insel

Inselkeltisch Komplementär zu ⁊ Festlandskeltisch. Die i. Spr.n sind die auf den Brit. Inseln entstandenen und z. T. bis heute lebendigen Weiterentwicklungen der älteren ⁊ keltischen Sprachen. Sie verteilen sich auf zwei stark unterschiedliche Gruppen: britann. Sprachen (⁊ Kymrisch, ⁊ Kornisch, ⁊ Bretonisch) und goidelische Sprachen bzw. Gälisch (⁊ Irisch, ⁊ Schottisch-Gälisch und ⁊ Manx); Karte ⁊ Europäische Sprachen, im Anhang. Im Gegensatz zum Festlandskelt. sind die i. Sprn. durch mehr oder weniger reiche lit. Denkmäler aus MA und Neuzeit sowie als gesprochene Dialekte gut dokumentiert. **Lit.** K. H. Schmidt, Insular Celtic: P and Q Celtic. In: M. Ball & J. Fife (eds.), The Celtic Languages. Ldn. 1993, 64–98. RO, W

Insertion 1. ⁊ Adjunktion. **2.** ⁊ Epenthese

Inspiration (lat īnspīrāre ›hineinblasen‹) Teil der Atemperiodik. Durch Unterdruck im Brustkorb erfolgt ein Einströmen von Luft in die ⁊ Lunge; ⁊ Atmung. GL

Inspiratorisch ⁊ Ingressiv

Instruktionssemantik (engl. instruction ›Anweisung‹) Ansatz von S. J. Schmidt (1973), der die Leistung von Lexemen als Textkonstituenten darin sieht, dem Kommunikationspartner spezif. »Instruktionen« zu sprachl. und/oder nicht-sprachl. Verhalten zu übermitteln. Die lexikal. Bedeutung (»kanon. Instruktion«) der Lexeme enthält »Gebrauchskriterien« für die Anwendung in typ. »kommunikativen Handlungsspielen«, u. a. die »Anweisung« an den Adressaten, eine bestimmte ⁊ Referenz zu vollziehen. Schmidts Ansatz fand Eingang in die Textlinguistik u. a. bei Kallmeyer et al. 1980 und berührt sich in ihrer prozeduralen Ausrichtung mit heutigen Ansätzen der ⁊ kognitiven Semantik. **Lit.** S. J. Schmidt, Texttheorie. Mchn. 1973. – W. Kallmeyer et al., Lektürekolleg zur Textlinguistik. Königstein 1980. RB

Instruktiv (lat. īnstrūctum ›ausgerüstet‹) In der Finnougristik bisweilen vorkommende Bez. für den ⁊ Instrumental des Finn. G

Instrumental, Instrumentalis (lat. īnstrūmēntum ›Mittel, Werkzeug‹. Auch: Instruktiv, Mediativ. In Lehrbüchern auch: Werkzeugfall) **1.** In einigen Spr. ⁊ Kasus, als dessen Kasusbedeutung die Bez. des Instruments, des Mittels zur Ausführung der vom Prädikatausdruck bezeichneten Handlung angesehen wird, z. B. im Russ. Es ist allerdings keine eingrenzbare Kasusbedeutung feststellbar, z. B. russ. *pól'zovatsja kámnem* ›einen Stein benutzen‹, *upást' kámnem na zémlju* ›wie ein Stein zur Erde fallen‹, *ljubovátsja kamnem* ›einen Stein bewundern‹. Die syntakt. Funktionen des I. sind beschränkt auf die Agensmarkierung in Passivkonstruktionen und Prädikative wie z. B. *on stal studéntom* ›er wurde Student‹. Adverbiale Funktionen haben der I. der Zeit, z. B. *ránnim útrom* ›am frühen Morgen‹, der modale I., z. B. *idtí bystrym šágom* ›schnellen Schrittes gehen‹ und der I. des Vergleichs, z. B. *samolét sókolom podnjálsja* ›das Flugzeug stieg auf wie ein Falke‹. In anderen Spr. gibt es den I. als morpholog. unselbständigen Kasus (Kasussynkretismus), z. B. im Lett., wo die Formen des I. im Sg. mit denen des Akk. (z. B. *galdu* ›den Tisch‹, *(ar) galdu* ›durch den, mittels des (Tisch(s)), im Pl. mit denen des Dat. *(galdiem* ›den Tischen‹, *(ar) galdiem* ›durch die, mittels der Tische‹) zusammenfallen. **2.** In der ⁊ Kasusgrammatik Kasus (-Rolle) des (unbelebten) bewirkenden Mittels oder der auslösenden Kraft; ⁊ Agens. G

Instrumentalbildung ⁊ Instrumentativum

Instrumentalphonetik ⁊ Experimentalphonetik

Instrumentalsatz In einem I. wird das Mittel oder Werkzeug genannt, mit dem die im Matrixsatz bezeichnete Handlung vollzogen wird. Der I. wird in den Grammatiken des Dt. i. d. R. zum ⁊ Modalsatz gerechnet, da ihm syntakt. oder semant. Eigenschaften fehlen, die eine Definition als besonderer Typ von ⁊ Adverbialsatz rechtfertigten. Einleitende Subjunktionen sind *indem* und *dadurch, dass.* Ein I. ist erfragbar mit *wodurch, womit.* Unter Umständen wird der I. auch als ⁊ Kausalsatz klassifiziert, wenn das Mittel oder Werkzeug als Ursache einer Handlung gedeutet werden kann, z. B. *Er steigerte den Umsatz dadurch, dass er die neue Technik einführte.* C, RL

Instrumentativum n. (lat. īnstrūmentum ›Werkzeug‹. Auch: Instrumentativbildung) Semant. bestimmte Subklasse verbaler ⁊ Ableitungen, deren substantivische Basen das Werkzeug bezeichnen, mit dem die benannte Tätigkeit durchgeführt wird; z. B. *Hammer > hämmern, Nagel > nageln, Säge > sägen.* I. d. R. liegen ⁊ Konversionen oder ⁊ implizite Ableitungen vor. ES

Integration 1. Bez. für die Eingliederung von anderssprachlichen Elementen in das System oder das Lexikon einer Spr.; ⁊ Lehngut, ⁊ Lehnwort, ⁊ Sprachkontakt. **2.** Bez. für die Eingliederung eines Elementes einer ↗ Ebene des Sprachsystems in eine andere Ebene desselben Sprachsystems; ↗ Grammatikalisierung.   G

Integrative Linguistik Eine von H. H. Lieb als Gegenentwurf insbesondere zur GG begründete streng empirist. Sprachtheorie. Die Sprachwiss. wird nicht als Teildisziplin der Biologie, Psychologie oder Soziologie angesehen, sondern als selbständige Wiss. auf der Grundlage der ↗ Semiotik, zu der Biologie, Psychologie und Soziologie Nachbardisziplinen sind. Spr. wird als ein abstrakter extra-mentaler Gegenstand betrachtet. Der Gegenstand der Sprachwiss. ist allein die natürl. Spr. Die I. L. beschäftigt sich mit allen Aspekten der Spr., die direkt oder indirekt für ihren Gebrauch relevant sind. Diese werden jeweils für sich beschrieben und aus sich selbst heraus expliziert, jedoch innerhalb eines integrativen Gesamtkonzeptes. Syntax und Semantik werden folglich als relativ selbständige Disziplinen betrachtet, jedoch unter der Maxime, dass zwischen ihnen wechselseitiger Bezug besteht. Das Hauptanliegen der Beschreibung besteht darin, ihre Selbständigkeit (↗ Oberflächensyntax) und ihre Bezogenheit aufeinander ausgewogen darzustellen. Die Syntax ist dabei die Basis der Semantik, jedoch mit der Forderung, dass syntakt. Strukturen formal-syntakt. zu rechtfertigen sind. Ebenso werden semant. Eigenschaften der Spr. direkt beschrieben und nicht nur indirekt durch ihre Reflexion in der syntakt. Struktur. Die I. L. klammert die Variabilität der Spr. in Zeit und Raum nicht aus, sondern betrachtet diesen Aspekt als grundlegend gegenüber systemat. Aspekten der Spr. Analoges gilt für den intentionalen Gebrauch von natürl. Spr. Natürl. Spr.n werden als Mengen von Idiolekten (individuellen Kommunikationsmitteln) betrachtet. Idiolekte sind Mengen von phonet. Sätzen und Satzbedeutungen. Jedem Idiolekt in einer Spr. liegt ein System zugrunde. Das System einer Spr. ist ein Konstrukt aus den Gemeinsamkeiten aller Idiolektsysteme einer Spr. Sprachvarianten (Varietäten) sind Untermengen. **Lit.** H. H. Lieb, Outline of Integrational Linguistics: Preliminary Version. Linguist. Arbeiten und Berichte (FU Berlin), 9. Berlin 1977. – Ders. (Hg.), Oberflächensyntax und Semantik. Tübingen 1980. – Ders., Integrational Linguistics. Vol. I: General Outline. Amsterdam, Philadelphia 1983.   WK

Integriertes Lernen ↗ Blended learning

Intensifikator ↗ Steigerungspartikel

Intension (lat. intendere ›bedacht sein, achten auf‹) In der philosoph. Semantik Bez. für die Bestimmung eines Begriffs durch seinen Begriffsinhalt bzw. Bedeutungsgehalt (Ggs. ↗ Extension, d.h. Bestimmung durch den Begriffsumfang). Der Begriffsinhalt wird durch die Klasse der ihm eigenen Merkmale erklärt, z. B. der Begriff ›Säugetier‹ durch die für Säugetiere spezif. Eigenschaften.   PR

Intensionale Logik Logik, in der die Beziehungen zwischen den einzelnen Urteilen von deren Sinn und nicht ausschließl. von deren ↗ Wahrheitswert abhängen. Die i. L. betrachtet den ↗ Begriffsinhalt von Ausdrücken. Ihr liegt die Annahme zugrunde, dass es in log. Systemen Ausdrücke geben kann, die erst durch die ↗ Intension hinreichend bestimmt sind, nicht aber ↗ extensional durch den Bezug auf die Extensionen (↗ Begriffsumfang) der Teilausdrücke. Einzelformen der i. L. sind die ↗ Modallogik, die ↗ deontische Logik und die epistemische Logik (↗ formale Logik). Ein zentrales Argument für die i. L. findet sich in G. Freges (1848–1925) Hinweis, dass Nebensätze, propositionale Aussagen, die von satzbildenden Verben wie *glauben* und *wissen* abhängig sind, in der Regel nicht durch Nebensätze gleichen ↗ Wahrheitswerts ersetzt werden können. Durch die satzbildenden Verben *glauben* und *wissen* werden intensionale Kontexte erzeugt, weshalb die Bedeutungsanalyse nicht mehr ohne Rücksicht auf den Bedeutungsinhalt durchgeführt werden kann.   PR

Intensionales Verb Semant. definierte Klasse von Verben, bei denen die ↗ Extension eines Arguments bzgl. mehrerer ↗ Möglicher Welten bestimmt werden muss. So ist es z. B. für die Wahrheit des Satzes *die Regierung hat gewechselt* entscheidend, dass sich die Extension des Subjektausdrucks geändert hat, d. h. dass die Regierung zu einer früheren Zeit aus anderen Personen bestand. *Wechseln* ist somit ein subjektintensionales Verb. Bei i. V. hat die Ersetzung von Ausdrücken, die die gleiche Extension aufweisen, Auswirkungen auf den Wahrheitswert der Aussage, vgl. die folgenden Sätze mit dem i. V. *wissen*: a) *Brandt wusste, dass der Spion im Kanzleramt sein Sekretär war*; b) *Brandt wusste, dass Guillaume sein Sekretär war*. Während Satz b) wahr sein kann, kann Satz a) falsch sein, obwohl *Guillaume* und *der Spion im Kanzleramt* die gleiche Extension haben, d. h. sich auf die gleiche Person beziehen. Entscheidend ist hier jedoch die Intension, die einem Ausdruck in jeder möglichen Welt seine Extension zuordnet. Solche intensionalen Kontexte, in denen die Ersetzbarkeit von Ausdrücken gleicher Extension bei Erhaltung des Wahrheitswerts nicht gegeben ist, entstehen durch Verben der propositionalen Einstellung wie *glauben* und *wissen* und Verben des Begehrens wie *wünschen, verlangen, suchen,* durch modale Ausdrücke wie *es ist notwendig* oder Adjektive wie *angeblich* und *mutmaßlich*. **Lit.** S. Löbner, I. V. und Funktionsbegriffe: Untersuchungen zur Syntax und Semantik von »wechseln« und vergleichbaren Verben des Dt. Tübingen 1979. – R. Bäuerle, Verben der propositionalen Einstellung, HSK 6, 709–722. – M. Schwarz & J. Chur, Semantik. Tübingen 1993, 169 ff.   PT

Intensität (lat. intentus ›gespannt, heftig‹) Stärke, Kraft; bei akust. Signalen (↗ Schall) gemessen als

Amplitude der Luftdruckschwankungen in ↗ Dezibel; als wahrgenommene Lautstärke gemessen in ↗ Phon; ↗ Sprechausdruck. PM

Intensitätspartikel ↗ Steigerungspartikel

Intensivbildung Gelegentlich Bez. für deverbale Verben (↗ Modifikation), welche die durch die Basis bezeichnete Handlung verstärken oder intensivieren (*trinken > betrinken, fliehen > entfliehen* usw.). Verben dieser Art werden mitunter zu den ↗ Augmentativbildungen gezählt (Karbelaschwili 2001, 134–139), wenn nicht ganz auf semant. bestimmte Kategorisierungen dieser ↗ Präfigierungen verzichtet wird. Eine funktionale Beschreibung etwa durch ↗ Aktionsarten (*betrinken* (↗ Resultativ)) ist möglicherweise präziser. **Lit.** S. Karbelaschwili, Lexikon zur Wortbildung der dt. Spr. Regensburg ²2001. ES

Intensivierung Verstärkung des emotionalen Gehalts eines Ausdrucks und/oder der Intensität einer bezeichneten Eigenschaft durch formale Mittel. I. findet statt durch prosod. oder graph. Markierung (Betonung, Lautstärke etc.; Unterstreichung, Ausrufezeichen etc.), phon. oder graph. Augmentierung (z. B. [ja::], *sooo schön*), Stilfiguren der Wiederholung (z. B. *Sie kommt und kommt nicht!*) oder Übertragung (↗ Metapher, ↗ Hyperbel: *Ein Meer von Blumen*) sowie intensivierende Partikeln und Adverbien (*sehr, außergewöhnlich, unheimlich, irre, klasse*). In der Wortbildung gab es phon. I. in den germ. Spr., vor allem als »expressive Konsonantendehnung« (↗ Affektgemination) bei Verben (z. B. spätahd. *ropfôn < *ruppôn* ›ruckartig reißen‹ zu *roufen < *raupjan* ›reißen‹), Substantiven (ahd. *sneggo* zu *snegil* ›Schnecke‹), Kosenamen (ahd. *Benno, Geppo*). In der Gegenwart zunehmend produktiv ist wortbildende I. durch Präfixe (*erz-* (*dumm, schurke*), *über-* (*glücklich*), *Un-* (*menge, -tiefe*), *ur-* (*kräftig, gemütlich*)) sowie durch reihenbildende Komposition von Subst. und Adj. u. a. mit: *hyper-, super-, ultra-; bitter-, hoch-, voll-; Affen-, Blitz-, Heiden-, Klasse-, Mords-, Sau-, Tod-;* ↗ Augmentativum. **Lit.** A. Martinet, La gémination consonantique d'origine expressive dans les langues germaniques. Paris 1937. – S. Karbelaschwili, Lexikon zur Wortbildung der dt. Spr. (Augmentation und Diminution). Regensburg ²2001. RB

Intensiv-iterativ (lat. *iterātum* ›wiederholt‹) Unterkategorie der ↗ iterativen ↗ Aktionsart, die kennzeichnet, dass der im Verbstamm ausgedrückte Vorgang oder Zustand mühevoll und kompliziert auszuführen bzw. herzustellen ist, z. B. russ. *pisát' * ›schreiben – výpisat' * ›herausschreiben‹ – *vypísyvat'* ›(mühsam) Buchstaben malen‹; ↗ Diminutiv-iterativ. G, T

Intensiv-semelfaktiv (lat. *semel* ›einmal‹, facere ›machen, tun‹) Unterkategorie der ↗ semelfaktiven ↗ Aktionsart, die die Einmaligkeit, den singulären Charakter und zusätzlich die Intensität des im Verbstamm ausgedrückten Vorgangs charakterisiert, z. B. russ. *tolkát'* (ipf.) ›stoßen‹ – *tolknút'* (pf.) ›einen Stoß versetzen‹, *tolkanút'* ›anrempeln‹. G, T

Intention (lat. *intentiō* ›Aufmerksamkeit, Absicht‹. Engl., frz. intention) **1.** Ausrichtung eines Organismus auf ein Verhaltensziel mittels einer das Verhalten steuernden internen Zielrepräsentation. Beim Menschen liegt die Untergrenze der Intentionalität zwischen nicht-intentionalem Verhalten einerseits – z. B. körperl. oder sprachl. Lapsus, ungesteuertes Ausdrucksverhalten – und dem von reflexiven I. gesteuerten ›Handeln‹ andererseits (s. 2) in einem intentionalen Verhalten, das nicht oder kaum reflexiv eingeholt und darum dem Individuum i. d. R. ›nicht zugerechnet‹ werden kann, u. a. zerstreutes, somnambules oder pathol. Verhalten (anders: Holly et al. 1984). **2.** Das von M. Weber (⁵1972) formulierte Postulat der »Reflexivität« menschl. Handelns besagt, dass der Handelnde die I. für sein Tun oder Lassen als »subjektiven Sinn« (↗ Sinn 7) »setzt und voraussetzt«, dass er also prinzipiell in der Lage sein muss, sich über den Sinn seines Tuns oder Lassens (selbst eines automatisierten Alltagshandelns, ↗ Resultativ) Rechenschaft abzulegen, und dass er deshalb sein Handeln im Maße seiner jeweiligen Autonomie zu verantworten hat. Derartige reflexive I. oder gar reflektiert-bewusste, der Handlung zeitl. vorausgehende ›Absichten‹ (von Wright 1977, 141) meint man in Alltag und Wissenschaft zumeist, wenn man von ›I.‹ spricht; sie bilden den menschl. Standardfall, wie sie es sind, die zunächst erschlossen werden müssen, wenn man Aktivitäten oder Äußerungen von Interaktionspartnern als Handlungen bestimmen und bewerten will. Da menschl. Handlungen i. d. R. in komplexe Wirkungsketten eingebunden sind, die ggf. als Zweck-Mittel-Hierarchien antizipiert werden können, sind viele Handlungs-I. in entsprechendem Maße komplex, was der sprechakttheoret. Begriff der ↗ Perlokution in didakt. Vereinfachung erfasst. In dieser Wirkungskette haben I. unterschiedl. Schwerpunkte (Handlungen sind z. B. zweck- oder selbstwertorientiert) sowie einen je verschiedenen Skopus, der zuweilen den Bereich der Verantwortung unterschreitet: Man kann für nicht-intendierte schädliche Folgen einer Handlung wegen ›Fahrlässigkeit‹ zur Rechenschaft gezogen werden, soweit diese Folgen (z. B. ›unbedachter Reden‹) voraussehbar und vermeidbar waren. **3.** Sehr weit fasst E. Husserl den Begriff der I., da er ihm alle »psych. Akte« subsumiert, die sich »als theoret. oder prakt. Abzielen bezeichnen lassen« (Husserl ⁶1980, 378) und sich – wie z. B. Wahrnehmungen, Vorstellungen, Urteile, Absichten, Bewertungen oder Emotionen, nicht aber Schmerz oder Hunger – auf »intentionale Gegenstände« richten; ↗ Phänomenologie. Damit knüpft Husserl über F. Brentano (1874) an den *intentio*-Begriff an, den ma. Scholastiker (u. a. Thomas von Aquin) auf antiker und patrist. Grundlage differenziert entwickelt hatten (Engelhardt 1971). Husserl (⁶1980) nennt ferner »psych. Akte«, die einem sprachl. Ausdruck ↗ Bedeutung verleihen, »Bedeutungsintentionen«

(38) und objektiviert diese zur I. der Ausdrücke selbst; ihr »intendierender Sinn« (52) ist somit ihre ⁊ Intension. **4.** Nicht als »Akt« im »einsamen Seelenleben« (Husserl ⁶1980, 35), sondern als Konglomerat von »inhaltl. Absicht« und »Kommunikationsmotiv« ist die Sprecher-I. ein zentraler Bestandteil erweiterter Modelle der ⁊ Kommunikation, z.B. bei G.F. Meier (1969) oder S.J. Schmidt (1973). Die ⁊ Kodierung dieser I. bildet den Beginn, ihr ⁊ Verstehen seitens des Hörers das gewünschte Ergebnis des Kommunikationsaktes. **5.** Differenzierter gründet H.P. Grice (1957, 1969) seine vieldiskutierte Bedeutungstheorie auf wirkungsbezogene I. Ein Sprecher »meint« oder »sagt« etwas mit einer Äußerung, wenn er dreierlei intendiert: (a) dass der Hörer eine bestimmte Reaktion zeigt, z.B. etwas Bestimmtes glaubt, (b) dass der Hörer diese I. aufgrund der Äußerung erkennt und (c) dass diese Erkenntnis ihm den »Grund« dafür liefert, die erstrebte Reaktion zu zeigen; ferner (d) – dies übernimmt Grice (1969) aus einer Kritik Strawsons (1964) – dass der Hörer die I. (c) durchschaut (s. dazu Burkhardt 1986, 111 ff.). Derartige I. sind nach Grice (1957) i.d.R. keine bewussten Absichten, sondern die »normale« Ausrichtung »üblicher Praxis«. Ein Rezipient muss sie notwendig unterstellen, will er z.B. dem Räuspern eines Kommunikationspartners eine »nicht-natürl. Bedeutung« (z.B. ›Sei gewarnt!‹) beilegen. Über den genauen Inhalt und die erforderl. Zahl der Sprecher-I. konnte allerdings in der Diskussion mannigfacher Beispiele (von Strawson 1964 bis Burkhardt 1986) keine Klarheit erzielt werden. Die Kritiker (z.B. Searle 1971, Black 1972) haben jedoch deutl. gezeigt, dass die Erkenntnis perlokutionärer I. es weder dem Rezipienten noch dem Linguisten erspart, zunächst die regelhaft fundierte Bedeutung der verwendeten (ggf. sprachl.) Ausdrücke zu verstehen, die jene Hörerwirkungen hervorbringen sollen; das »Verstehen« ist nach Searle (1971, 75) der vom Sprecher primär intendierte »illokutionäre Effekt«. Die Erfassung perlokutionärer Sprecher-I. ist demnach kein Mittel der Bedeutungsinterpretation, vielmehr deren Ziel und dann deren Prüfstein; ein unplausibles Ergebnis gibt den Anstoß für neue, i.d.R. ›indirekte‹ Interpretationsversuche; ⁊ Konversationelle Implikatur. **6.** J.R. Searle (1983) ergänzt die Griceschen »Bedeutungsabsichten« (vgl. 1971, 93 f.) durch eine tiefere Ebene »intentionaler Zustände« (z.B. Überzeugung, Absicht, Wunsch), die als »Aufrichtigkeitsbedingung« des betreffenden Sprechakttyps« gelten, von den entsprechenden Akten notwendig »ausgedrückt« werden und sie entscheidend als spezifische ⁊ Illokution charakterisieren (1991, 25). Searle knüpft hier inhaltl. an den phänomenolog. Ansatz Husserls (s. oben 3) an, ohne allerdings wie dieser etwas ontolog. eigenständige »intentionale Objekte« zu postulieren. Ein intentionaler Zustand zielt vielmehr auf Wirklichkeit, näm-

lich auf diejenigen Gegenstände oder Sachverhalte, die er in einem bestimmten »Modus« und einer bestimmten »Ausrichtung« (›direction of fit‹) »repräsentiert« und die zugleich die Bedingung seiner »Erfüllung« bilden; ⁊ Intentionalität (3). **Lit.** E. Husserl, Log. Untersuchungen. Bd. II/1, 2. Tübingen 1901, ⁶1980. – M. Weber, Wirtschaft und Gesellschaft. Tübingen ⁵1972. – H. Grice, Meaning. The Philosophical Review 66, 1957, 377–388. – Ders., Utterer's Meaning and Intentions. The Philosophical Review 78, 1969, 147–177. – P.F. Strawson, I. and Convention in Speech Acts. The Philosophical Review 72, 1964, 439–460. – J.R. Searle, Sprechakte. Ffm. 1971. – M. Black, Meaning and I. New Literary History 4, 1972/73, 257–279. – G.F. Meier, Die Wirksamkeit der Spr. ZPSK 22, 1969, 474–492. – P. Engelhardt, Intentio. In: J. Ritter & K. Gründer (Hgg.), Histor. Wb. der Philosophie. Bd. 2. Darmstadt 1971, Sp. 466–474. – S.J. Schmidt, Texttheorie. Mchn. 1973. – G.H. von Wright, Handlung, Norm und I. Bln., N.Y. 1977. – A. Kemmerling, Was Grice mit ›Meinen‹ meint. In: G. Grewendorf (Hg.), Sprechakttheorie und Semantik. Ffm. 1979, 67–118. – G. Meggle (Hg.), Handlung, Kommunikation, Bedeutung. Ffm. ²1993 (darin u.a. dt. Übersetzungen der Aufsätze von Grice und Black, s.o.). – W. Holly u.a., Für einen »sinnvollen« Handlungsbegriff in der ling. Pragmatik. ZGL 12, 1984, 275–312. – A. Burkhardt, Soziale Akte, Sprechakte und Textillokutionen. Tübingen 1986. – G. Preyer (Hg.), Intention – Bedeutung – Kommunikation. Opladen 1997. – Weitere Lit. ⁊ Intentionalität   RB

Intentionalität (engl. intentionality, frz. intentionalité) **1.** Nach F. Brentano (1874/1924), E. Husserl (1901) und ihren Schülern (⁊ Phänomenologie) die grundlegende Eigenschaft von »psych. Erlebnissen« und Bewusstseinsprozessen, insofern diese eine »Beziehung auf einen Inhalt, [eine] Richtung auf ein Objekt […], [eine] immanente Gegenständlichkeit« aufweisen (Brentano 1924, 115). Das Gattungsmerkmal ›I.‹ verbindet Wahrnehmung und Vorstellung, Urteil und Vermutung, Hoffnung und Furcht, Liebe und Haß, während die Art ihres intentionalen Bezugs sie unterscheidet. **2.** Demgegenüber fassen Soziologen wie M. Weber (⁵1972) oder Handlungstheoretiker wie G.E.M. Anscombe (1957) und G.H. von Wright (1971) I. als wesentl. Merkmal menschl. Handlungen auf, als deren »inneren Aspekt« (von Wright ³1991, 85 ff.), über dessen psych. Realität keine Aussage gemacht wird, der aber das entscheidende Kriterium bildet, um ein Verhalten als Handlung zu »beschreiben«. **3.** J.R. Searle (1983) verbindet beide Ansätze miteinander, indem er I. einerseits als »intrins.« Eigenschaft »vieler Geisteszustände« beschreibt, andererseits als Eigenschaft von Gegenständen und Ereignissen, u.a. von »phys. Realisierungen« sprachl. Handlungen. Deren »abgeleitete« I. wird ihnen »vom Geist verliehen«, indem die sprachl. Handelnde »absichtlich« auf sie »die Erfüllungsbedingungen des zum Ausdruck gebrachten psych. Zustands« überträgt (Searle 1991, 47 f.); ↗Intention (6). **Lit.** F. Brentano, Psychologie vom empir. Standpunkt (1874). Hg. v. O. Kraus. Bd. I. Lpz. 1924. – G. H. von Wright, Explanation and Understanding. N. Y. 1971. Dt.: Erklären und Verstehen. Ffm. ³1991. – A. Leist, Zur I. von Sprechhandlungen. In: D. Wunderlich (Hg.), Ling. Pragmatik. Ffm. 1972, 59–98. – J. R. Searle, Intentionality. Cambridge u. a.1983. Dt.: I. Ffm. ²1996. – G. Harras, Wieder in der Diskussion: I. kommunikativen Handelns. ZGL 10, 1982, 317–334. – S. Kappner, I. aus semiot. Sicht. Bln., N. Y. 2004. – G. Forrai (ed.), Intentionality. Past and Future. Amsterdam 2005. – M. Okrent, Rational Animals. The Teleological Roots of Intentionality. Athens, Ohio 2007. – Weitere Lit. ↗Intention.   RB

Inter Annotator Agreement (Abk. IAA) In der ↗Korpuslinguistik verwendeter Maßstab zur Berechnung des Übereinstimmungsgrades von multiplen Annotationen (i. d. R. durch zwei oder mehrere Bearbeiter). Bei einem hohen IAA-Faktor geht man davon aus, dass die Annotation korrekt ist. Der Wert gibt an, wie schwierig die Annotationsaufgabe ist.   Z

Interaktion (lat. inter-āctiō ›Miteinanderhandeln‹) Aus der US-amerikan. Soziologie (Mead, Parsons) und (Sozial- und Gruppen-) Psychologie (Bales, Homans) übernommener sozialwiss. Terminus, der für die Ling. durch die Theorie Goffmans große Bedeutung gewann, in der u. a. der Rolle sprachl. Phänomene für die I. nachgegangen wurde. – I. betont für menschl. Handeln dessen nicht-solipsist. Charakter: nur als Miteinander-Handeln kann Handeln verstanden werden. Soweit die I. sprachl. Art ist, ist damit die grundlegend immer *und* Hörer umfassende Gemeinsamkeit von ↗Kommunikation betont. Die I. kann auf ein vorgängiges und den miteinander Handelnden gegenüber äußerl. System bezogen sein (Parsons), das den Handelnden ↗Rollen attribuiert und sich ihnen als Ort der Fremde für ihre sozial nicht zu verwirklichende Individualität darstellt. Die I. kann aber auch gesehen werden als Ort der Erzeugung eben jener Sozialität und der sie bestimmenden Strukturen. Letztere Auffassung, die in der Sozial-Theorie Meads ihren anspruchsvollsten Ausdruck gefunden und durch die Arbeiten Goffmans eine reiche empir. Ausgestaltung gefunden hat, findet seit den späten 60er Jahren in der BRD verstärkte Rezeption. – Mead bezieht sich explizit auf Theoriefragmente des subjektiven (Fichte) und objektiven (Hegel) dt. Idealismus zurück, die er freilich als »romant.« Theorien missversteht. Einen zentralen Stellenwert hat das Konzept der Anerkennung, das in Hegels Philosophie dargelegt wurde. Habermas, der zur Neubefassung mit Hegels Anerkennungskonzept beitrug (1971), zerreißt systemat. den Zusammenhang zwischen Arbeit und I. und reproduziert darin die Bedingungen für das Scheitern einer umfassenden gesell-schaftl. Theorie der I. Eine solche Theorie hätte die Aufgabe, die wechselseitige Vermittlung der miteinander Handelnden in, mit und durch die von ihnen erzeugten Strukturen im Einzelnen zu rekonstruieren und den Schein der Dichotomien von Individuum und Gesellschaft und Individuum und Individuum in der krit. Analyse aufzuweisen. **Lit.** Arbeitsgruppe Bielefelder Soziologen (Hgg.), Alltagswissen, I. und gesellschaftl. Wirklichkeit. 2 Bde. Reinbek 1981, 1985. – R. F. Bales, Interaction Process Analysis 1957. – E. Goffman, Frame Analysis. N. Y. 1974. – J. Habermas, Arbeit und Interaktion. In: Technik und Wissenschaft als ›Ideologie‹. Ffm. 1971. – Ders., Theorie des kommunikativen Handelns. 2 Bde. Ffm. 1981. – G. C. Homans, The Human Group. 1950. – K. Martens (Hg.) Kindl. Kommunikation. Ffm. 1979. – G. H. Mead, Mind, Self, and Society. Chicago 1934. – M. Parsons, The Social System. Ldn. 1951.   E

Interaktionale Soziolinguistik ↗Interpretative Soziolinguistik

Interamnense ↗Portugiesisch

Interdental (lat. inter ›zwischen‹, dentēs ›Zähne‹; ↗Zahn. Auch: Laminodental < lat. lāmina ›Blatt‹) Mit dem Zungenblatt zwischen den Schneidezähnen (im Ggs. zu ↗addental) artikuliert. Beide Varianten z. B. bei den ↗Frikativen [θ, ð].   PM

Interdependenzhypothese (lat. inter ›(da)zwischen‹, dēpendēre ›abhängen von‹; ›gegenseitige Abhängigkeit‹) Theoret. Position, die besagt, dass die ↗geschriebene Sprachform einer Spr. als autonomer Forschungsgegenstand und nicht als sekundäre Ausdrucksform der ↗gesprochenen Sprachform aufzufassen ist. Sie geht davon aus, dass die gesprochene Sprachform stets das Modell für ↗Verschriftungen darstellt, und zwar sowohl bei Schriftschaffungen wie bei Schriftentlehnungen. Bei Schrift- und ↗Orthographiereformen in ↗alphabetischen Schriftsystemen ist stets die Frage der Anpassung der geschriebenen Sprachform an die gesprochene Sprachform wesentl., d. h. dass die Resultate von ↗Sprachwandel, die im Gesprochenen vollzogen hat, im Geschriebenen nachvollzogen werden sollten. Andererseits teilt die I. die Position der ↗Autonomiehypothese insofern, als sie annimmt, dass weite Bereiche des Sprachsystems in vielen ↗Schriftsprachen ausschließl. oder dominant in einer der beiden Sprachformen ausgedrückt werden, wobei gegenseitige Abhängigkeit bzw. nur relative Autonomie beider Sprachformen voneinander angenommen wird (↗Abhängigkeitshypothese). Folglich fasst man beide Sprachformen nicht nur als empir. Substanzen des Ausdrucks von Spr., sondern als method. differenziert zu behandelnde und theoret. elementare Kategorien der Sprachbeschreibung und -analyse auf und setzt eine relative histor. und – v. a. in ↗phonographischen (flachen) Schriftsystemen – synchrone Dominanz der gesprochenen über die geschriebene Sprachform an. Es wird nicht als notwendig betrachtet, separate Grammatiken für beide Sprachformen einer Spr. zu erarbeiten, um aus ihnen eine integrierte Gesamtgrammatik dieser Spr. zu erstellen, sondern es wird von einer einheitl. Grammatik ausgegangen, in deren Rahmen beide Sprachformen adäquat zu berücksichtigen sind. **Lit.** ↗ Schrift, ↗ Schriftlinguistik.   **G**

Interferenz f. (lat. interferre ›dazwischentragen‹) **1.** Einwirkung einer Sprache auf eine andere, wie sie v. a. unter den Gegebenheiten des ↗ Sprachkontakts und des ↗ Bilingualismus zustande kommt. I.en können einseitig (↗ Substrat, ↗ Superstrat) oder wechselseitig sein und sich auf alle Bereiche des sprachl. Systems erstrecken, wobei allerdings eine gewisse Wahrscheinlichkeitshierarchie besteht; z. B. sind I. im Bereich grammat. Morpheme (Kasussuffixe, Personalendungen) sehr viel seltener als solche im Bereich der Wortbildung. Die augenfälligste und insgesamt am weitesten verbreitete I. ist die ↗ Entlehnung von Lexemen. Auch im Bereich der Pragmatik kann es zu I. kommen (wenn etwa Formen der sozialen Kontaktaufnahme wörtl. in eine andere Spr. – und einen anderen Kulturkreis – übersetzt werden); ↗ Interkulturelle Kommunikation, ↗ Kontrastive Pragmatik. I. kann auch bei non- und paraverbalen Elementen beobachtet werden (z. B. bei sprachbegleitenden Gesten). I., die über einen langen Zeitraum hinweg miteinander in Kontakt stehende Spr. betreffen, können zur Ausbildung eines ↗ Sprachbundes führen; wenn sie sich auf allen Ebenen des Sprachsystems nachweisen lassen, spricht man von ↗ Sprachmischung. Die Erforschung von I. ist Gegenstand der Kontaktlinguistik (↗ kontrastive Linguistik). **2.** Die Übertragung phonet. Charakteristika der eigenen (Mutter-)Spr. (S1) auf eine (zu lernende) Fremdspr. (S2). **Lit.** S. G. Thomason & T. Kaufman, Language Contact, Creolization, and Genetic Linguistics. Berkeley 1988. – F. van Coetsem, A General and Unified Theory of the Transmission Process in Language Contact. Heidelberg 2000. – B. Jeßing, Sprachdynamik. Auf dem Weg zu einer Typologie sprachl. Wandels. Bochum 1994.   **GP, SO**

Interiectio f. (lat. ›Einwurf‹. Auch: Interjektion) ↗ Rhetorische Figur: in einen Satzzusammenhang eingeschobener Ausruf: »Spricht die Seele, so spricht, ach! schon die Seele nicht mehr« (Schiller, »Votivtafeln«), oft mit Wiederholung des letzten vorangehenden Satzglieds. Bei größerem Umfang nähert sich die I. der ↗ Parenthese.   **STE**

Interimsprache (lat. interim ›unterdessen, einstweilen‹. Auch: interlanguage, Interlingua, Lernersprache, Lernervarietät) In der ↗ Spracherwerbsforschung und der ↗ Fremdsprachendidaktik wird ↗ Zweitspracherwerb weithin als Abfolge von I. aufgefasst. Jeder solchen I. wird – bei aller Instabilität – eine innere Systematik zugeschrieben, d. h. dass jedes Element einer I. (Wörter, Flexionsformen usw.) in Bezug auf andere Elemente der I. analysiert

und interpretiert werden soll und nicht einfach als »Fehler« in Bezug zum entsprechenden Element der ↗ Zielsprache; ↗ Fehlerlinguistik. Es wird weiterhin angenommen, dass der gesamte Erwerbsprozess als eine Folge von Übergängen zwischen einzelnen I. modelliert werden kann und dass diese Folge von Übergängen eine gewisse ling. und chronolog. Systematik aufweist; ↗ Entwicklungsfolge. **Lit.** ↗ Zweitspracherwerb.   **G**

Interiorisierung ↗ Internalisierung

Interjektion (lat. interiectiō ›Dazwischengeworfenes‹. In Schulgrammatiken auch: Ausrufewort, Empfindungswort. Engl., frz. interjection.) ↗ Wortart mit geringem, unflektierbarem Lexembestand. Zu den I. gehören bspw. *ätsch, au, auweia, denkste, hm, igitt, nanu, oje, pst, soso, tja, toi toi toi, uff…* Sie sind i. d. R. lautmalend gebildet (↗ Onomatopoetikon). I. stehen außerhalb des Satzrahmens: **Er hat sich ̲a̲h̲a̲ dafür entschieden, endlich mit seiner Diplomarbeit anzufangen.* Stattdessen stehen sie anstelle eines Satzes oder parenthet. (↗ Parenthese): *Er schreibt an seiner Diplomarbeit, soso, das hätte ich nicht gedacht.* Kommunikative Funktionen der I. sind Gesprächsbeeinflussung und -lenkung (↗ Diskurs) unterschiedl. Art: Sprecher signalisieren mit ihnen, dass sie zuhören, zustimmen, ablehnen (↗ Rückkopplung), dass sie einen Gesprächsbeitrag liefern wollen (↗ Turn) u. ä. Stehen I. als Antworten auf Fragen, werden sie manchmal den ↗ Antwortpartikeln zugerechnet. Die Grenze zwischen beiden Klassen ist unscharf. **Lit.** K. Ehlich, I.en. Tübingen 1986. – M. Reisigl, Sekundäre I.en. Eine diskursanalyt. Annäherung. Ffm 1999. – **2.** ↗ Inflektiv. **SO**

Interkulturelle Germanistik Von Literaturwissenschaftlern ins Leben gerufene Richtung, die sich als übergreifende und integrierende Klammer der Subdisziplinen der ↗ Germanistik (Sprachwiss. und Literaturwiss. und deren Abteilungen) versteht. Die i. G. kritisiert die angebl. eurozentr. Beschränktheit der herkömml. Germanistik und beansprucht, durch die Einbeziehung einer ›Außenperspektive‹ (›fremder Blick‹, ›Alterität‹) neue method. Wege zu weisen und neue Erkenntnismöglichkeiten zu eröffnen (›Dialog der Kulturen‹). Sie unterschlägt dabei, dass die vergleichende Literatur- und Sprachwiss. diese ›Außenperspektive‹ schon immer eingenommen hat. Forderungen nach einer interkulturellen Slavistik, Romanistik usw. sind nicht bekannt. Die Programme der i. G. zeichnen sich durch viele ↗ Neologismen, method. Unschärfe und konzeptionellen Synkretismus, nicht aber durch theoret. Stringenz aus. In der germanist. Sprachwiss. spielen sie keine Rolle.   **G**

Interkulturelle Kommunikation (engl. intercultural communication, cross-cultural communication). Unter i. K. wird das Sprechen und Handeln (einschl. solcher Ausdrucksformen wie ↗ Gestik, ↗ Mimik, Kleidung, Raumnutzung ↗ Proxemik) etc.) zwischen Menschen aus unterschiedl. Kulturkreisen

(i. e. S. auch aus unterschiedl. Subkulturen) verstanden. Dabei können aufgrund kultureller Differenzen Kommunikationskonflikte wie Missverständnisse, Stereotypenbildung u. a. entstehen. Untersuchungen zur i. K., die in verschiedenen Philologien insbes. im Rahmen der ling. ↗ Pragmatik und der ↗ Soziolinguistik, in den Sozialwissenschaften, in der Ethnologie (↗ Ethnolinguistik) und in der Psychologie betrieben werden, sollen klären, wie solche Konflikte entstehen und wie sie vermieden und/oder gelöst werden können. Unterschiedl. Ansätze (v. a. im Verständnis von ↗ Kultur und ↗ Kommunikation) und Zielsetzungen erschweren eine eindeutige Definition des Gegenstands. Das Interesse an der i. K. ist durch den Anstoß der sog. ›pragmat. Wende‹ zu Beginn der 1970er Jahre aufgekommen und geht auch einher mit gesellschaftl. Veränderungen (etwa der zunehmenden Internationalisierung der Wirtschaft, Bevölkerungsentwicklungen in den klass. Einwanderungsländern wie den USA, Arbeitsmigration und Flüchtlingsproblematik in den westl. Industrienationen). Prakt. Anwendung erfahren Forschungsergebnisse aus dem Bereich der i. K. u. a. im ↗ Fremdsprachenunterricht, wo Kommunikationsprobleme durch frühzeitige Sensibilisierung für kulturelle Verschiedenheiten thematisiert und Strategien zu ihrer Bewältigung trainiert werden sollen; ↗ Kontrastive Pragmatik. **Lit.** M. K. Asante & W. B. Gudykunst (eds.), Handbook of International and Intercultural Communication. Newbury Park 1989. – V. Hinnenkamp, I. K. Heidelberg 1994. – H.-J. Heringer, I. K. Grundlagen und Konzepte. Tübingen 2004. SO

Interkulturelle Pragmatik ↗ Kontrastive Pragmatik

Interlanguage ↗ Interimsprache

Interlexem ↗ Internationalismus

Interlinearversion f. Meist in kleinerer Schrift zwischen den Zeilen eines Textes eingetragene glossierende Übersetzung, die oft auch mehrere Synonyma für einzelne Wörter bieten kann. Im 8./9. Jh. wurde die I. in der Reichenauer Schule besonders gepflegt. Wichtig ist sie als frühes Zeugnis der ahd. Sprache. Später treten an Stelle der I. ↗ Glossare und ↗ Wörterbücher. EN

Interlingua f. **1.** ↗ Interimsprache. **2.** 1951/55 veröffentlichtes ↗ Plansprachenprojekt, in dem das von B. L. Whorf (1897–1941) vermutete ↗ Standard Average European realisiert werden sollte. I. ist in Lexik, Morphologie und Wortbildung strikt ↗ latinid. **Lit.** Interlingua. A Grammar of the International Language. Prepared by A. Gode & H. E. Blair. N. Y. 1951; 1955. **3.** Auch Bez. für ↗ latino sine flexione. G

Interlinguistik Zweig der Sprachwiss., der sich mit ↗ Plansprachen (↗ Plansprachenprojekte) und ihren Verwendungsbedingungen befasst. Seit den relativen Erfolgen des ↗ Esperanto als internat. Hilfsspr. ist auch das empir. Studium der Sprachpraxis möglich (Herausbildung von Dialekten und sozioling.

Varianten, Spracherwerb, Einflüsse von Kontaktspr. auf das Esperanto u. dgl.). Wichtige Arbeitsfelder der I. sind Theorie und Empirie der ↗ Sprachplanung für natürl. Spr., die vergleichende Terminologieforschung, das Studium grammat. und lexikal. ↗ Internationalismen. Ein Zentrum der I. war die *Internat. Auxiliary Language Association in the United States* (IALA, 1924–1953), in der u. a. O. Jespersen (1860–1943), E. Wüster (1898–1977), E. Sapir (1884–1939), M. Swadesh (1909–1967) und A. Martinet mitarbeiteten. **Lit.** D. Blanke, Internat. Plansprachen. Eine Einf. Bln. 1985. – T. Carlevaro & G. Lobin, Einf. in die I. Alsbach 1979. – A. Sakaguchi, I. Gegenstand, Ziele, Aufgaben, Methoden. Ffm. 1998. – D. Blanke, Interlinguistik und Esperantologie. Wege zur Fachliteratur. Bamberg 2003. – Ders., Interling. Beiträge. Zum Wesen und zur Funktion internat. Plansprachen. Hg. v. S. Fiedler. Ffm. 2009. **Zs.** Interling. Informationen. Bln. 1991 ff. G

Intermittierend ↗ Vibrant

Internalisierung (lat. *internus* ›im Inneren befindlich‹) Verinnerlichung, das Nach-innen-Nehmen einer Interaktion oder Handlung, eines Verhaltens, einer Fähigkeit, einer Verhaltensregulation oder eines Wertesystems. Im Zusammenhang der ↗ Spracherwerbsforschung auch in der engeren Bedeutung; Aufbau eines ›inneren‹ sprachl. Regelsystems aus den Daten der äußeren Spracherfahrung, denen das Kind ausgesetzt ist. Weiterhin wird I. auch gebraucht für den Übergang von reaktiven, außengesteuerten, situationsgebundenen Formen des ↗ Sprachgebrauchs (und anderer Formen des Handelns) zu innengesteuerten und die Situation aktiv definierenden Formen. Bei der Transformation sozialer Regulationen in Selbststeuerungen muss gelernt werden, auf sich selbst so zu reagieren, wie andere auf einen reagieren und sich selbst gegenüber so zu handeln, wie andere einem gegenüber handeln. In der ↗ Kulturhistorischen Schule der Psychologie wird statt I. vorwiegend *Interiorisierung* (in etwas anderer Bedeutung) gebraucht. KN

International Phonetic Association ↗ API

Internationale Sprache Spr., die zur internat. Kommunikation dient, v. a. zur Kommunikation zwischen Staaten mit unterschiedl. Spr. Gelegentl. auch i. S. von ↗ Plansprachen, die für die internat. Kommunikation gedacht sind, ohne notwendigerweise auch dazu zu dienen; ↗ Esperanto, ↗ Plansprachenprojekte, ↗ Weltsprache. **Lit.** U. Ammon, Die internat. Stellung der dt. Sprache. Bln., N. Y. 1991. – Ders. Ist Dt. noch internat. Wissenschaftsspache? Bln., N. Y. 1998. – D. Crystal, English as a Global Language. Cambridge ²2003. – A. de Swaan, Words of the World. The Global Language System. Cambridge 2001. AM

Internationalismus ↗ Entlehnung, die in sehr vielen Spr. Usus (und daher für die internationale Verständigung nützl.) ist, z. B. *Taxi, Hotel, Computer, Ti-*

cket. Formale Abweichungen, wenn vorhanden, sind gering und beeinträchtigen nicht die Verständlichkeit, vgl. dt. *Taxi*, ital. *tassì*; dies gilt insbes. für Affigierungen: dt. *sympathisch*, ital. *simpatico*, frz. *sympa(thique)*, schwed. *sympatisk*, bulgar. *simpatíčen* (aber nicht. engl. *sympathetic*, ↗ Falsche Freunde). Neben vielen engl. basierten Ausdrücken sind v. a. Termini wie *Telefon*, die auf dem Latein. oder Griech. basieren, zu I. geworden. Einige Spr. enthalten kaum I., z. B. Isländ. und Armen.; ↗ Europäismus. **Lit.** A. Kolwa, I.en im Wortschatz der Politik: Interlexikolog. Studien zum Wortschatz der Politik in neun EU-Amtsspr. sowie im Russ. und Türk. Ffm 2001.   SO

Interpolation (lat. interpolāre ›entstellen, verfälschen‹) Absichtliche, nicht kenntl. gemachte Änderung eines überlieferten Textes, meist in Form von Ergänzungen und Einfügungen. Bei Urkunden sind I. regelmäßig als Verfälschung des ursprüngl. Wortlauts anzusehen, bei lit. Texten können sie auch der Versuch der Verbesserung des überlieferten Wortlauts sein.   EN

Interpretament In der Germanistik verwendete Bez. für erläuternde Einschübe und Zwischenbemerkungen in Quellentexten.   G

Interpretant ↗ Semiose, ↗ Zeichen

Interpretation (lat. interpretātiō ›Auslegung‹) **1.** Der Ursprung der I. als Textauslegung ist vermittelt durch die Absicht, den histor. Abstand zwischen einem Text und seinem Leser einzuebnen, um ihn als weiterhin gültigen, kanon. (religiösen, jurist., histor.) Text ausweisen zu können. Der Interpret (griech. *Hermeneut* < ἑρμηνεύειν (hermēneuein) ›auslegen, aussagen, erklären, übersetzen‹) war zunächst ein ↗ Dolmetscher, ein Vermittler, der an die Stelle eines nicht mehr verständlichen Wortes ein anderes, besser verständliches Wort setzte (Bestimmung des Wortsinns, des *sēnsus litterālis* als grammat. I.). Dagegen fragt die allegor. I. nach dem *sēnsus spīrituālis*, nach dem, was eine Stelle bedeutet, worauf die Wörter als ↗ Zeichen verweisen. Die allegor. I. wird in der Homerdeutung der Antike angewandt und in der theolog. Hermeneutik. Sie bleibt in der Lehre der patrist. Hermeneutik (1. Hälfte des 3. Jh. n. Chr.) vom mehrfachen Schriftsinn bis zum MA beherrschend. Erst die Aktualisierung der auf Aristoteles zurückgehenden grammat. I. durch den Humanismus stärkt wieder die Position des *sēnsus litterālis*. Die moderne. Konzeptionen der Aufklärung (J. M. Chladenius 1742, G. F. Meier 1757) sind sensualist. sachbezogen, d. h. auf die Sache gerichtet, von der in der Schrift gehandelt wird (›Stellenhermeneutik‹). Mit F. Ast u. F. D. Schleiermacher tritt das Verständnis von I. in einen Wendepunkt. An die Stelle der Stellenauslegung, die sich auf eine Sache bezieht, auf deren Erkenntnis es bei der I. ankommt, tritt das ›Verstehen‹ des Autors und die Reproduktion des Entstehungsvorgangs eines Werkes durch die I. (›Kunst des Verste-

hens‹). Weiterführende Hermeneutikdiskussion im 20. Jh. durch W. Dilthey (Die Entstehung der Hermeneutik, 1900) und H. G. Gadamer (philosoph. Verstehensbegriff). Im Spannungsfeld zwischen einer auf das sprachl. ›Material‹ der künstler. Werke gerichteten I. und der Herausarbeitung der psycholog. und gesellschaftl. Entstehungsbedingungen, worauf die Werke als Zeichen verweisen, konstituiert sich die moderne lit. I. Der Begriff der lit. I. bezieht sich auf verschiedene Methoden der Lit. – und Sprachwiss. Grob lassen sich zwei verschiedene Methoden der I. unterscheiden: Das lit. Werk als Ausdruck für etwas anderes (z. B. für die ›Realität‹ oder für das ›Bewusstsein‹ eines Autors), d. h. die I. als ›Übersetzung‹ des Werkes in einen historiograph., soziolog., psycholog., psychoanalyt., ethnolog., philosoph. Text, durch die deutlich werden soll, was der Text ›eigentlich‹ besagt, was er bedeutet; das lit. Werk als vorgängig sprachl. strukturiertes (mehr oder minder ›autonomes‹) Werk, Produkt einer nachzuvollziehenden lit. Technik, das sich nicht in seinen Referenzfunktionen erschöpft und deshalb keiner I. bedarf, sondern der Analyse. Histor. gesehen entwickelt sich die Methode der Werkinterpretation als einer textimmanenten I. aus der Abwendung von der Geistesgeschichte. In den 1960er und 70er Jahren erfolgte wegen zunehmender Ablehnung der ›Kunst‹ der I. und der unpolit. Werkinterpretation eine Hinwendung zu ›objektivierten‹ Verfahren der Analyse einerseits: Rezeption des russ., tschech. und amerik. Formalismus (↗ poetische Sprache), des frz. lit.wiss. ›Strukturalismus‹ und Versuche der Aneignung und Begründung einer materialist. und marxist. Lit.theorie und ihrer Traditionen andererseits. Ling., Sprachphilosophie, Gesellschaftstheorie, Kommunikationstheorie, Hermeneutik und Psychoanalyse treten in lit.wiss. Analysen lit. Einzeltexte und in der Literaturtheorie in Beziehungen. **Lit.** W. Dilthey, Gesammelte Schriften, Bde. 5 und 14. Stgt. 1913, 1980. – U. Eco, Die Grenzen der I. Mchn., Wien 1992. – M. Fuhrmann et al. (Hgg.), Text und Applikation. Mchn. 1981. – N. Henrichs, Bibliographie der Hermeneutik und ihrer Anwendungsbereiche seit Schleiermacher. Ddf. 1968. – K. O. Apel et al., Hermeneutik und Ideologiekritik. Ffm. 1971. – A. Spree, Kritik der Interpretation. Paderborn/Mchn. 1995. – P. Szondi, Einf. in die lit. Hermeneutik. Ffm. 1975. – M. Geier, Methoden der Sprach- und Lit.wiss. Mchn. 1983. – **Zs.:** alternative. Bln. 1958–1982 (v. a. die Jgg. ab 1965). **2.** ↗ Interpretative Semantik.   VS

Interpretative Semantik Bez. für die bis Mitte der 1960er Jahre im Rahmen der GG insbes. von N. Chomsky, J. J. Katz und J. A. Fodor entwickelte Auffassung, nach welcher auf der Grundlage einer autonomen generativen ↗ syntaktischen Komponente syntakt. Strukturen durch semant. Regeln systemat. Lesarten zugewiesen werden (›interpretiert werden‹). Die i.S. soll die semant. Kompetenz (↗Kompetenz vs. Performanz) des ↗idealen Sprecher-Hörers erfassen, u.a. die Fähigkeit, Sätze zu paraphrasieren und Mehrdeutigkeiten und semant. Anomalien zu erkennen, d.h. sie soll alle semant. Eigenarten und Beziehungen explizieren, die für die semant. Kompetenz eine Rolle spielen; vgl. Katz & Fodor (1963). Im Rahmen des ↗Aspekte-Modells werden die hierzu notwendigen syntakt. Informationen schon durch syntakt. ↗Tiefenstrukturen geliefert und ↗Transformationen, welche Tiefenstrukturen in ↗Oberflächenstrukturen überführen, sind selbst bedeutungsneutral; im Rahmen der ↗EST (vgl. Katz 1972) bezieht sich die semant. Interpretation sowohl auf die Tiefen- wie auf die Oberflächenstruktur (Letztere bezügl. Phänomenen wie ↗Fokus und ↗Skopus von ↗Quantoren); im Rahmen der Folgemodelle (↗REST, ↗Rektions-Bindungs-Theorie, ↗Barrieren-Theorie, ↗Minimalismus) bezieht sich die semant. Interpretation jeweils auf die oberflächennächsten Strukturen bzw. auf die sog. ↗Logische Form. Die i.S. geht davon aus, dass sich die Bedeutung sprachl. Ausdrücke durch ein endliches Inventar universaler und sprachspezif. semant. Merkmale vollständig beschreiben lässt. Ihr Beschreibungsapparat besteht hierbei aus zwei Komponenten: (a) lexikal. Informationen und (b) ↗Projektionsregeln, welche lexikal. Bedeutungen aufgrund der syntakt. Relationen, in welche sie eintreten, zu phrasalen Bedeutungen kombinieren. Lexikal. Informationen werden in einer abstrakten, das Mentale Lexikon abbildenden Lexikonkomponente erfasst und beziehen sich auf (a) systemat. semant. Beziehungen zwischen Lexikoneinträgen (↗Basiskomponente), (b) idiosynkrat. semant. Informationen für spezif. Lexikoneinträge und (c) ↗Selektionsmerkmale. Lexikoneinträge werden in die ↗Endknoten syntakt. Tiefenstrukturen eingesetzt; Lexeme erhalten ihre endgültige semant. Interpretation durch ↗Projektionsregeln, welche die semant. Merkmale der einzelnen Konstituenten schrittweise von der untersten Ebene der ↗Ableitung zur je höchste projizieren, und zwar unter Berücksichtigung der ↗Selektionsmerkmale und ↗Selektionsbeschränkungen und der hierarch. Beziehungen zwischen den syntakt. Konstituenten (vgl. z.B. ↗Verbalphrase für neuere Darstellungsverfahren). Die krit. Diskussion der Grundannahmen der i.S. schlug sich im Rahmen der von N. Chomsky geprägten syntaxzentrierten Grammatikmodelle in den erwähnten Modifikationes des Aspekte-Modells nieder, wobei allerdings trotz gelegentl. Ausweitungen der i.S. auf die Textebene (vgl. z.B. Rastier 1996, Thlivitis 1998) bis zum ↗Minimalismus keine prinzipielle Neupositionierung bezügl. des grundsätzl. Status der Semantik (ebenso wie der ↗Phonologischen Komponente) als einer ledigl. *interpretativen* Komponente erfolgte (vgl. zur Diskussion z.B. Jackendoff 2002); andererseits wurden zahlreiche al-

ternative Semantik-Modelle entwickelt, welche der ↗Semantik von der ↗Syntax autonome *generative* Eigenschaften zubilligen, etwa in der ↗generativen Semantik, der ↗Situationssemantik, der ↗Kognitiven Linguistik oder in optimalitätstheoret. Ansätzen (vgl. z.B. Zeevat 2000, Hendriks & Hoop 2001). **Lit.** K. Baumgärtner, Die Struktur des Bedeutungsfeldes. In: Satz und Wort im heutigen Dt. Ddf. 1967, 165–197. – D.L. Bolinger, The Atomization of Meaning. Lg. 41, 1965, 202–268. – F.R. Cummins, Meaning and Mental Representation. Cambridge, Mass. 1991. – C.J. Fillmore & D.T. Langendoen (eds.), Studies in Linguistic Semantics. Winston 1972. – P. Hendriks & H. de Hoop, Optimality Theoretic Semantics. LP 24, 2001, 1–32. – M. Immler, Generative Syntax – generative Semantik. Mchn. 1974. – R.S. Jackendoff, Semantic Interpretation in Generative Grammar. N.Y. 1972. – Ders., Foundations of Language. Oxford 2002. – J.J. Katz, Semantic Theory. N.Y. 1972. – Ders., & J.A. Fodor, The Structure of Semantic Theory. Lg. 39, 1963, 170–210. – W.-P. Leung, I.S. und Transformative Beschreibung (am Beispiel des Kantonesischen). Tübingen 1977. – F. Rastier, Sémantique Interprétative. Paris 1996. – C. Süß, Semantikrepräsentation für ein Fragment des Dt. Überblick über aktuelle Semantiktheorien der Computerling. und Untersuchung ihrer Verwendbarkeit im Rahmen von Chomskys Government-and-Binding-Theory. Passau 1996. – T. Thlivitis, Sémantique Interprétative Intertextuelle: assistance informatique anthropocentrée à la compréhension des textes. Diss. Univ. de Rennes 1998. – H. Zeevat, The Asymmetry of Optimality Theoretic Syntax and Semantics. JS 2000 3, 17, 243–262. **F**

Interpretative Soziolinguistik (auch: Interaktionale Soziolinguistik) Sprecherorientierter Ansatz der ↗Soziolinguistik, dessen Ziel es ist, die Strategien zu erfassen, die ein Sprecher benutzt, wenn er lexikal., grammat., sozioling. und anderes Wissen bei der Produktion und Interpretation von kontextualisierten Mitteilungen benutzt. Aufgabe des Soziolinguisten ist die Erstellung von in-depth-Analysen von ausgewählter sprachl. Interaktion, die Beobachtung, ob Interaktionspartner sich verstehen oder nicht und die Elizitation dessen, was sie aufgrund von Kontextualisierungshinweisen (↗Kontextualisierung) interpretieren. Hieraus abgeleitet werden die sozialen Handlungsanweisungen, die Interaktionspartner beim Handeln befolgen. Die i.S. will empir. bestimmen, wie sprachl. Zeichen den Kommunikationsprozess beeinflussen. **R**

Interpreter m. (engl. ›Übersetzer‹) **1.** Übersetzungsprogramm, das jeden einzelnen Befehl eines Primärprogramms nach der Übersetzung sofort zur Ausführung bringt. **2.** ↗Dolmetscher. **Z**

Interpunktion (lat. interpunctum ›durch Punkte abgetrennt‹. Auch: Zeichensetzung. Engl. punctuation, frz. ponctuation) System graph. Mittel zur textuellen, syntakt. und morphemat. Gliederung der geschriebenen Form aller moderner Spr., oft in engem Zusammenhang mit anderen Mitteln der ⁊ geschriebenen Sprachform. Ihre Elemente heißen Interpunktionszeichen; mitunter werden sie auch als Syngrapheme bezeichnet. In vielen lat. und kyrill. basierten ⁊ Schriftsystemen korrespondieren satzabschließende I.zeichen mit der Großschreibung des folgenden Wortes oder einer ⁊ Leerstelle höherer Ordnung (z. B. einem ⁊ Absatz) oder dem Textende; sie indizieren gleichzeitig Intonationskurvenverläufe beim lauten Lesen. I.zeichen bilden ein Inventar graph. Mittel, dessen Elemente in ⁊ Satzzeichen und Wortzeichen eingeteilt werden können. Satzzeichen sind I.mittel, die über der Ebene von Sätzen und Satzteilen operieren. Wortzeichen (nicht mit ⁊ Begriffszeichen und ⁊ Ideogramm zu verwechseln) korrespondieren mit der Kategorie der freien Morpheme. Satzschließende Zeichen sind der Punkt, das Frage- und das Ausrufungszeichen und u. U. das ⁊ Semikolon, satzgliedernde I.zeichen sind das ⁊ Komma, das ⁊ Doppelpunkt, die ⁊ Anführungszeichen und ⁊ Parenthesen markierende ⁊ Klammern sowie ⁊ Gedankenstriche. Auf der Wortebene operieren der Trennungsstrich (⁊ Silbentrennung), der ⁊ Bindestrich, der ⁊ Apostroph (⁊ Diakritika) und u. U. Auslassungszeichen … oder *** (z. B. *Ein kräftiges* »*Du…*« *scholl ihm entgegen; Onkel Toby konnte mit der Witwe Wadman nie über *** reden, ohne zu erröten*). Diese Konvention kann auch auf der Satzebene vorkommen (z. B. *Am nächsten Morgen war das Kind unterwegs…*) Mitunter wird zwischen einfachen (z. B. dt.!, ?) und paarigen (z. B. span. ¡…!, ¿…?) I.zeichen unterschieden. Es gibt keinen eindimensionalen Zusammenhang zwischen satzschließenden I.zeichen und ⁊ Satzmodi (z. B. *Sie ist wirklich schön.* vs. *Sie ist wirklich schön!* vs. *Sie ist wirklich schön?*). Nur in unmarkierten Fällen gilt, dass ein Punkt ⁊ Deklarativsätze, ein »?« ⁊ Fragesätze und »!« ⁊ Wunschsätze, ⁊ Heischesätze, ⁊ Aufforderungssätze und ⁊ Befehlssätze abschließt. Eine Rekonstruktion der syntakt. Funktionen der I. im Dt. hat Behrens (1989) versucht, wobei sie klar gemacht hat, wie impressionist. und ungenau die Vorschriften des ⁊ »Duden« oft sind. Allerdings lassen sich keineswegs alle I.regeln syntakt. motivieren, denn auch Gesichtspunkte wie Schreibkonventionen und stilist. Vorlieben spielen bei ihrer Verwendung eine Rolle. **Lit.** U. Behrens, Wenn nicht alle Zeichen trügen. I. als Markierung syntakt. Konstruktionen. Ffm. 1989. – U. Bredel, Die I. des Dt. Ein kompositionelles System zur Online-Steuerung des Lesens. Tübingen 2008. – L. Truss, Eats, Shoots & Leaves. The Zero Tolerance Approach to Punctuation. London 2003. G

Interrogativadverb (lat. interrogāre ›fragen‹. Auch: Frageadverb) Wenig terminologisierte Bez. für ⁊ Adverbien, die ⁊ Ergänzungsfragen und indirekte Fragen einleiten: *wann, wo, wie…* Mit sog. ⁊ De-

monstrativadverbien bilden sie häufig antonym. Paare. Aufgrund ihrer textgliedernden Funktion sind sie zu den ⁊ Textadverbien zu rechnen. SO

Interrogativartikel (auch: Frageartikel) Nicht eindeutig terminologisierte Bez. für ⁊ Interrogativpronomina, die ⁊ adnominal stehen können: *Welches Haus? Was für ein Kerl?* SO

Interrogativpronomen (auch: Fragepronomen. Engl. interrogative pronoun, frz. pronom interrogatif) Semant. determinierte Subklasse der Pronomina, die ⁊ Ergänzungsfragen und indirekte Fragen einleiten, z. B. *wer, wem, wen, was, welcher.* Sie treten auch als ⁊ Relativpronomina auf; ⁊ w-Wort. SO

Interrogativsatz ⁊ Fragesatz

Interspezifische Kommunikation ⁊ Zoosemiotik

Intertextualität (engl. intertextuality) Mit dem Begriff der I., der durch seine divergierende Verwendung in der ⁊ Textlinguistik, der ⁊ Texttheorie, vor allem aber in der ⁊ Semiotik und Literaturwiss. bisher wenig konturiert ist, wird auf unterschiedl. Aspekte textuell repräsentierter wechselseitiger Beziehungen zwischen Texten Bezug genommen, d. h. auf Texteigenschaften, welche die Produktion oder Rezeption eines Textes von der Kenntnis eines oder mehrerer vorher aufgenommener Texte abhängig machen. Zu den Erscheinungsformen solcher Text-Text-Relationen, die unter I. zusammengefasst werden, gehören im Wesentl. (a) sprachl.-kommunikative Charakteristika eines Textes, die seine Zugehörigkeit zu einer ⁊ Textsorte kenntlich machen (bspw. ist es für Leserbriefe konstitutiv, Textbezüge herzustellen), (b) das für bestimmte Textsorten (z. B. Richtigstellung, Parodie, Rezension) konstitutive Merkmal der Bezugnahme auf ein vorgängiges Textexemplar, (c) ein die Textintention eines Originaltextes veränderndes Wiederverwenden, Zitieren oder Inszenieren eines Textes. **Lit.** R. Lachmann, Ebenen des I.begriffs. In: K. Stierle & R. Warning (Hgg.), Das Gespräch. Poetik und Hermeneutik XI, Mchn. 1984, 133–138. – H. Plett (ed.) Intertextuality. Untersuchungen zur Texttheorie, 15. Tübingen 1990. – Weitere Lit. ⁊ Textlinguistik. P

Interversion ⁊ Metathese

Interview 1. Form der Befragung zur Ermittlung, Darstellung und Bewertung von Einstellungen, Sachverhalten u. ä. **2.** In der ⁊ empirischen Sprachwissenschaft und in anderen Bereichen sprachwiss. Forschung mit empir.-experimenteller Ausrichtung (z. B. ⁊ Dialektologie, ⁊ Ethnolinguistik) ist das I. ein Verfahren der ⁊ Datenerhebung und der ⁊ Elizitierung und der ⁊ Evaluation, wobei sich unterschiedl. I.-Typen nach dem Grad ihrer Strukturiert- und Standardisiertheit unterscheiden lassen, d. h. ob mit Fragebogen, vorgegebenen Antworten u. ä. gearbeitet wird oder nicht. Bei der Analyse der durch I. gewonnenen ⁊ Daten muss die Erhebungssituation berücksichtigt werden; ⁊ Befragung. **Lit.** H. P. Ecker, J. Landwehr u. a., Textform Interview. Ddf. 1977. – J. Schwitalla, Dialogsteuerung in Inter-

views. Mchn. 1978. – P. Atteslander, Befragung. HSK 3, II, 1988, 940–951. SK
Intervokalisch Zwischen zwei ⁊ Vokalen angeordnete phonolog. oder graphemat. Einheit(en). G
Intitulatio ⁊ Diplomatik
Intonation (lat. intonāre ›ertönen lassen‹. Auch: Satzintonation, Sprechmelodie) I.w.S. die Gesamtheit der prosod. Eigenschaften (⁊ suprasegmentale Merkmale, ⁊ Prosodie) lautsprachl. Äußerungen, d.h. der ⁊ Akzent- und Pausenstruktur (⁊ Pause) sowie des Tonhöhenverlaufs. Im engeren Sinn der Stimmtonverlauf (⁊ Phonation) unter dem Aspekt der Satzmelodie, d.h. der um die Einflüsse des Tons (⁊ Tonsprachen) sowie des ⁊ Akzents bereinigte Verlauf der Grundfrequenz (⁊ Schallanalyse) auf seiten der ⁊ Akustik bzw. der Verlauf der wahrgenommenen Tonhöhe. – Neben wahrscheinl. universalen Grundverlaufsformen wie z.B. der *Deklination*, d.h. des über die Phrasen- bzw. Satzdauer kontinuierl. abfallenden Stimmtons mit grenzmarkierenden Tonhöhensprüngen (*downstep, upstep*) und der satztypendifferenzierenden Funktion als ⁊ *terminale* (abschließende) I. (fallende Tonhöhe), *interrogative* (fragende) I. (steigende Tonhöhe) bzw. *progrediente* (weiterweisende) I. (gleichbleibende Tonhöhe) spielt die I. eine entscheidende Rolle bei der Markierung von ⁊ Modus und ⁊ Fokus. – **Lit.** D.R. Ladd, Intonational Phonology. Cambridge 1996. – B. Möbius, Ein quantitatives Modell der dt. I. Tübingen 1993. – V.A. Isačenko & H.-J. Schädlich, Untersuchungen über die dt. Satz-I. SG 7, ²1971, 7–67. – J. Pheby, Abschnitt 6 (Phonologie: I.). In: Heidolph, Grundzüge, 839–897. – J.B. Pierrehumbert, The Phonology and Phonetics of English I. Cambridge, Mass. 1980. PM
Intonationsstruktur ⁊ Oberflächensyntax
Intonatorische Phrase ⁊ Prosodische Einheiten
Intonem ⁊ Suprasegmentale Merkmale
Intralinguistisch ⁊ Außersprachlich
Intransitiv (auch: nichtzielend) Klasse von Verben in ⁊ Nominativsprachen, die dadurch bestimmt ist, dass i. Verben entweder ⁊ absolute Verben (ohne Objekte) sind (z.B. *Der Schornstein raucht; Die Subventionen fließen*) oder ein obligator. oder fakultatives Objekt (im Dativ, Genitiv oder ein Präpositionalobjekt haben, das (a) keine Passivierung erlaubt oder (b) bei Passivierung nicht in die Position des Subjekts rücken kann, z.B. (a) *Die Kanzlerin bedarf weiterer Milliarden* vs. **Weitere Milliarden werden von der Kanzlerin bedurft*, (b) *Der Finanzminister hilft der Kanzlerin mit weiteren Milliarden > Der Kanzlerin wird (vom Finanzminister) mit weiteren Milliarden geholfen*; ⁊ mediales Verb, ⁊ Transitiv. G
Intransitivierung Von J. Erben vorgeschlagene Bez. für Sätze, in denen durch ›Weglassen des Agens‹ aus Passivkonstruktionen intransitive Varianten entstehen, z.B. hat *Peter wendet den Wagen* die Diathese *Der Wagen wird von Peter gewendet* und die I. *Der Wagen wendet*. G

Intraspezifische Kommunikation ⁊ Zoosemiotik
Intrinsisch Formen der Motivation von Lernenden, die sich v.a. aus einem Interesse am Lerngegenstand ergeben und nicht durch äußeren Anreiz entwickelt werden; Ggs. ⁊ extrinsisch. GI, KL
Intrinsische Regelordnung ⁊ Extrinsische Regelordnung
Introflexion ⁊ Innenflexion
Introspektion ⁊ Intuition
Introspektiv ⁊ Imperfektiv
Intuition (lat. intuitiō ›unmittelbare Anschauung‹) **1.** Fähigkeit kompetenter Sprecher einer Spr., durch Introspektion Urteile (⁊ Metasprache) über sprachl. Äußerungen zu treffen, d.h. z.B. deren ⁊ Grammatikalität einzuschätzen, Mehrdeutigkeiten (⁊ Ambiguität) zu erkennen und aufzulösen, Umschreibungen (⁊ Paraphrasierung) zu finden usw. Intuitive Aussagen werden sehr unterschiedl. beurteilt: Während empir.-deskriptive Ansätze ihre Bedeutung als Datenquelle (⁊ Datenerhebung) relativieren, spielen sie in der GG eine zentrale Rolle. **2.** ⁊ Sprachbewusstsein, ⁊ Sprachgefühl, ⁊ Datenerhebung. SK
Inuit ⁊ Eskimo
Invariant Unveränderliche konstitutive Merkmale eines sprachl. Elements sind seine i. Merkmale; z.B. sind die artikulator. Merkmale [+ alveolar], [+ spirantisch], [-stimmhaft] und [-gespannt] die i. Merkmale der dt. [s] in jeder Aussprachvariante. G
Inventio ⁊ Persuasiv, ⁊ Rhetorische Figur, ⁊ Topos
Inverse Ableitung ⁊ Rückbildung
Inversion (lat. inversiō ›Umkehrung, Versetzung‹) Umstellung einer als Normalform geltenden Wort- oder Satzgliedfolge (⁊ Stellungsfeld), häufig bezogen auf die Stellung von Subjekt und Prädikat; sie ist im Dt. wegen der relativ freien ⁊ Wortstellung nicht unbedingt als Indikator besonderer Expressivität anzusehen. Eine besondere Abweichung von der gewöhnl. Wortstellung liegt vor in der ⁊ rhetorischen Figur Anastrophe. Die ⁊ Anastrophe oder Epexegese (griech. ἐπεξέγησις ›erneute Aufführung, Auseinandersetzung‹) erzeugt man z.B. durch Nachstellung des attributiven Adjektivs (*O Täler weit, o Höhen* (J. v. Eichendorff); *Henkell trocken*), durch Voranstellung des Genitivattributs (v.a. in festen Wendungen, z.B. *aller Laster Anfang, seines Glückes Schmied*). Sonderformen der I. sind rhetor. Figuren, die einen Eingriff in die syntakt. Struktur des Satzes vornehmen, wie z.B. das ⁊ Hyperbaton (z.B. *Aber Moritz aus der Tasche/ Zieht die Flintenpulverflasche*; W. Busch). Eine durch Veränderung der Satzordnung gebildete rhetor. (Gedanken-) Figur ist das *Hysteron proteron* (griech. ὕστερον πρότερον ›das Spätere als Früheres‹), in dem zeitl.-log. nacheinander folgende Abläufe einer Handlung oder eines Geschehens umgekehrt werden, so dass ein zeitl. späteres Stadium des Verlaufs syntakt. vor dem zeitl. früheren erscheint, z.B. *Ihr Mann ist tot und lässt sie grüßen* (Goethe, Faust I); ⁊ Kaufmannsinversion. VS

Inversionskompositum Von Ortner & Ortner (1984, 61 f.) verwendete Bez. für ein Kompositionsprodukt mit (für das Dt.) ungewöhnl. Determinantenabfolge, etwa *Jahrhundert*. Da das Dt. eine rechtsköpfige Spr. ist, sind Bildungen dieser Art systemwidrig, denn hier ist offenbar die linksperiphere Konstituente der morpholog. ↗ Kopf und semant. ↗ Kern der Bildung (↗ Grundwort). Angesichts der geringen Zahl entsprechender Bildungen liegt es nahe, I. als Spielart anderer exozentr. Wortbildungstypen aufzufassen: ↗ Possessivkomposita haben zumindest keinen rechtsperipheren Kern, ↗ Zusammenrückungen und ↗ Phrasale Komposita haben weder rechtsperiphere Kerne noch Köpfe. **Lit.** H. Ortner & L. Ortner, Zur Theorie und Praxis der Kompositaforschung. Tübingen 1984, 61 f. ES
Inversiv ↗ Affektives Verb
Invocatio ↗ Apostrophe, ↗ Diplomatik
Involuntativ (lat. in- (Negationspräfix), voluntās ›Wunsch, Absicht‹) Kategorie des ↗ Modus des Verbs, die in manchen Spr.n über ein spezif. morpholog. Paradigma verfügt, z.B. in den ↗ westkaukasischen Sprachen. Der I. wird dort durch Affixe bezeichnet und drückt aus, dass die im Verbstamm bezeichnete Tätigkeit unabsichtl., versehentl. oder ungewollt ausgeführt wird. G
Inzitiv ↗ Zeichengebrauch
Ionisch ↗ Altgriechisch
Iota adscriptum ↗ Iota subscriptum
Iota subscriptum n. (lat. subscrīptum ›Daruntergeschriebenes‹) ↗ Diakritikon des Griech. Es wird geschrieben in Fällen, in denen alte, mit [i] als zweitem Bestandteil gebildete lange Diphthonge zu einfachen Vokalen monophthongiert worden sind: αι > α, ηι > η, ωι > ω. Bei großen Anfangsbuchstaben wurde es jedoch als *iota adscriptum* (adscriptum ›Danebengeschriebenes‹) ausgeschrieben: ’Αι, ῾Ηι, ’Ωι. GS
Iota-Operator (griech. ι) ↗ Operator zur Darstellung definiter ↗ Kennzeichnungen. Der Ausdruck (ιx.Px) wird übersetzt mit ›dasjenige x, für das Px gilt‹. So ließe sich zum Beispiel *der säumige Autor* darstellen durch (ι x. autor x & säumig x). GAE
IP ↗ INFL, ↗ Verbalphrase, ↗ Auxiliarkomplex
IPA ↗ API
Irakisches Arabisch ↗ Mesopotamisches Arabisch
Iranisch ↗ Iranische Sprachen
Iranische Sprachen Spr.gruppe, die gemeinsam mit den ↗ indischen Sprachen die indoiran. Zweig der Familie der ↗ indogermanischen Sprachen bildet. Die i.S. werden nach lautl. Indikatoren zunächst in eine westl. und eine östl. Gruppe geteilt, die dann jeweils in eine südl. und eine nördl. Untergruppe gegliedert werden, Karte im Anhang. Lebende südwestiran. Sprachen sind ↗ Persisch, ↗ Tadschikisch, ↗ Tatisch, Lar. (Zagrosgebirge, Luristan, Chusistan), Lar. (südöstl. von Schiras) und einige Dialekte in der Provinz Fars. Nordwestiran. sind ↗ Kurdisch (mit Zaza und Gurani), ↗ Beludschi,

↗ Talyschisch, die kasp. Dialekte Gileki und Mazandarani, die Dialekte von Zentralpersien sowie Paratschi und Ormuri (in Afghanistan). Südostiran. sind ↗ Pashto und die ↗ Pamirsprachen. Lebende nordostiran. Sprachen sind das ↗ Ossetische und das Jaghnobi (oder »Neusoghd.«) südöstl. von Samarkand in einem Seitental des Zarafschan. Histor. unterscheidet man drei Epochen: ↗ Altiranisch (bis zum 3. Jh. v. Chr.), ↗ Mitteliranisch (vom 3. Jh. v. Chr. bis zum 7. Jh. n. Chr.) und Neuiran. (ab der arab. Eroberung). Im südwestiran. Bereich lässt sich die Sprachgeschichte vor allem für das Pers.-Tadschik. zurückverfolgen. Die Trennung von Pers. und Tadschik. ist rezent. Beide Spr. sind schriftsprachl. weitgehend ident. Sie haben als gemeinsamen Bezugspunkt die klass. pers. Lit. ab dem 10./11. Jh. Gemeinsam gehen sie über ↗ Mittelpersisch auf das ↗ Altpersische der Achämeniden-Inschriften zurück. Ihr Verbreitungsgebiet erklärt sich teilweise daraus, dass Mittelpers. die Spr. der Verwaltung und der Soldaten des Sassanidenreiches war. Vorstufen nordwestiran. Spr. sind das Parth. und – in altiran. Zeit – das Med., von dem nur einzelne Wörter erhalten sind. Ostiran. Sprachen aus mitteliran. Zeit sind Soghd. (am Lauf des Zarafschan), Khotan-Sak. (in Xinjiang), Baktr. (Nordafghanistan), Chwaresm. (in Oasen am Unterlauf des Amu Darja) und Alan. (von Letzterem nur wenige Belege). Das altiran. ↗ Avestisch, die Spr. der heiligen Schriften der Zoroastrier, lässt sich nicht eindeutig zuordnen. Bezüglich des Sprachbaus weisen die i.S. ähnl. Eigenschaften auf wie andere idg. Spr. Das Altpers. und das Avesta sind flektierende Sprachen auf etwa der gleichen Stufe wie Altgriech., Latein oder Sanskrit. Beim Übergang zum Mitteliran. verfällt insbesondere die Nominalflexion und wird durch Hilfswörter ersetzt. Im Satzbau setzt sich eine ergative Struktur für transitive Sätze der Vergangenheit durch, die sich im Neuiran. wieder verliert. Die Wortstellung ist gekennzeichnet durch den Widerspruch zwischen SOV-Stellung einerseits, Extraposition der Nebensätze sowie in den meisten i.S. Präpositionen und Nachstellung der ↗ Attribute andererseits. – Die Iranistik ist die Wissenschaft von den Sprachen, der Geschichte, den Literaturen, Kulturen und Religionen der i.S. sprechenden Völker. Der der Iranistik zugängl. Zeitraum erstreckt sich über 3 Jahrtausende, der geograph. Raum von Ostanatolien über den Iran und Afghanistan bis an die Grenzen Indiens und tief nach Innerasien hinein. Aus prakt. Gründen hat sich eine Trennung in Altiranistik und Neuiranistik ergeben, wobei die Altiranistik die vorislam. Zeit umfasst, dabei meist die altiran. Zeugnisse in den Mittelpunkt stellt und einen deutl. Bezug zu Indologie, Indogermanistik und Religionswissenschaft aufweist, während die Neuiranistik sich auf die islam. Epoche bezieht, meist das Pers. in den Mittelpunkt stellt und in einem engen Bezug zur Islamwissenschaft steht. Daneben beginnen sich im 20. Jh. Einzelphilologien für Sprachen wie das Kurd., das Pashto, das Osset. herauszubilden. Wichtige Schritte waren die Auffindung und Erforschung des Avesta in der 2. Hälfte des 18. Jh. (frz. Übersetzung 1771), ebenso die Entzifferung der altpers. Keilschriftinschriften durch G. F. Grotefend (1775–1853) zu Beginn des 19. Jh. Die Herausbildung insbesondere der älteren Iranistik ist in engem Zusammenhang mit der Entwicklung der Indogermanistik und der Indologie zu sehen. **Lit.** W. Geiger & E. Kuhn, Grundriß der iran. Philologie. 2 Bde. Straßburg 1895–1901, 1896–1904. – Hdb. der Orientalistik. Bd. 4: Iranistik. Erster Abschnitt: Ling. Leiden, Köln 1958. – I. M. Oranskij, Vvedenie v iranskuju filologiju [›Einf. in die iran. Philologie‹]. M. 1960. – V. I. Abaev u. a., Osnovy iranskogo jazykoznanija. Sredneiranskie jazyki [›Grundlagen der iran. Sprachwiss. Mitteliran. Spr.‹]. M. 1981. – V. I. Abaev et al., Osnovy iranskogo jazykoznanija. Novoiranskie jazyki [›Grundlagen der iran. Sprachwiss. Neuiran. Spr.‹]. M. 1982. – R. Schmitt (Hg.), Compendium linguarum Iranicarum. Wiesbaden 1989. – R. Schmitt, Die i. S. in Geschichte und Gegenwart. Wiesbaden 2000. MI

Iranistik ↗ Iranische Sprachen

Iranxe ↗ Südamerikanische Indianersprachen

Iraqw ↗ Kuschitische Sprachen

Iris ↗ Auge

Irisch (Eigenbez. Gaeilge) Idg. Spr., die dem goidel. Zweig der ↗ keltischen Sprachen angehört; Karte ↗ Europäische Sprachen, im Anhang. Nach den Ogham-Texten (neuentwickelte Kerbschrift, meist Grabinschriften) setzt die ir. lit. Überlieferung im 8. Jh. ein (in lat. Schrift). Während die älteren Denkmäler eher sakraler Art sind, setzt bald auch eine differenzierte säkulare Literaturtradition ein. Trotz anhaltende Repression durch Wikinger, Normannen und Engländer bleibt Ir. bis zum 18. Jh. die Volkssprache in fast allen Teilen des Landes. Auch die Literatursprache wird ebenso lange tradiert (ab 13. Jh. als ›Neuirisch‹ periodisiert). Das 20. Jh. ist die Zeit der Revitalisierung und Modernisierung des Ir., besonders nach der Unabhängigkeit des größten Teils der Insel (Nationalspr. mit offiziellem Status in der EU, offiziell kodifizierte Amts- und Schulsprache). Dennoch steht das Ir. als Umgangsspr. weiterhin unter starkem Druck des Engl. Je nach Kriterium schwanken die angegebenen Sprecherzahlen zwischen 25.000 und 500.000. Für den Schriftgebrauch existiert eine nationale Norm; umgangssprachlich ist die areale Differenzierung nach südl., westl. und nördl. Varietäten immer noch bestimmend. – Die typolog. Eigenheiten der hist. ↗ keltischen Sprachen sind insgesamt im Ir. am deutlichsten ausgeprägt. **Lit.** G. MacEoin, Irish. In: M. Ball & J. Fife (eds.), The Celtic Languages. Ldn. 1993, 101–144. – C. Ó Dochartaigh, The Irish Language. In: D. Macaulay (ed.), The Celtic Languages Cambridge 1992, 11–99. – M. Ó Siadhail, Modern Irish: Grammatical

Structure and Dialectal Variation. Cambridge 1989. – R. Thurneysen, A Grammar of Old Irish. Dublin 1946. – P. Ó Riagáin & M. Ó Gliasáin, The Irish Language in the Republic of Ireland. Dublin 1983. – A. Wigger, Ir. In: Th. Roelcke (Hg.), Variationstypologie. Bln. 2003, 251–276. RO, W

Irminonisch ↗ Elbgermanisch

Irokesische Sprachen ↗ Nordamerikanische Sprachgruppe im Nordosten der USA und im Südosten Kanadas. Die benachbarten Spr. Mohawk, Oneida und Seneca (einschließl. Cayuga und Onondaga) bilden in Ontario und New York State ein Dialektkontinuum mit ca. 4 000 Sprechern (davon ca. 3 000 Mohawk), das i. e. S. als (nördl.) Irokes. bezeichnet wird; Karte ↗ Nordamerikanische Sprachen, im Anhang. Stärker weichen die übrigen i. S. ab (i. S. im weiteren Sinne): die nahezu ausgestorbenen Spr. Tuscarora und Wyandot (Huron.) sowie das ↗ Cherokee. Lehnwörter in europ. Spr. sind selten; Toponyme wie Ontario, Ohio oder Niagara gehen auf i. S. zurück. Die i. S. verfügen über einfache Lautsysteme mit nur wenigen Verschlussreihe, Oral- und Nasalvokalen. Sie sind durch eine stark polysynthet. Morphologie gekennzeichnet. Bei den Pron. gibt es besondere Dual-Formen, es werden bei der 1. Pers. ↗ inklusiv und exklusiv unterschieden, bei der 3. Pers. die Genera masc., fem. und neutrum (d. i. nicht human). Aus dem Zusammenspiel von Belebtheit, Transitivität und Personenhierarchie ergibt sich ein komplexes Affixsystem, mit dem Subj. und Obj. im Verb koreferiert werden. Die Unterscheidung zwischen Verben und Nomina ist wenig ausgeprägt, da die prädikative Verwendung in Erstposition des Satzes eher themat. als semant. bestimmt ist. **Lit.** W. L. Chafe, The Caddoan, Iroquoian, and Siouan Languages. The Hague 1976. – M. Mithun, Iroquoian. LNA, 133–212. – W. L. Chafe, A Semantically Based Sketch of Onondaga. Bloomington 1970. – H. Sasse, Der irokes. Sprachbau. ZS 7, 1988, 173–213. – W. L. Chafe, Sketch of Seneca, an Iroquoian Language. HN I–L, 551–579. **SSG** Staats- und Universitätsbibliothek Hamburg (18). D

Iron ↗ Ossetisch

Ironie (lat. *īrōnīa* ›Verstellung‹, griech. εἰϱωνεία (eirōneia) ›erheuchelte Unwissenheit, Verstellung‹) **1.** I. e. S. der »Ausdruck einer Sache durch ein deren Gegenteil bezeichnendes Wort« (Lausberg 1990, § 582; ↗ Polysemie, ↗ Homonymie, ↗ Antonymie). **2.** Extreme Form des trop. Ersatzes (↗ Tropus), in dem das gesetzte Wort in einer Gegenteil-Beziehung steht zum ersetzen Wort. Quintilian unterteile die I. nach den Gesichtspunkten Lob oder Tadel. »Die I. kann entweder dazu dienen, durch verstelltes Lob herabzusetzen oder durch verstellten Tadel zu loben« (ebd. S. 275). I. als ↗ rhetorische (Gedanken-)Figur dient in Dialog und Rede als eine »Waffe des dialekt. Parteienkampfes« (Lausberg 1990, § 902), als dialog. Verfahren der Verheimlichung der eigenen Meinung (*dissimulatio*), »wo sie im

Ausweichen vor jeder eigenen Behauptung und im Stellen eigener, unwissend scheinender, aber für den […] Gesprächspartner verfänglicher Fragen besteht, die der nichtausgedrückten eigenen Meinung durch die Bloßstellung des Gesprächspartners schließlich zur Evidenz verhelfen sollen« (ebd.). Im Ggs. dazu kann die I. auch der Vortäuschung einer eigenen, mit der Meinung der Gegenpartei übereinstimmenden Meinung dienen (*simulatio*), als »heimtückische Heuchelei der Konformität« (ebd.). – Als takt. Simulatio genrebildend für Parodie und Satire. **3.** Didakt. Verfahren zur Erkenntnisförderung, bekannt als »sokratische I.« (takt. *dissimulatio*). **4.** Poetolog. Schlüsselbegriff der Geschichtsphilosophie und Poetik der dt. Romantik (romant. I.) **Lit.** M. Hartung, I. in der Alltagssprache. Freiburg 2002. – H. Lausberg, Handbuch der lit. Rhetorik. Eine Grundlegung der Lit.wiss. Stgt. ³1990. – W.-D. Stempel, I. als Sprechhandlung. Poetik und Hermeneutik 7, 1976. – U. Japp, Theorie der I. Ffm. 1983. – N. Groeben u. a., Produktion und Rezeption von I. 2 Bde. Tübingen 1984, 1985. – E. Lapp, Linguistik der I. Tübingen ²1997.   VS

Irrationalvokal ↗ Schwa-Laut

Irrealer Satz ↗ Konditionalsatz

Irrealis m. (lat. irreālis ›unwirklich‹) Bez. für sprachl. Formen, die einen Sachverhalt als nicht wirkl. kennzeichnen. Bspw. kodieren sog. irreale ↗ Konditionalsätze wie *Wenn sie für ihn gekocht hätte, wäre er bei ihr geblieben* das Nichtzutreffen der beiden Sachverhalte, ›dass sie für ihn gekocht hat‹ und ›dass er bei ihr geblieben ist‹. Im Unterschied zum I. signalisiert der ↗ Potentialis nicht nur das Nichtzutreffen von Sachverhalten, sondern zudem, dass die betreffenden Sachverhalte unter bestimmten Bedingungen wahr sein könnten (z. B. zukünftig: *Wenn sie für ihn kochen würde, bliebe er bei ihr*). I. und Potentialis werden im Dt. typischerweise durch Konstruktionen mit dem Konj. II ausgedrückt; ↗ Konjunktiv. **Lit.** Eisenberg II, 115–117. – H. Klein (ed.), Irrealis. Special Issue of Anthropological Linguistics 40.2, 1998. – J. L. Bybee, Irrealis as a Grammatical Category. AnL 40, 1998, 257–271. – J. R. Elliott, Realis and Irrealis: Forms and Concepts of the Grammaticalisation of Reality. Linguistic Typology 4, 2000, 55–90. – T. Givón, Irrealis and the Subjunctive. Studies in Language 18, 1994, 265–337. – H. Klein (Hg.), Irrealis. Special Issue of AnL 40.2, 1998.   F

Irrelevant Für die Unterscheidung (↗ distinktives Merkmal) nicht relevantes Merkmal (z. B. die Unterscheidung zwischen ↗ apikaler und ↗ uvularer Artikulation des dt. ↗ Vibranten /r/ als [r, ʀ]); ↗ Allophon.   PM

Irrelevanzkonditional Satzgefüge, deren vorangestellter Nebensatz mit *wenn auch, was auch (immer), wie auch (immer)* eingeleitet ist. Ihre Konstruktionsbedeutung liegt darin, dass die Proposition des Nebensatzes durch die Proposition des Hauptsatzes irrelevant wird, z. B. *Wenn der Wein auch sauer ist, wird Klaus ihn doch trinken; Was Jenny auch (immer) sagt, Karl-Philipp hält sich nicht dran.*   G

Ischkaschmi-Sangletschi ↗ Pamir-Sprachen

Isländisch (Eigenbez. Íslenzk. Engl. Icelandic, frz. islandais) ↗ Nordgermanische Sprache mit den für die heutigen ↗ germanischen Sprachen altertümlichsten Eigenschaften, vor allem in der Morphologie. Sprachhistor. wird es als zum ↗ Westnordischen gehörig betrachtet. I. wird von ca. 250 000 Isländern gesprochen, Karte ↗ Europäische Sprachen, im Anhang. Es ist Staatsspr. Islands. Das I. wird weitgehend vor Fremdwörtern geschützt durch intensive lexikal. Neuprägungen (sog. *nýyrði*). Im Unterschied zum ↗ Färöischen, das dem I. nahesteht, zeigt das I. keinerlei dialektale Zerklüftung. – Man gliedert das I. zeitlich in (a) Altisl. (9. bis 16. Jh.) und (b) Neuisl. Das Altisl. (auch Altnordische) unterscheidet sich bis ins 13. Jh. kaum vom Westnord. Altertümlichkeiten weist das Altisl. in den Eddaliedern und in der extrem artifiziellen Skaldendichtung auf. Die reichhaltige altisl. Prosa aus dem 13. Jh. kann vom modernen Isländer weitgehend ohne sonderliche Zusatzinformation gelesen werden. Die Eigenbez. *íslenzkt mál* findet sich erst im 15. Jh. Bis dahin galt für das gesamte Nord. (Westnord. und Ostnord.) die Eigenbez. *norrønt mál*. – Orthograph. Erkennungszeichen: ⟨ð⟩ und ⟨ý⟩, die das I. mit dem Färöischen teilt, und ⟨Þ⟩, das das I. vom Färöischen unterscheidet, das dem I. hat das Dt. einige wenige Ausdrücke entlehnt, z. B. *Geiser* von isl. *geysir*. Dem Altisl. entstammen dt. Ausdrücke wie *Fjord, Skalde, Wiking*. **Lit.** Sigfús Blöndal, Islandsk-dansk Ordbog [Isl.-dän. Wb.]. Reykjavík 1920–1924. – Stefán Einarsson, Icelandic Grammar, Texts, Glossary. Baltimore 1949. – Magnús Pétursson, Lehrbuch der isl. Spr. Hamburg 1981. – **SSG** Universitätsbibliothek Kiel (8).   T

Isochronie f. (griech. ἴσος (isos) ›gleich‹, χρόνος (chronos) ›Zeit‹, ›gleich lang dauernd, zu gleichen Zeitpunkten‹) Bez. der Eigenschaft, dass best. lautsprachl. Einheiten (↗ Fuß, ↗ Silben, ↗ More) in Einzelspr. bestimmt. Typs (↗ akzentzählend, ↗ silbenzählend, ↗ morenzählend; ↗ Rhythmus) scheinbar in gleichmäßigem zeitl. Abstand aufeinander folgen. I. ist signalphonet. nicht streng nachweisbar.   PM

Isoglosse f. (griech. ἴσος (isos) ›gleich‹; γλῶσσα (glōssa) ›Sprache‹) Grenzlinie zwischen zwei dialektalen Realisationen eines sprachl. Phänomens auf jeder Sprachebene (lautl.: Isoglosse, Isophon, Wortbildung: Isomorph, Wort: Isolex) und damit innerhalb der sprachgeograph. Darstellung die Grenze eines Dialektgebiets (z. B. die ↗ Benrather Linie mit -k- nördl. und -ch- südl.), das vor allem dann markant wird, wenn mehrere Isoglossen zugleich ›Linienbündel‹ (I.bündel) bilden. Da es hier aber um Qualitätsprobleme geht, ist eine Interpretation erforderlich (↗ Sprachkartographie). **Lit.** H. Löffler, Dialektologie. Darmstadt ²1980, 134–139.   K

Isokolon ↗ Parallelismus
Isolex ↗ Isoglosse
Isolierende Sprache (auch: ↗ amorphe Sprache, Wurzelsprache) Sprache, in der die Wörter unveränderlich sind, d. h. keine Modifikation morpholog. Art durch ↗ Affixe, ↗ Flexion u. dgl. erfolgt. Grammat. Beziehungen werden durch selbständige Wörter mit grammat. Bedeutung und durch Wortstellungsregularitäten ausgedrückt. Im Idealfall soll in einer i. S. jedem einzelnen lexikal. oder grammat. Morphem jeweils ein Wort entsprechen. Als typ. Beispiele für i. S. gelten das klass. Chines. und das Vietnames.   WR
Isoliert ↗ Opposition
Isolierte Bildung Bez. für Wortbildungsprodukte, die nach einem unproduktiven Wortbildungsmuster gebildet sind. Isoliert sind damit alle nur sprachgeschichtl. oder etymolog. erklärbaren Relikte, Fleischer & Barz (1995, 18) nennen etwa *drollig* zu ndl. *drol* ›Knirps‹. Die Abgrenzbarkeit zu ↗ demotivierten Bildungen und ↗ Idiomatisierung ist nur bedingt gegeben (das Muster desubstantischer Adjektivbildung ist bekannt, nur die lexikal. Bedeutung von *drol* nicht), und so erscheint es sinnvoll, den Terminus auf Fälle zu begrenzen, in denen ausschl. die Wortbildungsstruktur undurchsichtig ist. So sind etwa *Einfalt*, *Vielfalt* und *Sorgfalt* offenkundig nicht nach demselben Muster gebildet, die Beziehung der Konstituenten zueinander ist nur sprachgeschichtl. zu erklären. **Lit.** W. Fleischer, Konfixe. In: I. Pohl & H. Erhardt (Hgg.), Wort und Wortschatz. Beiträge zur Lexikologie. Tübingen 1995, 61–68. – Fleischer & Barz WB². ES
Isolierte Opposition ↗ Opposition
Isolierte Sprache (engl. language isolate, frz. langue isolée) Sprache ohne erkennbare und nachweisbare Beziehungen zu einer Sprachfamilie oder -gruppe, z. B. in Europa Bask., z. B. ↗ paläoasiatische Sprachen. Mitunter wird der Begriff i. S. auch angewandt auf eine Spr., die innerhalb einer Sprachfamilie einen selbständigen Zweig bildet, z. B. Armen. oder Alban. innerhalb der idg. Spr.   G
Isolierung ↗ Additiver Anschluss
Isolinie ↗ Isoglosse
Isomorph ↗ Isoglosse
Isomorphie f. (griech. ἴσος (isos) ›gleich‹, μορφή (morfē) ›Gestalt‹) Mathemat. Terminus, der die Strukturgleichheit von Mengen bezügl. bestimmter Relationen bezeichnet. In der Ling. wird ein Strukturparallelismus zwischen verschiedenen Beschreibungsebenen (z. B. Phonologie, Morphologie, Syntax) als I. bezeichnet. Die – oft angezweifelte – Annahme von I. ermöglicht die Anwendung derselben Untersuchungsverfahren auf verschiedene Teilgebiete.   RL
Isophon ↗ Isoglosse
Isosyllabisch (griech. ἴσος (isos) ›gleich‹) Zur gleichen Silbe gehörig; ↗ tautosyllabisch.   PM
Isotopie f. (griech. ἴσος (isos) ›gleich‹, τόπος (topos) ›Ort‹) Form der Bedeutungsbeziehung zwi-

schen den ↗ Lexemen eines ↗ Textes, die auf semant. ↗ Äquivalenz beruht und erklärt wird als wiederholtes Vorkommen von ↗ Semen (Semrekurrenz) in unterschiedl. lexikal. Einheiten des Textes, z. B. *Der Großvater… der alte Herr… er… seine erste Liebe… der Graukopf…* usw. Die so verknüpften Lexeme desselben Textes bilden eine I.-Kette (auch: Topikkette); mehrere solcher Ketten in einem Text etablieren ein I.-Netz. Der Bedeutungszusammenhang der Elemente der I.-Ketten basiert auf Monosemierung potentiell polysemer Lexikoneinheiten durch ↗ Koreferenz-Beziehungen. I. gilt besonders in der ↗ Textsemantik als wesentliche Grundlage für die Erklärung der ↗ Textkohärenz und der Konstituierung des ↗ Textthemas. **Lit.** A. J. Greimas, Sémantique structurale. Recherche de méthode. Paris 1966. Dt.: Strukturale Semantik. Methodolog. Untersuchungen. Braunschweig 1971.   P
Istrorumänisch ↗ Rumänisch
Istväonisch Nach Tacitus gliederten sich die Kontinentalgermanen in Ingväonen (Ingaevones), Istväonen (Istaevones) und Erminonen (Hermiones). Diese myth. begründete Stammeseinteilung, über deren sprachl. Relevanz nichts bekannt ist, hat man mit einer archäolog.-histor. Gliederung nach Nordseegermanen, Weser-Rhein-Germanen und Elbgermanen gleichgesetzt und die diesen zugeordneten später bezeugten german. Dialekte danach benannt: Istväonisch = ↗ Weser-Rheingermanisch = ↗ Fränkisch; Ingväonisch = ↗ Nordseegermanisch = ↗ Englisch, ↗ Friesisch, ↗ Sächsisch; Erminonisch = ↗ Elbgermanisch = ↗ Alemannisch, ↗ Bairisch. – **Lit.** ↗ Westgermanisch.   B
Itak ↗ Ibibio
Italianismus ↗ Entlehnung aus dem Ital. V. a. im Bereich der Musik und der Kunst sowie des Bankwesens und der Buchhaltung verwendet das Dt. eine Reihe von über die Jahrhunderte entlehnten und teils integrierten I.: *Crescendo, Girokonto, Inkasso* u. a. Seit den 1950er Jahren werden (im Zusammenhang mit der wachsenden Beliebtheit von Urlaubsreisen) verstärkt I. aus den Bereichen Essen und Trinken (*Carpaccio, Espresso…*), Mode (*Stiletto…*) u. a. verwendet. Daneben gibt es allgemeinsprachl. I. wie *autostrada* ↗ geflügelte Worte wie *dolce vita* u. ä. Produktbezeichnungen und ↗ Markennamen, Titel von Veranstaltungen, CDs usw. können aus I. bestehen oder I. enthalten: *Labello* (Lippenpflegestift), *Gitarissimo* (Titel eines Gitarrenkonzertes). Bisweilen bilden I. die Grundlage für Wortspiele – z. B. *Makkaroni-Vorpommodori* als abwertende Bez. für Mecklenburg-Vorpommern (unter Anspielung auf die als unterentwickelt geltenden Gebiete Mecklenburg-Vorpommern und Süditalien) – und werden in Werbeslogans (*Così fan frutte*, wörtl. ›So machen's die Früchte‹) verwendet. Dabei entstehen oft sog. Pseudoitalianismen, d. h. Ausdrücke, die den phono-graphemat. Regularien des Ital. entsprechen, im Ital. aber nicht existieren: *Palazzo Prozzo*

(scherzhaft zu dt. *protzen*). **Lit.** F. Schmöe, Italianismen im Gegenwartsdeutschen. Bamberg 1998. ── SO
Italianistik ↗ Italienisch, ↗ Romanistik
Italienisch (Eigenbez. Italiano) ↗ Romanische Sprache im Staatsgebiet Italiens, dritte offizielle Sprache der Schweiz (bes. im Kanton Tessin/Ticino), ca. 55 Mio. Sprecher; Karte ↗ Europäische Sprachen, im Anhang. Das I. bildet heute zusammen mit dem ↗ Rumänischen und dem ↗ Sardischen die Ostromania. Älteste schriftl. Dokumente aus dem frühen MA (*Indovinello Veronese*). Das heutige I. basiert auf der Weiterentwicklung des spätma. florentin. Dialekts (standardisiert v. a. durch die Werke von Dante, Boccaccio und Petrarca), weicht vom heutigen Florentin. aber in wesentl. Punkten ab. Vor der Vereinigung Italiens im 19. Jh. war das I. neben den Regionaldialekten zumeist nur Verkehrssprache und in Italien nicht allgemein verständlich. Von der Renaissance bis ins 18. Jh. galt das I. als eine der Bildungsspr. des Abendlandes. Durch Auswanderung bes. im späten 19. und im 20. Jh. auch in Amerika große i. Minderheiten (v. a. Argentinien, Metropolen der USA). Bis heute sehr starke dialektale Differenzierung mit verschiedenen Standardvarietäten. Die norditalien. Dialekte (nördl. der die Ost- von der Westromania trennenden Linie La Spezia – Rimini) gelten als ↗ galloitalische Gruppe und bewahren damit wesentliche Eigenständigkeit. Die toskan. Dialekte und das Centro-Sud stellen das eigentliche i. Dialektgebiet dar. Die sprachliche Sonderstellung Roms ist der Bedeutung der Kirche zuzuschreiben. So ist der Stadtdialekt Roms (Romanesco) toskan., die umliegenden ländl. Varietäten gehören aber zum mittel-süditalien. Raum. Das I. hat im Vergleich zu anderen roman. Spr. noch viele Züge des ↗ Vulgärlatein (vgl. den weitgehenden Erhalt von Endsilben und der Verbalflexion), wenngleich im Verhältnis zum Lat. auch wesentl. Bereiche der Morphologie abgebaut sind (bes. in der Nominalflexion – Verlust des Kasussystems). Das I. besitzt ein stark flektierendes, z. T. innoviertes (synthet. und analyt.) Konjugationssystem; Nullsubjektsprache; Wortstellung SVO; Grundstellung Nomen-Adjektiv; fallender Rhythmus; starke Tendenz zu silbenzählender Organisation und offenen Silben; Geminaten, Anlautverstärkung von Konsonanten nach finalen betonten Vokalen (sog. rafforzamento sintattico). **Lit.** A. L. Lepschy & G. Lepschy, La lingua italiana. Milano 1981. – L. Renzi (ed.), Grande grammatica italiana di consultazione, vol. I. Bologna 1988. – Chr. Schwarze, Grammatik der italien. Spr. Tübingen ²1995. – E. Blasco Ferrer, Handbuch der italien. Sprachwiss. Bln. 1994. – **SSG** Universitätsbibliothek Bonn (5). ── HU
Italische Sprachen Gruppe von vorröm. idg. Spr. und Dialekten im Gebiet des heutigen Mittel- und Süditalien. Man teilt die i. S. in einen osko-umbr. und einen latino-falisk. Zweig (↗ Latein), die beide jeweils eine Reihe von weiteren Dialekten bzw. örtl.

Varianten unterschieden (z. B. Sabell., Pränestin.). Sie sind z. T. bis in die Kaiserzeit belegt, bevor sie vom Lat. endgültig absorbiert wurden. Die nichtlat. i. S. haben aber auch in der Entwicklung des Lat. eine Rolle gespielt. So scheint der Wandel *au > o* (wie in *aurum > oro* ›Gold‹) im Umbr. früher durchgeführt als im Lat. Die i. Gruppe der idg. Sprachen ist somit als Vorläufer der heutigen roman. Spr.n zu betrachten. Manche idg. Forscher sehen die engste Verwandtschaft des I. mit dem Kelt. und schlagen innerhalb der Indogermania einen kelto-ital. Zweig vor. **Lit.** V. Pisani, Le lingue dell'Italia antica oltre il latino. Torino 1964. – R. S. Conway, The Italic Dialects, vol. I, II. Cambridge 1897. – Vetter, Hdb. der ital. Dialekte. Heidelberg 1953. – A. Prosdocimi, Studi sull'italico. Firenze 1980, 1981. ── HU
Italoromania Teil der Romania, der das ↗ Italienische bzw. die ital. Dialekte, das ↗ Sardische und das ↗ Korsische umfasst. Die nördl. Dialekte Italiens gehören zum ↗ Galloromanischen und stehen somit zum ital. Standard hin. in relativ kurzer diastrat. Beziehung. Die I. unterliegt im Vergleich zu den anderen roman. Sprachgebieten den geringsten Substrateinflüssen. Bes. im Süden und in Sardinien findet man daher die konservativsten Formen (z. B. Erhalt des lat. velaren *k*). **Lit.** LRL Bd. 4, 1988. ── HU
Itazismus ↗ Jotazismus
Itelmenisch ↗ Paläoasiatische Sprachen
Item and Arrangement Grammar Ch. F. Hocketts Bez. für den Typ einer nicht-prozeduralen, einer deklarativen grammat. Beschreibung (im Unterschied dazu ↗ Item and Process Grammar). Am Beispiel syntakt. Einheiten lässt sich dieser Beschreibungstyp veranschaulichen: (a) Eine syntakt. Einheit ist entweder einfach oder komplex. (b) Eine einfache syntakt. Einheit besteht aus genau einer kleinsten syntakt. Einheit (nach amerikan. Terminologie etwa: aus einem Morphem). (c) Eine komplexe syntakt. Einheit besteht aus zwei oder mehr unmittelbaren Konstituenten, die ↗ Kokonstituenten zueinander sind. Die unmittelbaren Konstituenten kommen auch in anderen syntakt. Einheiten, etwa in anderen Sätzen derselben Spr. vor. ── T
Item and Process Grammar Ch. F. Hocketts Bez. für den Typ einer prozeduralen grammat. Beschreibung (im Unterschied dazu: ↗ Item and Arrangement Grammar). Dieser Beschreibungstyp hat alte Tradition. Ihm folgend beschreibt man etwa die engl. Verbform *baked* so, dass man von einer Grundform ausgeht, etwa vom Infinitiv *bake*, und sagt, *baked* sei das Resultat eines Suffigierungsprozesses, dem *bake* und das Suffix *-ed* unterworfen werden. Entsprechend wird in dieser Betrachtungsweise *take* dem Prozess eine (Ablaut-)Vokaländerung unterworfen, um zur Präteritalform *took* zu gelangen. Einem syntakt. Prozess werden etwa *John* und *Bill* unterworfen, dem Prozess der additi-

ven Koordination, die als *and* ausgedrückt wird. Das Resultat des Prozesses ist *John and Bill*.　T

Iteration (lat. iterātiō ›Wiederholung‹. Auch: Iterativbildung, Wortverdopplung) Lexikalisierung einer Lexemwiederholung, mitunter zum Ausdruck des mehrfachen Vorhandenseins des bezeichneten Gegenstands oder Sachverhalts (z. B. lat. *quidquid* ›was auch immer‹, frz. *froufrou* ›Fummel‹, *Bonbon*). Im Dt. findet sich I. bei ↗ Onomatopoetika (z. B. *Kuckuck*, auch mit Vokalwechsel, z. B. *Bimbam, Zickzack*), in der Kindersprache (z. B. *hamham, Pipi*) und als expressives Mittel zum Ausdruck von besonderem Nachdruck (z. B. *bittebitte, eieiei*). In manchen Spr. ist die I. grammatikalisiert zum Ausdruck des Plurals; ↗ Reduplikation; ↗ Reduplikationsbildung.　G

Iterativ (lat. iterātīvum ›wiederholend‹. Auch: Frequentativ, Multiplikativ, Repetitiv) ↗ Aktionsart, die ausdrückt, dass sich der im Verbstamm ausgedrückte Vorgang oder Zustand regelmäßig wiederholt, im Russ. durch das Infix {-va-} (z. B. *govárivat'* ›zu sagen pflegen‹, im Lat. durch {-ti-} (z. B. *facere* ›tun, machen‹, *facitāre* ›gewöhnlich tun‹). In manchen Spr. könen Iterative 2. und 3. Grades gebildet werden, z. B. tschech. *to bylo tak* ›das war so‹ – *to bývalo tak* ›das pflegte so zu sein‹ – *to byvávalo tak* ›das war einst so (aber heute nicht mehr)‹; ↗ Diminutiv-iterativ, ↗ Durativ, ↗ Gnomisch.　G, T

Iterativbildung ↗ Iteration, ↗ Iterativum

Iterativpräteritum ↗ Habitualis

Iterativum n. (auch: Iterativbildung) Semant. bestimmte Subklasse verbaler ↗ Ableitungen. I. kennzeichnet wiederholtes Auftreten des vom Basisverb bezeichneten Vorgangs, z. B. *tropfen* > *tröpfeln*. Das hier verwendete Suffix *-eln* modifiziert verbale Basen; ↗ diminutiv-iterativ, ↗ Modifikation.　ES

Iterativzahl ↗ Numerale

Itonama ↗ Südamerikanische Indianersprachen

Itsekiri ↗ Benue-Kongo-Sprachen

Itucale ↗ Südamerikanische Indianersprachen

Itza ↗ Yukatekisch

Ivata-Sprachen ↗ Philippinische Sprachen

Ivrit (auch: Neuhebräisch) Moderne Form des ↗ Hebräischen; in Israel ca. 5 Mio. Sprecher; Karte ↗ Afrikanische Sprachen, im Anhang. Ende des 19. Jh. kamen in Osteuropa Bestrebungen auf, Hebr. als Alltagsspr. zu (re-)etablieren. In Palästina konnte 1913 eine Bewegung jüd. Siedler um E. Ben Yehuda (1858–1922) durchsetzen, dass I. Unterrichtsspr. wurde. 1922 wurde I. unter brit. Mandat eine der offiziellen Spr. Palästinas. Die Gründung des Staates Israel (1948) festigte den Status des I. weiter. 1953 erhielt die Akademie für die hebr. Spr., die Fortführung der 1890 von Ben Yehuda gegründeten Akademie, den gesetzl. Auftrag, die Entwicklung der I. auf der Basis von Forschungen zur hebr. Sprachgeschichte durch Wortbildung und Normierung der Grammatik und der Schreibung zu steuern.

Die typ. Phoneme der ↗ semitischen Sprachen sind verschoben (außer bei jemenit. Juden): /ˢ > ', ḥ > x, t > ṭ, ṣ > č, q > k/. Der ↗ Status constructus ist meist durch eine analyt. Konstruktion mit *šäl* ersetzt; 4 Tempora; Wortstellung SVO.　WI

Ixil ↗ Maya-Sprachen

Jaghnobi ↗ Iranische Sprachen

Jakaltekisch ↗ Maya-Sprachen

Jakutisch (Eigenbez. Sacha tıla) Nordosttürk. Spr., ↗ Turksprachen. Sprachgebiet: Jakut. Republik, Gebiet Krasnojarsk und Autonomer Kreis der Ewenken; ca. 400 000 Sprecher; Karte ↗ Türkische Sprachen, im Anhang. Das ursprüngl. Siedlungsgebiet der Jakuten ist unklar. Durch die mongol. Eroberungen des 13. Jh. wurden sie zunächst an den Baikalsee verdrängt, von wo sie durch die Burjaten vertrieben wurden. Zu Beginn des 17. Jh., als die Russen Jakutien eroberten, waren die Jakuten schon dort. Das J. ist lautl., grammat. und lexikal. vom Mongol. und von den tungus. Spr. beeinflusst, lexikal. auch von Russ. Schriftspr. seit 1819 mit wechselnden kyrill. Alphabeten, ab 1917 in Lautschrift, 1929 in lat. Schrift, ab 1938 erneut in kyrill. Schrift. **Lit.** N. Poppe, Das J. In: Philologiae Turcicae Fundamenta I. Wiesbaden 1959, 671–684. – J. R. Krueger, Yakut Manual. Bloomington, The Hague 1962. – A. Buder, Aspektotemporale Kategorien im J. Wiesbaden 1989.　MI

Jamaica-Creole ↗ Germanische Sprachen

Jambus ↗ Fuß

Janjero ↗ Omotische Sprachen

Ja-Nein-Frage ↗ Entscheidungsfrage

Japanisch (Eigenbez. Nihongo) Die Herkunft des J. ist umstritten, obwohl typolog. Ähnlichkeiten auf eine Verwandtschaft mit dem ↗ Koreanischen hinweisen. Durch neuere Forschungen haben Hypothesen einer gemischten Herkunft aus altaischen und austrones. Quellen mit zusätzl. dravid. Einflüssen an Plausibilität gewonnen. Das Sprachgebiet umfasst den ganzen j. Archipel mit 124 Mio. Sprechern (1992) und vereinzelte Sprachinseln von Migranten in Hawaii und den Amerikas; Karte ↗ Paläoasiatische Sprachen. J. kennt eine große Vielfalt teils nicht interkommunikabler Dialekte. Kioto und Tokio sind die Zentren der westl. bzw. östl. Dialektgruppen. Die Ryukyuan-Dialekte bilden eine eigene Gruppe. – Wegen der Insellage hat sich das J. jahrhundertelang ohne nennenswerte Außeneinflüsse entwickelt. Eine Ausnahme ist das Chines., von dem ca. 50 % des modernen j. Wortbestands stammen. Der Kontakt mit dem Chines. vollzog sich über die Schrift, die aus China übernommen wurde. Da die dem ↗ isolierenden Chines. angepassten Zeichen, *Kanji*, für das morphologiereiche J. schlecht geeignet waren, wurden aus ihnen zwei ↗ Silbenschriften entwickelt, Hiragana und Katakana. Heute wird J. mit einem Mischsystem geschrieben, in dem lexikal. Morpheme mit Kanji und grammat. Morpheme mit Kana dargestellt werden. 2000 Kanji

a) Hiragana

あ a	か ka	が ga	さ sa	ざ za	た ta	だ da	な na	は ha	ば ba	ぱ pa	ま ma	ら ra	わ wa	ん n
い i	き ki	ぎ gi	し shi	じ ji	ち chi	ぢ ji	に ni	ひ hi	び bi	ぴ pi	み mi	り ri		
う u	く ku	ぐ gu	す su	ず zu	つ tsu	づ zu	ぬ nu	ふ fu	ぶ bu	ぷ pu	む mu	る ru		
え e	け ke	げ ge	せ se	ぜ ze	て te	で de	ね ne	へ he	べ be	ぺ pe	め me	れ re		
お o	こ ko	ご go	そ so	ぞ zo	と to	ど do	の no	ほ ho	ぼ bo	ぽ po	も mo	ろ ro		を o

や ya	きゃ kya	ぎゃ gya	しゃ sha	じゃ ja	ちゃ cha	ぢゃ ja	にゃ nya	ひゃ hya	びゃ bya	ぴゃ pya	みゃ mya	りゃ rya
ゆ yu	きゅ kyu	ぎゅ gyu	しゅ shu	じゅ ju	ちゅ chu	ぢゅ ju	にゅ nyu	ひゅ hyu	びゅ byu	ぴゅ pyu	みゅ myu	りゅ ryu
よ yo	きょ kyo	ぎょ gyo	しょ sho	じょ jo	ちょ cho	ぢょ jo	にょ nyo	ひょ hyo	びょ byo	ぴょ pyo	みょ myo	りょ ryo

b) Katakana

ア a	カ ka	ガ ga	サ sa	ザ za	タ ta	ダ da	ナ na	ハ ha	バ ba	パ pa	マ ma	ラ ra	ワ wa	ファ fa	ン n
イ i	キ ki	ギ gi	シ shi	ジ ji	チ chi	ヂ ji	ニ ni	ヒ hi	ビ bi	ピ pi	ミ mi	リ ri		フィ fi	
ウ u	ク ku	グ gu	ス su	ズ zu	ツ tsu	ヅ zu	ヌ nu	フ fu	ブ bu	プ pu	ム mu	ル ru			
エ e	ケ ke	ゲ ge	セ se	ゼ ze	テ te	デ de	ネ ne	ヘ he	ベ be	ペ pe	メ me	レ re		フェ fe	
オ o	コ ko	ゴ go	ソ so	ゾ zo	ト to	ド do	ノ no	ホ ho	ボ bo	ポ po	モ mo	ロ ro		フォ fo	ヲ o

ヤ ya	キャ kya	ギャ gya	シャ sha	ジャ ja	チャ cha	ヂャ ja	ニャ nya	ヒャ hya	ビャ bya	ピャ pya	ミャ mya	リャ rya
ユ yu	キュ kyu	ギュ gyu	シュ shu	ジュ ju	チュ chu	ヂュ ju	ニュ nyu	ヒュ hyu	ビュ byu	ピュ pyu	ミュ myu	リュ ryu
ヨ yo	キョ kyo	ギョ gyo	ショ sho	ジョ jo	チョ cho	ヂョ jo	ニョ nyo	ヒョ hyo	ビョ byo	ピョ pyo	ミョ myo	リョ ryo

Die japanischen Silbenschriften

(sog. *joyo*) sind offiziell für den allgemeinen Gebrauch vorgesehen. Dank der einfachen Phonologie und Silbenstruktur kommen die homomorphen Silbenschriften mit 46 Grundzeichen und einigen Diakritika für Stimmhaftigkeit, Palatalisierung und Dehnung aus. – J. Wörter bestehen vorwiegend aus KV-Silben. Eine (K)V-Silbe entspricht einem Hiragana bzw. Katakana. Die strikte KV-Folge der Silbenstruktur erzwingt die Anpassung von Lehnwörtern, z. B. *arubaitao* < ›Arbeit‹. Das Phonemsystem enthält die Vokale /i e a o u/ und die Konsonanten /p t k b d g z h r m n w y/. Die vorderen Vokale /i u/ werden oft stimmlos realisiert. – J. ist eine ↗ agglutinierende Sprache. ↗ Tempus, ↗ Aspekt und ↗ Aktionsart werden an Verben und Adjektiven auf konjugationsähnliche Weise mit Suffixen markiert. Person wird nicht dargestellt, Numerus nicht am Prädikat. Die Syntax des J. ist durch die (S)OV-Stellung bestimmt. Die Subj.-Position bleibt oft leer. Syntakt. Beziehungen werden durch postpositionale Kasuspartikel ausgedrückt, die durch eine das ↗ Thema (Topic) kennzeichnende Partikel ersetzt werden können. Oft ist das Thema das Subjekt, aber während in europ. Spr. die Kategorien Thema und Subjekt zusammenfallen, sind sie im J. mit zwei verschiedenen Partikeln separat kodiert. Auch der ↗ Satzmodus wird mit Partikeln am Satzende dargestellt, z. B. interrogativ, putativ, quotativ. Modifikatoren (Adjektive, Adverben, Verben als Relativsätze) gehen ihren Bezugselementen voraus. – Das J. hat ein differenziertes Honorativsystem, das dem Ausdruck sozialer Beziehungen sowie verschiedener Stile und Förmlichkeitsebenen dient, aber auch grammat. Funktionen erfüllt. Z. B. macht der ↗ Honorativ ein in subjektlosen Sätzen das log. Subjekt bzw. Agens deutlich. Die strukturellen und lexikal. Mittel dieser Spr. der ↗ Höflichkeit (*keigo*) variieren in Bezug auf den Gesprächspartner und den Gesprächsgegenstand. Sie dienen auch der Differenzierung der Sprechstile der Geschlechter. **Lit.** F. Coulmas, Linguistic Etiquette in Japanese Society. In: R. J. Watts et al. (eds.), Politeness in Language. Bln., N. Y. 1992, 299–324. – J. Hinds, Japanese. Ldn. 1986. – B. Lewin, Abriss der j. Grammatik. Wiesbaden 1975. – R. A. Miller, The Japanese Language. Chicago 1967. – **SSG** Staatsbibliothek Berlin (1 a, 1). CO

Japhetitisch ↗ Stadialtheorie, ↗ Zweiundsiebzig Sprachen

Jarai ↗ Cham-Sprachen

Jargon m. **1.** Varietäten, deren Ausdrücke (Jargonismen) nur Angehörigen einer spezif. Gruppe verständlich und geläufig sind, also nicht zur ↗ Gemeinsprache gehören. Sprachteilhaber eines J. gehören zu sozialen Gruppen, die oft eine gemeinsame Lebensweise und einen bestimmten sozialen Status haben. Man kann im Wesentlichen zwei Arten von J. unterscheiden, sog. Berufsjargons, die sich aus der Zugehörigkeit zu einer gemeinsamen sozial-beruf. Tätigkeit ergeben, und den sog. Gruppenjargons (↗ Jugendsprache), deren sich Menschen bedienen, die durch eine gemeinschaftl. nichtberufl. Beschäftigung oder gemeinsame Interessen zusammengeführt werden (Merkmalsgruppen: Alter, Geschlecht, Tätigkeit etc.). Unter J. versteht man keine eigenständige Sprache, sondern eine für eine ganz bestimmte Merkmalsgruppe charakterist. Varietät. Ein J. kann zur Konstitution der Identität einer Gruppe beitragen und diese nach außen abgrenzen helfen. Dabei geht die Abgrenzung nicht so weit wie bei den sog. ↗ Geheimsprachen. Die Abgrenzung zu ↗ Slang ist fließend; ↗ Sondersprache, ↗ Argot. **Lit.** A. I. Domaschnev, Umgangssprache/Slang/Jargon. HSK 3, I, 308–315. R – **2.** Veraltete abwertende Bez. für das ↗ Jiddische. G

Jargonismus ↗ Jargon

Jasghulami ↗ Pamir-Sprachen

Javanisch (Eigenbez. båså/cårå Jåwå) West-↗ austronesische Sprache in Zentral- und Ostjava (hier Koexistenz mit Madures. = ca. 10 % der Bevölkerung) sowie in den nördl. Küstengebieten West-Javas, Indonesien. Verbreitung auch in anderen Landesteilen, und zwar durch koloniale Migrationspolitik (z. B. im Plantagengürtel um Medan/Nord-Sumatra; in Süd-Sumatra) oder durch sog. Transmigrationspolitik der indones. Regierung zur Entlastung des überbevölkerten Java (v. a. Süd-Sumatra, Kalimantan, ferner in Surinam (Südamerika; 60 000 Sprecher) und Neukaledonien (6000). Mit ca. 80 Mio. Muttersprachlern größte austrones. Spr.; Karte ↗ Austroasiatische Sprachen. Starke Behauptung ggü. ↗ Indonesisch als offizielle Spr. bei wechselseitiger Einflussnahme. Silbenschrift ind. Ursprungs (hanacaraka); islam. Texte auch in leicht modifizierter arab. Schrift (Pegon); heute überwiegend lat. Schrift. Alt-J. Urkunden aus dem 8. Jh. und Textsprache (Kawi) aus prä-islam. Zeit mit nahezu 50 % Sanskrit-Anteil und reichhaltiger Lit. seit dem 9. Jh. (Überlieferung: Inschriften; Palmblatt-Manuskripte vorwiegend balines. Kopiertradition). Im Zuge der Entwicklung zum Neu-J. Ausprägung von Sprachebenen mit 5 Stufen der ↗ Höflichkeit: Hauptstufen informelles *ngoko*, formelles *krama* und höfisches *krama inggil* (ca. 1200 Grundwörter der 2 Respektsebenen), z. B. ›sagen‹ *kandha* (ngoko), *sanjang* (madya), *criyos* (krama), *matur* (krama andhap), *ngendika* (krama inggil); ↗ Anredeform, ↗ Honorativ. Alt-J. Satzkonstituenten VSO, Neu-J. SVO. **Lit.** I. Suharno, A Descriptive Study of Javanese. Canberra 1982. – J. J. Errington, Structure and Style in Javanese: A Semiotic View of Linguistic Etiquette. Philadelphia 1988. – E. M. Uhlenbeck, Studies in Javanese Morphology. The Hague 1978. – W. Keeler, Javanese: A Cultural Approach. Athens, Ohio 1984. – A. K. Ogloblin, Javanese. In: A. Adelaar & N. P. Himmelmann (eds.), The Austronesian Languages of Asia and Madagascar. Ldn., N. Y. 2005, 590–624. CE

Jekavisch ↗ Serbokroatisch

Jemenitisches Arabisch Gruppe der im Jemen gesprochenen arab. Dialekte mit zum Teil geradezu klass.-arab. Formen, z. B. ist teilweise die ↗ Nunation im Mask. Sg., die Genusunterscheidung bei den Verbalendungen im Pl., das System der Verbalstämme und das Prinzip der Polarität erhalten. **Lit.** P. Behnstedt, Die nordjemenit. Dialekte. 3 Bde. Wiesbaden 1985–1996.   WI

Jemez ↗ Kiowa-Tano-Sprachen

Jenisch ↗ Rotwelsch

Jenissej-Sprachen Gruppe zumeist ausgestorbener Spr. in Ostsibirien, die den ↗ paläoasiatischen Sprachen zugerechnet wird. Wichtigste moderne J.-S. ist das Ket. mit (1979) 684 Sprechern; Russ. als S2. Die J.-S. sind (waren) Tonspr. (4 Töne), besitzen (besaßen) 3–4 Nominalklassen, ein zweistufiges Kasussystem, Verbsystem agglutinierend und mit innerer Flexion, Tendenz zum ↗ polysynthetischen Bau. In den 1930er Jahren Versuche einer kyrill. basierten ↗ Verschriftung des Ket., 1985 Versuch einer Neuverschriftung; Karte ↗ Paläoasiatische Sprachen, im Anhang. **Lit.** K. Donner, Ketica. 2 vols. Helsinki 1955, 1958. – E. J. Vajda, Ket. Mchn. 2004. –. H. Werner, Zur jenissejisch-indian. Urverwandtschaft. Wiesbaden 2004. – S. Georg, A Descriptive Grammar of Ket (Yenisei-Ostyak). Folkestone 2007. – H. Werner, Die Welt der Jenissejer im Lichte des Wortschatzes. Zur Rekonstruktion der jenissejischen Protokultur. Wiesbaden 2006. – H. Werner, Die J.-Spr. des 18. Jh. Wiesbaden 2005. – H. Werner, Die Diathese in den J.-Spr. aus typolog. Sicht. Wiesbaden 2004. G

Jiddisch (Yidish; engl. Yiddish, frz. yiddish) ↗ Germanische, genauer: westgerm. Sprache, die sich bei den aschkenas. Juden (hebr. *ashkənazi* ›Osteuropa, Deutschland‹) auf der Grundlage rheinfränk. Mundarten entwickelt hat. J. weist zahlreiche aus dem ↗ Hebräischen übernommene Wörter und Redewendungen auf. Man unterscheidet zwei Mundartgruppen: (a) das Westjidd., das ursprünglich in Westeuropa gesprochen wurde und weitgehend ausgestorben ist, (b) das Ostjidd., das ursprünglich in Osteuropa beheimatet war und heute in vielen Staaten der Welt die Spr. der aschkenas. Juden ist. Das Ostjidd. weist außer den Hebraismen eine Reihe von Slavismen auf. – Die Zahl der Sprecher des J. ist unbekannt. Rundfunksendungen, Tages- und Wochenzeitungen in j. Spr. gibt es heute in verschiedenen Ländern, z. B. in Frankreich die Tageszeitung *Unzer vort* und die Sendungen von *Radio Shalom*. Die ältesten j. Texte – westjidd. – stammen aus dem 13. Jh. Seit Mitte des 19. Jh. entwickelt sich eine moderne (ost)jidd. Literatur mit Sholem Aleykhem als bedeutendstem Vertreter des 19. Jh.s – J. wird in hebr. Schriftart geschrieben. Orthograph. Erkennungszeichen: die Vokalzeichen ⟨ℵ⟩ und ⟨ℵ⟩, die – im Unterschied zum Hebr. – ihre Diakritika auch in Standardtexten obligator. tragen. – Aus dem J. sind etliche Ausdrücke ins Dt. entlehnt worden, z. B.

Ganove, Mischpoche, Tinnef, Kassiber, Maloche, Schmiere (stehen), *Pleitegeier*, dessen erster Bestandteil j. *playte* (hebr. *pəlota*) ›Konkurs‹ und dessen zweiter j. *geyer* (›Gänger‹ von *geyn* ›gehen‹) entspricht (fälschlicherweise mit dt. *Geier* in Verbindung gebracht; ↗ Rotwelsch). **Lit.** S. A. Birnbaum, Grammatik der Jidd. Spr. Hamburg 1966. – U. Weinreich, College Yiddish. An Introduction to the Yiddish Language and to Jewish Life and Culture. New York 1979. – D. Katz, Grammar of the Yiddish Language. Trowbridge 1987. – U. Weinreich, Modern English-Yiddish, Yiddish-English Dictionary. N. Y. 1977. – S. A. Wolf, Jidd. Wb. Hamburg ²1986. **SSG** Judaistik: Stadt- und Universitätsbibliothek Ffm. (30).   T

Jirajara-Sprachen ↗ Südamerikanische Indianersprachen

Jívaro-Sprachen Isolierte Sprachfamilie bestehend aus dem Achual, dem ↗ Aguaruna, dem Huambisa und dem Shuar. Sprachgebiet: Osthang der Anden im Grenzgebiet von Ecuador (Zamora-Chinchipe, Morona-Santiago) und Peru (Amazonas, Loreto); Karte ↗ Südamerikanische Sprachen, im Anhang. **Lit.** H. E. M. Klein & L. R. Stark (eds.), South American Indian Languages. Austin 1985. – M. Gnerre, Profilo descrittivo e storico-comparativo di una lingua amazzonica: lo shuar. Neapel 1999. **SSG** Ibero-Amerikanisches Institut Berlin (204).   AD

Jolof ↗ Wolof

Jotazismus 1. (auch: Itazismus) Nach dem griech. Buchstaben ι ›iota‹ in der griech. Phonologie benannte Bez. für die Aussprache des altgriech. η ›eta‹ als ›ita‹ bzw. für die Hebung von [e:] zu [i:] (ggü. dem ↗ Etazismus) und für die Monophthongierung der Diphthonge [ei] und [oi] zu [i:] sowie den damit einhergehenden Wandel von [ai] zu [e:], von [y] zu [i] und die Kürzung der Langvokale (schriftsprachl. z. B. an Verwechslungen zwischen den entspr. Graphemen erkennbar). Der phonolog. Prozess war bis etwa zum 3. Jh. u. Z. abgeschlossen, die Grammatiker bemühten sich allerdings seit dieser Zeit um Aufrechterhaltung der antiken orthograph. Normen, was bis zum heutigen ↗ Neugriechisch Ursache komplexer Schreibregeln und orthograph. Idiosynkrasien ist. **Lit.** ↗ Griechisch. **2.** ↗ Dyslalie.   F

Journalesisch Nicht terminologisierte Bez. für typ. Erscheinungsformen des Sprachgebrauchs und -stils in den Massenmedien, die lexikal., morpholog., syntakt. und stilist. Aspekte umfasst. z. B. den Syntax der Schlagzeile, den ↗ Nominalstil, den Duktus des Radio- oder Fernsehkommentars usw.   G

Judendeutsch Alte Bez. für das Westjidd.; ↗ Jiddisch.   G

Judenspanisch (auch: Djodezmo, Ladino, Spaniolisch, Judeo-Español) Analog zum ↗ Jiddischen die Spr. der levantin. Sefardíten, die 1492 aus dem span. Königreich ausgewiesen wurden und insbesondere im türk. Reich Aufnahme fanden; daher vorwiegend auf dem Balkan und in Istanbul, aber auch in Nordafrika und durch spätere Auswanderung in den USA (bes. New York) ansässig. Nach dem Massenmord an den Juden im 2. Weltkrieg heute ca. 200 000 Sprecher. Das J. trägt viele archaische Züge des Altspan., die die Entwicklung zum modernen Span. nicht mehr mitgemacht haben (z. B. Erhalt des f-, š für x und j, Unterscheidung zwischen sth. und stl. [s – z] bzw. [ts – dz] u. a.), aber, besonders im lexikal. Bereich, auch Innovationen aus den jeweils umliegenden Spr. Die größeren Gemeinschaften der Hafenstädte des westl. Mittelmeers (bes. Marokko) zeigen wieder mehr Affinitäten zum Span. In Israel gibt es j. Radiosendungen und eine Zeitung (*Aki Yerushalayim*). **Lit.** M. L. Wagner, Sonderspr. der Romania: J. Stgt. 1990. HU

Jüdische Schrift ↗ Quadratschrift

Jugendsprache Nicht präzise terminologisierter Begriff, Sammelbez. für Sprechweisen Jugendlicher, für die auch Ausdrücke wie Studentenspr., Szenenspr., Diskospr., Psychospr., Teenager-Spr. und Soldatenspr. üblich sind. Nach dem Klassifikationsschema, das in der Forschung zu den ↗ Sondersprachen üblich ist, gehört die J. zu den sog. Kontrasprachen. Besonders charakterist. für J. ist der Bereich des Lexikons, weniger die Syntax. Viele Wörter der J. kommen auch in der Standardspr. vor, haben aber dort eine andere Bedeutung (*Schuppen* ›Lokal‹, *anbaggern* ›flirten‹ u. a.). Stilist. Merkmale der Übertreibung und des Rigorismus sind ebenfalls charakterist. (*geile Show, eine riesige Tussi*). J. fokussiert Konnotationen, kontext- und situationsabhängige emotive Zugriffe und ermöglicht so eine Distanzierung von anderen Sprechweisen. R

Jukagirisch ↗ Paläoasiatische Sprachen

Junggrammatiker (Auch: Leipziger Schule. Engl. neogrammarians) Gruppe von zur Zeit der Entstehung der (ursprüngl. spöttischen) Bez. (1878) jungen Sprachwissenschaftlern, die das method.-theoret. Prinzip der strikten Faktenorientierung (Positivismus) verfochten. Damit richteten sie sich gegen die organizist. (↗ Organismusmodell) und idealist. theoret. Orientierung der zeitgenöss. Sprachforschung, die von ihnen als spekulativ abgelehnt wurden. Die programmat. Hauptschrift der junggrammat. Doktrin sind H. Pauls (1846–1921) *Prinzipien der Sprachgeschichte* (1880), in denen neben dem positivist. Prinzip des Ausgehens von den beobachtbaren (Sprach-) Fakten, namentlich von der ↗ gesprochenen Sprache, auch ein (teilweise extremer) ↗ Psychologismus, der sich auf die Apperzeptionspsychologie Herbarts stützt (↗ Apperzeption, ↗ Assoziation), verfochten wird. Bleibende Bedeutung erlangten Arbeiten der J. über die Frage der Ausnahmslosigkeit der ↗ Lautgesetze (↗ Vernersches Gesetz), über die ↗ Analogie als Movens von ↗ Sprachwandel, zur ↗ Dialektologie, zur ↗ historischen und ↗ historisch-vergleichenden Sprachwissenschaft sowie einige Kompendien, Grammatiken

und Handbücher zu Einzelsprachen und Sprachgruppen. Die von J. entwickelten Methodologien haben die Sprachwiss. nachhaltig geprägt; die als »Überwinder« ihrer Doktrin geltenden Forscher F. de Saussure (1857–1913) und J. Baudouin de Courtenay (1845–1929) waren neben H. Paul, K. Brugmann (1849–1919), H. Osthoff (1847–1909), B. Delbrück (1842–1922), A. Leskien (1840–1916) und F. F. Fortunatov (1848–1914) maßgebliche Protagonisten des Junggrammatismus, und L. Bloomfield, der Begründer des amerikan. ↗ Strukturalismus, hat in Leipzig studiert. Unzweifelhaft haben die Methodologien und Analyseverfahren der J. nachhaltigen Einfluss auf spätere Entwicklungen der Sprachwiss. gehabt. Die Kritik an der stark sprachhistor. und diachron ausgerichteten junggrammat. Forschungspraxis und ihre Vernachlässigung syntakt. Fragestellungen führte zur Formulierung unterschiedlicher Entwürfe einer ↗ diachronen Sprachwiss. (↗ Genfer Schule, ↗ Prager Schule, ↗ Glossematik, ↗ Strukturalismus). Ein anderer Ansatz der Kritik warf ihnen vor, sie atomisierten den Untersuchungsgegenstand Sprache und ließen funktionale Zusammenhänge und solche zu außersprachlichen (kulturellen, »geistigen« und materiellen) Sachverhalten außer Acht; (↗ Idealistische Neuphilologie, ↗ Inhaltbezogene Grammatik, ↗ »Wörter und Sachen«. G

Junktion (lat. iungere ›verbinden, zusammenfügen‹) Neben ↗ Translation bei L. Tesnière (↗ Dependenzgrammatik) eine zweite syntakt. Relation bzw. Operation, die abgewandelte Strukturen auf Grundstrukturen bezieht. Während eine Translation die syntakt. Struktur in qualitativer Hinsicht modifiziert, modifiziert die J. die Struktur in quantitativer Hinsicht. Durch J. werden die Elemente eines Satzes (seine Nuklei) beliebig vermehrt, indem einem ↗ Nukleus weitere Nuklei nebengeordnet werden. Die J. wird durch ein Junktiv gekennzeichnet, kann aber auch unmarkiert bleiben, z. B. *Emil, Erna und Egon sind Freunde;* ↗ Koordination. WK

Junktiv ↗ Junktion

Junktor ↗ Logische Partikel, ↗ Konnektiv

Junktur ↗ Grenzsignal

Jurakisch (auch: Nenzisch. Eigenbez. N'enec') ↗ Uralische (samojed.) Sprache, ca. 26 700 Sprecher (77 % der Juraken); Karte ↗ Paläoasiatische Sprachen, im Anhang. Von den samojed. Spr. ist das J. am weitesten verbreitet: Von der Dwina-Mündung entlang der Eismeerküste über die Jamal-Halbinsel bis zur Mündung des Jenissei (Tundra-J.). Vertreter einer südlicheren Mundart (Wald-J.) leben in der Taigazone an den westsibir. Flüssen Pur und Taz. Schaffung einer j. Schriftspr. nach 1917. Seitdem ist eine beachtl. Lit. entstanden. SR

Jura-Luwo ↗ Nilotische Sprachen

Juruna ↗ Tupí-Guaraní-Sprachen

Jussiv (lat. iussum ›Befehl‹) In verschiedenen Spr. (z. B. ↗ Kashmiri) flexionsmorpholog. kodierter

↗ Modus des Verbs, der eine ↗ Aufforderung an die 3. Pers. ausdrückt; ↗ Imperativ. F

Juxtaposition (lat. iūxtā ›dicht daneben‹, positiō ›Stellung, Lage‹) **1.** Nicht durch entsprechende syntakt. Mittel gekennzeichnete Aneinanderreihung von Satzelementen, z. B. die enge ↗ Apposition vom Typ *Herr Meier, Bundeskanzler Schröder.* **2.** In der Wortbildung ↗ Komposition unflektierter Wortstämme durch Zusammenrückung der Wörter in einer syntakt. Fügung, z. B. *Dreikäsehoch,* frz. *aujourd'hui* ›heute‹ < au jour d'hui ›an dem Tage von heute‹. **3.** Aneinanderreihung von Morphemen in ↗ agglutinierenden Sprachen, wobei jedem Morphem ein Bedeutungsmerkmal entspricht, z. B. ergibt türk. *ev* ›Haus‹, *ler* ›Plural‹ und *im* ›mein‹ *evlerim* ›meine Häuser‹; ↗ Sprachtypologie. PT

Kabard(in)isch ↗ Tscherkessische Sprachen

Kabye ↗ Gur-Sprachen

Kabylisch ↗ Berbersprache in Nordalgerien. 2 bis 3 Mio. Sprecher, zumeist mehrsprachig (Arab., Frz.). Teilweise Verwendung der arab. Schrift. Anfang des 20. Jh. lat. basierte Verschriftung, in den 1970er Jahren ↗ Verschriftungsansätze in modifizierter ↗ Tifinagh-Schrift. Ohne offizielle Funktion. Seit den 1980er Jahren moderne Romanlit. in K. (u. a. von R. Aliche und S. Sadi). RE

Kadenz f. (lat. cadere ›fallen, endigen‹, wörtl. ›Schlussfall‹. Engl./frz. cadence) Spezif. Ausprägung des ↗ Tonhöhenverlaufs an Einschnitten (↗ Pausen u. a.; ↗ Gliederungssignale) in drei Formen: steigend, schwebend, fallend. Steigen oder fallen kann die Tonhöhe von Silbe zu Silbe, aber auch innerhalb einer Silbe. K. können unterschiedl. Funktionen übernehmen:

	sprachlich	expressiv	appellativ
steigend	interrogativ (Intonation von Entscheidungsfragen	Spannung steigernd	Kontaktfunktion
schwebend	progredient (weiterweisend)	Spannung haltend	
fallend	terminal (Ausspruch abschließend)	Spannung lösend	Informationsfunktion

Die Funktionen sind nur z. T. alternativ. Die Kadenz ist meist polyfunktional, die Größe des Intervalls ist, unabhängig von der sprachl. Funktion, immer expressiv oder appellativ bedeutsam; ↗ Sprechausdruck, ↗ Sprechdenken. **Lit.** E. Stock, Dt. Intonation. Bln. u. a. ³1996. – Ch. Winkler, Untersuchungen zur Kadenzbildung in dt. Rede. Mchn. 1979. GU

Kadmos 1. Nach Herodot (5, 58) der Name eines phöniz. Prinzen, der die Stadt Theben in Böotien gründete und den Griechen das ↗ Alphabet, also die ↗ Schrift brachte. Folgl. sind Καδμήια γράμματα (kadmēia grammata) ›Buchstaben aus Kadmos' Zeit‹ sehr altertüml. Buchstaben. **2.** Titel einer *Zsf. für vor- und frühgriech. Epigraphik.* GS

Käfir-Sprachen ↗ Dardische Sprachen

Kaili-Pamona-Subgruppe ↗ Toraja-Sprachen

Kaingang ↗ Ge-Sprache, Sprachgebiet: Südbrasilien (Paraná, Rio Grande do Sul, Santa Catarina, São Paulo). Ca. 18 000 Sprecher; Karte ↗ Südamerikanische Sprachen, im Anhang. **Lit.** U. Wiesemann, Die phonolog. und grammat. Struktur der Kaingang-Spr. Den Haag, Paris 1972. – A. D. Rodrigues, Línguas brasileiras. São Paulo 1986. AD

Kainji ↗ Benue-Kongo-Sprachen

Kajkavisch Gruppe nordwestl. Dialekte des ↗ Serbokroatischen (nach *kaj* ›was‹); ↗ Cakavisch, Stokavisch. G

Kakophemismus ↗ Dysphemismus

Kakophonie (griech. κακός (kakós) ›schlecht‹ φωνή (fōnē) ›Stimme, Ton‹) Missklang in der Abfolge von Tönen oder Lauten; Ggs. ↗ Euphonie. PM

Kakuminal ↗ Retroflex

Kalanga ↗ Shona

Kalenjin ↗ Nilotische Sprache im westl. Kenia und angrenzenden ugand. Gebiet. Ca. 2,5 Mio. Sprecher, oft zweisprachig (Swahili, Engl.). Die zahlenmäßig größten Dialekte sind Kipsigis (südl.) und Nandi. Anfang 20. Jh. lat. basierte ↗ Verschriftung, doch nur marginale Verwendung. RE

Kaliana ↗ Südamerikanische Indianersprachen

Kalkierung ↗ Lehnprägung

Kalkül m., pl. ~e (lat. calculus ›Rechenstein‹) System zur Herstellung von Figuren aus den Grundfiguren entsprechend den zugehörigen Grundregeln, das aus ↗ Regeln (des Schließens) besteht, die den Übergang von einer oder mehreren ↗ Formeln (Prämissen) zu einer neuen Formel (↗ Konklusion) erlaubt. Eine endl. Reihe von Formeln, bei der jede Formel aus bestimmten vorangehenden Formeln mit einer Regel des K. gewonnen werden kann, nennt man Ableitung, das letzte Glied einer Ableitung die ableitbare Formel. Ein K. wird als korrekt bezeichnet, wenn jede ableitbare Formel als allgemeingültig bezeichnet wird. Ein korrekter K. gilt als widerspruchsfrei, wenn sich mit ihm nicht beliebige, d. h. auch widersprüchl. Formeln ableiten lassen. Ein K. heißt vollständig, wenn jede allgemeine Formel ableitbar ist. PR

Kalkulator ↗ Semantischer Prozess

Kalligraphie f. (griech. κάλλος (kallos) ›Schönheit‹, γραφή (grafē) ›Schrift‹) Grundprinzip der Schriftgestaltung in allen Schriftsystemen, eher stat. Konstruktion der Buchstaben zur Erzielung eindeutiger, klarer und schöner Formen und dadurch meist besserer Lesbarkeit. K. wird eher »gemalt« als gezogen und geschrieben. Die Mehrzahl der Buchschriften gehört in den Bereich der K. Die Erneuerung des Formenkanons der Schrift nach Phasen der kursiven Umgestaltung ist meist von der K. beeinflusst. Auch bei der Entwicklung typograph. Schriften ist K. ein wichtiges Prinzip, ↗ Typographie. Dabei findet teilweise sogar der ↗ Goldene Schnitt Anwendung. Bei Teilalphabetisierung liegen dem Schreibunterricht zwar kalligraph.

Schriften zugrunde, die Ausführung entspricht aber wegen der zu geringen Übung meist nicht den Ansprüchen der K.; ⁊ Buchschrift, ⁊ Geschäftsschrift, ⁊ Kanzleischrift. EN

Kalmykisch (Eigenbez. Chal'mg keln) Westmongol. Spr., ⁊ Mongolisch. Hauptsächl. Sprachgebiet: nordwestl. des Kasp. Meeres (Kalmyk. Republik und Gebiet Astrachan); ca. 200 000 Sprecher; Karte ⁊ Kaukasische Sprachen, im Anhang. Die Kalmyken gehen auf die ojrat. Stämme Torgot und Dörböt zurück, die 1616 nach Westen wanderten und sich 1632 am Unterlauf der Wolga niederließen; ein großer Teil von ihnen, der auf dem östl. Wolgaufer siedelte, kehrte 1770/71 in die Dzungarei zurück, ein kleinerer Teil verblieb auf dem westl. Wolgaufer. 1920 wurde ein Autonomes Gebiet gebildet, das 1935 den Status einer ASSR erhielt. Von Dezember 1943 bis Januar 1957 waren die Kalmyken nach Mittelasien deportiert. Die Kalmyken übernahmen zunächst die ojrat. Schriftspr., die 1648 von Dschaya Pandita auf der Basis der ujguromongol. Schriftspr. entwickelt worden war und bis 1927 in Gebrauch blieb. Ab 1923 wurde K. in kyrill. Schrift geschrieben, 1931 auf lat. und 1938 erneut auf kyrill. Schrift umgestellt. Im Gegensatz zum Ujguromongol. und Khalkha-Mongol. hat das K. (ähnlich wie die Turkspr.) auf der Basis angehängter Personalpronomina Possessivendungen und Personalendungen entwickelt. **Lit.** J. Benzing, K. Grammatik zum Nachschlagen. Wiesbaden 1985. MI

Kamakã ⁊ Ge-Sprachen

Kamayurá ⁊ Tupí-Guaraní-Sprachen

Kambera ⁊ Bima-Sumba-Sprachen

Kambodschanisch (Khmer) ⁊ Mon-Khmer-Sprachen

Kampa ⁊ Campa

Kampidanesisch ⁊ Sardisch

Kamsá ⁊ Südamerikanische Indianersprachen

Kamtschadalisch ⁊ Paläoasiatische Sprachen

Kan ⁊ Chinesisch

Kanaanäisch Sprachzweig des ⁊ Nordwestsemitischen, bezeugt seit dem 14. Jh. v.Chr. Wichtigster Vertreter des K. ist das ⁊ Hebräische. Daneben sind ⁊ Phönizisch und ⁊ Ugaritisch bedeutsam. Moabit. ist durch eine 34zeilige Inschrift aus dem 9. Jh. v.Chr. bezeugt, die enge Verwandtschaft zum Hebr. aufweist. Kennzeichnend für das K. sind der Zusammenfall von /t/ mit /s/, der definite Artikel *ha-*, die Dual- und Pluralendung {-m}. WI

Kanaresisch ⁊ Dravidische Sprachen

Kanauji ⁊ Indoarische Sprachen

Kanembu ⁊ Kanuri

Kan-Hakka ⁊ Chinesisch

Kanji ⁊ Hanzi, ⁊ Japanisch

Kanjobal ⁊ Maya-Sprachen

Kannada In Südindien gesprochene ⁊ dravidische Sprache; Karte ⁊ Indische Sprachen, im Anhang. Im Nomen werden sieben Kasus durch eine große Anzahl von Postpositionen ergänzt. Das komplexe

Verbsystem besitzt drei Tempora, markiert für Person, Numerus und (natürl.) Geschlecht, sowie drei Aspekte. WR

Kante (auch: Zweig, Ast) In einem ⁊ Strukturbaum ist eine K. diejenige minimale Struktureinheit, welche mindestens zwei ⁊ Knoten miteinander verbindet. K. repräsentieren ⁊ Dominanz-Relationen. F

Kantonesisch ⁊ Chinesisch

Kanuri ⁊ Saharanische Sprache der Tschadsee-Region (Nordost-Nigeria, östl. Niger, westl. Tschad); Karte ⁊ Afrikanische Sprachen, im Anhang. Über 4,5 Mio. Sprecher, regionale ⁊ lingua franca. Hauptdialekte: Yerwa (Standardform der K.), Sugurti und Kanembu (West-Tschad; Letzterer galt früher als eigene S.). Im Borno-Staat Nigerias wird K. in Primarschule, Massenmedien und im Parlament verwendet. RE

Kanyoka ⁊ Luba

Kanzleischrift Bez. für die in Kanzleien (mlat. *cancellaria*), den Beurkundungsstellen von weltl. Herrschern, Städten usw., angewandten kursiven oder kursiv beeinflussten Schriften für Urkunden und Aktenstücke. In ma. Tradition werden auch in der Neuzeit die Einleitungsteile graph. hervorgehoben. EN

Kanzleisprache Geschriebene Sprache der größeren städt. und fürstl., bes. kaiserl., Kanzleien in frühnhd. Zeit (⁊ Geschäftssprache), z.B. die Prager Kanzlei Karls IV., die habsburgische Kanzlei Maximilians, die obersächs.-meißn. Kanzlei der Wettiner (⁊ Meißnisches Deutsch). Die verschiedenen K. streben trotz aller regionalen Unterschiede einen überregionalen Ausgleich an, ihnen wird deshalb für die Herausbildung der nhd. Schriftsprache eine wichtige Rolle zugeschrieben; ⁊ Frühneuhochdeutsch. **Lit.** R. Bentzinger, Die K.n. In: HSK 2, II, 1665–1673. – J. M. Meier & A. Ziegler (Hgg.), Kanzleisprachenforschung im 19. und 20. Jh.: eine Bibliographie. Wien 2002. MO

Kapampangan ⁊ Philippinische Sprachen

Kapazität ⁊ Generative Kapazität

Kapholländisch ⁊ Afrikaans

Kapitälchen (engl. small caps) ⁊ Versale in der Höhe der Mittellänge der ⁊ Gemeinen, ⁊ Auszeichnungsschrift im Normalsatz; ⁊ Schriftfamilie. G

Kapón ⁊ Karibische Sprachen

Kappazismus ⁊ Dyslalie

Kaputsch(in)isch ⁊ Dag(h)estanische Sprachen

Karachay ⁊ Karatschaisch

Karagassisch ⁊ Turksprachen, ⁊ Turwinisch

Karaimisch (Eigenbez. Qaraj tili, Leschon Kedar) Westtürk. Spr. der pont.-kasp. Untergruppe, ⁊ Turksprachen. Das K. war die Sprache der jüd. Sekte der Karäer, die heute weitgehend erloschen ist; sie gelten als Nachfahren der legendären Chazaren. Das Sprachgebiet reichte früher vom Terek- und Kuban-Gebiet und der Krim bis zur westl. Ukraine und nach Polen und Litauen. Heute existieren noch kleine Gruppen in Litauen, evtl. auch in Weißruss-

land und Polen. Religiöse Lit. in hebr. Schrift.
Lit. O. Pritsak, Das K. In: Philologiae Turcicae
Fundamenta I, Wiesbaden 1959, 318–340. – A.
Koestler, Der dreizehnte Stamm. Das Reich der
Khasaren und sein Erbe. Wien, Mchn., Zürich
1977.   G, MI
Karajá-Sprachen ↗ Ge-Sprachen
Karakalpakisch (Eigenbez. Qaraqalpaq tili) West-
türk. Spr. der aral.-kasp. Untergruppe, ↗ Turkspra-
chen. Sprachgebiet: Karakalpakien, angrenzende
Gebiete Usbekistans; ca. 500 000 Sprecher; Karte
↗ Turksprachen, im Anhang. K. ist Schriftspr. seit
1924, zunächst in arab. Schrift, ab 1927 im lat., ab
1940 im kyrill. Alphabet. **Lit.** K. H. Menges, Die
aralo-kasp. Gruppe (Kasak., Karakalpak., Nogaisch,
Kiptschak-Özbek.; Kirgis.). In: Philologiae Turci-
cae Fundamenta I, Wiesbaden 1959, 434–488.   MI
Karanga ↗ Shona
Karata ↗ Dag(h)estanische Sprachen
Karatschaisch (Eigenbez. Qaraçaj til) Westtürk.
Spr. der pont.-kasp. Untergruppe, ↗ Turksprachen.
Sprachgebiet: Karatschaisch-Tscherkess. Autonomes
Gebiet; max. 200 000 Sprecher. 1944–1957 waren
die Karatschaier nach Kasachstan deportiert. K. ist
eng mit dem ↗ Balkarischen verwandt; für beide ge-
meinsam wurde ab 1924, zunächst auf Basis der lat.
Schrift, die karatschai-balkar. Schriftspr. geschaffen;
1936 kyrill. Schrift; Karte ↗ Türkische Sprachen, im
Anhang. **Lit.** O. Pritsak, Das K. und Balkar. In:
Philologiae Turcicae Fundamenta I, Wiesbaden
1959, 340–368. – S. Seegmiller, Karachay. Mchn.,
Newcastle 1996.   MI
Kardinalvokal (lat. cardinālis ›hauptsächlich‹) Auf
D. Jones (engl. Phonetiker, 1881–1967) zurückgehende Bez. der artikulator.-akust./auditiv definierten Bezugspunkte des ↗ Vokalvierecks. Die primären K. (Abb. links) sind gegeben durch akust./
auditiv gleichmäßige Unterteilung des Abstands
zwischen dem höchsten Vorderzungenvokal [i]
(weitere Verengung ergäbe den ↗ Frikativ [j]) und
den mit stärkster Zungenrückverlagerung bei maximaler Mundöffnung produzierbaren Vokal [A]
mit den Stufen [e, ε, a] (ungerundet) und der
qualitativ gleichartigen Fortführung dieser Serie
über [ɔ, o] zu [u] (mit zunehmender Lippenrundung; = kardinal 1–8). Die sekundären K. (Abb.

rechts) sind bei gleicher Zungenhöhe/-position
durch entgegengesetzte Besetzung des Merkmals
der Lippenrundung gekennzeichnet (= kardinal
9–16). Als weitere K. treten mit einer zwischen
[i] und [u] gelegenen Zungenposition [ɨ] (ungerundet; = kardinal 17) und [ʉ] (gerundet; = kardinal 18) hinzu.   PM
Kardinalzahl (lat. cardō ›Türangel, Angel-, Drehpunkt‹. Auch: Grundzahl. Engl. cardinal number,
frz. numéral cardinal, nombre cardinal) Subklasse
der ↗ Numeralia (Zahlwörter), die die Zahl der
Elemente einer Menge (von Personen, Gegenständen etc.) ausdrücken, wie z. B. dt. *eins, zwei, drei*
usw.   PT
Karelisch (Eigenbez. Karjala) Zum Ostseefinn. gehörende ↗ uralische (finn.-ugr.) Sprache. Aufgrund
der histor. Verhältnisse versteht man unter K. in
erster Linie das Ostkarel., das in den nördl. und
zentralen Teilen der Republik Karelien sowie in
der Gegend von Twer' (Kalinin) gesprochen wird
und starken russ. Einfluss aufweist, während das in
Finnland gesprochene K. zu den ostfinn. Dialekten
gerechnet wird. Ca. 62 500 Sprecher (etwa die
Hälfte der ostkarel. Bevölkerung). In der Republik
Karelien wird Finn. als Amtsspr. neben dem Russ.
benutzt; Karte ↗ Europäische Sprachen, im Anhang.
Schriftsprachl. Erzeugnisse (religiöse Lit.) seit Beginn des 19. Jh. Die in sowjet. Zeit neu geschaffene
k. Literaturspr. (meist Schulbücher) bestand bis
1940. Heute dient das Finn. als Schriftspr.   SR
Karen ↗ Sino-Tibetische Sprachen
Karibische Sprachen Südamerikan. Sprachfamilie.
Die wichtigsten Konzentrationen von k. S. befinden
sich in Ostvenezuela (Cariña, Maquiritare oder Ye-
cuana, Panare, Pemón), in den Guyanas (Carib oder
Galibi, Kapón, Trio, Waiwai, Wayana) und in angrenzenden Teilen Brasiliens (Apalaí, Hixkaryana,
Makuxí, Waimiri-Atroarí). Außerdem im zentral-
brasilian. Mato Grosso (Bakairí, Kuikoro, Txikão
oder Ikpeng), im kolumbian. Amazonasgebiet (Carijona) und im Grenzgebiet Kolumbiens und Venezuelas (Yucpa); Karte ↗ Südamerikanische Sprachen, im Anhang. Die frühere Existenz von k. S.
in den kolumbian. Anden (Magdalenatal) ist erwiesen (Opone-Carare). Im karib. Inselgebiet gibt es
keine Sprecher der k. S. mehr. Sprachtyp: präfigierend-suffigierend; ergative Kennzeichen; zuweilen
Wortstellung mit initialem Obj. (OVS). Möglicherweise Verwandtschaft mit den ↗ Tupí-Sprachen. **Lit.**
E. B. Carlin, A Grammar of Trio, a Cariban Language of Suriname. Ffm. u. a. 2004. – D. C. Derbyshire, Carib. In: R. M. W. Dixon & A. Y. Aikhenvald (eds.), The Amazonian Languages. Cambridge
1999, 22–64. – S. Gildea, On Reconstructing
Grammar. Comparative Cariban Morphosyntax.
Cambridge 1998. – S. Meira, A Grammar of Tiriyó.
Phil. Diss. Rice Univ. (Houston, Tx.) 1999. – D.
Derbyshire, Hixkaryana. Amsterdam 1979. – **SSG**
Ibero-Amerikanisches Institut Berlin (204).   AD

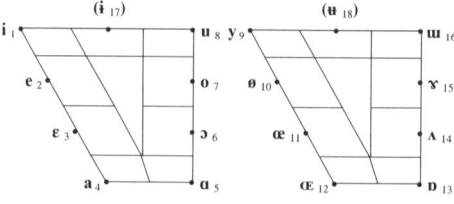

Schema der primären (links) und sekundären (rechts)
Kardinalvokale

Karibisches Englisch Das k. E. existiert in vielen regionalen Varietäten (wichtig: Jamaica, Barbados, Trinidad, Guyana, Belize) in einem breiten Spektrum zwischen breiter ↗ Kreolsprache (↗ Basilekt) und standardnahen Formen (↗ Akrolekt). Während die Basilekte auf Plantagenpidgins zurückgehen in Gesellschaften, die zu 90 % und mehr aus aus Schwarzafrika herangeholten Sklaven bestanden, basieren die Akrolekte auf den Sprachformen der weißen Verwalter und Lehrer sowie der nach der Sklavenbefreiung (1832) entstandenen Mittelschicht. Weder auf Basilekt- noch auf Akrolektebene ist es bisher als Folge der staatl. Zersplitterung zu Ausgleichsprozessen gekommen. Die brit.-engl. Norm gerät in der Gegenwart in Gefahr, durch das ↗ amerikanische Englisch abgelöst zu werden; ↗ Englisch basierte Kreolsprachen. **Lit.** J. A. Holm, The History of English in the Caribbean. In: R. Burchfield & R. M. Hogg (eds.), The Cambridge History of the English Language. Vol. 5: English in Britain and Overseas: Origins and Development Cambridge 1995. GH

Kariri-Sprachen ↗ Ge-Sprachen
Karisch ↗ Altanatolische Sprachen
Karitiana ↗ Tupí-Guaraní-Sprachen
Karitiv ↗ Abessiv
Karlukisch ↗ Turksprachen
Karok ↗ Hoka-Sprachen
Karolingische Minuskel Bez. für die im abendländ. Schriftwesen vom ausgehenden 8. bis in 12. Jh. vorherrschende Minuskelschrift, die um 1400 von den Humanisten wieder aufgegriffen wurde und daher Grundlage der heutigen Schreib- und Druckschriften bildet. In verschiedenen Zentren des fränk. Reiches (Corbie, Tours, Luxeuil, Laon) entstanden durch Kalligraphisierung der Kursive Minuskelschriften (↗ Kalligraphie, ↗ Minuskel). Unter dem Einfluss der Hofschule kam es zu einer allmähl. Vereinheitlichung und Verbreitung der Formen: unziales ⟨a⟩, ⟨g⟩ mit Köpfchen. Reduzierung von ↗ Ligaturen auf ⟨et⟩ und ⟨st⟩, die dennoch regionale und örtliche Stileigenheiten zulassen. Zunächst ist die k. M. rechtsgeneigt, in der Spätphase ist sie aufgerichtet oder weist sogar Linksneigung auf. Sie verbreitet sich auch in den Missionsgebieten Ostmitteleuropas. In England und Süditalien wird sie im 11. Jh. durch die normann. Eroberer eingeführt. Gleichzeitig wird auch die ↗ westgotische Schrift durch die K. verdrängt. Im Laufe des 12. Jh. setzt die Entwicklung zur gotischen Minuskel ein; ↗ Antiqua. EN

Kartwelsprachen ↗ Südkaukasische Sprachen
Karunkel ↗ Auge
Kasachisch (Eigenbez. Qazaq tili) Westtürk. Spr. der aral.-kasp. Untergruppe, ↗ Turksprachen. Sprachgebiet: Kasachstan, Usbekistan, Russland, Xinjiang, kleine Gruppen in Turkmenistan, Kirgistan, Tadschikistan, westl. Mongolei und Afghanistan; ca 9 Mio. Sprecher. Karte ↗ Türkische Sprachen, im Anhang.

K. ist Schriftspr. seit Mitte des 19. Jh., zunächst auf arab. Grundlage, in der UdSSR ab 1929 in lat., ab 1940 in kyrill. Schrift. In China wird – nach einem Versuch der Latinisierung (1970er Jahre) – bis heute die arab. Schrift verwendet. **Lit.** K. H. Menges, Die aralo-kaspische Gruppe (Kasak., Karakalpak., Nogaisch, Kiptschak-Özbek.; Kirgis.). In: Philologiae Turcicae Fundamenta I, Wiesbaden 1959, 434–488. – K. Irisaldi, Kontrastive Grammatik Dt.-K. Mchn. 1996. – D. Somfai Kara, Kazak. Mchn. 2002. MI

Kasaner (Kazaner) Schule Forschungs- und Lehrrichtung in der russ. Sprachwiss. in der 2. Hälfte des 19. Jh., die von dem poln.-russ. Gelehrten J. Baudouin de Courtenay (1854–1929) während seiner Lehrtätigkeit an der Universität Kazan' initiiert worden ist. – In ihren ling. Grundauffassungen hat die K. S. frühstrukturalist. Ideengut propagiert, u. a. die strikte Trennung von Synchronie und Diachronie, die in der westl. Sprachwiss. erst später durch F. de Saussure verankert worden ist. Die K. S. hat viele Positionen des originär russ. und westeurop. ↗ Strukturalismus vorformuliert bzw. vorweggenommen, z. B. die Unterscheidung von Sprache (Sprachsystem, russ. *jazyk*) und Rede (russ. *reč'*), von systemischen, syntagmat. und paradigmat. Beziehungen zwischen sprachl. Einheiten, die Trennung von phonemat. und morphemat. Abstraktionsebene bei der ling. Analyse und die Erklärung von Sprachwandel durch das Zusammenwirken der Faktoren Statik und Dynamik in der Spr. Hervorzuheben sind auch die in der K. S. entstandenen Arbeiten zur synchronen und diachronen Phonematik und Morphematik des Russ. und zu einer (phonemat. orientierten) Typologie der slav. Spr. **Lit.** R. Budziak, Jan Baudouin de Courtenay als Soziolinguist und Sprachsoziologe. Diss. Bamberg 1997. – J. Mugdan (Hg.), Baudouin de Courtenay. Ausgewählte Werke in dt. Spr. Mchn. 1984. – Ders., Jan Baudouin de Courtenay. Leben und Werk. Mchn. 1984. Weitere Lit. ↗ Moskauer Schule. HA

Kaschmiri (Eigenbez. Kāśmīrī) Offizielle Spr. (neben ↗ Ḍōgrī) in den zwischen Indien und Pakistan umstrittenen Gebiet Jammu und Kaschmir; mehr als 3 Mio. Sprecher; Karte ↗ Indische Sprachen, im Anhang. K. ist die einzige ↗ Schriftsprache unter den ↗ dardischen Sprachen; die lit. Tradition geht bis ins 13. Jh. n. Chr. zurück. Verwendete Schriften: heute hauptsächl. das für das ↗ Urdu adaptierte arab. Alphabet mit weitgehender Vokalisierung; vereinzelt auch lokale Varianten der Devanāgarī und Śarāda; ↗ Indische Schriften, ↗ Indoarische Sprachen. **Lit.** O. N. Koul, Kashmiri. In: G. Cardona & Dh. Jain (eds.), The Indo-Aryan Languages. Ldn., N. Y. ²2007, 895–952. FZ

Kaschubisch Slav. Spr., gehört zur ostseeslav. Untergruppe des ↗ Westslavischen. – Der Status des K. ist umstritten; es wird v. a. in der poln. Sprachwiss. als eine Dialektgruppe des ↗ Polnischen angesehen. Daneben existiert die Auffassung von einer eigenständigen Spr. mit starken dt. und v.a. poln. Interferenzen. – Das K. wird heute noch von ca. 200.000 Sprechern, die durchweg zweisprachig (i. d. R. noch Poln.) sind, im Gebiet von Gdansk/Danzig und auf der Halbinsel Hela vornehml. als gesprochene Spr. benutzt.- Seit Beginn des 19. Jh. existiert eine kleine kaschub. Lit. – Eine Variante des K., das *Slovinzische*, das sich bis Anfang des 20. Jh. in Nordostpommern gehalten hat. **Lit.** H. Popowska-Taborska, Kaszubszczyzna. [Das K.] Warszawa 1980. – Dies., »Język czy dialekt« – raz jeszsce o statusie kaszubyszczyny. [Sprache oder Dialekt. Noch einmal zum Status des K.] Język Polski 68, 1988, 87–96. – E. Breza, Das K. In: P. Rehder (Hg.), Einf. in die slav. Spr.n. Darmstadt ⁵2006, 171–177. – P. Rehder, K. In: N. Janich & A. Greule (Hgg.), Sprachkulturen in Europa. Ein internat. Hdb. Tübingen 2002, 270–271. – M. Porębska, Das K.: Sprachtod oder Revitalisierung? München 2006.   HA

Kaspar Hauser ↗ Wolfskinder

Kasra ↗ Arabische Schrift

Kastendiagramm (auch: Brückendiagramm) Graph. Darstellung des hierarch. Aufbaus von Sätzen, die v. a. auf Ch. F. Hockett zurückgeht (A Course in Modern Linguistics. N. Y. ¹²1967); deshalb z. B. frz. *boîte de Hockett*. Vom Satz ausgehend, werden durch stufenweise Teilung in binären Schritten die jeweils zusammengehörenden Teile (die unmittelbaren ↗ Konstituenten) ermittelt und dargestellt, z. B.

5	‖	uns	er	kanzler	kenn	t	kein	e	grenze	n	
4	‖	unser		kanzler	kennt		keine		grenzen		
3	‖	unser		kanzler	kennt		keine		grenzen		
2	‖	unser		kanzler	kennt		keine		grenzen		
1	‖	unser		kanzler	kennt		keine		grenzen		

Andere Darstellungsformen der Konstituentenstruktur: Schrägstriche, ↗ indizierte Klammerung, Baumdiagramm, ↗ Strukturbaum.   SK

Kastilisch (Eigenbez. Castellano) K. benennt (a) spezif. den kastil. Dialekt; (b) wird im Span. *castellano* häufig gleichbedeutend mit *español* zur Bez. der span. Sprache verwendet, weil sich die span. Standardspr. aus dem K. entwickelt hat (↗ Spanisch). Von sprachl. Minderheiten in Spanien (z. B. den Basken) wird die Bez. *castellano* auch verwendet, um zu unterstreichen, dass das Span. nicht die einzige Spr. Spaniens ist; Karte ↗ Europäische Sprachen, im Anhang.   HU

Kasus (griech. πτῶσις (ptōsis) ›Abweichen‹, lat. cāsus ›Fall‹. Engl. case, frz. cas) **1.** In vielen Spr. zentrale paradigmat. Kategorisierung der Nominalmorphologie (↗ Deklination) zur Satzgliedmarkierung (in funktionaler Konkurrenz zu den Regularitäten der ↗ Wortstellung). K. ist außerdem Bez. für die einzelnen Konstituenten des Paradigmas, z. B. ↗ Nominativ, ↗ Illativ. Für die Klärung satzsemant. Beziehungen spielt die Frage nach der »grammat.

Bedeutung« einzelner K. (↗ Kasusbedeutung) bzw. nach der ↗ Rektion bzw. ↗ Valenz von Verben eine Rolle. In der älteren Schulgrammatik ersetzte die K.lehre oft die Syntax der einfachen Sätze. Bei der Definition von K. herrschen theoriebedingt große Differenzen. Distributionalist. Definitionen betrachten die K. als disjunkte Klassen von Substantivpositionen, taxonom. Definitionen sehen in den K. Klassen von Substantivformen, viele traditionelle und neuere kasustheoret. Bestimmungen betrachten die K. als Grammeme, d. h. als Nominalformen mit spezif. Bedeutungen (Kasusbedeutungen, ↗ Kasusrollen, ↗ Tiefenkasus) und spez. syntakt. Funktionen (bei Fillmore: *Oberflächenkasus*). K.formen sind referenzsemant. nicht interpretierbar; sie »bedeuten« nichts, sondern drücken syntakt. Beziehungen aus. Andererseits lassen sich häufig funktionale Paradigmen für einzelne K. aufstellen, z. B. beim ↗ Genitiv eine possessive, eine partitive, eine objektive Funktion usw., d. h. dass funktionsspezif. K.bedeutungen existieren, in solchen Fällen, in denen ein K. nur in einer Funktion auftreten kann, seine globale K.bedeutung darstellen, z. B. beim ↗ Inessiv. Einige Forscher unterscheiden deshalb zwischen »grammat.« und »konkreten« (raumzeitl. orientierenden) K. (z. B. Lyons 1972). L. Hjelmslev (1935) interpretierte die K. als Konfiguration der Merkmale Richtung, Kontakt und Subjektivität, von denen jedes sechs unterschiedl. Bedeutungen annehmen kann; es werden damit 216 Konfigurationen möglich. R. Jakobson (1936) analysierte für das russ. K.system drei elementare (distinktive) Merkmale, nämlich Rand, Richtung und Umfang, auf deren Basis er alle K. als Konfigurationen von ↗ Randkasus, ↗ Richtungskasus und ↗ Umfangskasus zu beschreiben suchte und morpholog. Zusammenfallen zweier Kasus als Neutralisierung erklärte (z. B. bei den russ. Maskulina der 1. Dekl. (*górod* ›Stadt‹, *dom* ›Haus‹) ident. Formen von Nom. und Akk. aufgrund der Neutralisierung des Merkmals Richtung). J. Kuryłowicz (1949) entwickelte ein Modell primärer und sekundärer syntakt. und adverbialer K.funktionen. Diese Ansätze sind v. a. in der Slavistik weiter erörtert und verfeinert worden; eine allgemein akzeptierte ↗ Kasustheorie liegt jedoch bisher nicht vor (vgl. Seidel 1988). – Die K. werden üblicherweise mit den von altgriech. Grammatikern entwickelten und von ihren relig. Kollegen ans Lat. adaptierten Termini benannt: ↗ Nominativ als casus rectus und ↗ casus obliqui ↗ Genitiv, ↗ Dativ, ↗ Akkusativ, ↗ Ablativ, ↗ Lokativ, ↗ Instrumental und ↗ Vokativ. In ↗ Ergativsprachen sind ↗ Ergativ und ↗ Absolutiv die Grundkasus. – Kasusmarkierung erfolgt dadurch, dass ein nominales Lexem durch Affigierung, Metathese (z. B. im Arab.), Ablaut (z. B. im Ir.), Akzentwechsel (z. B. im Russ.) oder Tonwechsel (in manchen afrikan. Spr.) oder Kombinationen davon, also den jeweiligen Träger der »grammat. Bedeutung« (↗ Flexiv), in eine Kasusform überführt wird. K.affixe können den Wert ø haben; ⁊ Nullsuffix. In ⁊ agglutinierenden Sprachen erfolgt die K.markierung durch monofunktionale Affixe, in ⁊ flektierenden Sprachen meist kumulativ (zusammen mit der Numerus- und Genusmarkierung), z. B. lat. *-us* (nom. sg. masc.), z. B. *discipulus* ›der Schüler‹, griech. -ατα (nom. pl. ntr.), z. B. τὰ πράγματα (ta pragmata) ›die Taten‹; ⁊ Deklination. K.affixe können mit der Korrelation der ⁊ Belebtheit korrespondieren (z. B. im Russ.). Einzelsprachspezif. Kongruenzregeln legen für mehrgliedrige Nominalausdrücke fest, ob und in welchem Maße die K.markierung mehrfach erfolgen muss, z. B. *eines schönen Tages*. Im Dt. erfolgt die K.markierung in mehrgliedrigen Ausdrücken oftmals nicht am Subst., sondern am Artikel (z. B. *das Licht der Sonne*) und ggf. am Adj. (z. B. *Der Besuch der alten Dame*). Umfang und Struktur der K.morphologie sind in einzelnen Spr. sehr unterschiedlich. Es ist üblich, in Grammatiken K.inventare aufzustellen, z. B. vier K. für das Dt., Griech., sechs für das Lat., sechs, acht oder 14 für das Russ., 15 für das Finn., mehr als 40 für einige ⁊ ostkaukasische Spr. Sie sind oft Gegenstand von Kontroversen, da K.suffixe mitunter auch als ⁊ Postpositionen analysiert werden (z. B. nimmt K. Tschenkéli für das Georg. sieben K. an, während A. Dirr darüber hinaus eine Reihe von Postpositionalverbindungen als K. auffasst); ⁊ Status, ⁊ Triptotische Flexion. In vielen finn.-ugr. Spr. existiert ein ausdifferenziertes System von Lokalkasus (⁊ Adessiv, ⁊ Adlativ, ⁊ Elativ, ⁊ Illativ, ⁊ Inessiv, ⁊ Lokativ, ⁊ Sublativ, ⁊ Supressiv, ⁊ Translativ), daneben ein Negationskasus (⁊ Abessiv), ein Existenzkasus (⁊ Essiv), ein K. zum Ausdruck von Teil-von-Relationen (⁊ Partitiv) und ein ⁊ Soziativ (1). In manchen Spr. existiert ein spezieller ⁊ Adverbialis; hingegen beziehen sich die Ausdrücke ⁊ Adverbialkasus, ⁊ Präpositiv und ⁊ Präpositionalkasus auf syntakt.-semant. Funktionen von casus obliqui und bezeichnen keinen K. i. e. S. Eine befriedigende Systematik der K. existiert bislang nicht. – In vielen Spr. ist die Kasusmorphologie nicht durchgängig realisiert. So kann das komplette Paradigma nur in einer nominalen Wortklasse entwickelt sein, z. B. im Engl., wo lediglich bei den Pers. Pronomina drei den K. analoge lexikalisierte Formen vorliegen (Sg. *he/she, his/her, him; they, their, them*), während die Subst. nur einem »allgemeinen K.« (*general case*) und eine Gen.form aufweisen; die Satzgliedmarkierung erfolgt durch Wortstellung. Im Lat., Dt. oder Russ. ist die K.morphologie in Abhängigkeit von einzelnen Deklinationsklassen in unterschiedl. Maße ausdrucksseitig realisiert, d. h., dass k.markierende Suffixe für zwei oder mehrere K. identisch sein können (*Kasussynkretismus* oder *Mischkasus*, z. B. Dat.Sg. und Abl.Sg. in der lat. o-Dekl., im Dt. alle K.Formen z. B. des Sg. der Feminina auf -e). **2.** In der ⁊ Kasusgrammatik Bez. für ⁊ Thematische Rol-

len bzw. ⁊ Tiefenkasus. **Lit.** L. Hjelmslev, La catégorie du cas. Kopenhagen 1935/37. Mchn. ²1972. – R. Jakobson, Beitrag zur allgemeinen K.lehre. Gesamtbedeutungen der russ. K. TCLP 6, 1936, 240–288. – J. Kuryłowicz, Le problème du classement des cas. In: Biuletyn polskiego towarzystwa językoznawczego IX, Kraków 1949, 20–43. – Ders., The Inflectional Categories of Indoeuropean. Heidelberg 1964. – J. Lyons, Einf. in die moderne Ling. München ²1972. – H.-E. Seidel, Kasus. Zur Explikation eines sprachwiss. Terminus (am Beispiel des Russ.). Tübingen 1988. – H. Czepluch, Kasus im Dt. und Engl. Ein Beitrag zur Theorie des abstrakten K. Tübingen 1996. – M. Vuillaume (Hg.), Die K. im Dt. Form und Inhalt. Tübingen 1998. – C. Dürscheid, Die verbalen K. im Dt. Untersuchungen zur Syntax, Semantik und Perspektive. Tübingen 1999. – B. Primus, Case and Thematic Roles. Ergative, Accusative and Active. Tübingen 1999. – H. Quinn, The Distribution of Pronoun Case Forms in English. Amsterdam 2005. – L. Šarić, Spatial Concepts in Slavic. A Cognitive Linguistic Study of Prepositions and Cases. Wiesbaden 2008. – G. Corbett, Agreement. Cambridge Textbooks in Linguistics. Cambridge 2006. – I. Mel'čuk, Aspects of the Theory of Morphology. Bln., N. Y. 2006. **Bibl.** P. Campe, Case, Semantic Roles and Grammatical Relations. A Comprehensive Bibliography. Amsterdam 1994. G

Kasusabsorption (auch: Theta-Rollen-Absorption) Der Umstand, dass ein passiviertes Verb der Subj.-Position im Satz keine semant. Rolle (⁊ Theta-Rolle, ⁊ Tiefenkasus) zuweist, wird in der GG (⁊ Rektions-Bindungs-Theorie) als K. bezeichnet, da hinsichtl. der gängigen Annahmen über die Theta-Rollen-Zuweisung durch Verben Sonderregeln erforderl. sind. **Lit.** A. v. Stechow & W. Sternefeld, Bausteine syntakt. Wissens. Opladen 1988, 188 f. F

Kasusangleichung ⁊ Attraktion, ⁊ Kasus
Kasusattraktion ⁊ Attraktion, ⁊ Kasus
Kasusbedeutung ⁊ Kasus
Kasusforderung ⁊ Rektion
Kasusgrammatik Ling. Konzeption, die eng mit dem Namen ihres ursprüngl. »Erfinders« Ch. J. Fillmore verbunden ist. Sie gehört in den Gesamtrahmen der GG und hat deren Entwicklung teilweise mitgetragen. Innerhalb der GG unterliegt ihr theoret. Standort beträchtlichen Schwankungen. Zu Beginn der Entwicklung (1968 ff.) zielten die meisten Beiträge zur K. darauf ab, ein eigenständiges und umfassendes Modell der Syntaxkomponente einer GG aufzubauen. Daneben sind Phasen der Anleihen bei bzw. der Übereinstimmung mit Chomskys ⁊ Aspekte-Modell einerseits und den Prämissen der ⁊ generativen Semantik andererseits festzumachen. Es ist in der Folge zwar niemals zu einem konsistenten K.-Modell gekommen, doch haben sich die theoret. Grundannahmen dieser Kon-

zeption als durchaus tragfähig erwiesen und Eingang gefunden in die meisten neueren Syntaxmodelle, darüber hinaus auch in die ↗ künstliche Intelligenz, die kognitive Psychologie u. a. (vgl. Pleines 1981). Der Begriff des ↗ Kasus wird nicht im Sinne der morpholog. Kasus verstanden, die als Phänomene der ↗ Oberflächenstruktur angesehen werden; vielmehr werden Kasus hier als syntakt. (gelegentlich auch semant.) Relationen auf einer abstrakten zugrundeliegenden Strukturebene verstanden (↗ Tiefenkasus). »Die Kasusbegriffe enthalten eine Menge universal gültiger, wahrscheinlich innater Begriffe, die bestimmten Typen von Urteilen entsprechen, die Menschen über die Ereignisse in ihrer Umwelt machen können, Urteile etwa darüber, wer es tat, wem es geschah und was sich veränderte« (Fillmore 1968/1971, 34). Im propositionalen Kern des Satzes, der das Verb und die Nominal- und Präpositionalphrasen umfasst, wird zwischen dem Verb einerseits und den nominalen Elementen andererseits je eine ↗ Kasusrolle bzw. Kasusrelation angesetzt. Eine der axiomatisch postulierten Grundannahmen geht davon aus, dass es möglich ist, eine relativ kleine Zahl derartiger abstrakter Kasusrelationen zur Abdeckung aller V-NP-Relationen zu etablieren. Die Zahl der in den diversen Theorievarianten vorgeschlagenen ↗ Kasusrelationen schwankt zwischen 6 und 20 (und mehr) Kasus. Auch die Terminologie ist nicht einheitlich; häufig diskutierte ↗ Kasusrollen/-relationen sind: ↗ Agens, ↗ Instrumental, ↗ Objektiv oder ↗ Thema, ↗ Lokativ, Source, Goal etc. Eine weitere Grundannahme postuliert, dass in einem einfachen Satz (*clause*) jede Kasusrelation nur jeweils einmal auftreten kann (*one-instance-per-clause-principle*). Diese Grundannahme dient als method. Hilfe zur Identifizierung und Abgrenzung einzelner Kasusrollen bzw. ↗ Kasusrahmen. Häufig ergeben sich jedoch schwierig lösbare Problemfälle (z. B. Kausativsätze mit scheinbar zwei Agenskasus oder mehrfaches Vorkommen von Lokativrelationen), die zumeist dadurch »gelöst« werden, dass die Liste der Kasus modifiziert oder erweitert wird. Umstritten ist darüber hinaus, ob diese Grundannahme als ein grammatiktheoret. Axiom zu verstehen ist oder ob ihr ein kognitives Schema zugrunde liegt. Ursprünglich ging Fillmore von einem für alle Sprachen/Sprecher gültigen Inventar an letztlich biolog. determinierten Kasusrollen aus; dieser Universalitätsanspruch erwies sich in der Folge als theoret. problemat. und auch empir. schwer haltbar (vgl. Seyfert 1976, 202; Pleines 1978). Die dritte Grundannahme bestimmt, dass bei der Generierung der Oberflächenstruktur eine inhärente hierarch. Ordnung der Tiefenkasus bei der Festlegung der Oberflächenfunktionen zum Tragen kommt (Kasushierarchie); so kommt beispielsweise der ↗ Agens-Relation erste Priorität bei der Auswahl der (Oberflächen-) Subjekt-Funktion; enthält der Kasusrahmen des betreffenden Verbs kein

Agens, folgt der ↗ Instrumental, dann der ↗ Objektiv. Abgesehen von dem GG-bezogenen Theorierahmen weist die K. deutliche Bezüge zur ↗ Valenzgrammatik auf; beiden ist gemeinsam, dass dem Verb im Satz eine dominante Rolle bei der Bestimmung des Kasus- bzw. Valenzrahmens zugesprochen wird. Im Laufe ihrer Entwicklung hat die K. ihre theoret. Eigenständigkeit mehr und mehr eingebüßt; ihre Grundlagen jedoch sind eingeflossen in eine Vielzahl von weiterführenden Theorien: ↗ Theta-Rolle, ↗ Funktionale Grammatik (Dik), in deren Rahmen die Grundlagen der K. einen zentralen Stellenwert einnehmen. Einen eigenständigen Ansatz zur Weiterführung der K. liefern die Arbeiten von B. Primus (Generalized Hierarchy Approach).

Lit. W. Abraham (Hg.), Valence, Semantic Case and Grammatical Relations. Amsterdam 1978. – J. Anderson, The Grammar of Case: Towards a Localistic Theory. Cambridge 1971. – P. Campe, Case, Semantic Roles and Grammatical Relations. Amsterdam 1994. – R. Dirven & G. Radden (Hgg.), Concepts of Case. Tübingen 1987. – Ch. Fillmore, The Case for Case. In: E. Bach & R. T. Harms (eds.), Universals in Linguistic Theory. N. Y. 1968. Dt.: Plädoyer für Kasus. In: W. Abraham (Hg.), Kasustheorie. Ffm. 1971, 1–118. – Ch. Fillmore, Some Problems for Case Grammar. In: R. J. O'Brien (ed.), Monograph Series in Language and Linguistics 24, Georgetown University. Washington D. C. 1971, 35. – Ders., The Case for Case Reopened. In: P. Cole & J. M. Sadock (eds.), Syntax and Semantics: Grammatical Relations. N. Y. 1977, 59–82. Dt. in: Pleines 1981, 13–43. – J. Pleines, Handlung, Kausalität, Intention. Tübingen 1976. – Ders., Ist der Universalitätsanspruch der Kasusgrammatik berechtigt? In: W. Abraham (Hg.) 1978, 355–375. – J. Pleines (Hg.), Beiträge zum Stand der Kasustheorie. Tübingen 1981. – B. Primus, Case and Thematic Roles. Tübingen 1999. – G. Rauh, Tiefenkasus, themat. Relationen und Theta-Rollen. Tübingen 1988. – G. Seyfert, Zur Theorie der Verbgrammatik. Tübingen 1976. – St. Starosta, Die »1-Pro-Sent«-Lösung. In: Pleines 1981, 45–147. – K. Welke, Einführung in die Valenz- und Kasustheorie. Lpz. 1988.   PL

Kasusphrase (Abk. KP. Engl. *case phrase*) In Nachfolgemodellen der ↗ Rektions-Bindungs-Theorie in manchen Darstellungen angenommene Projektion einer postulierten ↗ Funktionalen Kategorie K(asus) mit dem strukturellen Aufbau [$_{KP}$ [$_K$· [$_{K0}$ K [$_{DP...}$]]]. K^0 wird entweder durch eine morpholog.-phonolog. Kasusmarkierung oder durch eine Präposition besetzt und besitzt als ↗ Komplement eine ↗ Determinansphrase (DP). Die obliquen Kasus werden nach dieser Darstellung in einer K. realisiert, deren Kopf K^0 entweder durch overte (phonolog. sichtbare) Kasusmorphologie (oder eine Kasus-Partikel in Spr. wie z. B. Korean., vgl. Kim 1999) oder durch eine Präposition aktiviert wird. Die auf früheren Vorschlägen von Kayne (1984, Kap. 9) und Emonds (1985) zur Explikation obliquer Kasus als ↗ Präpositionalphrasen beruhende Darstellung soll der Explikation sog. lexikalischer (oder obliquer) Kasus (z. B. dem Dativ-Obj. bei Verben wie *helfen*) als strukturelle Kasus dienen; ↗ Kasustheorie. **Lit.** M. Bittner & K. Hale, The Structural Determination of Case and Agreement. LIn 27, 1996, 1–68. – E. Brandner & H. Zinsmeister (eds.), New Perspectives on Case Theory. Chicago 2003. – E. Engels, Satzglieder, Kasus und semant. Rollen: Eine Einf. In: Tidsskrift for sprogforskning 4.1–2, 2006, 17–37. – J. Emonds, A Unified Theory of Syntactic Categories. Dordrecht 1985. – R. S. Kayne, Connectedness and Binary Branching. Dordrecht 1984. – A. Malchukov & A. Spencer (eds.), The Oxford Handbook of Case. Oxford 2008. – S.-H. Rauh, Kasus als funktionale Kategorie. Zum Verhältnis von Morphologie und Syntax. Tübingen 1993. F

Kasusrahmen (engl. case frame) In der ursprünglichen Version der ↗ Kasusgrammatik wird K. verstanden als selbständig erzeugte Konfiguration von ↗ Tiefenkasus in Verbindung mit einem Verb (z. B. Vb. + Agens + Dativ + Objektiv), als Distribution der ↗ Kasusrollen. Der K. ist als Ergebnis eines Erzeugungsprozesses (i. S. der GG) ein Phänomen der ↗ Tiefenstruktur. Die Einsetzung des konkreten Verbs erfolgt in Abhängigkeit von diesem durch die Regeln der Grammatik erzeugten K. (im Gegensatz zur ↗ Valenzgrammatik, in der das jeweilige Verb den Valenzrahmen bestimmt) ↗ Thematische Rolle. PL

Kasusrelation ↗ Kasusrolle

Kasusrolle Seit Fillmore (1968) zentraler Begriff der ↗ Kasusgrammatik. Auf der Ebene der syntakt. Tiefenstruktur werden ↗ Tiefenkasus angenommen, d. h. nominale Elemente, die im Satz eine letztlich semant. definierte Rolle einnehmen (z. B. ↗ Agens, ↗ Instrumental, ↗ Experiencer, ↗ Lokativ etc.). In späteren Versionen der Kasusgrammatik werden die K. nicht mehr als Elemente einer syntakt. Tiefenstruktur, sondern ausdrücklich als ↗ semantische Rollen verstanden. Aufgrund der wechselnden Konzeption und Terminologie der Kasusgrammatik wird statt K. auch der Begriff ›Kasusrelation‹ annähernd gleichbedeutend verwendet. **Lit.** ↗ Kasusgrammatik. PL

Kasussynkretismus ↗ Instrumental, ↗ Kasus

Kasustheorie In der GG Bez. für die im Rahmen der ↗ Rektions-Bindungs-Theorie und der ↗ Barrieren-Theorie entwickelten Prinzipien der morpholog.-syntakt. Realisierung von ↗ Kasus. Die K. erfasst, innerhalb welcher Domänen welche Arten von Kasus unter welchen Bedingungen auftreten; die Beschränkung der Zuweisung bzw. die Überprüfung von Kasus erfolgt im Rahmen der ↗ X-Bar-Theorie (bzw. in der minimalist. und optimalitätstheoret. Weiterentwicklungen des Modells) durch Prinzipien, die sich auf die Überprüfung morpholog.-syntakt. Merkmale beziehen. Die K. differenziert zwischen (a) einer lexikal. Kasus-Zuweisung, die von idiosynkrat., nicht vorhersagbaren Eigenschaften von Lexemen abhängt (obliquer Kasus), z. B. der Dativ von *ihm* als Obj. von *hilft* in *Er hilft ihm*, der Genitiv bzw. Dativ in *entlang des Flusses/dem Fluss* oder der Kasus bei ↗ ECM-Verben, (b) solchen Kasus, die von der ↗ Theta-Rolle eines Kasus-Trägers abhängen, z. B. in *Er strickt ihm einen Schal* der Dativ von *ihm* in Abhängigkeit von einem Akk.-Obj. (hier *einen Schal*), und (c) strukturellen Kasus, z. B. der Nominativ als Kasus des Subj. in Sätzen oder der nicht-idiosynkrat. Kasus eines Obj. bei Verben (*Objektiv*, im Dt. Akk.). Strukturelle Kasus werden durch parametrisierte (↗ Parameter (1)) Spezifikationen syntakt. Konfigurationen erfasst; lexikal. Kasus-Zuweisung wird als ↗ Projektion lexikal. Spezifikationen expliziert. Die kasustheoret. Überlegungen im Anschluss an die Barrieren-Theorie (vgl. Marantz 1991) sind durch die Suche nach vereinheitlichenden strukturellen Bedingungen der Kasus-Zuweisung bzw. der Überprüfung entspr. Merkmale geprägt; zur einführenden Diskussion vgl. Gallmann 1992, Hornstein et al. 2005, Kap. 6); ↗ Kasusphrase, ↗ Verbalphrase. **Lit.** E. Brandner & H. Zinsmeister (eds.), New Perspectives on Case Theory. Chicago 2003. – M. Butt, Theories of Case. Cambridge 2006. – N. Chomsky, Lectures on Government and Binding. Dordrecht 1981. – G. Helbig, Probleme der Valenz- und Kasustheorie. Tübingen 1992. – A. Malchukov & A. Spencer (eds.), The Oxford Handbook of Case. Oxford 2008. – A. v. Stechow & W. Sternefeld, Bausteine syntakt. Wissens. Opladen 1988. F

Katachrese f. (griech. κατάχρησις (katachrēsis) ›uneigentl. Gebrauch eines Wortes‹) ↗ Tropus: (a) Füllung einer sprachl. Lücke durch metaphor. Verwendung eines vorhandenen Wortes, wenn ein spezif. Ausdruck fehlt oder verdrängt ist, z. B. *Arm eines Flusses*. (b) Gebrauch einer Wendung, deren eigentl., wörtl. Bedeutung nicht mehr bewusst ist, z. B. *parricīdium* ›Vatermord‹ für Verwandtenmord. (c) Bildbruch: Verbindung uneigentl. Wendungen, die nicht zueinander passen, wenn man sie in ihrer eigentl. Bedeutung versteht; oft unfreiwillig und von kom. Wirkung: »Lass nicht des Neides Zügel umnebeln deinen Geist« (↗ Stilblüte), aber auch bewusst zur Erzielung eines best. stilist. (preziösen) Effektes genutzt (↗ Oxymoron). STE

Katadeixis ↗ Deixis

Katakana ↗ Japanisch

Katalanisch (Eigenbez. Català) Roman. Spr. Kataloniens (Principat), der Provinz Valencia, eines Teils des frz. Roussillon, der Balearen und einiger Sprachinseln wie Alghero (Sardinien). Offizielle Sprache Andorras. Ca. 7–8 Mio. Sprecher, beinahe ausschließlich zweisprachig (k.-span. bzw. k.-frz.); örtlich bis 80 % Katalanischsprecher; Karte ↗ Europäische Sprachen, im Anhang. Hochphase als Kultur- und Verwaltungsspr. im Königreich Aragon, früheste schriftl. Belege aus dem 13. Jh. Nach dem 15./16. Jh. vom ↗ Kastilischen kontinuierl. zurück-gedrängt. Schon im 15. Jh. Tendenzen zur Standar-disierung. Starke Revitalisierung des K. im 19./ 20. Jh., bes. in der Zeit nach Franco. Das K. deckt heute wieder in vollem Umfang alle kulturellen und Verwaltungsbereiche und das ganze Bildungssystem ab und gilt soziolog. als sehr stabil. Es nimmt in verschiedener Hinsicht eine »Brückenstellung« (*Llengua pont* – Badia i Margarit) zwischen Ibero-roman. und Galloroman. ein. **Lit.** A. M. Badia i Margarit, Grammàtica catalana. 2 Bde. Madrid 1975. – W. Meyer-Lübke, Das K. Seine Stellung zum Span. und Provenzal. Heidelberg 1925. – J. Lüdtke, Katalan. Mchn. 1984.   HU

Katalepsis ↗ Antizipation

Katapher, Kataphora ↗ Kataphorisch

Kataphorisch (griech. καταφέρειν (kataferein) ›hinabtragen‹) Als k. wird im Anschluss an K. Bühler (1934, 122) eine rechts- oder vorwärtsge-richtete Verweis- und Verknüpfungsfunktion von ↗ Pro-Formen (Katapher, Kataphora) bezeichnet, die im Text vor dem koreferenten Sprachzeichen, das als vollwertiger Referenzträger gelten kann, auftreten. K. Elemente können dazu dienen, die Aufmerksamkeit von Rezipienten zu steuern und Spannung zu erzeugen. **Lit.** ↗ Anaphorisch.   P

Katastrophentheorie Erklärungsmodell für Vor-gänge, in denen nach einer Phase kontinuierl. Ent-wicklung einschneidende Veränderungen auftreten, die die Entstehung neuer Formen zur Folge haben. Die K. findet Anwendung in Bezug auf Phänomene der Physik, Biologie, Ling. und Sozialwiss.   PR

Kategorema ↗ Autosemantikum

Kategoriale Wahrnehmung ↗ Auditive Phonetik

Kategorialgrammatik (auch: kategoriale Gramma-tik) Eine K. ist ein algorithm. Verfahren zur Dar-stellung von Sätzen, das von poln. Logikern um K. Adjukiewicz 1935 erarbeitet und seither weiterent-wickelt wurde und das der Überprüfung ihrer Gram-matikalität dienen kann. – Grundideen der K. sind der parallele Aufbau von Syntax und Semantik so-wie die Zuordnung jedoch einzelner Lexeme nicht zu einer Wortart, sondern zu einfachen oder komplexen Kate-gorien. Einfache Kategorien sind z. B. N (für no-minale Ausdrücke) und S (für Satz). Aus diesen können beliebige komplexe Kategorien gebildet werden. Die komplexe Kategorie N/S symbolisiert das Verb der traditionellen Terminologie: Sie steht dafür, dass sich ein Ausdruck der mit N/S bezeich-neten Kategorie mit einem Ausdruck der Kategorie N zu einem Ausdruck der Kategorie S verknüpfen lässt. – Allgemein ist davon zu sprechen, dass eine komplexe Kategorie (x/y) als Operator (bzw. Funk-tion) zu lesen ist. Auf das Argument y wird dieser Operator so angewendet, dass das Resultat dieser Operation der Ausdruck x ist. Ein Operator kann auch mehr als ein Argument haben, dann können die Argumente rechts und links oder nur rechts oder

nur links vom Resultat stehen (das Resultat ist also davon abhängig, auf welche Kategorie der Operator angewendet wird). – Zur kategorialgrammat. Be-schreibung des engl. Satzes *Paul thinks that John sleeps* kann Folgendes gesagt werden: *sleeps* ist von der Kategorie N/S und nimmt als Argument einen links stehenden Ausdruck der Kategorie N. *John* ist von der Kategorie N; folglich können *John* und *sleeps* in dieser Reihenfolge verknüpft werden zu *John sleeps*. *John sleeps* ist von der Kategorie S und kann als Argument von *that* dienen, weil *that* von der Kategorie N/S ist und rechts einen Aus-druck der Kategorie S verlangt. Das Resultat ist *that John sleeps* von der Kategorie N. Da *thinks* von der Kategorie N/S/N ist, verlangt es links einen Aus-druck von der Kategorie N und rechts von ihm ebenfalls einen solchen. *Paul* bzw. *that John sleeps* sind geeignete Ausdrücke: Beide sind von der Ka-tegorie N. Das Resultat *Paul thinks that John sleeps* gehört der Kategorie S an. Den einzelnen Lexemen kann man die folgende Kategorien zuordnen: *Paul*: N; *thinks* N/S/N; *that*: N/S; *John*: N; *sleeps*: N/S. – Im Ggs. zu einer Grammatik mit Kategoriennamen auf Basis der Wortarten liefern K. unmittelbar In-formationen über die Verknüpfbarkeit. K. erreichen ihre Grenzen, wo sie morpholog. Markierungen nicht berücksichtigen oder einzelne Phänomene wie Diskontinuierl. Konstituenten nicht integrieren können. – Seit 1965 liegt die ↗ applikativ-generati-ven Grammatik von Šaumjan eine K. zugrunde. **Lit.** B. H. Partee, A. ter Meulen & R. E. Wall, Mathe-matical Methods in Linguistics. Dordrecht 1990. – U. Wandruszka, Grammatik. Form – Funktion – Darstellung. Tübingen 2007.   RL, T

Kategorie f. (griech. κατηγορία (katēgoria) ›Prä-dikat, (Satz-)Aussage, (philosoph.) Kategorie‹ Der ursprüngl. rein philosoph. Terminus (›Begriffs-, Denk-, Anschauungsform‹) wird seit dem 19. Jh. auch im Sinne von ›Klasse, Gattung‹ gebraucht. In diesem Sinne findet er Verwendung in der Sprach-wiss., allerdings auf völlig unterschiedl. Abstrak-tionsebenen. K. ergeben sich aus (a) der Klassi-fikation von Lexemen (↗ Wortarten), (b) der den Lexemen zukommenden bedeutungsrelevanten Eigenschaften (wie z. B. Tempus, Aspekt, Modus, Numerus) oder (c) der Klassifikation komplexerer Ausdrücke (dazu zählt die ↗ Phrase bis hin zum Satz). Auch (d) die Klassifikation semant. irrelevan-ter morpholog. Erscheinungen (wie z. B. das Genus der Nomina) wird meist mit der Bezeichnung K. versehen. – Eisenberg (II, 13–28) schlägt vor, zwi-schen K. und der ihr übergeordneten ↗ Kategorisie-rung zu unterscheiden, denen die jeweiligen K.n zugehören. So zählen die K. Nominativ und Akku-sativ zur Kategorisierung ›Kasus‹; die K. Perfekt und Präteritum zur Kategorisierung ›Tempus‹. – In der ↗ Kategorialgrammatik und in anderen Syste-men (wie der ↗ Lexikalisch-Funktionalen Gramma-tik oder der ↗ Head-Driven-Phrase-Structure Grammar) sind die K.n mit interner Struktur versehen. Diese interne Struktur verbirgt sich in Systemen von ↗ Ersetzungsregeln hinter diesen Regeln. Im Rahmen der Lehre von ↗ Rektion und Bindung in der GG scheint der Terminus ›K.‹ eine nicht-kanonische Bedeutung zu haben. RL, T

Kategoriengrammatik ↗ Kategorialgrammatik

Kategorisieren Bez. für die angeborene Fähigkeit des Menschen, Personen, Dinge, Sachverhalte usw. in Klassen einzuteilen. K. verläuft häufig über gemeinsame Eigenschaften (↗ Semantik) , bspw. werden so *Tisch, Stuhl, Bett* und *Sofa* als *Möbelstücke* kategorisiert. Andere Kategorien widersetzen sich notwendigen und hinreichenden ↗ Merkmalen. *Teich, Tümpel, Weiher* und *See* sind nicht allein über eine minimale Checkliste von Merkmalen als *Gewässer* klassifizierbar. Vielmehr basiert ihre Kategorisierung auf Familienähnlichkeiten und sog. typischen Eigenschaften bzw. Gestalteigenschaften (↗ Prototypensemantik). Unterschiedl. K. führt u. U. zu Missverständnissen und Fehlinterpretationen. So zeigt Lakoff (1987) anhand der Komplexität des Begriffs *Mutter*, wie gesellschaftl. geprägte Sichtweisen die Kategorisierungsleistung von Individuen beeinflussen können: Es gibt eine Idealvorstellung von Mutter, und diese wird als Modell für das K. herangezogen (sog. idealisiertes kognitives Modell). Kategorisiert wird auch innerhalb des Sprachsystems: Sprecher des Dt. verfügen z. B. über die Kategorien *Verb* oder *Nomen*, um bei der ↗ Sprachproduktion und der ↗ Sprachwahrnehmung u. a. syntakt. Beziehungen herzustellen. Dieses Kategorienwissen ist ihnen nicht bewusst zugängl. und muss explizit ausgebildet werden. Neben der Semantik und der ↗ Psycholinguistik stößt die Forschung in so gut wie allen ling. Teildisziplinen auf das Problem des K. **Lit.** G. Lakoff, Women, Fire, and Dangerous Things. What Categories Reveal About the Mind. Chicago, Ldn. 1987. – P. Ramat, Linguistic Categories and Linguist's Categorization. Linguistics 31– 1, 1999, 157–180. SO

Kategorisierung ↗ Flexionskategorisierung, ↗ Kategorie

Katharevousa ↗ Neugriechisch

Katī ↗ Dardische Sprachen

Katla-Gruppe ↗ Kardofanische Sprachen

Kauderwelsch n. (alemann. Kauder ›unangenehmer Wechsel‹ (z. B. kauderige Gesundheit), ↗ welsch ›romanisch‹ i. S. von ›nicht deutsch‹) Seit dem 16. Jh. belegtes Adj. (Verbableitungen: *kauderwelschen, welschen*) mit der Bedeutung ›unverständlich, fremd klingend, gegen Sprachnormen verstoßend‹. Auch in anderen Spr. werden Namen benachbarter Völker für die Bildung von Ausdrücken dieser Bedeutung verwendet, z. B. frz. *brétonner* ›wie ein Bretone reden‹. G

Kaufmannsinversion Stilist. Variante der ↗ Inversion zur Vermeidung des Gebrauchs von *ich* am Satzanfang, bes. nach *und*, z. B. *… und habe ich*

mich nicht gefreut, von Ihnen mehr zu hören. VS

Kaukasische Sprachen Zu den k. S. i. e. S. gehören rund 40 autochthone Spr. des Kaukasusgebiets; auch ibero-kaukas. Spr. (russ. iberíjsko-kavkázskie jazykí) im Unterschied zu den dort gesprochenen idg. Spr. (↗ Armenisch, ↗ Ossetisch, ↗ Kurdisch usw.; ↗ Russisch, ↗ Ukrainisch) dem semit. neuostaramäischen »Assyrisch« (↗ Neuaramäisch) und den ↗ Türkische Sprachen (↗ Aserbaidschanisch, ↗ Karatschaisch, ↗ Balkarisch, ↗ Kumykisch, ↗ Nogaisch); Karte im Anhang. Mindestens 3 Gruppen: ↗ südkaukasische Sprachen, ↗ westkaukasische Sprachen, ↗ ostkaukasische Sprachen (west- u. ostkaukas. Spr. werden manchmal als »nordkaukas. Spr.« zusammengefasst). Der Nachweis genet. Verwandtschaft einzelner oder aller Gruppen untereinander ist problemat., ihre oft angenommene Verwandtschaft mit dem ↗ Baskischen, ↗ Etruskischen, Vorgriech. bzw. ↗ Pelasgischen, ↗ Hattischen, ↗ Hurritischen bzw. ↗ Urartäischen usw. kann in keinem Fall als gesichert gelten. Die k. S. haben einige Gemeinsamkeiten, z. B. im Lautsystem: meist relativ wenige Vokalphoneme (zwei, nämlich *a*, *ə* – oder – nach einer Auffassung – nur eines in einigen westkaukas. Spr., 5 z. B. im Altgeorg. und einigen ostkaukas. Spr.; aber mehr in den ↗ nachischen Sprachen), viele Konsonantenphoneme (24 und 2 Halbvokale im Altgeorg., ca. 60–80 in den westkaukas. Spr.) mit mindestens 3 Reihen bei den Verschlusslauten und Affrikaten (stimmlos aspiriert, stimmlos glottoklusiv, stimmhaft; so auch in den benachbarten idg. Spr. ↗ Ossetisch und ↗ Armenisch; weitere Reihen in den west- und ostkaukasischen Spr.); ferner – in verschiedenem Ausmaß – ↗ Ergativ-Konstruktion und transitive Verben. Die einzigen alten Schriftspr. sind das ↗ Georgische und das ↗ Albanische (2.). Die meisten k. S. (mit Ausnahme sehr begrenzter Versuche im ↗ Awarischen und Lakkischen seit dem 18. Jh.) sind nach der Oktoberrevolution verschriftet worden; nach vorübergehendem Gebrauch der arab. Schrift seit Ende der 20er Jahre ist seit 1936–38 kyrill. Schrift mit Zusatzzeichen. **Lit.** A. Dirr, Einf. in das Studium der k. S. Lpz. 1928. – B. Geiger, T. Halasi-Kun, A. H. Kuipers & K. H. Menges, Peoples and Languages of the Caucasus. 's-Gravenhage 1959. – G. A. Klimov, Einführung in die k. Sprachwissenschaft. Aus dem Russischen übersetzt und bearbeitet von J. Gippert. Hamburg 1994. – G. Deeters, Die k. S. In: B. Spuler (Hg.), Armen. und k. S. HdO 1./7., 1963, 1–79. – JaNSSSR 4. – ILC 1–4, 1989–2004. – G. Hewitt, Introduction to the Study of the Caucasian Languages. Mchn. 2004. – JRF 2000. BO

Kausal (lat. causa ›Grund‹) Den Grund, die Ursache bezeichnend; ↗ Kausalsatz. G

Kausalbestimmung (auch: Umstandsbestimmung des Grundes. Engl. adverbial (phrase) of cause, frz. complément circonstanciel de cause) Die K. ist eine semant. definierte Subklasse des ↗ Adverbials und bezeichnet den Grund (die Ursache) des Sachverhalts, auf den sie sich bezieht und ist hinreichende Bedingung für ihn, z. B. *Sie dachte wegen des Vollmonds wieder an ihn.* In Grammatiken wird neben der K. i. e. S. häufig auch die Konditional-, Konzessiv-, Konsekutiv- und ↗ Finalbestimmung als K. kategorisiert. K. können in Form von Adverbien (*deswegen, deshalb, daher, dadurch*), einer PP (regiert von *wegen, aus,* seltener *durch*) oder eines mit *da* oder *weil* eingeleiteten Nebensatzes auftreten. Sie ist (außer *da;* ↗ Kausalsatz) durch *warum* oder *weshalb* erfragbar und negierbar. RL

Kausalsatz (In Schulbüchern auch: Begründungssatz. Engl. causal clause, frz. proposition causale) Semant. bestimmte Klasse von Nebensätzen, die im ↗ Matrixsatz die Funktion einer ↗ Kausalbestimmung einnehmen. K. sind ↗ Adverbialsätze. Sie werden durch kausale Subjunktionen eingeleitet, im Dt. durch *weil* und *da,* die zwar häufig austauschbar, hinsichtl. ihrer syntakt. und semant. Eigenschaften dennoch zu unterscheiden sind. – Die kausale Subjunktion *da* ist syntakt. Hinsicht gegenüber *weil* beschränkt, da sie nicht mit einem Korrelat (z. B. *deshalb*) stehen kann, z. B. *Nina zieht deshalb nach Düsseldorf, weil sie mit Jörg zusammenwohnen will* vs. **Nina zieht deshalb nach Düsseldorf, da sie mit Jörg zusammenwohnen will.* Bei Antwortsätzen auf Ergänzungsfragen ist sie ungrammat., z. B. *Warum streikst du? Weil ich bessere Arbeitsbedingungen will* vs. **Da ich bessere Arbeitsbedingungen will.* In semant.-pragmat. Hinsicht ist davon auszugehen, dass *da* eine Folgerungsbeziehung ausdrückt und *weil* darüber hinaus aus zwei Sachverhalten einen zusammengesetzten, kausalen Sachverhalt aufbauen kann. Das hat zur Folge, dass *da* vor allem dann verwendet wird, wenn der Sprecher davon ausgeht, dass der im Kausalsatz geäußerte Sachverhalt seinem Gesprächspartner bereits bekannt ist, während der K. mit *weil* eine dem Gesprächspartner mutmaßlich unbekannte Begründung liefert. – Häufig diskutiert werden *weil*-Sätze mit Verbzweitstellung, die vor allem in der gesprochenen Sprache auftreten und als Sprachwandelphänomen gelten, z. B. *Ich komme nicht mit, weil – die Sportschau hat schon begonnen.* In diesem Fall ersetzt *weil* das im Gesprochenen kaum verwendete *denn.* Es kann dann aus mehreren Gründen als koordinierende Konjunktion interpretiert werden; der *weil*-Satz ist in diesem Fall kein Adverbialsatz mehr (Pittner 1999, 238 ff.). **Lit.** Eisenberg II, 335 ff. – K. Pittner, Adverbialsätze im Dt. Untersuchungen zu ihrer Stellung und Interpretation. Tübingen 1999. RL

Kausativ (lat. causāre ›verursachen‹. Auch: ↗ faktitiv. Engl. causative, frz. factitif) Eine Prädikation, die eine Handlung ausdrückt, bei der eine ursprüngl. Vorgang bzw. eine ursprüngl. Handlung durch einen (zusätzl.) Verursacher bewirkt wird; Sonderfall der Verbalisierung von Kausalität, bei dem zwei Äuße-

rungen kausal verknüpft werden: (a) *Fritz wacht auf;* (b) *Werner weckt Fritz.* In den einzelnen Spr. stehen verschiedene Mittel zur Realisierung von K. zur Verfügung, wobei zumeist mehr als nur ein Typ aus der folgenden Auflistung genutzt wird: (a) analyt. K.: Verwendung eines kausativen Hilfsverbs + Verb: z. B. dt. *lassen,* engl. *make, have,* frz. *faire, laisser* usw.; (b) morpholog. K.: in vielen Sprachen Affix-Bildung als für alle/viele Verben produktive Regel (z. B. im Türk., Arab.); Vokalwechsel z. B. dt. *versinken – versenken; ertrinken – ertränken; springen – sprengen; fallen – fällen* (teilw. aufgrund semant. Spezifizierung heute als lexikal. K. zu werten); Präfigierung, z. B. dt. *reißen – zerreißen;* (c) lexikal. K., im Dt. aufgrund älterer, nicht mehr produktiver morpholog. K.: *fallen – fällen, liegen – legen;* Suppletivbeziehung (ohne formale Relation): *aufhören – beenden/einstellen; wachsen – anbauen; sterben – töten.* Die genannten Typen (analyt., morpholog., lexikal. K.) stellen ein nicht in allen Fällen klar abgrenzbares Kontinuum dar, das aufgrund der histor. Entwicklung der jeweiligen Spr. Verschiebungen erfährt. Einen Sonderfall stellen sog. ergative Verbpaare dar (↗ Ergativ, ↗ ergatives Verb) die, ohne eine formale Markierung aufzuweisen, sowohl kausativ als auch nicht-kausativ gebraucht werden können, z. B. dt. *kochen, rollen, trocknen,* frz. *monter, descendre,* engl. *open, run, move.* Auch ausgehend von Adjektiven könne kausative Prädikate gebildet werden, z. B. *tot – töten; schwarz – schwarz machen/schwärzen; heiß – heiß machen/erhitzen; dumm – dumm machen/verdummen.* Eine Umkehrung der Kausativrelation liegt vor, wenn ein Verb, das normalerweise Kausalität ausdrückt, um eben diese kausale Dimension reduziert wird; dies geschieht vielfach mithilfe morphosyntakt. Markierungen, z. B. *ändern – sich ändern; öffnen – sich öffnen* (auch lexikalisiert: *aufgehen*). Dieses Phänomen wird als »anti-kausativ« bezeichnet; Tesnière (1959) hat es ausführl. unter dem Stichwort »rezessive Diathese« untersucht. Analyt. K. können statt der kausativen auch eine permissive Lesart aufweisen: statt intentionaler Verursachung wird hierbei intentionales Nicht-Verhindern zum Ausdruck gebracht: z. B. im Dt. ein Hilfsverb (lassen): *Ich habe ihn den Text schreiben lassen, Ich habe ihn schlafen lassen;* im Engl. und Frz. zwei Hilfsverben (*make, let*): *I made him go back. I let him go back;* (*faire, laisser*): *Je l'ai fait venir* ›ich habe ihn kommen lassen‹, *Je l'ai laissé travailler* ›ich habe ihn arbeiten lassen‹ (aber auch hier wird das kausative *faire* häufig permissiv interpretiert: *Il s'est fait opérer; il s'est fait renverser par une voiture.* K. sind für Fragestellungen der ↗ Sprachtypologie von besonderem Interesse (welche der universal verfügbaren Formen werden in der Einzelsprache realisiert? Welche syntakt. Veränderungen treten auf, wenn eine ursprüngl. Handlung als kausative Handlung dargestellt wird?). Als Schnittstelle von Semantik, Syntax und Morphologie sind K. signifikante Argumente in der ling. Theoriebildung (für die Valenztheorie vgl. Tesnière 1959; für die ↗ generative Semantik vgl. die Diskussion um die Äquivalenz von *kill* und *cause to become not alive*). **Lit.** B. Comrie, Language Universals and Linguistic Typology: Syntax and Morphology. Oxford 1980, Kap. 8 (158–177): Causative Constructions. – M. Shibatani (ed.), The Grammar of Causative Constructions. N. Y. 1976. – L. Tesnière, Eléments de syntaxe structurale. Paris 1959. PL

Kausativbildung (auch: Kausativum) Semant. bestimmte Subklasse verbaler ↗ Ableitungen, die formal durch Vokalwechsel bestimmt ist, z. B. *fallen > fällen, liegen > legen;* ↗ Implizite Ableitung. Inhaltl. verschiebt sich der Fokus vom Vorgang (*fallen*) hin zur ursächl. Handlung (*fällen*). ES

Kavalan ↗ Formosa-Sprachen

Kawi ↗ Javanisch

Kayapó ↗ Ge-Sprache, Sprachgebiet: das Flussgebiet des Xingu in den Staaten Pará und Mato Grosso (Zentralbrasilien); verschiedene Untergruppen (Gorotire, Kubenkrankêgn, Txukahamãe, Xikrin), ca. 7 000 Sprecher; Karte ↗ Südamerikanische Sprachen, im Anhang. **Lit.** A. D. Rodrigues, Línguas brasileiras. São Paulo 1986. AD

Kazachisch ↗ Kasachisch

Kazaner Schule ↗ Kasaner Schule

Kefa-Mocha ↗ Omotische Sprachen

Kehldeckel ↗ Kehlkopf

Kehlkopf (griech. λάρυγξ (larynx), engl./frz. larynx) Der K. ist Teil der Atemwege und sitzt der ↗ Luftröhre auf. Er dient dem Verschluss der Luftröhre gegenüber der ↗ Pharynx (Rachen), die Teil sowohl des Speiseweges als auch der Atemwege ist. Der reflektor. Verschluss des Kehlkopfes beim Schluckakt verhindert das Eindringen von Nahrung in Luftröhre und Lunge. Beim Hustenreflex wird zunächst gegen die geschlossene Stimmritze ein hoher Druck in den unteren Atemwegen aufgebaut, um dann nach Öffnen derselben einen forcierten exspirator. (d. h. Ausatmungs-)Luftstrom zu erzeugen: dadurch werden die Atemwege von Sekret oder aspirierten Fremdkörpern befreit. Die Ermöglichung dieser lebenserhaltenden Schutzreflexe ist die primäre Aufgabe des K. In zweiter Linie dient der K. als Stimmorgan der Erzeugung von Tönen, der ↗ Phonation, und ist somit essentiell für die Produktion gesprochener Sprache. – Der K. ist aus einem Knorpelskelett, aus drei größeren und zwei kleinen Knorpeln aufgebaut. Der Ringknorpel (lat. *cartilāgō cricoīdea*) hat die Form eines Siegelringes und setzt die Luftröhre nach oben fort. Nach hinten trägt er eine höhere Platte, der die beiden kleinen, paarig angelegten Stellknorpel (auch: Aryknorpel, lat. *cartilāgō arytaenoīdeae*) beweglich aufsitzen. Über dem Ringknorpel sitzt der große Schildknorpel (lat. *cartilāgō thyroīdea*). Dieser ist nach hinten offen und über seine unteren Hörner gelenkig mit

dem Ringknorpel verbunden. Vorne laufen zwei Knorpelplatten spitzwinklig zusammen und geben dem Schildknorpel das Aussehen eines Schiffsbugs. Dies ist am Hals häufig als »Adamsapfel« sichtbar. Der Kehldeckelknorpel (lat. *cartilāgō epiglōttica*) hat die Form eines Schuhlöffels, liegt über dem Schildknorpel und verläuft von dessen Mitte nach hinten und oben. Über Muskeln ist der K. am Zungenbein, Brust- und Schlüsselbein beweglich fixiert. Alle Knorpelstrukturen des K. sind bindegewebig sowie durch Muskeln untereinander bewegl. verbunden. Die innere Lichtung ist mit Atemwegsschleimhaut ausgekleidet. Zwischen den vorderen Fortsätzen der dreieckigen Stellknorpel und der Innenseite des »Schildknorpelbugs« spannen sich die mit Schleimhaut überzogenen, paarigen Stimmlippen aus. Sie enthalten den Stimmbandmuskel (lat. *mūsculus vōcālis*), der die Spannung reguliert, und wölben sich als Schleimhautfalten in die Lichtung vor. Als Stimmlippe bezeichnet man die gesamte Falte, als Stimmband (lat. *ligāmentum vōcāle*) ihren freien Rand zur Lichtung. Die Stimmbänder bilden zwischen sich einen Spalt, die Stimmritze oder ↗ Glottis (lat. *rīma glōttidis*). Durch Dreh- und Kippbewegungen der Stellknorpel sowie Kippbewegungen des Schildknorpels ist die Glottis in ihrer Form bzw. Weite und die Spannung der Stimmbänder variabel. Über den Stimmlippen wölben sich die ebenfalls paarigen Taschenbänder (»falsche Stimmlippen«) in den Kehlkopfinnenraum. Zwischen Stimmlippe und Taschenband befindet sich eine Schleimhauttasche, die Morgagnische Tasche. Der Kehldeckel (auch: Epiglottis) schließt den K. nach oben ab. Die nervöse Versorgung erfolgt motor. und sensibel über zwei Äste des X. Hirnnerven (lat. *nervus vagus*). – Die funktionell zentrale Struktur des K. ist die Glottis bzw. der sie begrenzende Ver-

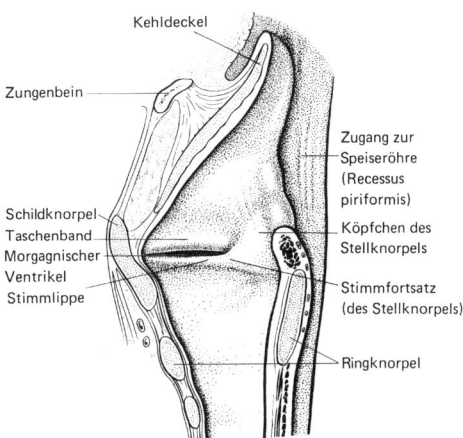

Blick auf eine Kehlkopfhälfte, von innen her gesehen

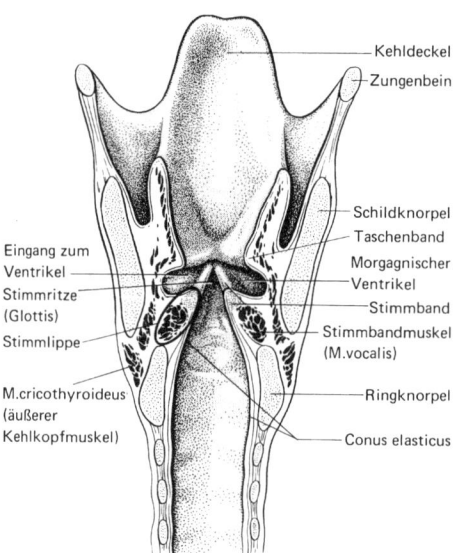

Kehldeckel
Zungenbein
Schildknorpel
Taschenband
Morgagnischer
Ventrikel
Stimmband
Stimmbandmuskel
(M.vocalis)
Ringknorpel
Conus elasticus

Eingang zum
Ventrikel
Stimmritze
(Glottis)
Stimmlippe

M.cricothyroideus
(äußerer
Kehlkopfmuskel)

Kehlkopf, Frontalschnitt, Blick von hinten.

schlussmechanismus. Dies gilt sowohl für die Schutzfunktion als auch für die Stimmbildung. Die K.muskulatur passt die Glottis an die Erfordernisse der Stimmbildung an. Sie lässt sich in Bezug auf ihre Wirkung an der Glottis bzw. auf die Spannung der Stimmbänder in drei Gruppen einteilen: (a) Glottisöffner: Der *mūsculus cricoarytaenoīdeus posterior* (»Postikus«) zieht die Stellknorpel auseinander und erweitert damit die Stimmritze. (b) Glottisschließer: Verengt wird die Stimmritze durch die *mūsculi cricoarytaenoīdei laterālēs* (»Lateralis«) und den *mūsculus arytaenoīdeus* (»Transversus«). (c) Stimmlippenspanner: Der Stimmbandmuskel, *mūsculus vōcālis* (»Internus«) bildet das Gerüst der Stimmlippe (s. o.) und spannt dies bei Kontraktion. – Bei der normalen ⟋ Atmung hält der Postikus die Glottis weit offen. Bei der Phonation passiert der Luftstrom der Ausatmung die geschlossene Glottis als »Engstelle« der Atemwege. Es entsteht somit in der Lunge und den unteren Atemwegen ein höherer Druck (subglottaler Druck). Dadurch geraten die Stimmbänder in Schwingung, ein obertonreiches Klanggemisch entsteht. Die Frequenz des Klanges ist abhängig von der Weite und Form der Glottis, der Spannung der Stimmbänder und dem subglottalen Druck. Da schon kleine Veränderungen dieser Faktoren großen Einfluss auf den entstehenden Klang haben, müssen die nervalen Steuerungsmechanismen des K. sehr sensibel sein. Dies kommt z. B. durch Übung bei Sängern zum Tragen. – Der »primäre Kehlkopfton«, d. h. das direkte akust. Produkt des K. ist das »Rohmaterial«, aus dem durch Resonanz und die Einflüsse der Artiku-

lation der endgültige Stimmklang wird. **Lit.** D. Drenkhahn (Hg.), Anatomie. Bd. 1. Mchn. [16]2003. – G. Habermann, Stimme und Sprache. Stgt., N. Y. [2]1986.   GL

Kehlkopflaut ⟋ Glottal
Kehlkopfverschluss ⟋ Glottisverschluss
Kehllaut ⟋ Guttural
Keilform ⟋ Sprachkarteninterpretation
Keilschrift (engl. cuneiform, frz. cunéiforme) Histor. frühe vorderasiat. ⟋ Schriftart, nach der Gestalt ihrer ⟋ Schriftzeichen benannt. Im 4. Jt. v. Chr. wurde in Südmesopotamien eine hieroglyph. Schrift entwickelt, die in erster Linie der Aufzeichnung wirtschaftl. Daten diente. Die typ. keilförmigen Kerben, denen die K. ihren Namen verdankt, erscheinen gegen Ende des 4. Jt. mit dem Wechsel von einem spitzen Schreibinstrument in einem eckigen Stylus aus Rohr. Der ursprüngl. logograph. Charakter dieses wahrscheinl. ersten ⟋ Schriftsystems der Welt ist erkennbar in den frühesten sumer. Inschriften, die die Affixketten des stark ⟋ agglutinierenden ⟋ Sumerischen zuerst völlig und später größtenteils ungeschrieben ließen. Die ⟋ Logogramme mit den von ihnen bezeichneten meist einsilbigen Werten, die Wortbasen (Wurzeln) entsprachen, lieferten den semitischsprachigen Akkadern nicht nur für das ⟋ Akkadische umsetzbare Wortzeichen, sondern auch Lautwerte für eine Art ⟋ Syllabar, das für die phonet. Darstellung akkad. wie auch sumer. Wörter und Sätze verwendet wurde. Phonet. Ausschreibungen erfolgten in der Regel nach dem halbsilb. Prinzip mittels Zeichen, deren Lautwerte (K)V bzw. VK waren. KVK-Silben wurden also normalerweise KV–VK geschrieben, selten mit KVK-Zeichen. Alte mit sumer. Zeichen verbundene Lautwerte, für die weder im Sumer. noch im Akkad. eine Erklärung gefunden werden kann, deuten auf eine Übernahme der Schrift bzw. Elemente des Systems von Sprechern einer noch nicht identifizierten Sprache. Die Vielzahl der erklärbaren Lautwerte, die im Laufe des 2. und 1. Jt. v. Chr. mit dem Keilschriftsyllabar assoziiert wurden, zeugen von der Beteiligung mehrerer Völker an der Entfaltung des Systems. Das akkad. Syllabar mit unterschiedl. vielen logograph. Zusätzen wurde nicht nur von den Akkad. sprechenden Assyrern und Babyloniern, sondern auch von indogerm. Anatoliern, einschließl. Hethitern und Luwiern, und von vermutl. kaukas. Urartäern für die eigenen Sprachen (⟋ altanatolische Sprachen) und Zwecke adaptiert. Von dieser Entwicklung unabhängige Keilschriftsysteme sind das altpers. Syllabar und das ugarit. Alphabet.   WR
Keilschriftpersisch ⟋ Altpersisch
Kekchi ⟋ Quiché-Sprachen, ⟋ Maya-Sprachen
Kelleraautomat ⟋ Automat
Keltiberisch ⟋ Festlandskeltisch
Keltische Sprachen Wichtiger Zweig des Idg. (Kentum-Gruppe), v. a. in Mittel- und Westeuropa nachweisbar; in histor. Zeit zunehmend auf den

nordatlant. Küstensaum beschränkt. Das Ethnonym ›Kelten‹ (lat. Celti, gr. κέλτοι) findet sich zunächst bei antik. Autoren (zuerst Herodot), aber nicht als Eigenbez. Ethn.-kulturelle und ling. Zugehörigkeit stimmen nicht eindeutig überein. Quer zu der Unterscheidung nach p- und q-Kelt. (bez. auf die unterschiedl. Reflexe von idg. *qu) teilt man die k. Spr. in ⁊ Festlandskelt. und ⁊ Inselkelt. ein. Nur Letztere zeigen eine ausdauernde und reichhaltige lit. Überlieferung und existieren bis heute in Teilen der Brit. Inseln sowie der Bretagne als Minderheitenspr. Dabei sind die britann. Spr. ⁊ Kymrisch, ⁊ Kornisch und ⁊ Bretonisch klar von den ⁊ goidelischen Spr. (⁊ Gälisch) abgegrenzt, die in ⁊ Irisch, ⁊ Schottisch-Gälisch und ⁊ Manx zu unterteilen sind. – Während die ältesten überlieferten Formen des Kelt. deutlich altidg. Züge aufweisen, bilden sich später Eigenheiten heraus, die die histor. k. S. typolog. auffällig machen: (a) Mutationen (systemat. Anlautveränderungen, die grammat. bedingt sind), (b) Verberststellung, (c) elaborierte Fokuskonstruktionen (vgl. Frz.), (d) grammatikalisierte Aspektformen, synthet. und analyt., (e) Personalformen von Präpositionen (vgl. Semit., Finn.-Ugr.), (f) hoher Grad von Suppletivismus im Verb, (g) Relativsätze mit eigenen Partikeln für positiv/negativ bzw. für unterschiedl. syntakt. Relationen (›direkt/ indirekt‹), (h) zahlreiche periphrast. Muster statt einfacher Verben (einschl. ›haben‹). Einige dieser Eigenheiten finden Entsprechungen in anderen westeurop. und mediterranen Spr.; die Hypothese eines voridg. Substrats (v. a. Pokorny 1927–30) konnte bis heute nicht verifiziert werden. Karte ⁊ Europäische Sprachen, im Anhang. **Lit.** M. Ball & J. Fife (eds.), The Celtic Languages, Ldn. 1993. – D. Macauley (ed.), The Celtic Languages, Cambridge 1992. – B. Meier, Die Kelten, Mchn. 2000. – St. Zimmer (Hg.), Die Kelten, Mythos und Wirklichkeit. Stgt. 2004. **SSG** Niedersächsische Staats- und Universitätsbibliothek Göttingen.   RO, W

Keltistik ⁊ Keltische Sprachen
Kelto-Italisch ⁊ Italische Sprachen
Kemak ⁊ Timoresisch
Kenem n. (griech. κενός (kenos) ›leer‹) Bei L. Hjelmslev eine Einheit der Ausdrucksform ohne Zeichencharakter. Vokale sind minimale zentrale K., Konsonanten minimale periphere K. Außerhalb der ⁊ Glossematik wurde der Terminus in verschiedenen abweichenden Bedeutungen verwendet.   T
Kenematem n. Von L. Hjelmslev verwendeter Terminus für ein ⁊ Glossem des Ausdrucks; ⁊ Glossematik.   T
Kenematisches Schriftsystem Zusammenfassende Bez. für ⁊ Schriftsysteme, deren Bezugsebene im Sprachsystem Klassen von bedeutungsunterscheidenden Einheiten (Phoneme, Silben) sind im Unterschied zu *plerematischen* Schriftsystemen, deren Bezugsebene Klassen von bedeutungstragenden Einheiten (Wörter) sind; ⁊ Logographie.   G

Kennlaut (auch: Bindevokal) I. d. R. vokalischer Stammauslaut, der charakterist. für die einzelnen Flexionsklassen etwa lat. Substantive ist. Deklinationsmuster werden nach ihren K. benannt (a-, u-, i-Deklination etc.); ⁊ Themavokal.   ES
Kennzeichnung (engl. definite description) Ausdrücke, die mittels des bestimmten Artikels ein Prädikat bezeichnen, das nur eine mögliche Referenz hat, z. B. gilt die Prädikation *Die Mutter von Romy Schneider* für genau eine Person, nämlich Magda Schneider. Ausdrücke wie *Eine/diese/manche Mutter von Romy Schneider* sind sinnlos; ⁊ referentielle Bedeutung.   G
Kentumsprachen ⁊ Indogermanische Sprachen
Kenzi-Dongolawi, Kenzi-Dongalawi ⁊ Nubisch
Kerbholz ⁊ Beschreibstoff
Keres Isolierte ⁊ nordamerikanische Sprache mit mehreren Varietäten (Acoma u. a.) in New Mexico, USA, mit ca. 10 000 Sprechern; Karte ⁊ Nordamerikanische Sprachen, im Anhang. Die genet. Gruppierung mit der ⁊ Makro-Sioux-Sprachgruppe ist ungesichert.   D
Kern 1. (auch: Kopf. Engl. head, frz. tête) K. einer ling. Einheit ist das sie konstituierende Element, z. B.: K. einer VP ist ein V, K. einer NP ist ein N (*das grüne Haus*). Als K. eines Satzes gilt je nach theoret. Grundannahme entweder das ⁊ Prädikat (2.) oder das Prädikat und das mit ihm kongruierende und nicht regierte, in diesem Fall als konstituierend für die Einheit ›Satz‹ erachtete ⁊ Subjekt. **2.** ⁊ Silbenkern. **3.** ⁊ Peripherie.   RL
Kerngrammatik (engl. core grammar, frz. grammaire noyau) Im Rahmen der ⁊ Rektions-Bindungs-Theorie Bez. für die Menge aller universalen ling. Prinzipien. Die K. konstituiert die unmarkierten grammat. Regularitäten von Einzelspr., die den Kernbereich der Kompetenz (⁊ Kompetenz vs. Performanz) eines ⁊ idealen Sprecher-Hörers ausmachen. Hypothesen über die K. werden u. a. motiviert durch Fakten aus dem ⁊ Spracherwerb und der Erforschung von ⁊ Aphasien.   F
Kernphonem ⁊ Nukleus
Kernsatz 1. Im dt. Satz mit dem finiten Verb an der zweiten Stelle, z. B. *Maria hat große Fortschritte gemacht; Maria behauptet, sie hätte große Fortschritte gemacht; In welchem Fach hat Maria Fortschritte gemacht?* C – **2.** (Auch: Nuklearsatz. Engl. kernel sentence, frz. phrase-noyau) In der Frühphase der GG eine endl. Anzahl von Basis-Strukturen, aus welchen mittels fakultativer ⁊ Transformationen abgeleitete Strukturen (z. B. negierte Sätze, Passivsätze, Fragesätze usw.) gebildet werden. Das Konzept der K. wird in Chomsky, Aspects, durch die Unterscheidung von ⁊ Oberflächenstruktur und ⁊ Tiefenstruktur ersetzt. F – **3.** ⁊ Feldgliederung, ⁊ Wortstellung.
Kernstellung ⁊ Kernsatz
Kernwortschatz ⁊ Erbwortschatz
Ketisch ⁊ Jenissej-Sprachen

Ketschua ↗ Quechua

Kette (engl. string, chain, frz. chaîne) **1.** Meist informell für lineare Aufeinanderfolgen von sprachl. Gegenständen wie Phonemen, Morphemen, Wörtern, Wortgruppen. In der ↗ Glossematik sind es ↗ Glosseme, sofern sie als ein und demselben Zeichen zugehörig betrachtet werden. Während die lineare Abfolge der Glosseme nicht notwendig der linearen Abfolge der mit den Glossemen beschriebenen Gegenstände der Ausdruckssubstanz entspricht, wird oft angenommen, dass eine K. strikt dem Prinzip der ↗ Kontiguität unterworfen ist. Dies gilt insbesondere für die ↗ Kettenanalyse. Bei ihr handelt es sich um Wörter oder Morpheme. **2.** ↗ Move α.　T

Kettenanalyse (engl. string analysis) Von Z. S. Harris (1962) entwickeltes Analyseverfahren für Sätze einer Spr., das jeweils mit einem Zentrum (einem Elementarsatz) beginnt, wobei das Zentrum durch nichts oder durch eine Wortfolge bestimmter Struktur ergänzt wird, die selbst kein Satz ist. Diese Ergänzungen stehen entweder rechts oder links vom Zentrum oder, wenn das Zentrum bereits ergänzt worden ist, links oder rechts von einer Ergänzung oder auch rechts oder links eines Segments des Zentrums. Die K. gehorcht strikt dem Prinzip der ↗ Kontiguität. Die linear angeordneten Ketten von Segmenten, die auf diese Weise festgelegt sind (d. h. die Wörter oder Morpheme), werden segmentweise Wortkategorien zugeordnet. Beispiel: Ein wichtiger Elementarsatztyp für das Engl. ist $c = \Sigma_i t\, V_{ij}\, \Omega_j$. Dabei stehen: t für das Tempusmorphem (-*ed*, Null oder -*s*), V_{ij} für diejenige Subkategorie von Verben, die zusammen mit Σ_i und Ω_j auftreten (transitive Verben), Σ_i und Ω_j für das zum Verb passende Subjekt bzw. Objekt. Wenn für V_{ij} *invented* eingesetzt wird, so kann Σ_i z. B. ersetzt werden durch N: *He* und Ω_j durch N: *calendar*. Es ergibt sich der Elementarsatz *he invented calendar*. Mit einer besonderen Regel wird links von *calendar* z. B. eine der Ergänzungen *the* oder *a* eingefügt. – **Lit.** Z. S. Harris, String Analysis of Sentence Structure. The Hague 1962.　T

¡Kham ↗ Khoisan-Sprachen

Khāndēśī ↗ Indoarische Sprachen

Khanty ↗ Ostjakisch

Kharī bolī ↗ Indoarische Sprachen. Der Begriff (Bedeutung »Standardspr., Standarddialekt«, wörtl. »stehende Spr.«) wird nicht eindeutig verwendet. **1.** Nicht auf eine best. Spr. festgelegt, gelegentlich als Bezeichnung verschiedener (ländl.) Dialekte in der Umgebung von Delhi; Karte ↗ Indische Sprachen. **2.** Im stilist. Sinn ohne sprachwiss. Bezug; manchmal als Bezeichnung des ↗ Hindi, selten auch des ↗ Urdū. **3.** Im Allgemeinen bezieht sich Kh. jedoch auf von arab.-pers. Lehnwortschatz relativ unberührt gebliebenes ↗ Hindustānī. Durch das Fehlen des arab.-pers. Einflusses ist die Kh., die v. a. die Spr. Gebildeter ist, deutlich vom Urdū unterschieden.　FZ

K-Herrschaft ↗ C-Kommando

Khmer ↗ Mon-Khmer-Sprachen

Khoekhoe ↗ Khoisan-Sprachen

Khoisan-Sprachen Eine der vier Sprachfamilien, in die die ↗ afrikanischen Sprachen unterteilt werden. Sie umfasst die Spr. die Khoekhoe (früher: Hottentotten) und der Buschleute (auch: San) im südl. Afrika (Namibia, Botswana, Südafrika, Angola) sowie das Sandawe und Hadza (Tansania). Die Zahl jener, die eine der ca. 45 noch erhaltenen Kh. als S1 sprechen, liegt bei nur 250 000, wobei die Hälfte davon auf das Nama entfällt, das von ca. 12 % der Bevölkerung Namibias als S1 gesprochen wird und darüber hinaus auch als S2 bedeutsam ist; Karte ↗ Afrikanische Sprachen, im Anhang. Das Nama verfügt über eine standardisierte Schriftform. Charakterist. Merkmal aller Kh. sind die zahlreichen ↗ Schnalzlaute. Die Kh. sind ↗ Tonsprachen, die Wortstellung variiert zwischen SOV (z. B. Nama !Kora, Naro, Kxoé) und SVO (z. B. !Khung, Zhu-|' hõã, ǂ Kunkoe, |Kham). Die Zentral-Kh. haben ein Genussystem (mask., fem., genus commune) und drei Numeruskategorien (Sg., Pl., Dual), die Nord- und die Süd-Kh. dagegen ↗ Nominalklassen. – **Lit.** J. C. Winter, Die Khoisan-Familie. DSA 1981, 329 ff. – D. F. Bleek, Comparative Vocabularies of Bushmen Languages. Cambridge 1929. – R. S. Hagman, Nama Hottentot Grammar. Bloomington 1977. – O. Köhler, Die Welt der Kxoé-Buschleute im südl. Afrika. Bd. 1–5. Bln. 1989 ff. **SSG** Stadt- und Universitätsbibliothek Frankfurt/M. (30).　RE

Khotan-Sakisch ↗ Iranische Sprachen

!Khung ↗ Khoisan-Sprachen

Kiefer (engl. jaw, frz. mâchoire) Zum Gesichtsschädel gehörende, primär der Nahrungsaufnahme dienl. gegeneinander bewegliche Knochen. Die K. tragen die Zahnreihen. Der Oberkieferknochen (lat. *maxilla*) ist Teil des Mittelgesichtes und reicht bis zum Boden der Augenhöhlen. Er bildet weiterhin einen großen Teil der knöchernen Nasenhöhle (↗ Nase) und des harten ↗ Gaumens sowie die Kieferhöhlen. Zur Mundhöhle hin bildet die Maxilla als zahntragenden Teil den Alveolarfortsatz (Zahndamm) mit den ↗ Alveolen. Die Kaubewegungen werden im Wesentl. vom Unterkieferknochen (lat. *mandibula*) ausgeführt. Sein Corpus bildet das Kinn, die Kieferäste ziehen zum Kiefergelenk, das an der Schädelbasis vor dem Ohr sitzt. Das Kiefergelenk führt bei aktiver Öffnung eine Scharnier- und eine Gleitbewegung aus, bei der die Achse der Drehbewegung nach vorne verlagert wird. Analog zu den Verhältnissen am Oberkiefer sind die Zähne im Alveolarfortsatz der Mandibula verankert. Bei der Bewegung der Zahnbogen gegeneinander (Artikulation) trifft im sog. Schlussbiss (Ruhelage) jeder Zahn mit seinem Gegenspieler (Antagonisten) zusammen. Neben der Nahrungsaufnahme dient die Kieferbewegung im Zusammenspiel mit den Bewegungen der Zunge bzw. der Unterlippe der ↗ Artikulation.

Lit. D. Drenkhahn (Hg.), Anatomie. Bd. 1. Mchn. [16]2003. GL

Kieferspalte (engl. gnathoschisis < griech. γνάϑος (gnathos) ›Kiefer‹, σχίσις (schisis) ›Spalte‹, frz. fissure de la mâchoire) Angeborene ein- oder beidseitige Spaltbildung des Oberkiefers. Kommt als Lippen-Kieferspalte oder im Rahmen von kompletten ⁊ Lippen-Kiefer-Gaumenspalten vor. GL

Kikongo ⁊ Kongo

Kikuyu (Eigenbez.: Gikuyu) Ostafrikan. ⁊ Bantusprache in Zentralkenia zwischen Nairobi und dem Mt. Kenya. Ca. 5 Mio. Sprecher (rd. 20 % der Bevölkerung Kenias), zumeist mehrsprachig (Swahili, Engl.). Hauptdialekte: Mathira (nordöstl.), Nyeri (nordwestl.), Murang'a-Kiambu (südl.); Karte ⁊ Afrikanische Sprachen, im Anhang. Anfang des 20. Jh. lat. basierte ⁊ Verschriftung. In den 20er bis 40er Jahren Unterrichtsspr. im K.gebiet, heute ohne offizielle Funktion. Moderne Romane und Theaterstücke in K. von Ng'ũgĩ wa Thiong'o. RE

Kimbundu ⁊ Umbundu

Kindersprache (engl. child/children's language, frz. langue enfantine) Spr. des sprechenlernenden Kindes; ⁊ Erstsprache, ⁊ Muttersprache. Alle Bereiche der Spr., Laut-, Wort-, Satz-, Bedeutungs- und Handlungsstrukturen entwickeln sich in einer bestimmten ⁊ Entwicklungsfolge. Die Lautentwicklung (⁊ Lallphase) ist durch Ersetzungen, Auslassungen und Umstellungen von Lauten gekennzeichnet. Zuerst werden im vorderen Mundbereich artikulierte Laute (⁊ Labiale, ⁊ Dentale, ⁊ Palatale) beherrscht, z. B. /pɔm/ /tɔm/ /kɔm/. Die Satzstruktur entwickelt sich von der ⁊ Einwortphase über die ⁊ Zweiwortphase zur Beherrschung komplexer Konstruktionen. Für die Entwicklung der Wortstruktur ist typ., dass regelmäßige Flexionsmuster auf unregelmäßig flektierte Wörter übertragen werden, z. B. *gehte* statt *ging*. Ebenso sind durch Anwendung der Wortbildungsregeln entstandene Neologismen charakteristisch, z. B. *klavieren* analog zu *geigen* oder *flöten, Stehenbleibung* für das im Kind noch nicht bekannte Wort *Bushaltestelle.* Die Bedeutungsentwicklung, die eng mit der Begriffsentwicklung verbunden ist, verläuft so, dass die Wortbedeutungen zunächst meist weiter sind als die der Erwachsenensprache, z. B. *Teddy* für Stofftiere, Mäntel, Mützen (Bedeutung: alles was flauschig ist); ⁊ Übergeneralisierung. Seltener als die Überdehnung der Bedeutung ist Überdiskriminierung zu beobachten. Diese liegt vor, wenn die Bedeutung enger als in der Erwachsenenspr. ist, z. B. *Auto* nur für ein best. Auto. Mit fortschreitender Entwicklung wird der Bedeutungsumfang der Wörter dem der Erwachsenensprache angenähert. Im Alter von ca. 4 Jahren ist die Lautentwicklung bei altersgemäß entwickelten Kindern als erstes abgeschlossen, d. h. der Erwachsenensprache angeglichen, obwohl noch viele Schulanfänger mitunter Schwierigkeiten mit der Aussprache einzelner Laute haben, die ohne Behandlung vorübergehen.

Wenig später ist die K. auch grammat. weitgehend korrekt; einige komplexe Konstruktionen werden erst in den folgenden Entwicklungsphasen erworben. Mit ca. 10 bis 12 Jahren entspricht die Sprache des Kindes der Erwachsenensprache. Neue Einflüsse auf die Sprachentwicklung übt der Schriftspracherwerb aus. Einige komplexe syntakt. Konstruktionen kommen in der ⁊ gesprochenen Sprache selten vor und sind typ. für ⁊ geschriebene Sprache. Ebenso erkennen Kinder mit dem Schriftspracherwerb erst bestimmte Flexionsendungen, die beim Sprechen häufig getilgt und daher nicht gehört werden; ⁊ Spracherwerb, ⁊ Spracherwerbsforschung. **Lit.** J. Dittmann, Der Spracherwerb des Kindes. Mchn. 2002. – G. Klann-Delius, Spracherwerb. Stgt. 1999. – G. Szagun, Sprachentwicklung beim Kind. Weinheim u. a. [6]2003. AN

Kindgerichtete Sprache (Abk. KGS. Engl. child directed speech, Abk. CDS) In den ersten beiden Lebensjahren des Kindes weist die an das Kind gerichtete verbale Kommunikation von Erwachsenen typ. Merkmale auf: überhöhte Stimmlage, verlangsamtes Sprechen, prosod. Hervorhebung bedeutungstragender Wörter, kurze und einfach strukturierte Sätze, deutl. prosod. Segmentierung syntakt. Einheiten, viele Wiederholungen, viele Fragen. Dieser Kommunikationsstil unterstützt die Kinder bei der sprachl. Verarbeitung des verbalen Inputs, ⁊ Ammensprache. AN

Kinegramm ⁊ Phraseologismus

Kinem n. (griech. κίνημα (kinēma) ›Bewegung‹ **1.** Nonverbales gest. oder mim. minimales distinktes Kommunikationsmittel, wie z. B. Kopfnicken, die hochgestreckte geballte Faust, das Victory-Zeichen; ⁊ Körpersprache. – **2.** Die fingeralphabet. (⁊ Handalphabete) Entsprechung des ⁊ Phonems bzw. Element der Zeichenspr. **3.** ⁊ Ablesen. PM

Kinetik ⁊ Nonverbale Kommunikation, ⁊ Proxemik

Kingwana ⁊ Swahili

Kinyarwanda ⁊ Bantusprache. Sprachgebiet: Ruanda (neben Frz. offizielle Spr.) sowie angrenzende Gebiete in Zaire und Uganda. Ca. 9 Mio. Sprecher, teilw. in K. alphabetisiert; Karte ⁊ Afrikanische Sprachen, im Anhang. Anfang des 20. Jh. lat. basierte ⁊ Verschriftung. K. ist mit dem ⁊ Rundi, der Spr. des benachbarten Burundi, nahezu identisch. **Lit.** A. Kimenyi, A Relational Grammar of K. Berkeley 1980. RE

Kiowa-Tano-Sprachen ⁊ Nordamerikanische Sprachgruppe, die sich in zwei Zweige teilt: Kiowa wird von ca. 800 Personen in Oklahoma gesprochen, Karte ⁊ Nordamerikanische Sprachen, im Anhang. Die Tano-Spr. Tewa, Tiwa und Towa (Jemez) haben in Arizona und New Mexiko zusammen ca. 5 000 Sprecher. Die K.-T.-S. werden z. T., was jedoch umstritten ist, mit den ⁊ Uto-Aztekischen Sprachen genet. in Beziehung gebracht und gemeinsam als Aztec-Tano-Gruppe bezeichnet. **Lit.** I. Davis, The Kiowa-Tanoan, Keresan, and Zuni Languages. LNA, 390–443. – L. J. Watkins, A Grammar of Kiowa. Lincoln 1984. **SSG** Staats- und Universitätsbibliothek Hamburg (18).   D

Kipsigis ↗ Kalenjin

Kiptschakisch ↗ Turksprachen

Kirchenlatein ↗ Lateinisch

Kirchenslavisch ↗ Altkirchenslavisch

Kirchenslavismus (auch: ↗ Slavismus, Slavonismus) In die ↗ slavischen Sprachen als Lehngut integrierte sprachl. Elemente, die genet. bzw. strukturell auf das ↗ Altkirchenslavische oder Kirchenslav. (Ksl.) zurückgehen, z. B. im Russ. die reguläre Bildung des Part.Präs.Aktiv, vgl. *gorjáščij* ›brennend‹ vs. *gorjáčij* (Adj.) ›heiß‹. Im Wortschatz können K. neben autochthonen Elementen als lexikal., mitunter auch grammat. Varianten koexistieren, i. d. R. mit stilist. Markierung, z. T. auch bei fakultativem Gebrauch, z. B. russ. *prach* ›Asche (eines Verstorbenen)‹ bzw. ›Asche‹ im poet. Stil vs. *poróch* ›Pulver‹, *krátkij* (srok) oder *korótkij* (srok) ›kurz(e Frist)‹ (absolute Synonyme bei Zeitangaben). V. a. im Russ. verbreitet sind lexikal. Zusammensetzungen aus ksl. und westeurop. und/oder russ. Elementen, z. B. *predparlament* ›Vorparlament‹, *prechoróšen'kij* ›sehr nett‹, die z. T. nach produktiven Mustern nach der Herausbildung der russ. Standardspr. (spätestens ab Mitte des 18. Jh., sog. ›nachpetrinische‹ Entlehnungen) geprägt worden sind. Sie werden als Neoslav(on)ismen bezeichnet. **Lit.** A. Šachmatov & Y. Shevelov, Die ksl. Elemente in der modernen russ. Lit.spr. Wiesbaden 1960. – H. Haarmann, Zu den rezenten und histor. Sprachkontakten des Russ. In: H. Jachnow (Hg.), Hdb. des Russisten. Wiesbaden ²1999, 780–816.   HA

Kirchensprache ↗ Heilige Sprache, ↗ Sakralsprache

Kirgisisch (Eigenbez. Kırgız tili) ↗ Turksprache, die Eigenschaften des Westtürk., Osttürk. und Nordtürk. aufweist, eng verwandt mit den südl. Dialekten des ↗ Altaischen; Karte ↗ Türkische Sprachen, im Anhang. Ca. 3 Mio. Sprecher. Sprachgebiet: Kirgistan, Minderheiten in Usbekistan, Tadschikistan, Kasachstan, Russland und Westchina (Xinjiang). Das K. wurde 1989 zur Staatsspr. Kirgistans deklariert. Es ist Schriftspr. seit den 1920er Jahren. Nach ersten Versuchen mit der arab. Schrift wurde ab 1926 die lat. Schrift eingeführt, die 1940 durch die kyrill. Schrift ersetzt wurde. **Lit.** K. H. Menges, Die aralo-kaspische Gruppe (Kasak., Karakalpak., Nogaisch, Kiptschak-Özbek.; Kirgis.). In: Philologiae Turcicae Fundamenta I, Wiesbaden 1959, 434–488. – D. Somfay Kara, Kyrgyz. Mchn. 2003.   MI

Kiribati ↗ Ozeanische Sprachen

Kirillica f. (Kyrillisch) Alphabet des Slav., das kurz nach der ↗ Glagolica entstanden ist. Die K. lehnt sich an die griech. Unziale an und ist Ende des 10. Jh. von Schülern des Slavenmissionars Kyrill, wahrscheinlich von Kliment von Ohrid (835–916), für die Verbreitung des ↗ altkirchenslavischen

Schrifttums im slav. Siedlungsraum geschaffen und posthum zu Kyrills Ehren so benannt worden. Bedingt durch die Annahme des orthodoxen Glaubens wurde die K. zur ↗ Verschriftung der ost- und südslav. Spr. (mit Ausnahme des Kroat. und Slov., die heute lat. geschrieben werden) und des Rumän. herangezogen. Das kyrill. Alphabet ist im Laufe seiner Geschichte einigen Veränderungen im Graphembestand und an den Schriftzeichengestalten unterzogen worden. – In der UdSSR diente die K. dazu, auch nichtslav. Sprachen verschiedener Nationalitäten, z. B. Moldau., Tscherkess., Usbek., zu verschriften (↗ Kyrillisierung). – Im slav. Sprachraum ist die K. heute in ihrer vereinfachten Form, der im Wesentlichen auf die Schriftreform Peters des Großen (1708–10) zurückgehenden »bürgerl. Schrift« (russ. *graždánskij šrift*), in Gebrauch. Dieses Alphabet umfasst die folgenden Grapheme (aufgelistet nach den slav. Einzelsprachen und mit ↗ Transliteration bzw. Transliterationsäquivalenten):

1. Das altkirchenslavisch-kyrillische Alphabet

Aksl.

Аа	Бб	Вв	Гг	Дд	Єе	Жж	Ѕѕ	Зз
a	b	v	g	d	e	ž	dz	z

Ии	Іі	Кк	Лл	Мм	Нн	Оо	Пп	Рр
i	i	k	l	m	n	o	p	r

Єс	Тт	Оу ѹ	Фф	Хх	Ѡѡ	Цц	Чч	Шш
s	t	u	f	ch(x)	ō	c	č	š

Щщ	Ъъ	Ыы	Ьь	Ѣѣ	Юю	Ꙗꙗ	Ѥѥ	Ѧѧ
št	ŭ	y	ĭ	ě	ju	ja	je	ę

Ѫѫ	Ѩѩ	Ѭѭ	Ѯѯ	Ѱѱ	Ѳѳ	Ѵѵ		
ǫ	ję	jǫ	ks	ps	f·	ÿ		

Varianten

є–е	ꙃ–ꙁ	з–ꙁ	ї–ї	о–ꙩ	оу–ȣ	ч–ѵ	ы–ы
e	dz	z	i	o	u	č	y

2. Das moderne kyrillische Alphabet

Russ.

Аа	Бб	Вв	Гг	Дд	Ее	Ёё	Жж	Зз	Ии	Йй
a	b	v	g	d	e	ë	ž	z	i	j
Кк	Лл	Мм	Нн	Оо	Пп	Рр	Сс	Тт	Уу	Фф
k	l	m	n	o	p	r	s	t	u	f
Хх	Цц	Чч	Шш	Щщ	Ъъ	Ыы	Ьь	Ээ	Юю	Яя
ch(x) c	č	š	šč	-(″)	y	'	ė	ju	ja

Ukr.				*Weißruss.*		*Bulgar.*
Єє	Іі	Її		Ўў		Ъъ
je	i	ji		ŭ		ă

Serb.						*Makedon.*		
Јј	Љљ	Њњ	Ћћ	Ђђ	Џџ	Ѓѓ	Ќќ	Ѕѕ
j	lj	nj	ć	đ	dž	g'	k'	dz

In letzter Zeit findet ein Transliterationssystem für kyrill. Alphabete, die US-amerikan. *Library of Con-*

gress Transliteration, vermehrt Anwendung, das ohne ↗ Diakritika auskommt und somit einfacher zu handhaben ist, aber dafür einige Graphemdifferenzierungen aufgibt; vgl. folgende Unterschiede zu den o.g. Äquivalenzen:

е, ё э, е ж zh, и й i, ц ts, ч ch, ш sh, щ shch, ю iu, я ia

Lit. H. Schelesniker, Schriftsysteme bei den Slaven. Innsbruck 1972. – T. Eckhardt, Versuch einer Einf. in das Studium der slav. Paläographie. Wien, Köln 1989. – H. Miklas (Hg.), Glagolitsa: zum Ursprung der slav. Schriftkultur. Wien 2000. – H. Miklas & S. Richter, Glagolitica: zum Ursprung der slav. Schriftkultur. Wien 2000. **HA**

Kirundi ↗ Rundi

Kishikongo ↗ Kongo

KISTE ↗ Forensische Linguistik

Kist(in)ische Sprachen ↗ Nachische Sprachen

Kiswahili ↗ Swahili

Kituba ↗ Kongo

Kiyombe ↗ Kongo

Kjachisch ↗ Tscherkessische Sprachen

Klamath ↗ Penuti-Sprachen

Klammer (engl. brackets, parentheses, frz. crochets, parenthèses) **1.** ↗ Nominale Klammer, ↗ Satzklammer, ↗ Satzrahmen. **2.** Konventionelle Grenzsignale in ling. Notationen. In eckigen K. stehen phonet. Sachverhalte, z. B. ['valdəmaːrʃtraːsə] in geschweiften K.n. morpholog. Einheiten, z. B. {{waldemar} {straße}}, während phonolog. Sachverhalte zwischen Schrägstrichen (/valdəmarʃtrasə/) und graphemat. zwischen spitzen Winkeln (⟨Waldemarstraße⟩) stehen. Runde K. werden zur Darstellung von ↗ Konstituentenstrukturen verwendet; ↗ indizierte Klammerung. Log. und mathemat. Notationssysteme weisen eine Reihe weiterer K.symbole auf. **3.** (Auch: Parenthesen) Mittel der ↗ Interpunktion zur graph. Markierung von ↗ Parenthesen, z. B. *Das neue schwarze Seidenhemd (es war sündhaft teuer gewesen) überstand die erste Wäsche nicht.* Auch Morpheme können durch K. wortintern als (fakultative oder obligatorische) alternative Lesarten markiert werden, z. B. *Student(inn)en, (vor)zeigen.* Außerdem Mittel zur Markierung sog. »erklärender Zusätze«, z. B. bei Ortsnamen wie *Blaubeuren (Württemberg).* **G**

Klammerform Bez. für Lexeme, die durch Tilgung eines Segments im Wortinneren entstehen. I. d. R. sind die Vollformen Bildungen, deren initiale Konstituente wiederum ein Wortbildungsprodukt ist (*Öl*(*baum*)*zweig* zu *Ölzweig*, *Fern*(*sprech*)*amt* zu *Fernamt* usw.). Die Kürzung betrifft dann die komplexe Konstituente, hier die jeweiligen Erstglieder; ↗ Kopfwort, ↗ Klammerform, ↗ Kurzwort, ↗ Kürzung. **ES**

Klammerfügung Bez. für Bildungen im Grenzbereich von Morphologie und Syntax, die Strukturen mit koordinierten komplexen Lexemen wie *Sprach- und Literaturwissenschaft* meint. Charakterist. ist,

dass die beiden koordinierten Wörter eine Konstituente gemein haben, die aber nur einfach realisiert wird. Wie in morpholog. ↗ Klammerformen liegt ↗ Kürzung im Inneren der Konstruktion vor, wie in ↗ Phrasalen Komposita werden Syntagmen wie Wörter verwendet, weswegen K. in der Literatur häufig als Kürzungen oder phrasale Komposita bezeichnet werden. **ES**

Klammerkonvention ↗ Klammer

Klammersatz ↗ Spaltsatz

Klammerwort ↗ Klammerform

Klang (engl. sound, frz. son) Aus mehreren (meist) zur Grundfrequenz harmon. (↗ Schallanalyse) Sinoidal- (= Pendel-)schwingungen (auch: Ober-/Partial-/Teiltönen) zusammengesetzter ↗ Schall; ↗ Schallanalyse. **PM**

Klangfarbe (auch: Stimmfarbe, Timbre. Engl. tamber, timbre, frz. timbre) Aufgrund der Obertonanteile (↗ Klang, ↗ Schallanalyse) bzw. bei der ↗ Stimme auch die Ausprägung und Lage der höheren (> 3) ↗ Formanten auditiv wahrgenommene Klangqualität. **PM**

Klangfülle ↗ Stimme

Klanggestalt ↗ Sprechausdruck

Klangmalerei ↗ Onomatopoiie

Klao ↗ Kru-Sprachen

Klappwort ↗ Kurzwort

Klasse (lat. classis ›Klasse, Abteilung‹. Engl. class, frz. classe) Bez. für eine systemat. Gruppierung von Elementen. I. e. S. die Gruppierung von Elementen einer Theorie nach strukturalist. Beschreibungsverfahren (↗ Strukturalismus, ↗ Distributionalismus) mit mindestens einem gemeinsamen ↗ Merkmal. Ist die Menge von Elementen einer K. synchron nicht erweiterbar, spricht man von einer *geschlossenen* K., im anderen Fall von einer *offenen* K. Bspw. handelt es sich bei der ↗ Wortklasse der Konjunktionen im Dt. um eine geschlossene K., bei der K. der Substantive um eine offene K. **Lit.** A. Juilland & H. H. Lieb, K. und Klassifikation in der Sprachwiss. Den Haag 1968. **F**

Klassem n. (frz. classe ← lat. classis ›Klasse, Abteilung‹, -em ↗ emisch. Frz. classème, engl. classeme) Von Pottier (1963) geprägter Terminus zur Bez. genereller ↗ semant. Merkmale, die Kontextklassen differenzieren. Bei Coseriu und Geckeler werden K. präzisiert als paradigmaübergreifende Merkmale wie z. B. [± belebt] oder [direktional] vs. [lokal]. Ähnlichkeiten zu den *semantic markers* von Katz & Fodor liegen auf der Hand; ↗ Semantisches Merkmal. **Lit.** B. Pottier, Recherches sur l'analyse sémantique en linguistique et en traduction mécanique. Nancy 1963. – E. Coseriu, Sprache – Strukturen und Funktionen. Tübingen 1970. – H. Geckeler, Strukturelle Semantik und Wortfeldtheorie. Mchn. 1971. – J. Lyons, Semantics. Bd. 1. Cambridge 1977. – S. Löbner, Semantik. Eine Einf. Bln, N. Y. 2003. **RB**

Klassenaffix ↗ Klassensprache

Klassenhaupt ↗ Radikal
Klassenname ↗ Appellativum
Klassensprache 1. Spr., in der das Inventar der Nomina (↗ Nomen 1) oder der Verben, meist durch Affixe, in verschiedene Formklassen unterteilt ist; ↗ Nominalklasse. Aus Kongruenzgründen sind in K. vielfach auch die Adjektive und Pronomina formal nach Klassen markiert. Diese Klassen korrespondieren z. T. mit semant. bestimmbaren (Klassen von) Objekten der äußeren Welt, z. T. sind sie nur formal fassbar (z. B. in den ↗ Bantusprachen). Genussprachen unterteilen die Nomina in zwei (z. B. Frz., Ital., Schwed.) oder drei (z. B. Griech., Lat., Dt., Russ.) Klassen (Genera), wobei jedes ↗ Genus unterschiedliche formale Subklassen aufweisen kann. Sie werden üblicherweise nicht zu den K. gerechnet. **2.** In der ↗ marxistischen Sprachtheorie und anderen Konzepten einer materialist. Ling. Bez. für Varianten einer Einzelspr., als deren Träger soziale Klassen angenommen wurden, z. B. Spr. der Arbeiterklasse, des Bürgertums, der Feudalklasse usw. G
Klassifikation 1. Bei der grammat. Beschreibung natürl. Spr. grundlegendes Prinzip der Anordnung einzelner Einheiten aufgrund übereinstimmender Merkmale. Typ. Erscheinungsform der K. im Bereich der Morphologie sind Stammbildungsklassen (z. B. die Deklination des Lat.), die verschiedene Lexeme mit übereinstimmender Kasusbildung zusammenzufassen gestatten. Die K. ist das vorherrschende Verfahren des ↗ taxonomischen ↗ Strukturalismus. **2.** Zusammenfassung und Anordnung einzelner Spr. aufgrund von ↗ genetischen oder ↗ typologischen Merkmalen oder unter arealem Gesichtspunkt. Die genet. K. versucht, aufgrund von regelmäßigen Übereinstimmungen auf lexemat., morpholog. und phonolog. Ebene, insbesondere den sog. ↗ Lautgesetzen, die Zugehörigkeit von Spr. zu ↗ Sprachfamilien zu bestimmen. Das dabei angewendete Schema ist meist das eines Stammbaums, dessen Äste die (bezeugten) Einzelspr. sind und dessen Stamm eine ihnen gemeinsam zugrundeliegende rekonstruierbare ↗ Grundsprache bildet (↗ Stammbaumtheorie). Während bestimmte Sprachfamilien wie die der ↗ indogermanischen Sprachen in ihrer Zusammensetzung und Verbreitung heute klar herausgearbeitet sind, ist die genet. K. bei zahlreichen Spr. (z. B. ↗ Baskisch, ↗ Japanisch) nach wie vor umstritten. In solchen Fällen wird vielfach eine areale K. herangezogen, die die Frage genet. Beziehungen außer Acht lässt. Die areale K. beruht teils auf dem gleichsam negativen Kriterium der nicht feststellbaren ↗ Affiliation der beteiligten Spr. (z. B. bei den sog. ↗ paläoasiatischen Sprachen), teils auf der Feststellung von Übereinstimmungen, die geograph. benachbarte Spr. ungeachtet ihrer genet. Zugehörigkeit im Sinne eines ↗ Sprachbunds aufweisen (z. B. beim sog. ↗ Balkansprachbund). Die typologische K. versucht, Spr. aufgrund von Gemeinsamkeiten im grammat. Bau

ohne Rücksicht auf genet. oder areale Fragestellungen zu gruppieren. Weite Verbreitung hat die bereits im 19. Jh. aufgekommene K. nach der Ausprägung der morpholog. Mittel erlangt (↗ Sprachtypologie). Heute sind daneben K. nach den Wortstellungsverfahren (↗ Wortstellungstypologie) und der grammat. Realisierung der primären ↗ Aktanten des Prädikatsverbs (↗ relationale Typologie) geläufig. **Lit.** C. F. Voegelin & F. M. Voegelin, Classification and Index of the World's Languages. Bloomington 1977. – G. F. Meier & B. Meier, Handbuch der Ling. und Kommunikationswissenschaft I. Bln. 1979. – A. Klose, Sprachen der Welt: Ein weltweiter Index der Sprachfamilien. Mchn. 1987. – K. Katzner, The Languages of the World. Ldn. u. a. ³2002. GP
Klassifikator m. Grammat. oder lexikal. Element einer Spr., mit dem Bez. für Gegenstände oder Vorgänge aufgrund gemeinsamer und/oder kontrastiver Merkmale (im weitesten Sinne; oft aufgrund von Form oder Beschaffenheit) zu Klassen zusammengefasst werden. Ein minimales Klassensystem stellt z. B. das grammat. Geschlecht mask.-fem.(-neutr.) vieler indogerm. Spr. dar. Lexikal. K. finden sich häufig in Verbindung mit Zahlen (Numeralklassifikator), so vor allem in ↗ austroasiatischen Sprachen, aber auch im Chines., z. B. *sān-běn shū* ›drei Bücher‹ oder *sān-ge rén* ›drei Personen‹, wörtl. ›drei Bände Buch‹ bzw. ›drei Stück Mensch‹, ↗ Zählwort. Nominale K. sind als Präfixe z. B. in ↗ Bantusprachen in starkem Maße grammatikalisiert und dienen der ↗ Koreferenz; ↗ Konkordanz. In ↗ nordamerikan. Spr. sind vor allem verbale K. in Form von Affixen oder vorgangs- wie auch objektklassifizierenden Verben verbreitet, wie z. B. ›handeln in Bezug auf ein rundes Objekt‹, ›handeln in Bezug auf ein längl. Objekt‹, u. a. in den athabask. Spr.; ↗ Klassensprache. **Lit.** C. G. Craig (ed.), Noun Classes and Categorization. Amsterdam 1986. – G. Lakoff, Women, Fire, and Dangerous Things. Chicago 1987. – A. Aikhenvald, Classifiers. A Typology of Noun Categorization Devices. Oxford 2003. D
Klassifizierend Sprachtyp, bei dem die Verwendung von ↗ Klassifikatoren in starkem Maße grammatikalisiert ist. D
Klassische Philologie (auch: Altphilologie) Zusammenfassende Bez. für die Latinistik und die Gräzistik, die sich mit der wiss. Erforschung der Sprache, Lit. und Kultur der griech. und röm. Antike und deren Pflege in der Gegenwart befassen, während sich mit den materiellen Zeugnissen der antiken Kulturen die klass. Archäologie befasst. Mit den nachklass. Zeugnissen in griech. und lat. Sprache befassen sich die ↗ Byzantinistik und die mittel- und neulat. Philologie. **SSG** Bayerische Staatsbibliothek München. GS
Kleene-Stern ↗ Asterisk
Kleinbuchstabe ↗ Gemeine, ↗ Minuskel
Kleinrussisch Ältere, polit. motivierte Bezeichnung in Russland für das ↗ Ukrainische. HA

Kleinschreibung ↗ Groß- und Kleinschreibung
Klick ↗ Schnalzlaut
Klimax ↗ Aufzählung
Klinische Linguistik ↗ Neurolinguistik, ↗ Patholinguistik
Klischee n. (frz. cliché ›Abdruck‹ < frz. clicher ›klischieren, abklatschen‹) **1.** Ungenaue Bez. für sämtliche Arten von Druckstöcken und Hochdruckplatten. **2.** Im 19. Jh. aus der Fachsprache des Buchdrucks übernommene, auf die Charakterisierung eines Sprachgebrauchs übertragene (ursprüngl. techn.) Bez. für eine redensartl. schemat. gebrauchte, bereits ›vorgefertigte‹, verbrauchte, banale und ›abgedroschene‹ Äußerung, z. B. *Das wäre doch nicht nötig gewesen*; ↗ Stereotyp. VS
Klise Bisweilen als Oberbegriff für ↗ Enklise und ↗ Proklise verwendet; ↗ Klitikon. SO
Klitikgruppe ↗ Prosodische Einheiten
Klitikon n. (griech. χλιτιχόν ›das sich Anlehnende‹. Auch: Stützwort. Engl. clitic, frz. clitique) Bez. für phonolog. bzw. orthograph. inkorporierte Elemente, die allerdings syntakt. ihre Selbstständigkeit bewahren, z. B. *Wie geht's*? Formale Subjekte oder Objekte werden häufig klitisiert (↗ expletives *es*); generell sind unbetonte Einsilber ohne lexikal.-begriffl. Bedeutung häufig betroffen; ↗ Enklise, ↗ Proklise. ES
Klix ↗ Schnalzlaut
Klonisch ↗ Stottern
Klopfalphabet ↗ Zinken
Klusil ↗ Plosiv
Kluster ↗ Netzwerk
Knacklaut ↗ Glottisverschluss
Knarrstimme ↗ Glottalisierung, ↗ Pressung
Knoten (engl. node, frz. nœud) Verzweigungs- und End-Punkte in einem ↗ Strukturbaum. K. repräsentieren Beschreibungskategorien für jene Einheiten, auf welche sich der betreffende Strukturbaum bezieht. Dies können Einheiten unterschiedl. Beschreibungsebenen sein (phonolog., morpholog., syntakt., semant. usw.), wobei in ein und demselben Strukturbaum die verzweigenden K. ein und derselben Beschreibungsebene zugeordnet sein müssen. Nicht-verzweigende K. können einzelsprachl. Elemente der betreffenden, sie unmittelbar dominierenden Kategorie darstellen. Bei Notation mittels ↗ indizierter Klammerung werden K. durch eine Klammer mit tiefgestelltem Kategoriensymbol dargestellt, z. B. [$_{NP}$Milch]. F
Knoten-Relation ↗ Dominanz, ↗ Mutter, ↗ Schwester, ↗ Tochter
Koaiá ↗ Südamerikanische Indianersprachen
Koaleszenz f. (lat. coalēscere ›zusammenwachsen‹) Bez. für Grammatikalisierungsphänomene, die letztl. zur Fusion von Ko-Konstituenten oder benachbarten Lauten führen, z. B. ↗ Klitisierung auf syntakt. Ebene (*Haste was, biste was*) oder auf phonolog. Ebene, z. B. die ↗ Monophthongierung hin zum Nhd. *bruoder → Bruder*; ↗ Enklise. ES

Koartikulation (lat. con- ›zusammen‹, articulāre ›deutlich aussprechen‹. Engl. coarticulation, simultaneous articulation, frz. articulation simultanée) Von P. Menzerath und A. de Lacerda geprägter Begriff für die gleichzeitige synkinet. Ausführung von zu benachbarten Sprachlauten gehörigen, nicht homorganen Artikulationsbewegungen, z. B. laterale Verschlusslösung des [g] und Vorwegnahme der Lippenrundung des [ʏ] in *Glück*. Die K. wurde ursprüngl. von der ›Steuerung‹, der artikulator. Ablösung eines Lautes durch den folgenden, unterschieden. Übertragen auf das akust. Sprachsignal bezeichnet K. allgemein die (artikulator. bedingte) gegenseitige Beeinflussung von Lautsegmenten innerhalb einer Äußerung. **Lit.** P. Menzerath & A. de Lacerda, K., Steuerung und Lautabgrenzung. Bln. 1933. – S. E. G. Öhmann, Coarticulation in VCV Utterances: Spectrographic Measurements. JASA 39, 1966, 151–168. – W. J. Hardcastle & N. Hewlett (eds.), Coarticulation. Theory, Data and Techniques. Cambridge 1999. PM
Koda ↗ Silbenkoda
Kode (lat. cōdex ›Verzeichnis‹; spätlat. codex, frz. code ›Gesetzbuch‹. Engl. code ›Signalsystem, Geheimschrift‹) **1.** Im nachrichtentechn. Gebrauch ist K. definiert als (a) eineindeutige Zuordnungsvorschrift zwischen den Elementen eines primären und eines sekundären »Zeichenvorrats« oder auch (b) als der sekundäre Zeichenvorrat selbst (samt seiner Verknüpfungsregeln). Unter ›Zeichen‹ werden hier sowohl nicht-signifikante Zeichenelemente (z. B. Laut, Buchstabe; ↗ Chiffre 2) als auch ↗ Zeichen i.e.S. (z. B. Wort, Geste) sowie Sequenzen von beiden verstanden. Den Buchstaben ordnet etwa der Morse-K., Kurz-Lang-Impulsfolgen, der ASCII-K. 8-Bit-Sequenzen, das ↗ Braille-Alphabet tastbare Punktkonfigurationen und ein ↗ Handalphabet Handstellungen zu; Geheimkodes verschlüsseln Buchstabensequenzen in andere Sequenzen; sog. Handels-K. und viele ↗ Geheimsprachen substituieren ganze Wörter. All diese ›substitutiven‹ bzw. ›artifiziellen‹ K. garantieren durch das Merkmal der ↗ Eineindeutigkeit eine vollständige ↗ Dekodierung, d. h. Rückgewinnung der Primärzeichen, was z. B. nicht uneingeschränkt für ↗ Schriftsysteme gilt, die man aufgrund ihrer Genese als substitutive K. der Lautspr. ansehen könnte. Doch haben Schriftsysteme in heutigen Kulturspr. strukturell und funktionell »gegenüber den gesprochenen Spr. eine gewisse Autonomie« (Nöth ²2000) und insofern den Rang eines primären Zeichensystems erlangt. **2.** Die Verwendung des Terminus ›K.‹ für den sekundären Zeichenvorrat selbst (s. oben 1 b) kann verallgemeinert werden zur Bez. eines jeden ↗ Systems oppositiver (↗ Opposition), nach Regeln kombinierbarer Einheiten. U. Eco nennt solche »Systeme, die auch unabhängig von jegl. Signifikationsabsicht oder Kommunikationsabsicht bestehen können« (²1991, 64), »S-Codes« und unterscheidet solche aus Signal-,

Bedeutungs- und Verhaltenseinheiten. Diese sind i. d. R. signifikativ miteinander verknüpft und bilden somit jeweils »eine der beiden Seiten einer Korrelationsfunktion, die man als ›Code‹ [= K. 1] bezeichnet«. **3.** Sieht man die arbiträre (↗ Arbitrarität) Zuordnung sekundärer zu primären Zeichen als Bedeutungsrelation, liegt es nahe, den Begriff K. auf arbiträre Zeichensysteme überhaupt auszudehnen, speziell auf das ↗ Sprachsystem, das schon F. de Saussure als »code de la langue« bezeichnet (1915, 31). Dieses wird in der Ling. v. a. dort ›K.‹ genannt, wo man es unter dem Gesichtspunkt seiner kommunikativen Funktion betrachtet: so bei A. Martinet (1960), R. Jakobson (1960) oder D. Hymes (1962) und insbes. bei B. Bernstein (1965), der den »Sprachcode« (nach Hymes) als Regelbasis bestimmt, der die von ihm seit 1962 beschriebenen »Sprechcodes« genügen müssen; ↗ Kodetheorie. Insbesondere begegnet dieser K.-Begriff in soziolling. Arbeiten zum »Code switching«, dem situationsbedingten Sprach- bzw. Varietätenwechsel bilingualer Sprecher; ↗ Sprachwechsel (2). In der ↗ Kommunikationswissenschaft und ↗ Psycholinguistik dient der K.-Begriff seit den 1960er Jahren zur Modellierung der sprachl. ↗ Kommunikation als Abfolge semant., syntakt. und phonolog. ↗ (En)kodierungen und Dekodierungen; vollständigere Modelle (z. B. D. Crystal) erfassen auch die kausalen neurophysiolog. (und physikal.) Signaltransformationen auf dem Weg von Gehirn zu Gehirn. Neuere kognitionsling. Forschungen (↗ Kognitive Linguistik) schlagen allerdings längst nicht mehr sämtl. Teilprozesse der Sprachproduktion und -rezeption über die Leisten eines metaphor. K.-Begriffs, sondern reservieren diesen für das ↗ »mentale Lexikon«, die Vermittlung »zwischen dem Wortperzept und Wortkonzept«, und stufen ihn zurück als »ersten Teil der kognitiven Semantik« (Strohner 1990, 122 f.; Rickheit & Strohner 1993, 158). Doch bleibt auch hier unklar, ob man dabei nicht unterderhand das K.-Merkmal der eineindeutigen Zuordnung auf ein System primärer ↗ Sprachzeichen projiziert, welche definiert sind durch begriffl. ↗ Designation, variable ↗ Referenz und einen kontextuell formbaren ↗ Sinn. Wie es um den Zeichencharakter und die angenommene Nicht-Sprachlichkeit (z. B. Herrmann 1982) der verbal kodierten ↗ Wissensrepräsentationen und Konzepte steht, ist nach wie vor eine offene Frage. **Lit.** Saussure, Cours. – A. Martinet, Éléments de linguistique générale. Paris 1960. – R. Jakobson, Linguistics and Poetics. In: Th. Sebeok (ed.), Style in Language. Cambridge, Mass. 1960, 350–377. – D. Hymes, The Ethnography of Speaking (1962). Dt. in: Ders., Sozioling. Ffm. 1979, 29–97. – W. Herrlitz, Modell der Kodierung und Dekodierung. In: Funkkolleg Spr., Bd. 1. Ffm. 1973, 47–56. – H. Hörmann, Meinen und Verstehen. Ffm. 1976, [4]1994. – D. Crystal, Introduction to Language Pathology. Ldn. 1980. – Th. Herr-

mann, Sprechen und Situation. Bln. 1982. – U. Eco, Semiotik. Entwurf einer Theorie der Zeichen. Mchn. [2]1991. – H. Strohner, Textverstehen. Opladen 1990. – G. Rickheit & H. Strohner, Grundlagen der kognitiven Sprachverarbeitung. Tübingen, Basel 1993. – R. Dengel, Codeswitching. Eine kommentierte Bibliographie. Flensburg 1999. – W. Nöth, Hdb. der Semiotik. Stgt., Weimar [2]2000. RB – **4.** ↗ Kodifizierung. – **5.** In der ↗ Soziolinguistik Bez. für Sprechgewohnheiten nach Art des restringierten oder des ↗ elaborierten Kodes. AM

Kodetheorie Theorie eines ↗ Kodes im semiot. Sinn, vor allem aber Theorie von den restringierten und ↗ elaborierten ↗ Kodes. Wenn man einen restringierten Kode in Anlehnung an spätere Präzisierungen des Erfinders der K., B. Bernstein, im Gegensatz zu einem elaborierten Kode als implizite, für Nichtgruppenmitglieder nur schwer verständl. Sprech- (oder Schreib-)gewohnheit versteht, also nicht als eigene Sprachvarietät, dann lassen sich hauptsächlich drei Ursachen für seine Entstehung nennen: (a) ein Leben in starken (geschlossenen) und multiplexiven sozialen ↗ Netzwerken, (b) eine status- (statt einer personen-) orientierten Familienstruktur und (c) überwiegend körperl. (statt geistiger) Arbeit. Alle drei Umstände tragen dazu bei, dass unter den Interagierenden ein breiter gemeinsamer Erfahrungshorizont entsteht, der eine explizite Ausdrucksweise in den meisten Situationen erübrigt, oder dass differenzierte sprachl. Kommunikation überflüssig ist (körperl. Arbeit). Alle drei Umstände finden sich auch häufiger in den unteren als in den höheren Sozialschichten; ↗ Schicht. Auch Sprecher eines elaborierten Kodes drücken sich in bestimmten Situationen implizit aus; ein restringierter Kode ist jedoch demgegenüber eine Gewohnheit, sich generell implizit auszudrücken, oder sogar die Unfähigkeit, sich überhaupt explizit, d. h. für Nichtgruppenmitglieder verständl., zu äußern. Die Kritik an den empir. Untersuchungen (v. a. Bernsteins eigenen Untersuchungen) ging gelegentl. zu weit, indem sie Methodenkritik die ganze K. über Bord warf. Method. einwandfreie empir. Untersuchungen der K. sind bis heute ein Desiderat der ↗ Soziolinguistik. Sprecher eines restringierten Kodes haben in allen Situationen kommunikative Schwierigkeiten, in denen eine explizite, allgemein verständl. Ausdrucksweise erwartet wird, wie z. B. in Schule und Öffentlichkeit; ↗ Domäne. Sie hinterlassen dort leicht den Eindruck mangelnder Intelligenz. Ob ein restringierter Kode sich kognitiv behindernd auswirkt, ist nicht geklärt. Möglicherweise bewirkt die Gewohnheit impliziten Sprechens weniger kognitive Simulation als explizites Sprechen. Die negativen Auswirkungen eines restringierten Kodes kann man mit ↗ kompensatorischer Erziehung zu korrigieren versucht. **Lit.** B. Bernstein, Class, Codes and Control. Ldn. 1971, 1973. – Ders., Social Class and Sociolinguistic Codes. HSK 3, II, [2]2005. – U. Ammon, Code, Sociolinguistic. In: D. Bolinger & J. M. A. Simpson (eds.), Encyclopedia of Language and Linguistics, 4, Oxford 1994, 578–581.   AM

Kodewechsel ↗ Sprachwechsel

Kodierbarkeit ↗ Kodierung

Kodierung (auch: Enkodierung. Engl. encoding, frz. codage.) **1.** In der Nachrichtentechnik Vorgang des ›Verschlüsselns‹ einer Zeichenfolge in eine andere mithilfe eines ↗ Kodes (1), dessen eineindeutige Zuordnungsvorschrift die Rückgewinnung der primären Zeichenfolge (↗ Dekodierung) und damit die Intaktheit der ggf. enthaltenen Information garantiert. Zwecke der K. von Nachrichten sind u. a.: Wechsel von Übertragungskanal, Speichermedium oder Verarbeitungsmodalität, Signalkompression, Geheimhaltung. Man bezeichnet als ›K.‹ nicht nur die Anwendung semiot. Kodes (1), sondern auch digitale Signaltransformationen mittels zwar arbiträr festgelegter, aber kausal funktionierender Zuordnungen (in Hard- oder Software) sowie – in einem weiteren Verallgemeinerungsschritt – auch natürl. (digitale und analoge) Signalumwandlungen. In diesem Sinne spricht man etwa von physiolog. K. (D. Crystal; phonet. ›Programm‹ → Nervenimpulse → ↗ Artikulationsbewegungen) oder von komprimierender »Rekodierung« sprachl. Strukturen im Langzeitgedächtnis (Hörmann 1970). **2.** Zuordnung komplexer perzeptueller oder konzeptueller Gehalte zu konventionell geltenden ↗ Zeichen, so z. B. die begriffl. Formulierung von Sinneseindrücken, wie sie hinsichtl. der »Farbcodierung«, d. h. der Zuordnung spektraler Farbperzepte zu Farbbegriffen u. a. von R. W. Brown & E. H. Lenneberg untersucht wurden (Hörmann 1970, 341 ff.). Ebenso ist auch der kognitionsling. Begriff der »semant. K.« zu verstehen, d. h. der Umsetzung eines individuellen konzeptuellen Gehalts in eine Inhaltsstruktur konventioneller Sprachzeichen. Deren jeweilige Reichhaltigkeit und Trennschärfe (z. B. Fach- vs. Umgangsspr.; vgl. ↗ Farbbezeichnungen) bestimmt das Ausmaß der Kodierbarkeit (engl. codability) des konzeptuellen Gehalts und damit zugleich das Maß des bei der semant. K. unvermeidlichen Informationsverlustes, der zusammen mit pragmat. Faktoren bewirkt, dass der Hörer das vom Sprecher Gemeinte nicht schlicht dekodieren kann, sondern durch interpretative Anstrengung erschließen muss. **3.** Die sprachl. K. entspricht in ihren Teilprozessen den oben genannten K.-Arten, bildet aber selbst nur einen Teil des gesamten Sprachproduktionsprozesses: »Sprachl. Codieren ist […] nur mögl. im Rahmen eines prinzipiell nicht selbst wieder völlig in Codieroperationen auflösbaren ›Spiels‹« (Hörmann 1976, 324.) **Lit.** H. Hörmann, Psychologie der Spr. Bln., Heidelberg, N. Y. 1970, [2]1977. – Weitere Lit. ↗ Kode (3).   RB

Kodifizierung (engl. frz. codification) Im Zusammenhang mit der ↗ Standardisierung einer Spr. (↗ Standardsprache) schriftl. Niederlegung der Formen der ↗ Standardvarietät in Regelsammlungen, Wörterbüchern und/oder Grammatiken. Die Gesamtheit dieser Quellen nennt man auch den ling. *Kodex* der betreffenden Spr. Für das Dt., zumindest in der Bundesrepublik Deutschland, bilden die ↗ Duden-Bände den Kern des ling. Kodex. K. ist von der bloßen Sprachbeschreibung zu unterscheiden, wie sie auch für Nonstandardvarietäten (Dialekte) besteht. Sie ist ↗ normativ, und die durch sie festgelegte ↗ Sprachnorm hat darüber hinaus in der Regel amtl. (offizielle) Gültigkeit; ↗ Amtssprache. Die amtl. Gültigkeit braucht allerdings nicht ausdrückl. formuliert zu sein, sondern kann als eine Art Gewohnheitsrecht bestehen, derart, dass sich Vorgesetzte in Ämtern oder Lehrer bei ihren sprachl. Vorschriften auf den ling. Kodex berufen können. K. kann durch staatl. Institutionen geschehen (z. B. eine ↗ Sprachakademie), durch autorisierte oder autoritative Privatinstitutionen (z. B. die Duden-Redaktion) oder durch Privatpersonen, deren K. dann nachträgl. amtl. Anerkennung erfährt (z. B. N. Webster für das ↗ amerikanische Englisch). K. kann sich auf alle grammat. Ebenen erstrecken: das ↗ Schriftsystem und die ↗ Orthographie, die ↗ Aussprache, die ↗ Lexik und die ↗ Grammatik, für die nicht selten jeweils besondere Bände vorliegen (Rechtschreib-, Aussprache-, Bedeutungslexikon, Grammatik). Eine vorliegende K. bedarf der regelmäßigen Überarbeitung, um nicht zu veralten, d. h. nicht in allzu großen Widerspruch zum tatsächl. »gebildeten« Sprachgebrauch zu geraten, an dem sie sich in der Regel orientiert. Welche Sprachformen in den ling. Kodex (als zur Standardvarietät gehörig) aufgenommen werden, ist in vielen Sprachgemeinschaften Gegenstand ständiger Diskussion, auch unter Laien; ↗ Sprachnorm, ↗ Hochsprache, ↗ Literatursprache. **Lit.** A. Jedlicka, Die Schriftspr. in der heutigen Kommunikation. Lpz. 1974. – R. Bartsch, Sprachnormen. Tübingen 1985. – H. Takahashi, Language Norms, HSK 3, I, 172–179. – K. Gloy, Norm. HSK 3, I, 392–399. – Sociolinguistica 17, 2003. – H. Omdal, Language Planning: Standardization. HSK 3, III, 2384–2394.   AM

Kodikologie ↗ Handschriftenkunde

Kofferwort ↗ Kontamination

Kogi ↗ Chibcha-Sprachen

Kognates Objekt ↗ Inneres Objekt

Kognition (lat. cōgnitiō ›Erkenntnis, Auffassung‹) Im Gebrauch reichlich diffuser Oberbegriff für die Prozesse der Erkenntnis, der Erfahrungs- und Informationsverarbeitung und der mentalen Repräsentation. K. wird gleichermaßen prozess- und produktbezogen gebraucht. Im Unterschied zum philosoph. Erkenntnisbegriff, dessen Erbe in der Psychologie der Ausdruck K. verwaltet, verfügt er nicht über die Dimension wahr/unwahr. K. als dominanter Gegenstand der Psychologie war auch wissenschaftssoziolog. eine Parole im Kampf gegen den Behaviorismus, der über K. nichts sagen und sich stattdessen auf ↗ Reiz-Reaktion-Beziehungen beschränken wollte. Manche Linguisten (die Chomsky-Schule z. B., aber nicht nur sie) verstehen auch die Sprachwiss. als Teil der kognitiven Psychologie. Die Dominanz der Darstellungsfunktion (K. Bühler, 1879–1963) ist auch in der älteren Sprachpsychologie oft angenommen worden. Meist wird aber bei der Zuordnung der Sprachwiss. zur kognitiven Psychologie zweierlei übersehen: (a) das doppelte Verhältnis der Sprache zum kognitiven Apparat: sie ist (samt ihrer Beherrschung) einerseits selbst ein kognitives Phänomen, andererseits das wichtigste Werkzeug für alle nichtsprachl. Kognition; (b) das ungeklärte Verhältnis ling. Struktur- und Gebildeanalysen zu den Prozessen der Sprachverwendung. **Lit.** ↗ Psycholinguistik.   KN

Kognitionswissenschaft (engl. cognitive science) Interdisziplinäre Forschungsrichtung, die aus Psychologie, Philosophie, Anthropologie, Informatik, Ling. und Neurowiss. hervorgegangen ist. Sie erforscht die kognitiven Fähigkeiten des Menschen (z. B. Spr., Denken, Problemlösen, Wahrnehmung, Lernen, Motorik) mit dem Ziel, formale Theorien zu kognitiven Strukturen und Prozessen zu entwickeln, sie mithilfe von Computersimulation zu modellieren und diese empir. zu überprüfen. Außerdem beschäftigt sich der anwendungsorientierte Bereich der K. mit dem Thema ↗ Mensch-Maschine-Interaktion. Um 1975 wurde mit dem Aufkommen der ↗ Künstlichen Intelligenz und den Einflüssen der ↗ kognitiven Linguistik die ›kognitive Wende‹ ausgelöst, die den bis dahin vorherrschenden behaviorist. Ansatz (↗ Behaviorismus) ablöste. Demnach finden im ↗ Gehirn innere (genet. verankerte) Verarbeitungsprozesse statt, die nicht mit dem ↗ Reiz-Reaktions-Modell beschrieben werden können. Das klass. Paradigma der K. nimmt an, dass kognitive Prozesse komplexe, symbolmanipulierende Prozesse sind, die auf mentalen Strukturen im menschl. Hirn operieren, die im Stil eines Computerprogramms beschrieben und analysiert werden können (›Computermetapher‹, computational theory of mind): Analog zur Unterscheidung zwischen Software und Hardware eines Computers wird beim Menschen zwischen Geist und Gehirn unterschieden. Der konstruktivist. Ansatz beruht auf der Hypothese, dass kognitive Systeme vollständig symbol. beschreibbar sind (Physical Symbol System Hypothesis; Newell & Simon 1976). Aus der Neurologie stammt eine alternative Sichtweise, die die menschl. Kognition in Analogie zu den Eigenschaften des Gehirns (›Gehirnmetapher‹) versteht. Danach besteht das kognitive System aus elementaren, neuronenähnlichen Bausteinen, die miteinander in enger Verbindung stehen (↗ Neuronales Netz, ↗ Konnektionismus). Konzepte werden hierbei in einem verteilten subsymbol. System repräsentiert, das dem Aktivierungsmuster in einem Netzwerk

entspricht, ohne jedoch eine exakte Beschreibung auf der konzeptionellen Ebene zu postulieren. Vorteile der konnektionist. Architektur sind die Adaptier- und Lernfähigkeit der Algorithmen (↗ Maschinelles Lernen), die auch in der Lage sind, neue Konzepte auf der Basis von Trainingsdaten zu etablieren. Die K. hat eine Reihe wichtiger Erkenntnisse in unterschiedl. Bereichen der Ling. hervorgebracht. Hierzu zählen in der ↗ kognitiven Linguistik die Verwendung von formalisierten Grammatiken (↗ GG) zur strukturellen Beschreibung von Sätzen sowie der zugehörigen Regelsysteme, die zur Generierung und zum Verstehen natürl. Spr. wesentl. sind. Auch das Prinzip der modularen Verarbeitung autonomer Subsysteme (z. B. Phonologie, Morphologie, Syntax, Semantik) ist in der K. verankert und findet in der ↗ Computerlinguistik Anwendung. Aus dem Gebiet der ↗ künstlichen Intelligenz stammen Modelle zur bedeutungsbezogenen ↗ Wissensrepräsentation und -verarbeitung, die die Verbindung von sprachl. Wissen mit Weltwissen schaffen (eng verbunden mit den Begriffen ↗ Proposition, ↗ Schema, ↗ Skript) und zur Theorie der ↗ Semantischen Netze und ↗ Frames geführt haben. Zur Simulation des Textverstehens und der Textproduktion werden Algorithmen zur Problemlösung verwendet, die auf Deduktions- bzw. Produktionsregelsystemen basieren (General Problem Solver; ↗ Turing-Maschine). Neuere Forschungsansätze kritisieren, dass kognitive Prozesse unabhängig von Umwelt und Verhalten verstanden werden und fordern den Bezug auf einen spezif. Körper (engl. embodiment ›Verkörperlichung‹) und eine spezif. Umgebung (Situiertheit; vgl. Varela, Thompson & Rosch 1991). Eine neue Methode dieser interaktionellen Sicht stellen autonome Agenten (Roboter) dar. **Lit.** P. Thagard, Cognitive Science. The Stanford Encyclopedia of Philosophy. Ed. by E. N. Zalta. Stanford 2008. – A. Newell & H. A. Simon, Computer Science as Empirical Inquiry: Symbols and Search. Association for Computing Machinery 19(3), 1976, 113–126. – F. J. Varela, E. Thompson & E. Rosch, The Embodied Mind: Cognitive Science and Human Experience. Cambridge, Mass. 1991.   Z

Kognitive Linguistik (engl. cognitive linguistics, frz. linguistique cognitive) Seit Mitte des 20. Jh. entwickelte ling. Forschungsansätze, die auf die Beschreibung und Erklärung sprachl. Phänomene unter dem Aspekt ihrer Vernetzung mit mentalen und kognitiven Strukturen und Prozessen ausgerichtet sind; steht hierbei der Zusammenhang zwischen neuronalen Strukturen des Gehirns und Sprache im Zentrum, spricht man von *neurokognitiver Linguistik*. Hauptziel der k. L. ist die Explikation der Spezifika der menschl. Sprachfähigkeit (*language faculty*) und ihrer onto- und phylogenet. Entwicklung, womit einerseits die Untersuchung der Charakteristika, der typolog. Variation und der histor.

Entwicklung einzelner Spr. verbunden ist, andererseits eine Vielzahl weiterer Bereiche fokussiert wird, u. a. die Verwendung von Spr. in Denk- und Kommunikationsprozessen, die biolog. und physiolog. Grundlagen der Sprachfähigkeit, der Zusammenhang von Sprachfähigkeit mit Wahrnehmungsprozessen und mit musikal. Fähigkeiten, sprachpatholog. Phänomene und Prozesse, Erst- und Fremdspracherwerb sowie Phänomene des Sprachverlusts. Sprachexterne Daten aus entspr. Analysen dienen zur Überprüfung der neuropsycholog. und psychobiolog. Realität der entworfenen Modelle, wobei die implizierte interdisziplinäre Vorgehensweise die Basis zur Relativierung von Forschungsergebnissen liefert. Als Vorläufer der k. L. können die Ideen N. Chomskys gelten (↗ Autonomieprinzip, ↗ Mentalismus, ↗ Kompetenz), wie sich am deutlichsten in dem Anspruch der GG auf ↗ Adäquatheit ihrer Explikationen und in ihrer Entwicklung zum ↗ Minimalismus (vgl. Chomsky 2005) zeigt. Ein allgemeiner Konsens zum Konzept einer k. L. liegt heute allerdings nicht vor; vielmehr entziehen sich die mehr oder weniger heterogenen wiss.theoret. Positionen einer einheitl. Eingrenzung; ↗ Language-of-Thought Hypothese. **Lit.** W. Croft & D. A. Cruse, Cognitive Linguistics. Cambridge, UK 2004. – R. Dirven & H. M. Verspoor (eds.), Cognitive Exploration of Language and Linguistics. Amsterdam ²2004. – V. Evans & M. Green, Cognitive Linguistics. An Introduction. Edinburgh 2006. – P. Harder, The Social Turn in Cognitive Linguistics. From Conceptual Construal to Social Construction. Bln., N. Y. 2009. – T. Janssen & G. Redeker, Cognitive Linguistics. Foundations, Scope, and Methodology. Bln. 1999. – G. Kristiansen, M. Achard & R. Dirven (eds.), Cognitive Linguistics: Current Applications and Future Perspectives. Bln., N. Y. 2006. – R. W. Langacker, Cognitive Grammar: A Basic Introduction. Oxford 2008. – Ders., Investigations in Cognitive Grammar. Bln. 2009. – W. Wildgen, Kognitive Grammatik. Klass. Paradigmen und neue Perspektiven. Bln., N. Y. 2008. – **Zss.** Annual Review of Cognitive Linguistics. Amsterdam 2002 ff. – Cognition. Riverport Lane 1972 ff. – Cognitive Linguistics. An Interdisciplinary Journal of Cognitive Science. Bln. 1990 ff. – Mind & Language. Malden, Maryland 1985 ff. – Pragmatics & Cognition. Amsterdam 1993 ff.   F

Kognitivismus Maßgeblich von J. Piaget geprägte Theorie zum Erstspracherwerb, nach der Spr. mithilfe induktiver Lernstrategien wie ›Akkomodation‹ und ›Assimilation‹ aktiv entwickelt wird. Der K. wendet sich damit explizit gegen ›Imitation‹ als Grundlage des Spracherwerbs (↗ Behaviorismus), ebenso gegen angeborene, letztlich genetisch gesteuerte Mechanismen, die den menschl. Spracherwerb nach Auffassung der Nativisten (↗ Mentalismus) prädeterminieren. Während in nativist. Modellen Spr. und kognitive Entwicklung voneinander

abgegrenzt werden, fasst der K. Spr. als Medium zum Ausdruck des Denkens auf; der Fähigkeit zu sprechen ginge damit notwendig die Fähigkeit zu denken voraus. Gegen die Korrelation von Spracherwerb und Intelligenzentwicklung spricht eine ganze Reihe von Beeinträchtigungen, die Konsequenzen von Gen-Defekten sind (↗ Sprachgene): Kinder mit Down-Syndrom zeigen sprachl. Beeinträchtigungen, die nicht mit kognitiven Defiziten korrelieren, und bei Kindern mit Williams-Syndrom koexistiert flüssige Spontanspr. mit kognitiven Defiziten. In beiden Fällen liegt eine Dissoziierung von Sprechen und Denken vor. Aber auch innerhalb unauffälliger Erwerbsverläufe sind Divergenzen von kognitiven Kapazitäten und sprachl. Vermögen zu beobachten: Individuelle Variabilität bezügl. einzelner Aspekte des Spracherwerbs bspw. bei ↗ Late talkern sollte es ebenso wenig geben wie Rückschritte in der sprachl. Entwicklung (↗ Backsliding), wenn sich Spracherwerb stufenförmig und analog zur Intelligenzentwicklung vollzieht. Insgesamt haben zahlreiche Untersuchungen – teils individuelle, teils überindividuelle – Abweichungen von Erwerbsabfolgen erbracht, die auf der Grundlage der Intelligenzentwicklung prognostiziert wurden (zusammenfassend: Klann-Delius 1999, 93–135, insbes. 126 ff.). Auch die Stufen der Intelligenzentwicklung selbst sind häufig Gegenstand von Modifikationen: Untersuchungen mit ↗ Eyetrackern haben ergeben, dass Objektpermanenz (häufig als kognitiver Auslöser des ↗ Vokabelspurts gehandelt) schon deutlich vor dem Beginn der Phase sensomotor. Intelligenzentwicklung im kindl. Bewusstsein verankert ist. **Lit.** G. Klann-Delius, Spracherwerb. Stgt., Weimar 1999. – J. Piaget & B. Inhelder, Die Psychologie des Kindes. Ffm. 1979.   ES

Kognomen ↗ Epitheton

Kohan-Rongorongo ↗ Rongorongo, ↗ Ozeanische Sprachen

Kohärenz f. (lat. cohaerentia ›Zusammenhang‹) Grammat., log.-semant. und pragmat. Mittel der Verflechtung von Komponenten im ↗ Text, wobei parallel zu den Entwicklungsphasen der ↗ Textlinguistik für die terminolog. Bestimmung der K. anfangs vorrangig grammat. (↗ Textgrammatik), dann inhaltl.-themat. (↗ thematische Progression) und schließlich pragmat. Aspekte von K. zugrunde gelegt wurden. Zu einer die kommunikative Dimension des Textes akzentuierenden Sicht führt die Differenzierung zwischen der K. und der ↗ Kohäsion des Textes. Als K. gilt dann die semant.-pragmat. Verknüpfung von den sprachl. Zeichen an der Textoberfläche zugrundeliegenden Propositionen, die durch kognitive Prozesse der Interaktion zwischen der Textwelt und dem Sprach- und Weltwissen des Textrezipienten, d. h. durch Sinngebung hergestellt wird; ↗ Kohäsion, ↗ Makrostruktur, ↗ Kontiguität.   P

Kohäsion (lt. cohaerēre ›zusammenhängen‹) Grammat. Verknüpfung der Komponenten eines Textes,

d. h. der Wörter, Teilsätze, Sätze und Satzfolgen, wie sie in ihrer linearen Struktur dem Rezipienten unmittelbar zugängl. sind. Als kohäsiv gelten insbesondere die Mittel der ↗ Textphorik, aber auch grammat. Erscheinungen wie ↗ Tempus, ↗ Konnexion und ↗ Thema-Rhema-Gliederung sowie die ↗ Intonation. Mit der Differenzierung zwischen K. und ↗ Kohärenz, die umstritten ist, wird der Versuch unternommen, die semant.-syntakt. Prozeduren und Mittel zur Konstituierung von Textbedeutungen, die im Blickfeld der ↗ Textgrammatik bzw. der ↗ Textlinguistik i. e. S. liegen, abzugrenzen von Prozessen der Erzeugung von Textsinn bei der Rezeption, die u. a. von der Hermeneutik und Literaturwiss., der Soziologie und der Psychologie untersucht werden. **Lit.** ↗ Textlinguistik, ↗ Anaphorisch.   P

Kohortativ (lat. cohortātiō ›Anfeuerung‹. Auch: Exhortativ, Propositiv) Klasse von sprachl. Formen, die der Ermahnung, der Ermutigung oder des Vorschlagens dienen, z. B. span. *¡A trabajar!* ›Los, arbeiten!‹; ↗ Modalität, ↗ Satzmodus.   F

Kohortentheorie ↗ Worterkennung

Kohyponymie f. Gemeinsame ↗ Hyponymie mehrerer Lexeme (genauer: ↗ Sememe), die einem Hyperonym (↗ Hyperonymie) auf gleicher Stufe untergeordnet sind. Kohyponyme sind entweder inkompatibel (↗ Inkompatibilität; z. B. *Dies ist ein Hengst/ Wallach*) oder kompatibel, sofern sie durch ↗ Seme unterschiedl. ↗ Dimensionen (z. B. *Dies ist ein Hengst/Rappe*) unterschieden oder aber denotativ synonym (↗ Synonymie) sind (z. B. *Dies ist ein Ruder/Riemen*). Während die ↗ strukturelle Semantik durch ihre Beispiele (z. B. *Hengst* vs. *Stute*, *Rappe* vs. *Schimmel*) suggeriert, dass Kohyponyme sich i. d. R. durch ein einziges ↗ distinktives Merkmal unterscheiden, hat die ↗ Prototypensemantik gezeigt, dass zwischen Hyponymen und Hyperonymen einerseits, Kohyponymen andererseits je nach der Menge der involvierten prototyp. Merkmale ganz unterschiedl. ›Merkmalabstände‹ bestehen. Am stärksten, nämlich durch gestalthafte Merkmalscluster, unterscheiden sich Kohyponyme der sog. »Basisebene« (z. B. *Pferd* vs. *Esel, Schaf* vs. *Ziege*; vgl. ↗ Prototyp 2). **Lit.** H. E. Wiegand, Lexikal. Strukturen I. Funkkolleg Sprache. Bd. 2. Frankfurt 1973. – Th. Schippan, Lexikologie der dt. Gegenwartsspr. Tübingen 1992.   RB

Koindizierung ↗ Index

Koine f. (griech. κοινὴ διάλεκτος (koinē dialektos) ›gemeinsame Sprechweise‹) Vereinheitlichte Form des ↗ Griechischen auf der Grundlage des att. Dialekts seit der alexandrin. Zeit (4. Jh. v. Chr.; ↗ Einheitssprache, ↗ Standardvarietät). Zuvor bestand das Griech. nur aus Dialekten, die allerdings verschriftet waren und zum Teil unterschiedl. Funktionen hatten (Präferenzen der einzelnen Dialekte für unterschiedl. lit. Gattungen). K. dient bisweilen auch als Terminus für ↗ Einheitsprache, Standardvarietät, ↗ Hochsprache, ↗ Literatursprache.   AM

Kokonstituente f. Konstituenten, die sich in der ↗ Konstituentenanalyse aus dem gleichen Analyseschritt ergeben, sind K. zueinander. Im Satz *Michael Stipe sang* ergeben sich die unmittelbaren Konstituenten *Michael Stipe* und *sang*, sie stehen somit zueinander im Verhältnis von K.   RL

Kolchisch ↗ Mingrelisch

Kollektivbildung (auch: Kollektivum) Semant. bestimmtc Subklasse substantivischer ↗ Ableitungen zur Bezeichnung von Gruppen. Diese Sammelbez. beziehen sich häufig auf Personengruppen (*Bürgertum*) oder auch Abstrakta (*Christentum*); die entsprechenden ↗ Suffixe modifizieren i. d. R.; ↗ Modifikation.   ES

Kollektivum n. (lat. colligere ›sammeln‹. Auch: Nomen collectivum, Sammelname, Sammelbez. Engl. collective noun, frz. nom collectif) Semantisch motivierte Subklasse der Wortart ↗ Substantiv, die häufig neben die Gattungsbez. (↗ Appellativum), ↗ Stoffbezeichnungen und ↗ Eigennamen angesetzt wird. Ein K. bezeichnet eine Ansammlung von ähnl. Entitäten, die eine eigene Qualität besitzt, wie z. B. *ein Strauß (Blumen)* oder *eine Herde (von Schafen)*. K. stellen häufig Ableitungen dar (↗ Kollektivbildung), z. B. *Gebüsch (*vs. *Busch), Gebirge (*vs. *Berg), Ärzteschaft (*vs. *Arzt), Menschheit (*vs. *Mensch)*, können aber auch Simplicia sein wie z. B. *Familie, Herde, Obst, Publikum, Schmuck, Vieh.* In syntakt. Hinsicht verhalten sich K. teilweise wie Stoffbezeichnungen (z. B. *Obst, Schmuck*), teilweise wie Appellativa (z. B. *Gebüsch, Familie*), weswegen ihnen bisweilen der Status einer eigenständigen Substantivsubklasse abgesprochen wird.   PT

Kollektivzahl (engl. collective number, frz. chiffre collectif) Subklasse der ↗ Numeralia (Zahlwörter). K. charakterisieren in manchen Spr. eine best. Anzahl von Personen oder Gegenständen als zusammengehörig, z. B. im Russ. *dvóje brát'jev* ›ein Paar Brüder‹, *vdvojem* ›zu zweit‹. K. können verwendet werden, um Pluraliatantum (↗ Pluralentantum) zu modifizieren (z. B. engl. *a pair of pants*) oder Substantive, die im Sg. eine andere Bedeutung haben als im Pl., z. B. lat. *bīnae litterae* ›zwei Briefe‹ vs. *duae litterae* ›zwei Buchstaben‹. Im Dt. können Ausdrücke wie *ein Paar* und *ein Dutzend* zu den K. gerechnet werden. **Lit.** J. H. Greenberg, Numerals. HSK 17, I, 770–783. – Weitere Lit. ↗ Numerale.   PT

Kolligation (lat. colligātiō ›Verknüpfung‹) Lexeme mit zwei oder mehreren Bedeutungen in unmittelbarer textueller Verbindung, z. B. *Die Rufe hörten auf und die Studenten zu;* ↗ Zeugma.   G

Kollokation (lat. collocātiō ›Anordnung‹. Engl. collocation) 1. I. w. S. erwartbares Miteinandervorkommen (Kookkurrenz) von ↗ Lexemen aufgrund von: (a) Sachrelationen der ↗ Denotate (*Regen ↔ Wolke, Rabe ↔ schwarz, Wolf ↔ heulen*), (b) semant. Assoziation (*Mut ↔ Zuversicht, groß ↔ klein, vergeben ↔ vergessen*), (c) ↗ lexikalischer Solidarität

(*Pfote* → *vierfüßiges Tier, Rappe* → *schwarz, blond* → *Haar, beißen* → *Zähne*), (d) halbidiomat. Verbindung (*Anordnungen treffen* vs. *Befehle erteilen, Vortrag halten* vs. *Konzert geben, hohe Erwartungen* vs. *große Hoffnungen*; vgl. Lüger 2004), (e) konzeptueller Stereotypie (*tragischer Unfall, bedauerlicher Zwischenfall, glänzende Karriere*). **2.** I.e.S. gebraucht J. R. Firth den Terminus ›K.‹ zur kontextuellen Erklärung der ↗ Bedeutung (↗ Kontextualismus), und zwar (entsprechend W. Porzigs »syntakt. Feld«) für die oben genannten Fälle (a–c). **3.** Noch spezieller spricht man von K. bei Syntagmen, deren polyseme Glieder sich (ggf. wechselseitig) monosemieren (*kaputte* → *Birne, saftige* ← *Ohrfeige, saftige* ↔ *Birne*); ↗ Disambiguierung. **Lit.** J. R. Firth, Papers in Linguistics 1934–1951. Ldn. 1957, 190–215. – W. Porzig, Das Wunder der Spr. Bern ³1962. – A. Lehr, Kollokationen und maschinenlesbare Korpora. Tübingen 1996. – H. J. Heringer, Das höchste der Gefühle. Empir. Studien zur distributiven Semantik. Tübingen 1999. – H. H. Lüger, Kollokationen – zwischen Arbitrarität und Kompositionalität. In: I. Pohl & K. P. Konerding (Hgg.), Stabilität und Flexibiltät in der Semantik. Ffm. 2004, 46–66. – A. Kimmes, Exploring the Lexical Organization of English. Semantic Fields and their Collocational Ranges. Trier 2009. **RB**

Kollokationstest Verfahren zur Ermittlung und ↗ Beschreibung der Bedeutung sprachl. Einheiten durch ihre mögl. ↗ Kontexte. Die zu analysierenden Einheiten werden auf verträgl. und unverträgl. Umgebungen hin untersucht; ↗ Distribution, ↗ Position. Dabei zeigt sich, dass in unterschiedl. Umgebungen (↗ Kollokation) verschiedene Bedeutungen realisiert werden können, z.B. die Bedeutung von *dick* in *dicker Mann/dickes Buch/dicke Lüge/dicke Freunde*; ↗ operational. **SK**

Kolloquialismus (lat. colloquium ›Unterredung, Gespräch‹) Sprachl. Einheit oder ganze Äußerung oder Äußerungssequenz, die als leger-umgangssprachl. markiert (geäußert und auch so wahrgenommen) wird. Die Einordnung als K. hängt davon ab, was die am Dialog Beteiligten für informell halten und kann von der Sprechsituation abhängen. Als K. kann eine Äußerung durch entsprechend markierte Lexeme oder Phraseologismen, aber auch durch grammat. Merkmale charakterisiert sein; ↗ Umgangssprache. **G**

Kölnisch 1. (Eigenbez. Kölsch) Stadtsprache Kölns auf der Basis des Ripuarischen innerhalb des Dialektverbands des ↗ Mittelfränkischen. Auffällig sein u.a. die sog. rhein. Akzentuierung (»rheinischer Singsang«) und die »Gutturalisierung«, z.B. *honk* ›Hund‹, *heŋə* ›hinten‹. – **2.** (Auch: Landkölnisch) Das Ripuarische (↗ Mittelfränkisch) im Kölner Umland. **Lit.** G. Heike, Zur Phonologie der Stadtkölner Mundart. Marburg 1964. – C. Bhatt et al. (Hgg.), Alles Kölsch. Bonn 1998. – A. Wrede, Neuer Kölnischer Wortschatz. Bd. 1–3. Köln ⁷1981. **DD**

Kolon n. (griech. κῶλον ›Glied‹, Pl. Kola. Auch: Sprechtakt) **1.** In der ↗ Rhetorik Bez. für eine Wortkette zwischen realisierten oder möglichen Atempausen oder Sinneinschnitten. K. sind entweder syntakt. und sinntragende Einheiten innerhalb eines Satzes oder ein selbständiger Satz. Die wechselnde Abfolge ähnl. oder verschieden langer Kola bestimmt wesentl. den Prosarhythmus. Ein stets wiederkehrendes K. innerhalb einer rhythm. Struktur wird als rhythm. Leitmotiv bezeichnet. **2.** In der antiken Metrik metr. Einheit zwischen ↗ Metrum (d.h. gleichen Versfüßen) und Periode (Vers oder Versgruppen). **3.** ↗ Doppelpunkt. **4.** ↗ Sprechausdruck. **DS**

Kolonne f. ↗ Spalte in einer Tabelle. **G**

Kolophon n. (auch: rubrum, subscrīptiō ›Unterschrift‹) Vermerk am Ende von Handschriften, der Angaben über Ort, Zeit, Schreiber, Auftraggeber usw. enthalten kann. In den Schreiberversen der Hss. oft auch Segenswünsche, Fürbitten oder Fluchformeln gegen Bücherdiebe. Bei Drucken enthalten die K.e auch Angaben über Verfasser und Drucker; ältestes Beispiel 1457 im Psalterium von Fust und Schöffer; ↗ Impressum. **EN**

Kölsch ↗ Kölnisch

Kolumne f. (lat. columna ›Pfeiler, Stütze‹) Buchseite, Druckseite, ↗ Spalte. In chines. Texten mit vertikaler Schriftzeichenabfolge diejenige Texteinheit, die in horizontal laufenden Schriftarten der ↗ Zeile entspricht. **G**

Kolumnenakzent ↗ Dreimorengesetz

Kolumnentitel m. Seitenzahl über einer Druckseite ohne (»toter K.«) oder mit Textzusatz (»lebender K.«: Wiederholung der Überschrift des Kapitels oder Stichwort zum Inhalt der Seite und Seitenzahl im ↗ Kopf der Seite). **G**

Koma ↗ Nilosaharanische Sprachen

Kombination (lat. combīnātiō ›Vereinigung‹) **1.** Der Begriff wird im allgemeinen Sprachgebrauch als ›Verknüpfung‹ oder ›Zusammenfügung‹ verstanden und in diesem Sinne auch in der Ling. verwendet, i.d.R. dann, wenn zwei oder mehrere Einheiten zu einer komplexen Einheit verknüpft werden. So ist z.B. die K. zweier Grundmorpheme als ↗ Komposition (↗ Wortbildung) zu bezeichnen; die K. aus einem Nomen und seinen Attributen als Nominalsyntagma oder die K. aus Haupt- und Nebensätzen als ↗ Satzgefüge. K. ist gebräuchl. für die Koordination mehrerer Nomina zu einer ↗ Konstituente wie in *Björn und Michael laufen seit 20 Jahren als Team*. RL – **2.** In der ↗ Glossematik eine Relation (bei Hjelmslev eine sog. Funktion) zwischen Größen, die innerhalb ein und desselben Zeichens existieren, folglich Größen des Sukzesses (des Verlaufs) sind. Dabei setzt weder die Anwesenheit der einen Größe die der anderen voraus noch umgekehrt. Kommt in einem dt. Satz z.B. das Wort *Haus* vor, so ist dies unabhängig davon, ob im selben Satz auch das Wort *grün* vorkommt, und umgekehrt: die

Anwesenheit von *grün* setzt nicht die Anwesenheit des Wortes *Haus* voraus. T

Kombinationskarte ↗ Sprachkartographie

Kombinatorik Die Regularitäten der zeitl. sequentiellen Verbindung sprachl. ↗ Segmente, wie sie auf der phonolog. Ebene (↗ Kommutation, ↗ Phonem, ↗ Phonologie) im Generellen durch die ↗ Phonotaktik beschrieben wird bzw. z. B. durch die allophon. (↗ Allophon) Regeln bei kombinator. Varianten (z. B. des dt. Ich- und ↗ Ach-Lauts). PM

Kombinatorische Varianten ↗ Allophon, ↗ Phonologie

Kombinatorischer Lautwandel ↗ Lautwandel

Kombinem In der Germanistik zuweilen verwendeter Überbegriff für ↗ Affixe, ↗ Konfixe, ↗ Fugen und ↗ unikale Morpheme. G, SO

Komering ↗ Lampung

Komi ↗ Syrjänisch

Komitativ (lat. comitātum ›begleitet‹) **1.** ↗ Aktionsart, die bei gleichzeitig ablaufenden Vorgängen den im Verbstamm ausgedrückten Vorgang als sekundär und weniger intensiv charakterisiert, z. B. russ. *laskát'* ›schmusen‹, *šeptát'* flüstern – *laskáli prišëptyvali* ›sie schmusten und flüsterten dabei leise‹. G, T **2.** ↗ Kasus z. B. in finnougr. Spr. mit der Kasusbedeutung ›in Begleitung von, zusammen mit‹, z. B. Finn. {-ne-}, z. B. *lapsi-ne-en* ›mit den (seinen oder ihren) Kindern‹; ↗ Soziativ 1. **3.** (Russ. sojuznost') Kategorie des ↗ Modus des Verbs, die in manchen Spr.n über ein spezif. morpholog. Paradigma verfügt, z. B. in den ↗ westkaukasischen Sprachen. Der K. wird durch Affixe markiert und drückt aus, dass die im Verbstamm bezeichnete Tätigkeit gemeinsam mit (einer) weiteren Person(en) ausgeführt wird. G

Komma n., pl. ~ta (griech. κόμμα ›Abschnitt‹. Auch: Beistrich) Satzgliederndes ↗ Interpunktionszeichen mit vielfältigen syntakt. Funktionen, die in einzelnen ↗ Schriftsystemen spezif. geregelt sind. Im Dt. gehören zu den Funktionen des K. die Markierung von paratakt. und hypotakt. Beziehungen, Partizipial- und Infinitivgruppen, ↗ Reihungen (»Aufzählungen«), ↗ Parenthesen, ↗ Appositionen (z. B. *mein Freund, der Baum, ist tot*), ↗ Herausstellungen (z. B. *Dem werd ichs zeigen, dem Peter*) u. a. Das K. geht zurück auf die *Virgel*, einen worttrennenden Schrägstrich in Versalhöhe, der bis ins 18. Jh. vielfach zur Markierung von Sprechtaktgrenzen (↗ Kolon) verwendet wurde. G

Kommandorelation ↗ C-Kommando

Kommandosprache In mehrsprachigen Staaten und in überstaatl. Militärbündnissen diejenige Spr., in der die innere Kommunikation des Militärs auf Generalstabsebene erfolgt, z. B. Dt. im früheren Österreich-Ungarn, Russ. in der ehemaligen Sowjetunion, Engl. in der NATO. Mitunter kann die K. auf unterschiedl. Ebenen der militär. Hierarchie unterschiedl. sein (z. B. Poln. in den poln. Regimentern der österr. Armee bis 1918). G

Kommensurabel (lat. con ›mit‹, mēnsūra ›Messung, Maß‹) Nach denselben Kategorien analysierbare, mit einem geschlossenen System von Termini gleichermaßen beschreibbare, mit demselben Maß messbare, vergleichbare (Klassen von) Gegenstände(n). G

Kommentar ↗ Rhema

Kommentierung ↗ Sprechhandlungsfolge, in der »der zweite Satz jeweils eine Information des ersten Satzes als dass-Komplement wiederholt« (Posner 1973, 125). Dieser Ausschnitt (Kommentat) aus der Vorgängeräußerung (dem Kommentandum) kann auch durch andere sprachl. Verfahren, insbesondere deikt. Prozeduren (↗ Deixis), aufgenommen werden. Die K. kann auch die Form einer Sprechhandlungsverkettung annehmen. Als solche kommt sie insbes. in textueller Form vor und dehnt sich bis zu einer eigenen Textart (Kommentar) aus, bei dem das Kommentandum vor allem aus (religiös, jurist., lit.) autorisierten (z. B. kanonisierten) Texten besteht. **Lit.** R. Posner, Theorie des Kommentierens. Ffm. ²1980. E

Kommissive pl. (lat. committere ›in Erfüllung gehen‹) Klasse von Sprechhandlungen, deren Charakteristikum es ist, dass sie den Sprecher auf eine zukünftige Handlung festlegen, z. B. Versprechen, Drohung, Angebot, Ankündigung. Ihr propositionaler Gehalt betrifft eine zukünftige Handlung (i. S. von Searle 1979: Welt-auf-Wort-Ausrichtung). Verben, die Elemente dieser Klasse bezeichnen, sind z. B. *versprechen* und *ankündigen*. **Lit.** J. Searle, A Taxonomy of Illocutionary Acts. In: Ders., Expression and Meaning. Cambridge 1979, 1–29. – J. Graffe, ›How to Promise‹ Revisited: eine Taxonomie k. Sprechakte. In: Pragmatax 1986, 179–188. – Ders., ›Sich festlegen‹ und ›verpflichten‹: die Untertypen k. Sprechakte und ihre sprachl. Realisierungsformen. Münster 1990. F

Kommunikation (lat. commūnicātiō ›Mitteilung‹ aus con ›gemeinsam‹, mūnus ›Aufgabe, Leistung‹) Ausdruck, der von verschiedenen wiss. Disziplinen in Anspruch genommen wird. Insbes. findet er Verwendung in der Journalistik- und Medienforschung, der Erforschung der ↗ Massenkommunikation, in der Ökonomie für den Bereich der Waren- und der Nachrichten-Transporte (↗ Sprachökonomie), in der ↗ Kommunikationswissenschaft und in der ↗ Kybernetik als einer Disziplin, in der K. zu einem Grundbegriff einer allgemeinen Theorie von Systemen gemacht wurde (Wiener 1948). Die Verwendung des Ausdrucks »K.« ist auch dadurch bestimmt, dass ein reger Metaphorisierungs- und Übertragungsprozess von einer in die andere beteiligte Disziplin stattfindet (vgl. Richter & Schmitz 2003). Insbesondere bildete die nachrichtentechn. und kybernet. Fassung von K. den Spender-Bereich für Übertragungen. – In der Ling. wird der Ausdruck vor allem im Zusammenhang mit Versuchen verwendet, die immer stärker eingeengten Objektbegriffe der Ling. wieder in Richtung auf die umfassende Phänomenfülle von Spr. und ihren Verwendungen zu öffnen (konsequenterweise bestreitet Chomsky (1977) die Legitimität bzw. Relevanz des Terminus für die Ling.). Der Ausdruck »K.« wird insbesondere eingesetzt, um Zwecke oder Funktionen der (Verwendung von) Spr. oder, semiot. gefasst, von (sprachl.) Zeichen zu erfassen. Angesichts der Reduktion von Spr. bzw. Sprachverwendung auf einen Stimulus-Response-Zusammenhang (ling. ↗ Behaviorismus) bzw. auf abstrakte, zweckfreie Strukturen (↗ Distributionalismus, GG) dient das Konzept der K. dazu, die interaktionale Qualität von Spr. bzw. sprachl. Zeichen zu bestimmen. Als eine oder die zentrale Aufgabe von Spr. bzw. Sprachverwendung wird die Mitteilung von Informationen, die ein Sprecher einem Hörer vermittelt, angesehen. In der nachrichtentechn. bestimmten Theorie-Variante wird dies in einem sogenannten »Kommunikationsmodell« beschrieben (vgl. Shannon & Weaver 1949): Eine aus einer ›Quelle‹ (*source*) stammende ›Information‹ oder Nachricht wird von einem ›Sender‹ (*transmitter*) als Signal durch einen ›Kanal‹ (*channel*) an einen ›Empfänger‹ (*receiver*) übermittelt, der das ›Bestimmungsziel‹ (*destination*) der Nachricht ist; der Übertragungsprozess kann im Kanal durch ›Rauschen‹ (*noise*) gestört werden. Dieses für den Prozess der Nachrichtenübertragung unmittelbar einleuchtende Modell wurde auf das menschl. Verständigungshandeln insgesamt übertragen und zum Teil als Grundmodell u. a. auch für die Literatur eingesetzt (Jakobson). – Kaum beachtet wurden dabei die nachrichtentechn. bedingten technizist. Verkürzungen menschl. Verständigung, vor denen bereits K. Bühler (1879–1963), einer der ersten Verwender der »Sender‹-»Empfänger«-Metaphorik, gewarnt hatte. Insbesondere wird Sprache so leicht zu einem Signalsystem, zu einem ↗ Kode, verkürzt. Der Prozess der Verbalisierung stellt sich dann als Enkodierung, die Rezeption der sprachl. Handlung als Dekodierung dar. Diese Metaphorik erwies sich als besonders fruchtbar beim Versuch, unterschiedl. sprachl. Varietäten zu erfassen; ↗ Kodetheorie, ↗ Soziolinguistik. – Das nachrichtentechn. Modell erlaubt unter dem Stichwort »Kanal« auch die Einbeziehung unterschiedl. Formen von Verständigung, insbesondere ↗ paralinguistische und ↗ nonverbale K. Auch dieser Aspekt wurde ling. verallgemeinert. In diesem Sinn ist ›K.‹ weiter als ›Sprache‹; kommunikatives Handeln umfasst das sprachl. Handeln als eine – ausgezeichnete – Form von Verständigungshandeln. Der Stellenwert des Konzepts ›K.‹, die von verschiedenen ling. Schulen ausgeschlossenen sprachl. Phänomene zu bearbeiten, erfasst einen unterschiedl. Bereich von Erscheinungen. Dieser ist wesentl. vom jeweiligen theoret. Interesse der Autoren bestimmt. Besonders eng ist der Zusammenhang der Konzepte ›K.‹ und ↗ ›sprachliches Han-

deln‹. Weit verbreitet ist der Einbezug psych. Voraussetzungen für das Kommunizieren bei den Interaktanten, bes. der ↗ Intention (Absicht) des Sprechers und der Verstehensleistungen des Hörers, ihre Wissenssysteme und Erwartungen. – Besonders breit aufgegriffen wurde das Konzept einer »kommunikativen ↗ Kompetenz«. Habermas brachte nach einflussreichen Vorbemerkungen (1971) mit seiner *Theorie des kommunikativen Handelns* (1981) die Synthesierung von sozialwiss., philosoph., besonders handlungstheoret. und ling. Analysen zu einem Abschluss. – Aus der Sicht einer konstruktivist.-relativist. Psychotherapie legten Watzlawick u.a. (1967) eine gleichfalls sehr einflussreiche Theorie der menschl. K. vor, in der zwei Modalitäten von K., beziehungs- und sachbezogene, voneinander unterschieden werden. – In der Erforschung des kindl. Spracherwerbs bedeutet die Beachtung des Verhältnisses von K. und Sprache, dass der interaktive Charakter der vorsprachl. und sprachl. Verständigung zwischen Bezugsperson und Kind thematisiert wird. – Im Konzept ›K.‹ wird auf den komplexen, in andere menschl. Interaktion eingebundenen Charakter des sprachl. Handelns hingewiesen. Menschl. K. ist grundlegend auf Reflexivität angewiesen (Meggle 1981), die sich in den wechselseitigen Erwartungen der Interaktanten niederschlägt. – Eine besondere Rezeptionsgeschichte hat B. Malinowskis Konzept der »phatischen Kommunion« gefunden. Phat. K. ist eine solche K., in der sprachl. Einheiten gerade nicht zum Zwecke des Informationsaustauschs, sondern unter dem Gesichtspunkt ihrer reinen Abarbeitung und unabhängig vom propositionalen Gehalt der Äußerungen als Mittel und Realisierung von Gemeinschaft zwischen Sprechern und Adressaten verstanden werden (vgl. z. B. ↗ Grußformeln). **Lit.** K. O. Apel, Transformation der Philosophie 2: Das Apriori der Kommunikationsgemeinschaft. Ffm. 1973. – N. Chomsky, Reflexionen über die Spr. Ffm. 1977. – J. Habermas, Vorbereitende Bemerkungen zu einer Theorie der kommunikativen Kompetenz. In: Ders. & N. Luhmann (Hgg.), Theorie der Gesellschaft oder Sozialtechnologie. Ffm. 1971. – R. Jakobson, Linguistics and Poetics. In: Th. A. Sebeok (Hg.), Style in Language. Cambridge, Mass. 1960. – G. Ungeheuer, Spr. und K. Hamburg, Münster ³2004. – N. Wiener, Cybernetics, or Control and Communication in the Animal and the Machine. N. Y. 1948. – P. Watzlawick u. a. Menschl. K. Bern ³1972. – K. Ehlich, Kommunikation – Aspekte einer Kommunikationskarriere. In: G. Binder & K. Ehlich (Hgg.), Kommunikation in politischen und kultischen Gemeinschaften. Trier 1996, 257–283. – H. Richter & H. W. Schmitz (Hgg.), K. – ein Schlüsselbegriff der Humanwissenschaften? Münster 2003. E

Kommunikationsgemeinschaft In der ↗ Soziolinguistik und in der ↗ Ethnographie der Kommunikation definiert als soziale Gruppe (monolingual oder multilingual), die durch Frequenz der sozialen Interaktionsmuster zusammengehalten wird und die sich von anderen K. durch Schwachstellen in der Kommunikation abgrenzt. K. können aus kleinen vis-à-vis-Gruppen bestehen oder ganze Regionen umfassen. K. setzen keine sprachl. Uniformität voraus, das verbale Repertoire einer K. kann aus mehreren, auch diglossisch verteilten Varietäten bestehen; ↗ Sprachgemeinschaft, ↗ Schriftgemeinschaft. **Lit.** J. J. Gumperz, Language in Social Groups. Ed. A. S. Dil. Stanford 1971.   R

Kommunikationskette ↗ Experimentalphonetik
Kommunikationssituation ↗ Sprechsituation
Kommunikationswissenschaft (engl. science of communication) Wissenschaft von den Bedingungen, der Struktur und dem Verlauf von Informationsaustausch auf der Basis von Spr. bzw. anderen Zeichensystemen; ↗ Kommunikation. Obwohl die Kommunikationsforschung in den letzten Jahrzehnten durch ↗ Informationstheorie, Kybernetik, soziolog. Handlungstheorie und Sprachwiss. an Bedeutung gewonnen hat, gibt es bisher keine einheitl. Theorie der Kommunikation. Um den Prozess der Kommunikation zu beschreiben, wurde eine Vielzahl unterschiedl. Kommunikationsmodelle entwickelt. Einen großen Einfluss in der K. hat das von Shannon & Weaver (1949) entwickelte mathemat.-techn. Kommunikationsmodell (↗ Informationstheorie), dem zufolge Informationen von einer Nachrichtenquelle erzeugt werden und mittels eines Senders über Kanäle gesendet werden, die anschließend vom Empfänger empfangen und dekodiert werden. Das primäre Ziel ist die effiziente störungsfreie Übertragung trotz der Kodierung/Dekodierung in elektromagnet. Stromimpulse (Signale). In der darauffolgenden Zeit wurde das Sender-Empfänger-Modell jedoch stark kritisiert, da in diesem Modell weder die Art der Information noch deren Bedeutung eine Rolle spielen. Eine alternative Sichtweise stellt das soziolog. orientierte Drei-Selektionen-Modell von N. Luhmann dar, nach dem die Erzeugung von Sinn im Zentrum von Kommunikation steht: Information ist dort definiert als etwas, das aus einer Mitteilung »in den Köpfen der Menschen« entsteht. In der sprachwiss. Perspektive der K. wird ein handlungstheoret. Ansatz verfolgt. Aufbauend auf die ↗ Sprechakttheorie, die ↗ Konversationsanalyse, die ↗ Diskursanalyse und die Relevanztheorie von H. P. Grice (↗ Relevanz) werden sozialwiss. geprägte Modelle hergeleitet, vgl. Habermas 1981. **Lit.** D. Krallmann & A. Ziemann. Grundkurs K. Stuttgart 2001. – N. Luhmann, Soziale Systeme, Ffm. 1984. – J. Habermas, Theorie des kommunikativen Handelns. Ffm. 1981. – H. P. Grice, Sprecherbedeutung und Intentionen. In: G. Meggle (Hg.), Handlung, Kommunikation, Bedeutung. Ffm. 1993.   Z
Kommunikativ-pragmatische Wende ↗ Pragmatische Wende

Kommunikative Gliederung ↗ Funktionale Satzperspektive
Kommunikative Kompetenz Im Rahmen der ↗ Ethnographie des Sprechens von D. Hymes eingeführter Ausdruck, mit dem gegenüber der ↗ Kompetenz-Performanz-Dichotomie Chomskys und der Zuweisung von Sprachverwendung zur Performanz, aber mit den Termini dieser Dichotomie, hervorgehoben werden sollte, dass auch das konkrete Sprechen eine eigene Kompetenz erfordert, die es eigens zu erwerben und folglich auch ling. zu untersuchen gilt. Insbesondere sollten »situative« (oder allgemeiner: soziale) Grundfähigkeiten für die ↗ Kommunikation auf diese Weise theoret. Berücksichtigung finden. – Der Terminus wurde in den 1970er Jahren in der BRD-Linguistik breit aufgegriffen, gewann dabei aber nicht unbedingt an begriffl. Präzision, sondern wirkte vor allem als Leitmetapher für ein weiteres Sprachverständnis. – Durch die Einbeziehung des Terminus in die Kommunikationstheorie von J. Habermas gewann er zentralen Stellenwert für den Gedanken einer »idealen Kommunikationsgemeinschaft«, die als regulative Idee und als gesellschaftl. Utopie die Konstituierung möglicher Redesituationen und die kommunikative Herstellung von sozialen Beziehungen hervorhob. – Die Attraktivität des Terminus wurde durch seine pädagog. Interpretationsmöglichkeit erhöht, in der »Kompetenz« als schulisch zu vermittelnde und didaktisierbare kommunikative Basis-Fähigkeit verstanden wurde. **Lit.** ↗ Kommunikation.   E
Kommunikativer   Fremdsprachenunterricht ↗ Fremdsprachenmethodik
Kommunikatives Handlungsspiel Konzept zur ling. Pragmatik und Textling., in dem das Wittgensteinsche Sprachspiel-Konzept auf ↗ Kommunikation ausgeweitet wird.   E
Kommunikatives Prädikat ↗ Psychologisches Prädikat, ↗ Rhema
Kommutationstest (lat. commūtātiō ›Austausch‹. Auch: Kommutationsprobe, Austauschprobe. Engl. constrastive substitution, substitution test) Austauschverfahren, das in verschiedenen Bereichen der Sprachwiss. zur Anwendung kommt. So dient es durch die Ermittlung von ↗ Minimalpaaren der Klassifikation von ↗ Phonemen und in der ↗ Glossematik zur Identifikation syntagmat. und paradigmat. Beziehungen. Im Bereich der ↗ Syntax kann der K. eingesetzt werden, um ↗ Konstituenten zu ermitteln.   RL
Kompakt ↗ Diffus
Komparation (lat. comparātiō ›Vergleich‹. Auch: Gradation, Graduierung (< lat. gradus ›Schritt, Stufe, Rang‹), Steigerung) Grammat. Paradigma, das den Ausdruck von Gradunterschieden bei Adj. und Adv. realisiert. Die K. umfasst im Dt. die Kategorien ↗ Positiv, ↗ Komparativ, ↗ Elativ und ↗ Superlativ. Weitere Kategorien der K. sind ↗ Approximativ, ↗ Äquativ und ↗ Exzessiv. Für das Dt., Griech., Lat.

u. a. Spr. wird die K. vielfach als 3. Flexionsparadigma neben ↗ Deklination und ↗ Konjugation aufgefasst, da ihr System weitgehend regelmäßig ist. Dann wird die K. i. d. R. zur ↗ Deklination geschlagen. Die Formenbildung erfolgt im Dt. durch die Affixe {-er-} und {-(e)st-}. In vielen Spr. erfolgt die K. teils durch Affixe, teils durch lexikal. Mittel, teils durch Mischung beider Verfahren, z. B. dt. *schön – schöner – schönst-,* lat. *pulcher (pulchra, -um) – pulchrior – pulcherrimus (-a, -um),* griech. καλός (kalós)- καλλίων/κάλλιον (kallíōn/kallíon) – κάλλιστος (kallistos), engl. *beautiful – more beautiful – most beautiful* bzw. *lovely – lovelier – loveliest,* russ. *krasívyj (krasívaja)* bzw. *(-aja) – krasívee – najbólee krasívyj (-aja)* bzw. *sámyj (sámaja) krasívyj (-aja)* bzw. *krasívee vsech* (lit. ›der (die) Schönere als alle (andern)‹), ital. *bello (-a) – più/meno bello (-a) – bellissimo (-a)* bzw. *il (la) più/meno bello (-a),* frz. *beau – plus/ moins beau, le (la) plus/moins beau/belle.* Für einige Spr. ist die K. eher der ↗ Ableitung als der Flexion zuzurechnen, z. B. für das Russ., wo die Komparativformen stets mit dem unflektierbaren Suffix {-(e)e-} abgeleitet werden (z. B. *ljubéznyj – ljubéznee* ›liebenswürdig‹, *stáryj – stárše* ›alt‹) und keine Flexive für die Superlativformen existieren. In vielen Spr. steht neben der flektierenden K. lexikal. K., z. B. im Engl., Ital., Frz., Russ.; ↗ Graduierung. Präfigierung als Mittel der K. findet sich z. B. im Lat. (*multi* ›viele‹ *– permulti* ›sehr viele‹, *potēns* ›mächtig‹ *– praepotēns* ›sehr mächtig‹). ↗ Suppletion findet sich in vielen ie. Spr. namentl. bei Adj. zum Ausdruck der ↗ Antonyme *gut* vs. *schlecht, übel, schlimm* und *groß, viel* vs. *klein, gering, wenig,* z. B. griech. ἀγαθός (agathos) ›gut‹ – ἀμείνων/ἄμεινον (ameinōn/ameinon) – ἄριστος (aristos) vs. κακός (kakos) ›schlecht‹ – χείρων/ χεῖρον (cheírōn/cheiron) ›geringer‹ – χείριστος (cheiristos) ›am wenigsten‹; lat. *bonus* ›gut‹ *– melior – optimus* vs. *malus* ›schlecht‹ *– pēior – pessimus.* – Nicht komparierbar (inkomparabel) sind im Dt. fast alle Adv. (z. B. *immer, sehr, merkwürdigerweise*) und einige Gruppen von Adj., z. B. best. Farbbez. (*orange, lila*), einige Stoffbez. (z. B. *hölzern, irden*), Bez. für definitive Zustände (z. B. *taub, halb, schwanger, fertig, verstorben*), einige Ableitungen von ↗ deiktischen Ausdrücken (z. B. *gestrig, vorjährig, hiesig, auswärtig, örtlich*), Zahladj. (z. B. *zweifach, dreimalig, fünferlei*) sowie bei Adj. Komposita und -gruppen, in denen Positivformen mit steigernden Lexemen verbunden sind (z. B. *sternhagelvoll, rabenschwarz, besonders gut, unglaublich schön*). Die K. konkurriert in funktionaler Hinsicht mit den ↗ Komparativsätzen. Zwischen der K. der Adj. und Adv. und der ↗ Diminution und ↗ Augmentation der Subst. und der Verben bestehen funktionale Zusammenhänge. G

Komparational ↗ Kasus zur Markierung des verglichenen Objekts (z. B. in einigen ↗ ostkaukasischen Sprachen), wobei das Adjektiv, das die verglichene Eigenschaft bezeichnet, unmarkiert bleibt, z. B. kryz. *Pari Ahmadwar buduw* ›Pari [Eigenname] Ahmad- [Eigenname] – war [K.-Affix] groß‹, d. h. ›Pari ist größer als Ahmad‹. G

Komparatistik ↗ Historisch-vergleichende Sprachwissenschaft

Komparativ m. (auch: Höherstufe, Mehrstufe, 1. Steigerungsstufe, Vergleichsstufe) Mittleres Glied des Komparationsparadigmas (z. B. im Dt., Engl., Lat.), Ausdrucksmittel für eine graduelle Differenz zwischen zwei miteinander verglichenen Größen, z. B. *Uwe läuft schneller als Bernd; Die Lufthansa fliegt öfter nach Kairo als die Air France.* K.formen ohne Nennung einer Vergleichsgröße (»K. der subjektiven Wertung«) drücken geringere Intensität als das einfache Adj. aus (Steigerungsinversion), z. B. *eine ältere Dame, die neuere Literatur.* Graduelle Modifizierung von K.formen erfolgt im Dt. durch lexikal. Mittel; ↗ Steigerungspartikel. G

Komparativbestimmung ↗ Adverbial, das mit *wie* oder *als* eingeleitet ist und einen Vergleich ausdrückt, z. B. *Wolfgang hat sich aufgeführt <u>wie Rumpelstilzchen persönlich</u>* oder *Jenny ist noch früher <u>gegangen als beim letzten Mal.</u>* G

Komparativsatz (auch: Vergleichssatz. Abk. KS. Engl. clause of comparison, frz. proposition comparative) Durch *wie* oder *als* eingeleiteter ↗ Adverbialsatz, der einen Vergleich anstellt zwischen der Art und Weise des im Matrixsatz ausgedrückten Sachverhalts und einem anderen realen oder unrealen Sachverhalt, z. B. *Annette ist ausdauernder als Herbert ahnt; Er betreute die Kinder (so), wie eine Mutter für die eigenen Kinder sorgt; Er wurde empfangen, wie man einen verlorenen Sohn zurückkehrt.* – Bei irrealen Vergleichen (Nichtfaktivität) wird der Vergleichssatz durch *als (wenn), wie (wenn), als, als ob* eingeleitet, und das Finitum erscheint im Konj., z. B. *Rudolf tut (so), als wenn/ als ob er etwas von Grammatik verstünde/als verstünde er etwas von Grammatik; Sebastian intrigiert, wie wer er dafür bezahlt würde.* Engelen (1986, 65 ff.) diskutiert diese Möglichkeit: *Wie* ist für ihn ein Relativadverb, das der ↗ Modalbestimmung im eingebetteten Satz entspricht. Die Modalangabe aus dem Matrixsatz (*so*) ist ↗ Antezedens von *wie; wie wer* in *Wer wagt, gewinnt* muss aber *wie* kein ausgedrücktes Antezedens haben. – Ist im Matrixsatz ein graduierbarer Ausdruck der Ausgangspunkt des Vergleichs, dann kann man den K. als Gradergänzung betrachten, z. B. *Er ist zu dumm, als dass er studieren könnte; Er ist so dumm, wie ich es nicht für möglich gehalten hatte; Er ist dümmer, als ich dachte.* Im Unterschied zum ersten Typ erscheint hier der K. oft als unvollständig, z. B. *Er ist dümmer, als ich dachte, dass er dumm ist.* **Lit.** B. Engelen, Einf. in die Syntax der dt. Spr., II. Baltmannsweiler 1986. – Eisenberg II, 119, 207, 387–393. C, G

Kompatibilität (frz. compatir ›übereinstimmen‹) Gegenseitige Verträglichkeit zwischen sprachl. Ausdrücken in best. syntakt. Positionen unter semant.-syntakt. Gesichtspunkten; z. B. kann die (semant.) Valenz eines Verbs die K. mit best. Adverbien einschränken, z. B. *Wolfgang raucht viel* vs. **Wolfgang raucht dringend.* Ebenso sind Temporaladv. wie *gestern, soeben, vorhin, kürzlich* u. a. unverträglich mit Formen des Futurs, z. B. **Otto wird gestern schreiben*; ⃗ Kollokation, ⃗ lexikalische Solidarität.   SN

Kompensatorische Erziehung (lat. compēnsātiō ›Ausgleich‹) Erziehung, die ein sozial bedingtes Defizit auszugleichen versucht kompensator. ⃗ Spracherziehung entsprechend ein sprachl. Defizit. Der Terminus k. e. wird heute kaum noch gebraucht, war aber in den 1970–80er Jahren geläufig und fand sich in zahlreichen soziling. und pädagog. Texten. Die zugrundeliegende Idee wurde vor allem aufgrund der ⃗ Kodetheorie entwickelt, um die Auswirkungen eines restringierten Kodes auszugleichen. Übergeordnet ist dabei die Forderung nach sozial gleichen Bildungschancen. K. E. schien besonders dringlich aufgrund der – allerdings problemat. – Annahme negativer kognitiver Auswirkungen eines restringierten Kodes. Die zahlreichen Versuche in den 1970er Jahren v. a. in den USA, aber auch in der BRD, scheiterten aufgrund prakt. Schwierigkeiten (Mangel an Lehrpersonal, Probleme der Differenzierung der Schüler), aber auch sozialpsycholog. Probleme und ideolog. Widerstände (Störung der sozialen Identität, Anpassung der Betroffenen an das Gesellschaftssystem stattdessen Änderung). Neuerdings wird k. E. in anderer Form und mit anderem Hintergrund wieder aktuell im Hinblick auf Migranten- oder Immigrantenkinder, deren schlechte Schulleistungen u. a. auf sprachl. Defizite zurückgeführt werden. **Lit.** C. Breiter & S. Engelmann, Teaching Disadvantaged Children in the Preschool. N. Y. 1966. – D. & G. Gahagan, Kompensator. Spracherziehung in der Vor- und Grundschule. Ddf. 1971. – E. Neuland, Kompensator./emanzipator. Spracherziehung. HSK 3, II, 1988. – J. Cheshire, Sociolinguistics and Mother-Tongue Education. HSK 3, III, ²2005.   AM

Kompetenz vs. Performanz (auch: Sprachfähigkeit vs. Sprachverwendung) Theoret. Konstrukt, das seit Chomsky, Aspect, die Idealisierung des Untersuchungsobjekts *Sprachfähigkeit* (⃗ Sprache (1)) eines ⃗ idealen Sprecher-Hörers bezeichnet. Ein individueller Sprecher einer Mutterspr. ist im Rahmen seiner realen Sprachverwendung mehr oder weniger fähig, eine unbegrenzte Anzahl grammat. Strukturen zu äußern, zu verstehen und unter verschiedenen, für die Konstruktion von Grammatiktheorien relevanten Gesichtspunkten zu beurteilen, z. B. hinsichtl. der Art und des Grades von ⃗ Akzeptabilität, hinsichtl. der Art und des Geltungsbereichs sprachl. Bedeutungen oder hinsichtl. mögl. ⃗ Paraphrasen.

Phänomene, die nicht durch das grammat. System selbst bedingt sind, sondern durch seinen Einsatz im Sprechen, werden der sog. *Performanz* zugewiesen; zur Diskussion aus psycholog. Perspektive vgl. Barber (2003); zu teilweise modifizierten Auffassungen im Rahmen des Minimalismus vgl. Hauser et al. (2002), Boeckx & Piatelli-Palmarini (2005), Chomsky (2005), Jackendoff (2005), Pinker & Jackendoff (2004). Im Ggs. zu dem Begriff ⃗ Langue (vs. Parole) bei F. de Saussure, der ein stat. Zeichensystem voraussetzt, bezieht sich der Begriff Kompetenz auf ein dynam. System, das als eine Menge von Erzeugungsprozeduren aufgefasst wird; ⃗ Chomsky-Grammatik. Alternative Ansichten zu der dem Kompetenz-Begriff inhärenten Idealisierung führten u. a. zur Konzeption der ⃗ kommunikativen Kompetenz. **Lit.** A. Barber (Hg.), Epistemology of Language. Oxford 2003, 107–139. – C. Boeckx & M. Piatelli-Palmarini, Language as a Natural Object; Linguistics as a Natural Science. LRev 2005. – Chomsky, Aspects. – N. Chomsky, Three Factors in Language Design. LIn 36, 2005, 1–22. – E. Coseriu, Sprachkompetenz. Tübingen 1988. – G. Dresselhaus, Langue/Parole und Kompetenz/Performanz: Zur Klärung der Begriffspaare bei Saussure und Chomsky. Ffm. 1979. – M. D. Hauser et al., The Faculty of Language: What is It, Who has It, and How did It Evolve? Science 298, 2002, 1569–1579. – R. S. Jackendoff, Language, Culture, Consciousness: Essays on Mental Structure. Cambridge, Mass. 2005. – S. Pinker & R. S. Jackendoff, The Faculty of Language: What's Special About It? Cognition 2005, 1–36.   F

Kompilation (lat. compīlātiō ›Plünderung‹) Zusammenstellung von Auszügen aus anderen Werken, häufig ohne eigenständigen wiss. Wert, aber für die Überlieferung verlorener Werke bisweilen von Bedeutung.   EN

Komplement n. (lat. complēmentum ›Ergänzung‹) In der GG wird eine Phrase, für welche eine lexikal. bzw. ⃗ funktionale Kategorie in ihrem Lexikoneintrag subkategorisiert ist, als deren K. bezeichnet (⃗ Basiskomponente, ⃗ Subkategorisierung). In der ⃗ X-Bar-Theorie werden K. als Schwesterknoten (⃗ Schwester (-von-Relation)) nicht-expandierter Kategorien betrachtet, z. B. besitzt V das K. YP in [$_{VP}$ YP V]. In Valenzgrammatiken werden K. als ⃗ Ergänzungen klassifiziert.   F

Komplementär 1. Die Bez. für eine Relation zwischen zwei Größen, die sich ergänzende, aber nicht überschneidende Mengen abbilden (⃗ Distribution), wird in der ⃗ Glossematik verwendet z. B. für das Verhältnis der Kategorien Vokal und Konsonant. K. Kategorien sind dabei so definiert, dass die Annahme einer der beiden ohne die Existenz der anderen sinnlos wäre. RL – **2.** In der ⃗ Phonologie als k. Verteilung (auch: ⃗ Distribution): Laute, die nie in gleicher Umgebung auftreten wie z. B. der dt. Ich-[ç] und ⃗ Ach-Laut [x] als kombinator. Varianten.   PM

Komplementarität (lat. complēmentum ›Ergän-
zung(smittel)‹) Semant. Gegensatzbeziehung zwischen Prädikaten, deren Anwendung auf ident. Argumente ↗ kontradiktorische bzw. kontravalente
(↗ Kontravalenz) Propositionen ergibt. Von den beiden Aussagen *Heinz ist anwesend/abwesend* trifft in
jeder gegebenen Situation nur eine zu, niemals beide oder keine von beiden. Lexempaare wie *bekannt/
unbekannt, tot/lebendig, männlich/weiblich* unterscheiden zwei disjunkte Zustände und sind weder
graduierbar noch steigerbar (**A** ist *toter als B*).
Jedoch können auch Skalen disjunkt aufgeteilt werden, wobei die Graduierbarkeit (Cruse 1986: »gradable complementaries«) auf ein Glied beschränkt
(z. B. *verschieden* vs. *gleich*, **gleicher*) oder beidseitig sein kann (*ordentlich/unordentlich*). Zwischen negierenden *un*-Ableitungen und dem Grundwort besteht prinzipiell K.; doch hat sich diese oft
zur ↗ Antonymie (mit neutralem Mittelbereich) entwickelt; z. B. *angenehm/unangenehm, glücklich/un-
glücklich*. **Lit.** D. A. Cruse, Lexical Semantics.
Cambridge 1986. RB
Komplementierer ↗ Complementizer
Komplementierung In der GG Bez. für die syntakt.
Erzeugung von ↗ Komplementen. I. e. S. bezeichnet
man die spezif. Realisierung von Satz-Ergänzungen
(*dass/ob*-Satz vs. Infinitiv usw.) bei Verben und
Substantiven als K. **Lit.** W. de Geest & Y. Putseys
(eds.), Sentential Complementation. Dordrecht
1984. – R. Hinterhölzl, Restructuring Infinitives
and the Theory of Complementation. Diss. Univ.
of Southern California. L. A. 1999. – A. Wöllstein-Leisten, Die Syntax der dritten Konstruktion.
Eine repräsentationelle Analyse der Monosententia-
lität von *zu*-Infinitiven im Dt. Tübingen 2001. F
Komplementsatz ↗ Objektsatz, ↗ Subjektsatz
Komplex Eigenschaft von Gegenständen und Sachverhalten, deren Beschreibung sich auf mehrere
Merkmale, ggf. auch Gradangaben, und die Explikation von Korrelationen zu anderen Gegenständen
und Sachverhalten stützen muss. Komplexität kann
sich auf die Form oder die Substanz sprachl. Aus-
drücke beziehen. G
Komplexe Nominalphrase Von J. R. Ross (1967) in
die GG eingeführte Bez. für ↗ Nominalphrasen
(NP), die neben einer NP einen eingebetteten Satz
enthalten, z. B. *die Behauptung, dass er kommt*.
Ggü. nicht in NP eingebetteten Sätzen unterliegen
Sätze in k. N. besonderen Bedingungen, die der k.-
N.-Beschränkung zugeschrieben wurden, einer
↗ Beschränkung über ↗ Inseln, die in Folgemodellen
(↗ REST, ↗ Rektions-Bindungs-Theorie und ↗ Bar-
rieren-Theorie) durch generelle Prinzipien (z. B.
↗ Subjazenz-Prinzip) erfasst werden. **Lit.** J. R.
Ross, Constraints on Variables in Syntax. Cam-
bridge, Mass. 1967 [erschienen als: J. R. Ross, In-
finite Syntax. N. Y. 1981]. F
Komplexität Maß für den Aufwand, der zur Lösung
eines Berechnungsproblems erforderlich ist. Die K.

eines Problems wird i. d. R. durch den Rechenzeit-
und Speicheraufwand definiert, den ein Algorithmus im ungünstigsten Fall (*worst case*) höchstens
benötigt, um die Lösung für das Problem zu berechnen. Ein Problem im Sinne der Komplexitätstheorie
ist dabei i. d. R. nicht ein singuläres Problem, z. B.
die Analyse eines konkreten natürlichsprachl. Ausdrucks, sondern eine Problemklasse, z. B. die Analyse eines beliebigen sprachl. Ausdrucks, dessen
Grammatik in einem best. Formalismus formuliert
werden kann. **Lit.** E. G. Barton, R. C. Berwick &
R. S. Ristad, Computational Complexity and Natural Language. Cambridge./Mass. 1987. L
Komponente f. (lat. compōnere ›zusammenstel-
len‹) Vielfach synonym für ↗ semantisches Merkmal; ↗ Komponentenanalyse. Mitunter, v. a. in der
GG, Bez., für eine ↗ Ebene (Schicht, Stratum) der
Grammatik bzw. des Grammatikmodells (z. B. Basiskomponente, phonolog. K.). G
Komponentenanalyse (lat. compōnere ›zusam-
menstellen‹. Auch: Faktorenanalyse, Merkmalsanalyse. Engl. componential analysis) Zerlegung von
Lexembedeutungen in elementare Merkmalsstrukturen. Der Gedanke, beide Seiten des ↗ bilateralen
↗ Sprachzeichens, genauer: die Inhaltsform ebenso
wie die phonolog. Ausdrucksform (↗ Form 3, ↗ Inhalt 2) in ↗ distinktive Merkmale zu zergliedern, die
ihrerseits Elemente einer überschaubaren Menge
(↗ geschlossene Klasse) sind, stammt von L.
Hjelmslev, der solche kleinsten, nicht-zeichenhaften
Einheiten »figurae« nannte (↗ Figur; dort Beispiele
für semant. *figurae*). Daran anschließend wurden
die Merkmale in der europ. ↗ strukturellen Semantik
weithin (u. a. in der ↗ Glossematik) als einzelsprachl., durch wortschatzinterne Analyse zu ge-
winnende ↗ Seme betrachtet (↗ Semasiologie).
Demgegenüber vertraten sowohl die Begründer der
Noematik (↗ Noem 2) als auch Forscher der amerikan. ↗ Ethnolinguistik einen eher onomasiolog. Ansatz (↗ Onomasiologie), indem sie untersuchten, aus
welchen sprachunabhängig definierten Begriffsele-
menten eines Gegenstandsbereichs einzelsprachl.
Lexembedeutungen konfiguriert sind. Ein metasprachl. Inventar universaler »atomarer« Komponenten müsste die geeignete Grundlage bilden für
die differenzierte Beschreibung und den interkultu-
rell/interlingualen Vergleich lexikal. Paradigmen
und Relationen. Eine derartige K. wurde 1956 von
Lounsbury und Goodenough anhand von ↗ Verwandtschaftsbezeichnungen entwickelt. Die erfolgreiche Anwendung von »kinship semantics« auf
unterschiedl. Spr. führte zur breiten Rezeption der
K. innerhalb der (speziell generativ orientierten)
Ling. Vertreter der ↗ generativen Semantik verfei-
nerten die K., indem sie die hierarch. (prädikative,
implikative etc.) Komponentenstruktur vieler Bedeutungen (z. B. von Verben: Bendix 1966) heraus-
arbeiteten. Die Methode der ↗ lexikalischen Dekomposition lebt weiter in unterschiedl. Ansätzen der

formalen (Dowty 1979) und kognitiven (Jackendoff 1990) Semantik, u.a. in der Theorie der »semantic primitives« von Wierzbicka (↗ atomares Prädikat; Goddard 2008). Zur sprachtheoret. Kritik an der K.: ↗ Semantisches Merkmal. **Lit.** W. H. Goodenough, Componential Analysis and the Study of Meaning. Lg. 32, 1956, 195–216. – F. G. Lounsbury, A Semantic Analysis of the Pawnee Kinship Usage. Lg. 32, 1956, 158–194. – Ders., The Structural Analysis of Kinship Semantics. In: Proc. of the 9th Internat. Congr. of Ling. The Hague 1964, 1073–1090. – E. H. Bendix, Componential Analysis of General Vocabulary. The Hague 1966. – E. Nida, Componential Analysis of Meaning. The Hague 1975. – A. Lehrer, Semantic Fields and Lexical Structure. Amsterdam 1974. – A. Wierzbicka, Semantic Primitives. Ffm. 1972. – Dies., Semantics: Primes and Universals. Oxford 1996. – D. R. Dowty, Word Meaning and Montague Grammar. Dordrecht 1979. – R. Jackendoff, Semantic Structures. Cambridge 1990. – J. Lyons, Linguistic Semantics. An Introduction. Cambridge 1995. – C. Goddard (ed.), Cross-Linguistic Semantics. Amsterdam 2008. RB

Komposition (lat. compositiō ›Zusammenstellung‹. Auch: Zusammensetzung. Engl., frz. composition) **1.** Sammelbez. für eine Gruppe von Wortbildungsmustern, deren gemeinsames Merkmal die Wortfähigkeit ihrer Konstituenten ist. Die Differenzierung erfolgt aufgrund struktureller Beziehungen der Konstituenten zueinander: In ↗ Determinativkomposita sind die finalen Konstituenten nicht nur morpholog. Kopf, sondern auch semant. Kern; das *Wochenende* z.B. ist nicht nur Subst. (Kopf), sondern auch *eine Art von Ende* (Kern). ↗ Kopulativkomposita (*schwarzweiß* etc.) sind ebenso ↗ rechtsköpfig. Allerdings lässt sich der Kern nicht mit einer Position assoziieren (*schwarzweiß* ist ›*schwarz* und *weiß*‹, nicht aber *eine Art von* weiß). Andere Kompositionstypen sind explizit exozentr., insofern ihre Wortbildungsprodukte semant. nicht unmittelbar auf ihre overten Konstituenten zu beziehen sind (*Rotkehlchen* sind keine *Kehlchen*, sondern Vögel und *Langfinger* sind keine *Finger*, sondern Menschen). Die Bez. für Bildungen dieser Art versuchen, die semant. Relationen, die hier wirksam sind, kenntlich zu machen: *Rotkehlchen* haben rote *Kehlchen* (↗ Possessivkompositum) und *Langfinger* stehlen (›Übertragung‹). Die Abgrenzung von K. und anderen Wortbildungsmustern ist mitunter schwierig, was nicht selten zu terminolog. Verschleierungen führt. Bezeichnungen wie ↗ Affixoidbildungen oder ↗ Partikelbildungen vermeiden die eigentl. zentrale Festlegung auf kompositionale oder derivationale Strukturen dieser Wortbildungen. Auch das kategoriedeterminierende Merkmal der Wortfähigkeit der Konstituenten weisen nicht alle Kompositionstypen gleichermaßen auf: Konfixkomposita (↗ Rekomposita) haben keine wortfähigen Konstitu-

enten (*Bio-loge*), ↗ Rektionskomposita haben sie nicht notwendig (*Warm-duscher*). **Lit.** S. Olsen, Compounding. HSK 17/1, 897–916. ES – **2.** In der ↗ Textlinguistik spezif. Art der Verkettung globaler Textstrukturen, die für best. ↗ Textsorten typ. erscheint. K. gilt als Indiz für die ↗ Textualität einer Satzfolge. Als Einheiten der K. von Texten werden sprachl. Handlungen, funktional determinierte Teiltexte oder ↗ Makrostrukturen angesehen, wobei das Superstruktur-Konzept von van Dijk (1978, 1980) besonders einflussreich geworden ist. Zur Darstellung der K. von Texten werden v. a. die in der literaturwiss. Genre-Theorie entwickelten Kategorien verwendet (wenn auch z.T. modifiziert) wie z. B. Exposition, Ereignis, Komplikation, Auflösung, Evaluation, Moral u. a. zur Beschreibung von Superstrukturen ↗ narrativer Texte. Es erscheint allerdings plausibel, dass sich in Verbindung zu Textsorten K.-Muster (Schemata) beschreiben lassen, auf die Sprachbenutzer (meist intuitiv) zur Erfüllung standardisierter Kommunikationsaufgaben wechselseitig erwartbar zurückgreifen. Solche textsortenspezif. K.-Muster werden von der Psychologie als kognitive Schemata aufgefasst, deren Leerstellen beim Produzieren und Rezipieren von Texten durch erwartbare Inhaltskategorien gefüllt werden. Der Leser eines Textes, der weiß, dass es sich bei diesem Text um eine Erzählung handelt, erwartet zunächst Aussagen über den Hintergrund des Geschehens (Ort, Zeit, handelnde Personen usw.). Nachdem er entsprechende Informationen aufgenommen und der betreffenden Leerstelle zugeordnet hat, erwartet er die Beschreibung einer Episode usw. Fehlendes Wissen über K.-Muster führt dagegen zur Verlangsamung der Textverarbeitung und zu Informationsverlusten. **Lit.** ↗ Textlinguistik. P – **3.** In der älteren Schulterminologie Bez. für eine ↗ Übersetzung aus der S1 in die S2, z. B. vom Dt. ins Lat. G

Kompositionalität ↗ Montague-Grammatik, ↗ Modelltheoretische Semantik

Kompositionsakzent Bez. des Umstands, dass bei der Bildung von ↗ Partikelverben in den infiniten Formen der Akzent vom Verbstamm auf die Partikel verlegt wird, z. B. *úmfahren, übersetzen*; ↗ Derivationsakzent. G

Kompositionsfuge ↗ Fuge

Kompositionsglied Bez. für unmittelbare Konstituenten eines ↗ Kompositums, etwa *Wort*[1]*-bildung*[2]. Kompositionsglieder können ihrerseits K. enthalten *Wortbildungs*[1]*-analyse*[2], dennoch bestehen Komposita fast immer (Ausnahme: ↗ Kopulativkompositum) aus zwei K., die (a) in Abhängigkeit vom ↗ Wortbildungstyp und (b) in Abhängigkeit von der Position im Kompositum unterschiedliche Funktionen im Wort haben; ↗ Grundwort, ↗ Determinatum, ↗ Bestimmungswort, ↗ Determinans, ↗ Komposition. ES

Kompositionsprinzip, Kompositionsregularität ↗ Frege-Prinzip

Kompositionsstammform ↗ Stammform 2.
Kompositum (auch: Zusammensetzung. Engl.
compound, frz. mot composé) Bez. für Wortbildungsprodukte, die durch ↗ Komposition entstanden
sind. Die Möglichkeiten terminolog. Differenzierungen sind vielfältig: K. können strukturell nach
den vorliegenden Determinationsverhältnissen subklassifiziert werden, z. B. in ↗ Determinativkompositum, ↗ Kopulativkompositum, ↗ Possessivkompositum, ggf. auch nach den morpholog. realisierten
syntakt. Relationen etwa in ↗ Rektionskompositum
oder ↗ phrasales K. Andere Klassifizierungen beziehen sich auf die Wortart des K. oder die der Konstituenten (↗ Verbalkompositum, ↗ Nominalkompositum). Während in nominalen K. die Kombinations-
restriktionen gering sind (*Kleiderschrank* [N+N],
Schlafzimmer [V+N], *Kleinkind* [A+N], *Vorauffüh-
rung* [Präp+N], *hilfsbereit* [N+A], *röstfrisch* [V+A],
lauwarm [A+A], *überfällig* [Präp+A]), sind Verbal-
komposita (*stillsitzen, schwingschleifen*) selten.
Wörter der nicht-flektierbaren Wortarten entstehen
(wenn überhaupt) durch Komposition, selbst wenn
die Konstituenten wortfähig sind; ↗ Univerbierung,
↗ Zusammenrückung.   ES
Kompromissform Bez. für Ausgleichsformen zwischen synonymen Ausdrücken in dialektalen Grenz-
regionen, nach Henzen (1965, 249 f.) etwa *Derf* aus
Dorf und *Derp* im östl. Hochpreußischen oder *zwälf*
aus *zwölf* und *twälf* am Niederrhein. **Lit.** W. Henzen, Dt. Wortbildung. Tübingen ³1965.   ES
Kompulsiv ↗ Debitiv
Konativ (lat. cōnātus ›Versuch‹) ↗ Aktionsart, die
den Versuch, das Bemühen kennzeichnet, den im
Verbstamm ausgedrückten Vorgang bzw. Zustand
herzustellen. Die k. Aktionsart wird in der Latinistik der Tempusbedeutung des lat. Präteritums zugeschlagen, z. B. *lēniēbam* ›ich versuchte zu besänf-
tigen‹, *fugiēbat* ›er wollte fliehen‹.   G, T
Konditionalbestimmung ↗ Adverbial, das durch
die Präposition *bei* oder *mit* eingeleitet ist und
eine Bedingung ausdrückt, z. B. *bei schönem Wetter,
mit etwas Anstrengung*.   G
Konditional(is) m. (lat. condītiō ›Bedingung‹.
Auch: Bedingungsform) In einigen Spr. flexionsmorpholog. kodierte Teilkategorie des ↗ Modus,
welche einen Sachverhalt als *bedingt* ausweist. Im
Dt. verfügt der K. über kein eigenes Flexionsparadigma und wird z. B. durch den ↗ Konjunktiv II
ausgedrückt, z. B. *Er käme* vs. *Er würde kommen*.
Das Frz. verfügt über ein vom Konjunktiv unterschiedenes K.-Paradigma, z. B. *il viendrait* ›er würde kommen‹ (K.) vs. *qu'il vienne* ›möge er doch
kommen‹ (Konjunktiv). **Lit.** A. Athanasiadou &
R. Dirven (eds.), On Conditionals Again. Amsterdam 1997. – M. Borelli de Oliveira Correia,
Sprachl. Erfassen von Potentialität. Untersucht an
italien. und dt. Belegen. RomGG, Beiheft 10, 2003.
– E. Couper-Kuhlen & B. Kortmann (eds.), Cause,
Condition, Concession, Contrast. Cognitive Proces-

ses and Discourse Perspectives. Bln. 2000. –
R. Declerck & S. Reed, Conditionals. A Comprehensive Empirical Analysis. Bln. 2001. – P. Dendale
& L. Tasmowski (Hgg.), Le Conditionnel en Français. Paris 2001. – A. Gillies, Epistemic Conditionals and Conditional Epistemics. Noûs 38, Amsterdam 2004, 585–614. – O. Leirbukt (Hg.), Tempus/
Temporalität und Modus/Modalität im Sprachvergleich. Tübingen 2004. – E. C. Traugott et al.
(eds.), On Conditionals. Cambridge 1986. – M. L.
Kotin, Epistem. Perfekt und K. II: einige Streiflich-
ter auf Affinitäten und Divergenzen der kategorialen Genesis. ZAS Papers in Linguistics 15, 2000,
123–144.   F
Konditionaler Imperativ ↗ Pseudo-Imperativ
Konditionalsatz (auch: Bedingungssatz, Wenn-
Satz. Abk. KS. Engl. conditional clause, frz. proposition conditionnelle) Subklasse des ↗ Adverbialsatzes. Mit einem K. wird eine Bedingung formuliert,
zu der ein bestimmter, im Matrixsatz bezeichneter
Sachverhalt besteht oder eintritt. K. können im Dt.
in verschiedenen syntakt. Erscheinungsformen auftreten: (a) Klassisch wird das K. durch die Subjunktionen *wenn* (auch ↗ temporal), *falls*, *(in)sofern*
eingeleitet. Uneingeleitete K. weisen entweder (b)
Verberststellung auf und stehen meist am Anfang des
↗ Matrixsatz, z. B. *Hätte ich das gewusst, (dann)
wäre ich gefahren* oder (c) ↗ Partizipialgruppen
wie *angenommen* oder *vorausgesetzt*, z. B. *Angenommen ich hätte das gewusst, (dann) wäre ich
gefahren*. Ein konditionales Verhältnis kann auch
durch Umschreibungen wie *Unter der Bedingung,
dass ich das gewusst hätte, wäre ich gekommen*
zum Ausdruck gebracht werden; dann liegt in syntakt. Hinsicht aber kein K., sondern ein PP mit
Attributsatz vor. – Unterschiedl. Tempus-Modus-
Konfigurationen in Matrixsatz und K. ergeben verschiedene Lesarten:»Realis« mit Indikativ: *wenn er
kommt, dann gehe ich*; ↗ Konditionalis mit Konj.
II: *wenn er käme, dann ginge ich*; ↗ Irrealis mit Konj.
II und Vergangenheitstempus: *wenn er gekommen
wäre, wäre ich gegangen*. – K. sind erfragbar mit
komplexen PPen (*unter welchen Bedingungen?, in
welchem Fall?*), sie können negiert und eingeschränkt werden durch *nicht wenn, nur wenn, auch
wenn, sondern wenn* und sie können mehrmals in
einem komplexen Satz auftreten, z. B. *Wenn er von
der Vorschrift weiß, dann ist es fahrlässig, wenn er
sich trotzdem dazu äußert*. **Lit.** F. Jackson, Conditionals. Oxford 1987. – Eisenberg II, 115–117,
342–348. – R. Declerck & S. Reed, Conditionals.
A Comprehensive Empirical Analysis. Bln., N. Y.
2001.   RL
Konditionierung (engl. to condition ›jdn. in einen
best. Zustand bringen‹) Zentralbegriff der behaviorist. Lerntheorie, ↗ Behaviorismus. Allg.: das Erlernen eines ↗ Reiz-Reaktion-Musters. Die sog. klassische K. meint das Verschieben einer Verhaltensreak-
tion von einem »unbedingten« Reiz auf einen

anderen, an sich neutralen, aber mit dem Ausgangs-
reiz durch raumzeitliche Nähe verbundenen Stimulus. Das Ergebnis eines solchen Lernprozesses heißt
»bedingte Reaktion«. Klass. Beispiele sind der Pav-
lovsche Hund und B. F. Skinners Experimente mit
Tauben und Ratten. In der behaviorist. Sprachpsychologie haben deren radikale Vertreter bisweilen
argumentiert, die Sprachzeichen seien ein (durch
zusätzl.»instrumentelle Konditionierung« sozial
bekräftigtes) System solcher sekundärer Stimuli,
das mit den primären Reaktionen auf die Sozial-
und Gegenstandswelt insofern verbunden ist, als
diese Reaktion in vitalisierter Form die Bedeutung
der Sprachzeichen bilden.   KN

Konfidenzschluss ↗ Inferenz, ↗ Inferenztheorie

Konfiguration (lat. cōnfigūrātiō ›Zusammenhef-
ten‹) Geordnete Menge von Elementen, die Teil
einer Struktur ist. Der Ausdruck wird z. B. in
↗ Merkmaltheorien häufig verwendet, in denen das
gemeinsame Auftreten von ↗ Merkmalen in einer
Wortform, einem Syntagma, einem Semem als K.
von Merkmalen aufgefasst wird.   G

Konfigurational Sprachtyp der ↗ Rektions-Bindungs-Theorie, bei dem grammat. Beziehungen
fest »konfiguriert« sind, vor allem in Form
relativ fester Wortstellung und hierarch. Konstituentenstrukturen. Steht im Gegensatz zu nicht-k. Spr.,
die sich durch relativ freie Wortstellung und eher
appositionale Konstituentenketten auszeichnen. D

Konfigurationale Syntax ↗ Stellungsfeld

Konfix n. (lat. configere ›zusammenfügen‹. Engl.
combining form, frz. confixe, combining form)
Bez. für i. d. R. entlehnte Morpheme wie *geo-*, *ther-
mo-*, *-loge*, *-stat*, die mit den Affixen das Merkmal
der Gebundenheit teilen und mit den Grundmorphemen das Merkmal, Träger lexikal. Bedeutung zu
sein. Als morpholog. kategoriedeterminierende
Merkmale werden u. a. Basisfähigkeit (Donalies
2000, 144–159), Kompositionsgliedfähigkeit (Eisenberg I, 242–246) oder Verwendbarkeit sowohl
als Erst- als auch als Zweitglied (Müller 2005,
199–218) diskutiert. Als außermorpholog. Merkmal
gilt insbes. die Herkunft aus den klass. Spr. Griech.
und Lat. Da die wenigsten gebundenen Stämme alle
Merkmale erfüllen (vgl. *Geometrie, Thermometer*
aber: **ge-isch, therm-isch*), einige auch nur das
Merkmal der Gebundenheit (vgl. *stief-, schwieger-*
usw.), divergiert die Zahl angenommener Mitglieder
der Kategorie erheblich. **Lit.** E. Donalies, Das K.
Zur Definition einer zentralen Einheit der dt. Wortbildung. In: DS 28, 2000, 144–159. – Eisenberg I,
242–246. – W. Eins, Muster und Konstituenten der
Lehnwortbildung. Hildesheim 2008. – P. O. Müller,
Dt. Fremdwortbildung. Probleme der Analyse und
der Kategorisierung. In: Ders. (Hg.), Fremdwortbildung. Theorie und Praxis in Geschichte und Gegenwart. Ffm. 2005, 199–218.   ES

Konfixstammform ↗ Stammform 2

Konfixkompositum ↗ Rekompositum

Konfrontative Linguistik ↗ Kontrastive Linguistik

Kongenital (lat. genitālis ›zur Zeugung gehörig‹,
wörtl. ›von Geburt an‹) In der Sprachpathologie
vorkommende, aus der Medizin übernommene
Bez. für angeborene Behinderungen, z. B. k. Ertaubung.   G

Kongo (Eigenbez. Kikongo) ↗ Bantusprache. Sprachgebiet: West-Zaire (Status als Nationalspr.), Kongo
(ca. 50 % der Bevölkerung), Nordwest-Angola; mehrere Mio. Sprecher. Dialekte u. a.: Kishikongo,
Kiyombe, Mazinga, Ladi und Kituba (Monokutuba),
einer v. a. als ↗ lingua franca gebrauchten Variante
der K.-Dialekte; Karte ↗ Afrikanische Sprachen, im
Anhang. Die frühesten schriftl. Dokumente stammen
aus dem 16. Jh. In der Demokrat. Republik Kongo
findet K. regionale Berücksichtigung in Primarschu-
len, Rundfunk und Presse (bei Dominanz des Frz.).
In der Rep. Kongo trotz Status als Nationalspr. ohne
offizielle Funktion. Verwendung in zeitgenöss. Lit.
Lit. F. Lumwamu, Essai de morphosyntaxe systéma-
tique du parlers K. Paris, Brazzaville 1973. –
P. Swartenbroeckx, Dictionnaire Kikongo et Kituba
– Français. Bandundu 1973.   RE

Kongruenz f. (lat. congruere ›übereinstimmen‹.
Engl. agreement, concord, frz. accord) **1.** Übereinstimmung von Konstituenten derselben oder verschiedener (flektierbarer) ↗ Wortart(en) hinsichtl.
verbaler bzw. nominaler Flexionskategorien. K.
herrscht innerhalb von nominalen Syntagmen wie
in komplexen Verbalausdrücken. *Ein dicker alter
Professor, Der dicke alte Professor* und *ein finster
blickender und nachlässig gekleideter dicker alter
Professor* kongruieren in ↗ Numerus und ↗ Kasus,
entsprechend bei anderen Kasus, wenn der Ausdruck in Objektsposition steht. Dasselbe gilt für
Attribute (*Der Assistent des dicken alten Professors*), Prädikative (*Karl war inzwischen ein dicker
alter Professor geworden*) und Appositonen (*Der
Vortragende, ein dicker alter Professor, ...*) In stark
flektierenden Spr. (z. B. Lat.) ist K. weitgehend
morpholog realisiert. Im Dt. ist dies nur eingeschränkt der Fall, da weder Kasus noch Genus
oder Numerus bei den einzelnen Wortarten immer
durch dinstinkte Flexive ausgedrückt werden; so
können die Adj. *dicke alte* auch in *Die dicke alte
Professorin* und *Das dicke alte Ekel* vorkommen,
und beide können sowohl in Subjektsfunktion als
auch in der Funktion des direkten Objekts stehen.
Ekel kann auch in *Die dicken alten Ekel* vorkommen. Normalerweise ist aber jede der relevanten
Kategorien an wenigstens einer Position im Syntagma morpholog. ausgedrückt. Von K. kann nur die
Rede sein, wenn wenigstens zwei Positionen eine
solche Markierung aufweisen. Zwischen nominalen
und verbalen Ausdrücken besteht k. bezgl. des
↗ Numerus, z. B. *ich gehe, du gehst* usw., engl. *I/
you/we/they go* vs. *he/she goes, I am going* vs. *you/
we/they are going* vs. *he/she is going.* Die ↗ Rektion
(↗ Valenz) von Verben und Präpositionen stellt

keine K.beziehungen her, da hier die determinierende Konstituente den Kasus der determinierten Konstituente festlegt (z. B. *in die Stadt* vs. *in der Stadt*); ebenso sind grammat. ↗ Funktionen wie ↗ Subjektvon, ↗ Prädikat-von usw. nicht zur K. zu rechnen. Vielmehr ist die K. als eines der Mittel des Ausdrucks syntakt. Beziehungen, d. h. als Ausdruck grammat. Funktionen, zu betrachten. Allerdings gibt es satzgrenzenüberschreitende K.beziehungen (anaphor. K.) im Falle von ↗ Pronominalisierung, z. B. *Bernd war müde. Er bestellte einen Kaffee und dachte über seinen Lieblingsautor nach.* – Bei mehrfacher Besetzung der Subjektposition trägt das Finitum den Plural, z. B. *Der Linksaußen, der Vorstopper und der Masseur waren Analphabeten.* Unterscheiden sich zwei oder mehrere Subjektsausdrücke, die disjunktiv koordiniert sind, hinsichtl. der Person, wird i. d. R. Kongruenz zu dem topolog. dem Finitum am nächsten stehenden Ausdruck etabliert, z. B. *Entweder ich oder du musst jetzt gehen.* In Fällen wie *Er und du seid doch wirklich liebe Menschen* liegt Numerus-↗ Attraktion vor. In einigen Fällen, z. B. bei einigen Maßangaben, ist die Numerus-K. nicht zwingend festgelegt, z. B. *Ein Haufen Klausuren verschöne/n ihr das Wochenende; Ein Schnitzel mit Pommes und Salaten und sechs Flaschen Bier war/en für jeden der Skatfreunde vorbereitet.* Die sog. semant. Kongruenz (auch: syntakt. Feld) ist als ↗ Synesis (auch: constructio ad sensum) terminologisiert; ↗ Selektionsregel, ↗ Valenz. In manchen Spr. sind andere grammat. Kategorien (im Russ. z. B. ↗ Belebtheit) und andere Konstituenten (im Swahili z. B. Objekt-Verb-K.) an K.relationen beteiligt; ↗ Konkordanz. **Lit.** M. Barlow & Ch. A. Ferguson (eds.), Agreement in Natural Languages. Stanford 1988. – Ch. Jaeger, Probleme der syntakt. K. Theorie und Normvergleich im Dt. Tübingen 1992. – C. Lehmann, K. In: HSK 9, I, 722–729. – G. G. Corbett, Agreement. In: HKS 9, II, 1235–1244. **2.** In der Phonologie mitunter Bez. für die Übereinstimmung der Grenzen einer sog. Tongruppe mit einem einfachen Satz (Pheby in Heidolph, Grundzüge, 861 ff.). G

Konjektur f. (lat. coniectūra ›Vermutung, Deutung‹) Verbesserung des Textes an verderbten Stellen der handschriftl. Überlieferung zur Herstellung eines dem Editor sinnvoll erscheinenden Wortlauts, meist gegen die Überlieferung und oft als Zusatz oder Ergänzung. EN

Konjo ↗ Makassarisch

Konjugation (lat. coniugātiō ›Verknüpfung‹. Engl. conjugation, frz. conjugaison) **1.** In flektierenden und wurzelflektierenden Spr. ↗ Flexion des Verbs nach den grammat. Kategorisierungen ↗ Person (im Dt. 3 Kategorien), ↗ Tempus (im Dt. ↗ Präsens, ↗ Präteritum, ↗ Perfekt, ↗ Plusquamperfekt, ↗ Futur I, II) ↗ Numerus (im Dt. ↗ Singular, ↗ Plural), ↗ Modus (im Dt. ↗ Indikativ, ↗ Konjunktiv, ↗ Imperativ), ↗ genus verbi (im Dt. ↗ Aktiv, ↗ Passiv, ↗ Re-

flexiv) und ggf. ↗ Aspekt. In anderen Sprachen umfasst das K.schema weitere Kategorien, z. B. Moduskategorien wie ↗ Optativ, ↗ Vetativ, ↗ Jussiv u. a., die Numeruskategorie ↗ Dual, die Tempus-Aspekt-Kategorien ↗ Aorist, ↗ Status u. a. Während in agglutinierenden Spr. die einzelnen Kategorien durch stabile (allenfalls dem ↗ Synharmonismus unterworfene) ↗ Affixe ausgedrückt werden (z. B. im Türk. oder Finn.), weisen sie in flektierenden Spr. eine Vielzahl von ↗ Allomorphen auf, die zu Klassen (Konjugationsklassen) zusammengefasst werden können. So unterscheidet man für das Dt. einen starken (Vokalwechsel; ↗ Ablaut, ↗ starkes Verb) von einem schwachen (im Prät. stets {-te}, beim Part. Perf. stets {-t}; ↗ schwaches Verb) und einige gemischte K.klassen. In stark flektierenden Spr. wie dem Griech. oder Lat. werden die einzelnen Konjugationstypen nach dem »Stammvokal« voneinander unterschieden; so wird im Lat. zwischen einer a-Konj. (z. B. *amāre* ›lieben‹), einer e-Konj. (z. B. *terrēre* ›schrecken‹), einer i-Konj. (z. B. *audīre* ›hören‹) und weiteren Konjugationstypen unterschieden. Solche Sprachen sind charakterisiert durch einen Reichtum an sog. »synthetischen« Flexionsformen, z. B. griech. ἐπεπαίδευσθε (epepaideusthe) ›ihr wart erzogen worden‹, lat. *amāverit* ›er/sie wird geliebt haben‹ (Fut. II) ggü. den »analytischen« Formen des Dt., das in größerem Maße ↗ Hilfsverben zur K. einsetzt und im Präs. und Prät. »synthet.« Formen hat; ↗ coniugatio periphrastica. G

Konjugationsklasse Klasse von Allomorphen einer verbalen ↗ Flexionskategorie. G

Konjugationstyp ↗ Konjugation

Konjunkt n. (lat. coniūnctus ›verbunden‹) Teilaussage innerhalb einer ↗ Konjunktion (2). Die K.e sind verknüpft durch den ↗ Konjunktor. RB

Konjunktion (lat. coniūnctiō ›Verbindung‹. Engl. conjunction, frz. conjonction) **1.** (Auch: Subjunktion. In Schulbüchern auch: Bindewort, Fügewort) Relativ geschlossene ↗ Wortart, deren Repräsentanten unflektierbar sind und daher bisweilen den ↗ Partikeln zugerechnet werden. Neben einteiligen (z. B. *und, ob, wenn*) treten auch mehrteilige K. auf (z. B. *weder – noch, sowohl – als auch*). K. dienen dazu, Beziehungen zwischen Sätzen und Satzteilen herzustellen und die so geschaffene Relation semant. zu spezifizieren. Koordinierende (nebenoder beiordnende) K. wie *und* und *oder* verbinden gleichrangige Lexeme, Wortgruppen oder Sätze miteinander (↗ Koordination), während subordinierende (unterordnende) K. (auch ↗ Subjunktionen genannt) wie *dass, ob, weil, wenn* Sätze einleiten, die von einem übergeordneten Satz abhängig sind (↗ Subordination). Koordinierende K. können nach semant. Kriterien unterteilt werden in (a) kopulative K. (z. B. *und, sowohl – als auch, weder – noch*), (b) disjunktive K. (z. B. *oder, entweder – oder*), (c) restriktive und adversative K. (z. B. *aber, allein,* *doch, jedoch, sondern*), (d) kausale K. (z.B. *denn*). Subordinierende K. können entweder Subjekt- und Objektsätze (z.B. *dass* und *ob*) oder Adverbialsätze mit unterschiedl. Bedeutungen einleiten, näml. ↗ temporale K. (z.B. *als, während, nachdem, bis*), ↗ modale K. (z.B. *als, wie, als ob, insofern*), ↗ kausale K. (z.B. *da, weil, sofern*), ↗ konzessive K. (z.B. *obgleich, obwohl*), ↗ finale K. (z.B. *dass, damit*), ↗ konsekutive K. (*so dass*). Indem K. die Beziehungen zwischen Sätzen und Satzteilen anzeigen, kommt ihnen als Konnektoren eine wichtige Funktion bei der Herstellung von ↗ Kohäsion in Texten zu. **Lit.** S. C. Dik, Coordination. Amsterdam 1968. – E. Lang, Semantik der koordinierenden Verknüpfung. Bln. 1977. – U. Brauße, Bedeutung und Funktion einiger K. und Konjunktionaladverbien im Dt. In: LS Reihe A. 104. Bln. 1982, 1–40. – E. König, Konzessive K.en. HSK 6, 631–639. – J. Buscha, Lexikon dt. K.en. Bln. 1989. – E. Lang, Koordinierende K.en. HSK 6, 597–623. – R. Pasch, Benötigen Grammatiken und Wbb. des Dt. eine Wortklasse ›Konjunktionen‹? In: DS 22, 1994, 97–116. – E. Lang, Die Wortart »K.«. HSK 21, 634–641. – R. Pasch et al., Hdb. der dt. Konnektoren. Bln., N. Y. 2003. – C. Fabricius-Hansen, Subjunktor. In: L. Hoffmann (Hg.), Hdb. der dt. Wortarten. Bln., N. Y. 2007, 759–790. – A. Redder, Konjunktor. In: L. Hoffmann (Hg.), Hdb. der dt. Wortarten. Bln., N. Y. 2007, 483–524. PT – **2.** In der ↗ formalen Logik bezeichnet man mit K. die UND-Verbindung von Aussagen durch das Zeichen ∧. Die K. p ∧ q ist genau dann wahr, wenn sowohl Aussage p als auch Aussage q wahr sind; ist mindestens eines dieser beiden ↗ Konjunkte falsch, ist auch die K. falsch. So ist die nur in ihrem ersten Teil wahre K. *Beethoven starb 1827 und hinterließ 10 Symphonien* als ganze falsch. Anders gesehen kann die K. als Schnittmenge der ↗ Extensionen der Einzelaussagen bzw. als ihr ›log. Produkt‹ definiert werden. Im Gegensatz zur Logik wird in der natürl. Spr. mit den entsprechenden ↗ Konjunktionen (1) *und, sowie, sowohl – als auch* etc. eine inhaltl. Beziehung zwischen den beiden Konjunkten unterstellt: die wahre K. *Heinz Rühmann war ein Hobby-Pilot und Heinrich Böll lebte in Köln* wäre allenfalls als Sammelantwort pragmat. akzeptabel; als einfache Mitteilung würde sie, um als sinnvoll gelten zu können, einen Zusammenhang zwischen beiden Teilaussagen nahelegen. Im Falle eines antithet. Zusammenhangs wird der ↗ Konjunktor durch die Konjunktion (1) *aber* ausgedrückt, welche impliziert, dass das zweite Konjunkt einer durch die erste Teilaussage geweckten Erwartung widerspricht: *Marion war drei Wochen an der Nordsee, ist aber genauso blass wie zuvor.* Besteht zwischen den Konjunkten eine temporale oder kausale Folgebeziehung, so ist in der natürl. Spr. auch die Symmetrie der log. K. (p ∧ q ist äquivalent mit q ∧ p) aufgehoben: *Inge heiratete und bekam*

ein Kind ≠ *Inge bekam ein Kind und heiratete*; ↗ Koordination.   RB

Konjunktionaladverb Unterklasse der ↗ Textadverbien. K. dienen der Verknüpfung von Textteilen. Ihr ↗ Skopus ist damit größer als der ↗ Satz, so dass sie auch kaum anders als über textuell-semant. Kriterien fassbar sind. Ihre Beschreibung erfolgt im Rückgriff auf eine semant. motivierte Nebensatztypologie: Es gibt kausale (*deshalb*), konzessive (*dennoch*), konsekutive (*folglich*) usw. K. Außerdem markieren K. Aufzählungen in Texten (*erstens, schließlich; einerseits – andererseits*), drücken Ergänzungen aus (*überdies*) oder dienen als Orientierungspunkte im Text: *Vorweg möchte ich sagen...* Als personaldeikt. K. (↗ Personaldeixis) haben Ableitungen des Typs *unsererseits, deinethalben, ihretwegen, meinethalben* zu gelten. Da K. und ↗ Konjunktionen vergleichbare Funktionen erfüllen, werden sie auch als ›Konnektive‹ in einer Klasse zusammengefasst, was aber ihrem syntakt. Potential nicht gerecht wird: Anders als Konjunktionen sind K. Satzglieder (und mithin vorfeldfähig, ↗ Feldgliederung). K. auf *wo(r)-* und kausale K. können ↗ Relativsätze einleiten, so dass sie teils als Relativadverbien bezeichnet werden: *Wenn du nicht weißt, weswegen er seine Doktorarbeit nicht abgeschlossen hat, solltest du ihn fragen. Das Verhalten, worüber du dich ärgerst, ist bei ihr normal.* **Lit.** U. Brauße, Konnektoren im Wb. Konjunktionen, Adverbien, Partikeln. In: K.-P. Konerding & A. Lehr (Hgg.), Ling. Theorie und lexikograph. Praxis. Symposiumsvorträge Heidelberg 1996. Tübingen 1997, 99–108. Weitere Lit. ↗ Adverb.   SO

Konjunktionalsatz Durch eine subordinierende ↗ Konjunktion eingeleiteter Satz (↗ Nebensatz).   C

Konjunktiv (spätlat. modus coniūnctīvus ›verbindender Modus‹. Auch: Möglichkeitsform, Potentialis, Subjunktiv. Engl. subjunctive mood/mode, frz. subjonctif) Kategorie des ↗ Modus des Verbs, die in vielen Spr. über ein entwickeltes morpholog. (Verb-) Paradigma verfügt. Die semant. Leistung des K. besteht in einem komplexen, einzelsprachl.-spezif. Zusammenspiel mit anderen verbmorpholog. Kategorien und grammat. Mitteln insbes. darin, die Nicht-Faktizität eines Sachverhaltes in der aktuellen Welt zu signalisieren, d. h. den Umstand, dass der durch den betreffenden Satz ausgedrückte Sachverhalt in der aktuellen Welt nicht wahr und in einer alternativen Wirklichkeit mögl. ist (↗ Modalität, ↗ Faktiv, ↗ Irrealis, ↗ Konditional(is)). Ein ähnl. Bild ergibt sich für den Subjunktiv in roman. Spr., dessen semant. Beitrag zur Satzbedeutung dahingehend zusammengefasst werden kann, dass er Sachverhalte unter dem Aspekt ihres mögl. Eintretens perspektiviert (vgl. z.B. Guillaume 1929, Hummel 2001 zum ↗ Spanischen). K.-Formen haben dementsprechend wesentl. Anteil an der systemat. Bildung komplexer syntakt. Muster und Satzmodi, welche in semant.-pragmat. Hinsicht Nicht-Faktizität involvieren, wie z.B. von ↗ Konditionalen (z.B. *An Evas Stelle wäre ich ihm treu geblieben*), irrealen ↗ Konsekutivsätzen (z.B. *Eva ist zu jung, als dass sie treu bliebe*), ↗ Vergleichssätzen (z.B. *Eva tut so, als sei/ wäre sie treu*), ↗ Optativen (z.B. *Wäre Eva doch treu geblieben!*), ↗ Heischeformen (z.B. *Sie sei jetzt mal ganz ruhig!*), ↗ Adhortativen (z.B. *Seien wir froh!*). Sie signalisieren ferner Evidentialität (↗ Evidentiell, ↗ Quotativ, ↗ Narrativ), die Distanzierung des Sprechers von behauptender Stellungnahme (vgl. z.B. *Eva behauptet, dass sie treu sei* vs. *??Ich behaupte, dass sie treu sei*) sowie insbes. ↗ indirekte Rede (z.B. *Sie behauptet, sie sei treu*). In der neueren Lit. zum K. bzw. Subjunktiv wird v.a. diskutiert, wie das betreffende Paradigma im Verhältnis zum Indikativ-Paradigma und zu Tempus-Markierungen organisiert ist (zum Dt. z.B. Lohnstein & Bredel 2001, Gallmann 2004) und welche Grundbedeutungen den verschiedenen K.-/ Subjunktiv-Distributionen zukommen. Während die Tempus-Markierung bei Indikativ-Formen eine zeitl. Einordnung der Satzbedeutung in Bezug auf den Sprechzeitpunkt kodiert, ist dies bei K.-Formen (im Dt.) und Subjunktiv-Formen (in roman. Spr.) nicht in gleicher Weise der Fall (vgl. z.B. *Er glaubt, dass sie kommt/kam/komme/käme/kommen würde*), weshalb für das Dt. zunehmend die Bez. K. I (für K. Präs., K. Perf., K. Fut.) und K. II (für K. Prät., K. Plq.) und gelegentl. K. III für periphrast. Formen (*würde*-Formen bzw. dialektal vorkommende *tät(e)/ tat*-Formen, z.B. *wenn er kommen würde/täte*) präferiert werden. K. I und K. II unterscheiden sich hinsichtl. ihrer syntakt. Distribution, je nach ihren syntakt. und semant. Kontexten in ihrem Beitrag zur Satz- und Äußerungsbedeutung und in der Signalisierung der Bezugnahme auf unterschiedl. Redehintergründe (vgl. Lohnstein & Bredel 2001); bspw. können in ↗ Konditionalsätzen wie *Wenn er nett zu ihr ist/wäre/*sei, ist/wäre/*sei sie ihm treu* zwar indikativische und K. II-Formen auftreten, aber keine K. I-Formen. Hauptsätze mit einer K. II-Form wie *Eva wäre glücklich, Wäre Eva glücklich!* sind wahrheitswertfähig (sie sind wahr/falsch in einer zur aktuellen Welt alternativen Welt), während Hauptsätze mit einer K. I-Form nicht wahrheitsfähig sind, im Ggs. zu Sätzen mit einer K. II-Form jedoch neue Fakten in die aktuelle Welt einführen können, z.B. *Eva sei ab sofort meine Haushälterin*; ↗ Modalität, ↗ Satzmodus. **Lit.** C. Fabricius-Hansen, Moody Time: Indikativ und K. im dt. Tempussystem. LiLi 113, 1999, 119–146. – G. Helbig, Der Konjunktiv – und kein Ende. Zu einigen Kontroversen in der Beschreibung des Konjunktivs der dt. Gegenwartsspr. DaF 44.3, 2007, 140–153. – S. Jäger, Empfehlungen zum Gebrauch des K. Ddf. 1979. – W. Kasper, Semantik des K. II in Deklarativsätzen des Dt. Tübingen 1987. –A. Lötscher, Der K. II bei Modalverben und die Semantik des K. II. Sprachw. 16, 1991, 334–364. – E. Morgenthaler,

Zur Problematik des K. in seiner Rolle bei der Redeerwähnung. DS 26, 1998, 348–368. – R. Schrodt, System und Norm in der Diachronie des dt. K.: Der Modus in ahd. und nhd. Inhaltssätzen. Tübingen 1983. – E. Smirnova, Die Entwicklung der Konstruktion würde + Infinitiv im Dt.: eine funktional-semant. Analyse unter besonderer Berücksichtigung sprachhistor. Aspekte. Bln. 2006. – R. Thieroff, Das finite Verb im Dt. Modus – Tempus – Distanz. Tübingen 1992. – H. Vater (Hg.), Zu Tempus und Modus im Dt. Trier 1997. – H. Weydt, Der K. – semant. und übereinzelsprachl. betrachtet. In: S. Beckmann et al. (Hgg.), Sprachspiel und Bedeutung. Fs. für Franz Hundsnurscher zum 65. Geburtstag. Tübingen 2000, 227–240. F

Konjunktor ↗ Konnektiv

Kōṅkaṇī ↗ Indoarische Sprache; ursprünglich Dialekt des ↗ Marāṭhī, der zur Zeit der portugies. Kolonialherrschaft in Goa zu einer eigenen Schriftspr. wurde; Karte ↗ Indische Sprachen, im Anhang. Das K. weist gegenüber dem Marāṭhī zahlreiche Archaismen auf (Phonologie, Morphologie) und verfügt über einen hohen Anteil portugies. Lehnwörter. Verwendete Schriften: neben dem latein. (portugies.) Alphabet die Kannada-Schrift. **Lit.** R. V. Miranda, Konkani. In: G. Cardona & Dh. Jain (eds.), The Indo-Aryan Languages. Ldn., N. Y. ²2007, 729–765. FZ

Konkatenation ↗ Verkettung

Konklusion (lat. conclūsiō ›Abschluss, Schlusssatz, Folgerung‹ Aussage, die aus den Prämissen durch die log. ↗ Folgerung erschlossen wird. PR

Konklusiv ↗ Resultativ

Konkomba ↗ Gur-Sprachen

Konkomitant ↗ Distribution

Konkordanz f. (mlat. concordantia ›Übereinstimmung‹) **1.** Sonderfall der ↗ Kongruenz in einigen Spr. mit einem ↗ Nominalklassensystem, z.B. in Bantusprachen. Bei K. wird die Klassenmarkierung des Nomens an seinen Attributen und am Verb wiederholt, z.B. Swahili *kiti₁ kile₂ kimevunjika₃* ›jener₂ Stuhl₁ ist zerbrochen₃‹. RE – **2.** Sammlung wörtl. oder inhaltl. übereinstimmender Textstellen, z.B. Bibelk. Im MA ist neben K. zur Hl. Schrift die Bez. auch für kirchenrechtl. Sammlungen gebräuchl. EN – **3.** Als Wortk. Zusammenstellung der Belegstellen aus den Werken eines Autors. G

Konkrete Dichtung (lat. concrētum ›verdichtet, das Verdichtete‹) Neben »abstrakte Dichtung«, gelegentl. auch »materiale Dichtung« (materialer Text) geläufigste Bez. für die etwa seit 1950 internat. auftretenden Versuche in der modernen Lit., mit dem konkreten Material der Sprache (Wörtern, Silben, Buchstaben) unmittelbar – und losgelöst von syntakt. Zusammenhängen und oft auch auf das Wort als Bedeutungsträger verzichtend – eine Aussage zu gestalten. Die wesentl. theoret. oder ideolog. begründeten Formen der k. D. stehen v.a. in der Tradition der »parole in libertà« Marinettis (italien. Futurismus), der »Verse ohne Worte« H. Balls, der

»elementaren« Dichtung K. Schwitters' (Dadaismus) und der »Klänge« Kandinskys. Für die Theoriebildung waren von Bedeutung O. Fahlströms
»Manifest für k. Poesie« (1953), E. Gomringers
»vom vers zur konstellation« (1955) und A. und
H. Campos' und D. Pignataris »Plano-Piloto para
poesía concreta« (1958). Die zwei wichtigsten
Spielarten der k. D. sind die visuelle Dichtung
(auch: Sehtexte; Beispiele: Gomringers Konstellationen, R. Döhls »Apfelgedicht« und die akustische
Dichtung.   SE

Konkretum n, pl. Konkreta (lat. concrētum ›verdichtet, das Verdichtete‹. Engl. concrete noun, frz.
nom concret) Subst., die gegenständl. konkrete Phänomene bezeichnen wie natürl. Gegebenheiten
(*Mond, Wiese*), Artefakte (*Hose, Brille*), Gattungsbez. (*Schwabe, Löwe*, ⁊ Appellativum), Individuen
(*Romy Schneider, Bamberger Reiter, Naumburger
Dom*, ⁊ Eigenname), Stoffe und Materialien (*Gold,
Teer*, ⁊ Stoffbezeichnung).   G

Konnektionismus (engl. to connect ›(sich) verbinden‹) Sammelbegriff für verschiedene Verfahren der
Informationsrepräsentation u. -verarbeitung, deren
gemeinsames Grundprinzip die Verteilung auf viele
miteinander vernetzte Einheiten ist, wobei die interne Struktur der einzelnen Einheiten weniger relevant ist als die Strukturen und Prozesse, die durch
die Verknüpfungen zwischen ihnen realisiert werden; ⁊ Künstliche Neuronale Netze.   L

Konnektiv (lat. cōnexum ›verbunden, verknüpft‹.
Auch: Junktor, Konjunktor, Konnektor) Zusammenfassende Bez. für ⁊ Konjunktionen und ⁊ Konjunktionaladverbien, bei der die satz- und textverknüpfende
Funktion der K. im Vordergrund steht, während ihre
Zugehörigkeit zu einer ⁊ Wortart als zweitrangig betrachtet wird. **Lit.** ⁊ Konjunktionaladverb.   SO

Konnektivpartikel ⁊ Rangierpartikel

Konnektor Zusammenfassende Bez. für ⁊ Konjunk-
tionen, zweistellige Adverbien (Satzadverbien) und
Partikeln. **Lit.** R. Pasch u. a., Hdb. der dt. K.en.
Bln., N. Y. 2003.   G

Konnexe Relation (lat. cōnexiō ›Verbindung‹) Eigenschaft einer zweistelligen Relation R, insofern
diese innerhalb einer Menge potentieller Argumente
auf all deren Paare (i,j) entweder als R(i,j) oder R(j,i)
zutrifft. Während etwa die Menge der natürl. Zahlen
durch die dort k. R. *grösser als* strukturiert ist, sind
z. B. im Wortschatz natürl. Spr. allenfalls kleine Ausschnitte konnex strukturiert, z. B. antonyme Skalen
wie *glühend-heiß-warm-lau-kühl-kalt-eisig*.   RB

Konnexion (lat. cōnexiō ›Verbindung‹) Bei L. Tesnière (⁊ Dependenzgrammatik) allgemeinste Form
einer syntakt. Beziehung (⁊ Distribution, ⁊ Vorkommen). K. soll bei L. Tesnière die syntakt. Beziehungen zwischen den Wörtern eines Satzes bezeichnen,
auch wenn diese Beziehungen nicht immer äußerlich, d. h. formal gekennzeichnet sind.   WK

Konnotat n. (lat. connotātum ›Mitbezeichnetes‹)
Die konnotativen, d. h. assoziativen, wertenden,

emotiven, stilist. Anteile der Zeichenbedeutung;
die vom Zeichen konnotierten Wirklichkeitsaspekte
und »kulturellen Einheiten« (U. Eco); ⁊ Konnotation, ⁊ Nebensinn, ⁊ Gefühlswert.   RB

Konnotation (lat. connotātiō ›Mitbezeichnung‹.
Engl., frz. connotation) **1.** Der Begriff K. entstammt
der spätscholast. Logik. Wilhelm v. Ockham
(*Summa logicae*, 1320) unterscheidet »absolute«
(d. h. einfach bezeichnende) Namen (*Mensch,
Pferd, Wasser, Schönheit*) von »konnotativen Namen«, die »etw. in erster und etw. in zweiter Hinsicht bezeichnen«. Ausdrücke wie lat. *iūstus* ›ein
Gerechter‹, *pater* ›Vater‹ oder *āctus* ›Handlung‹ bezeichnen in erster Linie Individuen oder Ereignisse
und konnotieren zugleich eine Eigenschaft oder Relation (*iūstus*: ›jemand, der Gerechtigkeit besitzt‹).
Die Unterscheidung ›absoluter‹ und ›konnotativer‹
Namen‹ wird tradiert bis ins 19. Jh. und findet
sich im Prinzip noch bei J. St. Mill (*System of
Logic*, 1843), der aber die Grenze verschiebt, indem
er den Gegenbegriff ⁊ Denotation (1) einführt:
Nicht-konnotativ sind für ihn Eigennamen (*Peter*)
einerseits, Abstrakta (*Schönheit*) andererseits; dagegen denotiert etwa *Mensch* eine Menge von Individuen und konnotiert zugleich diejenigen Eigenschaften, deren Vorhandensein diese Individuen als
›Mensch‹ auszeichnen. Damit entspricht die Mill-
sche K. in etwa der ⁊ Intension; viele Logiker verwenden die beiden Termini als Synonyme.
2. In der Ling. gilt die Intension nicht als (Teil der)
K., sondern wird als ⁊ denotative Bedeutung der K.
gegenübergestellt, deren Vielfalt »zahllos und un-
definierbar« sei (Bloomfield 1935). Im Einzelnen
werden zur K. gerechnet: (a) der ⁊ »Nebensinn«
(K. O. Erdmann 1910), d. h. alle nicht-definitor. ge-
genstandsbezogenen Merkmale (*Ratte*: [intelligent];
lachen: [gesund]). Als Wissenselemente unterliegen
diese ›enzyklopäd.‹ Merkmale starker Lektvariati-
on; man denke an den Nebensinn des Lexems *Arbeit* für Werftarbeiter, Manager oder Therapeuten
oder der Lexeme *Ulme* oder *Transistor* für Fachleute und Laien. (b) Evaluative, emotive, appellative Werte der bezeichneten Begriffs, soweit diese
über individuelle Anmutungen hinausgehen (*Erst-
druck*: [wertvoll]; *Wärme*: [behaglich]; *Schleim*:
[ekelerregend]; *Ungeziefer*: [Umbringen!]). Die lektale Variation dieser ⁊ «Gefühlswerte« (Erdmann)
kann sich im ideolog. Bereich zuspitzen zur schrof-
fen Wertantinomie (*sozialistisch*: Heil vs. Unheil).
Quantitativ analysiert werden emotive K. mit der
Methode des ⁊ semantischen Differentials. (c)
Sprachsystemat. Assoziationen: *Jens ist blond*. →
Haare; *Ich höre den Hund*. → bellen; *Adjektiv* →
Eigenschaft; *lesen* → wer: Mensch, was: Schrift-
text. (d) ⁊ Indexikalische Markierungen: u. a. lektal
(*Karfiol, Gezäh*), funktional (*Nießbrauch, Fugato*),
situational (*erhalten – kriegen, Vater – Papi, Wie-
dersehen! – Tschüss!*); auch phonolog., graphemat.,
prosod., syntakt., textuelle Muster können indexi-

kal. markiert sein. (e) Soziale Evaluationen der indizierten (siehe d) Lekte, Situationen etc., die dem sprachl. Element, speziell im abweichenden Kontext, einen best. ›Stilwert‹ (u. a. gehoben ↔ vulgär) verleihen. Dieser wiederum kann sekundär zum Emotionsindikator mutieren, z. B. *Verpiß dich, du Arsch!* (f) Evaluative, emotive, appellative Werte, die zum ↗ distinktiven Merkmal konnotativ markierter Lexeme geworden sind, z. B. *Köter, Gaul, quasseln, Antlitz, rein, geil.* Diese werden oft gebildet mithilfe spezieller Affixe (*Unmenge, urgesund, Gerenne, Dichterling, Scherzbold*), mittels intensivierender Komposition (*affengeil, blitzgescheit, sauteuer, supergut*) oder durch Idiomatisierung von Text-K. (↗ Phraseologismus, ↗ Augmentation, ↗ Schimpfwort). (g) In der Äußerung aktualisieren referentielle, kotextuelle und situative Bezüge die »konnotativen Potenzen« (D. Viehweger; Th. Schippan) der Äußerungs-/Textelemente. Die Merkmale (a-f) treten hervor oder zurück, werden fokussiert und angereichert, interagieren miteinander und erzeugen komplexe Textwirkungen, speziell im Falle stilist.»Sphärenmischung« (K. Bühler). Kotext und Situation vermögen ferner den sprachl. Einheiten neuartige K. zu verleihen. So konnotiert ein Lexem wie *labern* je nach seiner Einbettung Sachkritik, Ärger, Vertrautheit, Despektierlichkeit oder schlicht Jugendlichkeit, oder vielleicht sogar nostalg. Wehmut o. ä.; ↗ Meliorativ, ↗ Pejorativ. **3.** Nicht additiv, sondern hierarch. wird die K. in der ↗ Glossematik gesehen: Sie gilt als ↗ Signifikat, dessen ↗ Signifikant ein vollständiges Zeichen ist; das so gebildete höherrangige Zeichen kann selbst wieder Signifikant für eine K. sein. In textübergreifende Zusammenhänge weist die Semiotik U. Ecos; jedes Zeichen konnotiert eine große Vielzahl »kultureller Einheiten«, die ihrerseits auf andere Einheiten verweisen. Dieses verzweigte konnotative Netz bildet das Herzstück unbegrenzter ↗ Semiose (3), in der sich das kulturelle System selbsttragend stabilisiert. **Lit.** K. O. Erdmann, Die Bedeutung des Wortes. Lpz. ⁴1925. – L. Bloomfield, Language. Ldn. 1935. – K. Bühler, Sprachtheorie. Stgt. ²1965. – U. Eco, Einf. in die Semiotik. Mchn. 1972. – D. Viehweger et al., Probleme der semant. Analyse. Bln. 1977. – G. Rössler, Konnotationen. Wiesbaden 1979. – B. Garza-Cuarón, Connotation and Meaning. Bln., N. Y. 1991. – Th. Schippan, Lexikologie der dt. Gegenwartsspr. Tübingen 1992. – H. Rossipal, Konnotationsbereiche, Stiloppositionen und die sog. »Sprachen« in der Spr. Hildesheim ²1998. – A. Steinert, Denotationen, Konnotationen und Offenheit. Mchn. 2003. RB

Konnotative Bedeutung ↗ Bedeutung, ↗ Konnotat, ↗ Konnotation (2), ↗ Gefühlswert, ↗ Nebensinn

Kono ↗ Mandesprachen

Konsekutiv (lat. cōnsecūtiō ›Folge‹. Auch: folgernd) Die Folge, den Effekt, die Wirkung bezeichnend; ↗ Konsekutivsatz. C

Konsekutivbestimmung ↗ Adverbial, ↗ Konsekutivsatz

Konsekutivdolmetscher ↗ Dolmetscher

Konsekutivsatz (Abk. KS. In Schulbüchern auch: Folgesatz. Engl. consecutive clause, frz. proposition consécutive) ↗ Adverbialsatz, in dem die Folge bzw. Wirkung des durch den Matrixsatz bezeichneten Sachverhalts ausgedrückt wird. Der K. wird häufig den ↗ Kausal- oder den ↗ Modalsätzen zugeordnet. Die Nähe zum Kausalsatz ist darauf zurückzuführen, dass konsekutive Konstruktionen vom Typ ›A so dass B‹ oft durch solche vom Typ ›B weil A‹ paraphrasierbar sind, z. B. *Es regnete stark, so dass die Wanderung anstrengend wurde* vs. *Die Wanderung wurde anstrengend, weil es stark regnete.* – Als konsekutive Subjunktionen gelten *so dass, so,* oft auch *als dass* und *ohne dass,* das eine nicht eingetretene Folge einleitet, z. B. *Er ließ das Radio dröhnen, ohne dass die Nachbarn sich aufregten.* Auch *dass* kann alleine als konsekutive Subjunktion stehen, oft in Verbindung mit einem *so* im Matrixsatz: *Dieser Film gefällt mir so gut, dass ich noch einmal ins Kino gehen will.* Typ. für *so ... dass* ist der Bezug auf einen best. Ausdruck im Matrixsatz (insbesondere Gradausdrücke, z. B. *so gut*; Ähnliches gilt für *als dass*). Daher wendet z. B. Thurmair (2005) ein, es handele sich primär um Vergleiche; diskontinuierliches *so ... dass* sei somit nicht konsekutiv. Zu unterscheiden von K. sind aber ohnehin Sätze wie *Er löste die Aufgabe so, dass alle staunten,* die als ↗ Modalsätze zu analysieren sind. Für K.e mit *so dass* kann z. B. festgestellt werden, dass sie stets im Nachfeld auftreten, nicht ↗ Skopus von ↗ Negation, ↗ Gradpartikeln oder ↗ Satzadverbien sein können und üblicherweise Hintergrundinformationen bereitstellen. Die Stellungsrestriktion auf das Nachfeld ist einer der Gründe, weshalb der K. mitunter als ↗ weiterführender Nebensatz betrachtet wird. **Lit.** K. Pittner, Adverbialsätze im Dt. Untersuchungen zu ihrer Stellung und Interpretation. Tübingen 1999, 276 ff. – M. Thurmair, Vergleich und Konsekutivität. DS 33, 2005, 1 – 14. C, RL

Konsonant m. (lat. con- ›zusammen, mit‹ sonāre ›tönen‹. Auch: Geräuschlaut, in der Grundschuldidaktik auch: Mitlaut. Engl. consonant, frz. consonne) **1.** Haupt-(↗)Artikulationsmodus bzw. Sprachlaut, der im Gegensatz zum ↗ Vokal durch eine Verschluss- oder Engbildung im ↗ Ansatzrohr gekennzeichnet ist. Nach der Art und Weise dieser artikulator. Hindernisbildung im Ansatzrohr und nach dem spezif. Luftstrommechanismus unterscheidet man die verschiedenen konsonant. ↗ Artikulationsmodi (Tab. ↗ API, ↗ Konsonantensystem): ↗ Plosiv (Verschluss), ↗ Frikativ (geräuscherzeugende Engbildung), ↗ Nasal (oraler Verschluss bei gesenktem Velum), ↗ Lateral (seitl. Öffnung), Approximant (Engbildung ohne Geräuscherzeugung; ↗ Öffnungslaut), ↗ Vibrant (engl. *trill*; intermittierender Verschluss), Getippter/Geschlagener Laut (engl. *tap/flap*, kurzzeitiger Verschluss, ↗ Flap), ↗ Ejektiv (Verschluss mit glottalem auswärts gerichtetem Luftstrommechanismus), ↗ Implosiv (Verschluss mit glottalem einwärts gerichtetem Luftstrommechanismus) und ↗ Click (Verschluss mit velarem Luftstrommechanismus). – **2.** Funktionell im Gegensatz zu ↗ Sonant Sprachlaut in der (nicht silbenkernbildenden) Funktion eines Satellitenphonems; z. B. ist in dt. *Rat* [r] K., in *brrr!* [r] jedoch Sonant, [i] in *Nation* ist K. **Lit.** ↗ Artikulation, ↗ artikulatorische Phonetik. PM

Konsonantencluster Aufeinanderfolge mehrerer Konsonanten, die je nach ihrer Position innerhalb des Wortes/der Silbe best. phonotakt. Beschränkungen unterliegen. PM

Konsonantengemination ↗ Geminate

Konsonantenschrift ↗ Alphabetschrift, in der der Vokalismus nicht oder nur rudimentär repräsentierbar ist, z. B. in den phonograph. Lesarten der ägypt. ↗ Hieroglyphen und den nordwestsemit. Alphabetschriften vor der Zeitenwende. Mitunter fälschl. verwendet zur Bez. der ↗ arabischen Schrift. G

Konsonantenschwächung Lautwandel-Prozess bzw. sein Ergebnis, der/das durch eine Reduktion eines Konsonanten gekennzeichnet ist; z. B. Standarddt. *sagen* > berlin. [zaːɣən]. PM

Konsonantenschwund Lautwandel-Prozess bzw. sein Ergebnis, der/das durch den Wegfall eines ursprüngl. vorhandenen Konsonanten gekennzeichnet ist; z. B. ahd. *seh*[= x]*an* > nhd. sehen. PM

Konsonantensystem (auch: Konsonantismus) Phonet. bzw. phonolog. (↗ Phoneminventar, ↗ Phonemsystem) Inventar der in einer Spr. vorkommenden ↗ Konsonanten. Im Schema ist das phonet.-phonolog. dt. K. (nach K. Kohler, German. JIPA 20, 1990, 48–50; norddt. Variante) dargestellt (allophon. Varianten und Glottisverschluss (als Grenzsignal) sind eingeklammert, in der jeweils linken Spalte: stimmlos). PM

	Plosive	Nasale	Frikative	Approxi-mant	Lateral
bilabial	p b	m			
labio-dental			f v		
alveolar	t d	n	s z		l
post-alveolar			ʃ ʒ		
palatal			(ç)	j	
velar	k g	ŋ	(x)		
uvular			χ ʁ		
glottal	(ʔ)		h		

Das Konsonantensystem des Deutschen

Konsonantenwechsel Fälle von ↗ Wurzelflexion, in denen Wortformen durch regelmäßige Veränderung von Konsonanten (und ggf. zusätzl. ↗ Ablaut) gebildet werden, z. B. im Dt. bei den Verben *denken* (*dachte*), *bringen* (*brachte*), *dünken* (*deuchte*), *hauen* (*hieb*), *ziehen* (*zog*); ↗ Grimmsches Gesetz, ↗ Vernersches Gesetz. G

Konsonantisch 1. Haupt-↗ Artikulationsmodus (↗ Konsonant). – **2.** (Binäres) phonolog. distinktives Merkmal [± cons.]; in SPE neben ↗ vokalisch [± voc.], artikulator. gekennzeichnet durch eine zumindest frikativ. Engebildung im ↗ Ansatzrohr; auch ↗ contoid. PM

Konsonantische Stärke ↗ Sonoritätshierarchie

Konsonantismus ↗ Konsonantensystem

Konsonanz f. Der/die dem ↗ vokalischen ↗ Silbenkern als ↗ Silbenkopf vorausgehende(n) bzw. als ↗ Silbenkoda nachfolgende(n) Konsonant(en). PM

Konsoziation (lat. cōnsociāre ›eng verbinden‹) Bestimmte Lexeme können nur paarweise auftreten, sie sind vielfach als ↗ Phraseologismen rubriziert, z. B. *mit Haut und Haar*, *Tuten und Blasen*. Das zwischen ihnen bestehende Verhältnis der gegenseitigen Bedingtheit heißt K.; ↗ Zwillingsformel. G

Konstante f. (engl. constant) In der Ling. Bez. für unveränderliche, feste Größen; Ggs. ↗ Variable. Oberbegriff für vier einstelligen und 16 zweistelligen log. K. der ↗ Aussagenlogik und den prädikaten- bzw. klassenlog. K. (z. B. ↗ Implikation, ↗ Konnexion). In der ↗ Prädikatenlogik sind der sog. Alloperator und der sog. Existenzoperator K. G

Konstante Opposition ↗ Opposition

Konstativ (lat. cōnstāre ›festsetzen‹) In frühen Entwürfen von J. L. Austins Theorie der ↗ Sprechakte sind k. Äußerungen solche, durch die Feststellungen (↗ Assertion) getroffen werden; ↗ Deklarativsatz. Die Klasse der k. Äußerungen wurde später den ↗ Illokutionen zugeschlagen; ↗ Sprechaktklassifikation. G

Konstativsatz ↗ Assertion

Konstellation (lat. cōnstellātiō ›Gestirnstand‹) In der ↗ Glossematik eine Relation (bei Hjelmslev eine sog. Funktion) zwischen zwei Größen, und zwar unabhängig davon, ob diese Größen ein und demselben Zeichen angehören oder nicht, ob sie also unter dem Aspekt eines Sukzesses (eines Verlaufs) oder unter dem eines Systems betrachtet werden oder ob sie überhaupt unter diese Aspekte fallen. Dabei setzt weder die Existenz der einen Größe die der andern voraus noch umgekehrt. Eine K. im Sukzess nennt Hjelmslev Kombination, eine K. im System ↗ Autonomie. T

Konstituente f. (lat. constituēns ›etwas (Satz-)Errichtendes‹) Der Oberbegriff K. dient allgemein der Bez. der in einem Satz zusammengehörenden Elemente, die in der ↗ Konstituentenanalyse zu ermitteln sind, und kann auf alle hierarch. Ebenen eines Satzes angewendet werden (↗ Konstituentenhierarchie). Im Satzgefüge S *Carsten glaubt, dass die TSG wieder gewinnen wird* sind das Subjekt *Carsten* und der Objektsatz (OS) unmittelbare K. von S.; sie sind zudem ↗ Kokonstituenten. Das Satzglied des OS *die TSG* ist mittelbare K. von S; es ist zugleich unmittelbare K. von OS. – Einen Sonderfall stellt die diskontinuierliche K. dar, wie sie z. B. bei analyt. Verbformen vorkommt, z. B. *Die TSG hat das Spiel gewonnen.* – Von diesen Bestimmungen abweichende Verwendungen von K. sind nicht selten; ↗ Kontiguität.   RL

Konstituentenanalyse (auch: IC-Analyse < engl. immediate constituent analysis). Analyse von sprachl. Ausdrücken, bei der ein Gesamtausdruck (z. B. ein Satz) in seine Teile, diese wiederum in ihre Teile usw. zerlegt werden, bis die Analyse bei den kleinsten Teilen, den Elementareinheiten, angelangt ist. Die Teile, die sich bei den verschiedenen Schritten der K. ergeben, werden ↗ Konstituenten genannt. Der Gesamtausdruck (der Satz) ist zugleich seine eigene größte Konstituente. Die kleinsten Konstituenten werden *terminale* oder *Endkonstituenten* genannt. Konstituenten, die sich bei ein und demselben Analyseschritt aus einer Konstituente k ergeben, werden *unmittelbare Konstituenten* (engl. *immediate constituents,* daher auch IC-Analyse) von k genannt; sie sind ↗ Kokonstituenten zueinander. Konstituenten von k, die durch mehr als einen Analyseschritt gewonnen werden, heißen *mittelbare* Konstituenten. Das Resultat einer K. lässt sich durch einen Klammerausdruck (↗ Klammer), durch ein ↗ Kastendiagramm oder durch einen ↗ Strukturbaum darstellen. – Zwei Arten der K. werden praktiziert: (a) K., bei der die Reihenfolgebeziehungen keine Rolle spielen (z. B. bei K. F. Becker (1775–1849), G. von der Gabelentz (1840–1893), W. Wundt (1832–1920), Z. S. Harris in einer seiner früheren Phasen, L. Hjelmslev (1899–1965), S. K. Šaumjan), (b) K., bei der die Links-Rechts-Abfolge der Kokonstituenten genau übereinstimmt mit der Reihenfolge der mit den K. beschriebenen Ausdrücke (z. B. bei L. Bloomfield (1887–1949), N. Chomsky, J. Bresnan, G. Gazdar). – Beispiel für (a): Harris (1951) analysiert den engl. Satz (i) *My most recent plays closed down* als (ii) ((my ((most recent) play- -s)) ((clos- down) -ed)). Die Reihenfolge der Elementareinheiten in (i) stimmt nicht überein mit der Reihenfolge, die in (ii) herrscht. – Beispiel für (b): Grewendorf (1988) analysiert den dt. Satz *Zwei Maß Bier wird Peter trinken* als (((Zwei Maß Bier) wird) (Peter (-(trinken-)))). Die Striche besagen, dass an diesen Stellen keine syntakt. Elementareinheit (kein Lexem) realisiert ist. **Lit.** K. F. Becker, Schulgrammatik der dt. Spr. Ffm. 1842/43. – G. von der Gabelentz, Chines. Grammatik. Lpz. 1881. – Ders., Zur grammat. Beurteilung des Chines. Internat. Zsf. für allgemeine Sprachwiss. 1, 1884, 272–280. – W. Wundt, Völkerpsychologie. Lpz. 1900. – L. Bloomfield, Language. N. Y. 1933.

– Z. S. Harris, Methods in Structural Linguistics. Chicago 1951. Später: Structural Linguistics. 1961. – L. Hjelmslev, Nouveaux essais. Paris 1985. – N. Chomsky, Syntactic Structures. The Hague 1957. – S. K. Šaumjan, Strukturnaja lingvistika. M. 1965. Dt.: Strukturale Ling. Mchn. 1971. – R. Kaplan & J. Bresnan, Lexical-Functional Grammar: A Formal System for Grammatical Representation. In: J. Bresnan (ed.), The Mental Representation of Grammatical Relations. Cambridge (Mass.), Ldn. 1982, 173–281. – G. Gazdar, E. Klein, G. Pullum & I. Sag, Generalized Phrase Structure Grammar. Oxford 1985.   RL, T

Konstituentenhierarchie Die bei der ↗ Konstituentenanalyse sich ergebende Struktur ist hierarch. aufgebaut: Die hierarch. höchste Konstituente entspricht dem maximalen zu analysierenden Ausdruck (in der Regel Sätzen), die hierarch. niedrigsten Konstituenten sind – bei entsprechend feiner Analyse – die syntakt. Wörter.   T

Konstituentenkategorie Den bei der ↗ Konstituentenanalyse ermittelten ↗ Konstituenten wird eine K., z. B. S (Satz), NP oder VP zugewiesen. K. werden durch den Vergleich mehrerer voneinander verschiedener Sätze einer Spr. gewonnen. Dieser Vergleich ergibt Strukturähnlichkeiten und -gleichheiten zwischen Konstituenten, die ihre kombinator. Eigenschaften betreffen: Eine Konstituente der Kategorie NP kann in S durch eine andere Konstituente derselben Kategorie ersetzt werden; ↗ Konstituentenstrukturregel.   RL

Konstituentennegation ↗ Negation

Konstituentensatz (auch: Teilsatz. Engl. constituent sentence, frz. phrase constituante) ↗ Konstituente in Form eines (Neben-) Satzes, der in einen ↗ Matrixsatz eingebettet ist. In einem Satzgefüge ist der ↗ Hauptsatz selbst i. d. R. keine Konstituente, da er ohne ↗ den Konstituentensatz keine zusammengehörige Einheit darstellt; ↗ Konstituentenanalyse.   C, RL

Konstituentenstruktur ↗ Phrasenstruktur, ↗ Oberflächensyntax

Konstituentenstrukturgrammatik ↗ Phrasenstrukturgrammatik

Konstituentenstrukturregel Eine Regel, mit der Konstituentenstrukturen festgelegt werden. Ein System von K. kann im Sinne einer (a) ↗ Item and Arrangement Grammar oder im Sinne einer (b) ↗ Item and Process Grammar verstanden werden. Bei (b) nennt man sie K. auch ↗ Ersetzungsregel. – K. dienen in Transformationsgrammatiken Chomskyscher Prägung als Basis der Gesamtgrammatik; ↗ Phrasenstrukturregel.   T

Konstituenz ↗ Kontiguität (1), ↗ Dependenz

Konstitutive Regel Regulative Regeln »regulieren vorgängig oder unabhängig bestehende Verhaltensformen«, k. R. hingegen »regeln nicht einfach, sondern sie schaffen oder definieren neue Verhaltensformen« (Searle 1969, § 2.5). Sie haben oft die

Form »X zählt im Zusammenhang Z als Y«. Diese Unterscheidung wird für die Bestimmung der Regeln für den Gebrauch illokutiver Indikatoren (§ 3.3) und damit für die Analyse und Typologie illokutiver Akte (§ 3.4) wichtig. Die »wesentliche Regel« eines illokutiven Aktes ist eine k. R. **Lit.** J. R. Searle, Speech Acts. Cambridge 1969.   E

Konstriktion (lat. cōnstrictum ›zusammengezogen‹) Geräuscherzeugende artikulator. Engebildung bei der Produktion von ⁊ Frikativen.   PM

Konstriktiv ⁊ Frikativ

Konstrukt n. (lat. cōnstrūctum ›Erbautes‹) Resultat der Anwendung theoriegeleiteter Verknüpfungsoperationen auf Gegenstände dieser Theorie; z. B. ergibt die Anwendung syntakt. Verknüpfungsregeln auf syntakt. Konstituenten (z. B. Subjekt, indirektes Objekt, Adverb) Beschreibungen von Satzmodellen. Der Terminus K. wird v. a. zur Bez. von Resultaten theoret. Bemühungen verwendet (»theoret. K.«).   G

Konstruktion (lat. cōnstrūctiō ›Aufschichtung‹) **1.** Traditionelle Bez. für den Aufbau eines Satzes, die Anordnung seiner Bestandteile, z. B. paratakt. vs. hypotakt. K., ellipt. K. C − **2.** ⁊ Constructio ad sensum. − **3.** Bez. für die zentrale Einheit der ⁊ Konstruktionsgrammatik, in deren Sinn eine K. eine Paarung aus Form und Bedeutung darstellt. RL − **4.** Komplexe grammat. Einheiten wie das ⁊ Perfekt oder die Umschreibung des ⁊ Superlativs werden als K. bezeichnet.   RL

Konstruktionsgrammatik (engl. construction grammar) Die K. ist eine neuere Grammatikrichtung, die auch in Deutschland zunehmend Verbreitung findet. In ihren Grundideen geht die K. zurück auf Arbeiten von Ch. Fillmore und G. Lakoff. Im Ggs. zu anderen modernen und traditionellen Grammatiktheorien sieht die K. nicht Wörter als syntakt. Grundeinheiten an, sondern Konstruktionen. In der bisherigen Grammatik und Syntax wird der Terminus ⁊ Konstruktion dagegen meist nur in einem vortheoret. Sinne gebraucht. Unter Titeln wie ›Die Konstruktion x im Deutschen‹ werden einzelne Konstruktionstypen beschrieben, die man in Sätzen vorfindet. In der GG spricht man nicht von Konstruktionen, sondern von ⁊ Phrasen. Phrasen interessieren unter dem Aspekt ihrer Bildungsregeln, d. h. nicht als konkrete Konstruktionen oder Konstruktionstypen, sondern als von lautl., pragmat. und semant. Aspekten abstrahierte syntakt. Phrasenstrukturen, die aufgrund best. Bildungsregeln erzeugt werden. − Die K. geht von vorfindlichen Konstruktionen (konkreten Einzelkonstruktionen und Konstruktionstypen) aus. In diesem Sinne ist die K. *usage-based* (Goldberg). Nicht zufällig wurde die K. in umfangreichen Abhandlungen zu einzelnen Konstruktionstypen, wie den *There*-Constructions (Lakoff 1987, 462−586) oder der *What's X doing Y?*-Construction (Kay/Fillmore 1999) begründet. Fischer & Stefanowitsch (2006, 3 f.) unterscheiden drei Hauptströmungen der K.: eine stärker

formal (an der HPSG) orientierte Richtung (Fillmore, Kay), eine kognitiv-linguistische (Lakoff, Goldberg) und eine typolog. Richtung (Croft). Am einflussreichsten ist in Deutschland in letzter Zeit die Lakoff-Goldberg-Richtung geworden, wobei sich Goldberg neben Lakoff auf die *Cognitive Grammar* (Langacker) und auf Tomasello bezieht. Konstruktionen treten in unterschiedl. Graden von Verallgemeinerungen auf. Ein wichtiger Bereich der K. beschäftigt sich mit dem Verhältnis von K. unterschiedlicher Verallgemeinerungsgrade zueinander. Das Zusammenführen von Konstruktionen zu umfangreicheren Konstruktionen wird Fusionierung *(Fusion)* genannt. Ein gesonderter Typ von Fusionierungen ist das Einpassen von Wörtern als Köpfen (Regentien, Valenzträgern) in Konstruktionen. Konstruktionen (Zeichen) werden als bilaterale Einheiten aus Form und Bedeutung aufgefasst, wie die Zeichen (Wörter) in der HPSG oder in der Valenztheorie. Die K. ist also monostratal (und nicht modular). Auch die Pragmatik bildet keine gesonderte Ebene. Konstruktionen können ganz konkrete singuläre Gebilde sein. Sie sind aber auch Form-Bedeutungs-Paare unabhängig von ihrer jeweiligen lexikal. Füllung. Konstruktionen tragen also unabhängig von ihrer Füllung durch einzelne Wörter Bedeutung. Es gilt das Prinzip der *no-synonymy*. Denn die K. geht von der Annahme aus, dass Konstruktionen, die sich formal unterscheiden, sich typischerweise auch in ihrer Bedeutung unterscheiden. Bedeutung ist damit nicht ausschließl. an Wahrheitswertigkeit gebunden. Auch das ⁊ Frege-Prinzip, demzufolge Konstruktionen die Summe ihrer Teile *und* der Beziehungen zwischen den Teilen sind, gilt in der K. nicht grundsätzl. Denn Konstruktionen haben die Tendenz, eine über die bloße Summe der Wortbedeutungen hinausgehende Gesamtbedeutung zu erwerben. Nicht zufällig sehen daher Vertreter der Grammatikalisierungsforschung einen engen Bezug zur K. − Die Goldberg-Richtung bringt die in der K. enthaltene Tendenz einer *usage-based grammar* am konsequentesten zum Ausdruck. Sie geht davon aus, dass sich Konstruktionen von unten (*bottom up*), von einzelnen singulären Konstruktionen aus, analogisch und prototyp. verallgemeinern (in Bezug auf den Spracherwerb vgl. den Begriff ›Inselkonstruktion‹ bei Tomasello 2003) und nicht *top down*, was z. B. Kay (2005) annimmt. Goldberg nennt diesen Prozess *inheritance*. Mit Lakoff, für den Konstruktionen grundsätzl. radial (prototyp. um einen prototyp. Kern) organisierte Kategorien sind, geht Goldberg prototyp. vor. Sie wendet sich daher (wie die K. insgesamt) gegen das Postulat der Invarianz (und der Universalität). Sprache ist in ihrer Sicht ein prototyp. organisiertes Netzwerk von Konstruktionen. Eine Konsequenz einer solchen Auffassung ist ein anderer Regelbegriff, ein Regelbegriff, der nicht naturwiss. (biolog.) ausgerichtet ist, sondern sozial. Er kalkuliert die Veränderbarkeit von

Regeln ein und damit eine empir. verstandene Diachronie. – Auch für die K. gilt das Kopfprinzip. Es gilt jedoch nur typischerweise und nicht wie in der GG invariant. D. h. Konstruktionen haben typischerweise einen Kopf (ein Regens, einen Valenzträger). Im Verhältnis von Kopf und Konstruktion (Phrase) wird die Entgegensetzung der K. zu ›etablierten‹ Richtungen der Grammatik ebenfalls deutl. Grammatik (Syntax) wird meist projektionist. aufgefasst (regelbasiert und/oder lexembasiert). Phrasen (Konstruktionen) sind Projektionen von Köpfen (Regentien, Valenzträger). Der Kopf projiziert die Phrase, d. h. er enthält alle notwendigen Informationen über den Aufbau der Phrase (der Konstruktion). Die K. fasst Grammatik (Syntax) konstruktionsbasiert auf. Konstruktionen enthalten Informationen über mögliche Köpfe, mit denen die Konstruktion fusioniert werden kann. Bereits Fillmore (1968) ging von einem Kasusrahmen aus, in den Verben eingepasst werden und gelangte nicht vom Verb zum Kasusrahmen (Valenzstruktur, Satzbauplan), sondern der Kasusrahmen entschied darüber, welche Verben eingepasst werden können. Die K. geht von allen vorkommenden Konstruktionen aus. Diese bieten weit mehr, als sich projizieren lässt. In zahlreichen Fällen stellt z. B. Goldberg (1995) syntakt. und semant. Widersprüche zwischen Konstruktionen und zu fusionierenden Köpfen fest, die durch konzeptuelle Anpassungen *(coercion)* überwunden werden müssen. Darin kommt kreativer Sprachgebrauch i. S. von H. Paul zum Vorschein, nicht nur als Regelbefolgung, sondern auch als Regelverstoß und mögliche Regelveränderung. **Lit.** W. Croft, Radical Construction Grammar. Syntactic Theory in Typological Perspective, Oxford 2001. – Ch. J. Fillmore, The Case for Case. In: Universals in Linguistic Theory. Ed. E. Bach & R. J. Harms. N. Y. 1968, 1–88. – K. Fischer & A. Stefanowitsch, K. Von der Anwendung zur Theorie. Tübingen 2006. – Dies., K. II. Von der Konstruktion zur Grammatik. Tübingen 2008. – A. E. Goldberg, Construction Grammar Approach to Argument Structure. Chicago, Ldn. 1995. – Dies., Constructions at Work. The Nature of Generalizations in Language. Oxford 2006. – P. Kay, Argument Structure Constructions and the Argument-Adjunct Distinction. In: M. Friend & H. C. Boas (eds.), Grammatical Constructions. Back to the Roots. Amsterdam, Philadelphia 2005, 71–100. – P. Kay & Ch. J. Fillmore, Grammatical Constructions and Linguistic Generalizations: the What's X doing Y? construction. Lg. 75, 1999, 1–33. – Ch. J. Fillmore, P. Kay, L. Michaelis & I. A. Sag, Construction Grammar. Chicago 2010. – G. Lakoff, Women, Fire, and Dangerous Things. What Categories Reveal about the Mind. Chicago, Ldn. 1987. – R. W. Langacker, Foundations of Cognitive Grammar, vol. I. Theoretical Perspectives. Stanford 1987. – H. Paul, Prinzipien der Sprachgeschichte, Tübingen 1975 ([1]1880). – M. Tomasello,

Constructing a Language: A Usage-Based Theory of Language Acquisition. Cambridge, Mass. 2003. WK

Konstruktionswechsel (auch: Satzbruch, ⌐ Anakoluth. Frz. rupture de construction) Ein K. liegt vor, wenn ein Satz nach einem best. syntakt. Muster begonnen, aber nach einem anderen fortgesetzt wird. In der ⌐ gesprochenen Sprache treten K. vom Sprecher unbeabsichtigt und häufig auf, während K. als Stilfigur der Rhetorik bewusst eingesetzt werden können. RL

Kontaktlinguistik ⌐ Kontaktsprache, ⌐ Kontrastive Linguistik, ⌐ Sprachkontakt

Kontaktprobe ⌐ Unverträglichkeitsprobe

Kontaktschwelle Deutsch ⌐ Grundwortschatz

Kontaktsignal Signal des Hörers, mit dem der Hörer nicht auf Übernahme der Sprecherrolle zielt, sondern den Kontakt zum Sprecher bestätigt und den Gesprächsverlauf stützt. Dazu zählen im sprachl. Bereich ⌐ Partikeln und Kurzäußerungen wie *ja, mhm, genau, ich weiß nicht …* Noch häufiger sind es aber gest.-mim. Mittel (Kopfnicken, -schütteln, ⌐ Augenkommunikation, ⌐ Körpersprache). K. sind von Duncan unter dem Begriff des Rückmeldeverhaltens *(back channel behavior)* zusammengefasst und klassifiziert worden. Über das reine Rückmeldeverhalten hinaus gehen kurze Kommentaräußerungen des Hörers, sog. Einstellungsbekundungen sowie gesprächsschrittbeanspruchende Signale. Koch & Österreicher verstehen unter K. auch Sprechersignale, da im Sinne einer Kooperation beider Partner sich beide ständig vergewissern, ob der Kontakt aufrechterhalten wird. **Lit.** S. Duncan, On the Structure of Speaker – Auditor Interaction During Speaking Turns. LiS 1974, 161–180. – P. Koch & W. Österreicher, Gesprochene Spr. in der Romania. Tübingen 1990. SL

Kontaktsprache (engl. contact language, vernacular, frz. langue de contact) **1.** In der ⌐ Soziolinguistik Bez. für eine Behelfsspr. beim Kontakt zwischen Menschen, die keine gemeinsame Spr. haben; ⌐ lingua franca, ⌐ Pidginsprache. **2.** In der Kontaktlinguistik (⌐ kontrastive Linguistik) Spr., die in einer bilingualen oder multilingualen Sprachkontaktsituation eine andere Spr. beeinflusst. Durch ⌐ Interferenzen und ⌐ Transferenzen zwischen K. entstehen Innovationen (durch Strukturveränderungen); ⌐ Sprachkontakt. R

Kontaktstellung ⌐ Distanzstellung

Kontamination (lat. contāmināre ›in Berührung bringen‹. Auch: Amalgamierung, Kofferwort, Mischform, Portmanteauwort, Wortkreuzung, Wortmischung, Wortverschmelzung, Zusammenziehung. Engl. amalgam, blend, blending, contamination, frz. mot valise) Bez. für Verschmelzungen zweier Lexeme zu einem, etwa *Videot* aus *Video* und *Idiot*. Die meisten K. bleiben ⌐ Gelegenheitsbildungen, nur wenige finden Aufnahme ins Lexikon einer Spr. (z. B. *vorwiegend* aus *vorherrschend* und *über-*

wiegend). Die einzige Bedingung für die Bildbarkeit von K. (neben Wortartidentität der Ausgangswörter, gleicher Silbenzahl und einer gewissen referentiellen Vergleichbarkeit) scheint ein homophones Segment in den Ausgangswörtern zu sein, das zum Bindeglied wird (*Demokratie* + *Diktatur* = *Demokratur*). An Morphemgrenzen orientieren sich K. offenkundig nicht (vgl. *jein* aus *ja* und *nein*), ein reguläres Wortbildungsverfahren liegt also wohl nicht vor. K. sind eher funktionalisierte Regelverletzungen, die bewusst an ↗ Versprecher erinnern, weswegen sie häufig ironisieren (*akadämlich* etc.). Tatsächl. sind K. in der ↗ Versprecherforschung eines der zentralen Ordnungsprinzipien, sie offenbaren einen Teil der Prinzipien, die den Zugriff auf das ↗ Mentale Lexikon steuern. **Lit.** B. Fradin, Combining Forms, Blends and Related Phenomena. In: U. Doleschal & A. Thornton (eds.), Extragrammatical and Marginal Morphology. Mchn. 1999, 11–55. – W. Levelt, Speaking. From Intention to Articulation. Ldn. 1989, 215–218.　ES

Kontext (lat. contextus ›Zusammenhang‹. Engl. context, frz. contexte) **1.** Situativer Äußerungskontext (situativer K.; ↗ Situationskontext, ↗ Situationsmerkmal) oder sprachl. Umgebung (sprachl. K.) von ling. Einheiten. Mit dem Studium von Äußerungskontexten befasst sich die Pragmalinguistik; ↗ Kommunikation. Üblicherweise wird der sprachl. Kontext (auch: ↗ Kotext) oberhalb der Satzkategorie angesiedelt, um nicht das Gesamtgebiet der Syntax unter den Begriff K. subsumieren zu müssen. Als wesentliche Bereiche von K. gelten (a) die sprachl. Mittel, mit denen eine Äußerung in einer konkreten Situation lokalisiert wird (indexikal. Ausdrücke zur Identifikation von Sprecher, Angesprochenem, Zeit und Ort, Referenzobjekten usw.), d.h. Mittel der ↗ Deixis (↗ Lokaldeixis, ↗ Personaldeixis, ↗ Temporaldeixis), (b) die sprachl. Mittel, die eine Äußerung zu einem ↗ Text machen, z. B. ↗ Pronominalisierungen (↗ Isotopie, ↗ Kohäsion) und andere ↗ Pro-Formen, ↗ anaphorische und ↗ kataphorische Ausdrücke, Mittel der ↗ Textphorik, der ↗ Thema-Rhema-Gliederung, der ↗ thematischen Progression und der ↗ Kontextualisierung, (c) nichtverbale Mittel wie ↗ Gestik und ↗ Mimik, (d) alle außersprachl. Merkmale der Kommunikationssituation (z. B. Alter, Geschlecht, Beruf, Bildungsgrad, Vorwissen usw. der Interagierenden, ihre Beziehungen untereinander, äußere Umstände wie Ort und Zeit usw.). Es ist tunlich, v. a. bei den nonverbalen (c) und außersprachl. (d) K.faktoren danach zu fragen, ob und in welchem Maße sie den Kommunikationsprozess systemat. steuern und sie damit abzugrenzen von der erfahrbaren Welt insgesamt. **2.** In der Syntaxforschung (↗ Phrasenstrukturgrammatik) wird unterschieden zwischen ↗ kontextfreien und ↗ kontextsensitiven Regeln. Ersetzungsregeln der Form xay → xby heißen ↗ kontextfrei, wenn x und y leere Ketten sind, a also in jeder Umgebung durch b

ersetzt werden kann. Sie heißen kontextsensitiv, wenn x und/oder y keine leeren Ketten sind und a durch b nur ersetzt werden kann, wenn die passenden K.bedingungen gegeben sind. **3.** In der ↗ intensionalen Logik gelten als K. oder ↗ Index eines Satzes die Bedingungen, die seinen Wahrheitswert determinieren. **4.** In der ↗ Textlinguistik (J. Petöfi) wurde differenziert zwischen textinternem sprachl. ↗ Kotext, der einer Textstelle vorausgeht oder folgt und textexternem, situationalem K. **5.** Im ↗ Kontextualismus wird K. als zentrales Moment sprachl. Kommunikation überhaupt aufgefasst und entsprechend hoch bewertet. **Lit.** A. Duranti & C. Goodwin (eds.), Rethinking Context. Language as an Interactive Phenomenon. Cambridge 1992. – H. Aschenberg, K.e in Texten. Umfeldtheorie und lit. Situationsaufbau. Tübingen 1999. – A. Fetzer, Recontextualizing Context. Amsterdam 2004. – T. Givón, Context as Other Minds. Amsterdam 2005. – H. G. Widdowson, Text, Context, Pretext. Critical Issues in Discourse Analysis. Malden, Maryland 2004.　G

Kontextabhängig (engl. context dependent) Im Rahmen des ↗ Kontextualismus nimmt man an, dass die Bedeutung sprachl. Ausdrücke k. sind, d. h. abhängig vom außersprachl. ↗ Kontext.　T

Kontextfrei (engl. context free) Eine ↗ Ersetzungsregel E = xφy → xψy heißt k. genau dann, wenn x und y leere Ketten sind. Mit E wird φ durch ψ ohne Rücksicht auf einen ↗ Kontext (2) ersetzt. In diesem Falle ist ein formalsprachl. Kontext gemeint, der sich als ein natürlichsprachl. verstehen lässt. – Ein übl. Beispiel für ein Regelsystem R: (a) S → NP + VP. Regel (a) besagt, dass »S« in jeder Kette, in der es aufgrund der Anwendung der übrigen Regeln von R vorkommen kann, unabhängig von eventuell abgeleitetem Vor- oder Nachkontext durch die Kette »NP + VP« ersetzt werden darf (oder muss, sofern es keine andere Regel in R gibt, die »S« expandiert). – Eine Syntax Σ heißt k. genau dann, wenn alle Regeln von Σ k. sind. – In der TG – mit Ausnahme ihrer frühen Entwicklungsstadien – bilden k. Syntaxen (auch k. Grammatiken genannt) die Basis des Gesamtsystems. Freilich werden im Allgemeinen die Regeln nicht ausdrückl. angegeben. – Bisweilen wird die Hypothese vertreten, natürl. Spr. ließen sich als k. Spr. modellieren (z. B. von Vertretern der Generalisierten Phrasenstrukturgrammatik – GPSG).　T

Kontextregel ↗ Gebrauchsregel

Kontextsensitiv (engl. context sensitive) Eine Ersetzungsregel E = xφy →xψy heißt k. genau dann, wenn x oder y keine leere Kette ist. x__y steht für den ↗ Kontext (2), x für den Vorkontext, y für den Nachkontext. Mit E wird φ durch ψ in Abhängigkeit von einem Kontext ersetzt. In diesem Falle ist ein formalsprachl. Kontext gemeint, der sich als ein natürlichsprachl. verstehen lässt. – Eine Syntax Σ heißt k. genau dann, wenn alle Regeln von Σ k.

sind. Eine formale Spr. L heißt k. genau dann, wenn L von Σ erzeugt wird und alle Regeln von Σ k. sind. – In den frühen Entwicklungsphasen der TG sind etliche k. Regeln formuliert worden. Beispiel für eine k. Regel mit nicht-leerem Vorkontext (nach Hartung 1964): $HV_1 \rightarrow Obj + Hv_{präp}$ /wenn: Obj_2__. Unter der Bedingung, dass ein indirektes Objekt (Obj_2) vorausgeht, setzt sich der Hauptverb-Komplex HV_1 zusammen aus einem indirekten Objekt (Obj_1) und einem Komplex $HV_{präp}$ (womit ein Präpositionalobjekt mit finitem Verb gemeint ist). – **Lit.** W. Hartung, Die zusammengesetzten Sätze im Dt. Bln. 1964.

Kontextualisierung (engl. contextualization) »Der Gebrauch, den Sprecher und Hörer von verbalen und nonverbalen Zeichen machen, um das, was zu einer bestimmten Zeit und an einem bestimmten Ort gesagt wird, mit Wissen, das durch vergangene Erfahrung erworben wurde, in Beziehung zu setzen« (Gumperz 1982, 230). Diese Beziehung wird durch Kontextualisierungshinweise (*contextualization cues*) ausgedrückt, die vor allem prosod. oder paralinguist. Art sind oder sich dem »code switch« oder einer spezif. Auswahl phonet., phonolog. oder morphosyntakt. Formen oder auch bestimmter lexikal. Formen oder formelhafter Ausdrücke verdanken. Dieses von Gumperz entwickelte Konzept verweist auf den »interaktiv, also letztlich gesellschaftlich« (Gumperz 1982, S. 230) hergestellten Charakter von Annahmen der Interaktanten über die Konversation und dient der Modellierung von Hintergrundwissen und aktueller Kommunikation. **Lit.** J. Gumperz, Discourse Strategies. Cambridge 1982. – J. Gumperz, Contextualization and Understanding. In: A. Duranti & Ch. Goodwin (Hgg.), Rethinking Context. Cambridge 1982, 228–252. – P. Auer & A. di Luzio (eds.), The Contextualization of Language. Amsterdam 1992. E

Kontextualismus Aus der Lehre B. Malinowskis (1887–1942), Spr. sei in erster Linie eine Art von Handeln und nicht »a countersign of thought« (1923), entwickelte Auffassung, nach der die Bedeutung von Wörtern und Sätzen nicht lediglich mit sprachl. Mitteln zustande kommt, sondern entscheidend durch den außersprachl. ↗ Kontext (1). Als zentralen Begriff des K. nennt J. R. Firth (1890–1960) den situativen Kontext. Zu diesem gehören nicht nur ganze Partien individueller Biographien, sondern auch die gesamte Kulturgeschichte, in die eine Äußerung eingebettet ist. Es begegnen sich im situativen Kontext »past, present, and future«. Allerdings wird dieser allzu weit gefasste Begriff eingeschränkt auf typ. situative Kontexte. Die Sprecher einer Spr. sind in dem, was sie sagen, nicht frei, sondern abhängig von den sozialen ↗ Rollen, die sie übernehmen. Semantik ist danach die Klassifikation von Äußerungen einer Spr. gemäß den typ. situativen Kontexten, für die sie sich eignen. Da jede Person zu verschiedenen Zeiten und in verschiede-

nen Situationen vielerlei soziale Rollen spielt und sich somit sprachl. spezialisiert, ergibt sich für Firth (1953/1957) als Konsequenz die Auffassung, dass es eine einheitl. Spr. – eine ↗ langue im de Saussureschen Sinne – nicht gibt. Er leugnet ausdrücklich die Brauchbarkeit solcher Unterscheidungen wie Spr. und Denken, Wort und Konzept, Signifikant und Signifikat, Ausdruck und Inhalt: »Diese Dichotomien sind ein gänzlich entbehrlicher Unfug und sollten meines Erachtens fallen gelassen werden.« – Die Vertreter des K. fasst man unter der Bezeichnung »Londoner Schule« zusammen. **Lit.** B. Malinowski, The Problem of Meaning in Primitive Languages. Supplement 1 zu C. K. Ogden & I. A. Richards, The Meaning of Meaning. Ldn. 1923, 196–336. – J. R. Firth, Papers in Linguistics, 1934–1951. Ldn. Oxford 1957. T

Kontextuelles Merkmal (engl. contextual feature, frz. marque contextuelle) Bei N. Chomsky, Aspects, Oberbegriff für (a) Merkmale der strikten ↗ Subkategorisierung und (b) ↗ Selektionsmerkmale. Es handelt sich um Merkmale von Vbb., die (a) deren syntakt. Umgebung festlegen und sie damit in Intransitiva, Transitiva, Vbb. mit folgendem Adj.- oder Satzkomplement u. a. einteilen und die (b) Bedingungen für die ↗ inhärenten Merkmale zulässiger Subj. und Obj. spezifizieren. Z. B. enthält das »komplexe Symbol« des Vb. *schweigen* für das Subj. das k. M. [+ menschl.]. Diesen von der ↗ interpretativen Semantik ausgebauten Ansatz erweitert U. Weinreich durch den Begriff der »Übertragung«: Auf ein Syntagma, das das vom regierenden Vb., Adj., Präp. geforderte inhärente Merkmal nicht enthält, wird dieses als k. M. übertragen. In *Alle haben unterschrieben* macht das Subj. *alle* vom Präd. das Merkmal [+ menschl.]; auch in *Die Steine schweigen* erhält das Subj. ein Übertragungsmerkmal, das jedoch mit dem inhärenten Merkmal [– belebt] in einen nur metaphor. auflösbaren Widerspruch gerät. **Lit.** U. Weinreich, Erkundungen zur Theorie der Semantik. Tübingen 1970. RB

Kontiguität (mlat. contiguitās ›Berührung, Nähe‹. Engl. contiguity, frz. contiguité) **1.** Beziehung zwischen linear aufeinanderfolgenden Einheiten in komplexen sprachl. Ausdrücken. Diese allgemeine Definition wird zumeist eingeschränkt durch das Merkmal der Kokonstituenz: K. besteht danach zwischen benachbarten ↗ Konstituenten, die von demselben Element unmittelbar dominiert werden (↗ Dominanz, ↗ Kokonstituente). Von daher wird K. oft als Synonym zu Konstituenz verwendet. **2.** R. Jakobson bezeichnet als K. die »lineare Zuordnung« kontextuell kombinierter Zeichen im Rahmen der »vom Code« vorgegebenen Beschränkungen. Diese resultieren einerseits aus ↗ syntagmatischen Regeln auf allen Ebenen der Spr., andererseits aus sprach- oder wissensbasierten (vgl. 2) »prädikativen Assoziationen« (*Aufsatz* → auf Papier; *Anmerkungen* → kleingedruckt; »*Der Pro-*

zess« → Kafka), die zugleich die Grundlage bilden
für die Vielfalt der ↗ Metonymien (*Lies das Papier /
das Kleingedruckte / den Kafka!*); demgegenüber
beruhen metaphor. Figuren (↗ Metapher) auf para-
digmat. ↗ Similarität. Entsprechend unterscheidet
Jakobson zwei Grundformen der ↗ Aphasie; als
»K.störung« bezeichnet er den Verlust syntagmat.
Fähigkeiten auf allen Ebenen der Spr.; ↗ Brocasches
Zentrum. **3.** S. Ullmann kreuzt den Gegensatz K.
(»Berührung«) – Similarität mit dem Begriffspaar
↗ Signifikat (»Sinn«) – ↗ Signifikant (»Name«) zu
einem Vierfelderschema, das er zur funktionalen
Klassifikation des ↗ Bedeutungswandels nutzt. Mit
»Sinnberührung« erklärt er die metonym. Fälle
(*Bau* → ›Gebäude‹, *Jugend* → ›junge Menschen‹,
Zunge → ›Sprache‹), mit »Namensberührung« die
ellipt. Fälle (*geben* < *Karten geben, Geschmack* <
guter Geschmack, Limburger < *Limburger Käse*).
Lit. S. Ullmann, Grundzüge der Semantik. Bln.
1967. – R. Jakobson, Studies on Child Language
and Aphasia. The Hague 1971. RB – **4.** (Auch:
Renominalisierung) Der Begriff K. wurde in der
textling. Forschung – in Anlehnung an seine Verwendung in der Semantik von S. Ullmann (1957) –
von R. Harweg (1968) eingeführt und bezeichnet
hier eine vorwiegend außersprachl. bedingte, auf
inhaltl. oder begriffl., räuml. oder zeitl. Berührung
(Nähe) beruhende Beziehung zwischen Wörtern in
einem Text, die sich als Teil-Ganzes- oder Teil-Teil-
Relation beschreiben lässt, z. B. *Die Kirchturmuhr
ist kürzlich restauriert worden. Das Glockenspiel
hört man überall in der Innenstadt.* Beziehungen
der K. zwischen Wörtern können nach R. Harweg
log., ontolog., kulturell oder situationell begründet
sein. K. gehört zum Potential der Kohärenz eines
Textes, das Rezipienten allerdings nur nutzen können, wenn sie auf der Grundlage ihres Weltwissens
die implizite Relation der K. bei der Textverarbeitung in eine explizite umwandeln können, z. B.
Kirchturmuhren haben (meistens) Glockenspiele.
Lit. R. Harweg, Pronomina und Textkonstitution.
Mchn. 1968, ²1979.   **P**
Kontiguitätsergänzung ↗ Prädikativ
Kontingent (lat. contingere ›sich zufällig ereignen,
zustoßen‹) **1.** Log. K.: nicht notwendig. Eine Aussage ist log. k., wenn deren gegenteilige Aussage
keinen Widerspruch einschließt; ein Satz ist log. k.,
wenn er weder in seiner positiven noch in seiner
negativen Bestimmung notwendig log. wahr ist. Ein
k. Satz ist log. wahr in einigen, nicht aber in allen
↗ möglichen Welten (semant. Deutung). Ein k. Satz
ist unentscheidbar innerhalb eines vollständig axiomatisierten Systems von ↗ analyt. Wahrheiten (syntakt. Deutung). – **2.** Metaphys. k.: möglich, zufällig,
i. S. von ›es könnte auch anders sein, als es ist‹. –
3. Naturphilos. k.: ein Ereignis ist nicht eine notwendige Folge eines anderen.   **PR**
Kontinuativ ↗ Durativ, ↗ Progressiv
Kontinuativum ↗ Stoffbezeichnung, ↗ Substantiv

Kontinuierlich ↗ Abrupt
Kontinuum n. (lat. continuum ›fortdauernd‹)
Durchgängiger, ununterbrochener Zusammenhang
zwischen einzelnen Elementen einer Menge bzw.
fließende Übergänge zwischen den einzelnen Stadien einer Entwicklung. In der Ling. v. a. in Komposita wie ↗ Lautkontinuum und Dialektkontinuum
(fließende Übergänge zwischen jeweils benachbarten Ortsmundarten ohne markante Isoglossenbün-
del) terminologisiert. Kontinua werden in ling. Untersuchungen nach Möglichkeit in Schritte bzw.
Phasen zerlegt, denn ihre einzelnen Elemente müssen voneinander unterscheidbar sein bzw. gemacht
werden, um beschrieben und analysiert werden zu
können; ↗ diskret.   **G**
Kontradiktion (lat. contrādictiō ›Widerspruch‹.
Engl. contradiction. Auch: Antilogie) Log. Terminus
für Aussagen, die aufgrund ihrer semant. Form in
allen mögl. Welten falsch sind: *Junggesellen sind
verheiratet. Die Sonne scheint, doch scheint sie
nicht*; ↗ Tautologie (3).   **RB**
Kontradiktorisch (lat. contrādictōrius ›Wider-
spruch enthaltend‹. Engl. contradictory) In der
klass. Logik wird die ↗ Kontravalenz als k. Gegen-
satz bezeichnet.   **RB**
Kontrafaktisch (lat. contrā factum ›im Gegensatz
zur Tatsache‹) Annahme oder Aussage eines Sachverhalts, die in dem Bewusstsein getroffen wird,
dass der genannte Sachverhalt unter den gegenwärtigen Bedingungen nicht besteht. Sprachl. Formulierungen dafür sind z. B. im Dt. die irrealen ↗ Konditionalsätze.   **PR**
Kontraktion (lat. contractiō ›Zusammenziehung‹.
Auch: Zusammenziehung, Synärese) **1.** Bez. für
univerbierte Wörter wie frz. *a* und *le* zu *au* oder
engl. *do* und *not* zu *don't.* Im Unterschied zu ↗ Enklise bzw. ↗ Proklise führt K. zu Wortformen, die
sich phonolog. nicht auf die Lautung der Ausgangs-
formen beziehen; ↗ Klitikon, ↗ Portmanteaumorphem. ES – **2.** In der Gräzistik Bez. für das Resultat
der Assimilation zweier Vokale im Wortinnern (zur
Vermeidung des »Binnenhiats«) zu einem (langen)
Vokal oder einem Diphthong, die i. d. R. durch die
Tilgung eines intervokal. Konsonanten veranlasst
ist. Verben, die einen derartigen phonolog. Prozess
durchlaufen haben, werden *verba contracta* genannt, z. B. die Verben auf -άω (τιμά-ω (tima-ō) >
τιμῶ (timō) ›ich schätze, ehre‹).   **GS**
Konträr ↗ Kontrarität
Kontrarität (lat. contrārium ›Gegensatz‹. Engl.
contrariety. Auch: Exklusion) Log. Terminus für
die Nicht-Und-(NAND-)Relation. Zwei Aussagen
sind konträr, wenn nur eine von beiden wahr,
beide jedoch falsch sein können: (a) pragmat.
fundiert: *Inas Vogel singt/ist gestorben*; (b) semant. fundiert aufgrund von lexikal. ↗ Inkompatibilität – binär (z. B. *ankommen/weggehen; gewin-
nen/verlieren*) und nicht-binär (z. B. *Dackel, Pudel, Dogge* usw.; *rund, quadratisch, sechseckig*

usw.) – oder aufgrund von ↗ Antonymie (*hell – dunkel, laut – leise*). RB

Kontrasprache ↗ Jugendsprache, ↗ Sondersprache

Kontrast Bedeutungsunterscheidender Gegensatz (auch: ↗ Opposition) oder im Ggs. zur paradigmat. Opposition (z. B. dt. *Tisch – Fisch*: /t/ – /f/) syntagmat. K. (z. B. dt. /t – i – ʃ/). PM

Kontrastakzent ↗ Akzent

Kontrastiv Vergleichende Darstellung von sprachl. Sachverhalten im ↗ Fremdsprachenunterricht. K. Erläuterungen, die die ↗ Erstsprache mit der zu erlernenden ↗ Fremdsprache in Beziehung setzen, zielen auf eine bessere Durchschaubarkeit sprachl. Strukturen ab. Die k. Darstellung kann einzelne Unterrichtsphasen betreffen oder umfassend genutzt werden. Sie basiert auf der Beobachtung, dass zumindest erwachsene Lerner ohnehin bewusst oder unbewusst Vergleiche zwischen ihrer Mutterspr. und der Fremdspr. ziehen. K. Erläuterungen können auch im ↗ muttersprachlichen Unterricht genutzt werden, indem dialektale Strukturen oder die einer bekannten Fremdspr. einbezogen werden. SO

Kontrastive Linguistik (auch: Konfrontative Linguistik, Kontaktlinguistik. Engl. contrastive linguistics, frz. linguistique contrastive) Ausrichtung der ↗ Vergleichenden Sprachwissenschaft, bei der ein ↗ Sprachvergleich nicht im Hinblick auf ↗ genetische Fragestellungen, sondern zum Zwecke der Aufdeckung von strukturellen Übereinstimmungen und Divergenzen zwischen zwei, seltener mehreren gegebenen Einzelspr. durchgeführt wird; die dabei angewendeten Verfahren sind solche der ↗ Sprachtypologie. Ein wichtiges Anwendungsgebiet der k. L. besteht in der Schaffung von Grundlagen für den FU; durch die gezielte Kontrastierung der Zielspr. (S2) mit der jeweiligen Ausgangsspr. (S1) hofft sie, typische ↗ Interferenzen (»Fehler«) vorhersagen und somit in gewissem Maße zu ihrer Vermeidung beitragen zu können. Ein Sonderfall der k. L. liegt dann vor, wenn die miteinander kontrastierten Spr. unter den allgemeinen Bedingungen eines ↗ Sprachkontakts stehen; man spricht hier auch von Kontaktlinguistik. Gegenstand der k. L. ist in diesen Fällen vielfach die Aufdeckung von ↗ Interferenzen. **Lit.** H. Raabe (ed.), Trends in k. Ling. Tübingen 1974–1976. – K. Rein, Einf. in die K. L. Darmstadt 1983. – J. Fisiak (ed.), Contrastive Linguistics: Problems and Projects. The Hague 1983. – R. Sternemann u. a., Einf. in die konfrontative Ling. Lpz. 1983. – D. Winford, An Introduction to Contact Linguistics. Oxford u. a. 2003. – D. Willems, Contrastive Analysis in Language: Identifying Linguistic Units of Comparison. Basingstoke u. a. 2004. GP

Kontrastive Pragmatik (auch: Interkulturelle Pragmatik. Engl. cross-cultural pragmatics) Teilgebiet der ling. ↗ Pragmatik, dessen Gegenstand – in Ausweitung der (strukturbezogenen) Fragestellungen der ↗ kontrastiven Linguistik – solche Kommunika-

tionsakte darstellen, an denen Personen beteiligt sind, denen unterschiedl. kulturelle (Sozialisations-, Erfahrungs-) Hintergründe (›ethnicity‹) zugeschrieben werden. Die k. P. untersucht v. a. das Missglücken solcher Akte, d. h. das Übertragen vertrauten, automatisierten Kommunikationsverhaltens auf ›interkulturelle‹ Situationen, in denen es ungültig ist. Die k. P. nimmt an, dass kommunikative Routinen (↗ handlungskommentierende Formel), typ. ↗ Sprechakte, interaktive Muster, Rituale und Stereotype unterschiedl. regional- oder nationalsprachl. Kulturen (unter funktionalen Gesichtspunkten) im Prinzip miteinander vergleichbar sind (z. B. ›sich begrüßen‹, ›jdm. gratulieren‹, ›sich verabreden‹) und dass es bei Kontakten zwischen Personen unterschiedl. kulturellen Hintergrunds zu pragmat. ↗ Interferenzen kommen kann (muss?), welche ›interkulturelle Missverständnisse (Konflikte)‹ (*cross-cultural miscommunication*) bewirken. Solche Missverständnisse können dazu führen, dass Gesprächspartner sich aufgrund ihrer Unkenntnis des jeweils anderen ›kulturellen Habitus‹ (›cultural ethos‹) gegenseitig für schroff, unwirsch, verlogen, devot usw. halten. Gegenstand der k. P. ist sprachl., aber auch gest. und mim. Verhalten, soweit in ihm interkulturelle Kontraste konstatierbar sind; ↗ Augenkommunikation, ↗ Gestik, ↗ Mimik, ↗ Nonverbale Kommunikation. In ihrer Methodologie ist die k. P. stark an der ↗ Ethnographie der Kommunikation und der ↗ Interpretativen Soziolinguistik orientiert. **Lit.** S. Blum-Kulka, J. House & G. Kasper (eds.), Cross-Cultural Pragmatics: Requests and Apologies. Norwood, N. J. 1989. – V. Hinnenkamp, Interaktionale Soziolinguistik und Interkulturelle Kommunikation. Gesprächsmanagement zwischen Deutschen und Türken. Tübingen 1989. – H. Reimann (Hg.), Transkulturelle Kommunikation und Weltgesellschaft. Opladen 1992. – LiLi, Jg. 24, Nr. 93 (›Interkulturelle Kommunikation‹), 1994. – E. Ogiermann, On Apologising in Negative and Positive Politeness Cultures. Amsterdam 2009. G

Kontrastive Unterspezifikation ↗ Unterspezifikation

Kontrastivhypothese Die K. wurde ursprüngl. auf behaviorist. Grundlage formuliert; ↗ Behaviorismus. Beim Erwerb neuer ›habits‹ in der S2 greift der Lerner beim ↗ Zweitspracherwerb demnach ständig auf schon erworbene ›habits‹ seiner S1 zurück. Übereinstimmung zwischen den beiden Spr. führen zum positiven, Unterschiede zum negativen ↗ Transfer; ↗ Interferenz. Kontraste in jeder Hinsicht (z. B. Aussprache, Grammatik, Lexik) führen daher zu Lernschwierigkeiten, Ähnlichkeiten zwischen den Spr. zu Lernerleichterungen. Mithilfe eines systemat. kontrastiven Vergleichs von Spr. lassen sich Fehler (›bad habits‹) voraussagen und sollen durch geschickte Anordnung des Lernmaterials von vornherein vermieden werden. Vertreter der ↗ Identitätshypothese kritisieren die Gleichsetzung von ling.

Unterschieden mit psycholing. Prozessen (klare Unterschiede zwischen Spr. könnten im Gegensatz zu verschwommenen Ähnlichkeiten sogar lernerleichternd sein); ↗ Fehlerlinguistik. GI, KL

Kontraststellung (In der Duden-Grammatik auch: Ausdrucksstellung, bei J. Erben: affektische Spitzenstellung) Besetzung des Vorfeldes (↗ Feldgliederung, ↗ Stellungsfeld) im Dt. mit einem Satzglied, das etwas Neues und Wichtiges bezeichnet, im Sinne der ↗ funktionalen Satzperspektive die Funktion eines ↗ Rhema erfüllt und deshalb normalerweise an das Satzende rückt, z. B. *Einen Jux will er sich machen*; ↗ Topikalisierung. **Lit.** J. Erben, Dt. Grammatik. Mchn. ¹²1980. SL

Kontratenor ↗ Stimme

Kontravalenz f. (lat. contrā ›gegenteilig, umgekehrt‹, valēre ›gelten, wert sein‹) Log. Terminus für die Entweder-Oder-(EXOR-)Relation: Zwei Aussagen p und q sind kontravalent, wenn notwendigerweise eine und nur eine von beiden wahr ist, also weder beide wahr noch beide falsch sein können: (a) *Jetzt ist Weiß/Schwarz am Zug.* (b) *Dies ist ein frisches/gebrauchtes Glas.* Die K. der beiden Aussagen in (a) ist pragmat. (Schachregeln), in (b) dagegen semant. fundiert, da die beiden Adj. ein komplementäres (↗ Komplementarität) Lexempaar (mit ↗ kontradiktorischem Bedeutungsgegensatz) bilden. Kontravalent sind Satzverknüpfungen mit exklusivem *oder* (lat. *aut*; dagegen inklusives *oder*: ↗ Disjunktion); aus pragmat. Gründen (Informationsgehalt, Relevanz) wird *oder* zumeist auch dann exklusiv interpretiert, wenn die Relation von p und q eigentl. ↗ konträr (*Philipp ist jünger oder älter als seine Freundin*) oder disjunktiv (*Möchtest du Tee oder Kaffee?*) ist. RB

Kontrolle Seit der ↗ REST und ↗ Rektions-Bindungs-Theorie Bez. für die Referenzbeziehung (↗ Koreferenz) zwischen dem als ↗ Leere Kategorie postulierten Subj. ↗ PRO von spezif. ↗ Infinitiv-Konstruktionen und einer ↗ Nominalphrase in dem die ↗ Infinitiv-Konstruktion einbettenden Satz. In der ↗ Rektions-Bindungs-Theorie wird das leere Subj. PRO als basisgeneriert aufgefasst, d. h. die betreffende Leerstelle resultiert nicht aus der Anwendung einer Transformation, sondern aus der ↗ Projektion einer subkategorisierten lexikal. Eigenschaft (↗ Subkategorisierung, ↗ Projektionsprinzip). Da z. B. *regnen* keine ↗ Theta-Rolle an ein ↗ Komplement oder ↗ Subj. vergibt, ist PRO in entspr. Infinitiv-Syntagmen ausgeschlossen, vgl. **Ich empfehle [PRO nicht zu regnen].* Der Begriff K. erfasst lexikal. Informationen (K.-Eigenschaften best. Verben), syntakt. Informationen (Distribution von PRO), semant. und pragmat. Informationen (Referenzeigenschaften). Nach Auffassung der K.-Theorie wird z. B. bei Verben wie *versprechen* das leere Subj. PRO eines eingebetteten Infinitivs (mit *zu*) vom Subj. dieser Verben kontrolliert, bei Verben wie *befehlen* vom Obj., vgl. *Hans ver-*

spricht ihm [*zu kommen*] vs. *Hans befiehlt ihm* [*zu kommen*]. Verben, welche kontrollierte Infinitiv-Konstruktionen einbetten, werden als *Kontroll-Verben* bezeichnet, im Gegensatz zu *Anhebungs-Verben* (↗ Anhebung) wie *scheinen*, bei welchen das leere Subj. des Infinitivs aus einer ↗ Bewegung resultiert. Die Sub-Theorie über K. löst frühere transformationelle Lösungen wie ↗ EQUI-NP-Deletion ab und ergänzt im Rahmen der Gesamtarchitektur der Rektions-Bindungs-Theorie die Theorie über ↗ Bindung und die ↗ Kasustheorie. **Lit.** C. Boeckx, N. Hornstein & J. Nunes, Control as Movement. Cambridge, UK, 2010. – P. W. Culicover & R. S. Jackendoff, The Semantic Basis of Control. Lg. 79.3, 2003, 517–556. – W. Davies, The Grammar of Raising and Control. A Course in Syntactic Argumentation. Ldn. 2004. – G. Hicks, W. D. Davies & S. Dubinsky (eds.), New Horizons in the Analysis of Control and Raising. Dordrecht 2007. – I. Landau, Elements of Control: Structure and Meaning in Infinitival Constructions. Dordrecht 2000. – R. Ružička, Control in Grammar and Pragmatics. A Cross-Linguistic Study. Amsterdam 1999. – W. Sternefeld, Syntax. Eine morpholog. motivierte generative Beschreibung des Dt. Tübingen ³2009. – B. Stiebels, Towards a Typology of Complement Control. In: ZAS Papers in Linguistics 47, 2007, 1–59. **Bibl.** [http://folk.uio.no/janengh/KONTROLL/]. F

Kontrolltheorie ↗ Kontrolle
Kontrollverben ↗ Kontrolle
Kontur ↗ Intonation
Konvention (lat. conventiō ›Übereinkunft‹, Verabredung‹) **1.** (a) Durch Gewohnheit oder Eingelebtheit geregeltes soziales Verhalten, (b) willkürl. und explizite Setzung bzw. Vereinbarung von sozialen ↗ Regeln. Die Geltung der Regeln wird in dem einen Fall durch histor.-soziale Genese begründet, im anderen Fall durch den Vereinbarungscharakter. In Bezug auf Spr. werden beide Aspekte von K. im Hinblick auf die Funktion der richtigen Benennung der Dinge thematisiert: die Richtigkeit der Dinge benennenden Namen beruht (a) auf naturhafter Entsprechung (↗ physei) von Wort und Ding, (b) auf Setzung i. S. einer Übereinkunft (thesei); ↗ Arbitrarität. PR – **2.** In die Alltagsspr. übergegangener sozialwiss. Ausdruck, der in der ling. ↗ Pragmatik als Residualkategorie zur Erfassung der gesellschaftl. Qualität des sprachl. Handelns verwendet wird, ähnlich wie die interpersonale Qualität von Spr. als »konventionell« entstanden behandelt wird. E

Konventionelle Implikatur ↗ Implikatur
Konverb Bez. für adverbiale Verbformen in den ↗ altaischen Sprachen. K. sind weder finit (kommen nicht als abschließendes Verb des Hauptsatzes in Frage) noch nominal (sie dienen nicht als Abschluss eines Subjekt-, Objekt- oder Attributsatzes). Sie dienen als ↗ Adverbien, als Abschluss von Adverbialsätzen, als erstes Glied von Verbpaaren oder

auch als erstes Glied einer unterordnenden Verbverbindung, in der das zweite Glied ein deskriptives oder modales Hilfsverb ist. Der Terminus K. stammt ursprünglich aus der Mongolistik, von wo er auf die Turksprachen übertragen worden ist. MI

Konvergenz f. (mlat. convergentia ›Übereinstimmung‹) Tendenz zur gegenseitigen Annäherung zweier Elemente, deren Resultat in ihrer Verschmelzung bestehen kann. K. kann auf verschiedenen Ebenen des Sprachsystems auftreten, z. B. als Annäherung benachbarter Phoneme oder Morpheme aneinander und ihr schließliches Zusammenfallen in einer Einheit. ⁊ Sprachbund-Phänomene können als (globale) K.-Prozesse aufgefasst werden; Ggs. ⁊ Divergenz. G

Konvers (lat. convertere ›umdrehen‹) **1.** Bez. für eine in der Logik in bestimmten Fällen mögliche log. äquivalente Umformung einer Aussage durch Vertauschung von Subjekt und Prädikat. Eine ⁊ Relation ist durch Konversion entstanden, wenn die Anordnung der beiden Argumentstellen der Relation vertauscht sind, z. B. *Kind von, Elternteil von; alle Menschen sind sterblich, einige Sterbliche sind Menschen.* PR – **2.** Zwei Wörter (Wortformen) sind k. zueinander, wenn sie sich in der pragmat. Reihenfolge (⁊ pragmatische Rolle) ihrer Ergänzungen hinsichtl. deren Charakterisierung als 1.,2.,3. Ergänzung so unterscheiden, dass diese Rollen getauscht werden. In diesem Sinne k. zueinander sind z. B. *kaufen* und *verkaufen, geben* und *erhalten* oder die Aktiv- und die Passivform eines Verbs; ⁊ Perspektivierung. **Lit.** T. Roelcke, Konversivität. HSK 21.1, 511–518. WK

Konversation 1. (Bes. Typ von) Unterhaltung. – **2.** Als Übersetzungsanglizismus Bezeichnung für die Objekte der Analyse ⁊ gesprochener Sprache, wie sie im Gefolge der ⁊ Konversationsanalyse und in parallelen Forschungstraditionen vorgenommen wird. **Lit.** ⁊ Konversationsanalyse. E

Konversationelle Implikatur (engl. to implicate ›zur Folge haben‹. Engl. conversational implicature) Von Grice 1968 geprägter Terminus; ⁊ Konversationsmaxime. Der Terminus ⁊ Implikatur tritt an die Stelle des Terminus ⁊ Implikation: Eine k. I. liegt dann vor, wenn ein Sprecher, ohne ein Wissenselement »wörtlich« zum Ausdruck zu bringen, dieses Wissenselement für den Hörer auf konventionell nachvollziehbare Weise zu verstehen gibt. Dies ist insbes. der Fall etwa bei (semant.) ⁊ Präsuppositionen. Das Konzept ist einer der vielen Versuche, dem Umstand Rechnung zu tragen, dass das ⁊ sprachliche Handeln von Interaktanten auf komplexe und flexible Weise Weltwissen, Sprachwissen und sprachl. (Handlungs-) Formen kommunikativ integriert und so Verständigung interaktiv herstellt. **Lit.** H. P. Grice, Logic and Conversation. In: P. Cole & L. Morgan (eds.), Syntax and Semantics, vol. 3: Speech Acts. N. Y. 1975, 41–56 (Auszug aus einer größeren, bisher nicht vollständig publizierten Vorlesungsreihe). – G. Gazdar, Impli-

cature, Presupposition and Logical Form. Bloomington 1977. – S. C. Levinson, Pragmatics. 1983. – E. Rolf, Sagen und Meinen. Opladen 1994. E

Konversationsanalyse (auch: Gesprächsanalyse. Engl. conversation(al) analysis) Der Terminus K. wird einerseits verwendet als Übersetzung von »conversation analysis« und bezieht sich dann auf diese vor allem US-amerikan. Forschungsrichtung. Andererseits bezeichnet er eine dt. Adaptierung und Weiterentwicklung. Z. T. wird er aber auch als nicht sehr spezif. Bez. für die Analyse ⁊ gesprochener Sprache verwendet, parallel zu »Gesprächsanalyse« (wobei der Ausdruck »Gespräch« als Übersetzung von »conversation« eine ähnl. Begriffsextension umfasst), aber auch zu ⁊ »Diskursanalyse«. Diese begriffl. Unklarheit ergibt sich aus der Unklarheit in Bezug auf die zugrundeliegenden Termini ⁊ »Konversation«, »Gespräch«, ⁊ »Diskurs«. – Die *conversation analysis* ist eine soziolog. Analyserichtung von »conversation«, also von Unterhaltungen, Alltags-Gesprächen, die sich aus der ⁊ Ethnomethodologie entwickelt hat. Bereits Garfinkel hatte sich intensiv mit der Erforschung von alltägl. ⁊ Kommunikation befasst. H. Sacks und E. Schegloff setzten diese Analyserichtung fort, indem sie als hauptsächl. Analyseobjekt eben »conversations« bestimmten. Die theoret. Hintergründe der Ethnomethodologie, ein strikt phänomenolog. Ansatz, werden dabei theoret. kaum weiterverfolgt noch explizit offengelegt, so dass sich ein traditioneller soziolog. Positivismus damit verbinden kann. Letzteres macht sich vor allem beim Objektrigorismus bemerkbar: ähnlich dem philolog. Positivismus wird der strenge Datenbezug hervorgehoben. Grundlage der Arbeit sind Transkripte von *conversations*, insbesondere von Telefongesprächen. Die Transkriptionen werden nach einem für diesen Datentyp zugeschnittenen Transkriptionsverfahren verschriftlicht (lokale Überlappungswiedergabe, keine Partiturschreibung; literar. Umschrift; eine Reihe von Sonderzeichen; Wiedergabe auch von paraling. Phänomenen). Der Datenpositivismus wird methodolog. gewendet: nur was in den Daten zu beobachten(!) ist, ist analytisch relevant. Von der Ethnomethodologie wird der Grundsatz übernommen, dass die Arbeit des Analytikers sich von der des alltägl. Mitglieds nicht unterscheidet. Beide konstruieren in der (beobachtbaren) Kommunikation gesellschaftl. Wirklichkeit. Die Annahme eines vorgängigen Struktur-Wissens, wie sie die ⁊ Sprechakttheorie annimmt, oder gar der gesellschaftl. Ausgearbeitetheit von interaktiven Verfahren, wie sie die ⁊ Diskursanalyse ansetzt, wird als mit dem konstruktivistischen Konzept unvereinbar abgelehnt. – Die *conversation analysis* hat durch ihre methodolog. Verfremdung des alltägl. Geschehens elementare Ordnungsstrukturen von Alltagsunterhaltungen herausgearbeitet, insbes. den Turn-Wechsel-Mechanismus und die Organisation von »Reparaturen«

von »schiefgelaufenen« Kommunikationsbeiträgen, die Abwicklung von Überlappungen in der Unterhaltung. Übergeordnete Strukturen der Kommunikation wie sprachl. Handlungsmuster werden nur aufgenommen, wenn und sofern sie aus den Daten heraus an deren Oberfläche sichtbar sind. Die Rolle des ↗ Wissens der Beteiligten wie der Analytiker wird dabei methodolog. minimiert: die Beteiligten selbst zeigen den anderen Beteiligten, wie ihre sprachl. Beiträge zu verstehen sind. In Kontinuität zur Ethnomethodologie spielt dafür ein anderes mentales System, das der Erwartungen und der Erwartbarkeit, eine große Rolle. Konversationelle Kommunikation erscheint im Wesentlichen als ein Prozess des »Aushandelns« (zur Kritik vgl. Dieckmann & Paul 1983). – Gerade durch brit. Beiträge (vgl. Atkinson & Heritage, Drew) wird das Objektgebiet stark ausgeweitet, wobei die aus Konversationen entnommenen und auf sie zugeschnittenen Theoriekonstrukte auf andere Formen von Kommunikation übertragen werden (Gericht, Schule). – Die dt. Konversationsanalyse teilt mit der *conversation analysis* das Interesse für die Verfahrensaspekte von Kommunikation. Dabei ist allerdings weder der methodolog. Rigorismus noch die Enge der Objektbestimmung übernommen, so dass der Ausdruck »Konversation« eine auf vielfältige Formen von Kommunikation übertragene Bedeutung erhält. Es werden – besonders in den Arbeiten von Kallmeyer und Schütze – sich wiederholende Strukturen aus als exemplarisch in Anspruch genommenen Daten herausgearbeitet, die einerseits als Schemata (z. B. der Sachverhaltsdarstellung), andererseits als Muster (d. h. Rekurrenz aufweisende) Abläufe bezeichnet werden. **Lit.** J. M. Atkinson & M. Heritage (eds.), Structures of Social Action. 1984. – W. Dieckmann & I. Paul, »Aushandeln« als Konzept der Konversationsanalyse. Eine wort- und begriffsgeschichtl. Analyse. ZS 2, 2, 1983, 169–196. – J. Dittmann (Hg.), Arbeiten zur K. Tübingen 1979. – D. Flader & T. von Throtha, Über den geheimen Positivismus und andere Eigentümlichkeiten der ethnomethodolog. K. ZS 7, 1, 1988, 92–115. – W. Kallmeyer & F. Schütze, K. SL 1, 1976, 1–28. – G. Jefferson, On Exposed and Embedded Correction in Conversation. SL 14, 1983, 58–68. – H. Sacks, E. Schegloff & G. Jefferson, A Simplest Systematics for the Organization of Turn-taking for Conversations. Lg. 50, 1974, 696–735. – E. Schegloff, G. Jefferson & H. Sacks, The Preference of Self-Correction in the Organization of Repair in Conversation. Lg 51, 1977, 361–382. – J. Schenkein (ed.), Studies in the Organization of Conversational Interaction. N. Y. 1978. – D. Tannen, Conversational Style: Analyzing Talk Among Friends. Norwood 1984. – M. Selting, Prosodie im Gespräch. Tübingen 1995.   E

Konversationsimplikatur ↗ Implikatur, ↗ Konversationelle Implikatur

Konversationsmaxime (auch: Konversationspostulat) Von H. P. Grice unter Bezug auf die Kantische Kategorientafel entwickeltes Konzept. Die Befolgung von K. liegt dem Gelingen von Konversationen immer schon zugrunde; ohne sie ist eine Konversation nicht vorstellbar. Sie sind insofern Postulate, d. h. Sätze, die zwar theoret. nicht beweisbar sind, deren Geltung aber handlungsprakt. unterstellt wird. Die vier K. sind (a) die Maxime der Quantität (maximale Informativität), (b) die Maxime der Qualität (Wahrheit), (c) die Maxime der Relation (Relevanz) und (d) Maxime der Modalität (Art und Weise; Klarheit). Sie ergeben sich aus einem zugrundeliegenden »Kooperationsprinzip«. – Die Rezeption der Griceschen Überlegungen erweiterte einerseits – freilich ohne weitere Argumentation und in explizitem Gegensatz zu Grices Formulierungen – die Konversationsmaximen zu universalen Maximen für Kommunikation schlechthin; andererseits kappte sie fast vollständig den transzendentalphilosoph. Argumentationszusammenhang, in dem Grice – tentativ – zu seiner Maximentafel kommt. Das »Kooperationsprinzip« wird dabei in seinem theoret. Stellenwert weit überzogen. **Lit.** H. P. Grice, Logic and Conversation. In: P. Cole & L. Morgan (eds.), Syntax and Semantics, vol. 3: Speech Acts. N. Y. 1975, 41–56.   E

Konversationspostulat ↗ Konversationsmaxime

Konverse ↗ Konversion

Konversion (lat. *conversiō* ›Umstellung‹) **1.** (Engl. converseness) Semant. Gegensatzbeziehung zwischen Prädikaten. Zwei mehrstellige Prädikate sind konvers, wenn ihre Prädizierung über ident., aber vertauschte Aktanten (i. d. R. ohne Vertauschung der Argumentrollen) äquivalente Propositionen ergibt: *Vorgesetzter*(A,B) ≡ *Untergebener*(B,A). Konvers sind u. a.: Komparative symmetr. Antonyme (↗ Antonymie): *breiter*(a,b) ≡ *schmaler*(b,a); Aktiv-Passivformen transitiver Vbb.: *Eva liebt Adam* ≡ *Adam wird von Eva geliebt*; Lexempaare wie: *über/unter; Mutter/Sohn, Arzt/Patient; geben/bekommen* (*gibt* (ag,obj,rec) ≡ *bekommt*(rec,obj,ag), wobei »ag« Agens, »obj« Objekt, »rec« Rezipient); mit Änderung der Argumentrollen: *kaufen/verkaufen*. **Lit.** J. Lyons, Semantics. Vol. 1. Cambridge 1977. RB **2.** (Auch: Nullableitung) In der Wortbildung Bez. für ein transponierendes Wortbildungsverfahren ohne Beteiligung expliziter Wortbildungselemente, etwa in *laufen – Lauf* [Subst.], *Laufen* [Subst.], das *laufend*(e) Programm [Adj.]. K. sind damit nicht binär strukturiert, wie es ↗ explizite Ableitungen und ↗ Komposita sind. Es liegt ein eigenständiger ↗ Wortbildungstyp vor, der, wie die Beispiele zeigen, weiter zu gliedern ist: So bestimmt bei *Lauf* [Subst.] die Distribution, welcher Wortart der Stamm [lauf] angehört. Zugrunde liegt die Vorstellung, dass wortkategorial unmarkierte Stämme in Kontexten morpholog. angepasst werden, weshalb hier von ›Morpholog. K.‹ (auch: Umkategorisierung, Umsetzung) gesprochen wird. In *Laufen* und *laufend* werden flektierte Infinitiv- bzw. Partizipialstämme konvertiert; es entstehen also Sekundärstämme [laufen], [laufend], die ihrerseits gemäß der Zielwortart flektieren (des *Laufen-s*, *laufend-e*). Diese ›syntakt. K.‹ ermöglicht es, wortartspezif. Merkmale in andere Wortarten zu überführen, was etwa zu ›komparierten‹ Subst. ohne inhärente Genuszuweisung führt (der/die/das *Größte, Schönste, Beste*). Die Abgrenzung zu anderen Wortbildungsverfahren ohne Wortbildungsmittel (wie die Differenzierung unterschiedl. K.-Typen) ist in der Lit. nicht durchgängig zu finden. Am stärksten umstritten ist die Abgrenzung zur ↗ impliziten Ableitung, da diese mit dem Vokalwechsel (*greifen – Griff, werfen – Wurf*) zwar ein explizites Kennzeichen hat, dieses Kennzeichen allerdings kein Morphem ist; ↗ Präfixkonversion, ↗ Konvertat. **Lit.** E. Donalies, Die Wortbildung des Dt. Tübingen ²2005, 123–132. – Eisenberg I, 294 ff. – S. Eschenlohr, Vom N. zum V.: K., Präfigierung und Rückbildung im Dt. Hildesheim 1999. – W. Fleischer, Wortbildung II. Prozesse. HSK 17/1, 894–895. **ES**

Konversiv ↗ Reversiv, ↗ Funktionale Satzperspektive
Konvertat Bez. für Wortbildungsprodukte, die ohne Beteiligung von ↗ Wortbildungsaffixen durch ↗ Konversion gebildet wurden (*laut* [Adj.] / *Laut* [Subst.] / *laut(en)* [V.]). Ob Wortbildungsprodukte ohne explizite Affixe mit anderen ausdrucksseitigen Hinweisen auf Wortbildungsprozesse wie Vokalwechsel in ↗ impliziten Ableitungen (*greifen → Griff*) als K. gelten können, ist strittig; ↗ explizite Ableitung, ↗ Derivat. **ES**
Konzept In der ↗ kognitiven Linguistik, insbesondere der ↗ Semantik, mentale Informationseinheit im Langzeitgedächtnis, in der bzw. über die Menschen ihr Wissen über die Welt abspeichern, organisieren und kategorisieren (↗ Kategorie), und damit ein elementarer Baustein der Kognition. Die reale Welt wird in mental repräsentierte K. übersetzt, indem von individuellen Objektmerkmalen abstrahiert wird und gemeinsame Merkmale von Objekten ausgefiltert werden; diese K. spiegeln die Welt annähernd bis sehr gut wider. Das K. von *Hund* sieht – vereinfacht – so aus: (IST EIN TIER, HAT EINEN SCHWANZ, BELLT, KANN BEISSEN) usw. Über das Äquivalenzprinzip ist der Mensch in der Lage, *Schäferhund, Pudel* und *Terrier* dem K. *Hund* zuzuordnen. Das Identitätsprinzip ermöglicht das Wiedererkennen und Einordnen eines individuellen Objekts, z.B. eines Dackels *Waldi*. In erstem Fall spricht man von Type-Konzepten, die Kategorien abbilden, im zweiten von Token- oder Individualkonzepten, die Individuen abbilden. Die ↗ Bedeutung eines sprachl. Ausdrucks, z.B. eines einzelnen Lexems, ist an dieses über ein K. geknüpft, wobei Wortbedeutungen und K. sich nicht immer komplett decken. Die Fähigkeit, in Auseinandersetzung mit Umwelterfahrung durch mentale Operationen K. zu

bilden, ist eine pränatale Disposition des Menschen. Insbesondere unter dem Einfluss der Prototypentheorie (↗ Prototypensemantik) wird heute die These vertreten, dass K. (und mit ihnen Kategorien) nicht objektiv und unveränderl. in der Welt vorhanden sind, sondern durch die menschl. Wahrnehmungsfähigkeit, Motorik und Vorstellungskraft determiniert sind (vgl. Lakoff 1987). In diesem Zusammenhang wird beispielsweise postuliert, dass K. ihrer Struktur nach vage sind und Kategorien nicht ausschließlich über gemeinsame Merkmale, sondern über ↗ Prototypen bzw. Familienähnlichkeiten (↗ Ähnlichkeit 5.) ausgebildet werden; ↗ Mentales Lexikon. **Lit.** J. Aitchison, Wörter im Kopf. Tübingen 1997. – G. Kleiber, Prototypensemantik. Eine Einführung. Tübingen ²1998. – G. Lakoff, Women, Fire and Dangerous Things. What Categories Reveal About the Mind. Chicago/London 1987. – G. A. Miller, Wörter. Streifzüge durch die Psycholinguistik. Heidelberg 1993. – M. Schwarz, Einführung in die kognitive Linguistik. Tübingen ²1996. **SO**
Konzeptualisierung ↗ Begriffsbildung
Konzeptuelle Verschiebung ↗ Polysemie
Konzernsprache ↗ Firmensprache
Konzessiv (lat. *concēdere* ›zugeben, einräumen‹) Ein k. Ausdruck weist auf einen Sachverhalt hin, der normalerweise nicht als Grund für den durch vom Bezugsausdruck bezeichneten Sachverhalt erwartet wird. In der Lit. wird dies in Formeln wie »Gegengrund ohne Einfluss«, »unzureichender Grund« gefasst (vgl. Eisenberg II, 337 f.). K. wird oft als eine Art von ↗ Kausal (i.w.S.) dargestellt. Dies ist anzuzweifeln: Eine Konstruktion vom Typ ›A obwohl B‹ bedeutet nicht: ›A, weil nicht B‹, sondern: ›Normalerweise, wenn B, dann nicht A‹; hier: B und A‹. **C, G**
Konzessivbestimmung (engl. *adverbial phrase of concession*, frz. *complément circonstantiel de concession*) ↗ Adverbial, das sich auf die VP bzw. auf den Rest des Satzes bezieht, der sie enthält. Eine K. ist durch ein Adverb (*trotzdem, gleichwohl, dennoch, dessen ungeachtet*), eine PP (*trotz des schlechten Wetters*) oder einen ↗ Konzessivsatz (*obwohl das Wetter schlecht war*) realisiert. Auch der adverbiale Infinitiv mit *ohne* (Eisenberg II, 375 f.) hat konzessive Bedeutung (*Walter entschied die Sache, ohne Gerd zu fragen*). Eine K. ist weder direkt erfragbar (*Wo trotz ist er gekommen? Trotz des schlechten Wetters*) noch negierbar (*Er ist nicht trotz des schlechten Wetters gekommen, sondern dern obwohl seine Kinder krank sind*). **C, RL**
Konzessivsatz (in Schulbüchern auch: Einräumungssatz. Engl. *concessive clause*, frz. *proposition concessive*) ↗ Adverbialsatz, der eine ↗ konzessive Relation realisiert. Als konzessive Subjunktionen werden im Dt. *obwohl, obgleich, obschon, obzwar, wiewohl, wenngleich* und *trotzdem* gewertet. Auffallend ist die Verwandtschaft zum ↗ Konditionalsatz. Unterschiede zu diesem werden bei der Be-

trachtung der ↗ Wahrheitswertbedingungen auffällig. K. wie *Obwohl er gleich am Anfang einen Fehler gemacht hat* (p)*, hat er seine Konzentration nicht verloren* (q) zeichnen sich dadurch aus, dass die Wahrheit sowohl von (p) wie auch von (q) behauptet wird, während der Sprecher gleichzeitig verdeutlicht, dass nicht zu erwarten ist, dass sowohl (p) als auch (q) zutreffen. – Elemente, deren Konzessivität erst im Zusammenspiel mit anderen Elementen entsteht, können ebenfalls einen K. einleiten: *Im Ziel konnte er über den Sieg jubeln, auch wenn die Geländebedingungen seinen Stärken kaum entgegenkamen.* Ebenso ist ein Verberstsatz mit konzessivem Sinn möglich: *Im Ziel konnte er über den Sieg jubeln, kamen die Geländebedingungen seinen Stärken auch kaum entgegen.* Entscheidend für die Konzessivität ist in diesem Beispiel die Partikel *auch.* – Der K. ist weder erfragbar noch negierbar. **Lit.** K. Pittner, Adverbiale im Dt. Tübingen 1999, 260 ff. RL

Kookkurrenz (engl. cooccurrence) Im Rahmen des ↗ Kontextualismus definierter Begriff für das gemeinsame Vorkommen sprachl. Einheiten in einem Kontext von fest definierter Größe. Als Bedingung gilt, dass das gemeinsame Vorkommen höher sein sollte, als es bei einer Zufallsverteilung aller Wörter zu erwarten wäre. **Lit.** L. Lemnitzer & H. Zinsmeister, Korpuslinguistik. Eine Einf. Tübingen 2006. Z

Kookkurrenzbeschränkung ↗ Selektionsbeschränkung

Kooperationsprinzip ↗ Implikatur, ↗ Konversationsmaxime, ↗ Kontaktsignal

Koordination (lat. co-ōrdinātiō ›Nebenordnung‹. Auch: Beiordnung, Gleichordnung, Nebenordnung, syndetische Reihung, Parataxe, Satzreihe) Art der Verknüpfung zweier oder mehrerer Ausdrücke, die i. d. R. derselben kategorialen Ordnung angehören. Das Ergebnis der K. von Sätzen nennt man ↗ Satzverbindung. ↗ Syndetische K. liegt vor, wenn eine koordinierende Konjunktion (KKj) zwischen den Konjunkten steht, ↗ asyndetische (↗ monosyndetische) K. dann, wenn im Geschriebenen ein Satzzeichen (i. d. R. ein Komma) zwischen ihnen steht. – Die Konjunkte sind i. d. R., aber nicht notwendigerweise Ausdrücke vom gleichen Typ, d. h. von derselben kategorialen Ordnung, z. B. *Das Buch war schlecht, aber von Suhrkamp; Maja reist viel, um Verpflichtungen nachzukommen und weil Reisen bildet.* Die KKj steht im Dt. zwischen den beiden Konjunkten (anders lat. -*que*). – Die KKj ist im Unterschied zur subordinierenden Konjunktion (SKj) nicht ein Mittel, das zweite Konjunkt in das erste zu integrieren. Dem zweiten Konjunkt (mit der KKj) kann keine grammat. Funktion (auch nicht »freie Angabe« oder »Adjunkt«) im Satz bzw. im ersten Konjunkt zugewiesen werden: Die beiden Konjunkte bleiben bei K. syntakt. voneinander unabhängig (»Nebenordnung«, Satz- oder Wort»reihe«). Dass die KKj Bindeglied zwischen den beiden

Konjunkten (»Brücke«) ist und nicht Bestandteil des zweiten, zeigt sich im Dt. außerdem daran, dass sie keinen Einfluss auf dessen Wortstellung ausübt: ein Hauptsatz nach der KKj hat das finite Verb an zweiter Stelle, die KKj nicht mitgezählt, ein Nebensatz nach der KKj behält Verb-Endstellung bei einem mit SKj eingeleiteten Nebensatz, Verb-Erststellung beim Nebensatz ohne SKj, z. B. *W. weiß nicht, wann D. zurückkommt und ihre Schwester mitbringt; Ist W. wieder da oder ruft mich D. an, sage ich dir Bescheid; Da P. krank ist und seine Mutter ihn pflegen muss, kümmere ich mich um den Haushalt; Ich kümmere mich um den Haushalt, denn P. ist krank und seine Mutter muss ihn pflegen.* – Durch K. werden mindestens zwei Konjunkte verbunden. Bei *und*-K. (oder entsprechender asyndet. Parataxe) scheint die Annahme plausibel, dass im Prinzip beliebig viele Ausdrücke koordinativ miteinander verknüpft werden können, wobei i. d. R. nur die beiden letzten Konjunkte durch *und* verbunden werden, z. B. *Die schönen, roten und duftenden Rosen; Der Löwe, der Esel, der Hund und der Fuchs trafen sich zum Beraten,* wobei die Reihenfolge der Konjunkte grundsätzlich beliebig ist. Das gilt nicht immer, vgl. *Man nehme Eier und Öl oder Butter; Man nehme Öl und Eier oder Butter.* Solche Beispiele machen deutlich, dass beide Konjunkte so komplex sein können, dass sie weitere koordinative Verknüpfungen enthalten, so dass eine hierach. Analyse notwendig wird (die KKj verknüpft jeweils zwei Konjunkte, allerdings von unterschiedl. Komplexität). Mehrdeutigkeiten kann man im Dt. durch *entweder – oder* oder komplexe Partikel wie *sowohl … als auch*, *zum einen … zum anderen …* auflösen: *Man nehme Eier und entweder Öl oder Butter; sowohl Eier als auch Öl oder Butter.* – Unter Bezug auf die den KKj entsprechenden log. Funktionen ∧ (et) und ∨ (vel) unterscheidet man zwischen »kopulativer« (*und*) und »disjunktiver« (*oder*) K. Zwei mit *und* verknüpfte Konjunkte werden als beide wahr/gültig behauptet, während von zwei mit *oder* verknüpften Konjunkten nur eines zu gelten hat (»exklusives« *oder*; wenn beide gelten können, dann spricht man vom »nicht-exklusiven« *oder*), z. B. *Er bringt mir Rosen oder Tulpen für die Tischdekoration; Hier ist Platz für einen Erwachsenen oder für zwei Kinder.* Auch *aber* und *denn* sind als kopulative KKj zu betrachten, da sie zwei wahre/gültige Konjunkte miteinander verbinden. Sie werden jedoch oft als »restriktiv«, »adversativ« bzw. »kausal« bezeichnet, denn eine Verknüpfung vom Typ »A aber B« bedeutet nicht nur, dass sowohl A als auch B gilt, sondern außerdem, dass B normalerweise nicht erwartet wird, wenn A gilt, z. B. *Die Unterkunft war primitiv, aber angenehm.* »A denn B« bedeutet nicht nur, dass sowohl A als auch B gilt, sondern außerdem, dass B als Grund oder Begründung für A angenommen wird/werden soll, z. B. *Es hat gereg-*

net, denn die Straßen sind nass. – Asyndet. Verknüpfung ist grundsätzl. kopulativ. Allerdings kann der Kontext zusätzl. Bedeutungskomponenten nahelegen (z. B. bei Erzählungen die zeitl. Abfolge der Ereignisse: *er kam, sah, siegte*), vor allem, wenn im jeweils zweiten Konjunkt eine K.partikel (↗ Konjunktionaladverb) steht (*jedoch, trotzdem, nämlich, mithin* u. a.). – Konjunkte können reduziert erscheinen, z. B. *Peter trinkt gern Bier, aber Maria (trinkt) lieber Wein.* Werden zwei negative Konjunkte kopulativ verbunden, dann kann im Dt. *weder – noch* verwendet werden: *Das Zimmer war nicht bequem, und die Küche war nicht gut. Weder war das Zimmer bequem, noch war die Küche gut. Weder – noch* dient außerdem dazu (wie *entweder – oder*, s. o.), die beiden Konjunkte eindeutig abzugrenzen. – Ist das erste Konjunkt negiert, dann kann als kopulative KKj *sondern* benutzt werden, wenn zwischen den beiden Konjunkten (ohne Negation) semant. Unverträglichkeit besteht, z. B. *Aus dem Zylinderhut sprang kein Kaninchen, sondern eine Maus heraus* vs. *Die Frau war nicht hübsch, aber reich; Die Frau war nicht hübsch, sondern reich.* – Die KKj *und, (entweder) oder, aber, sondern* können sowohl vollständige Sätze als auch einzelne Wörter bzw. Wortgruppen verbinden, die KKj *wie, sowie, sowohl ... als/wie auch* nur Wörter bzw. Wortgruppen. Es wird bisweilen angenommen, dass grundsätzlich Sätze miteinander koordiniert werden und dass koordinierte Wörter oder Wortgruppen Ergebnisse von Reduktionstransformationen sind. Gegen diese Annahme sprechen aber Beispiele wie *2 und 2 sind 4* (≠ *2 ist 4 und 2 ist 4*) und *Eigelb und Öl ergeben Mayonnaise* (≠ *Eigelb ergibt Mayonnaise und Öl ergibt Mayonnaise*) sowie *Peter und Maria lieben sich/einander* (↗ reflexiv, ↗ reziprok); *Peter und Maria sind verwandt/Geschwister.* **Lit.** E. Lang, Semantik der koordinativen K. Bln. 1977. – B. Wiese, Bibliographie zur K. LAB 14, 1980, 182–228. – R. R. v. Oirsouw, Coordination. HSK 9, I, 748–763. – Eisenberg II, 377–393. – V. Ehrich et al. (Hg.), Koordination und Subordination im Dt. Braunschweig 2009 (LBer Sonderheft 16). **C, G**

Koordinativkompositum ↗ Kopulativkompositum

Kopenhagener Schule ↗ Glossematik

Kopf (engl. head, frz. tête) **1.** Nach L. Bloomfield (1933, § 12.10) Bez. für das syntakt. Zentrum einer subordinativen endozentrischen Konstruktion: Eine Konstruktion k ist nach Bloomfield endozentrisch, wenn unter ihren unmittelbaren Konstituenten (↗ Dominanz) mindestens eine ist, die von der gleichen Kategorie ist wie k, andernfalls ist k exozentrisch; k ist subordinativ endozentrisch, wenn unter ihren unmittelbaren Konstituenten eine und nur eine ist, die von der gleichen Kategorie ist wie k. So ist nach L. Bloomfield z. B. die Konstruktion [*im Glück*] exozentrisch und besitzt keinen K., da weder [*im*] noch [*Glück*] von der Kategorie von [*im Glück*] sind; die Konstruktion [*Glück und Pech*] ist koor-

dinativ endozentrisch und besitzt keinen K., die Konstruktion [*Glücks Lexikon*] ist hingegen subordinativ endozentrisch und besitzt den K. [*Lexikon*]. In der neueren ling. Lit. ist es hingegen üblich, den Begriff K. auf ein sprachl. Element anzuwenden, welches die kategorialen Eigenschaften der Gesamtkonstruktion bestimmt, in welcher es auftritt. In diesem Sinne handelt es sich auch schon bei den von Z. S. Harris (1946) konzipierten Grundmorphemen um K., sofern sie zu syntakt. Phrasen expandieren (z. B. N(omen) oder V(erb)). Z. S. Harris verwendet den Begriff K. zwar nicht, führt jedoch konsequent eine beliebige Klasse X^4 auf eine Klasse X^1 zurück; so heißt es hier, dass Gleichungen, die ein N^1 enthalten, ein N^2 entwickeln (z. B. *papers* = N^1-*s* = N^2) und Gleichungen, die ein N^2 enthalten, ↗ Nominalphrasen (N^4, z. B. *my papers*), oder Gleichungen, die eine beliebige Klasse X^1 enthalten, ein X^2 entwickeln (↗ Substitution) usw. In der auf den Vorarbeiten von Z. S. Harris (1946; 1951) basierenden, von N. Chomsky (1970) initiierten ↗ X-Bar-Theorie wird sowohl diejenige unmittelbare Konstituente X^n, als deren ↗ Projektion eine komplexere Phrase X^{n+1} gilt, als K. von X^{n+1} bezeichnet als auch X^0, als deren Projektion die Gesamtphrase X^n gilt; im letzteren Fall spricht man von *minimalem* K. Der Weg vom Gipfel einer Phrase zu ihrem minimalen K. heißt *Projektionslinie*. Die Projektionslinie repräsentiert das K.-Vererbungsprinzip: Die morpholog. Merkmale einer Phrase gehen (↗ Perkolieren) zu ihrem K. (was in der ↗ GPSG als *Head Feature Convention* ›Kopf-Merkmal-Konvention‹ bezeichnet wird). Bspw. trägt in der Phrase [$_{NP}$ *Zerstörung der Stadt*] der K. [$_N$ *Zerstörung*] die Kasus- und Numerus-Markierung der Gesamtphrase. Sowohl nach L. Bloomfield wie nach Z. S. Harris (Sätze besitzen hier die Kategorisierung [N^4 V^4]) wie auch nach N. Chomsky (Sätzen wird in Chomsky, Aspects die Struktur NP + AUX + VP bzw. in Chomsky (1970) N^2 + V^2 zugewiesen) sind Sätze exozentrische Konstruktionen und besitzen keinen K.; erst die Explikation von Sätzen durch R. S. Jackendoff im Rahmen der ↗ EST und ↗ REST erfasst Sätze als Verb-Projektionen (z. B. als V^3 in Jackendoff 1977, Kap. 3). Mit der Einf. der Kategorie ↗ INFL in die GG (vgl. Chomsky 1986) ergab sich die Grundlage für die die nachfolgenden Modellvarianten des ↗ Minimalismus wesentl. prägenden Diskussionen um ↗ funktionale Kategorien und ihre Fähigkeit, zu projizieren (d. h. den K. entspr. Phrasen zu bilden). Erst auf dieser Basis gilt das sog. Kopf-Prinzip, dass jede Phrase einen und nur einen K. besitzt (X-Bar-Theorie) auch für Sätze, und erst seitdem können Sätze als *Phrasen* einer sog. ›erweiterten Projektion‹ (extended projection) aufgefasst werden, allerdings als Phrasen, welche mehrere K. mit unterschiedl. Merkmalspezifikationen aufweisen. Die hierdurch bedingten Zusatzannahmen werden als *Erweitertes Projektionsprinzip* (extended projection principle, EPP) und als *Categorial Identity Thesis* (kategoriale Identität von funktionalem und lexikal. Kopf) diskutiert. Wie gleichfalls schon bei Z. S. Harris angelegt, wird in der Folge von Chomsky (1970) auch Wortbildungen und Wortformen ein K. zugeschrieben, wobei diverse Modifikationen des K.-Begriffs diskutiert werden, z. B. die Einf. der Kategorie *relativierter* K. (head$_F$, relativized head) durch A. M. Di Sciullo & E. Williams (1987), die sich darauf bezieht, dass eine Wortbildung im Hinblick auf ein Merkmal F einen Kopf head$_F$ besitzen kann und im Hinblick auf ein Merkmal N einen alternativen K. head$_N$. Die Diskussion um K., die syntakt. Beziehungen zwischen K. und Nicht-K. und um entspr. syntakt. Positionen prägt nicht nur die Entwicklung der GG in der Folge N. Chomskys, sondern ist wesentl. für die Mehrzahl aller neueren Grammatik-Modelle, die zum Teil in ihrer Gesamtkonzeption auf dem Begriff des K. aufbauen, wie z. B. die GPSG oder die ↗ HPSG. **Lit.** L. Bloomfield, Language. N. Y. 1933. – N. Chomsky, Remarks on Nominalization. In: R. A. Jacobs & P. S. Rosenbaum (eds.), Readings in English Transformational Grammar. Waltham 1970, 184–221. – Ders., Barriers. Cambridge, Mass. 1986. – G. G. Corbett et al., Heads in Grammatical Theory. Cambridge 1993. – W. Croft, What is a Head? In: J. Rooryck et al. (eds.), Phrase, Structure, and the Lexicon. Dordrecht 1993, 35–76. – A. M. Di Sciullo & E. Williams, On the Definition of Word. Cambridge, Mass. 1987. – J. Grimshaw, Extended Projection and Locality. In: P. Coopmans et al. (eds.), Lexical Specification and Insertion. Amsterdam 2000, 115–133. – Z. S. Harris, From Morpheme to Utterance. Lg. 22, 1946, 161–183. – Ders., Methods in Structural Linguistics. Chicago 1951. – R. S. Jackendoff, X'-Syntax: A Study of Phrase Structure. Cambridge, Mass. 1977. – I. Rosengren, EPP: A Syntactic Device in the Service of Semantics. Studia Linguistica 56.2, 2002, 145–190. – S. Scalise, The Notion of ›Head‹ in Morphology. Yearbook of Morphology 1, 1988, 229–245. – J. Zwarts, X'-Syntax – X'-Semantics: On the Interpretation of Functional and Lexical Heads. Utrecht 1992. – A. M. Zwicky, Heads. JL 21.1, 1985, 1–29. – Weitere Lit. ↗ X-Bar-Theorie. F – **2.** (Engl. top of page, head of page) In der Typographie oberer Teil einer Druckseite oder Tabelle. G – **3.** ↗ Bestimmungsrelation. – **4.** ↗ Silbenkopf.

Kopf-Bewegungs-Beschränkung (engl. head movement constraint) Im Rahmen der ↗ Rektions-Bindungs-Theorie angenommene Beschränkung für die Bewegung eines ↗ Kopfes. Die K.-B.-B. soll verhindern, dass der Kopf (Kategorie X⁰) einer Phrase in eine Position Y bewegt wird, die nicht ↗ c-kommandiert wird. In späteren Ansätzen wird die Beschränkung auf generelle Prinzipien (z. B. ↗ ECP, ↗ Relativierte Minimalität) zurückgeführt; zur Darstellung

im Minimalismus vgl. Boskovic (1999), Fanselow (2004), Rizzi (2004). **Lit.** Z. Boskovic, On Multiple Feature Checking: Multiple Wh-Fronting and Multiple Head Movement. In: S. Epstein & N. Hornstein (eds.), Working Minimalism. Cambridge, Mass. 1999, 159–188. – G. Fanselow, Münchhausen-Style Head Movement and the Analysis of Verb Second. In: A. Mahajan (ed.), Proceedings of the Workshop on Head Movement. UCLA 2004. – L. Rizzi, On the Form of Chains: Criterial Positions and ECP Effects. Ms. Univ. Siena 2004. – I. Roberts, Head Movement. In: M. Baltin & C. Collins (eds.), The Handbook of Contemporary Syntactic Theory. Malden, Mass. 1991, 113–147. – M. Baker, Is Head Movement Still Needed for Noun Incorporation? Lingua 119.2, 2009, 148–165. – Weitere Lit. ↗ Bewegung. F

Kopf-Merkmale-Konvention ↗ Kopf
Kopf-Prinzip ↗ Kopf, ↗ X-Bar-Theorie
Kopfstellung ↗ Spitzenstellung
Kopfstimme ↗ Stimme
Kopf-Vererbungsprinzip ↗ Argumentvererbung, ↗ Kopf, ↗ Perkolieren

Kopfwort (auch: Kopfform) Bez. für Lexeme, die durch Tilgung eines Segments am Wortende entstehen. I. d. R. betrifft die Kürzung finale Morpheme, etwa in *Superbenzin* zu *Super*, in *Fotografie* zu *Foto*. Gelegentlich werden aber auch nicht-morphemat. Segmente gekürzt, etwa *Neugier* aus *Neugierde*; ↗ Rückbildung, ↗ Schwanzwort, ↗ Klammerform, ↗ Kurzwort, ↗ Kürzung. ES

Kopiertheorie der Bewegung Im ↗ Minimalismus revidierte Theorie der ↗ Bewegung, nach der bewegung eines Elements nicht eine ↗ Spur hinterlässt, sondern an jeder Station der Bewegung eine vollständige Kopie des Elements erzeugt wird. FR

Koppa Auf das nordwestsemit. Schriftzeichen Kōf (Kāph) mit dem Lautwert [q] zurückgehende altgriech. Zahlzeichen für ›90‹. In älteren griech. »Dialektalphabeten« hatte K. (vor hinteren Vokalen) den Lautwert [k]. Es blieb nach seiner Abschaffung als Schriftzeichen als Zahlzeichen erhalten mit einem festen Platz in der ↗ Alphabetreihe (zwischen π ⟨p⟩ und ϱ ⟨r⟩). Das K. wurde aus westgriech. Alphabeten als ⟨Q⟩ ins lat. Alphabet übernommen; dort und in den Tochteralphabeten des Lat. i. d. R. als ↗ Digraph ⟨qu⟩ verwendet. GS

Koptisch Sprachstufe des ↗ Ägyptischen, die ab 350 n. Chr. als Spr. des christl. Ägypten entsteht und das »heidnische« ↗ Demotisch tritt, das es bis zum 5. Jh. n. Chr. ganz verdrängt. Durch die Annahme des griech. Alphabets werden erstmals Vokale in der Schrift ausgedrückt. Der Wortschatz ist stark griech. beeinflusst. Mit der arab. Eroberung Ägyptens wird K. als gesprochene Spr. allmähl. verdrängt, ist aber noch im 16. Jh. bezeugt. Heute wird das K. in der Priesterausbildung gelehrt und ist als Liturgiesprache, auch in modernen Inschriften und an Devotionalien, in Gebrauch. WI

Koptisch

ⲁ	ⲃ	ⲅ	ⲇ	ⲉ	ⲍ	ⲏ	ⲑ	ⲓ
a	*b*	*g*	*d*	*e*	*(d)z*	*ē*	*th*	*i*
ⲕ	ⲗ	ⲙ	ⲛ	ⲝ	ⲟ	ⲡ	ⲣ	ⲥ
k	*l*	*m*	*n*	*ks*	*o*	*p*	*r*	*s*
ⲧ	ⲩ	ⲫ	ⲭ	ⲯ	ⲱ	ϣ	ϥ	ḫ
t	*u*	*ph*	*kh*	*ps*	*ō*	*š*	*f*	*ḫ*
ϩ	ϫ	ϭ	ϯ					
h	*dž*	*č*	*ti*					

Varianten c – ç (wie im Griechischen); ḫ – ⲥ (nur Bohairisch) – ẕ (Achmimisch).

Kopula f. (lat. cōpulāre ›zusammenkoppeln‹, verknüpfen‹. Auch: Kopulaverb. Engl. copula, frz. verbe copule) Verbindungsglied zwischen Subjekt und / Prädikativ, das in vielen Sprachen durch ein / Verb realisiert wird. Zu den Kopulaverben gehören im Dt. *sein, werden, bleiben,* die sich syntakt. und semant. sowohl von den / Vollverben als auch von den / Modalverben unterscheiden. In semant. Hinsicht zeichnen sie sich durch eine vergleichsweise vage Eigenbedeutung aus, in syntakt. Hinsicht dienen sie dazu, das Subjekt mit einem nicht-verbalen Prädikat (/ Prädikativ) zu verknüpfen bzw. zusammen mit dem Prädikativ das Prädikat zu bilden, z. B. *Rudi ist Lehrer/krank/von Sinnen/guten Mutes.* **Lit.** L. Stassen, Intransitive Predication. Oxford 1997. – C. Maienborn, Die log. Form von K.sätzen. Bln. 2003. – R. Pustet, Copulas. Oxford 2003. PT

Kopulasatz Satz, dessen Prädikat aus einer / Kopula und einem prädikativen Nomen oder Adj. besteht. C

Kopulativ / Konjunktion, / Kopula

Kopulativkompositum (lat. cōpulātīvus ›in einer Verbindung stehend‹. Auch: Additivum, Dvandva, Koordinativkompositum, Reihenwort) Bez. eines Kompositionstyps, in dem die Erstglieder nicht / restriktiv gebraucht werden, etwa *schwarzweiß, Österreich-Ungarn, fräsbohren* etc. Während beim / Determinativkompositum der Geltungsbereich des Zweitglieds durch das Erstglied eingeschränkt wird (vgl. *schneeweiß* ›weiß [Kern] wie Schne‹), besteht zwischen den Konstituenten eines K. ein weit zu fassendes Verhältnis der Koordination. So ist *schwarzweiß* nicht ›schwarz und weiß‹, sondern eher ›weder schwarz noch weiß‹, *nasskalt* dagegen ist ›nass und kalt‹ und nicht ›weder nass noch kalt‹. Gemeinsam ist diesen Bildungen die fehlende Subordination der Erstglieder. Sie unterscheiden sich aber strukturell (a) durch die Art ihrer Kompositionalität (*schwarzweiß* [A+B=C], *nasskalt* [A+B=AB]), (b) durch ihr Intonationsmuster (schwarzwéiß / násskalt), das bei Bildungen wie *nasskalt* an Determinativkomposita erinnert. Die Extension der Kategorie ist umstritten, linksbetonte Komposita nach dem Muster [A+B=AB] werden häufig zu den Deter-

minaivkomposita gestellt. Die Alternative ist Abgrenzung sowohl von K. als auch von Determinativkomposita. Ein terminolog. Vorschlag dazu ist das ›appositionelle Kompositum‹, etwa bei Henzen (1965, 77). **Lit.** W. Henzen, Dt. Wortbildung. Tübingen ³1965. ES

Kopulativverb / Kopula

Kopulaverb / Kopula

Kordofanische Sprachen Gruppe von ca. 20 Spr. in den Nuba-Bergen (Republik Sudan) mit jeweils nur wenigen zehntausend Sprechern. In der Klassifikation Greenbergs (1963) bilden sie zusammen mit den / Niger-Kongo-Sprachen die Niger-Kordofanische Sprachfamilie. In neueren Klassifikationen (NCL 1989) werden sie jedoch als Untergruppe der Niger-Kongo-Sprachen behandelt. Die K. umfassen die Heiban-Gruppe, die Talodi-Gruppe, die Rashad-Gruppe und die Katla-Gruppe; Karte / Afrikanische Sprachen. Die Kadugli-Gruppe wird heute nicht mehr zu den K., sondern zu den / nilosaharanischen Sprachen gerechnet. Agglutinierender Bau, durch Präfixe gekennzeichnete / Nominalklassen, Wortstellung SVO, / Tonsprachen. **Lit.** Th. C. Schadeberg, Kordofanian. NCL 1989, 66 ff. **SSG** Stadt- und Universitätsbibliothek Frankfurt/M. (30). RE

Kore / Omotische Sprachen

Koreanisch (Eigenbez. Hankuko) Das K. wird oft den / altaischen Sprachen zugerechnet, aber manche Forscher bringen seine Genese mit / austronesischen und / dravidischen Sprachen in Verbindung. Es bestehen deutl. typolog. Ähnlichkeiten mit dem / Japanischen. Die Sprachgeschichte vor dem 15. Jh. ist mangels schriftl. Dokumente wenig bekannt. K. wird auf der korean. Halbinsel von etwa 60 Mio. Sprechern gesprochen, darüber hinaus in der Mandschurei (1,7 Mio.), in Sibirien (400 000), Japan (650 000) und den USA (600 000). – Bis zum 15. Jh. wurde in Korea nur die chines. Schrift verwendet, wobei das klassische Chines. die wichtigste Schriftsprache war. Im Auftrag von König Sejong wurde eine dem K. besser angepasste Schrift entwickelt, die auf der Grundlage einer strengen phonolog. Analyse aufgebaut ist und heute *Han'gul* genannt wird. 1446 eingeführt, konnte sie trotzdem die prestigereiche chines. Schrift nicht verdrängen. Die Dominanz des Chines. führte zu massiver lexikal. Entlehnung. Etwa 60 % des heutigen k. Wortbestands sind chines. Ursprungs. Die einzelnen Han'gul-Zeichen repräsentieren Silben. Da ihre interne Struktur mit einer analyt. Tiefe bis zur Ebene distinktiver Merkmale jedoch eine genaue Abbildung der phonolog. Struktur ist, hat die Schrift alphabet. Charakter. – Unter japanischer Kolonialherrschaft (1910–1945) wurde der Gebrauch des K. für alle öffentl. und akadem. Zwecke unterdrückt. Seit der Teilung der Halbinsel nach dem 2. Weltkrieg wird in den beiden k. Staaten eine unterschiedl. Schriftpraxis geübt: Im Norden wird das K. nur mit Han'gul, im Süden mit Han'gul und

1800 für den Schulunterricht offiziell ausgezeichneten chines. Zeichen (*Hanja*) geschrieben. Ein weiterer Unterschied zwischen Nord- und Südkorea betrifft den öffentl. Sprachgebrauch. Nordkorea verfolgt eine purist. Politik der Propagierung von k. Alternativen zu den vielen Sinismen. – Das phonolog. System des K. besteht aus 10 Vokalen, 19 Konsonanten und den Halbvokalen /w/ und /y/. Vordere Vokale sind /i e æ ü ö/, hintere Vokale /ŭ ə a u o/. Ein besonderes Merkmal der Konsonanten ist die Symmetrie der ungespannten, aspirierten und gespannten Labiale, Dentale und Velare: /p pʰ p' t tʰ t' c cʰ c' k kʰ k'/. K. ist ↗ agglutinierend mit ausgeprägter Morphologie. Den lexikal. Stämmen können mehr als 400 Stuffixe angehängt werden, mit denen grammat. Beziehungen wie ↗ Tempus, ↗ Aspekt, ↗ Aktionsart, ↗ Modus und ↗ Honorativ ausgedrückt werden. Die unmarkierte Wortstellung des K. ist SOV, aber außer der Verbendstellung sind Variationen häufig, da die grammat. Funktionen der Konstituenten durch postpositionale Partikel gekennzeichnet werden. Modifikatoren (Genitivobjekte, Demonstrativa, Adjektive, Relativsätze) gehen ihren Bezugselementen voraus. Satzergänzung wird mit Nominalisierungspartikeln oder dem ↗ Complementizer *ko* geleistet. **Lit.** Lee Ki-Moon, Geschichte der k. Spr. (Übers. B. Lewin). Wiesbaden 1977. – Kom Nam-Kil, Korean. In: B. Comrie (ed.), The World's Major Languages. Ldn. 1987. – Kuh Kih-Seong, Korean. Einf. in das Sinokorean. Rheinbreitbach 1991. – **SSG** Niedersächsische Staats- und Universitätsbibliothek Göttingen (7). CO

Koreferenz (lat. co- ›gemeinsam‹, referre ›sich beziehen auf‹. Auch: Referenzidentität) Eigenschaft nominaler Phrasen, sich auf ein und dasselbe außersprachl. Obj. zu beziehen. In *Peter rasiert sich* sind die nominalen Phrasen *Peter* und *sich* koreferent. Die Kennzeichnung der K. erfolgt im Rahmen der GG mittels der Vergabe von Indizes (↗ Index), z. B. [*Peterᵢ rasiert sichᵢ*], und ist notwendig für die Beschreibung von Phänomenen der Bindung (↗ Bindungstheorie), ↗ Kontrolle und ↗ Bewegung; ↗ Anapher, ↗ PRO, ↗ Pronomen, ↗ Spur. F

Korekore ↗ Shona

Korjakisch ↗ Paläoasiatische Sprachen

Kornisch (Eigenbez. Kernewek) Idg. Spr., die dem britann. Zweig der ↗ keltischen Sprachen angehört. Es ist seit dem 18. Jh. ausgestorben. Die wenig umfangreiche Literatur (ab 9. Jh.) umfasst v. a. Glossen, Heiligenlegenden und Mysterienspiele. Die Orthographie ist von der des Engl. beeinflusst. Gegenwärtig sind Wiederbelebungsversuche zu beobachten. **Lit.** K. George, Cornish. In: M. Ball & J. Fife (eds.), The Celtic Languages. Ldn. 1993, 410–468. – A. R. Thomas, The Cornish Language. In: D. Macaulay (ed.), The Celtic Languages. Cambridge 1992, 346–370. RO, W

Koronal, Koronallaut m. (lat. corōna ›(Zungen-) Kranz‹. Engl. coronal) (a) Mit der Zungenspitze

(↗ Apikal) bzw. dem Zungenblatt (↗ Laminal) ↗ alveolar bzw. ↗ palatal gebildeter konsonant. Sprachlaut. (b) Artikulator. definiertes binäres phonolog. distinktives Merkmal zur Kennzeichnung von (a). PM

Koronis f. (griech. κορωνίς ›das Gekrümmte‹) ↗ Diakritikon des Griech., gestaltgleich mit dem ↗ spiritus lenis, zur Schreibung der ↗ Krasis, z. B. τὰ ἄλλα > τἄλλα ›das andere‹. GS

Körpersprache (Engl. body/bodily language, frz. langage du corps) K. oder ↗ nonverbale Kommunikation sind Signale, die anstelle oder zusätzl. zur verbalen Kommunikation übermittelt werden. Dazu gehören i. e. S. ↗ Mimik, ↗ Gestik, ↗ Augenkommunikation, Körperhaltung und -kontakt, Distanzverhalten (↗ Proxemik) sowie olfaktor. Phänomene (Gerüche), i. w. S. auch Aspekte der äußeren Erscheinung wie Kleidung, Haartracht und Schmuck. Viele Mitteilungen der K. sind dem Sender unbewusst, aber dem Empfänger bewusst. Im Ggs. zu den meisten tierischen Signalen (↗ Zoosemiotik) wird die menschl. K. größtenteils gelernt, wenn auch in best. Bereichen angeborene Komponenten eine große Rolle spielen, insbesondere zum Ausdruck von Gefühlen und interpersonalen Einstellungen. Einige Aspekte der K. sind in allen Kulturen ähnl., z. B. sind die Ausdrucksmuster des Erschreckens, des Ekels und des Kummers universal, doch viele Aspekte sind durch soziale Normen und Ausdrucksregeln kulturell überlagert. K. wird entweder nach Informationskanälen (Körperorgane des Senders bzw. Rezeptororgane des Empfängers) oder nach Funktionen klassifiziert; z. B. unterscheiden P. Ekman & W. Friesen Illustratoren (sprachbegleitende Gesten) und Regulatoren (bestimmte Muster des Blickverhaltens, die einem Hörer anzeigen, dass er oder sie die Sprecherrolle übernehmen kann. **Lit.** ↗ Augenkommunikation, ↗ nonverbale Kommunikation. SL

Korps ↗ Punkt

Korpus n., pl. Korpora (lat. corpus ›Körper‹ **1.** Sprachl. Daten, die einer sprachwiss. Analyse als Grundlage dienen. K. spielen u. a. eine zentrale Rolle bei der Erfassung relativ unerforschter Spr. (↗ Feldforschung), aber auch bei der Bearbeitung ausgewählter sprachl. Phänomene. – **2.** I. e. S. Sammlung einer möglichst hohen, notwendigerweise aber immer begrenzten Anzahl möglichst zusammenhängender sprachl. Äußerungen (gesprochen und/oder geschrieben) aus möglichst natürl. Kommunikationssituationen. Digitalisiert, ling. annotiert und mit ↗ Metadaten versehen sind solche K. wichtige Hilfsmittel z. B. in der ↗ Lexikographie, in der maschinellen und maschinengestützten ↗ Übersetzung, in der ↗ Syntaxanalyse (Treebank), aber auch bei der Erstellung von Sprachlehrmaterialien (Lernerkorpora). – K. dienen zum einen zur Ermittlung und Beschreibung sprachl. Regularitäten bzw. zur Überprüfung von Hypothesen und Theorien und zum anderen der automat. Generierung von Sprachmodellen und Grammatiken. Unterschieden werden i. d. R. korpusbasierte (corpus-based) Ansätze zur ↗ Korpusanalyse, die sich explizit auf ling. Annotationen stützen, und korpusgetriebenen (corpus-driven) Ansätze, die nur die Primärdaten nutzen. Während die ↗ empirische Sprachwissenschaft stark korpusorientiert arbeitet, relativieren Vertreter der generativen Grammatik die Bedeutung finiter Korpora, da sie nicht die infinite generative Kapazität natürl. Spr. dokumentieren könnten. Ein Korpus ist repräsentativ, wenn es (a) alle wesentlichen Aspekte der Sprachverwendung in korrekter Proportionalität erfasst und (b) erlaubt, die durch Korpusuntersuchungen erzielten Ergebnisse zu generalisieren. Dies bedingt eine hohe Varianz bei der Auswahl der Daten in Bezug auf externe Kriterien wie Stilebene, Textsorte, Genre, Medium etc. **Lit.** HSK 19, 2. SK, Z

Korpusanalyse Zunächst v. a. im amerikan. ↗ Strukturalismus entwickelte und formalisierte Methode der Sprachanalyse und ↗ Sprachbeschreibung, u. a. bedingt durch das Interesse, wenig erforschte bzw. vom Aussterben bedrohte Sprachen zu erfassen, z. B. nordamerikan. ↗ Indianersprachen; ↗ Feldforschung. In ihren verschiedenen Ausprägungen ist die K. unterschiedl. stark beeinflusst von Positivismus (↗ Junggrammatiker), ↗ Behaviorismus u. a. Ansätzen mit empir. Orientierung, doch gemeinsam ist ihnen das Anliegen, dass sprachwiss. Forschung nachvollziehbar und überprüfbar sein soll (↗ empirische Sprachwissenschaft). Nach den Maximen der K. hat der Linguist bei der Auffindung, Auswertung und ↗ Beschreibung sprachl. Strukturen (a) auszugehen von einem ↗ Korpus sprachl. Äußerungen (↗ Daten), die der ↗ Beobachtung zugänglich sind, z. T. auch durch ↗ Elizitierung, (b) sich strikt induktiver Aufdeckungsprozeduren wie z. B. der ↗ Segmentierung und Klassifizierung zum Zweck der Analyse von Distributionen zu bedienen (↗ Testverfahren; ↗ operational), d. h. (c) die eigene ↗ Intuition darf nicht Beurteilungsinstanz sein, wenngleich diese – entgegen früherer Auffassungen – eigentlich nicht auszuschalten ist, und (d) von Aussagen auf das analysierte Korpus zu beschränken. Heute vorhandene Techniken der ↗ Datenerhebung und -aufbereitung gewähren den kontrollierten Zugriff auf Datenmengen und Analyseverfahren, die der K. weitere Möglichkeiten eröffnen; ↗ linguistische Datenverarbeitung. SK

Korpuslinguistik (engl. corpus linguistics) Die K. dient zum einen dem Aufbau von gesprochenen oder geschriebenen Sprachdaten (↗ Korpus) in großen Text- oder Sprachsammlungen und lexikal. Ressourcen, die gesammelt, zusammengestellt, aufbereitet und annotiert werden, um diese unterschiedl. Benutzergruppen zur Verfügung zu stellen. Zum anderen beschäftigt sich die K. mit der wiss. Auswertung von Sprachäußerungen auf der Basis von Korpora mit dem Ziel (a) einer adäquaten deskriptiven Beschreibung sprachl. Phänomene und (b) einer fundierten ling. Theoriebildung. Seit dem Aufkommen empir.-quantitativer Methoden in der ↗ Computerlinguistik hat sich die K. zunehmend als eigenständige Teildisziplin etabliert (Aarts 1996), z. T. eng verwandt mit der ↗ Quantitativen Linguistik (z. B. Anwendung induktiver Verfahren zum Auffinden von häufigen Mustern in der Korrelationsanalyse). Auch in der theoret. Ling. setzen sich korpusling. Methoden zunehmend durch, um ling. Hypothesen innerhalb eines Modells empir. überprüfen zu können. Traditionelle Anwendungsgebiete der K. sind die ↗ Lexikographie, die ↗ Historische Linguistik und die ↗ Maschinelle Übersetzung. **Lit.** HSK 19. – B. Aarts, Does Corpus Linguistics exist? In: T. McEnery & A. Wilson, Corpus Linguistics. Edinburgh 1996. – L. Lemnitzer & H. Zinsmeister, K. Eine Einf. Tübingen 2006. Z

Korrekt Handeln, hier sprachl. Handeln, das mit den geltenden Regeln oder Normen übereinstimmt, oder Ergebnis solchen Handelns. Sprachl. Korrektheit wird unterschiedlich bewertet und kontrolliert bei ↗ Standardvarietäten und Nonstandardvarietäten, z. B. Dialekten. Im letzten Fall geschieht dies informell, im ersten Fall durch Amtspersonen in bestimmten Situationen (z. B. durch Lehrer in Schulen). Korrekturverhalten als Sanktionierung erweist Sprache als Norm; ↗ Sprachnorm. AM

Korrektur Der Begriff K. taucht in verschiedenen begriffl. Zusammenhängen (Mutter-Kind-Interaktion, Muttersprachunterricht, natürliche muttersprachliche Interaktion, natürl. S2-Erwerbssituationen, FU) auf. Dementsprechend vielfältig sind auch die definitor. Ansätze. Zur Analyse der außerunterrichtl. muttersprachl. Interaktion werden häufig konversationsanalytische Ansätze verwendet; man untersucht die K.en, die ein Sprecher im aktuellen Vorgang der Sprachproduktion vornimmt (Selbstkorrekturen): ein begonnener Satz wird abgebrochen, neu begonnen und vollendet; ↗ Anakoluth, ↗ Ellipse. In diesem Zusammenhang wird auch von *Reparaturen* gesprochen. Der Begriff der K. ist eng gebunden an den Begriff *Fehler*, an die Entwicklung von Verfahren zur ↗ Fehleranalyse, an Fehlerklassifikationsversuche und das Erkennen von Fehlerursachen und -gründen. Die Einsicht, dass Fehler Indizien für mentale Prozeduren sind (Unterscheidung von Fehlertypen wie z. B. Performanz- und Kompetenzfehlern) hat auch die Einstellung zu K. beeinflusst. So werden z. B. Selbstkorrekturen als für den Lernprozess besonders positiv dargestellt; ↗ Monitortheorie. In der ↗ Sprachdidaktik bezeichnet K. oft die Lehrerkorrektur von schriftl. Schülerprodukten (Diktat, Aufsatz, Test). In diesem Zusammenhang ist K. eng gekoppelt an die Problematik der Bewertung von Schülerleistungen und dementsprechend an die Möglichkeiten der Objektivierung solcher Bewertungen. Zu unterscheiden ist also zwischen einer K. als Form einer Bewertung und der K. als Lernhilfe (und die verschiedensten Mischformen zwischen beiden). Für den Erwerbsprozess einer S2 hat man neben der schriftlichen K. vor allem die im Unterricht erfolgende mündl. K. erforscht. Leitfragen waren dabei: (a) Sollen Fehler korrigiert werden oder verschwinden sie im Verlaufe des Lernprozesses von selber? (b) Zu welchem Zeitpunkt sollen Fehler korrigiert werden (sofort nach dem Fehler, nach einer Äußerungssequenz, in einer späteren Korrekturphase)? (c) Welche Fehler sollen korrigiert werden? (d) Wie sollen sie korrigiert werden (z. B. direkt oder als Aufforderung zur Selbstkorrektur) und wer soll dies tun? ↗ Fehlerlinguistik. **Lit.** G. Havranek, Die Rolle der K. beim Fremdsprachenlernen. Ffm. 2002.　GI, KL, SO

Korrekturzeichen (engl. proofreader's mark, correction mark, reader's mark) Durch eine DIN-Norm standardisiertes Inventar von z. T. ikon. Zeichen, die bei der Korrektur von Texten für den Druck verwendet werden (müssen). Jedes K. in einem Text muss am Rand der Seite wiederholt werden, damit eine eindeutige Zuordnung von Fehler und Korrektur mögl. ist. Mit der Durchsetzung der Computertechnik in vielen Schreibberufen und der Verbreitung von Korrekturprogrammen ist die Aufgabe des Korrigierens und zunehmend auch die Herstellung des Umbruchs auf die Autoren verlagert worden; nur noch wenige Verlage und Redaktionen beschäftigen professionelle Korrektoren. Die in Deutschland vorgeschriebenen K. und die Regeln für ihre Verwendung sind z. B. enthalten in *Duden Rechtschreibung der dt. Sprache*, Mannheim u. a. [25]2009, 131–136.　G

Korrelat (auch: Platzhalterelement. Engl. dummy element) Element, das als Bezugseinheit für einen Nebensatz oder eine Infinitivgruppe fungiert, z. B. *Es ärgert Jenny, dass Lukas trödelt; Dass Lukas trödelt, das ärgert Jenny; Maja träumt davon, dass sie den Preis gewinnt; Maja hofft darauf, den Preis zu gewinnen*. Bei Komplementsätzen fungieren *es, das* oder bedeutungsarme Nomina wie *der Umstand (, dass)* als K., bei Präpositionalobjekten *da(r)-*, verbunden mit der vom Vb. des Matrixsatzes regierten Präp., z. B. *Lukas freut sich darauf, in den Zoo zu gehen*. In ↗ Adverbialsätzen kann ein ↗ Pronominaladverb bzw. ein ↗ Textadverb als K. fungieren, z. B. *deshalb, weil; damals, als; dann, wenn*. Der syntakt. Status der K. ist umstritten. Meist werden K. bestimmt nach der Funktion der Nebensätze, auf die sie verweisen, nämlich als vom Nebensatz abhängige, syntakt. z. T. notwendige und semant. redundante Ausdrücke. **Lit.** B. Sonnenberg, K.e im Dt. Beschreibung, Geschichte und Grammatiktheorie. Tübingen 1992. – B. Sandberg, Zum *es* bei transitiven Verben vor satzförmigem Akkusativobjekt. Tübingen 1998. – J. P. Zitterbart, Zur korrelativen Subordination im Dt. Tübingen 2002. – Eisenberg II, 328–332. – G. Boszák, Realisierung der valenzbestimmten K. des Dt. Ffm. 2009.　G

Korrelation (mlat. correlātiō ›Wechselbeziehung‹) **1.** In der ↗ Glossematik eine Relation (bei Hjelmslev eine sog. Funktion) zwischen zwei Größen, die nicht einem gemeinsamen Zeichen angehören. K. besteht mithin zwischen den Elementen eines Systems. In der engl. Darstellung der Glossematik: Äquivalenz. T. – **2.** Von der Prager Schule und N. S. Trubeckoj (russ. Linguist, 1890–1938) entwickelter Begriff zur Beschreibung der Verwandtschaftsverhältnisse zwischen phonolog. Oppositionspaaren (↗ Opposition). Eine K. ist die Gesamtheit aller ↗ Korrelationspaare einer Spr., die durch das Vorhandensein bzw. Fehlen eines einzelnen ↗ Korrelationsmerkmals definiert sind, z. B. Aspirations-K. /p-p^h/, /t-t^h/ usw.; Emphase-K. z. B. im Arab., Georg.; Labialisierungs-K. /y – i/, k^w – k/; Nasalitäts-K.: /ã – a/, õ – o/ usw.; Quantitäts-K.: /a:-a/, …, /i:-i/ …, /u:-u/; Stimm-K.: /b-p/, /d-t/, …, /z-s/.　PM

Korrelationsbündel In der Terminologie N. S. Trubeckojs die Gesamtheit aller an mehreren ↗ Korrelationen derselben Verwandtschaftsklasse (z. B. Stimmbeteiligung und Aspiration als ↗ laryngale Aktivitäten) beteiligten ↗ Phoneme (z. B. die viergliedrigen K. im Altind. /p-p^h, b-b^h/, /k-k^h, g-g^h/, /t-t^h, d-d^h/ im Ggs. zu den dreigliedrigen im Altgriech. π-φ, β; ϰ-χ, γ; τ-ϑ, δ).　PM

Korrelationsmerkmal In der Terminologie N. S. Trubeckojs eine phonolog. Eigenschaft (↗ distinktives Merkmal, ↗ Phonologie), durch deren Vorhandensein oder Fehlen eine Reihe von Oppositionspaaren (↗ Opposition, ↗ Minimalpaar) gekennzeichnet ist (z. B. Nasalität der frz. Vokale); ↗ Korrelation.　PM

Korrelationspaar In der Terminologie N. S. Trubeckojs zwei ↗ Phoneme, die zueinander in einem log. privativen proportionalen eindimensionalen Oppositionsverhältnis (↗ Opposition) stehen; ↗ Korrelation.　PM

Korrelativ Zueinander in der Beziehung der ↗ Korrelation stehende Elemente.　G

Korrespondenz (mlat. correspondēre ›sich gegenseitig entsprechen‹) Gegenseitige Entsprechung zwischen zwei Elementen, die sich i. d. R. in der Übereinstimmung eines Teils der sie charakterisierenden Merkmale ausdrückt. Strukturelle K. liegt vor, wenn Elemente einer Ebene durch gemeinsame Merkmale charakterisiert sind, z. B. sind dt. /b/ und /p/ [+ bilabial] und [+ okklusiv], /b/ und /v/ [+ labial] und [+spirantisch], /b/, /d/ und /g/ sind [+ stimmhaft] und [+ okklusiv]; ↗ Korrelation. K. sind auch bei ↗ Sprachvergleichen auffindbar, z. B. im Bereich des Lexikons bei ↗ Internationalismen (z. B. lat. *theatrum*, dt. *Theater*, russ. *teatr*, aber tschech. *divadlo*), im Bereich der Wortbildung z. B. bei einigen Affixen (z. B. *anti-*, *pro-* oder *-abel/able* u. a. in vielen europ. Spr., dt. {-ös}, frz. {-eux/euse}, engl. {-eous}, ital. {-oso} (< lat. *-osus*, russ. {-os-nyj}. Mitunter wird K. als Hyperonym von ↗ Rektion und ↗ Kongruenz verwendet. Zur Beschreibung von ↗ Graphem-Phonem-Korrespondenzen werden seit einiger Zeit spezielle Korrespondenzregeln postuliert. **G**

Korrespondenzregel ↗ Graphem-Phonem-Korrespondenz

Korruptel f. (lat. corruptēla ›Verderben‹) Sinnentstellende Verderbnis des handschriftl. überlieferten Textes, die oft in sämtlichen Überlieferungszweigen auftritt und dann nur durch ↗ Konjektur oder durch einen neuen Hss.fund geheilt werden kann. **EN**

Korsisch Italoroman. Dialekt, Spr. der Insel Korsika, der kompaktesten nichtfrz. Minderheit auf frz. Staatsgebiet; Karte ↗ Europäische Sprachen. Das k. war in präliterar. Zeit wahrscheinl. dem ↗ Sardischen und insgesamt dem Süditalien. ähnlicher und wurde seit dem MA toskanisiert, zuerst unter Pisaner, dann unter genuesischer Herrschaft, seit 1768 bei Frankreich. Neuere Bestrebungen zur Standardisierung scheinen erfolgreicher als frühere Versuche. **Lit.** LRL 4, 1988. **HU**

Koseform ↗ Hypokoristisch

Kosename ↗ Personenname

Kosraeanisch ↗ Ozeanische Sprachen

Kotext In der ↗ Textlinguistik Bez. des textinternen sprachl. Kontextes, der einer Textstelle vorausgeht oder folgt, in Abgrenzung zum textexternen, situationalen ↗ Kontext. **P**

Kotokoli ↗ Gur-Sprachen

KP ↗ Kasusphrase

Kpelle ↗ Mandesprachen

Krahn ↗ Kru-Sprachen

Krahô ↗ Ge-Sprachen

Krämerlatein ↗ Rotwelsch

Krankenschwesternplural ↗ Pluralis benevolentiae

Krasis f. (griech. κρᾶσις ›Vermischung‹) In der Gräzistik Bez. für eine Vokalassimilation über eine Wortgrenze hinweg (Auslaut – Anlaut), z. B. καὶ εἶτα > κᾆτα ›und dann‹. Der Schreibung der K. dient die ↗ Koronis. **GS**

Kreatives Schreiben (engl. creative writing) Spielart der Schreibdidaktik (↗ Schreibenlernen), mit der Erwachsenen ›freies‹, individuell geprägtes Schreiben vermittelt werden soll. K. S. will mehr sein als elaborierte ↗ Stilistik und stellt den Anspruch, der persönl. psych. und sozialen Entwicklung der kreativ Schreibenden dienl. zu sein. Auch psychotherapeut. Effekte werden behauptet, z. B. die Aufhebung von Verdrängungen und Blockierungen (›sich etwas von der Seele schreiben‹). Die frühesten Konzepte des K. S. wurden nach 1900 in den USA formuliert, Zentrum war die University of Iowa (*Iowa Writers' Workshop*), wo 1922 erstmals ein Produkt des K. S. als akadem. Abschlussarbeit akzeptiert wurde. In Deutschland entwickelte sich das K. S. in den 1980er Jahren vielseitig und nahm z. T. Züge einer esoter. Modebewegung an. Seminar- und Schulungsangebote werden heute von manchen Universitäten, v. a. aber Einrichtungen der Erwachsenen-

bildung (›Literaturwerkstätten‹) und privaten ›Schreibschulen‹ (›Werden Sie Schriftsteller!‹) angeboten. **Lit.** B. Glindemann, Creative Writing in England, den USA und Deutschland. Kulturelle Hintergründe, lit.wiss. Kontext, institutioneller Bezug. Ffm. 2001. **G**

Kreativität (lat. creāre ›(er)schaffen‹. Engl. creativity, frz. créativité) K. ist Obj. der K.-Forschung, die wesentl. durch die Arbeiten von J. P. Guilford (1897–1988) zur Struktur der Intelligenz und der Entwicklung psychometr. Testverfahren zur Messung spezif. intellektueller Fähigkeiten angeregt wurde. Guilford (1950) benennt vier Hauptmerkmale kreativen Verhaltens: Problemsensitivität, Ideenflüssigkeit, Flexibilität und Originalität. In der heutigen K.-Forschung bezeichnet K. solche Reaktionen auf Stimuli, die ungewöhnl. oder unüblich, zugleich aber auch angemessen und passend sind. K. bezieht sich insbes. auf Verhalten zur Problemlösung: Kreative Prozesse zeichnen sich dadurch aus, dass sie von gegebenen Bausteinen ausgehend, originelle, neuartige, d. h. nicht durch routinemäßige und einfache determinist. Verfahren konstruierbare Lösungen für Probleme erzielen. Originelle Reaktionen auf Probleme, die keine Lösung mit sich bringen, gelten als absurd und nicht als kreativ; Lösungen zu z. B. einfachen Rechenaufgaben, die ein richtiges Resultat erzeugen, gelten nicht als kreativ, sondern als deterministisch. Dementspr. spielt der Begriff der K. im Rahmen der neueren Spr.wiss. eine unterschiedl. Rolle in verschied. Gebieten, u. a.: (a) Für die moderne Spr.didaktik (z. B. Kämper-van den Boogaart 2003), die handlungs-, gesprächs- und produktionsorientierte Lit.didaktik (z. B. Haas 1997, Spinner 2001; 2002; 2004) und die Schreibforschung und -didaktik (z. B. Böttcher 1999) ist die Förderung kreativer Gesprächsführung und Schreibprozesse ein wesentl. Anliegen; (b) Chomsky, Aspects unterscheidet die regelgeleitete sprachl. K. (*rule governed creativity*) von der regelverändernden K. (*rule-changing creativity*). Erstere repräsentiert die menschl.-sprachl. ↗ Kompetenz, aus einer endlichen Menge sprachl. Ausdrücke und Regeln für ihre Kombinierbarkeit eine unendl. Menge von Äußerungen produzieren zu können, Letztere bezieht sich auf die Fähigkeit, verändernd auf das Sprachsystem einwirken zu können; (c) im Rahmen kognitionswiss. Denkansätze wird K. als ein wesentl. Aspekt von Metaphern angesehen (z. B. Jäkel 1997, Puster 1998, Tschachmann 1999): Die metaphor. Beschreibung eines Gegenstandsbereiches soll es ermöglichen, eingefahrene Denkmuster umzustrukturieren, bestimmte Aspekte eines Konzeptes hervorzuheben bzw. auszublenden und damit kreative Perspektiven auf einen Sachverhalt zu eröffnen. **Lit.** K.-H. Brodbeck, Neue Trends in der Kreativitätsforschung. Psychologie in Österreich 4–5, 2006, 246–253. – R. Carter, Language and Creativity. Ldn. 2004. – M. Csikszentmihalyi, Creativity.

N. Y. 1996. – R. M. Holm-Hadulla (Hg.), K. Heidelberg 2000. – B. Imhasly, Der Begriff der sprachl. K. in der neueren Ling. Tübingen 1975. – S.-I. Rolke, Die Kreativitätstheorie. Zur kreativen Person anhand einer Formel. Mannheim 2008. – M. A. Runco & S. Pritzker (eds.), Encyclopedia of Creativity. San Diego 1999. – R. K. Sawyer, Explaining Creativity: The Science of Human Innovation. Oxford 2005. – D. K. Simonton, Creativity in Science. Chance, Logic, Genius, and Zeitgeist. Cambridge, UK 2004. – R. J. Sternberg (ed.), Handbook of Creativity. Cambridge, UK 1999. – R. E. Vega-Moreno, Creativity and Convention: the Pragmatics of Everyday Figurative Speech. Amsterdam 2007. F

Kreolisierung ↗ Kreolsprache

Kreolsprache (engl. creole < frz. créole < span. criollo ›einheimisch, eingeboren‹) Nach gängiger Auffassung aus einer ↗ Pidginsprache entstandene Muttersprache (Kreolisierung), doch gibt es auch K., die keine vorgängige Pidginphase durchliefen. Wie Pidginspr. sind K. ggü. den zugrundeliegenden Ausgangsspr. strukturell stark vereinfacht, aber in weniger starkem Maße als diese, da sie im Prozess der Kreolisierung größere Komplexität in Grammatik und Wortschatz erreichen, die nicht durchgängig durch Einflüsse der Ausgangsspr. erklärt werden kann. Dies gab Anlass zu der von der GG beeinflussten Bioprogramm-Hypothese, derzufolge eine K. alle Defekte ausgleichen muss, die eine Pidginspr. aufweist, um als Muttersprache erworben werden und fungieren zu können. K. sind v. a. in kolonialen Situationen entstanden, in denen eine dominierende europ. Spr. auf eine oder mehrere andere Spr. von geringerem Prestige und geringerer sozialer Reichweite traf. Einige K. sind den Weg zur Schrift- und Standardsprache gegangen, z. B. ↗ Tok Pisin in Neuguinea und das Haiti-Creole, wo die Bereitschaft der Sprechergemeinschaft, ihre K. als vollwertiges Kommunikationsmittel anzuerkennen, hinreichend groß war. In vielen anderen Fällen herrscht zwischen der K. und der europ. H-Varietät das Verhältnis der ↗ Diglossie. **Lit.** D. Bickerton, Creole Languages. HSK 9, II, 1451–1462. – J. Holmes, Pidgins and Creoles. 2 Bde. Cambridge 1988, 1989. – J. H. MacWorther, Towards a New Model of Creole Genesis. N. Y. 1997. – M. Sebba, Contact Languages: Pidgins and Creoles. Ldn. 1997. – B. Migge, Creole Formation as Language Contact. The Case of the Suriname Creoles. Amsterdam 2003. – D. Bickerton, Bastard Tongues. A Trailblazing Linguist Finds Clues to Our Common Humanity in the World's Lowliest Languages. N. Y. 2008. – J. H. McWhorter, Defining Creole. Oxford 2005. – J. Siegel, The Emergence of Pidgin and Creole Languages. Oxford 2008. – A. S. Kaye & M. Tosco, Pidgin and Creole Languages. A Basic Introduction. München 2003. – N. Faraclas, Simplicity and complexity in Creoles and Pidgins. London 2009. G

Kreuzklassifikation (auch: Querklassifikation) Sprachl. Einheiten, die einer bestimmten Kategorie zugeordnet werden, lassen sich durch deren Unterkategorien (↗ Subkategorisierung) näher beschreiben. Die Kategorie ↗ Nomen (N.) z. B. verfügt u. a. über die Subklassen: (a) N. proprium (*Petra, Bottrop*), (b) N. appellativum (*Kind, Tisch*); (b) [+ menschlich] (*Mädchen*), (– menschlich) (*Katze*). Durch K. ergibt sich dann z. B. für *Bottrop* die Merkmalkombination [+ N. proprium, – menschlich], für *Kind* [– N. proprium, + menschlich]; ↗ Merkmaltheorie, ↗ Komponentenanalyse. SK

Kreuzsprachen ↗ Heilige Sprachen

Kreuzvalidierung (engl. cross-validation). Bei der x-fachen K. werden die vorhandenen Daten in x Teile aufgeteilt. In x Testläufen wird jeweils 1/x der Daten als Testmaterial und die restl. (x-1)/10 der Daten als Trainingsmaterial verwendet. Die erwartete Fehlerrate errechnet sich aus dem Durchschnitt aller Testläufe. Z

Krimgotisch Bez. für die Spr. einer nicht ganz zuverlässig überlieferten Wörtersammlung, die der fläm. Diplomat O. Gh. de Busbecq im 16. Jh. in Konstantinopel von Informanten aus der Krim aufgezeichnet hat. Sie wird im Allgemeinen dem ↗ Gotischen zugerechnet. Bestimmte Erscheinungen werden z. T. als westgerm. gedeutet und unterschiedl. bewertet. Wahrscheinl. handelt es sich um die sonst nicht bezeugte Spr. nach dem allgemeinen Abzug auf der Krim zurückgebliebener Ostgoten, die wohl im 18. Jh. ausgestorben ist. **Lit.** MacDonald Stearns, Crimean Gothic. Analysis and Etymology of the Corpus. Saratoga 1978 – Ders., Das K. In: H. Beck (Hg.), Germ. Rest- und Trümmerspr. Bln., N. Y. 1989, 175–194 – O. Grønvik, Die dialektgeograph. Stellung des K. und die k. cantilena. Oslo 1983. GR

Krimtatarisch (Eigenbez. Qrımtatar tili) Westtürk. Spr. der pont.-kasp. Untergruppe, ↗ Turksprachen. Früheres Sprachgebiet: die Krim, wo 1939 280 000 Krimtürken gezählt wurden. An der Südküste wurde Krimosman. (ein Dialekt des ↗ Türkischen) gesprochen, im Norden Krimtatar., der Zentraldialekt; Karte ↗ Europäische Sprachen, ↗ Türkische Sprachen, beide im Anhang. Grundlage der Schriftspr. war eine Mischform. Schriftspr. ab dem 13. Jh. Seit Ende des 18. Jh. im Zuge der Türkenkriege Abwanderung eines Teils der Bevölkerung in die Türkei (heute u. a. in Eskişehir). Die arab. Schrift wurde 1928 durch die lat., 1938 durch die kyrill. ersetzt. 1944 wurden die Krimtataren nach Usbekistan deportiert, ihre Existenz wurde totgeschwiegen. Ab 1957 erschienen in Taşkent eine Zeitung und Radiosendungen in K., ab 1980 die Literaturzeitschrift *Yıldız*. Massive Rückwanderung gegen den Druck der Behörden ab 1989. Sprecherzahl (1989) der UdSSR 251 537, davon 175 890 in Usbekistan, 43 334 in der Ukraine. **Lit.** G. Doerfer, Das Krimtatar. In: Philologiae Turcicae Fundamenta I, Wiesbaden 1959, 369–390. – H. Jankowski, Gramatyka języka krymskotatarskiego. Poznań 1992. MI

Kroatisch (Eigenbez. hrvátskī) Variante des ↗ Serbokroatischen, die sich vom ↗ Serbischen durch einige lautl. Besonderheiten, v. a. aber durch lexikal. Unterschiede abhebt, z. B. *kolodvor, vlâk, tisuc/‹a* vs. serb. *stanica, vôz, híljada* ›Bahnhof‹, ›Zug‹, ‹tausend‹. – Die ältesten Zeugnisse des K. sind in der ↗ Glagolica geschriebene, stark vom ↗ Kirchenslavischen durchsetzte religiöse Texte aus dem 12. Jh. – Aus soziolinguist. Sicht ist das K., bedingt durch polit. motivierte sprachplanerische Eingriffe, die neu entstandene Standardspr. der Kroaten in Kroatien sowie in der Bosn.-kroat. Föderation. Seit 1990 Amtsspr., ca. 4 Mio. Sprecher; Karte ↗ Europäische Sprachen, im Anhang. Kodifizierung und Verbreitung der Norm des K. sind durch einen extremen, v. a. sprachpolit. Bestrebungen geschuldeten Purismus gekennzeichnet. **Lit.** M. Okula, Eine Spr. – viele Erben. Spr.politik als Nationalisierungsinstrument in Ex-Jugoslavien. Klagenfurt 1998. – M. Grčević, Die Entstehung der k. Lit.spr. Köln u. a. 1997. – L. Auburger, Die k. Spr. und der Serbokroatismus. Ulm 1999. – B. Kunzmann-Müller, Sprachl. Wandel im modernen K. In: L. N. Zybatow (Hg.), Sprachwandel in der Slavia: Die slav. Spr. an der Schwelle zum 21. Jh. Eine internat. Hdb. Teil 1. Ffm. u. a. 2000, 129–140. – S. Kordić, Die aktuelle Sprachzensur in Kroatien. In: B. Symanzik et al. (Hgg.), Spr. – Lit. – Politik. Ost- und Südosteuropa im Wandel. Hamburg 2004, 259–272. HA

Kroatoserbisch ↗ Serbokroatisch

Krongo-Kadugli ↗ Nilosaharanische Sprachen

Kru-Sprachen Etwa 12 Spr. umfassende Untergruppe der ↗ Niger-Kongo-Sprachen in Süd-Liberia und Südwest-Elfenbeinküste mit insgesamt ca. 2 Mio. Sprechern. Jeweils über 100 000 Sprecher haben Bassa, Krahn, Klao, Grebo, Godie, Bete und Dida; Karte ↗ Afrikanische Sprachen, im Anhang, ↗ Tonsprachen, ↗ Vokalharmonie, Reste von ↗ Nominalklassen, Wortstellung teils SVO, teils SOV, Verbalderivation mittels Suffigierung. **Lit.** L. Marchese, Kru. NCL 1989, 119 ff. – L. Marchese, Atlas linguistique des langues Kru: essai de typologie. Abidjan 1983. – G. Innes, An Introduction to Grebo. Ldn. 1966. **SSG** Stadt- und Universitätsbibliothek Frankfurt/M. (30). RE

Kryptographie ↗ Geheimschrift

Kryptotyp m. (griech. κρύπτειν (kryptein) ›verbergen‹) Von B. L. Whorf (1897–1941) angenommene Klassen (*covert classes*) von Merkmalen bzw. Eigenschaften sprachl. Elemente, die nicht direkt beobachtbar sind, sondern »eine unter der Oberfläche der Wörter liegende, subtile, schwer fassbare Bedeutung [sind], die keinem wirklichen Wort korrespondiert und die doch … als funktionell wichtiges Element der Grammatik aufgezeigt werden kann«

(1963, 116). Demgegenüber sind alle ›klass.‹ morpholog. Kategorien *Phänotypen*. Ein Beispiel ist die Sexusmarkierung im Engl., die mit keiner Genusmarkierung korrespondiert wie z. B. im Dt. und im Lat., wo jedoch der Phänotyp ↗ Genus und der K. ↗ Sexus keineswegs miteinander ident. sind. Der K. Sexus kommt im Engl. durch die »Bindungsvalenzen« der Pronomina (*he, she, it*) an die Oberfläche. **Lit.** B. L. Whorf, Sprache, Denken, Wirklichkeit. Reinbek 1963. G

Kubatschi ↗ Dargwa

Kubenkrankêgn ↗ Kapayó

Kufisch ↗ Arabische Schrift

Kuikuro ↗ Karibische Sprachen

Kulissensymbol ↗ Platzhaltersymbol

Kultur (lat. cultūra (animi) ›dass.‹, < colere ›anbauen, anpflanzen‹) I. w. S. die Gesamtheit der materiellen, sozialen und ideellen Schöpfungen von Menschen im Ggs. zur Natur, die (jedenfalls bislang) keine Schöpfung der Menschen ist; im Zeitalter von Gentechnologie und Nuklearphysik verschwimmt diese traditionelle Grenzlinie allerdings. Phylogenet. Voraussetzungen für die Entstehung von K. waren der aufrechte Gang, der es ermöglicht hat, die Motorik von Händen und Armen so zu adaptieren, dass die Produktion und der Einsatz von Werkzeugen zur zielgerichteten Veränderung von natürl. Gegenständen mögl. wurde, sowie die Entwicklung von Kapazitäten im Gehirn, die die Aufnahme und Speicherung großer Mengen von Informationen und ihre Verarbeitung durch ↗ Sprache zuließen. Spr. ist das wichtigste Instrument der ↗ symbol. Aneignung und Repräsentation der äußeren Welt und ihrer kognitiven Verarbeitung; ↗ Akkulturation. Systeme sprachl. ↗ Zeichen erlauben es, alles sinnl. Erfahrbare in das ›symbolische Universum des Menschen‹ (E. Cassirer) aufzunehmen, in dessen Rahmen die Menschen miteinander kommunizieren. Differenzierungen kultureller Systeme gehen einher mit Differenzierungen im Sprachsystem, zumindest im Wortschatz der jeweiligen Spr.; der Umkehrschluss, dass Sprachsysteme die Wahrnehmung der Wirklichkeit spezif. vorprägen und filtern, ist umstritten (↗ Mentalismus, ↗ Nativismus, ↗ Sapir-Whorf-Hypothese). – Kulturelle Aktivitäten können auf die Veränderung oder Beeinflussung von natürl. Gegebenheiten oder Prozessen nach vorgedachten Konzepten gerichtet sein, z. B. in der Technik oder in den bildenden Künsten. Sie können aber auch ideelle, geistige und gesellschaftl. Konstrukte betreffen, z. B. Religion, Recht, Dicht-, Bau- oder Tanzkunst, Musik, Moral, Ethik oder Wiss., denen gemeinsam ist, dass sie Interpretationen der Welt vornehmen und menschl. Gemeinwesen organisieren und prägen. Sie sind realisiert als Kulturleistungen von Individuen, v. a. aber von ganzen Gesellschaften und Völkern in bestimmten Zeitabschnitten; Redeweisen wie *röm. Recht, frz. Romanik, dt. Barocklyrik, russ. Futurismus* drücken aus, dass best. Gesellschaften oder Völker in best. Zeitabschnitten best. kulturelle Leistungen auf einem best. Gebiet hervorgebracht haben. Die phys. Fähigkeit, die Welt zu verändern, ist abhängig von der kognitiven Fähigkeit, sich Veränderungen der Welt vorzustellen und als Konzept zu denken, von der Fähigkeit, individuell oder in Kooperation mit anderen Menschen Alternativen zum Gegebenen erarbeiten zu können. Sie führt zur Entstehung einer mit anderen Menschen geteilten ideellen Wirklichkeit, einer gemeinsamen Vorstellungs- und Symbolwelt, die zur ›zweiten Natur‹ (A. Gehlen) der Menschen wird. In der dt. Diskussion wurde lange Zeit dem Begriff K. derjenige der Zivilisation gegenübergehalten, wobei K. ideell-geistige Leistungen, Zivilisation materielle Leistungen bezeichnete. Diese Unterscheidung ist obsolet. Der Begriff der K. wird heute vielfach erweitert durch Einbeziehung alltäglicher Sachverhalte und Vorgänge, wodurch man die Konzepte der ›Hochkultur‹ durch das Konzept der ›Alltagskultur‹ und einen ›erweiterten K.begriff‹ ergänzen oder ablösen will (z. B. H. Hoffmann). Dagegen steht die Position, dass der Begriff der K. vor übermäßiger Banalisierung geschützt werden sollte (vgl. Wortbildungen wie *Streitkultur, Wagniskultur, Firmenkultur*). **Lit.** A. Gehlen, Urmensch und Spätkultur. Bonn 1956 u. ö. – H. Hoffmann, Kultur für alle: Perspektiven und Modell. Ffm. ^{2}1981. – E. Cassirer, Versuch über den Menschen. Ffm. 1990 (An Essay on Man. New Haven 1944). – Die Semantik des Kulturbegriffs. Texte von H. Hoffmann, H.-D. Genscher, Th. Anz und H. Glück. Bamberg 1998.   G

Kulturanthropologische Sprachforschung ↗ Soziolinguistik

Kulturarbeit ↗ Spracharbeit

Kultureller Habitus ↗ Kontrastive Pragmatik

Kulturhistorische Schule Bez. für eine Richtung in der sowjet. ↗ Spracherwerbsforschung und ↗ Psycholinguistik, die auf L. S. Vygotskijs (Wygotski; 1896–1934) Arbeit *Denken und Sprechen* (1934) zurückgeht. Die k. S. geht aus von einer grundsätzl. Unterscheidung zwischen ›äußerer‹ und ↗ ›innerer Sprache‹, wobei Letztere nicht, wie in Piagets Sprachentwicklungstheorie die ↗ ›egozentrische Sprache‹, als defektive und im Laufe der psych. Entwicklung zu durchlaufende Übergangsphase aufgefasst wird. Die ›äußere Spr.‹ ist die entfaltete, kommunikative, ›für andere‹ existierende Spr. Von zentraler Bedeutung für ihre Entwicklung ist in der k. S. die Partnerperspektive, der ↗ Dialog, der die Bedingung der Möglichkeit einer Entwicklung zum Individuellen darstellt (hierbei bezieht sich Vygotskij u. a. auf W. von Humboldt, L. Ščerba, E. D. Polivanov und L. Jakubinskij), denn Individuelles kann sich nur als soziales Charakteristikum herausbilden. Die Bez. »k. S.« geht darauf zurück, dass Vygotskij und v. a. sein Schüler A. N. Leont'ev ihre beim Studium der ontogenet. Entwicklung (↗ Onto-

genese) gewonnenen Einsichten auf die Phylogenese des Menschen angewandt haben. Im marxist. Sinn wurden dabei *Arbeit, Erfahrung* und *Aneignung* als Leitbegriffe verwendet; ↗ Sprechtätigkeitstheorie. **Lit.** L. S. Vygotskij, Myšlenie i reč'. M., L. 1934. Dt.: Denken und Sprechen. Bln. 1964, Ffm. 1969, ^{6}1977. – A. N. Leont'ev, Problemy razvitija psichiki. M. 1959. Dt.: Probleme der Entwicklung des Psychischen. Bln. 1971. – A. A. Leont'ev, Psichologija obščenija. Tartu 1974. Dt.: Psychologie des sprachl. Verkehrs. Weinheim 1982.   G

Kulturmorphologie Um 1925 in Auseinandersetzung mit ↗ »Wörter und Sachen« entstandene sprachwiss. Strömung, die sprach- und kulturwiss. Studien eng miteinander verbunden betrieb und Sprachgebiete und ihre Grenzen zugleich als Kulturräume und ihre Grenzen auffasste (↗ Germania Romana). Wichtige Vertreter der K. waren Th. Frings (1886–1968) und F. Maurer (1898–1984). G

Kulturnation Im Gegensatz zu ↗ Sprachnation eine durch eine gemeinsame Kultur, nicht unbedingt durch eine gemeinsame Spr. zusammengehaltene Nation (Beispiel: Schweiz). Die gemeinsame ↗ Kultur ist das Ergebnis einer gemeinsamen Geschichte, oft auch in einem gemeinsamen Staatswesen. Der Gedanke der K. ist auch verträgl. mit der Existenz unterschiedl. Nationen gleicher Spr. Beispiele sind Österreich und Deutschland, USA und Großbritannien; ↗ plurizentrische Sprache.   AM

Kulturologie ↗ Kulturwissenschaft

Kultursprache 1. ↗ Ausbausprache. 2. Spr. mit besonderer ↗ Sprachkultur. Im Sinne von 1. ist eine K. verschriftet, standardisiert, modernisiert (Fachterminologien) und wird in der Sachprosa verwendet. Im Sinne von 2. ist sie zusätzlich Gegenstand besonderer ↗ Sprachpflege.   AM

»Kulturtechniken« ↗ Schreiben

Kulturwissenschaft (engl. cultural studies) Metawiss., die sich unter allgemeinen Fragestellungen und wenig strikter Methodik mit dem Aufbau, den Strukturen und den Funktionen von Kulturen befassen. Dabei steht oft nicht die ›Hochkultur‹, sondern die kulturelle Alltagspraxis bzw. Gesellschaften im Zentrum des Interesses (H. Hoffmann: ›Kultur für alle‹). Kultur wird als kollektive Konstruktion und Inszenierung verstanden. Der Symbolcharakter vieler kultureller Praktiken genießt dabei große Aufmerksamkeit. Das Programm der K. postuliert die Möglichkeit, Kunst- und Architekturgeschichte, Literatur-, Sprach- und Medienwiss., Ethnologie und Volkskunde, Philosophie, Rechts- und Staatswiss., Theologie, Psychologie, Soziologie und weitere Disziplinen zu einem interdisziplinären Fach zusammenzuführen. Es hat v. a. in den USA die ›humanities‹ stark verändert, wo die Beschäftigung mit der ›Popkultur‹ und sozialen Problemen die klass. Fachinhalte und Kanones der kulturbezogenen Disziplinen teilweise verdrängten. Als vorbildlich gelten in der deutschsprachigen Diskussion einige Philosophen (G. Simmel, E. Cassirer), Soziologen (M. Weber, N. Elias) und Kunstwissenschaftler (A. Warburg, E. Panofsky, H. Böhme); in der Ling. wäre etwa die Schule ↗›Wörter und Sachen‹, die ↗idealistische Neuphilologie oder die ↗interkulturelle Germanistik zu nennen. Die K. hat Berührungspunkte zu den Programmen der *Kulturologie* in Russland (M. Bachtin, J. Lotman, B. Uspenskij; ↗Semiotik). H. Böhme postulierte eine K. (im Sg.) als eigenständige Disziplin, die auf den Forschungsergebnissen verschiedener Einzelwiss. aufbauen und durch krit. Reflexion übergeordnete Zusammenhänge aufdecken solle. – Scharfe theoret. und methodolog. Kritik an den Konzepten einer K. äußerte (u.a.) F. Kittler. Er warf ihnen einen extremen Mangel an Selbstreflexivität vor:»Vor allem hat jede Theorie, die einer sogenannten Gesellschaft […] dient, über ihre Grundbegriffe schon vorentschieden.« Seit ›interdisziplinär‹ ein drittmittelschwangerer Leitbegriff geworden ist, greift unter dem Etikett der K. die Missachtung disziplinärer Standards und die systemat. Verletzung method. Prinzipien um sich, und »Paradigmenwechsel« werden alltägliche Praxis. **Lit.** H. Hoffmann, Kultur für alle. Ffm. ²1981 – H. Böhme, P. Matussek & L. Müller, Orientierung K. Was sie kann, was sie will. Reinbek bei Hamburg ²2002. – F. Jäger & J. Rüsen (Hgg.), Hdb. der K.en. 3 Bde. Stgt. 2004. – L. Heidbrink & H. Welzer (Hgg.), Ende der Bescheidenheit. Zur Verbesserung der Geistes- und K.en. Mchn. 2007. – D. Bachmann-Medick (2009), Cultural Turns. Neuorientierungen in den K.en. Reinbek bei Hamburg ³2009. – A. & V. Nünning (Hgg.), Einf. in die K.en. Stgt. ²2008. – **Zss.** Zs. für Kulturphilosophie. Hg. v. R. Konersmann, J. M. Krois & D. Westerkamp. Hamburg 2007 ff. – Zs. für K.en. Hg. v. Th. Hauschild & L. Musner. Bielefeld 2007 ff.. G

Kumaunī ↗Indoarische Sprachen

Kumulativ (lat. cumulus ›Haufen‹) **1.** In der empir. Sprachforschung Bez. für die Häufung von Messwerten in einem best. Abschnitt des Untersuchungsbereichs. – **2.** In der ↗Spracherwerbsforschung Bez. für das Resultat von ↗Sprachentwicklungsstörung bei Kindern, die Defizite in ihrem ↗Spracherwerb aufweisen, obwohl sie Kontakte zu Kindern mit normalem oder überdurchschnittl. raschem Spracherwerb haben. Wenn sich die Defizite dennoch nicht verringern, sondern gleich bleiben oder sich vergrößern, spricht man von einem k. Effekt. G

Kumykisch (Eigenbez. Qumuq tili) Westtürk. Spr. der pont.-kasp. Untergruppe der ↗Turksprachen im östl. Teil des Nordkaukasus (Dag(h)estan, Tschetschenien, Inguschetien, Nordossetien), Karte ↗Kaukasische Sprachen im Anhang. Schriftspr. in arab. Schrift seit dem 19. Jh., 1929 lat. Schrift, 1938 kyrill. Schrift. Ca. 300.000 Muttersprachler. Das K. ist außerdem Lingua franca für andere Nationalitäten der Region. Es ist eng verwandt mit dem ↗Balkarischen und dem ↗Karatschaischen. **Lit.** J. Benzing, Das K. In: Philologiae Turcicae Fundamenta I, Wiesbaden 1959, 391–406. MI

Kuna ↗Cuna

Kunama ↗Chari-Nil-Sprachen

Kundenschall, Kundensprache ↗Rotwelsch

Kunkoe ↗Khoisan-Sprachen

Künstliche Intelligenz (Abk. KI. Engl. artificial intelligence) Teilgebiet der ↗Informatik, das sich mit dem Problem beschäftigt, wie Fähigkeiten, die Intelligenz voraussetzen, mit den Methoden der Informatik (mathemat. Modelle, Algorithmen, Repräsentationssprachen usw.) beschrieben, simuliert und als Computerprogramme implementiert und genutzt werden können. Zu den klass. Gebieten der KI gehören automat. Schließen (↗Inferenzmaschine, ↗Logik), ↗Wissensrepräsentation, ↗Mustererkennung und ↗maschinelle Lernverfahren. Die Verarbeitung natürlicher Spr. ist ein Teilgebiet der KI, das hinsichtl. der Methoden und Fragestellungen mit der ↗Computerlinguistik annähernd deckungsgleich ist. **Lit.** S. Russell & P. Norvig, Artificial Intelligence. A Modern Approach. Upper Saddle River, NJ ³2009. L

Künstliche neuronale Netze (engl. artificial neural networks) Verfahren aus der ↗Künstlichen Intelligenz, die Leistungen wie Mustererkennung, Klassifikation und Lernen mit Technologien realisieren, die in Analogie zum menschl. Nervensystem entworfen sind; ↗Neuronales Netz. L

Künstliche Sprache (auch: formale Sprache. Engl. artificial language, frz. langue artificielle) **1.** Die Ersetzung einer ↗natürlichen Sprache durch eine k. S., eine symbolisierte Kunstspr., geschieht zu dem Zweck, die ↗Vagheit und Mehrdeutigkeit der Umgangsspr. zu beseitigen. Deshalb werden beim Aufbau einer k. S. alle Aussagen in Symbolen formuliert, die sämtlich beim Aufbau eindeutig erklärt sind. Die k. S. wird dabei i. S. einer ↗Begriffsschrift aufgebaut (*lingua rationalis*, G. Leibniz), in die syntakt. Struktur einer Aussage die begriffl. Struktur des Aussageinhalts abbildet (↗Abbildung), die sinnvollen Operationen der Sätze geschehen nach rein syntakt. Regeln ohne Bezug auf den Inhalt. PR – **2.** I. w. S. jede Spr., die gezielt konstruiert wurde (↗Plansprache). Im Bereich der ↗Künstlichen Intelligenz und der ↗Computerlinguistik versteht man unter K. S. formale Spr.n. ›K. S.‹ ist eine metaphor. Bezeichnung für log. und mathemat. Kalküle, die mit natürl. Spr.n insofern gewisse Gemeinsamkeiten besitzen, als sie in eng festgelegten Verwendungsweisen Elemente natürl. Spr.n, etwa Konjunktionen wie *und* und *oder*, enthalten. Operationen innerhalb einer K. S. benötigen keinen Bezug auf die Bedeutung der Zeichen. Die Manipulierung von Symbolreihen wird von ihrer Interpretation abgetrennt. Aufgrund dieser Eigenschaft sind im Prinzip sämtl. Operationen einer K. S. von einer Maschine durchführbar. Als Sonderfall von K. S. können daher die

Programmiersprachen angesehen werden. WG, PA
– **3.** ↗ Plansprache.

Kunstsprache ↗ Plansprache, ↗ Künstliche Sprache

Kunstwort Bez. für einen ↗ Neologismus, der nicht unmittelbar auf bereits existierende Lexeme zurückzuführen ist, etwa Produktnamen wie *Lantra, Lexus, Mégane, Mondeo.* Diese Art der Benennung ist insofern neu, als K. in der Vergangenheit durchaus (i. d. R. gut versteckte) Bezüge zu existenten Lexemen aufwiesen (*Fewa* ›Feinwaschmittel‹, *Hanuta* ›Haselnusstafeln‹ usw.); ↗ Akronym, ↗ Kurzwort. **Lit.** Ggwdt.[2], 139–148.   ES

Kunza ↗ Atacameño

Kurdisch (Eigenbez. Zmanè Kurdî, Kurmancî) Nordwestiran. Spr.; ↗ Iranische Sprachen. Sprecherzahl: mindestens 25 Millionen. Das Sprachgebiet ist auf mehrere Länder verteilt: Südost-Anatolien, westl. Iran, Nordirak, Nordsyrien, Karte ↗ Iranische Sprachen, im Anhang. Außerdem leben Kurden im Westen der Türkei (mindestens 7 Millionen), in Westeuropa, den Kaukasusländern und im Libanon. Das K. gliedert sich in zwei Dialektgruppen: (a) Nordwestk. (kurmancî) in der Türkei, Syrien, den türk.-irak. und türk.-iran. Grenzgebieten und den Kaukasusländern und (b) südk. (kurdî) im Iran und Irak. Ins Kurdengebiet eingeschlossen finden sich zwei nordwestiran. Spr., das Zaza (dimilî) in Anatolien und das Gurani bei Kermanschah und Awromani (im Zagrosgebirge). Alle k. Dialekte außer dem Feili im Südosten haben die präteritale Ergativstruktur erhalten. Das K. hat sich im Irak, wo die Kurdenbewegung stark war, und in der UdSSR, wo Minderheitenrechte zugestanden wurden, relativ frei entfalten können. In den übrigen Ländern, insbes. in der Türkei, wurde es bis in die jüngste Vergangenheit brutal unterdrückt. Dennoch hat sich – auch durch die Tätigkeit kurd. Intellektueller im Exil – sowohl für das Südk. (in arab. Schrift) als auch für das Nordwestk. (in lat. Schrift) eine Schriftspr. entwickelt. Das Gurani war in früherer Zeit Lit.spr. (in arab. Schrift). **Lit.** Dj. Bedir Khan & R. Lescot, Grammaire Kurde (Dialecte kurkandji). Paris 1970. – J. Blau, Manuel de Kurde. Dialecte Sorani. Paris 1980. – Baran, Dersên zmanê Kurdi [Lektionen der k. Spr.]. Stockholm 1988. – Q. Kurdo, Gramera zmanê kurdi. Kurmančí – sorani [Grammatik der k. Spr. Kurmančí und Sorani.]. Stockholm 1990. – P. Wurzel, K. in 15 Lektionen. Köln 1992.   MI

Kuriale, Kurialschrift ↗ Kursive, ↗ Nationalschriften

Kürinisch ↗ Lesgisch

Kuroda-Normalform ↗ Chomsky-Normalform

Kurrentschrift (lat. currēns ›laufend‹) Zügig geschriebene Schrift kursiven Charakters (»Schreibschrift«) im Gegensatz zur ↗ Druckschrift. I. e. S. Bez. für die bogenreiche ↗ Kanzleischrift des späten 15. und 16. Jh., die lässig und rasch geschrieben wurde. Die Buchstaben eines Wortes wurden mit-

einander verbunden. Die deutsche K. (↗ Sütterlin-Schrift) ist eine Weiterentwicklung der ↗ gotischen ↗ Bastarda.   EN

Kursiv 1. ↗ Durativ, ↗ Aktionsart. **2.** ↗ Kursive

Kursive f. (lat. cursus ›das Laufen‹) Gebrauchsschriften, deren älteste Zeugnisse in den Inschriften vom Pompei und auf zahlreichen Papyri überliefert sind. Die K. ist die Schrift des Alltags, die vor allem in Urkunden auftritt, in Büchern als Glossenschrift oder für Korrekturen. Vollständige Hss. in K. sind äußerst selten. Die Formen der K. entstehen aus den Buchstaben der ↗ Capitalis, die durch die Beschleunigung des Schreibens innewohnende Dynamik verändert werden. Wesentl. Elemente der röm. K. sind Vereinfachung und andersartige Zusammenfassung der Bausteine der Einzelbuchstaben (Änderung der Schreibrichtung), Verbindung von Buchstaben (↗ Ligatur) und Mitschreiben der Luftlinien. Gegen Ende des 3. Jh. kann man den Übergang von der älteren Majuskelkursive zur Minuskelkursive, der jüngeren röm. K. in den Papyri beobachten. Oberlängen haben die Buchstaben *b, d, h, i* und *l* ausgebildet, Unterlängen weisen *g, p, q* auf. Im 8. Jh. werden die K. durch die ↗ karolingische Minuskel und ihre Gebrauchsformen verdrängt; zu erneuten kursiven Bildungen kommt es wieder im 13. Jh. Die K. hat sich bis in die Gegenwart behauptet (↗ Kursivschrift. Sonderformen der K. sind die päpstliche Kurialschrift, die bis in die zweite Hälfte des 11. Jh. in der Papstkanzlei in Gebrauch blieb, die Kurialschrift der südital. Notare, die wegen Unleserlichkeit von Friedrich II. 1231 verboten wurde, sowie die *litterae caelestes* (›himmlische Schriftzeichen‹), die röm.-byzantin. Kaiserkursive, deren langgezogene Formen die Elongata, die urkundliche ↗ Auszeichnungsschrift seit der Karolingerzeit, beeinflusst haben dürfte.   EN

Kursivschrift (Engl. italics, italic types, sloping letters) Satzschrift (↗ Druckschrift 3), die sich durch die Neigung aller Buchstaben im gleichen Winkel nach rechts von der übl. Satzschriften unterscheidet, bei denen die vertikalen Striche der Buchstaben (die Hastae) senkrecht auf der Zeile stehen. K.en werden i. d. R. als ↗ Auszeichnungsschriften verwendet, z. B. *in diesem Lexikon*; ↗ Kursive.   G

Kurz ↗ Quantität

Kürzel (auch: Sigel, Sigle) Bez. für die Schriftzeichen in ↗ stenographischen Systemen, auch synonym zu ↗ Abkürzung verwendet.   G

Kurzfallend Merkmal des ↗ Akzents bzw. des Tonhöhenverlaufs (↗ Tonsprachen).   PM

Kurzform (auch: Kurzname. Engl. stump word, frz. mot tronqué) Bez. für gekürzte Wortformen, als Terminus gelegentl. eingeschränkt auf die K. von Personennamen im Ggs. zum ↗ Kurzwort, das – bei häufiger entspr. – keine Lebewesen bezeichnet. Eine Systematik ist nicht zu erkennen (*Gerd* zu *Gerhard*, *Lisa* zu *Elisabeth*, *Grete* zu *Margarete*). Entscheidend scheint zu sein, dass eine Vollform existiert, nicht unbedingt, dass diese noch identifizierbar ist. K. ohne synchron referenzident. Vollformen (*Alf* ≠ *Alfred*) stehen neben Kurzformen (*Alex* = *Alexandra*) und Koseformen (*Basti* = *Sebastian*). Es ist unsicher, ob man in allen Fällen von Wortbildungsprodukten im eigentl. Sinn auszugehen hat; ↗ Abkürzung 2., ↗ Kurzwort, ↗ Kürzung. ES

Kurzname ↗ Kurzform

Kurzsatz ↗ Ellipse

Kurzschrift ↗ Stenographie

Kurzsteigend Merkmal des ↗ Akzents bzw. des Tonhöhenverlaufs (↗ Tonsprachen). PM

Kürzung 1. (Auch: Abbreviatur, Kurzwortbildung. Engl. shortening) Bez. eines Wortbildungsprozesses, dessen Existenz – zumindest aber dessen Extension – strittig ist. Zwar ist K. von Wörtern um Segmente unterschiedl. Art und Größe unübersehbar (Beispiele dazu im Artikel ↗ Kurzwort), die Bildung von Varianten ist aber nicht Gegenstand der Wortbildung (hierzu: Fleischer & Barz 1995, 52). Andererseits existieren Bedeutungsunterschiede (ein *BMW*, so Kobler-Trill (1994, 16), ist kein ›Bayrisches Motorenwerk‹), bestehen ↗ Konnotationen, die die entsprechenden Vollformen nicht aufweisen (Fradin 1999, 20), oder es liegen Bedeutungsverschiebungen vor, ohne die zu fragen wäre, warum wir überhaupt kürzen sollten (Harras 1997, 122). Auch existieren K. ohne parallele Vollform (*Kirsch*(*baum*)*garten*), insbes. auch fachsprachl. Bildungen, deren Vollformen dem Sprachbenutzer unbekannt sind (z. B. *ISDN*). Zudem können durch K. entstandene sprachl. Zeichen neue Bedeutungen kodieren (*Lol* repräsentiert in Chats ›laughing out loud‹, was seinerseits ›witzig‹ bedeutet) Insgesamt spricht also einiges dafür, K. als Wortbildungsprozess aufzufassen, zumal sich die durch K. entstandenen Einheiten auch morpholog. von den Vollformen unterscheiden können, vgl. *Lastkraftwagen* [Nom. Pl.] aber: *LKWs* [Nom. Pl.]. Abgrenzungsprobleme zu anderen Wortbildungsverfahren, die Tilgungen von Graphemen voraussetzen, existieren (↗ Kontamination, ↗ Rückbildung). Von einer einheitl. Verwendung der Terminologie zur Bez. der Wortbildungsprodukte (↗ Kurzwort, ↗ Kurzform, ↗ Akronym, ↗ Abkürzung etc.) kann keine Rede sein. **Lit.** V. Balnat & B. Kaltz, Zu einigen theoret. Problemen der Kurzwortbildung. Beiträge zur Geschichte der Sprachwiss. 16.1/2, Münster 2006, 195–218. – B. Fradin, Combining Forms, Blends and Related Phenomena. In: U. Doleschal & A. Thornton (eds.), Extragrammatical and Marginal Morphology. Mchn. 1999, 11–55. – G. Harras, Fremdes in der dt. Wortbildung. In: R. Wimmer (Hg.), Wortbildung und Phraseologie. Tübingen 1997, 115–130. – D. Kobler-Trill, Das Kurzwort im Dt. Tübingen 1994 – Fleischer & Barz WB². – V. Balnat, La brachygraphie en allemand contemporain. Diss. Aix-en-Provence, Bamberg 2008. ES

Kürzungsregel In der ↗ Kategorialgrammatik eine Regel, die aus einem n-Tupel (n ≤ 2) – im Spezialfall: aus einem Paar – von Kategoriennamen einen Kategoriennamen macht; z. B. wird das Paar (x/y, y) zu x gekürzt. Diese Kürzungsoperation lässt sich vergleichen mit der Kürzung rationaler Zahlen, z. B. von x/y, y zu x. T

Kurzwort (auch: Klappwort, Raffwort. Engl. clipping, stump word, frz. mot tronqué) Bez. für lexikal. Einheiten, die durch ↗ Kürzung entstanden sind, etwa *Abitur*, *Hochdruckgebiet*, *Demonstration*. Subklassifikationen der K. beziehen sich i. d. R. auf das Segment der Vollform, das erhalten bleibt. In den meisten Fällen sind das ↗ Morpheme, etwa in Kopfformen wie *Kilogramm* (↗ Kopfwort), in Endformen wie *Regenschirm* (↗ Schwanzwort) oder ↗ Klammerformen (*Fernsprechamt*). Auch Tilgungen von Affixen kommen vor, i. d. R. werden Bildungen wie *Sanftmut* aus *sanftmütig* allerdings als eigenständiger Wortbildungstyp aufgefasst (↗ Rückbildung), zumal rückgebildete Lexeme neue Bedeutungsträger sind, keine neuen Bez. für das, was auch die Vollformen benennen. In Tilgungen nicht-morphemat. Segmente repräsentieren meist offene Silben ihre Bezugswörter (*Motorfahrad*), in ↗ Akronymen die Initialen (*Ultrakurzwelle*). Während im Dt. die Tendenz besteht, Akronyme dem Lautwert der Grapheme entsprechend zu artikulieren, überwiegen im Engl. die ›silbifizierten Akronyme‹ (auch: Abkürzungswörter), vgl. *ICE*: dt. /ʔiːt͡seʔe/, engl. /aɪs/. Aber auch das ist nur eine Präferenzregel (vgl. *UFO*: dt. /ʔuːfoː/, engl. /juːɛfoʊ/); ↗ Abkürzung 2, ↗ Kurzwort, ↗ Kürzung. **Lit.** ↗ Kürzung. ES

Kusaal ↗ Gur-Sprachen

Kuschitische Sprachen Aus ca. 30 Spr. und Dialektgruppen bestehende Untergruppe der ↗ afroasiatischen Sprachfamilie in Nordostafrika (Nordost-Sudan, Äthiopien, Djibuti, Somalia, Teilen Kenias und Nordost-Tansanias); Karte ↗ Afrikanische Sprachen, im Anhang. Untergliederung der K. in eine nördl. Gruppe mit dem Beja (Sudan), eine zentrale Gruppe mit dem Agaw (Äthiopien), eine östl. Gruppe mit den zahlenmäßig und soziokulturell bedeutendsten K. ↗ Somali und ↗ Oromo, ferner dem Hadiyya und dem Sidamo, sowie einer südl. Gruppe mit den in Tansania gesprochenen Iraqw (460 000), Gorowa, Alagwa, Burunge und Maʼa/Mbugu (jeweils nur einige tausend Sprecher). Eine ca. 20 Spr. umfassende westl. Gruppe wird seit 1969 unter der Bez. ↗ omotische Sprachen von den meisten Wissenschaftlern als eigener Zweig der ↗ afroasiatischen Sprachen behandelt. ↗ Tonsprachen, Genusunterscheidung (fem./mask.), komplexe Verbflexion, suffigale Verbderivation, das Lautinventar umfasst auch ↗ pharyngale und ↗ glottalisierte Konsonanten. **Lit.** H.-J. Sasse, Die K. Spr.n. DSA, 187–215. – C. El-Solami-Mewis, Lehrbuch des Somali. Lpz. 1987. – J. Owens, A Grammar of Harar Oromo (Northeastern Ethiopia). Hamburg 1985. – G. B.

Gragg, Oromo Dictionary. East Lansing 1982. – M. Mous, A Grammar of Iraqw. Ph. D., Leiden 1992. **SSG** Stadt- und Universitätsbibliothek Frankfurt/M. (30).   RE

Kutscher-r ↗ Vibrant

Kutscherimperativ Umgangssprachl. Bez. für infinitiv. Befehle und Aufforderungen, z. B. *Alles aussteigen!, Türen schließen!*   F

Kwakiutl ↗ Wakash-Sprachen

Kwa-Sprachen Ca. 35 Spr. umfassende Untergruppe der ↗ Niger-Kongo-Sprachen im Süden der Elfenbeinküste, Ghanas, Togos und Benins. Mehrere Mio. Sprecher haben jeweils das ↗ Akan, das ↗ Gbe (Ewe) und das ↗ Baule. Attie (Elfenbeinküste), Anyi (Elfenbeinküste, Ghana), Nzema-Ahanta (Elfenbeinküste, Ghana) und Gā-Dangme (Ghana) haben jeweils einige 100 000 Sprecher, die übrigen K. jeweils nur einige zehntausend; Karte ↗ Afrikanische Sprachen, im Anhang. Die K. sind ↗ Tonsprachen des isolierenden Sprachtyps. Charakterist. sind labiovelare Konsonanten, Vokalharmonie (teilw.) und ↗ serielle Verbkonstruktionen. Wortstellung SVO und SOV, Verwendung von Postpositionen. – Spr. wie das ↗ Yoruba, ↗ Igbo, Edo oder Nupe, die von Greenberg (1963) zu den K. gerechnet wurden, werden heute den ↗ Benue-Kongo-Sprachen zugerechnet; die von Greenberg ebenfalls als K. klassifizierten ↗ Kru-Sprachen und das Ijo (Nigeria) gelten heute jeweils als eigenständige Untergruppen der ↗ Niger-Kongo-Sprachen. **Lit.** J. M. Stewart, Kwa. NCL 1989, 217–245. – D. M. Warren, Bibliography and Vocabulary of the Akan (Twi-Fante) Language of Ghana. Bloomington 1976. – H. B. C. Capo, Renaissance du Gbe. Hamburg 1988. – D. Westermann, A Study of the Ewe Language. Ldn. 1930. – J. Timyan-Ravenhill, A Discourse-Based Grammar of Baule: The Kode Dialect. Ann Arbor 1977. – H. Höftmann, Dictionnaire Fon – Français. Köln 2003. **SSG** Stadt- und Universitätsbibliothek Frankfurt/M. (30).   RE

Kwomtari ↗ Papua-Sprachen

Kxoé ↗ Khoisan-Sprachen

Kymograph m. (Kunstwort; griech. κῦμα (kyma) ›Welle‹, γράφειν (grafein) ›schreiben‹, wörtl. ›Wellenschreiber‹) Meistbenutztes Registriergerät der frühen ↗ Experimentalphonetik (19. Jh. und 1. Hälfte 20. Jh.) zur Aufzeichnung von meist mechan. bzw. pneumat. (seltener elektromagnet.) erfassten bzw. übertragenen Bewegungs- bzw. Schwingungsvorgängen auf eine (meist berußte) rotierende Trommel bzw. über diese laufendes Endlospapier.   PM

Kymrisch (Eigenbez. Cymraeg. Auch: Walisisch) Idg. Spr., die dem britann. Zweig der ↗ keltischen Sprachen angehört. Die ältesten Denkmäler sind die den *Lichfield Gospels* zugefügten 5 Cartularien (8./9. Jh.); die nicht genau datierbaren Dichtungen von Aneurin und Taliesyn reichen evtl. bis in das 6./7. Jh. zurück. Das Sprachgebiet umfasste zunächst

den größten Teil der brit. Hauptinsel, wurde aber bis zum Spät-MA auf das Gebiet des heutigen Wales reduziert. Die im frühen Mittelalter entstandene Schreibung beruht auf dem brit. Latein. Trotz anhaltender engl. Dominanz hat sich das K. bis heute als vitale Alltagssprache, v. a. im Westen des Landes, erhalten. Ihr starker Gebrauch in der reformierten Kirche (Bibelübersetzung 1588) wird hierfür oft als Grund angeführt. Sprecherzahl ca. 500.000 (fast ausschließlich bilingual). Die seit den späten 1990er Jahren zugestandene Teilautonomie wirkt sich begünstigend aus für die Stabilisierung dieser Minderheitensprache; Karte ↗ Europäische Sprachen, im Anhang. **Lit.** T. A. Watkins, Welsh. In: M. Ball & J. Fife (eds.), The Celtic Languages. Ldn. 1993, 289– 348. – R. O. Jones, The Sociolinguistics of Welsh. In: M. Ball & J. Fife (eds.), The Celtic Languages, Ldn. 1993, 536–605. – A. R. Thomas, The Welsh Language. In: D. Macaulay (ed.), The Celtic Languages. Cambridge 1992, 251–345. – D. Thorne, A Comprehensive Welsh Grammar. Oxford 1993. – S. Heinz, Walisisch. In: Th. Roelcke (Hg.), Variationstypologie. Bln. 2003, 277–307.   RO, W

Kyprisch ↗ Altgriechisch

Kyrillisch ↗ Kirillica

Kyrillisierung Ersetzung einer nichtkyrill. ↗ Graphie durch die ↗ Kirillica, wie sie in der ehemaligen UdSSR zwischen 1936 und 1941 bei vielen türk. (↗ Neues türkisches Alphabet), kaukas., finn. und iran. Spr. erfolgte.   G

Labial, Labiallaut m. (lat. labium ↗ ›Lippe‹) **1.** (Auch: Lippenlaut) Mit der Unterlippe als ↗ artikulierendem Organ an der ↗ Artikulationsstelle Oberlippe (↗ bilabial) – z. B. [b, p, m] bzw. obere Schneidezähne (↗ labiodental) – z. B. [f, v] – gebildeter Konsonant. – **2.** Artikulator. durch Konstriktion an den Lippen definiertes phonolog. distinktives Merkmal [± lab] zur Kennzeichnung von l. und ↗ gerundeten Vokalen; Ggs. nicht-l.   PM

Labialisierung (auch: Lippenrundung, Rundung) (Sekundäre) Artikulation bzw. artikulator. Merkmal, die/das durch eine Vorstülpung der ↗ Lippen bzw. eine Konstriktion an den Lippen gekennzeichnet ist (z. B. die dt. Vorderzungenvokal [y, ø] im Ggs. zu [i, e]). Auch als Lautwandelprozess bzw. -ergebnis (z. B. mhd. *leffel* > nhd. *Löffel*; standarddt. *Tisch, Fisch* vs. berlin. [tʏʃ], [fʏʃ]. Ggs. ↗ Entrundung. PM

Labiles Verb (auch: ديffuses Verb, transitiv-intransitives Verb) Bez. für Verben in ↗ Ergativsprachen, die sowohl ergativisch (↗ Ergativ) als auch absolutivisch (↗ Absolutiv) konstruiert werden, z. B. in einigen ↗ kaukasischen Sprachen.   G

Labiodental, Labiodentallaut m. Mit der Unterlippe an den oberen Schneidezähnen gebildeter Konsonant, z. B. [f, v]; ↗ Dental.   PM

Labiovelar, Labiovelarlaut m. (lat. labium ↗ ›Lippe‹, vēlum ›Segel‹; ↗ Gaumen. Auch: Lippengaumenlaut, Vclarlabial) Doppelt, d. h. an zwei ↗ Artikulationsstellen (Oberlippe, Velum) mit zwei ↗ artikulierenden Organen (Unterlippe, Zungenrücken) artikulierter ↗ Plosiv, z. B. [k̩p̩]. PM

Lacandon ↗ Yukatekisch

Lachmanns Gesetz Von K. Lachmann (1793–1851) entdeckte Vokaldehnung in lat. Perfektpartizipien von Verben mit wurzelauslautendem stimmhaftem Kons. (v. a. g.) wie etwa *legō* ›sammle‹: *lēctus, agō* ›treibe‹: *āctus, regō* ›steure‹: *rēctus*. Während man dieses Phänomen früher rein lautl. zu deuten versuchte, erklärt man es in neuerer Zeit als analog. Ausbreitung aus langvokal. Perfekten wie *lēgī, ēgī* etc. **Lit.** G. Meiser, Histor. Laut- und Formenlehre der lat. Spr. Darmstadt 1998. RK

Lacune ↗ Lücke

LAD ↗ Spracherwerbsmechanismus

Ladi ↗ Kongo

Ladinisch (Eigenbez. Ladino) Der Begriff L. wird in der roman. Philologie in zweierlei Bedeutung gebraucht: (a) als Überbegriff für die drei sog. alpenroman. Spr. ↗ Rätoromanisch, Zentralladin. und ↗ Friaulisch, (b) spezifisch für das Zentralladin. Ad (a): stark voneinander unterschiedene Varietäten, die sich aber in einigen Punkten von den angrenzenden nordital. Dialekten unterscheiden (z. B. s-Plural, Erhalt von lat. -*cl*-). Sie bildeten histor. nie eine Verwaltungseinheit, und auch die Frage nach gleichem Substrat ist umstritten. Der frühere Zusammenhang der drei Gebiete wird allerdings aus der Toponomastik gestützt. Ca. 650 000 Sprecher. Ad (b): Auch: Dolomitenladin. Ca. 25 000 Sprecher östl. von Bozen (bes. Grödnertal, Abteital, Ennebergertal, Buchensteintal, Ampezzanertal); Karte ↗ Europäische Sprachen, im Anhang. Im Südtiroler Autonomiestatut als Minderheit anerkannt. Kaum Tendenzen zur Standardisierung, zumeist übernehmen das Dt. bzw. das Ital. die Standardfunktion. **Lit.** Zu (a) und (b): LRL III, 1989. – Zu (b): J. Kramer, Histor. Grammatik des Dolomitenladin. Gerbrunn 1981. HU

Ladino Im Span. Bez. für das ↗ Judenspanische, im Ital. Bez. für das ↗ Ladinische. HU

Lagekasus ↗ Lokativ

Lahndā ↗ West-Panjāb-Sprachen, ↗ Indoarische Sprachen

Lakiung ↗ Makassarisch

Lakkisch (Eigenbez. laꞈku maz. Früher auch: Kasikumükisch) ↗ Dag(h)estanische Sprache, ca. 150 000 Sprecher (2002), südwestl. von Machačkala; geschrieben seit dem 18. Jh.; als Schriftspr. mit lat., seit 1938 kyrill. Schrift; Karte ↗ Kaukasische Sprachen, im Anhang. Alte Schrift in lat. Studien. Heidelberg 1949. – G. B. Murkelinskij, Lakskij jazyk [Das Lakk.]. JaNSSSR 4, 488–507. – JRF 1, 250–266. BO

Lakota ↗ Sioux-Sprachen

Laletik (griech. λαλεῖν (lalein) ›sprechen, reden‹) Von J. Forchhammer eingeführter Ausdruck (statt ↗ Phonetik), in dem der artikulator. Aspekt der Sprachlautproduktion auf Kosten der akust. Aspekte in den Vordergrund treten soll. **Lit.** J. Forchhammer,

Die Grundlage der Phonetik. Heidelberg 1924. G

Lallaut (Lall-Laut) Mitunter in Arbeiten zum Erstspracherwerb verwendete Bez. für ↗ koronale und ↗ laterale Laute, kein sprachwiss. Terminus. G

Lallphase Entwicklungsphase in der sog. vorsprachl. Periode des ↗ Spracherwerbs (Alter: ca. 6 Monate), die durch typ. Lautproduktionen gekennzeichnet ist wie z. B. [di:di:], [mama]. AN

Lambda-Kategoriengrammatik ↗ Kategorialgrammatik, die eine λ-kategoriale Spr. festlegt. Außer syntakt. Kategorien wie allgemein in Kategorialgrammatiken gibt es in einer λ-kategorialen Grammatik neben variablen eine log. Konstante λ mit fester Interpretation. λ ist der sog. Abstraktor (oder: Abstraktionsoperator). Er verwandelt Aussageformen in Prädikate, z. B. lassen sich (formalsprachl.) Ausdrücke der Form ⟨λ, ϰ, ⟨loves, ϰ, Arabella⟩⟩ für ›die Eigenschaft, Arabella zu lieben‹ bilden. T

Lambda-Operator (griech. λ ›lambda‹, elfter Buchstabe des Alphabets) Der L. dient in der formalen Logik dazu, einen Funktionsausdruck herzustellen, der z. B. die Beziehung zwischen Subjekt und Prädikat abbildet, z. B. *Hans singt*. Die Funktion, die die Einführung des L. ergibt (λ x. x singt) bezeichnet die Menge aller Singenden. Angewendet auf die durch λ gebundene Variable führt man *Hans* in die formale Darstellung der Bedeutung des Satzes ein: (λ x. x singt) (Hans). Zur formalen Abbildung der Beziehung zwischen Nomen und bestimmtem Artikel dient in ähnlicher Weise der ↗ Iota-Operator. **Lit.** H. Lohnstein, Formale Semantik und natürliche Sprache. Opladen 1996. FR

Lambdazismus ↗ Dyslalie

Laminal, Laminallaut m. (lat. lāmina ›Blatt‹) Mit dem Zungenblatt als ↗ artikulierendem Organ gebildeter kons. Sprachlaut. PM

Laminodental ↗ Interdental

Laminopalatal, Laminopalatallaut m. (lat. lāmina ›Blatt‹, palātum ›Gaumen‹. Auch: alveolo-palatal) Mit dem Zungenblatt (im Ggs. zur Zungenspitze) als ↗ artikulierendem Organ am ↗ Gaumen als ↗ Artikulationsstelle gebildeter kons. Sprachlaut. PM

Laminopostalveolar ↗ Palatoalveolar

Lampung (auch: Lapong) West- ↗ austronesische Sprache in Süd-Sumatra, Indonesien. Lampung-Sprachgruppe. Lampung (1,5 Mio. Sprecher) mit starker Dialektvariation und Komering (500 000) sind eng verwandt; Karte ↗ Austroasiatische Sprachen. Alte Schrift ind. Ursprungs. Daneben ↗ Indonesisch als offizielle Spr. und ↗ Javanisch (Migranten). Nur noch ca. 50 % der Bevölkerung sprechen Lampung-Spr.n. CE

Landeplatz In der ↗ REST und ↗ Rektions-Bindungs-Theorie Bez. für die Position, die eine mittels ↗ Move α verschobene Konstituente einnimmt. F

Ländername Bez. größerer geograph. Einheiten, die manchmal polit. begründeten, in konkurrierenden Namen für dasselbe Gebiet ausgedrückten Auffassungsunterschieden unterliegen, z. B. *Moldavien* vs. *Bessarabien*, (1993) *Makedonien* vs. *Ehemalige jugoslav. Teilrepublik Makedonien* vs. *Republik Skopje*; ↗ Toponym.   G

Landkölnisch ↗ Kölnisch

Landschaftsname ↗ Toponym

Landsmål ↗ Norwegisch

Lang ↗ Quantität

Lango ↗ Lwo

Langobardisch Sprache des Germanenstammes der Langobarden, der um die Zeitenwende an der Unterelbe nachgewiesen ist und über Mähren, Niederösterreich und Ungarn 568 n. Chr. nach Italien gelangte. Die Überlieferung der früh romanisierten Spr. stammt etwa aus dem 7.–9. Jh. und besteht aus Einzelwörtern in lat. Texten sowie zahlreichen Namen. Ein klares Bild der Spr. lässt sich aus den Resten nicht gewinnen. Insbesondere bleibt ungewiss, ob das L. ein ↗ althochdeutscher Dialekt war oder stärker ↗ ostgermanische Züge trug. **Lit.** W. Bruckner, Die Spr. der Langobarden. Straßburg 1895. – F. van der Rhee, Die german. Wörter in den l. Gesetzen. Rotterdam 1970. – J. Tischler, Zum L. In: H. Beck (Hg.), German. Rest- und Trümmersprachen. Bln., N. Y. 1989, 195–209. – P. Scardigli, Langobarden. RGA, 52–57. – F. van der Rhee, Die german. Wörter in den l. Gesetzen. Rotterdam 1970. – N. Francovich Onesti, Vestigia longobarde in Italia (568–774). Lessico e antroponimia. Roma 1999. – Th. Vennemann gen. Nierfeld, Lombards and Lautverschiebung: A Unified Account of the High Germanic Consonant Shift. Sprachw. 33, 2008; 213–256.   B

Langobardische Schrift ↗ Halbkursive, ↗ Nationalschriften

Language-of-Thought-Hypothese (›Sprache des Geistes‹. Auch: Repräsentationale Theorie des Geistes) Die von J. A. Fodor seit den 1970er Jahren entwickelte L.-T.-H. geht davon aus, dass Menschen unabhängig von ihrer Mutterspr. in ein und derselben mentalen Spr., *lingua mentis*, ›Mentalesisch‹ genannt, denken. Ihrzufolge sind mentale Prozesse kausale Abfolgen einzelner mentaler Repräsentationen, welche strukturiert sind und eine kombinator. Semantik aufweisen. **Lit.** J. A. Fodor, The Language of Thought. Cambridge, Mass. 1975. – Ders., The Elm and the Expert: Mentalese and Its Semantics. Cambridge, Mass. 1995. – Ders., LOT 2: The Language of Thought Revisited. Oxford 2008. – B. Loewer & G. Rey (eds.), Meaning in Mind: Fodor and His Critics. Cambridge, Mass. 1991. – K. Saporiti, Die Sprache des Geistes. Bln. 1997. – C. Viger, Learning to Think: a Response to the »Language of Thought« Argument for Innateness. Mind & Language 20.3, 2005, 313–325.   F

Langue f. ([lãg] frz. ›Sprache, Zunge‹, frz. Wiedergabe von dt. ↗ Einzelsprache: G. von der Gabelentz (1891) und russ. jazyk: J. Baudouin de Courtenay (1871)) Während man unter Sprachvermögen (↗ Fa-

culté de langage) die allgemeine Fähigkeit zur Menschenspr. und unter Rede (↗ Parole) Gliederung und Ausdruck eines bestimmten Gedankens mit sprachl. Mitteln versteht, ist l. die Bezeichnung für eine strukturierte Menge von parole-Prozessen, bei denen jeweils ein Gedanke (eine Bedeutung) und ein sprachl. Ausdrucksmittel (ein Lautgebilde) – je nach ↗ Sprache – sprachspezif. und den Gesetzen des Sprachvermögens gehorchend in einen Gliederungszusammenhang (↗ Doppelte Artikulation) gesetzt wird. – Die frz. Terminologie, die von F. de Saussure (1916) stammt, hat sich offenbar durch die Publikationsaktivitäten von Vertretern der sog. ↗ Genfer Schule durchgesetzt. **Lit.** G. von der Gabelentz, Die Sprachwiss. Lpz. 1891. – J. Baudouin de Courtenay, Nekotorye obščie zamečanija o jazykovedenii i jazyke [Einige allgemeine Bemerkungen über Sprachwiss. und Spr.]. 1871. In: Izbrannye trudy po obščemu jazykoznaniju. M. 1963. – De Saussure, Cours.   T

Langue d'oc Alte Bez. für das ↗ Okzitanische. Sie geht auf die Bez. für *ja* als lat. *hoc* zurück und steht der Bez. für das Alt-/Mittelfrz. *langue d'oïl* gegenüber. Heute versteht man unter Languedok. einen spezif. südokzitan. Dialekt, dessen Sprachgebiet wesentlich mit der gleichnamigen Region Languedoc übereinstimmt.   HU

Langue d'oïl (spätere Form auch langue d'œïl) ↗ Langue d'oc, ↗ Französisch

Laotisch ↗ Sino-Tibetische Sprachen

Lapidarschrift (lat. lapis ›Stein‹) In Stein gehauene Monumentalschrift ↗ epigraphischer Schriftdenkmäler.   G

Lappisch (auch: Samisch. Eigenbez. Same, Sabme) ↗ Uralische (finn.-ugr.) Sprache, ca. 23 000 Sprecher, davon ca. 12.000 in Norwegen (Provinzen Finnmark, Tromsö), die übrigen im nördl. und mittl. Teil Schwedens (ca. 7000), im Norden Finnlands (ca. 3000) und auf der Kola-Halbinsel (ca. 1000). Zur Zahl der Sprecher gibt es ebenso wie zur Gesamtzahl der Lappen nur geschätzte Angaben; Karte ↗ Europäische Sprachen, im Anhang. Verbreitung der Dialekte unabhängig von den polit. Grenzen. Außer ihrer Mutterspr. sprechen die Lappen i. d. R. auch die jeweilige Staatsspr. L. fungiert als Schulspr. Älteste schriftsprachl. Zeugnisse (religiöse Lit.) aus dem 17. Jh. im Schwed.-L. Von versch. dialektalen Schriftspr. bildet heute das Norweg.-L. die Basis der auch bei den Lappen in Schweden und Finnland verwendeten Schriftspr.   SR

Larisch ↗ Iranische Sprachen

Laryngal, Laryngallaut ↗ Glottal, ↗ Pharyngal

Laryngalisierung ↗ Glottalisierung

Laryngaltheorie Von F. de Saussure (1857–1913), K. Möller (1850–1923) u. a. rekonstruiertes System idg. konsonant. Engelaute mit ungeklärter phonetischer Repräsentation ([+ frikativ]?), das einzelsprachl. nur Reflexe hinterlassen hat. I. d. R. werden drei Laryngale angesetzt, meist als h_1, h_2, h_3 bezeichnet. Benachbartes *e* wird von h_2 zu *a*, von h_3 zu *o* und von h_1 nicht umgefärbt; die Umfärbung von *o* (das berüchtigte H_2O) ist umstritten. Laryngal wird in silb. Stellung (»Schwa indogermanicum« ə) zu indoiran. *i*, sonst *a* (idg. *ph_2ter-* > ai. *pitar-*, lat. *pater*, nhd. *Vater*), im Griech. in best. Positionen zu ε [e] (*h₁*), α [a] (*h₂*) und *o* [o] (*h₃*) vokalisiert (δοτός < idg. *$dh_3tós$*, aber: lat. *datus*, ai. *ditá-*) und schwindet in postvokal. Stellung mit Ersatzdehnung (*eh₁* > *ē*, *eh₂* > *ā*, *eh₃* > *ō*, aber *ih₂* > *ī* usw.). Die L. spielt eine große Rolle in der Erklärung der langvokal. ↗ Ablautreihen (*d^he-* : *$d^hə$-* < *d^heh_1* : *d^hh_1* ›setzen‹; *$dō$-* : *$də$-* < *deh_3* : *dh_3* ›geben‹ usw.) sowie in E. Benvenistes (1902–1976) Wurzelstrukturtheorie (idg. *es-* ›sein‹ *h_1es-*). Außerdem erklärt die L. die idg. Tenues aspiratae (aspirierte stl. Okklusive) aus T + h_2 sowie die Sonorisierung einiger Tenues aus T + h_3 (ai. *pibati*, air. *ibid* ›trinkt‹ < *$pí-ph_3eti$* zu *peh_3* ›einen Schluck tun‹). 1927 wurde die L. durch den direkten Nachweis von h_2 im Hethit. (*hanza* ›vorn‹ : lat. *ante*; *pahs-* ›schützen‹ : lat. *$pāscō$*) bestätigt. **Lit.** J. Clackson, Indo-European Linguistics. Cambridge 2007. – B. W. Fortson IV., Indo-European Language and Culture. Oxford ²2010. – M. Meier-Brügger. Idg. Sprachwiss. Bln. ⁸2002.　RK

Larynx ↗ Kehlkopf

Lasisch (Eigenbez. lazuri (nena), georg. čanuri (ena)) ↗ Südkaukasische Sprache in der Türkei (Provinz Lasistan, Schwarzmeerküste zwischen Pazar/ Atina und der Mündung des Tschoroch) und im benachbarten Sarpi (Georgien); Karte ↗ Kaukasische Sprachen, im Anhang. Sprecherzahl unbekannt (ethn. ca. 250000?). Als Schriftspr. dient in der Türkei das Türk. Neuerdings Versuch einer Verschriftung (türk. Schreibung mit Zusatzzeichen). **Lit.** A. Kiziria, Zanskij jazyk [Das San.]. JaNSSSR 4, 62–76. – D. A. Holisky, Laz. ILC, 1, 395–472. – S. Kutscher, Nomen und nominales Syntagma im L. Eine deskriptive Analyse des Dialekts von Ardeşen. Mchn. 2001. – G. Kojima & I. A. Bucaklişi, Lazca Gramer [L. Grammatik]. Istanbul 2003. – S. Kutscher, Zur Situation des L. als vom Aussterben bedrohte Spr. In: A. Casaretto & S. Kutscher (Hgg.), Sprachkontakt synchron und diachron. Aachen 2008, 129–155.　BO

Last Resort ↗ Generative Ökonomieprinzipien

Lateinamerikanisches Spanisch Das ↗ Spanische ist in 19 lateinamerikan. und karib. Staaten offizielle Spr., daneben S1 für über 20 Mio. Menschen in den USA (bes. mexikan., puertorikan. und kuban. Minderheiten). Die Angaben zu Sprecherzahlen des l. S. variieren zwischen 220 Mio. und 250 Mio. Es gibt eine erhebl. Anzahl von zweisprachigen Gegenden, in denen das s. S. nicht vorherrscht. In Lateinamerika hat sich neuerdings eine eigene Dialektologie herausgebildet (z. B. M. C. Resnick), weil die Inhomogenität auf dem Kontinent zunimmt. Diese wird nicht zuletzt durch Interferenzen mit

den ↗ südamerikanischen Sprachen begründet (bes. Entlehnungen im lexik. Bereich). Das l. S. basiert wesentl. auf südspan. (andalus.) Varietäten, zeigt aber sowohl konservative als auch innovatorische Züge gegenüber dem europ. Span. Ein kurzer Überbl. über phonolog., morphol. und syntakt. Variation innerhalb Lateinamerikas und gegenüber dem Span. findet sich in Plans 1992. **Lit.** J. M. Lope Blanch, El español de América. Madrid 1968. – H. Kubarth, Das l. S. Mchn. 1987. – A. Salvador Plans, Areas lingüísticas VIII. América del Sur. LRL VI, 1, 1992, 567 ff. – J. Lipski, Latin American Spanish. Ldn. 1994.　HU

Lateinisch (lingua latīna. Engl. Latin, frz. latin) Als ↗ Erstsprache ausgestorbene idg. Spr., Vorläufer der roman. Spr.n. Mit der lat. Sprache und Literatur beschäftigt sich die Latinistik. Das L. gehört zur Gruppe der ↗ italischen Sprachen. Es war ursprüngl. der Stadtdialekt des antiken Rom, umgeben von weiteren eng verwandten, stärker ländl. Dialekten des heutigen Latium. Mit dem Aufstieg Roms gewann das L. gegenüber den anderen ital. Spr. an Bedeutung und verdrängte diese schließlich vollkommen. Seit dem 6. Jh. v. u. Z. schriftl. belegt (Fibel von Praeneste). Das L. stand bis ins 2. Jh. v. u. Z. stark unter griech. Einfluss; erst mit der polit. Festigung Roms entstand auch die kulturelle Eigenständigkeit. Unter Altlatein (archaisches Lat.) versteht man die Zeit von den ältesten Inschriften bis zum Beginn der klass. Periode im 1. Jh. v. u. Z. Dazu zählen Schriftsteller wie Livius Andronicus (v. a. dessen Übersetzungen aus dem Griech.), Plautus (Theater), Naevius (ep. Dichtung), Ennius (Gedichte). Der soziolog. Status des klass. L. ist umstritten; es ist wesentlich durch die Schriftsteller der klass. Periode (1. Jh. v. u. Z. bis ins 2. Jh.u.Z.) belegt (Cicero, Caesar, Vergil, Horaz). Seine tatsächliche mündl. Verwendung war jedenfalls diastrat. sehr beschränkt; das klass. Lat. galt aber bis ins 5. Jh. als schriftl. Norm. Es wird heute allgemein angenommen, dass ↗ Vulgärlatein nicht nur postklass., sondern als Sprechlatein bereits während der klass. Periode die Volkssprache darstellte und somit nicht eine Degeneration der Klassik, sondern vielmehr deren parallele Weiterentwicklung ist. Die zahlreichen vorröm. Spr. (z. B. ↗ Etruskisch, Venet., Lepont.) des röm. Reiches haben den lat. Wortschatz beeinflusst (»Reliktwörter«, z. B. *persōna, taberna*). Das Vulgärlat. war ein sehr inhomogenes sprachl. Gebilde, beeinflusst je nach Ort und Zeit seiner Verwendung. Es umfasst alle Varianten von der Umgangssprache Roms bis zum Regionallatein der Provinzen. In postklass. Epoche setzt sich stärker das Vulgärlat. durch und bildet weitgehend die Grundlage der roman. Spr.n. Die mittelalterl. Varietäten wie Mönchslat. oder Kirchenlat. stehen in nur einem sektoriellen Gebrauchszusammenhang mit der antiken Spr., ebenso das Gelehrtenlat. des Mittelalters bis ins 16./17. Jh. (Humanistenlat.). Eine einigermaßen homogene Sprachgemeinschaft dürfte nur für die frühen Phasen (bis zum Beginn der Expansion durch den 1. Pun. Krieg) anzunehmen sein, wiewohl zu dieser Zeit die Vormachtstellung gegenüber den anderen ital. Spr. noch nicht endgültig gefestigt ist. – Phonologie: Fünfvokalsystem /i, e, u, o, a/ mit Quantitätsunterschied [± lang]; quantitätssensitives Akzentsystem (↗ Dreimorengesetz); silben- bzw. morenzählend, von antiken Grammatikern (nach griech. Vorbild) als tonal beschrieben (unwahrscheinlich); schon früh Verlust der Vokalquantität und der Morenphonologie, häufige Vokalelisionen, Diphthongierungen, Ausfall von /h-/, /-m/, /-s/ (z. T. restituiert). Morphologie: in den meisten Bereichen stark flektierend; 5 Flexionsklassen (z. T. genusbasiert), 6 Kasus (Nom., Vok., Gen., Dat., Akk., Abl.), 3 Genera (m., f., n.); voll dekliniertes Pronominalsystem; 4 Konjugationsklassen mit stark synthet. Charakter. Morpholog. Veränderungen in der postklass. Epoche vor allem durch neue periphrast. (analyt.) Bildungen (↗ coniugatio periphrastica), Neutralisierung und Abbau von Kategorien (z. B. Kasus- und Genussystem), analogischer und paradigmat. Ausgleich (z. B. *volō* – *vīs* – *vult* – *volumus* – *vultis* – *volunt* statt *voleo* – *voles* – *volet* – *volemus* – *voletis* – *voleunt*). Syntax: Nullsubjektssprache; entgegen der häufig geäußerten Annahme von freier Wortstellung gibt es eindeutige Präferenz für SOV-Stellung, Adjektivposition zum Nomen relativ frei; nicht konfigurational. Auch in der Syntax im Übergang zum postklass. Latein wesentl. Änderungen: SOV > SVO; Herausbildung des Artikels aus Demonstrativa (6. Jh.), Konfigurationalität; Entstehung des periphrast. Konditionals, Festlegung der Adjektivposition als NA, Grammatikalisierung des Präpositionalsystems u. a. Viele Änderungen beginnen allerdings bereits in klass. Zeit (z. B. der sog. Quantitätenkollaps mit seinen weitreichenden Folgen). Die späteren purist. Tendenzen scheinen, wie die Entwicklung der roman. Spr. zeigt, relativ erfolglos geblieben zu sein. Die exakte Chronologie der einzelnen Wandelerscheinungen ist jedoch nicht immer unumstritten. **Lit.** Ph. Baldi, The Foundations of Latin. Bln., N. Y. 2002. – A. Meillet, Esquisse d'une histoire de la langue latine. Paris 1948. – F. Stolz & A. Debrunner, Geschichte der lat. Spr. Bln. 1953. – C. H. Grandgent, An Introduction to Vulgar Latin. Boston 1907. – F. Stolz & J. H. Schmalz, Lat. Grammatik. Mchn. 1928. – F. Sommer, Hdb. der latein. Laut- und Formenlehre (hg. von R. Pfister). Heidelberg 1977. – Ph. Baldi, The Foundations of Latin. Bln., N. Y. 2002. HU

Lateinschrift Neuzeitl. Sammelbegriff für die evident auf die röm. ↗ Schriften (5) zurückgehenden Schriftarten, die für Texte in lat. Sprache im Gebrauch waren, im Gegensatz zu den Schriftarten für volkssprachl. Texte in der Dichotomie des dt. Schriftwesens der Neuzeit. I. e. S. meint L. die

röm. ↗ Alphabetschrift, die aus der griech. beeinflussten etrusk. Schrift abgeleitet und seit dem 6. Jh. v. Chr. zunächst ↗ epigraphisch nachzuweisen ist. Ursprünglich *boustrophedon* geschrieben, setzte sich bald die Rechtsläufigkeit durch; ↗ Schriftrichtung. Anfangs umfasste das Alphabet 21 Buchstaben und drei griech. Zahlzeichen. Zur Zeit Ciceros wurden zur Wiedergabe griech. Termini ⟨y⟩ und ⟨z⟩ wieder aufgenommen, so dass das Alphabet 23 Buchstaben enthielt. Eine ma. Ergänzung zur Wiedergabe deutscher Texte ist das ⟨w⟩; die systemat. Unterscheidung von vokalischem ⟨u⟩ und konsonant. ⟨v⟩ sowie von halbvokalischem ⟨j⟩ ist neuzeitl., obwohl die Formen bereits im MA vorkommen, aber im Lautwert noch nicht festgelegt sind. Die Schreibung der am Anfang stehenden Majuskelschriften erfolgte zunächst ohne Worttrennung (↗ Leerstelle), die systemat. erst mit der ↗ karolingischen Minuskel verbreitet wurde. Um 300 n. Chr. liegen die Buchstaben des Alphabets in ihren Grundformen fest, in der Folgezeit gibt es schreibtechn. bedingte Veränderungen. Wandlungen und Neubildungen von Buchstabenformen erfolgen im Spannungsfeld von ↗ Kursive und ↗ Kalligraphie durch organischen, schrift- und materialgerechten Aufbau der funktionell zerlegten Buchstabenelemente. Hauptschriftart ist bis ins 5. Jh. n. Chr. die ↗ Capitalis, daneben stehen als ↗ Gebrauchsschrift die Majuskelkursive, seit dem 3. Jh. n. Chr. die Minuskelkursive. ↗ Unziale und ↗ Halbunziale lösen die Capitalis als ↗ Buchschrift ab, daneben entwickeln sich die ↗ Nationalschriften. Zur wichtigsten Form wird die ↗ Karolingische Minuskel, die gegen 1200 von der ↗ gotischen Minuskel verdrängt wird. Mit der Wiederaufnahme der karoling. Minuskel durch die Humanisten und der Erfindung des Buchdrucks ist die Entwicklung der L. im Wesentl. abgeschlossen. **Lit.** H.-J. Martin, Storia e potere della scrittura. Bari 1990. – G. R. Cardona, Storia universale della scrittura. Milano 1986. – G. Jean, L'écriture, mémoire des hommes. Paris 1986. – G. Silagi (Hg.), Paläographie 1981. Mchn. 1982. – B. Bischoff, Paläographie des röm. Altertums und des abendländ. Mittelalters (Grundlagen der Germanistik, 24). Bln. 1979 u. ö. – H. Foerster, Abriß der lat. Paläographie. Stgt. 1963. Nachdruck Stuttgart 1981. – B. Bischoff, Paläographie des röm. Altertums und des abendländ. Mittelalters. Bln. 2009. EN

Late talker Bez. für Kinder, die erst deutl. nach Beginn ihres zweiten Lebensjahres mit der Produktion von Wörtern beginnen, im Ggs. zu ›early talkers‹, die ihr sprachl. Wissen sehr früh produktiv nutzen. Unterschiedl. Geschwindigkeiten, mit denen sich Kinder einzelne Aspekte ihrer Mutterspr. aneignen, sind – wie (beträchtliche) individuelle Variationen in Erwerbsverläufen insgesamt (vgl. Wells 1986, 117 ff.) – kein Hinweis auf verzögerten oder gar gestörten Spracherwerb. So ist das rezeptive Wissen (Sprachverständnis) bei L. t. nicht notwendig eingeschränkter als das der ›early talker‹. Anders als bei Kindern, die eine ›Spezif. Sprachentwicklungsstörung‹ (SSES) aufweisen, eignen sich L.t. nur einen Aspekt der Mutterspr. verspätet an, während SSES-Kinder ihre Muttersprache nicht nur langsamer, sondern u. U. auch unvollständig erwerben (›Plateaubildung‹). Signifikante Hinweise auf SSES liegen erst dann vor, wenn lexikal. Defizite nicht aufgeholt werden und Abweichungen in Syntax und Morphologie hinzukommen. Sowohl nach den Ursachen für SSES als auch nach den Auslösern eines verfrühten oder verspäteten Beginns der Wortproduktion wird nach wie vor gesucht; kognitive Defizite sind weder bei L.t. noch SSES-Kindern ursächl. **Lit.** G. Wells, Variation in Child Language. In: P. Flechter & M. Garman (eds.), Language Acquisition. Cambridge 1986, 109–139. ES

Latente Semantische Analyse (Abk. LSA. Engl. latent semantic analysis, latent semantic indexing) Von T. K. Landauer entwickeltes Verfahren zur semant. Analyse von Dokumentensammlungen. Das Ziel besteht darin, latente Konzepte, d. h. relevante Terme und Kookkurrenzen, aus Dokumenten zu extrahieren. Bei der LSA-Analyse (↗ Distributionsanalyse) werden Dokumente in Form einer Term-Dokument-Matrix (↗ Vektorraummodell) repräsentiert, Stoppwörter herausgefiltert, häufig auftretende Terme spezif. gewichtet und eine Singulärwertzerlegung vorgenommen (engl. singular value decomposition; eine Methode der linearen Algebra zur Reduktion der Anzahl der Dimensionen je Dokument). **Lit.** T. K. Landauer & S. T. Dumais, A Solution to Plato's Problem: The Latent Semantic Analysis Theory of Acquisition, Induction, and Representation of Knowledge. Psychological Review 104 (2), 1997, 211–240. Z

Lateral, Laterallaut m. 1. (Auch: Seitenlaut, Engelaut, Lateralengelaut, Lateralapproximant, Sonorant, Sonorlaut) Konsonant. ↗ Artikulationsmodi, die durch eine von der Zunge gebildete seitl. enge Öffnung (ohne Geräuschbildung) des Ansatzrohres (1. ↗ Öffnungslaut (Approximant), z. B. dt. [l]) bzw. zusätzlich durch Geräuschbildung an dieser l. Enge (l. ↗ Frikativ, z. B. kymr. [ɬ]) gekennzeichnet sind. – 2. Artikulator. definiertes phonolog. distinktives Merkmal [± lat] vs. [zentral]. PM

Lateralapproximant ↗ Lateral

Lateralengelaut ↗ Lateral

Lateralisierung (auch: zerebrale Dominanz) Bez. für die funktionale Asymmetrie der beiden Hemisphären des Großhirns. Die Sprachverarbeitung zählt zu den Aufgaben, die gemeinhin der linken Hemisphäre zugeordnet werden. Der Terminus L. meint eher einen Prozess als einen Zustand, da sich funktionale Spezialisierungen einzelner Gehirnregionen erst langsam entwickeln. Erst mit ca. zwölf Jahren gilt die L. als abgeschlossen. Schon vorher sind zahlreiche sprachrelevante neuronale Funktio-

nen wie motor. Steuerung, auditive oder visuelle Wahrnehmung in best. Gehirnregionen lokalisierbar, und auch die unterschiedl. rein kognitiven Verarbeitungsschritte von Spr. bedienen sich mehr und mehr funktional differenzierter Bereiche des Großhirns. Die neuronale Aktivität innerhalb der sprachverarbeitenden Areale schwankt in Abhängigkeit von der zu verrichtenden sprachl. Aufgabe. Die daraus abgeleitete Zuordnung von Regionen des Gehirns zu spezif. sprachl. Funktionen (Broca-Zentrum, Wernicke-Areal) hat sich allerdings spätestens durch moderne bildgebende Verfahren der Neurowissenschaften als voreilig erwiesen. Es gibt kaum einen Teil des Gehirns, der nicht in irgendeiner Form an Sprachverarbeitung beteiligt ist (Bates & Dick 2000, 18). Ebensowenig existiert ein Areal, dessen Funktion nicht von anderen Arealen (auch rechtshemisphär. Arealen) übernommen werden könnte, was der (in Teilbereichen verlangsamte, aber i. d. R. erfolgreiche) Spracherwerb von Kindern mit Läsionen in sprachrelevanten Arealen zeigt. Die sprachl. Entwicklung dieser Kinder zeigt allerdings auch, dass die Grundüberlegung nicht falsch ist: Das Ausweichen auf nicht geschädigte Regionen ist nur erfolgreich, wenn die Verarbeitungsroutinen noch nicht an best. Stellen im Gehirn fixiert sind, und die Verzögerungen zeigen, dass es offenbar Bereiche gibt, die geeigneter für die Verarbeitung von Spr. sind als andere. L. spielt in der Theoriebildung zum ↗ Zweitspracherwerb eine gewisse Rolle, da neurolog. Fixierung von Spracherwerbsroutinen ein mögl. Grund für weniger erfolgreiche L2-Erwerbsverläufe sein könnte (Pinker 1996, 336–343). Nachweisbar ist zumindest, dass die neuronale Aktivität bei Muttersprachlern und Nicht-Muttersprachlern nicht ident. ist (Rüschemeyer et al. 2005, 281). Die neuronale Verarbeitung von Fremdspr. funktioniert anders als die der Mutterspr., nicht aber notwendig schlechter. **Lit.** E. Bates & F. Dick, Beyond Phrenology: Brain and Language in the Next Millennium. Brain and Language 71, 2000. – S. Pinker, Der Sprachinstinkt. München 1996, 336–384 – S. Rüschemeyer et al., Processing Lexical Semantic and Syntactic Information in First and Second Language. Human Brain Mapping 25, 2005, 266–288. ES

Latgalisch ↗ Lettisch

Latinid In Lexikon und grammat. Bau am Vorbild des Lat. und der roman. Spr. orientierte aposterior. ↗ Plansprache, z. B. ↗ Esperanto, ↗ Ido, ↗ Interlingua, ↗ Latino sine flexione, ↗ Novial, ↗ Occidental-Interlingue. G

Latinisierung Ersetzung einer nichtlatein. ↗ Graphie durch die Lateinschrift, z. B. beim Vietnames., Türkeitürk., Somal. und vielen Spr. der damaligen UdSSR in den 1920er Jahren; ↗ Kyrillisierung, ↗ Neues türkisches Alphabet. G

Latinismus ↗ Entlehnung aus dem ↗ Lateinischen. Ähnlich wie ↗ Gräzismen sind L. in Fachwortschätzen zu finden (Medizin, Jurisprudenz, Theologie u. a.; in der Ling. gehen bspw. die Bez. für die ↗ Wortarten auf deren lat. Namen zurück). Viele sind auch in die Allgemeinspr. eingegangen, wobei bes. weit integrierte L. nicht mehr als solche erkennbar sind (bspw. dt. *Fenster* < lat. *fenestra*) und vielfach auf frühe Berührungen zwischen Römern und Germanen zurückgehen (etwa seit der Zeitenwende). Im MA lag der Schwerpunkt der Entlehnungen aus dem Lat. im Bereich Theologie/ Kirche, aus der Zeit des Humanismus stammen insbes. Bez. aus dem Bereich des Studierens, Lehrens und des Buchdrucks (*Professor, Studium, Interpretation, Manuskript*). Viele L. wurden über Fachwortschätze in die Allgemeinspr. entlehnt, z. B. *Datum, Rente, Summe.* Manche L. sind ›gelehrte‹ Wörter geblieben (*numerus clausus, Faksimile*), wozu auch zahlreiche lat. Zitate und ↗ geflügelte Worte gehören (*cui bono, post mortem, ex oriente lux*), manche haben über andere Spr. ins Dt. gefunden (↗ Peregrinismus). Nach dem MA wurden lat. Wortbildungselemente zur Ableitung neuer Begrifflichkeiten bes. wichtig, etwa *-ismus.* **Lit.** H. H. Munske & A. Kirkness, Eurolatein. Das griech. und lat. Erbe in den europ. Spr. Tübingen 1996. – B. Kytzler & L. Redemund, Unser tägl. Latein. Lexikon des lat. Spracherbes. Darmstadt ⁶2002. SO

Latinist 1. Person, die das Studium der lat. Spr. und Lit. betreibt; ↗ Lateinisch. – **2.** In Russland und in der ehemaligen UdSSR, im Iran, in der Türkei und den arabischsprachigen Ländern Bez. für Personen, die für die Ersetzung arab. Graphien durch das Lateinalphabet eintraten; ↗ Arabist. G

Latinistik ↗ Lateinisch

Latino sine flexione (›Latein ohne Flexion‹. Auch: Interlingua) 1903 von G. Peano (ital. Mathematiker, 1858–1932) veröffentlichtes ↗ latinides ↗ Plansprachenprojekt. Alle Nomina haben die lat. Ablativform, alle Verben die Form des Imperativs oder des suffixlosen Infinitivs. Tempus und Modus werden v. a. durch Adverbien bezeichnet, es gibt kaum Affixe. L. s. f. hatte v. a. unter Gelehrten in den ersten Jahrzehnten des 20. Jh. einige Anhänger. **Lit.** G. Peano, De latino sine flexione, lingua auxiliare internationale. Torino 1903. G

Lativ m. (lat. latus ›Seite, nächste Umgebung‹) In der Finnougristik Bez. für Richtungskasus; ↗ Lokativ, ↗ Kasus. In der Latinistik Bez. für den Akkusativ der Richtung. G

Laufrichtung ↗ Schriftrichtung

Lausitzisch ↗ Sorbisch

Laut (mhd. lût, ursprüngl. ›das mit dem Gehör Wahrnehmbare‹. Engl. sound, frz. son) Phonet. die kleinste zeitl. sequentielle, artikulator. minimale Analyseeinheit (↗ Segment) einer lautsprachl. Äußerung (auch: ↗ Phon 2), die nach artikulator. (↗ artikulatorische Phonetik) und akust. (↗ akustische Phonetik) Parametern näher beschrieben und

klassifiziert werden kann. Die beiden Hauptklassen der L. bilden die ↗ Vokale und ↗ Konsonanten, wobei die Vokale nach den artikulator. Parametern Zungenlage (↗ vorn, ↗ mittel bzw. ↗ zentral, ↗ hinten) und Zungenhöhe (↗ hoch, ↗ mittel, ↗ tief sowie Zwischenstufen), die Konsonanten nach denen des ↗ Artikulationsmodus (↗ Ejektive, ↗ Frikative, ↗ Implosive, ↗ Klicks, ↗ Laterale, ↗ Öffnungslaute, ↗ Nasale, ↗ Plosive, ↗ Vibranten), der ↗ Artikulationsstelle (↗ labial, ↗ dental, ↗ alveolar, ↗ palatal, ↗ velar, ↗ uvular, ↗ pharyngal, ↗ glottal) und des ↗ artikulierenden Organs (↗ labial, ↗ apikal, ↗ retroflex, ↗ dorsal, ↗ uvular, ↗ glottal) klassifiziert werden. Als Einheit des sprachl. Systems in bedeutungsunterscheidender Funktion stellt der L. sich als ↗ Phonem dar, das sich nach seinen ↗ distinktiven Merkmalen und den in der einzelnen Spr. eingegangenen ↗ Oppositionen weiter klassifizieren lässt. **Lit.** ↗ Artikulatorische Phonetik, ↗ Distinktive Merkmale, ↗ Phonem. PM

Lautbezug Korrespondenz einer Einheit eines ↗ Schriftsystems mit einem phonet., i. w. S. auch einem phonolog. Sachverhalt; ↗ Alphabetschrift, ↗ Graphem-Phonem-Korrespondenz. Wenn in Bezug auf zusammengesetzte chines. Schriftzeichen von L. die Rede ist, meint man damit denjenigen Bestandteil des Schriftzeichens, der im Gegensatz zum semant.-logograph. ↗ Radikal ein phonet. Index ist, z. B. das Zeichen für ›Pferd‹ [mǎ] in anderen Zeichen mit der Lautform [ma]. G

Lautbild J. Baudouin de Courtenay (1871) unterscheidet zwei Komponenten des Wortes (des einfachen Zeichens): (a) die Vorstellung des Gegenstandes (die Bedeutung) und (b) die Vorstellung des Lautgebildes. (b) findet sich bei F. de Saussure, Cours, als *représentation* (*psychique*) *de son* ›(psychische) Lautvorstellung‹ oder als *image acoustique* (›L.‹). Dem L. als dem Signifikanten (*signifiant*) steht nach de Saussure außerhalb des Zeichens gegenüber: *son matériel/physique* ›materieller/physischer Laut‹, nach Baudouin de Courtenay: das Lautgebilde. – Während (a) und (b) sich auf die beiden Seiten des sprachl. Zeichens beziehen, betrachtet Baudouin de Courtenay (1894) das Phonem als mentales L. **Lit.** J. Baudouin de Courtenay, Nekotorye obščie zamečanija o jazykovedenii i jazyke. [Einige allgemeine Bemerkungen über Sprachwiss. und Spr.] 1871. In: Ders., Izbrannye trudy po obščemu jazykoznaniju. M. 1963. T

Lautbindung ↗ Sprechausdruck

Lauteigenschaften Akust. (↗ Schallanalyse) bzw. phonet. (↗ artikulatorische Phonetik, ↗ deskriptive Phonetik) oder phonolog. (↗ Phonologie, ↗ distinktive Merkmale) Merkmale eines (Sprach-) ↗ Lautes. PM

Lauteinschaltung ↗ Epenthese

Lauteinschub ↗ Epenthese

Lautersatz (auch: Lautsubstitution) Ersetzung fremdsprachl. Laute in Fremdwörtern durch phonet.

ähnl. Laute der S1 (↗ Interferenz (2); z.B. dt. [s] bzw. [t] für engl. [ð] und [θ]). Wichtiges Konzept in der ↗ historisch-vergleichenden Sprachwissenschaft und der Namenkunde für den Nachweis von Sprachkontakt. **PM**

Lautgang ↗ Ansatzrohr

Lautgedicht Ein L. verzichtet auf das Wort als Bedeutungsträger, besteht nur aus rhythm., z.T. auch gereimten Buchstaben- und Lautfolgen; findet sich als Kinderlied und in Kinderrätseln oder Abzählversen, ferner im Bereich der Unsinnspoesie vereinzelt bei J. H. Voss (*Lallgedicht* oder *Klingsonate*), J. L. Runeberg (*Höstsang* ›Herbstlied‹), Ch. Morgenstern (*Das große Lalula*), P. Scheerbart (*Kikakoku*); ↗ konkrete Dichtung, ↗ poetische Sprache. **SE**

Lautgesetz (engl. sound law, phonetic/phonological law, frz. loi phonétique) Zentraler Begriff der histor. Lautlehre der ↗ Junggrammatiker für phonolog. Veränderungen, dem die Annahme zugrundeliegt, dass sich in einer bestimmten Spr. bei Vorliegen gleicher Bedingungen bestimmte Laute ausnahmslos in gleicher Weise verändern; ↗ Analogie, ↗ Lautverschiebung, ↗ Diphthongierung, ↗ Umlaut. **PM**

Lautieren Phonet. Realisierung von Wörtern oder Silben als Sequenz der »Laute«, aus denen sie zusammengesetzt sind, z.B. *Stuttgart* als [s], [t], [ˀu], [t], [t], [g], [ˀa], [ʀ], [t]. Das Lautierverfahren ist seit der Antike das zentrale Verfahren des Erstleseunterrichts; ↗ Lesenlernen. Geübte Leser lautieren nur beim Erlesen »schwerer Wörter«, z.B. bei anderssprachigen Eigennamen in Zeitungsartikeln. Da sie nach den Laut-Buchstaben-Beziehungen ihrer eigenen Sprache verfahren (müssen), kann dies, etwa in Fernsehnachrichten, z.B. bei Eigennamen zu massiven Verstümmelungen der ausgangssprachigen Lautstruktur führen, z.B. arab. *Ghaddafi* [ɣɛˈdɛːfi] zu dt. [gaˈdafi], poln. *Wałęsa* [waˈβɛ̃sa] zu dt. [vaˈleːsa], dt. *Heinz Giese* zu frz. [ɛ̃ːzə ʒiːz]. **G**

Lautiermethode ↗ Lesenlernen, ↗ Schreibenlernen

Lautimitierendes/lautmalendes Wort ↗ Onomatopoetikon

Lautklasse (auch: Lauttyp) Klasse bezügl. des ↗ Artikulationsmodus, der ↗ Artikulationsstelle oder des ↗ artikulierenden Organs (bzw. Kombinationen der genannten Merkmale) phonet. ähnlicher Laute (z.B. ↗ Vokale, ↗ Frikative; ↗ Alveolare, ↗ Velare; ↗ Apikale, ↗ Laminale; ↗ Linguolabiale), die ↗ allophonischen Varianten eines ↗ Phonems (z.B. die dt. gerollten (↗ Vibrant) und [θ] frikativ. /r/-Allophone) oder die Phoneme, die die Domäne einer ↗ phonologischen Regel ausmachen. **PM**

Lautkontinuum Serie von Sprachlauten, in der sich ein auditives, artikulator. oder akust. Merkmal in gleich großen Schritten verändert. Ein auf allen genannten Ebenen parallel mögl. L. existiert nur für ↗ Vokale. Rein akust. definierte, synthet. erzeugte (↗ Sprachsynthese) L. werden z.B. in den Experimenten zur kategorialen Wahrnehmung (↗ auditive Phonetik) verwendet. **PM**

Lautlehre ↗ Phonetik

Lautmalerei ↗ Lautsymbolik, ↗ Onomatopoetikon

Lautphysiologie ↗ Artikulatorische Phonetik

Lautschrift 1. (Auch: phonetische Umschrift. Engl. phonetic transcription, frz. transcription phonétique) Zur phonet. ↗ Transkription der gesprochenen Spr. entwickeltes Zeichensystem. Zu unterscheiden sind hier die sog. *alphabetischen* von den sog. *analphabetischen* Transkriptionssystemen. Basis beider Systemvarianten ist der Bezug auf die artikulatorischen (↗ artikulatorische Phonetik) Beschreibungskategorien der ↗ deskriptiven Phonetik. Während die sog. alphabet. L. (wie z.B. das meistverbreitete System der ↗ API) bereits vorhandenen Zeichen des lat. und griech. Alphabets, auf den Kopf gestellten bzw. rotierten Zeichen sowie ↗ Ligaturen und ↗ Diakritika bestimmte (artikulator. definierte) ↗ Laute zuordnet, sind die sog. analphabet. L. spezielle Neuentwicklungen, die in den Teilen ihrer – wiederum quasi-alphabet. – Zeichen einzelne artikulator. Parameter direkt symbolisieren (z.B. das System von E. Brücke (dt. Lautphysiologe, 1819–1892) oder die ↗ Visible Speech A. M. Bells (engl. Phonetiker und Gehörlosenpädagoge, 1819–1905)). Ein tatsächlich analphabet. System stellt das von O. Jespersen (Lehrbuch der Phonetik. Lpz. 1904) dar, das die Geometrie des gesamten ↗ Ansatzrohres mittels einer Formel mit lat. Buchstaben für die unbewegl. ↗ Artikulationsstellen, griech. Buchstaben für die ↗ Artikulatoren sowie Zahlen für den Grad und die Form der jeweiligen Öffnung abbildet. **Lit.** IPA, The Principles of the International Phonetic Association. Ldn. 1949 (letztes Reprint 1984). – H. Richter, Grundsätze und System der Transkription – IPA (G). Tübingen 1973. – L. Schiefer & B. Pompino-Marschall, Phonet. Transkription. HSK 10, II, 1996, 1583–1591. – W. A. Smalley, Manual of Articulatory Phonetics. Ann Arbor 1968. **PM** – **2.** Mitunter Bez. für ↗ alphabetische Schrift; ↗ Phonographie. **G**

Lautschwächung ↗ Lenisierung

Lautsprachbegleitende Gebärden ↗ Gebärdensprache

Lautstärke ↗ Intensität, ↗ Sprechausdruck

Lautstilistik ↗ Phonostilistik

Lautstruktur Das gesamte phonet.-phonolog. Lautinventar (↗ Konsonantensystem, ↗ Vokalsystem) und das darauf gegründete System von ↗ Oppositionen in einer Spr. sowie die phonolog. Regularitäten auch der ↗ Kombinatorik und ↗ Phonotaktik in dieser Spr. Im weiteren Sinn steht L. so für die ↗ Phonologie einer Einzelspr. **PM**

Lautsubstitution ↗ Lautersatz

Lautsymbolik (auch: Lautmalerei. Engl. sound symbolism, frz. symbolisme phonique) L. liegt vor, wenn im Empfinden der Hörenden Laute oder Folgen von Lauten direkt mit Schallquellen der außersprachl. Welt identifiziert werden. Dies ist der Fall bei lautmalenden, häufig durch ↗ Reduplikation gebildeten Wörtern, z. B. *Kuckuck, wauwau, ticktack.* In der Lyrik wird mit L. experimentiert, z. B. mit der Klangfarbe von Vokalen. Solide Aussagen über Beziehungen zwischen Lautung und Bedeutung sind allerdings (bisher) nicht möglich; ↗ Arbitrarität, ↗ Onomatopoetikon.   G

Lauttyp ↗ Lautklasse

Lautung ↗ Aussprache, ↗ Sprechausdruck

Lautungsgriff ↗ Aussprache, ↗ Sprechausdruck

Lautungsstufe ↗ Sprechausdruck

Lautverschiebung (auch: hochdt. Lautverschiebung, Zweite Lautverschiebung; für die Erste Lautverschiebung ↗ Grimmsches Gesetz und ↗ Vernersches Gesetz) Bez. für Veränderungen im Konsonantensystem des Germ., die zur Differenzierung des Ahd. von allen anderen germ. Sprachen führten. – (aa) Die germ. stl. Verschlusslaute *p, t, k* entwickeln sich je nach ihrer Stellung im Wort unterschiedlich. In postvokal. Stellung werden sie im gesamten hochdt. Raum zu den stl. Frikativen *ff, ss, hh*, die im Auslaut und vor Konsonanten regelmäßig nach Vokallänge zumeist vereinfacht werden: as. *opan, ëtan, makōn* – ahd. *offan* ›offen‹, *ëzzan* ›essen‹, *mahhōn* ›machen‹. – (ab) Im Anlaut, im Inlaut nach Konsonant und in der Gemination werden *p, t, k* zu den Affrikaten *pf, tz, kh*. Von diesen Verschiebungen ist nur die des *t* über das ganze hochdt. Gebiet verbreitet. (b) Die sth. Verschlusslaute *b, d, g*, die sich aus den sth. Frikativen entwickelt haben, werden mit starken regionalen Unterschieden zu den entsprechenden stl. Verschlusslauten, die später wieder lenisiert wurden. – Als Zeitraum der Durchführung der L. ist das 5.–7. Jh. n. Chr. anzunehmen. Vor Einsetzen der ahd. Überlieferung war die L. abgeschlossen. Über den räuml. Ursprung und die Ausbreitung der L. gehen die Meinungen auseinander. Die monogenet. These, nach der sich die L. von Süden nach Norden mit nachlassender Konsequenz ausgebreitet hat, ist durch Funde früher Produkte der L. im Mdt. (z. B. aus dem 7. Jh. im Ripuar.) widerlegt. Vielmehr ist von einer jeweils spezif. autochthonen Entwicklung der L. in mehreren Räumen gleichzeitig auszugehen (polygenet. These). Th. Vennemann hat eine Verzweigungstheorie entworfen, nach der das Ndt. und das Hdt. je eigene Entwicklungen aus dem Urgerm. darstellen, d. h., dass das Hdt. nicht (wie bisher angenommen) eine Weiterentwicklung des ndt. Lautsystems darstellt. Die These beruht auf einer neuen Rekonstruktion des Germ., die von bezeugten jüngeren Sprachstufen ausgeht. Eine abschließende Erklärung der Ursachen der L. steht noch aus. **Lit.** R. Bergmann, Method. Probleme der L.diskussion. Sprachw. 5, 1980, 1–14. – H. Penzl, Die Phasen der ahd. L. In: Fs. für T. Starck. The Hague 1964. – R. Schützeichel, Die Grundlagen des westl. Mitteldt. Tübingen ²1976. – J. Schwerdt, Die Zweite L. Wege zu ihrer Erforschung. Heidelberg 2000. – J. Venema, Zum Stand der zweiten L. im Rheinland.

Stgt. 1997. – Th. Vennemann, Dating the Division between High and Low Germanic. A Summary of Arguments. In: K. Swan et al. (eds.), Language Change and Language Structure. Bln. 1994, 271–302.   ST

Lautwandel (engl. sound change, frz. changement phonétique) Diachrone Veränderung der phonet. Merkmale eines Lautes unterhalb oder innerhalb der phonolog. Ebene. Unterhalb dieser Ebene bildet der L. allophon. Varianten aus, innerhalb kommt es zu ↗ Phonemspaltung und ↗ Phonemverschmelzung bzw. es entstehen im Prozess der ↗ Phonologisierung neue Phoneme. L. läuft stellungsunabhängig ab (spontaner L.) oder wird durch bestimmte Lautumgebungen gesteuert (kombinator. L., bedingter L.). Kombinator. L. findet sich z. B. bei ↗ Assimilationen (etwa die germ. ↗ Umlaute) und ↗ Dissimilationen. Beispiele für spontanen L. sind etwa die ahd. Diphthongierung (got. *bropar* : ahd. *bruoder*) und die mhd. Monophthongierung (mhd. *bruoder* > nhd. *Bruder*). **Lit.** T. A. Hall, Phonologie. Eine Einf. Bln. 2000.   RK

Lautwechsel ↗ Alternation

Lautwert In ↗ alphabetischen ↗ Schriften und ↗ Silbenschriften korrespondieren die primären ↗ Schriftzeichen im Prinzip mit konstanten phonolog. Einheiten. Aus phonolog. bzw. phonet. Perspektive haben sie deshalb einen definierten L., während man aus graphemat. Perspektive oft nur eingeschränkte Aussagen über ↗ Graphem-Phonem-Korrespondenzen machen kann. Die Elemente alphabet. ↗ Lautschriften (z. B. ↗ API) bilden die L. ihrer Referenten so direkt wie möglich ab.   G

Lautzeichen Element einer ↗ Lautschrift.   PM

Lax ↗ Gespannt

Least effort ↗ Generative Ökonomieprinzipien

Lechisch, Lechitisch ↗ Westslavisch

Leco ↗ Südamerikanische Indianersprachen

Ledo ↗ Toraja-Sprachen

Leere Kategorie (engl. empty node ›leerer Knoten‹. Abk. e) Seit der ↗ REST Bez. für syntakt. Kategorien, die keine phonolog. Merkmale aufweisen, folgl. nicht phonolog. interpretiert werden und keine phonet. Form aufweisen. Es handelt sich z. B. um ↗ Spuren (t) und um die pronominalen Kategorien ↗ PRO und pro (↗ Pro-Drop-Parameter) sowie um ↗ Parasitic Gaps. L. K. werden z. B. durch das ↗ ECP generalisierend erfasst.   F

Leeres Fach ↗ Phonologische Lücke

Leeres Morph ↗ Nullmorph

Leeres Morphem ↗ Nullmorphem

Leeres Symbol ↗ Platzhaltersymbol

Leerstelle 1. (Engl. slot) In der Tagmemik eine der beiden Komponenten eines ↗ Tagmems. In die L., die innerhalb eines Konstruktionsrahmens festgelegt sind und den funktionalen Zusammenhang der Konstruktion bestimmen, treten – elementare oder komplexe – Füllelemente (engl. *filler*), deren Rolle im Konstruktionsrahmen durch die jeweilige L. bestimmt wird. R. E. Longacre hat den Terminus L. durch den älteren, aber missverständl. Terminus ↗ Funktion ersetzt. T – **2.** Elementares Strukturierungsmittel graph. Texte, das – je nach ↗ Schriftsystem und ↗ Schriftart unterschiedl. – die Markierung von Segmenten (↗ Schriftzeichen, graph. Silben (↗ Silbenschrift, ↗ Syllabogramm), graph. Wörtern (↗ Logogramm, ↗ Wort, ↗ Zeilen, ↗ Kolumnen, ↗ Absätzen, ↗ Spalten und Seiten) ermöglicht. Graph. L. korrespondieren nicht mit den ›L.‹ der gesprochenen Sprachform, den ↗ Pausen. L. höherer Ordnung sind von der physikal. Beschaffenheit des Schriftträgers bedingt (Blatt aus Papier, Pergament, Papyrus, Tontafel usw.; ↗ Beschreibstoff); z. B. ist die ↗ Zeile durch seitl. Ränder oder die Kanten des Schriftträgers begrenzt. L. niedrigerer Ordnung in Alphabetschriften (L. zwischen einzelnen Schriftzeichen in der ↗ Monumentalis, in modernen ↗ Druckschriften usw., Wortabstände, auch *Spatium*) sind histor. später entstanden; ↗ scriptio continua. Im logograph. Schrifttyp sind L. zwischen den einzelnen Logogrammen systemnotwendig (z. B. nimmt ca im Chines. jedes Schriftzeichen idealiter dieselbe quadrat. Fläche wie sein Nachbar ein, und zwischen ihnen muss eine L. liegen), während für moderne Alphabetschriften i. d. R. sowohl ↗ Kurrent- als auch ↗ Druckschriften existieren, die sich durch die Beachtung der wortinternen L. voneinander unterscheiden. In einigen Schrifttypen bzw. -arten sind die Silbenkategorie (Amhar., Korean.) oder die Wortkategorie (Devanagari) Bezugsebenen für die niedrigste Klasse von L. Im Arab., einer Kurrentschrift, gibt es obligator. wortinterne L. nach best. Schriftzeichen. Die worttrennende L. korrespondiert in funktionaler Hinsicht mit worttrennenden Schriftzeichen (↗ Worttrenner) und mit Initial- bzw. Finalvarianten von Schriftzeichen, die Beginn bzw. Ende eines (ortho)graph. Wortes markieren, z. B. im arab. und im hebr. Schriftsystem; im Griech. ist dies noch in der Differenzierung zwischen σ (⟨s⟩ außer am Wortende) und ς (⟨s⟩ nur am Wortende) erhalten). G – **3.** In semant. Theorien die von einem Prädikat geforderten Argumente. G – **4.** In ↗ Dependenzgrammatiken freie Positionen, die in Abhängigkeit von der Valenz des ↗ Regens durch ↗ Aktanten ausgefüllt werden müssen oder können (im Ggs. zu ↗ freien Angaben, die keine L. besetzen); so hat z. B. *küssen* zwei L.: __ küssen __ (z. B. *Wolfgang küßt Elisabeth*). G – **5.** In der ↗ Valenzgrammatik Bez. für eine Argumentstelle, die in der Wertigkeit eines Verbs determiniert ist; ↗ Valenz. G

Leerwort ↗ Synsemantikon

Leerzeichen ↗ Leerstelle 2.

Left-corner Die am weitesten links stehende ↗ terminale Kategorie eines Strukturbaums. Als L.-c.-Parser wird ein System zur ↗ Satzanalyse verstanden, das bei der Analyse von der L.-c. einer ↗ Ersetzungsregel ausgeht und in den nächsten Schritten

versucht, die noch nicht erkannten Symbole der Regel zu finden. Die L.-c.-Strategie ist somit weder strikt top-down noch strikt ↗ bottom-up ausgerichtet, sondern verbindet beide Richtungen. L

Legasthenie ↗ Lese-Rechtschreibschwäche

Lehnaffix ↗ Präfix oder ↗ Suffix, das aus einer anderen Sprache entlehnt wird. Gemeinsam mit einem dt. oder entlehnten Stamm wird es zur Ableitung komplexer Wörter verwendet, bspw. *megagefährlich, Zarismus* (↗ Hybridbildung). Die Abgrenzung zum ↗ Fremdaffix ist schwierig. Wird der Abgrenzung zwischen L. und Fremdaffix jene zwischen ↗ Lehnwort und ↗ Fremdwort zugrunde gelegt, sind L. solche Affixe, die weitgehend in der Nehmerspr. integriert sind, wobei sie sich mit indigenen Stämmen kombinieren, während Fremdaffixe ersichtl. ›fremd‹ bleiben und sich mit exogenen Basen verbinden. De facto ist Integration bei den morpholog. ↗ Entlehnungen aber noch schwieriger dingfest zu machen als bei den Wörtern; ↗ Konfix. **Lit.** A. Klosa, Negierende Lehnpräfixe im Gegenwartsdt. Heidelberg 1996. – B. Ruf, Augmentativbildung mit Lehnpräfixen. Eine Untersuchung zur Wortbildung der dt. Gegenwartsspr. Heidelberg 1996. SO

Lehnbedeutung (engl. *semantic calque*, frz. *calque sémantique*) Bez. für die Übernahme der Bedeutung eines fremdsprachigen Ausdrucks in ein bereits vorhandenes Wort der Nehmersprache: dt. *Held* erhält unter dem Einfluss von engl. *hero* die zusätzliche Bedeutung ›literarische Hauptfigur‹; ↗ Entlehnung, ↗ Lehnprägung. SO

Lehnbildung ↗ Lehngut, ↗ Lehnprägung

Lehnformung ↗ Lehnübersetzung

Lehngut Zusammenfassende Bez. für alle Formen der Beeinflussung einer Spr. durch andere Spr. auf den verschiedenen Ebenen: Lehnphonem (z. B. [õ] in *Salon*), Lehngraphem (z. B. ⟨oo⟩ für [u:] in *Boom*), Lehnmorphem (z. B. das Suffix {-er} aus lat. {-arius}), ↗ Lehnwort, ↗ Lehnwendung und Lehnsyntax (↗ Sprachkontakt, ↗ Interferenz). Aus anderen Spr. übernommene Wörter stellen Übernahmen aus Ausdrucksseite und Inhaltsseite dar: Lehnwörter i. w. S. Je nach ihrer Assimilierung oder Nichtassimilierung in phonet., graph., morpholog. Hinsicht unterscheidet man (assimilierte) Lehnwörter i. e. S. (z. B. *Mauer* < lat. *murus*) und (fremd gebliebene) ↗ Fremdwörter (z. B. *Palais* < frz. *palais*). Wortschatzeinflüsse auf heimische Ausdruckselemente heißen ↗ Lehnprägung. Soweit nur die Bedeutung übernommen und auf ein vorhandenes heimisches Wort übertragen wird, liegt Lehnbedeutung vor (z. B. die religiösen Bedeutungen von *Geist, Gnade, Himmel, Hölle*). Die Produktion neuer Wörter aus heimischen Elementen auf Anregung des fremden Wortes heißt Lehnbildung. Sie vollzieht sich formal unabhängig vom fremden Vorbild als ↗ Lehnschöpfung (z. B. die im Zusammenhang von Verdeutschungen geschaffenen Ersatzwörter wie *Bahnsteig* für *Perron*), formal abhängig als

Lehnformung. Die engere Form der Lehnformung, nämlich die Glied-für-Glied-Übersetzung, heißt ↗ Lehnübersetzung (z. B. *Wochenende* < engl. *weekend*), die freiere Form Lehnübertragung (z. B. *Vaterland* < lat. *patria*). Die hier verwendete, auf W. Betz zurückgehende Terminologie ist nicht allgemein durchgesetzt, sie steht in Konkurrenz zu anderen Einteilungen und Benennungen, z. B. von E. Haugen und U. Weinreich. ↗ Lehnaffix, ↗ Lehnwortbildung. **Lit.** W. Betz, Lehnwörter und Lehnprägungen im Vor- und Frühdt. In: F. Maurer & H. Rupp (Hgg.), Dt. Wortgeschichte. Bln., N. Y. ³1974, 135–163. – E. Haugen, The Analysis of Linguistic Borrowing. Lg. 26, 1950, 210–231. – U. Weinreich, Languages in Contact. N. Y. 1953. – E. Oksaar, Terminologie und Gegenstand der Sprachkontaktforschung. HSK 2, IV, 2004, 3160–3171.   B

Lehnpräfix ↗ Lehnaffix

Lehnprägung (auch: Calque, Kalkierung) Zusammenfassende Bez. für ↗ Lehnbedeutung und Lehnbildung. Letzterer Begriff wird vielfach wiederum als Oberbegriff für ↗ Lehnübersetzung, Lehnübertragung und ↗ Lehnschöpfung verwendet. Die Hierarchie sieht wie folgt aus (vgl. Abb.). Eine einheitl. Terminologie hat sich bisher nicht etabliert.   SO

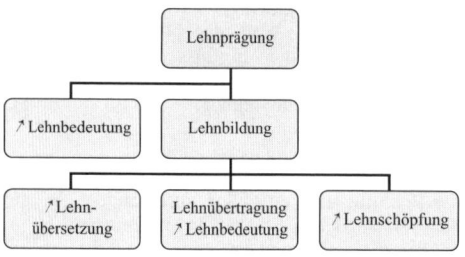

Lehnschöpfung Relativ freie semant. Nachbildung eines fremdsprachigen Ausdrucks: dt. *Sinnbild* < griech. *symbolon*. Die L. ist von der ↗ Lehnbedeutung schwer abzugrenzen; ↗ Entlehnung, ↗ Lehnprägung.   SO

Lehnsuffix ↗ Lehnaffix

Lehnübersetzung Bez. für die Übersetzung eines fremdsprachigen Ausdrucks in die Nehmerspr., z. B. dt. *Lautsprecher* < engl. *loudspeaker*. L. ist oft schlecht gegen die Lehnübertragung abzugrenzen, bei der ein fremdsprachiger Ausdruck nur ›annähernd‹ in die Nehmerspr. übersetzt wird, z. B. dt. *Wolkenkratzer* < engl. *skyscraper*. Als zusammenfassender Begriff wird neuerdings auch *Lehnformung* benutzt; ↗ Entlehnung, ↗ Lehnprägung.   SO

Lehnübertragung ↗ Lehngut, ↗ Lehnübersetzung

Lehnwendung Nach von Polenz 1991 Bez. für fremdsprachige ↗ Redewendungen, Zitate oder ↗ Geflügelte Worte, die wörtl. in eine Nehmerspr. übernommen werden, z. B. frz. *L'art pour l'art*, ital.

la dolce vita; ↗ Entlehnung. Teils werden auch Übersetzungen fremdsprachiger Wendungen als L. bezeichnet (etwa *das süße Leben*); ↗ Lehnübersetzung, Lehnübertragung. **Lit.** P. v. Polenz, Dt. Sprachgeschichte vom Spätmittelalter bis zur Gegenwart. Bd. 1. Bln., N. Y. 1991.   SO

Lehnwort (engl. loanword, borrowing, frz. emprunt) Lexikal. ↗ Entlehnung, die (im Unterschied zum ↗ Fremdwort) weitgehend in das phonol., morpholog. und graphemat. System der Nehmerspr. integriert ist. Die fremdsprachige Abstammung ist für den Laien oft nicht mehr erkennbar, vgl. dt. *Stiefel* aus ital. *stivale*. Da Integration graduell verläuft, ist die Abgrenzung zwischen L. und Fremdwort häufig schwierig oder unmögl. Über das Verwendungspotential und die Frequenz eines Ausdrucks wird allein durch den Verweis auf die Herkunft eines Wortes nichts ausgesagt; ↗ Entlehnung, ↗ Lehnwortschatz. **Lit.** ↗ Entlehnung.   SO

Lehnwortbildung Bez. für Wortbildungsprodukte, die nicht als ganze in die Nehmerspr. übernommen, sondern dort erst gebildet worden sind, etwa *downloaden, E-Mail-Briefkasten, Spielothek, Psychoschocker*. Auch der Prozess, in dem sich solche Konstruktionen herausbilden, wird als L. bezeichnet. Etliche lat. bzw. griech. basierte Elemente wirken im Deutschen reihenbildend, etwa *neo, thek, skop*; ↗ Konfix. **Lit.** G. Hoppe, Dt. L. Beiträge zur Erforschung der Wortbildung mit entlehnten Wortbildungseinheiten im Dt. Tübingen 1987. – W. Eins, Muster und Konstituenten der L. Hildesheim 2008.   SO

Lehnwortschatz Bez. für den Anteil an ↗ Entlehnungen im Wortschatz einer Spr.   SO

Lehrerfrage In der ↗ Pragmatik gehören L. zu den ↗ Illokutionen, d. h. zu denjenigen (Teil-) ↗ Sprechakten, die den Hörer zu einer sprachl. oder außersprachl. Handlung veranlassen sollen. Hier ist es die ↗ Aufforderung, das Wissen zu einem in der L. benannten Themengebiet zu referieren, wobei klar ist, dass der Fragende die zutreffende Antwort kennt.   ES

Lehrsatz ↗ Theorem

Leichter Kopf ↗ Nominalphrase, ↗ Verbalphrase, ↗ X-Bar-Theorie

Leideform ↗ Passiv

Leipogrammatisch (griech. λείπειν (leipein) ›weglassen‹, γράμμα (gramma) ›Buchstabe‹) Lyr. oder ep. Verse, in denen absichtl. ein bestimmter Buchstabe vermieden ist. Ältester formaler Manierismus, schon im 6. Jh. v. Chr. bezeugt (Gedichte ohne σ (s) von dem Dichter und Musiker Lasos). Er findet sich dann v. a. in der alexandrin. Literatur (Tryphiodoros, 5. Jh.: in jedem Buch seiner [nicht erhaltenen] »Odyssee« kommt ein bestimmter Buchstabe nicht vor, Fulgentius: 1. Weltgeschichte; in seiner Tradition auch im lat. MA.: Petrus Riga, 12. Jh.) und wieder in der Lit. des europ. Manierismus (16. Jh., bes. Spanien) und den daran anknüpfenden Strömungen der Moderne: Dadaismus, russ. Imaginismus oder bei J. Weinheber (Gedichte ohne *e, r, s*). Bemerkenswert ist weiter der Roman ohne den Buchstaben *e* »La Disparition« (1969) von Georges Perec (dt. u. d. Titel »Anton Voyls Fortgang«, 1986), entstanden im Rahmen des »Ouvroir de littérature potentielle« (Werkstatt für potentielle Lit.), gegr. 1960 von R. Queneau und F. Le Lionnais zur Erprobung neuer lettrist.-kombinator. Schreibverfahren; ↗ pangrammatisch.   SLE

Leipziger Schule ↗ Junggrammatiker

Leitvarietät ↗ Diglossie

Lekt m. (griech. λέγειν (legein) ›sagen, sprechen‹) Grundwort zur Bez. von sprachl. Varietäten, vermutl. entwickelt aus dem seit langem gängigen Ausdruck ↗ Dialekt. Beispiele: Regiolekt (regionale Varietät), ↗ Soziolekt (soziale), Situolekt (situationsspezifische), Historiolekt, auch Chronolekt (spezif. für bestimmte histor. Phase) usw. Hier werden die Grunddimensionen sprachl. Variation erkennbar (↗ diatopisch, ↗ diastratisch, ↗ diaphasisch, ↗ diachronisch). Zahlreiche weitere L. (↗ Idiolekt = individuell, Mediolekt = medienspezif. usw.) machen jedoch eine Gesamtsystematik schwierig. Oft werden L. unterstellt, ohne dass sprachl. Spezifika nachgewiesen werden, was streng genommen nur im Vergleich mit allen anderen L. möglich wäre.   AM

Lemma n., ~ta (lat. lemma ›Überschrift‹ < griech. λῆμμα, eigentl. ›alles, was man nimmt‹ zu λαμβάνειν (lambanein) ›nehmen‹. Auch: Stichwort, Wörterbuchwort. Engl. lemma, entry, entry word, frz. entrée, adresse, mot vedette) Eintrag, Stichwort in einem Lexikon, Repräsentant eines ↗ Lexems (als Explikandum), zu dem Informationen gegeben werden.   G

Lemmatisierung In der ↗ Lexikographie Festlegung der Grundform eines Wortes (↗ Lemma, ↗ Wortform). Subst. erscheinen im Nom. Sg., Verben im Inf. (in dt. Wörterbüchern) oder in der 1. Ps. Sg. Präs. Ind. Aktiv (in lat. und griech. Wbb.), Adj. in unflektierter Form. Durch L. werden ↗ Homographien aufgelöst, z.B. *Band* (mask., fem., ntr.), *modern* (Verb, Adj.). Die maschinelle L. ermöglicht es, Texte in alphabet. sortierte Indices oder Wortlisten umzuwandeln.   G

Lenca ↗ Misumalpan-Sprachen

Lengua-Mascoy-Sprachen ↗ Südamerikanische Indianersprachen

Lenierung ↗ Lenisierung

Leningrader Schule (auch: Petersburger Schule) Richtung der russ. bzw. sowjet. Sprachwiss., die sich in den 20er und 30er Jahren des 20. Jh. herausbildete und stark von den Ideen I. A. Baudouin de Courtenays (1845–1929) inspiriert war, vermittelt durch seine Schüler, z.B. L. V. Ščerba (1880–1944) und E. D. Polivanov (1891–1938), und die nachfolgende Forschergeneration, z.B. V. V. Vinogradov (1894–1969). Die L. S. fasst Spr. als ein dynam., durch das menschl. Verhalten bestimmtes

System auf. Sie stellt die funktionale Betrachtung der Spr. in den Mittelpunkt ihres wiss. Interesses, indem sie in ihr ein Werkzeug für das gesellschaftl. Handeln sieht, das primär den kommunikativen Zielen der Sprachträger zu dienen hat. Von ihrer betont funktionalen Herangehensweise an Spr. zeugen z.B. die lexikolog. Unterscheidung Ščerbas zwischen einem ›aktiven‹ Wb. (Enkodierung) und ›passiven‹ Wb. (Dekodierung) und seine entsprechend ausgerichteten lexikograph. Arbeiten zum Russ. und Frz. Methodolog. führt die L. S. die ↗ Intuition des Muttersprachlers als Auffindungsprozedur in die Sprachwiss. ein, da der (kompetente) Linguist Sprachdaten, Wohlgeformtheitsurteile u. Ä. auch mithilfe des sog. »kreativen« Experimentes (Ščerba), d.h. durch Selbstbefragung, gewinnen kann. Die Arbeitsgebiete der L. S. sind breit gestreut; so haben sich Ščerba u.a. mit Phonetik/Phonologie, Lexikologie/Lexikographie und angewandter Ling. im Bereich der Fremdsprachenvermittlung beschäftigt, Polivanov mit sozioling. Fragen und der Widerlegung der Stadialtheorie Marrs (↗ Marrismus). **Lit.** ↗ Moskauer Schule.   HA

Lenis ↗ Fortis

Lenisierung (lat. lēnis ›sanft‹. Auch: Lautschwächung, Lenierung, Schwächung) Konsonant. Lautwandel durch Abschwächung der artikulator. Energie z.B. von ↗ Fortis-Frikativen zu den entsprechenden Lenisformen oder von ↗ Plosiven zu ↗ Frikativen.   PM

Lenisspirant m. (auch: Lindlaut) Lenis (↗ Fortis) produzierter ↗ Frikativ.   PM

Lenkfeld ↗ Prozedur, ↗ Zeigfeld

Lentoform ↗ Sprechausdruck

Léon ↗ Bretonisch

Leonesisch ↗ Spanisch

Lepontisch ↗ Festlandskeltisch

Lernersprache, Lernervarietät ↗ Interimsprache

Lernerwörterbuch (engl. learner's dictionary, pedagogical dictionary, frz. dictionnaire pour apprenants étrangers) ↗ Wörterbuch, das im Umfang der verzeichneten Einträge und in der Gestaltung der Erläuterungen an die Bedürfnisse der Lerner einer Sprache angepasst ist. L. für den Erstspracherwerb sind meist Bildwbb., L. für den Zweitspracherwerb enthalten neben Angaben zu Aussprache und Flexion häufig auch Angaben zu ↗ Wortbildungsmustern, ↗ Wortfamilien und -feldern, insbesondere aber zur Verwendung. So werden mögliche ↗ Kollokationen, ↗ Antonyme, ↗ Synonyme der Lemmata ebenso benannt wie deren Bedeutung in ↗ idiomatischen Wendungen. **Wbb.** Langenscheidts Großwörterbuch Dt. als Fremdsprache. Bln., Mchn. ⁴2007. – Pons Großwörterbuch DaF. Stgt. 2006. – G. Kempcke, Wörterbuch Dt. als Fremdsprache. Bln., N. Y. 2000. **Lit.** E. Zöfgen, L. in Theorie und Praxis. Tübingen 1994. – A. Rothenhöfer, Struktur und Funktion in einsprachigen L. Hildesheim 2004.   ES

Lesart (engl. reading, frz. lecture) **1.** Möglichkeiten der semant. Interpretation eines Ausdrucks, z. B. bei ⁷ Phraseologismen oder bei Grammemen, die unterschiedl. Funktionen ausüben können, z. B. Reflexiva, die eine reflexive (*Jenny wäscht sich*), objektive (*Jenny wäscht Paul*), reziproke (*Jenny und Maja streiten sich*) oder mediale (*Jennys Makeup löst sich auf*) L. haben können. **2.** Variante eines Textes: (a) eine von einem Originaltext oder der gesicherten Überlieferung abweichende Fassung (⁷ Textkritik), (b) Interpretation eines Textes (z. B. amtl., offizielle L.). G

Lesartendisambiguierung (engl. word sense disambiguation. Abk. WSD) In der ⁷ Computerlinguistik verwendetes automat. Verfahren zur eindeutigen Zuordnung einer Lesart bzw. Bedeutungsvariante (engl. word sense) zu einem Wort. Die Zuordnung erfolgt i. d. R. durch Bezug auf ein Wörterbuch oder auf eine andere Spr. (das engl. Wort *letter* z. B. kann mit *Buchstabe* oder mit *Brief* ins Dt. übersetzt werden). Anwendungsgebiete der L. sind die ⁷ Maschinelle Übersetzung und das ⁷ Information Retrieval. **Lit.** Ch. Manning & H. Schütze, Foundations of Statistical Natural Language Processing. Cambridge, Mass. 1999. – N. Ide & J. Véronis, Word Sense Disambiguation. State of the Art. Computational Linguistics 24 (1), 1998, 1–40. Z

Leselehre (engl. reading aloud, frz. diction de textes) In der ⁷ Sprechwissenschaft gilt *Vorlesen* als eine Form reproduzierenden ⁷ Sprechdenkens: ein Prozess, bei dem eine adäquate Schallform (Schwereabstufung, Kadenzierung, Gliederung) für eine gegebene Sprachgestalt (Text) entwickelt wird, so dass eine Sinnintention ausgedrückt werden kann, für die diese Textgestalt mögl. ist. In diesem sprachbezogenen Teil ist Vorlesen reproduktiv, in dem Teil, in dem die textbezogene Schallgestalt entsteht, ist es produktiv. In der ⁷ Sprechwissenschaft ist die L. Teil einer »Theorie intrapsych. Elementarprozesse«, dem Sprechdenken und dem Hörverstehen benachbart. In der ⁷ Sprecherziehung wird die L. als Teil des muttersprachl. Unterrichts, der Vorbereitung auf redende Berufe (⁷ Sprachberuf) und der Theaterausbildung gelehrt. Für das Dichtungssprechen ist sie die Vorstufe einer Didaktik der Sprechkunst. GU

Lesen (engl. reading, frz. lecture) Normalerweise bezeichnet L. eine individuelle Tätigkeit (oder eine allgemeine Fähigkeit), die das Rezipieren von ⁷ geschriebener Sprache durch das Auge (⁷ Augenbewegungen beim Lesen, ⁷ Saccade) oder den Tastsinn (⁷ Blindenschrift) bezeichnet, wobei das Entnehmen von Bedeutung und Informationen im Mittelpunkt steht. Das individuelle »stille Lesen« steht im Mittelpunkt der Leseforschung, die alltägl. Lesegewohnheiten untersucht und dabei u. a. folgende Fragen berücksichtigt: (a) Wie lange und welche Texte liest ein Mensch durchschnittl. pro Tag aufgrund berufl. Anforderungen oder privater Interessen (und in welcher Relation steht dies zum Fern-

sehen)? (b) Wie viele Bücher besitzt ein durchschnittl. Haushalt, und wie hoch ist der Betrag, der durchschnittl. für Printmedien ausgegeben wird? (c) Inwieweit korrelieren Lesegewohnheiten mit Alter, Geschlecht, Bildungsstand, berufl. Funktion usw. der Leser? Es gibt weitere Formen des Lesens, die oft außerhalb des Blickfeldes bleiben, z. B. das L. von Verkehrsschildern, Aufschriften auf Gebäuden, Verpackungen, Kleidungsstücken, Waffen, menschlichen Körpern usw.; Laufzettel, Preisschilder, Kontoauszüge, untertitelte Filme, Werbe-›Texte‹ (oder -Bilder). Diese Formen des L. unterscheiden sich erhebl. von der Lektüre eines Buches an einem ruhigen Ort. Doch hat die Untersuchung des funktionalen Analphabetismus gezeigt, dass Menschen gerade dann auffällig werden, wenn sie an diesen Formen des L. scheitern, die im beruflichen Alltag immer wichtiger werden; ⁷ Alphabetisierung. Die heute in der Bestimmung des L. vorherrschende Form des individuellen leisen L. ist recht jung (und auch an eine massenhafte Produktion von Lesematerialien gebunden). Das L. war lange ein Vorlesen von Lesekundigen für nicht (oder kaum) Lesekundige. Solches L. war eingebunden in rituelle Kontexte (wie heute noch im Gottesdienst, bei notariellen Beurkundungen und im Leseunterricht als Kontrolle) oder in das alltägl. Leben (Vorlesen bei der Arbeit); deshalb wird in der einschlägigen Lit. sehr zutreffend auch von »gesellig L.« und von »lit. Geselligkeit« gesprochen. Im FU wird L. zunächst als eine rezeptive Fertigkeit betrachtet. Es stellt für viele Lerner den einzigen Zugang zur zielsprachl. Kultur dar. **Lit.** H. Stiefenhöfer, L. als Handlung. Didakt.-method. Überlegungen und unterrichtsprakt. Versuche zur fremdsprachendidakt. Lesefähigkeit. Weinheim, Basel 1986. – H. Weinrich, Literatur für Leser, Mchn. 1986. – G. Westhoff, Fertigkeit Lesen, Bln., Mchn. ⁷2004. Weitere Lit. ⁷ Lesenlernen. GI, KL

Lesenlernen Das L. ist ebenso wie das ⁷ Schreibenlernen Teil eines gesteuerten Schriftspracherwerbprozesses. Die Geschichte des L. kann beschrieben werden als eine Geschichte verschiedener Methoden: (a) *Buchstabiermethode*: Die Schüler lernten zunächst die Namen der Buchstaben, um dann, wenn diese Kenntnis gefestigt war, zum Erlesen einzelner Wörter überzugehen; ⁷ Buchstabieren. (b) *Ganzheitsmethode* (auch: *Ganzwortmethode*): Diese Methode ging von der Überlegung aus, dass Kinder eher ganzheitl. wahrnehmen und es ihnen entgegenkommen würde, wenn der Leselernprozess damit begönne, Ganzheiten (Wörter, Sätze, kleine Texte) zu lesen. Man vertraute eher darauf, dass im weiteren Verlauf des L. die Lerner automat. eine Durchgliederung durchnehmen würden. (c) *Analyt. Methode*: Weiterentwicklung der Ganzheitsmethode, wobei dem Aspekt der Analyse, der Durchgliederung der Wörter größere Aufmerksamkeit geschenkt wurde. (d) *Synthet. Methode*: Weiterentwicklung der *Lautiermethode* (↗ Lautieren). Der Leselehrgang (↗ Fibel) beginnt mit möglichst »lauttreuen« Wörtern, also solchen, in denen nach Möglichkeit ein Phonem durch ein Graphem (möglichst einen Buchstaben) schriftl. repräsentiert wird: *lila, rot, ruft, Oma, Mara*. Diese Methode ging von der Annahme aus, dass die Lerner schrittweise in das Erfassen der Beziehungen zwischen lautsprachl. und graphem. Struktur eingeführt werden müssten (im Bereich der Ling. gibt es bis in die jüngere Zeit hinein Versuche, solche ↗»Graphem-Phonem-Korrespondenz-Regeln« systemat. zu beschreiben). Letztendl. konnte – trotz vieler Untersuchungen – der Streit zwischen den einzelnen Methoden nicht entschieden werden; offenbar spielen viele andere Faktoren für den Erfolg des L. eine erhebliche Rolle (Ausgangsschrift, Ausbildung und Erfahrung des Lehrers, sozialer Hintergrund der Schüler u.a.), die aber kaum isoliert von anderen Faktoren untersucht werden können. Das Ergebnis war zunehmend die Entwicklung von »Mischmethoden«. Dabei spielte die Überlegung eine Rolle, dass womögl. nicht alle Schüler in den gleichen Schrittfolgen lesen lernen und bestimmte (vermutete) Vorteile einer Methode für andere Schüler sich als Nachteile erweisen könnten. Übernahmen zunächst Lehrgangskonzeptionen von der jeweiligen anderen Richtung einige Elemente, so wurden im Laufe der Zeit zunehmend »analyt.-synthet.« Lehrgänge entwickelt. War der Methodenstreit so beendet, so geriet nun die ↗ Fibel selbst in die Kritik: Welche Ideologie wurde in ihr transportiert, war ihre Spr. derjenigen der Kinder gerecht? – um nur zwei Aspekte zu nennen. Es wurden Versuche unternommen, im Unterricht selbst Texte und Materialien zum L. zu entwickeln. Dennoch: Eine Fibel oder ein Leselehrgang ist nach wie vor das zentrale Instrument, um das schul. L. zu strukturieren. **Lit.** G. Scheerer-Neumann, Lesenlernen. Entwicklungsprozesse und Probleme. Potsdam 1995. – G. E. Heuss, Erstlesen und Erstschreiben. Eine Didaktik des Schriftspracherwerbs. Donauwörth ²1997. – R. Holme, Literacy. An Introduction. Edinburgh 2004. – H. Manthey, Vom Wörterlesen zum Textverstehen. Horneburg ³2004. – C. Schenk, Lesen und schreiben lernen und lehren: Eine Didaktik des Schriftspracherwerbs. Baltmannsweiler ⁵2004. – F. Smith, Understanding Reading: A Psycholinguistic Analysis of Reading and learning to Read. Mahwah, NJ ⁶2004. **GI**

Leseprozess (engl. reading process) Sinn-, bedeutungs- und informationsorientierte Verarbeitung ↗ geschriebener Sprache. Der Erwerb der mühelosen und entlasteten Lesefähigkeit des literaten Erwachsenen erfolgt vermutlich in der Abfolge und Integration mehrerer Lesestrategien. Die früheste (logograph.) Strategie ›erkennt‹ ein Wort an wenigen prägnanten Eigenschaften, die zweite (alphabet.) Strategie setzt sequentiell Buchstaben in Laut-werte um, die dritte (orthograph.) Strategie inkorporiert, verkürzt und beschleunigt beide früheren Strategien auf der Basis einer gelernten normgerechten Graphemabfolge, die ohne detaillierte und vollständige sequentielle Analyse der kompletten Buchstabenfolge erkannt wird. Die Mechanismen der Sinnentnahme und -integration beim Lesen sind ebenso unklar wie die des ↗ Sprachverstehens überhaupt. **Lit.** ↗ Lesen. **KN**

Lese-Rechtschreibschwäche (Abk. LRS. Auch: Legasthenie, Dyslexie, veraltet auch: Wortblindheit. Engl. (developmental) dyslexia) Zusammenfassende Bez. für Entwicklungsstörungen der Schriftspracheigenung, wobei zur Abgrenzung von kognitiv bedingten Schriftspracherwerbsstörungen eine mindestens durchschnittl. Intelligenz vorausgesetzt wird. Zumindest im deutschsprachigen Raum ist die LRS-Forschung eine Wiss. ohne klare Zuordnung zwischen Ling., Psychologie, Erziehungswiss. und Sprachheilpädagogik. Entsprechend widersprüchlich sind die LRS-Theorien und Therapievorschläge. Bezeichnend dafür ist, dass LRS bis heute kaum als Folgeerscheinung von ↗ Sprachentwicklungsstörung interpretiert und behandelt wird, obwohl Untersuchungen an Sprachheilschulen wiederholt einen weit über dem Normalen liegenden Anteil von LRS-Kindern gefunden haben. Ebenso wurde in der Therapie von einer relativen Autonomie der Schriftsprache und darin liegenden kompensator. Möglichkeiten Gebrauch gemacht, Entwicklungsmodelle einbezogen oder stärker zwischen Lese- und Schreibstörungen differenziert. **Lit.** U. Frith, Beneath the Surface of Dyslexia. In: K. E. Patterson, J. C. Marshall & M. Coltheart (eds.), Surface Dyslexia: Neurological and Cognitive Studies. Ldn., Hillsdale 1985, 301–330. – M. Snowling, Dyslexia: A Cognitive Developmental Perspective. Ldn. 1987. – K.-B. Günther, Ontogenese, Entwicklungsprozess und Störungen beim Schriftspracherwerb unter besonderer Berücksichtigung von lern- und sprachbehinderten Kindern. In: ders. (Hg.), Ontogenese, Entwicklungsprozess und Störungen beim Schriftspracherwerb. Heidelberg 1989. – C. Osburg, Gesprochene und geschriebene Sprache – Schriftspracherwerb und Aussprachestörungen. Baltmannsweiler 1997. – K.-B. Günther, Kindl. Erwerbsstrategien beim Lesen- und Schreibenlernen. In: A. Möckel, E. Breitenbach, W. Drave & H. Ebert (Hgg.), Lese-Schreibschwäche – Erkennen, Vorbeugen, Helfen. Würzburg 2004, 27–53. **GT**

Leseschwäche ↗ Alexie, ↗ Lese-Rechtschreibschwäche

Leseverstehen In der ↗ Fremdsprachendidaktik wie auch im ↗ muttersprachlichen Unterricht Bez. für die Fertigkeit, schriftl. Texte durch unterschiedl. Rezeptionstechniken zu erfassen und auf der Basis verschiedener Fragestellungen zu durchdringen. In den einzelnen Niveaustufen bzw. Jahrgangsstufen werden dabei unterschiedl. didakt. Zielsetzungen verfolgt; ↗ Lesen, ↗ Lesenlernen. SO

Lesezeichen ↗ Diakritikon, ↗ Mater lectionis

Lesgisch, Lesginisch (Eigenbez. lezgi čal. Früher auch: Kürinisch) ↗ Dag(h)estanische Sprache, ca. 382200 Sprecher (2002) südl. von Derbent, ca. 170000 in Aserbaidschan, unbekannte Zahl in der Türkei; Karte ↗ Kaukasische Sprachen, im Anhang. Schriftspr., lat., seit 1937 kyrill. Schrift. **Lit.** U. A. Mejlanova, Lezginskij jazyk [Das Lesg.]. JaNSSSR 4, 528–544. – M. Moor, Studien zum 1. Verb. Wiesbaden 1985. – M. Haspelmath, A Grammar of Lezgian. Bln., N. Y. 1993. – M. Alekseev & E. Šejchov, Lezginskij jazyk [Das L.]. M. 1997. – JRF 1, 267–285. BO

Lettisch (Eigenbez. latviešu valoda. Engl. Latvian, frz. letton) ↗ Baltische Spr., die in der Republik Lettland von ca. 1,5 Mio. Sprechern verwendet wird, Karte ↗ Europäische Sprachen, im Anhang. – Älteste Zeugnisse (Katechismen) des L. stammen vom Ende des 16. Jh.; sie sind durchsetzt mit starken ndt. Interferenzen ihrer dt. Übersetzer, so dass der Dialektologie für die Erforschung der frühen Geschichte des L. eine wichtige Rolle zufällt. Eine Standardspr. entsteht erst in der 2. Hälfte des 19. Jh. Einen besonderen Status nehmen das Nehrungskur., eine auf der Kur. Nehrung bis zum 2. Weltkrieg gesprochene Varietät des L. mit starken litauischen und dt. Einflüssen, und das Latgal. (Lettgal.) im Südosten des heutigen Lettland (mit eigener schriftsprachl. Tradition) ein. **Lit.** A. Gāters, Die l. Spr. und ihre Dialekte. The Hague u. a. 1977. – T. Fennell & H. Gelsen, A Grammar of Modern Latvian. 3 Bde. Den Haag u. a. 1980. – T. Mathiassen, A Short Grammar of Latvian. Columbus, Ohio 1996. – N. Nau, Latvian. LW 217. Mchn. 1997. – B. Forssman, L. Gramm. Dettelbach 2001. HA

Lettrismus (frz. lettre ›Buchstabe‹) Literar. Bewegung, die die von den Futuristen/Dadaisten begonnene Reduktion der Spr. auf sinnfreie Buchstaben- und Lautfolgen konsequent fortsetzte und systematisierte. »Wir haben das Alphabet aufgeschlitzt, das seit Jahrhunderten in seinen verkalkten vierundzwanzig Buchstaben hockte, haben in seinen Bauch neunzehn neue Buchstaben hineingesteckt (Einatmen, Ausatmen, Lispeln, Röcheln, Grunzen, Seufzen, Schnarchen, Rülpsen, Husten, Niesen, Küssen, Pfeifen usw. ...).« Das Alphabet stellt für den L. ledigl. ein materiales Repertoire von Zeichen dar, über das der Dichter kompositor. verfügt. Als akustische Dichtung stellen die Arbeiten des L. ein wichtiges Verbindungsglied zwischen den akust. Experimenten der Literaturrevolution und den akust. Arbeiten einer ↗ konkreten Dichtung seit etwa 1950 dar. DL

Letzebuergesch, Letzeburgisch ↗ Luxemburgisch

Letzt-Glied-Prinzip Bez. des Umstands, dass in Substantivkomposita das letzte Element das ↗ Genus der gesamten Wortbildung festlegt. G

Lex ↗ Wort, ↗ Wortform

Lexem n. (griech. λέξις (lexis) ›Wort‹. Engl. lexeme, lexical item, frz. lexème, unité lexicale) **1.** ↗ Wort. **2.** Abstrakte Basiseinheit des ↗ Lexikons, die im Sprachsystem die Menge der ↗ Wortformen eines Wortes (Wortparadigma) repräsentiert. Ein L. wird sprachl. realisiert durch Wortformen. So bilden z. B. die Wortformen *singe, singst, singt, singen, sang, sänge, gesungen* usw. das L. *singen*. Ein L. kann auch als Konstituente eines anderen L. fungieren, z. B. *Gesang, sangbar, vorsingen;* ↗ Monem, ↗ Morphem, ↗ Wortgruppenlexem. G

Lexeme/Morpheme-Based Morphology In generativen Ansätzen zur Morphologie gelten Affixe gemeinhin ebenso als arbiträre sprachl. Zeichen wie Grundmorpheme mit entsprechender lexikal. Repräsentation im ↗ mentalen Lexikon. Beide sind in diesem Sinne Lexeme. Angesichts der Polyfunktionalität vieler Flexionsaffixe und distributioneller Einschränkungen vieler Wortbildungsaffixe unterscheidet R. Beard zwischen Funktion – etwa Diminuierung (↗ Diminutivum) – und der Art ihrer Markierung, z. B. dt. *-chen, -lein.* Bei freien Grundmorphemen falle beides zusammen, diese seien Lexeme, Affixe dagegen Morpheme und Bestandteile von Paradigmen, die anders als Lexeme generativer Lesart nur indirekt Bedeutung markierten. **Lit.** R. Beard, Morpheme Order in a Lexeme/Morpheme-Based Morphology. Lingua 72, 1987, 1–44. ES

Lexical Functional Grammar (›Lexikalisch-Funktionale Grammatik‹. Abk. LFG) Bez. für eine Ende der 1970er Jahre von J. Bresnan u. a. entwickelte Version der GG. Die LFG baut wesentl. auf Ideen der ↗ Relationalen Grammatik und der ↗ REST/ ↗ Rektions-Bindungs-Theorie der GG auf und strebt eine Harmonisierung gesicherter Methoden aus den Bereichen Ling., Computerwiss. und Experimentalpsychologie an. Zahlreiche der in der GG als syntakt. erfassten Phänomene (z. B. Aktiv-Passiv-Relationen; Anwendung des Prinzips ↗ Move α usw.) werden in der LFG als lexikal. Regularitäten in der abstrakten Komponente des Modells beschrieben. Die LFG setzt sich aus der syntakt., der semant., der phonolog. Komponente und dem Lexikon zusammen. Die syntakt. Komponente besteht aus drei Ebenen: (a) der *Konstituenten-Struktur* (C-Struktur), (b) der *Funktionalen Deskription* (FD) und (c) der *Funktionalen Struktur* (F-Struktur). Durch ↗ Phrasenstrukturregeln werden C-Strukturen erzeugt, auf welchen die FD operiert. Die FD enthält funktionale Spezifikationen, die mit den Elementen der C-Struktur verbunden werden. Ein Konstruktionsalgorithmus entscheidet, ob die durch die FD modifizierte Struktur konsistent ist mit Wohlgeformtheitsbedingungen, und produziert mittels zweier Operatoren (*Locate, Merge*) eine dementspr. konsistente F-Struktur. Grammat. Relationen wie Subj., Obj., Präd. usw. erhalten eine zentrale Bedeutung und werden mit morpho-syntakt. Merkmalen wie

Kasus, Numerus, Tempus usw. in der F-Struktur repräsentiert, die ihrerseits eine Merkmalsstruktur i. S. der ⁊ Unifikationsgrammatiken darstellt. Darüber hinaus formuliert die LFG verschiedene Prinzipien und Beschränkungen, die als ⁊ Filter fungieren und nicht-wohlgeformte Strukturen aussondern. In der Lexical Mapping Theory, einer von Bresnan (2001) konzipierten Weiterentwicklung, werden zudem ⁊ Metaregeln angenommen, welche syntakt. Funktionen restringieren und themat. Rollen hierarch. ordnen. **Lit.** J. Bresnan, Lexical-Functional Syntax. Oxford 2001. – M. Dalrymple, LFG. N. Y. 2001. – O. Jungen & H. Lohnstein, Einf. in die Grammatiktheorie. Mchn. 2006. – U. Klenk, Generative Syntax. Tübingen 2003. **Bibl.** [http://www-lfg.stanford.edu/lfg/]. **F**

Lexical Mapping Theory ⁊ Lexical Functional Grammar

Lexigramm ⁊ Primatensprache

Lexik ⁊ Wortschatz

Lexikalische Bedeutung (engl. lexical meaning, frz. sens lexical) **1.** Im Gegensatz zur strukturellen bzw. ⁊ grammatischen Bedeutung der aus dem ⁊ Lexikon stammende Anteil der Systembedeutung von ⁊ Sätzen, ⁊ Syntagmen oder ⁊ Wortformen; in den Letzteren der invariante, im ⁊ Wörterbuch beschreibbare Bedeutungskern (⁊ Lexem). **2.** Im Gegensatz zur ⁊ aktuellen Bedeutung die virtuelle Lexembedeutung als »Potenz der aktuellen Bedeutungen, die (...) auf der Ebene der Rede realisiert werden können« (W. Schmidt). Die 1. B. enthält i. d. R. mehrere, in ihren Relationen (⁊ Polysemie, ⁊ Homonymie, ⁊ Multisemie) semasiolog. analysierbare Teilbedeutungen (⁊ Semasiologie, ⁊ Semem), die bei der kommunikativen Aktualisierung selegiert (⁊ Disambiguierung) und in ihren offenen ⁊ Parametern spezifiziert werden. **Lit.** ⁊ Grammatische Bedeutung, ⁊ Aktuelle Bedeutung. **RB**

Lexikalische Dekomposition ⁊ Atomares Prädikat

Lexikalische Diffusion Aufgrund ⁊ dialektgeographischer Erkenntnisse kommen Sprachveränderungen erst bei wenigen Wörtern auf und verbreiten sich dann analogisch; ⁊ Analogie. Diese Widerlegung gesetzmäßiger Gesamterfassung (z. B. ⁊ Junggrammatiker) gibt jedem »Wort seine eigene Geschichte«. **K**

Lexikalische Kategorie ⁊ Funktionale Kategorie

Lexikalische Lücke Bez. für den Sachverhalt, dass die Lexik natürl. Spr. nicht immer ›symmetrisch‹ aufgebaut ist, sondern Lücken aufweisen kann, z. B. *hungrig – satt, durstig – ?* im Dt. **G**

Lexikalische Phonologie Weiterentwicklung der ⁊ generativen Phonologie der SPE mit zykl. applizierenden (d.h. auf den unterschiedl. Ebenen der morpholog. geregelten Wortbildung und Flexion wiederholt, nach der sog. ›strict cycle condition‹ strukturerhaltend jeweils einmal anwendbaren) phonolog. Regeln sowie geordneten lexikal. (d.h. auf Wortebene bezogenen) und post-lexikal. (d.h. auf

Phrasen- bzw. Satzebene bezogenen) postzykl. Regeln. **Lit.** P. Kiparsky, Some Consequences of Lexical Phonology. Phonology Yearbook 2, 1985, 85–138. – K. P. Monahan, The Theory of Lexical Phonology. Dordrecht 1987. **PM**

Lexikalische Semantik (auch: Wortsemantik) Lexikolog. Forschungen (⁊ Lexikologie), die (a) lexeminterne Bedeutungsstrukturen (⁊ Semasiologie, ⁊ Lexikalische Bedeutung), (b) paradigmat. Wortfeldstrukturen (⁊ Onomasiologie, ⁊ Wortfeld) bzw. ⁊ Sinnrelationen, (c) Möglichkeiten der syntakt. Kombination (⁊ Lexikalische Solidarität, ⁊ Kollokation) und Funktion (⁊ Argument, ⁊ Valenz) der Lexeme sowie (d) das Verhältnis von lexikal. und enzyklopäd. Wissen untersuchen. Im Bereich (c) überschneidet sich die l. S. mit der ⁊ Satzsemantik. **Lit.** D. A. Cruse, Lexical Semantics. Cambridge 1986. – G. Harras (Hg.), Die Ordnung der Wörter. Kognitive und lexikal. Strukturen. Bln., N. Y. 1995. – U. Hoinkes (Hg.), Kaleidoskop der l. S. Tübingen 1997. – A. Blank, Einf. in die l. S. für Romanisten. Tübingen 2001. – H. Cuyckens (ed.), Cognitive Approaches to Lexical Semantics. Bln., N. Y. 2003. – W. Frawley, Fundamental Issues in Lexical Semantics. HSK 21.1, 228–237. – W. Dietrich (Hg.), L. S. und Korpuslinguistik. Tübingen 2006. – Weitere Lit. ⁊ Semantik. **RB**

Lexikalische Solidarität (frz. solidarité ›Übereinstimmung‹) Besondere syntagmat., gerichtete Bedeutungsbeziehung zwischen einem determinierenden und einem determinierten ⁊ Lexem. L. S. entsteht nach Coseriu (1967) aus (a) Affinität bei einem gemeinsamen semant. Merkmal (z. B. [tierisch] bei *fressen, schnüren*), (b) Selektion bei einem übergreifenden semant. Merkmal (z. B. selektiert *fahren* im Nhd. aus den mögl. Fortbewegungsarten *mithilfe eines Fahrzeugs,* deshalb kann man im Dt. z. B. *mit/auf einem Schiff fahren*), (c) Implikation (z. B. impliziert *küssen* in nicht metaphor. Lesart *mit den Lippen (dem Mund)*); ⁊ Kollokation, ⁊ Wortfeld. **Lit.** E. Coseriu, Lexikal. S.en. Poetica 1, 1967, 293–303. **G**

Lexikalische Zerlegung ⁊ Lexikalische Dekomposition

Lexikalischer Suppletivismus (auch: Heteronymie) Bez. für Paare verschiedener Wortstämme, die dieselbe Referenz haben, aber keine stark unterschiedl. stilist. Färbung aufweisen (⁊ Synonymie), z. B. *Samstag – Sonnabend, Pfarrer – Pastor.* **G**

Lexikalisches Feld ⁊ Wortfeld

Lexikalisch-Funktionale Grammatik ⁊ Lexical Functional Grammar

Lexikalisch-semantische Störung Oberbegriff für ontogenet. und erworbene ⁊ Sprachstörungen im Bereich des Lexikons und der Semantik. Im Kontrast zu einer relativen Vernachlässigung dieses Bereiches in der sprachpathologie. Forschung und therapeut. Praxis gibt es tatsächl. kaum eine tiefergehende Sprachstörung, die nicht auch Symptome von

L.-s. S. aufweist, die jedoch meist nur als Sekundärerscheinungen von als Oberflächenphänomenen leichter erfassbaren Störungen wie etwa der Grammatik (↗ Agrammatismus, ↗ Dysgrammatismus) verkürzt als Wortschatzarmut diagnostiziert und therapiert werden. In den letzten Jahren geraten die ↗ Late Talkers zunehmend ins Blickfeld von Forschung und Therapie. Als krit. und potentiell sprachentwicklungsgefährdet gelten Kinder, die zwischen 2;0 und 2;6 einen Wortschatz von unter 50 Wörtern und keine Mehrwortäußerungen aufweisen. **Lit.** A. R. Luria, Basic Problems of Neurolinguistics. The Hague 1976. – K.-B. Günther, Probleme der Diagnostik lexikal.-semant. Störungen. In: M. Grohnfeldt (Hg.), Störungen der Semantik. Handbuch der Sprachtherapie Bd. 3. Bln. 1991, 167–195. – J. M. Grund & C. J. Marshall, Semantic Disorders in Aphasia. HSK 8, 153–160. – Ch. W. Glück, Semant.-lexikal. Störungen als Teilsymptomatik von Sprachentwicklungsstörungen. In: M. Grohnfeldt (Hg.), Lehrbuch der Sprachheilpädagogik und Logopädadie Bd. 2: Erscheinungsformen und Störungsbilder. Stgt., Bln., Köln 2001, 75–87. – M. Rothweiler, Wortschatz und Störungen des lexikal. Erwerbs bei spez. sprachentwicklungsgestörten Kindern. Heidelberg 2001. – Ch. Kauschke, Frühe lexikal. Verzögerung als Indikator für SSES? Entwicklungsverläufe von Late Talkers. In: M. Wahl, J. Heide & S. Hanne (Hgg.), Spektrum Patholinguistik 1. Der Erwerb von Lexikon und Semantik – Meilensteine, Störungen und Therapie. Potsdam 2008, 19–38. GT

Lexikalisierung Uneinheitl. gebrauchter Terminus, der entweder den Speicherungsvorgang eines Wortes im ↗ Mentalen Lexikon meint und/oder Bedeutungsveränderungen in Wortbildungsprodukten bezeichnet. Während sich die Bedeutung eines Wortbildungsprodukts zunächst als Summe der Bedeutungen seiner Konstituenten beschreiben lässt (↗ Frege-Prinzip), bilden sich nach und nach primäre Lesarten aus (Eine *Holzkiste* ist keine ›Kiste für Holz‹, sondern eine ›Kiste aus Holz‹). Diese ↗ usuellen Bildungen sind der erste Schritt der Demotivierung von Konstituenten, die mitunter zu nur noch ›teilmotivierten‹ (*Himbeere* (↗ unikales Morphem)) oder zu synchron undurchsichtigen Bildungen (*Junggeselle* (↗ Idiomatisierung)) führt. Die Übergänge von L. zu Idiomatisierung sind fließend. Häufig wird auf die terminolog. Unterscheidung lexikalisierter und idiomatisierter Bildungen verzichtet. **Lit.** L. Bauer, System vs. Norm: Coinage and Institutionalization. HSK 17/1, 832–840. – S. Dillström, Motiviertheit in der Wortbildung entlehnter Einheiten. Uppsala 1999, 28 ff. ES

Lexikalismus ↗ Lexikalistische Hypothese vs. Transformationalistische Hypothese

Lexikalistische Hypothese vs. transformalistische Hypothese Bez. für die in der GG diskutierte Kontroverse um die Zuordnung von morpholog.,

syntakt., lautl., semant., enzyklopäd. und stilist. Informationen über Wörter zu einer (und nur einer) Lexikon-Komponente oder zu einer (oder mehreren) anderen Komponente(n) des jeweiligen Sprachmodells. Während in der GG bis zum ↗ Aspekte-Modell eine syntakt.(-transformationalist.) Herleitung von Wortbildungen vertreten wurde, wurden seit der ↗ EST lexikalist. Positionen entwickelt, welche davon ausgehen, dass erst in einer Lexikonkomponente erzeugte Wörter und ggf. Wortformen syntakt. Operationen (ggf. ↗ Transformationen) unterworfen werden. Da die Konzepte *Lexikon* und *lexikalisierte Einheit* allerdings auf unterschiedl. Phänomene verweisen (u. a. auf semant.-enzyklopäd. Idiomatisierungsprozesse, auf formal nicht durch syntakt. Operationen erzeugbare sprachl. Einheiten, auf spezif. morpholog. ↗ Beschränkungen und auf spezif. wortphonolog. Phänomene), wurden zunehmend alternative Modelle entwickelt, welche in der Lage sind, syntakt. Strukturen auf höheren bzw. verschiedenen Ableitungsebenen mit unterschiedl. Wortinformationen zu versehen; ↗ Distributed Morphology. **Lit.** N. Chomsky, Remarks on Nominalizations. In: A. Jacobs & P. S. Rosenbaum (eds.), Readings in English Transformational Grammar. Waltham, MA, 1970. – W. Motsch (Hg.), Wortstruktur und Satzstruktur. Bln. 1989. – T. Roeper, Chomsky's »Remarks« and the Transformationalist Hypothesis. In: P. Stekauer & R. Lieber (eds.), Handbook of Word-Formation. Dordrecht 2005, 125–146. F

Lexikalklammer ↗ Grammatikalklammer

Lexikographie (griech. λεξικόν (βιβλίον) (lexikon biblion) ›Lexikon, Wörterbuch‹, γράφειν (grafein) ›schreiben‹. Engl. lexicography, frz. lexicographie) Praxis des Konzipierens, Verfassens, Herausgebens und Bearbeitens von Wbb. (↗ Wörterbuch), d. h. von Sprachwbb. und Sachwbb., zu denen auch die Fachwbb. gehören. Gegenstand der L. sind der Wortschatz einer Spr., eines Dialekts oder einer anderen Varietät einer Spr. oder eines Sachgebietes. Zwei- und mehrsprachige Wbb., histor. Wbb., Stil-Wbb. usw. erfordern die Anpassung der lexikograph. Methodik an die jeweiligen Gegenstand. L. als Praxis ist neuerdings zum terminologielastigen Forschungsgegenstand der Metalexikographie geworden. Als ältestes Zeugnis deutschsprachiger L. gilt der *Abrogans*, ein lat.-ahd. ↗ Glossar aus dem 8. Jh. Meilensteine der einsprachigen deutsche L. sind die Wbb. von J. Maaler (Die Teütsch spraach. Zürich 1561), G. Henisch (Teütsche Sprach und Weisheit. Augsburg 1616), K. Stieler (Der Teutschen Sprache Stammbaum und Fortwachs. 3 Bde. Nürnberg 1691), J. C. Adelung (Grammat.-krit. Wb. der Hochdt. Mundart. 4 Bde. Lpz. ²1793–1801), J. H. Campe (Wb. der dt. Sprache. 6 Bde. Braunschweig 1807–1811), J. und W. Grimm (Deutsches Wb. 16 Bde. Leipzig 1854–1964/71, Neuausg. i. E.), H. Paul (Deutsches Wb.

Halle 1897, Bln. ⁵1991) und das Duden-Wb. in 10 Bdn. (Mannheim u. a. ³1999). **Lit.** HSK 5.1.-5.3. – H. Bergenholtz (ed.), Manual of Specialized Lexicography. Amsterdam 1995. – T. Herbst & M. Klotz, L. Paderborn, Mchn. 2003. – M. Schlaefer, Lexikologie und L. Eine Einf. am Beispiel dt. Wbb. Bln. ²2009. – B. T. S. Atkins & M. Rundell, The Oxford Guide to Practical Lexicography. Oxford 2008. – S. Engelberg & L. Lemnitzer, L. und Wörterbuchbenutzung. Tübingen ⁴2009. – B. Svensén, A Handbook of Lexicography. The Theory and Practice of Dictionary-Making. Cambridge 2009. – S. I. Landau, Dictionaries. The Art and Craft of Lexicography. Cambridge ²2004. – H. Béjoint, Modern Lexicography. An Introduction. Oxford 2004. – R. Conrad, Lexikonpolitik. Die erste Auflage der RGG im Horizont protestant. L. Bln. 2006. – H. Jackson, Lexicography. An Introduction. Ldn. 2003. G

Lexikologie (griech. λέξις (lexis) ›Wort, Rede‹, λόγος (logos) ›Wort‹ (d. h. Wissenschaft). Auch: Wortkunde, Wortlehre. Engl. lexicology, frz. lexicologie) **1.** Teilgebiet der Sprachwiss., das sich mit der Erforschung und Beschreibung des ⁊ Wortschatzes einer Spr. befasst. Die L. betreibt v. a. Wortsemantik, d. h. sie untersucht die Bedeutung von ⁊ Lexemen und die semant. und morpholog. Zusammenhänge zwischen verschiedenen Wörtern. Histor. Zusammenhänge dieser Art sind Gegenstand der ⁊ Etymologie und der ⁊ Namenkunde. Die L. muss den Lexemstatus von Einheiten klären, die kleiner sind als Wörter (⁊ Abkürzung, ⁊ Kurzwort) oder aus mehrern Wörtern bestehen (⁊ Phraseologismus). Die L. befasst sich weiterhin mit der Struktur des ⁊ Wortschatzes unter dem Gesichtspunkt der ⁊ Wortfamilien, dem der ⁊ Wortfelder (Sachgruppen), dem des ererbten (nativen) ggü. dem entlehnten Wortschatz (⁊ Lehnwort, ⁊ Fremdwort) u. a. **2.** (Auch: Wortkunde, Wortlehre) In vormodernen Grammatiken die zwischen der »Lautlehre« und der »Satzlehre« angesiedelte Ebene der Grammatik (⁊ Morphologie), in der die Wortarten, die Flexion und die Wortbildung behandelt wurden. Dort hatte die L. großes Gewicht, denn weite Bereiche der Syntax wurden von der »Formenlehre« her behandelt. **Lit.** Ch. Schwarze & D. Wunderlich (Hgg.), Handbuch der L. Königstein/Ts. 1985. – Th. Schippan, L. der dt. Gegenwartsspr. Tübingen 1992. – P. R. Lutzeier, L. Ein Arbeitsbuch. Tübingen 1995. – C. Römer & B. Matzke, L. des Dt. Eine Einf. Tübingen ²2005. – H. Jackson & E. Zé Amvela, Words, Meaning and Vocabulary. An Introduction to Modern English Lexicology. Ldn. 2007. – C. Römer & B. Matzke, Der dt. Wortschatz. Struktur, Regeln und Merkmale. Tübingen 2010. – M. A. K. Halliday, Lexicology. A Short Introduction. Ldn. 2007. – M. Hoey, Lexical Priming. A New Theory of Words and Language. Ldn. 2005. – B. Ježek, Lessico. Classi di parole, strutture, combinazioni. Bologna 2005. – A. Pol-

guère, Lexicologie et sémantique lexicale. Notions fondamentales. Montréal 2003. – M. Aprile, Dalle parole ai dizionari. Bologna 2005. – **Bibl.** P. R. Lutzeier, L. (SBS 22). Heidelberg 1997. – **Zss.** Cahiers de lexicologie. Revue internationale de lexicologie. Besançon 1959 ff. – Lexicology. An International Journal on the Structure of Vocabulary. Bln., N. Y. 1995 ff. G

Lexikon (griech. λεξικόν (βιβλίον) (lexikon biblion) ›Lexikon, Wörterbuch‹. Engl. lexicon, dictionary, frz. lexique, dictionnaire) **1.** Systemat. (z. B. alphabet.) Auflistung des ⁊ Wortschatzes einer Spr. (oder eines Dialekts, Soziolekts oder einer anderen Varietät); ⁊ Wörterbuch. **2.** (Auch: inneres, internes, subjektives, mentales L., semant. Gedächtnis) Das internalisierte, »natürl.« Wissen der Sprachteilhaber von den grammat. und semant. Eigenschaften und den Verwendungsbedingungen der Wörter; ⁊ Mentales Lexikon, ⁊ Psycholinguistik, ⁊ Sprachbewusstsein. **3.** Systemat. Darstellung eines best. Wissensgebiets in Form von Artikeln zu relevanten ⁊ Stichwörtern. G

Lexikoneintrag ⁊ Basiskomponente

Lexikonregel 1. (auch: lexikalische Insertionsregel) In der GG eine Regel, die ⁊ Knoten eines syntakt. Strukturbaumes durch lexikal. ⁊ Formative ersetzt. Bspw. ersetzen L. im ⁊ Aspekte-Modell präterminale Symbole im ⁊ Strukturbaum der ⁊ Tiefenstruktur (N, V, A usw.) durch lexikal. ⁊ Formative; in der ⁊ Generativen Semantik ersetzen L. ⁊ atomare Prädikate durch lexikal. Einheiten an unterschiedl. Stellen einer ⁊ Ableitung; ⁊ Distributed Morphology. **2.** Im Rahmen der ⁊ EST und der Folgemodelle in ⁊ lexikalistischen Hypothesen angenommener Regeltyp zur Erfassung generalisierbarer grammat. Eigenschaften bei komplexen ⁊ Lexikoneinträgen (z. B. Wortbildungen) im abstrakten, das ⁊ Mentale Lexikon abbildenden Lexikon der ⁊ Basiskomponente. So können L. die syntakt.-semant., morpholog. und phonolog. Gemeinsamkeiten von Wörtern wie *entfernen* und *Entfernung* erfassen, bspw., dass beide Wörter spezif. Lesarten aufweisen und eine Agens-Phrase bzw. eine Obj.-Phrase bzw. eine Lokal-Phrase (Quelle) erlauben bzw. erfordern, z. B. *Peters Entfernung aus dem Club, Man entfernte Peter aus dem Club, Der Club ist weit entfernt vom Zentrum, Die Entfernung vom Club zum Zentrum* usw.; ⁊ Wortsyntax. F

Lexikostatistik (auch: Sprachstatistik. Engl. lexicostatistics, frz. statistique lexicale) Teilgebiet der ⁊ Sprachstatistik. Die L. befasst sich mit der Dokumentation und quantitativen Analyse des Wortschatzes einer Spr. oder der Verteilung einzelner ling. oder stilist. Merkmale mit statist. Methoden. Sie ermöglicht die Erstellung von Frequenzwörterbüchern und ⁊ Grundwortschätzen; ⁊ Forensische Linguistik; ⁊ Glottochronologie. **Lit.** ⁊ Sprachstatistik. G

LF Abkürzung für ⁊ Logische Form

LFG ⁊ Lexical functional grammar

Liaison f. (frz. ›Verbindung‹) Die Aussprache eines wortfinalen postvokal., sonst stummen Konsonanten vor folgendem wortinitialen Vokal zur Vermeidung eines ↗ Hiatus; z. B. [z] in frz. *les amis* vs. stumm in *les parents*. PM

Libysche Schrift ↗ Tifinagh-Schrift

Ligatur f. (lat. ligāre ›verbinden‹. Engl. double letter, ligature. Auch: Buchstabenverbindung) Verbindung von zwei oder mehr Buchstaben, wobei i. d. R. Teile der Buchstaben zur Deckung gebracht werden. Die Grundform der Buchstaben kann zur Bildung der L. auch verändert werden; besonderer L.reichtum herrscht in epigraph. Schriften, wobei bisweilen sogar die ↗ Schriftrichtung umgekehrt werden kann. Auch im ↗ Buchdruck übernommen; im Dt. nur noch & in Verwendung, in anderen Spr. æ, œ. Auch ß ist ursprünglich eine Ligatur; ↗ Epigraphik, ↗ Paläographie. EN

Ligurisch 1. Vorröm. nichtidg. Sprache der Ligurer, deren Siedlungsgebiet den westl. Teil Norditaliens und den östl. Südfrankreichs ausmachte. – **2.** (Eigenbez. Ligure) Heutiger ↗ galloroman. Dialekt Liguriens, der im Gebiet der gleichnamigen ital. Region (das Zentrum Genua besitzt starke Radiationswirkung) mit Übergangsgegenden im Norden und Osten gesprochen wird und auch geringfügig in frz. Staatsgebiet reicht. Letzterer ist in Ligurien nicht eigenständig entstanden, sondern hat sich durch die verzögerte Romanisierung von Norden her verbreitet. Im Rahmen der nordital. Dialekte nimmt das L. wegen seiner Eigenheiten bis heute eine Sonderstellung ein. **Lit.** G. Devoto & G. Giacomelli, I dialetti delle regioni d'Italia. Firenze 1972. – W. Forner, Generative Phonologie des Dialekts von Genua. Hamburg 1975. HU

Likan Antai ↗ Atacameño

Limitativ Begrenzend, eine Grenze betreffend, einschränkend; ↗ Delimitativ. G

Limousinisch ↗ Okzitanisch

Lindlaut ↗ Lenisspirant

Linear A Zwischen ca. 1650 und ca. 1400 v. Chr. auf Kreta verwendetes ↗ Schriftsystem für eine bisher nicht rekonstruierte vorgriech. (›minoische‹) Spr., bestehend aus Silben- und Begriffszeichen (120 Grundzeichen, 111 zusammengesetzte Zeichen) sowie Zeichen für Bruchzahlen. **Lit.** J. Raison & M. Pope, Index du linéaire A. Incunabula Graeca 41, 1971. G

Linear B Zwischen ca. 1300 und ca. 1200 v. Chr. auf Kreta und in Teilen des griech. Festlands belegte erste ↗ Verschriftung des Griech. Die Entzifferung durch M. Ventris und J. Chadwick erwies L. B 1952 als ↗ Silbenschrift, bestehend aus 91 Silbenzeichen und 150 ↗ Ideogrammen (↗ Logogramm). Die Zeichengestalten sind mit denjenigen von ↗ Linear A teilweise ident. Um 1200 hört die Schriftkultur gleichzeitig mit der kret. Palastkultur auf zu existieren. **Lit.** W. Ekschmitt, Die Kontroverse um Linear B. Mchn. 1969. – J. T. Hooker, Linear B. An Introduction. Bristol ²1994. – A. Morpurgo Davies

& Y. Duhoux (eds.), Linear B: A 1984 Survey. Louvain-La Neuve 1985. – A. Robinson, The Man Who Deciphered L. B. The Story of Michael Ventris. Ldn. 2002. – J. Chadwick, L. B and Related Scripts. Ldn. 1989. G

Linearisierung 1. ↗ Wortstellung, **2.** ↗ Scrambling

Linearität Nach F. de Saussure, Cours, ist L. neben der ↗ Arbitrarität die zweite Grundeigenschaft der natürlichen Spr. Sprachl. Zeichen (sowohl in der geschriebenen als auch in der gesprochenen Sprachform) werden eindimensional als Ketten realisiert. Die ausdrucksseitige Realisierung der Sprachzeichen läuft in der Dimension der Zeit ab; im Gegensatz dazu sind ihre Vorkommen im ↗ Sprachsystem hierarch. strukturiert. Die L. der sprachl. Zeichen (*chaîne parlée*) gilt für die Einheiten aller Ebenen des Sprachsystems (Phoneme, Morpheme (Ausnahmen sind z. B. ↗ diskontinuierliche Morpheme wie *ge-spiel-t*, *ver-lieb-t* u. a.), Silben, Wörter, Syntagmen, Sätze, Texte). L. besteht jedoch nicht generell in allen syntakt. Konstruktionen, z. B. bei diskontinuierl. Konstituenten. SN

Lingala ↗ Bantusprache, Sprachgebiet entlang des Zaire zwischen Kinshasa und Basoko (Kongo, nordwestl. Demokrat. Republik Kongo). Ca. 7 Mio. Sprecher, v. a. S2-Sprecher. Neben ↗ Swahili, ↗ Kongo und ↗ Luba eine der vier Nationalspr. Zaires; Karte ↗ Afrikanische Sprachen, im Anhang. L. hat sich im 19. Jh. auf der Basis lokaler Spr. (u. a. des Ngala) erst als ↗ Pidgin-, dann als ↗ Kreolsprache entwickelt. Die Ausbreitung erfolgte durch den Handel und die belg. Kolonialtruppen. Seit Mitte des 20. Jh. begrenzte schriftl. Verwendung. **Lit.** M. Guthrie, Grammaire et dictionnaire de Lingala. Leopoldville ²1951. RE

Lingua adamica ↗ Sprachursprung

Lingua franca f. (lat. lingua ›Sprache‹, francus ›fränkisch‹; mlat. ›frei, offen‹, vgl. dt. ›frank (und frei)‹) Bez. für eine Spr., die dann verwendet wird, wenn die Kommunikationspartner unterschiedl. S1 haben; ↗ Kontaktsprache, ↗ Sprachkontakt. Die UNESCO (1953) definierte L. f. als eine Sprache, die gewohnheitsmäßig von Menschen benutzt wird, deren Muttersprachen verschieden sind, um die Kommunikation zu erleichtern. Engl. ist heute die am weitesten verbreitete L. f. (↗ internationale Sprache), gefolgt von Frz., das einstmals die L. f. der Diplomatie war. Eine L. f. ist nicht unbedingt homogen: Englisch als L. f. ist für viele S1 in ihren diversen Ausprägungen, für andere S2 für wieder andere Fremdspr. Der Gebrauch einer L. f. kann Auswirkungen auf Sprachstruktur (↗ Adstrat) und Sprachveränderung (Ersatz und Veränderung indigener Spr. und Dialekte, ↗ Pidginsprache) haben. R

Língua geral ↗ Tupí

Lingua sacra ↗ Heilige Sprache, ↗ Sakralsprache

Lingual, Linguallaut m. (lat. lingua ›Zunge‹. Auch: Zungenlaut) Oberklasse konsonant. Sprachlaute, bei denen die ↗ Zunge das ↗ artikulierende Organ ist; im Ggs. zu ↗ Labialen, (↗ Uvularen), ↗ Glottalen. Nach differenzierterer Beschreibung des artikulierenden Organs wird unterschieden in Prälingual- oder Vorderzungenlaute (↗ Apikal, ↗ Laminar), Mediolingual- oder Mittelzungenlaute (↗ Dorsal) und Postlingual- oder Hinterzungenlaute. PM

Linguistic War ↗ Generative Semantik

Linguistik ↗ Sprachwissenschaft

Linguistische Datenverarbeitung »L. D.« ist eine veraltete Bezeichnung für ↗ Computerlinguistik. Z

Linguistische Geschlechtsforschung ↗ Feministische Linguistik

Linguistische Pragmatik ↗ Pragmatik

Linguistischer Determinismus ↗ Sapir-Whorf-Hypothese

Linguodental Mit der Zungenspitze bzw. dem Zungenblatt als ↗ artikulierendem Organ an oder zwischen den Zähnen als ↗ Artikulationsstelle gebildeter kons. Sprachlaut. PM

Linguodidaktik ↗ Turbodidaktik

Linguolabial Mit der Zungenspitze bzw. dem Zungenblatt als ↗ artikulierendem Organ an der (Ober-) Lippe als ↗ Artikulationsstelle gebildeter kons. Sprachlaut. PM

Linguopalatal m. Mit der Zungenspitze bzw. dem Zungenblatt als ↗ artikulierendem Organ am harten ↗ Gaumen (↗ palatal) als ↗ Artikulationsstelle gebildeter kons. Sprachlaut. PM

»Linguozid« ↗ Sprache, ↗ »Sprachtod«

Linienbündel ↗ Sprachkartographie

Linksläufig ↗ Schriftrichtung

Linksspaltung ↗ Spaltsatz

Linksversetzung ↗ Herausstellung

Linksverzweigende Konstruktion Eine Struktur wird im Rahmen der ↗ Phrasenstrukturgrammatik als l. K. bezeichnet, wenn in einem ↗ Strukturbaum eine Konstituente A ausschließl. linksperipher auftritt und bei gleichzeitigem Auftreten von Schwesterkonstituenten als einzige Konstituente verzweigen kann. L. K. treten dementspr. in solchen Konstruktionen auf, in welchen der Kopf rechtsperipher platziert ist. Bspw. ist der ↗ Sächsische Genitiv des Engl. eine l. K., z. B. [Peter's [father's [car]]]. F

Linse ↗ Auge

Lippen (lat. *labia*, engl. *lips*, frz. *lèvres*) Die L. grenzen bei geschlossenem Mund die Mundhöhle von der Außenwelt ab. Sie bestehen aus einem kräftigen muskulären Gerüst (*musculus orbicularis oris*) und sind mit Schleimhaut überzogen. Diese Schleimhautoberfläche unterscheidet sich von der normalen Haut (verhornendes Plattenepithel) dadurch, dass die obersten Zellschichten nicht verhornt (abgestorben) sind. Das dadurch mögl. Durchschimmern der kleinen Blutgefäße erklärt die rote Färbung der L. Die L. sind reich an Rezeptoren des ↗ Tastsinnes und somit hochsensibel. Bei der kons. (↗ Labial) wie der vokalischen (↗ Vokal, ↗ Gerundet) ↗ Artikulation sind die L. von großer Bedeutung. GL

Lippengaumenlaut ↗ Labiovelarlaut

Lippen-Kiefer-Gaumenspalten (griech.-lat./engl./ frz. cheilognathopalatoschisis) Oberbegriff für angeborene Spaltbildungen im Bereich von Oberlippe, -kiefer und ↗ Gaumen (↗ Lippe, ↗ Kiefer). Mit ca. 1:500 Lebendgeburten sind L. relativ häufig, gelegentl. (knapp 10 %) mit Fehlbildungen anderer Organsysteme vergesellschaftet (Syndrome), meist jedoch isoliert auftretend. – Ursächl. können genet. Faktoren als gesichert betrachtet werden, gelegentl. liegen numer. oder strukturelle Chromosomenaberrationen vor. Exogene Einflüsse in der Frühschwangerschaft (Stoffwechselstörungen, Sauerstoffmangel, Infektionen, chem. Noxen, ionisierende Strahlen) kommen ebenso in Frage. – Morphol. kommen alle Formen von der isolierten einseitigen Lippenspalte bis zur bilateralen kompletten, d. h. durchgehenden L. (»Totalspalte«) vor. Lippen-Kieferspalten treten links und/oder rechts auf, Gaumenspalten stets mittig. Lippen-Kieferspalten liegen in ca. 3/4 der Fälle einseitig, häufiger links, vor, meist (2/3) mit Gaumenspalten kombiniert. Die Gaumenspalte kommt in ca. 1/3 der Fälle isoliert vor. Minimalvarianten betreffen nur das Zäpfchen (uvula fissa). Insgesamt überwiegen jedoch die schweren Formen, Knaben sind etwas häufiger betroffen. – Die klin. Problematik der L. ist vielschichtig: im Bereich der Lippe steht die kosmet. Problematik, im Kieferbereich die Entwicklung einer normalen Zahnstellung (Biss) im Vordergrund. Die Gaumenspalte erschwert die Nahrungsaufnahme, da der zum Saugen erforderl. Unterdruck nicht erzeugt werden kann. Meist ist die ↗ Nase mitbetroffen (Nasenboden offen) und die Verschlussfunktion des weichen ↗ Gaumens (Velum) gegenüber der Nasenhöhle gestört (velopharyngeale Insuffizienz). Aufgrund einer Störung der Belüftung der Ohrtrompete (↗ Ohr) kommt es zu Belüftungsstörungen des Mittelohres (Paukenhöhle); die Folge sind Paukenergüsse, Mittelohrentzündungen und konsekutiv Hörstörungen. – Eine wesentl. Problematik stellt die aufgrund der anatom. Abweichungen gestörte Spr.entwicklung i. S. von Artikulationsstörungen dar (↗ Artikulation). Die Spaltung des Gaumens bedingt eine velopharyngeale Insuffizienz (s. o.), dies führt zu Näseln (↗ Rhinolalie). Die gestörte Anatomie im Kiefer- und Lippenbereich bedingt multiple Artikulationsstörungen, v. a. ↗ Lispeln (Sigmatismus). – Die Therapie der L. erfolgt interdisziplinär durch Pädiater, Mund-, Kiefer-, Gesichtschirurgen, Kieferorthopäden, HNO- und Zahnärzte, Phoniater und Logopäden. Ein individueller Behandlungsplan muss erarbeitet werden, z. T. sind Kompromisse zwischen verschiedenen Forderungen notwendig. So ist im Hinblick auf die Sprachentwicklung eine frühzeitige Korrektur v. a. des weichen Gaumens wünschenswert. Im Interesse eines weiteren Größenwachstums sollten die knöchernen Spalten möglichst spät definitiv verschlossen werden. Daraus ergibt sich ein sich über viele Jahre erstreckender mehrzeitiger Operations- und Therapieplan. Lippenspalten werden im ersten Lebenshalbjahr verschlossen. Der weiche Gaumen muss bis zum 2. (3.) Lebensjahr verschlossen werden. Der harte Gaumen wird bis zur Einschulung, die Kieferspalte erst nach weitgehendem Wachstumsabschluss jenseits des 10. Lebensjahres operativ verschlossen. Daneben sind kieferorthopäd. und logopäd. Maßnahmen erforderl. Aufgrund dieses differenzierten Behandlungsplanes können die Spätergebnisse in kosmet. wie funktioneller Hinsicht heute meist als sehr gut bezeichnet werden. – Begriffe wie Hasenscharte für die Lippenspalte oder Wolfsrachen für die bilaterale komplette L. sind nicht nur unsinnig, sondern auch für die Betroffenen diskriminierend und werden heute abgelehnt. Die Terminologie leitet sich prakt. beschreibend vom jeweiligen Befund ab. **Lit.** H. Naumann et al. (Hgg.), Oto-Rhino-Laryngologie in Klinik und Praxis. Bd 2. Stgt. 1996.   GL

Lippenlaut ↗ Labial
Lippenrundung ↗ Labialisierung
Lippenspalte (auch: Cheiloschisis. Griech. χεῖλος (cheilos) ›Lippe‹, σχίσις (schisis) ›Spalte‹. Engl. cleft lip, frz. fissure buccale) Angeborene ein- oder beidseitige Spaltbildung der Oberlippe. Kann isoliert vorliegen, meist jedoch als Lippen-Kieferspalte oder im Rahmen von kompletten ↗ Lippen-Kiefer-Gaumenspalten.   GL
Liquida f. (lat. liquidus ›flüssig‹. Auch: Fließlaut, Schmelzlaut) Oberklasse der Sprachlaute der ↗ Artikulationsmodi der lateralen Öffnungslaute (↗ Lateral) und ↗ Vibranten (in der Antike auch der ↗ Nasale; ↗ Sonorant). L. sind artikulator. gekennzeichnet durch Öffnung und Verschluss im ↗ Ansatzrohr (bei Lateralen an verschiedenen Stellen, bei Vibranten zu verschiedenen Zeitpunkten). PM
Liquidenmetathese ↗ Kirchenslavismus, ↗ Metathese, ↗ Ostslavisch
Lispellaut ↗ Addental, ↗ Interdental, ↗ Frikativ
Lispeln ↗ Sigmatismus, ↗ Dyslalie
Litauisch (Eigenbez. lietuvių kalba. Engl. Lithuanian, frz. lituanien) ↗ Baltische Sprache, die auf dem Gebiet der Republik Litauen sowie in Polen, Nordamerika und Weißrussland von ca. 2,8 Mio. Sprechern verwendet wird; Karte ↗ Europäische Sprachen, im Anhang. – Die ältesten Zeugnisse (Katechismen) stammen aus der Mitte des 16. Jh.; der Beginn der Entwicklung einer Standardspr. ist mit dem Erscheinen der ersten Grammatiken in der Mitte des 17. Jh. verbunden. Aufgrund der Teilung des l. Sprachgebietes Herausbildung von zwei verschiedenen schriftsprachl. Traditionen: Im protestant. geprägten Preuß.-Litauen mit kulturellem Zentrum in Königsberg bildete sich auf der Basis des Westaukštait. eine dt. beeinflusste Schriftspr. (Druck in Fraktur) heraus. Im kathol. geprägten Gebiet des ehemaligen Großfürstentums Litauen

mit kulturellem Zentrum in Vilnius entwickelte sich auf der Basis ostaukštait. Dialekte eine stark poln. geprägte schriftsprachl. Variante (Druck in Antiqua). Herausbildung der l. Standardspr. Anfang des 20. Jh. unter Fortführung der preuß.-l. schriftsprachl. Tradition. **Lit.** V. Ambrazas (ed.), Lithuanian Grammar. Vilnius 1997. – T. Mathiassen, A Short Grammar of Lithuanian. Columbus, Ohio 1997. – Z. Zinkevicius, The History of the Lithuanian Language. Vilnius ²1998. – N. Nau, Latvian. Mchn. 1998.   HA
Literalität ↗ Schriftlichkeit
Literatursprache 1. Sprache der Lit., v. a. der Belletristik; in ähnl. Bedeutung auch der Ausdruck ↗ poetische Sprache. – **2.** ↗ Standardvarietät. In diesem Sinn ist der Ausdruck eine wörtl. Übersetzung von russ. *literatúrnyj jazýk*. Da wie beim Ausdruck ›Standardvarietät‹ neben schriftl. auch mündl. Ausdrucksformen gemeint sind, ist der Ausdruck L. missverständl. Die traditionelle Theorie der L. ist eingebaut in die marxist. Geschichtstheorie. Ihr zufolge ist die L. eine notwendige Entwicklung bei der Herausbildung der bürgerl. Gesellschaft, für deren Kommunikationsbedürfnisse die ↗ Dialekte und ↗ Umgangssprachen nicht ausreichten (Erweiterung der Märkte – überregionale Spr., verbindl. Verträge und Verrechtlichung – standardisierte Spr.). **Lit.** R. Schnerrer, Theorie der L. in der UdSSR. In: Sprachwiss. Informationen (Bln.) 4, 1982, 73–147.   AM
Lit(h)uanistik Wiss. von der ↗ litauischen Spr. und Kultur.   G
Litotes f. (griech. λιτότης ›Schlichtheit‹) Rhetor. Stilmittel, ↗ Tropus. Mittel der Meiosis, der untertreibenden Ausdrucksweise oder des Understatement: statt eines Superlativs oder Elativs wird die Verneinung des Gegenteils gesetzt, z. B. *nicht unbekannt* (eigentlich: *sehr bekannt, berühmt*). Indem weniger gesagt als gemeint wird, ist die L. der ↗ Emphase durch den Gebrauch des Gegenteils der ↗ Ironie verwandt.   DS
Livisch ↗ Uralische Sprachen
Lobi ↗ Gur-Sprachen
Logic of Non-standard English ↗ Black English
Logik (griech. λογικός (logikos) ›zum Reden gehörig, die Rede betreffend‹, λογικὴ τέχνη (logikē technē) ›Kunst des vernünftigen Denkens, Vernunftlehre‹) Als Vernunftlehre tritt die L. in zweifacher Hinsicht auf: zum einen die subjektive Fähigkeit des Denkens betreffend, d. h. die normative Denkregeln und Denkgesetze, zum anderen die objektiven Verstandesgebilde betreffend, d. h. allgemein verbindl. Bedeutungsbeziehungen. Beide Aspekte werden in unterschiedl. Gewichtung zum Forschungsthema der L. **1.** In der Antike (Platon und Aristoteles) befasst sich die L. unter dem Namen ›Dialektik‹ mit der Analyse und Synthese von Begriffen und mit den zur Argumentationskunst zählenden Formen und Regeln gültiger Schlussfolge-

rungen (Syllogismen; ⁊ formale Logik). – **2.** Mit G. W. Leibniz (1646–1716) wird das Verständnis der L. auf jede Art formgerechten Beweisgangs, auf jede Vernunftüberlegung, die kraft ihrer Form Schlüsse zieht und bei der man kein Beweisstück zu ergänzen braucht, ausgeweitet. – **3.** Die ›Logik von Port-Royal‹ differenziert in Elementarlehre: Lehre vom Begriff, Urteil, Schließen und in Methodenlehre: Methoden begründeter Erkenntnis, d. h. die kunstgerechte Behandlung der Elementarlehre zur Erzeugung einer systemat. Wissenschaft. Die Wissenschaftslehre behandelt den Inbegriff derjenigen Regeln, nach denen wir in den Einzelwiss. vorzugehen haben. – **4.** Die in entwickelter Form von G. Frege (1848–1925) inaugurierte moderne L. (⁊ formale Logik) führt zu einer log. Analyse der Spr.: (a) Er zeigte, dass eine log. Kunstspr. (⁊ künstliche Sprache) mögl. ist, in der alle log. relevanten Formen von Sätzen eindeutig ausgedrückt werden können. Dabei beschränkte er sich auf die Grundsymbole der ⁊ Negation (eines Satzes), das Wenn-dann-Verhältnis (⁊ Implikation) zweier Aussagen sowie auf ein Zeichen für Allgemeingültigkeit eines Ausdrucks der Form (x ist ein F), wobei x eine Variable für Gegenstände und F eine Variable für Prädikate ist. (b) Er leistete eine Klärung der log. Zusammenhänge im Bereich der elementaren Prädikation, indem er auf die grundlegenden Unterschiede zwischen Merkmalen und Eigenschaften hinwies: die Merkmale von Begriffen sind Eigenschaften von Gegenständen, die Eigenschaften Merkmale mögl. Begriffe, indem er zwischen Begriffen erster und zweiter Stufe, dem Fallen eines Gegenstandes unter einen Begriff, die Unterordnung von Begriffen unter andere Begriffe, die Einordnung eines Begriffs unter einen Begriff zweiter Stufe differenzierte. (c) Ihm ist die Grundlegung einer philosoph. ⁊ Semantik zuzuschreiben: Neben dem Zeichen (dem sprachl. Ausdruck) und der gemeinten Sache (dem Gegenstand) führt er als notwendigen dritten Bestandteil den ⁊ Sinn eines solchen Ausdrucks ein. Den Sinn definiert er als die Gegebenheitsweise des Gegenstandes, die Bedeutung als den Bezugsgegenstand (⁊ Referenz). Die Bestimmung der Bedeutung und des Sinnes von ganzen Sätzen führt zur Bestimmung von ⁊ Wahrheitswerten. Die Bedeutung eines Satzes muss nach Frege dasjenige sein, das sich nicht verändert, wenn wir beliebige Teilausdrücke ersetzen. Es lässt sich zeigen, dass bei solchen Veränderungen der Wahrheitswert erhalten bleibt. Die damit verbundene Analyse des Begriffs weist diesen als eine ⁊ Funktion (1.) aus, deren Wert für jedes ⁊ Argument ein Wahrheitswert ist. Begriffe sind Funktionen besonderen Typs, folglich keine selbständigen Gegenstände, sondern ungesättigte Entitäten, die ihre natürl. Erfüllung erfahren, wenn sie von Gegenständen prädiziert werden. (d) Im Logikkalkül werden die log. Folgerungen, wie sie von der traditionellen ⁊ *formalen Logik* untersucht

wurden, auf rein formale Weise, d. h. ohne Rückgriff auf die Bedeutung der sprachl. Ausdrücke, durch schemat. Regeln aus einfachen log. Folgerungen der Reihe nach hergestellt. Die von ihm geleistete vollständige Kalkülisierung lieferte eine L. in Gestalt eines Satzkalküls, weil log. wahre Aussageschemata aus gewissen einfachen log. wahren Aussageschemata erzeugt werden. Ihren Niederschlag findet diese Form der L. in der ⁊ *Aussagenlogik* und der ⁊ *Prädikatenlogik*. Im Anschluss an und aus der Kritik an Frege entwickelte B. Russell (1872–1970) seine ⁊ *Typenlogik*. – **5.** Die von I. Kant (1724–1804) in Abgrenzung zur formalen L. eingeführte *transzendentale Logik* zielt darauf ab, die Begriffe von ›Gegenständen überhaupt‹ als Bedingungen mögl. Erkenntnis auszuweisen, wobei diese Begriffe nicht auf empir. Wege gewonnen werden können (insofern Apriori-Begriffe), da sie immer schon für jede Erfahrung in Anschlag zu bringen sind. – **6.** Hinsichtl. der Darstellungsformen, Begründungsweise und spezif. Teilbereiche entwickelt sich die moderne L. in eine Vielzahl unterschiedl. Positionen: (a) Neben der axiomat. Darstellung Freges besteht in der *dialogischen Logik* ein von P. Lorenzen erarbeitetes Begründungsverfahren, das anstelle der dem semant. Aufbau der L. zugrundeliegenden Charakterisierung nach ›wahr‹ – ›falsch‹ und anstelle des syntakt. Aufbaus mithilfe von Logikkalkülen einen pragmat. Aufbau vorsieht, nämlich Charakterisierung der Aussagen durch ein endl., in entscheidbaren Schritten verlaufendes Argumentationsverfahren. (b) Bezügl. der log. Gesetze bringt die *intuitionistische Logik* bzw. die *konstruktive Logik* eine Kritik an der Zweiwertigkeit ›wahr‹-›falsch‹ und an der Allgemeingültigkeit des ›tertium-non-datur‹-Prinzips an. Dagegen stellt sie den Grundgedanken, der Beweis sollte grundsätzl. durch gedankl. Konstruktionen erbracht werden. (c) Hinsichtl. der Ausdrucksmittel werden spezif. Logiken entwickelt: die Einbeziehung der Modalitäten führt zu einer ⁊ *Modallogik*, die Einbeziehung zeitl. Indikatoren zu einer ⁊ *temporalen Logik*, in der die Wahrheitswerte von ⁊ Propositionen in ihrer Abhängigkeit von Zeiten behandelt werden, die Einbeziehung der Sollensoperatoren zur ⁊ *deontischen Logik*, die Einführung von Gebrauchskontexten zur *topologischen Logik*, die die Wahrheitswerte von Sätzen in Abhängigkeit von Gebrauchskontexten bestimmt. (d) Hinsichtl. der ⁊ epistemischen Kontexte unterzieht die *epistemische Logik* die Begriffe des Wissens und Glaubens einer log. Analyse. (e) In Bezug auf die induktiven Schlüsse (⁊ Induktion) und den Bewährungsgrad von Hypothesen widmet die *induktive Logik* dem Problem, dass bei induktiven Argumenten der Inhalt der ⁊ Konklusion nicht vollständig in dem der Prämisse enthalten ist, sondern unser Wissen vom Einzelfall aus auf eine generelle Hypothese hin erweitert wird, ihre Aufmerksamkeit. R. Carnap (1891–1970) erörtert dazu Bestätigungsmethoden und Adäqua-theitskriterien. **Lit.** G. Frege, Log. Untersuchungen. Göttingen 1966. – Ders., Funktion, Begriff, Bedeu-tung. Göttingen ³1969. – F. v. Kutschera, Elementare Logik. Wien 1967. – G. Patzig, Die Aristotelische Syllogistik. Göttingen 2. veränd. Aufl. 1969. – W. v. O. Quine, Grundzüge der Logik. Ffm. 1974.   PR

Logische Folgerung ↗ Implikation

Logische Form (Abk. LF) In der ↗ Aussagenlogik bezeichnet die logische Form eines Satzes die wahr-heitsfunktionalen Eigenschaften dieses Satzes. Demggü. bezeichnet die LF in der GG eine syntakt. orientierte Repräsentationsebene, die seit der ↗ REST und der ↗ Rektions-Bindungs-Theorie kon-trovers diskutiert wird (vgl. Berman & Hestvik 1991). Die LF soll die syntakt.-log. Informationen bereitstellen, welche für die semant. Interpretation (↗ Interpretative Semantik) erforderl. sind. Die Ab-leitung der LF aus der als S-Struktur bezeichneten ↗ Oberflächenstruktur geschieht ebenso wie die Ab-leitung der S-Struktur aus einer dieser zugrunde liegenden, als D-Struktur bezeichneten ↗ Tiefen-struktur, durch die Operation ↗ Move α. Während allerdings bei Anwendung von ↗ Move α auf die D-Struktur die phonolog. Abfolge von Konstituen-ten betroffen ist, gilt dies für die Anwendung von Move α auf die S-Struktur nicht. In den betreffen-den Modellen (REST, Rektions-Bindungs-Theorie, ↗ Barrieren-Theorie) wird dies dadurch gewähr-leistet, dass die phonolog. Interpretation auf eine S-Struktur genannte Oberflächenstruktur angewen-det wird, die semant. Interpretation hingegen auf die LF-Struktur:

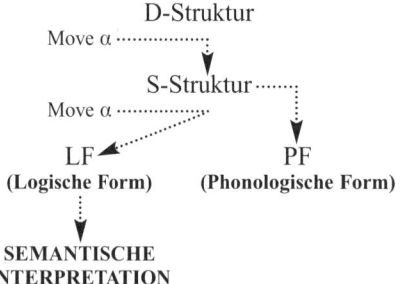

D-Struktur

Move α ··············▼

S-Struktur ·······

Move α ···············:

LF ◄···   PF

(Logische Form)   (Phonologische Form)

▼

SEMANTISCHE
INTERPRETATION

Dies ermöglicht, im Unterschied zum ↗ Minimalis-mus, in dessen Rahmen die Unterscheidung zwi-schen D- und S-Struktur und zwischen S-Struktur und LF aufgegeben wird, eine mittels Ableitungs-ebenen repräsentierte Differenzierung von syntakt.-semant. Beziehungen. Insbes. handelt es sich hier-bei um solche syntakt.-semant. Beziehungen, wel-che abhängig sind von syntakt.-strukturellen Fakto-ren, und solche, welche abhängig sind von der lexikal. Bedeutung syntakt. Grundeinheiten wie vor allem ↗ Quantoren und *w*-Wörtern (↗ Fragewör-ter). Mithilfe der Ableitungsebenen S-Struktur und

LF können z. B. Skopus-Ambiguitäten von syntakt.-strukturellen Ambiguitäten differenziert werden (↗ Ambiguität), und zwar auf der Basis von Prinzi-pien (insbes. ↗ Beschränkungen), die in anderen Bereichen der ↗ Syntax unabhängig motiviert wer-den können. Eine wesentl. Regel, die der Ableitung der LF aus der S-Struktur zugeschrieben wird, ist die Quantoren-Anhebung (Quantifier-Raising), die eine Struktur [$_a$... Q ...] in die Struktur [Q$_i$ [$_a$...t$_i$...]] transformiert, wobei t$_i$ die ↗ Spur des Quantors Q ist und Q von seiner basisgenerierten Position in eine adjungierte Position (↗ Adjunktion) gehoben wird; je nach Basis-Position des Quantors spricht man hierbei von Subj.- oder Obj.-Anhebung. Quanto-ren-Anhebung erfasst den ↗ Skopus von Quantoren mit dem unabhängig postulierten Prinzip des ↗ C-Kommandos (das gleichermaßen für alle Struk-turebenen gilt): Ein Quantor hat dann und nur dann Skopus über eine Konstituente X, wenn er X in LF c-kommandiert. Schreibt man z. B. dem Satz *Eine Frau verlässt jeden Mann* vereinfacht die S-Struk-tur [$_S$ [$_{DP}$ *eine Frau*] [$_{VP}$ [$_V$ *verlässt* [$_{DP}$ *jeden Mann*]]]] zu, so können mittels unterschiedl. Abfol-gen von Quantoren-Anhebungen (zunächst Subj.-Anhebung von *eine Frau*, dann Obj.-Anhebung von *jeden Mann* bzw. umgekehrt) zwei verschie-dene LF-Repräsentationen erzeugt werden, welche die Basis zweier möglicher semant. Interpretationen repräsentieren (1. Interpretation: Es gibt eine Frau, die jeden Mann verlässt.; 2. Interpretation: Für je-den Mann gilt, dass ihn eine Frau verlässt), in ver-einfachter Notation: 1. LF: [$_S$ [$_{DP}$ *eine Frau*]$_1$ [$_S$ [$_{DP}$ *jeden Mann*]$_2$ [$_S$ [$_{DP}$ t]$_1$ [$_{VP}$ [$_V$ *verlässt* [$_{DP}$ t]$_2$]]]]]; 2. LF: [$_S$ [$_{DP}$ *jeden Mann*]$_2$ [$_S$[$_{DP}$ *eine Frau*]$_1$ [$_S$ [$_{DP}$ t]$_1$ [$_{VP}$[$_V$ *verlässt* [$_{DP}$ t]$_2$]]]]]. **Lit.** J. Bayer, Directiona-lity and Logical Form: on the Scope of Focusing Particles and Wh-in-situ. Dordrecht 1996. – F. Be-ghelli & T. Stowell, Distributivity and Negation: The Syntax of *each* and *every*. In: A. Szabolcsi (ed.), Ways of Taking Scope. Dordrecht 1997. – S. Berman & A. Hestvik, LF: A Critical Survey. Arbeitspapiere des SFB 340, Ber. Nr. 14. Stgt. 1991. – J. Higginbotham, Logical Form, Binding, and Nominals. LIn 14, 1983, 395–420. – N. Horn-stein, Logical Form: From GB to Minimalism. Ox-ford 1995. – C.-T. Huang & R. May (eds.), Logical Structure and Linguistic Structure: Cross-Linguistic Perspectives. Dordrecht 1991. – S. Lappin, Concepts of Logical Form in LP. In: A. Kasher (ed.), The Chomskyan Turn. Blackwell 1991. – R. May, Logi-cal Form: Its Structure and Derivation. Cambridge, Mass. 1985. – J. Pafel, Quantifier Scope in German. Amsterdam 2006. – T. Reinhart, Quantifier Scope: How Labor is Divided between QR and Choice Functions. LP 20, 1997, 399–467. – M. Schiehlen, Semantikkonstruktion (Semantic Construction). Diss. Univ. Stgt. 1999. – S. Trissler, Syntakt. Bedin-gungen für w-Merkmale: Zur Bildung interrogativer w-Phrasen im Dt. Arbeitspapiere des SFB 340, Ber.

Nr. 151. Stgt. 2000. – E. Williams, Is LF distinct from S-Structure? LIn 19, 1988, 135–146.　　F

Logische Konstante ↗ Logische Partikel

Logische Partikel Als l. P. oder log. Konstanten werden in der ↗ formalen Logik die Junktoren ↗ Negation, ↗ Konjunktion, ↗ Adjunktion oder ↗ Disjunktion, die materiale ↗ Implikation oder Subjunktion, die Subtraktion (*aber nicht*), die materiale ↗ Äquivalenz oder ↗ Bisubjunktion, die ausschließende Disjunktion oder ↗ Kontravalenz, die ↗ Quantoren: der Allquantor ∧ oder ∀ und der Existenzquantor ∨ oder ∃ bezeichnet; ↗ Allaussage, ↗ Existenzaussage.　　PR

Logische Semantik (auch: formale Semantik) Die l. S. untersucht die Beziehung einer Spr. zu Gegebenheiten, die außerhalb der Spr. vorliegen bzw. als außerhalb der Spr. vorliegend angenommen werden. Die l. S. ist eine den natürlichen Spr. entsprechende formale Bedeutungstheorie der log. Wahrheit von Aussagen, in der die Aussagen und die log. Prädikatoren aus Grundbausteinen explizit hergestellt werden.　　PR

Logische Syntax Die l. S. handelt von Begriffen und Beziehungen, die sich allein mittels der Art und Anordnung der in den ↗ Formeln vorkommenden Zeichen einführen lassen, z. B. die formalen Regeln des Schließens und der mit ihrer Hilfe definierbare Begriff der Ableitung.　　PR

Logisches Subjekt ↗ Psychologisches Subjekt

Loglan ↗ Plansprache

Logogen ↗ Worterkennung

Logogramm n. (griech. λόγος (logos) ›Wort‹, γράμμα (gramma) ›Schriftzeichen‹. Auch: Wortzeichen) ↗ Schriftzeichen, das ein Lexem (Wort) repräsentiert, z. B. $ für ›Dollar‹, § für ›Paragraph‹, & (»Kaufmanns-Und«) für dt. ›und‹, frz. ›et‹, engl. ›and‹ usw. L. sind die Grundeinheiten von ↗ Logographien.　　G

Logographie (griech. λόγος (logos) ›Wort‹, γράφειν (grafein) ›schreiben‹. Auch: Wortschrift) ↗ Schrifttyp, dessen dominante Bezugsebene im Sprachsystem das ↗ Lexikon ist; seine Grundeinheiten sind ↗ Logogramme. Die Inventare von L. sind im Vergleich zu ↗ kenematischen Schriftsystemen (↗ Alphabetschriften) umfangreich, da sie zumindest den Kernwortschatz der jeweiligen Spr. mit einem Zeichen pro Lexem repräsentieren müssen, um zu funktionieren. Die histor. frühesten ↗ Schriftsysteme sind L. (ägypt. ↗ Hieroglyphen, ↗ Sumerisch), in denen jedoch bereits vielerlei lautbezogene Disambiguierungsverfahren (↗ Determinativ, ↗ Rebus) und Silben- und Lautzeichen verwendet werden. L. sind im Prinzip einzelsprachunabhängig, da ihre Elemente auf lexikal. Bedeutungen, nicht auf Lautformen von Wörtern referieren. In L. werden Grammeme (Flexive, Ableitungsmittel, grammat. Wörter) i. d. R. nicht ausgedrückt. Das chines. Schriftsystem ist zwar im Wesentlichen eine Logographie, aber es gibt viele Schriftzeichen, die eher gebundene Morpheme als freie Lexeme repräsentieren; Y. R. Chao (1968, S. 102) nennt es deshalb »a morpheme-syllabic writing«. Histor. oft belegt ist der Fall, dass Logogramme bzw. Inventare von Logogrammen bei Neuverschriftungen mit gleichen Bedeutungsbezügen, aber anderen Lautformen verbunden werden (↗ Sumerogramm). Auch moderne ↗ Alphabetschriften inkorporieren logograph. Inventare; ↗ Logogramm, ↗ Quasilogographie. Im Unterschied zu ↗ Begriffsschriften weisen L. feste Korrespondenzen zwischen Lexemen und Schriftzeichen auf. Logogramme können ↗ ikon. (↗ Piktogramm) oder abstrakte nichtikon. Zeichen sein. **Lit.** Yuen Ren Chao, Language and Symbolic Systems. Cambridge 1968.　　G

Logopädie (griech. λόγος (logos) ›Wort‹, παιδεύειν (paideuein) ›erziehen‹) Von dem Wiener Phoniater (↗ Phoniatrie) Froeschels in den 1920er Jahren eingeführte Bez., zunächst auf die medizin. Sprachheilkunde beschränkt, später erweitert auf die gesamte medizin. ↗ Sprach- und ↗ Stimmheilkunde. Heute wird L. üblicherweise als Bez. für eine interdisziplinäre Wiss. verstanden, in der insbes. die ↗ Psycho- und ↗ Neuroling., die Psychologie, die mit Sprach-, Stimm- und Hörstörungen (↗ Hörschädigung) befassten medizin. Fachrichtungen und die Hör- und ↗ Sprachbehindertenpädagogik eingehen. Speziell in der Bundesrepublik gibt es immer noch einen spannungsgeladenen, berufsständ. und ausbildungsmäßig begründeten Dualismus von vorwiegend klin. Logopäden einerseits und primär schul. Sprachheilpädagogen andererseits, der sich allerdings aufgrund von internationalen Anpassungstendenzen allmähl. aufzulösen scheint. **Lit.** M. Grohnfeldt (Hg.), Lehrbuch der Sprachheilpädagogik und L. Bd. 1: Selbstverständnis und theoret. Grundlagen. Stgt., Bln., Köln 2000. – Dies. & R. Romonath, Sprachheilpädagogik und L. im internationalen Vergleich. In: M. Grohnfeldt (Hg.), 2000, 251–273. – G. Wirth (überarb. v. M. Ptok & R. Schönweiler), Sprachstörungen, Sprechstörungen, kindliche Hörstörungen. Lehrbuch für Ärzte, Logopäden und Sprachheilpädagogen. Köln ^{5}2000.　　GT

Logophobie f. (griech. λόγος (logos) ›Wort‹, φόβος (fobos) ›Furcht‹) Psychogene, den normalen Redefluss beeinträchtigende allgemeine oder zeitweilige Sprechangst, die häufig auch bei Stotterern zu beobachten ist.　　GT

Logophorisch (griech. λόγος (logos) ›Wort‹, φέρειν (ferein) ›tragen‹) In einigen afrikan. Spr. belegter Spezialfall der ↗ anaphorischen Referenz, bei der eine besondere Klasse von Pronomina die Funktion hat, auf eine vorerwähnte Person zu referieren, deren Perspektive (Meinungen, Ansichten) referiert wird. Die l. Referenz ist der Grammatik des Lat. als *indirektes Reflexiv* geläufig, z. B. (a) *Legiō Caesarī gratiās ēgit, quod dē sē optimum iudicium fēcisset* ›Die Legion dankte Caesar, weil er über sie das beste Urteil gefällt hätte‹ (Standpunkt der Betroffenen), (b) *Legiō Caesarī gratiās ēgit, quod dē eā optimum iudicium fēcerat* ›Die

Legion dankte Caesar, weil er über sie das beste Urteil gefällt hatte‹ (Standpunkt des Referierenden). Die 1. Referenz ist funktional der ↗ Indirekten Rede und dem ↗ Narrativ vergleichbar. G, GS

Logotype f. Drucktype, die zwei oder mehrere Schriftzeichen umfasst. Seit dem 18. Jh. wurden häufig auftretende Schriftzeichenkombinationen als L. auf einen einzigen Kegel gegossen, um die Satzarbeit zu beschleunigen, z. B. häufig vorkommende Buchstabenverbindungen (z. B. *sch, tz, fl*), Artikel, Pronomina oder Affixe. G

Logozentrismus ↗ Grammatologie, ↗ Skriptizismus

Logudoresisch ↗ Sardisch

Lokal (lat. locus ›Ort‹) Räumlich, auf einen Ort bezogen: (a) den Ort bezeichnend, wo das durch den Bezugsausdruck Bezeichnete gilt, z. B. *in Wuppertal* (↗ Lokativ); (b) den Herkunftsort, z. B. *aus Bochum* (↗ Ablativ; in dt. Lokalverbien: *-her, her-*); (c) den Zielort, die Richtung, *nach Dortmund* (↗ Direktional; in dt. Adverbien: *-hin, hin-*); (d) die Strecke vom Ausgangspunkt bis zum Ziel, z. B. *von Bochum (über Essen) nach Duisburg.* C, G

Lokaladverb (auch: Ortsadverb. Engl. local adverb, frz. adverbe de lieu) ↗ Adverb, welches im Zusammenwirken mit Verben und u. U. ↗ Präpositionen die Position von Objekten im Raum angibt, und zwar mit Bezug auf den Sprecherort (die sog. Origo; ↗ Deixis). Unterschieden werden: (a) positionale L. mit dem Merkmal [+statisch], welche den lokalen Rahmen angeben, in dem Sachverhalte anzusiedeln sind: *Er arbeitet hier, ich warte unten*; (b) direktionale L. (auch: Direktionaladverbien) mit dem Merkmal [-statisch], welche Bewegungen ausdrücken (vom Sprecher hin, von ihm weg, zwischen anderen Objekten aus der Sicht des Sprechers). Bei der Interpretation entscheidend ist das semant. Potential des Verbs. Positionale L. verbinden sich v. a. mit Zustandsverben, direktionale vorwiegend mit Bewegungsverben, aber auch mit sog. Positionierungsverben (*setzen, stellen, legen, hängen*), die auch präfigiert sein können (*hinsetzen* usw.). Problemat. im Dt. ist hierbei die Tendenz zur Inkorporation des L.: *darüberspringen, da rüberspringen, darüber springen* drücken jeweils andere Bedeutungen aus. Die zugrundeliegenden Regularien sind noch nicht ausreichend untersucht. Die L. verfügen über auffällige morpholog. Gemeinsamkeiten: Es gibt weitaus mehr komplexe Bildungen als Simplicia. Die komplexen L. enthalten typischerweise best. Suffixe wie *-wärts, -orts* (z. B. *innerorts*), basieren oft auf präpositionalen Formen (z. B. *obendrüber, untenrum*) oder enthalten *hin, her* u. ä. Morpheme. Wegen ihrer weitgehend gleichartigen syntakt. Eigenschaften werden L. und ↗ Temporaladverbien als ↗ Situierungsadverbien zusammengefasst. **Lit.** V. Ehrich, Hier und Jetzt. Studien zur lokalen und temporalen Deixis im Dt. Tübingen 1992. – C. Maienborn, Situation und Lokation. Die Bedeutung lokaler Adjunkte von Verbalprojektionen. Tübingen 1996.

– F. Schmöe, Lokale Adverbien im Dt. In: Dies. (Hg.), Das Adverb. Zentrum und Peripherie einer Wortklasse. Wien 2002, 77–93. – Dies., Partikelverben wie *draufzahlen* und *rumhängen*: semant. und syntakt. Eigenschaften. NPhM 2005, i. E. SO

Lokaladverbial ↗ Lokalbestimmung, ↗ Lokaladverb

Lokalangabe ↗ Lokalbestimmung

Lokalbestimmung (auch: Lokaladverbial, Ortsadverbial, Umstandsbestimmung des Ortes. Engl. adverbial (phrase) of place, frz. complément circonstantiel du lieu) Ausdruck, der ↗ lokale Beziehungen realisiert. Im Dt. sind L. meist durch ein Adverb oder eine PP realisiert (*Er steht dort*; *Ruth kommt aus Hamburg*). Eine L. kann sich auf ein N (*der Student dort*) ebenso beziehen wie auf eine VP. In der Valenzgrammatik kann eine L. dann als Ergänzung interpretiert werden, wenn sie vom Verb regiert wird (*Maja wohnt in Köln*); eine nicht-regierte (freie) L. fungiert als Lokalangabe, z. B. *Maja hat in Köln viele Freunde;* ↗ Adverbial. C, RL

Lokaldeixis (lat. locālis ›örtlich‹, ›zu Ort, Raum gehörig‹, griech. δεικνυαι (deiknynai) ›zeigen‹. Auch: Ortsdeixis, Raumdeixis) ↗ Deiktischer Ausdruck, der sich auf die räuml. Dimension der ↗ Sprechsituation bezieht, z. B. *hier, dort, da*. Die lokaldeikt. Systeme sind in verschiedenen Spr. z. T. sehr weitgehend ausgeprägt, indem unterschiedl. Nähe-Ferne-Stufen unterschieden werden, vgl. im Dt. *hier, hier innen, hier oben, hier vorn, hier hinten* etc. **Lit.** ↗ Deixis. E

Lokale Domäne ↗ Lokaler Baum

Lokale Regel ↗ Lokaler Baum

Lokaler Baum (auch: lokale Domäne) Teil eines ↗ Strukturbaumes, der nur einen verzweigenden Knoten mit seinen Töchtern aufweist. L. B. bilden den Operationsbereich von lokalen Regeln und spielen für die Formulierung sog. Lokalitätsbeschränkungen in neueren Modellen der GG eine wichtige Rolle; ↗ Insel, ↗ Kopf-Bewegungs-Beschränkung, ↗ Maximale Projektion, ↗ Phase, ↗ Relativierte Minimalität. **Lit.** C. Boeckx & K. K. Grohmann, Barriers and Phases: Forward to the Past? Conference on Tools in Linguistic Theory. Budapest 2004. – M. Starke, Move Dissolves into Merge: a Theory of Locality. Diss. Univ. Genf 2001. F

Lokalergänzung ↗ Lokalbestimmung

Lokalismus 1. ↗ Regionalismus, dessen räuml. Ausdehnung sehr gering ist, z. B. auf ein Dorf beschränkt bleibt. SO – **2.** Bez. für Versuche, alle wichtigen sprachl. Ausdrücke für Relationen aus Ausdrücken für räuml. Beziehungen herzuleiten. G

Lokalitätsbeschränkung 1. In der GG Formulierung von Prinzipien, die die Domäne, innerhalb welcher Rektionsbeziehungen bestehen oder Elemente bewegt werden können, lokal beschränken. **2.** ↗ Lokaler Baum FR

Lokalkasus ↗ Lokativ

Lokalsatz (engl. local clause, frz. proposition locale) ↗ Nebensatz, dessen Status nicht geklärt ist.

Traditionell wird der L. unter den ↗ Adverbialsätzen abgehandelt, z.B. *Er geht (dorthin), wohin man ihn schickt*. In diesem Fall sind *wo, wohin, woher* als Subjunktionen zu behandeln und die fakultativen Adverbien im ↗ Matrixsatz als ↗ Korrelate. L. wie *Er lebt dort, wo er will* unterscheiden sich von den anderen Adverbialsätzen jedoch dadurch, dass sie nicht Sachverhalte, sondern Entitäten (Orte) bezeichnen und sich syntakt. wie ↗ freie Relativsätze verhalten, zu denen manche Autoren die L. zählen (vgl. *Kennst Du das Land, wo/in dem die Zitronen blühen; Die Stadt, woher/aus der er kommt, liegt in Mittelasien*). RL

Lokata ↗ Identifikator

Lokativ (lat. locus ›Ort, Platz‹) In vielen Spr. Kasus mit der Kasusbedeutung ›befindlich am bezeichneten Ort‹, z.B. im Türk. {-de}, {da-} ›in, bei‹, z.B. *Berlin'de, Ankara'da* ›in Berlin‹, ›in Ankara‹, auch temporal, z.B. *yılda* ›in dem Jahr‹. Einige Spr. haben ein differenziertes System von Lokalkasus, die nach Bewegungs- oder Richtungskasus (↗ Ablativ, ↗ Lativ) und Orientierungs- oder Lagekasus (Lokativ i.e.S.) unterschieden werden können, z.B. die ↗ uralischen Sprachen. Letztere ermöglichen (z.T. in Verbindung mit Postpositionen) eine Differenzierung zwischen innen und außen (↗ Inessiv), oben und unten (↗ Sublativ, ↗ Superessiv), vertikal und horizontal (↗ Sublativ), nahe und fern (↗ Adessiv). Bei den Richtungskasus (↗ Ablativ, ↗ Adlativ, ↗ Illativ, ↗ Elativ, ↗ Translativ) kann zwischen Gerichtetheit und Nichtgerichtetheit, Begrenztheit (↗ Partitiv) und Nichtbegrenztheit (↗ Akkusativ), Kontakt und Nichtkontakt unterschieden werden. – Im Lat. haben ↗ Ablativ und ↗ Akkusativ (↗ Lativ), im Russ. der ↗ Präpositiv lokativ. Funktionen. Restformen sind z.B. lat. *domī* ›zu Hause‹, russ. *v sadú* ›im Garten‹. Sie berechtigen kaum dazu, im Kasusinventar dieser Spr. einen besonderen L. vorzusehen. **2.** In der ↗ Kasusgrammatik Bez. für eine »semant. Rolle«, die eine räuml. Relation ausdrückt. G

Lokativbildung (lat. locus ›Ort, Platz‹. Auch: Lokativum) Semant. bestimmte Subklasse verbaler ↗ Ableitungen, deren Basen im weitesten Sinne Ortsbezeichnungen sind, z.B. *Speicher > speichern*. Die ↗ Transposition der subst. Basen erfolgt durch Suffigierung (*Speicher > speichern*), häufiger noch durch kombinierte Ableitung (*Erde > beerdigen*; ↗ Zirkumfigierung). Weit verbreitet sind auch ↗ Partikelbildungen (*Raum > ausräumen*), bei denen nicht ganz klar ist, ob sie eher Derivations- oder Kompositionsprodukte sind; ↗ Partikelverb. ES

Lokative Verben ↗ Richtungsverb

Lokativum ↗ Lokativbildung

Lokution, lokutionärer Akt, lokutiver Akt (lat. loquī ›reden‹. ›Lokutionär‹ und ›lokutiv‹ sind Übersetzungsvarianten. Engl. locution, locutionary act). Von J.L. Austin eingeführtes Kunstwort, mit dem terminolog. bezeichnet wird, was »etwas sagen« bedeutet. Ein l. Akt setzt sich aus einem phonet.

Akt, einem ↗ phatischen Akt und einem rhet. Akt zusammen. Ein phonet. oder Äußerungsakt ergibt ein »phone«; ein phat. Akt bedeutet, dass in und bei der Realisierung eines phonet. Aktes die Äußerung bestimmter Elemente eines Vokabulars in Übereinstimmung mit einer best. Grammatik erfolgt. Die Äußerung ergibt ein »pheme«. – Die Äußerung eines »phemes« (oder seiner Konstituenten) geschieht dabei mit einem bestimmten ↗ »Sinn« (»sense«) und einer bestimmten ↗ »Referenz« (»reference«). Referenz und Sinn zusammen sind die ↗ »Bedeutung« (»meaning«). Diesen Aspekt bezeichnet Austin als »rhet. Akt« und die dabei geäußerte Äußerung nennt er ein »rheme« (nicht gleich ↗ Rhema i.S. der Thema-Rhema-Unterscheidung). – Die Zusammenfassung der drei traditionellen Aspekte von Spr. bzw. von ↗ Äußerungen als L. ermöglicht es Austin, diese von der ↗ Illokution, dem Handlungszweck von Äußerungen, abzugrenzen. – Searle hat die Austinsche Konzeption der L. nicht übernommen, sondern sie in Äußerungs- und propositionalen Akt überführt. Den illokutiven Akt übernimmt Searle und behandelt ihn im Prinzip wie Austin. Der dritte von Searle unterschiedene Akt hingegen ist der ↗ ›propositionale Akt‹. Diese Bestimmung umfasst analyt. sowohl Aspekte des Austinschen phat. Akts wie den Austinschen rhet. Akt, ist aber weniger an den Kategorien ›Wort‹, ›Grammatik‹ bzw. dem ›Sinn‹ und der ›Bedeutung‹ einzelner Wörter interessiert, sondern konzentriert sich in Anknüpfung an log. Bestimmungen auf die ›Referenz‹ und die ›Prädikation‹, also die beiden in der traditionellen ↗ ›Subjekt‹-↗ ›Prädikat‹-Unterscheidung aufgehobenen Bestimmungen bei der Analyse von Sätzen bzw. der Argument-Funktion-Unterscheidung des Urteils (im log. Sinn) bzw. der ↗ Proposition. Diese Bestimmungen werden bei Searle akttheoret. interpretiert (propositionaler Akt als die Kombination eines Referenzakts und eines prädikativen Akts; ↗ Prädikation. **Lit.** J.L. Austin, How to Do Things With Words. Oxford 1962, 1971. Dt.: Zur Theorie der Sprechakte (bearbeitet von E. von Savigny). Stgt. 1972. – J.R. Searle, Speech Acts. An Essay in the Philosophy of Language. Cambridge 1969, ²1970. Dt.: Sprechakte. Ffm. 1971. E

Lolo-Burmesisch ↗ Sinotibetische Sprachen

Lolo-Moso-Sprachen ↗ Sinotibetische Sprachen

Loma ↗ Mandesprachen

Lombard-Effekt Anpassung der lautl. Sprachproduktion an eine laute Umgebung, verbunden mit Lautstärkeerhöhung, genauerer Artikulation etc. PM

Lomwe ↗ Makua

Londoner Schule ↗ Kontextualismus

Lorm-Alphabet ↗ Handalphabete

Lose ↗ Partikelverb

Loser Anschluss ↗ Anschluss, ↗ Silbenschnitt

Lothringisch ↗ Rheinfränkisch

LPC (linear predictive coding) ↗ Schallanalyse

LP-Regel ↗ ID/LP-Format

Luba (auch: Tschiluba) ↗ Bantusprache im südöstl. Zaire. Angaben über Sprecherzahlen (mehrere Mio.) fehlen. L. gehört mit dem ↗ Swahili, ↗ Lingala und ↗ Kongo zu den vier Nationalspr. Zaires. Hauptdialekte: L.-Kasai, Lulua, Kanyoka, L.-Hemba, L.-Sankadi, Sanga. Seit Mitte 20. Jh. begrenzte schriftl. Verwendung.   RE

Lücke ↗ Blockierte Bildung

Lückenbildung ↗ Gapping

Lückenfüller-Strategie In der Sprachpsychologie Bez. für den Umstand, dass Kinder beim ↗ Spracherwerb lexikal. Lücken durch ↗ Übergeneralisierung füllen z. B. in einem best. Entwicklungsstadium den Ausdruck *Wauwau* nicht nur für Hunde, sondern auch für andere vierbeinige Wesen wie Katzen oder Rinder verwenden.   G

Luftröhre ↗ Trachea

Luganda ↗ Ganda

Lugbara ↗ Zentralsudanesische Sprachen

Luhya, Luyia ↗ Bantusprachen

Luiseño ↗ Uto-Aztekische Sprachen

Lukanisch Ital. Dialekt der Region Basilikata, mit geringerer Ausdehnung in Kampanien. Gehört zur Dialektgruppe des Centro-Sud und gilt als sehr konservativ. Im l. Sprachgebiet finden sich auch alban., griech. und gallo-ital. Sprachinseln. **Lit.** R. Bigalke, Basilicatese: Lucano – Italia meridionale. Mchn. u. a. 1994.   HU

Lule-Vilela-Sprachen ↗ Südamerikanische Indianersprachen

Lulua ↗ Luba

Lunge (lat. pulmō, engl. lung, frz. poumon) Aus zwei großen Lungenflügeln aufgebautes, dem Gasaustausch (↗ Atmung) dienendes Brustorgan. Es hat seinen Sitz in den beiden Pleurahöhlen des Brustkorbes (↗ Brust). Makroskop. gliedern sich die Lungenflügel in zwei (links) bzw. drei (rechts) Lungenlappen, die dem Versorgungsgebiet der großen Bronchien entsprechen. Mikroskop. besteht die Lunge aus unzähligen kleinen Lungenbläschen (Alveolen), in die bei jedem Atemzug über die Luftröhre, die nachfolgenden Bronchien und weitere Verästelungen des Bronchialsystems frische Atemluft transportiert wird. Dies dient einer Vergrößerung der Gasaustauschfläche: die Oberfläche aller Lungenbläschen eines Menschen beträgt ca. 50 m^2. In den Lungenbläschen findet die Anreicherung des Lungenblutes mit Sauerstoff sowie die Abgabe von Kohlensäure (CO_2) in die Ausatemluft statt; ↗ Brust, ↗ Atmung.   GL

Luo (Eigenbez. Dholuo) ↗ Nilotische Sprache in Südwest-Kenia (rd. 14 % der Bevölkerung) und angrenzendem tansan. Gebiet. Ca. 3 Mio. Sprecher, zumeist zweisprachig (Swahili, Engl.). Anfang 20. Jh. lat. basierte ↗ Verschriftung, anschließend Unterrichtsspr. im kenian. Luogebiet, heute ohne offizielle Funktion. Marginale Verwendung als Lit.spr. (z. B. G. Ogot).   RE

Lurisch ↗ Iranische Sprachen

Lusitanistik Teil der Romanistik, der sich mit der ↗ portugiesischen (inkl. brasilian.) Spr. und Kultur beschäftigt, benannt nach der alten röm. Provinz Lusitania.   HU

»Luther-e« Im 18. Jh. in den kathol. Teilen Süddeutschlands (abwertende) Bez. für das Endungs-e vieler Substantive, die im Süden des dt. Sprachgebiets apokopiert waren (z. B. *Aug, Gnad, Kron, Stirn, Stund*), in den Schriften mittel- und norddt. Autoren.   G

Luvisch ↗ Altanatolische Sprachen

Luxemburgisch (Eigenbez. Lëtzebuergesch) Aufgrund gesetzl. Regelung seit 1984 einzige »Nationalsprache« des Großherzogtums Luxemburg (neben den ↗ Amtssprachen Frz. und Dt.). L. entwickelt sich als jüngste germ. Ausbausprache – insbes. nach der Festlegung der Orthographie (*Règlement grand-ducal* vom 30. Juli 1999) – zusehends zum einem allgemein benutzten Kommunikationsmittel (auch schriftl.) nachdem es zuvor – begleitet von der Herausbildung einer ↗ Koiné – in den mündl. Medien und in die Schulen als Unterrichssprache Eingang gefunden hatte. Das L. basiert auf den Maa. einer Untergruppe des Moselfränk. innerhalb des Dialektverbands des ↗ Mittelfränkischen, die auch in benachbarten Gebieten um Arel/Belgien und Diedenhofen/Lothringen gesprochen werden; Karte ↗ Deutsche Dialekte, ↗ Europäische Sprachen, im Anhang. Lexikal. konservieren diese Maa. einerseits einen älteren, sonst geschwundenen Bestand und öffneten sich andererseits weit frz. Einfluss. **Lit.** R. Bruch, Grundlegung einer Geschichte des L. Luxemburg 1953. – F. Hoffmann, Sprachen in Luxemburg. Wiesbaden 1979. – G. Berg, Mer wëlle bleiwe wat mer sin. Soziolog. und sprachtypolog. Betrachtungen zur l. Mehrsprachigkeit. Tübingen 1993. – **Wb.** Luxemburger Wb. Bd. 1–5. Luxemburg 1950–1977.   DD

Luyia ↗ Niger-Kongo-Sprachen

Lwo ↗ Nilotische Sprache. In Uganda gebräuchl. zusammenfassende Bez. für die ursprüngl. als selbständige Spr. behandelten Varietäten Acholi, Lango, Alur sowie kleinerer Dialekte. Über 2 Mio. Sprecher (rd. 12 % der Bevölkerung Ugandas, ferner im angrenzenden Gebiet in Sudan und Zaire). Anfang 20. Jh. lat. basierte ↗ Verschriftung; in Uganda Verwendung in Anfangsunterricht und Rundfunk, in Sudan und Zaire ohne offizielle Funktion. Acholi ist in begrenztem Umfang auch Literatursp. (z. B. Okot P'Bitek).   RE

Lydisch ↗ Altanatolische Sprachen

Lykisch ↗ Altanatolische Sprachen

Maasai ↗ Nilotische Sprachen

Maba ↗ Nilosaharanische Sprachen

Macaguane ↗ Guahibo-Sprachen

Mačča ↗ Oromo

Machiguenga ↗ Kampa

Madagassisch (auch: Malagasy. Frz. Malgache) West- ↗ austronesische Sprache auf Madagaskar und Komoro (Mayotte-Insel); Karte ↗ Afrikanische Sprachen, im Anhang. Südost-Barito-Subgruppe (Süd-Borneo) nach Dahl. Hauptspr., seit 1992 Nationalspr. Madagaskars, daneben Frz. Westl. und östl. Dialekt-Gruppen (15 Dialekte) mit dem Merina-Dialekt (auch Hova oder Ambaniándro) als Grundlage der Nationalspr. Lehngut aus dem Bantu, Swahili, Arab., Frz., Engl.; ca. 14 Mio. Sprecher. – Der austrones. Charakter des M. ist seit Beginn des 17. Jh. bekannt (de Houtman 1603). W. von Humboldt (1836–39) vermutete eine Beziehung zu ↗ philippinischen Sprachen, Van der Tuuk zum ↗ Toba-Batak. Dahls These (1951) hat Anerkennung gefunden, obwohl morphosyntakt. und außerling. Probleme ungeklärt sind: Er setzt ca. 450 n. Chr. als früheste Phase der indones. Einwanderung an in Korrelation zu frühen ind. Einflüssen im indones. Archipel. Da das M. aber seine wenigen Sanskrit-Entlehnungen via ↗ Malaiisch und ↗ Javanisch aufgenommen haben muss und da das malai. Lehngut bes. maritimen Charakters ist, bringt Adelaar (1989) die Migration mit der Zeit der imperialen-südsumatran. Seemacht Srivijaya des 7. Jh. n. Chr. in Verbindung. Er weist nicht-ererbte Entlehnungen (darunter Affixe) aus dem Malai. (Sumatra, Borneo), Bugines. und Javan. nach, wodurch die Beziehung des M. zum Uraustrones. deutlicher wird. Das M. ist wegen der spezif. sprachhistor. Hintergründe für die austrones. histor.-vergleichende Ling. von besonderem wiss. Interesse. – Distinktiver Akzent; dreisilbige Wörter enden überwiegend auf -ka, -tra, -na, -ko, -tro, -ny; unbetonte auslautende Vokale -y, -o und -a nach Konsonanten werden nicht voll intoniert; ebenso inlautendes -i- und -o- zwischen Konsonanten außer h; VOS; komplexes Affixsystem mit Tempusmodifikation; Genitiv-Agens beim Passiv. **Lit.** O. Chr. Dahl, Malgache et Maanjan. Oslo 1951. – W. Mahdi, Morphophonolog. Besonderheiten und histor. Phonologie des Malagasy. Bln., Hamburg 1988. – K. A. Adelaar, Asian Roots of the Malagasy: a Linguistic Perspective. In: BKI 151, 1995, 325–356. – N. Rajaonarimanana, Grammaire moderne de la langue malgache. Paris 1995. – J. Rasoloson, Lehrbuch der m. Spr. Hamburg 1997. CE

Madjarisch ↗ Ungarisch

Maduresisch ↗ Javanisch, ↗ Malaiisch

Mafa ↗ Tschadische Sprachen

Māgadhī ↗ Mittelindische Sprachen

Magahī ↗ Bihārī, ↗ Indoarische Sprachen

Maghrebinisches Arabisch Die in Marokko, Algerien, Libyen, Tunesien und z. T. in Mauretanien und Niger gesprochene Form des ↗ Arabischen. Kennzeichnend ist die von den ↗ Berbersprachen beeinflusste Silbenstruktur: Kurzvokale fallen in offener Silbe aus, so dass sich meist die Silbenstruktur CCV ergibt (mšā ›er ging‹, žḅl ›Berg‹), bei vokal. anlautenden Suffixen Vokalmetathese (qtal ›er tötete‹ – qatlit ›sie tötete‹). Das Imperfektparadigma ist durch Analogiebildungen vollkommen regelmäßig geworden. Interdentale sind meist nicht erhalten, /ǧ/ wird als [ž] realisiert. Die Arabisierung des Maghreb erfolgte im 7. Jh. n. Chr. zunächst nur in größeren Städten, erst im 10. Jh. arabisierten Beduinen südarab. Herkunft Teile der ländl. Gebiete. Deshalb sind die Unterschiede zwischen Beduinen- und Ansässigendialekten stark ausgeprägt. WI

Magindanao ↗ Philippinische Sprachen

Māhārāṣṭrī ↗ Mittelindische Sprachen

Maidu ↗ Penuti-Sprachen

Maipuran ↗ Arawakische Sprachen

Maithilī ↗ Bihārī, ↗ Indoarische Sprachen

Majuskel f. (auch: Großbuchstabe. Engl. capital/upper case letter, engl., frz. majuscule) Sammelbez. für Schriftarten, die dem Zweilinienschema folgen, in dem alle Buchstaben die gleiche Höhe aufweisen. Dazu gehören ↗ Capitalis, ↗ Unziale, die ältere röm. ↗ Kursive (M.kursive); die ↗ Halbunziale steht in den meisten Varianten der M. noch nahe. EN

Mak'á ↗ Matako-Sprachen

Makasai ↗ Timoresisch

Makassarisch (Eigenbez. basa Mangkasara) Westl. ↗ austronesische Sprache in Südwest-Sulawesi (Celebes) und auf den Salayar-Inseln, Indonesien. Süd-Sulawesi-Sprachgruppe, 1,485 Mio. Sprecher; Karte ↗ Austroasiatische Sprachen. Dialekte: Lakiung (Standard-M.), Turatea, Bantaeng, Konjo, Salayar. Alte Schrift ind. Ursprungs seit dem 16. Jh., lontara-Handschriften. Starke Behauptung ggü. ↗ Indonesisch als offizieller Spr. CE

Makedonisch (Eigenbez. makedonščina, makedonskiot jazik) ↗ Slavische Sprache des ↗ südslavischen Zweigs. M. wird von ca. 1,3 Mio. Sprechern in der ehem. jugoslav. Teilrepublik Makedonien verwendet; darüber hinaus von Minderheiten in Albanien sowie Westbulgarien und Nordgriechenland. In diesen beiden Ländern ist die Existenz einer eigenständigen makedon. Spr. umstritten; Karte ↗ Europäische Sprachen, im Anhang. – Das M. wurde aus polit. Gründen (Aufteilung des makedon. Volks zwischen den beiden Weltkriegen auf das frühere Jugoslavien, Bulgarien und Griechenland) erst 1944 als die Nationalspr. der Makedoner im damaligen Jugoslavien eingeführt; es hat sich seitdem als die Standardspr. in Makedonien durchgesetzt. Das M. zählt wie das ↗ Bulgarische zum ↗ Balkansprachbund. **Lit.** V. Bojić & W. Oschlies, Lehrbuch der m. Spr. Mchn. ²1986. – V. A. Friedman, Macedonian. LW 117. Mchn. 1997. – P. Rehder, Das Makedon. In: Ders. (Hg.), Einf. in die slav. Spr. Darmstadt ³1998, 331–346. – M. Karanfilovski, Das M. In: U. Hinrichs (Hg.), Hdb. der Südosteuropa-Linguistik. Wiesbaden 1999, 239–260. – O. M. Tomić, Macedonian at the End of the Millenium: Prominent Issues. In: L. N. Zybatow (Hg.), Sprachwandel in der Slavia: Die slav. Spr. an der Schwelle zum 21. Jh. Ein internat. Hdb. Teil 1. Ffm. u. a. 2000, 599–610. HA

Makro ↗ Textbaustein

Makro-Algonkin-Sprachgruppe Umstrittener Vorschlag, die ↗ Algonkin-Sprachen mit den Ritwan-Spr. Yurok und Wiyot aus Kalifornien sowie mit den Golf-Spr. (↗ Muskogee-Sprachen) im Südosten der USA genet. in Beziehung zu bringen. Die Gruppierung der Algonkin-Spr. mit Ritwan (als sogenannte Algische Spr.) kann dagegen als gesichert gelten. Die alg. Spr. und die Mosan-Spr. (↗ Wakash-Sprachen) werden z.T. als Almosan-Spr. zusammengefasst. D

Makrolinguistik (griech. μακρός (makros) ›groß, weit‹) Nach G.L. Trager Ling. im weiteren Sinne, der die ↗ Mikrolinguistik als Ling. i.e.S. gegenübersteht. Im Allgemeinen wurden zur M. auch ethnoling. und soziling. Aktivitäten gerechnet. T

Makro-Maya-Sprachgruppe Heute überwiegend abgelehnter Versuch, die ↗ Maya-Sprachen, die ↗ Mixe-Zoque-Sprachen und ↗ Totonakisch zusammenzufassen. D

Makron n. ↗ Diakritikon in Gestalt eines horizontalen Striches (Balken) über dem modifizierten Buchstaben (a) in der Graphie des Lett. und für andere Spr. v.a. in Lehrbüchern und Lexika zur Bez. der Länge von Vokalen (z.B. in diesem Lexikon), (b) zur Bez. des ebenen Hochtons in der Pinyin-Transkription des Chines. G

Makro-Penuti-Sprachgruppe Vorgeschlagene, aber umstrittene Gruppierung der ↗ Penuti-Sprachen mit dem isolierten ↗ Zuni und den ↗ uto-aztekischen Sprachen. Weitgehend auf Ablehnung stößt der Versuch, auch ↗ mesoamerikanische Sprachen (↗ Maya-Sprachen und ↗ Totonakisch) und ↗ südamerikanische Sprachen (↗ Chipaya und ↗ Araukanisch) zur Gruppe zu rechnen. D

Makroregel ↗ Makrostruktur

Makro-Sioux-Sprachgruppe Vorgeschlagene, aber umstrittene Gruppierung der ↗ Caddo-Sprachen, ↗ Sioux-Sprachen und der ↗ irokesischen Sprachen sowie der Einzelspr. Catawba und Yuchi. Die Gruppe wird gelegentl. mit ↗ Keres und den ↗ Hoka-Sprachen als Supergruppe Hoka-Sioux zusammengefasst. D

Makrostruktur Bez. für die semant. Tiefenstruktur, die der linearen Manifestation der sprachl. Elemente eines Oberflächentextes zugrunde liegt. Die M. eines Textes bildet dessen globale Bedeutung in Makropropositionen ab. Sie werden durch sog. Makroregeln, Operationen der Verdichtung bzw. Zusammenfassung der Propositionen des Oberflächentextes, gewonnen, zu denen van Dijk folgende zählt: Auslassen, Selektieren, Generalisieren, Konstruieren oder Integrieren. Je nach dem Grad der Verdichtung der semant. Strukturen des Oberflächentextes lassen sich hierarch. Ebenen von M. annehmen, wobei die oberste M.-Ebene das ↗ Textthema repräsentiert. Semant. M. sind in spezif. Weise mit pragmat. M. verbunden, die van Dijk (1978) als *Superstrukturen* bezeichnet und die eine Art

↗ Komposition des Textes bewirken; ↗ narrativ. **Lit.** T.A. van Dijk, Some Aspects of Text Grammars. A Study in Theoretical Linguistics and Poetics. The Hague, Paris 1972. – Ders., Textwiss. Eine interdisziplinäre Einführung. Mchn. 1980. P

Makrosyntax ↗ Textsyntax

Maku ↗ Südamerikanische Indianersprachen

Makua ↗ Bantusprache im Norden Mosambiks. Ca. 5 Mio. Sprecher; Karte ↗ Afrikanische Sprachen, im Anhang. Dialekte u.a.: Rovuma-M., Cabo Delgado, Meto, Chirima, Chaca, Zentral-M., Lomwe. Anfang 20. Jh. lat. basierte Verschriftungsansätze. **Lit.** A.P. Prata, Gramática da lengua Macua e seus dialectos. Cucujães 1960. RE

Maku-Puinave-Sprachen ↗ Südamerikanische Indianersprachen

Makuxí ↗ Karibische Sprachen

Malagasy ↗ Madagassisch

Malaiisch (Eigenbez. bahasa Melayu/Malaysia) West- ↗ austronesische Sprache, ca. 25–30 Mio. Sprecher (malai. Subgruppe), ca. 35–40 Mio. Sprecher (alle Varianten); Karte ↗ Austroasiatische Sprachen. Seit 1967 Nationalsprache des Königreichs Malaysia (in Konkurrenz zu Engl. und Chines.), deren Entwicklung von der ›Sprach- und Literaturbehörde‹ (*Dewan Bahasa dan Pustaka*) in Kuala Lumpur gefördert wird; eine der vier offiziellen Spr. in Singapur (350000 Sprecher); Nationalspr. in Brunei Darussalam (100000 Muttersprachler). Sprachgebiet: Malai. Halbinsel (7,875 Mio.), Sumatra (10 Mio.), Borneo, Java, Madura, Molukken. Bedeutende Subgruppe: Maduresisch (Madura/Ost-Java, 6 Mio.), Minangkabau (West-Sumatra, 5 Mio., Malaya 300000), Rejang (Südwest-Sumatra, 1 Mio.), Dayak-Spr.n (Borneo: Sarawak, Brunei, West-Kalimantan, mit Ngaju-Dajak als ↗ lingua franca in Südost- und Zentral-Borneo, 1,1 Mio.). Ambones. M. (250000). Neben zahlreichen Dialekten bedeutende kreolisierte Variante: Omong Jakarta (6 Mio.) mit starken ↗ javanischen, ↗ sundanesischen und ↗ balinesischen Einflüssen. Kleinere Sprachgemeinschaften in Südafrika (sog. Kap-Malayen) und auf Sri Lanka (47000). Ferner sog. Markt-M. (*bahasa Melya Pasar*) als Pidgin-Handelsspr., die seit etwa dem 15. Jh. im malaio-indones.-philippin. Raum auch von ndl. Händlern genutzt wurde; 1521 Vokabelliste aus den Molukken von Pigafetta (Magellan-Reise). – Nachweis des Altmalai. durch einige west-indones. Inschriften ab dem 7. Jh. in der südind. Pallava-Schrift mit viel Sanskrit-Lehngut und als Medium der hindu-buddhist. Kultur; phonolog. und morpholog. vom modernen M. relativ wenig unterschieden. Klass. M.: In Hss. literar.-histor. Charakters des 17.–19. Jh. als Medium einer islam. orientierten Kultur, in arab. Schrift (*Jawi*); arab.-pers. Lehngut, arab. syntakt. Elemente. Da die bekannten Hss. überwiegend vom Hofe des Sultanats von Riau-Johore stammen, wurde dessen M.-Variante des 18. und 19. Jh. als

Standard-M. betrachtet, aus dem das moderne M. (und das sich aus ihm entwickelnde ⁊ Indonesisch) hervorgingen; in der Kolonialzeit und heute stark europ. Einflüssen ausgesetzt (port. und engl. Lehngut, Syntax, lat. Schrift im 20. Jh.). – Synthet.-affigierend, mit Lautveränderungen bei Präfigierung am Wortstamm (sog. Pränasalierung); Wortarten partiell unterscheidbar; geschlechtsneutrale Artikel; Pluralmarkierung optional; SVO; SV allgemein ohne Verbindungsmorphem; Topikalisierung durch syntakt. Voranstellung bzw. mittels Partikel; Transitivität markiert, Objekt- vs. Subjekt-Fokus bevorzugt; Postspezifikation in der Nominalphrase (Regens-Rectum-Wortstellung). **Lit.** A. Teeuw, The History of the Malay Language. In: BKI 115, 1959, 138–156. – J. T. Collins, Malay, World Language of the Ages. A Sketch of its History. Kuala Lumpur 1998. – K. A. Adelaar, Where Does Malay Come From? Twenty Years of Discussion About Homeland, Migrations and Classifications. In: BKI 160/1, 2004, 1–30. CE

Malaio-/Malayo-Polynesische Sprachen ⁊ Austronesische Sprachen

Malapropismus ⁊ Versprecher, ⁊ Wortspiel

Malayāḷam In Südwest-Indien gesprochene und in Phonologie sowie Lexikon von Sanskrit sehr stark beeinflusste ⁊ dravidische Sprache; Karte ⁊ Indische Sprachen, im Anhang. Ungewöhnlich für eine Spr. Südasiens ist die fehlende Kongruenz zwischen Verb und Subj. Sowohl das Subj. als auch das Obj. dürfen ausgelassen werden. WR

Maledivisch (Eigenbez. Dhivehi) Als ⁊ indoarische Sprache offizielle Staatsspr. der Republik der Malediven; nahe verwandt mit dem ⁊ Singhalesischen. Starke dialektale Gliederung, da die Sprecher ohne engen Kontakt untereinander über ein großes Areal verstreut leben (ca. 200 bewohnte Inseln zwischen 7,10° nördl. und 0,45° südl. Breite). Zwei Hauptdialektgruppen, eine nördl. und eine südl.; das Verbreitungsgebiet der Süddialekte beschränkt sich auf die drei südlichsten Atolle; Karte ⁊ Indische Sprachen, im Anhang. Basis von Male wurde zur allgemeinverbindlichen Schriftspr., auf deren Basis sich seit kurzem eine Literatur zu entwickeln beginnt. Einige wenige schriftl. Dokumente des M. – in Kupferplatten eingeritzte Urkunden der Sultane – sind ab dem 11. Jh. n.Chr. überliefert; die verwendete Schrift ist das *Dives akuru*, eine südind. Brahmī-Variante. Heute wird ausschließlich in der sog. Tāna-Schrift geschrieben, einer Kombination aus Silben- und Buchstabenschrift auf arab. Grundlage mit Brahmī-Elementen verschiedener Herkunft; ⁊ Indische Schriften. **Lit.** S. Fritz, The Dhivehi Language. A Descriptive and Historical Grammar of Maldivian and its Dialects. 2 Bde. Heidelberg, Würzburg 2002. – S. Fritz, Sentence Structures in Maldivian. In: Language Typology and Universals. Sprachtypolog. Univ. Forschungen (STUF), 58/1, Ffm. 2005, 38–49. – J. Gippert, A Glimpse

into the Buddhist Past of the Maledives. I. An Early Prakrit Inscription. Wiener Zs. für die Kunde Südasiens XLVIII, 2004, 81–109. FZ

Malfeld ⁊ Prozedur, ⁊ Zeigfeld

Malinke ⁊ Manding

Maltesisch ⁊ Semitische Spr., ca. 340.000 Sprecher; Mehrsprachigkeit (engl., ital.) ist verbreitet; Karte ⁊ Afrikanische Sprachen, ⁊ Europäische Sprachen, beide im Anhang. Von 870–1090 war Malta arab. besetzt, die Bevölkerung wurde arabisiert. Seit dem 13. Jh. zeigt das M. v. a. im Wortschatz Einfluss des Sizilian. M. wird seit dem 17. Jh. in Lateinschrift geschrieben. Die Morphologie des M. entspricht in weiten Teilen der des ⁊ maghrebinischen Arabisch. Die ⁊ Pharyngale und velarisierten Laute des ⁊ Arabischen sind aufgegeben, beeinflussen jedoch die Vokalqualität; 4 Kurzvokalphoneme /a/, /ɛ/, /i/, /o/. Genusdistinktion nur in der 3. Pers., ⁊ Status constructus fast nur noch in Ortsnamen, Indefinitheit des Nomens durch vorangestelltes *wahd el* ausgedrückt, ⁊ gebrochene Plurale, Wortstellung VSO. **Lit.** R. Kontzi, Sprachkontakt im Mittelmeer. Tübingen 2005. – M. Vanhove, La langue maltaise. Wiesbaden 1993. WI

Malto ⁊ Dravidische Sprachen

Malwort ⁊ Zählwort

Mam ⁊ Maya-Sprachen

Mamaindê ⁊ Nambikwara

Mambai ⁊ Timoresisch

Mameloschn (jidd. mame, mamme ›Mutter‹, loschn ›Sprache‹) (Histor.) Eigenbez. der Sprecher des West-⁊ Jiddischen für ihre Sprache. G

Mandäisch ⁊ Aramäischer Dialekt einer nach Mesopotamien eingewanderten gnost. Sekte. Von 272 n.Chr. ist eine liturg. Sammlung bezeugt, die Hauptwerke werden im 7.–9. Jh. n.Chr. abgeschlossen. Daneben sind Zaubertexte auf Bleirollen und Tonschalen vom 4.–7. Jh. n.Chr. erhalten. In Ahwas und Khorramsahar (Südwestiran) gibt es noch einige Sprecher des Neumandäischen. WI

Mandarin ⁊ Chinesisch

Mandekan ⁊ Manding

Mandeln (lat. tōnsillae, engl. tonsils, frz. amygdale) Lymphat., d. h. der Infektabwehr dienende Organe des Gaumenbogens und Rachenraumes. Die paarigen Gaumenmandeln haben ihren Sitz beidseits zwischen hinterem und vorderem Gaumenbogen. Die unpaarige Rachenmandel hängt am Dach des Nasenrachenraumes. Hier verursacht sie im Falle einer Wucherung (»Polypen« oder »Adenoide«). bei chron. Entzündung eine Verlegung der Ohrtrompete (⁊ Ohr) und der inneren (hinteren) Nasenlöcher (⁊ Nase). Dies führt zu Schwerhörigkeit, ⁊ Näseln (Rhinolalie) und einem bei ständiger Mundatmung charakterist. Gesichtsausdruck (»adenoide Facies«). Abhilfe schafft die operative Entfernung (Adenotomie). GL

Mandesprachen Ca. 30 Spr. umfassende Untergruppe der ⁊ Niger-Kongo-Sprachen; eine Zuordnung, die nicht unumstritten ist. Knapp die Hälfte der ca. 14 Mio. S1-Sprecher leben in Mali, jeweils 1–2 Mio. in Guinea, Elfenbeinküste, Sierra Leone, Liberia und Burkina Faso. Kleinere Sprechergruppen finden sich in Gambia (ca. 0,4 Mio.), Senegal, Guinea-Bissau und Mauretanien, ferner in Benin, Togo, Niger, Nigeria und Ghana; Karte ↗ Afrikanische Sprachen, im Anhang. Welmers (1971) unterscheidet zwischen einer Nordwestgruppe, die u. a. ↗ Manding (ca. 7 Mio.), Soninke (ca. 1 Mio.), Susu (0,7 Mio.), Vai, Kono, Kpelle (ca. 0,9 Mio.), Loma, Mende (ca. 1,5 Mio.) und Sya (Bobo-Fing) umfasst, sowie einer kleineren Südostgruppe, u. a. mit Bisa und Dan. Die M. sind ↗ Tonsprachen mit i. d. R. 7 Vokalen, ohne Nominalklassen oder Genus, Wortstellung SOV, Postpositionen. Im 19. und 20. Jh. autochthone Schrifterfindungen für das Vai, Mende, Loma und Kpelle; ↗ Afrikanische Schriftsysteme. **Lit.** W. E. Welmers, Niger-Kongo, Mande. CTL 7, 1971, 113 ff. – R. Kastenholz, Grundkurs Bambara (Manding) mit Texten. Köln 1989. – **SSG** Stadt- und Universitätsbibliothek Frankfurt/M. (30).   RE

Manding (auch: Mandingo, Mandekan) Bedeutendste ↗ Mandesprache und nach dem ↗ Hausa wichtigste autochthone Verkehrssprache Westafrikas. Sprachgebiet: Mali, Elfenbeinküste, Gambia, Teile von Burkina Faso, Guinea und des Senegal. Ca. 7 Mio. S1-Sprecher, ferner 5–7 Mio. S2-Sprecher; Karte ↗ Afrikanische Sprachen, im Anhang. Hauptdialekte: Bambara (bes. in Mali), Dyula (Verkehrsspr., bes. in Elfenbeinküste), Mandinka (bes. in Gambia und Senegal) sowie Xasonke und Maninka in den dazwischenliegenden Gebieten. Begrenzte schriftl. Verwendung, da Frz. bzw. Engl. (Gambia) die offiziellen Spr. dieser Staaten sind.   RE

Mandschu ↗ Tungusisch

Manegirisch ↗ Tungusisch

Mangbetu ↗ Zentralsudanesische Sprachen

Manggarai ↗ Bimba-Sumba-Sprachen

Maninka ↗ Mandesprachen

Manipulation ↗ Rhetorische Kommunikation (3)

Manisch ↗ Rotwelsch

Manner adverb Im Engl. gebräuchl. Bez. für ↗ Adverbien, die in Spr., welche ein ↗ Suffix zur ausschließl. Bildung von Adverbien aus Adjektiven haben, mit eben diesem Suffix abgeleitet werden (↗ Ableitung): engl. *quick-ly*, it. *fortunata-mente*. Im Dt. gibt es keine M. a., wohl aber ↗ Modaladverbien. Beide Termini sind nicht synonym, da dt. Modaladverbien meist keine formalen Kennzeichen haben; ↗ Prädikatsbezogenes Adverb.   SO

Männersprache ↗ Feministische Linguistik, ↗ Frauensprache, ↗ Sexus

Männlich ↗ Maskulin

Männlich-personales Genus ↗ Belebtheit

Mansi, Mansisch ↗ Vogulisch

Manx Idg. Spr., die dem ↗ goidel. Zweig der ↗ keltischen Sprachen angehört. Am engsten mit dem ↗ Schott.-Gäl. verwandt, aber teilweise auch mit südl. ↗ irischen Dialekten übereinstimmend. Weitere Einflüsse aus britann. Substrat. Die Orthographie beruht auf engl. Prinzipien. Wichtigstes Denkmal ist die Übersetzung des anglikan. Gebetbuchs durch Bischof John Philips ins M. (ca. 1610). Der letzte bekannte Muttersprachler starb 1974. Neuerdings Wiederbelebungsversuche, auch durch Schulpolitik. **Lit.** G. Broderick, M. In: M. Ball & J. Fife (eds.), The Celtic Languages. Ldn. 1993, 228–285. – R. L. Thomson, The M. Language. In: D. Macaulay (ed.), The Celtic Languages. Cambridge 1992, 100–136.   RO, W

Manyika ↗ Shona

Maori Ost- ↗ austronesische Sprache von Neuseeland und den Cook-Inseln. Ost- ↗ ozeanische Sprachen; zentral-pazif. Spr.n; polynes. Sprachgruppe; östl.-polynes. Sektion; zentral-östl. Subsektion; Tahitian. Sub-Subsektion mit Neuseeland-M. (ca. 100 000 Sprecher) und M. (Rarotongan) der Cook-Inseln (32 000 Sprecher, davon 50 % in Neuseeland). Neuseeländ. M.-Dialekte sind Nord-Auck-land, Plenty-Bucht, Taranaki-Wanganui und Süd-Insel-Dialekt. Zunehmend durch Engl. verdrängt; Alphabetisierungsgrad 98 %. **Lit.** W. Bauer, W. Parker & Te Kareongawai Evans, Maori. Ldn. 1993. – R. Marlow, Māori. Languages of the World/Materials 20. Mchn 1996.   CE

Mapuche ↗ Araukanisch

Mapping Bez. für eine der zentralen Aufgaben im frühkindl. Spracherwerb. Sprachl. Formen werden Bedeutungen bzw. Funktionen zugewiesen: dem großen, im oberen Bereich breiteren und grünen Objekt im Garten entspricht nunmehr die sprachl. Repräsentation *Baum*. Die Voraussetzung ist, dass entsprechende Konzepte (etwa Vorstellungen, die einen Baum zu einem Baum machen) im ↗ Mentalen Lexikon bereits vorhanden sind, bevor diese auf die entsprechenden ling. Formen ›gemappt‹ werden können. Die Frage, wie diese zugrundeliegenden Konzepte entstehen (ob sie angeboren oder erworben sind), ist damit nicht beantwortet. M. ist der zweite Schritt nach der Kategorisierung sprachl. Einheiten, zu denen nicht nur lexikal. Konzepte (BAUM), sondern auch syntakt. oder morpholog. Kategorien gehören. Pluralmarkierung z. B. wird auf ling. Formen gemappt, die mehrfaches Vorhandensein des Bezeichneten signalisieren (i. d. R. Morpheme). Auch das setzt voraus, dass Konzepte vorhanden sind, hier die Kenntnisse der Kategorie Numerus; ↗ Mentalismus, ↗ Behaviorismus, ↗ Kognitivismus.   ES

Maranao ↗ Philippinische Sprachen

Marāṭhī Als ↗ indoarische Sprache offizielle Spr. im ind. Staat Maharashtra; teilweise Verbreitung auch in den angrenzenden Staaten Madhya Pradesh, Gujarat, Karnataka und außerdem in Kerala. Die zahlreichen Dialekte lassen sich in zwei hauptsächl. Gruppen fassen: Dēśī und ↗ Kōṅkanī (Kōknī); Karte

↗ Indische Sprachen, im Anhang. Erste lit. Denkmäler dieser bedeutenden Spr. schon im 11. Jh. n. Chr. Der seit dem 19. Jh. gebräuchlichen modernen Schriftspr. liegt die Umgangsspr. der Stadt Pune (Dēśī) zugrunde. Verwendete Schrift ist die Devanāgarī, hier unter dem Namen *Bālbodh* (›den Kindern verständlich‹), daneben auch deren Kurzschriftvariante *Moḍī;* ↗ Indische Schriften; ↗ Koṅkaṇī. **Lit.** R. Pandharipande, Marathi. In: G. Cardona & Dh. Jain (eds.), The Indo-Aryan Languages. Ldn., N. Y. ²2007, 698–728. FZ

Margi ↗ Tschadische Sprachen

Mari ↗ Tscheremissisch

Maricopa ↗ Hoka-Sprachen

Markant Bei L. Tesnière (↗ Dependenzgrammatik) zusammenfassende Bez. für formale Kennzeichnungen von syntakt. Relationen bzw. Operationen; ↗ Translativ, ↗ Junktiv, ↗ Index. WK

Marke ↗ Warenzeichen

Markenname (engl. brand name, trade name) Geschützter ↗ Produktname (↗ Warenzeichen, ↗ Warenzeichenrecht), auch Bez. für eine Dachmarke, z. B. in der Modebranche die Namen von Herstellern (Gucci, Lacoste, Boss). G

Marker ↗ Merkmal

Markerese (auch: Merkmalesisch) Spöttische Bez. für die Merkmalinventare (↗ semantisches Merkmal), die in der interpretativen Semantik und anderen Typen von Semantiken als Beschreibungssprachen verwendet werden, obwohl die Elemente dieser Beschreibungssprachen nach Meinung der Spötter selbst noch der Beschreibung bedürfen; ↗ lexikalische Solidaritäten (z. B. Schäferhund, bellen [-menschl.], [+ belebt], [+ canid]). **Lit.** D. Lewis, General Semantics. Synthese 22, 1970, 18–67. Dt. in S. Kanngießer & G. Lingrün (Hgg.), Studien zur Semantik. Kronberg /Ts. 1974, 136–197. G

Markiert In der ↗ Prager Schule und in SPE zur ökonom. phonolog. Beschreibung (↗ Phonologie) verwendetes Konzept (Markiertheit), nur den weniger erwartbaren, weniger natürl. Wert eines binären phonolog. ↗ Merkmals (z. B. die Rundung bei dt. Vorderzungenvokalen, im Ggs. hierzu ↗ merkmalhaltig) anzugeben; ↗ Unterspezifikation. PM

Markiertheit ↗ Markiert

Markiertheitstheorie Lehre, die von dem Initiator der strukturalist. Bewegung, R. Jakobson (1896–1982), bei der Untersuchung des Kasus entworfen wurde. Jakobson (1936) betrachtete für das Russ. in dem Oppositionspaar »Nominativ vs. Akkusativ« den Akkusativ als den merkmalhaltigen, den Nominativ als den merkmallosen Kasus. N. S. Trubetzkoy (1890–1938) hat die Unterscheidung zwischen merkmaltragend (auch: merkmalhaft) und merkmallos auf die Glieder binärer phonolog. Oppositionen angewandt. Merkmalhaft sind z. B. die sth. Verschluss- und Reibelaute des Russ. gegenüber den stl. Sth. Verschluss- und Reibelaute haben das Merkmal der Stimmhaftigkeit, das sie

gegenüber den entsprechenden stl. Konsonanten, denen dieses Merkmal fehlt, auszeichnet. Im Wortauslaut und vor stl. Konsonanten verlieren die merkmalhaften ihr auszeichnendes Merkmal: Sie werden in diesen Stellungen stl. realisiert; das merkmallose Oppositionsglied, z. B. /t/, tritt an die Stelle des entsprechenden merkmalhaften Oppositionsglieds, nämlich /d/. Die Opposition wird zugunsten des merkmallosen Oppositionsglieds aufgehoben (oder: neutralisiert). – Heute spricht man anstatt von Merkmalhaftigkeit in der Regel von Markiertheit (Rückübersetzung der engl. Übersetzung *markedness*). **Lit.** R. Jakobson, Beitrag zur allgemeinen Kasuslehre. Gesamtdeutungen der russ. Kasus. TCLP 6, 1936, 240–288. – N. S. Trubetzkoy, Grundzüge der Phonologie. Göttingen 1958. T

Markierungsstruktur ↗ Oberflächensyntax

Märkisch ↗ Brandenburgisch, ↗ Nordobersächsisch-Südmärkisch

Markup-Sprache (auch: Auszeichnungssprache. Engl. markup language, frz. langage balisé) Formale Spr. zur Annotation von Dokumenten. Die Annotationen können die typograph. Textgestaltung betreffen, Verweise auf andere Dokumente (hyperlinks) einfügen oder ling. Informationen kodieren, die für Aufgaben wie automat. Texterschließung benötigt werden. Am gebräuchlichsten sind die M. XML (Extensible Markup Language) und HTML (Hypertext Markup Language), die beide aus der Standard General Markup Language (SGML) abgeleitet wurden; ↗ Hypertext. L

Marokkanisches Arabisch ↗ Maghrebinisches Arabisch

Marquesanisch ↗ Ozeanische Sprachen

Marrismus (auch: Japhetitische Sprachtheorie, »Neue Lehre«, ↗ Stadialtheorie) In den 1920er Jahren von dem sowjet. Kaukasologen und Indogermanisten N. Ja. Marr (1864–1934) entwickelte Konzeption von ↗ Sprachwandel und ↗ Sprachursprung, die direkten Zusammenhang zwischen der Entwicklung einer gegebenen Spr. und der Gesellschaft ihrer Sprecher behauptet. Der auch als die »Neue Lehre von der Sprache« bezeichnete M. ist stark vom marxist. Ideengut des histor. Materialismus geprägt, da er Kausalbeziehungen zwischen ling. Beobachtungen/Interpretationen von sprachl. Fakten bzw. Gegebenheiten und Wandlungsprozessen der sozio-ökonom. Kultur der entsprechenden ↗ Sprachgemeinschaft postuliert. Die Kernhypothesen des M. sind: (a) Spr. und Gesellschaft durchlaufen in sprunghaften Ablösungsprozessen dieselben universalen Entwicklungsstadien, da Spr. als eine Erscheinung des Überbaus aufzufassen ist, die durch das Klassenbewusstsein ihrer Träger bestimmt wird; (b) diese Entwicklung verläuft parallel, d. h. die Etappen des typolog. Sprachwandels in der Reihenfolge ↗ isolierender, ↗ agglutinierender, ↗ flektierender Sprachtypus, die angebl. höchste Entwicklungsstufe, mit den Stadien der Entwicklung der gesellschaftl.-materiellen Kultur und des Denkens ihrer Sprecher korrelieren; (c) der Ursprung aller Spr. kann auf die vier primitiven (i. S. von elementaren) Lautverbindungen *sal*, *ber*, *yon*, *roš* zurückgeführt werden; (d) Spr. entstehen nicht aus verschiedenen ⁊ Ursprachen durch einen auf genet. Kontinuität beruhenden Wandel, sondern durch Mischung zufällig in Kontakt kommender Spr. Wiss.geschichtl. stellt der M. den allerdings mit vulgarisierten marxist. Positionen und empir. schlecht abgesicherten ling. Hypothesen arbeitenden Versuch dar, die sowjet. vergleichend-histor. Sprachwiss. auf die ideolog.-philosoph. Grundlage des vorherrschenden polit. Systems zu stellen, was zwangsläufig zu erbitterten Auseinandersetzungen mit der traditionellen Sprachwiss., v. a. der Indogermanistik und Slavistik, führte. Der M. hielt sich, verbreitet durch Marrs Schüler, v. a. I. Meščaninov (1883–1967), zwei Jahrzehnte lang als die offiziöse sprachwiss. Lehrmeinung der sowjet. Ling. und erschwerte in ihr eigenständige, strukturalist. inspirierte Entwicklungen. Durch den Eingriff Stalins in die sprachwiss. Debatte, der 1950 in einem Pravda-Artikel die Spr. zu einer Erscheinung mit Eigengesetzlichkeit jenseits von Überbau- oder Basisphänomenen erklärte, wurde der M. endgültig aus der sowjet. Ling. ausgeschlossen. **Lit.** W. Girke & H. Jachnow (Hg.), Spr. und Gesellschaft in der Sowjetunion. Mchn. 1975. – H. Jaksche, Zur Theorie des Sprachwandels in Rußland und der UdSSR. In: H. Jachnow (Hg.), Hdb. des Russisten. Sprachwiss. und angrenzende Disziplinen. Wiesbaden 1984, 681–705. – R. L'Hermitte, Science et perversion idéologique. Marr, Marrisme et Marristes. Une page de l'histoire de la linguistique soviétique. Paris 1987. – S. Jacobs, Zur sprachwissenschaftstheoret. Diskussion in der Sowjetunion: Gibt es eine marxist. Spr.wiss.? Mchn. 1992.   HA

Marshallesisch ⁊ Ozeanische Sprachen

Marubo ⁊ Pano-Takana-Sprachen

Mārvārī ⁊ Rājasthānī

Marxistische Sprachtheorie Zusammenfassende Bez. für eine Reihe von Versuchen, Sprachwiss. nach den Axiomen des dialekt. und histor. Materialismus zu betreiben; mitunter auch unter der Bez. *materialistische Sprachtheorie*. Nach theoret. interessanten ersten Entwürfen einer m. S. in der frühen sowjet. Ling. (E. D. Polivanov (1891–1938), L. V. Ščerba (1880–1944), L. S. Vygotskij (1896–1934) u. a.) wurde der ⁊ Marrismus in den 1930er Jahren offizielle Doktrin in der UdSSR, was verheerende Konsequenzen wiss. und z. T. persönl. Art hatte (Polivanov wurde 1938 ermordet). In den Briefen Stalins zur Linguistik (1950) wurde die marrist. Doktrin verdammt, jedoch überdauerte der Zwang, sprachwiss. Theorien auf heterogene und widersprüchl. Ausführungen von Marx, Engels, Lenin und (bis 1956) Stalin »zu Fragen der Sprache« aufzubauen. Es dauerte bis in die späten 1950er Jahre, bis die sowjet. Sprachwiss. nach bitteren inneren

Auseinandersetzungen den Anschluss an die internat. Diskussion teilweise wieder gefunden hatte. In der früheren DDR datieren die Versuche, eine m. S. zu erarbeiten und als Leitschnur verbindlich zu machen, aus den 60er und 70er Jahren. Sie knüpfen einerseits an sowjet. und tschech. Arbeiten zu Fragen der ⁊ Existenzformen der Sprache, der ⁊ Literatursprache und der ⁊ Nationalsprache an, andererseits stehen sie in (teilweise um ideolog. Abgrenzung bemühten) Auseinandersetzungen mit westl. Arbeiten zur ⁊ Soziolinguistik, zu Zusammenhängen zwischen sozialer ⁊ Schicht und Sprachverhalten, zu ⁊ Sprachpolitik, ⁊ Sprachkultur und ⁊ Sprachenpolitik. In den 1970er Jahren gab es in der BRD und anderen Ländern Westeuropas eine Vielzahl von Versuchen, den Doktrinarismus und die z. T. in offensichtl. Widersprüchen zu den Fakten stehende Ideologiedeterminiertheit der »offiziellen« östl. m. S. zu überwinden und neue, offenere Modelle einer m. S. zu entwickeln (die ihrerseits mitunter sektiererisch und doktrinär ausfielen). – Weder eine konsistente noch eine allgemein als solche anerkannte m. S. ist jemals erarbeitet worden. **Lit.** E. D. Polivanov, Za marksistskoe jazykoznanie [Für eine marxist. Sprachwiss.]. M. 1931. – Ders., Stat'i po obščemu jazykoznaniju [Aufsätze zur allg. Sprachwiss.]. 2 vols., ed. A. A. Loent'ev. M. 1968. – V. N. Vološinov, Marksizm i filosofija jazyka. M. 1930. Dt. Marxismus und Sprachphilosophie. Ffm. 1975. – J. V. Stalin, Marxismus und Fragen der Sprachwiss. (1950/51). Hg. H.-P. Gente. Mchn. 1968. – H. Girke & H. Jachnow (Hg.), Spr. und Gesellschaft in der Sowjetunion. Mchn. 1975. – H. Jachnow (Hg.), Handbuch des Russisten. Wiesbaden ²1999.   G

Masa ⁊ Tschadische Sprachen

Maschinelle Lernverfahren Algorithmen aus der ⁊ Künstlichen Intelligenz zur Extraktion von Wissen (Verallgemeinerungen, Regeln, Entscheidungskriterien) aus Daten. Es wird zwischen überwachten und unüberwachten m. L. unterschieden, wobei Erstere auf der Basis von manuell vorbereitetem Datenmaterial trainiert werden, das positive oder auch negative Beispiele für das intendierte Lernziel definiert, und Letztere durch unbearbeitete Rohdaten. In der ⁊ Computerlinguistik wurden m. L. in den vergangenen Jahren zunehmend eingesetzt, u. a. für die Induktion von Grammatiken aus Korpora, im Bereich der automat. inhaltl. Kategorisierung von Dokumenten und in der ⁊ Automatischen Spracherkennung.   L

Maschinelle Übersetzung (Abk. MÜ. Engl. machine translation, Abk. MT, frz. traduction automatique) Seit 1954 bestehender Bereich der ⁊ Computerlinguistik, der nach dem ALPAC-Report 1966 eingedämmt wurde, in dem aber seit 1970 wieder aktive Forschung betrieben wird. Abhängig davon, ob eine computergenerierte Rohübersetzung zur Qualitätsverbesserung durch den Humanübersetzer pre- oder posteditiert wird, unterscheidet man Systeme zur vollautomat. Übersetzung (MT) von der maschinengestützten Humanübersetzung (engl. machine-aided human translation (MAHT), auch: computer-aided translation), die eine Arbeitsoberfläche bereitstellt, in die Übersetzungshilfen wie elektron. Wörterbücher oder ein ⁊ Translation Memory integriert sind. Generell existieren (a) Grammatik-basierte Ansätze wie die Transfer-basierte MÜ und die Interlingua-basierte MÜ sowie (b) direkte Ansätze wie die Example-basierte MÜ (engl. EBMT) und statist. MÜ. Während das Interlingua-Modell einen Satz tief analysiert und in eine sprachunabhängige ⁊ Bedeutungsrepräsentation konvertiert, wird bei einem Transfermodell ein Strukturbaum (mit syntak. und semant. Merkmalen) erzeugt (⁊ Parsing), der durch lexikal. und strukturelle Regeln in einen zielsprachl. Strukturbaum überführt wird, für den dann die zielsprachl. Merkmale (insbes. Agreement) generiert werden. Statist. Ansätze lernen Transferregeln automat. aus alignierten Korpora (⁊ Alignierung). EBMT-Ansätze verwenden außerdem alignierte Teilsätze, Phrasen oder sogar partielle Syntaxbäume als Übersetzungseinheiten, die dann mithilfe von heurist. Regeln in die Zielspr. überführt werden. Das erste statist. MÜ-System namens Candide wurde 1990 von Jelinek entwickelt. Eine besondere Anwendung ist Speech Translation; ⁊ sprachübergreifendes Information Retrieval (engl. cross-language information retrieval, Abk. CLIR). **Lit.** Ph. Koehn, Statistical Machine Translation. Cambridge 2009. – P. F. Brown et al., A Statistical Approach to Machine Translation. Computational Linguistics 16(2), 1990, 79–85.   Z

Masematten ⁊ Rotwelsch

Maskulin (auch: männlich) ⁊ Genus, Adj. zu ⁊ Maskulinum.   SL

Maskulinum (lat. masculus ›Männchen‹) Neben ⁊ Femininum und ⁊ Neutrum eines der Genera (⁊ Genus), die im Dt. und vielen anderen Spr. Teil der durchgängigsten und einheitlichsten Kategorisierung der Substantivparadigmen bilden. Bezogen auf die gesamte substantiv. Lexik einer Spr. (z. B. des Dt.) ist die ⁊ Genusdetermination arbiträr. Gelegentl. gibt es Genusschwankungen zwischen Mask. und Ntr., z. B. der/das Barock, der/das Joghurt. Korrelationen zwischen Genus und Bedeutung sind nur bei einigen Teilwortschätzen, die bestimmte Gegenstandsbereiche bezeichnen, herstellbar. Mask. sind neben den Bez. für die Jahreszeiten, Monate, Tage, Himmelsgegenden, Winde, Gesteins- und Erdarten vor allem Personenbezeichnungen, wobei die mask. Formen der Substantive und vieler indefiniter Pronomina als die unmarkierten neben den Bez. des natürl. Geschlechts auch für den ⁊ generischen Sprachgebrauch verwendet werden, eine Asymmetrie, die histor. begründet, in vielen Spr. vorhanden und in den letzten Jahren Gegenstand feminist. Sprachkritik geworden ist.   SL

Masoreten (hebr. m-s-r ›überliefern‹) Die M. entwickelten 600–1000 n. Chr. in Babylon, Palästina und Tiberias eine Methode, um die korrekte Aussprache des ⁊ althebräischen Bibeltextes zu sichern, indem sie Vokalzeichen unter und über der Schriftlinie (sog. Punktierung) einführten. Sie unterschieden /s/ und /ś/, für die es nur ein Schriftzeichen gibt, durch einen diakrit. Punkt. Die tiberian. Punktierung ist heute noch gültig; ⁊ Vokalisierung (2).   WI

Mass noun ⁊ Mengensubstantiv

Maßangabe (auch: Maßbezeichnung, Mengensubstantiv) Semant. motivierte Bez. für diejenigen sprachl. Ausdrücke, die sich auf eine Quantität beziehen, z. B. die ⁊ Numeralia (z. B. zwei, drei, vier), bestimmte Adjektive (z. B. halb, achtel) und Substantive (z. B. ein Pfund Obst, eine Maß Bier, die Hälfte der Teilnehmer, ein Dutzend Eier); ⁊ Zählbarkeit, ⁊ Zahl.   PT

Maßphrase ⁊ Adjektivphrase

Massenkommunikation Die ⁊ Soziolinguistik untersucht die Rolle der Spr. innerhalb der M., v. a. in Presse, Rundfunk, Fernsehen (alltagssprachl. Definition von M.). Wenn man andere Kriterien zur Definition heranzieht, z. B. techn. Beschaffenheit, allgemeine Verfügbarkeit, massenhafte Verarbeitung u. a., dann schließt M. Video- und Audiobänder, Schall- und Bildplatten, Flugblätter, Prospekte, Gebrauchsanweisungen etc. und die Kommunikation im Internet ein. Der Zusammenhang von massenmedialem Sprachgebrauch und Entstehungs-, Funktions- und Wirkungsbedingungen von M. ist problemat. und noch nicht systemat. erforscht. Die bisherigen Forschungsbeiträge befassen sich mit den Teilgebieten Fernsehen, Presse, Rundfunk. Ausdrücke wie ›Pressesprache‹, ›Nachrichtensprache‹ oder ›Zeitungssprache‹ vermitteln dabei den nicht immer zutreffenden Eindruck eines einheitl. ⁊ Funktionalstils oder ⁊ Registers; ⁊ Journalesisch. Typ. für die M. ist, dass dort alle Textsorten vorkommen.   R

Massennomen ⁊ Mengensubstantiv

Massenwort ⁊ Singularetantum

Mataco-Sprachen Sprachfamilie. Sprachgebiet: das Gran Chaco-Gebiet in Nordargentinien, Bolivien und Paraguay. Zu den M.-Spr. gehören das Chorotí, das Mak'a, das Mataco und das Nivaclé (Chulupí); Karte ⁊ Südamerikanische Sprachen, im Anhang. **Lit.** J. P. Seelwische, Diccionario Nivaclé-Castellano. Mariscal Estigarribia 1980. – A. Tovar, Relatos y diálogos de los Matacos. Madrid 1981. – SAIL, 1985. **SSG** Ibero-Amerikanisches Institut Berlin (204).   AD

Matagalpa ⁊ Misumalpan-Sprachen

Matakam ⁊ Tschadische Sprachen

Matanawí ⁊ Südamerikanische Indianersprachen

Matched-guise-Technik (engl. matched guise ›Verstellung‹) Verfahren zur Erhebung empir. ⁊ Daten zur sozialen Bewertung von Spr.n und ⁊ Sprachvarietäten. Versuchspersonen (Vpn.) werden Sprachaufnahmen in verschiedenen Spr. oder Varietäten vorgespielt, aufgrund derer sie Angaben zu Persönlichkeitsmerkmalen der Sprecher machen (sozialer Status, Bildung usw.). Die Vpn. werden dabei ausdrückl. aufgefordert, bei ihrer Beurteilung die gehörte Spr. bzw. Varietät nicht zu berücksichtigen, sondern sich ausschließl. auf die Stimme des Sprechers zu konzentrieren. Schon erste Untersuchungen dieser Art (Lambert et al. 1960) zeigten, dass die vermeintl. verschiedenen Sprecher sehr unterschiedl. beurteilt werden. Da es sich bei dieser Anordnung jedoch immer um denselben bi- bzw. multilingualen/-lektalen Sprecher handelt, der die verschiedenen Sprachproben liest, treffen die Vpn. nicht nur Urteile über den Sprecher, sondern hauptsächl. über Spr. bzw. Varietäten. **Lit.** W. E. Lambert, R. Hodgson et al., Evaluational Reactions to Spoken Languages. Journal of Abnormal and Social Psychology 60, 1960, 44–51. – E. B. Ryan, H. Giles et al., The Measurement of Language Attitudes. HSK 3, II, 1068–1081.   SK

Mater lectionis ↗ Matres lectionis

Materialadjektiv Desubstantivisches Adjektiv, das ein natürliches Material (z. B. *eisern, irden* < Erde) oder ein Artefakt (z. B. *leinen, baumwollen, seiden*) bezeichnet.   G

Materialistische Sprachtheorie ↗ Marxistische Sprachtheorie

Mathematische Linguistik (engl. mathematical linguistics, frz. linguistique mathématique) Anwendung numer. (z. B. statist.) u. symbol. (z. B. log.) math. Verfahren auf ling. Fragestellungen; ↗ Computerlinguistik. **Lit.** B. Partee et al., Mathematical Methods in Linguistics. Dordrecht 1990. – C. D. Manning & H. Schütze, Foundations of Statistical Natural Language Processing. Cambridge, Mass. 2001.   L

Mathira ↗ Kikuyu

Matres lectionis (lat. māter ›Mutter‹, bildl. auch ›Ursache, Ursprung‹; lēctiō ›Lesen, Ausdruck, Lesart‹) Best. Konsonantenzeichen, die in den ↗ Schriftsystemen der ↗ semitischen Sprachen zur Wiedergabe von Vokalen verwendet werden. Sie dienen so als m. l. (Lesehilfen) und haben keinen konsonant. Wert; z. B. bezeichnet der Buchstabe ⟨w⟩ den Kons. /w/ oder als m. l. den Vokal /ū/, in einer späteren Schriftstufe auch die Vokale /ō/ und /u/.   WI

Matrix f., pl. Matrizen oder Matrices (lat. mātrīx ›Mutter, Stamm‹; ›Verzeichnis‹) Schemat. Darstellung in Tabellenform zur ↗ Beschreibung sprachl. Einheiten (z. B. Phoneme, Morpheme). Häufig werden die zu beschreibenden Einheiten horizontal aufgeführt, die sie klassifizierenden Merkmale, Werte vertikal, z. B. in der Matrix ↗ Vokalismus des Deutschen.   SK

Matrixsatz (auch: Trägersatz) Übergeordneter Satz, in den ein anderer Satz (↗ Konstituentensatz) eingebettet ist. Ein M. kann sowohl ein ↗ Hauptsatz als

auch ein selbst eingebetteter Satz sein; ↗ Einbettung, ↗ Nebensatz. Im Satzgefüge *Johannes verspricht Stefan, dass er zum Stammtisch kommt, der diesmal im Biergarten stattfindet* ist (S 1) *Johannes verspricht Stefan* M. (jedoch kein grammat. Hauptsatz!) für den Konstituentensatz (S 2) *dass er zum Stammtisch kommt* (der die Objektstelle in S 1 ausfüllt) und der letztere (eingebettete) Konstituentensatz (S 2) wiederum M. für den Konstituentensatz (S 3) *der diesmal im Biergarten stattfindet.*   RL

Matrixverb Verb bzw. Verbkomplex eines ↗ Matrixsatzes.   G

Maxakalí-Sprachen ↗ Ge-Sprachen

Maximale Projektion (engl. maximal projection, frz. projection maximale) Eine Kategorie YP heißt in der ↗ X-Bar-Theorie m. P. einer Kategorie Y, wenn jede Kategorie XP, die Y dominiert, auch YP dominiert, d. h., wenn es zwischen Y und YP im ↗ Strukturbaum keine andere m. P. gibt. Eine m. P., die alle grammat. Merkmale ihres Kopfes aufweist, heißt Complete Functional Complex (↗ CFC; auch: minimale abschließende Kategorie, vgl. Chomsky 1986, Frey 1993, 119 f., Schoenfeld 2004). In der ↗ X-Bar-Theorie werden m. P. mit der Abkürzung XP notiert (NP ↗ Nominalphrase, DP ↗ Determinansphrase usw.); fasst man allerdings m. P. als Projektionen ↗ funktionaler Kategorien auf, so müsste man eine sorgfältige Notation für m. P. FXP lauten (mit F als Symbol für die betreffende funktionale Kategorie), z. B. DNP anstelle von DP für Determinansphrasen. **Lit.** N. Chomsky, Barriers. Cambridge, Mass. 1986. – W. Frey, Syntakt. Bedingungen für die semant. Interpretation. SG 1993. – V. Lee-Schoenfeld, Binding by Phase: (Non-)Complementarity in German. JGL 16.2, 2004, 111–171. Bln. 1993.   F

Maximum Entropie Modell (Abk. MEMM) M. E.-Modelle sind ↗ Maschinelle Lernverfahren für die ↗ Automatische Klassifikation, die für viele Aufgaben aus dem Bereich der ↗ Computerlinguistik (z.B Tagging, Disambiguierung) eingesetzt werden können. Das Modell basiert auf dem informationstheoretischen Maß: Es wird die Wahrscheinlichkeitsverteilung mit der maximalen ↗ Entropie verwendet, um eine Entscheidung in Abwesenheit von Informationen zu verhindern.Voraussetzung ist, dass sich das Problem im ↗ Vektormodell repräsentieren lässt.   Z

Maya-Schrift Schrift der klass. Maya-Kultur (ab 300 v. Chr.), die das entwickeltste ↗ Schriftsystem Altamerikas war. Die Schrift wurde von Sprechern früher Formen des Chol (↗ Maya-Sprachen) und des ↗ Yukatekischen getragen und kann inzwischen als im Wesentl. entziffert gelten. Sie ist eine Mischung aus ↗ Silbenschrift und Wortzeichenschrift (bzw. Bildzeichenschrift), wobei die Schrift durch große Variationsbreite (zahlreiche Allographe, verschiedene ↗ Schriftrichtungen) gekennzeichnet ist. Die M.-Schrift wurde hauptsächl. für dynast.-histor., re ligiöse und astronom.-kalendar. Aufzeichnungen verwendet und ist archäolog. aus Inschriften auf Monumentalen und Keramiken sowie aus wenigen erhaltenen Hss. (bes. Dresdener Codex) bekannt. **Lit**. M. D. Coe, Breaking the Maya Code. Ldn. 1992 (dt. Reinbek 1995). – M. D. Coe & M. Van Stone, Reading the Maya Glyphs. Ldn. 2001. – J. Montgomery, How to Read Maya Hieroglyphs. N. Y. 2002. D

Maya-Sprachen ↗ Mesoamerikanische Sprachgruppe im südl. Mexiko und in Guatemala mit ca. 6 Mio. Sprechern. Der westl. Zweig im mexikan. Bundesstaat Chiapas besteht aus den Tzotzil-Spr. (ca. 700 000) mit den Einzelspr. Tzotzil und Tzeltal sowie aus den Chol-Spr. (ca. 270 000) mit Ch'ol, Chontal und Ch'orti'. Eigene Zweige bilden die stärker abweichenden Spr. ↗ Yukatekisch und Huastek. (Teenek; ca. 150 000 Sprecher im nördl. Veracruz und in San Luis Potosí). Ein weiterer Zweig (ca. 300 000) besteht aus Chuj und Tojolabal einerseits und Kanjobal (Q'anjob'al) und Jakaltek. (Popti') andererseits. Im Hochland von Guatemala gibt es den östl. Zweig, der sich aus den Mam-Spr. (ca. 750 000) mit den Hauptspr. Mam und Ixil sowie den ↗ Quiché-Sprachen zusammensetzt; Karte ↗ Mesoamerikanische Sprachen, im Anhang. Frühe Formen der Chol-Spr.n und des Yukatek. waren Träger der ↗ Maya-Schrift. Die M.-S. sind ↗ agglutinierende Spr., wobei in einigen der Spr. das Verb eine Tendenz zur Polysynthese (↗ polysynthetische Sprachen) zeigt. Aspektsysteme. Die Klassifizierung von Objekten und Vorgängen nach Gestalt und Raumlage ist in starkem Maße lexikalisiert. Numeralklassifikatoren. Alle M.-S. sind ↗ Ergativsprachen, meist mit aspektabhängigen Splitsystemen, im Falle der kolonialen Quiché-Spr.n jedoch morpholog. und syntakt. durchgängig. **Lit**. L. Campbell, Philological Studies and Mayan Languages. In: J. Fisiak (ed.), Historical Linguistics and Philology. Bln. 1990, 87–105. – N. C. England, A Grammar of Mam, a Mayan Language. Austin 1983. – C. G. Craig, The Structure of Jacaltec. Austin 1977. **SSG** Ibero-Amerikanisches Institut Bln. (204). D

Mayna ↗ Südamerikanische Indianersprachen

Mayo ↗ Uto-Aztekische Sprachen

Mayoruna ↗ Pano-Tacana-Sprachen

Mazahua ↗ Otopame-Sprachen, ↗ Otomangue-Sprachen

Mazandarani ↗ Iranische Sprachen

Mazatekisch ↗ Popoloca-Sprachen, ↗ Otomangue-Sprachen

Mazedonisch ↗ Makedonisch

Mazinga ↗ Kongo

Mba-Sprachen ↗ Ubangi-Sprachen

Mbungu ↗ Kuschitische Sprachen

Mean length of utterance (›durchschnittliche Äußerungslänge‹. Abk. MLU). Vergleichsweise intuitives Maß für die grammat. Kompetenz von Kindern im ↗ Erstspracherwerb: Je höher die MLU, desto weiter ist das Kind in seiner sprachl. Entwicklung fortgeschritten, denn die Komplexität steigt proportional zur Äußerungslänge an. Nach Brown (1973, 53) ist MLU anders als das Alter ein geeigneter Index für Längsschnitt-Entwicklungsstudien, da die Geschwindigkeit, in der sprachl. Strukturen erworben werden, von Kind zu Kind stark variiert (zusammenfassend: Wells 1986). Spracherwerbsverläufe von Kindern können demnach verglichen werden, wenn sich der MLU-Index entspricht, unabhängig davon, ob die Kinder gleich alt sind; ↗ Late talker. **Lit**. R. Brown, A First Language. Lnd. 1973 – G. Wells, Variation in Child Language. In: P. Flechter & M. Garman (eds.), Language Acquisition. Cambridge 1986, 109–139. ES

Mecklenburgisch-Vorpommersch Dialektverband innerhalb des ↗ Niederdeutschen südl. der Ostsee zwischen Lübecker und Pommerscher Bucht auf ehemals slavischsprachigem Neusiedelgebiet. Das M.-V. grenzt im Westen an das ↗ Nordniederdeutsche, im Osten an das ↗ Mittelpommersche und im Süden an das Brandenburgische; Karte ↗ Deutsche Dialekte, im Anhang. Mit dem Mittelpommerschen, ↗ Ostpommerschen, ↗ Niederpreußischen und Brandenburgischen teilt das M.-V. den Einheitsplural des Verbs auf -e(n) (z. B. make(n) ›wir, ihr, sie machen‹) gegenüber -(e)t im den sonstigen niederdt. Dialekten, deshalb für diese auch die Gruppenbezeichnung »Ostniederdt.«. Kennzeichen des M.-V.: die Hebung der mittleren Langvokale vor r (z. B. [mi:r] ›mehr‹, [hy:rn] ›hören‹, [u:r] ›Ohr‹) und das Diminutiv-Suffix {-ing} (*Mudding* ›Mütterchen‹); auf westfäl. Siedlungsanteil zu gründendes Kennzeichen ist die Hiatustilgung durch [γ] (z. B. [ʃri:γn] ›schreien‹, [bu:γn] ›bauen‹). **Lit**. P. Wiesinger, Die Einteilung der dt. Dialekte. HSK 1, II, 880–885. – D. Stellmacher, Ostniederdt. LGL ²1980, 464–468. – Mecklenburgisches Wb. Bd. 1–7. Bln., Neumünster 1937–1992. – Pommersches Wb. Lfg. 1 ff. Bln. 1997 ff. DD

Media f. (lat. medius ›mittel‹. Auch: Mittellaut) Terminus der antiken Grammatik zur Unterscheidung der stimmhaften Plosive [b, d, g] von den stimmlosen [p, t, k] (↗ Tenuis) und den ↗ aspirierten [pʰ, tʰ, kʰ]; ↗ Lenis, ↗ Fortis. PM

Mediales Verb (lat. medium ›Mitte‹. Auch: Mittelverb, pseudotransitives Verb. Engl. middle verb, frz. verbe passivisant) **1.** Nicht passivfähige Verben mit Akk.objekt, z. B. *behalten, kosten, wiegen, bekommen, enthalten.* **2.** Intransitive Verben, die im Dt. mit dem Reflexivum *sich* und einem adverbial gebrauchten Adj. konstruiert werden können, aber auch agentiv-transitiv, z. B. *Das Kochbuch verkauft sich gut* vs. *Der Verlag verkauft das Kochbuch in großer Stückzahl; Das Auto fährt sich gut* vs. *Rudolf fährt das Auto (gegen den Gartenzaun).* Diese Konstruktion wird als anti-kausativ bezeichnet. Eisenberg (II, 130 f.) rechnet auch unpers. Konstruktionen hierzu, z. B. *Es sitzt sich hier bequem*; ↗ Kausativ, ↗ Mediopassiv, ↗ Medium.   G

Median ↗ Zentral

Mediation (engl. to mediate ›vermitteln‹) In der ↗ Spracherwerbstheorie des ↗ Behaviorismus Bez. für die nicht beobachtbaren internen Verarbeitungsprozesse von sprachl. Stimuli; ↗ Reiz-Reaktions-Modell.   G

Mediativ m. ↗ Kasus z. B. des Bask. zur Bezeichnung des Instruments bzw. Mittels zur Ausführung der vom Prädikatsausdruck bezeichneten Handlung; ↗ Instrumental.   G

Medienlinguistik Anwendungsgebiet der Ling., das sich mit »der Sprache der Medien« in Presse, Radio, Fernsehen und Internet befassen will. **Lit.** D. Perrin, M. Mchn. 2006.   G

Mediodorsal ↗ Dorsal

Mediolekt ↗ Lekt

Mediolingual(laut) ↗ Lingual

Mediopalatal ↗ Palatal

Mediopassiv Passivartige Mittelkonstruktion in einer Reihe von Spr., z. B. im Dt. Das M. kann im Dt. zu transitiven und intransitiven Verben (↗ mediales Verb) gebildet werden. Syntakt. besteht keine direkte Verwandtschaft zum ↗ Vorgangspassiv, da ein ursprüngl. Agenssubjekt beim M. nicht auftaucht, aber semant. verfügbar bleibt, z. B. *Dieser Pullover wäscht sich gut.* Das M. fehlt in der Darstellung vieler Grammatiken. **Lit.** ↗ Medium.   SL

Medium n. (lat. ›Mitte‹. Engl. middle voice, frz. voix moyenne) **1.** Wie ↗ Aktiv und ↗ Passiv eine Subkategorie des ↗ Genus verbi, z. B. im Griech. und im Sanskrit. Das M. ist, wie auch das ↗ Resultativum, eine weder als aktivisch noch als passivisch klassifizierbare Mittelkonstruktion; sie ähnelt in semant. Hinsicht bestimmten Konstruktionen mit ↗ Reflexiva. Während das Resultativum einen Zustand beschreibt, ist das M. eine Mittelkonstruktion zur Wiedergabe eines Vorgangs. Von der aspektuellen Verbsemantik ist abhängig, ob ein Verb die eine oder die andere Konstruktion zulässt. In synchroner Hinsicht stehen Aktiv-, Passiv- und Mittelkonstruktionen nebeneinander. In histor. Hinsicht entwickeln sich Passivkonstruktionen aus Mittelkonstruktionen, die aber als Relikte oder Sondersysteme häufig erhalten bleiben. Nach Meinung von E. Leiss verhält sich die von der russ. Grammatikschreibung als Passiv eingeordnete Reflexivkonstruktion (z. B. *jubka moëtsja* ›Der Rock wird gewaschen‹, wörtlich ›wäscht sich‹) mehr wie ein M. als ↗ Mediopassiv und dürfte streng genommen nicht als Passiv klassifiziert werden; ↗ Mediales Verb. **Lit.** W. Abraham, Was hat sich's in ›Damit hat sich's?‹ In: J. Bobillon et al. (Hgg.), Das Passiv im Dt. Tübingen 1987, 51–71. – E. Leiss, Die Verbalkategorien im Dt. Bln. 1992. – S. E. Kemmer, The Middle Voice: A Typological and Diachronic Study. Amsterdam 1993. – Eisenberg II, 130 f., 284 f. – **2.** ↗ Massenkommunikation.   SL

Meglenorumänisch ↗ Rumänisch

Megrelisch ↗ Mingrelisch

Mehrdeutig ↗ Ambig

Mehrdeutigkeit ↗ Ambiguität, ↗ Äquivokation, ↗ Bisemie, ↗ Homonymie, ↗ Multisemie, ↗ Polysemie, ↗ Vagheit

Mehrdimensionale Opposition ↗ Opposition

Mehrfach zusammengesetzter Satz ↗ Periode

Mehrfachadressierung ↗ Adressat

Mehrfachbenennung ↗ Synonym

Mehrfacheinbettung ↗ Einbettung

Mehrfachform ↗ Dublette

Mehrfachfrage Verbindung zweier oder mehrerer ↗ Ergänzungsfragen in einem Satz, meist in Nachfragen bei Verständnisschwierigkeiten, z. B. *Wen hat was geärgert? Wer hat das wann wem gesagt?*   G

Mehrfachkoordination Koordinierte Ausdrücke mit mehr als zwei Konjunkten stellen eine M. dar, z. B. *Jan und Hein und Klaas und Pit (dürfen mit)*; *Lasset uns singen und tanzen und springen.*   G

Mehrfachverzweigende Konstruktion (engl. multiple branching construction, frz. construction embranchement multiple) Eine Struktur wird im Rahmen der ↗ Phrasenstrukturgrammatik als m. K. bezeichnet, wenn in einem ↗ Strukturbaum eine Konstituente A mehrere Konstituenten unmittelbar dominiert (↗ Dominanz). Für Chomsky, Aspects (Kap. 1, § 2) sind koordinierte Phrasen wie [$_{NP}$ [$_{NP}$ John] [$_{CONJ}$ and] [$_{NP}$ Tom]] typische Vertreter m. K., und auch der Satz ist nach dem ↗ Aspekte-Modell eine m. K. (z. B. [$_S$ [$_{NP}$ John] [$_{AUX}$ will] [$_{VP}$ come]]). M. K. stellen nach Chomsky, Aspects (ebd., Anm. 7) geringere Anforderungen an das Gedächtnis als selbsteinbettende oder ↗ Eingeschachtelte Konstruktionen. In den Folgemodellen zum ↗ Aspekte-Modell (↗ EST) werden m. K. zunehmend vermieden und sind im Rahmen des ↗ Minimalismus untersagt (vgl. ↗ Conjunction Phrase).   F

Mehrgraph ↗ Graphem

Mehri ↗ Südarabisch

Mehrlagige Phonologie ↗ Autosegmentale Phonologie

Mehrsilber (auch: Polysyllabum) Im Ggs. zum ↗ Einsilber aus mehreren ↗ Silben bestehendes Wort.   PM

Mehrsprachigkeit ↗ Multilingualismus

Mehrstufe ↗ Komparativ

Mehrwortlexem ↗ Phraseologismus

Mehrzahl ↗ Plural

Meiosis ↗ Litotes

Meißnisches Deutsch Im 16. bis 18. Jh. im mdt. und v. a. norddt. Raum als vorbildl. betrachtete Sprachform. Das M. D. (Obersächs.) wurde nicht nur als ↗ Schreibsprache als vorbildl. gepriesen, sondern auch für die ↗ Aussprache. Besonders in der theoret. Auseinandersetzung der frühnhd. Grammatiker des 17. und 18. Jh. um das Wesen einer einheitl. dt. ↗ Hochsprache ist die Stellung des M. D. von Bedeutung: Einerseits wird die Meinung vertreten, das M. D. sei hier richtungsweisend; andererseits die Meinung, die Hochsprache sei eine über den Dialekten stehende, abstrakte Sprachform. In der Forschung zum ↗ Frühneuhochdeutschen wurde neben den verschiedenen ↗ Kanzlei- und ↗ Druckersprachen, der Sprache der Schriften Luthers und dem ↗ Gemeinen Deutsch auch das M. D. des Wettiner Territoriums als ein für die Herausbildung des Nhd. wichtiger Faktor betrachtet. **Lit.** ↗ Frühneuhochdeutsch.   MO

Meiststufe ↗ Superlativ

Melanesische Sprachen ↗ Ozeanische Sprachen

Meliorativ m. (lat. melior ›besser‹) Ein sprachl. Ausdruck wird m. genannt, wenn er den mit ihm bezeichneten Gegenstand oder Sachverhalt implizit aufwertet. Dies kann geschehen (a) durch aufwertende Prädikation oder (b) durch lexikal. Spezifizierung. (a) Ein Referenzobjekt (z.B. ein Wohnhaus) wird einem höher bewerteten Begriff (z.B. *Palast*) subsumiert. Die Bewertungsspanne zum Referenzobjekt verleiht der positiven ↗ Konnotation (2b) des Lexems *Palast* eine m. Funktion, die nicht auftritt, wenn man es etwa auf den Buckingham Palace bezieht; positiv konnotierte Ausdrücke können also nicht-m., negativ konnotierte Ausdrücke wie *Schurke* m. verwendet werden, falls man einen Massenmörder so benennt. Allerdings werden Begriffe, die in der Sprachgemeinschaft oder innerhalb best. Lekte sehr positiv ›besetzt‹ sind, i.d.R. mit m. Funktion prädiziert; bei häufigem m. Gebrauch etablieren sich die zugehörigen Lexeme als Wertwörter (↗ Inhaltsanalyse 2, ↗ Euphemismus). Prägnante Beispiele finden sich dafür in der polit. Propagandasprache, z.B. des Nationalsozialismus (*heilig, fanatisch, arisch, Volk*; ↗ NS-Sprache) oder der ↗ Werbesprache (*aktiv, modern, rein, Luxus*). (b) Oft haben semant. neutrale Lexeme ↗ denotativ ↗ synonyme Dubletten mit der Konnotation [hochwertig]. Einerseits handelt es sich um ›poet.‹ (*Haupt, Antlitz, Fittich*), bildungssprachl. (*Gynäkologe, Psyche, kohabitieren*), soziolektale (*Gemahlin, Salon, klassisch*) und fremdsprachl. (frz., engl.) Prestigelexeme, andererseits um emotiv-wertende Lexeme, speziell ›Entzückungswörter‹ wie *fantastisch, super, geil, cool* (= ›sehr gut‹ + emotive Meliorisation). Darüber hinaus sind eine Reihe positiv konnotierter Lexeme reihenbildend zu m. WB-Mitteln geworden (*aktiv-, echt-, Klasse-, original-, spezial-, Spitzen-*); oft übernehmen auch ↗ augmentative Präfix(oid)e (*un-, super-, mega-, sau-, voll-*) und ↗ hypokoristische Suffixe (*Das ist ein Weinchen!*) m. Funktionen. – Insofern mit m. Benennungen dazu dienen, wichtige Negativaspekte des Referenzobjekts zu kaschieren, bilden sie eine Teilklasse der ↗ Euphemismen; ↗ Pejorativ, ↗ Bedeutungsverbesserung.   RB

Melodem ↗ Suprasegmentale Merkmale

Melodie ↗ Intonation

Melodischer Akzent ↗ Musikalischer Akzent

Mende ↗ Mandesprache

Meneca Huitoto ↗ Witoto

Menge (engl. quantity, frz. quantité) Der Begründer der Mengentheorie, G. Cantor (1845–1918), gibt folgende Erläuterung von M.: »Eine Menge ist eine Zusammenfassung bestimmter, wohlunterschiedener Objekte unserer Anschauung oder unseres Denkens – welche die Elemente der M. genannt werden – zu einem Ganzen.« Eine M. ist generell eindeutig durch ihre Elemente bestimmt. Durch Axiome werden Elementschaftsbeziehungen festgelegt, aus diesen ergeben sich die charakterist. Eigenschaften für M. Aus der eindeutigen Bestimmung ihrer Elemente folgt für die Mengentheorie, dass es genau eine leere M., welche keine Elemente enthält oder Teilmenge jeder M. ist, gibt. Bei endl. Mengen besteht die Möglichkeit, sie extensional (↗ Extension), d.h. durch Aufzählung ihrer Elemente zu definieren. Eine nicht-endl. Menge wird intensional (↗ Intension), d.h. durch die Angabe einer oder mehrerer gemeinsamer Eigenschaften der Elemente definiert. M. können in verschiedenen Relationen zueinander stehen: (a) Identität zweier M. liegt vor, wenn sie dieselben Elemente enthalten, also extensional gleich sind. (b) M. werden als äquivalent bezeichnet, wenn sie sich eindeutig aufeinander abbilden lassen. Die Äquivalenzrelationen werden definiert als reflexive, symmetrische und transitive Relationen. Die M. der zu einem x in Äquivalenzrelation stehenden y wird als die Äquivalenzklasse von x bezeichnet. Jede Äquivalenzrelation auf einer Menge M bestimmt eindeutig eine Zerlegung dieser M. in paarweise disjunkte Teilmengen von M. (c) Noch von Bedeutung ist die Unterscheidung zwischen Vereinigungs-M. und Durchschnitts-M. Die Vereinigungsmenge hat ihre Entsprechung in dem nicht-ausschließenden »oder« der formalen Logik. Es ist also diejenige M., der alle Elemente angehören, die mindestens in einer der beiden Ausgangsmengen A oder B enthalten sind. Die Durchschnitts-M. entspricht der M. der Elemente, die sowohl in A als auch B enthalten sind. (d) Bei der Inklusions-M. (oder Teil-M.) ist zu differenzieren zwischen unechter und echter Teilmenge. Eine M. A wird dann als unechte Teil-M. von B bezeichnet, wenn alle Elemente von A zugleich Elemente von B sind. Die echte Teilmenge zeichnet sich dadurch aus, dass B mindestens ein Element enthält, das nicht in A enthalten ist. – In Bezug auf die Mengentheorie haben Russell und Whitehead das Postulat formuliert, dass die Sprach- und Beschreibungsebenen hierarchisch gegliedert sein müssen, so dass die erste Ebene der Individuen umfasst, die zweite die Klasse oder Menge aller Individuen, die dritte die Klasse aller Klassen oder M. aller Mengen usw. Jeder Terminus hat seinen eigenen Bedeutungsbereich, nämlich die M. der Gegenstände, von denen er sinnvoll ausgesagt werden kann. Die M. oder Klasse hat immer einen höheren Typ als ihre Elemente, so dass es zu der Aussage »die Menge aller Mengen« nicht in einem selbstbezügl. Sinn kommen kann. Mithilfe dieser Typentheorie soll die Antinomie vermieden werden, die sich durch die Selbstreferenz von M. ergibt. Die Russellsche Antinomie ergibt sich aus der Betrachtung der M. aller Mengen, die sich nicht selbst als Element enthalten. Russell zeigt darin, dass nicht jedes Prädikat eine M. bestimmt. **Lit.** W. V. O. Quine, Mengenlehre und ihre Logik. Bln., N. Y. 1979. – R. Rheinwald, Semant. Paradoxien. Typentheorie und ideale Spr. Bln., N. Y. 1988, 57 ff. – B. Russell & N. Whitehead, Principia mathematica. Bd. I. Cambridge 1910. PR

Mengensubstantiv ↗ Maßangabe

Mennonitenniederdeutsch ↗ Niederdeutsch

Mensch-Maschine-Interaktion (engl. human computer interaction, Abk. HCI. Auch: Mensch-Maschine-Kommunikation) Interdisziplinäres Arbeitsgebiet, das sich mit dem Design, der Implementierung und der Evaluierung von Systemen zur Kommunikation zwischen Computer und Menschen beschäftigt. Hierzu trägt die Sprachwiss. u. a. mit formalen Sprachmodellen, Konversations- und Interaktionsmodellen und der Forschung über generelle Aspekte von Spr. (Syntax, Semantik, Pragmatik) bei. In der ↗ Computerlinguistik stehen Entwürfe sprachgesteuerter (↗ Automatische Spracherkennung, ↗ Text-to-Speech) und multimodaler Benutzerschnittstellen (↗ Dialogsystem, ↗ Multi-Media-System) sowie Anwendungen aus der ↗ Maschinellen Übersetzung, dem ↗ Text Retrieval und aus ↗ Frage-Antwort-Systemen zur Verbesserung der M. M. I. im Vordergrund. Z

Mensurativ (lat. mēnsura ›Messung, Maß‹) Konstruktion aus zwei Substantiven, deren syntakt. Zentrum eine ↗ Maßangabe ist, die kongruenzbestimmend werden kann, z. B. *ein Kilo Möhren, die/das wir gleich aufassen, eine Menge Schüler redete/redeten durcheinander.* Die Abgrenzung zwischen m. und ↗ partitiven Ausdrücken ist mitunter schwierig, z. B. *eine Dose Bier* (m.) ggü. *eine Dose von dem Bier, das Wolfgang gekauft hat* (partitiv). M. Ausdrücke gehören zum Typus der engen ↗ Apposition. G

Mental fog (dt. ›geistiger Nebel‹) In der älteren ↗ Sprachpsychologie gängiger Erklärungsversuch für den Umstand, dass Kinder beim ↗ Spracherwerb mitunter wesentlich gröbere Klassifikationen bei der Bedeutungszuschreibung für Wörter vornehmen, z. B. *Tee* für alle in Flaschen abgefüllten Flüssigkeiten; ↗ Übergeneralisierung. Man nahm an, dass Kinder sich zunächst in einer Art ›geistigem Nebel‹ bewegen, der sich zunehmend lichtet und ihnen immer mehr korrekte Bedeutungszuschreibungen ermöglicht. Das Konzept des m. f. gilt inzwischen als überholt; an seine Stelle sind Erklärungsansätze der ↗ Prototypentheorie getreten. G

Mentales Lexikon (lat. mēns ›Denken, Verstand, Geist‹. Auch: inneres Lexikon. Engl. mental lexicon) Psych. Repräsentation lexikal. Informationen,

Sammelname für die mentale Organisation des Wortvorrates. Gegenstand der psycholing. Modellierung des m. L. sind vor allem: dessen interne Organisationsprinzipien, Anlage und Aktivierung von Worteinträgen, Zugang zu Wortrepräsentationen im Sprechen und Verstehen, deren Weiterverarbeitung, Verhältnis des m. L. zum Sach- und Weltwissen und zur mentalen ↗ Grammatik, Repräsentation des gesprochenen vs. des geschriebenen Wortes. Dominante Themen in der Erforschung des m. L. sind: ↗ Worterkennung, Auflösung von ↗ Polysemie und semantischer ↗ Ambiguität, Integration lexikalischer Information in den Satz- und Diskurskontext, ↗ Wortfamilien im m. L., Aufbau des Wortvorrats im ↗ Spracherwerb, ↗ Wortarten im m. L., semant. ↗ Prototypen, neue Wörter und Nichtwörter im m. L. Fortschritte hat man in letzter Zeit durch sog. on-line-Techniken des ↗ Experiments erzielt, die es im Zusammenhang verfeinerter Zeitmessungen und kombinierter Darbietungen (*priming*) gestatten, die mentale Aktivierung von lexikal. (und anderen) Informationen nachzuweisen, die gewöhnl. unterhalb der Bewusstseinsschwelle bleiben. Da das Wort die Schnittstelle aller sprachl. Strukturebenen (Phonologie, Morphologie, Syntax, Semantik, Pragmatik) ist, gibt es auf allen Ebenen der Analyse wortbezogene Effekte. Schon aus diesem Grund gibt es kaum ein psycholing. Problem, das nicht auch das m. L. berührte. **Lit.** J. Aitchison, Wörter im Kopf. Tübingen 1997. – G. Dunbar, The Cognitive Lexicon. Tübingen 1991. – W. Marslen-Wilson (ed.), Lexical Representation and Process. Cambridge, Mass. 1989. – G. A. Miller, Wörter. Streifzüge durch die Psycholinguistik. Ffm. 1995. KN

Mentalesisch ↗ Language-of-Thoght-Hypothese

Mentalismus (lat. mēns ›Verstand, Geist‹) Denkrichtung, die davon ausgeht, dass Phänomene der wahrnehmbaren Wirklichkeit nur mittels ↗ Modellen über Denkprozesse beschrieben und erklärt werden können. Der M. grenzt sich nach zwei Seiten ab: Erstens gilt es, die mentalen Strukturen selbst zu analysieren und nicht nur ihre Auswirkungen in Form von beobachtbaren Verhaltensweisen, insofern Letztere nur eine Wirkung u. a. von mentalen Prozessen sind. Zweitens interessiert sich der M. weniger für die physikal. und chem. Prozesse, die den kognitiven Strukturen möglicherweise zugrunde liegen, sondern analysiert mentale Strukturen mittels kognitiver Begrifflichkeiten. Für moderne Grammatiktheorien spielt der M. insofern eine essentl. Rolle, als sich mehrere neuere Grammatik-Konzeptionen nicht auf die Beschreibung von beobachtbaren sprachl. Erscheinungen, sondern auf die Ermittlung und systemat. Erfassung der geistigen Fähigkeiten und abstrakten Regularitäten konzentrieren, welche dem beobachtbaren Sprechverhalten zugrundeliegend postuliert werden. Erst die »linguistische Wende« konnte nach Habermas (1999) »mit dem Mentalismus auch das Erkenntnismodell der Widerspiegelung der Natur überwinden«, da hiernach die Spr. nicht die Welt abbildet, sondern unseren Umgang mit der erlebten Welt. Als bahnbrechend für eine dem M. verpflichtete Konzeption sprachtheoret. Zielsetzung ist N. Chomsky anzusehen, der sich mit der Theorie der GG als einem Modell zur Erfassung der Kompetenz (↗ Kompetenz vs. Performanz) eines ↗ idealen Sprecher-Hörers insbes. gegen die strukturalist. Auffassung Bloomfields und Skinners (↗ Behaviorismus) wendet (Chomsky 1959), welche den Obj.bereich Spr. auf wahrnehmbare Fakten beschränkt und dementspr. ledigl. Oberflächenphänomene beschreiben kann. Unter der Voraussetzung, dass diejenige Theorie die bessere ist, die den größeren Bereich von Fakten systematisierend erfassen kann, ist eine mentalist. Sprachtheorie einer strukturalist.-taxonom. überlegen, weil Erstere zwar alle Fakten erfassen kann, die die Letztere beschreibt, dies jedoch nicht umgekehrt gilt (↗ Bewertungsprozedur; vgl. Katz 1964). Mit seinem Rückgriff auf die rationalist. Positionen von R. Descartes (1596–1650) und W. v. Humboldt (1767–1835) vertritt N. Chomsky zudem eine Auffassung, die als mentalist. *Nativismus* bezeichnet werden kann (lat. nātus ›geboren‹; auch: Innatismus) und im Ggs. zum ↗ Empirismus davon ausgeht, dass mehr oder weniger große Bereiche kognitiver Strukturen genet. determiniert sind (sog. angeborene Ideen): Demnach soll ein genet. determinierter, humanspezif. ↗ Spracherwerbsmechanismus (Language Acquisition Device, LAD) sprachl. Kompetenz herausbilden und den natürl. ↗ Spracherwerb erklären. Das Potential für Einzelspr. wird durch die als genet. determiniert angesehene ↗ Universalgrammatik (UG) bereitgestellt. Die UG besteht aus ling. Universalien, welche die Regularitäten und Strukturen der Grammatiken aller mögl. menschl. Spr. spezifizieren, sowie aus Strategien, um mithilfe von Inputdaten der Umwelt (primary linguistic data) die für die jeweilige Einzelspr. passenden Strukturen aus diesen Universalien herauszufiltern; im Rahmen der ↗ REST und ↗ Rektions-Bindungs-Theorie übernehmen sog. Parameter, d. h. Variablen in Regeln und Beschränkungen, entspr. Filterfunktionen (Parametermodell; vgl. z. B. ↗ Pro-Drop-Parameter). In neueren Arbeiten im Rahmen des ↗ Minimalismus unterscheidet Chomsky zwischen einer Sprachfähigkeit ›in weiterem Sinn‹ (faculty of language – broad sense, FLB) und ›in engerem Sinn‹ (faculty of language – narrow sense, FLN): Die autonome FLN (↗ Autonomieprinzip (1)) ist selbst ein Modul der FLB und umfasst im Wesentl. die Fähigkeit zur Erzeugung rekursiver syntakt. Strukturen auf der Basis einer endl. Menge diskreter Formen (vgl. Hauser et al. 2002; zur krit. Stellungnahme vgl. Pinker & Jackendoff 2005); die FLB umfasst neben der FLN ein motorisch-sensor. und ein konzeptuell-intentionales System. Charakterist. für den Menschen bleibt

jedoch auch nach dieser Auffassung, dass jedes Kind mit einem Schema für mögl. Grammatiken genet. ausgestattet ist; ein System kognitiver Prozesse ermöglicht ihm, auf der Basis lückenhafter primary linguistic data Hypothesen über grammat. Strukturen und schließl. eine Grammatik über die betreffende(n) (Mutter-)Spr.(n) zu bilden. So begründet sich im Rahmen der Theorie der GG zugleich die Auffassung, dass Fakten aus dem ↗ Spracherwerb in die ↗ Bewertungsprozedur über sprachl. Theorien in Form des Anspruchs auf Erklärungsadäquatheit (↗ Adäquatheit) einbezogen werden können; ↗ Autonomieprinzip, ↗ Sprachgene. **Lit.** W. H. Calvin & D. Bickerton, Lingua ex Machina: Reconciling Darwin and Chomsky with the Human Brain. Cambridge 2000. – N. R. Cattell, An Introduction to Mind, Consciousness and Language. Ldn. 2006. – N. Chomsky, Besprechung von B. F. Skinner (1957): Verbal Behaviour. Lg. 25, 1959, 26–58. – Ders., Recent Contributions to the Theory of Innate Ideas. Synthese 17, 1967, 2–11. – Ders., Cartesian Linguistics: A Chapter in the History of Rationalist Thought. N. Y. 1966. – Ders., On Nature and Language. Cambridge, Mass. 2000. – Ders., Language and Thought: Descartes and Some Reflections on Venerable Themes. In: A. Brook (ed.), The Prehistory of Cognitive Science. Houndmills 2007, 38–66. – G. Grewendorf, Spr. als Organ – Spr. als Lebensform. Ffm. 1995. – R. S. Jackendoff, Languages of the Mind: Essays on Mental Representation. Cambridge, Mass. 1995. – J. J. Katz, Mentalism in Linguistics. Lg. 40, 1964, 124–137. – M. Penke & A. Rosenbach (eds.), What Counts as Evidence in Linguistics – the Case of Innateness. Studies in Language 28.2, 2004 (Sonderband). – S. Pinker, The Language Instinct. N. Y. 1994. – N. Smith, Chomsky: Ideas & Ideals. Cambridge 2004. – J. W. Underhill, Humboldt, Worldview and Language. Edinburgh 2009. – W. C. Watt, Mentalism. Linguistics. Glossa 8, 1974, 3–40.   F

Merge ↗ Minimalismus

Merina ↗ Madagassisch

Merkmal (engl. feature, marker) **1.** Eigenschaft eines ling. Gegenstands, z. B. eines ↗ Phonems, eines ↗ Morphems, eines ↗ Lexems, einer ↗ Konstituente. Die Annahme von M. hat den Vorteil, Gegenstände gleicher Art nicht nur ein und derselben ↗ Kategorie zuzuordnen, sondern diese Gegenstände in verschiedenen Hinsichten untereinander sowie mit anderen Gegenständen zu vergleichen. Eine Kategorie kann als Bündel von M. aufgefasst werden, und jedem ling. Gegenstand kommt dann ein solches M.bündel zu. Die Idee, systemat. mit M. zu arbeiten, ist zuerst in den 1930er Jahren – in der ↗ Phonologie – aufgekommen. Man betrachtete Phoneme als M.bündel, z. B. das dt. Phonem /t/ als Bündel folgender M.: {dental, stl., (nicht-nasaler) Verschlusslaut, Konsonant}. Das M. dental teilt /t/ mit /d/ und /n/, stl. u. a. mit /p/, /k/, /s/, Verschlusslaut

u. a. mit /b/, /p/, /d/, Konsonant u. a. mit /p/, /b/, /f/, /s/, /m/. In Analogie zu phonolog. M. hat man auch semant. M. angenommen, anfangs in der Absicht, Bedeutungsbeziehungen zwischen lexikal. Einheiten (↗ Lexemen) zu beschreiben (z. B. L. Hjelmslev; ↗ Glossematik). Später ging man dazu über, auch die Bedeutung von Sätzen auf der Grundlage von M. zu beschreiben (J. Katz & P. Postal 1964), was von D. Lewis als Schaffung einer Hilfssprache namens ↗»Markerese« (»Merkmalesisch«) verspottet wurde. – Später sind Formalismen zur Beschreibung ↗ natürlicher Sprachen entwickelt worden, in denen M. eine entscheidende Rolle spielen und die auch komplexere Sachverhalte wie z. B. Phänomene der ↗ Kongruenz einfach und präzise darstellen können. Dabei betrachtet man ein M. aus einem Paar, das aus einem M.namen (einem »Attribut«) und einem Wert besteht, der dem M.namen zugeordnet wird. Als Werte kommen wiederum auch M. in Frage. Syntakt. Systeme, in denen M. als effektiv wirksame Bestandteile vorkommen, sind z. B. die ↗ Generalisierte Phrasenstrukturgrammatik (GPSG), die ↗ Head-Driven Phrase Structure Grammar (HPSG) und andere, die in den Kreis der ↗ Unifikationsgrammatiken gehören. Die einschlägigen Strukturen nennt man M.strukturen. **Lit.** L. Hjelmslev, Omkring sprogteoriens grundlæggelse. København 1943. – J. Katz & P. Postal, An Integrated Theory of Linguistic Description. Cambridge, Mass. 1964. – D. Lewis, General Semantics. Semantics of Natural Language. Ed. by D. Davidson & G. Harman. Dordrecht 1972, 169–218. – G. Gazdar et al., Generalized Phrase Structure Grammar. Oxford 1985. – G. Pollard & I. Sag, Information-Based Syntax and Semantics. Vol. 1, Fundamentals. Stanford 1987. T – **2.** In ↗ Maschinellen Lernverfahren verwendete Parameter zum Trainieren eines statist. Modells heißen ›Feature‹. Featurevektoren werden z. B. in ↗ Support Vector Maschinen für Klassifikationsaufgaben eingesetzt.   Z

Merkmalanalyse ↗ Komponentenanalyse

Merkmalbündel (auch: Merkmalkomplex) Ling. Einheiten (z. B. ↗ Phoneme) unter dem Gesichtspunkt ihrer Analysierbarkeit in ↗ distinktive Merkmale (z. B. dt. /p/ als Verschlusslaut, bilabial, stimmlos im Ggs. zu /b/ als Verschlusslaut, bilabial, stimmhaft).   PM

Merkmalesisch ↗ Markerese, ↗ Merkmal

Merkmalhaft ↗ Merkmalhaltig

Merkmalhaltig (auch: merkmalhaft) Bei privativen ↗ Oppositionen das Glied, das durch das Vorhandensein des entsprechenden Merkmals (↗ distinktive Merkmale) gekennzeichnet ist (z. B. stimmhaft, nasaliert, gerundet), im Ggs. zu merkmallos (z. B. stimmlos, nicht nasaliert, ungerundet). Im Gegensatz zu den unmarkierten (↗ markiert) sind auch die gerundeten Hinterzungenvokale m.   PM

Merkmalkomplex ↗ Merkmalbündel

Merkmallos ↗ Merkmalhaltig

Merkmalsextraktion Die Komponente eines ↗ Spracherkennungssystems, die aus einem i.d.R. bereits vorverarbeiteten und in Intervalle (*frames*) segmentierten Signal diejenigen Merkmale extrahiert, die für die ↗ Worterkennung erforderl. sind.   L

Merkmalsgeometrie Im Rahmen der ↗ autosegmentalen Phonologie entwickelte Vorstellung, dass die ↗ distinktiven Merkmale eines Segments nicht im Sinne von SPE ein ungegliedertes Bündel darstellen, sondern ihrerseits wieder eine hierarch. Struktur mit unterschiedl. Knoten darstellen. In der Artikulationsstellen-Theorie (*place of articulation theory*) wird von einem Wurzelknoten (*root node*) ausgegangen, der einen laryngalen Knoten (mit den Merkmalen [stf] ›steife (*stiff*) Glottis‹, [slk] ›schlaffe (*slack*) Glottis‹, [sg] ›gespreizte (*spread*) Glottis‹ und [cgl] ›kontrahierte (*constricted*) Glottis‹) und einen supralaryngalen Knoten dominiert; Letzterer dominiert den Artikulationsmodus-Knoten (*manner node*; mit [son] ›sonorant‹, [lat] ›lateral‹, [nas] ›nasal‹ und [cont] ›kontinuierlich (*continuant*)‹) und den Ortsknoten (mit (gleichrangig) [lab] ›labial‹, [rnd] ›gerundet (*round*)‹, [cor] ›koronal‹, [ant] ›anterior‹, [dist] ›distribuiert‹, [hi] ›hoch (*high*)‹, [lo] ›tief (*low*)‹ und [bk] ›hinten (*back*)‹). In der Artikulatortheorie entspricht der Wurzelknoten den Merkmalen [son] ›sonorantisch‹ und [cons] ›konsonantisch‹, die den laryngalen Knoten (wie oben), die Merkmale [cont] und [nas] sowie den Ortsknoten (mit [lab], [cor], [dorsal], [radikal]) dominieren. [rnd] ist hier Unterklassifikation zu [lab]; [dist], [ant] und [lat] Untermerkmale von [cor] ([hi], [lo]) und [bk] von [dorsal]; [ATR] ›vorverlagerte Zungenwurzel (*advanced tongue root*)‹ von [radikal]). **Lit.** J. McCarthy, Feature Geometry and Dependency: A Review. Phonetica 43, 1988, 84–108.   PM

Merkmalslogik Merkmalstrukturen werden in der Ling. zur Repräsentation ling. Objekte verwendet. Es handelt sich hierbei um endl. Mengen von Merkmalen, die aus einem Merkmalsnamen und einem Merkmalswert bestehen, wobei Letzterer entweder ein atomares Symbol oder selbst wieder eine Merkmalsstruktur ist. Aus mathemat. Sicht können Merkmalstrukturen als Graphen (↗ gerichteter Graph), Mengen oder Funktionen gesehen werden. Die Merkmale werden dabei als Bez. für die Kanten interpretiert, die Wertsymbole sind die Knoten am Ende des Graphen. Typisierte Merkmalstrukturen mit Typenhierarchien dienen dazu, Einschränkung von Merkmalen zu fordern.   Z

Merkmaltheorie In der Phonologie – vor allem unter Mitwirkung von R. Jakobson – entwickelte Annahme, dass die distinktiven ↗ Merkmale, mit denen sich ↗ Phoneme beschreiben lassen, die kleinsten distinktiven Einheiten der Spr. sind. Sie seien nicht in noch kleinere ling. Einheiten zu zerlegen. Die distinktiven Merkmale werden mit Termini der ↗ akustischen Phonetik benannt. **Lit.** R. Jakobson, C. G. M. Fant & M. Halle, Preliminaries to Speech

Analysis. The Distinctive Features and Their Correlates. Cambridge, Mass. 1952. – R. Jakobson & M. Halle, Fundamentals of Language. The Hague 1956. **T**

Meroitisch In Steininschriften (2. Jh. v. Chr. – 4. Jh. n. Chr.) überlieferte Spr. des Reiches von Napata und Meroe im nördl. Sudan. Die Lautwerte der verwendeten ägypt. Hieroglyphen und ägypt. Kursive konnten Anfang des 20. Jh. von F. L. Griffith entziffert werden. Die Entzifferung der Texte selbst ist bis heute nicht gelungen, so dass auch weiterhin unklar ist, zu welcher Sprachfamilie das M. gehört. **Lit.** F. Hintze, Beiträge zur m. Grammatik. Bln. 1979. **RE**

Meronymie f. (griech. μέρος (meros) ›Teil‹, -ωνυμία (-ōnymia) ›-namigkeit‹. Auch: Partonymie, Pertinenzrelation. Engl. meronymy) Lexikal. Teil-von-Beziehung, die von der ↗ Hyponymie (i. S. von Lyons) v. a. im Bereich konkreter Subst. klar abgrenzbar ist; z. B. zu *Blume: Wurzel, Stengel, Blatt, Knospe, Blüte,* zu *Blüte: Blütenblatt, Staubgefäß, Griffel, Narbe.* Hier und in vielen anderen Fällen ist M. eher ein Reflex außerspr. Gegebenheiten als eine genuin semant. Relation; eine solche ist sie aber dort, wo das übergeordnete Lexem (Holonym) ganz oder teilweise über seine Teile (*Buch: Seite/Einband, Stuhl: Bein/Sitz/Lehne, Stunde: Minute*) oder Elemente (*Bibliothek: Buch, Service: Teller/Tassen/Untertassen*) definiert ist. Unterschiedl. ist auch, ob die jeweilige Transitivität der M. sprachl. aktualisierbar ist: *Das Jahr hat 12 Monate/365 Tage; Der Baum hat Blätter; die Blätter haben Rippen; *der Baum hat Rippen. Das Service enthält 12 Tassen/*12 Henkel.* Gründe dafür sowie Unterarten der M. diskutiert u. a. Cruse (1986, Kap. 7). **Lit.** J. Lyons, Semantics. Vol. 1. Cambridge 1977. – D. A. Cruse, Lexical Semantics. Cambridge 1986. – F. Moltmann, Parts and Wholes in Semantics. Oxford 1997. – C. H. Brown, Meronymy. HSK 21.1, 480–484. **RB**

Merowingische Schrift ↗ Halbkursive, ↗ Nationalschriften

Mesoamerikanischen Sprachen Spr. des alten Hochkulturraums Mesoamerika, d. h. Mexikos (ohne Nordmexiko) und Guatemalas, die verschiedenen Sprachgruppen angehören (Karte im Anhang), aber einen ↗ Sprachbund bilden. Viele der vor der Eroberung durch die Spanier weit mehr als 100 Spr. sind heute ausgestorben. In Mexiko liegt der Anteil der Indianersprachigen mit 6 Mio. (Zensus 2000) bei unter 10 % der Gesamtbevölkerung, in Guatemala mit ca. 4,5 Mio. bei über 40 %. Span. ist als S2 weit verbreitet und verdrängt die m. S., die fast nur noch in strukturschwachen Rückzugsgebieten im südl. Mexiko und in Guatemala stärker vertreten sind. Die Einflüsse des Span. im Wortschatz (auch Zahlen oder Konjunktionen) und in der Syntax (Tendenz zu SVO) sind stark. Mesoamerika ist die einzige

Region Amerikas mit autochthonen ↗ Schriftsystemen (spätestens seit ca. 300 v. Chr.; ↗ Maya-Schrift). Bald nach der Eroberung durch die Spanier begannen Missionare, sich mit den m. S. zu beschäftigen, wovon zahlreiche Wörterbücher und Grammatiken zeugen. Im 16. und 17. Jh. gab es für verschiedene Spr. eine von Missionaren und missionierten indian. Adligen getragene ↗ Schriftlichkeit unter Verwendung der lat. Alphabetschrift. Heute spielt Schriftlichkeit in den m. S. vor allem eine Rolle im Schulunterricht sowie im Rahmen regionaler Folklore. Phonolog. und morpholog. gibt es große Unterschiede zwischen den m. S., so dass eine allgemeine typolog. Charakterisierung nicht möglich ist. Dagegen sind bestimmte Lehnwörter und Lehnbildungen, vigesimale Zahlsysteme sowie Gemeinsamkeiten in den grammat. Kategorien weit verbreitet: Belebtheit, Alienabel-Inalienabel, Aspekt zentraler als Tempus, Plural oft fakultativ, Körperteilbezeichnungen als Nomina mit präpositionaler Funktion, Bewegung und Richtung anzeigende Morpheme im Verbkomplex. Bei den meisten m. S. erfolgt die Markierung der Argumente (sowohl Subj. als auch Obj.) durch ans Verb gebundene Morpheme, während Kasusmarkierungen an Nomina meist fehlen. Dem Genitiv entspricht die Konstruktion Possessivmorphem-Possessum + Possessor. Oblique Angaben werden durch Postpositionen oder durch possessivische Nominalkonstruktionen mit präpositionaler Funktion gekennzeichnet. Das Verb steht meist in Erstposition (überwiegend VSO), fokussierte NP treten vor das Verb. Modifikatoren stehen überwiegend nach dem Bezugswort. **Lit.** L. Campbell, Middle American Languages. LNA, 902–1000. – L. Campbell, T. Kaufmann & T. Smith-Stark, Meso-America as a Linguistic Area. Lg. 62, 1986, 530–570. – J. A. Suárez, The Mesoamerican Indian Languages. Cambridge 1983 [bisher einziger Versuch einer Übersichtsdarstellung, jedoch fehlerhaft!]. – N. A. McQuown (ed.), Linguistics. Handbook of Middle American Indians, vol. 5. Austin 1967. – M. S. Edmonson (ed.), Linguistics. Supplement to the Handbook of Middle American Indians, vol. 2. Austin 1984. – V. R. Bricker (ed.), Epigraphy. Supplement to the Handbook of Middle American Indians, vol. 5. Austin 1992. – L. Campbell, American Indian Languages. The Historical Linguistics of Native America. Oxford 1997. – C. & T. Stolz, Mesoamerica as a Linguistic Area. In: HSK 20, II, 1539–1553. **SSG** Ibero-Amerikanisches Institut Bln. (204). **D**

Mesolekt ↗ Akrolekt

Mesopotamisches Arabisch Die im Irak und Anatolien gesprochene Form des ↗ Arabischen; zwei Dialektgruppen: sog. qəltu- und gilit-Dialekte. *Qəltu* bzw. *gilit* ›ich sagte‹ sind ein Beispiel für die Aussprache von /q/ als [q] bzw. [g] und für den Zusammenfall bzw. die Erhaltung der Kurzvokale /i/ und /u/. Gilit-Dialekte werden meist in ländl. Gegenden, qəltu-Dialekte in Städten gesprochen. In Bagdad sprechen Muslime einen gilit-, Christen einen qəltu-Dialekt. WI

Metachronie f. (griech. μετά (meta) ›hinüber‹, χρόνος (chronos) ›Zeit‹) Von L. Hjelmslev (↗ Glossematik) eingeführte Bez. des ↗ Sprachwandels unter ausschließl. Aspekt seiner sprachinternen Bedingungen. Die M. ist nach Hjelmslev log. Voraussetzung für ↗ Diachronie, worunter er den Sprachwandel unter dem Aspekt der außersprachl. Faktoren versteht. T

Metadaten (engl. metadata) Maschinenlesbare Daten, die die verschiedenen Aspekte einer Textsammlung spezifizieren und sowohl die Primärdaten (z.B. durch Angabe der Herkunft und Entstehungszeit eines Textes) als auch vorhandene ↗ Annotationen beschreiben. In der ↗ Korpuslinguistik dienen M. der besseren Auffindbarkeit von ↗ Sprachressourcen. Derzeit existieren verschiedene Initiativen zur Standardisierung von M. mithilfe von M.-Schemata (↗ Dokumententypbeschreibung), insbes. Dublin Core, OLAC (Open Language Archive), IMDI (ISLE Metadate Initiative) und das Semantic Web (W3C). Z

Metakommunikation (Kunstwort aus griech. μετά ›nach, über‹ und ↗ Kommunikation) »Kommunikation über Kommunikation«. Der Terminus wird weniger zur Bez. von wiss. Reden über ↗ Kommunikation verwendet, eher als ein Kennzeichen von Kommunikation selbst: Sie wird den Interaktanten in ihrem Reden immer wieder selbst zum Objekt des Redens, z.B. wenn Kommunikationsbedingungen geklärt, Kommunikationsverpflichtungen hergestellt oder verändert oder auch einfach, wenn einzelne Teile des laufenden ↗ Diskurses erläutert, kommentiert (↗ Kommentar), explizit modifiziert werden etc. – Die Möglichkeit, innerhalb der Kommunikation diese selbst zu transzendieren, ist wesentl. Kennzeichen menschl. Kommunikation. So ist M. für Sprache von fundamentaler Bedeutung. Die Umgangsspr. ist als letzte Metasprache (Apel) gerade aufgrund ihrer Reflexivität (d.h. der Möglichkeit, dass sich die Sprecher in und mit ihr auf sie selbst beziehen können) unaufgebbare Grundlage jeder Kommunikation. – Die Verhinderung von M., wenn sie durch Zwang herbeigeführt wird, schränkt die kommunikative Freiheit der Interaktanten ein. Individuelle Beeinträchtigung von M. kann Ausdruck von kommunikativer Erkrankung sein (Schizophrenie). – Auch ↗ nonverbale Mittel reichen z.T. bereits aus, um M. zu realisieren (z.B. ein Augenzwinkern zur Kennzeichnung von Ironie). **Lit.** K.-O. Apel, Sprechakttheorie und transzendentale Sprachpragmatik. In: Ders. (Hg.), Sprachpragmatik und Philosophie. Ffm. 1975. – J. Habermas, Vorbereitende Bemerkungen zu einer Theorie der kommunikativen Kompetenz. In: Ders. & N. Luhmann, Theorie der Gesellschaft oder Sozialtechnologie. Ffm. 1975, 101–141. – G. Henrici & R. Meyer-Hermann, M. LuD 25, 1976. E

Metalepsis f. (griech. μετάληψις ›Vertauschung‹) ↗ Tropus zwischen ↗ Metapher und ↗ Metonymie: Ersetzung eines polysemant. durch ein synonymes Wort zu einer im gegebenen Kontext nicht gemeinten Teilbedeutung, z.B.: *er ist ein Gesandter, aber kein »Geschickter«* (*gesandt = geschickt*; kann auch bedeuten: *gewandt, fähig*); begegnet auch bei ↗ Homonymen; gern für Wortspiele verwendet. GM

Metalexikographie ↗ Wörterbuchforschung

Metalinguistik 1. Bez. für die theoret. Disziplin, die sich mit der Formulierung von Bedingungen für die Untersuchung von Metaspr. beschäftigt. **2.** Bez. für die Komponente der Makroling., die sich mit den Beziehungen der inhaltl. Seite von Spr. zu außersprachl. Phänomenen des Denkens, der Kultur, der Gesellschaft usw. beschäftigt. **Lit.** A. Kertész, M. Grundlagen und Fallstudien. Debrecen 1999. – Metalinguistica. Ffm. 1995 ff. F

Metametasprachen ↗ Metasprachen

Metanalyse (auch: Morphemgrenzenverschiebung) Verschiebung der Grenze eines Morphems und damit Zerstörung seiner morpholog. Struktur bzw. Etablierung eines neuen Morphems, z.B. frz. *bleu mourant* > dt. *blümerant*. G

Metapher (lat. metaphora < griech. μεταφορά ›Übertragung eines Wortes in eine uneigentl. Bedeutung, bildl. Ausdruck‹, wörtl. ›das Weg- und Anderswohintragen‹. Engl. ↗ metaphor, frz. métaphore) In der antiken ↗ Rhetorik ist die M. ein ↗ Tropus. Die M. setzt eine Ähnlichkeit zweier Begriffe voraus, die eine Ersetzung des ›eigentlichen‹ Wortes (*verbum proprium*) durch ein Wort ermöglicht, das einen ähnlichen Begriff (*immutatio*) bezeichnet. Obwohl die Wirksamkeit der M. gerade darin besteht, dass sie neue Aspekte einer Sache oder intensive ↗ Konnotationen der Rede, eines bezeichneten Menschen, Gegenstandes oder Ablaufs erlaubt, beruht sie demnach letztlich auf Denkkonventionen. – Die Spr. ist von M. durchsetzt, die konventionalisiert als lexikal. M. ohne besonderen Ausdruckswert gebraucht werden (z.B. *Wolkenkratzer, Kotflügel, Buchrücken* usw.). Metaphor. Übertragungen sind sprachschöpferisch sehr produktiv, z.B. bei der Benennung techn. Gegenstände (z.B. *Dunsthaube*), und sind häufiges Bildungsprinzip umgangssprachl. Redewendungen, z.B. *Endlich fällt der Groschen*. In der Geschichte ihrer Theorie wird die M. von Aristoteles (Poetik, 21) als nominale Stilfigur des Bedeutungswandels bestimmt, die hieran anschließende lat. ↗ Rhetorik definiert mit Quintilian die M. als abgekürzten Vergleich. Er klassifiziert den Vorgang der Übertragung nach dem semant. Kriterium von ↗ Belebtheit und Unbelebtheit: Belebtes wird für Belebtes gesetzt (z.B. *ein Ehepaar: kriegsversehrter Arm, sie klein und ganz bunte Kuh*), Unbelebtes für Unbelebtes (z.B. *Das Licht wurde noch schmieriger, und die Abwässer der Worte sickerten ihnen pausenlos aus den Mundsielen*), Belebtes für Unbelebtes (z.B. *Eine* *fette Wolkennutte räkelte graue Schultern hinter den Abendwäldern*), Unbelebtes für Belebtes (z. B. *Blitzende Augen fuhren aus Haarpudeln, braune Nacken, und ein Fachwerk weißer Arme erhob sich mit lauter Seidenwölkchen darüber*; alle Beispiele von Arno Schmidt). – Andere Kriterien der Klassifikation sind formal (nach der ersetzten Wortart), syntakt. (nach der Anzahl der Wörter des ersetzten Ausdrucks), modal (nach ästhet. Kriterien) oder nach der Häufigkeit ihres Auftretens in einem best. Zeitraum oder in Texten einer best. Person. Selbst dort, wo in der Neuzeit die formale Klassifikation aufgegeben wird, gilt sie bis ins 19. Jh. hinein als ›Schmuck‹ (Hegel:»als bloß äußerer Schmuck eines für sich selbständigen Kunstwerkes«). Da die ↗rhetorische Figur der M. zustande kommt, indem die Bez. eines Gegenstandes auf einen anderen übertragen wird, den eine ›Ähnlichkeit‹ mit dem ersten Gegenstand verbindet, wird sie in manchen semant. Theorien zu einem Paradigma für die Organisation der Spr. selbst als einem Zeichensystem, in dem durch Auswahl aus einem Vorrat ähnlicher Zeichen gewählt wird, um sie kontextspezif. zu verknüpfen. Die M. wird in der ling. und/ oder semiot. ausgerichteten Rhetorik als exemplar. Zeichen aufgefasst, an der sich die semiot. Interpretation (↗Semiotik) als ein Mechanismus der ↗Bedeutungsübertragung erforschen lässt. **Lit.** R. Dirven & R. Pörnigs (Hgg.), Metaphor and Metonymie in Comparison and Contrast. Bln., N. Y. 2002. – H. Weinrich, Semantik der kühnen M.n. Deutsche Vierteljahrsschrift für Lit.wiss. und Geistesgeschichte 37, 1963, 325–344. – H. H. Lieb, Der Umfang des histor. Metaphernbegriffs. Diss. Köln 1964. – A. Haverkamp (Hg.), Theorie der M. Darmstadt 1973. – W.-A. Liebert, Metaphernbereich der dt. Alltagsspr. Ffm. 1991. – P. Ricœur, The Rule of Metaphor. Ldn. 1975. – W. Köller, Semiotik und M. Stgt. 1975. – J. P. van Noppen, S. De Knop & R. Jongen, Metaphor. A Bibliography of Post-1970 Publications. Amsterdam 1985. – W. Paprotté & R. Dirven (Hgg.), The Ubiquity of Metaphor. Metaphor in Language and Thought. Amsterdam, Philadelphia 1985. – D. E. Cooper, Metaphor. Oxford 1986. – E. Rolf, Metaphertheorie. Typologie, Darstellung, Bibliographie. Bln. 2005. VS

Metaphonie ↗Ablaut, ↗Umlaut

Metaphrase f. (griech. μετάφρασις, aus μετά (meta) ›nächst, nahe bei‹, φράσις (frasis) ›Wort, Rede‹) **1.** Wortgetreue Übertragung einer (auch fremdsprachl.) Versdichtung in Prosa (im Ggs. zur ↗Paraphrase). **2.** Erläuternde Wiederholung eines Wortes durch ein ↗Synonym. GM

Metaplasmus (griech. μετα-πλάσσειν (meta-plassein) ›umformen‹) In ↗Rhetorik und ↗Metrik (↗Prosodie) Abweichung von der sprachl. korrekten Form eines Wortes oder Satzteils; gilt im Ggs. zum meist als Fehler oder Stilbruch abgelehnten ↗Barbarismus als erlaubte dichterische Freiheit zum

Ausdruck einer bestimmten individuellen, archaisierenden oder mundartl. getönten Stilhaltung, ist aber auch des Wohllauts oder des metr. Gleichmaßes wegen zugelassen. – M. entsteht durch Hinzufügung oder Auslassung von Lauten am Wortanfang (*raus* statt *heraus*). Als M. gelten auch Dehnung oder Kürzung von Lauten oder Silben, ↗Dihärese. Häufig als M. verwendet werden veraltete (archaische) oder mundartl. Formen und Ausdrücke, daraus ergibt sich oft der sog. Reim-M. SCH

Metaregel (griech. μετά (meta) ›über, nach‹; wörtl. ›Überregel‹) Bez. für Regeln, die selbst Regeln erzeugen. M. werden z. B. im Rahmen der ↗GPSG eingesetzt, um Regeln im ↗ID/LP-Format abzuleiten. M. erlauben, Beziehungen zwischen Mengen von Regeln zu erfassen. Bspw. erzeugt die Complement Omission Metarule (›Komplement-Auslassungs-M.‹) [+ N, BAR 1] → H, W ⇒ [+ N, BAR 1] → H die Regel [+ N, BAR 1] → H, die nominalen Kategorien erlaubt, ihr Komplement auszulassen, wobei H (head) ein ↗Kopf und W eine Variable über eine Menge von Kategoriensymbolen ist. Die Regel erfasst das Faktum, dass (im Engl.) Ergänzungen von Nomen stets fakultativ sind, während Ergänzungen von entspr. Verben obligator. sein können, z. B. *the enemy's destruction* vs. **The enemy destroyed*. **Lit.** H. Uszkoreit, Constraints on Order. Linguistics 24, 1986, 883–906. – M. Volk, Parsing German with GPSG: The Problem of Separable-Prefix Verbs. Diss. Univ. of Georgia 1988. – W. Weisweber, Direct Parsing with Metarules. KIT-Report 102, TUB 1992 [& Internationale Konferenz für Computerling. (COLING), Nantes 1992, S. 1111–1115]. F

Metasprache (griech. μετά (meta) ›über, nach‹. Auch: Beschreibungsspr.) Bez. für die Ebene der Spr., in der Aussagen über Spr. bzw. Spr.n gemacht werden, d. h. nicht die außersprachl. Realität ist Gegenstand, sondern die Spr. bzw. das Sprechen selbst. **1.** In der Sprachwiss. aus der Logik übernommene strikte analyt.-methodolog. Unterscheidung zwischen Sprachgebrauch (↗Usus, ↗Objektsprache) und Spracherwähnung (mention, M.), denn der Gegenstand der Betrachtung (Objektspr.) und die M. als Instrument der Untersuchung und ↗Beschreibung sind ihrer Substanz nach (Lexik, Grammatik) ident. **Lit.** W. V. O. Quine, Mathematical Logic. Cambridge, Mass. 1979. – **2.** Im alltägl. Sprachgebrauch sind die Übergänge zwischen den beiden Sprachebenen fließend, denn die Fähigkeit, über das Sprechen zu sprechen (Nachfragen, Paraphrasieren u. a.), ist eine wesentl. Funktion menschl. Sprache; ↗Metakommunikation. **3.** Einheiten der Objektspr. werden in metasprachl. Ausführungen graph. gekennzeichnet, z. B. *»Nassach« hat sieben Buchstaben*. M. selbst können wiederum zu Objektspr.n von Meta-Metaspr.n werden, z. B. *»Buchstabe« ist ein problematischer Terminus*. M. in diesem Sinne sind auch ↗künstliche Sprachen. SK

Metatheorie Bez. für jede Theorie, die Bedingungen und Methoden für die Konstruktion von Theorien formuliert. F

Metathese f. (griech. μετάθεσις (metathesis) ›Umstellung‹. Auch: Transposition) ↗ Lautwandel, der in der Umstellung eines Lautes oder Vertauschung von Lauten innerhalb von Wörtern besteht. Häufig auch bei ↗ Entlehnung und in der ↗ Kindersprache. Die Vertauschung kann (a) innerhalb einer Silbe oder (b) von einer Silbe in eine andere erfolgen, z. B. (a) russ. *mramor < Marmor*, (b) span. *palabra < lat. parabola*. Es kann auch bloße Umstellung in eine andere Silbe hinein erfolgen, wie z. B. it. dial. *frabbicà* ›herstellen‹ < lat. *fabricare*. Diese Fälle werden als Fern-M. zusammengefasst. Kontakt-M. (Interversion) ist die Umstellung über einen unmittelbar benachbarten Laut hinweg, die auch als Vertauschung gewertet wird, z. B. frz. *fromage* ›Käse‹ < lat. *formaticum*, engl. *wasp* < ags. *wæps*. Die M. tritt oft vereinzelt auf, erscheint aber auch als systemat., meist silbenstrukturell motivierter Lautwandel. Bes. häufig sind die ↗ Liquiden betroffen (Liquida-M.). Im Ndt. und (teilw.) im Mdt. findet sich (wie Engl. und Fries.) M. bei ursprüngl. Lautfolge [r] + Vokal (auch: r-Umsprung), vgl. *Born* vs. *Brunnen*. Die regelmäßige Liquida-M. in ↗ tautosyllabischer Stellung ist ein Charakteristikum des Süd- und Westslav. ggü. dem Urslav., z. B. poln. *brzeg*, makedon. *breg* < urslav. *bergъ*, vgl. dt. *Berg*. GR

Metathesis quantitatum f. (griech. μετάθεσις (metathesis) ›Umstellung‹, lat. quantum ›wie viel‹. Auch: Umstellung der Quantitäten) Vertauschung der Lautquantitäten (↗ Quantität) innerhalb eines Wortes bzw. zwischen etymolog. verwandten Wörtern. PM

Methodenstreit ↗ Lesenlernen, ↗ Schreibenlernen

Methodik ↗ Sprachdidaktik

Methodologie Lehre von den Methoden, die als Ziel die Gewinnung wiss. Erkenntnisse haben. Wenn sie als streng formale praktiziert wird, behandelt die M. allgemein wiss. Methoden, die für alle Wiss. von Bedeutung sind (Wiss.theorie). I. S. einer pragmat. M. befasst sie sich mit der Wiss. als einer Form menschl. Handelns. Sie formuliert Handlungsanweisungen, wie das Erkenntnisstreben zu ordnen ist, welche Hilfsmittel eingesetzt oder welche Verfahrensweisen praktiziert werden sollen, um wiss. Erkenntnisse gewinnen zu können. Entsprechend thematisiert sie die Erklärungsarten und -möglichkeiten im Hinblick auf den zu erklärenden Phänomenbereich (z. B. die Differenzierung zwischen Natur-, Human-, Sozial- und Geisteswiss. **Lit.** A. Menne, Einf. in die M. Darmstadt ²1984. PR

Meto ↗ Makua

Metonymie f. (griech. μετονομάζειν (metonomazein) ›umbenennen‹) Mittel der uneigentl. Ausdrucksweise (↗ Tropus): Ersetzung des eigentl. gemeinten Wortes (*verbum proprium*) durch ein anderes, das in einer geistigen oder sachl. Beziehung zu ihm steht, im Unterschied zur ↗ Synekdoche und zur ↗ Partonymie, die innerhalb desselben Begriffsfeldes bleibt (*Dach* für ›Haus‹) und zur ↗ Metapher, die in eine andere Bildsphäre springt. Nach Art des Zusammenhangs ergeben sich verschiedene Typen der M.: z. B. steht der Erzeuger für das Erzeugnis (*vom Bauern leben*), der Erfinder für die Erfindung (*einen Porsche fahren, Zeppelin fliegen*), der Autor für dessen Werk (*Goethe lesen*), eine Gottheit für deren Zuständigkeitsbereich (*Venus* für ›Liebe‹), ein Gefäß für dessen Inhalt (*ein Glas trinken*), Ort, Land, Zeit für Personen (*England erwartet...; Das 20. Jh. glaubt*), ein Sinnbild für Abstraktes (*Lorbeer* für ›Ruhm‹) usw. Nach dem Grad der Abweichung des Begriffsinhalts des Tropus von dem des *verbum proprium* steht die M. zwischen ↗ Metapher als extremer und ↗ Synekdoche als geringer Abweichung; die Abgrenzung bes. gegenüber der Letzteren ist fließend und z. T. willkürlich. M. und Metapher können als polare Typen der Begriffsverknüpfung aufgefasst werden. DS

Metrik f. (griech. μετρική τέχνη (metrikē technē) ›Kunst des Messens‹) Verslehre, systemat. und histor. Erfassung der ästhet. relevanten und strukturbildenden Gesetzmäßigkeiten der Verssprache wie Lautwiederholungen (↗ Alliteration, ↗ Reim u. ä.) und v. a. die quantitativ und evtl. qualitativ geordneten Silbenabfolgen (M. im engeren Sinn). Metr. Grundeinheit ist der ↗ Vers als rhythm. Ganzes; kann Teil einer ungegliederten Folge formal gleicher Verse sein oder Teil einer größeren Einheit, bestehend aus einer bestimmten Zahl gleicher oder in der Abfolge geregelter ungleicher Verse (Strophe); trifft keiner der beiden Fälle zu, besteht ein Minimum an Regularität (freie Rhythmen). – Baustein des Verses ist die ↗ Silbe. Der Vers kann entweder eine feste, nicht weiter gegliederte Binnenstruktur haben oder durch feste Zäsuren weiter unterteilt sein und in kleinere Einheiten zerfallen. Durch fixierte Klangwiederholungen (End-, Zäsur-, Binnenreime usw.) können bestimmte Silben hervorgehoben und der Vers weiter strukturiert werden. – Die Anwendung eines der vier metr. Prinzipien in einer Sprache hängt von deren phonet. Struktur, die bestimmte Möglichkeiten ausschließt, sowie von Tradition und Vorbild ab. Die Nachahmung der Metrik einer Einzelspr. in einer anderen ist daher oft nur durch Umdeutung der versbildenden Prinzipien möglich (etwa betont für lang, unbetont für kurz bei der Nachahmung antiker Metren im Dt.). Aussagen über die ästhet. Wirkung metr. Strukturen und das Verhältnis von ↗ Metrum und ↗ Rhythmus sind strenggenommen jeweils nur für eine Spr. und deren Lit. möglich. Sie sind neben der Beschreibung des metr. Prinzips, des Bestandes an Vers-, Strophen- und Gedichtformen und ihrer Genese und Entfaltung sowie ihrem Auftreten in der Dichtung Gegenstand der M. der einzelnen Spr. und Literaturen. **Lit.** Griech. Metrik: B. Snell, Griech. M. Göttingen ⁴1982. – D. Korzeniewski, Griech. M.

Darmstadt 1968. – Röm. Metrik: H. Drexler, Einf. in die röm. M. Darmstadt ³1983. – W. Hornig, Theorie einer systemat. lat. M. Ffm. 1972. – F. Crusius, Röm. Metrik. Mchn. ⁷1963. – Mittellat. Metrik: P. Klopsch, Einf. in die mittellat. Verslehre. Darmstadt 1972. – Dt. Metrik: D. Breuer, Dt. M. und Versgeschichte. Mchn. 1981. – Ch. Wagenknecht, Dt. M. Eine histor. Einf. Mchn. 1981. – W. Hoffmann, Altdt. M. Stgt. ²1981. – F. Schlawe, Neudt. M. Stgt. 1972. – H. Paul & I. Glier, Dt. M. Mchn. ⁶1966. – Engl. Metrik: J. Malof, A Manual of English Meters. Bloomington (Ind.) 1970. – J. Raith, Engl. M. Mchn. 1962. – Frz. Metrik: B. Baehr, Einf. in die frz. Verslehre. Mchn. 1970. – W. Th. Elwert, Frz. M. Mchn. ²1966. – Span. Metrik: R. Baehr, Span. Verslehre auf histor. Grundlage. Tübingen 1962. – Ital. Metrik: W. Elwert, Ital. M. Mchn. 1968. – Slaw. Metrik: B. G. Unbegaun, Russian Versification. Oxford 1956.   DS

Metrische Phonologie Ursprüngl. zur Formulierung von Akzentregularitäten (↗ Akzent) formulierte phonolog. Theorie, die von einer Grund- bzw. Skelettstruktur (↗ autosegmentale Phonologie) aus binär verzweigten Baumstrukturen starker (engl. *strong*, S) und schwacher (engl. *weak*, W) Elemente bzw. deren äquivalenter Darstellung als metr. Gitter (engl. *metrical grid*) ausgeht. **Lit.** M. Y. Liberman, The Intonational System of English. N. Y. 1979. – H. v. d. Hulst & N. Smith, An Overview of Accent and Metrical Phonology. In. H. v. d. Hulst & N. Smith (eds.), The Structure of Phonological Representation. Dordrecht 1982, 1–45. – M. Halle & J.-R. Vergnaud, An Essay on Stress. Cambridge, Mass. 1987. – E. Selkirk, Phonology and Syntax: The Relation between Sound and Structure. Cambridge, Mass. 1984.   PM

Metrischer Baum ↗ Metrische Phonologie
Metrisches Gitter ↗ Metrische Phonologie
Metrisierung ↗ Vergleich
Metrum n. (lat. ›Vers-, Silbenmaß‹ < griech. μέτρον (metron) ›Maß‹) I. w. S. Versmaß, d. h. das abstrakte Schema der nach Zahl und gegebenenfalls Qualität der Silben mehr oder minder fest geordneten Silbenabfolge eines Verses (↗ Metrik). Die vielfältige Variationsbreite der konkreten Realisierungen des abstrakten M. aufgrund der Spannung oder des Widerstands der autonomen Sprachbewegung gegen die metr. Organisation wird vielfach (bei akzentuierenden Metriken) als Quelle des ↗ Rhythmus angesehen. Im engeren Sinn: kleinste metr. Einheit.   DS

Mexicano ↗ Nahuatl
Mezzosopran ↗ Stimme, ↗ Sprechausdruck
Miao-Yao-Sprachen ↗ Sino-Tibetische Sprachen
Micmac ↗ Algonkin-Sprachen
Mignon f. ↗ Kolonel
Migrantenlinie ↗ Deutsch als Zweitsprache
Mikrolinguistik (griech. μικρός (mikros) ›klein‹) Verfahren der Erhebung und der Analyse ling. Daten mit einem Maximum an Detailliertheit im Hinblick auf die Beziehung zwischen verbaler Interaktion und Sozialstruktur mit dem Ziel, die regelhaften Sprachkonventionen zu beschreiben, deren sich Sprecher gruppenspezif. bedienen. Dabei soll die Konstitution von sozialer Bedeutung aus sozialen Attributen (Alter, sozialer Status usw.) verknüpft werden mit dem Gebrauch spezif. Sprachvarietäten (↗ Soziolekt). Mithilfe qualitativer in-depth-Analysen authent. Materials wird die grundlegende Fragestellung der M. untersucht: Wie beeinflusst die Verortung in einem sozialen Kontext das Verhalten des einzelnen Sprechers? Ggs. ↗ Makrolinguistik. **Lit.** A. D. Grimshaw, Macro-Microlevels. HSK 3, I, 66–77.   R

Mikronesische Sprachen ↗ Ozeanische Sprachen
Mild (engl. *mellow*, *non-strident*) Akust. definiertes binäres phonolog. distinktives Merkmal für Laute ohne hochfrequenten Geräuschanteil; Ggs. ↗ scharf.   PM

Mimik (griech. μῖμος (mimos) ›Schauspieler, Mime‹. Engl. *facial expression*, frz. *mimique faciale*) Einsatz des Gesichtsausdrucks (Spiel der Gesichtsmuskeln, besondere Bewegungen der Mund-Nasenpartie, der Augenbrauen, der Stirnpartie) zu kommunikativen Zwecken. M. und ↗ Gestik sind wichtiger Bestandteil der ↗ nonverbalen Kommunikation, sie bestimmen zusammen mit der ↗ Augenkommunikation die Art der Beziehung, die Sprecher und Hörer zu Beginn und während einer Interaktion herstellen. Argyle hebt vier verschiedene Funktionen des Gesichtsausdrucks in der sozialen Interaktion hervor: (a) er zeigt den Gefühlszustand der Interagierenden; (b) er stellt eine kontinuierl. Rückkopplung dar (ob jemand das Gesagte versteht, überrascht ist, ihm zustimmt); (c) er zeigt die Einstellung gegenüber anderen an; (d) er kann metakommunikativ wirken, indem er das, was jeweils gesagt wird, modifiziert und kommentiert. Obwohl best. Emotionen in vielen Kulturen gleich ausgedrückt werden (Lächeln als Zeichen der Freude ggü. Zähnefletschen bei Säugetieren; ↗ Primatensprache, ↗ Zoosemiotik), hat es sich bisher als äußerst schwierig erwiesen, best. Expressionen best. Positionen zuzuordnen. Art und Ausmaß, in dem mim. Verhalten gezeigt werden darf, sind häufig durch soziale Normen und Ausdrucksregeln bestimmt: Emotionen können durch M. maskiert oder überzeichnet werden. Von allen nonverbalen Verhaltensweisen unterliegt die M. am stärksten der Kontrolle, kann also auch bewusst eingesetzt werden. **Lit.** H. G. Walbott, Nonverbale Phänomene. HSK 3, II, 1227–1237. – M. Argyle, Körperspr. und Kommunikation. Paderborn 1979. – W. Nöth (Hg.), Hdb. der Semiotik. Stgt., Weimar ²2000, 305–310.   SL

Min ↗ Chinesisch
Min Nan ↗ Chinesisch
Min Pei ↗ Chinesisch
Minahasa-Sprachgruppe ↗ Sangir-Minahasa-Sprachen

Minäisch ↗ Altsüdarabisch
Minangkabau ↗ Malaiisch
Minderheit, Minderheitensprache ↗ Sprachliche Minderheit
Mingrelisch (auch: Megrelisch. Eigenbez. margaluri (nina); georg. megruli (ena)) ↗ Südkaukasische Spr., 300 000–600 000 Sprecher. M. wird in einem Teilgebiet der antiken Kolchis gesprochen (daher vereinzelt die Bezeichnung »Kolch.«), heute ungefähr zwischen dem Unterlauf des Rion(i) in Westgeorgien und Očamčire in Abchasien und in weiteren sprachl. gemischten Gebieten von Abchasien; Karte ↗ Kaukasische Sprachen, im Anhang. Abgesehen von kurzlebigen Versuchen zu Beginn der 1930er Jahre, eine m. Presse ins Leben zu rufen, ist immer das Georg. Schriftspr. gewesen; Karte ↗ Kaukasische Spr. **Lit.** A. Kiziria, Zanskij jazyk [Das San.]. JaNSSSR 4, 62–76. – A. C. Harris, Mingrelian, ILC 1, 313–394.   BO

Minimale abschließende Kategorie ↗ Maximale Projektion

Minimale Domäne Die GG legt als m. D. eines Kopfes fest, dass alle Elemente, die in der Projektion eines Kopfes X unmittelbar enthalten sind und nicht X selber enthalten, die m. D. des Kopfes X sind; ↗ Lokalitätsbeschränkung.   FR

Minimale Kategorie ↗ Regierende Kategorie

Minimale Nominalphrase Einfache oder komplexe Ausdrücke der Kategorie ↗ Nominalphrase (NP), die keine modifizierenden Ausdrücke enthalten und nicht um einen beliebigen Teilausdruck reduziert werden können, ohne ihren syntakt. Status als NP zu verlieren.   F

Minimalismus Theorieversion der GG (Chomsky 1995). Die Besonderheit gegenüber der vorangegangenen Version der ↗ Rektions-Bindungs-Theorie sind Beschränkungen durch ↗ Ökonomieprinzipien. Die Wohlgeformtheit einer Struktur wird daran gemessen, dass es keine Möglichkeit gibt, die Struktur auf ökonomischere Weise abzuleiten. Strukturen werden gebildet durch die Fusion zweier Elemente (engl. *merge*). Die Unterscheidung zwischen D- und S-Struktur in der syntakt. Komponente wird aufgegeben. Die syntakt. Derivation spaltet sich in ↗ Logische Form (LF) und Phonologische Form (PF) auf, stellt also eine Vermittlung von Ausdruck und Bedeutung dar. Wohlgeformte Ausdrücke dürfen auf beiden Ebenen keine uninterpretierbaren Ausdrücke enthalten (Prinzip der vollständigen Interpretation). Bewegung (engl. *move*) ist nur mögl. zur Überprüfung morpholog. Eigenschaften (engl. *feature checking*). In der Struktur gibt es eine universale Hierarchie ↗ funktionaler Kategorien (IP, DP) über den lexikalischen (↗ NP, ↗ VP). Das ›feature checking‹ erfolgt auf der Ebene der funktionalen Kategorien, d. h. die Köpfe der lexikal. Kategorien müssen in die funktionale Projektion bewegt werden, damit die morpholog. Merkmale überprüft werden können. Checking erfolgt allein über die strukturelle Relation des Spec-Head-Agreement. Ohne das Checking der Kongruenzmerkmale kann das Prinzip der vollständigen Interpretation nicht erfüllt werden. Unterschieden werden starke und schwache morpholog. Merkmale mit einzelsprachl. Parametrisierung. Der M. reduziert die Syntax so auf eine Vermittlung zwischen den beiden Ebenen PF und LF. **Lit.** N. Chomsky, The Minimalist Program. Cambridge, Mass. 1995. – G. Webelhuth (ed.), Government and Binding Theory and the Minimalist Program. Oxford 1995. – G. Grewendorf, Minimalistische Syntax. Tübingen, Basel 2000. – A. Radford, Syntactic Theory and the Structure of English. A Minimalist Approach. Cambridge 1997. – N. Chomsky, Three Factors in Language Design. LIn 36, 2005, 1–22. – G. Cinque (ed.), Functional Structure of DP and IP. The Cartography of Syntactic Structures. Vol. 1. N. Y. 2002. – L. Rizzi (ed.), The Structure of CP and IP. The Cartography of Syntactic Structures. Vol. 2. N. Y. 2004.   FR

Minimalpaar Zwei bedeutungsverschiedene Wörter oder ↗ Morpheme einer Spr., die sich lediglich in einem ↗ Phonem unterscheiden (↗ Opposition); z. B. dt. *Tisch – Fisch, Fisch – fesch*, engl. *red – led, led – lid*. M.-Bildung in paradigmat. Variation ist ein grundlegendes Verfahren zur Bestimmung des ↗ Phoneminventars einer Spr., in syntagmat. Variation zur Bestimmung phonotakt. (↗ Phonotaktik) Regularitäten.   PM

Minimalsprache ↗ Basic-Sprache, ↗ Reduktionssprache

Minorität, Minoritätensprache ↗ Sprachliche Minderheit

Minuskel f. (auch: Kleinbuchstabe. Engl. lowercase/small letter, minuscle, frz. minuscule) Sammelbez. für ↗ Schriftarten (2), die dem Vierlinienschema folgen, in dem die Schäfte der einzelnen ↗ Buchstaben unterschiedl. Länge haben. Zuerst in der jüngeren röm. ↗ Kursive (M.kursive) gegen Ende des 3. Jh. n.Chr. nachweisbar, wird die M. im Laufe des 8. Jh. in Gestalt der ↗ karolingischen Minuskel zur Hauptform des europ. Schriftwesens. Es gibt Buchstaben, deren Ausdehnung von Grundlinie und Mittellinie begrenzt ist (*a, e, o, u, m, n*, bisweilen auch *i*). Andere weisen eine ↗ Oberlänge oder eine ↗ Unterlänge auf, während Buchstaben mit Ober- und Unterlänge zugleich erst in neuzeitl. Schriftarten auftreten, die i. d. R. M.schriften sind. Im dt. Sprachraum wirken daneben noch got. Schrifttraditionen weiter. Für Satzanfänge und zur ↗ Auszeichnung wurden bereits im MA in M.schriften auch Majuskelbuchstaben verwendet.   EN

Mischbildung ↗ Hybridbildung
Mischdialekt ↗ Mischsprache
Mischform ↗ Kontamination
Mischkasus ↗ Kasus
Mischklasse In der Altphilologie Bez. für diejenige Klasse von griech. bzw. lat. Verben, die unter-

schiedl. ↗ Tempusstämme aufweisen, z. B. lat. *ferō, tulī, lātum* ›bringen‹; ↗ Suppletion. GS

Mischkompositum ↗ Hybridbildung bei Komposita, z. B. (russ.-dt./frz.) *Sputnikschock,* (engl.-dt.) *Hollywoodschaukel* (engl. *swing hammock*), (ital.-dt.) *Edelpizzeria.* G

Mischname (auch: Hybridname) Eigen- oder Gattungsname, der Elemente aus unterschiedl. Spr. aufweist, z. B. Komposita wie *Knallcharge, BahnCard* oder Ableitungen wie *Kevinchen, Karlowitsch.* G

Mischsprache (engl. mixed language, frz. langue mixte) Bez. für Spr., die unter den Bedingungen eines intensiven ↗ Sprachkontakts bzw. des ↗ Bilingualismus als Ergebnis der gegenseitigen Beeinflussung (↗ Sprachmischung) zweier (seltener mehrerer) Ausgangssprachen entstehen und deutl. Züge derselben in sich vereinigen. Das Ergebnis entsprechender Prozesse zwischen ↗ Dialekten heißt Mischdialekt. In aller Regel bleiben die einzelnen Schichten dabei deutlich erkennbar wie etwa im Falle des Engl., dessen zahlreiche roman. Elemente sich auf den Bereich der Syntax, des Wortschatzes und der Wortbildung beschränken, nicht jedoch die Formenbildung oder die Phonologie betreffen. Eine besondere Kategorie von M. bilden die sog. ↗ Kreol- und ↗ Pidginsprachen, da die Sprachmischung hier weniger in einer Addition von Elementen aus der Kolonialsprache und den jeweiligen autochthonen Spr. resultiert, sondern meist in einer allgemeinen Reduktion der verfügbaren grammat. und lexikal. Mittel; ↗ Reduktionssprache. GP

Mischzeichen ↗ Warenzeichen

Miskito ↗ Misumalpan-Sprache an der karib. Küste von Honduras und Nicaragua, ca. 100 000 Sprecher; Karte ↗ Mesoamerikanische Sprachen, im Anhang. Sprachtyp: suffigierend. Kasus, Unterschied zwischen veräußerl. und nicht-veräußerl. Besitz in der Deklination (↗ alienabel). Zahlreiche Lehnwörter aus dem Engl. **Lit.** CIDCA, Miskitu bila aisanka. Gramática miskita. Managua 1985. – G. Arguedas Cortés, Morfología flexiva del misquito: el sustantivo. In: Filología y Lingüística 12. San José 1986, 93–112. – D. Salamanca, Elementos de gramática del miskito. Phil. Diss. MIT, Boston, Mass. 1988. AD

Miskito-Sumo-Matagalpa-Sprachen ↗ Misumalpan-Sprachen

Missingsch Mischsprache (↗ Halbmundart) unter Einfluss der dt. ↗ Standardsprache auf der Basis des ↗ Niederdeutschen; gekennzeichnet durch die Realisierung standardsprachl. Phonemsysteme (hochdt. Lautverschiebung, neuhochdt. Diphthongierung) auf niederdt. Artikulationsbasis bei teilweiser Beibehaltung der niederdt. Morphologie und Syntax. Wird von den Sprechern als »Hochdeutsch« (mit Fehlern) und nicht als eigene Varietät angesehen. Im Volkstheater (Ohnsorg-Theater) verschiedentlich als Stilmittel in ursprüngl. niederdt., ins Hochdt. übersetzten Stücken benutzt. **Lit.** H. Teuchert, M. In: Fs. E. Karg-Gasterstädt, Halle 1962, 245–261. – K. Scheel.

Hamburger M. In: Fs. U. Pretzel, Bln. 1963, 381–389. – I. Schröder, Niederdt. in der Gegenwart. In: GermL 175–176, 2004, 35–97. DD

Missverständnis (engl. misunderstanding) Nach Austin eine den Formen von misslungenen (»unhappy«) Ausführungen performativer Handlungen ähnliche Form des »Verunglückens« eines Kommunikationsaktes; z. B. muss bei Handlungen wie »Versprechen« oder »Befehl« gewährleistet sein, dass ihr Adressat versteht, dass ein Versprechen oder ein Befehl gegeben wird. In der ↗ Ethnographie der Kommunikation versucht man die Faktoren zu beschreiben, die ein M. auslösen können. M. sind »Differenzen in der Wahrnehmung konventioneller sprachl. und nichtverbaler Signale geschuldet« (Gumperz, S. 1); ↗ Kontextualisierung. M. können einseitig oder wechselseitig sein, sie können einzelne sprachl. Handlungen betreffen oder komplexe Handlungssequenzen. **Lit.** J. L. Austin, Zur Theorie der Sprechakte. Stgt. 1972. – J. J. Gumperz, The Conversational Analysis of Interethnic Communication. In: E. L. Ross (ed.), Interethnic Communication. U. of Georgia Press 1977. – M. Dobrick, Gegenseitiges (Miss-)Verstehen in der dyad. Kommunikation. Münster 1985. G

Misumalpan-Sprachen (Akronym für: Miskito-Sumo-Matagalpa-Sprachen) Zentralamerikan. Sprachfamilie (zuerst festgestellt von W. Lehmann). Zu den M.-S. gehören das ↗ Miskito und das Sumo (Ostnicaragua und Osthonduras); Karte ↗ Mesoamerikanische Sprachen, im Anhang. Die Matagalpa-Spr. wurde gesprochen im nördl. Hochland Nicaraguas und in einzelnen Dörfern im östl. Teil El Salvadors (Cacaopera). Mögl. entfernte Verwandtschaft mit den ↗ Chibcha-Sprachen und mit dem Lenca von Honduras und El Salvador. **Lit.** W. Lehmann, Zentral Amerika, Teil I. Bln. 1920. – A. Constenla Umaña, Las lenguas del área intermedia. San José 1991. **SSG** Ibero-Amerikanisches Institut Berlin (204). AD

Mitlaut ↗ Konsonant

Mitspieler ↗ Ergänzung

Mitteilung Mündl. oder schriftl. Übermittlung einer für den Empfänger neuen und relevanten Information. In der ↗ Funktionalen Satzperspektive ist das ↗ Rhema Träger der *Mitteilungsfunktion,* während das ↗ Thema ↗ anaphorisch ↗ Kohäsion herstellt. G

Mittel (engl. mid) **1.** Grad des artikulator. Beschreibungsparameters der vokal. Zungenhöhe (↗ Vokal; z. B. dt. [e:], [o:]) bzw. dessen phonolog. distinktives Merkmal zur Kennzeichnung eines 4-stufigen Zungenhöhenkontrasts neben [± hoch]. PM – **2.** Tonales phonolog. Merkmal der Tonhöhe im Ggs. zu ↗ hoch bzw. tief; ↗ Tonsprache. PM

Mittelalemannisch ↗ Alemannisch

Mittelamerikanische Sprachen ↗ Mesoamerikanische Sprachen, ↗ Südamerikanische Sprachen

Mittelbairisch ↗ Bairisch

Mitteldeutsch Sammelbez. für den Teil der Dialekte des ↗ Hochdeutschen (1.) nördl. der *appel/*

apfel-Isoglosse (Speyerer Linie) des ↗ Rheinischen Fächers, in dem die zweite (oder hochdt.) ↗ Lautverschiebung im Ggs. zum ↗ Oberdeutschen nur teilweise durchgeführt wurde. Das M. wird in das ↗ Westmitteldeutsche und das ↗ Ostmitteldeutsche weiter untergliedert. **Lit.** P. Wiesinger, Die Einteilung der dt. Dialekte. HSK 1, II, 826–829.   DD

Mittelenglisch Epoche der Sprachgeschichte des ↗ Englischen (ca. 1100–1500) von der normann. Eroberung bis zur Entstehung einer neuen Standardspr.   GH

Mittelfeld ↗ Feldgliederung, ↗ Satzklammer, ↗ Stellungsfeld

Mittelfränkisch Dialektverband innerhalb des ↗ Westmitteldeutschen zu beiden Seiten des Rheins; vereinigt in sich die Dialektgruppen des Ripuarischen (Kölner Raum, ↗ Kölnisch) und des Moselfränkischen (Hunsrück, Eifel, Westerwald). Das M. berührt im Westen das frz. Sprachgebiet und geht in breiten Übergangszonen im Süden ins ↗ Rheinfränkische, im Osten ins ↗ Mittelhessische (beide Übergangszonen durch die *dat/das*-Isoglosse durchschnitten) und im Norden ins Niederfränkische (Übergangszone durch die *ik/ich*-Isoglosse durchschnitten) über; Karte ↗ Deutsche Dialekte, im Anhang. Hauptkennzeichen des M. ist die rhein. Akzentuierung (»rheinischer Singsang«). Auffälliger Unterschied zwischen dem Ripuar. und dem M.: mhd. *nd* wird ripuar. gutturalisiert (z. B. *veŋə* ›finden‹, *honk* ›Hund‹), während es im M. zu *n* assimiliert wird oder erhalten bleibt (z. B. *fenə* ›finden‹, *hont* ›Hund‹). Im Übergangsbereich vom Ripuar. zum M. verläuft die *dorp/dorf*-Isoglosse. Eine eigene Entwicklung innerhalb des M. hin zur ↗ Ausbausprache ist das ↗ Luxemburgische gegangen. **Lit.** T. Frings, H. Aubin & J. Müller, Kulturströmungen und Kulturprovinzen in den Rheinlanden. Bonn 1926, 90–195. – P. Wiesinger, Die Einteilung der dt. Dialekte. HSK 1, II, 880–885. – Rhein. Wb. Bd. 1–9. Bonn, Bln. 1928–1971.   DD

Mittelfranzösisch ↗ Französisch

Mittelgriechisch (auch: Byzantinisch-Griechisch) Zwischen dem 3. und 15. Jh. u. Z. auftretende Sprachform des ↗ Griechischen, die sich als Volksspr. und Schriftspr. nicht klass. orientierter Autoren aus verschiedenen Dialekten des ↗ Altgriechischen und dem ↗ Neutestamentlichen Griechisch entwickelt hat. Im M. verfestigte sich die zur Zeit des ↗ Neutestamentlichen Griechisch beginnende Entwicklung der ↗ Diglossie, der Kluft zwischen Umgangsspr. und Hochspr. **Lit.** ↗ Griechisch.   F

Mittelhessisch (auch: Zentralhessisch) Strukturell eigenständiger Dialektverband innerhalb des ↗ Westmitteldeutschen im mittleren Hessen (Oberhessen und östl. Nassau). Für das M. kennzeichnend und unterschieden von den anderen »hessischen« Dialekten sind u. a. die sog. »gestürzten Diphthonge« (mhd. *ie-uo-üe > ẹi-ou-oi*, z. B. *lẹiwe gọure broier* ›liebe gute Brüder‹), die Hebung von mhd.

langen *ê, ô* und *ô* zu *i:* und *u:* (z. B. *kli:* ›Klee‹, *bi:s* ›böse‹, *du:t* ›tot‹) und das Morphem {-n} für die 1. Pers. Sg. des Verbs. Vom westl. ↗ Mittelfränkischen wird das M. traditionell durch die *dat/das*-Isoglosse getrennt; es gibt jedoch zahlreiche Parallelen im Vokalismus und in der Morphologie. Zum südl. anschließenden ↗ Rheinfränkischen besteht ein breiteres Übergangsgebiet (↗ Binnenfränkisch); Karte ↗ Deutsche Dialekte, im Anhang. Die Unterschiede zum Nieder- und zum Osthess. sind so eindeutig, dass die traditionelle Zusammenfassung des M. mit dem Nieder- und Osthess. zu einem dem Namen nach einheitl. »Hessisch« (in Abgrenzung zu einem südl. »Pfälzisch«) innerhalb eines »rheinfränkischen« Raums zurückgewiesen werden muss. **Lit.** P. Wiesinger, Die Stellung der Dialekte Hessens im Mitteldt. In: Fs. B. Martin, Marburg 1980, 68–148. – H. J. Dingeldein, Das M. Erforschung, Strukturen, Entwickl. In: Fs. H. Friebertshäuser, Marburg 1989, 9–69. – Hessen-Nassauisches Volkswörterbuch. Bd 2 ff. Marburg 1927 ff.   DD

Mittelhochdeutsch (Abk. Mhd. Engl. Middle High German, frz. moyen haut allemand) Sprachperiode zwischen ↗ Althochdeutsch und ↗ Frühneuhochdeutsch, die von der Mitte des 11. bis zur Mitte des 14. Jh. reicht. Das mhd. Sprachgebiet wird v. a. durch die Ostkolonisation stark erweitert. Sprachgeograph. tritt damit zu den bereits seit ahd. Zeit überlieferten ↗ ober- und ↗ mitteldeutschen Dialekten das ↗ Ostmitteldeutsche, das von den verschiedenen Maa. der Siedler geprägt ist. Kriterien der Abgrenzung des Mhd. gegenüber dem Ahd. sind u. a. die ↗ Abschwächung der unbetonten vollen Nebensilbenvokale zu [ə] (graph. meist ⟨e⟩) sowie die Weiterführung bzw. graph. Bezeichnung des ↗ Umlauts bei allen umlautfähigen Vokalen. Im Bereich von Morphologie und Syntax ist das Mhd. durch einen weitgehenden Formenzusammenfall und durch die Ausweitung des analytischen Formenbaus gekennzeichnet. Im Laufe der mhd. Sprachperiode nimmt die Verwendung des Dt. als ↗ geschriebener Sprache zu; Träger dieser schriftl. Kultur sind nicht mehr nur Geistliche, sondern auch (meist adlige) Laien. Dies gilt besonders für die Zeit des sog. klass. Mhd., die (zwischen einer früh- und einer spätmhd. Periode) von etwa 1180 bis 1250 angesetzt wird. In der Lit. dieser Zeit (höfische Ritterlit.: Minnesang, höf. Epos) wird eine (obdt. geprägte) Sprachform verwendet, die durch den Verzicht auf Mundartliches gewisse Vereinheitlichungstendenzen zeigt, ohne dass man allerdings von einer ↗ Standardsprache im heutigen Sinn ausgehen darf. Lexikal. ist dieser literatursprachl. Funktiolekt (die sog. höf. Dichterspr.) stark vom Frz. beeinflusst. Ein weiteres Charakteristikum des mhd. Wortschatzes ist die starke Zunahme von Abstraktbildungen, die v. a. durch die im 13. und 14. Jh. wichtigen Geistesrichtungen der Scholastik und der Mystik ausgelöst wurde. **Lit.** G. F. Benecke, W. Müller & F. Zarncke, Mhd. Wb. Nachdruck der Ausgabe Lpz. 1854–1866. 4 Bde. Stgt. 1990. – K. Gärtner, K. Grubmüller & K. Stackmann (Hgg.), Mhd. Wb. Stgt. 2006 ff. – M. Lexer, Mhd. Taschenwb. Stgt. ³⁸1992. – H. Paul, T. Klein, H.-J. Solms & K.-P. Wegera, Mhd. Grammatik. Tübingen ²⁵2007. – T. Klein, H.-J. Solms & K.-P. Wegera, Mhd. Grammatik. Tübingen 2009 ff. – HSK 2, 2. Aufl., 1294–1408. **GZ**

Mittelindische Sprachen Die zur mittelind. Sprachperiode (ab Mitte des 1. Jt. v. Chr.) gehörenden ↗ indoarischen Sprachen unterscheiden sich vom ↗ Altindischen durch charakterist. Veränderungen auf phonolog. und morpholog. Gebiet: Vereinfachungen bestimmter Konsonantengruppen durch ↗ Assimilation, Vokalisierung des altind. silb. r̥, Schwund fast aller auslautenden Konsonanten, das sog. »Zwei-Moren-Gesetz«, dem zufolge keine Silbe eines mittelind. Wortes mehr als zwei ↗ Moren enthalten darf, wodurch sich einschneidende Veränderungen vom Vokalismus ergeben; einfachere ↗ Sandhi-Regeln; beträchtliche Verallgemeinerung der altind. Deklinationsklassen, Wegfall des ↗ Duals. Zu den m. S. zählen: (a) Die sog. ↗ Prakrit-Spr.n (eigentl. Prākṛit; Bedeutung etwa »Spr.n der Allgemeinheit«, so genannt im Unterschied zu dem im sakralen Bereich verwendeten ↗ Sanskrit), deren älteste Ausprägungen durch vereinzelte epigraph. Denkmäler bezeugt sind; besondere Bedeutung kommt hierbei den Edikten des Kaisers Aśoka zu (3. Jh. v. Chr.), der mit seinen systemat., über das ganze Reich verbreiteten Inschriften religiösen Inhalts die buddhist. Weltmission begründete. Die wichtigsten Prakrit-Spr., die hauptsächlich im ind. Drama als Spr. der Vertreter nicht-brahman. Kasten ihren Niederschlag fanden, sind Māhārāṣṭrī, Śaurasenī, Māgadhī, Paiśācī, Ardhamāgadhī. (b) Eine besondere Stellung unter den mittelind. Spr. hat das ↗ Pāli als Literaturspr. des Buddhismus inne; der Begriff »Pāli-Kanon« bezeichnet die umfangreichen heiligen Schriften des Buddhismus; ↗ heilige Sprache. In ling. Hinsicht repräsentiert das Pāli den archaischsten Typus unter den m. S. – Die sprachhistor. den modernen ↗ indoarischen Sprachen am nächsten stehende Entwicklungsphase des Mittelind. wird mit Apabhraṃśa bezeichnet (etwa »verdorbene Sprache«; Mitte des 1. Jh. n. Chr.). **Lit.** M. Mayrhofer, Handbuch des Pāli I. Heidelberg 1951. – R. Pischel, A Grammar of the Prākrit Languages. 2nd rev. ed., Delhi 1981. – G. A. Zograf, Srednie indoarijskie jazyki [Mittelindische Sprachen]. In: Jazyki Azii i Afriki [Die Sprachen Asiens und Afrikas] I. M. 1976. – O. v. Hinüber, Das ältere Mittelindisch im Überblick. Wien 1986. – V. Bubenik, Prākrits and Apabhraṃśa. In: G. Cardona & Dh. Jain (eds.), The Indo-Aryan Languages. Ldn., N. Y. ²2007, 204–249. – W. Geiger, Pāli. Literatur und Sprache. Strassburg 1916. – Th. Oberlies, Aśokan Prakrit and Pāli. In: G. Cardona & Dh. Jain

(Hgg.), The Indo-Aryan Languages. Ldn., N. Y. ²2007, 161–203. **FZ**

Mitteliranisch (engl. Middle Iranian, frz. Moyeniranien) Sammelbez. für die in der Zeit vom Zerfall des Achämenidenreichs bis zur beginnenden Islamisierung gesprochenen ↗ iranischen Sprachen. Die in verschiedenen Schriften überlieferten m. S. stellen das Bindeglied zwischen den bezeugten oder anzusetzenden ↗ altiranischen und den heute gesprochenen neuiran. Sprachen dar. Sie repräsentieren zumindest drei Dialektzonen: Das ↗ Mittelpersische einen südwestl., das ↗ Parthische einen nordwestl. und das ↗ Sogdische (mit dem Chwarezm.), das ↗ Sakische und das Alan. (als Vorläufer des heutigen ↗ Ossetischen) verschiedene östl. Dialekte. Nicht für alle neuiran. Spr. sind die mitteliran. Vorstufen bekannt. **Lit.** W. B. Henning, M. HdO, 1./4./1., 1958, 20–130. – R. Schmitt, Die m. S. im Überblick. In: R. Schmitt (ed.), Compendium linguarum iranicarum. Wiesbaden 1989, 95–105. **GP**

Mittelkonstruktion ↗ Mediopassiv, ↗ Medium

Mittellänge (auch: Mittelhöhe) Höhe einer ↗ Gemeine einer ↗ Satzschrift in Punkt (p); ↗ Didotsystem. **G**

Mittellateinisch ↗ Lateinisch

Mittellaut ↗ Media

Mittellinie (Gedachte) Zeile, die in alphabet. Schriftsystemen, die den Unterschied zwischen ↗ Gemeinen und ↗ Versalen kennen, die obere Grenzlinie für die Gemeinen bildet; obere Grenzlinie der ↗ Mittellänge; ↗ Grundlinie. **G**

Mittelniederdeutsch (Abk. Mnd. Engl. Middle Low German, frz. moyen bas allemand) Periode zwischen ↗ Altsächsisch und den (neu-) ↗ niederdeutschen Maa. Nach einer as.-mnd. Übergangszeit, aus der nur lat. Schrifttum bekannt ist, setzt das Mnd. seit der 1. Hälfte des 13. Jh. überliefert ein und reicht bis etwa 1600. Das mnd. Sprachgebiet (norddt. Raum nördl. der ↗ Benrather Linie) wird durch die Ostkolonisation des 12.–14. Jh. stark erweitert. Innerhalb des Mnd. lassen sich mit dem ↗ Westfälischen, dem ↗ Ostfälischen und dem ↗ Norddt. drei große Dialekträume voneinander abgrenzen. Vom As. unterscheidet sich das Mnd. u. a. durch den Endungsverfall sowie durch eine gewisse Annäherung an das ↗ hochdeutsche Sprachsystem, z. B. in der Wortbildung. Die Frühzeit des Mnd. ist durch das Nebeneinander regionaler Schreibspr.n gekennzeichnet, das kulturelle Zentrum liegt zu dieser Zeit im Ostfäl. In der Blütezeit im ausgehenden 14. und im 15. Jh. entwickelt sich eine mnd. Schriftspr. vorwiegend auf Lübecker Grundlage, die bes. im nördl. Mnd. Vereinheitlichungstendenzen zeigt (die sog. Lüb. Ausgleichsspr.), ohne dass man von einer ↗ Standardsprache im modernen Sinn ausgehen darf. Als Spr. der Hanse (Hansisch) ist das Mnd. nun auch übernat. Verkehrsspr. Nach dem Niedergang der Hanse wird das geschriebene Ndt. im Laufe des 16. Jh. durch das Hdt. abgelöst. **GZ**

Mittelniederländisch ↗ Mittelniederdeutsch, ↗ Niederfränkisch, ↗ Niederländisch

Mittelpersisch (Pahlavī. Abk. mpers. Engl. Middle Persian, frz. Moyen Perse) Als Staatssprache des Sasanidenreichs (3.–7. Jh.) im Iran die am reichhaltigsten durch Hand- und Inschriften dokumentierte ↗ mitteliranische Sprache. Die handschriftl. Zeugnisse beziehen sich teils auf die zoroastr. Religion (sog. Buchpahlavī), teils auf den Manichäismus (Turfan-Pahlavī). Die Ersteren sind, wie auch die Inschriften, in einer eigenen, aus dem ↗ Aramäischen übernommenen Schrift gehalten, die sich v. a. durch zahlreiche Ideogramme (d. h. in aram. Form geschriebene, aber mpers. zu lesende Wörter) auszeichnet, die Letzteren in der sog. manichä. Schrift, die auch in Handschriften des ↗ Parthischen verwendet wurde und die mpers. Lautgestalt deutlicher wiedergibt. Einige erst nach der Islamisierung niedergeschriebene Texte benutzen die Schrift des ↗ Avestischen (*Pāzend*). Das Mpers. stellt das histor. Zwischenglied zwischen dem keilschriftl. ↗ Altpersischen und dem heutigen ↗ Neupersischen dar. **Lit.** H. S. Nyberg, A Manual of Pahlavi. Wiesbaden 1964–1974. – D. N. MacKenzie, A Concise Pahlavi Dictionary. ²1990. – W. Sundermann, M. In: R. Schmitt (ed.), Compendium linguarum iranicarum. Wiesbaden 1989, 138–164.   GP

Mittelpommersch Dialektverband (Siedeldialekt) innerhalb des ↗ Niederdeutschen an der unteren Oder im Umland von Stettin im ehemals slavischsprachigen Gebiet; seit 1945/46 sind die Gebiete östlich der Oder, Stettin und seine nähere Umgebung polnischsprachig; Karte ↗ Deutsche Dialekte, im Anhang. M. wird mit dem ↗ Mecklenburgisch-Vorpommerschen, dem ↗ Brandenburgischen, dem ↗ Ostpommerschen und dem ↗ Niederpreußischen wegen des Einheitsplurals des Verbs auf -*e(n)* (z. B. *make(n)* ›wir, ihr, sie machen‹) gegenüber -*(e)t* in den sonstigen ndt. Dialekten unter der Bezeichnung »Ostniederdeutsch« zusammengefasst. Seine Selbständigkeit ggü. dem Mecklenburgisch-Vorpommerschen und Ostpommerschen resultiert aus der (mit dem ↗ Brandenburgischen gemeinsamen) Besiedlung von der Mitte und vom Süden her, während die Besiedlung Mecklenburgs und des sonstigen Pommerns in West-Ost-Richtung die Ostsee entlang erfolgte. Besitzt zahlreiche Gemeinsamkeiten mit dem Brandenburg., jedoch ist der Anteil ndl. Wortguts kleiner. Das M. ist bisher noch wenig erforscht. **Lit.** P. Wiesinger, Die Einteilung der dt. Dialekte. HSK 1, II, 880–885. – D. Stellmacher, Ostniederdt. LGL ²1980, 464–468. – Pommersches Wb. Lfg. 1 ff. Bln. 1997 ff.   DD

Mittelstellung ↗ Distanzstellung

Mittelverb ↗ Mediales Verb

Mittelwort ↗ Partizip

Mittelwortsatz ↗ Partizipialgruppe

Mittelzungenlaut ↗ Lingual

Mittlersprache ↗ Verkehrssprache

Miwok ↗ Penuti-Sprachen

Mixe ↗ Mixe-Zoque-Sprachen

Mixed language ↗ Mischsprache

Mixe-Zoque-Sprachen ↗ Mesoamerikanische Sprachgruppe im südl. Mexiko mit ca. 200 000 Sprechern. Einzelspr.n und Dialekte werden als Mixe, Populuca und Zoque bezeichnet; Karte ↗ Mesoamerikanische Sprachen, im Anhang. Genet. Beziehungen zu anderen Spr. (↗ Makro-Maya-Sprachgruppe) werden überwiegend abgelehnt. Es handelt sich um agglutinierende Spr. mit komplexen, polysynthet. Verbformen, wobei Subj., direktes und indirektes Obj. durch ein auf einer Personenhierarchie beruhendes Affixsystem koreferiert werden; Obviation (↗ obviativ). **Lit.** S. Hoogshagen, Coatlán Mixe. In: M. S. Edmonson (ed.), Linguistics. Supplement to the Handbook of Middle American Indians, vol. 2. Austin 1984, 3–19. **SSG** Ibero-Amerikanisches Institut Bln. (204).   D

Mixtekische Sprachen Zweig der mesoamerikan. ↗ Otomangue-Sprachen. Sprachgebiet: westl. Oaxaca und angrenzende Gebiete in Mexiko, durch Arbeitsmigranten sekundäre Verbreitung bis in die USA. Unter Mixtek. (450 000 Sprecher) i. e. S. werden mehrere Spr. und Dialekte subsumiert, unter Mixtecan-Spr. zusätzl. Trique und Cuicatekisch; Karte ↗ Mesoamerikanische Sprachen, im Anhang. Vorspan. histor. Bilderschriften sind bekannt, aus dem 16. und 17. Jh. histor.-administrative Literatur in lat. Alphabetschrift. Heute gibt es keine nennenswerte Schriftlichkeit in m. S. **Lit.** C. H. Bradley & B. E. Hollenbach (eds.), Studies in the Syntax of Mixtecan Languages. 4 vols. Arlington, Texas 1988–1992. – M. Macaulay, A Grammar of Chalcatongo Mixtec. Berkeley 1996.   D

MLU ↗ Mean length of utterance

Moabitisch ↗ Kanaanäisch

Mobilia ↗ Movierung

Mobilian Jargon ↗ Muskogee-Sprachen

Mocoví ↗ Guaikurú-Sprachen

Modal 1. Die Art und Weise bezeichnend, die Fragen *wie?, wie viel?, wie sehr?* u. a. beantwortend, z. B. *Peter schläft viel, arbeitet intensiv, trinkt wie ein Loch.* – **2.** Die subjektive Einstellung des Sprechers ausdrückend zum Inhalt dessen, was er sagt; zu dessen Wahrheitswert (*vermutlich, angeblich, vielleicht, sicher, möglicherweise...*) oder zu dessen Güte (*leider, erfreulicherweise, klugerweise...*), nicht unmittelbar erfragbar; ↗ Modalität, ↗ Modalsatz, ↗ Modus.   C

Modaladverb (auch: Adverb der Art und Weise. Engl. adverb of manner, frz. adverbe de manière) Semant. motivierte Unterklasse der ↗ Adverbien mit Verbbezug. M. sind durch *wie?* erfragbar. Im Dt. verfügen sie über keine spezif. Suffixe (wie etwa im Engl., welches seine M. vielfach aus Adjektiven durch -*ly* ableitet). Deshalb wird bisweilen postuliert, das Dt. habe keine M.; ↗ Prädikatsbezogenes Adverb.   SO

Modaladverbial ↗ Modalbestimmung

Modalangabe ↗ Modalbestimmung

Modalbestimmung (auch: Modaladverbial, Umstandsbestimmung der Art und Weise. Engl. adverbial (phrase) of manner, frz. complément circonstanciel de mode) Adverbial, das eine ↗ modale Beziehung ausdrückt. Im Dt. sind M. meist durch ein Adverb, eine PP oder einen ↗ Modalsatz realisiert und durch *wie* erfragbar, z. B. *Johannes arbeitet gewissenhaft.* Die Valenzgrammatik klassifiziert vom Verb regierte M. (*Uwe benimmt sich schlecht*) als Ergänzungen; nicht-regierte, freie M. als Angaben (*Rudolf regelt mit Begeisterung/skrupellos die Rechtschreibung*). C, RL

Modaler Infinitiv Bez. für eine Infinitivkonstruktion (*haben/sein*; (Obj.), *zu*; Inf.), die referierend einen Befehl oder eine dringende Aufforderung oder eine Möglichkeit ausdrückt und im Dt. semant. den Modalverben *müssen* (z. B. *Das Formular ist mit Blockbuchstaben auszufüllen*), *können* (z. B. *Das Haus ist gut zu verkaufen*), *nicht dürfen* (z. B. *Jennys Englisch ist nicht zu unterschätzen*) und *nicht brauchen* (z. B. *Maja hat heute keine Zeitungen auszutragen*) entspricht. G

Modalergänzung ↗ Modalbestimmung

Modales Hilfsverb ↗ Modalverb

Modalität (engl. modality, frz. modalité) Semant.-pragmat. Beschreibungsperspektive, welche sich i. w. S. auf die Art und Weise der Stellungnahme des Sprechers zur Geltung des durch eine Äußerung ausgedrückten Sachverhaltes in der aktuellen Welt bezieht: M.-Unterschiede in der Bedeutung von Sätzen beziehen sich auf alternative Möglichkeiten zu den in der aktuellen Welt bestehenden Gegebenheiten. M. wird sprachspezif. durch unterschiedl. formale Mittel kodiert; bspw. durch morpholog.-syntakt. Kategorien des ↗ Modus, durch verschiedene deagentivierende Formen (z. B. *Die Suppe ist zu essen/essbar;* ↗ Passiv), durch den ↗ modalen Infinitiv, durch ↗ Konditionalsätze und durch alle Mittel, welche ↗ Satztypen konstituieren. Typische lexikal. Ausdrucksmittel der M. sind ↗ Satzadverbien, ↗ Modalpartikeln, ↗ Abtönungspartikeln, ↗ Modalverben und eine Reihe anderer Verben, welche in dieser Funktion als *Modalitätsverben* bezeichnet werden (dt. *bleiben, drohen, gedenken, pflegen, scheinen, versprechen, wissen* usw.). In u. a. auf A. Kratzer zurückgehenden modallog. orientierten semant. Analysen werden die verschiedenen Arten der M. durch die beiden Parameter *Modalbasis* (B) und *Ordnungsquelle* erfasst (B entspricht den genannten Arten der M., die Ordnungsquelle ist eine Relation, welche mögl. Welten nach dem Grad ihrer Normalität ordnet). Man ist bestrebt, die verschiedenen Phänomene der M. plausibel und generalisierend mittels modallog. Operatoren so zu explizieren, dass sie mit syntakt. Analysen der involvierten unterschiedl. Satzstrukturen kompatibel sind; ↗ Konjunktiv, ↗ Satzmodus. **Lit.** W. Abraham & E.

Leiss (Hgg.), M. Epistematik und Evidentialität bei Modalverb, Adverb, Modalpartikel und Modus. Tübingen 2009. – P. Blackburn, J. van Benthem & Frank Wolter (eds.), Handbook of Modal Logic. Amsterdam 2006. – K. Boye, Epistemic Meaning. A Cross-Linguistic and Cognitive Study. Bln., N. Y. 2009. – J. Bybee & S. Fleischman (eds.), Modality in Grammar and Discourse. Amsterdam 1995. – R. Dietrich, M. im Dt. Zur Theorie der relativen M. Opladen 1992. – L. Ekberg & C. Paradis (eds.), Evidentiality in Language and Cognition. Functions of Language 16.1, 2009. – K. Fine, Modality and Tense. Oxford 2005. – T. A. Fritz, Wahr-Sagen. Futur, M. und Sprecherbezug im Dt. Hamburg 2000. – R. Gergel, Modality and Ellipsis. Diachronic and Synchronic Evidence. Bln., N. Y. 2009. – B. Hansen & F. de Haan (eds.), Modals in the Languages of Europe. A Reference Work. Bln. 2010. – H. H. Jachnow et al. (Hgg.), M. und Modus. Wiesbaden 1994. – A. Kratzer, Modality. HSK 6, 639–650. – O. Leirbukt (Hg.), Tempus/Temporalität und Modus/Modalität im Dt. – auch in konstrastiver Perspektive. Tübingen 2004. – O. Letnes & H. Vater (Hgg.), M. und Übersetzung. Trier 2005. – J. Nordström, Modality and Subordinators. Amsterdam 2010. – R. Palmer, Mood and Modality. Cambridge, UK 2001. – N. Rescher, Studies in Modality. Oxford 1974. – R. Salkie, J. Busuttil & J. van der Auwera (eds.), Modality in English. Theory and Description. Bln. 2008. – T. Swan & O. J. Westvik (eds.), Modality in Germanic Languages: Historical and Comparative Perspectives. Bln. 1997. – H. Vater & O. Letnes (Hgg.), Modalität und mehr. Trier 2001. – D. Zaefferer, Modale Kategorien. HSK 20.1, 784–816. F

Modalitätsangabe ↗ Satzadverbial

Modalitätsverben ↗ Modalität

Modallogik In der M. werden zur Bildung von Modalaussagen neben den ↗ logischen Partikeln noch die Modalitäten ›notwendig‹, ›möglich‹, ›zufällig‹ eingeführt. Die klass. Modalitäten im Anschluss an Aristoteles sind auf den Wahrheitsbegriff bezogen: es ist notwendig wahr (apodiktisch), es ist wirklich wahr (assertorisch), es ist möglicherweise wahr (problematisch). Diese werden als alethische Modalitäten bezeichnet, um sie bspw. von ↗ epistemischen Modalitäten (es wird vermutet, erwartet, ist wahrscheinlich) oder ↗ deontischen Modalitäten (es ist erlaubt, verboten, indifferent) abzugrenzen. – Die Modalität ›notwendig‹ besagt in der formalen M., dass eine Aussage sich aus log. Gründen ergibt, d. h. sie ist wahr in jeder ↗ möglichen Welt. Die Modalität ›möglich‹ besagt, dass ihr kontradiktor. Gegenteil mit log. Mitteln nicht widerlegbar ist. Die Modalität ↗ ›kontingent‹ gilt für Aussagen, die weder notwendig noch unmöglich sind. Jede formale M. soll folgenden Bedingungen genügen: (a) die Modalitäten ›notwendig‹ und ›möglich‹ sind durch ↗ Äquivalenzen verknüpft: eine Aussage ist möglicherweise wahr genau dann, wenn ihr Gegenteil nicht notwendigerweise wahr ist, und eine Aussage ist notwendig wahr dann, wenn ihr Gegenteil unmöglich wahr ist. (b) Notwendig wahre Aussagen sind auch einfach wahr: Notwendiges ist wirklich und Wirkliches ist möglich. (c) Von einer ↗ Implikation kann auf die Implikation der Notwendigkeit übergegangen werden. Dabei gilt für die Implikationszusammenhänge, dass jede Aussage entweder notwendig oder zufällig oder unmöglich gilt. Eine Modalaussage ist modallog. allgemeingültig, wenn sie in allen Mengen ↗ möglicher Welten wahr ist.　PR

Modalpartikel ↗ Abtönungspartikel

Modalsatz (engl. clause of manner, frz. proposition de manière) Semant. bestimmte Klasse von Nebensätzen, die im ↗ Matrixsatz die Funktion eines modalen Adverbials (↗ Modal 1., ↗ Modalbestimmung) einnehmen. Ein M. macht Aussagen über die Art und Weise, über die Mittel und Begleitumstände des vom Verb ausgedrückten Sachverhalts, z. B. *Holger half mir, indem/ohne dass er sehr klar argumentierte.* Zu den M. werden ↗ Instrumentalsätze gerechnet; zu diskutieren ist, ob der nicht immer durch *wie* zu erfragende ›M. des fehlenden Begleitumstands‹ (eingeleitet mit *ohne dass, ohne zu*) und der ↗ Proportionalsatz als M. gelten können. Die häufig als M. beschriebenen ↗ Restriktivsätze sind allenfalls zu den ↗ Satzadverbialen zu zählen. – Als reduzierte M. können Partizipialkonstruktionen wie *Von Freude ergriffen, nahm sie den Pokal entgegen* oder gar *So lag er still, die Hände hinter dem Kopf verschränkt* aufgefasst werden.　C, RL

Modalverb (Auch: modales Hilfsverb, Auxiliarverb. Engl. modal, defective auxiliary, frz. auxiliaire de mode) Teilklasse der Verben, die für den Ausdruck von ↗ Modalität von zentraler Bedeutung ist. Zum Kernbestand gehören im Dt. *dürfen, können, mögen/möcht-, müssen* (negiert durch *nicht brauchen), sollen, wollen. Mögen, können* und *wollen* können auch wie Vollverben verwendet werden, z. B. *er mag keine Tomaten; sie kann viele Gedichte; sie will alles, und zwar gleich.* Die M. flektieren in vieler Hinsicht irregulär, denn sie sind ↗ Präteritopräsentia. Sie bilden keinen Imperativ, und sie bilden das Perfekt mit dem ↗ Ersatzinfinitiv (nicht bei Verwendung als Vollverb). Die M. werden mit dem reinen Infinitiv konstruiert (1. Status; ↗ Rektion). Ein Teil der M. kann dass-Sätze als Objekte anstelle des Inf. nehmen, z. B. *Peter will/möchte/mag, dass Gabi kommt.* Die anderen M. können das nicht, aber sie lassen einen dass-Satz als Subjekt zu, z. B. *dass Peter gefeiert wird, muss/soll/kann/darf sein.* Die M. haben drei semant. Funktionen: (a) die deont. (auch: nicht-interferentielle, objektive) Funktion, in der das M. ausdrückt, dass der Referent des Subjektsausdrucks die mehr oder weniger strikte Pflicht (*müssen, sollen*), die Fähigkeit (*können*), die Lizenz (*dürfen*), den Wunsch (*mögen, wollen*) hat, das vom Infinitiv

Ausgedrückte zu tun, z. B. *Jenny muss/soll/kann/darf/mag/will Lehrerin werden.* (b) Die epistem. (auch: inferentielle, subjektive) Funktion, in der das M. (ba) eine Vermutung ausdrückt, die der Referent des Subjektsausdrucks hegt, oder seine Einschätzung der Wahrscheinlichkeit der Prädikation, z. B. *Rudolf kann/muss sich vertan haben;* wobei der Konjunktiv abschwächend wirkt, z. B. *Rudolf könnte/dürfte sich vertan haben; Rudolf müsste sich eigentlich vertan haben;* (bb) ausdrückt, dass er die Einschätzung einer dritten Person zur Prädikation wiedergibt, z. B. *Rudolf soll sich vertan haben;* (c) die evidentielle Funktion, in der das M. ausdrückt, dass die Prädikation vom Referenten des Subjektsausdrucks geäußert wurde, aber vom Sprecher angezweifelt wird, z. B. *Rudolf will die Grammatik verstanden haben.* Verben wie *scheinen, lassen, werden* und *pflegen* und der ↗ modale Infinitiv drücken ebenfalls Modalität aus, gehören aber nicht zu den M. **Lit.** G. Bech, Das semant. System der dt. M. In: TCL 4, 1949, 3–46. – G. Bech, Grundzüge der Entwicklungsgeschichte der hochdt. M. Kopenhagen 1951. – K. Welke, Untersuchungen zum System der M. in der dt. Spr. der Gegenwart. Bln. 1965. – J. Calbert & H. Vater (Hgg.), Aspekte der Modalität. Tübingen 1975. – J. Coates, The Semantics of the Modal Auxiliaries. Ldn. 1983. – R. Glas, *sollen* im heutigen Dt. Bedeutung und Gebrauch in der Schriftsprache. Tübingen 1984. – G. Öhlschläger, Zur Syntax und Semantik der M. des Dt. Tübingen 1989. – B. Lenz, M.en und Dualität im Dt. Ddf. 1992. – G. Fritz & T. Gloning, Untersuchungen zur semant. Entwicklungsgeschichte der M. im Dt. Tübingen 1997. – G. Diewald, Die M. im Dt. Grammatikalisierung und Polyfunktionalität. Tübingen 1999 – Eisenberg II, 90–99. – W. Abraham, Modalität. Epistemik und Evidentialität bei M., Adverb, Modalpartikel und Modus. Tübingen 2009. – S. Gevorgyan-Ninness, Die Herausbildung des epistem. Ausdrucks im Dt., Russ. und Armen. Aspekt und Modalität. Ffm. u. a. 2005. – A. Wärnsby, (De)coding modality. The case of *must, may, maste* and *kan.* Lund 2006.　G

Modalwort ↗ Abtönungspartikel

Modell 1. Ein M. ist eine Annäherung an die Wirklichkeit, in dem nur gewisse Aspekte berücksichtigt werden. PR – **2.** Bildl. Erscheinung, die als sichtbarer Ausdruck einer gedankl. Konstruktion und zugleich als Anweisung für die Erklärung von Gegenständen gilt. Solche Beschreibungsmodelle finden sich in den Naturwiss. Anwendung. PR – **3.** Die ↗ Abbildung eines physikal. Sachverhalts in einer mathemat. Darstellung. PR – **4.** In der ↗ Logik wird als M. ein System aus Bereichen und Begriffen bezeichnet. Der M.begriff bezieht sich auf Dinge oder Vorgänge, deren wesentl. Aspekte durch eine ↗ Struktur dargestellt werden. Diese Struktur beinhaltet sortale Elemente, ↗ Relationen und ↗ Funktionen (1) auf diese Elemente, die die wesentl. Bestimmungsstücke abgeben. Eine Struktur S kann das M. für eine zweite Struktur S' abgeben. In der ↗ formalen Logik spricht man davon, dass die Struktur S ein M. für eine ↗ Formel F ist, wenn S die Formel F erfüllt, d. h. wenn die Formel F bei der Interpretation durch das M. S ein wahrer Satz wird – wobei die Eigenschaften von S durch diese Formel F, die nur log. Symbole, Relations- und Funktionszeichen enthält, definiert wird. – Das M. einer modallogischen Spr. (↗ Modallogik) umfasst drei Komponenten: (a) eine Klasse von ↗ mögl. Welten, (b) die Zugänglichkeitsrelation zwischen mögl. Welten, (c) eine Bewertungsfunktion, die jedem Paar aus einer ↗ atomaren Aussage und einer mögl. Welt einen ↗ Wahrheitswert zuweist, d. h. bestimmt, ob die betreffende Aussage in dieser möglichen Welt wahr oder falsch ist. – Für die Ling. bietet diese Begriffsbildung die Möglichkeit, den nicht unmittelbar auf die wirkl. Welt bezogenen ↗ Gebrauch der Spr., also fiktionale und ↗ kontrafaktische Sätze, die nicht in der wirkl. Welt wahr sind, zu erklären. PR – **5.** Im Rahmen der GG wird der Begriff M. einerseits i. S. der ↗ Modelltheoretischen Semantik, andererseits synonym für ↗ Grammatik und ↗ Grammatiktheorie verwendet, ferner auch als Bez. für eine best. Version einer Grammatiktheorie, z. B. das ↗ Aspekte-Modell. I.e.S. bezieht sich der Begriff M. auf abstrakte, meist formale Abbildungen struktureller und funktionaler, der Beobachtung im Allgemeinen nicht direkt zugängl. Eigenschaften der Obj.bereiche der jeweiligen Theorie. In diesem Sinne versteht sich die GG als ein dem ↗ Mentalismus verpflichtetes M. der ↗ Kompetenz eines ↗ idealen Sprecher-Hörers, das einerseits die der unmittelbaren Beobachtung nicht zugängl. internalisierten Regeln der Grammatik abbildet, andererseits von (für Erstere irrelevanten) Faktoren, die der Sprachverwendung zugeordnet werden, abstrahiert. F

Modellprägung Bez. für das Verfahren, nach dem (nach Hundsnurscher 1968, 193–201) ↗ Partikelverben entstehen, etwa *auskennen, austoben, ausstreichen, auskübeln*. Komposita mit adverbialen oder präpositionalen Erstgliedern seien diese nicht, da dann die Bedeutungsvariation der Erstglieder nicht erklärbar sei. Stattdessen bildeten Partikelverben Bedeutungsgruppen mit sehr allgemeiner Bedeutung der Initialkonstituenten, was deren ausgeprägtes Wortbildungspotential erkläre. Der Terminus wird selten verwendet. ↗ Reihenbildung durch ↗ Analogie meint im Wesentl. dasselbe, ohne auf die Anwendung auf ↗ Verbpartikeln beschränkt zu sein. **Lit.** F. Hundsnurscher, Das System der Partikelverben mit *aus* in der Gegenwartsspr. Göppingen 1968. ES

Modelltheoretische Semantik (auch: Tarski-Semantik) Auf dem Hintergrund von A. Tarskis (1936) semant. Wahrheitsbegriff lässt sich die Bedeutung einer Aussage mit ihren ↗ Wahrheitsbedin-

gungen identifizieren, »d. h. mit den Bedingungen, die die Welt erfüllen muss, damit der fragl. Satz als wahre Darstellung des Sachverhalts zählt, welchen abzubilden oder zu beschreiben er bezweckt« (Lyons 1991, 21). Differenziert man »die Welt« in (z. B. temporale oder hypothet.) Weltzustände oder Alternativwelten, also: in die Menge ↗ »möglicher Welten« W, die sich als »vollständige und totale Situationen« (Cresswell 1991, 25) über einem Individuenbereich D verstehen lassen, so lässt sich zu einem Sprachsystem L ein intensionales ↗ Modell entwerfen, das die Ausdrücke in L den Individuen oder Teilklassen aus D relativ zu allen Welten aus W zuordnet und damit zugleich Wahrheitsbedingungen für die Sätze in L festlegt. Das Modell spezifiziert demnach für jeden L-Ausdruck seine ↗ Extensionen in den mögl. Welten und mit dem »Extensionsverlauf« (Wunderlich) in diesen auch die ↗ Intension, die definiert ist als »Funktion aus mögl. Welten in die Extensionen relativ zu diesen Welten« (Wunderlich 1974, 257). Eine solche Modelltheorie bedarf einer klaren Trennung von ↗ Objekt- und ↗ Metasprache und ist deshalb nach Tarski nur auf formalisierte, nicht dagegen auf natürl. Spr. anwendbar (deren Ausdrücke zudem vage, mehrdeutig, inkonsistent sind). Spätere Ausarbeitungen einer m. S. – insbesondere durch R. Montague (↗ Montague-Grammatik) – beanspruchen jedoch, zumindest »Fragmente« von natürl. Spr. eindeutig auf eine modelltheoret. interpretierte Logikspr. abzubilden und die Bedeutung der im gesetzten Rahmen zu bildenden und zu folgernden Sätze log. konsistent zu beschreiben. Ein wichtiges Kennzeichen der m. S. ist die Beachtung des Prinzips der *Kompositionalität* (↗ Frege-Prinzip): Die Bedeutung eines Satzes wird explizit als Funktion der Bedeutung seiner Teile und seiner grammat. Struktur. Ferner wurden, etwa im Hinblick auf Deiktika (↗ Deixis), die Modelle pragmat. angereichert: Extensionen (und somit auch Intensionen) werden über »Referenzpunkte« bestimmt, die bei Montague (1974) aus den »Koordinaten« mögl. Welt und Anwendungskontext bestehen. Ein entscheidendes Problem dieses Ansatzes liegt in der extensionalen Offenheit natürl. Spr.; denn die Definition der Intension als Integral der Extensionen kann nur innerhalb eines extensional wohlumgrenzten Sprachfragments Gültigkeit beanspruchen. **Lit.** A. Tarski, Der Wahrheitsbegriff in den formalisierten Spr. (1936). In: K. Berka & L. Kreiser (Hgg.), Logik-Texte. Bln. 1971, 445–559. – D. Wunderlich, Grundlagen der Ling. Reinbek 1974. – M. J. Cresswell, Basic Concepts of Semantics. HSK 6, 24–31. – J. Lyons, Bedeutungstheorien. HSK 6, 1–24. – H. Kamp & U. Reyle, From Discourse to Logic. Dordrecht 1993. – S. Löbner, Semantik. Eine Einf. Bln., N. Y. 2003, Kap. 10. – Weitere Lit. ↗ Formale Semantik, ↗ Montague-Grammatik. RB

Modi significandi (lat. modus ›Weise‹, sīgnificāre ›anzeigen, bezeichnen‹) Zentraler Begriff der

Sprachanalyse des MA, dem die Fragestellung vorausgeht, ob den Rede- und Bedeutungsweisen eigene Denk- oder sogar Seinsweisen entsprechen. *Significatio* beinhaltet zum einen die Bedeutung eines Zeichens und zum anderen den Verweisungscharakter des Zeichens auf etwas anderes, für das es steht. Die Antwort der Sprachtheorie geht von einer Dreiteilung von Sagen, Denken und Sein aus: (a) jedes Ding besitzt allgemeine Eigenschaften (*modī essendī*), die als Grundformen seiner Existenz (z. B. Substanz, Allgemeinheit) anzusehen sind; (b) dessen Erkenntnis durch den menschl. Geist ist durch die strukturellen Eigenschaften des Begriffs (*modī intelligendī*) gewährleistet, die den *modī essendī* entsprechen; (c) der Begriff mit den strukturellen Eigenschaften wird durch die der Namensgebung zugehörigen Bedeutungsform belegt. Die Bedeutung setzt sich dabei zusammen aus einer inhaltsspezif. Bedeutung und einigen den strukturellen Eigenschaften entsprechenden Bezeichnungsweisen. Die Bezeichnungsfunktion der Spr. wird sichergestellt (a) durch das gesprochene Wort, das einen Gedanken bezeichnet, und (b) durch die Ähnlichkeit des Begriffs mit dem Ding, auf das er verweist. Die Entsprechung von strukturellen Eigenschaften des Begriffs und den *modī essendī* der bezeichneten Sache gewährleistet, dass die m. s. allen Menschen gemeinsam sind. Die Entsprechung der Ähnlichkeit lässt die Möglichkeit offen, (a) dass eine bezeichnete Sache in verschiedener Weise betrachtet wird, (b) dass derselben Bedeutung mehrere m. s. beigelegt werden können, (c) dass auch nicht-existierende Objekte beschrieben werden können. Jeder syntakt. Konstruktion liegt ein semant. Korrelat in Gestalt der m. s. zugrunde: Jeder *modus significandī* enthält mehrere allgemeine Wortklassen und die aus der Wortklassenangehörigkeit abgeleiteten syntakt. Funktionen des Wortes und der Flexionsformen. Im Hinblick auf die syntakt. Komponente der m. s. wurde eine axiomat. Lehre der mögl. Konstruktionen entwickelt.   PR

Modifikation (lat. modificātiō ›Abmessung‹. Auch: Modifizierung). **1.** In der Wortbildungslehre Bez. für ↗ Ableitungen, mit denen nur semant. Veränderungen, nicht aber ein Wechsel der Wortart einhergeht, z. B. ↗ Movierungen (*Arzt > Ärztin*), ↗ Kollektivbildungen (*Lehrer > Lehrerschaft*) oder ↗ Diminutivbildung (*Bauer > Bäuerlein*). M. verbaler Basen sind i. d. R. ↗ Präfigierungen oder ↗ implizite Ableitungen, die einen Wechsel der ↗ Aktionsart bewirken (*blühen > erblühen, verblühen; sitzen > setzen*). ES – **2.** Auch die Bestimmungsrelation innerhalb subordinativer ↗ endozentrischer Syntagmen bezeichnet man im Anschluss an Fries (1952) als M.: Das abhängige Element, der Modifikator, »modifiziert« den syntakt. ↗ »Kopf« (engl. *head, nucleus*) der Konstruktion, indem es dessen ↗ Extension eingrenzt: *schwarze Schwäne; Armins leuchtend bunter Schlips*; die Katze *auf dem heißen*

Blechdach. **Lit.** C. C. Fries, The Structure of English. N. Y. 1952.   RB

Modifikationsrelation ↗ Bestimmungsrelation

Modor ↗ Formator

Modul (lat. modulus ›Maß, Maßstab‹. Engl., frz. module) **1.** Metaphor. Bez. für diejenigen kognitiven Prozesse, die unmittelbar der Planung, Kodierung oder Dekodierung sprachl. Äußerungen dienen. M. sind ihrer Aufgabe entsprechend unterschiedl. strukturiert, sie arbeiten unabhängig voneinander, interagieren aber, um gemeinsam Spr. zu verarbeiten. M. sind ihrerseits modular aufgebaut, entsprechend werden auch die Subsysteme des Gehirns, die gemeinsam das ↗ mentale Lexikon bilden, M. genannt. **Lit.** J. Aitchison, Wörter im Kopf. Tübingen 1997. – J. Fodor, The Modularity of Mind. Cambridge 1987. – G. Fanselow & S. Felix, Sprachtheorie. Tübingen 1987. **2.** In der Fremdsprachendidaktik Bez. für zielgruppenspezif. Zusatzmaterialien. Entsprechende M. folgen damit nicht notwendig einer grammat. oder lexikal. Progression, an deren Ende breit gefächerte Fähigkeiten stehen, wie sie etwa im ↗ ›Gemeinsamen Europäischen Referenzrahmen für Sprachen‹ geregelt sind. M. stellen sprachl. Mittel für konkrete Anforderungen bereit, die durchaus unterschiedl. sein können (vgl. Wirtschaftsdeutsch, Deutsch für Geistes- oder Naturwissenschaftler etc.).   ES

Modularität In der GG und bei den ihr folgenden Psycholinguisten gilt M. als ein Basisprinzip. Man nimmt dort an, dass das Sprachvermögen modular organisiert ist. Die Grammatik gilt den Vertretern der GG als ein System von ↗ Modulen, deren jeweils hochspezif. outputs im Sprachverhalten interagieren (vgl. Fodor 1983). Sie nehmen an, dass Spr. nicht auf allgemeinen kognitiven Strukturen, sondern auf für Spr. spezif. Prinzipien beruht (↗ Prinzipien und Parameter-Theorie). Spr. bzw. Grammatik ist in der GG als selbständiges Modul konzipiert, das aus verschiedenen, ihrerseits relativ selbständigen Teilmodulen besteht. Empir. Bestätigung für das Konzept der M. glauben seine Vertreter aus Resultaten der Forschung zur ↗ Aphasie, zu ↗ Versprechern und zum ↗ Spracherwerb gewinnen zu können. Ungeklärt ist freilich, ob (und wenn ja, wie weit) der (gleichfalls relativen) strukturellen Autonomie grammat. Teilgebiete wie Phonologie, Syntax, Lexikon auch ebensolche autonomen Teilprozesse in der tatsächl. Spr.verarbeitung entsprechen. Das Prinzip der M. ist daher in der Psycholinguistik umstritten (kritisch: Marslen-Wilson & Tyler in Garfield 1987). **Lit.** J. Fodor, The Modularity of Mind. Cambridge, Mass. 1983. – J. L. Garfield (ed.), Modularity in Knowledge Representation and Natural-Language Understanding. Cambridge, Mass. 1987. – J. L. Elman et al., Rethinking Innateness. A Connectionist Perspective on Development. Cambridge, Mass. 1996. – F. Pulvermüller, Neurobiologie der Spr.: Gehirntheoret. Überlegungen und empir. Befunde zur Spr.verarbeitung. Lengerich, Bln. 1996.   G, KN

Modulation (lat. modulari ›dem Takt nach abmessen‹) Systemat. Variation einer (Schall-) Eigenschaft, z. B. der Lautstärke, der Grundfrequenz. PM

Modus (lat. ›rechtes Maß, Maßstab, Art und Weise‹. Auch: Aussageweise. Engl. mood, frz. mode) In der lat. Grammatikschreibung (Quintilian, 1. Jh. u. Z.) in Übers. von griech. ἔγκλισις (enklisis) verwendeter Begriff für die verschiedenen morpholog. Formen eines Verbs, also sowohl für ↗ Aktiv- wie ↗ Passiv-Formen als auch für die Formen des ↗ Indikativs, ↗ Konjunktivs, ↗ Imperativs, ↗ Optativs, ↗ Infinitivs und des ↗ Impersonalis. Auf Flexionsformen des Verbs in ie. Spr. bezogen ging der Begriff in die nationalsprachl. Spr.beschreibungen ein, in welchen die von den lat. Grammatikern geprägten Bezeichnungen für die Subkategorien des M. lehnübersetzt wurden. Bspw. unterscheidet J. Ch. Gottsched in seiner *Dt. Sprachkunst* (1762) folgende M.: ›anzeigende Art‹ (indicativus), ›verbindende Art‹ (coniunctivus), ›gebiethende Art‹ (imperativus) und ›unbestimmte Art‹ (infinitivus). Im modernen Sinn bezieht sich der Terminus M. im Allgemeinen auf jene Aspekte spr.spezif. ausgebildeter Verbparadigmen (in diesem Sinne Verbmodus), durch welche im Rahmen eines Satzes die subjektive Einstellung des Sprechers zu dem durch die Satzaussage bezeichneten Sachverhalt als wirklich oder nichtwirklich (d. h. als möglich oder erwünscht oder notwendig) ausgedrückt wird. Die Problematik des Begriffs M. als Beschreibungsgröße zeigt sich in verschiedenen Aspekten: (a) einige Subkategorien des Verbmodus sind empir. nur für einzelne Spr. nachweisbar (z. B. ↗ Adhortativ, ↗ Debitiv, ↗ Energicus, ↗ Imperativ, Inhibitiv, ↗ Injunktiv, ↗ Jussiv, ↗ Konjunktiv, ↗ Optativ, ↗ Prekativ, ↗ Prohibitiv, Voluntativ, Zessativ) und mehr oder weniger lückenhaft ausgebildet; (b) Subkategorien des Verbmodus stehen in einer komplexen Beziehung zu anderen verbmorpholog. relevanten Kategorien wie ↗ Person, ↗ Tempus, ↗ Aktionsart, ↗ Aspekt und insbes. solchen Kategorien, die gleichfalls vornehml. dem Ausdruck subjektiver Stellungnahmen des Sprechers dienen wie den ↗ evidentiellen Kategorien ↗ Quotativ und ↗ Narrativ; (c) morpholog.-paradigmat. Lücken können mehr oder weniger systemat. durch andere morpholog. oder syntakt. Formen des Systems gefüllt werden (vgl. für den dt. Imperativ Formen wie *Seid still!, Seien/Sind Sie wohl still!* in welchen die indikativ. bzw. konjunktiv. Verbform auftritt); infolgedessen liegt mit dem M. eine nicht mehr ausschließl. am Verb realisierte Kategorie vor, die es abzugrenzen gilt von alternativen grammat. Formen einerseits und von alternativen Typen der ↗ Modalität andererseits; aus der Kombination von (c) und (b) erfolgt die Kodierung ›modaler‹ Sprechereinstellungen, der Ausdruck von ↗ Modalität einzelsprachl. spezif. nicht nur (bzw. je nach Spr.

überhaupt nicht) über das Verbparadigma, sondern mittels zahlreicher weiterer Ausdrucksformen; das Konzept des Verbm. erfordert dementspr. eine Integration in ein umfassenderes theorierelevantes Konzept des ↗ Satzmodus. **Lit.** ↗ Konjunktiv, ↗ Modalität, ↗ Satzmodus.   F

Modus ponens, modus tollens Bez. für gültige Modi von hypothet. Syllogismen: (a) *modus pōnendō pōnēns*: wenn von den zwei Aussageschemata ›wenn A, dann B‹ und ›A‹ ausgegangen wird, dann kann bei Bejahung von A auf die Gültigkeit von B geschlossen werden; (b) *modus tollendō pōnēns*: B kann gefolgert werden aus ›entweder A oder B‹ und der Verneinung von A; (c) *modus tollendō tollēns*: die Verneinung von A kann aus ›wenn A, dann B‹ und der Verneinung von B gefolgert werden, (d) *modus pōnendō tollēns*: die Verneinung von B kann aus ›entweder A oder B‹ und der Bejahung von A gefolgert werden.   PR

Modus tollens ↗ Modus ponens

Modusassimilation ↗ Attraktion

Moghol ↗ Mongolisch

Mögliche Welten Ein von G. W. Leibniz (1646–1716) in die Logik und die Erkenntnistheorie eingeführter Term: Eine m. W. ist ein Ganzes von untereinander kompatiblen Ideen und Gesetzen. Aufgrund seiner Auffassung, dass nicht nur Tatsachen, sondern auch Ideen und Begriffen Wahrheit zugesprochen werden kann, bezeichnet Leibniz einen Begriff dann als wahr, wenn er mögl., d. h. widerspruchsfrei in dem Sinne denkbar ist, dass ihm keine einander ausschließenden einfachen Begriffe zukommen dürfen. Der Bereich des Möglichen ist umfassender als der des Wirklichen, so dass man von m. W. sprechen kann, die nie zur Existenz gelangen. Das Kriterium dafür, ob einer Idee Wirklichkeit zukommen kann, ist ihre log. Vereinbarkeit mit allen anderen Ideen, denen in dieser konkreten Welt Wirklichkeit zukommt. Eine Besonderheit stellen die notwendigen Wahrheiten dar, da sie eine gemeinsame Schnittmenge zwischen allen mögl. und der wirkl. Welt bilden. Innerhalb der ↗ Logik hat der Term bei der Untersuchung der Modalitäten (↗ Modallogik) seine besondere Bedeutung.   PR

Möglichkeitsform ↗ Konjunktiv

Mohave ↗ Hoka-Sprachen

Mohawk ↗ Irokesische Sprachen

Mokša ↗ Mordvinisch

Moldauisch Neben dem Munten. (Walach.) der wichtigste dakorumän. Dialekt, der im nördl. Rumänien, Teilen des Banats, Bessarabien, der Bukovina und schließlich in Moldavien und zu einem geringen Teil in der südl. Ukraine gesprochen wird. Sprecherzahlen sind in Rumänien nicht genau feststellbar; ca. 2,3 Mio. in Moldavien und 280 000 in der Ukraine; Karte ↗ Europäische Sprachen, im Anhang. Literaturspr., die bis zur letzten Jahrhundertwende vorwiegend kyrill. geschrieben und erst danach »latinsisiert« wurde. Dem Standard- ↗ Rumänischen nahe verwandt; die unterscheidenden Merkmale wurden in der sowjet. Literatur häufig überschätzt dargestellt. **Lit.** K. Heitmann, Rumän. Spr. und Lit. in Bessarabien und Transnistrien (Die sogenannte m. Spr. und Lit.). ZRPh 1956, 102–156. – V. Dumbrava, Sprachkonflikt und Sprachbewusstsein in der Republik Moldova. Ffm. 2004. – LRL III, bes. 405–423.   HU

Momentan ↗ Aktionsart, die einen singulären, momentan ablaufenden Vorgang markiert, z. B. russ. *kričát'* ›schreien‹ – *kriknut'* ›aufschreien‹, *tolkát'* ›stoßen‹ – *tolknút'* ›einen Stoß versetzen‹; ↗ Durativ, ↗ Momentanverb, ↗ Semelfaktiv.   G, T

Momentanverb Gruppe ↗ perfektiver (pf.) Verben des Russ., die mittels des Infix {-nu-} von ↗ imperfektiven (ipf.) Verben abgeleitet ist. M. werden v. a. von Verben gebildet, die zeitlich kurze einmalige Handlungen oder Vorgänge ausdrücken. In vielen Fällen stellen sie das pf. Glied eines Aspektpaares dar, aber es gibt auch Fälle, in denen einem ipf. zwei pf. Verben gegenüberstehen, z. B. russ. *stučát', postučát'* ›klopfen‹ – *stúknut'* ›einmal klopfen‹. Die Grenzziehung zwischen ↗ Aspekt und ↗ Aktionsart ist hier schwierig und umstritten; ↗ Momentan, ↗ Semelfaktiv. G, T

Mönchsfraktur ↗ Textura

Mönchsgebären ↗ Gebärdensprache

Mönchslatein ↗ Lateinisch

Mondkonsonant In der arab. grammat. Terminologie (arab. *al-hurūf*) im Ggs. zum ↗ Sonnenkonsonant ein wortinitialer ↗ Konsonant, der keine ↗ Assimilation des finalen Konsonanten des Artikels ›al‹ bedingt.   PM

Monem n. (griech. μόνον (monon) ›einzig, allein, isoliert‹, -em ↗ emisch) Bei A. Martinet das kleinste Element innerhalb eines sprachl. Zeichens, das selbst ein sprachl. Zeichen ist. Wie jedes komplexe Zeichen so ist auch das M. doppelseitig: Es hat eine Bedeutung (↗ Signifikat), und es wird lautl. manifestiert (↗ Signifikant). M. sind die Analyseresultate der ersten Artikulation; ↗ Doppelte Artikulation. Sie unterliegen der zweiten Artikulation, als deren kleinste Elemente ↗ Phoneme resultieren. Dt. *habe* besteht aus zwei M.; aus /ha:b/, das ›Besitz‹ bedeutet, und /e/, das sich auf die sprechende Person bezieht. Mit Martinet unterscheidet man zwischen lexikal. und grammatikal. M. Die grammatikal. M.e sind – bezogen auf das System – zahlenmäßig stark beschränkt, bezogen auf den Text von weit höherer Häufigkeit als die lexikal. In der angelsächs. Terminologie entspricht dem Terminus M. in der Regel ↗ Morphem.   T

Mongolisch (Eigenbez. Mongol chel) **1.** Gruppe der mongol. Spr.n, die zusammen mit den ↗ Turksprachen und dem ↗ Tungusischen die Familie der ↗ altaischen Sprachen bildet; Karte Sprachen ↗ Chinas sowie ↗ Paläoasiatische Sprachen, im Anhang. Das M. gliedert sich in (a) den ostmongol.

Zweig (ujguro-mongol. Schriftspr., Khalkha-M. (↗ Mongolisch 2.), ↗ Burjat. und die Dialekte der Inneren Mongolei), (b) den westmongol. Zweig (↗ Ojratisch, ↗ Kalmykisch) sowie (c) die Gruppe der mongol. Randsprachen: Dagur (ca. 100000 in der Inneren Mongolei und Xinjiang), Santa (ca. 350000 in Gansu), Monguor (ca. 170000 in Qinghai), Baoan (ca. 10000 in Gansu und Qinghai), die Spr. der Schara Ujgur (ca. 1500 in Gansu, Gelbe Ujguren, die einen mongol. Dialekt angenommen haben) und Mogholi (ca. 3000 in Nordwestafghanistan). Das M. breitete sich in der ersten Hälfte des 13. Jh. durch die mongol. Eroberungen in kurzer Zeit über Zentral- und Westasien bis nach Russland hin aus, verschwand jedoch in den eroberten Gebieten mit dem Zerfall der mongol. Teilreiche in 14./15. Jh. wieder bis auf Enklaven wie das Mogholi. Sprachinseln entstanden durch spätere Wanderungen, so durch die Westwanderung ojrat. Stämme, und (um 1650) die der Kalmyken an dem Unterlauf der Wolga. Als Schriftspr. belegt ist M. seit dem 13. Jh. in ujgur. Schrift. Auf der Basis dieser ujguromongol. Schriftspr. wurde 1648 vom Oberlama der Dsungarei Dschaya Pandita die ojrat. Schriftspr. für die westmongol. Stämme geschaffen. Diese Schriftspr. ist in China bis heute in Gebrauch. In der UdSSR wurde 1923 die kyrill. Schrift für das Kalmyk. eingeführt, 1931–1938 wurden Kalmyk. und Burjat. in lat. Schrift geschrieben, ab 1938 wieder kyrill. Im Zeitraum 1941–1946 wurde das kyrill. Alphabet in der Mongolei eingeführt. – Der m. Sprachbau ist agglutinierend, Endungen sind auf eine Stelle im Syntagma konzentriert, kein Genus, keine Possessiv- und Personalendungen im Ujguromongol. und im Khalkha (wohl aber im ↗ Burjatischen und ↗ Kalmykischen), Stellungsregel rectum/regens konsequent durchgeführt, daher: Satzstellung SOV, Hilfsverben nach Vollverben, Nebensätze (meist nominalisiert oder konverbialisiert; ↗ Konverb) im Hauptsatz, im nominalen Syntagma Voranstellung aller Attribute (einschließl. der Attributssätze), Postpositionen. ↗ Vokalharmonie findet sich in den Sprachen des östl. und westl. Zweiges, aber nicht in den mongol. Randspr. **Lit.** M. Weiers (Hg.), Die Mongolen. Beiträge zu ihrer Geschichte und Kultur. Darmstadt 1986. – P. Ja. Skorik et al., Mongol'skie, tungusoman'čzdzurskie i paleoasiatskie jazyki [›M., tungus.-mandschur. und paläosiat. Spr.‹]. Leningrad 1968 (JaNSSSR, V). – **2.** Mongolisch i.e.S.: Bez. der ujguromongol. Schriftspr. sowie der auf dem Khalkha-M. basierenden Staatsspr. der Mongolei. Khalkha-M. und verwandte Dialekte sind die Muttersprache von ca. 1,6 Mio. in der Mongolei und ca. 3 Mio. in China (hauptsächl. Innere Mongolei). Als Schriftspr. diente bis 1941 das Ujguromongol. (in China bis heute); 1941–1946 wurde es in der Mongolei durch die moderne m. Schriftspr. in kyrill. Schrift ersetzt. – Die Mongolistik ist die Wissenschaft von Spr., Kultur und Geschichte der Mongolen. Da die Mongolen in dem kurzen Zeitraum seit ihrem Eintritt in die Geschichte in einem Durchgangsraum leben und selbst bei Eroberungszügen und Wanderungen bis China, Afghanistan, Persien, Anatolien und Russland vorgedrungen sind, muss die Mongolistik auf Quellen in einer Vielzahl umgebender Sprachen (chines., tibet., nahöstl. und europ. Spr.) zurückgreifen. **Lit.** N. Poppe, Grammar of Written Mongolian. Wiesbaden 1974. – H.-P. Vietze, Lehrbuch der m. Sprache. Lpz. 1978. – K. R. Bittigau, M. Grammatik. Wiesbaden 2003. MI

Monguor ⁊ Mongolisch

Monitor-Theorie Die Monitor-Hypothese wurde von S. D. Krashen im Rahmen der Dichotomie Lernen vs. Erwerben von S2 in die Diskussion gebracht. ›Erwerben‹ bezeichnet den natürl., ungesteuerten und außerunterrichtl., ›Lernen‹ dagegen den gesteuerten, unterrichtl. vermittelten Vorgang der Aneignung einer Spr. Der Lernvorgang hat die alleinige Funktion, einen Monitor, d. h. ein Sprach- und Regelbewusstsein aufzubauen. Der Monitor wird vom Lerner eingesetzt, um seine sprachl. Produktionen zu überprüfen und ggf. zu verändern. Es existieren im Monitorgebrauch unterschiedl. Lernertypen, z. B. Monitorüberbenutzer (sie versuchen, korrekt zu sprechen, sprechen deshalb mit vielen Pausen, korrigieren sich häufig selbst usw.), Monitorunterbenutzer (sie überprüfen selten ihre Aussagen an explizitem Regelwissen, verlassen sich hauptsächl. auf ihr Gefühl, sind resistent gegen Fehlerkorrekturen usw.), optimale Monitorbenutzer (sie setzen den Monitor z. B. dann ein, wenn die Zeit dafür gegeben ist, wie in schriftl. Produktionen, lassen sich in der mündl. Kommunikation nicht durch permanenten Monitoreinsatz behindern, versuchen, die Korrektheit ihrer Äußerungen langsam zu erhöhen). **Lit.** S. D. Krashen, Principles and Practice in Second-Language Acquisition. Oxford 1982. GI, KL, SO

Mon-Khmer-Sprachen Prominenteste und umfangreichste Sprachgruppe der ⁊ austroasiatischen Sprachen. M.-K. wird unterteilt in Nord-M.-K. (ca. 2,3 Mio. Sprecher), Ost-M.-K. (ca. 10 Mio. Sprecher), Viet-Muong (ca. 60 Mio. Sprecher), Mon und Palyu (zusammen ca. 1 Mio. Sprecher). Von größter kultureller Bedeutung sind die National- und Schriftsprachen Khmer (Ost-M.-K. in Kambodscha) mit ca. 8 Mio. Sprecher und Vietnamesisch (Viet-Muong) mit ca. 60 Mio. Sprecher; Karte ⁊ Austroasiatische Sprachen. Die frühesten Schriftzeugnisse sind Mon- und Khmer-Inschriften des 6. bzw. 7. Jh. n. Chr. Das stark unter chines. Einfluss geratene Vietnames. wurde im 8. oder 9. Jh. in einer für diesen Zweck adaptierten Form des chines. logograph. Systems erstmals verschriftet. 1910 wurde schließlich das *Quoc-ngu,* ein im 17. Jh. von Alexandre de Rhodes entworfenes Alphabet, das den phonem. Wert der Töne genau wiedergibt, als offizielle Schrift eingeführt. WR

Monoflexion (griech. μόνον (monon) ›allein‹, lat. flexiō ›Biegung, Krümmung‹) Bez. für die Eigenschaft mancher flektierender Spr., morphosyntakt. Markierungen durch ⁊ Flexive nach Numerus, Kasus und Genus mitunter nur an einer Stelle einer Nominalgruppe vorzunehmen, z. B. am Artikel (*dem Mann, der Mann, der Frau*) oder am Adjektiv (z. B. *schönes Wetter, schöner Tag, schöne Bescherung*). G

Monogenese (griech. μόνον (monon) ›allein‹, γένεσις (genesis) ›Abstammung, Ursprung‹) In der Forschung zum ⁊ Sprachursprung diskutiertes Denkmodell, wonach die menschl. Spr. genau einmal (an einem Ort) entstanden ist (⁊ Ursprache), was impliziert, dass sämtliche Spr. der Welt miteinander verwandt sein müssten, da sie alle auf diese eine Ursprache zurückgehen müssten. Nach der gegensätzlichen Annahme ist von einer Polygenese auszugehen, d. h. menschl. Spr. wäre an verschiedenen Orten und zu verschiedenen Zeiten unabhängig entstanden. Versuche, die M. mit den Methoden des ⁊ Sprachvergleichs auf der Grundlage verschiedener ⁊ Sprachfamilien nachzuweisen, haben sich schon für relativ eng umgrenzte geograph. Räume (v. a. Eurasien) als kaum glaubwürdig herausgestellt; ⁊ Nostratisch. GP

Monoglott (griech. μόνον (monon) ›allein, einzig‹, γλῶττα (glötta) ›Sprache‹) Einsprachige Person oder Gruppe; ⁊ Monolingualismus. G

Monogramm m. (griech. μόνον (monon) ›einzig‹, γράμμα (gramma) ›Buchstabe‹) Verbindung mehrerer ⁊ Buchstaben zu einer einheitlichen graph. Form, meist aus einem Namen oder dessen Anfangsbuchstaben entwickelt. Verwendung als Symbol, Besitzkennzeichen oder Signatur. In Königsurkunden seit der Karolingerzeit Beglaubigungsmerkmal als Ersatz für die Namensunterschrift, aus den Buchstaben des Namens, teils auch des Titels zusammengestellt, in dt. Herrscherurkunden bis ins 11. Jh. mit eigenhändiger Beteiligung des Herrschers im Vollziehungsstrich. EN

Monokutuba ⁊ Kongo

Monolateral (lat. laterālis ›seitlich‹) Einseitig, eine Seite betreffend, z. B. bei Analyseverfahren, die sich ausschl. auf einen Aspekt eines Gegenstandes beschränken; ⁊ Bilateral. G

Monolingualismus (griech. μόνον (monon) ›einzig, allein‹, lat. lingua ›Sprache‹. Auch: Einsprachigkeit) Verfügung über nur eine einzige Spr. (Gegenbegriffe: ⁊ Bilingualismus, Trilingualismus, Multilingualismus; ⁊ Mehrsprachigkeit). Der Bezug kann sowohl ein Individuum als auch eine ganze Gesellschaft sein (individueller gegenüber gesellschaftl. M.). In beiden Fällen ist vollständiger M. in Wirklichkeit selten zu finden, da oft zumindest rudimentäre Kenntnisse oder Verwendungen anderer Spr. festzustellen sind. Bei unzureichender Kommunikationsfähigkeit in der S2 spricht man trotzdem nicht von M. (funktionaler M.). Desgleichen verstehen sich Gesellschaften mit nur kleinen ⁊ sprachlichen Minderheiten gewöhnl. als monolingual, wobei Fremdsprachkenntnisse und -verwendungen außer Acht bleiben. Neuerdings gibt es verschiedentl. Umbesinnungen einst monolingualer Gesellschaften auf Multilingualität, so z. B. – in Verbindung mit Programmen des Multikulturalismus – in Kanada und Australien. Mehrsprachigkeit wird dann positiv bewertet und sogar gefördert. AM

Monolog ⁊ Dialog

Monophonematische Wertung Bei der phonolog. Analyse als ein Phonem gewertete phonet. enge Verbindung mehrerer Laute (z. B. die dt. Diphthonge oder Affrikaten). Ggs. ⁊ biphonematische Wertung, ⁊ polyphonematische Wertung. PM

Monophthong m. (griech. μόνον (monon) ›eins, einfach‹ φθόγγος (fthongos) ›Laut‹, wörtl. ›einfacher Laut‹) Einfacher ⁊ Vokal im Gegensatz zu ⁊ Diphthong, ⁊ Triphthong, ⁊ Tetraphthong. PM

Monophthongierung Kontextfreie oder kombinator. beschränkte Entwicklung eines Diphthongs zu einem Monophthong. Die M. ergibt sich durch reziproke ⁊ Assimilation der Diphthongteile, z. B. germ. [ai] > ahd. [ɛː], lat. [ae] > [ɛː], z. B. lat. *caelum* [ae] ›Himmel‹ > *caelum* [ɛː], oder Schwund eines Diphthongteils, z. B. mhd. [iə] > nhd. [iː], vgl. mhd. *liep* > nhd. *lieb* [liːp]. Kombinator. M. von germ. [ai], [au] > [ɛː], [ɔː] findet sich im Ahd. (Ahd. M.) vor den im Verhältnis zum 2. Diphthongteil tiefen Kons. [r], [x] und [w] bzw. Dentalen. Im As. wird durchgehend monophthongiert, vgl. ahd. *bein*, as. *bēn* < germ. *bain*. Die nhd. M., bei der die mhd. fallenden Diphthonge [iə], [uə], [yə] zu den Langvokalen [iː], [uː], [yː] werden, vgl. mhd. *fuoz* > nhd. *Fuß* [uː], ist ein Kennzeichen der nhd. Schriftspr. Auch: mdt. M., da sie im Spätmhd. von mdt. Ma.gebiet ausging und das Obdt. nur z. T. erfasste. GR

Monosemie f. (griech. μονόσημος (monosēmos) ›von einer Bedeutung‹. Engl. univocity) Eigenschaft von Sprachzeichen, nur eine Bedeutung (ein einziges ⁊ Semem) zu besitzen. Für künstl. Spr. ist M. ein »zeichenkonstitutives Prinzip«; in fachl. und wiss. Terminologien wird M. angestrebt; in ⁊ natürlicher Sprache sind vorwiegend fachnahe oder semant. spezialisierte Lexeme (insbesondere Komposita) monosem: *Backpulver, Dolde, dreiundzwanzig, karmesinrot, Krabbenspinne, Teelöffelstiel, Wolkenbruch*; ferner ist M. eine typ. Eigenschaft grammat. Morpheme in ⁊ agglutinierenden Sprachen (Vennemann). In kognitionsling. Untersuchungen wird zuweilen versucht, polyseme Bedeutungen als Aktualisierungsvarianten monosemer Lexeme zu analysieren (vgl. insbes. Ruhl 1989); ⁊ Polysemie, ⁊ Sinn (5 a). **Lit.** T. Vennemann, Agglutination – Isolation – Flexion? In: S. Heinz & U. Wandruszka (Hgg.), Fakten und Theorien. Tübingen 1982, 327–334. – Ch. Ruhl, On Monosemy. A Study in Linguistic Semantics. Albany, N. Y. 1989. RB

Monosemierung ⁊ Disambiguierung

Monosyllabisch (griech. μονον (monon) ›einfach‹, συλλαβή (syllabē) ›Silbe‹) Aus einer ⁊ Silbe bestehendes ⁊ Lexem. Einige ⁊ sinotibetische Sprachen werden als m. bezeichnet, weil sie (fast) nur einsilbige Lexeme besitzen. G

Monosyndetisch (griech. μόνον (monon) ›einfach‹, σύνδεσις (syndesis) ›Verbindung‹) Eigenschaft von Reihungen kategorial gleichartiger Wörter, Syntagmen und (Teil-)Sätze, bei denen nur die letzten beiden Glieder der Reihung durch eine Konjunktion verbunden sind, während die übrigen Glieder ⁊ asyndetisch verbunden sind, z. B. *Peter kam, sah und siegte*. SN

Monotonie f. (griech. μονότονος ›eintönig‹) Gleichförmigkeit, Eintönigkeit, z. B. in der Sprechmelodie, aber auch im Ggs. zur *Polytonie*, dem Vorhandensein verschiedener bedeutungsunterscheidender ⁊ Töne in den ⁊ Tonsprachen. PM

Monotonisch Gleichförmig, eintönig (auch im Sinne von Nichtvorhandensein bedeutungsunterscheidender ⁊ Töne); Ggs. polytonisch. PM

Monotransitiv ⁊ Ditransitiv

Monovalent ⁊ Valenz

Montagnais ⁊ Algonkin-Sprachen

Montague-Grammatik Von R. Montague (1932 bis 1971) konzipierte und nach ihm benannte Grammatik, die nach seinem Tode verschiedene Weiterentwicklungen erfahren hat (⁊ Situationssemantik von J. Barwise und J. Perry, Diskursrepräsentationssemantik von H. Kamp). Grundlegend für die M. (insbesondere in der Arbeit Montague 1973) ist die Annahme, dass zwischen natürl. und formaler Spr. kein prinzipieller Unterschied bestehe und dass sich natürl. Spr. als formale Spr. modellieren lasse. Dabei wird jeder natürlichsprachl. Basisausdruck in genau einen Ausdruck der Spr. der ⁊ intensionalen Logik übersetzt. Vorausgesetzt wird bei dieser Übersetzung nicht nur, dass die Kategorien, die für das Engl. angenommen werden, genau mit den Typen der intensionalen Logik korrespondieren, sondern auch, dass es für jede syntakt. Regel, die für das Engl. formuliert wird, eine entsprechende Übersetzungsregel gibt. Von zentraler Bedeutung für die M. ist die Annahme der Kompositionalität. Dieser Annahme zufolge, die eine Reformulierung des sog. ⁊ Fregeprinzips darstellt, baut sich die Gesamtdeutung eines Satzes S schrittweise aus den Bedeutungen der Teile von S auf; ⁊ Modelltheoretische Semantik. **Lit.** R. Montague, The Proper Treatment of Quantification in Ordinary English. Approaches to Natural Language. Proceedings of the 1970 Stanford Workshop on Grammar and Semantics. Ed. by J. Hintikka, J. M. E. Moravcsik & E. Suppes. Dordrecht 1973, 221–242. – R. Montague, Formal Philosophy. Selected Papers. Ed. by R. H. Thomason. – D. R. Dowty, R. E. Wall & S. Peters, Introduction to Montague Semantics. Dordrecht 1981. T

Montenegrinisch (crnogorski jezik) Im lat. und im kyrill. Alphabet geschriebene, seit 2007 in der Republik Montenegro als ↗ Amtssprache eingeführte und neben ↗ Serbisch verwendete slav. Spr. Der sprachl. Status des M. ist kontrovers, da die Auffassungen in der Slavistik zwischen einer eigenständigen Spr. und einer nationalen Varietät des ↗ Serbokroatischen schwanken. **Lit.** G. Neweklowsky, Serb., Kroat., Bosn., M. – Perspektiven. In: L. Zybatow (Hg.), Sprachwandel in der Slavia. Die slav. Spr.n. an der Schwelle zum 21. Jh. Ein internat. Hdb. Teil 2. Ffm. 2000, 543–559. HA

Monumentalis (lat. monumentum ›Denkmal, Erkennungszeichen‹) Zunächst Bez. für die feierl. röm. Inschriftenschrift, die in der frühen Kaiserzeit ihre gültige Ausprägung mit an- und abschwellenden Rundungen und den festgegründeten Hasten mit Sporen fand. Durch den Buchhandel wurde diese kalligraph. ↗ Capitalis auch in ↗ Handschriften übertragen. Seit dem 5. Jh. ist die M. als ↗ Auszeichnungsschrift in Gebrauch, in der karoling. Zeit wurde ihre Stilisierung z. T. nach epigraph. Vorbildern der Kaiserzeit überarbeitet. Auch die Humanisten inspirierten sich an ihrer Capitalis an inschriftl. Vorbildern; und in der frühneuzeitl. ↗ Epigraphik ist die M. ebenfalls verbreitet; ↗ Lateinschrift. EN

Moore ↗ Gur-Sprachen

Mopan ↗ Yukatekisch

Mordvinisch (Eigenbez. Erźa, Mokša) ↗ Uralische (finn.-ugr.) Sprache, ca. 774 000 Sprecher (67 % der Mordvinen). Sprachgebiet zwischen Wolga und Oka in der Republik Mordovija (Mordvinien), wo weniger als die Hälfte der Mordvinen lebt, Gebiete von Samara (Kujbyšev), Orenburg, Pensa, Ul'janovsk sowie in der Tatar. und Baschkir. Republik; Karte ↗ Europäische Sprachen, im Anhang. Erste schriftsprachl. Erzeugnisse (religiöse Lit.) im 19. Jh. Gegenwärtig existieren zwei Schriftsprachen auf der Basis der Hauptdialekte Erźa und Mokša. Seit 1998 gilt in der Republik Mordovija M. als Amtsspr. neben dem Russ. SR

More 1. (f.) (lat. mora ›Zeitraum‹) In der klass. Metrik kleinste Zeiteinheit im Verstakt bzw. unterschiedl. anhand des ↗ Silbenreims definiertes Maß für die Silbendauer (↗ Quantität, ↗ Silbe); einmorig z. B. durch offene Silbe mit Kurzvokal oder Kurzvokal mit höchstens einem Folgekonsonanten; ↗ Dreimorengesetz, ↗ morenzählend. PM – **2.** ↗ Gursprache. Ursprüngl. Spr. der Mossi, inzw. auch S1 anderer nat. Gruppen im Gebiet von Burkina Faso, Elfenbeinküste und Ghana. Ca. 3,5 Mio. S1-Sprecher, dazu ca. 1 Mio. S2-Sprecher. In Burkina Faso wird M. im Rundfunk verwendet. RE

Morenzählend 1. Typolog. Bez. für Sprachen, in denen der ↗ Rhythmus durch die regelmäßige zeitl. Abfolge (↗ Isochronie) der ↗ Moren gekennzeichnet ist. Normalerweise mit einer einfachen Silbenstruktur (überwiegend CV) verbunden, phonet. dauerkontrollierende Sprachen. PM – **2.** In der Akzentologie Bez. für Spr., bei denen die Position des Wortakzents sowie evtl. intonationale Ausprägungen

desselben mehr oder weniger regelmäßig aufgrund der Zählung von ↗ Moren, vom Wortanfang oder -ende aus vorhersagbar ist. Klass. Beispiel ist das ↗ Altgriechische, für das das sog. ↗ Dreimorengesetz gilt, wonach zwischen dem Wortakzent und dem Wortende nicht mehr als drei unbetonte Moren stehen können. Solche Regeln gelten auch für das Lat., wo der Wortakzent auf die drittletzte Silbe fällt, wenn die vorletzte einmorig (kurz) ist, ansonsten auf die vorletzte Silbe (z. B. ángĭna, aber vagīna). GP – **3.** In der ↗ Metrik Bez. für Metren (↗ Metrum), deren innere Struktur auf einer best. Anzahl von ↗ Moren im Vers beruht. Ein typ. Beispiel ist der altgriech. Hexameter, der insgesamt 23 Moren pro Vers enthält, wobei zwei einmorige Einheiten (Kürzen) einer zweimorigen (Länge) in bestimmten Positionen gleichwertig sind. Zu beachten ist, dass als zweimorig dabei auch geschlossene Silben mit Kurzvokalen gelten (sog. ↗ Positionslänge). GP

Morgagnische Taschen ↗ Kehlkopf

Morph n. (griech. μορφή (morfē) ›Form‹) Minimale lautl. oder graph. Sequenz auf der Ausdrucksseite von Spr., der eine selbständige Bedeutung zugeschrieben werden kann, ohne dass sie bereits als ↗ Allomorph eines ↗ Morphems analysiert ist. Repräsentanten desselben Morphems sind M. dann, wenn sie als komplementär verteilte Menge von minimalen selbständigen Sprachzeichen analysierbar sind, z. B. {-te} und eine Reihe von Ablautregularitäten für das Morphem {Präteritum} im Dt. Homonyme M. haben diese Ausdrucksform, repräsentieren aber unterschiedl. Morpheme, z. B. dt. {-en} ›Infinitiv‹ vs. {-en} ›3. Pers. Pl.‹ – vs. (bei einigen Nomina) {-en} ›Plural‹ usw. oder {/zi:/} ›Pron. pers. fem‹ vs. {/zi:/} ›Pron. pers. Pl.‹ vs. {/zi:/} ›Imperativ‹ von {/ze:ən/}‹, nicht jedoch /zi:/ in {/zi:b/} ›Sieb‹ oder {/zi:k/} ›Sieg‹, wo /zi:/ kein minimales selbständiges Sprachzeichen ist. **Lit.** ↗ Morphologie. G

Morphem n. (griech. μορφή (morfē) ›Form‹, -em ↗ emisch) Von J. Baudouin de Courtenay um 1880 geprägter Oberbegriff für Beschreibungsbegriffe der herkömml. »Formenlehre« wie Vorsilbe, Nachsilbe, Endung oder Stamm (von Wörtern). L. Bloomfield bestimmte das M. als »minimale Form«, eine Phonemfolge, die nicht in kleinere Einheiten zerlegbar ist und die eine feste Bedeutung besitzt (1933, 158–161); diese Bestimmung wird vielfach mit *kleinste selbständige bedeutungstragende Einheit* paraphrasiert. Im amerikan. ↗ Strukturalismus wurde dann – analog der Unterscheidung zwischen Phon/Allophon und Phonem – zwischen ↗ Morph, ↗ Allomorph und M. unterschieden. Die Beschreibungsbegriffe ↗ Wort (↗ Morphologie) und ↗ Silbe sind systemat. anders definiert; sie bezeichnen mitunter dieselben Ausdrucksformen wie die korrespondierende freie M. (z. B. in *oft, hier, Ulm*), meist jedoch repräsentieren Wörter und Silben mehrere M., z. B. {Wort} die M. {wort}, {Nom./Dat./Akk.}, und

{Sg.}, {schrieb} die M. {schreib-}, {Person}, {Numerus}, {Genus verbi} und {Tempus} + {Modus} ({Prät.} + {Ind.} oder {Präs.} + {Konj.}) usw.; ↗ Portmanteaumorphem. Als ↗ diskontinuierlich werden solche M. bezeichnet, die durch mehr als ein Segment ausgedrückt werden, z. B. ein ↗ Präfix und ein ↗ Suffix wie die Partizipien II des Dt. ({ge-{Verbstamm} -t/-en}). Mitunter ist ein M. nicht völlig ident. mit dem von ihm ausgedrückten Inhaltsmerkmal. So gibt es im Dt. bei den Personalpronomina kein M. {Plural}, denn z. B. in *wir* ist kein Morph analysierbar, das dem Ausdruck von {Plural} dient; das Inhaltsmerkmal ›Plural‹ gehört zur lexikal. Bedeutung von *wir*. Im Lat. oder Russ. treten die Merkmale ›Singular‹ und ›Plural‹ immer zusammen mit dem Merkmal ›Kasusform‹ auf, so dass es dort nur Morphemkombinationen wie {Nom. Sg.}, {Ablativ Pl.} usw. gibt, die nicht weiter zerlegbar sind. Üblicherweise wird unterschieden zwischen (a) freien M. (auch: Basismorphem, Grundmorphem, engl. *free morpheme*; ↗ Lexem), die als selbständige Wörter vorkommen (können) und (b) gebundenen M. (auch: grammat. M., engl. *bound morpheme*), die nur zusammen mit einem freien M. vorkommen, d. h. (c) Flexionsmorphemen oder grammat. Affixen bzw. Stammabwandlungen, die die Flexionskategorien (die in Affixen ausgedrückten grammat. Kategorien der jeweiligen Spr. ausdrücken (z. B. ↗ Kasus, ↗ Numerus, ↗ Tempus, ↗ Modus; (c) ist der eigentl. Gegenstand der Morphologie und – in vielen Grammatikkonzepten – der Syntax), und (d) Wortbildungsmorphemen, die der Ableitung komplexer ↗ Wörter dienen (↗ Wortbildung). – In der frz. Ling. wird M. als zusammenfassende Bez. für ↗ Synsemantika und ↗ Flexive verwendet, für die freien M. die Bez. ↗ Lexem, und als Oberbegriff dient der Ausdruck ↗ Monem; in der ↗ Glossematik entspricht dem Terminus M. der Terminus ↗ Plerem. **Lit.** ↗ Morphologie.   G

Morphemalternante (auch: ↗ Allomorph, Morphonem, Morphophonem) Auf N. S. Trubeckoj (russ. Linguist, 1890–1938) zurückgehende Bez. für die phonolog. unterschiedl. Varianten eines ↗ Morphems (↗ Allomorph); z. B. die Varianten des engl. Pluralmorphems /-s/, /-z/, /ɪz/, /-en/, /-ø/ in *cats, dogs, horses, oxen, sheep.* Die Bez. M. erfasst die Gesamtheit der (klass.) Phoneme, die innerhalb eines Morphems miteinander alternieren, z. B. dt. /d, t/ in ⟨Hund⟩, ⟨Hunde⟩ /hunD/, dt. /k, g, ç/ in ⟨königlich⟩, ⟨Könige⟩, ⟨König⟩.   PM

Morphematik ↗ Morphologie

Morphemfuge ↗ Fugenelement

Morphemgrenzenverschiebung ↗ Metanalyse

Morphemik ↗ Morphologie

Morphemklasse In strukturalist. Arbeiten Bez. für eine Klasse von Morphemen, die in derselben syntakt. Umgebung vorkommen können.   G

Morphemkonstanz Bez. für die Konvention, dass Wortformen graph. konstant oder möglichst ähnl.

gehalten werden, auch wenn ihre gesprochenen Formen lautl. (phonolog. oder morphonolog.) Variation unterworfen sind, im Dt. z. B. die Nichtmarkierung der sog. Auslautverhärtung (*Winde – Wind* [vɪnt], *er sagt* [zaːkt]) oder die sog. ↗ Stammschreibung in Flexionsparadigmen, die Vokalwechsel aufweisen: Frontierung (bei mittleren und hohen Vokalen auch Rundung) wird dort vielfach durch die sog. Umlautbuchstaben markiert (Grundbuchstabe + ↗ Trema).   G

Morphemmethode In der Diskussion über die ↗ Alphabetisierung erwachsener Analphabeten in Deutschland um 1975 entwickeltes didakt. Konzept, das auf Morpheme als elementare ›Bausteine‹ von Wörtern rekurriert. Die Vertreter der M. argumentierten mit Frequenzuntersuchungen, die angebl. besagen, dass es etwa 3 000 Grundmorpheme gebe, von denen man etwa 200 beherrschen müsse, um 80 % ›normalen‹ Textes lesen zu können. Ungelöst blieben die Probleme der Stammflexion (↗ Allomorph) und der ↗ Fremdwörter, weshalb die M. stets umstritten war.   G

Morphologie (griech. μορφή (morfē) ›Form‹. Auch: Formenlehre, Morphematik, Morphemik; in der ↗ Glossematik: Pleremik) Zusammenfassende Bez. für das Studium der Formen der Wörter (↗ Flexion, ↗ Agglutination) und der ↗ Wortbildung, in dieser Bedeutung 1859 von A. Schleicher erstmals verwendet in Anlehnung an den naturwiss. Begriff von M. (»Gestaltlehre«, wie er etwa in der Botanik übl. ist. Voraussetzung für M. ist eine handhabbare Bestimmung von ↗ »Wort«, die in der Grammatik von ↗ Schriftsprachen für die gesprochene und die geschriebene Sprachform Geltung haben muss. Verbreitete Kriterien sind a) die Isolierbarkeit von Wörtern/Wortformen in Sätzen: »ein Wort ist eine minimale freie Form« (Bloomfield 1933, 178), (b) innere Stabilität: Wörter werden selten durch »andere Formen unterbrochen« (ebd. 180), und sie sind in flektierenden Spr. relativ frei im Satz verschiebbar; (c) phonolog. und graph. Grenzsignale (↗ Akzent, ↗ Junktur, ↗ Leerstelle, ↗ Phonotaktik, ↗ Vokalharmonie), (d) semant. Gesichtspunkte, wonach Wörter Träger von »selbständigen Bedeutungen« seien, was jedoch ein wenig brauchbares Kriterium ist. Je nach der zugrunde gelegten Bestimmung von »Wort« gilt es als Aufgabe der M., die Formen der Wörter in syntagmat. Verbindungen (Syntagmen, Sätzen; bei Hjelmslev: Sukzessen) zu beschreiben und die Regeln aufzudecken, die das Auftreten der einzelnen Wortformen an einer bestimmten syntakt. ↗ Position und Gegebensein bzw. Nichtgegebensein ihrer gegenseitigen Ersetzbarkeit in dieser Position steuern. Das System der in einer Spr. mögl. Wortformen wird i. d. R. beschrieben als das System der in ihr vorhandenen grammat. ↗ Morpheme. In älteren Grammatikkonzeptionen ersetzte die M. (»Formenlehre«) weitgehend die syntakt. Beschreibung, d. h. dass syntakt. Beziehungen als Funktion von

Wortformen (v. a. ↗ Kasus; ↗ Kongruenz) aufgefasst wurden. In der neueren Forschung wird unterschieden zwischen (a) nicht-prozeduralen Analysen, in denen die ↗ Distribution morpholog. Einheiten Beschreibungsgegenstand ist (↗ Item and Arrangement Grammar), (b) prozeduralen Analysen, denen zufolge (generalisierte) Grundformen durch geeignete Operationen in Wortformen überführt werden, z. B. {Tisch} durch das Pluralsuffix {-e} in {Tische} (↗ Item and Process Grammar) und (c) der sog. Paradigmen-M., in der das strukturalist. Konzept des Morphems aufgegeben ist und das ↗ Wort als Grundeinheit angenommen wird. – Das Gewicht der morpholog. Komponente in der Grammatik einer Einzelspr. hängt offensichtl. stark von ihren typolog. Charakteristika ab: für die Beschreibung ↗ flektierender und ↗ agglutinierender Spr. ist eine M. zentral, bei der Beschreibung von Spr., in denen Wortformvariation keine wichtige Rolle spielt (↗ isolierende Sprachen), eher peripher. **Lit.** L. Bloomfield, Language. N. Y. 1933. – Z. S. Harris, Methods in Structural Lingustics. Chicago 1951. – J. Bybee, Morphology. Amsterdam 1985. – A. Spencer & A. M. Zwicky (eds.), The Handbook of Morphology. Oxford 1998. – HSK 17. – Eisenberg I. – G. Booij, The Grammar of Words. An Introduction to Linguistic Morphology. Oxford 2007. – M. Haspelmath, Understanding Morphology. Ldn. 2009 [Lehrbuch]. – E. Hentschel (Hg.), Dt. M. Bln. 2009. – F. Katamba & J. Stonham, Morphology. Basingstoke u. a. 2006. – R. Lieber, Morphology and Lexical Semantics. Cambridge 2004. – J. van Loon, Principles of Historical Morphology. Heidelberg 2005. – C. Maiwald, Verbmorphologie. Heidelberg 2008. – I. Melcuk, Aspects of the Theory of Morphology. Bln. 2006. **Bibl.** R. Beard & B. Szymanek. Bibliography of Morphology 1960–1985. Amsterdam 1988.   G

Morphologische Kategorie Ergebnis der Generalisierung der in einer Spr. vorhandenen ↗ morphologischen Merkmale. M. K. sind Klassen solcher Merkmale, die dieselben morpholog. und syntakt. Funktionen erfüllen, z. B. die Kategorie ↗ Numerus, die im Dt. zweigliedrig (Sg.-Pl.), in anderen Spr. dreigliedrig (↗ Dual) ist, oder die Kategorie ↗ Genus, die im Dt. und Lat. dreigliedrig, im Ital. und Schwed. zweigliedrig ist und im Engl. nicht existiert; die »Genusdifferenzierung« bei den engl. Pronomina ist lexikalisiert und lässt keine Generalisierung vor Merkmalen zu.   G

Morphologische Komponente (auch: Ausgleichskomponente) Im Rahmen der GG (SPE) jene Teilkomponente der Grammatik, welche dafür verantwortl. ist, dass die ↗ Formative syntakt. Ketten mit morpholog. Markierungen, z. B. Flexionsendungen, versehen werden, um als Input der ↗ phonologischen Komponente einer korrekten phonet. Interpretation zugängl. zu sein. Die Struktur der m. K. hängt wesentl. von der Struktur der ↗ syntaktischen

Komponente und der Architektur des Grammatikmodells ab; vgl. ↗ Distributed Morphology.   F

Morphologische Struktur ↗ Distributed Morphology

Morphologischer Akzent (auch: etymologischer Akzent) Durch die morpholog. Struktur bedingte Akzentposition, z. B. Stammakzent; ↗ Akzent. PM

Morphologischer Rest Morpholog. Konstituentenkategorie, die synchron unproduktive Elemente umfasst, die nur unter Vorbehalt zu den ↗ Affixen zu zählen sind. Die finalen Elemente in *Fahrt* oder *Treppe* haben keine affixartig morpholog. Funktion, sind aber ebensowenig Teil der Stämme (vgl. *Fahr*-plan, *Trepp*-chen). M. R. sind Wortbildungselemente, ohne Morpheme im Wortsinn zu sein. Bei einer Interpretation von *Fahr*- und *Fahrt* bzw. *Trepp*- und *Treppe* als ↗ Allomorphe erübrigte sich diese Kategorie. **Lit.** Eisenberg I., 217 f.   ES

Morphologisches Merkmal Ausdrucksseitig realisiertes ↗ Grammem v. a. in ↗ flektierenden und ↗ agglutinierenden Sprachen, in Grammatiken üblicherweise als Kategorien der ↗ Deklination und der ↗ Konjugation verallgemeinert. So ist z. B. das finite Verb im Dt. durch m. M. charakterisiert, die jeweils eine Teilkategorie der ↗ morphologischen Kategorien ↗ Tempus (z. B. Präteritum), ↗ Modus (z. B. Konjunktiv), ↗ Numerus (z. B. Pl.), ↗ Person (z. B. 3. Person), ↗ Genus verbi (z. B. Aktiv) realisieren, ohne dass es stets möglich wäre, jedem m. M. genau ein Segment der aktualen Wortform zuzuweisen, z. B. in (*sie*) *schrieben*.   G

»Morphologisches Prinzip« ↗ Stammschreibung

Morphologisierung Bez. für den Wandel einer phonolog. zu einer morpholog. Erscheinung durch den Wegfall ursprünglich vorhandener phonet. Bedingungsfaktoren. Ein Beispiel dafür ist der ↗ Umlaut in der Geschichte des Dt. Im Ahd. bewirkte ein *i* eines Suffixes und Flexionselementes Umlaut des Vokals *a* der vorausgehenden Wurzelsilbe. Durch die Endsilbenabschwächung vom Ahd. zum Mhd. ist der umlautbedingende Faktor *i* zu *e* abgeschwächt worden und damit verlorengegangen. In der Folge sind die morpholog. Kategorien, die im Ahd. durch das *i*-haltige Suffix ausgedrückt waren, mit dem Umlaut in Verbindung gebracht worden. Seit dem Mhd. werden diese grammat. Kategorien (und nicht das ursprünglich folgende *i*) als umlautbedingend angesehen, so z. B. bei Pluralbildung: *Kraft – Kräfte*. Durch ↗ Analogie erscheint der Umlaut schließlich auch bei Wörtern, die das umlautbedingende *i* nie besessen haben: z. B. bei alten *a*-Stämmen wie *Baum – Bäume*.   ST

Morphonem ↗ Morphemalternante, ↗ Allomorph

Morphonologie (auch: Morphonemik, Morphophonemik, Morpho-Phonologie, Phon-Morphologie) Auf N. S. Trubeckoj (russ. Linguist, 1890–1938) zurückgehende Bez. für eine abstrakte lautbezogene, zwischen ↗ Morphologie und ↗ Phonologie angesiedelte Analysestufe, auf der die morphembezogenen phonolog. Regularitäten (↗ Allomorph) zu beschreiben sind. PM

Morphophonem ↗ Morphemalternante, ↗ Allomorph

Morphophonemik ↗ Morphonologie

Morpho-Phonologie ↗ Morphonologie

Morphosphäre ↗ Morphosyntax, ↗ Oberflächenstruktur

Morphosyntax, Morphosphäre Zusammenfassende Bez. für diejenigen morpholog. Mittel von Spr, die syntakt. Funktionen ausüben, z. B. ↗ Flexive, ↗ Klitika u. a., im Ggs. zu kombinator. Verfahren der Repräsentation syntakt. Funktionen (↗ Wortstellung, ↗ Nomosphäre) und zur Verbindungen von Wortstellungsregularitäten mit lexikal. Einheiten wie Adpositionen und Adverbien. G

Morsealphabet Für die Telegraphie (Fernschreiben) entwickeltes Signalsystem auf der Grundlage der ↗ alphabetischen Schrift, in der die Buchstaben durch Striche und Punkte und Kombinationen davon ersetzt sind. Auf einem laufenden Papierstreifen können sie durch einen elektro-magnet. betätigten Stift sichtbar gemacht werden (Morseapparat, benannt nach seinem Erfinder Samuel Morse, 1791–1872). Im Funkverkehr werden sie durch lange oder kurze Pieptöne realisiert. Das M. hat durch die techn. Entwicklung (drahtloser Sprechverkehr, Fernschreiber, Telefax-Geräte, E-Mail) stark an Bedeutung verloren. S

Mortlockesisch ↗ Ozeanische Sprachen

Moru-Mangbetu-Sprachgruppe ↗ Zentralsudanische Sprachen

Mosan-Sprachen ↗ Wakash-Sprachen

Moselfränkisch ↗ Mittelfränkisch

Moselromanisch Dialekte romanisierter Kelten in den Tälern von Mosel und Saar, die sich bis ins 11. Jh. in fränk. Umgebung erhielten. Das M. hat in Ortsnamen viele Spuren hinterlassen. **Lit.** W. Jungandreas, Zur Geschichte des M. Wiesbaden 1979. – R. Post, Zur Geschichte und Erforschung des M. Rhein. Vierteljahrsblätter 2004, 1–35. G

Mosetén ↗ Südamerikanische Indianersprachen

Moskauer Schule Strömung in der russ. Sprachwiss., die sich in Anlehnung an die Lehre des in den 1880er und 1890er Jahren an der Moskauer Universität tätigen Linguisten F. F. Fortunatov (1848–1914) herausgebildet hat. Die wiss.theoret. Grundposition der M. S. war, bestimmt durch die Auseinandersetzung mit den ↗ Junggrammatikern, betont antipsychologist., indem sie in der ling. Forschung ausschließl. formale, d. h. ausdrucksseitige manifeste Eigenschaften der Spr. als Gegenstände bzw. erkenntnisrelevante Größen zulassen wollte. Fortunatov stellte der ↗ Stammbaumtheorie der Junggrammatiker eine Auffassung von Sprachevolution entgegen, die die Faktoren ↗ Divergenz und ↗ Konvergenz von sprachl. Systemen in ihren Mittelpunkt rückt, beschäftigte sich mit histor. Lautlehre und entwarf eine Theorie der Struktur des Wortes und Syntagmas (der Wortverbindung). Seine Schüler entwickelten Fortunatovs Ideen weiter; so entwarf z. B. N. S. Trubeckoj (1890–1938; ↗ Prager Schule) neben seiner funktional ausgerichteten Theorie einer Phonologie, anknüpfend an die Überlegungen Fortunatovs zur Divergenz/Konvergenz, eine Konzeption des Sprachwandels und der histor. Sprachtypologie, die unterscheidet zwischen genet. gewachsenen Gegenständen, den ↗ Sprachfamilien als Ergebnis des Einwirkens von Divergenzkräften auf Spr. gemeinsamen Ursprungs und strukturell gewachsenen Objekten, den ↗ Sprachbünden, als Resultat des Einflusses von Konvergenzfaktoren auf eigenständige sprachl. Systeme. Mit der M. S. ist darüber hinaus die Einführung der Morphologie als einer speziellen ling. Teildisziplin verbunden, der ↗ Flexion und ↗ Wortbildung im Hinblick auf den Ausdruck grammat. Kategorien behandelt werden. **Lit.** Die sowjet. Sprachwiss. und Sprachtheorie. In: C. D. Kernig (Hg.), Sowjetsystem und demokrat. Gesellschaft – Eine vergleichende Enzyklopädie. Bd. IV. Freiburg u. a. 1972, 127–144. – F. Berezin, Russkoe jazykoznanie konca XIX – načala XX v. [Die russ. Sprachwiss. am Ende des 19./Anfang des 20. Jh.] M. 1976. – V. Vinogradov, Istorija russkich lingvističeskich učenij [Geschichte der sprachwiss. Richtungen in Russland]. M. 1978. – Istorija sovetskogo jazykoznanija. Chrestomatija [Geschichte der sowjet. Sprachwiss. Chrestomathie]. M. 1981. – H. Jachnow, Zur Geschichte der Sprachwiss. in Russland, der UdSSR und den slav. GUS-Staaten. In: Ders. (Hg.), Hdb. der sprachwiss. Russistik und ihrer Grenzdisziplinen. Wiesbaden 1999, 1023–1077. – F. Berésin, Reader zur Geschichte der sowjet. Sprachwiss. Lpz. ²1984. HA

Mossi ↗ More 2.

Motherese ↗ Ammensprache

Motion ↗ Movierung

Motivation ↗ Motiviertheit

Motivierte Bildung ↗ Motiviertheit

Motiviertheit (auch: Motivation, Motivierung, Durchsichtigkeit) Bez. für den Grad der Erschließbarkeit der Bedeutung eines Wortbildungsprodukts aus den Bedeutungen seiner Teile: Kennt man die Bedeutung der Konstituenten, kennt man auch die des Wortbildungsprodukts; ↗ Frege-Prinzip. ↗ Lexikalisierung führt aber zu semant. Verschiebungen, letztl. eigenständiger Wortbildungsbedeutungen, die häufig nicht über Konstituentenbedeutungen dekodierbar sind, z. B. *Zeitschrift* (↗ Idiomatisierung). Die Übergänge von ›motiviert‹ zu ›unmotiviert‹ (auch: ↗ opak) sind fließend, da Bedeutungsverlust bzw. -verschiebung ein Prozess ist. Ist nur eine Konstituente undurchsichtig, spricht man von teilmotivierten Bildungen (*Himbeere* etc.). ES

Motivierung ↗ Motiviertheit

Mouillierung ↗ Palatalisierung

Move α (Engl., ›bewege Alpha‹. Frz. déplacer α) Seit der ↗ REST bezeichnet M. α die Beziehung zwischen einer sprachspezif. festgelegten indizier-

ten Konstituente an einer best. Position (↗ Lande-platz) und ihrer koindizierten ↗ Spur (t) (↗ Korefe-renz), z. B. zwischen *wen* und *t* in *Wen₁ glaubst du, dass Maria t₁ gesehen hat?* Die betreffende Kon-stituente und ihre Spur(en) bilden eine Kette (move-ment chain ›Bewegungskette‹). Im Unterschied zu in früheren Versionen der GG angenommenen ↗ Be-wegungstransformationen (↗ Anhebung, ↗ W-Bewe-gung, ↗ NP-Bewegung) ist M. α eine nicht-kon-struktionsspezif. Relation, welche generellen Prin-zipien unterliegt; diese können sich z. B. auf die Landeplätze bewegter Kategorien (d. h. auf die Po-sition der phonolog. realisierten Konstituente) be-ziehen, auf die zu durchlaufenden Zwischenknoten (↗ Barrieren-Theorie), auf die zurückbleibende(n) Leerstelle(n) (↗ Spur, ↗ ECP) und auf die kategoria-len Eigenschaften von α. M. α kann einerseits als eine Regel zur Erfassung eines spezif. syntakt.-se-mant. Zusammenhangs struktureller Positionen in ein und derselben Struktur (repräsentationelle Auf-fassung) gesehen werden; andererseits, wie im Rah-men des ↗ Minimalismus, als eine Relation zwi-schen zwei Ableitungsstufen (derivationelle Auffas-sung). Im ↗ Minimalismus gehört M. α wie *Merge* zu den strukturaufbauenden Operationen: M. α er-zeugt demzufolge aus der Struktur [P... [Q ...] ...] eine Phrase [R [Q ...] [P ... tQ ...]], während *Merge* aus [P ...] und [Q ...] eine neue Phrase [R [P ...] [Q ...]] erzeugt. **Lit.** ↗ Bewegung. F
Movierte Bildung ↗ Ableitung einer Personen- oder Tierbezeichnung, die das geschlechtl. Gegenstück zur ↗ Ableitungsbasis bezeichnet. I. d. R. werden die Bez. für weibl. Lebewesen aus Bez. für männl. Lebewesen abgeleitet (↗ Movierung), z. B. *Student-in*, frz. *baron-esse*, selbst wenn die Ableitungsbasis ungebräuchl. ist, z. B. *Kindergärtner-in*. Es gibt nur wenige entgegengesetzte Fälle, z. B. *Witwe-r, Enter-ich, Gant-er* (zu *Gans*). Neben m. B. stehen für die Bez. des jeweils anderen Geschlechts auch ↗ Kom-posita (z. B. *Meerschwein*), syntakt. Fügungen (*weibl. Schwein*) oder nicht motivierte Grundwörter (*Sau* vs. *Eber*) zur Verfügung. Nur in wenigen Spr. sind m. B. Flexionsformen. **Lit.** F. Plank, Morpho-log. (Ir-)Regularitäten. Tübingen 1981, 94–101. GN
Movierung (lat. *movēre* ›bewegen‹. Auch: Motion, movierte Bildung, Mutation) Morpholog. ↗ Ablei-tung weibl. Personen- und Tierbezeichnungen von den männl. Movierte Formen (Mobilia) sind beson-ders im Bereich der Berufs- und Funktionsbezeich-nungen außerordentlich produktiv. Als Regelfall nimmt man an, dass das Mask. unmarkiert ist und die Basis für die Ableitung darstellt, z. B. *Gärtner, -in*; ↗ movierte Bildung. Bei M. gibt es im Ggs. zum ↗ Differentialgenus auch im Plural ein Motionssuf-fix, z. B. *Gärtnerinnen*. Andere Bildungsmuster sind überwiegend im Einzelbeispielen vertreten und meist pejorativ, z. B. *Masseuse, Mätresse*. Ebenso sind i. d. R. weibl. Vornamen von männl. abgeleitet, z. B. *Pauline*. Movierte Feminina sind nicht unab-

hängig von den Maskulina; sowohl synchron/dia-chron, morpholog. als auch realiter besteht für das Bezeichnete ein Verhältnis der Voraussetzung. Da außerdem das Mask. ↗ generisch gebraucht wird, erscheinen Maskulina als vorrangig. M. ist in der sprachkrit. Bestandsaufnahme der ↗ feministischen Linguistik ein Beispiel für die sprachl. Widerspie-gelung einer patriarchal. Gesellschaftsentwick-lung. SL
Movima ↗ Südamerikanische Indianersprachen
Mozarabisch ↗ Galizisch, ↗ Portugiesisch, ↗ Spa-nisch
Mozarabische Schrift ↗ Nationalschriften
Mrima ↗ Swahili
MT ↗ Maschinelle Übersetzung
MÜ ↗ Maschinelle Übersetzung
Muchik (auch: Chimú, Mochica, Yunga, Yunca) Isolierte Spr. der peruan. Nordküste (Departement Lambayeque, nördl. vom Jequetepeque-Fluss). Das M. wurde bis zur Mitte des 20. Jh. gesprochen in Eten und Monsefú, zwei Dörfern in der Nähe von Chiclayo; Karte ↗ Südamerikanische Sprachen, im Anhang. Sprachtyp: suffigierend. Die Morphologie ist weniger reich als die der andinen Nachbarspr. des M. (↗ Quechua, ↗ Aymara-Sprachen). Die vorge-schlagene Verwandtschaft mit den ↗ Chibcha-Spra-chen ist äußerst umstritten. **Lit.** E. W. Middendorf, Die einheim. Spr.n Perus, VI: Das Muchik oder die Chimú-Spr. Lpz. 1892. – E. Hovdhaugen, Mochica. Mchn. 2004. – H. H. Brüning, Mochica Wörterbuch (ed. J. A. Salas García). Lima 2004. AD
Multilateral (auch: mehrdimensional) Beziehung zwischen den Gliedern mehrdimensionaler ↗ Oppo-sitionen. PM
Multilateraler Sprachvergleich ↗ Kontrastive Lin-guistik, ↗ Sprachvergleich
Multilingualismus (auch: Mehrsprachigkeit) Bez. für den Zustand einzelner Personen oder einer so-zialen Gemeinschaft, die sich bei der täglichen Kommunikation mehrerer unterschiedl. Spr.n bedie-nen; ↗ Bilingualismus. **Lit.** H. Haarmann, M. 1–2. Tübingen 1980. – L. Carson, Multilingualism in Europe: A Case Study. Bruxelles u. a. 2003. – F. B. Boyd, Multicultural and Multilingual Literacy and Language: Contexts and Practices. – N. Y. u. a. 2004. GP
Multi-Media-System Ein M. M. S. ist ein elektron. Kommunikationssystem, das die integrierte Spei-cherung, Übertragung und Darstellung der diskreten Medien (Text, Grafik und Standbild) und der kon-tinuierl. Medien (Audio und Video) auf einem digi-talen Rechnersystem ermöglicht. Multimedia-An-wendungen wie ↗ Dialogsysteme, bei denen mehre-re Kommunikationskanäle (z. B. Mimik, Gestik Körpersprache und gesprochene Spr.) einbezogen werden, ermöglichen i. d. R. eine erhöhte Effizienz der Interaktion auf. Z
Multiplikativ ↗ Iterativ
Multiplikativa ↗ Numerale

Multiplikativzahl ↗ Numerale
Multisemie (lat. multum ›viel‹, griech. σῆμα (sēma) ›Zeichen‹) Von H. Henne eingeführter Terminus für die »hybride« Koppelung von ↗ Polysemie (Ps.) und ↗ Homonymie (Ho.). Beispiel: *Bank* [›längl. Sitzgelegenheit‹ ← Ps.→ ›längl. Werktisch‹ ← Ps.→ ›Sandbank‹ etc.] ← Ho.→ [›Geldinstitut‹ ← Ps.→ ›Geld des Bankhalters beim Spiel‹]. **Lit.** H. Henne, Semantik und Lexikographie. Bln., N. Y. 1972. RB
»Münchner Du« (auch: ›Aldi-Du‹) Anredekonvention im Dt., nach der man sich mit der distanziert-höflichen nominalen Anredeform (z. B. *Frau Meier*), jedoch mit der intim-privaten pronominalen und verbalen Du-Form anredet (z. B. *Frau Meier, gib mir mal den Quittungsblock*). Sie wird gelegentlich vom Verkaufspersonal von Warenhäusern und Ladenketten und auf Wochenmärkten verwendet; ↗ Anredeformen, ↗ »Hamburger Sie«. G
Mund, Mundhöhle (lat. cavum ōris, engl. mouth, frz. bouche) Man unterscheidet den Vorhof (lat. *vestibulum ōris*) von der eigentl. Mundhöhle (lat. *cavum ōris proprium*). Der Vorhof umfasst den schmalen Raum zwischen ↗ Lippen bzw. Wangenschleimhaut auf der einen und den Zahnreihen bzw. Alveolarfortsätzen (↗ Alveolen) der ↗ Kiefer auf der anderen Seite. Die eigentl. Mundhöhle liegt hinter den Zähnen und reicht bis zur Rachenenge, der von den hinteren Gaumenbögen gebildeten Pforte zum Rachen (↗ Pharynx). Die obere Begrenzung bilden der harte und weiche ↗ Gaumen. Im Mundboden zwischen beiden Seiten des Unterkieferknochens und dem Zungenbein haben mehrere kleinere Mundspeicheldrüsen ihren Sitz. Die Ohrspeicheldrüse (griech.-lat. *parōtis*) liegt beidseits vor der Ohrmuschel. In geschlossenem (Ruhe-)Zustand ist die eigentl. Mundhöhle fast vollständig von der ↗ Zunge ausgefüllt. Dieses außerordentlich kräftige, sensible und bewegl. muskuläre Organ entspringt paarig von der Seite des Unterkieferknochens, vom Zungenbein sowie von einem spitzen Fortsatz der Schädelbasis. – Die Mundhöhle dient primär der Nahrungsaufnahme und -zerkleinerung. Sie bildet mit der Rachenhöhle zusammen das ↗ Ansatzrohr und ist somit von zentraler Bedeutung für die ↗ Artikulation. **Lit.** D. Drenkhahn (Hg.), Anatomie. Bd. 1. Mchn. [16]2003. GL
Mundart ↗ Dialekt
Mundartforschung ↗ Dialektologie
Mundartwörterbuch ↗ Dialektwörterbuch
Munda-Sprachen ↗ Austroasiatische Sprachen
Mundhöhle ↗ Mund
Mündlich ↗ Mündlichkeit
Mündlichkeit (engl. orality, frz. oralité) M. vs. ↗ Schriftlichkeit, Oralität vs. Literalität sind seit den 1980er Jahren interdisziplinäre Forschungsgegenstände unter Einbezug der histor. Perspektive. Beteiligt sind Ling., Rhetorik, Literaturwiss., Anthropologie, Ethnologie und Psychologie. Primäre M. charakterisiert nach Ong Kulturen, die sich un-

berührt von jeder Kenntnis des Schreibens oder des Druckens entfalten. Da die Schriftlichkeit nach Meinung einiger Fachleute in modernen postindustriellen Gesellschaften viele ihrer Funktionen wieder verloren hat, könnte mit den elektromagnet. und eletron. Kommunikationstechniken eine Kultur sekundärer M. entstanden sein. Mündl. (orale) Kommunikation ist phylogenet. wie ontogenet. als auch in der alltägl. Erfahrungswelt der meisten Menschen die grundlegende Form des Sprachgebrauchs. Andererseits besteht in kognitiver, kultureller und zivilisator. Hinsicht ein Primat der Schriftlichkeit. Die mündl. Kommunikation (im Ggs. zur schriftl.) ist der Analyse schwerer zugänglich; erst seit etwa 1900 bestehen Techniken, sie aufzuzeichnen und zu speichern. Sprachstudien konzentrierten sich lange auf geschriebene Texte und übergingen die Oralität. Histor. Meilensteine einer schriftkrit. und Oralität akzentuierenden Betrachtung sind Platons *Phaidros*, Rousseaus *Émile* und die Suche der dt. Romantiker nach einer ursprüngl., verlorenen M. Modell für die Untersuchung des Übergangs von M. zu Schriftlichkeit wurde die klass. griech. Kultur (nach dem Ende der myken. Kultur (↗ Linear B) bis ins 8. Jh. v. Chr. ohne Schrift). Als wegbereitend gilt Parrys (1928) Nachweis, dass formelhafte Wiederholungen bei Homer durch das Versmaß bedingte Charakteristika einer oralen Kompositionsmethode sind, die die Rhythmisierung erleichtern und mnemotechn. Stützen sind. Ong charakterisiert den Stil der mündl. Darstellung als subordinativ, redundant, konservativ, sinnl. konkret, einfühlend, situationsbezogen, personal, narrativ, myth. Damit bezeichnen M. und Schriftlichkeit nicht lediglich verschiedene Medien, sondern verschiedene Denkweisen; ↗ Gesprochene Sprachform, ↗ Parlando. **Lit.** M. Parry, The Collected Papers of M. Parry. Oxford 1971. – D. Tannen (ed.), Spoken and Written Discourse: Exploring Orality and Literacy. Norwood, N. J. 1982. – W. Ong, Oralität und Literalität. Opladen 1987. – J. Goody, The Interface Between the Written and the Oral. Cambridge 1987. – J. Ungern-Sternberg & H. Reinau (Hgg.), Vergangenheit in mdl. Überlieferung. Stgt. 1988, 34–53. – P. Koch & W. Österreicher, Gesprochene Spr. in der Romania. Tübingen 1990. – M. Becker-Mrotzek, Entwicklungsprozesse im Mündlichen – Forschungsstand und Desiderata. In: H. Kugler (Hg.), www.germanistik2001.de. Vorträge und Referate des Erlanger Germanistentags. Band 2. Bielefeld 2001, 1103–1112. – J. Hagemann & S. F. Sager (Hgg.), Schriftl. und mündl. Kommunikation. Begriffe, Methoden, Analysen. Fs. zum 65. Geburtstag von Klaus Brinker. Tübingen 2003. SL
Mundschani ↗ Pamir-Sprachen
Mundurukú ↗ Tupí-Guaraní-Sprachen
Muniche ↗ Südamerikanische Indianersprachen
Münsterländisch ↗ Westfälisch
Muntenisch ↗ Moldauisch, ↗ Rumänisch

Murang'a-Kiambu ↗ Kikuyu

Mura-Pirahâ-Sprachen ↗ Südamerikanische Indianersprachen

Murmelstimme ↗ Stimme

Murmelvokal ↗ Schwa-Laut

Murui Huitoto ↗ Witoto

Musikalischer Akzent (auch: chromatischer Akzent, melodischer Akzent, Tonhöhenakzent, tonaler Akzent; engl. pitch accent, tonal stress, frz. accent mélodique/musical) Einzelsprachl. geregelte Hervorhebung (↗ Akzent) von Äußerungsteilen durch Tonhöhenwechsel bzw. -anstieg (z. B. chines.) im Ggs. zum atemdruckbedingten ↗ dynamischen Akzent.　　PM

Muskogee-Sprachen ↗ Nordamerikanische Sprachgruppe. Sprachgebiet: ursprüngl. im Südosten der USA, nach Umsiedlung auch in Oklahoma. Größte Spr. sind Muskogee oder Creek (ca. 10 000) und Choctaw-Chickasaw (ca. 12 000); Karte ↗ Nordamerikanische Sprachen, im Anhang. Die M.-S. werden z. T. mit anderen, heute ausgestorbenen Spr. des Südostens der USA (wie z. B. Natchez) zur Gruppe der Golf-Spr. zusammengefasst sowie mit den ↗ Algonkin-Sprachen zur ↗ Makro-Algonkin-Sprachgruppe. Choctaw-Chickasaw bildete die wesentl. Grundlage für den Mobilian Jargon, das ↗ Pidgin des Südostens. Typolog. sind kennzeichnend: einfache Phonemsysteme mit einer Verschlussreihe, elaborierte agglutinierende Verbmorphologie, Kasusmarkierungen, überwiegend Verbendstellung, Verbendungen, die Identität oder Verschiedenheit der Subjekte aufeinander bezogener Sätze kennzeichnen; ↗ Switch Reference. **Lit.** M. R. Haas, Southeastern Languages. LNA, 299– 326. – G. D. Kimball, Koasati Grammar. Lincoln 1991. **SSG** Staats- und Universitätsbibliothek Hamburg (18).　　D

Mustererkennung (engl. pattern recognition) Teilbereich der ↗ Künstlichen Intelligenz, der sich mit dem Problem der Detektion und Klassifikation von Mustern in Daten beschäftigt. Verfahren der M. werden auf Textdaten, aber auch auf Bilder, akust. Signale usw. angewandt. **Lit.** R. O. Duda et al., Pattern classification. N. Y. 2001.　　L

Muta f. (lat. mūtus ›stumm‹) Terminus der antiken Grammatik zur Kennzeichnung der (↗ stimmhaften und stimmlosen) ↗ Plosive im Ggs. zu den ↗ Sonanten.　　PM

Mutation ↗ Movierung, ↗ Alternation, ↗ Stimmbruch, ↗ Keltische Sprachen

Mutativ ↗ Translativ, ↗ Mutuell

Mutismus (lat. mūtus ›stumm‹. Auch: Stummheit) Im Gegensatz zur ↗ Gehörlosigkeit und zur Hörstummheit (↗ Agnosie) psycho-neurot. Sprechverweigerung bis hin zum totalen Schweigen nach begonnenem oder abgeschlossenem Mutterspracherwerb. GT

Mutter (-von-Relation) In einem ↗ Strukturbaum die Relation, welche zwischen einem ↗ Knoten und dem von ihm unmittelbar dominierten Knoten (↗ Dominanz) besteht.　　F

Mutter-Kind-Interaktion ↗ Spracherwerb, ↗ Muttersprache

Muttersprache ↗ Spracherwerb, ↗ Erstsprache

Muttersprachler ↗ Native Speaker

Muttersprachlicher Unterricht 1. Unterricht in der S1 (↗ Erstsprache, ↗ Muttersprache) mit dem Ziel, der nachwachsenden Generation diejenigen ↗ Register und ↗ Funktionstile zu vermitteln, die im vorschulischen ↗ Erstspracherwerb nicht erworben werden (insbesondere schriftsprachl. Fähigkeiten). – **2.** Kernbegriff bildungs- und sprachpolit. Debatten um die schulische Versorgung der Kinder der Arbeitsmigranten in Deutschland in den 1980er Jahren. Das ›Memorandum zum m. U.‹ (1983) forderte die Aufwertung der Muttersprachen der Migranten und ihre Berücksichtigung als Schulfach und als Unterrichtsmedium. Es stützte sich auf Erkenntnisse der ↗ Spracherwerbsforschung (J. Cummins), die besagen, dass mangelnde Förderung sowohl in der bis zum Schuleintritt dominanten S1 als auch in der schulischen S2 zu schwerwiegenden Störungen in der sprachl. und kognitiven Entwicklung führen kann. Dies ist seither auch für Deutschland in einer Reihe empir. Studien bestätigt worden; sie zeigen, dass ein hoher Sprachentwicklungsstand in der S1 relevant für den erfolgreichen Erwerb der S2 ist und dass die Schulpolitik der formalen Integration in Regelklassen bei gleichzeitigem Fehlen von m. U. ebenso katastrophale Resultate erbringt wie die Segregation in nationale Klassen; ↗ doppelseitige Halbsprachigkeit. **Lit.** J. Cummins, Bilingualism and Special Education. Issues in Assessment and Pedagogy. Cleveland, Avon 1984. – Memorandum zum m. U. DL 1, 1983, 75–95. – BAGIV (= Bundesarbeitsgemeinschaft der Immigrantenverbände in der BRD und Berlin West) (Hg.), M. U. in der BRD. Sprach- und bildungspolit. Argumente für eine zweisprachige Erziehung von Kindern sprachl. Minderheiten. Hamburg 1985. – H. Glück, Zweisprachigkeit und Zweitspracherwerb. DL 3, 1985, 15–42.　　G

Muttersprachvorteile ↗ Sprachförderung (3)

Mutual intelligibility ↗ Gegenseitige Verständlichkeit

Mutuell (lat. mūtuum ›gegenseitig‹. Auch: mutativ) ↗ Aktionsart, die interpersonale Gegenseitigkeit des im Verbstamm ausgedrückten Vorgangs markiert, im Russ. durch das Präfix {pere-} und das Reflexivsuffix {-sja} ausgedrückt, z. B. *govorít'* ›sprechen‹ – *peregovárivat'sja* ›miteinander sprechen‹, *šeptát'* ›flüstern‹ – *perešëptyvat'sja* ›miteinander flüstern‹; ↗ Reziprok.　　G, T

Muysca ↗ Chibcha-Sprachen

Mvita ↗ Swahili

Mykenisch ↗ Griechisch

Nabatäisch Form des ↗ Aramäischen, der sich die arabischsprachigen Einwohner im Reich von Petra als Schriftspr. bedienten. Das Reich bestand von ca. 400 v. Chr. bis 106 n. Chr., danach Provincia Arabia des röm. Reiches. Von 170 v.–356 n.Chr. sind Grab- und Weihinschriften in einer n. Kursive des ↗ Aramäischen erhalten, aus der sich die ↗ arabische Schrift entwickelte. Im 3. Jh. n.Chr. nehmen arab. Wörter und Formen stark zu, und im 4. Jh. n.Chr. geht N. bruchlos in das ↗ Arabische über.   WI

Nachahmungstheorie Theorie zum ↗ Sprachursprung, wonach menschl. Sprechen generell auf onomatopoet., d.h. ↗ lautnachahmende Bildungen zurückgeht; ↗ Onomatopoetikon.   GP

Nachbar (-von-Relation) ↗ Schwester (-von-Relation)

Nachfeld ↗ Feldgliederung, ↗ Satzklammer, ↗ Stellungsfeld

Nachfeldbesetzung ↗ Ausklammerung, ↗ Nachtrag

Nachfolger ↗ Vorgänger

Nachfrage ↗ Echofrage

Nachisch-dag(h)estanische Sprachen ↗ Ostkaukasische Sprachen

Nachische Sprachen (georg. kiṣt-ur-i zu kiṣt-i, Name der n. Sprecher, die in Georgien (Pankisi-Tal) siedeln oder benachbart sind (hauptsächlich Inguschen). Auch: weinach. Sprachen, tschetschen.-ingusch. Sprachen, kist(in). Sprachen, kist(in).-bats. Sprachen, früher auch einfach »Tschetschenisch (i.w.S.)«) ↗ Ostkaukasische Familie von eng miteinander verwandten Spr. bzw. Dialekten; Gebiet etwa östl. des oberen, südl. des mittleren Terek, bis zur Hauptkette des Kaukasus: (a) ↗ Tschetschenisch, (b) ↗ Inguschisch (c) ↗ Batsisch. Relativ reiche Vokalsysteme (im Tschetschen. ca. 30 Vokale, Di- u. Triphthonge); ↗ Nominalklassen; Karte ↗ Kaukasische Sprachen, im Anhang. **Lit.** JaNSSSR 4, 184–246. – ILC 4.   BO

Nachname ↗ Familienname

Nachricht ↗ Entropie, ↗ Kode, ↗ Kommunikation

Nachrichtentheorie ↗ Informationstheorie

Nachsatz ↗ Implikation

Nachsilbe ↗ Suffix

Nachtrag Nach Heidolph (Grundzüge, 759 ff.) ↗ Stellungsglied, das dem eigentl. Satz als Komplement bzw. Ergänzung oder Adjunkt bzw. Angabe nachgeordnet ist (↗ Feldgliederung, ↗ Stellungsfeld). N. werden wie andere ↗ Herausstellungen und ↗ Parenthesen als Abweichung von der ↗ Grundwortstellung des Dt. charakterisiert. Diese Auffassung ist für die Beschreibung hypotakt. Konstruktionen problemat. (↗ Subordination). Helbig & Buscha unterscheiden deshalb zwischen grammatikalisierter und stilist. *Nachfeldbesetzung.* Zahn schlägt vor, Ausklammerung und Nachfeldbesetzung begriffl. zu differenzieren. Sommerfeld et al. unterscheiden zwischen *Ausrahmung*, die durch Weiterwirken der Satzspannung charakterisiert ist, und N., bei dem von einer Art Neuansatz ausgegangen wird. N. werden häufig noch untergliedert, z.B. bei Sommerfeld et al. in isolierte N., nachgetragene Präzisierungen und nachgestelltes Glied einer getrennten Wortreihe; ↗ Additiver Anschluss. **Lit.** K.E. Sommer-

feldt et al., Einf. in die Grammatik und Orthographie der dt. Gegenwartsspr. Lpz. 1981. – G. Zahn, Ausklammerung und Nachfeldbesetzung im Dt. Erlangen 1991.   SL

Nachzeitigkeit (engl. subsequent action, frz. action postérieure, postériorité) Mit ↗ Gleichzeitigkeit und ↗ Vorzeitigkeit eine der drei denkbaren Relationen zwischen zwei Zeitpunkten oder Zeitstufen, üblicherweise verwendet zur Beschreibung des Verhältnisses der in Haupt- und Nebensatz ausgedrückten Vorgänge, z.B. *Der Krug geht so lange zum Brunnen, bis er bricht*; ↗ Tempus, ↗ Zeit.   KE

Nachziehfrage ↗ Refrainfrage

Nackte Silbe ↗ Bedeckte Silbe

Na-Dene-Sprachen ↗ Nordamerikanische Sprachgruppe. Sie umfasst die ↗ athabaskischen Sprachen, das ausgestorbene Eyak sowie die entfernter verwandten Spr. Tlingit (ca. 500 Sprecher) und Haida (unter 100), wobei im Falle des Haida die Zugehörigkeit z.T. bestritten wird; Karte ↗ Nordamerikanische Sprachen, im Anhng. Na-Dene ist die einzige indian. Sprachgruppe, bei der es Anzeichen für genet. Beziehungen außerhalb Amerikas (zu den ↗ Sino-Tibetischen Sprachen) gibt. Als einzige indian. Sprachgruppe wird sie von Greenberg nicht zu Amerindisch (↗ Indianersprachen) gezählt. **Lit.** M. Dürr & E. Renner, The History of the Na-Dene Controversy. In: M. Dürr et al. (eds.), Language and Culture in Native North America. Mchn. 1995, 3–25.   D

Nähesprache Mit den Metaphern der kommunikativen Nähe bzw. Distanz wird eine Charakterisierung von außersprachl. Bedingungen für Kommunikation versucht, die dichotom. Unterscheidungen wie ↗ Mündlichkeit vs. ↗ Schriftlichkeit, ↗ gesprochene vs. ↗ geschriebene Sprache als N. und ↗ Distanzsprache ergänzen und differenzieren. Wichtige Parameter sind beispielsweise der Grad der Öffentlichkeit der Kommunikationssituation, der Grad der Vertrautheit der Partner, der Grad der Situations- und Handlungseinbindung und der Grad der Spontaneität der Kommunikation. Die konkrete Kommunikationssituation hat unterschiedl. Versprachlichungsstrategien zur Folge. Wichtige universale Eigenschaften von Nähesprache bzw. ›nahem Sprechen‹ sind geringerer Planungsgrad, Prozesshaftigkeit und Vorläufigkeit des Gesagten, sparsame Versprachlichung, linearer Charakter und relativ geringere Informationsdichte. Einzelsprachl. Merkmale von N. im Vergleich beschreiben am Beispiel der roman. Spr. P. Koch & W. Österreicher (Gesprochene Spr. in der Romania. Tübingen 1990).   SL

Nahuatl (auch: Aztekisch, Mexicano, Nahua) ↗ Uto-Aztekische Sprache in Mexiko mit ca. 1,5 Mio. Sprechern in verschiedenen Varietäten; Karte ↗ Mesoamerikanische Sprachen, im Anhang. In vorspan. Zeit erfolgten aus dem Norden mehrere Einwanderungswellen nach Zentralmexiko mit südl. Ausläufern bis nach Nicaragua. N. erfuhr als Spr. des

Aztek. Reiches und als zweite Verwaltungsspr. in der Kolonialzeit weite Verbreitung auch als S2. Nach der span. Eroberung entstand unter Verwendung des lat. Alphabets eine umfangreiche, vor allem histor.-administrative Literatur in N.; heute spielt Schriftlichkeit keine nennenswerte Rolle. Im mexikan. Span. finden sich zahlreiche Lehnwörter, vor allem Toponyme wie z. B. *Mexiko, Guatemala, Popocatepetl, Acapulco*. Einige Wörter haben über das Span. den Weg ins Deutsche gefunden, z. B. *Tomate, Schokolade, Kakao, Chilli*. N. ist typolog. eine mesoamerikanisierte uto-aztek. Spr. mit Übernahme der Konstruktion Possessivmorphem-Possessum + Possessor als Ersatz für den Gen. und mit Tendenz des Verbs, in Erstposition zu stehen. **Lit.** H. Carochi, Grammar of the Mexican Language (1645). Translated and Edited by J. Lockhart. Stanford 2001 [nach wie vor die wohl beste Grammatik des N.]. – M. Launey, Introduction à la langue et à la littérature aztèques. 2 vols. Paris 1979–80. – R. W. Langacker (ed.), Studies in Uto-Aztecan Grammar. Vol. 2: Modern Aztec Grammatical Sketches. Arlington, Texas 1970.   D

Nama ↗ Khoisan-Sprachen

Nambikwara Südamerikan. Sprachfamilie, Sprachgebiet: die Staaten Rondônia und Mato Grosso in Westbrasilien. Zu den N.-Spr. gehören die drei ↗ Tonsprachen Sabanê, Nordnambikwara (Mamaindê) und Südnambikwara; Karte ↗ Südamerikanische Sprachen, im Anhang. **Lit.** P. D. Price, The Nambiquara Linguistic Family. AnL 20, 1978, 14–37. – A. D. Rodrigues, Línguas brasileiras. São Paulo 1986. – D. M. Eberhard, Mamaindê Grammar. Utrecht 2009.   AD

Name ↗ Eigenname

Namenforschung ↗ Namenkunde

Namenkunde (auch: Namenforschung, Onomastik < griech. ὄνομα (onoma) ›Name‹) Wiss. Untersuchung der Entstehung, Herkunft, Etymologie, räuml. Verbreitung, Bedeutung und Systematik von ↗ Eigennamen. Eigennamen bewahren häufig alte Sprachstände. Ihre Erforschung ermöglicht Einblicke in die Vor- und Frühgeschichte, die ↗ Sprachgeschichte, die ↗ Sprachgeographie und Ausgliederung von Spr. aus Protospr. (↗ Sprachursprung). **Lit.** A. Bach, Dt. N. Heidelberg ³1978. – G. Bauer, N. des Dt. Ffm. 1985. – HSK 11. – G. Koss, Namenforschung. Eine Einf. in die Onomastik. Tübingen ²1996. – HSK 2, II, 2. Aufl., Kap. XVI. – R. Harweg, Studien zu Gattungsnamen und Stoffnamen. Aachen 1999. **Zss.** Beiträge zur N. Heidelberg 1949 ff. – Names. A Journal of Onomastics. N. Y. 1953 ff. – Onoma. Leuven 1950 ff.   G

Namenübertragung ↗ Bezeichnungsübertragung

Namenwort In Schulbüchern mitunter für ↗ Substantiv.   G

Namonuito ↗ Ozeanische Sprachen

Namor ↗ Identifikator

Nanaisch ↗ Tungusisch

Nandi ↗ Kalenjin

Naro ↗ Khoisan-Sprachen

Narratio ↗ Diplomatik

Narrativ (lat. narrāre ›erzählen‹. Engl. tense of renarration, evidential mood, frz. mode de la narration indirecte) **1.** (Auch: Renarrativ) Durch spezielle, analyt. gebildete Formreihen des finiten Verbs im ↗ Bulgarischen und ↗ Makedonischen ausgedrückte, mit der Tempuskategorie verbundene grammat. Kategorie, durch die ein Sachverhalt als eine vom Sprecher nicht direkt beobachtete oder erlebte Gegebenheit dargestellt werden kann, wobei z. T. zusätzl. Bedeutungen realisiert werden können, z. B. eine vom Sprecher bezweifelte Wahrhaftigkeit des Sachverhalts, vgl. bulg. *pisach kniga* (1. Pers. Sg. Aor.) ›ich schrieb (habe geschrieben) ein Buch‹ vs. *pisal săm kniga* (1. Pers. Sg. Aor. Narrativ) ›ich soll(te) ein Buch geschrieben haben (= man sagt, dass ich… bzw. ich bin mir nicht sicher, ob ich…)‹. Wegen seiner modal gefärbten Bezeichnungsmöglichkeiten ist der gramm. Status des N. als ›reines‹ Tempus umstritten, so dass er häufig als ↗ Modus eingestuft wird. **Lit.** P. Ziegerer, Die Nacherzählformen im Bulg. Mchn. 1994. – A. Levin-Steinmann, Die Legende vom bulg. Renarrativ: Bedeutung und Funktionen der kopulalosen l-Periphrase. Mchn. 2004. HA – **2.** Erzähltexte weisen charakterist. Strukturen der ↗ Komposition (2) auf, die als n. Strukturen bezeichnet werden und sich deutl. von deskriptiven oder argumentativen Strukturen unterscheiden lassen. Als n. Basiseinheiten, die sowohl in Alltagserzählungen (*Also mir ist gerade was passiert…*) als auch in halbliterar. (Witz) und lit. Erzählformen (Märchen, Novelle) auftreten, gelten die Komplikation (Geschehen oder Handlungen, die von Normen, Erwartungen oder Gewohnheiten abweichen) und die Resolution (Reaktion auf das Geschehen bzw. Auflösung der Komplikation), die zusammen das Ereignis bilden, das in einen Rahmen (situativer Kontext) eingebettet ist. Für Forschungen zu n. Strukturen und ↗ Textsorten ist die ausgeprägte gegenseitige Bezugnahme textling., texttheoret. und literaturwiss. Ansätze kennzeichnend. **Lit.** H. Fischer, Erzählen – schreiben – deuten. Beiträge zur Erzählforschung. Münster u. a. 2001. – E. Gülich & H. Hausendorf, Vertextungsmuster Narration. In: HSK 16, I, 369–385. P – **3.** In der Kartvelologie vorkommende Bez. für den ↗ Ergativ.   G

Nasal, Nasallaut m. (lat. nāsus ›Nase‹. Auch: Nasalkonsonant, Nasalvokal, Nasenlaut) **1.** Mit (durch gesenktes Velum) offenem Nasenraum produzierter Sprachlaut; bei N.-Konsonanten mit gleichzeitigem oralen Verschluss (z. B. dt. [m, n, ŋ], bei N.-Vokalen (z. B. frz. [ẽ, ã, õ, ỹ]) als ↗ Nasalierung; Ggs. ↗ oral. – **2.** Binäres phonolog. distinktives Merkmal [± nas] zur Kennzeichnung von 1.   PM

Nasalassimilation Koartikulator. (↗ Koartikulation) bedingte (meist regressive) ↗ Assimilation der Artikulationsstelle (⁊ artikulatorische Phonetik) eines silbenfinalen ⁊ Nasals an die des folgenden Konsonanten (z. B. lat. *in + perfectus > imperfectus*); im Dt. realisationsphonolog. auch progressiv, z. B. *haben* [haːbm̩], [haːm]. PM

Nasalexplosiv (auch: nasal gelöster Plosiv), bei dem die orale Verschlusslösung durch die velare Öffnung für den Folgenasal ersetzt wird; z. B. dt. das *t* in *leiten* nach Schwa-Elision. PM

Nasalierung Artikulator. durch Senken des Velums bewerkstelligte Zuschaltung des Nasenraumes bei der Lautproduktion, im Dt. nichtphonolog., z. B. von Vokalen vor folgendem ⁊ Nasal. PM

Nasalitätskorrelation ⁊ Nasal, ⁊ Korrelation

Nasalkonsonant ⁊ Nasal

Nasalvokal ⁊ Nasal

Nase (lat. nāsus, engl. nose, frz. nez) Teil der oberen Atemwege, bildet den zentralen Anteil des Mittelgesichtes. Die N. beherbergt am Dach der Nasenhöhlen mit der Riechregion (lat. *regiō olfactoria*) das Riechorgan. Weiterhin dient sie der Anwärmung, Entstaubung und Anfeuchtung der Atemluft. Der äußerlich sichtbare Teil der Nase beherbergt den Nasenvorhof (lat. *vestibulum nāsi*), der nach hinten in die große Nasenhöhle (lat. *cavum nāsi*) übergeht. Die Nasenscheidewand (lat. *septum nāsi*) unterteilt die N. in Längsrichtung symmetr. in zwei Nasenhöhlen. Die N. ist mit stark durchbluteter Atemwegsschleimhaut ausgekleidet. Die seitl. Wände der Nasenhöhlen tragen beidseits drei Nasenmuscheln, unter die die Gänge der Nasennebenhöhlen münden. Diese gliedern sich in die paarig angelegten Kiefer-, Stirn- und Keilbeinhöhlen und die Siebbeinzellen. Die Nasennebenhöhlen sind mit Nasenschleimhaut ausgekleidet und dienen einer Vergrößerung der Oberfläche der N. und somit deren physiolog. Funktionen (s. o.). Rückwärtig münden die Nasenhöhlen durch die inneren Nasenlöcher (Choanen) in den (oberen) Rachen (⁊ Pharynx). Von da aus führen die Atemwege über den ⁊ Kehlkopf und die ⁊ Luftröhre in die ⁊ Lunge. Die N. ist von Bedeutung bei der Bildung der ⁊ Nasale, während sonst beim Sprechen der nasale Luftstrom durch die Verschlussfunktion des Gaumensegels (⁊ Gaumen) unterbunden ist; ⁊ Artikulationsorgane. **Lit.** D. Drenkhahn (Hg.), Anatomie. Bd. 1. Mchn. ¹⁶2003. GL

Näseln ⁊ Rhinolalie, ⁊ Rhinophonie

Nasenlaut ⁊ Nasal

Nashi ⁊ Arabische Schrift

Nasopharyngal ⁊ Pharynx

Natangisch ⁊ Niederpreußisch

Nationalitätensprache Übers. von russ. *jazýk nacionál'nosti* mit der Bedeutung ›Spr. einer Ethnie‹. Im Unterschied zu ⁊ Nationalitätssprache nicht auf eine bestimmte sozio-ökonom. Formation im marxist. Sinn (Feudalismus usw.) festgelegt. AM

Nationalitätssprache Übers. von russ. *jazýk naródnosti*. Bestandteil der marxist. Theorie der

⁊ Nationalsprache. Eine N. umfasst alle Varietäten (⁊ Existenzformen) einer Spr. in der sozio-ökonomischen Epoche des Feudalismus. In dieser Epoche ist die ⁊ Literatursprache (⁊ Standardvarietät) noch nicht voll ausgebildet. AM

Nationalschriften Auf J. Mabillon (1632–1707) zurückgehende Sammelbez. für regionale Schriftentwicklungen in den germ. Reichen der Völkerwanderungszeit (gothica, langobardica, saxōnica, francogallica), die von ihm noch als nationale Schriftprägungen angesehen, aber von Scipione Maffei (1675–1755) bereits als Fortentwicklung der röm. Schrift erkannt wurden. Heute versteht man darunter neben den vorkaroling. Minuskeln im fränk. Reich die westgot. Schrift, die insularen Schriften, die Beneventana, die päpstl. Kurialschrift (⁊ Kursive), die langobard. Schrift und die merowing. Urkundenschrift, während die regularisierte Buchkursive meist nach den Zentren Luxueil und Corbie benannt wird. Die karoling. Schriftreform überlebten die westgot. Schrift auf der Pyrenäenhalbinsel und in Südwestfrankreich bis etwa 1100 – bei den Christen unter muslim. Herrschaft als mozarab. Schrift bezeichnet –, die Beneventana im langobard. beherrschten Süditalien und in Dalmatien bis ins 14. Jh. und die insularen (ir. und ags.) Schriften (6.–12. Jh., in Irland teilweise bis in die Neuzeit), deren Verwendung in kontinentalen Schreibschulen (Fulda, Würzburg) durch die ⁊ karolingische Minuskel beendet wurde. EN

Nationalsprache (engl. national language, frz. langue nationale) Gelegentlich im Sinne von ⁊ Standardvarietät oder nationaler ⁊ Amtssprache eines Staates. Zumeist jedoch die Gesamtheit der in einer Nation (im Sinne der ⁊ Sprachnation, J. G. Herder) gesprochenen und geschriebenen Varietäten. Innerhalb einer Spr. können auch verschiedene nationale Standardvarietäten bestehen, wie z. B. das dt., österreichische und Schweizer Standarddt. oder das brit., amerikan. und austral. Standardengl. (⁊ plurizentrische Sprache). Die innerhalb eines Staates relativ einheitl. Standardvarietäten haben sich in denjenigen Staaten früher herausgebildet, die ein deutl. ausgeprägtes polit. und kulturelles Zentrum hatten (Zentralstaaten), wie Frankreich (Paris) und England (London). Beim Fehlen eines solchen Zentrums, wie in Deutschland oder Italien, verlief die sprachl. Vereinheitlichung langsamer. In allen Fällen hat sie sich nicht quasi naturwüchsig, sondern unterstützt durch ⁊ Sprachplanung und ⁊ Sprachpolitik entwickelt. Wie es scheint, bleiben die N. noch auf lange Zeit differenziert in unterschiedl. Varietäten. In multilingualen Staaten, vor allem in den postkolonialen Entwicklungsländern ist die Wahl von N. ein zentrales Problem der ⁊ Sprachenpolitik. Häufig werden mehrere N. gewählt, um ethn. Konflikte zu vermeiden oder zu entschärfen, bisweilen so viele, dass sie unmögl. alle gleichrangig als ⁊ Amtssprachen fungieren können (z. B. Indien, Südafrika), was meist die fortdauernde Verwendung der ehemaligen Kolonialspr. zur Folge hat. Dann sind die N. zwar deklarierte, aber keine fakt. staatlichen Amtsspr. – im Ggs. zu den meist nicht als Amtsspr. deklarierten ↗»Nationalitätssprachen« im Einflussbereich der einstigen Sowjetunion. **Lit.** M. M. Guchmann, Der Weg zur dt. N. Bln. 1969. – O. Reichmann, N. LGL², 515–519. – S. Barbour & C. Carmichael, Language and Nationalism in Europe. Oxford 2000. – S. Barbour, National Language and Official Language. HSK 3, I², 288–295. – D. D. Laitin, Language Repertoires and State Construction in Africa. Cambridge 1992. AM

Native Speaker (›Muttersprachler‹. Frz. locuteur natif) Umgangssprachl. versteht man unter N. S. eine Person, die eine Spr. L als ↗Erstsprache erworben hat. I. e. S. bezieht sich der Begriff N. S. von L im Rahmen der GG seit dem ↗Aspekte-Modell auf den idealen Sprecher-Hörer von L, dessen ideale sprachl. Kompetenz (↗Kompetenz vs. Performanz) die Grammatik einer Spr. zu beschreiben hat. **Lit.** ↗Kompetenz vs. Performanz ↗Spracherwerb. F

Nativer Wortschatz ↗Erbwortschatz

Nativismus ↗Mentalismus

Natural Language Processing ↗NLP

Natural Semantic Metalanguage ↗Atomares Prädikat

Naturalistisch ↗Plansprache

Naturlang (griech. συλλαβὴ φύσει μακρά (syllabē fysei makra), lat. syllaba naturā longa) In der altgriech. und lat. ↗Metrik Bez. für Silben, deren Kern ein Langvokal oder Diphthong ist und die deshalb in der Prosodie als zweimorig behandelt werden; ↗More, ↗Positionslang. GS

Naturlauttheorie Theorie zum ↗Sprachursprung, wonach menschl. Sprechen generell auf ↗Interjektionen zurückzuführen ist. GP

Natürliche Generative Grammatik (engl. Natural Generative Grammar. Abk. NGG) Als Modifikation der ↗Kategorialgrammatik von R. Bartsch und Th. Vennemann in den 1970er Jahren entwickelte Spr.theorie. Im Ggs. zur GG N. Chomskys will die NGG nicht die ↗Kompetenz eines ↗idealen Sprecher-Hörers abbilden, sondern grammat. Prozesse, welche phonolog., morpholog., syntakt. und semant. Repräsentationen aufeinander beziehen, deren empir. Basis beobachtbare Phänomene aus dem ↗Sprachgebrauch, dem ↗Spracherwerb und der Sprachveränderung bilden. Die NGG umfasst daher neben einer Theorie des synchronen Sprachsystems auch eine Theorie über ↗Spracherwerb und ↗Sprachwandel. Die NGG versucht, die Komponenten der Sprachbeschreibung nach universell gültigen Prinzipien auszurichten. Charakterist. für dieses Ziel ist ihre Syntax-Semantik-Konzeption, welche dem Prinzip der natürl. ↗Serialisierung verpflichtet ist, wonach natürl. Spr. in der ↗Wortstellung die Tendenz zeigen sollen, sich nach der ↗Serialisierung Operator-Operand oder umgekehrt aus-

zurichten. Kernprinzip der NGG ist die sog. Natürlichkeitsbedingung (strong naturalness condition), derzufolge in syntakt. Ableitungsprozessen solche Ableitungsebenen ausgeschlossen werden, die nicht semant. interpretierbar sind, und die zugleich wesentl. kognitive sprachl. Fähigkeiten abbilden soll. **Lit.** R. Bartsch & Th. Vennemann, Semantic Structures. A Study in the Relation between Semantics and Syntax. Ffm. 1972. – Dies., Syntactic Structures. Lingua 42, 1977, 379–396. – Dies., Grundzüge der Sprachtheorie. Tübingen 1982. – G. Fenk-Oczlon & C. Winkler, Spr. und Natürlichkeit. Gedenkbd. für Willi Mayerthaler. Tübingen 2004. – W. Mayerthaler et al., Lexikon der Natürlichkeitstheoret. Syntax und Morphosyntax. Tübingen 1997. – Th. Vennemann, Words and Syllables in Natural Generative Grammar. In: A. Bruck et al. (eds.), Papers from the Parasession on Natural Phonology. Chicago 1974, 346–374. F

Natürliche Generative Phonologie (Abk. NGP) Phonolog. Theorie der 70er Jahre, die bei Verbot ↗extrinsischer Regelordnung als zugrundeliegende Formen nur oberflächennahe phonet. Formen zulässt. **Lit.** J. B. Hooper, An Introduction to NGP. N. Y. 1976. PM

Natürliche Phonologie (engl. natural phonology, frz. phonologie naturelle) Insbes. von D. Stampe und W. U. Dressler in Auseinandersetzung mit der ↗generativen Phonologie entwickeltes ↗Modell zur Beschreibung phonolog. Phänomene. Die n. P. geht davon aus, dass die Grundlagen phonolog. Beschreibung natürl. Prozesse sind, die als Bestandteil menschl. Sprachfähigkeit schlechthin zu begreifen sind. Als entspr. universal postulierte Prozesse nimmt die n. P. bspw. die ↗Auslautverhärtung, die ↗Labialisierung und die ↗Nasalierung an. Natürl. Prozesse dieser Art werden als unumkehrbar aufgefasst, d. h., es gibt keine natürl. Regel, welche z. B. stimmlose Konsonanten im Auslaut zu stimmhaften macht. Weitere Annahmen der n. P. beziehen sich auf ikon. Beziehungen (↗Ikonismus) zwischen lautl. Regularitäten und ihren Funktionen im Sprachsystem und sind spezif. Auffassungen über die Markiertheit sprachsystemat. Einheiten verpflichtet; ↗Markiertheitstheorie. **Lit.** N. Boretzky, Substrat oder n. P.: zur Lautentwicklung in Kreolspr. Essen 1993. – Ders. et al. (Hgg.), Natürlichkeit und Sprachwandel. Bochum 1992. – P. J. Donegan, On the Natural Phonology of Vowels. Diss. Ohio State Univ. 1979 [N. Y. 1985]. – W. U. Dressler, Explaining Natural Phonology. Phonology Yearbook 1, 1984, 29–51. – Ders., What is Natural in Natural Morphology (NM)? Prague Linguistic Circle Papers 3, 1999, 135–144. – K. Dziubalska-Kolaczyk (ed.), Constraints and Preferences. Bln. 2001. – J. A. Goldsmith (ed.), The Handbook of Phonological Theory. Cambridge, UK 1995. – R. A. Rhodes & B. Hurch (eds.), Natural Phonology: The State of the Art. Bln. 1990. – D. Stampe, A

Diss. on Natural Phonology. Diss. Univ. of Chicago 1973 [N. Y. 1979].   F

Natürliche Sprache (engl. natural language, frz. langue naturelle) Um Missverständnisse zu vermeiden, spricht man von n. Spr., um Sprachen wie Engl., Dt., Chines., Kölsch, Grönländ. oder Tahitian. einerseits von ↗ Plansprachen wie ↗ Volapük oder ↗ Esperanto zu unterscheiden, andererseits von ↗ formalen Sprachen; ↗ natürlichsprachliche Systeme.   T

Natürliches Geschlecht ↗ Feministische Linguistik, ↗ Sexus

Natürlichkeitstheorie ↗ Markiertheitstheorie

Natürlichsprachliche Systeme In der ↗ Computerlinguistik u. in der ↗ Künstlichen Intelligenz gebräuchl. Begriff für Software, die eine Interaktion zwischen Nutzer und System durch natürlichsprachl. Ein- u. Ausgaben erlaubt.   L

Naturname ↗ Toponym

Nauru ↗ Ozeanische Sprachen

Navaho (auch: Navajo) ↗ Athabaskische Sprache in Arizona, Utah und New Mexico, USA, die zur südl. oder Apache-Gruppe der athabask. Spr. zählt. N. ist mit ca. 150 000 Sprechern die sprecherreichste Indianerspr. in Nordamerika und wird breit verwendet, obwohl Engl. als S2 allgemein verbreitet ist. Es erscheinen Zeitungen und Bücher in N.; Karte ↗ Nordamerikanische Sprachen, im Anhang. **Lit.** R. W. Young & W. Morgan, The Navajo Language – A Grammar and Colloquial Dictionary. Albuquerque ²1987.   D

Navajo ↗ Navaho

Navarrisch ↗ Spanisch

Navarro-Laburdinisch ↗ Baskisch

Ncl ↗ Nominativ mit Infinitiv

Ndau ↗ Shona

Ndebele ↗ Zulu

Nebenakzent ↗ Akzent

Nebenartikulation ↗ Sekundärartikulation

Nebenordnung ↗ Koordination

Nebensatz (Abk. NS. Auch: ↗ Konstituentensatz). In Schulbüchern auch: Einfügungssatz, Ergänzungssatz, Glied(teil)satz. Engl. subordinate clause, dependent clause, frz. proposition subordinée) Teilsatz, der einem anderen Satz (↗ Matrixsatz, der sowohl ↗ Hauptsatz als auch N. sein kann) strukturell untergeordnet ist (↗ Subordination). N. werden nach verschiedenen Gesichtspunkten eingeteilt, z. B. danach, ob sie eingeleitet sind (und wenn ja, durch welche Wörter) oder nicht oder danach, welche grammat. Funktion sie im übergeordneten Satz ausüben (↗ Konstituente, ↗ Adjunkt, ↗ Attribut). N. werden im Dt. meist durch subordinierende Konjunktionen (Subjunktionen, z. B. *dass, ob, wenn, weil* u. a.), durch Fragewörter (↗ w-Wörter, z. B. *was, warum, wann, welches* u. a.; ↗ indirekte Frage) eingeleitet. Im uneingeleiteten N. steht das Verb in Spitzenstellung (↗ Konditionalsatz, ↗ Adversativsatz, ↗ Konzessivsatz), z. B. *Käme Holger rechtzeitig, könnte Wieland beruhigt gehen; Bestanden*

2002 noch 8 % der Bewerber die Prüfung, sind es heuer nur noch 4,5 %. Bei der angeführten Rede steht das Verb in zweiter Position, z. B. *Ich weiß, dass Jutta inkompetent ist*; *Ich weiß, Jutta ist inkompetent.* Manche Grammatiken fassen »satzwertige« ↗ Infinitivkonstruktionen als N. auf, z. B. *Es ärgert Rudolf, als Dilettant bezeichnet zu werden*, ebenso »satzwertige« ↗ Partizipialkonstruktionen, z. B. *Von guten Mächten wunderbar geborgen, erwarten wir getrost, was kommen mag* (D. Bonhoeffer). Nach syntakt. Gesichtspunkten lassen sich die N. einteilen in (a) ↗ Konstituentensätze, die die Funktion eines Satzglieds erfüllen (↗ Subjektsatz, ↗ Objektsatz, ↗ Prädikativ, ↗ Adverbialsatz), (b) ↗ valenzunabhängige, freie Angabesätze (↗ Adjunkt, ↗ Angabe), meist adverbiale N. (↗ Adverbialsatz), und (c) ↗ Attributsätze, die als ↗ Attribut in einer NP fungieren, z. B. *Der Mann, der aus der Kälte kam*; *Die Feststellung, dass Rudolf ein Dilettant ist*; *Die Frage, ob Rudolf Präsident bleiben soll.* Eine Sonderstellung nimmt der ↗ weiterführende N. ein. Für komplexe Sätze wie *Ich glaube, dass es leichter geworden ist, seit wir wissen, was die Ursache ist* wird manchmal eine Klassifikation der N. nach ihrer Hierarch. Position vorgeschlagen, im Beispiel: HS – N. 1. Grades – N. 2. Grades – N. 3. Grades (Duden Gr⁸, 1638). Um die Beziehungen zwischen den Teilsätzen eines komplexen Satzes zu beschreiben, sind daher die Begriffe ↗ Einbettung, ↗ Matrixsatz und ↗ Konstituentensatz vorzuziehen. **Lit.** C. Fabricius-Hansen, Subordination. In: L. Hoffmann (Hg.), Dt. Syntax. Ansichten und Aussichten. Bln. 1992, 458–483. – Helbig & Buscha ¹⁷1996, 653–695. – H. Weinrich, Textgrammatik der dt. Spr. Hildesheim u. a. ²2003, 719–818. – R. Pasch et al., Hdb. der Konnektoren. Ling. Grundlagen der Beschreibung und syntakt. Merkmale der dt. Satzverknüpfer (Konjunktionen, Satzadverbien und Partikeln). Bln. 2003. – Eisenberg II, 268–278, 318–348. – Duden Gr⁸, 1633–1708.   C, G, RL

Nebensilbe Auf E. Sievers zurückgehende Bez. für randständige Lautsegmente der Silbe, die gegenüber den dem Silbenkern näherstehenden Segmenten eine höhere Sonorität aufweisen; z. B. dt. [ʃ] in *Stau*; in neueren silbenphonolog. Modellen auch als extrasyllabische Segmente behandelt.   PM

Nebensinn K. O. Erdmann (1910) bezeichnete als N. einen Teil der nicht-begriffl. Lexembedeutung, nämlich »alle Begleit- und Nebenvorstellungen, die ein Wort gewohnheitsmäßig und unwillkürl. in uns auslöst«. Seine Beispiele zeigen, dass er dabei an überindividuell verfügbares, ›enzyklopäd.‹ Wissen denkt, insbesondere an solche Gegenstandsmerkmale, die durch Benennungsmotiv (*Säugling – Wickelkind, Gesäß – Hintern*), Verwendungskontext (*Krieger – Soldat, Lenz – Frühling, Gemahlin – Gattin – Frau – Weib*) oder Herkunft (*Backenstreich – Ohrfeige – Maulschelle*) »in den Vordergrund gerückt« werden. Am Beispiel der ↗ Syn-

onyme für *sterben* zeigt er, dass ↗ Gefühlswert und
N. »gar oft gleichzeitig auftreten und sich gegenseitig bedingen«. Für Th. Schippan ergibt sich (im
Anschluss an W. Schmidt) der N. »aus den Assoziationen, die ein Lexem infolge seiner paradigmat.
und syntagmat. Vernetzung auslösen kann«; ↗ Konnotation (2 a, 2 c). **Lit.** ↗ Konnotation.   RB

Nebentempus In manchen lat. und griech. Grammatiken verwendeter Überbegriff für Imperfekt,
Aorist und Plq. des Griech. bzw. Imperfekt, histor.
Perfekt und Plq. des Lat.; ↗ Haupttempus, ↗ Consecutio temporum. In der Germanistik Bez. für die
analyt. gebildeten Tempusformen Perf., Plq., Fut. I
und II.   GS

Nebenton ↗ Akzent, ↗ Nichtakzentuiert

Neckname ↗ Personenname

Negation (lat. negātiō ›Leugnen, Verneinung‹) **1.**
Einstellige log. Relation, die den Wahrheitswert
einer Aussage umkehrt, z. B. p (*Der Verlag zahlt
gut*) vs. ¬p (*Der Verlag zahlt nicht gut*). **2.** In
natürl. Spr. unterschiedl. fokussierter Ausdruck
von Nichtexistenz, Nichtwahrheit, Nichtgenügen
usw. eines Gegenstands oder Sachverhalts oder der
Ausdruck einer Weigerung, eines Verbots (Vetativ),
eines Zweifels, einer Zurückweisung usw. bezogen
auf eine Handlung. Satznegation liegt vor, wenn die
gesamte Prädikation negiert wird, z. B. *Der Verlag
zahlt nicht.* Sondernegation (auch: Satzgliednegation, Konstituentennegation) liegt vor, wenn sich
die N. auf ein ↗ Satzglied erstreckt, z. B. *Der Verlag
zahlt nicht gut; Nicht der Verlag zahlt, sondern der
Autor* (N. des Subjektausdrucks); *Der Verlag zahlt
nichts* (N. des Objektausdrucks). In neueren For-
schungsbeiträgen wird die Differenzierung zwischen Satz- und Sondernegation allerdings in Frage
gestellt. Der ↗ Skopus einer N. ist vielfach von der
Stellung des negierenden Ausdrucks, vom Satzakzent und mitunter vom Kontext determiniert.
Dem Ausdruck von N. dienen verschiedene sprachl.
Mittel: (a) lexikal. (auch: Negationswörter): (i) Negationspartikeln: ital. *no*, russ. *net*, arab. *la²a* ›nein‹
(↗ Satzäquivalent), (ii) Indefinitpronomina (z. B. dt.
niemand, nichts), (iii) Adverbien (z. B. dt. *nicht,
niemals, nirgends, keinesfalls, widrigenfalls*); (iv)
zweigliedrige koordinierende Konjunktionen wie
engl. *neither… nor*, russ. *ni… ni* ›weder… noch‹;
(v) Negationsartikel (z. B. *kein*); (vi) einige Präpositionen (z. B. dt. *ohne, außer*), (vii) einige Nomina
und Verben wie dt. *nichtig* (*Der Vertrag ist nichtig –
Der Vertrag gilt nicht*), *ignorieren* (*Sie ignoriert
seine Avancen – Sie beachtet seine Avancen nicht*),
verneinen (*Sie verneint ihre Zuständigkeit – Sie
sagt, dass sie nicht zuständig sei*) u. a. Mitunter
werden auch bestimmte ↗ Antonyme als Träger lexikal. N. diskutiert, z. B. *lebendig – tot, ledig –
verheiratet, hoch – niedrig/tief* usw. (viii) In anderen Spr. gibt es weitere Mittel der lexikal. N., z. B.
im Russ. das unflektierbare Modalwort *nel'zjá* ›man
kann (darf, soll) nicht‹, z. B. *nel'zjá kurít'* ›nicht

rauchen‹, *nel'zjá zabýt'* ›man darf nicht vergessen‹
und das Negationswort *net* ›es gibt nicht/kein‹, das
lediglich Gen.objekte (z. B. *net chléba* ›es gibt kein
Brot‹) und ggf. ein Präpositionalattribut zulässt
(z. B. *u negó net vrémeni* ›er hat keine Zeit‹, wörtl.
›bei ihm gibt es keine Zeit‹). (b) N.affixe: (i) eine
Reihe von Präfixen, z. B. {un-} (*ungenau, Unsinn*),
{miss-} (*missachten, missgünstig, Missverständnis*),
{a-} (*atypisch, Aphasie*), {anti-} (*antifaschistisch,
Antipathie*) usw.; bei Verben weiterhin Präfixe wie
{ent-} (*entkleiden, entmachten*), {ver-}, {ab-} (jedoch auch mit anderen Bedeutungen); (ii) bei Adj.
die Suffixe {-los} (*mutlos, ratlos*) und {-frei} (*rück-
standfrei, alkoholfrei*); jedoch kann {-frei} andere
Bedeutungen ausdrücken, z. B. *jugendfrei* (›frei für
Jugendliche‹), *schulterfrei* (›frei (von Bekleidung)
an den Schultern‹) u. a. In anderen Spr. gibt es
negierende Verbalsuffixe, z. B. Türk. *okur* ›er liest‹
– *okumaz* ›er liest nicht‹ und (iii) Zirkumfixe, z. B.
ägypt.-arab. *árif* ›ich weiß‹ – *ma²aráff* ›ich weiß
nicht‹; ↗ Negativ. (c) Einige ↗ Phraseologismen,
z. B. *Das geht dich einen feuchten Kehricht an;
Das interessiert sie einen Dreck; Das glaubt er
nie und nimmer.* (d) Kontrastakzent, z. B. *Konrad
schickt seine Manuskripte nicht* mit den ↗ Lesarten
(i) *Konrad* (und nicht Ulrich) *schickt seine Manuskripte nicht*, (ii) *Konrad* schickt *seine Manuskripte
nicht* (sondern bringt sie persönlich), (iii) *Konrad
schickt* seine *Manuskripte nicht* (sondern die einer
anderen Person), (vi) *Konrad schickt seine* Manuskripte *nicht* (sondern etwas anderes) – in allen
Fällen gilt aber, dass Konrads Manuskripte nicht
da sind (vgl. Lieb 1983). In Anlehnung an prädikatenlog. Differenzierungen wird vielfach unterschieden zwischen interner oder starker N. (*Konrad
schickt kein Manuskript*), externer oder schwacher
N. (*Es ist nicht der Fall / Es trifft nicht zu, dass
Konrad ein Manuskript schickt*) und lokaler oder
Kontrast-N. (*Konrad schickt kein Manuskript, sondern einen hinhaltenden Brief*). – Heinemann (1983)
unterscheidet zwischen N. als systemat. ling. Kategorie und Negierung als Kategorie kommunikativen
Handelns in Sprechhandlungen wie Zurückweisen,
Verneinen, Verbieten, z. B. *Papa, kauf mir ein Eis!
– Nein. / Ich will nicht. / Es ist zu kalt für Eis. / Du
hast doch grade eins bekommen. / Ich denk nicht
dran. / Wir müssen ganz schnell nach Hause.* usw.
Der Erwerb der N. und von antonym. Lexemen
durch Kinder ist einer der am besten untersuchten
Bereiche der Spracherwerbs. – Doppelte N. gilt im
Dt. als Ausdruck verstärkter Assertion, z. B. *Das
kommt nicht unerwartet; Er missfällt ihr ganz und
gar nicht*), während sie im Russ. bei negierenden
Pronomina (z. B. *niktó ničegó ne znáet* ›Niemand
weiß etwas‹) und im Frz. (*ne… pas*) obligator. ist
und in süddt. Dialekten als verstärkte N. gilt, z. B. bei
klit. *net* im Schwäb. oder Bair., z. B. [dea hot koa
a:nuŋ ne:t] ›er hat keine Ahnung‹, oder Wienerisch
gar nicht ignorieren (K. Kraus, Die letzten Tage der

Menschheit, V. Akt, 1. Szene). **Lit.** J. Jakobs, Syntax und Semantik der N. im Dt. Mchn. 1982. – W. Heinemann, N. und Negierung. Handlungstheoret. Aspekte einer ling. Kategorie. Lpz. 1983. – H.-H. Lieb, Akzent und N. im Dt. – Umrisse einer einheitl. Konzeption. LBer 84, 1983, 1–32; LBer 85, 1983, 1–48. – R. Rachidi, Gegensatzrelationen im Bereich dt. Adj. Tübingen 1989. – L. M. Haegeman, The Syntax of Negation. Cambridge 1995. – L. R. Horn, N. and Polarity. Syntactic and Semantic Perspectives. Oxford 2000. – A. Jäger, History of German Negation. Amsterdam 2008. – S. Palma, Polarité, negation et scalarité. Paris 2006. **Bibl.** S. Seifert & W. Welte, A Basic Bibliography on N. in Natural Language. Tübingen 1987. – E. Brütsch, M. Nussbaumer & H. Sitta, N. (= Studienbibl. Sprachwiss. 1). Heidelberg 1990.   G

Negationsadverb ↗ Negationswort

Negationsaffix ↗ Negation

Negationsartikel ↗ Negationswort

Negationspartikel ↗ Negationswort

Negationspräfix ↗ Negation

Negationssuffix ↗ Negation

Negationswort Bez. für Wörter, die eine ↗ Negation ausdrücken, bspw. Negationsartikel wie *kein*, Negationspartikeln wie *nein*, negierende Pronomina wie *nichts* und Negationsadverbien wie *niemals*. Der Terminus ist semant. gefasst und nimmt weder Bezug auf die Zugehörigkeit zu einer ↗ Wortart noch auf die Art und Weise der Negation, noch auf morpho-syntakt. Merkmale außerhalb der ›Worthaftigkeit‹.   SO

Negativ Bez. für sprachl. Formen, die dem Ausdruck der ↗ Negation dienen, z. B. engl. *I do not come* ›ich komme nicht‹; ggf. (sprach- und konstruktionsspezif.) durch eine spezif. Verbform bzw. ein ↗ Affix zum Ausdruck gebracht, z. B. türk. *gülmek* ›lachen‹, *gül-me-mek* ›nicht lachen‹; vgl. auch ↗ Prohibitiv.   F

Negidalisch ↗ Tungusisch

Negierung ↗ Negation

Nehrungskurisch ↗ Lettisch

Neiderländisch ↗ Schlesisch

Nekrotismus (gr. νεκρός (nekros) ›tot‹) Isolierte Lexeme ohne synchrone Vernetzung im Wortschatz, z. B. *Garaus* in *jmdm. den Garaus machen*.   G, SO

Nennform ↗ Infinitiv

Nennglied In der ↗ inhaltbezogenen Grammatik Oberbegriff für Infinitiv und Partizip II.   G

Nennwort ↗ Substantiv

Nenzisch ↗ Jurakisch

Neographismus Veränderung einer Schreibung, die phonet. irrelevant ist, z. B. *Frisör* vs. *Friseur*, *Säzzer* vs. *Setzer*, *Volxblatt* vs. *Volksblatt*.   G

Neogräzistik Komplexe, oft mit der ↗ Byzantinistik verbundene Länderwiss., die sich mit der Spr. und Kultur Griechenlands nach der türk. Eroberung Konstantinopels (1453) und Zyperns beschäftigt. Ihr Untersuchungsgebiet bezieht sich v. a. auf die

neugriech. Volksspr. (Dhimotiki) und die volkssprachl. Lit. Als eigenständige Disziplin bildete sich die N. erst im 20. Jh. aus, u. a. aufgrund des weltlit. Einflusses der neugriech. Lit. (N. Kazantzakis, I. Ritsos u. a.). **Lit.** ↗ Griechisch.   F

Neolinguistik ↗ Idealistische Sprachwissenschaft

Neologismendetektion In der ↗ computergestützten Lexikographie dienen Verfahren zur N. der Erkennung von ↗ Neologismen, die z. B. bei der Neuauflage von Wörterbüchern ergänzt werden müssen. Computerling. Programme extrahieren dabei weitgehend automat. Neuprägungen, jedoch keine lexikal. Einheiten mit neuer Bedeutung. Als Indikator für einen Neologismus dient z. B. das Zeit-Frequenzspektrum des Wortes für einen ausgewählten Zeitraum sowie die Distribution des Wortes; ↗ Wortwarte.   Z

Neologismus (griech. νέος (neos) ›neu‹, λόγος (logos) ›Wort‹. Auch: Neuschöpfung. Engl. neologism, frz. néologisme) Zu einem bestimmten Zeitpunkt in der Allgemeinspr. neu verwendetes und sich einbürgerndes Wort, bspw. *simsen* (Versenden von SMS). Als N. gelten auch neue Bedeutungen bestehender Ausdrücke: *Maus* ›Computermaus‹. Ein N. bezeichnet nicht immer eine neue Sache (↗ Wörter und Sachen), sondern kann Modernität, Gruppenzugehörigkeit o. ä. signalisieren: *Zugbegleiter* statt *Schaffner* oder (etwa in der Politik) als ↗ Euphemismus dienen: *nachbessern*. N. werden entlehnt (*Spam*; ↗ Entlehnung), neu gebildet (*Genmais*; ↗ Wortbildung) oder aus ↗ Fach- und ↗ Sondersprachen in die Allgemeinspr. übernommen (*Mantra*); ↗ Wortwarte. **Lit.** U. Quasthoff, Dt. Neologismenwb. Bln. u. a. 2007.   SO

Neopurismus ↗ Fremdwortdiskussion

Neoslav(on)ismus ↗ Kirchenslavismus

Nepālī (auch: Naipālī, Gurkhālī, Khas-kurā) Die ↗ indoarischen Nepālī-Dialeke repräsentieren den östl. Zweig der ↗ Pahārī-Spr. i. w. S.; Karte ↗ Indische Sprachen, im Anhang. Das N. ist die Staatsspr. in Nepal, daneben auch eine ↗ lingua franca für die dort ansässigen anderssprachigen Völkerschaften. Nepālisprechende Minderheiten (Emigranten) gibt es in Indien (West-Bengalen, Bihar und Assam). Die Schriftspr. basiert v. a. auf dem Dialekt von Kathmandu. Verwendete Schrift ist die Devanāgarī; ↗ Indische Schriften. **Lit.** Th. Riccardi, Nepali. In: G. Cardona & Dh. Jain (eds.), The Indo-Aryan Languages. Ldn., N. Y. [2]2007, 538–580. – P. Dasgupta, Bangla. Ebd. 351–390.   FZ

Nera ↗ Chari-Nil-Sprachen

Netzhaut ↗ Auge

Netzwerk 1. In der ↗ Informatik die Verknüpfung von mehreren Rechnern zwecks Datenaustauschs. Daneben wird der Begriff N. auch auf einer abstrakteren Ebene für verschiedene graphen-orientierte Konzepte, z. B. ↗ Neuronale Netze, verwendet; ↗ Konnektionismus, ↗ Vererbungsnetzwerk. L – **2.** Konzept der ↗ Soziolinguistik, das zwischen

↗ mikro- und ↗ makrolinguistischer Perspektive vermitteln soll. Ausgangspunkt sind die multidimensionalen Sozialbeziehungen des einzelnen Sprechers. Um diese Sozialbeziehungen analysieren zu können, wurde das Konzept N. in die Sozioling. eingeführt, um individuelles ↗ Sprachverhalten erklären zu können, das man mit Gruppenmitgliedschaft allein nicht erklären kann (Milroy 1980). Eine Sprachgemeinschaft besteht demnach aus N., an denen ein Mitglied in mehr als einer Funktion teilnehmen kann. Der Hauptgrund für die Aufnahme des sozialen N. in den sozioling. Beschreibungsrahmen liegt darin, dass das traditionelle Makrokonzept der Erforschung sich langsam verändernder, stat. Gemeinschaften sich nicht gut zur Analyse sich schnell verändernder städtischer Aggregate eignet. Parameter für die Beschreibung von offenen und geschlossenen N., die J. J. Gumperz einführte, sind *Dichte, Kluster* und *Multiplexität*. Ein N. ist um so dichter, je mehr von den Personen, mit denen ein Individuum verbunden ist, mit anderen Personen verbunden sind. Dichte N. fungieren als Normenbewahrungsmechanismen. Kluster sind Segmente von N. mit hoher Dichte; die Sozialbeziehungen innerhalb von Klustern sind dichter als außerhalb. Multiplexität ist ein Maß für die Interaktionscharakteristik eines N.; ob Personen in einer einzigen Funktion (uniplex) oder in mehreren Funktionen (multiplex) miteinander verbunden sind. Die Grundannahme des N.-Konzepts ist es, dass Menschen, die in einem N. auch mit anderen Menschen im Rahmen anderer N. interagieren, miteinander interagieren. Das ganze N. der Beziehungen ist ständig im Fluss. Wichtig für die Abgrenzung solcher N. ist neben Interaktionsmustern, Besuchsmustern, Verwandtschaftsverhältnissen das, was Gumperz *self-recruitment* ›Selbstrekrutierung‹ der Gruppen nennt. Der analyt. Nutzen des Konzepts der sozialen N. liegt in den Möglichkeiten, die es bietet, Variation in der Sozialstruktur mit Variation im Sprachgebrauch zu verbinden, d. h. dass umweltbedingte Variation auf einer relativ niedrigen Abstraktionsebene mit Sprachvariation verbunden wird. **Lit.** J. J. Gumperz, Language in Social Groups. Ed. A. S. Dil. Stanford 1971. – L. Milroy, Languages and Social Networks. Oxford 1980. – J. Raith, Sprachgemeinschaft. HSK 3, I, 200–208. **3.** ↗ Systemische Grammatik.   R

Neuansatz ↗ Prolepsis

Neuaramäisch Die heute noch meist von Juden und Christen in entlegenen Gebirgsgegenden des Vorderen Orients gesprochene Form des ↗ Aramäischen. Die Sprecherzahl nimmt stark ab. Ca. 60 km nördl. von Damaskus wird in drei Dörfern, Maʿlūla, Ghabbʿadīn und Baḥʿa, ein westl. Dialekt gesprochen. Innerhalb des kurd. Sprachgebietes gibt es noch einige n. Sprachinseln des östl. N., die auch als Aisor., Chaldäisch, Neuassyr., Syriak. oder Neusyr. bezeichnet werden; Karte ↗ Afrikanische Spra-

chen (›Syrisch‹), im Anhang. Auf der Grundlage des Urmia-Dialekts im Iran entwickelten amerikan. Missionare eine n. Schriftspr. in der jakobit. Schrift des ↗ Syrischen, in der heute zahlreiche Bücher veröffentlicht werden. Wegen religiöser Verfolgungen leben nur noch wenige Sprecher in der ursprüngl. Umgebung. Viele christl. Sprecher leben in Großstädten oder außerhalb des Landes, fast alle jüd. Sprecher wanderten nach Israel aus. Die Dialekte der Juden und Christen wiesen auch bei geograph. Nähe starke Unterschiede auf. Neumandäisch nimmt innerhalb des N. eine Sonderstellung ein.   WI

Neuassyrisch ↗ Neuaramäisch

Neubezeichnung ↗ Neologismus

Neue Lehre von der Sprache ↗ Marrismus

Neues türkisches Alphabet (russ. nóvyj tjúrkskij alfavít. Abk. NTA) Name des ab 1922 für die Turksprachen Sowjetrusslands/der UdSSR eingeführten Lateinalphabets. Bis in die 1920er Jahre wurden die Spr. aller islam. Turkvölker, soweit sie verschriftet waren, mit dem arab. Alphabet geschrieben. Die Alphabetisierung in der Mutterspr. geschah in der Schrift, in der auch der Koran und andere arab. theolog. Schriften zu lesen waren. Nach der Oktoberrevolution, die die islam. Völker Russlands zwang, mit dem traditionellen Schulwesen von Mektep (Grundschule) und Medrese (Höhere Schule) zu brechen, entwickelte sich seit 1922 eine Bewegung zur Aufgabe der arab. Schriftart zugunsten der lat. (↗ Arabist 2, ↗ Latinisierung, ↗ Latinist 2). Das Zentrum dieser Bewegung, die von Moskau aus nachhaltig unterstützt wurde, lag in Baku, wo bereits 1922 ein Lateinalphabet für das ↗ Aserbajdschanische entwickelt und in die Alphabetisierungskampagne einbezogen wurde. Im Schuljahr 1924/25 wurde es verbindl. in den Schulen eingeführt. 1924 wurde das ↗ Karatschaische im NTA verschriftet, 1925 wurde es für die Spr. des Nordkaukasus beschlossen. Gleichzeitig begann von Baku aus eine organisierte Propaganda für die Einführung des NTA in alle Turksprachen, die einen ersten Höhepunkt im Ersten Turkologenkongress 1926 in Baku fand. Von hier ging ein wesentl. Impuls auf die Entwicklung in der Türkei aus, wo Atatürk 1928 den Übergang zu einem dem NTA im Prinzip sehr ähnlichen Lateinalphabet durchsetzte. 1929 war die Latinisierung für die Turksprachen, 1931 für die mongol. Sprachen der UdSSR im Wesentlichen abgeschlossen. 1936–1940 erfolgt im Rahmen einer zentral gesteuerten Kampagne der Übergang zur kyrill. Schriftart; ↗ Kyrillisierung. Die Phase der Latinisierung wurde nun als nützl. Zwischenphase gedeutet, die notwendig gewesen sei, um den Bruch mit der arab. Schrift nicht als Fortsetzung der zarist. Russifizierungspolitik missdeuten zu lassen. Ein wichtiger Unterschied zwischen dem NTA und den auf kyrill. Basis neugeschaffenen Alphabeten besteht darin, dass das NTA vereinheitlicht war und die Verständigung unter den

Turkvölkern erleichtern sollte, wohingegen die ky-rill. Alphabete für die verschiedenen Turksprachen so unterschiedl. gestaltet wurden, dass sie die gegenseitige Verständigung nachhaltig erschweren. **Lit.** I. Baldauf, Schriftreform und Schriftwechsel bei den muslim. Rußland- und Sowjettürken (1850–1937): Ein Symptom ideengeschichtl. und kulturpolit. Entwicklungen. Budapest 1993.   MI

Neugeborenhörscreening ↗ Audiologie

Neugriechisch (Eigenbez. Νέα Ελληνικά (nea elliniká)) Bez. für die seit dem späten 15. Jh. gesprochenen Sprachformen des ↗ Griechischen und die offizielle Staatsspr. Griechenlands. Ca. 13 Mio. Sprecher, ca. 3 Mio. außerhalb Griechenlands (Australien [Melbourne], Ukraine, Türkei, Ägypten, Deutschland u. a.); Karte ↗ Europäische Sprachen, im Anhang. Aus ion.-att. Dialekten des ↗ Altgriechischen nach umfangreichem grammat. Wandel hervorgegangen (↗ Griechisch). N. ist durch ↗ Diglossie geprägt mit den beiden Sprachstandards δημοτική (Dhimotiki) ›Volkssprache‹, seit 1976 offizieller Standard, und καθαρέυουσα (Katharevousa) ›Reinspr.‹, ›Kanzleispr.‹. Die Katharevousa, durch archaisierende grammat. Formen gekennzeichnet, spielt im heutigen Sprachgebrauch allerdings nur noch eine marginale Rolle. Die Schrift entspricht im Wesentl., bis auf die diakritischen Zeichen (↗ Diakritikon; seit 1976 vereinfacht), der Schrift des ↗ Altgriechischen; eine Schriftreform ist in der Diskussion. **Lit.** ↗ Griechisch.   F

Neuguinea-Sprachen (nicht-austrones.) ↗ Papua-Sprachen

Neuhebräisch ↗ Ivrit

Neuhessisch Städtisch geprägte Ausgleichsspr. (↗ Halbmundart) unter Einfluss der Standardspr. auf der Basis des ↗ Rheinfränkischen (2) im weiteren Rhein-Main-Gebiet mit dem Städtedreieck Mainz/Wiesbaden-Frankfurt-Darmstadt im Zentrum; überdeckt den nördl. Bereich des Rheinfränk. (2) und den südl. Teil des ↗ Mittelhessischen (↗ Binnenfränkisch). Als Elemente des Rheinfränk. sind erhalten: u. a. fehlender Genitiv, durchgehender Gebrauch der Perfektformen des Verbs (außer bei Hilfsverben) zur Markierung der Vergangenheitstempus, regelhafte Apokope auslautender -n und -e, Lenisierung intervokalischer Konsonanz. Einfluss der Standardspr.: u. a. Diphthongierung rheinfränk. Monophthonge, teilweise Substitution von anlautendem unverschobenem rheinfränk. /p/ (standardsprachl. /pf/) durch /f/, standardsprachl. geprägter Wortschatz.   DD

Neuhochdeutsch ↗ Deutsch

Neuindoarische Sprachen ↗ Indoarische Sprachen

Neulateinisch ↗ Lateinisch

Neulausitzisch Ma. des ↗ Ostmitteldeutschen auf slav. ↗ Substrat im (ehem.) Sprachgebiet des ↗ Sorbischen. Kennzeichen: hyperkorrekte Setzung des im Sorb. unbekannten [h], z. B. *aus* ›Haus‹, *haus* ›aus‹; ↗ nordobersächsisch-südmärkisch.   DD

Neulexem ↗ Neologismus

Neume f. (griech. νεῦμα (neuma) ›Wink‹) Aus den antiken Prosodiezeichen für den einstimmigen musikal. Vortrag liturg. Texte als Gedächtnishilfe entwickelte Zeichen, die zunächst nur die Tonfolge, nicht die Tonhöhe und Dauer wiedergeben. Erst die Fixierung der Neumen in einem 4-Linien-System durch Guido von Arezzo (1030) ermöglichte eine genaue Aufzeichnung von Melodien nach der Tonlage.   EN

Neumelanesisch ↗ Germanische Sprachen

Neunorwegisch ↗ Norwegisch

Neuphilologie ↗ Philologie

Neurokognitive Linguistik ↗ Kognitive Linguistik

Neurolinguistik (griech. νεῦρον (neuron) ›Sehne‹) Im internat. Sprachgebrauch Bez. für diejenige ling. Teildisziplin (↗ Psycholinguistik), die sich in enger Verbindung mit der Neuropsychologie und Neurologie primär mit der sprachwiss. Erklärung und daraus ableitbaren Folgerungen für die Therapie von ↗ Sprachentwicklungsstörungen und ↗ erworbenen Sprachstörungen befasst. **Lit.** D. Caplan, Neurolinguistics and Linguistic Aphasiology. Cambridge 1987. – H. Leuninger, N. Opladen 1989. – G. Blanken, Einführung in die ling. Aphasiologie. Freiburg 1991. – Ders., Bibliographie zur N. In: Zs. f. N. 12, 1998, 59–157.   GT

Neuronales Netz (engl. neural network) N. N. sind hochgradig parallel arbeitende, lernfähige informationsverarbeitende Systeme, die i. d. R. für die Mustererkennung (z. B. automat. Klassifizieren) oder die Simulation von Lern- und Speichervorgängen verwendet werden. N. N. arbeiten nicht algorithmisch, sondern werden mithilfe von Beispielen trainiert. Die Arbeitsweise imitiert die Informationsverarbeitung des Gehirns als ein Netzwerk von neuronalen Einheiten, welche durch Synapsen untereinander verbunden sind. Der Informationsfluss in einem N. N. erfolgt in der Regel von der Eingabeschicht über eine oder mehrere verdeckte Schichten (hidden layer) zur Ausgabeschicht. Charakterist. ist, dass neue Informationen mithilfe einer Menge von selbständig rechnenden Einheiten (den Neuronen) verteilt und parallel verarbeitet werden. Ein N. N. besteht aus (a) einer Schicht mit einer beliebigen Anzahl von Neuronen, die i. d. R. als gleichartig angesehen werden, (b) Verbindungen (gerichtete oder ungerichtete Kanten) zwischen den Neuronen (dabei können Neuronen einer Schicht mit beliebig vielen Neuronen einer anderen Schicht verbunden sein) und (c) Verbindungsgewichten, die die Stärke der Verbindung zwischen den Neuronen simulieren; ↗ Konnektionismus, ↗ künstliche neuronale Netze.   Z

Neuschöpfung ↗ Neologismus

Neusemem ↗ Neologismus

Neusyrisch ↗ Neuaramäisch

Neutestamentliches Griechisch (auch: Hellenist. Griech.) Zwischen dem 3. Jh. v. u. Z. bis zum 3. Jh.

u. Z. auftretende, an das Att. angelehnte Sprachform des ⁊ Griechischen (speziell des ⁊ Altgriechischen), in welcher das NT verfasst ist. I. e. S. nur das Griech. der Schriften des NT bei den einzelnen Autoren. Im Sprachstandard, je nach Verfasser, sowohl mit der nicht-lit. ⁊ Koiné, dem att. ⁊ Altgriechisch der Zeit, wie mit der vornehmen Lit.spr. der Zeit vergleichbar. Die Sprachteilung kann als Grundlage für die bis heute bestehenden Sprachstandards des ⁊ Neugriechischen, Katharevousa und Dhimotiki, betrachtet werden. **Lit.** ⁊ Griechisch   F

Neutral (lat. neuter ›keiner (von beiden)‹. Auch: sächlich. Abk. ntr.) Adjektiv zu ⁊ Neutrum.   SL

Neutralisation (auch: Neutralisierung) In der Terminologie N. S. Trubeckojs (russ. Linguist, 1890–1938) und der ⁊ Prager Schule Aufhebung einer phonolog. ⁊ Opposition in bestimmter Stellung (⁊ Aufhebungsstellung) wie z.B. die N. der dt. Stimmhaft-stimmlos-Unterscheidung im Auslaut (⁊ Auslautverhärtung); ⁊ Archiphonem.   PM

Neutralisationsstellung ⁊ Aufhebungsstellung

Neutralisierung ⁊ Neutralisation

Neutralvokal ⁊ Schwa-Laut

Neutrum (lat. neutrum ›keines (von beiden)‹) Neben ⁊ Femininum und ⁊ Maskulinum eines der Genera und damit Teil der durchgängigsten und einheitlichsten Kategorisierung der Substantivparadigmen im Dt. und vielen anderen Spr. Bezogen auf eine gesamte Spr. ist die ⁊ Genusdetermination arbiträr, der Nachweis einer Korrelation zwischen Genus und Bedeutung ist nur bei einigen Substantivgruppen möglich. N. sind im Dt. z.B. Bezeichnungen für Metalle, chem. Elemente, Medikamente, die Verkleinerungsformen auf -chen, -lein, -le sowie Kollektivbegriffe und Bezeichnungen für Gesamtvorgänge mit dem Präfix Ge-.   SL

Neuverschriftet ⁊ Altverschriftet

Neuwort ⁊ Neologismus

Nexus (lat. ›Zusammenknüpfen‹) Bei L. Tesnière (⁊ Dependenzgrammatik) Bez. für eine Dependenzrelation (Relation zwischen einem ⁊ Regens und einem oder mehreren ⁊ Dependentien). Je nach kategorialer Zugehörigkeit des Regens handelt es sich um einen Verbal-, Substantiv-, Adjektiv- oder Adverbialnexus.   WK

Nexussubstantiv ⁊ Satzwort

Nez Perce ⁊ Penuti-Sprachen

Nezessitativ ⁊ Debitiv

Ngaju-Dayak ⁊ Malaiisch

Ngala ⁊ Lingala

Nganasanisch ⁊ Uralische Sprachen

Ngoni ⁊ Zulu

NGP ⁊ Natürliche Generative Phonologie

Nguni-Sprachen Gruppe eng verwandter ⁊ Bantusprachen im südl. Afrika, zu der u. a. ⁊ Xhosa, ⁊ Zulu und Swazi oder Swati (Swaziland und östl. Transvaal/Südafrika, ca. 1,5 Mio. Sprecher) gehören; Karte ⁊ Afrikanische Sprachen, im Anhang. Die Ausdifferenzierung der N. in verschiedene

eigenständige Spr. hat weniger ling. als vielmehr polit. Ursachen. **SSG** Stadt- und Universitätsbibliothek Frankfurt/M. (30).   RE

Nicht- Es gibt viele Termini mit diesem Präfix (z.B. *nichtpalatal, nichtpunktuell, nichtmodal*). Sie drücken i.d.R. eine direkte Negation aus und können unter dem entsprechenden Grundwort nachgeschlagen werden.   G

Nichtakzentuiert Silbe, die keinen ⁊ Akzent trägt, Nebentonsilbe   G

Nichtalphabetisch ⁊ Schriftsystem oder Ordnungssystem, das nicht dem alphabet. Prinzip folgt, z.B. ⁊ Silbenschriften und ⁊ Logographien bzw. z.B. numerische Ordnungssysteme. Auch ⁊ Alphabetschriften haben i.d.R. n. Bestandteile wie ⁊ Begriffszeichen und ⁊ Ziffern.   G

Nichtdeklinierbar ⁊ Unflektierbar

Nichtflektierbar ⁊ Unflektierbar

Nichtkonjugierbar ⁊ Unflektierbar

Nichtleer ⁊ Klasse, die mindestens ein Element enthält, z.B. die Klasse der definiten Artikel im Engl.   G

Nichtlinear ⁊ Diskontinuierlich

Nichtlineare Phonologie ⁊ Autosegmentale Phonologie, ⁊ Metrische Phonologie

Nichtorganisch possessiv ⁊ Alienabel

Nichtsprachlich ⁊ Außersprachlich

Nichtzielend ⁊ Intransitiv

Niederalemannisch ⁊ Alemannisch

Niederdeutsch (Eigenbez. Platt, Plattdüütsch, Niederdeutsch. Engl. Low German, frz. bas-allemand) Zusammenfassende Bez. aller Varietäten des ⁊ Deutschen, die keinerlei Reflexe der sog. zweiten ⁊ Lautverschiebung aufweisen. Im Altaigebiet, in Mexiko, in Kanada und in Paraguay ist N. (mit der Eigenbez. Plautdietsch) die gesprochene und nur spärlich geschriebene Spr. der Mennoniten; auch: Mennonitendt. Kultspr. ist in der Regel (Hoch-)Dt. Das N. gliedert sich in die Dialektverbände des ⁊ Nordniederdeutschen, ⁊ Westfälischen, ⁊ Ostfälischen, ⁊ Mecklenburgisch-Vorpommerschen, ⁊ Brandenburgischen, ⁊ Mittelpommerschen, ⁊ Ostpommerschen und ⁊ Niederpreußischen; Karte ⁊ Deutsche Dialekte, im Anhang. Auf der Basis der ndt. Dialekte des MA (⁊ Altsächsisch, ⁊ Mittelniederdeutsch) hatte sich eine eigenständige, jedoch nicht vollständig standardisierte Schriftsprache entwickelt, die in der Korrespondenzsprache des Kaufmanns- und Städtebunds der deutschen Hanse (»Hansesprache«, »Hansisch«) ihre klass. Ausprägung erfuhr. Nach der Bibelübersetzung M. Luthers ins Hochdt. verlor diese im 17. Jh. allmählich ihre Funktion. Aus dieser schriftsprachl. Tradition leitet sich die von den Sprechern der ndt. Dialekte so gesehene »Sprachlichkeit« des N. gegenüber dem Hochdt. ab, die in der universitären Selbständigkeit der niederdt. Philologie sowie in der Existenz eines sprachpflegenden »Instituts für niederdt. Sprache« in Bremen ihren organisator. Ausdruck findet.

Funktional ist das N. heute innerhalb des Deutschen nicht von den anderen Dialektgruppen zu unterscheiden. Das (Nord-) Niedersächs. und das Niederfränk. schließen dialektgeograph. unmittelbar ohne Zäsur, die der Staatsgrenze zwischen Deutschland einerseits und den Niederlanden und Belgien andererseits entspräche, an das Mundartgebiet an, das auf das ↗ Niederländische als überregionale Standardspr. bezogen wird. – Orthograph. Erkennungszeichen ⟨üü⟩. – Das (Hoch-) Dt. hat nicht wenige Ausdrücke aus dem N. übernommen, z. B. *Boot, Düne, Förde, Küste, Moor, Ritter, Strom, Tide, Wappen, Wrack.* **Lit.** J. Goossens (Hg.), Ndt. Sprache und Literatur. Bd. 1. Neumünster 1973. – D. Stellmacher, Ndt. Spr. Bln. ²2000. – Ders. (Hg.), Ndt. Spr. u. Lit. d. Gegenwart. Hildesheim u. a. 2004. – P. Wiesinger, Die Einteilung der dt. Dialekte. HSK 1, II, 820–826. DD, T

Niederfränkisch Dialektverband im Übergangsbereich vom ↗ Niederdeutschen zum ↗ Westmitteldeutschen am Niederrhein um Kleve mit breitem Übergangsgebiet zum ↗ Mittelfränkisch-Ripuarischen; darüber hinaus in den Niederlanden und in Flandern als Basisdialekte des ↗ Niederländischen; Karte ↗ Deutsche Dialekte, im Anhang. Teilt mit dem Ndt. die unterbliebene Zweite ↗ Lautverschiebung, mit den mitteldt.-mittelfränk. Dialekten zahlreiche Eigenheiten des Vokalismus sowie in der Morphologie des Verbs der Personen-Differenzierung im Plural. Wegen dieser letztlich stammesgeschichtl. zu begründenden Interferenzstellung zwischen »Mitteldt.-Fränkisch« und »Niederdt.-Sächsisch« ist die traditionelle pauschale Zuordnung des N. aufgrund der Zweiten Lautverschiebung zum Niederdt. problematisch. **Lit.** J. Goossens, Die Gliederung des Südniederfränk. Rhein. Vierteljahresblätter 30, 1965, 79–94. – J. Macha u. a. (Hgg.), Rhein.-westfäl. Sprachgeschichte. Köln u. a. 2000. – P. Wiesinger, Die Einteilung der dt. Dialekte. HSK 1, II, 859. DD

Niederhessisch Strukturell eigenständiger, jedoch in sich deutlich gegliederter Dialektverband im Übergangsgebiet vom ↗ Westmitteldeutschen zum ↗ Ostmitteldeutschen in Nordhessen (deshalb auch »Nordhessisch«) an Eder, Schwalm und unterer Fulda; Karte ↗ Deutsche Dialekte, im Anhang. Kennzeichen sind die Senkung der mhd. *i* + *ü-u* (bzw. *ī* + *ū-ū* bei Dehnung in offener Silbe) zu *e-o* (bzw. *ē-ō*) (z. B. *pedsə* ›Pfütze‹, *loft* ›Luft‹), die »Spaltung« von mhd. *î*+ *û-u* im Westen des Niederhess. in offene und geschlossene Diphthonge *ai/ei-au/ou* (z. B. *ais* ›Eis‹/*weis* ›weiß‹ – *haus* ›Haus‹/ *ous* ›aus‹) und ihr Erhalt als gekürzte Monophthonge im Osten (z. B. *is* ›Eis‹ – *hus* ›Haus‹). Im Flexionssystem sind auslautende *-n* und *-e* im Ggs. zum ↗ Mittel- und ↗ Osthessischen erhalten (z. B. *machen, dem Tische* vs. *mache, dem Tisch*). Grenzt im Westen an das ↗ Mittelfränkische und besitzt zum südöstl. anschließenden Osthess. ein breites Übergangsgebiet. Die klaren strukturellen Unterschiede im Vokalismus zum südwestl. anschließen-

den ↗ Mittelhessischen bei gleichzeitig zahlreichen Parallelen zum östl. anschließenden ↗ Thüringischen verbietet die traditionelle Zusammenfassung des N. mit dem Ost- und dem Mittelhess. zu einem dem Namen nach einheitl. »Hessisch« (im Gegensatz zu einem südl. »Pfälzisch«) innerhalb eines »rheinfränkischen« Raums. **Lit.** P. Wiesinger, Die Stellung der Dialekte Hessens im Mitteldt. In: Fs. B. Martin, Marburg 1980, 68–148. – P. Wiesinger, Die Einteilung der dt. Dialekte. HSK 1, II, 849–855. – S. Arend, Studien zur Erforschung des N. Marburg 1991. – Hessen-Nassauisches Volkswörterbuch. Bd. 2 ff. 1927 ff. DD

Niederländisch (Eigenbez. Nederlands. Engl. Dutch, frz. néerlandais) Die Bez. Holländ. ist irreführend, weil sie sich auch auf die nördl. ndl. Dialekte bezieht, die in Holland gesprochen werden. Histor. ist dieses Holländ. die Grundlage des heutigen Ndl. Ihm stand im Süden (in den heutigen fläm. Bezirken Belgiens) das Flämische (*vlaams*, engl. *Flemish*, frz. *flamand*) gegenüber; Karte ↗ Europäische Sprachen, im Anhang. Das Ndl. ist eine ↗ germanische, genauer: westgerm. Sprache, die dem Dt. nahesteht. In seiner standardisierten Form (*Algemeen Beschaafd Nederlands*, ABN) ist Ndl. Staatsspr. der Niederlande sowie in den fläm. Bezirken Belgiens. Im offiziell zweisprachigen Brüssel steht Ndl. gleichberechtigt mit Frz. Ndl. Dialekte werden auch in frz. Flandern gesprochen. Es gibt insgesamt ca. 18 Mio. Sprecher des Ndl. – Die ersten größeren literar. Werke entstanden im 13. Jh. in Flandern (Mittelndl.); älteste belegte Sprachstufe des Ndl. ist das ↗ Altniederfränkische. – Orthograph. Erkennungszeichen: ⟨ij⟩ zwischen Konsontenbuchstaben. – Ndl. Lehnwörter im Dt. sind z. B. *Gracht, Polder, Gardine, Aprikose.* **Lit.** Algemene Nederlandse Spraakkunst. Onder redactie van G. Geerts, W. Haeseryn, J. de Rooij, M. C. van den Toorn. Groningen, Leuven 1984. – J. L. Marteel, Cours de flamand. Het Vlaams dan men oudders klappen. Dunkerque 1992. – P. Brachin, Die ndl. Spr. Hamburg 1987. – W. Z. Shetter, Dutch. An Essential Grammar. Ldn. 1994. – **SSG** Flämisch-Friesisch: Universitätsbibliothek Münster (6). T

Niederpreußisch Bis 1945/46 bestehender Dialektverband innerhalb des ↗ Niederdeutschen im nördl. Ost- und Westpreußen. Grenzte im Nordosten (z. T. in Gemengelage) an das ↗ Litauische, im Westen in Gemengelage mit dem ↗ Polnischen und ↗ Kaschubischen an das ↗ Ostpommersche und im Süden an das Poln. und das ↗ Hochpreußische; Karte ↗ Deutsche Dialekte, im Anhang. Als Siedeldialekt (nach Ausweis des Lexikons vornehmlich nordniederdt. Siedler) seit dem 13. Jh. auf ursprüngl. balt. (pruzzischem) Sprachgebiet entstanden. Mit dem ↗ Mecklenburgisch-Vorpommerschen, ↗ Mittelpommerschen, ↗ Ostpommerschen, und ↗ Brandenburgischen teilt das N. den Einheitsplural des Verbs auf *-e(n)* (z. B. *make(n)* ›wir, ihr, sie machen‹) gegenüber *-(e)t* in den sonstigen ndt. Dialekten, deshalb für diese auch die Gruppenbezeichnung »Ostnie-derdt.«. Vom Hochpreuß. durch vollständig unter-bliebene zweite ↗ Lautverschiebung trotz zahlrei-cher sonstiger Interferenzen deutlich zu trennen. Grenze sich vom westl. Ostpommerschen ab u. a. durch Bildung des Part. Prät. mit dem Präfix *je-* gegenüber Ostpomm. ohne Präfix (niederpr. *jefōre* ›gefahren‹) und durch die Senkung der mnd. Reihe *i+ü-u* (mit Entrundung) zu *e-o* (z. B. *bed* ›bitten‹, *loft* ›Luft‹). Im Innern sind aufgrund vor allem vokalischer Unterschiede die Dialektgruppen des Ostkäslauischen, Samländ., des Tilsiter Gebiets, des Natangischen und des Ermländ. zu unterschei-den. **Lit.** E. Riemann, Die preuß. Sprachlandschaft. In. Fs. F. von Zahn, Köln, Wien 1971, 1–34. – P. Wiesinger, Die Einteilung der dt. Dialekte. HSK 1, II, 891 f. – Preuß. Wörterbuch, Lieferung 1 ff. Neu-münster 1974 ff.   DD

Niedersächsisch ↗ Nordniederdeutsch

Niedersorbisch ↗ Sorbisch

Niedrig 1. ↗ Hoch. 2. ↗ Diglossie

Niger-Kongo-Sprachen Eine der vier Sprachfami-lien, in die die ↗ afrikanischen Sprachen seit J. Greenberg (1963) unterteilt werden. Greenberg ver-wendet für diese Sprachfamilie allerdings den Be-griff Niger-Kordofanische Spr., um die seiner An-sicht nach vorliegenden zwei Hauptzweige dieser Sprachfamilie, die ↗ kordofanischen Sprachen einer-seits und die (von ihm enger definierten) Niger-Kongo-Spr. andererseits explizit zu benennen. Er-kenntnisse der letzten Jahre haben zu einer Modifi-zierung von Greenbergs Klassifikation in folgenden Punkten geführt (NCL 1989): (a) die kordofan. Sprachen verlieren ihre Sonderstellung und werden als Untergruppe der N. geführt, (b) der isolierten Stellung des Ijo und des Dogon wird Rechnung getragen, indem sie als eigene Untergruppen der N. angesetzt werden, und (c) zwischen den ↗ Kwa-Sprachen und den ↗ Benue-Kongo-Sprachen wird eine neue Grenzlinie gezogen. Diese neuere Klassi-fikation der N. sieht demnach die folgenden Unter-gruppen vor: (i) ↗ Mande-Sprachen, (ii) kordofani-sche Spr., (iii) ↗ westatlantische Sprachen, (iv) Ijoid, (v) ↗ Kru-Sprachen, (vi) ↗ Gur-Sprachen, (vii) Do-gon, (viii) ↗ Adamawa-Ubangi-Sprachen, (ix) ↗ Kwa-Sprachen, (x) ↗ Benue-Kongo-Sprachen. Viele der N.-K.-S. weisen ↗ Nominalklassen auf, die zumeist durch Präfixe, in den Gur-Spr., einem Teil der Suffixe gekennzeichnet sind. Die N.-K.-S. sind fast durchweg ↗ Tonsprachen. Das Gebiet der N.-K.-S. erstreckt sich von Süd-Mauretanien über Zentral-afrika und Kenia Richtung Süden bis nach Südafri-ka. Karte ↗ Afrikanische Sprachen, im Anhang. **Lit.** NCL 1989. – K. Williamson & R. Blench, Niger-Congo. ALI 2000, 11–42. **SSG** Stadt- und Univer-sitätsbibliothek Frankfurt/M. (30).   RE

Niger-Kordofanische Sprachen ↗ Niger-Kongo-Sprachen

Nikobaresisch ↗ Austroasiatische Sprachen

Nilnubisch ↗ Nubisch

Nilosaharanische Sprachen Von Greenberg (1963) eingeführte Bez. für ca. 150 Spr. Afrikas, die im Gebiet zwischen den ↗ afroasiatischen Sprachen im Norden und den ↗ Niger-Kongo-Sprachen im Süden gesprochen werden und keiner dieser beiden Sprachgruppen angehören; Karte ↗ Afrikanische Sprachen, im Anhang. Nach Greenberg bestehen die n. S. aus folgenden Untergruppen: (i) ↗ Songhai, (ii) den ↗ saharanischen Sprachen, (iii) Maba, (iv) Fur, (v) den ↗ Chari-Nil-Sprachen (zu denen u. a. die ↗ zentralsudanischen und die ↗ nilotischen Sprachen gehören), (vi) Koma. Seit kurzem wird auch das in den Nuba-Bergen (Sudan) gesprochene Krongo-Ka-dugli den n. S. zugerechnet. Ein Nachweis tatsächl. genet. Einheit der n. S. ist bisher nicht erbracht wor-den. Umstritten bleibt deshalb neben der internen Gliederung dieser Sprachgruppe auch die Zugehö-rigkeit verschiedener Spr., insbes. des ↗ Songhai. Nur wenige der n. S. werden von mehr als 1 Mio. Sprechern gebraucht. Es sind dies das isoliert ste-hende ↗ Songhai, das zu den saharan. Spr. zählende ↗ Kanuri und mehrere der zur Chari-Nil-Gruppe gehörenden ↗ nilotischen Sprachen. **Lit.** DSA, 263 ff. – M. L. Bender (Hg.), Topics in Nilo-Saha-ran Linguistics. Hamburg 1990. **SSG** Stadt- und Universitätsbibliothek Frankfurt/M. (30).   RE

Nilotische Sprachen Untergruppe der ↗ nilosahara-nischen Spr., bestehend aus ca. 25 westnilot., süd-nilot. und ostnilot. Spr. Verbreitungsgebiet: Südsu-dan, Nord- und Ostuganda, Westkenia, kleine Spre-chergruppen in Südwest-Äthiopien, Nordwest-Tan-sania und Zaire. Die westnilot. Spr. ↗ Dinka, ↗ Luo und ↗ Lwo sowie das südnilot. ↗ Kalenjin haben jeweils über 2 Mio. Sprecher, das ostnilot. Teso über 1 Mio. Die westnilot. Spr. Nuer, Schilluk, An-ywa/Jur-Luwo/Päri sowie die ostnilot. Spr. Maasai, Turkana und Bari haben jeweils zwischen 0,3 und 0,5 Mio. Sprecher. Die übrigen n. S. werden von jeweils weniger als 200 000 Personen gesprochen; Karte ↗ Afrikanische Sprachen, im Anhang. Die n. S. sind ↗ Tonsprachen und weisen ↗ Vokalharmo-nie [± ATR] auf. Ansonsten sind sie typolog. sehr uneinheitlich. So sind die ostnilot. Spr. ↗ Genus-sprachen, die west- und südnilot. Spr. jedoch nicht. Die Wortstellung (↗ relationale Typologie) reicht von SVO (z. B. Bari, Luo, Lwo) über VSO (z. B. Kalenjin, Teso, Turkana, Maasai) bis zu OVS bzw. SOV (Anywa/Jur-Luwo/Päri). Syntakt. Basis sind Nominativ und Akkusativ, Anywa/Jur-Luwo/Päri weisen jedoch in einem Teil der Sätze ein Ergativ-System auf (↗ Ergativsprache). In den meisten n. S. existiert eine umfassende suffigale Verbalderivati-on. **Lit.** Westnilot.: L. N. Omondi, The Major Syn-tactic Structures of Dholuo. Bln. 1982. – M. P. Noo-nan, Lango Syntax. Ann Arbor 1981. – J. P. Craz-zolara, A Study of the Acooli Language. Ldn. 1955. – J. P. Crazzolara, Outlines of a Nuer Grammar.

Mödling 1933. – D. Westermann, The Shilluk People. Their Language and Folklore. Ldn. 1912. – Ostnilot.: G. J. Dimmendaal, The Turkana Language. Dordrecht, Cinnaminson 1983. – L. M. Spagnolo, Bari Grammar. Verona 1933. – Südnilot.: T. Toweett, A Study of Kalenjin Linguistics. Nairobi 1979. **SSG** Stadt- und Universitätsbibliothek Frankf./M. (30). RE

Ninam ⁊ Yanomamö-Sprachen

Nisbe-Endung (arab. nisba ›Beziehung‹) Die N.-E. -*īy* oder -*āy* dient in ⁊ semitischen Sprachen und im ⁊ Ägyptischen zur Ableitung denominaler Adjektive und Herkunftsbezeichnungen, z. B. akkad. *yaudāy* ›jüdisch, Jude‹; arab. *ʿaql* ›Vernunft‹, *ʿaqlīy* ›vernünftig‹; ägypt. *sḫt* ›Feld‹, *sḫty* ›Bauer‹. WI

Nische ⁊ Wortnische

Nisgha ⁊ Tsimishian

Nivaclé ⁊ Mataco-Sprachen

Nivchisch ⁊ Paläoasiatische Sprachen

Nkari ⁊ Ibibio

NLP (Abk. von engl. natural language processing ›automat. Verarbeitung natürl. Sprache‹) NLP umfasst den gesamten Forschungs- und Anwendungsbereich, der durch die Disziplinen ⁊ Computerlinguistik, Linguistische Datenverarbeitung, Sprachorientierte ⁊ Künstliche-Intelligenz-Forschung und ⁊ Sprachtechnologie abgedeckt wird. L

Nobiin ⁊ Nubisch

No-Crossing Constraint ⁊ Autosegmentale Phonologie

Noem n. (griech. νόημα (noēma) ›Gedanke, Sinn‹) **1.** Bei L. Bloomfield Bedeutung des ⁊ Glossems (2). **2.** Bei E. Koschmieder und danach bei G. F. Meier Element eines universalen Begriffssystems; die einzelsprachl. lexikal. Teilbedeutungen (⁊ Semem 3) sind danach vom außersprachl. »Gemeinten« her als Konfigurationen von N. zu beschreiben. Eine derartige Semantiktheorie nannten sie »Noematik« (oder: Noetik); ihr unerreichbares Endziel besteht darin, die ganze Welt des Sagbaren log. konsistent in ein begrenztes Inventar universaler N. (bei Meier zwischen 400 und 1000 Einheiten) zu analysieren, um damit die Teilbedeutungen aller Einzelspr. relativ zu ihren mögl. Kontexten interlingual beschreiben zu können. Dass eine solche explizite und exakte Zwischenspr. (»intermediate language«) für die Zwecke ⁊ maschineller Übersetzung (v. a. mehrdeutiger Textäußerungen) hilfreich wäre, liegt auf der Hand. Meier hat ein derartiges »Noematikon« aus acht Haupt- und vielen Untergruppen konzipiert und Satzanalysen vorgestellt, die die darin vorkommenden Wortformen zu N.-Strukturen monosemieren. **3.** Gegenüber K. Heger, der das N. als »außereinzelsprachl.« Einheit bestimmt, differenzieren H. E. Wiegand und H. Henne zwischen außer(ein-zel)sprachl. ⁊ Begriff und dem N. als dessen »einzelsprachl. gebundener Entsprechung«, die als konstituierendes Merkmal eines lexikal. ⁊ Paradigmas in der Bedeutung all seiner Lexeme enthalten und

deshalb paradigmaintern nicht distinktiv ist, im Gegensatz zu den paradigmaintern distinktiven Merkmalen, die sie als ⁊ Sem (2) bezeichnen. Diese Unterscheidung sowie die Bez. des gemeinsamen Merkmals als ›N.‹ macht Sinn im Rahmen eines zweistufigen operationalen Verfahrens, das zunächst zu einem Begriff ein onomasiolog. Paradigma (⁊ Onomasiologie) erstellt (→ N.), um sodann mithilfe semasiolog. ⁊ Kommutationstests (⁊ Semasiologie) dessen interne semant. Differenzen zu eruieren (⁊ Seme). **Lit.** L. Bloomfield, Language. Ldn. 1935. – E. Koschmieder, Die noet. Grundlagen der Syntax. In: SBer der Bayer. Akademie der Wiss., Phil.-Hist. Klasse, Mchn. 1952. – G. F. Meier, Semant. Analyse und Noematik. ZPhon 17, 1964, 581–595. – Ders., Ein Beispiel der Monosemierung durch noemat. Textanalyse. ZPhon 18, 1965, 51–59. – Ders., Das Semem und seine noemat. Struktur. ZPhon 33, 1980, 647–654. – K. Heger, Die methodolog. Voraussetzungen von Onomasiologie und begriffl. Gliederung. ZRPh 80, 1964, 486–516. – H. E. Wiegand, Synchron. Onomasiologie und Semasiologie. GermL 3, 1970, 243–384. – H. Henne, Semantik und Lexikographie. Bln., N. Y. 1972. RB

Noematik ⁊ Noem (2)

Noematikon ⁊ Noem (2)

Noetik ⁊ Noem (2)

Nogaisch (Eigenbez. Nogaj til) Westtürk. Spr. der aralo-kasp. Untergruppe, ⁊ Turksprachen. Sprachgebiet: Nordöstl. Kaukasus (Dag(h)estan, Tschetscheno-Ingusch. ASSR) und die Stavropoler Region; Karte ⁊ Turksprachen, im Anhang. Die Nogaier spalteten sich Ende des 14. Jh. von der Goldenen Horde ab, beherrschten zeitweise das pont. Steppengebiet von der Wolga bis zur Dobrudscha und wurden im 18. Jh. in ihre heutigen Gebiete abgedrängt. N. ist seit 1928 Schriftspr., zunächst auf lat., ab 1938 auf kyrill. Grundlage. **Lit.** K. H. Menges, Die aralo-kasp. Gruppe (Kasak., Karakalpak., N., Kiptschak-Özbek., Kirgis.). In: Philologiae Turcicae Fundamenta I, Wiesbaden 1959, 434–488. – N. A. Baskakov, Grammatika nogajskogo jazyka [Grammatik der n. Spr.]. Čerkessk 1973. MI

Nomatsiguenga ⁊ Kampa

Nomen n., pl. ø oder Nomina (lat. nōmen, griech. ὄνομα (onoma) ›Wort, Name‹. Engl. noun, frz. nom) **1.** I. e. S. ⁊ Substantiv, so oft in Schulbüchern. **2.** Zusammenfassende Bez. für die deklinierbaren (⁊ Deklination), nominalen Wortarten, also Subst., Adj., Pron. und einige Numerale, mitunter eingeschränkt auf Subst. und Adj. G

Nomen acti (lat. āctum ›das Getane‹. Auch: Nomen facti, lat. factum ›das Getane, das Gemachte‹) Deverbales Subst., das das Resultat der vom Basisverb benannten Tätigkeit bezeichnet (*graben – der Graben*); ⁊ Deverbativum, ⁊ Transposition. ES

Nomen actionis (lat. āctiō, ›Handlung‹. Auch: Verbalabstraktum, Verbalsubstantiv) Deverbales Subst., dessen Bedeutung derjenigen des Basisverbs ent-

spricht, z. B. *graben – das Graben*; ↗ Deverbativum, ↗ Transposition. ES
Nomen agentis (lat. agēns ›der Handelnde‹) Subst., das Personen durch die von ihnen ausgeführten Tätigkeiten oder Eigenschaften bezeichnet, z. B. *fahren – Fahrer, feige – Feigling* (↗ Transposition), *Sport – Sportler* (↗ Modifikation). ES
Nomen appellativum ↗ Appellativum
Nomen collectivum ↗ Kollektivum
Nomen commune (lat. commūnis ›gemeinsam‹) Subklasse der Substantive, zu der Lebewesen gehören, deren grammat. Geschlecht (↗ Genus) vom natürl. Geschlecht des bezeichneten Lebewesens (Sexus) abhängt, z. B. *Abgeordnete* (f./m.); ↗ Appelativum, ↗ Utrum, ↗ Movierung, ↗ Modifikation, ↗ Epikoinon. ES
Nomen diminutivum ↗ Diminutivum
Nomen facti ↗ Nomen acti
Nomen gentilicum ↗ Gentilname
Nomen instrumenti (lat. īnstrūmentum ›Werkzeug‹) Deverbales Subst., das Gegenstände bezeichnet, die verwendet werden, um die vom Basisverb benannte Tätigkeit durchzuführen, z. B. *bohren – Bohrer, wecken – Wecker*; ↗ Deverbativum, ↗ Transposition. ES
Nomen loci (lat. locus ›Ort‹) Deverbales Subst., das auf Orte verweist, an denen sich die vom Basisverb gekennzeichneten Handlungen vollziehen, z. B. *backen – Bäckerei*; ↗ Deverbativum, ↗ Transposition, ↗ Lokativ. ES
Nomen patientis (lat. patiēns ›der Leidende‹) Deverbales Subst., das Personen durch die an ihnen vollzogenen Handlungen bezeichnet, z. B. *lehren – Lehrling*; ↗ Deverbativum, ↗ Transposition. ES
Nomen postverbalium ↗ Rückbildung
Nomen proprium ↗ Eigenname
Nomen qualitatis (lat. quālitās ›Beschaffenheit‹) Bez. für Subst., die Eigenschaften entsprechend der Bedeutung der zugrundeliegenden adj. Basen benennen, z. B. *breit – Breite, faul – Faulheit*; ↗ Transposition, ↗ Deadjektivum. ES
Nomen rectum ↗ Attribut
Nomen substantivum ↗ Substantiv
Nomenklatur f., pl. -en (lat. nōmenclātūra ›Namensverzeichnis‹) N. sind geordnete Gruppen internationalisierter wiss. Termini, zu deren Bildung häufig auf das Griech. oder Lat. zurückgegriffen wird. N. sind als Produkte systemat. Terminologiebildung nur teilweise ident. einerseits mit ↗ Terminologien, die sich in den Einzelspr. unterscheiden können, und mit ↗ Fachsprachen andererseits, deren Verwendung über die der reinen Benennung hinausgeht. Als Begründer moderner wiss. N. gilt Carl v. Linné (1707–1778), der 1735 in seinem Werk *Systema naturae* Pflanzen, Tiere und Mineralien klassifizierte und entsprechend benannte. ES
Nomina sacra (lat. nōmen ›Namen‹, sacrum ›heilig‹) Bez. für die in den christl., in griech. Unziale geschriebenen Schriften benutzten häufigen gekürz-

ten Substantive, die in Anlehnung an das jüd. Tetragramm nach dem Prinzip der Kontraktion gebildet wurden. Als Kennzeichen der Kürzung dient der über die Buchstaben gesetzte Strich, z. B. ΘΣ ϑεός (theos) ›Gott‹, MHP μήτηϱ (mētēr) ›Mutter (Gottes)‹. **Lit.** L. Traube, Nomina Sacra. Versuch einer Geschichte der christl. Kürzung. Mchn. 1907 (Nachdruck Darmstadt 1967). EN
Nominal ↗ Nomen
Nominale ↗ Nominalphrase
Nominale Klammer (auch: Nominalklammer, nominaler Rahmen) Bildung einer ↗ Klammer oder eines ↗ Rahmens für die dem Nomen vorausgehenden Attribute durch Artikel und Bezugsnormen, z. B. *Das mit viel Liebe hergestellte Menü*. Der Ausdruck wird gelegentl. in Analogie zu ↗ Satzklammer für aus mehreren Wörtern bestehende Satzglieder des Dt. verwendet. Im Unterschied zur ↗ Satzklammer ergibt sich der Klammereffekt eher beiläufig aus anderen Eigenschaften dieser Konstruktion. Für eine syntakt. fundierte Beschreibung der Verhältnisse in Nominalgruppen des Dt. sind die konstruktiven Gemeinsamkeiten von Nominalgruppe und Satz peripher. SL
Nominaler Rahmen ↗ Nominale Klammer
Nominalform ↗ Infinites Verb
Nominalgruppe ↗ Nominalphrase
Nominalisierung (auch: Substantivierung) Bildung eines Lexem. aus einem Wort einer anderen Wortart und Ergebnis dieses Prozesses (a) durch ↗ Konversion, z. B. *das Laufen, das Ich, die Sieben*; (b) durch ↗ Ableitung, z. B. *Lehr-er < lehren, Schön-heit < schön*, lat. *māgni-tūdō* ›Größe‹ *< māgnus* ›groß‹. Ggf. werden durch ↗ Argumentvererbung bei der N. syntakt. Leerstellen des ↗ Grundworts an die Ableitung weitergegeben, z. B. *einer lehrt Englisch – der Lehrer des Englischen, der Englischlehrer* (zu Beschränkungen vgl. z. B. Baker & Vinokurova 2009). In der ↗ GG (Lees 1963; Chomsky, Aspects) wurden N.-Transformationen für den Typ (b) angenommen, die im Rahmen der ↗ EST zugunsten der ↗ lexikalistischen Hypothese aufgegeben wurden. Im Rahmen der ↗ Distributed Morphology werden N. mittels verschiedener Mechanismen des Grammatikmodells explizitiert, welche morpholog., syntakt.-semant., phonolog. und sog. enzyklopäd. Faktoren voneinander separieren; vgl. Harley & Noyer (2000). **Lit.** H. Harley & R. Noyer, Formal versus Encyclopedic Properties of Vocabulary: Evidence from Nominalisations. In: B. Peeters (ed.), The Lexicon-Encyclopedia Interface. Amsterdam 2000, 349–374. – E. Lang & I. Zimmermann (eds.), Nominalizations. ZASPIL 27, 2002. – R. B. Lees, The Grammar of English Nominalization. Den Haag 1963. – C. Baker & N. Vinokurova, On Agent Nominalizations and Why They Are Not Like Event Nominalizations. Lg 85.3, 2009, 517–556. F
Nominalklammer ↗ Nominale Klammer

Nominalklasse In vielen Spr. ist das Inventar der Subst. (↗ Nomen) in einzelne Formklassen gegliedert, die sich obligator. durch Affixe oder Klassen von ↗ Artikeln oder ↗ Zählwörtern voneinander unterscheiden (↗ Klassifikator). In den idg. Spr. ist die Genusdistinktion (↗ Genus) eine verbreitete Form von N.distinktion (im Dt., Griech., Russ. u. a. drei, im Frz., Ital., Schwed. u. a. zwei Genera, im Engl. keine Differenzierung). In einigen slav. und vielen afrikan. und kaukas. Spr. ist die Kategorie der ↗ Belebtheit Grundlage von N.-Differenzierung. Korrelationen einzelner N. zu semant. Gegebenheiten (Formen, Funktionen, Eigenschaften der Gegenstände und Sachverhalte, die von den Mitgliedern der einzelnen N. bezeichnet werden) sind i. d. R. nicht durchgängig realisiert; es ist deshalb sinnvoll, N. in erster Linie als Formklassen aufzufassen; ↗ Kasus, ↗ Klassensprache, ↗ Kongruenz, ↗ Konkordanz.   G

Nominalkompositum (auch: nominale Zusammensetzung. Engl. nominal compound) Bez. für subst. oder adj. Wortbildungsprodukte, die durch ↗ Komposition entstanden sind. Eine Festlegung des Kompositionstyps ist damit nicht verbunden. Obgleich die Mehrzahl der N. ↗ Determinativkomposita sind (z. B. *Rotlicht, frühreif*), existieren auch exozentr. N. (z. B. *feuchtfröhlich, Dickkopf*); ↗ Kopulativkompositum, ↗ Possessivkompositum.   ES

Nominalphrase (griech. φράσις (frasis) ›sprachl. Ausdruck‹; Abk. NP, *n*P. Auch: Nominale, Nominalgruppe, Substantivgruppe) ↗ Phrase, als deren ↗ Kopf ein ↗ Nomen gilt. In der GG hat sich seit Abney (1987) zunehmend die Auffassung etabliert, dass die NP selbst als ↗ Komplement der Kategorie ↗ Determinierer (DET) auftritt und mit dieser eine ↗ Determinansphrase (DP) der generellen Struktur [$_{DP}$ D NP] bildet. In Parallelität zur Strukturbildung anderer ↗ funktionaler Kategorien treten dementspr. innerhalb der NP ledigl. ↗ Komplemente des Nomens und ↗ Adjunkte auf, wie z. B. [$_{DP}$ [$_{DET}$ die [$_{NP}$ [*süffisante*] [$_N$ *Frage*] [*ob er kommt*]]]], deren syntakt. Positionierung ggf. der Diskussion bedarf (vgl. z. B. Sternefeld 2009); ↗ Pron. wie *ich, es, jeder* usw. stehen demnach nicht für eine NP, sondern für eine DP und sind selbst als intransitive ↗ DET analysierbar. Analog zur Strukturierung der ↗ Verbalphrase (VP) wird auch eine sog. Shell-Struktur der NP erwogen mit sog. leichtem Kopf (light head) *n* , was eine Generalisierung der syntakt. Realisierung der ↗ Argumente innerhalb der NP/DP und vergleichbarer VPn ermöglicht; eine Phrase wie *the president's return from Cincinnati* erhält demzufolge eine Struktur wie [$_{DP}$ *the president's*$_2$ [$_D$ ø] [$_n$*P* [$_n$ *return*$_1$] [$_{NP}$ t$_2$ [$_N$ t$_1$]] *from Cincinnati*]] (vgl. Radford 2000). In der neueren syntakt. Forschung werden neben der internen Struktur der DP/NP in verschiedenen Spr. (inklusive Gebärdenspr.) und der Steuerung der Flexion insbes. Distanzstellungsphänomene wie die Position von *alle*

in *Die Fragen hat er alle gestellt* thematisiert. In der Semantik werden neben Bedingungen der definiten, indefiniten (↗ Definitheit), ↗ generischen und der ↗ spezifischen Lesart von NPs detaillierte Explikationen der Wechselbeziehungen zwischen Determinierern (↗ DET), ↗ Quantoren, ↗ Numerus, ↗ Klassifikatoren, semant.-konzeptuellen Eigenschaften von ↗ Nomen und der Rolle der betreffenden NP/DP in Sätzen diskutiert. **Lit.** S. Abney, The English Noun Phrase in its Sentential Aspect. Diss. MIT Cambridge, Mass. 1987. – A. Alexiadou, L. Haegeman & M. Stavrou (eds.), Noun Phrase in the Generative Perspective. Bln. 2007. – M. Coene & Y. D'hulst (eds.), From NP to DP. Amsterdam 2003. – K. De Kuthy, Discontinuous NPs in German. Stanford 2002. – U. Demske, Merkmale und Relationen: Diachrone Studien zur NP des Dt. Bln. 2001. – D. García Velasco & J. Rijkhoff (eds.), The Noun Phrase in Functional Discourse Grammar. Bln. 2008. – H. Haider, Die Struktur der NP – Lexikal. und funktionale Struktur. In: L. Hoffmann (Hg.), Dt. Syntax. Ansichten und Aussichten. Bln. 1992, 305–333. – K. v. Heusinger, Nominalphrasensemantik und Anaphora. Hürth-Efferen 2005. – E. Löbel & T. Tappe (Hgg.), Die Struktur der NP. Wuppertal 1996. – F. Plank (ed.), Noun Phrase Structures in the Languages of Europe. Bln. 2003. – J. Rijkhoff, The Noun Phrase. Oxford 2004. – W. Sternefeld, Syntax. Eine merkmalbasierte generative Beschreibung des Dt. Tübingen ³2009. – E. Tizio, On the Structure of DPs. Diss. MIT Cambridge, Mass. 2004. – G. Zifonun et al., Grammatik der dt. Spr. Bln. 1997, Bd. 3, 1927 ff. – I. Zimmermann (Hg.), Syntax und Semantik der Substantivgruppe. Bln. 1991.   F

Nominalsatz Satz, dessen Prädikat von einem Nominalausdruck repräsentiert wird, ohne Verb oder Kopula, z. B. griech. σκιᾶς ὄναρ ἄνθρωπος (skiās onar anthrōpos) ›Der Traum eines Schattens [ist] der Mensch‹ (Pindar), lat. *vīta brevis, ars longa* ›das Leben [ist] kurz, die Kunst [ist] lang [an Dauer]‹ (Seneca), russ. *kto ty? – ja stórož* ›wer [bist] du? – Ich [bin] der Wächter‹. N. sind nach Tempus, Aspekt und Modus unmarkiert. Viele Spr. bilden N. für alle Personalformen, in manchen ist nur die 3. Pers. in Subjektsfunktion zulässig. Oft differenziert die Wortstellung zwischen nominalen Syntagmen und N., z. B. air. *infer maith* ›der gute Mensch‹ vs. *maith infer* ›der Mensch [ist] gut‹, türk. *qirmizi ev* ›das rote Haus‹ vs. *ev qirmizi* ›das Haus [ist] rot‹, was aber nicht immer der Fall ist, z. B. griech. ἄριστον μέν τὸ ὕδωρ (ariston men to hydōr) und τὸ ὕδωρ μὲν ἄριστον (to hydōr men ariston) ›das Beste [ist] das Wasser‹ (Pindar). Der N. wird oft in die Nähe des ↗ Kopulasatzes gerückt, was strukturell nicht gerechtfertigt ist. Im Dt. kommt der N. nur in einigen Phraseologismen vor, z. B. *ein Mann – ein Wort, kleine Kinder – kleine Sorgen, große Kinder – große Sorgen.* **Lit.** E. Benveniste, Der N.

In: Ders., Probleme der allg. Sprachwiss. Ffm. 1977, 169–188. **G**

Nominalstil (auch: Substantivstil) Kein Terminus; ungenaue Bez. für die stilist. Charakterisierung von Sach- und Fachprosa in Technik, Wiss., Recht, Verwaltung (↗Fachsprache) und Presseveröffentlichungen nach dem Merkmal des Auftretens komprimierter Sätze, die einer ökonom. und rationellen Kommunikation dienlicher erscheinen, obwohl sie das Verstehen u.U. erschweren; ↗Amtssprache. Der N. ist gekennzeichnet durch ↗Nominalisierungen, ↗Funktionsverbgefüge, die Häufung von (Substantiv-)↗Komposita (z.B. *Rückerstattungsmöglichkeitsausschluss*), erweiterte ↗Attribute (z.B. *der ehemals in Paris tätige Botschafter*). Komplexe Sätze und subordinierte Attributhäufungen werden durch den N. in komprimierte Konstruktionen verwandelt (z.B. *Die Inkraftsetzung der Maßnahme des Bundesamtes für Verkehrssicherung zur begleitenden Förderung des Ausschusses des Bundesrates zwecks Sicherstellung eines unfalltotenfreien Schulanfangs*) und können durch ↗Paraphrasen verständlicher gemacht werden. – Der N. ist beliebtes Objekt von Sprachpflege und Sprachkritik und der normativen ↗Stilistik. **VS**

Nomination (lat. *nōminātiō* ›Benennung‹) Sprachl. Bezugnahme auf Sachverhalte oder Gegenstände. Dabei kann auf bereits existierende Benennungen zurückgegriffen werden oder auf durchsichtige Verfahren der Wortbildung, die es dem Adressaten ermöglichen, sich das Bezeichnete zu erschließen (↗Frege-Prinzip). Eine nominative Funktion haben auch Sätze und Texte (↗Proposition, ↗Pragmatik), und so ist das Erfassen der den Wortbildungen zugrundeliegenden Regeln in Gemein- und ↗Fachsprachen ein zentrales Anliegen der Nominationsforschung. **Lit.** C. Knobloch & B. Schaeder (Hgg.), N. – fachsprachl. und gemeinsprachl. Opladen 1996. **ES**

Nominativ (lat. *nōmināre* ›benennen‹. Auch: cāsus rectus, Nullkasus, in Schulbüchern auch: Werfall) Subjektkasus in ↗Nominativsprachen im Ggs. zu den ↗casus obliqui, die in allen übrigen (nominalen) Distributionen vorkommen können (als Objekte, Attribute u.a.). Daneben fungiert der N. im Dt. als Kasus prädikativer Substantive (z.B. *Er ist Arzt; Ich sage das als Freund*), auch beim sog. Gleichsetzungsnominativ (auch: doppelter Nominativ, Subjektsprädikativ; z.B. *und weil der Mensch ein Mensch ist…*), in anderen Spr. auch als Objektskasus. In vielen Spr. trägt der N. als unmarkierter Grundkasus in wichtigen Deklinationsparadigmata ein ↗Nullmorphem, z.B. im Dt. (»Nullkasus«). In Wörterbüchern werden Nomina fast immer im Nom. Sg. rubriziert; der N. kann deshalb als lexikal. Normalform und generelle ↗Grundform von Nomina aufgefasst werden. In vielen Spr., die nicht über einen ↗Vokativ verfügen, wird die N.form bei der Anrede von Personen verwendet; ↗Anredenominativ. **G**

Nominativ mit Infinitiv (lat. *nōminātīvus cum īnfīnītīvō*. Abk. NcI) In der Latinistik Bez. für den Nominativ in der Passivierung des ↗Akkusativ mit Infinitiv, bei der transitive Verben persönl. konstruiert werden, z.B. *Tē amīcum meum esse putant* ›Man glaubt, du seiest mein Freund‹ vs. *Tū amīcus meus esse putāris* ›Du wirst als mein Freund betrachtet‹; ↗Passiv. **GS**

Nominativsprache Sprachtyp der ↗relationalen Typologie, bei dem die Distinktion der Aktanten ↗transitiver Prädikationen in der Form geschieht, dass der prototyp. mit ↗Agens besetzte Aktant die gleiche grammat. Markierung erhält wie der primäre Aktant einer ↗intransitiven Prädikation, wogegen der prototyp. mit Patiens besetzte Aktant eine andere Markierung erhält. Als Kasusbezeichnungen bei N. dienen ↗Nominativ und ↗Akkusativ. Diesem Sprachtyp können die meisten europ. Spr. (außer ↗Baskisch) zugerechnet werden. **D**

Nominativus absolutus (auch: absoluter Nominativ, lat. auch: nominativus pendens ›hängender Nom.‹) Im Dt. Verfahren der ↗Topikalisierung durch Linksherausstellung eines mit dem pronominalen Subjektausdruck referenzident. Nominalausdrucks, z.B. *Dieser Mensch – ist er nicht unausstehlich?*; ↗Ausklammerung, ↗Herausstellung, ↗Prokatalepsis, ↗Prolepsis. **G, VS**

Nominativus pendens ↗Nominativus absolutus

Nomosphäre (griech. νόμος (nomos) ›Gesetz‹) In der Grammatikkonzeption von H. Glinz Bez. für eine abstrakte Ebene elementarer semant. und syntakt. Muster (»Satzbaupläne«), die in einer aktualen ↗Morphosphäre sprachl. ausgedrückt werden. **G**

Non-A-Position ↗A-Position

Nonverbale Kommunikation Sammelbegriff für Signale, die in menschl. Kommunikation anstelle von oder zusätzl. zu Spr. ausgesendet und/oder rezipiert werden; die damit befasste Forschung wird als ↗Paralinguistik bezeichnet. I.e.S. ist n. K. ↗Körpersprache, i.w.S. umfasst sie auch Signale wie Parfüm, Kleidung, Accessoires, die an sich von der individuellen Körperspr. eines Menschen unabhängig sind und auch außerhalb der persönl. Kommunikation existieren. N. K. wird entweder nach funktionalen oder kanalorientierten Gesichtspunkten klassifiziert. Nonverbale Signale werden über motor., physiochem. und ökolog. Kanäle ausgesendet. Motor. Kanäle dienen der ↗Mimik, ↗Gestik, ↗Augenkommunikation und der Körperbewegung und -haltung, über physiochem. Kanäle werden Geruchssinn, ↗Tastsinn und Wärmeempfindung angesprochen. Ökolog. Kanäle sind Territorialverhalten, interpersonale Distanz und persönl. Aufmachung von Personen (durch *Objektkommunikation* i.e.S. wie Kleidung, Schminke, Schmuck, i.w.S. auch Auto, Haus usw.; ↗Zoosemiotik). Während verbale Kommunikation i.d.R. intentional gesteuert ist, ist in der n. K. die Abgrenzung zwischen Verhalten und Handeln problemat. und nicht immer mögl., weil n. K. häufig unbewusst und stark automatisiert erfolgt (z. B. Blickkontakt) und auch unbewusst rezipiert wird. Deshalb ist auch der Begriff n. K. selbst fragwürdig. Ekman & Friesen unterscheiden kommunikatives interaktives, informatives und idiosynkrat. Verhalten. Kommunikatives Verhalten ist der bewusste Versuch der Informationsvermittlung durch den ›Sender‹; interaktives Verhalten hat eine best. Wirkung auf den Rezipienten; informativem Verhalten kann ein Rezipient Informationen entnehmen, idiosynkrat. ist personenspezif. Verhalten. N. K. dient auch dem Ausdruck von Gefühlen und Bewertungen und der Einschätzung des Partners. N. K. ist v. a. Ergänzung der verbalen Kommunikation. Sie ersetzt oder ergänzt sprachl. Zeichen, gliedert die Rede, fordert zu Aktionen und Gesprächstätigkeiten auf und organisiert Gespräche (z. B. durch Augenkommunikation). N. K. ist meist mehrdeutig und nicht unabhängig von der Situation zu verstehen, oft schwer zu deuten und aufwendig zu transkribieren. **Lit.** P. Ekman & W. Friesen, The Repertoire of Nonverbal Behavior: Categories, Origins, Usage and Coding. Semiotica 1, 1969, 49–98. – H. G. Walbott, Nonverbale Phänomene. HSK 3, II, 1227–1237. – W. Nöth (Hg.), Hdb. der Semiotik. Stgt, Weimar ²2000, Kap. 5. SL

Nootka ↗ Wakash-Sprachen

Nordamerikanische Sprachen (Karte im Anhang) Indian. Spr. Kanadas, der USA und des nördl. Mexiko; oft sind auch die ↗ Eskimo-Aleutischen Sprachen mit eingeschlossen. Zahlreiche als nicht verwandt geltende Sprachgruppen mit max. 1 Mio. Sprechern, wobei übergeordneten Gruppierungen gegenwärtig überwiegend Skepsis entgegen gebracht wird (↗ Indianersprachen, ↗ Makro-Algonkin-Sprachgruppe, ↗ Makro-Penuti-Sprachgruppe, ↗ Makro-Sioux-Sprachgruppe). Die n. S. werden vom Engl. verdrängt, das, von wenigen ethn. Gruppen abgesehen, S1 ist. Die meisten der ursprüngl. schätzungsweise 300 n. S. sind ausgestorben oder werden nur noch von älteren Personen gesprochen, so dass sie trotz intensiver Bemühungen vom Aussterben bedroht sind; ↗»Sprachtod«. ↗ Schriftlichkeit spielte keine nennenswerte Rolle, obwohl es eigenständige Schriftschaffungen als Kontaktphänomen gab. Vor allem in sprecherreicheren n. S. werden heute verstärkt Zeitungen u. a. Druckwerke verlegt. Lehnwörter in europ. Spr. sind selten, aber zahlreiche Toponyme in Nordamerika sind indian. Ursprungs. Im Westen Nordamerikas finden sich überwiegend Spr. mit komplexen Konsonantensystemen: 2 oder 3 Okklusivreihen, glott. Okklusive und z. T. Sonoranten, labiovelare postvel. Okklusive und Frikative, mehrere Laterale (bes. /ɬ/, /tɬ/), phonem. Kontrast /k/ vs. /q/, /x/ vs. /χ/) und mit Neigung zu Konsonantenclustern fast ohne Vokale (oft Schwa). Im Osten dominieren dagegen Spr. mit

einfacheren Konsonantensystemen (1 Okklusivreihe, keine postvelare Kons.) und reichen Vokalsystemen (phonem. Länge, Nasalvokale, z. T. aber kein phonem. Kontrast [u] vs. [o]). Viele n. S. sind agglutinierend-polysynthet. mit langen Wörtern, häufig mit Tendenz zur Fusion (↗ fusionierend). Es überwiegen komplexe lexikal. Einheiten; die beschreibende Bezeichnung von Gegenständen ist verbreitet. Vor allem das Prädikat ist oft so informationsreich, dass viele Prädikationen die Form von Einwortsätzen haben. In einigen Sprachgruppen steht dem elaborierten Verb ein einfaches Nomen gegenüber, in anderen sind beide morpholog. komplex und derart ähnlich, dass Nomen und Verb kaum unterscheidbar sind. Plural wird oft nicht oder nur indirekt (als Distributiv o. ä.) ausgedrückt. Dagegen sind die Kennzeichnung der Evidentialität (↗ evidentiell), der Sichtbarkeit/Nichtsichtbarkeit sowie die Klassifikation von Vorgängen und Objekten nach Raumlage, Form oder Beschaffenheit weit verbreitet (verbale Klassifikatoren oder klassifikator. Verben, kaum nominale Klassifikatoren); häufig strenge Unterscheidung zwischen ↗ alienabler und inalienabler Possession. Pron. Koreferenz beruht in starkem Maß auf der Distinktion [± belebt] (↗ Belebtheit), z. T. verbunden mit Obviation (↗ obviativ). Bei vielen n. S. müssen im Verb alle Leerstellen (Subj. und Obj.) pronominal oder durch nominale Inkorporierung des Obj. gefüllt werden, was meist mit einer klaren Unterscheidung intransitiv–transitiv, z. T. auch aktiv-inaktiv (↗ Aktivsprache) verbunden ist. Dagegen sind Spr., die Kasus am N markieren, die Ausnahme; lexikal. Argumente scheinen eher den Charakter von Appositionen zu haben. Die Verwendung als Prädikat ist in Spr. ohne klare Nomen-Verb-Distinktion eher themat. als semant. bestimmt. Der Satznexus ist weniger grammatikalisiert, wobei die Kennzeichnung von Koreferenz (↗ obviativ, ↗ Switch Reference) überwiegt. Aus Nordamerika sind ↗ Sondersprachen bekannt wie die ↗ Plains-Zeichensprache und mehrere regional verbreitete Handelspr. auf der Basis von n. S. **Lit.** Linguistic Structures of Native America. N. Y. 1946. – J. Sherzer, An Areal-Typological Study of American Indian Languages North of Mexico. Amsterdam 1976. – LNA. – A. R. Taylor, Indian Lingua Francas. In: C. A. Ferguson & S. B. Heath (eds.), Language in the USA. Cambridge 1981, 175–195. – M. Mithun, The Languages of Native North America. Cambridge 1999. – HNAI-L. – L. Campbell, American Indian Languages. The Historical Linguistics of Native America. Oxford 1997. – S. Silver & W. R. Miller, American Indian Languages. Tucson 1998. – **SSG** Staats- und Universitätsbibliothek Hamburg (18). D

Nordbairisch ↗ Bairisch

Nordgermanisch Skandinav. Zweig des ↗ Germanischen. Das N. wird traditionell in (Früh-, Spät-) ↗ Urnordisch (Runennord.), Wikingerzeit, ↗ Altnordisch (An.), Einzelspr. (Mittel-, Neunord.) eingeteilt; neuer ist die Unterteilung in Proto-, Gemein-, Alt-, Mittel- und modernes Skandinav. (E. Haugen). ⁊ Isoglossen des N. mit dem ⁊ Ostgermanischen führten zum Ansatz des ⁊ Gotonordischen, Verbindungen mit dem ⁊ Westgermanischen zum Ansatz des Nordwestgerm. Das N. bewahrt in seinen frühesten Belegstufen (⁊ Runen) urgerm. Charakter, auch das An. zeigt ggü. den sonstigen germ. Sprachen Archaismen, teils bis ins Neuisländ. bewahrt. In an. Zeit trennt sich das noch weitgehend einheitl. N. in ⁊ Westnordisch und ⁊ Ostnordisch und schließl. in die ⁊ modernen ⁊ nordgermanischen Sprachen. Ausgestorben ist das N. in den ehemaligen Wikingerkolonien Grönlands, Russlands, der Normandie, der brit. Inseln und des Mittelmeerraumes. **Lit.** O. Bandle (ed.), The Nordic Languages. Berlin 2002 ff. – K. Braunmüller, Die skandinav. Sprachen im Überblick. Tübingen ²1999. – E. Haugen, Scandinavian Language Structures. A Comparative Historical Survey. Tübingen 1982. – Ders., Die skandinav. Spr.n Eine Einf. in ihre Geschichte. Hamburg 1984. – HSK 22.   RK

Nordgermanische Sprachen Hierzu zählt man die folgenden lebenden ⁊ germanischen Sprachen: ⁊ Dänisch, ⁊ Norwegisch mit Bokmål und Nynorsk, ⁊ Schwedisch, ⁊ Färöisch, ⁊ Isländisch; Karte ⁊ Europäische Sprachen. Bedeutendste histor. n. S. war Altisl. (oder: ⁊ Altnordisch). Irreführenderweise nennt man die n. S. auch ⁊ skandinavische Sprachen. Den n. S. gemeinsame morpholog. Eigenschaft ist der postponierte bestimmte Artikel.   T

Nordhannoversch ⁊ Nordniederdeutsch

Nordhessisch ⁊ Niederhessisch

Nordisch ⁊ Nordgermanisch

Nordische Philologie ⁊ Nordistik, ⁊ Skandinavistik

Nordistik (auch: nordische Philologie) Im traditionellen Verständnis diejenige Wiss., die sich mit den Sprachen und Kulturen der ⁊ nordgermanischen Völker befasst. Nach dem 2. Weltkrieg wurde der Begriff N. in Deutschland weitgehend durch ⁊ Skandinavistik ersetzt.   G

Nordkaukasische Sprachen ⁊ Kaukasische Sprachen

Nordniederdeutsch In sich stark gegliederter Dialektverband des ⁊ Niederdeutschen in Schleswig-Holstein, Hamburg, Bremen und im nördl. Niedersachsen. Er grenzt im Westen an das ndl. Sprachgebiet (setzt sich innerhalb dessen aber auf dialektaler Ebene fort), im Norden an das Dän. und an der Küste an das Nordfries.; das eigenständige ⁊ Ostfriesische ist bis auf Reste im N. aufgegangen; ⁊ Friesisch. Im Süden grenzt es an die ndt. Dialektverbände des ⁊ Westfälischen und ⁊ Ostfälischen und im Osten an das ⁊ Mecklenburgisch-Vorpommersche; mit dem Ostfäl. und Mecklenburgisch-Vorpommerschen bildet es um Lüneburg, Uelzen und Salzwedel einen größeren Interferenzraum;

Karte ⁊ Deutsche Dialekte, im Anhang. Wie im Westfäl. und Ostfäl. erscheint der Einheitsplural beim Verb auf -t (wi, gi, se mak(e)t ›wir, ihr, sie machen‹), es wird deshalb mit diesen auch unter der Bezeichnung »Westniederdt.« zusammengefasst. Das N. weist starke Vereinfachungen im Vokal- und Formensystem auf. Beispiele sind etwa der Zusammenfall von Dehnungs-a und mnd. â in å: (nordndt. schå:p ›Schaf‹, må:ken ›machen‹ vs. westfäl. schap, maken), e-Apokope (nordndt. up'n disk vs. westfäl./ostfäl. up'n diske). Das N. wird gewöhnlich in sieben Dialektgruppen untergliedert: die ostfries. (Kennformen: tūn ›Zaun‹, hör ›ihnen‹) auf ehemals ostfries. Sprachgebiet, die emsländ. (wi bünt ›wir sind‹), beide mit starken ndl. Elementen, die oldenburgische (achter ūsen hūs ›hinter unserem Haus‹ vs. sonst achter u(n)s hūs), die nordhannoversche (mit starkem östl. Einfluss auf die Lexik; wörtel ›Möhre‹ vs. sonst wortel), die holsteinische (jüm ›ihnen‹ wie im Mecklenburgischen), die dithmarsche (gåsche ›Gevatterin‹) und die schleswigsche (Infinitivkonstruktion mit un, z.B. dat is tid un plücken appeln ›es ist Zeit Äpfel zu pflücken‹). **Lit.** P. Wiesinger, Die Einteilung der dt. Dialekte. HSK 1, II, 878–880. – H. Niebaum, Westniederdt. LGL ²1980, 464–478. – R. H. Goltz & A. G. H. Walker, North Saxon. In: C. V. J. Russ (ed.), The Dialects of Modern German. Ldn. 1990, 31–58. – Niedersächs. Wb. Bd. 1 ff., Neumünster 1958 ff. – Schleswig-Holsteinisches Wb. Bd. 1–5. Neumünster 1927–1935, Neudruck Münster 1973.   DD

Nordniedersächsisch ⁊ Nordniederdeutsch

Nordoberdeutsch ⁊ Ostfränkisch

Nordobersächsisch-Südmärkisch Übergangsdialekte im Grenzbereich des ⁊ Ostmitteldeutschen zum ⁊ Niederdeutschen (z.T. auf ⁊ sorbischem Substrat) im nördl. Sachsen und südl. Brandenburg unter Einschluss der zweisprachigen sorb. Sprachinsel. Grenzt im Norden an das ndt. ⁊ Brandenburgische, im Süden an das ⁊ Obersächsische und grenzte im Südosten bis 1945/46 an das ⁊ Schlesische; Karte ⁊ Deutsche Dialekte, im Anhang. Der besondere Charakter des in sich differenzierten N.-S. resultiert aus dem zu unterschiedl. Zeiten erfolgten Übertritt entweder vom Niederdt. oder vom ⁊ Sorbischen zum ⁊ Hochdeutschen; ⁊ Neulausitzisch. **Lit.** P. Wiesinger, Die Einteilung der dt. Dialekte. HSK 1, II, 865–869.   DD

Nordostkaukasische Sprachen ⁊ Ostkaukasische Sprachen; Karte ⁊ Kaukasische Sprachen

Nordseegermanisch Im Rahmen der archäolog. Gliederung der Germanen in den ersten nachchristl. Jahrhunderten in Nord-, Nordsee-, Weser-Rhein-, Elb- und Oder-Weichsel-Germanen werden die Nordseegermanen den Ingväonen der bei Tacitus bezeugten myth. Gliederung gleichgesetzt. Die ab dem 7. Jh. bezeugten Stammesdialekte der Angelsachsen, Friesen und Festlandsachsen werden als N. (Ingväon.) verstanden. Als charakterist. sprachl. Merkmale (Ingväonismen), die freilich keine exklusive Geltung besitzen, gelten: Nasalschwund mit Ersatzdehnung, Palatalisierung, r-Metathese, verbaler Einheitsplural, *he/hi* als Pers.-Pron. der 3. Pers. Mask., pronominaler Einheitskasus für Dat. und Akk. des Pers.-Pron. der 1. und 2. Pers. **Lit.** ↗ Westgermanisch. B

Nordwestgermanisch ↗ Urnordisch

Nordwestkaukasische Sprachen Karte ↗ Kaukasische Sprachen; ↗ Westkaukasische Sprachen

Nordwestsemitisch Sprachzweig der ↗ semitischen Sprachen der im 2. Jt. v. Chr. nach Syrien und Palästina gekommenen Einwanderer. Die pseudohieroglyph. Inschriften von Byblos (14. Jh. v. Chr.), die protosinait. Inschriften (um 1500 v. Chr.) und n. Wörter in ↗ akkadischen Texten (14. Jh. v. Chr.) liefern die Belege für das N. vor der Aufspaltung in ↗ Kanaanäisch und ↗ Aramäisch (seit dem 12. Jh. v. Chr.). ↗ Ugaritisch wird manchmal dem N. zugeordnet. Im N. sind die vokal. Kasus- und Modusendungen geschwunden. WI

Norm ↗ Normativ, ↗ Sprachnorm

Normalalthochdeutsch Bez. für die als Normalstufe bezeichnete ostfränk. Spr. der Tatian-Übers. (vor der Mitte des 9. Jh.) in Abgrenzung zum Frühahd. (ca. 600–800) und zum Spätahd. (ca. 950–1050/70). Der Begriff gilt als problemat., da die ahd. Überlieferung im 9. Jh. keine einheitl. Sprachform zeigt. Der Tatian kann auch keineswegs in jeder Hinsicht als repräsentativ für das Ahd. gelten. Die alternative Bez. »Ahd. im engeren Sinne« ist ebenfalls sehr umstritten, weil sie die verschiedenen Perioden des Ahd. implizit hierarchisiert. **Lit.** St. Sonderegger, Ahd. Spr. und Lit., Bln., N. Y. ³2003. ST

Normalisierung ↗ Normierung

Normalmittelhochdeutsch Bez. für das normalisierte ↗ Mittelhochdeutsch, das auf Karl Lachmann (1793–1851) zurückgeht, der aus frühen Hss. der Dichtungen um 1200 unter Beachtung des Reimgebrauchs und der Lautgeschichte einheitl. Schreibregeln aufstellte. Die Grundsätze seines N. beinhalten die Fixierung von vieldeutigen Schreibungen auf best. Grapheme, auch handschriftl. nicht belegter Umlautgrapheme. Lachmanns N. liegt seither krit. Textausgaben mhd. Werke zugrunde. Sein nivellierendes N. wird in neuerer Zeit krit. gesehen. Das Interesse richtet sich jetzt auf einzelne Hss. unter histor. getreuer Beachtung ihrer Besonderheiten und nicht auf die Rekonstruktion eines vermeintlichen Originals. **Lit.** Th. Klein, H.-J. Solms & K.-P. Wegera, Mhd. Grammatik. Tübingen ²⁵2007. ST

Normalstellung (auch: Nullstellung, Eindrucksstellung) Neutrale Satzgliedstellung, ↗ Grundwortstellung. Durch die Regeln der N. werden nur die allgemein akzeptierten Stellungsregularitäten erfasst. Die Stellung der prädikativen Teile hat die kommu-

nikative Grundfunktion, die verschiedenen ↗ Satztypen zu realisieren. Im Ggs. zur N. steht die hervorhebende Satzstellung (↗ Kontraststellung). Die sogenannten kommunikativen Regularitäten lassen alternative (bedingt obligator.) oder fakultative Varianten zu. Kommunikative Regularitäten betreffen v. a. den nichtprädikativen Bereich. Die wesentl. Funktionen sind Satzverflechtung und Differenzierung des Mitteilungswertes der Satzglieder. Die Modifikation erfolgt mithilfe von Hervorhebung und Intonation. SL

Normalstufe ↗ Ablaut, ↗ Abstufung

Normalsystem ↗ Didotsystem

Normalverteilung Häufigkeitsverteilung von Daten, die einer symmetr. Verteilung (d. h. der Gaussschen Glockenkurve) entspricht. Sprachdaten (↗ Korpus) weisen dagegen eine LNRE-Verteilung (Large Number of Rare Events) auf; ↗ Zipfsches Gesetz. Z

Normannisch ↗ Französisch

Normativ Zumeist Gegenbegriff von ↗ deskriptiv, bezogen auf die Absicht oder die Wirkung der Tätigkeit von Sprachwissenschaftlern bei der Standardisierung von Spr. (↗ Standardvarietät, ↗ Sprachnorm), der Auswahl von Sprachformen, die als korrekt oder standardsprachl. vorgeschlagen oder akzeptiert werden. Sie werden niedergelegt in ↗ normativen Grammatiken und Wörterbüchern (Rechtschreib-, Aussprache-, Bedeutungs-, Stilwörterbücher). Durchgesetzt werden die korrekten Formen von dazu befugten Institutionen (z. B. Schulen, Behörden; ↗ Duden, ↗ Präskription. AM

Normative Grammatik (auch: präskriptive Grammatik) Grammatik, die Regeln und Normen aufstellt, um eine ↗ Hochsprache zu konservieren, welche sich an sprachl. und stilist. Merkmalen lit. Vorbilder (i. d. R. den jeweiligen Klassikern) orientiert. Ausgehend von der Annahme, dass diese vorbildl. Varianten reicher und korrekter sind, will die n. G. vorschreiben, wie gesprochen und geschrieben werden soll. Im Gegensatz dazu suchen ↗ deskriptive Grammatiken zu beschreiben, wie tatsächl. gesprochen und geschrieben wird. Die vielfach anzutreffende Dichotomie von deskriptiven und normativen Grammatiken darf nicht zu der Annahme verleiten, dass deskriptive Grammatiken grundsätzl. nicht-normativ seien, denn jede fakt. Kodifizierung hat normative Effekte; ↗ Sprachnorm. SN

Normierung Reduktion einer Menge von Varianten auf eine kleinere Anzahl oder eine einzige (Normalisierung) und deren Verbindlichmachung für bestimmte Zwecke (Standardisierung). Dabei wird aus mehreren Varianten (z. B. verschiedene Genera desselben Subst.) eine ausgewählt – evtl. wird auch eine bislang nicht gebräuchliche gewählt –, zum Gebrauch in bestimmten (in der Regel förml.) Situationen empfohlen und schließlich dafür verbindl. gemacht. Die fachsprachl. N., v. a. die N. der ↗ Terminologie, erfolgt method. und institutionell anders als die N. der Gemeinspr. (↗ Fachsprache, ↗ DIN-Normen). Die N. wird zumeist im Wesentl. von Sprachwissenschaftlern geleistet, die entweder in eigener Initiative arbeiten (z. B. N. Webster für das amerikanische Standardengl.) oder in institutionellem oder staatl. Auftrag (Akademien). Die Durchsetzung der Norm geschieht durch Institutionen oder den Staat als Normautoritäten. Ohne Sanktionen lässt sich eine Norm kaum durchsetzen (z. B. durch schlechte Noten in der Schule). Voll durchgesetzt ist eine Norm erst, wenn sie von den ›Norm-subjekten‹ ohne äußere Strafandrohung aus eigenem Antrieb so gut wie mögl. eingehalten wird. Die Einhaltung ist dabei, wie bei allen Normen, nur in bestimmten Situationen (Normokkasionen) gefordert (obligator. Charakter der Norm), bei ↗ Standardvarietäten z. B. in öffentl. Situationen. Die Formen einer Standardvarietät sind im ling. Kodex eines Staates festgehalten (z. B. Österreichisches Wörterbuch für das österr. Standarddeutsch); ↗ Kodifizierung. Daran haben sich die sprachl. Korrekturen der Normautoritäten (Lehrer und dgl.) zu orientieren. Allerdings ist eine Standardvarietät nie vollständig kodifiziert, da sie von ihren Sprechern (Bildungsschichten) ständig weiterentwickelt wird. **Lit.** K. Gloy, Sprachnormen I. Stgt. 1975. – R. Bartsch, Sprachnormen. Tübingen 1985. – A. Kirkness, Zur Sprachreinigung im Dt. Tübingen 1975. – H. Takahashi, Language Norms. HSK 3, I², 172–179. – U. Ammon, Standard Variety. HSK 3, I², 273–283. – H. Omdal, Language Planning: Standardization. HSK 3, III², 2004. **AM**

Normtoleranz N. stellt eine ↗ Einstellung (*Attitude*) dar, die Abweichungen von den eigenen oder von den in der jeweiligen Situation ansonsten geltenden Normen duldet. Diese Einstellung basiert nicht selten auf der Einsicht in die gruppenspezif. Relativität und histor. Veränderlichkeit von Normen. Toleranz bezügl. Sprachnormen ist ein Spezialfall von N. Sie ist prakt. relevant v. a. gegenüber Ausländern und Zugewanderten, aber auch gegenüber Dialektsprechern). Diese Gruppen haben Schwierigkeiten mit der geltenden ↗ Sprachnorm, welche durch N. gemildert werden können. Aus N. und ihrer Propagierung folgt nicht, dass auf die Vermittlung (Lehre der Normen) verzichtet werden sollte. N. reicht wohl in keiner Gesellschaft so weit, dass aus mangelnder Beherrschung der Normen keinerlei Nachteile erwachsen, da die Normen in der Regel eine bestimmte Funktion erfüllen (z. B. Effektivierung der Kommunikation). **AM**

Norwegisch (Eigenbez. Norsk. Engl. Norwegian, frz. norvégien) ↗ Germanische, genauer: nordgerm. Spr.; Karte ↗ Europäische Sprachen, im Anhang. Die westn. Mundarten werden sprachhistor. als zum ↗ Westnordischen, die ostn. als zum ↗ Ostnordischen gehörig betrachtet. Altn. Schriftdenkmäler vom 9. bis 15. Jh. Erst im 19. Jh. wieder Lit. von

Bedeutung, und zwar in dem stark am Dän. orientierten Riksmål. Auf der Basis der gesprochenen Varietäten des N. entwickelt vornehmlich Ivar Aasen als Volksspr. das später so genannte Landsmål (›Landspr.‹), das dem dän. orientierten Riksmål (›Reichsspr.‹) gegenüberstand. Heute nennt man die auf westn. Mundarten beruhende Spr. Nynorsk (›Neun.‹), die am Dän. orientierte Bokmål (›Buchspr.‹). Beide Varietäten sind Schulspr. Im Norden Norwegens (im Troms und in Finnmark) wird auch ↗ Lappisch gesprochen (ca. 10 000 Sprecher). – Zahl der Sprecher insgesamt: fast 4 Mio. – Orthograph. Erkennungszeichen des N. zur Unterscheidung vom Dän.: freistehendes ⟨å⟩ – oder älter: ⟨aa⟩, und vom Schwed.: ⟨ø⟩; orthograph. Erkennungszeichen des Nynorsk gegenüber dem Bokmål: die orthograph. Wörter ⟨ein⟩, ⟨eit⟩ und ⟨dei⟩. – Aus dem N. hat das Dt. einige wenige Ausdrücke entlehnt, z. B. *Ski, Loipe* (norw. *løype*). **Lit.** O. Næs, Norsk grammatikk. Elementære strukturer og syntaks [N. Grammatik. Elementare Strukturen und Syntax]. Oslo 1965. – O. T. Beito, Nynorsk grammatikk. Lyd- og ordnlære [Neunorweg. Grammatik. Laut- und Wortlehre]. Oslo 1970. – A.-B. Strandskogen, Norwegian. An Essential Grammar. Ldn. 1994. – **SSG** Universitätsbibliothek Kiel (8). **T**

Nostratisch (lat. noster ›unser‹ Von dem dän. Sprachforscher H. Pedersen (1867–1953) erstmals 1903 verwendete Bez. für seine Annahme, dass Verwandtschaftsbeziehungen zwischen den idg., den ural-altaischen und den afroasiat. Spr. bestünden. Mit n. werden heute Hypothesen über einen genet. Zusammenhang zwischen den afroasiat., idg., ural.-altaischen, dravid. und Kartwelsprachen bezeichnet; auch die Zugehörigkeit der eskimo-aleut., der austroasiat., der Niger-Kongo-Spr. und weiterer Sprachfamilien zu den n. Spr. wird ernsthaft erörtert (↗ Monogenese, ↗ Sprachursprung). Dieser Zusammenhang wurde und wird auf verschiedenen Ebenen gesucht (Wortschatz, Phonologie, Morpheminventare u. a.); als method. Verfahren für die zeitl. Einordnung dieser vermuteten prähistor. Sprachverhältnisse bedient man sich vielfach der ↗ Glottochronologie. Die n. Hypothese ist schwerlich beweisbar und wird vielfach scharf abgelehnt. **Lit.** V. A. Dybo, Nostratičeskaja gipoteza (itogi i problemy) [Die n. Hypothese. Ergebnisse und Probleme]. Izvestija AN SSSR, serija literatury i jazyka 37, No. 5, 1978. – A. R. Bomhard, Reconstructing Proto-Nostratic: Comparative Phonology, Morphology, and Vocabulary. 2 vols. Leiden 2008. **G**

Nota accusativi Die n. a. ʼet oder ʼit kann im ↗ Kanaanäischen ein definites direktes Obj. einleiten. Soll im ↗ Hebräischen ein direktes Objektpronomen zur Betonung vorangestellt werden, so ist dies mit ʼet möglich, z. B. ʼeto ahab ›ihn liebte er‹. **WI**

Notation (lat. notātiō ›Beschreibung, Bezeichnung‹) System wohldefinierter Zeichen oder Symbole einer Beschreibungsspr. (↗Metasprache) zur Aufzeichnung und formalisierten Darstellung sprachl. bzw. sprachgebundener Einheiten, Relationen und Regeln. N. finden auf allen Ebenen der Sprachanalyse und ↗Sprachbeschreibung Anwendung: phonet.-phonol. N. werden z.B. häufig in Anlehnung an das ↗API-System vorgenommen (↗Transkription), wobei ↗Phone durch eckige Klammern gekennzeichnet werden, ↗Phoneme durch Schrägstriche, z.B. [taːk] – /tag/; morpholog. Einheiten werden i.d.R. in geschweiften Klammern notiert, z.B. {tag}, usw.; da eckige Klammern aber auch zur N. phonolog. ↗Merkmale oder von ↗Dominanzrelationen, geschweifte Klammern bei Mengenn. u.a. verwendet werden, gilt allgemein, dass die Zeichen und Symbole nur gemäß der jeweiligen Auszeichnungskonvention eindeutig sind. Zu den N.konventionen in diesem Lexikon vgl. das Gesamtverzeichnis der verwendeten Zeichen und Symbole. **SK**

Noten (auch: Tironische Noten) Zu Abkürzungen wurden im ma. Schriftwesen neben den Systemen der Suspension und der Kontraktion auch einzelne Formen der römischen Kurzschrift und die *notae antiquae* (*iuris*) verwendet. Die Tironischen N., aus einzelnen Bestandteilen kursiver Buchstaben auf der Grundlage des Prinzips der syllabaren Suspension entwickelt, werden nach einer Nachricht Isidors von Sevilla auf einen Freigelassenen Ciceros, M. Tullius Tiro, zurückgeführt. Überliefert sind Kommentare und Lexika mit rund 13000 Zeichen. In der merowing. und karoling. Kanzlei wurden sie vor allem noch als Konzeptschrift verwendet, im 11. Jh. war ihre Kenntnis ausgestorben. Allgemeine Anwendung fanden die tachygraph. Kürzungen für *pro, con* sowie die tiron. Note für *et*. Die *notae iuris* verwenden vor allem übergeschriebene Buchstaben. Musikal. Notation wird in ma. Hss. durch Neumen (↗Neume) dargestellt. **EN**

Notion ↗Begriff

Notkers Anlautgesetz Bez. für ein von Notker III. von St. Gallen (950–1022) in seinen ahd. Schriften angewandtes strikt phonet. orientiertes Schreibsystem, das sich auf die Anlaute bezieht. Im Wortanlaut wechseln bei Notker *b – p, d* (< germ. þ, nicht aus germ. d) – *t* sowie *g – k* (⟨k, q⟩). Die stimml. Konsonanten *p, t, k* stehen (a) am Anfang eines Satzes oder Satzteils und (b) innerhalb eines Satzes, wenn das unmittelbar vorausgehende Wort auf einen stl. Konsonanten endet. Stl. Konsonanten sind bei Notker *p, t, k; pf, z, ch; b, d, g; f, h, z, s*. Dagegen stehen die Konsonanten *b, d, g* im Anlaut, wenn das unmittelbar vorausgehende Wort auf einen Vokal oder auf einen sth. Konsonanten endet. Sth. Konsonanten sind bei Notker nur *l, r, m, n* (z.B. *unde demo golde* ⟩und dem Golde⟨ – *tes koldes* ⟩des Goldes⟨). Das A. gilt bei Notker auch für den zweiten Teil eines Kompositums (z.B. *fiurgot* ⟩Feuergott⟨ – *erdcot* ⟩Erdgottheit⟨). **ST**

Notwendigkeitsform ↗Debitiv

Novial (Akronym: Nov International Auxiliari Lingue ⟩Neue internat. Hilfssprache⟨) 1928 von O. Jespersen (dän. Linguist, 1860–1943) veröffentlichtes ↗Plansprachenprojekt, in dem versucht wird, die Vorzüge von ↗Ido (strikte Systematik) und ↗Occidental-Interlingue (Natürlichkeit) miteinander zu verbinden. **Lit.** O. Jespersen, An International Language. N. Y. 1928. **G**

NP ↗Nominalphrase, ↗Determinansphrase

NP-Bewegung Seit der ↗REST Bez. für die Bewegung einer NP in eine Argument-Position (↗A-Position), d.h. in eine syntakt. Position, in welcher eine ↗Thematische Rolle zugewiesen werden kann. Die NP-B. hinterlässt eine ↗Spur (t), z.B. *[John$_i$ seems t$_i$ to have won]*. **F**

Nsit ↗Ibibio

NSM ↗Atomares Prädikat

NS-Sprache (auch: ns Sprache, Sprache des NS) Nationalsozialist. Sprache (besser: Sprachgebrauch) ist ein Sammelbegriff für Erscheinungsformen des Dt. in der Zeit von 1933 bis 1945. In erster Linie werden lexikal. Merkmale zur Bestimmung der NS-Sprache herangezogen, so schon zu Zeiten der polit. Herrschaft der NS (z.B. M. Pechau (1935): *NS und deutsche Sprache*, v. Klemperer (1947): *LTI* (d.i. *Lingua Tertii imperii* ⟩Sprache des dritten Reiches⟨); Pechau war Funktionär der NSDAP, Klemperer rassisch Verfolgter). Sehr bekannt wurden die Zeitungsartikel von D. Sternberger, G. Storz und W. Süskind aus den frühen Nachkriegsjahren, die unter dem Titel *Aus dem Wörterbuch des Unmenschen* mehrfach in Buchform publiziert sind. In den 60er Jahren setzte eine Kritik an der ›philolog. Methode‹ der isolierten Wortschatzbetrachtungen ein (G. Voigt 1967). Jüngere Autoren haben die NS-Sprache vornehmlich unter kommunikativen und argumentativen Gesichtspunkten beschrieben (z.B. Winckler 1970, Maas 1984, Bauer 1988) und NS-Texte zum primären Analysegegenstand gemacht. Unter sprachkrit. Aspekten betrachtet von Polenz (1967) einige Züge der NS-Sprache, die Kontinuität zur polit. Sprachentwicklung vor 1933 zeigt Sauer (1970). Die früheren Arbeiten zur NS-Sprache sind gekennzeichnet durch eine überhöhte Anschauung von Sprache als wirkender Kraft und einer Personalisierung der die Sprache prägenden Faktoren (Goebbels, Hitler). Die (sprach-)geschichtl. Zusammenhänge und Kontinuitäten werden in den Publikationen seit 1967 in den Mittelpunkt gerückt. Arbeiten zur NS-Sprache haben ihre Fortsetzung gefunden in Studien zur rechtsextremist. Sprache. **Lit.** S. Jäger, Faschismus, Rechtsextremismus, Sprache. Eine kommentierte Bibliographie. Duisburg 1990. – P. v. Polenz, Sprachpurismus und Nationalsozialismus. In: E. Lämmert u.a., Germanistik – eine dt. Wiss. Ffm. 1967. – W. W. Sauer, Der Sprachgebrauch von Nationalsozialisten vor

1933. Hamburg 1979. – L. Winckler, Studie zur gesellschaftl. Funktion faschist. Sprache. Ffm. 1970. – U. Maas, »Als der Geist der Gemeinschaft eine Sprache fand«. Sprache im Nationalsozialismus. Opladen 1984. – G. Bauer, Sprache und Sprachlosigkeit im »Dritten Reich«. Köln 1988. – P. v. Polenz, Dt. Sprachgeschichte, Bd. III: 19. und 20. Jh. Bln., N. Y. 1999. **S**

Nubisch (auch: Nilnubisch) ↗ Chari-Nil-Sprache. Sprachgebiet ursprüngl. am Nil von Assuan (Ägypten) bis südl. von Dongola (Nordsudan), heutzutage nach der Umsiedlung wegen des Baus des Nasser-Staudamms in Assuan und Kom Ombo (Ägypten) sowie New Halfa (Sudan). Mehrere 100 000 Sprecher, weitgehend zweisprachig (Arab.). Die ursprüngl. Dialekte Kenzi (Kenuzi)-Dongolawi und Fadicca-Mahas (Nobiin) sind seit der Umsiedlung nicht mehr unterscheidbar; Karte ↗ Afrikanische Sprachen, im Anhang. Die frühesten Schriftdokumente stammen aus dem 8.–11. Jh. (in kopt.-griech. Schrift). Heute ohne offizielle Funktion. Das Nil-N. bildet mit dem Berg-N. in Kordofan und Darfur (Sudan) eine gemeinsame Sprachgruppe. **Lit.** Ch. H. Armbruster, Dongolese Nubian. A Grammar. Cambridge 1960. – R. Werner, Grammatik des Nobiin (Nilnub.). Hamburg 1987. – A. Jakobi & T. Kümmerle (eds.), The Nubian Languages. [Bibl.] Köln 1993. **RE**

Nuer ↗ Nilotische Sprachen

Nuklearität Die Eigenschaft eines Sprachlauts, als ↗ Silbenkern (↗ Nukleus (1); im Ggs. zum ↗ Satellitenphonem) zu fungieren. **PM**

Nuklearsatz ↗ Kernsatz

Nukleus (lat. nucleus ›Kern‹) **1.** (Auch: Kernphonem, ↗ Silbenkern) Das den ↗ Silbenkern bildende, meist ↗ vokalische Phonem (↗ Sonant) im Ggs. zu den dieses umgebenden ↗ konsonantischen ↗ Satellitenphonemen. **PM** – **2.** Nach L. Tesnière (↗ Dependenzgrammatik) die syntakt. Elemente, die die Knoten des Abhängigkeitsbaumes (in der Funktion von ↗ Regens oder/und ↗ Dependens) be-

setzt. Ein N. kann ein Wort sein, aber auch ein zusammengesetztes Gebilde aus Hilfswort + Vollwort (↗ Synsemantikon, ↗ Autosemantikon), bei Tesnière auch subsidiäres und konstitutives Wort). In seinem Stemmata (↗ Abhängigkeitsbaum) stellt Tesnière den N. bei Bedarf durch eine Umrandung dar. **WK**

Nullableitung ↗ Konversion

Nullartikel ↗ Artikellosigkeit

Nullelement ↗ Nullmorphem

Nullflexion ↗ Nullmorphem

Nullform ↗ Nullmorphem

Nullhypothese (auch: H0) Um eine statist. Hypothese zu bestätigen, wird zunächst das log. Gegenteil der Hypothese, die N., angenommen. Das Ziel besteht dann darin, die N. durch die Auswahl einer Stichprobe, die dem behaupteten Zusammenhang in der Grundgesamtheit mit hoher Wahrscheinlichkeit widerspricht, zu falsifizieren. **Z**

Nullkasus ↗ Nominativ

Nullkopula f. (engl. zero copula, frz. copule zéro) Mitunter verwendete Bez. für die nicht auftretende Kopula in einem ↗ Nominalsatz. **G**

Nullmorph n. (auch: leeres Morph, Zero-Morph) ↗ Allomorph, das auf der Ausdrucksseite der Spr. nicht als Affix oder Flexiv auftritt. So ist im Engl. das Pluralmorphem {-s}, z. B. *boys, girls*, {-es}, z. B. *boxes*, Vokalwechsel, z. B. *woman – women, mouse – mice, tooth-teeth*, einige wenige Affixe, z. B. *child – children*, und {-ø} (lies: »Null«), z. B. *sheep, fish*, ausgedrückt, letztere Form wurde als N. bezeichnet. Im Dt. finden sich Nullmorphe z. B. bei vielen (v. a. nicht »umlautfähigen«) Subst. auf {-en} (z. B. *Becken, Schrecken, Schlitten*) in einigen Flexionsformen, z. B. im Akk. der »stark« flektierten Maskulina (z. B. (*den*) *Mann*, (*den*) *Vater*) u. a. **G**

Nullmorphem n. (auch: leeres Morphem, Nullelement, Nullflexion, Nullform, Nullsuffix, Zero-Form. Engl. zero morpheme, frz. élément/morphème zéro) Aus Gründen der Systematik anzusetzendes Morphem, das auf der Ausdrucksseite der Spr. nicht als Affix oder Flexiv auftritt (als Resultat sog. »Nullflexion«), sondern syntagmat. ausgedrückt wird. Ein Beispiel sind die Imperativformen (Sg.) des Dt., die sich von allen anderen Verbformen durch Endungslosigkeit unterscheiden; syntagmat. sind sie oft durch Erststellung markiert. Affixlosigkeit ist in vielen Spr. charakterist. für unmarkierte grammat. Grundkategorien wie ↗ Singular und ↗ Nominativ, z. B. im Dt.; mitunter wird dies als »konstitutioneller Ikonismus« bezeichnet (je mehr Bedeutung, desto mehr Form). Allerdings gibt es Gegenbeispiele, z. B. den Gen. Pl. russ. *a*-Feminina, der typischerweise endungslos ist, d. h. ein ↗ Nullmorph aufweist (z. B. *voda – vod* ›Wasser‹). Vielfach werden N. gleichgesetzt (verwechselt) mit ↗ Nullmorphen (Zeromorphen). **G**

Nullstellung ↗ Normalstellung

Nullstufe ↗ Ablaut, ↗ Abstufung

Null-Subjekt-Parameter ↗ Pro-Drop-Parameter

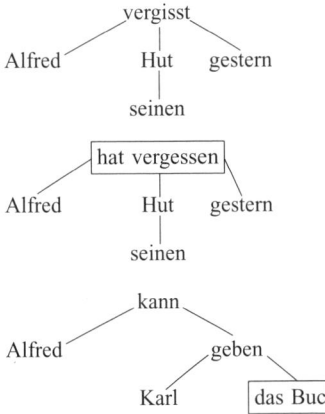

Nullsuffix ↗ Nullmorphem
Nullwertig ↗ Valenz
Numeracy ↗ Schriftlichkeit
Numerale n. pl. ~ia (lat. numerus ›Zahl‹. Auch: Zahlwort. Engl. numeral, frz. numéral) Klasse von ↗ Lexemen, die sich auf Zahlen, Quantitäten und in Zahlen ausdrückbare Mengen- und Größenangaben beziehen. N. verhalten sich jedoch in morpholog. und syntakt. Hinsicht so unterschiedl., dass sie meist verschiedenen ↗ Wortarten zugerechnet werden. N. können auftreten als ↗ Adjektiv (flektierbar und attributiv verwendbar, z. B. *diese drei Kinder, der erste Ritter, ein fünffacher Vater*), ↗ Adverb (unflektierbar und adverbial verwendbar, z. B. *drittens, viermal*), ↗ Indefinitpronomen (substantivische Verwendung, z. B. *viele/etliche/wenige waren da*) bzw. ↗ Artikelwort (z. B. *viele/etliche/wenige Leute waren da*) und ↗ Substantiv (artikelfähig, z. B. *Dutzend, Tausende, Million*); ↗ Maßangabe. Unter semant. Gesichtspunkten können bestimmte und unbestimmte N. unterschieden werden (z. B. *vier* vs. *wenige*). Die bestimmten N. werden weiter unterteilt in ↗ Kardinalzahlen (z. B. *eins, zwei, drei*), ↗ Ordinalzahlen (z. B. *erstens, zweitens, drittens*), ↗ Distributivzahlen (z. B. *je vier*), Iterativzahlen (z. B. *dreimal*), Multiplikativzahlen (auch: Vervielfältigungszahl, Wiederholungszahl, z. B. *vierfach*), ↗ Kollektivzahlen (z. B. *ein Dutzend*), ↗ Gattungszahlen (z. B. *einerlei, dreierlei*) und Bruchzahlen (z. B. *ein Achtel*). Nicht immer sind Zahlwortsysteme nach dem Dezimalsystem gegliedert. Im Dt. basieren die Ausdrücke *Dutzend* und *Schock* auf einem duodezimalen System, im Frz. basieren Zahlwörter wie *soixante-dix* (70) und *quatre-vingt-dix* (90) usw. auf einem (alten) Vigesimalsystem; ↗ Zahl, ↗ Ziffer. **Lit.** I. R. Hurford, Language and Number. The Emergence of a Cognitive System. Oxford 1987. – J. Grozdanović (ed.), Indo-European Numerals. Bln. 1992. – G. Ifrah, Universalgeschichte der Zahlen. Ffm. 1989. – C. Eschenbach, Zahlangaben – Maßangaben. Bedeutung und konzeptuelle Interpretation von N. Wiesbaden 1995. – G. Schuppener, German. Zahlwörter. Lpz. 1996. – H. Wiese, Zahl und N. Eine Untersuchung zur Korrelation konzeptueller und sprachl. Strukturen. Bln. 1997. – J. H. Greenberg, Numerals. HSK 17, I, 770–783.   PT
Numeralklassifikator ↗ Klassifikator, ↗ Zählwort
Numeration Im Rahmen des ↗ Minimalismus formulierte Annahme über die Art, wie auf das Lexikon zugegriffen wird: Am Anfang einer Derivation werden alle benötigten Elemente aus dem Lexikon entnommen und mit einem Index versehen, der angibt, wie oft jedes Element vorkommt. Im Verlauf der Ableitung wird der Index bei jedem Vorkommen um 1 reduziert, so dass am Ende die Indizes aller lexikal. Elemente 0 sind.   FR
Numerus (lat. ›Zahl‹) Grammat. Kategorie des Nomens (im Rahmen der GG in ↗ DET) zum Erfassen

von Quantitätsverhältnissen bzw. zur Angabe der Anzahl der Elemente. Falls die Einzelspr. es fordern, erscheint der N. aufgrund von Kongruenzprinzipien sowohl bei anderen nominalen Wortarten (z. B. Adjektiv) als auch beim finiten Verb (bzw. in ↗ INFL, ↗ AUX), so dass N. teilweise auch zur Verbkategorie wird. Keinesfalls ist der sprachl. Erfassung der außersprachl. Objekte mit einer Widerspiegelung ihrer Eigenschaften gleichzusetzen, d. h. dass der N. als grammat. Kategorie grundsätzl. nicht eine natürl. Anzahl bedeutet. Vielmehr ist die Wahl des N. in Abhängigkeit von der sprachl. Verarbeitung der Eindrücke zu gedankl. Konstrukten zu sehen; z. B. dt. *Brille* (sg.) vs. *spectacles* (pl.) im Engl. Beide Spr. lassen sich jedoch dem N.system zuordnen, in dem die Opposition zwischen ↗ Singular- und ↗ Plural dominiert. Manche Spr. besitzen zusätzlich einen ↗ Dual wie z. B. das Altgriech. und einige slav. Spr. Außerdem kennen andere Spr. auch einen ↗ Trial, z. B. das Fidschi (↗ Ozeanische Sprachen). Neben diesen N.systemen, die vom Sg. als primärer natürl. Einheit ausgehen und andere N.kategorien als markiert betrachten, existieren auch Spr., die in ihren N.systemen den Gegensatz von Sg. und Pl. zunächst unbezeichnet lassen. In diesen Spr. bildet das sog. transnumerale Nomen mit seiner numerusundifferenzierten Kollektivbedeutung die primäre N.einheit. N.differenzierungen zwischen Sg. und Pl. sind sekundär und finden ihren gramtmat. Ausdruck in komplexen, von der Grundform abgeleiteten Formen. Für die Einzahligkeit steht der markierte ↗ Singulativ, z. B. im Arab., Breton. oder Kymr. Spezielle Pl.formen, die nicht unbedingt in Opposition zum transnumeralen Nomen stehen müssen, besitzen z. T. eine bes. Bedeutung, z. B. qualitative Differenzierung durch Reduplikation (↗ Malaiischen / Sortenplural), oder sind durch ihre Distinktheit (↗ Zählbarkeit, ↗ Paucalis) gekennzeichnet. Nomen können auch N.beschränkungen unterliegen (z. B. ↗ Singularetantum, ↗ Pluraletantum, Sortenplural). **Lit.** R. Bartsch, The Semantics and Syntax of Number and Numbers. In: P. Kimball (ed.), Syntax and Semantics, Bd. 2, N. Y. 1973, 51–93. – A. Biermann, Die grammat. Kategorie N. In: H. Seiler & C. Lehmann (Hgg.): Apprehension. Das sprachl. Erfassen von Gegenständen. Tübingen 1982, 229–243.   ZA
Numeruskongruenz ↗ Numerus
Numic-Sprachen ↗ Uto-Aztekische Sprachen
Nunation Ursprüngl. Indeterminationssuffix *-n* (arab. *nūn*). Im klass. ↗ Arabisch ist es durch den best. Art. *ʔal* bedeutungslos geworden; es wird nicht geschrieben. In den meisten arab. Dialekten ist die N. mit den Kasusendungen ausgefallen.   WI
Nuoresisch ↗ Sardisch
Nupe ↗ Benue-Kongo-Sprachen
Nuristan-Sprachen (Kāfir-Sprachen) ↗ Dardische Sprachen
Nuxalk ↗ Salish-Sprachen
Nyanja ↗ Chewa

Nyeri ↗ Kikuyu

Nyimang ↗ Chari-Nil-Sprachen

Nynorsk ↗ Norwegisch

Nzema-Ahanta ↗ Kwa-Sprachen

Oaxaca Chontal ↗ Hoka-Sprachen

Oberbegriff ↗ Archilexem, ↗ Hyperonym

Oberdeutsch Sammelbez. für den Teil der Dialekte des ↗ Hochdeutschen (1) südl. der *Appel/Apfel*-Isoglosse (Speyrer Linie), in dem die zweite (oder hochdt.) ↗ Lautverschiebung im Gegensatz zum ↗ Mitteldeutschen in- und auslautend vollständig durchgeführt wurde (anlautend bei westgerm. *k* nur im Südbair. als Affrikate *kch*, z. B. *kchind* ›Kind‹, und im Hoch- und Höchstalemann. als Frikativ: *chind*). Umfasst die Dialektverbände des ↗ Alemannischen, ↗ Bairischen (verschiedentl. unter entwicklungshistor. Aspekt zusammengefasst als »Alpendt.«) und des ↗ Ostfränkischen. **Lit.** P. Wiesinger, Die Einteilung der dt. Dialekte. HSK 1, II, 826–829. **DD**

Oberflächenkasus ↗ Kasusgrammatik

Oberflächenstruktur (auch: Morphosphäre. Im Rahmen der ↗ REST und ↗ Rektions-Bindungs-Theorie: S-Struktur; Abk. S für engl. surface structure; frz. structure superficielle) In der GG eine abstrakte Struktur, die das Resultat der Anwendung von ↗ Transformationen darstellt und den Input für die ↗ Phonologische Komponente bildet. Für Chomsky, Aspects, war unter der Voraussetzung bedeutungserhaltender Transformationen die Mehrdeutigkeit gleicher O., die Synonymie ungleicher O. und das Auftreten diskontinuierlicher syntakt. Konstituenten die Motivation, eine von der O. unterschiedene ↗ Tiefenstruktur zu postulieren. Diese sollte die genannten Phänomene systematisieren, insofern sie grammat. Relationen präzise und eineindeutig repräsentierte und den Input zur ↗ interpretativen Semantik darstellte. Mit der Neukonzeption des Modells in der ↗ EST ging notwendigerweise eine Neudefinition der beiden Strukturebenen O., nun S-Struktur, und Tiefenstruktur, nun D-Struktur, einher. Die S-Struktur ist im Rahmen der REST und der Rektions-Bindungs-Theorie eine, u. a. aufgrund der Wirkung von ↗ Move α, mit ↗ leeren Kategorien versehene, abstrakte syntakt. Ebene, die den Input zu zwei interpretierenden Komponenten des Modells bildet, näml. zur ↗ Logischen Form und zur phonolog. Interpretation. S- und D-Struktur sind über Move α miteinander verbunden. **F**

Oberflächensyntax Syntakt. Theorien, die sich an den beobachtbaren Erscheinungen der ↗ Oberflächenstruktur orientieren und nicht primär auf sog. ↗ Tiefenstrukturen zur Erklärung syntakt. Erscheinungen zurückgreifen. Innerhalb der ↗ Integrativen Linguistik hebt die Bezeichnung O. den spezif. empirist. Ansatz dieser Theorie heraus. Syntax als O. ist dort die abstrahierende Beschreibung der beobachtbaren syntakt. Struktur von Sätzen auf der Grundlage von phonolog. Einheiten und gegebenenfalls Wortbedeutungen. Die syntakt. Einheiten müs-

sen folglich phonet. präsent sein. Die Struktur der syntakt. Einheiten und Folgen von syntakt. Einheiten setzt sich zusammen aus: (a) der Konstituentenstruktur, beruhend auf der Reihenfolge der syntakt. Einheiten (Wörter) in der Zeit, (b) der Markierungsstruktur (morpholog. Markierungen) und (c) der Intonationsstruktur. Dieses Tripel bildet die syntakt. Struktur und liegt der Bedeutungskomposition der Wörter zu Satzbedeutungen zugrunde. Mit der Markierungsstruktur und der Intonationsstruktur werden zwei Aspekte stärker thematisiert als in einigen anderen syntakt. Theorien. Insbesondere das im Zusammenhang mit der Markierungsstruktur geschaffene Begriffssystem stellt einen Schwerpunkt der integrativen Linguistik dar. **Lit.** ↗ Integrative Linguistik. – Eisenberg, Gr. – H. H. Lieb, Words as Syntactic Paradigms. In: G. Brettschneider & C. Lehmann (Hgg.), Wege zur Universalienforschung. Tübingen 1980, 115–123. – P. R. Lutzeier, Major Pillars of German Syntax. Tübingen 1991. **WK**

Oberfränkisch ↗ Ostfränkisch

Oberhessisch ↗ Mittelhessisch

Oberkiefer ↗ Kiefer

Oberländisch ↗ Hochpreußisch

Oberlänge ↗ Grundlinie

Oberlippe ↗ Lippe

Obersächsisch In sich gegliederter Dialektverband innerhalb des ↗ Ostmitteldeutschen. Grenzt im Westen in einem breiten Übergangsgebiet an das ↗ Thüringische, im Südwesten an das ↗ Ostfränkische und im Norden an das ↗ Nordobersächsisch-Südmärkische; im Osten ging es unter Einschluss des ↗ sorbischen Sprachgebiets bis 1945/46 ins ↗ Schlesische über und berührt dort heute kein. Sprachgebiet; im Süden schließt sich tschech. Sprachgebiet an; Karte ↗ Deutsche Dialekte, im Anhang. Ein Hauptkennzeichen des sonst im Vokalismus und Konsonantismus uneinheitlichen O. ist eine in ihrem qualitativen Charakter noch nicht eingehend erforschte, auch das westl. Ostmitteldt. erfassende Intonation (»Sächseln«). Vom Thüring. abgegrenzt u. a. durch die der Standardspr. entsprechende morph. Identität von Infinitiv und 1./3. Pers. Ind. Plural beim Verb (o. *machen* vs. thüring. *mache* ›machen‹ (Inf.), *machen* ›wir, sie machen‹). Das O. geht auf dt. Siedelbewegungen im 13. Jh. in ursprüngl. slav. Sprachgebiet zurück. In der Nord-Süd-Binnengliederung des O. sind Elemente der Ausgangsdialekte der Siedler erkennbar (im Norden: (west)mitteldt., im Süden oberdt.-ostfränk.), ohne dass die o. Dialekte deren direkte Fortsetzung wären. Die Isoglosse nördl. *fund*, südl. *bfund* ›Pfund‹ trennt nördl. und südl. Ausgleichsgebiete. **Lit.** H. Becker, Sächs. Mundartkunde. 2. Aufl., hg. v. G. Bergmann. Halle (Saale) ²1969. – P. Wiesinger, Die Einteilung der dt. Dialekte. HSK 1, II, 862–865. – G. Bergmann, Upper Saxon. In: C. V. J. Russ (ed.), The Dialects of Modern German. Ldn. 1990, 290–312. – Wb. der o. Maa. Bd. 1– 4. Bln. 1994–2003. **DD**

Obersatz ↗ Formale Logik
Obersorbisch ↗ Sorbisch
Oberton ↗ Klang, Schallanalyse
Objekt (lat. *obiectum* ›entgegengesetzt‹. Der Begriff Obj. entstammt der Philosophie, wo er den Gegenstand z.B. des Wahrnehmens oder Erkennens in Opposition zum Subjekt bezeichnet. Genauso ist auch in der Grammatik der Begriff nur sinnvoll, wenn er dem des ↗ Subjekt gegenübergestellt wird. – ›Obj. von‹ ist wie ›Subj. von‹ eine Beziehung zwischen einem Ausdruck und dem Verb, von dem er abhängt; oft wird Obj. aber auch schlicht als Bezeichnung für den Ausdruck verwendet, der diese grammat. Funktion ausübt (so wird in *Anke trifft Werner* der Ausdruck *Werner* als Obj. bezeichnet). – In einem Satz ist dann ein Obj. anzusetzen, wenn ein Ausdruck, der nicht Subj. ist, valenzmäßig an das Verb gebunden ist (↗ Rektion, ↗ Valenz). In der Terminologie der DG gilt das Obj. als ↗ Ergänzung; üblich ist auch die Bez. ↗ Komplement. In der Tradition der DG werden alle Ergänzungen gleich behandelt und die Sonderrolle des Subj. ggü. den Objekten in Frage gestellt; sie sind dann ledigl. durch die Position oder im Dt. morpholog. durch ↗ Kasus (Akk., Dat. oder Gen.) oder Präp. (↗ Präpositionalobjekt) von der Nominativergänzung zu unterscheiden. Neuere valenz- und dependenzorientierte Arbeiten erkennen jedoch die Sonderrolle des Subjekts verstärkt an (Järventausta 2003). Die GG trägt dieser Sonderrolle insofern Rechnung, als sie das Subjekt als externes, die Obj. als interne Argumente definiert. – Obj. können nach verschiedenen Kriterien klassifiziert werden: (a) Die morpholog. Form des Obj. (Kasus bzw. Wahl der Präposition) hängt vom Vb. ab. (b) Ebenso abhängig vom Vb. ist seine ↗ semant. (↗ thematische) Rolle, wie z.B. ↗ Patiens (*Björn hat Ralph überholt*), ↗ Benefaktiv (*Der Vater lobt das Kind*), ↗ Objektiv (*Er fotografiert das Haus*). (c) In semant. Hinsicht können das ↗ affizierte Obj. (*Er betrachtet das Haus*), das ↗ effizierte Obj. (*Sie baut das Haus*) und das ↗ innere (kognate) Obj. (*Er schläft den Schlaf des Gerechten*) voneinander unterschieden werden. (d) Die Differenzierung zwischen direktem und indirektem Obj. wird im Frz. formal vorgenommen: Das ohne Präp. an das Verb gefügte Obj. gilt als ›direkt‹; im Dt. hingegen wird das Akk.obj. teils intuitiv semant. als ›direkt‹ bezeichnet. – Das Obj. gilt als Bestandteil des ↗ Prädikats i. w.S. (des ›Prädikatsverbands‹), das mit dem Subj. zusammen den Satz bildet. Realisiert wird es durch nominale Konstituenten, einen ↗ Objektsatz oder eine ↗ Infinitivkonstruktion. – In Grammatiken und Forschungsliteratur werden einige Auffälligkeiten im Bereich der Obj. diskutiert: (a) Im Gegensatz zu älteren Sprachstufen der Dt. verlangen nur noch wenige Verben der Gegenwartssprache Genitivobjekte (z.B. *gedenken, bedürfen, verdächtigen*). (b) Die sog. ↗ freien Dative (*das ist mir eine zu heiße Sa-*

che) sind meist nicht als Obj. zu interpretieren. (c) Verschiedene Verben fordern zwei Akk.Obj. (*lehren, kosten*; *Sie kostet ihn ein Vermögen*); davon zu unterscheiden sind Objektsprädikative (↗ Gleichsetzungsakkusative) wie *Sie nennt/heißt ihn einen Lügner*. (d) Die NP im Akk. kann nicht nur als Obj., sondern im Ausnahmefall auch als ↗ Adverbial fungieren, z.B. *Er folgt ihm drei Tage lang*; *Er schwimmt einen Kilometer*; ↗ Maßangabe. (e) Neben dem Präp.Obj. existieren valenzgebundene Präpositionalgruppen, die zwar adverbial sind, aber gleichzeitig als Objekt zu beurteilen sind, z.B. *Er wohnt in München*. (f) Adj. können Objekte dann regieren, wenn sie prädikativ gebraucht werden; werden oft als ›Objekt zum Prädikativ‹ bezeichnet (*Diese Stadt ist einen Ausflug wert, Er ist sich dessen bewusst, Das ist mir egal, Er ist zuständig für die Schule*). Strittig ist der Status von Maßangaben bei Adj. wie *Das Haus ist acht Meter hoch/ zehn Jahre alt*, die nur durch *wie?* erfragbar sind. (g) ↗ Objektsätze weisen besondere Eigenheiten auf; so kommen sie anstelle von Dativobj. nur vor, wenn es sich eigentl. um Relativsätze handelt; anstelle von Genitivobj. treten sie fast nur mit Korrelat auf. – Auch wenn es einige markante Auffälligkeiten bzgl. der Entsprechung semant. Funktionen (↗ themat. Rolle des betroffenen Obj.) und Morphologie (Kasus oder Präp.) gibt, ist aufgrund der bislang vorliegenden Forschungsergebnisse nicht anzunehmen, dass diese Entsprechung systemat. ausgeprägt ist. **Lit.** B. Primus, Grammat. Hierarchien. Mchn. 1987. – K. Dzivirek et al. (eds.), Grammatical Relations. A Cross-Theoretical Perspective. Stanford, Cal. 1990. – A. Storrer, Verbvalenz. Theoret. und method. Grundlagen ihrer Beschreibung in Grammatikographie und Lexikographie. Tübingen 1992. – F. Müller-Gotama, Grammatical Relations. Bln. 1994. – F. Beckmann, Untersuchungen zur Grammatik der Adjunkte. Bln. 1997. – Eisenberg II, 279–317. – M. Järventausta: Das Subjektproblem in der Valenzforschung. HSK 25.1, 781–794.   RL

Objektanhebung ↗ Anhebung
Objektbewegung Im Rahmen des ↗ Minimalismus formulierte Annahme, nach der das Objekt aus der VP in die Spec-Position einer funktionalen Projektion AgrOP (object agreement phrase) bewegt werden muss, wo das Checking der ↗ Phi-Merkmale erfolgen kann.   FR
Objektinkorporation ↗ Inkorporation
Objektiv m. In der ↗ Kasusgrammatik höchst vage charakterisierte (semant.) Kasusrolle für einen Gegenstand, Sachverhalt oder Vorgang, der von der Verbbedeutung affiziert ist; ein O. soll dann vorliegen, wenn keine Spezifikation durch eine andere ↗ Kasusrolle möglich ist.   G
Objektivität ↗ Testverfahren
Objektkasus Bez. für die ↗ casus obliqui, soweit sie Objekte markieren.   G

Objektkommunikation ↗ Nonverbale Kommunikation
Objektkontrolle ↗ Kontrolle
Objektsakkusativ ↗ Akkusativ
Objektsatz (auch: Komplementsatz. Engl. object clause, frz. proposition completive, object) ↗ Nebensatz, der in einem Matrixsatz die Funktion eines ↗ Objekts einnimmt. Die Form des O. hängt von dem Verb ab, das ihn regiert. Ein finiter O. wird im Dt. i. d. R. durch *dass* eingeleitet, nach Verben der Sinneswahrnehmung (↗ verbum sentiendi) auch durch *wie* (*Er sah, wie sie auf ihn zukam*), beim ↗ indirekten Fragesatz durch *ob* oder ein W-Fragepronomen oder ein W-Frageadverb. Als O. vor allem von Verben des Sagens (↗ verbum dicendi) kommen auch uneingeleitete Nebensätze vor, z. B. *Er behauptet, seine Schwester sei verreist.* – Vertritt ein O. ein Präp.obj., so tritt – oft fakultativ – die mit dem Korrelat verschmolzene Präposition im ↗ Matrixsatz auf, z. B. *Ich freue mich (darauf), den Kollegen im Zug zu treffen*; *Ich kümmere mich darum, dass die Technik funktioniert.* – Diskutiert wird der Status von Relativsätzen vom Typ *Wir belächelten, was dort geschehen war.* Der durch *was* eingeleitete Satz kann als Relativsatz zum nicht realisierten Pronomen *das* im Matrixsatz analysiert werden: *Wir belächelten das, was wir gesehen haben.* Somit wäre *das* das eigentliche Obj.; die Einordnung als O. ist sehr umstritten. Zu unterscheiden davon sind w-Fragesätze, z. B. *Er fragt sie, wen sie anrufen will* = *Er fragt sie das.* – Ebenfalls in Funktion eines Objekts können ↗ Infinitivkonstruktionen auftreten, z. B. *Er behauptet(,) ihn zu kennen*; ↗ Objektsinfinitiv. **Lit.** W. Oppenrieder, Subjekt- und Objektsätze. HSK 25.2, 900–913. – Weitere Lit. ↗ Objekt.C, RL
Objektsdativ ↗ Dativ
Objektsgenitiv Objekt im ↗ Genitiv, im Dt. in der Rektion einer (kleinen) Reihe von Verben und Adjektiven gefordert, z. B. *Bernd bedarf eines Helfers; Eva erinnert sich des Vorfalls; Annette ist des Lateinischen kundig; Wolfgang war des Lobes voll*; ↗ genitivus obiectivus, ↗ Subjektsgenitiv. G
Objektsinfinitiv ↗ Infinitiv mit der syntakt. Funktion eines ↗ Objekts, z. B. *Er bevorzugt stehend zu dozieren; Das nenne ich schreiben können*; ↗ Prädikativ. G
Objektsprache 1. Bez. für die Ebene der Spr., in der Aussagen zu außersprachl. Gegenständen und Sachverhalten (Objekten) gemacht werden, z. B. *Nassach ist ein kleines Dorf.* **2.** Spr., die Gegenstand ling. Analyse ist und über die Aussagen in einer ↗ Metasprache gemacht werden. Objektsprachl. Einheiten werden in metasprachl. Ausführungen graph. durch Mittel der ↗ Auszeichnung gekennzeichnet (z. B. »*Nassach*« ist ein Eigenname), z. T. ergänzt durch kategoriale Ausdrücke wie Buchstabe, Wort, Satz u. a. SK
Objektprädikativ ↗ Akkusativ, ↗ doppelter Akkusativ, ↗ Prädikativ

Obligatorisch (lat. obligātiō ›Verpflichtung‹) Eigenschaft von Regeln, die festlegt, unter welchen Bedingungen sie angewendet werden müssen, bes. auf der syntakt.-semant. Ebene. O. Regeln greifen in allen ↗ Distributionen, während ↗ fakultative (optionale) Regeln nicht in allen Distributionen anwendbar sind. In der ↗ Valenzgrammatik z. B. ist in der ↗ Valenz des Verbs festgelegt, welche ↗ Ergänzungen für einen grammat. Satz o. sind, z. B. *Hans schenkt Georg ein Buch, Hans schenkt ein Buch, Hans schenkt gern*, aber: **Hans schenkt Georg.* O. Ergänzungen des dreiwertigen Verbs *schenken* sind ein N. oder eine NP im Nom. und im Akk. bzw. ein Adv. Die Ergänzung im Dat. ist ↗ fakultativ. SN
Obligatory Contour Principle ↗ Autosegmentale Phonologie
Oblique Rede ↗ Indirekte Rede
Obliquer Kontext Im Rahmen seiner Bedeutungstheorie räumt Frege ein, dass die Bedeutung eines Ausdrucks auch kontextabhängig sein kann. Während bspw. in der Aussage *Fritz hat das Buch gelesen* die Bedeutung der Ausdrücke durch die Person Fritz und das Buch, das gelesen wird, festgelegt sind, wird in der Aussage *Fritz behauptet, dass er das Buch gelesen habe* keine Aussage über das Buch gemacht, sondern einzig über den Sinn des Nebensatzes (*dass er das Buch gelesen habe*). In einem solchen Fall, wenn sich der Ausdruck nur auf den Sinn und nicht auf ein Referenzobjekt bezieht, spricht Frege von indirekten oder o. K., die i. d. R. durch einen Nebensatz ausgedrückt werden (*P glaubt, dass ...*). **Lit.** G. Frege, Funktion, Begriff, Bedeutung. Göttingen 1969. PR
Obliquus ↗ Casus obliquus
Observation ↗ Beobachtung
Obstruent m. (lat. obstruere ›versperren‹. Auch: Geräuschlaut, Geräuschkonsonant) **1.** Klasse kons. Sprachlaute bzw. ↗ Artikulationsmodi, die durch eine geräuscherzeugende Enge-/Verschlussbildung im ↗ Ansatzrohr gekennzeichnet sind: ↗ Frikative, ↗ Plosive, ↗ Affrikaten. – **2.** (Eher veraltet) Binäres phonolog. distinktives Merkmal [± obs.] zur Kennzeichnung von 1.; heute ersetzt durch die Spezifikation [-son.] des gegensätzl. Merkmals. PM
Ob-Ugrische Sprachen ↗ Ostjakisch, ↗ Vogulisch
Obviativ (lat. obvius ›begegnend, entgegenkommend‹) Morpholog. Differenzierung im Pronominalsystem z. B. einiger ↗ nordamerikanischer Sprachen, die es erlaubt, in der ↗ Personaldeixis zwischen »unmittelbar vorerwähnt« (proximat) und »nicht unmittelbar vorerwähnt« (obviativ) zu unterscheiden (vgl. dt. *dieser – jener*, lat. *iste – ille*). G
Ocaína ↗ Witoto
Occidental – Interlingue 1922/24 von E. de Wahl (frz. Marineoffizier, 1867–1948) veröffentlichtes, strikt ↗ latinides ↗ Plansprachenprojekt, gegen das ↗ Esperanto gerichtet. **Lit.** E. von Wahl, Occidental. Unic natural, vermen neutral e max facil e compre-

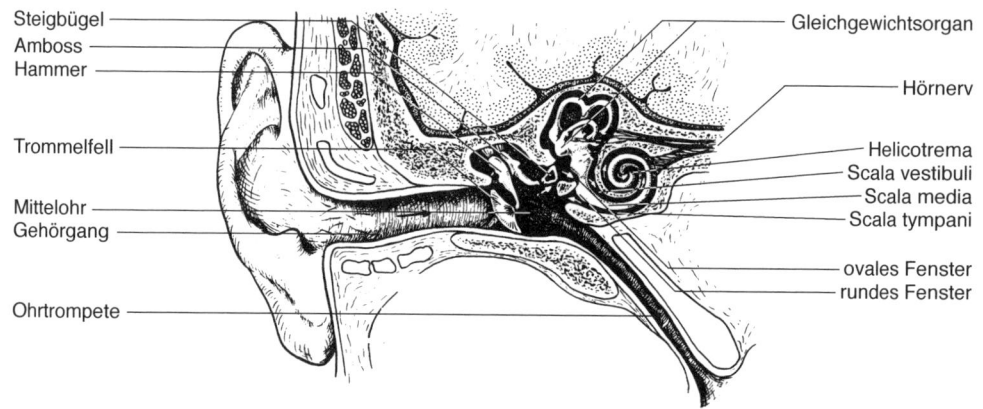

Steigbügel
Amboss
Hammer

Trommelfell

Mittelohr
Gehörgang

Ohrtrompete

Gleichgewichtsorgan

Hörnerv

Helicotrema
Scala vestibuli
Scala media
Scala tympani

ovales Fenster
rundes Fenster

Übersicht über den Bau des menschlichen Ohrs

sibil lingue por international relationes. Tallinas 1924.   G

OCP ↗ Autosegmentale Phonologie

Ofajé ↗ Ge-Sprachen

Offen ↗ Geschlossen

Offene Klasse ↗ Geschlossene Klasse

Offene Silbe ↗ Geschlossene Silbe

Offizielle Sprache ↗ Amtssprache

Offizierston ↗ Sprechausdruck

Off-line-Technik ↗ Experiment

Öffnungslaut (auch: Approximant, Hemmlaut) Kons. ↗ Artikulationsmodus bzw. Sprachlaut, der durch eine im Ggs. zum ↗ Obstruent nicht geräuschbildende Enge im ↗ Ansatzrohr gekennzeichnet ist, z. B. dt. [j]. Dabei sind durchgängige Engepassagen bei den ↗ Gleitlauten und ↗ Halbvokalen von seitl. bei den ↗ Lateralen zu unterscheiden.   PM

Offset ↗ Silbenkoda

Ogham-Alphabet ↗ Keltische Sprachen

Oghusisch ↗ Turksprachen

Ohr (lat. auris, engl. ear, frz. oreille) Hör- und Gleichgewichtsorgan, Rezeptionsorgan für ↗ gesprochene Sprache. Es gliedert sich in Außen-, Mittel- und Innenohr. Außen- und Mittelohr dienen im Wesentl. der Schalleitung, während das Innenohr das eigentl. Sinnesorgan, die Schnecke (lat. *cochlea*) beherbergt. Die Ohrmuschel mündet trichterförmig in den äußeren Gehörgang (Außenohr). Dieser trifft auf das Trommelfell, eine elast. Membran, die das Mittelohr luftdicht abgrenzt. Das Mittelohr (Paukenhöhle) ist ebenfalls luftgefüllt. Zum Druckausgleich besitzt es eine Verbindung zum Nasenrachenraum, die Eustachische Röhre (*tuba audītīva* ›Ohrtrompete‹). Auf der Seite des Mittelohres ist das Trommelfell fest mit dem Hammer, dem ersten der drei Gehörknöchelchen, verwachsen. Der Hammer ist gelenkig mit dem Amboss, dieser mit dem Steigbügel verbunden, wodurch eine bewegl. Kette ent-

steht. Die Steigbügelplatte steht mit der Membran des ovalen Fensters zum Innenohr in Verbindung. Die Schnecke des Innenohres liegt in einem gewundenen knöchernen Gang. Sie baut sich aus zwei um eine innere Achse gedrehten Schläuchen (*scāla vēstibulī* und *scāla tympanī*) auf. Beide gehen am höchsten Punkt der Schnecke (*helicotrema*) ineinander über und sind mit Flüssigkeit gefüllt. Die *scāla vēstibulī* beginnt am ovalen Fenster, die *scāla tympanī* endet am runden Fenster, das ebenfalls mit einer elast. Membran verschlossen ist. Zwischen beiden Schläuchen ist, nach oben durch die Reissnersche Membran, nach unten durch die Basilarmembran abgegrenzt, ein dritter eingelagert, die *scāla media*. Diese ist mit chem. andersartiger Flüssigkeit gefüllt. In der *scāla media* »schwimmt« eine dem schneckenförmigen Aufbau folgende gallertartige Membran, die Tektorialmembran. Sie ist über feinste Härchen (Cilien) mit den Haarzellen, den eigentlichen Sinneszellen (Rezeptoren), verbunden. Diese sitzen der Basilarmembran auf und werden in ihrer Gesamtheit auch als Cortisches Organ bezeichnet. – Ein Schallimpuls setzt das Trommelfell und damit die Gehörknöchelchenkette in ↗ Schwingung. Über die Membran des ovalen Fensters setzt sich die Schwingung in der Flüssigkeit der Schnecke in Form einer sog. Wanderwelle fort (Wanderwellenhypothese). Durch die Verformung der Schläuche kommt es zu einer Relativbewegung zwischen Tektorial- und Basilarmembran, wodurch die Haarzellen erregt werden. Der schneckenförmige Aufbau der Cochlea dient einer Differenzierung der ↗ Frequenzen: hohe ↗ Töne bewirken ein Maximum des Wellenausschlages an der Basis der Schnecke, tiefe Töne nahe des Helicotremas (Frequenzdispersion). Dadurch werden die Haarzellen je nach ihrer Lokalisation in der Schnecke von unterschiedl. Frequenzen erregt, d. h. jede Frequenz wird auf einem bestimmten Ort im Schneckenverlauf »abgebildet« (Einortstheorie). Die Haarzellen wandeln die nach Frequenz differenzierten Schallwellen in elektrophysiol. Impulse um (Transduktion). Die Schallwellen werden also aus der Luftleitung über mechan. Übertragung (Mittelohr) und Leitung in Flüssigkeit (Innenohr) in elektr. Nervensignale umgewandelt. Der »Umweg« über den Trommelfell-Gehörknöchelchen-Apparat dient dabei einer Anpassung der Schallwellenwiderstände von Luft und Innenohr, wodurch die Reflexionsverluste minimiert werden. – Die Haarzellen leiten das Gehörte über den VIII. Hirnnerv (*nervus vēstibulocochleāris*) ins ↗ Gehirn weiter. Die weitere Informationsverarbeitung wird in den Hirnnervenkernen im Stammhirn und mehreren nachfolgenden »Umschaltstationen« vollzogen, bis schließl. über die Hörstrahlung die primäre Hörrinde (auditiver Cortex) erreicht wird. Erst hier erreicht der Schallimpuls die Ebene des Bewusstseins. – Neben der Schnecke beherbergt das Innenohr auch das Gleichgewichtsorgan, das dem Gehirn Informationen über die Lage des Kopfes im Raum und Bewegungsabläufe liefert. **Lit.** H.-P. Zenner, Die Kommunikation des Menschen: Hören und Sprechen. In: R. F. Schmidt, F. Lang & G. Thews (Hgg.), Physiologie des Menschen. Bln. u. a. ²⁹2005, 334–356. – D. Drenkhahn (Hg.), Anatomie. Bd. 1. Mchn. ¹⁶2003. GL

Ohrenphonetik ↗ Deskriptive Phonetik

Oikonym ↗ Toponym

Ojibwa ↗ Algonkin-Sprachen

Ojratisch Sammelbez. für die westmongol. Mundarten der Dörböt, Bajat, Torgot, Ölöt u. a. sowie für die ojrat. Schriftspr., die 1648 vom Oberlama der Dzungarei Dschaya Pandita auf der Basis der ujguromongol. Schriftspr. entwickelt worden war; ↗ Mongolisch. Ein Teil der Torgot und Dörböt wanderte 1616 nach Westen ab und gelangte 1632 an die Wolga, die zurückgebliebenen Ojraten bildeten unter Führung der Dzungaren 1635/36 ein Großreich, das 1758 durch die Mandschu vernichtet wurde. Nach Westen entkommene Dzungaren holten 1770/71 einen Teil der in Russland siedelnden Torgot und Dörböt in die Dzungarei zurück, die übrigen verblieben an der Wolga; ↗ Kalmykisch. Heute leben Reste der ojrat. Stämme in der Dzungarei und Xinjiang (mehr als 100 000) und in der Mongolei (etwa 100 000). Sie benutzen bis heute die ojrat. Schriftspr., obwohl sie von ihren Mundarten stark abweicht. MI

Ojrotisch ↗ Altaisch

Ókanje ↗ Russisch

Okkasionalismus ↗ Gelegenheitsbildung

Okkasionelle Bedeutung (lat. occāsiō ›Gelegenheit‹. Engl. occasional meaning, frz. sens occasionnel) Terminus von H. Paul zur Bez. der aktuellen Wortbedeutung unter dem Aspekt ihrer Differenz zur ↗ usuellen Bedeutung, die durch die o. B. ange-

reichert, spezialisiert oder verschoben wird. ↗ Bedeutungswandel vollzieht sich nach Paul als Usualisierung derartiger Differenzen. **Lit.** ↗ Usuelle Bedeutung. RB

Okkasionelle Bildung ↗ Gelegenheitsbildung

Okklusiv ↗ Plosiv

Okkurenz ↗ Vorkommen

Ökolinguistik In den letzten Jahren aufgekommene Richtung, die nicht zuletzt auch von der ökolog. Bewegung inspiriert ist und profitiert. Sie betont ihre Interdisziplinarität, ihre Verbindung mit anderen sprachwiss. Interdisziplinen, vor allem mit der Soziolinguistik, der Kontakt- und der Psycholinguistik. Richtungen der Ö. sind: (a) Erklärung von Sprachwandel einschließl. der Entstehung oder des Untergangs von Sprachen bzw. Varietäten durch bewusste Exploration der metaphor. Betrachtung von Spr. als Organismus oder häufiger als Spezies von Organismen. Spr. wird dann im Verhältnis zu ihrer »Umwelt« analog gesehen zu einer natürl. Spezies (einem Organismus) und ihrer (seiner) Umwelt. (b) Versuch des Verständnisses von ↗ »Sprachtod« und Konzipierung von Spracherhaltmaßnahmen einschließl. der prakt. Umsetzung. Häufig wird dabei »Sprachtod« nicht nur analog dem Artenschwund verstanden, sondern auch als analoge Umweltkatastrophe bewertet. Bei den Erklärungsversuchen wird de facto jedoch auf sozio-, psycho- oder kontaktling. Gesetzmäßigkeiten rekurriert. Die Bewertung als Menschheitskatastrophe stützt sich hauptsächlich auf die Humboldt-Sapir-Whorf-Hypothese von der spezif. Weltsicht jeder Spr., woraus abgeleitet wird, dass die Menschheit durch den Untergang von Sprachen wichtige Erkenntnisressourcen verliere. (c) »Kritische Diskursanalyse« von Texten zu Umweltthemen, der es um das Aufzeigen von sprachl. Beschönigung oder Verschleierung von Umweltproblemen geht und um die Entwicklung nicht-verschleiernder Formulierungsalternativen. **Lit.** W. Trampe, Ökolog. Ling. Opladen 1990. – A. Fill (Hg.), Sprachökologie und Ö. Tübingen 1996. – A. Fill & P. Mühlhäusler (eds.), The Ecolinguistic Reader. Ldn., N. Y. 2001. – S. S. Mufwene, The Ecology of Language Evolution. Cambridge 2001. AM

Ökonomieprinzip ↗ Sprachökonomie (1)

Okzitanisch (Eigenbez. Occitan, ↗ Langue d'Oc) Das Sprachgebiet des O. umfasst ungefähr das südl. Drittel Frankreichs. Sprecherzahl: 2–3 Mio. aktiv (zwei- oder mehrsprachig), ca. 12 Mio. passiv. Auch ↗ Provenzalisch wurde zur Bezeichnung des O. verwendet, wobei mit Letzterem heute ein spezif. o. Dialekt gemeint ist; Karte ↗ Europäische Sprachen, im Anhang. Seit dem 11. Jh. schriftl. belegt; vom 12. bis 14. Jh. Kultursprache mit Ausstrahlung auf ganz Europa (z. B. Troubadourdichtung). Der polit. Einfluss des Nordens drängt den Gebrauch des O. schon im Spätma. stark zurück, kodifiziert im Edikt von Villers-Cotterêts (1539), das endgültig das Frz. als offizielle Sprache einführt. Durch die frz. Revolution wird das O. weiter geschwächt. Erst im 19. Jh. Standardisierungsversuche auf der Basis des rhodanes. Dialekts (bes. F. Mistral). Dialekteinteilung variiert. Im S.-W. das stark eigenständige ↗ Gaskognische; Nordokz. (Auvergnat., Limousin., Delphinat.); Südokz. (Languedok., Provenzal., Rhodanes.). Die nördlichsten Varietäten (Poitou) sind stärker französisiert. Die homogensten Sprachgruppen finden sich im Languedoc und der Gaskogne. **Lit.** P. Cichon, Einführung in die okzitan. Spr. Bonn ²2002. – A. Rieger (Hg.), Okzitanistik, Altokzitanistik und Provenzalistik: Geschichte und Auftrag einer europ. Philologie. Ffm. u. a. 2000. – RL, Bd. V. 2, bes. 1–126.   HU

Oldenburgisch ↗ Nordniederdeutsch

Oligoliteral ↗ Schriftlichkeit

Oltscha ↗ Tungusisch

Ometo ↗ Omotische Sprachen

Omong Jarkata ↗ Malaiisch

Omotische Sprachen Gruppe von ca. 20 Spr., die bis 1976 unter der Bez. ›Westkuschitisch‹ zu den ↗ kuschitischen Sprachen gerechnet wurden. Aufgrund morpholog. und lexikal. Besonderheiten wurde jedoch vorgeschlagen und überwiegend akzeptiert, sie als eigene Gruppe innerhalb der ↗ afroasiatischen Sprachen anzusehen. Sprachgebiet: beiderseits des Omo-Flusses in Südwest-Äthiopien; Karte ↗ Afrikanische Sprachen, im Anhang. Abgesehen vom Wolayta (Welamo) mit ca. 1,8 Mio. Sprechern, das seit 1979 in Äthiopien in Alphabetisierungskampagnen und im Rundfunk verwendet wird, werden die o. S. jeweils nur von wenigen 100 000 (Kefa-Mocha), einigen 10 000 (z. B. Ari, Bencho-She, Dizi, Hamer, Kore, Ometo, Zayse) oder gar nur einigen Tausend Sprechern (z. B. Janjero) gesprochen. **Lit.** H. C. Fleming, Omotic Overview. In: M. L. Bender (ed.), The Non-Semitic Languages of Ethiopia. East Lansing 1976, 298 ff. – A. Amha, The Maale Language. Leiden 2001. – R. J. Hayward (ed.), Omotic Language Studies. Ldn. 1990.   RE

Omuri ↗ Iranische Sprachen

Ona (auch: Selk'nam) Spr. der ursprüngl. Bewohner der Hauptinsel von Tierra del Fuego (Feuerland). Das O. gehört zu den ↗ Tschon-Sprachen; es ist um 1980 erloschen. Die andere Tschon-Spr. der Hauptinsel, das Haush, wird ebenfalls nicht mehr gesprochen; Karte ↗ Südamerikanische Sprachen, im Anhang. **Lit.** M. Gusinde, Die Feuerland-Indianer I: Die Selk'nam. Mödling 1931. – E. L. Najlis, Lengua selknam. Buenos Aires 1973. – C. Clairis, Indigenous Languages of Tierra del Fuego. SAIL, 753–783. **SSG** Stadt- und Universitätsbibliothek Frankfurt/M. (30).   AD

Oneida ↗ Irokesische Sprachen

On-line-Technik ↗ Experiment, ↗ Mentales Lexikon

Ono ↗ Yoruba

Onomasiologie (griech. ὀνομασία (onomasia) ›Benennung‹. Auch: Onomastik, Benennungslehre,

Bezeichnungslehre) Die O. wurde von Vertretern der ↗ Dialektgeographie (J. Gilliéron) und der ↗ «Wörter und Sachen«-Forschung (H. Schuchardt, R. Meringer) als eine sprachwiss. Disziplin ins Leben gerufen, die die Fragestellung verfolgt: »Welche Wörter und Wortverbindungen sagen die verschiedenen Menschen, Typen, Gruppen, Gegenden, Zeiten, wenn sie best. Inhalte ausdrücken wollen, und warum?« (F. Dornseiff 1970, 44). Diese »Sehrichtung […] vom Inhalt zum Ausdruck« ist für Dornseiff nicht einfach das Komplement der semasiolog. Sicht »vom Klang zum Inhalt«, sondern die notwendige Voraussetzung einer kausalen Erklärung des semant. Wandels als »Bezeichnungswandel«. So sind z. B. sog. ↗ Bedeutungsverschlechterungen, etwa von mhd. *vrouwe* zu nhd. *Frau*, zurückzuführen auf die Intention der euphemist. Aufwertung (von nicht-adligen Frauen) durch höherwertige Lexeme (↗ Meliorativ, ↗ Euphemismus), die dann, indem sie usuell werden, ihre alte ↗ Konnotation (2) verlieren. Die O. nimmt generell die Perspektive eines Sprechers ein, der nach dem ›treffenden‹ Ausdruck sucht; entsprechend sammelt sie bezeichnungsverwandte Lexeme im »sozialkognitiven Rahmen« (Reichmann 1989, 1060) eines definierten Begriffsrasters, und zwar (a) dialektale, soziolektale, histor. oder stilist. ↗ Synonyme (bzw. ↗ Heteronyme), (b) die ↗ Kohyponyme der begriffl. definierten ↗ Wortfelder und (c) syntagmat. assoziierbare Lexeme. Ihren lexikograph. Niederschlag findet die onomasiolog. Arbeit v. a. in Wbb. »nach Sachgruppen« (Dornseiff), die einer langen Tradition von ↗ Onomastika, ↗ Thesauri und Synonymenwbb. entstammen, u. a. aber auch in Wortatlaskarten (↗ Sprachatlas). Sachgruppenwbb. sind systemat.-begriffl. geordnet und bieten i. d. R. den Wortschatz ›kumulativ‹, d. h. ledigl. auflistend dar. Eine Erläuterung der semant. Differenzen, so wie sie ›distinktive‹ Synonymenwbb. an kleineren Lexemauswahlen bieten, bedarf aber einer semasiolog. Bedeutungsanalyse. Wie bei der strukturellen Beschreibung des ↗ Wortschatzes einer Spr. müssen onomasiolog. Wortfeld-Empirie und semasiolog. Analytik zusammenwirken, haben u. a. K. Baldinger, K. Heger, H. E. Wiegand und H. Henne gezeigt. Neuere Entwicklungen einer Framesemantik (↗ Rahmen) (K.-P. Konerding, H. Henne ²1998) oder kognitiven O. werden die Systematik künftiger onomasiolog. Wbb. fundieren und bereichern. **Lit.** F. Dornseiff, Der dt. Wortschatz nach Sachgruppen. Bln. 1932, ⁸2004 – B. Quadri, Aufgaben und Methoden der onomasiolog. Forschung. Bln. 1952. – R. Hallig & W. v. Wartburg, Begriffssystem als Grundlage für die Lexikographie. Bln. ²1963. – O. Reichmann, Das onomasiolog. Wb.: Ein Überblick. HSK 5, I, 1057–1067. – K.-P. Konerding, Frames und lexikal. Bedeutungswissen. Tübingen 1993. – P. Koch, Bedeutungswandel und Bezeichnungswandel. Von der kognitiven Semasiologie zur kognitiven O. LiLi

121, 2001, 7–36. – R. Schmidt-Wiegand, Die onomasiolog. Sichtweise auf den Wortschatz. HSK
21.1, 738–751. – A. Blank, Kognitive roman. O.
und Semasiologie. Tübingen 2003. – St. Gronde-
laers & D. Geeraarts, Towards a Pragmatic Model
of Cognitive Onomasiology. In: H. Cuyckens et al.
(eds.), Cognitive Approaches to Lexical Semantics.
Bln., N. Y. 2003, 67–92. – J. Grzega, Bezeichnungswandel: Wie, warum, wozu. Heidelberg
2004. – Weitere Lit. ⁊ Semasiologie.   RB

Onomastik 1. ⁊ Onomasiologie. **2.** ⁊ Namenforschung

Onomastikon n. (griech. ὀνομαστικόν (onomastikon) ›Benennungs-, Namensammlung‹) **1.** In der
klass. Philologie Bez. für ein Wb. nach Sachgruppen (⁊ Onomasiologie), nach dem Titel eines entsprechenden Werkes des spätantiken Rhetorikleh-
rers Julius Pollux (180 n. Chr.). RB **2.** (Auch:
Namenwörterbuch. Engl. onomastic dictionary,
frz. dictionnaire de noms propres) Wb., das Entstehung, Etymologie und Verbreitung von Namen
verzeichnet, z. B. von ⁊ Personennamen oder ⁊ Ortsnamen.   G

Onomatopoetikon n. (griech. ὀνοματοποιεῖν (ono-
matopoiein) ›benennen‹. Auch: Onomatopöie, laut-
malendes, lautsymbolisches, klangmalendes, onoma-
topoetisches, schallnachahmendes Wort, Schallwort.
Engl. onomatopoeia, sound symbolism, frz. onoma-
topée) Wort, das Naturlaute klangl. nachahmt oder
nachzuahmen scheint, z. B. *Kuckuck, Piepmatz,*
gackern, blöken. Derselbe Naturlaut kann in der
Perzeption von Menschen unterschiedl. Spr. unterschiedl. wahrgenommen werden, z. B. dt. *kikeriki,*
ital. *chicchirichi,* frz. *cocorico,* russ. *kukareku,*
engl. *cook-a-doodle-do,* griech. κίκιρρος (kikirros),
lat. *cicirrus* ›Hahn‹. Eine reich sprudelnde Quelle
immer neuer O. sind die Comics (*grmpf, splasch*),
wo oft Verbstämme als O. vorkommen (*gähn, grum-*
mel); ⁊ Inflektiv. O. stellen scheinbar die Annahme
von der ⁊ Arbitrarität des sprachl. Zeichens in Frage,
weil sie natürl. motiviert sind, aber sie sind so selten,
dass sie kaum dazu taugen, die ⁊ Naturlauttheorie der
Sprachentstehung plausibel zu machen; ⁊ Lautsymbolik. **Lit.** M. Gross, Zur ling. Problematisierung des
Onomatopoetischen. Hamburg 1988. – E. J. Havlik,
Lexikon der Onomatopöien. Die lautimitierenden
Wörter im Comic. Ffm. ²1991.   G

Onondago ⁊ Irokesische Sprachen

Ontogenese (griech. ὄν (on) ›Sein, Seiendes‹, γένεσις (genesis) ›Abstammung, Entwicklung‹) In der
⁊ Spracherwerbsforschung die individuelle Form
der Aneignung bzw. Entwicklung der Mutterspr.
im Vorschulalter, wobei häufig verschiedene Phasen
(⁊ Einwortsatz, ⁊ Zweiwortsatz) unterschieden werden. O. wird häufig im Ggs. zu *Phylogenese* verwendet, womit die menschheitsgeschichtl. Sprachentwicklung gemeint ist.   GI, SO

Ontologie In der ⁊ Informatik, insbes. der ⁊ Künstlichen Intelligenz und angrenzenden Disziplinen

wie der ⁊ Computerlinguistik ein System, das die
Beziehungen zwischen Begriffen auf der Basis einer formalen Beschreibungsspr. (z. B. einer ⁊ Logik)
definiert. Eine O. ist im einfachsten Fall eine taxonom. Hierarchie, in der Oberklassen und Unterklassen (⁊ Hyponymie) repräsentiert werden. In komplexeren O. werden Klassen mit Merkmalen (Attributen) verknüpft und Relationen zwischen Klassen
definiert; ⁊ Wissensrepräsentation, ⁊ Vererbungsnetzwerk.   L

Opake Bildung ⁊ Demotivierte Bildung, ⁊ Idiomatisierte Bildung; Ggs. ⁊ Motivierte Bildung

Opaker Kontext In der Sprachphilosophie wird
dann von einem o. K. gesprochen, wenn ein bezeichnender Ausdruck nicht eindeutig auf ein Referenzobjekt verweist, wie es im transparenten Kontext der Fall ist. Dies ist nach Frege dann der Fall,
wenn als Name seines Sinnes verwendet wird: z. B.
drücken die beiden sprachl. Ausdrücke *Abendstern*
und *Morgenstern* einen unterschiedl. Sinn für dasselbe Referenzobjekt, nämlich den Planeten Venus,
aus. **Lit.** G. Frege, Funk-
tion, Begriff, Bedeutung. Göttingen 1969.   PR

Open Language Archive ⁊ Metadaten

Operand m. (lat. operándum ›das zu Bearbeitende‹;
⁊ Operator) In semant. Interpretation bildet der O.
die zugrundeliegende Einheit, die durch den Operator spezifiziert wird: sei es als ⁊ Argument (z. B.
Maria), durch ein einfaches oder komplexes ⁊ Prädikat (*schläft (Maria); ist-glücklich (Maria); spielt-*
gern-Monopoly (Maria)), ⁊ Attribut (*glückliche*
(Maria)) oder Determinativ (*die (glückliche-Ma-*
ria)), sei es als Proposition durch ein Adverbial
(*gern (spielt Maria)*). Eine kategorialgrammat.
Analyse zerlegt (komplexe) Sätze in eine Hierarchie von ggf. ⁊ rekursiven Operator-Operand-Rela-
tionen, deren Gesamtstruktur den kompositionellen
Aufbau der Satzbedeutung abbildet und damit dem
⁊ Frege-Prinzip Genüge leistet.   RB

**Operational, Operationale Verfahren, Operatio-
nalisierung** (lat. operārī, perf. operātum esse ›etw.
verrichten‹) **1.** In Forschungsprozessen, die sich
empir. Verfahren bedienen, bezeichnet o. bzw. Ope-
rationalisierung i. d. R. die Angabe von Regeln, wie
die Sachverhalte, die ein theoret. Begriff bezeichnet, empir. erfasst werden können, oder die Angabe
von Anweisungen zur Durchführung von Vorhaben
bzw. zum Zustandekommen von Resultaten, d. h.
die verwendeten Begriffe, Messverfahren und Un-
tersuchungsschritte werden spezifiziert und offengelegt (›operationalisiert‹); ⁊ Definition. – **2.** In Anlehnung an empir.-experimentelle Methoden der
Natur- und Sozialwiss. wurden v. a. in der strukturalist. Sprachwiss. die o. Verfahren ausgearbeitet
und systematisiert, die gewährleisten sollen, dass
die Gewinnung, Bestimmung, Analyse und ⁊ Beschreibung sprachl. bzw. sprachgebundener Einheiten nach Maßgaben erfolgen, die nachvollziehbar
und überprüfbar sind. Diese auch als Proben, expe-

rimentelle Methoden, ↗ Experimente, ↗ Testverfahren u. a. bezeichneten Vorgehensweisen sollen damit Kriterien erfüllen, die an Prozeduren der ↗ Datenerhebung und -auswertung sowie an Testverfahren allgemein gestellt werden, z. B. Objektivität, Validität (Gültigkeit), Reliabilität (Zuverlässigkeit). Bei diesen Verfahren, die als Varianten der strukturalist. ↗ Segmentierung und ↗ Klassifizierung durch ↗ Minimalpaarbildung und ↗ Distributionsanalyse angesehen werden können, werden an sprachl. Material gezielt Manipulationen vorgenommen bzw. Transformationen vorgenommen, d. h. z. B. sprachl. Einheiten auf Laut-, Wort-, Satz- od. Textebene werden systemat. umgestellt, ausgetauscht, weggelassen, umgeformt, hinzugefügt, um ↗ Kategorien und ↗ Funktionen zu ermitteln sowie ↗ syntagmatische und ↗ paradigmatische Strukturen und Regularitäten aufzudecken. Zu den o. Verfahren zählen u. a. ↗ Verschiebeprobe, ↗ Austauschprobe, ↗ Weglassprobe, ↗ Kollokationstest, ↗ Satzgliedtest, ↗ Unverträglichkeitsprobe und ↗ Kreuzklassifikation. Häufig wird den o. Verfahren nur ein heurist. Wert als Entdeckungsprozeduren zugesprochen, indem darauf verwiesen wird, dass letztl. nur die ↗ Intuition des Forschers bzw. seines ↗ Informanten über ↗ Grammatikalität, ↗ Akzeptabilität usw. der Umformungsresultate entscheidet. **3.** In der GG finden sich die o. Verfahren der strukturellen Linguistik als formalisierte Transformationsprozesse; vgl. z. B. ↗ Kommutation, ↗ Substitution, ↗ Tilgung. **Lit.** H. Glinz, Die innere Form des Dt. Bern ⁶1973. – E. Bense, P. Eisenberg u. a. (Hgg.), Beschreibungsmethoden des amerikan. Strukturalismus. Mchn. 1976. – K. Brinker, Modelle und Methoden der strukturalist. Ling. Stgt. 1977.   **SK**

Operator m. In der Ling. und Logik ist der O. ein Zeichen, das dazu dient, aus schon gegebenen Ausdrücken einen neuen Ausdruck zu bilden oder diesen in einen anderen Ausdruck umzuformen. Z. B. stellen die ↗ Junktoren solche O. dar, da mit ihrer Hilfe aus Aussagen neue Aussagenverbindungen gebildet werden können; ↗ Logische Partikel.   **PR**

Opisthographon ↗ Anopisthographon

Opone-Carare ↗ Karibische Sprachen

Opposition (lat. oppositiō ›das Entgegensetzen‹) Von der ↗ Prager Schule und N. S. Trubeckoj (russ. Linguist, 1890–1938) zuerst im Rahmen der ↗ Phonologie entwickelte Beschreibungskategorie für das Verhältnis zweier durch ein oder mehrere ↗ distinktive Merkmale unterschiedener ling. Einheiten. Durch die von einem ↗ Phonem als minimaler ↗ distinktiver (bedeutungsunterscheidender) Lauteinheit einer Spr. eingegangenen O. definiert sich dessen phon. Gehalt. Trubeckoj unterteilt die O. (a) nach ihrer Beziehung zum Gesamtsystem in (aa) *eindimensionale* (auch: bilaterale) und *mehrdimensionale*. Bei eindimensionalen O. ist die Vergleichsgrundlage nur einem O.paar eigen (z. B. dt. /d-t/ als Stimmhaftigkeits-O. bei alveolaren Plosiven), wäh-

rend dies für die mehrdimensionalen nicht gilt (z. B. dt. /b-d-g/ als Artikulationsstellen-O. bei sth. Plosiven). Mehrdimensionale O. lassen sich weiter unterteilen in *homogene*, d. h. aus einer Kette eindimensionaler O. bestehend (z. B. dt. /u-e/ als /u-o/, /o-ö/, /ö-e/; /x-ŋ/ als x-k, k-g, g-ŋ) und *heterogene* (z. B. dt. /p-t/), homogene wiederum in *geradlinige*, bei denen nur eine mögliche Kette existiert (z. B. dt. /x-ŋ/) und *ungeradlinige* (z. B. dt. /u-e/ auch als /u-y/, /y-i/, /i-e/). Daneben sind (ab) *proportionale* O. von *isolierten* zu unterscheiden. Proportionale O. sind solche Beziehungen, die im Ggs. zu den isolierten in mehreren O.-Paaren auftreten können (↗ Korrelation; z. B. dt. /d-t/ ≡ /b-p/, /g-k/ (eindimensional); /p-t/ ≡ /b-d/, /m-n/ (mehrdimensional) im Ggs. zu /r-l/ (eindimensional) oder /p-ʃ/ (mehrdimensional). Die Einteilung (b) nach den Beziehungen zwischen den O.-Gliedern unterscheidet zwischen *privativen*, d. h. durch das Vorhandensein bzw. Fehlen eines Merkmals (z. B. stimmhaft-stimmlos) definierten, *graduellen*, d. h. durch Merkmalsabstufungen (z. B. vokal. Öffnungsgraden) definierten, und *äquipollenten*, d. h. durch log. gleichberechtigte Glieder (z. B. dt. /p-t/, /f-k/) definierten O. Log. privative oder graduelle O. können im phonolog. System einer Einzelsprache aber auch faktisch äquipollente O. darstellen. Eine weitere Unterteilung der O. ist (c) die in Bezug auf das Ausmaß ihrer Gültigkeit in *konstante*, d. h. ein in allen Lautpositionen bestehender distinktiver Gegensatz, und *aufhebbare* O., d. h. in best. Stellungen aufgehobene Gegensätze (↗ Archiphonem; z. B. die dt. Stimmhaft-stimmlos-Unterscheidung im ↗ Auslaut; ↗ Auslautverhärtung). – Das Prinzip der O. ist ebenso anwendbar im Bereich der ↗ Graphematik (*Weise-Waise*), der ↗ Morphologie (*ehrbar-ehrlos*) und ↗ Semantik bzw. ↗ Lexematik (*Vater-Mutter*) sowie grammat. Kategorien (Sg. – Pl., Mask. – Fem.); ↗ Kontrast. – **Lit.** N. Trubeckoj, Grundzüge der Phonologie (1939). Göttingen 1989.   **PM**

Optativ (lat. optāre ›wünschen‹) In verschiedenen Spr. (z. B. Altgriech., Finn., Rumän., Türk.) vom ↗ Konjunktiv unterscheidbare morpholog. Kategorie des Verbs und Teilkategorie des ↗ Modus. Pragmat. Funktion des O. ist, einen Wunsch (im Allgemeinen des Sprechers) zum Ausdruck zu bringen. Im Dt. verfügt der O. über kein morpholog. Formparadigma. Diskutiert wird, inwiefern der ↗ Satzmodus best. Sätzen (›O.sätzen‹) zugeschrieben werden kann, z. B. *Dass er doch käme!*, *Käme er doch!*, *Es lebe die Freiheit!* **Lit.** ↗ Modus.   **F**

Optimalitätstheorie (engl. Optimality Theory, Abk. OT) Neuere ling., v. a. phonolog. Theorie, in der die Regularitäten als Menge sehr genereller universell gültiger Wohlgeformtheitsbedingungen des Outputs (Beschränkungen (Abk. B.), wellformedness conditions, output constraints, CON) formuliert werden. Diese sich untereinander teilweise widersprechenden Beschränkungen sind verletzbar, wobei sie für eine Einzelspr. diesbezügl. in einer jeweils best. Rangfolge geordnet sind. Die OT kennt ledigl. zwei Mechanismen: den Generator (GEN), der den Input in die Menge aller möglichen Kandidaten (CAND) der Analyse überführt, und den Evaluator (EVAL), der aus dieser Menge den Kandidaten auswählt, der der einzelsprachl. Hierarchie der B.en optimal entspricht. Seine Operationsweise wird in Form eines Tableaus (vgl. Abb.) dargestellt, dessen Spalten von links nach rechts die einzelnen Beschränkungen nach abnehmender Wichtigkeit repräsentieren (gleichrangige werden durch gestrichelte Spaltentrennung markiert). Zeilenweise sind die einzelnen Kandidaten der Analyse gelistet und die durch sie verletzten B.en durch * markiert; ☞ markiert den optimalen Kandidaten (die für die Entscheidung nicht relevanten Zellen werden schattiert); ! zeigt eine fatale Verletzung an (verbleibende Zellen wiederum schattiert). Beispiele für B.en aus dem Bereich der Silbenstrukturbedingungen sind: ONS (Silben müssen einen ↗ Kopf (onset) haben), COD (sie dürfen keine ↗ Silbenkoda haben), aus dem Bereich der Abbildungstreue (faithfulness) zwischen Input und Output: PARSE (jedes Element der Struktur muss durch einen entsprechenden Knoten dominiert sein), FILL (jeder Knoten muss durch entsprechende Einheiten gefüllt sein). Beispiel für typolog. Unterschiede aufgrund anderer B.hierarchien auf syntakt. Ebene ist der Unterschied zwischen dt. und japan. ↗ Ergänzungsfragen (*wen sahst du?* vs. *du wen sahst?*): Im Dt. ist die B. »Besetze COMP in W-Fragen« (A) strenger zu beachten ist als die B. »Vermeide Bewegung« (B), (‹A,B›), im Japan. aber genau umgekehrt (‹B,A›). OT sagt voraus, dass jeder B.ordnung ein Sprachtyp entspricht. Spracherwerb verlangt die Ermittlung der jeweils gültigen B.hierarchie. **Lit.** J. J. McCarthy, A Thematic Guide to Optimality Theory. Cambridge 2002. – J. J. McCarthy, Optimality Theory in Phonology. Malden, Mass. u. a. 2004. – A. Prince & P. Smolensky, Optimality Theory. Constraint Interaction in Generative Grammar. New Brunswick, Bolder 1993. – D. Archangeli & T. Langendoen (eds.), Optimality Theory. Oxford 1997.   PM

Cand	Con1	Con2	Con3	Con4
☞ Cand1				
Cand2	*!			
Cand3		*		

Optional ↗ Fakultativ

Optische Zeichenerkennung (Abk. OCR. Engl. Optical Character Recognition) Automat. Erkennung gedruckter Zeichen, die als Bilddaten (Pixel) vorliegen, und zunächst eingescannt und dann mithilfe von Mustererkennungsverfahren als Zeichen eines Zeichenkodes interpretiert und klassifiziert werden.   Z

Oral, Orallaut m. (lat. ōs, Gen. ōris ↗ ›Mund‹) **1.** (Auch: buccal) Im Ggs. zum ↗ Nasal mit gehobenem Velum, d. h. geschlossenem Nasenraum produzierter Sprachlaut. – **2.** Binäres phonolog. distinktives Merkmal zur Kennzeichnung von 1.; daneben aber auch für nicht ↗ laryngale, d. h. oberhalb der Epiglottis gelegene Artikulation [± oral] (nicht im Ggs. zu nasal [± nas.]). – **3.** ↗ Mündlichkeit.   PM

Oralität ↗ Mündlichkeit

Oratio obliqua f. ↗ Indirekte Rede

Oratio recta f. ↗ Direkte Rede

Ordinalzahl (lat. ōrdō ›Reihe‹. Auch: Aufzählungswort, Ordnungszahl. Engl. ordinal number, frz. numéral ordinal) Subklasse der ↗ Numeralia (Zahlwörter), z. B. dt. *der Dritte*. Ordinalzahlen geben im Gegensatz zu ↗ Kardinalzahlen nicht die Anzahl der Elemente einer Menge, sondern den Platz eines Elements (Person, Gegenstand etc.) in einer Reihe an. O. werden bei attributiver Verwendungsweise wie ↗ Adjektive flektiert (z. B. *der dritte Mann*), können aber auch substantivisch verwendet werden (*der Erste*) und bleiben in seltenen Fällen unflektiert (z. B. *zu dritt*).   PT

Ordinary Language Philosophy ↗ Philosophie der normalen Sprache

Ordnungszahl ↗ Ordinalzahl

Orejón ↗ Tukano-Sprachen

Organisch possessiv ↗ Alienabel

Organismusmodelle In der ↗ historischen Sprachwissenschaft des 19. Jh. verbreitete Annahme, dass Spr. wie die organ. Welt eine Lebensspanne von der Geburt bis zum Tod (↗ »Sprachtod«) durchmessen. In der ersten Hälfte des 19. Jh. gründeten diese Modelle v. a. auf W. von Humboldts Vorstellungen von einem Sprachgeist (auch: Sprachseele), der Sprachgemeinschaften prägt, willkürlichem Zugriff jedoch nicht zugänglich ist, denn Spr. ist nicht einfach Menschenwerk (ergon), »sondern Thätigkeit (energeia)«, die sich ständig neu erzeugt (↗ Energeia). In H. Steinthals ↗ Völkerpsychologie sind diese Vorstellungen breit entwickelt. Eine extreme, auf Ch. Darwins naturgeschichtl. Lehren beruhende positivist. Konzeptualisierung formulierte der Jenenser Gelehrte A. Schleicher: »Die Sprachen sind Naturorganismen, die ohne vom Willen des Menschen bestimmbar zu sein, entstunden, nach bestimmten Gesetzen wuchsen, und sich entwickelten und wiederum altern und absterben« (1863, S. 6). Auf solchen Konzepten basiert die Vorstellung, dass es wenig entwickelte, voll entwickelte und verfallende (Typen von) Spr. gibt. Sie wurden v. a. an der strukturellen Rolle der Flexion entwickelt. Das Nhd. war danach ggü. dem Mhd., dieses ggü. dem Ahd., dieses ggü. dem Got., das klass. Griech. ggü. dem homerischen Griech., dieses ggü. dem klass.

Att., dieses ggü. der ↗ Koine durch Verfallserscheinungen charakterisiert. Die hauptsächl. ↗ Sprachtypen wurden als Hierarchie gedacht, deren Spitze der ↗ flektierende Typus einnahm; ↗ Sprachgeschichte. Die ↗ Junggrammatiker überwanden diese Vorstellung zwar theoret., indem sie die Psychologie zum entscheidenden Movens der Sprachgeschichte erklärten (↗ Psychologismus), und in den verschiedenen Konzepten des ↗ Strukturalismus war das Problem als solches irrelevant. Jedoch haben O. auch im 20. Jh. verschiedentlich Aktualisierungen erfahren und Anhänger gefunden, z. B. in der ↗ Inhaltbezogenen Sprachwissenschaft oder der ↗ Idealistischen Sprachwissenschaft. Auch N. Chomsky beruft sich in seinen philosoph. Begründungen der GG ausdrücklich auf Humboldts Vorstellungen; ↗ Mentalismus. **Lit.** A. Schleicher, Die Darwinsche Theorie und die Sprachwiss. Weimar 1863. – M. Lang, Sprachwiss. und Ideologie. Osnabrück 1977. G

Organonmodell ↗ Bühlersches Organonmodell

Orientalistik Wissenschaftsgebiet, das sich mit den Völkern und Kulturen des Orients, v. a. des islam. Einflussbereichs, und deren Spr. auseinandersetzt. Die O. überlappt sich mit primär sprachwiss. ausgerichteten Disziplinen wie der ↗ Indogermanistik und der ↗ Semitistik; ihr Zugang ist dabei weniger von der sprachgeschichtl. Perspektive (↗ historischvergleichende Sprachwissenschaft) als vom Aspekt eines multilingualen Kulturraums (↗ Multilingualismus, ↗ Bilingualismus) geprägt, dessen integrativer Faktor das ↗ Arabische ist. **Lit.** HdO. GP

Orientierungskasus ↗ Lokativ

Originalsprache Spr., aus der ein (Original-)Text in eine andere Spr. übersetzt worden ist. Die O. aller nichtgriech. Fassungen von Homers *Odyssee* ist (Alt-) Griech., die O. aller nichtdt. Fassungen von Goethes *Leiden des jungen Werthers* ist Dt. G

Origo ↗ Äußerungsakt, ↗ Bühlersches Organonmodell, ↗ Zeigfeld, ↗ Deixis

Oriyā (auch: Odrī, Utkalī) V. a. im ind. Bundesstaat Orissa, vereinzelt auch in den angrenzenden Gebieten verbreitete ↗ indoarische Sprache; Karte ↗ Indische Sprachen, im Anhang. Dialektal wenig differenziert; eine Ausnahme ist lediglich der Dialekt Bhatrī, der einen fließenden Übergang zum ↗ Marāṭhī bildet. Lit., bes. lyr. Dichtung, seit dem 14./15. Jh. Eigene Schrift (Oṛiyā); ↗ Indische Schriften. FZ

Orma ↗ Oromo

Ornativ ↗ Ornativbildung, ↗ Privativ

Ornativbildung (lat. ōrnāre ›schmücken, versehen mit‹. Auch: Ornativum) Semant. bestimmte Subklasse verbaler ↗ Ableitungen von subst. Basen, die ›Hinzufügen von‹ oder ›Versehen mit‹ etwas signalisiert, das von der subst. Basis bezeichnet wird (*bebildern* ›mit Bildern versehen‹, *verglasen* ›mit Glas versehen‹). I. d. R. liegen kombinierte Ab-

leitungen vor; ↗ Zirkumfigierung. Ableitungen ohne explizit transponierende Suffixe existieren auch (*Schock* → *schocken*), ebenso Ableitungen mit transponierenden Suffixen (*Emaille* → *emaillieren*). Die O. sind bedeutend zahlreicher als ihre Antonyme, die ↗ Privativa. ES

Ornativum ↗ Ornativbildung

Orokisch ↗ Tungusisch

Oromo (früher: Galla) Neben ↗ Somali zahlenmäßig größte ↗ kuschitische Sprache, die überwiegend in Äthiopien, aber auch in Nord-Kenia verbreitet ist. Die über 13 Mio. Sprecher sind teilweise mehrsprachig (Amhar., in Kenia auch Swahili); Karte ↗ Afrikanische Sprachen, im Sprachen. Im schriftl. Gebrauch dominiert ↗ Amharisch, das in Äthiopien bis 1974 als einziges einheim. Medium zugelassen war. Dialekte des O. sind u. a. Tulama, Mačča, Quottu, Borana, Arusi, Guji, Wällo und Orma. Die ↗ Verschriftung in amhar. Schrift wurde Mitte des 19. Jh. vorangetrieben. Der Gebrauch dieser Schrift für das O. dominiert in Äthiopien auch heute; für wiss. Publikationen findet allerdings seit Mitte des 19. Jh. auch die lat. Schrift Verwendung. RE

Orotschisch ↗ Tungusisch

Orotschonisch ↗ Tungusisch

Orthoepie ↗ Aussprache, ↗ Sprechausdruck, ↗ Sprecherziehung, ↗ Sprechwissenschaft

Orthographie (griech. ὀρθός (orthos) ›gerade, richtig‹, γράφειν (grafein) ›schreiben‹) Der Ausdruck O. bezeichnet einmal die Gesamtheit der (amtl.) normierten Schreibkonventionen unter Einschluss der ↗ Interpunktion, zum anderen wird er als »Wortschreibung« der Interpunktion gegenübergestellt (Rechtschreibung und Zeichensetzung). Ferner kann O. das Phänomen selbst wie auch die Wiss. meinen, die sich mit O. befasst. Dort wird vor allem der Unterschied des kodifizierten, (amtl.) normierten Schreibusus zur bloß konventionellen Schreibung (vor jeder Normierung) betont. Die ↗ Graphie einer Spr. oder eines Dialekts bildet sich histor. heraus (fast) immer in Anlehnung an schon verschriftete fremde Spr. Die heutigen westeurop. Spr. sind in Anlehnung an das Lat. verschriftet; die eine oder andere Inkonsistenz der heutigen Schreibung (z. B. im Dt. die Dehnungsbezeichnung) erklärt sich aus der nicht ganz passgerechten Übernahme. Mit dem Beginn der Neuzeit setzen mehrere Bewegungen ein, die die ↗ Schrift betrafen. Die Schaffung einer über den Dialekten stehenden Nationalspr. wurde über die ↗ Schriftsprache und damit auch über eine zunehmend normierte O. versucht. Die Verbreitung der Lesefähigkeit (Buchdruck) im Verbund mit der Einrichtung allgemeiner (Volks-) Schulen führte ebenfalls zu zunehmender Normierung. Der Übergang zum stummen ↗ Lesen erhöhte die Autonomie schriftl. Kommunikation. So sorgt das Prinzip der ↗ Heterographie für eindeutige visuelle Erfassung trotz lautl. ↗ Homophonie (*Saite* vs. *Seite*), die Interpunktion wandelt sich von der Markierung der Atempause zur Signalisierung grammat. Strukturen. Die weitgehende visuelle Konstanz der Morpheme erlaubt ein schnelleres opt. Erfassen und übergeht dabei lautl. Varianten. – Die Schreibung wird mit dem Entstehen der ↗ Nationalsprachen zunehmend normiert und in einigen Staaten durch amtl. Erlasse festgelegt. Dabei geht man von einer komplementären Kodifikation aus: einerseits generellen Regeln (mit Ausnahmen), andererseits singulärer Festlegung nicht generell geregelter Bereich im (orthograph.) Wörterbuch (z. B. Schreibung der Fremdwörter). Da man manche Bereiche, z. B. die Worttrennung, sowohl generell produktionsorientiert als Schreibanweisung für jedes beliebige Wort, aber auch singulär als Produkt der generellen Regeln (im Wörterverzeichnis) für jedes einzelne konventionell gegebene Wort festschreiben kann, hat dies zu einer doppelten Kodifikation der O. geführt: einerseits im Regelteil, andererseits im Wörterverzeichnis. Dabei orientiert sich der heutige Benutzer im Zweifelsfall eher am Wörterverzeichnis als an den Regeln. – Bei den generellen Regeln, die alles erfassen sollen, was (amtl.) Norm ist, kann man vier verschiedene Formen unterscheiden: (a) ling. Beschreibung aufgrund eines best. Theorieansatzes. So hat die Differenzierung zwischen Laut und Phonem/Phon in der O. zur Differenzierung zwischen Buchstaben und ↗ Graphem/Graph geführt. Damit entstand parallel zur ↗ Phonematik eine ↗ Graphematik. Der Wandel in der phonemat. Theorie in den letzten 20 Jahren schlägt sich natürlich auch in der Graphematik nieder. (b) Populäre, damit auch amtl. Beschreibung der O., z. B. in Erlassen, Wörterbüchern und anderen orthograph. Hilfsmitteln. Sie bestimmen auch die Laienmeinungen und -urteile über die Verfahrensweise der O. (c) Es muss Regelungen im Kopf jedes kompetenten Schreibers geben, die seine orthograph. Fähigkeit konstituieren. Diese Regelungen müssen nicht identisch sein mit irgendeiner ling., laienhaften oder didakt. Beschreibung. Schon im Erwerbsprozess geht das Kind eigenaktive Wege, und vieles schreibt der Erwachsene richtig, ohne dass er eine Regel angeben kann (ähnl. wie bei der Beherrschung der Spr. überhaupt). (d) Pädagog. Regeln, Merksprüche: sie sind oft als Abwehrregeln formuliert gegen Fehler, die sich aus einer bestimmten didakt. Methode ergeben oder die falsche Generalisierungen im eigenaktiven Lernprozess beseitigen sollen, z. B. »nach m, n, l, r, das merke ja, steht nie tzt und nie ck«. – Oft parallel mit der (amtl.) Normierung laufen auch die Bemühungen um eine ↗ Orthographiereform. **Lit.** G. Augst, Rechtschreibliteratur von 1900–2003: www.rechtschreibkommission.de (wird fortgesetzt). – R. Bergmann, F. Debus & D. Nerius (Hgg.), Documenta Orthographica. Hildesheim 1997ff. – U. Maas, Grundzüge der dt. O. Tübingen 1992. – D. Nerius (Hg.), Dt. O. Mannheim 2000. – M. Neef & A. Neijt

(eds.), The Relation of Writing to Spoken Language. Tübingen 2002. – P. Eisenberg, Phonem und Graphem. In: Duden Gr[7], 19–94. – U. Bredel, O. als System – O.erwerb als Systemerwerb. In: LiLi 153, 2009, 133–154.   AT

Orthographiereform O. ist ein Gebiet der ↗ Sprachplanung. Ihr Ziel ist es, dem Schreiber die Anwendung der ↗ Orthographie leichter zu machen, ohne dabei dem Leser die Entschlüsselung zu erschweren. Eng damit verbunden sind meist sozioling. und pädagog. Motive. Die Beherrschung der Orthographie gilt als ein leicht zu kontrollierender Indikator für gesellschaftl. Abstufung. Außerdem verlangt eine »schwierige« Orthographie (z. B. die engl. im Vergleich zur ital.) eine Fülle von pädagog. Maßnahmen. Im Zeitalter einer allgemein gewünschten Beteiligung an der schriftl. Kommunikation erfordert das viele Schulstunden, da Schreiben vorwiegend systemat. gelernt wird. – Histor. betrachtet geht der Versuch der Reform Hand in Hand mit der Normierung. Um so fester und von außen gesetzt die ↗ Schreibung normiert und für alle verbindlich gemacht wird, um so lauter und dringlicher wird der Ruf nach einer Reform. Dabei bildet meist die jeweilige zeitabhängige ling. oder popularisierte ling. Theorie über das Verhältnis von Lautung und Schreibung die Grundlage, z. B. um 1900 in allen europ. Spr.: »ein Laut – ein Buchstabe«. – Die Reform selbst ist ein histor.-kulturelles Phänomen. Sie organisiert sich in Vereinen, Bürgerinitiativen, staatl. Kommissionen, Kongressen, Tagungen. Die Vorschläge (mit period. Schwankungen) rufen häufig eine emotional geführte, polarisierende Diskussion hervor. Reforminhalt u. -umfang sind oft von der jeweils herrschenden ling. Theorie bestimmt. So hätten die phonetisch orientierten Reformvorschläge für das Engl. Anfang des 20. Jh. andere Eingriffe bewirkt als diejenigen, die sich auf generative Phonemtheorien stützen. Unterschiedl. theoret. Ansätze zur Beschreibung der Geminate (morphembasiert vs. silbenbasiert) haben zu unterschiedlicher kritik an der deutschen RS-Reform von 1996/98 in diesem Bereich geführt: z. B. neu *Tip* ›*Tipp* wegen *tippen* oder besser alt *Tip* wegen des Plurals *Tips* und ohne Bezug zum Verb. – Die Erfolge der Reform in veschiedenen Staaten (z. B. Frankreich, Dänemark, Holland, Griechenland) sind mehr als bescheiden und meist durch fremde Motive bestimmt, z. B. die Integration der Fremdwortschreibung als ↗ Purismus, die Kleinschreibung in Dänemark als Nordifizierung, die Einführung der lat. Schrift in der Türkei als Europäisierung. **Lit.** G. Augst, K. Blüml, D. Nerius & H. Sitta (Hgg.), Zur Neuregelung der dt. Orthographie. Tübingen 1997. – H. H. Munske, Orthographie als Sprachkultur. Ffm. 1997. – Reihe: Documenta Orthographica Abteilung B (bisher: H. Strunk, Die Stuttgarter und Wiesbadener Empfehlungen. 2 Bde. Hildesheim 1998. – R. Looser, Dokumentation zur neueren Geschichte der dt. Orthogaphie in der Schweiz. Hildesheim 1998. – Richard Schrodt, Dokumente ... in Österreich. Hildesheim 2000. – H. Strunk: Dokumente 1900–1950. 2 Bde. Hildesheim 2005). AT

Orthographische Prinzipien ↗ Schriftsystem

Orthographisches Wort ↗ Leerstelle

Orthographisches Wörterbuch Ein notwendiger, aber kein hinreichender Grund für spezielle o. Wbb. ist die mangelnde Vorhersagbarkeit der ↗ Schreibung einzelner Wörter aus den Laut-Buchstaben-Regeln. Dennoch gibt es im englischsprachigen Raum kaum eine Tradition in dieser Richtung, während im Dt. seit der allmählichen Normierung ab dem 16. Jh. eine große Fülle von o. Wbb. erschienen. Es gibt seit 1950 ein amtliches österr. Wb. und in Deutschland und in der Schweiz den ↗ Duden, der im Zweifelsfall angibt, wie zu schreiben ist. **Lit.** G. Augst & B. Schaeder (Hgg.), Rechtschreibwbb. in der Diskussion. Ffm. 1991. – P. Eisenberg & H. Günther (Hgg.), Schriftsystem und Orthographie. Tübingen 1989. – M. Kohrt, Theoret. Aspekte der dt. Orthographie. Tübingen 1987. – D. Nerius & J. Scharnhorst (Hgg.), Theoret. Probleme der dt. Orthographie. Bln. 1980. – M. Schlaefer, Kommentierte Bibliographie zur dt. Orthographietheorie und Orthographiegeschichte im 19. Jahrhundert. Heidelberg 1980. – G. Augst et al., Rechtschreibwörterbücher im Test. Tübingen 1997. AT

Orthonym ↗ Pseudonym

Orthophonie ↗ Sprechausdruck, ↗ Sprecherziehung, ↗ Sprechwissenschaft

Ortsadverb ↗ Adverb

Ortsadverbial ↗ Lokalbestimmung

Ortsdeixis ↗ Lokaldeixis

Ortsgrammatik ↗ Ortsmundart

Ortsmundart Sprechweise (und z. T. Schreibart) der kleinsten räuml. Einheit in der dialektgeograph. Betrachtung der Dialekte. Der Ort (meistens Dorf, aber auch Stadt oder Markt) wird als die unterste Verständigungsgemeinschaft (also oberhalb der familiären oder individuellen Sprechweise) mit entsprechendem sprachl. Austausch angesehen, die sich gegenüber den benachbarten O. vor allem durch spezif. Eigenheiten geringeren Umfangs abgrenzt, den ↗ Schibboleths. Die O. ist Gegenstand einer Ortsgrammatik (erste dieser Art: J. Winteler, Die Kerenzer Mundart 1876) und als Ortspunkt Belegstelle für die sprachkartograph. Darstellung von Dialekten, weil sie im Ggs. zu den Halbmundarten als unverfälschter Dialekt angesehen wird. Damit ist die O. ausschlaggebend für die Repräsentativität der dialektolog. Datenerhebung. **Lit.** W. König, Repräsentativität in der Dialektologie. HSK 1, 471–472. K

Ortsname (auch: Oikonym, Toponym, Toponymikon. Engl. place name, frz. nom de lieux) Bez. für Namen geograph. Einheiten unterschiedl. Ausdeh-

nung. Siedlungsnamen sind Namen von Ansiedlungen, z. B. Stadt, Burg, Dorf, Weiler, Kloster, Wiek, Einzelhof. Geonyme sind Namen größerer Gebiete wie Landschaften (*Allgäu, Eifel*), Gegenden (*Hochsträß, Hotzenwald*), Fluren und Gewässer (Hydronyme). O. werden in Ortsnamenwbb. aufgelistet; ↗ Ortsnamenkunde. **Lit.** A. Bach, Die dt. Ortsnamen I. Heidelberg 1953. – H. Krahe, Unsere ältesten Flußnamen. Wiesbaden 1964. – D. Berger, Geograph. Namen in Deutschland. Mannheim 1993. – HSK 11, II. G

Ortsnamenkunde (auch: Toponymie, Toponomastik. Engl. toponymy, toponomastics, toponomasiology, frz. toponymie) Teil der ↗ Namenkunde, die sich mit der Entstehung, Etymologie, Geschichte, Verbreitung und Systematik von ↗ Ortsnamen befasst. V. a. die Gewässernamenkunde hat wertvolle Aufschlüsse über die vorgerman. Sprachgeschichte Mitteleuropas erbracht. Die sprachvergleichende O. hat im Zusammenspiel mit archäolog. und anthropolog. Befunden Annahmen über die voridg. Besiedlung Europas plausibel gemacht. **Lit.** ↗ Ortsname. G

Ortsnamenwörterbuch ↗ Ortsname

Ortspunkt ↗ Ortsmundart

Oskisch ↗ Italische Sprachen

Osmanisch ↗ Türkisch

Ösophagusstimme (griech. οἰσοφάγος (oisofagos) ›Speiseröhre, oberer Magenmund‹. Auch: Ruktusstimme < lat. rūctus ›das Rülpsen‹) Körpereigene Ersatzsprechmethode nach Kehlkopfentfernung. GL

Ossetisch (Eigenbez. Iron ævzag) Nordostiran. Spr.; ↗ Iranische Sprachen. Ca. 600.000 Sprecher in Nordossetien, der Kabardino-Balkar. Republik (nördl. Kaukasus), in Südossetien und angrenzenden Gebieten Georgiens. Osseten in geringer Zahl leben in verschiedenen Provinzen der Türkei; Karte ↗ Kaukasische Sprachen, im Anhang. Das O. hat zwei Dialekte: Iron (75 % der Sprecher, Grundlage der Schriftspr.) und Digor (westl. Täler Nordosstiens, Kabardino-Balkar. Republik). Ein Teil der Digor-Osseten war 1943 bis Ende der 50er Jahre nach Mittelasien deportiert. Noch heute leben Osseten in Tadschikistan, Usbekistan und Kasachstan. Andererseits wurde Nordossetien auf Kosten der ebenfalls deportierten Inguschen vergrößert. Das O. geht zurück auf die Spr. der Alanen. Die o. Schriftspr. entwickelte sich seit Ende des 18. Jh. in kyrill. Schrift. 1923–1938 wurde die lat. Schrift verwendet, danach in Nordossetien die kyrill., in Südossetien die georg. Schrift, die in den 60er Jahren zugunsten der kyrill. aufgegeben wurde. **Lit.** N. K. Bagaev, Sovremennij osetinskij jazyk. Čast' I [›Die heutige o. Spr. Teil I‹]. Ordžonikidze 1965. – F. Thordarson, Ossetic Grammatical Studies. Wien 2009. MI

Ostensiv ↗ Definition

Österreichisch In Intonation und Lexik (↗ Austriazismus) identifizierbare Variante der dt. ↗ Standardsprache auf der Grundlage der mittelbair. Dialekte des Wiener Raums innerhalb des ⌐ Bairischen. **Lit.** P. Wiesinger (Hg.), Das österr. Dt. Wien, Köln, Graz 1988. – R. Muhr et al. (Hgg.), Österr. Dt. Wien 1995. DD

Ostfälisch Dialektverband innerhalb des ⌐ Niederdeutschen im südl. Niedersachsen (Raum Hannover, Göttingen, Braunschweig), südwestl. Sachsen-Anhalt (westl. von Magdeburg). Grenzt mit breiteren Übergangszonen im Westen an das ⌐ Westfälische, im Norden an das ⌐ Nordniederdeutsche und im Osten an das ⌐ Brandenburgische; Karte ⌐ Deutsche Dialekte, im Anhang. Bildet wie das Westfäl. und das Nordniederdt. den Einheitsplural beim Verb auf -t (*wi, gi, se mak(e)t* ›wir, ihr, sie machen‹) und wird deshalb mit diesen auch unter der Bezeichnung »Westniederdt.« zusammengefasst. Äußere Abgrenzungskriterien des O. gegenüber den anderen ndt. Dialektverbänden sind u. a. die Bildung des einheitlichen Objektkasus für Dativ und Akk. nach dem Muster des Akk. (*mik, dik, ü(n)sch, jük* ›mir/mich, dir/dich, uns, euch‹) im Ggs. zu den anderen Dialekten, die diesen nach dem Muster des Dativ bilden (*mi, di, u(ns), ju*), die Bildung des Partizips Prät. mit dem Präfix *e-* (z. B. *eblēben* ›geblieben‹ vs. *blābn* u. ä.) und (im Unterschied zum Westfäl., aber gemeinsam mit dem Brandenburgischen) die Markierung des Dat. Sg. des stark flektierten mask. und neutr. Nomens durch das Suffix *-e* (z. B. *disch/dische* ›der Tisch/dem Tische‹; *Schaap/Schaape* ›das Schaf, dem Schafe‹) Das O. hat im Süden größere Gebiete an das ⌐ Mitteldeutsche verloren und steht auch gegenwärtig unter dessen starkem Einfluss. **Lit.** P. Wiesinger, Die Einteilung der dt. Dialekte. HSK 1, II, 874–878. – D. Stellmacher & U. Föllner, Die Maa. der DEUREGIO Ostfalen. Mannheim 1995. – Mittelelb. Wb. Bd. 2 ff. Bln. 2002 ff. – Niedersächs. Wb. Bd. 1 ff. Neumünster 1958 ff. DD

Ostfränkisch Dialektverband innerhalb des ⌐ Oberdeutschen im Übergangsbereich zum ⌐ Mitteldeutschen in den Regierungsbezirken Unter-, Mittel- und Oberfranken des Freistaats Bayern, im nordöstl. Baden-Württemberg und im südwestl. Thüringen. Grenzt an das ⌐ Rheinfränkische im Westen, das ⌐ Osthessiche im Nordwesten, das ⌐ Thüringische im Norden, das ⌐ Obersächsische im Nordosten, das ⌐ Bairische im Osten und das ⌐ Alemannisch-Schwäbische im Süden; Karte ⌐ Deutsche Dialekte, im Anhang. Kennzeichnend für das O. ist u. a. die erhaltene Rundung beim Umlaut und die aspirationslose Artikulation der Plosive. Die unscharfe, durch breite Übergangsgebiete gekennzeichnete Abgrenzung zu den mitteldt. Dialektverbänden des Rheinfränk. und Osthess. orientiert sich etwa an den Isoglossenverläufen von *Apfel/Appel, Pfund/Pund* und *-che/-la* (Diminutivsuffix), zum Thüring. oder Obersächs. am Isoglossenverlauf der n-Apokope (ostfränk. *mū, mō, mā* usw. ›Mann‹, thüring. *mūn, mōn, mān* usw.). Die Abgrenzung zum oberdt. Dia-

lektverband des Bair. (Nordbair.) ist u. a. in der unterschiedlichen Erscheinungsweise von mhd. *ei* und als *ā* im O. (z. B. *rāf* ›Reifen‹) und als offenes *ǫ* [ɔ] oder Diphthong *ǫǝ* im Bairischen (*rǫf/rǫǝf*) sowie durch die monophthongische Erscheinungsweise der mhd. Reihe *ie + üe-ue* im O. (z. B. *līb* ›lieb‹, *gūd* ›gut‹) und als »gestürzte« Diphthonge im Nordbair. (*leib, gǫut*) zu begründen. Die verschiedentl. vorgenommene Zusammenfassung des O. mit dem Nordbair. zu einem »nordoberdt.« Sprachraum ist wegen der grundsätzlichen Strukturunterschiede nicht gerechtfertigt. Zum ⌐ Alemannischen grenzt sich das O. u. a. durch die *fest/fešt*-Isoglosse und die Erscheinungsweise mhd. *ou*: ostfrk. *ā* (z. B. *rāx* ›Rauch‹) vs. alem. *au* (z. B. *raux*) ab. Im Südwesten besteht ein größerer, auch Südfränk., Südrheinfränk. oder Südostfränk. genannter Interferenzraum mit ostfränk., rheinfränk. und alemann. Anteilen. **Lit.** P. Wiesinger, Die Einteilung der dt. Dialekte. HSK 1, II, 842–846. – E. Straßner, Nordoberdt. LGL ²1980, 479–482. DD

Ostfriesisch 1. Bis auf Reste (Saterland) ausgestorbene Varietät des ⌐ Friesischen. – **2.** Dialektgruppe des ⌐ Nordniederdeutschen im ehemaligen Sprachgebiet des Fries.; Karte ⌐ Deutsche Dialekte, ⌐ Europäische Sprachen, beide im Anhang. **Lit.** J. ten Doornkaat Koolman, Wörterbuch der o. Sprache [= Niederdt.]. Norden 1879–1884. DD

Ostgermanisch Eine der drei Sprachgruppen, in die das ⌐ Germanische gewöhnl. eingeteilt wird. O. ist demnach die zusammenfassende Bez. für die Spr. der verschiedenen o. Stämme, von denen aber nur z. T. sprachl. Zeugnisse bekannt sind, bes. ⌐ Gotisch, ⌐ Burgundisch, ⌐ Wandalisch. Wichtigster Vertreter ist das Got. mit seiner Bibelübers., die die früheste Textüberlieferung der Germ. darstellt. Aus den sonstigen o. Spr. sind nur Namen und wenige Einzelwörter überliefert. Als Quelle dienen auch Lehnwörter in den roman. Spr., in denen die o. Spr. aufgegangen sind. Die o. Spr. sind im frühen MA untergegangen, ledigl. das Got. (⌐ Krimgotisch) war länger in Gebrauch. GR

Osthessisch Strukturell eigenständiger Dialektband im Übergangsgebiet vom ⌐ Westmitteldeutschen zum ⌐ Ostmitteldeutschen und zum ⌐ Oberdeutsch-ostfränkischen an der oberen Fulda; Karte ⌐ Deutsche Dialekte, im Anhang. Als Kennzeichen gelten der Zusammenfall der mhd. *e*-Laute *e, ë* und *ä* in einem überoffenen *a*-Laut (z. B. : *bǫsiᵉr* ›besser‹, *ǫs* ›essen‹, *fǫsçᵉ* ›Fässchen‹, der im östl. ⌐ Niederhessischen unterbliebene Diphthongierung der mhd. Reihe *i-ü-u* (z. B.: *sind* ›Seite‹, *gil* ›Gäule‹, *brux* ›brauchen‹), die Senkung der mhd. Reihe *ie-üe-uo* zu *ē-(ȫ)-ō* (z. B. *mēd* bzw. *mōd* ›müde‹, *gōd* ›gut‹). Aus mhd. *ä* und *a* hat sich die neue Reihe *e-o* gebildet (z. B. *kēs* ›Käse‹, *slōf* ›Schlaf‹). Im morpholog. System des Verbs fällt die Apokope der Endung {-en} beim Infinitiv auf (z. B. *max* ›machen‹). Wie das nördl. anschließende ⌐ Niederhessische, zu dem es eine Übergangszone besitzt, hat das O. zahlreiche Gemeinsamkeiten mit dem östl. anschließenden ↗ Thüringischen, darüber hinaus aber auch mit dem südl. anschließenden ↗ Ostfränkischen, während die Unterschiede zum westl. anschließenden ↗ Mittelhessischen so deutlich sind, dass die traditionelle Zusammenfassung des O. mit dem Mittel- und dem Niederhess. zu einem dem Namen nach einheitlichen »Hessisch« (im Gegensatz zu einem südl. anschließenden »Pfälzisch« innerhalb eines einheitlichen »rheinfränkischen« Raumes nicht gerechtfertigt ist. **Lit.** P. Wiesinger, Die Stellung der Dialekte Hessens im Mitteldt. In: Fs. B. Martin, Marburg 1980, 68–148. – P. Wiesinger, Die Einteilung der dt. Dialekte. HSK 1, II, 849–855. – H. J. Dingeldein, Fulda in der Sprachgeschichte und in der Sprachlandschaft. In: W. Heinemeyer et al. (Hgg.), Fulda in seiner Geschichte. Marburg u. a. 1995, 55–72. – Hessen-Nassauisches Volkswb. Bd. 2 ff. 1927 ff. DD

Ostjakisch (Eigenbez. Chanty) ↗ Uralische (finn.-ugr.) Sprache, ca. 13 600 Sprecher (60,5 % der Ostjaken). Sprachgebiet: Unterer und mittlerer Ob und seine Nebenflüsse (Kazym bis Vasjugan); Karte ↗ Paläoasiatische Sprachen, im Anhang. Die Mehrheit der Sprecher lebt im Autonomen Kreis der Chanten und Mansen. Regional ist O. Schulspr. in der Unterstufe. Starke dialektale Zersplitterung verhindert eine einheitl. Schriftspr. Seit den 30er Jahren sind v. a. Schulbücher auf der Basis verschiedener o. Dialekte erschienen, später kamen auch einige Ausgaben an Orginallit. hinzu. SR

Ostkäslauisch ↗ Niederpreußisch

Ostkaukasische Sprachen (auch: nordostkaukas. Sprachen, nachisch-dag(h)estan. Sprachen) Im Nordkaukasus östl. des oberen Terek, im Dag(h)estan und in angrenzenden Gebieten sowie kleine Gruppen von Sprechern in der Türkei; insgesamt ca. 3,9 Mio. Sprecher; Karte ↗ Kaukasische Sprachen, im Anhang. 2 Gruppen: (a) ↗ Nachische Sprachen, (b) ↗ dag(h)estanische Sprachen. Die meisten o. S. haben zahlreiche Kasus, insbesondere ein differenziertes System v Lokalkasus; Flexion meist agglutinierend (z. B. awar. *vać* (Nom.) ›Bruder‹, *vać-as* ›Bruder-Obliqu.‹, *vać-as-ul* ›Bruder-Obliqu.-Gen.‹, *vać-az-ul* ›Bruder-Pl.-Gen.‹ usw.). Die meisten o. S. haben ↗ Nominalklassen (8 im Bats., 6 im Tschetschen., Ingusch. und Andi, 4 im Lakk., Dargwa usw., 3 im Awar., 2 im nördl. Tabassaran. (keine im Lesg., Aghul., Ud.): Sachen/Personen, männl./weibl. Personen usw.); das prä- oder suffigierte Klassenzeichen dient u. a. der Kongruenz des Verbs mit dem Subjekt usw. entsprechend der ergativ. Konstruktion: awar. *vas v-ačana* ›Junge (Nom. 1. Klasse) 1. Klasse-kam‹, *jas j-ačana* ›Mädchen (Nom. 2. Klasse) 2. Klasse-kam‹, *vać-as ču b-osana* ›Bruder-Obliqu. (Erg.) Pferd (Nom. 3. Klasse) 3. Klasse-nahm‹, d. i. ›der Bruder nahm ein Pferd‹; ähnlich: *hiṭin-av vać* ›klein(er)- 1. Klasse

Bruder (Nom. 1. Klasse)‹, *hiṭin-aj jać* ›klein(e)- 2. Klasse Schwester (Nom. 2. Klasse)‹, *hiṭin-ab ču* ›klein(es)- 3. Klasse Pferd (Nom. 3. Klasse)‹). Satzunterordnung durch Partizipia und adverbiale Verbformen. **Lit.** ILC 3, 2004. – ILC 4, 1994. – H. van den Berg, The East Caucasian Language Family. Lingua 115, 2005, 147–190. BO

Ostmitteldeutsch Sammelbezeichnung der östl. Dialektgruppe des ↗ Mitteldeutschen; umfasst die Dialektverbände des ↗ Thüringischen, ↗ Obersächsischen, ↗ Nordobersächsisch-Südmärkischen und des bis 1945/46 bestehenden ↗ Schlesischen und ↗ Hochpreußischen; Karte ↗ Deutsche Dialekte, im Anhang. Starke Einbindung in der Intonation und im Vokalismus zeigen ostmdt. (thüring.) Zusammenhänge zeigen ferner das ↗ Nieder- und das ↗ Osthessische, weshalb die traditionelle Grenzziehung zum ↗ Westmitteldeutschen mittels der *Pund/Pfund*-Isoglosse, die im Grenzraum zwischen dem Niederhess. und dem Thüring. verläuft, nicht weiter zur Definition des Ostmdt. herangezogen werden sollte. **Lit.** W. Putschke, Ostmitteldt. LGL ²1980, 474–478. – P. Wiesinger, Die Einteilung der dt. Dialekte. HSK 1, II, 826–829. DD

Ostniederdeutsch ↗ Mecklenburgisch-Vorpommersch, ↗ Brandenburgisch, ↗ Mittelpommersch, ↗ Ostpommersch, ↗ Niederpreußisch

Ostnordisch Östl. Zweig des ↗ Nordgermanischen, vom ↗ Westnordischen durch eine Reihe von Neuerungen aus anord. Zeit getrennt: (a) die Monophthongierung (altisl. *steinn* vs. altschwed. *stēn* ›Stein‹; altisl. *ey* vs. altdän., altschwed. *ø̄* ›Insel‹); (b) Brechung von anord. *y* > *iu* neben Velaren und Liquiden (altisl. *syngva* vs. altschwed. *siunga* ›singen‹); (c) Sprossvokal *æ* bei Kons. + /r/ am Wortende anstelle von *u* (altschwed. *siūkær* vs. isl. *sjúkr* ›krank‹). Neben dem regressiven kennt das O. auch einen progressiven *i*-Umlaut (altschwed. *hiærta* vs. altisl. *hjarta* ›Herz‹). Ggü. dem Westnord. weniger anfällig ist das O. für den *a*-Umlaut und verwandte Vokalsenkungen der Tonsilbe. Der Konsonantismus unterliegt im Inlaut z. T. Lenisierungen bis zum völligen Schwund. Das morpholog. System des O. tendiert zu starker Vereinfachung. Die aus Umlaut resultierende ↗ Innenflexion wird weitgehend abgebaut; beim Verb Ausgleich des gesamten Ind. Präs. (westnord. nur 3. Pers.) nach der 2. Pers., die 2. Pl. hat *-in* (westnord. *-iþ*). Das O. umfasst heute Dän., Schwed. und das norweg. Bokmål. – HSK 22. RK

Ostoberdeutsch ↗ Bairisch

Ost-Papua-Sprachstamm ↗ Papua-Sprachen

Ostpommersch Bis 1945/46 bestehender, ehemals flächenmäßig größter Dialektverband des ↗ Niederdeutschen in Hinterpommern; in sich vielfach gegliedert. Grenze im Osten in einem breiten Übergangsgebiet in Gemengelage mit dem ↗ Kaschubischen und ↗ Polnischen an das ↗ Niederpreußische, im Westen an das ↗ Mittelpommersche und im Süden an das Poln.; Karte ↗ Deutsche Dialekte, im Anhang. Wird mit dem ↗ Mecklenburgisch-Vorpommerschen, ↗ Mittelpommerschen, ↗ Niederpreußischen und ↗ Brandenburgischen wegen des Einheitsplurals des Verbs auf -e(n) (z. B. make(n) ›wir, ihr, sie machen‹) gegenüber -(e)t in den sonstigen ndt. Dialekten zur Gruppe des Ostndt. zusammengefasst. Die aufgrund unterschiedl. Siedlerbewegungen in sich komplizierte Vielgestaltigkeit lässt das O. eher in Abgrenzung zu den benachbarten Dialekträumen als durch innere Einheitlichkeit hervortreten. Vielfach ist das slav. Substrat spürbar (z. B. Vokalisierung von *n* und *l*: *wīo* ›Wein‹, *štūo* ›Stuhl‹). Vom Mittelpommerschen und vom Niederpreuß. ist das O. zu trennen durch die Apokope von -*n* (z. B. *sitə* ›sitzen‹), vom Mittelpommerschen darüber hinaus durch die Unterscheidung von Nominativ und Akkusativ vom Dativ im Plural der starken mask. und neutr. Nomen (z. B. *foit* ›die Füße‹ – *foitə* ›den Füßen‹, *šōp* ›die Schafe‹ – *šōpə* ›den Schafen‹), vom Niederpreuß. durch den Erhalt der Rundung im Vokalismus. **Lit.** P. Wiesinger, im Anhang. HSK 1, II, 886–891. – Pommersches Wb. Lfg. 1 ff. Bln. 1997 ff.   DD

Ostpreußisch ↗ Hochpreußisch, ↗ Niederpreußisch

Ostseefinnisch ↗ Uralische Sprachen

Ostseeslavisch ↗ Westslavisch

Ostslavisch (engl. East Slavonic, frz. slave oriental) Zweig des ↗ Slavischen, der das ↗ Russische, ↗ Ukrainische und ↗ Weißrussische umfasst (Karte ↗ Europäische Sprache, im Anhang). Lautgeschichtl. kann das O. vollumfänglich durch den gemeinslav. Reflex des sog. Vollauts ausgegrenzt werden, d. h. durch die Umwandlung der Verbindung *o, *e + Liquid innerhalb der Silbe (repräsentiert durch z. B. urslav. *tortъ) unter Einfügung eines Vokals nach dem Liquiden, z. B. urslav. *moldъ ›jung‹ zu russ. *molodój*, im Ggs. zum ↗ Westslavischen und ↗ Südslavischen, die die Liquide umstellen (sog. Liquidenmetathese), z. B. (b) poln. *młody*, (c) tschech. *mlady*, (d) bulg., serbokroat. *mlad*.   HA

Ostsudanische Sprachen ↗ Chari-Nil-Sprachen

Ost-Ueva ↗ Ozeanische Sprachen, ↗ Samoanisch

OT ↗ Optimalitätstheorie

Otí ↗ Südamerikanische Indianersprachen

Otoakustische Emissionen (OAE) (griech. οὖς, Gen. ὠτός ›Ohr‹, griech. ἀκουστικός ›das Gehör betreffend‹, lat. ēmissiō ›Herausschicken‹) Mit diesem Hörmessverfahren (↗ Audiometrie) wird die Tatsache genutzt, dass funktionstüchtige äußere Haarzellen im Innenohr auf akust. Reize hin selbst einen sekundären Schall erzeugen und über die Gehörknöchelkette in den äußeren Gehörgang übertragen, die über eine Sonde erfasst und registriert werden können. Evozierte OEAs sind bis zu einem Hörverlust von etwa 40 ↗ Dezibel nachweisbar; ↗ Ohr.   GT

Otomaco-Sprachen ↗ Südamerikanische Indianersprachen

Otomangue-Sprachen ↗ Mesoamerikanische Sprachgruppe mit ca. 1,9 Mio. Sprechern im zentralen und südl. Mexiko; Karte ↗ Mesoamerikanische Sprachen, im Anhang. Die Gruppe setzt sich zusammen aus den Zweigen ↗ Otopame-Sprachen, ↗ Mixtekische Sprachen, ↗ Zapotekische Sprachen, ↗ Popoloca-Sprachen, ↗ Chinantekische Sprachen, Amuzgo und dem ausgestorbenen Chiapanek-Mangue. Die Zugehörigkeit von ↗ Tlapanekisch und Huave ist umstritten. Fast alle sprecherreicheren O.-S. sind Konglomerate zahlreicher, wechselseitig nicht mehr verständl. Varietäten. Sie haben einfache Lautsysteme mit Oral-/Nasalkontrast (Nasalvokale, z. T. pränasalierte Okklusive) und sind ↗ Tonsprachen mit häufig komplexen Tonveränderungsregeln. Die O.-S. sind morpholog. wenig komplex, können jedoch zahlreiche und z. T. mit dem Verb verschmolzene Pro- und Enklitika (Aspekt, Person u. a.) haben. Meist steht das Verb in Erstposition (VSO, Otopame VOS). **SSG** Ibero-Amerikanisches Institut Berlin (204).   D

Otomí ↗ Otopame-Sprachen; ↗ Otomangue-Sprachen

Otopame-Sprachen Zweig der ↗ Otomangue-Sprachen. Sprachgebiet: mexikan. Bundesstaaten México und Hidalgo. Die O.-S. umfassen die Otomi-Gruppe mit Otomí (auch Hñahñu, ca. 300 000 Sprecher) und Mazahua (ca. 200 000 Sprecher), beide mit mehreren unterschiedl. Varietäten, sowie einige kleinere Spr.; Karte ↗ Mesoamerikanische Sprachen, im Anhang. **Lit.** H. H. Hess, The Syntactic Structure of Mezquital Otomi. The Hague 1968.   D

Ötzbekisch, Özbekisch ↗ Usbekisch

OWL (Ontology Web Language) Eine auf ↗ XML basierende Spr. zur Definition von ↗ Ontologien, die insbes. im Bereich ↗ Semantic Web für die ↗ Wissensrepräsentation eingesetzt wird.   L

Oxymoron n. (griech. ὀξύμωρον < ὀξύς (oxys) ›scharf‹; μῶρος (mōros) ›dumm‹, d. h. ›scharfsinnig-dumm‹. Auch: Falschkopplung) ↗ Rhetorische Figur, extreme Variante der ↗ Antithese, die durch Kombination von Ausdrücken mit gegensätzl. Bedeutung entsteht. Das O. tritt in zwei charakterist. Strukturen auf: Kombination von zwei einander ausschließenden Eigenschaften, z. B. »Ehrlichkeit heucheln ist soviel wie mit der Wahrheit schwindeln« (S. Brant, Der Narrenspiegel) oder Kombination von Eigenschaft und Eigenschaftsträger, die einander ausschließen, z. B. *junger Greis, alter Säugling, negative Lust* (I. Kant).   VS

Oxytonon n. (griech. ὀξύς (oxys) ›scharf‹, τόνος (tonos) ›Ton, Betonung‹) In der Gräzistik Bez. für Lexeme mit wortfinalem Akzent, z. B. σοφός (sofos) ›weise‹; ↗ Dreimorengesetz, ↗ Perispomenon.   GS

Oyampí ↗ Tupí-Guaraní-Sprachen

Ozeanische Sprachen (auch: Ost-↗ austronesische Sprachen). (a) West-Ozeanische Sprachen sind die austrones. Spr. Melanesiens ohne polynes. Enkla-

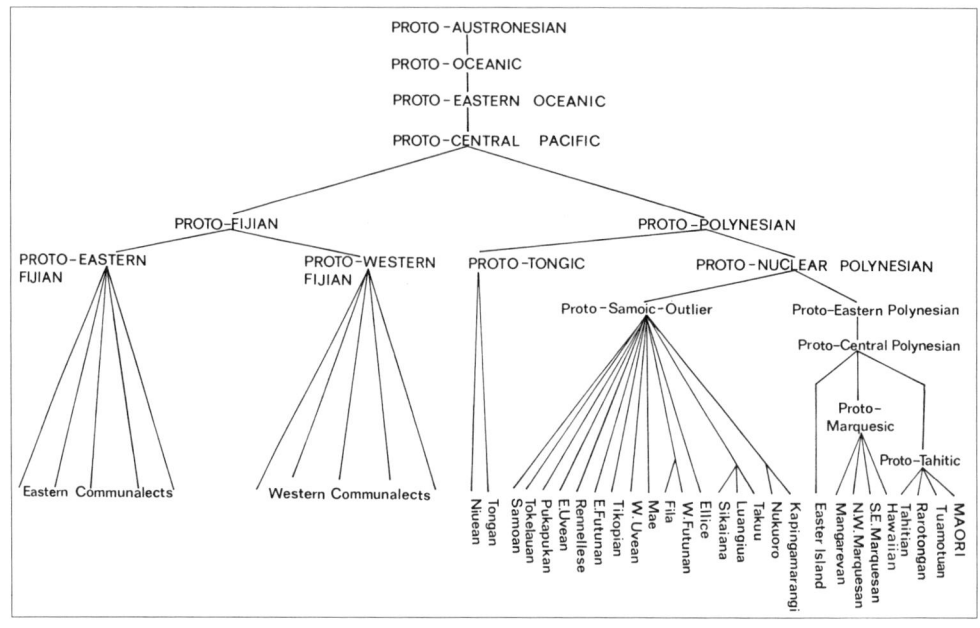

Ozeanische Sprachen (»Stammbaum« für Fidschi- und polynesische Sprachen)

ven. Ca. 400 Spr. in den Küstenregionen Neuguineas mit Bismarck-Archipel und Bougainville (28 000 Sprecher), auf den Salomo-Inseln (127 700), auf Vanuatu (ca. 70 000; ost-ozean. Enklaven), den Inseln der Torres-Straße und auf Neukaledonien (ca. 40 000). Neomelanes. Pidgin-Englisch ist ↗ Lingua franca; ↗ Englisch basierte Pidginsprachen. Die Praxis der Gleichsetzung von ›ozean.‹ mit ›melanes.‹ hat v. a. geograph. (abgrenzbarer Inselbogen), rass. (dunkelhäutige Bewohner vs. hellhäutige Polynesier), wissenschaftsgeschichtl. (späte Erforschung), aber durchaus auch sprachtypolog. Gründe (↗ polynesische und west-↗ austronesische Sprachen). Diskutiert wurden z. B. die Annahme einer papua-melanes. Rasse, deren Spr. sich durch Kontakt mit ↗ indones. Spr. sekundär zu westozean. Spr. entwickelt haben sollen, ferner (aufgrund lexikostat. Untersuchungen) die inzwischen revidierte Annahme, Melanesien sei das austrones. Stammland, sowie die Aufsplitterung der o. S. durch eine jüngere, besonders homogene polynes. Subgruppe. – (b) Ost-Ozeanische Sprachen (auch: Spr. Mikronesiens und Polynesiens). Ca. 40 Spr. in Mikronesien (139 500 Sprecher) auf den Karolinen, den Marshall-Inseln und auf Kiribati (Gilbert-Inseln). Trukische Subgruppe (Karolinen, 40 000) mit West-Truk. (Sonsoroles., Satawales., Puluwat, Namonuito und die Exklave Saipan-Karolinisch, Marianen), Ost-Truk. (Trukes., Mortlockes., Paanfang); Ponapeische Subgruppe (Karolinen, 20 000),

Kosraeanisch (5 000), Marshalles. (21 000), Gilbertes. (Kiribati, 50 000) und Nauru (3 500). Die übrigen Spr. Mikronesiens sind nicht-ozean. austrones. und vermutl. philippin. Herkunft (Palau; Chamorro, 69 000; Status von Yap ist unklar) bzw. polynes. Enklaven (Nukuoro, Kapingamarangi). – Polynesien: Zentral-Pazifische Spr.; Polynes. Sprachgruppe (669 000) Sprecher (Exklaven (11 570); Tongische Subgruppe (568 600), Samoan. Sektion (293 320) mit ↗ Samoanisch, Ost-Ueva und Futuna (20 000), davon 50 % in Neukaledonien), Tuvalu, Tokelau sowie Exklaven in Melanesien und Mikronesien, und östl.-polynes. Sektion (275 280) mit Osterinsel (1 500); zentral-östl. Subsektion (273 780) mit ↗ Tahitianisch und Marquesan. Sub-Subsektionen (247 739 bzw. 26 050). Nächst verwandt sind die rotuman. Sprachgruppe (7 000, davon 50 % in Fiji) und die ↗ Fiji-Sprachgruppe (260 000) im melanes.polynes. Interferenzraum; Karte ↗ Austroasiatische Sprachen. – Vokal. Auslaut; dichotom. Nominalsystem bei possessiven und konjunktionalen Phrasen, meist mittels der Morpheme {-a-} und {-o-} für un-/kontrollierbar, un-/übertragbar oder aktiv/passiv, z. B. ↗ Samoanisch *lau tala* ›deine (von dir erzählte) Geschichte‹ vs. *lou tala* ›deine (über dich erzählte) Geschichte‹. Der Gebrauch der Partikel ist nicht in jedem Fall regulär: Samoan. *lana tama tama* ›ihr (fem.) Sohn‹ vs. *lona atali'i* ›sein Sohn‹. Fiji weist vierfaches nominales Klassifikationssystem (↗ Klassifikator,

↗ Nominalklasse) auf: ›essbar‹ (kulturell definiert) = *ke-/kei-*, ›trinkbar‹ = *me-/mei*, ›neutral‹ = *no-/nei-*, ›vertraut‹ = ø, z. B. *na kemu madrai* ›dein Essbares Brot‹ = ›dein Brot‹, *na memu ti* ›dein Trinkbarer Tee‹ = ›dein Tee‹, *na nomu waga* ›dein Neutrales Boot‹ = ›dein Boot‹, *na ligamu* ›Hand deine‹ = ›deine Hand‹. Tendenz zur Ergativität. – Schriftansatz nur auf Osterinsel (Kohau-Rongorongo; Inschriften vermutl. Wortschrift). Englisch weitgehend S2, Frz. S2 in Frz. Polynesien; Hindi auf Fiji (290 000 Inder). **Lit.** M. D. Ross, Proto Oceanic and the Austronesian Languages of Western Melanesia. Canberra 1988. – J. Lynch, Pacific Languages: An Introduction. Honolulu 1998. – J. Lynch, M. Ross & T. Crowley, The Oceanic Languages. Richmond, Surrey 2002. – J. Tent and P. Geraghty (eds.), Borrowing: A Pacific Perspektive. Pacific Linguistics 548, 2003. **SSG** Stadt- und Universitätsbibliothek Frankfurt/M. (30). CE

Paanfang ↗ Ozeanische Sprachen

Paarformel ↗ Konsoziation, ↗ Zwillingsformel, ↗ Splitting

Paarsequenz ↗ Adjacency pair

Pädagogische Grammatik ↗ Didaktische Grammatik

Padang ↗ Dinka

Pädaudiologie ↗ Audiologie, ↗ Phoniatrie

Pädolinguistik Bez. für psycholing. und sprachpädagog. Forschungsansätze, die sich der Erforschung des ↗ Spracherwerbs und der ↗ Kindersprache widmen. G

Paenultima (lat. ›vorletzte (Silbe)‹) In der Silben- und Aussprachelehre der traditionellen lat. Grammatik Bez. für die vorletzte Silbe, auf die in Zweisilbern der Wortakzent fällt, in Dreisilbern dann, wenn die p. ↗ naturlang ist oder auf den kurzen Vokal der p. zwei oder mehr Kons. folgen (z. B. *incído* ›ich schneide ein‹ vs. *íncido* ›ich falle ein‹); ↗ Antepaenultima, ↗ Dreimorengesetz, ↗ More, ↗ Paroxytonon. GS

Páez (Eigenbez. Nasa Yuwe) Kolumbian. einheim. Spr.; Sprachgebiet: das Departement Cauca, östl. von Popayán (u. a. in der Gegend Tierradentro). Ca. 70 000 Sprecher. Die mögl. Verwandtschaft mit den ↗ Chibcha-Sprachen und mit dem ↗ Guambiano ist umstritten. Sprachtyp: suffigierend. Kasussuffixe; Karte ↗ Südamerikanische Sprachen, im Anhang. **Lit.** I. Jung, Grammatik des Páez. Diss. Osnabrück 1989. – A. Constenla Umaña, Las lenguas del área intermedia. San José 1991. – R. Nieves Oviedo, Estudios de la lengua páez I, II. Bogotá 1991. – T. Rojas Curieux, La lengua P. Una visión de su gramática. Bogotá 1998. – M. S. González de Pérez & M. L Rodríguez de Montes (Hgg.), Lenguas indígenas de Colombia. Una visión descriptiva. Bogotá 2000. – I. Jung, Gramática del páez o nasa yuwe. Mchn. 2008. AD

Pahārī 1. Unter Pahārī i. e. S. versteht man nur das West-Pahārī oder Himācalī, eine Gruppe zahlreicher, eng verwandter ↗ indoarischer Sprachen und

Dialekte im ind. Staat Himachal Pradesh sowie in den angrenzenden Regionen der Staaten Punjab bzw. Jammu und Kashmir. Die größten Sprecherzahlen weisen Maṇḍeālī, Cameālī und Koyṇthlī (Letzteres bedeutend als Umgangsspr. von Simla, Hauptstadt von Himachal Pradesh) auf. Die West-Pahārī-Spr. bilden ein fortlaufendes Dialekt-Kontinuum, wobei allerdings die Unterschiede zwischen den westlichsten und den östlichsten Spr. so groß sind, dass eine Verständigung unmöglich ist; Karte ↗ Indische Sprachen, im Anhang. Obwohl sie keinen offiziellen Status haben, werden manche dieser Spr. auch für den Schriftverkehr herangezogen (offizielle Spr. in Himachal Pradesh ist aber das ↗ Hindī). Als Schrift werden verschiedene Varianten des Ṭākrī-Alphabets, daneben auch die Devanāgarī und die arab. Schrift verwendet (↗ Indische Schriften). – **2.** Zu ling. Zwecken gebrauchter Überbegriff für eine große Gruppe von im Himalaya-Gebiet beheimateten Spr. und Dialekten, die in West-, Zentral- und Ost-Pahārī unterteilt werden; ↗ Nepālī. FZ

Pahlavi ↗ Mittelpersisch

Paiśācī ↗ Mittelindische Sprachen

Paiute-Sprachen ↗ Uto-Aztekische Sprachen

Paiwan-Sprachen ↗ Formosa-Sprachen

Palaisch ↗ Altanatolische Sprachen

Paläoasiatische Sprachen (griech. παλαιός (palaios) ›alt‹. Auch: Paläosibirische Sprachen; Karte im Anhang) Zusammenfassende Bez. für eine Reihe ostsibir. Sprachgruppen, die untereinander genet. nicht verwandt sind: die tschuktschisch-kamtschadal. Spr. (tschuktschisch, kamtschadal., korjak., itelmen.), die ↗ Eskimo-aleutischen Sprachen, die ↗ Jenissej-Sprachen, das Jukagir. (Odul.) und das Nivch. (Giljak.). Sprecherzahlen (Zensus 2002): tschuktsch. 7700, korjak. 3000, nivch. 480, itelmen. 375, jukagir. ca. 350. Alle p. S. sind agglutinierend. Die tschuktsch.-kamtschadal. und die Eskimo-aleut. Spr. weisen ↗ polysynthetischen Bau mit komplexen partizipialen Konstruktionen auf, die funktional Hypotaxen äquivalent sind. Bes. im Tschuktsch. sind ↗ inkorporierende Konstruktionen verbreitet, in denen zwei oder mehrere Satzglieder in komplexe Wörter inkorporiert werden können. Die tschuktsch.-kamtschadal. Spr. (außer dem Itelmen.) und die Eskimo-aleut. Spr. sind ↗ Ergativsprachen. Alle p. S. weisen viele Entlehnungen aus dem Russ. auf; Russ. als S2 ist die Regel. Verschriftungsansätze seit den 1920er Jahren (tschuktsch. und korjak. 1931 in lat. Schriftart, 1936 Kyrillisierung, Nivch. 1932 in lat., 1953 in kyrill. Schriftart, Jukagir. kyrill. in den 1970er Jahren), nur geringe Lit.-Produktion. **Lit.** Paleoaziatskie jazyki [Die p. Spr.]. JaNSSSR, vol. V. M. 1968. – Paleoaziatskie jazyki [Die p. Spr.]. JaAA, vol. 3. M. 1979. – A. P. Volodin, Abriß der Tschuktsch. Grammatik Wiesbaden 1995. – M. D. Fortescue, Language Relations across Bering Strait: Reappraising the Archeological and Linguistic Evidence. London

u. a. 1998. – E. Gruzdeva, Nivkh. Mchn 1998. –
E. Maslova, Tundra Yukagir. Mchn. 2003. **SSG**
Niedersächsische Staats- und Universitätsbiblio-
thek Göttingen (7). G

Paläographie (griech. παλαιός (palaios) ›alt‹, γράφειν (grafein) ›schreiben‹) Historische Hilfswiss.,
die sowohl die Entwicklungsgeschichte der ↗ Schrift
behandelt und zum Lesen, Datieren und Lokalisieren von Handschriften aufgrund graph. Merkmale
befähigt. Von J. Mabillon (1632–1707) in *De re
diplomatica* (1681) für den lat. und B. de Mont-
faucon (1655–1741) in der *Paleographia graeca*
(1708) für den griech. Bereich zuerst systematisiert
und von L. Traube (1861–1907) zur modernen Wiss.
entwickelt. Lat. und griech. P. können in europ.
Wissenschaftsbetrieb eigenständig organisiert sein,
während die P. als Erforschung älterer Schriftzeugnisse in anderen Schriftsystemen und Sprachen
i. d. R. nur in enger Verbindung mit den jeweiligen
Philologien betrieben wird. Neben der allgemeinen
Entwicklung von Schriften, vorwiegend der Buch-
stabenschriften, untersucht die P. auch die individuellen Merkmale, d. h. einzelne Buchstabenformen,
Kürzungen, Ligaturen, Satzzeichen und den Duktus,
den Gesamteindruck der Schrift, der durch Neigung,
Strichstärke, Tinte mitbestimmt wird. Dies ermöglicht es, eine bestimmte Schreiberhand zu charakterisieren, wobei nur in seltenen Fällen ein konkreter
Name damit verbunden werden kann. Erst die im
Spätma. üblicheren Kolophone erlauben dies auf
breiterer Basis. Zunehmend treten auch sozialgeschichtl. Fragestellungen, vor allem nach der gesellschaftl. und wirtschaftl. Position von Schreibern,
neben die kulturgeschichtl. Aspekte der Geschichte
von Bibliotheken und ↗ Schreibschulen. ↗ Schreiben
und ↗ Lesen waren voneinander getrennte Kulturfer-
tigkeiten, doch war Bildung stets im MA ein Element des sozialen Aufstiegs. In enger sachl. Verbindung mit der P. stehen ↗ Diplomatik, ↗ Epigraphik
und ↗ Handschriftenkunde. EN

Paläolinguistik Bez. für Versuche, ling. Vorge-
schichtsforschung zu betreiben und den ↗ Sprachursprung zu entdecken; ↗ Nostratisch. G

Paläologismus Veraltete Bez. für einen lexikalischen Archaismus, ein veraltetes Wort. G

Paläosibirische Sprachen ↗ Paläoasiatische Sprachen

Paläotype ↗ Inkunabel

Palatal, Palatallaut m. (lat. palātum ›Gaumen‹.
Auch: frontal, Gaumenlaut) Am harten ↗ Gaumen
als ↗ Artikulationsstelle mit dem Zungenrücken
(bzw. -blatt; ↗ palatoalveolar) als ↗ artikulierendem
Organ gebildeter kons. Sprachlaut (im Dt. z. B. [j]
wie in *Jahr*, [ç] wie in *ich*), wobei sich weiter einteilen lässt in prä-, medio- und post-p. PM

Palatalisierung (lat. palātum ↗ ›Gaumen‹. Auch:
Erweichung, Hebung, Jotierung, Moullierung) Assimilator. (↗ Assimilation) Vorverlegung der ↗ Artikulationsstelle zur Gaumenmitte bzw. sekundäre Arti-

kulation, die durch Anhebung des Zungenrückens
(dorsale P.) bzw. der Zungenspitze (apikale P.) gekennzeichnet ist (z. B. die Opposition zwischen weichen und harten Konsonanten im Russ., z. B. *brat'*
›nehmen‹ vs. *brat* ›Bruder‹). PM

Palatoalveolar m. (auch: laminopostalveolar) Am
Übergang zwischen der ↗ Alveolen und dem harten
↗ Gaumen (↗ Palatal) als ↗ Artikulationsstelle mit
dem Zungenblatt (↗ Laminal) als ↗ artikulierendem
Organ gebildeter kons. Sprachlaut. PM

Palatogramm n. Methode der Registrierung der
Zungenkontakte am harten Gaumen. Beim statischen (direkten) P. durch Einfärben der Zunge und
photograph. Registrierung der Kontaktstellen am
(auch künstl.) Gaumen; beim dynamischen P. durch
elektr. Messung der Zungenkontakte mittels in
einen künstl. Gaumen eingelassener Elektroden
(auch: Elektropalatographie; Abk. EPG). PM

Palatolalie f. Form der organischen offenen ↗ Rhinolalie; ↗ Gaumenspalte. GT

Palatum n. (lat. ›harter Gaumen‹) Vorderer, knöchern präformierter, straff mit Schleimhaut überzogener Teil des ↗ Gaumens. GL

Palembang ↗ Malaiisch

Palenquero Kreolsprache in Kolumbien; ↗ Spanisch basierte Kreolsprachen. AD

Pāli ↗ Mittelindische Sprachen, ↗ Indoarische Sprachen

Palilalie n. (griech. πάλιν (palin) ›wieder, noch
einmal‹, λαλεῖν (lalein) ›schwatzen, plaudern‹)
Bez. für ständiges Wiederholen von Silben, Wörtern
und Sätzen bei ↗ Sprachstörungen. GT

Palimpsest n. (griech. παλίμψεστος ›abgeschabt‹,
lat. palimpsestus m.) Bez. für Pergamenthand-
schriften, bei denen durch Abwaschen oder Abscha-
bung und Rasur mit anschließendem Glätten der
Oberfläche der zuerst geschriebene Text entfernt
und Platz für erneutes Beschreiben geschaffen wurde. Als P. überliefert sind u. a. Cicero, De re publica
(Vat. lat. 5757), der westgot. Codex Euricianus oder
der Wolfenbütteler Ulfilas. Seit karoling. Zeit sind
P. relativ selten. EN

Palindrom n. (griech. παλίνδρομος (palindromos)
›zurücklaufend‹) Sprachl. sinnvolle Folge von
Buchstaben, Wörtern oder Versen, die anazykl.
sind, d. h. die auch in umgekehrter Richtung gelesen
denselben oder einen anderen korrekten Wortlaut
ergeben. Deuten einige Zeugnisse darauf hin, dass
das P. zunächst ein Mittel ritueller Sprachmagie war
(etwa bei Umschriften auf runden Weihegefäßen,
die bei jeder Richtung des Umschreitens lesbar
sein sollten), galt es doch schon seit der Antike als
sprachartist. Spiel. Es lassen sich unterscheiden:
Wort-P. wie *Anna, Reliefpfeiler* u. a.; Satz-P. wie
das seit dem 1. Jh. n. Chr. auch als mag. Quadrat
überlieferte, in seiner Deutung umstrittene symbol.
P. *SATOR AREPO TENET OPERA ROTAS* (wörtl.:
Der Sämann Arepo hält durch seine Arbeit die
Räder) oder Schopenhauers P. *Ein Neger mit Ga-*

zelle zagt im Regen nie; Sinnspiel-P., bei denen die Umkehrung ein anderes, aber einen Bedeutungszusammenhang ermöglichendes Wort ergibt wie *EVA – AVE* (Maria) oder *ROMA – AMOR* (s. Goethe, Röm. Elegie I); Vers-P., bei denen nach der Strophenmitte die einzelnen Verse des ersten Teils in spiegelverkehrter Anordnung wiederholt werden, z. B. im P. von Walther von der Vogelweide ›Nieman kan mit gerten…‹. In der Musik spielt das P. als sog. Krebs eine große Rolle, bes. in der Fugen- und Kanonkomposition (J. S. Bachs ›Musikal. Opfer‹) und in der Schönbergschen Zwölfton-Kompositionstechnik, in der das Töne-P. eine der vier Veränderungsmöglichkeiten der ›Reihe‹ ist. **Lit.** F. Dornseiff, Das Alphabet in Mystik und Magie. Leipzig ²1925, Neudr. Lpz. 1980. WH

Palmyrenisch Dialekt des ⁊ Aramäischen in Syrien, der in Inschriften von 44 v.–274 n. Chr. und einem griech.-p. Steuertarif vom 18. 4. 137 n. Chr. überliefert ist. P. steht in ungebrochener Tradition zur aramä. Amtsspr. des pers. Reiches (bis 331 v. Chr.). WI

Palu ⁊ Toraja-Sprachen

Pama-Nyunga-Sprachen ⁊ Australische Sprachen

Pamir-Sprachen Gruppe südostiran. Dialekte, die in den Tälern des Pamir gesprochen werden. Karte ⁊ Iranische Sprachen, im Anhang. Zu den P.-S. gehören (von Norden nach Süden): (a) die Schughni-Gruppe (mit den Dialekten Schughni, Roschani, Bartangi, Sariqoli), (b) Jasghulami, (c) Wachi, (d) Ischkaschmi-Sangletschi, (e) Mundaschani (einschließl. Yidgha in Chitral). Nördl. der Schughni-Gruppe existierte früher das Wandschi, von dem nur eine Wörterliste erhalten ist. Die P.-S. sind auf vier Länder verteilt: Tadschikistan (Schughni, Jasghulami, Wachi, Ischkaschmi), China (Sariqoli), Afghanistan (Schughni, Ischkaschmi, Mundaschani) und Pakistan (Yidgha). Die Sprecherzahlen liegen am höchsten bei Schughni (30 000–40 000) und Wachi (15 000–20 000). Eine Verschriftung mit dem lat. Alphabet wurde in den 1930er Jahren für das Schughni versucht, aber wieder aufgegeben. Schriftspr. ist heute ⁊ Tadschikisch bzw. in China ⁊ Ujgurisch. Die Nominalflexion ist in den P.-S. auf ein Zweikasus-System reduziert. In einem Teil der P.-S. ist die präteriale Ergativstruktur erhalten. **Lit.** W. Lentz, Pamir-Dialekte I. Göttingen 1933. – T. N. Paxalina, Pamirskie jazyki [Die P.-S.]. M. 1969. MI

Pamona ⁊ Toraja-Sprachen

Pampa ⁊ Tschon-Sprachen

Pampango ⁊ Tagalog

Panchronie f. (griech. παν- (pan-) ›all-‹, χρόνος (chronos) ›Zeit‹) Von F. de Saussure geprägter Ausdruck zur Bez. von sprachl. Phänomenen, die unabhängig von einer bestimmten ⁊ Zeit sind, d. h. die wie Naturgegebenheiten walten und als Naturgesetze beschrieben werden können. Zwar kann der Umstand, dass sich Spr. in der Zeit stets verändern, als panchron. Tatsache angenommen werden, die je-

weils obwaltenden konkreten Veränderungserscheinungen jedoch sind nicht panchron. T

Pangasinan ⁊ Philippinische Sprachen, ⁊ Tagalog

Pangrammatisch (griech. παν- (pan-) ›all-‹, γράμμα (gramma) ›Buchstabe‹) Bez. für lyr. oder ep. Verse, bei denen alle oder möglichst viele Wörter mit demselben (meist symbolhaft zu deutenden) Buchstaben beginnen (auch: Tautogramm; ⁊ Alliteration, dagegen ⁊ Stabreim); ⁊ leipogrammatisch. SLE

Pāṇini Ind. Grammatiker des 5./4. Jh. v. Chr. Ausgehend vom gesprochenen ⁊ Sanskrit entwickelte er in den Sutren seiner acht Kapitel umfassenden *Aṣṭadhayayi* ein komplettes grammat. Beschreibungssystem für die Bereiche ⁊ Phonologie, ⁊ Morphologie und ⁊ Syntax, das von großer Bedeutung für die Indogermanistik, aber auch die moderne (generative) Ling. war. PM

Pañjābī In Indien als offizielle Spr. des Staates Punjab sowie in der gleichnamigen Provinz in Pakistan (hier kein offizieller Status) gesprochene ⁊ indoarische Sprache. Das P. verfügt über mehrere nicht besonders unterschiedliche Dialekte; der Standardspr. liegt der Dialekt Mājhī zugrunde (v. a. um Amritsar, Lahore); Karte ⁊ Indische Sprachen, im Anhang. P. ist seit dem 12./13. Jh. Schriftspr. und gewann mit der Ausbreitung der Sikh-Religion seit dem 16. Jh. sehr an Bedeutung. Seit dem 17./18. Jh. Heldendichtungen und Lyrik, wobei sich die Sikh-Literatur von der islam. geprägten sprachl. deutl. (v. a. lexikal.) unterscheidet. Verwendete Schriften: in Indien Gurmukhī, seltener Devanāgarī (⁊ Indische Schriften); in Pakistan das für das ⁊ Urdū adaptierte arab. Alphabet. **Lit.** Ch. Shackle, Panjabi. In: G. Cardona & Dh. Jain (eds.), The Indo-Aryan Languages. Ldn., N. Y. ²2007, 581 – 621. FZ

Panoptikumtext ⁊ Parlando

Pano-Tacana-Sprachen Sprachfamilie im westl. Tiefland Südamerikas, bestehend aus den Pano-Spr. und den Tacana-Spr. Zu den Pano-Spr. gehören verschiedene Spr. in Ostperu (u. a. Amahuaca, Cashibo, Mayoruna, Yaminahua und die Spr. der ⁊ Shipibo und Conibo), in den brasilian. Provinzen Acre und Amazonas (Cashinaua, Catuquina do Acre, Marubo) und in Nordbolivien (Chácobo). Zu den Tacana-Spr. gehören verschiedene Spr. in Nordbolivien (Araona, Cavineña, Ese'ejja, Tacana); Karte ⁊ Südamerikanische Sprachen, im Anhang. **Lit.** E. Loos, Pano. In: R. M. W. Dixon & A. Y. Aikhenvald (eds.), The Amazonian Languages. Cambridge 1999, 227 – 250. – D. W. Fleck, A Grammar of Matsés. Phil. Diss. Rice Univ. Houston, Tx., 2003. – P. M. Valenzuela Bismarck, Transitivity in Shipibo-Konibo Grammar. Phil. Diss. Univ. of Oregon, Eugene 2003. – A. Guillaume, A Grammar of Cavineña, Mchn. 2008. – **SSG** Ibero-Amerikanisches Institut Berlin (204). AD

Papago ⁊ Uto-Aztekische Sprachen

Papiamentu ⁊ Portugiesisch basierte Kreolsprachen, ⁊ Spanisch basierte Kreolsprachen

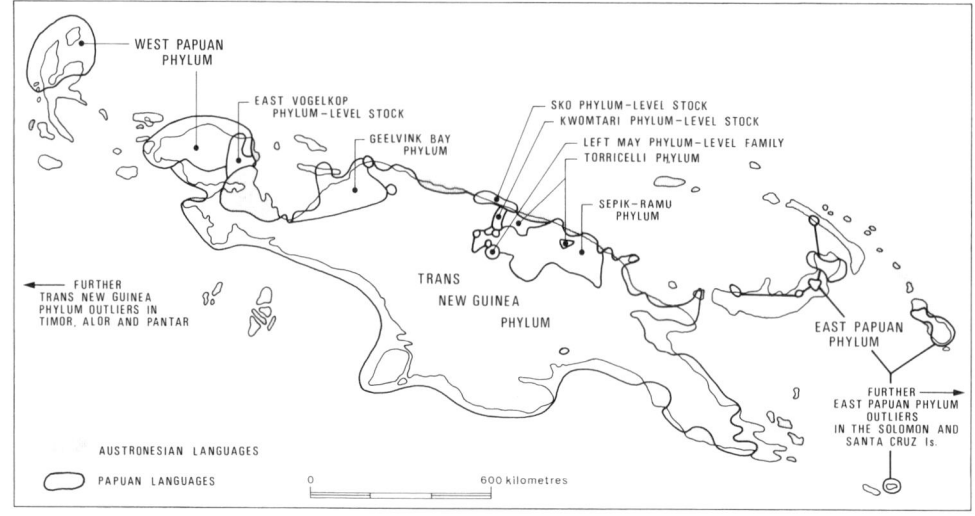

Papua-Sprachen

Papier ↗ Beschreibstoff
Papierkorbkategorie Bez. für eine Klasse von
sprachl. Einheiten, die nur deshalb zusammengefasst werden, weil sie ansonsten in keine andere
Kategorie ›passen‹. Im Dt. sind Partikeln oft eine
P. für unflektierbare Wörter generell. Dieses Vorgehen ist method. problemat. Allerdings weisen
natürl. Spr. vielfach solche ›Restkategorien‹ auf:
Mitglieder einer P. werden allein über das Merkmal,
in die anderen Kategorien über gemeinsame Eigen-
schaften nicht eingeordnet werden zu können, in
einer Restklasse zusammengefasst. Aus der Sicht
der ↗ Prototypensemantik ist dieses Verfahren als
Kategorisierungstrick natürl. Spr. zu verstehen.
Lit. G. Lakoff, Women, Fire and Dangerous Things.
What Categories Reveal About the Mind. Chicago,
Ldn. 1987.   SO
Papille ↗ Auge
Papua-Sprachen Sprachfamilie mit ca. 750 Spr.
in Neuguinea (Papua Neuguinea; indones. Provinz
Irian Jaya) und angrenzenden indones. und melanes.
Inseln in unmittelbarer Nachbarschaft zu den ↗ austronesischen Sprachen. Zusammen mit ihnen und
einer großen Zahl von Dialekten bilden sie das
komplexeste Sprachgebiet der Welt. Insgesamt
3 Mio. Sprecher. Die Klassifikation ist in Ermangelung detaillierter histor.-vergleichender Untersuchungen noch nicht endgültig ausgereift. Die P.-S.
unterscheiden sich fundamental von den austrones.
und austral. Spr. Sie bestehen aus 5 Haupt- und
6 kleineren, vermutl. beziehungslosen Sprachstäm-
men. Außerdem finden sich 8 isolierte Sprachgruppen auf Sprachstamm-Ebene. Im Einzelnen handelt
es sich um den Trans-Neuguinea-Stamm (507 Spr.;
Vogelkop-Halbinsel und Nordwest-Irian Jaya,
Nordwest-Papua Neuguinea, Timor-Alor-Pantar-
Gruppe; 2 307 000 Sprecher), West-Papua-Stamm
(24 Spr.; nördl. Teile der Vogelkop-Halbinsel,
Nord-Halmahera; 217 000 Sprecher), Sepik-Ramu-
Stamm (98 Spr.; Sepik-Provinzen, westl. Teil der
Madang-Provinz von Papua Neuguinea; 194 000
Sprecher), Torricelli-Stamm (48 Spr.; nördl. Teile
der Sepik-Provinzen, Enklave in Nordwest-Ma-
dang; 80 000 Sprecher), Ost-Papua-Stamm (27 Spr.;
Inseln nördl. und nordöstl. von Papua Neuguinea,
Enklaven im austrones. Raum: Neu-Britannien,
Yele-Salomon-Inseln, Bougainville, Reef-Santa
Cruz; 69 000 Sprecher), Stamm kleiner Spr. (29
Spr.; 41 000 Sprecher) mit den Subgruppen Sko,
Kwomtari, Arai, Amto-Musi, Ost-Vogelkop, Geel-
vink Bay) und isolierte Spr. mit teils ungeklärter
Zuordnung. Die Sprecherzahlen basieren auf Volks-
zählungsergebnissen in den 1970er und 1980er Jah-
ren bzw. auf Schätzungen gemäß der Anzahl von
Dörfern. Größte Spr. ist Enga (164 750 Sprecher in
den westl. Hochländern von Papua Neuguinea. –
Typolog. Charakteristika für alle P.-S. lassen sich
nur sehr bedingt, v. a. kontrastiv unter Bezug auf
isolierte oder austrones. und austral. Spr., feststellen. Weit verbreitet sind (a) phonolog.: Fehlen eines
phonem. Kontrastes zwischen *r*- und *l*-Lauttypen;
Verschluss- und Reibelaute tendenziell in allophon.
Distribution; häufig Austausch von [k] und [t] sowie [n] und [ŋ] in Dialekten einer Spr. oder in eng
verwandten Spr.; (b) morpholog.: Dualis; verborge-
ne Nominal-Klassifikation durch klassifikator. Ver-

ben oder Personen-Markierung im pronominalen und verbalen System, seltener auch durch komplexe ⁊ Konkordanzsysteme; morpholog. komplexes Verbsystem; Verb-Markierung zur Subordination des ersten von 2 Verben; selten morpholog. angezeigte Numeralia, jedoch kompliziertes Zählsystem auf der Basis von Körperteilen als Zähleinheiten; (c) syntakt.: SOV, Verb in finaler Position von Satz(-teil). **Lit.** T. Ch. Sebeok & Sh. Hattori (eds.), Language Atlas of the Pacific Area. Canberra 1981. – S. A. Wurm, Papuan Languages of Oceania. Tübingen 1982. – W. Foley, The Papuan Languages of New Guinea. Cambridge 1986. – G. P. Reesink (ed.), Topics in Descriptive Papuan Linguistics. Semaian 10. Leiden 1994. – L. Carrington, A Linguistic Bibliography of the New Guinea Area. Pacific Linguistics D-90. Canberra 1996.　　CE

Papyrus ⁊ Beschreibstoff

Paradigma n. (griech. παράδειγμα (paradeigma) ›Beispiel‹) **1.** In der Morphologie Bez. für eine Menge von Flexionsformen, die nach demselben Konjugations-, Deklinations- oder Komparationsmuster gebildet sind; man spricht dann von einem ⁊ Flexionsparadigma bzw. einem Konjugations-, Deklinations- oder Komparationsparadigma. **2.** Elemente einer ⁊ Ebene des Sprachsystems stehen in paradigmat. Beziehung zueinander, wenn sie gegeneinander austauschbar sind. In der klass. Phonologie dient das Verfahren der Bildung von ⁊ Minimalpaaren dazu, für einzelne Spr. festzustellen, welche Elemente in ident. phonolog. Umgebungen vorkommen und Bedeutungsunterschiede bewirken, z.B. dt. *bieten, bitten, beten, betten, bäten, baten, boten, böten*; ⁊ Opposition. Paradigmat. Beziehungen zwischen Wortformen oder Wortgruppen bestehen, wenn sie an derselben Position eines ⁊ Syntagmas auftreten können; dies wird mittels Distributions- bzw. Konstituentenanalyse geklärt. Beispiel: in der Umgebung axb (a: DET, b: N) kann x nur ein Element der Klasse [ADJ] sein, z.B. das *blonde/dritte/lachende/gefallene Mädchen*, und Expansionen von x sind nur durch Elemente der Klasse [ADV] möglich, z.B. das *unnatürlich/sehr/über die Maßen/immer/morgens fröhliche Mädchen*. Semant. Paradigmen werden aufgestellt, indem z.B. die Relationen der ⁊ Synonymie, der ⁊ Antonymie, der ⁊ Hyperonymie usw. analysiert werden.　　G

Paradigmatisch ⁊ Glossematik, ⁊ Paradigma, ⁊ Sprachstruktur

Paradigmenkategorie ⁊ Einheitenkategorie

Paradoxie f. (griech. παράδοξος (paradoxos) ›entgegen der Meinung/Erwartung aller‹) Als log. Terminus ⁊ Antinomie.　　RB

Paragramm n. (griech. παρά (para) ›gegen‹, γράμμα (gramma) ›Schrift(zeichen)‹) Auf einem phonem. Minimalpaar beruhendes ⁊ Wortspiel, z.B. ital. *traduttore traditore* ›der Übersetzer ist der Verräter‹ (d.h.: es gibt keine exakten Überset-

zungen), *Die Blumen des Bösen* (Baudelaire) – *Die Blusen des Böhmen* (Gernhardt et al.).　　G

Paragrammatismus Form von ⁊ erworbener Sprachstörung, bei der es aufgrund von fehlerhafter Verwendung von ⁊ Funktionswörtern, morphosyntakt. Mitteln und Kombinationen zu unzulässigen Satzkonstruktionen und -verknüpfung kommt. Seit Kleist (1934) wird die P. als typ. Störungsbild der ⁊ Wernicke-Aphasie im Kontrast zum ⁊ Agrammatismus der ⁊ Broca-Aphasie gesehen. **Lit.** B. Butterworth & D. Howard, Paragrammatism. In: Cognition 26, 1987, 1–37. – R. de Bleser, From Agrammatism to Paragrammatism: German Aphasiological Traditions and Grammatical Disturbances. Cognitive Neuropsychology 4, 1987, 187–256. – S. Glück, Zur Verarbeitung formaler Elemente im Paragrammatismus. In: Frankfurter Ling. Forschungen (FLF) 14, 1995, 1–27.　　GT

Paragraph m. (griech.-lat. ›daneben geschriebene (Trenn-)Linie‹) Begriffszeichen (§), das in vielen Spr., v.a. in jurist. Texten, oft auch in wiss. Texten aller Art, als Gliederungsmittel verwendet wird; ⁊ Absatz, ⁊ Abschnitt.　　G

Paralalie f. (griech. παρά (para) ›bei, neben‹, λαλεῖν (lalein) ›schwatzen‹) Ausprägungsform der ⁊ Dyslalie. Systemat. Ersetzung eines Lautes durch einen anderen in der gebrauchten Sprache vorkommenden Laut.　　GT

Paralexem n. (griech. παρά (para) ›neben‹, λέξις (lexis) ›Wort‹. Frz. paralexème) In der frz. Sprachwiss. gelegentl. vorkommende Bez. für ein mehrgliedriges Wort, z.B. frz. *pomme de terre* ›Kartoffel‹. P. stehen in Opposition zu morpholog. einfachen Wörtern, die als ⁊ Lexeme (frz. lexème) bezeichnet werden, z.B. frz. *pomme* ›Apfel‹. Eine Festlegung auf einen ⁊ Wortbildungstyp besteht nicht; ⁊ Synapsie, ⁊ Komposition.　　ES

Paralexie f. (griech. παρά (para) ›entlang, abweichend‹, λέγειν (legein) ›lesen‹) Verlesung (⁊ Versprecher); wird sowohl für aphat. (⁊ Aphasie) als auch für ›normale‹ Lesestörungen gebraucht, bei denen das zu lesende Wort mit lautl., graph., morpholog. oder semant. ähnlichen Wörtern verwechselt wird.　　KN

Paralinguistik (Kunstwort aus griech. παρά ›bei, neben‹ und engl. ›linguistics‹; Letzteres ist zweideutig: ›Sprachlichkeit‹ und ›Linguistik‹; von der Sache her ist die Sprachlichkeit gemeint. Die Ausdrücke »paralinguistisch« und »Paralinguistik« sind also terminolog. nicht angemessen.) Als »paraling.« werden für die menschl. Stimme kennzeichnende Merkmale bezeichnet, die beim sprachl. Handeln diese begleiten wie Stimmqualität oder bestimmte Formen der ⁊ Phonation (Flüstern, Hauchen; ⁊ Sprechausdruck) oder ⁊ Artikulation. Die ling. Behandlung von paraling. Phänomenen schwankt zwischen einer (a) Symptom-Interpretation und einer (b) sprachl. Interpretation. Interpretation (a) sieht paraling. Erscheinungen als vorwiegend psych.-expressive Signale an; sie findet sich vor allem in psycholog. Kontexten. Als »analoge«, nicht-»digitale« Kommunikation wird ihr gelegentlich der Wert des Ursprünglichen, Eigentlichen, Wahren zugeschrieben. ↗ Kommunikation wird dabei in einem sehr weiten Sinn verstanden. – Neuere Forschungen zu einzelnen paraling. Erscheinungen, z. B. ↗ Pausen, zeigen hingegen deren durchaus sprachl. Charakter (b) und ihre Einbeziehung in die kommunikative Interaktion. Möglicherweise handelt es sich um keinen einheitl. Phänomenbereich. – Eine vergleichbare Kontroverse findet sich für die ↗ nonverbale Kommunikation, die z. T. in der Lit. der P. zubzw. untergeordnet wird, wie umgekehrt diese jener. – **Lit.** D. Abercrombie, Paralanguage. In: J. Laver & S. Hutcheson (eds.), Communication in Face to Face Interaction. Ldn. 1972. – D. Crystal, Paralinguistics. CTL 12, 1974, 265–296. – W. Raffler-Engel, The Perception of Nonverbal Behaviour in the Career Interview. Amsterdam 1983. – K. R. Scherer, Nonverbale Kommunikation. Ansätze zur Beobachtung und Analyse der außersprachl. Aspekte von Interaktionsverhalten. Hamburg 1970.　　　　　　E

Paralipse f. (griech. παρα-λείπειν (paraleipein) ›unterlassen‹; lat. praeterītiō ›Besetzung, Abhaltung von anderen Dingen‹) ↗ Rhetorische Figur: Hervorhebung eines Themas oder Gegenstandes durch die nachdrückliche (nicht eingehaltene) Erklärung, dass darauf aus bestimmten Gründen nicht näher eingegangen werde, eingeleitet durch Wendungen wie *Ich will nicht davon sprechen, dass...*; oft Mittel der ↗ Ironie.　　　　　　SE

Parallel ↗ Seriell

Parallelismus (griech. παράλληλος (parallēlos) ›gleichlaufend‹) **1.** ↗ Rhetor. Figur. Unterschieden wird: (a) syntakt. P., der syntakt. Gleichlauf mehrerer (2–3) gleichrangiger Phrasen, z. B. »als ich noch Kind war, redete ich wie ein Kind, dachte ich wie ein Kind, urteilte ich wie ein Kind« (1. Kor. 13,11); (b) semant. P., die Spaltung einer Aussage in zwei (oder mehr) Aussageeinheiten gleichen oder gegensätzlichen Inhalts, wobei das 2. Glied auch den Gedanken des ersten fortführen kann; man unterscheidet daher beim semant. P. synonymen P. (auch Synonymie): »so muss ich dich verlassen, von dir scheiden« (Schiller, ›Wallenstein‹), antithet. P.: »sie forderts als eine Gunst, gewähr es ihr als Strafe« (Schiller, ›Maria Stuart‹) und synthet. P.: »den Mund aufmachen, der Vernunft das Wort reden und die Verleumder beim Namen nennen« (G. Grass). – Der P. membrorum ist formkonstituierend u. a. in der hebr. Poesie (Psalmen), in der mhd. Dichtung, der Sakralsprache, im Volkslied, in jüngster Zeit auch in der Werbung. Häufig ist die Verbindung mit ↗ Anapher, ↗ Epipher, ↗ Symploke oder dem ↗ Homoioteleuton. AK – **2.** Die bes. unter dem Einfluss der ↗ Glossematik stehende Annahme, Inhaltsplan und Ausdrucksplan seien parallel aufgebaut. Bisweilen wird – irreführend – auch von ↗ Isomorphie gesprochen. L. Hjelmslev setzt keine Isomorphie voraus. P. bedeutet für die Glossematik nur, dass die beiden Pläne des sprachl. Zeichens – getrennt voneinander – den gleichen Analyseprozeduren unterworfen werden. Folgerichtig wird für beide Pläne auch dieselbe Terminologie verwendet. Allerdings wird nicht gefordert, dass die Analyseergebnisse bei jedem Analyseschritt auf der Inhalts- und der Ausdruckslinie übereinstimmen.　　　　　　T

Parallel-Morphologie ↗ Distributed Morphology

Parameter m. **1.** In der GG Bez. für ein Prinzipienbündel aus Regeln und ↗ Beschränkungen für Regeln der ↗ Universalgrammatik. P. sind nach Auffassung der ↗ Rektions-Bindungs-Theorie und der ↗ Barrieren-Theorie genet. determiniert und ermöglichen beim ↗ Spracherwerb die Auswahl spezif. einzelsprachl. Realisierungen. Im ↗ Minimalismus wird das Konzept der P. weitgehend aufgegeben; die parametr. Variation zwischen Einzelspr. wird nun unterschiedl. Eigenschaften von Projektionen ↗ funktionaler Kategorien zugeschrieben; ↗ Mentalismus, ↗ Pro-Drop-Parameter, ↗ Syntaktische Komponente. **Lit.** S. Bartolo (ed.), Parametric Linguistics and Learnability: A Self-Contained Tutorial for Linguists. Cambridge 2002. – P. W. Culicover, Principles and P.s An Introduction to Syntactic Theory. N. Y. 1997. – R. Kayne, P.s and Universals. Oxford 2001. – F. Newmeyer, Against a Parameter-Setting Approach to Typological Variation. Linguistic Variation Yearbook 4, 2005, 181 – 234. F – **2.** In vielen Teildisziplinen der Ling. übl. Terminus, der nahezu bedeutungsgleich mit »Variable« oder »Kategorie« verwendet wird. So wird in der ↗ akustischen Phonetik von den akust. P. ↗ Frequenz, Amplitude und – bei komplexem Schall – Phase gesprochen, in der artikulator. Phonetik von den artikulator. Grundparametern ↗ Artikulationsmodus, ↗ Artikulationsstelle und ↗ artikulierendem Organ, bei Vokalen Zungenlage/-höhe und Lippenrundung und modifizierenden P. wie Stimmbeteiligung, Luftstrommechanismen, sekundären Artikulationen usw., in der ↗ Soziolinguistik von soziolog. P. (↗ Domäne).　　　　　　G

Paraphasie f. (griech. παρά (para) ›neben, in der Nähe‹, φάσις (fasis) ›Sprache, Rede‹, wörtl. ›Danebengesprochenes‹) Vereinfachungen und Entstellungen auf der Laut- und Wortebene aufgrund von ↗ Sprachstörungen. Unterschieden werden phonet., phonemat. und semant. P. sowie die neologist. P., bei der es in Übereinstimmung mit den phonotakt. Regeln der jeweiligen Spr. zu lexikal. nicht existenten, beziehungslosen Neubildungen kommt. **Lit.** D. Veit, Semant. P.en Ein Simulationsexperiment zur aphas. Sprachproduktion. In: Ders. & M. Schenken, Beschreiben und Erklären in der klin. Neuroling. Tübingen 2001. – W. Huber, K. Poeck & D. Weniger, Aphasie. In: W. Hartje & K. Poeck (Hgg.), Klin. Neuropsychologie. Stgt., N. Y. ⁵2002, 93–173.　　GT

Paraphrase f. (griech. παρά (para) ›neben, in der Nähe‹, φράσις (frasis) ›sprachl. Ausdruck‹) **1.** Umgangssprachl. für die erklärende Nacherzählung eines Textes oder Textabschnitts in derselben Spr. oder freie, nur sinngemäße Übertragung (↗ Übersetzung) eines Textes in eine andere Spr.; Ggs. ↗ Metaphrase. G – **2.** Als ling. Terminus Bez. von ↗ Synonymiebeziehungen zwischen Sätzen. Paraphrasierung ist in der GG ein elementares Verfahren zur Feststellung von semant. Identität verschiedener Sätze; sie bilden dann eine tiefenstrukturelle Paraphrasenklasse. Zu unterscheiden ist zwischen syntakt. (z.B. *Jenny hilft Maja – Maja wird von Jenny geholfen*, »Passivparaphrase«), lexikal-idiomat. (z.B. *Vorführdame – Mannequin – Modell – model*) und situativ-pragmat. P.beziehungen (z.B. *Am Sonntag ist ein Gastspiel der Bamberger Symphoniker in der Halle Gartlage* vs. *Ich will mit Dir in das Konzert am Sonntag gehen*). G – **3.** Mittel der Wortbildungsanalyse, das hilft, (a) Segmentgrenzen zu ermitteln (*gegenwartssprachlich* ›die Gegenwartssprache betreffend‹ = [[*gegenwartsprach*]*lich*]), (b) den Wortbildungstyp zu bestimmen (*Gegenwartssprache* (Grundmorphem) + *-lich* (Affix) = explizite Derivation), (c) die Funktion der Konstituenten zu bestimmen (›X betreffend‹ = adjektivisches Wortbildungsprodukt mit substantivischer Basis). In Komposita ([Gegenwarts][sprache]) zeigen P. die Mitgliedschaft in einer der semant. bestimmten Subkategorien an (›Sprache der Gegenwart‹ = Determinativkompositum). Fehlende Paraphrasierbarkeit weist ↗ Idiomatisierung nach; ↗ Komposition. ES

Parasitic Gap (›parasitäre Lücke‹. Auch: Schmarotzerlücke) In der ↗ Rektions-Bindungs-Theorie und in den ihr nachfolgenden Modellen (↗ Barrieren-Theorie, ↗ Minimalismus) diskutierte ↗ leere Kategorie *e* zur Explikation der Grammatikalität und Bedeutung von engl. Sätzen wie z.B. *Who did you tell that we would meet on Sunday?* (wörtl.: ›Wem hast du gesagt, dass wir am Sonntag treffen würden?‹) oder *This is the boy that Sophie promised that she liked.* (wörtl.: ›Dies ist der Junge, dem Sophie versprach, dass sie mochte‹). Die in den Strukturen [$_S$ Who$_i$ did you tell t_i [$_S$ that we would meet e_i on Sunday]] bzw. [$_S$ This is the boy [$_S$ that Sophie promised t_1 [$_S$ that she liked e_1]]] jeweils mit *e* markierte Position kann nur dann leer bleiben, wenn zugleich die mit *t* markierte Position leer ist (*e* ›schmarotzt‹ von t), d.h. entspr. der Darstellungsweisen der ↗ Rektions-Bindungs-Theorie, wenn durch die ↗ Bewegung (Move α) einer Konstituente *k* eine ↗ Spur *t* entstanden ist, wobei *k* sowohl mit *t* wie auch mit *e* koindiziert sein sollte. Entspr. Konstruktionen, auf welche schon J.R. Ross (1967) aufmerksam machte, sind in den german. Spr. unterschiedl. akzeptabel (vgl. Parker 1999); ihre Ableitung wird ebenso kontrovers diskutiert wie die Möglichkeiten ihres Vorkommens in verschiedenen

Spr.; jeweils unterschiedl. Positionen vertreten z.B. Kayne (1983), Engdahl (1985), Chomsky (1986), Williams (1990), Parker (1999) und im Rahmen des Minimalismus Nunes (2004). Im Dt. scheinen P.G. in verschied. Dialekten mögl. zu sein, vgl. im Bayr. [Das ist der Kerl$_i$ den$_i$ wenn ich e_i erwisch, erschlag ich t_i] (Felix 1985). **Lit.** N. Chomsky, Barriers. Cambridge, Mass. 1986. – A. Cornilescu, On Clitic Goubling and P.G.s in Romanian. Revue roumaine de linguistique 51.1, 2006, 23–42. – P.W. Culicover & P.M. Postal (eds.), P.G.s. Cambridge, Mass. 2001. – E. Engdahl, P.G.s, Resumptive Pronouns and Subject Extractions. Linguistics 23, 1985, 3–44. – S.W. Felix, P.G.s in German. In: W. Abraham (Hg.), Erklärende Syntax des Dt. Tübingen 1985. – R. Kayne, Connectedness. LIn 14.2, 1983, 232–249. – J.W. Nissenbaum, Investigations of Covert Phrase Movement. Diss. MIT, Cambridge, Mass. 2000. – J. Nunes, Linearization of Chains and Sideward Movement. Cambridge, Mass. 2004. – A.R. Parker, P.G.s in the Germanic Languages. Diss. Univ. Dublin 1999. – J.R. Ross, Constraints on Variables in Syntax. Cambridge, Mass. 1967 [erschienen als: J.R. Ross, Infinite Syntax. N.Y. 1981]. – B. Russell, Functional P.G.s. In: E. Georgala & J. Howell (eds.), Proceedings from SALT XV. CLC Publications. Ithaca, N.Y. 2005. – E. Williams, The ATB Theory of P.G.s. LRev 6, 1990, 265–279. F

Parasprache Zusammenfassende metaphor. Bez. nichtsprachl. Mittel, die kommunikativ relevant sind, wie ↗ Gestik, ↗ Mimik, Lautstärke, Sprachtempo (↗ Stimme) usw.; ↗ Paralinguistik, ↗ Semiotik. G

Parasynthetum ↗ Dekompositum

Parataxe ↗ Koordination

Paratschi ↗ Iranische Sprachen

Parenthese f. (griech. παρένθεσις (parenthesis) ›Einschub, Zusatz‹. Auch: Einschaltung, Einschub, Schaltsatz) Syntakt. selbständige Einfügung eines vom Verb nicht geforderten Satzgliedes oder eines Teilsatzes, meist zwischen ↗ Gedankenstrichen oder in ↗ Klammern, z.B. *Wir kamen – ich werde das nie vergessen – völlig durchnässt an.* Auch ↗ Anredenominative und ↗ Interjektionen werden i.d.R. zu den P. gezählt. Die P. wird von Heidolph, Grundzüge, den ↗ Extrapositionen zugerechnet. Im Zusammenhang mit der Erforschung der ↗ gesprochenen Sprache wird eine primär syntakt. Zuordnung kritisiert und gefordert, P. zusammen mit ↗ Ellipsen und ↗ Anakoluthen im Rahmen einer Grammatik des ↗ Dialogs auch als aktive Sprecherleistungen bzw. Handlungsmuster zu beschreiben, die anzeigen, dass Sprecher unter dem Einfluss von Hörerreaktionen während des Redens ihre Planung ändern, etwa weil sie merken, dass sie diesen ohne bestimmte Zusztinformationen überfordern oder dieser sie nicht versteht oder gerade Gesagtes missbilligt; ↗ Herausstellung, ↗ Klammer. **Lit.** L. Hoffmann, P.n. LBer 175, 1998, 299 ff. – V. Kolbina,

Eingeschobene Nebensätze im Dt. Aachen 2000. –
2. ↗ Klammer, ↗ Gedankenstrich.   SL
Päri ↗ Nilotische Sprachen
Parintintin ↗ Tupí-Guaraní-Sprachen
Parisyllabum n. (lat. pār ›gleich‹, griech. συλλαβή
(syllabē) ›Silbe‹) Wort, das in allen Deklinations-
formen im Sg. und Pl. die gleiche Silbenzahl hat;
Ggs. Imparsyllabum.   PM
Parlando (ital. parlare ›sprechen‹) Bez. für die
Übertragung typ. mündl. sprachl. Merkmale in die
Schriftlichkeit (›Schreiben, wie man spricht‹). Der
verwendete Wortschatz ist salopp, eher einem familiären ↗ Register zuzuordnen. Die Syntax ist prosod.
komponiert (↗ Prosodie), orientiert sich an ↗ Ak-
zentmustern und ↗ Intonation. Typ. sind orthograph.
›Flüchtigkeitsfehler‹, die durch schnelle, assoziative
Planung entstehen. P. in Texten vermittelt dem
Rezipienten den Eindruck, sich in einer Gesprächssituation zu befinden (›filmisches Lesen‹), die Texte
können flott rezipiert werden, doch der Leser muss
implizite Verweise selbst zuordnen, ↗ Präsuppositionen vornehmen usw., da der Aussagendichte im
Vergleich zum aufgewendeten Sprachmaterial gering ist; viele Themen werden angerissen, ohne
zu Ende geführt zu werden (sog. ›Panoptikum-
Text‹), Vertrautheit der Kommunikationspartner
wird suggeriert. Gründe für P. in geschriebenen
Texten sind u. a. situationsverschränkte, subjektiv-
dialog. Kommunikation (*Komme gleich!* in einer
SMS), (noch) geringe Schreiberfahrenheit des Produzenten (Schulkinder, ungeübte Schreiber) oder
das Nutzen von Medien, deren Beherrschung nur
mäßig an Stilvorschriften gebunden ist (E-Mail),
evtl. Veränderungen in den Bildungsvorstellungen;
↗ Geschriebene Sprachform, ↗ Gesprochene Sprachform, ↗ Schreibenlernen, ↗ Telegrammstil. **Lit.**
P. Sieber, P. in Texten. Zur Veränderung kommunikativer Grundmuster in der Schriftlichkeit. Tübingen 1998.   SO
Parler gras (von frz. grasseyer ›das R als Zäpfchen-
R sprechen‹) Bezeichnet eine bestimmte Ausspra-
cheform im Frz., die im hinteren Mundraum artikulierte Varianten, insbesondere bei Konsonanten
(uvulares [ʀ]), bevorzugt. Diese galt histor. als
Neuerung und hatte lange Zeit sozioling. Prestige-
funktion.   HU
Paroimie ↗ Sprichwort
Parole f. (frz. Wiedergabe von dt. Rede: G. von
der Gabelentz 1891, J. Ch. A. Heyse 1856, und
von russ. reč᾽: J. Baudouin de Courtenay 1871)
Gliederung und Ausdruck eines bestimmten Gedankens mit sprachl. Mitteln. Beruht auf dem allgemeinen menschl. Sprachvermögen (↗ faculté du
langage), erfolgt aber sprachspezif. entsprechend
der jeweiligen Spr. (↗ langue). Die von F. de Saussure (1916) stammende frz. Bezeichnung hat sich
unter dem Einfluss der sog. ↗ Genfer Schule verbreitet.   T
Parömiologie ↗ Sprichwort

Paronomasie f. (griech. παρά ›bei, neben‹, ὄνομα
›Name‹. Auch: Annominātiō) Rhetor. Figur und
Spielart des ↗ Wortspiels, die durch Verbindung
von Wörtern entsteht, die in etymolog. und semant.
Hinsicht nichts miteinander zu tun haben, aber ein-
ander lautl. ähnl. sind, z. B. *zwischen Verlegenheit
und Verlogenheit, mehr gunst- als kunstbeflissen,
Volk der Richter und Henker* (K. Kraus).   G
Paronymie f. (griech. παρά (para) ›bei, neben‹,
ὄνομα (onoma) ›Name‹) Phonet. ähnlicher, bedeu-
tungsgleicher Ausdruck verschiedener Spr. (z. B. dt.
Sommer, engl. *summer*).   PM
Paroxytonon n. (griech. παροξύτονον ›neben dem
↗ Oxytonon‹) In der Silben- und Aussprachelehre
der traditionellen griech. Grammatik Bez. für Lexeme, die den Akzent auf der vorletzten Silbe tragen, z. B. λόγος (logos) ›Wort‹; ↗ Dreimorengesetz,
↗ Paenultima.   GS
Pars pro toto ↗ Metonymie, ↗ Totum pro parte
Parsing (engl. to parse ›einen Satz oder Wörter
eines Satzes grammatisch analysieren‹. Auch: Satzanalyse, Syntaxanalyse) In der ↗ Computerlinguistik
versteht man unter P. ein algorithm. Verfahren, bei
dem eine natürlichsprachl. Eingabekette auf eine
Menge von grammat. ↗ Strukturbeschreibungen abgebildet wird; abhängig von der zugrundeliegenden
Grammatiktheorie ist dies eine ↗ Dependenzstruktur
oder eine Konstituentenstruktur (↗ Phrasenstruktur).
Ziel ist es, die grammat. Struktur eines Satzes in
Form eines Syntaxbaumes zu berechnen, da dies
eine wesentl. Voraussetzung für die semant. und
pragmat. Analyse darstellt. Hierbei werden z. T.
auch partielle syntakt. Analysen, in der gewisse
Teilstrukturen nebengeordnet und in ihrer syntakt.
Funktion   unbestimmt   bleiben,   ausgegeben
(↗ Chunk-Parser). Als Grundlage des P. dient eine
Grammatik, deren Formalismus die Komplexität
der algorithm. Verarbeitung bestimmt: I. d. R. werden für die Satzanalyse kontextfreie und schwach
kontextsensitive Grammatiken benötigt. Diese gelten als effizient berechenbar und genügend aus-
drucksstark (↗ Komplexität). Als wesentl. Heraus-
forderungen des P. gilt die Auflösung von Ambiguitäten sowie die Implementierung einer effizienten
Suchstrategie. Die Arbeitsweise von Parsern wird
charakterisiert durch folgende Kriterien: (a) Analyserichtung (↗ Top-down, ↗ Bottom-up, ↗ Left-corner); (b) Verarbeitungsrichtung (left-to-right, ausgehend vom lexikal. Kopf, bidirektional); (c) Verfahrensweise (↗ deterministisch vs. nicht-determinist.);
(d) Suchstrategie (↗ Suchalgorithmus; bredth-first
vs. depth-first vs. best-first). Bei der best-first Suche werden Heuristiken einbezogen, die die Güte
eines Pfades bewerten, um schlecht bewertete Pfade
zu verwerfen (↗ Pruning). Ein zentrales Problem des
P. ist das Zusammenwirken von Grammatik und
Parser. Oftmals liegen die Grammatikregeln in deklarativer Form vor und werden dann vom Parser
interpretiert. In der Vergangenheit wurden z. T. auch

prozedurale Regeln verwendet wie z. B. in ↗ ATN Netzwerken. Besonders effizient ist das ↗ Chart-Parsing: In einer Chart werden sämtliche partielle Teilergebnisse abgespeichert und können bei Bedarf wiederverwendet werden, so dass unnötiges ↗ Backtracking vermieden werden kann. Etablierte P.verfahren verwenden zudem eine Kombination verschiedener Suchstrategien (z. B. den Earley-Algorithmus). Mit der Verfügbarkeit von ↗ Baumbanken wurden in den letzten Jahren eine Reihe von probabilist. kontextfreien Grammatiken (engl. probabilistic context-free grammar, Abk. PCFG) für diverse Spr.n und Domänen induziert, für die auch statist. »P.modelle« entwickelt wurden (auch in der Variante der Head-Lexicalized Probabilistic Context-Free Grammar; Carroll & Rooth 1998), d. h. PCFG enthält lexikal. Informationen über die Kopfelemente). Viele Standardalgorithmen für P. konnten für PCFGs erweitert werden, so z. B. der Earley Algorithmus (Stolcke 1995), der Cocke-Younger-Kasami-Algorithmus (Younger 1967) und der Algorithmus A* aus dem Bereich der ↗ künstlichen Intelligenz (Klein & Manning 2003). Diese Verfahren haben den Vorteil, dass die wahrscheinlichste Strukturanalyse ausgewählt werden bzw. eine Gewichtung von ambigen Analysen vorgenommen werden kann. **Lit.** A. Stolcke, An Efficient Probabilistic Context-Free Parsing Algorithm that Computes Prefix Probabilities. Computational Linguistics. 21(2), 1995, 165–201. – D. Younger, Recognition and Parsing of Context-Free Languages in Time. Information Control 10, 1967, 189–208. – D. Klein & Chr. Manning, A* parsing: Fast Exact Viterbi Parse Selection. Proceedings of Human Language Technology Conference of the North American Chapter of the Association for Computational Linguistics. Edmonton, Canada 2003, 40–47. – G. Carroll & M. Rooth, Valence Induction With a Head-Lexicalized PCFG. In: Proceedings of the Conference on Empirical Methods in Natural Language Processing. Granada 1998, 36–45.   Z

Parsing and Translation Ein Parser stellt fest, ob ein Inputsatz den Regeln einer Spr. entspricht und erstellt eine syntakt. Repräsentation. Sowohl der grammat. Formalismus als auch die P. a. T.-Technik sind variabel. Eingesetzt wird P. a. T. u. a. in maschineller Übersetzung; ↗ Parsing. **Lit.** U. Reyle & C. Rohrer (eds.), Natural Language Parsing and Linguistic Theories. Ldn. 1988.   FR

Parthisch Die nordwestl. Dialektzone repräsentierende ↗ mitteliranische Spr., während des Arsakidenreichs (3. Jh. v. Chr.–3. Jh. n. Chr.) Staatssprache im Iran (neben dem ↗ Griechischen). Inschriftl. Zeugnisse aus dieser Zeit in einem der Schrift des ↗ Aramäischen entlehnten Alphabet, aus späterer Zeit handschriftl. Zeugnisse manichäischen Inhalts in manichäischer Schrift; ↗ Mittelpersisch. **Lit.** M. Boyce, A Word-List of Manichaean Middle Persian and Parthian. Leiden, Teheran, Liège 1977. – Dies.,

A Reader in Manichaean Middle Persian and Parthian. Leiden, Teheran, Liège 1975. – W. Sundermann, P. In: R. Schmitt (ed.), Compendium linguarum iranicarum. Wiesbaden 1989, 114–137.   GP

Partialton ↗ Klang

Participium absolutum n. (lat. absolūtus ›losgelöst‹. Dt. absolutes Partizip) Adverbiale Partizipialkonstruktion des Griech., in der ein Part. mit einem attributiven Nominal im Genitiv (genitivus absolutus, z. B. τοῦ ἐπιγενομένου θέρους (tou epigenomenou therous) ›im Verlauf des darauffolgenden Sommers‹) oder, bei unpersönl. Verben, im Akkusativ (accusativus absolutus, z. B. δέον (deon) / ἐξόν (exon) ›weil (wenn, obwohl) es nötig / erlaubt ist (war, wäre, gewesen wäre‹) verbunden ist. Diese Konstruktion findet sich auch in anderen Spr.; ↗ Absoluter Kasus.   GS

Participium coniunctum n. (lat. coniūnctus ›verbunden‹) In der Altphilologie Bez. für eine Partizipialkonstruktion, die als Adverbial zum Subjekt oder einem Objekt fungiert, z. B. lat. *Platō scrībēns mortuus est* ›Platon verstarb beim Schreiben/als er schrieb‹, griech. ταῦτ' εἶπεν γελῶν ›dies sagte er lachend/wobei er lachte‹.   GS

Participium necessitatis ↗ Gerundiv

Partiell (lat. pars ›Teil‹) Teilweise, einen Gegenstand oder Bereich nicht vollständig erfassend, z. B. in Bezug auf Definitionen oder Regeln, auf Sprachwandelerscheinungen oder sozioling. Parameter.   G

Partielle Lautagnosie ↗ Agnosie

Partielle Synonymie ↗ Hyperonymie

Partikel f., pl. ~n (lat. particula ›(unveränderliches Rede-) Teilchen‹. Auch: Funktionswort. In Schulgrammatiken auch: Flickwort, Formwort, Füllwort. Engl. particle, function word, structural word, frz. particule) **1.** ↗ Multifunktionale, weitgehend geschlossene Wortart des Deutschen. Die P. können über best. morphosyntakt. Merkmale recht gut (wenn auch nicht immer hinreichend) umgrenzt werden: Neben ihrer Unflektierbarkeit sind P. nie Satzglieder; sie sind also nicht alleine vorfeldfähig (↗ Feldgliederung). Tendenziell stehen P. im Mittelfeld, bei Kombination mehrerer P. ist die Abfolge meist fest: *Das sind ja aber doch nur ganz kleine Wörter.* ↗ Antwortpartikeln verhalten sich syntakt. anders, da sie u. U. Satzglieder sein können: *Ich sage ja.* Zumeist haben P. keine lexikal. Bed., ihre semant. und v. a. pragmat. Interpretation ergibt sich aus der Syntax (bspw. steht die P. *denn* nur in Fragen) und schließl. aus dem Kontext. Die Untergliederung der P. in Subklassen wird in der Literatur höchst unterschiedl. gehandhabt, wobei vielfach semant., kommunikativ-pragmat. und/oder syntakt. Kriterien vermischt werden. Eine Einteilung in ↗ Abtönungs- bzw. Modalpartikeln, ↗ Grad- bzw. Steigerungspartikeln und Antwortpartikeln unter Berücksichtigung morpho-syntakt., teils divergierender phonolog. und kommunikativer Merkmale ist angemessen und relativ übersichtl., obgleich auch in den einzelnen Unterklassen Überschneidungen stattfinden. – Das Verständnis der Wortart ›P.‹ leidet an der Uneinheitlichkeit der Terminologie und an der Tatsache, dass fast alle P. auch Vertreter anderer Wortklassen sind (aus denen sie sich historisch entwickelt haben), wie *schon: Gisela hat schon drei Bücher von Brecht gelesen* (Adverb); *Roberto hätte heute schon Zeit, aber keine Lust, vorbeizuschauen* (P.). Oftmals werden alle unflektierbaren Wortarten als P. bezeichnet, was das Abgrenzungsproblem zu ↗ Adverbien, ↗ Präposition usw. auf die nächste Analyseebene verschiebt und die P. zur ↗ Papierkorbkategorie degradiert. Bestimmte Sprachen, wie das Dt., Finn. und Neugriech., sind partikelreich. Andere Spr. drücken die entsprechenden Äußerungsabsichten durch andere Mittel (bspw. Intonation, Satzstellung) aus. **Lit.** D. Hartmann, Particles. In: R. E. Asher (ed.), The Encyclopedia of Language and Linguistics. Oxford 1994, vol. 6, 2953–2958. – R. Métrich, Wb. dt. Partikeln unter Berücksichtigung ihrer frz. Äquivalente. Bln. u. a. 2009. **2.** ↗ Verbzusatz, ↗ Partikelverb.   SO

Partikelkompositum ↗ Partikelverb

Partikelverb (auch: Distanzkompositum, Partikelkompositum) Bez. für morpholog. komplexe Verben, deren Besonderheit in der Trennbarkeit der Konstituenten besteht (jmd. *schreibt* etw. *ab*). Da zu den initialen ↗ Verbpartikeln homonyme Wörter existieren, liegt zunächst eine Interpretation als verbale Komposition nahe, zumal P. wie endozentr. Komposita Initialakzent haben (*áb-schreiben*). Allerdings sind die Konstituenten von Komposita nicht trennbar, was eine Abgrenzung der zugrundeliegenden Prozesse rechtfertigt. Im Gegensatz zu Verbpartikeln im Vergleich mit gleichlautenden Präpositionen (ggf. auch Wörtern anderer Wortart, z.B. *hinein-schreiben*, *krank-schreiben*) i. d. R. desemantisiert, was eine Einstufung als Kompositum zusätzl. erschwert. Als morpholog. verwertbares Kriterium kann Desemantisierung allerdings nicht gelten, da auch viele Präfixverben homophone Präpositionen haben, deren Bedeutung nicht verblasst ist. So gilt etwa *unterschreiben* als Präfixbildung, da es nicht trennbar ist und Stammbetonung vorliegt; in Wortpaaren wie *um-fáhren* (Präfixbildung) – *úmfahren* (Partikelbildung) scheint sogar das verbale Präfix semant. näher an der verwandten Präposition zu liegen als die Partikel. **Lit.** Eisenberg I, 264–269. ES

Partitiv m. (lat. *partītiō* ›Teilung, Einteilung‹) **1.** ↗ Kasus z. B. des Finn. mit der Kasusbedeutung ›nur partiell betroffen, teilweise‹, z.B. finn. {-a/-ä}, z. B. *hän otti rahaa* ›er nahm (etwas) Geld‹ vs. *hän otti rahan* ›er nahm das Geld‹ (Akk.). In einigen Spr. drückt der ↗ Genitiv (v. a. bei ↗ Kontinuativa) partitive Relationen aus, z. T. mit Variationen der Kasusmarkierung, z. B. russ. *čáška čáju* ›eine Tasse Tee‹ vs. *céna čája* (Akk.) ›der Teepreis‹; manche

Forscher (z. B. N. S. Trubeckoj) nahmen deshalb für das Russ. einen speziellen P. an. In anderen Spr. werden partitive Relationen durch Präpositionalausdrücke ausgedrückt, z. B. frz. *elle boit du café* ›sie trinkt (vom) Kaffee‹, dt. *Ute nimmt sich vom Kuchen* (d. h. ein Stück Kuchen); ↗ Mensurativ. **2.** ↗ Additiv.   G

Partitive Relation ↗ Hyperonymie

Partitivzahl ↗ Numerale

Partizip n. (lat. *particeps* ›teilhabend‹. In Schulbüchern auch: Mittelwort. Engl. *participle*, frz. *participe*) Infinite Form des ↗ Verbs, deren Bezeichnung darauf zurückzuführen ist, dass das Part. sowohl an verbalen als auch an nominalen Eigenschaften partizipiert. Im Dt. wird wie in vielen idg. Spr. unterschieden zwischen Part. I (Part. Präsens), gebildet mit {-(en)d}, das einen Verlauf charakterisiert, z. B. *liebend*, und Part. II (Part. Perfekt), das ein Resultat charakterisiert, gebildet von starken Verben mit {(ge)- … -en}, von schwachen Verben mit {(ge) … -t}, z. B. *gesehen, geliebt*. Auf der einen Seite wird das Part. II zur Bildung der zusammengesetzten Tempusformen (z. B. *sie hat geliebt*) und der Passivformen (z. B. *sie wird geliebt*) verwendet und fungiert hier als Teil des ↗ Prädikats. Auf der anderen Seite weisen Part. I und Part. II nominale (genauer: adjektivische) Eigenschaften auf: Part. werden bei attributiver Verwendungsweise wie Adjektive flektiert (z. B. *das liebende/geliebte Kind*), das Part. II kann teilweise mit dem Präfix *un-* kombiniert werden (*das ungeliebte Kind*), das nicht zu Verben treten kann, und Part. sind komparierbar und mit anderen Mitteln steigerbar (z. B. *verehrteste, hochverehrte*). Das Part. II in Kombination mit einem Verb wie *sein* und *bleiben* kann prinzipiell verbal oder adjektivisch sein. Part. können den Kern einer ↗ Partizipialgruppe bilden, die als ↗ Attribut, ↗ Apposition oder als verkürzter ↗ Adverbialsatz fungieren kann. Als Participium necessitatis wird der ↗ Gerundiv bezeichnet. **Lit.** D. Bresson & M. Dalmas (Hgg.), P. und Partizipialgruppen im Dt. Tübingen 1994. – H. Weber, Part. als Part., Verben und Adjektive. In: A. Murguía, Spr. und Welt. Tübingen 2002, 191–214.   PT

Partizipialadjektiv Lexem, das formal ein Partizip ist, aber als Adjektiv lexikalisiert ist, z. B. dt. *reizend, gestreift*.   G

Partizipialadverb ↗ Gerundium

Partizipialgruppe (Abk. PG. Auch: Partizipialkonstruktion, erweitertes, satzwertiges Partizip, verkürzter Nebensatz. In Schulbüchern auch: Mittelwortgruppe. Engl. *participle construction*, frz. *construction participiale*) Konstituente, deren ↗ Kopf ein Partizip (I oder II) ist. PG können innerhalb einer ↗ Nominalphrase auftreten, als ↗ Attribut links vom N, als ↗ Apposition rechts vom N: *der mit allen Kräften kämpfende Libero; das in der zehnten Minute geschossene Tor; der Libero, mit allen Kräften kämpfend; das Tor, in der zehnten Minute ge-*

schossen. Die PG kann auch linear von ihrem Bezugsnomen getrennt auftreten: *mit allen Kräften kämpfend versuchte der Libero, seine Mannschaft noch zu einem Tor zu führen*; *in der zehnten Minute geschossen, wirkte dieses Tor auf die Gegenmannschaft wie ein Ansporn.* Die PG ist dann als Adverbial aufzufassen (Eisenberg II, 51). Solche PG werden manchmal den ↗ Nebensätzen zugeordnet und »Partizipialsätze« genannt, was problemat. ist. Im Dt. sind solche »Partizipialsätze« nur mögl., wenn deren (unausgedrückes) Subj. mit dem Subj. des übergeordneten Satzes ident. ist oder wenn es zwischen ihnen eine besondere Beziehung gibt, z.B. eine Teil-von-Beziehung: *so lag er still, die Hände hinter dem Kopf verschränkt*; *Überwältigt von Überdruss und Ärger buchte Peter die Heimfahrt* (vgl. Eisenberg II, 286 f.). Solche strengen Einschränkungen gelten nicht für alle Spr., so z.B. fürs Frz. nicht: *(une fois) le souper terminé, on passa au salon*; *les enfants (étant) couchés, nous pouvions bavarder tranquillement*; *les enfants regardant la télévision, nous pouvions bavarder tranquillement*; *les choses étant ce qu'elles sont* (↗ absoluter Kasus). – Ein Spezialfall der PG ist das ↗ Gerundivum. **Lit.** G. Helbig, Zur Verwendung der Infinitiv- und Partizipialkonstruktionen in der dt. Gegenwartsspr. Studien zur dt. Syntax 1. Lpz. 1983.   C, G

Partizipialkonstruktion ↗ Partizipialgruppe
Partizipialsatz ↗ Partizipialgruppe
Partonymie ↗ Meronymie
Paryā ↗ Indoarische Sprachen
Pashto (Eigenbez. Pashto zheba) Südostiran. Spr.; ↗ Iranische Sprachen. Sprachgebiet: östl. und südl. Afghanistan (ca. 8 Mio.), angrenzende Gebiete Pakistans (ca. 10 Mio.), zwei Dialektgruppen: östl. (Peschawar) und westl. (Kandahar); Karte ↗ Iranische Sprachen, im Anhang. Gemeinsame Schriftspr. in arab. Schriftart seit dem 16. Jh. In Afghanistan ist P. eine der beiden Amtssprachen. Die Nominalflexion ist im P. auf ein Zweikasus-System reduziert. Die präteritale Ergativstruktur ist erhalten. P. ist lautl. (retroflexe Konsonanten) und lexikal. stark indoar. beeinflusst. **Lit.** M. Lorenz, Lehrbuch des P. Lpz. 1979. – J. Chr. Meyer-Ingwersen, Unters. zum Satzbau des P. Diss. Hamburg 1966. – H. Tegey & B. Robson, A Reference Grammar of P. Washington D. C. 1996.   MI

Pasigraphie f. (griech. πασ- (pas-) ›alles‹, γράφειν (grafein) ›schreiben‹. Auch: Sinnschrift, Universalschrift, Weltalphabet, Weltschrift) Meist nach dem Vorbild von ↗ Piktographien entwickelte ↗ Plansprachen, die auf die ↗ geschriebene Sprachform beschränkt sind und keine lautl. Realisierung verlangen bzw. ermöglichen. P. bestehen aus Bildzeichen (z.B. *Safo* (1951) von A. Eckhardt, die *Semantographie* (1949) von C. K. Bliss), (uminpretierten) Schriftzeichen oder ↗ Ziffern. Die Konstruktion von P. setzt voraus, dass die erfahrbare Welt in

möglichst strikt geschiedene Klassen von hierarch. strukturierten Gruppen von Begriffen zerlegt wird (vgl. Dornseiff, Der dt. Wortschatz nach Sachgruppen. Bln., N. Y. ⁷1970 als prakt. Beispiel). In den letzten Jahren wurden interstellare P. für die Übermittlung nachvollziehbarer ird. Nachrichten an mögl. außerird. Intelligenzen entwickelt, z.B. *Lincos* (lingua cosmica ›kosm. Spr.‹) des ndl. Mathematikers H. Freudenthal (1960); ↗ Begriffsschrift. **Lit.** ↗ Begriffsschrift.   G
Pasilalie ↗ Plansprache
Passiv (lat. patī ›erdulden‹. Auch: Leideform. Engl. passive, passive voice; frz. passif, voix passive) Subkategorie des ↗ genus verbi, die keineswegs in allen Spr. existiert, und in den Spr., in denen sie vorhanden ist, eine relativ späte Entwicklungserscheinung darstellt. Das P. ist im Griech., Lat. und Got. eine synthet. gebildete Formvariante des Verbs. Im Dt. gibt es nur analyt. Passivbildung. In der älteren germanist. Forschung galten als Fügungen mit *werden* + Partizip II (z.B. (a) *Der Mann wurde informiert*) als P.; seit H. Glinz (1952) sind auch *sein* + Partizip II-Konstruktionen als echte P. anerkannt (z.B. (b) *Der Mann ist informiert*). Das *werden*-P. wird meist als ↗ Vorgangspassiv, das *sein*-P. meist als ↗ Zustandspassiv bezeichnet. In vielen neueren Untersuchungen wird das P. der Familie der grammat. Konversen (↗ Konvers) zugerechnet und auf der Basis eines syntakt., zunehmend auch eines semant.-log. Valenzbegriffs beschrieben. Dabei ist der Status der P.-Präpositionalphrase (in (a) ergänzbar z.B. mit *durch die Behörde*) umstritten. Sie wird als fakultative Verbergänzung aufgefasst (Schoenthal 1976, 1987, Eisenberg II, 124–136), aber auch als freie Angabe (Heidolph, Grundzüge) bzw. Komplement im Randbereich des Verbs (Zifonun 1992). Vor allem der Begriff der Konverse führte dazu, auch die periphrast. *bleiben*- und *gehören*-Strukturen als Akkusativkonversen und die Konstruktionen mit *kriegen, bekommen, erhalten* sowie bestimmte *haben*-Strukturen als Dativkonversen mitzuerfassen, ↗ Rezipientenpassiv, ↗ Passivparaphrase. Angeregt durch die seit den 60er Jahren wirksamen transformationsgrammat. Ansätze werden P.-sätze häufig als Ableitungen aus Aktivsätzen gedeutet (vgl. Heidolph, Grundzüge; Duden Gr⁸ § 795 ff.). Allmähl. setzt sich eine Auffassung durch, die das P. als unabhängig und unabgeleitet beschreibt (Leiss 1992, Zifonun 1992). P. ist verbale Ausdrucksform des geschehensbezogenen Wiedergabe eines Sachverhalts. Dabei ist die Möglichkeit zur auch sprachkrit. interessanten Agensreduktion eine wichtige Besonderheit, von der überwiegend Gebrauch gemacht wird. Als P.varianten gelten Sätze ohne Agens. Sicher ebenso wichtig sind jedoch die Möglichkeiten des P. im Thema-Rhema-Bereich, wie viele empir. Untersuchungen gezeigt haben (Schoenthal 1976, Pape-Müller 1980, Eroms 1992). E. Leiss (1992), die eine universale Defini-

tion der Kategorie anstrebt, sieht hier den eigentlichen Zweck des Prozesses und betrachtet Agensreduktion nur als Begleiterscheinung. Sie bestimmt das P. als definit, d. h. es bringt ein definites Patiens in themat. Position und vermeidet Definitheit im Rhemabereich. Das sog. unpersönliche P. hingegen ist rhematisierend; als indefinites P. bewirkt es Rückstufung des Aktanten aus der Subjektsposition. **Lit.** K. Brinker, Das P. im heutigen Dt. Mchn. 1971. – H. Glinz, Die innere Form des Dt. Bern 1952. – G. Schoenthal, Das P. in der dt. Standardspr. Mchn. 1976. – J. Bobillon et al. (Hgg.), Das P. im Dt. Tübingen 1976. – E. Leiss, Die Verbalkategorien im Dt. Bln. 1992. – H. W. Eroms, Das dt. P. in histor. Sicht. In: L. Hoffmann (Hg.), Dt. Syntax. Bln. 1992, 225–249. – S. Pape-Müller, Textfunktionen des P. Tübingen 1980. – G. Zifonun, Das P. im Dt. In: L. Hoffmann (Hg.), Dt. Syntax. Bln. 1992, 250–275. – Eisenberg II. – F. Beckmann & S. Eschenlohr (Hgg.), Neuere Arbeiten zur Diathesenforschung. Tübingen 2005.   SL

Passivdiathese ↗ Genus verbi

Passivparaphrase In vielen dt. Grammatiken werden Verbformen im Aktiv mitunter als P. bezeichnet, wenn sie ihrer Bedeutung nach ›passivisch‹ sind. Weiter wird unterschieden zwischen (a) P. mit modaler Bedeutung und (b) P. ohne modale Bedeutung. Unter (a) fallen z. B. Konstruktionen mit *kriegen, bekommen, erhalten* und Part. II (↗ Passiv) und ↗ reflexive Konstruktionen, in denen das Reflexivum auf die Rolle des ↗ Patiens referiert (z. B. *Das Lexikon wird sich verkaufen*). Unter (b) fallen z. B. das ↗ Gerundivum oder Prädikativkonstruktionen mit Adjektiven auf *-bar, -lich, -fähig* (z. B. *Das Lexikon ist lesbar/käuflich/verbesserungsfähig*). ↗ Medium, ↗ Mediopassiv, ↗ Reflexiv. **Lit.** Helbig & Buscha [17]1996, 183–188.   G

Pastorenton ↗ Rolle

Patholinguistik (griech. πάϑος (pathos) ›Leid‹) Zuerst von Peuser (1978) vorgeschlagene Bez. für eine ling. Teildisziplin, die das gesamte Gebiet der ↗ Sprach-, ↗ Stimm- und ↗ Sprechstörungen aus ling. Perspektive umfassen soll. **Lit.** HSK 8. – G. Blanken, Bibliographie zur Neurolinguistik. In: Zs. f. Neurolinguistik 12, 1998, 59–157. – M. Wahl, J. Heide & S. Hanne (Hgg.), Spektrum P. 1. Der Erwerb von Lexikon und Semantik – Meilensteine, Störungen und Therapie. Potsdam 2008.   GT

Patiens n. (lat. patī ›erdulden, erleiden‹) Eine weit gefasste, relativ allgemein definierte ↗ Kasusrelation, die – abhängig von der jeweiligen Verbklasse – die Größe ausdrückt, die (a) von der Handlung des Verbs betroffen ist, (b) sich in einem (konkreten oder abstrakten) Raum befindet oder bewegt, (c) sich in einem best. Zustand befindet oder ihren Zustand verändert; ↗ Affiziertes Objekt, ↗ Agens.   PL

Patois n. **1.** Als Terminus synonym mit ↗ Sondersprache. **2.** In Frankreich alltagssprachl. Bez. für die volkstümliche, informelle Redeweise. Normaler-

weise pejorativ gebraucht, da im Gegensatz zu regionalem Dialekt keine schriftliche Literatur existiert. P. schließt in Frankreich Dialekte und Minderheitensprachen ein; ↗ Argot, ↗ Jargon.   R

PATR ↗ Unifikationsgrammatiken

Patronym, Patronymikon ↗ Familienname

Pattern n. (auch: Strukturmuster) In strukturalist. Sprachanalysen werden Sätze durch Substitution und ↗ Segmentierung auf syntagmat. und paradigmat. Beziehungen hin untersucht. Dementsprechend werden unter *pattern drill* (↗ audiolingual) vor allem Einsetz- und Substitutionsübungen subsumiert.   SO

Paucalis m. (lat. paucī ›wenige‹) Subkategorie des ↗ Numerus, von ↗ Singulativa gebildet. Bez. für eine zählbare bzw. diskrete Vielheit von Elementen. **Lit.** ↗ Numerus.   ZA

Pausalform Die P. ist im ↗ Hebräischen und ↗ Arabischen die spezielle Form des letzten Wortes eines Verses oder Satzes, die für das Versmaß von Bedeutung ist.   WI

Pause Kurze Unterbrechung des normalen Artikulationsvorgangs bzw. im akust. Sprachsignal zwischen einzelnen Lauten, Silben, Wörtern, Phrasen, Sätzen etc., die als ↗ suprasegmentale Merkmale (neben ↗ Grenzsignalen) Strukturierungseinheiten markieren können, aber auch Hesitationspausen (oft ›gefüllt‹: ... *äh*...). Als phonolog. Einheit: Pausem.   PM

Pausem ↗ Pause, ↗ Suprasegmentale Merkmale

Pawnee ↗ Caddo-Sprachen

Paya ↗ Chibcha-Sprachen

P-center ↗ Perceptual center

Pegon ↗ Javanisch

Pejorativ m. (lat. pēior ›schlechter‹. Auch: deteriorativ. Engl. pejorative word, term of abuse, frz. mot péjoratif) Ein sprachl. Ausdruck wird p. genannt, wenn man den mit ihm bezeichneten Gegenstand oder Sachverhalt implizit abwertet. Dies kann geschehen (a) durch abwertende Prädikation oder (b) durch lexikal. Spezifizierung. (a) Ein Referenzobjekt (z. B. ein Tanzlokal) wird einem schlechter bewerteten Begriff (z. B. *Schuppen*) subsumiert. Die Bewertungsspanne zum Referenzobjekt verleiht der negativen ↗ Konnotation (2b) des Lexems *Schuppen* eine p. Funktion, die nicht auftritt, wenn man es etwa auf einen Geräteschuppen bezieht. Negativ konnotierte Ausdrücke können also nicht-p. (*Mord* in einer Zeitungsnachricht), positiv konnotierte Ausdrücke wie *talentiert* oder *hübsch* dagegen p. verwendet werden, wenn der so bezeichnete Mensch genial oder schön genug ist. Werden negativ konnotierte Ausdrücke allerdings kontroverswertend eingesetzt, so sind sie p. infolge der Divergenz zur entgegenstehenden positiveren Wertung; diese p. Tendenz potenziert sich, wo ›negativ besetzte‹ Begriffe polit. Diffamierung dienen (*faschist., sozialist., fundamentalist.*). P. motiviert sind i. d. R. auch metaphor. Prädikationen, die menschl. Verhalten ins Lächerliche, Verrückte, Krankhafte, Fäkalische, Tierische o. ä. transponieren (Redseligkeit → *Logorrhöe* [krankhaft + fäkal.]). Reduktive Prädikationen über menschl. Subjekte sind zu ⁊ Schimpfwörtern lexikalisiert (*Flegel, Kasper, Pisser*; metaphor.: *Gartenzwerg, Schlafmütze, Affe, Schwein, Esel*; metonym.: *Spaghetti*, engl. *kraut*). (b) Oft haben neutrale Lexeme im Sprachsystem ⁊ denotativ ⁊ synonyme Dubletten mit der Konnotation [minderwertig]. Dabei handelt es sich einerseits um stilist. ›vulgäre‹ (*saufen, Fresse, Scheiße*; ⁊ Vulgarismus), lektal stigmatisierte (*Kaschemme, Zaster, krepieren*) oder emotiv-wertende Lexeme wie *idiotisch, ätzend* (= ›sehr schlecht‹ + emotive Pejorisation), andererseits um Standardlexeme wie *Gaul, Bande, plärren*, in denen die p. Funktion zum Merkmal erstarrt ist; derartige Pejorisierung ist oft das Nebenergebnis der Durchsetzung ⁊ meliorativer oder korrekterer Bezeichnungen (*Putzfrau, Dirne, Neger, Zigeuner*). Als z. T. produktive Mittel zur Bildung p. Lexeme dient eine Reihe von Affixen; vor allem: *Ge-* + *-e* (deverbal: *Gesinge, Gefrage*), *-ei/-elei/-erei* (desubstantiv.: *Eigenbrötelei, Vaterländerei*; deverbal: *Liebelei, Brüllerei*), *-ler* (bes. deverbal: *Gewinnler, Versöhnler*), *-ling* (*Emporkömmling, Dichterling, Schönling*), *-bold* (*Tugendbold, Scherzbold*), *-isch* (desubst.: *hündisch, kindisch*), *-i* (*Ami, Ossi, Spasti, Knacki*), ferner Fremdsuffixe wie *-ak, -ian, -ismus, -ist, -istisch-, -itis*. Daneben stehen reihenbildende Komposita mit oft ⁊ deonymischem Zweitglied (*-hans, -suse, -heini, -fritze; -bruder, -tante*) oder – wie bei den ⁊ Meliorativa – emotiv-wertendem bzw. ⁊ augmentativem Erstglied (*scheiß-, mist-*; *hunde-, sterbens-*); ⁊ Bedeutungsverschlechterung. **Lit.** P. Braun, Personenbezeichnungen. Der Mensch in der dt. Spr. Tübingen 1997. – S. Karbelaschwili, Lexikon zur Wortbildung der dt. Spr. (Augmentation und Diminution). Regensburg ²2001. – O. Havryliv, Pejorative Lexik. Ffm. 2003. **RB**

Pelasgisch In vorhistor. Zeit im Ägäisraum verbreitete Spr., die zur Familie der ⁊ indogermanischen Sprachen gehört haben, jedoch kein Dialekt des ⁊ Griechischen gewesen sein soll. Unmittelbare Zeugnisse des P. gibt es nicht, es soll jedoch Spuren im griech. Wortschatz hinterlassen haben (⁊ Substrattheorie). Andere »vorgriech.« Spr. sind Eteokyprisch und Eteokretisch. **Lit.** A. J. van Windekens, Le Pélasgique. Essai sur une langue indoeuropéenne préhellénique. Louvain 1952. **GP**

Pennsylvaniadeutsch (auch: Pennsilfaanisch, Pennsylvaanisch Deitsch, Pennsilfawnisch Deitsch. Engl. Pennsylvania German, Pennsylvania Dutch, frz. allemand de Pennsylvanie) Unter Kolonisten auf der Grundlage pfälz. Maa. in Ostpennsylvanien seit dem 18. Jh. unter fortschreitendem Einfluss des ⁊ Englischen entwickelte Rarität. Heute wird P. nur noch von einigen Zehntausend verwendet, bei den Altmennoniten allerdings nur als gesprochene Spr.

Als geschriebene (Kult-)Spr. dient ihnen ein altertüml. ⁊ Deutsch, teilweise auch Engl. **T**

Penthouse-Prinzip (engl. penthouse ›Dachwohnung‹) Im Rahmen der GG von Ross (1973, 397) formuliertes Prinzip, nach welchem es auf höheren grammatischen Ebenen mehr Freiheit in der Selektion und Kombination von Einheiten gibt als auf niedrigeren. Dementspr. sollte es z. B. keine grammat. Operationen geben, die zwar auf eingebettete Satz-Strukturen anwendbar sind, nicht aber auf Hauptsätze. **Lit.** M. Reis, Penthouse Prinzip, Primacy Constraint und dt. Wortstellung: Eine Erwiderung. LBer 46, 1976, 61–70. – J. R. Ross, The Penthouse Principle and the Order of Constituents. In: C. Corum et al. (eds.), Papers from the Comparative Syntax Festival. Chicago 1973, 397–422. **F**

Penuti-Sprachen ⁊ Nordamerikanische Sprachgruppe im Westen der USA, Karte ⁊ Nordamerikanische Sprachen, im Anhang. I. e. S. werden als P.-S. verschiedene Spr. Kaliforniens (Wintu, Maidu, Yokuts, Miwok) zusammengefasst. I. w. S. rechnet man den P.-S. Spr. aus Oregon und Washington (Coos, Takelma; Klamath; Sahaptin: Yakima, Nez Perce) sowie ⁊ Chinook hinzu. Die Zugehörigkeit des ⁊ Tsimshian zu den P.-S. gilt als nicht gesichert. Mit Ausnahme des Tsimshian und Sahaptin/Yakima (ca. 3 000) sind alle P.-S. ausgestorben oder dem Aussterben nahe. Die P.-S. verfügen in der Regel über komplizierte Lautsysteme und über eine agglutinierende Morphologie, die jedoch nicht ganz so komplex polysynthet. ist wie die anderer Spr. Nordamerikas. Das Verb steht überwiegend in Erstposition. Meist handelt es sich um ⁊ Ergativsprachen. **Lit.** M. Silverstein, Penutian: An Assessment. LNA, 650–691. – H. Aoki, Nez Perce Grammar. Berkeley 1970. – B. Rigsby & N. Rude, Sketch of Sahaptin, a Sahaptian Language. HNAI-L, 666–692. **SSG** Staats- und Universitätsbibliothek Hamburg (18). **D**

Perceptual center (auch: P-center, dt. Ereigniszeitpunkt) Psycholog. Moment der Wahrnehmung des Beginns bzw. des Schlags einer gesprochenen Silbe (bzw. allgemein eines Schallereignisses). P. variiert mit der Dauer des konsonant. Silbenonsets und der des Reims, korreliert generell mit dem max. Vokalbeginn. Psychoakust. mit dem Verlauf der spezif. Lautheiten verbunden. **Lit.** J. Morton et al., Perceptual Centers (P-centers). Psychological Review 83, 1976, 405–408. – B. Pompino-Marschall, Die Silbenprosodie. Tübingen 1990. **PM**

Perdurativ (lat. perdūrāre ›andauern, währen‹) ⁊ Aktionsart, die den Abschluss des im Verbstamm ausgedrückten Vorgangs oder Zustands nach einer bestimmten Dauer kennzeichnet, z. B. russ. *žit'* ›leben‹ – *prožit'* (*vsju žizn'*) ›ein (ganzes) Leben leben‹, *spat'* ›schlafen‹ – *prospát'* (*vsju noč'*) ›(die ganze Nacht über) schlafen, durchschlafen‹; ⁊ Durativ, ⁊ Resultativ. **G, T**

Peregrinismus (lat. peregrīnus ›ausländisch, fremd‹) ⁊ Entlehnung, die von der ursprüngl.

Geberspr. aus durch versch. Sprachen ›wandert‹. Bspw. wurden viele italien. Wörter über das Frz. ins Dt. entlehnt: it. *arcata* > frz. *arcade* > dt. *Arkade.* SO

Perfectivum tantum n. In ⁊ Aspektsprachen ⁊ perfektive Verben ohne ⁊ imperfektiven ⁊ Aspektpartner, im Russ. z. B. sog. ⁊ delimitative Verben wie *počitat'* ›eine Weile lesen‹. G

Perfectum praesens n. Gebrauchsweise des Perfekts im ⁊ Althebräischen. Früher wurde das hebr. Perfekt als präterítales Tempus interpretiert. Es hat jedoch Aspektbedeutung (⁊ Perfektiv) und kann deshalb den Eintritt einer Handlung bezeichnen, die noch andauert, z. B. *yāda'ti* ›ich habe erkannt und weiß jetzt‹. WI

Perfectum propheticum n. Bezeichnet im ⁊ Hebräischen den Gebrauch des Perfekts in Prophezeiungen, wenn eine Handlung als abgeschlossen dargestellt wird, um einen dramat. Effekt zu erzielen. Diese Funktion des hebr. Perfekts ergibt sich aus seiner Aspektbedeutung; ⁊ Perfektiv. WI

Perfekt (lat. perfectum ›das Vollendete‹. Auch: Vollendete Gegenwart, Vorgegenwart. Engl. perfect tense, frz. parfait) Verbale Vergangenheitsform, d. h. Teil der grammat. Kategorie ⁊ Tempus; steht in Opposition zum ⁊ Imperfekt (Präteritum) und setzt dessen Vorhandensein typolog.-systemat. voraus. Das P. ist semant. markiert; es konstatiert vergangene Handlungen bzw. Vorgänge oder weist sie als zum Betrachtungszeitpunkt abgeschlossen aus (wobei ⁊ Betrachtzeit und ⁊ Sprechzeit ident. sind, wenn nichts anderes signalisiert wird). Der Ausdruck des P. erfolgt in den modernen idg. Spr. vielfach mit analyt. Konstruktionen (z. B. Präsens eines Hilfsverbs + Part.Prät.Pass.), z. B. dt. *er hat geschrieben,* engl. *he has written,* kroat. *on je pisao.* Soll das Faktum als solches hervorgehoben werden, liegt der Satzakzent auf dem Hilfsverb, z. B.: *Er hát das getan.* Im komplexen Satz verhält sich das P. zum ⁊ Präsens wie das ⁊ Plusquamperfekt zum ⁊ Präteritum, d. h. es dient zur relativen Zeitangabe (⁊ Vorzeitigkeit). Liegt die ⁊ Betrachtzeit nach der ⁊ Sprechzeit (in der ⁊ Zukunft), ist die Verwendung zusätzl. lexikal. Mittel obligator., z. B. *Bis zum Winter haben wir die Umstellung auf Erdgas erledigt.* In solchen Konstruktionen ersetzt das P. oft das viel umständlichere ⁊ Futur II, z. B. *Bis zum Winter werden wir die Umstellung auf Erdgas erledigt haben.* KE

Perfektiv (Abk. pf. Auch: retrospektiv, vollendet) Markiertes Glied der Aspektkorrelation in ⁊ Aspektsprachen. Pf. Verben kennzeichnen, ohne dass sie temporale Verhältnisse ausdrücken würden, mit morpholog. Mitteln den Verlauf einer Handlung als vom Sprecher überschaubar, so dass ihr Anfangs- und Endpunkt und ihr gesamter Verlauf gewissermaßen von einem »Blickpunkt außerhalb des Geschehens« (Isačenko) wahrgenommen werden; ⁊ Aspekt. Der pf. Aspekt liegt in semant. Hinsicht

in der Nähe einiger ⁊ Aktionsarten, z. B. der ⁊ resultativen, der ⁊ momentanen (⁊ Momentanverb), der ⁊ punktuellen (u. a.) Aktionsart, weshalb die Abgrenzung zwischen aspektuellen und aktionalen Bedeutungskomponenten mitunter schwierig ist. Dies hat in grammat. Beschreibungen von Nicht-Aspektspr. (z. B. in Grammatiken des Dt.) zu vielerlei Begriffsverwirrungen Anlass gegeben. G, T

Perfektivbildung Semant. bestimmte Subklasse verbaler ⁊ Ableitungen, deren zusätzl. Merkmal in der zeitl. Begrenzung des Geschehens besteht, z. B. *frieren* ⁊ *erfrieren.* P. sind weiter in ⁊ inchoative (*erblühen*) und ⁊ resultative (*verblühen*) Bildungen zu subklassifizieren, je nachdem, ob sich die zeitl. Einschränkung auf den Anfang oder das Ende der bezeichneten Handlung bezieht. P. modifizieren somit die ⁊ Aktionsart des Basisverbs. ES

Perfektivierung ⁊ Perfektivbildung

Perfektstamm ⁊ Tempusstamm

Performanz ⁊ Kompetenz vs. Performanz

Performative Analyse Versuch, das frühe Austinsche Analysekonzept der ⁊ Illokution (⁊ performative Äußerung) für die Syntaxtheorie der GG zu nutzen (Ross 1968). Am Beispiel deklarativer Sätze (⁊ Assertion) wird ein Konzept entwickelt, das oberhalb des S-Knotens tiefenstrukturell einen weiteren Satz ansetzt (⁊ Hypersatz; Sadock 1974), der die Nominalphrase (NP) *ich* und die Verbalphrase (VP) mit dem Verb V in der ⁊ ›performativen‹ Form sowie der (Objekt- bzw. Adressaten-)NP *du* umfasst. Wenn keine explizite performative Formel an der sprachl. Oberfläche erscheint, hat eine Tilgung dieses Hypersatzes stattgefunden. Mit der völligen Auseinanderentwicklung des Interesses an generativer Syntaxtheorie einerseits und ling. Pragmatik andererseits ist auch das Interesse an derartigen Kombinationen unterschiedl. Theoriekonzepte geringer geworden. **Lit.** J. R. Ross, On Declarative Sentences. In: R. A. Jacobs & P. S. Rosenbaum (eds.), Readings in English Transformational Grammar. Waltham, Mass. 1968, 222–272. – M. Sadock, Toward a Linguistic Theory of Speech Acts. N. Y. 1974. E

Performative Äußerung (engl. performative utterance; engl. to perform ›ausführen, durchführen, realisieren‹) Von J. L. Austin eingeführte Beschreibung einer best. Verwendungsweise von Verben, die sprachl. Handlungen bezeichnen (abkürzend werden in der Lit. solche Verben auch als *Sprechaktverben* oder *illokutive Verben* bezeichnet), in einer best. Konstruktionsweise, nämlich in Verbindung mit einer oder mehreren Nähe-Deixeis (⁊ Deixis), z. B. ›*Hiermit erkläre ich* euch zu Mann und Frau‹. Dieser Gebrauch solcher Verben, so beobachtete Austin, unterscheidet sich fundamental von dem rein deskriptiven oder, wie Austin sagte, ⁊ konstativen Gebrauch derselben Verben, z. B. *Der Standesbeamte erklärte sie zu Mann und Frau.* Mit der p. Ä. vollzieht der Sprecher genau das, was das

Verb beschreibt, und beschreibt es nicht nur (vgl. den Titel seines Buches von 1962 *How to Do Things With Words*). Er verändert also Welt und gibt sie nicht nur wieder. – Diese Beobachtungen entwickelte Austin weiter zu seiner Theorie des Unterschieds von ⊅ Lokution und ⊅ Illokution, in deren Ausführung er die ursprüngl. Unterscheidung von p. und konstativ als zu kurz greifend aufgab, weil das, was durch den p. Gebrauch von Verben erreicht wird, nämlich sprachl. Handlungen ihre jeweils spezif. illokutive Charakteristik zu geben, auch durch andere sprachl. Mittel als diesen p. Gebrauch der die sprachl. Handlung bezeichnenden Verben erreicht werden kann (z.B. durch Partikeln wie *doch* oder durch Adverbien wie *bestimmt* in der Äußerung *Ich gebe dir das Buch bestimmt zurück*; ⊅ Sprechakt. **Lit.** J. L. Austin, Performatif – constatif. In: La philosophie analytique. Paris 1962, 271–304. Dt. in: R. Bubner (Hg.), Spr. und Analysis. Göttingen 1968. – J. L. Austin, How to Do Things With Words. Oxford 1962, ²1972. E

Performativer Satz Satz, in dem ein sprechhandlungsbezeichnendes Verb in der performativen Form (z.B. im Dt. 1. Pers. Praes. Akt., u.U. zusätzl. deiktisiert (⊅ Deixis) durch *hiermit* oder *hierdurch*) zur Kennzeichnung der ⊅ illokutiven Qualität einer ⊅ Äußerung im Vollzug dieser Äußerung selbst verwendet wird, z.B. ›*Hiermit befehle ich Ihnen*‹, den Platz zu räumen‹. Dieser p. S. erscheint, wenn er geäußert wird, als eine Art illokutiven Vorspanns (*Hiermit befehle ich Ihnen*), dem der eigentl. propositionale Gehalt folgt (*Sie räumen den Platz*); ⊅ performative Äußerung, ⊅ performative Analyse, ⊅ Proposition. E

Performatives Verb Verb, das zur Kennzeichnung der ⊅ illokutiven Qualität einer ⊅ Äußerung im Vollzug dieser Äußerung selbst verwendet werden kann, indem die performative Flexionsform (z.B. im Dt. 1. Pers. Akt. Praes., u.U. zusätzlich deiktisiert (⊅ Deixis) durch *hiermit, hierdurch*) verwendet wird, z.B. *warnen, versprechen, drohen, befehlen*; ⊅ performative Äußerung, ⊅ Sprechaktklassifikation. E

Performativsatz ⊅ Hypersatz

Pergament ⊅ Beschreibstoff

Periode ⊅ Satzperiode

Periodisierung Einteilung der Geschichte einer Spr. in Abschnitte, Phasen, Peroiden (Sprachperioden, Sprachstadien, Sprachstufen). Diese P. wird meist nach phonolog. und morpholog. Kriterien vorgenommen. Das Hochdt. z.B. wird periodisiert in ⊅ Althochdeutsch, ⊅ Mittelhochdeutsch, ⊅ Frühneuhochdeutsch und ⊅ Neuhochdeutsch. G

Peripher ⊅ Diffus

Peripherer Kasus ⊅ Randkasus

Peripherie f. (griech. περιφέρεια (perifereia) ›Umlauf, Kreisumfang‹) Die in der ⊅ Prager Schule, speziell von F. Daneš, entwickelte Theorie von Zentrum (auch: Kern) und P. trägt der Inhomogeni-

tät sprachl. Klassen bzw. Kategorien und ihren fließenden Grenzen Rechnung. Während die Elemente aus dem Zentrum über alle klassenspezif. Eigenschaften verfügen, ist die P. durch einen unvollständigen Merkmalssatz gekennzeichnet, dessen Defektivität mit zunehmender Entfernung vom Zentrum ansteigt. Mit Blick auf die morpholog.-syntakt. Charakteristika dt. Adjektive sind etwa die sowohl deklinierbaren als auch komparierbaren Wörter dem Zentrum zuzuordnen, die sich attributiv, prädikativ und adverbial verwenden lassen, z.B. *jung, schnell, heiß*. Zur P. zählen dagegen die nicht komparierbaren und nur attributiv verwendbaren Adj., z.B. *heutig, dortig*. Durch Überschneidung der äußersten Peripheriebereiche benachbarter Klassen bildet sich eine Übergangszone, deren Elemente sich aufgrund ihrer »gemischten« Merkmalstruktur einer eindeutigen Zuordnung widersetzen. Im Übergangsbereich zwischen Verb und Adj. finden sich etwa solche Partizipien, deren (adjektivische) Lexikalisierung (noch) nicht den Grad einer völligen semant. Lösung vom zugrundeliegenden Verb erreicht hat, z.B. *entzückend, geachtet, reizend*. **Lit.** F. Daneš, Zur Theorie des sprachl. Zeichensystems. In: Grundlagen der Sprachkultur. Bd. 2. Bln. 1982, 132–173. ED

Periphonie ⊅ Umlaut

Periphrase f. (griech. περίφρασις (perifrasis) ›Umschreibung‹, lat. circumlocūtiō) Rhetor. Stilmittel, ⊅ Tropus: (oft mehrgliedrige) Umschreibung einer Person, einer Sache oder eines Begriffs durch kennzeichnende Tätigkeiten, Eigenschaften oder Wirkungen, z.B. »jenes höhere Wesen, das wir verehren« für Gott (H. Böll). Die P. dient der poet. Ausschmückung eines Textes, der verhüllenden Nennung eines tabuisierten Wortes (*Freund Hein* für *Tod*; ⊅ Euphemismus) oder der Anspielung. Spezif. Formen der P. sind ⊅ Antonomasie, ⊅ Synekdoche, ⊅ Metonymie und ⊅ Adynaton. SE

Periphrastische Konjugation ⊅ Coniugatio periphrastica

Perispomenon n. (griech. περισπάω (perispaō) ›darüberziehen; lang aussprechen‹) In der traditionellen griech. Grammatik Bez. für Lexeme, deren letzte Silbe zweimorig ist und den Akzent trägt und die im Geschriebenen den ⊅ Zirkumflex haben, z.B. καλῶς (kalōs) ›schön‹ (Adv.), λαγῶς (lagōs) ›Hase‹; ⊅ Dreimorengesetz, ⊅ Oxytonon. GS

Perkolation (lat. percōlāre ›durchsickern‹) In der GG Bez. für das Übertragen von Merkmalen von einer Kategorie auf eine von dieser unmittelbar dominierte Kategorie. Bspw. perkolieren in der ⊅ X-Bar-Theorie die morpholog. Merkmale einer Phrase zu ihrem ⊅ Kopf. So trägt in der Phrase [$_{NP}$ [$_N$ *Zerstörung*] *der Stadt*] der Kopf [$_N$ *Zerstörung*] die Kasus-, Numerus- und Genus-Merkmale der Gesamtphrase. Komplementär zur P. verhält sich die ⊅ Projektion. F

Perkolieren ⊅ Perkolation, ⊅ X-Bar-Theorie, ⊅ Kopf

Perlokution, perlokutionärer Akt, perlokutiver Akt (lat. loquī ›reden‹, Präfix per- i. S. v. ›etwas durchführen, vollenden‹: ›perlokutionär‹ und ›perlokutiv‹ sind Übersetzungsvarianten. Engl. perlocution, perlocutionary act) Von J. Austin eingeführter (1962, lect. VIII) Terminus zur Bez. der ›Folgewirkungen‹ (›consequential effects‹) einer ↗ Lokution und ↗ Illokution auf die »Gefühle, Gedanken oder Handlungen der Hörer, des Sprechers oder einer anderen Person«. Typ. Beispiele sind etwa *jdn. überzeugen* oder *jdn. überreden*. Dieser Teil der Austinschen Analyse, der die Unterscheidung von zur Illokution gehörenden »konventionellen Konsequenzen« (conventional consequences)« und »der tatsächl. Herstellung von tatsächl. Wirkungen (the real production of real effects)« zum Ziel hat, blieb nach Austins eigenem Eingeständnis in ihrem Stellenwert unklar (cf. 1971, S. 103, n. l) und beschränkte sich fakt. weithin auf solche Fälle, in denen es eigene Verben zur Bez. der Wirkungen sprachl. Handlungen gibt. Dabei wurde nicht gesehen, dass diese Verben ledigl. die besondere Explizierung eines für alles sprachl. Handeln wesentl. Aspekts leisten, nämlich die explizite Formulierung von dessen Zweckhaftigkeit, und zwar in der Weise, dass die Erreichung des Zwecks benannt wird; ↗ Sprechhandlung. Die Unterscheidung zwischen der sprachl. Handlung und ihrer systemat. Vor- und Nachgeschichte ermöglicht eine Analyse des im Konzept der P. Gesehenen, indem die Einschränkung auf den Einzelsatz und seine Äußerung überwunden und die komplexe Interaktionsgeschichte zwischen S und H untersucht wird. **Lit.** J. L. Austin, How to Do Things With Words, Oxford 1962, [2]1971. Dt.: Zur Theorie der Sprechakte (bearb. von E. von Savigny). Stgt. 1972. – K. Ehlich, Thesen zur Sprechakttheorie. In: D. Wunderlich (Hg.), Ling. Pragmatik. Ffm. 1972, 122–126.   E

Permische Sprachen ↗ Syrjänisch, ↗ Votjakisch

Permissiv (lat. permissum ›Erlaubnis‹) Gruppe ↗ kausativer Verben, die statt absichtl. Verursachung ein absichtl. Nicht-Verhindern ausdrücken, z. B. *Maja lässt Jenny schlafen; Jenny lässt ihren Vater warten*; ↗ kausativ, ↗ Sprechaktklassifikation, ↗ Nezessitativ.   G, PL

Permjakisch ↗ Syrjänisch

Permutation ↗ Verschiebeprobe

Perplexität (engl. perplexity) Die P. hält fest, wie viele Wortformen in einem ↗ Worthypothesengraph im Mittel in Frage kommen, bevor der Vorgänger bekannt ist. Es wird auch als ›weigthed average branching factor‹ bezeichnet im Hinblick auf die Anzahl mögl. Wörter, die einem gegebenem Wort folgen können.   Z

Perseveration (lat. persevērantia ›Beharrlichkeit‹. Auch: Reiteration, Repetition. Engl. perseveration) Multiple inadäquate Wiederholungen von Lauten, Silben, Wörtern und Phrasen in Verbindung mit aphas. Störungen. P. ist besonders ausgeprägt bei globaler Aphasie und betrifft dort alle Bereiche der Spontansprache von den Automatismen bis zu den Intonationskonturen.   GT

Persisch (Eigenbez. zāban-e Farsi, zaboni Dari) Südwestiran. Spr.; ↗ Iranische Sprachen. Mit dem P. in der Schriftspr. weitgehend identisch ist das Dari-P. in Afghanistan und das ↗ Tadschikische in Mittelasien, da sich alle drei Spr. auf die Norm der klass. p. Literatur beziehen. Umgangssprachl. stehen die p. Dialekte Afghanistans dem Tadschik. näher als dem P.; Karte ↗ Iranische Sprachen, im Anhang P. i. e. S. ist Mutterspr. für über 30 Mio. Menschen im Iran und erhebl. Minderheiten in Irak, den arab. Golfstaaten und dem Libanon. P. ist Amtsspr. im Iran. Das heutige Neup. geht auf das ↗ Altpersische zurück, das in den Achämeniden-Inschriften belegt ist. In der sassanid. Epoche (226–651) breitete es sich als ↗ Mittelpersisch bis in den Westen Afghanistans aus und drang nach Mittelasien vor. In der islam. Epoche wurde es zur beherrschenden Lit.sprache des islam. Asien und damit prägend für Lexik und Idiomatik der Spr. der islam. Völker in diesem Raum. Die p. Schriftspr. wird bis heute in arab. Schrift geschrieben; die Schreibweise ist im Wesentl. seit dem 9. Jh. unverändert geblieben. Das Mittel- und Neupersische kennt keine Kasusflexion. Das Neupersische hat die präteritale Ergativstruktur des Mittelpersischen aufgegeben. **Lit.** W. Lentz, Das Neupersische. In: Hdb. der Orientalistik, Bd. 4. Iranistik. Erster Abschnitt: Ling. Leiden, Köln 1958, 179–221. – S. Amin-Madani & D. Lutz, P. Grammatik. Heidelberg 1972. – S. Ahadi, New Persian Language and Linguistics. Wiesbaden 2002. – J. Mace, Persian Grammar. London u. a. 2003.   MI

Person (lat. persōna ›Maske, Rolle, Person‹) Grammat. Kategorie, die durch die Personalendungen des finiten Verbs und ggf. am ↗ Personal-, ↗ Possessiv- und ↗ Reflexivpronomen realisiert wird und anzeigt, ob die Verbalhandlung auf den Sprecher, den Hörer oder eine andere P. referiert. Während die erste P. den Sprecher bezeichnet, wird die zweite P. für den Angesprochenen bzw. Hörer gebraucht, die dritte P. für weder mit Sprecher noch Hörer identische P., Dinge od. Sachverhalte. Im Pl. der ersten P. zwischen einer ↗ exklusiven und einer ↗ inklusiven Lesart zu unterscheiden, je nachdem, ob der Angesprochene ausgeschlossen oder eingeschlossen wird. Darüber hinaus ist der Gebrauch der P. auch pragmat. Kriterien unterworfen; ↗ pluralis auctoris, ↗ pluralis benevolentiae, ↗ pluralis maiestatis. Da die P. in vielen flektierenden Spr. bereits durch das finite Verb angezeigt wird, dient die Verwendung eines Personalpronomens dort der besonderen Betonung, wie z. B. im Lat.; ↗ Pro-Drop-Parameter.   ZA

Personaldeixis (lat. persōnālis, ›zur persona (Maske, Person) gehörig‹, griech. δεικνύναι (deiknynai) ›zeigen‹) Deikt. Ausdruck, der sich auf die an der elementaren Sprechhandlung unmittelbar beteiligten Aktanten, den ↗ Sprecher und ↗ Hörer, bezieht. Die Kennzeichnung als »personal« ist in doppelter Weise missverständlich, weil sie einerseits die Drei-Personen-Interpretation des Verbsystems aufruft und andererseits die Rolleninterpretation des sprachl. Handelns nahelegt. **Lit.** ↗ Deixis. E

Personale ↗ Persönliches Verb

Personalendung Verbalsuffix, das die Kategorie ↗ Person ausdrückt. G

Personalform ↗ Finites Verb

Personalprinzip Sprachenpolit. bzw. -rechtliche Position, derzufolge sprachl. und kulturelle (Grund-) Rechte personengebunden sind und nicht auf einen best. Teil des jeweiligen Staatsgebiets beschränkt werden, so dass sie auf dem gesamten Staatsgebiet eingefordert werden können. Das P. steht im Ggs. zum *Territorialprinzip*, das solche Rechte an den Wohnsitz bzw. den Aufenthalt in einem bestimmten Teil des Staatsgebiets bindet und nicht allgemein gewährt. G

Personalpronomen (auch: Personale. In Schulgrammatiken auch: persönliches Fürwort. Engl. personal pronoun, frz. pronom personnel) Subklasse der Wortart ↗ Pronomen. P. verweisen auf den Sprecher (1. Person, dt. *ich, wir*), auf den oder die Angesprochenen (2. Person, dt. *du, ihr;* ↗ Anredeformen) und auf den oder die Besprochenen bzw. das Besprochene (3. Person, dt. *er/sie/es, sie*). Zu den P. werden meistens auch das ↗ Reflexivpronomen (dt. *sich*) und das ↗ Reziprokpronomen (dt. *einander*) gerechnet. P. drücken in vielen Sprachen die sozialen Rollen von Sprechern und Angesprochenen und die Beziehungen zwischen den Kommunikationspartnern aus, wie etwa im Dt. Vertrautheit *(du)* vs. soziale Distanz *(Sie)*. Manche Sprachen verfügen über ein in dieser Hinsicht wesentl. differenzierteres Pronominalsystem, wie etwa das Arabische und das Japanische (↗ Honorativ). In manchen (flektierenden) Spr. ersetzt die Personalendung das P. in Subjektsfunktion, das zusätzl. nur bei Emphase verwendet wird; ↗ Pro-Drop-Parameter. **Lit.** J. Lenerz, Zur Syntax und Semantik dt. Personalpronomina. In: M. Reis (Hg.), Wortstellung und Informationsstruktur. Tübingen 1993, 117–153. – St. Howe, The Personal Pronouns in the Germanic Languages. Bln. 1996. – K. Wales, Personal Pronouns in Present-Day English. Cambridge 1996. – P. Mühlhäusler, Personal Pronouns. HSK 20, I, 741–747. – Sh. Kameyama, Persondeixis, Objektdeixis. In: L. Hoffmann (Hg.), Hdb. der dt. Wortarten. Bln., N. Y. 2007, 577–601. PT

Personenbezeichnung ↗ Personenname

Personengruppenname ↗ Personenname

Personenname (auch: Anthroponym. Engl. personal name, frz. nom propre de personne) Ausdruck, der Personen oder Gruppen von Personen bezeichnet. Personenbez. beruhen auf Eigenschaften, Attributen oder Funktionen von Menschen (z. B. *Schreiner, Schwabe, Tante, Inspektorin, Hausmeister*)

oder auf wertenden Einschätzungen (z. B. *Dumpfbacke, Dreckspatz, Herrenreiter*). Man unterscheidet u. a. (a) Gesamtnamen (z. B. *Johann Sebastian Bach*), (b) ↗ Vornamen, (c) ↗ Familiennamen, (d) Beinamen (z. B. *Friedrich der Weise*), (e) Übernamen, z. B. Kose-, Neck-, Schimpf- und Spottnamen, z. B. *Goldschatz, Heulsuse, Ökoschlampe*, (f) Namen von Personengruppen, z. B. *die Oberbayern, die Russlanddeutschen, die Donaldisten,* (g) Pseudonyme; ↗ Namenforschung. P. sind in Personennamenwbb. zusammengestellt, während Personenlexika die P. bedeutender Personen verzeichnen. **Lit.** P. Braun, Personenbezeichnungen. Der Mensch in der dt. Spr. Tübingen 1997. G

Personennamenforschung ↗ Namenforschung

Personennamenwörterbuch ↗ Personenname

Personifikation 1. (auch: Personifizierung) Übertragung von Eigenschaften von Lebewesen, insbes. von Menschen, auf unbelebte Objekte (z. B. *Buchrücken, Meerbusen*). **2.** ↗ Anthropomorphisierung, ↗ Anthropomorphismus. G

Persönliches Fürwort ↗ Personalpronomen

Persönliches Verb Verben, deren Subjekt in jeder Kategorie der Flexionskategorisierung ↗ Person auftreten kann, sind p. V., im Unterschied zu Verben, die nur mit einem Subjekt der 3. Person (z. B. *misslingen, glücken, widerfahren*) zulassen, und zu den ↗ Impersonalia. G

Personverschiebung ↗ Pronominalverschiebung

Perspektivierung Im Anschluss an die ↗ Kasusgrammatik von Ch. J. Fillmore entwickelte Bez. für (a) die von einem Valenzträger (Verb) in Perspektive genommenen Ergänzungen. So perspektiviert *kaufen* eine gegebene Situation anders als z. B. *bezahlen*; (b) die pragmat. Reihenfolge (↗ pragmatische Rolle) der Ergänzungen. So unterscheiden sich *kaufen* und *verkaufen* nicht nur durch die Zahl, sondern auch durch die pragmat. Rollenverteilung in ihrer ↗ Valenz. Die ↗ semantische Rolle des Käufers ist bei *kaufen* 1. Ergänzung (Topik) und bei *verkaufen* 2. Ergänzung (2. Topik); z. B. *Egon kauft das Buch* vs. *Emil verkauft Egon das Buch.* **Lit.** Ch. J. Fillmore, The Case for Case Reopened. In: K. Heger & S. Petöfi (Hgg.), Kasustheorie. Hamburg 1977, 3–26. – S. Kuno, Functional Syntax. Anaphora, Discourse and Empathy. Chicago, Ldn. 1987.– K. Welke, Deutsche Syntax funktional. Tübingen 2005. WK

Persuasiv (lat. persuādēre ›überreden, überzeugen‹) Charakterisierung der prakt. Wirksamkeit von Rede und Schrift. Persuasion (Meinungs- und Handlungsbeeinflussung) ist oberstes Redeziel der antiken ↗ Rhetorik, das mithilfe der *inventio* (Auffinden der geeigneten Mittel) nach dem selektiven Prinzip der ›Angemessenheit‹ (innere Stimmigkeit und äußere Zielübereinstimmung der Inhalts-, Stil- und Vortragselemente, lat. *aptum*) zur Typik von Redegattungen (je nach Redeanlässen) differenziert wurde. Nach Aristoteles sind die Anklage-, Verteidigungs- und Beratungsrede prototyp. für die p.

Rede. – In der sog. Neuen Rhetorik (›New Rhetoric‹, Schule von C. J. Hovland) in Rückgriff auf Aristoteles' Grundbegriff der Beschreibung rhetor. und sprachl. Handelns. Demnach wäre jede Kommunikation p. – Eine eingegrenztere und differenziertere Verwendung des Ausdrucks p. findet sich in Untersuchungen zum polit. Sprachgebrauch, zur ⁷ Werbesprache, zur ⁷ Sprachkritik und zur öffentl. Spr. **Lit.** M. Hoffmann & C. Kessler, Beiträge zur Persuasionsforschung. Unter bes. Berücksichtigung textling. und stilist. Aspekte. Ffm. 1998. – W. Dieckmann, Sprachkritik. Heidelberg 1992.　VS
Pertinenzdativ (lat. pertinēre ›sich erstrecken‹. Auch: Dativus commodi possessivus, Dativus incommodi possessivus, Possessivdativ) Nicht trennscharf bestimmbarer »Dativ der Erstreckung« zur Bez. von »Unveräußerlichem« (⁷ alienabel) wie Körperteilen, Verwandten u. a., z. B. *Maja kämmte Paul die Haare, wusch Jakob den Hals und putzte Nora die Nase.*　G
Pertinenzrelation (lat. pertinēre ›zu jdm. gehören‹. Auch: Teil-von-Relation) Bez. für ein Ordnungssystem oder -prinzip, das nach Zusammengehörigkeit (von Sachgruppen) verfährt, im Gegensatz zu einem Provenienzsystem. Die P. stellte bis ins 19. Jh. den Ordnungsgrundsatz in ⁷ Archiven dar; ⁷ Partonymie.　PR
Perzeption (lat. percipere ›erfassen, wahrnehmen‹) Allgemein: Wahrnehmung. Der Terminus umfasst in der ⁷ Sprachpsychologie die Gesamtheit der Prozesse, in denen sprachl. Information (akust. oder visuell) wahrgenommen, strukturiert, verarbeitet und verstanden wird. P. umfasst auch die aktiven Sinngebungsprozesse, die aus dem spachl. Input eine sinnvolle Nachricht machen. In älteren psycholing. Arbeiten begegnet P. auch in der eingeschränkten Bedeutung der bloß peripheren Identifikation von Lauten und Wörtern (unterhalb der Bedeutungsebene). Zahlreiche neuere Experimente zur Wahrnehmung ⁷ gesprochener Sprache (⁷ Worterkennung, ⁷ Sprachwahrnehmung) legen aber den Schluss nahe, dass die Sprachwahrnehmung nicht sequentiell von der lautl. Peripherie über Morphem oder Wort zur Syntax und schließlich zur Ebene der Semantik und der Nachricht fortschreitet, sondern vielmehr über den ›Knotenpunkt‹ der Wortebene unmittelbar parallel und interaktiv aus allen verfügbaren Informationen eine Diskurs- oder Sinnrepräsentation erstellt.　KN
Perzeptive Phonetik ⁷ Auditive Phonetik, ⁷ Psychophonetik
Petersburger Schule ⁷ Leningrader Schule
Petit f. Schriftgrad von 8 p.; ⁷ Didotsystem.　G
Petit nègre ⁷ Ausländerregister, ⁷ Französisch, ⁷ Französisch basierte Kreolsprachen
Petroglyphe ⁷ Glyphe
Peul(h) ⁷ Ful
PF ⁷ Phonologische Komponente
Pfälzisch ⁷ Rheinfränkisch

Pfalzsches Gesetz Die in der Theorie vom ⁷ Reihenschritt von A. Pfalz beschriebene Regelmäßigkeit bei der Entwicklung von Lautsystemen (v. a. des Vokalismus): Im Vokaldreieck oder -viereck auf einem Niveau (»in einer Reihe«) stehende Laute entwickeln sich immer gleichartig, z. B. diphthongiert die mhd. Reihe î – ü̂ – û regelhaft zu nhd. ai – oi – au, die mhd. Reihe ie – üe – ue monophthongiert regelhaft zu nhd. ī – ǖ – ū. **Lit.** P. Wiesinger, Reihenschritttheorie. HSK I, 1, 1982, 144–151. DD
Pfeifstimme ⁷ Stimme
Pfeilnotation In einigen ⁷ Kategorialgrammatiken, z. B. in ⁷ Phrasenstrukturgrammatiken, die mit ⁷ Ersetzungsregeln arbeiten, drückt das Pfeilsymbol aus, dass die links davon stehende Kategorie durch die rechts davon stehende(n) Kategorie(n) zu ersetzen ist, z. B. VP → V NP (lies: ersetze VP durch V und NP).　G
Phagophonologie (griech. φαγεῖν (fagein) ›essen‹, φωνή (fōnē) ›Stimme‹. Auch: Phanologie) Wiss. Beschreibung der phonolog. Vorgänge (⁷ Phonologie) beim Sprechen mit vollem Mund.　PM
Phanologie ⁷ Phagophonologie
Phänomenologie (griech. φαινόμενον (fainomenon) ›das Erscheinende‹) ›Phänomen‹ ist ein Grundbegriff der Erkenntnistheorie. Ursprüngl. diente er zur Bezeichnung der Erscheinungen der Wirklichkeit, wie sie in Raum und Zeit, in ihrer Mannigfaltigkeit und Veränderlichkeit dem menschl. ⁷ Bewusstsein gegeben sind, in Abgrenzung zur eigentl. Wirklichkeit, wie sie in den hinter diesen Erscheinungen waltenden Ideen, der eigentl. und unveränderl. Wesenheit, begründet liegt (Plato). Die Philosophie Kants bringt eine grundlegend veränderte Sichtweise des bewusstseinsmäßigen Bezugs zur Wirklichkeit: Die Wirklichkeit besteht in nichts anderem als der Erscheinung, dem Gegenstand der Erfahrung, wie er sich dem wahrnehmenden Bewusstsein zeigt. Eine Aussage über eine darüber hinaus existierende eigentl. Wirklichkeit überschreitet demnach den Bereich des sinnvoll Aussagbaren. Für das 20. Jh. verbindet sich der Begriff der Ph. mit der Philosophie E. Husserls (1859–1938). Ausgangspunkt seiner Philosophie ist die Annahme der Korrelation von Bewusstsein und Welt. Der grundlegende Begriff der ⁷ Intentionalität des Bewusstseins zeigt an, dass Bewusstsein immer Bewusstsein von etwas ist. So ist alles raum-zeitliche Sein der Wirklichkeit nur insofern, als es auf ein erfahrendes, wahrnehmendes, denkendes, sich erinnerndes Bewusstsein bezogen ist. Die Welt ist das Korrelat von Bewusstseinsleistungen. Die Sinnstiftungen des Bewusstseins ermöglichen erst das Verstehen der Welt in Bedeutungsdimensionen und hinsichtl. ihres Geltungscharakters als etwas Existierendes. Die Ph. als Erkenntniskritik macht es sich zur Aufgabe, diese konstituierenden Leistungen des Bewusstseins in ihrer allgemeinen Struktur auszuweisen. Unsere als fraglos gültig angenommenen Vorstellungen der

Welt, wie sie sich in der natürl. Einstellung der Alltagswelt zeigen, werden zunächst eingeklammert und bleiben hinsichtl. ihrer Geltung zunächst dahingestellt, bis in der phänomenolog. Reflexion die dafür grundlegenden allgemeinen Sinnkonstitutionsleistungen des Bewusstseins aufgezeigt sind. Der Begriff der transzendentalen Subjektivität soll diese Grundlegungsfunktion des Bewusstseins zum Ausdruck bringen. Aufgabe der Ph. ist es, die allgemeinen Strukturen jener Bewusstseinsleistungen namhaft zu machen, die die Konstitution einer ⁊ möglichen Welt begründen und mit der objektiven Sinngeltung zugleich deren intentionales Korrelat, die Welt als universalen intentionalen Verweisungszusammenhang vertrauter Sinngeltungen begründen. – Als ling. Ph. wird eine Form der Sprachanalyse bezeichnet, die zur Lösung philosoph. Probleme eine Untersuchung der diesbezügl. relevanten philosoph. Begriffe vornimmt, indem sie den in eine tatsächl. oder fingierte Situation eingebetteten Gebrauch (⁊ Sprachgebrauch) der entsprechenden Ausdrücke klärt. Deren Bedeutung wird im Hinblick auf ihre Verwendung in bestimmten Situationen analysiert. Nach dem Verständnis der ling. Ph. leistet die Analyse des Sprachgebrauchs gleichzeitig eine Analyse des einzig sinnvollen Realitätsbezugs. **Lit.** E. Husserl, Ideen zu einer reinen Ph. und phänomenolog. Philosophie. Bd. I. Hg. von K. Schuhmann. Den Haag 1976. – J. L. Austin, How to Do Things With Words. Dt. Zur Theorie der Sprechakte. Bearb. von E. v. Savigny. Stgt. 1972. PR

Phänotyp ⁊ Kryptotyp, ⁊ Applikativ-generative Grammatik

Phantasiewort In der Sprachpsychologie Bez. für nichtexistente Wörter, die in silbenphonolog. und ggf. morpholog. Hinsicht wohlgeformt sind. Sie werden bei Experimenten zur Worterkennung eingesetzt. Mitunter werden auch entsprechende Wortschöpfungen von Dichtern, Werbeleuten und Kindern als Ph. bezeichnet. Beispiele finden sich etwa in Erich Frieds Gedicht:
Leilied bei Ungewinster
Tschill Tschill ihn möhliges Krieb
Draußen schnirrt höhliges Stieb
Draußen schwirrt kreinige Trucht
Du aber bist meine Jucht
Du aber bist was mich töhlt
Dir bin ich immer gefröhlt
Du bist mein einziges Schnülp
Du bist mein Holp und mein Hülp
Wenn ich allein lieg im Schnieb
Denk ich an dich mein Krieb. G

Pharyngal, Pharyngallaut m. (griech. φάρυγξ (farynx) ›Rachen, Schlund‹. Auch: Faukal, Laryngal, Rachenlaut) Im Rachenraum als ⁊ Artikulationsstelle mit der Zungenwurzel als ⁊ artikulierendem Organ gebildeter kons. Sprachlaut. PM

Pharynx f. (griech. φάρυγξ ›Rachen, Schlund‹, engl. throat, pharynx, frz. pharynx) Die Ph. ist

ein muskulärer, mit Schleimhaut ausgekleideter Schlauch, der an der Schädelbasis aufgehängt ist und nach unten in die Speiseröhre übergeht. In die P. münden im oberen Anteil (*Epi-* oder *Nasopharynx*) von vorne durch die inneren Nasenlöcher die Nasenhöhlen (⁊ Nase) in den mittleren Anteil (*Meso-* oder *Oropharynx*) durch die Rachenenge die Mundhöhle (⁊ Mund). Im unteren Anteil (*Hypopharynx*) zweigt nach vorne der Kehlkopfeingang ab, bevor in Höhe des Ringknorpels (⁊ Kehlkopf) die Speiseröhre beginnt. Die Muskulatur der Ph. gliedert sich in Schlundschnürer (lat. *muscūlī cōnstrictōrēs pharyngis*) und -heber (*muscūlī levātōrēs p.*). Sie dienen v. a. dem Schluckreflex. Die Ph. ist Teil des Speiseweges und der Atemwege: der reflektor. Verschluss des Rachens gegenüber Nase und Luftröhre beim Schluckakt sichert dabei die Atemwege. Bei der ⁊ Artikulation ist die Ph. zusammen mit der Mundhöhle als Resonanzraum (⁊ Ansatzrohr) von besonderer Bedeutung. **Lit.** ⁊ Mund. GL

Phase 1. Begriff, der den Kontrast zwischen perfektiv und nicht-perfektiv in der Temporalsemantik von Verbphrasen erfassen soll. Bezogen ist er v. a. auf den Gebrauch des Perfekts im Engl. Er dient zur Abgrenzung gegenüber der Aspektkategorie progressiv/nicht-progressiv. Als eigene Kategorie grenzt sich P. in gleicher Weise gegen die Verbalkategorien Tempus und Genus verbi ab. Die Notwendigkeit, P. als eigene Kategorie anzunehmen, ist dabei umstritten, ebenso wie die genaue Abgrenzung zwischen P. und Aspekt. **Lit.** B. Comrie, Aspect. Cambridge 1976. **2.** Im Rahmen des ⁊ Minimalismus ist P. ein bestimmter Teilbereich einer Derivation (auch: Derivationszyklus). Innerhalb einer P. ist nur eine Teilmenge der ⁊ Numeration für den Strukturaufbau verfügbar. P. sind propositional, also vPs (Verben mit allen Argumenten) und CPs als vollständig nach Tempus, Modus und Illokution bestimmte Sätze. Auch ⁊ Spell-out erfolgt im Teilbereich der P. Unterschieden werden starke P., zu denen vollständige vP und CP zählen, und schwache P., zu denen ⁊ unakkusativische und passivische vP zählen, denn ein echtes Subjektargument fehlt. **Lit.** ⁊ Minimalismus. FR

Phasenbedeutung ⁊ Aktionsart

Phasenverb Verben, die im Dt. mit dem Infinitiv mit *zu* konstruiert werden und ihrer Bedeutung nach auf eine Phase eines Vorgangs (⁊ Aktionsart) referieren (z. B. *beginnen, aufhören*), werden mitunter Ph. genannt. G

Phatisch ⁊ Grußformel, ⁊ Kommunikation

Phatischer Akt (griech. φημί (fēmi) ›reden‹) Von J. L. Austin (⁊ Lokution) eingeführte Bez. für die ⁊ Äußerung von Elementen eines Vokabulars (Wort) in Übereinstimmung mit einer best. Grammatik. Die Ausführung eines ph. Akts wird als Äußerung eines »pheme« (vom selben griech. Wortstamm abgeleitetes Kunstwort) bezeichnet. Mit dem ph. Akt werden also bei Austin die Aspekte in seine Analyse sprachl. Handelns aufgenommen, die zum traditionellsten Kenntnisbestand der Sprachanalyse gehören. Das »pheme« bzw. seine Teile haben »Sinn (sense)« und »Referenz (reference)« oder, zusammenfassend, »Bedeutung (meaning)«.   E

Philippinische Sprachen West-↗ austronesische Sprachen der Philippinen und vereinzelt in angrenzenden Regionen (Nord-Borneo und -Celebes). Die ph. Spr. bestehen aus den Sprachgruppen Batan oder Ivata, Nord-, Meso- und Süd-philippin. sowie Süd-Mindanao mit insges. über 100 Spr., davon 4, die von 70 % der Gesamt-Bevölkerung gesprochen werden, als ↗ linguae francae dienen und eigenständige Literaturen entwickelt haben (Quellen ab 16. Jh.), und zwar ↗ Tagalog und Cebuano mit jeweils 10 Mio. Sprechern, Ilokano und Hiligaynon (Ilongo) mit jeweils 4 Mio. Sprechern. Über 1 Mio. Sprecher haben Bikol, Samar-Leyte (Waray) und Kapampangan, über 500 000 Pangasinan, Maranao und Magindanao; Karte ↗ Austronesische Sprachen. Alte Silbenschriften ind. Ursprungs für Tagalog, Ilokano, Kapampangan, Pangasinan und Bikol, ebenso für Mangianisch auf Mindoro und die Spr. der Palawan-Insel, deren Schriften noch lebendig sind. **Lit.** C. D. McFarland, A Linguistic Atlas of the Philippines. Tokyo 1980. – R. D. Zorc, The Genetic Relationships of Philippine Languages. In: P. Geraghty, L. Carrington & S. A. Wurm (eds.), Focal II: Papers from the Fourth International Conference on Austronesian Linguistics. Canberra 1986, 147–173. – A. Lemaréchal, Dérivation et orientation dans les langues des Philippines. In: Bulletin de la Société de Linguistique de Paris 86, 1991, 317–358. – L. A. Reid, Unravelling the Linguistic Histories of Philippine Negritos. In: T. Dutton & D. T. Tryon (eds.), Language Contact and Change in the Austronesian World. Bln. 1994, 443-475. – C. Rubino, Ilocano Dictionary and Grammar. Honolulu 2000.   CE

Philologie (griech. φίλος (filos) ›Freund‹, λόγος (logos) ›Wort‹; ›Freundschaft dem Wort ggü.‹) Herkömml. Bez. für alle Sprach- und Literaturwissenschaften, seit dem 19. Jh. differenziert in ↗ Altphilologie (Gräzistik, Latinistik) und ↗ Neuphilologie (moderne (Schul-) Sprachen). Ph. bezeichnet häufig Einzelphilologien, d. h. die wiss. Beschäftigung mit einer Spr. und ihrer Lit. (z. B. dt. Ph., engl. Ph.), mitunter auch die wiss. Beschäftigung mit den Spr. und Literaturen eines Sprachzweigs (z. B. slav. Ph.). Ph. war (und ist) in dieser Bedeutung oft Bez. für universitäre Studiengänge und Einrichtungen, Berufsverbände und Fachzeitschriften (z. B. *Philologenverband, Neuphilologische Mitteilungen*). Dahinter steht die Vorstellung von der Einheit von Sprach- und Lit.wiss., die sich jedoch in vielen Ländern spätestens seit den 1960er Jahren auflöst; heute besteht zwischen den Linguistiken und Literaturwiss. unterschiedl. Sprachen bzw. Literaturen viel größere theoret. und method. Nähe als zwischen Sprach- und Literaturwiss. innerhalb einer Ph. In Deutschland werden die großen Ph. nicht zuletzt durch die staatl. Anforderungen in der Lehrerausbildung organisator. zusammengehalten. – Ph. bezeichnet weiterhin die penible, alle Einzelheiten berücksichtigende (und kaum theoriegeleitete) Dokumentation und Beschreibung von Texten, wie sie z. B. in der philolog. ↗ Textkritik beschrieben wird. Mit der Metapher ›philolog. Handwerkszeug‹ werden die elementaren Kenntnisse und Fähigkeiten bezeichnet, die jeder Novize erwerben muss, bevor er Ph. betreiben kann.   G

Philosophie der Alltagssprache ↗ Philosophie der normalen Sprache

Philosophie der idealen Sprache Philosoph. Position, deren Analysen auf eine Spr. abzielen, in Bezug auf die der semant. Begriff der Wahrheit präzise definiert werden kann. Repräsentanten dieser Forschungsrichtung sind G. Frege (1848–1925), B. Russell (1872–1970), R. Carnap (1891–1970). Gegenstand der Ph. d. i. S. sind die Aussagen der natürl. Spr. speziell im Hinblick auf den ↗ Wahrheitswert ihrer Sätze. Dies stellt bereits eine Einschränkung des natürl. Sprachgebrauchs auf bestimmte Aussagen dar. Entsprechend formuliert die Ph. d. i. S. dazu ein Kriterium: Ein Satz einer natürl. Spr. S ist eine Aussage genau dann, wenn er in eine interpretierte ↗ künstliche Sprache S* übersetzbar ist. Dieses Kriterium bringt die normierende Absicht zum Ausdruck: eine Aussage der natürl. Spr. soll als Aussage in einer künstl. Spr., die in ihrer ↗ logischen Syntax und ↗ logischen Semantik vollständig bestimmt ist, definiert werden. Der Zweck der Übersetzung in die künstl. Spr. besteht darin, die Aussagen in eine Spr. zu transformieren, deren Aussagen und Aussageformen die Eigenschaft ›log. wahr‹ oder ›log. falsch‹ zugeschrieben werden kann. Die Zielrichtung sind solche Aussagen, die bei jeder beliebigen Interpretation zu wahren oder zu falschen Aussagen von S* werden. **Lit.** J. Sinnreich (Hg.), Zur Philosophie der idealen Sprache. Mchn. 1972. – R. Carnap, Log. Syntax der Spr. Wien ²1968. – Ders., Bedeutung und Notwendigkeit. Wien, N. Y. 1972. – G. Frege, Funktion, Begriff, Bedeutung. Göttingen 1969. – G. Patzig, Spr. und Logik. Göttingen 1970. – W. V. O. Quine, Von einem log. Standpunkt. Ffm., Bln., Wien 1979.   PR

Philosophie der normalen Sprache (auch: Philosophie der Alltagssprache, sprachanalytische Philosophie. Engl. ordinary language philosophy) Die Ph. d. n. S. stellt eine Abkehr von der ↗ Philosophie der idealen Sprache und den damit verbundenen Forderungen nach ↗ expliziter Definiertheit der Wörter und exakter Festlegungen durch ↗ Regeln dar. Die Idee einer exakten Spr. erweist sich für Wittgensteins ›Philosophische Untersuchungen‹ (1958, dt. 1971) als eine Schimäre: Die Forderung einer ↗ idealen Sprache gründet in einer verfehlten

Vorstellung davon, was es heißt, einer Sprachregel zu folgen. Grundlegend für die Entwicklung der Ph. d. n. S. ist Wittgensteins Argumentation gegen die Festlegung einer Wortbedeutung durch eine explizite, dem Gebrauch vorgängige Sprachregel. Um nicht in den mit einer solchen Bedeutungsfestlegung verbundenen unendlichen Regress zu verfallen, wenn wir die Bedeutung durch eine Regel festlegen wollen und für diese Festlegung ihrerseits wieder eine Regel der richtigen Festlegungen benötigen, müssen wir letztlich auf ein Sprachverständnis ohne explizite Regelkenntnis rekurrieren. Die Regelkenntnis als Quelle des Sprachverständnisses wird bei Wittgenstein ersetzt durch die Festlegung der Wortbedeutung durch den geregelten Gebrauch (↗ Gebrauchsbedingung, ↗ Gebrauchsregel, ↗ Sprachgebrauch). Zentral dafür ist der Gedanke, dass es keine Wirklichkeit an sich gibt, die durch die Sprache abgebildet (↗ Abbildung) wird, sondern erst in der sprachl. Bedeutung erschließt sich uns die Welt, d. h. die Welt ist uns immer nur in sprachl. Interpretation gegeben. Das kennzeichnende Merkmal der Ph. d. n. S. ist es, bei der Arbeit an philosoph. Problemen die Untersuchung der Alltagsspr. zur Basis der Argumentation zu machen. Das dafür spezif. Philosophieverständnis lässt sich anhand der vierfachen Funktion solcher Untersuchungen bestimmen: (a) Die klärende Funktion liegt in der Aufgabe, durch den Bezug auf die Umgangsspr. die sinnlosen von den sinnvollen Fragen zu unterscheiden. Die Klärung vollzieht sich durch den Rückgriff auf die normalen Verwendungsregeln der Spr., um die verwendeten Wörter in ihrer Eindeutigkeit festzulegen. (b) Die therapeut. Funktion besteht darin, dass man die Bedeutung eines Ausdrucks durch Bezug auf die Verwendungsregeln klärt, um entscheiden zu können, ob das Problem (nur) in der falschen Formulierung aufgrund eines falschen Sprachverständnisses entstanden ist und damit durch korrekten Sprachgebrauch beseitigt werden kann. (c) Um die beweisende Funktion zu erfüllen, bezieht sich die Ph. d. n. S. zum einen auf die Ausdrücke, mit deren Hilfe wir in der alltägl. Spr. über die bestimmten Sachverhalte sprechen, zu denen ein bestimmtes philosoph. Problem formuliert wurde, und zum anderen auf Ausdrücke der Alltagsspr., mittels derer wir uns auf die typ. Sachverhalte eines scheinbar verwandten Sachverhalts beziehen. Z. B. können wir die Ausdrücke für Willenshandlungen mit den typ. Ausdrücken zur Beschreibung der Ursache-Wirkungs-Beziehung eines äußeren Ereignisses vergleichen. Das in Frage stehende Problem entspricht nur dann dem Sachverhalt, wenn die ↗ Regeln für den Gebrauch der einen Ausdrücke den Regeln der anderen gleichen. (d) Die heurist. Funktion zeigt sich darin, dass man durch die Untersuchung der Verwendungsweise der Wörter auf Sachverhalte geführt wird, deren Unterscheidung für philosoph. Probleme bedeutsam sind. Die grundlegende Annahme dafür ist, dass unterschiedl. Aus-

drücke immer auch für unterschiedl. Sachverhalte benützt werden. **Lit.** E. v. Savigny, Philosophie der normalen Sprache. Freiburg, Mchn. 1969. – J. L. Austin, Zur Theorie der Sprechakte. Stgt. 1976. – G. Ryle, Der Begriff des Geistes. Freiburg, Mchn. 1970. – L. Wittgenstein, Philosoph. Untersuchungen. In: Werkausgabe Bd. 1. Ffm. 1984, 225 ff. PR

Phi-Merkmal In der GG ein Merkmal, das eine Kongruenzbeziehung angibt, z. B. zwischen Subjekt und finitem Verb. Die Übereinstimmung der P.-M. der kongruierenden Kategorien müssen in der strukturellen Spec-Head-Beziehung auf Übereinstimmung geprüft werden. FR

Philosophische Grammatik ↗ Allgemeine Grammatik

Phla-Phera ↗ Gbe

Phon n. (griech. φωνή (fōnē) ›Stimme‹ **1.** In der Psychoakustik (↗ Psychophonetik) Maßeinheit der Lautstärke. Als Referenzsignal dient ein 1 kHz-Ton von 1 sec Dauer, dessen Schallpegel in ↗ Dezibel) gleich seiner Lautstärke (in *phon*) gesetzt wird. – **2.** Minimale segmentale Analyseeinheit der ↗ deskriptiven Phonetik (↗ Laut) als ↗ Realisation (↗ Allophon) eines ↗ Phonems. PM

Phonasthenie Veraltete Bez. für ↗ Stimmstörung. G

Phonation (griech. φωνή (fōnē) ›Stimme‹. Engl. phonation, voice-production, frz. phonation) Der mechan.-aerodynam.-akust. Vorgang der Stimmtonproduktion im ↗ Kehlkopf: bei normaler (modaler) Ph. vollziehen sich die Bewegungen der ↗ Stimmbänder (engl. *vocal folds*) in einem myoelast.-aerodynam. Kreisprozess: der subglottale Luftdruck bewirkt eine Sprengung des durch die gespannten, aneinander anliegenden Stimmbänder gebildeten glottalen Verschlusses und dadurch das Fließen eines Luftstroms durch die Stimmritze (↗ Glottis). Da diese eine Engbildung darstellt, erhöht sich in ihr die Strömungsgeschwindigkeit der Luft, und es treten die sog. Bernoulli-Kräfte (Zugkräfte senkrecht zur Strömungsrichtung und proportional zur Strömungsgeschwindigkeit) auf, die die Stimmbänder wieder zum Verschluss zusammenführen. Durch die period. Schließbewegungen der Glottis und der damit verbundenen Unterbrechung des Luftstroms entsteht eine Folge akust. Impulse, deren Abfolgefrequenz den Stimmton (Grundfrequenz, F_0) darstellt (im Mittel bei Männern um 100 Hz, bei Frauen um 200, bei Kindern 300 und höher), wobei deren Höhe von der Stimmbändereinstellung und dem subglottalen Druck abhängig ist. Der so produzierte Rohschall ist sehr obertonreich (↗ Klang) und wird in seinen spektralen Eigenschaften (↗ akustische Phonetik, ↗ Sonagramm) durch die geometr. Verhältnisse im ↗ Ansatzrohr modifiziert. Durch unterschiedliche Einstellung/Spannung der Stimmbänder neben der Atem-, Flüster- und normalen Phonationsstellung (vgl. Abb. von links nach rechts, oben (schwarz) die Stellknorpel (Arythenoid), von denen aus die Stimmbänder nach vorne zum Schildknorpel (Thyroid) gespannt sind) entstehen die unterschiedl. Phonationstypen neben der *normalen* (engl. *modal*) Stimmqualität und der *geflüsterten* (engl. *whisper*); *behaucht* (engl. *breathy* – nichtschließende Stimmlippenschwingungen), *rauh* (engl. *creaky, vocal fry* – unregelmäßige Stimmlippenschwingungen). Zu phonet. Messverfahren: ↗ Artikulatorische Phonetik. – **Lit.** J. Van den Berg, Myoelastic-Aerodynamic Theory of Voice Production. JSHR 1, 1958, 227–244. – O. Fujimura (ed.), Vocal Physiology: Voice Production, Mechanisms and Functions. N. Y. 1988. – I. R. Titze, Comments on the Myoelastic-Aerodynamic Theory of Phonation. JSHR 23, 1980, 495–510. – Ders., Principles in Voice Production. Englewood Cliffs 2000. – Ders. & R. C. Scherer (eds.), Vocal Fold Physiology: Biomechanics, Acoustics and Phonatory Control. N. Y. 1983.   PM

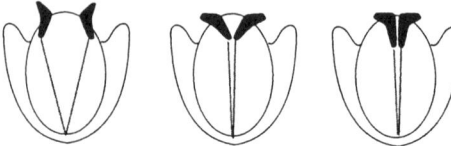

Stimmlippenstellung bei Atmung (links), Flüstern (Mitte) und Phonation (rechts)

Phonationsatmung ↗ Atmung
Phonem-Graphem-Korrespondenz ↗ Graphem-Phonem-Korrespondenz
Phonem n. (griech. φώνημα (fōnēma) ›Laut‹) Seit Ende des 19. Jh. Bez. für die kleinste bedeutungsunterscheidende segmentale Lauteinheit einer Spr. Bei J. Baudouin de Courtenay (poln. Linguist, 1845–1929) noch im Sinn von ›Lautvorstellung‹, unter dem Einfluss von F. de Saussure (schweizer Linguist, 1857–1913) bei N. Trubeckoj (russ. Linguist, 1890–1938; auch: Trubetzkoy) und der ↗ Prager Schule als funktionale Einheit. Im amerikan. ↗ Strukturalismus (v. a. L. Bloomfield, amerikan. Linguist, 1887–1949) ist das Ph. rein distributionell, d. h. durch sein Vorkommen in den verschiedenen lautl. Umgebungen definiert (↗ Phonemanalyse). – Im Ggs. zum ↗ Phon als seiner ↗ Realisierung stellt das Ph. eine ganze Klasse phonet. ähnlicher (↗ phonetische Verwandtschaft) Lautvarianten (↗ Allophon) dar, die durch das ↗ Merkmalbündel der ↗ distinktiven Merkmale (bei Abstraktion von ↗ irrelevanten Merkmalen) definiert ist (z. B. die Merkmale ↗ frikativ, stimmlos und ↗ dorsal für dt. /x/ mit den kombinator. allophon. Varianten des Ich- [ç] und ↗ Ach-Lauts [x] oder ↗ Vibrant für dt. /r/ mit seinen freien allophon. Varianten [r] und [ʀ]). – In der ↗ generativen Phonologie wird mit dem Wegfall einer autonomen phonolog. Beschreibungsebene das Ph. ersetzt durch abstrakte (↗ Morphonologie) zugrundeliegende und durch universelle Merkmale beschriebene Formen (auf der Ebene einer einheitl.

Repräsentation der Morpheme), aus denen mittels geordneter Regeln die phonet. Formen der ↗ Oberflächenstruktur abgeleitet werden. – **Lit.** S. Anderson, Phonology in the Twentieth Century. Chicago 1985. – L. Bloomfield, A Set of Postulates for the Science of Language. Lg 2, 1926, 153–164. – E. F. K. Koerner, Zu Ursprung und Entwicklung des Ph.-Begriffs. In: D. Hartmann et al. (Hg.), Sprache in Gegenwart und Geschichte. Köln 1978, 82–93. – H. Pilch, Ph.-Theorie. Basel ³1974. – N. Trubetzkoy, Grundzüge der Phonologie. Prag 1939.   PM
Phonemanalyse Bestimmung der ↗ Phoneme einer Spr. (↗ Phoneminventar) mittels der Verfahren der ↗ Segmentierung und ↗ Klassifikation wie z. B. die Bildung von ↗ Minimalpaaren und die Analyse der durch diese gebildeten ↗ Oppositionen und der daran beteiligten ↗ distinktiven Merkmale (Verfahren der ↗ Prager Schule) oder Isolierung von Phonemen mittels der paradigmat. und syntagmat. Variation im ↗ Kommutationstest; ↗ Kommutation.   PM
Phonematik (auch: Phonemik) Je nach Kontext unterschiedl. verwendeter Begriff als Synonym für ↗ Phonologie (z. B. in der ↗ Glossematik), den Teilbereich der segmentellen Phonologie gegenüber der ↗ Prosodie (mit dem gemeinsamen Oberbegriff Phonematik) bzw. als Oberbegriff für ↗ Phonetik und Phonologie.   PM
Phonembestimmtes Manualsystem ↗ Handalphabete
Phonemdistanz Auf der Grundlage der gemeinsamen bzw. unterschiedl. ↗ distinktiven Merkmale verschiedener ↗ Phoneme berechneter Grad der Ähnlichkeit bzw. Unähnlichkeit zwischen diesen Phonemen.   PM
Phonemik ↗ Phonematik
Phoneminventar Die aufgrund einer ↗ Phonemanalyse in einer Spr. ermittelten ↗ Phoneme, deren Anzahl laut C. F. Hockett (A Course of Modern Linguistics. N. Y. 1958) für die bekannten Spr. zwischen 13 und 75 variiert. Datenbasis: ↗ UPSID. PM
Phonemkonstanz ↗ Opposition
Phonemkorrelation ↗ Korrelation
Phonemspaltung Das ↗ Phoneminventar verändernder/s Lautwandelprozess/-Ergebnis auf der Grundlage der Neubildung einer ↗ Opposition zwischen ursprüngl. ↗ komplementär verteilten ↗ Allophonen durch Veränderung der ursprüngl. kontextuellen Bedingungen (z. B. die Spaltung von ahd. *o* in mhd. *o* – *ö* durch ↗ Umlaut).   PM
Phonemsystem Das dem ↗ Phoneminventar einer Spr. zugrundeliegende System von ↗ distinktiven Merkmalen und ↗ Oppositionen.   PM
Phonemtheorie ↗ Phonologie
Phonemvariante ↗ Allophon
Phonemverschmelzung 1. Lautwandelprozess und sein Ergebnis: Aufhebung einer ursprüngl. bestehenden ↗ Opposition (z. B. der Zusammenfall verschiedener ahd./mhd. *e*-Laute) bzw. Verschmelzung benachbarter Phoneme. **2.** ↗ Koaleszenz.   PM

Phonetik (Neologismus des 18./19. Jh.; griech. φωνητικός (fōnētikos) ›tönend‹. Auch: Lautlehre, ↗ Sprachaktlautlehre. Engl. phonetics, frz. phonétique) Wiss. von der Hervorbringung (↗ artikulatorische Phonetik), der akust. Struktur (↗ akustische Phonetik) sowie der Wahrnehmung (↗ auditive Phonetik) lautsprachl. Äußerungen. Generell ist die geisteswiss. arbeitende ↗ deskriptive Phonetik von der mit naturwiss. Methoden arbeitenden ↗ Experimental- bzw. Instrumentalphonetik zu unterscheiden. Im Ggs. zur sprachwiss., funktionell-systemat. Analyse der ↗ Phonologie, die die einzelsprachl. geregelten bedeutungsunterscheidenden Lautkontraste sowie deren einzelsprachl. und universale Regularitäten zum Gegenstand hat, bilden den Datenbereich der Ph. die jeweils konkreten und prinzipiell einmaligen lautsprachl. Äußerungen: für die deskriptive Ph. als wahrnehmbare *phonetische Ereignisse* sowie für die Experimental- bzw. Instrumentalphonetik als mit diesen Ereignissen ursächl. verbundene messbare *phonetische Vorgänge*; jeweils mit Bezug auch auf ihre nichtsprachl. Komponenten (z. B. Sprecheridentität und -charakteristik, emotionaler Ausdruck u. a.; ↗ Paralinguistik). Als eigenständige wiss. Disziplin bildete sich die Ph. auf der Basis u. a. anatom. und physiolog., akust. und wahrnehmungspsycholog. Wissens sowie der Tradition der Taubstummenpädagogik in der 2. Hälfte des 19. Jh. als *Lautphysiologie* (E. Brücke (1819–1892), C. L. Merkel (Hauptwerk 1857), E. Sievers (1850–1932)) heraus. Mit der gleichzeitigen Entwicklung geeigneter Messinstrumente wurden um die Jahrhundertwende die ersten phonet. Laboratorien möglich (u. a. Abbé J. P. Rousselot, Paris (1846–1924); W. Viëtor, Marburg (1850–1918); G. Panconcelli-Calzia, Hamburg (1878–1966)). Durch N. S. Trubeckoj (1890–1938) kommt es in den 30er Jahren zu einer scharfen Trennung von Ph. (als *Sprechaktlautlehre* und ↗ Phonologie (als *Sprachgebildelautlehre*), die in jüngerer Zeit allerdings wieder wiss. relativiert wird. In neuerer Zeit durch die Entwicklung der Elektroakustik sowie der digitalen Signalverarbeitung als *speech technology* bzw. *spoken language processing* in Teilbereichen stark technikorientiert. – **Lit.** Handbook of the International Phonetic Association. Cambridge 1999. – K. J. Kohler, Einführung in die Ph. des Deutschen. Bln. 1995. – P. Ladefoged, Preliminaries to Linguistic Phonetics. Chicago 1971. – Ders., Vowels and Consonants. Malden, Mass., Oxford 2001. – Ders., & I. Maddieson, The Sounds of the World's Languages. Oxford, Cambridge, Mass.1996. – J. Laver & W. Hardcastle, The Handbook of Phonetic Sciences. Oxford, Cambridge, Mass. 1997. – B. Malmberg (ed.), Manual of Phonetics. Amsterdam 1968. – B. Pompino-Marschall, Einführung in die Ph. Bln., N. Y. ³2009. – H. G. Tillmann mit P. Mansell, Ph. Stgt. 1980. – Kongressberichte: Proceedings of the 1ˢᵗ-18ᵗʰ International Congress of Phonetic Sciences

(ICPhS). Amsterdam 1932, London 1935, Ghent 1938, Helsinki 1961, Münster 1964, Prag 1967, Montreal 1971, Leeds 1975, Kopenhagen 1979, Utrecht 1983, Tallinn 1987, Aix-en-Provence 1991, Stockholm 1995, San Francisco 1999, Barcelona 2003, Saarbrücken 2007, Hong Kong 2011. – **Zss.** Journal of the International Phonetic Association, Oxford; Journal of Phonetics, London; Journal of Speech and Hearing Research, Rockville, MD; Phonetica, Basel; Speech Communication, Amsterdam. PM

Phonetische Ähnlichkeit ↗ Phonetische Verwandtschaft

Phonetische Suche Im ↗ Text Retrieval verwendete Bez. für Verfahren, die eine (oftmals stark abstrahierte) phonet. Form einer Suchanfrage verwenden, um Belegstellen in einem Textbestand aufzufinden, deren schriftsprachl. Formen nicht vollständig mit dem Suchbegriff übereinstimmen. P. S. ist vor allem bei Eigennamen (z. B. »Mayer«, »Meier«, »Meyer« usw.) und bei fehlerbehafteten Datenbeständen von Vorteil. L

Phonetische Umschrift ↗ Lautschrift, ↗ Transkription

Phonetische Verwandtschaft (auch: phonetische Ähnlichkeit) Für die Bestimmung von ↗ Allophonen wichtige Eigenschaft von Lauten, die darin besteht, dass eine Klasse phonet. verwandter Laute durch gemeinsame Merkmale gekennzeichnet ist, die keinem Laut einer anderen Klasse zukommen (z. B. die Merkmale ↗ frikativ, stimmlos und ↗ dorsal für dt. /x/, den Ich-[ç] und ↗ Ach-Laut [x, χ]). PM

Phonetischer Akt ↗ Lokution

Phonetisierung Prozess bei der Entstehung einer ↗ Schrift aus einer ↗ Piktographie, die sich zu einer ↗ Logographie entwickelt. Der piktograph. Zusammenhang zwischen Zeichengestalten (stilisierten Bildern) und Zeichenbedeutungen geht verloren, die Bedeutung eines Zeichens kann nicht mehr aus seiner Zeichengestalt erschlossen werden. Die Zeichen korrespondieren dann mit Lautformen einzelner Wörter, nicht mehr mit Bildbedeutungen; ↗ Rebus, ↗ Wort-Lautschrift. G

Phoniatrie f. (auch: Pädaudiologie. Griech. φωνή (fōnē) ›Stimme‹, ἰατρός (iatros) ›Arzt‹) Seit Anfang der 1990er Jahre in der Bundesrepublik eigenständiges medizin. Fachgebiet für Kommunikationsstörungen, d. h. Diagnose, Prävention und Rehabilitation von ↗ Sprach- ↗ Stimm- und kindl. ↗ Hörstörungen. **Lit.** J. Wendler, W. Seidner, G. Kittel & U. Eysholdt, Lehrbuch der Ph. und Pädaudiologie. Stgt., N. Y. ⁴2005. GT

Phonie f. Lautl. Eigenart (auch phonolog. Struktur) einer spezif. Spr. oder Sprachvariante (z. B. von ↗ Soziolekten). PM

Phönizisch ↗ Kanaanäische Spr., in Inschriften vom 10.–1. Jh. v. Chr. entlang des Küstenstreifens Palästinas und Südsyriens und in Kolonien im ganzen Mittelmeerraum bezeugt. Lit. Werke sind verlorengegangen. Die in Nordafrika in der Umgebung Karthagos benutzte Form des Ph. heißt ↗ Punisch. Die früher bildhaften Schriftzeichen des ↗ Nordwestsemitischen sind in der ph. Schrift zu stabilen, linearen Buchstabenfolgen mit Linksläufigkeit abstrahiert. Älteres Ph. wird in einer reinen ↗ Konsonantenschrift mit 22 Zeichen geschrieben, in der 4 Laryngale unterschieden sind. Die ph. Schrift ist das Basisalphabet der verschiedenen Schriften der ↗ semitischen, möglicherweise auch der ↗ indoarischen, ↗ dravidischen u. a. Spr., ebenso für die griech. und lat. Schrift. **Lit.** J. Friedrich & W. Röllig, Phöniz.-Pun. Grammatik. Rom 1970. – S. Segert, A Grammar of Phoenician and Punic. Mchn. 1976. WI

Phonodie f. In der Terminologie von H. Glinz die ↗ suprasegmentalen Merkmale der Spr. auf der Ausdrucksseite. PM

Phonogramm ↗ Phonographie

Phonographem ↗ Graphem

Phonographie f. (griech. φωνή (fōnē) ›Stimme‹, γράφειν (grafein) ›schreiben‹) **1.** Von T. A. Edison (amerikan. Ingenieur, 1847–1931) erfundene Methode der Aufzeichnung von Schallwellen durch einen senkrecht zu einer rotierenden Wachswalze schwingenden Schreiber. Im Ggs. dazu als Weiterentwicklung das Grammophon E. Berliners (dt.-amerikan. Ingenieur, 1851–1929) mit rotierender Platte und waagerechter Schreibung. PM – **2.** Lautrepräsentierende ↗ Schriftsysteme sind phonograph. im Ggs. zu wortrepräsentierenden; ↗ Logographie. Ihre Minimaleinheiten sind Phonogramme. I. e. S. sind Ph. alphabet. Schriftsysteme des phonolog. flachen Typs; ↗ Graphem, ↗ Graphematik, ↗ Lautschrift. G

Phonological Domains ↗ Prosodische Einheiten

Phonologie (auch: funktionelle Phonetik, funktionale Phonetik, Phonematik, Phonemik, Phonemtheorie, Sprachgebildelautlehre) Ling. Teildisziplin, die das Lautsystem einer Spr. bzw. von Spr.n zum Gegenstand hat. In der Terminologie N. Trubeckojs (russ. Linguist, 1890–1938) die *Sprachgebildelautlehre* im Ggs. zur naturwiss. arbeitenden ↗ Phonetik als *Sprechaktlautlehre*. Das erste Ziel der phonolog. Analyse bildet die Erstellung des ↗ Phonemsystems (↗ Phonem) einer Spr. auf der Grundlage der in dieser vorhandenen minimalen distinktiven, d. h. bedeutungsunterscheidenden lautl. ↗ Oppositionen (↗ Minimalpaar, ↗ distinktive Merkmale) sowie der Bestimmung der Regularitäten der phonet. Realisierung (↗ Allophon) der Phoneme als kombinator. Varianten. – Im Wesentl. lassen sich drei größere Schulen der Ph. unterscheiden. Als Begründung der Ph. ist die von N. Trubeckoj (auch: Trubetzkoj, Trubetzkoy) und der ↗ Prager Schule (R. Jakobson (1896–1982) u. a.) entwickelte *funktionale Phonetik* zu nennen, deren Hauptaugenmerk auf das System der in einer Spr. vorhandenen bedeutungsunterscheidenden ↗ Oppositionen und die diesen zugrundeliegenden ↗ distinktiven Merkmale gerichtet ist. Wie

die funktionale Phonetik an einer autonomen phonolog. Beschreibungsebene orientiert ist die Ph. des klass. amerikan. ↗ Strukturalismus (Z. S. Harris, L. Bloomfield, C. F. Hockett u. a.), deren Ausgangspunkt jedoch (unter Ausklammerung der semant. und histor. Perspektive) eine rein distributionelle Analyse (auch: ↗ Distributionalismus, taxonom. Ph.) des Auftretens der Laute in ihren unterschiedl. Kontexten darstellt. Von derzeit stärkstem Einfluss ist die ↗ generative Phonetik (begründet durch N. Chomsky & M. Halle) im Rahmen der GG, in der die phonolog. Beschreibung auf einer autonomen phonolog. Ebene zugunsten einer Beschreibung zugrundeliegender, durch universelle Merkmale gekennzeichneter Formen auf einer die Morpheme einheitl. repräsentierenden Ebene (↗ Morphonologie) aufgegeben wird, wobei aus den abstrakten zugrundeliegenden Formen mittels geordneter phonolog. Regeln die phonet. Formen der ↗ Oberflächenstruktur abgeleitet werden. Eine Weiterentwicklung der generativen Ph. stellt die *lexikalische* Phonologie dar. In Ablehnung der mit der generativen Phonologie eingeführten Abstraktheit phonolog. Einheiten und Regeln entwickelten sich in neuerer Zeit unterschiedl. Theorien und Schulen wie die ↗ Natürliche Phonologie, die ↗ Natürliche Generative Phonologie sowie die nicht mehr strikt segmental orientierten ↗ Autosegmentale Phonologie, ↗ Metrische Phonologie und die ↗ Silbenphonologie. Neueste Entwicklungen: ↗ Dependenzphonologie, ↗ radikale CV-Phonologie, ↗ Optimalitätstheorie. **Lit.** SPE. – S. Anderson, Phonology in the Twentieth Century. Chicago 1985. – E. Fischer-Jørgensen, Trends in Phonological Theory. Kopenhagen 1975. – J. A. Goldsmith (ed.), The Handbook of Phonological Theory. Oxford, Cambridge, Mass. 1995. – C. F. Hockett, A Manual of Phonology. Baltimore 1955. – H. v. d. Hulst & N. Smith (eds.), The Structure of Phonological Representation. Dordrecht 1982. – Dies., Advances in Nonlinear Phonology. Dordrecht 1985. – L. M. Hyman, Phonology. N. Y. 1975. – R. Jakobson, G. Fant & M. Halle, Preliminaries to Speech Analysis (Abk. PSA). Cambridge, Mass. 1952. – Ders. & M. Halle, Fundamentals of Language. The Hague 1956. – P. Ladefoged, Preliminaries to Linguistic Phonetics. Chicago 1971. – G. Meinhold & E. Stock, Ph. der dt. Gegenwartsspr. Lpz. ²1982. – N. Trubeckoj, Grundzüge der Ph. Prag 1939, Göttingen ²1989. – T. Vennemann, Neuere Entwicklungen in der Ph. Bln. 1986. – W. U. Wurzel, Studien zur dt. Lautstruktur (= SG 8). Bln. 1970. – Ders., Abschnitte 1.6 Die phonolog. Komponente und 7 Phonologie: Segmentale Struktur. In: Heidolph, Grundzüge, 145–152, 898–990. PM

Phonologisch flach ↗ Graphem, ↗ Schriftsystem

Phonologisch tief ↗ Graphem, ↗ Schriftsystem

Phonologische Äußerung ↗ Prosodische Einheiten

Phonologische Domänen ↗ Autosegmentale Phonologie, ↗ Prosodische Einheiten

$$\left\{\begin{array}{l}(\mathrm{K_a}) \\ \\ (\mathrm{K_a})\end{array}\begin{array}{ll}\mathrm{K_{a,b,c}} & \\ \mathrm{K_a} & \mathrm{K_b} \\ \mathrm{K_a} & \mathrm{K_c} \\ \mathrm{K_a} & \mathrm{K_a}\end{array}\right\}\ \mathrm{V}\ \left\{\begin{array}{lll} & \mathrm{K_{a,b}} & \\ \mathrm{K_b} & \mathrm{K_a} & (\mathrm{K_a}) \\ \mathrm{K_b} & \mathrm{K_b} & (\mathrm{K_a}) \\ \mathrm{K_a} & \mathrm{K_a} & \end{array}\right\}\ \left(\left\{\begin{array}{l}\mathrm{K_a\,(+K_a)} \\ \mathrm{+K_a\,(K_a)}\end{array}\right\}\right)$$

Die phonotaktische Struktur des deutschen Einsilblers

Phonologische Form ↗ Phonologische Komponente

Phonologische Komponente In der GG die Menge aller Ableitungsprozesse (↗ Phonologische Regel), welche die aufgrund lexikal. Spezifikationen zugrundeliegenden phonolog. Formen ggf. unter Berücksichtigung syntakt.-morpholog. Informationen in phonolog.-phonet. Formen überführen. In der GG ist die p. K. eine interpretierende Komponente des Sprachsystems, welcher im Allgemeinen kein Einfluss auf die semant. Interpretation (↗ Interpretative Semantik) zugebilligt wird. Die durch die p. K. repräsentierte Strukturebene, phonolog. Form (PF) genannt, dient als Schnittstelle zu sensor.-motor. Systemen. **Lit.** Z. Boskovic, On the Nature of the Syntax-Phonology Interface. Amsterdam 2001. – Weitere Lit. ↗ Generative Phonologie, ↗ Distributed Morphology. F

Phonologische Lücke (auch: Leeres Fach) Lücke im als symmetr. gedachten phonolog. System (↗ Phonologie) einer Spr. (z. B. im Dt. Fehlen des sth. Gegenstücks zu /ç/ bei /f-v/, /s-z/). PM

Phonologische Notation Breite, an der einzelsprachl. ↗ Phonologie orientierte ↗ Transkription orthograph. Texte bzw. lautsprachl. Äußerungen. PM

Phonologische Phrase ↗ Prosodische Einheiten

Phonologische Regel Im Rahmen der ↗ Generativen Phonologie eine Regel zur Ableitung phonolog.-phonet. Formen aus abstrakten phonolog. Formen. Bspw. kann für dt. *Tag* eine zugrundeliegende phonolog. Form [tag] angenommen werden; eine p. R. überführt [g] im Silbenauslaut in den stimmlosen Kons. [k]; diese Regel ist einer Regel vorzuziehen, die [k] in [g] in zwischenvokal. Position überführen würde (z. B. *Tage*), da Letztere aufgrund von Fällen wie *Laken*, *Takel* usw. unsystemat. Einschränkungen unterläge. **Lit.** ↗ Generative Phonologie. F

Phonologisierung Diachrone Statusveränderung einer allophon. Variante zu einem Phonem und damit der erste systemrelevante Schritt beim ↗ Lautwandel; ↗ Phonemspaltung (z. B. /aː/ > /æː/ im Sekundärumlaut ahd. *swāri* ›Schwere‹ > mhd. *swære*), ↗ Phonemverschmelzung (z. B. /a/ > /e/ im Primärumlaut germ. **gastijiz* > ahd. *gesti* ›Gäste‹). **Lit.** T. A. Hall, Phonologie. Eine Einf. Bln. 2000. RK

Phonometrie f. Von E. Zwirner (1899–1984) in den 1930er Jahren begründeter Forschungszweig der ↗ Phonetik, der die statist. Ausprägung der signalphonet. Korrelate (↗ Experimentalphonetik) der symbolphonet. Kategorien (↗ deskriptive Phonetik) bzw. der Sprachlaute (↗ Phonologie) zum Gegenstand hat. PM

Phonomorphie f. In der Terminologie von H. Glinz die phonolog.-morpholog. Erscheinungen der Spr. auf der Ausdrucksseite. PM

Phonostilistik (auch: Lautstilistik, expressive Phonetik) Teilgebiet der Stilistik, das die lautsprachl. Äußerung in ihrer artikulator. (↗ artikulatorische Phonetik) und suprasegmentalen (↗ suprasegmentale Merkmale) Ausprägung unter dem Gesichtspunkt ihrer expressiven Funktion untersucht. PM

Phonotagma n. (griech. τάγμα (tagma) ›Anordnung‹) Morphembezogene (↗ Morphem) Einheit der ↗ Phonotaktik. PM

Phonotaktik f. Phonolog. Teildisziplin, die die Regularitäten der Phonemverbindungen (↗ Phonem) einer Spr. zu Silben, Morphemen (↗ Phonotagmen) und Wörtern zum Gegenstand hat. Das folgende Schema zeigt beispielhaft die Struktur des dt. ↗ Einsilblers (nach K. Kohler, Einführung in die Phonetik des Dt. Bln. ²1995), wobei $\mathrm{K_x}$ die verschiedenen phonotakt. Konsonantenklassen ($\mathrm{K_a}$: Frikative und Plosive, $\mathrm{K_b}$: Nasale, /l/ und /r/, $\mathrm{K_c}$: /h/ und /j/), V den Vokal und + die Morphemgrenze, runde Klammern fakultative Elemente und geschweifte Klammern Alternativen markieren. PM

Phonothek f. Sammlung von elektromagnet. und elektron. Sprachaufzeichnungen (Tonbänder, digitale Trägermedien) zu wiss. Zwecken. G

Phonozentrismus ↗ Grammatologie

Phrasale Affigierung (auch: syntaktische Affigierung) Bez. für ein Phänomen an der Schnittstelle von Wortbildung und Syntax. Gemeint sind nominale Konstituenten, in denen verbale Eigenschaften erhalten bleiben. In *das [ihn enttäusch]ende Buch* verbindet sich das Affix *-end* offenbar mit einer Phrase, in der das zugrundeliegende Verb valenzgemäß den Akkusativ regiert. **Lit.** J. Toman, A (Word-)Syntax for Particles. In: LBer 105, 1986, 367–408. ES

Phrasale Komposition (auch: Phrasenkomposition. Engl. phrasal composition) Peripherer Wortbildungstyp, bei dem das ↗ Bestimmungswort satzförmig oder zumindest syntaktisch komplex (phrasal) ist, z. B. *Abgerechnet-wird-am-Schluss-Taktik*, *Katz-und-Maus-Spiel*. Diese Bildungen sind mit ihren syntakt. generierten morpholog. Konstituenten vor allem sprachtheoret. von Interesse, da sie zeigen, wie Morphologie und Syntax interagieren können.

Phrasale Komposita stellen die strikte Trennung einzelner grammat. Subsysteme infrage; ↗ Lexikalistische Hypothese. **Lit.** R. Wiese, Phrasal Compounds and the Theory of Word Syntax. LIn 27, 1996, 183–193. – J. Meibauer, Phrasenkomposita zwischen Wortsyntax und Lexikon. ZS 22, 2003, 153–188.   ES

Phrase f. (griech. φϱάσις (frasis) ›sprachl. Ausdruck‹) I. w. S. (z. B. bei Z. S. Harris und Ch. F. Hockett) eine Folge von Wörtern. In einem allgemeinen Gebrauch des Begriffs ist jede ↗ Konstituente einer ↗ Konstituentenhierarchie eine P. – I. e. S. eine nach best. Kriterien zu identifizierende Konstituente eines Satzes, deren kategorialer Gehalt im Satz durch ihren Kern bestimmt wird. So ist Kern einer NP ein N, Kern einer VP ein V usw. Oft werden daher Wortgruppen oder Satzglieder als P. bezeichnet, z. B. bei K. F. Becker (1775–1849) oder bei W. Wundt (1832–1920).   RL, T

Phrasenton ↗ ToBI

Phrasem ↗ Phraseologismus

Phrase-Marker (engl., ›Wortgruppen-Markierer‹) Darstellung der hierarch. Konstituentenstruktur (↗ Phrasenstruktur, ↗ Hierarchie) einer Wortgruppe in Form eines ↗ Strukturbaumes oder mittels ↗ indizierter Klammerung.   F

Phrasendreschmaschine ↗ Plastikwörter

Phrasenstruktur Eine Konstituentenstruktur (↗ Phrase). Der Terminus in dieser Bedeutung hat sich offenkundig durch die frühen Arbeiten N. Chomskys (1957) verbreitet. **Lit.** N. Chomsky, Syntactic Structures. The Hague 1957.   T

Phrasenstrukturgrammatik (Abk. PSG. Auch: Konstituentenstrukturgrammatik) Eine Grammatik, die ↗ Phrasenstrukturen festlegt. In der Regel ist eine PSG als Erzeugungssystem ausgelegt. Allgemein ist eine PSG eine Konstituentengrammatik. Der Name entspringt der Vorstellung, dass es in der Konstituentenstruktur eines Satzes Konstituenten gibt, die durch einen (lexikal.) Kopf charakterisiert sind. So spricht man etwa von Verbalphrasen (VP, mit einem Verb als ↗ Kopf), Nominalphrasen (NP, mit einem Nomen als Kopf), Determinansphrasen (DetP, mit einem Determinator als Kopf), Präpositionalphrasen (PP, mit einer Präposition als Kopf) u. a. m. Die Wahl einer von mehreren Kokonstituenten als Kopf ist recht unterschiedlich motiviert. – PSGen spielen in generativen Grammatiken eine wichtige Rolle, indem sie jeweils die Basis der Gesamtgrammatik darstellen. In älteren Versionen der GG nannte man PSGen auch *Formationsgrammatiken*; sie legen die Strukturen fest, über denen die ↗ Transformationsregeln operieren. Die Regeln einer PSG heißen ↗ Phrasenstrukturregeln. Formal betrachtet sind sie heute gewöhnlich ↗ kontextfrei; ledigl. in den ersten Entwicklungsphasen der GG wurden auch ↗ kontextsensitive Phrasenstrukturregeln formuliert. – Eine PSG legt simultan zwei Arten von Beziehungen fest: (a) die Beziehungen

der unmittelbaren Dominanz und (b) die Beziehungen der linearen Präzedenz (der linearen Abfolge der ↗ Kokonstituenten von links nach rechts). Dabei wird im Allgemeinen angenommen, dass die lineare Präzedenz, in der die Kokonstituenten innerhalb der Phrasenstruktur zueinander stehen, unmittelbar die Reihenfolge der Wörter und Wortgruppen des mit der Phrasenstruktur beschriebenen Satzes wiedergeben (↗ Kontiguität). Wegen des hierarch. Aufbaus von Phrasenstrukturen und PSGen und dem damit verbundenen klassifikator. Charakter solcher Grammatiken bezeichnet man sie bisweilen als ↗ taxonomische Grammatiken.   T

Phrasenstrukturregel Bez. für eine Regel, die eine elementare ↗ Phrasenstruktur festlegt (↗ Konstituentenstrukturregel). P. werden im Allgemeinen als ↗ kontextfreie Regeln formuliert oder lassen sich in solche überführen. Enthält eine Grammatik nur P., so nennt man sie ↗ Phrasenstrukturgrammatik; ↗ ID/LP-Format.   T, F

Phrasenverb (engl. phrasal verb) V. a. in der Anglistik übl. Bez. für ↗ Partikelverben, bei denen die Verbpartikel eine Präp. oder ein Adv. ist (*to give in, to give away*), die vor- oder nachgestellt sein kann (*look the word up – look up the word*), nur nachgestellt pronominalisierbar ist (*look it up – *look up it*), weder Frage- noch Relativsätze einleiten kann (*the word up which he looked; *Up what did he look?*), und bei denen die Verbpartikel den Akzent tragen kann (*it was the word he looked úp*). Partikelverben, die diesen Bedingungen nicht genügen, heißen in der Anglistik »Präpositionalverben«. **Lit.** B. Kortmann, Linguistik: Essentials. Bln. 1999, 105 f.   G

Phraseolexem ↗ Wortgruppenlexem

Phraseologie (engl. phraseology, frz. phraséologie) **1.** Gesamtheit der phraseolog. Einheiten (↗ Phraseologismen) einer Spr. **2.** Eigenständige ling. Teildisziplin (früher als Teildisziplin der ↗ Lexikologie angesehen), die sich mit der Bestimmung, Abgrenzung, Klassifizierung, syntakt., semant. und pragmat. Beschreibung von Phraseologismen sowie mit ihrer Etymologie und ihrem Gebrauch beschäftigt. Zentrale Teilbereiche der Ph. sind ↗ Idiomatik und Parömiologie; ↗ Sprichwort. Die Entwicklung der Ph. zu einer eigenen Forschungsrichtung wurde vor allem von Ch. Bally beeinflusst, der in seinem »Traité de stylistique française« (1909) das Wesen des Phraseologismus in seiner Besonderheit sieht. Die Ideen von Bally wurden in der ehem. Sowjetunion gründl. verarbeitet, wo sich die Ph. mit den Arbeiten von V. Vinogradov (1946 ff.) als autonome ling. Teildisziplin etablierte. Die erste Gesamtdarstellung der dt. Ph. stammt von I. I. Černyševa (1970), die bald in der deutschsprachigen Germanistik u. a. mit den Publikationen von U. Fix (1971), H. Burger (1973) und A. Rothkegel (1973) Nachfolger fand. Einen lebhaften Aufschwung erlebte die Ph. in der germanist. Ling. in der ersten

Hälfte der 80er Jahre des 20. Jh., und seitdem ist auch die internationale Zusammenarbeit (u. a. im Rahmen von EUROPHRAS) sehr rege. – Gegenstand der Ph. sind feste Wortverbindungen, für die sich in letzter Zeit als generischer Oberbegriff die Bez. Phraseologismus durchgesetzt hat (weitere häufig verwendete Bez. wie ↗ Idiom und ↗ Wortgruppenlexem beziehen sich jeweils auf best. phraseolog. Subklassen). Wesentl. Merkmale der Phraseologismen sind (a) Polylexikalität, (b) Stabilität/Fixiertheit/Festigkeit, (c) Reproduzierbarkeit bzw. Lexikalisierung und (d) Idiomatizität. (a) meint, dass Phraseologismen mehrgliedrige Einheiten (Minimum: zwei Komponenten) mit Lexem- oder Satzstatus sind. Mit (b) wird u. a. Folgendes gemeint: (b1) Die Komponenten kommen häufig miteinander vor bzw. eine Komponente determiniert das Auftreten der anderen. (b2) Die Austauschbarkeit der Komponenten ist eingeschränkt. (b3) Die Komponenten können unikal sein, d. h. sie sind an best. Wortverbindungen gebunden (*in Betracht kommen, aufs Geratewohl*). (b4) Phraseologismen können morphosyntakt. Anomalien verschiedener Art aufweisen und best. transformationellen Restriktionen unterliegen. Das Merkmal (b) ist z. T. stark zu relativieren – einerseits gibt es usuelle Varianten, andererseits sind okkasionelle Abwandlungen möglich. (c) bezieht sich darauf, dass Phraseologismen nicht jedes Mal neu gebildet werden, sondern als fertige Einheiten im mentalen Lexikon abrufbar sind. (d) bedeutet, dass die Bedeutung eines Phraseologismus nicht oder nur z. T. aus der Bedeutung seiner Komponenten ableitbar ist (es liegt entweder eine totale oder eine partielle Bedeutungsübertragung vor). Der Metaphorisierungsprozess kann noch nachvollziehbar oder bereits verdunkelt sein (*Öl ins Feuer gießen* vs. *jdm. einen Bären aufbinden*). – Neben der Klassifizierung und der systembezogenen Beschreibung interessieren sich die Phraseologen heute bes. für die pragmat., psycholing., areale und histor. Erforschung von Phraseologismen. Desgleichen ist das Vorkommen von Phraseologismen in Texten verschiedenen Typs ein beliebtes Forschungsthema. Sehr intensiv war in den letzten Jahrzehnten die Beschäftigung mit der interlingualen kontrastiven Ph., aber auch der Themenbereich Ph. und Übersetzung findet nach wie vor zahlreiche Interessenten. Schließlich seien als prakt. Anwendungsgebiete der theoret. Bemühungen die Phraseographie (Erstellung von phraseolog. Wbb. und Untersuchung der Darstellung von Phraseologismen in ein- und zweisprachigen Allgemein- und Spezialwbb.) und die Phraseodidaktik genannt. **Lit.** H. Burger, Ph.: Eine Einf. am Beispiel des Dt. Bln. [4]2010. – Ders. et al., Hdb. der Ph. Bln., N. Y. 1982. – Ders. et al. (Hgg.), Ph.: Ein internationales Hdb. der zeitgenöss. Forschung. 2 Bde. Bln., N. Y. 2007. – W. Fleischer, Ph. der dt. Gegenwartsspr. Tübingen [2]1997. – E. Donalies, Basiswissen Dt. Ph. Tübingen

2009. – Cs. Földes (Hg.), Ph. disziplinär und interdisziplinär. Tübingen 2009. – A. Häcki Buhofer & H. Burger (Hgg.), Phraseology in Motion I–II. Baltmannsweiler 2006–2007. – J. Korhonen et al. (Hgg.), Ph. global – areal – regional. Tübingen 2010. – Ch. Palm, Ph.: Eine Einf. Tübingen [2]1997. – K. Steyer (Hg.), Wortverbindungen – mehr oder weniger fest. Bln., N. Y. 2004. **Jbb.** Proverbium. Yearbook of International Proverb Scholarship. Burlington, Vermont 1984 ff. – Yearbook of Phraseology. Bln., N. Y. 2010 ff. **Bibl.** W. Mieder, International Bibliography of Paremiology and Phraseology. 2 vols. Bln., N. Y. 2009. KR

Phraseologische Wendung ↗ Idiom, ↗ Phraseologismus

Phraseologisches Wörterbuch (engl. dictionary of idioms, frz. dictionnaire de locutions) Spezialwb., das ↗ Phraseologismen (meist Idiome, Funktionsverbgefüge, Routineformeln und Sprichwörter) i. d. R. in alphabet. Anordnung verzeichnet und deren Bedeutung, Gebrauch (oft durch prototyp. Anwendungsbeispiele und/oder Korpusbelege) und Herkunft erläutert. **Lit.** Duden Redewendungen. Wb. der dt. Idiomatik. Mannheim u. a. [3]2008. – K. Müller (Hg.), Lexikon der Redensarten. Mchn. 2005. – L. Röhrich, Das große Lexikon der sprichwörtl. Redensarten. 3 Bde. Freiburg u. a. 1991–1992. – H. Schemann, Dt. Idiomatik. Die dt. Redewendungen im Kontext. Stgt., Dresden 1993. KR

Phraseologisierung ↗ Lexikalisierung

Phraseologismus (gr. φρασις (phrasis) ›Rede‹. Auch: phraseolog. Einheit. Engl. phraseologism, phraseological unit, frz. phraséologisme, unité phraséologique) Eine feste Wortverbindung, die sich aus zwei oder mehr Komponenten zusammensetzt. Kategorial und funktional können die Ph. z. B. wie folgt klassifiziert werden: (a) Ph. ohne Satzgliedwert, (b) satzgliedwertige Ph., (c) satz- und textwertige Ph. Zu (a) gehören zweiteilige Konjunktionen und Präpositionen wie *weder – noch, wenn auch, von – an* und *um – willen* sowie Einheiten mit Präposition + Substantiv wie *in Anbetracht*. Die größte Subklasse von (b) bilden die verbalen Ph., die sich ihrerseits in die drei Gruppen Verbidiome (z. B. *jdm. Beine machen, flöten gehen, jdn. sticht der Hafer*), ↗ Funktionsverbgefüge (z. B. *ein Geständnis ablegen, zur Durchführung gelangen*) und Verb-Substantiv-Kollokationen (z. B. *Geld abheben, sich die Zähne putzen*) einteilen lassen. Eine weitere größere Subklasse von (b) stellen die substantivischen Ph. dar, die auch in drei Gruppen unterteilt werden können: Substantividiome (*auf Anhieb, der Mann auf der Straße*), Nominationsstereotype (z. B. *gesammelte Werke)* und Substantiv-Adjektiv-Kollokationen (z. B. *schütteres Haar, ein reißender Strom*). Ebenfalls zu (b) zählen die adjektivischen und adverbiellen Ph. (z. B. *aus/von nah und fern, von je*). Die häufigsten Vertreter von (c) sind die ↗ Routineformeln (z. B. *Nach mir die*

Sintflut!, *Du kriegst die Tür nicht zu!*) und die ↗ Sprichwörter. Weitere Subklassen sind u. a. die ↗ Sentenzen und die Wellerismen; ↗ Sprichwort. Als besonderer Strukturtypus lassen sich die ↗ Zwillingsformeln herausstellen, die einerseits selbständig (z. B. *aus/von nah und fern*) und andererseits als Teile von weiteren satzgliedwertigen und satzwertigen Ph. auftreten können. Einen Sonderstatus haben die ↗ Geflügelten Worte, die sowohl satzglied- als auch satz- und textwertig sein können. In Bezug auf die Idiomatizität lassen sich folgende Gruppen unterscheiden: vollidiomat. (z. B. die Verbidiome oben), teilidiomat. (z. B. *eine Fahrt ins Blaue*) und nichtidiomat. (z. B. Kollokationen) Ph. Bes. idiomat. Ph. besitzen im Vergleich zu freien Wortverbindungen einen semant.-pragmat. Mehrwert, was sich aus dem Vorhandensein zahlreicher ↗ Konnotationen erklärt. **Lit.** J. Korhonen, Studien zur Phraseologie des Dt. und des Finn. I. Bochum 1995. – Ders., Typologien der Ph.: Ein Überblick. In: HSK 21, 402–407. – Ders. & B. Wotjak, Kontrastivität in der Phraseologie. In: HSK 19, 224–235.   KR

Phrasierung (griech. φράσις (frasis) ›das Sprechen, Ausdruck‹) Die Sinngliederung einer lautsprachl. Äußerung durch prosod. (↗ Prosodie, ↗ suprasegmentale Merkmale) Mittel wie ↗ Intonation, ↗ Akzent, ↗ Pausen in einzelne Abschnitte, Phrasen.   PM

Phrygisch ↗ Altanatolische Sprachen

Phylogenese ↗ Gehirn, ↗ Historische Sprachwissenschaft, ↗ Ontogenese, ↗ Sprache

Phylum ↗ Sprachfamilie

Physei – thesei (griech. φύσει ›von Natur‹, θέσει ›durch Setzung‹) Die sprachphilosoph. Frage, wodurch die Richtigkeit der die Dinge benennenden Namen und Wörter begründet ist: (a) durch die Natur der Spr. (physei) oder (b) durch Setzung kraft Vereinbarung (thesei), wird repräsentativ schon in Platos ›Kratylos‹-Dialog diskutiert: (a) Spr. und Namen können nicht ein willkürl. Erzeugnis einer ↗ Sprachgemeinschaft sein, sondern jedem Ding müsse das ihm von Natur aus zukommende Wort zugeordnet sein. Für diese Zuordnung wird der verständige, wortprägende Gesetzgeber angeführt. (b) Diese These von der natürl. Richtigkeit wird modifiziert durch den Hinweis, dass das sprachl. Zeichen infolge seines Zeichencharakters verschieden ist von der bezeichneten Sache. Insofern hat es immer den Charakter einer durch Brauch und Übereinkunft legitimierten Setzung.   PR

Physical Symbol System Hypothesis ↗ Kognitionswissenschaft

Physiologische Phonetik ↗ Artikulatorische Phonetik

Piaroa-Sáliva-Sprachen ↗ Südamerikanische Indianersprachen

Pidginsprache Wortgeschichtl. wahrscheinlich auf engl. *business* ›Handel‹ zurückgehend, was auf die Funktion als Behelfsspr., als Handelshilfsspr. hin-

weist. P. sind charakterisiert durch eine im Vergleich zur jeweiligen Muttersprache der Sprecher deutl. reduzierte grammat. Struktur (Flexionsverlust, syntaktische Vereinfachungen, Reduktion des Tempus- und Modussystems), ein stark eingeschränktes Lexikon, eingeschränkten Stilumfang (Tendenz zu Umschreibungen und Metaphern) und ein verändertes, i. d. R. vereinfachtes phonolog. System; ↗ Foreigner Talk, ↗ Baby Talk, ↗ Reduktionssprache. P. sind per definitionem ↗ Handels- und ↗ Verkehrssprachen, ↗ Zweitsprachen und nicht ↗ Muttersprache. Ihr Gebrauch ist meist sozial negativ konnotiert. P. entwickeln sich in verschiedenen Teilen der Welt unter unterschiedl. Bedingungen in unterschiedl. Ausprägung. Es gibt keine standardisierten Formen von Pidgins. P. entstehen, wenn zwei oder mehr Sprachgemeinschaften kommunizieren möchten/müssen und sich dabei der offensichtlicheren Merkmale der Sprache des anderen bedienen, diese aber, um sich dem Gegenüber verständlich zu machen, reduzieren. So entstanden während der kolonialen Expansion P. in Ost- und Westindien, Afrika und Amerika, die auf dem Engl., Frz., Span. und Port. basieren, also durch ↗ Sprachkontakt zwischen europ. und nicht-europ. Sprachgemeinschaften entstanden sind, wobei in den Kontaktsituationen die Tendenz zu beobachten ist, dass die sprachl. Entwicklung zunächst darauf hinausläuft, dass sich die polit. und ökonom. schwächere Gruppe weitgehend an die stärkere anpasst. In einer weiteren Generation, abhängig von der sozio-kulturellen Situation, kann sich die P. zur voll funktionsfähigen Spr. entwickeln (↗ Kreolsprache) oder die dominante Spr. kann zur S1 werden, wobei die P. verloren geht. Es gibt drei Entstehungstheorien: (a) Die monoget. Entstehungsannahme, d. h. die Annahme, dass alle P. von einem gemeinsamen Ursprung abstammen, ↗ Relexifizierungshypothese. (b) Die universalistische Entstehungsannahme, d. h. dass die einzelnen Pidgins nach allgemeinen, universell gültigen Bedingungen entstanden sind. (c) Die Entstehungsannahme der Parallelentwicklung, d. h. dass die soziokulturellen Bedingungen bei der Herausbildung von P. ähnlich waren und alle nach denselben Prinzipien entstanden sind. **Lit.** A. Bauer, Pidgin- und Kreolsprachen. HSK 3, I, 344–352. R. B. LePage, Carribbean Connections in the Classroom. York 1981. – A. Bollée, Pidgins und kreolische Sprachen. SL 3, 1977, 48–76. – P. Mühlhäusler, Structural Expansion and the Process of Creolization. In: A. Valdman & A. Highfield (eds.), Theoretical Orientations in Creole Studies. N. Y. 1980, 19–57.   R

Pied Piping ↗ Rattenfängerkonstruktion

Piemontesisch Galloroman. Dialekt in der nordital. Region Piemont. Das Sprachgebiet des P. ist allerdings kleiner, denn im westl. Piemont reicht das ↗ Okzitan., im Süden sind ↗ ligurische Dialekte vorherrschend. Seit dem Ma. in verschiedenen lokalen Varianten schriftl. belegt. Das P. besitzt bis heute eine vitale Struktur mit großer Stilbreite (vom ländl. Raum bis hin zum gehobenen Torines.). Es zeigt die meisten typ. Eigenschaften der galloroman. Varietäten: *u > ü*, Ausfall des finalen Vokals, Lenisierung intervok. Konsonanten (vgl. *füm < fūmus, crü < crūdum*), Diphthongierung von lat. /eː/ (*beive < bēbi*), Palatalisierung von C$_1$ in einer Folge von Verschlusslauten statt Geminierung wie im Ital. (*fait < factus* vs. ital. *fatto*); westpiemont. *i*-Plural bei fem. Nomina (*gambi*, ital. *gambe*); häufig Erhalt des /s/ der 2. Sg. Präs. Ind. der Verben (*ti manges*, ital. *mangi*); Verdoppelung der Personalpronomina. **Lit.** C. Brero, Vocabolario italiano – piemontese, piemontese – italiano. Torino 2001 [enthält eine grammat. Beilage].   HU

Pikardisch ↗ Französisch

Piktogramm ↗ Piktographie

Piktographie f. (lat. pīctus ›gemalt‹, griech. γρά-φειν (grafein) ›schreiben‹. Auch: Bilderschrift) Inventare naturalist. oder stilisierter Bilder mit Zeichenfunktion zur Darstellung von Bedeutungen, die sprachl. nicht genau fixiert sind. Die Abgrenzung von P. zu konventionalisierten Bildern (z. B. der Symbolik der Heiligenbilder der kathol. Kirche) ist schwierig. Piktogramme können nicht gelesen werden wie schriftl. Texte. Beim Wiedererkennen (»Lesen«) eines Piktogramms werden die Bedeutungen, die gedankl. Inhalte, die mit ihm assoziiert sind, aktualisiert und evoziert. Ihre Ausdrucksseite liegt nicht fest; ob ein bestimmtes Piktogramm als ein Wort W, ein Synonym von W, eine Paraphrase von W, eine Metapher für W oder als eine ganze Geschichte im Rahmen der Bedeutung von W realisiert wird, ist offen. Piktogramme sind entweder ikon. (z. B. ein Bild der Sonne für Ausdrücke wie ›Sonne‹, ›Tag‹, ›Licht‹, ›wärmen‹, ›hell‹, ›leben‹ usw.) oder stilisiert-symbol. (z. B. gekreuzte Striche als Symbol gekreuzter Arme zum Ausdruck von ›Austausch‹, ›handeln‹ usw.). P. sind ↗ Pasigraphien, d. h. sie können im Prinzip in jeder Einzelspr. »gelesen« werden unabhängig davon, in welcher Spr. sie »geschrieben« sind. Diese Eigenschaft von P. hat in den letzten 30 Jahren dazu geführt, dass in den modernen Industriegesellschaften eine Vielzahl von piktograph. Zeicheninventaren entwickelt und verbreitet worden ist (z. B. im Verkehrswesen, in Sportstätten, im Gesundheitswesen), um deren Gestaltung sich der dt. Graphiker O. Aicher besonders verdient gemacht hat. Ihre große Verbreitung hat zu Warnungen vor einem Funktionsverlust der geschriebenen Sprachform und »sekundärem Analphabetismus« Anlass gegeben. – Eine Reihe von P. stehen am Anfang der Schriftgeschichte (Sumer, Ägypten, China, Industal, Kreta, Zypern, Mittelamerika). Es gilt als gesichert, dass sich die logograph. und später phonetisierten Schriftsysteme Ägyptens und Mesopotamiens aus P. entwickelt haben. Manche Autoren sind der Meinung, dass auch

eine Vielzahl steinzeitlicher Petroglyphen (älteste Belege aus dem Paläolithikum) als P. aufzufassen sind, was jedoch mangels Beweismöglichkeiten unseriöse Spekulation bleibt. Im Laufe der dokumentierten Schriftgeschichte wurden an vielen Stellen der Erde voneinander unabhängig P. entwickelt und benutzt, so in Amerika (z. B. die *winter tale* Chroniken der Dakota aus dem 19. Jh., die ↗ Plains-Zeichenspache, die ↗ Alaska-Schrift, die aztek., mixtek. und die Maya-Schrift (↗ mesoamerikanische Schriften), die allerdings wahrscheinl. auch eine phonograph. Komponente aufweist), in Asien (z. B. die Tenevil'-P. für das Tschuktsch. auf Kamtschatka, die P. der Naxi, Lo-lo und der Miao im Süden Chinas), in Afrika (z. B. die Nsibidi-P. bei den Ewe und den Efik im Süden Nigerias; ↗ afrikanische Schriftsysteme), in Australien (die sog. Tjurunga-P.), in Ozeanien (die Osterinsel-P.; ↗ Rongorongo) und Europa (z. B. die ↗ Zinken). **Lit.** ↗ Schrift.   G

Pilaga ↗ Guaikurú-Sprachen

Pilipino ↗ Tagalog

Pima-Papago ↗ Uto-Aztekische Sprachen

Pimic-Sprachen ↗ Uto-Aztekische Sprachen

Pinyin ↗ Chinesisch

Pipeline-Architektur ↗ Prozesskettensystem

Pirahã Spr. einer Gruppe von Jägern und Sammlern im brasilian. Tieflands am Maici-Fluss im Bundesstaat Amazonas. Das P. gehört zu den Mura-Spr.; ↗ Südamerikanische Indianersprachen. Ca. 400 Sprecher. Das P. ist eine Tonsprache und hat ein außergewöhnl. kleines Konsonanteninventar. Auch syntakt. ist das P. zieml. einfach. Kommunikation durch Pfeifen oder Singen der Töne ist üblich. Dem Exmissionar und Sprachwissenschaftler D. L. Everett zufolge drückt das P. kaum Abstrakta, Zahlen, Farben und nicht persönl. betrachtete Vorfälle aus. Der »Fall P.« hat die Debatte über die gegenseitige Beeinflussung von Kultur und Spr. wieder eröffnet; ↗ Sapir-Whorf Hypothese. **Lit.** D. L. Everett, A língua pirahã e a teoria da sintaxe. Campinas 1991. – Ders., Das glücklichste Volk. Sieben Jahre bei den P.-Indianern. Mchn. 2010.   AD

Pitjantjatjara ↗ Australische Sprachen

Pivot-Grammatik (engl. pivot ›Drehpunkt‹) In der Forschung zum Spracherwerb diskutiertes Modell, das auf der Basis distributionalist. Beschreibungen Erklärungen für die Entwicklung syntakt. Regeln (Wortstellungsregeln) unternahm. Dabei werden für ein bestimmtes Stadium der Sprachentwicklung zwei Lexemklassen unterschieden: Pivotwörter sind solche, die eher funktional wichtig sind (sog. Funktionswörter; ↗ Partikel), alle anderen Wörter sind eher lexikal. wichtig, wobei die Abgrenzung unklar ist. Es wurde gezeigt, dass Pivotwörter gewissen Distributionsbeschränkungen unterliegen, z. B. im ↗ Zweiwortsatz auf eine der beiden möglichen Positionen beschränkt sind, nicht allein oder nicht in Kombination mit anderen Pivotwörtern auftreten können u. a. Daraus suchte man Erklärungen für

die Entwicklung elementarer syntakt. Regularitäten
zu gewinnen.   G

Plains-Zeichensprache ↗ Zeichensprache, die auf
den nordamerikan. Great Plains weite Verbreitung
hatte. Sie wurde von Sprechern verschiedener Spr. –
die meisten Sprachgruppen Nordamerikas sind in
den Great Plains vertreten – verwendet. Die in
diesem Gebiet verbreitete Bilderschrift besitzt einige Piktogramme (↗ Piktographie), die mit Zeichen
der P.-Z. in Beziehung stehen. **Lit.** D. J. Umiker-
Sebeok & T. A. Sebeok (eds.), Aboriginal Sign Languages of the Americas and Australia. 2 vols. N. Y.
1978. – B. Farnell, Do You see What I Mean?
Plains Indian Sign Talk and the Embodiment of
Action. Austin, Texas 1995.   D

Plan ↗ Ebene (1), Figur, ↗ Form (2), ↗ Glossem,
↗ Glossematik

Plansprache (auch: künstliche Sprache, Kunstsprache) Von einer Person (oder Personengruppe) konstruierte, in jedem Detail von Grammatik und Lexik
erdachte Spr. unabhängig davon, ob sie später als
Kommunikationsmittel in Gebrauch kommt, was
der/die Erfinder i. d. R. wünschen. Auch natürl.
Spr. können teilweise (z. B. infolge von ↗ Terminologieschaffung oder ↗ Terminologienormung) oder
durchgängig (z. B. ↗ Norwegisch (Nynorsk), ↗ Indonesisch, ↗ Ivrit) geplant sein, aber diese Planungen
betreffen eine empir. vorfindliche natürl. Spr.;
↗ Sprachplanung. Spracherfindungen beruhen
i. d. R. auf Kritik an Unzulänglichkeiten mehrerer
oder aller natürlichen Spr. und sind Maximen wie
Einfachheit und Ökonomie, Klarheit, Exaktheit und
Regelmäßigkeit (von Phonem-, Wortbildungs-, Fle-
xionssystemen, Schriftsystem und Syntax), leichter
Erlernbarkeit, größtmögl. Verständlichkeit
und umfassender Verwendbarkeit verpflichtet. P.
werden klassifiziert in *apriorische* P. (ohne gewoll-
ten Bezug auf natürl. Spr., meist auf der Basis
philosoph.-log. Prinzipien konstruiert), *aposteriori-
sche* P. (nach dem Vorbild einer oder mehrerer
natürl. Spr. konstruiert) und *gemischte* Systeme.
Bei den aposterior. P. werden *autonome* oder *sche-
matische* (konsequente Einhaltung der gesetzten Regeln, Ausnahmslosigkeit als Programm) von *natu-
ralistischen* (in gewissem Umfang auch Unregelmäßigkeiten der Ausgangsspr. tolerierenden) Systemen unterschieden. *Pasilalien* sind sprech- und
schreibbare P., ↗ *Pasigraphien* sind P., die nur geschrieben werden. Der wiss. Analyse von P. widmet
sich die ↗ Interlinguistik. I. d. R. sind P. gedacht als
internat. Verständigungsspr. (Hilfsspr.) für Sprecher
unterschiedl. Ausgangsspr. (↗ transnationale Sprache). Ambitioniertere ↗ Plansprachenprojekte nennen sich *Welthilfssprachen* oder *Universalsprachen*.
Die einzige P., die reale Bedeutung erlangt hat, ist
das ↗ Esperanto. **Lit.** A. Bausani, Geheim- und Uni-
versalspr.n. Entwicklung und Typologie. Stgt. 1974.
– R. Haupenthal (Hg.), P.n. Darmstadt 1976. –
D. Blanke, Internat. P.n. Bln. 1985.   G

Plansprachenprojekte Insges. sind etwa 1 000
Spracherfindungen bekannt (Skizzen, Entwürfe, ansatzweise und vollständig durchgearbeitete Systeme). Die Mehrzahl davon stammt aus der Zeit
nach 1850. Im 17. Jh. wurde eine Reihe philosoph.
P. entwickelt, in denen die Welt auf strukturierte
Klassen von Begriffen reduziert und vollständig
ausdrückbar gemacht werden sollte (F. Bacon,
G. W. Leibniz, J. Wilkins, R. Descartes, Th. Urqu-
hart u. a.). Joh. A. Comenius (1592–1670) entwickelte 1665 das Projekt einer friedensstiftenden,
völkerversöhnenden *panglottia* (›Allsprache‹). Im
19. und 20. Jh. waren die meisten P. als internationale Hilfs- und Verständigungsspr. geplant; die Autoren waren meist Geistliche, Lehrer, Ärzte, Mathematiker oder Ingenieure. Gegen die Konkurrenz der
↗ transnationalen Spr. (↗ Weltsprachen) als internat.
Verständigungsspr. konnte sich keines der P. durchsetzen; die größten Erfolge als internat. Spr. hatte
das ↗ Esperanto. Manche P. zielten ab auf die Erhöhung des internat. Status von Einzelspr., indem
sie »vereinfachte« Varianten zur leichteren Erler-
nung der betreffenden Spr. propagierten (z. B. A.
Baumanns *Wede* (Weltdeutsch) und *Weltpitschn*, E.
Schwörers *Kolonialdeutsch*, manche Konzepte des
»basic English« und des »français fondamental«,
↗ Basic-Sprachen, ↗ Grunddeutsch). Andere P. zielen auf die Reduktion der Vagheit und Vieldeutigkeit natürl. Spr. ab, z. B. das 1960 veröffentlichte
Loglan. Die wichtigsten modernen P. sind ↗ Esperanto, ↗ Ido, ↗ Interlingua, ↗ latino sine flexione,
↗ Novial, ↗ Occidental-Interlingue und ↗ Volapük.
Lit. J. A. Comenius [Komenský], Panglottia. Novae
linguae harmonicae tentamen primum. Halle 1665/
66. Neuausgabe Prag 1966. – A. Baumann, Das neue,
leichte Weltdeutsch (das verbesserte Wede). Diessen
vor München 1916. – J. C. Brown, Loglan. A Logical
Language. Gainesville 1960. – A. Sakaguchi, Towards a Clarification of the Function and Status of
International Planned Languages. In: U. Ammon
(ed.), Status and Function of Languages and Language Varieties. Bln, N. Y. 1989, 399–440.   G

Plastikwörter Titel eines sprachkrit. Traktats, das
eine Reihe von Substantiven, die in öffentl. Diskursen hochfrequent sind, als referenzarm und gleichzeitig prestigeträchtig geißelt. Sie seien »konnotative Stereotype« (S. 11), »rein imaginär, bedeutungslos, selbstreferent und nur als Spielmarken funk-
tionierend« (S. 119), und sie sind übereinzelsprachl.
verbreitet; vgl. Ggwdt.², 109–119. Zu ihnen gehören
(in nichtterminolog. Verwendung) einige Leitbegriffe (»Schlüsselbegriffe«) der 1980er Jahre wie
↗ *Kommunikation*, ↗ *Information*, ↗ *System*, ↗ *Struktur*, ↗ *Funktion*, ↗ *Modell, Strategie, Identität*. Die
Kritik zielt ab auf die semant. Leere und die rau-
nende Aura solcher eigentl. wiss. Begriffe bei ihrer
Verwendung in Politik und Verwaltung durch
»Experten«; in einer ↗ »Phrasendreschmaschine«,
die im Übersetzerkolleg in Straelen (Postfach

13 24, 47 638 Straelen) entwickelt worden ist, sind sie lächerl. gemacht worden. **Lit.** U. Pörksen, P. Die Spr. einer internationalen Diktatur. Stgt. 1988. G

Platt, Plattdeutsch, Plattdüütsch ↗ Niederdeutsch

Platzhalterelement ↗ Korrelat

Platzhaltersymbol (auch: Kulissensymbol, Leeres Symbol, Quasi-Symbol. Engl. dummy symbol, frz. élément postiche) Im Rahmen der GG ein lexikal. und morpholog. nicht spezifiziertes Symbol in einer syntakt. Struktur, das die Aufgabe hat, eine durch lexikal. Elemente auszufüllende syntakt. Position zu kennzeichnen. F

Plautdietsch ↗ Niederdeutsch

Pleneschreibung (lat. plēnē (Adv.) ›voll‹) **1.** In der griech. Paläographie Bez. für den in ↗ Linear B herrschenden Usus, Konsonantencluster (und mitunter auch Endkonsonanten geschlossener Silben) vollständig, d. h. einschließl. der inhärenten Vokale, zu schreiben, z. B. pa-ra für πρα-, ti-ri- für τρι-. G – **2.** In der Semitistik Bez. für den Usus, in den Schriftsystemen der ↗ semitischen Sprachen Vokale durch bestimmte Konsonantenzeichen (↗ matres lectionis) auszudrücken. Bei Defektivschreibung sind nur wenige Vokale bezeichnet; sie herrscht in den älteren Hss. des ↗ Hebräischen vor. Später wird mehr plene geschrieben. ↗ Ivrit wird in vollständiger P. geschrieben. WI

Pleonasmus (griech. πλεονασμός (pleonasmos) ›Überfluss‹) In der antiken ↗ Rhetorik teils Oberbegriff für alle (denotativ »überflüssigen«) Hinzufügung(sfigur)en, teils spezieller (und so bis heute): Erweiterung einer Aussage durch semant. redundante (z. B. analytisch wahre) Ausdrücke, als Stilfehler (*kleines weißes Schimmelchen*) oder gelegentl. als Verstärkungsfigur: *Ich sah es mit meinen eigenen Augen*; ↗ Tautologie. RB

Plerem n. Bei L. Hjelmslev im Unterschied zum ↗ Kenem eine Einheit der Inhaltsform mit Zeichencharakter. Morpholog. Wurzeln sind minimale zentrale P., Stämme und sonstige Ableitungen minimale periphere P. Außerhalb der ↗ Glossematik wurde der Terminus in verschiedenen abweichenden Bedeutungen verwendet. T

Plerematem n. (griech. πλήρης (plērēs) ›voll‹) Von L. Hjelmslev gelegentl. verwendeter Terminus für ein ↗ Glossem des Inhalts; ↗ Glossematik. T

Plerematik In der ↗ Glossematik jener Teil der Sprachtheorie, der der Untersuchung der Inhaltsformen gewidmet ist. Die Grundeinheiten der P. nennt L. Hjelmslev ↗ Pleremateme. T

Plerematisches Schriftsystem ↗ Kenematisches Schriftsystem

Pleremik ↗ Morphologie

Plosiv m. (lat. plaudere ›klappend zusammenschlagen‹. Auch: Augenblickslaut, Explosiv, Klusil, Okklusiv, Sprenglaut, Verschlusslaut) Konsonant. Artikulationsmodus bzw. Sprachlaut, der durch einen zeitweiligen Verschluss des ↗ Ansatzrohres (bei ge-

schlossenem Nasenraum) gekennzeichnet ist. P. zeichnen sich artikulator. durch drei zeitl. getrennte Phasen aus: Verschlussbildung (Implosion), Verschluss (Okklusion) und Verschlusslösung ((Ex)plosion). Akust. manifestieren sich diese P.-Phasen in den implosiven Transitionen (↗ akustische Phonetik), einer Signalpause (bei stimmlosen Plosiven) bzw. einer (teilweise) stimmhaften (Blählaut-) Phase (engl. *voice bar*) und einem Verschlusslösungsgeräusch (engl. *burst*; mit ggf. folgender ↗ Aspiration) sowie daran anschließenden explosiven Transitionen. Phonet. sind 4 Unter-Kategorien von P. zu unterscheiden: stimmhafte P. (in allen Phasen mit schwingender ↗ Glottis produziert), stimmlos nicht aspirierte P. (mit glottaler Entstimmungs-(Öffnungs-) Geste vor der Verschlusslösung), stimmlos aspirierte P. (mit Maximum der glottalen Entstimmungsgeste zum Zeitpunkt der Verschlusslösung) sowie stimmhaft aspirierte P. (engl. *breathy, murmured*; mit teilweiser glottaler Entstimmungsgeste während der Verschlusslösung). Als artikulator.-akust. Maß für die Stimmhaftigkeitskategorien dient die *voice onset time* (VOT; der Zeitpunkt des Stimmtoneinsatzes in Relation zur Verschlusslösung): negativ bei stimmhaften/stimmhaft aspirierten P. (eine negative VOT entspricht einem Stimmtoneinsatz vor der Verschlusslösung), zwischen 0 bis 20–30 msec bei stimmlosen, über 30 msec bei stimmlos aspirierten P. Phonolog. werden diese Kontraste in verschiedenen Spr. unterschiedl. (bei 2–4 einzelsprachl. unterschiedenen Kategorien) realisiert: z. B. in germ. Spr. phonolog. /stimmhaft/ vs. /stimmlos/ in initialer Position meist als [stl. nicht-aspiriert] vs. [stl. aspiriert] im Ggs. zu [sth.] vs. [stl. nicht aspiriert] in roman. Spr. Selten ist die Kategorie der präaspirierten ↗ Präaspiration) P. (z. B. im Isländ.). P. mit zusätzl. glottalen Luftstrommechanismen bezeichnet man nach diesen als ↗ Ejektive bzw. ↗ Implosive. PM

Plural (lat. plūrālis ›mehrere betreffend‹. Auch: Mehrzahl. Abk. Pl.) Subkategorie des ↗ Numerus zur Bezeichnung von mehr als einem Element. Der Pl. wird beim Nomen (in der GG nach neueren Auffassungen in ↗ DET), ggf. auch beim finiten Verb ausgedrückt, z. B. im Dt. Neben dem summativen bzw. aufzählenden Pl. (*Berg – Berge*) findet sich bei Stoffnamen zur qualitativen Differenzierung der Elemente auch der ↗ Sortenplural (*das Öl – die Öle*). Der sog. kollektive Pl. (*Berg – Gebirge*) wird im Allgemeinen der ↗ Wortbildung zugerechnet. Nomen, die nur im Pl. vorkommen (z. B. Textilien), heißen ↗ Pluraliatantum. Die Pl.bildung im Deutschen ist komplex, wobei zu beobachtende Vereinfachungstendenzen wie die Ausbreitung des S-Plurals (*Themas* vs. *Themata*) mitunter durch sozial normative Urteile (›vulgär‹) bekämpft werden. Natürlichkeitstheoret. Untersuchungen in vielen Spr. zeigten außerdem, dass Kinder die Tendenz haben, den Pl. ikon. zu fassen, d. h. einem Mehr an Inhalt auch ein Mehr an Zeichen zuzuordnen. **Lit.** B. Korte, Die Pl.bildung als Paradigma ling. Theorien. DU 1986, 15–30. – K. Seifert, Ikonizität von Pl.formen. Diss. Wien 1988. – O. Werner, Das dt. Pl.system. Strukturelle Diachronie. In: H. Moser (Hg.), Spr., Gegenwart und Geschichte. Ddf. 1969, 92–128. – E. Frey, Prototypenorientierte Untersuchungen zur Pluralbildung der Substantive und ihre didakt. Folgen. Ffm. 2002. – K.-M. Köpcke, Schemata bei der Pluralbildung im Dt. Versuch einer kognitiven Morphologie. Tübingen 1993.   ZA

Pluraletantum n., pl. Pluraliatantum (lat. plures ›mehrere‹, tantum ›nur‹. Auch: Pluralwort) Subst., deren Flexionsparadigma keine Singularformen aufweist. Bspw. fehlen einigen Ortsnamen, Zeit- und Krankheitsbez. (z. B. *Anden, Ferien, Masern*), Kollektiva wie *Eltern* und einigen Begriffen aus der Finanzwirtschaft (z. B. *Spesen, Diäten, Kosten*) Singularformen. Ersatzformen, die den Singular ausdrücken, können in einigen Fällen durch Wortbildung verfügbar gemacht werden (z. B. *Elternteil*); ↗ Singularetantum.   ES

Pluralis auctoris (lat. ›Autorenplural‹. Auch: plūrālis modestiae ›Plural der Bescheidenheit, Höflichkeit‹) Ursprüngl. rhetor.-stilist. bedingte Selbstbezeichnung des Autors mit der 1. Pers. Pl. statt Sg., um seine eigene Person zurücktreten zu lassen und die Hörer bzw. Leser miteinzubeziehen, z. B. *Wir wollen annehmen…*‹; später jedoch durch Konvention an bestimmte ↗ Textsorten (wiss. Texte, Reden etc.) gebunden.   ZA

Pluralis benevolentiae (lat. benevolentia ›Wohlwollen‹) Verwendungsweise des ↗ Plurals in der Anrede einer einzelnen Person, bei der der Sprecher sich selbst ausschließt, z. B. in der Anrede von Erwachsenen an Kinder oder von Ärzten oder Krankenschwestern (sog. Krankenschwesternplural) an Patienten, z. B. *Wie geht's uns denn heute? Nun essen wir brav unser Breichen.*   G

Pluralis maiestatis (lat. māiestās ›Größe, Würde, Hoheit‹) Verwendung des Pl. statt des Sg. zur Selbstbez. monarch. Regenten, z. B. *Wir haben geruht, …* **Lit.** D. Drury, The lofty and/or assumptive ›we‹. Verbatim 7, 1986, 11–13.   ZA

Pluralis modestiae ↗ Pluralis auctoris

Pluralwort ↗ Pluraletantum

Plurizentrische Sprache (lat. plūrēs ›viele‹. Auch: polyzentrische (< griech. πολύ ›viel‹) oder polykephale Sprache (< griech. κεφαλή (kefalē) ›Kopf‹)) Spr. mit mehreren nat. Standardvarietäten, die sich zwar in einzelnen Punkten unterscheiden, aber nicht so stark, dass sie eigenständige Spr. konstituieren würden, z. B. Englisch (britisches, ↗ amerikanisches, ↗ australisches usw. Standardengl.), Deutsch (dt., ↗ österreichisches, ↗ Schweizer Standarddt.), Portugiesisch (portugiesisches, ↗ brasilianisches Standardport.). **Lit.** M. Clyne (ed.), Pluricentric Languages. Differing Norms in Different Nations. Bln., N. Y. 1991. – U. Ammon, Die dt.

Sprache in Deutschland, Österreich und der Schweiz. Bln., N. Y. 1995. – U. Ammon, H. Bickel, J. Ebner u. a., Variantenwörterbuch des Dt. Bln., N. Y. 2004.   AM

Plusquamperfekt (lat. plūs quam perfectum ›mehr als vollendet‹. Engl. past perfect, frz. plus-que-parfait. Auch: Vollendete Vergangenheit, Vorvergangenheit) Verbale Vergangenheitsform in der Grammatik vieler idg. Spr., die das Vorhandensein des ↗ Perfekts typolog.-systemat. voraussetzt. Die ↗ Aktzeit liegt hier vor der ↗ Betrachtzeit und der ↗ Sprechzeit, die miteinander ident. sind. Die eigentl. Funktion des P. liegt im Ausdruck einer ↗ Vorzeitigkeit in Bezug auf ein als vergangen dargestelltes Geschehen, das im ↗ Präteritum steht, z. B. *Nachdem die Mannschaft den Sieg verspielt hatte, verließ sie fluchtartig das Stadion.* Im mündl. Sprachgebrauch wird das P. jedoch häufig auch als normales ↗ Erzähltempus oder ↗ Vergangenheitstempus verwendet, z. B. *Sie war sich ihrer Sache zu sicher gewesen.*   KE

Poetik ↗ Figurengedicht, ↗ Genera dicendi, ↗ Metapher, ↗ Poetische Sprache, ↗ Rhetorik

Poetische Sprache Zentralbegriff der *Formalen Schule*, die 1915 aus der Petersburger *Gesellschaft zur Erforschung der p. S.* (›OPOJAZ‹) und aus dem *Moskauer Linguistenkreis* (↗ Moskauer Schule) hervorgegangen ist und die die Untersuchung der formalen, techn. Seite des sprachl. Kunstwerks zu ihrem Gegenstand machte. Sie orientierte sich philosoph. an der ↗ Phänomenologie E. Husserls, methodolog. an der strukturellen bzw. funktionalen Ling. und der ling. Poetik (A. Potebnja (1835–1891), J. Baudouin de Courtenay (1845–1929), F. de Saussure (1857–1913)) sowie an der Stilforschung (E. Hanslik (1825–1904), H. Wölfflin (1864–1945), O. Walzel (1864–1944)). Der Begriff p. S. geht zurück auf die russ. symbolist. Poetologie und Lit.wiss., in der Poesie und Lit. vorrangig als Sprachkunst aufgefasst wurden. Der Sprachgebrauch wurde differenziert in poet., allgemeinen und rationalen Spr.gebrauch. In der Formalen Schule wurde diese Differenzierung reduziert auf den Gegensatz zwischen p. S. und prakt. Spr. Die p. S. wird aufgefasst als System, in dem der prakt. Zweck in den Hintergrund tritt und die sprachl. Verbindungen Eigenwert erlangen (L. Jakubinskij, *O zvúkach stichotvórnogo jazyká* (1919) ›Über die Laute der Verssprache‹). Der Versuch, die Spezifik der p. S. im Vergleich zu anderen Funktionen und Formen von Spr. zu definieren und Lit.wiss. als Poetik zu begründen, richtete sich gegen geistesgeschichtl. Interpretationen. Die p. S. erscheint in diesem Konzept als Summe immanenter Regeln und Verfahren, die unabhängig von den jeweiligen sozial-histor. Bedingungen universell gedacht werden. Der rezeptive Ansatz von V. Šklovskij (*Iskússtvo kak priëm*, 1916, ›Kunst als Verfahren‹) gründet sich auf eine spezif. Wahrnehmungstheorie: »Wenn wir die

Klanggestalt und den Wortbestand, die Wortstellung und die semant. Konstruktion der p. S. untersuchen, stoßen wir überall auf dasselbe Merkmal des Künstlers: es wurde bewusst geschaffen, um die Wahrnehmung von Automatismus zu befreien.« (Šklovskij 1925/1984, 22). Erste Arbeiten von A. Belyj, V. Šklovskij und B. Ėjchenbaum basieren auf der Annahme einer immanenten Eigengesetzlichkeit der Kunst: das Werk als Summe von formal-techn. Verfahren, der *priëmy*, später als funktional aufeinander bezogenen Elemente. Ergebnisse: Untersuchungen zu Metrik und Reim (V. Žirmunskij), zur Bildsprache und Komposition (J. Tynjanov), zur poet. Syntax und zur Musikalität des Verses (Ėjchenbaum), zum Sujetaufbau von Prosatexten und zu Genreproblemen (Šklovskij, Bachtin), zum Sprachstil lit. Werke (V. Vinogradov), zur poet. Semantik grammat. Kategorien (R. Jakobson). Seit den 60er Jahren knüpfte v. a. die Tartuer Schule (J. Lotman) bei der Entwicklung einer funktionalen Poetik an die formale Schule an. **Lit.** V. Šklovskij, Theorie der Prosa (1925). Ffm. 1966. – W. Stempel & J. Striedter (Hgg.), Texte der russ. Formalisten. Bd. I: Texte zur allgemeinen Lit.theorie und zur Theorie der Prosa. Mchn. 1969. – Bd. II: Texte zur Theorie der p. S. und der Lyrik. Mchn. 1972. – K. Eimermacher, Entwicklung, Charakter und Probleme des sowjet. Strukturalismus in der Lit.wiss. STZ 30, 126–157. – A. Hansen-Löve, Der Russ. Formalismus. Wien ²1996. – P. Medvedev, Die formale Methode in der Lit.wiss. (1928). Stgt. 1976. – T. Todorov, Poetik der Prosa. Ffm. 1972. – J. Striedler, Literacy, Evolutions, and Value. Russian Formalism and Czech Structuralism Reconsidered. Cambridge 1989. – alternative. Heft 47 (9. Jg. 1966); 62/63 (11. Jg. 1968); 65 (12. Jg. 1969); 80 (14. Jg. 1971). Bln. VS

Pokom-Sprachen ↗ Quiché-Sprachen

Polabisch ↗ Elbslavisch

Polarität (engl. polarity) **1.** Gegenüber einer weiten Bestimmung von P. als Oberbegriff für alle mögl. »zweiseitigen Wortbeziehungen« (H. Brinkmann) in allen Wortarten (z. B. *Eltern/Kind, schlafen/wachen, süß/bitter, hier/dort*) wird der Begriff in einer auf Lyons (1963, 67) basierenden Tradition schärfer gefasst: Gegensatzpaare sind häufig nicht äquipollent (↗ Äquipollenz), sondern enthalten einen »positiven« und einen »negativen« Pol, wobei mit Gsell zwischen »Richtungspolarität« (*oberhalb/unterhalb*), »Gradpolarität« (*lang/kurz*) und »Wertungspolarität« (*gut/schlecht*) unterschieden werden kann; diese Maßstäbe können sich parallel (*intelligent/dumm*), aber auch gegenläufig (*sauber/schmutzig*) überlagern (Rachidi). Wichtig ist, dass i. d. R. nur der Minuspol markiert ist: Die »positiven« Lexeme können – bei ↗ «Neutralisation« (Lyons, Cruse) der Polarität – als ↗ Hyperonym, d. h. etwa bei graduierbaren ↗ Antonymen zur Gradbez. auf der gesamten Skala verwendet werden (z. B. *Die Kugel ist 1 mm dick / *5 m dünn*). Nicht alle forma-

len Polaritätskriterien lassen sich auf alle Wortklassen anwenden; für viele Lexempaare (z. B. von Bewertungsadj.) lassen sich nur kontext- und sprecherabhängige »Trendmeldungen« (Rachidi 1989, 102 ff.) angeben, die allerdings bei asymmetr. formaler Markierung deutlicher ausfallen, so z. B. bei den ↗ privativen Adj. mit Präfix *un-* oder bei den ↗ movierten Feminina mit Suffix *-in*. **Lit.** J. Lyons, Structural Semantics. Oxford 1969. – O. Gsell, Gegensatzrelationen im Wortschatz roman. Sprachen. Tübingen 1979. – D. A. Cruse, Lexical Semantics. Cambridge 1986. – M. Bierwisch & E. Lang (Hgg.), Grammat. und konzeptuelle Aspekte von Dimensionsadj. Bln. 1987. – R. Rachidi, Gegensatzrelationen im Bereich dt. Adj. Tübingen 1989. – L. R. Horn, Negation and Polarity. Syntactic and Semantic Perspectives. Oxford 2000. – B. Lenz, P., Dualität und Markiertheit. HSK 21.1, 518–524. RB – **2.** In einigen älteren ↗ semitischen Spr. vorliegende Regularität, nach der mask. Nomina mit fem. Formen von Numeralia und fem. Nomina mit mask. Formen kongruieren. WI

Polaritätsfrage ↗ Fragesatz

Polaritätsprofil ↗ Semantisches Differential

Polnisch (Eigenbez. polski, polszczynzna. Engl. Polish, frz. polonais) ↗ Slavische Sprache des ↗ westslavischen Zweigs (lechische Untergruppe), ca. 36 Mio. Sprecher in der Republik Polen, Spr.minderheiten in Litauen, Weißrussland, der Westukraine sowie, bedingt durch Migration, in einigen Ländern Westeuropas und den USA; Karte ↗ Europäische Sprachen, im Anhang. – Die ältesten Zeugnisse des P. stammen aus der Mitte des 12. Jh., eine umfänglichere Überlieferung beginnt erst im 14. Jh. mit kirchl. Texten. Lit.spr. entwickelt sich parallel zur Zurückdrängung der Funktionsbereiche des Lat. ab dem 15. Jh. Von der 2. Hälfte des 18. Jh. (Aufteilung Polens unter Preußen, Österreich und Russland) bis 1918 wurde das P. zugunsten des Dt. und Russ. polit. stark zurückgedrängt. **Lit.** D. Weiss, Zur typolog. Stellung des P. (ein Vergleich mit dem Čech. und Russ.). In: Schweizer Beiträge zum IX. Internat. Slavistenkongreß in Kiev. Bern 1983, 219–245. – I. Zwak, Lehrbuch der p. Spr. Hamburg 1995. – H. Birnbaum & J. Molas, Das P. In: P. Rehder (Hg.), Einf. in die slav. Spr. Darmstadt ³1998, 145–170. – S. Urbańczyk & M. Kucala, Encyklopedia języka polskiego [Enzyklopädie der p. Spr.]. Wrocław 1999. – S. Gajda (Hg.), Język polski [Die p. Spr.]. Opole 2001. – R. F. Feldstein & S. L. Franks, Polish. Mchn. 2002. – B. Bartnicka & B. Hansen, Grammatik des P. Mchn. 2004. HA

Poltern (auch: Battarismus, Tachyphemie. Engl. cluttering) Bez. für sehr schnellen, unkontrollierten Sprachablauf, bei dem die Artikulationsmotorik sich nicht synchron zu den langsameren ↗ Phonations- und ↗ Atembewegungen verhält, was zu Auslassungen, Umstellungen und Störungen des

Sprechrhythmus auf der Silben-, Wort- und Satzebene führt. Ursachen des P. als ↗ Sprech- und Redeflussstörung, die häufig in Verbindung mit ↗ Sprachentwicklungsstörungen auftritt, können organischer, aber auch psychogener Natur sein.   GT

Polyfunktional (griech. πολύς (polys) ›viel‹) Eigenschaft eines sprachl. Elements, das mehrere Funktionen ausübt, etwa Lexeme wie *der, die, das*, die als Artikel, Relativpronomen, Demonstrativpronomen, Pro-Form verwendet werden, z. B. *Darf der das? Der darf das. Dass der das darf!*   G

Polygenese ↗ Monogenese, ↗ Sprachursprung

Polyglossie ↗ Diglossie

Polyglott (griech. πολύς (polys) ›viel‹, γλῶττα (glōtta) ›Sprache‹ **1.** Person mit (guten) Kenntnissen mehrerer Spr., vielsprachige Person. **2.** Name eines Verlags für Sprachlehrmittel.   G

Polykephale Sprache ↗ Plurizentrische Sprache

Polymorphie ↗ Allomorph

Polynesische Sprachen ↗ Ozeanische Sprachen

Polyphonematische Wertung (griech. πολύς (polys) ›viel‹, φωνή (fōnē) ›Stimme‹) Bei der phonolog. Analyse als getrennte ↗ Phoneme gewertete phonet. enge Verbindung mehrerer Laute (z. B. die dt. Diphthonge); ↗ biophonematische Wertung. Ggs. ↗ monophonematische Wertung.   PM

Polyptoton n. (griech. πολύς (polys) ›viel‹, πτῶσις (ptōsis) ›Fall‹) ↗ Rhetorische Figur: Wiederholung desselben Wortes in verschiedenen Flexionsformen, z. B. *homo hominī lupus*, … *ben zibena* (Merseburger Zauberspruch), *Auge um Auge*; ↗ figura etymologica, ↗ Paronomasie.   SE

Polysemie (zu griech. πολύς (polys) ›viel‹, σῆμα (sēma) ›Zeichen‹. Engl. polysemy. Auch: Mehrdeutigkeit, ↗ Äquivokation, ↗ Bisemie, ↗ Multisemie; Ggs. ↗ Monosemie) Von M. Bréal (1897) geprägter Terminus: Die Bedeutung von Lexemen besteht im Regelfall aus einem Gefüge »zusammenhängender« Teilbedeutungen (↗ Semem 3), die sich in einem oder mehreren Bedeutungsmerkmalen überschneiden bzw. mehrere ähnl. oder partiell ident. Referenzbereiche spezifizieren: z. B. *Wurzel* von Pflanzen, Zähnen, Haaren, Händen, Nasen, Entwicklungen, Persönlichkeiten, Zahlen, Wörtern u. a. Die virtuelle P. von Lexemen sichert deren Verwendung in unterschiedl. Aktualisierungskontexten, innerhalb derer ihre Bedeutung in der Regel monosemiert wird (↗ Monosemierung). Umgekehrt kann man die virtuelle P. als Niederschlag der semant. Spielraums betrachten, den Sprachteilhaber bei der Aktualisierung von Lexemen haben und nutzen: P. entsteht aus der Usualisierung von Verwendungsvarianten; ↗ Usus. Insofern spiegeln die semant. Relationen der Sememe die rhetor. Verfahren, denen sie ihre Existenz verdanken: v. a. ↗ Metapher, ↗ Synekdoche, ↗ Metonymie, ↗ Ironie. Eine eindeutige Abgrenzung zur ↗ Homonymie ist nicht mögl. Fasst man die systemat. P. innerhalb bestimmter Lexemgruppen, z. B. die Mehrdeutigkeit von *Gericht* oder

Schule (= »Institution« / »Gebäude« / »Prozess« / »Unterricht«), als Ergebnis »konzeptueller Verschiebungen« (Bierwisch) auf, die auf der Ebene der ↗ Äußerungsbedeutung relativ zum jeweiligen Kontext durch »Hervorhebung« (Schlieben-Lange) relevanter »Facetten« (Cruse) entstehen, so wird für derartige Lexeme die Annahme eines polysemen Signifikats stark eingeschränkt. Die Frage, ob und in welchem Umfang dies zulässig oder notwendig sei und welche empir. (u. a. psycholing.) Methoden geeignet sind, zwischen P. oder kontextueller Spezifizierung eines Semems zu unterscheiden, wird seit den 1980er Jahren in der ↗ kognitiven Linguistik intensiv diskutiert (vgl. Cuyckens & Zawada 2001, Cuyckens et al. 2003). Schon eine einfache ↗ Zeugma-Probe kann hier oft Aufschluss geben und z. B. die friedliche Koexistenz beider Möglichkeiten bei ein und demselben Lexem erweisen, so etwa bei *über*: In direktionaler Bedeutung vermag diese Präposition reibungslos Weit- und Hochsprung zusammenzufassen (*Er sprang über einen breiten Graben und eine hohe Mauer*); dagegen geraten im folgenden Ratschlag zwei polyseme Sememe in komischen Konflikt: *Man darf über alles sprechen, nur nicht über eine Stunde*; ↗ Qualia-Rollen, ↗ Vagheit (3). **Lit.** A. Lehrer, Semantic Fields and Lexical Structure. Amsterdam 1974. – R. Bergmann, Homonymie und Polysemie in Semantik und Lexikographie. Sprachw 2, 1977, 27–60. – M. Bierwisch, Semant. und konzeptuelle Repräsentation lexikal. Einheiten. In: R. Růžička & W. Motsch, Untersuchungen zur Semantik. Bln. 1983, 61–100. – Th. Schippan, Lexikologie der dt. Gegenwartsspr. Tübingen 1992. – B. Schlieben-Lange, Überlegung zu einer einfachen Systematik der Zuweisung von (polysemen) Lesarten. In: U. Hoinkes & W. Dietrich (Hgg.), Kaleidoskop der lexikal. Semantik. Tübingen 1997, 239–247. – H. Cuyckens & B. Zawada (eds.), Polysemy in Cognitive Linguistics. Amsterdam 2001. – L. Behrens, Aspects of Polysemy. HSK 21.1, 319–337. – H. Cuyckens et al. (eds.), Cognitive Approaches to Lexical Semantics. Bln., N. Y. 2003. – B. Nerlich (ed.), Polysemy. Flexible Patterns of Meaning in Mind and Language. Bln., N. Y. 2003. – A. Cruse, Meaning in Language. Oxford ²2004. – M. Rakova (ed.), The Cognitive Basis of Polysemy. Ffm. 2007. – Weitere Lit. ↗ Vagheit.   RB

Polysyllabum ↗ Mehrsilber

Polysyndetisch (griech. πολύς (polys) ›viel(fach)‹, σύνδεσις (syndesis) ›Verbindung‹) Reihung mehrerer sprachl. Elemente gleicher Kategorie, verbunden durch gleiche syntakt. Funktionswörter (Konjunktionen), z. B. *Karl trinkt und raucht und schwitzt*; *Peter oder Wolfgang oder Otto muss in die Kommission*; ↗ monosyndetisch, Ggs. ↗ asyndetisch. SN

Polysynthetische Sprache (auch: einverleibende Sprache, inkorporierende Sprache. Engl. polysynthetic language, incorporating language) ↗ Synthetischer Sprachtyp, der durch eine hohe Komplexität der Morphologie gekennzeichnet ist. Dies bezieht sich v. a., aber nicht ausschließl. auf die Fähigkeit vieler amerikan. Spr., Subjekt- und Objektverhältnisse im Verb ausdrücken zu können, so dass das Verb (auch Satzwort genannt) einem vollendeten Satz entsprechen kann, z. B. Sauk (↗ Algonkin-Sprache) *wîhishichâhimahkwâchanemishitêhêwothêyani* ›du (*-yani*) sollst (*wîh-*) also (*ishichâhi-*) mit friedlichen (*mahkwâch-*) Gedanken (*ishitêhê-*) deinen Weg (*anem-*) gehen (*-wothê-*)‹.   WR

Polytonisch ↗ Monotonisch

Polyzentrische Sprache ↗ Plurizentrische Sprache

Pomo ↗ Hoka-Sprachen

Pomoranisch ↗ Westslavisch

Ponapeische Sprachen ↗ Ozeanische Sprachen

Popoloca-Sprachen Zweig der ↗ Otomangue-Sprachen. Sprachgebiet: nördl. Oaxaca und angrenzende Gebiete in Mexiko. Mazatek. (ca. 210 000 Sprecher) besteht aus mehreren unterschiedl. Varietäten, weitere Spr. sind Popoloca und Chocho; Karte ↗ Mesoamerikanische Sprachen, im Anhang.   D

Popoluca ↗ Mixe-Zoque-Sprachen

Portmanteaumorphem n. (frz. portemanteau ›Kleiderständer‹. Auch: Schachtelmorphem) Bez. für morpholog. Einheiten, die in sich die Bedeutung mehrerer Elemente vereinen. Hierher gehören zunächst die ↗ Kontraktion (frz. *au* [*a+le*], dt. *im* [*in+dem*]), die hier Artikel und Präposition in einem kodieren. Auch die Wortformen im Flexionsparadigma des Verbs *sein* werden häufig als P. bezeichnet, weil hier Grundmorpheme und Flexive nicht zu trennen sind, vgl. [*spiel*[*e*]], [*spiel*[*te*]] (jeweils zwei overte Morphe) aber: [*bin*], [*war*] (jeweils ein Morph, das Träger mehrerer Informationen ist). Letzteres wird häufig als ↗ Suppletion bezeichnet; ↗ Suppletivstamm.   ES

Portmanteauwort ↗ Kontamination

Portugiesisch (Eigenbez. Português) In Portugal und Brasilien, auf Madeira, den Azoren und in einigen ehemaligen portugies. Kleinkolonien Asiens (z. B. Goa, Macao) gesprochene roman. Spr.; Karte ↗ Europäische Sprachen, im Anhang. Das P. hat sich im MA. aus dem Norden (↗ Galizisch) in den Süden ausgebreitet und dabei die dort gesprochenen Mischdialekte (Mozarab.) verdrängt. Seit Ende des 12. Jh. zuerst in nördl. Varietäten schriftl. belegt. Sprecherzahl in Portugal 10,5 Mio. Brasilien (↗ brasilianisches Portugiesisch) hat ca. 185 Mio. Einwohner, davon sind ca. 180 Mio. Portugiesischsprecher. Daneben gibt es verschiedene ↗ portugiesisch basierte Kreolsprachen. In Portugal 4 Hauptdialekte: interamnense, trasmontano, beirão und die südl. Dialekte (estremenho, alentejano und algarvio); weiters die sog. Insel- und Überseedialekte. Stark akzentzählend; Nasalierungen (*pao*), Palatalisierungen (lat. *plōrāre* > port. *chorar*, lat. *flamma* > port. *chama*); Antizipation von Diphthongen (*māteria* > *madeira*, *rabia* > *raiva*); unterscheidet sich von den anderen

roman. Spr. auch durch die Form des flektierten Infinitivs (*sermos, saberdes*) und durch die Trennbarkeit der Flexionsformen des Futurs und des Konditionals (Interfigierung von Klitika, z. B. *diria* vs. *dir-se-ia, falaria* vs. *falar-lhe-ia*); atonische Pronomina nicht initial (Portugal). **Lit.** E. Gärtner, Grammatik der portugies. Spr. Tübingen 1998. – Ders. & J. Schmidt-Radefeldt (Hgg.), Neuere Ergebnisse der portugies. Sprachwiss. Ffm. 1991. **SSG** Staats- und Universitätsbibliothek Hamburg (18), Ibero-Amerikanisches Institut Berlin (204).   HU

Portugiesisch basierte Kreolsprachen (Crioulo) P. b. K. finden sich v. a. entlang der alten port. Sklavenwege, d. h. auf den Westafrika vorgelagerten Inselgruppen Kapverden, Sao Tomé, Ilha do Príncipe und Pagula, in Guinea-Bissau und teilweise im angrenzenden Senegal. Ca. 300 000–350 000 Sprecher, wobei ein Kontinuum von standardnahem Port. bis Crioulo beschrieben wurde. Da bes. für die Inselbevölkerung Crioulo zum Teil die einzige Spr. ist, besitzt es einen immer stärkeren offiziellen Status. Eine Sonderstellung nimmt das *Papiamentu* ein, das wegen des starken Anteils span. Lexeme in der Lit. auch häufig als ↗ spanisch basierte Kreolspr. angeführt wird. Ca. 200 000 Sprecher auf den Karibikinseln Curaçao, Aruba und Bonaire. Papiamentu gilt als die am stärksten standardisierte Kreolspr. mit einer ansehnlichen Verschriftlichung (ca. 2 000 Buchpublikationen). Der Kreolstatus des *pequeno português* der ehemaligen Kolonien Angola und Mozambique ist umstritten. **Lit.** M. F. Valkhoff, Studies in Portuguese and Creole. Johannesburg 1966. – A. Bartens, Die iberoroman. basierten Kreolspr.: Ansätze der linguist. Beschreibung. Ffm. u. a. 1995.   HU

Position (bei einigen Autoren auch engl. slot) Bei L. Bloomfield der Platz in der linearen Abfolge der ↗ Kokonstituenten einer Konstruktion. So wird im Satz *Lola rennt* die erste P. durch *Lola*, die zweite durch *rennt* ausgefüllt. Den verschiedenen P. ordnet Bloomfield Bedeutungen zu (↗ Agens-Actio-Modell). – Ohne Bezug auf Bedeutungen unterscheidet man innerhalb von Satzschemata verschiedene P. Vor allem für die german. Spr. sind solche Satzschemata entworfen worden, wobei gewisse P. – in nicht einheitlicher Weise – zu Feldern zusammengefasst werden, z. B. Vor- und Mittelfeld; ↗ Feldgliederung. In der dt. Syntax spielt zudem die P. des finiten Verbs eine entscheidende Rolle. – In der ↗ Tagmemik oder in der ↗ GG wird P. auch auf eine best. Position in der syntakt. Hierarchie bezogen. So spricht man im Rahmen der GG z. B. von der COMP-Position (↗ COMP). – Ganz allgemein spricht man von P. auch in Bezug auf andere als syntakt. Gegenstände. So steht /a/ in dt. /markt/ in der P. ›vor /r/‹, ›/t/‹ steht in Endp.   RL, T

Positionsklammer ↗ Grammatikalklammer

Positionslang (griech. συλλαβὴ θέσει μακρά (syllabē thesei makrā), lat. syllaba positiōne longa)

In der altgriech. und lat. ⁊ Metrik Bez. für Silben, deren Kern ein Kurzvokal ist, dem zwei oder mehr Kons. folgen und die deshalb in der Prosodie als zweimorig behandelt werden; jedoch bewirken ⁊ Muta vor ⁊ Liquida keine Positionslänge, also *contēntum* ›zufrieden‹, aber *émigro* ›ich wandere aus‹; ⁊ More, ⁊ naturlang.   GS

Positiv n. (lat. positum ›Gesetztes‹. Auch: Grundstufe) Bezüglich des ⁊ Komparationsparadigmas neutrale, unmarkierte Grundform des Adj. Vergleiche zwischen Adj. im P. werden im Dt. in ⁊ Vergleichssätzen im ⁊ Äquativ vorgenommen, z. B. *Maja ist (noch nicht) so groß wie Jenny.* Graduelle Modifikation erfolgt durch lexikal. (⁊ Steigerungspartikel) und Wortbildungsmittel, z. B. *unglaublich schön, furchtbar dumm, splitternackt, mausetot.*   G

Positivismus ⁊ Junggrammatiker

Possessivartikel (lat. possidēre ›besitzen‹) Bezeichnung für ⁊ Possessivpronomen, die in der Funktion eines ⁊ Artikels gebraucht werden und somit eine Subklasse der ⁊ Artikelwörter darstellen, z. B. *dein Kind, ihr Haar.*   PT

Possessivdativ ⁊ Pertinenzdativ

Possessivkompositum (auch: Bahuvrihi) Bez. für ein Kompositionsprodukt, dessen lexikal. Bedeutung sich nicht als semant. Spezifizierung des Zweitgliedes durch das Erstglied beschreiben lässt: ein *Rotkehlchen* ist kein *Kehlchen*, ein *Vierzylinder* kein *Zylinder*. Vielmehr wird eine dritte Entität über die in den Konstituenten benannten Eigenschaften beschrieben; das *Rotkehlchen* ist ein ›Vogel, der ein *rotes Kehlchen* hat‹, der *Vierzylinder* ›ein Motor, der *vier Zylinder* hat‹. Die Domäne der P. ist entsprechend der der ̅Gattungsnamen (⁊ Appelativum) oder die meist konnotierter Personenbezeichnungen (*Bleichgesicht, Rothaut*).   ES

Possessivpronomen (lat. possidēre ›besitzen‹. In Schulgrammatiken auch: besitzanzeigendes Fürwort. Engl. possessive pronoun, frz. pronom possessif) Semant. bestimmte Subklasse der Wortart ⁊ Pronomen. P. stehen in enger Beziehung zu den ⁊ Personalpronomen, da sie wie diese hinsichtl. Person markiert sind: *ich – mein, wir – unser* (1. Person); *du – dein, ihr – euer* (2. Person); *er – sein, sie – ihr, es – sein; sie – ihr* (3. Person). P. drücken eine Zugehörigkeit aus, die keineswegs immer ein Besitzverhältnis darstellt, vgl. z. B. *eure Meinung, unsere Zeit, mein Lieblingsautor*; ⁊ alienabel. P. können als ⁊ Artikelwörter auftreten oder substantivisch verwendet werden, wobei das substantivische P. im Gegensatz zu anderen Pronomina mit dem Artikel kombiniert werden kann: *das ist das meine* (gehoben auch: *das meinige*). In einigen Spr. fungieren P. als Adjektive (z. B. ital. *il mio libro*, wörtl. ‹das meine Buch›) oder sie treten als Klitika auf wie im Türkischen (z. B. *im* in *evlerim* ›meine Häuser‹). **Lit.** S. Olsen, Das Possessivum: Pronomen, Determinans oder Adjektiv? In: LBer 120, 1989, 133–153. – G. Zifonun, Grammatik des Dt. im europ.

Vergleich. Das Pronomen: Teil III. Das P. Mannheim 2003. – G. Zifonun, Possessivum. In: L. Hoffmann (Hg.), Hdb. der dt. Wortarten. Bln., N. Y. 2007, 601–628. – Weitere Lit. ⁊ Pronomen.   PT

Postalveolar ⁊ Alveolar

Postdental m. Mit der Zungenspitze oder dem Zungenblatt unmittelbar hinter den Schneidezähnen gebildeter Laut.   G

Postdorsal ⁊ Dorsal

Posterior ⁊ Anterior

Postfix ⁊ Suffix

Postkonsonantisch In der Position hinter einem Konsonanten befindl. Lauteinheit.   G

Postlingual(laut) ⁊ Lingual

Postpalatal ⁊ Palatal

Postposition (lat. postpōnere ›nach-/hintansetzen‹) Subklasse der Wortart ⁊ Adposition bzw. ⁊ Präposition, die rechts vom regierten N auftritt, z. B. *(den Kindern) zuliebe*; *(seiner Aussage) zufolge*.   PT

Postspezifizierung ⁊ Bestimmungsrelation

Postvelar ⁊ Velar

Postvokalisch In der Position hinter einem Vokal befindl. Lauteinheit.   G

Potentialis ⁊ Irrealis, ⁊ Konjunktiv

Poṭhohārī ⁊ West-Pañjāb-Sprachen, ⁊ Indoarische Sprachen

PP ⁊ Präpositionalphrase

Präaspiration ⁊ Aspiration vor der eigentl. Segmentartikulation; z. B. präaspirierte Plosive im Isländ., die durch eine Endbehauchung des ihnen vorausgehenden Vokals gekennzeichnet sind.   PM

Prädikat (lat. praedicātum ›das Ausgesagte‹. Engl. predicate) **1.** In der philosoph. ⁊ Semantik Bez. für Attribute eines log. Subjekts oder die Beziehungen zwischen Subjekten. Bezügl. eines P. gilt, dass seine Bedeutung mit dem Begriff identifiziert wird. Es gibt kein bedeutungsvolles P., das nicht für einen Begriff steht, so dass P. immer Begriffe ausdrücken. Ein P. bezeichnet die Klasse derjenigen Dinge, die unter den Begriff fallen, den das P. ausdrückt. PR – **2.** Relationaler Begriff, der die Funktion des finiten Verbs (bzw. des Verbkomplexes) in Sätzen bezeichnet. Je nach der Vorstellung, die man sich von der Struktur des Satzes macht, haben P.-Ausdrücke unterschiedl. Struktur. Wenn man eine Determinationsstruktur annimmt (⁊ Determination 1), besteht das P. einzig aus einem syntakt. Wort, und zwar jenem Teil des Satzes, welcher der (Wort-) Kategorie »Verb« angehört. Entsprechendes gilt, wenn man den Satz als eine Dependenzstruktur beschreibt (⁊ Dependenz). Anders bei Satzanalysen, denen Konstituentenstrukturen zugrunde gelegt werden (⁊ Konstituente, ⁊ Konstituentenanalyse). Bei solchen Analysen sind komplexe P.ausdrücke zugelassen. Die Unterschiede seien an einem Beispiel vorgeführt: *Wolf befragt Utz über die Nomen-Verb-Ringstruktur.* Bei Zugrundelegung einer konstituentenstrukturellen Analyse ist *befragt Utz über die Nomen-Verb-Ringstruktur* Prädikat. Dieses P. ist ungesättigt, es verlangt nach einem Subjektsausdruck als »Ergänzung«, um einen Satz bilden zu können. Einer solchen Struktur entspricht auch das Konzept der ⌐ Verbalphrase in der GG (⌐ INFL), sie schließt die »Objekte« von V ein. Bei einer determinations- oder einer dependenzstrukturellen Analyse (auch bei einer Analyse mit N-V-Ring) ist lediglich *befragt* das P. In vielen Grammatiken kommt es jedoch zu hybriden Darstellungen. So sind die gängigen Satzbaupläne i. d. R. als Konstituentenstrukturen konzipiert, dennoch wird – was nur bei der Annahme einer Dependenzstruktur verständlich ist – ledigl. das Verb (ohne Objekte) als P. betrachtet. Eine minimale Bestimmung des Terminus P. umfasst folgendes: Das P. hat als strukturellen Kern ein Verb und besteht aus einer einfachen (⌐ Vollverb) oder einer mehrteiligen Verbform oder aus einer ⌐ Kopula mit ⌐ Prädikativ (*Wolf ist Hallenser, Wien bleibt Wien*). Mehrteilige Verbformen (Eisenberg II, 47: die »größte Form eines Verbs«) bestehen (mindestens) aus einem ⌐ Hilfsverb und einer infiniten Verbform (⌐ Infinitiv, ⌐ Partizip) oder aus einem ⌐ Modalverb und einem ⌐ Infinitiv; vgl. *Danielle hat geschrieben; Danielle wird kommen; Danielle will bleiben* sowie *Danielle soll gestern viel gearbeitet haben müssen; Danielle dürfte wenig davon gewusst haben können*. Der finite und der (die) infinite(n) Bestandteil(e) des P.kerns bilden die ⌐ Satzklammer (⌐ Feldgliederung). Zwischen dem finiten Verb und dem ⌐ Subjekt besteht im Dt. die Relation der ⌐ Kongruenz (hinsichtl. ⌐ Person, wenn das Subjekt ein ⌐ Personalpronomen ist, hinsichtl. ⌐ Numerus, wenn das Subjekt ein Nomen oder eine Nominalisierung ist, nicht aber bei satzförmigen Subj.; ⌐ Nebensatz, ⌐ Subjektsatz). Zwischen dem finiten Verb und dem ⌐ Objekt (den Objekten) besteht die Relation der ⌐ Rektion (oder der ⌐ Valenz), in der festgelegt ist, welche Arten von obligator. ⌐ Ergänzungen und wie viele das Verb benötigt, um einen Satz zu bilden. Symmetr. P. kommen zustande, wenn die beiden Argumente eines Verbs ihre Position wechseln können, ohne dass sich die Bedeutung der Prädikation verändert, z. B. *Anke heiratet Guido, (Guido heiratet Anke, Anke und Guido heiraten)*; *Peter wettet mit Gabi (Gabi wettet mit Peter, Peter und Gabi wetten)* (Eisenberg II, 73 – 75). Die Stellung des finiten Verbs legt im Dt. den ⌐ Satztyp fest; ⌐ Satz, ⌐ Satzmodus. C, G, T – **3.** In der ⌐ Satzsemantik bezeichnet man im Anschluss an die ⌐ Prädikatenlogik die semant. Kerne ⌐ propositionaler Gehalte als ›P.‹ und formalisiert (⌐ Formelsprache) diese als ⌐ Funktoren über ⌐ Argumente: PRÄDIKAT (argument$_1$, argument$_2$, …). Nach der Zahl der erforderl. Argumente bemisst sich die ⌐ Stelligkeit des P.; z. B. ist GEBEN (agens, rezipient, objekt) dreistellig. I. d. R. ist der propositionale Gehalt von Sätzen ein komplexes Gefüge aus mehreren (ggf. ›offenen‹: ⌐ Frage) ko- oder subordinierten Propositionen und enthält bei genauerer

Analyse neben den Haupt- auch eingebettete Nebenprädikate: *Die junge Mutter freut sich über die Sorgfalt des Arztes* ⇒ FREUT SICH (ιx (MUTTER) (x) ∧ JUNG (x)), SORGFÄLTIG (ιy (ARZT (y)))) (= ›Dasjenige x, welches Mutter und jung ist, freut sich darüber, dass dasjenige y, welches Arzt ist, sorgfältig ist.‹) Die kognitive Textling. (z. B. Kintsch & van Dijk) würde an Stelle einer derartigen Formel die Propositionen in einer geordneten Liste oder einem Graphen notieren. Das Beispiel zeigt, dass der gesamte deskriptive Gehalt – bis hinunter zu den identifizierenden Nennungen (*junge Mutter, Arzt*) – in Prädikationen aufgelöst wird, so dass als ›unterste Argumente‹ nur Referenzindikatoren übrig bleiben. I. S. der ⌐ generativen Semantik könnte man noch einen Schritt weiter gehen und auch die Prädikate selbst weiter in Gefüge ⌐ atomarer Prädikate zerlegen. **Lit.** W. Kintsch & T. A. van Dijk, Toward a Model of Text Comprehension and Production. Psychological Review 85, 1978, 363–394. – Dies., Strategies in Discourse Comprehension. N. Y. 1983. RB – **4.** ⌐ Psychologisches Prädikat.

Prädikatanhebung ⌐ Anhebung

Prädikatenlogik Teil der ⌐ formalen Logik. In der P. werden einfache Aussagen entsprechend dem sprachl. Subjekt-Prädikat-Schema zerlegt und mit einem ⌐ Quantor, dem Allquantor oder dem Existenzquantor, versehen. Die P. erster Stufe bezieht die Quantoren auf die Individuensymbole, in zweiter und höherer Stufe auf die Typen von Eigenschaften als mögl. Werte.   PR

Prädikation (lat. praedicātiō ›Aussage, Bekanntmachung‹. Engl. predication, frz. prédication) Bez. für das Verfahren, bestimmten Dingen, Personen oder Ereignissen bestimmte Eigenschaften oder Attribute zu- oder abzusprechen, in semant. Hinsicht dafür, dass einem durch das ⌐ Subjekt eines Satzes bezeichneten Gegenstand die im ⌐ Prädikat ausgedrückte Eigenschaft zu- oder abgesprochen wird. Durch die P. wird eine Verbindung zwischen einem Einzelding und einem Artuniversale (Einzelfallvon), zwischen einem Einzelding und einer charakterisierenden Universale hergestellt. Die P. ist ein notwendiger Bestandteil einer Bezugnahme auf Gegenständliches: Dieses muss als Einzelding raumzeitl. lokalisierbar und durch eine kennzeichnende Tatsache, eine eindeutige Beschreibung, identifizierbar sein. Die kennzeichnende Beschreibung geschieht mithilfe des ⌐ Prädikats (1) als universellem Ausdruck, das die Klasse derjenigen Dinge bezeichnet, die unter den Begriff fallen, den das Prädikat ausdrückt. Für eine P.-Theorie gilt darüber hinaus als grundlegende Unterscheidung die zwischen P. erster Stufe: der kennzeichnenden Beschreibung durch Prädizieren und der P. zweiter Stufe: der Feststellung, dass die Beschreibung von dem Bezugsgegenstand erfüllt wird.   PR

Prädikativ Bez. für eine grammat. Funktion und oft einfach für die Ausdrücke, die diese grammat.

Funktion ausüben. Ein p. Ausdruck ist ein nicht-verbaler Ausdruck, der, allein oder mit einer ↗ Kopula verknüpft, mit einem Subj. kombiniert einen Satz bildet/ausmacht (Eisenberg II, 85–90, 290–292). Das vom p. Ausdruck Bezeichnete wird dem Subj. prädiziert. In manchen Spr. kann die Kopula fehlen (z.B. im Russ. oder Griech.; ↗ Nominalsatz). Im Dt. sind solche Sätze stilist. markiert, z.B *ein Mann, ein Wort*; *keine Rose ohne Dornen*. – P. Ausdrücke lassen sich als ↗ Satzglieder identifizieren, und sie sind erfragbar. Weil man aber für Ergänzungen traditionell nur oblique Kasus (also gerade nicht den Nom.) annimmt, weil der p. Ausdruck dem Subjekt eine best. Eigenschaft zuweist und wegen der Ersetzbarkeit von ›Kopula + p. Ausdruck‹ durch ein Verb wird der p. Ausdruck meist als Bestandteil des Prädikats i.e.S. betrachtet. In der Frage des Status der grammat. Funktion P. in Abgrenzung zu den anderen Bestandteilen des P. i.w.S. sind sich nicht alle Autoren einig. Manche sehen nur für den Gleichsetzungsnom. und den Gleichsetzungsakk. eine Sonderbehandlung vor, behandeln aber den Gleichsetzungsakk. nicht als Bestandteil des P., sondern des Prädikatsverbands (neben dem regulären Akk.obj.), die anderen Formen von p. Ausdrücken werden nicht näher beschrieben oder unter den für die verschiedensten Verben (↗ Satzbauplan) angenommenen Ergänzungen subsumiert. Helbig & Buscha (287–292, 539–545), die von Subjektsprädikativ statt Gleichsetzungsnom. und von Objektsprädikativ statt Gleichsetzungsakk. sprechen, beschränken sich nicht auf Nominativ- bzw. Akkusativ-NP, sondern fassen in diese Kategorien auch Adjektive, PP und Adverbiale. – Als p. Ausdrücke, mit der Kopula *sein* verbunden, kommen im Dt. vor: Adjektive (Prädikatsadjektiv, p. Adjektiv), Nomina (genauer »Nominalphrasen«: ↗ Prädikatssnomen, Gleichsetzungsnom., Prädikatsnom.), Präpositionalphrasen oder Adverbien sowie Sätze bzw. Infinitive (P.satz). Sofern die prädizierte Eigenschaft die Form einer NP hat, steht sie im Dt. im Nom. (vgl. aber *sie ist fröhlichen Gemüts*). P. Ausdrücke sind im Dt. weder besonders kasus- noch genus- und numerusmarkiert, z.B. *Peter ist ein hervorragender Sportler*; *Die Wohnung ist zu klein*; *Die Tasse ist aus Porzellan*; *Der Hund ist draußen*; *Das Kind ist groß geworden*; *Das Stück blieb unbekannt*; *Die Wohnung scheint sehr teuer*; *Alles andere wäre Zeit vergeuden*; *Das Problem ist, dass wir sehr wenig Zeit haben*. – Als p. werden bisweilen auch nominale Ausdrücke bezeichnet, die im Akk. stehen (»Gleichsetzungsakk.«, Objektsprädikativ). Es sind NP, die nach transitiven Verben wie *nennen, heißen, schelten, schimpfen* denselben Referenten bezeichnen wie das Akk.objekt dieser Verben, z.B. *ich nenne ihn einen Lügner* (latent: er ist ein Lügner). Anstelle einer Akkusativ-NP kann auch nach solchen Verben ↗ Objektsinfinitiv oder eine Infinitivkonstruktion stehen, z.B. *das nenne*

ich arbeiten; *das nenne ich Wasser in den Rhein schütten*. Bei Passivierung wird das Objektsprädikativ zum Subjektsprädikativ, z.B. *er wird ein Lügner genannt*. Auch hier könnte man statt Objektsprädikativ von einem 2. Akk.obj. sprechen, aber das ist gerade wegen der 1. Obj. nicht üblich (*ich lehre die Kinder die deutsche Sprache*, die Kinder ≠ die deutsche Sprache). – Die Listen von Verben, die ein Objektsprädikativ zulassen, variieren in der Lit. z.T. erheblich. Fast alle Autoren nennen *nennen, finden, halten (für), schelten, schimpfen*. Engelen (II, 134 ff.) führt auch *bezeichnen (als), verarbeiten (zu), verwandeln (in), umbauen (zu), machen* + Adj. an. Die von Engelen (a.a.O.) und Eisenberg (II, 85 ff.) geführte Diskussion zeigt, wie unentschieden der Status der p. Ausdrücke ist. **Lit.** B. Engelen, Einf. in die Syntax der dt. Spr. Bd. II. Satzglieder und Satzbaupläne. Baltmannsweiler 1986. C, G

Prädikativsatz ↗ Prädikativ

Prädikatsadjektiv ↗ Prädikativ

Prädikatsakkusativ ↗ Doppelter Akkusativ, ↗ Prädikativ

Prädikatsbezogenes Adverb Unterklasse der Wortklasse Adverb. Sein ↗ Skopus ist das Prädikat eines Satzes. Typ. p. A. sind ↗ Modaladverbien: Sie sind negierbar und meist durch *wie* erfragbar: *Lissy blättert gedankenverloren in einem Atlas*. Einige p. A. sind nicht modal, sondern unterstützen die Perspektivierung des Geschehens: *Lissy telefoniert gerade*. *Hubert brach knallfall nach Stuttgart auf*. Manchmal ist nicht zu unterscheiden, ob ein Adverb eher das Geschehen modifiziert (*wie...?*) oder eine Situierung innerhalb eines Zeitrahmens vornimmt (*wann...?*): *Lissy arbeitet ganztags* (↗ Temporaladverb). Die sog. ↗ Zahladverbien beziehen sich in der Regel auch auf das Prädikat: *Er klopfte zweimal*. Sie dienen als Antworten auf die Frage *wie oft?* Im Dt. sind abgeleitete p. A. selten. Allenfalls das Suffix *-weise* dient zur Derivation von p. A.: *Lissy liest ihr Buch kapitelweise*. Im Engl. und den roman. Spr. bspw. können aus ↗ Adjektiven mit best. ↗ Suffixen p. A. abgeleitet werden: *quickly* (manner adverb). Da Adjektive im Dt. ohne spezif. formale Kennzeichnung adverbial verwendet werden, sind sie missverständl. als Adjektivadverbien (↗ Adverb) bezeichnet worden. SO

Prädikatsnomen ↗ Kopulasatz, ↗ Prädikativ

Prädikatsnominativ ↗ Prädikativ

Prädorsal ↗ Dorsal

Praesens historicum n. (lat. ›historisches Präsens‹. Engl. historical present, frz. présent historique) Eine spezielle Verwendungsform des morpholog. ↗ Präsens, bei der auf objektiv Vergangenes referiert wird, z.B. *Die Römer übernehmen das Alphabet von den Griechen*. Die Verwendung des p. h. ist von der Intention des Sprechers, der Textsorte bzw. vom Stil abhängig; es dient als Mittel zur Veranschaulichung, Ver-gegenwärtig-ung oder Hervorhebung, v. a. in mündl. Rede und in Zusammenhang mit ↗ Tempuswechsel.   KE

Praesens perfectum n. Im ↗ Hebräischen bezeichnet p. p. den Gebrauch der Imperfektform im Vergangenheitskontext anstelle eines Perfekts, z. B. *yaktob* ›er schreibt‹ anstelle von *katab* ›er schrieb‹. Tatsächl. handelt es sich jedoch nicht um eine Imperfektform, sondern um eine alte präteritale Verbform der Erzählung **yaktob*, die formal mit der Imperfektform ident. ist.   WI

Präferenzsemantik (engl. preference semantics) Von Y. Wilks (1975) entwickelte prozedurale Semantik zur Wissensrepräsentation natürl. Spr. Im Ggs. zur ↗ GG oder zur ↗ Generativen Semantik ist die Wohlgeformtheit von Sätzen nicht absolut, sondern graduell. Während der Verarbeitung eines Textes wird ein Netzwerk von miteinander konkurrierenden semant. Strukturen aufgebaut, für die dynam. die semant. dichteste als präferierte Struktur ausgewählt und interpretiert wird. **Lit.** Y. Wilks, An Intelligent Analyzer and Understander of English. Communications of the ACM, 18(5), 1975, 264–272.   Z

Präferenztheorie In den 1980er Jahren entstandene Theorie zur Motivation von Lautwandelprozessen, die auf ähnl. Überlegungen beruht wie die Hypothesen zur natürl. Morphologie (etwa Wurzel 1984). Beide eint die Überzeugung, dass relative Häufigkeit best. Strukturen sowie Spracherwerbsverläufe – auch eine gewisse Resistenz gegen Verlust durch Sprachstörungen – eine Klassifizierung sprachl. Phänomene als natürl. oder weniger natürl. erlauben. So sind Sg.formen i. d. R. kürzer, werden früher als die Pl.formen erworben und sie sind resistenter gegen Sprachverlust; anders gesagt, morpholog. einfache Formen sind natürlicher als morpholog. komplexe Formen. Vergleichbare Möglichkeiten der Hierarchisierung existieren auch innerhalb der Phonologie, die zentraler Gegenstand der P. ist. So formuliert Vennemann (1988, 1–55) eine Reihe von Gesetzen zum präferierten Aufbau der Silbe. Neben der Annahme universeller Präferenzen wurde die Erwartung formuliert, dass sich in Sprachwandelprozessen, die jeweils besseren (= natürlicheren) Strukturen durchsetzen. Der Nachweis universeller Präferenzen gestaltet sich allerdings schwierig. **Lit.** E. Hill, Die P. in der histor. Phonologie aus junggrammat. Perspektive. ZS 28, 2009, 231–263. – T. Vennemann, Preference Laws for Syllable Structure and the Explanation of Sound Change. Bln., N. Y., Amsterdam 1988. – W. U. Wurzel, Flexionsmorphologie und Natürlichkeit. Bln. 1984.   ES

Präfigierung Bez. für ein Wortbildungsverfahren, das durch Anfügen eines initialen Affixes an eine Basis gekennzeichnet ist, z. B. *verzweifeln*; ↗ Präfix, ↗ Affix, ↗ Derivation.   ES

Präfix n. (lat. praefixum ›vorn Angeheftetes‹. Auch: Vorsilbe. Engl. prefixe, frz. préfixation) Bez. für initiale, nicht wortfähige Morpheme ohne eigene

lexikal. Bedeutung, deren wortbildungsmorpholog. Funktion in der semant. Spezifizierung der Basen besteht; ↗ Modifikation. Viele P. haben mehrere Funktionen (*Unmenge:* ↗ Augmentation – *untypisch:* ↗ Negation). Viele dieser Funktionen können durch verschiedene P. realisiert werden (*untypisch* – *atypisch*). Das Beispiel zeigt, dass der vergleichsweise geringe Bestand indigener P. (nominal: *erz-*, *miss-*, *un-*, *ur-*, *ge-*, verbal: *be-*, *ent-*, *er-*, *ver-*, *zer-* u. a.) durch entlehnte P. ergänzt wird (*a-*, *ex-*, *super-* usw.). Viele dieser entlehnten Elemente sind in den Quellspr. Präpositionen (*hyper-* etc.) und damit grundmorphemartig, was die Abgrenzung zum ↗ Konfix erschwert. Viele indigene Lexeme sind in best. Kontexten funktional mit P. vergleichbar (vgl. nominal: *Unmenge – Riesenmenge*, verbal: *entlaufen – weglaufen*), wodurch auch hier schwierig zu entscheiden ist, ob entsprechende Morpheme eher zu den Affixen oder zu den Grundmorphemen zu rechnen sind; ↗ Affixoid, ↗ Präfixverb, ↗ Partikelverb.   ES

Präfixbildung ↗ Präfigierung

Präfixkonversion Vorschlag zur Erweiterung dt. Wortbildungsmuster, der versucht, dem Umstand Rechnung zu tragen, dass zahlreiche verbale Präfigierungen offenkundig ↗ Transpositionen sind, z. B. *ver-anstalt-en*, *be-bild-ern* etc. Da initiale Elemente (hier: Präfixe) im Dt. keine Wortartwechsel leisten (anders: Donalies 2005, 120 f.), ist eine mögl. Interpretation die ↗ Zirkumfigierung, was allerdings bedeuten würde, die Grenze zwischen Flexion und Wortbildung aufzuheben. Bei der P. wäre Transposition das Resultat der ↗ Konversion, das zusätzl. Präfix das modifizierende Element (vgl. Fleischer & Barz 1995, 308 f.). Weil Konversion allerdings Ableitung ohne Affix meint, dürfte der Terminus P. umstritten bleiben, zumal keineswegs ausgemacht ist, das Verben wie ˀ*anstalten* oder ˀ*bildern* existieren müssen, um Basen von entspr. Präfigierungen zu sein. **Lit.** E. Donalies, Die Wortbildung des Dt. Tübingen ²2005. – M. Lohde, Wortbildung des modernen Dt. Tübingen 2006, 48–50. – Fleischer & Barz WB².   ES

Präfixoid (auch: Halbpräfix) Heute weithin abgelehnte Morphemkategorie, deren Mitglieder grammatikalisierte Grundmorpheme sind, die nur als initiale Konstituenten von Wortbildungen verwendet werden können. Im Vergleich zu ihren homophonen freien Entsprechungen haben sie zumindest einen Teil ihrer lexikal. Bedeutung eingebüßt. Die etymolog. Verwandtschaft ist aber noch zu erkennen, weshalb sie vielfach nicht zu den ↗ Präfixen gerechnet werden, vgl. *Riese* [+ belebt, + groß] → *riesen-* [+ groß]; ↗ Affixoid.   ES

Präfixverb Bez. für morpholog. komplexe Verben, deren initiale Konstituente im Präfix ist, im Kernbestand also Bildungen wie *beschießen*, *erschießen*, *verschießen*, *zerschießen*. Abgrenzungsprobleme entstehen immer dann, wenn Homophone solcher

Präfixe in nicht segmentierbaren Bildungen stehen (vgl. [[*ver*][*schießen*]] – [[*ver*][*letzen]], ⸗ Scheinaffix)), oder wenn die initiale Konstituente an ein freies Grundmorphem erinnert, was etwa bei Bildungen wie *durchschießen* der Fall ist. Trotz homophonem Lexem wird hier i.d.R. ein Präfix angenommen, da mit fehlender Trennbarkeit und Stammbetonung (*durchschießen*) die Klassifizierung als ⸗ Partikelverb unbegründet erscheint. ES

Präfixwort ⸗ Präfixbildung

Präformativ Imperfektpräfix in ⸗ semitischen Sprachen. In der 2. Pers. Sg. Fem. und in der 2. und 3. Pers. Pl. ist das P. durch Suffixe ergänzt. WI

Prager Schule Ling. Schule des europ. ⸗ Strukturalismus, die sich in Auseinandersetzung mit dem Positivismus der ⸗ Junggrammatiker und zeitgenöss. Methodiken (z.B. ⸗ Wörter und Sachen) in den 1920er Jahren entwickelte. Method. und theoret. Orientierung gaben die Werke von F. de Saussure (1857–1913; ⸗ Genfer Schule), J. Baudouin de Courtenay (1845–1929; Kazaner Schule) und, vermittelt v.a. durch R. Jakobson (1896–1982), der russ. Formalismus. Die P. S. steht für eine funktional-strukturelle Betrachtungsweise der Spr. und hat zum ersten Mal ein ausformuliertes Programm für einen ling. Funktionalismus vorgelegt. Spr. wird als selbständiges ⸗ System aufgefasst. Sprachl. Erscheinungen werden nicht nur ihrer Form nach, sondern auch im Hinblick auf ihre Bedeutung(en) und ihre kommunikative(n) Funktion(en) beschrieben. Die Sprachwiss. wird als autonom und unabhängig von anderen Wiss. (Psychologie, Philosophie usw.) konzipiert. Die Anfänge der P. S. liegen in dem 1926 von V. Mathesius (1881–1945) gegründeten *Pražský lingvistický kroužek* (›Prager Linguistenkreis‹, Abk. PLK); Publikationsorgane: *Travaux du Cercle Linguistique de Prague* (TCLP; 8 Bde, 1929–1939) und *Slovo a slovesnost* (gegr. 1935). Die funktionalist. Ausrichtung der P. S. äußerte sich darin, dass sie Spr. als ein System von Ausdrucksmitteln definierte, »die auf ein bestimmtes Ziel gerichtet sind« (Thesen 1929); aus diesem Ansatz entwickelte sich die Konzepte der ⸗ Funktionalstile und der ⸗ funktionalen Satzperspektive. Hierin unterscheidet sie sich von anderen Schulen des Strukturalismus, etwa von der ⸗ Glossematik. In der P. S. wollte man de Saussures starre Trennung zwischen ⸗ langue und ⸗ parole aufheben. Auch de Saussures Vorstellung vom Primat der ⸗ Synchronie in der Sprachforschung wurde relativiert. Sprachwandelprozesse wurden zu einem legitimen Gegenstand der Ling. erklärt: »Zwischen der synchronischen und der diachronischen Methode dürfen keine unüberwindlichen Schranken aufgerichtet werden [...]« (Thesen 1929). Als bahnbrechend erwiesen sich Arbeiten von N. S. Trubeckoj (1890–1938) und R. Jakobson zur Phonologie und Morphologie, in denen ling. Konzepte, Methoden und Termini (Vachek & Dubsky 1966) entwickelt wurden, die

bis heute Bestand haben, etwa ⸗ Binarismus, ⸗ distinktives Merkmal, kombinatorische Variante (⸗ Kombinatorik), ⸗ Morphonologie, ⸗ Neutralisierung, ⸗ Opposition, ⸗ Phonem. Andere Arbeiten aus der P. S. befassen sich mit den Spezifika und den Funktionen der ⸗ Literatursprache (Theorie der Funktionalstile von B. Havránek (1893–1978), A. Jedlička, V. Mathesius) und der Dichtersprache (J. Mukařovský (1891–1975), mit der ⸗ Sprachnorm und ihrer ⸗ Kodifizierung (M. Dokulil), mit der ⸗ Sprachkultur und mit den unterschiedl. ⸗ Ebenen des Sprachsystems. Auch die Theorie von Zentrum und ⸗ Peripherie des Sprachsystems geht auf die P. S. zurück (F. Daneš). Ein weiterer (späterer) Arbeitsschwerpunkt waren die ⸗ geschriebene Sprache und die ⸗ Orthographie (J. Vachek). **Lit.** N. S. Trubeckoy, Grundzüge der Phonologie. Prag 1939 (= TCLP, 7), Göttingen ⁴1967. – J. Vachek & J. Dubsky, Dictionnaire de linguistique de l'école de Prague. Utrecht 1966. – Grundlagen der Sprachkultur. Beiträge der Prager Ling. zur Sprachtheorie und Sprachpflege. 2 Bde. Bln. 1976, 1982 [in Bd. 1 sind die Thesen des Prager Linguistenkreises zum I. Internat. Slawistenkongress 1929 abgedruckt]. – M. Nekula (Hg.), Prager Strukturalismus: methodolog. Grundlagen. Heidelberg 2003. – Webseite des ›neuen PLK‹: http://www.praguelinguistics.org – G

Pragmalinguistik ⸗ Pragmatik

Pragmatik, Linguistische Pragmatik (griech. πρᾶγμα (prāgma) ›Handlung‹) Lehre vom sprachl. Handeln. – Der Ausdruck wurde – nach früheren Verwendungen – zunächst im Umkreis der »Unified theory of science« von Morris und Carnap eingeführt. Morris (1938) unterschied im Rahmen seines Versuchs einer Grundlegung einer Zeichentheorie am Zeichen dessen Syntax ((Lehre von der) Zeichen-Kombinatorik), Semantik ((Lehre von der) Zeichen-Bedeutung) und Pragmatik ((Lehre von der) Zeichen-Verwendung). Die P. hat neben der Lehre von der Zeichen-Verwendung auch das Verhältnis von Zeichen und Zeichen-Verwender zu erörtern. Die Morrissche Konzeption ist zeichenzentriert, semiotisch. Die Zeichen-Verwendung tritt zum Zeichen hinzu. Diese semiot. Fragestellung setzt sich bis heute in Konzeptionen von ling. P. fort. – Die Carnapsche Fragestellung ist stärker log. und neopositivist.-philosoph. Problemen gewidmet. Dies charakterisiert bis heute eine weitere Hauptrichtung der P. In Kombination mit einzelnen ling. Fragestellungen wie z.B. denen nach dem Stellenwert und dem »Funktionieren« von ⸗ Präsuppositionnen wird nach den Einflüssen des Verwendungszusammenhangs insbesondere auf die ⸗ Bedeutung von Zeichen gefragt. ⸗ Semantik und P. arbeiten hier in Bezug auf dieselben oder ähnliche sprachl. Objektbereiche; der Erklärungsanspruch ist konkurrentiell bzw. komplementär, wobei die Analyse die Tendenz verfolgt, den Anteil des Pragmatischen zurückzudrängen und durch semant. Bestimmungen zu ersetzen. Dieser Prozess wird i. d. R. zugleich als Prozess der Gewinnung zunehmender Klarheit verstanden. P. gerät so leicht zum Residualbereich des Noch-nicht-(wirklich-)Erklärbaren. – Gleichfalls aus philosoph. Fragestellungen herkommend, hat der amerikan. Philosoph Grice mit dem Versuch, das interaktionale Funktionieren von Verständigung in Gesprächen zu untersuchen, eine Reihe von Verstehens-Postulaten und -Prinzipien aufgestellt, die es möglich machen, die von Interaktanten in der verbalen ⇗ Kommunikation erreichte Verständigung auch überall dort zu erfassen, wo ein enges Konzept »direkter« oder »wörtlicher« Bedeutung fehlschlägt. Diese – im analogischen Anschluss an die Kantischen Kategorientafeln formulierten – elementaren Maximen, denen die Handelnden folgen, haben eine breite Rezeption gefunden, die freilich zum Teil den von Grice sehr viel enger gesteckten Rahmen weit überschreiten und die Maximen universalisieren. – Das zeichentheoret. und log. eingeführte Konzept einer ling. P. wurde vor allem in der dt. Diskussion bald als übergreifendes Konzept verstanden, das für eine integrierende Behandlung unterschiedl. neuerer Erkenntnisse solcher Formen von Ling. diente, die sich nicht auf die traditionellen Objektrestriktionen (Wort, Satz) einließen. Eine theoret. sehr weitgehende philosoph. Fassung dafür findet sich in Habermas' Konzept einer »Universalpragmatik«, die – weitgehend deduktiv – eine grundlegende Bedeutung für die Entwicklung einer ⇗ Diskurs-Theorie der Gesellschaft zugewiesen erhielt. – Stärker auf sprachl. Strukturen bezog sich die ling. P., wie sie insbes. von Wunderlich u. a. in den 70er Jahren entwickelt wurde. Ling. P. wurde hier zur Integration von semiot. und log. Konzeptionen im Umfeld des Bedeutungs-Problems einerseits, der Sprachakttheorie andererseits und drittens der bes. mit dem Namen K. Bühlers verbundenen Analyse von deikt. Ausdrücken (⇗ Deixis) und ihrer Verwendung herangezogen. Dabei lassen sich zwei grundsätzlich unterschiedl. Verfahrensweisen erkennen: Einerseits werden pragmat. Aspekte zu den – a-pragmatisch zu verstehenden – sprachl. Strukturen additiv hinzugefügt (dieses Verständnis ist in dem nach Analogie von »Psycho-« oder »Soziolinguistik« gebildeten Terminus »Pragmalinguistik« gut zu erkennen). Andererseits wird nach den Handlungsgrundlagen nicht nur der Verwendung des Sprachsystems, sondern zugleich auch nach denen des Sprachsystems selbst gefragt. Die additive Form von P. und die handlungszentrierte Form haben einen jeweils unterschiedl. und unterschiedl. weit reichenden Erklärungsanspruch und beziehen sich auch auf z. T. unterschiedl. sprachl. Phänomenbereiche. – Die additive Konzeption von ling. P. ließ sich relativ einfach in das modulare Ling.-Konzept der 80er Jahre überführen, während die handlungszentrierte Konzeption von ling. P. aufgrund ihres Grundkonzepts diese Strömungen wegen deren re-

duzierter Objektbestimmung und ihrer anti-gesellschaftl., z. T. biologist. Sprachauffassungen kritisiert. Das Programm einer handlungszentrierten ling. P. ist bisher vor allem in exemplarischen Analysen zu einzelnen Teilbereichen (Deixis, Konjunktionen; institutionelles sprachliches Handeln) sowie in Arbeiten zur theoret. Grundlegung (z. B. Rehbein 1977) ausgeführt worden. Zentral ist hierfür die Kategorie des Zwecks des sprachl. Handelns und die Herausbildung gesellschaftl. Formen als Ermöglichungen dafür. **Lit.** Bühler, Sprachtheorie. – T. van Dijk, Studies in the Pragmatics of Discourse. The Hague 1981. – K. Ehlich, Funktional-pragmat. Kommunikationsanalyse – Ziele und Verfahren. In: D. Flader (Hg.), Verbale Interaktion. Stgt. 1991, 127–143. – K. Ehlich & J. Rehbein, Zur Konstitution pragmat. Einheiten in einer Institution: Das Speiserestaurant. In: D. Wunderlich (Hg.), 1972, 209–254. – H. P. Grice, Logic and Conversation. In: P. Cole & J. L. Morgan (eds.), Syntax and Semantics 3: Speech Acts. N. Y. 1975, 41–58. – J. Habermas, Theorie des kommunikativen Handelns. 2 Bde. Ffm. 1981. – G. N. Leech, Principles of Pragmatics. Ldn. 1983. – J. Meibauer, Pragmatik. Tübingen 1999 – J. May, Whose Language: a Study in Linguistic Pragmatics. Amsterdam 1985. – Ch. W. Morris, Foundations of the Theory of Signs. Chicago 1983. Dt. Mchn. 1972. – A. Redder (Hg.), Kommunikation in Institutionen (= OBST 24). Osnabrück 1983. – J. Rehbein, Komplexes Handeln. Stgt. 1977. – Ders., Handlungstheorien. SL 7, 1979, 1–25. – D. Wunderlich (Hg.), Ling. Pragmatik. Ffm. 1972. – Ders., Studien zur Sprechakttheorie. Ffm. 1976. – J. Verschueren et al. (eds.), Handbook of Pragmatics. 1995 ff.   E

Pragmatikalisierung ⇗ Grammatikalisierung
Pragmatische Paradoxie ⇗ Double Bind
Pragmatische Rolle Im Unterschied zu den ⇗ semantischen Rollen jene Rollen innerhalb einer Prädikat-Argument-Struktur bzw. einer ⇗ Valenzstruktur, die den Ergänzungen aus der ⇗ Perspektivierung als 1., 2., 3. Ergänzung (Argument) bzw. als ⇗ Topik und ⇗ Fokus erwachsen.   WK
Pragmatische Wende (auch: kommunikativ-pragmatische Wende) Bez. für eine Art Kehrtwende innerhalb der sprachwiss. Forschungsinteressen. Sie sorgte gegen Ende der 1960er Jahre dafür, dass nicht mehr im Sinne des damaligen strukturalist. Mainstreams größtenteils die grammat. Regelhaftigkeit der Spr. (der *langue* nach de Saussure) Untersuchungsgegenstand war, sondern auch die Regelhaftigkeit des Sprechens in den Gesichtskreis ling. Forschung eintrat. Die neue Orientierung konnte allerdings auf Arbeiten zum Zeichengebrauch u. a. von Morris und Carnap (⇗ Pragmatik) zurückgreifen sowie auf das ⇗ Bühlersche Organonmodell. Effekte hatte sie auf die ⇗ Fremdsprachendidaktik, deren Zielsetzung sich vom Beherrschen der Grammatikregeln zur Kommunikationsfähigkeit in einzelnen

Sprechsituationen verschob. Die p. W. entstand auch vor dem Hintergrund eines veränderten polit. und gesellschaftl. Bewusstseins, wie es in der Studentenbewegung von 1968 kumulierte. Eine Abkehr von traditionellen grammatiktheoret. Forschungsgegenständen hat die p. W. nicht bewirkt.   SO

Pragmatismus ↗ Handlung

Präiktisch Vor dem ↗ Iktus einer ↗ Silbe positioniertes Lautsegment.   G

Präkonsonantisch In der Position vor einem Konsonanten befindliche Lauteinheit.   G

Prakrit-Sprachen ↗ Mittelindische Sprachen, ↗ Indoarische Sprachen

Prälingual 1. Auch: Prälinguallaut; ↗ Lingual. – **2.** Mitunter in der ↗ Spracherwerbsforschung und der ↗ Sprachpathologie vorkommende Bez. für das frühkindl. Entwicklungsstadium zwischen der Geburt und der Phase des kontrollierbaren Spracherwerbs; z. B. p. Ertaubung.   G

Präliteral ↗ Schriftlichkeit

Pränasalierung ↗ Austronesische Sprachen, ↗ Malaiisch

Pränestisch ↗ Italische Sprachen

Präpalatal ↗ Palatal

Präposition (lat. praepōnere ›voranstellen‹. In Schulgrammatiken auch: Fallfügeteil, Verhältniswort. Engl. preposition, frz. préposition) **1.** I.e.S. die vorangestellten ↗ Adpositionen. **2.** I.w.S. Sammelbez. für alle Arten von Adpositionen, die durch ihre Stellung unterteilt werden können in P. i.e.S. (z. B. *auf der Brücke, in der Kiste*), ↗ Postpositionen (z. B. *dem Lehrer zuliebe, der Wahrheit halber*), ↗ Ambipositionen (z. B. *wegen der Kinder/der Kinder wegen*) und ↗ Zirkumpositionen (z. B. *um Himmels willen*). In morpholog. Hinsicht gehören sie zu den unflektierbaren Wortarten, weshalb sie bisweilen den ↗ Partikeln zugerechnet werden. In syntakt. Hinsicht zeichnen sich die P. dadurch aus, dass sie für sich allein nicht satzgliedfähig sind, sondern als Kopf einer ↗ Präpositionalphrase fungieren, die unterschiedl. Satzgliedfunktionen ausüben kann (↗ Adverbial, ↗ Attribut, ↗ Objekt, ↗ Prädikativ. Im Ggs. zu allen anderen unflektierbaren Wortarten üben P. Kasusrektion aus (z. B. *trotz des schlechten Wetters, mit dem Fahrrad, für den Frieden*), wobei einzelne P. mehrere Kasus regieren können (↗ Wechselpräposition) oder in Einzelfällen auch keine ↗ Rektion zu erkennen sein kann (z. B. *pro Person, inklusive Mehrwertsteuer, bis morgen, laut Veranstalter*). Im Dt. kann eine ältere Schicht von P., die lokale Bedeutung haben und den Dativ und den Akkusativ regieren (z. B. *an, auf, in, unter*), unterschieden werden von einer jüngeren Schicht von P., die aus anderen Wortarten entstanden ist und häufig den Genitiv regiert (z. B. *seit, zufolge, zwecks*). Die auf den ersten Blick relativ geschlossene ↗ Wortart wird ständig erweitert, wobei häufig auch Präpositionalphrasen präpositionsartig verwendet werden, z. B. *in Abhängigkeit von, unter*

Berücksichtigung, mithilfe, auf Kosten, mit Rücksicht auf, zur Zeit, zum Zwecke usw. In semant. Hinsicht begründen P. Relationen (bzw. Verhältnisse; daher: ›Verhältniswort‹) zwischen Lexemen, Wortgruppen oder Sätzen bzw. den jeweils bezeichneten Gegenständen oder Sachverhalten und spezifizieren diese näher, z. B. *der Baum vor/hinter/neben dem Haus*. Neben lokalen können P. eine Vielfalt anderer Relationen ausdrücken, wie temporale (z. B. *um drei Uhr, während der Vorlesung, seit drei Tagen*), modale (z. B. *er ist außer Fassung; das ist unter aller Kritik; ein Kleid aus Baumwolle*), kausale (z. B. *wegen des Regens*), konzessive (z. B. *trotz des Regens*) und finale (*zwecks/zur Erholung*).

Lit. C. Guimier, Prepositions. An Analytical Bibliography. Amsterdam 1981. – H.-W. Eroms, Valenz, Kasus und P.en. Untersuchungen zur Syntax und Semantik präpositionaler Konstruktionen in der dt. Gegenwartsspr. Heidelberg 1981. – B. Schaeder, Die Beschreibung der P.en im einsprachigen dt. Wb. In: H. Bergenholtz & J. Mugdan (Hgg.), Lexikographie und Grammatik. Tübingen 1985, 278–307. – J. Schröder, Lexikon dt. P.en. Lpz. ²1990. – G. Rauh (ed.), Approaches to Prepositions. Tübingen 1991. – D. Wunderlich & M. Herweg, Lokale und Direktionale. HSK 6, 758–785. – G. Zifonun, Grammatik der dt. Sprache. Bln., N. Y. 1997, 2073–2156. – C. di Meola, Die Grammatikalisierung dt. P.en. Tübingen 2000. – Helbig & Buscha, 353–390. – W. Grießhaber, Präpositionen. In: L. Hoffmann (Hg.), Hdb. der dt. Wortarten. Bln., N. Y. 2007, 629–666.   PT

Präpositionaladverb ↗ Pronominaladverb

Präpositionalattribut (Abk. PA) ↗ Attribut in Form einer ↗ Präpositionalgruppe, i. d. R. rechts vom regierenden Nominalausdruck, z. B. *das Messer im Wasser, der Mann am Klavier*. Ein Nominalausdruck kann mehrere Attribute regieren, die koordiniert (*der Mann am Klavier mit den traurigen Augen*), aber auch eine der anderen subordiniert sein können (*der Mann am Klavier in der Haifischbar*) (vgl. Eisenberg II, 261–263). Manche Autoren betrachten die postnominale Präpositionalgruppe als PA, andere unterscheiden die PA von sog. »Valenz-Ergänzungen« deverbaler Substantive, in denen ↗ Argument-Vererbung vorliegt, d. h. dass die Substantivierung Valenzeigenschaften des zugrundeliegenden Verbs aufweist, z. B. *die Hoffnung auf Besserung, das Gespräch über die Kandidaten für den Kreistag*. Einige Autoren meinen, dass auch einfache Substantive (i. d. R. fakultative) ↗ Ergänzungen regieren könnten, z. B. *der Bus zum Bahnhof, der Besuch bei Holger*, doch ist diese Annahme so problemat. wie die Annahme fakultativer Ergänzungen selbst.   C, G

Präpositionalform ↗ Applikativ

Präpositionalgefüge ↗ Präpositionalgruppe

Präpositionalgruppe (auch: Präpositionalphrase, Präpositionalgefüge) Konstituente, deren ↗ Kopf eine Präposition ist. P. können als ↗ Präpositional-objekt, als ↗ Adverbial oder als ↗ Attribut fungieren. Als P. werden im Dt. auch Konstituenten bezeichnet, deren Kern eine Postposition ist, z. B. *einer dpa-Meldung zufolge*; *dir zuliebe*.　　　C

Präpositionalkasus (engl. case with a preposition, frz. cas prépositionnel) Bez. für Fälle, in denen grammatikalisierte Präpositionen ohne eingrenzbare Eigenbedeutung Objekte regieren; sie sind dann in funktionaler Hinsicht den ↗ Kasus äquivalent (z. B. *Peter verzweifelt an Otto* vs. *Peter bezweifelt den Sinn des Beschlusses; Er verliebt sich in die Rot-haarige* vs. *Er liebt die Rothaarige*), können aber nicht als Kasus i. e. S. gelten. In einigen idg. Spr. ist die Kasusflexion älterer Sprachstufen weitgehend oder durchgängig durch P. abgelöst worden, z. B. im Ital., Frz., Engl. und Bulgar., wo P. früher von Kasus ausgedrückte syntakt. Funktionen wahrnehmen, in genitiv. Funktion z. B. ital. *le nozze di Figaro* ›die Hochzeit des Figaro‹, frz. *enfants de la patrie* ›Kinder des Vaterlandes‹, engl. *grapes of wrath* ›Früchte des Zorns‹, bulgar. *akademija na naúkite* ›Akademie der Wissenschaften‹. Auch diese Fälle können nicht als Kasus i. e. S. betrachtet werden; die Redeweise von »analyt. Kasus« und »analyt. Flexion« ist metaphor.　　　G

Präpositionalobjekt ↗ Objekt, das als ↗ Präpositio-nalgruppe realisiert wird, z. B. *sich um etwas küm-mern, sich auf etwas berufen*. Die Abgrenzung zu einem ↗ Adverbial ist oft schwierig. Als Identifika-tionskriterien bieten sich an: (a) Die Abhängigkeit der Präp. vom Verb, (b) die nicht gegebene oder eingeschränkte Kommutierbarkeit der Präp., (c) ihre Abstraktion in semant. Hinsicht (Entleerung) und (d) die Tatsache, dass P. nicht durch Adverbialfra-gen (*Wie? Wo?* usw.) erfragbar sind.　　　RL

Präpositionalphrase (Abk. PP) Komplexe ↗ Phrase mit unterschiedl. syntakt. Distributionsmöglichkei-ten und Funktionen (↗ Adverbial, ↗ Attribut, ↗ Ob-jekt) und diversen internen Strukturierungsmöglich-keiten. Für die umfangreiche theoret. Diskussion um PPn bilden der Aufbau und die Distribution solcher Phrasen den Bezugspunkt, in welchen eine ↗ Präposition (P) auftritt, z. B. P + Substantivgrup-pe: *an der Wand*, P + P + Substantivgruppe: *bis an die Wand*, Adverb + P + Substantivgruppe: *vorne an der Wand*, (P +) Adverb/Substantivgruppe + P: *von heute an, an der Wand (ent)lang, die Wand entlang, da/wo* + P: *davon, wovon*, P + Adverb: *seit heute*. Im Rahmen der GG wird im Allgemeinen davon ausgegangen, dass eine Präposition den ↗ Kopf ei-ner PP bildet, z. B. *auf* in [*die Katze* [PP *mitten* [P' [P *auf*] [*dem Dach*]]] *schnurrt*]. Annahmen über den universalen Aufbau anderer Phrasen entspre-chend (↗ Determinansphrase, ↗ Kopf, ↗ X-Bar-Theo-rie) werden in neueren Arbeiten zur GG verschie-dene funktionale Kategorien als maßgebl. für den Aufbau von PPn diskutiert. Bspw. soll die Projek-tion funktionaler Kategorien wie PLACE und PATH

(Zeller 1999, Ayano 2001, Holmberg 2002, S. Be-ndjaballah & M. Haiden 2005) einerseits die spezif. Semantik lokaler PPn (als –PLACE, +PATH-Projek-tionen, z. B. [PathP [Path [–PATH] [PlaceP [Place +PLACE] [PP [P *in*] [NP *dem Glas*]]]]] und direktionaler (als +PLACE, +PATH-Projektionen, z. B.) und [PathP [Path [+PATH] [PlaceP [Place +PLACE] [PP [P *in*] [NP *das Glas*]]]]]) erfassen. Zugleich kann sie unter best. weiteren Voraussetzungen für die Explikation grammat. Unterschiede zwischen PPn und Verbparti-kelkonstruktionen (z. B. *Peter trinkt das Glas aus, Peter trinkt das Bier aus*) herangezogen werden: Während z. B. einer lokalen PP eine Struktur wie [PlaceP [Place +PLACE] [PP [P *aus*] [NP *dem Glas*]]] zugewiesen werden kann, weist eine Verbpartikel-konstruktion keine funktionale Projektion auf und besitzt somit andere Rektionseigenschaften, z. B. *Pe-ter trinkt das Bier aus dem Glas* vs. **Peter trinkt das Bier das Glas aus*. Neben der Semantik von PPn werden in der GG u. a. diskutiert: (a) die Bedingun-gen der Kasus-Rektion in der PP, vgl. Abraham (2004), (b) die Abgrenzung von PPn und Verbparti-kelkonstruktionen, vgl. Dehé (2002), (c) die Bedin-gungen für das gespaltene Auftreten von PPn (Prä-positionsstranden, im Dt. nicht bzw. nur beschränkt möglich, z. B. *Da lacht man drüber*, **Wem hat sich Peter mit getroffen?*, vgl. Riemsdijk 1978, Law 1998, Abels 2003), und (d) die automatische Analyse, vgl. Volk (2001), Saint-Dizier (2005). **Lit.** S. Ayano, The Layered Internal Structure and the External Syntax of PP. Diss. Univ. of Durham 2001. – J. Bayer & M. Bader, On the Syntax of Prepositio-nal Phrases. In: A. Späth (ed.), Interfaces and Interface Conditions. Bln. 2007, 157 – 179. – C. Di Meola, Dt. Präpositionen im Überblick: Form, Stellung und Rektion. Pandaemonium Germani-cum 4, 2000, 321 – 368. – A. Libert, Ambiposi-tions. Mchn. 2006. – G. Rauh (ed.), Approaches to Prepositions. Tübingen 1991. **Bibl.** http://www.ids-mannheim.de/gra/konnektoren.　　　F

Präpositionsstranden ↗ Präpositionalphrase

Präpositiv m. ↗ Kasus z. B. des Russ. in Verbindung mit Präpositionen mit eigenem Formenparadigma, ohne eingrenzbare Kasusbedeutung. Der P. kann im Russ. nur nach bestimmten Präpositionen stehen und nimmt keine besonderen syntakt. oder adver-bialen Funktionen wahr; er kann deshalb nicht als Kasus i. e. S. gelten. Einige russ. P.formen werden mitunter als ↗ Lokative klassifiziert.　　　G

Präpositivergänzung In dt. Grammatiken mitunter vorkommende ungenaue Bez. für das ↗ Präpositio-nalobjekt.　　　G

Präsens (lat. praesēns ›gegenwärtig‹. Engl. present, frz. présent. Auch: Gegenwart) Mit ↗ Futur und ↗ Präteritum Teil der grammat. Kategorie ↗ Tempus des Verbs und deren unmarkierte Zeitstufe, weshalb auf der Ausdrucksseite oft kein (explizites) For-mans für das P. vorhanden ist (vgl. *sie spiel-en – sie spiel-t-en*). Im Gegensatz zu anderen Tempora ist das P. stets vorhanden, wenn der Ausdruck von Zeit überhaupt grammatikalisiert ist. Das P. bezeichnet ganz allgemein eine ⌐ Gleichzeitigkeit zum ⌐ Sprechzeitpunkt (und nicht eine Gleichzeitigkeit zur physikalischen ⌐ Zeit), doch ist die semant. Funktion des P. relativ unspezifisch: Es kann Gegenwärtiges bezeichnen (*Heute scheint die Sonne*), allgemeingültige Fakten (*Die Erde dreht sich um die Sonne*), aber auch Vergangenes in seiner Beziehung zur ⌐ Gegenwart (*1460 druckt Pfister in Bamberg*). Kontextbedingt kann das P. auch als ⌐ Futur interpretiert werden (*Die Sonne geht um 21.03 h unter*). Die verfehlte Gleichsetzung von P. und ⌐ Gegenwart hat für solche Fälle die Hilfsbegriffe aktuelles P., generelles P., historisches P., futurisches P. hervorgebracht. In den slav. Spr. gewinnt die Kombination von P. und ⌐ perfektivem (pf.) ⌐ Aspekt in der Regel futurische Bedeutung – ein vollendetes P. gibt es im Russ. z. B. nicht, vgl. *piš-ú* ›ich schreibe‹ (⌐ imperfektiver Aspekt) vs. *na-piš-ú* ›ich werde schreiben‹ (das Präfix *na-* zeigt den pf. Aspekt an). Lexikalisierte Mittel zum Ausdruck einer dem – aktuellen – P. entsprechenden Proposition sind z. B. *heute, gerade, derzeit* usw.   KE

Präsensstamm ⌐ Tempusstamm

Präskription, Präskriptiv ⌐ Normativ

Präskriptor m. (lat. praescribere ›vorschreiben, befehlen‹) Ein P. (prescriptor) ist in der Theorie der ⌐ Signifikationsmodi von Ch. W. Morris ein Zeichen, das ein »Obligatum« (Handlungserfordernis) signifiziert. Morris denkt dabei in erster Linie an den ⌐ Imperativ (*Komm!*) und ⌐ Modalverben wie *müssen, sollen*; im Blick auf die ⌐ aktuelle Bedeutung unterscheidet er kategor., hypothet. und begründete P. **Lit.** ⌐ Signifikationsmodus.   RB

Präspezifizierung ⌐ Bestimmungsrelation

Präsumptiv (engl. presumptive, auch: probable mood) Bez. für sprachl. (morpholog. bzw. syntakt.) Formen, die indirekte ⌐ Evidentialität kodieren. Der Terminus wird bei der Beschreibung unterschiedl. Spr. verwendet, z. B. für die Charakterisierung der verbalen Suffixe *-taroo* / *-daroo* / *-itaroo* / *-deshoo*, *-yoo* / *-oo* im Japan. (vgl. Johnson 2003 oder Ono 2006 im Unterschied zu Hara 2006, der die Termini *evidential marker* und *evidential morpheme* verwendet für dt. Konstruktionen mit *werden* wie *Es wird keine Beatles-Tour mehr geben* (Hilpert 2007, 227). Vornehmlich wird der Terminus P. allerdings in der Romanistik zur Beschreibung bestimmter Paradigmen im Rumän. (rumän. *modul prezumtiv)* eingesetzt (Iliescu 2002, 153 f.), ist jedoch hier umstritten (Friedman 1998). **Lit.** V. A. Friedman, The Grammatical Expression of Presumption and Related Concepts in Balkan Slavic and Balkan Romance. In: M. Flier & A. Timberlake (eds.), American Contributions to the 12th International Congress of Slavists. Bloomington 1998, 390–405. – Y. Hara, Japanese Discourse Items at Interfaces. Diss. Univ. of Delaware 2006. – M. Hilpert, Germanic Future

Constructions: A Usage-Based Approach to Grammaticalization. Diss. Rice Univ. Houston, Texas 2007. – M. Iliescu, Rumänisch. In: M. Okuka & G. Krenn, Lexikon der Spr.n des europ. Ostens. Klagenfurt 2002, 145–166. – Y. Johnson, Modality and the Japanese Language. Ann Arbor, Michigan 2003. – H. Ono, An Investigation of Exclamatives in English and Japanese: Syntax and Sentence Processing. Diss. Univ. of Maryland 2006.   F

Prasun ⌐ Dardische Sprachen

Präsupposition (lat. praesuppōnere ›voraussetzen‹, engl. ›presupposition‹) Nach G. Frege (1848–1925) »selbstverständl. Voraussetzung« für sprachl. Äußerungen. In der analyt. Philosophie ist die Wahrheit der P. eines Satzes eine notwendige Voraussetzung für die Wahrheit oder Falschheit dieses Satzes. »… a statement S presupposes a statement S' in the sense that the truth of S' is a precondition of the truth – or – falsity of S« (Strawson 1952, 175). Der Begriff wurde von Strawson (1950, 1952) in die Ling. eingeführt. Nach Strawson bezieht sich die P. nur auf den referentiellen Teil einer Äußerung, die P. impliziert also die Existenz des bezeichneten Gegenstandes, z. B. hat ›Der gegenwärtige Kanzler der BRD hat Locken‹ die P. ›Es gibt zur Zeit ein Staatswesen BRD. Dieses Staatswesen hat einen Kanzler‹. P. werden in der Äußerung nicht explizit ausgedrückt. Ihre Annahme ist für die Produktion und Rezeption von sprachl. Äußerungen jedoch notwendig. Über diese ›klassische‹ Definition hinaus wird das Konzept der P. auf andere Bereiche ausgeweitet. So können unterschiedliche lexikal. Einheiten P. auslösen, z. B. (a) faktive Verben: Im Satz *Karl bedauert, dass er den Geburtstag seiner Frau vergessen hat* wird präsupponiert, dass Karl den Geburtstag seiner Frau vergessen hat. (b) Possessiva: *Karl fährt mit seinem Fahrrad* → Karl besitzt ein Fahrrad. (c) Quantoren: *Alle Ferraris von Karl sind rot* → Karl besitzt mindestens einen Ferrari. Neben diesen semantischen P. wird seit den 1970er Jahren auch von pragmatischen P. gesprochen. Pragmatische P. sind mitzuverstehende Folgerungen aus dem Wissen über den Handlungskontext und Annahmen darüber, die von Textproduzent und -rezipient geteilt werden. Sie sind im Textaufbau und im Textverständnis Voraussetzungen für das Verständnis und entsprechen als gemeinsame Annahmen dem ⌐ «Thema» bzw. dem ⌐ «Topik» innerhalb der Informationsstrukturierung. Zur Abgrenzung der P. von Folgerungen, ⌐ konversationellen Implikaturen und ⌐ Implikationen dient der ⌐ Präsuppositionstest. **Lit.** G. Frege, Über Sinn und Bedeutung. Zs. für Philosophie und philosoph. Kritik. NF 100, Halle 1892, 25–50. Wiederabdruck in: Ders., Funktion, Begriff, Bedeutung. Göttingen ⁶1986, 40–65. – B. Russell, On Denoting. Mind 30, 1905, 479–493. – P. F. Strawson, On Referring. Mind 59, 1950, 320–344. Auch in: Petöfi & Franck (1973), 193–220. – Ders., Introduction to Logical Philosophy.

Ldn. 1952. – J. S. Petöfi & D. Franck (Hgg.), P.en in Philosophie und Ling. Ffm. 1973. – R. Keller, Wahrheit und kollektives Wissen. Zum Begriff der P. Ddf. 1975. – M. Reis, P.en und Syntax. Tübingen 1977. – C.-K. Oh & D. A. Dinneen, Presupposition. N. Y. 1979. – M. Pinkal, Neuere Theorien der P. In: SL 17/18, 1985, 114–126. – R. van der Sandt, Context and Presupposition. London u. a. 1988. – P. A. M. Seuren, P.en. In: HSK 6, 286–318. SN

Präsuppositionstest Der P. ermöglicht die Abgrenzung von ↗ Präsuppositionen von z. B. ↗ Folgerungen, ↗ Konversationsmaximen und ↗ Implikationen. Eine Voraussetzung ist nur dann eine Präsupposition einer Aussage, wenn diese Voraussetzung auch noch nach der ↗ Negation dieser Aussage besteht, z. B. (a) *Der gegenwärtige Bundeskanzler der BRD wiegt 75 kg.* (b) *Der gegenwärtige Bundeskanzler der BRD wiegt nicht 75 kg.* Sowohl für die Äußerung (a) als auch für die Negation von (a) in (b) ist die notwendige Voraussetzung: *Es gibt zur Zeit einen Bundeskanzler der BRD.* Aber: aus (c): *Im polit. System der BRD herrscht das Prinzip der Gewaltenteilung* folgt (d): *Im polit. System der BRD gibt es eine Legislative, eine Judikatur und eine Exekutive.* Diese Folgerung gilt jedoch nicht bei der Negation von (c): *Im polit. System der BRD herrscht nicht das Prinzip der Gewaltenteilung.* SN

Präteritalausgleich Vereinheitlichung innerhalb der ↗ Ablautreihen der starken Verben im Dt. auf der Ebene der Präteritumsformen in Richtung auf einen gleichen ↗ Stammvokal im Sg. und Pl., wobei der Ausgleich vom Sg., Pl. oder vom Part. Prät. ausgehen kann, z. B. mhd. *warf – wurfen, nam – nâmen, smalz – smulzen – gesmolzen*, nhd. *warf – warfen, nahm – nahmen, schmolz – geschmolzen.* Dieser P. findet im Dt. in später frühnhd. und teilweise noch in nhd. Zeit statt, wobei best. Schwankungen noch relativ lange erhalten blieben. Der P. bewirkte durch die Vereinheitlichung der Formen innerhalb des Tempussystems eine deutlichere Markierung der Tempuskategorie. MO

Präteritopräsentien (Sg. Präteritopräsens, n.) Gruppe von Verben, deren ↗ Präsens formal mit dem ↗ Präteritum ↗ starker Verben übereinstimmt, während die Präteritumsformen wie bei den ↗ schwachen Verben mit Dentalsuffix gebildet sind. Die P. lassen sich nach ↗ Ablautreihen einteilen. Sie zeigen mit wenigen Ausnahmen im Präs. Vokalwechsel zwischen Sg. und Pl. (z. B. got. *skal – skulum* ↗ich soll – wir sollen‹), ihre Präsensendungen entsprechen im Wesentl. denen der starken Verben im Prät. (z. B. ahd. 1./3. Pers. Sg. Ind. Präs. mit Nullendung: *mag* ↗ich kann‹). Insgesamt umfasst die Gruppe der P. in den germ. Spr. 15 Verben, allerdings sind in keiner Spr. alle belegt. Die ahd. P. sind *weiz* (1./3. Pers. Sg. Ind. Präs. Ablautreihe I ↗ich weiß‹), *toug* (II ↗es hilft‹), *an* (III ↗ich gönne‹), *kan* (III ↗ich kann‹), *darf* (III ↗ich bedarf‹), *gitar* (III ↗ich wage‹), *scal* (IV ↗ich soll‹), *mag* (V ↗ich kann‹),

muoz (VI ↗ich kann/darf‹). Nur in wenigen Restformen sind die Verben *eigun* (I ↗wir haben‹) und *ginah* (IV ↗es genügt‹) belegt. Das Präs. der P. geht auf ein idg. ↗ Perfekt zurück (vergleichbar: lat. *nōvī* ↗ich habe kennengelernt‹ = ↗ich weiß‹). Aus den P. entwickelt sich in den neugerm. Spr. die Gruppe der ↗ Modalverben. GZ

Präteritum (lat. praeteritum ↗das Vorübergegangene‹. Engl. preterite, past tense, imperfect tense, frz. prétérit, passé, imparfait. Auch: Imperfekt < lat. imperfectum ↗das Unvollendete‹) Verbale Vergangenheitsform, d. h. Teil der grammat. Kategorie ↗ Tempus; typolog.-strukturell an das Vorhandensein des Präsens gekoppelt und nach diesem die zweithäufigste Kategorie. Das P. weist in flektierenden Spr. gewöhnl. eigene Morpheme oder morphonolog. Alternationen auf, die es von anderen Tempora deutl. unterscheiden, vgl. dt. *du schreib-st* vs. *du schrieb-st, wir hol-en* vs. *wir hol-t-en.* Seine semant. Funktion besteht v. a. darin, wiederholte oder länger andauernde Vorgänge in der Vergangenheit darzustellen oder die Nichtabgeschlossenheit zu betonen. Das P. ist das typ. Erzähltempus (↗ episches P.). Existiert in einer Sprache nur *ein* Vergangenheitstempus, wird dies als P. bezeichnet, z. B. im ↗ Russischen. Seine eigentl. Funktion ist dann allein die Bezeichnung der Nicht-Gleichzeitigkeit zum Sprechzeitpunkt. KE

Präteritumschwund Im Süden des dt. Sprachgebiets seit dem Spätmittelalter ablaufender Prozess der Ersetzung der Formen des ↗ Präteritums durch solche des ↗ Perfekts außer bei *sein* und, zum Ausdruck des Konjunktivs, bei *tun.* G

Präterminal Ling. Element, das in einer Kette von Elementen derselben Klasse vor dem terminalen Element angeordnet ist. G

Präverb 1. In manchen Spr. spezielles verbales Wortbildungsverfahren, bei dem Grundverben durch Präfixe semant. modifiziert werden. Präverbien können z. B. direktional differenzieren, z. B. georg. *movida* ↗er kam her‹, *gamovida* ↗er kam heraus‹ (zu *-ved-/-vid-* ↗gehen‹). Im Megrel. (↗ südkaukasische Sprachen) werden bis zu 90 P. gezählt. **2.** In der Germanistik mitunter Bez. für den ↗ Verbzusatz. G

Prävokalisch In der Position vor einem Vokal befindliche Lauteinheit. G

Predigt ↗ Turn

Prekativ (lat. precārī ↗bitten‹. Engl. precative) Bez. für Formen, welche eine Bitte zum Ausdruck bringen können. Der P. wird in manchen Spr. (z. B. ↗ Akkadisch, ↗ Vedisch) flexionsmorpholog. kodiert; ↗ Modus. **Lit.** M. Hilgert & W. Sommerfeld (Hgg.), Akkadisch in der Ur-III-Zeit. Münster 2002. – D. Testen, The East Semitic Precative Paradigm. JSS 38, 1993, 1–13. F

Presbyakusis ↗ Hörfeld

Presse, Pressesprache ↗ Interview, ↗ Massenkommunikation, ↗ Medienlinguistik, ↗ Zeitungssprache

Pressstimme ↗ Glottalisierung, ↗ Pressung
Pressung (auch: gepresste Stimme, Knarrstimme, Pressstimme. Engl. creaky voice) Aufgrund von durch ↗ Glottalisierung bedingtem unregelmäßigem Schwingen der Stimmbänder (↗ Phonation) auftretende knarrende ↗ Stimmqualität.   PM
Prestige n. (lat. praestīgiae ›Blendwerk, Gaukelei‹ > frz. prestige ›Ansehen, Geltung‹) Ansehen, das ein bestimmtes Individuum aufgrund bestimmter Attribute oder das ein bestimmtes Attribut in einer Gesellschaft hat, z. B. ein Wagentyp, Wohngebiet oder auch eine Sprech-/Schreibweise oder Sprachform. Zumeist im engeren Sinn von positivem Ansehen; Ggs. *Stigma* ›negatives Ansehen‹. P. beinhaltet keineswegs eine positive ↗ Wertung in jeder Hinsicht, sondern bezieht sich in erster Linie auf die soziale Hierarchie nach Macht und Sozialschichtung (↗ Schicht). So hat z. B. eine ↗ Standardvarietät wegen ihrer vorherrschenden Verteilung auf die höheren Sozialschichten zwar i. d. R. ein höheres P. als die Dialekte; Letztere werden jedoch durchaus oft gleichzeitig in anderer Hinsicht positiver bewertet (strahlen mehr Wärme und Menschlichkeit aus, sind lebensnäher, echter usw.). Sprachformen, Varietäten oder Spr. mit höherem P. werden zumeist eher förml. gebraucht (Schule, außerschul. Bildungseinrichtungen). Ihr P. hängt auch damit zusammen, dass ihre Verwendung eher dem sozialen Aufstieg förderl. ist. In manchen Fällen ist es angemessen, das P. einer Spr. danach zu messen, wie viel Individuen mit welcher Dringlichkeit sie erlernen wollen. Demnach wäre derzeit Engl. die Spr. mit dem weltweit größten P. **Lit.** H. Haarmann, Sprachplanung und Prestigeplanung. Europa Ethnica 41 (2), 1984, 81–89. – B. Wegener, Concepts and Measurement of Prestige. Annual Review of Sociology 18, 1992, 253–280. – H. Strasser, P. – Stigma. HSK 3, I, 1987, 140–144.   AM
Prestoform ↗ Sprechausdruck
Primärberührungseffekt Bereits im Idg. verlor ein sth. Verschlusslaut des Wortstammes vor einem stl. Verschlusslaut der Endung seinen Stimmton. Die idg. Verbindungen *bt, gt, gs, dt* erscheinen im Urgerm. demnach als *ft, χt, χs* und *ss* und nicht als *pt, kt, ks, tt*, wie aufgrund der ersten Lautverschiebung (↗ Grimmsches Gesetz) zu erwarten wäre, z. B. *geben* – *Gift*. Noch im Idg. erfolgte die Assimilation der stammauslautenden sth. Verschlusslaute an die stl. Verschlusslaute der nachfolgenden Suffixe, z. B. lat. *scrībere* ›schreiben‹ – *scrīptum* ›Schrift‹. Das Aufeinanderstoßen dieser Laute hat zu der Bez. Primärberührung geführt. Im Zuge der ersten Lautverschiebung (↗ Grimmsches Gesetz) wurden die stl. Verschlusslaute *p, k* zu den entsprechenden stl. Frikativen *f, χ*: idg. **skabt-* > **skapt-* > urgerm. **skaft-* > ahd. *gi-scaft* ›Geschöpf‹. Bei *dt* - *tt* fand zusätzlich ein assimilator. Frikativierung des Verschlusses statt: idg. **sed-tos* > **sestos* > lat. *sessus* ›Sitzen‹.   ST

Primärdaten (engl. primary data) Die in einem ↗ Korpus enthaltenen Sprachdaten werden als P. oder Rohdaten bezeichnet. Die P. unterscheiden sich bei gesprochenen oder multimodalen Korpora von den authent. originären Daten, die z. B. als handschriftl. Manuskript oder als Sprachaufnahme vorliegen können.   Z
Primärsprache ↗ Erstsprache
Primärumlaut ↗ Umlaut
Primatensprache Bez. der Zeichenbildung und -verwendung von Primaten, v. a. im visuellen Medium. Umstritten ist die Relevanz von Versuchen, Schimpansen menschl. Spr. beizubringen. Zwar konnte man das passive Verstehen einiger Wörter erreichen, aber aktive Sprachproduktion musste aufgrund fehlender physiolog. Voraussetzungen (↗ Sprechorgane) scheitern. Gewisse Erfolge erzielte man bei der Vermittlung der ↗ Gebärdensprache ASL (American Sign Language) und objektbasierter Zeichenspr. (Plättchen verschiedener Farbe, Form und Größe). Es zeigte sich, dass auch syntakt. Beziehungen und Generalisierungen in gewissem Maße lernbar waren. In den 1970er Jahren trafen die vielfältigen Versuche, sprachl. Kommunikation mit Primaten durch deren Unterweisung in unterschiedl. Gesten- und Symbolsystemen zu entwickeln, zunehmend auf Skepsis. Experimente mit Zwergschimpansen legen jedoch nahe, dass diese Spezies sowohl gewisse auditive Perzeptionsfähigkeiten als auch dialog. Fähigkeiten im Medium der Symbolsprache Yerkish (basierend auf Lexigrammen, einem Inventar von geometr. Figuren) entwickeln kann. Aus den Einsichten in die Struktur von P. und von Mensch-Affe-Kommunikation Schlüsse auf die Genese und Evolution der menschl. Sprachfähigkeit zu ziehen, ist sehr problemat. **Lit.** ↗ Tiersprache, ↗ Zoosemiotik.   G
Priming-Effekt ↗ Worterkennung
Primitiv-Prädikat ↗ Atomares Prädikat
Prinzip der abstrakten Relevanz Zusammenfassung K. Bühlers (Sprachtheorie, § 3) für eine in der Phonologie-Konzeption N. S. Trubeckojs zentrale Bestimmung, dass keineswegs alle an ihnen sinnl. wahrnehmbaren Erscheinungen für ihre Funktion relevant sind (im Fall der Sprachlaute ist die Funktion die der Bedeutungsunterscheidung). Von Bühler für ↗ Zeichen und darüber hinaus verallgemeinert und mit seiner funktionalen Zeicheninterpretation verbunden. – Das P.d.a.R. hat sein Komplement in der »apperzeptiven Ergänzung«, einer beim Wahrnehmungsprozess mental vorgenommenen systematisierten Einordnung des sinnl. Wahrnehmbaren (Sprachtheorie, § 2); ↗ Apperzeption.   E
Prinzip der obligatorischen Kontur ↗ Autosegmentale Phonologie
»Prinzipien der Orthographie« ↗ Schriftsystem
Prinzipien-Parameter-Theorie ↗ Mentalismus, ↗ Parameter, ↗ Rektions-Bindungs-Theorie

Privative Opposition ↗ Opposition
Privativum (lat. prīvāre ›berauben‹ Auch: Privativbildung) Semant. bestimmte Subklasse verbaler ↗ Ableitungen von subst. Basen. In P. wird das ›Entfernen‹ dessen signalisiert, das von der subst. Basis bezeichnet wird, z. B. *entstauben* ›den Staub entfernen‹ oder *demaskieren* ›die Maske entfernen‹. I. d. R. licgcn kombinierte Ableitungen vor (↗ Zirkumfigierung); eine alternative Lesart ist hier die ↗ Präfixkonversion. Auch Ableitungen ohne explizit transponierende Suffixe existieren, z. B. *Haut* → *häuten*. Sie sind aber nach einem Muster gebildet, das synchron nicht mehr produktiv ist; ↗ implizite Ableitung). Ggs. ↗ Ornativbildung. ES
Privatsprache (engl. private utterance) (a) Ein Ausdruck, den eine Person für ihren eigenen Gebrauch einführt, der aber nicht der von einer ↗ Sprachgemeinschaft gesprochenen Spr. angehört; (b) ein Ausdruck, der für ein inneres Erlebnis eines Subjekts (z. B. Gefühl oder Schmerz) steht. Zentral für die Argumentation L. Wittgensteins gegen die Möglichkeit einer P. sind folgende Argumente: (a) Ein Ausdruck hat nur dann eine Bedeutung, wenn es ↗ Regeln für seinen korrekten ↗ Gebrauch gibt. Der richtige Gebrauch zeigt sich im Einklang mit der Wortverwendung der Sprachgemeinschaft. Ein korrekter Gebrauch privater Ausdrücke ist nicht definiert und nicht definierbar, da eine private Regelbefolgung nicht von einer willkürl. Einstellung unterscheidbar ist. Mit den Regeln werden auch die Anwendungsbedingungen festgelegt. Im Gegensatz zu den Anwendungskriterien durch den allgemeinen ↗ Sprachgebrauch gibt es für den privaten Bereich keine allgemeinen Anwendungskriterien, da im privaten Bereich das als richtig gilt, was immer mir richtig erscheint, so dass kein verbindl. Kriterium von ›richtig‹ zur Anwendung kommt. (b) Ein Prädikat für Privates wie z. B. ›Schmerzen haben‹ können wir nur introspektiv, d. h. in Anwendung auf eigene Schmerzen erlernen, nicht aber durch Beobachtung der Schmerzgefühle anderer, da diese einer Wahrnehmung nicht zugängl. sind. Die Möglichkeit, diese in die gemeinsame Spr. einzuführen, sieht Wittgenstein darin, dass es ein natürl. Schmerzverhalten gibt, das alle Menschen zeigen und in Aussagen über ihr Schmerzverhalten artikulieren. PR
Privilegierung (auch: Vorgängerrelation, Vorrangrelation. Engl. primacy relation) Im Rahmen der GG von Langacker (1966) geprägte Bez. für eine Beziehung zwischen ↗ Knoten in einem ↗ Strukturbaum, die den folgenden Anforderungen genügt: Zwei Knoten A und B stehen in der Relation der P., wenn (a) A dem Knoten B linear vorausgeht und (b) A den Knoten B kommandiert (↗ C-Kommando), d. h., dass A von einem S-Knoten unmittelbar dominiert wird und B von demselben S-Knoten dominiert wird, nicht jedoch von A, z. B.:

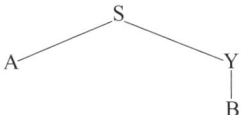

P. als Voraussetzung für die Anwendbarkeit einer ↗ Transformation wird als P.-Prinzip bezeichnet. Das P.-Prinzip spielte bei der Erfassung anaphor. Beziehungen (↗ Pronominalisierung) im Rahmen des ↗ Aspekte-Modells eine wesentl. Rolle. **Lit.** R. W. Langacker, On Pronominalization and the Chain of Command. In: D. A. Reibel & S. A. Schane (eds.), Modern Studies in English. Englewood Cliffs 1966, 160–186. – M. Reis, Syntakt. Hauptsatz-Privilegien und das Problem der dt. Wortstellung. ZGL 2, 1974, 299–327. F
pro ↗ Pro-Drop-Prameter
PRO Im Rahmen der GG angenommene pronominale syntakt. Kategorie, die phonolog. nicht realisiert wird und semant. ein log. Subj. repräsentiert. PRO ist stets ein Argument mit einem belebten Denotat und unterliegt Prinzipien der ↗ Kontrolle, z. B. *Er verspricht ihm [[PRO] zu kommen]* oder *Karls Versprechen [[PRO] zu kommen]* mit Subj.-Kontrolle oder *Karls Verbot [[PRO] zu kommen]* mit Obj.-Kontrolle. Im Unterschied zu *pro* (↗ Pro-Drop-Parameter) ist PRO auf eine Position festgelegt, die je nach Darstellung, entweder keine Kasuszuweisung (↗ Rektion) erlaubt oder einen Defaultkasus erfordert; ↗ Rektions-Bindungs-Theorie, ↗ REST. **Lit.** K.-M. Köpcke & K-U. Panther, Zur Identifikation leerer Subj. in infinitivischen Komplementsätzen – ein semant.-pragmat. Modell. FoL 36, 2002, 191–218. – Weitere Lit. ↗ Kontrolle. F
Pro-Adverb ↗ Pronominaladverb
Probabilistisch ↗ Kybernetik, ↗ Variationslinguistik
Probabilistische Grammatik Eine (z. B. ↗ kontextfreie) Grammatik, die zusätzl. Informationen über die Wahrscheinlichkeit einer Regel oder Teilstruktur enthält und es dadurch ermöglicht, unter verschiedenen Lesarten die wahrscheinlichste zu ermitteln. **Lit.** C. D. Manning & H. Schütze, Foundations of Statistical Natural Language Processing. Cambridge, Mass. 2001. L
Probe ↗ Operational
Problematisch ↗ Modallogik
Procrastinate ↗ Generative Ökonomieprinzipien
Pro-Drop-Parameter (auch: Null-Subjekt-Parameter) In der GG als universal angenommener Regelmechanismus oder Parameter, nach welchem eine Spr. eine Pro-Drop-Spr. sein kann bzw. dies ausgeschlossen ist. Die positive Belegung des P.-D.-P. besagt, dass in der betreffenden Spr. ein leeres Subj., das als *pro* bezeichnet wird, als Subj. eines finiten Verbs auftreten kann, z. B. im Italienischen (*mangia* ›er/sie/es isst‹), im Griech., Sard. oder Span. Die von Perlmutter (1971) für die GG ent-

deckte Erscheinung geht mit weiteren Eigenschaften der entspr. Spr. einher, welche im P.-D.-P. zusammengefasst werden und Thema laufender Untersuchungen sind, z. B. der Distribution von Expletiva in subjektlosen Sätzen, vgl. sard. **Isse proghet* vs. dt. *Es regnet* und **Regnet.* Neben spezif. Eigenschaften (z. B. definite Referenz, Nicht-Unterwerfung unter die Prinzipien der ⏶ Bindung) besitzt *pro* generalisierbare Eigenschaften, etwa wie ⏶ PRO strikt nominativisch zu sein. Spr., in welchen *pro* keine Referenz besitzt, werden als Semi-Pro-Drop-Spr. bezeichnet, z. B. dt. *[dass (pro) gelacht wurde]*; ⏶ Subjektlosigkeit, ⏶ Unpersönliche Konstruktionen. **Lit.** N. Chomsky & H. Lasnik, The Theory of Principles and Parameters. HSK 9.1, 506–569. – M. Frascarelli, Subjects, Topics and the Interpretation of Referential pro. An Interface Approach to the Linking of (Null) Pronouns. NLLT 25.4, 2007, 691–734. – K. Geeslin, A Typological Investigation of the P.-D.-P. In: Language Typology. Proceedings of Electronic Conference May 15–25, 1999. Web Journal of FCCL 1999. – G. M. Gilligan, A Cross-Linguistic Approach to the P.-D.-P. Diss. Univ. of Southern California 1987. – A. Holmberg (ed.), Partial Pro-drop. Studia Linguistica Special Issue 63.1, 2009. – O. Jaeggli & K. J. Safir (Hgg.), The Null Subject Parameter. Dordrecht 1989. – D. M. Perlmutter, Deep and Surface Constraints in Syntax. N. Y. 1971, 99–122.   F

Pro-Drop-Sprache ⏶ Pro-Drop-Parameter

Produktionsgrammatik ⏶ Erzeugungsgrammatik

Produktionsregel ⏶ Ersetzungsregel, ⏶ Konstituentenstrukturregel, ⏶ Phrasenstrukturregel

Produktivität P. ist ein Merkmal synchron verfügbarer Wortbildungsmuster. Graduelle Abstufungen (hochproduktiv – produktiv – aktiv – unproduktiv) sind schwierig zu treffen (vgl. etwa Hentschel & Weydt 2003, 32 f. und Becker 1990, 114 ff.) und auch nur bedingt von Belang, da selbst fehlende P. die Existenz des ⏶ Wortbildungsmusters nicht infrage stellt (⏶ implizite Ableitung, ⏶ Rückbildung). Immerhin korrelieren Produktivitätsgrade und Restriktionen, die sich aus grammat. und semant. Eigenschaften der Konstituenten ergeben. Bei der Bildung eines ⏶ nomen agentis etwa sind die unmarkierten *-er*-Ableitungen produktiver als die funktionsgleichen Ableitungen auf *-ling* (*Eindringling*) oder *-eur* (*Friseur*); *-ling* ist negativ konnotiert, *-eur* stellt spezifische Anforderungen an die Herkunft der Basen. **Lit.** Th. Becker, Analogie und morpholog. Kategorie. Mchn. 1990. – E. Hentschel & H. Weydt, Handbuch der dt. Grammatik. Berlin, N. Y. ³2003.   ES

Produktname (auch: Warenname) ⏶ Markenname, aber auch Bez. von Produkten, die nicht als Marken geschützt sind; ⏶ Warenzeichen, ⏶ Warenzeichenrecht. **Lit.** G. Koß, Warennamen. HSK 11, II, 1642–1648. – S. Latour, Namen machen Marken. Hdb. zur Entwicklung von Firmen- und P. Ffm.

1996. – C. Platen, Ökonymie. Zur P.-Ling. im europ. Binnenmarkt. Tübingen 1997. – B. M. Samland, Unverwechselbar – Name, Claim & Marke. Mchn. 2006.   G

Professionalismus (engl. professional/technical expression, frz. mot professionnel, terme du métier) Fachsprachl. Ausdruck, der noch nicht in die ⏶ Gemeinsprache eingedrungen ist, also nur den jeweiligen Fachleuten vertraut ist (⏶ Fachsprache). P. dienen hauptsächl. der schnelleren und präziseren Kommunikation und Kognition. In vielen Fällen sind sie aus griech. und/oder lat. Elementen gebildet oder aus einer Fremdsprache (neuerdings zumeist Engl.) entlehnt. Als fachsprachl. Termini i. e. S. sind sie oft explizit (oder im Theoriezusammenhang auch nur implizit) definiert und sogar normiert.   AM

Profile Deutsch ⏶ Referenzrahmen

Profilmethode ⏶ Semantisches Differential

Pro-Formen (auch: pronominale Kopien, Prowörter, Verweisformen) Pronomina und Pro-Adverbien, die in einem Text als koreferenter Ersatz für einen determinierten und inhaltsaktivierenden Ausdruck genutzt werden können. Der Gebrauch der P.-F. vor dem koreferenten Ausdruck wird als ⏶ kataphorisch, nach dem koreferenten Ausdruck als ⏶ anaphorisch bezeichnet. P.-F. sind als wesentl. Vertextungsmittel, deren Funktion darin besteht, die syntakt. und semant. Verknüpfung von Sätzen zu kohäsiven und kohärenten Satzfolgen zu bewirken und damit zur Kontinuität und Stabilität der ⏶ thematischen Progression und zur Verdichtung der Textoberfläche beizutragen.   P

Programmiersprache Eine P. ist eine formale Spr. (⏶ künstliche Sprache), die es ermöglicht, einen ⏶ Computer eine bestimmte Aufgabe ausführen zu lassen, indem ein Computer zu lösende Aufgabenstellung mit den formalen Mitteln der P. beschrieben wird. Der Benutzer verfasst ein ⏶ Programm, welches vom Computer »gelesen«, »verstanden« und ausgeführt wird. Da die P. eine wesentl. Schnittstelle zwischen Mensch und Maschine (⏶ Mensch-Maschine-Interaktion) darstellt, muss sie einerseits die Beschreibungen der Berechnungen für einen Menschen nachvollziehbar machen, andererseits muss der Computer die Beschreibungen effizient umsetzen können. Am Anfang der Computerentwicklung wurde in Maschinensprache programmiert. Diese Spr. besteht aus binären Symbolen, die zwar einen direkten Zugriff zur Hardware gestatten, aber schwer zu erlernen ist. Es entstanden daraufhin die ⏶ Assemblersprachen, welche die binären Symbole durch (etwas) leichter zu handhabende Abkürzungen ersetzen. Beide Spr. zählen zu den maschinenorientierten P. und haben den Vorteil der hohen Flexibilität, Ablaufschnelligkeit und effektiven Speicherplatzverwaltung. Zur zweiten Gruppe der P. gehören die höheren P. Sie bestehen aus beschreibenden Wörtern oder Symbolen. Die Sprachelemente sind jeweils eine Zusammenfassung bestimmter binärer Symbole der Maschinensprache. Ein in einer solchen P. geschriebenes Programm ist für den Menschen leichter verständl., muss aber, bevor der Computer es ausführen kann, mit einem ↗ Compiler oder ↗ Interpreter wieder in Maschinensprache übersetzt werden.　　WG, PA

Progredient ↗ Intonation, ↗ Satzphonologie

Progressiv (lat. prōgressum ›Vorangeschritten‹) **1.** (Auch: Verlaufsform) Kategorie des ↗ Aspekts in einigen Spr., die im Ggs. zum ↗ Imperfektiv Gleichzeitigkeit der damit markierten Handlung unabhängig von der Zeitstufe bzw. Tempusmarkierung ausdrückt. Das Verbsystem des Engl. ist durch die Opposition von *progressive form* (auch: *continuous form, expanded form*) und *simple form* charakterisiert, z. B. *she was reading when he entered* ›sie schrieb gerade, als er eintrat‹; allerdings kann Letztere nicht als ↗ perfektiv aufgefasst werden, so dass unklar ist, wie das nichtprogressive Glied dieser Aspektkorrelation beschaffen sein soll. Im Dt. hat sich insbesondere in der gesprochenen Spr. eine vergleichbare Konstruktion seit längerem weit verbreitet, z. B. *Er ist am Kochen, stör ihn nicht; Sie war am Schreiben, als er reinkam.* **Lit.** A. Slater, Die Verlaufsform im Dt.: Entwickelt das Dt. eine Aspektkorrelation? Diss. Bamberg 1996. – O. Krause, P. im Dt. Eine empir. Untersuchung im Kontrast mit Ndl. und Engl. Tübingen 2002. – J. v. Pottelberge, Der »am«-P. Struktur und parallele Entwicklungen in den kontinentalwestgerman. Spr. Tübingen 2004. G, T. – **2.** (Auch: vorauswirkend) Bei der ↗ Assimilation Angleichung des nachfolgenden (z. B. mhd. *zimber* > nhd. *Zimmer*) im Ggs. zu *regressiv* (auch: rückwirkend) bei Angleichung des vorausgehenden Lautes an einen nachfolgenden (z. B. lat. *in + perfectus > imperfectus*).　　PM

Prohibitiv (lat. prohibitiō ›Verbot‹. Auch: Vetativ) Bez. für einen negierten ↗ Imperativ, dessen pragmat. Funktion es ist, ein Verbot zum Ausdruck zu bringen. Nur in wenigen Spr. kann der P. als eigenständige morpholog. Kategorie des Verbs nachgewiesen werden, z. B. Lesgisch und Macuxí. Für die Negation eines ↗ Imperativs werden in natürl. Spr. vier verschiedene Strategien verwendet: (a) der Gebrauch einer imperativ. Verbform in Kombination mit einer für Deklarativsätze gebräuchl. (z. B. Dt.) oder ungebräuchl. Negation (z. B. Pañjabi, Vietnames.) und (b) der Gebrauch einer spezif. Verbform in Kombination mit einer für Deklarativsätze gebräuchl. (z. B. Span.) oder ungebräuchl. Negation (z. B. Kannada). Zudem sind Mischformen mögl.; z. B. müssen im Engl. negierte Imperativsätze mit dem Verb *be* ›sein‹ mit *do* konstruiert werden, was sie von nicht-negierten Deklarativsätzen unterscheidet, vgl. *Don't be silly!*　　F

Projektion f. (lat. prōiectiō ›Hervorwerfen‹) **1.** In generativen Grammatikmodellen bezeichnet P. das Übertragen von Merkmalen von einer Kategorie auf eine diese dominierende Kategorie. Bspw. projiziert in der ↗ X-Bar-Theorie ein ↗ Kopf seine morpholog. Merkmale auf die Gesamtphrase. So projiziert der Kopf [$_N$ *Zerstörung*] in der Phrase [$_{NP}$ [$_N$ *Zerstörung*] *des Ortes*] seine Kasus-, Numerus- und Genus-Merkmale auf die Gesamt-NP. Komplementär zur P. verhält sich die ↗ Perkolation. Der Begriff P. spielt für das ↗ Projektionsprinzip eine wesentl. Rolle. F – **2.** Die ↗ Interpretative Semantik modellierte das Verstehen von Sätzen als kompositionellen Projektionsvorgang: Von der untersten lexikal. Ebene aus werden Konstituentenbedeutungen schrittweise auf die nächst höhere Ebene projiziert und dort, soweit keine Selektionsbeschränkungen verletzt werden, mittels ↗ Projektionsregeln zu komplexeren Bedeutungen amalgamiert (↗ Amalgamierung); die ↗ Monosemierung mehrdeutiger Lexeme erfolgt durch das Ausscheiden inakzeptabler »Lesarten«. Führt die projektive Amalgamierung der Lexembedeutungen entlang der Phrasenstruktur zu mindestens einer akzeptablen Gesamtlesart, ist der Satz interpretierbar. **Lit.** ↗ Interpretative Semantik.　　RB

Projektionslinie ↗ Kopf

Projektionsprinzip Im Rahmen der ↗ Rektions-Bindungs-Theorie angenommenes Prinzip, demzufolge ↗ Knoten, die auf einer best. syntakt. Strukturebene sprachl. Repräsentation angesetzt werden, auch auf anderen syntakt. Strukturebenen vorhanden sein müssen. Bei der Annahme von ↗ Bewegungstransformationen folgt aus dem P. z. B. das ↗ Strukturerhaltungsprinzip und die Annahme von ↗ Spuren, denn das P. schließt aus, dass in einer Struktur neue Knoten erzeugt werden oder vorhandene Knoten verschwinden. Die genaue formale Fassung des P. ist abhängig von der internen Architektur des Grammatikmodells. Im Rahmen der ↗ Rektions-Bindungs-Theorie wird z. B. angenommen, dass minimale syntakt. Einheiten die Spezifikationen ihrer ↗ Subkategorisierung und ihrer log. Argumente auf alle syntakt. Ebenen der ↗ Ableitung übertragen (↗ Perkolation), womit das P. für ↗ leere Kategorien wie ↗ PRO und *pro* (↗ Pro-Drop-Parameter) verantwortl. gemacht wird. Mit dem sog. erweiterten P. (extended Projection Principle, EPP) wird das P. auf Sätze (Sätze müssen ein Subj. aufweisen, d. h. ↗ INFL muss projiziert werden), und schließl. auf die ↗ Projektion ↗ funktionaler Kategorien (sog. extended projections, ›erweiterte Projektionen‹) schlechthin erweitert. **Lit.** ↗ Kopf, ↗ X-Bar-Theorie　　F

Projektionsproblem Die kompositionale Bestimmung der ↗ Präsuppositionen eines zusammengesetzten Ausdrucks aus den Präsuppositionen seiner Komponenten. Das P. besteht darin, dass erklärt werden muss, wann Präsuppositionen eines untergeordneten Satzes (a) vererbt, (b) abgeschwächt oder (c) aufgehoben werden. Bsp. *Hans bedauert/ meint/behauptet, dass sein Auto kaputt ist.* Bezogen auf die Präsupposition *Hans hat ein Auto* zeigt sich, dass sie vererbt, wenn das Prädikat des Matrixsatzes *bedauern* ist, abgeschwächt bei *meinen*, im Falle von *behaupten* aber aufgehoben. **Lit.** L. Karttunen, Presupposition and Linguistic Context. TL, 1974, 181–194.   FR

Projektionsregel In der ⁊ interpretativen Semantik des ⁊ Aspekte-Modells Bez. für eine Regel, welche semant. Merkmale der einzelnen Konstituenten schrittweise von der untersten Ebene der ⁊ Ableitung auf die höchste ›projiziert‹ unter Berücksichtigung der ⁊ Selektionsmerkmale und der hierarch. Beziehungen zwischen den syntakt. Konstituenten. P. sollen nach dieser Auffassung den Verstehensprozess von Sätzen eines ⁊ idealen Sprecher-Hörers abbilden.   F

Prokatalepsis f. (griech. προκατάληψις ›Vorwegnahme‹. Auch: ⁊ Antizipation) **1.** In der ⁊ Rhetorik Vorwegnahme eines vermuteten Einwandes zur argumentativen Widerlegung oder Absicherung gegenüber der Gegenpartei oder die Vorwegnahme eines eigenen Gedankenganges der Rede. – **2.** I. e. S. Voranstellung eines Satzteils oder eines attributiven Adjektivs, das die Folge des im Satz ausgesagten Geschehens vorwegnimmt; ⁊ Ausgliederung, ⁊ Inversion, ⁊ Prolepsis.   VS

Proklise f. (griech. προκλίνειν (proklinein) ›nach vorn biegen‹) Orthograph.-phonolog. Inkorporation eines schwachtonigen Wortes durch seinen rechten Nachbarn, z. B. die Fusion von Präp. und bestimmtem Art. (*zu der* > *zur*, *an dem* > *am*); Ggs. ⁊ Enklise, siehe auch ⁊ Klitikon.   ES

Prokope f. (griech. προκοπή (prokopē) ›Fortschritt‹) Wegfall von Sprachlauten am Wortanfang; z. B. ahd. *biscof* im Ggs. zu griech. ἐπίσκοπος (episkopos) ›Bischof‹.   PM

Prolepsis ⁊ Prokatalepsis

Prolog Eine in weiten Teilen ⁊ deklarative log. Programmiersprache, die speziell für die Verarbeitung natürl. Spr. entwickelt wurde, aber auch in vielen anderen Bereichen der ⁊ Künstlichen Intelligenz eingesetzt wird.   L

Prominent (lat. prōminere ›hervorragen‹) Eigenschaft einer ⁊ Silbe, die sich gegenüber ihrer Umgebung durch ⁊ Tonhöhe, ⁊ Lautstärke, Dauer (⁊ Quantität), ⁊ Silbengewicht und/oder ⁊ Sonorität hervorhebt; ⁊ Akzent.   PM

Promissiv ⁊ Sprechaktklassifikation

Promulgatio ⁊ Diplomatik

Promulgation ⁊ Sprachnorm, ⁊ Sprachnormung

Pronomen n. pl. ø, ~ina (lat. pro ›für‹, nōmen ›Name‹. In Schulbüchern auch: Fürwort, Formwort, Stellvertreter, Wechselwort. Engl. pronoun, frz. pronom) Sehr heterogene ⁊ Wortart, deren Vertreter anstelle einer Nominalphrase (Substantivgruppe) stehen. Sie beziehen sich entweder auf vorangehende Ausdrücke (z. B. *Hans hat gesagt, dass er kommt*) als ⁊ anaphorisches P., auf nachfolgende Ausdrücke (z. B. *obwohl er große Bedenken hat, möchte sein Vater Peter ein Auto schenken*) als ⁊ kataphorisches

P. oder auf in der Kommunikationssituation Präsentes (z. B. *dieses Buch kannst du mitnehmen*). Viele P. können auch als ⁊ Artikelwörter verwendet werden (z. B. *dieses, mein, jedes Buch*) oder treten in der Position eines ⁊ Adjektivs auf (z. B. *die vielen Bücher*). In semant. Hinsicht dienen die P. dazu, in Abhängigkeit vom sprachl. Kontext bzw. der Kommunikationssituation auf Gegenstände und Sachverhalte zu verweisen (⁊ Deixis). Unter syntakt.-semant. Aspekt werden P. subklassifiziert in ⁊ Personalpronomen (*ich, du, er, sie, es* usw.), ⁊ Possessivpronomen (*mein, dein, sein* usw.), ⁊ Demonstrativpronomen (*der, dieser, jener, derjenige, derselbe*), ⁊ Indefinitpronomen (*jede, keine, irgendeine* bzw. *alle, viele, einige, manche Zeitungen, man, jedermann, viele, einige, jemanden, niemanden, etwas, nichts gesehen*), ⁊ Interrogativpronomen (*wer, was welcher* etc.), ⁊ Relativpronomen (*der, die, das, wer, was, welcher* etc.), ⁊ Reflexivpronomen (*sich*) und ⁊ reziprokes Pronomen (*sich, einander*). P. spielen eine wichtige Rolle bei der Konstitution von Texten, wobei sie u. a. dazu dienen, ⁊ Kohärenz herzustellen. Komplexere Pronominalsysteme als im Dt. finden sich z. B. im ⁊ Japanischen und ⁊ Javanischen (⁊ Honorativ); ⁊ Proformen. **Lit.** G. Lakoff, Pronouns and Reference. Bloomington 1968. – R. Harweg, Pronomina und Textkonstitution. Mchn. 1968. – K. Braunmüller, Referenz und Pronominalisierung. Zu den Deiktika und Proformen des Dt. Tübingen 1977. – M. Rüttenauer, Vorkommen und Verwendung der adverbialen Proformen im Dt. Hamburg 1978. – J. Weissenborn & W. Klein (eds.), Here and There. Cross Linguistic Studies on Deixis and Demonstration. Amsterdam 1982. – U. Wiesemann (ed.), Pronominal Systems. Tübingen 1986. – H. Pütz, Über die Syntax der Pronominalform »es« im modernen Dt. Tübingen ²1986. – G. Bellmann, P. und Korrektur. Zur Pragmaling. der persönl. Referenzformen. Bln. 1990. – I. Bethge, »der, die, das« als P. Mchn. 1990. – T. Reinhard, Pronouns. HSK 6, 535–548. – V. Ehrich, Hier und Jetzt: Studien zur lokalen und temporalen Deixis im Dt. Tübingen 1992. – J. Lenerz, Zur Syntax und Semantik dt. Personalpronomina. In: M. Reis (Hg.), Wortstellung und Informationsstruktur. Tübingen 1993, 117–153. – St. Howe, The Personal Pronouns in the Germanic Languages. Bln. 1996. – K. Wales, Personal Pronouns in Present-Day English. Cambridge 1996. – l. Schwartz, Pronoun and Article. HSK 17, I, 783–794. – G. Zifonun, Grammatik des Dt. im europ. Vergleich: Das P.: Teil. Überblick und Personalpronomen. Mannheim 2001. – G. Graefen, Pronomen. In: L. Hoffmann (Hg.), Hdb. der dt. Wortarten. Bln., N. Y. 2007, 657–706. – M. Consten & M. Schwarz-Friesel, Anapher. Ebd. 265–292. – Sh. Kameyama, Persondeixis, Objektdeixis. Ebd. 577–601.   PT

Pronominaladjektiv 1. Bez. für ein Pronomen, das adsubstantiv. und damit quasi »wie ein Adjektiv«

verwendet werden kann, z. B. *viele, etliche, übrige.*
2. Adjektive wie *damalig,* die für ein – nach Helbig
& Buscha – semant. komplexeres Attribut stehen:
*Die damalige Politik < die Politik der zwanziger
Jahre.* **3.** Selten Bez. für Adjektive in starker Fle-
xionsform (»flektiert wie ein Pronomen«): *wildes
Luder.* SO
Pronominaladverb (auch: Präpositionaladverb, Pro-
Adverb) Unterklasse der ↗ Adverbien. Morpholo-
gisch bestehen sie aus *da(r)-, wo(r)-* oder *hier-* als
Erstglied und einer Präposition als Zweitglied: *darüber, worauf, hiermit.* Als ↗ Proformen vertreten sie
im ↗ Satz ↗ Adverbiale oder ↗ Präpositionalobjekte.
Es gibt Evidenz, dass die ↗ Kürzungen aus P. (*dran,
drauf, draus, drein, drin, drüber, drum, drunter*) sich
im Dt. zu ↗ Verbzusätzen grammatikalisieren
(↗ Grammatikalisierung): *drankriegen, draufzahlen.*
Damit ist die Lehrmeinung, die Kürzungen seien
lediglich stilist. Varianten der P., nicht mehr aufrecht-
zuerhalten. **Lit.** F. Schmöe, Adverbiale Verbpartikeln. In: S. Karbelaschwili (Hg.), Germanist. Studien
1, 2001, 59–73. – Dies., Partikelverben wie *draufzahlen* und *rumhängen:* semant. und syntakt. Eigenschaften. NPhM, i. E. – Weitere Lit. ↗ Adverb. SO
Pronominale Kopie ↗ Pro-Formen
Pronominalisierung Ersetzung (↗ Substitution) von
Nomina, Syntagmen, Sätzen, komplexen Satzstrukturen durch Pronomina und andere ↗ Proformen.
Zwischen P. und ihren Referenten (↗ Substituendum) herrscht ↗ Koreferenz. P. haben textkonstituierenden Charakter, tragen zur ↗ Kohärenz von Texten, zum Textverständnis und zur Textökonomie
bei. Sie haben hauptsächl. ↗ anaphorische (rückver-
weisende) Funktion im Text (auch: Vorwärtspronomi-
nalisierung, Pronominalisierungskette), z. B. *
Meine Freundin Heike, … Sie wird morgen nach
Hannover kommen. Ich freue mich auf ihren Besuch
…* Seltener hat eine P. ↗ kataphorische (vorverwei-
sende) Funktion (auch: Rückwärtspronominalisie-
rung), z. B. *Nachdem sie angekommen waren, gingen die Frauen aus München ins Kino.* SN
Pronominalisierungstransformation ↗ Bindungstheorie
Pronominalsubjekt Subjekt, das der Wortklasse
Pronomen angehört, z. B. *Er* in *Er kommt.* G
Pronominalverschiebung (auch: Personverschiebung) Wird eine Äußerung in die zitierende ↗ indirekte Rede transformiert (↗ Redewiedergabe), ist es
notwendig, Deiktika (↗ Deixis) neu zu perspektivieren. Wenn z. B. Elisabeth zu Wolfgang sagt: *Das
habe ich Dir nie verziehen,* dann müssen in der
Zitierung beide Namen genannt und die Pronomina
in die 3. Pers. verschoben werden: *Elisabeth sagte zu
Wolfgang, sie habe ihm das nie verziehen* oder *Elisabeth sagte zu Wolfgang, dass sie ihm das nie verziehen habe.* G
Pronominalzahl ↗ Numerale
Proparoxytonon n. (griech. προπαροξύτονον
›zwei Positionen vor dem ↗ Oxytonon‹) In der tra-

ditionellen griech. Grammatik Bez. für Lexeme, die
den Akzent auf der drittletzten Silbe tragen, z. B.
ἄνθρωπος (anthrōpos) ›Mensch‹; ↗ Dreimorengesetz, ↗ Antepaenultima. GS
Proper analysis ↗ Faktorisierung
Properispomenon n. (griech. προπερισπάω (pro-
perispaō) ›vorher darüberziehen; den Zirkumflex
auf die vorletzte Silbe setzen‹) In der traditionellen
griech. Grammatik Bez. für Lexeme, deren vorletzte Silbe zweimorig und akzenttragend ist und
im Geschriebenen den ↗ Zirkumflex trägt, z. B.
δῆμος (dēmos) ›Volk‹; ↗ Dreimorengesetz, ↗ Paenultima, ↗ Perispomenon. GS
Proportionale Opposition ↗ Opposition
Proportionalsatz (auch: Verhältnissatz, Relevanzsatz) Bei Helbig & Buscha (687 f.) semant. bestimmter ↗ Nebensatz. Er gibt an, dass der Grad
oder die Intensität des durch den ↗ Matrixsatz Ausgedrückten vom Grad oder der Intensität des im
Nebensatz Ausgedrückten abhängt. Eingeleitet werden P. durch *je* (mit *um so* oder *desto* als obligator.
Korrelat im Matrixsatz) oder durch *je nachdem,
wie/ob/wann,* z. B. *Je weiter wir gehen, desto schöner wird das Neandertal; Je nachdem, ob Ruth das
Lied mag, werden wir es spielen; Wir werden uns
treffen, je nachdem, ob es die Sachlage erfordert
oder nicht.* C, RL
Proportionalschrift In der P. sind die Abstände
zwischen den einzelnen Zeichen der Breite der
Buchstaben entsprechend. Zeichen unterschiedlicher Breite beanspruchen also unterschiedlich viel
Platz. Dadurch entsteht ein harmonischeres Schriftbild. EN
Propos ↗ Funktionale Satzperspektive
Proposition (lat. prōpositiō ›Vorstellung, Thema‹.
Engl., frz. proposition) **1.** In der Logik: Urteil, Aussage, in der Syllogistik Bez. für die beiden Prämissen: *propositio maior* enthält das Prädikat der
↗ Konklusion, *propositio minor* den Subjekttermi-
nus der Konklusion. PR – **2.** In der Rhetorik: P.
enthält die Angabe des Themas, den Hauptgedan-
ken, den Ausgangspunkt. PR – **3.** In der Sprachphilosophie: Bez. für (a) die Bedeutung eines ↗ Deklarativsatzes, (b) das Objekt für mentale Einstellungen (*wissen, dass …, glauben, dass …, behaupten, dass …*), (c) den Träger von log. Beziehungen:
möglich, wahr, falsch. P. ist ein Ausdruck, der einen
Sachverhalt bezeichnen kann, zu dem unterschiedliche Stellungnahmen möglich sind (»Satzradikal«).
P. wird als deskriptiver Gehalt, den mehrere Sätze
gemeinsam haben können, bestimmt. Zum Stellenwert der P. gibt es unterschiedl. Auffassungen: Der
extreme Propositionalismus behauptet die P. als
eine von Denken und Sprechen unabhängige Entität, der gemäßigten Auffassung zufolge stellt die P.
nur eine sprachl. Entität dar, deren Einführung notwendig ist, um erklären zu können, dass verschiedene Personen zu verschiedenen Zeiten unter dem
in der P. Ausgedrückten dasselbe meinen und ver-

stehen können bzw. dass wechselnde Einstellungen des Fürwahrhaltens zu demselben Objekt mögl. sind. PR – **4.** Von Searle aufgenommene Bez. für den eigentl. Satzinhalt, der mit einer jeweils unterschiedl. illokutiven Kraft versehen werden kann (↗ Illokution), abgekürzt als »p« repräsentiert. Der Bezug auf den log. Propositionsbegriff erweist sich z. T. aber als problemat., insbes. bei solchen sprachl. Handlungen, bei denen lediglich Propositionsteile sprachl. realisiert werden (z. B. in der Frage, in der ein Teil der P. ledigl. formal, näml. durch ein Fragewort, repräsentiert ist). Deshalb wird vorsichtiger vom ↗ propositionalen Gehalt gesprochen. – Searle fasst in seiner akttheoret. Rekonstruktion des Urteils den ↗ Referenzakt und den ↗ prädikativen Akt zum propositionalen Akt zusammen; ↗ Lokution. E

Propositionale Einstellung (engl. propositional attitude. Aufgrund der anderen semant. Belegung von ›Attitüde‹ (↗ Einstellung) hat sich die Übernahme von »p. Attitüde« nicht durchgesetzt. Auch: Sprechereinstellung) Einstellung des Sprechers zur ↗ Proposition (4). So kann z. B. die Proposition *Fritz kauft ein* mit unterschiedl. p. E. verbunden sein, die ihrerseits durch einen Vorsatz verbalisiert werden können, z. B. *Ich vermute, dass Fritz einkauft* oder *Ich bin (mir) sicher, dass Fritz einkauft*. Die p. E. können auch durch andere sprachl. Mittel, z. B. durch ↗ Satzadverbien wie *vermutlich, sicher* usw. ausgedrückt werden, z. B. *Fritz kauft vermutlich ein*. – Die p. E. als intramentale Eigenschaften oder Akte des Sprechers haben es mit dem Gewissheitsgrad einer Proposition zu tun. Sie modifizieren den ↗ Wahrheitswert, der einer Proposition zukommt. Die einfache dichotom. Wahrheitswertbestimmung ›wahr‹ vs. ›falsch‹ ist offensichtl. nicht in der Lage, den Status von Propositionen, wie sie in der Kommunikation eingesetzt werden, hinreichend wiederzugeben. Hier ergibt sich eine Aufgabe der *fuzzy logic* (↗ Vagheit), in der alternative Modellierungen erarbeitet werden. – Die Verbalisierung der p. E. in der Form von Vorsätzen (z. B. *Ich vermute* in *Ich vermute, dass p*) entspricht formal den expliziten ↗ performativen Sätzen. Das Konzept der p. E. ist in einem log. Bezugsrahmen verortet. Insofern legt es analyt. den traditionell für die log. Analyse interessanten Typ sprachl. Handlungen, nämlich den illokutiven Typ der ↗ Assertion, zugrunde und erforscht, von ihm ausgehend, best. Modifikationen des ↗ Wahrheitswertes, ohne freilich eine umfassende handlungstheoret. Analyse dieser Modifikationen und ihrer Bedeutung für die sprachl. Interaktion zwischen Sprecher und Hörer anzustreben. Sofern die unterschiedl. p. E. eigene alltagssprachl. Bez. gefunden haben, erscheinen diese z. T. auch als sprechhandlungsbezeichnende Verben; häufiger aber bezeichnen solche Verben mentale Akte oder ↗ Prozeduren (z. B. *bezweifeln, vermuten, sich vergewissern*). **Lit.** M. Doherty, Epistem. Bedeutung. Bln. 1985. – E. Lang, Einstellungsausdrücke und

ausgedrückte Einstellungen. In: R. Růžička & W. Motsch (Hgg.), Untersuchungen zur Semantik. Bln. 1983, 305–341. – M. Crimmius, Talks about Beliefs. Cambridge 1992. E

Propositionaler Gehalt Zusammenfassende Bez. für den Inhalt einer ↗ Äußerung (eines Satzes), in der Theorie der ↗ Sprechakte und der ↗ Sprechhandlungstheorie der von der ↗ Illokution unterschiedene Teil einer Sprechhandlung (häufig als ›p‹ abgekürzt). Die Analyse des p. G. ist noch weitgehend an der log. Form des Urteils festgemacht, das aber nur für best. illokutive Akte (↗ Assertion) sinnvoll zugrunde gelegt werden kann, für andere, z. B. Fragen, hingegen nicht. E

Propositiv ↗ Kohortativ

Prosa (lat. ōrātiō prōrsa ›geradeaus, vorwärts gerichtete Rede‹ Im Unterschied zu ↗ Vers schriftl. oder mündl. Sprachgebrauch, der nicht durch rhythm. Gesetzmäßigkeiten geregelt ist; deshalb auch ›ungebundene Rede‹ (im Ggs. zur ›gebundenen Rede‹ im Vers). Vers und P. unterscheiden sich allein graduell durch ihre rhythm. Gestaltung, d. h. auch die P. kann rhythm. gestaltet sein (↗ Kolon), wobei allerdings der ↗ Rhythmus nicht wie beim Vers durch einen metr. Rahmen festgelegt ist (↗ Metrik). P. im Sinne von ›Nüchternheit, alltägl. Wirklichkeit‹ (»Prosa des Lebens«: G. W. F. Hegel) wird erst zu Beginn des 18. Jh. gebraucht und tritt in dieser übertragenen Bedeutung auch als Adj. ›prosaisch‹ i. S. von ›nüchtern, hausbacken, alltäglich‹ auf (wohl unter Einfluss von frz. *prosaique*). Der Begriff P. wird unterschiedl. ›weit‹ verwendet: I. w. S. als Abgrenzungsbegriff zu allen Formen, die metr. (↗ Metrum) gebunden sind (so z. B. der Terminus ›Gebrauchsprosa‹ in Sprachgeschichten), i. e. S. für schriftl. Kunst-P. Die P. entwickelte sich in der Antike als Kunst-P., d. h. als Rede, die gezielt und bewusst sprachl. durchgeformt ist. Die lat. Bez. ōrātiō prōrsa oder ōrātiō solūta (Caesar) verweist auf die Zugehörigkeit der P.formen zur ↗ Rhetorik. Dichterische P. ist aus german. und ahd. Zeit nicht überliefert (hingegen P.übertragungen christl. Texte wie z. B. Taufgelöbnisse, Vaterunser, Beichten, Glaubensbekenntnisse, Bibel- und Rechtstexte, medizin. Rezepte u. a.; noch die P.fassung des Lanzelot-Romans in Mhd. ist eine Ausnahme). Die Beschreibung der Entwicklung einer dt. Gebrauchs- und Kunst-P. vom 8. Jh. bis zur Herausbildung einer dt. P.-Literaturspr. im Hoch-MA und ihre Entwicklung bis zum 18. Jh. ist u. a. Aufgabe der Sprach- und Lit.geschichte, die die sprachgeograph., sprachsoziolog., kultursoziolog. und lit.geschichtl. Voraussetzungen des ↗ Sprachwandels mitzuberücksichtigen hat (z. B. Buchdruck, Reformation). – Seit dem 9. Jh. gibt es ahd. Übersetzungsp. aus dem Lat. Eine eigenständige Entwicklung einer dt. Schriftp. als Gebrauchsp. ist belegt durch Handschriften in mhd. und mnd. Zeit, z. B. im *Sachsenspiegel* von E. v. Repkow, Chroniken und Predigten (z. B. B. v.

Regensburg). Dann (nach ital. Vorbildern) Beginn dt. P.-Erzählung (J. von Saaz, *Der Ackermann aus Böhmen*, Bamberg um 1460; A. von Eyb, *Ehebüchlein*, Augsburg 1473), Schriften der Mystiker (J. Tauler, *Sermon des großgelagerten ... Johannis Thauleri*, Leipziger Druck 1498), frühnhdt. Übertragungen frz. Epenstoffe (E. v. Nassau-Saarbrücken, Straßburg 1500), Volksbücher mit frz. Stoffen, P.übertragungen (frz. Ritterromane und ital., span. Romane), Volksbücher (*Ein kurtzweilig lesen von Dil Ulenspiegel*, 1519), Schwankbücher, Geschichtensammlungen (z.B. B. Krüger, *Hans Clawerts Werckliche Historien*, Berlin 1587), Sprichwörter und Fabeln. Reformation (v.a. M. Luthers Bibelübersetzungen) und Buchdruck sind ideolog. und techn. Motoren einer eigenständigen Entwicklung der dt. P. (Flugschriften: M. Luther, *An den Christlichen Adel dt. Nation*, Wittenberg 1520, T. Müntzer, *Fürstenpredigt,* Allstedt 1524), daneben Beginn einer dt. Wissenschafts- und Fachp., z.B. Dürers *Unterweisung der Messung* (1525) oder Fries *Spiegel der Arznei* (1518). Große P.-Dichtungen seit Mitte des 16. Jhs. von J. Wickram (u.a. *Ritter Galmy, Der Goldfaden*) und Johann Fischarts *Geschichtsklitterung* (drei Aufl.: 1575, 1582, 1590). Starker Einfluss des Lat. auf die dt. Schrift-P., bes. im lexikal. Bereich, seit dem Humanismus Entlehnungen aus dem Griech. Regulierende Einwirkung durch die dt. Grammatiker und Stillehrer (von J. Claius über M. Opitz, J.G. Schottel, J. Bödiker, J.C. Gottsched bis zu J.C. Adelung; ↗ Sprachgesellschaften). Zu Anfang des 17. Jh. starker Einfluss des Frz. mit zunehmender Tendenz (Zweisprachigkeit der polit. Herrschenden und Gebildeten). Als Reaktion darauf Bemühungen um ↗ Sprachreinigung und ↗ Sprachpflege vom 17. bis ins 20. Jh. Neben dem Barockroman (im Anschluss an die europ. Romantradition, häufig durch Übersetzungen frz., span., lat., ital., engl. Romane) entwickelte sich verspätet ein vielfältiges dt. P.-Schrifttum. Als Literaturspr. i.S. von Kunst-P. kann sich die dt. P. gegenüber dem Vers erst im 18. Jh. durchsetzen. **Lit.** P. v. Polenz, Deutsche Sprachgeschichte. Bln., N.Y. ²2000. – E. Arndt & G. Brandt, Luther und die dt. Sprache. Lpz. 1983. **Bibl.** I. T. Piirainen, Frühnhd. Bibliographie. Lit. zur Sprache des 14.–17. Jahrhunderts. Tübingen 1980. VS

Prosodem ↗ Suprasegmentale Merkmale

Prosodie, Prosodik (griech. προσῳδία (prosōdia) ›Dazugesungenes‹) Die neben den segmentalen Eigenschaften bzw. diese übergreifend überlagernde (↗ suprasegmentale Merkmale) sprachl. Lauteigenschaften wie ↗ Akzent, ↗ Intonation, ↗ Pausen. PM

Prosodische Einheiten (engl. phonological domains, prosodic hierarchy) ↗ Suprasegmentale phonolog. Einheiten/Domänen wie ↗ Silbe, ↗ Fuß, phonolog. Wort, Klitikgruppe (engl. *clitic group,* ↗ Klitikon), phonolog. Phrase, intonator. Phrase, phonolog. Äußerung (engl. *phonological utterance*). PM

Prosodisches Merkmal ↗ Suprasegmentale Merkmale

Prospektiv (lat. prōspicere ›in die Ferne schauen, Vorsorge treffen‹) Futurische Aspektbedeutung der Präsensformen ↗ perfektiver Verbformen des Russ.; ↗ Aspekt. G, T

Prosthese ↗ Prothese

Protasis f. (griech. πρότασις ›Vorsatz, Vordersatz‹) Im Ggs. zu Apodosis (griech. ›Nachsatz‹) in der antiken ↗ Rhetorik Teil der *compositio* im Rahmen der Lehre über den Aufbau des Satzganzen; ↗ Prosa. Die P. betrifft die gegliedert-differenzierende Vereinigung in der ↗ Periode, in der die Bestandteile eines Gedankens in eine gegenseitige antithet. Beziehung gebracht werden. Der ›spannungsschaffende‹ erste Teil der Periode (häufig in Form eines Bedingungssatzes) heißt P., der zweite ›entspannende‹ Teil heißt Apodosis; ↗ Kolon. VS

Proterodynamisch (griech. πρότερος (proteros) ›vorderer‹, δύναμις (dynamis) ›Stärke‹) In der ↗ Indogermanistik rekonstruiertes Ablautschema der ur-idg. Grundspr., bei dem der Akzentsitz und ablauttragende Vokale zwischen Wortwurzel und Stammbildungssuffix wechseln; ↗ hysterodynamisch. GP

Prothese f. (griech. πρόσϑεσις (prosthesis) ›Anfügung‹. Auch: Prosthese) Anfügung eines Lautes am Wortanfang. P. kann Resultat falscher Abtrennung an der Wortgrenze sein, z.B. dt. dial. *nast* < *ein Ast.* Insbesondere tritt die vokal. und kons. P. (bevorzugt mit [v], [j], [γ]) aber aus silbenstrukturellen Gründen auf (a) bei wortinitialen Konsonantenclustern, etwa im Frz. und Span., sowie (b) bei vokal. Anlaut, etwa in verschiedenen slav. und roman. Spr. und Dialekten, z.B. (a) frz. *esprit* < lat. *spiritus,* (b) russ. *vosem'* ›acht‹ < urslav. *osmь,* it. dial. *γott* ›8‹ < *otto,* tschech. *jeden* ›eins‹ < urslav. *edinъ,* rumän. *el* [*jel*] ›er‹ < lat. *ille.* GR

Protogermanisch ↗ Urgermanisch

Protosprache ↗ Sprachursprung

Prototyp (πρωτότυπον (prōtotypon) ›Urbild, Original‹. Engl., frz. prototype) ›Bestes‹ Exemplar einer Kategorie, das als Muster für die Einschätzung der übrigen Vertreter der Kategorie dient. **1.** In psycholog. Untersuchungen von E. Rosch (und Mitarbeitern) u.a. zur Farbkategorisierung und zu »phys. Objekten« zeigten sich »Typikalitätseffekte« (J. Hoffmann): Vpn. empfinden in signifikant übereinstimmender Weise z.B. Blutrot als reinstes Rot (»Fokalfarbe« nach B. Berlin & P. Kay) und halten Rotkehlchen, Äpfel oder Esszimmerstühle für die repräsentativsten Vertreter der Kategorien *Vogel, Obst* oder *Stuhl.* In mehr oder weniger großem Abstand zu diesen zentralen P. werden die übrigen Farbwerte oder Unterkategorien eingeordnet: Weinrot, Hühner, Erdbeeren oder Schaukelstühle gelten als weniger typisch, Karmesin, Pinguine, Oliven oder Rollstühle als peripher. Die nach traditionell log. Auffassung gleichberechtigten Exemplare einer Kategorie sind demnach psycholog. ungleichwertig;

es besteht ein »Prototypiegradient« zum Zentrum der Kategorie, je nach der ↗ Ähnlichkeit mit dem P. (↗ Heckenausdruck). Andererseits ist das in den USA prototyp. Rotkehlchen (in Deutschland wäre es der Spatz) selbst eine Unterart und nicht etwa die ›Bedeutung‹ der Kategorie *Vogel*; insofern wurde in Anschlussuntersuchungen der P. als abstrakte Struktur definiert, näml. als Schnittmenge von Eigenschaften, deren Prototypik sich einerseits nach G. Lakoff aus der Wirksamkeit »idealisierter kognitiver Modelle« (ICM) herleiten mag, andererseits auf ihrer *cue validity* (Unterscheidungskraft) beruht, die um so höher ist, je häufiger die Eigenschaft bei den Mitgliedern der betreffenden Kategorie und je seltener sie bei Vertretern von Nachbarkategorien auftritt. Die Ähnlichkeit mit dem P. bemisst sich somit analyt. nach Zahl und Wertigkeit der prototyp. Eigenschaften; der Pinguin ist deswegen prototypfern, weil ihm wichtige Vogel-Merkmale (Körperform, Federn, Flugfähigkeit) fehlen. Dennoch gehört er eindeutig zur Klasse der Vögel. Die ursprüngl. Annahme, eine prototyp. Kategorienstruktur bestimme grundsätzl. auch die Zugehörigkeit zur Kategorie und erzeuge darum immer »unscharfe Ränder«, musste aufgegeben werden. Unscharf begrenzt sind Kategorien wie *Unkraut, Busch, Tasse, Stuhl* oder *Demokratie*; dagegen besitzen zoolog. Arten und viele andere Kategorien neben prototyp. Merkmalen auch »definierende Eigenschaften«, die all ihren Exemplaren zweifelsfrei zukommen, nicht aber denen der Schwesterkategorien. – 2. Nicht nur ›horizontal‹ zwischen Exemplaren oder Unterkategorien gibt es psycholog. Rangunterschiede, sondern auch ›vertikal‹ zwischen den Begriffsebenen: Im neutralen Kontext präferieren Vpn. sog. »Basiskategorien«; sie verwenden *Hund* oder *Baum* eher als *Lebewesen, Tier, Pflanze, Dobermann* oder *Ahorn*. Als zwar abstrakte, aber dennoch gestalthafte Einheiten werden Basiskategorien am frühesten gelernt, am schnellsten erkannt und am leichtesten verarbeitet; i. d. R. sind sie mit einfachen, kurzen Lexemen belegt. Ihre kognitive »Salienz« in der Begriffshierarchie beruht auf ihrer maximalen Distinktivität, die wiederum daraus resultiert, dass sie im Vergleich zu ihren Ober- und Unterkategorien die meisten prototyp. Merkmale mit hoher *cue validity* (u. a. solcher, die die funktional wichtigsten, gestaltbildenden Teile betreffen) auf sich vereinigen. – 3. Wegen seiner theoret. Implikationen und auch wegen seiner breiten Anwendbarkeit fand der P.-Begriff starke Beachtung in der Ling.; es wurde u. a. gezeigt (vgl. Lakoff 1987, G. R. Taylor 1989), dass ling. Kategorien aller Sprachebenen, z. B. *Phonem, Satz, Subjekt* oder *Phraseologismus,* prototyp. strukturiert sind; ↗ Prototypensemantik. **Lit.** ↗ Prototypensemantik. RB

Prototypensemantik (engl. prototype semantics) Die Ergebnisse der psycholog. ↗ Prototypen-Forschung (E. Rosch u. a.) fanden in der ling. ↗ Seman-

tik ein großes Echo, da sie einige Standardannahmen sowohl der Wahrheitsbedingungen-Semantik (↗ Modelltheoretische Semantik) als auch der ↗ strukturellen Semantik in Frage stellen. Wenn die ↗ lexikalische Bedeutung prototyp. strukturiert ist, kann sie nicht als Ensemble notwendiger und hinreichender ↗ semantischer Merkmale gedacht werden, welche die ↗ Extension des Lexems, d. h. den Bereich seiner wahren Anwendung, eindeutig begrenzen und allen ↗ Referenten (besser: ↗ Denotaten 1) und ↗ Hyponymen den gleichen Zugehörigkeitsgrad zumessen. Die P. rechnet mit unterschiedl. Zugehörigkeitsgraden der Denotate, z. B. individueller ›Tassen‹ (vgl. Labovs Experiment: Löbner 2003, 262 ff.), oder Hyponyme, z. B. Vogelarten (*Spatz – Adler, Eule – Huhn – Strauß, Pinguin*), entweder (nach Roschs Anfangsmodell) entsprechend ihrer globalen, unanalysierten ↗ Ähnlichkeit mit dem Prototypen oder entsprechend der Menge an Merkmalen, die sie mit dem Prototypen teilen. Prototyp. Merkmale sind per definitionem nicht notwendig; ein Vogel, der keine Federn hat, ist zwar schwerer als solcher zu erkennen, bleibt aber trotzdem ein Vogel. Die P. vermag die »unscharfen Ränder« zahlreicher Lexembedeutungen zu erklären: An der Peripherie überlagern sich die prototyp. Merkmale benachbarter Begriffe, z. B. im Falle von *Sessel* und *Stuhl.* Andererseits sind viele prototyp. strukturierte Intensionen (z. B. die meisten biolog. Gattungen) durch »definierende Merkmale«, welche auf alle Denotate notwendig zutreffen, scharf begrenzt. Auf eben solche Minimalmengen beschränkt die strukturelle Semantik ihre ↗ distinktiven Merkmale (und legt sie im Falle unscharfer Intensionen fest); die P. vermehrt demgegenüber die Merkmalsmenge um »enzyklopäd.« Merkmale, die eine hohe *cue validity* (Unterscheidungskraft) besitzen (z. B. [hat Federn] für *Vogel,* trotz der Pinguine), und rechnet mit Merkmalsclustern, die als distinktive ›Gestalt‹ wahrgenommen werden, z. B. die artspezif. Körpersilhouetten; dadurch haben Kohyponyme je unterschiedl. ›Merkmalabstände‹ (↗ Kohyponymie). Die P. erweitert und vertieft den traditionellen Anspruch auf extensionale Distinktivität und unterscheidet sich diesbezügl. von der in vielem ähnl. ↗ Stereotypensemantik, die Intension und Extension radikal trennt. – Seit dem Ende der 1970er Jahre wird in der »erweiterten Version« (G. Kleiber) der P., die sich v. a. mit der ↗ Bedeutungsstruktur polysemer Lexeme beschäftigt, der Begriff eines zentralen Prototyps durch die Annahme von »prototyp. Effekten« ersetzt, die z. B. bei G. Lakoff u. a. das Verhältnis der jeweiligen Grundbedeutung zu ihren metonym. oder metaphor. Ableitungen betreffen. Die Bedeutungsstruktur der von ihm analysierten exot. Beispiele, aber auch polysemer Lexeme wie *Spiel, Zug, Mutter, klettern* oder *über* wird mit Wittgensteins Begriff »Familienähnlichkeit« als verzweigte »Bedeutungskette« gesehen, deren Glieder durch lokale Übereinstimmungen, nicht aber durch ein gemeinsames Merkmalband verknüpft sind. Das *Spiel* eines Lenkrads hat nichts zu tun mit einem *Spiel* um die Macht; beide Teilbedeutungen aber sind über andere, typischere *Spiele* miteinander verbunden. – Die Berücksichtigung prototyp. Effekte (einschließl. des Begriffs »Basiskategorie«) kann im Bereich der Textsemantik einiges zur Erklärung der ↗ Textkohärenz oder von rhetor. Phänomenen wie z. B. ↗ Emphase oder ↗ Synekdoche beitragen. **Lit.** B. Berlin & P. Kay, Basic Color Terms. Berkeley 1969. – E. Rosch, Natural Categories. Cognitive Psychology 4, 1973, 328–350. – Dies., Cognitive Representations of Semantic Categories. Journ. of Experimental Psychology 104, 1975, 192–233. – Dies. & B. Lloyd (eds.), Cognition and Categorization. Hillsdale 1978. – A. Wierzbicka, Lexicography and Conceptual Analysis. Ann Arbor 1985. – J. Hoffmann, Die Welt der Begriffe. Weinheim 1986. – C. Craig (ed.), Noun Classes and Categorization. Amsterdam 1986. – G. Lakoff, Women, Fire, and Dangerous Things. Chicago, Ldn. 1987, ⁸1998. – W. P. Lehmann (ed.), Prototypes in Language and Cognition. Ann Arbor 1988. – J. R. Taylor, Linguistic Categorization. Prototypes in Linguistic Theory. Oxford 1989, ³2003. – G. Kleiber, P. Eine Einf. Tübingen ²1998. – S. Löbner, Semantik. Eine Einf. Bln., N. Y. 2003, Kap. 9. – M. Mangasser-Wahl (Hg.), P. in der Ling. Tübingen 2000. – D. Geeraerts, Prototype Theory. HSK 21.1, 284–291.   RB

Protowort In der ↗ Spracherwerbsforschung Bez. für lexikal. Übergangserscheinungen. P. sind keine Lexeme der zukünftigen Mutterspr., sie sind aber im sich entwickelnden ↗ Mentalen Lexikon stabile sprachl. Realisationen von Konzepten, wie es Wörter im fertig ausgebildeten Lexikon auch sind. Einige P. – insbesondere ↗ Onomatopoetika und ↗ Reduplikationsbildungen wie *Wauwau* oder *Hamham* – haben Eingang in Wörterbücher gefunden. Die Mehrzahl der P. sind aber individuelle, gleichwohl phonolog. und konzeptionell stabile Bestandteile des kindl. Wortschatzes, die sukzessive durch die zielsprachl. Lexeme ersetzt werden.   ES

Provenzalisch (Eigenbez. Provençal) Okzitan. Dialekt der Provence. Häufig verwendet zur Bez. des gesamten ↗ okzitanischen Sprachgebietes (bes. in der älteren roman. Philologie, übernommen aus der Bewegung der Revitalisierung des 19. Jh.). Für die frühen Sprachstufen ist »Altprovenzalisch« immer noch gebräuchlicher als »Altokzitanisch«. Die Dialekte des unteren Rhônetales waren auch Grundlage für die meisten Ansätze, das Okzitan. zu standardisieren, wenngleich dort heute das Okzitan. schwächer vertreten ist als in anderen Gebieten.   HU

Provinzialismus ↗ Regionalismus

Prowörter ↗ Pro-Formen

Proxemik (lat. proximum ›Nächstes‹) Studium von Kommunikationsverhalten im Hinblick auf die Variable Raum (Raumwahrnehmung, körperl. Positionierung im gegebenen Raum, kinet. (Körperbewegungen betreffendes) Verhalten) in unterschiedl. Kulturen nach Parametern wie soziale Distanz, Geschlechtszugehörigkeit, Alter u. a. Proxem. Phänomene sind Teil der ↗ nonverbalen Kommunikation; ↗ Grußformel. Bei unmittelbarer Kommunikation (↗ face-to-face-Kommunikation) müssen sich die Kommunizierenden z. B. darauf einigen, welchen körperl. Abstand sie zueinander halten und welche Veränderungen dieses Abstands sie für (un-)angemessen halten. Versprachlicht sind proxem. Konventionen in Wendungen wie *jdm. auf die Pelle rücken, auf Distanz gehen.* **Lit.** E. T. Hall, The Silent Language. N. Y. 1969. – O. M. Watson, Proxemics. CTL 12, 1974, 311–344. – W. Nöth, Hdb. der Semiotik. Stgt. u. a. ²2000, 316–319.   G

Proximat ↗ Obviativ

Prozedur Sprachl. Handlungseinheit unterhalb der Stufe des ↗ Sprechakts, aus dem sich die Akte zusammensetzen, die aber z. T. auch für sich realisiert werden kann (selbstsuffiziente P.). Es werden fünf Haupttypen von P. unterschieden. Sie haben eigene Handlungszwecke. Schwerpunktmäßig gehören ihnen jeweils spezif. Ausdrucksklassen zu, deren Elemente von den Interaktanten zur Realisierung einer P. genutzt werden. Diese Ausdrucksklassen werden (im Anschluss an K. Bühler) zu sprachl. Feldern zusammengefasst (n Klammern angegeben und durch Beispiele erläutert): (a) die nennende P. (↗ Symbolfeld; z. B. *Stadt, leben, laut*); (b) die deiktische P. (↗ Zeigfeld; z. B. *hier, dann, so*); (c) die expeditive P. (Lenkfeld; z. B. *hm, ah*); (d) die malende P. (Malfeld; z. B. *zauberhaft*); (e) die operative P. (operatives Feld; z. B. *sie, ein, denn, bei*). Die Elemente der Felder setzen sich nicht nur – wie in den Beispielen – aus einzelnen Lexemen zusammen, sondern können auch die Morphologie (Lenkfeld: Imperativ, Vokativ), die Intonation (Malfeld: »Märchenton«) oder die Wortstellung (Stellung des finiten Verbs) betreffen. Die Verteilung der sprachl. Ausdrucksmittel auf die Felder ist einzelsprachl. und sprachtypolog. unterschiedlich. – Durch P. bewirkt der Sprecher beim Hörer jeweils spezif. mentale Aktivitäten; dabei ist die Eingriffsintensität unterschiedlich. Mittels der nennenden P. bewirkt der Sprecher die Aktualisierung von (Welt-)Wissenspartikeln im Hörer. Mittels der deiktischen P. bewirkt der Sprecher eine Orientierungstätigkeit des Hörers unter Bezug auf einen Verweisraum, im elementaren Fall den dem Sprecher und Hörer gemeinsamen Wahrnehmungsraum. Das Ergebnis ist eine Neufokussierung der Höreraufmerksamkeit; ↗ Deixis. Mittels der expeditiven Prozedur greift der Sprecher direkt in die ablaufenden Hörertätigkeiten ein; er stellt sozusagen einen »direkten Draht« zum Hörer her. Mittels der malenden Prozedur drückt der Sprecher eine affektive Befindlichkeit aus, die er so dem Hörer kommuniziert, um eine vergleichbare Befindlichkeit bei ihm zu erzeugen. Mittels der operativen P. bearbeitet der Sprecher kommunikativ das für die Kommunikation erforderliche ihm und dem Hörer gemeinsame Wissen, indem er auf bestehende Gemeinsamkeiten Bezug nimmt (↗ Determinator, ↗ Artikel (2), ↗ Anapher), Wissensumstrukturierungen vornimmt (z. B. kausales *da*) oder für den Hörer neues Wissen in die Kommunikation einbringt (z. B. unbest. Artikel). P. werden miteinander kombiniert (P.kombination) (z. B. in der Imperativform *nimm!* die nennende P. {nehm} (Verbstamm) und die expeditive P. des Imperativmorphems.) – Verschiedene P. werden in größere Einheiten integriert (z. B. eine operative P. und zwei nennende P. in die Nominalphrase *der braune Bär*; eine nennende, eine (temporal-) deikt. und eine operative in *brummte*), die ihrerseits Elemente einer komplexeren Integration, etwa in den Satz als sprachl. Handlungsform, sind (*Der braune Bär brummte*). – Ausdrücke können ihre Feldzugehörigkeit verändern, wenn sie für andere als ihre genuinen sprachlichen P. verwendet werden (Feldtransposition). Z. B. wird in der Alltagssprache die Interjektion *ach* substantiviert in der Form *das Ach und Weh*; in der psychoanalyt. Terminologie der deikt. Ausdruck *ich* als Symbolfeldausdruck gebraucht, wenn von *dem Ich* die Rede ist; ↗ Konversion, ↗ Wortartwechsel. Dieser Einsatz von Ausdrucksmitteln der einzelnen Felder geschieht systemat. und führt zu para-deikt. (»folgender«), para-operativen (*da* als kausale Konjunktion), para-nennenden (vgl. obige Beispiele) etc. P.en. Die Rekonstruktion dieser Zusammenhänge geschieht in der funktionalen Etymologie. Aber auch in der sprachgeschichtl. Entwicklung sind solche Feldtranspositionen – z. T. in unterschiedl. Spr. in ähnlicher Weise – zu beobachten, wie z. B. die Herausbildung von Artikelsystemen zeigt. – **Lit.** K. Ehlich, Interjektionen. Tübingen 1986. – Ders., Funktional-pragmat. Kommunikationsanalyse – Ziele und Verfahren. In: D. Flader (Hg.), Verbale Interaktion. Stgt. 1991, 127–143. – W. Grießhaber, Präpositionen. Habil.-Schrift Hamburg 1991. – A. Redder, Grammatiktheorie und sprachl. Handeln: ›denn‹ und ›da‹. Tübingen 1990. – A. Redder, Partikulares sprachl. Handeln – zum Beispiel Partizipialkonstruktionen. In: L. Hoffmann (Hg.), Funktionale Syntax. Bln. 2003, 155–188. E

Prozedural ↗ Deklarativ

Prozesskettensystem (auch: Pipeline-Architektur. Engl. processing pipeline) In der ↗ Computerlinguistik wird zur Implementierung von sprachverarbeitenden Systemen i. d. R. eine Architektur verwendet, in der mehrere Analysekomponenten (z. B. Segmentierung, Tokenisierung, Tagging usw.) zu einem komplexen Workflow (verteilte Arbeitsabläufe) kombiniert werden können. Diese P. stellen i. d. R. vordefinierte Schnittstellen zur Verfügung, über die die Einzelkomponenten kommunizieren können, sowie vordefinierte Annotationsschemata,

auf die die Einzelkomponenten konsumierend und/oder produzierend zugreifen. Das sequentielle Modell weist im Vergleich zu monolith. Systemen Vorteile hinsichtl. der Robustheit, der Skalierbarkeit und der Konfigurierbarkeit auf. Die Frameworks GATE (General Architecture for Text Engineering; Cunningham et al. 2007) und UIMA (Unstructured Information Management Architecture; Ferrucci et al. 2004), die zudem über Annotationswerkzeuge und Analysetools auf Basis von Finite-State-Techniken verfügen, gelten derzeit als Standard für sprachtechnolog. Anwendungen. **Lit.** H. Cunningham et al., Developing Language Processing Components with GATE Version 4. A User's Guide. Sheffield 2007. – D. Ferrucci & A. Lally, UIMA: An Architectural Approach to Unstructured Information Processing in the Corporate Research Environment. Natural Language Engineering 10, 3–4, 2004, 327–348. Z

Prozessprädikat Mitunter verwendete Bez. für die semant. Grundcharakteristik eines finiten ↗ Vorgangsverbs. G

Pruning In der ↗ Computerlinguistik, insbes. beim ↗ Parsing verwendetes Verfahren, um den Rechenaufwand durch Verwerfen von Hypothesen zu reduzieren. Basierend auf einer Gewichtungsfunktion können schon während der Analyse weniger erfolgversprechende Analysepfade entfernt werden. Z

Prussisch ↗ Altpreußisch

Pruzzisch ↗ Altpreußisch

Pseudoaffix ↗ Scheinaffix

Pseudoetymologie ↗ Volksetymologie

Pseudohomophon n. (griech. ψεύδειν (pseudein) ›belügen, täuschen‹, ὁμός (homos) ›gleich‹, φωνή (fōnē) ›Laut‹) Irreguläre Buchstabenfolge mit gleicher Aussprache wie ein Wort der jeweiligen Spr. (z. B. *Fie* oder *Fieh* für dt. *Vieh*). PM

Pseudohomophoneffekt Bei lexikal. Entscheidungsexperimenten, in denen Versuchspersonen entscheiden sollten, ob die ihnen (graph.) vorgelegten Buchstabenfolgen Wörter oder Pseudowörter waren, stellte sich heraus, dass Pseudohomophone (Pseudowörter, die einen im realen Lexikon existierenden homophonen Partner haben) weniger schnell aussortiert wurden als Pseudowörter, die keinen homophonen Partner haben. Der P. legt den Schluss nahe, dass bei der Verarbeitung geschriebener Spr. auf die phonolog. Ebene zurückgegriffen werden kann bzw. wird, was zu der Annahme einer parallelen Aktivierung eines direkten (graphem. basierten) und eines indirekten (phonolog. rekodierenden) Zugriffs auf das ↗ Mentale Lexikon führte (*dual route theory*, Coltheart 1978). Die lexikal. Entscheidung erfolgt über diejenige Verbindung, die den Eintrag im Lexikon am schnellsten lokalisiert. Andere Theorien gehen davon aus, dass der Rückgriff auf die phonolog. Ebene nur in Zweifelsfällen erfolgt und die Worterkennung geschriebener Wörter unabhängig von einer phonolog. Rekodierung verläuft; ↗ Regelmäßigkeitseffekt, ↗ Sprachverstehen, ↗ Worterkennung, ↗ Wortüberlegenheitseffekt. **Lit.** M. Coltheart, Lexical Access in Simple Reading Tasks. In: G. Underwood (Hg.), Strategies of Information Processing. Ldn. 1978, 151–216. – C. Knobloch, Spr. und Sprechtätigkeit. Tübingen 1994. – H. Rubenstein et al., Evidence for Phonemic Recoding in Visual Word Recognition. In: Journal of Verbal Learning and Verbal Behavior 10, 1971, 645–657. – E. Scheerer, Orthography and Lexical Access. In: G. Augst (Hg.), Graphemics and Orthography. Bln. 1986, 262–286. **SO**

Pseudo-Imperativ (auch: konditionaler Imperativ. Engl. pseudo-imperative) Bez. für die Verknüpfung eines Imperativsatzes (↗ Imperativ) mit einem ↗ Deklarativsatz. z. B. *Iss das und du wirst krank!, Iss das oder du wirst krank!* Der Kontrast zwischen koordinativen Verknüpfungen mit *und* bzw. *oder* und solchen wie *Iss das, du wirst krank!* oder *Sorgt euch um nichts, sondern bringt in jeder Lage betend und flehend eure Bitten mit Dank vor Gott!* (Bibel, Phil. 4,6) ist weitgehend unerforscht (zu neueren Ansätzen Jayez & Dargnat (2009). **Lit.** D. Bolinger, Is the Imperative an Infinitive? In: ders., Meaning and Form. N. Y. 1979, 152–182. – B. Clark, Relevance and ›Pseudo-Imperatives‹. LP 16, 1993, 78–121. – E. E. Davies, Some Restrictions on Conditional Imperatives. Linguistics 17, 1979, 1039–1054. – M. Franke, Pseudo-Imperatives and Other Cases of Conditional Conjunction and Conjunctive Disjunction. In: C. Fabricius-Hansen & W. Ramm (eds.), ›Subordination‹ versus ›Coordination‹ in Sentence and Text. A Cross-Linguistic Perspective. Amsterdam 2008, 255–279. – N. Fries, Zur Syntax des Imperativs in Dt. ZS 11.2, 1992, 153–188. – J. Jayez & M. Dargnat, One More Step And You'll Get Pseudo-Imperatives Right. In: A. Riester & T. Solstad (Hgg.), Proceedings of Sinn und Bedeutung 13, Stgt. 2009, 247–260. – I. Rosengren, Zur Grammatik und Pragmatik des Imperativsatzes. Mit einem Anhang: Zum sog. Wunschsatz. Arbeitsberichte Spr. und Pragmatik 28, 1992. – Eisenberg I, 202 f. – Eisenberg II, 286. **F**

Pseudokompositum ↗ Rückbildung

Pseudomorphem ↗ Unikales Morphem

Pseudonym (griech. ψεύδειν (pseudein) ›belügen, täuschen‹, ὄνομα (onoma) ›Name‹. Auch: Deckname, Tarnname) Frei gewählter ↗ Personenname, den jemand aus Gründen der Tarnung zusätzl. zum eigentl. Namen (Orthonym) annimmt und verwendet. Anders als bei Namenswechsel, der rechtl. genau geregelt ist, bleibt das Orthonym (günstigenfalls für andere unbekannt) bestehen. Man unterscheidet zwischen *nom de guerre* ›Kriegsname‹ (im Spionagegewerbe und in kriminellen Milieus, z. B. *Mata Hari* ›Auge des Morgens‹ = *Margaretha Geertruida Zelle*) und *nom de plume* ›Schriftstellername‹, z. B. *Heinrich George* = *Georg August Friedrich Hermann Schulz, Götz George* = *Götz*

Schulz; ↗ Onomastik. **Lit.** M. Holzmann & H. Bohatta, Deutsches P.lexikon. Wien, Lpz. 1906 (Nachdruck 1962). – J. F. Clark, Pseudonyms. Ldn. 1977. – J. Mossman (ed.), Pseudonyms and Nicknames Dictionary. Detroit 1980. – J. Weiland, P.e. Ein Lexikon. Decknamen der Autoren deutschsprachiger erzählender Lit. Baden-Baden ²1994. – A. Room, A Dictionary of Pseudonyms and their Origins, with Stories of Name Changes. Jefferson 1998. – Internat. Enzyklopädie der Ps. Bearb. von M. Peschke. 16 Bde. Mchn. 2005 ff. **G**

Pseudopräfix ↗ Scheinaffix

Pseudosuffix ↗ Scheinaffix

Pseudotransitiv ↗ Transitiv

Pseudotransitives Verb ↗ Mediales Verb

Pseudowort ↗ Pseudohomophoneffekt

Psilosis f. (griech. ψιλοῦν (psilūn) ›kahl machen, entblößen‹) In der Gräzistik Bez. für den Schwund der Behauchung des wortinitialen Vokaleinsatzes. **GS**

PSOLA (Akronym für engl. ›pitch synchronous overlap and add‹) Verfahren der ↗ Sprachsynthese aus gespeicherten akust. Sprachsignalen, bei dem kurze Signalfenster der Originaldaten synchron zur gewünschten Grundfrequenz additiv überlagert werden. **PM**

Psycholinguistik (auch: Sprachpsychologie) Interdisziplinäres Forschungsgebiet von Psychologen und Linguisten zur Erforschung aller aktionalen und prozessualen Seiten des Sprechens, des ↗ Sprachverstehens und des ↗ Spracherwerbs. Demgegenüber untersucht die Ling. traditionell die Strukturen sprachl. Gebilde, und die Psychologie nimmt traditionell auf Vorgaben von Strukturwissenschaften keine Rücksicht. Der Name P. hat sich in den 50er Jahren eingebürgert, aber die psycholog. motivierte Untersuchung der Sprech- und Verstehensprozesse hat Traditionen, die wenigstens zum Ende des 18. Jh. zurückreichen. Der Neubeginn der P. in den 50er und 60er Jahren des 20. Jh. vollzog sich überwiegend im Zeichen der psycholog. Hypothesen aus der GG, welche die Ling. insgesamt für einen Zweig der kognitiven Psychologie erklärte (und ergo ohne Bewusstsein und Kenntnis der umfassenden sprachpsycholog. Traditionen der ersten Jahrhunderthälfte war – K. Bühler, W. Wundt, A. Gardiner). Hauptthema war zunächst die psycholog. »Bestätigung« der Realität satzgrammat. Strukturannahmen. Einmal in Gang gekommen, emanzipierte sich die P. jedoch rasch von den ihr durch grammat. Theorien vorgegebenen Fragestellungen und entwickelte ihre eigenen, da die experimentellen Daten ein kohärentes Bild einer »mentalen« Grammatik nach Art der GG nicht hergaben. Großen Einfluss auf die Modelle und auf die Denkweise der P. haben auch die kognitive Psychologie, die Informations- und Kommunikationswiss. sowie besonders die ↗ Künstliche Intelligenzforschung. – Im Zentrum der P. steht die Frage nach den im

Sprachverhalten operativen Instanzen und Einheiten. Für Linguisten liegt es nahe, sich diese Instanzen in Analogie zu den strukturbezogenen Regelapparaten vorzustellen, die sie für Phonologie, Morphologie, Syntax und Semantik kennen. Für Psychologen dagegen gibt es eine solche Sonderstellung des Spr.verhaltens gegenüber anderen intelligenten bzw. kognitiven Verhaltensmodalitäten prima facie nicht, sie modellieren das Sprechen und Sprachverstehen ebenso wie andere (in sich ja ebenfalls strukturierte) komplexe Handlungsweisen. So streitet man in der P. gegenwärtig u. a. darüber, ob es eine operativ distinkte Instanz »Syntax« beim Wahrnehmen und Verstehen sprachl. Äußerungen gibt, ob die Instanz »Lexikon« von der Instanz »allgemeines Weltwissen« getrennt ist, ob morpholog. Analysen bei der Verarbeitung komplexer Wörter obligator., fallweise oder gar nicht stattfinden. Weiterhin ist strittig, ob und in welchem Maße die operativen Instanzen parallel prozessiert werden können (oder ob sie nacheinander durchlaufen werden müssen), ob die Instanzen informationell geschlossen sind (↗ Modularität) oder ob sie in allen Ebenen interaktiv arbeiten (d. h. Informationen verschiedener anderer Ebenen benutzen können). – Die P. versteht sich als experimentelle Wissenschaft (↗ Experiment). Tradition hat darüber hinaus auch die Untersuchung von Sprechpausen und von ↗ Versprechern. Die P. sucht neuerdings auch Anschluss bei der Neurologie für ihre Fragestellungen; ↗ Neurolinguistik. Weitgehend unstrittige Voraussetzungen und Axiome der P. sind: (a) der (im umfassenden Sinne) zeichenhafte Charakter des Sprachverhaltens; (b) dass ein System abstrakter Zuordnungen, Regelmäßigkeiten, Strukturen im Sprachverhalten eine Rolle spielt (unklar ist: welche); (c) dass es artspezif. (genet.-biolog.-neuronale) Anlagen gibt, ohne deren Wirken eine ↗ natürliche Sprache nicht erworben werden kann. Strittig ist weiterhin das Verhältnis von Spr. und ↗ Kognition: In welchem Maße sind Spracherwerb und Sprachgebrauch abhängig von allgemeinen kognitiven Fähigkeiten, bzw. in welchem Maße ist Spr. an der Herausbildung anderer kognitiver Fähigkeiten aktiv beteiligt? Hauptpositionen sind hier: (a) Spr. ist weitgehend abhängig von allgemeinen Voraussetzungen der kognitiven Entwicklung, die im Sprechen nur ›erscheinen‹, gleichsam summiert werden (Piaget-Schule); (b) Spr. ist eine autonome, eigenständige Erscheinung des kognitiven Lebens und folgt durchweg eigenen, in anderen Verhaltensbereichen nicht realisierten Ordnungen (GG); (c) Spr. ist zunächst Spiegel und Ausdruck, später aber auch zunehmend ein wichtiger Motor der kognitiven Entwicklung, sofern sie näml. an der Umwandlung sozialer in kognitive Fähigkeiten beteiligt ist (G. H. Mead, ↗ kulturhistorische Schule, L. S. Wygotski; ↗ Internalisierung). **Lit.** K. Bühler, Sprachtheorie. Jena 1934. – F. Kainz, Psychologie der Spr.

5 Bde. Stgt. 1941–1970. – H. Hörmann, Meinen und Verstehen. Ffm. 1976. – Ders., Einführung in die P. Darmstadt 1981. – P. N. Johnson-Laird, Mental Models. Cambridge 1983. – C. Knobloch, Sprachpsychologie. Ein Beitrag zur Problemgeschichte und Theoriebildung. Tübingen 1984. – Ders., Geschichte der psycholog. Sprachauffassung in Deutschland von 1850 bis 1920. Tübingen 1988. – M. Bierwisch, Ling. als kognitive Wiss. ZfG 1987, 645–668. – D. O'Connell, Critical Essays on Language Use and Psychology. N. Y. 1988. – W. J. M. Levelt, Speaking. Cambridge, Mass. 1989. – M. Garman, Psycholinguistics. Cambridge 1990. – M. A. Gernsbacher (ed.), Handbook of Psycholinguistics. San Diego, Cal. 1994. – G. Rickheit & H. Strohner, P. Tübingen 1997.　　　　KN

Psychologisches Objekt ↗ Psychologisches Prädikat, ↗ Rhema, ↗ Fokus

Psychologisches Prädikat (auch: kommunikatives Prädikat, psychologisches Objekt) In den Vorstellungen älterer Grammatiker (z. B. K. F. Becker (1775–1849), H. Paul (1846–1921)) verkörpern diejenigen Elemente das p. P., die neue Vorstellungen in den Satz einbringen und somit an das im ↗ psychologischen Subjekt Manifestierte anknüpfen. Das p. P. ist nicht identisch mit dem grammat. Prädikat; vgl. *Auf dem Markt habe ich Peter getroffen.* ↗ Rhema, ↗ Fokus.　　　　ED

Psychologisches Subjekt In den Vorstellungen älterer Grammatiker (z. B. K. F. Becker (1775–1849), H. Paul (1846–1921)) derjenige Vorstellungskomplex, von dem bei der Formulierung eines Satzes ausgegangen und über den mittels des ↗ psychologischen Prädikats eine neue Information vermittelt wird. Das p. S. ist nicht identisch mit dem grammat. Subjekt, vgl. *Mich friert. Dem Kind wird geholfen*; ↗ Thema.　　　　ED

Psychologismus Allg. Bezeichnung der Ansicht, dass Psychologie die entscheidende Bezugswissenschaft für die Klärung aller Probleme sei. P. wird meist pejorativ gebraucht und impliziert im Allgemeinen entweder eine Grenzüberschreitung der Psychologie auf ein Gebiet, zu dem sie eigentl. nichts zu sagen hat, oder eine ungerechtfertigte Inanspruchnahme der Psychologie von einer anderen Wissenschaft her. Wissenschaftshistor. wird P. oft für die in der 2. Hälfte des 19. Jh. verbreitete philosoph. Ansicht gebraucht, dass die Psychologie Grundwissenschaft aller Kultur- und Geisteswissenschaften sei, da ja alle Disziplinen von der menschl. Erkenntnistätigkeit abhängen, die ihrerseits von der Psychologie untersucht wird. Im Zuge des P. griff die Psychologie auf das Gebiet der Logik, der Erkenntnistheorie, der Gesellschaft, der Ethik etc. – und auch auf das Gebiet der Sprachwiss. über (↗ Völkerpsychologie).　　　　KN

Psychophonetik Teilbereich der ↗ Phonetik, der sich einerseits mit der psych. Verarbeitung des akust. Sprachsignals (↗ akustische Phonetik) befasst (auch: perzeptive Phonetik, ↗ auditive Phonetik), andererseits mit der Modellbildung im Bereich der Planung und Steuerung der ↗ Artikulation (↗ artikulatorische Phonetik). In enger Beziehung steht die P. auch zu Teilbereichen der ↗ Sprachpathologie.   PM

Psychosprache ↗ Jugendsprache

Pula(a)r ↗ Ful

Pulmonal ↗ Lunge

Puluwat ↗ Ozeanische Sprachen

Punisch Die in Nordafrika in der Umgebung von Karthago gesprochene Form des ↗ Phönizischen, die in Inschriften vom 9. Jh. v. Chr. – 5. Jh. n. Chr. erhalten ist. Während es in älteren Inschriften nur selten Vokalbezeichnung (↗ matres lectionis) gibt, führte das Spätp. unter griech. und lat. Einfluss etwa um 250 v. Chr. vollständige Vokalbezeichnung, die sog. ↗ Pleneschreibung ein.   WI

Punjabi ↗ Pañjābī

Punkt 1. (engl. full stop, period, point) Satzabschließendes ↗ Zeichen in der ↗ Interpunktion vieler ↗ Schriftsysteme. Die Funktionen des P. in einzelnen Schriftsystemen sind vielfältig; ↗ Punktierung. Im Dt. wird der P. z. B. als Element von ↗ Schriftzeichen (i, j, ä, ö, ü), als Mittel der graph. Abkürzung (z. B. ›z. B.‹) und zur Markierung von Ordinalzahlen verwendet. **2.** (Auch: Korps) Typograph. Maßeinheit für die Höhe der ↗ Drucklettern einer Satzschrift. Abk. *p*, auch *cps.* (1 p = 0,3759 mm, 72 p = 1 Zoll (inch), 2660 p = 1 m); ↗ Didotsystem, ↗ Schriftgrad.   G

Punktierung ↗ Masoreten, ↗ Vokalisierung

Punktkarte ↗ Sprachkartographie

Punktsystem ↗ Didotsystem

Punktuell Zusammenfassende Bezeichnung für die ↗ egressive, die ↗ ingressive, die ↗ momentane und die ↗ semelfaktive ↗ Aktionsart, oft auch synonym für die momentane Aktionsart gebraucht.   G, T

Pupille ↗ Auge

Puquina Spr. der südperuan. und bolivian. Anden. Das P. wurde gesprochen bis zum Anfang des 19. Jh. u. a. in den peruan. Departements Arequipa, Moquegua, Tacna und Puno (Insel Taquile, Halbinsel Capachica, Coata) und nördl. des Titicaca-Sees. Mögl. entfernte Verwandtschaft mit den ↗ arawakischen Sprachen. Der Wortschatz der immerhin existierenden Berufsspr. der Callahuaya-Herbalisten (naturheilkundige Pflanzenkenner in der Nähe von Charazani, Departement La Paz, Bolivien) kann weitgehend auf das P. zurückgeführt werden. Die grammat. Endungen des Callahuaya sind nahezu ident. mit denen des lokalen ↗ Quechua. **Lit.** A. Torero, Lenguas y pueblos altiplánicos en torno al siglo XVI. Revista Andina 5, Cuzco 1987, 329–405. – L. Girault, Kallawaya ›el idioma secreto de los Incas‹. La Paz 1990. – A. Torero, Idiomas de los Andes. Lingüística e historia. Lima 2002. – W. F. H. Adelaar, unter Mitwirkung von P. C. Muysken, The Languages of the Andes. Cambridge 2004.   AD

Purí-Coroado-Sprachen ↗ Ge-Sprachen

Purismus (lat. pūrus ›rein, klar, einfach‹. Auch: Sprachreinigung) Unter P. werden die Bestrebungen verstanden, eine Spr. von (vor allem lexikal.) Einflüssen einer, mehrerer oder aller anderen Spr. zu ›reinigen‹. In Deutschland treten Sprachreinigungsbewegungen seit dem 17. Jh. auf; ↗ Sprachgesellschaften, aber auch Einzelpersonen (z. B. M. Opitz) versuchten, aus patriot. Motiven ›welsche‹ Wörter durch dt. zu ersetzen und eine gehobene Kunstsprache vor allem für die Dichtung zu schaffen. Für gemäßigte Formen des P. sprachen sich u. a. G. W. Leibniz und Jean Paul aus. An der Herausbildung der dt. Hochsprache hat der Sprachpurismus mitgewirkt. Im 19. Jahrhundert trat zur Verdeutschungsarbeit, die praktische Auswirkung bei Post, Bahn, in der Heeresverwaltung und im Rechtswesen erlangte, ein übersteigertes nationalist. Bewusstsein. Vor allem in der Zeit um den Ersten Weltkrieg wurde P. als »vaterländischer Hilfsdienst« betrieben; ↗ Allgemeiner Deutscher Sprachverein. In den zahlreichen Verdeutschungsbüchern des Publizisten E. Engel schlug die Sprachreinigung in offenen Chauvinismus um: *Sprich Deutsch!* lautet der Titel eines dieser Bücher. »Nur ein deutschsprechendes dt. Volk kann Herrenvolk werden und bleiben« heißt es da (S. 123), »Vaterlandsliebe« soll zur (sprachl.) »Vaterlandsleidenschaft« werden (ebd.). Das Ende des organisierten Sprachpurismus kam durch einen von Hitler inspirierten Erlass des ›Reichsministers für Wiss.‹, Erziehung und Volksbildung‹ im November 1940. Dort heißt es: »Der Führer wünscht nicht derartige gewaltsame Eindeutschungen und billigt nicht die künstl. Ersetzung längst ins Dt. eingebürgerter Fremdworte.« Purist. ↗ Sprachkritik und ↗ Sprachplanung sind allerdings keine dt. Besonderheit, sondern wurden und werden in vielen anderen Ländern betrieben. Im 19. Jh. bestand ein enger Zusammenhang zwischen dem »Völkerfrühling« der »erwachenden Nationen« (z. B. Finnland, Böhmen und Mähren, Kroatien usw.) und Bemühungen um die Etablierung nationaler und von »Fremdem« freier Literaturspr.n. Im 20. Jh. wiederholten sich diese Prozesse vielfach bei der Etablierung postkolonialer ↗ Nationalsprachen in Ländern Afrikas und Asiens (↗ Indonesisch, ↗ Swahili usw.). Gegenwärtig spielen purist. Bestrebungen v. a. im Zusammenhang mit der Kritik und Bekämpfung von ↗ Anglizismen eine Rolle, z. B. in Frankreich, wo seit den 1970er Jahren verschiedene Gesetze die Verwendung nativer Teilwortschätze vorschreiben und die Verwendung der engl. Äquivalente mit Sanktionen bedrohen. Auch in Deutschland gibt es – jenseits nationalist. Ideologien – Bestrebungen, native Wörter bzw. Wortbildungsmöglichkeiten nicht ohne Grund aufzugeben, z. B. *railer* statt ›(jugendlicher) Bahnkunde‹, *ticket counter* statt ›Fahrkartenschalter‹, *IC-Team* statt ›Zugpersonal‹ bei der Dt. Bahn. **Lit.** A. Kirkness, Zur Sprachreinigung im Dt. 1789–1871. Eine histor. Dokumentation. 2 Bde. Tübingen 1975. – I. Fodor & C. Hagège, Language Reform. History and Future. 5 vols. Hamburg 1983 ff. – P. v. Polenz, Dt. Sprachgeschichte Bd. II, 17. und 18. Jh., Bd. III, 19. und 20. Jh. Bln., N. Y. 1994, 1999. – J. Schiewe, Die Macht der Sprache. Eine Geschichte der Sprachkritik von der Antike bis zur Gegenwart. Mchn. 1998. – A. Sauter, Eduard Engel, Lit.historiker, Stillehrer, Sprachreiniger. Ein Beitrag zur Geschichte des Purismus in Deutschland. Bamberg 2000. – Weitere Lit. ⌐ Allgemeiner Deutscher Sprachverein, ⌐ Sprachkritik. S

Pushtu ⌐ Pashto

Putèr ⌐ Rätoromanisch

Putonghua ⌐ Chinesisch

Puyama ⌐ Formosa-Sprachen

Qatabanisch ⌐ Altsüdarabisch

Qawesqar ⌐ Südamerikanische Indianersprachen

Qottu ⌐ Oromo

Quadratschrift (auch: Jüdische Schrift) Im pers. Reich übernahmen Juden mit dem ⌐ Aramäischen auch die aram. Schrift und entwickelten diese nach dem Fall des pers. Reiches (331 v. Chr.) zu einer eigenen ⌐ Schriftart weiter. Aus der Mitte des 3. Jh. v. Chr. stammt der erste hebr. Text, der spezif. Merkmale der jüd. Q. aufweist. Gleichzeitig wurde die alte ⌐ hebräische Schrift aufgegeben. Um die Zeitenwende entspricht die Schrift nahezu der noch heute übl. Form, im 7. Jh. n. Chr. ist die Entwicklung abgeschlossen. Der äußere Umriss fast aller Buchstaben passt sich in ein aufrecht stehendes Rechteck ein. Juden verwendeten die Q. durch die Jahrhunderte in der gesamten Diaspora. Im MA sind in der jüd. Schrift 3 Stile ausgeprägt: (a) die formale ⌐ Buchschrift, die fast unverändert bewahrt ist, (b) die sog. rabbin. Schrifttypen für Kommentare zu den Heiligen Schriften, zu denen auch die in Italien entwickelte Raschi-Schrift gehört, und (c) die ⌐ Kursiven für den Alltagsgebrauch, die je nach Zeit und Ort verschiedene Ausprägungen kennen. Die heute für das ⌐ Ivrit übliche Kursive entwickelte sich im 16.–17. Jh. in Osteuropa. **Lit.** S. A. Birnbaum, The Hebrew Scripts. Leiden 1971. W

Quaestio (lat. ›Frage‹; Suchen, Befragung, Vernehmung) **1.** Im MA entwickelte Methode der Untersuchung einer Rechtsfrage (oder diese Frage selbst). Dabei wird eine Frage nach Klarstellung der Grundlagen aufgeworfen und dann beantwortet. Anschließend werden die Zweifel an der Lösung ausgeräumt durch Widerlegung der Gegenargumente. **2.** Textwissenschaftl. Theorie, die einen Text als Antwort auf eine komplexe kommunikative Aufgabe oder Frage betrachtet und diese zu beschreiben und zu systematisieren versucht (inhaltl. und strukturelle Angaben zum Aufbau des Textes, z. B. Festlegung der Sachbereiche). VS

Quaestio-Modell (lat. quaestiō ›Frage‹) Für längere und komplexe Texte bzw. mündl. Äußerungen geeignetes Analyse- und Beschreibungsinstrument für

inhaltl. Beziehungen zwischen Text- bzw. Äußerungssegmenten. Das wesentl. von C. v. Stutterheim entwickelte Q.-M. folgt keinem strikten Formalismus, sondern modelliert auf der Basis sprachpsycholog. und textlinguist. Erkenntnisse die kommunikative Aufgabe, die ⌐ Quaestio eines Textes bzw. einer Äußerung gemäß der Informationsauswahl und -organisation: Unter Bezugnahme auf die antike Rhetorik wird die Quaestio als die Frage konzipiert, die in einem Äußerungsereignis (Text, Rede) beantwortet wird (bzw. aus der Perspektive der Sprachproduktion zu beantworten ist). Als leitende Frage bewirkt die Quaestio (a) die Festlegung eines Sachverhalts als Thema und damit verbunden die Selektion eines bestimmten Ausschnittes des beim Sprecher vorhandenen Wissens, (b) die Festlegung einer Perspektive und damit die spezif. Verankerung und Strukturierung des vorhandenen Wissens, (c) die hierarch. Organisation von Informationseinheiten in *Hauptstrukturen*, welche auf die Quaestio antworten sowie in nicht quaestio-bezogene *Nebenstrukturen* und (d) die sequentielle Organisation der Informationseinheiten, d. h. ihre Linearisierung. Durch die referentielle Besetzung (*referential filling*) sog. Konzeptdomänen wird der semant.-konzeptuelle Rahmen von Äußerungssequenzen bestimmt; innerhalb der postulierten konzeptuellen Domänen Personen/Objekte, Ereignis-Prädikationen, Orte, Zeitspannen und Modalwerte (wie Faktizität, Kontrafaktizität, Fiktionalität) werden verschiedene Muster sog. ⌐ Referentieller Bewegung (*referential movement*) unterschieden, welche unterschiedl. Einfluss auf die Kohärenz besitzen: Textgegenstände können neu eingeführt, wiederaufgenommen, erweitert, eingegrenzt und verschoben sein. Das Q.-M. ist flexibel in seiner Anwendbarkeit, da es sich nicht auf bestimmte sprachl. oder grammat. Phänomenbereiche zur Erklärung der inhaltl. Beziehungen zwischen Äußerungs- und Textsegmenten beschränkt; zur Anwendung im Bereich der Sprachproduktion vgl. Klein & v. Stutterheim (2002), Grommes (2005), im Bereich elektron. Hypertexte Huber (2002); ⌐ Kohärenz, ⌐ Funktionale Satzperspektive. **Lit.** H. Y. Chäong, Kohärenzbildung beim Simultandolmetschen: Kohärenzbildung durch strateg. Konzeptbildung – Versuch einer Anwendung des psycholing. Textproduktionsmodells »Quaestio«: empir. Studie mit dem Sprachenpaar Korean.-Dt. Trier 2004. – P. Grommes, Kohärenz im Gespräch. Diss. HU Berlin 2005. – O. Huber, Hyper-Text-Ling. Diss. Univ. Mchn. 2002. – W. Klein & C. v. Stutterheim, Quaestio und referentielle Bewegung in Erzählungen. LBer 109, 1987, 163–183. – Dies., Quaestio and L-Perspectivation. In: C. F. Graumann & W. Kallmeyer (eds.), Perspective and Perspectivation in Discourse. Amsterdam 2002, 59–88. – C. v. Stutterheim, Einige Prinzipien des Textaufbaus. Empir. Untersuchungen zur Produktion mündl. Texte. Tübingen 1997. F

Qualia-Rolle Der auf Ch. S. Peirce zurückgehende Terminus ›Qualia‹ (Sg. ›Quale‹, von lat. *qualis, quale* ›wie beschaffen‹. Engl. qualia) wurde von C. I. Lewis (1929) in die Philosophie eingeführt, um damit den subjektiven Erlebnisgehalt mentaler Zustände zu bezeichnen. Es geht dabei um den ontolog. und erkenntnistheoret. Status der qualitativen Sinnesempfindungen (z. B. Farben, Töne, Geschmack, Schmerz usw.), die zwar dem Bewusstsein fraglos gegeben sind, sich jedoch der naturwiss. Beobachtung entziehen. J. Pustejovsky hat diesen Terminus für die Verfeinerung seiner ↗ generativen Semantik aufgegriffen: Viele Lexeme besitzen als Teil ihrer Bedeutung eine Struktur aus »qualia roles«, d. h. konzeptuellen »Perpektiven« (Cruse ²2004), unter denen diese Lexeme bei ihrer Aktualisierung betrachtet und interpretiert werden. So wird man den Satz *Er hat mit der Ente schon angefangen* unterschiedlich interpretieren, je nachdem, welche Qualia-Rolle von *Ente* kontextuell passend erscheint: (angefangen,) *sie zu malen / operieren / beringen / rupfen / braten / essen.* Pustejovsky unterscheidet vier Qualia-Rollen: »constitutive / formal / telic / agentive« (erläutert bei Cruse, S. 116). **Lit.** C. I. Lewis, Mind and the World Order. Toronto 1929. – J. Pustejovsky, The Generative Lexicon. Cambridge, Mass. 1995. – A. Cruse, Meaning in Language. Oxford ²2004. **RB**

Qualität Auf die auditive Beurteilung bezugnehmendes Unterscheidungsmerkmal von Sprachlauten, insbesondere als Vokalqualität (↗ artikulatorische Phonetik, ↗ Vokal) neben der Unterscheidung bezügl. der ↗ Quantität. **PM**

Qualitätsadjektiv Semant. motivierte Subklasse der ↗ Wortart ↗ Adjektiv. Ausgedrückt wird die Qualität des durch das Q. modifizierten Substantivs, z. B. *guter Wein, schlechte Straßen.* Q. können attributiv, prädikativ, adverbial und (eingeschränkt) appositiv stehen. **SO**

Quantifizierend ↗ Gradpartikel

Quantifizierung Die Anwendung von ↗ Quantoren zur Darstellung der log. Formen universaler und partikularer Urteile. **PR**

Quantität (auch: Dauer, Länge) Phonet.-phonolog. auf die Dauer/Länge bezogenes Unterscheidungsmerkmal von Sprachlauten, z. B. dt. [ɛ:] vs. [ɛ] in *brät* vs. *Brett.* **PM**

Quantitative Linguistik ↗ Sprachstatistik

Quantitätskorrelation ↗ Quantität, ↗ Korrelation

Quantor m. **1.** Bez. für die log. Konstanten der ↗ Prädikatenlogik. Der Allquantor ∧ oder ∀ dient der Darstellung universeller Urteile, der Existenzquantor ∨ oder ∃ der der partikularen Urteile. **2.** ↗ Formator. **PR**

Quantoren-Floating (auch: quantifier floating. Engl. to float ›wegtreiben‹) Im Rahmen der GG verwendete Bez. für Wortstellungsvariationen von ↗ Quantoren. Q.-F. heißt der Prozess oder das Ergebnis der ↗ Ableitung, durch welche z. B. *alle* in den mit (Q) bezeichneten Positionen auftritt: *(Q) Mitglieder des Teams haben gestern (Q) nach der Niederlage (Q) vom Vorsitzenden (Q) einen Trostpreis erhalten*; ↗ Logische Form. **Lit.** M. R. Baltin, Floating Quantifiers, PRO and Predication. LIn 26, 1995, 199–248. – M. Kobuchi-Philip, Floating Numerals and Floating Quantifiers. Lingua 117.5, 2007, 814–831. – G. Link, Q.-F. im Dt. In: F. Kiefer & D. M. Perlmutter (Hgg.), Syntax und generative Grammatik. Bd. 2. Ffm. 1974, 105–128. – J. Pafel, Quantifier Scope in German. Amsterdam 2006. – G. Puskas, Floating Quantifiers: What they Can Tell Us about the Syntax and Semantics of Quantifiers. Generative Grammar in Geneve 3, 2002, 107–128. – D. Sportiche, A Theory of Floating Quantifiers and Its Corollaries for Constituent Structure. LIn 19, 1988, 425–449. **F**

Quantorenlogik ↗ Prädikatenlogik

Quantoren-Raising ↗ Anhebung, ↗ Logische Form

Quasiaffix ↗ Scheinaffix

Quasilogographie f. Phonolog. »tiefe« ↗ Schriftsysteme (↗ Graphem), in denen viele graph. Wörter und Wortformen ohne deutl. ↗ Graphem-Phonem-Korrespondenzen feste Silben-, Wort- oder Wortformschreibungen aufweisen, werden mitunter als Q. bezeichnet. Im Unterschied zu ↗ Logographien basieren Q. auf ↗ alphabetischen Schriftsystemen, die mehr oder weniger stark morphologisiert (lexikalisiert) sind, z. B. die Graphien des Engl., Frz. oder Dän. **G**

Quasimorphem ↗ Unikales Morphem

Quasi-Symbol ↗ Platzhaltersymbol

Quatabanisch ↗ Südarabisch

Québec-Französisch Sammelbez. für das Frz. in Kanada. Neben dem Engl. ist das Frz. gleichberechtigte offizielle Staatssprache des Landes; seit 1974 ist in der Provinz Québec nur noch das Frz. offizielle Spr. Ca. 4,1 Mio. Kanadier sind frankophon, davon leben ca. 2/3 in der Provinz Québec. Von den Varietäten außerhalb Frankreichs ist das Q.-F. die dem frz. Standard ähnlichste. Unterschiede manifestieren sich z. T. in der Aussprache (häufige Palatalisierung von Konsonanten vor Palatalvokalen, z. B. *petit* [petˢi], Konsonantentilgung in finalen Clustern, z. B. *communiste* [komyˈnis] bzw. auch Aussprache einfacher finaler koronaler Konsonanten, z. B. *bout* [but]). In der Morphosyntax: einfache Negation (ohne *ne*), gebräuchlicher paradigmat. Ausgleich bei Verben, z. B. *je vas.* V. a. in der Lexik gibt es starken Einfluss des Engl.; z. B. *checker* für *verifier, mouver* für *déménager.* **HU**

Quechua (auch: Runa Simi, La lengua general del Ynga; in Argentinien und Ecuador: Quichua) Mit ca. 8 Mio. Sprechern heute die wichtigste existierende Indianerspr. Sprachgebiet: das Andengebiet von Bolivien, Ecuador und Peru; Teile des ecuadorian. und peruan. Amazonasgebiets; Nordwestargentinien (Jujuy, Santiago del Estero); Südkolumbien (Caquetá, Nariño, Putumayo); Karte ↗ Südamerikanische Sprachen, im Anhang. Das Q. war die Spr. der Inkaverwaltung. Im 16. Jh. zur Evangelisierung verwendet und von span. Grammatikern (z. B. J. Pérez Bocanegra) kodifiziert. Heute in zahlreiche, nicht immer gegenseitig verständl. Dialekte zerfallen. Nach Torero (1964) werden zwei Hauptgruppen unterschieden: Q. I, im zentralperuan. Hochland (Departements Ancash, Huánuco, Junín, Lima und Pasco), und Q. II, die die übrigen Maa. umfasst. Die Q.-Sprecher sind teilweise zweisprachig (span.). Das Q. erhält eine gewisse offizielle Anerkennung in den drei mittleren Andenstaaten. In Peru wurde das Q. 1975 als zweite Nationalspr. neben dem Span. anerkannt. Sprachtyp: SOV im Nebensatz; agglutinierend; ausschließl. suffigierend. Reiche, fast vollkommen regelmäßige Morphologie, Kasussuffixe. Einfaches Lautsystem (drei Vokale). Glottalisierte und aspirierte Kons. nur in von den ⁊ Aymara-Sprachen beeinflussten Maa. (Cuzco, Puno, bolivian. Q.). Wichtige Literaturdenkmäler: das Ollantay-Drama (18. Jh.), die Huarochirí-Mythen (um 1600). **Lit.** A. Torero, Los dialectos quechuas. In: Anales Científicos de la Universidad Agraria 2, Lima 1964, 446–478. – H. Trimborn & A. Kelm, Francisco de Avila. Bln. 1967. – G. J. Parker, Ayacucho Quechua Grammar. Haag, Paris 1969. – W. F. H. Adelaar, Tarma Quechua. Lisse 1977. – P. Cole, Imbabura Quechua. LDS 5. Amsterdam 1984. – R. M. Cerrón-Palomino, Lingüística quechua. Cuzco 1987. – D. J. Weber, A Grammar of Huallaga Quechua. Berkeley, LA 1989. – W. F. H. Adelaar, unter Mitwirkung von P. C. Muysken, The Languages of the Andes. Cambridge 2004. – J. Alderetes, El quechua de Santiago del Estero. Gramática y vocabulario. Tucumán 2001. – J. Calvo Pérez, Pragmática y gramática del quechua cuzqueño. Cuzco 1993. – A. Chirinos Rivera, Atlas lingüístico del Perú. Cuzco, Lima 2000. – A. Cusihuamán, Gramática quechua Cuzco-Collao. Cuzco 2001. – S. Dedenbach-Salazar Sáenz et al., Rimaykullayki. Bln. 2002. **AD**

Queclarativ (engl. que(stion) ›Frage‹, (de)clarative ›Aussagesatz‹) Von J. Sadock im Rahmen der ⁊ Generativen Semantik geprägte Kontamination für Sätze, die der Form nach interrogativ zu werten sind, ihrer pragmat. Funktion nach jedoch im Allgemeinen (in den meisten Kontexten) als ⁊ Assertive fungieren, z. B. ⁊ Rhetorische Fragen. **Lit.** J. M. Sadock, Queclaratives. CLS 7, 1971, 223–231. **F**

Quellenkunde Histor. Teildisziplin, die sich mit der Heuristik, d. h. der Ermittlung und Zusammenstellung der als Grundlagen für die histor. Erkenntnis geeigneten Materialien befasst. I. d. R. werden von der Q. Schriftquellen behandelt, daneben finden zunehmend Sachüberreste Beachtung. Neben der Einteilung des Materials nach äußeren Gesichtspunkten der Überlieferung ist für die Interpretation die Frage nach bewusster (Tradition) oder unbewusster Überlieferung (Überrest) durch den Urheber von Bedeutung, wobei

diese Einteilung von der Fragestellung des (Sprach-) Historikers abhängt. **EN**

Quellsprache, Quellensprache ⁊ Ausgangssprache

Querandí ⁊ Südamerikanische Indianersprachen

Querklassifikation ⁊ Kreuzklassifikation

Quiché-Sprachen Zweig der ⁊ Maya-Sprachen im Hochland von Guatemala mit mehr als 3 Mio. Sprechern. Einzelspr., z. T. mit mehreren Varietäten, sind Quiché-Achi (K'iche'; ca. 1,4 Mio.), Cakchiquel (Kaqchitel; ca. 830000), Tzutujil (Tz'utujil; ca. 80000). I. w. S. gehören zu den Q.-S. auch Kekchí (Q'eqchi'; ca. 850000) und die Pokom-Spr. (ca. 150000); Karte ⁊ Mesoamerikanische Sprachen, im Anhang. Nach der span. Eroberung entstanden unter Verwendung eines erweiterten lat. Alphabets Texte in Q.-S., deren bedeutendste das mytholog.-histor. *Popol Vuh* und das Tanzdrama *Rabinal Achí* sind. Heute wird in gewissem Umfang auch in Q.-Spr. publiziert. Die Q.-S. sind in ihrem Verbreitungsgebiet Mehrheitsspr. mit z. T. geringer Verbreitung von Span. als S2. **Lit.** M. Dürr, Morphologie, Syntax und Textstrukturen des (Maya-) Quiche des Popol Vuh. Bonn 1987. – J. P. Dayley, Tzutujil Grammar. Berkeley 1985. **D**

Quichua ⁊ Quechua

Quingnam ⁊ Südamerikanische Indianersprachen

Quippu ⁊ Begriffsschrift (1)

Quotativ (auch: Reportativ) ⁊ Evidentielle Kategorie für die sprachl. Kennzeichnung eines Sachverhaltes (⁊ Proposition) als nur vom Hörensagen bekannt, wodurch der Sprecher seiner Verantwortlichkeit für die Wahrheit der ausgedrückten Proposition enthoben wird und nicht zur Rechenschaft gezogen werden kann; die betreffende Proposition wird epistem. relativiert (Volkmann 2004). In manchen Spr. dienen spezif. Verbformen bzw. Partikel diesem Zweck. Im Dt. dienen neben Satzadverbien der ⁊ Konjunktiv und die epistem. Lesarten der ⁊ Modalverben der quotativen Kennzeichnung. Bspw. bedeutet *Hans soll/will ein Krokodil gestreichelt haben*: ›In allen Welten, die mit dem verträgl. sind, was eine relevante Gruppe sagt, hat Hans ein Krokodil gestreichelt‹. Die Domäne der Redewiedergabe ist häufig sowohl Ziel als auch Quelle von Grammatikalisierungsprozessen (vgl. Deutscher 2000). Die den Q. kodierenden bzw. in Q.konstruktionen auftretenden Elemente sind meist stark polyfunktional; ⁊ Modalität. **Lit.** W. Abraham & E. Leiss (Hgg.), Modalität. Epistematik und Evidentialität bei Modalverb, Adverb, Modalpartikel und Modus. Tübingen 2009. – A. Y. Aikhenvald, Evidentiality. Oxford 2004. – K. Boye, Epistemic Meaning. A Crosslinguistic and Cognitive Study. Bln., N. Y. 2009. – G. Deutscher, Syntactic Change in Akkadian. The Evolution of Sentential Complementation. [Kap. 5: The Grammaticalization of the Quotative Construction]. Oxford 2000. – G. Diewald & E. Smirnova, Evidentiality in German. Linguistic Realization and Regularities in Grammaticalization. Bln. 2008. **F**

Rachenlaut ↗ Pharyngal

Raddoppiamento sintattico (ital. ›syntaktisch bedingte Verdoppelung‹) In der Italianistik Bez. für die Längung (↗ Geminate) eines wortanlautenden Konsonanten vor einem Vokal, wenn ihm ein vokal. auslautendes (oder einvokal.) Wort vorangeht, z. B. ital. *a Roma* [arˈrɔma] ›nach Rom‹. — G

Radikal m. (lat. rādīx ›Wurzel‹) **1.** (Auch: Klassenhaupt) »Bausteine«, aus denen chines. Schriftzeichen zusammengesetzt sind: jedes ↗ Hanzi ist entweder selbst ein R. oder aus zwei bis vier R. zusammengesetzt. Dabei sind Änderungen in der Gestalt des R., nicht jedoch in seiner Strichzahl möglich. G – **2.** Bezeichnung für die Kons. im ↗ Semitischen. R.e repräsentieren die Grundbedeutung der Wörter. Die R.e eines Wortes bilden die Wurzel, die mit einem semant. Kern verbunden ist, während die Besetzung der Vokalpositionen die eigentl. Wortbildung vollzieht; z. B. bilden die R.e *k*, *t* und *b* die Wurzel *k-t-b* mit dem semant. Kern ›schreiben‹. Wortbildung erfolgt durch das Einsetzen von Vokalen und Affixen nach best. Regularitäten, z. B. *kitāb* ›Buch‹, *maktaba* ›Bibliothek‹, *kataba* ›er schrieb‹, *'aktaba* ›er diktierte‹ usw. Die meisten semit. Wörter haben drei R.e, man spricht deshalb von der Triradikalität des Semit. WI

Radikale CV-Phonologie Weiterentwicklung der ↗ Dependenzphonologie im Sinne des ↗ minimalistischen Programms, die als atomare Prädikate der Gesten (sowie der Silbenstruktur) lediglich C und V (in jeweils differenzierter phonet. Interpretation) verwendet. C bedeutet so für die kategoriale Geste bezügl. der phonator. Subgeste ›ejektiv‹/›glottal‹ (Cv (= von C dominierte V) ›aspiriert‹/›stimmlos‹; V ›stimmhaft‹/›implosiv‹), bezüglich der Struktur-Subgeste ›Plosiv‹, für die lokalisator. Geste koronal‹, ›vorne‹ (V ›tief‹/›hinten‹; primär) bzw. ›palatalisiert‹, ›vorverlagert‹ (V ›pharyngal‹/›rückverlagert‹; sekundär). **Lit.** H. v. d. Hulst, Radical CV Phonology. In: J. Durand & F. Katamba (eds.), Frontiers of Phonology: Atoms, Structures, Derivations. Ldn. 1995, 80–117. PM

Radikallaut (spätlat. rādīcālis ›mit Wurzeln versehen‹ < lat. rādīx ›Wurzel‹) Laut des Wortstamms bzw. Wurzelmorphems, z. B. arab. /ktb/ ›schreiben‹; ↗ Radikal (2). PM

Radschastani ↗ Rajasthānī

Raffsatz Veraltende Bez. für formelhafte Sätze, in denen mit präteritalen Verbformen auf gegenwärtige Vorgänge oder Sachverhalte referiert wird, z. B. *Wie war doch Ihr Name?*; *Herr Ober, ich bekam noch ein Bier.* G

Raffwort ↗ Kurzwort

Rahmen (engl. frame) **1.** In verschiedenen Theoriebereichen genutzte Metapher, um die einzelne Erscheinungen übergreifenden Strukturen zu bezeichnen und so deren Ensemble-Charakter zu erfassen. Der Ausdruck hat einen ähnl. Stellenwert

wie ↗ Schema, Muster (↗ sprachliches Handlungsmuster) und ↗ Scripts. In der Sozialwiss. wurde das Konzept vor allem von E. Goffman genutzt, in der Psychologie dient es zur Modellierung von Gedächtnis, in der ↗ Textlinguistik zur Erfassung größerer Handlungseinheiten, in der ↗ Künstlichen Intelligenz als Basismodell für die Wissensorganisation. In der Semantik wird es für die Modellierung von Lexikon-Strukturen genutzt, indem ein jeweiliger ↗ Kasusrahmen beim Verb angesetzt wird (Ch. Fillmore). In der ↗ Konversationsanalyse steht das Konzept in engem Zusammenhang mit der ↗ Kontextualisierung. Eine Integration der verschiedenen Nutzungen der Metapher ist bisher nicht erfolgt. **Lit.** E. Goffman, Frame Analysis. Cambridge, Mass. 1974. Dt.: R.-Analyse. Ffm. 1980. – Ch. J. Fillmore, Scenes-and-Frames-Semantics. In: A. Zampolli (ed.), Linguistic Structure Processing. Amsterdam 1977. – J. Rehbein, Komplexes Handeln. Stgt. 1977. – D. Tannen, Framing in Discourse. Oxford 1981. – K. Müller, Rahmenanalyse des Dialogs. Tübingen 1984. **2.** ↗ Kasusrahmen. **3.** ↗ Satzklammer. E

Rahmenkonstruktion ↗ Satzklammer

Raising ↗ Anhebung

Rajasthānī Überbegriff für zahlreiche im Staat Rajasthan (Indien) gesprochene ↗ indoarische Dialekte sowie einige kasten- und stammesspezif. Maa., die von Emigranten in andere Landesteile gebracht wurden; Karte ↗ Indische Sprachen, im Anhang. Literatur seit dem 15. Jh. n. Chr. (in Altrajasthānī); die moderne Schriftspr. fußt auf dem Dialekt Mārvāṛī. Verwendete Schriften sind die Devanāgarī, aber auch Kurzschriftvarianten wie z. B. Muḍiyā (= Moḍī); ↗ Indische Schriften. FZ

Rama ↗ Chibcha-Sprachen

Randkasus (auch: peripherer Kasus) In R. Jakobsons (1896–1982) Kasusmodell eine der drei Kasusklassen, bestehend aus ↗ Dativ und ↗ Instrumental. Sie sind bezüglich der Stellungskorrelation markiert (periphere Stellung); Ggs. ↗ Vollkasus, die in dieser Hinsicht unmarkiert sind. G

Rangierpartikel Uneinheitl. verwendeter Terminus für Teilklassen der ↗ Partikeln. Oft als Synonym für ↗ Gradpartikel, bei Engel eigene Subklasse, deren Abgrenzung zu anderen Partikeln allerdings unklar bleibt. Aufgenommen werden Lexeme, die im Satz ›rangieren‹, d. h. im Vorfeld, Mittelfeld und Nachfeld (↗ Feldgliederung) platziert werden können. Dies widerspricht der weitgehend etablierten Auffassung, dass Partikeln generell nicht im Vorfeld stehen können. Dagegen ist es für viele Wortklassen üblich, an unterschiedl. Position stehen zu können. Semant. scheinen die R. nach Engels Interpretation den ↗ Konjunktionaladverbien nahezustehen, indem sie Relationen zu Sachverhalten stützen, die im Text auf diese rück- oder vorverweisen, bspw. *allerdings*, *dennoch*. **Lit.** U. Engel, Dt. Grammatik. Mchn. 2004, 763 f. SO

Rashad-Gruppe ⌐ Kordofanische Sprachen
Rating-Verfahren ⌐ Semantisches Differential
Rationalistische Sprachphilosophie Der mit dem
Wissensideal der Renaissance anhebende Anspruch
einer universalen Begründung wird schon von R.
Descartes (1596–1650) auch für die Sprache postu-
liert, aber erst G. W. Leibniz (1646–1716) hat diesen
Anspruch in einer r. S. umgesetzt. Der Grundgedan-
ke, dass eine ident. Grundform der Erkenntnis, die
menschl. Vernunft, in allen Einzelerkenntnissen am
Werke sei, wird auf die Spr. als einem System von
Zeichen übertragen. In der zu diesem Zweck in
Analogiebildung zur Arithmetik und Algebra ange-
strebten ⌐ Universalsprache soll gewährleistet werden, dass sich durch eine begrenzte Zahl sprachl.
Zeichen, wenn diese sprachl. Zeichen nur nach bestimmten allgemeingültigen Regeln verknüpft werden, die Gesamtheit der Denkinhalte und ihre Struktur erschöpfend bezeichnen lassen. Einerseits kann
sich das Denken nur im Medium sprachl. Zeichen
vollziehen, andererseits kann Spr. nur dann als eine
Technik des menschl. Verstandes fungieren, wenn
sie die Gestalt von ⌐ Kalkülen annimmt. Denn der
Umstand, dass der sprachl. Ausdruck nach bestimmten Vorschriften regelgeleitet erzeugbar ist,
wird zum Kriterium dafür, ob eine sprachl. Darstellung angemessen ist, d. h. ob ihr ein mögl. Gegenstand und damit ein ⌐ Begriff entspricht. Das Kalkül
ist der Garant der mögl. Existenz der Gegenstände
des Erkennens. Dabei geht Leibniz davon aus, dass
uns die Dinge nicht unmittelbar zugängl. sind, sondern in den Ideen zum Ausdruck kommen, dass der
unmittelbare Gegenstand der Zeichen die Ideen von
Dingen bzw. die Begriffe sind und dass wir zur Idee
bzw. zum Begriff einer Sache gelangen können,
wenn die Sache mithilfe von Zeichen darstellbar
ist. Das Ziel einer allg. Charakteristik ist es, einfache Ideen durch einfache Zeichen und komplexe
Vorstellungen durch entsprechende Kombination
solcher Zeichen auszudrücken. Eine derart allgemeine Grundspr. ersetzt die Besonderheit der kulturell verschiedenen Einzelspr. Da die Zeichen im
Kalkül in einem eigenständigen System organisiert
sind, kommt ihnen eine Unabhängigkeit gegenüber
den mögl. Gegenständen ihrer ⌐ Referenz zu. Im
Zuge der Verwendung des Dt. als Wissenschaftsspr.
setzte im 18. Jh. das Bestreben konsequenter Definition ein, das jedes Wort systemat. mit wohldefinierter und verschiedener Bedeutung festzulegen
versuchte. J. Ch. Adelungs *Versuch eines vollständigen grammat.-krit. Wörterbuchs* (1774–1786) ist
Ausdruck dieser Bestrebungen. Die Rationalisierung der Spr. führte auch zu der Forderung einer
log. Abfolge der Satzglieder und Satzfunktionen
mit der Konsequenz einer abwertenden Beurteilung
jener Spr., deren Wortstellung freier geregelt war.
Hinter diesem Anspruch auf Systematisierung verbirgt sich die Überzeugung, dass die nicht-rationa-
len Elemente des Geistes durch den Primat der

Vernunft zu disziplinieren sei, was schon im Titel
von J. W. Meiners allgemeiner Grammatik *Versuch
einer an der menschl. Spr. abgebildeten Vernunfts-
lehre oder philosoph. und allgemeine Sprachlehre*
(1781) angezeigt wird. **Lit.** E. Cassirer, Philosophie
der symbol. Formen. 1. Teil: Die Sprache. Darmstadt 1985, S. 67 ff. – S. Krämer, Berechenbare
Vernunft. Rationalismus und Kalkül im 17. Jh.
Bln., N. Y. 1991.   **PR**
Rätisch ⌐ Indogermanische Sprachen
Rätoromanisch (auch: Bündnerromanisch, Graubündnerisch, Rhätoromanisch, Rumantsch, Romancio) **1.** ⌐ Romanische Spr., die im Kanton Graubün-
den in verschiedenen lokalen Varianten gesprochen
wird, 4. offizielle Sprache der Schweiz, ca. 40 000
Sprecher (mehr-, z. T. viersprachig); Karte ⌐ Europäische Sprachen, im Anhang. Obwohl seit dem
16. Jh. schriftl. belegt, gibt es bis heute keine durchgesetzte Standardnorm. Das Dt. bzw. das Schweizerdt. übernehmen zumeist Standardfunktion. In
den Schulen wird das R. in einer der Regionalvarie-
täten (Sursilvan, Sutsilvan, Surmiran, Putèr, Vallader) unterrichtet. Erst seit 1982 liegt eine einheitl.
Schriftsprache vor (Rumantsch grischun), die auf
allgemeine Verständlichkeit baut, aber vorwiegend
in stark voneinander abweichender Regionalaus-
sprache verwendet wird. **2.** Als Oberbegriff für die
drei sog. alpenroman. Spr. R., ⌐ Ladinisch und
⌐ Friaulisch. **Lit.** LRL III, 1989, bes. 764–912. –
R. Liver, Eine Einführung in das Bündnerroman.
Tübingen 1999.   **HU**
Rattenfängerkonstruktion (engl. pied piping construction) Die von Ross (1967) eingeführte metaphor. Bez. R. bezieht sich auf (a) Frage- und (b)
⌐ Relativsätze, in welchen das Fragewort bzw. das
Relativpronomen mit weiterem sprachl. Material in
der einleitenden Position auftritt (ist die betreffende
Phrase syntakt. sehr komplex, spricht man von *hea-
vy pied piping*), z. B. dt. (a) [*An wessen gute Eigenschaften*] *denkst du?*, (b) *die Frau* [*an deren gute
Eigenschaften*] *ich denke*. Die linguist. Problematik
der R. besteht darin, dass sie in verschiedenen Spr.
unterschiedl. semant. und syntakt. ⌐ Beschränkun-
gen unterliegt und diese nur schwer in einem theo-
ret. Rahmen explizierbar sind. **Lit.** F. Heck, On
Pied-Piping. – Wh-Movement and Beyond. Bln.,
N. Y. 2008. – J. R. Ross, Constraints on Variables
in Syntax. Cambridge, Mass. 1967 [erschienen als:
J. R. Ross, Infinite Syntax. N. Y. 1981].   **F**
Rauh ⌐ Phonation
Raumdeixis ⌐ Lokaldeixis
REA ⌐ Auditive Phonetik
Realisationsphonologie ⌐ Satzphonologie
Realisierung Die tatsächlich ausgesprochene Form
eines Sprachlauts im Ggs. zu den ihm zugrunde-
liegenden phonolog. Segmenten; ⌐ zugrundeliegen-
de Form.   **PM**
Reanalyse (engl. reanalysis, frz. restructuration) **1.**
Bez. für die interne Umorganisation eines ⌐ Struk-

turbaumes, bei welcher die ↗ terminalen Knoten erhalten bleiben, die hierarch. Struktur jedoch verändert wird; ↗ Grammatikalisierung. R. wird in der GG für verschiedene diachrone und synchrone syntakt. Umstrukturierungsprozesse angenommen, bspw. für den Übergang syntakt. Konstrukte in Wortbildungsprodukte oder bei der Beschreibung bestimmter Wortstellungsphänomene (etwa bei Infinitiven im Dt. und Ndl.); so wird z. B. *Austrinken können wird er wohl das Bier* als eine reanalysierte Oberflächenstruktur derjenigen von *Das Bier austrinken wird er wohl können* interpretiert. **Lit.** J. D. Fodor & F. Ferreira (eds.), Reanalysis in Sentence Processing. Dordrecht 1998. – J. Lang & I. Neumann-Holzschuh (Hgg.), Reanalyse und Grammatikalisierung in den roman. Spr. Bln. 1999. – J. Sabel, Restrukturierung und Lokalität. Bln. 1996. – K. Rinas, Zur Genese flektierender Konjunktionen. Sprachw. 31.2, 2006, 113–157. – J. Sabel, Restrukturierung und Lokalität. Bln. 1996. – H. De Smet, Analysing Reanalysis. Lingua 119.11, 2009, 1728–1755. – Weitere Lit. ↗ Grammatikalisierung. – **2.** Bez. für den Wechsel der morpholog. Kategorie von Morphemen. Präfixe wie *vize-* kommen nicht mehr nur gebunden vor, sie sind als freie Grundmorpheme reanalysiert (*Vize*). Umgekehrt sind nicht wenige Elemente, die ehedem Grundmorpheme waren, heute Affixe, z. B. *-heit/-keit*. Auch Affixe können kategorial reanalysiert werden, z. B. *-s* als Adverbmarker im Dt. (*nachts*), das ehemals ein Genitivsuffix war (*des Nachts*). **Bibl.** http://wurmbrand.uconn.edu/research/Bibliographies/restructuringbib.html. F, ES

Rebus (lat. ›durch die Sachen‹) Verwendung eines ↗ Schriftzeichens für einen ↗ homophonen Ausdruck anderer Bedeutung. In der älteren Schriftlinguistik wird das Rebusverfahren als Movens des Übergangs von sog. ↗ Wort-Bildschriften zu sog. ↗ Wort-Lautschriften bezeichnet (↗ Phonetisierung), da es in Verbindung mit ↗ Determinativen die schriftl. Darstellung abstrakter Begriffe erleichtert, z. B. chin. *lai* ›Weizen‹ wird verwendet für *lai* ›kommen‹, *wan* ›Skorpion‹ für *wan* ›zehntausend‹. Das Rebusverfahren findet in sog. Bilderrätseln alltägliche Verwendung. G

Rechtfertigung ↗ Entschuldigung
Rechtlautung ↗ Aussprache
Rechtschreibreform ↗ Orthographiereform
Rechtschreib- und Grammatikprüfung Programme zur R.u.G. dienen dem Ziel, Abweichungen (insbesondere Fehler auf der orthograph., morpholog. und syntakt. Ebene) in einem Text automat. zu erkennen und zu korrigieren. Dabei werden Nicht-Wörter durch einen Lexikonabgleich erkannt und graphemat. ähnl. Wörter zur Korrektur vorgeschlagen. Auch kontextabhängige Fehler können z. T. mithilfe eines ↗ Sprachmodells (Wahrscheinlichkeiten von Wortfolgen) erkannt werden. Z
Rechtschreibung ↗ Orthographie

Rechtschreibunterricht ↗ Schreibenlernen
Rechtsköpfigkeit (auch: right hand head rule) Strukturelles Ordnungsprinzip in dt. Wortbildungskonstruktionen. R. bezeichnet die Rolle, die die finale Konstituente bei der Zuweisung grammat. Eigenschaften an die gesamte Konstruktion innehat; ↗ Kopf, ↗ Grundwort. ES
Rechtsläufig ↗ Schriftrichtung
Rechtslinear ↗ Chomsky-Grammatik
Rechtslinguistik ↗ Forensische Linguistik
Rechts-Ohr-Vorteil ↗ Auditive Phonetik
Rechtsspaltung ↗ Spaltsatz
Rechtssprache ↗ Amtssprache, ↗ Gerichtssprache
Rechtsversetzung ↗ Herausstellung
Rechtsverzweigende Konstruktion Eine Struktur wird im Rahmen der ↗ Phrasenstrukturgrammatik als r. K. bezeichnet, wenn in einem Strukturbaum eine Konstituente A ausschließl. rechtsperipher auftritt und bei gleichzeitigem Auftreten von Schwesterkonstituenten als einzige Konstituente verzweigen kann. R. K. treten dementspr. in solchen Konstruktionen auf, in welchen die ↗ Kopf linksperipher platziert ist. Bspw. ist die ↗ Nominalphrase im Dt. eine typ. r. K., vgl. *[die [verzweigenden Strukturen [der Nominalphrasen [des Deutschen]]]] sind ein gefundenes Fressen für den Minimalismus].* F
Reciprocum tantum ↗ Reziprok
Rede (engl. speech, public address, oratory, frz. discours) **1.** Oberbegriff für monolog. Formen des Sprechens (Meinungs- vs. Informationsrede, Sach- vs. Personrede) aus unterschiedl. Anlässen (Ansprache, Präsentation, Vorlesung, Predigt, Vortrag). Rhetorikgeschichtl. ist R. zwar mit Öffentlichkeit assoziiert (polit. R., Agitationsrede, R.formen in den Medien), dennoch gibt es auch ›private‹ R. (›Standpauke‹, ›jdm. einen Vortrag halten‹). ›R.‹ in der Öffentlichkeit‹ und ›freie R.‹ weisen auf den Zusammenhang von Rhetorik und Politik hin. Wenn es auch bei einem weiten Politikbegriff kaum eine Form rhetor. Kommunikation gibt, die nicht polit. ist, so ist doch mit R. das Politische im institutionell verfassten Sinn angesprochen (Parlamentsrede, Fernsehansprache, Wahlrede). **2.** ›R.‹ i. S. von *langage, reč', discours*, ›R. überhaupt‹: *faculté de langage*, ↗ *langue*. **Lit.** H. Geißner, Rhetorik und polit. Bildung. Ffm. ⁴1986. GU
Redebeitrag ↗ Turn
Rededeixis ↗ Deixis
Redeerwähnung ↗ Redewiedergabe
Redeerziehung ↗ Rhetorische Kommunikation, ↗ Sprecherziehung
Redefigur ↗ Stilfigur
Redeflussstörungen Beeinträchtigungen des Redeablaufes, die sich negativ auf Sprechtempo, -rhythmus, -melodie und -deutlichkeit auswirken. Die häufigste R. ist das ↗ Stottern, daneben ↗ Poltern. GT
Redekonstellationstyp In der Forschung über ↗ mündliche Sprache genutztes Konzept zur Klassi-

fikation von Situationen, in denen spezif. Formen sprachl. Handelns auftreten. Es soll einerseits gleichbleibende, das Sprachverhalten der Interaktanten bestimmende situative Merkmale, andererseits den Zusammenhang zwischen sozialen Bedingungen und Sprachverwendung erfassen. Zu R. gehören z.B. die Zahl der Sprecher, ihr Verhältnis zueinander (Gleichheit, Unter-/Überordnung), die Themafixierung (Unterhaltung vs. Bericht), der Vorbereitungsgrad (Gespräch vs. Vortrag). **Lit.** H. Steger et al., Redekonstellation, R., Textexemplar, Textsorte im Rahmen eines Sprachverhaltensmodells. In: H. Moser (Hg.), Gesprochene Sprache. Ddf. 1974, 39–97.   SL

Redensart ↗ Phraseologismus

Rederaum ↗ Deixis

Redeteil ↗ Wortart

Redewendung ↗ Idiom, ↗ Phraseologismus

Redewiedergabe (auch: Redeerwähnung) Äußerungen von Personen, die in direkter oder indirekter Form wiedergegeben werden. Die Forschung zur R. untersucht grammat. (↗ direkte vs. ↗ indirekte Rede, z.B. Tempus und Modus der Verben), semant. und log. (z.B. Klasse der einbettenden Verben) und lit.-stilist. Fragen (z.B. Abgrenzung zur ↗ »erlebten Rede«). Materialgrundlage sind meist monolog.-fiktive Texte. Neuerdings sind empir. Untersuchungen an mündlich-dialog. R. durchgeführt und kommunikative Aspekte in den Vordergrund gestellt worden, auch unter Einbezug der Intonation. R. steht als besondere kommunikative Handlungsform im Schnittpunkt sprachl.-interaktiver, kognitiver und stilist. Fragen. **Lit.** G. Brünner, Redewiedergabe in Gesprächen. DS 19, 1991, 1–15. – Eisenberg II, 117–124.   SL

Reduktion (lat. reductiō ›Zurückführung‹) **1.** In der TG angenommener transformationeller Prozess, bei welchem ein komplexes Element durch ein weniger komplexes ersetzt wird. R. wurde z.B. in früheren Phasen des Modells für die Pronominalisierung angenommen; ↗ Substitution. F – **2.** Abschwächung (bei Vokalen z.B. ↗ Zentralisierung) oder Verlust von Sprachlauten (↗ Apokope, ↗ Synkope), z.B. in mhd. *ambet* > nhd. *Amt*.   PM

Reduktionsprobe ↗ Weglassprobe

Reduktionssprache Auf der Basis einer oder mehrerer anderer Spr. entstandene Spr., die relativ zu ihrer/ihren Ausgangsspr.(n) geringere phonolog. und grammat. Komplexität und eine reduzierte Lexik aufweist (↗ Kreolsprache, ↗ Pidginsprache). Auch naturalist. ↗ Plansprachen sind R.   G

Reduktionsstufe ↗ Ablaut, ↗ Abstufung

Redundanz f. **1.** (Lat. redundantia ›Überfülle‹) Übercharakterisierung eines phonet.-phonolog., morpholog., semant.-lexikal., syntakt. oder textuellen Sachverhalts. R. ist ein wesentl. Charakteristikum ↗ natürlicher Spr. mit unterschiedl. Ausprägung in den verschiedenen Spr. Unter grammat. R. versteht man die mehrfache Markierung grammat.

Kategorien innerhalb einer Konstituente oder eines Satzes (↗ Kongruenz), d.h. eine grammat. Kategorie wird durch mehrere ↗ Grammeme mehrfach ausgedrückt. Der Pl. in *Die bunten Hüte* wird dreifach ausgedrückt durch (a) die Pluralform des Art., (b) das Pluralsuffix des Adj., (c) die ↗ Stammflexion und das Suffix {-e} des Substantivs. In *Die bunten Hüte freuen ihn* wird der Pl. zusätzl. in der Flexionsform des Verbs, also vierfach, ausgedrückt. In manchen Spr. ist die ↗ geschriebene Sprachform durch signifikant höhere R. charakterisiert, z.B. im Frz., wo ein beträchtl. Teil der Flexion phonet. nicht realisiert wird, z.B. *il chante* ›er singt‹ vs. *ils chantent* ›sie singen‹ mit ident. phonet. Realisierung [ilʃãt]. R. sollte nicht als überflüssiger ›Luxus‹ betrachtet werden, denn R. mindert die funktionale Belastung einzelner Elemente eines Syntagmas, schützt vor Informationsverlust und dient dem Verstehen bes. auf semant.-lexikal. und textueller Ebene. G, SN – **2.** Übercharakterisierung eines Phonems durch nicht bedeutungsunterscheidende Merkmale (↗ adjungiertes Merkmal, ↗ irrelevant) wie z.B. die ↗ Aspiration bei stimmlosen dt. ↗ Plosiven.   PM

Redundanzregel ↗ Lexikonregel

Reduplikation (lat. reduplicātiō ›Wiederholung‹) Verdoppelung von Lauten oder Silben.   PM

Reduplikationsbildung Verdopplung des ↗ Anlauts oder der anlautenden Silbe. (a) In der ↗ Flexion zur Stammbildung, z.B. lat. *currō* ›ich laufe‹, Perf. *cucurrī*, teilweise mit Vokalwechsel, z.B. lat. *fallō* ›ich täusche‹, Perf. *fefellī*. (b) Bez. für ein im Dt. nicht systemat. entwickeltes Muster der Wortschatzerweiterung, das auf Wiederholung eines Segments auf oder unter der Wortebene beruht. Vergleichsweise häufig sind Geräuschwörter dieser Art (*Bimbam*, *Dingdong*, *Klingklong*), auch einige Naturlaute wie *Kuckuck* gehören hierher (↗ Onomatopoetika). ↗ Wortbildung liegt mangels morpholog. klassifizierbarer Konstituenten und abstrahierbarer Wortbildungsstruktur nicht vor (Was ist ein *Kuck*?). Auch die zahlreichen R., die den frühen ↗ Erstspracherwerb begleiten, sind eher Kennzeichen einer Phase des Spracherwerbs (redupliziertes Silbenplappern), die den Wortschatzerwerb vorbereitet, als ↗ Wortbildungsmuster. Immerhin aber sind einige R. ↗ lexikalisiert (*Mama*, *Papa* etc.). Im Franz. wird (partielle) R. angesichts von Paaren wie *bête* ›dumm‹ *bébête* ›ein bisschen dumm‹ *folle* ›verrückt‹ *fofolle* ›ein bisschen verrückt‹ als ↗ diminutives Wortbildungsmuster diskutiert (vgl. Hurch & Mattes 2005, 149), im ↗ Japanischen besteht eine eigene umfangreiche (und unmarkierte) Wortklasse ausschließlich aus R. (giseigo/gitaigo). (c) In anderen Spr.n finden sich Fälle von ↗ Grammatikalisierung des Verfahrens der Reduplikation; so sind in vielen ↗ kaukasischen Sprachen die ↗ Distributiva R. auf der Basis der ↗ Kardinalzahlen (z.B. rutul. *sa-sa* ›je einer‹, georg. *xut-xut-i* ›je fünf‹), in den

⁊ südkaukasischen Sprachen sind R. ein wesentl. Verfahren der Nominalkomposition (z. B. georg. *bind-bundi* ›Halbdunkel‹ zu *bindi* ›Dämmerung‹). – **Lit.** B. Hurch & V. Mattes, Über die Entstehung von partieller Reduplikation. In: G. Fenk-Oczlon & Chr. Winkler (Hgg.), Spr. und Natürlichkeit. Tübingen 2005, 137–156. ES, G

Referent m. (engl. referent ›Bezugsobjekt‹, zu lat. referre ›(sich) beziehen auf‹. Auch: Relatum, Referenzobjekt; Denotat, Bezeichnetes) Bei Ogden & Richards (1923) Terminus zur Bez. des außersprachl. Objekts, auf das sich der »Gedanke« (»reference«) direkt-kausal und das »Symbol« indirekt (über den Gedanken) bezieht. Der R. von Eigennamen und definiten Nominalgruppen entspricht der »Bedeutung« Freges (⁊ Bedeutung 2.1) oder dem ⁊ »Denotat« Russells. In modernen Semantiktheorien ist der R. das Objekt des Referenzakts (⁊ Referenz 2), den Sprecher mit der Äußerung nominaler (und sententieller) Ausdrücke vollziehen, und somit streng zu scheiden von der virtuellen ⁊ Extension eines Ausdrucks (die Lyons 1977 »denotatum« nennt). In kognitionsling. Sicht sind die unmittelbaren R. von Äußerungen nicht die Objekte und Sachverhalte der »Welt« selbst, sondern konzeptuelle Größen: »Wissenseinheiten« als Elemente einer »projizierten« mentalen Wirklichkeit (Habel 1986). **Lit.** ⁊ Referenz. RB

Referentielle Bedeutung (engl. referential meaning) **1.** Autoren, die nicht zwischen virtueller und aktueller Zeichenbedeutung unterscheiden, setzen die r. B. gleich mit der ⁊ denotativen (im Gegensatz zur affektiven/konnotativen; ⁊ Konnotation) oder ⁊ extensionalen Lexembedeutung (z. B. *Stern*: ›Klasse von Himmelskörpern‹) oder mit der Extension eines definiten Ausdrucks (z. B. *Morgenstern = Venus* = ›der 2. Planet der Sonne‹; vgl. Lyons 1977, 174 ff.). **2.** Richtiger versteht man unter r. B. den ⁊ Referenten aktualisierter sprachl. Ausdrücke: z. B. hat im Kirchenlied »Wie schön leuchtet der Morgenstern …« *Morgenstern* die r. B. ›Christus‹. **3.** I. e. S. spricht Donnellan (1966) vom »referentiellen Gebrauch« einer ⁊ Kennzeichnung, der von deren »attributivem Gebrauch« zu unterscheiden sei. »Referentiell« wird die NP *Smith's murderer* gebraucht, wenn man damit ein existierendes, dem Adressaten bekanntes Individuum ledigl. identifiziert, wobei diese Identifikation auch bei unzutreffender Prädikation gelingen mag. »Attributiv« verwendet man die NP, wenn man damit ein unbekanntes, nur hypothet. existierendes Individuum bezeichnen will, auf das die Beschreibung genau zutrifft. Donnellans Ansicht, dass man in diesem Falle keine ⁊ Referenz vollziehe, wurde von Searle (1979) widerlegt. **Lit.** K. Donnellan, Reference and Definite Descriptions. 1966. In: D. D. Steinberg & L. A. Jakobovits, Semantics. Cambridge 1971, 100–114. – J. Lyons, Semantics. Vol. 1. Cambridge 1977. – J. R. Searle, Expression and Meaning. Kap. 6: Referential and Attributive. Cambridge 1979. – Weitere Lit. ⁊ Referenz. RB

Referentielle Besetzung ⁊ Quaestio-Modell

Referentielle Bewegung (auch: referentielle Progression. Engl. referential movement, frz. continuité référentielle) Im Rahmen des ⁊ Quaestio-Modells Bez. für die Art und Weise, wie sich in einem Text bzw. in einer mündl. Äußerung die Information von einem Textsegment bzw. einem Äußerungssegment zum nächsten entfaltet. Bleibt die referentielle Besetzung einer Äußerungseinheit gleich, so kann die r. B. zur stat. ⁊ Kohärenz einer Äußerungsfolge beitragen, verändert sie sich regelhaft, so kann sie zu einer dynam. Kohärenz führen; zudem tragen verschiedene Typen der r. B. in unterschiedlicher Weise zur Entstehung von Kohärenz bei. F

Referentielle Lesart ⁊ Intensionales Verb

Referentielle Progression ⁊ Referentielle Bewegung

Referenz (engl. reference, frz. référence ›Bezug (-nahme)‹, to refer < lat. referre ›(sich) beziehen auf‹) Bezug sprachl. Ausdrücke auf außersprachl. »Welt«. **1.** Vor 1950 wird im angelsächs. Bereich der Ausdruck ›reference‹ teils i. S. von Ogden & Richards (1923) für die gedankl. Bezugnahme von Zeichen auf ⁊ ›Referenten‹ der Wirklichkeit, teils zur Übersetzung der »Bedeutung« Freges (1892; ⁊ Bedeutung (2.1)) verwendet. Als solche bezeichnete R. den Objektbezug von ⁊ Eigennamen oder ⁊ Kennzeichnungen und den ⁊ Wahrheitswert von Sätzen (Ggs.: ⁊ Sinn 1). Die daran anschließenden Ansätze sehen R. als statischen Objektbezug (seit den 1970er Jahren auch Ereignisbezug: ⁊ Ereignissemantik) monosemer, hinsichtl. Virtualität oder Aktualität unspezifizierter Zeichen(verbindungen). **2.** Strawson (1950) bestimmt in seiner Auseinandersetzung mit Russell R. als Sprecherhandlung. Als ⁊ lokutionärer Teilakt geht die »speaker reference« in die ⁊ Sprechakttheorie ein, wird von Searle (1969) theoret. diskutiert und seitdem weitgehend als pragmat. Phänomen anerkannt. **3.** In konversationsanalyt. und textlinguist. Arbeiten einerseits (Kallmeyer u. a. 1980), sprachphilosoph. Untersuchungen andererseits (zusammenfassend: Schwarz 1992, Geiger 1995) wird der »kollaborative« (Clark & Wilkes-Gibbs 1986) und prozessuale Charakter der R. fokussiert. R. erscheint hier als textuell vermittelte, gemeinsame Bezugsherstellung durch Textproduzent *und* -rezipient, eine Aufgabe, deren Probleme (z. B. ⁊ Inferenzen beim Verstehen von Pronomina) experimentell oder simulativ erforscht werden können. Die reale Bezugswelt der präpragmat. R., die Linsky oder Searle um fiktionale »Welten« ergänzten, wird hier (schon 1983 von Jackendoff) ersetzt durch vom Computer oder vom »menschl. Kognitionssystem konstruierte« (Schwarz ²1996, 174) projektive (Text-)Weltmodelle (vgl. auch Habel), deren Elemente keineswegs auf Spezifik und externe Existenz angewiesen sind;

↗ Referenzsemantik. **Lit.** G. Frege, Über Sinn und Bedeutung (1892). In: Ders., Funktion, Begriff, Bedeutung. Hg. v. G. Patzig. Göttingen 1969, 40–65. – C. K. Ogden & I. A. Richards, The Meaning of Meaning. Ldn. 1923. – P. F. Strawson, On Referring. Mind 59, 1950, 320–344. – L. Linsky, Referring. Ldn. 1967. – J. R. Searle, Speech Acts. Cambridge 1969. – J. Lyons, Semantics. Vol. 1. Cambridge 1977. – A. P. Martinich, Communication and Reference. Bln., N. Y. 1984. – H. H. Clark & D. Wilkes-Gibbs, Referring as a Collaborative Process. Cognition 22, 1986, 1–39. – Ch. Habel, Prinzipien der Referentialität. Bln., Heidelberg, N. Y. 1986. – M. Schwarz, Einführung in die Kognitive Ling. Tübingen 1992, ²1996. – Dies., Indirekte Anaphern in Texten. Studien zur domänengebundenen R. und Kohärenz im Dt. Tübingen 2000. – M. Textor (Hg.), Neue Theorien der R. Paderborn 2004. – R. Jackendoff, Semantics and Cognition. Cambridge, Mass. 1983, ⁸1999, Kap. 2. – R. A. Geiger (ed.), Reference in Multidisciplinary Perspective. Hildesheim 1995. – J. K. Gundel (ed.), Reference. Interdisciplinary Perspectives. N. Y. 2008.   RB

Referenzakt Akttheoret. Rekonstruktion J. R. Searles für die ↗ Referenz, die Herstellung eines ›Welt‹-Bezuges im log. Urteil (bzw. in der ↗ Proposition). Durch den R. erfolgt die Beziehung des Sprechers auf Außersprachliches. Der R. bildet zusammen mit dem Prädikationsakt (↗ Prädikation) den ↗ propositionalen Akt.   E

Referenzidentität ↗ Koreferenz
Referenzindex ↗ Koreferenz, ↗ Index
Referenzobjekt ↗ Referent
Referenzpunkt ↗ Modelltheoretische Semantik
Referenzrahmen (auch: Gemeinsamer europäischer Referenzrahmen. Engl. Common European Framework of Reference, frz. cadre européen commun de référence pour les langues) Sprach- und länderübergreifende Konzeption für den ↗ Fremdsprachenunterricht in Europa mit der Absicht, Sprachkurse, -prüfungen bzw. -zertifikate und -lehrwerke vergleichbar zu halten. Der R. postuliert gemeinsame Lernziele (für Wortschatz, Grammatik, situativ-pragmat. und kulturelle Fertigkeiten) anhand von ›Kann-Bestimmungen‹; gemeint ist damit, dass ein Lernender ein Lernziel erreicht hat, wenn er eine bestimmte Fertigkeit beherrscht. Bes. nützl. ist die für alle europ. Spr. geltende Einteilung in Niveaustufen vom Anfänger ohne Kenntnisse (A1) bis zum fortgeschrittenen Lernenden mit beinahe muttersprachl. Kompetenz (C2). Der R. ist im Internet unter www.goethe.de/z/50/commeuro/deindex.htm einsehbar. Speziell für die Niveaustufen des Dt. wurde der Band ›Profile Dt.‹ entwickelt: http://www.goethe.de/lhr/prj/prd/deindex.htm. **Lit.** Europarat & Goethe Institut (Hgg.), Gemeinsamer europ. R. für Spr.n: Lernen, lehren und beurteilen. Bln., Mchn. 2004. – M. Glaboniat u. a., Profile Deutsch. Mchn. 2010.   SO

Referenzsemantik (auch: ↗ Sigmatik. Engl. referential theory of meaning) ↗ Semantik, die Lexembedeutungen nicht im Hinblick auf ihre systeminternen Strukturen und Relationen, sondern hinsichtl. ihrer Funktion untersucht, eine sprachl. Bezugnahme auf außersprachl. Wirklichkeit zu ermöglichen. Formal rekonstruiert wurde diese Funktion vielfach im Rahmen der ↗ intensionalen Logik bzw. der ↗ modelltheoretischen Semantik; die ↗ Intensionen sprachl. Ausdrücke werden formuliert als Anwendbarkeitsbedingungen (Wunderlich 1974), welche die ↗ Extensionen der Ausdrücke in allen mögl. »Referenzpunkten«, bestehend aus den Koordinaten ↗ »mögliche Welt« und »Anwendungskontext«, determinieren. Zurückgestuft wird die intensionale Determination der Referenz dagegen in textling. Ansätzen (z. B. Kallmeyer u. a. 1980) zugunsten der aktualisierenden Kontextdetermination und im gebrauchstheoret. Ansatz Wimmers (1979) zugunsten der Rolle der in »Referenzfixierungsakten« gebildeten »festen Designatoren« (u. a. Eigennamen). Neben den Letzteren bilden insbes. auch die sprachl. Mittel der »Referenzbereiche« (Vater 2005: »Situations-, Ding-, Orts-, Zeit-↗ Referenz« speziell: der ↗ Deixis) den empir. Gegenstand der R. **Lit.** W. Kallmeyer et al., Lektürekolleg zur Textlinguistik. Bd. 1, Kap. 6. Königstein ³1980. – D. Wunderlich, Grundlagen der Ling. Kap. 9. Reinbek 1974. – R. Wimmer, R. Tübingen 1979. – R. J. Jarvella & W. Klein (eds.), Speech, Place, and Action. Chichester, N. Y. 1982. – H. Vater, Einf. in die R. Köln 1986. – Ders., Referenz-Linguistik. Mchn. 2005. – Ders. & V. Ehrich (Hgg.), Temporalsemantik. Tübingen 1988. – Ch. Habel et al. (Hgg.), Raumkonzepte in Verstehensprozessen. Tübingen 1989. – A. Miller et al. (eds.), Rule-Following and Meaning. Chesham 2002.   RB

Referenztheorie ↗ Sigmatik
Reflexiv (lat. reflexum ›zurückgebeugt, zurückgewendet‹. Auch: Rückbezüglich. Engl. reflexive, frz. réfléchi) Unterklasse der Verben, die syntakt. und semant. durch ↗ Koreferenz von Subjekt und Objekt des Verbes gekennzeichnet sind. Im Dt. und anderen Spr. werden diese Verben mit einem ↗ Reflexivpronomen konstruiert, z. B. *ich strenge mich an, sie strengt sich an.* Im Russ. wird Reflexivität durch das Suffix *-sja* am Verb ausgedrückt. Im Dt. ist zu unterscheiden zwischen obligator. refl. (auch: Reflexivum tantum) und partimrefl. Verben (gelegentl. und mit wechselnder Zuordnung auch als echte bzw. nicht echte R. bezeichnet). Bei obligator. refl. Verben ist das R.pronomen kein Satzglied, sondern fester Bestandteil des Verbs und bildet mit diesem eine semant. Einheit, z. B. *Otto schämt sich, Otto verliebt sich.* Bei partimrefl. Verben ist das R.pronomen koreferent zum vom Subjekt Bezeichneten, z. B. *Jenny zieht sich aus* vs. *Jenny zieht Lukas aus.* Schließl. gibt es fakultative Reflexivität, z. B. *Oma ruht (sich) aus.* R.konstruktionen sind eine Unter-

klasse des Aktivs, dienen aber in Mittelkonstruktionen (↗ Medium, ↗ mediales Verb) auch als Passivparaphrasen, z. B. *Das Kleid wäscht sich gut.* Solche Formen kommen im Dt. nur gelegentl. und meist mit modaler Komponente vor, in anderen Spr. sind sie häufiger, z. B. Frz. *Cela ne se fait pas* ›Das tut man nicht‹ wörtl. ›Das tut sich nicht‹; ↗ Reziprok, ↗ Zustandsreflexiv. **Lit.** F. Wagner, R.konstruktionen und Genera Verbi. Sprachw. 2, 1977, 302–338. – Ders., Untersuchungen zu R.konstruktionen im Dt. Ffm. 1977. – M. Everaert, The Syntax of Reflexives. Dordrecht 1986. – J. Kunze, Typen der r. Verbverwendung im Dt. und ihre Herkunft. ZS 16, 1997, 83–189. SL

Reflexives Verb ↗ Reflexiv

Reflexivierung Ersetzung eines mit einem Satzsubjekt referenzident. Objektausdrucks durch ein ↗ Reflexivpronomen, z. B. *Rudolf_i blamiert Rudolf_i* → *Rudolf_i blamiert sich_i.* G

Reflexivpassiv ↗ Reflexive Verben sind nicht passivfähig. Sie können aber in unpers. Konstruktionen ein R. bilden, das i. d. R. eine nachdrückl. Aufforderung ausdrückt, z. B. *es wird sich jetzt endlich hingesetzt; hier wird sich nicht geschämt.* G

Reflexivpronomen (in Schulgrammatiken auch: rückbezügliches Fürwort. Engl. reflexive pronoun, frz. pronom réfléchi) Das Pronomen, das der Reflexivierung dient, z. B. dt. *sich*, frz. *se (même)*, ital. *se* mit den jeweiligen Flexionsformen; ↗ Reflexiv. G

Reflexivum ↗ Reflexiv

Reflexivum tantum ↗ Reflexiv

Reformulierung Im Wortsinn gebrauchter Terminus, der Wörter, Teilsätze, Sätze oder Satzfolgen meint, die im Text bereits Benanntes inhaltl. korrigieren, präzisieren oder zusammenfassen. R. werden meist durch textverknüpfende Elemente, z. B. *bzw., d. h., mit anderen Worten* eingeleitet, die gleichermaßen ↗ anaphorische wie ↗ kataphorische Funktion haben; ↗ Kohäsion. ES

Refrainfrage (auch: Nachziehfrage) An Deklarativsätze angehängte Frage, die die Funktion hat, den Angesprochenen zur Bestätigung der Proposition zu veranlassen, also der Sicherung des Einverständnisses zwischen Sprechendem und Angesprochenem dient, z. B. dt. *…, nicht (wahr)?*; *…, stimmt doch?*; westfäl. *…, woll?*; schwäb. *…, gell?*, engl. *…, isn't it?*; ↗ Suggestivfrage. G

Regel (lat. rēgula. Engl. rule, frz. règle) Umgangssprachl. ist eine R. u. a. (a) eine Übereinkunft, an die man sich nach allgemeiner Auffassung halten sollte, (b) ein Gesetz, nach dem man sich mehr oder minder streng zu richten hat, (c) eine Maxime für das eigene Verhalten. Im formal-wiss. Sprachgebrauch sind R. Funktionen, welche eine ggf. unendl. Menge von definierten Ausgangselementen auf eine endliche Menge von definierten Eingangselementen abbilden. R. erfassen dementspr. Folgezustände im Verhältnis zu Anfangszuständen sowie die Bedingungen zur Überführung von Anfangszuständen in

Folgezustände: bspw. erfasst die R. $X + X \rightarrow 2*X$ einen Anfangszustand wie $d + k + d$ in Relation zu dem Folgezustand $2d + k$ oder Eingangselemente wie $6 + 6$ in Relation zu dem Ausgangselement 12. In der Sprachwiss. sind mindestens vier Bedeutungen zu unterscheiden: (a) R. haben in traditionellen Sprachbeschreibungen oft normativen Charakter: Sie dienen zur Steuerung der Sprachverwendung. (b) R. im Rahmen deskriptiver Sprachbeschreibungen sind im Allgemeinen nicht normativ, sondern Bestandsaufnahmen empir. beobachtbarer Sprachphänomene. (c) R. im Rahmen von Erzeugungsgrammatiken bzw. ↗ Erkennungsgrammatiken bilden Erzeugungsprozesse bzw. Erkennungsprozesse ab; sie sind als Anweisungen für formale Operationen zu verstehen. So wird im Rahmen der GG zwischen globalen und lokalen R. unterschieden: Lokale R. (↗ Lokaler Baum) definieren Wohlgeformtheitsbedingungen für Teilstrukturen, globale R. definieren generelle Wohlgeformtheitsbedingungen für Ableitungsprozesse. (d) Handlungstheoret. orientierte Sprachbeschreibungen explizieren Sprachverwendung als durch soziale R. geleitetes Handeln; in diesem Sinne sind auch die im Rahmen der Theorie der ↗ Sprechakte verwendeten konstitutiven (z. B. die R. des Fußballspiels) und regulativen R. (z. B. die Verhaltensregel, einen Bekannten zu grüßen) zu verstehen: Die durch konstitutive R. erzeugten Folgezustände sind von den R. selbst log. abhängig, die durch regulative R. beschriebenen Zustände sind von den R. selbst log. unabhängig. F

Regelbildung In der ↗ Spracherwerbsforschung Bez. für die Entwicklung sprachl. Regeln im Erstspracherwerb bzw. beim Erlernen von Fremd- und Zweitsprachen. Die empir. Erforschung dieses Prozesses beruht auf dem Studium von Äußerungen in unterschiedl. Entwicklungsphasen, in denen Unterschiede in der Realisierung des untersuchten Strukturausschnitts vorliegen, z. B. beim Erwerb der Negation, der Personalpronomina, der Pluralbildung usw. G

Regelmäßiges Verb ↗ Schwaches Verb

Regelmäßigkeitseffekt (engl. regularity effect) Geschriebene Wörter werden in Tests schneller akzeptiert, wenn sie den Regeln der geltenden Orthographie entsprechend geschrieben sind. Dieser Befund stützt die Annahme, dass orthograph. Regularitäten im ↗ Mentalen Lexikon repräsentiert sind und auf die lexikal. Entscheidung rückwirken; ↗ Pseudohomophoneneffekt, ↗ Sprachverstehen, ↗ Worterkennung, ↗ Wortüberlegenheitseffekt. **Lit.** ↗ Pseudohomophoneneffekt. SO

Regeln für die alphabetische Ordnung Titel des Normblatts DIN 5007, das für Deutschland Kriterien für die Festlegung der Reihenfolge von Stichwörtern in Listen nach dem alphabet. Prinzip entwickelt und Regeln dafür festlegt. G

Regeltyp ↗ Regel

Regelumkehrung Von Th. Vennemann (1972) eingeführte Bez. für diachrone Sprachveränderungsprozesse, die relativ zu einer ursprüngl. grammat. Regel invers verlaufen. Bspw. sprechen diverse Argumente dafür, dass der indefinite Artikel im Engl. ursprüngl. die Form [an] hatte und das Engl. über die Regel [an]ART a/#C verfügte, demggü. verfügt das heutige Engl. über die Regel [a]ART an/#V. Der betreffende diachrone Prozess kann als R. expliziert werden, welche die Regel der [n]-Tilgung im indefiniten Artikel vor konsonant. anlautenden Wörtern zu einer Regel der [n]-Einfügung invertierte. **Lit.** J. E. Schmidt & H. J. Künzel, Das Rätsel löst sich: Phonetik und sprachhistor. Genese der Tonakzente im Regelumkehrgebiet (Regel B). In: M. de Vaan (ed.), Germanic Tone Accents. ZDL, Beiheft. Stgt. 2005. – Th. Vennemann, Rule Inversion. Lingua 19, 1972, 209–242.   F

Regens n. (lat. regēns ›regierend‹) Regierendes Element in der Relation der ⟋ Dependenz, von dem ein anderes (⟋ Dependens) abhängig ist; ⟋ Kopf.   WK

Regieren ⟋ Dependenz, ⟋ Regierende Kategorie, ⟋ Rektions-Bindungs-Theorie, ⟋ Rektion, ⟋ Valenz

Regierende Kategorie (engl. governing category) Der Begriff r. K. spielt in der ⟋ REST, ⟋ Rektions-Bindungs-Theorie und ⟋ Barrieren-Theorie eine wichtige Rolle zur Präzisierung des Bereichs, in welchem ⟋ Bindung stattfindet. Es handelt sich z. B. um einen syntakt. Bereich, in welchem ein Reflexivpron. ein ⟋ Antezedenz aufweisen muss. Wie dieser syntakt. Bereich genau zu definieren ist, ist abhängig von weiteren theoret. Entscheidungen. Chomsky (1981, 188 ff.) definiert r. K. annäherungsweise wie folgt: A ist r. K. für B dann und nur dann, wenn A die minimale Kategorie ist, die B und ein Regens für B enthält, und die ein für A zugängl. Subj. dominiert, wobei eine Kategorie A ›minimal‹ bezügl. einer Eigenschaft P heißt, wenn sie P besitzt, aber jede von A dominierte Kategorie P nicht besitzt. **Lit.** N. Chomsky, Lectures on Government and Binding. Dordrecht 1981.   F

Regierendes Verb ⟋ Dependenz, ⟋ Regierende Kategorie, ⟋ Rektions-Bindungs-Theorie, ⟋ Rektion, ⟋ Valenz

Regiolekt ⟋ Regionalatlas

Regionalatlas ⟋ Sprachatlas für eine Sprachregion. Nach Fertigstellung des *Sprachatlas des dt. Reichs* (1933) bzw. des *Deutschen Sprachatlas* (1956) mit ihrer indirekten Aufnahmemethode wurde für die detailliertere Darstellung einzelner Dialekte die direkte Aufnahme durch geschulte Exploratoren angewandt und ein dichteres Belegnetz bestimmt. Mittlerweile liegen R. abgeschlossen vor u. a. für Siebenbürgen, Schlesien, Tirol, Mittelrhein, Hessen, Bayer. Schwaben; in Bearbeitung sind: Südwestdeutsch, Unter- und Mittelfranken, Ober- und Niederbayern u. a.   K

Regionalismenwörterbuch ⟋ Idiotikon

Regionalismus (auch: Provinzialismus) Sprachl. Ausdruck, der für eine best. Sprachlandschaft typisch ist, z. B. bair.-österreich. *Beuschel* ›Tierinnereien‹

(⟋ österreichisches Deutsch). Neben R. auf der Wortebene gibt es auch syntakt. R., etwa die doppelte Verneinung im Bair. R. werden zwecks Lokalkolorit in lit. oder publizist. Texten verwendet. Die synonyme Bez. »Provinzialismus« kann negative Merkmale der Sprecher (z. B. Rückständigkeit) suggerieren; ⟋ Dialekt, ⟋ Lokalismus.   SO

Regionalsprache ⟋ Dialekt

Register n. **1.** In der ⟋ Soziolinguistik Bez. für eine funktionale Sprachvariante, die verbunden ist mit unterschiedl. Berufsgruppen und sozialen Gruppierungen (d. h. z. B. naturwiss. Register, Register der Piloten, religiöses Register usw.) vor allem bezogen auf das distinkte Vokabular; ⟋ Fachsprache. In der Tradition der ⟋ Londoner Schule steht der Terminus in Opposition zu ⟋ Dialekt und ⟋ Soziolekt, die den Sprachbenutzer kennzeichnen, während R. »varieties according to use« bezeichnet. Ein R. ist »what you are speaking« (zu einem bestimmten Zeitpunkt), in Abhängigkeit von »what you are doing« als sozialer Aktivität. Man unterscheidet nach *field, mode* und *manner* des Diskurses. *Field* bezieht sich auf den institutionellen Rahmen, in dem diese Varietät gebraucht wird, *mode* bezieht sich auf die durch den Kommunikationskanal bedingten Unterschiede, wo nicht nur schriftl. vs. mündl. unterschieden wird, sondern auch z. B. schriftl. Texte, die geschrieben wurden, um gelesen zu werden (Vorträge usw.; ⟋ Mündlichkeit; *manner* (*Tenor* oder *Stil*) bezieht sich auf die Beziehung zwischen Spr.teilnehmern und den Stilunterschieden, die diese Beziehung reflektiert. Neben M. A. K. Hallidays dreidimensionalem Modell stellt D. Hymes (1972) ein Registermodell vor, das 13 nicht-dialektale Variablen einbezieht. Ein Beisp., das Registerunterschied nach dem Grad der Formalität und dem Grad des Fachwissens ausdrückt (nach Hudson 1980, 50): (a) formal, techn.: *We obtained some sodium chloride* ›Wir erhielten Natriumchlorid‹; (b) formal, nicht-techn.: *We obtained some salt* ›Wir erhielten Salz‹; (c) informal, techn.: *We got some sodium chloride* ›Wir kriegten Natriumchlorid‹; (d) informal, nicht-techn.: *We got some salt* ›Wir kriegten Salz‹. R., Dialekt und Soziolekt sind überlappende Termini. **Lit.** M. A. K. Halliday, A. McIntosh & P. Stevens, The Linguistic Sciences and Language Teaching. Ldn. 1964. – D. Hymes, Models of the Interaction of Language and Social Life. In: J. J. Gumperz & D. Hymes (eds.), Directions in Sociolinguistics: The Ethnography of Communication. N. Y. 1972, 35–71. – R. A. Hudson, Sociolinguistics. Cambridge u. a. 1980. – D. Biber & E. Finegan (eds.), Sociolinguistic Respectives on R. N. Y. 1994. – D. Biber, Dimensions of R. Variation. A. Crosslinguistic Comparison. Cambridge 1995. R – **2.** Unterschiedl. Grundeinstellungen des Kehlkopf-Apparates bei der ⟋ Phonation, die, verbunden mit spezif. Schwingungsverhalten der ⟋ Glottis unterschiedl. Stimmqualitäten zur Folge haben (Brust-R., Kopf-R.).   PM

Regression ↗ Augenbewegungen beim Lesen, ↗ Saccade

Regressiv ↗ Progressiv (2)

Regulär ↗ Chomsky-Grammatik

Regulärer Ausdruck In der Informatik verbreiteter Formalismus zur Definition von Mengen von Zeichenketten. Die schwache generative Kapazität von r. A. entspricht regulären Grammatiken (Typ-3-Syntaxen, ↗ Chomsky-Grammatiken). Für jeden r. A. gibt es einen endl. Automaten, der dieselbe Spr. akzeptiert. Eines der wichtigsten Elemente bei der Def. von Zeichenketten mit r. A. ist – neben der Verkettungsoperation und der Markierung von Teilketten durch Klammerung – der Kleene-Stern (»*«), der beliebig viele (auch null) Vorkommen einer Teilkette bezeichnet. Der r. A. *(vor)*gestern* definiert z. B. die Menge {gestern, vorgestern, vorvorgestern, …}. Nicht alle Strukturmuster, die für natürl. Spr. angenommen worden sind, lassen sich als r. A. definieren: So ist z. B. das Muster einer rekursiven Selbsteinbettung (↗ selbsteinbettende Konstruktion) nicht als r. A. formulierbar, sondern nur echte Teil- oder Obermengen davon. **L**

Regulativ ↗ Regel, ↗ Sprechaktklassifikation

Reibelaut ↗ Frikativ

Reifikation (engl. reification ›Vergegenständlichung‹) **1.** Wahrnehmung gesellschaftl. Qualitäten als natürl. Qualitäten, (z. B. *Geld arbeiten lassen*). **2.** Verwendung eines ↗ Abstraktums als ↗ Konkretum, z. B. *Auskunft* als Antwort auf eine Frage und als Institution (z. B. *zur Auskunft gehen*). **G**

Reihe Phonolog. derselben Kategorie einer ↗ Korrelation angehörende, d. h. durch ein gemeinsames ↗ reihenbildendes Merkmal definierte Oppositionsglieder (↗ Opposition) wie z. B. die R. der stimmhaften Konsonanten, der gerundeten Vokale. **PM**

Reihenbildendes Merkmal Phonolog. ↗ distinktives Merkmal, durch dessen Vorhandensein oder Fehlen eine ↗ Reihe von Oppositionspaaren (↗ Opposition, ↗ Minimalpaar) gekennzeichnet ist (z. B. Nasalität, Stimmhaftigkeit); ↗ Korrelationsmerkmal. **PM**

Reihenbildung Merkmal synchron verfügbarer Wortbildungsmorpheme, das häufig zur Identifizierung der Morphemkategorie herangezogen wird. Entscheidend ist dabei weniger die Anzahl von Bildungen mit einem bestimmten Wortbildungselement (Ausnahme: ↗ Unikale Morpheme) als vielmehr die formale und inhaltl. Identität in verschiedenen Bildungen (Fuhrhop 1998, 6 ff.). So mögen Wortbildungselemente frei vorkommen, wenn sie aber reihenhaft affixartige Funktionen übernehmen, mag mit dem Funktionswechsel ein Kategorienwechsel einhergehen. Die Grenzen sind kaum zu ermitteln, entsprechend heterogen ist die Klassifizierung von Morphemen in der Literatur. So wird etwa *frei* wahlweise als privatives Affix (Klosa 1996, 111 ff.), als freies Grundmorphem oder auch als ↗ Affixoid bezeichnet, Letzteres, wenn *frei* trotz homophonem freien Grundmorphem affixale Funktionen übernimmt, ohne dass die etymolog. Verwandtschaft mit dem freien Grundmorphem gänzlich verblasst wäre. In Komposita leiten gut ausgebaute Reihen ident. strukturierter Bildungen die Interpretation semant. Relationen: Wenn *Holz-* und *Stahlkisten* jeweils Kisten aus dem genannten Material bezeichnen, ist die Default-Lesart der *Plastikkiste* ebenfalls die ›Kiste aus‹ und nicht die ›Kiste für‹ Plastik; ↗ Lexikalisierung. **Lit.** S. Olsen, Flickzeug vs. abgasarm: Eine Studie zur Analogie in der Wortbildung. In: F. G. Gentry (Hg.), Semper idem et novus. Göppingen 1988, 75–94. – N. Fuhrhop, Grenzfälle morpholog. Einheiten. Tübingen 1998. – A. Klosa, Negierende Lehnpräfixe des Dt. Heidelberg 1996. **ES**

Reihenschritt Eine kongruente Lautgruppe (»gekoppelte Reihe«: z. B. [+ vorn, + gerundet] in [ø, y] unterliegt einer gemeinsamen Änderung (R.) zu einer neuen gekoppelten Reihe ([+ vorn, – gerundet]) in [e, i]. Zunächst nur für den Vokalismus als gesetzmäßige Veränderung entdeckt (↗ Pfalzsches Gesetz), werden nun auch Konsonantenveränderungen damit gekennzeichnet (Löffler 1980, 146). Diese Entwicklungen sind charakterist. für den synchronen Bestand eines einzelnen Dialekts und seine diachrone Rekonstruktion. **Lit.** H. Löffler, Probleme der Dialektologie. Darmstadt ²1980. – P. Wiesinger, R.theorie. HSK 1, 1982, 144–151. **K**

Reihenwort ↗ Kopulativkompositum

Reim (mhd. rim/rime, aus frz. rimer ›in Reihen anordnen‹) Seit dem 18. Jh. oft als Bez. für Endreim eingegrenzt: Gleichklang von Wörtern, meist vom letzten betonten Vokal eines Wortstammes an. **1.** Endreim als Versschluss ist häufiges Kennzeichen von Gedichten; das Reimschema zeigt die Reimfolge einer Strophe oder eines Gedichts (Arten: Kreuzreim a-b-a-b; Paarreim a-a-b-b; Schweifreim a-a-b-c-c-b; umarmender Reim a-b-b-a; verschränkter Reim a-b-c[d] a-b-c[d]). Der ›männliche‹ (auch: stumpfe R.) ist ein einsilbiger R., der mit Hebung (einer betonten Silbe) endet. Der ›weibliche‹ (klingende R.) ist ein zweisilbiger Reim, der mit einer Senkung (einer unbetonten Silbe) endet. **2.** Anfangsreim, R. am Anfang zweier oder mehrerer Verse (***Krieg!** ist das Losungswort, **Sieg!** und so klingt es fort …*; Goethe, Faust II 9837/ 8). **3.** Binnenreim, R. steht innerhalb des Verses (*Sie blüht und glüht und leuchtet*; H. Heine). **4.** ›Unreine‹ Reime (auch: Halbreime) weisen keine vollständige Übereinstimmung in Vokalen und Konsonanten auf (*flieht – blüht; Menschen – Wünsche;* ↗ Stabreim. **5.** ↗ Silbe, ↗ Silbenkoda. **VS**

Reimbildung Bez. für einen ↗ Neologismus, der durch Kombination zweier strukturell ähnlicher Einheiten entsteht, z. B. *Schnickschnack, Tiptop*. Die R. ist eine Sonderform der ↗ Reduplikation und kein Resultat regulärer Wortbildungsmuster, schon deshalb, weil die reduplizierte Einheit selbst i. d. R. kein Wort oder Morphem ist; ↗ Iteration.   ES

Reiner Kasus ↗ Absoluter Kasus

Reiz-Reaktions-Modell (engl. Stimulus-Response-Model. Abk. S-R) Behaviorist. Hypothese über Struktur und Zustandekommen menschl. und tier. Verhaltens durch die Verknüpfung motor. Gewohnheiten mit äußeren Umweltreizen. Von radikalen Behavioristen wird auch das menschl. Sprachverhalten nach dem Muster von Reiz und Reaktion (↗ Konditionierung) verstanden; ↗ Behaviorismus. Es ist aber inzwischen weitgehend communis opinio, dass dieses Modell allen wesentl. Eigenschaften menschl. Sprechens nicht genügt. Entwickelt aus der gezielten Dressur von Tieren (↗ Primatensprachen) wird es selbst deren spontan arteigenen Verhaltenspotentialen nach Ansicht der meisten Verhaltensforscher nicht gerecht. In der ↗ Psycholinguistik wird meist die Regelgebundenheit des Sprachverhaltens ins Feld geführt, die es Sprechern erlaubt, noch nie zuvor gehörte Zeichenverbindungen spontan herzustellen und zu verstehen – eine Leistung, die über die gelernte Verbindung von Stimuli und Reaktionen weit hinausgeht. Indessen ist aber schon jedes genuine Sprachsymbol mit der (semiot. naiven) S-R-Hypothese nicht zu erklären. Stereotyp verknüpft wie Reiz und Reaktion sind bestenfalls verbale Standardassoziationen (*Vater – Mutter*), die aber allein keine Eigenschaft des Sprachverhaltens erklären oder beschreiben helfen. **Lit.** ↗ Spracherwerbsforschung.   KN

Rejang ↗ Malaiisch

Rek ↗ Dinka

Rekodierung ↗ Kodierung (1)

Rekognitionsgrammatik ↗ Erkennungsgrammatik

Rekompositum (auch: Konfixkompositum) Terminolog. Vorschlag von A. Martinet (1971, 123) zur Bez. derjenigen Produkte der ↗ Lehnwortbildung, die ↗ Komposita insofern ähneln, als sie Zusammensetzungen mehrerer Grundmorpheme sind, z. B. *Morph(o)-log(e)*. Die zusammengesetzten ↗ Konfixe sind allerdings nicht wortfähig, weshalb der Terminus R. wohl treffender ist als die häufigere Bez. Konfixkompositum. **Lit.** A. Martinet, Grundzüge der Allgemeinen Sprachwiss. Stgt. [5]1971. ES

Rekonstruierbarkeit (engl. recoverability (condition), frz. récupérabilité) In frühen Stadien der GG Prinzip zur ↗ Beschränkung best. ↗ Transformationen. Insbes. Transformationen zur ↗ Tilgung von Konstituenten müssen der R. unterliegen. Im Rahmen von Chomsky, Aspects, ist z. B. das Subj. von Imperativsätzen rekonstruierbar aufgrund der Distribution von Reflexivpron. wie in *Schäm dich!* vs. **Schäm mich!* Die R. wird im Rahmen der ↗ Rektions-Bindungs-Theorie u. a. hinsichtl. des ↗ ECP diskutiert. Für die ↗ Optimalitätstheorie wurde das Prinzip der R. von Pesetsky (1998, 342) wiederentdeckt, wo es besagt, dass semant. Gehalt im lokalen Kontext entweder lautl. kodiert werden

oder durch eine Antezedens-Beziehung rekonstruierbar sein muss. **Lit.** P. Mecner, The Recoverability Condition in Polish and German. Societas Linguistica Europaea, 33rd Annual Meeting, Poznań, August 31 – September 2, 2000. Adam-Mickiewicz-Univ. Poznań 2000. – D. Pesetsky, Some Optimality Principles of Sentence Pronunciation. In: P. Barbosa et al. (eds.), Is the Best Good Enough? Optimality and Competition in Syntax. Cambridge, Mass. 1998, 337–383. – I. Roberge, The Syntactic Recoverability of Null Arguments. Montreal 1990.   F

Rekonstruktion Verfahren der ↗ historisch-vergleichenden Sprachwissenschaft, um nicht bezeugte Spr. oder Elemente eines sprachl. Systems zu erschließen. Zwei grundlegende Verfahren von R. sind zu unterscheiden: Die sog. externe (oder äußere) R., die aus dem Vergleich verschiedener als ↗ genetisch verwandt geltender Einzelspr. Rückschlüsse auf deren anzunehmende gemeinsame Vorstufe (↗ Grundsprache) zu ziehen versucht, wobei von der Regelmäßigkeit der anzunehmenden Veränderungen insbesondere auf lautl. Ebene (↗ Lautgesetz) ausgegangen wird. So gestattet etwa der Vergleich der Wortformen für ›Pferd‹ lat. *equus*, griech. ἵππος (hippos) und altind. *áśvaḥ*, für die uridg. Grundsprache (↗ indogermanische Sprachen) ein mask. Substantiv *ek̑u̯os (Nom. Sg.) zu rekonstruieren. Der sog. interne oder ↗ innere Rekonstruktion geht demgegenüber von einem einzelnen sprachl. System aus und versucht, durch die Aufdeckung systemat. Zusammenhänge ältere Zustände zu erhellen. Typ. Beispiel ist die ↗ Laryngaltheorie, nach der die uridg. Grundsprache bestimmte Konsonantenphoneme hatte, die in keiner der bezeugten Einzelspr. unmittelbar fortgesetzt sind; ihre Berechtigung bezieht die Theorie aus Feststellungen über die Strukturierung lexemat. und morpholog. Elemente, die sich nur durch die R. der sog. Laryngale als systemhaft erweisen lassen. Unabhängig von der jeweiligen Methode kann sich die R. auf alle Ebenen des sprachl. Systems erstrecken, wobei ihre Ergebnisse allerdings nicht überall gleiche Zuverlässigkeit beanspruchen können; die größte Sicherheit wird meist bei der R. phonolog. Systeme erreicht. **Lit.** H. Hoenigswald, Language Change and Linguistic Reconstruction. Chicago 1960. – G. Doerfer, Lautgesetz und Zufall. Betrachtungen zum Omnicomparatismus. Innsbruck 1973. – P. Baldi, Linguistic Change and Reconstructional Methodology. Bln. 1989. – R. S. P. Beekes (ed.), R. und relative Chronologie. Innsbruck 1992.   GP

Rekonstruktionsmethoden ↗ Rekonstruktion

Rektion (lat. *regere* ›leiten, regieren, beherrschen‹. Engl. government, engl. frz. rection) **1.** (Auch: Kasusforderung, Kasusrektion) Traditioneller grammat. Begriff zur Bezeichnung der grammat. Relation des Miteinandervorkommens (↗ Vorkommen, ↗ Distribution, ↗ Kookkurrenz) eines Wortes (insbesondere eines Verbs), unabhängig von seiner jeweililigen Wortform, und der Wortform (Kasusform) eines anderen Wortes (insbesondere eines Subst.), bezogen auf die sog. ↗ casus obliqui, z. B. den Akk., Dat. und Gen. des Dt., nicht aber den Nom. als den ↗ casus rectus. So gibt es im Dt. Verben, die mit einem Akk.objekt vorkommen, und es gibt Verben mit Dativobjekt oder Gen.objekt, z. B. *Emil bemalt das Papier* (Akk.), *Emil traut dem Papier* (Dat.), *Emil harrt des Papiers* (Gen.). Man sagt, *bemalen* regiere den Akk., *trauen* den Dat., *harren* den Gen. bzw. das jeweilige Verb regiere das entsprechende Substantiv hinsichtl. des casus obliquus, in dem es steht (↗ Transitiv, ↗ Intransitiv). Beobachtbar ist zunächst nur das Miteinandervorkommen eines Verbs (unabhängig von seiner Flexionsform) und eines Subst. (in einem bestimmten Kasus). An dem Terminus »regieren« wird jedoch deutlich, dass man R. als ein Verhältnis der ↗ Dependenz (Abhängigkeit) zwischen Wörtern interpretieren kann, wie dies z. B. in ↗ Dependenzgrammatiken geschieht. Die Aussage ›Das Wort A regiert das Wort B‹ entspricht der Aussage ›Das Wort B ist von dem Wort A abhängig‹. Der Begriff der R. gibt damit eine definitor. Grundlage für die allgemeineren Begriffe der ↗ Dependenz und ↗ Valenz, und er bietet die Möglichkeit der Erweiterung gegenüber seiner traditionellen Anwendung. So kann man den Gesichtspunkt der Kasusforderung vom Verb auch auf andere Wortarten übertragen, u. a. auf Präpositionen, z. B. *wegen des Buches*, *mit dem Buch* (*wegen* regiert den Gen., *mit* regiert den Dat.), oder auf Adjektive, z. B. *Das war ihm fremd*; *Sie ist seiner überdrüssig*. Ferner kann man als R. nicht nur die Relation zu Flexionsformen (Kasusformen), sondern auch zu morpholog.-syntakt. Varianten syntakt. Einheiten im Allgemeinen und z. B. auch sog. ↗ Präpositionalkasus als regiert ansehen (*auf Besserung hoffen*, *Hoffnung auf Besserung*). Sieht man des Weiteren von dem im traditionellen Begriff der R. mitschwingenden Bezug auf ↗ Subklassenspezifik ab, so kann auch der Subjektsnominativ beim Verb als regiert angesehen werden. Denn auch hier handelt es sich um eine Relation zwischen einem Wort (Verb) unabhängig von seiner morpholog. Form und einer Wortform (Subst. im Nominativ). Dieser *erweiterte Rektionsbegriff* ermöglicht eine Differenzierung des Begriffs der ↗ Kongruenz gegenüber der traditionellen Fassung. Von Kongruenz wird dann nur in Hinsicht auf die Übereinstimmung best. syntakt.-morpholog. Varianten gesprochen. So sind Verb und Subst. in Subjektsfunktion hinsichtl. des ↗ Numerus kongruent. Hinsichtl. des Kasus wird das Subst. in Subjektsfunktion als vom Verb regiert betrachtet. Entsprechend wird auch das attributive Adjektiv hinsichtl. des Genus als vom Subst. regiert angesehen. Das Genus bildet beim Subst. keine Varianten. Das Adj. wird daher vom Subst. in dieser Hinsicht (in Abhängigkeit vom Genus des Subst.) regiert, z. B. *neuer Anzug*, *neue Hose*, *neues Kleid*. – Bei Rek-

tionsbeziehungen innerhalb verbaler Ausdrücke handelt es sich um sog. *Statusrektion*. So können dt. Verben (a) den Infinitiv ohne *zu* (z. B. *will gehen*, *hört gehen*), (b) den Inf. mit *zu* (z. B. *hofft zu gewinnen*), (c) das Partizip II (z. B. *ist gekommen*, *kommt gelaufen*) regieren. **Lit.** G. Bech, Studien über das dt. Verbum infinitum. Tübingen ³1983. WK – **2.** Generelle Bez. des Umstands, dass zwischen gewissen Klassen von Lexemen bzw. Konstituenten syntagmat. Beziehungen bestehen (im Wesentl. zwischen Verben oder Adpositionen einerseits und Substantiven andererseits, d. h. verbalen (↗ Prädikat) und nominalen (↗ Objekt) Konstituenten bzw. Adpositionen und mit ihnen vorkommenden Nominalen). Diese Beziehungen werden durch ↗ Kasus (↗ Casus obliquus, ↗ Präpositionalkasus) morpholog. (↗ Kongruenz, ↗ Konkordanz) oder durch Stellungsregeln syntakt. ausgedrückt. In kasusarmen (z. B. Engl., Frz.) und kasuslosen Spr. (z. B. Iran.) bezieht sich R. vor allem bzw. nur auf Klassen von Adpositionen, die Objekte oder Attribute markieren. Üblicherweise werden Rektionsbeziehungen als Eigenschaft von Verben und Präpositionen (und auch einigen Nomina; ↗ Regens) aufgefasst; man sagt, dass Verben die einzelnen Kasus (außer dem ↗ Subjektsnominativ) regieren. In den sog. ↗ flektierenden Sprachen ist die R. eines der wichtigsten Ausdrucksmittel für grammat. Relationen zwischen Verben und Nominalausdrücken. G

Rektions-Bindungs-Theorie (engl. Government and Binding Theory (Abk. GB), frz. Théorie du Gouvernement et Liage) Bez. für die in der Folge der ↗ REST von N. Chomsky (1981) entworfene Entwicklungsstufe der GG und Vorstufe der ↗ Barrieren-Theorie. Die R.-B.-T. nimmt universale Prinzipienbündel an, die sich auf spezif. Subsysteme der Grammatik beziehen, insbes. die ↗ X-Bar-Theorie, die ↗ Bindungstheorie, das ↗ ECP und die Theorie der ↗ Kontrolle und Rektion. Sie differenziert zwischen verschiedenen Ableitungsstufen, die autonomen Regularitäten und generellen ↗ Beschränkungen unterliegen: Die ↗ Basiskomponente erzeugt sog. D-Strukturen (↗ Tiefenstruktur), aus welchen durch die Anwendung von ↗ Move α S-Strukturen (↗ Oberflächenstruktur) abgeleitet werden; S-Strukturen bilden die Eingabe-Strukturen sowohl für phonolog. Interpretationsregeln als auch für die ↗ logische Form, die ihrerseits durch semant. Interpretationsregeln in semant. Formen umgesetzt wird. **Lit.** N. Chomsky, Lectures on Government and Binding. Dordrecht 1981. – Ders., Barriers. Cambridge, Mass. 1986. – G. Fanselow & S. Felix, Sprachtheorie. 2 Bde. Tübingen 1987. – L. Haegeman, Introduction to Government and Binding Theory. Oxford 1993. – H. Haider & K. Netter (eds.), Derivational and Representational Approaches to Generative Syntax. Dordrecht 1992. – A. v. Stechow & W. Sternefeld, Bausteine syntakt. Wissens. Opladen 1988. – G. Webelhuth, Government and Binding Theory and the Minimalist Program. Oxford 1995. **F**

Rektionsklammer ↗ Grammatikalklammer

Rektionskompositum (engl. objective/constructional compound, frz. composé objectif) Bez. für Komposita, in denen sich syntakt. Argumentstrukturen widerspiegeln. Verben (auch einige Adjektive) regieren Mitspieler. Sie behalten ihre wortartspezif. Rektionseigenschaften, wenn sie substantiviert werden, was zur Folge hat, dass diese Mitspieler inkorporiert werden; ↗ Argumentvererbung. So regiert *lesen* ein direktes Objekt, das in R. als Bestimmungswort realisiert ist, etwa *Zeitungsleser.* Die themat. Rollen, die die Basisverben vergeben, bleiben auch in den R. erhalten, so dass – anders als in anderen Determinativkomposita – die Default-Lesart vergleichsweise strikt festgelegt ist: Regiert etwa *fahnden* ein Präpositionalobjekt, das kenntlich macht, wonach gefahndet wird, gilt Gleiches für ein entspr. R. (*Geldwäscherfahndung*). Eine entsprechende Interpretation wäre bei *Polizistenfahndung* kontraintuitiv (ʔ›Fahndung nach Polizisten‹) und trotzdem nicht unwahrscheinl., was die Wirksamkeit von Argumentvererbung in morpholog. Kontexten unterstreicht. **Lit.** Eisenberg I, 230–232. – S. Olsen. Wortbildung im Dt. Eine Einf. in die Theorie der Wortstruktur. Stgt. 1986, 78 ff. **ES**

Rekurrenz f. (lat. recurrere ›zurücklaufen‹) Wiederholung gleicher sprachl. Elemente im Textverlauf. Hierbei kann es sich um die Wiederholung gleicher syntakt. Kategorien handeln oder um eine Wiederaufnahme durch referenzident. Ausdrücke; ↗ Proformen (↗ Pronomen, ↗ Pronominaladverb), ↗ Pronominalisierung. Im weitesten Sinne kann sich die R. auch auf die Wiederaufnahme sprachl. Inhalte beziehen. **SN**

Rekursionstiefe ↗ Rekursive Regel

Rekursiv (lat. recursus ›Rückkehr‹. Engl. recursive, frz. récursif) R. Prozesse dienen zur Erzeugung unendl. Mengen. Grammatikmodelle sind r., wenn sie mit einem endlichen Inventar an Elementen und ↗ Regeln unendl. viele Strukturen erzeugen bzw. beschreiben können. Eine ↗ Regel ist r., wenn rechts von ihrem Ersetzungssymbol (z. B. der Pfeil → in einer ↗ Phrasenstrukturregel, das Zeichen = in einer mathemat. Bildungsvorschrift oder das Zeichen :- in der Programmiersr. Prolog usw.) dasselbe Symbol wie links von ihrem Ersetzungssymbol auftritt. Bspw. kann die mathemat. Bildungsvorschrift $N_{n+1} = N_n + 1$ eine unendl. Menge natürl. Zahlen erzeugen, wenn N ein Element der Menge der natürl. Zahlen ist; die Phrasenstrukturregel NP → NP + S kann eine unendl. Menge von NP-Strukturen erzeugen (NP mit S(atz)-Einbettung). Wird die Anzahl der durch eine r. Regel erzeugbaren Strukturen beschränkt, so spricht man von endlicher Rekursionstiefe. Im Rahmen natürl. Spr. wird nach Annahmen der GG die Rekursionstiefe grammat. Regeln nur durch die Performanz, nicht aber durch die Kompetenz (↗ Kompetenz vs. Performanz) beschränkt (↗ Eingeschachtelte Konstruktion); zentrale grammat. Verfahren, eine unendl. Menge natürl.-sprachl. Strukturen zu erzeugen, sind ↗ Iteration und ↗ Einbettung. Grammatik-Modelle natürl. Spr. sollten dementspr. in der Lage sein, unendl. viele Strukturen zu erzeugen. In Modellen der GG wird dies durch unterschiedl. Mechanismen erreicht, z. B. im ↗ Aspekte-Modell durch r. Regeln im Bereich der ↗ Phrasenstrukturregeln, im ↗ Minimalismus durch die Operation *Merge* (vgl. Grohmann 2005). Im ↗ Minimalismus ist Rekursivität die die ›Sprachfähigkeit im engeren Sinn‹ (*faculty of language in the narrow sense*) definierende und konstituierende Eigenschaft (vgl. z. B. Chomsky 2005; zur Kritik vgl. Pinker & Jackendoff 2005, 2009). **Lit.** N. Chomsky, Three Factors in Language Design. LIn 36, 2005, 1–22. – D. Everett, Pirahã Culture and Grammar: A Response to Some Criticism. Lg 85.2, 2009, 405–442. – A. Nevins et al., Pirahã Exceptionality: a Reassessment. Lg 85.2, 2009, 355–404. – S. Pinker & R. S. Jackendoff, The Components of Language: What's Specific to Language, and What's Specific to Humans. In: M. H. Christiansen, C. Collins & S. Edelman (eds.), Language Universals. Oxford 2009, 126–152. – M. Tomalin, Reconsidering Recursion in Syntactic Theory. Lingua 117.10, 2007, 1784–1800. **F**

Rekursive Regel ↗ Ersetzungsregel

Rekursivität ↗ Rekursiv

Relaissprache Im Jargon der Übersetzer bei der EU Bez. für diejenige ›große‹ Sprache (↗ DEFIRS-Sprachen), die bei Übersetzungen aus einer ›kleinen‹ Sprache (z. B. Griech.) in eine andere (z. B. Finn.) als Zwischenmedium verwendet wird, wenn also z. B. aus dem Griech. ins Frz. und vom Frz. ins Finn. übersetzt wird und nicht direkt aus dem Griech. ins Finn. Die Verwendung von R. dient der Kostensenkung (man muss nicht alle mögl. Sprachenpaare ›bedienen‹), erhöht aber die Fehleranfälligkeit der Übersetzung. **G**

Relation Verbindung zwischen zwei Dingen oder Eigenschaften oder zwischen Ding und Eigenschaften. Von einer externen R. spricht man, wenn durch die R.beziehung die beiden Relata nicht verändert werden, von einer internen R., wenn angenommen wird, dass durch die R.beziehung die Relata in ihrem Wesen verändert werden. **PR**

Relationale Grammatik (auch: Relationsgrammatik) In den 1970er Jahren als alternatives Modell zu Chomsky, Aspects, von D. M. Perlmutter, P. M. Postal, D. E. Johnson u. a. entwickeltes Grammatikmodell. Ziele sind die Formulierung von ↗ Universalien, die Charakterisierung von in natürl. Spr. auftretenden Konstruktionen und die Beschreibung einzelner Spr. Hingegen spielen psycholing. Aspekte, ↗ Spracherwerb, ↗ Aphasie usw. für sie keine Rolle. Kennzeichnend für die r. G. ist die Beschreibung sprachl. Strukturen mittels syntakt.

Relationen und nicht mittels Konstituentenstruktur-Begriffen. Grammat. Relationen wie ›Subj.‹, ›Direktes Obj.‹, ›Lokativ‹ usw. werden als primitive, nicht weiter analysierbare Konzepte angesehen. Die syntakt.-semant. Beschreibung eines Satzes erfolgt mittels relationaler ↗ Netzwerke, welche die grammat. Relationen zwischen den einzelnen Knoten repräsentieren. Die lineare Abfolge von Konstituenten wird als Oberflächenerscheinung gesehen. Die r. G. ist an universellen syntakt.-semant. Aspekten interessiert, für deren Erfassung sie ↗ Hierarchie-Gesetze postuliert. Die Arc-Pair-Grammatik ist eine Weiterentwicklung der r. G. mit neuen Relationen, strengeren ↗ Beschränkungen und erweitertem Objektbereich. **Lit.** B. Blake, Relational Grammar. Ldn. 1990. – M. Böttner, R. G. Tübingen 1999. – D. E. Johnson & P. M. Postal, Arc Pair Grammar. Princeton 1980. – W. Oppenrieder, R. G. HSK 9.1, 601–609. – D. M. Perlmutter (ed.), Studies in Relational Grammar I. Chicago 1983. – Ders. & C. Rosen (eds.), Studies in Relational Grammar II. Chicago 1984 – P. Postal, Masked Inversion in French. Chicago 1989.   F

Relationale Typologie Die r. T. beruht auf der unterschiedl. Art und Weise, mit der die Spr. die Aktanten intransitiver und transitiver Prädikationen markieren. Es wird zwischen ↗ Aktivsprachen, ↗ Ergativsprachen und ↗ Nominativsprachen unterschieden. Die r. T. kann nur als grobes Indiz für eine typolog. Charakterisierung dienen, da reine Vertreter der Typen selten sind. In vielen Spr. wird der Grundtyp in best. Teilbereichen durchbrochen: z. B. besitzt die Nominativspr. Dt. aktivsprachl. Konstruktionen wie *mich friert*, in vielen austral. Ergativspr. erfolgt bei Personalpron. die Markierung nach dem Muster von Nominativspr. **Lit.** F. Plank (ed.), Ergativity – Towards a Theory of Grammatical Relations. N. Y. 1979. – Ders. (ed.), Relational Typology. Bln. 1985. – W. Croft, Typology and Universals. Cambridge 1990. – B. Primus, Relational Typology. In: HSK 9, II, 1076–1109.   D

Relationales Nomen Nomen, dessen Referenz bezogen auf eine Argumentstelle bestimmt wird. Bsp. *Schwester/Nachbar (von)*. Ein Untertyp des r. N. sind funktionale Nomen, bei denen bezogen auf das Argument exakt ein Referent bestimmt wird (z. B. *Mutter (von)*), während r. N. mehrere Referenten zulassen (wie *Nachbar (von)*). **Lit.** S. Löbner, Definites. JS 4 1985, 279–326.   FR

Relationsadjektiv (auch: Bezugsadjektiv, Zugehörigkeitsadjektiv) Semant. motivierte Subklasse der ↗ Wortart ↗ Adjektiv. Ausgedrückt wird eine Zugehörigkeit oder eine Beziehung, bspw. *ärztlich, universitär*. Morpholog. sind R. ↗ Ableitungen aus ↗ Substantiven. I. d. R. sind sie nicht komparierbar, stehen nicht appositiv (↗ Apposition) und nicht prädikativ.   SO

Relationsgrammatik ↗ Relationale Grammatik
Relationskasus ↗ Genitiv

Relationslogik ↗ Prädikatenlogik
Relativadverb ↗ Konjunktionaladverb
Relativer Tempusgebrauch ↗ Tempusgebrauch
Relatives Adjektiv ↗ Qualitätsadjektiv
Relatives Verb (auch: zweiwertiges (drei-, vierwertiges) Verb) In einigen Grammatiken des Dt. Bez. für Verben, die nur mit Objekten auftreten können, in valenzgrammat. Terminologie solche Verben, die neben der »Nominativergänzung« weitere Ergänzungen verlangen; ↗ absolutes Verb.   G

Relativierte Minimalität (engl. relativized minimality) Diese von L. Rizzi (1990) postulierte ↗ Beschränkung für syntakt. Regeln generalisiert und generalisiert die von Chomsky (1986) formulierte Bedingung der Minimalität, nach welcher die ↗ Projektion eines ↗ Kopfes unter best. Bedingungen als syntakt. Grenze (*barrier*) für Rektion fungiert. R. M. besagt, dass in einer Konfiguration [… X … Z …. Y …] Z bestimmte Merkmale mit X nicht gemeinsam haben darf, falls irgendeine grammat. Regel X und Y involviert. R. M. ist insbes. im Rahmen des ↗ Minimalismus interessant, da sie grammat. Operationen nach optimalitätstheoret. Kriterien auf lokale Umgebungen beschränkt; vgl. Rizzi (2004); ↗ Kopf-Bewegungs-Beschränkung. **Lit.** C. Boeckx, Islands and Chains. Amsterdam 2003. – N. Hornstein et al., Understanding Minimalism. Cambridge 2005, Kap. 5. – J. Moore, Romance Cliticization and Relativized Minimality. LIn 25, 1994, 335–343. – M. Rezac & M. Jouitteau, Deriving the Complementarity Effect: Relativized Minimality in Breton Agreement. Lingua 2005. – L. Rizzi, Relativized Minimality. Cambridge, Mass. 1990. – Ders., Locality and the Left Periphery. In: A. Belletti (ed.), Structures and Beyond: The Cartography of Syntactic Structures. Bd. 3. Oxford 2004. – M. Starke, Move Dissolves into Merge: A Theory of Locality. Diss. Univ. Genf 2001. – N. Grillo, Generalized Minimality: Feature Impoverishment and Comprehension Deficits in Agrammatism. Lingua 2009, 119.10, 1426–1443.   F

Relativierter Kopf ↗ Kopf
Relativitätsprinzip ↗ Sapir-Whorf-Hypothese
Relativpartikel ↗ Konjunktionaladverb
Relativpronomen (auch: Relativum. In Schulbüchern auch: Beziehungs(für)wort, Bezugs(für)wort, Beziehungspronomen, bezügliches Fürwort. Engl. relative pronoun, frz. pronom relatif) Durch ihre Funktion bestimmte Subklasse der Wortart ↗ Pronomen. R. leiten ↗ Relativsätze ein, wobei sie im Dt. mit ihrem Bezugswort im übergeordneten Satz in Genus und Numerus übereinstimmen, z. B. *das Buch, das er gelesen hat; die Kinder, die ich besucht habe; Es ist das eingetreten, was wir befürchtet haben*. Histor. haben sich R. im Dt. aus Demonstrativ- und Interrogativpronomen entwickelt. Zu den R. gehören im Dt. die Formen von *der/die/das/welcher/welche/welches* sowie *wer/was*. Im Gegensatz zu Relativadverbien (↗ Konjunktionaladverb) sind R.

deklinierbar; ⁊ Rattenfängerkonstruktion. **Lit.** K. Pittner, Relativum. In: L. Hoffmann (Hg.), Hdb. der dt. Wortarten. Bln., N. Y. 2007, 727–758. PT

Relativsatz (engl. relative clause, frz. proposition relative. In Schulbüchern auch: Beziehungswortsatz, Bezugswortsatz) Durch ein ⁊ Relativpronomen eingeleiteter ⁊ Nebensatz, der im typ. Fall die Funktion eines ⁊ Attributs zu einem ⁊ Antezedens ausübt. Das Relativpronomen steht an der Spitze des R. und nimmt den Status eines ⁊ Satzglieds oder Satzgliedteils ein, es kann ihm nur eine Präp. vorangehen. Relativpronomina sind *der* und *welcher* (in allen drei Genera) sowie *wer* (bei Personen) und *was* (bei Nicht-Personen). Das Relativpron. kongruiert in Genus und Numerus mit seinem Antezedens, steht jedoch in dem seiner syntakt. Funktion entsprechenden Kasus, z.B. *die Frau,* ₁*die er geheiratet hat/* ₂*der er die Treue versprochen hat/* ₃*derer wir heute gedenken/* ₄*deren Katze verschwunden ist.* Im Fall 1 nimmt das Relativpron. die Funktion eines Subj. im R. ein, in den Fällen 2 bzw. 3 die eines Objekts im Dativ bzw. Genitiv. Im Fall 4 schließlich ist seine Funktion attributähnlich. Anstelle von Präp. + Relativpron. können die sog. Relativadverbien (⁊ Konjunktionaladverb) wie *worin, worauf, wodurch* u. a. verwendet werden, wenn das Antezedens einen nicht belebten Gegenstand bezeichnet. – In Analogie zu den Relativadverbien werden bisweilen *wo, als, wenn, während, wie, weshalb* u. a. als Einleitewörter zu einem R. beschrieben, wenn sie einen attributiven Nebensatz einleiten, z.B. *das Land, in dem/worin/wo die Zitronen blühen; die Zeit, zu der/als/wo du ankamst; die Zeit, während Johannes seine Arbeit schrieb.* Diese Ausdehnung des Begriffs Relativpron. wird meistens als problemat. angesehen; angemessener ist eine Klassifikation als Konjunktionalsatz, der in diesem Fall in attributiver Funktion steht. – In der Lit. zum R. wird zwischen dem ›notwendigen‹ (›restriktiven‹, auch ›Restriktivsatz‹ genannten) R. und dem ›nicht-notwendigen‹ (›weglassbaren‹, ›beschreibenden‹, ›deskriptiven‹, ›appositiven‹, ›parenthetischen‹) R. unterschieden. Der R. gilt dann als ›notwendig‹, wenn er die Menge der Referenten, für die das im ⁊ Matrixsatz Genannte gelten soll, einschränkt (*Hunde, die bellen, gehören in den Zwinger*), während die Hinzufügung eines ›nicht-notwendigen‹ R. an der Menge der Referenten nichts ändert (*Taschenbücher, die ja auch Bücher sind, sind billig*). Diese semant. Unterscheidung zwischen zwei Typen von R. wird in vielen Spr. durch syntakt. Regelmäßigkeiten gestützt: Der R. ist im Dt. notwendig, wenn vor dem Antezedens *der-/das-/diejenige* stehen kann, und er ist dann nichtnotwendig, wenn das Antezedens ein konkreter Eigenname ist, und wenn er ohne Atempause nach dem Antezedens ausgesprochen wird, wenn er Partikeln wie *ja, halt, freilich, aber, allerdings* u. a. enthält. Im Frz. wird nur die nicht-notwendige R. durch

Kommata abgetrennt. Im Engl. ist nur bei notwendigen R. das Relativpron. weglassbar. – Manche nicht-notwendigen R. werden bisweilen als ›weiterführende R.‹ deklariert, z.B. *Wir halfen Thorsten, der neu in die Schweiz gekommen war.* In die Kategorie des weiterführenden R. (⁊ weiterführender Nebensatz) fallen auch die R., als deren Antezedens der ganze Matrixsatz fungiert, z.B. *Er hat drei Jahre in der Schule gelehrt, was seine Chancen für diese Stelle kaum erhöht.* – Ein weiteres Problem in der Lit. zum R. besteht in der Abgrenzung zum ⁊ indirekten Fragesatz (*er tut, was man von ihm erwartet* vs. *er fragt, was man von ihm erwartet*); ⁊ Rattenfängerkonstruktion. **Lit.** C. Lehmann, R. HSK 9, II, 1199–1216. – Helbig & Buscha, 672–679. – G. Zifonun, Grammatik des Dt. im europ. Vergleich: der R. Mannheim 2001. – Eisenberg II, 268–278, 323–328. C, RL

Relativum ⁊ Relativpronomen

Relatum ⁊ Referent

Relaxation (lat. relaxātiō ›das Nachlassen, Abspannung‹) Entspannung, auch im artikulator. Sinn; ⁊ Artikulatorische Phonetik, ⁊ Gespannt. PM

Relevantes Merkmal Merkmal, das eine ling. ⁊ Opposition (z.B. zwischen ⁊ Phonemen) definiert (⁊ distinktives Merkmal); im Ggs. zu ⁊ irrelevanten, positions- bzw. realisationsmäßig bedingten Merkmalsausprägungen; ⁊ Allophon. PM

Relevanz f. (Neubildung aus lat. relevāre ›aufheben, erschließen‹) **1.** Bei Grice in einer seiner ⁊ Konversationsmaximen (*be relevant!*) Bez. für die Regulation von Äußerungen mit Blick auf den jeweiligen kommunikativen Zweck. In der ⁊ Konversationsanalyse wurde das Konzept der R. von Werth aufgenommen. In der *relevance theory* (Sperber & Wilson 1986) wurde es zu einer eigenen umgreifenden Konzeption weiterentwickelt, die teilweise einen zur ling. ⁊ Pragmatik alternativen Theorieentwurf zur Beschreibung kommunikativen Handelns entfaltet. **Lit.** P. Werth, The Concept of »Relevance« in Conversational Analysis. In: Ders. (ed.), Conversation and Discourse, 1981, 129–154. – D. Sperber & D. Wilson, Relevance. Communication and Cognition. Cambridge, Mass. 1986. – **2.** ⁊ Prinzip der abstrakten Relevanz, ⁊ Bühlersches Organonmodell. – **3.** ⁊ Kontravalenz, ⁊ Semantisches Merkmal. E

Relevanz-Konditional Konstruktion des Dt., bestehend aus einem Kernsatz und einem vorausgehenden *wenn*-Satz, zwischen denen kein ›innerer‹ semant. Zusammenhang besteht, z.B. *Wenn Martin verloren hat, dann nur, weil es geschneit hat.* Der *weil*-Satz wird als wahr behauptet, und es wird behauptet, dass er für den *wenn*-Satz von Relevanz sei. G

Relevanzsatz ⁊ Proportionalsatz

Relevanzstellung ⁊ Aufhebungsstellung

Relexifizierungshypothese Modell über die Entstehung von ⁊ Pidgin- und ⁊ Kreolsprachen. Die R.

besagt, dass alle Pidginsprachen mit einer europ. lexikal. Basis vom ersten, weit verbreiteten Pidgin, einem portugies. Pidgin in Westafrika (15. Jh., ↗ Sabir), abstammen, wobei die Grammatik im Wesentl. erhalten blieb, der aus dem Portugies. abgeleitete Wortschatz jedoch durch einen engl., frz. oder ndl. Wortschatz ersetzt wurde. Man glaubt, so die strukturellen Ähnlichkeiten zwischen verschiedenen Pidginspr. hinlängl. erklären zu können. **Lit.** ↗ Pidginsprache. R

Reliabilität ↗ Operational, ↗ Sprachtest, ↗ Testverfahren

Reliktform Ältere sprachl. Form, die von Prozessen des ↗ Sprachwandels nicht erfasst wurde, z. B. alemann. und ndt. *hūs* ggü. *Haus* (nhd. Diphthongierung). G

Reliktgebiet ↗ Reliktlandschaft

Reliktlandschaft (auch: Reliktgebiet) Geograph. Raum, der durch ↗ Reliktformen charakterisiert ist. G

Remotivierung ↗ Volksetymologie

Renarrativ ↗ Narrativ

Renominalisierung ↗ Kontiguität (2)

Reparatur (engl. repair) In der amerik. ↗ Konversationsanalyse untersuchte Verfahren zur Verbesserung von Fehlern in einem Beitrag eines Sprechers in einer Unterhaltung. Die Verbesserung von Fehlern erfolgt mittels eines eigenen, den Interaktanten zur Verfügung stehenden Apparates von Möglichkeiten, die vom Bemerken des Fehlers bis hin zu dessen Behebung reicht. Das Bemerken kann auch durch den Adressaten der fehlerhaften Äußerung erfolgen, der den Sprecher auf das Reparaturerfordernis aufmerksam macht. So ergibt sich eine ganze Systematik von selbst- und fremdinitiierten ↗ Korrekturen. Diese Strukturen, die zunächst als Konversationsdaten erhoben wurden, gelten auch in anderen Typen sprachl. Interaktion, sind aber (z. B. in der Unterrichtskommunikation) z. T. im Einzelnen modifiziert geregelt, so dass sich eine noch weitergehende Systematik ergibt; vgl. Rehbein 1986. **Lit.** G. Jefferson, Error Correction as an Interactional Resource. LiS 2, 1974, 181–191. – E. Schegloff, G. Jefferson & H. Sacks, The Preference for Self-Correction in the Organization of Repair. Lg 53, 1977, 361–382. – S. Levinson, Pragmatics. Cambridge 1983. Dt.: Pragmatik. Tübingen 1990. – J. Rehbein, Reparative Handlungsmuster im FU. Roskilde 1984. – Sh. Kameyama, Verständnissicherndes Handeln. Münster 2004. E

Repetitiv ↗ Iterativ

Reportativ ↗ Quotativ

Repräsentamen ↗ Semiose, ↗ Semiotik

Repräsentation (lat. repraesentātiō ›Darstellung, Abbildung, Vorstellung‹. Engl. representation, frz. représentation) **1.** Oberbegriff aller psycholing. Theorien, die Sprachverarbeitung als Manipulation von Symbolen verstehen. R. meint jeweils das Verhältnis der Symbole zu dem, wofür sie stehen. Die Relation der R. besteht entweder zwischen dem Sprachsymbol als bilateraler Zeicheneinheit auf der einen und repräsentiertem Weltwissen auf der anderen Seite, oder sie besteht zwischen dem mentalen Symbol und dem dargestellten außersprachl. (und/oder außermentalen) Sachverhalt. Für Psychologen, die nicht auch Linguisten sind, ist die sprachl. Bedeutung oft kein privilegierter Teil des Wissens, für das Symbole stehen. Die Relation R. bezieht dann ein Symbol direkt auf Weltwissen. Innerhalb der Theorien der R. besteht keine Einigkeit, ob das Repräsentierte ebenfalls mental oder ob es real ist (oder ob es beides sein kann). In der ↗ Psycholinguistik spitzen sich die Widersprüche der semant. R.theorien zu. Auf einige dieser Widersprüche haben die Vertreter der konnektionist. Strömung aufmerksam gemacht (↗ Konnexion), andere versuchen die Vertreter konstruktivist. Lösungen in der psycholog. Semantik zu vermeiden. **Lit.** Bühler, Sprachtheorie. – P. Johnson-Laird, Mental Models. Cambridge 1983. KN – **2.** Im Gegensatz zur kognitionspsycholog. Dichotomie von ›Symbol‹ und ›Konzept‹ werden in der generativen Ling. R.en auf mehreren, auch sprachinternen (syntakt., morphophonem., phonolog., phonet.) Ebenen unterschieden, wobei der Terminus ›R.‹ die Ebenen als zugleich autonom und (partiell) homomorph beschreibt. Kontrovers diskutiert wird, inwieweit ling. R. psycholog.-reale R. (vielleicht zu denken als Verarbeitungsstufen spezieller kognitiver Module: Fodor 1983) rekonstruieren; jedenfalls sind sie aufeinander abbildbar, weil sowohl Kognitionspsychologie wie Ling. R. als Ergebnis strukturell analysierbarer, prinzipiell algorithmisierbarer (↗ Algorithmus) ↗ Kodierungen begreifen. RB – **3.** Formale Analysen spielen dagegen keine Rolle bei Autoren, die den »angenehm vagen« (Searle) Terminus ›R.‹ verwenden zur Charakterisierung z. B. von Bewusstseinszuständen, insofern in diesen das »Bewusstseinsganze mitgesetzt« ist (Cassirer 1925), oder von »intentionalen Zuständen« (z. B. Überzeugung, dass p), die »ihre Erfüllungsbedingungen« (die mögl. Tatsache, dass p) repräsentieren (Searle 1983); ↗ Intention (6), ↗ Intentionalität (3). **Lit.** E. Cassirer, Philosophie der symbol. Formen. 1. Teil: Die Sprache. 1925. Darmstadt ⁴1964. – N. Chomsky, Rules and Representations. Columbia UP 1980. Dt. Ffm. 1981. – J. A. Fodor, Representations. Cambridge, Mass. 1981. – Ders., The Modularity of Mind. Cambridge, Mass. 1983. – H. Putnam, Representation and Reality. Cambridge, Mass. 1988. Dt. Ffm. 1991. – J. R. Searle, Intentionality. Cambridge 1983. Dt. Ffm. 1991. – E. Williams, Representation Theory. Cambridge, Mass. 2003. – E. Borg (ed.), Meaning and Representation. Oxford 2002. – Weitere Lit. ↗ Bedeutungsrepräsentation. RB – **4.** ↗ Sprechaktklassifikation. **5.** ↗ Datenerhebung, ↗ Datum, ↗ Stichprobe. **6.** ↗ Heckenausdruck.

Repräsentativ (engl. representative) In der Statistik Bez. für das Verhältnis einer Stichprobe zur Gesamtpopulation. Bei hoher Repräsentativität lassen sich Aussagen über die einzelnen Individuen der Stichprobe auf die Grundgesamtheit verallgemeinern.   Z

Repräsentative ↗ Assertive

Resolution 1. Auflösung eines ↗ anaphorischen oder ↗ kataphorischen Verweises auf der Basis von grammat., semant. bzw. wissensbasierten Annahmen. **2.** In ↗ Logik und Forschung zur ↗ Künstlichen Intelligenz Bez. für eine allg. Schlussregel für log. Ausdrücke in konjunktionaler Normalform, die häufig in automat. Theorembeweisern (↗ Inferenzmaschine) verwendet wird.   L

Resonant m. (lat. resonāre ›ertönen‹) Sprachlautklasse, deren Artikulation durch das Nichtvorhandensein von Behinderungen im Ansatzrohr gekennzeichnet ist: ↗ Vokale, ↗ Halbvokale, ↗ Liquide, ↗ Nasale.   PM

Resonanz f. (spätlat. resonāntia ›Widerhall‹) Mitschwingen eines schwingfähigen Systems (Resonator) durch Anregung seiner Eigenfrequenzen (auch: Resonanzfrequenzen).   PM

Resonanzraum Hohlraum, dessen eingeschlossene Luftsäule das schwingungsfähige System eines Resonators (↗ Resonanz) bildet. Bei der menschl. akust. Sprachproduktion ist dies das ↗ Ansatzrohr.   PM

REST (Revidierte Erweiterte Standardtheorie. Auch: Spurentheorie. Engl. Revised Extended Standard Theory, frz. Théorie Standard Étendue Révisée (TSER)) Entwicklungsstufen der GG zwischen 1973 und 1980, im Anschluss an die Erweiterte Standardtheorie (↗ EST) und als Vorstufe der ↗ Rektions-Bindungs-Theorie (GB). Die entsprechenden Arbeiten konzentrieren sich auf Fragestellungen, die universale ↗ Beschränkungen und ↗ Filter für mögl. sprachl. Strukturen betreffen, und auf die genauere Abgrenzung zwischen einzelnen sprachl. Kenntnisbereichen (↗ Lexikon, ↗ Morphologie, ↗ Syntax, ↗ Semantik und ↗ Phonologie). In der REST setzen sich die folgenden Modifikationen der GG durch: (a) Beschränkungen der ↗ X-Bar-Theorie (z. B. Jackendoff 1977), (b) die Annahme der universellen endozentr. Strukturierung von Sätzen als Komplex [COMP S] (↗ COMP-Position, ↗ Complementizer), (c) der Verzicht auf spezif. Restriktionen für einzelne Regeln (↗ Extrinsische Regelordnung, ↗ Zyklusprinzip), (d) die ↗ Beschränkung von transformationellen Regeln auf solche für Bewegung (↗ Move α), (e) die Einführung abstrakter, sog. ↗ leerer Kategorien und (f) Prinzipien für ihre Distribution (↗ ECP, ↗ Spur, ↗ PRO, ↗ Pro-Drop-Parameter), (g) die Verlagerung der semant. Interpretation syntakt. Strukturen auf die Ebene der (mit leeren Kategorien angereicherten) sog. S-Struktur (surface structure, ↗ Oberflächenstruktur) bzw. der ↗ Logischen Form. **Lit.** N. Chomsky, Essays on Form and Interpretation. N. Y. 1977. – Ders., Rules and Representations. Columbia 1980 [Dt.: Regeln und Repräsentationen. Ffm. 1981]. –

Ders., Three Factors in Language Design. LIn 36, 2005, 1–22. – Ders. & H. Lasnik, Filters and Control. LIn 8, 1977, 425–504. – P. W. Culicover et al. (eds.), Formal Syntax. N. Y. 1977. – R. S. Jackendoff, X'-Syntax: A Study of Phrase Structure. Cambridge, Mass. 1977.   F

Restriktiv (lat. restrictiō ›Einschränkung‹. Engl. restrictive, frz. restrictif) **1.** ↗ Determinanten, speziell ↗ Attribute, werden r. verwendet, wenn sie den Referenzbereich des jeweiligen ↗ Kopfes einschränken; so wird das Adj.attr. in *mein rechter Fuß* r. (›limitierend‹), in *meine liebe Mutter* nicht-r. (›appositiv‹, ›erläuternd‹) gebraucht. R. sind i. d. R. Attr.e ↗ prädikativer oder durch best. ↗ Artikelwörter (*derjenige, jeder …*) eingeleitete ↗ Nominalphrasen sowie Determinanten in Subst.komposita (*Regenschirm, Mietausfall*; jedoch nicht-r.: *Schöpfergott, Tragbahre*). Nicht-r. sind i. d. R. ↗ Appositionen sowie Attr.e (insbes. ↗ Relativsätze) zu ↗ Eigennamen und ↗ Deiktika. Im Engl. können r. Relativsätze das Relativpron. und die Kommata entbehren; im Dt. dagegen lässt sich ihre enge Bindung an das Bezugswort nur mündl., näml. durch eine gemeinsame »Tongruppe« markieren. Zudem verweigern sie sich dem für nicht-r. Attr. mögl. Zusatz von ↗ Modaladverbien und -partikeln (*übrigens, bekanntlich*; *ja, doch*). Ansonsten entscheidet der Äußerungskontext über das Vorliegen einer r. Funktion: ob das Erstglied in *deine Traumfrau* die beiden Attr. in *der greise Kanzler, der Rosen züchtet* r. zu interpretieren sind oder nicht, hängt jeweils davon ab, ob die Determinanten dazu beitragen, eine Person erstmalig als Referenzobjekt zu identifizieren oder aber eine bereits identifizierte Person zu charakterisieren. **Lit.** Ch. Lehmann, Der Relativsatz. Tübingen 1984. – M. Brandt, Weiterführende Nebensätze. Stockholm 1990. – G. Zifonun et al., Grammatik der dt. Spr. Bd. 3, Bln., N. Y. 1997, Kap. G 1, 3. **2.** ↗ Konjunktion (1), ↗ Restriktivsatz.   RB

Restriktivsatz (lat. restrictus ›eingeschränkt, kärglich‹) Vom manchen Autoren angenommene semant. Unterklasse des ↗ Modalsatzes, der eine Einschränkung oder einen Gegensatz ausdrückt. Als einleitende Konjunktionen gelten dann *(in)sofern, (in)soweit, soviel, während, wo(hin)gegen*. Sie alle dürften jedoch größere Affinität zu den ↗ Konditionalsätzen und zu den ↗ Adversativsätzen haben, z. B. *Sie wird daran arbeiten, (in)soweit/sofern/ wenn sie dafür Zeit hat; Soviel ich mich erinnere, ist er in Hamburg geboren.*   C, G

Restringiert ↗ Elaboriert

Resultativ (mlat. resultātum ›Ergebnis‹. Auch: Effektiv, Konklusiv) ↗ Aktionsart, die den (erfolgreichen) Abschluss des im Verbstamm ausgedrückten Vorgangs oder Zustands charakterisiert, z. B. russ. *pisát'* ›schreiben‹ – *dopisát', dopisyvat'* ›zu Ende schreiben‹, *bit'* ›schlagen‹ – *ubit', ubivát'* ›erschlagen‹. In der Gräzistik wird die r. Aktionsart vielfach der Tempusbedeutung des ⟋ Perfekt zugeschlagen, z. B. τέϑνηκε (tethnēke, Perf.) ›er ist tot (ist definitiv gestorben)‹; ⟋ Egressiv ⟋ Terminativ. **Lit.** V. P. Livinov & V. P. Nedljakov, Resultativkonstruktionen im Dt. Tübingen 1988.   G, T

Resultativum n. Wie das ⟋ Medium eine Subkategorie des ⟋ Genus verbi, als instabile Übergangskategorie weder dem ⟋ Aktiv noch dem ⟋ Passiv zuzuordnen. Während das Medium einen Vorgang beschreibt, ist das R. eine Mittelkonstruktion zur Wiedergabe eines Zustands, es kann nur mit transitiven und intransitiven ⟋ perfektiven und ⟋ terminativen Verben gebildet werden. E. Leiss vertritt die Auffassung, dass im Dt. sämtl. Konstruktionen mit *sein* + Partizip II nicht nur eine formale, sondern eine kategoriale Einheit bilden, die auch vom Sprecher als solche realisiert wird, und deshalb weder als Perfekt noch als ⟋ Zustandspassiv, sondern als R. einzustufen sind. **Lit.** E. Leiss, Die Verbalkategorien des Dt. Bln. 1992.   SL

Resumption (lat. resūmere ›wieder aufnehmen‹) Bei ⟋ Herausstellungen vorkommende Wiederholung einer syntakt. Position, z. B. *Dein kleines grünes Seidenhemd, das gefällt mir gut.*   G

Resumptives Klitikum Spezieller Gebrauch von Pronomen in Topic-Comment-Strukturen z. B. im Ital. Bei Linksversetzung eines direkten Objekts in die Topic-Position muss Wiederaufnahme durch ein r. K. erfolgen.   FR

Retention ⟋ Versprecher

Retina ⟋ Auge

Retroflex (lat. retrō ›zurück‹, flexus ›gebogen‹. Auch: kakuminal, zerebral) Mit zurückgebogener Zungenspitze bzw. -blatt als ⟋ artikulierendem Organ am harten Gaumen als ⟋ Artikulationsstelle gebildeter kons. Sprachlaut. In der Transkription der ⟋ IPA durch eine Ligatur gekennzeichnet, z. B. in ind. Sprachen oder im Schwed.   PM

Retroflexive Artikulation Mit zurückgebogener Zungenspitze artikuliert; ⟋ Retroflex.   PM

Retrograd ⟋ Rückläufiges Wörterbuch

Retrograde Ableitung ⟋ Rückbildung

Retrospektiv ⟋ Perfektiv

Reversiv (lat. reversiō ›Umkehrung‹ Auch: konversiv) Verbalableitung, die in der Verbwurzel ausgedrückte Handlungsrichtung umkehrt. Diese Verbalableitung ist v. a. für die ⟋ Bantusprachen charakterist., wo sie die Form -u(l)- oder -u(r)- hat, z. B. Swahili -*fung*- ›an-, zubinden‹ > -*fungu*- ›los-, aufbinden‹; -*fumb*- ›zumachen (bes. Augen); verheimlichen‹ > -*fumbu*- ›aufmachen; enthüllen‹. Im Dt. hat das Präfix *ent*- teilw. eine ähnliche Funktion, vgl. *falten* vs. *entfalten*.   RE

Revidierte Erweiterte Standardtheorie ⟋ REST

Rexta ⟋ Urdū

Rezeption ⟋ Sprachrezeption, ⟋ Sprachproduktion

Rezessive Diathese ⟋ Kausativ

Rezessives Verb ⟋ Ergatives Verb

Rezipient m. (lat. recipere ›zurückziehen, zurücknehmen‹. Auch: Adressat, Empfänger) **1.** ⟋ Se-

mantische Rolle des Adressaten einer Handlung. WK – **2.** Wenig präzise Bez. für den Hörer oder Leser einer sprachl. Äußerung, der in einigen Kommunikationsmodellen von einem »Sender« über einen »Kanal« eine »Nachricht« übermittelt bekommt.   G

Rezipientenpassiv (auch: Adressatenpassiv, Dativpassiv) Eine nach der Aktantenfunktion des Dativobjekts benannte, wohl im 16. oder 17. Jh. aufgekommene periphrast. Passivkonstruktion, die statt mit dem Hilfsverb *werden* mit den Hilfsverben *bekommen, erhalten, kriegen* und *haben* gebildet wird. Ein Verb wie *putzen* erlaubt neben der Dativkonverse *Ihr werden die Schuhe geputzt* auch die Akkusativkonverse *Sie bekommen/kriegt ihre Schuhe geputzt* (mit *sie* als Rezipient). Das R. war lange Gegenstand der Sprachkritik, ist hinsichtl. Syntax und Leistung gut untersucht, unzweifelhaft im Sprachsystem verankert und mittlerweile als gleichberechtigte Variante des ⟋ Passivs anerkannt (vgl. z. B. Engel 1991). **Lit.** U. Engel, Dt. Grammatik. Heidelberg ²1991. – W. Eroms, Zur Konversion der Dativparaphrasen. Sprachw. 3, 1978, 357–405. – J. O. Askedal, Grammatikalisierung und Auxiliarisierung im sog. bekommen/kriegen/erhalten-Passiv des Dt. KBGL 22, 1984, 5–47.   SL

Reziprok (lat. reciprocus ›auf gleichem Wege zurückkehrend‹) **1.** ⟋ Reflexive Verben, die wechselseitigen Bezug von Subjekt und Objekt ausdrücken, im Ggs. zu reflexiva tantum, bei denen ⟋ Koreferenz herrscht. Einige r. Verben können daneben transitiv konstruiert werden, z. B. *Jenny und Maja vertragen sich* vs. *Jenny und Maja vertragen keine Weißwürste* oder *Uwe und Bernd versöhnen sich* vs. *Uwe und Bernd versöhnen den Autor mit dem mageren Honorar.* Reciproca tantum sind Verben, die nur r. verwendet werden können, z. B. *Jenny und Maja streiten sich/miteinander.* **2.** In manchen Spr. ist Reziprozität eine morpholog. ausgedrückte Kategorie des Verbs, z. B. in den ⟋ westkaukasischen Sprachen, in denen Affixe die Wechselseitigkeit einer Handlung bezeichnen. **3.** In der Forschung über ⟋ Anredeformen sind r. Anreden solche, bei denen Gesprächspartner einander mit lexikal. und strukturell äquivalenten Formen (symmetr. Anredeverhältnis) ansprechen (im Dt. z. B. gegenseitiges *Du* oder *Sie* mit entsprechenden Verbformen). Nicht-r. Anreden sind solche, bei denen dies nicht der Fall ist (asymmetr. Anredeverhältnis, im Dt. z. B. zwischen Erwachsenen und Kindern).   G

Reziprokpronomen (in Schulbüchern auch: wechselbezügliches Fürwort) ⟋ Pronomen, das ⟋ reziproke Beziehungen ausdrückt.   G

Reziprokverb (auch: wechselbezügliches Verb) ⟋ Reziprokes Verb. Rein reziproke Verben werden im Plural ausschließl. reziprok gebraucht (reciproca tantum), z. B. *sich anfreunden, sich einigen, sich verbrüdern.* Teilreziproke Verben werden im Plural nur in einer bestimmten Bedeutungsvariante rezi-

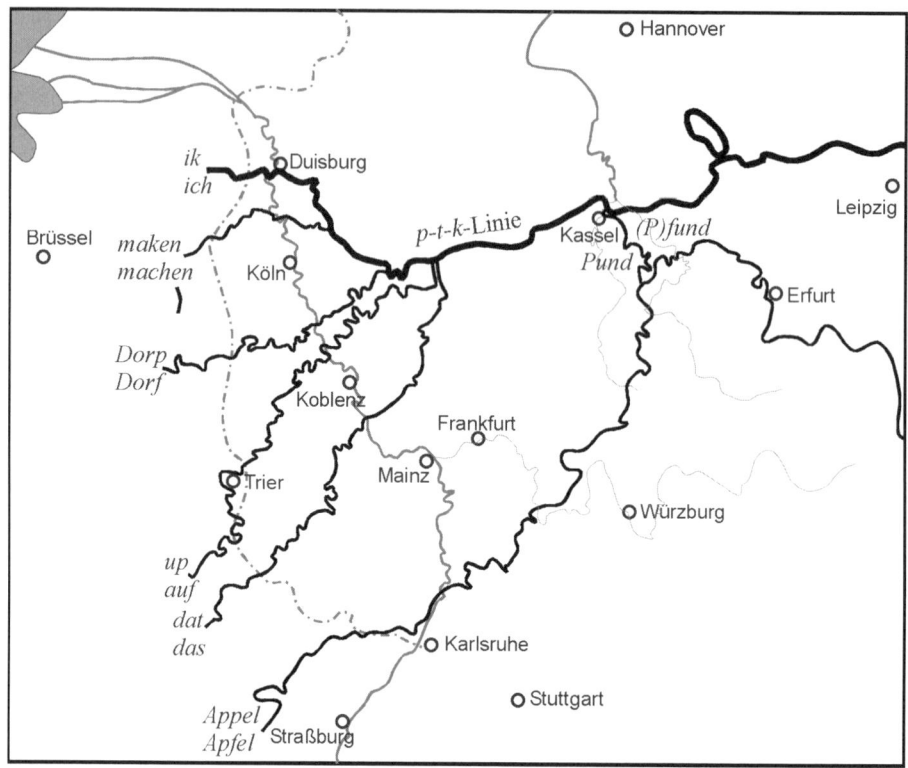

Der Rheinische Fächer

prok gebraucht, z. B. *sich aussprechen* (mit/für) ›ein klärendes Gespräch miteinander führen‹ vs. ›sich für jdn. einsetzen, für jdn. votieren‹. Schließlich gibt es Verben, die reziprok und nicht reziprok gebraucht werden, z. B. *jdn. lieben/sich lieben*; ↗ Reziprokpronomen.   G

Rhade ↗ Cham-Sprachen

Rhätoromanisch ↗ Rätoromanisch

Rheinfränkisch 1. In sich stark gegliederter Dialektverband des ↗ Westmitteldeutschen mit breiten Übergangszonen zum ↗ Oberdeutschen in Lothringen, der Pfalz und Südhessen. Seine Eigenständigkeit erklärt sich mehr aus den Unterschieden zu den benachbarten, strukturell in sich einheitlicheren Dialekträumen des ↗ Mittelfränkischen (Moselfränkischen), ↗ Mittelhessischen und ↗ Ostfränkischen als aus inneren synchronen Gemeinsamkeiten; zu ihnen besitzt es wie zum in sich ebenfalls stark binnengegliederten, südl. anschließenden ↗ Alemannischen breitere Übergangszonen; Karte ↗ Dialekt. Im Einzelnen sind als Dialektgruppen zu unterscheiden: Pfälzisch (Kennform *bischt* ›bist‹) mit eigener Binnengliederung in Westpfälzisch inkl.

Lothringisch (Kennform: *gebroch* ›gebrochen‹) und Ostpfälzisch (Kennform: *gebroche*), das Südhess. (Kennform: *bist*) mit Übergängen zum Mittelhess. im nördlichen Bereich (↗ Binnenfränkisch) und das öfter dem ↗ Oberdeutschen zugerechnete Südrheinfränk. (Kennformen: *pund, äpfel*) mit starken oberdt.-alemann. Einflüssen. **2.** Traditionelle Bez. für die das R. (1) unter dem Namen »Pfälzisch« sowie das ↗ Mittel-, ↗ Nieder- und ↗ Osthessische unter dem Namen »Hessisch« zusammenfassende Sprachlandschaft südl. der *ik/ich*-, östl. der *dat/das*- und westl. der *appel/apfel*- und *pund/pfund*-Isoglossen. **Lit.** P. Wiesinger, Die Einteilung der dt. Dialekte. HSK 1, II, 846–849. – R. Post, Pfälzisch. Landau ²1992. – Südhess. Wb. Marburg 1965 ff. – Pfälzisches Wb. Bd. 1–6. Wiesbaden, Stgt. 1965–1997. – M. F. Follmann. Wb. der dt.-lothring. Maa. Lpz. 1909.   DD

Rheinisch ↗ Mittelfränkisch

Rheinischer Fächer Bez. für die Auffächerung von Resten unverschobener Einzelwörter und -phänomene im Westen des dt. Sprachgebietes, die dann als ↗ Schibboleths für die Einteilung von Dialektgebieten herangezogen werden (vgl. Wredes Einteilungskarte Nr. 56 im ↗ Deutschen Sprachatlas). Der Verlauf der Linie für die Verschiebung von *p* im An- und Inlaut (*appel/apfel*-Linie Kassel–Speyer) trennt das Rheinfränk. vom Oberdt., die *t*-Reste in *dat*, *et*, *wat* und *allet* trennen das Moselfränk. vom Rheinfränk., und *dorp* gilt in Abgrenzung vom Moselfränk. für das Ripuar. **Lit.** U. Knoop, Die zweite Lautverschiebung. In: A. Ruoff et al. (Hgg.), Syntax und Stilistik der Alltagsspr. Tübingen 1997, 277– 279. **K**

Rhema n. (griech. ῥῆμα ›Ausspruch, worüber gesprochen wird‹. Auch: ↗ Fokus, psychologisches Objekt. Engl. rheme, frz. rhème) Von der ↗ Prager Schule eingeführte Bez. für Satzteile, das inhaltl. neue Informationen über den vorerwähnten Satzbestandteil (↗ Thema) bereitstellen. Allerdings enthält nicht jeder Satz beide funktionalen Satzteile, auch steht das Rh. nicht immer rechts vom Thema (↗ Topikalisierung). Enthält ein Satz mehrere rhemafähige Aussagen (vgl. ¹*Peter fährt* ²*morgen* ³*in den Urlaub*), ist das Rh. in mündl. Äußerungen durch Betonung markiert (↗ Fokussierung). Bei schriftl. Äußerungen hilft Satzteilnegation bei der Ermittlung des Rh., z. B. (Nicht) _Peter fährt morgen in den Urlaub_ (sondern Paul) – _Peter fährt_ (nicht) _morgen in den Urlaub_ (sondern übermorgen) – _Peter fährt morgen_ (nicht) _in den Urlaub_ (sondern zu einem Kunden). Das Rh. eines Satzes ist meist Thema des folgenden Satzes; ↗ thematische Progression. **Lit.** J. M. Zemb, Satz – Wort – Rede. Freiburg 1972. **ES**

Rhematisierung ↗ Fokussierung

Rhetischer Akt ↗ Lokution

Rhetorik f. (griech. τέχνη ῥητορική (technē rhētorikē) ›Redekunst‹) Fähigkeit, durch öffentl. Rede einen Standpunkt überzeugend zu vertreten und so Denken und Handeln anderer überzeugend zu beeinflussen und Theorie bzw. Wiss. von dieser Kunst. Von anderen Formen der sprachl. Kommunikation hebt sich die Rh. durch die Betonung der impressiven bzw. konnotativen Funktion der Spr. ab (Rh. als ›persuasive, überzeugende Kommunikation‹). Die antike Rh. unterscheidet drei Situationen, in der der Redner allein durch seine Überzeugungskraft auf andere einwirken kann: (a) die Rede vor Gericht (*genus iūdiciāle*, heute: Forensik), (b) die Rede vor einer polit. Körperschaft (*g. dēlīberātīvum*), (c) die Festrede auf eine Person (*g. dēmōnstrātīvum*). Die Sachkompetenz des Redners wird jeweils vorausgesetzt (*dispōnibilitās* ›Verfügbarkeit des Redners‹). Die Rh. stellt ihm ein Repertoire von Anweisungen und Regeln zur Verfügung, an Hand derer er seinen Stoff aufbereiten kann. Sie ist daher nicht nur ein Inventar sprachl. Techniken und Kunstformen, sondern auch eine heurist. Methode, eine ›Technik des Problemdenkens‹. In der Vorbereitung der Rede werden 5 Phasen unterschieden: (a) In der *inventiō* (lat. invenire ›erfinden‹) werden die zum Thema passenden Gedanken gesucht, wo-

bei als Leitfaden die *loci* bzw. τόποι (topoi) (lat., griech. ›Örter – nach den Örtern in einem räuml. vorgestellten Gedächtnis‹) dienen, die seit dem MA in dem sog. Inventionshexameter zusammengefasst werden, der die relevanten Fragestellungen aufzählt: *quis, quid, ubi, quibus auxiliīs, cūr, quōmodo, quandō?* ›wer, was, wo, womit, warum, wie, wann?‹; ↗ Topik. (b) In der *dispositiō* (Gliederung, Disposition) wird aus den Gedanken, die die *inventiō* zutage fördert, eine Auswahl getroffen. Der Redner kann zwischen drei Wegen wählen. Der rationalen Argumentation (*docēre* ›belehren‹), der Erregung von Affekten milderer Art (rhetor. Ethos, *delectāre* ›erfreuen‹, um sich der Gewogenheit des Publikums zu versichern, oder heftigerer Art (rhetor. Pathos, *movēre* ›rühren‹, um es zu erschüttern und seine Emotionen anzusprechen (↗ Genera dīcendī). Die Wahl der Gedanken und der Methoden nach Redezweck (*ūtilitās causae*) und Situationsangemessenheit (*aptum*) erfolgt durch die Urteilskraft (*iūdicium*) des Redners. – Die interne Disposition der Rede folgt einem Dreierschema: Anfang (*caput*), Mittelteil (*medium*), Ende (*finis*). Der 1. Teil erhält die Anrede an das Publikum (*exōrdium*), der 2. die Darlegung des Sachverhaltes (*prōpositiō*) sowie die Erörterung (*argūmentātiō*) mit Beweisgründen (*probātiōnēs*) und Widerlegungen (*refūtātiō*), der 3. Teil dann die Schlussfolgerung und erneute Wendung an das Publikum (*conclūsiō*, *perōrātiō*). Der inneren Gliederung folgt (c) die *ēlocūtiō*, die Einkleidung der Gedanken (*rēs*) in Wörter (*verba*). Dabei zu beachtende Kategorien (Stilqualitäten, *virtūtēs dīcendī*) sind Sprachrichtigkeit (*pūritās*), Klarheit (*perspicuitās*) der Spr., ihre gedankl. Angemessenheit (*aptum*) und Kürze des Ausdrucks (*brevitās*). ↗ Rhetor. Figuren und ↗ Tropen, d. h. standardisierte Abweichungen von der natürl. Spr., sollen als Mittel der Affekterzeugung die Aufmerksamkeit auf die Aussage lenken, sie sollen weiter einem natürl. Bedürfnis (Schmuck und Eleganz der Rede, *ōrnātus*) dienen und für Abwechslung im Ausdruck sorgen, sie überlagern als sekundäre Strukturen die primären der Grammatik und müssen die Mitte halten zwischen zu geringer Abweichung, die Eintönigkeit erzeugt, und zu starker, die dunkel wird. – Schließl. werden (d) in der *memoria* (Aneignung der Rede im Gedächtnis) mnemotechn. Hilfen und (e) in der *prōnūntiātiō* (Vortrag) der wirkungsvolle Vortrag der Rede behandelt. – Neben den Stilarten (*genera dīcendī*: *genus facile* oder *humile* ›schlichter Stil‹, *genus medium* oder *mediocre* ›mittlerer Stil‹, *genus grande* oder *sublīme* ›erhabener Stil‹) unterscheidet die Rh. ferner Wortfügungsarten wie *strūctūra polita* (griech. σύνθεσις γλαφυρά (synthesis glafyra) ›glatte Fügung‹, *strūctūra media* (σύνθεσις μέση (synthesis mesē) ›mittlere Fügung‹) und *strūctūra aspera* (griech. σύνθεσις αὐστηρά (synthesis austēra) ›rauhe, harte Fügung‹). Von ihrem Anwendungsbereich her ergeben sich mannigfache Überschneidungen der Rh. mit der Topik, Dialektik und bes. mit der Poetik, die sich zwar method. und der Intention nach von der Rh. abgrenzen lässt, formal und kategorial jedoch über weite Strecken mit ihr übereinstimmt. Solange eine normative Poetik verbindl. war, übte auch die Rh. einen bedeutenden Einfluss auf Literatur und Poetik aus, wobei sie selbst einem Prozess der Literarisierung unterlag (Rh. als *ars bene dīcendī* gegenüber der Grammatik als *ars rēctē dīcendī*). Als ↗ Stilistik ist die Rh. maßgebl. an der Entwicklung der Kunstprosa (↗ Prosa) beteiligt. Aus der in der Antike gelehrten Fähigkeit, zu einer beliebigen Situation sprechen zu können, entwickelt sich, teilweise als selbständige Gattung, die fingierte Gattung oder der fingierte Brief. Insgesamt stellt die Rh. eine der eindrucksvollsten systemat. wiss. Leistungen der Antike dar. Seit dem 5. Jh. v. Chr. (verlorene Schrift von Korax und Teisias) wird sie didakt. und wiss. behandelt (u. a. Georgias von Leontinoi, Isokrates, Aristoteles, Theophrast, Hermagoras von Temnos, Cicero) und gehört zur antiken Allgemeinbildung. Eine Blütezeit erlebt sie in der Spätantike (neben vielen anderen Quintilian, Apollodoros v. Pergamon, Pseudolonginus). Die mittelalterl. Rh. knüpft an diese antike Tradition an. Sie wird in Renaissance und Humanismus durch den Rückgriff auf antike Quellen neu belebt und wirkt durch die neulat. Dichtung bis in die Aufklärung weiter. – Daneben steht allerdings seit Plato eine Tradition der Rh.feindlichkeit, klass. durch I. Kant formuliert (Rh. als »die Kunst, sich der Schwäche der Menschen zu seiner Absicht zu bedienen«). Der Zusammenbruch der rhetor. Tradition erfolgt gegen Ende des 18. Jh. Einerseits können die erkenntnismäßigen Voraussetzungen der Rh. als Handlungswissenschaft dem neuen, naturwiss. orientierten Begriff der Aufklärung nicht standhalten, andererseits wendet sich das Bedürfnis nach individuellem, subjektivem Ausdruck gegen die normative, typisierende Regelhaftigkeit der Rh., so dass Rh. und Dichtung in scharfen Gegensatz treten. Ihre Nachfolge als Wiss. tritt die ↗ Stilistik an, die jedoch nie die Verbindlichkeit der Rh. erreicht hat, was die Kunst des sprachl. Ausdrucks als Lehrinhalt beeinträchtigte und nahezu eliminierte. Die Rh. überlebt bis zu einem gewissen Grad in ihren traditionellen Gebieten (der Rede); daneben entwickeln sich jedoch neue Formen der Rh. (Publizistik, Werbung, public relations u. dgl.). **Lit.** J. Kopperschmidt (Hg.), Rh. Bd. I: Rh. als Texttheorie. Darmstadt 1990. – G. Ueding & B. Steinbrink, Grundriß der Rh. Stgt. ³1994. – G. Ueding, Rh. des Schreibens. Königstein 1985. – M. Fuhrmann, Die antike Rh. Mchn. 1984. – Ders., Rh. und öffentl. Rede. Konstanz 1983. – W. Eisenhut, Einf. in die antike Rh. und ihre Geschichte. Darmstadt ¹1982. – Ch. Perelmann, Das Reich der Rh. Mchn. 1980. – H. Schlüter, Grundkurs der Rh.

Mchn. ⁴1977 (mit Bibliographie). – H. Schanze (Hg.), Rh. – Beitrag zu ihrer Geschichte in Deutschland vom 16. bis 20. Jh. Ffm. 1974. – J. Dubois et al., Allgemeine Rh. Dt. Übers. Mchn. 1974. – E. R. Curtius, Europ. Lit. und lat. MA. Mchn. ⁸1973. – H. Lausberg, Hdb. der literar. Rh. 2 Bde. Mchn. ³1989. – W. Barner, Barockrh. Tübingen 1970. – E. Schüttpelz, Figuren der Rede. Zur Theorie rhetorischer Figuren. Bln. 1996. – G. Ueding (Hg.), Histor. Wb. der Rh. Tübingen 1996.   DS

Rhetorische Figur (griech. ῥήτωρ (rhētōr) ›Redner‹ > lat. rhētoricus ›die Rede betreffend‹) In der antiken ↗ Rhetorik sprachl. Mittel der *ēlocūtiō* (des sprachl. Ausdrucks), der ›Einkleidung‹ der in der *inventiō* gefundenen und in der *dispositiō* geordneten Gedanken und Begriffe (*rēs*) in Wörter (*verba*). Sie dienen als Mittel der Wirkungssteigerung und sollen die Aufmerksamkeit auf die Aussage lenken. Damit kommt den rh. F.en in der klass. Rhetorik keine Eigenständigkeit im Sinne einer Ausdruckskunst zu (zum Zusammenhang von *inventiō*, *dispositiō* und *ēlocūtiō* ↗ Rhetorik). Sie dienen einem ästhet. Bedürfnis (*ornātus* ›Schmuck‹) und sorgen für Stimmigkeit, Deutlichkeit, Veranschaulichung und Abwechslung der Rede, ausgewählt nach den Kriterien der Angemessenheit (*aptum*), Sprachrichtigkeit (*lātīnitās*), Deutlichkeit (*perspicuitās*), der ↗ genera dīcendī und der Stilart. Sie beziehen sich auf die Wirkungsfunktion der Rede als Teil des Redeschmucks. Rh. F.en sind Formschemata, die ebenso wie die ↗ Tropen außer der Gestalt der einzelnen Wörter auch ihre Bedeutungen verändern. Während der Redeschmuck im Wesentl. durch das Verfahren des Austauschs (*immūtātiō*) zustande kommt, kann der Schmuck in Wortverbindungen weitgehend als Änderung durch Hinzufügung (*adiectiō*), Auslassung (*dētractiō*) und Umstellung (*trānsmūtātiō*) systematisiert werden. Die Gesamtmenge der Figuren wird eingeteilt in Wortfiguren (*figūrae verbōrum*) und Gedankenfiguren (*figūrae sententiae*). Die durch Hinzufügung gebildeten Wortfiguren sind u. a. ↗ Anadiplose, ↗ Klimax, ↗ Anapher; durch Auslassung gebildete Wortfiguren sind z. B. ↗ Ellipse und ↗ Zeugma; durch Umstellung gebildete Wortfiguren sind z. B. ↗ Parallelismus und ↗ Antithese. Die Gedankenfiguren sind Formen der Gedankenführung: Figuren, die durch syntakt. Änderungen (bes. durch den Wechsel des Satztyps) von der zu erwartenden Form entstehen (z. B. ↗ Hyperbaton). Als durch Sinnpräzisierung gebildete Gedankenfiguren gelten ↗ Antithese und ↗ Oxymoron; eine durch szen. Erweiterung der Rede und Publikumsansprache gebildete Gedankenfigur ist z. B. die ↗ Apostrophe. Die die lat. Bez. »rh. F.« wird zur Beschreibung ↗ persuasiv(er) Rede in der ↗ Werbesprache und in der polit. Rede verwendet. **Lit.** ↗ Rhetorik.   VS

Rhetorische Frage ↗ Rhetorische (Gedanken-) Figur; Frage, auf die der Redner keine Antwort erwartet und in die er eine Aufforderung oder Aussage kleidet, wenn er besonders eindringlich und emotional wirken will. Die rh. F. tritt u. a. auf als ungeduldig-pathet. Frage (*Mein Gott, woher soll ich das wissen?*) und als Frage, die einen Befehl oder eine Aufforderung enthält (*Merkst Du nicht, dass du störst?*). – In der antiken ↗ Rhetorik Mittel der ↗ Prolepsis. VS

Rhinolalie (griech. ῥίς (rhis), Gen. ῥινός (rhinos) ›Nase‹, λαλεῖν (lalein) ›sprechen‹) Bez. für näselnde, Stimme und Artikulation beeinträchtigende ↗ Stimm- und Sprechstörung; ↗ Nase. GT

Rhinophonie (griech. φωνή (fōnē) ›Stimme‹) Näselnder Stimmklang (↗ Stimmstörung), der auf unzureichendem Abschluss des Nasen- vom Mundraum beruht. GT

Rhodanesisch ↗ Okzitanisch

Rhotaziert (griech. ῥῶ (rhō) ›[r]‹) R-behaftet bzw. R-Vokalisation wie in den dt. Endungen -*er* [ɐ]. PM

Rhotazismus 1. Bez. für einen Lautwandel zu *r* nach dem griech. Buchstaben ῥῶ (rhō) [r]. (a) I. w. S. jeglicher Wandel eines Konsonanten zu *r*. Der Wandel betrifft insbesondere dentale Frikative und *l*: lat. *rivellus* ›Bach‹ – frz. *rivière*; lat. *genus* ›Geschlecht‹ – *generis* (Gen.); ndl. *Amstel* (Fluss) – *Amsterdam*. (b) I. e. S. spontaner Wechsel von urgerm. *z* (sth. *s*) zu westgerm. *r* im Inlaut, z. B. got. *maiza* > ahd. *mēro* ›mehr‹. Der Wandel ist in allen germ. Spr. außer dem Got. anzutreffen. Relikte des Wandels sind synchron noch erkennbar in Nominalableitungen von Verben und im grammat. Wechsel (↗ Vernersches Gesetz) von *s–z*, das zu westgerm. *r* geworden ist, so dass im Nhd. *s* und *r* wechseln, z. B. *verlieren* – *Verlust; Wesen* – *war.* – **2.** ↗ Dyslalie, ↗ Sprachstörung. ST

Rhythmischer Akzent ↗ Delimitativer Akzent

Rhythmus (griech. ῥυθμός (rhythmos) ›Gleichmaß‹) Strukturelement der zeitl. Gliederung lautsprachl. Äußerungen. Den R. einer Spr. bestimmen die ihrer zeitl. Gliederung zugrundeliegenden Einheiten, die als in gleichmäßigem zeitl. Abstand aufeinander folgend (isochron) gedacht werden. So unterscheidet N. Trubeckoj (russ. Linguist, 1890–1938) silbenzählende (z. B. tschech., ungar.; ↗ Silbe) und morenzählende (z. B. finn., slovak.; ↗ More) Spr., D. Abercrombie (Elements of General Phonetics. Edinburgh 1967) silbenzählende (z. B. die roman. Spr.) und betonungszählende (z. B. die germ. Spr.; ↗ Akzent) Spr. PM

Ribuarisch ↗ Mittelfränkisch

Richtungsangabe ↗ Direktiv (2), ↗ Lokativ, ↗ Richtungsverb

Richtungsbestimmung ↗ Direktiv (2), ↗ Lokativ, ↗ Richtungsverb

Richtungskasus ↗ Direktiv (2), ↗ Akkusativ, ↗ Kasus, ↗ Lativ, ↗ Lokativ.

Richtungston ↗ Intonation

Richtungsverb (auch: lokatives Verb. Engl. verb of direction, frz. verbe impliquant la direction) Bez. für

eine semant. bestimmte Teilklasse des Verbs. R. drücken eine zielgerichtete Bewegung im Raum aus. Manche R. sind aus Substantivstämmen abgeleitet, z. B. *landen*, andere haben eine direktionale Präp. oder ein Richtungsadverb als Verbpartikel, z. B. *ansteuern, fortlaufen, herunterkommen, hinsinken.* G

Rif ↗ Berbersprachen

Rikbaktsa ↗ Ge-Sprachen

Riksmål ↗ Norwegisch

Rima glottidis ↗ Kehlkopf

Ringknorpel ↗ Kehlkopf

Rinnenfrikativ Mit einer längsseitigen konkaven Einbuchtung des Zungenrückens produzierter ↗ Frikativ; z. B. [ʃ]; Ggs. ↗ flach. PM

Ripuarisch ↗ Mittelfränkisch

Ritwan-Sprachen ↗ Makro-Algonkin-Sprachgruppe

Robust Parsing ↗ Akzeptabilität

Rodungsname ↗ Ortsname, der besagt, dass eine Ansiedlung auf Rodungen in einem Waldgebiet zurückgeht, z. B. -*rode* (*Wernigerode*), -*hain* (*Espenhain*), -*grün* (*Bischofsgrün*). G

Roglai ↗ Cham-Sprachen

Rohdaten ↗ Primärdaten

Rohschall ↗ Phonation

Rolle 1. Soziale R. sind Bündel normativer Erwartungen, die sich an das Verhalten von Positionsinhabern in Interaktionssituationen richten. Demgegenüber wird von R.spiel oder R.handeln gesprochen, wenn es sich um ein tatsächl. Verhalten handelt, das an R.erwartungen orientiert ist. R.erwartungen bestehen, in wechselnder Zusammensetzung, aus drei unterschiedl. Elementen: (a) aus relativ präzisen, gelegentlich kodifizierten Verhaltensvorschriften; (b) aus internalisiert vorausgesetzten kulturellen Werten und allgemeinen Handlungsnormen, (c) aus den Ich-Leistungen des R.spielers. Soziale R. sind an Positionen im gesellschaftl. Beziehungsgeflecht geknüpft: kodifizierte R. (z. B. die von Richtern, Beamten und Geschlechterrollen etc. sind in der Lit. gut beschrieben, andere, temporäre R. (z. B. Diskussionsleiter) existieren nur für die Dauer einer sozialen Situation. Die Bedeutung der soziolog. R.theorie (ob strukturfunktionalist. oder symbol.-interaktionist.) für Fragestellungen der ↗ Soziolinguistik liegt vor allem in der Entwicklung differenzierender Problemstellungen: auf welche Weise wird sprachl. deutlich gemacht, welche soziale R. ein Individuum, das mehrere R. gleichzeitig innehaben kann (Lehrer und Vater z. B.), gerade spielt, wie drückt sich ein potentieller R.konflikt sprachl. aus? Mithilfe des (interpretativen) R.konzepts kann der gesamte Bereich der Interaktion mit einem einheitl. Instrumentarium beschrieben werden, und zwar pathogene, repressive, institutionalisierte Interaktionen, bei denen die Handlungsanweisungen vorgefertigt (kodifiziert) sind, ebenso wie Interaktionen, bei denen die Reaktionen von alter und ego nicht vorgegeben sind, sondern wo, idealtyp., die R.partner in der Interaktion Sinn erst produzieren. Mithilfe des R.konzepts kann ↗ Sprachverhalten differenzierender beschrieben werden als mit dem Konstrukt ↗ Domäne. R. werden oft mit bestimmten Varietäten assoziiert, z.B. der Geistlichen-Akzent in der *received pronunciation* in England oder der ›Pastorenton‹ im Dt. Auch temporäre R. können besondere Sprechweisen produzieren, wie etwa die sog. Telefonstimme, die meist formaler und langsamer ist als die vergleichbare Konversationsstimme. Wenn die Erwartungen an verschiedene R. nicht erfüllt werden können, spricht man von R.konflikt. Als R.abweichung bezeichnet man die Diskrepanz zwischen erwartetem und tatsächl. Verhalten. **Lit.** T. Parsons, The Social System. Glencoe, Ill. 1951. – R. Dahrendorf, Homo Sociologicus. Köln, Opladen 1964. – R. Linton, The Study of Man. N. Y. 1964. – L. Krappmann, Soziolog. Dimensionen der Identität. Stgt. 1972. – G. Wiswede, Rollentheorie. Stgt. 1977. – E. Goffman, Role Distance. In: Encounters: Two Studies in the Sociology of Interaction. Indianapolis, Ind. 1961. R – **2.** Bez. für die an der ↗ Sprechsituation beteiligten Aktanten Sprecher und Adressat/Hörer (ich, du; ↗ Personaldeixis), die »natürl. Rollenträger der aktuellen Sprechhandlung« sowie der dazu »hinzukonstruierte« »dritte Rollenträger« »er, sie, es« (Bühler, Sprachtheorie, 381). E – **3.** ↗ Pragmatische Rolle, ↗ Semantische Rolle. – **4.** ↗ Theta-Rolle, ↗ Theta-Rollen-Absorption.

Romancio ↗ Rätoromanisch

Romanesco ↗ Toskanisch

Romani Dialekte der Roma (›Roma‹ ist die Eigenbez. der meisten Zigeunergruppen, ›Sinti‹ die der dt. Zigeuner. Beim Terminus ›Zigeuner‹ (engl. *gipsy*, frz. *gitane*) handelt es sich um keine Eigenbezeichnung; er ist aber traditionell in der Philologie üblich und hier keinesfalls pejorativ gemeint). Die Zigeunersprache gehört zu den ↗ indoarischen Sprachen. Viele der Zigeuner betreffenden Fragen sind nur ungenügend geklärt, so z.B. die genaue Lokalisierung ihrer ursprüngl. Siedlungs- oder Wandergebiete (wahrscheinlich Nordwest- und Zentralindien), ihre ethn. und ling. Einordnung in Bezug auf die Indoarier insgesamt, ihre eventuelle Zugehörigkeit zu einer best. Kaste, die Gründe für ihre Emigration. Als gesichert gilt, dass die Vorfahren der heutigen Zigeuner noch vor dem Ende des 1. Jt. n.Chr. aus Indien ausgewandert sind und sich zunächst längere Zeit auf iran. Territorium aufhielten, von wo aus ein Teil von ihnen über Armenien nach Südrussland zog. Zahlreiche Stämme wanderten über die östl. Gebiete des byzantin. Reichs in westl. Richtung. Schon im frühen 2. Jt. ist ihre Anwesenheit auf der Balkanhalbinsel nachzuweisen; von dort aus zogen sie weiter nach West- und Osteuropa, wo sie bereits im 16. Jh. in fast allen Ländern zu finden sind. Noch von Persien aus erfolgte eine dritte Migrationswelle über Nordafrika bis nach Spanien. Heute leben Zigeuner auch in Nord- und

Südamerika, in Südafrika und in Australien. Viele haben sich im Laufe der Zeit an ihre jeweilige Umgebung assimiliert und ihre Spr. aufgegeben, fühlen sich jedoch ihrer ursprüngl. Nationalität verbunden. Das heute gesprochene Zigeunerisch ist durch starke dialektale Zerklüftung und zahlreiche ↗ Interferenzen aus den jeweils umgebenden Spr. gekennzeichnet (angepasste Phonetik; Entlehnungen im lexikal., morpholog. und syntakt. Bereich). Die Spr. lässt sich in 9 Dialektgruppen einteilen, deren Bezeichnung die ursprüngl. Verteilung der Zigeuner in Europa widerspiegelt (balkan., walach., karpat., dt., balt., ukr., finn., walis., ital. Zigeunerdialekte; einige dieser Dialekte finden sich, bedingt durch weitere Migrationen, heute über ein weitaus größeres Areal verstreut). Dazu kommen noch die sog. Kreol-Dialekte auf span., engl., schwed. und norweg. Basis. Die Zigeuner-Dialekte sind schriftlos. **Lit.** T. V. Ventcel' & L. N. Čerenkov, Dialekty cyganskogo jazyka [Die Dialekte der Zigeunerspr.]. JaAA, I, 1976. – S. A. Wolf, Großes Wörterbuch der Zigeunerspr. (romani tsiw). Hamburg ²1987. FZ

Romania Gesamtheit der Gegenden, in denen ↗ romanische Sprachen gesprochen werden bzw. roman. Kultur i.w.S. dominiert. Im europ. Raum liegt der Romanisierung weitgehend die röm. Kolonialisierung zugrunde. Man teilt die R. in die *R. antiqua* (europ. R.) und die *R. nova* (v.a. Lateinamerika); die Westromania (die westl. und nördl. Gebiete unter Einschluss der nordital. Dialekte; ↗ Italienisch) und die Ostromania (Ital., Sard., Rumän., Dalmatin.); die Zentralromania und die periphere R. (je nach Chronologie bzw. Intensität bestimmter Latinisierungen) bzw. nach den jeweiligen Substraten oder geograph. Bedingungen in die Iberoromania, die Galloromania, die Italoromania und die Balkanromania. *Romania submersa* bezeichnet jene Gebiete, in denen die Romanität im Lauf der Zeit wieder verlorengegangen ist (z.B. Dalmatien, das Moselgebiet u.a.). **Lit.** C. Tagliavini, Le origini delle lingue neolatine. Bologna ⁶1972 (dt. Mchn. 1973). – R. A. Hall Jr., External History of the Romance Languages. N. Y. 1974. – C. Tagliavini, Einführung in die roman. Philologie. Tübingen, Basel ²1998. HU

Romanische Sprachen Unter r.S. versteht man jene Spr., die sich diachron direkt aus dem ↗ Lateinischen entwickelt haben. Sie gehören somit zur ↗ italischen Gruppe der idg. Spr. Die europ. ↗ Romania geht meistenteils auf zu unterschiedl. Zeiten vom antiken Rom eroberte Gebiete zurück, in denen sich die jeweiligen Spr. eigenständig entwickelt haben; Karte ↗ Europäische Sprachen, im Anhang. Die außereurop. Romania (*Romania nova*) beruht dagegen auf späterer Kolonialisierung durch die europ. roman. Länder. ↗ Romanistik (roman. Philologie) ist der Sammelbegriff für die Wiss. von den r. S. und Literaturen. Ausgangspunkt für die r. S. ist zumeist das Vulgärlatein, das aber selbst schon stark differenziert war, erstens durch den Einfluss der anderen ital. Spr., weiters durch die besiegten nichtital. Völker (z. B. etrusk. »Reliktwörter«) und schließlich durch örtl. Gegebenheiten der Kolonien. Die Verselbständigung (»Ausgliederung«) der einzelnen r. S. fand zu unterschiedl. Zeiten und unter unterschiedl. Bedingungen statt. Wesentl. für die sprachl. Diversifikation der Romania waren die örtlichen ↗ Substrate, die Art und Intensität der röm. Kolonialbeziehungen, die Distanz von Rom, die lokalen Autonomien, der Zeitpunkt der Unabhängigkeit und die nachröm. Macht- bzw. Bevölkerungsverhältnisse. Außer an den Reichsgrenzen haben nur wenige Spr. (z. B. das ↗ Baskische) die Latinisierung überlebt. Die gesamte romanischsprachige Bevölkerung der Erde umfasst heute ca. 700 Mio. Sprecher, wovon aber mehr als die Hälfte zweisprachig ist. Man teilt die r. S. nach ling. Gesichtspunkten in eine ostroman. und eine westroman. Gruppe. Die Trennlinie verläuft quer durch Italien von La Spezia nach Rimini und reflektiert die alte Nordgrenze Roms zu seinen Provinzen. Diese Teilung beruht traditionell auf phonolog. und morpholog. Kriterien (z. B. Sonorisierung bzw. Tilgung intervokal. Verschlusslaute, Ausfall finaler Vokale, s-Plural im Westen). Zur Ostromania zählen (a) die Italoromania (↗ Italienisch, ital. Dialekte inkl. ↗ Korsisch, ↗ Sardisch) und (b) die Balkanromania (↗ Rumänisch, rumän. Dialekte inkl. ↗ Moldauisch, ↗ Dalmatinisch). Zur Westromania zählen (a) die Alpenromania (↗ Rätoromanisch, ↗ Ladinisch, ↗ Friaulisch), (b) die ↗ Galloromania (↗ Französisch, norditalien. Dialekte (↗ Ligurisch, ↗ Piemontesisch), ↗ Okzitanisch, ↗ Frankoprovenzalisch), (c) die ↗ Iberoromania (↗ Katalanisch, ↗ Spanisch, ↗ Portugiesisch, ↗ Galizisch). Die Spr. der außereurop. Romania haben sich jeweils auf der Basis einer europ. Stammsprache entwickelt und besitzen zumeist sowohl konservative als auch innovator. Züge. Neben Lateinamerika finden sich die größten roman. Bevölkerungsgruppen in den USA (»Latinos«, insbes. Puertoricaner und Chicanos), in Kanada und in Mozambique und Angola. Eine Reihe kleinerer roman. Kolonien liegen an den alten Seewegen in Asien (z. B. Goa, Daman, Macao, Osttimor usw.). Eine Sonderstellung nehmen die roman. ↗ Kreolsprachen ein. Unter dem Einfluss der drei roman. Kolonialmächte existieren noch heute ↗ französisch, ↗ spanisch und ↗ portugiesisch basierte Kreolsprachen entlang der alten Sklavenwege aus Afrika (und vorgelagerten Inseln) nach Amerika (Antillen, südliches Nord- und nördliches Südamerika) sowie im Ind. Ozean und auf den Philippinen. Daneben haben sich in verschiedenen Gebieten Afrikas als Verkehrssprachen Pidginisierungen ergeben (petit-nègre, pequeño português usw.), deren aktueller ling. Status aber umstritten ist. Die r. S. sind theoret. für die Ling. auch deshalb besonders wichtig, weil an

ihnen 2000 Jahre belegte ↗ Sprachgeschichte nachvollziehbar sind. Darauf gründet die erste Hochblüte der roman. Philologie zur Zeit der ↗ Junggrammatiker. Ein wichtiger Gesichtspunkt im Studium der r. S. liegt in den Begriffen Innovation vs. Konservation. Die bedeutendsten Neuerungen finden wir im Frz. (z. B. im Abbau der Flexionsmorphologie), die konservativsten Formen in südital. Dialekten (z. B. im ↗ Lukanischen) und im ↗ Sardischen, wo teilweise alte lat. Verbalparadigmen erhalten sind. In einigen Punkten (z. B. Aufgabe der unmarkierten SOV-Folge) haben sich alle r. S. vom Lat. entfernt. **Lit.** C. Tagliavini, Le origini delle lingue neolatine. Firenze ⁶1972 (dt. Mchn. 1973). – W. Pöckl, F. Rainer & B. Pöll, Einführung in die roman. Sprachwiss. Tübingen ³2003. – M. Harris & N. Vincent (eds.), The Romance Languages. London 1988. – LRL. Tübingen 1987 ff. – W. Meyer-Lübke, Grammatik der roman. Spr.n. Lpz. 1890–99. **SSG** Universitätsbibliothek Bonn (5).   HU

Romanistik (auch: roman. Philologie) Wiss. von den ↗ romanischen Sprachen und Literaturen. Aufgrund histor.-polit. Umstände präsentiert sich der Gegenstand der R. heute auf verschiedenen Kontinenten in besonders reicher Vielfalt. Die ersten philolog. Studien zur ↗ Romania finden sich im 18. Jh. (Lacurne de Sainte Palaye zum Ital., Provenzal. und Frz. des späten MA); im 19. Jh. folgen die ersten systemat. histor.-vergleichenden Arbeiten von F. Raynouard, F. Schlegel u. a., die schließlich in die »Grammatik der roman. Sprachen« von F. Diez münden; Letztere gilt allgemein als der Beginn der roman. Philologie. Die Bezeichnungen für die einzelnen Teilphilologien lehnen sich oft an die alten Provinzbezeichnungen an (Lusitanistik für die port. Philologie, Hispanistik für die span. Philologie usw.) oder an größere Areale, die histor. z. T. parallele Entwicklungen zeigen, nämlich Iberoromanistik, Galloromanistik, Italoromanistik, Balkanromanistik. **Lit.** ↗ Romania, ↗ Romanische Sprachen. – **SSG** Universitätsbibliothek Bonn (5).   HU

Ronga ↗ Tsonga

Rongorongo Bez. der auf der Osterinsel entstandenen, bislang nicht völlig entzifferten piktograph. Schrift; ↗ Ozeanische Sprachen.   G

Roschani ↗ Pamirsprachen

Rotumanische Sprachen ↗ Ozeanische Sprachen

Rotunda f. (lat. rotundus ›rund‹) Bez. für vorwiegend in Italien, besonders in Bologna (littera Bononiensis) verwendete Schriftvarianten der ↗ gotischen Minuskel, die seit dem Ende des 12. Jh. nachweisbar sind. Die in Frankreich und Deutschland übliche Brechung ist durch gerundete Formen ersetzt; ↗ Lateinschrift.   EN

Rotwelsch (zigeun. (↗ Romani) rot ›falsch‹, betrügerisch‹, dt. ↗ welsch ›unverständlich‹; ↗ Kauderwelsch. Auch: ↗ Argot, Gaunersprache, Jenisch, Kundensprache, Kochemer loschn < jidd. chochem ›klug‹, lošn ›Sprache‹. Engl. cant, pedlars' french, frz. argot) Sammelbez. für ↗ Sondersprachen von Teilen der untersten Sozialschichten in der Funktion von ↗ Geheimsprachen, die Kommunikation ermöglichten, welche für Außenstehende (z. B. Polizisten) unverständl. blieb, »Klassensprachen des 5. Standes« (S. A. Wolf). R. war eine gemeineurop. Erscheinung: *kramerlatijn* ›Krämerlatein‹ in Holland, *thieves latin* ›Diebslatein‹ bzw. *pedlars' french* ›Bettlerfranzösisch‹ in England, *blatnój jazyk* bzw. *blatnája múzyka* ›Sprache bzw. Musik der Vetternwirtschaft‹ in Russland usw. In Deutschland stammen die frühesten Belege für das R. aus dem 13. Jh.; die erste größere Sammlung von r. Ausdrücken ist der auf einer Basler Quelle von ca. 1450 beruhende *liber vagatorum* ›Buch der Landfahrer‹ von 1510. Die kriminolog. und germanist. Beschäftigung mit dem R. ist in vieler Hinsicht sensible Sache; das ca. 1958 abgeschlossene Buch »Das dt. Gaunertum. Aus seiner Geschichte und Entwicklung« von S. A. Wolf durfte wegen eines Kapitels über »Beamtetes Verbrechertum« nicht erscheinen. – Die wichtigsten Trägergruppen des R. waren sog. ›unehrliche Leute‹: Hausierer, Landstreicher, anderes »fahrende Volk« (Schausteller, Lumpensammler, Viehhändler u. a.) und »Gauner« aller Art. Gewisse Unterschiede bestanden zwischen den verschied. regionalen »Krämersprachen« (Fr. Kluge) des dt. Sprachraums: *Jenisch* und *Manisch* in Süddeutschland, *Berner Mattenenglisch* in der Schweiz, *Bargunsch* bzw. *Humpisch* der sog. Tiötten (Hausierer aus dem Tecklenburger Land, die Holland und Norddtld. bereisten), *Krämerlatein* bzw. *Hennese Fleck* am Niederrhein (Breyell), *Schlaußmen* im Sauerland, *Schock-Dibbern* unter norddt. Jahrmarktsbeschickern u. a. Es gab in einzelnen Regionen lokale Sonderausprägungen des R., z. B. *Masematte* in Münster, das *Gießener Manisch*, die *Lingelbacher Musikantensprache* u. a. – Die sprachl. Basis des R. ist das Dt., die Abweichungen basieren im Wesentl. auf lexikal. Differenzen. Verbreitete Verfahren sind Bedeutungszuweisung (z. B. *Religion* ›Beruf‹), wortfeldinterne Neuprägung (z. B. *Flätterling* ›Vogel‹, *Flossert* ›Wasser, Regen, Brunnen‹, *schallern* ›singen‹) und Lexikalisierung von Metaphern (z. B. *Kuttengeier* ›Geistlicher‹, *im grünen Jäger* ›draußen‹), v. a. mittels Ableitung und Komposition. Dazu treten v. a. aus dem Jidd., Zigeun., Frz. u. a. Spr. übernommene und morpholog. adaptierte Wörter, z. B. *anim* ›Mädchen, Frau‹ < jidd. *niddo* ›menstruierende Frau‹, *gallach* ›Geistlicher‹ < jidd. *gallak* ›Tonsurierter‹, *schoren* ›stehlen‹ < zigeun. *tšor* ›Dieb‹, *dormen* ›schlafen‹ < frz. *dormir*, *parlen* ›sprechen‹ < frz. *parler*, *punkisch* ›schwanger‹ < ndl. *bonk* ›Puff, Stoß‹. R. Lexeme sind auch in die dt. Alltagsspr. eingegangen, z. B. *Torf* ›Geld‹ < jidd. *tôref* ›Raub, Beute‹, *Gannef* < jidd. *gannaw* ›Dieb‹, *Kaff* < zigeun. *gab* ›Dorf‹, *Macker* < jidd. *makor* ›Freund‹, *malochen* < jidd. *melocho* ›Arbeit‹, *das Mensch* <

zigeun. *mintsch* ›Vagina‹, *Reibach* < jidd. *rewach* ›Zins‹, *Tinnef* < jidd. *tinneph* ›Unrat‹, *Zaster* < zigeun. *saster* ›Eisen‹. Die r. »Schriftsprache« sind die ↗ Zinken. **Lit.** S. A. Wolf, Dt. Gaunerspr. Wb. des R. Hamburg ²1985 (Nachdruck 1993). – Ders., R., die Spr. sozialer Randgruppen. OBST 16, 1980, 71–82. – G. Puchner, Kundenschall. Das Gekasper der Kirschenpflücker im Winter. Mchn. 1974. – J. Veldtrup, Bargunsch oder Humpisch. Die Geheimsprache der westfäl. Tiötten. Münster 1974. – H.-G. Lerch, Das Man. in Gießen. Gießen 1976. – M. Strunge & K. Kassenbrock, Masematte. Das Leben und die Spr. in Münsters vergessenen Vierteln. Münster 1980. – M. Abel, Slawismen in dt. R.-Dialekten. Wiesbaden 2004.   G

Routineformel Feste Wendung, die in hochfrequenten standarisierten Kommunikationssituationen verwendet wird, z. B. Begrüßung und Abschied, Gratulation und Bedauern; ↗ Phraseologismus.   G

Rovuma-Makua ↗ Makua

Rubrizierung ↗ Auszeichnungsschrift

Rubrum ↗ Impressum, ↗ Kolophon

Rückbezüglich ↗ Reflexiv

Rückbezügliches Fürwort ↗ Reflexivpronomen

Rückbildung (auch: inverse Ableitung, retrograde Ableitung, Subtraktionsbildung, Nomen postverbalium, Pseudokompositum) Uneinheitl. gebrauchter Terminus, der einerseits Tilgung von Morphemen meint, z. B. *Neugierde* – *Neugier*, *sanftmütig* – *Sanftmut*, andererseits ›Suffix-substituierende‹ Ableitungen von Komposita, z. B. *brustschwimmen* aus *Brustschwimmer*, *staubsaugen* aus *Staubsauger*. Zumindest Typ 1 ist ↗ unproduktiv, Typ 2 wird auch als Pseudokompositum bezeichnet. **Lit.** E. Donalies, Die Wortbildung der dt. Tübingen ²2005, 136–138 – Eisenberg I, 234 f.   ES

Rückentlehnung (engl. reborrowing, reverse borrowing, frz. réemprunt) Wird ein sprachl. Ausdruck aus einer Fremdspr. entlehnt, welcher ursprüngl. aus der eigenen Spr. in diese Fremdspr. transferiert wurde, spricht man von R.: Das span. *guerra* stammt aus germ. *vera* ›Wirrnis, Durcheinander, Streit‹, welches in die roman. Spr. entlehnt und dort phon. und graph. adaptiert wurde: *guerra/guerre*. Im Krieg gegen Napoleon entstand auf der iber. Halbinsel der Begriff der *Guerilla* (wörtl.: ›Kleinkrieg‹), welcher wiederum ins Dt. transferiert wurde. Im Allgemeinen identifizieren Sprecher den Neuankömmling nicht als Rückkehrer; ↗ Entlehnung.   SO

Rückfrage ↗ Echofrage

Rückkopplung Terminus aus der Informationstheorie. Als R. oder Rückmeldung bzw. Rückkopplungs- oder Rückmeldeverhalten (*back-channel-behavior*) gelten die für den Gesprächsverlauf wichtigen Höreraktivitäten (im Dialog, mit denen dieser v. a. Aufmerksamkeit, aber auch Zustimmung und Ablehnung signalisiert. Dazu gehören (a) Rückmeldungspartikeln oder ↗ Kontaktsignale wie *mhm, ja richtig*, *genau*; (b) Satzvervollständigungen; (c) Bitten um Klärung; (d) kurze Statements sowie (e) Kopfnicken und -schütteln. SL

Rückläufiges Wörterbuch (auch: retrogrades Wörterbuch) Sprachlexikon, dessen Einträge nach den Ausgängen der Lemmata alphabet. angeordnet sind, z. B. *Ribisel, Misel, Quisel, Beisel.* R. W. sind z. B. bei der Ermittlung der Frequenz und der ⁊ Produktivität einzelner Suffixe oder beim Reimen von Nutzen. **Lit.** G. Muthmann, Rückläufiges dt. Wb. Tübingen 1988. – E. Mater, Rückläufiges Wb. Lpz. 1965. – T. Brückner & Ch. Sauter, Rückläufige Wortliste zum heutigen Dt. Mannheim 1984. G

Rückmeldesignal ⁊ Hörersteuerung

Rückmeldeverhalten ⁊ Kontaktsignal

Rückumlaut Von J. Grimm (1785–1863) stammende Bez. für den Wechsel von umgelauteten und nichtumgelauteten Vokalen in paradigmat. zusammengehörigen Formen der mit dem Suffix *-jan* gebildeten german. Verben wie ahd. *brennen* ›brennen‹ – *branta*. J. Grimm erwartete für ahd. *branta* wegen des ursprünglich vorhandenen umlautbedingenden *i* (got. *brannida*) eigentlich **brenta.* Er nahm an, der Umlaut sei rückgängig gemacht worden. Tatsächlich war die Form nie umgelautet, da das umlautbedingende *i* nach langer Wurzelsilbe im Prät. bereits vor Einsetzen des Umlauts durch ⁊ Synkope geschwunden war. Der Terminus R. ist insofern irreführend, hat sich aber dennoch durchgesetzt. Im Ahd. und Mhd. wurden vergleichbare Vokalalternationen bei Verben gebildet, denen die histor. Bedingungen dafür fehlen: *zellen – zalta – gizalt* ›erzählen‹. Später ist auch bei vielen ursprünglich rückumlautenden Verben der R. durch Paradigmenausgleich geschwunden: *stellen – stellte.* Im gegenwärtigen Dt. weisen nur noch sechs Verben R. auf: *brennen, nennen, kennen, rennen, senden* und *wenden.* In einigen Maa. ist der R. den umgelauteten Formen angeglichen worden, z. B. alemann. *Er ist gerennt.* ST

Rückwärtsweisend ⁊ Anaphorisch

Rückwirkend ⁊ Progressiv (2)

Ruffall ⁊ Vokativ

Rufname ⁊ Vorname, ⁊ Familienname

Ruhestellung ⁊ Normalstellung

Ruhrdeutsch Regionale Ausgleichssprache (⁊ Halbmundart) auf der Basis des ⁊ Westfälischen und des ⁊ Niederfränkischen im Industrierevier des Ruhrgebiets. Bei Beibehaltung der westfäl. geprägten Artikulationsbasis und Syntax im Vokalismus im Wesentl. der Standardsprache entsprechend. Auffällig sind die Inkongruenzen im Kasusgebrauch (Verwechslung von Nominativ und Akkusativ bzw. Dativ und Akkusativ). **Lit.** H. Glück, Sprachbewusstsein und Sprachwandel. Untersuchungen zur Geschichte des Ruhrgebietsdialekts. OBST 1, 1976, 33–68. – Ders., Zur Geschichte der industriellen Polyglossie. OBST 4, 1977, 76–105. – A. Mihm (Hg.), Sprache an Rhein und Ruhr. Wiesbaden 1985. DD

Rukai ⁊ Formosa-Sprachen

Ruktusstimme ⁊ Ösophagusstimme

Rumänisch (Eigenbez. *Român*) Östlichste ⁊ romanische Sprache im Staatsgebiet Rumäniens und Moldaviens sowie bei r. Minderheiten in der Ukraine, in Griechenland und im früheren Jugoslavien. Das R. zerfällt in 4 Dialektgebiete: Dakorumän., Istrorumän. (Istrien), Meglenorumän. (Nordost-Griechenland) und Aromun. (Nordgriechenland, Bulgarien, früheres Jugoslavien, Albanien); Karte ⁊ Europäische Sprachen. Ca. 23 Mio. Sprecher. Unter R. i. e. S. versteht man das Dakorumän., benannt nach der röm. Provinz Dacia. Es gliedert sich in 2 Hauptdialekte, das ⁊ Moldauische im Norden und das Munten. (Walach.) im Süden. Letzteres (v. a. die Stadtvarietät von Bukarest) bildete die Grundlage für die Standardisierung im 18./19. Jh. Die frühe Ausgliederung und die isolierte Lage am Balkan (⁊ Balkansprachbund) begründen die Sonderstellung des R. in der ⁊ Romania. So erklären sich einerseits lat. Wörter, die anderswo ausgestorben sind, und andererseits Elemente der umliegenden Spr., bes. aus dem slav. Raum (kyrill. Schreibung bis 1840), aber auch des Griech., des Türk. und des Ungar. Erhebl. lexikal. Einfluss übte das Frz. im 19. Jh. aus. **Lit.** L. Daniliuc & R. Daniliuc, Descriptive Romanian Grammar: an Outline. Mchn. 2000. – LRL III, Mchn. 1989. – **SSG** Bayerische Staatsbibliothek München (12), Thüringer Universitäts- und Landesbibliothek Jena. HU

Rumantsch ⁊ Rätoromanisch

r-Umsprung ⁊ Metathese

Runa Simi ⁊ Quechua

Rund ⁊ Gerundet

Rundi (Eigenbez. *Kirundi*) ⁊ Bantusprache. Neben Frz. offizielle Spr. von Burundi. Ca. 5 Mio. Sprecher (ca. 95 % der Bevölkerung Burundis), teilw. in R. alphabetisiert. Ende des 19. Jh. lat. basierte Verschriftung. Das R. ist mit dem ⁊ Kinyarwanda, der Spr. des benachbarten Ruanda, prakt. identisch. RE

Rundung ⁊ Labialisierung

Runen 1. Erste ⁊ alphabetische Schrift der Germanen mit Begriffswert (Runennamen) und vermutl. Zahlwert. Der Name R. wurde im 17. Jh. aus dem Dän. entlehnt. Die altgerm. Spr. kennen das Wort als anord., aengl. *rún*, got., as., ahd. *rūna* ›Geheimnis‹. – Die R.schrift bildet geograph. und zeitl. gestaffelt verschiedene Reihen aus, denen eine 24-typige, nach den ersten 6 Zeichen so genannte ältere *Futhark* zugrunde liegt. Diese in 3 *ættir* ›Geschlechter‹ unterteilte Reihe (fuþarkgw:hnijïpzs:t bemlŋdo) ist mehrfach inschriftl. bezeugt (erstmals Stein von Kylver um 400). Dem sprachgeschichtl. Wandel (Phonemvermehrung durch Umlaute, Brechungen usw.) trägt die Entwicklung der R.reihen auf unterschiedl. Weise Rechnung: Während im Norden bis zum 8. Jh. die Zahl der Schriftzeichen von 24 auf 16 (»jüngeres F.« fuþarkhniastbmlʀ) reduziert und damit bewusst phonolog. Mehrdeutigkeit der Zeichen in Kauf genommen wird, tendiert der ags. Bereich zur Beibehaltung fester Phonem-Graphemkorrelationen und erweitert sein Inventar durch Modifikation bestehender Zeichen. Anders als das Zeicheninventar ist die Anordnung in den R.reihen autochthon. Erst im späteren MA wird die Reihenfolge des lat. Alphabets übernommen. – Die frühen R.inschriften zeigen meist mag.-religiösen Inhalt. Auch die Anbringung von Inschriften an betrachterabgewandten Stellen, formelhafte Verwendung der Begriffswerte und womögl. Einsatz von Gematrie (Zahlenmagie) verwehren den Gedanken an eine rein profane Mitteilungsschrift; diese Funktion überwiegt erst seit der Wikingerzeit. Der Wandel im Lautwert einzelner R. aufgrund des Lautwandels zugehöriger Runennamen (urnord. *jāra > anord. *ár* ›Jahr‹: j-R. > a-R.; urnord. *ansuz > *ǫsuʀ* ›Ase‹: a-R. > ǫ-R. usw.) zeigt die Priorität der Begriffswerte. – Die Sprache der älteren skandinav. Inschriften (↗ Urnordisch) weist ggü. dem rekonstruierten Urgerm. erst geringe Unterschiede auf. Ab ca. 600 wird der massive Umbau hin zum ↗ Altnordischen sichtbar. Die südgerm.-dt. Inschriften zeigen eine vorahd. Sprachstufe; auf dem Speerblatt von Wurmlingen »[i]dorih« findet sich jedoch der 1. Beleg für die ahd. Lautverschiebung. – Da sich genuin germ. Entstehung ausschließen lässt, wurden als Vorbild für die R. u. a. das griech., das lat. sowie die von den Etruskern übernommenen nordital. Alphabete vorgeschlagen. Die vorherrschende nordital. These bezieht ihre Geltung aus greifbaren phänomenolog. Übereinstimmungen; einige skandinav. Forscher bevorzugen dagegen die Herleitung aus der lat. ↗ Capitalis. Die griech. These ist nicht mehr aktuell. Obwohl der Ausgangspunkt der R. im Süden zu suchen ist, setzt die südgerm. R.überlieferung später ein (5. Jh.) als die skandinav. (ca. 200). Die Erklärung dieser »südgerm. Lücke« ist umstritten. – **Lit.** K. Düwel, Runenkunde. Stgt. [4]2008. – Ders. (Hg.), Runeninschriften als Quellen interdisziplinärer Forschung. Bln. 1998. – E. Moltke, Runes and their Origin. Kopenhagen 1985. – B. Odenstedt, On the Origin and Early History of the Runic Script. Stockholm 1990. – T. Looijenga, Texts & Contexts of the Oldest Runic Inscriptions. Leiden 2003. **2.** Bez. für einige nichtgerm. Alpha-

Älteres Futhark

betschriften, die sich durch ausgeprägt eckige Buchstabenformen auszeichnen und meist in Stein- oder Metallinschriften überliefert sind, z.B. die sibir. türk. R. (Orchon- und Jenissej-Inschriften; ↗ Turksprachen) oder die ungar. Runen. RK

Ruq'a ↗ Arabische Schrift

Russisch (Eigenbez. russkij. Engl. russian, frz. russe) ↗ Slavische Sprache des ↗ ostslavischen Zweigs. In der Russ. Föderation wird (nach der Volkszählung von 1989) das R. als Mutterspr. von ca. 127 Mio. Sprechern benutzt, ca. 16 Mio. verwenden es als Zweitspr. Obwohl formell nicht als Staatsspr. deklariert, fungierte das R. im Vielvölkerstaat UdSSR als die überregionale Zweitspr., d. h. als eine durch das Schulwesen verbreitete gesamtstaatl. Koine bzw., in der Terminologie der sowjet. Sprachplanung, als die u. a. mit dem Ziel der ideolog.-polit. Unitarisierung der Gesellschaft eingeführte »Sprache der zwischennationalen Verständigung«. Auf diese Weise diente das R. innerhalb des sowjet. Staatsgebiets als ein interethn. Kommunikationsmittel, das alle funktionalen Bereiche einer zweiten Amtsspr. neben der/denen der jeweiligen Unionsrepubliken und autonomen Gebiete abdeckte. Diese Funktion erfüllt das R. auch weiterhin in den neugebildeten Staaten bzw. autonomen Gebieten auf dem Territorium der ehemaligen UdSSR (mit Ausnahme der balt. Staaten); als Zweitspr. wird es von deren nichtruss. Nationalitäten (ca. 88 Mio. Sprecher) neben der jeweils als Amtsspr. eingeführten Nationalspr. (z.B. in Kasachstan, Weißrussland und der Autonomen Republik Krim) weiter verwendet (z. T. bleibt R. Amtsspr., z.B. in Turkmenistan). Mit dem polit. Wandel ist das R., das in der Russ. Föderation Amtsspr. ist, starken Normveränderungen ausgesetzt, da es zusehends mündl. und substandardsprachl. Elemente akzeptiert. – Die ältesten schriftl. Denkmäler des R. gehen auf die Mitte des 11. Jh. zurück. Sie entstanden im ostslav.-russ. Sprachraum zur Blütezeit des Kiever Staats (bis 1240) und umfassen religiöse Schriften (Evangelien, Erbauungslit. u. ä.). Es existieren auch, einsetzend im 12. Jh., weltl. Texte (Chroniken, Gesetzestexte, sog. Birkenrinden-Urkunden mit privater und geschäftl. Korrespondenz). Bedingt durch die im russ. Sprach- und Staatenraum bis Ende des 17. Jh. (Beginn der russ. Nationalspr.) vorhandene ↗ Diglossie von ↗ (Alt)Kirchenslavisch und Altruss. hat man es beim Schrifttum dieser Entwicklungsphase des R., die in einem weiten Verständnis die Periode des Gemeinostslav. (bis 14. Jh.) und des Großruss. (bis 17. Jh.) umschließt, mit verschiedenen Mischformen zu tun. Insbes. in Abhängigkeit von der Textsorte und -thematik schwankt hier der Anteil der autochthonen altruss. Spr.elemente, bzw. der ostslav. bzw. großruss. Volksspr. entstammen. In weltl. Texten ist er stärker ausgeprägt, bis hin zu seinem ausschließl. Auftreten, z.B. in den Birkenrinden-Urkunden, in kirchl.

und z. T. in philosoph.-wiss. Texten dagegen geht er zugunsten ksl. Elemente zurück, bis hin zu einer Sprachform, die als R.-Kirchenslavisch (⌐ Altkirchenslavisch) bezeichnet wird. – Phonet. gesehen stellt die moderne russ. Standardspr. einen auf den mittelgroßruss. Dialekten um Moskau beruhenden Kompromiss dar. Sie verbindet Charakteristika des südgroßruss. Vokalismus und des nordgroßruss. Konsonantismus miteinander. Normgerecht für die phonet. Realisierung der russ. Standardspr. ist u. a. die als Reduktion bezeichnete Veränderung der Vokale in Abhängigkeit ihrer silb. Position zum Wortakzent. Lautwandel hat dazu geführt, dass u. a. altes ostslav. /o/ in unbetonter Stellung, je nach Position und Entfernung zur Akzentstelle, in verschiedenen Reduktionsstufen artikuliert wird als [ʌ] bzw. [ə], z. B. *d*[ʌ]*mà* ›Häuser‹ bzw. *dòm*[ə] ›des Hauses‹. Diese für das individuelle Klangbild des R. innerhalb der ⌐ slavischen Spr. bes. markante, durch Zusammenfall von Vokalphonemen bedingte Aussprache wird als *Akanje* bezeichnet, ihre Nichtbeachtung, z. B. *sk*[ɔ]*v*[ɔ]*r*[ɔ]*dà* ›Pfanne‹ anstelle von *sk*[ə]*v*[ə]*r*[ʌ]*dà* als *Okanje*. Letzteres ist typisch für die nordgroßruss. Dialekte. **Lit.** R. Eckert et al., Geschichte der russ. Spr. Lpz. 1983. – A. Issatschenko, Geschichte der russ. Spr. 2 Bde. Heidelberg 1983. – L. N. Zybatow, Russ. im Wandel. Die russ. Spr. seit der Perestrojka. Wiesbaden 1995. – B. Comrie et al., The Russian Language in the Twentieth Century. Oxford 1996. – E. Andrews, Russian. Mchn. 1997. – W. Gladrow (Hg.), Russ. im Spiegel des Dt. Eine Einf. in den russ.-dt. und dt.-russ. Sprachvergleich. Ffm. u. a. 1998. – H. Spraul & V. D. Gorjanskij, Integriertes Lehrbuch der russ. Spr. Hamburg 1998. – T. Berger, Das Russ. In: P. Rehder (Hg.), Einf. in die slav. Spr. Darmstadt ³1998, 49–93. – H. Jachnow, (Hg.), Hdb. der sprachwiss. Russistik und ihrer Grenzdisziplinen. Wiesbaden 1999. – E. Andrews, Russian. Mchn. 2000. – E.-G. Kirschbaum, Grammatik der russ. Spr. Bln. 2001. – P. Cubberly, Russian: A Linguistic Introduction. Cambridge 2002. – H. Eckert & J. A. Sternin, Die russ. Spr. im Umbruch. Lexikal. und funktionale Veränderungen im R. an der Schwelle des 21. Jh. Hamburg 2004.   HA

Russizismus ⌐ Entlehnung aus dem Russ. R. im Dt. sind fast ausschließl. Substantive. Einige sind weitgehend ins dt. Sprachsystem integriert und für den Laien nicht mehr als Entlehnung zu erkennen, z. B. dt. *Steppe* < russ. *step'*. Andere R. haben ihre originäre Form annähernd bewahrt: *Kosmonaut, Pogrom, Sputnik, Taiga*. Bei wenigen Entlehnungen stellt das Russ. die Mittlerspr. dar, etwa bei *Schaschlik*, welches aus dem ⌐ Tatarischen stammt und über das Russ. ins Dt. übernommen wurde. Manche R. sind zu den ⌐ Exotismen zu rechnen: *Samowar*. Pirojkov wies nach, dass Bekanntheitsgrad und Gebrauch von R. von Herkunft und Alter der Sprecher abhängen. Je älter ein Sprecher, desto mehr R. sind ihm bekannt. Dies gilt sowohl für die alten als auch die neuen Bundesländer in separater Auswertung, wobei in der ehemaligen DDR die Bekanntheit von R. in allen Generationen höher ist als in den westl. Bundesländern; ⌐ Slavismus 1. **Lit.** A. Pirojkov, R.n im Dt. der Gegenwart. Bestand, Zustand und Entwicklungstendenzen. Bln. 2002.   SO

Ruthenisch Ältere Bezeichnung für das ⌐ Ukrainische.   HA

Rutulisch ⌐ Dag(h)estanische Sprachen

Ryukyuan-Dialekte ⌐ Japanisch

Sabäisch Meistbezeugte Spr. der Inschriften des ⌐ Altsüdarabischen vom 9. Jh. v. bis 7. Jh. n. Chr. Aus der Zeit vom 1. bis 4. Jh. n. Chr., als das s. Reich ganz Südarabien dominierte, stammen die meisten Inschriften. S. wurde aufgrund seines hohen kulturellen Prestiges auch von anderen südarab. Volksgruppen als Schriftspr. verwendet. **Lit.** A. F. L. Beeston, Sabaic Grammar. Manchester 1984. – P. Stein, Untersuchungen zur Phonologie und Morphologie des S. Rahden 2004.   WI

Sabanê ⌐ Nambikwara

Sabela ⌐ Südamerikanische Indianersprachen

Sabellisch ⌐ Italische Sprachen

Sabir n. Aus lat. *sapere* bzw. span. *saber* ›wissen‹ abgeleitete Bez. für eine ursprüngl. bes. im Mittelmeerraum unter Händlern gebräuchliche ⌐ Mischsprache, die auf vorwiegend roman. Basis beruhte und mit türk., griech., arab. u. a. Elementen durchsetzt war. Die Bezeichnung S. löst erst spät die ältere Form ⌐ »lingua franca« ab. Beide Ausdrücke haben eine Bedeutungserweiterung erfahren insofern, als sie heute jede ⌐ Pidginsprache bezeichnen können.   HU

Saccade f. (auch: Sakkade) Bez. der sprunghaften Bewegungen der Augen von einem Fixationspunkt zum nächsten. S. beim Lesen zeigen, dass nicht jedes Textelement gleichermaßen relevant ist für das Textverständnis; inhaltl. redundante Informationen (Flexionselemente, ⌐ Synsemantika, einzelne Bestandteile komplexer Wortbildungskonstruktionen) werden nicht wahrgenommen, wenn sie kognitiv erschließbar sind. Umgekehrt kommt es zu rückwärtsgerichteten S., wenn die Verarbeitung scheitert oder Ambiguitäten aufgelöst werden müssen. Diese Regressionen machen 10–15 % der S. beim Lesen aus; ⌐ Augenbewegungen beim Lesen, ⌐ Fixation. **Lit.** W. Inhoff & K. Rayner, Das Blickverhalten beim Lesen. HSK 10/2, 942–957.   ES

Sächlich ⌐ Neutral

Sächsisch 1. Stammesgeschichtl. begründete Bez. für das ⌐ Niederdeutsche; ⌐ Altsächsisch. **2.** ⌐ Obersächsisch. **3.** ⌐ Siebenbürgisch-Sächsisch.   DD

Sächsischer Genitiv (engl. apostrophic genitive) Dem regierenden Nominalausdruck vorangestelltes substantivisches Attribut, im Dt. heute weitgehend beschränkt auf Eigennamen, z. B. *Eisenbergs Grammatik*. Im Engl. stets auf -s, in der geschriebenen Sprachform durch Apostroph gekennzeichnet (*John's*, *Mary's*); dieser Usus verbreitet ich auch im Dt. (vgl. Ggwdt.², 49–52); ⌐ Genitiv.   G

Sa'dan Toraja ↗ Toraja-Sprachen
Šadda ↗ Arabische Schrift
Sagittal ↗ Zentral
Sagwort ↗ Sprichwort
Sahaptin ↗ Penuti-Sprachen
Saharanische Sprachen Sprachgruppe innerhalb der ↗ nilosaharanischen Sprachen, die neben dem ↗ Kanuri und dem Tubu (auch: Teda-Daza, ca. 200000 Sprecher) das Zaghawa und das ınzwischen ausgestorbene Berti umfasst; Karte ↗ Afrikanische Sprachen, im Anhang. Tonspr., Wortstellung SOV, reiche Verbmorphologie. **Lit.** N. Cyffer, Syntax des Kanuri. Hamburg 1974. – J. P. Hutchison, The Kanuri Language. A Reference Grammar. Madison 1981. – N. Cyffer & Th. Geider (eds.), Advances in Kanuri Scholarship. Köln 1997. – A. Jakobi & J. Crass, Grammaire du beria. Köln 2004. RE
Saipan-Karolinisch ↗ Ozeanische Sprachen
Sakisch (engl., frz. Saka) In zwei Dialekten mit den Zentren Khotan (»Khotan-S.«) und Tumšuq (»Tumšuq-S.«) im heutigen Xinjiang (Chin. Turkestan) überlieferte östl. ↗ mitteliranische Sprache. Handschriftl. (buddhist.) Zeugnisse in einer ind. (Brāhmī-)Schrift aus dem 4.–8. Jh. Die s. Dialekte haben keine modernen Nachfolger. **Lit.** H. W. Bailey, Languages of the Saka. HdO 1./4./1., 1958, 131–154. – Ders., A Dictionary of Khotan Saka. Oxford 1979. – R. E. E. Emmerick, Saka Grammatical Studies. Ldn., N. Y., Toronto 1968. – Ders., Khotanese and Tumshuqese. In: R. Schmitt (ed.),

Compendium linguarum iranicarum. Wiesbaden 1989, 204–229. **SSG** Stadt- und Universitätsbibliothek Frankfurt/M. (30). GP
Sakkade ↗ Saccade
Sakralsprache (engl. liturgical language) Die Spr., die bei Gottesdiensten u. a. sakralen Handlungen und gelegentl. auch als Kommunikationsmittel von den Religionsangehörigen benutzt wird (z. B. Lat. in der kathol. Kirche, Klass. Arab. im Islam). Die ↗ Soziolinguistik untersucht die Art und Weise, in der Spr. funktional für religiöse Zwecke eingesetzt wird. Religion ist dabei eine ↗ Domäne, die entweder den Gebrauch einer zweiten Spr. fördert oder stigmatisiert (Samarin 1987) und so einen wesentl. Faktor von Spracherhaltung bzw. Sprachveränderung darstellt; ↗ Heilige Sprache. **Lit.** W. J. Samarin (ed.), Language in Religious Practice. Rowley, Mass. 1976. – Ders., Language of Religion. HSK 3, II, 1987, 85–91. R
Salayar ↗ Makassarisch
Salienz (engl. salience) Bez. für Eigenschaften von Objekten einer Kategorie, die bes. hervorstechen, schnell wahrnehmbar und kognitiv gut verarbeitbar sind. Saliente Eigenschaften sorgen, so die ↗ Prototypensemantik, für eine ökonom. Kategorisierung (↗ Kategorisieren) von Objekten bzw. für einen guten Wiedererkennungswert von Kategorienvertretern. Saliente Merkmale eines Flugzeugs sind bspw. die Tragflächen und das Leitwerk, nicht aber das Fahrwerk. Saliente Eigenschaften können eine hohe *Cue Validity* haben. Diese bezeichnet die

ARTIKULIERENDES ORGAN	labial		apikal/laminal					dorsal	(uvular)		glottal
ARTIKULATIONS-STELLE ARTIKULATIONS-MODUS	bilabial stl. sth.	labio-dental	dental	alveolar	post-alveolar	retroflex	palatal	velar	uvular	pharyn-gal	glottal
plosiv	p b		t d			*t' d'*	c	k g			?
nasal	m F		n			*n'*	J	N	*M*		
gerollt	*B*		r						*R*		
geschlagen			*4*			*r'*					
frikativ	*p* B	f v	T D	s z	S Z	*s' z'*	C *ʝ*	x G	*X* R	*X\ ʔ*	h *h*
lateral-frikativ			*K K*								
approximant	*P (v\)*			*r*		*r\'*	j	*ɯ*			
lateral-approximant			l			*l'*	L	*L*			

schraffierte Flächen kennzeichnen unmögliche Artikulationen

SAMPA-Zeicheninventar – pulmonale Konsonanten
(fette Symbole bezeichnen bereits feststehende Zeichen, kursive die Erweiterungsvorschläge (X_SAMPA)).

Vorhersagbarkeit einer Eigenschaft für ein Objekt einer Kategorie. Wenn viele Vertreter einer Kategorie die entsprechenden Attribute aufweisen, ist die *Cue Validity* hoch: Die meisten Flugzeuge haben Tragflächen. **Lit.** G. Kleiber, Prototypensemantik. Tübingen ²1998. SO

Salish-Sprachen ↗ Nordamerikanische Sprachgruppe in British Columbia, Kanada, und Washington State, USA; Karte ↗ Nordamerikanische Sprachen, im Anhang. Die S.-S. sind in zahlreiche Einzelsprachen und Dialekte zergliedert, u. a. Flathead-Kalispel und Okanagan (ca. 700), Shuswap (ca. 500) und Halkomelem (ca. 500). Entfernter verwandt ist Bella Coola oder Nuxalk (ca. 150). Die S.-S. werden fast nur noch von älteren Personen gesprochen. Sie ähneln typolog. den benachbarten ↗ Wakash-Sprachen, mit denen sie z. T. zur Mosan-Gruppe zusammengefasst werden. **Lit.** L. C. Thompson et al., Sketch of Thompson, a Salishian Language. HNAI-L, 609–665. – H. F. Nater, The Bella Coola Language. Ottawa 1984. – M. D. Kinkade, Salish Evidence Against the Universality of ›Noun‹ and ›Verb‹. Lingua 60, 1983, 25–40. – B. D. Galloway, A Grammar of Upriver Halkomelem. Berkeley 1993. – E. Czaykowska-Higgins & M. D. Kinkade (eds.), Salish Languages and Linguistics. Bln. 1997. – **SSG** Staats- und Universitätsbibliothek Hamburg (18). D

Salutatio ↗ Diplomatik

Samaritanisch ↗ Aramäisch

Samar-Leyte ↗ Philippinische Sprachen

Sambal ↗ Tagalog

Samisch ↗ Lappisch

Samländisch ↗ Niederpreußisch

Sammelname ↗ Kollektivum

Sammelzahl Bez. für das flektierbare ↗ Numerale *beide*. Es bezieht sich auf zwei vorerwähnte, in der

Gesprächssituation präsente oder als bekannt vorausgesetzte Referenten und wird oft substantiviert verwendet (z. B. *die beiden stecken unter einer Decke*). G

Samoanisch (Eigenbez. gagana Samoa) Ost-↗ austronesische Sprache von West- und Amerikan. Samoa. Ost-↗ Ozeanische Sprachen; Zentral-Pazifische Sprachen; Polynes. Sprachgruppe; Kern-Polynes. Subgruppe; Samoan. Sektion mit Exklaven in Mikronesien und Melanesien; Karte ↗ Austronesische Sprachen. 250 000 Sprecher, davon je 12 % in Neuseeland und den USA. Eng verwandt u. a. mit Tokelau, Tuvalu, Ost-Uvea und Futuna. Ohne nennenswerte Dialektvariation; formelle und informelle Sprachebene; ↗ Honorativ. **Lit.** U. Mosel & E. Hovdhaugen, Samoan Reference Grammar. Oslo 1992. CE

Samojedische Sprachen ↗ Uralische Sprachen

SAMPA (Abk. von engl. Speech Assessment Methods Phonetic Alphabet) Weitverbreitetes, im Rahmen des EU-Projekts SAM (*Speech Assessment Methods*) entwickeltes Alphabet zur ↗ API-kompatiblen phonet. Transkription auf der Grundlage der auf allen Computersystemen zur Verfügung stehenden 7-bit ASCII-Zeichen (http://www.phon.ucl.ac.uk/home/sampa/home.htm). PM

Sampi Vermutl. auf eine lokale Ligaturschreibung ⟨σσ⟩ zurückgehendes altgriech. Zahlzeichen für ›900‹. Sein Platz ist am Ende der ↗ Alphabetreihe. GS

Sample ↗ Stichprobe

San ↗ Khoisan-Sprachen

Sandawe ↗ Khoisan-Sprachen

Sandhi (ai. sam- ›zusammen‹, dhi- < dhā- ›setzen‹) Durch das Zusammentreffen von Wörtern bzw. Wortformen (externes S.) und wortintern von Morphemen (internes S.) bedingte phonolog. Prozesse, wie z. B. die engl. Alternation des unbestimmten

_0	stimmlos	_O	gerundeter	_w	labialisiert	~ (_~)	nasaliert
_v	stimmhaft	_c	weniger gerundet	' (_j)	palatalisiert	_n	nasale Lösung
_h	aspiriert	_+	vorverlagert	_G	velarisiert	_l	laterale Lösung
_t	behaucht	_-	rückverlagert	_?\	pharyngalisiert	_}	ungelöst
_k	laryngalisiert	"	zentralisiert	_e	velarisiert od. pharyngalisiert	(5 velarisiertes l)	
_N	linguolabial	—	mittelzentralisiert	_r	erhöht		
_d	dental	_A	vorverlagerte Zungenwurzel				
_a	apikal	_q	rückverlagerte Zungenwurzel	_o	erniedrigt		
_m	laminal	‘	rhotaziert	= (_=)	silbisch	_^	nichtsilbisch

SAMPA-Zeicheninventar – Diakritika
(fette Symbole bezeichnen bereits feststehende Zeichen, kursive die Erweiterungsvorschläge (X_SAMPA)).

CLICKS

O bilabial
I dental
. (post)alveolar
= palatoalveolar
I\I alveolar lateral

WEITERE SYMBOLE

W stl. velar-labialer Frikativ
w sth. labial-velarer Approximant
H sth. labial-palataler Approximant
H stl. epiglottaler Frikativ
< sth. epiglottaler Frikativ
> epiglottaler Plosiv

s\ z alveolo-palatale Frikative
** alveolarer lateraler Schlag
x gleichzeitig **S** und **X**

SAMPA-Zeicheninventar – Clicks und weitere Symbole
(fette Symbole bezeichnen bereits feststehende Zeichen, kursive die Erweiterungsvorschläge (X_SAMPA)).

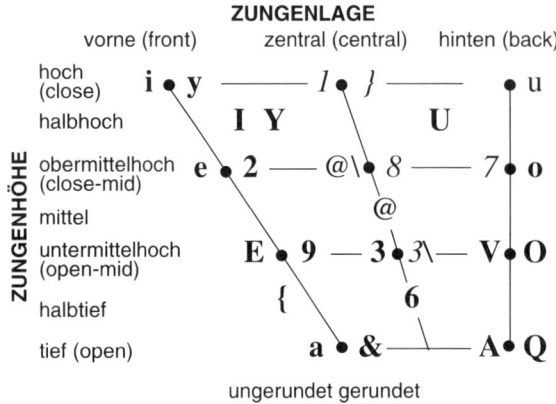

SAMPA-Zeicheninventar – Vokale
(fette Symbole bezeichnen bereits feststehende Zeichen, kursive die Erweiterungsvorschläge (X_SAMPA)).

TÖNE UND WORTAKZENT

" Hauptbetonung
% Nebenbetonung
: lang
: halblang
- verschliffen (fehlende Grenze)
<R> global steigend
<F> global fallend

STUFEN

_T extra-hoch
_H hoch
_M mittel
_L tief
_B extra-tief

! Downstep
^ Upstep

KONTUREN

_R steigend
_F fallend
_H_T hoch steigend
_B_L tief steigend
_R_F steigend-fallend

etc.

SAMPA-Zeicheninventar – Suprasegmentalia
(fette Symbole bezeichnen bereits feststehende Zeichen, kursive die Erweiterungsvorschläge (X_SAMPA)).

Artikels *a/an* je nachdem, ob das Folgewort mit Vokal beginnt (*a bird*, *an eagle*), oder die Variation des auslautenden Konsonanten bei *Syn-* (*Synthese*, *Sympathie*) oder *Kon-* (*Konsens*, *Korreferent*). PM

Sanga ↗ Luba

Sangir-Minahasa-Sprachen (Eigenbez. Sangihé) West-↗ austronesische Sprachen in Nord-Sulawesi (Celebes) und auf den Sangihé- und Talaud-Inseln in Indonesien; Karte ↗ Austroasiatische Sprachen. Sangir-Sprachgruppe (261 000 Sprecher) und Minahasa-Sprachgruppe (392 000) mit Tontemboan, Tondano und Tonsea. ↗ Indonesisch als offizielle Spr. CE

Sango ↗ Ubangi-Sprache, die sich insbes. im 19. Jh. im Ubangi-Gebiet auf Grundlage des Ngbandi erst als ↗ Pidgin-, dann als ↗ Kreolsprache herausgebildet hat. Sie unterliegt auch heute noch starken sprachl. Veränderungen. Ca. 1,5 Mio. Sprecher, vorwiegend S2; Karte ↗ Afrikanische Sprachen, im Anhang. Mitte des 20. Jh. lat. basierte ↗ Verschriftung. Seit 1963 ist S. Nationalspr. der Zentralafrikan. Republik; seit 1975 gibt es wiederholt Ansätze, S. neben Frz. im Primarschulunterricht zu verwenden. **Lit.** W. J. Samarin, A Grammar of Sango. Den Haag 1967. – Ders., Sango, langue de l'Afrique Centrale. Leiden 1970. RE

Sanima ↗ Yanomamö-Sprachen

Sanisch ↗ Südkaukasische Sprachen

Sanskrit Ursprünglich zur Abgrenzung von der ↗ mittelindischen Sprachform des Prākrit geschaffene Bez. für die im sakralen und gelehrten Sprachgebrauch benutzte Abart des ↗ Altindischen. In sprachl. Hinsicht ist es zweckmäßig, zwischen dem ↗ Vedischen als der ältesten Form des Ai. und dem eigentl. S., das seinerseits die Bereiche »episches S.«, »buddhist. S.« und »klass. S.« umfasst, zu unterscheiden. Schriftl. Zeugnisse meist in ↗ Devanāgarī-Schrift. Durch die Begegnung europ. Wissenschaftler mit dem S. wurde gegen Ende des 18. Jh. der Grundstein für die ↗ Indogermanistik als die vergleichende Sprachwiss. der ↗ indogermanischen Sprachen gelegt; ↗ Heilige Sprachen. **Lit.** A. A. Macdonell, A S. Grammar for Students. Oxford [3]1927. – M. Mayrhofer, S.-Grammatik. Bln. [2]1965. – Ders., Kurzgefasstes etymolog. Wb. des Altind. Heidelberg 1953–1984. – M. Monier-Williams, A S.-English Dictionary. Oxford [2]1951. – A. F. Stenzler, Elementarbuch der S.-Spr.: Grammatik, Texte, Wb. Bln. u. a. [19]2003. – Th. Oberlies, A Grammar of Epic S. Bln. 2003. – U. Stiehl, S.-Kompendium: ein Lehr-, Übungs- und Nachschlagewerk. Heidelberg [2]2002. GP

Santa ↗ Mongolisch

Sape ↗ Südamerikanische Indianersprachen

Sapir-Whorf-Hypothese Von B. L. Whorf (1897–1941) in Einklang mit Auffassungen seines Lehrers E. Sapir (1884–1939) entwickelte Hypothese, nach welcher die einzelsprachl. Systeme die Denkstrukturen (und auch Denkmöglichkeiten) ihrer Sprecher

determinieren (demnach auch ›Sprachdeterminismus‹). Für Whorf selbst handelte es sich hierbei um ein ›ling. Relativitätsprinzip‹, demzufolge menschl. Erkenntnis nur relativ zu den systemat. Möglichkeiten der jeweiligen Einzelspr. mögl. ist. V. a. aufgrund seiner Beschäftigung mit ↗ nordamerikanischen Sprachen (↗ Indianersprachen), wobei sein Hauptinteresse dem ↗ Hopi galt, kam Whorf zu dem Schluss, dass die sprachl. Mittel wesentl. Einfluss auf die kognitive Strukturierung der Wahrnehmungsinhalte besitzen. Hinsichtl. des Hopi ergab sich für ihn z. B. aufgrund diverser (allerdings nur ausschnitthafter) grammat. Eigenarten, dass die Hopi-Indianer über keinen physikal. Zeit-Begriff verfügen; dies ist inzwischen widerlegt. Die S.-W.-H. steht in einem engen Zusammenhang mit anderen Weltbild-Theorien wie z. B. der Auffassung von einer ↗ inneren Sprachform bei W. v. Humboldt, der ↗ inhaltbezogenen Grammatik oder best. Ansätzen der ↗ Kognitiven Linguistik, innerhalb derer sie auch erneut diskutiert wird (vgl. z. B. Lakoff 1987, 304 ff.). Neuere Auffassungen tendieren zu der Annahme eines komplexen Wechselverhältnisses zwischen Spr. und Denken. **Lit.** M. Achard & S. Kemmer, Language, Culture and Mind. Chicago 2003. – A. Coliva, I modi del relativismo. Roma 2009. – H. Dürbeck, Neuere Untersuchungen zur S.-W.-H. Linguistics 145, 1975, 5–46. – J. L. Erickson et al., Wilhelm von Humboldt, Edward Sapir, and the Constructivist Framework. HL 24.3, 1997, 285–306. – H. Gipper, Die S.-W.-H. Verbalismus oder Wissenschaft? Eine Entgegnung auf die Kritik Helmut Duerbecks. Linguistics 178, 1976, 25–46. – J. Gumperz & S. Levinson (eds.), Rethinking Linguistic Relativity. Cambridge, UK 1996. – E. F. K. Koerner, On the Sources of the »Sapir-Whorf hypothesis«. In: Ders. (ed.), Toward a History of American Linguistics. Ldn. 2002, 39–62. – P. Lee, The Whorf Theory Complex: a Critical Reconstruction. Amsterdam 1996. – B. Lehmann, ROT ist nicht ›rot‹ ist nicht [rot]. Eine Bilanz und Neuinterpretation der ling. Relativitätstheorie. Tübingen 1998. – S. Niemeier & R. Dirven (eds.), Evidence for Linguistic Relativity. Amsterdam 2000. – T. Ntumba, Denken und Sprechen: ein Beitrag zum ›ling. Relativitätsprinzip‹ am Beispiel einer Bantuspr. Diss. Ffm. 1980. – E. Pederson, Cognitive Linguistics and Linguistic Relativity. In: D. Geeraerts & H. Cuyckens (eds.), The Oxford Handbook of Cognitive Linguistics. Oxford 2007, 1012–1044. – M. Puetz & M. Verspoor (eds.), Explorations in Linguistic Relativity. Amsterdam 2000. – I. Tohidian, Examining Linguistic Relativity Hypothesis as one of the Main Views on the Relationship Between Language and Thought. JLR 38.1, 2009, 65–74. – I. Werlen, Spr., Mensch und Welt. Darmstadt 1989. F

Sar, Sara ↗ Zentralsudanische Sprachen

Sardisch (Eigenbez. Sardo) Roman. Spr. der Insel Sardinien, die in drei Dialekte gegliedert ist (Kampidanes., Nuores. und Logudores.); Karte ↗ Europäische Sprachen, im Anhang. Das S. wird in der Romanistik allgemein als eigene Spr. akzeptiert, die sich durch besonders konservative Formen auszeichnet; so der Erhalt der lat. Velare in *kentum* ›hundert‹ (Nuores.), des /-s/ der Neutra der III. lat. Deklination (kampidanes. *tempus* ›Zeit‹) sowie das Fortleben bestimmter lat. Konjugationsformen wie lat. {-aret} des Konj. Impf. Die nordsard. Dialekte Sassares. und Galures. sind wie das ↗ Korsische stark toskanisiert und zählen daher heute eher zu den ital. Dialekten. **Lit.** M. L. Wagner, La lingua sarda. Bern 1951. – LRL, Bd. IV. – E. Blasco Ferrer, Linguistica sarda: storia, metodi, problemi. Cagliari 2002. – G. Mensching, Einführung in die sard. Spr. Bonn ³2004.   HU

Sariqoli ↗ Pamirsprachen

Sassaresisch ↗ Sardisch

Satawalesisch ↗ Ozeanische Sprachen

Satellit ↗ Ergänzung, ↗ Bestimmungsrelation

Satellitenphonem Den ↗ Silbenkern umgebende Phoneme wie nichtsilb. ↗ Konsonanten oder auch der nicht voll vokal. Teil des ↗ Diphthongs.   PM

Satemsprachen ↗ Indogermanische Sprachen

Sateré-Mawé ↗ Tupí-Guaraní-Sprachen

Saterländisch ↗ Friesisch

Satisfaktiv ↗ Sprechaktklassifikation

Satz 1. (engl. sentence, frz. phrase) Die Suche nach einer Definition des Begriffs ›Satz‹ findet seit mehr als 2000 Jahren in sprachtheoret. und sprachphilosoph., aber auch psycholog. und kommunikationswiss. Betrachtungen statt. Es ist davon auszugehen, dass mehrere hundert verschiedene solcher Definitionen existieren, die danach streben, das umgangssprachl. und meist intuitiv verwendete Wort ›Satz‹ in seinem Wesen zu bestimmen oder zu explizieren. Daraus lässt sich auch folgern, dass der Satzbegriff stets in Abhängigkeit von einer best. Theorie (↗ Syntax) entwickelt wird. Zugleich ist zu konzedieren, dass bislang keine unproblemat. Satzdefinition gelungen ist. – So geht man in der Logik davon aus, dass der Satz eine ↗ Proposition – also ein Ausdruck – ist, dem ein ↗ Wahrheitswert zugeordnet werden kann. Da dies bei Frage-, Befehls- oder Ausrufesätzen nicht möglich ist, fallen sie nicht unter diese Definition von S. – Als wesentl. für eine grammat. Bestimmung des Begriffs wird von einer Vielzahl von Autoren aufgrund seiner zentralen Bedeutung das ↗ Prädikat angesehen; dann ist streng genommen erst von einem Satz zu sprechen, wenn ein Prädikat vorhanden ist. Nun könnte man einen S. daraus folgend als eine Einheit aus ↗ Subjekt und Prädikat oder als eine Einheit des Prädikats und der von ihm geforderten Satzglieder (bzw. des Subjekts und der ↗ Objekte) ansehen, die zudem von freien ↗ Adverbialen angereichert werden kann. Der prototyp. Satz bestünde dann aus dem Prädikat und weiteren Satzgliedern. Problemat. für solche Def. von S. sind sog. Einwortsätze wie *Ja!*

Nein! Feuer! Aua! Toll!, die daher oft nicht als S., sondern als Satzäquivalente bezeichnet werden. Ebenso liegt dann kein S. vor bei ↗ Ellipsen wie der Antwort *Gestern* auf die Frage *Wann hat Günter Brunhilde zuletzt geküsst?* – Die strukturalist. Definition von S. beschreibt ihn als größte eigenständige syntakt. Einheit, die in keine größere syntakt. Einheit eingebettet ist. Als S. kann hier immer nur der gesamte Satz gelten, nicht aber ein ↗ Matrixsatz oder ein ↗ Nebensatz, da diese in der Regel nicht eigenständig stehen können und der Letztere zudem in eine größere syntakt. Einheit eingebettet ist. – Ob eine pragmat. orientierte Def. von S. als ›Sinneinheit‹ leistungsfähiger ist, erscheint fraglich, da z. B. ↗ Satzverbindungen oder Verflechtungen von ↗ Matrix- und ↗ Nebensätzen über mehrere Sinneinheiten hinweg operieren und dadurch die Probleme des Satzbegriffs auf den der Sinneinheit vererbt werden. **Lit.** J. Ries, Was ist ein Satz? Prag 1931. – J. Lyons, Introduction to Theoretical Linguistics, London 1968. – B. L. Müller, Der Satz. Tübingen 1985. – Duden Gr⁷ 1163–1167. RL – **2.** (Auch: Drucksatz. Engl. composition, setting, type matter) In der ↗ Typographie Bez. für die Tätigkeit eines Setzers (Satzherstellung) und ihr Produkt (Bleisatz, Lichtsatz usw.); ↗ Satzspiegel, ↗ Schriftsatz.   G

Satzabbruch ↗ Aposiopese

Satzadjektiv Gelegentl. verwendete Bez. für ↗ prädikativ stehende ↗ Adjektive (oder Partizipien): *Kenner finden ihn begnadet.* Der Terminus ist irreführend, da er die Ebene der Satzfunktion und die Ebene der Wortkategorie vermischt.   SO

Satzadverb (engl. sentence adverb, frz. adverbe de phrase) Unterklasse der Kategorie ↗ Adverb. S. modifizieren den Gesamtsatz. Das typ. S. im Dt. ist durch Ableitung aus einem Adjektiv mittels *-erweise* (↗ Suffix) und drückt die Einschätzung eines Sachverhalts durch den Sprecher aus (↗ epistemisch): *Glücklicherweise ging der Unfall glimpflich aus.* Es ist nicht erfragbar und (syntakt.) nicht negierbar, kann aber in einem negierten Satz stehen, ohne selbst negiert zu sein. **Lit.** P. Ramat & D. Ricca, Sentence Adverbs in the Languages of Europe. In: J. van der Auwera (ed.), Adverbial Constructions in the Languages of Europe. Bln., N. Y. 1998, 187–275.   SO

Satzadverbial ↗ Adverbial, das sich auf einen ganzen Satz bezieht (und nicht etwa nur auf das Verb bzw. die Verbalphrase) und sich dadurch von allen anderen Adverbialen unterscheidet. Da S. dazu dienen, die Einstellung des Sprechers zu dem durch den Satz bezeichneten Sachverhalt auszudrücken (dieser Sachverhalt ist ›bedauerlich‹ oder ›begrüßenswert‹, ›sicher‹ oder nur ›wahrscheinlich‹ oder ›vielleicht wahr‹ o. ä.), ist in der Valenzgrammatik auch die Bezeichnung ›Modalitätsangabe‹ üblich. Lang (1979) bezeichnet sie als ›Einstellungsoperatoren‹. S. werden nicht als ↗ Adverbialsätze realisiert, sondern als PP (z. B. *Mit Sicherheit; Mit an*

Sicherheit grenzender Wahrscheinlichkeit; Nach neuesten Erkenntnissen; Einer dpa-Meldung zufolge) oder als ↗ Satzadverbien (vielleicht, möglicherweise, wahrscheinlich, bestimmt, leider, vermutlich) (Teil-) synonym zu S. werden auch die Bezeichnungen ›Modalwort‹, ›Modalpartikel‹, ›Kommentaradverb‹ verwendet. – Aus der Funktion der S. dürfte sich erklären lassen, dass die S. distributionellen Restriktionen unterworfen sind, z.B. nicht uneingeschränkt in Fragesätzen vorkommen (vgl. ?Ist Dynamo Dresden leider pleite? Warum ist Dynamo Dresden leider pleite?). S. können nicht im Skopus der Satznegation stehen (*Stefanie spielt nicht vermutlich Klavier), sind nicht durch eine Proform ersetzbar (Stefanie spielt vermutlich nicht Klavier vs. * Stefanie spielt so nicht Klavier) und können im Gegensatz zu ↗ Modaladverbialen als Antwort auf eine Entscheidungsfrage auftreten (Kommt er? Leider). Manche der Ausdrücke, die als S. aufgelistet werden, erscheinen auch als (negierbare) ↗ Modaladverbialen, z.B. Er kann diese Krankheit nicht mit Sicherheit diagnostizieren. **Lit.** B. Engelen, Einf. in die Syntax der dt. Spr. Bd. I. Vorfragen und Grundfragen. Baltmannsweiler 1984. – J. van der Auwera (ed.), Adverbial Constructions in the Languages of Europe. Bln., N. Y. 1998. – W. Frey & K. Pittner, Zur Positionierung der Adverbiale im dt. Mittelfeld. LBer 176, 1998, 489–533. – K. Pittner, Adverbiale im Dt. Untersuchungen zu ihrer Stellung und Interpretation. Tübingen 1999. – R. Steinitz, Adverbial-Syntax. Bln. ³1973. – E. Lang, Zum Status der S. SaS 40, 1979, 200–213. – Eisenberg II, 218 ff. – Duden Gr⁷, 868 f.   C, SO, RL

Satzakzent ↗ Akzent

Satzanalyse (engl. sentence parsing) In der ↗ Computerlinguistik versteht man unter S. die Zuordnung einer Strukturbeschreibung zu Sätzen durch einen ↗ Computer. Üblich ist hier die Verwendung der engl. Bezeichnung Parsing. Ein Parser ist ein Computerprogramm. Bei den meisten Systemen geht man von einer Eingabe schriftl. Spr. aus, wodurch bereits eine Segmentierung eines Textes in Wörter und Sätze vorliegt. Hieran schließen dann verschiedene Analysekomponenten an (↗ Modul), die in einer bestimmten Weise miteinander interagieren. Die syntakt. Analyse liefert eine Strukturbeschreibung, die semant. interpretierbar ist. Da bei diesem Verfahren bei ambigen Sätzen zwei oder mehr Strukturbeschreibungen erzeugt werden, sehen manche Parserkonzeptionen eine zusätzl. Komponente vor, in der Weltwissen dargestellt wird (↗ Script, ↗ Wissensrepräsentation). Bei Anwendungen ↗ natürlichsprachlicher Systeme, z.B. ↗ Frage-Antwort-Systeme, gibt es weiterhin eine Deduktionskomponente (↗ Inferenz), die die semant. Repräsentation weiterverarbeitet und schließl. eine Generierungskomponente, die natürlichsprachl. Antworten erzeugt. Da z.B. bei Frage-Antwort-Systemen sprachl. Handlungen ausgetauscht werden, entsteht auch die Notwendigkeit einer pragmat. Komponente. Ein zentrales Problem bei der S. ist das Zusammenwirken von Parser und Grammatik einer Sprache. Manche Modelle sehen eine Integration beider Komponenten vor; dann muss die Grammatik bereits in prozeduraler Form geschrieben werden. Bei einer Trennung von Grammatik und Parser in zwei Komponenten kann die Grammatik in deklarativer Form dargestellt werden. Ein verbreitetes Modell für die Satzanalyse sind ↗ ATN-Grammatiken. Im Rahmen von ↗ Künstlicher Intelligenz und ↗ Kognitionswissenschaft werden Parser auch als Modelle für die ↗ Simulation kognitiver Prozesse der Satzanalyse beim Sprachverstehen angesehen. **Lit.** T. Winograd, Language as a Cognitive Process. Vol. I: Syntax. Reading, Mass. 1983. – P. Hellwig, Parsing natürl. Sprachen: Grundlagen. HSK 4, 1989. – S. Naumann & H. Langer, Parsing. Stgt. 1994.   WG, PA

Satzäquivalent ↗ eingliedriger Satz, ↗ Satz

Satzart 1. In der Typographie Bez. für die unterschiedl. Möglichkeiten der Gestaltung der Zeilenränder einer ↗ Kolumne, z.B. Blocksatz, Flattersatz, Mittelsatz, Rauhsatz. **2.** ↗ Satzmodus, ↗ Satztyp.   G

Satzattribut Bei Erben (§ 565) Ausdrücke, die sich auf den gesamten vorangehenden Satz beziehen, z.B. Fritz wandert viel, was sich wohl aus seiner inneren Unrast erklärt; ↗ Weiterführender Nebensatz. **Lit.** J. Erben, Dt. Grammatik. Mchn. ¹²1980. C

»Satzaussage« ↗ Prädikat

Satzband ↗ Kopula

Satzbauplan (auch: Satzmuster, Satzplan, Satzschema) Syntakt. Grundstruktur von Sätzen. Man geht davon aus, dass die Vielzahl der mögl. Sätze einzelsprachl. sich auf bestimmte Grundmuster zurückführen lässt. Der Begriff des S. in der germanist. Ling. kommt aus der ↗ Inhaltbezogenen Grammatik. Hier ist er mit dem Versuch verbunden, die formalen Strukturmuster mit bestimmten Inhalten zu koppeln. Z.B. deutet Brinkmann Sätze mit intransitiven Verben als Vorgangssätze, Sätze mit transitiven Verben als Handlungssätze, Sätze mit substantivischem Prädikativum als Identifizierungssätze und Sätze mit adjektivischem Prädikativum als Urteilssätze. Der Begriff des S. wurde später mit dem Begriff der ↗ Valenz verbunden; der vom Verb determinierte S. entspricht der Valenz des Verbs. **Lit.** W. Admoni, Der dt. Sprachbau. Leningrad ²1971. – H. Brinkmann, Die dt. Sprache. Ddf. ²1971. – U. Engel, Dt. Grammatik. Heidelberg 1988. – B. Engelen, Untersuchungen zu S. und Wortfeld in der geschriebenen dt. Spr. der Gegenwart. Mchn. 1975. – G. Helbig, Probleme der Valenz- und Kasustheorie. Tübingen 1992. – L. Weisgerber, Grundzüge der inhaltbezogenen Grammatik. Ddf. 1962.   WK

Satzbedeutung (auch: Satzinhalt. Engl. sentence meaning.) **1.** Die ling., ↗ Satzsemantik beschreibt als S. die denotative Gesamtbedeutung eines »Systemsatzes« (J. Lyons), die sie nach dem Fregeschen Kompositionalitätsprinzip (↗ Frege-Prinzip) aus den ↗ Wortbedeutungen und der Satzstruktur ableitet. Die so begrenzte S. besteht aus folgenden Bedeutungsebenen: (a) dem ↗ propositionalen Gehalt, (b) der modalen Situierung und (c) der Informationsgewichtung. (a) Der propositionale Gehalt umfasst folgende Komponenten: (a1) die syntakt. kompatiblen lexikal. Teilbedeutungen (↗ Semem 3, ↗ Selektionsmerkmal), z. B. im Satz *Der Flügel wird gestimmt*: *Flügel$_i$* [Saiteninstrument]; *stimmen$_j$* [ein Instrument auf richtige Tonhöhe bringen] (↗ Monosemierung); (a2) die Prädikat-Argument-Strukturen der Teilpropositionen des Satzes, wozu insbesondere ↗ Kasusrollen und ↗ Quantifizierungen der Argumente gehören; (a3) die Einbettungsbeziehungen sowie log. Relationen (↗ Junktor) der Teilpropositionen, z. B. in dem Satz *Weil ein glaubwürdiger Zeuge Herrn Z. eindeutig identifiziert hat, half ihm sein Leugnen nicht*: CAUS [∃x (ZEUGE (x) & GLAUBWÜRDIG (x) & EINDEUTIG (IDENTIFIZIER- (x, hz))) , ¬ HELF- (LEUGN- (hz, ιy (GETAN (hz, y))), hz)] (= ›Dass es ein x gibt derart, dass x ein Zeuge und glaubwürdig ist und hz eindeutig identifiziert hat, bewirkt, dass es hz nicht hilft, dass er das y, das er getan hat, leugnet.‹); (a4) die nicht verbalisierten Propositionen, Prädikate und Argumente, sei es im Fall von ↗ Ellipsen (z. B. Subj. von Infinitivsätzen), sei es im Fall fakultativer ↗ Aktanten (wie oben das interpretativ ergänzte Obj. von *Leugnen*), sei es im Fall von ↗ Implikationen, ↗ Präsuppositionen und konventionellen ↗ Implikaturen. Der obige Beispielsatz impliziert (u. a.): *Man glaubte ihm nicht* (← *half nicht*), präsupponiert: *Herr Z. lügt* (← *leugnen*) und ›implikiert‹: *Einem glaubwürdigen Zeugen glaubt man mehr als dem Angeklagten* (← *weil*). (b) Grammat. und lexikal. Mittel indizieren die temporale und modale Perspektive sowie Einstellungen eines potentiellen Sprechers gegenüber dem propositional beschriebenen Sachverhalt; ferner den Geltungsmodus (↗ Satzmodus) des Satzes und damit zugleich ein mehr oder weniger weites Potential an Illokutionen, die mit ihm zu vollziehen sind. (c) Schon die propositionale Struktur enthält Hinweise zur relativen Wichtigkeit und zur Bekanntheit (z. B. Existenzquantor ∃ vs. Iota-Operator ι) der Teilinformationen. Diese Hinweise werden ergänzt und überlagert durch eine mit grammat. (↗ Wortstellung) und lexikal. (z. B. ↗ Spaltsatz) Mitteln indizierte Gewichtung, die im geäußerten Satz durch ↗ Prosodie und ↗ Kontext zur vollen Informationsstruktur (↗ Funktionale Satzperspektive, ↗ Thema-Rhema-Struktur, ↗ Fokussierung) aktualisiert wird. – Von den genannten Bedeutungsebenen wird in der Satzsemantik häufig nur Ebene (1 a) genannt. **2.** Ein weiter gefasster Begriff der S. von Systemsätzen muss (a) die ↗ Konnotationen (2) der Lexeme und Satzstrukturen sowie (b) ggf. ↗ Inferenzen aufgrund

von Weltwissen miteinbeziehen. Inferenzen sind oft vonnöten u. a. für die Zuordnung ↗ anaphorischer Pronomina (z. B. beziehen sich im obigen Satzbeispiel *ihm, sein* auf *Herrn Z.*, nicht auf *Zeuge*) oder die Instantiierung von Allgemeinbegriffen (*Außerhalb der Brandung warf er die Maschine an* → Schiffsmotor). Auch ein kontextfreies Diktum wie *Gebeugt erst zeigt der Bogen seine Kraft* kann als Systemsatz erst dann hinreichend interpretiert werden, wenn man seine lexikal. Informationen durch enzyklopäd. Wissen ergänzt. **3.** Erweitert man mit der ↗ kognitiven Linguistik den Bereich satzsemant. Analysen auf die Produktion und Rezeption von »Textsätzen« (Lyons), so konkretisiert sich die S. zur referentiell, kontextuell und situational gebundenen ↗ Äußerungsbedeutung, die u. a. gekennzeichnet ist durch: ↗ Disambiguierung (*Der Star muss operiert werden*), Präzisierung offener Prädikat-Parameter (*Sie trug einen kurzen Rock*: 1900 – 1935 – 1970 – 2005), referentielle Verankerung der ↗ Deiktika und Füllung ›situativer Ellipsen‹ (*Und deshalb morgen wieder bei dir!*), inferentielle Anreicherung aus dem Weltwissen (u. a. ↗ Scripts, ↗ Schema, ↗ Rahmen), Uminterpretation des Satzes bei scheinbarer Fehlanwendung über eine ↗ konversationelle Implikatur (*Das Schnitzel an Tisch drei möchte zahlen*). Im Extremfall der ↗ Ironie ändern sich dabei die ↗ Wahrheitsbedingungen des Systemsatzes in ihr Gegenteil. **4.** P. v. Polenz öffnet den »Satzinhalt« nicht nur dem »Hintergründig-Gemeinten«, sondern auch den konkreten Handlungsfunktionen der Satzäußerung (unter den Stichworten *propositionale Einstellung, Illokution, Perlokution, Kontakt* und *Beziehung*); seine *Dt. Satzsemantik* mündet in eine pragmat. Textanalyse. **5.** Die S. (1) bezeichnet G. Frege als »Gedanken« bzw. »Sinn des Satzes«. Da er »Bedeutung« ↗ extensional versteht, identifiziert er die »Bedeutung des Satzes« mit seinem ↗ Wahrheitswert, was zur Folge hat, dass »alle wahren Sätze dieselbe Bedeutung [haben], andererseits alle falschen«. Der »Erkenntniswert« eines Satzes, bei dem es ja um eine spezif. Wahrheit geht, ergibt sich deshalb nur aus der Verbindung von »Sinn und Bedeutung«. Auch die ↗ wahrheitswertfunktionale Semantik geht davon aus, dass »die Referenz eines Satzes sein Wahrheitswert ist« (J. Chur). Intuitiv einleuchtender ist die Annahme der ↗ Situationssemantik, ein wahrer Satz referiere auf die durch ihn »beschriebene Situation oder das entsprechende Ereignis«. **Lit.** ↗ Satzsemantik. RB

Satzbreite (engl. measure) Zeilenlänge im Drucksatz; ↗ Satzspiegel. G

Satzbruch ↗ Anakoluth, ↗ Konstruktionswechsel

»Satzergänzung« ↗ Objekt

Satzform ↗ Satzbauplan

Satzfrage ↗ Ergänzungsfrage

Satzfragment ↗ Ellipse

Satzgefüge ↗ Subordination

»Satzgegenstand« ↗ Subjekt

Satzglied (auch: Satzteil) Keiner best. Theorie verpflichteter Terminus, der besagt, dass ein Satz eine Gliederung hat, deren einzelne Elemente als ›Glieder‹ bezeichnet werden. Der Terminus S. wird sowohl im Rahmen der ↗ Dependenzgrammatik (DG) als auch im Rahmen der Konstituenstrukturgrammatik (↗ Phrasenstrukturgrammatik) benutzt. – Ein verbreiteter Sprachgebrauch ist es, das S. dem ↗ Wort entgegenzusetzen: Die Bausteine, aus denen sich ein Satz zusammensetzt, sind nicht die Wörter, sondern ›zusammengehörige Wortgruppen‹. Daraus leitet sich das Bestreben ab, Satzglieder von ↗ Wortarten in ihrer Terminologie zu trennen (Adverbial vs. Adverb; Prädikat/Verbalkomplex vs. Verb). Zur Ermittlung von S. werden, i. d. R. im Rückgriff auf Glinz, verschiedene Tests angewendet: die ↗ Verschiebeprobe (↗ Permutation) und die ↗ Ersatzprobe (↗ Substitution). Wenn mehrere Wörter nur zusammen im Satz verschoben und durch ein einzelnes Wort ersetzt werden können, ohne dass sich an der Bedeutung des ganzen Satzes Wesentliches ändert, dann bilden sie zusammen ein S., z. B. *die Studentin schreibt die Klausur am 10. Dezember* vs. *am 10. Dezember schreibt die Studentin die Klausur* vs. *die Klausur schreibt die Studentin am 10. Dezember* vs. *die Klausur am 10. Dezember schreibt die Studentin* vs. **am 10. schreibt Dezember die Studentin die Klausur*; *die Studentin schreibt die Klausur morgen*; *sie schreibt sie dann*. Eine besondere Verschiebeprobe stellt die Erststellenprobe dar, welche die gemeinsam in einem Hauptsatz mit Verbzweitstellung vor dem finiten Verb stehende Einheit als Satzglied identifiziert; die Wirksamkeit dieser Probe wird angesichts der allerdings nur äußerst selten vorhandenen (und dazu stilist. markierten) Möglichkeit der ›doppelten Vorfeldbesetzung‹ diskutiert. Das ↗ Prädikat bzw. der Verbalkomplex wird dabei von verschiedenen Autoren entweder selbst als S. oder als strukturelles Zentrum des Satzes und damit nicht als S. betrachtet. – Die so ermittelten S. sind nominal, adverbial oder satzartig (Gliedsatz, ↗ Nebensatz, ›Infinitivsatz‹ u. a.). In dependentiellen Ansätzen wie der Valenzgrammatik ergeben sich dabei als S. diejenigen zusammengehörigen Wortgruppen, die als ↗ Ergänzungen oder ↗ Angaben zum Prädikat fungieren. Die weitere Zerlegung der S. in ihre Bestandteile baut im Wesentl. auf der ↗ Weglassprobe (Tilgung) auf und dient dazu, das obligator. Minimum vom fakultativen, weglassbaren Beiwerk zu unterscheiden. – Wegen der Wichtigkeit der ↗ Verschiebeprobe (d. h. der relativ freien Wortstellung und der speziellen Position des Verbs im Dt.) ist dieser S.begriff kaum auf eine andere Spr. übertragbar. – Der Begriff S. ist nicht ident. mit dem Begriff ↗ Konstituente, weil die ↗ Konstituentenanalyse (auch) auf anderen hierarch. Ebenen in der Satzstruktur agiert.   C, RL

Satzgliedfolge ↗ Wortstellung

Satzgliedfrage ↗ Bestimmungsfrage

Satzgliedkern ↗ Satzglied

Satzgliednegation ↗ Negation

Satzgliedtest Verfahren zur Ermittlung der ↗ Satzglieder in Sätzen. Untersucht wird, welche Einheiten des Satzes die Stelle vor dem finiten Verb einnehmen können, da das ↗ Vorfeld nur von satzgliedwertigen Einheiten besetzbar ist; ↗ Verschiebeprobe. Der S. dient auch zur Abgrenzung der ↗ Partikeln von ↗ Adverbien und ↗ Modalwörtern, denn Partikeln sind nie erststellenfähig.   SK

Satzhöhe (engl. depth of page) Höhe der bedruckten Seitenfläche im ↗ Satzspiegel.   G

Satzintonation ↗ Intonation

Satzkern ↗ Kern

Satzklammer (auch: Rahmen, Rahmenkonstruktion, Satzrahmen, verbale Klammer, Verbalklammer. Engl. brace construction, sentence bracing) Die S. ist eines der Grundprinzipien zur Beschreibung der ↗ Wortstellung oder Satzgliedfolge des Dt. In Sätzen mit Verberst- und Verbzweit-Stellung wird das mehrteilige Prädikat in ↗ Distanz- oder Spreizstellung angeordnet und bildet dann eine ↗ Klammer (↗ Rahmen). Das Prädikat wird segmentiert und ↗ diskontinuierlich angeordnet. Die beiden Klammerteile sind stellungsfest. Um sie herum ordnen sich die anderen Elemente entsprechend den Wortstellungsregeln an. Die S. besteht im Hauptsatz aus den Teilen des Verbkomplexes (analyt. Tempusformen, Passiv- und Modalverbkonstruktionen): das finite Verb bildet den linken Teil, das (die) infinite(n) Element(e) den rechten Teil der Klammer (↗ Zielpol), z. B. *Maja kann gut Fußball spielen*; *Ernestine will immer als Beraterin hinzugezogen werden*. Bei Partikelverben bildet den rechten Teil der Klammer, z. B. *Peter denkt über Theodor nach*. In Nebensätzen tritt die Konjunktion an die Stelle des finiten Verbs, und der gesamte Verbkomplex bildet den rechten Teil der Klammer. Bei Sätzen mit einteiligem Verbkomplex spricht man von virtueller Klammer, wenn entweder nur der linke (z. B. *Peter hilft nie*) oder nur der rechte Teil (z. B. *Es war unmöglich, nicht mitmachen zu wollen*) realisiert ist, die Klammer aber prinzipiell, z. B. durch andere Tempuswahl, zu vervollständigen wäre (z. B. *Peter hat nie geholfen*). Die S. teilt den Satz in Vorfeld, Mittelfeld und Nachfeld; ↗ Feldgliederung. Sie gehört zu den umstrittensten Gebilden im dt. Satzbau. Sie wird häufig als ↗ Grundwortstellung aufgefasst, die durch Zweit- oder ↗ Mittelstellung des Verbs charakterisiert ist, bei vielen Autoren auch durch fehlende Nachfeldbesetzung; ↗ Ausklammerung, ↗ Nachtrag. In Analogie zur S. wird bei Nominalphrasen von ↗ Nominalklammer gesprochen. **Lit.** J. Lenerz, Klammerkonstruktionen. HSK 9, II, 1266–1277. – Helbig & Buscha[17], 566–569. – Eisenberg II, 400 f.   SL

Satzkoordination ↗ Koordination

Satzlehre ↗ Syntax
Satzmelodie ↗ Intonation
Satzmodell ↗ Satzbauplan, ↗ Satztyp
Satzmodus (engl. sentence mood, sentential force)
Bez. für die ↗ Modalität von Sätzen. Nach E. Stenius (1967) hat jeder ↗ Satz zwei semant. Aspekte,
ein ↗ Satzradikal und einen ↗ Modus. Das ↗ Satzradikal ist der wahrheitsfunktionale Inhalt eines Satzes, seine ↗ Proposition, und lässt sich in einer
wahrheitswertfunktionalen Semantik erfassen; der
Modus eines Satzes zeigt den Typ des ↗ Sprechaktes
an und ist im Rahmen best. ↗ Sprachspiele beschreibbar. In den meisten Spr. bilden ↗ Deklarativ,
Interrogativ (↗ Fragesatz) und ↗ Direktiv (↗ Imperativ) den Kernbestand der S., zu welchem weitere S.
wie Exklamativ (↗ Exklamativsatz), ↗ Optativ und
Imprekativ (Flüche, Beleidigungen) hinzukommen.
Grob gesagt ist der deklarative S. Wahrheitswert-
beurteilungen zugängl. (z. B. *Du bist dumm*); der
interrogative S. drückt eine Wissenslücke über einen Sachverhalt aus (z. B. *Bist du dumm?, Wer ist
dumm?*); der direktive S. drückt einen Wunsch des
Sprechers über die Realisierung eines Sachverhaltes
aus (z. B. *Sei nicht dumm!*); der exklamative S.
drückt eine emotionale Einstellung des Sprechers
über einen als zutreffend aufgefassten Sachverhalt
aus (z. B. *Bist du dumm!, Dass du so dumm bist!*).
Der S. wird aus der Interaktion morpholog. Faktoren (insbes. Verbformen, z. B. *Kommst du morgen!*
vs. *Kämest du morgen (doch)!* vs. *Komm (du) morgen doch!*), syntakt. Faktoren (insbes. der Stellung
des finiten Verbs, z. B. *Kommst du morgen?* vs. *Du
kommst morgen*) und phonolog.-phonet. Faktoren
(z. B. Akzenttypen, Akzentverteilung, Tonhöhen-
Verlauf; z. B. *Du kommst morgen!* vs. *Du kommst
morgen?*) mit unterschiedl. lexikal. Mitteln (z. B.
↗ Fragewörtern, ↗ Satzadverbien, ↗ Modalpartikeln
(z. B. *Du kommst morgen!* vs. *Du kommst morgen
ja/doch/wirklich!*) konstituiert. Auch satzähnl. Formen mit spezif. Struktur können auf ein best. modales Bedeutungsspektrum festgelegt sein, z. B.
*Dass du wohl kommst!, Du und gewinnen!, In den
Müll mit dem Dreck!* Ziel der sprachwiss. Diskussion um den S. ist die Entwicklung von Theorien,
die sowohl die verschiedenen formalen Aspekte der
S.konstitution als auch die ↗ Semantik und ↗ Pragmatik (Sprechereinstellungen; ↗ Illokutionen) der S.
und ihre Abgrenzung zu emotionalen Bedeutungsaspekten und Kategorien wie Evidentialität (↗ Quotativ, ↗ Evidentiell) oder ↗ Höflichkeit in kohärenter
und Einzelspr. übergreifender Weise darzustellen
gestatten. Als problemat. erweisen sich in formaler
Hinsicht besonders sog. explizite Performative
(z. B. *Ich befehle dir hiermit, still zu sein!*, vgl.
Brandt et al. 1989) und Nebensätze (z. B. Fallegger
2005). Im Rahmen der ↗ generativen Semantik der
1970er Jahre wurde der S. mittels Merkmalen eines
tiefenstrukturell angenommenen Verbs (z. B. [±per-
formativ, ±deklarativ, ±imperativ]) oder durch per-

formative Hypersätze (z. B. [Ich befehle dir:[komm
her]]) als syntakt.-semant. Phänomen beschrieben.
In neueren Arbeiten der GG wird der S. häufig als
eine ↗ funktionale Kategorie gedeutet, deren ↗ Projektion zu einer Modusphrase (z. B. ForceP oder MP
als Projektion einer funktionalen Kategorie Force
bzw. M) führt, welche die höchste Projektion eines
Satzes bildet und somit die jeweilige ↗ Proposition
in ihrem ↗ Skopus hat. **Lit.** H. Altmann, S. HSK 9,
I, 1006–1029. – L. G. Fallegger, S. in eingebetteten
Sätzen. Philologie im Netz 31, 2005, 1–13. –
E. König & P. Siemund, Speech Act Distinctions
in Grammar. In: T. Shopen (ed.), Language Typology and Syntactic Description. Cambridge, UK 2005.
– E. Lang (Hg.), Studien zum S. 3 Bde. Bln. 1988 ff.
– O. Leirbukt (Hg.), Tempus/Temporalität und Mo-
dus/Modalität im Spr.vergleich. Tübingen 2004. –
H. Lohnstein, S. – kompositionell. Zur Parametri-
sierung der Modusphrase im Dt. Bln. 2000. –
J. Meibauer (Hg.), S. zwischen Grammatik und
Pragmatik. Tübingen 1987. – M. Reis, On Sentence
Types in German: An Enquiry into the Relationship
between Grammar and Pragmatics. IJGLSA 4.2,
1999, 195–236. – I. Rosengren (Hg.), Sprache &
Pragmatik. Lund 1987 ff. – Dies. (Hg.), Satz und
Illokution. 2 Bde. Tübingen 1992. – E. Stenius,
Mood and Language Game. Synthese 17, 1967,
254–274. – D. Vanderveken, Meaning and Speech
Acts. 2 vols. Cambridge, UK 1990. – Ders. &
S. Kubo (eds.), Essays in Speech Act Theory. Ams-
terdam 2001. – Weitere Lit. ↗ Satztyp.   F
Satzmuster ↗ Satzbauplan
Satzname (auch: Befehlsname, Imperativname)
Kleine Gruppe von ↗ Vornamen, in denen zumeist
religiöse Wünsche und Befehle ausgedrückt wer-
den, z. B. *Gotthilf, Fürchtegott, Bringfriede*; sie ge-
hen auf pietist. Strömungen des 18. Jh. zurück.   G
Satznegation ↗ Negation
Satzoperator ↗ Aussagenlogik
Satzpartikel ↗ Abtönungspartikel
Satzperiode (auch: Schachtelsatz) Komplexer Satz,
dessen Teile (Sätze) nicht nur paratakt. aneinander-
gereiht sind; ↗ Subordination.   C
Satzperspektive ↗ Funktionale Satzperspektive
Satzphonologie Teilgebiet der ↗ Phonologie, das
sich mit den Regularitäten der Veränderung der Aussprache der Wörter (↗ Wortphonologie) im Satzzusammenhang bzw. im Zusammenhang der fließenden Rede (auch: Realisationsphonologie) beschäftigt. Zu den untersuchten Prozessen gehören u. a.
morphem- bzw. wortgrenzenüberschreitende ↗ Assimilationen (↗ Sandhi), ↗ Elisionen (z. B. dt. *hast du >
haste*) sowie spezielle Reduktionserscheinungen bei
Funktionswörtern als schwachen Formen.   PM
Satzplan ↗ Satzbauplan
Satzpräposition Zusammenfassende Bez. für Präpositionen und subordinierende Konjunktionen in
Abgrenzung zu den koordinierenden als den ›eigentlichen‹ Konjunktionen.   G

Satzradikal Derjenige Anteil an einer ↗ Satzbedeutung, der unabhängig vom konkreten ↗ Satztyp (↗ Deklarativsatz, ↗ Fragesatz, ↗ Imperativsatz usw.) existiert, d. h. der in einem Satz prädizierte Vorgang oder Sachverhalt wird mitunter S. genannt. So ist die gemeinsame »Füllung« von *Ute fährt nach Italien.*, *Fährt Ute nach Italien?*, *Wenn Ute doch nach Italien führe!* und *Fahr nach Italien, Ute!* der Sachverhalt, dass Ute nach Italien fährt. – In der ling. ↗ Pragmatik entspricht dem S. die ↗ Proposition (3). G

Satzrahmen ↗ Satzklammer

Satzreihe ↗ Satzverbindung

Satzschema ↗ Satzbauplan

Satzschrift ↗ Druckschrift (3)

Satzsemantik Sammelbegriff für Ansätze der ↗ Semantik, die sich mit der Analyse oder formalen Rekonstruktion von ↗ Satzbedeutungen befassen. **1.** Die älteren, im Zusammenhang oder in Auseinandersetzung mit dem ↗ Aspektemodell der TG entstandenen Ansätze versuchen, die gesamte, in semant. ↗ Komponenten zerlegte Satzbedeutung zu repräsentieren. Dabei ging es den Vertretern der ↗ interpretativen Semantik darum, mithilfe von ↗ Projektionsregeln aus den Bedeutungen der Lexeme entlang dem tiefenstrukturellen ↗ Phrase-Marker die Satzbedeutung zu »amalgamieren«, während die Forscher der ↗ generativen Semantik eine prälexikal. Satzbedeutung als Basis für transformationelle Satzerzeugungsprozesse betrachteten. Von ihnen wurde nicht nur zum ersten Mal der propositionale Gehalt von Sätzen mithilfe der ↗ Prädikatenlogik analysiert, sondern auch eine ↗ Kasustheorie zur Beschreibung der internen Prädikat-Argument-Relationen entwickelt. **2.** Die verschiedenen Ansätze der ↗ Wahrheitsbedingungs-Semantik (↗ Modelltheoretische Semantik) mitsamt deren neueren Derivaten (z. B. ↗ Lambda-Kategoriengrammatik, ↗ Situationssemantik, Ereignissemantik) nutzen alle Mittel moderner Logiksysteme, um das wahrheitsfunktionale Knochengerüst der Sätze, nämlich u. a. die Bedeutung von ↗ Quantoren, ↗ Funktoren und ↗ Junktoren, von epistem., deont. und evaluativen Modalausdrücken, von ↗ intensionalen oder ↗ faktiven Verben, von Indikatoren des ↗ Satzmodus konsistent zu beschreiben und damit zugleich die log. Beziehungen zwischen Sätzen, u. a. Relationen der ↗ Präsupposition und ↗ Implikation zu verdeutlichen. **3.** Während es der log.-ling. S. in all ihren Spielarten darum geht, aus den deskriptiven und konstruktiven Bedeutungen der Satzelemente im Rahmen ihrer syntakt. Fügung (↗ Frege-Prinzip) eine autonom sprachl. Satzbedeutung abzuleiten, untersucht die ↗ kognitive Linguistik die Produktion und Rezeption konkreter situierter »Textsätze« (J. Lyons 1983, 1995), deren Bedeutung i. d. R. ohne Rekurs auf Weltwissen nicht angemessen zu erfassen ist. Es darf angenommen werden, dass z. B. bei der Rezeption eines Satzes wie *Am Morgen nach seinem Geburtstag spielte Kai mit seinem*

neuen Legoauto die lexikal. Informationen und die wissensgesteuerten ↗ Inferenzen (→ Kind, → Geschenk) in einem einzigen, kumulativen (↗ »inkrementellen«) Prozess zur ↗ Äußerungsbedeutung integriert werden. **4.** P. v. Polenz bezieht in seine propositional fundierte S. verstärkt die »hintergründigen Satzinhalte« ein und öffnet sie zur pragmat. Interpretation textueller Funktionen und Handlungen. **Lit.** P. von Polenz, Dt. S. Bln., N. Y. ³2008. – HSK 6, 1991. – G. Rickheit & H. Strohner, Grundlagen der kognitiven Sprachverarbeitung. Tübingen, Basel 1993. – M. Schwarz & J. Chur, Semantik. Ein Arbeitsbuch. Tübingen ⁵2007. – I. Heim & A. Kratzer, Semantics in Generative Grammar. Oxford 1998. – Weitere Lit. ↗ Bedeutung, ↗ Semantik. RB

Satzspaltung ↗ Spaltsatz

Satzspiegel (engl. *type area, printing space, type page*) Bedruckte Fläche einer Druckseite. G

Satzstruktur Von dem jeweils zugrunde gelegten Syntaxmodell abhängige abstrakte Struktur, die einem gegebenen Satzausdruck zugeordnet wird; ↗ Dependenzgrammatik, ↗ Konstituentenanalyse, ↗ Satz, ↗ Syntax. C

Satzsymbol ↗ Anfangssymbol

Satzsyntax ↗ Syntax

Satzteil ↗ Satzglied

Satzteilkonjunktion ↗ Komparativsatz

Satztyp (auch: Satzart, Satzmuster, ↗ Satzmodus) In verschiedenen Beschreibungsansätzen Bez. für unterschiedl. Formtypen von Sätzen, insbes. solcher Hauptsätze (↗ Hauptsatz), die in Äußerungen divergierende Handlungszwecke erfüllen bzw. erfüllen können. In dieser Hinsicht werden zumeist Aussagesatz (↗ Deklarativsatz), ↗ Aufforderungssatz, ↗ Fragesatz, ↗ Ausrufesatz und ↗ Wunschsatz unterschieden. Die Größe S. verweist somit auf ein komplexes Verhältnis von sprachl. Strukturen, der durch die sprachl. Form bestimmten ↗ Bedeutung und der ↗ Interpretation sprachl. Äußerungen, das der theoret. Präzisierung bedarf. In der grammat. Beschreibung des Dt. wird zur Beschreibung der S. zunehmend der Terminus ↗ Satzmodus verwendet; ↗ Satzbauplan **Lit.** ↗ Satzmodus. F

Satzverbindung (auch: Satzreihe, Satzverknüpfung) Aus mehreren Sätzen bestehender komplexer Satz, dessen Teilsätze rein paratakt. miteinander verknüpfte ↗ ›Hauptsätze‹ sind und die somit in einem Verhältnis der ↗ Koordination stehen, z. B. *Peter fährt weg, Maria schreibt die Arbeit, und ich kümmere mich um die Kinder.* C, RL

Satzverknüpfung ↗ Satzverbindung

Satzverneinung ↗ Satznegation

Satzverschränkung 1. Bei Engel (Gr. 299–302) Bez. für Satzgefüge, in denen ein Satzglied eines *dass*-Satzes nach links an die Spitze des Hauptsatzes bewegt wird (↗ Herausstellung, ↗ Topikalisierung), z. B. *Mit wie viel Geld glaubst du, dass du auskommen kannst?* S. ist nach Engel nur mögl., wenn das Finitum des Hauptsatzes ein ↗ verbum dicendi oder ein ↗ verbum sentiendi ist und das linksversetzte Element des *daß*-Satzes durch ein Demonstrativum oder ein Fragewort eingeleitet wird. Die Grammatikalität vieler von Engel angeführter Beispiele für S. ist allerdings zweifelhaft, z. B. *?In Bamberg glaube ich, dass sie eine Zeitlang gewohnt hat*; *?Wessen sagtest du, dass du dich noch entsinnen könntest?* **2.** In der ↗ Sprachpathologie mitunter verwendte Bez. für ↗ Anakoluth.   G

Satzwertig Irreführende Bez. des Umstands, dass syntakt. Einheiten, die ihrer Form nach im Dt. keine Sätze sind, weil sie kein ↗ finites Verb enthalten, die Funktionen von Nebensätzen erfüllen können, näml. ↗ Infinitivkonstruktionen und ↗ Partizipialgruppen. Mitunter wird auch der ↗ Kutscherimperativ (*Alle herhören! Nicht in die Rabatten treten!*) als ›hauptsatzwertig‹ aufgefasst.   G

Satzwort (Auch: Einwortsatz, Nexussubstantiv) **1.** Satzäquivalente Äußerung, die nur aus einem Wort besteht. Ein S. stimmt i. d. R. inhaltl. mit einem vollständigen Satz (Antwort, Ausruf, Kommentar usw.) überein; es kann daher als ellipt. Variante dieser Sätze gelten, z. B. *Ja*, (das mache ich), (Das ist) *schade*; ↗ Ellipse, ↗ Interjektion. **2.** ↗ Polysynthetische Sprachen bilden verbale Satzwörter durch ↗ Inkorporation nominaler Satzbestandteile.   ES

Satzzeichen (auch: Syngraphem. Engl. punctuation mark, punctuation sign., frz. signe de ponctuation) Graph. Mittel zur Abbildung struktureller (Hierarchie-)Verhältnisse in der ↗ geschriebenen Sprachform. Sie repräsentieren (in alphabet. Schriftsystemen) Einheiten der bzw. Korrelationen zu höheren Ebenen der Grammatik, namentlich der Syntax. Die S. bilden das Inventar der Mittel der ↗ Interpunktion. Mit der Satzkategorie korrespondieren die satzschließenden S. ↗ Punkt, Fragezeichen und Ausrufezeichen und u. U. das ↗ Semikolon; daneben stehen die satzgliedernden S. ↗ Komma und ↗ Doppelpunkt, die ↗ Anführungszeichen und Parenthesen markierenden ↗ Klammern und ↗ Gedankenstriche. **Lit.** U. Behrens, Wenn nicht alle Zeichen trügen. Interpunktion als Markierung syntakt. Konstruktionen. Ffm. 1989.   G

Sauglaut ↗ Schnalzlaut

Śaurasenī ↗ Mittelindische Sprachen

Saussuresches Paradoxon Um die ↗ langue, das System einer Spr. L beschreiben zu können, muss man sich konkreter Sprachäußerungen in L, Elementen der ↗ parole, als empir. Materials bedienen. Andererseits sind Annahmen über das Sprachsystem von L. notwendig, um empir. vorliegende Sprachäußerungen als Äußerungen in L. identifizieren zu können. Dieser Sachverhalt wird mitunter als S. P. bezeichnet.   G

Savu ↗ Bima-Sumba-Sprachen

Sayhadisch ↗ Altsüdarabisch

SB ↗ Strukturbeschreibung

Scale-and-category-grammar ↗ Systemische Grammatik

Scene-and-frames-Semantik ↗ Tiefenkasus

Schachtelmorphem ↗ Portmanteaumorphem

Schachtelsatz ↗ Satzperiode

Schale ↗ Silbe

Schall Minimale (10^{-4} μb [Mikrobar] $\leq$ p$_{eff}$ $\leq$ 10^3 μb) Luftdruckschwankungen p(t) (↗ Schalldruck) im hörbaren Frequenzbereich (16 Hz [Hertz] $\leq$ f$_0$ $\leq$ 16 kHz). Zu unterscheiden sind ↗ Ton (reine Sinoidalschwingung (= Pendelschwingung), ↗ Klang (regelmäßige, period., aus einzelnen Sinoidalkomponenten zusammengesetzte Schwingung) und Geräusch (unregelmäßige, aus unendl. vielen Sinoidalkomponenten zusammengesetzte Schwingung).   PM

Schallanalyse Analyse des ↗ Schalls als Zeitfunktion p(t) nach den akust. Parametern ↗ Frequenz f (bzw. Periodendauer T, wobei f[Hz] = 1/T[sec]), Amplitude A und – bei komplexem Schall – Phase Φ (bzw. darauf oder auf Einzelparameter aufbauende weitere Analysen). Nach J. B. J. Fourier (frz. Physiker u. Mathematiker, 1768–1830) ist jede andauernde period. (= regelmäßig wiederkehrende) Schwingung darstellbar als Summe einfacher Sinoidal- (= Pendel-) Schwingungen, die ganzzahlige Vielfache (= Harmonische, Obertöne) der Grundfrequenz (engl. *fundamental frequency*, ↗ Frequenz) f$_0$ sind: p(t) = $\sum_{i=1}^{\infty}$ A$_i$ · sin $(2\pi·f_i·t+\varphi_i)$. Die über der Frequenzachse aufgetragene Amplitude/Phase der Harmonischen bezeichnet man dabei als (Amplituden-/Phasen-) Linienspektrum. Bei Geräuschen (d. h. Schall mit T → ∞) geht das Linienspektrum über in ein kontinuierl. Spektrum (mit ∞ nahe benachbarten Harmonischen). Als techn. Hilfsmittel v. a. der Darstellung des Amplitudenspektrums dient der Sonagraph (↗ Sonagramm). Heute existieren zusätzl. spezielle Verfahren der digitalen Signalanalyse wie die LPC *(linear predictive coding)*.   PM

Schalldruck Amplitude der durch den ↗ Schall bedingten Schwankungen des Umgebungs- (atmosphär.) Drucks. Zu unterscheiden sind Spitzendruck p̂, die Maximalamplitude der Zeitfunktion p(t) des vorliegenden Schalls, und der Effektivwert P$_{eff}$ (engl. RMS *(root mean square)* amplitude), die mittlere Abweichung vom Referenzdruck (wobei bei reinen Sinoidalschwingungen p̂ = $\sqrt{2}$ * p$_{eff}$ gilt).   PM

Schalleigenschaften ↗ Schallanalyse

Schallfülle ↗ Sonorität

Schallgipfel Der im (vokal.) ↗ Silbenkern auftretende Punkt der größten ↗ Sonorität.   PM

Schallnachahmung ↗ Onomatopoetikon

Schallpegel ↗ Dezibel

Schallsilbe ↗ Silbe

Schallwort ↗ Onomatopoetikon

Schaltsatz Teilsatz, der als ↗ Parenthese in einen anderen Teilsatz eingebettet ist, ohne syntakt. einbezogen zu sein, wie etwa bei ↗ Apposition. S. stehen oft zwischen ↗ Gedankenstrichen, z. B. *Was er tat – das muss hier einmal gesagt werden – war nicht zu entschuldigen.*   SL

Schaltwort ↗ Modalpartikel

Scharf ↗ Strident

Schari-Nil-Sprachen ↗ Chari-Nil-Sprachen

Scheideform ↗ Dublette

Scheidewort ↗ Dublette

Scheinaffix (auch: Quasiaffix, Pseudoaffix) Bez. für Bestandteile eines Lexems mit formgleichen Affixen. So ist *-er* in *Bohrer* Affix (↗ Nomen instrumenti), in *Hammer* dagegen S. und damit Teil des ↗ Stamms. ES

Scheinpartizip Bez. für Adjektive, die ihrer Form nach Partizipien sind, aber nicht auf einen Infinitiv bezogen werden können, z. B. *bescheuert, verlogen.* G

Scheinsubjekt ↗ Unpersönliche Konstruktion

Scheltwort ↗ Schimpfwort

Schema n., pl. ~ata (griech. σχῆμα ›Gestalt, Form‹. Engl. scheme, frame, script) In der Psychologie Bez. für eine kognitive, aktionale, emotionale oder sonstige Makroeinheit, für einen Zusammenhang von Verhaltens-, Wahrnehmungs- oder Wertungsweisen, übergreifender Ordnungsgesichtspunkt oder Plan für die Zusammenfassung und/oder Organisation von Handlungs- oder Erfahrungselementen zu einem Ganzen. In der Sprach- und Textpsychologie wird S. meist als Übersetzung von engl. *frame, script, scheme* gebraucht und meint dann die Standardmuster von Objekten, Ereignissen, Situationen und Handlungsabläufen, die unsere Normalitätserwartungen steuern. Oft nicht hinreichend deutl. davon unterschieden werden die wesentl. Aufbauelemente und Abfolgeordnungen best. Textsorten. Z. B. gehören zum S. ›Wohnung‹ in Deutschland obligator. Flur, Küche, Bad/Toilette, Wohnzimmer, Schlaf- und Kinderzimmer etc., fakultativ Balkon, Garten. Von diesem S.begriff gibt es eine eher sozialpsycholog. Variante (Goffman 1974) und eine Variante in der Forschung über ↗ künstliche Intelligenz. Der Begriff S. kennt zahlreiche weitere Anwendungen mit leichten Bedeutungsverschiebungen, teilweise auch terminologisiert (so in der Psychologie J. Piagets, bei O. Selz, bei K. Lorenz u. a.); ↗ Rahmen, ↗ Scripts. **Lit.** ↗ Rahmen (1). KN

Schemabasiertes Textwissen Aus der Kognitionspsychologie stammendes Konzept für situationsspezif. Wissensrepräsentation. Demnach sind Wissensstrukturen im Gedächtnis strukturell organisiert und weisen Leerstellen (engl. slots) auf, die bei der Textrezeption gefüllt werden können. Z

Schemakonstanz ↗ Morphemkonstanz

Schetismus Lautbildungsfehler bei /ʃ/; ↗ Dyslalie. GT

Schibboleth n. (hebr. ›Ähre, Stroh‹. Auch: Signalwort) Bez. für die besonders charakterist. Merkmale eines ↗ Dialekts oder einer ↗ Ortsmundart, die im Ggs. zu den angrenzenden Sprechweisen stehen. Die Bez. geht zurück auf einen Bericht des AT, nach dem die Kinder Ammons (Ephraimiten) von den siegreichen Gileadern gezwungen wurden, zu ihrer Identifizierung ›Schibboleth‹ zu sagen: »sprach er aber ›sibboleth‹ (…), ergriffen sie ihn und erschlugen ihn an den Furten des Jordans« (Buch Richter 12, 5–6). K

Schibilant Sonderfall des ↗ Sibilanten: [ʃ]. PM

Schicht Sprachliche S. (↗ Textlinguistik, ↗ Ebene (2), ↗ Hierarchie, ↗ Komponente, ↗ Stratum) oder soziale S. (Soziologie). An Texten unterscheidet man S. in der literaturwiss. oder semiot. Tradition, z. B. Ausdruck und Inhalt. Auch sonst wird der Ausdruck S. in der Ling. in vielen unterschiedl. Zusammenhängen informell, ohne tiefergehende theoret. Bedeutung oder genauere Definition gebraucht (S. der Laute, Wörter, Themen eines Textes u. ä.). In der ↗ Soziolinguistik hat der Terminus S. größeres Gewicht. In der ↗ Sozialdialektologie werden die Abstufungen zwischen ausgeprägtem Dialekt und der Standardvarietät in konkreten Äußerungen als *Sprachschichten* bezeichnet. – Der Ausdruck *soziale S.* ist bisweilen synonym mit *sozialer Klasse,* insbesondere bei wörtl. Übersetzungen von engl. *social class.* Zumeist wird jedoch *soziale Klasse* im Sinne der marxist. Gesellschaftstheorie verstanden und dann von sozialer S. unterschieden. Der Schichtbegriff bezieht sich auf die weniger konfliktträchtigen sozialen Unterschiede wie Dauer der Schulbildung, Prestige des Berufs und Höhe des Einkommens, meist konzipiert als Kombinationsskala dieser drei Dimensionen. Er ist weder durch den Klassenbegriff noch durch konkretere Begriffe wie Gruppe oder ↗ Netzwerk voll ersetzbar. Als bedeutsame sprachl. Unterschiede zwischen sozialen S. wurden unter anderem identifiziert und näher untersucht: ↗ elaborierte und restringierte Kodes, ↗ Standardvarietät und ↗ Dialekt, diverse phonet. und morpholog. Variablen, Fach- und Bildungswortschätze sowie Fremdsprachenkenntnisse. Die Erklärungen für die gefundenen sprachl. Unterschiede ergeben sich unter Rückgriff auf soziolog. Befunde aus der Lebensweise und den vorherrschenden Einstellungen der Individuen in den Sozialschichten; ↗ Prestige. **Lit.** K. M. Bolte, D. Knappe & F. Neidhardt, Soziale Schichtung. Opladen 1966. – U. Övermann, Spr. und soziale S. Ffm. 1972. – U. Ammon, Dialekt, soziale Ungleichheit und Schule. Weinheim, Basel ²1973. – N. Dittmar, Grundlagen der Soziolinguistik. Tübingen 1997. – W. Georg, S. HSK 3, I, ²2004, 378–383. AM

Schichtengrammatik ↗ Stratifikationsgrammatik

Schiebekette ↗ Schub

Schildknorpel ↗ Kehlkopf

Schilh (Eigenbez. Tashliḥit. Frz. Chleuh) ↗ Berbersprache im südl. Marokko und angrenzendem alger. Gebiet, 2–3 Mio. Sprecher, häufig mehrsprachig (Arab., Frz.). Früheste Schriftdokumente aus dem 14. Jh. in arab. Schrift. Ohne offizielle Funktion. RE

Schilluk ↗ Nilotische Sprachen

Schimmel (engl. blank page, blind print, blind sheet, white sheet) In der ↗ Typographie Bez. für unbedruckte Seiten eines Buches; ↗ Vakat.　　G

Schimpfwort (auch: Scheltwort, Schmähwort, Tapeinosis < griech. ταπείνωσις ›Erniedrigung, Demütigung‹) Subst., die ihre ↗ pejorative Funktion dadurch erfüllen, dass sie negative Eigenschaften oder unvorteilhafte Konnotationen ihrer natürl. Referenten mit Personen oder auch Vorkommnissen in Verbindung bringen, z. B. *Scheiße, Mist, Schwein*. Das Bezeichnete ist hier nicht das Gemeinte. Zur Satzgliedfunktion ↗ Satzwort; ↗ Interjektion.　　ES

Schizophasie (griech. σχίζειν (schizein) ›spalten‹) Spezielle Ausprägung des ↗ Paragrammatismus bei psychisch Kranken.　　GT

Schlag (engl. beat) **1.** ↗ Akzentstelle, ↗ Iktus eines ↗ Fußes. – **2.** Aufaddierbare Gewichtungsmarkierung in der ↗ metrischen Phonologie.　　PM

Schlagtilgung Tilgung eines Schlages (2).　　PM

Schlagwort (auch: Slogan. Engl. catchword, slogan, frz. slogan) Prägnanter, wertender, oft formelhafter, meist mit ↗ Konnotationen aufgeladener Ausdruck (Wort oder Wendung), der im öffentl. Diskurs präsent ist und hohen Bekanntheitsgrad hat. S. stehen oft für polit. Programme, dienen aber auch der Kritik an polit. Gegnern, z.B *Freiheit oder Sozialismus*. Sie sollen einerseits werben oder beschwichtigen (↗ Euphemismus), z.B. *Gleichstellung, Nachhaltigkeit*, andererseits ausgrenzen und diffamieren, z. B. *Sozialabbau, Lohndiktat*. **Wbb.** W. O. Ladendorf, Histor. Schlagwörterbuch. Straßburg 1906 (Reprint Hildesheim 1968). – G. Strauß, U. Haß & G. Harras, Brisante Wörter von Agitation bis Zeitgeist. Ein Lexikon zum öffentl. Sprachgebrauch. Bln., N. Y. 1989. – **Lit.** M. Kaempfert, Das Schlagwörterbuch. HSK 5, II, 1199–1206. – A. D. Nunn, Polit. Schlagwörter in Deutschland seit 1945. Ein lexikograph. und krit. Beitrag zur Politik. Gießen 1974. – C. Knobloch, Moralisierung und Sachzwang. Polit. Kommunikation in der Massendemokratie. Duisburg 1998. – M. Kaempfert, Die Schlagwörter. Noch einmal zur Wortgeschichte und zum lexikolog. Begriff. MU 100, 1990, 192–203. – T. Niehr, S. In: Hist. Wb. der Rhetorik. Hg. G. Ueding. Tübingen 2007, 496–502. – W. Wülfing: Schlagworte des Jungen Deutschland. Mit einer Einf. in die S.forschung. Bln. 1982.　　G

Schlaußmen ↗ Rotwelsch

Schleifton In der Terminologie Trubeckojs prosod. ↗ distinktives Merkmal des ↗ Anschlusses zwischen einzelnen ↗ Lauten bzw. ↗ Moren (im Ggs. zum Stoßton) ohne Stoß (= Glottalverschluss).　　PM

Schlesisch Bis 1945/46 bestehender, in zwei Großbereiche gegliederter Dialektverband des ↗ Ostmitteldeutschen. Er grenzte westl. mit einem Übergangsgebiet an das ↗ Obersächsische und nordwestl. an das ↗ Sorbische und ↗ Nordobersächsisch-Südmärkische; berührte im Süden tschech. Sprachgebiet und bildete im Osten eine Gemengelage mit dem Poln. (»Wasserpoln.« in Oberschlesien); Karte ↗ Deutsche Dialekte, im Anhang. Wie das Obersächs. ist das S. als Siedlungsdialekt des 12./13. Jh. durch mitteldt. Siedlung im Norden (»Reichsschles.«) und oberdt.-ostfränk. Siedlung im Süden (»Sudetenschles.«) geprägt. Kennzeichnende Unterschiede: nördl. *fafer* ›Pfeffer‹, *hiŋn* ›hinten‹, *kuchn* ›Kuchen‹ vs. südl. *pfafer, hinda*. Als eigenständiges Gebiet nördl. Breslaus beiderseits der Oder das »Niederländische« mit spezif. Entwicklungen im Vokalismus. **Lit.** G. Bellmann, Schles. Sprachatlas. Bd. 1–2. Marburg 1965–1967. – P. Wiesinger, Die Einteilung der dt. Dialekte. HSK 1, II, 869–871. – W. Mitzka, Schles. Wb. Bd. 1–3. Bln. 1963–1965.　　DD

Schleswigsch ↗ Nordniederdeutsch

Schlitz ↗ Leerstelle

Schlund ↗ Pharynx

Schlüsselwort ↗ Inhaltsanalyse

Schmähwort ↗ Schimpfwort

Schmarotzerlücke ↗ Parasitic gap

Schmelzlaut ↗ Liquida

Schmutztitel (auch: Vortitel. Engl. bastard title, half title, short title) Kurzfassung des Buchtitels, gedruckt auf einem Schutzblatt (Respektblatt) unmittelbar vor dem Haupttitelblatt; ↗ Titelei.　　G

Schnalzlaut (auch: Avulsiv, Injektiv (< lat. inicere ›hineinwerfen‹) Klix, Sauglaut; engl. click, frz. clic) Kons. Sprachlaut bzw. ↗ Artikulationsmodus, der durch einen oralen Verschluss (↗ Plosiv) sowie einen von der ↗ Phonation unabhängigen oralen (›velare‹) Luftstrommechanismus gekennzeichnet ist: zwischen dem spezif. und einem zusätzl. velaren Verschluss wird durch Absenken der Zunge ein Unterdruck erzeugt, der bei der Verschlusslösung zu einem plötzlich einwärts gerichteten Luftstrom führt; v. a. in afrikan. Spr. verbreitet (↗ Khoisan-Sprachen).　　PM

Schnellsprechform ↗ Sprechausdruck

Schock-Dibbern ↗ Rotwelsch

Schorisch ↗ Turksprachen

Schottisch-Gälisch (Eigenbez. Gàidhlig) Idg. Spr., die dem goidel. Zweig der ↗ keltischen Spr. angehört und durch nordirische Eroberer nach Schottland kam, wo es schon im 9. Jh. dominante Sprache wurde und das Britann. (sowie Pikt.) überlagerte. Die Eigenständigkeit der schott. Form des Gäl. als Schriftspr. beginnt erst im 16. Jh. mit dem *Book of the Dean of Lismore*. Die weitere Geschichte Schottlands begünstigte die Dominanz des Engl. (Statuten von Iona (1609), Act of Union (1707), Highland Clearances (Ende 18. Jh.)). Das S.-G. wird heute von ca. 80.000 Personen gesprochen, meist auf den Äußeren Hebriden; Karte ↗ Europäische Sprachen, im Anhang. **Lit.** Gillies, W., Scottish Gaelic. In: M. Ball & J. Fife (eds.), The Celtic Languages. Ldn. 1993, 145–227. – D. Macaulay, The Scottish Gaelic Language. In: Ders. (ed.), The Celtic Languages. Cambridge 1992, 137–248. –

K. McKinnon, Scottish Gaelic Today: Social History and Contemporary Status. In: M. Ball & J. Fife (eds.), The Celtic Languages. Ldn. 1993, 491–535.   RO, W

Schraffe ↗ Serife

Schreiben (engl. writing, frz. écriture) Das S. gehört histor. gesehen zunächst in die Gruppe handwerkl. und künstlerischer Tätigkeiten, worunter jahrhundertelang v. a. das Abschreiben (Kopieren) von Texten verstanden wurde. In der aktuellen Diskussion versteht man S. so, dass derjenige, der einen Text konzipiert und formuliert, als sein Schreiber (Autor) betrachtet wird unabhängig davon, ob er den Text selbst mit der Hand geschrieben oder einem (Ab-) Schreiber diktiert hat. Physikal. betrachtet ist S. dem Malen und Zeichnen verwandt, da Bewusstseinsinhalte und bildl. Vorstellungen auf einem ↗ Beschreibstoff mit ↗ Schreibgeräten durch eine schreibende ↗ Hand fixiert werden. Diese enge Verwandtschaft von S. und anderen Formen bildl. Darstellung hat in allen Phasen der Geschichte des S. eine große Rolle gespielt. In gewissem Sinne ist das S. von Texten, die nichts anderes enthalten als jene Zeichen, die zum ↗ Schriftsystem gerechnet werden, eher die Ausnahme. Ein wichtiger Schritt in der Geschichte des S. war die Herstellung eines unmittelbaren Zusammenhangs zwischen Einheiten der ↗ geschriebenen und der ↗ gesprochenen Sprache. Dieser Schritt ermöglichte die graph. Abbildung von Spr. durch Zeichen, deren Struktur in keiner direkten Beziehung mehr stand zu dem Bezeichneten, wie es charakterist. für ↗ Piktographien ist. Der klass. schul. Lernbereich, in dem S. gelehrt wurde, ist der ↗ Aufsatzunterricht. In der didakt. Lit. zum Dt. wird oft vom weiterführenden S. gesprochen. Damit ist die Vorstellung verbunden, dass im Erstschreiben des ↗ Anfangsunterrichts und im Rechtschreiben erst einmal die Voraussetzungen (»Kulturtechniken«) geschaffen werden müssen für die eigentl. schriftsprachl. Tätigkeiten des Lesens und des S. Die Geschichte des Schreibunterrichts ist gekennzeichnet durch zwei gegenläufige Bewegungen: Einmal wurde das Ziel des S. in einer möglichst vollkommenen Beherrschung von vorgegebenen Textmustern (denen Aufsatzformen wie Schilderung, Bericht, Erörterung entsprechen: »gebundener Aufsatzunterricht«) gesehen. Andererseits findet sich immer wieder die Forderung nach »freien« Formen des S., in denen die Schüler individuelle Gestaltungsmöglichkeiten für sie interessierende Themen finden sollen; sog. ↗ kreatives Schreiben wird auch in der Erwachsenenbildung immer attraktiver. Ziel aller schreibdidakt. Ansätze ist bislang die Befähigung möglichst aller Schüler zu selbständigen, individuellen Formen des S. Wird dieses Ziel nicht erreicht, so spricht man von »sekundärem« Analphabetismus (↗ Alphabetisierung), womit ausgedrückt wird, dass trotz einer langjährigen Unterweisung die schriftsprachl. Fähigkeiten nicht hinrei-

chend ausgebaut werden konnten. Mit der elektron. Datenverarbeitung ist es erstmals in der Geschichte des S. mögl., Texte in großen Mengen auf kleinem Raum (und in nicht sinnl. lesbarer Form) zu speichern und bei Bedarf mit techn. Hilfsmitteln wieder sichtbar zu machen oder in beliebiger Menge zu reproduzieren. Inwieweit sich durch solche techn. Entwicklungen (von Schreibtechnologien zu sprechen ist berechtigt) völlig neue Formen des S. ergeben, ist noch wenig untersucht. Dennoch ist offensichtl., dass sich mit den neuen techn. Möglichkeiten auch neuartige Formen des S. herausbilden werden. Im FU wechselt die Bedeutung des S. mit der Vorrangstellung mündl. (Hören und Sprechen) oder schriftl. Fertigkeiten (Lesen und S.) in den Vermittlungsmethoden. Während in der Grammatik-Übersetzungsmethode z. B. hauptsächl. schriftl. Übungen im Mittelpunkt standen, lag z. B. in der ↗ audio-lingualen und ↗ audio-visuellen Methode sowie in den kommunikativen Methoden der Schwerpunkt auf mündl. Übungsformen. In letzter Zeit legt man mehr Wert auf Formen des kreativen S. in der Fremdsprache, wobei häufig lit. Texte als Ausgangspunkt herangezogen werden. **Lit.** G. Antos & H. P. Krings (Hgg.), Textproduktion. Ein interdisziplinärer Forschungsüberblick. Tübingen 1989. – B. Sandhaas & B. Schneck (Hgg.), Lesenlernen – Schreibenlernen. Wien, Bonn 1991. – E. Haueis (Hg.), Produktion schriftl. Texte. Osnabrück 1987. – S. D. Krashen, Writing. Research, Theory, and Applications. Oxford u. a. 1984. – B. Kast, Fertigkeit Schreiben. Bln., Mchn. 1999. – K.-D. Bünting, Schreiben im Studium: mit Erfolg. Bln. 2000. Weitere Lit. ↗ Schreibenlernen.   GI, KL, SO

Schreibenlernen (auch: Schriftspracherwerb) Erwerb der grundlegenden schriftsprachl. Kompetenzen zu Beginn der Grundschulzeit. Der Schreiblehrgang (↗ Schulschrift) wird in der zweiten Grundschulklasse abgeschlossen; danach spricht man vom »weiterführenden Schreiben« (auch: »Aufsatzunterricht«) und vom Rechtschreibunterricht, in dem orthograph. Sicherheit vermittelt werden soll. Wie beim ↗ Lesenlernen spielte bei der Diskussion zum S. die Methodenfrage eine entscheidende Rolle. Herrschte zu Beginn des muttersprachl. S. in der Volksschule die *Buchstabiermethode* vor (bis weit ins 19. Jh.; ↗ Buchstabieren), so wurde diese zunehmend zur *Lautiermethode* weiterentwickelt: Die Schüler lernten nicht mehr zuerst die Buchstabennamen, sondern sie lernten, den Buchstaben ihre Lautwerte zuzuordnen; ↗ Lautieren. Ein alternatives Vorgehen wurde in der *Ganzheitsmethode* versucht, die an den Anfang des S. ganze Wörter (oder auch kleine Texte) setzte und stärker darauf vertraute, dass die Schüler den Prozess der Analyse und Synthese (Durchgliederung der Laut- und Buchstabenfolgen) im Laufe des S. zunehmend beherrschen lernten. Das Resultat dieses Methodenstreits waren methodenintegrierende Verfahren zum

S.: Traditionell begann der Anfangsunterricht im Lesen und Schreiben mit dem Leselehrgang; auch hier hat es mittlerweile Versuche gegeben, das S. in den Mittelpunkt zu stellen und das »Lesen durch Schreiben« gleichsam mittelbar zu unterrichten. Auch hat es Versuche gegeben, das S. ohne Lehrgang ausgehend von eigenen sprachl. Produktionen der Schüler zu unterrichten. S. wird in jüngerer Zeit aber auch in einem umfassenden Sinne verstanden. Gemeint ist dann nicht ledigl. die Aneignung der »Kulturtechnik«, sondern das Verfassen von Texten, in denen sich der Schreiber mit den themat. Inhalten auseinandersetzt. Es wird so versucht, die klass. Trennung von Erstschreiben und weiterführendem Schreiben aufzuheben. Hier wird besonders hervorgehoben, dass die Aneignung der ↗ Schriftsprache in ganz besonderem Maße die Entwicklung kognitiver Strukturen verlange. **Lit.** J. Baurmann, Die Didaktik und Methodik des Schreibens. In: Ders., H. Günther & U. Knoop (Hgg.), Homo scribens. Perspektiven der Schriftlichkeitsforschung. Tübingen 1993, 299–317. – K.-B. Günther, Ontogenese, Entwicklungsprozess und Störungen beim Schriftspracherwerb. Heidelberg 1989. – G. Thomé, Schriftspracherwerb. Heidelberg 1999 [Bibliographie]. – B. Pyerin, Kreatives wissenschaftl. Schreiben. Tipps und Tricks gegen Schreibblockaden. Weinheim, Mchn. 2001. – E. Apeltauer, Literalität und Spracherwerb. Flensburg 2003. – A. Bertschi-Kaufmann, Mediennutzung und Schriftlernen: Analysen und Ergebnisse zur literalen und medialen Sozialisation. Weinheim u. a. 2004. – E.-M. Kirschhock, Entwicklung schriftsprachl. Kompetenzen im Anfangsunterricht. Bad Heilbrunn 2004.   GI, SO

Schreibgeräte Sammelbegriff für die zum Schreiben notwendigen Werkzeuge, die für den verwendeten ↗ Beschreibstoff geeignet sein müssen. Der Griffel (lat. *graphium, stilus*) aus Holz, Bein, Bronze oder Silber mit einem abgeflachten Ende diente zum Beschreiben von Wachstafeln, bei Verwendung von Pergament für die Blindlinierung oder zum Einritzen von Notizen und Glossen, wofür im Hoch- und Spät-MA. Bleistifte (lat. *stilus plumbeus*) benutzt wurden. Auf Papyrus und Pergament wurde in der Antike die Tinte mit dem Schreibrohr (lat. *calamus*) aufgetragen, das mit dem Messer zugeschnitten wurde. Im 4. Jh. setzte sich zum Schreiben auf Pergament die Tierfeder (lat. *penna*) durch, die mit scharfen Federmessern je nach ↗ Schriftart und ↗ Tinte verschieden zugespitzt wurde. Die Spitze wurde oft auf freien Stellen in Federproben (lat. *prōbātiō pennae*) geprüft, meist einzelne Worte oder Anrufungen Gottes und der Heiligen. Zum Radieren wurden ebenfalls Messer benutzt. Federn, Messer und Tintenfass, meist aus Horn, wurden vom Schreibern oft als Schreibzeug griffbereit am Gürtel getragen. Kreide, Bimssteine zum Schärfen und Glätten, Lineal und ein Zirkel zum Einstechen der Markierungen für das Liniieren

gehörten ebenfalls zur Ausrüstung des Schreibers, der in der Regel auf einem schrägen Pult schrieb. In der Neuzeit kommen Metallfedern mit Halter, Füllfederhalter, Kugelschreiber, Faserschreiber, Schreibmaschine und elektron. Schreibsysteme (Computer) hinzu. Pompeian. Wandinschriften und Schriften moderner Künstler und Graphiker werden auch mit dem Pinsel geschrieben.   EN

Schreibmeister Berufsmäßige Schreiber des Spätmittelalters, die ihre Dienste und ihre Fertigkeiten bei der Beherrschung verschiedener ↗ Schriftarten (2) durch Musterbücher angepriesen haben. Teilweise haben sie auch als Schreiblehrer gewirkt. In der Regel waren sie Laien.   EN

Schreibmeisterbuch Musterbuch, oft auch als Einzelblatt verbreitet, mit dem berufsmäßige Schreibmeister ihre Fähigkeiten anpriesen, die neben der Beherrschung der geläufigen Schriften oft auch überstilisierte, manierist. Varianten von Alphabeten enthielten. Daneben haben sie besonders auf die zeitgenöss. Terminologie der Schriften eingewirkt. Schreibmeisterschriften wurden vermehrt im Urkunden- und Buchwesen benutzt. Beispiele sind seit etwa 1400 aus Frankreich und Deutschland überliefert. Am bekanntesten ist die Sammlung von einhundert Schriftproben des Augsburger Benediktiners Leonhard Wagner, die Kaiser Maximilian gewidmet ist.   EN

Schreibschrift 1. ↗ Handschrift (1). **2.** Nach einer handschriftl. Vorlage geschnittene ↗ Druckschrift entspr. DIN 16 518.   G

Schreibschulen Die S. gehören zur Bildungstradition des abendländ. Mönchtums. Während ↗ Lesen und Grundelemente des ↗ Schreibens auch in der Schule gelehrt wurden, wurden für die Kunst des Bücherschreibens meist nur talentierte junge Leute durch die erfahrenen Schreiber eines Scriptoriums ausgebildet. Dies führte zu einheitl. Merkmalen in ↗ Schrift und Ausstattung der Hss., die im Früh- und Hoch-MA meist eine Zuordnung zu einer bestimmten S. möglich machen, während im Spät-MA meist nur die Zuweisung zu einer bestimmten Region möglich ist, wenn ein ↗ Kolophon oder andere Angaben fehlen. Umfangreichere Texte wurden oft lagenweise auf die einzelnen Schreiber verteilt, was sich im Handwechsel und an unbeschriebenen Spalten oder Seiten am Lagenende ablesen lässt. Besonders produktive S. waren St. Gallen, Tours, Lorsch im 8. und 9. Jh., die Reichenau in der Ottonenzeit oder der Bamberger Michelsberg in der ersten Hälfte des 12. Jh. Charakterist. für viele S. ist auch der Buchschmuck vor allem illuminierter Hss. Voraussetzung für ein gut funktionierendes Scriptorium war eine reichhaltige Bibliothek.   EN

Schreibsilbe Die in Entsprechung zur ↗ Sprechsilbe nach graphotakt. Regularitäten der Kombination von Konsonanten- und Vokalbuchstaben gebildete, abgrenzbare (so ist z. B. im Dt. die Silbengrenze auch bei Vorliegen eines ↗ Silbengelenks durch orthograph. ↗ Gemination kenntlich gemacht: *Mutter*) und (bei Silbentrennung) abtrennbare orthograph. Einheit; ↗ Graphotaktik. PM

Schreibsprache ↗ Schriftsprache

Schreibung Im alltagssprachl. Sinne meint S. die Schreibweise eines Wortes, z.B. eines Namens. In der Ling. kann man S. als Vorausbegriff zur Recht-Schreibung (↗ Orthographie) verstehen, d.h. die Schreibweise, ↗ Verschriftung einer Spr. ohne eine kodifizierende Normierung. In diesem Sinn hatten die europ. Spr. im MA eine S., aber keine Recht-schreibung. Die S. einer Spr. wird festgelegt durch das ↗ Schriftsystem und die daraus sich ergebenden generellen (regelhaften) und singulären Konventionen zur visuellen Kodierung eines Textes; ↗ Orthographie, ↗ Schrift. AT

Schreibunterlage ↗ Beschreibstoff

Schreien ↗ Sprechen

Schrift (lat. scriptūra, scriptum ›Geschriebenes‹. Engl. writing, frz. écriture) **1.** Form des graph. Ausdrucks von Spr., gebunden an einen ↗ Beschreibstoff, produziert von einer schreibenden (oder meißelnden, malenden usw.) ↗ Hand, rezipiert durch ein lesendes ↗ Auge (oder tastende Finger; ↗ Blindenschrift); zentrales Verfahren der menschl. Kommunikation. S. beruhen auf endlichen, konventionellen Inventaren von ↗ Schriftzeichen. Sie konstituieren die ↗ geschriebene Form von Spr. und sind die mediale Voraussetzung für zeitl. und räuml. im Prinzip unbegrenztes Konservieren und Transportieren von Sprachprodukten, was inzwischen aber auch elektron. Aufzeichnungsverfahren leisten (sie bedürfen jedoch maschineller ↗ Kodierung und Dekodierung). Im Unterschied zu Zeicheninventaren anderer Art sind S. dadurch definiert, dass sie sprachl. Zeichen sind, d.h. mit Klassen von Elementen des Sprachsystems systemat. korrespondieren. Die wesentl. Bezugsebene einer S. im Sprachsystem bestimmt ihre Zugehörigkeit zu einer best. ↗ Schriftart (↗ Logographie, ↗ Silbenschrift, ↗ alphabetische Schrift). S. bestehen nicht nur aus den jeweils primären Elementen (↗ Buchstaben, ↗ Syllabogrammen, ↗ Logogrammen), sondern auch den Hilfs- und Sonderzeichen (↗ Interpunktionszeichen, ↗ Ziffern usw.). Über die Zugehörigkeit einzelner Zeichen zum Bestand einer S. kann nur eine strukturelle Analyse ihres ↗ Schriftsystems entscheiden (z.B. bei ↗ Begriffszeichen wie &, %, §). In diesem engen Sinn ist jede S. auf eine best. Einzelsprache zu beziehen. S. i.w.S. sind graph. bzw. visuelle Prototypen von histor. und geograph. lokalisierten Schriftzeicheninventaren, z.B. die latein., kyrill., arab. oder die chines. S. Hier bezieht sich der Begriff eher auf die äußere Form und weniger auf das jeweils verschriftete Sprachsystem; ↗ Schriftart. Die Redeweise von z.B. einer kyrill. S. wäre für das 9./10. Jh. eindeutig (↗ Altkirchenslavisch), umschließt heute aber eine Vielzahl von (in Schriftzeichenbestand und Schriftsystem) unterschiedl. einzel-

sprachl. S., z.B. Russ., Serb., Kazach., Osset., Avar. usw. Oft werden verschied. Varianten einer S. als »Schrift« bezeichnet, z.B. Ausdrücke wie »lat. Schrift« einmal in Abgrenzung zu anderen Schriftarten zum anderen als Bez. für ↗ Antiqua-Satzschriften in Abgrenzung zur ↗ Fraktur (»deutsche S.«, ↗ Sütterlin). ↗ Begriffsschriften und ↗ Piktographien sind nur bedingt unter die S. zu rechnen, weil ihre Elemente keinen eindeutigen Bezug zu sprachl. Einheiten besitzen; ↗ Schrifttyp. Auch Symbolsysteme wie Kerbhölzer, Botenstäbe, amerikan. Quipus und Wampumgürtel, Eigentums-, Haus- und Töpfermarken u. dgl. sind keine S. i.e.S. **2.** (Auch: Heilige Schrift) In den ↗ Buchreligionen das jeweils verbindliche geoffenbarte Wort Gottes, d.h. bei den Juden die Thora, im Christentum das Alte und das Neue Testament, im Islam der Koran (maktūb ›das Geschriebene‹); ↗ Heilige Sprache. **3.** Längerer Text, z.B. Preisschrift, Habilitationsschrift; mehrere oder alle Werke eines Autors, z.B. die Schriften Thümmels. **4.** (Engl. typeface) Von einem Schriftgraphiker in einem best. Stil gestalteter einheitl. Satz von ↗ Drucklettern einschl. ↗ Ziffern, ↗ Interpunktions- und ↗ Sonderzeichen; ↗ Satzschrift. **5.** In der ↗ Paläographie Bez. für besondere Ausprägungen des Schriftzeicheninventars einer Spr., z.B. im lat. MA die got., beneventan., kuriale S., im arab. Schriftraum kuf., maghrebin. usw. S., in China z.B. die Grasschrift, die kleine Siegelschrift usw. **6.** Charakterist. Handschrift, früher Gegenstand des schul. Unterrichts im Schönschreiben, vgl. Sätze wie *Jenny hat eine schöne* (*unleserliche, saubere*) (*Hand-*) *Schrift.* **7.** Mit psycholog. Spekulationen über Charaktereigenschaften von Schreibern, die sie auf deren persönl. Art zu schreiben gründen und an Form und Flächenbedarf der Schriftzeichen, am Duktus und am gesamten Schriftbild festmachen will, befasst sich die *Graphologie.* Sie ist trotz Mangels an seriösen Nachweisen für Zusammenhänge dieser Art in den Personalabteilungen vieler Firmen und Behörden und bei Einrichtungen der Lebensberatung nach wie vor beliebt. **8.** Bez. für nichtsprachl. Notationssysteme verschiedener Art, z.B. Notenschrift. **Lit.** J. Février, Histoire de l'écriture. Paris 1948. – M. Cohen, La grande invention de l'écriture et son évolution. 3 vols. Paris 1958. – J. Friedrich, Geschichte der S. Heidelberg 1966. – H. Jensen, Die S. in Vergangenheit und Gegenwart. Bln. ³1968. – Yuen Ren Chao, Language and Symbolic Systems. Ldn. 1968. – G. Pfohl (Hg.), Das Alphabet. Entstehung und Entwicklung zur griech. S. Darmstadt 1968 . – G.L. Trager, Writing and Writing System. CTL 12, I, 1974, 373–496. – K. Földes-Papp, Vom Schriftbild zum Alphabet. Die Geschichte der S. von ihren frühesten Vorstufen bis zur modernen lat. Schreibschrift. Bayreuth 1975. – A. Schmitt, Entstehung und Entwicklung von S.en. Köln, Wien 1980. – K.B. Günther & H. Günther (Hgg.), S. – Schreiben

– Schriftlichkeit. Tübingen 1983. – F. Coulmas & K. Ehlich (eds.), Writing in Focus. Den Haag 1983. – B. Bischoff, Paläographie des röm. Altertums und des abendländ. MA. Bln. ²1986. – H. Glück, S. und Schriftlichkeit. Stgt. 1987. – H. Günther, Schriftl. Spr. Tübingen 1988. – F. Coulmas, Writing Systems of the World. Oxford 1989. – HSK 10. – U. Enderle, Autonomie der geschriebenen Spr.? Bln. 2004. – C. Stetter, S. und Sprache. Ffm 1997. – C. Dürscheid, Einf. in die S.linguistik. Göttingen ³2006. – G. Altmann & F. Fengxiang (eds.): Analyses of Script. Properties of Characters and Writing Systems. Bln., N. Y. 2008.   G

Schriftart 1. Prototyp. Variante eines ↗ Schrifttyps, Klasse von einzelsprachl. ↗ Schriftsystemen mit gemeinsamer struktureller und Gestaltbasis, einem gemeinsamen ↗ Basisalphabet. Schriften des alphabet. Typs lassen sich nach den grammat. Grundeinheiten, mit denen sie korrespondieren, gliedern in ↗ Silbenschriften (Grundeinheit: ↗ Syllabogramme) und Alphabetschriften (Grundeinheit: ↗ Grapheme), Letztere wiederum in solche, die den Vokalismus durchgängig repräsentieren und solche, die ledigl. Ausschnitte des Vokalismus repräsentieren (z. B. werden im Arab. normalerweise nur akzenttragende Langvokale geschrieben). Weiterhin bezeichnet S. histor. bedingte unterschiedl. Gestaltvarianten eines Schrifttyps. In der Alten Welt sind dies die lat., griech., kyrill., georg., armen., hebr. und arab. S., auf deren Grundlage die ↗ Schriftsysteme der verschied. modernen ↗ Schriftsprachen entwickelt und spezif. ausgeformt worden sind. Einzelsprachl. Schriftsysteme können deshalb nach dem Gesichtspunkt der S., zu der sie gehören, in Klassen eingeteilt werden, also in lat., kyrill., arab. usw. basierte Schriften. Es gibt Schriftarten, die ausschließl. für eine einzige Spr. in Gebrauch sind, z. B. die korean. Hangul-Schrift und die japan. Silbenschriften Hiragana und Katakana. Die große Mehrheit der modernen Schriftspr. beruht jedoch auf einer kleinen Anzahl von S. Die meisten Spr. sind heute lat. verschriftet, so dass die lat. S. quantitativ die wichtigste moderne S. darstellt. – In der älteren Schriftlinguistik wird der Begriff »S.« unsystemat. verwendet und bezeichnet vielfach nach Gestalt- und Herstellungsgesichtspunkten klassifizierte Schriften (z. B. ↗ Keilschriften ggü. ↗ Hieroglyphen). **2.** (Engl. kind of type, fount, font) Klasse von ↗ Druckschriften. In Deutschland werden sämtl. Satzschriften durch DIN 16 518 elf verschiedenen Klassen von S. zugewiesen. **Lit.** ↗ Schrift, ↗ Schriftsystem.   G

Schriftaussprache (engl. spelling pronunciation) Art und Weise der phonet. Realisierung von Sprachäußerungen, die sich an der geschriebenen Form orientiert (↗ Explizitlautung), z. B. bei Dialektsprechern, die die Standardnorm erreichen wollen (↗ Hyperkorrektur). Die Herausbildung der nhd. Aussprachennormen im 19. Jh. beruht wesentl. auf der Orientierung an den schriftsprachl. Normen,

ebenso ihre Kodifizierung durch Th. Siebs; ↗ Aussprache.   G

Schriftbild 1. (Engl. type face) Spezif. Erscheinungsform einer ↗ Satzschrift oder Handschrift in einem Text. – **2.** Diejenige Fläche einer ↗ Druckletter, die den Abdruck auf dem ↗ Schriftträger hinterlässt.   G

Schriftentlehnung ↗ Verschriftung
Schriftentstehung ↗ Verschriftung
Schrifterfindung ↗ Verschriftung
Schrifterwerb ↗ Schreibenlernen
Schriftfamilie (auch: Font, Fount) Menge der Schnittvarianten (Schriftgattungen, Schriftschnitte) einer ↗ Satzschrift, z. B. Buchschrift, **fett**, KAPITÄL-CHEN, *Kursive* usw.; ↗ Auszeichnung.   G
Schriftgarnitur Sämtliche ↗ Schriftgrade einer ↗ Satzschrift, die bei Buchschriften von 4 p bis 60 p reichen; ↗ Didotsystem.   G
Schriftgattung ↗ Schriftfamilie
Schriftgemeinschaft Mitunter verwendete Bez., die sich i. e. S. auf eine Gruppe bezieht, die dieselbe ↗ Schriftsprache (z. B. Serbokroat., Finn.; ↗ Schriftkontakt) verwendet, i. w. S. auf eine Gruppe, die dieselbe ↗ Schriftart verwendet, z. B. die lat., kyrill., arab. Schriftart. S. sind weder i. e. S. noch i. w. S. stets deckungsgleich mit ↗ Sprachgemeinschaften (z. B. werden für das Kurdische drei Schriftarten verwendet). Histor. waren häufig religiöse Schismen Ursache für die Herausbildung von S.; so ist z. B. die arab. Schriftart mit dem islam. die kyrill. mit der slav. Orthodoxie verbunden. Viele Glaubensgemeinschaften (z. B. die Aisoren, die Nestorianer) verstehen sich zugleich als S. In manchen Fällen sind Nation, Sprachgemeinschaft und S. annähernd deckungsgleich (z. B. bei den Georgiern, den Armeniern, den Griechen). In der Neuzeit waren (und sind) vielfach polit. Ereignisse Auslöser für die Entstehung oder das Verschwinden von S., z. B. dadurch, dass eine Kolonialmacht in ihren Kolonien die Schriftart ihrer Spr. für die ↗ Verschriftung einheim. Spr. durchgesetzt hat (so vielfach in Afrika und Asien) oder dadurch, dass die Schriftart der dominierenden S. anderen S. nahegelegt oder aufgezwungen wurde (so z. B. in den 1930er Jahren in der UdSSR; ↗ Kyrillisierung, ↗ Latinisierung) und dadurch neue S. i. e. S. entstanden, aber i. w. S. eine Vergrößerung der eigenen S. bewirkt wurde. **Lit.** M. Mieses, Die Gesetze der Schriftgeschichte. Konfession und Schrift im Leben der Völker. Wien, Lpz. 1919. – E. v. Mülinen, Spr.n und Schriften des vorderen Orients im Verhältnis zu den Religionen in Kulturkreisen. Zs. des Dt. Palästinavereins 47, 1924, 65–90. – Weitere Lit. ↗ Schrift.

Schriftgrad (engl. sizes of types, body type size, point size) Größe einer Satzschrift (Maßeinheit: ↗ Punkt), in Deutschland in DIN 16 514 standardisiert; ↗ Didotsystem.   G

Schriftgröße (engl. type size, point size) Höhe einer ↗ Satzschrift einschl. Ober- und Unterlängen und zusätzl. Raum für Zeilenabstände   G

Schriftkontakt Kein streng terminologisierter Ausdruck, der Fälle bezeichnet, in denen ↗ Schriftsysteme, die zwei oder mehreren ↗ Schrifttypen oder ↗ Schriftarten zugehören, synchron von einer einzigen ↗ Sprachgemeinschaft verwendet werden (z. B. lat. und kyrill. für das Serbokroat.), die dann aus verschiedenen ↗ Schriftgemeinschaften besteht. Das synchrone Auftreten mehrerer Schriftsysteme derselben Schriftart muss nicht als Schriftkontakt aufgefasst werden (z. B. das Vorkommen engl., frz. oder türk. Schriftprodukte im modernen Alltag Deutschlands). **Lit.** H. Glück, Schriften im Kontakt. HSK 10, 1994, 745–766.   G

Schriftliche Sprache Kein streng terminologisierter Ausdruck, den manche Autoren für die Bez. von Sprache in der ↗ geschriebenen Sprachform verwenden; oft synonym mit ↗ geschriebene Sprache als Antonym zu ↗ gesprochene Sprache verwendet.   G

Schriftlichkeit (auch: Literalität. Engl. literacy) Gesellschaftl. Formationen gelten als literal, wenn sie über S. verfügen, wenn schriftl. Kommunikation ein konstitutives Merkmal ihres gesellschaftl. Verkehrs ist. *Aliteral* sind Gesellschaften, in denen schriftl. Kommunikation gänzl. unbekannt ist und alle Kommunikationsprozesse oral ablaufen (z. B. in allen prähistor. Gesellschaften). *Präliteralität* liegt vor, wenn eine Gesellschaft ganz überwiegend analphabet. ist, schriftl. Kommunikation in einzelnen Funktionen aber existiert und im Prinzip bekannt ist; dieser Fall wird auch als *Oligoliteralität* oder *Protoliteralität* bezeichnet (Goody, Watt). Präliterale Gesellschaften unterscheiden sich von literalen durch qualitative Differenzen in den sozialen Funktionen der S.: im einen Fall sind sie rudimentär, auf wenige periphere Funktionen beschränkt, im anderen Fall sind sie konstitutiv für das Funktionieren der betreffenden Gesellschaft, deren Mitglieder nicht nur als Sprecher und Hörer, sondern auch als Schreiber und Leser miteinander verkehren (z. B. in Gesetzgebung, Jurisdiktion, Verwaltung, Bildungswesen, Produktion und Handel). Entstehung und Entwicklung von ↗ Buchreligionen sind an S. gebunden. S. korrespondiert histor. stets mit dem Aufkommen von Ausbildungsinstitutionen (Schulen für Lesen und Schreiben) und Speichern für Schriftprodukte (Archiv, Bibliothek). ↗ Analphabeten in literalen Gesellschaften müssen vielerlei Übersetzungs- und Vermeidungsstrategien entwickeln; dies bewirkt z. B., dass Schreiben und Lesen zu einem handwerkl. Brotberuf werden können (engl. *craft literacy*). Die Unterscheidung verschiedener Stadien von S. ist schwierig, da sie häufig Gradunterschiede betrifft. Die Ausdrücke *Hypoliteralität* und *Semiliteralität* bezeichnen ein Übergangsstadium, in dem eine Gesellschaft zwar literal funktioniert, aber überwiegend analphabet. ist (z. B. in Europa bis ins 19. Jh.). Bezogen auf Individuen bezeichnet S. die Alphabetisiertheit (engl. *literacy*) einer Person, manchmal mit der Nebenbedeutung »Gebildet-

heit«, denn in großen Abschnitten der Geschichte war Alphabetisiertheit ident. mit Bildung (vgl. lat. *litteratus* ›lese- und schreibkundige Person‹). Vielfach wird S. als Bedingung der Möglichkeit komplexer sozialer Organisation betrachtet, was jedoch problemat. ist, denn es gab entwickelte Staatswesen mit aliteraler oder präliteraler Verfasstheit (z. B. die präkolumbian. südamerikan. Reiche, eine Reihe vorkolonialer subsahar. Staaten, z. B. Mali, Songhai, Benin, Simbabwe). S. wird oft als Gegenbegriff zu ↗ Mündlichkeit verwendet, Literalität als Gegenbegriff zu ↗ Oralität. In der angloamerikan. Diskussion wird der Ausdruck *literacy* zunehmend metaphor. zur Bez. verschiedenartiger Kenntnisse verwendet, z. B. *political*, *historical*, *social literacy* für politisch, historisch, sozial kompetente Personen (vgl. dt. ›politischer Analphabet‹). *Computer literacy* bezeichnet die Fähigkeit, mit einem Computer arbeiten zu können, *numeracy* die Beherrschung der Grundrechenarten. **Lit.** R. Engelsing, Analphabetentum und Lektüre. Stgt. 1973. – M. Cole & S. Scribner, Culture and Thought. N. Y. 1974. – R. Schenda, Volk ohne Buch. Ffm., Mchn. ²1977. – J. Goody, The Domestication of the Savage Mind. Ldn. 1977. – E. Eisenstein, The Printing Press as an Agent of Change. 2 vols. Cambridge 1979. – J. Goody (Hg.), Literalität in traditionalen Gesellschaften. Ffm. 1981. – R. Ong, Orality and Literacy. Ldn., N. Y. 1982. – R. Säljö (ed.), The Written World: Studies in Literate Thought and Action. Bln. 1988. – HSK 10. – T. Tinnefeld, Mängel in der Unterscheidung zwischen geschriebener und gesprochener Sprache im Dt. als Fehlerursache beim schriftlichen Fremdsprachengebrauch. Aachen 1999. – K. Ehlich, Funktion und Struktur schriftl. Kommunikation. HSK 10.1, 18–41. – P. Koch & W. Oesterreicher, S. und Sprache. HSK 10.1, 587–603. – Weitere Lit. ↗ Schrift.   G

Schriftlinguistik Zusammenfassende Bez. für Bemühungen, konsistente Beschreibungen und Analysen der ↗ geschriebenen Sprachform von Spr. zu gewinnen und sie zu einer allgemeinen Schrifttheorie als konstitutivem Bestandteil einer allgemeinen Sprachtheorie zu entwickeln. Denn jede ↗ Schriftsprache hat zwei hauptsächl. Ausdrucksformen, die sich nicht nur hinsichtl. ihrer physikal. Substanz (Schallwellen vs. graph. Gebilde, die opt. wahrgenommen werden) unterscheiden, sondern auch hinsichtl. lexikal., grammat. und pragmat., ausschließl. oder dominant in einer von ihnen auftretenden Eigenschaft. In den maßgebl. Grammatiktheorien sind die Spezifika der ↗ geschriebenen und ↗ gesprochenen Sprachform seit den Junggrammatikern i. d. R. method. für mehr oder weniger gegenstandslos erklärt worden, z. B. bei H. Paul, F. de Saussure, L. Bloomfield und in der GG (vgl. Glück 1987, Kap. 3). So unterstellen Chomsky & Halle (in SPE) dem »idealen Sprecher/Hörer«, dass er auch ein idealer Schreiber/Leser sei, der in seinem

↗ mentalen Lexikon stets orthograph. korrekte Repräsentationen verfügbar hat, über denen phonolog. Regeln operieren können, ohne zu sagen, wie er zu diesen Repräsentationen kommt – dass sie angeboren sind, wäre eine kontrafakt. Annahme. Lediglich die ↗ Glossematik hat im Konzept der »Substanzen des Ausdrucks« den unterschiedl. Ausdrucksformen von Spr. einen systemat. Platz eingeräumt (vgl. Glück 1987, 86–90). – In den neueren Debatten ist die ↗ Abhängigkeitshypothese als unrealist. verworfen worden; die radikale ↗ Autonomiehypothese steht der eher dialekt. ↗ Interdependenzhypothese ggü., die davon ausgeht, dass Spr. *eine* Grammatik und *ein* Lexikon, aber zwei vielfach divergierende, spezif. Systeme des Ausdrucks haben. **Lit.** H. Glück, Schrift und Schriftlichkeit. Stgt. 1987. Weitere Lit. ↗ Geschriebene Sprachform, ↗ Schrift.   G

Schriftlose Sprache Nur mündlich verwendete Spr., die keiner ↗ Verschriftung und der damit verbundenen Standardisierung unterzogen worden ist. Ihre Sprecher sind in Bezug auf ihre S1 Analphabeten. Häufig wurden im Verlauf von Missionierungskampagnen Ad-hoc-Verschriftungen vorgenommen, um kleinere Minderheiten auf dem Umweg über minimales schriftl. Material (Fibeln u. dgl.) zu alphabetisieren und zum Wechsel zu einer großen Verkehrsspr. zu veranlassen (z.B. zum Span. in Süd- und Mittelamerika, wo dieses Verfahren

vielfach von den Mitarbeitern des ↗ Summer Institute of Linguistics praktiziert worden ist).   G

Schriftrichtung Laufrichtung einer ↗ Schrift. Einige ↗ Schriftarten (z.B. lat., kyrill., griech., georg., armen.) sind *rechtsläufig* (auch: *dextrograd*), andere *linksläufig* (auch: *sinistrograd*; z.B. hebr. (auch im Jidd.), arab., pers.). In einigen Zeugnissen des vorklass. Griech. findet sich ein Wechsel der S. von Zeile zu Zeile, der mit einer Spiegelung der Schriftzeichengestalten an der vertikalen Achse einhergeht (griech. βουστροφηδόν (būstrofēdon) ›furchenwendige Schreibweise‹; s. Abb. unten). Viele ägypt. ↗ Hieroglypheninschriften sind gleichzeitig rechts- und linksläufig; maßgeblich ist dabei die Position der Zentralfigur der Gesamtdarstellung (z.B. das Bild eines Gottes oder eines Herrschers), denn alle zoomorphen Zeichen (Menschen- und Tierbilder) haben dann ihr Gesicht dieser Figur zugewandt. Die hölzernen Schrifttafeln, auf denen die Rongorongo-Texte der Osterinsel dokumentiert sind, sind vertikal »furchenwendig«, d.h. dass nach jeder Zeile die Tafel um 180 Grad gedreht werden muss. Im klass. Uighur. war die S. vertikal von oben nach unten, im klass. Chines., Korean. und Japan. wurde in Spalten von oben nach unten geschrieben, wobei die Spaltenanordnung (sekundäre S.) links- oder rechtsläufig sein konnte; das ist in auslandschines. und taiwanes. Texten heute noch üblich. Viele numid.

Būstrophedon – Inschrift in Gortys, Kreta

Inschriften sind von unten nach oben zu lesen, bei rechtsläufiger Spaltenanordnung. Spiralförmig ist die Anordnung der Schriftzeichen der (unentzifferten) Inschrift auf dem Diskos von Phaistos (Kreta, ca. 1700 v. Chr.), ebenso in einigen aztek. Codices. – In der Psycholing. wurden bisher keine Evidenzen dafür gefunden, dass eine S. »natürlicher« als die anderen oder ihnen in irgendeiner Weise unter lese- und schreibpsycholog. Aspekten überlegen ist.   G

Schriftsatz 1. (Auch: Zeichensatz) Inventar einer ↗ Satzschrift mit sämtl. Schnittvarianten und ↗ Schriftgraden, z. B. Helvetica, Times, Rockwell. – **2.** In jurist. und administrativen Kontexten Bez. für rechtserhebl. Texte.   G

Schriftschaffung ↗ Verschriftung

Schriftschnitt ↗ Schriftfamilie

Schriftsprache Sprache, die über eine ↗ geschriebene Sprachform verfügt, in der geschrieben (gedruckt) und gelesen werden kann, in der ein Minimum an geschriebenen (gedruckten) Texten vorliegt oder produziert wird; Ggs. ↗ schriftlose Sprache. Der Begriff ist mehrdeutig. (a) Bezogen auf ling. Aspekte bezeichnet er das Vorhandensein der techn. und ling. Bedingungen für die (Re-) Produktion einer Spr. in ihrer ↗ geschriebenen Sprachform, was ein definiertes, funktional (einigermaßen) adäquates und gesellschaftl. akzeptiertes ↗ Schriftsystem, einen fixierten sprachl. ↗ Standard, der i. d. R. durch ↗ Normierung und ↗ Kodifizierung stabilisiert ist, und ein Minimum an Schreib- und Lesefähigkeiten in der ↗ Schriftgemeinschaft voraussetzt. (b) Bezogen auf soziolog. Aspekte bezeichnet S. sprachl. Voraussetzungen und Komplemente von ↗ Literalität und steht dann Termini wie ↗ Hochsprache, ↗ Literatursprache und ↗ Standardsprache nahe. Diese Lesart kommt S. auch in Übersetzungen funktionalist. Arbeiten zur Schriftlinguistik aus dem Tschech. (*spisovný jezýk*) bzw. Russ. (*pís'men-nyj jazýk*) zu. In älteren Arbeiten konnotiert der Terminus manchmal eine vermeintl. kulturell-zivilisator. Überlegenheit der damit bezeichneten Spr. bzw. ihrer Sprecher. (c) Bezogen auf Spracherwerbsprozesse bezeichnet S. die Sprachstrukturen und -funktionen, die sich Kinder beim Erwerb von Lese- und Schreibfähigkeit in ihrer S1 aneignen. Diese Prozesse des Schriftspracherwerbs (↗ Lesenlernen, ↗ Schreibenlernen) beinhalten den Erwerb komplexer kognitiver und konzeptueller Fähigkeiten; ↗ Lesen, ↗ Schreiben. **Lit.** ↗ Geschriebene Sprachform, ↗ Schrift.   G

Schriftspracherwerb ↗ Schreibenlernen

Schriftstruktur Gesamtheit der Regeln, die die ↗ graphische Ebene einer Spr. als für diese Spr. spezif. ↗ Schriftsystem herstellen; in ↗ Orthographien sind diese Regeln (mehr oder weniger exakt) expliziert.   G

Schriftsystem Einzelsprachl. Verschriftung, ↗ Graphie einer Spr. Alle ↗ Schriftsprachen gehören zu einem bestimmten ↗ Schrifttyp und einer bestimm-

ten ↗ Schriftart (so gehört z. B. das Dt. zum alphabet. Typ und zur lat. Schriftart). Die spezif. Formen und Funktionen des ↗ Graphemsystems, der ↗ Graphotaktik und der ↗ Schriftstruktur einer Spr. konstituieren ihr S. Die Regeln, die ein S. konstituieren, werden in der ↗ Orthographie der jeweiligen Spr. (mehr oder weniger konsistent) expliziert bzw. festgelegt. Jede Schriftspr. tritt auf der Erscheinungsebene (in Texten) als Ausdruck eines spezif. und einzig für diese Spr. charakteristischen S. auf. Diese Spezifika können in verschiedenen Bereichen liegen: im ↗ Grapheminventar, das ggü. dem ↗ Basisalphabet erweitert oder eingeschränkt sein kann, z. B. dt. *w, j, ß*, schwed. *ø* usw., in den Verfahren zur Ableitung, Kombination oder Ligierung von Graphemen durch ↗ Diakritika, z. B. frz. *ê, é, è, ç*, span. *ñ*, dt. *ü, ö, ä*, schwed. *å* usw., in den Verfahren zur Etablierung ↗ kombinierter Grapheme (z. B. korrespondiert ⟨sch⟩ im Dt. (außer an Morphemgrenzen, z. B. *Mäuschen*) mit /ʃ/, im Ital. mit /sk/, im Tschech. mit /sx/), in Ligaturkonventionen (etwa im Arab. und im Pers.), in den graphotakt. Regularitäten (z. B. korrespondiert im Dt. ⟨s⟩ vor ⟨p⟩ und ⟨t⟩ am vorderen Silbenrand meist mit /ʃ/) und in der relativen Tiefe des gesamten S., d. h. dass ↗ altverschriftete Sprachen zur ↗ Grammatikalisierung und Lexikalisierung ihres S. tendieren (phonolog. *tiefe* S.), während ↗ neuverschriftete Sprachen und solche, die rezenten Alphabet- oder Orthographiereformen unterzogen wurden, i. d. R. phonolog. *flach* sind, d. h. weitgehend direkt mit der phonolog. Bezugsebene korrespondieren; ↗ Graphematik, ↗ Verschriftung. – Das S. einer Spr. ist Teil ihres grammat. Systems und weder nur ein zusätzl. Ausdruckssystem noch nur eine zusätzl. Systemkomponente. Je nach der dominanten Bezugsebene des S. (↗ Schrifttyp) stellt es sich zwar als (relativ autonome) Verdoppelung dieser Bezugsebene dar (im Falle alphabet. Schriften ist dies die phonolog. Ebene, im Falle von logograph. Schriften das Lexikon), doch besitzen S. i. d. R. auch in den jeweils nichtdominanten Bezugsebenen spezif. Systemeigenschaften, im Dt. (sehr stark) in der morpholog. Ebene (z. B. durch das Prinzip der ↗ Morphemkonstanz), in der Syntax (z. B. durch die ↗ Groß- und Kleinschreibung und die ↗ Interpunktion), in der Textebene (z. B. durch Gliederungsverfahren wie ↗ Absatz und ↗ Abschnitt) und in der pragmat. Komponente (z. B. in der Konvention, zum Ausdruck von ↗ Höflichkeit (↗ Honorativ) abweichende Großschreibungen zu verwenden, z. B. *ich danke Ihnen*; *GOtt der HErr hat in SEiner Gnade…*; *Sa Majesté le Roi Hassan II et le Prince Hérítier…* ›Seine Majestät, König Hassan II. und der Kronprinz …‹); die javan. Variante der Kawi-Schrift besitzt graph. Ausdrucksmöglichkeiten für die sozialen Beziehungen (niedriger, gleichrangig, höhergestellt) zwischen Schreiber und Empfänger eines Textes; ↗ geschriebene Sprache. W. Haas hat mit

Recht betont, dass S. nie reine Repräsentanten eines bestimmten ↗ Schrifttyps sind, sondern in unterschiedl. Maße Einflüsse jeweils anderer Schrifttypen aufweisen und insofern stets Mischsysteme sind. – Der Sachverhalt, dass S. auf unterschiedl. Systemebenen Bezug nehmen, ist in der Redeweise von den »orthograph. Prinzipien« oder »Prinzipien der Orthographie« gemeint (morpholog. Prinzip, syntakt. Prinzip). Das ist unbefriedigend, denn es geht nicht um Prinzipien, sondern um Netze struktureller Beziehungen. **Lit.** J. Balász, Zur Frage der Typologie europ. S. mit lat. Buchstaben. In: Studia Slavica Acad. Scientiarum Hungaricae t. IV, fasc. 3–4. Budapest 1968, 251–292. – W. Haas, Phono-Graphic Translation. Manchester 1970. – Ders. (ed.), Writing Without Letters. Manchester 1976. – J. Fishman (ed.), Advances in the Creation and Revision of Writing Systems. Den Haag 1977. – HSK 10. – E. Birk (Hg.), Philosophie der Schrift. Tübingen 2009. – F. Coulmas, Writing Systems. An Introduction to Their Linguistic Analysis. Cambridge 2003. – Weitere Lit. ↗ Schrift.   G

Schrifttheorie   ↗ Geschriebene Sprachform, ↗ Schrift, ↗ Schriftlinguistik

Schriftträger ↗ Beschreibstoff

Schrifttyp Die ↗ Schriftsysteme aller ↗ Einzelspr., die über eine ↗ geschriebene Sprachform verfügen, lassen sich wenigen grundlegenden S. zuordnen. Zentral ist die Unterscheidung zwischen dem ↗ alphabetischen und dem nichtalphabet. S., der vor allem durch den ↗ logographischen S. repräsentiert wird. Das wesentl. Kriterium für die Zuordnung ist die dominante Bezugsebene des jeweiligen Schriftsystems im Sprachsystem, deren Elemente (und ggf. die Regeln für ihre Verknüpfung) im betreffenden Schriftsystem graph. repräsentiert werden. Bei alphabet. Schriften ist dies die phonolog. Ebene, ggf. einschl. phonotakt. und Silbenstrukturregularitäten, bei logograph. Schriften die Ebene der freien Morpheme (Wörter), ggf. einschl. Wortbildungsregularitäten (v. a. Kompositionsregeln). Einige sog. ↗ Silbenschriften (z. B. Amhar., Korean.) gehören deshalb zum alphabet. S., ebenso wie einige (fälschlich) so genannte moderne ↗ Konsonantenschriften (z. B. ↗ Arab., ↗ Ivrit). Silbenschriften stellen dann einen eigenständigen S. dar, wenn sie sowohl bezüglich der Lauterpräsentation als auch bezügl. der Morphemrepräsentation arbiträr sind. Die ↗ koreanische Hangul-Schrift ist insofern ein Sonderfall, als sie sowohl phonograph. als auch syllabograph. ist, denn sie repräsentiert in ihren Schriftzeichen sowohl Silben als auch phonolog. Segmente. ↗ Piktographien, ↗ Begriffsschriften und ↗ Pasigraphien stellen weitere S. dar. Jedoch haben Piktographien keine eindeutige und direkte Bezugsebene im Sprachsystem. Sie sind deshalb keine Schriften strictu sensu, anders als Begriffsschriften und Pasigraphien, die systemat. mit komplexen semant. Einheiten (nicht nur lexikal. Bedeutungen) korrespon-

dieren. Kein einziges Schriftsystem tritt unvermischt auf, so dass die Zuordnung zu einem S. nach dem Gesichtspunkt der Dominanz einer Bezugsebene erfolgen muss, d. h. dass sekundäre Bezugsebenen völlig normal sind und zu klären ist, welche Korrespondenzebene vorherrscht. So gibt es in Systemen des alphabet. Typs Wort- und Begriffszeichen (z. B. Ziffern, mathemat. Symbole). Entsprechend finden sich in modernen logograph. Systemen phonet. Indizes. Viele chin. ↗ Hanzi bestehen aus einem bedeutungsindizierenden und einem lautindizierenden Element, die isoliert in ihrem Referenzbereich sehr vage sind; z. B. ergibt das Zeichen *fang* ›Viereck, Quadrat‹ zusammen mit dem ↗ Radikal ›Erde‹ das Hanzi ›Bezirk‹, zusammen mit dem Radikal ›Seide‹ das Hanzi ›spinnen‹, zusammen mit dem Radikal ›sprechen‹ das Hanzi ›fragen‹, zusammen mit dem Radikal ›Holz‹ das Hanzi ›Brett‹, und alle haben die Lautform [faŋ]. **Lit.** C. F. Voegelin & F. M. Voegelin, Typological Classification of Systems With Included, Excluded and Selfsufficient Alphabets. AnL 3, 1961 55–96. – A. Hill, The Typology of Writing Systems. In: Fs. Léon Dostert. Den Haag 1967, 92–99. – G. L. Trager, Writing and Writing System. CTL 12, I, 1974, 373–496. – E. Pulgram, The Typology of Writing Systems. In: W. Haas (ed.), Writing Without Letters. Manchester 1976, 1–28. – W. Haas, Determining the Level of a Script. In: F. Coulmas & K. Ehlich, Writing in Focus. Den Haag 1983, 15–30. – H. Glück, Schrift und Schriftlichkeit. Stgt. 1987. – HSK 10. – A. Robinson, Die Geschichte der Schrift. Düsseldorf 2004.   G

Schriftursprung Die histor. frühesten Schriften sind die sumer. (nach 4000 v. Chr.) und die ägypt. Schrift (ca. 3500 v. Chr.), mit großer Wahrscheinlichkeit unabhängig voneinander entstanden sind; Spekulationen über ältere Schriften waren bislang stets unseriös. Weitere eigenständige frühe Schriftschaffungen fanden in China (ca. 1500 v. Chr.) und im Industal (3. Jt. v. Chr.) statt; auch die ↗ mesoamerikanischen Schriften sind unabhängig von äußeren Einflüssen entstanden. Der Beginn schriftl. Aufzeichnung markiert den Anfang der eigentl. Geschichte; als Wendepunkt und Ende der Vorgeschichte gilt das Vorhandensein schriftl. Zeugnisse. Die Unterscheidung zwischen schriftbesitzenden und schriftlosen Gesellschaften gilt gemeinhin als zentraler Indikator für das jeweils erreichte Zivilisationsniveau. In vielen Kulturen wurde der Schriftursprung mythisch und religiös erklärt, nicht jedoch bei den Griechen und Römern, die sich der tatsächl. Herkunft ihrer Schriften bewusst waren. In der Bibel überreicht Gott auf dem Sinai Moses die von ihm selbst geschriebenen Gesetzestafeln (Exod. 24, 12; 31, 18). In Ägypten ist der Gott Thot der Schöpfer der Schrift (Platon, Phaidros 273 f.), in Indien der elefantenköpfige Gott Ganesh, der einen seiner Stoßzähne als Schreibinstrument zur Verfügung stellt, in den nord. Sagas ist Odin der Schriftschöpfer. Im Islam ist Gott der Schöpfer der Schrift; sie ist deshalb nach verbreiteter Auffassung geheiligt und muss vor jeder Veränderung geschützt werden. **Lit.** ↗ Schrift, ↗ Schriftlichkeit.   G

Schriftzeichen Graph. Zeichen, das mit einem sprachl. Element korrespondiert. Diese Korrespondenz muss eindeutig und für die ↗ Schriftgemeinschaft, die sich des betreffenden ↗ Schriftsystems bedient, konventionell sein. S. treten stets als Inventare segmentaler oder segmentierbarer graph.-visueller Zeichen auf, die ↗ Schriften konstituieren. Schriften müssen es erlauben, im Prinzip jedes Element der Spr. darzustellen, deren Schriftsystem sie zugrundeliegen, sei es in einzelnen S., sei es in Verbindungen mehrerer S. zu graph. Silben, Wörtern, Syntagmen, Sätzen und Texten. Graph. Zeichen und Inventare graph. Zeichen, die dies nicht erlauben, sind keine S. strictu sensu (z. B. religiöse Symbolsysteme, Verkehrszeichen). Segmentale S. sind z. B. die Elemente moderner europ. Alphabete, da sie im Druck stets zwischen ↗ Leerstellen niedrigster Ordnung erscheinen und in Kurrentschriften segmentierbar sind, ebenso die S. des Arab., die verbunden geschrieben und gedruckt werden, aber segmentierbar sind; sie liegen in jeweils vier Varianten vor (in Isolation, wortinitial, wortfinal, im Wortinnern). Die ↗ Syllabogramme des Amhar. sind in eine kons. Grundgestalt und vokalbezeichnende Diakritika segmentierbar, ähnl. viele ind. Silbenschriften. Die chines. S. (↗ Hanzi) sind aus zwei bis vier Elementen aus einem Inventar von 214 Grundzeichen (↗ Radikalen) zusammengesetzt, die ihrerseits S. sind, d. h. dass die Radikale als selbständige Hanzi oder (z. T. mit Gestaltmodifikation) als Teilelemente von mehrelementigen Hanzi fungieren. Die S. der ↗ koreanischen Hangul-Schrift sind zweifach gegliedert, da sie ↗ Phonographeme zu ↗ Syllabogrammen verbinden. – S. korrespondieren je nach ↗ Schrifttyp mit unterschiedl. Ebenen des Sprachsystems: (a) mit gebundenen und freien Morphemen (Wörtern; ↗ Logogramm, ↗ Begriffszeichen), (b) mit Silben (↗ Syllabogramm), (c) mit Phonemen (↗ Graphem) und Allophonen und (d) mit phonolog. Merkmalen. Zu den S. zählen i. w. S. auch die sog. Sonder- und Hilfszeichen, die Korrelationen zu höheren Ebenen der Grammatik (Syntax, Pragmatik) herstellen (↗ Interpunktionszeichen, ↗ Schriftsystem). Die Repräsentation von sprachl. Sachverhalten, die komplexer sind als Wörter (bzw. Begriffe), d. h. syntakt., komplexen semant. und pragmat. Sachverhalten, erfolgt durch suprasegmentale S., die über Ketten segmentaler S. operieren, sei es durch Gestaltdifferenzierung (z. B. die Funktionalisierung des Gegensatzes zwischen Versalen und Gemeinen in der ↗ Groß- und Kleinschreibung im Dt., wo die Großschreibung nach gängiger Ansicht über die reine S.bedeutung hinaus syntakt. Information gibt – die Gegner der

geltenden Regelungen sind selbstredend nicht dieser Meinung), sei es durch selbständige S. wie Interpunktionszeichen, die nur in Bezug auf Syntagmen, Sätze und Texte als S. interpretierbar sind. In ↗ Logographien ist die dominante Korrespondenzebene der S. das Lexikon, z. B. im Chines. oder bei den japan. Kanji, wo ein S. im Prinzip stets ein Wort repräsentiert; jedoch gibt es im modernen Chines. eine Vielzahl von »Komposita«, was (feste) Verbindungen der ihre Bestandteile repräsentierenden Hanzi zu komplexen graph. Wörtern notwendig gemacht hat. Alle modernen Schriften inkorporieren ↗ Ziffern und ↗ Begriffszeichen wie §, %, &, welche deshalb unter die S. zu rechnen sind. In einigen Schriftarten gibt es S., die gebundene Morpheme (z. B. Flexions- oder Worbildungsaffixe) repräsentieren, z. B. chines. {-lə} (Präteritalaffix): *wo mai* ›ich kaufe‹ vs. *wo mai-lə* ›ich kaufte‹, *ta kan* ›er sieht‹ vs. *ta kan-lə* ›er sah‹ oder im ma. Latein {-&} für homophones /-et/ als Personalendung: *ten&* ›er hält‹, *gaud&* ›sie freut sich‹. Mit Silben korrespondieren ↗ Syllabogramme, mit Phonemen die ↗ Buchstaben des ↗ alphabetischen Schrifttyps; ↗ Graphem. Allophonrepräsentation liegt vor z. B. in lat. verschrifteten Spr., in denen keine Opposition zwischen palatalen, velaren und ggf. labiovelaren Plosiven besteht, aber allophon. Variation, die durch die S. ⟨c⟩ bzw. ⟨k⟩ und ⟨q⟩ repräsentiert wird. Mit phonolog. Merkmalen (Reihen) schließlich korrespondieren z. B. das S. ⟨ь⟩ des Russ. (Palatalitätsindex), das S. ⟨I⟩ des Abazin. (Glottalisierungsindex) oder das S. ⟨в⟩ des Abchas. (Labialisierungsindex). **Lit.** D. Abercrombie, What is a Letter? Lingua 2, 1949/50, 54–63. – W. Haas, Phonographic translation. Manchester 1970. – Ders. (ed.), Writing Without Letters. Manchester 1976. – HSK 10. – U. Eco, Semiotik. Entwurf einer Theorie der Zeichen. München 1987. – C. Dürscheid, Einf. in die Schriftlinguistik. Göttingen ³2006. – G. Altmann & F. Fengxiang (eds.), Analyses of Script. Properties of Characters and Writing Systems. Bln., N. Y. 2008. – F. Coulmas, Writing Systems. An Introduction to Their Linguistic Analysis. Cambridge 2003.   G

Schub (auch: Schiebekette. Engl. push chain) Metapher für einen phonet. Lautwandel, der zur Aufrechterhaltung von phonolog. Distinktionen führt. Für die gegenläufige Erscheinung hat man die Metapher des Soges geprägt (auch: Ziehkette, engl. *drag chain*).   T

Schughni-Dialektgruppe ↗ Pamir-Sprachen

Schulfremdsprache ↗ Schulsprache (2).

Schulgrammatik ↗ Didaktische Grammatik

Schulschrift In den Grundschulen als Erstschrift gelehrte ↗ Kurrentschrift (↗ Schrift 6) mit Vorbildcharakter, die zur Entwicklung einer ›schönen‹ (leicht und eindeutig lesbaren, rasch ausführbaren, altersgemäßen und ›gefälligen‹ ↗ Handschrift (1) führen soll. In Deutschland üblich sind die *lateinische Ausgangsschrift* (seit 1954), die *vereinfachte*

Ausgangsschrift (seit 1982). In der DDR war die *Schulausgangsschrift* (seit 1968) in Gebrauch; ⁊ Schreibenlernen. G

Schulsprache 1. (Auch: Unterrichtssprache) Spr. des Schulunterrichts, diejenige Spr., die Medium (und i. d. R. auch Gegenstand) der schul. Unterweisung ist. Der Terminus taucht v. a. in der sozioling. und sprachsoziolog. Lit. auf, die sich mit Bilingualismus, Migration und Minderheitenfragen befasst. **2.** (Auch: Schulfremdsprache) Eher umgangssprachl. Bez. für diejenigen Fremdspr., die im Schulwesen eines Landes kanon. oder obligator. sind; in Deutschland sind dies Engl., Frz. und Lat., in humanist. Gymnasien auch Griech., wogegen viele »3. Fremdsprachen« keine klass. S. sind. G

Schulsprachenpolitik ⁊ Fremdsprachenpolitik

Schusterjunge Erste Zeile eines Absatzes oder Textabschnitts, die mit ⁊ Einzug am Ende einer ⁊ Kolumne steht (ohne Einzug: *Waisenkind*); ⁊ Hurenkind. G

Schwa ⁊ Schwa-Laut

Schwabacher Lettern Eine im Augsburg-Nürnberger Raum vermutlich von einem Schwabacher Stempelschneider gegen Ende des 15. Jh. entwickelte bürgerl. Variante der ⁊ Textura, die bei den Frühdruckern weit verbreitet war, u. a. auch in Wittenberg. EN

Schwäbisch 1. ⁊ Alemannisch. **2.** Sammelbez. (volkstüml.) für die neuzeitl. Sprachinselmaa. in Ostmitteleuropa und Südosteuropa. Nur selten tatsächlich Schwäb. (⁊ Alemannisch), häufiger ⁊ Rheinfränkisch, ⁊ »Hessisch«, ⁊ Bairisch u. a. oder aus diesen kontaminiert. **Lit.** P. Wiesinger, Dt. Dialektgebiete außerhalb des dt. Sprachgebiets. HSK 1, I, 900–929. DD

Schwaches Verb (auch: regelmäßiges Verb. Engl. weak verb) Klasse der regelmäßig flektierten germ. Verben (im Dt. wird das Prät. mit {-t}, das Part. Perf. mit {ge- – -t} gebildet); Ggs. ⁊ starkes Verb. WR

Schwachton ⁊ Akzent

Schwächung ⁊ Lenisierung

Schwa-Laut (hebr. schewā ›Name für das Vokalzeichen des unbetonten e-Lautes‹. Auch: Indifferenzvokal, Irrationalvokal, Murmelvokal, Neutralvokal, Zentralvokal) Mit neutraler Zungenstellung produzierter, d. h. mittelhoher zentraler ⁊ Vokal [ə], wie z. B. in den unbetonten dt. Endsilben *-e, -en* bzw. übertragen für alle Vokale der zentralen Reihe wie z. B. der tiefere S. in der unbetonten dt. Endung *-er* [ɐ]. PM

Schwammwort Ugs. Bez. für Ausdrücke, die als »schwammig« empfunden werden, z. B. *Ding, Typ, machen*; kein ling. Terminus. G

Schwankendes Geschlecht ⁊ Genusschwankung

Schwanzwort (auch: Endform) Bez. für Lexeme, die durch Tilgung eines Segments am Wortanfang entstehen. I. d. R. betrifft die Kürzung initiale Morpheme, etwa *Eisenbahn* zu *Bahn*, *Omnibus* zu *Bus*. Gelegentlich werden aber auch nicht-morphemat.

Segmente gekürzt; ⁊ Kopfwort, ⁊ Klammerform, ⁊ Kurzwort, ⁊ Kürzung. ES

Schwedisch (Eigenbez. Svenska. Engl. Swedish, frz. suédois) ⁊ Germanische, genauer: ⁊ nordgermanische Sprache. Sprachhistor. wird S. zum ⁊ Ostnordischen gerechnet. Es ist Staatsspr. in Schweden und dient in Finnland als zweite Amts- und Schulspr. nach dem ⁊ Finnischen. Sprecherzahl insgesamt ca. 8,5 Mio.; Karte ⁊ Europäische Sprachen, im Anhang. Im Norden Schwedens (Västerbotten, Norrbotten) wird ⁊ Lappisch gesprochen (Sprecherzahl: ca. 5 000). Man unterscheidet zwei Entwicklungsphasen: (a) Altschwed. (ca. 800 bis zur Mitte des 16. Jh.), (b) Neuschwed. (seit der Mitte des 16. Jh., i. e. S. seit der ersten Hälfte des 18. Jh.). Der Wortschatz zeigt starken ndt. Einfluss. S. ist wie die südl. Mundarten des Norweg. eine ⁊ Tonsprache. – Die ältesten Sprachdokumente sind Runeninschriften (9. bis 13. Jh.; ⁊ Runen). – Orthograph. Erkennungszeichen: ⟨ä⟩ statt ⟨æ⟩ der übrigen nordgerm. Spr. – Es gibt im Dt. nur wenige Entlehnungen aus dem S., z. B. *Knäckebrot, Ombudsmann*. **Lit.** B. Collinder, Svensk språklära [S. Sprachlehre]. Stockholm 1974. – **SSG** Universitätsbibliothek Kiel (8). T

Schweigen ⁊ Unterbrechung

Schweizerdeutsch (auch: Schwyzerdüütsch) Sammelbez. für die zum ⁊ Alemannischen gehörenden Dialekte auf dem Gebiet der Schweiz. In sich gegliedert in das Hoch- und Höchstalemannische. Sprachgeograph. nicht zu trennen von den alemann. Dialekten in Deutschland, Liechtenstein, Österreich und im Elsaß, jedoch aufgrund des verbreiteten Dialektgebrauchs in der Schweiz in nahezu allen Sprechsituationen und als Zeichen der nationalen Abgrenzung als eigenständige Einheit empfunden und benannt. **Lit.** A. Lötscher, Schweizerdt. Frauenfeld, Stgt. 1983. DD

Schwellform ⁊ Funktionsverbgefüge

Schwerehierarchie Regularität, die die Topologie der Modifikatoren (auch: Spezifikatoren) innerhalb von Nominalgruppen des Dt. um den nominalen Kern herum (auch: Spezifikat) steuert. Artikelwörter sind ›prototypisch leichter‹ als adjektivische Attribute, diese sind leichter als Genitiv- und Präpositionalattribute, »und am schwersten sind Attributsätze« (Eisenberg II, 410), z. B. *dieser neue Streit der Kanzlerin mit dem Außenminister, der zu erwarten war, …*; ⁊ Behaghelsche Gesetze. G

Schwerhörigkeit (engl. hearing impairment, frz. dur d'oreille) Bez. für jede vorübergehende oder dauerhafte ⁊ Hörschädigung, die zwar die auditive Wahrnehmung vor allem der Spr. auch unter Einsatz von Hörgeräten beeinträchtigt, aber im Gegensatz zur ⁊ Gehörlosigkeit zumindest bei behindertengerechten Kommunikationssituationen eine Diskrimination und Identifikation von Spr. über das ⁊ Ohr noch zulässt. Man unterscheidet nach dem Ausmaß des mittleren Hörverlustes auf dem besseren Ohr 3 Schweregrade: leichtschwerhörig (bis 30 ↗ Dezibel (dB)), mittelgradig schwerhörig (bis 60 dB) und stark schwerhörig (bis 90 dB). Schon leichtere S. kann die Entwicklung der Hör-, Sprech- und Sprachfähigkeit beeinträchtigen. Bei schwerhörigen Kindern kommt es im Laufe der Entwicklung häufig zu einer Identitätskrise, wenn ihnen bewusst wird, dass sie unter den Bedingungen der normalen Alltagskommunikation trotz ihrer prinzipiellen Hör- und Sprechfähigkeit von lautsprachl. Kommunikation und Information ausgeschlossen bleiben. Es verwundert daher nicht, dass ein beträchtlicher Teil der Schwerhörigen in der Kommunikation auf gleichartig Behinderten auch Gebärden einsetzt. Ähnlich wie bei Ertaubten (↗ Ertaubung) ist deshalb auch bei Schwerhörigen die Entwicklung von Hörtaktik und einer bewussten Einstellung zur eigenen Hörbehinderung von wesentl., hörgeschädigtenpädagog. häufig vernachlässigter Bedeutung. Die eingeschränkte lautsprachl. Kommunikationsfähigkeit kann durch Ablesetraining und manuelle Zeichensysteme wie lautsprachbegleitende Gebärden (↗ Gebärdensprache) oder ein ↗ Handalphabet verbessert werden. Durch steigende Umweltbelastung hat die Alters-S. stark zugenommen und impliziert neue rehabilitative und therapeut. Probleme. In diesem Zusammenhang ist auch auf den Tinnitus (Ohrgeräusche) zu verweisen. Lit. J. Fengler, Hörgeschädigte Menschen. Beratung, Therapie und Selbsthilfe. Stgt. 1990. – G. Renzelberg, Schwerhörigenpädagogik. In: U. Bleidick et al., Einführung in die Behindertenpädagogik, Bd. III. Stgt. 1999, 9–50. – K.-B. Günther, Gehörlosigkeit und S. In: J. Borchert (Hg.), Hdb. der Sonderpädagog. Psychologie. Göttingen u. a. 2000, 114–125. – R. Schramek, Alt und schwerhörig? Hörgeschädigtengeragogik – eine rehabilitativ orientierte Bildungsarbeit. Oberhausen 2002.   GT

Schwester(-von-Relation) (auch: Nachbar-von-Relation) In einem ↗ Strukturbaum die Relation, welche zwischen zwei von ein und demselben ↗ Knoten unmittelbar dominierten Knoten besteht. Die S.-v.-R. ist wesentl. für die Operation *Merge* im ↗ Minimalismus; ↗ Dominanz   F

Schwesteralphabet Alphabete unterschiedl. Gestalt und Struktur (↗ Schriftsystem), die sich aus einem gemeinsamen ↗ Basisalphabet entwickelt haben. Die Alphabete z. B. des Dt., Yoruba und Vietnames. sind S. im Hinblick auf das lat. Basisalphabet, dessen Tochteralphabete sie sind. Das lat. Basisalphabet wiederum kann als S. der Alphabete des Etrusk., Falisk., Osk. usw. und in einer größeren Perspektive auch des Kyrill. im Hinblick auf das griech. Basisalphabet aufgefasst werden.   G

Schwiegermuttersprache ↗ Frauensprache

Schwinglaut ↗ Vibrant

Schwingung ↗ Frequenz

Schwundstufe ↗ Ablaut, ↗ Abstufung

Schwyzerdüütsch ↗ Schweizerdeutsch

Scrambling (engl. to scramble ›umrühren‹) Im Rahmen der GG von Ross (1967) eingeführte Bez. für solche ↗ Transformationen, die aus einer zugrundeliegenden Struktur mit einer best., festgelegten lineraren Abfolge von Konstituenten Strukturen mit unterschiedl. lineraren Abfolgen dieser Konstituenten erzeugen. Für das Dt. interessant sind hierbei v. a. die Abfolgebedingungen für Konstituenten im ↗ Mittelfeld von Sätzen. Im Rahmen der ↗ Rektions-Bindungs-Theorie wird S. als Spezialfall von ↗ Move α diskutiert, der ggf. durch generelle Prinzipien wie ↗ Bindung oder das ↗ ECP beschränkt wird. In der heutigen auf universale Sprach-Prinzipien ausgerichteten GG bezieht sich die theoret. Erörterung von S. auf die Frage, welche Wortstellungsvariationen in Spr. unterschiedl. Typs Resultate von welchen syntakt., semant. oder pragmat. Faktoren sind und unter welchen Bedingungen S. nicht mögl. ist, d. h. *Word Order Freezing* eintritt; zunehmend wird hierbei die Diskussion auf der Basis der ↗ Optimalitätstheorie geführt. **Lit.** G. Chocano, Narrow Syntax and Phonological Form. S. in the Germanic Languages. Amsterdam 2007. – N. Corver & H. v. Riemsdijk (eds.), Studies on S. Bln. 1994. – V. v. Gelderen, S. Unscrambled. Diss. Univ. Utrecht 2003. – R. Hinterhölzl, S., Remnant Movement and Restructuring in West Germanic. Oxford 2006. – S. Karimi (ed.), Word Order and S. Malden, MA 2003. – S. M. Powers & C. Hamann (eds.), Acquisition of S. and Cliticization. Dordrecht 2000. – M. I. Putnam, S. and the Survive Principle. Amsterdam 2007. – J. R. Ross, Constraints on Variables in Syntax. Cambridge, Mass. 1967 [erschienen als: J. R. Ross, Infinite Syntax. N. Y. 1981]. – J. Sabel & M. Saito (eds.), S. Bln. 2005. – A. Siewierska et al. (eds.), Constituent Order in the Languages of Europe. Bln. 1998. – S. Tonoike (ed.), S. Tokyo 1997. **Bibl.** B. Haftka, Dt. Wortstellung. Heidelberg 1999.   F

Script ↗ Rahmen, ↗ Schema, ↗ Scripts

Scriptio continua f. (lat. ›ununterbrochenes Schreiben‹) Schreibweise ohne Worttrennung (↗ Worttrenner), die alle auch epigraph. bezeugte Trennung durch Punkte im 2. Jh. weitgehend verdrängt. Mit der ↗ karolingischen Minuskel verbreitet sich auch die Worttrennung, obwohl Präpositionen und andere kurze Wörter meist noch mit dem folgenden Wort verbunden werden. Vom 12. Jh. an ist die Trennung meist deutlich.   EN

Scriptio defectiva f. (lat. ›lückenhaftes Schreiben‹) Bez. für Schriftsysteme, in denen nur die Konsonanten durch Schriftzeichen wiedergegeben werden; ↗ Pleneschreibung.   EN

Scriptio plena f. (lat. ›vollständiges Schreiben‹) Bez. für Schriftsysteme, in denen alle Laute, Konsonanten und Vokale, durch Schriftzeichen wiedergegeben werden; ↗ Pleneschreibung.   EN

Scriptorium ↗ Schreibschule

Scripts (auch: Datenstruktur) ↗ Schema zur ↗ Wissensrepräsentation aus der ↗ Künstlichen Intelligenz, bestehend aus komplexen Datenstrukturen, die insbes. für das ↗ Automatische Textverstehen verwendet werden. Nach Schank & Abelson (1977) sind S. als ↗ semantische Netze konzipiert, die eine standardisierte Sequenz von Ereignissen und Handlungen repräsentieren. **Lit.** R. C. Schank & R. P. Abelson, Scipts, Plans, Goals and Understanding. Hillsdale, NJ. 1977.   Z

Sebundoy ↗ Südamerikanische Indianersprachen

Sec ↗ Südamerikanische Indianersprachen

Secoya ↗ Tukano-Sprachen

Section ↗ Abschnitt

Sedeq, Sediq ↗ Formosa-Sprachen

Segment (lat. sēgmentum ›Abschnitt‹) Zeitl. sequentielle Einheit lautsprachl. Äußerungen, wie ↗ Laut (auch: ↗ Phon (2), manchmal auch ↗ Silbe) im Ggs. zu den sich auf mehrere S. beziehenden ↗ suprasegmentalen Merkmalen wie ↗ Akzent, ↗ Intonation, ↗ Rhythmus. Als Auto-S. für die zeitl. Domäne einzelner phonet. Merkmale (↗ autosegmentale Phonologie); ↗ Segmentierung.   PM

Segmentale Phonologie ↗ Phonologie

Segmentation phenomenon ↗ Gliederungssignal

Segmentierung Sprachl. Ausdrücke sind nicht als Mengen diskreter Einheiten gegeben, sondern als Kontinua. Für viele sprachprakt. und sprachwiss. Manipulationen ist es jedoch sinnvoll, die Kontinua in Mengen diskreter Einheiten, nämlich in Folgen von ↗ Segmenten aufzulösen. Das Verfahren einer solchen Auflösung heißt S. Eines der ältesten S.verfahren ist die ↗ Verschriftung. Schriftunabhängige S. sind besonders im Rahmen des ↗ Strukturalismus entwickelt worden: phonolog. vor allem von N. S. Trubeckoj und Z. S. Harris, morpholog. etwa von E. Nida und Z. S. Harris, syntakt. von Z. S. Harris und R. Wells.   T

Segolatum n. Nominalform des ↗ Hebräischen, in der die ursprüngl. Doppelkonsonanz im Auslaut durch einen Vokal, meist /ä/ (Segol), aufgesprengt ist, z. B. **malk > mäläk* ›König‹.   WI

Sehachse ↗ Auge

Sehen ↗ Auge

Sehtext ↗ Konkrete Dichtung

Seichtstruktur ↗ REST, ↗ Rektions-Bindungs-Theorie

Sein-Passiv ↗ Zustandspassiv

Seinsverb ↗ Verbum substantivum

Seitenlaut ↗ Lateral

Sekundärartikulation Zur primären Artikulation eines Sprachlautes (↗ Phon, ↗ Phonem) modifizierend hinzutretende Artikulation (teilweise auch von phonemat. Status) an einer anderen ↗ Artikulationsstelle wie z. B. ↗ Labialisierung, ↗ Palatalisierung, ↗ Velarisierung.   PM

Sekundärstamm ↗ Unikales Morphem

Sekundärsuffix ↗ Suffixverbindung

Sekundärumlaut Bez. für den sich im Mhd. graphisch durchsetzenden ↗ Umlaut von *a > ä, o > ö, u > ü, ā > æ, ō > œ, ū > iu, ou > öu, uo > üe*. Der S. ist

wie der Primärumlaut (↗ Umlaut) bedingt durch *i, j* der Folgesilbe. Der S. erfasst alle umlautfähigen Vokale und wird auch vor den im Ahd. umlauthemmenden Kons.verbindungen *hs, ht, rh, rw* durchgeführt, z. B. ahd. *mahti* ›Mächte‹ > mhd. *mähte*. ST

Selbsteinbettende Konstruktion ↗ Eingeschachtelte Konstruktion

Selbsteinbettung ↗ Einbettung, ↗ Eingeschachtelte Konstruktion

Selbstkorrektur ↗ Korrektur

Selbstlaut In der Grundschuldidaktik übl. Bez. für ↗ Vokal.   PM

Seldschukisch ↗ Turksprachen

Selektion (lat. sēlēctiō ›Auswahl‹) **1.** In der ↗ Glossematik eine Relation (bei L. Hjelmslev eine sog. Funktion) zwischen zwei Größen, die innerhalb ein und desselben Zeichens existieren, folglich Größen des Sukzesses (Verlaufs) sind. Dabei setzt die Anwesenheit der einen Größe die der andern voraus, nicht aber umgekehrt; ↗ Determination. – Kommt z. B. in einem lat. Satz die Präposition *sine* vor, so muss es im selben Satz ein Nomen im Ablativ geben. Das Umgekehrte gilt nicht: Wenn es in einem lat. Satz ein Nomen im Ablativ gibt, so ist dafür nicht die Anwesenheit von *sine* (›ohne‹) oder die einer anderen Präposition Voraussetzung. Zwar ist S. eine Relation zwischen Größen des Sukzesses, das Vorliegen von S. wird jedoch bestimmt durch Vergleich im System (↗ Sprachsystem), d. h. etwa durch Vergleich mit anderen Sätzen. Um S. zwischen *sine* und Ablativ in einem Satz mit genau einem Ablativ und mit genau einem ↗ Vorkommen von *sine* feststellen zu können, ist die Existenz eines Satzes mit Ablativ ohne *sine* im System des Lat. Voraussetzung. Diese ist gegeben. **2.** ↗ Lexikalische Solidaritäten.   T

Selektionsbedingung ↗ Selektionsbeschränkung

Selektionsbeschränkung 1. (auch: Kookkurrenzbeschränkung, Selektionsregel, Selektionsrestriktion) Im ↗ Aspekte-Modell (↗ Interpretative Semantik) Bez. für die semant.-syntakt. Verträglichkeit zwischen Konstituenten in einer ↗ Ableitung. S. sind eine Teileigenschaft der ↗ Subkategorisierung syntakt. Grundeinheiten und basieren auf der Zuweisung von ↗ Selektionsmerkmalen zu syntakt. Grundeinheiten und der Formulierung selektionaler Subkategorisierungsregeln. F – **2.** In der ↗ Valenzgrammatik gehören die S. (auch: Selektionsbedingungen) zu den Valenzeigenschaften eines Wortes. Es handelt sich dabei um semant. Merkmale, die den ↗ Ergänzungen in Abhängigkeit von einem ↗ Valenzträger zukommen.   WK

Selektionsmerkmal Im ↗ Aspekte-Modell (↗ Interpretative Semantik) Klasse syntakt.-semant. Merkmale, welche ↗ Selektionsbeschränkungen zwischen den ↗ Endsymbolen (= syntakt. Wörter = syntakt. Grundeinheiten) in syntakt. Strukturen erfassen sollen. Bspw. selektiert das Verb *rauchen* in transitiver syntakt. Umgebung ein Subj. mit dem S.

[+menschl.] (= Agens-Fähigkeit) und ein Obj. mit dem S. [+brennbar], in intransitiver Umgebung ein Subj. mit dem S. [+menschl.] oder [+brennbar]; die genannten Merkmale erlauben nur spezif. Lesarten von Phrasen und Sätzen. Bspw. wird ein Satz wie *Das Pantoffeltierchen raucht* so interpretiert, dass dieses am Verbrennen ist. S. zählen zu den Merkmalen, welche die selektionale ↗ Subkategorisierung syntakt. Grundeinheiten explizieren.   F

Selektionsregel ↗ Selektionsbeschränkung, ↗ Selektionsmerkmal

Selektionsrestriktion ↗ Selektionsbeschränkung, ↗ Selektionsmerkmal

Selektive Adaptierbarkeit ↗ Auditive Phonetik

Selk'nam ↗ Ona, ↗ Tschon-Sprachen

Selkupisch ↗ Uralische Sprachen

Sem n. (griech. σῆμα (sēma), frz. sème ›Zeichen‹, engl. seme) **1.** Von B. Pottier (1963) und A. J. Greimas (1966) eingeführter Terminus zur Bez. minimal-distinktiver Bedeutungselemente von Lexemen; ↗ Semantisches Merkmal. **2.** H. E. Wiegand und H. Henne beschränken den S.-Begriff auf diejenigen Merkmale, die innerhalb eines Paradigmas distinktiv sind; das allen ↗ Sememen eines Paradigmas gemeinsame Merkmal nennen sie ↗ Noem (3). **3.** Gelegentl. wird der Ausdruck »sème« für eine höherrangige Zeicheneinheit verwendet, so von L. J. Prieto für satzanaloge Äußerungen oder von J. Kristeva für Texte. **Lit.** ↗ Semantisches Merkmal.   RB

Semantem (semant(isch) + -em; ↗ emisch; frz. sémantème) **1.** Bei J. Vendryes und Ch. Bally das virtuelle lexikal. Zeichen (↗ Lexem), frei (*zehn*) oder gebunden (*leb-*; Bally: »radical«). **2.** Zuweilen i. S. von ↗ Semem oder ↗ Sem. **3.** Bei H. Glinz, H. Sitta und K. Brinker der »feste geltende Inhalt« eines Syntagmas bzw. Satzes. Bei Brinker auch die valenzabhängige (Teil-) Bedeutung eines Vb., die beim Fehlen »semantemkonstitutiver« Satzglieder verlorengeht, selbst wenn diese »morphosyntakt.« weglassbar sind: *Er findet₁ sie schön – Er findet₂ sie.* **Lit.** H. Sitta, S.e und Relationen. Ffm. 1971. – K. Brinker, Konstituentenstrukturgrammatik und operationale Satzgliedanalyse. Ffm. 1972.   RB

Semantic primitive ↗ Atomares Prädikat

Semantic Web Initiativen, die darauf abzielen, das World Wide Web (WWW) durch Annotation mit maschinenlesbaren semant. Metadaten und durch die Entwicklung von Applikationen, die diese Metadaten interpretieren können, inhaltl. zu erschließen und um neue Anwendungsmöglichkeiten zu erweitern.   L

Semantik (σημαντικός (sēmantikos) ›zum Zeichen gehörig‹. Engl. semantics, frz. sémantique) Bez. für wiss. Teildisziplinen (u. a. der Philosophie, ↗ Semiotik und Ling.), die die ↗ Bedeutung von ↗ Zeichen, speziell von ↗ Sprachzeichen, erforschen. Im Jahre 1839 begründete der Altphilologe Ch. K. Reisig eine ↗ diachronische »Bedeutungslehre«, die er

↗ Semasiologie nannte; der später damit konkurrierende Terminus ›S.‹ stammt von M. Bréal, dessen »Essai de sémantique« aus dem Jahre 1897 sich themat. nicht von den semasiolog. Untersuchungen zum ↗ Bedeutungswandel unterschied. Der Bréalsche Terminus setzte sich zunächst im franko- und anglophonen Bereich durch; bestimmend für seinen langfristigen Erfolg wurde v. a., dass »semantics« von Ch. W. Morris (1938) als Bez. derjenigen Teildisziplin der Semiotik eingeführt wurde, die »sich mit der Beziehung der Zeichen zu ihren ↗ Designata beschäftigt«. Er tat dies zu einer Zeit, als in Amerika die professionelle Ling. strikt antimentalistisch das Studium der Bedeutung als wiss. nicht erfassbar aus der Ling. ausschloß (L. Bloomfield 1935) und »semantics« andererseits das Fahnenwort einer sprachkrit. und -pädagog. Gesellschaftstheorie war (↗ Allgemeine Semantik). Gleichzeitig hatte in der frz. und dt. Sprachwiss. F. de Saussures systembezogene Sprachtheorie Wortschatzuntersuchungen angeregt, die die Lexembedeutungen in ihren paradigmat. Relationen betrachten. Die von J. Trier (1931) entwickelte ↗ Wortfeldtheorie ermöglichte neben diachronen auch synchrone Bedeutungsanalysen; diese wurden von L. Weisgerber in den Dienst seiner an W. von Humboldt anknüpfenden neuromant. Sprachinhaltsforschung (↗ Inhaltbezogene Grammatik) gestellt, später allerdings auch in die daneben weiterbestehende Semasiologie aufgenommen. Den krönenden Abschluss dieser Epoche bildet im Jahre 1957 S. Ullmanns Monographie »The Principles of Semantics«; hier hat sich eine an de Saussure anknüpfende, Synchronie und Diachronie integrierende S. vollgültig etabliert. – Zu Beginn der 1960er Jahre beginnt die Epoche der ↗ strukturalen Semantik, in der die europäische Bedeutungsforschung zur Anwendung der systemat. Methodik des ↗ Strukturalismus, den amerikan. Strukturalismus zur Akzeptanz semant. Analyseobjekte führte. Zur strukturellen S. zählen: (a) die durch L. Hjelmslevs Sprachtheorie (↗ Glossematik) angestoßene, phonolog. inspirierte Merkmalsanalyse der ↗ Inhaltsform von Lexemen und der ↗ Bedeutungsstrukturen des Wortschatzes; (b) die in den USA entwickelte Analyse von Wortbedeutungen in kleinste kognitive, ggf. universale ↗ Komponenten; (c) die von J. Lyons praktizierte Beschreibung paradigmat. »Sinnrelationen« mithilfe von Satzimplikationen; (d) die im Gefolge der GG entwickelten Methoden merkmalsorientierter ↗ Satzsemantik (↗ Interpretative Semantik, ↗ Generative Semantik); (e) eine ↗ Textsemantik der ↗ Isotopien und Strukturebenen. Von weitreichender Bedeutung für die Entwicklung der S. war es, dass sich die generative Satzsemantik genötigt sah, zur Beschreibung propositionaler und implikativer Bedeutungen auf die ↗ formale Logik zurückzugreifen. Sie konnte sich dabei auch auf die philosoph. S. berufen, wie sie v. a. R. Carnap und L. Tarski für die Analyse künstl.

Spr. entwickelt hatten. Für diese lassen sich uneingeschränkt die Postulate der Kompositionalität der Bedeutung (↗ Frege-Prinzip) und der Identifizierung der Bedeutung einer Aussage mit ihren ↗ Wahrheitsbedingungen behaupten. Die Übertragung dieser Postulate auf natürl. Spr. durch R. Montague Anfang der 1970er Jahre führte zur Entwicklung der Wahrheitsbedingungen-S., speziell der ↗ modelltheoretischen Semantik, die den für die Referentialität von sprachl. Aussagen wichtigen Begriff der ↗ möglichen Welt integrierte. Dieser Ansatz ist in unterschiedl. Ausarbeitungen – u. a. Zusammenführung mit der ↗ Lambda-Kategoriengrammatik, Einbeziehung wortsemant. Analysen (D. R. Dowty) – und Weiterentwicklungen – u. a. ↗ Situationssemantik, Diskurssemantik (P. A. M. Seuren), ↗ Ereignissemantik – weiterhin dominant für die Vertreter einer formalen S. (vgl. HSK 6; Löbner 2003, Kap. 10; Portner 2005). – Sowohl die strukturelle als auch die log. S. waren seit den 1970er Jahren heftigen Angriffen ausgesetzt. Einerseits wurde die Annahme einer durch Wahrheitsbedingungen oder distinktive Merkmale vollständig charakterisierten Bedeutung durch philosoph. Argumente (H. Putnam) und psycholog. Experimente (E. Rosch) in Frage gestellt und erwies sich angesichts der vorgeschlagenen Alternativen ↗ Stereotypensemantik und ↗ Prototypensemantik als revisionsbedürftig. Andererseits wurde unter Berufung auf L. Wittgensteins ↗ Gebrauchstheorie der Bedeutung die Berechtigung (oder schwächer: die Reichweite) einer System-S. problematisiert; die Faszination durch die kreative Vielfalt der ↗ Äußerungsbedeutungen ließ die Systembedeutung der Lexeme zur unexplizierten ↗ Gebrauchsregel verblassen. Zudem weitete sich der semant. Fragehorizont durch die ↗ Sprechakttheorie: Da diese den ↗ performativen Gebrauch aller Satzarten im vollen Spektrum der Handlungsfunktionen untersucht, stellt sich die Frage, inwieweit der »kommunikative Sinn« (Bierwisch 1980) von Sätzen schon in ihrer Systembedeutung angelegt ist. Nach unterschiedl. Versuchen, sowohl die Pragmatik zu semantisieren (z. B. die »performative Analyse« von J. Ross; ↗ Hypersatz) als auch die S. zu pragmatisieren (z. B. die »Prakt. S.« von H. J. Heringer), sieht man heute zumeist den kommunikativen Sinn als Ergebnis der Interaktion unterschiedl. ›modularer‹ Kenntnissysteme, deren eines die abstrakten Bedeutungspotentiale von sprachl. Ausdrücken umfasst. Der Grenzverlauf zwischen S. und Pragmatik ist im Einzelfall allerdings noch kontrovers (vgl. die Diskussion zur »Schnittstellen«-Problematik (z. B. Pohl 2008) und speziell zum ↗ Satzmodus). – Der Begriff der ↗ Modularität von Kenntnissystemen wird ebenfalls herangezogen, um die alte Frage nach dem Verhältnis von sprachl. und konzeptuellem Wissen zu beantworten, die im Rahmen der ↗ kognitiven Linguistik an Aktualität und empir. Gehalt gewonnen hat. Während

der Versuch, beide Bereiche durch die Annahme einer muttersprachl. determinierten Kognition (Sprachinhaltsforschung, ↗ Sapir-Whorf-Hypothese) zu verschmelzen, der Vergangenheit angehört, steht heute der entgegengesetzten »holist.« Auffassung kognitiv determinierter Sprachstrukturen (R. Jackendoff, R. W. Langacker) die Hypothese zweier modularer Kenntnissysteme (z. B. M. Bierwisch & E. Lang; ↗ Zwei-Ebenen-Semantik) gegenüber. Ein »semimodulares« Modell vertritt M. Schwarz, indem sie die S. als »Schnittstelle« betrachtet, welche konzeptuellen Repräsentationen sprachl. Strukturen zuordnet, so dass sich die konzeptuelle und die semant. Strukturen »nur der Form nach, nicht aber in ihrer Substanz« unterscheiden (1992, 98). Mit der Kombination von systemling. Modellbildungen, computerling. Simulationen, psycholing. »off-line«-Experimenten und neuroling. »on-line«-Untersuchungen arbeitet die kognitive S. vor allem an zwei Aufgaben: (a) an der Entschlüsselung der Struktur und Funktionsweise des zumeist als Netzwerk (↗ Semantisches Netz) modellierten semant. ↗ Gedächtnisses (↗ Mentales Lexikon 1), wobei dessen Architektur v. a. aus empir. Daten zur lexikal. Aktivierung (↗ Sprachwahrnehmung) und Störung (↗ Aphasie) erschlossen werden soll; (b) an der Rekonstruktion der »Bedeutungskonstitution« (B. Rieger) bei der Produktion und Rezeption von Texten (↗ Textverarbeitung (2)). Die hier in Kooperation mit der Forschung zur ↗ künstlichen Intelligenz gewonnenen Ergebnisse haben das Verständnis für die prozessuale Struktur der Textbedeutung (↗ Bedeutung (4)) entscheidend vertieft; diese ist i. d. R. nicht einfach ein stat. Gefüge von Propositionen (↗ Makrostruktur, ↗ Textbasis), sondern darauf angelegt, dass Rezipienten mittels ↗ Inferenzen (2) (Rickheit & Strohner 1985) konzeptuelle Strukturen (mentale Modelle, ↗ Wissensrepräsentation, ↗ Schema, ↗ Scripts, ↗ Rahmen) aktivieren, die zur Herstellung von ↗ Textkohärenz und zur Komplettierung des Textsinnes (↗ Sinn (6)) erforderlich sind. **Lit.** L. Bloomfield, Language. Ldn. 1935. – Ch. W. Morris, Foundations of the Theory of Signs. Chicago 1938. – R. Carnap, Meaning and Necessity. Chicago 1947. – Ders., Einf. in die symbol. Logik. Wien, N. Y. 1954. – S. Ullmann, The Principles of Semantics. Oxford 1957; dt.: Grundzüge der S. Bln. 1967. – J. J. Katz, Semantic Theory. N. Y. 1972. – H. J. Heringer, Prakt. S. Stgt. 1974. – R. M. Kempson, Semantic Theory. Cambridge 1976. – J. Lyons, Semantics. 2 Bde. Cambridge 1977; dt.: S. 2 Bde. Mchn. 1980, 1983. – D. R. Dowty, Word Meaning and Montague Grammar. Dordrecht 1979. – M. Bierwisch, Semantic Structure and Illocutionary Force. In: J. R. Searle [u.a], Speech Act Theory and Pragmatics. Dordrecht 1980, 1–35. – R. Jackendoff, Semantics and Cognition. Cambridge, Mass. 1983. – Ders., Semantic Structures. Cambridge ⁴1995. – P. A. M. Seuren, Discourse Semantics.

Oxford 1985. – G. Rickheit & H. Strohner (eds.), Inferences in Text Processing. Amsterdam 1985. – B. Rieger (Hg.), Dynamik in der Bedeutungskonstitution. Hamburg. 1985. – D. A. Cruse, Lexical Semantics. Cambridge 1986. – M. Bierwisch & E. Lang, Grammat. und konzeptuelle Aspekte von Dimensionsadjektiven. Bln. 1987. – R. W. Langacker, A View of Linguistic Semantics. In: B. Rudzka-Ostyn (ed.), Topics in Cognitive Linguistics. Amsterdam 1988, 49–90. – W. Hüllen & R. Schulze (eds.), Understanding the Lexicon. Tübingen 1988. – HSK 6. – M. Schwarz, Kognitive S.theorie und neuropsycholog. Realität. Tübingen 1992. – J. Lyons, Linguistic Semantics. Cambridge 1995. – A. Wierzbicka, Semantics. Primes and Universals. Oxford, N. Y. 1996. – J. Aitchison, Words in the Mind. Oxford 1987; dt.: Wörter im Kopf. Tübingen 1997. – L. Talmy (ed.), Toward a Cognitive Semantics. Vol. 1–2. Cambridge, Mass. ²2001. – J. I. Saeed, Semantics. Oxford ²2003. – J. Gutiérrez-Rexach (ed.), Semantics. 6 Bde. Ldn. 2003. – S. Löbner, S. Eine Einf. Bln., N. Y. 2003. – H. Cuyckens et al. (eds.), Cognitive Approaches to Lexical Semantics. Bln., N. Y. 2003. – D. A. Cruse, Meaning in Language. Oxford ²2004. – S. Davis & B. S. Gillon (eds.), Semantics. A Reader. Oxford 2004. – P. H. Portner, What is Meaning? Fundamentals of Formal Semantics. Oxford 2005. – I. Pohl (Hg.), Semantik und Pragmatik – Schnittstellen. Ffm. 2008. – A. Ziem, Frames und sprachl. Wissen. Kognitive Aspekte der semant. Kompetenz. Bln., N. Y. 2008. – Weitere Lit. ⁊ Bedeutung, ⁊ Satzsemantik, ⁊ Semasiologie, ⁊ Semiotik, ⁊ Strukturelle Semantik. RB

Semantische Anomalie (engl. semantic anomaly, frz. anomalie sémantique) Eigenschaft syntakt. komplexer Ausdrücke (⁊ Syntagma, ⁊ Satz), deren ⁊ Konstituenten aufgrund der Verletzung von ⁊ Selektionsbeschränkungen semant. inkompatibel (⁊ Inkompatibilität) sind. Z. B. passen im Satz *Die ehrliche Raupe zeichnete den Donner* die ⁊ kontextuellen Merkmale von *ehrlich* [N: + hum] und *zeichnen* [NP_Subj: + hum; NP_Obj: + sichtbar] nicht zu *Raupe* [– hum][und *Donner* [– sichtbar]; somit ist sowohl das Syntagma *ehrliche Raupe* als auch der ganze Satz ›semant. anomal‹. Damit ist er jedoch nicht bedeutungsleer (wie J. J. Katz 1972 annahm); im geeigneten Kontext (z. B. ⁊ intensional: *Der Patient behauptete, dass ...*; ⁊ Metapher) könnte mit ihm eine sinnvolle Äußerung vollzogen werden. RB

Semantische Entlehnung ⁊ Lehnübersetzung, ⁊ Lehnübertragung

Semantische Form ⁊ Semantische Komponente

Semantische Generalisierung 1. Bez. für den Effekt, dass bedeutungsverwandte Wörter einander als Stimuli ersetzen können. Wenn für eines der Wörter eine konditionierte Reaktion (⁊ Konditionierung) fest etabliert worden ist, dann sind auch bedeu-

tungsverwandte Wörter geeignet, die gleiche Reaktion in schwächerer Form auszulösen. Dieser Befund ermöglicht Hypothesen über die (semant.) Organisation des ⁊ mentalen Lexikons. Daneben wird aber s. G. auch als unterminolog. Fachausdruck für den Prozess der Verallgemeinerung von Merkmalen, Erfahrungen, Wahrnehmungen beim Erwerb der Wortbedeutung gebraucht. **2.** ⁊ Bedeutungserweiterung. KN

Semantische Komponente (engl. semantic component, frz. composant sémantique) **1.** Kleinste, im Rahmen einer ⁊ Komponentenanalyse gewonnene semant. Merkmalsausprägung (⁊ semantisches Merkmal) in zumeist universal-begriffl. Interpretation. RB **2.** (Auch: semant. Form; Abk. SF) In der GG bezeichnet die s. K. denjenigen Regelkomplex, welcher die von der ⁊ syntaktischen Komponente generierten Strukturen in semant. Repräsentationen übersetzt und die semant. Kompetenz (⁊ Kompetenz vs. Performanz) eines ⁊ idealen Sprecher-Hörers abbilden soll. Je nach Version des ⁊ Modells bilden Strukturen unterschiedl. Formats den Input zur s. K. Im Rahmen des ⁊ Aspekte-Modells operiert eine ⁊ Interpretative Semantik auf ⁊ Tiefenstrukturen, welche mittels ⁊ Projektionsregeln semant. ›interpretiert‹ werden. Im Rahmen der ⁊ REST und der ⁊ Rektions-Bindungs-Theorie operiert die s. K. auf der abstrakten ⁊ Oberflächenstruktur bzw. auf der ⁊ Logischen Form. F

Semantische Nische (auch: Bedeutungsnische (W. Fleischer), ⁊ Wortnische) ⁊ Ableitungen mit demselben ⁊ Affix bilden oft Reihen mit ident. WB-Bedeutung, die K. Baldinger ›s. N.‹ nannte. Z. B. bildet das Suffix *-er* u. a. Personenbez. (⁊ Nomen agentis: *Besucher*; speziell: Berufs-, Verhaltensbez. wie *Bäcker, Leser, Kölner*), Gerätebez. (⁊ Nomen instrumenti: *Bohrer, Fernseher*), Vorgangsbez. (⁊ Nomen actionis: *Juchzer, Lacher*). J. Erben bezeichnet auch Kompositionsreihen mit ident. Strukturbedeutung (*Butter-, Schmalzbrot/Käse-, Wurstbrot* vs. *Kümmel-, Zwiebelbrot* vs. *Pausen-, Vesperbrot*) als ›s. N.‹; ⁊ Reihenbildung. **Lit.** K. Baldinger, Kollektivsuffixe und Kollektivbegriff. Bln. 1950. – Weitere Lit. ⁊ Wortbildung. RB

Semantische Relation (Auch: Bedeutungsbeziehung. Engl. semantic relation, frz. relation sémantique) Oberbegriff für intensionale (⁊ Intension) Beziehungen zwischen Lexem- oder Satz-Einheiten. **1.** In erster Linie handelt es sich um paradigmat. »Sinnrelationen« (Lyons 1963, 1977) der Über- oder Unterordnung (⁊ Hyperonymie, ⁊ Hyponymie, ⁊ Meronymie), der Übereinstimmung (⁊ Homoionymie, ⁊ Synonymie) und des Gegensatzes (⁊ Antonymie, ⁊ Inkompatibilität, ⁊ Komplementarität, ⁊ Konversion); man definiert s. R. u. a. mithilfe log. Operationen wie ⁊ Implikation und ⁊ Negation. Die Analyse aller s. R. eines (virtuellen) ⁊ Wortfelds expliziert dessen semant. Struktur sowie den semant. »Wert« (»valeur«, Saussure, Cours) seiner

Elemente. Strittig ist, ob es sich bei den s. R. um sprachinterne (Lyons) oder um konzeptuelle (z. B. Cruse ²2004, Murphy 2003) Relationen handelt. Die gleichen Begriffe lassen sich jedenfalls auch auf die Relationen kontextuell determinierter Bedeutungen anwenden (so schon Lyons 1963: »kontextuelle Synonymie«; insbes. Murphy 2003). Dies ist möglich, da sich die Untersuchung von s. R. sowohl im aktuellen wie im virtuellen Fall auf monoseme Bedeutungen (↗ Semem, ↗ Disambiguierung) bezieht und lexikal. Mehrdeutigkeit (↗ Ambiguität, ↗ Vagheit) ausgespart wird. **2.** Syntagmat. Sinnrelationen wurden von W. Porzig (1934) und E. Coseriu (1967) i. S. bevorzugter ↗ Kollokationen von Prädikaten und Ergänzungen beschrieben, z. B. *Blond ist: Haar. Es fällen: Menschen Bäume.* Die ältere generative Sprachtheorie (z. B. Katz & Fodor 1963; Chomsky, Aspects) erfasst sie dagegen unter restriktivem Aspekt: Selektionsmerkmale von Verben beschränken die Wahl von Komplementen und verhindern die Generierung von Sätzen wie: **Der Aufsatz trinkt Steine*; ↗ Selektionsbeschränkung. **Lit.** E. Coseriu, Lexikal. Solidaritäten. Poetica 1, 1967, 293–303. – J. Lyons, Structural Semantics. Oxford 1963. – W. Porzig, Wesenhafte Bedeutungsbeziehungen. PBB 58, 1934, 70–97. – M. L. Murphy, Semantic Relations and the Lexicon. Cambridge 2003. – Weitere Lit. ↗ Semantik.   **RB**

Semantische Rolle In der ↗ Valenzgrammatik werden ↗ die Ergänzungen eines ↗ Valenzträgers hinsichtl. ihrer s. R. charakterisiert. Diese Rollencharakteristik gehört zu den Valenzeigenschaften eines Wortes. Die s. R. werden vom Valenzträger (z. B. Verben) an die ↗ Ergänzungen vergeben. Zur Darstellung von s. R. benutzt man sem. Typisierungen wie ↗ Agens, ↗ Patiens, ↗ Adressat. Z. B. hat in *Emil gibt Egon das Buch Emil* die s. R. Agens, *Egon* die s. R. Adressat und *Buch* die s. R. Patiens; ↗ thematische Relation, ↗ Kasustheorie.   **WK**

Semantische Struktur ↗ Bedeutungsstruktur

»Semantischer Krieg« ↗ Historische Semantik

Semantischer Prozess (engl. semantic process, frz. processus sémantique) Bei U. Weinreich der regelgeleitete Prozess, den generalisierte ↗ Phrase-Marker bei der semant. Interpretation durchlaufen. Er besteht aus zwei Komponenten: (a) Der Kalkulator verteilt ↗ semantische Merkmale entlang dem Phrase-Marker (↗ Projektionsregel), überträgt kontextuale Merkmale, tilgt Redundantes und kennzeichnet Widersprüchliches. (b) Der Evaluator bewertet die Normalität des Satzes und blockiert ggf. die Interpretation. **Lit.** U. Weinreich, Erkundungen zur Theorie der Semantik. Tübingen 1970.   **RB**

Semantisches Differential (auch: Polaritätsprofil. Engl. semantic differential, frz. différential sémantique.) Von Ch. E. Osgood (und Mitarbeitern) entwickelte Methode konnotativer »Bedeutungsmessung« durch »kontrollierte Assoziation« mittels *rating*-Verfahren: Vpn. ordnen untersuchungsrelevante »Begriffe« mehreren (z. B. 24) Paaren polarer Adj. zu, die jeweils durch siebenstufige Skalen verbunden sind. Die Adj.paare sind so gewählt, dass sie die Dimensionen eines »semant. Raumes« repräsentieren, der zunächst aus einem umfangreichen Adj.-Korpus durch das *rating* zahlreicher Begriffe ermittelt wurde. Die Zusammenfassung korrelierender Skalen mittels statist. Faktorenanalyse ergab drei an Deutlichkeit und Stabilität hervorstechende Dimensionen: »Evaluation« (Wertung: z. B. *angenehm–unangenehm, süß–bitter*), »Potency« (Wirksamkeit: z. B. *stark–schwach, hart–weich*) und »Agency« (Aktivität: z. B. *aktiv–passiv, schnell–langsam*). Dieser dreidimensionale EPA-Raum dient als Koordinatensystem für viele Anwendungen des s. D.; die Positionen, die ›Begriffen‹ in diesem Raum zugewiesen werden, veranschaulichen deren konnotative Differenz. Demgegenüber nutzt P. R. Hofstätter zur Veranschaulichung die die Skaleneinträge verknüpfenden »Polaritätsprofile«; nur durch Berechnung ihrer Korrelation, also ohne Rückgriff auf EPA-Dimensionen, ermittelt er konnotative Relationen u. a. von Emotionsbegriffen (*Liebe, Angst, Einsamkeit* etc.), um durch den Vergleich der Relationen bei verschiedenen Menschengruppen Unterschiede in deren Einstellungen und stereotypen Wertungen herauszufinden. Die vorgegebenen Skalen können im Einzelfall auch ↗ denotative Merkmale der beurteilten Begriffe betreffen, doch wird diese Möglichkeit durch die Wahl mehrerer Adj.paare pro Dimension i. d. R. neutralisiert, so dass neben idiosynkrat. Vorstellungen und Empfindungen nur ↗ Konnotationen (2) in das *rating* einfließen. Am unklaren Bedeutungsbegriff und an der Methode der Adj.-Auswahl wurde von ling. Seite mehrfach Kritik geübt (u. a. B. Carroll, U. Weinreich); immerhin konnten die als Emotionsdimensionen (↗ Emotiv) deutbaren EPA-Dimensionen in interkulturellen Untersuchungen bestätigt werden (Osgood). Gelegentl. versuchte man die »Profilmethode« für eine Empirisierung der ↗ Wortfeld-Forschung zu nutzen; im Übrigen fand und findet das s. D. v. a. außerhalb der Ling. Verwendung als Instrument der Sozialpsychologie, Soziologie und Politologie zur Messung von Einstellungen und Stereotypen. **Lit.** Ch. E. Osgood, G. J. Suci & P. H. Tannenbaum, The Measurement of Meaning. Urbana, Ill. 1957. – P. R. Hofstätter, Gruppendynamik. Reinbek 1957. – U. Weinreich, Travels through Semantic Space. Word 14, 1958, 346–366. – B. Carroll, Language and Thought. Englewood Cliffs 1964. – J. Snider & Ch. E. Osgood, Semantic Differential Technique. Chicago 1969. – H. Hörmann, Psychologie der Spr. Bln. ²1977. – Ders., Meinen und Verstehen. Ffm. ⁴1994. – O. Tsinaki, Emotionsprognose: Das affektive Lexikon. Mchn. 2005.   **RB**

Semantisches Dreieck ↗ Semiotisches Dreieck

Semantisches Merkmal (engl. semantic feature, frz. trait sémantique. Auch: ↗ semantische Komponente) In der ↗ strukturellen Semantik der kleinste Bestandteil von Lexembedeutungen. Als ↗ Seme sind s. M. minimal-distinktive Einheiten, die bei einer einzelsprachl. semasiolog. Analyse (↗ Semasiologie) von lexikal. Paradigmen, Kollokationen und Bedeutungsvarianten (↗ Semem) gewonnen werden: *Pfanne₁* [Gefäß, zum Braten] – *Pfanne₂* [Fleischgericht, gebraten] – *Pfanne₃...ᵢₙ* – *Topf₁* [Gefäß, zum Kochen] – *Topf₂* [Gefäß, zum Aufbewahren] – *Topf₃...ᵢₙ*. Ferner können auch paradigmaübergreifende generelle Merkmale (↗ Klasseme) abstrahiert werden: z. B. [±menschlich] oder [±zählbar]. Nach Katz & Fodor (1963) spiegeln derartige »semantic markers« die »systemat. semant. Beziehungen« zwischen Lexemen wider und dienen dazu, Wortbedeutungen zu disambiguieren sowie syntagmat. Restriktionen zu beschreiben; den idiosynkrat. Rest der Bedeutungen, also die Seme, fassen Katz & Fodor als »distinguishers« zusammen (s. dazu krit. Lyons 1977). Die Notation der obengenannten s. M. betont deren metasprachl. Status, zeigt aber auch ihre Bindung an die denotative (und konnotative: *Pott* [norddt], [ugs]) Funktion der einzelsprachl. Lexik. Demggü. gelten s. M. in onomasiolog. Perspektive (↗ Onomasiologie) als außereinzelsprachl. Elemente eines Begriffssystems, als interlinguale ↗ Noeme (2) oder begriffl. ↗ Komponenten interkulturell vergleichbarer Klassifikationen (z. B. von Verwandtschaftsbeziehungen). Oft wird für s. M. der Anspruch erhoben, sie seien universale, möglicherweise konzeptuelle Größen; und ferner: alle einzelsprachl. Sememe seien dekomponierbar in eine begrenzte Menge »atomarer« Bausteine (so schon in L. Hjelmslevs (1943) Kombinatorik kleinster *figurae*; ↗ Glossematik). Massive Kritik an den s. M. betraf v. a. die zugrundeliegende strukturalist. Konzeption eines homogenen Systems statischer, kontext- und variationsfreier, aus einer »check-list« zumeist ↗ binärer s. M. bestehender Bedeutungen. Wenn man hingegen s. M. als multidimensional (individuell, situativ, stilist. etc.) variable Gebrauchsbedingungen (Lüdi 1985) auffasst, die sich außer(einzel)sprachl. Korrelaten unterschiedl. Art, Dimension, Komplexität etc. je unterschiedl. zuordnen lassen; wenn man deshalb keine starre Dichotomie zwischen ↗ distinktiven und ↗ enzyklopädischen s. M. postuliert und Distinktivität eher als Funktion bestimmter Gebrauchskontexte ansieht; wenn man ferner Abstufungen ihrer Relevanz zulässt und zumindest zwischen »definierenden« und »charakterisierenden«/«stereotypen« s. M. differenziert (↗ Typikalität, ↗ Vagheit): dann bleiben s. M. theoret. und prakt.-lexikograph. unverzichtbare Bestandteile der semant. Beschreibung; ↗ Komponentenanalyse, ↗ strukturelle Semantik. **Lit.** J. J. Katz & J. A. Fodor, The Structure of a Semantic Theory. Lg. 39, 1963, 170–210. – B. Pottier, Recherches sur l'analyse sémantique en linguistique et en traduction mécanique. Nancy 1963. – L. J. Prieto, Messages et signaux. Paris 1966. – J. Kristeva, Σημειωτική. Recherches pour une sèmanalyse. Paris 1969. – K. Heger, Monem, Wort, Satz und Text. Tübingen ²1976. – G. Lüdi, Zur Zerlegbarkeit von Wortbedeutungen. In: C. Schwarze & D. Wunderlich (Hgg.), Hdb. der Lexikologie. Königstein 1985, 64–102. – Weitere Lit. ↗ Semasiologie, ↗ Strukturelle Semantik . RB

Semantisches Netz (engl. semantic network, frz. réseau sémantique) Darstellungsform für multidimensionale Relationen zwischen mentalen oder modellierten Wissenseinheiten, also von ↗ Begriffen oder Objekten/Ereignissen im semant. oder episod. ↗ Gedächtnis von Mensch oder Computer (↗ Künstliche Intelligenz). Die Relationen werden als gerichtete ↗ Kanten zwischen ↗ Knoten dargestellt (↗ Strukturbaum); so wurden im Gedächtnismodell von Collins & Quillian (1969) Nominalbegriffe (»concepts«) miteinander durch eine »IS-A«-Kante (›Kranich‹ IS-A ›Vogel‹) und mit Eigenschaften durch eine »HAS-PROP«-Kante verbunden (›Vogel‹ HAS-PROP ›Flügel‹). Derartige »assoziative Netze« modellieren nicht bloße Begriffshierarchien, sondern zugleich experimentell überprüfbare Annahmen über Art und Ökonomie der Wissensspeicherung (z. B. »Merkmalsvererbung«) sowie über variable Vernetzungseigenschaften (z. B. »konzeptuelle Distanz«) und deren prozessuale Konsequenzen für die Wissensaktivierung (Collins & Loftus 1975). S. N. wurden in der Folgezeit nicht nur theoret.-methodolog. diskutiert (vgl. Brachmann in Findler 1979), sondern vor allem komplexer ausgebaut: Als Knoten wurden Individual- und Allgemeinbegriffe aller Art (also auch Prädikate, Temporalangaben etc.) sowie polyseme Lexeme und somit als Kanten die erforderl. prädikativen und referentiellen Relationen zugelassen. Damit sind s. N. ein universelles Hilfsmittel zur Repräsentation von lexikal.-begriffl. Wissen, von semant. Textstrukturen (vgl. z. B. de Beaugrande & Dressler 1981, Kap. V) und von deren Interaktion mit konzeptuellen Schemata wie ↗ Rahmen oder ↗ Scripts. **Lit.** A. M. Collins & M. R. Quillian, Retrieval Time from Semantic Memory. Journal of Verbal Learning and Verbal Behavior 8, 1969, 240–247. – A. M. Collins & E. F. Loftus, A Spreading-Activation Theory of Semantic Processing. Psychol. Review 82, 1975, 407–428. – N. V. Findler (ed.), Associative Networks: The Representation and Use of Knowledge by Computers. N. Y. 1979. – R.-A. de Beaugrande & W. U. Dressler, Einf. in die Textlinguistik. Tübingen 1981. – D. Metzing & G. Görz, Rolle und Funktion von Netzwerken in der Computersimulation von Spr. In: HSK 4, 290–310. – J. Aitchison, Words in the Mind. Oxford 1987, dt.: Wörter im Kopf. Tübingen 1997. – J. F. Sowa, Principles of Semantic Networks. San Mateo 1991. – H. Helbig, Die semant. Struktur natürl. Spr. Wissensrepräsentation mit MultiNet. Heidelberg 2001. – M. D. Fortescue, A

Neural Network Model of Lexical Organization.
Ldn. 2009.   RB
Semantographie ↗ Begriffsschrift
Semasiologie (griech. σημασία (sēmasia) ›das Bezeichnen; Zeichen‹. Engl. semasiology, frz. sémasiologie. Auch: Bedeutungslehre) **1.** Geprägt von Ch. K. Reisig (1839) zur Bez. einer auf den ↗ Bedeutungswandel konzentrierten »Bedeutungslehre«, blieb der Terminus ›S.‹ in diesem Sinne gebräuchl. im 19. Jh. und in der 1. Hälfte des 20. Jh., hier allerdings in Konkurrenz mit dem jüngeren synonymen Ausdruck ↗ Semantik, der sich zunächst außerhalb der Sprachwiss. durchsetzte, wegen der dort entwickelten Nebenbedeutungen jedoch von Linguisten oft als zu uneindeutig abgelehnt wurde. So hält Th. Schippan bis 1975 an der Bez. ›S.‹ für eine Wiss. von der Wortbedeutung fest, die (schon bei H. Kronasser 1952) ihre diachronische Ausrichtung in die ↗ Synchronie ausgeweitet, die Einzelwort-Perspektive durch die Analyse von ↗ Wortfeldern ersetzt, die älteren log. und psycholog. durch kultur- und sachbezogene (↗ Wörter und Sachen, ↗ Onomasiologie) Untersuchungsmethoden ergänzt und sich (in den 1960er Jahren) mit der strukturellen Merkmalsanalyse angefreundet, kurz: sich zur ↗ Lexikologie bzw. ↗ lexikalischen Semantik entwickelt hatte. **2.** In deren Rahmen überlebt der Terminus ›S.‹ zur Bez. eines method. Teilbereichs, nämlich der (synchronen und diachronen) Untersuchung von lexikal. ↗ Bedeutungsstrukturen – im Ggs. zur onomasiolog. Fragestellung nach den lexikal. Bezeichnungsmöglichkeiten für außersprachl. gegebene ›Gegenstände‹. Die strukturelle S. ermittelt die Gesamtbedeutung (↗ Signifikat) von ↗ Lexemen, analysiert sie in ↗ semantische Merkmale (↗ Sem) und strukturiert sie ggf. zu einem semasiolog. ↗ Paradigma aus Teilbedeutungen (↗ Semem), beschreibt dessen interne Relationen (↗ Polysemie, ↗ Homonymie, ↗ Multisemie) sowie die externen Relationen (z. B. ↗ Synonymie, ↗ Hyponymie) der Sememe innerhalb der onomasiolog. Paradigmen (Wortfelder), denen sie angehören. Die lexikograph. Darbietungsform semasiolog. Wortschatzbeschreibungen ist das alphabet. Wb. **Lit.** Ch. K. Reisig, Vorlesungen über lat. Sprachwiss. Lpz. 1839. – H. Kronasser, Hdb. der S. Heidelberg 1952. – K. Baldinger, Die S. Versuch eines Überblicks. Bln. 1957. – Ders., Sémasiologie und onomasiologie. RLR 28, 1964, 249–272. – H. E. Wiegand, Synchron. Onomasiologie und S. GermL 3, 1970, 243–384. – H. Henne, Semantik und Lexikographie. Bln., N. Y. 1972. – Th. Schippan, Einf. in die S. Lpz. 1972, ²1975. – W. Bahner (u. a.) (Hgg.), Aspekte und Probleme semasiolog. Sprachbetrachtung in synchron. und diachron. Sicht. Bln. 1983. – K. Baldinger, S. und Onomasiologie. HSK 13.2, 2118–2145. – Weitere Lit. ↗ Onomasiologie, ↗ Semantisches Merkmal.   RB
Sematologie ↗ Semiologie, ↗ Semiotik

Semelfaktiv (lat. semel ›einmal‹, facere ›machen, tun‹) ↗ Aktionsart, die die Einmaligkeit, den singulären Charakter des im Verbstamm ausgedrückten Vorgangs charakterisiert v. a. bei Verben, die komplexe, in Einzelabschnitte zerlegbare Vorgänge bezeichnen, z. B. russ. *tolkát'* ›stoßen‹ – *tolknút'* ›einen Stoß versetzen‹, *tjúkat'* ›schlagen‹ – *tjuknút'* ›eins draufgeben‹, *glupít'* ›sich dumm benehmen‹ – *sglupít'* ›eine Dummheit begehen‹; ↗ Momentan, ↗ Momentanverb, ↗ Resultativ.   G, T
Semem n. (frz. sème ›Zeichen‹, Virtualitäts-Suffix -em; ↗ emisch. Frz. sémème, engl. sememe) **1.** Im von A. Noreen (1923) eingeführten und von L. Bloomfield (Language, N. Y. 1933) adaptierten Sinn: virtuelle Bedeutung eines Zeichens/Morphems; ↗ Signifikat. **2.** Ebenso bei B. Pottier (1964) und A. J. Greimas (1966), aber gedacht als »ensemble de sèmes« (↗ Sem), bei Greimas mit der Unterscheidung von »Kern«- und »Kontext«-Semem. **3.** Seit K. Heger (1964) und G. F. Meier (1964) allgemein akzeptierter Terminus für die Teilbedeutungen nicht-monosemer Lexeme: Bei ihnen gliedert sich das Signifikat nach Heger (1976, 42) in disjunkte S., die ihrerseits Sem-Konjunkte (und in vielen Fällen, z. B. bei Verben, strukturierte Sem-Konfigurationen) bilden. In noemat. Perspektive (Meier 1964) sind S. sprachspezif. Kombinationen konzeptueller ↗ Noeme (2). Über ihre S. sind polyseme (↗ Polysemie) Lexeme i. d. R. in unterschiedl. lexikal. Paradigmata integriert (↗ Hyponymie, ↗ Hyperonymie); ↗ lexikalische Bedeutung. **Lit.** ↗ Noem, ↗ Semantisches Merkmal, ↗ Semologie, ↗ Strukturelle Semantik.   RB
Semeologie ↗ Semiologie, ↗ Semiotik
Semideponens ↗ Deponens
Semikolon n. (lat. sēmi- ›halb-‹, griech. κῶλον (kōlon) ›Teil‹. Auch: Strichpunkt) Satzabschließendes ↗ Satzzeichen, dessen Verwendung im Dt. in den amtl. Richtlinien höchst unklar geregelt ist. Das S. ist im Dt. immer durch ein Komma oder ein Satzschlusszeichen ersetzbar; ↗ Interpunktion. G
Semilingualismus ↗ Doppelseitige Halbsprachigkeit
Semiliteral ↗ Schriftlichkeit
Semiographie ↗ Begriffsschrift
Semiologie (griech. σημεῖον (sēmeion) ›Zeichen‹. Auch: Semeologie, Sematologie. Engl. semiology, frz. sémiologie) F. de Saussure, Cours, entwirft die Vision einer »sémiologie« (in Lommels Übersetzung: »Semeologie«) als einer »Wiss., welche das Leben der Zeichen im Rahmen des sozialen Lebens untersucht«; darin situiert er die Sprachwiss., insofern sie es als ihre Aufgabe betrachtet, »die wahre Natur der Spr.«, des wichtigsten Zeichensystems, zu erforschen. Als Terminus für eine streng strukturelle Zeichenwiss. wurde ›S.‹ verwendet von Vertretern der ↗ Genfer Schule, der ↗ Glossematik und des frz. ↗ Strukturalismus, insbesondere von R. Barthes zur Bez. seiner Mehrebenen-Analyse von Texten der Werbung und der Literatur. Dagegen hat sich seit

den 1970er Jahren als internat. gültiger Name für »Zeichenwiss.« der von Peirce und Morris einge-führte Terminus ↗ Semiotik durchgesetzt, während K. Bühlers Vorschlag »Sematologie« (nach B. H. Smart 1831) nicht aufgegriffen wurde. **Lit.** E. Buys-sens, Les langages et le discours. Brüssel 1943. – R. Barthes, Mythen des Alltags. Ffm. 1964, ²²2008. – Ders., Elemente der S. Ffm. ²1981. – Ders., Ques-tions. Houilles 2009. – K. Bühler, Die Axiomatik der Sprachwiss. Ffm. ²1976.   RB

Semiose f. (griech. σημείωσις (sēmeiōsis) ›Be-zeichnung‹. Engl. semiosis) **1.** Unter »semiosis« versteht Ch. S. Peirce – im Ggs. zu einfachen Ak-tionen, die nur zwei beteiligte Mitspieler benötigen, – »eine Aktion oder Einflussnahme, die ein Zusam-menwirken *dreier* Beteiligter ist oder einbezieht, wie dies beim Zeichen, seinem Objekt und seinem Interpretanten der Fall ist, wobei dieser dreistellige Einfluss auf keine Weise in Aktionen zwischen Paaren aufgelöst werden kann«. Jede derartige S. konstituiert eine ›triad.« Zeichenstruktur (*sign*) zwischen einer materiellen ↗ Zeichengestalt (*sign*, *representamen*), einem materiellen oder psych. Be-zugsobjekt (*object*) und einer Bedeutung (*interpre-tant*, *signification*), die Peirce als emotionale, aktio-nale und kognitive Wirkung im Bewusstsein des Interpreten auffasst. Da Peirce aber das Denken selbst als zeichenhaft begreift, ist für ihn jeder »log. Interpretant« zugleich »representamen« einer weiteren S. und somit Einstieg in einen potentiell »infiniten semiot. Regreß« (Nöth ²2000, 64). Frei-lich wird dieser in der Alltagskommunikation auf früher Stufe abgebrochen, knüpft aber in seiner Gesamtheit das Netz virtueller Zeichen, das für die Gemeinschaft denkender Subjekte Realität ver-bürgt. **2.** Ch. W. Morris ergänzt die Trias der betei-ligten Größen um den »Interpreten« (*interpreter*) und den Vorkommenskontext (1964) und definiert den »Interpretanten« streng behaviorist. (↗ Behavio-rismus) als »Disposition eines Interpreten, aufgrund eines Zeichens mit einer Reaktionsfolge einer Ver-haltensfamilie zu reagieren« (²1955); insofern ent-fällt hier notwendig die Peirce'sche infinite S. Zu-gleich differenziert Morris (1938) das »object« in die konkret existierenden ↗ Denotate (1a) und deren Klasse, das ↗ Designat (1), das durch die semant. Regeln des Zeichens festgelegt ist; später (²1955) ersetzt er das Designat durch das ↗ Signifikat (2), das er (anstelle der »semant. Regeln«) als Erfül-lungsbedingungen für die Denotate definiert; schließlich (1964) übergeht er die Denotate und nennt nur noch die ↗ Signifikation (2), d. h. die »Objektart«. Somit konstituiert die S. bei Morris in zunehmender Deutlichkeit virtuelle Zeichen. **3.** U. Eco greift in seinen semiot. Schriften explizit den Peirce'schen Begriff der »unendl. S.« auf; diese sieht er als »einzige Garantie für die Begründung eines semiot. Systems (…), das fähig wäre, nur mit seinen eigenen Mitteln über sich selbst Rechen-

schaft abzulegen« (Eco 1972, 77). Während man sich nach Peirce die Interpretanten als denotative Bedeutungsparaphrasen vorstellen mag, die sich fortzeugen in endloser (weil letztl. zirkulärer) Kette, beruht für Eco »die ganze Folge der Interpretanten, durch die der Prozess der S. dem Lexem Leben gibt und es praktikabel macht,« auf der ↗ Konnotation (3), d. h. auf die »Summe aller kulturellen Einhei-ten, die das Signifikans dem Empfänger institutio-nell ins Gedächtnis rufen kann« (Eco 1972, 108). Diese Konzeption einer multidimensionalen Offen-heit des Zeichens führt Eco (1985) zur Ablehnung eines zeichentheoret. »Äquivalenzmodells« (*Mutter* ≡ ›Frau, die Kinder geboren hat‹) und zur Befür-wortung eines Modells, das das Zeichen beschreibt als »Instruktion« für kontextbezogen schlussfol-gernde Interpretationen. **Lit.** ↗ Semiotik.   RB

Semiotik (griech. τέχνη σημειωτική (technē sē-meiōtikē) ›Lehre von den Kennzeichen‹. Auch: Se-matologie, Semeologie, ↗ Semiologie, Zeichentheo-rie, Zeichenwiss. Engl. semiotic(s), frz. sémiotique) Die Geschichte zeichentheoret. Untersuchungen reicht bis in die Antike zurück und nennt viele bedeutende Namen von Heraklit und Plato bis G. W. Leibniz und J. Locke; doch bezeichnet erst der Letztere in seinem *Essay on Human Understanding* (1690) den Wiss.bereich einer »doc-trine of signs« als »Semiotiké«, ein Terminus der antiken Medizin (Symptomlehre zum Zwecke von Diagnose und Prognose), den auch schon die stoi-schen Philosophen gelegentl. bei erkenntnistheoret. Überlegungen verwendet hatten. Zum Namen der modernen Zeichenwiss. wird »semiotic« durch ih-ren Hauptbegründer Ch. S. Peirce, der sie 1907 definiert als »Lehre von der wesentl. Natur und den grundlegenden Arten der mögl. Semiose« (Peirce 1993, 259), d. h. des Prozesses der Zeichen-konstitution (↗ Semiose 1), den er beschreibt als »dreistelligen Einfluß« von Form (*representamen*), Bezugsobjekt (*object*) und Bedeutung (*interpre-tant*). Auf diese drei Elemente der Zeichenstruktur hin entwirft Peirce u. a. eine differenzierte Zeichen-typologie, der die objektbezogene Unterschei-dung von ↗ Index (1), ↗ Ikon und ↗ Symbol (2) grundlegende Bedeutung für die S. gewonnen hat. Da Peirce davon ausgeht, »daß jeder Gedanke ein Zeichen ist« (Peirce 1967/I, 223), begründet für ihn die S. die Erkenntnistheorie und wird somit zum Fundament für alle Wiss. Diesen Anspruch erhebt auch Ch. W. Morris, wenn er es 1938 unternimmt, die S. als eine Metawiss. zu skizzieren, die geeignet sein könnte, alle Wiss. auf gemeinsamer Grundlage zu vereinheitlichen und speziell deren Spr. durch »Reinigung, Vereinfachung und Systematisierung« zu »debabelisieren« (S. 3). – Nachhaltig geprägt hat Morris die S. u. a. durch die Unterscheidung der semiot. Teildisziplinen *syntactics, semantics* und *pragmatics* entsprechend den drei Dimensionen der ↗ Semiose (2), mit denen sie sich beschäftigen.

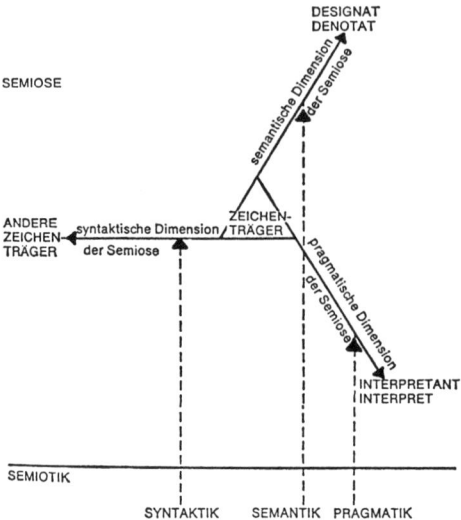

Zeichendimension nach Ch. W. Morris

Die syntakt. Dimension ist definiert durch die Beziehung der Zeichen untereinander, die Morris als regelgeleitete, log.-grammat. Kombination bestimmt; die semant. Dimension betrifft (1938) die Beziehung der Zeichen zu den Objektklassen, die sie designieren (↗ Designation 1), und ggf. zu den Objekten, die sie denotieren (↗ Denotation 2), oder genereller ([2]1955): »die ↗ Signifikation der Zeichen in allen Signifikationsmodi«; die pragmat. Dimension erfasst »Ursprung, Verwendungen und Wirkungen der Zeichen im jeweiligen Verhalten« ihrer Benutzer ([2]1955). Dieser dreigliedrige Grundriss ist bei Morris in der Begrifflichkeit des ↗ Behaviorismus ausgeführt und andererseits bei ihm wie z. B. auch bei R. Carnap nach dem Modell ↗ künstlicher Sprachen strukturiert, insofern zwischen den Teildisziplinen eine lineare Voraussetzungsrelation (←) angenommen wird: [[[Syntax] ← Semantik] ← Pragmatik]. Obwohl neuere semiot. und ling. Ansätze von einer komplexen Wechselwirkung der Bereiche ausgehen und den Raum der ↗ Pragmatik statt mit reagierenden »Organismen« mit interagierenden Subjekten bevölkern, hat der Grundriss als solcher seine Gültigkeit behalten, während der durch die marxist. ↗ Widerspiegelungstheorie motivierte Vorschlag von G. Klaus, einer designativen Semantik (Relation Zeichen ↔ »gedankl. Abbild«) eine denotative ↗ Sigmatik (Relation Zeichen ↔ »Objekt der gedankl. Widerspiegelung«) als vierte Teildisziplin an die Seite zu stellen, sich nicht hat durchsetzen können. – Die Erarbeitung der kategoriellen Struktur der S. insges. sowie der drei Teildisziplinen ist (nach Morris) Aufgabe der »reinen S.«. Sie »entwickelt in systemat. Form die Metaspr.« für die empir. Untersuchungen der »deskriptiven S.«. Zugleich determinieren aber die theoret. Vorgaben (z. B. der verwendete Zeichenbegriff), wie weit der Anwendungsbereich der deskriptiven S. abgesteckt wird. So untersucht nach Th. A. Sebeok die »allgemeine S.« nicht nur »die Gesamtheit der menschl. artspezif. Signalsysteme« (Anthroposemiotik) sowie die (nicht spezif. menschl.) ›Tierkommunikation‹ (↗ Zoosemiotik), sondern auch den genet., hormonalen und neuronalen Informationsaustausch innerhalb von Organismen (Endosemiotik; vgl. HSK 13.1., Teil III). Diesen letzteren, umstrittenen Bereich kausaler Signalverarbeitung wird als präsemiot. ausklammern, wer Zeichen i. S. v. Peirce als *zu interpretierende* Informationsträger betrachtet, also auf dem »Interpretanten« als Teil der triad. Semiose besteht (so z. B. A. Eschbach). Darüber hinaus beschränken zahlreiche Forscher die S. allein auf menschl. Zeichenprozesse und engen in einigen Fällen ihr Untersuchungsfeld durch Merkmale wie kulturelle Determiniertheit, Systemhaftigkeit oder Intentionalität der Zeichen weiter ein. – In diesem Bereich der Humansemiotik hat sich seit 1950 eine erstaunl. Vielfalt der Anwendungsbereiche und Forschungsrichtungen entwickelt, die sich nicht nur mit natürl. und künstl. Spr., ↗ Schriftsystemen, ↗ Gebärdensprachen sowie nonverbalen Zeichensystemen (= menschl. ›Zoosemiotik‹: ↗ Nonverbale Kommunikation, ↗ Körpersprache, ↗ Kinesik, ↗ Proxemik, ↗ Paralinguistik) befassen, sondern auch mit einem weiten Spektrum zeichendurchdrungener Kulturphänomene, die den Gegenstand von Kunst- und Textwiss. (Musik, Tanz; Theater, Film, Medien; bildende Künste; Dichtung, Trivialliteratur, Werbung), aber auch von Architektur, Soziologie, Anthropologie, Psychoanalyse und Theologie bilden. Bei allen bereichsspezif. Unterschieden (etwa hinsichtl. der relevanten Zeichentypen) haben diese Teilsemiotiken bis in die 1970er Jahre eine Gemeinsamkeit: Sie sind in Methode und Terminologie teils von der ↗ Kommunikationstheorie, teils von der ↗ strukturellen Linguistik geprägt. Wichtige Anstöße für die obengenannten ästhet. S.en entstammen v. a. der ↗ Semiologie in der Nachfolge F. de Saussures (Cours): Auf dem konnotativ (↗ Konnotation (3)) und textuell erweiterten Zeichenbegriff L. Hjelmslevs und seiner Schüler (↗ Glossematik) beruht der textsemiot. Mehrebenen-Ansatz von R. Barthes, der beispielgebend wurde für lit.- und kunstsemiot. Analysen. – Die »poststrukturalist.« S. (Rusterholz 1998) ist bis zur Gegenwart in allen genannten Gebieten empir. tätig, allerdings unter dem veränderten Vorzeichen eines dynam., kommunikativ fundierten und kognitiv geöffneten Zeichen- und Textbegriffs. Nicht als starr zugeordnetes Signifikat, sondern als situativ variable Anweisung auf referentielle und inferentielle Interpretation erscheint nunmehr die Zeichenbedeutung, und der Text wandelt sich aus einem Gefüge von Rekurrenzen und Oppositionen zur »Produktivität«, zum »transling. Mechanismus, der die Anordnungen der Spr. umgestaltet, indem er eine kommunikative ›Parole‹ (…) zu vergangenen oder gleichzeitig wirkenden Aussagen in Beziehung setzt« (J. Kristeva 1977, 194). Nicht auf de Saussure können sich derartige Ansätze berufen, sondern auf die interpretative Zeichentheorie von Peirce, dessen Werk seit den 1980er Jahren eine zweite, gründl. Rezeptionsphase erfährt. Sein Begriff der »unendl. Semiose« bildet das Herzstück für U. Ecos labyrinth. Kosmos sich wechselseitig signifizierender »kultureller Einheiten«. **Lit.** Ch. S. Peirce, Collected Papers. Cambridge, Mass. 1931–1935, 1958. – Ders., Schriften I/II. Ffm. 1967. – Ders. Semiot. Schriften, Bd. 3: 1906–1913. Ffm. 1993. – Ch. W. Morris, Foundations of the Theory of Signs. Chicago 1938. – Ders., Signs, Language, and Behavior. N. Y. ²1955. – Ders., Signification and Significance. Cambridge, Mass. 1964. – A. Schaff, Einf. in die Semantik. Ffm. 1969. – G. Klaus, S. und Erkenntnistheorie. Bln. 1972. – U. Eco, Einf. in die S. Mchn. 1972, ⁹2002. – J. Kristeva, S. In: P. V. Zima (Hg.), Textsemiotik als Ideologiekritik. Ffm. 1977. – G. Bentele & I. Bystrina, S. Grundlagen und Probleme. Stgt. 1978. – Th. A. Sebeok, Theorie und Geschichte der S. Reinbek 1979. – R. Barthes, Elemente der Semiologie. Ffm. 1979. – A. Eschbach, S. LGL ²1980, 41–57. – J. Lyons, Semantik. Bd. I, Kap. 4. Mchn. 1980. – M. Krampen et al. (Hgg.), Die Welt der Zeichen. Klassiker der modernen S. Bln. 1981. – U. Eco, S. und Philosophie der Spr. Mchn. 1985. – Ders., S. Entwurf einer Theorie der Zeichen. Mchn. 1987. – W. Nöth (ed.), Origins of Semiosis. Bln. 1994. – Th. A. Sebeok, (ed.), Encyclopedic Dictionary of Semiotics. Bln., N. Y. ²1994. – Ders., Signs: An Introduction to Semiotics. Toronto, Buffalo ²2001. – Ders., Global Semiotics. Bloomington 2001. – HSK 13. – P. Bouissac (ed.), Encyclopedia of Semiotics. Oxford 1998. – W. Nöth, Hdb. der S. Stgt., Weimar ²2000. – U. Volli, S. Eine Einf. in ihre Grundbegriffe. Tübingen 2002. – M. Krampen, Models of Semiosis. HSK 13.1, 247–287. – P. Rusterholz, Poststrukturalist. S. HSK 13.2, 2329 ff. – Weitere Lit. ↗ Zeichen.   RB

Semiotisches Dreieck (engl. semiotic triangle, meaning triangle; daher auch: semant. Dreieck, triadisches Dreieck) Die über konzeptuelle Repräsentationen vermittelte, indirekte Beziehung appellativer ↗ Sprachzeichen zu den bezeichneten Gegenständen wurde schon in der Antike, z. B. von Aristoteles (Peri hermeneias 1), beschrieben und in der ma. Scholastik prägnant formuliert: *Voces significant res mediantibus conceptibus* ›Die Laute bezeichnen die Sachen durch Vermittlung der Gedanken‹. Diese triad. Struktur veranschaulichen C. K. Ogden & I. A. Richards (1923; ähnl. schon H. Gomperz 1908) in einem Dreieckmodell, um eine

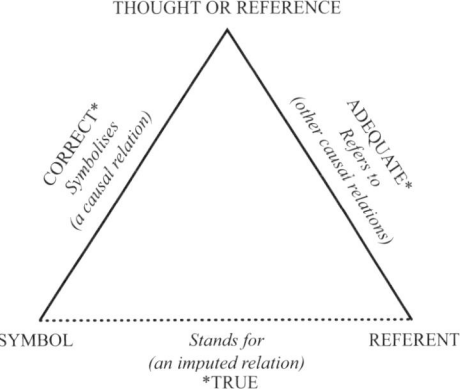

Semiotisches Dreieck
(C. K. Odgen & I. A. Richards ¹⁰*1966, 11)*

bloß dyad. Etikett-Beziehung von Wort und Sache zurückzuweisen. Da sie eine Systemebene der ↗ Langue vehement ablehnen, entwerfen sie ein Semiosemodell, nach dem ein Zeichen (*symbol*) Bedeutung erhält, indem ein Sprecher »es gebraucht, um für ein Bezugsobjekt (*referent*) zu stehen«; diese zugeschriebene (*imputed*) Beziehung verläuft aber in Wirklichkeit über die gedankl. Bezugnahme (*thought or reference*) die einerseits real bewirkt wird durch das Bezugsobjekt, andererseits sprecherseits das Zeichen hervorruft und hörerseits durch dasselbe erzeugt wird. Die konventionelle Fundierung dieser »kausalen Relation« im ↗ Sprachsystem übersehen die Autoren; ihr Modell vermag deshalb auch nicht der einzelsprachl. Bedeutungsstruktur lexikal. Zeichen gerecht zu werden. Wegen seiner Anschaulichkeit häufig aufgegriffen (z. B. zur Darstellung der triad. Zeichenrelation von Peirce), wur-

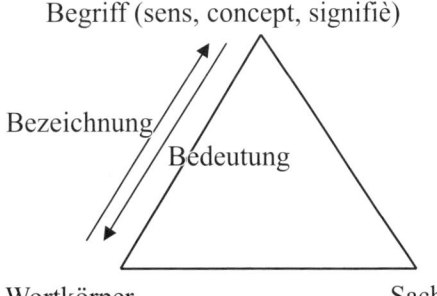

Semiotisches Dreieck
(K. Baldinger 1960, 522)

de das Modell oft umgedeutet (z. B. von K. Baldinger und S. Ullmann: die linke Dreiecksseite als de Saussures ⁊ bilaterales Sprachzeichen). Zur Vermeidung der daraus folgenden Widersprüche zog K. Heger die Dreiecksspitze zu einer Trapezseite auseinander mit den Komponenten: (einzelsprachl.) ⁊ Signifikat – ⁊ Semem – (»außereinzelsprachl.«) ⁊ Noem, ⁊ Sem. Vgl. auch Löbner 2003. **Lit.** C. K. Ogden & I. A. Richards, The Meaning of Meaning. Ldn. 1923, ¹⁰1966. – K. Baldinger, Alphabet. oder begriffl. gegliedertes Wb. ZRPh 76, 1960, 521–536. – H. Henne & H. E. Wiegand, Geometr. Modelle und das Problem der Bedeutung. ZDL 31, 1969, 129–173. – K. Heger, Monem, Wort, Satz und Text. Tübingen ²1976. – M. Krampen, Models of Semiosis. HSK 13.1, 247–287. – Weitere Lit. ⁊ Semantik.   RB

Semi-Pro-Drop-Sprache ⁊ Pro-Drop-Parameter

Semitische Sprachen Zu den ⁊ afroasiatischen Sprachen gehörende Sprachfamilie im Vorderen Orient mit ca. 4000-jähriger Geschichte. Der Name S. ist von Gen. 10, 11 (Noahs Sohn Sem) abgeleitet. Die ältesten semit. Spr. sind ⁊ Akkadisch und ⁊ Eblaitisch. Die anderen, jüngeren Spr. werden meist in ⁊ Zentralsemitisch und ⁊ Südsemitisch gegliedert. Ersteres besteht aus dem ⁊ Nordwestsemitischen mit ⁊ Kanaanäisch (⁊ Hebräisch als Hauptvertreter), ⁊ Aramäisch und ⁊ Ungaritisch sowie aus dem ⁊ Altsüdarabischen und dem ⁊ Arabischen. Arab. hat allerdings auch Gemeinsamkeiten mit dem ⁊ Südsemitischen, bestehend aus dem Neusüdarab. und den ⁊ äthiosemitischen Sprachen, z. B. die Vielzahl ⁊ gebrochener Plurale. Durch den Vergleich der verschiedenen semit. Spr. kann das sog. Ursemit. mit einem Phoneminventar von 29 Kons. rekonstruiert werden, von den im klass. Arab. noch 28 erhalten sind. Nur im Südarab. sind die 3 konstruierten Sibilanten /s/, /ś/ (lateral) und /š/ unterschieden. Typ. für die semit. Spr. sind die velarisierten Laute und die ⁊ Pharyngale. – Die semit. Spr. sind durch die besondere Beziehung von Kons. zu Vokalen gekennzeichnet. Die Kons. (⁊ Radikal) tragen die Grundbedeutung, die Vokale versehen sie mit aktualen grammat. und lexikal. Bedeutungen; so werden auf der Basis der Kons.-gruppe, der sog. Wurzel, durch das Einfügen von Vokalen und ⁊ Affixen nach bestimmten Schemata Wörter gebildet, z. B. arab. zur Wurzel d-h-l ›eintreten‹: *dahala* ›er trat ein‹, *duhūl* ›Eingang‹, *dahl* ›Einkommen‹. Von der Grundform des Verbs können nen durch Affigierung und/oder Konsonantengemination Diathese gebildet werden; so bilden die Präfixe *š-*, *h-* und *'a-* Kausative, z. B. ⁊ Ugaritisch *lhm* ›essen‹, *šlhm* ›füttern‹; ⁊ Syrisch *dlaq* ›brennen‹, *'adlaq* ›anzünden‹. Iterativa und Intensiva werden durch Verdopplung des mittleren Kons. gebildet, z. B. arab. *kasara* ›er brach‹, *kassara* ›er zerschmetterte‹; Analogiebildungen auch bei Nomina. Bestimmte Affixe tragen Klassenbedeutungen, die in Verbindung mit Wurzelbedeutungen ⁊ Kon-

kreta bilden, z. B. *ma-* ›Ortsbezeichnung‹, *mi-* ›Instrument‹: arab. *maṭ'am* ›Restaurant‹ zu *ṭ-'-m* ›speisen‹, *miftāh* ›Schlüssel‹ zu f-t-h ›öffnen‹. Dieses Ableitungssystem basiert auf einem einheitl. Wurzeltyp mit drei Radikalen. Deshalb wurde im Laufe der Zeit das System der Triradikalität ausgebaut. Viele dreiradikalige sind Erweiterungen ursprüngl. zweiradikaliger Wurzeln. Kategorien des Nomens sind ⁊ Genus (m., f.), ⁊ Numerus (Sg., Dual, Pl.), ⁊ Kasus (Nom., Gen., Akk.) und die ⁊ Status. In einigen (älteren) s. Spr. Verbalsystem mit ⁊ Aspekt. **Lit.** G. Bergsträsser, Einführung in die s. Spr. Mchn. 1928. – O. Jastrow (ed.) Semitica Viva. Bd. 1 ff. Wiesbaden 1987 ff. – R. Hetzron (ed.), The Semitic Languages. Ldn. 1997. – **SSG** Universitätsbibliothek Tübingen (21).   WI

Semivokal ⁊ Halbvokal

Semiwort Von W. Wurzel eingeführter Terminus für ein morpholog. Wort, das bei der Flexion von ⁊ Partikelverben entsteht und am rechten Rand der Verbklammer positioniert ist, z. B. *sie stellt ihm etw. anheim, die Feier findet am Samstag statt;* ⁊ Verbpartikel. **Lit.** W. Wurzel, Was ist ein Wort? In: R. Thieroff et al. (Hgg.), Dt. Grammatik in Theorie und Praxis. Tübingen 2000, 29–42.   G

Semologie (engl. semology) Von A. Noreen gebildeter Terminus für ›Bedeutungslehre‹. Er ersetzte ›Semasiologie‹ durch ›S.‹, um die Lehre von den ⁊ Sememen in terminolog. Parallele zu Phonologie und Morphologie zu bezeichnen. Auch M. Joos und die Vertreter der ⁊ Stratifikationsgrammatik gebrauchen ›S.‹ in semant. Sinne. **Lit.** A. Noreen, Einf. in die wiss. Betrachtung der Spr. Halle 1923. – M. Joos, Semology: a Linguistic Theory of Meaning. Studies in Ling. 13, 1958, 53–70.   RB

Sender Im ⁊ Bühlerschen Organonmodell und insbes. in Jakobsons Kommunikationsmodell verwendete Metapher für den Urheber (Sprecher, Autor) einer sprachl. Handlung. **Lit.** ⁊ Kommunikation. E

Seneca ⁊ Irokesische Sprachen

Senkung ⁊ Velarisierung

Sensorische Aphasie ⁊ Wernicke-Aphasie

Sensus litteralis ⁊ Interpretation

Sensus spiritualis ⁊ Interpretation

Sentenz f. (lat. *sententia* ›amtliche Meinung, Sinn, Gedanke, Ausspruch, Urteil, Verstand, Denkspruch, Kernspruch‹). Die S. ist ein kurzer, fasslich und treffend formulierter und zum Allgemeinen hinführender Sinnspruch. Die antike ⁊ Rhetorik hat eine Lehre von der S. ausgebildet (bes. Quintilian) und sah ihre Bedeutung vor allem in der Funktion als Schmuck und Beweis. Die Allgemeinheit der Aussage soll der S. Beweiskraft geben, sie soll eine autoritätshaltige und auf viele konkrete Fälle anwendbare gültige ›Weisheit‹ enthalten. Das mhd. *sentenie* in der Bedeutung ›Gottesurteil, päpstl. oder kirchl. Urteilsspruch, Beschluss‹ ist aus dem Lat. entlehnt. Das frühnhd. *sententz* meint zunächst ›Urteilsspruch, Rechtsspruch‹. Im 16. und 17. Jh.

wird die Verwendung des Wortes i. S. von ›Satz, Gedanke, Sinn‹ in den theolog. reformator. Schriften üblich (meist in Gestalt thesenhafter Lehrsätze und Aussprüche aus der Bibel oder Zitate aus den Kirchenvätern). – Als tekton. geschlossene Kunstform (z. B. Alexandriner) ist die S. meist durch ↗ rhetorische Figuren geprägt und steht innerhalb eines geschlossenen Kunstwerkes (bes. im klass. Drama) an exponierter Stelle. In der modernen Prosalit. und im Theater ist die S. gerade wegen ihres Anspruchs des schönen und einprägsamen Ausdrucks ›allgemeiner menschl. Weisheiten‹ verdächtig und wird (kunstvoll) parodiert, z. B. *Der Mensch denkt: Gott lenkt.* (B. Brecht), *Man soll die Feste doch nicht unbedingt so feiern wie sie fallen* (E. Bloch). **Lit.** Z. Skeb, Die S. als stilbildendes Element. Jb. f. internat. Germanistik 13, 1982, 2.　VS

Sentoid n. (hybride Bildung aus engl. sentence ›Satz‹ und dem griech. Suffix -ίδης (-idēs) ›abstammend von‹) Von J. J. Katz und P. M. Postal (1964) geprägte Bez. für eine von mehreren bedeutungsbezogenen Strukturen, die über ein und demselben komplexen Ausdruck konstruiert werden können. **Lit.** J. J. Katz & P. M. Postal, An Integrated Theory of Linguistic Descriptions. Cambridge, Mass. 1964.　T

Senufo ↗ Gursprachen

Separativ ↗ Ablativ

Sepik-Ramu-Sprachstamm ↗ Papua-Sprachen

Sequenz (lat. sequentia ›(Ab-) Folge‹) Meist informell für eine Abfolge von sprachl. oder ling. Elementen, z. B. Phonemsequenz, S. von Attributen u. a.; kein spezif. sprachwiss. Terminus.　T

Sequenzierung, sequentielle Organisation (engl. sequential organization) Zusammenfassende Bestimmung, in der die ↗ Konversationsanalyse die Abfolgebeziehungen sprachl. Handlungen beschreibt. Die deutlichsten Formen dieser Art sind die Paarsequenzen (↗ Adjacency pair) wie ↗ Frage und ↗ Antwort, deren erstes Element konditionale Relevanz für das zweite hat bzw. ein präferiertes zweites Element gegenüber einem weniger präferierten aufweist (z. B. Annahme vs. Ablehnung einer Einladung). Der rein formale ↗ turn-Wechsel wird durch diese Verteilungen beeinflusst. Eine systemat. Erfassung solcher distributionell-lokal beobachtbarer Verteilungen greift notwendig auf das Handlungswissen der Interaktanten zurück (an dem die Analytiker immer auch beteiligt sind). **Lit.** S. Levinson, Pragmatics. Cambridge 1983. Dt.: Pragmatik. Tübingen 1990. – J. Streeck, Konversationsanalyse. ZS 2, 1983, 72–104. – L. Hoffmann, Zur Grammatik von Text und Diskurs. Bd. 1, Teil C. In: G. Zifonun et al., Grammatik der dt. Spr. Bln., N. Y. 1997, 98–594.　E

Serbisch (Eigenbez. srpski) Bedingt durch den Zerfall des ehemaligen Jugoslawien und die damit verbundenen (sprach(en))polit. Umwälzungen bezeichnet S. aus deskriptiv-ling. Sicht eine Variante des

↗ Serbokroatischen, die sich vom ↗ Kroatischen durch einige lautl. Besonderheiten, v. a. aber durch lexikal. Unterschiede sowie die kyrill. Schreibung abhebt (Beispiele ↗ Kroatisch). – Älteste belegte Zeugnisse des S. stammen aus dem 12. Jh., es handelt sich zunächst um stark vom ↗ Kirchenslavischen durchsetzte religiöse Texte, deren Spr. der sog. serb.-ksl. Redaktion (↗ Altkirchenslavisch) des Ksl. zuzurechnen ist. – Aus soziolinguist. Sicht fungiert S., bedingt durch polit. motivierte sprachplanerische Eingriffe, als Spr. der Serben in der Bundesrepublik Jugoslawien, es ist dort sowie in der Serb. Republik von Bosnien-Herzegowina seit 1992 Amtsspr. und hat ca. 12 Mio. Sprecher. Neben der (im offiziellen Sprachgebrauch üblichen) ↗ Kyrillica wird S. auch mit dem lat. Alphabet geschrieben. **Lit.** M. Okula, Eine Sprache – viele Erben. Sprachpolitik als Nationalisierungsinstrument in Ex-Jugoslavien. Klagenfurt 1998. – B. Brborić, Das S. In: U. Hinrichs (Hg.), Hdb. der Südosteuropa-Linguistik. Wiesbaden 1999, 339–381. – U. Hinrichs, Das heutige S. In: L. N. Zybatow (Hg.), Sprachwandel in der Slavia: die slav. Spr. an der Schwelle zum 21. Jh. Ein internat. Hdb. Teil 2. Ffm. u. a. 2000, 562–582.　HA

Serbokroatisch (Eigenbez. srpskohrvátski. Abk. Skr.) ↗ Slavische Sprache des ↗ südslavischen Zweigs. Skr. wird von ca. 16 Mio. Sprechern mit kroat., serb. und montenegrin. ethn. Zugehörigkeit sowie den bosn. Muslimen als Standardspr. benutzt in den entsprechenden Teilrepubliken (Rest-) Jugoslaviens sowie im jugoslav. Bosnien-Herzegowina und in der Republik Kroatien, darüber hinaus von Minderheiten in Österreich, Ungarn und Rumänien. Es bildete eine Art ↗ Koine und die (zweite) Amtsspr. für die ehemalige Gesamtjugoslavien, also auch im heutigen Slovenien und in der makedon. Teilrepublik sowie bei den übrigen Sprachminderheiten Jugoslaviens. Bis zum Zerfall Gesamtjugoslaviens in den 1980er Jahren existierte das Skr., wie durch seinen Doppelnamen angedeutet, in zwei regional fixierten, gleichberechtigten Varianten mit einer langen Tradition, deren Differenzierung allerdings so gering ist, dass Sprecher beider Varianten sich auch heute noch problemlos verständigen können. Von der slavist. Sprachwiss. werden sie daher bis in jüngster Zeit als Repräsentanten einer einzigen Spr. mit weitgehendem Standardisierungsgrad angesehen: einer westl. Variante, dem lat. geschriebenen ↗ Kroatischen mit Zagreb als kulturellem Zentrum und einer östl. Variante, dem in einem kyrill., an die russ. bürgerl. Schrift adaptierten Alphabet (↗ Kirillica) geschriebenen ↗ Serbischen mit Belgrad als kulturellem Zentrum. Strittig in der Fachdiskussion ist immer noch die Frage, ob sich mit der Gründung der neuen Staaten auf vormals jugoslav. Territorium vier eigenständige Standardspr.n. herausgebildet haben, näml. Kroat. (in den kroat. dominierten Teilen Bosniens), Serb. (in

Serbien und den serb. dominierten Teilen Bosniens), Bosn. (in den muslim. dominierten Teilen Bosniens) und ↗ Montenegrinisch, deren Entstehung v.a. durch sprachplanerische Eingriffe in Kroatien, Bosnien und seit kurzer Zeit auch in der Republik Montenegro gefördert wird, die die früher erzielte weitgehende Normierung des Skr. wieder aufbrechen. Eine Entscheidung der Sprachfrage wird von den Definitionskriterien abhängen, die man für eine Standardspr. zugrundelegt, so z.B. das Vorhandensein eines Nationalbewusstseins, die Kodifizierung und Durchsetzung einer ↗ präskriptiven Norm auf allen Sprachebenen oder rein ling. Parameter. – Markant für das Skr. insges. ist u.a. die Aussprachevarianz, der die (von den Quantitäten des jeweiligen Silbenakzents abhängigen) Reflexe des urslav. Lautes *ĕ (Buchstabenname: ›Jat‹) unterliegen. Man unterscheidet gemäß der drei, verschiedene Phonemdistinktionen bildenden Realisierungstypen als [*e, i*] und (langes) [*ij*] bzw. (kurzes) [*je*] eine ↗ ekavische, ↗ ikavische und ↗ (i)jekavische Lautung des Skr., die sich in Akzentquantitäten und -qualitäten (lang/kurz bzw. fallend/steigend) nicht entsprechen und sich nur z.T. mit der Unterscheidung zwischen Kroat. und Serb. decken, z.B. urslav. *věk* (langes *ĕ*) ›Jahrhundert‹ → skr. *věk, vík, vijek* bzw. urslav. *věra* (kurzes *ĕ*) ›Glaube‹ → *vera, vira, vjera.* – Das Skr. existiert(e) als Schriftspr., d.h. als eine von Kroaten und Serben gemeinsam benutzte, auf dem am weitesten verbreiteten Dialekt, dem Štokav.-Ijekav., beruhende Standardspr., erst seit der 1. Hälfte des 19. Jh. Sie verfügt(e), bedingt durch ihre beiden Varianten, über eine wenig restriktive Norm, v.a. im orthoep. Bereich (ekav. usw.) und in der Lexik. **Lit.** P. Garde, Vie et mort de Yougoslavie. Paris 1992. – M. Grčević, Die Entstehung der kroat. Lit.spr. Köln u.a. 1997. – S. Kordić, (1997), Serbo-Croatian. Mchn. 1997. – G. Neweklowsky, Serb., Kroat., Bosn., Montenegrin. – Perspektiven. In: L. Zybatow (Hg.), Sprachwandel in der Slavia. Die slav. Spr.n. an der Schwelle zum 21. Jh. Ein internat. Hdb. Teil 2. Ffm. 2000, 543–559. – B. Kunzmann-Müller, Grammatikhandbuch des Kroat. unter Einschluss des Serb. Ffm. 2002. – Langenscheidts Universalwb. Kroat.-Dt./Dt.-Kroat. Bln. 2002. – S. Kordić, Pro und kontra: »Serbokroat.« heute. Slavist. Ling. 2002. Mchn. 2004, 97–147. – B. Tošović, Die Unterschiede zwischen dem Bosn., Kroat. und Serb. Wien 2008. – N. Tölimir-Hölz, Bosnien und Herzegowina. Sprachl. Divergenz auf dem Prüfstand. Mchn. 2009. – J. Gröschel, Das Skr. zwischen Ling. und Politik. Mchn. 2009. **HA**

Serer ↗ Westatlantische Sprachen

Seri ↗ Hoka-Sprachen

Serialisierung ↗ Wortstellung, ↗ Scrambling

Serie Bei der Beschreibung von ↗ Klassensprachen (1) übl. Terminus für die Mitglieder einer Klasse von Verben (z.B. in den ostkaukas. Spr.) oder Nomina. **G**

Serielles Verb V.a. in ↗ isolierenden Sprachen auftretende Folge unverbunden nebeneinander stehender Verben, z.B. chin. *wo kan dong* ›ich sehen verstehen‹ d.h. ›ich lese‹, *wo ting dong* ›ich hören verstehen‹, d.h. ›ich höre‹. Der Terminus ist problemat., weil in isolierenden Spr. die Wortart »Verb« schwer zu definieren ist; ↗ Doppelverb. **G**

Serife f. (ndl. schreef ›Strich, Linie‹. Auch: Füßchen, Schraffe f.) Querliegende Abschlüsse der Striche bzw. Balken der (gemeißelten) röm. ↗ Kapitalis, von dort her in ↗ Kurrentschriften und ↗ Satzschriften übernommen, z.B. bei der ↗ Antiqua. **G**

Serifenlos (frz. sans sérif. Auch: Grotesk; in den USA: Gothic) Satzschriften ohne ↗ Serifen, z.B. die Futura, die Grotesk, die Helvetica. **G**

Setswana ↗ Tswana

Sexus ↗ Feministische Linguistik, ↗ Genus

SGML ↗ Mark-up-Sprache

Shadda ↗ Arabische Schrift

Shipibo Zu den Pano-Spr. (↗ Pano-Tacana-Sprachen) gehörige Spr.; Sprachgebiet: in der Gegend von Pucallpa am Ucayali-Fluss (Departementos Loreto und Ucayali, Peru); Karte ↗ Südamerikanische Sprachen, im Anhang. Ca. 15 000 Sprecher. Die Spr. der Conibo unterscheidet sich vom S. nur dialektal. **Lit.** M.R. Wise, Indigenous Languages of Lowland Peru. SAIL, 194–223. – J. Loriot et al., Diccionario shipibo-castellano. Yarinacocha 1993. **AD**

Shirazi ↗ Swahili

Shiriana ↗ Yanomamö-Sprachen

Shona ↗ Bantuspr. in Simbabwe (ca. 70 % der Bevölkerung) und in Mosambik mit den Dialektgruppen Korekore (nördl.), Zezuru und Manyika (zentral), Karanga (südl.), Ndau und Kalanga (westl.); Karte ↗ Afrikanische Sprachen, im Anhang. Der Standard basiert v.a. auf den Karanga- und die Zezuru-Varietäten. Sh. wird von ca. 9 Mio. Sprechern, teilweise auch als S2, gesprochen. Die lat. basierte ↗ Verschriftung erfolgte Ende des 19. Jh. Seit 1980 ist Sh. Pflichtfach an den Schulen Simbabwes. **Lit.** G. Fortune, Sh. Grammatical Constructions. Vol. 1, 2. Harare [3]1984, [3]1985. – M. Hannan, Standard Sh. Dictionary. Harare [2]1984. **RE**

Shoshone ↗ Uto-Aztekische Sprachen

Shuar ↗ Jivaro-Sprachen

Shuswap ↗ Salish-Sprachen

Siamesisch Veraltete Bez. für Thai; ↗ Sino-Tibetische Sprachen. **G**

Sibilant m. (lat. sībilāre ›zischen‹. Engl. grooved fricative, frz. sifflante. Auch: Zischlaut) Untergruppe der (mit einer längsseits rinnenförmig vertieften (engl. *grooved*) Zunge am harten Gaumen gebildeten) ↗ Frikative, bei denen durch den gegen die Schneidezähne gerichteten Luftstrom eine zusätzliche Geräuschquelle entsteht, wie z.B. dt. [s] in *heiß*, [z] in *Sonne*, [ʃ] in *Schein* (Letzterer auch: ↗ Schibilant). **PM**

Sidamo ↗ Kuschitische Sprachen

Siebenbürgisch-Sächsisch Sammelbez. für die in sich gegliederten Maa. der seit dem 12. Jh. zugewanderten deutschsprachigen Bevölkerung (»Siebenbürger Sachsen«) in Transsylvanien (Rumänien); Eigenbez. ist einfach »Sächsisch« (in Abgrenzung zu »Deutsch« [= Standardsprache] und zu »Rumänisch« und »Ungarisch« als weiterer Spr. der Region). Das S.-S. ist strukturell zum Westmitteldt.-Moselfränk. (↗ Mittelfränkisch) zu stellen und hat keine Beziehungen zum Ostmitteldt.-Obersächs. oder zum ebenfalls »Sächsisch« genannten Ndt. Durch die Auswanderung eines Großteils der Siebenbürger Sachsen seit 1990 nach Deutschland ist das S.-S. elementar in seinem Bestand gefährdet. **Lit.** K. K. Klein, Transsylvanica. Mchn. 1963. – Siebenbürgisch-Sächsisches Wb. Bd. 1 ff. Straßburg, Bln., Bukarest u. a. 1908 ff.   DD

Siebs ↗ Aussprache

Siedlungsname ↗ Ortsname

Siegelkunde ↗ Sphragistik

Sievers Gesetz Von Eduard Sievers (1850–1932) beschriebenes ↗ Lautgesetz, demzufolge die unsilb. idg. ↗ Halbvokale *i̯* und *u̯* nach betonter schwerer ↗ Silbe einen ↗ Sprossvokal *i* resp. *u* auffalteten. S. G. zeigt in den idg. Sprachen unterschiedl. starke Wirksamkeit; bes. betroffen sind das Altind. und das Germ. In den germ. Sprachen führte dies Gesetz teilweise zur Aufspaltung von Flexionsparadigmen, etwa bei den nominalen *ja/jō*-Stämmen wie germ. **harjaz* : **herdijaz* bzw. **wrakjō* : **bandijō* (got. *harjis* ›Heer‹ : *hairdeis* ›Hirte‹ bzw. *wrakja* ›Verfolgung‹ : *bandi* ›Fessel‹) oder beim swV. der 1. Klasse wie germ. **nasjiþ* : *sōkijiþ* (got. *nasjiþ* ›rettet‹ : *sōkeiþ* ›sucht‹). Nicht allgemein durchgesetzt hat sich die Bez. der umgebungsabhängigen frühurgerm. Lautwandels **g^w > w* (*ag^wjō > *aujō* ›Feuchtland‹, nhd. *Aue*) als »2. Sieversches Gesetz«. **Lit.** C. M. Barrack, Sievers' Law in Germanic. N. Y. 1998. – M. Syrett, On Sievers' Law and its Converse in North Germanic. In: North-Western European Language Evolution 34, 1998, 75–98.   RK

Siezen ↗ Anredeformen

Sigle (lat. *sigillum* ›kleines Bild, Siegel‹) **1.** In Katalogen, Listen Bez. für Zeichenketten, die die einzelnen Exemplare der erfassten Menge identifizierbar halten, z. B. Buchsignaturen in Bibliotheken. **2.** ↗ Kürzel.   G

Sigmatik Von G. Klaus (1963) geprägter Terminus zur Bez. der »theory of reference« (Quine) als vierter semiot. Teildisziplin, die sich mit der Beziehung zwischen »Zeichen« (= Zeichenausdrücken) und den »Objekten der gedankl. Widerspiegelung« befasse, während die ↗ Semantik als »theory of meaning« es mit der Relation »Zeichen« ↔ »gedankl. Abbild« zu tun habe. In seiner Synthese von marxist. Abbildtheorie und Morris'scher ↗ Semiotik konzipiert Klaus die S. als unpragmat., »von der Beziehung zum Menschen abstrahierende« Deno-

tatstheorie, die ein-eindeutige Zuordnungen von Objekt und Abbild verlange und deshalb für natürl. Spr.n von der Ling. (allein) nicht entworfen werden könne. **Lit.** G. Klaus, Semiotik und Erkenntnistheorie. Bln. 1963, ³1972. – R. Rohr, S. Ffm. 1997. RB

Sigmatisch ↗ Asigmatisch

Sigmatismus (griech. σίγμα (sigma) ›Buchstabenname für σ‹ (dt. ⟨s⟩). Auch: Lispeln) Fehlerhafte Aussprache der s-Laute (↗ Dyslalie), die im Dt. die höchste Störungsquote aufweisen. S. lässt sich etwas vereinfacht in orale und nasale Fehlbildungen untergliedern. **Lit.** U. Franke, Artikulationstherapie bei Vorschulkindern. Mchn., Basel ²1990. – Ch. Schlenker-Schulte & K. Schulte, Orale und nasale Sigmatismen in Diagnose und Therapie. Videobegleitbuch zum Projekt ›Audiovisuelle Diskrimination von Sprechfehlern‹. Villingen-Schwenningen 1990.   GT

Signal (lat. *sīgnālis* ›bestimmt, ein Zeichen zu geben‹, dazu spätlat. signāle ›Merkzeichen‹. Frz. signal ›militär. Zeichen‹, engl. signal) **1.** Das ursprüngl. soldatensprachl. frz. Lehnwort enthält in die Gegenwart auch in seinen nicht-militär. Verwendungen (*Verkehrs-, Start-, Alarm-S.* u. ä.) das Merkmal [verhaltenssteuernd], welches im zeichentheoret. Rahmen u. a. bei K. Bühler und A. Schaff begegnet. Schaff reserviert den Terminus ›S.‹ für eine Klasse gesellschaftl. verabredeter ↗ Zeichen mit arbiträrer ↗ Bedeutung (↗ Arbitrarität, ↗ Symbol (2)), deren Zweck »das Hervorrufen (Ändern oder Unterlassen) einer best. Handlung« ist (z. B. Angriffssignal, Ampel, Sirene). Für Bühler (↗ Bühlersches Organonmodell) ist ein jedes Zeichen S., insofern es im »tierischen und menschl. Gemeinschaftsleben« als »realer Steuerungsfaktor« das »äußere oder innere Verhalten« des Adressaten beeinflusst. **2.** Bühler selbst sieht Beziehungen seines S.-Begriffs zu dem der behaviorist. Psychologie (↗ Behaviorismus). Nach I. P. Pawlow bilden alle physiolog. Reize, die in einem Lebewesen eine Reaktion hervorrufen, das »erste ↗ Signalsystem (2), das beim Menschen durch das zweite, sprachl. S.system überlagert wird. Spätere Behavioristen bezeichnen, unter Ausschluss der physikal. wirkenden (z. B. schmerzerzeugenden) Reize, als S. nur konditionierte Reize (z. B. Glockenton beim Pawlowschen Hund; ↗ Konditionierung), die eine »bedingte Reaktion« über die Vermittlung einer gelernten ›Bedeutung‹ auslösen. **3.** Ch. W. Morris generalisiert diesen S.-Begriff, indem er ihn mit dem ›Anzeichen‹ (*sign*) bei S. K. Langer, d. h. mit dem Peirce'schen ↗ Index (1) identifiziert und dem ↗ Symbol (4) gegenüberstellt, welches als »ein vom Organismus selbst herstellbares Zeichen« das S. »ersetzt«. Für Morris sind – wie Schaff spöttisch kritisiert – u. a. die Falten im Gesicht ein S. für das Altern. **4.** In seinem allgemeinsten, nachrichtentechn. Sinn ist ein S. ein physikal. oder chem. Prozess oder Zustand, der sich durch messbare Unwahrscheinlichkeit und Intensität vom Zufalls-›Rauschen‹ abhebt und von einem entsprechenden Empfangssystem als Element eines ↗ Signalsystems (1) identifiziert werden kann. Nach dessen Größe bemisst sich die ↗ Information des S.: Das ASCII-System z. B. enthält 2^8 = 256 Zeichen; ein ASCII-S. enthält daher eine Information von 8 Bit und kann, als Impulsfolge, eine Maschine rein kausal in einen unter 256 alternativen Zuständen steuern. S.e haben als solche keine semiot. Bedeutung, selbst Sprachlaute können dadaist. frei von Sinn und Zweck verwendet werden. Zum Zeichen(ausdruck) werden sie nur, insofern ein »Signifikationsprozess« ihnen »Sinn« verleiht und so zur »signifikanten Form« (U. Eco 1972) verwandelt. **5.** Unter dieser gegebenen Bedingung bezieht L. J. Prieto das S. auf das ↗ bilaterale ↗ Sprachzeichen de Saussures; danach realisiert ein S. in der Kommunikation den entsprechenden virtuellen ↗ Signifikanten, der seinerseits als Klasse äquivalenter S. definiert ist. **Lit.** I. P. Pawlow, Sämtl. Werke. Bln. 1953. – L. J. Prieto, Nachrichten und S.e. Bln. 1972. – J. V. Candy, S. Processing: The Modern Approach. N. Y. 1988. – Weitere Lit. ↗ Semiotik, ↗ Symbol. RB

Signalsprache Metaphor. Bez. für nichtsprachl. Zeichensysteme in der menschl. Kommunikation, z. B. Flaggenalphabete, die S. der Autofahrer, der Verkehrspolizisten usw. G

Signalsystem 1. ↗ Signale (4) erhalten ihren Informationsgehalt und ihre Kontur in einem S. Größe und Verknüpfungsbeschränkungen des Systems determinieren den Informationsgehalt der Signale und Signalkomplexe; dagegen wird deren Unterscheidbarkeit bestimmt von ihrem perzeptuellen Abstand sowie der ↗ Redundanz des Systems. Beispiele für S.e bieten etwa die phonolog. Systeme der natürl. Spr.n. **2.** I. P. Pawlow unterscheidet zwischen dem *ersten* und für Tiere einzigen S., bestehend aus Reizen (↗ Signal 2), die physiolog. auf die Rezeptoren wirken, und dem *zweiten*, sprachl. S. des Menschen, in dem das Wort an die Stelle des nichtsprachl. Reizes tritt und als »Signal des Signals« seine Rolle übernimmt. **Lit.** ↗ Signal. RB

Signalwort ↗ Schibboleth

Signans ↗ Bezeichnendes

Signatum ↗ Bezeichnetes

Signifiant ↗ Signifikant

Signifié ↗ Signifikat

Signifikant m. (lat. sīgnificāns ›bezeichnend‹. Auch: Bezeichnendes, Ausdruck, Zeichenausdruck, -gestalt, -körper, -träger. Frz. signifiant, engl. signifyer) Als S. (signifiant) benennt F. de Saussure das psych. »Lautbild« (*image acoustique*), das mit der »Vorstellung« (*concept*), die es »bezeichnet«, dem ↗ Signifikat (*signifié*), untrennbar zu einem zweiseitigen (↗ bilateralen) ↗ Sprachzeichen »assoziiert« ist. Diese Verbindung besteht i. d. R. durch einzelsprachl. Konvention, nicht aufgrund von Ähnlichkeit oder Kausalität; relativ zum Signifikat (z. B. »Schaf«) sind einzelsprachl. S. wie dt. *Schaf*, frz.

mouton, engl. *sheep* »nicht-motiviert« und insofern »beliebig« (*arbitraire*) (↗ Arbitrarität, ↗ Symbol (2)); auch ↗ Onomatopoetika und Komposita sind allenfalls »relativ motiviert«; ↗ Motiviertheit. **Lit.** ↗ Sprachzeichen. RB

Signifikat n. (lat. sīgnificātum ›das Bezeichnete‹. Auch: Bezeichnetes, Inhalt (frz. contenu), Zeicheninhalt. Frz. signifié, engl. signified). **1.** Als S. (*signifié*) benennt F. de Saussure die »Vorstellung« (*concept*), die mit dem »Lautbild« (*image acoustique*), durch das sie »bezeichnet« wird, dem ↗ Signifikanten (*signifiant*), untrennbar zu einem zweiseitigen (↗ bilateralen) ↗ Sprachzeichen »assoziiert« ist. Teil des Sprachzeichens ist das S. für de Saussure, weil es einzelsprachl. geformt ist: Die S.e der Lexeme dt. *Kalb* und frz. *veau* enthalten u. a. die Teilbedeutungen (↗ Semem (3)) »junges Rind« und »Kalbfleisch«, die sich im Engl. auf die S.e von *calf* und *veal* verteilen; das engl. Plural-Lexem *people* ist im Dt. je nach Kontext als *Menschen*, *Leute* oder *Angehörige* wiederzugeben. Das S. eines jeden Sprachzeichens ist somit determiniert durch dessen »Wert« (*valeur*), d. h. seine Stellung im System der ›umliegenden‹ Zeichen, die es in seiner Anwendung begrenzen. Die ↗ strukturelle Semantik nach de Saussure beschreibt das S. (den Zeichen»-inhalt«) in seiner internen Gliederung in Sememe (3) (↗ Polysemie, ↗ Semasiologie) und in seinen externen, paradigmat. und syntagmat. semant. Relationen mittels einer Analyse in ↗ semantische Merkmale. Damit ist zugleich der sprachphilosoph. Status des S. (genauer als bei de Saussure) als intensional bestimmt: Jedes Semem ist (im Falle der Gegenstandsbegriffe) die ↗ Intension einer Objektklasse, deren ↗ Extension das ↗ Designat bezeichnet wird. **2.** Ch. W. Morris (²1955) definiert das S. als vom Zeichen »signifizierte« Erfüllungsbedingungen (↗ Intention), die determinieren, was ein ↗ Denotat (3) des Zeichens ist, und die je nach Zeichentyp (↗ Signifikationsmodus) zu spezifizieren sind. **Lit.** ↗ Sprachzeichen, ↗ Denotation. RB

Signifikation (lat. sīgnificātiō ›Bezeichnung, Bedeutung‹) Der frz./engl. Begriff *signification* wird im Dt. gelegentl., wenn es um die Abgrenzung zu anderen Bedeutungsaspekten geht, durch ›S.‹ wiedergegeben; allerdings changieren diese Termini ebenso wie ›Bedeutung/Bezeichnung‹ zwischen einer Funktionslesart (das Bedeuten/Bezeichnen/Signifizieren) und einer Objektlesart (das Bedeutete/Bezeichnete, ↗ Signifikat). **1.** So oder so meint F. de Saussure mit S. die zeicheninterne, ›positive‹ Relation des ↗ Signifikanten zu seinem Signifikat und kontrastiert diese mit dem »Wert« (*valeur*) des ↗ Sprachzeichens, d. h. seiner ›negativ‹-differentiellen semant. Relation zu den benachbarten ↗ Langue-Zeichen. Die S. von engl. *sheep*, d. h. sein »konzeptueller« Bezug, wird (im Ggs. zu frz. *mouton*) durch die Existenz des Lexems *mutton* auf »lebendes Schaf« begrenzt, und diese Begrenzung ist der systemat. Wert von *sheep*. Das Signifikat steht also im »Schnittpunkt« (R. Raggiunti) von S. und Wert. In einigen Formulierungen de Saussures im »Cours« scheint sich die S. auch auf monosemierte Parole-Bedeutungen zu beziehen; entsprechend umstritten ist der Begriff in der Saussure-Lit. **2.** Während Ch. W. Morris (1938) die semant. Zeichendimension als designative Regel formuliert (↗ Designat (1)), generalisiert er sie (²1955) zur S., die verschiedene Modi annimmt, darunter den designativen (↗ Signifikationsmodus). Entsprechend seinem Modus »signifiziert« das Zeichen je spezif. Erfüllungsbedingungen (↗ Intention) für das Denotat (↗ Signifikat (2)); diese S. bildet zusammen mit der durch das Zeichen bewirkten Reaktionsdisposition (↗ Interpretant) seine Bedeutung (*meaning*). **Lit.** ↗ Sprachzeichen, ↗ Denotation.   RB

Signifikationsmodus (lat. sīgnificātiō ›Bezeichnung, Bedeutung‹, modus ›Art‹. Engl. mode of signifying) Während die Sprachphilosophen des MA ihre ↗ Modi significandi ontolog. begründeten, entwirft Ch. W. Morris (²1955) »modes of signifying« auf behaviorist. Fundament. Er unterscheidet vier Typen von ↗ Interpretanten, d. h. vier grundlegende Möglichkeiten, auf Zeichen zu reagieren, die durch deren S. »disponiert« werden: »identificative« (raum-zeitl. orientierend), »designative« (charakterisierend), »appraisive« (wertend), »prescriptive« (vorschreibend). Diese Modi definieren entsprechende Zeichentypen: ↗ Identifikator (*dort*), ↗ Designator (2) (*Huhn, blind, picken*), ↗ Appreziator (*schön*), Präskriptor (*komm!*) Hinzu kommen (im »formativen« S.) ↗ Formatoren mit ↗ grammatischer Bedeutung, die im Zusammenhang mit anderen Zeichen die Gesamtsignifikation von »Askriptoren« (Syntagmen, Sätzen) mitbestimmen. Dass die S. Zeichentypen differenzieren, unterscheidet Morris' Ansatz von Funktionsmodellen wie dem ↗ Bühlerschen Organonmodell und verbindet ihn mit L. Wittgensteins Überlegungen zur Bezeichnungsfunktion unterschiedl. »Wortarten« (PU 1–18); ↗ Zeichengebrauch. **Lit.** ↗ Semiotik, ↗ Gebrauchstheorie der Bedeutung.   RB

Signifikativ (lat. sīgnificātīvus ›zur Bezeichnung dienend‹. Engl. significant, frz. significatif) Im Ggs. zu den nur ↗ distinktiven ↗ Phonemen oder ↗ Graphemen sind ↗ Sprachzeichen s., d. h. ›bedeutungstragend‹, und zwar auf allen Komplexitätsstufen bis hinauf zum Text. Minimal-s. virtuelle Zeichen werden ↗ Morphem, von einigen auch ↗ Monem oder ↗ Plerem genannt; ↗ Doppelte Artikulation.   RB

SIL ↗ Summer Institute of Linguistics

Silbe (griech. συλλαβή (syllabē) ›Fessel‹. Engl. syllable, frz. syllabe) In der ↗ Phonetik und der ↗ Phonologie theorieabhängig unterschiedl. definierte, kleinste suprasegmentale, d. h. lautübergreifende Einheit. Unter phonet. Gesichtspunkten (↗ Sprechsilbe) ist die S. primär wahrnehmungsmäßig-phänomenal gegeben; signalphonet. Korrelate

sind u. a. die Bewegungs-S. (als artikulator. Öffnungs- und Schließbewegung), die Druck-S. (engl. *chest pulse*) und die nach der ↗ Sonoritätshierarchie strukturierte Schall-S. – Unter dem Gesichtspunkt ihrer segmentalen Konstruktion unterscheidet man in der (phonolog.) Silbenstruktur zwischen der (kons.) ↗ Silbenschale (bestehend aus ↗ Silbenkopf und Silbenkoda; ↗ Satellitenphonem) und dem (vokal.) ↗ Silbenkern. Eine vokal. anlautende S. wird als *nackt*, eine S. mit kons. Anlaut als *bedeckt* bezeichnet; eine vokal. auslautende S. als *offen* (↗ Silbenschnitt), eine S. mit konsonant. Koda als *geschlossen*. Eine weitere, für die Bestimmung der ↗ Quantität bzw. den Schweregrad einer S. wichtige Unterscheidung ist die zwischen S.-Kopf und S.-Reim (bestehend aus S.kern und S.koda), wobei die Schwere einer S. (schwer vs. leicht) bzw. ihre Morigkeit (↗ More, ein-, zwei- oder dreimorig) durch den Reim, d. h. die ↗ Quantität des ↗ Silbenkerns und/oder das Vorhandensein einer Koda einzelsprachl. spezif. bestimmt ist. – **Lit.** O. Jespersen, Lehrbuch der Phonetik. Lpz. ²1912. – P. Ladefoged, M. H. Draper & D. Whitteridge, Syllables and Stress. Miscellanea Phonetica 3, 1958, 1–14. – E. A. Meyer, Die Silbe. NS 6, 1898, 122–140. – E. Sievers, Grundzüge der Phonetik. Lpz. ⁵1901. – R. H. Stetson, Motor Phonetics. ANPE 3, 1928, 1–216. – T. Vennemann (Hg.), Silben, Segmente, Akzente. Tübingen 1982. – Ders., Preference Laws for Syllable Structure. Bln. u. a. 1988.   PM

Silbenakzent ↗ Akzent

Silbenanlaut ↗ Silbenkopf

Silbenanlautgesetz ↗ Silbenphonologie

Silbenaugment ↗ Augment

Silbenauslaut ↗ Silbenkoda

Silbenauslautgesetz ↗ Silbenphonologie

Silbenbildung Die Bildung von ↗ Silben aus den aufeinanderfolgenden Lautsegmenten, z. B. nach den Regeln der ↗ Sonoritätshierarchie.   PM

Silbengelenk (auch: Gelenk) Der sowohl zur ersten als auch zweiten von zwei aufeinanderfolgenden Silben gehörige (›ambisyllabische‹) Konsonant, der so mit der ↗ Silbengrenze zusammenfällt, z. B. dt. *Otto* /ɔtoː/.   PM

Silbengewicht An der in ↗ Moren gemessenen Dauer einer ↗ Silbe orientiertes phonolog.-metr. Maß: einmorige Silben (offene Silben mit Kurzvokal) werden als *leichte Silben*, zwei- (und mehr-) morige Silben als *schwere Silben* bezeichnet.   PM

Silbengipfel ↗ Silbenkern

Silbengrenze (auch: Silbenjunktur) Grenze zwischen zwei ↗ Silben, die bei offener Silbe nach dem Vokal und vor dem ↗ Silbenkopf der Folgesilbe liegt, bei geschlossener, schwach geschnittener (↗ Silbenschnitt) Silbe nach dem letzten Konsonanten der ↗ Silbenkoda und vor dem Silbenkopf der Folgesilbe und bei geschlossener, stark geschnittener Silbe im ↗ ambisyllabischen Konsonanten, im ↗ Silbengelenk, liegt.   PM

Silbenjunktur ↗ Silbengrenze

Silbenkern (auch: ↗ Nukleus, Silbengipfel. Engl. crest, nucleus, peak) Der ↗ sonorante (meist ↗ vokalische) Hauptteil der ↗ Silbe, der von den ↗ konsonantischen ↗ Satellitenphonemen des Silbenanlauts und der ↗ Silbenkoda umgeben sein kann. PM

Silbenkerngesetz ↗ Silbenphonologie

Silbenkoda (ital. coda ›Schwanz‹. Auch: (Silben-) Auslaut, Endrand, Koda, Offset) Die silbenauslautenden ↗ Konsonanten nach dem (vokal.) ↗ Silbenkern. In ihrer mögl. Anzahl und Aufeinanderfolge sind diese sowohl universell (↗ Sonoritätshierarchie) als auch einzelsprachl. (↗ Phonotaktik) eingeschränkt. Mit dem ↗ Silbenkopf gemeinsam bildet die S. die ↗ Silbenschale, mit dem ↗ Silbenkern gemeinsam den Silbenreim. PM

Silbenkontaktgesetz ↗ Silbenphonologie

Silbenkopf (auch: Anfangsrand, (Silben-)Anlaut, Kopf. Engl. onset, head) Die silbenanlautenden ↗ Konsonanten vor dem (vokal.) ↗ Silbenkern. In ihrer mögl. Anzahl und Aufeinanderfolge sind diese sowohl universell (↗ Sonoritätshierarchie) als auch einzelsprach. (↗ Phonotaktik) eingeschränkt. Mit der ↗ Silbenkoda gemeinsam bildet der S. die ↗ Silbenschale. PM

Silbenkörper ↗ Silbe

Silbenphonologie Gruppe unterschiedl. neuerer (generativ-) phonolog. Theorien (verstärkt ab den 1980er Jahren), bei denen im Ggs. zu SPE der ↗ Silbe bzw. deren Konstituenten eine zentrale Rolle als Regeldomäne zukommt. Im Rahmen der S. behandelte Phänomene sind u.a. die Zuweisung der Wortbetonung (↗ Akzent), phonotakt. (↗ Phonotaktik) Beschränkungen (einzelsprachl. sowie aufgrund universaler Markiertheit bezüglich der ↗ Sonoritätshierarchie), kanon. Silbenstruktur und Syllabifizierung (↗ Silbengrenze) in Einzelspr.n. Die nichtlineare Darstellung der Silbe beinhaltet die Silbenschicht (σ), ggf. subsilb. Konstituenten (Onset, Reim (Nukleus, Koda) bzw. prosod. (↗ Silbenschnitt) motiviertes Crescendo und Decrescendo (<, >)), die Skelettschicht (CV, X bzw. μ) sowie die Segmentschicht. Wichtige Beispiele phonotakt. silbenphonolog. Regularitäten (Präferenzgesetze (Vennemann) bzw. Constraints im Rahmen der ↗ Optimalitätstheorie) sind *Silbenanlautgesetz*: $_\sigma[CV < {}_\sigma[V$ und $_\sigma[C^nV < {}_\sigma[C^{n+1}V$ (»einfacher konsonant. Onset ist weniger markiert als vokalischer« und »weniger komplexer konsonant. Onset ist weniger markiert«),

Silbenauslautgesetz: $VC^n]_\sigma < VC^{n+1}]_\sigma$; daneben *Onsetmaximierung*, sonoritätsbasiertes *Silbenkern-* und *Silbenkontaktgesetz*. **Lit.** G. N. Clements & S. J. Keyser, CV Phonology. Cambridge, Mass. 1983. – T. A. Hall, Syllable Structure and Syllable Related Processes in German. Tübingen 1992 – Ders., Phonologie. Bln. 2000, Kap. 8. – T. Vennemann, Preference Laws for Syllable Structure. Bln. 1988. – R. Wiese, The Phonology of German. Oxford 1996. PM

Silbenqualität Art des segmentellen Aufbaus der ↗ Silbe: offene/↗ geschlossene Silbe, nackte/↗ bedeckte Silbe. PM

Silbenquantität Akzentrelevantes (↗ Akzent) Beschreibungskriterium von Silben nach der Dauer (lange, kurze Silbe, ↗ More) bzw. der Schwere (leichte, schwere Silbe). PM

Silbenreim ↗ Silbe, ↗ Silbenkoda

Silbenschale (engl. shell) Die aus ↗ Silbenkopf und ↗ Silbenkoda bestehende kons. Umgebung des (vokal.) ↗ Silbenkerns. PM

Silbenschichtung ↗ Haplologie

Silbenschnitt (engl. syllable cut) Nach E. Sievers (dt. Phonetiker, 1850–1932) die Art, wie die ↗ Silbe vom Silbengipfel ab ihr Ende erreicht bzw. abgeschlossen wird: *scharf/stark geschnitten* (auch: fester Anschluss, stark geschnittener Akzent) bei plötzl. Abbruch des voll tönenden Vokals (im Dt. bei betonten Kurzvokalen, z. B. *da!*, *voll*), *sanft/schwach geschnitten* (auch: loser Anschluss) bei vorausgehendem Decrescendo des vokal. ↗ Silbenkerns (im Dt. bei betonten Langvokalen, z. B. *da* [da:], *wohl* [vo:l]). PM

Silbenschrift (auch: Syllabographie) ↗ Schrifttyp, dessen ↗ Schriftzeichen ↗ Syllabogramme sind. S. stricto sensu sind nur solche Schriftsysteme, deren Syllabogramme nicht weiter analysierbar sind, wogegen S., deren Schriftzeichen Kompositionen aus lautbezeichnenden Grundzeichen darstellen (z. B. im Amhar., wo ein Konsonantzeichen mit diakrit. Strichen zur Vokalbez. versehen zu einem (Pseudo-) Syllabogramm wird), keine S. sind; ↗ Wortsilbenschrift. G

Silbenstruktur ↗ Silbe

Silbenträger ↗ Silbe

Silbentrennung (auch: Worttrennung) Verfahren zur Trennung von Wörtern am Zeilenende. Das graph. Mittel ist ein einfacher horizontaler Strich (Trennungsstrich; ↗ Bindestrich). In den meisten lat. und kyrill. basierten ↗ Schriftsystemen bilden Morphemgrenzen oder ↗ Sprechsilben die Trennstelle. Für das Dt. ist die S. unklar geregelt; namentlich die Anweisungen für die Verfahren bei sog. Fremdwörtern sind undurchschaubar. In jüngster Zeit geraten diese Richtlinien unter dem Einfluss von Trennprogrammen zunehmend außer Kraft, d. h. sie werden prakt. immer weniger beachtet. G

Silbenzählend 1. Typolog. Bez. für Sprachen, in denen der ↗ Rhythmus durch die regelmäßige zeit-

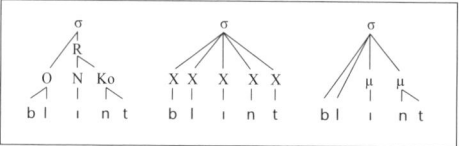

Unterschiedliche Arten der Darstellung der Silbenstruktur

liche Abfolge (↗ Isochronie) der ↗ Silben gekennzeichnet ist. PM – **2.** In der ↗ Akzentologie Bez. für Spr., bei denen die Position des ↗ Wortakzents mehr oder weniger regelmäßig aufgrund der Zählung der Silben vom Wortanfang oder -ende aus vorhersagbar ist. Relativ weit verbreitet sind Spr. mit einem Akzentsitz auf der ersten Silbe (in Europa z. B. Finn., Ungar.), auf der letzten Silbe (z. B. Frz.) sowie auf der vorletzten Silbe (z. B. Poln.). Häufig sind ferner gemischte Systeme, wobei der Akzentsitz entweder nach Wort- und Formenkategorien schwankt (z. B. Neupers. mit einem Akzent auf der letzten oder vorletzten Silbe) oder von lautl. Gegebenheiten abhängt (z. B. Armen. mit Endbetonung, die aber keine Silben mit dem Vokal ə betrifft: anún ›Name‹ vs. anúnəs ›mein Name‹). Die Akzentregel kann auch von der Silbenzahl abhängen (z. B. Georg. mit einem Akzentsitz auf der vorletzten – bei zweisilbigen – oder drittletzten Silbe – bei mehr als zweisilbigen Wörtern). Bisweilen betreffen die Regeln nicht nur einzelne Wörter, sondern auch best. Syntagmen; z. B. Tschech. mit Anfangsbetonung (nád Labem ›an der Elbe‹). GP – **3.** In der ↗ Metrik Bez. für Metren, deren innere Struktur auf einer best. Anzahl von Silben im Vers beruht. Ein typ. Beispiel ist das Metrum des finn. Kalevala-Epos, das ausschließlich Verse mit jeweils acht Silben umfasst. **Lit.** Th. Vennemann, Neuere Entwicklungen in der Phonologie. Bln. 1986. GP

Silbisch (engl. syllabic) Binäres phonolog. distinktives Merkmal zur Kennzeichnung von Lauten, die zur Bildung des ↗ Silbenkerns fähig sind. Im Dt. z. B. Vokale und [n], [l]; ↗ Sonant. PM

Silverstein-Hierarchie ↗ Hierarchiegesetz

Simacu ↗ Südamerikanische Indianersprachen

Similarität (mlat. similäris ›ähnlich‹. Engl. similarity, frz. similitude) Dt. Entsprechung des Terminus ›similarity‹ in Arbeiten von R. Jakobson über den »Doppelcharakter der Spr.« (↗ Ähnlichkeit (3) vs. ↗ Kontiguität) sowie in deren dt. Rezeption in der ↗ Textlinguistik und ↗ Aphasieforschung. Jakobson erklärte den Verlust lexikal. Fähigkeiten als »S.störung«, die das Erkennen ↗ paradigmatischer Sinnrelationen beeinträchtigt und dadurch eine nicht kontextabhängige Auswahl und ↗ Substitution von Lexemen erschwert. **Lit.** ↗ Ähnlichkeit. RB

Simplex n., pl. ~izia (lat. ›einfach‹. Auch: Grundwort) Lexeme, die anders als Wortbildungsprodukte synchron nicht segmentierbar sind. S. sind freie Grundmorpheme, die ihrerseits als ↗ Grund- oder ↗ Bestimmungswörter von Komposita oder als Basen von ↗ Ableitungen für die Wortbildung verwendet werden können. ES

Simulatio ↗ Ironie

Simulation (lat. simuläre ›ähnlich machen, vortäuschen‹) Eng mit dem Begriff des ↗ Automaten verbundene Idee der Nachahmung best. Verhaltensweisen einer Person oder eines (sozialen oder natürl.) Systems, z. B. durch eine Maschine. Besonders in der ↗ Künstlichen Intelligenz wird das Ziel verfolgt, intelligentes, menschl. Verhalten durch einen Computer zu simulieren. Insbesondere wird S. hier als ein Erkenntnisverfahren, als ein Mittel zur Vorhersage eines Systemverhaltens, angesehen. Es wird eine Ausgangsbedingung mit einer begrenzten Menge von Variablen und Interaktionen konstruiert, und daran werden die Implikationen des gegenseitigen Einflusses studiert. In der ↗ Computerlinguistik wird die S. von Aspekten des Sprachverstehens, der Sprachproduktion und der Kommunikation untersucht. WG, PA

Simultandolmetschen ↗ Dolmetscher

Simultanes Sprechen Gleichzeitiges oder paralleles Sprechen gilt als charakterist. für alltägl. dialog. Kommunikaton und tritt auf, wenn der Hörer die Sprecherrolle übernehmen will. Sacks et al. (1974) nehmen an, dass i. d. R. eine Person alleine spricht, aber nicht ständig Pausen zwischen zwei Beiträgen vorkommen. Beim Sprecherwechsel kommt es deshalb häufig zu Phasen von s. S. Wechsel mit kurzen Überlappungen (slight overlaps) werden zu den glatten, d. h. normalen Phasen gezählt: der Hörer unterbricht den Sprecher zu einem Zeitpunkt, an dem dieser noch inhaltl. Redundantes, wenn auch grammat. Notwendiges zu sagen hat. Behauptet sich der Sprecher, so liegt eine Gesprächsschrittbeanspruchung vor. Die Analyse von s. S. gibt Aufschluss darüber, ob Personen in ihren Rederechten verletzt sind. Die universelle Gültigkeit der ›Ein-Sprecher-zur-Zeit-Ethik‹ (D. Tannen) ist in Zweifel zu ziehen, wie Untersuchungsbefunde privater Kommunikationssituationen zeigen. **Lit.** H. Sacks, E. A. Schegloff & G. Jefferson, A Simplest Systematics for the Organization of Turn-Taking for Conversation. Lg. 1974, 696–735. – D. Tannen, Du kannst mich einfach nicht verstehen. Hamburg 1991. SL

Sindhī ↗ Indoar. Spr. Offizielle Spr. der Provinz Sind in Pakistan; in Indien eine der 15 in der Verfassung aufgeführten offiziellen Landesspr. (v. a. in Gujarat); Karte ↗ Indische Sprachen, im Anhang. Schriftspr. dem 17./18. Jh. n. Chr. Ursprünglich wurde die Laṇḍā-Schnellschrift verwendet, im Druck bevorzugte man jedoch Devanāgarī und Gurmukhī (↗ Indische Schriften); heute wird, v. a. in Pakistan, die ↗ arabische Schrift unter Zusatz von Vokalisierungszeichen verwendet. **Lit.** M. Khubchandani, Sindhi. In: G. Cardona & Dh. Jain (eds.), The Indo-Aryan Languages. Ldn., N. Y. ²2007, 622–658. FZ

Singen (engl. to sing, frz. chanter) In unterschiedl. kulturellen Traditionen kodifizierte Ausformung des ↗ Sprechausdrucks im Ggs. zum normalen Sprechen: melod. Tonschritte sind normal (gleitender Tonhöhenverlauf (glissando) ist Ausnahme); Klangfülle und -farbe sind genormt (Stimmgattungen; ↗ Stimme), dynam. (genormte Lautstärkestufen und -wechsel: forte, fortissimo, piano, crescendo etc.)

und temporal variabel (Agogik gestuft: *allegro*, *vivace*, *andante*, *ritardando*, *accelerando*), artikulator. differenziert (Lautungskodifizierung für den Kunstgesang). Homorgane Erzeugung (Kehlkopf), aber neurophysiolog. und psychoauditiv unterschiedliche Steuerung von Sprech- und Singstimme (z. B. Atemstütze, extrem verlängerte Ausatmung usw.). Daher ist Stimmbildung für Gesang und für Sprechen nicht ident. **GU**

Singhalesisch (Eigenbez. siṃhala bhāṣāva) Als ↗ indoarische Sprache Mutterspr. der singhales. Bevölkerung und Staatsspr. von Sri Lanka. Durch die landschaftl. Gegebenheiten bedingt zerfällt das S. in zwei große Dialektbereiche, das Berggebiet im Landesinnern und die Ebenen am Meer. Als eigener Dialekt gilt das sog. »Vädda-Kreol«, ein von der Spr. der Ureinwohner Sri Lankas, die heute selbst ausgestorben ist, stark beeinflusstes S.; Karte ↗ Indische Sprachen, im Anhang. Zahlreiche ↗ Interferenzen aus dem ↗ Tamil finden sich auf allen grammat. Ebenen sowie in der Lexik. S. ist die bestüberlieferte neuindoar. Spr.; die schriftl. Dokumente reichen bis ins 2. Jh. v. Chr. zurück (singhales. ↗ Präkrit; frühe Brāhmī-Inschriften) und führen in ununterbrochener Folge über das Proto-S. (4.–8. Jh. n. Chr.; späte Brāhmī-Inschriften) und mittelalterl. S. (8.–13. Jh.; Inschriften und älteste Lit.) zum modernen S. (ab 13. Jh.; klass. bis mittlere Lit.). Herausragend sind die seit der Einwanderung der Indoarier in Sri Lanka bis zur Okkupation durch die Engländer lückenlos geführten Inselchroniken. Das moderne S. ist durch eine alle Bereiche der Grammatik und Lexik durchdringende ↗ Diglossie gekennzeichnet. Die formal sehr archaische Schriftspr. ist durchwirkt von Einflüssen aus der alten Dichterspr. und der klass. Prosa-Literatur und weist einen hohen Lehnwortschatzanteil aus dem ↗ Sanskrit und dem Pāli auf (↗ mittelindische Sprachen). Die Umgangsspr. zeigt demgegenüber beträchtliche Vereinfachungen v. a. in Morphologie und Syntax sowie große Unterschiede in der Lexik. Das S. verfügt über eine eigene Schrift, die eine Süd-Brāhmī-Variante darstellt; ↗ Indische Schriften. **Lit.** M. Matzel & P. Jayawardena-Moser, S. Eine Einf. Wiesbaden 2001. – J. W. Gair, Sinhala. In: G. Cardona & Dh. Jain (eds.), The Indo-Aryan Languages. Ldn., N. Y. ²2007, 766–817. – W. Geiger, A Grammar of the Sinhalese Language. Colombo 1938. **FZ**

Signans ↗ Bezeichnendes

Singstimme ↗ Singen

Singular m. (lat. singulāris ›einzeln‹. Abk. Sg.) Subkategorie des ↗ Numerus zur Bez. eines einzelnen Elementes im Ggs. zu mehreren Elementen (*Auto* vs. *Autos*). Der S. findet seinen grammat. Ausdruck beim Nomen und auch beim finiten Verb, falls es die Einzelspr. (z. B. Dt.) fordert. Es handelt sich dabei um die Einheit des Begriffs und nicht der Zahl, so dass eine Mehrheit bereits impliziert sein kann. Die Sg.form selbst kann – in Kombination mit best. ↗ Determinierern – auch generalisierend verwendet werden, z. B. *Ein Kind braucht Liebe*, ferner als kollektiver Begriff, z. B. *Bescheidenheit ist eine Zier*. Nomina, die nur im Sg. vorkommen, werden als ↗ Singulariatantum bezeichnet, z. B. *Obst*, *Milch*, *Vieh*. – In den Spr., in deren Numerussystem die Sg.-Pl.-Opposition dominiert, gilt der Sg. als die natürl. bzw. unmarkierte Einheit im Ggs. zum markierten ↗ Plural; ↗ Singulativ. **Lit.** ↗ Numerus. **ZA**

Singularetantum n., pl. Singulariatantum (lat. singulāris ›einzeln‹, tantum ›nur‹. Auch: Massenwort, Singularwort) Subst., die nicht nach ↗ Numerus flektieren, sondern immer im ↗ Singular stehen, wobei fehlende Pluralformen nicht notwendig singuläres Vorkommen des Bezeichneten bedeuten. Im Dt. finden sich S. vor allem in den subst. Subklassen der Abstrakta (*Fleiß*), Kollektiva (*Obst*) und bei Eigennamen, sowie bei Stoff- und Maßbez. (*Gold*, *Gramm*). Numerusdifferenzierung bei Lexemen, die gemeinsprachl. S. sind, kommt mitunter in ↗ Fachsprachen vor (*Milche*). Nur selten etablieren sich derartige Pluralformen auch außerhalb ihrer originären Kontexte (*Kaffees*, *Tees*); ↗ Pluraletantum. **ES**

Singularwort ↗ Singularetantum

Singulativ Subkategorie des ↗ Numerus, die sog. transnumerale, d. h. numerusindifferente Nomen grammat. als ↗ Singular kennzeichnet, z. B. kymr. *plu* ›Feder(n)‹ vs. *pluen* ›eine Feder‹. In diesem Numerussystem stellt der Sg. die markierte Form dar, während das Unbestimmte/das Kollektive als Grundform angenommen wird. **Lit.** ↗ Numerus. **ZA**

Sinistrograd ↗ Schriftrichtung

Sinn (engl. sense, meaning, frz. sens) In der Ling. häufig als unspezifiziertes Synonym von ↗ Bedeutung oder als pragmat. Qualifikator verwendet, der einer sprachl. Einheit oder Handlung eine »verstehbare Funktion« zuordnet: Wörter haben (G. Klaus: »eidet.« oder »operativen«) S., wenn man mit ihnen etwas bezeichnen oder Sätze/Texte strukturieren kann; Sätze/Texte sind sinnvoll, wenn sie sich u. a. widerspruchsfrei interpretieren lassen; Sprachhandlungen ergeben S., wenn sie u. a. ein rationales Mittel zur Erreichung eines einsichtigen Zieles bilden. Darüber hinaus sind unterschiedl. terminologisierte Bedeutungen zu verzeichnen. **1.** G. Frege bezeichnet den deskriptiven Gehalt von definiten Kennzeichnungen und Sätzen als deren S. und grenzt diesen einerseits von der subjektiven »Vorstellung«, andererseits von der ↗ Referenz (1) der genannten Ausdrücke ab, die er »Bedeutung« nennt (↗ Bedeutung (2.1)). Die Kennzeichnungen *der Sieger von Jena* (J) und *der Besiegte von Waterloo* (W) haben zwar die gleiche »Bedeutung« (näml. Napoleon), jedoch unterschiedlichen S.; daher können sie im Satz *J/W war Korse* einander salva veritate (ohne Änderung des Wahrheitswerts) substituieren, nicht dagegen in den (sinnvollen und wahren) Sätzen *J war W* bzw. *W war J*, wo die

Substitution eine Tautologie ergibt, oder in *Maria glaubt nicht, dass J Napoleon war*, wo eine Substitution möglicherweise den Wahrheitswert ändert. Der S. von Kennzeichnungen und Sätzen ist nach Frege unabhängig davon, ob diese eine »Bedeutung« haben; so ist der S. eines Behauptungssatzes zunächst nur ein wahrheitsfähiger »Gedanke«, dessen Wahrheit ein Sprecher ggf. im »Urteil« »anerkennen« und interaktiv als wahr »behaupten« kann. Der Satzsinn reicht also von der Virtualität bis in die aktuelle Äußerung, welche allenfalls durch Festlegung von deikt. Bezügen (↗ Deixis) zu seiner Vervollständigung beiträgt; da er sich entsprechend dem von Frege formulierten Kompositionalitätsprinzip (↗ Frege-Prinzip) aus dem S. seiner lexikal. Bestandteile konstituiert, gilt die gleiche Unterscheidung von S. und Bedeutung für alle (virtuellen oder aktuellen) Sprachzeichen. Der S. virtueller Lexeme entspricht also dem, was von anderen Philosophen oder Linguisten ↗ Konnotation (1), ↗ Intension oder ↗ Denotative Bedeutung genannt wird. **2.** In der angelsächs. Philosophie wird das Fregesche Begriffspaar zumeist als *sense* und *reference* benannt. J. Lyons nimmt diese Dichotomie im Fregeschen Umfang auf, definiert jedoch den S. von Wörtern oder Ausdrücken, auf de Saussure verweisend, als Menge aller »Sinnrelationen«, wie ↗ Synonymie, ↗ Hyponymie und ↗ Antonymie, die die betreffende sprachl. Einheit mit anderen sprachl. Einheiten verbinden. Diese Sinnrelationen (↗ strukturelle Semantik) rekonstruiert er nach Art der ↗ Bedeutungspostulate von R. Carnap. **3.** De Saussure selbst verwendet den Ausdruck *sens*, im Unterschied zu Lyons, als Variante von *signification* (↗ Signifikation (1)). Ähnl. gebraucht auch S. Ullmann den Ausdruck ›S.‹: Er definiert das »Wort« als bilaterale Verbindung aus S. (= ↗ Signifikat) und »Name« (= ↗ Signifikant) und deren Wechselbeziehung als »Bedeutung« (= Signifikation (1)). Der zunächst einfache S.-Begriff wird von Ullmann angesichts der Mehrdeutigkeit der Wörter weiter differenziert: Im Falle von ↗ Homonymie und ↗ Polysemie hat ein Wort mehrere »Sinne«. In dieser (auch alltagssprachl.) Verwendung von ›S.‹ (*in diesem Sinne, im übertragenen Sinne*) berührt sich Ullmann mit J. Katz, der die Teilbedeutungen der von ihm analysierten »Lexikoneinträge« als *sense* bezeichnet. **4.** Dagegen ordnet J. L. Austin *sense* und *reference* im Rahmen seiner ↗ Sprechakttheorie dem ↗ rhetischen Akt zu, mit dem der Sprecher die situativ bezogene ↗ Äußerungsbedeutung konstituiert; so kann dieselbe Formulierung (*pheme*) »in verschiedenen Äußerungssituationen mit unterschiedl. S. oder Bezug gebraucht werden« (Austin 1962, 97). Steht Austins pragmat. S.-Begriff noch stark im Banne der Fregeschen Dichotomie, so macht ihn M. Bierwisch, ebenfalls im sprechakttheoret. Rahmen, zu einer genuin pragmat. Kategorie, indem er ihn für die interaktiven Funktionen

bedeutungsvoller Äußerungen reserviert; der *communicative sense* umfasst u. a. Austins ↗ Illokution. **5.** Nicht zufällig beruft sich Bierwisch dabei auf psycholog. Theorieansätze: S. ist in neueren psycholing. Untersuchungen zur produktiven und rezeptiven ↗ Sprachverarbeitung, bis hin zu den neuesten Modellen der ↗ kognitiven Linguistik, ein zentraler Begriff für Ziel und Ergebnis der mentalen Operationen, mit denen Sprecher und Hörer sprachl.-konzeptuelle Bedeutungen mit ihrem Weltwissen und ihrem Interaktionswissen oder -wollen verknüpfen. Insbesondere erscheinen Rezipienten hier nicht als strikt regelgebundene Dekodierer, sondern als aktive »Sinnproduzenten«, die unter der Vorannahme der »Sinnkonstanz« (H. Hörmann) jede Äußerung so lange reinterpretieren und inferentiell (↗ Inferenz) ergänzen (z. B. aus konzeptuellen ↗ Schemata oder ↗ Scripts), bis sie sie, nach Möglichkeit, in ihr aktuelles Welt- und Interaktionswissen einordnen können (↗ Relevanz, ↗ Konversationelle Implikatur). **5 a.** Diesen kognitiven S.-Begriff übertragen zahlreiche kognitionssemant. Arbeiten auch auf die Wortebene: Der generative Terminus *sense* = Teilbedeutung (↗ Sinn 3.) wird kognitiv-pragmat. umgedeutet: Virtuelle, oft als monosem (↗ Monosemie) gedachte Lexembedeutungen (*meanings*) realisieren sich in zahlreichen, jeweils differierenden *senses*. S. entspricht hier der kognitiv ausbuchstabierten ↗ aktuellen Bedeutung. **6.** Den kommunikativen und kognitiven S.-Begriff kennt auch die ↗ Textlinguistik: E. Coseriu definiert (im Ggs. zu »Bezeichnung« und »Bedeutung«) den S. als »die texteigene Ebene des Semantischen« ([3]1994, 89) und erläutert ihn mit Hinweisen auf kommunikative Funktionsdifferenzen; dagegen wird der kognitive Textsinn i. d. R. thematisiert im Zusammenhang mit ↗ Textkohärenz (u. a. R.-A. de Beaugrande & W. U. Dressler) und ↗ Textverstehen (N. Groeben, H. Strohner, B. U. Biere). Dabei wird oft theoret. berücksichtigt, dass Texte, insbes. ästhet. Texte, darauf angelegt sind, dass der Rezipient durch Akte der ↗ Interpretation entsprechend den jeweiligen Deutungshintergründen unterschiedl. S.-Ebenen, ggf. auch divergierende ›Sinne‹ erschließen kann (vgl. z. B. H. Weinrich; aus semiot. Perspektive: U. Eco). Diese Erfahrung motiviert seit der Antike die hermeneut. Praxis und Reflexion der theolog. (»mehrfacher Schriftsinn« der Bibel), philosoph., literar. und polit. Textexegese. **7.** Die konkrete Beschreibung der Deutungshintergründe und »Sinnhorizonte« interaktiver Äußerungen fällt nicht in die Zuständigkeit der Ling. Doch wurden für die handlungs- und texttheoret. Fundierung der ling. ↗ Pragmatik philosoph. und soziolog. Explikationen von S. bedeutsam, wie sie u. a. M. Weber und A. Schütz (S. als Kriterium menschl. Handelns, N. Luhmann (S. als komplexitätsreduzierende Leistung sozialer Systeme) und J. Habermas (S. als Ergebnis interaktiver Aushandlung) vorgelegt haben. **Lit.**

G. Frege, Über S. und Bedeutung (1892). In: Ders., Funktion, Begriff, Bedeutung. Göttingen 2008. – Ders., Der Gedanke (1918/19). In: Ders., Log. Untersuchungen. Göttingen ⁵2003. – J. L. Austin, How to Do Things with Words. Cambridge, Mass. 1962. –J. Lyons, Einf. in die moderne Ling. Mchn. 1971. – J. Trabant, Vom S. In: B. Schlieben-Lange (Hg.), Sprachtheorie. Hamburg 1975, 277–285. – H. Weinrich, Spr. in Texten. Stgt. 1976. – H. Hörmann, Meinen und Verstehen. Ffm. ⁴1994. –E. Coseriu, Textling.: Eine Einf. Tübingen ⁴2007. – R.-A. de Beaugrande & W. Dressler, Einf. in die Textling. Tübingen 1981. – N. Groeben, Leserpsychologie: Textverständnis – Textverständlichkeit. Münster 1982. – H. Strohner, Textverstehen. Opladen 1990. – U. Eco, Semiotik. Mchn. ²1991. – K. Brinker & F. Sager, Ling. Gesprächsanalyse. Bln. ⁴2006, Kap. 5. – L. Sichelschmidt & H. Strohner (Hgg.), Sprache, S. und Situation. Wiesbaden 2001. – J. Lyons, Sense Relations. An Overview. HSK 21.1, 466–471. – J. J. Katz, Sense, Reference, and Philosophy. Oxford 2004. – Weitere Lit. ↗ Semantik.   RB

Sinnbezirk ↗ Wortfeld

Sinnbild ↗ Symbol (1)

Sinnkonstanz ↗ Sinn (5)

Sinnrelation ↗ Sinn (2)

Sinnschrift ↗ Begriffsschrift, ↗ Pasigraphie, ↗ Universalschrift

Sinnübertragung ↗ Bedeutungsübertragung

Sinnwort ↗ Sinnglied

Sinologie ↗ Chinesisch

Sino-Tibetische Sprachen In Ostasien verbreitete Sprachfamilie, bestehend aus den Sprachgruppen des Sinit. und des Tibeto-Burman. Kontrovers und wahrscheinl. abzulehnen ist die oft angenommene Zugehörigkeit der Sprachgruppen Miao-Yao und T(h)ai-Kadai. Die Affiliation des Karen ist ebenfalls unklar, obwohl manche eine Tibeto-Karen-Familie, bestehend aus Tibeto-Burman. und Karen, aufstellen. Massive Entlehnungen bzw. Sprachbunderscheinungen haben die genet. Affiliationen dieser und anderer Sprachgruppen Asiens schwer erkennbar gemacht. Sinit. besteht aus den chines. Sprachen (↗ Chinesisch, über 1 Mrd. Sprecher), die wegen ihrer engen kulturellen und polit. Verbindungen sowie der Verwendung eines gemeinsamen logograph. bzw. morphem. ↗ Schriftsystems meist als Dialekte voneinander eingestuft werden; Karte ↗ Die Sprachen Chinas, im Anhang. Tibeto-Burman. setzt sich zusammen aus Bodisch-Himalayisch (wichtigste Spr.: Tibet. mit ca. 4 Mio. Sprechern), Lolo-Burmes. (einschließlich Burmes. (auch: Birman.) mit ca. 25 Mio. Sprechern), Barisch und Rung. Viele Details dieser Klassifikationen bleiben unsicher und umstritten. Unter den oft erwähnten Charakteristika der Mehrzahl s.-t. S. steht ein phonem. Tonsystem. Das Fehlen von Tönen in den meisten bar. Spr. und manchen Bod.-Himalay. Spr. sowie die Erkenntnis, dass ein Zwei-Ton-Kontrast in mehre-

ren s.-t. S., einschließlich des rekonstruierten Proto-Chines. wie auch des modernen Shanghai-Dialekts, phonolog. bedingt und deshalb nicht phonem. Charakters ist, macht wahrscheinlich, dass Proto-Sinotibet. keine Tonspr. war. Im Chines., ähnlich wie im benachbarten, aber nicht verwandten (↗ Mon-Khmer) Vietnames., ist die Entstehung der Töne z. T. sogar histor. belegt. Die überwiegende Mehrheit der ererbten Wörter in den s.-t. S. ist einsilbig. Die Wortbildung erfolgte grundsätzl. durch Affigierung, die meist die Silbenlänge unbeeinflusst ließ. Eine Reihe von kons. Präfixen und Suffixen ist bekannt, in einigen Fällen wie {s-} und {-m-} (Markierer für Kausativ bzw. Intransitiv im Verbsystem) auch ihre Funktion. Infixe sind auf Liquida und Halbkonsonanten beschränkt, die möglicherweise durch Metathese von Präfix und Stammanlaut entstanden sind. Das Erstellen phonolog. Regeln und Entsprechungen unter s.-t. S. hat noch nicht den hohen Grad der Genauigkeit erreicht, der vorausgesetzt werden muss, um Entlehnungen, späte Konstruktionen und zufällige Ähnlichkeiten bzw. Konvergenzen erkennen und aus dem Rekonstruktionsprozess ausschließen zu können. Manche scheinbaren Unregelmäßigkeiten lassen sich jedoch darauf zurückführen, dass die Möglichkeit der unterschiedl. Präfigierung ererbter Wurzeln sowie der phonet. Reduktion nominaler Zusammensetzungen aus der Zeit nach der Auflösung des Proto-Sinotibet. in der vergleichenden Analyse oft zu wenig berücksichtigt wird. Erkenntnisse, die aus der Erforschung v. a. tibeto-birman. Spr. gewonnen wurden, haben ergeben, dass z. B. das erste Element einer Zusammensetzung im Laufe der Zeit so reduziert werden kann, dass es sich nicht mehr von einem phonet. ident. Präfix unterscheiden lässt. Komplikationen dieser Art erschweren in erhebl. Maße Rekonstruktionen der genet. wie auch histor. Verhältnisse unter s.-t. S. und ihren Untergruppen. **Lit.** G. Thurgood & R. LaPolla (eds.), The Sino-Tibetan Languages. Ldn. 2003. – J. Matisoff, Handbook of Proto-Tibeto-Burman: System and Philosophy of Sino-Tibetan Reconstruction. Berkeley 2003. – A. Saxena (ed.), Himalayan Languages. Bln. 2004. – **SSG** Staatsbibliothek Berlin (1 a, 1).   WR

Sinti ↗ Romani

Siona ↗ Tukano-Sprachen

Sioux-Sprachen ↗ Nordamerikanische Sprachgruppe im Zentrum und Südosten Nordamerikas. Wichtige S.-S. sind Crow (ca. 5000) und Dakota oder Sioux, das ein Dialektkontinuum (Varietäten: Dakota, Lakota, Assiniboin, Stoney) mit ca. 15 000 Sprechern bildet; Karte ↗ Nordamerikanische Sprachen, im Anhang. Einige nordamerikan. Toponyme gehen auf Sioux-Wörter zurück wie *Dakota*, *Nebraska*, *Minnesota* und *Minneapolis* (Sioux-griech. Mischbildung zu *minne* ›Wasser‹ und griech. πόλις (polis) ›Stadt‹). Die Morphologie der S.-S. ist agglutinierend-fusionierend, synthet. bzw. leicht polysynthet.

Endstellung des Verbs. Die S.-S. gehören zum Typ der ↗ Aktivsprachen. **Lit.** D. S. Rood, Siouan. LNA, 236–298. – F. Boas & E. Deloria, Dakota Grammar. Washington 1941. – R. D. Van Valin, Case Marking and the Structure of the Lakhota Clause. In: J. Nichols & A. C. Woodbury (eds.), Grammar Inside and Outside the Clause. Cambridge 1985, 363–413. – D. S. Rood & A. R. Taylor, Sketch of Lakhota, a Siouan Language. HNAI–L, 440–482. **SSG** Staats- und Universitätsbibliothek Hamburg (18). D

Sirāikī ↗ West-Pañjāb-Sprachen, ↗ Indoarische Sprachen

Siraya ↗ Formosa-Sprachen

Sirionó ↗ Tupí-Guaraní-Sprachen

Siswati ↗ Swazi

Situation ↗ Sprechsituation

Situationskontext (engl. context of situation) Im Rahmen der ↗ Londoner Schule (↗ systemische Linguistik) gebrauchte Formulierung, die den Zusammenhang von sprachl. Geschehen und seinen unterschiedl. Umgebungsfaktoren bezeichnen soll. Der Ausdruck hat somit einen ähnlichen Stellenwert wie in anderen Auffassungen ↗ ›Kontext‹ allein, ›Kotext‹ oder ›Situation‹ allein. Angesichts der Doppelsinnigkeit von engl. *context* ((a) ›Kontext‹, (b) ›Zusammenhang‹) handelt es sich bei S. eher um einen Übersetzungspleonasmus als um eine Spezifizierung. E

Situationssemantik (engl. situation semantics) Eine durch Barwise & Perry (v. a.: 1983/1987) begründete Richtung der formalen Semantik, in der die ↗ »möglichen Welten« der ↗ modelltheoretischen Semantik durch »Situationen« ersetzt werden. Situationen sind als Teile der »wirklichen Welt« gedacht, die (im Ggs. zu den vollständig determinierten mögl. Welten) nur für einen Teil der Zustandsalternativen bestimmt sein müssen und somit der »Partialität der Information« Rechnung tragen. Nach ihren Eigenschaften werden Situationen in verschiedene Typen unterteilt, die sowohl den Inhalt als auch den Kontext von Äußerungen bilden können. Die Bedeutung von Behauptungen wird somit als Relation zwischen zwei Situationstypen, näml. der Äußerungssituation und der beschriebenen Situation, also zwischen »Objekten derselben Art« aufgefasst. Diese Vereinheitlichung im Rahmen einer »relationalen Bedeutungstheorie« zeigt ihre Effizienz u. a. bei der Beschreibung von Perzeptions-, Kognitions- und Redewiedergaben, von temporaler und lokaler ↗ Deixis und von ↗ Konditionalen und von semant. ↗ Paradoxien. **Lit.** J. Barwise & J. Perry, Situations and Attitudes. Cambridge, Mass. 1983, dt.: Situationen und Einstellungen. Bln., N. Y. 1987. – Linguistics and Philosophy 8, 1985. – J. Perry, From Worlds to Situations. Journ. of Philosophical Logic 15, 1986, 83–107.– R. Cooper, K. Mulai & J. Perry (eds.), Situation Theory and its Applications. Vol. 1. CSLI Lecture Notes 22. Stanford 1990. – J. Barwise, Situationen und kleine

Welten. HSK 6, 80–89. – M. J. Cresswell, Die Weltsituation. HSK 6, 71–80. – W. Heydrich, Relevanzlogik und S. Bln., N. Y. 1995. RB

»Situative Grammatik« ↗ Sprechsituation

Situativergänzung ↗ Lokalergänzung

Situierungsadverb (engl. setting adverb) ↗ Adverb, das einen Sachverhalt im Raum (↗ Lokaladverb) oder in der Zeit (↗ Temporaladverb) situiert (zum Terminus s. Ramat & Ricca 1994). Die Zusammenfassung temporaler und lokaler Adverbien zu einer Klasse ist umstritten, wird aber durch die gemeinsame Situierungsfunktion und folgende gemeinsame Merkmale gerechtfertigt: S. können als ↗ Attribute fungieren (*Die Vorlesung gestern, der Student dort* – in dieser Funktion auch ›Demonstrativadverbien‹ genannt), mit Kopula stehen (*Das war gestern, er ist dort*; ↗ Prädikativ), und sie sind negierbar, können aber auch in einem negierten Satz stehen, ohne selbst negiert zu sein: *Gestern wollte Barbara nicht ausgehen.* S. lokaler und temporaler Art übernehmen deikt. Funktion (↗ Deixis) und sind untereinander kombinierbar: *Wir treffen uns heute dort.* Sie können von best. ↗ Präpositionen regiert werden (↗ Rektion (2)): *bis gestern, von dort.* S. sind größtenteils erfragbar (*wann? wo?*) und dienen allein als Antworten. Sie sind lexikal. steigerbar (↗ Graduierung): *weiter oben, gerade heute.* Syntakt. sind Temporaladverbiale näher am Verb anzusiedeln als Lokaladverbiale (↗ Adverbial). Erstere situieren eher ein ↗ Ereignis als Ganzes, während Letztere eher einzelne Beteiligte lokalisieren. Adverbien wie *da, hinterher, vorbei* sind sowohl temporal als auch lokal zu lesen. Adverbien, die ausdrücken, wie ein Objekt im Raum liegt oder sich bewegt bzw. wie eine Handlung eintritt oder sich vollzieht, sind keine S., sondern zu den ↗ prädikatsbezogenen Adverbien zu rechnen: *Das Boot treibt kieloben im Wasser. Hubert liest immerzu Baupläne.* Knapp die Hälfte des dt. Adverbwortschatzes hat situierende Funktion. **Lit.** W. Frey & K. Pittner, Adverbialpositionen im dt.-engl. Vergleich. In: M. Doherty (Hg.), Sprachspezif. Aspekte der Informationsverteilung. Bln. 1999, 14–40. – P. Ramat & D. Ricca, Prototypical Adverbs: On the Scalarity/Radiality of the Notion of Adverb. In: Rivista di Linguistica 6:2, 1994, 289–326 – F. Schmöe, Lokale Adverbien im Dt. In: Dies. (Hg.), Das Adverb. Zentrum und Peripherie einer Wortklasse. Wien 2002, 77–93. SO

Situolekt ↗ Lekt

Siyu-Pate-Amu ↗ Swahili

Skalierend ↗ Gradpartikel

Skalierung 1. Bei der ↗ Datenerhebung bedeutet S. zumeist den Einsatz von Rangordnungsskalen, z. B. des ↗ semantischen Differentials, zur Erfassung von Einstellungen u. ä. ggü. bestimmten sprachl. Phänomenen, z. B. zu ↗ Dialekten. – **2.** Im Prozess der Auswertung von Sprachdaten bezeichnet S. die Quantifizierung, Ordnung und Abbildung der qualitativen Daten, d. h. die empir. Sprachdaten werden in numer. Daten (Zahlen) überführt, u. U. nach einer diskriminierenden Zerlegung, und in einer Rangordnung dargestellt. Dabei werden sehr unterschiedl. Skalentypen (Nominal-, Ordinal-, Intervallskalen u. a.) verwendet. Mehrdimensionale S.verfahren ermöglichen eine multirelationale Darstellung der Werte. **SK**

Skandieren ⁊ Sprechausdruck

Skandinavische Sprachen Bez. für die nordgerm. (auch: ⁊ nordischen) Spr. Da zu Skandinavien üblicherweise Dänemark, Norwegen, Schweden und Finnland gerechnet werden, ist die Bez. in zweifacher Hinsicht irreführend: (a) In Skandinavien werden auch nicht-germ. Spr. gesprochen: das Lapp. und das Finn. (b) Die nordgerm. Spr. Färöisch und Isl. werden in den genannten Ländern nicht von größeren Bevölkerungsteilen gesprochen, sondern auf den Färöern und auf Island. Darüber hinaus wurden nordgerm. Spr. auch andernorts außerhalb Skandinaviens von einer bodenständigen Bevölkerung gesprochen: auf Grönland bis ins 15. Jh., auf Shetland bis ins 18. Jh., auf der Isle of Man bis ins 16. Jh, auf den Hebriden bis ca. 1400, in Irland bis ins 13. Jh., in Nordschottland bis ins 17. Jh., auf den Orkneyar bis ca. 1700. **Lit.** E. Haugen & Th. L. Markey, The Scandinavian Languages. The Hague 1972. – **SSG** Universitätsbibliothek Kiel (8). **T**

Skandinavistik Nach dem Zweiten Weltkrieg ist in Deutschland S. als Bez. für ›Nordische Philologie‹ oder ›Nordistik‹ in Gebrauch gekommen, offenkundig um das durch den nationalsozialist. Sprachgebrauch ideolog. in Verruf gekommene Adjektiv *nordisch* zu vermeiden. Die Bezeichnung S. ist allerdings unglückl. und irreführend; ⁊ skandinavische Sprachen. **T**

Sko ⁊ Papua-Sprachen

Skopus (griech. σκοπός (skopos) ›Ziel, Zweck, Absicht‹. Engl. scope) Wirkungsbereich (auch: Bezugsbereich) von unterschiedl. sprachl. Ausdrücken wie ⁊ Negationen, ⁊ Partikeln, ⁊ Adverbien und quantifizierenden Ausdrücken. Die Konstituenten, die modifiziert werden, sind der S. ⁊ Wortstellung und S. interagieren zu einem gewissen Grad. **G, SO**

Skript(s) ⁊ Scripts

Skriptizismus Der Umstand, dass Grammatiken von Schriftspr. auf schriftl. Daten beruhen (müssen), hat in der Forschung zur gesprochenen Spr. zu methodolog. Kritik am sog. Logozentrismus in der Sprachforschung geführt; ⁊ Grammatologie. Die unreflektierte Gleichsetzung von Sprache und ⁊ Schriftsprache wird als S. bezeichnet. **G**

Slang m. Nichtstandard-Varietät, die sich durch extreme Informalität auszeichnet und nicht auf eine Region beschränkt ist, charakterisiert durch stilist. markierte Wörter expressiver Art, die im Alltagsleben gebräuchl. sind, und sozial gebundene Wörter, deren Gebrauch auf best. Sozial- und Berufs-

gruppen begrenzt ist. Überschneidungen mit ⁊ Sondersprache, ⁊ Umgangssprache, ⁊ Jargon, ⁊ Argot. S. ist eine Gruppenspr. mit segregativen Komponenten und primär mündl. **Lit.** ⁊ Umgangssprache, ⁊ Sondersprache. **R**

Slave ⁊ Athabaskische Sprachen, ⁊ Na-Dene-Sprachen

Slavisch (engl. slavonic, frz. slave) Sprachfamilie des ⁊ Indoeuropäischen, zählt zu seiner östl. Untergruppe, den ⁊ Satem-Sprachen, vgl. idg. **deḱm̥* ›zehn‹ zu altksl. *desętь*. Es wird (z. T. unter zusätzl. geograph. Gesichtspunkten) in drei Zweige aufgegliedert, die ⁊ südslavischen, die ⁊ ostslavischen und die ⁊ westslavischen Sprachen. Die Geschichte des S. lässt sich folgendermaßen periodisieren (nach Birnbaum 1975): (a) in die urslav. Phase (spätestens ab dem 5. Jh. v. Chr. bis 8. Jh. n. Chr.), die die Ausgliederung des S. als solchem aus dem Idg. umfasst und u. a. markiert ist durch die gesamte Slavia erfassende Prozesse wie durch die Tendenz zur ⁊ Palatalisierung (drei verschiedene, chronolog. geordnete Typen, z. T. bereits mit einzelsprachspezif. Ergebnissen; ⁊ Slavische Sprachen), z. B. frühes urslav. **g*, **k*, **x* vor vorderen Vokalen und **j* zu *ž*, *č*, *š* (sog. Erste Palatalisation), vgl. **bikj-* ›Geißel‹ zu **bič* (mit individuellen Weiterentwicklungen), z. B. russ., bulgar. *bič'*, poln. *bicz*, durch die Tendenz zur steigenden Sonoritätswelle, die, indem sie innerhalb der Silbengrenzen die Laute nach zunehmender Schallfülle anordnet, z. B. Vokale nach Verschlusslauten, Halbvokale zwischen beiden usw. (⁊ Sonoritätshierarchie), den Schwund auslautender Konsonanten und die Umwandlung von best. Verbindungen aus Vokal + Konsonant zu den urslav. ⁊ Nasalvokalen **ę* und **ǫ* bewirkt, geschlossene Silben beseitigt und offene schafft, z. B. idg. **sūnùs* ›Sohn‹ > altksl. *synъ*, urslav. **vezontъ* ›sie fuhren‹ (3. Pers. Pl. Aor.) > akls. *vezǫ*, und die durch Herausbildung neuer grammat. Erscheinungen, z. B. der eine formale Unterscheidung von Subj. und Obj. herbeiführenden Kategorie der ⁊ Belebtheit in Teilen der Flexion aufgrund der Ersetzung des Akk. durch den Gen. (vgl. altksl. *bogъ* > *boga*) und die Unterscheidung zwischen nominaler und pronominaler Adj.flexion zum Ausdruck der (Nicht-) Definitheit, vgl. altksl. *dobryj člověkъ* vs. *dobrъ člověkъ* ›der gute Mensch‹ vs. ›ein guter Mensch‹; (b) in die gemeinslav. Periode (ca. 8. bis 10. Jh.) mit starker Auseinanderentwicklung der Dialekte und Vordifferenzierung in die Zweige des Süd-, Ost- und später Westslav. (s. o.); (c) in die Phase der einzelsprachl. Entwicklung (ab dem 10. Jh.), in deren Beginn das ⁊ Altkirchenslavische als ältest belegter Zustand des S. fällt. **Lit.** H. Bräuer, Slav. Sprachwiss. 3 Bde. Bln. 1961–1969. – H. Birnbaum, Common Slavic. Progress and Problems in its Reconstruction. Ann Arbor 1975. – P. Garde, Histoire de l'accentuation slave. 2 Bde. Paris 1976. – O. Mel'ničuk (Hg.), Istoričeskaja tipologija slavjanskich jazykov: fonetika, slovoobrazovanie, leksika i frazeologija [Histor. Typologie der slav. Spr.: Lautlehre, Wortbildung, Lexik und Phraseologie]. Kiev 1986. – H. Schelesniker, Slav. und Idg.: der Weg des Slav. zur sprachl. Eigenständigkeit. Innsbruck 1991. – W. Hock, Das Urslav. In: P. Rehder (Hg.), Einf. in die slav. Spr.n. Darmstadt ³1998, 17 – 34. – Ch. E. Townsend, Gemeinslav. und Slav. im Vergleich. Mchn. 2003.   HA

Slavische Sprachen Die modernen s. S. umfassen das ↗ Bulgarische, ↗ Makedonische, ↗ Polnische, ↗ Russische, ↗ Serbokroatische (vgl. auch ↗ Kroatisch, ↗ Serbisch), ↗ Slowakische, ↗ Slovenische, ↗ Sorbische, ↗ Tschechische, ↗ Ukrainische und ↗ Weißrussische; Karte ↗ Europäische Sprachen, im Anhang. Heute ausgestorben sind das ↗ Elbslavische (Polab.) und das ↗ Altkirchenslavische sowie das Slovinz.; ↗ Kaschubisch. – Die s. S. bilden eine Sprachfamilie innerhalb der idg. Sprachen (↗ Slavisch). Charakterist. für ihren grammat. Bau sind v. a. die Merkmale des ↗ flektierenden und des ↗ synthetischen Sprachtyps, z. B. poln. *kobieta* (-*ta*: Nom. Sg.) vs. *kobiety* (-*ty*: Gen. Sg. od. Nom. Pl.) ›Frau‹ bzw. *ciocia* (-*ća*: Nom. Sg.) vs. *cioci* (-*ći*: Gen. Sg. oder Nom. Pl.) ›Tante‹ (das Endungsmorphem variiert je nach hartem bzw. weichem (palatalisiertem) stammauslautenden Kons., es kann mehrere grammat. Bedeutungen ausdrücken). *płacŭ* (-*č'u*: 1. Pers. Sg. Präs.) vs. *plàtiš'* – (-*t'iš*: 2. Pers. Sg. Präs.) ›bezahlen‹ (morphonolog. Alternation des Verbstammes je nach Flexionsendung). – Markantestes, die s. S. als ↗ Aspektsprachen vollumfänglich charakterisierendes Merkmal im Bereich der grammat. Kategorien ist der morpholog. durchgängig, v. a. durch ↗ Affigierung realisierte (Verbal-)Aspekt mit den beiden Kategorien ↗ imperfektiv (ipf.) und ↗ perfektiv (pf.); in den meisten s. S. kompensiert er – in Verbindung mit der kontextuellen und situativen Einbettung der Äußerung sowie mit lexikal. Signalen, z. B. Adverbialen, Konjunktionen u. ä. – die fehlende Tempusdifferenzierung innerhalb der Vergangenheitszeitstufe, da hier nur Prät. als Tempusgrammem vorhanden bzw. gebräuchl. ist (näheres ↗ Aspekt). Darüber hinaus kennen die meisten s. S. eine ↗ Belebtheitskategorie, die in der Flexion nominaler Wortklassen z. B. als Gen. Sg. Mask. = Akk. Sg. Mask. zum Ausdruck kommt. Das Grammem Passiv ist in den slav. Spr. nur schwach als Reflexiv- und periphrast. Part.-Pass. entwickelt (hohe Mehrdeutigkeit der Konstruktionen); nur das ↗ Polnische kennt ein durch die Hilfsverben *zostać* ›werden‹ und *być* ›sein‹ differenziertes partizipiales Vorgangs- bzw. Zustandspass. In den s. S. ist das Vorgangspass. nur noch im Niedersorb., gebildet mit dem Hilfsverb *wordować* ›werden‹ (Entlehnung aus dem Dt.), als umgangsspr. Passivvariante gebräuchl. – Die Wortstellung ist in den s. S. relativ frei; sie hängt primär von Faktoren der ↗ funktionalen Satzperspektive ab. –

Die s. S. sind bei aller Nähe im phonemat. und morphemat. Bereich durch jeweils individuelle Sonderentwicklungen, innovative oder konservative, gekennzeichnet, so u. a. den (weitgehenden) Abbau der Ergebnisse der 2. ↗ Palatalisation im Russ., eines in der Spätphase des Urslav. (↗ Slavisch) ablaufenden Prozesses, bei dem **k, g, x* vor **e, i* (< **oi*) zu **c', dz'* (> *z'*), *s'* im Russ. werden, vgl. russ. / ruká/ (Nom. Sg.), /ruk'é/ (Dat. oder Lokativ Sg.) ›Hand, Arm‹ (altruss. noch /ruc'ě/), aber ukr. /ruc'í/, weißruss. /ruc'é/; Schwund des freien, durch Quantitäten und Qualitäten markierten Wortakzents, so u. a. bewegl. Akzent im Russ., Ukr., Bulgar., Akzent auf der vorletzten Silbe im Poln., Akzent auf der ersten Silbe (bei Neueinführung von Längen und Kürzen der Vokale) im Tschech. im Ggs. z. B. zum in den Akzentverhältnissen archaischen Serbokroat. und Sloven.; Erhalt der Nasalvokale im Poln., z. B. *mąż* [mõš] ›Gatte‹; durch das unterschiedl. Ausmaß der (phonet. und histor. bedingten) ↗ Palatalitätskorrelation der Kons. (Mittelstellung u. a. des Russ., starke Ausprägung u. a. im Poln., schwach ausgeprägt u. a. im Bulgar.); durch den Schwund der Kopula ›sein‹ im Ostslav., z. B. russ. *(ja) dal* ›ich habe gegeben‹, partieller Erhalt im Poln. als Pers.-endung im Prät. (*czytałem* ›ich habe gelesen‹; ältere Sprachstufe *jestem* (1. Pers. Sg. Präs. von *być* ›sein‹) *czytał*) und völlige Bewahrung im Südslav., z. B. skr. *radio sam* ›ich habe gearbeitet‹; Herausbildung eines männl.-personalen Genus v. a. im Westslav., ↗ Belebtheit; durch den ↗ Balkansprachbund verursachter völliger Verlust der Nominaldeklination im Bulg. und Makedon. bei ansonsten in den s. S. üblicher reicher Nominalflexion, z. B. bulgar. *istorija na ezika* ›Sprachgeschichte‹ (die Präp. *na*, wörtl. ›auf‹, dient als Ersatz für den synthet. Ausdruck des Gen., ↗ Präpositionalkasus), sowie Verlust der Infinitivform im Bulgar. und Makedon.; Entwicklung eines (postponierten) definiten ↗ Artikels, z. B. bulg. *knígata/knígite* ›das Buch/die Bücher‹ vs. *kniga/knigi* ›ein Buch/Bücher‹ und eines ↗ Narrativs in Teilen des Südslav. sowie die Bewahrung des archaischen Verbalsystems mit Impf., Aorist und Plq. im Bulgar. und Makedon. (im Skr. und Sorb. nur in der Schriftspr.); Erhalt des ↗ Duals in Nominal- und Verbalflexion im Sorb. und Sloven., z. B. sorb. *Jan dźěła* (3. Pers. Sg.) ›Hans arbeitet‹, *Serbja dźěłaja* (3. Pers. Pl.) ›Die Sorben arbeiten‹, *Jan a Jurij dźěłataj* (3. Pers. Dual) ›Hans und Jurij arbeiten‹ (allerdings mit Schwundtendenzen in der gesprochenen Spr.); durch die Bewahrung eines speziellen Typs unpers. Konstruktionen, den (aus Formen des Part. Perf. Pass. entstandenen) sog. Prädikativen auf *-no/-to* im Ukr., Poln., Tschech. und Slovak., z. B. ukr. *Lystja zmeteno z trotuaru* ›Die Blätter wurden (wörtl.: Es hat die Blätter…) vom Gehsteig gefegt‹, poln. *Pociąg zatrzymano* ›Der Zug wurde (wörtl. Es hat den Zug…) aufgehalten‹ (im Russ. nur noch dialektal, im Südslav.

völlig geschwunden). – Lexikal. Ähnlichkeiten weisen die s. S. v. a. im Grundwortschatz auf; ihre Lehn- und Fremdwortlexik spiegeln unterschiedl. Sprachkontakte und Normeingriffe wider, z. B. poln. *papier*, tschech. *papír*, skr. *papir*, aber russ. *bumaga* (pers. Lehnwort über ital. *bambagio* ›Baumwoll(flocke)‹), russ., poln. *teatr*, aber tschech. *divadlo* (von *dívat se* ›(an)schauen‹, russ., poln., skr., bulg. *kombajn* ›Mähdrescher‹ (engl. Lehnwort), aber sorb. *syčomłóćawa* (von *syć* ›mähen‹, *młóćić* ›dreschen‹, *młóćawą* ›Dreschmaschine‹). **Lit** A. Širokova & V. Gudkov (Hg.), Slavjanskie jazyki (Očerki grammatiki zapadnoslavjanskich i južnoslavjanskich jazykov) [Die slav. Spr.n (Studien zur Grammatik der west- und südslav. Spr.n)]. M. 1977. – R. de Bray, Guide to the Slavonic Languages. 3 Bde. Columbus ³1980. – M. Bulachov et al., Vostočnoslavjanskie jazyki [Die ostslav. Spr.n] M. 1987. – B. Comrie (ed.), The Major Languages in Eastern Europe. Ldn. ²1990. – B. Panzer, Die s. S. in Gegenwart und Geschichte. Sprachstrukturen und Verwandtschaft. Ffm. ³1999. – P. Rehder (ed.), Das neue Osteuropa von A–Z. Mchn. ²1993. – B. Comrie & G. G. Corbett (eds.), The Slavonic Languages. Ldn. 1993. – H. Jelitte, Innerslav. und slav.-dt. Spr.vergleich. Ffm. 1995. – K. Gutschmidt, Struktur, Substanz und Normen slav. Gegenwartsspr. ZSL 40, 4, 1995, 382–387. – R. Marti, Spr.politik in der Slavia im 20. Jh. ZSL 40, 4, 1995, 365–381. – W. Gladrow & S. Heyl (Hgg.), Slaw. und dt. Sprachwelt – Typolog. Spezifika der slaw. Spr. im Vergleich mit dem Dt. Ffm. u. a. 1996. – P. Rehder (Hg.), Einf. in die s. Spr.n. Darmstadt ³1998. – O. Poljakov, Slavjanskie jazyki: osnovnye osobennosti, parallel'nye teksty [Die s. Spr.n.: ihre Hauptspezifika, Paralleltexte]. Vilnius 1998. – B. Kunzmann-Müller (Hg.), Die Spr.n Südosteuropas heute. Umbrüche und Aufbruch. Ffm. 2000. – L. N. Zybatow (Hg.), Sprachwandel in der Slavia: die s. Spr.n an der Schwelle zum 21. Jh. Ein internat. Hdb. 2 Teile. Ffm. u. a. 2000. – E. Eichler, Beiträge zur slav.-dt. Sprachkontaktforschung. Heidelberg 2001. – K. Gutschmidt (Hg.), Möglichkeiten und Grenzen der Standardisierung slav. Schriftspr. der Gegenwart. Dresden 2002. – T. Reuther (Hg.), S. S. heute – Slavjanskie jazyki segodnja – Slavic Languages. Today. Mchn. 2003. – K. Tafel, Slav. Interkomprehension. Tübingen 2009 [Lehrbuch für Lesefähigkeit in den slav. Spr.n]. **SSG** Staatsbibliothek zu Berlin (1, 1 a). HA

Slavismus 1. (auch: Slavonismus, Slawismus) ↗ Entlehnung aus einer slav. Sprache in eine nichtslav. Sprache, wobei die Gebersprache nicht exakt festgestellt werden kann; ↗ Russizismus. **Lit.** K. Müller, Slavisches im dt. Wortschatz. Bln. 1995. **2.** In der russ. Ling. Bez. für Elemente, die aus dem ↗ (Alt-) Kirchenslavischen ins moderne Russ. übernommen wurden (slavjanízm). SO

Slavistik ↗ Slavische Sprachen

Slavonismus ↗ Slavismus

Slogan ↗ Schlagwort

Slovakisch (Eigenbez. slovenský, slovenčina. Auch: Slowakisch) ↗ Slavische Sprache des ↗ westslavischen Zweigs. Das S. wird von ca. 5 Mio. Sprechern in der Slovakei benutzt, darüber hinaus von Sprachminderheiten u. a. in Ungarn, Rumänien und auf dem Gebiet des früheren Jugoslawien; Karte ↗ Europäische Sprachen, im Anhang. Erst in den letzten Jahren kann es seine Rolle als Amtsspr., die es nominell bereits in der ČSFR (für die Slovakei) hatte, voll entfalten, da es in vielen Funktionsbereichen das Tschech. verdrängt. – Die heutige slovak. Lit.spr. entsteht, indem sie das ↗ Tschechische in dieser Funktion ablöst, ab Beginn des 19. Jh. im Zuge der ›Slovakischen Nationalen Wiedergeburt‹. **Lit.** I. Mistrik, Grammatika slovackogo jazyka [Grammatik der s. Spr.]. Bratislava 1989. – O. Swan & S. Gálová-Lorine, Beginning Slovak. Columbus 1990. – J. Mistrík, S. Spr. Bratislava 1991. – J. Vintr, S. In: P. Rehder (Hg.), Einf. in die slav. Spr.n. Darmstadt ³1998, 214–229. HA

Slovenisch (Eigenbez. slovénščina, slovénski jazik. Auch: Slowenisch) ↗ Slavische Sprache des ↗ südslavischen Zweigs. Ca. 2 Mio. Sprecher in Slovenien; darüber hinaus Minderheiten in Österreich (u. a. Kärnten), Italien (u. a. um Triest) und Westungarn; Karte ↗ Europäische Sprachen, im Anhang. – Älteste belegte Zeugnisse des S. gehen auf den Beginn des 11. Jh. zurück; die *Freisinger Denkmäler* sind die frühesten slav. Texte, die in lat. Schrift abgefasst sind; ↗ Glagolica, ↗ Kirillica. Eine s. Schriftspr. entsteht erst ab der 2. Hälfte des 16. Jh. **Lit.** R. Lencek, The Structure and History of the Slovene Language. Columbus 1982. – N. Mečkovskaja, Slovenskij jazyk [Die s. Spr.]. Minsk 1991. – P. Rehder, Das S. In: Ders. (Hg.), Einf. in die slav. Spr.n. Darmstadt ³1998, 230–245. – E. M. Jenko, Grammatik der s. Spr.: eine Einf. Klagenfurt 2000. HA

Slovinzisch ↗ Kaschubisch

SLP ↗ Phonetik

Sm'algyax ↗ Tsimshian

Small clause (engl. ›kleiner Satz‹) Insbes. im Rahmen der ↗ GG seit Williams (1974) verwendete Bezeichnung für prädikative Strukturen unterschiedl. syntakt. Typs (zu einer Übersicht vgl. z. B. Wilder 1992, Anderson et al. 1995), die keine overten (morpholog.) ↗ INFL-Merkmale (wie Tempus-, Aspekt- oder Modus-Merkmale) aufweisen, z. B. [sc *Weinkeller leer*], *die Party ist vorbei*. Eine SC kann als Komplement bestimmter Verben auftreten. Die betreffenden Verben werden als ↗ ECM -Verben bezeichnet, da sie einer Substantivgruppe in einem von ihnen abhängigen Prädikativ einen ↗ Kasus zuweisen können, z. B. *finden, betrachten, trinken* in *Er fand* [sc *die Trennung angenehm*]; *Er betrachtete* [sc *sie als Konkurrentin*]; *Er trank* [sc *den Weinkeller leer*]. Aufgrund auftretender ↗ Kongruenz in bestimmten SC-Typen werden diese beispielsweise als Kongruenz-Phrasen (Agreement Phrase, AgrP) analysiert, vgl. z. B. im Frz. *Je considère* [$_{AgrP}$ *le garçon* [$_{Agr'}$ *mask.,sg.* [*très intelligent*]]]; *Je considère* [$_{AgrP}$ *la fille* [$_{Agr'}$ *fem.,sg.* [*très intelligente*]]]; *Je considère* [$_{AgrP}$ *les garçons* [$_{Agr'}$ *mask.,pl.* [*très intelligents*]]]. Zu alternativen Analysen vgl. Stowell 1981 (SC als maximale Projektion des sekundären Prädikats), Bowers 1993 (SC als als Prädikativphrase PrP), Aarts 1992 oder Kreps 1994 (SC als Inflectional Phrase, IP) Al-Horais 2007 (SC als Tense Phrase, TP), Citko 2008 oder Goldberg & Jackendoff 2004 (SC im Rahmen der Konstruktionsgrammatik, vgl. auch Müller 2006). **Lit.** B. Aarts, Small Clauses in English: The Nonverbal Types. Bln., N. Y. 1992. – N. Al-Horais, The Categorical Status of the Small Clause Node: A Minimalist Approach. Newcastle University Working Papers in Linguistics 13, 2007, 1–14. – S. R. Anderson et al. (eds.), Small Clauses. Ldn. 1995. – J. Bowers, The Syntax of Predication. LIn 24, 1993, 591–656. – B. Citko, Small Clauses Reconsidered: Not so Small and Not All Alike. Lingua 118.3, 2008, 261–295. – A. E. Goldberg & R. S. Jackendoff, The English Resultative as a Family of Constructions. Lg. 80.3, 2004, 532–568. – C. Kreps, Another Look at Small Clauses. University College London Working Papers in Linguistics, 1994, 149–172. – S. Müller, Phrasal or Lexical Constructions? In: Lg. 82.4, 2006, 850–883. – T. Stowell, Origins of Phrase Structure. PhD thesis MIT, Cambridge, Mass. 1981. – C. Wilder, Small Clauses and Related Objects. GAGL 34, 1991, 215–236. – E. S. Williams, Small Clauses in English. In: J. Kimball (ed.), Syntax and Semantics, 4. N. Y. 1974, 249–273. – Ders., Against Small Clauses. LIn 14.2, 1983, 287–308. **F**

Sog ↗ Schub

Sogdisch Einem östl. Dialektzweig angehörende ↗ mitteliranische Sprache mit Verbreitungsgebiet in Mittelasien zwischen den Flüssen Amu-Darja und Syr-Darja. Handschriftl. Zeugnisse manichäischen (»manich. S.«), buddhist. (»buddhist. S.«) und christl. Inhalts (»christl. S.«) aus dem 3.–8. Jh. in einem eigenen, auf die syr. Schrift zurückgehenden Alphabet. Nahe verwandt mit dem S. ist das Chwarezm., das nur aus wenigen arab. geschriebenen Texten des späten Mittelalters bekannt ist. Einziger heutiger Vertreter des durch das Sogd. vertretenen Dialektstranges ist das ↗ Yagnōbī; ↗ Iranische Sprachen. **Lit.** I. Gershevitch, A Grammar of Manichaean Sogdian. Oxford 1961. – N. Sims-Williams, Sogdian. In: R. Schmitt (ed.), Compendium linguarum iranicarum. Wiesbaden 1989, 173–192. **GP**

Soit-Disant-Stil ↗ Parlando

Soldatensprache ↗ Jugendsprache

Solidarität In der ↗ Glossematik eine Relation (bei L. Hjelmslev eine sog. Funktion) zwischen zwei Größen, die innerhalb ein und desselben Zeichens existieren, folglich Größen des Sukzesses (des Verlaufs) sind. Dabei setzt die Anwesenheit der einen Größe die der anderen voraus und umgekehrt. Kommt z. B. in einem lat. Satz ein Nomen vor, so weist es immer sowohl ein Kasus- als auch ein Numerusmorphem auf, niemals nur eines von beiden. S. nimmt Hjelmslev auch an als die Beziehung, die zwischen Ausdrucksform und Inhaltsform ein und desselben Zeichens besteht. Diese Annahme hat nicht eine 1 : 1-Beziehung zwischen den beiden Formen eines Zeichens zur Konsequenz. – **2.** ↗ Lexikalische Solidarität. **T**

Solonisch ↗ Tungusisch

Solözismus m. (griech. σολοικισμός (soloikismos) Nach dem anscheinend fehlerhaften Griech. der Einwohner von Soloi in Kilikien gebildete Bez. für Verstöße gegen korrekten Sprachgebrauch, v. a. in Bezug auf die Syntax (Quint 1, 5, 34 ff.); vgl. dagegen ↗ Barbarismus). Ein S. kann die Folge von Dialekteinwirkung sein (z. B. berlin. *Ik habe dir jesehn*), das Ergebnis von ↗ Sprachwandel (so gelten syntakt. Neuerungen so lange als S., bis sie sich allgemein durchgesetzt haben und als ›richtig‹ anerkannt werden, z. B. *trotzdem* als subordinierende Konjunktion). S. kann aber auch (seltener) als Stilmittel verwendet werden, oft in parodierender Absicht (z. B. bei Ch. Morgenstern oder bei den Vertretern der konkreten Poesie). **BA**

Somali ↗ Kuschitische Sprache. Sprachgebiet: Somalia (seit Ende 1972 mit offiziellem Status: Verwendung in Schule, Verwaltung und Massenmedien), Südost-Äthiopien, Djibouti und Nordost-Kenia. Ca. 9 Mio. Sprecher, oft mehrsprachig (je nach Staat Arab., Engl., Ital., Amhar., Frz., Swahili), teilw. in S. alphabetisiert; Karte ↗ Afrikanische Sprachen, im Anhang. Ursprüngl. Gebrauch der arab. Schrift (seit 13. Jh.); 1973 Einf. der lat. Schrift in Somalia; in Äthiopien in amhar. Schrift. **Lit.** C. El-Solami-Mewis, Lehrbuch des S. Lpz. 1987. **RE**

Sonagramm n. (lat. sonāre ›klingen‹, griech. γράμμα (gramma) ›Schriftzeichen‹) Graph. Darstellung der spektralen Zusammensetzung eines analysierten ↗ Schalls (↗ Schallanalyse), wie sie mithilfe des in den 1940er Jahren entwickelten Sonagraphen (auch: Spektrograph; elektroakust. Gerät zur Spektralanalyse auf der Grundlage variabler Bandpassfilter) gewonnen wird. Im Normalsonagramm geben die Schwärzungsgrade die Intensität der Frequenzkomponenten (entlang der Ordinate) über die Zeit (entlang der Abszisse) wieder. Das *Schmalbandsonagramm* (engl. *narrow band*, Filterbreite 125 Hz) zeigt bei akust. Sprachsignalen (↗ akustische Phonetik) die einzelnen Harmonischen des Phonationsschalls (und damit den F_0-Verlauf; ↗ Phonation), die im *Breitbandsonagramm* (engl. *broad band*, Filterbreite 300 Hz) zu den einzellautspezif. Formantbalken verschmelzen. **PM**

Sonagraph ↗ Sonagramm

Sonant m. (lat. sonāre ›klingen‹) (Stimmhafter) Sprachlaut in silbenkernbildender Funktion aus der Klasse der ↗ Vokale, ↗ Liquide, ↗ Laterale bzw. Gleitlaute. Funktionell im Gegensatz zu ↗ Konsonant. In dt. *ich* ist [i] somit S., in *Nation* jedoch Konsonant, in *brrr!* ist [r] S.　　　PM

Sondernegation ↗ Negation

Sondersprache (engl. sublanguage) Im Ggs. zu ↗ Alltagssprache, ↗ Gemeinsprache und ↗ Umgangssprache differenzierter Ausschnitt des Sprachpotentials, das nicht alle Sprecher teilen: (a) Standes-, ↗ Berufs- und ↗ Fachsprachen, gruppenspezif. Spr. (auf einem Gebiet, das von der Gemeinspr. nicht abgedeckt wird) und (b) sozial gebundene S. mit oft verhüllender, abgrenzender Funktion. Als Kontraspr. werden S. bezeichnet, die es ermöglichen, sich aus einer größeren sozialen Gruppe abzugrenzen (↗ Jugendsprache, ↗ Geheimsprache), bei denen der Kode sich so verändert, dass er für die größere Gruppe unverständl. wird und so verhüllende Funktion erhält. Die Ausbildung von S. beruht auf Kleingruppenkontakt. S. sind einer einheitl. Beschreibung schwer zugänglich, da sich fach- und sozialgebundene Sprachformen überschneiden. Ein sprachl. Charakteristikum von S. ist der abweichende Gebrauch, den sie von best. Wortschätzen machen, zum einen durch Metaphorisierung, zum andern durch Umordnung des umgangssprachl. Bezeichnungsfeldes; ↗ Rotwelsch. Spezielle Formen der S. sind solche, die durch Vertauschung bzw. Einfügung von Lauten die Morphokombinatorik der Ausgangsvarietät verändern (Beispiel für die erste Hälfte des 15. Jh. die b-Sprache von St. Gallen: *Abavebe Mabaribiaba* für *Ave Maria*, heute als ›Räubersprache‹ bei vielen Kindern beliebt). In der S. der Metzger des Pariser Quartier La Vilette (19. Jh.) wurden anlautende Konsonanten verschoben und durch /l/ ersetzt: *quarante* → *larante-qué*). R

Sonderzeichen Im regulären Inventar der ↗ Schriftzeichen einer ↗ Graphie nicht enthaltenes Schrift- oder Begriffszeichen, das jedoch bei der Schreibung von Lexemen aus anderen Sprachen oder in ↗ Fachsprachen konventionell ist, z. B. die Verwendung der ↗ Cedille oder des ↗ Haček im Dt. bei Wörtern wie *Façon*, *Haček*.　　　G

Songhai (auch: Songhai-Zarma) ↗ Nilosaharanische Sprache. Hauptdialekte sind Songhai, Zarma (Djerma) und Dendi. Ca. 2 Mio. Sprecher in Niger, Mali, Benin und im nordwestl. Burkina Faso, auch als S2 bedeutsam; Karte ↗ Afrikanische Sprachen, im Anhang. In Niger wird S. in der Erwachsenenalphabetisierung und im Anfangsschulunterricht verwendet. **Lit.** R. P. A. Prost, La langue soñay et ses dialectes. Dakar 1956. – N. Tersis, Le zarma (République du Niger). Etude du parler djerma de Dosso. Paris 1972.　　　RE

Soninke ↗ Mandesprachen

Sonnenkonsonant (arab. aššamsiyya) In der arab. grammat. Terminologie im Ggs. zum ↗ Mondkonso-

nanten ein wortinitialer ↗ Konsonant, der die ↗ Assimilation des finalen Konsonanten des Artikels *al* bedingt; z. B. *aš-šams* ›die Sonne‹ (und nicht: *al šams*), *as-siut* ›Assiut‹ (und nicht: *al siut*).　　　PM

Sonor ↗ Halbvokal, ↗ Gleitlaut

Sonorant m. (lat. sonāre ›klingen‹. Auch: Sonorlaut) **1.** Oberklasse von Sprachlauten bzw. ↗ Artikulationsmodi, die im Gegensatz zu den ↗ Obstruenten durch das Fehlen einer geräuscherzeugenden Enge-/Verschlussbildung im ↗ Ansatzrohr (bzw. einen nicht erhöhten intraoralen Luftdruck) gekennzeichnet sind. Hierzu gehören ↗ Vokale, ↗ Nasale, ↗ Liquide und ↗ Gleitlaute. – **2.** Binäres phonolog. distinktives Merkmal [± son.] zur Kennzeichnung von 1.　　　PM

Sonorisierung (engl. voicing) Vorgang bzw. Ergebnis kons. Lautwandels, das durch Stimmhaftigkeit ursprüngl. stimmloser Laute gekennzeichnet ist (z. B. lat. *strāta* > ital. *strada*); Ggs. Stimmtonverlust.　　　PM

Sonorität Als *Schallfülle* von E. Sievers (Einf. in die Phonetik. Lpz. ²1881) eingeführter Begriff zur phänomenolog. Beschreibung des Lautheitsverlaufs innerhalb der ↗ Silbe. Jedem Sprachlaut bzw. jeder Sprachlautklasse kommt danach eine spezif. S. zu, wobei die ↗ Sonoritätshierarchie der Lautklassen die mögl. Lautabfolge in der Silbe bestimmt.　　　PM

Sonoritätshierarchie Als Abstufung der Schallfülle (↗ Sonorität) von E. Sievers (Einf. in die Phonetik. Lpz. ²1881) eingeführter Begriff zur Erklärung der segmentellen Silbenstruktur. Die Lautklassen weisen demnach bezügl. ihrer Lautheit folgende Rangfolge (absteigend) auf: offene ↗ Vokale, geschlossene Vokale, ↗ Liquide, ↗ Nasale, ↗ Frikative, ↗ Plosive. Bei der Silbenbildung wird der ↗ Silbenkern durch den sonorsten Laut besetzt, während die Silbenschale symmetr. der Rangfolge der S. entsprechend aus immer weniger sonoren Lauten aufgebaut ist. Eine diesem entsprechende Hierarchie mit entgegengesetzter Ausrichtung stellt die – ebenfalls der Beschreibung der Silbenstruktur dienende – Abfolge der kons. Stärke dar.　　　PM

Sonoritätsklasse Laute gleicher ↗ Sonorität bilden eine S.; ↗ Sonoritätshierarchie.　　　G

Sonoritätsprinzip ↗ Sonoritätshierarchie

Sonorlaut ↗ Lateral, ↗ Sonorant

Sonsorolesisch ↗ Ozeanische Sprachen

Sopran ↗ Stimme, ↗ Sprechausdruck

Sorabistik ↗ Sorbisch

Sorbisch (Eigenbez. serbski, serbščina. Auch: Lausitzisch) ↗ Slavische Spr. des ↗ westslavischen Zweigs. Es bildet innerhalb der Spr.familie die kleinste heute noch lebendige Spr. Das Spr.gebiet des S. liegt seit langer Zeit durchgängig unter dt. Superstrateinflüssen, die zu einer Vielzahl an Entlehnungen in das S. geführt haben; heute umfasst es nur noch einen schmalen Streifen von ca. 90 km Nord-Süd-Ausdehnung in Brandenburg und Sachsen (mit dem Kernland um Kamenz); Karte ↗ Europäische Sprachen, im Anhang. – Für das S. werden zwei primär lautl. unterschiedene Schriftspr. angesetzt, die auf seinen beiden Dialektgruppen fußen, das Niedersorbische (dolnoserbski), das dem ⁊ Polnischen nahesteht, und das Obersorbische (hornjoserbski), das dem ⁊ Tschechischen ähnelt. – Das S. wird (nach einer Schätzung für 1999) noch von ca. 20 000 Sprechern v. a. der älteren Generation, die durchweg zweisprachig (s.-dt.) sind, mit starken Einschränkungen benutzt, da nach Instrumentalisierung durch die DDR als »slav. Vorzeigespr.« und kultureller Aufbruchstimmung nach 1989, bedingt durch die erhöhte Mobilität der Bevölkerung und die seit jeher nichtmonolinguale Umgebung, ein steter Rückgang der Domänen des S. zu beobachten ist. Das Obersorbische ist v. a. auf die Kommunikation im (kathol.) dörflichen sorb.-stämmigen Familien- und Freundeskreis sowie auf die bewusste Pflege durch best. Gruppierungen von Kulturschaffenden begrenzt. Das Niedersorbische ist trotz Revitalisierungsversuchen nach 1989 wegen einer fehlenden sprachl. Basis praktisch ausgestorben (nach einer Hochrechnung von 1995 ca. 7 000 Sprecher). – Älteste belegte Zeugnisse des S. stammen aus dem 16. Jh. **Lit.** M. Norberg, Die Sorben – slaw. Volk im Osten Deutschlands. In: R. Hinderling & L. Eichinger (Hgg.), Hdb. der mitteleurop. Sprachminderheiten. Tübingen 1996, 61–75. – G. Stone, Das Obersorb. In: P. Rehder (Hg.), Einf. in die slav. Spr.n. Darmstadt ³1998, 178–187. – G. Stone, Das Niedersorb. In: Rehder. a.a.O., 188–193. – G. Spiess, Lower Sorbian. Mchn. 1999. – D. Scholze (Hg.), Im Wettstreit der Werte: sorb. Spr., Kultur und Identität auf dem Weg ins 21. Jh. Bautzen 2003.   HA

Sortenplural (auch: Artenplural) Verwendung des ⁊ Plurals bei Stoffnamen zur qualitativ differenzierten Benennung von Subklassen, z. B. *Öle* im Sinn von *Ölsorten*; ⁊ Zählbarkeit. **Lit.** Eisenberg II, 161.   ZA

Sotho Mit dem ⁊ Tswana eng verwandte ⁊ Bantusprache in Südafrika, v. a. in Transvaal und in Lesotho (hier mit offiziellem Status). Die ca. 8,5 Mio. Sprecher (davon ca. 1,7 Mio. in Lesotho) sind teilweise in S. alphabetisiert; Karte ⁊ Afrikanische Sprachen, im Anhang. Die lat. basierte ⁊ Verschriftung Anfang des 20. Jh. führte zu unterschiedl. Schrifttraditionen für das Nord-S. (Transvaal) einerseits und das Süd-S. (hauptsächl. Lesotho) andererseits. **Lit.** D. Ziervogel, D. P. Lombard & P. C. Mokgokong, A Handbook of the Northern S. Language. Pretoria 1969. – C. M. Doke & S. M. Mofokeng, Textbook of Southern S. Grammar. Ldn. 1974.   RE

SOV-Sprache ⁊ Relationale Typologie, ⁊ Wortstellungstypologie

Sowjetismus Lexem oder Phraseologismus, das bzw. der während der Sowjetzeit v. a. im Russ. entstanden ist und in andere Spr. übernommen wurde. S. sind vor allem Sachbezeichnungen für Institutionen der ehem. UdSSR und damit zusammenhängende Bez. für Vorgänge und Abläufe. Sie sind

häufig schwer von ⁊ Russizismen abzugrenzen. Beispiele für ins Dt. übernommene S. sind *Held der Arbeit* und *Stachanowarbeiter* (in den 1950er Jahren in der DDR Ehrentitel für Arbeiter, die ihre Arbeitsnorm deutl. übererfüllten), *allseitige entwickelte sozialistische Persönlichkeit, lichte Höhen des Sozialismus, Lakai des Imperialismus.*   G

Sozialdialektologie Dialektolog. Forschungsansatz, der die ⁊ Dialektgeographie um den Bereich sozialgeograph. Materialien ergänzen will, um die Funktionalität von Raumeinheiten nicht nur dialektal auszuweisen. Da dabei interdisziplinäre Zusammenarbeit vorausgesetzt wird, sind nur Ansätze zu solchen Forschungsarbeiten vorhanden; ⁊ Soziale Dialektologie. **Lit.** E. Bremer, Sprachl. Differenzierungen in der Raumplanung. HSK 1, II, 1602.   K

Soziale Bedeutung Die Auswahl *einer* Variante aus referentiell gleichwertigen Varianten signalisiert s. B. Sie ist charakterisiert durch die Art der Kodierung: die Kodierung bezieht sozialen Ort, Hintergrundwissen und Kontext ein. Die sozial bedingte Auswahl erlaubt Repertoire erlaubt Aufschlüsse über soziale und regionale Herkunft des Sprechers, über Charakteristika der Situation, über Wechsel des Gesprächsgegenstandes. Die Verbindung von s. B. und den zugrundeliegenden kulturellen Normen wird im Sprechereignis (engl. *speech event*) geleistet. In der ⁊ Sozialen Dialektologie (W. Labov) wird eine Variable quantifiziert, z. B. die Aussprache des /r/ in New York City, und mit sozialer Schicht korreliert. Der höhere Wert an Realisierungen bei Mittelschichtsprechern im Ggs. zu Unterschichtsprechern zeigt die s. B., die die Variablen indizieren. **Lit.** J. J. Gumperz, Language in Social Groups. Stanford 1971. – W. Labov, Sociolinguistic Patterns. Philadelphia 1972.   R

Soziale Dialektologie Forschungsrichtung, die die sozioling. Struktur einer ⁊ Sprachgemeinschaft beschreibt und die sprachl. Variation, die sozialen Attribute, die sprachl. Normen, die in einer Sprachgemeinschaft dominieren, korreliert. Die s. D. hat sich aus der ⁊ Sozialdialektologie entwickelt und ihre Methoden den heterogenen, sich schnell verändernden urbanen Gemeinschaften angepasst. Die Entwicklung der s. D. ist verbunden mit dem Namen von W. Labov und dessen Arbeiten über die Varietäten des Engl. in New York City. Der Schwerpunkt liegt auf der Beschreibung sprachl. Heterogenität mit dem Ziel, Korrelation und Kovariation zwischen sprachl. und soziolog. Mustern zu erstellen und Sprachveränderungsmechanismen zu erkennen. Histor. erklärt sich die Enwicklung der s. D. aus dem Bedürfnis nach Lösungen der sozialen Probleme, die durch die zunehmende Urbanisierung in den USA nach dem 2. Weltkrieg entstanden sind. Ein Teil dieser Probleme ist das Sprachproblem; ⁊ Soziolinguistik. **Lit.** W. Labov (Hg.), Spr. im sozialen Kontext. 2 Bde. Kronberg/Ts. 1976, 1978. – Ders., Spr. im sozialen Kontext. Königstein/Ts.

1980. – H. Löffler, Germanist. Sozioling. Bln. ²1994. – N. Dittmar, Grundlagen der Sozioling. Tübingen 1997. **R**

Soziales Geschlecht ↗ Genus

Sozialformen (im Unterricht) ↗ Fremdsprachenmethodik

Soziallinguistik Von F. Wrede geprägter Begriff für die Methode sprachl. Entwicklungen nicht auf lautphysiolog. (= »individuallinguistischen«), sondern auf gesellschaftl. Prozessen zu begründen. Für ihn ein Synonym für die ↗ Dialektgeographie, welche sprachl. Verhalten gesellschaftl. Gruppen untersucht und begründet, die sich durch das Merkmal »Wohnort« unterscheiden. Insofern ist die S. von der ↗ Soziolinguistik zu unterscheiden, welche das Verhältnis von Sprache und Gesellschaft im allgemeinsten Sinne thematisiert. **Lit.** F. Wrede, Zur Entwicklungsgeschichte der dt. Maa.forschung. In: Ders., Kleine Schriften. Marburg 1963, 331–344. **DD**

Soziativ 1. (auch: Unitiv) ↗ Kasus z. B. des Bask. mit der Kasusbedeutung ›gemeinsam, zusammen mit‹; ↗ Komitativ. **2.** (Russ. sovmestnost' ›Gemeinsamkeit‹) Kategorie des ↗ Modus des Verbs, die in manchen Spr. über ein spezif. morpholog. Paradigma verfügt, z. B. in den ↗ westkaukasischen Sprachen. Der S. wird durch Affixe markiert und drückt aus, dass die im Verbstamm bezeichnete Tätigkeit von mehreren Personen gleichberechtigt miteinander ausgeführt wird. **3.** In der Sozioling. zusammenfassende Bez. für sprachl. Mittel, die interpersonale Beziehungen ausdrücken, z. B. ↗ Anredeformen, ↗ Honorative und andere Ausdrucksmittel von ↗ Höflichkeit, d. h. sprachl. Signale für die soziale Selbsteinschätzung und die Einschätzung der anderen Beteiligten (auch abwesender Dritter) in einer best. Kommunikationssituation. **G**

Soziolekt (auch: Gruppensprache) Gesamtheit der sprachl. Besonderheiten einer sozialen Gruppe. Damit nicht jede Varietät oder Spr. als S. (nämlich der betreffenden Sprachgemeinschaft) gilt, muss die Gruppe anders konstituiert sein als allein sprachl., z. B. durch ein gemeinsames Hobby, einen gemeinsamen Arbeitsplatz und dgl. Von S. wird auch in Bezug auf bloße soziale Gruppierungen (Merkmalgruppen) gesprochen, nicht nur in Bezug auf aktuelle Gruppen (wo jede/r die/den anderen kennt). S. unterscheiden sich u. U. nur durch unterschiedl. Häufigkeiten der Verwendung bestimmter Sprachformen, die dann durch Variablenregeln zu beschreiben sind; ↗ Varietätengrammatik. **Lit.** W. Steinig, S. und soziale Rolle. Ddf. 1976. – H. Kubczak, Was ist ein S.? Heidelberg 1979. **AM**

Soziolinguistik Wiss. Disziplin, die sich mit den Beziehungen zwischen Spr. und Gesellschaft befasst. Aufgrund der Komplexität dieser Beziehungen und der Schwierigkeit der Abgrenzung von Aspekten der Spr., die nicht gesellschaftl. Natur sind oder nicht mit gesellschaftl. Sachverhalten zusammenhängen, umfasst S. eine große Zahl von Fragestellungen, Theorieansätzen und Methoden. S. wird hier, wie zumeist, der ↗ Sprachsoziologie übergeordnet. Sie ist interdisziplinär und verbindet Ling. und Soziologie. Gelegentl. wird sie auch im engeren Sinn in Opposition zur Sprachsoziologie aufgefasst, nämlich als Teildisziplin der Ling. (Sprachsoziologie dann als Teildisziplin der Soziologie). Es gibt verschiedene histor. Vorläufer der S. Die wichtigsten sind die folgenden: (a) Die ↗ soziale Dialektologie (↗ Sozialdialektologie), die sich seit Ende des 19. Jh. mit Fragen der Sprachschichtung und der sozialen und situativen Variation von ↗ Dialekt und ↗ Standardvarietät befasst. (b) Die Forschung zu Fragen der ↗ Sprachkultur, die sich seit den 1920er Jahren mit Fragen des ↗ Ausbaus, der ↗ Standardisierung und ↗ Kodifizierung von Spr. beschäftigt. (c) Die kulturanthropolog. Sprachforschung seit Beginn des 20. Jh., die neben der Wechselbeziehung zwischen Sprach- und Gesellschaftsstruktur die Frage der »ling. Relativität«, der Abhängigkeit von Wahrnehmung und Erkenntnis von der Sprachstruktur, untersucht (↗ Energetische Sprachauffassung, ↗ Ethnolinguistik, ↗ Sapir-Whorf-Hypothese); ähnlich schon von W. von Humboldt (1767–1835) zu Beginn des 19. Jh. konzipiert. (d) Die ↗ Sprachkontaktforschung, wie sie v. a. von U. Weinreich (1926–1967) Anfang der 1950er Jahre konzipiert wurde; sie untersucht neben rein ling. auch soziolog. Aspekte (z. B. das ↗ Prestige von Spr.n, ↗ Domänen ihrer Verwendung, ↗ Spracherhalt und ↗ Sprachwechsel). – Nach allgemeiner Einführung des Terminus S. wurden diese Forschungsrichtungen fortgeführt. Daneben entstanden neue, die nach Fragestellungen und Methoden z. T. auch die Entwicklung der Ling. und der Soziologie reflektieren, von dort beeinflusst sind und darauf zurückwirken. Als wichtige Teildisziplinen und übergreifende Fragestellungen lassen sich ausmachen: (a) Die Forschung über ↗ Sprachbarrieren, vor allem die ↗ Kodetheorie; wegen ihrer sozialen Brisanz hat sie auch in besonderem Maße zur Beschäftigung mit soziling. Fragestellungen motiviert. (b) Die ↗ Sozialdialektologie (↗ Soziale Dialektologie), die nicht nur die soziale Verteilung von Dialekt und Standardvarietät untersucht, sondern auch – beeinflusst von der Sprachbarrierentheorie – die schul. und sonstigen sozialen Schwierigkeiten von Dialektsprechern. (c) Die Forschung zu ↗ Pidginsprachen und ↗ Kreolsprachen, die sich mit der Entstehung und Veränderung von Pidgins und Creoles befasst, insbesondere insoweit sie nicht nur psycholing. (Bioprogramm), sondern auch im Bezug auf gesellschaftl. Strukturen erklärt werden kann. (d) Die ↗ Variationslinguistik, die zunächst auf die Differenzierung der GG abhob, indem sie die sprachl. Variation in die Regelformulierung aufnahm und später zu einer zu diesem Bemühen unabhängigen Disziplin wurde, die u. a. wichtige Aspekte des ↗ Sprachwandels aufgedeckt hat (hauptsächl. Beschreibungsmethoden: Variablenregeln, Implikationsskalen, Grammatik koexistierender Systeme). Im Rahmen der Variationsling. wurden auch die von der Sprachbarrierenforschung und Dialektsoziologie untersuchten sprachl. Schichtenunterschiede neu bewertet: als bloße funktionale Differenzen (Differenzhypothese), nicht als Defizite (Defizithypothese). Diese Neubewertung wurde allerdings wiederum als Verharmlosung der Problematik der sprachl. ↗ Schichten kritisiert. (e) Die ↗ feministische Linguistik, die, ausgehend von der Frage nach der sozialen Diskriminierung der Frauen, die Geschlechterunterschiede in Spr. und Sprechen untersucht (↗ Genus). (f) Die ↗ Sprachminderheitenforschung, die sich mit Fragen der Sprachunterdrückung, -konflikte und -rechte von sprachl. Minderheiten befasst. (g) Pragmat. Forschungsrichtungen wie die Theorie der ↗ Sprechakte und ↗ Konversationsanalyse, deren Fragestellungen inhärent gesellschaftsbezogen sind und die deshalb oft in toto der S. subsumiert werden, was allerdings fragwürdig ist. (h) Untersuchungen der ↗ kommunikativen Kompetenz, die Gesellschaften nach den in ihnen geltenden Regeln der Kommunikation (auch nonverbaler Aspekte) vergleicht. Verwandt damit ist die ↗ Ethnographie des Sprechens, die eigene Erhebungsmethoden für sprachl. Kommunikation entwickelt hat, in denen – in krit. Absetzung von bloßer statist. Quantifizierung – qualitative Komponenten akzentuiert werden. Auch die inzwischen sehr differenzierte Erforschung der sprachl. ↗ Höflichkeit lässt sich großenteils hier einordnen; ↗ Honorativ. (i) Die Erforschung von ↗ Einstellungen (Attitüden) zu Varietäten, Spr. und ↗ Sprachgemeinschaften. (k) Die Forschung über ↗ Multilingualismus, insoweit sie über individualpsycholog. Aspekte hinausgeht und Beziehungen zur jeweiligen Gesellschaft herstellt (Unterscheidung auch von individuellem und Gruppen-Multilingualismus). (l) Die Typologie von ↗ Sprachgemeinschaften (z. B. ↗ Diglossie) und von Spr. im Bezug auf Sprachgemeinschaften und ihren Status bzw. ihre Funktion in diesen (z. B. ↗ Amtssprache, ↗ Nationalsprache). (m) Die Kommunikation in Institutionen (Schule, staatl. Verwaltung, Betriebe) und über die Massenmedien (Rundfunk, Fernsehen usw.). (n) Ideolog. Aspekte von Spr. und Sprachgebrauch, Spr. in der Politik sowie ↗ Sprachpolitik und ↗ Sprachenpolitik, neuerdings auch Sprachenmanagement. (o) Die Erforschung von ↗ Spracherhalt, ↗ »Sprachtod« und »Sprachwiederbelebung«. (p) Forschungen zum ↗ Ausbau von Spr., zur ↗ Standardisierung und zur ↗ Sprachplanung. (q) Probleme der internat. Kommunikation sowie der ↗ internationalen Sprachen. – Ein Blick in die zahlreichen Gesamtdarstellungen der S. zeigt, dass die Konzeptionen der Disziplin z. T. erheblich divergieren und die hier aufgelisteten Fragestellungen in unterschiedl. Umfang einbezogen sind; z. T. kommt in diesen Divergenzen auch die Dynamik der Disziplin zum Ausdruck. **Lit.** J. A. Fishman, Soziologie der Sprache. Mchn. 1975. – N. Dittmar, Soziolirng. Ffm. 1973. – U. Ammon, Probleme der Soziolirng. Tübingen 1973. – D. Hymes, Foundations in Sociolinguistics. N. Y. 1974. – P. Trudgill, Sociolinguistics. Ldn. 1974. – H. Löffler, Germanist. Soziolirng. Bln. ³2005. – R. Fasold, The Sociolinguistics of Society. Oxford, N. Y. 1984. – Ders., The Sociolinguistics of Language. Oxford, Cambridge, Mass. 1990. – R. Wardhaugh, An Introduction to Sociolinguistics. Oxford 1986. – HSK 3. – N. Dittmar, Grundlagen der Soziolirng. Tübingen 1997. – R. Mestrie (ed.), Concise Encyclopedia of Sociolinguistics. Amsterdam 2001. – F. Coulmas, Sociolinguistics. The Study of Speakers' Choices. Cambridge 2005. – HSK 3, I–III. – **Zss.** Language in Society. – International Journal of the Sociology of Language. – Journal of Sociolinguistics. – Sociolinguistica. AM

Soziolinguistisches Differential Von der Tätigkeitstheorie (↗ Tätigkeit) ausgehendes Kommunikationsmodell, in dem kommunikationssteuernde Faktoren kontrolliert erfasst werden sollen. Dies sind (a) der sprachliche Code, (b) die individuellen und sozialen Beziehungen zwischen den Kommunikationspartnern, (c) der Kommunikationsgegenstand und (d) die Kommunikationssituation. In der DDR konnte sich dieses Modell gegen die Lehre von den ↗ Existenzformen der Sprache nicht durchsetzen. **Lit.** R. Große & A. Neubert, Thesen zur marxist.-leninist. Soziolinguistik. In: Beiträge zur Soziolinguistik. Halle a. S. 1974, 9–24. G

Soziophonetik ↗ Aussprache

Spalte (engl. column) Komplexe Einheit der ↗ geschriebenen Sprachform in ↗ Schriften mit beliebiger ↗ Schriftrichtung. In einigen (wenigen) Schriften ist die S. primäre Laufrichtung, z. B. im klass. Uighur., wo die Schriftzeichen vertikal miteinander verbunden werden, so dass die graph. Wörter von oben nach unten zu lesen sind, oder im klass. Chines., das seine Schriftzeichen vertikal anordnet. Für die meisten anderen ↗ Schriftarten bezeichnet S. die Eigenschaft von Texten, in mehreren Blöcken von ↗ Zeilen auf einem Exemplar des Schriftträgers aufzutreten, z. B. auf einem Papyrus, einem Stein, einem Blatt Papier, einer Buchseite (wie in diesem Lexikon); ↗ Kolumne. G

Spaltsatz (lat. trāiectio. Auch: Emphasesatz, Klammersatz. Engl. cleft sentence) Satzspaltung bezeichnet die Tilgung eines nominalen ↗ Satzgliedes und seine Transposition in die Subjektposition eines vorhergehenden oder folgenden ↗ Kopulasatzes. Der Matrixsatz wird meist in einen Relativsatz umgeformt. Satzspaltung dient i. d. R. zur Kontrastierung, d. h. zur Rhematisierung des abgespaltenen Elements; ↗ Kontraststellung. S. nennt man Fälle von sog. Linksspaltung, z. B. *Es war der Geburtstag von Tante Erna, an den du hättest denken sollen.* Bei sog. Rechtsspaltung spricht man von Sperrsatz, z. B.

Woran du hättest denken sollen, ist der Geburtstag von Tante Erna; ↗ Hyperbaton. SL

Spaniolisch ↗ Judenspanisch

Spanisch (Eigenbez. Español, Castellano) Westroman. Spr. aus der Gruppe der ↗ Iberoromania. Mit annähernd 300 Mio. Sprechern ist das S. die größte roman. Spr. Offizielle Spr. Spaniens (inkl. Kanarische Inseln und den nordafrik. Enklaven Ceuta und Melilla, insges. ca. 45 Mio. Sprecher; Karte ↗ Europäische Sprachen, im Anhang) und von 19 lateinamerikan. und karib. Staaten (Argentinien, Chile, Bolivien, Peru, Paraguay, Uruguay, Ecuador, Venezula, Kolumbien, Mexiko, Guatemala, Honduras, El Salvador, Panama, Nicaragua, Costa Rica, Dominikan. Republik, Belize und Kuba) sowie in dem den USA assoziierten Puerto Rico. Desweiteren lebt in den USA eine wegen illegaler Einwanderung zahlenmäßig nicht genau erfassbare Gruppe von Hispanophonen (sog. Chicanos), die auf mindestens 20 Mio. geschätzt wird. Offizielle Spr. von Äquatorial-Guinea. Nicht unerhebliche span. Minderheiten in Marokko und Westsahara. Die angegebenen Sprecherzahlen schließen zwei- und mehrsprachige Bevölkerungsanteile (z. B. Katalanen, Basken und v. a. die lateinamerikan. Indianer) mit ein. Allein in Lateinamerika sind ca. 1500 ↗ südamerikanische Sprachen bekannt; Angaben über Zweisprachigkeit bzw. Beherrschung des S. variieren mit Intensität des Kontaktes und mit eigener Stärke, Homogenität und Autonomie der Indianerspr. So kommt es zur Sonderstellung für ↗ Quechua (Peru), ↗ Guaraní (in Paraguay) und ↗ Mayasprachen. Seit dem 10. Jh. in Glossen und seit dem 11. Jh. ist das S. in zusammenhängenden Texten schriftl. belegt; früheste Literaturbelege in ep. Dichtungen des 12. Jh. Die heutige Standardspr. geht auf den kastil. Dialekt vermutlich aus der Gegend von Burgos zurück; heute ist aber der Madrider Standard führend. V. a. der Norden der iber. Halbinsel war im späten MA und der frühen Neuzeit stärker dialektal gegliedert (Leones., Aragones., Navarr. – neben nichtspan. ↗ Galizisch und ↗ Katalanisch); der bedeutendste südl. Dialekt war Andalus. (auch wegen seines Einflusses auf das ↗ lateinamerikanische Spanisch und das ↗ Judenspanische). Durch die Reconquista, eine Kastilianisierung v. a. des Südens, die sich über 4 Jhh. erstreckte, verschwand das sog. Mozarab., und auch die rein roman. Dialekte wurden stark nivelliert. Die Vereinigung des span. Königreichs im 15. Jh. schaffte früh die Voraussetzungen für die relativ starke Vereinheitlichung der Sprachlandschaft und bedingt somit den heute relativ schwachen Status von Dialekten. Aussprachevarianten sind die stärksten Charakteristika des Regionalspanischen, so etwa der heute verbreitetere *yeísmo* (Aussprache des ⟨ll⟩ wie in *calle* ›Straße‹ als [j]) oder die Aspiration von präkonsonant. und finalem [s] in Andalusien). Neben den allg. westroman. Eigenschaften besitzt das S. Besonderheiten, die z. T.

erst aus dem 16./17. Jh. stammen: der Wandel von *f* > *h* > *ø* wurde (umstritten) häufig bask. Einfluss zugeschrieben (lat. *fīlum* > span. *hilo*), die Spirantisierung der (z. T. aus Lenisierung) entstandenen stimmhaften intervokalischen Verschlusslaute (*boca* [boka], *la boca* [laβoka], *cabo* [kaβo] etc.), interdentale Spiranten, velare Reibelaute, Gemination nur bei [r] (*caro* [caro] vs. *carro* [car:o], die Blockierung der Diphthongierung durch Palatalisierung (lat. *nocte* > *noche*), palatale Liquida aus Cl-Sequenzen (*llorar, llamar*). Das S. besitzt freien Akzent bei fallendem silbenzählendem Rhythmus und starke Tendenz zum offen CV-Silbentyp. Analyt. Tendenzen in der Wortbildung, Verbalsystem stark flektierend, wenngleich auch hier analyt. Formen (*voy a ver* für das Futur). Das lat. Genus- bzw. Flexionssystem ist stark reduziert (mask./fem. mit kanon. Markierung -*o*/-*a*, *s*-Plural); Nullsubjektsprache; konsistente SVO-Struktur bei nominalem Objekt (*Silvia compró un libro* aber *lo compró Silvia*); allg. roman. Folge Det. + Adj. + Nomen; auffälliger präpositionaler Akkusativ wie in *quiero a Silvia*; disjunktive freie und klit. Pronomina, kontextbedingt auch doppelt (*la vi a ella*, nicht aber *vi a ella); *ser-estar* Unterscheidung, die im auxiliaren Gebrauch Passivtypen unterscheiden können. **Lit.** LRL. Bd. 6. – R. Menéndez Pidal, Orígenes del español. Madrid ⁶1968. – Ders., Manual de gramática histórica española. Madrid ¹⁹1987. – K. Baldinger, Die Herausbildung der Sprachräume auf der Pyrenäenhalbinsel. Bln. 1958. – A. Zamora Vicente, Dialectología española. Madrid ²1967. – Real Academia Española, Esbozo de una nueva gramática de la lengua española. Madrid 1973. – R. Lapesa, Historia de la lengua española. Madrid 1986. – **SSG** Staats- und Universitätsbibliothek Hamburg (18), Ibero-Amerikanisches Institut Berlin (204). HU

Spanisch basierte Kreolsprachen Im Vergleich zum Port. und bes. zum Frz. gibt es nur wenige span. basierte ↗ Kreolsprachen. Die wichtigste Gruppe, das Chabacano, findet sich auf den Philippinen und hat sich in wesentl. Teilen aus dem Ternateño entwickelt, das von den Molukken auf die philippin. Inseln gebracht wurde und bereits eine Mischung aus einer port.-malayischen Kreolsprache und dem Span. wurde. Gelegentlich wird auch das Papiamentu als s. b. K. geführt, weil es zwar auf port. Dialektgrundlage basiert, aber lexikal. stark vom Span. beeinflusst ist. In Südamerika gibt es einige wenige kleine span. Kreolräume mit einigen tausend Sprechern, wie das Palenquero (Kolumbien), das aber wie das Papiamentu ursprüngl. auf port. Grundlage beruhen dürfte. Einen interessanten Status besitzt das Span. der Chicanos (in die USA immigrierte Mexikaner), das in verschiedener Hinsicht Tendenzen zur Kreolisierung zeigt, ebenso das Cocoliche, eine Lingua franca Argentiniens, die vorwiegend aus span. und ital. Elementen besteht. HU

Spannform ↗ Spannsatz

Spannsatz (auch: Spannform) Satz, bei dem das Finitum in ↗ Endstellung steht. S. sind Ausrufesätze (*Wie gut du das kannst!*), irreale Wunschsätze (*Wenn sie nur bleiben dürfte!*) und mit Konj. eingeleitete Nebensätze (*Wir wissen nicht, ob sie bleiben dürfen*); ↗ Kernsatz (1). SL

Spannungskorrelation ↗ Gespannt

Sparse Data Problem (dt. ›Problem der spärlichen Daten‹) Problem im ↗ Maschinellen Lernen, dass sich bei einer geringen Zahl von Beobachtungen in den empir. Daten der Umstand ergibt, dass auf dieser Grundlage Schätzungen gar nicht oder nur teilweise mögl. sind. Z

Spatium ↗ Leerstelle

Spektralanalyse ↗ Sonagramm

Spektrograph ↗ Sonagramm

Spektrum ↗ Schallanalyse

Spell-out In der GG dasjenige Stadium einer Derivation, nach dem keine Einsetzung weiterer lexikal. Elemente möglich ist. An diesem Punkt erfolgt die Aufspaltung in ↗ Logische und die Phonologische Form. **Lit.** ↗ Minimalismus. FR

Sperrsatz ↗ Spaltsatz

Speyerer Linie ↗ Fränkisch

Spezialisierung ↗ Bedeutungsverengung, ↗ Bedeutungswandel

Spezifikat ↗ Schwerehierarchie

Spezifikation In der ↗ Glossematik eine Relation (bei L. Hjelmslev eine sog. Funktion) zwischen zwei Größen, die nicht innerhalb ein und desselben Zeichens existieren, folglich Größen des Systems sind. Es handelt sich um eine paradigmat. ↗ Determination. T

Spezifikationsrelation ↗ Bestimmungsrelation

Spezifikator ↗ X-Bar-Hierarchie

Spezifische Lesart (engl. specific reading) Viele Nominalgruppen können sich in unterschiedl. Satzkontexten entweder ↗ ›generisch‹ auf die ganze Objektklasse oder ›spezifisch‹ auf best. Elemente dieser Klasse beziehen, z. B. *ein Kind* und *die Familie* in *Ein Kind verändert die Familie* (gener.) vs. *Die Familie adoptierte ein Kind* (spezif.); ↗ Definitheit, ↗ Indefinitheit. Aber auch Sätze können zwei derartige Lesarten haben, je nach Äußerungskontext, z. B. *Der Airbag kann Ihr Leben retten; Rechtsradikale bedrohen die Demokratie.* **Lit.** ↗ Artikel. RB

Sphärielle Analyse 1. Phonet. Analyse einer lautsprachl. Äußerung unter dem Blickwinkel verschiedener Sphären oder Ebenen übermittelter Information: Der ling. Information auf der α-Ebene, der expressiven Merkmale auf der β-Ebene sowie der sprechergebundenen Merkmale auf der γ-Ebene. **2.** ↗ Ektosemantische Sphäre. PM

Sphragistik f. (griech. σφραγίς (sfragis) ›Siegel‹, dt. Siegelkunde) Histor. Hilfswiss., die die Form, Material, Befestigung, Darstellung und Funktion der Siegel (lat. *sigillum* ›Bildchen‹) untersucht. In

enger Verbindung mit der ↗ Diplomatik im 17. Jh. entstanden, bedient sie sich auch Methoden der Numismatik Heraldik und ↗ Epigraphik. Siegel wurden als Beglaubigungsmittel, aber auch zum Verschluss von Urkunden und Briefen benutzt. Als authent., d. h. allgemein rechtswirksam, wurden die Siegel der Kaiser, Könige und Päpste, in begrenzterem Umfang die der geistl. und weltl. Fürsten sowie der Städte angesehen. Das Siegelbild wurde einer Siegelmasse mithilfe eines Siegelstempels (Typar), Siegelrings oder Petschaft eingeprägt, bis zur Einführung von Gummistempeln, für die in der Amtssprache die Bez. »Dienstsiegel« gebräuchlich ist. Daneben sind Prägesiegel noch in Gebrauch. Dazu kommt seit dem 14. Jh. das Papiersiegel, d. h. die Prägung eines Papierblättchens, das zunächst mit einer dünnen Wachsschicht, später mit Oblaten auf der Urkunde befestigt und dann geprägt wurde (Oblatensiegel). Metallsiegel (Bullen) fanden in der Papstkanzlei als Bleibulle, in Königs- und Kaiserurkunden als Goldbulle Anwendung. EN

Spieltheoretische Semantik (engl. game-theoretical semantics) Unterart der Wahrheitsbedingungen-Semantik (↗ Wahrheitswert, ↗ Modelltheoretische Semantik), die an die dialog. Logik von P. Lorenzen anknüpft. In dieser wird die Wahrheit komplexer Aussagen nicht mithilfe von Wahrheitswerttafeln errechnet, sondern spieltheoret. begründet den Verlauf von Dialogspielen nach formalisierten Spielregeln; eine These, z. B. ¬ (a ∧ ¬ a), ist als wahr bewiesen, insofern der Proponent sie mittels einer rationalen Gewinnstrategie gegen einen beliebigen Opponenten verteidigen kann. Im Rahmen der Dialogregeln beruhen die Struktur der jeweiligen Dialogspiele und die zugehörigen Gewinnstrategien auf den ↗ Junktoren und ↗ Quantoren in der Aussage und vermögen somit deren log. Funktionen zu explizieren. So können die Sätze (a) *Es gibt schwarze Schwäne* und (b) *Alle Schwäne sind weiß* hinsichtl. ihrer Quantorenbedeutung dadurch charakterisiert werden, dass Satz (a) vom Proponenten durch Vorzeigen eines schwarzen Schwans bewiesen und Satz (b) vom Opponenten durch die näml. Handlung widerlegt werden kann (vgl. J. Hintikka 1973). In Erweiterung dieses Ansatzes und oft unter Berufung auf Wittgensteins Begriff des ↗ Sprachspiels versuchen Vertreter der s. S. (J. Hintikka, E. Stenius, L. Carlson u. a.) die Bedeutung von Sätzen oder Satzsequenzen (z. B. Frage – Antwort) in Begriffe idealisierter Dialoge zu übersetzen und durch die Rekonstruktion der strateg. Regeln und Maximen derartiger Sprachspiele zu explizieren. **Lit.** E. Stenius, Mood and Language Game. Synthese 17, 1967, 254–272. – P. Lorenzen, Formale Logik. Bln. 1967. – J. Hintikka, Logic, Language-Games and Information. Oxford 1973. – Ders., The Game of Language. Studies in Game-Theoretical Semantics and its Applications. Dordrecht 1985. – E. Saarinen (ed.), Game-Theoretical Semantics. Dordrecht 1979. – L. Carlson, The Logic of Dialogue Games. In: M. Moilanen, D. Viehweger & L. Carlson (Hgg.), Zugänge zur Text- und Dialoganalyse. Hamburg 1994, 159–205. – A.-V. Pietarinen (ed.), Game Theory and Linguistic Meaning. Amsterdam 2007. RB

Spirant ↗ Frikativ

Spirantendissimilationsgesetz ↗ Thurneysens Gesetz

Spirantisierung ↗ Frikativierung

Spiritus m. (lat. spīritus ›Luft, Hauch‹) In der Graphie des Altgriech. ↗ Diakritikon zur Bez. des behauchten (s. asper; πνεῦμα δασύ (pneuma dasy)) und des unbehauchten Stimmtoneinsatzes (s. lēnis; πνεῦμα ψιλόν (pneuma psilon)) in der Form eines nach rechts (s. asper) bzw. links (s. lēnis) geöffneten, über (bei Großbuchstaben: vor) den Buchstaben gesetzten kleinen runden Hakens, z. B. ἁ, ὑ, ᾡ bzw. ἀ, ὐ usw. Die Schreibung der S. geht zurück auf eine frühere Verwendung des phöniz. ⟨H⟩ [h] zur Bez. des behauchten Vokaleinsatzes. In den kleinasiat.-ion. Dialekten verstummte anlautendes [h] schon früh (↗ Psilosis), weshalb ⟨H⟩ zur Bez. des »offenen e«, ⟨η, H⟩ (Buchstabenname: ēta), umgraphematisiert wurde. Seit dem 5. Jh. v. Chr. setzte sich das ion. Alphabet auch in Dialektgebieten durch, in denen /h/ noch phonolog. Wert besaß. Um /h/ schreiben zu können, verwendete man zunächst ein Zeichen, das der »vorderen Hälfte« von ⟨H⟩ entsprach (eine Hasta mit einem kurzen, an der Mittellinie ansetzenden Strich). Daraus entwickelte sich schließlich die Kursivform des s. asper. Der s. lenis ist eine spätere Erfindung alexandrin. Grammatiker. Der S. wird bei Diphthongen – wie auch das Akzentzeichen – auf das zweite Vokalzeichen gesetzt, z. B. οἶκος (oikos) ›Haus‹, αἱρετικός (hairetikos) ›ketzerisch‹. GS

Spitz (engl. sharp vs. non-sharp, plain) In PSA akust. durch eine Aufwärtsverschiebung der Formanten (↗ akustische Phonetik) gekennzeichnetes binäres, phonolog. distinktives Merkmal; Ggs. ↗ Flach. PM

Spitzenstellung (auch: Erst-, Front-, Kopf- oder Anfangsstellung, Stirnsatz) Position des finiten Verbs im Dt., z. B. in ↗ Entscheidungsfragen (*Hilfst du mir?*), Ausrufesätzen (*War das ärgerlich!*), ↗ Aufforderungssätzen (*Gehen Sie bitte!*), irrealen ↗ Wunschsätzen (*Hätten wir doch daran gedacht!*) und uneingeleiteten Nebensätzen (*Vergisst sie den Brief, dann ist es zu spät*). Der Stirnsatz ist dem ↗ Kernsatz topolog. am ähnlichsten. Charakteristikum ist die fehlende Vorfeldbesetzung; beim Entscheidungsfragesatz tritt deshalb im Mittel- und Nachfeld ein Satzglied mehr auf als beim Kernsatz, ohne dass sich die Reihenfolge der Satzglieder im Mittelfeld ändert. Da in Aufforderungssätzen das Subjekt fehlt, stimmt bei ihnen die Zahl der Satzglieder mit denen des Kernsatzes überein; ↗ Kontraststellung. SL

Split (engl. ›(Auf-)Spaltung‹) Bezogen auf eine ↗ funktionale Kategorie bspw. die Annahme, dass ↗ INFL in zwei Projektionen *Tense* und *Agreement* gespalten werden muss. Bei der typolog. Charakterisierung von Spr. spielt S. eine Rolle, z. B. bei der Unterscheidung von Ergativ- und Akkusativspr. und Spr., die je nach Umgebung das Ergativ- und das Akkusativmuster verwenden, also eine Spaltung vornehmen. FR

Split-Ergativität ↗ Ergativsprache

Splitting ↗ Feministische Linguistik, ↗ Geschlechtsabstraktion

Spondeus ↗ Fuß

Spoonerism ↗ Versprecher

Spottname ↗ Personenname

Sprachanalyse ↗ Forensische Phonetik, ↗ Korpusanalyse, ↗ Parsing

Sprachanalytische Philosophie ↗ Philosophie der normalen Sprache

Spracharbeit Im Kontext der dt. auswärtigen Kulturpolitik Bez. für Aktivitäten, die der Verbreitung von Kenntnissen des Dt. dienen, also z. B. Sprachkurse des Goethe-Instituts, die Förderung des Deutschunterrichts und der Ausbildung von Sprachlehrern im jeweiligen Gastland. Die S. ist terminolog. der *Kulturarbeit* gegenübergestellt, womit Aktivitäten bezeichnet werden, die über die reine Sprachvermittlung hinausgehen. **Lit.** H. Glück, Deutsch weltweit? Bamberg 1998. G

Sprachatlas Darstellungsart meist dialektaler (seltener zu Fach- oder histor.) Sprachformen, die aufgrund von Datenerhebungen (↗ Dialektdatenerhebung) gewonnen und wegen ihrer räuml. Bindung (↗ Dialekt) auf Karten übertragen werden. Die Bündelung der Karten ergibt einen Atlas mit Überblick über mehrere Dialekte einer Standardspr. z. B. ↗ Deutscher Sprachatlas) oder über die Erscheinungsformen eines Dialektes (z. B. ›S. der dt. Schweiz‹), weshalb auch von »sprachgeograph. Methoden« gesprochen wird bzw. von Sprachkartographie. Die Sprachdaten bestehen v. a. aus Lautformen, werden aber meistens um die Lexik ergänzt. Diese Atlasform heißt Wortatlas. Erfinder ist G. Wenker (1852–1911), der 1878 einen ›S. der Rheinprovinz‹ vorlegte und dann aufgrund von Fragebogen aus jedem Schulort des damaligen Dt. Reichs (ca. 45.000) einen ›S. des Dt. Reichs‹ initiierte (Abschluss 1933, 1647 handgezeichnete Karten, teilweise gedruckt als Deutscher Sprachatlas, 23 Lieferungen 1923–1956; nunmehr auch digital zugängl.: www.DiWA.de). Die Methodik der zusammenfassenden Symbolisierung (↗ Sprachkartographie) von Sprachdaten zum Zwecke der Abbildung von dialektalen Geltungsräumen (↗ Sprachgrenze) war beispielgebend für zahlreiche S.unternehmungen in der ganzen Welt. Das dt. S.unternehmen war Anlass für die Einrichtung einer damit befassten Institution, des Deutschen Sprachatlas', in Marburg/L. **Lit.** W. Mitzka, Hdb. zum dt. S. Marburg

1952. – U. Knoop et al., Die Marburger Schule. HSK 1, I, 38–92. K

Sprachaufbau ↗ Sprachbau

Sprachausbau ↗ Ausbausprache

Sprachausgabe (auch: Sprachsynthese. Engl. speech synthesis) Künstliche Erzeugung gesprochener Spr.; Anwendung u. a. bei telefon. Auskunftssystemen und als Komponente von Lesegeräten für Sehbehinderte. L

›Sprachbad‹ ↗ Gesteuerter Spracherwerb

Sprachbarriere Allgemein: sprachl. Hindernis bei der Erreichung eines Ziels. Spezieller in der ↗ Soziolinguistik: sprachl. Behinderung einer Gruppe oder Sozialschicht. Besonders gängig wurde der Terminus S. im Zusammenhang mit Bernsteins Konzept des ↗ restringierten Kodes; ↗ Kodetheorie. Auch ein Dialekt oder unausgebaute und kleine Sprachen können als S. wirken; ↗ Standardvarietät, ↗ Ausbau. Beim restringierten Kode (und teilweise auch beim Dialekt) wurde als Mittel zur Überwindung von S. eine ↗ kompensatorische Erziehung vorgeschlagen. **Lit.** H. Bausinger (Hg.), Dialekt als S.? Tübingen 1973. – H. Löffler, Germanist. Soziolog. Bln. 1985. – S. Lieberson, Language Barriers between Speech Communities. HSK 3, I, 744–749. AM

Sprachbau Mitunter verwendete Metapher für den grammat. Bau einer Spr.; ↗ Sprachsystem. Zu einem Begriff in der Germanistik wurde S. durch die Übersetzung von russ. *stroj jazyka* ›S.‹ im Titel von Admoni ³1972. **Lit.** V. G. Admoni, Stroj sovremennogo nemeckogo jazyka. L. ³1972. – Dt. Der dt. S. L. 1972. G

Sprachbegabung In der Sprachwiss. weitgehend abgelehnte, aber allgemein verbreitete Auffassung, nach der sich die Menschheit in Gruppen mit angeborener größerer oder kleiner S. teilt. In der Tat gibt es den Fall, dass sich einzelne ↗ polyglotte Personen mit erstaunlich erscheinender Leichtigkeit und Geschwindigkeit viele Spr. aneignen ebenso wie den Fall, dass Personen trotz eifrigen Bemühens schon an einer Fremdsprache scheitern. Ob dies mit »Begabung«, d. h. einer biolog. Disposition, erklärt werden kann, ist unklar, denn beim ↗ Spracherwerb spielt eine Vielzahl kognitiver, affektiver, sozialer, ling. und allgemein biograph. Faktoren eine Rolle. Dass vielfach Mädchen als sprachbegabt, Jungen als begabt in mathemat. und techn. Fächern gelten, dürfte ein Resultat geschlechtsspezif. Sozialisation und des »heimlichen Lehrplans« sein. **Lit.** O. Bärenfänger, Weibl. S.: Mythos oder Wirklichkeit? DaF 41, 2004, 232–238. – B. Acker, Sprachverständnis und S. Landau 2001. – H. Bickes (Hg.), Erst- und Zweitspracherwerb. Paderborn 2009. G

Sprachbehindertenpädagogik Aufgabengebiet der S. ist die pädagog. wie therapeut.-rehabilitative Betreuung von sprachbehinderten Kindern und Jugendlichen im schulischen Rahmen und die Ausbildung von entsprechendem Lehrpersonal; ↗ Sprachstörung. GT

Sprachberatung Einrichtung, die Auskünfte zu sprachl. Fragen und Zweifelsfällen gibt. In Deutschland wird S. teils von privaten (z. B. der Duden-Redaktion), teils von öffentlichen Stellen (z. B. Universitäten) betrieben. S. bedient das weitverbreitete Bedürfnis nach klaren und eindeutigen sprachl. und orthograph. Regeln und Normen und wird deshalb von akadem. Linguisten, die ↗ normative Haltungen verabscheuen, oft als unwiss. abgelehnt. **Lit.** H. Bickes & A. Trabold, Förderung der sprachl. Kultur in der Bundesrepublik Deutschland. Stgt. 1994. G

Sprachberuf Professionelle Tätigkeiten, die auf kreativem, vermittelndem oder reproduzierendem Umgang mit Spr. beruhen, gelten als S., z. B. die Tätigkeit des ↗ Dolmetschers, des Übersetzers, des Sprachlehrers, des Journalisten oder des Verlagslektors. Der Ausdruck ist in vieler Hinsicht unpräzise. Die meisten akadem. (z. B. Theologen, Juristen, Ökonomen) und viele nichthandwerkl. Berufe (z. B. Verwaltungsberufe) beruhen auf der Produktion und Rezeption von sprachl. Äußerungen. Die klass. (z. B. Sekretärin, Korrespondentin) und modernen (z. B. Datentypistin) Sekretariatsberufe können durchaus ebenfalls als S. aufgefasst werden; ihre verhältnismäßig schlechte Bezahlung wirft ein klärendes Licht auf die Meinung, dass die ↗ Sprachbegabung bei Frauen höher als bei Männern liege. G

Sprachberührung ↗ Sprachkontakt

Sprachbeschreibung Als Form der sprachwiss. ↗ Beschreibung ist der Gegenstand der S. eine Einzelspr., ein Sprachenpaar, eine Sprachengruppe oder Spr.n bzw. Spr. schlechthin. **1.** Soll eine der ca. 5 000 bekannten natürl. Spr. beschrieben werden, so bieten sich an z. B. (a) die Annäherung über deren Geschichte und Entwicklung (↗ historische Sprachwissenschaft), (b) der kontrastiv-konfrontative Abgleich mit anderen Spr. (↗ kontrastive Linguistik) oder (c) die deskriptive Erfassung und Darstellung i. S. der ↗ empirischen Sprachwissenschaft. Je nach Forschungsziel und abhängig von den vorhandenen ↗ Daten ergänzen sich die mit den unterschiedl. Zugriffen verbundenen Methoden wechselseitig. Ziel einer deskriptiven S. ist es, die Grammatik einer Spr. aufzudecken und darzustellen, d. h. deren phonet.-phonolog. und syntakt. Einheiten in ihren korrespondierenden Strukturen und Regeln zu registrieren sowie Angaben zu Semantik und Pragmatik zu machen. Dabei wird ausgegangen von einem ↗ Korpus sprachl. Äußerungen, das mit Mitteln der ↗ Korpusanalyse bearbeitet wird; darüber hinaus werden Generalisierungen vorgenommen, indem die Gültigkeit der Aussage über das Korpus hinaus erweitert wird, d. h. die S. soll nicht nur für die Daten des Korpus gelten, sondern auch für alle anderen mögl. Äußerungen in der entsprechenden Spr. Waren in der Tradition des amerikan. ↗ Strukturalismus S. häufig auf die Wiedergabe formaler Strukturen beschränkt, so verlangt die Forderung nach Angaben zu Semantik und Pragmatik, dass neben den sprachl. Daten auch sprachgebundene zu erheben und auszuwerten sind (z. B. soziale, kulturelle; ↗ Soziolinguistik, ↗ Ethnographie der Kommunikation). – Empir. S. können Grundlage allgemeiner S. sein, in denen Merkmale beschrieben werden, die mehreren bzw. allen Spr. gemeinsam sind; ↗ Universalien. **Lit.** H. A. Gleason, An Introduction to Descriptive Linguistics. N. Y. ²1961. – P. Schlobinski, Empir. Sprachwiss. Opladen 1996.　SK

Sprachbewertung ↗ Axiologisch

Sprachbewusstsein (engl. linguistic awareness) Während im gewöhnl. Sprachverhalten die sprachl. Mittel selbst unbewusst bleiben, meint S. den gesamten Fundus dessen, was Sprachbenutzer an explizitem Wissen über ihre Spr. mobilisieren und einsetzen können, von der ↗ Volksetymologie über morpholog. Ableitungsverhältnisse und Beziehungen zwischen Wortbedeutungen bis hin zum Erkennen von abweichenden, ungrammat. und inakzeptablen grammat. Konstruktionen. Der stärkeren Persistenz und Vergegenständlichung der ↗ Schriftsprache wegen bekommt das S. durch den Beginn des schul. Unterrichts einen starken Entwicklungsschub. Vermutlich ist das S. keine primär wesentl. operative Instanz beim Sprechen selbst, aber sehr wohl bei der Kontrolle des Gesprochenen bzw. Geschriebenen. Die Erforschung des S. steckt noch in den Anfängen (vgl. Karpova 1977, Geier 1979). Viel enger im Gebrauch ist der Begriff der grammat. oder sprachl. ↗ Intuition (↗ Sprachgefühl), der (vor allem im Umkreis der GG) das nicht weiter ableitbare und spontane Sprecherwissen über seine Sprache meint, das die ling. Theorie zum Gegenstand hat und explizieren soll. Denn bei dieser Form des S. geht es nur um die Beurteilung der Grammatikalität von Ausdrücken. Auch wird hier das S. eben nicht als Gegenstand der empir. Untersuchung verstanden, sondern als nicht hinterfragbares Instrument der Grenzziehung zwischen ›richtigen‹ und ›falschen‹ Ausdrücken. **Lit.** M. Geier (Hg.), Sprachbewusstsein. Stgt. 1979. – S. N. Karpova, The Realization of the Verbal Composition of Speech by Preschool Children. The Hague 1977.　KN

Sprachbund (engl. linguistic area, frz. aréal linguistique) Bez. für Gruppen geograph. benachbarter Spr., die sich, auch ohne dass zwischen ihnen eine genet. Verwandtschaft zu bestehen braucht, durch auffällige Übereinstimmung im grammat. Bau auszeichnen und sich durch dieselben Gemeinsamkeiten von im weiteren Umkreis gesprochenen Spr. abheben. Voraussetzung für die Entstehung eines S. sind gewöhnlich langdauernde Zustände von ↗ Sprachkontakt, die sich häufig zugleich auch in »Kulturbünden« manifestieren (Becker 1948, 60). Ein typ. Beispiel ist der ↗ Balkansprachbund, der die slav. Spr. ↗ Bulgarisch (und ↗ Makedonisch), das ↗ Rumänische (und ↗ Moldauische) als roman. Spr. sowie das ↗ Albanische umfasst, in geringerem Maße auch das ↗ Serbische und das ↗ Neugriechi-

sche; als seine herausragenden Merkmale gelten die Herausbildung eines Mittelzungenvokals (bulg. *ă*, rum. *ă*, alban. *ë*), die Entwicklung eines postponierten ↗ Artikels (bulg. *kniga-ta*, rumän. *carte-a*, alban. *libr-i* ›das Buch‹) und der Verlust der Kategorie Infinitiv. Weitere deutl. hervortretende Sprachbünde gibt es z. B. im südkaukas., südasiat. und im zentralasiat. Raum. **Lit.** H. Becker, Der S. Lpz., Bln. 1948. – H. Haarmann, Aspekte der Arealtypologie: Die Problematik der europ. Sprachbünde. Tübingen 1976. – Th. Stolz, S. im Baltikum? Estn. und Lett. im Zentrum einer sprachl. Konvergenzlandschaft. Bochum 1991. – A Aikhenvald, Areal Diffusion and Genetic Inheritance: Problems in Comparative Lingustics. Oxford u. a. 2001.　GP

Sprachchauvinismus Chauvinismus ist extremer Nationalismus, S. ist entsprechend extreme Wertschätzung der Spr. der eigenen Gruppe bei gleichzeitiger extremer Geringschätzung anderer Spr. einer Region oder eines Staatsgebiets. S. ist vielfach ein Element bei der sog. ↗ Ethnogenese bzw. bei dem Phänomen der »nationalen Wiedergeburt« (z. B. bei einigen west- und südslav. Völkern im 19. Jh.; ↗ Sprachnation) und geht vielfach einher mit polit. aggressiven Kämpfen um Veränderungen des Status von Kontaktsprachen (↗ sprachliche Minderheit) und mit purist. Bestrebungen (↗ Purismus). Aktuelle Beispiele für S. sind die erfolgreichen Bemühungen, das Serbokroat. in drei Spr. zu teilen, nämlich Kroat., Serb. und Bosn., und gegen das Russ. gerichtete Maßnahmen in einigen Nachfolgestaaten der Sowjetunion.　G

Sprachcode ↗ Kode

Sprachdaten ↗ Datenerhebung, ↗ Datum

Sprachdeterminismus ↗ Inhaltbezogene Grammatik, ↗ Innere Sprachform, ↗ Sapir-Whorf-Hypothese

Sprachdidaktik (engl. language teaching, frz. didactique des langues) Die S. beschäftigt sich mit den Konditionen, Zielen und Methoden des Unterrichtens von Spr. In Abgrenzung zur ↗ Fremdsprachendidaktik bezeichnet S. zumeist die Didaktik der Muttersprache (↗ muttersprachlicher Unterricht). Daher sind Themenstellungen der S. vornehml. auf das Unterrichtsgeschehen in den allgemeinbildenden Schulen bezogen. Die S. entwickelt Konzepte zum ›Wie‹ des Sprachunterrichts bzw. seiner einzelnen Aspekte wie Rechtschreibung, Grammatik, Rezipieren und Produzieren von Texten, Ausbilden eines metasprachl. Instrumentariums, u. a. vor dem Hintergrund lernpsycholog., ling., aber auch bildungspolit. Ziele und Grundüberzeugungen. Wie alle didakt. Disziplinen unterliegt die S. Moden und Strömungen der Bildungspolitik wie ihrer zahlreichen Bezugsdisziplinen (z. B. ↗ Sprachwissenschaft, ↗ Germanistik). Inwieweit sich die S. als wiss. Fach etabliert hat, ist vielfach umstritten, ihre Inhalte sind jedoch für die universitäre Lehrerausbildung wesentl. Der Begriff ›Sprachpädagogik‹ deckt sich in gewissen Teilen mit der S., stellt jedoch zumeist pädagog.-erzieher. Kontexte in den Mittelpunkt. **Lit.** B. U. Biere & H.-J. Diekmanns-henke, S. Dt. Heidelberg 2000. – E. Klein, S. Engl. Ismaning 2001. – J. Roche, Interkulturelle S. Eine Einf. Tübingen 2001. – W. Steinig & H.-W. Hune-ke, S. Dt. Eine Einf. Bln. ³2007. – K. Knapp & B. Seidlhofer, Handbook of Foreign Language Communication and Learning. Bln. 2009.   SO

Sprache (engl. language, frz. langue, langage) Wichtigstes und artspezif. Kommunikationsmittel der Menschen, das dem Austausch von Informationen dient sowie epistem. (die Organisation des Denkens betreffende), kognitive und affektive Funktionen erfüllt. Der Ausdruck ›Spr.‹ hat zwei elementare Bedeutungskomponenten: (a) Spr. ›an sich‹, die Bez. der menschl. Sprachbegabung als solcher (frz. ↗ faculté du langage), (b) Spr. als Einzelsprache, d. h. die Konkretisierung von (a) in einer bestimmten ↗ Sprachgemeinschaft, zu einer bestimmten Zeit und in einem bestimmten geograph. Raum (frz. ↗ langue) und deren Ausdruck in konkreten Kommunikationsereignissen (frz. ↗ parole). **1.** Das Verfügen über Spr. gilt seit der Antike als *differentia specifica* des Menschen gegenüber allen anderen Lebewesen; ↗ Zoosemiotik. Die Fähigkeit, Spr. zu erwerben, ist angeboren. Sie entwickelt sich im Laufe der biolog. Reifung und der Sozialisation jedes Menschen zu einem kompletten System, es sei denn, ↗ Sprachentwicklungsstörungen ver- oder behindern diesen Prozess, was zur Entwicklung anders strukturierter, funktional i. d. R. vergleichbarer Kommunikationssysteme führen kann; ↗ Gebärden-sprache. Das physikal. Substrat von Spr. sind (artikulierte) Ketten von Sprachlauten (später auch Ketten von Schriftzeichen), die in der Zeit (oder auf einem Schriftträger im zweidimensionalen Raum) linear angeordnet sind und Elemente aller Ebenen des jeweiligen Sprachsystems ausdrücken (↗ doppelte Artikulation). Diese Ebenen sind – in der ↗ gesprochenen Sprachform – (a) das Sprachlautinventar der betreffenden Spr., das eine spezif. Auswahl aus einem universellen Inventar darstellt, und (b) ihre Semantisierung im spezif. System der ↗ Phoneme, ↗ Toneme und ↗ Suprasegmentalia, (c) deren spezif. Verkettungen zu ↗ Silben und zu ↗ Morphemen (die in der ↗ Morphologie eingeteilt werden in freie (↗ Lexem) und gebundene Morpheme, Wörtern und Wortformen; ↗ Flexion; (d) die Verbindung von Einheiten von (c) zu ↗ Syntagmen, Sätzen (↗ Satz) und ↗ Texten. Gewissermaßen quer zu (b)–(d) liegt (e) die Ebene der ↗ Bedeutungen (grammat., lexikal., Satz-, Textbedeutungen; ↗ Semantik). Dazu treten (f) Regeln und Normen für die Sprachverwendung (↗ Pragmatik) und sprachl. Handeln (↗ Sprechakt). Zum Zwecke der Beschreibung und Analyse von Spr. werden möglichst allgemein generalisierbare Kategorien gesucht. Sie gehen z. T. auf die antiken Grammatiker zurück. Wenn nicht in allen, so doch in vielen Spr.

sind Beschreibungskategorien für grammat. Kategorien bzw. Elemente wie ↗ Numerus, ↗ Tempus, ↗ Wort, ↗ Affix oder grammat. Beziehungen wie ↗ Satz, ↗ possessiv, ↗ transitiv oder ↗ Vokalharmonie brauchbar; das mit solchen elementaren Kategorien Bezeichnete suchen die ↗ allgemeine Sprachwissenschaft und die empir. ↗ Universalienforschung als generelles Merkmal von Spr. zu erweisen. – Die Phylogenese von Spr. liegt im Dunkel der Vorgeschichte und kann mit method. kontrollierbaren Verfahren allenfalls unter paläontolog. Gesichtspunkten beleuchtet werden (etwa durch Erkenntnisse zur Evolution der Anatomie der ↗ Artikulationsorgane aufgrund von Knochenfunden). Dennoch wird die Frage nach dem ↗ Sprachursprung immer wieder gestellt und mehr oder weniger spekulativen Antworten zugeführt. Die Erfindung der ↗ Schrift kann ins 4. Jt. v. Chr. datiert werden (↗ Sumerisch, ↗ Ägyptisch); weiter zurückweisende Spekulationen waren bisher unseriös. Das Vorhandensein schriftl. Zeugnisse markiert die Grenzlinie zwischen Vorgeschichte und geschichtl. Zeit. Es markiert gleichzeitig den Beginn der Überlieferung von Sprachdaten, die ling. Beschreibungen und Analysen unterzogen werden können. Schriftzeugnisse sind das Material für die Erforschung der ↗ Sprachgeschichte, die sich auf ausgefeilte und bewährte Analyseinstrumentarien stützen kann; ↗ historisch-vergleichende Sprachwissenschaft. Sie erlauben auch die vergleichende Rekonstruktion älterer und nicht durch Daten belegter Sprachzustände bzw. von Ausschnitten davon, sind aber von Spekulationen keineswegs immer frei gewesen (vgl. z. B. die ↗ nostratische Hypothese). Die Ontogenese von Spr. wird im Rahmen der ↗ Spracherwerbsforschung und der Forschung zur ↗ Kindersprache untersucht. **2.** Heute werden auf der Erde zwischen 3 000 und 5 000 Spr. gesprochen. Lediglich einige Hundert davon werden auch geschrieben, und nur ein Teil von diesen sind entwickelte ↗ Schriftsprachen. Es gibt kein einfaches Kriterium, nach dem festgelegt werden könnte, welche ↗ Varietäten selbständige Spr. sind und welche Dialekte, Soziolekte, Sondersprachen usw. in Bezug auf eine Spr. sind. Gesichtspunkte wie strukturelle Distanz, lexikal. Differenzen und ↗ gegenseitige Verständlichkeit, Modelle wie ↗ Ausbausprache und ↗ Abstandsprache lösen dieses Dilemma nicht; ↗ Thümmelsches Paradoxon. Ihre Zahl scheint – trotz dieser Unklarheit – weltweit dramat. zurückzugehen, denn ein Großteil von ihnen wird von kleinen und kleinsten Sprachgemeinschaften verwendet; ↗ bedrohte Sprachen. Mit der Entwicklung weltweiter wirtschaftl., polit., militär. und kultureller Kontakte und Konflikte im Laufe der Neuzeit haben sich die Existenzbedingungen für viele Spr. nachhaltig verschlechtert; Genozid und ↗ Sprachwechsel haben in vielen Fällen zu ihrem Erlöschen (»Linguozid«) geführt oder drohen dazu zu führen. Dies gilt z. B. für einen Großteil der nordamerikan. Spr., die im 18./19. Jh. noch gesprochen worden sind; in anderen Weltteilen haben diese Prozesse im 20. Jh. um sich gegriffen. Man hat sie mit der (problemat.) Metapher ↗»Sprachtod« bezeichnet. Sprachl. Vielfalt ist einerseits ein bewahrenswertes Erbe der Menschheit, jede einzelne Spr. ist ein Dokument des menschl. Geistes, ein »Gedanke Gottes« (J. G. Herder). Andererseits kann sprachl. Vielfalt im Zuge der unaufhaltsamen Modernisierungsprozesse, denen alle Länder der Erde ausgesetzt sind, zu einem innen- und wirtschaftspolit. Problem werden, wenn sie ein Kommunikations- und damit Entwicklungshindernis darstellt in Ländern, in denen Dutzende (z.B. in Russland, Kamerun, Vietnam) oder gar Hunderte verschiedener Spr. gesprochen werden (z.B. in Nigeria, Papua-Neuguinea, Indien, Indonesien, Brasilien). In solchen Fällen ist eine landesweite und ggf. mehrere regionale Verkehrssprache(n) unumgänglich, die die innerstaatl. Kommunikation ermöglicht. Sie muss im Ausbildungssystem gelehrt werden, damit – zumindest bei den entsprechenden Funktionsträgern unter den Angehörigen der Minderheitenspr. – Zwei- oder Mehrsprachigkeit hergestellt wird. Fakt. sind solche innerstaatl. Linguae francae meist die Spr. früherer Kolonial- oder dominierender Handelsmächte. Hierin liegt ein Grund für die weltweite Verbreitung einer kleinen Zahl europ. Spr.   G

Sprachebenen ↗ Anredeform, ↗ Honorativ

Spracheingabe I.e.S. die Eingabe von Daten in Form gesprochener Spr. (↗ Automatische Spracherkennung). I.w.S. wird S. auch für die Eingabe in Form geschriebener Spr. verwendet.   L

Spracheinstellung ↗ Einstellung

Sprachenname ↗ Glottonym

Sprachenpaar Zwei Spr., die zueinander z.B. bei einem ↗ Sprachvergleich oder durch eine ↗ Übersetzung in Beziehung gebracht werden.   G

Sprachenpolitik Im Dt. terminolog. unterschieden von ↗ Sprachpolitik. Während sich Sprachpolitik auf polit. Maßnahmen innerhalb einer Einzelspr. bezieht (z.B. das Verbot bestimmter Wörter), richtet sich S. auf das Verhältnis zwischen verschiedenen Spr. Strenggenommen machen alle Staaten (oder sogar alle dazu fähigen Gemeinwesen) S., z.B. indem sie entscheiden, in welcher Spr. sie kommunizieren, welche sie in ihren Bildungsinstitutionen lernen lassen usw., wenn auch diese Entscheidungen zumeist nicht S. genannt werden (fakt. gegenüber deklarierter S.). Besonders deutlich wird S. in multilingualen Staaten, auch gegenüber ↗ sprachlichen Minderheiten, und bei ↗ Amtssprachen und ↗ Arbeitssprachen in internat. Organisationen. Während früher in multilingualen Staaten, v.a. auch in Einwandererländern, die Neigung bestand, die Minderheiten an die Mehrheiten zu assimilieren, ist die heutige Politik mitunter toleranter (Politik des Multilingualismus). Dabei spielen sowohl humanitäre als auch ökonom. Motive eine Rolle: Einwande-

rerspr., die erhalten bleiben, müssen nicht mehr durch teuren FU vermittelt werden. Die meisten größeren Länder oder Sprachgemeinschaften versuchen, ihre Spr. im Ausland oder unter anderen Sprachgemeinschaften zu verbreiten (Sprachverbreitungspolitik). Dabei helfen oft spezif. Institutionen, die zwar zumeist parteipolit. unabhängig sind, aber von der Regierung des betreffenden Landes maßgebl. finanziell unterstützt werden, z.B. *British Council* in Großbritannien, *Alliance française* in Frankreich, *Goethe-Institut* und *DAAD* (Dt. Akadem. Austauschdienst) in Deutschland (vgl. die Internetadressen S. XXVI–XXIII). **Lit.** H. Glück, Die preuß.-poln. S. Hamburg 1979. – F. Coulmas, Spr. und Staat. Bln., N. Y. 1985. – H. Haarmann, Spr.n und Sprachpolitik. HSK 3, II, 1660–78. – B. Spolsky, Language Policy. Cambridge 2004. – T. Ricento (ed.), An Introduction to Language Policy. Malden, USA 2006. – **Zss.** Language Policy. – European Journal of Language Policy.   AM

Sprachenrecht Gesetzl. und vertragl. Regelung über den Gebrauch von Sprachen. Oberster Grundsatz ist in Deutschland nach Artikel 3 des Grundgesetzes, dass niemand wegen seiner Sprache diskriminiert werden darf; ↗ Amtssprache, ↗ Gerichtssprache, ↗ Sprachenpolitik.   SM

Sprachentstehung ↗ Glottogonie, ↗ Sprachursprung

Sprachentwicklung ↗ Spracherwerb, ↗ Zweitspracherwerb

Sprachentwicklungsstörung (auch: (Entwicklungs-) Dysphasie. Engl. developmental dysphasia) In Abgrenzung zur ↗ erworbenen Sprachstörung Retardierung oder Behinderung der »normalen« Sprachentwicklung infolge von vorgeburtl., nachgeburtl. oder auch während des ↗ Spracherwerbs eingetretenen cerebralen Schädigungen (↗ Gehirn) oder (minimalen) Dysfunktionen. Hauptsächliche Erscheinungsformen der S. sind im frühen Kindesalter meist in Kombinationen auftretende Ausfälle im Bereich der Lautbildung und -wahrnehmung (↗ Dyslalie), der ↗ Syntax (↗ Dysgrammatismus) sowie von ↗ Lexikon und Semantik (↗ lexikal.-semant. Störungen), die sich später auch beim Schriftspracherwerb (↗ Lese-Rechtschreib-Schwäche) manifestieren. Als Anhängsel der medizin. Neurologie waren Diagnostik und Therapie von S. lange Zeit rein deskriptiv oberflächenorientiert. Erst in jüngerer Zeit bemüht man sich verstärkt, S. in Bezug auf psycholing. Erkenntnisse über die »normale« Sprachentwicklung zu erklären und zu behandeln, wobei in der ↗ Sprachpathologie die von einigen Autoren behauptete Differenzierung nach kompensierbaren Verzögerungen und nicht grundsätzl. aufhebbaren Störungen strittig ist. Je nach Art und Schweregrad der S. sowie den regionalen Angeboten werden die betroffenen Kinder klin.-stationär oder teilstationär, institutionell schulisch oder ambulant behandelt. Um sie von anders verursachten, z.B. durch ↗ Hörstörungen bedingten S. abzugrenzen spricht man auch von spezifischer S. **Lit.** H. Clahsen, Normale und gestörte Kindersprache. Amsterdam 1988. – P. Menyuk, Children with Specific Language Impairment (Developmental Dysphasic): Linguistic Aspects. In: HSK 8, 606–625. – F. Dannenbauer, Spezif. S. In: M. Grohnfeldt (Hg.), Lehrbuch der Sprachheilpädagogik und Logopädie, Bd. 2. Erscheinungsformen und Störungsbilder. Stgt., Bln., Köln 2001, 48–74.   GT

Sprachentwicklungsverzögerungen   ↗ Spracherwerb

Spracherfahrungsansatz In der Diskussion über die ↗ Alphabetisierung erwachsener Analphabeten in den USA entwickeltes didakt. Konzept, das unter Berufung auf ↗ Sprechakt-Konzepte das Mitteilungsbedürfnis der Betroffenen aktivieren will. Sie werden am Unterricht inhaltl. (themat.) beteiligt, was der Aufarbeitung ihrer psych. Probleme dienlich sein und das »Fremdeln« beim Anblick geschriebener Texte abbauen soll. Dabei entstanden Dokumentationen vielfach hochemotionaler selbstverfasster Texte, die nach Meinung der Vertreter des S. Lernmotivation und Gedächtnisleistung positiv beeinflussten.   G

Spracherfindung ↗ Plansprache

Sprachergänzende und -ersetzende Kommunikationssysteme (engl. augmentative and alternative communication systems) Neben unabhängigen alternativen Sprachsystemen wie z. B. die ↗ Gebärdensprachen der Gehörlosen haben sich Behindertenpädagogen, Psychologen und Linguisten in den letzten Jahren verstärkt um Entwicklung und Anwendung von (verbal-)sprachersetzenden visuellen Systemen bei nichtsprechenden mehrfachbehinderten Menschen bemüht. Diese Systeme reichen von lautsprachbegleitenden bzw. -ersetzenden Gebärden oder dem ursprüngl. als internationales Begriffssystem konzipierten BLISS über piktographisch orientierte Konzepte bis hin zu einfachen Bildsammlungen. **Lit.** H. Adam, Mit Gebärden und Bildsymbolen kommunizieren. Würzburg ³2000.   GT

Spracherhalt Festhalten einer Sprachgemeinschaft bzw. eines Individuums an ihrer/seiner S1 in einer anderssprachigen Umgebung, meist verbunden mit anhaltendem ↗ Sprachkontakt und mit ↗ Bilingualismus; in der ↗ Sprachsoziologie wird mitunter *Sprachloyalität* (engl. *language loyalty*) als (sozialpsycholog.) Bedingung für S. angenommen. Öfter belegt und teilweise intensiv erforscht ist S. in Auswanderungssituationen (z. B. bei Teilen der Russlanddeutschen, bei Teilen der südasiat. Immigranten in Großbritannien; ↗ Sprachkonflikt). Wechselt eine Person oder eine Gruppe von Personen dauerhaft ihren ständigen Aufenthaltsort in eine Umgebung mit einer anderen S1, ist sie i. d. R. veranlasst, diese Spr. als S2 zu erwerben, um in dieser Umgebung leben und arbeiten zu können. Langdauernder Aufenthalt führt normalerweise zu ↗ Sprachwechsel,

d. h. die S2 wird zur S1, was mitunter in *Sprachverlust* (Verlust der früheren S1) einmündet. Der entgegengesetzte Fall wird als S. bezeichnet.   G

Spracherhaltungsprogramm (engl. language maintenance program) In der Spracherwerbsforschung Bez. für Schulkonzepte, in denen Kinder aus Minderheiten so unterrichtet werden, dass sie sowohl ihre Erstspr. als auch die Fremd- bzw. Zweitspr. vollständig erwerben können. Sie gelten allgemein solchen Konzepten, die in den Schulen nur oder dominant die Mehrheitsspr. verwenden und lehren wollen, als überlegen; ↗ Muttersprachlicher Unterricht, ↗ Doppelseitige Halbsprachigkeit. In den wichtigen Einwanderungsländern werden solche S. eher selten verwirklicht; ↗ Submersionsprogramm, ↗ Transitionsprogramm.   G

Spracherkennung ↗ Automatische Spracherkennung, ↗ Verstehen

Spracherkennungssystem ↗ Automatische Spracherkennung

Spracherwerb (auch: Sprachentwicklung. Engl. language acquisition) Erwerb einer natürl. Spr., d. h. Erwerb der phonolog., morpholog., syntakt., semant. und pragmat. Regeln einer Spr. Man unterscheidet zwischen Erwerb einer Muttersprache (Erstsprache), einer Zweitsprache und einer Fremdsprache und zwischen gesteuertem und ungesteuertem Spracherwerb. Jedes gesunde Kind beginnt im Babyalter ohne formale Unterweisung die Spr., die in seiner Umgebung gesprochen wird, zu erwerben. Der kindl. S. vollzieht sich in einer best. Entwicklungsfolge (Lallphase, Einwortphase, Zweiwortphase). Das erste Lebensjahr nach der Geburt bezeichnet man als vorsprachl. (prälinguales) Stadium, in dem die Lautentwicklung beginnt, das Kind kognitive Voraussetzungen für den S. aufbaut (z. B. die sog. Objektkonstanz als Voraussetzung für den Erwerb der Symbolfunktion) und grundlegende Interaktionsmuster ausbildet (z. B. Vorbereitung des Sprecher-Hörer-Wechsels beim dialog. Sprechen durch bestimmte interaktive Routinen und Spiele zwischen Säugling und Erwachsenem). Die Lautentwicklung ist als erstes, mit ca. 4 Jahren, abgeschlossen. In diesem Alter hat sich die ↗ Kindersprache insgesamt so weit der Erwachsenenspr. angenähert, dass das Kind grammat. weitgehend korrekt spricht und die Wortbedeutungen nicht mehr auffällig von der Norm abweichen. Der Syntaxerwerb gilt mit 10 bis 12 Jahren als abgeschlossen. Semantik und Pragmatik entwickeln sich auch danach noch weiter. Entgegen der bei Laien verbreiteten Auffassung geschieht S. nicht durch Nachahmung. Vielmehr baut das Kind mental Sprachregeln auf (Regelbildung), was etwa durch häufige Übergeneralisierungen (Hyperkorrektur) deutlich wird. Charakterist. ist die U-förmige Entwicklung: Auf eine Zeit korrekt verwendeter grammat. Formen folgt eine Zeit fehlerhafter Konstruktionen, die wiederum von korrekt gebildeten Strukturen abgelöst werden. Z. B. verwendet ein Kind den Plural *Autos* zunächst korrekt, produziert dann die Form *Autossen,* um schließlich dauerhaft *Autos* zu bilden. Der Übergang von der ersten korrekten zur falschen Form verweist darauf, dass das Kind die Pluralform zunächst als ganze im Gedächtnis gespeichert, dann aber eine Pluralbildungsregel ›X + -en‹ entwickelt und auf das Wort *Autos* angewendet hat. Die neue Form kann nicht durch Nachahmung entstanden sein, da das Kind eine solche sicher nicht gehört hat; sie verweist also auf innere Regelbildungsprozesse. Die spätere Form *Autos* basiert mit der korrekten Anwendung der Pluralregel auf grammat. Operationen und somit auf anderen mentalen Strukturen und Prozessen als die frühe Form. Der S. hat biolog. und kulturelle Grundlagen und beruht auf gattungsspezif. genet. Dispositionen des Menschen. Strittig ist in der Forschung, wie sprachspezif. diese genet. Dispositionen sind, d. h. ob S. auf der Basis allgemeiner kognitiver Fähigkeiten möglich ist oder spezielle sprachl. Kategorien angeboren sind (↗ angeborene Ideen, ↗ Mentalismus, ↗ Spracherwerbsforschung, ↗ Spracherwerbsmechanismus, ↗ Universalien, ↗ Wolfskinder). S. kann gestört verlaufen, wobei man zwischen Sprachentwicklungsverzögerungen und Sprachentwicklungsstörungen unterscheidet. Bei Entwicklungsverzögerungen ist die ↗ Entwicklungsfolge eingehalten, aber verspätet realisiert; Entwicklungsstörungen zeigen eine veränderte Entwicklungsfolge. Von der Verzögerung bzw. Störung können isoliert einzelne Subsysteme betroffen sein (z. B. die Lautentwicklung); die Normabweichungen können aber auch mehrere Subsysteme gemeinsam erfassen. Ursachen können phys. (z. B. Hirnschäden, Schädigung der Sinnesorgane) oder psych. Art (z. B. gestörte Familienbeziehungen) sein. Grundsätzl. kann jedes Kind jede natürl. Spr. erwerben. Entscheidend ist allein, dass das Kind genügend intensiven Kontakt mit der jeweiligen Spr. hat. Mehrsprachig aufwachsende Kinder erwerben mehrere Spr. (mehrsprachiger S.). Der vollständige Erwerb einer 2. (3., 4. ...) Spr. im ungesteuerten S. ist ab der Pubertät aus hirnphysiolog. Gründen wesentlich seltener als vorher. Beim gleichzeitigen oder zeitl. versetzten Erwerb zweier oder mehrerer Spr. kommen ↗ Interferenzen zwischen diesen Spr. vor, d. h. Übertragungen von Regeln der einen Spr. auf die andere Spr., die meist vorübergehender Art sind; ↗ Fremdsprachwerb.   AN

Spracherwerbsforschung (engl. language acquisition research) Erforschung der Grundlagen und des Verlaufs des kindl. ↗ Spracherwerbs. Allgemeines Ziel der S. ist es, die Voraussetzungen des Menschen für den Spracherwerb und die Prinzipien der Lernvorgänge zu analysieren. Daher richtet sich das Interesse der S. über die Erforschung der Entwicklungsfolge einzelsprachl. Strukturen hinausgehend auf die Analyse der Gemeinsamkeiten in den Er-

werbsprozessen aller bekannten Spr. Empir. Untersuchungen sind immer Untersuchungen des Erwerbs best. natürl. Spr. Bildeten zu Beginn der S. Tagebuchaufzeichnungen über einzelne Kinder die Datengrundlage, so greift man heute auf Ton- und Videoaufnahmen zurück, ergänzt durch Experimente und Elternbefragungen zur Klärung spezieller Forschungsprobleme. – Die S. war und ist durch heftige Kontroversen über die Grundlagen des Spracherwerbs gekennzeichnet. In den 60er Jahren des 20. Jh. leistete N. Chomsky mit seiner Kritik an der behaviorist. Spracherwerbstheorie (↗ Behaviorismus) einen maßgebl. Beitrag zur kognitiven Wende in den Humanwissenschaften. Damit setzte sich das Verständnis des Spracherwerbs als eines regelbildenden Prozesses (↗ Regelbildung) durch. In der Folge wurden drei verschiedene theoret. Positionen zur Erklärung des Spracherwerbs entwickelt: (a) Der ↗ Nativismus, dessen moderne Ausformung eng mit dem Namen Chomskys verbunden ist, erklärt Spracherwerb durch das Postulat eines genet. determinierten ↗ Spracherwerbsmechanismus, der den Aufbau der sprachl. ↗ Kompetenz ermöglicht. Demnach kommt jedes Kind mit einer für die Gattung Mensch spezif. Vorprägung für mögl. Grammatiken auf die Welt, sog. ↗ angeborenen Ideen oder sprachl. ↗ Universalien. Diese sind in der ↗ Universalgrammatik repräsentiert, die die allgemeine Form natürl. Spr. spezifiziert. Sprachl. Erfahrungen, in diesem Fall die Wahrnehmung sprachl. Äußerungen, haben die Funktion, den Spracherwerbsmechanismus in Gang zu setzen. Chomsky schließt strikt aus, dass allgemeine kognitive, d. h. nicht sprachspezif. Strukturen oder Handlungserfahrungen für den Aufbau der mentalen Grammatik relevant sind. Darin liegt ein grundlegender Unterschied zu (b) der konstruktivist. Spracherwerbstheorie von J. Piaget. Nach Piaget bildet der Spracherwerb einen Teil der entstehenden Symbolfunktion und basiert auf vorsprachl. kognitiven Strukturen, die sich, auf der Grundlage einer gattungsspezif. genet. Ausstattung, durch die Auseinandersetzung des Säuglings mit der gegenständl. Umwelt herausbilden. (c) Der Interaktionismus nimmt ebenfalls eine allgemeine, nicht sprachspezif. kognitive Grundausstattung an, postuliert jedoch anders als Piaget eine zentrale strukturbildende Funktion der Interaktion zwischen Säugling und Bezugspersonen. Der Grundlagenstreit zwischen diesen drei Ansätzen ist zum Ende des 20. Jh. abgelöst worden von der Kontroverse zwischen zwei theoret. Positionen, die zwar vielfältige interne Differenzierungen aufweisen, sich aber gegeneinander scharf abgrenzen. Im Kern geht die Auseinandersetzung immer noch um die Struktur der genet. Basis des Spracherwerbs. Die eine, von Nativisten vertretene Position postuliert nach wie vor, dass diese Basis sprachspezif. in Form von Regeloptionen für die Universalgrammatik vorstrukturiert ist und die Umwelt ledigl. die Daten für die Optionen liefert. Die andere, dem ↗ Konnektionismus zuzuordnende Position geht von einer allgemeinen Lernfähigkeit des Menschen aus und betont die Rolle der Interaktion mit der Umwelt für die strukturbildenden Prozesse beim Spracherwerb. Diese Richtung in der S. hängt eng mit der Entwicklung neuronaler ↗ Netzwerke in der Forschung über ↗ Künstliche Intelligenz zusammen. In Computersimulationen werden sprachl. Lernprozesse modelliert, die von einfachen, nicht vorstrukturierten Startzuständen ausgehen und deren zunehmende Komplexität nicht durch eine genet. Basis determiniert ist, sondern durch Selbstorganisation unter Einbezug von Interaktion mit der Umwelt entsteht. Konnektionist. Modellierungen sind mittlerweile in der Lage, Teilbereiche des Spracherwerbs zu simulieren. Damit ist nicht bewiesen, dass Spracherwerb nach solchen Prinzipien stattfindet; bewiesen ist aber, dass es grundsätzl. möglich ist, komplexe Strukturen ohne die Existenz genet. verankerter Regeloptionen zu erzeugen. Dieser Nachweis stärkt sowohl den konstruktivist. als auch den interaktionist. Erklärungsansatz. Insgesamt finden seit den 80er Jahren des 20. Jh. die Kontexte des Sprachgebrauchs zunehmende Beachtung bei der Rekonstruktion des Erwerbsprozesses. So stimmen verschiedene Modelle (z. B. Karmiloff-Smith 1992, Nelson 2007) darin überein, dass sprachl. Einheiten während der ersten Lebensjahre mental in nicht-sprachl. Kontexte integriert repräsentiert sind. In den folgenden Jahren durchlaufen diese Repräsentationen verschiedene Prozesse der Umstrukturierung, durch die erst allmähl. ein mentales Sprachsystem entsteht. Aktuell werden Anstrengungen zur Entwicklung einer interaktions- und gebrauchsorientierten Spracherwerbstheorie unternommen (Tomasello 2003). Nach Tomasello besteht die grundlegende gattungsspezif. Ausstattung darin, sich selbst und andere Menschen als gleichermaßen intentional Handelnde (↗ Intention (2)) zu begreifen. Diese Fähigkeit wird zwischen dem 9. und 12. Lebensmonat erworben (↗ Triangulation (2)) und schafft die Voraussetzung für die weitere kognitive und sprachliche Entwicklung. – Ein besonderer Zweig der S. befasst sich mit dem Spracherwerb unter den Bedingungen von Mehrsprachigkeit. Die Lernprozesse von Kindern, die zwei oder mehrere Spr. parallel oder zeitl. versetzt im ↗ ungesteuerten Spracherwerb lernen, werden daraufhin untersucht, welche Interferenzen zwischen den verschiedenen Spr. auftreten, ob sich die Erwerbsprozesse im Vergleich zu einsprachigen Kindern zeitl. verschieben, ob sich die Entwicklungsabfolgen verändern und ob sich Mehrsprachigkeit positiv oder negativ auf die kognitive Entwicklung auswirkt. Die Fremdsprachenerwerbsforschung untersucht Lernprozesse im ↗ gesteuerten und ↗ ungesteuerten Spracherwerb. **Lit.** J. S. Bruner, Wie das Kind sprechen lernt. Bern 1987. – W. & J.

Butzkamm, Wie Kinder sprechen lernen. Tübingen 1999. – N. Chomsky, Knowledge of Language: Its Nature, Origin and Use. N. Y. 1986. – J. L. Elman et al., Rethinking Innateness. A Connectionist Perspective on Development. Cambridge, Mass. etc. 1996. – A. Karmiloff-Smith, Beyond Modularity. A Developmental Perspective on Cognitive Science. Cambridge, Mass. u. a. 1992. – G. Klann-Delius, Spracherwerb. Stgt. 1999. – S. Pinker, Der Sprachinstinkt. Mchn. 1996. – C. & W. Stern, Die Kindersprache. Unveränderter Nachdruck der 4. Aufl. 1928. Darmstadt 1975. – G. Szagun, Wie Sprache entsteht. Weinheim 2001. – M. Tomasello, Die kulturelle Entwicklung des menschl. Denkens: zur Evolution der Kognition. Ffm. 2002. – Ders., Constructing a Language. A Usage-Based Theory of Language Acquisition. Cambridge, Mass. 2003. – K. Nelson, Young Minds in Social Worlds. Experience, Meaning and Memory. Cambridge, Mass. 2007. AN

Spracherwerbsmechanismus (engl. language acquisition device (Abk. LAD), frz. dispositif de l'acquisition du langage) Im Rahmen der GG auf der Grundlage einer rationalist. und mentalist. Sprachauffassung verwendete Bez. für einen postulierten genet. determinierten Mechanismus zur Erklärung von Spracherwerbsprozessen und der Herausbildung der sprachl. Kompetenz (↗ Kompetenz vs. Performanz). Der LAD wird mit sprachl. Input, den das Kind in seiner Umgebung erfährt, initiiert. Der LAD greift hierbei auf ein im Rahmen der Theorie als genet. determiniertes und als autonom postuliertes Potential von Strukturen und Regeln zurück (↗ Autonomieprinzip (1), ↗ Mentalismus, ↗ Nativismus, ↗ Parameter). Diese werden in der ↗ Universalgrammatik (UG) repräsentiert, die ↗ Beschränkungen für mögl. natürl. Spr. konstituiert. Charakterist. für die menschl. Sprachfähigkeit ist demnach, dass jedes Kind mit einem Schema für mögl. Grammatiken genet. ausgestattet ist. Ein System kognitiver Prozesse ermöglicht ihm aufgrund wahrnehmbarer Fakten, Hypothesen über grammat. Strukturen zu bilden und schließl. eine Grammatik über die betreffende(n) (Mutter-)Spr.(n) zu konstruieren; ↗ Spracherwerb. **Lit.** E. L. Bavon (ed.), The Cambridge Handbook of Child Language. Cambridge 2009. – T. K. Bhatia & W. Ritchie (eds.), Handbook of Child Language Acquisition. San Diego 1999. – E. J. Briscoe, Grammatical Acquisition. Inductive Bias and Coevolution of Language and the Language Acquisition Device. Lg 76.2, 2000, 245–296. – S. E. Carroll, Input and Evidence: The Raw Material of Second Language Acquisition. Amsterdam 2001. – N. Chomsky, A Review of B. F. Skinner's Verbal Behavior. Lg 35, 1959, 26–58. – Ders., Aspects. – E. H. Lenneberg, Biolog. Grundlagen der Spr. Ffm. 1967. – W. O'Grady, Innateness, Universal Grammar, and Emergentism. Lingua 118.4, 2008, 620–631. – B. Scholz & G.

Pullum, Irrational Nativist Exuberance. In: R. J. Stainton (ed.), Contemporary Debates in Cognitive Science. Oxford 2005, 59–80. – D. I. Slobin (ed.), The Crosslinguistic Study of Language Acquisition. 5 Bde. Hillsdale, NJ 1985–1997. – M. Tomasello, Constructing a Language: A Usage-Based Theory of Language Acquisition. Cambridge 2003. – L. White, Second Language Acquisition and Universal Grammar. Cambridge 2003. – C. Yang, The Infinite Gift: How Children Learn and Unlearn All the Languages of the World. N. Y. 2006.   F

Spracherziehung (frz. éducation linguistique) Die heutige Aufteilung des muttersprachl. Unterrichts in vier Bereiche (mündl. und schriftl. Kommunikation, Sprachreflexion oder ↗ Grammatikunterricht und Umgang mit Texten oder Lit.unterricht) ist in ihrer Herausbildung stark umstritten gewesen. Widerstand ging v. a. von Ansätzen in der ↗ Sprachdidaktik aus, für die die Einheit des Unterrichtsfaches Dt. unverzichtbar schien. In solchen Konzeptionen spielte der Begriff S. eine wichtige Rolle. So bezeichnet R. Ulshöfer den Dt.unterricht als ein Mittelpunktfach. E. Essen entwickelt ein Konzept eines verbundenen Dt.unterrichts, das vom ↗ Bühlerschen Organonmodell ausgeht. H. Helmers stellt den Begriff der »sprachl. Grundbildung« in den Mittelpunkt seiner Konzeption – und zwar für alle Schulformen gleichermaßen. Ziel aller dieser Konzepte ist eine S., die sprachl. gebildete Persönlichkeiten hervorbringen soll; ↗ Sprachpädagogik. **Lit.** H. Helmers, Didaktik der dt. Spr. Stgt. ¹¹1984. – E. Essen, Methodik des Dt.unterrichts. Heidelberg ¹⁰1980. – R. Ulshöfer, Methodik des Dt.unterrichts. Unterstufe, Stgt. ⁴1969; Mittelstufe I, Stgt. ⁸1970; Mittelstufe II, Stgt. ⁷1971.   GI, KL

Sprachfähigkeit ↗ Kompetenz, ↗ Sprache (1)

Sprachfamilie (auch: Sprachzweig, Sprachgruppe. Engl. language family, branch of languages) Gruppe verwandter Spr., die von einer gemeinsamen Protosprache abstammen (z. B. die ↗ romanischen Sprachen vom Vulgär-↗ Latein). Die nach den Methoden und Regeln der ↗ historisch-vergleichenden Sprachwiss. dokumentierten und rekonstruierten Verwandtschaftsbeziehungen einzelner Spr. innerhalb einer S. werden normalerweise in der Form eines ↗ Stammbaums dargestellt, dessen Zweige jeweils untergeordnete Spr. bilden. Der Begriff der S. setzt die gemeinsame Abstammung aus einer Proto- bzw. ↗ Ursprache voraus, die sich im Detail rekonstruieren lässt. Wo aber eine Verwandtschaft zwischen Spr. erkannt oder auch nur vermutet wird, ohne dass lautl., morpholog. und lexikal. Entsprechungen für eine detaillierte ↗ Rekonstruktion ausreichen, wird anstelle des Begriffs der S. oft der des *Phylums* (griech. φῦλον ›Stamm, Sippe‹) verwendet. So wird z. B. von einem mögl. ↗ nostratischen bzw. ↗ eurasischen Phylum gesprochen, das u. a. aus den S. des Indogerman., Ural. und Altaischen bestehen soll, die selbst aus kleineren S. gebildet sind, wie z. B.

den german. oder finno-ugr. Spr. Phylen erhalten ihre Namen oft durch die Zusammensetzung der Bez. zweier untergeordneter Familien (z. B. Indogerman., Ural-Altaisch). Der Name eines Phylums wird gelegentl. durch Hinzufügung des Präfixes *Makro-* markiert (z. B. Makro-Algonkin); ↗ Sprachverwandtschaft. **Lit.** M. Ruhlen, A Guide to the World's Languages. Ldn. 1987. – R. Anttila, Historical and Comparative Linguistics. Amsterdam 1989. – L. Campbell, Historical Linguistics: An Introduction. Cambridge, Mass. 1999.– B. Grimes (ed.), Ethnologue: Languages of the World. Dallas ¹⁵2005.   WR

Sprachform ↗ Innere Sprachform. ↗ Geschriebene Sprachform, ↗ Gesprochene Sprachform

Sprachförderung 1. Bez. für pädagog. Bemühungen um Kinder und Jugendliche bei ↗ Sprachentwicklungsstörungen. **2.** Bez. für pädagog. Hilfen für Migranten und namentl. deren Kinder beim Erwerb der Landessprache; ↗ Deutsch als Zweitsprache, ↗ Zweitspracherwerb. **3.** (Auch: Sprachverbreitungspolitik) Polit. Maßnahmen zur Festigung des Status einer Spr. als Fremdspr. S. wird betrieben, um in anderen Sprachgebieten (Staaten) Personen heranzuziehen, mit denen man in der eigenen Spr. kommunizieren kann (Herstellung des »Muttersprachvorteils«), um Sympathiewerbung für das eigene Land (die eigene Kultur, Wirtschaft, Politik) zu betreiben, um die einheimische »Sprachindustrie« zu fördern (z. B. Sprachinstitute, Lehrwerk- und Wörterbuchverlage im Inland), um Traditionen zu pflegen (z. B. zu Auswandererkolonien, zu Minderheiten, zu Personengruppen mit Kenntnissen der jeweiligen Fremdsprache).   G

Sprachgebildelautlehre ↗ Phonologie

Sprachgebrauch (auch: Wortgebrauch) Der Gebrauch der Sprache wie der eines Wortes wird in der ↗ Philosophie der normalen Sprache durch die soziale Verwendungsweise in Situationskontexten, nicht aber durch die Angabe einer Menge von Gebrauchsinstanzen bestimmt. Zur Bestimmung der Bedeutung eines Wortes bezieht man sich auf die Standards korrekter Gebrauchsweisen in einer ↗ Sprachgemeinschaft; ↗ Parole, ↗ Performanz.   PR

Sprachgefühl (engl. linguistic intuition) Vortheoret. Bez. für die intuitive Fähigkeit von Sprachbenutzern, ihre ↗ Muttersprache stilsicher zu gebrauchen und Ausdrücke und Konstruktionen auf ihre Richtigkeit, Angemessenheit und Akzeptierbarkeit zu überprüfen. Der weitgehend intuitive, nicht begründbare Charakter des S. indiziert den besonderen und schwer erforschbaren Charakter unserer ›prakt.‹ Sprachkenntnis (oft auch missverständl. *sprachl. Wissen* genannt), mit der weder ein explizites Regelwissen noch ein begründetes Urteil über die Produkte des Sprechens korrespondiert.   KN

Sprachgeist ↗ Organismusmodelle

Sprachgemeinschaft (engl. speech community, linguistic community) I. w. S. eine regional oder sozial definierte Gruppe, die ein gemeinsames sprachl. System teilt. In der Sprachwiss. werden verschiedene Konstitutionskriterien unterschieden. (a) S. als Gemeinschaft mit gemeinsamer Spr. in einer Ling., die von der Homogenitätsannahme ausgeht und einheitl. grammat. Systeme erforscht und beschreibt und die Strukturen einer Sprache analysiert, Verwandtschaftsgrade von Spr.n erforscht und Vergleiche von Sprachentwicklungen sowie histor. Rekonstruktion betreibt. So geht L. Bloomfield von einem monolith. Sprachsystem aus, wenn er S. definiert als »eine Gruppe von Leuten, die das gleiche System von Sprachsignalen verwendet«, ebenso wie N. Chomsky, der eine vollständig homogene S. als Grundgesamtheit ansieht; ↗ idealer Sprecher–Hörer, ↗ Idealisierung. (b) In der älteren ↗ Dialektologie (F. Wrede, 1863–1934, Th. Frings, 1886–1968) bildeten als sprachl. relativ homogen angenommene Siedlungsräume die Grundlagen für Sprachbeschreibungen. S. ist dort eine sozialgeograph. bestimmbare Gruppe von Menschen, die miteinander kommunizieren, konsistent sprechen und alle, so die Annahme, gleich sprechen. Später wird daraus eine dialektsoziolog. Definition, die besagt, dass S. als Gruppen von Sprechern zu betrachten sind, die nach eigener Anschauung eine Gemeinschaft aufgrund der zunächst zeitweilig gemeinsam verwendeten Spr. bilden (Mattheier). (c) In der urbanen Dialektologie (↗ Stadtdialekt) wird S. attitudinal definiert als Gruppe von Sprechern, die eine Anzahl von Ansichten und ↗ Einstellungen in Bezug auf Spr. teilt (Labov); das Gefühl, zu einer S. zu gehören, ist hier eher konstitutiv als eine ling. Definition. Diese Definition ist praktikabel in heterogenen urbanen S., die schnellem sprachl. Wandel unterworfen sind, wo Variation nicht nur zwischen Sprechern stattfindet, sondern auch bei einzelnen Sprechern selbst. (d) Auf niedrigerer Abstraktionsebene liegt die Definition von S. als ↗ Interaktionsgemeinschaft in der ↗ Soziolinguistik, wo die Frequenz der sozialen Interaktionsmuster und der direkten Kontakte sowie Ähnlichkeit bzw. Verschiedenheit der verwendeten ↗ Varietäten konstitutiv sind. Eine S. ist jedes menschl. Aggregat, das durch regelmäßige und häufige Interaktion mithilfe eines geteilten Vorrats an Zeichen charakterisiert ist und sich von ähnlichen Aggregaten durch signifikante Unterschiede im Sprachgebrauch abgrenzt (Gumperz). Um bei diesem ↗ Mikroansatz Interaktionsebenen analysieren zu können, wird die S. um das Konzept der sozialen ↗ Rollen ergänzt, später durch das Konzept des sozialen ↗ Netzwerks. Ziel ist es, die Mechanismen aufzuzeigen, durch die sozio-ökolog. Faktoren das sprachl. Repertoire von Sprechern beeinflussen. Kloss kritisiert, dass Gumperz' Definition von S. inkompatibel mit der von Bloomfield sei, und schlägt stattdessen den Ausdruck »Repertoiregemeinschaft« vor. In der einschlägigen deutschsprachigen Lit. findet man auch den Terminus »Sprech-gemeinschaft«, um die Gesamtheit aller Kommunikationsgewohnheiten einer Gemeinschaft zu bezeichnen. (e) Um Alltagskommunikation und Interaktionskonventionen von Mitgliedern sozialer Gruppen als Untergruppen analysieren zu können, wurde das Konzept des sozialen ↗ Netzwerks als Ausgangseinheit für die sprachl. Beschreibung in die Soziolinguistik eingeführt, um so individuelles Sprachverhalten erklären zu können, was man mit Gruppenzugehörigkeit allein nicht hätte erklären können (Milroy). Dem Konzept liegt Bernsteins Hypothese über soziale Beziehungen, die als Variablen zwischen Sprachsystem und Sprachgebrauch intervenieren, zugrunde. Eine S. besteht aus einer Reihe von Basiseinheiten, Netzwerken, an denen ein Mitglied in verschiedenem Ausmaß und in mehr als einer Funktion teilhaben kann. Die Einführung des sozialen Netzwerkes in den Beschreibungsrahmen liegt darin, dass das traditionelle ↗ Makrokonzept der Erforschung sich langsam verändernder, recht stat. S. (Stämme, Dorfgemeinschaften) sich nicht gut zur Analyse sich schnell verändernder städt. S. eignet. (f) Eine weitere Definition von S. beruht auf psycholog.-subjektiver Eigeninterpretation. Jede Population kann eine große Anzahl von S. enthalten, die sich bezügl. der Mitgliedschaft und der verwendeten Varietäten überlappen. Diese psycholog. Realität von S. hängt von der Interpretation des Mitglieds der S. ab. Die Zuordnung zu einer S. nimmt der Sprecher selbst vor, nicht der Soziologe. Je nachdem, wie der Sprecher sich in seinem multidimensionalen Raum platziert, nimmt er an verschiedenen S. teil, deren Dimension durch die in seiner Umwelt definierbaren Gruppen bestimmt ist (↗ Sprachbewusstsein). Jeder individuelle Sprecher schafft die Systeme seines eigenen sprachl. Verhaltens, so dass diese denjenigen der Gruppen ähneln, mit denen er sich von Zeit zu Zeit identifizieren möchte, so dass er (a) die Gruppen identifizieren kann, (b) sowohl die Gelegenheit als auch die Fähigkeit hat, deren Verhaltenssystem zu beobachten und zu analysieren, (c) seine Motivation hinreichend stark ist, ihn zu veranlassen, sein Verhalten zu wählen und zu verändern, (d) er noch dazu fähig ist, sein Verhalten anzupassen. **Lit.** J. Raith, Sprachgemeinschaft. HSK 3, I, 200–208. – J. J. Gumperz, Language and Social Groups. Ed. A. S. Dil. Stanford 1971. – R. Le Page, Problems of Description in Multilingual Communities. In: Transactions of the Philological Society 1968, 188–212. – L. Milroy, Languages and Social Networks. Oxford 1980. – L. Bloomfield, Language. N. Y. [1]1933. R

Sprachgene Bez. für Gene, die Einfluss auf die Entwicklung der Sprachfähigkeit und auf die Verarbeitung von Spr. besitzen. Neuere neurobiolog. Untersuchungen geben Hinweise darauf, dass mehrere Genorte auf den Chromosomen 1 p, 2 p (DYX3), 3 q (DYX6), 6 p (DYX2), 6 q (DYX4), 15 q (DYX1)

und 18 p (DYX5) einen Einfluss bei der Entstehung von ↗ Legasthenie ausüben. Humanspezif. Eigenschaften des Gens FoxP2 (das auch bei Singvögeln nachweisbar ist, vgl. Teramitsu et al. 2004) beeinflussen die Fähigkeit zu kontrollierten Kieferbewegungen und führen in Tierversuchen (vgl. Enard et al. 2009) zu spezif. Veränderungen neuronaler Strukturen und des Verhaltens. Mutationen der genannten Gene führen bei Menschen zu Sprachproblemen, insbes. bei der Artikulation und beim Sprachverständnis. Neuerdings wurde die humanspezif. Variante des Gens FoxP2 auch beim Neanderthaler nachgewiesen (vgl. Krause et al. 2007).
Lit. D. Bickerton, Language Evolution. A Brief Guide for Linguists. Lingua 117.3, 2007, 510–526. – W. Enard et al., Molecular Evolution of FOXP2, a Gene Involved in Speech and Language. Nature 418, 2002, 869–872. – Dies., A Humanized Version of Foxp2 Affects Cortico-Basal Ganglia Circuits in Mice. CELL 137.5, 2009, 961–971. – M. D. Hauser & T. Bever, A Biolinguistic Agenda. Neurobiology and Genetics Are Helping to Generate Insights About the Evolution of Language. Science 322 (5904), 2008, 1057–1059. – J. Krause et al., The Derived FOXP2 Variant of Modern Humans was Shared with Neandertals. Current Biology 17, 2007, 1908–1912. – Á. López García, The Grammar of Genes. How the Genetic Code Resembles the Linguistic Code. Ffm. 2005. – J. L. Mendívil Giró, Origen, evolución y diversidad de las lenguas. Una aproximación bioliüística. Ffm. 2009. – I. Teramitsu et al., Parallel FoxP1 and FoxP2 Expression in Songbird and Human Brain Predicts Functional Interaction. JN 24, 2004, 3152–3163.   F

Sprachgenerierung ↗ Generierung

Sprachgeographie ↗ Dialektgeographie

Sprachgeschichte (engl. language history, frz. histoire de la langue) Zweig der ↗ Allgemeinen Sprachwissenschaft und jeder Einzelphilologie, der sich mit der inneren und äußeren Geschichte von Sprache(n) befasst. Während sich die maßgebl. Richtungen der allgemeinen Sprachwiss. seit den 1920er Jahren auf die ↗ synchrone Erforschung von Spr. konzentriert haben, befasst sich die S. mit der Modellierung und Analyse ↗ diachroner Längsschnitte. Die Erforschung der S. und der Geschichte überhaupt hängen insofern miteinander zusammen, als die Trennlinie zwischen Geschichte und Vorgeschichte durch das früheste Auftreten von Sprachzeugnissen (schriftl. ↗ Schrift) definiert ist; Zeiträume, die davor liegen, gelten als vorgeschichtl. Die Fragestellungen der Sprachgeschichtsschreibung (auch: Sprachhistoriographie) decken sich im Prinzip mit denen der allgemeinen Sprachwiss. Allerdings sind ihre Daten, sofern sie weiter zurückgeht als ca. 1900, ausschließl. Schriftzeugnisse. Dies engt den Untersuchungsradius ein, da alle Fragestellungen, die sich auf die ↗ gesprochene Sprachform beziehen, unter einem unbehebbaren Mangel an Originaldaten leiden und auf Rekonstruktionen angewiesen sind. Es ist demnach zu unterscheiden zwischen strikt empir. S., die sich auf die Beschreibung und Klassifikation histor. Sprachdaten und ggf. darauf gestützte Modellbildung konzentriert, und unterschiedl. Ansätzen rekonstruktiver S., die darüber hinaus versucht, nicht empir. belegte Sprachzustände (z. B. Lexika und Grammatiken) von – in diesem Sinne vorgeschichtl. – Sprachzuständen oder ganzen Spr. zu rekonstruieren. Da die empir. Daten der S. vielfach Beschädigungen oder späteren Eingriffen (z. B. fehlerhafte Abschriften) ausgesetzt waren, war und ist es notwendig, ggf. method. kontrollierte Reparaturen vorzunehmen, was in der philolog. ↗ Textkritik, in der ↗ Paläographie und der ↗ Epigraphik geschieht. Die Schriftgeschichte wurde oft – method. mehr oder weniger gut kontrolliert – im Rahmen der S. mitbehandelt. Die Unterscheidung zwischen innerer und äußerer S. deckt sich mit der zwischen ↗ innerer und ↗ äußerer Sprachwiss. Erstere bezieht sich ausschließl. auf strukturelle Sachverhalte, Letztere zieht auch kulturelle, polit. und wirtschaftl. Faktoren zur Beschreibung und Erklärung sprachhistor. Entwicklungen heran. Ein Argument für die Notwendigkeit, äußere S. zu betreiben, liegt darin, dass S. stets die Geschichte von Gemeinschaften mündl. und schriftl. kommunizierender Menschen ist (und ein zentrales Moment ihrer Geschichte darstellt), in deren Kommunikationspraxis Spr. sich verändert. »Das wahre Objekt für den Sprachforscher sind [...] sämtliche Äußerungen der Sprechtätigkeit an sämtlichen Individuen in ihrer Wechselwirkung aufeinander« (Paul 1880/1975, § 12). Die Resultate dieser gemeinschaftl. Praxis sind die Daten, die S. dokumentieren; der eigentl. Gegenstand von S. ist jedoch die Beschreibung der Veränderungsprozesse selbst (↗ Sprachwandel). Auch histor. ↗ Sprachkontakte sind ohne Berücksichtigung ihrer äußeren Dimension (Migrationsbewegungen, Kriege, polit. und kulturelle Austauschprozesse usw.) nicht angemessen darstellbar. – S. kann unterteilt werden in die Geschichte einzelner Ebenen des Sprachsystems, also histor. Lautlehre (Lautgeschichte; ↗ Lautgesetz, ↗ Lautverschiebung, ↗ Lautwandel), histor. Morphologie (z. B. die Geschichte einzelner Formparadigmen), histor. Lexikologie (↗ Etymologie, ↗ Namenkunde, ↗ Wortgeschichte) und ↗ historische Grammatik. Mit der Geschichte von Bedeutungen befasst sich neben der Wortgeschichte die ↗ historische Semantik. Die wesentl. Grundlagen der Erforschung und Dokumentation der allgemeinen S. und der Geschichte von Einzelspr. wurden im 19. Jh. gelegt. Von Bedeutung waren v. a. ein komparativer Ansatz, der als ↗ historisch-vergleichende Sprachwiss. bezeichnet wird (↗ Analogie, ↗ Indogermanistik), und die Methode der ↗ inneren Rekonstruktion, während sich die ↗ Glottochronologie eher als Sackgasse erwiesen hat. In der neueren Sprachwiss. wurde v. a.

im Rahmen der histor. Phonologie method. Neuland beschritten, während andere Bereiche von den verschiedenen theoret. und method. Umorientierungen wenig berührt wurden; ↗ Historische Sprachwissenschaft. **Lit.** H. Paul, Grundriß der german. Philologie. 3 Bde. Straßburg 1900–1909. – Ders., Prinzipien der S. Lpz. 1880, Tübingen ⁹1975. – Th. Frings, Spr. und Geschichte. Halle a. S. 1957. – R. Jakobson, Prinzipien der histor. Phonologie. In: D. Cherubim (Hg.), Sprachwandel. Reader zur diachron. Sprachwiss. Bln. 1975, 78–98. – HSK 2, 1984, 1985. – P. v. Polenz, Dt. Sprachgeschichte. 3 Bde. Bln., N. Y. 1991, 1994, 1999. G

Sprachgeschichtsschreibung ↗ Sprachgeschichte

Sprachgesellschaften V. a. im Barock gegründete gelehrte Vereinigungen von Dichtern, Grammatikern, Adligen und Fürsten zur Pflege, Reinheit und Förderung der dt. Sprache sowie deren poet. Gestaltung. Die wohl bedeutendste dt. S. ist die nach dem Vorbild der ital. Accademia della Crusca 1617 in Weimar gegründete *Fruchtbringende Gesellschaft*; weitere S. des Barocks sind die Straßburger *Aufrichtige Tannengesellschaft* (gegr. 1633), die *Deutschgesinnte Genossenschaft* (gegr. in Hamburg 1642), der Nürnberger *Pegnitzorden* (gegr. 1644) sowie der *Elbschwanenorden* (gegr. 1660 in Lübeck). Die Bestrebungen der S. umfaßten v. a. die Übersetzungskunst, Poetik, Lexikographie, Grammatik und Orthographie. In ihrer sprachpurist. Ausrichtung wandten sich die S. gegen die starke Überfremdung des dt. Satzbaues und Wortschatzes (*Alamodewesen*) und förderten die Auffassung von Dt. als Ur- und Hauptsprache, deren »Grundrichtigkeit« (J. G. Schottelius) es zu erforschen gelte. Die S. verloren gegen Ende des 17. Jh. an Bedeutung, z. T. wurden ihre Ziele im 18. Jh. durch die *Deutschen Gesellschaften* wieder aufgegriffen; auch der 1885 gegründete ↗ Allgemeine Deutsche Sprachverein kann in die Tradition der S. eingereiht werden; ↗ Frühneuhochdeutsch, ↗ Purismus. **Lit.** K. F. Otto, Die S. des 17. Jh. Stgt. 1972. – P. v. Polenz, Dt. Sprachgeschichte. Bd. 2. Bln., N. Y. 1994, 112–119. MO

Sprachgesetzgebung ↗ Sprachenrecht

Sprachgrenze Geograph. Raum, in dem zwei Sprachgebiete aneinander grenzen. Häufig sind S. keine Grenzlinien, sondern Übergangsbereiche, in denen Übergangsvarietäten (Dialektkontinua) existieren, z. B. im ndl.-ndt. und ↗ provenzal.-frz. Grenzbereich, oder in denen ↗ Zweisprachigkeit verbreitet ist; ↗ Sprachkartographie. G

Sprachgruppe ↗ Sprachfamilie

Sprachheilkunde Aus dem medizin. Sprachgebrauch stammende, heute nur noch wenig gebräuchliche Bez. für das gesamte Gebiet der Sprach-, Stimm- und Sprechstörungen; ↗ Phoniatrie. **Lit.** R. Luchsinger & G. E. Arnold, Handbuch der Stimm- und Sprachheilkunde. Wien ³1970. GT

Sprachhistoriographie ↗ Sprachgeschichte

Sprachinhaltsforschung ↗ Inhaltbezogene Grammatik

Sprachinsel (auch: Enklave, Insel) Teil des Sprachgebiets einer Spr. A, das ganz vom Sprachgebiet einer oder mehrerer anderer Spr. umgeben ist und folglich keinen geograph. Zusammenhang zum Hauptteil des Sprachgebiets der Spr. A aufweist. Dt. S. gibt es z. B. in Rumänien (Siebenbürgen, Banat u. a.) und anderen osteurop. sowie in mittelasiat. Ländern. G

Sprachkarte Kartograph. Darstellung der geograph. Verbreitung der ↗ Sprachgemeinschaft einer Spr. oder eines Dialekts (Dialektkarte) oder einer ↗ Schriftgemeinschaft; ↗ Sprachatlas. G

Sprachkarteninterpretation Sprachkarten, vor allem aber Dialektkarten bedürfen wegen der Verwendung von Symbolen und der notwendigen Einordnung in das allgemeine Sprachgeschehen einer Erklärung in der Form einer Ausdeutung der Kartenbilder. Dem obersten Ziel der ↗ Dialektologie und der ↗ Dialektgeographie folgend, nämlich Dialekträume festzulegen, registriert die S. auch die entsprechenden Veränderungen der Grenzen dieser Dialekträume durch Beeinflussungen bzw. Übernahmen von Dialektmerkmalen. Diese erscheinen im Kartenbild als Wellenausbreitung, Trichter, Keilformen oder Inselbildungen. Diese Einzelbeobachtungen sind dann Grundlage für die Erklärung histor. gesamtsprachl. Entwicklungen. Exemplar. ist hier die Theorie, dass die dt. ↗ Standardsprache aus der Ostbewegung eines westmitteldt. Sprachkeils und den daraus folgenden Assimilationsvorgängen in Meißen und Obersachsen entstanden ist, wie dies Th. Frings (1886–1968) in seinen sprachgeschichtl. Thesen entworfen hat. **Lit.** K. Gluth et al., Dialektolog. Karteninterpretation. HSK 1, I, 1982, 485–500. K

Sprachkartographie Methodik und Anwendungsverfahren für die Übertragung von Sprachdaten auf ↗ Sprachkarten. Die S. ist ein wichtiger Bestandteil und eine Spezialität vor allem der ↗ Dialektologie und ihrer Darstellungsmodalität ↗ Dialektgeographie. Neben der Darstellung der Welt- und Nationalsprachen auf Karten, die eher von nationaler Zugehörigkeit ausgehen und hieraus die abzubildenden Flächen gewinnen, in denen die markierte Spr. gebraucht wird, entwickelte die Dialektgeographie aus den Dialektdaten, die über ↗ Dialektdatenerhebungen gewonnen werden, eine S. Erstes großangelegtes Unternehmen der S. war der ↗ Sprachatlas des dt. Reiches von G. Wenker (1852–1911) und F. Wrede (1863–1934). Ihnen ging es vor allem um die Entdeckung und Dokumentation von ↗ Isoglossen, Dialekttrennungsverläufen also, die als eine Linie in eine Grundkarte (sie enthält die geophysikal. Daten wie Flüsse, Gebirge und siedlungsgeograph. Bestände wie Ortschaften und Straßen) eingezeichnet werden und damit gleichzeitig Dialektgebiete abgrenzen. Werden die jeweiligen Ortsmeldungen zu den sprachl. Daten ›kombiniert‹, d. h. quasi übereinandergelegt und somit versucht, eine größere Menge gleich abzubilden, spricht man von *Kombinationskarten*, die zuweilen wegen ihrer abstrahierenden Form und der Verstärkung der Trennlinien auch *Wabenkarten* genannt werden. Vor allem bei geringerer Belegdichte ist es möglich, die Meldungen unverschlüsselt am Ortspunkt einzutragen, also als *Punktkarte* (z. B. Darstellungsform der frz. Sprachatlanten), ansonsten müssen Kürzel gebildet werden, die dann als Symbole verzeichnet und über eine Legende erläutert werden (aus solchen Symbolkarten besteht z. B. der Schweizerdt. Sprachatlas). Dieses Verfahren wird auch beim *Sprachatlas des dt. Reichs* und beim *Dt. Wortatlas* vorzugsweise angewendet. Allerdings werden hier Leitformgebiete durch Trennlinien hervorgehoben, so dass diese Kartenform auch *Flächenkarte* genannt wird.   K

Sprachklang ↗ Sprechausdruck

Sprachkompetenz ↗ Kompetenz

Sprachkonflikt (engl. language conflict, frz. conflit linguistique) Die Forschung über S. ist ein Gebiet der ↗ Soziolinguistik, die sich aus der ↗ Sprachkontaktforschung entwickelt hat. S. können überall dort auftreten, wo es Kontakt zwischen verschiedenen Spr. bzw. Varietäten gibt, vor allem in multilingualen Gemeinschaften. S. können polit., ethn., religiöse und wirtschaftl. Ursachen haben; sie entstehen beim Aufeinandertreffen verschiedenartiger Standards, Werte, Einstellungen und beeinflussen in starkem Maße Identität, Erziehung, Ausbildung und Bewusstsein. Hauptthemen der S.forschung sind: die Unterdrückung von Minoritätensprachen, ↗ Multilingualismus, ↗ Sprachverlust, ↗ Spracherhaltung, ↗ »Sprachtod«, ↗ Sprachwechsel. **Lit.** P. Nelde, Research on Language Conflict. HSK 3, I, 1987, 607–612. – L.-J. Calvet, Linguistique et colonialisme: petit traité de glottophagie. Paris 1974. Dt.: Die Sprachenfresser. Bln. 1978. – E. Haugen, Language Conflict and Language Planning. Cambridge, Mass. 1966. – H. Glück, Die preuß.-poln. Sprachenpolitik. Hamburg 1978. – E. Oksaar (ed.), Spracherwerb, Sprachkontakt, Sprachkonflikt. Bln., N. Y. 1984. – W. Wölck, Community Profiles. IJSL 9, 1976, 43–57.   R

Sprachkontakt (engl. linguistic contact, frz. contact des langues) Aufeinandertreffen zweier oder mehrerer Spr. meist durch geograph. Nachbarschaft ihrer Sprecher. Voraussetzung ist, dass Kommunikation über die Grenzen der jeweiligen einzelnen ↗ Sprachgemeinschaft hinweg erfolgt. Typ. Erscheinungsform des S. ist der ↗ Bilingualismus. Die Erforschung sog. ↗ Interferenzen, d. h. wechselseitiger Einflüsse, denen miteinander im S. stehende Spr. ausgesetzt sind, ist Gegenstand der Kontaktlinguistik, die eine Teildisziplin der ↗ Kontrastiven Linguistik bildet. Länger während S. kann zur ↗ Sprachmischung, zur Ausbildung eines ↗ Sprachbunds, aber auch zum ↗ Sprachwechsel führen, wo-

bei eine der beteiligten Spr. aufgegeben wird; der letztere Fall ist v. a. dann zu beobachten, wenn zwischen den betreffenden Spr. ein starkes soziales Gefälle herrscht, wobei sich normalerweise die über das größere ↗ Prestige verfügende Spr. auf Kosten der weniger prestigebehafteten durchsetzt. Weniger entscheidend ist hingegen die Sprecherzahl; so dürfte z. B. die Verdrängung des ↗ Irischen durch das Engl. in Südirland durch eine relativ kleine Anzahl von (Kolonial-) Beamten veranlasst worden sein. Strenggenommen bildet jede Anwendung verschiedener Spr. durch einen Sprecher einen Fall von S. **Lit.** U. Weinreich, Sprachen in Kontakt. Mchn. 1977. – P.-H. Nelde, S. und Sprachkonflikt. Wiesbaden 1982. – S. G. Thomason & T. Kaufman, Language Contact, Creolization, and Genetic Linguistics. Berkeley 1988.   GP

Sprachkontaktforschung Teildisziplin der Ling., die sich mit dem Phänomen des ↗ Sprachkontakts, seinen Bedingungen und seinen Auswirkungen befasst. Die S. hat enge Beziehungen zur ↗ Psycholinguistik (↗ Spracherwerbsforschung), zur ↗ Soziolinguistik sowie zur ↗ Sprachtypologie und zur ↗ Kontrastiven Linguistik.   GP

Sprachkreuzung ↗ Sprachmischung

Sprachkritik 1. Auseinandersetzung und Beurteilung herrschender ↗ Sprachnormen, von Stilkritik über die Kritik von Sprachformen der Presse, des Rundfunks und Fernsehens, der Verwaltung und von Institutionen bis zur ideologiekrit. polit. S. Die Erscheinungsformen der S. sind sehr verschiedenartig. Sie werden bestimmt von ihren Zielen (Verbesserung des herrschenden Sprachgebrauchs durch Vorschriften zur Beachtung geltender Normen), ihren Gegenständen (Kritik am System einer Spr., am Sprachverhalten einzelner Sprecher oder Sprechergruppen), den Intentionen der Sprachkritiker (z. B. feminist. Ansätze), dem Infragestellen der theoret. Grundlagen von Äußerungen (gesellschafts-, sprachtheoret., kommunikationseth. Basis) sowie der »Dimension der Werte«, die durch die S. als hinter den herrscht. Äußerungen stehend bewusst gemacht und hervorgehoben werden soll (Wahrheit, Genauigkeit, Ordnung, Schönheit). Allgemein kann S. als Analyse sprachl. Äußerungen im Hinblick auf ihre Intentionen und ihre kommunikativen Effekte umschrieben werden. F. Mauthner setzte S. mit Erkenntniskritik gleich, eine Position, die in der Philosophie und Soziologie als Form der Gesellschaftskritik populär ist (Marcuse 1967). **2.** Als philosoph. S. sind die sprachanalyt. Arbeiten der *ordinary language philosophy* im Anschluss an Wittgenstein anzusehen (↗ Philosophie der Alltagssprache). Die Vertreter dieser Richtung gehen davon aus, dass die (natürlichsprachl.) grammat. Formen von Äußerungen nicht die log. Formen von Aussagen wiedergeben, d. h. dass die Umgangsspr. log. nicht eindeutig ist (Austin, Searle, v. Savigny). **Lit.** W. Dieckmann, S. (SBS 3). Heidelberg 1992. – F.

Mauthner, Beiträge zu einer Kritik der Sprache. 3 Bde. Stgt. 1901/02. Unveränderter Nachdruck der 2. Aufl. Ffm. 1982. – H. Marcuse, One-Dimensional Man. Studies in the Ideology of Advanced Industrial Society. Boston 1964. Dt.: Der eindimensionale Mensch. Studien zur Ideologie der fortgeschrittenen Industriegesellschaft. Neuwied, Bln. 1967. – H. J. Heringer (Hg.), Holzfeuer im hölzernen Ofen. Aufsätze zur polit. S. Tübingen 1982. – R. Wimmer (Hg.), Das 19. Jh. Sprachgeschichtl. Wurzeln des heutigen Dt. Jb. 1990 des IdS. Bln., N. Y. 1991. – J. L. Austin, How to Do Things with Words. Oxford 1962. Dt.: Zur Theorie der Sprechakte. Stgt. 1972. – J. R. Searle, Speech Acts. Cambridge 1969. Dt.: Sprechakte. Ein sprachphilosoph. Essay. Ffm. 1971. – E. v. Savigny, Die Philosophie der normalen Spr. Eine krit. Einführung in die ›ordinary language philosophy‹. Ffm. 1969. – J. Schiewe, Die Macht der Sprache. Eine Geschichte der S. von der Antike bis zur Gegenwart. Mchn. 1998. – Chr. Meier (Hg.), Spr. in Not? Zur Lage des heutigen Dt. Göttingen 1999. – P. v. Polenz, Sprachgeschichte und S. Dt. Sprachpreis 2000 der Henning-Kaufmann-Stiftung. Schliengen 2000. – J. Schiewe, Die Macht der Sprache. Eine Geschichte der S. von der Antike bis zur Gegenwart. Mchn. 1998. – J. Spitzmüller (Hg.), Streitfall Sprache. S. als angewandte Ling.? Mit einer Auswahlbibl. zur S. (1990 bis Frühjahr 2002). Bremen 2002. – H. Arntzen, Sprache, Literatur und Literaturwissenschaft, Medien. Beiträge zum Sprachdenken und zur S. Ffm 2009. **S**

Sprachkultur Hauptsächlich in der sowjet. und tschech. Sprachwiss. entwickelter Begriff (russ. *kul'-túra jazyká*), der alle Bemühungen um die systemat. Pflege und Lehre von Spr. umfasst. Die Entstehung des Begriffs steht im Zusammenhang mit den prakt. Problemen bei der ⁊ Verschriftung und ⁊ Standardisierung der zahlreichen vernakularen Spr. von Völkerschaften der ehemaligen UdSSR bzw. dem ⁊ Ausbau (Modernisierung) der tschech. und der slowak. Spr. Er überlappt sich z. T. mit den Begriffen ⁊ Sprachplanung und ⁊ Sprachenpolitik, setzt jedoch andere Akzente. Im Zentrum der S. steht die ⁊ Standardvarietät einer Spr., die hier jedoch ⁊ Literatursprache oder ⁊ Schriftsprache genannt wird. Ihre bewusste Pflege ist hauptsächl. die Aufgabe der Linguisten, Sprachlehrer und Schriftsteller, die dabei zusammenwirken sollen. Bezügl. der ⁊ Standardvarietät werden ihre ⁊ Norm und ihre ⁊ Kodifizierung deutl. unterschieden. Die Norm (die richtigen Formen) ändert sich ständig und kann nie vollständig oder mit dem Anspruch auf dauernde Gültigkeit kodifiziert werden. Wichtig als theoret. Grundlage ist der funktionale Strukturalismus der ⁊ Prager Schule, der für die Standardvarietät aufgrund ihrer kommunikativen Funktion »elast. Stabilität« fordert. Vermittelt über die Lehrer soll die gesamte Bevölkerung in die sprachkulturellen Bemühungen einbezogen werden. **Lit.** G. O. Vinokur, Kul'tura jazyka [S.].

M. 1925. – J. Scharnhorst & E. Ising (Hgg.), Grundlagen der S. Bln. 1976. – W. Fleischer (Hg.), Sprachnormen, Stil und S. Bln. 1979. – F. Daneš, S. HSK 3, II, 1988, 1697–1703. – H. Weinrich, Wege der S. Stgt. 1985. **AM**

Sprachlabor ⁊ Audiolingual

Sprachlaut ⁊ Phon

Sprachlautinventar Bestand der in einer Spr. vorkommenden Laute, der im Gegensatz zum ⁊ Phoneminventar auch die allophon. (⁊ Allophon) Varianten der ⁊ Phoneme erfasst. **PM**

Sprachlehre ⁊ Grammatik

Sprachlehrforschung (engl. research in second language teaching and learning, frz. recherches sur l'enseignement et l'apprentissage des langues étrangères) Die S. konstituierte sich Anfang der 1970er Jahre. Sie befasst sich mit allen Facetten des Lernens und Lehrens von Spr. Ihr Hauptgegenstand ist das gesteuerte Lernen und Lehren von Fremdspr. im institutionellen Kontext (Schule, Universität, tertiärer Bereich). Zwar werden Erkenntnisse aus anderen Bezugswiss. (Ling., Lit.wiss., Pädagogik, Fremdsprachendidaktik, Psychologie, Sozialwiss., Anthropologie) herangezogen, doch hat sich ein interdisziplinärer empir. Forschungsansatz herausgebildet, der sich als selbständig versteht; ⁊ Turbodidaktik. Man rückte im Ggs. zu älteren Ansätzen der ⁊ Fremdsprachendidaktik die Lernerperspektive in den Vordergrund und untersuchte das Zusammenwirken der zahlreichen unterrichtl. und außerunterrichtl. Faktoren, die sich auf den ⁊ Fremdsprachenunterricht auswirken (können). Die Datenerhebung wird im unterrichtl. Kontext vorgenommen und bezieht sich nicht allein auf isolierte Lerneräußerungen. Die Ergebnisse der S. sollen u. a. auch für die Aus- und Fortbildung von Fremdsprachenlehrern nutzbar sein. Im Zuge der internat. Verflechtung von Politik und Wirtschaft orientiert sich die S. weiterhin auf die Erziehung zur ⁊ Mehrsprachigkeit und die ⁊ interkulturelle Kommunikation. **Lit.** Koordinierungsgremium im DFG-Schwerpunkt ›Sprachlehrforschung‹ (Hg.), Sprachlehr- und Sprachlernforschung. Begründung einer Disziplin. Tübingen 1983. – K.-R. Bausch & F. G. Königs (Hgg.), S. in der Diskussion. Methodolog. Überlegungen zur Erforschung des FU. Tübingen 1986. **GI, KL, SO**

Sprachlenkung Gezielte Maßnahmen zur Einflussnahme auf den herrschenden (öffentl.) Sprachgebrauch, vor allem durch (staatl.) Institutionen. S.maßnahmen reichen von der singulären Sprachregelung (*Zone, Mitteldeutschland* für die DDR bis Ende der 1960er Jahre) über Bedeutungsfestlegungen (der Ausdruck *Propaganda* soll nicht mehr im negativen Sinne gebraucht werden: »Propaganda ist immer etwas Gutes«, Presseanweisung des Reichs-Propaganda-Ministeriums 1937), Tabuisierungen (»Das Wort Völkerbund wird aus dem dt. Sprachgebrauch ausgemerzt«, ebd.) bis zu ⁊ Euphemismen (*Kernkraft* statt *Atomenergie*). Eine Vielzahl von

S.maßnahmen kann zu (temporären) Veränderungen des Sprachsystems führen; ↗ NS-Sprache, ↗ Sprachkritik. **Lit.** F. Sänger, Politik der Täuschungen. Missbrauch der Presse im Dritten Reich. Weisungen, Informationen, Notizen 1933–1939. Wien 1975. – H.-J. Heringer (Hg.), Holzfeuer im hölzernen Ofen. Aufsätze zur polit. Sprachkritik. Tübingen 1982.   S

Sprachlernforschung ↗ Sprachlehrforschung

Sprachlexikographie Teilgebiet der ↗ Lexikographie, das sich mit ↗ Sprachwörterbüchern befasst. G

Sprachliche Minderheit Zahlenmäßig kleinere ↗ Sprachgemeinschaft, die mit (einer) größeren Sprachgemeinschaft(en) in einem Gemeinwesen zusammenlebt. Die Möglichkeit der Majorisierung birgt grundsätzl. die Gefahr der Unterdrückung, v. a. der übermäßigen Einschränkung von sprachl. Rechten. Demgegenüber wird heute bisweilen sogar das Menschenrecht auf die Verwendung der eigenen Spr. gefordert, und zwar nicht auf private, sondern auf öffentl. Verwendung als ↗ Schulsprache, ↗ Amtssprache, in den Medien. Die Konflikte zwischen sprachl. Minderheiten und Mehrheiten sind z. T. sehr intensiv erforscht worden. Neben allgemein als für die s. M. unbefriedigend empfundenen Situationen gibt es einzelne günstige, so z. B. für die Deutschsprachigen in Südtirol (Italien) oder in Nordschleswig (Dänemark). **Lit.** R. Hinderling & L. M. Eichinger (Hgg.), Hdb. der mitteleurop. Sprachminderheiten. Tübingen 1996. – L. M. Eichinger, A. Plewnia & C. M. Riehl (Hgg.), Hdb. der dt. Minderheiten in Mittel- und Osteuropa. Tübingen 2008. – T. Skutnabb-Kangas & R. Phillipson, Linguistic Human Rights. Bln., N. Y. 1995. – AILA Review 21, 2008.   AM

Sprachliche Zwischenwelt ↗ Inhaltbezogene Grammatik

Sprachlicher Determinismus ↗ Inhaltbezogene Grammatik, ↗ Sapir-Whorf-Hypothese

Sprachlicher Mehrwert Motivation für Sprachveränderung bzw. Sprachbeeinflussung. Die als höherrangig angesehene Sprachform (sozial, polit., wirtschaftl. bedingt) fordert zur Nachahmung heraus und verspricht höheres Ansehen (↗ Prestige). Der ›Mehrwert‹ muss nicht bei der ↗ Standardsprache liegen, auch Dialekte unterliegen einer solchen Rangskala. **Lit.** H. Löffler, Dialektologie. Darmstadt ²1980, 158 ff.   K

Sprachliches Handeln ↗ Handlung

Sprachliches Handlungsmuster ↗ Sprechhandlung

Sprachliches Weltbild ↗ Inhaltbezogene Grammatik, ↗ Sapir-Whorf-Hypothese

Sprachliches Wissen ↗ Sprachgefühl

Sprachlos 1. Metaphor. Ausdruck für einen Zustand vollkommener Verwunderung. **2.** In der früheren DDR verbreitete Zigarren-Marke.   G

Sprachloyalität ↗ Spracherhalt

Sprachmaschinen ↗ Sprachsynthese

Sprachmelodie ↗ Intonation

Sprachminderheit ↗ Sprachliche Minderheit

Sprachminimum (frz. minimum linguistique) Sprachl. Kenntnisse und Fähigkeiten, die unbedingt notwendig sind, um angemessen kommunizieren zu können. Von S. spricht man im Zusammenhang des ↗ muttersprachlichen Unterrichts für Kinder nichtdt. Mutterspr., der dazu dienen soll, ihre muttersprachl. Fähigkeiten zu erhalten (bzw. zu entwickeln). In der ↗ Fremdsprachendidaktik bezieht sich S. auf eine Kommunikationssituation (z. B. im Tourismus) oder auf gesetzte Ziele (z. B. Vorrang von mündl. Sprachfertigkeiten); ↗ Grundwortschatz, ↗ Basissprachen.   GI, KL

Sprachmischung Als Resultat eines meist über einen längeren Zeitraum hinweg während ↗ Sprachkontakts zu beobachtende histor. Veränderung einer gegebenen Spr. durch die Aufnahme von Elementen aus einer zweiten Spr. Während einzelne ↗ Interferenzen, d. h. Beeinflussungen unter den Bedingungen eines Sprachkontakts, schon recht bald nachweisbar sein können, spricht man von einer S. erst dann, wenn sie zu einer deutl. Abänderung des sprachl. Gesamtsystems führen. Ein Beispiel für einen relativ weitgehenden Fall von S. ist das Engl., das Resultate eines Einflusses seitens des Frz. heute auf fast allen Ebenen der Sprachstruktur zeigt und somit als german.-roman. ↗ Mischsprache gelten kann. Ein ähnlicher Fall ist das in Mittelasien gesprochene ↗ Tadschikische, das als enge Verwandte des ↗ Neupersischen einschneidenden Einflüssen seitens der benachbarten türk. Sprachen ausgesetzt ist und den Eindruck einer »Turksprache in statū nāscēndī« (Doerfer, S. 57) hervorruft. **Lit.** G. Doerfer, Türk. Lehnwörter im Tadschik. Wiesbaden 1967, 57–63. – J. Holm, Languages in Contact: the Partial Restructuring of Vernaculars. Cambridge 2004. – Y. Matras, The Mixed Language Debate: Theoretical and Empirical Advances. Bln. u. a. 2003.   GP

Sprachmittlung ↗ Übersetzung

Sprachmodell (engl. language model) Vor allem im Bereich der automat. Spracherkennung gebräuchl. Bez. für einfache (i. d. R. probabilist.) Grammatiken. Das S. wird zumeist in Form eines ↗ Hidden-Markov-Modells realisiert und definiert die Wahrscheinlichkeit einer Kette von Wortformen. Ein S. fungiert im Rahmen eines Spracherkennungssystems (↗ automatische Spracherkennung) als Filter, um aus den Hypothesen der vorgeschalteten Komponente die beste (wahrscheinlichste) Folge von Worthypothesen zu ermitteln. Im Ggs. zu einer ling. motivierten Grammatik hat ein S. weder die Aufgabe, Strukturbeschreibungen zu erzeugen, noch muss es notwendigerweise grammat. wohlgeformte Ausdrücke systemat. von nicht wohlgeformten Ausdrücken unterscheiden können. Ein S. wird i. d. R. mithilfe von Trainingsalgorithmen vollautomat. aus annotierten oder nichtannotierten Korpora erzeugt.   L

Sprachnation Eine durch eine gemeinsame Spr. konstituierte Nation im Ggs. zu einer ↗ Kulturnation oder Staatsnation, die durch eine gemeinsame Kultur bzw. einen Staat konstituiert werden, ohne dass eine gemeinsame Spr. vorliegen muss. Der Begriff S. wurde angewandt auf Deutschland vor 1871 (z. B. von J. Grimm, 1785–1863). Das Beispiel zeigt zugleich, dass S. schwer voneinander abgrenzbar sind bzw. nicht in reiner Form existieren. Zuordnungsprobleme bereiten Ausgewanderte oder auch Sprachminderheiten innerhalb ansonsten geschlossener Sprachgebiete, sofern sie zweisprachig sind (Muttersprachzweisprachigkeit, z. B. bei Amerikadeutschen oder Sorben). Der Begriff S. wurde für imperiale Zwecke missbraucht, z. B. im nationalsozialist. Deutschland. Trotz dieser Problematik spielt der Begriff noch heute weltweit eine wichtige Rolle in der Politik, v. a. in der ↗ Sprachenpolitik. Im Bewusstsein vieler Ethnien bildet die gemeinsame Spr. eine für sie maßgebliche konstitutive Größe. **Lit.** F. Coulmas, Spr. und Staat. Bln., N. Y. 1985. **AM**

Sprachnorm Das sprachl. Korrekte, Richtige. S. wird bisweilen unterschieden vom abstrakten Sprachsystem (E. Coseriu), das nur das zur Erkennung der Sprachzeichen Notwendige umfasst, und vom unverbindlichen ↗ Usus. So liefert z. B. im Dt. die Schreibung ⟨ch⟩ keinen Hinweis darauf, ob der korrespondierende Laut palatal oder velar zu realisieren ist; korrekt (normgerecht) ist jedoch palatale Aussprache im Anlaut und nach vorderem Vokal, velare Aussprache nach zentralem und hinterem Vokal (hingegen definiert ein vorhergehendes ⟨s⟩ (außer an Morphemgrenzen) die Kombination ⟨sch⟩ als Trigraph und legt seine Aussprache auf den palatalen Rinnenfrikativ fest). S. und Sprachsystem lassen sich allerdings nicht auf allen grammat. Ebenen so leicht unterscheiden. Irreführend ist die gelegentl. Gleichsetzung von S. und ↗ Standardvarietät, wenn z. B. die Nonstandardformen global als »Abweichungen von der S.« bezeichnet werden. Dasselbe gilt für den Ausdruck *Sprachnormenkritik*, insofern dieser sich nur auf die Standardvarietät bezieht. Auch Nonstandardvarietäten (z. B. Dialekte) weisen nämlich S. auf; auch sie können korrekt oder inkorrekt gesprochen werden. – Schwierig ist die Unterscheidung von ›S.‹ und ↗ ›Regel‹. Bisweilen werden beide Ausdrücke synonym verwendet, bisweilen werden Regeln als ↗ Konventionen verstanden, bisweilen als individualpsych. Korrelate zu den demgegenüber sozialen Normen (psych. Strategien der normbefolgenden Individuen) und bisweilen nur als Konstrukte der Linguisten. – Wichtig für die Analyse von S. ist die Unterscheidung verschiedener Aspekte, wie sie z. B. von Wright vorgeschlagen hat. Ihr ›Inhalt‹ (das, was vorgeschrieben, erlaubt usw. ist), ihr ›Charakter‹ oder ›Modus‹ (das Gebotensein, Erlaubtsein, Verbotensein des Inhalts), ihre ›Anwendungsbedingun-gen‹ (der sprachl. oder außersprachl. Kontext, der für ihre Anwendung erforderl. ist), ihre ›Autoritäten‹ (die ihre Einhaltung überwachen, z. B. Lehrer), die ›Situationen‹, in denen sie gültig sind (z. B. ist das Standarddt. obligator. in bestimmten Situationen in der Schule, aber nicht zu Hause), die ›Sanktionen‹ beim Zuwiderhandeln (z. B. schlechte Noten), die Art ihrer ›Promulgation‹ (Verbreitung) u. a. Nach diesen Aspekten lassen sich auch die S. von Standardvarietäten von denen der Nonstandardvarietäten unterscheiden. Für Erstere sind im Ggs. zu Letzteren die Autoritäten Amtspersonen (z. B. Lehrer), und die Sanktionen sind institutionell geregelt (Noten, Versetzung). In Nonstandardvarietäten (z. B. Dialekten) haben S. eher den Charakter von Bräuchen. **Lit.** G. H. von Wright, Norm and Action. Ldn. 1963. – D. Lewis, Konventionen. Bln., N. Y. 1975. – E. Coseriu, System, Norm und Rede. In: Ders., Spr., Strukturen und Funktionen. Tübingen 1972, 193–212. – H.-J. Heringer, Der Regelbegriff in der prakt. Semantik. Ffm. 1974. – K. Gloy, S.en I. Stgt. 1975. – R. Bartsch, S.en. Tübingen 1985. **AM**

Sprachnormung Planung und Festlegung von ↗ fachsprachlichen Termini oder von ↗ Standardvarietäten. ↗ Terminologieschaffung und ↗ Terminologienormung liegen oft in den Händen besonderer Fachausschüsse. Sie müssen bei ihren Beschlüssen die kommunikativen Erfordernisse des jeweiligen Fachs berücksichtigen (Einfügbarkeit in bestehende Terminologien, internat. Verständlichkeit, Übersetzbarkeit in Fremdsprachen und dgl.). Die Terminologieausschüsse sprechen in der Regel nur Empfehlungen aus, von denen jedoch manche auch zu Normen werden (z. B. durch staatl. Erlasse). – Die S. von Standardvarietäten, die sich auf die ↗ Gemeinsprache bezieht, geschieht unterschiedl., je nachdem, ob es um die Schaffung einer neuen oder die Modifikation (Reform) einer schon vorhandenen Standardvarietät geht. Bei der Neuschaffung (z. B. bei ↗ schriftlosen Sprachen) wird entweder einer der vorhandenen Dialekte als Basis gewählt oder die Standardvarietät wird aus Elementen verschiedener Dialekte konstruiert; ↗ Verschriftung. Dabei ist auf Annehmbarkeit für die gesamte Sprachgemeinschaft zu achten. Nach der Konzeptionierung geschieht die ↗ Kodifizierung und Promulgation oder Implementation (Durchsetzung in der Sprachgemeinschaft) durch Schulen, Massenmedien usw. Vorhandene Standardvarietäten (lebender Spr.) bedürfen der ständigen Reform durch Neuauflegung ihres Kodex (↗ präskriptive Grammatiken, Bedeutungswörterbücher usw.). Dabei orientieren sich die normgebenden Institutionen (in Deutschland v. a. die Redaktion des ↗ Duden) mehr oder weniger streng am fakt. »gebildeten« Sprachgebrauch; ↗ Bildungssprache. **Lit.** E. Wüster, Internat. S. in der Technik. Bln., Bonn ²1970. – R. Bartsch, Sprachnormen. Tübingen 1985. **AM**

Sprachökologie ↗ Ökolinguistik

Sprachökonomie 1. Vielfach wurde die Tendenz beschrieben, dass im Verlaufe des ↗ Sprachwandels komplexere durch weniger komplexe Formen des sprachl. Ausdrucks und entsprechend komplexere durch weniger komplexe Struktureigenschaften ersetzt würden. Darin wurde das Walten eines »Ökonomieprinzips« erblickt. Damit bezeichnete man die Vermutung, dass die Menschen mit möglichst geringem (psycholog. und ling.) Aufwand möglichst große kommunikative Effekte zu erzielen suchen. Übergangen wurde dabei, dass diese Tendenz nicht einheitl. ist; z. B. steht dem »Abbau der Flexion« im Dt. in histor. Zeit (↗ Deflexion) eine deutl. Zunahme der Komplexität der Wortbildung und der Syntax und der Frequenz komplexer Wortbildungen und Sätze gegenüber. **Lit.** P. Birkmann, Verbvalenz und S. Die dt. Verben und ihre Ausstattung in Verwendung und System. Ffm. 1998. – C. Wilder et al. (eds.), The Role of Economy Principles in Linguistic Theory. Bln. 1997. **2.** In der ↗ Stilistik Bez. für gedrängte, wenig redundante, »sachliche« Gattungen des sprachl. Ausdrucks. **3.** Mitunter verwendete Bez. für die Gegenstände der Forschung im Grenzbereich von Sprachwiss. (insbes. Sozioling. und Sprachsoziologie) und Wirtschaftswiss., z. B. zu Fragen der ↗ Sprachenpolitik und des ↗ Sprachenrechts im Wirtschaftsleben, der Frage von (Fremd-) Sprachkenntnissen als Berufsqualifikation und »human ressource«, zum »ökonom. Wert« von Einzelsprachen, zu den öffentl. und privaten Kosten von Mehrsprachigkeit bzw. ihrem ökonom. Nutzen u. a. **Lit.** F. Vaillancourt, Langue et économie. Québec 1985. – W. Kramer & R. Weiß (Hgg.), Fremdsprachen in der Wirtschaft. Köln 1992. G

Sprachorgan ↗ Autonomieprinzip

Sprachorganismus ↗ Organismusmodelle, ↗ Historische Sprachwissenschaft

Sprachpädagogik ↗ Sprachdidaktik

Sprachpathologie ↗ Sprachstörung

Sprachpatriotismus Wertschätzung der eigenen Spr. als Kulturgut und nationalen Schatz. In Deutschland verstanden die ↗ Sprachgesellschaften des 17. Jh. S. als wichtigen Bestandteil der nationalen Eigenwahrnehmung (neben Reichs-, Landes- und Kulturpatriotismus). Der dt. S. definierte sich im 17. und 18. Jh. stark durch seine Abwehrhaltung gegen das Frz., im späten 19. Jh. nahm er teilweise chauvinist. Züge an (»Fremdwortjagd«). Seit 1997 reklamiert der »Verein Deutsche Sprache« das Prädikat S. für seine auf die Zurückdrängung des Engl. (↗ Denglisch) gerichteten Bemühungen. G

Sprachperiode ↗ Periodisierung

Sprachperzeption ↗ Sprachwahrnehmung

Sprachpflege Förderung des korrekten Sprachgebrauchs i. S. der Beachtung der geltenden ↗ Sprachnormen und Erziehung zu einem reflektierten Umgang mit der Spr. S. läuft oft Gefahr, der Sprachentwicklung hinterherzulaufen und altertüml.

oder elitäre Formen zu konservieren. Anstelle einer wiss. Fundierung ist Sprachpflege oft von subjektiven Urteilen ihrer Autoren geprägt, die mit Vorliebe ›Ratgeber‹ verfassen; ↗ Allgemeiner deutscher Sprachverein, ↗ Purismus. **Lit.** W. Dieckmann, Sprachkritik (SBS 3). Heidelberg 1992. – G. Wustmann, Allerhand Sprachdummheiten. Kleine dt. Grammatik des Zweifelhaften, des Falschen und des Häßlichen. Lpz. 1891 (Bln. [14]1966, hg. von W. Schulze). S

Sprachphilosophie Die unterschiedl. Positionen der S. lassen sich im Hinblick auf die gemeinsame Perspektive, nämlich die Bedeutung der Spr. für den Menschen, in einen systemat. Bezug bringen. Dabei wird die Bedeutung der Spr. für den Menschen in einem doppelten Sinne gefasst: (a) in dem Verständnis, dass der Mensch sich erst über Spr. einen Sinnbezug zu dem verschafft, was für ihn Welt bedeutet, und (b) dass in der Spr. der mögl. Garant der Richtigkeit eines Wirklichkeitsbezugs zu suchen und zu finden sei. In dieser allgemeinen Charakterisierung ist noch nicht festgelegt, ob es sich dabei um eine gegenständl. oder eine soziale Welt, ob hinsichtl. der gegenständl. Welt diese als eine der Spr. vorgängige Wirklichkeit angenommen oder als eine erst qua Spr. konstituierte gedacht wird. Der Wirklichkeitsbezug mittels Spr. spezifiziert die Betrachtung der Spr. auf den Aspekt ihrer Leistung für die Formung und Organisation der Erfahrung. Der Stellenwert der Wirklichkeit findet seine erkenntnistheoret. Relevanz in der Frage: Besteht Sprechen nur im Ausdrücken sprachunabhängiger Denk- und Wahrnehmungsinhalte, an denen sich durch den Ausdruck nichts ändert, oder sind diese Inhalte immer schon sprachl. bestimmt, so dass die Formen unserer Spr. die Formen unserer Erfahrung sind? In diesen Fragezusammenhang rückt das Bedeutungsproblem in seiner besonderen Relevanz für die S. ein. Für beide Möglichkeiten des Bedeutungsverständnisses lassen sich zwei repräsentative Autoren benennen, die auch die späteren Entwicklungen in entscheidendem Maße geprägt haben: (a) W. v. Ockham (1280/85–1347/49) stellt sich die Spr. als ein Zeichensystem vor, das der primär vorsprachl. gegebenen Welt nachträgl. zugeordnet ist. Dieses Verhältnis von sprachfreier Intuition der individuellen Außenweltdinge und nachträgl. Bezeichnung der intuitiv gewonnenen Vorstellungen durch Namen bestimmt die sprachphilosoph. und erkenntnistheoret. Position. Von dieser Auffassung her kristalisieren sich zwei Positionen heraus: der *Rationalismus* und der *Empirismus*. Die durch G. W. Leibniz (1646–1716) repräsentierte ↗ rationalistische Sprachphilosophie sieht den Bezug durch die Konstruktion einer Kalkülspr. (↗ Universalsprache) nach dem Muster der mathemat. Symbolik gewährleistet. Die Leistung der Spr. wird durch den Aufbau einer ideal funktionierenden Spr. sichergestellt. In ihrer normierenden Absicht ist die ↗ Philosophie der idealen Sprache diesem Anspruch verpflichtet (↗ künstliche Sprache). Die Sprachkritik der hauptsächl. durch J. Locke (1632–1704) repräsentierten Position des Empirismus führt den Ursprung der Begriffe und Bedeutungen auf die sinnl. Ideen zurück, die entweder aus sinnl. Eindrücken von Gegenständen außer uns oder aus der inneren Tätigkeit des Geistes entspringen. Im Wort drückt sich immer nur die subjektive Art aus, in der der menschl. Geist bei der Zusammenfassung der einfachen sinnl. Ideen verfährt. In der Konsequenz dieser Annahmen liegt es, den Wahrheitsanspruch einzig und allein in dem Gebrauch der Worte zu verorten: *Vēritās in dictō, nōn in rē consistit* ›Die Wahrheit liegt im Gesagten, nicht in der Sache‹. Die wirklichkeitsbezogenen singulären Ausdrücke, die Namen, sind Zeichen für Begriffe, nicht für objektive Gegenstände. Wenn die Spr. nicht ein Spiegelbild des sinnl. Daseins abgibt, sondern eines geistiger Operationen, dann eröffnen sich von dieser Auffassung aus zwei Möglichkeiten der sprachphilosoph. Weiterentwicklung. Die eine zeigt sich in dem Unternehmen der ↗ analytischen Sprachphilosophie, die semant. Grundausdrücke, die die Beziehung zwischen Spr. und Welt leisten, zu analysieren. In der Theorie der ↗ Referenz werden die dafür in Frage kommenden Ausdrücke und deren Beziehung zu den Gegenständen thematisiert. Der andere Weg zeigt sich in der Sinnanalyse der Wirklichkeit. (b) Von der Leistung geistiger Operationen lässt sich auch in dem Sinn sprechen, in dem W. v. Humboldt (1767–1835) die Spr. als eine dem Menschen eigentüml. Form ansah: Alles geistige Sein wurzelt in einem schöpferischen Prozess (↗ Energeia). In der Konsequenz dieser Auffassung liegt es, die an die einzelne Spr. rückgebundene geistige Auffassungsweise i. S. einer individuellen Weltansicht zu verstehen. Objektivität wird dann nicht abgebildet, sondern durch den Prozess der geistigen Formung errichtet und in der Intersubjektivität von Weltansichten erreicht. Durch J. G. Herder (1744–1803) und später durch E. Cassirer (1874–1945) wird diese Ansicht erkenntnistheoret. gegen den Dualismus von Sprache und Welt gewendet, indem schon für jeden sinnl. Eindruck der konstitutive Charakter der Spr. geltend gemacht wird. Jeder sprachl. Ausdruck fasst einen selbständigen Charakter der Sinngebung in sich, ist also nicht Abdruck der gegebenen Anschauungswelt. Die Bedeutung ist erst in der sprachl. Produktion gesetzt. Diese Konzeption führt zur transzendentalen Grundlegung der Welt durch Spr.: Welt bedeutet immer Sinnbezug, der nur durch sprachl. Leistung erbracht werden kann. Eine solche Auffassung weist auf den humanist. Sprachbegriff zurück, der die gemeinschaftsbildende Funktion der Spr. herausgestellt und Spr. als intersubjektive und geschichtl. konstante Form des Menschsein betrachtet hat. **Lit.** K.-O. Apel, Die Idee der Spr. Archiv f. Begriffsgeschichte, Bd. 8. Bonn 1963. – E. Cassirer,

Philosophie der symbol. Formen. Bd. 1: Die Spr. Darmstadt ⁹1988. – H. Gipper, Das Sprachapriori. Spr. als Voraussetzung menschl. Denkens und Erkennens. Stgt.-Bad Cannstatt 1987. – J. Simon, Sprachphilosophie. Freiburg, Mchn. 1981. – S. J. Schmidt, Spr. und Denken als sprachphilosoph. Problem von Locke bis Wittgenstein. Den Haag 1968. **PR**

Sprachphysiologie Lehre von den normalen, nicht krankhaft veränderten körperl. Funktionen bei der Produktion und Rezeption von Sprache. Die S. befasst sich mit der Funktionsweise der Atemorgane (↗ Atmung), des »Stimmorgans« (↗ Kehlkopf) und der ↗ Artikulationsorgane sowie deren zentralnervöser Steuerung (↗ Gehirn). Weiterhin sind die Funktionen der Sinnesorgane (Auge, ↗ Ohr, ↗ Tastsinn) und deren Vernetzung mit kommunikativen Fähigkeiten Gegenstand der S. Die S. bildet somit das Fundament für das Verständnis krankhaft veränderter Funktionszustände (↗ Sprachpathologie). Kenntnisse der S. sind unerlässlich für ↗ Logopäden, Phoniater, Pädaudiologen, Neurologen und andere sprachtherapeut. Professionen. **GL**

Sprachplanung Versuch der bewussten Gestaltung von Spr. im Hinblick auf übergeordnete Zielsetzungen. Von manchen Linguisten wird die Möglichkeit erfolgreicher S. bestritten, da sich Spr. stets unbewusst den vorhandenen Kommunikations- und Kognitionsbedürfnissen anpassten. Bisweilen wird diese Auffassung auf die ↗ gesprochene Sprache eingeschränkt. Gewisse Erfolge von S. stehen jedoch sogar für die gesprochene Spr. außer Zweifel. Ein Beispiel ist ↗ Esperanto, das inzwischen auch S1 einzelner Individuen ist. – Zweckmäßig ist die von Kloss eingeführte Unterscheidung von *Korpusplanung* und *Statusplanung*. Korpusplanung (Planung des ›Sprachkörpers‹, der Struktur der Spr.) bezieht sich auf die Wahl von Schrift, Orthographie, Lautstruktur, Wortschatz, Grammatik (Morphologie und Syntax) sowie u. U. Stil- und Textformen. Statusplanung bezieht sich auf die Rolle (den Status) der Spr. in der Gesellschaft, ihre Implementation und Verwendung in den verschiedenen ↗ Domänen (Schule, staatl. Administration usw.). Korpus- und Statusplanung müssen allerdings aufeinander abgestimmt werden, setzen allerdings unterschiedl. Qualifikationen voraus (strukturelle Ling. bzw. Soziologie und Politikwiss.). Die Verwendung einer Spr. in einer bestimmten Domäne erfordert z. B. ihre ↗ Standardisierung oder einen bestimmten Wortschatz. – S. steht zumeist im Dienste einer bestimmten ↗ Sprachenpolitik. Sie kann sich v. a. auf die folgenden Aufgaben erstrecken: ↗ Verschriftung von bislang ↗ schriftlosen Sprachen; ↗ Standardisierung von Dialektgruppen, d. h. Schaffung einer ↗ Standardvarietät; Entwicklung von Dialekten oder Dialektgruppen zu eigenständigen Spr. durch ↗ Ausbau (z. B. ↗ Letzeburgisch); Ausbau bzw. Modernisierung von Spr., z. B. zur Verwendung als ↗ Schulsprache oder als Wissenschaftsspr.; ↗ Spracherhalt,

z. B. bei Immigranten; Abwendung von ⊅ »Sprachtod«, d. h. des Außer-Gebrauch-Kommens von Spr. (z. B. ⊅ australische Sprachen); Sprachwiederbelebung (z. B. ⊅ Ivrit aus dem klass. ⊅ Hebräischen); Entwicklung und Verbreitung von ⊅ Plansprachen (⊅ Esperanto, ⊅ Ido usw.; ⊅ Interlinguistik); Einführung neuer Schul- oder ⊅ Amtssprachen (z. B. ⊅ Swahili in Tansania, ⊅ Hindi in Indien); Zurückdrängung oder Eliminierung von Spr. aus bestimmten Regionen oder Domänen (z. B. Poln. in Deutschland und Russland vor dem 1. Weltkrieg; Verbreitung von Spr. in der Welt (Engl., Frz. u. a.) durch die Regierungen der Mutterländer. S. ist eine Sozialtechnologie, die unterschiedlichen polit. Zwecken dienen und mehr oder weniger erfolgreich sein kann. Die Erfolgsbedingungen sind bisher nur lückenhaft bekannt. **Lit.** V. Tauli, Introduction to a Theory of Language Planning. Uppsala 1968. – J. Rubin & B. Jernudd (eds.), Can Languages be Planned? Honolulu 1971. – J. Rubin & R. Shuy (eds.), Language Planning. Washington. D. C. 1973. – J. A. Fishman (ed.), Advances in Language Planning. The Hague 1974. – J. A. Fishman (ed.), Advances in the Creation and Revision of Writing Systems. The Hague 1977. – H. Glück, Die preuß.-poln. Sprachenpolitik. Hamburg 1979. – F. Coulmas, Spr. und Staat. Bln., N. Y. 1985. – S. I. Hasnain (ed.), Standardization and Modernization: Dynamics of Language Planning. New Delhi 1995. – M. Clyne (ed.), Undoing and Doing Corpus Planning. Bln. 1997. – R. B. Kaplan & R. B. Baldauf, Language Planning from Practice to Theory. Clevedon 1997. – A. J. Liddicoat & R. B. Baldauf (eds.), Language Planning in Local Contexts. Clevedon 2008.   AM

Sprachpolitik Im Gegensatz zu ⊅ Sprachenpolitik auf eine einzelne Spr. gerichtet, ihre Wörter und Formen und deren Verwendung. S. versucht v. a., durch Verbot oder Vorschrift bestimmter Wörter und Wendungen das Bewusstsein der Sprecher zu beeinflussen; ⊅ Sprachlenkung. Dies setzt eine entsprechende weitreichende Macht voraus (totalitäre Systeme, Kriegsrecht, Kontrolle des Sprachgebrauchs in bestimmten Domänen). In krit. Absicht ist dieser Versuch eines totalitären Systems lit. dargestellt in G. Orwells Roman *1984* am Beispiel von *Newspeak*, einer gezielt derart reduzierten Spr., dass sie die Kritik der bestehenden Verhältnisse ausschließt. Die Verwirklichung solcher Pläne dürfte in Wirklichkeit ausgeschlossen sein. Überhaupt war S. in Wirklichkeit zumeist nicht in gewünschtem Maße erfolgreich, zumindest nicht in der Beeinflussung des Denkens, weil einerseits nur der öffentl. Sprachgebrauch wirksam kontrolliert werden kann und andererseits die Denkmöglichkeiten nicht strikt an den Gebrauch bestimmter Wörter und Wendungen gebunden sind. Eine gewisse Wirkung ist allerdings zumeist anzunehmen, wenn auch ihr empir. Nachweis jeweils schwierig ist. In Form von Anredevorschriften, Tabuisierungen und dgl. gibt es

S. schon lange; ihre systemat. Entwicklung hängt jedoch mit der Entstehung des staatl. Propagandawesens und moderner Massenkommunikationsmittel zusammen. In der Zeit der Weltkriege, des Faschismus, Nationalsozialismus, Stalinismus und des Kalten Krieges nach 1945 blühte die S. **Lit.** H. Lasswell, N. Leites et al., Language of Politics. N. Y. 1949. – T. D. Weldon, The Vocabulary of Politics. Baltimore 1953. – W. Dieckmann, Spr. in der Politik. Heidelberg 1969. – G. Klaus, Spr. der Politik. Bln. 1971.   AM

Sprachpragmatik ⊅ Pragmatik

Sprachpraxis Eher umgangssprachl. Bez. für prakt. Bemühungen um den Erwerb einer Fremdsprache bzw. für den ⊅ Sprachunterricht.   G

Sprachproduktion (engl. language production, speech production) ⊅ Sprechen, Prozess der Hervorbringung sprachl. Äußerungen. Man unterscheidet zunächst nach dem Charakter der hervorbringenden Tätigkeit zwischen spontanen und reaktiven, situationsgebundenen und situationsfreien, aktiv-produktiven und bloß repetitiven Formen des Sprechens (A. A. Leont'ev, F. Kainz). Die S. ist insgesamt schwieriger zu erforschen und weniger erforscht als die ⊅ Sprachwahrnehmung oder -rezeption. Spontanes Sprechen muss sich an zahlreichen Parametern orientieren (u. a. an der Sprecherintention, am Vorwissen des Hörers, an Grammatik und Lexikon der Spr., am Weltwissen des Sprechers, an den situativen Gegebenheiten, möglicherweise an der Interaktionsgeschichte von Sprecher und Hörer usw.). Es gibt nur wenige ausgearbeitete Theorien der S. (u. a. Levelt 1989, Leont'ev 1975). Meist werden verschiedene Etappen der S. unterschieden: Am Anfang des spontanen Sprechens steht die Sprecherintention und das laufende Situationsmodell des Sprechers. Es folgt die Planung der ›kommunikativen Pointe‹, des Kerns der geplanten Nachricht (möglicherweise schon durch die sprachl. Spezifizierung zentraler Nominationen und Prädikationen). In der Phase der lexikal.-grammat. Planung werden ⊅ Schemata und ihre lexikal. Füllung initiiert. Das artikulator. Programm realisiert abschließend die S. Fest steht (auch schon vor jegl. Theorie), dass die verschiedenen Etappen der S. weitgehend parallel prozessiert werden, dass wir bereits zu artikulieren beginnen, bevor die planenden Phasen definitiv abgeschlossen sind. Die typ. Merkmale ⊅ gesprochener Sprache werden ebenso als »Fenster«, das einen Blick in den Sprechprozess ermöglicht, verwandt wie die typ. Sprechfehler (⊅ Versprecher). Es gibt kaum schlüssige experimentelle Evidenz für die Organisation der S. **Lit.** A. A. Leont'ev, Psycholing. Einheiten und die Erzeugung sprachl. Äußerungen. Bln. 1975. – W. J. M. Levelt, Speaking: From Intention to Articulation. Cambridge, Mass. 1989. – Th. Pechmann, Sprachproduktion. Wiesbaden 1994. – J. D. Jescheniak, S. Der Zugriff auf das lexikal. Gedächtnis beim Sprechen. Göttingen 2002.   KN

Sprachpsychologie ↗ Psycholinguistik
Sprachpurismus ↗ Purismus
Sprachregelung ↗ Sprachlenkung
Sprachreinigung ↗ Purismus
Sprachrelativismus ↗ Inhaltbezogene Grammatik, ↗ Innere Sprachform, ↗ Sapir-Whorf-Hypothese
Sprachressourcen (engl. language resources. Abk. LR) S. sind große Mengen von maschinenlesbaren sprachl. Daten, die meist zur Erstellung und Evaluation von sprachtechnolog. Systemen eingesetzt werden. Hierzu zählen z. B. ↗ Korpora, Wörterbücher (Lexika, Thesauri und Enzyklopädien), ↗ Semantische Netze, ↗ Sprachdatenbanken, ↗ Ontologien sowie spezif. Wissensrepräsentationen (WordNet, FrameNet). Während in unterschiedl. Teildisziplinen der Ling. (↗ Korpuslinguistik, ↗ Lexikographie) solche S. systemat. aufgebaut werden, stellt die Bereitstellung und Nutzbarmachung für unterschiedl. Anwendergruppen derzeit ein zentrales Anliegen der anwendungsorientierten Ling. dar.   Z
Sprachrezeption 1. Aufnahme von der sprachl. Kommunikation dienenden Sinnesreizen. Bei der Aufnahme gesprochener Spr. handelt es sich um einen akust.-auditiven (↗ Ohr), bei geschriebener Spr. um einen opt.-visuellen Vorgang. Schließl. werden beim Lesen von ↗ Blindenschrift taktile Reize (↗ Tastsinn) aufgenommen. Zur S. gehört die Weiterleitung der Sinnesreize in Form von Nervenimpulsen (Aktionspotentiale) sowie die Verarbeitung in Schaltstellen und Rindenarealen des Großhirns (↗ Gehirn), bis der sprachl. Informationsgehalt die Ebene des Bewusstseins erreicht. **2.** ↗ Sprachwahrnehmung.   GL
Sprachrichtigkeit ↗ Sprachnorm
Sprachschicht ↗ Ebene
Sprachseele ↗ Organismusmodelle
Sprachsoziologie Oft synonym mit ↗ Soziolinguistik, aber auch als Gegenbegriff dazu im Sinne einer Teildisziplin der Soziologie (Sozioling. dann als Teildisziplin der Ling.). Im letzteren, engeren Sinn oft, aber nicht notwendigerweise eher makro- als mikrostrukturell orientiert. Typ. Fragestellungen und Untersuchungsgegenstände der S. i. e. S. sind: ↗ Sprachplanung (v. a. Statusplanung), ↗ Sprachenpolitik, Typen von ↗ Sprachgemeinschaften (↗ Diglossie und dgl.), ↗ Spracherhaltung, ↗ »Sprachtod«, Sprachwiederbelebung, Prozesse in ↗ Netzwerken und Gruppen, Zusammenhänge von Spr. mit Ideologie, Nation und auch personaler Identität sowie Wirkungszusammenhänge zwischen sprachl. und sozialen Unterschieden wie ↗ Schichten, Geschlechtern, Generationen und Berufs- und Fachgruppen; ↗ Berufssprache, ↗ Fachsprache. **Lit.** J. O. Hertzler, A Sociology of Language. N. Y. 1965. – J. A. Fishman, Soziologie der Spr. Mchn. 1975. – A. D. Grimshaw, Sociolinguistics versus Sociology of Language. HSK 3, I, 1–15. – **Zs.** International Journal of the Sociology of Language.   AM
Sprachspaltung ↗ Divergenz

Sprachspiel Ein in L. Wittgensteins »Philosophischen Untersuchungen« (Ffm. 1976) geprägter Terminus zur Kennzeichnung der Spr. als einer Handlung in Lebenskontexten. Wie jede Handlung ist auch die Spr. in verschiedene Handlungs- und Situationskontexte eingefügt. Spr. ist immer ein Teil solcher mit Wittgenstein als Lebensformen bezeichneten Kontexte. Entsprechend der (nicht beschränkten) Anzahl von Lebensformen gibt es verschiedene von Wittgenstein als S. bezeichnete Verwendungsformen von Spr., z. B. *befehlen*, *bitten*, *fragen*, *beschreiben*, *erklären*, *grüßen* u. a. m. Der Terminus S. soll zum Ausdruck bringen, dass der Sprachgebrauch in den verschiedenen Lebensformen jeweils spezif. ↗ Regeln folgt entsprechend den einzelnen verschiedenen Regelsystemen, die für die einzelnen S. konstitutiv sind. Die Regelhaftigkeit ist ihrerseits Voraussetzung für die Verständigung mittels Spr. Ohne feste, im Sprachgebrauch erlernte Regeln für die Verwendung eines Wortes in den sozialen ↗ Kontexten gibt es keine feste Bedeutung, ↗ Gebrauchsbedingungen, ↗ Gebrauchsregel.   PR
Sprachstadium ↗ Periodisierung
Sprachstandsdiagnose ↗ Sprachtest
Sprachstatistik (auch: quantitative Linguistik, statistische Linguistik) Anwendung mathemat. Verfahren zur Erfassung, Analyse und Beschreibung sprachl. Erscheinungen, ihrer Elemente und Strukturen. Mithilfe der S. lassen sich auf allen Ebenen der Sprachbetrachtung (a) in einem gegebenen ↗ Korpus z. B. Häufigkeiten (↗ Frequenz), (b) Vorkommen und Verteilung (↗ Distribution) ausgewählter sprachl. Einheiten (z. B. von Lauten, Wörtern, syntakt. Strukturen) auffinden und darstellen (↗ Type-token-Relation, ↗ Zipfsches Gesetz) sowie (c) Wahrscheinlichkeiten das Auftreten best. sprachl. Erscheinungen ermitteln und angeben; auch quantitativ erfassbare Regularitäten der Sprachverwendung können mit statist. Methoden aufgedeckt werden, z. B. Besonderheiten, die an einzelne Sprecher oder an Sprachgemeinschaften gebunden sind (↗ Soziolinguistik). – Z. T. wird die S. der ↗ mathematischen Linguistik zugeordnet, doch ihre Methoden finden Anwendung in der ↗ empirischen Sprachwissenschaft und in anderen Bereichen sprachwiss. Forschung mit empir.-experimenteller Ausrichtung, z. B. bei der Untersuchung und Bearbeitung von Wortschätzen (↗ Lexikologie, ↗ Lexikostatistik), zur Klärung histor. Sprachentwicklung und -verwandtschaft (↗ Glottochronologie) in der Entwicklung von Programmen zur maschinellen bzw. maschinengestützten Übersetzung und ↗ Sprachverarbeitung, aber auch bei der Erforschung von Sprachlehr- und -Erwerbsprozessen (↗ Sprachdidaktik). Viele dieser Bereiche sind entweder der ling. Datenverarbeitung (↗ Computerlinguistik) zuzuordnen oder werden von deren Entwicklung geprägt, so dass anzunehmen ist, dass numer. Verfahren in der Sprachwiss. an Bedeutung

gewinnen. **Lit.** H. Meier, Dt. Sprachstatistik. Hildesheim [2]1967. – G. Altmann, Statistik für Linguisten. Bochum 1980. – C. S. Butler, Statistics in Linguistics. Oxford 1985. – J. de Vries, Statistics on Language. HSK 3, II, 956–961.   SK

Sprachstörung (engl. language disorder/disturbance, frz. trouble de langage) Oberbegriff für alle Beeinträchtigungen des Gebrauchs und Verstehens ↗ gesprochener und ↗ geschriebener Sprache, bei Native Signers (Menschen, deren S1 eine ↗ Gebärdensprache ist) der Gebärdenspr., die auf zentralen Schädigungen bzw. Dysfunktionen beruhen. Als solche sind S. zu unterscheiden von ↗ Stimmstörungen und Sprech- bzw. Redeflussstörungen (↗ Sprechwissenschaft), obwohl sie häufig mit diesen zusammen auftreten, sowie von sprachl. Problemen aufgrund von ↗ Hörschädigungen. Die S. lassen sich in zwei Hauptgruppen unterteilen, ↗ Sprachentwicklungsstörungen und ↗ erworbene S. **Lit.** HSK 8. – M. Grohnfeldt (Hg.), Lehrbuch der Sprachheilpädagogik und Logopädie. Bd. 2: Erscheinungsformen und Störungsbilder. Stgt. u. a. 2001.   GT

Sprachstruktur (lat. structūra ›Bauart‹) Von der Struktur der lat. Spr. ist bereits 1524 die Rede, und zwar im Titel des Werkes *Dē ēmendātā structūra Latīnī sermōnis librī sex* von Th. Linacre. F. von Schlegel (1772–1829) erforscht die Verwandtschaft einiger idg. Spr., indem er Übereinstimmungen in der inneren Struktur der Spr. erkundet (1808). J. Byrne nennt eines seiner Werke *General Principles of the Structure of Language* (1885), 1889 spricht J. Baudouin de Courtenay (1845–1929) von der Struktur der Sprachen, und A. Noreen (1854–1925) spricht vom »Bau [byggnad] der Sprache oder ihrer Struktur« (1903). In all diesen Fällen ist »S.« in gleicher Weise metaphor. wie der mehr oder weniger gleichbedeutende Ausdruck »Sprachbau«, ein Ausdruck, der vielfach belegt ist. Bei Vertretern des ↗ Strukturalismus lässt sich dieser Gebrauch des Ausdrucks S. kaum finden; wenn sie von einer S. sprechen, so ist damit eine von vielen Strukturen gemeint, mit denen man eine Spr. beschreibt. Ist die Gesamtorganisation der Spr. gemeint, so verwenden sie in der Regel den Ausdruck ↗ Sprachsystem. Allerdings gibt es eine systemat. Ausnahme: Unter der Voraussetzung, dass man unter einer Struktur eine Menge versteht, in der eine nicht-leere Menge von Relationen und/oder Operationen erklärt ist, liegt eine erste präzisere Fassung des Begriffs »S.« bei S. K. Šaumjan (1965) vor, den man zu den Vertretern des europ. Strukturalismus zählen kann. Für ihn ist eine S. ein Netz von ling. Beziehungen, die sich auf die Dynamik der ↗ Synchronie beziehen. **Lit.** Th. Linacre, De emendata structura Latini sermonis libri sex. Paris 1524. – F. von Schlegel, Über die Spr. und Weisheit der Indier. Heidelberg 1808. – J. Byrne, General Principles of the Structure of Language. Ldn. 1885. – J. Baudouin de Courtenay, O zadaniach językoznawstwa [Über die Aufgaben der Sprachwiss.]. PF 3, 1889, 92–115. – A. Noreen, Vårt språk [Unsere Spr.]. Lund 1903. – S. K. Šaumjan, Strukturale Ling. Mchn. 1971. – Ders., Philosophie und theoret. Ling. Mchn. 1973.   T

Sprachstufe ↗ Periodisierung

Sprachsynthese Künstl. Erzeugung von Sprachschall mithilfe mechan. bzw. elektr./elektron. Mittel. Die heute wichtigsten Anwendungen sind die sog. ›Text-to-speech‹-Systeme zur automat. Hörbarmachung von in schriftl. Form vorliegenden Texten z. B. in automat. Dialogsystemen. – Die Geschichte der echten Sprachsynthese geht zurück in die zweite Hälfte des 18. Jh. Die bereits seit dem Altertum bekannten ›sprechenden Figuren‹ beruhten demgegenüber auf der Übertragung der Stimme eines verborgenen Sprechers in diese Figur mithilfe ausgeklügelter Röhrensysteme. 1778/83 stellt Abbé Mical in Paris seine in Wechselrede ›sprechenden Köpfe‹ (ein von Walzen angesteuertes System orgelähnl. Resonatoren) vor. 1779/80 erringt G. Kratzenstein den Preis der Petersburger Akademie mit seiner ›Vokalorgel‹ (unterschiedl. geformte Ansatzrohre zur Erzeugung von a, e, i, o, u). 1783 zeigt W. v. Kempelen in Paris seine ›sprechende Maschine‹, die er in seinem Buch *Mechanismus der menschl. Sprache* (Wien 1791, Neudruck Stgt. 1970) ausführl. beschreibt. Dies ist der erste Versuch einer nicht eingeschränkten artikulator. S. auf der Grundlage mechan. Äquivalente für die einzelnen Sprachwerkzeuge. – Die moderne S. (als Vollsynthese) erfolgt meist durch die direkte Bestimmung der Parameter des akust. Signals in Form der Formantsynthese (analog und digital): Ein period. Impuls bzw. ein Rauschsignal (als Rohschallentsprechung) wird durch ein System (entsprechend den akust. Eigenschaften des Ansatzrohres) von Filtern (für jeweils einen Formanten) modifiziert und akust. ausgegeben. Als Vorgänger dieser Methode sind der ↗ Vocoder und das ›Pattern-playback‹-Verfahren (optoelektr. Synthese anhand handgezeichneter ↗ Sonagramm-Muster) zu sehen. Daneben existieren verschiedene Verfahren (z. B. ↗ PSOLA) der S. anhand abgespeicherter Signalstücke (Diphon-, Halbsilben-S.). Ebenso ist die Berechnung des akust. Signals aus artikulator. Vorgängen (bzw. der dadurch bestimmten Ansatzrohrgeometrie) möglich, für die breitere Anwendung jedoch derzeit noch zu aufwendig. – Im Rahmen von ›Synthesis-by-rule‹-Verfahren werden die Steuerparameter für die jeweils verwendete S.-Methode über Regeln aus der phonet. ↗ Transkription abgeleitet, wobei Letztere in ›Text-to-Speech‹-Systemen zuvor automat. aus der orthograph. Textvorlage erstellt wird. **Lit.** G. Bailly & C. Benoît (eds.), Talking Machines: Theories, Models, and Designs. Amsterdam 1992. – H. Dudley & T. Tarnoczy, The Speaking Machine of Wolfgang von Kempelen. JASA 22, 1950, 151–166. – J. L. Flanagan, Speech Analysis, Synthesis, and Perception. N. Y. 1972. – D. H. Klatt, Software for a Cascade/Parallel Formant Synthesizer. JASA 67, 1980, 971–995. – Ders., Review of Text-to-Speech Conversion for English. JASA 82, 1987, 737–793. – J. van Santen, R. Sproat, J. Olive & J. Hirshberg (eds.), Progress in Speech Synthesis. N. Y. 1995. PM

Sprachsystem (griech. σύστημα (systēma) ›Zusammengestelltes‹) Unter ›System‹ kann man ein komplexes Objekt verstehen, das eine Menge voneinander wohlunterscheidbarer Komponenten darstellt, die durch eine bestimmte Zahl von Relationen aufeinander bezogen sind. Im Allgemeinen sind die Komponenten wiederum Systeme, und zwar als Subsysteme jener Komponenten, deren Elemente sie jeweils sind. Im Spezialfall ist ein Subsystem nicht weiter zusammengesetzt aus Komponenten, sondern bildet ein nicht analysiertes, elementares Objekt. Alle Objekte, die nicht zu einem System S gehören, werden als Umwelt von S betrachtet. In vielen – vor allem auch in ling. – Zusammenhängen ist es von Interesse, Veränderungen an Systemen zu betrachten. Externe Veränderungen betreffen die Relationen zwischen einem System S der Umwelt von S. – In der Ling. betrachtet man Spr. als System und spricht dann vom S. und seinen Subsystemen. Im 19. Jh. sprach man von der Spr. vornehmlich als von einem Organismus; ↗ Organismusmodelle. Spätestens seit M. Kruszewski (1851–1887) ist es üblich geworden, von S. zu sprechen (1883/84). Als Subsysteme nennt Kruszewski z. B. das Lautsystem, das Wortsystem, das System der Deklination. Besonders durch den Einfluss des postum erschienenen »Cours de linguistique générale« (1916) von F. de Saussure (1857–1913) hat sich die Auffassung durchgesetzt, Spr. als ein System zu betrachten. Freilich sind die relationalen Zusammenhänge zwischen dem S. und seinen Sub-, Subsub- etc. Systemen im Allgemeinen nicht wirklich explizit worden, so dass die Rede vom S. in der Regel metaphor. Charakter hatte und z. T. noch hat. L. Hjelmslev (1899–1965) hat – allerdings in eigenwilliger Terminologie – im Rahmen der von ihm entwickelten ↗ Glossematik einen Präzisierungsversuch unternommen: Nach ihm ist das System der Spr. eine sog. Klasse von Klassen (als Menge von Mengen zu verstehen), die notwendige Voraussetzung für die Existenz der Klasse der Sukzessionen (des Verlaufs) ist, wobei ein Sukzess, sofern er sprachl. ist, als Text verstanden wird. Zwischen zwei Elementen besteht innerhalb des Systems nach Hjelmslev sog. ↗ Korrelation (in der engl. Version: Äquivalenz); und Größen, die in Korrelation zu einander stehen, sind Größen des Systems. Beispiel: Im Dt. sind *Elsbeth erklettert den Schemel* und *Friedrich inspiziert die Inschrift* zwei komplexe Zeichen, zwei Sätze. Sie stehen im System zueinander in Korrelation. Als Elemente des Systems stehen aber z. B. auch *Elsbeth* und *Friedrich, erklettert* und *inspiziert, erklettert den Schemel* und *inspiziert die*

Inschrift jeweils zueinander in Korrelation. In dieser Hinsicht kann man *Elsbeth, Friedrich* usw. als systemat. Einheiten betrachten. Im Gegensatz zu diesen systemat. Einheiten stehen *Elsbeth, Friedrich* usw. zu den übrigen Elementen des jeweils betroffenen Satzes – z. B. zu *erklettert* bzw. zu *inspiziert* – nicht in Korrelation. *Elsbeth* und *erklettert, Friedrich* und *inspiziert* sind Paare von Einheiten, die je in ein und demselben Zeichen vorkommen. Es sind ↗ Vorkommen der jeweiligen systemat. Einheiten. Die Beziehungen, die zwischen den systemat. Einheiten – innerhalb des Systems – bestehen, heißen bei Hjelmslev ↗ paradigmatische Beziehungen, solche zwischen den Vorkommen system. Einheiten innerhalb des Zeichens ↗ syntagmatische Beziehungen. – Von S. zu unterscheiden ist ein formales System, mit dem eine formale Spr. festgelegt werden kann, die Ausdrücke einer natürl. Sprache beschreibt. **Lit.** N. V. Kruševskij, Očerk nauki o jazykě. Kazan' 1883. Dt.: Prinzipien der Sprachentwicklung. Internat. Zsf. für Allgemeine Sprachwiss. 1, 1884, 295–307. – L. Hjelmslev, Omkring sprogteoriens grundlæggelse. København 1943. Dt.: Prolegomena zu einer Sprachtheorie. Mchn. 1974. T

Sprachtechnologie In Abgrenzung zu den z. T. eher grundlagenorientierten Fragestellungen und Methoden der ↗ Computerlinguistik, der ↗ Linguistischen Datenverarbeitung und der sprachorientierten ↗ Künstliche-Intelligenz-Forschung verwendete Bez. für Forschungs- und Entwicklungsarbeiten, die die Umsetzung von theoret. Resultaten in technolog. Anwendungen wie praxistaugl. maschinelle Übersetzungssysteme, Spracherkenner, Frage-Antwortsysteme usw. fokussieren. L

Sprachtest (auch: Sprachstandsdiagnose) Verfahren zur Erfassung und u. U. Beurteilung sprachl. Fähigkeiten oder Fertigkeiten ausgewählter Individuen, Gruppen oder Gemeinschaften, aber auch anderer mit Spr., Spracherwerb und -vermittlung verbundener Phänomene. S. werden häufig nur in Verbindung gebracht mit unterrichtsbezogener Leistungsmessung (*achievement test*), der Beurteilung vorhandener Sprachkenntnisse (*proficiency test*) oder der Erfassung individueller Lernschwierigkeiten (*diagnostic test*), jedoch können sie auch eingesetzt werden zur Einschätzung von Spracherwerbsprozessen, von Lehr-/Lernmaterialien und -methoden, zur Aufnahme patholog. ↗ Sprachstörungen oder als Mittel der ↗ Datenerhebung u. a. Entsprechend unterschiedl. stellen sich S. im Einzelnen dar (z. B. ↗ Cloze-Verfahren), doch sollten sie Kriterien erfüllen, die an ↗ Testverfahren allgemein gestellt werden, z. B. Objektivität, Reliabilität, Validität, Ökonomie. **Lit.** S. Bolten, Gütebestimmung kommunikativer Tests. Tübingen 1985. – A. Davies, Principles of Language Testing. Oxford 1990. SK

Sprachtheorie Umfassende Theorie, die der zusammenhängenden Erklärung der vielfältigen

Aspekte natürlichsprachl. Phänomene und Aktivitäten dienen soll. Eine im strengen Sinne als Theorie zu verstehende Beschreibung von Sprache, die aus (möglichst schwachen) Annahmen ein in sich kohärentes System von Sätzen deduziert und dem obigen Ziel dienen kann, ist bislang nicht bekannt. Zentral für eine S. ist eine ↗ Grammatiktheorie (Chomsky vertrat die Auffassung, die Grammatik einer Sprache sei auch die Theorie einer Sprache); somit bestehen einige auf grammat. Phänomene beschränkte Ansätze einer S. Darüber hinaus existieren Studien, die sich mit Entwürfen einer S. befassen (sowohl hinsichtl. ihres Aussehens wie auch ihres Erklärungspotentials), die teils spekulativer Natur, teils geleitet von Analysen konkreten Datenmaterials sind. So hat z. B. seit dem ausgehenden 19. Jh. das Studium von ↗ Kreolsprachen zu diversen Annahmen geführt, die möglicherweise als Grundannahmen (Axiome) Eingang finden können in eine S. im strengen Sinne. Eine zu entwickelnde S. muss sich mit bislang kaum theoretisierten Phänomenen wie Sprachwandel, Sprachbeeinflussung, Verwandtschaftsbeziehungen zwischen Sprachen, stilist. und rhetor. Gestaltungsmitteln, Spracherwerb, kognitiven Prozessen bei Produktion und Rezeption auseinandersetzen; ↗ theoretische Sprachwissenschaft. **RL, T**

Sprachtherapie ↗ Logopädie

»Sprachtod« (auch »Linguozid«, wörtl. ›Sprachmord‹) Metaphor. Ausdruck, der vielfach verwendet wird, um das Aufhören der Verwendung einer Spr. durch ihre ↗ Sprachgemeinschaft zu bezeichnen; er geht zurück auf ↗ Organismusmodelle, in denen Spr. als Organismen konzipiert werden, die einem natürl. Lebenszyklus unterworfen sind. Die Ursachen von S. sind Genozid (so bei vielen amerikan. Spr.) oder ↗ Sprachwechsel (auch: Glottophagie ›Sprachenfresserei‹) infolge von Assimilation. **G**

Sprachträger Soziale Gruppe, die eine best. Spr. verwendet; ↗ Sprachgemeinschaft. **G**

Sprachtyp ↗ Sprachtypologie

Sprachtypologie (engl. language typology, linguistic typology, frz. typologie linguistique) Bereits in der ersten Hälfte des 19. Jh. aufgekommene sprachwiss. Disziplin, die auf die von ↗ genetischen Aspekten unabhängige Feststellung übergreifender Merkmale (↗ Universalienforschung) und eine sich darauf gründende ↗ Klassifiktion natürl. Spr. abzielt. Die grundlegenden Arbeiten A. W. v. Schlegels (1767–1845) und W. v. Humboldts (1767–1835) beschränkten sich zunächst auf die Aufdeckung typ. Erscheinungsformen der Morphologie; sie manifestierten sich in der Aufstellung des Begriffspaars ↗ analytisch und ↗ synthetisch sowie der Scheidung zwischen ↗ isolierenden, ↗ agglutinierenden, ↗ polysynthetischen und ↗ flektierenden Spr. Ggü. dieser auf die Formenbildung ausgerichteten S., die in H. Steinthal (1823–1899), F. N. Finck (1867–1910) und W. Schmidt (1868–1954) ihre bedeutensten Fort-

setzer fand, sind heute die von J. H. Greenberg begründete, auf der syntakt. Ebene angesiedelte ↗ Wortstellungstypologie sowie die syntakt. und morpholog. Kriterien gleichermaßen verarbeitende ↗ relationale Typologie in den Vordergrund getreten. Eine historische S., d. h. eine S. der sprachl. Veränderungsprozesse, gibt es bisher nur in Ansätzen, jedoch wird die Anwendung typolog. Verfahren im Zusammenhang mit der ↗ Rekonstruktion unbezeugter Sprachzustände in jüngerer Zeit häufig gefordert. **Lit.** A. W. v. Schlegel, Observations sur la langue et la littérature provençales. Paris 1818. – W. v. Humboldt, Über die Verschiedenheit des menschl. Sprachbaus. Bln. 1836. – F. N. Finck, Die Haupttypen des Sprachbaus. Lpz. 1909, Darmstadt [5]1965. – Pater W. Schmidt, Die Sprachfamilien und Sprachkreise der Erde. Heidelberg 1926. – J. H. Greenberg (ed.), Universals of Language. Cambridge, Mass. [2]1963. – Ders., Language Typology: A Historical and Analytical Overview. The Hague 1974. – G. Ineichen, Allgemeine S.: Ansätze und Methoden. Darmstadt 1979. – B. Comrie, Language Universals and Language Typology. Oxford 1981. – J. Fisiak, Typology, Universals and Change of Language. In: Ders. (ed.), Historical Syntax. The Hague 1984. – P. Ramat, Linguistic Typology. Bln. 1987. – W. Croft, Typology and Universals. Cambridge [2]2003. – W. Bisang, Aspects of Typology and Universals. Bln. 2001. – HSK 20, I. **GP**

Sprachunterricht (engl. language teaching, frz. enseignement des langues) Unter S. versteht man die (einer Konzeption folgende) Vermittlung von sprachl. Fertigkeiten (wie Textrezeption und -produktion, Orthographie, Grammatik). In Abgrenzung zum ↗ Fremdsprachenunterricht bezieht sich die Bez. S. üblicherweise auf den ↗ muttersprachlichen Unterricht und wird vornehml. an den allgemeinbildenden Schulen durchgeführt. Zum Bereich des S. können jedoch i.w.S. auch Kurse zur ↗ Alphabetisierung u. ä. gezählt werden; ↗ Sprachdidaktik. **SO**

Sprachursprung (auch: Glottogonie. Engl. glottogony, frz. glottogonie) Im Sinne der Evolutionstheorie anzunehmender einschneidender Vorgang bei der Entwicklung der Spezies Mensch. Über den S. existieren essentiell divergierende Theorien. Umstritten ist allein schon die Frage, ob von einem einmaligen Akt (↗ Monogenese) auszugehen ist, bei dem eine einzige Ursprache (auch: adamitische Spr., Protosprache) entstand, oder ob sich menschl. Spr. mehrfach und unabhängig an unterschiedl. Orten und zu unterschiedl. Zeiten herausgebildet hat (Polygenese). Für den Vorgang selbst stehen sich die ↗ Nachahmungstheorie, wonach onomatopoet. (lautnachahmende) Äußerungen am Anfang standen, und die ↗ Naturlauttheorie (auch: Interjektionstheorie), nach der es ursprüngl. nur interjektionale Äußerungen gab, gegenüber. Eine zentrale Rolle bei der theoret. Behandlung des S. spielen die prinzipiellen Unterschiede zwischen menschl. und animal. Sprachen; ↗ Zoosemiotik. **Lit.** G. Décsy, Sprachherkunftsforschung. Wiesbaden 1977. – J. Gessinger & W. v. Rahden (Hgg.), Theorien vom Ursprung der Spr. 2 Bde. Bln. 1989. – M. H. Christiansen, Language Evolution. Oxford 2003. – G. Williams, The Development of Language: Functional Perspectives on Species and Individuals. Ldn. u. a. 2004.   GP

Sprachvarietät ↗ Existenzformen der Sprache

Sprachveränderung ↗ Dialektveränderung, ↗ Sprachwandel

Sprachverarbeitung In der ↗ Computerlinguistik und in der sprachorientierten ↗ Künstlichen Intelligenz verwendeter Begriff für die Verarbeitung ↗ natürlicher Sprache auf einem Computer. Dazu zählen z. B. Analyseprozesse wie ↗ automatische Spracherkennung und ↗ Satzanalyse, aber auch ↗ Generierung und ↗ Sprachausgabe sowie ↗ maschinelle Übersetzung; ↗ Computerlinguistik.   L

Sprachverbreitungspolitik   ↗ Sprachenpolitik, ↗ Sprachförderung (3).

Sprachverein ↗ Allgemeiner Deutscher Sprachverein

Sprachverfall ↗ Historische Sprachwissenschaft

Sprachvergleich (engl. comparison of languages, frz. comparaison de langúes) Kontrastierung zweier oder mehrerer einzelner Spr. entweder im Hinblick auf ihre ↗ genetische Einordnung (↗ Sprachverwandtschaft) oder auf typolog. Fragestellungen. Während die erstere Form des S. bereits in der Antike aufkam, wie griech. Grammatiker wie Philoxenos oder Tyrannion mit dem Lat. in Berührung kamen und zu der Auffassung gelangten, die röm. Spr. sei als ein Dialekt aus dem Griech. entstanden, ist der typolog. S., der die Grundlage der ↗ Sprachtypologie bildet, eine relativ junge Aufgabenstellung der Sprachwiss. Eigene Verfahren sind dabei v. a. in der ↗ Kontrastiven Linguistik entwickelt worden. Der genet. ausgerichtete S. hat zur Herausbildung verschiedener Einzeldisziplinen der ↗ Historisch-Vergleichenden Sprachwissenschaft wie z. B. der ↗ Indogermanistik oder der ↗ Semitistik geführt. **Lit.** D. Zaefferer, Deskriptive Grammatik und allgemeiner Sprachvergleich. Tübingen 1998. – D. Willems, Contrastive Analysis in Language: Identifying Linguistic Units of Comparison. Basingstoke u. a. 2004.   GP

Sprachverhalten (engl. language behaviour, verbal behaviour, frz. attitude linguistique) Im Sinne des amerikan. Psychologen B. F. Skinner als Sprachbzw. Sprechverhalten, das Spr. innerhalb eines behaviorist. ↗ Reiz-Reaktions-Modells definiert, als Reaktion auf best. Stimuli; ↗ Behaviorismus. Auf diese Weise sollte das gesamte menschl. Verhalten, auch das S. beschrieben werden. Von L. Bloomfield wurde dieses Konzept in die Ling. eingeführt. Er wollte auf diese Weise »sprachl. Äußerung« und »Bedeutung« erfassen, indem er aus methodolog. Gründen alle mentalist. Begriffe ausklammert und

sich nur auf beobachtbare Daten bezieht. Sein Hauptwerk *Language* (1933) gilt als Hauptwerk des ↗ Distributionalismus und des ↗ Strukturalismus. Der Sprachwissenschaftler hat zur Analyse lediglich zwei Arten von Daten zur Verfügung: (a) die beobachtbare Situation, (b) die sprachl. Äußerung selbst. Die lautl. Äußerungen bilden der Form der Spr. ab, die Bedeutung wird definiert als eine Menge von Situationsmerkmalen, als Reiz- und Reaktionsmerkmale. In der Nachfolge L. Bloomfields bauen Z. S. Harris und C. C. Fries auf dessen Konzept den formalen Beschreibungsapparat aus. Nach der vernichtenden Kritik N. Chomskys am Behaviorismus gilt dieses Konzept als überwunden. An ihre Stelle treten ↗ mentalistische Vorstellungen; jedoch halten sich behaviorist. Ansichten und Techniken in der ↗ Sprachdidaktik und im FU bis heute; ↗ Audiolingual, ↗ Audiovisuell. **Lit.** L. Bloomfield, Language. N. Y. 1933. – B. F. Skinner, Verbal Behavior. N. Y. 1957. – Z. S. Harris, Methods in Structural Linguistics. Chicago 1951. – C. C. Fries, The Structure of English. N. Y. 1952. – N. Chomsky, Syntactic Structures. The Hague 1957. – Ders., Rez. zu Skinner 1957. Lg. 35, 1959, 26–58.   R

Sprachverlust 1. ↗ Aphasie. **2.** ↗ Spracherhalt, ↗ Sprachwechsel

Sprachvermittlung ↗ Fremdsprachendidaktik

Sprachvermögen ↗ Faculté de langage

Sprachverstehen (engl. language understanding, comprehension. Auch (mit anderen Bedeutungsnuancen): Rede- und Textverstehen) Inbegriff der hörerseitigen höheren Verarbeitungsprozesse, insofern diese in der Sinn- oder Bedeutungsebene bündig werden. Von S. spricht man eher mit Bezug auf die dekontextualisierten Einheiten der Spr. (Lexeme, Sätze), von Rede- und Textverstehen mit Bezug auf kontextualisierte Mitteilungen. Konsens ist, dass Verstehen ein Gradphänomen ist, das zwischen der bloßen Vertrautheit mit Wörtern oder Formulierungen und komplexen inferentiellen Ausfolgerungen variiert (↗ Inferenz). Konsens ist weiterhin, dass in den pragmat. situierten Formen des Verstehens nicht nur das Wissen eine Rolle spielt, das von Linguisten als »sprachlich« isoliert wird. Strittig ist dagegen, ob pragmat. Ausfolgerungen von der vorherigen mentalen Realisierung wörtl.-sprachl. Bedeutungen abhängig sind, ebenso ob figurative Redebedeutungen (↗ Metapher) über »wörtliche« Bedeutungen vermittelt sind. Offenbar werden geäußerte Sätze im Redekontext unmittelbar auf die laufenden Diskursrepräsentationen bezogen (Garrod & Sanford 1994). S. ist verbunden mit den Prozeduren der Sinngebung und Interpretation, die unser gesamtes Erfahrungsleben durchziehen. Je ausschließlicher Verstehensprozesse sprachl. vermittelt sind, desto schwieriger wird die Kontrolle des Verstehens. Während das Verstehen prakt. eingebetteter Äußerungen am Fortgang der Handlung kontrolliert werden kann, signalisiert im Dialog jede Folgeäußerung ein best. Verständnis der vorangegangenen. Für schriftl. Texte gibt es vielfach keinerlei akzeptierte Maßstäbe des »richtigen« Verstehens. Da die psycholing. Erforschung der S. ihren problemgeschichtl. Vorlauf in der Hermeneutik (Wach 1984) nicht zur Kenntnis nimmt, wiederholt sie z.T. altehrwürdige Fragestellungen. **Lit.** S. C. Garrod & A. J. Sanford, Resolving Sentences in a Discourse Context. In: M. A. Gernsbacher (ed.), Handbook of Psycholinguistics. San Diego 1994, 675–698. – H. Hörmann, Meinen und Verstehen. Ffm. 1976. – C. Knobloch, Spr. und Sprechtätigkeit. Tübingen 1994. – D. Sperber & D. Wilson, Relevance: Communication and Cognition. Oxford 1986. – J. Wach, Das Verstehen. 3 Bde. Tübingen 1926–1933. Neudruck Hildesheim 1984.   KN

Sprachverwandtschaft (engl. linguistic relationship, frz. parenté de langues) In der ↗ historisch-vergleichenden Sprachwissenschaft Bez. für das gegenseitige Verhältnis zweier oder mehrerer Einzelspr., die regelmäßige Entsprechungen im gesamten sprachl. System aufweisen und sich als histor. Fortsetzer einer gemeinsamen Vorstufe (↗ Grundsprache) auffassen lassen. Die Feststellung von S. gipfelt in der Ausarbeitung ↗ genetisch definierter ↗ Sprachfamilien (↗ Stammbaumtheorie). Spr., deren verwandtschaftl. Zugehörigkeit nicht festgestellt werden kann, gelten als ↗ isolierte Sprachen (z.B. Baskisch). Bisweilen wird auch in der ↗ Sprachtypologie von S. gesprochen, wenn strukturale Ähnlichkeiten zwischen einzelnen Spr. notiert werden. Eine derartige S. ist nicht an ↗ genetische Zusammengehörigkeit gebunden. **Lit.** G. Doerfer, Lautgesetz und Zufall. Betrachtungen zum Omnicomparatismus. Innsbruck 1973.   GP

Sprachverwendung (engl. language use) Ausgehend von der Konzeption eines von den sprachl. Handlungen der Interaktanten wesentl. unabhängigen Sprachsystems wird mit »S.« ein theoret. Konzept für solche Aspekte von Spr. und sprachl. Handeln vorgehalten, die aus dem gegen alle Handlungszusammenhänge isolierten Sprachsystem herausfallen. Besonders in der Distinktion ↗ ›Kompetenz‹ vs. ›Performanz‹ hat eine solche Konzeption weite Verbreitung erfahren. Auch die Annahme einer ↗ ›kommunikativen Kompetenz‹ neben der ›Systemkompetenz‹ (D. Hymes) behält die Dichotomie bei. Konzeptionen, in denen das Verhältnis von ↗ Usus (Gebrauch) und System anders bestimmt werden (H. Paul), sind demgegenüber theoret. kaum aufgenommen worden. In den biolog. Interpretationen der ›Kompetenz‹ in der gegenwärtigen generativen Grammatik-Diskussion wird das eine Element der Dichotomie konsequenterweise vollends verdinglicht. Eine Analyse der Wechselverhältnisse von sprachl. Handeln und sprachl. Strukturen, die zugleich die Aspekte individueller und gesellschaftl. Vermittlungen einbezöge, ist gegenwärtig nicht zu erkennen.   E

Sprachwahrnehmung (engl. speech perception) Im Unterschied zu den Komposita auf -*verstehen* (↗ Sprachverstehen) meist für die peripheren Prozesse der ausdrucksseitigen Wahrnehmung und Identifikation sprachl. Signale. Strittig ist, was überhaupt wahrgenommen wird und welche Einheiten perzeptiv relevant sind: kontinuierl. Wortgestalten, Silben, motor.-artikulator. Gesten. Problemat. ist besonders die perzeptive Relevanz der ↗ Phoneme. Da diese weder linear segmentiert werden können noch eine kategoriale Identität über verschiedene Kontexte und Sprecher hinweg aufweisen (vgl. Massaro 1994), halten viele Forscher sie für sekundäre (schriftinduzierte) Artefakte ohne primäre perzeptive Relevanz (Scheerer 1993). Strittig ist die Frage, ob S. autonom und sprachspezif. ist (↗ Modul) oder ob die übl. unspezif. Verfahren der Mustererkennung (engl. *pattern recognition*) angewandt werden, die informationell opportunist. und hoch kontextsensitiv sind. Strittig ist weiterhin, ob die für S. relevanten Fähigkeiten angeboren oder erworben sind (Kluender 1994). Forschungsarbeiten konzentrieren sich derzeit v. a. auf Störungen der S. Als Schnittstelle zwischen der S. und den höheren Verarbeitungsprozessen gilt die ↗ Worterkennung. **Lit.** K. R. Kluender, Speech Perception as a Tractable Problem in Cognitive Science. In: M. A. Gernsbacher (ed.), Handbook of Psycholinguistics. San Diego 1994, 173–217. – D. W. Massaro, Psychological Aspects of Speech Perception. In: M. A. Gernsbacher (ed.), 1994, 219–263. – E. Scheerer, Orality, Literacy, and Cognitive Modelling. Oldenburg 1993. – G. Schulte-Körne, Lese-Rechtschreibstörung und S. Münster, Mchn. 2001.   KN

Sprachwandel (engl. drift, language/linguistic change, frz. changement linguistique) Veränderungen in Sprachen in der Zeit werden als S. bezeichnet. Jede natürl. Spr. ist dem Prozess des S. unterworfen; lediglich sog. »tote Sprachen«, die v. a. schriftl. tradiert werden, aber niemandes S1 sind, sind gegen S. (relativ) resistent, z.B. (aus religiösen Gründen) das Koran-↗ Arabische. S. erfasst alle ↗ Ebenen eines Sprachsystems, alle der Verwendungsbedingungen von Spr. (↗ Pragmatik). Seine Beschreibung ist das Ziel der ↗ historischen Sprachwissenschaft, die unterteilt werden kann in histor. Phonologie, Morphologie, Syntax (↗ histor. Grammatik), histor. Semantik und histor. Pragmatik (↗ Sprachgeschichte). Für die Erforschung von S. ist entscheidend, welche Zeiträume das verfügbare sprachl. Material abdeckt: je länger dieser Zeitraum ist, desto präziser können die Wege des S. zurückverfolgt werden (↗ historisch-vergleichende Sprachwissenschaft), je kürzer er ist, desto stärker ist die Forschung auf ↗ Rekonstruktionen angewiesen. Ganz wesentl. für den Gang von S. kann es sein, ob die jeweilige Spr. eine ↗ Schriftsprache ist oder nicht. (Alphabet.) Schriftspr. sind i. d. R. »konservativ« ggü. lautl. Wandel; haben sie eine anerkannte

Standardnorm (↗ Orthographie), sind sie gegen S. relativ immun, denn jeder Wandel in Schriftspr. bedarf (im Prinzip) einer Sanktionierung durch eine ↗ Orthographiereform. Daraus folgt, dass sich die Korrelationen zwischen der ↗ gesprochenen und der ↗ geschriebenen Sprachform einer Spr. verändern müssen, wenn ihre Entwicklung nicht synchron vonstatten geht, weshalb eine ↗ Graphie, die zum Zeitpunkt ihrer Entstehung ↗ phonographisch gewesen ist, diese Eigenschaft verliert (d. h. sie wird immer mehr »phonolog. tief«), wenn sie die S.prozesse, die in der gesprochenen Sprache ablaufen, nicht nachvollzieht (in Europa z. B. das Engl., das Frz.). Nicht immer wird in der Forschung der Tatsache die gebührende Aufmerksamkeit geschenkt, dass die Datengrundlage bei der Beschreibung aller S.prozesse, die weiter als ca. 1900 zurückreichen, auch für die gesprochene Sprache Schriftzeugnisse sind. – S. läuft in der Zeit ab, ist aber auch ein Moment synchroner Sprachzustände, denn in jedem aktuellen Sprachzustand gibt es altertüml. oder »veraltende« Elemente und andererseits »Neuerungen«, »Sprachmoden« und »verbreitete Fehler«, die sich v. a. in der Lexik als Stilebenen oder unterschiedl. bewertete Normen gegenüberstehen; sie werden v. a. in der ↗ Soziolinguistik und der ↗ Dialektologie untersucht. Der Generationenwechsel ist der soziale Ort aller Sprachveränderung, und da das Zusammenleben verschiedener Generationen jede soziale und sprachl. Gegenwart kennzeichnet, ist S. ein stets aktuell ablaufender Vorgang und nicht nur ein abgeschlossenes Resultat histor. Abläufe. Zeiten gesellschaftl. Umbrüche gelten als Phasen relativ raschen Sprachwandels (z. B. in Deutschland die Reformationszeit, in Russland die Jahre der »sprachl. Wirren« nach der Oktoberrevolution). – Über die Ursachen von S. ist stets nachgedacht und spekuliert worden. Im 19. Jh. hatten v. a. sprachphysiolog. und später psychologist. Erklärungsversuche Konjunktur; auch die Wirkung der ↗ Analogie (↗ Systemzwang) wurde als wichtiger Grund gesehen. Wichtige Modelle für den Gang von S. in großen Perspektiven waren die ↗ Stammbaumtheorie, die ↗ Wellentheorie, die ↗ Substrattheorie, die ↗ Superstrattheorie und die ↗ Stadialtheorie. In der vielbeachteten Studie von Weinreich, Labov & Herzog (1968) werden u. a. kindlicher ↗ Spracherwerb (weil Kinder vom »Einfachen« zum »Komplexen« voranschreiten und Vereinfachungen den Lernaufwand reduzieren würden), sprachimmanente Tendenzen zu Regelmäßigkeit (»Ökonomie«) und strukturelle Symmetrie (↗ Assimilation, ↗ Analogie) sowie als externe Faktoren ↗ Sprachkontakt und soziale Variation diskutiert. Keller (1990) erklärt Sprachwandel zu einem »Phänomen der dritten Art« (weder »natürlich« noch sozial beabsichtigt), das durch eine Vielzahl gleichförmiger, voneinander unabhängiger einzelner Akte zustande kommt und nicht planbar ist (Theorie der »unsichtbaren

Hand«). **Lit.** U. Weinreich, W. Labov & M. Herzog, Empirical Foundations for a Theory of Language Change. In: W. P. Lehmann & Y. Malkiel (eds.), Directions for Historical Linguistics. Austin 1968, 95–188. – D. Cherubim (Hg.), S. Reader zur diachron. Sprachwiss. Bln. 1975. – HSK 2, 1984, 1985. – R. Keller, S. Von der unsichtbaren Hand in der Spr. Mchn. 1990. – H. Feilke, S. – Vom Sprechen zur Sprache. DU 52, 3, 2000. – S. Kanngießer & P. M. Vogel, Elemente des S. Wiesbaden 1999. – J. Schmidt-Radefeldt & A. Harder, S. und Sprachgeschichte. Fs. f. H. Lüdtke zum 65. Geburtstag. Tübingen 1993. – R. Keller, S. Tübingen ³2003. – D. Nübling et al., Hist. Sprachwiss. des Dt. Eine Einf. in die Prinzipien des S. Tübingen 2006. – R. Trask, Why do Languages Change? Cambridge 2010.   G

Sprachwechsel 1. (Auch: Sprachverlust) Übergang einer Sprachgemeinschaft bzw. eines Individuums von einer Spr. A zu einer Spr. B, i. d. R. im Ergebnis von anhaltendem ↗ Sprachkontakt und (transitor.) ↗ Bilingualismus dieser Sprachgemeinschaft bzw. dieses Individuums. Als Terminus ist S. v. a. in der ↗ Soziolinguistik und ↗ Spracherwerbsforschung üblich. Vielfach belegt und teilweise intensiv erforscht sind S.-Prozesse in Migrationssituationen. Wechselt eine Person oder eine Gruppe von Personen dauerhaft ihren ständigen Aufenthaltsort in eine Umgebung mit einer anderen S1, ist sie i. d. R. veranlasst, diese Spr. als S2 zu erwerben, um in dieser Umgebung leben zu können. Langdauernder Aufenthalt führt schließlich zu S., d. h. die S2 wird zur S1, was mitunter in Sprachverlust (Verlust der früheren S1) einmündet. Bei migrationsbedingten S. ist eine Übergangsphase von 2–3 Generationen die Regel, die häufig charakterisiert ist durch Bilingualismus, vielfältige Bemühungen um ↗ Spracherhalt und Orientierung der nachwachsenden Generation auf die (sich fakt. zunehmend abschwächende) »eigentliche« Heimat- bzw. Muttersprache. Häufig führt dies zu (mitunter merkwürdigen Formen der) Folklorisierung der aufgegebenen Spr. und der auf sie projizierten Kultur (z. B. Reduktion des Deutschseins auf Oktoberfest, Lederhosen und Weihnachtsbaum in vielen deutschamerikan. Gemeinden). **2.** (Auch: Kodewechsel. Engl. code-switching, frz. changement de code) Wechsel zwischen zwei Sprachen oder Dialekten innerhalb einer Äußerung oder eines Dialogs bei ↗ bilingualen Sprechern/Schreibern, meist durch Kontextfaktoren bedingt.   G

Sprachwissenschaft (auch: Linguistik. Engl. linguistics, frz. linguistique) Wiss. Disziplin, die sich mit der Beschreibung und Erklärung von Sprache, Sprachen und sprachl. Kommunikation befasst; Gesamtheit der Gegenstände dieses Lexikons. Das Gesamtgebiet der Sprachwiss. ist in eine Reihe einzelner Teildisziplinen gegliedert, die sich in Gegenstandsbereichen, Methoden und Erkenntnisinteressen vielfach scharf voneinander unterscheiden. Kern der S. ist die Erforschung von sprachl. ↗ Zeichen auf unterschiedl. Hierarchieebenen, in die Spr. zum Zwecke ihrer Beschreibung eingeteilt werden, nämlich ↗ Phonetik und ↗ Phonologie, ↗ Graphematik, ↗ Morphologie, ↗ Wortbildung, ↗ Syntax, ↗ Semantik. ↗ Textlinguistik und ↗ Stilistik befassen sich mit sprachl. Einheiten jenseits der Satzebene. In der ling. ↗ Pragmatik werden die Bedingungen und Regularitäten sprachl. Handelns untersucht. Mit dem Studium genereller Eigenschaften von Spr. überhaupt befasst sich die ↗ allgemeine Sprachwissenschaft; die ↗ Universalienforschung sucht formale und substantielle Eigenschaften dieser Art empir. (↗ Sprachtypologie) und theoret. (↗ Nativismus, ↗ GG) zu erweisen. Mit dem bi- und multilateralen Vergleich der Lexik und der Grammatik von Spr. beschäftigen sich die ↗ vergleichende und die ↗ kontrastive (konfrontative) Sprachwiss., Letztere vielfach mit anwendungsbezogenen Fragestellungen im Hinblick auf ↗ Zweitspracherwerb und ↗ Fremdsprachenunterricht, also Teilbereiche der ↗ angewandten Sprachwissenschaft, die sich mit der prakt. Nutzbarmachung ling. Forschungsresultate im Sprachunterricht, beim ↗ Dolmetschen und Übersetzen usw. befasst. Ihr wird mitunter eine ↗ theoretische Sprachwiss. gegenübergestellt, als deren Charakteristikum das Fehlen von empir. und prakt. Bezügen bzw. die Beschränkung auf die inneren Strukturen von Spr. und das Entwickeln von Modellen über solche Strukturen gilt; konsistente ↗ Sprachtheorien sind jedoch eher selten. Ähnlich gelagert ist die Unterscheidung zwischen ↗ innerer und ↗ äußerer Sprachwiss.: Erstere behandelt innersprachl. Sachverhalte und Entwicklungen, Letztere die äußeren kulturellen, sozialen, ökonom., polit. usw. Bedingungen der Existenz und der Geschichte von Spr.; mitunter wird Erstere als »Linguistik« Letzterer gegenübergestellt. Die ↗ historische und die ↗ historisch-vergleichende Sprachwiss. erforschen die geschichtl. Entwicklung von Spr. bzw. Sprachgruppen, oft unter Einbeziehung »äußerer« Faktoren; hingegen betrifft die auf F. de Saussure zurückgehende Unterscheidung zwischen ↗ diachroner und ↗ synchroner Sprachwiss. ausschließl. »innere« Faktoren. In Abgrenzung zur theoret. und angewandten Sprachwiss. werden solche Teildisziplinen, die sich dem Erheben, Auswerten und Analysieren konkreter sprachl. Daten (↗ Datum) widmen, mitunter als ↗ empirische Sprachwiss. bezeichnet (↗ Deskriptivismus). Die zahlreichen sog. ↗ »Bindestrichlinguistiken«, die sich seit den 1960er Jahren entwickelt haben, befassen sich mit Gegenständen, die gleichzeitig zum Objektbereich anderer Disziplinen gehören und deren Untersuchung entsprechend modifizierter Methodiken und Modellbildungsverfahren bedarf, z. B. die ↗ Psycholinguistik, die ↗ Soziolinguistik, die ↗ Sprachsoziologie oder die ↗ Sprachphilosophie; sie sind an den entsprechenden Stellen in diesem Lexikon beschrieben und werden hier nicht im einzelnen aufgeführt. **Lit.** De Saussure,

Cours. – L. Bloomfield, Language. N. Y. 1933. – L. Hjelmslev, Omkring sprogteoriens grundlæggelse. Kopenhagen 1943. Dt.: Prolegomena zu einer Sprachtheorie. Mchn. 1974. – R. Jakobson & M. Halle, Fundamentals of Language. The Hague 1956, ²1975. – C. F. Hockett, A Course in Modern Linguistics. N. Y. 1958. – J. Lyons, Introduction to Theoretical Linguistics. Cambridge 1968. Dt.: Einf. in die moderne Ling. Mchn. 1971. – Ders., Language and Linguistics. An Introduction. Cambridge 1981. – F. J. Newmeyer (ed.), Linguistics: The Cambridge Survey. 5 vols. Cambridge 1988. – CTL 1 ff. – HSK 1 ff.   G

Sprachwörterbuch (auch: Wörterbuch. Engl. dictionary, frz. dictionnaire) ↗ Wörterbuch, das den ↗ Wortschatz einer Spr., eines Dialekts oder einer anderen Varietät dokumentiert, mitunter auch festlegt und bei Zweifelsfällen und Schwankungen entscheidet. Kern eines S. ist ein systemat. (meist alphabet.) geordnetes Wörterverzeichnis. Die einzelnen Artikel enthalten in einsprachigen S. Angaben zur Bedeutung des Lemmas, mitunter auch Angaben zur Aussprache, zur Rechtschreibung, zu den grammatischen Eigenschaften, zur Etymologie, zur Stilebene, zu pragmat. Beschränkungen usw. Mehrsprachige S. enthalten die Äquivalente der Lemmata in den beteiligten Spr. **Bibl.** P. Kühn, Dt. Wbb. Eine systemat. Bibliographie. Tübingen 1978. – M. Cop, Bibliography of Dictionary Bibliographies. In: HSK 5.3, 3169–3177.   G

Sprachwörterbuchforschung   ↗ Wörterbuchforschung

Sprachzeichen (Auch: Signem. Engl. linguistic sign, frz. signe linguistique) ↗ Zeichen einer natürl. Laut-, Schrift- oder Gebärdenspr. Entsprechend ist die Ling., die die S. erforscht, eine Teildisziplin der Zeichenwiss., d. h. einer »inklusiv« (W. Nöth ²2000, 323) verstandenen ↗ Semiotik. In diesem Rahmen gelten S. entweder als hochspezialisierte Sonderform von Zeichen oder als prototyp. Zeichen, an denen sich die semeolog. »Probleme« (Saussure, Cours, 34) am deutlichsten ausprägen und denen gegenüber andere Zeichentypen als »degeneriert« (Ch. S. Peirce) erscheinen. So betrachtet R. Barthes verbale Zeichen, bezogen auf menschl. Textkommunikation, als »primär« gegenüber nonverbalen Zeichen; und A. Schaff stellt in seiner Zeichentypologie die »Wortzeichen […] allen anderen Zeichensystemen« gegenüber, weil diese nach seiner Meinung »mit der aus den Wortzeichen herrührenden Bedeutung ›durchtränkt‹ sind und nur deren Licht widerspiegeln« (1969, 181). – Als Merkmale der S. nennt de Saussure ↗ Arbitrarität und ↗ Linearität; das erstere Merkmal teilt das S. mit allen symbol. Zeichen (↗ Symbol (4)), das letztere mit allen, die »in der Zeit verlaufen«. Angeregt durch die von Ch. F. Hockett formulierten 16 »design features« (Bestimmungsmerkmale) der Spr. lässt sich das S. reichhaltiger charakterisieren: (a) Arbitrarität und

Konventionalität gelten für alle S. bis zur Satzebene; auch partiell »motivierte« (↗ Motiviertheit) S. wie ↗ Deiktika, ↗ Interjektionen, ↗ Onomatopoetika sowie viele ↗ Komposita und ↗ Phraseolexeme sind Bestandteile eines zu lernenden Systems von Symbolen. (b) Auf ↗ Konnexionen können nur sehr einfache Signalsysteme (z.B. Verkehrsampeln) verzichten; i.d.R. bestehen kommunizierte ›Nachrichten‹ aus Zeichenverbindungen, die im Falle akust. Zeichen notwendig »linear« bzw. sequenziell geordnet sind (Vogelsang, Sirene). In der menschl. Spr. begründet diese Sequenzialität zugleich eine doppelte Hierarchie: (b1) Minimale S. bestehen aus kleineren, nicht-bedeutungstragenden Elementen in linearer (Lautsprachen, ↗ kenematische Schriftsysteme) oder nicht-linearer (↗ Gebärdensprachen, logograph. Schriften, ↗ Logographie) Kombination. Die »zweifache Gliederung« in Zeichen und Zeichenelemente gilt als definierendes Merkmal von menschl. Spr. (↗ Doppelte Artikulation). (b2) Die erste Gliederungsebene ist selbst mehrdimensional strukturiert: Textäußerungen bestehen nicht einfach aus Folgen oder Gruppen von Minimalzeichen, sondern aus ↗ Sätzen, die ↗ propositionale Gehalte vermitteln und Minimalzeichen als ihre Bestandteile in funktionalen Hierarchien organisieren. Ob dies ebenfalls als Charakteristikum der menschl. Spr. gelten kann, hängt davon ab, wie man die Zeichensequenzen von Primaten (↗ Primatensprache) hinsichtl. einer syntakt. Struktur beurteilt (vgl. F. Patterson & E. Linden, Kap. 12). (c) Die symbol. und syntakt. Konstitution von S. ermöglicht den Ausbau eines potentiell offenen, produktiv erweiterbaren, begriffl. gegliederten und funktional differenzierten ↗ Wortschatzes. Dieser bildet das Medium für mehrere genuin menschl. Sprachleistungen: (c1) die Formulierung komplexer und abstrakter Sachverhalte; (c2) die Ablösung von der indexikal. (↗ Index (1)) Bindung an das unmittelbar Gegebene und die Referenz auf räuml. und zeitl. Entferntes, Erschlossenes, Vermutetes, Geplantes, denkend Entworfenes; (c3) die sprachl. Erzeugung referentieller Kontexte sowie die Kreation, Definition, Diskussion und Tradition kultureller Einheiten; (c4) die Reflexion der Spr., die den Vollzug metasprachl. und metakommunikativer Funktionen (↗ Metasprache, ↗ Metakommunikation) und damit u.a. auch die ↗ Kodifizierung und ↗ Terminologisierung von S. ermöglicht. (d) Sprachsysteme sind in Wortschatz und Grammatik entsprechend dem Stand der gesellschaftl. Differenzierung in dialektale, soziolektale, situationale und funktionale ↗ Varietäten gegliedert. S. konnotieren (↗ Konnotation (2)) derartige Zuordnungen und fungieren dadurch als Mittel der Stabilisierung sozialer Strukturen sowie der interaktionalen Definition und Aushandlung sozialer Beziehungen. (e) Virtuelle S. sind konventionell geformt und individuell überformbar. Da lexikal. S. i.d.R. mehrdeutig und partiell unspezifiziert sind, bedürfen sie

der ↗ Monosemierung und Spezifizierung durch den Äußerungskontext, v.a. durch die aktuelle ↗ Referenz und kotextuelle Bezüge (↗ aktuelle Bedeutung). S. können ferner im Widerspruch zu ihrem Kontext gebraucht werden, und zwar in denotativer, konnotativer oder aktionaler Diskrepanz: Sie können auf ↗ Referenten bezogen werden, die außerhalb ihres konventionellen ↗ Designats liegen, etwa zur Bez. neuartiger Objekte oder zu rhetor. Zwecken (↗ Tropus, ↗ Ironie, ↗ Metapher); man kann sie außerhalb ihres eigentl. sozialen Anwendungsbereichs verwenden und damit ihrem Kotext eine best., zumeist wertende ›Färbung‹ verleihen; schließl. kann man Sätze zum Vollzug von Sprechhandlungen einsetzen, die nicht zum Potential ihres Satzmodus gehören (z.B. rhetor. Frage). In all diesen Fällen wird der Rezipient die Systembedeutungen so lange modifizieren oder ergänzen (↗ Konversationelle Implikatur), bis eine sinnvolle (↗ Sinn (5), (6)) ↗ Äußerungsbedeutung entsteht. Wenn ↗ übertragene Bedeutungen konventionalisiert sind, können sie selbst zur Basis neuer Übertragungen und Rückübertragungen werden (z.B. Schimpfwort zum Kosewort, Wörtl.-Nehmen von Phraseologismen u.v.a.). Die Plastizität der lexikal. Bedeutungen und die Tatsache, dass S. ↗ rekursiv als Signifikanten von Zeichen höherer Ordnung eingesetzt werden können (↗ Konnotation (3)), sind wichtige Quellen der typ. menschl. Sprachkreativität. **Lit.** Ch. S. Peirce, Collected Papers. Bd. 3. Cambridge, Mass. 1933. – Ch. F. Hockett, The View from Language. Athens 1977. – H. Henne & H. Rehbock, Sprachzeichenkonstitution. LGL ²1980, 151–159. – F. Patterson & E. Linden, The Education of Koko. N.Y. 1981. – P. Schmitter, Das sprachl. Zeichen. Münster 1987. – R. Keller, Zeichentheorie. Tübingen 1995. – R. Nakamura, S. und Bedeutung. Hildesheim 2000.– Weitere Lit. ↗ Semiotik. RB

Sprachzentrum Areal der Rinde (lat. *cortex;* graue Substanz, Nervenzellen) des Großhirns, das primär der Rezeption und Produktion von Spr., d.h. dem Verstehen von Spr. und dem Sprechen dient (Integrationsfeld); ↗ Brocasches Zentrum, ↗ Gehirn, ↗ Wernickesches Feld. GL

Sprachzweig ↗ Sprachfamilie

Spreading Ausbreitung eines phonolog. Merkmals auf mehrere Positionen eines phonolog. Wortes; ↗ Umlaut, ↗ Vokalharmonie. G

Sprechakt 1. Im Bühlerschen Vierfelderschema (↗ Bühlersches Organonmodell) Ausdruck für »subjektsbezogene« Sprachphänomene (im Gegensatz zu den »subjektsentbundenen« des »Sprachgebildes«). – Terminolog. ist diese Bühlersche Unterscheidung kaum aufgenommen worden; sachl. thematisiert sie ein zentrales Problem der Sprachtheorie, das gegenwärtig freilich mehr implizit aktualisiert als explizit theoret. diskutiert wird. **2.** Eindeutschung des engl. Terminus *speech act.* Dieser Terminus wurde von Searle (1969) durch sein gleichnamiges Buch popularisiert. Searle straffte die von Austin entwickelten Kategorien für das, was man tut, wenn man Wörter verwendet (↗ Sprechakttheorie). S. sind die »basic or minimal units of linguistic communication« (1969, § 1.4). Der S. wird bestimmt als »production or issuance of a sentence token under certain conditions« (ebd.). Ein S. umfasst einen Äußerungsakt, einen propositionalen Akt und einen illokutiven Akt. Diesen wird der *perlokutive Akt* Austins »hinzugefügt«, sofern der beim Hörer erreichte Effekt als solcher – wie etwa im Fall des Überzeugens – eigens bezeichnet wird. – Während der Äußerungsakt keine eigenständige theoret. Beachtung erfährt, wird der propositionale Akt näher als die Kombination eines Referenzaktes (in dem die Bezugnahme auf die »Welt« erfolgt) und eines Prädikationsaktes (in dem eine Aussage über »Welt« gemacht wird) verstanden. Der illokutive Akt erfasst die eigentliche Handlungsqualität des S. Er ist als »regelgeleitetes intentionales Verhalten« (1969, § 1.4) rekonstruierbar. Die Regeln sind genauer als Regeln für »den Gebrauch des die illokutive Kraft anzeigenden Indikators« (1969, § 3.3) zu fassen. Sie setzen die Bedingungen um, die notwendig und hinreichend für die erfolgreiche Ausführung eines illokutiven Aktes und damit des Sprechaktes als ganzen sind. In einer »wesentlichen Regel« (einer »konstitutiven Regel«) wird die zentrale Charakterisierung des jeweiligen illokutiven Akts (und damit des Sprechakts als ganzen) erfasst, z. B. beim Versprechen die Absicht des Sprechers S, sich durch das Äußern der in seiner Spr. dafür geeigneten Ausdrücke T unter die Verpflichtung zu stellen, eine zukünftige Handlung A zu tun. Die »Regel des propositionalen Gehaltes« formuliert die semant. Restriktionen für die mögl. Inhalte des propositionalen Aktes, z. B. beim Versprechen eine zukünftige Handlung des Sprechers S. »Präparatorische Regeln« (Regeln »sine quibus non« S. erfolgreich ausgeführt werden können) formulieren einerseits Bedingungen der Nicht-Trivialität des S., andererseits jeweils spezif. sprecher- und hörerseitige objektive und subjektive Voraussetzungen, z. B. im Fall des Versprechens, dass der Hörer H die zukünftige Handlung A von S dem Nicht-Handeln von S vorziehen würde und dass S davon überzeugt ist, dass dem so ist. Die Bedingung der Ernsthaftigkeit oder Aufrichtigkeit (*sincerity*) unterscheidet vollgültige von prätendierten. Die Ausführung der illokutiven Akte steht allgemein unter den »normalen in- und out-put-Bedingungen«, den Bedingungen für das normale Sprechen und Verstehen. – Die Bestimmung solcher Regeln ermöglicht eine Systematisierung von S. und Sprechaktklassen (↗ Sprechaktklassifikation), die zu einer Logik der Illokutionen weiterentwickelt werden soll (vgl. Searle & Vanderveken 1985). – Die Searlesche S.-Auffassung wurde breit rezipiert und in verschiedenen Richtungen krit. weiterentwickelt. Im Rahmen der ling.

↗ Pragmatik wurde sie in den größeren Zusammenhang einer Theorie des sprachl. Handelns gestellt (↗ Sprechhandlung). **Lit.** J. L. Austin, How to Do Things With Words. Oxford 1962. Dt. Stgt. 1972. – Bühler, Sprachtheorie. – P. Cole & J. L. Morgan (eds.), Syntax and Semantics 3: Speech Acts. N. Y. 1975. – F. Coulmas (ed.), Direct and Indirect Speech. Bln. 1986. – G. Grewendorf (Hg.), Sprechakttheorie und Semantik. Ffm. 1979. – G. Hindelang, Einf. in die Sprechakttheorie. Tübingen 1983. – J. M. Sadock, Toward a Linguistic Theory of Speech Acts. N. Y. 1974. – J. R. Searle, Speech Acts. Cambridge 1969. Dt. Ffm. 1971. – Ders. & D. Vanderveken, Foundations of Illocutionary Logic. Cambridge 1985. – D. Wunderlich, Studien zur Sprechakttheorie. Ffm. 1976. – G. Harras, Handlungsspr. und Sprechhandlung. Bln., N. Y. ²2004. E

Sprechaktklassifikation (auch: Sprechhandlungstypologie) Bereits in Austin (1962) finden sich Versuche, die analyt. Bestimmungen zu den ↗ Illokutionen zu einer Typologie von Illokutionen weiterzuentwickeln. Dieser analyt. Versuch ist durch Searles (1969) exempl. vorgehende Klassifikation krit. bearbeitet worden. Searle hat zusammen mit Vanderveken (1983) die Klassifikation zu einer illokutiven Logik weiterentwickelt. Eine grundlegende Kritik bietet Ulkan 1993. – Die von Ballmer und Brennenstuhl vorgelegte Klassifikation ist mit dem Problem behaftet, dass die ursprüngl. durch eine empir. Analyse dt. sprechhandlungsbezeichnender Verben erarbeitete Klassifikation mit engl. Übersetzungs»äquivalenten« versehen wurde, wobei ein Grundproblem der Klassifikationsversuche insgesamt besonders virulent wurde: Die Klassifikationsversuche basieren im Allgemeinen auf den sprechhandlungs- bzw. illokutionsbezeichnenden Ausdrücken (insbes. Verben, und hier wieder den ↗ performativen Verben) der Alltagssprache der Analytiker. Eine ↗ Metasprache, die davon unabhängig wäre, ist aus prakt. und theoret. Gründen nicht vorab vorhanden, sondern allenfalls aus einer differenzierten einzelsprachl.-empir. fundierten und histor.-rekonstruktiven Systematisierung zu gewinnen. – Die bisherigen Klassifikationen bieten meist eine auf wenige, ins Auge springende Sprechhandlungsbezeichnungen beschränkte Typologie, deren innerer Zusammenhang – mangels detaillierter Analysen der zugrundeliegenden sprachl. Handlungsmuster – teils der Plausibilisierung durch den Leser überlassen wird, teils auf wenige, in ihrem Stellenwert für die ling. ↗ Pragmatik als übergreifende sprachl. Handlungstheorie nur ansatzweise bestimmte Kriterien (z. B. Anpassungsrichtung, Welt-Wort) bezogen wird. Die Klassen werden dann mit anderen Ausdrücken zur Bezeichnung von Sprechhandlungen oder ihren Folgen charakterisiert (»rebarbative names«, wie Austin selbst (1962, lect. XII) sagt). So unterscheidet Austin (a) *Verdiktiva* (Urteile, insbes. einer Jury oder anderen Instanz),

z. B. *freisprechen, einschätzen*; (b) *Exerzitiva* (Entscheidungsäußerungen, mit denen Macht, Rechte u. ä. ausgeübt werden), z. B. *Veto einlegen, ernennen*; (c) *Kommissiva* (Verpflichtungsübernahmen), z. B. *versprechen*; (d) *Behabitiva* (von *behave, behaviour*; von v. Savigny als *Konduktiva* übersetzt; eine Sammelklasse, die es mit »sozialem Verhalten« zu tun hat), z. B. *sich entschuldigen, beglückwünschen*; (e) *Expositiva* (mittels derer der Stellenwert von Äußerungen in ihrem Zusammenhang kenntlich gemacht wird; ↗ Metakommunikation, ↗ Kommentar), z. B. Verwendung von Ausdrücken wie *ich fasse zusammen, ich nehme an* (↗ propositionale Einstellung). Weitere Klassen wie ↗ *Direktiva* (Befehl, Bitte), *Konstativa* (↗ Assertion; trotz der krit. Diskussion bei Austin), ↗ *Permissiva* (Erlaubniserteilungen) lassen sich hinzufügen oder spezifizierend aussondern bzw. zur eigenen Klasse erheben wie *Promissiva* (Versprechen); *Regulativa*; *Satisfaktiva* (↗ Entschuldigen). So kommt z. B. Searle (1975) zu den fünf Klassen (a) Assertiva (oder Repräsentativa), (b) Direktiva, (c) ↗ Kommissiva, (d) ↗ Expressiva (z. B. *kondolieren, entschuldigen*) und (e) ↗ Deklarationen (z. B. *definieren, taufen*). – Die noch immer unzureichende Bearbeitung der Klassifikation sollte nicht darüber hinwegtäuschen, dass es sich hierbei um eine zentrale Aufgabe der ling. Pragmatik handelt. Die bisher vorgeschlagenen Klassifikationen thematisieren in der einen oder anderen Weise jeweils relevante Gesichtspunkte; ein Kernproblem liegt in dem noch mangelnden Aufweis der inneren Ableitungsverhältnisse und vor allem in der – bereits bei Austin geforderten, aber noch immer nicht bearbeiteten – empir. Fundierung. **Lit.** J. R. Searle, A Taxonomy of Illocutionary Acts. In: K. Gunderson (ed.), Language, Mind, and Knowledge. Minneapolis 1975. – J. R. Searle & D. Vanderveken, Foundations of Illocutionary Logic. Cambridge 1983. – Th. Ballmer & W. Brennenstuhl, Speech Act Classification. Bln. 1981. – M. Ulkan, Zur Klassifikation von Sprechakten. Tübingen 1993. – G. Harras et al. (Hgg.), Handbuch dt. Kommunikationsverben. Bln., N. Y. 2004. – Weitere Lit. ↗ Sprechakt. **E**

Sprechaktlautlehre ↗ Phonetik
Sprechakttheorie ↗ Diskurs, ↗ Diskursanalyse, ↗ Pragmatik, ↗ Sprechakt, ↗ Sprechaktklassifikation
Sprechakttyp ↗ Sprechaktklassifikation
Sprechangst ↗ Logophobie
Sprechatmung ↗ Atmung
Sprechausdruck (auch: Agogik, paraverbale Mittel, Sprechschall. Engl. oral delivery, frz. expression orale) Ggü. Ansätzen, die zwischen der auditiven Struktur und funktionalen (wirkungsbezogenen) und konditionalen (ursachenbezogenen) Kategorisierungen nicht unterscheiden, wird in der ↗ Sprechwissenschaft zwischen phänomenolog. Parametern als Übersetzungen akust. Merkmale (↗ akustische Phonetik) in auditive Muster menschl. Wahrnehmungen

(Grundfrequenz vs. Tonhöhe, Schalldruck vs. Lautstärke usw.) einerseits und sinnkonstitutiven Funktionen jener Parameter als Ausdruck von Botschaften unterschieden. Sie werden in vier Gruppen gegliedert: (a) melod. Parameter: alle Wahrnehmungen, die mit der Schwingungszahl und -art des ↗ Schalls (↗ Intonation) zusammenhängen, also ↗ Tonhöhe, Tonhöhenverlauf, ↗ Klangfarbe, ↗ Klangfülle. Es ist der Parameter von ↗ Stimme, ↗ Stimmlage und Stimmgattung. (b) Dynam. Parameter sind alle Wahrnehmungen, die mit dem ↗ Schalldruck zusammenhängen: Lautstärke und Lautstärkewechsel, Betonung (↗ Akzent, ↗ Intonation, ↗ Intensität) durch Lautstärkewechsel, Betonungsstärke, Betonungsart (stereotyp skandierend vs. sinnorientiert), Betonungshäufigkeit. (c) Temporale Parameter sind alle Zeitwahrnehmungen von Laut- und Silbenrealisation: Geschwindigkeit (Sprechtempo): schnell (Presto-, Allegroform) vs. langsam (Lentoform), Geschwindigkeitswechsel (beschleunigend vs. verlangsamend), Pausendauer (lang – kurz), Pausenanzahl, Pausenart (stauend – lösend; kolonbildend (↗ Kolon); sinnschritt- bzw. sprechtaktgliedernd). (d) Artikulator. Parameter sind alle sprachlautbezogenen Wahrnehmungen wie Lautart (vokalisch vs. kons.), Lautungsgriff (eng vs. weit, gespannt vs. ungespannt), Lautbindung (gebunden vs. getrennt), Deutlichkeit, Lautungsstufe (↗ Hochlautung, Standardausspr., Regiolekt-, Soziolekt-, Dialektlautung). S. kann bezügl. der folgenden Dimensionen variieren: (a) ling. (Strukturen des ↗ »Sprechdenkens«, ↗ Kadenzen und das phonet. und phonolog. System); (b) psych. (Affekte, ↗ Emotionen, Stimmungen, auch Pathologien; ↗ Biophonetik); (c) psychosozial (situative, formative, rollenspezifische Muster; z. B. Offiziers-, Pastoren-, Dozententon); (d) sozial (schicht- und gruppenspezif. Muster); (e) physiolog. (okkasionelle, habituelle und konstitutionelle, auch sprechpatholog. Muster; ↗ Stimme); (f) physikal. (medienbedingte Muster, z. B. in Telefondialogen). **Lit.** L. Berger (Hg.), Sprechausdruck (SuS Bd. 13). Ffm. 1984. – N. Gutenberg, Sprechstile. Ansätze einer sprechwiss. Stilistik. In: B. Sandig (Hg.), Stilistik. 2 Bde. Bd. 1: Probleme der Stilistik. Hildesheim u. a. 1983. 209–286. – E. Stock, Untersuchungen zu Form, Bedeutung und Funktion der Intonation im Dt. Bln. 1980. – B. Neuber, Prosod. Formen und Funktionen. Ffm. u. a. 2002. **GU**

Sprechbewegungen ↗ Artikulation
Sprechdenken (engl. speech-thinking, frz. pensée parlante) In der ↗ Sprechwissenschaft und der ↗ Sprecherziehung übl. Bez. für die psych. Voraussetzungen und Planungen von konkreten sprachl. Äußerungen; ↗ Sprachproduktion. **GU**
Sprechen (engl. speech, oral communication, frz. parole, communication orale) Als alltagssprachl. Ausdruck bezeichnet ›S.‹ sämtl. Dimensionen mündl. Kommunikation. S. hat akust. Materialität (Sprechschall). Sprechtätigkeit vollzieht sich in

einem sozialen Bedingungsgefüge durch ein System von körperl. und psychol. Sprechhandlungen und -operationen (Sprechverhalten); ↗ Sprechwissenschaft. **Lit.** ↗ Sprecherziehung.   GU

Sprecher ↗ Informant

Sprecherbeitrag ↗ Turn

Sprechereinstellung ↗ Propositionale Einstellung

Sprecherort ↗ Personaldeixis

Sprecherwechsel ↗ Turn

Sprecherziehung (engl. speech (communication) education/pedagogy, frz. formation de la communication orale) Anwendungsaspekt der ↗ Sprechwissenschaft. Als Didaktik der mündl. Kommunikation reflektiert die S. Lehr- u. Lernziele, -inhalte und -methoden. Gültig ist dabei immer noch E. Drachs (1885–1935) Einsicht, dass eine »Erziehung zum Sprechen« sich nicht auf den Unterrichtsgegenstand »mündl. Kommunikation« reduzieren dürfe, sondern dass sie nur als eine »Erziehung durch Sprechen« verstanden werden könne, S. also ein »Unterrichtsprinzip« sein müsse. Seit Geißner (1982) gilt Gesprächsfähigkeit als Gesamtlehr- u. -lernziel der S. Darunter ist die Fähigkeit zu real und virtuell dialog. Kommunikation zu verstehen. Polit. verstanden soll Gesprächsfähigkeit Teil von Demokratiefähigkeit sein, zu krit. Mündigkeit führen. Die sprecherzieherische Didaktik und Methodik nahm stets Impulse aus den pädagog. Strömungen ihrer jeweiligen Epoche auf: Reformpädagogik, Kunsterzieherbewegung bis 1933, demokrat. polit. Bildung, Gruppendynamik, Gruppenpädagogik nach 1945. S. ist Teil von Lehreraus- und -fortbildung. Seit den ›Bildungsstandards‹ der dt. Kultusministerkonferenz (KMK) ist S. im mündl. Teil des Deutschunterrichts quantitativ wichtiger geworden. Weil mündl. Kompetenzen auch in anderen Schulfächern zu Lernzielen erklärt wurden, wurde S. zu einem übergreifenden Unterrichtsprinzip. Das gesprächserzieherische Gesamtziel wird auch angestrebt, wo Teilkompetenzen als Lehr- und Lernziel gefragt sind: Ausspracheschulung im DaF-Unterricht, Stimmbildung und ↗ Leselehre bei der Ausbildung von Mediensprechern und Schauspielern, in der Therapie von ↗ Sprach- und Sprechstörungen. Die S. gliedert sich in: (a) Gesprächs- und Redeerziehung als S. auf der Makro- (Gesprächs- und Redeformen), Meso- (Argumentieren, Erzählen, Berichten usw.) und Mikroebene (Gesprächsleiteraufgaben, Teilnehmerinterventionen usw.) für unterschiedl. Berufe und gesellschaftl. Tätigkeitsfelder. (b) Erziehung zum künstlerisch-ästhet. Sprechen (ep., lyr. und dramat. Literatur) als Teil von ›Spielpädagogik‹, mus. Bildung und professioneller Theaterpädagogik. Darauf orientiert und darin integriert ist (c) Sprechbildung als S. der Elementarprozesse (↗ Sprechwissenschaft), Atem- und Stimmbildung, Hörerziehung, Lautbildung, ↗ Leselehre, Sprechausdrucks- und Sprechdenkübungen; (d) Sprechtherapie als heilpädagog. S. bei Störungen der Elementarprozesse

und kompensator. Gesprächserziehung als S. bei Störungen der komplexen Prozesse. **Lit.** H. Geißner, S. Theorie der mündl. Kommunikation. Ffm. 1981. – Ders., S. Didaktik der mündl. Kommunikation. Ffm. ³1989. – Ders., Kommunikationspädagogik. Transformationen der ›Sprech‹-Erziehung. St. Ingbert 2000. – N. Gutenberg, Grundlagenstudien zu Sprechwiss. und S. Kategorien – Systematik – Programm. Göppingen 1994. – Ders., Einzelstudien zu Sprechwiss. und S. Arbeiten in Teilfeldern. Göppingen 1998. – Ders., Einführung in Sprechwiss. und S. Ffm. u. a. 2001. – Ders., Sprechwiss. und S. in der Lehrerbildung (zusammen mit Ines Bose). In: K. Knapp et al. (Hgg.) Angewandte Ling. Ein Lehrbuch. Tübingen 2004, 56–77. – M. Pabst-Weinschenk (Hg.), Grundlagen der Sprechwiss. und S. Mchn., Basel 2007. – N. Gutenberg (Hg.), Sprechwiss. und Schule. S. – Lehrerbildung – Unterricht. Mchn., Basel 2007.   GU

Sprechgeschwindigkeit ↗ Sprechausdruck

Sprechhandlung 1. ↗ Sprechakt (1), ↗ Pragmatik. 2. In der Kritik der Sprechakttheorie wird der Terminus ›S.‹ systemat. verwendet. Er dient dazu, einerseits die Zweckcharakteristik sprachl. Handelns hervorzuheben, zum anderen und insbesondere dazu, die Handlungsqualität und den besonderen Stellenwert dieser Form menschl. Tätigkeit zu unterstreichen. Gegenüber der substantiellen Gleichheit von »acts« innerhalb der Sprechakttheorie Searles, gleich welcher Art diese »acts« sind, werden Akte von Handlungen systemat. unterschieden. Akte gehen bestimmend in Handlungen ein, Handlungen sind Synthesen von Akten. Die S. sind selbständige Handlungseinheiten, die Akte in den meisten Fällen nicht. So wird es nicht zuletzt möglich, zwischen dem illokutiven Akt und der S. als ganzer systemat. zu unterscheiden. S. sind Aktualisierungen von sprachl. Handlungsmustern. Diese sind aus gesellschaftl. Erfahrung zur Bearbeitung immer erneut auftretender Zwecke herausgearbeitete und in einer Sprachgruppe verallgemeinerte Handlungsmöglichkeiten, deren Strukturen vom zu erreichenden Handlungszweck her organisiert sind. Erst durch die Übernahme der Zwecke im individuellen Handeln werden die Möglichkeiten aktualisiert. Die Übernahme kann musterkonform erfolgen; sie kann die Muster auch anderen als dem Zweck entsprechenden Zielen zuordnen (z. B., wenn Teile eines Handlungsmusters takt. eingesetzt werden, wie etwa das ↗ Frage-Antwort-Muster bei der sog. ↗ Lehrer- oder der Examensfrage). Solche takt. Verwendungen von Partialmustern sind empir. häufig. Werden sie analyt. nicht angemessen erfasst, führen sie leicht zu einem agnost. Standpunkt hinsichtl. der Erkennbarkeit sprachl. Handelns in empir. Sprachdaten. – Im Konzept der S. wird die bleibend satzzentrierte Fragestellung der Sprechakttheorie Searles kritisiert. Die Searleschen Bedingungen für die glückliche Ausführung eines illokutiven Akts werden als Etappen eines komplexen, Sprecher- und Hörertätigkeiten gleichermaßen umfassenden interaktionalen Geschehens rekonstruiert. Diese Etappen verlaufen analyt.-systemat. von der Planung (mit der mentalen Antizipation des Zweckes) über verschiedene weitere mentale Phasen einschließlich der Intention (als Ort der konkreten Übernahme des Handlungsplanes für das aktuale Handeln) hin zur Umsetzung in die interaktionale Wirklichkeit. Im interaktional erreichten Zweck kommt die Handlung des Sprechers zur für ihn und den Hörer gemeinsamen verbindl. Erfüllung. – Die Handlungszwecke unterschiedl. Typen von Sprechhandlungen können zu spezif. Kombinationen zusammengefasst werden. So entstehen komplexe Muster von ⁊ Diskursen. **Lit.** W. Brennenstuhl, Handlungstheorie und Handlungslogik. Kronberg Ts. 1975. – K. Ehlich & J. Rehbein, Sprachl. Handlungsmuster. In: H.-G. Soeffner (Hg.), Interpretative Verfahren in den Sozial- und Textwiss. Stgt. 1979, 243–274. – G. Meggle, Grundbegriffe der Kommunikation. Bln. 1981. – J. Rehbein, Komplexes Handeln. Stgt. 1977. – Ders., Handlungstheorien. SL 7, 1979, 1– 25. – J. R. Searle, Speech Acts. Cambridge 1969. Dt. Ffm. 1971. – D. Wunderlich, Studien zur Sprechakttheorie. Ffm. 1976. **E**

Sprechhandlungsfolgen ⁊ Sprechhandlung, ⁊ Turn
Sprechhandlungssequenz ⁊ Sprechhandlung, ⁊ Turn
Sprechhandlungstheorie ⁊ Sprechhandlung
Sprechhandlungstypologie ⁊ Sprechaktklassifikation
Sprechklang ⁊ Sprechausdruck
Sprechmaschinen ⁊ Sprachsynthese
Sprechmelodie ⁊ Intonation, ⁊ Sprechausdruck, ⁊ Stimme
Sprechorgan ⁊ Artikulierendes Organ, ⁊ Artikulationsorgane
Sprechschall ⁊ Sprechausdruck
Sprechsilbe Die in einer einheitl. koartikulator. (⁊ Koartikulation) Öffnungs- und Schließbewegung hervorgebrachte bzw. durch Variation des Atemdrucks abgesetzte artikulator.-rhythm. Grundeinheit lautsprachl. Äußerungen. **PM**
Sprechsituation (auch: Kommunikationssituation, Situation) In der ling. ⁊ Pragmatik (Wunderlich, Rehbein, Bayer) aufgenommener Ausdruck der Allgemein-Sprache, der dazu dient, eine Wiederausweitung einer auf innere Systemeigenschaften reduzierten Sprachauffassung zu erreichen. In der engl. Ling. der Mitte des 20. Jh. (Firth) wurde der »context of situation« für sprachl. Ereignisse hervorgehoben, eine Fragestellung, die in der ⁊ Systemischen Linguistik (Halliday) breit entfaltet wurde (⁊ Londoner Schule). – Die theoret. Herkunft des Ausdrucks ›Situation‹ ist schwer zu bestimmen, wahrscheinl. geht er auf lat. *situs* bzw. das ϰεῖσϑαι (keisthai) ›sich befinden‹ der aristotel. Kategorien zurück, eine Kategorie, der kein klarer Status zu-

kam. Die begriffl. Erstreckung des Ausdrucks ›Situation‹ ist sehr unterschiedl. Z. T. wird ›Situation‹ synonym mit ⁊ ›Kontext‹ gebraucht, z. T. findet sich ein ringförmiges Modell, in dessen Mittelpunkt die sprachl. Äußerung, der Sprechakt oder der Text steht. Deren Umgebung ist dann der Kontext. Zum Teil wird ein sprachl. ⁊ Kotext vom nicht-sprachl. Kontext differenziert (Bar-Hillel, Petöfi), z. T. entspricht ›Kontext‹ in diesem Sinn dem Ausdruck ›Situation‹. Sprecher- und hörerseitige Voraussetzungen sprachl. Handelns werden der Situation zugerechnet. Insbes. aber werden größere soziale Konstellationen, in denen sprachl. gehandelt wird, als ›Situation‹ bezeichnet. Eine Stabilisierung der Terminologie ist bisher nicht erfolgt. Häufig verflüchtigt sich der Ausdruck ›Situation‹ zu einem bloßen Stellvertreter-Ausdruck für die eigentl. analyt. zu bestimmenden komplexen gesellschaftl. Bedingungen des sprachl. Handelns. – Eine deutlichere Bestimmung bietet die Bühlersche Konzeption der S., wie sie insbesondere zum Verständnis von deikt. Ausdrücken (⁊ Deixis) im sprachl. Handeln selbst vorausgesetzt ist. Die S. bezieht sich dann auf das Ergebnis der sprachl. Handlung als solches, seine Lokalität und Temporalität sowie die an ihm beteiligten ⁊ Aktanten. So verstanden, entspricht sie ungefähr dem zweiten Teil der aristotel. Kategorientafel. Dimensionen der Deixis machen von diesen Merkmalen der sprachl. Handlung Gebrauch. **Lit.** K. Bayer, Sprechen und Situation. Tübingen ²1984. – Bühler, Sprachtheorie. – F. Erickson & Shultz, When is a Context? In: J. L. Green & C. Wallat (eds.), Ethnography and Language in Educational Settings. Norwood 1981, 147– 160. – R. Firth, Papers in Linguistics 1934–1951. Ldn. 1957. – M. A. K. Halliday & J. R. Martin (eds.), Readings in Systemic Linguistics. Ldn. 1981. – J. S. Petöfi, Vers une théorie partielle du texte. Hamburg 1975. – J. Rehbein, Komplexes Handeln. Stgt. 1977. – D. Wunderlich, Pragmatik, Sprechsituation, Deixis. LiLi 1, 1972. **E**
Sprechsprache ⁊ Gesprochene Sprachform, ⁊ Sprecherziehung.
Sprechstörung (engl. articulation disorder) Zusammenfassende Bez. für Störungen der artikulator. Lautbildung aufgrund von ⁊ Dysglossie, ⁊ Apraxie oder ⁊ Dysarthrie. Die S. sind abzugrenzen sowohl von ⁊ Dyslalie wie von ⁊ Redeflussstörungen. **Lit.** G. Wirth, Sprachstörungen, S.en, kindl. Hörstörungen. Lehrbuch für Ärzte, Logopäden und Sprachheilpädagogen. ⁵Köln 2000. **GT**
Sprechtakt ⁊ Kolon, ⁊ Sprechausdruck
Sprechtätigkeit ⁊ Sprechakt, ⁊ Tätigkeit
Sprechtätigkeitstheorie ⁊ Sprechakt, ⁊ Tätigkeit
Sprechtempo ⁊ Sprechausdruck
Sprechverweigerung ⁊ Mutismus
Sprechwerkzeuge ⁊ Artikulationsorgane
Sprechwissenschaft (engl. speech communication (theory), frz. théorie de la communication orale) Gegenstand der S. ist das ⁊ Gespräch, die prototyp.

Form von ↗ Sprechen; es wird heute als Sprechtätigkeit (↗ Tätigkeit) begriffen. Darauf aufbauend untersucht die S.: (a) Gesprächs- und Redeprozesse als Sprechhandlungen oder Sprechoperationen (phat. und rhetor. Kommunikation und ihre Komponenten in Tätigkeitsfeldern wie Institutionen, Medien und die darin vorkommenden Texte); (b) alle Prozesse ästhet. Sprechens und Hörens; (c) Geschichte und Ontogenese der Sprechfähigkeit; (d) Elementarprozesse und -muster mündl. Kommunikation als Komponenten von Prozessen wie ↗ Atmung, ↗ Stimme (↗ Phonation), ↗ Sprechausdruck, ↗ Hören (↗ Ohr) und Hörverstehen, Vorlesen und ihre Ontogenese; (e) Störungen der Elementarprozesse (↗ Sprachstörungen) im Zusammenhang mit Kommunikationsverzerrungen. Die S. versteht sich als Grundlagenwiss. für die ↗ Sprecherziehung, aus der sie auch Fragestellungen bezieht. – Die S. entstand in Deutschland zu Beginn des 20. Jh. als ›Sprechkunde‹: Ergebnisse unterschiedlichster Wiss. und Praxen (Sprachphilosophie, Stimm- und Sprachheilkunde, Literaturwiss., Philologie, Sprachpsychologie, Ausspracheforschung, Lehreraus- und -fortbildung, Schauspiel-, Rede- und Vortragskunst etc.) wurden kompiliert als auf Praxis orientiertes Wissen der Sprecherziehung. Zwischen 1920 und 1930 integrierte E. Drach (1885–1935) die heterogenen Komponenten zu einer ersten sprechwiss. Gesamtsicht. In den 30er Jahren erweiterte sich das Fach um die »Rundfunkkunde« und entwickelte zum ersten Mal eine »Wirtschaftsrhetorik«. Die meisten Sprechkundler passten sich institutionell und ideolog. dem NS-Regime an. Nach 1945 teilte sich die Entwicklung, ohne dass sich die S. der BRD und der DDR jemals vollständig auseinanderentwickelt hätten. Im Westen wurde die nationalsprachl. Beschränkung auf *Deutsche Sprechkunde* seit W. Wittsack (1900–1991) überwunden, und durch H. Geißner wurde die Theorie der rhetor. Kommunikation neu begründet. In der DDR wurde die Rhetorik als empir.-deskriptive Wirkungsforschung entwickelt. Zentral waren der Sprechkunst, Störungen und Therapie, Physiologie der Elementarprozesse, Sprechausdruck (Forschungen zur Intonation des Dt.) und vor allem die Standardaussspr. (↗ Aussprache). In den letzten Jahrzehnten befasst sich das Fach verstärkt sowohl mit eigenen Schwerpunkten (z.B. Medienrhetorik) als auch ›grenzüberschreitend‹ in interdisziplinärer Kooperation mit neuen Gegenständen (z.B. Mündlichkeit-Schriftlichkeit, Phonetik, Erziehungswiss., DaF und DaZ). Außer in Deutschland entwickelte sich die S. seit Mitte des 19. Jh. v.a. in den USA (*speech communication*); in Dänemark, den Niederlanden und Finnland entstand sie z.T. unter dem Einfluss dt. Sprechwissenschaftler der 1940er und 50er Jahre. **Lit.** ↗ Sprecherziehung. GU

Sprechzeit Grammat. Begriff, der mit den Begriffen ↗ Aktzeit und ↗ Betrachtzeit ein Bezeichnungssystem bildet und dazu dient, zeitl. Relationen zwischen einer sprachl. Äußerung und der Wirklichkeit zu kennzeichnen. Mit S. wird der Zeitpunkt auf der Achse der objektiven ↗ Zeit bezeichnet, zu dem ein Sprecher (s)eine Äußerung tatsächl. äußert, z.B. *1460 begann durch Pfister der Buchdruck in Bamberg.* Die S. der Äußerung liegt irgendwann in der Lebenszeit des Sprechers, d.h. in seiner Gegenwart. KE

Spreizstellung ↗ Distanzstellung

Sprenglaut ↗ Plosiv

Sprichwort (mhd. sprichwort ›geläufiges Wort, Redensart‹, eigentl. wohl ›vielgesprochenes Wort‹) Im 16. Jh. unter Einwirkung des lautl. und semant. Zusammenhangs mit ›Spruch‹ auch als ›Sprüchwort‹ bezeichnet, bis sich im 18. Jh. ›Sprichwort‹ durchsetzt. – Das S. ist eine ›feste‹ Wendung (invariable Konstruktion) mit lehrhafter Tendenz, die sich auf das prakt. Leben bezieht und i.d.R. einen Einzelfall verallgemeinert als ›Lebensweisheit‹ empfiehlt. Es gehört zum festen lexikal. Bestand einer Spr. und hat oft eine übertragene (metaphor.) Bedeutung, die nicht ident. ist mit dem unmittelbar im Satz mitgeteilten Sachverhalt (z.B. *Neue Besen kehren gut*). – Im Unterschied zum ↗ Phraseologismus enthalten S. keine satzkoordinierenden Elemente und keine Lexeme, die auf einen Kontext oder eine Sprechsituation verweisen. Die syntakt. Struktur ist deshalb von ↗ Autosemantika (Substantiven, Verben, Adjektiven) und oft durch einprägsame sprachl. Mittel wie ↗ Reim, regelmäßigen ↗ Rhythmus und ↗ Alliteration geprägt (z.B. *Viel Glocken, viel Geläute*). S. sind damit eigene »Mikrotexte« (Fleischer 1995), die nicht wie lexikal. Einheiten je nach Kontext variabel ›reproduziert‹, sondern ›zitiert‹ werden. Aus einem S. kann sich ein ↗ Phraseologismus entwickeln, z.B. *jdm. eine Grube graben* aus *Wer andern eine Grube gräbt, fällt selbst hinein.* Das Sammeln von S., Untersuchungen zu ihrer Etymologie und der in ihnen auftretenden rhetor. Formen begann mit der Paroimiographie (griech. παροιμία (paroimia) ›Sprichwort‹) unter philosoph. und histor. Aspekt in der griech. Antike (Aristoteles, Klearchos von Soloi) und wurde in der alexandrin. Zeit fortgesetzt im Rahmen einer systemat. und klassifizierenden Philologie. Die alphabet. Sprichwörtersammlung ›Corpus paroemiographorum‹ (9. Jh.), auf das alle Sammlungen im MA zurückgehen, beruht auf den Sammlungen des Didymos (1. Jh. v.Chr.), Lukillos von Tarrha (1. Jh.) und Zenobios (2. Jh.). Im Dt. gibt es deshalb eine große Anzahl von sog. Lehnsprichwörtern, die im MA aus der griech. und lat. Literatur und aus der Bibel ›entlehnt‹ wurden. Die ersten deutschsprachigen S. sind von Notker Labeo (gestorben 1022) überliefert (in »Dē partibus logicae«). Im Humanismus entstehen die S.sammlungen von Erasmus (»Adagia«, 1500), H. Bebel (»Prōverbia Germānica«, 1536), die deutschsprachigen Sammlungen von J. Agricola (1528 ff.), S. Franck (1541), E. Eyering (1601) u.a.

Die älteste umfassende Sammlung ist das dreibändige Werk von M. F. Peters »Der Teutschen Weißheit« (1604/05). – Eine systemat. Beschäftigung mit dem S. trat vom MA bis zum 18. Jh. hinter dem Inventarisieren und Sammeln zurück (Luthers Sprichwortsammlung, J. G. Schottels »Ausführliche Arbeit von der Teutschen Haubt-Sprache«, 1663). J. G. Gottsched trennt bereits »Kern- und Gleichnißreden« sowie »Redensarten« von »Sprüchwörtern«. Eine erste terminolog. Begriffsbildung versucht K. F. W. Wander (»Das S., betrachtet nach Form und Wesen, für Schule und Leben, als Einleitung zu einem großen volksthümlichen Sprichwörterschatz«, 1836). Er gilt daher auch als Begründer der *Parömiologie* (Wissenschaft von der Erforschung und Beschreibung der Sprichwörter), da er eine Abgrenzung des S. von ⌐ Sentenz und sprichwörtl. Redensart vornimmt. Wander ist Hg. des fünfbändigen »Dt. Sprichwörterlexikons« (1867–1880, Nachdruck 1977). – Unter ling. Aspekten wurde bes. die syntakt. Struktur des S. behandelt; auf dieser Basis wurden Typologien erstellt. Das S. wird u. a. unter phraseolog. Aspekten untersucht (⌐ Phraseologie). Eine Variante bildet das sog. *Sagwort*, das im Unterschied zum S. auch in neuen Beispielen auftritt (auch: *Wellerismus*, nach der Figur Samuel Weller in C. Dickens' »Pickwick Papers«). Es besteht aus drei Teilen: dem S. oder sprichwortähnl. Ausspruch, der Angabe des Sprechers, der es sagt (daher: Sagwort) und der Kurzcharakteristik einer Situation, in der das S. gesagt wird und durch die eine expressive (meist iron. oder witzige, auf jeden Fall neue) Beziehung zu dem Ausspruch deutlich wird, z. B. *Scherben bringen Glück, sagte der Glaser, der den Leuten über Nacht die Scheiben einwarf.* **Lit.** G. Peukes, Untersuchungen zum S. im Dt. Semantik, Syntax, Typen. Bln. 1977. – W. Mieder, S., Redensart, Zitat. Bern u. a. 1985. – Ders., Sprichwörterforschung im 19. Jh. Bern u. a. 1984. – L. Röhrich & W. Mieder, Sprichwort. Stgt. 1977. – W. Fleischer & I. Barz, Wortbildung der dt. Gegenwartsspr. Tübingen 1995. – **Bibl.** W. Mieder, Proverbs in World Literature. An International Bibliography. N. Y. 1996. – **Lexika** H. Beyer, Sprichwörterlexikon. 15 000 S. und sprichwörtl. Ausdrücke vom 16. Jh. bis zur Gegenwart. Weyarn 1996. – L. Röhrich, Lexikon der sprichwörtl. Redensarten. 4 Bde. Freiburg u. a. 1986. VS

Sprosskonsonant (auch: Anaptyxe, griech. ἀνάπτυξις (anaptyxis) ⌐ Entfaltung) Sonderform der →Epenthese: Aussprracheerleichternder, meist durch interartikulator. Koordination erklärbarer Einschub eines Konsonanten (→Stützverschluss) wie z. B. eines homorganen → Plosivs nach einem →Nasal wie (lexikalisiert, morpholog. nicht motiviert) in ›hoffentlich‹ oder berlin. ›ebent‹. PM

Sprossvokal (auch: Anaptyxe < griech. ἀνάπτυξις (anaptyxis) ›Entfaltung‹) Sonderform der

⌐ Epenthese (⌐ Gleitlaut): Zur ausspracheerleichternden Silbenstrukturveränderung (⌐ Silbe) eingeschobener Svarabhakti-Vokal (sanskr. ›Vokal der mittleren Reihe‹). Im Dt. ledigl. als eingeschobenes [ə] in affektierter Aussprache z. B. in *du darfst* [du daʀəfstʰ] bzw. dialektal wie rhein. dorəf für ›Dorf‹, berlinisch *rauəs* für ›raus‹. S. sind im DaF-Unterricht häufig bei Lernenden, deren Ausgangssprache eine weniger komplexe ⌐ Phonotaktik als das Dt. aufweist. Sie neigen deshalb dazu, sog. »Konsonantenhäufungen« durch das Einfügen von S. leichter sprechbar zu machen, z. B. [ʃtʊʀʊmpəf] für ›Strumpf‹, [ʃanapəs] für ›Schnaps‹. G, PM

Spur (engl. trace; Abk. t) Seit der ⌐ REST (auch: Spurentheorie) und in ihren Folgemodellen (⌐ Rektions-Bindungs-Theorie, ⌐ Barrieren-Theorie, ⌐ Minimalismus) angenommene abstrakte leere und indizierte Kategorie als ⌐ Endsymbol in einer (gleichfalls abstrakten) ⌐ Oberflächenstruktur (S-Struktur). S. entstehen gemäß dem ⌐ Projektionsprinzip durch eine ⌐ Bewegungstransformation (⌐ Move α), die zugleich einen ident. ⌐ Index an die bewegte Konstituente (⌐ Landeplatz) und an ihre S., die denselben kategorialen Status wie sie selbst besitzt, vergibt. S. haben sowohl in der ⌐ Syntax wie in der ⌐ logischen Form andere Eigenschaften als andere, im Rahmen der Theorie der GG angenommene ⌐ leere Kategorien (⌐ PRO, ⌐ Pro-Drop-Parameter, ⌐ Parasitic Gap), unterliegen jedoch gemeinsam mit diesen generellen Prinzipien (⌐ ECP). Insbes. kann die Position, welche von einer S. (ebenso wie von ⌐ PRO oder *pro*) eingenommen wird, nicht von einer anderen Konstituente besetzt werden, d. h. S. sind zwar ohne phonolog. Form, besitzen jedoch syntakt. und semant. Auswirkungen. **Lit.** ⌐ Barrieren-Theorie, ⌐ Bindungs-Theorie, ⌐ Rektions-Bindungs-Theorie, ⌐ ECP. F

Spurentheorie ⌐ Spur, ⌐ REST, ⌐ Rektions-Bindungs-Theorie

Sranan ⌐ Germanische Sprachen

S-Struktur ⌐ Oberflächenstruktur, ⌐ Rektions-Bindungs-Theorie, ⌐ REST

Staatsnation ⌐ Kulturnation, ⌐ Sprachnation

Staatssprache (russ. gosudarstvennyi jazyk) Im Dt. im 19. und frühen 20. Jh. verbreiteter Ausdruck, der eine innerstaatl. ⌐ Amtssprache bezeichnen und den Anspruch, innerhalb des Staatswesens eine einzige Spr. in öffentl. Funktionen durchzusetzen (meist zum Nachteil ⌐ sprachlicher Minderheiten), dokumentieren sollte, z. B. das Dt. im Dt. Reich. Der Begriff S. findet sich in der österr. Verfassung von 1974 und ist in der russ. Fachlit. bis heute üblich. **Lit.** H. Glück, Die preuß.-poln. Sprachenpolitik. Hamburg 1979. G

Stabreim ⌐ Alliteration

Stadialtheorie In der idg. Sprachwiss. u. a. von A. Schleicher (1821–1868) vertretene Auffassung über chronolog. und qualitative Eigenschaften des Verlaufs von Sprachwandel. Ausgehend von der An-

nahme, dass Spr. ein selbständiger, sich von innen heraus entwickelnder Organismus mit einer Wachstums-, Blüte und Altersphase sei, behauptet die S. eine für alle Spr. gemeinsame Abfolge von Entwicklungsstadien über den ↗ isolierenden und den ↗ agglutinierenden zum ↗ flektierenden Sprachtypus (der dann nur noch eine Phase des Absterbens und des Verfalls durchlaufen könne). Sie verbindet mit den von ihr postulierten Stadien der Sprachentwicklung dezidierte Wertungen, z. B. dass die Evolution vom Niederen zum Höheren bzw. vom Einfacheren zum Komplexeren verlaufe; ↗ Marrismus, ↗ Organismusmodelle.
HA

Stadien- vs. Individuenprädikate (engl. stage vs. individual level predicates, Abk. SLP vs. ILP) SLP nennt man Prädikate, die eine temporäre Eigenschaft von Individuen bezeichnen (z. B. *nervös, schlafen*). ILP bezeichnen dagegen dauerhafte Eigenschaften (z. B. *intelligent, wissen*). Zwischen den beiden Typen besteht eine Reihe von syntakt. und semant. Unterschieden: SLP können mit temporalen und lokalen Modifikatoren kombiniert werden, ILP aber nicht. **Lit.** G. Carlson, Reference to Kinds in English. Amherst 1978. – C. Maienborn, Zustände – Stadien – stative Ausdrücke. LBer 183, 2000, 273–309.
FR

Stadtadjektiv Adjektive, die Städte (auch Regionen oder Länder) bezeichnen, flektieren nicht, z. B. *Berliner Ballen* (m.), *Berliner Luft* (f.), *Berliner Stadtschloss* (n.). Sie sind flexionsmorphologisch vom Erstglied eines analogen Kompositums nicht zu unterscheiden, z. B. *Schweizerkäse, Wienerstadt*. **Lit.** N. Fuhrhop, ›Berliner‹ Luft und ›Potsdamer‹ Bürgermeister. Zur Grammatik der S. LBer 193, 2003, 91–108.
G

Stadtdialekt ↗ Stadtmundart

Stadtmundart ↗ Ortsmundart, ↗ Stadtsprachenforschung

Stadtsprachenforschung Die Verkehrs- und Umgangsspr. städt. Siedlungen sind besonders und eigentüml. geprägt. Sie haben eine z. T. lange eigene Geschichte (z. B. in Köln) mit einem entsprechenden Ausbau an Verständigungsmöglichkeiten, gehören aber andererseits auch zum Dialekt ihres Umlands (Köln also zum Ripuar.). Letzteres hat zur dialektolog. Darstellung der rezenten Stadtspr. geführt (beispielhaft: H. L. Kufner, Strukturelle Grammatik der Münchner Stadtmundart. Mchn. 1961). Sprachhistor. ist die Stadt der Konzentrationspunkt für den Ausbau der Standardsprache seit dem MA, weil sie sämtl. Verständigungsbereiche (Politik, Wirtschaft, Recht, Religion und Kultur) versammelt und ihren Ausbau erwirkt. Die S. ist deshalb ein reich entwickelter Zweig der Sprachgeschichtsforschung, erstreckt sich auf alle größeren Städte Deutschlands und befasst sich mit allen Bereichen der Fach- und Literaturspr. in den Kommunen. **Lit.** H. Bisler-Broosen (Hg.), Beiträge zur histor. Stadtsprachenforschung. Wien 1999.
K

Staffellandschaft (auch: Stufenlandschaft) Begriff für eine areale Konfiguration von Dialektphänomenen mit festem Kern und abgestufter Veränderung. Gehört mit den Begriffen Fächer (↗ Rheinischer Fächer), Trichter, Horst, Barriere u. a. zum Interpretationsverfahren für dialektkartograph. Abbildungen, in dem Erscheinungsweisen von Clustern zu einer vergleichbaren Typologie gebündelt werden. **Lit.** K. Gluth et al., Dialektolog. Karteninterpretation. HSK 1, 485–500.
K

Stamm (auch: Wortstamm) I. e. S. Bez. für flexionsmorpholog. abgeleitete Grundmorpheme wie *les-* in *lesen, lese, gelesen*; ↗ Stammflexion. Wohl weil dieselben Grundmorpheme auch der Wortbildung zur Verfügung stehen (*lesbar* etc.), bezeichnet S. häufig auch Basen von ↗ Ableitungen, auch wenn hier der Terminus ↗ Wurzel gebräuchlicher ist. Da auch morpholog. komplexe Einheiten Basen von Ableitungen sein können, ist demnach die Beschränkung auf morpholog. einfache Konstituenten obsolet (*Lesbarkeit*), wenngleich morpholog. komplexe Einheiten nicht als Morpheme zu klassifizieren sind, die definitionsgemäß ↗ Simplizia sind (↗ Stamm-Morphem). Fehlende Trennschärfe des Begriffs und alternative, teilsynonyme Bez. führen häufig zur Verwendung terminolog. Alternativen; ↗ Stammform, ↗ Stammgruppe.
ES

Stammbaum ↗ Strukturbaum

Stammbaumtheorie In der ↗ historisch-vergleichenden Sprachwissenschaft verbreitetes Denkmodell bei der Feststellung ↗ genetischer Beziehungen zwischen Einzelspr. und deren ↗ Klassifikation. Nach der von A. Schleicher (1821–1868) entwickelten S. lassen sich die zu einer ↗ Sprachfamilie gehörenden Einzelsprachen als Zweige bzw. Äste eines Stammbaumes auffassen, dessen Stamm eine ihnen letztlich gemeinsam zugrundeliegende ↗ Grundsprache bildet; die Anordnung der Äste und ihre Verzweigungen dienen dabei zur Abbildung der unterschiedlichen Affiliationen der Einzelspr.n. Die Anwendung des Stammbaumschemas ist heute vielfach umstritten, da es das für den ↗ Sprachwandel grundlegende Wechselspiel zwischen internen und externen Einflüssen (↗ Wellentheorie) außer Acht lässt; es hat sich jedoch v. a. dort gut bewährt, wo es größere histor. Zeiträume zu überbrücken gilt, in denen die subsumierten Spr. nicht kontinuierl. bezeugt sind. **Lit.** A. Schleicher, Compendium der vergleichenden Grammatik der idg. Spr.n. Weimar 1861–1862. – Ders., Die Darwinsche Theorie und die Sprachwiss. Weimar 1873. – H. Goebl, Stammbaum und Welle. ZS 2, 1983, 3–44.
GP

Stammbetonung Mehrsilbige Wortformen, bei denen der Akzent auf die ↗ Stammsilbe fällt, haben S.
G

Stammbildung Mitunter verwendete Bez. für Verben des Dt., die direkt von Nominalstämmen abgeleitet sind, z. B. *zweifeln, schauspielern, rosten, flu-*

chen, polstern, schultern. **Lit.** U. Engel, Dt. Grammatik. Mchn. ²2009, 438. **G**

Stammeln ⌐ Dyslalie

Stammering ⌐ Stottern

Stammessprache Veraltete Bez. für Spr.n von Menschengruppen v. a. außerhalb Europas, denen man das Prädikat *Nation* nicht zubilligen wollte. **G**

Stammflexion Im Unterschied zu Subst. und Adj. (⌐ Grundformflexion) bilden die Verben des Dt. ihre flektierten Formen durch Anfügen verbaler ⌐ Flexive an ein Grundmorphem, das nicht notwendig ein syntakt. frei verfügbares Wort ist; verbale Stamme werden erst durch ihre Flexive wortfähig (vgl. *les-en, les-e, ge-les-en*). Im Ahd. war S. auch außerhalb verbaler Flexionsparadigmen anzutreffen, z. B. *bot-o / bot-en* (Nom./Gen. Sg.). Im Mhd. ist dann der Übergang zur Grundformflexion vollzogen (*bote-, bote-n* (Nom./Gen. Sg.)); nicht mehr der Stamm wird flektiert. **Lit.** R. Harnisch, Grundform- und Stamm-Prinzip in der Substantivmorphologie des Dt. Heidelberg 2001. **ES**

Stammform 1. In der Klass. Philologie Bez. für die Formen des verbalen Flexionsparadigmas, aus denen sich alle weiteren S. ableiten lassen, z. B. lat. *capere* ›fangen‹ mit den S. *capiō, cēpī, captum* (1. Ps. Sg. Präs./Perf./Part. Perf.). **2.** Im Dt. auch Bez. für die Mitglieder eines morpholog. Paradigmas. S. entsprechen damit ausdrucksseitig nicht notwendig freien Grundmorphemen, da der Wortbildungskontext Variantenbildung bedingt; Kompositionsstammformen sind häufig um ⌐ Fugen erweiterte Stämme (*Klagemauer*), Derivationsstammformen weisen – wenn mögl. – Umlaut auf (*kläglich*), Konfixstammformen beinhalten neben den entlehnten Stämmen ⌐ Rekompositionsmarker (*Chemotherapie*). **Lit.** Eisenberg I, 221 f. **ES**

Stammgruppe Bez. für morpholog. komplexe Lexeme. In Eisenbergs Systematik bestehen S. aus mehreren ⌐ Stammformen (*Klage-mauer*), Stammformen und ⌐ Affixen (*kläg-lich*) oder auch aus mehreren S. (*Klagemauer-besichtigung*). **Lit.** Eisenberg I, 217 ff. **ES**

Stamm-Morphem (auch: Stammwort, Wortstamm, Wurzel, Wurzelwort).Grundmorphem, das in allen Formen seines Wortbildungsparadigmas identifizierbar ist, etwa *sagen, Sage, Vorhersagbarkeit, unsäglich* usw. **ES**

Stammparadigma Menge der formal mitunter voneinander abweichenden ⌐ Stammformen mit ident. lexikal. Bedeutung, z. B. *gehen, ging, gegangen*.**ES**

Stammsatz ⌐ Hauptsatz

Stammschreibung (auch: »morphologisches Prinzip«, Morphemkonstanz, Schemakonstanz) Bez. für den in manchen Spr. (z. B. im Dt.) beobachtbaren Umstand, dass in ihrem ⌐ Schriftsystem an manchen Punkten paradigmat. morpholog. Zusammenhänge über phonolog. Korrespondenzen dominieren, z. B. dt. *alt – älter* (aber: *Eltern*), *Haut – Häute* (aber: *heute*). **G**

Stammsilbe Synonym zu ⌐ Grundmorphem verwendete Bez. für ⌐ Stämme, die insofern ungenau ist, als Grundmorpheme nicht notwendig Einsilber sind. **ES**

Stammvokal (auch: Kennvokal, Bindevokal) Bez. für diejenigen Laute in Stämmen, die in entsprechenden morpholog. Kontexten ab- oder umlauten, etwa *trinken, trank, getrunken;* ⌐ Ablaut, ⌐ Umlaut. **ES**

Stammwort ⌐ Stamm-Morphem

Standard Average European (auch: Durchschnittseuropäisch) Von B. L. Whorf (1897–1941) vermutete gemeinsame ling., kulturelle und kognitive Basisstrukturen der westeurop. Spr., in denen Denken und soziokulturelle Routinen der modernen techn. Zivilisation determiniert seien; ⌐ DEFIRS-Sprachen, ⌐ Sprachliches Relativitätsprinzip. **G**

Standard General Mark-up Language ⌐ Mark-up-Sprache

Standardannahme ⌐ Default

Standardaussprache Phonet. Realisierung entsprechend den Normen, die für die betreffende Spr. als orthoep. Standard festgelegt sind. **G**

Standardisierung Beschreibung von ⌐ Regeln (und ggf. deren Setzung) und Entwicklung von ⌐ Normen für eine Einzelspr. und von Strategien für deren Implementierung in der Sprachgemeinschaft mit dem Ziel, eine ⌐ Standardsprache durchzusetzen. Instrumente der S. sind die lexikograph., orthoep. (⌐ Aussprache), orthograph. und grammat. Vereinheitlichung und Normierung einer Spr. durch Wörterbücher, Aussprache- und Rechtschreiblehren sowie Grammatiken. S. ist die Voraussetzung für die Verwendung einer Spr. als ⌐ Schriftsprache. **Lit.** N. Janich & A. Greule, Sprachkulturen in Europa. Ein internat. Handbuch. Tübingen 2002. **G**

Standardsprache Oft synonym zu ⌐ Hochsprache, ⌐ Schriftsprache, ⌐ Literatursprache, ⌐ Kultursprache, ⌐ Einheitssprache, ⌐ Koiné und ⌐ Standardvarietät verwendete Bez. für eine i. d. R. kodifizierte Spr. (⌐ Kodifizierung), vermutl. wörtl. Übernahme von engl. *standard language.* Allgemeine Verbindlichkeit erhält eine S., indem sich der Staat dahinter stellt, was oft nicht ohne weiteres erkennbar ist, sich aber z. B. in Regelungen für den Schulunterricht (Lehrpläne, Lehrmaterialien) oder Behörden zeigt. **Lit.** W. Besch, Dialekt, Schreibdialekt, Schriftspr., Standardspr. HSK 1, I, 961–990. – K. J. Mattheier (ed.), Standardisierungsentwicklungen in europ. Nationalspr.n. Tübingen 1988. – H. Kloss, Die Entwicklung neuer german. Kulturspr. seit 1800. Ddf. ²1978. – Sociolinguistica 17, 2003. – U. Ammon, Standard Variety. HSK 3. I, 273–283. **AM**

Standardtheorie ⌐ Aspekte-Modell

Standardvarietät ⌐ Standardsprache

Starckdeutsch Witzig gemeintes fiktives »Altdeutsch«, das sich vom neuhochdt. Lautstand v. a. durch extreme Massierung von Konsonanten, Ersetzung einfacher Vokale durch Diphthonge und Hebung tiefer und mittlerer Vokale abhebt, z.B. *Jai-gurmeustar. Oinar pvürr ulle* ›Jägermeister. Einer für alle‹. **Lit.** M. Koeppel, Starckdeutsch II. Tegel usw. 1982.   G

Stärkeakzent ↗ Dynamischer Akzent

Starke vs. schwache NP Unterscheidung von NPs nach Typen von Determinatoren. Starke NPs (*alle, jeder*) haben nur eine partitive Lesart. Schwache NPs (*einige, wenige*) haben eine partitive und eine kardinale Lesart. Bsp. *Viele Menschen joggen.* Partitiv: Viele der im Diskurs eingeführten Menschen joggen. Kardinal: Es gibt viele Menschen in einem Weltausschnitt, und diese joggen. **Lit.** I. Heim, Artikel und Definitheit. HSK 6, 487–535.   FR

Starkes Verb (auch: unregelmäßiges Verb, Wurzelverb. Engl. strong verb) Klasse unproduktiver germ. Verben, deren Konjugation durch Wechsel des Stamm- bzw. Wurzelvokals (↗ Ablaut) gekennzeichnet ist, z.B. dt. *singen, sang, gesungen.* Dieses vom Uridg. ererbte Merkmal der Wortbildung erscheint bei den am häufigsten verwendeten Verben im Grundwortschatz, weicht jedoch langsam dem regelmäßigen und produktiven Konjugationsmuster der ↗ schwachen Verben, bei denen der unveränderl. Stamm (z.B. im Dt. die Präteritalform und das Partizip Perf.) allein durch Hinzufügung des Suffixes {-te} bzw. {-t} gebildet wird. Manche ursprüngl. st. V., die unregelmäßigen Verben, haben infolge dieser Verdrängung entweder Charakteristiken beider Konjugationsklassen angenommen (z.B. *bringen, brachte, gebracht*) oder haben Doppelformen, z.T. mit unterschiedl. Bedeutungen, z.B. *schleifen, schliff, geschliffen* vs. *schleifen, schleifte, geschleift; hängen, hing, gehangen* vs. *hängen, hängte, gehängt.* **Lit.** C. Fabricius-Hansen, Die starken Verben. Kopenhagen 1978. – J. S. Barbour, Productive and Non-Productive Morphology. The Case of German Strong Verbs. JL 18, 1982, 331–354. – W. H. Veith, The Strong Verb Conjugation in Modern English Compared With Modern German. LB 73, 1984, 39–57. – A. Bittner, Starke »schwache« Verben, schwache »starke« Verben. Dt. Verbflexion und Natürlichkeit. Tübingen 1996.   WR

Starkton ↗ Akzent

Statisch ↗ Dynamisch

Statische Sprachwissenschaft ↗ Synchronische Sprachwissenschaft

Statisches Verb ↗ Zustandsverb

Statistische Linguistik ↗ Sprachstatistik

Stativ m. (lat. *statīvus* ›stillstehend‹) **1.** Im ↗ Akkadischen aus einem Nominalsatz entwickelte Form, die einen Zustand ohne Festlegung auf eine best. Zeitstufe wiedergibt. Aus dem S. entwickelte sich in den jüngeren ↗ semitischen Sprachen die Verbkategorie Perfekt. WI – **2.** Verbableitung, durch die die im Verbalstamm ausgedrückte Handlung als erreichter oder mögl. Zustand charakterisiert wird; ein spezif. Agens ist dabei nicht impliziert, z.B. Swahili {-vunj-} ›etw. zerbrechen‹ > {-vunjik-}

›zerbrochen sein‹; {-l-} ›essen} > {-lik-} ›essbar sein; gegessen sein‹.   RE

Statives Prädikat Mitunter verwendete Bez. für die semant. Grundcharakteristik eines finiten ↗ Zustandsverbs.   G

Statives Verb ↗ Zustandsverb

Status 1. (Auch: Stellung) Semant. sehr weitgefächerter Ausdruck, dessen Bedeutung je nach dem bestimmenden Zusatz (Bezug) variiert, z.B. S. eines Terminus in einer Theorie, einer Teildisziplin in einer Wissenschaft, einer Behörde in einer staatl. Administration und schließlich auch in einer Spr. in einem Gemeinwesen (als Institution – z.B. ↗ Amtssprache, im Staat – z.B. Mehrheitssprache usw.). In der ↗ Soziolinguistik spielt der Sozialstatus im Sinne der Zugehörigkeit zu einer bestimmten ↗ Schicht eine wichtige Rolle. Manche Sprachformen sind charakterist. für einen bestimmten Sozialstatus (↗ Schibboleth). Als sprachliche *Statussymbole* werden jedoch, analog zu anderen Statussymbolen, oft nur Merkmale eines höheren Sozialstatus bezeichnet; ↗ Prestige. **Lit.** H. Kluth, Sozialprestige und sozialer S. Stgt. 1957. – U. Ammon (ed.), Status and Function of Languages and Language Varieties. Bln., N. Y. 1989. AM – **2.** In der grammat. Lit. zu den ↗ semitischen Sprachen Bez. für die Form des Nomens in Abhängigkeit von seiner syntakt. Stellung: (a) Ein Nomen, von dem ein Genitivattribut abhängt, steht im S. constructus, z.B. akkad. *bēl bītim* ›der Herr des Hauses‹. (b) Ein prädikatives Nomen steht im nicht deklinierten S. absolutus, z.B. *bēl* ›er ist der Herr‹. (c) In allen anderen Positionen steht das Nomen im S. rectus. Es ist voll dekliniert, determiniert oder indeterminiert, z.B. *bēlum damiq* ›der Herr ist gut‹. Das Kasussystem ist mit dem System der S. verschränkt, da sich die Kasusflexion nach dem syntakt. S. des Nomens (›Statusrektion‹) richtet. W – **3.** ↗ Rektion (1).

Statusplanung ↗ Sprachplanung

Statusrektion ↗ Rektion, ↗ Status 2.

Staubsches Gesetz Das S. G. besagt, dass in den ↗ alemannischen Dialekten /n/ vor den Spiranten (/f, s, ç, x/) entfällt bei gleichzeitiger Diphthongierung oder Längung des vorhergehenden Vokals, z.B. hochalemann. [føif], [fæiʃdʀ], schwäb. [fæef], [fæiʃdʀ] ›fünf‹, ›Fenster‹.   G

Steganographie ↗ Geheimschrift

Steigend ↗ Fallend

Steigerung ↗ Graduierung, ↗ Komparation

Steigerungsinversion ↗ Komparativ

Steigerungspartikel ↗ Gradpartikel

1. Steigerungsstufe ↗ Komparativ

2. Steigerungsstufe ↗ Superlativ

Stellenplan ↗ Valenz

Stelligkeit ↗ Valenz

Stellknorpel ↗ Kehlkopf

Stellung ↗ Status (1), ↗ Wortstellung

Stellungsfeld Grundlegend für die Beschreibung der Regularitäten der dt. ↗ Wortstellung oder Satzgliedfolge ist die ↗ Satzklammer, die den Satz aufteilt in Vorfeld, Mittelfeld und Nachfeld; ↗ Feldgliederung. Das Mittelfeld muss prinzipiell nicht besetzt sein. I. d. R. befinden sich hier aber die meisten Elemente, und entsprechend gibt es die meisten Stellungsprobleme. Welche Faktoren auf welche Weise die Abfolge im Mittelfeld regeln, ist umstritten. In den Außenfeldern stehen nur wenige Elemente; sie können unbesetzt bleiben. Deswegen gelten hier einfache Regeln. Das Vorfeld enthält im Dt. in Fragesätzen mit Fragepronomen und in Aussagesätzen ein einziges Element, z. B. *Wann kommt Katrin? Sie kann nicht kommen.* In den anderen Satztypen (auch Nebensätzen) ist das Vorfeld leer, so typischerweise im Imperativ, z. B. *Komm lieber erst morgen!* ↗ Komplemente bzw. ↗ Ergänzungen und die meisten ↗ Adjunkte bzw. ↗ Angaben sind vorfeldfähig. Nicht vorfeldfähig sind z. B. selektive Angaben wie *bereits, ausgerechnet* und ↗ Abtönungspartikeln. Im Nachfeld stehen i. d. R. die wenigsten Elemente, es ist häufig unbesetzt. Nachfeldelemente können normalerweise auch im Mittelfeld erscheinen. Während die meisten Folgeelemente im Vorfeld stehen können, ist nur ein begrenzter Teil von ihnen nachfeldfähig, v. a. die präpositionalen, z. B. *Keiner hat mehr gefragt nach dem Verlierer/ihm.* Nicht nachfeldfähig sind Pronomina, z. B. **Niemand wollte verstehen sie.* Adjunkte bzw. Angaben sind nahezu unbegrenzt nachfeldfähig, ausgenommen modifizierende und negative, z. B. **Sie kann ihn verstehen nicht/kaum.* Ein Teil der für sich verschiebbaren Attribute ist ebenfalls nachfeldfähig, ebenso die meisten Nebensätze. Im Rahmen der sog. konfigurationalen Syntax wird versucht, die in der Theorie der S. beobachteten Regularitäten in einen allgemeinen Zusammenhang zu bringen. **Lit.** W. Abraham, Wortstellung im Dt. In: L. Hoffmann (Hg.), Dt. Syntax. Bln. 1992, 484– 522. – Ch. Dürscheid, Zur Vorfeldbesetzung in dt. Verbzweitstrukturen. Trier 1989. – Eisenberg II, 397 ff. SL

Stellungsglied In der Terminologie von Heidolph, Grundzüge, eine Einheit, die als geschlossener Komplex eine Position in der Abfolge der Konstituenten eines Satzes einnehmen kann und die unter bestimmtem pragmat. Voraussetzungen umstellbar ist. S. sind außer den Satzgliedern das finite Verb, der Verbzusatz und die Negation *nicht.* Untergeordnete Sätze können im übergeordneten Satz ebenfalls zum S. werden. Die ↗ Grundwortstellung der S. eines Satzes ist abgesehen von der Stellung der finiten Verbform syntakt. festgelegt. Nach Heidolphs Auffassung lässt sich die Stellung der nichtfiniten S. in der Grundwortstellung auf die einfache Regel bringen: syntakt. Verbnähe entspricht topolog. Verbferne, d. h. je enger der syntakt. Bezug zum Verb ist, desto weiter tritt die Einheit vom finiten Verb weg an das Satzende, z. B. *Das Mädchen warf den Ball in die Luft.* Das Adverbial ist als

syntakt. enger mit dem Verb verbundene Einheit topolog. weiter entfernt vom Verb als das direkte Obj. Umordnungen von S., z. B. ↗ Topikalisierungen oder ↗ additive Anschlüsse, sind in pragmat. Hinsicht von besonderer Bedeutung: sie lenken Aufmerksamkeit auf sich. Bei der Rezeption erleichtern sie das Erkennen wichtiger Redeteile, in der mündl. Kommunikation unterstützt durch die ↗ Intonation. SL

Stellungslaut Nach der (veralteten) Vorstellung der frühen Phonetik der mit der artikulator. Haltephase verbundene, orthograph. als Buchstabe gegebene Laut im Ggs. zu den zwischen diese eingeschobenen ↗ Gleitlauten des artikulator. An- und ↗ Abglitts. PM

Stellungsphase ↗ Abglitt

Stellungsprobe ↗ Verschiebeprobe

Stellungstyp (auch: Strukturtyp) Mitunter verwendete Bez. für die Haupttypen der ↗ Wortstellung im Dt., derzufolge der Stirnsatz (Verberst, ↗ Spitzenstellung) den S1, der ↗ Kernsatz (Verbzweit) den S2 und der ↗ Spannsatz (Verbletzt) den S3 darstellt; ↗ Stellungsfeld. G

Stellvertreter ↗ Pronomen

Stemma ↗ Strukturbaum

Stemmer Computerling. Tool zur ↗ Textnormalisierung, das insbes. zur ↗ Indizierung im ↗ Information Retrieval verwendet wird. Dabei wird eine Wortform durch Trunkieren eines Affixes auf seine Basisform zurückgeführt. Die Affixe sind sprachabhängig und müssen nicht notwendigerweise dem Stamm entsprechen. Z

Stenem ↗ Stenographie

Stenographie (griech. στενός (stenos) ›eng‹, γράφειν (grafein) ›schreiben‹. Auch: Kurzschrift. Engl. shorthand (writing)) Sekundär auf der Basis einzelner ↗ Schriftsysteme entwickelte graph. Kürzungsverfahren, die es erlauben, die Schreibgeschwindigkeit der Sprechgeschwindigkeit anzunähern, zu erreichen und (in Wettbewerben) zu übertreffen. Stenographierte Texte werden i. d. R. diktiert und anschließend in der ↗ Graphie der betreffenden Spr. ediert (abgeschrieben); sie werden üblicherweise nicht zur Lektüre für andere Personen angefertigt. Doch hat die S. auch als Konzept- und Notizverfahren eine gewisse Bedeutung. S. beruht auf schreibtechn. Ökonomisierungen, in der ihre Protagonisten auch kognitive Vorteile sehen: für Schriftzeichen und Schriftzeichenfolgen (Silben, Wörter, Wortgruppen) wird ein – im Rahmen der jeweiligen Spr. normiertes – Inventar an Kurzformen und ↗ Kürzeln (»Steneme«) festgelegt. Bereits in der röm. Antike existierte die S.; die Tiron. ↗ Noten sollen von Ciceros Sekretär Tiro erfunden worden sein. Auch in außereurop. Schriftkreisen wurden S. entwickelt, z. B. in China, Indien. **Lit.** H. Jochems, Stenographie. HSK 10, II, 1604–1608. G

Stereotyp n. (griech. στερεός (stereos) ›fest‹, τύπος (typos) ›Gestalt, Form‹) Allg. Bezeichnung für starre, gleichförmige, fest montierte Abläufe. In der Psychologie bezeichnet S. (ähnlich wie Vorurteil) ein relativ erfahrungsresistentes, gleichförmig über eine Gruppe verteiltes System von Ansichten, Anschauungen, Urteilen oder Werten, das die Trägergruppe entlastet und die Komplexität und Uneinheitlichkeit des stereotypisierten Sachverhaltes über Gebühr reduziert. Namentlich in der Sozialpsychologie und Soziologie werden stereotype Urteile und Wertungen über Fremd- und Eigengruppen untersucht. Darüber hinaus bezeichnet der Ausdruck S. aber auch sprachpsycholog. feste, situativ relativ zwingend ausgelöste Wendungen, Äußerungen, Formulierungen, die entweder für Individuen, für Gruppen, für Regionen oder für bestimmte Situationen nahezu verbindl. sein können. Das sprachl. S. steht in Verbindung zu Kommunikationsritualen, zur ↗ Redensart und zum gebräuchlichen ↗ Sprichwort. Die kommunikative Funktion solcher S. ist strittig. Vielfach dienen sie der Abschließung und Bewältigung von Situationen, die sich der sprachl. Verarbeitung weitgehend entziehen. Bei schweren aphat. Erkrankungen (↗ Aphasie) sind sprachl. S. bisweilen die einzig erhaltene Form des Sprachverhaltens (z. B. *Ja, ja, so ist das*; *Ach du meine Güte* usw.). – In der psycholog. ↗ Semantik wird S. in einer ähnl. Bedeutung gebraucht wie ↗ Prototyp. Hier wird unter S. das Ensemble derjenigen typ. Objektmerkmale verstanden, auf die sich ein bezeichnendes Lexem bezieht. Dieser Gebrauch von S. geht auf Putnam zurück. Er impliziert, dass der Gebrauch von Lexemen an typ. Bezeichnungsbeispielen gelernt und von diesen her auf andere, ähnl. Bezeichnete übertragen wird. Ähnlich wie bei den Prototypen gilt auch hier, dass bloß ein kleiner Teil des Wortschatzes auf diese Weise erworben und beherrscht sein kann, weil beileibe nicht alle Lexeme als Standardnamen für Außersprachliches durch dessen typ. perzeptive Eigenschaften außengestützt sind. **Lit.** U. Quasthoff, Soziales Vorurteil und Kommunikation. Ffm. 1973. – A. Wenzel, S. in der gesprochenen Spr. Mchn. 1978. – W. P. Lehmann (ed.), Prototypes in Language and Cognition. Ann Arbor 1988. – J. R. Taylor, Linguistic Categorization: Prototypes in Linguistic Theory. Oxford 1989.   KN

Stereotypensemantik (engl. stereotype semantics) Eine in der neueren ↗ Semantik weithin diskutierte, oft mit der Theorie der ↗ Prototypen verknüpfte philosoph. Bedeutungstheorie H. Putnams, mit der er sich gegen die traditionelle Annahme eines log. Zusammenhangs zwischen ↗ Intension und ↗ Extension wandte. So legt nach Auffassung der log. Empiristen (z. B. R. Carnap) die Intension z. B. des Lexems *Esel* notwendig und hinreichend die Extension fest, bestimmt also eindeutig, was auf der Welt zur Klasse der Esel gehört und was nicht. Wenn deshalb ›Huftier‹ ein intensionales Merkmal von *Esel* ist, so ist der Satz *Esel sind Huftiere* analyt. wahr; eselartige Tiere mit Krallen könnten keine

Esel sein. Diese schon von W. v. O. Quine torpedierte Auffassung greift Putnam von zwei Seiten an: (a) Die Extension der meisten Ausdrücke ist primär und unabhängig davon gegeben, was Menschen über die betreffenden Gegenstände denken oder von ihnen wissen. So war die Extension von *Wal* im Mittelalter, als man den Wal für den König der Fische hielt, nicht anders als heute, und auch die Extension von *Wasser* blieb davon unberührt, dass man lernte, es als H_2O zu bestimmen. Andererseits könnte unsere normale Intension von *Wasser* auf einer gedachten »Zwillingserde« auch zu einem in allen wahrnehmbaren Eigenschaften gleichen, aber extensional verschiedenen Stoff XYZ passen. Für Putnam ist die Zuordnung von Ausdruck und Extension »indexikal.« (↗ Index (1)) wie ein Eigenname und nach der »kausal. Referenztheorie« von S. Kripke zu erklären (krit. dazu Eco 1987, 115 ff.); *Tiger* ist ein »starrer Designator« (↗ Designator (3)) und folgt diesem Tier auch in die mögl. Welt, wo es seine Streifen verloren hat. (b) Intensionen bzw. »mentale Repräsentationen« (Putnam 1991) bestehen nicht aus notwendigen, allenfalls aus mehr oder weniger »zentralen«, oft sogar unzutreffenden Merkmalen, die auf ↗ Stereotypen beruhen, d. h. auf kollektiven Meinungen, die sich auf die Beschaffenheit »paradigmat.« Exemplare (↗ Prototyp) beziehen und deren Kenntnis in der Kommunikation wechselseitig vorausgesetzt wird. So enthält das gewöhnl. Esel-Stereotyp Merkmale wie ›Huftier‹, ›grau‹, ›lange Ohren‹, ›störrisch‹, ›dumm‹, ›...‹, die einen Nicht-Zoologen kaum instand setzen, einen Esel von einem Maulesel zu unterscheiden, die aber angesichts eines folgsamen, klugen Albino-Esels mit kurzen Ohren auch revidierbar sind. Mit seinem toleranten Stereotyp-Konzept vermeidet Putnam u. a. das Problem, zwischen sprachl. und enzyklopäd. Merkmalen trennen und die Letzteren sachl. bewerten zu müssen, und bietet einen Erklärungsrahmen für die Unterschiede des Bedeutungswissens, die hinsichtl. vieler ↗ Sprachzeichen z. B. zwischen Laien und Experten bestehen. – Ob derart stark differierende Laien- und Experten-Intensionen noch mit der Annahme eines einzigen Sprachzeichens vereinbar sind, stellt S. Wichter kritisch zur Diskussion; er setzt zwei »signifikantgleiche« Zeichen an. Zudem müsste der Anwendungsbereich einer S. empir. abgesteckt werden; Putnam selbst erwähnt »mono-kriteriale« Ausnahmen wie *Junggeselle*, und Ch. Schwarze nennt Lexeme mit nicht-stereotyper »relationaler Bedeutung«. Dass schließlich Putnams oft kritisierte (z. B. Searle ²1996) Abkoppelung der Extension von der Intension zu weit geht, belegt sein eigenes Hexenbeispiel (1979, 69): Wenn »mittlerweile die Nicht-Existenz von Hexen selbst Teil des Hexen-Stereotyps« ist, hat sich damit gottlob auch die Extension von *Hexe* verändert. **Lit.** W. v. O. Quine, Word and Object. Cambridge, Mass. 1960. – H. Putnam, The Meaning of Meaning. In: K. Gunderson (ed.), Language, Mind, and Knowledge. Minneapolis 1973, 131–193; dt.: Die Bedeutung von »Bedeutung«. Ffm. ³2004. – H.-J. Eikmeyer & H. Rieser (eds.), Words, Worlds, and Contexts. Bln. 1981. – G. Fanselow, Zur Syntax und Semantik der Nominalkomposition. Tübingen 1981. – Ch. Schwarze, Stereotyp und lexikal. Bedeutung. SL 13, 1982, 1–16. – U. Eco, Semiotik und Philosophie der Spr. Mchn. 1985. – J. R. Searle, Intentionalität. Ffm. ²1996. – H. Putnam, Repräsentation und Realität. Ffm. 1991. – S. Wichter, Experten- und Laienwortschätze. Tübingen 1994. – Y.-H. Oh, Zur Dynamik der S. Regensburg 2000. – H.-J. Schmid, Die S. HSK 21.1, 291–295.   RB

Sternchenform ↗ Asterisk (1).

Steuerung ↗ Koartikulation

Stichprobe (engl. sample, frz. choix) Bei jeder empir. Untersuchung, auch der von sprachl. Phänomenen (↗ empirische Sprachwissenschaft), stellt sich die Frage, über welche Grundgesamtheit Aussagen gemacht werden sollen. Da diese Gesamtheit nur selten empir. erfasst werden kann, d. h. Vollerhebungen i. d. R. nicht möglich sind, muss im Forschungsprozess für die ↗ Datenerhebung die Größe des ↗ Korpus festgelegt werden, indem eine Auswahl für eine Teilerhebung bestimmt wird. Diese S. soll in Hinsicht auf die Grundgesamtheit möglichst repräsentativ sein, indem Ergebnisse, die auf ihrer Grundlage gewonnen werden, sich für die zu beschreibende Gesamtheit verallgemeinern lassen. Verschiedene Auswahlverfahren, die auf Willkürlichkeit, – dem Zufallsprinzip, aber auch auf bestimmten Vorgaben u. a. beruhen, sollen dies gewährleisten, wenngleich die Problematik bleibt, dass zur Bestimmung einer S. Hypothesen und Theorien über die Gesamtheit einfließen; ↗ Sprachstatistik.   SK

Stichwort ↗ Lemma

Stigma ↗ Digamma, ↗ Prestige

Stigmawort (griech. στίγμα ›Stich; Brandzeichen‹) Lexikal. Ausdruck, der die damit bezeichnete Sache stigmatisiert, d. h. sozial, weltanschaul. oder moral. sehr negativ bewertet, z. B. *Asylant* (ggü. *Asylbewerber*); ↗ Fahnenwort, ↗ Schibboleth.   G

Stil (lat. stilus ›Schreibstift‹, davon ›das Schreiben, Schreibart‹. Engl., frz. style) Charakterist., spezif. ↗ Sprachgebrauch. In der lat. ↗ Rhetorik ist S. ident. mit der *ēlocūtiō*, der Lehre von der sprachl. Ausführung eines gedankl. Konzepts, als formalisierter effektvoller Gebrauch im Hinblick auf die mündl. Rede, den Vortrag, der gelehrt und (evtl. schriftl.) geübt werden muss. Die schriftl. rhetor. Vorübungen dienten der Vorbereitung auf die wirkungsvolle Rede. Die rhetor. Ausrichtung des Verständnisses vom (lat.) S. bleibt bis ins 18. Jh. erhalten: Im Vordergrund steht die Wirkung. Durch C. Weise wird für das Dt. der ›gute‹ S. im 18. Jh. v. a. unter Rückgriff auf die antike rhetor. Lehre von der An-

gemessenheit *(aptum)* thematisiert. S. ist dort nicht an Regeln gebunden, sondern meint sachverständige, zweckmäßige und adressatenbezogene Ausführung der Gedanken in Rede und Schrift. Dann erfolgt eine Ablösung des S.begriffs von der mündl. ›Beredsamkeit‹ (Fähigkeit des Gut-Reden-Könnens und dessen Produkt, die Rede, und deren schriftl. Form als Kunstprosa) zur schriftl. ›Wohlredenheit‹ (bis zum Ende des 18. Jh. Bez. für ›Anmut‹ und ›Schönheit‹ des S.) und Reduzierung auf die schriftl. Schreibart (so J. J. Eschenburg 1783). Mit J. C. Adelungs *Ueber den deutschen Styl* (1785) erscheint ein erstes Kompendium allgemeiner (psychologisierend erfasster) Eigenschaften eines normativ geregelten ›guten S.‹. Dieser präskriptive S.-Begriff wird am Ende des 18. Jh. durch eine subjektiv verstandene individuelle, persönlichkeitsgebundene (künstlerische) Auffassung von S. (v. a. K. Ph. Moritz) einerseits und die prakt. Orientierung an der Absicht des Schreibenden (funktionaler S.) andererseits abgelöst. Im 19. Jh. im Wesentl. Orientierung am Vorbild der klass. dt. Lit. – Als ling. Begriff ist S. umstritten und abhängig von der ling. Theoriebildung. Es gibt keinen einheitl. ling. Stilbegriff, sondern eine Vielzahl von sog. ›Stildefinitionen‹, z. B. S. als Wahl, S. als ↗ Konnotation, S. als Reflex seelischen Erlebens, S. als Schmuck, S. als Abweichung von der Norm, S. als funktionale Ausdrucksweise. Dabei wird unterschieden nach der Orientierung der Untersuchung auf (a) den Produktionsaspekt, (b) den Rezeptionsaspekt, (c) das Resultat (Text, Äußerung); entsprechend heterogen und divergent sind die neueren Stiltheorien (u. a. Theorie der funktionalen Stile, strukturalist., generative, statist., hermeneut., textlinguist. Stiltheorien). In der ling. Stilistik besteht die Tendenz, den Gegenstandsbereich einzugrenzen und den Gegenstand S. zu definieren, indem man – je nach Orientierung – die jeweiligen Methoden der Beschreibung und Erklärung der ling. ↗ Pragmatik, des ↗ Strukturalismus, der ↗ Texttheorie und ↗ Semiotik in die ↗ Stilistik überträgt; Gegenstandsdefinitionen und Untersuchungsmethoden sind entsprechend unübersichtlich. **Lit.** W. G. Müller, Topik des Stilbegriffs. Zur Geschichte des Stil-Verständnisses von der Antike bis zur Gegenwart. Darmstadt 1981. – W. Kühlwein & A. Raasch (Hgg.), Stil: Komponenten-Wirkungen. 2 Bde. Stgt. 1982. – H. U. Gumbrecht, Schwindende Stabilität der Wirklichkeit. Eine Geschichte des Stilbegriffs. In: Ders. & L. Pfeiffer (Hgg.), Stil. Geschichte und Funktionen eines kulturwiss. Diskurselements. Ffm. 1986.   VS

Stilalter In der ↗ Sprachdidaktik gebräuchl. Bez. des Umstands, dass Kinder im Prozess des Schriftspracherwerbs (↗ Schreibenlernen) unterschiedl. stilist. bzw. auf einzelne ↗ Textsorten bezogene Orientierungen vermittelt bekommen. Solche »Altersstile« korrelieren einerseits mit kognitiven, sozialen und sprachl. Entwicklungsstufen, andererseits mit den in der Schule gelehrten sprachl. und stilist. Normen; Letzteres bedeutet, dass S. mitunter zirkulär an den beobachtbaren (bzw. mangelnden) »Erfolgen« des Unterrichts abgelesen werden. I. d. R. werden eine Frühphase (»ganzheitl.-sachbezogener Stil«, »linearer Stil«, »Freskostil: paratakt., iterativ, räuml. orientiert«, »Reihung«), unterschiedl. viele Zwischenphasen und eine »reife« Endphase (»gestaltender Stil«, reflektierender Stil«, »Reliefstil: syntakt. Auffaltung, Verfügen über die Kategorie Zeit«, »Gestaltung«) angesetzt. Terminologie und Methodik der sog. Altersstilforschung sind uneinheitl. und mitunter wenig explizit. Oft werden in diesem Kontext auch die Ausdrücke *Generationsstil* (zur Charakterisierung stilist. Vorlieben einer Altersgruppe, z. B. der »Betroffenheitsstil« der 1980er Jahre) und *Stilgeneration* (Gruppe, die einen solchen Generationsstil realisiert) unter Rückgriff auf einen Essay von R. Musil verwendet. **Lit.** R. Musil, Stilgeneration und Generationsstil (1922). In: ders., Gesammelte Werke, Bd. 7. Reinbek 1978, 664–667. G

Stilblüte Sprachl. Äußerung, die durch Denkfehler oder Unachtsamkeit (ungeschickte Wortwahl, Weglassen eines Wortes/Satzteiles, falsche Wortstellung oder falsche syntakt. Verknüpfung) doppelsinnig wird und eine unbeabsichtigte Wirkung auslöst, z. B. »Stolz verließen des Professors weißseidne Beine die Rednertribüne« (W. u. Molo). Eine eigene Gruppe bilden S., denen ein Bildbruch zugrunde liegt, die durch die Kompilation zweier Redewendungen oder Sprichwörter nicht zusammenpassende Bildbereiche koppeln, z. B. *Der Dirigent, der die lodernde Rhythmik der Partitur mit ungewöhnlicher Schwungkraft herausmeißelte.* SE

Stilelement ↗ Stilmittel

Stilfigur ↗ Rhetorische Figur

Stilgeneration ↗ Stilalter

Stilistik (auch: Stilkunde) Lehre und Wiss. vom ↗ Stil, am Ende des 18. Jh. aus der ↗ Rhetorik, ↗ Sprachpflege und ↗ Sprachkritik entstandene philolog. Disziplin, die sich (a) method. bes. auf die Betrachtung und Beschreibung lit. Werke richtete (als Verfahren der lit. Textanalyse), (b) als prakt. (angewandte) S. lehrende Anleitungen zu einem vorbildl. Schreibstil (normative S.) gab. Die S. entwickelte sich im 18. Jh. zu einer Anleitung zum ›richtigen‹ und angemessenen Gebrauch der ↗ Schriftsprache (normative S.) und übernahm die Lehre von der *ēlocūtiō* als Grundlage für die Konzeption einer allgem. dt. S. (J. J. Eschenburg, *Theorie der prosaischen Schreibart*, 1783; J. C. Adelung, *Ueber den dt. Styl*, 1785). Im Rahmen der schulischen Schreiberziehung bleiben sowohl die rhetor. Tradition als auch die normative S. wichtig; massenwirksam sind v. a. die prakt. orientierten populären S. (Stilbücher, Ratgeber). – Wissenschaftsgeschichtl. etablierte sich die lit.wiss. S. im 20. Jh. vor allem im Zusammenhang mit der geistesge-

schichtl. und phänomenolog. Methode (B. Croce, K. Vossler; ↗ idealistische Sprachwissenschaft), als ling. Disziplin in der Berufung auf F. de Saussure begründet von Ch. Bally (*Traité de stylistique française*, Paris 1921) zur Untersuchung der affektiven Elemente der geschriebenen Spr. als experimentelle, nicht präskriptive Wiss. Gegenwärtige Forschungsrichtungen sind v. a. pragmat. fundiert, textlinguist. ausgerichtet oder im Rahmen textwiss. Disziplinen angesiedelt; ↗ Rhetorik. **Lit.** W. Fleischer, G. Michels & G. Starke, S. der dt. Gegenwartsspr. Ffm. ²1996. – W. Sanders, Stil u. S. Heidelberg 1995. – B. Sandig, S. der dt. Gegenwartsspr. Bln., N. Y., 1986. – A. Schöne (Hg.), Akten des VII. Internat. Germanistenkongresses. Göttingen 1985. Bd. 3: Textlinguistik contra S.? Tübingen 1986. – U. Fix (Hg.), Stile, Stilprägungen, Stilgeschichte. Über Epochen-, Gattungs- und Autorenstile. Heidelberg 1997. – B. Sowinski, S., Stiltheorien u. Stilanalyse. Tübingen ²1999. – U. Fix, H. Poethe & G. Yos, Textling. u. S. für Einsteiger. Ein Lehr- und Arbeitsbuch. Ffm. 2001. – Duden. Das Stilwörterbuch. Mannheim ⁸2001. – L Reiners, Deutsche Stilkunst. Ein Lehrbuch dt. Prosa. Mchn. 1991. – E. Riesel & E. Schendels, Deutsche S. Moskau 1975. – W. Schneider, Deutsch für Profis. Hamburg 1989. **Bibl.** W. Sanders, Stil und S. Heidelberg 1995. VS

Stilkunde ↗ Stilistik

Stilmittel (auch: Stilelement) Alle sprachl. Mittel können S. sein, wobei der stilist. Wert nur aus dem Zusammenwirken aller sprachl. Erscheinungen eines ↗ Textes und aus dem ↗ Kontext erschließen lässt. S. können sich auf alle Ebenen der Spr. beziehen: auf die Laut- und Klanggestaltung (z. B. ↗ Reim, ↗ Assonanz), auf die Schriftgestaltung (↗ Typographie), auf die ↗ Lexik (stilist. Markierungen in Lexika, ↗ Idiom, ↗ Jargon), auf die ↗ Morphologie, auf die gramm.-syntakt. Ebene (z. B. Komplexität der Sätze; z. B. ↗ Nominalstil) und auf die Textebene (↗ Kohärenz). Ein Inventar stilist. Mittel bilden die ↗ rhetorischen Figuren und Tropen (↗ Tropus). Durch stilist. Mittel der verschiedenen Ebenen sind potentielle S., deren Zusammenwirken durch sog. Stilzüge (Häufigkeit, Verteilung und Verbindung der S.) beschrieben werden kann (z. B. ↗ Funktionalstil, Sozial- oder Gruppenstil, Individualstil, Gattungsstil). VS

Stimmbänder (lat. ligāmenta vōcālia. Engl. vocal cords, frz. cordes vocales) Zwischen den vorderen Fortsätzen der beiden Stellknorpel und der Innenseite des Schildknorpels des ↗ Kehlkopfes spannen sich paarig die Stimmlippen aus. Diese Schleimhautfalten umschließen den Stimmbandmuskel und wölben sich von beiden Seiten in die Kehlkopflichtung vor. Der nach innen freie Rand der Stimmlippen wird als *Stimmband* (lat. *ligāmentum vōcāle*) bezeichnet, der zwischen beiden S. liegende, spaltförmige Raum als *Stimmritze* oder ↗ Glottis. Die

Schwingung der S. bei der Ausatmung (bei geschlossener Glottis) ist Grundlage der Stimmbildung; ↗ Phonation. GL

Stimmbeteiligungskorrelation ↗ Stimmhaft

Stimmbruch (auch: Mutation (lat. mūtāre ›verändern‹. Engl. breaking of the voice, frz. mue de la voix) Absenkung des Frequenzumfanges der Stimme (bei Jungen etwa um eine Oktave, bei Mädchen um eine Terz) infolge des Kehlkopfwachstums unter Einwirkung der Geschlechtshormone in der Pubertät. Die »Handhabung« des Kehlkopfes ist in dieser Zeit unsicher. Dies führt zu Rauhigkeiten im Stimmklang und dem charakterist. Umkippen der Stimme in den ↗ Fistelstimme (daher Stimm*bruch*). GL

Stimme (engl. voice, frz. voix) Zusammenfassende Bez. für die Kategorien der melod. Parameter des ↗ Sprechausdrucks. Die Tonhöhe entspricht der Grundfrequenz; sie ist abhängig von der Größe der Stimmlippen (↗ Stimmbänder); diese bestimmt die Stimmgattung (bei Männern Bass, Bariton, Tenor, Kontratenor; bei Frauen Alt, Kontraalt, Mezzosopran, Sopran). Der Stimmumfang beträgt bei unausgebildeten Stimmen ca. 2, bei Gesangsstimmen bis zu 4 Oktaven. Die Stimmlage bezieht sich auf die ↗ Indifferenzlage des jeweiligen Sprechers (ca. 5 Töne-Intervall am oberen Ende des unteren Drittels eines 2-oktavigen Stimmumfangs, in dem physiolog. indifferent gesprochen wird und das Sprechen ›normal‹ wirkt. Davon können Sprecher okkasionell (emotionales Sprechen mit großem Intervall) oder habituell abweichen: zu hohes (beim Singen: Falsett, Randschwingung der Stimmlippen), zu tiefes Sprechen (bis zur *Knarrstimme* (engl. *creaky voice*), wobei der Primärklang eine Geräuschkomponente hat). Habituelle Abweichungen können zu ↗ Dysphonien (Knötchen, Phonastenie, Taschenfaltenstimme usw.) führen. Mitunter sind Abweichungen entwicklungspatholog., z. B. (Mutations-) Fistel-, eunuchoide Stimmen, wobei der Klang bis auf Null reduziert sein kann. Je nachdem, ob die Stimmlippen voll oder nur z. T. schwingen, entsteht durch die Resonanzverhältnisse Registerwechsel: *Bruststimme* (Resonanz auch im subglottalen Raum; ↗ Brust), *Kopfstimme* (Resonanz nur im supraglottalen Ansatzrohr). *Flüsterstimme* ist eine aphone, rein geräuschhafte Sprechweise (Reibung der Luft im ↗ Flüsterdreieck bzw. reiner Hauch); *Murmel*- oder *Halbstimme* bezeichnet eine mit leicht geöffneter Glottis produzierte, behauchte S. bzw. eine Lautstärkevariante. Der in der ↗ Glottis erzeugte Primärklang wird im ↗ Ansatzrohr geformt. *Klangfülle* ist physiolog. von der Form der Stimmlippenschwingungen und den damit verbundenen akust. Konsequenzen wie Obertonreichtum und An- oder Abwesenheit von Geräusch (Hauch, Heiserkeit) abhängig. *Klangfarbe* ist bedingt durch resonator. Veränderungen im Ansatzrohr (Verstärkung bestimmter Obertonbereiche, z. B. ↗ Forman-

ten als ling. Klangfarben, [± nasal], pharyngal eng oder weit, hell oder dunkel durch Verlängerung oder Verkürzung des Ansatzrohrs); ↗ Phonation. Die Klangfarbe trägt zur Unterscheidung der Stimmgattungen bei (z. B. Bass – dunkel, Bariton – hell). Der ↗ Tonhöhenverlauf macht die *Sprechmelodie* aus (↗ Intonation): beim Sprechen ist sie glissando, ↗ Kadenzen haben ling. Funktion. Emotional-affektive Klangqualitäten kommen durch Zusammenwirken des stimml. mit anderen Parametern des Sprechausdrucks zustande, aber der Stimmklang hat dabei den Hauptanteil. Schon die dt. Alltagssprache identifiziert Klangfarbenqualität mit subjektiven Befindlichkeiten: Stimmung, Ver-stimmung, Miss-stimmung, Gestimmt-heit. **Lit.** U. Kutter & R. Wagner (Hgg.), S. (SuS, Bd. 25). Ffm. 1991. – H. Eckert & J. Laver, Menschen und ihre Stimmen. Aspekte der vokalen Kommunikation. Weinheim 1994. GU

Stimmeinsatz Art des Einsatzes der Stimmlippenschwingungen bei initialem ↗ Vokal. Man unterscheidet zwischen dem im Dt. normalen *harten* S. mit vorausgehendem ↗ Glottisverschluss [ʔ] (d. h. die geschlossenen Stimmlippen werden durch den subglottalen Druck plötzl., evtl. akust. von einer Geräuschbildung begleitet, gesprengt, bevor sie in regelmäßige Schwingung mit voller Amplitude geraten), dem wie im Frz. üblichen *weichen* S., bei dem die Stimmlippen ohne Geräuschbildung in allmähl. intensivere Schwingung geraten, und dem *gehauchten* S., bei dem die sich noch schließenden Stimmlippen zur Bildung eines dem Vokal vorausgehenden [h] und einem allmähl. Einsetzen der Stimmlippenschwingungen führen. PM

Stimmfarbe ↗ Klangfarbe

Stimmführung ↗ Intonation

Stimmgattung ↗ Sprechausdruck, ↗ Stimme

Stimmhaft (Abk. sth. Engl. voiced, frz. sonore) Binäres distinktives phonolog. bzw. phonet. Merkmal, das die Beteiligung des Stimmtons an der jeweiligen Lautproduktion beschreibt. Sth. Laute sind im Gegensatz zu stimmlosen (Abk. stl., engl. *voiceless*, frz. *sourde*) artikulator. durch schwingende Glottis, akust. durch period. Signale gekennzeichnet. Dieser Ggs. konstituiert die Stimmkorrelation (auch: Stimmhaft-stimmlos-Korrelation, Stimmbeteiligungskorrelation, Stimmhaftigkeitskorrelation). Im Dt. ist das Merkmal [± sth.] bei Konsonanten mit der Lenis-Fortis-Unterscheidung korreliert; ↗ Fortis. PM

Stimmhaftigkeitskorrelation ↗ Stimmhaft

Stimmheilkunde Veraltet für ↗ Phoniatrie. GT

Stimmkorrelation ↗ Stimmhaft

Stimmlage ↗ Sprechausdruck, ↗ Stimme

Stimmlippen ↗ Stimmbänder

Stimmlos ↗ Stimmhaft

Stimmqualität Art der stimml. Anregung des ↗ Ansatzrohres, die durch die unterschiedl. Stellung bzw. die unterschiedl. Schwingungsform der ↗ Glottis be-

dingt ist (↗ Phonation). Man unterscheidet neben der *normalen* (engl. *modal* – regelmäßige Stimmlippenschwingungen) S. und der *geflüsterten* (engl. *whisper* – geschlossene Stimmlippen bei offenem Flüsterdreieck) die Phonationstypen *behaucht* (engl. *breathy* – nichtschließende Stimmlippenschwingungen) und *rauh* (engl. *creaky, vocal fry* – unregelmäßige Stimmlippenschwingungen) auch für das individualtyp. Stimmverhalten (engl. *phonatory setting*). Wichtige akust. Kenngrößen: *jitter* (›bibbern‹), die Tonhöhenvariation, und *shimmer* (›schimmern‹), die Lautstärkevariation benachbarter Stimmtonperioden. **Lit.** J. Laver, The Phonetic Description of Voice quality. Cambridge 1980. – Ders., The Gift of Speech, Edinburgh 1991.   PM
Stimmritze ↗ Glottis
Stimmschwäche ↗ Stimmstörung
Stimmstörung (auch: Dysphonie, griech. δυς (dys-) ›un-‹, φωνή (phōnē) ›Laut, Stimme‹. Engl. dysphonia) Die ↗ Phoniatrie differenziert nach organischen S., die auf Erkrankungen eines an der Stimmbildung beteiligten Organs beruhen, und funktionellen S., die auf organ., aber auch psychogene Funktionsstörungen zurückzuführen sind. **Lit.** J. Wendler, W. Seidner, G. Kittel & U. Eysholdt, Lehrbuch der Phoniatrie und Pädaudiologie. Stgt., N. Y. [4]2005. – G. Wirth, Sprachstörungen, Sprechstörungen, kindl. Hörstörungen. Lehrbuch für Ärzte, Logopäden und Sprachheilpädagogen. Köln [5]2000.   GT
Stimmtonverlust ↗ Sonorisierung
Stimulus-Response-Modell ↗ Reiz-Reaktions-Modell
Stipulativ ↗ Definition
Stirnsatz ↗ Spitzenstellung
»Stock« ↗ »Verbalstock«
Stød ↗ Glottisverschluss
Stoffadjektiv Von einer ↗ Stoffbezeichnung abgeleitetes Adjektiv, z. B. *eisern, wässrig.*   G, SO
Stoffbezeichnung (auch: Stoffname, Stoffsubstantiv, Kontinuativum. Engl. mass noun) Nach ihrer Bedeutung definierte Teilklasse der Substantive, die physische Materialien bezeichnen. S. werden im Sg. ohne Artikel verwendet, z. B. *wir heizen mit Gas; Annette mag Gold lieber als Silber.* Wenn S. quantifiziert werden sollen, geschieht dies mittels einer ↗ Maßangabe, z. B. *ein Festmeter Buche(nholz), ein m³ Bausand.* Von S. abgeleitete Adj. haben häufig das Suffix *-ern,* z. B. *kupfern, irden* < aus Erde, *knöchern.* S. sind, da sie Kontinua bezeichnen, nicht pluralfähig. Wenn zu einer S. ein Pl. gebildet wird, dann referiert er auf unterschiedliche Arten des bezeichneten Materials, z. B. *Sand – Sände, Granit – Granite.*   G
Stoffname ↗ Stoffbezeichnung
Stoffsubstantiv ↗ Stoffbezeichnung
Stokavisch Gruppe von Dialekten des ↗ Serbokroatischen in Teilen Kroatiens, in Bosnien-Herzegowina, Serbien und Montenegro (nach *sto* ›was‹); ↗ Cakavisch, ↗ Kajkavisch.   G

Stoney ↗ Sioux-Sprachen
Stoppwort (engl. *stop word*) Im ↗ Information Retrieval potentiell überflüssige Wörter, die bei der ↗ Indizierung ausgeschlossen werden. Hierzu gehören hochfrequente Wörter, die keine spezif. Information transportieren und keine Relevanz für den Dokumenteninhalt besitzen, für das Dt. z. B. Präpositionen, Konjunktionen, Artikel.   Z
Story Grammar (›Geschichten-Grammatik‹. Auch: story schema, story structure) Objektbereichserweiterungen von Modellen der GG auf die Ebene der ↗ Texte, um hierdurch v. a. die Struktur narrativer Texte zu explizieren. Prakt. wird sie v. a. in der Kleinkindpädagogik eingesetzt (vgl. Stein & Glenn 1979). Für theoret. Konzeptionen der S. G. ist die narrative Struktur von Texten primär v. a. gü. Wissensrepräsentationen von Weltwissen; sie stehen somit im Ggs. zu schemabasierten Ansätzen (z. B. ↗ Frames- und Scripts-Konzeptionen, vgl. Brachman & Schmolze 1985, Schank 1982) des Textverstehens, die (in der Nachfolge von Bartlett 1932 und im Rahmen der Künstl. Intelligenz) davon ausgehen, dass Prozesse des Textverstehens primär mit sog. Schemata erfasst werden können, die Weltwissen (Alltagswissen) repräsentieren, das auf im Text beschriebene Inhalte abgebildet wird. **Lit.** F. C. Bartlett, Remembering: A Study in Experimental and Social Psychology. Ldn. 1932. – R. Brachman & J. Schmolze, An Overview of the KL-ONE Knowledge Representation Systems. Cognitive Science 9, 1985, 171–216. – J. D. Bransford et al., Sentence Memory: A Constructive vs. Interpretive Approach. Cognitive Psychology 3, 1972, 193–209. – T. Budniakiewicz, Fundamentals of Story Logic. Introduction to Greimassian Semiotics. Amsterdam 1992. – C. Kaldy & P. Zsuzs, Where Does S. G. Come From? Psychology 7, 1996. – D. H. Rumelhart, Introduction to Human Information Processing. N. Y. 1975. – R. Schank, Dynamic Memory. Cambridge, UK 1982. – N. Stein & C. Glenn, An Analysis of Story Comprehension in Elementary School Children. In: R. Freedle (ed.), New Directions in Discourse Processing. Bd. 2. Norwood 1979, 53– 120. – M. Toolan & J.-J. Weber (eds.), The Cognitive Turn: Papers in Cognitive Literary Studies. European Journal of English Studies (EJES) 2005, 9.2.   F
Stoßton ↗ Glottisverschluss, ↗ Schleifton
Stottern (engl. *dysfluency, stuttering,* frz. *balbutie*) Bez. für eine Redeflussstörung, häufig kombiniert auftretend, die sich unterteilen lässt in *klonisches* S. (engl. *stammering*), bei dem es zu Wiederholungen von Lauten, Silben und Wörtern durch sehr kurze und schnellfolgende Kontraktionen der Sprechmuskulatur kommt, und in *tonisches* S. (engl. *stuttering*), bei dem es zu artikulatorischer Verharrung infolge von Verkrampfungen der Sprechmuskulatur kommt. Sowohl die ursächl. Erklärungen des S. wie die therapeut. Er-

folge sind bis heute widersprüchl. und unbefriedigend. **Lit.** O. Bloodstein, A Handbook of Stuttering. San Diego ⁵1995. – U. Natke, S. Erkenntnisse – Theorien – Behandlungsmethoden. Bern 2000. – St. Baumgartner, Sprechflüssigkeit. In: Ders. & I. Füssenich (Hgg.), Sprachtherapie mit Kindern. Mchn., Basel ⁵2002, 165–255. **GT**
Stratifikationsgrammatik (lat. strātum ›Decke, Schicht‹. Bisweilen auch: Ebenengrammatik, Schichtengrammatik) Von S. M. Lamb entworfene Konzeption einer umfassenden Grammatik, derzufolge sechs Darstellungssysteme unterschieden werden, die hierarch. derart aufeinander bezogen sind (daher das Bild der Ebenen), dass die beiden extremen Systeme die phonet. bzw. die semant. Verhältnisse darstellen. Es sind starke Ähnlichkeiten mit Anschauungen zu erkennen, die in die ⁊ Glossematik eingegangen sind. Ein ausdrücklicher Bezug zur Glossematik wird auch hergestellt. Hauptcharakteristik der S. ist der modulare (der stratifikationelle) Aufbau des Systems der Beziehungen zwischen Phonetik und Semantik. **Lit.** S. M. Lamb, Outline of Stratificational Grammar. Washington 1966. **T**
Stratisch ⁊ Diastratisch
Stratum n. (lat. strātum ›Decke, Schicht‹) **1.** ⁊ Ebene (1), ⁊ Komponente einer Grammatik. Die Strata einer Grammatik haben Konstruktionsfunktion (R. Jakobson) füreinander, d. h. die Grundeinheiten des jeweils höheren S. sind komplexe Einheiten des jeweils niedrigeren S. (z. B. werden freie Morpheme (Wörter) als Ketten von Phonemen analysiert). **2.** In der ⁊ Soziolinguistik Bez. für soziale ⁊ Schicht. **3.** In der ⁊ Dialektologie und der ⁊ historischen Sprachwiss. Bez. für die Schichtung einer Varietät zu einem best. Zeitpunkt; z. B. spricht man von lexikal. S., wenn Teilwortschätze einer Spr. verschiedener ling. Herkunft oder verschied. histor. Alters voneinander unterschieden werden sollen. **4.** ⁊ Stratifikationsgrammatik. **G**
Streckenstrich ⁊ Bindestrich
Streckform ⁊ Funktionsverbgefüge
Strengalthochdeutsch Veraltete Bez. J. Grimms (1785–1863) für das Obdt. Er wählte diese Bez., da die im Obdt. des 8./9. Jh. durchgeführte Verschiebung von *b* > *p* und *g* > *k* als normale Lautstufe des ⁊ Ahd. angesehen wurde. Das Obdt. umfasst in ahd. Zeit das Alem. und Bair. Das Ostfränk. wird aufgrund der Bewahrung von *b* und *g* in ahd. Zeit zum Mdt. gerechnet. Erst von mhd. Zeit an stellt man es bes. wegen der Verschiebung von *p* und *pf* zum Obdt. **ST**
Strident (auch: scharf) Binäres phonolog. distinktives Merkmal [± strid.] (vs. mellow, non-strident) zur Kennzeichnung von kons. Sprachlauten mit hochfrequenten Geräuschanteilen: nach SPE alle ⁊ Frikative und ⁊ Affrikate außer ⁊ bilabial [ɸ, β], dental [θ, ð] und velar [x, ɣ]; in anderen phonolog. Modellen auch zur Abgrenzung der ⁊ Sibilanten von anderen Frikativen; Ggs. ⁊ Mild. **PM**

Strich Neben Kreisen und Ellipsen bzw. Segmenten davon Grundbestandteil von ⁊ Schriftzeichen vieler ⁊ Schriftarten. Der vertikale S. (auch: Hasta) ist architekton. Zentrum vieler lat. Buchstaben (z. B. *B, D, E, F, H, I* usw.), wogegen horizontale und diagonale S. häufig ihre Koda bilden (z. B. *E, F, K, R*). Chin. Schriftzeichen sind aus acht Grundstrichen komponiert, die sich nach Lage und Länge unterscheiden; beim Schreiben muss eine feste Reihenfolge beachtet werden (von links nach rechts und von oben nach unten). Morpholog. und syntakt. Funktionen haben ⁊ Bindestrich und ⁊ Gedankenstrich. **G**
Strichpunkt ⁊ Semikolon
Strömungssilbe ⁊ Silbe
Struktur ⁊ Glossematik, ⁊ Sprachstruktur, ⁊ Strukturalismus
Strukturale Linguistik ⁊ Strukturalismus
Strukturale Semantik ⁊ Strukturelle Semantik
Strukturalismus (lat. structūra ›Bauart‹. Auch: strukturelle Linguistik, strukturale Linguistik) Von R. Jakobson (1896–1982) geprägte Sammelbez. für verschiedene ling. Aktivitäten seit dem Ende der 1920er Jahre. Der S. wurde von Vertretern der ⁊ Prager Schule als neue wiss. Betrachtungsweise angesehen, nach der man sich das Gesamt der Phänomene einer bestimmten Disziplin als Struktur vorstellt. Struktur ist dabei synonym mit Ganzheit, Konstruktion, Gefüge, folglich Metapher. Diese Metapher ist freilich bedeutend älter als das Programm des S. Als Vertreter des S. werden seit 1939 auch die Mitglieder des Kopenhagener Linguistenkreises gezählt (⁊ Glossematik) und später Einzelpersönlichkeiten wie N. S. Trubeckoj (1890–1938), A. W. de Groot (1892–1963), L. Tesnière (1893–1954), Ch. E. Bazell, H. Glinz, R. F. Mikuš, K. S. Šaumjan. Einigendes Band des europ. S. ist die Berufung auf F. de Saussure (1857–1913), dessen Bekanntheit vor allem durch die Publikationstätigkeit der ⁊ Genfer Schule gefördert wurde. Kern der Lehre de Saussures, der den europ. S. mehr oder weniger stark geprägt hat, ist das Ziel, Spr. als Form, nicht als Substanz zu beschreiben. Dieses Ziel haben am konsequentesten L. Hjelmslev und H. J. Uldall mit der Entwicklung der ⁊ Glossematik verfolgt. In die Tradition von F. de Saussure stellen sich freilich auch erklärte Gegner des S. wie z. B. A. Martinet. In den 1950er Jahren wird es auch unter amerikan. Linguisten üblich, nicht nur – wie es alter Brauch war – von ling. Strukturen zu sprechen, sondern Linguistik als struktural oder strukturalist. zu bezeichnen. Der amerikan. S. steht im Unterschied zum europ. vornehmlich in der Tradition von L. Bloomfield und damit indirekt in der von W. Wundt. Großen Einfluss haben die wiss.-philosoph. Vorstellungen des Wiener Kreises auf Bloomfield und somit auf den amerikan. S. ausgeübt. Der europ. S. ist vor allem auf folgenden Gebieten effektiv hervorgetreten: Phonologie (Trubeckoj), Syn-

tax (de Groot, Mikuš, Tesnière), Zeichen- und Sprachtheorie (Uldall, Hjelmslev), Methodologie (Trubeckoj, Ebeling). Im amerikan. S. standen methodolog. Fragen im Vordergrund: phonolog., morpholog. und syntakt. Analyse (E. A. Nida, Z. S. Harris, Ch. F. Hockett, H. A. Gleason). Während die europ. Vertreter des S., sofern sie überhaupt kompendienartige Sprachbeschreibungen geliefert haben (Ausnahmen bilden *Die innere Form des Deutschen* von H. Glinz und die im Umkreis von de Groot entstandenen Arbeiten), nichts Wesentl. haben eingehen lassen, was man für den S. als charakterist. ansehen kann, hat der amerikan. S. eine Reihe prinzipiengeleiteter Beschreibungen diverser Sprachen (u. a. Japan.: B. Bloch, Chines.: Chao Yuen Ren, Engl.: Ch. C. Fries) sowie etliche Sprachkurse hervorgebracht. – Bei der syntakt. Analyse hat sich der amerikan. S. – anders als der europ. – in die Traditionslinie G. von der Gabelentz – W. Wundt – L. Bloomfield gestellt und verschiedene Varianten der ↗ Konstituentenanalyse (IC-Analyse) ausgearbeitet. Wichtigstes Verfahren des S. ist die Analyse der ↗ Distribution sprachl. Einheiten, weshalb die Methoden des amerikan. S. auch als ↗ Distributionalismus bezeichnet werden. Wegen der weitgehenden Beschränkung auf die Beschreibung sprachl. Phänomene unter Meidung historisierender oder mentalist. Erklärungsversuche fasst man sie auch unter dem Namen ↗ Deskriptivismus zusammen. Hauptcharakteristika des amerikan. S. sind: (a) Antimentalismus, (b) Physikalismus. (a) bedeutete die Abwendung von psychologisierender Argumentation, wie sie L. Bloomfield unter dem Einfluss von W. Wundt bis ins zweite Jahrzehnt des 20. Jh. gepflegt hat; außerdem weitgehenden Ausschluss von Selbstbeobachtung. (b) bedeutete, physikal. oder quasiphysikal. Eigenschaften unmittelbar in den abstrakten – phonolog., morpholog., syntakt. – Strukturbeschreibungen zu repräsentieren. Hierzu gehörte insbesondere die Hypothese der ↗ Kontiguität der Kokonstituenz, die darauf hinausläuft, Konstituentenstrukturen so zu konstruieren, dass die Wortstellung mit der Links-Rechts-Abfolge der terminalen Symbole übereinstimmt. – Ideengut des Wiener Kreises hat auch im europ. S. Spuren hinterlassen, jedenfalls in der Glossematik sowie in der ↗ applikativ-generativen Grammatik von K. S. Šaumjan. Freilich hat es hier kein Physikalisierungsprogramm gegeben wie bei Bloomfield. Vielmehr hat Hjelmslev die Unterscheidung zwischen Theoriesprache und Beobachtungssprache mit der de Saussureschen Unterscheidung zwischen Form und Substanz aufgefangen. – Gemeinsam ist dem amerikan. und dem europ. S.: (a) Abkehr von philolog. Erläuterungen und Erklärungsversuchen sprachl. Phänomene, (b) Reduktion der Anzahl der elementaren Beschreibungseinheiten (vor allem durch Etablierung des Phonembegriffs in der Phonologie, des Morphembegriffs in der Morphologie),

(c) Entwicklung von Segmentierungsverfahren, (d) Sonderstatus der Bedeutung sprachl. Ausdrücke, (e) Nicht-Fortsetzung der von Wundt so genannten und besonders von Vertretern der histor.-vergleichenden Sprachwiss. betriebenen negativen Syntax in der von dem Wiener Slavisten F. von Miklosich propagierten Art, derzufolge Syntax jener Teil der Grammatik sein soll, welcher die Bedeutung von Wortklassen und Wortformen darlegt. **Lit.** Ch. E. Bazell, Linguistic Form. Istanbul 1953. – B. Bloch, Studies in Colloquial Japanese. Lg. 20, 1946. – L. Bloomfield, Language. N. Y. 1933. – Chao Yuen Ren, A Grammar of Spoken Chinese. Berkeley 1968. – C. L. Ebeling, Linguistic Units. 's-Gravenhage 1960. – Ch. C. Fries, The Structure of English. Ldn. 1952/53. – G. von der Gabelentz, Die Sprachwiss. Lpz. 1901. – H. A. Gleason, An Introduction to Descriptive Linguistics. N. Y. 1967. – H. Glinz, Die innere Form des Dt. Bern. Mchn. 1952, 1965. – A. W. de Groot, Structurele syntaxis. Den Haag 1949. – Z. S. Harris, Methods in Structural Linguistics. Chicago 1951. Später: Structural Linguistics. 1961. – L. Hjelmslev, Omkring sprogteoriens grundlæggelse. København 1943. Dt.: Prolegomena zu einer Sprachtheorie. Mchn. 1974. – Ch. F. Hockett, A Course in Modern Linguistics. N. Y. 1958. – E. A. Nida, Morphology. Ann Arbor 1949. – E. A. Nida, A Synopsis of English Syntax. Norman, Oklahoma 1960. – K. L. Pike, Language in Relation to a Unified Theory of Human Behavior. The Hague 1971. – S. K. Šaumjan, Strukturnaja lingvistika. M. 1965. Dt.: Strukturale Ling. Mchn. 1971. – F. de Saussure, Cours. – L. Tesnière, Éléments de syntaxe structurale. Paris 1965. – N. S. Trubetzkoy [Trubeckoj], Grundzüge der Phonologie. Göttingen 1958. – W. Wundt, Völkerpsychologie. Lpz. 1900.   T

Strukturanalyse ↗ Strukturbeschreibung

Strukturbaum (auch: Analysebaum, Baumgraph, Baumdiagramm, Verzweigungsdiagramm. Engl. branching diagram, branching phrase marker). Graph. Darstellung von Beziehungen und Abhängigkeiten, am bekanntesten in der Form des Stammbaums, gängig auch in der Mathematik (Wahrscheinlichkeitsrechnung). In der Sprachwiss. findet der S. v. a. bei der Darstellung von Satzstrukturen Anwendung, vereinzelt auch in der Morphologie (Wortbildung) und in der Phonologie. Ein S. besteht aus Knoten und Verbindungslinien (Kanten oder Zweige), wobei sich jeder Knoten in 1 bis n Kanten verzweigen kann. Den häufigsten Fall stellt die binäre Segmentierung dar (Verzweigung eines Knotens in zwei Kanten). Der erste oder oberste Knoten heißt Wurzelknoten. – In der ↗ Syntax sind zwei Anwendungsfamilien verbreitet: (a) Der S. dient als Stemma oder ↗ Abhängigkeitsbaum, z. B. in der ↗ Dependenzgrammatik. Die Knoten des S. stellen die kleinsten sich aus der Analyse eines Satzes ergebenden Einheiten dar, i. d. R. also Wörter, die

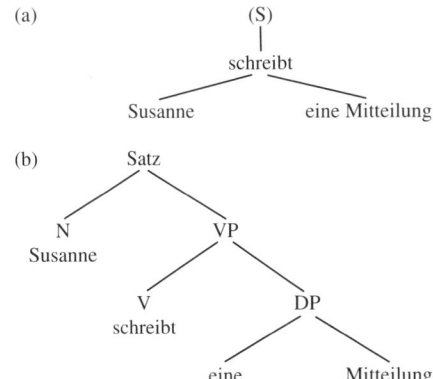

(a) (S)
|
schreibt

Susanne   eine Mitteilung

(b) Satz

N   VP
Susanne

V   DP
schreibt

eine   Mitteilung

mit ihren Wortarten etikettiert werden. Der Satz wird somit in seinen Abhängigkeitsbeziehungen durch den ganzen S. abgebildet. (b) Die Knoten des Satzes stellen (durch schrittweise durchgeführte Teilung des Satzes hervorgegangene) ↗ Konstituenten dar. Ledigl. die Endknoten (oder terminalen Knoten) stellen die kleinsten sich aus der Analyse ergebenden Einheiten des Satzes dar, alle anderen Knoten stehen für nicht-kleinste (nicht-terminale, komplexe) Konstituenten, die als Elemente von Distributionsklassen, Kategorien o. ä. verstanden werden, z. B. Elemente der Kategorie NP oder PP. Die Zweige symbolisieren keine Abhängigkeitsrelationen wie in (a), sondern Teil-Ganzes-Beziehungen. Zwar bildet der S. ebenfalls den gesamten Satz ab, doch werden einzelne Konstituenten an mehreren Knoten als Bestandteile anderer Konstituenten repräsentiert; ↗ Syntax.   RL

Strukturbeschreibung (Abk. SB. Auch: Strukturanalyse) In der GG Bez. für die Beschreibung von komplexen syntakt. Einheiten in Form eines ↗ Strukturbaumes oder ↗ indizierter Klammerung als ↗ Eingabe für die ↗ Ableitung transformierter oder interpretierender Strukturen wie ↗ Oberflächenstruktur, S-Struktur, ↗ Logische Form usw.   F

Strukturelle Linguistik ↗ Strukturalismus

Strukturelle Semantik (auch: strukturale Semantik. Engl. structural semantics, frz. sémantique structurale) Bez. für unterschiedl. ling. Ansätze, die in direktem oder indirektem Anschluss an F. de Saussures Auffassung von der differentiellen Struktur des ↗ Sprachsystems versuchen, die ↗ Bedeutung (2.1) der Wortschatzelemente als Funktion ihrer lexemat. Relationen zu beschreiben. Das epochemachende Datum der s. S. ist das Jahr 1931, in dem J. Trier mit seiner Untersuchung *Wortschatz im Sinnbezirk des Verstandes* die diachrone Semantik revolutionierte. Die darin von ihm vorgestellte, später von L. Weisgeber weiterentwickelte ↗ Wortfeldtheorie ist insofern strukturell zu nennen, als sie den gesamten Wortschatz einer Spr. als System von ↗ »Wortfeldern« betrachtet, die sich ihrerseits mo-

saikhaft in lückenlos aneinandergrenzende Wortbedeutungen »ausgliedern«, welche einen mehr oder weniger diffusen »Sinnbezirk« einzelsprachl. strukturieren. Die Grenzen einer jeden Wortbedeutung sind durch die »Feldnachbarn« bestimmt (so wie bei de Saussure der »Wert« des Zeichens sein ↗ Signifikat begrenzt); jedes Feld ist ein Teilsystem, »wo alles sich hält« (de Saussure) und wo die Änderung eines Elements die Veränderung des ganzen Gefüges bewirkt. Diese überaus stimulierende, aber wegen ihrer idealisierenden Überspitzungen revisionsbedürftige Theorie hatte u. a. den Nachteil, dass sie die Explikation feldinterner lexemat. Relationen der philolog. Beschreibung überließ. Erst als L. Hjelmslev die phonolog. Methode, lautl. ↗ Oppositionen mithilfe ↗ distinktiver Merkmale zu analysieren, auf die Semantik übertrug, konnte diese i. e. S. strukturell werden. Hjelmslev hoffte, dass durch Reduktion der Bedeutungen auf eine begrenzte Menge von ↗ Figuren (»content figurae«) »die offenen Klassen [der Sprachzeichen] auf geschlossene reduziert« (1957/1974, 118) werden könnten; z. B. lässt sich eine größere Anzahl von Lexemen im ›Sinnbezirk‹ der Haus- und Nutztiere mit nur drei Merkmalpaaren, [männl./weibl.], [± erwachsen] und [± kastriert], semant. differenzieren. Hjelmslevs Analyseverfahren der ↗ Kommutation wurde die method. Grundlage für die s. S., so wie sie nach 1960 von P. Pottier, A. J. Greimas, E. Coseriu und J. Lyons entwickelt und in Deutschland u. a. von K. Baumgärtner, K. Heger, H. E. Wiegand, H. Henne, P. Schifko, M. Bierwisch und D. Viehweger produktiv ausgebaut wurde. Die Wortfelder stellen sich hier dar als ↗ Paradigmen von lexikal. Teilbedeutungen (↗ Semem (3)), die als Konfigurationen distinktiver ↗ semantischer Merkmale begriffen werden, für welche Pottier den Terminus ↗ Sem einführte; Coseriu differenziert ferner zwischen wortfeldspezif. Semen und wortfeldübergreifenden ↗ Klassemen (z. B. ± menschl., ± konkret). Als Seme werden nur solche Merkmale angesetzt, die zur Unterscheidung der Sememe im Paradigma notwendig und hinreichend sind, und zwar neben denotativen auch konnotative Merkmale, z. B. im Paradigma *Antlitz – Gesicht – Fresse* (↗ Konnotation 2 f). Mithilfe der Seme lassen sich sowohl paradigmat. Sememrelationen (u. a. ↗ Synonymie, ↗ Antonymie, ↗ Hyponymie) als auch lexeminterne Sememrelationen (↗ Homonymie, ↗ Polysemie, ↗ Multisemie) analyt. explizieren. Eine Beschreibungsalternative, die ohne Seme auskommt und bei konsistenter Anwendung ↗ semantische Netze generiert, ist das Verfahren von Lyons, »Sinnrelationen« (↗ Sinn 2) zwischen Lexemen als log. Relationen zwischen Sätzen zu rekonstruieren (↗ Bedeutungspostulat), z. B. Hyponymie als Implikation: Für alle x gilt: x ist eine Rose → x ist eine Blume → x ist eine Pflanze. – In den USA entwickelte die ↗ Ethnolinguistik in den 1950er Jahren eine method. einflussreiche paradigmat. ↗ Komponentenanalyse (2) zur Untersuchung von Verwandtschaftsbezeichnungen. Stärkere internat. Beachtung fand in den 1960er Jahren die ↗ interpretative Semantik von J. J. Katz & J. A. Fodor (modifiziert durch U. Weinreich), die auf der Basis der GG das Ziel verfolgte, die »Amalgamierung« komplexer ↗ Satzbedeutungen aus den semant. Merkmalen der Satzbestandteile zu rekonstruieren und dabei deren wechselseitige semant. Determination im Prozess der ↗ Disambiguierung oder der Metaphorisierung (Weinreich) aufzuzeigen. Eine zentrale Rolle spielt die ↗ lexikalische Dekomposition auch in den Modellen der ↗ generativen Semantik, in denen Sätze durch regelhafte Transformationen aus zugrundeliegenden Merkmalstrukturen ›generiert‹ werden. In diesen satzsemant. Analysen wurden erstmals syntagmat. ↗ Selektionsmerkmale systemat. erfasst, die die wortschatzbezogene europäische s. S. in dem enger gefassten Rahmen lexikal. ↗ Kollokationen (u. a. Coseriu: ↗ lexikalische Solidarität) berücksichtigt hatte; zudem öffneten sie den Blick für die Komplementarität paradigmat. und syntagmat. Relationen (K. Baumgärtner). Ein anderer wesentl. Unterschied zur westeuropäischen s. S. betrifft den Status der Merkmale: Die Seme Pottiers sind einzelsprachl., differentiell gewonnene Einheiten mit metasprachl. Funktion; die Komponenten der Ethnoling. oder der generativen Ling. sind dagegen konzipiert als tendenziell universale kognitive Primärbegriffe, aus denen die Einzelspr.n ihre jeweils verschiedenen Lexembedeutungen konfigurieren. Oft wurde von Generativisten Hjelmslevs Hoffnung aufgenommen, es müsse sich aus einer relativ kleinen Zahl derartiger Komponenten der gesamte Bedeutungskosmos natürlichsprachl. Wortschätze konsistent und nicht-zirkulär ableiten lassen. Eine ähnl. Einschätzung liegt der Noematik von E. Koschmieder und G. F. Meier zugrunde; die begriffl. Komponenten heißen dort ↗ Noem (2). – Nach der ›pragmat. Wende‹ in den 1970er Jahren wurde die s. S. massiv kritisiert wegen ihrer ›systemling.‹ Orientierung, ihrer stat. Bedeutungstheorie sowie der theoret. und empir. Schwächen des Merkmalmodells. Die im Ansatz eher holist. Gegenentwürfe (↗ Gebrauchstheorie der Bedeutung, ↗ Prototypensemantik, ↗ Stereotypensemantik) sowie neuere inferentielle Konzeptionen der ↗ Kognitiven Linguistik (u. a. der Frame-Semantik, ↗ Rahmen) konnten die Ergebnisse der s. S. zwar wesentl. korrigieren, ergänzen und relativieren, aber auch mit grundsätzl. Kritik (Ziem 2008) nicht aus den Angeln heben. Die Analyse lexemat. ↗ Bedeutungsstrukturen in (wie immer geartete) Komponenten bleibt auch in einer künftigen Semantik unverzichtbar; ↗ Lexikologie. **Lit.** L. Hjelmslev, Prolegomena zur einer Sprachtheorie (Kopenhagen 1943). Mchn. 1974. – Ders., Pour une sémantique structurale. 1957; dt.: Für eine strukturale Semantik. In: Ders., Aufsätze

zur Sprachwiss. Stgt. 1974, 106–119. – B. Pottier, Vers une sémantique moderne. In: Travaux de linguistique et de littérature, Bd. II/1. Strasbourg 1964, 107–137, dt.: Entwurf einer modernen Semantik. In: Geckeler 1978, 45–89. – K. Baumgärtner, Zur s. S. ZDS 20, 1964, 79–90. – Ders., Die Struktur des Bedeutungsfeldes. In: Satz und Wort im heutigen Dt. Ddf. 1967, 165–197. – A. J. Greimas, Sémantique structurale. Paris 1966, dt.: Strukturale Semantik. Braunschweig 1971. – J. Lyons, Structural Semantics. Oxford 1963. – E. Coseriu, Einf. in die strukturelle Betrachtung des Wortschatzes. Tübingen 1970. – H. Geckeler, S. S. und Wortfeldtheorie. Mchn. 1971. – Ders. (Hg.), Strukturelle Bedeutungslehre. Darmstadt 1978. – A. Lehrer, Semantic Fields and Lexical Structure. Amsterdam, Ldn., N. Y. 1974. – D. Viehweger et al., Probleme der semant. Analyse. Bln. 1977. – P. Schifko, Aspekte einer strukturalen Lexikologie. Bern 1977. – E. Coseriu & H. Geckeler, Trends in Structural Semantics. Tübingen 1981. – G. Fanselow & P. Staudacher, Wortsemantik. HSK 6, 53–70. – E. Coseriu, Strukturelle und kognitive Semantik (Vorlesungsnachschrift) Tübingen 1997. – C. Goddard, Semantic Analysis. Oxford, N. Y. 1998. – A. Ziem, Frames und sprachl. Wissen. Bln., N. Y. 2008. – Weitere Lit. ↗ Semantik, ↗ Semantisches Merkmal. RB

Strukturelle Syntax Zwei Werke tragen »s. S.« im Titel: (a) die 1949 erschienene ndl. *Structurele syntaxis* von A. W. de Groot (1892–1963) und (b) die durch J. Fourquet 1959 postum publizierten, nicht einzelsprachspezif. orientierten *Éléments de syntaxe structurale* von L. Tesnière (1893–1954). Die gemeinsame Bezeichnung »s. S.« stellt beide Werke in die Tradition des europ. ↗ Strukturalismus, und zwar in mindestens zwei Hinsichten: (i) Beide folgen nicht der von W. Wundt so genannten negativen Syntax, die unter dem Einfluss F. Miklosichs seit dem Ende des 19. Jh. besonders bei Vertretern der histor.-vergleichenden Sprachwiss. als einzige Geltung hatte und nach der Strukturen, etwa die Struktur des Satzes, nicht untersucht wurden und noch immer nicht untersucht werden. (ii) In beiden wird strikt unterschieden zwischen den abstrakten syntakt. Struktur Σ und der Reihenfolge, in der die Teile jenes konkreten Ausdruckes zueinander stehen, der mit Σ beschrieben werden soll. De Groot unterscheidet die sog. Wortstellungsstruktur von der Struktur, welche die Bedeutung unmittelbar betrifft: von der syntakt. Struktur. Wortstellung ist eines der Mittel, mit denen die syntakt. Struktur ausgedrückt werden kann. Bei Tesnière entspricht dem die Unterscheidung zwischen »linearer Ordnung« und »struktureller Ordnung«. – In formaler Hinsicht sind die syntakt. Strukturen, die de Groot einerseits, Tesnière andererseits annehmen, grundverschieden: de Groot nimmt ↗ Konstituentenstrukturen, Tesnière ↗ Dependenzstrukturen an. **Lit.** A. W. de Groot,

Structurele syntaxis. Den Haag 1949. – L. Tesnière, Éléments de syntaxe structurale. Paris 1959.　　T

Strukturerhaltungsprinzip (engl. structure-preserving constraint) In der Folge von Chomsky, Aspects, im Rahmen der GG postulierte und in die verschiedenen Revisionen des Modells eingearbeitete ↗ Beschränkung, die besagt, dass ↗ Transformationen nur solche Strukturen erzeugen können, die auch als basisgenerierte Strukturen motiviert sind.　　F

Strukturmuster ↗ Pattern

Strukturtyp ↗ Stellungstyp

Strukturveränderung (Abk. SV) In der GG Bez. für das Ergebnis einer ↗ Transformation in Form eines ↗ Strukturbaumes oder ↗ indizierter Klammerung; ↗ Strukturerhaltungsprinzip.　　F

Strukturwort ↗ Funktionswort, ↗ Synsemantikum

Studentensprache ↗ Jugendsprache

Stummheit ↗ Mutismus

Stumpfer Absatz Absatz, dessen erste Zeile ohne ↗ Einzug gesetzt ist.　　G

Stützschluss Zur Ausspracheerleichterung eingeschobener, etymolog. nicht motivierter ↗ Plosiv wie in dt. *eigentlich, hoffentlich*.　　PM

Stützwort ↗ Klitikon

Suaheli ↗ Swahili

Subglottaler Druck ↗ Atemdruck, ↗ Kehlkopf

Subjazenz f. (engl. subjacency ›Darunterliegen‹) Im Rahmen der ↗ EST und ihrer Folgemodelle in Anlehnung an den Begriff ↗ Adjazenz vielfach diskutierte Eigenschaft grammat. Strukturen. I. e. S. bezieht sich S. auf die ↗ Transformationen zugeschriebene Eigenschaft, über nicht mehr als einer zykl. Domäne operieren zu dürfen (↗ Zyklusprinzip). Das S.-Prinzip erfasst generalisierend diverse Einzelbeschränkungen für Transformationen (z. B. die Beschränkung über ↗ komplexe Nominalphrasen). Insbes. bezieht sich das S.-Prinzip auf ↗ Beschränkungen für ↗ Bewegungstransformationen (↗ Move α) und besagt im Rahmen der ↗ Barrieren-Theorie etwa soviel, dass sich ein syntakt. Prozess nicht über mehr als einen Grenzknoten erstrecken darf. **Lit.** K. Abels, Successive Cyclicity, Antilocality, and Adposition Stranding. Diss. Univ. Connecticut 2003. – M. R. Ellefson & M. H. Christiansen, Subjacency Constraints Without Universal Grammar: Evidence from Artificial Language Learning and Connectionist Modeling. Proceedings of the 22nd Annual Conference of the Cognitive Science Society. Mahwah, NJ 2000, 645–650. – P. S. Law, Effects of Head-Movement on Theories of Subjacency and Proper Government. Diss. MIT Cambridge, Mass. 1991. – S. Müller, Complex NPs, Subjacency, and Extraposition. Snippets 8, 2004. – K. Srikumar, Clausal Pied-Piping and Subjacency. In: J. Bayer et al. (eds.), Linguistic Theory and South Asian Languages. Amsterdam 2007, 53–69.　　F

Subjekt (lat. subiectum ›das Daruntergelegte, Zugrunde gelegte‹. In Schulbüchern auch: Satzgegen-stand). S. (genauer: ›S.-von‹) bezeichnet eine grammat. ↗ Funktion, die ein Ausdruck in einem Satz ausübt, oft aber auch diesen Ausdruck selbst (›*das Haus*‹ ist Subjekt von …). Es kann unterschieden werden zwischen S. als Bez. der Beziehung (a) zwischen einem Teilausdruck und dem Satz, in dem dieser Teilausdruck vorkommt (S.-von-Satz, ›Satzgegenstand‹; ↗ Topic) und (b) zwischen einem Ausdruck und dem zugehörigen Verb (S.-von-Verb). Mittlerweile ist die Bezeichnung im Sinne von (b) gebräuchlich. – Zu (a) ist zu sagen, dass die Verwendung von S. im Sinne von ›Satzgegenstand‹ mit den Konzepten der Topic-Comment-Gliederung (↗ Funktionale Satzperspektive) und der Thema-Rhema-Progression (↗ Thema) hinfällig geworden ist. Allerdings klären diese Konzepte keine syntakt. Beziehungen: ob eine best. Ergänzung einen Täter (↗ Agens), einen Adressaten (↗ Benefaktiv), ein Handlungsziel (↗ Patiens), einen Vorgangs- oder Zustandsträger, ein Instrument oder einen Ort bezeichnet, ist Teil der Verbsemantik (↗ thematische Rolle) und keine strukturelle Eigenschaft. – Bezügl. (b) gilt, dass die S.-Beziehung zwischen einem Ausdruck und dem dazugehörigen Verb durch die klass. Testfrage *wer oder was?* insofern ermittelt werden kann, als sie zur Identifikation des im Nominativ stehenden (oder das durch eine nominativische NP zu ersetzenden) nominalen Satzgliedes dient. Dieses Satzglied kongruiert schließl. im Numerus mit dem finiten Verb, z. B. *Der Mechaniker repariert den Wagen; Wer repariert den Wagen? Der Mechaniker*; *Die Hochzeit fand am 1. August statt; Was fand am 1. August statt? Die Hochzeit*; *Dass er nicht angerufen hat, ist beunruhigend; Was ist beunruhigend? (Die Tatsache,) dass er nicht angerufen hat.* Eisenberg (II, 288–290) zufolge ist hier eher Rektion als Kongruenz anzunehmen, denn nominale S. flektieren nicht nach Person, und der ↗ Subjektsatz und der ↗ Subjektsinfinitiv flektieren überhaupt nicht, sondern verlangen den Sg. – Am entschiedensten gegen den klass. S.begriff ging man in der Tradition der ↗ Dependenzgrammatik vor: dort wird nicht unterschieden zwischen dem S. und dem (den) Objekt(en). Man nimmt an, dass sie gleichrangige ↗ Ergänzungen sind, die direkt vom Verb entspr. seiner ↗ Valenz regiert werden. Doch gilt für fast alle Verben, dass das S. obligator. ist, während bei den Obj. selegiert wird. Die Sonderrolle des S. (ggü. den Obj.) zeigt sich nach Eisenberg (II, 284–288) an der Reflexivierung (fast immer auf den S.-Ausdruck bezogen), an der Diathese, am Imperativ (Agens = Adressat), an ↗ Infinitkonstruktionen (›fehlendes‹ S. in Infinitiv- und Partizipialkonstruktionen) und an der Abfolge der Argumente (Agensgefälle zwischen S. und Obj.). In der GG nimmt man deshalb Asymmetrie zwischen S. und Obj.(en) an und nennt das außerhalb der VP angesiedelte S. externes Argument, die Obj. hingegen interne Argumente. In den neuesten Grammatiken und Syntax-Lehrwerken des Dt. wird die Sonderrolle des S. (in unterschiedl. Ausmaß) anerkannt. Das gilt mittlerweile auch für valenztheoret. orientierte Studien (vgl. Järventausta 2003). – Viel diskutiert werden Beispiele wie *es graut ihm* (↗ Subjektlosigkeit) und *es hagelt,* in denen *es* (der Form nach S. vom Verb) nicht als ›Satzgegenstand‹ gelten kann; es wird bisweilen ›grammat. S.‹ genannt, im Unterschied zum ↗ ›psychologischen‹ oder ›log. S.‹ (Eisenberg II, 280–283). Ebenfalls problemat. sind unpersönl. Konstruktionen wie *Auf der Hochzeit wurde erst nach Mitternacht getanzt,* die kein grammat. Subjekt enthalten. In Spr. ohne Kasusflexion werden die verschiedenen Ergänzungen durch ihre Position im Satz und/oder eine Präp. markiert, wobei im unmarkierten Fall das S. links steht, z.B. frz. *l'enfant surveille le chien* ›das Kind bewacht den Hund‹ vs. *le chien surveille l'enfant* ›der Hund bewacht das Kind‹. Rein morpholog. begründet ist die Tatsache, dass das S. in Numerus, bei Personalpronomina in Person und bei genusmarkierten Verbteilen im Genus übereinstimmt, z.B. *L'enfant dort; Les enfants dorment; Le débat est remis à demain; La discussion est remise à demain; Les conversations sont remises à demain.* – Wenn man diese Beziehungen zwischen dem grammat. S. und dem Verb als rein morpholog. auffassen will, bleibt unklar, ob S. ein syntakt. Begriff ist. Für Letzteres sprechen Konstruktionen wie die folgenden, in denen das S. fehlt, aber rekonstruierbar ist. Ihre Beschreibung legt also die Verwendung des S.-Begriffs nahe (↗ Infinitivkonstruktion): (a) *Peter versucht, einen Kuchen ohne Mehl zu backen; Der Versuch, einen Kuchen ohne Mehl zu backen; Peter versucht, sich (= Peter) zu verbergen; Das arme Tier auf dem Schoß haltend, wartete Peter auf das Verdikt des Tierarztes.* (b) *Ein ohne Mehl gebackener Kuchen; Die auf den Minister wartenden Demonstranten.* (c) *Nimm dich in acht! Bedient euch!* In den (a)-Beispielen (↗ Kontrolle) ist das nicht ausgedrückte S. des Infinitivs, wenn überhaupt, dann nur unter Bezug auf das S. oder Obj. des ↗ Matrixsatzes zu identifizieren, in den (b)-Beispielen ist der ↗ Kopf der NP mit dem S. des Partizips ident. (*der Kuchen wurde ohne Mehl gebacken; die Demonstranten warten auf den Minister*). In den (c)-Beispielen (↗ Imperativsatz) fehlt systematisch das S. In der Diskussion um den syntakt. Status des S. spielt auch der ↗ Subjektsatz eine Rolle, weil Sätze weder durch Kasus noch durch Numerus markiert sein und daher nicht unter die Gleichung ›S. = Nominativergänzung‹ fallen können (der Subjektsatz kann allerdings durch eine ↗ Pro-Form mit den entsprechenden Eigenschaften‹ ersetzt werden). Die Frage, ob Subjektsätze grundsätzl. andere syntakt. Eigenschaften als Nominativergänzungen i.S. der Valenzgrammatik aufweisen und daher nicht unter den engen Satzbegriff von Reis (1982) fallen, muss als offen betrachtet werden. Auf jeden Fall ist klar, dass

die morpholog. Markierung für den theoret. Status des S. von zentraler Relevanz ist. Je mehr Morphologie in die Definition des S. eingeht, umso unplausibler ist die Allgemeingültigkeit des Subjektbegriffs. Die Sprachtypologie versucht daher, verschiedene charakterist., aber nicht obligator. Eigenschaften als ›S.-schaffend‹ festzuhalten, um einen relationalen Subjektbegriff zu definieren. Ein Agens im Nom., das hinsichtl. anderer Flexionskategorisierungen (z.B. Numerus) mit dem Verb kongruiert, kann als ›prototypisches‹ S. gelten. Solche Versuche zeigen, wie schwierig es ist, S. als einen universellen syntakt. Begriff zu definieren. **Lit.** M. Reis, Zum S.-Begriff im Dt. In: W. Abraham, Satzglieder im Dt., Tübingen 1982, 171–210. – W. Oppenrieder, Von S.en, Sätzen und S.sätzen. Untersuchungen zur Syntax des Dt. Tübingen 1991. – Eisenberg II, 279–317. – M. Järventausta, Das Subjektproblem in der Valenzforschung. HSK 25.1, 781–794.   C, G

Subjektaktant ↗ Subjekt
Subjektanhebung ↗ Anhebung
Subjektkasus ↗ Kasus, der das Subjekt eines Satzes markiert; in ↗ Nominativsprachen ist dies i.d.R. der Nom. (↗ Subjektsnominativ), in ↗ Ergativsprachen der ↗ Absolutiv.   G
Subjektkontrolle ↗ Kontrolle
Subjektlosigkeit Sätze ohne ↗ Subjektsnominativ in ↗ Nominativsprachen werden subjektlos genannt. Im Dt. sind Beispiele für S. die ↗ Imperative (z.B. *Lass mich in Ruhe; Lasset uns beten*) sowie Dativ und Akkusativ nach einer kleinen Gruppe von Verben (z.B. *Heinrich, mir graut vor dir; Mich friert, und dir ist auch kalt*), weiterhin bei Passivierung ↗ intransitiver Verben (z.B. *Dem Uwe wird geholfen; Über Peters Grammatik wird viel gesprochen*). Sie können allerdings in Matrixsätzen mit dem unpersönl. Subjekt ›es‹ konstruiert werden (z.B. *Es wird dem Uwe geholfen*), nicht jedoch in abhängigen Sätzen, z.B. **Bernd freut sich, dass es dem Uwe geholfen wird*; ↗ Korrelat, ↗ Subjekt.   G
Subjektakkusativ ↗ Akkusativ
Subjektsatz ↗ Nebensatz, der in einem Matrixsatz die Funktion eines ↗ Subjekts einnimmt. Der finite S. ist meist durch eine subordinierende Konjunktion (*dass, ob, w-*) eingeleitet (z.B. *Ob er gewinnt, ist unsicher; Warum er verloren hat, ist mir nicht klar*) und kann ebenso im Vorfeld stehen wie Infinitivkonstruktionen in der Funktion eines Subj.: *Gold zu gewinnen(,) war ihr größter Wunsch*; ↗ Subjektsinfinitiv. S. mit Verbzweitstellung treten i.d.R. nicht im Vorfeld auf: *Es ist besser, du kommst pünktlich*. Dabei ist es eine Frage der lexikal. Eigenschaft des Verbs (bzw. eines Adj. oder eines N; ↗ Rektion, ↗ Valenz), ob es ein satzartiges Subj. zulässt. Sätze haben das semant. Merkmal [+ abstrakt], weswegen S. nur bei Verben möglich sind, die auch abstrakte Subjekte wie *Tatsache, Faktum, Frage* zulassen. Dazu zählen z.B. *sich freuen, sich ärgern, gelingen, zweifelhaft sein, gefährlich sein, ein Problem sein.*

Als ↗ Korrelate zu S. treten *es, das* und bedeutungs-arme Substantive wie *die Tatsache(, dass), der Um-stand(, dass)* auf, z. B. *mich enttäuscht (es/das/die Tatsache), dass er nicht gekommen ist.* Da *es* nicht möglich ist, wenn der S. im Vorfeld steht (**dass er nicht gekommen ist, es enttäuscht mich*), lässt frag-lich erscheinen, ob *es* immer als Korrelat interpre-tiert oder vielmehr als Platzhalter beschrieben wer-den sollte und aus informationstakt. Gründen einge-setzt wird wie in *Es lebte einmal ein König.* **Lit.** W. Oppenrieder, Subjekt- und Objektsätze. HSK 25.2, 900–913. Weitere Lit. ↗ Subjekt.   C, RL

Subjektsgenitiv Subjektsausdruck im ↗ Genitiv; im Dt. von der Rektion einiger (weniger) Phraseologis-men bzw. Funktionsverbgefüge gefordert, z. B. *Der Worte sind genug gewechselt;* ↗ Genitivus subiecti-vus, ↗ Objektsgenitiv.   G

Subjektgruppe (auch: Subjektphrase) Einfacher oder komplexer Ausdruck, der als ↗ Subjekt eines Satzes fungiert.   G

Subjektsinfinitiv ↗ Infinitivgruppe, die als Subjekt fungiert, z. B. *Euch zu helfen ist mein größter Wunsch; Impfen schützt vor Kinderlähmung;* ↗ Infi-nitivsatz, ↗ Infinitivkonstruktion, ↗ Subjekt, ↗ Sub-jektsatz.   C

Subjektsnominativ ↗ Subjektkasus in ↗ Nominativ-sprachen; ↗ Subjekt. Im Dt. kann seine Rolle in bestimmten unpersönlichen Konstruktionen mit dem Pronomen in Subjektposition auf eine Nomi-nalgruppe übergehen, z. B. *Es waren nur drei Studenten da.*   G

Subjektphrase ↗ Subjektgruppe

Subjektsprädikativ ↗ Nominativ, ↗ Prädikativ

Subjunktion ↗ Konjunktion

Subjunktiv ↗ Konjunktiv

Subkategorisierung (lat. sub ›unter‹; griech. κατ-ηγορία (katēgoria) ›Grundaussage‹. Auch: Subklas-sifizierung. Engl. subcategorization, frz. sous-caté-gorisation) Im ↗ Aspekte-Modell eingeführte Spezi-fikation von Lexikoneinträgen (↗ Basiskomponente) hinsichtl. ihrer syntakt. und semant. ↗ Valenz: Syn-takt. Grundeinheiten werden durch die S. mittels S.-Merkmalen in einzelne Klassen eingeordnet. Im Aspekte-Modell wird unterschieden zwischen (a) ↗ kontextfreier S. und (b) ↗ kontextsensitiver S. Die kontextfreie S. gilt unabhängig von sprachl. Kontexten, in welchen die betreffenden syntakt. Grundeinheiten (Wörter) auftreten; z. B. erhält das dt. Nomen *Akustik* u. a. die S.-Merkmale [+Nomen, +abstrakt, +kontinuierl., -belebt, -menschl. usw.]. Die kontextsensitive S. hat zwei Aufgaben: (a) wird in der sog. strikten (lokalen) S. der obligator. syntakt. Rahmen definiert, in welchem eine best. syntakt. Grundeinheit (in erster Linie Verben) auf-treten darf bzw. muss; z. B. ist das dt. Verb *bewirten* für ein Akk.-Obj. (direktes Obj., NP$_D$) strikt sub-kategorisiert und wird durch das Merkmal [__NP$_D$] spezifiziert; (b) bestimmt die selektionale S., wel-che semant. Selektionen eine syntakt. Grundeinheit

bei den von ihr syntakt. geforderten Ergänzungen (und evtl. Angaben) vornimmt; z. B. erfordert das dt. Verb *bewirten* ein Obj., das für [+menschl.] spezifiziert ist. Die strikte S. wird durch S.-Regeln expliziert, welche sog. S.-Rahmen (subcategoriza-tion frames) erzeugen; z. B. genügt das Verb *bewir-ten* einer S.-Regel der Form V → [+V, +__NP$_D$]/ [__NP$_D$]$_{VP}$ (zu lesen: expandiere V zu [+V, __NP$_D$], wenn ein direktes Obj. folgt). Die selektionale S. wird durch selektionale S.-Regeln expliziert; z. B. muss eine selektionale S.-Regel erfassen, dass *be-wirten* nur in einer solchen syntakt. Umgebung auf-treten darf, welche ein mit [+menschl.] markiertes Akk.-Obj. aufweist (zu Entsprechungen in Unifika-tionsgrammatiken vgl. Chrupala 2003). Im Rahmen der Folgemodelle des Aspekte-Modells (↗ EST, ↗ REST, ↗ Rektions-Bindungs-Theorie, ↗ Barrieren-theorie) wird durch das ↗ Projektionsprinzip garan-tiert, dass die S. auf den syntakt. Ebenen des Mo-dells eingehalten wird. Insbes. wird angestrebt, die rein deskriptive Erfassung der S. zu überwinden (wenngleich diese in der automat. ↗ Sprachverarbei-tung und in der ↗ Korpusanalyse vorherrscht, vgl. Chrupala 2003, Korhonen 2002, Niyogi 2003, Lin 2004 mit alternativen Vorschlägen) und im Rahmen des ↗ Minimalismus und in neueren Modellen der ↗ Semantik zu generalisierenden und erklärenden Modellen zu gelangen (vgl. Pustejovsky 1996, Hale & Keyser 1998, Steinitz 1995, Vogel 1998). **Lit.** Chomsky, Aspects. – G. Chrupala, Acquiring Verb Subcategorization from Spanish Corpora. Diss. Univ. de Barcelona 2003. – J. Grimshaw, Sub-categorization and Grammatical Relations. In: A. Zaenen (ed.), Subjects and Other Subjects. Procee-dings of the Harvard Conference on the Representa-tion of Grammatical Relations. Bloomington 1982, 35–55. – K. Hale & S. J. Keyser, The Basic Ele-ments of Argument Structure. In: H. Harley (ed.), Papers from the UPenn/MIT Roundtable on Argu-ment Structure and Aspect. Cambridge, Mass. 1998, 73–118. – A. Korhonen, Subcategorization Acquisi-tion. Diss. Univ. of Cambridge 2002 [UCAM-CL-TR-530]. – J. Lin, Event Structure and the Enco-ding of Arguments: The Syntax of the Mandarin and English Verb Phrase. Diss. MIT Cambridge, Mass. 2004. – S. Niyogi, A Minimalist Implementa-tion of Verbal Subcategorization. Proceedings of the 7th IWPT. Tsinghua 2003. – J. Pustejovsky, The Generative Lexicon. Cambridge, Mass. 1996. – H. Seiler, Probleme der Verb-S. mit Bezug auf Bestim-mungen des Ortes und der Zeit. Lingua 3, 1968, 337–367. – R. Steinitz, Towards a Revision of the Lexical Subcategorization Features. ZASPIL 1, 1995, 101–116. – R. Vogel, Polyvalent Verbs. Diss. HUB 1998. – T. Bhattacharya, E. Reuland & G. Spathas (eds.), Argument Structure. Amsterdam 2007. – M. Paster, Subcategorization vs. Output Optimization in Syllable-Counting Allomorphy. In: J. Alderete et al. (eds.), Proceedings of the 24th West

Coast Conference on Formal Linguistics. Somerville, MA 2005, 326–333. F

Subkategorisierungsregel ↗ Subkategorisierung

Subklassenspezifik (auch: Verbspezifik) Entspricht innerhalb der ↗ Valenzgrammatik dem aus der GG entlehnten Begriff der ↗ Subkategorisierung und bezeichnet den Tatbestand, dass bestimmte (im Dt. oft morpholog. markierte) Subklassen von syntakt. Einheiten nur zusammen mit bestimmten Subklassen von Wörtern (z. B. Verben) vorkommen und nicht uneingeschränkt mit der gesamten Wortklasse (↗ Rektion, ↗ Vorkommen). So sind die Objekte im Dt. stets subklassenspezif., denn sie kommen nur mit jeweils bestimmten Subklassen von Verben vor. Es gibt z. B. im Dt. die Subklasse der Verben mit Akk.-, Dat.-, Gen.- und Präpositionalobjekt und weitere Subklassen entsprechend den Kombinationsmöglichkeiten der obligator. und fakultativen ↗ Ergänzungen. Das Subjekt ist nicht subklassenspezif. In diesem Punkt unterscheidet sich der Begriff der S. extensional vom erweiterten Begriff der ↗ Rektion. WK

Subklassifizierung ↗ Subkategorisierung

Sublativ (lat. sublātum ›erhoben‹) ↗ Kasus z. B. des Ungar. mit der Kasusbedeutung ›Ortsveränderung von unten nach oben‹, z. B. {-ra} in *a házra* ›auf das Haus‹. G

Submersionsprogramm (lat. sub ›unter‹, mergere ›eintauchen, hineinstecken‹) In der Spracherwerbsforschung Bez. für Schulkonzepte, in denen Kinder aus Minderheiten nur oder vorwiegend in der Mehrheitssprache unterrichtet werden und in denen (die) Minderheitensprache(n) keine Rolle spielen. S. sind in Einwanderungsländern wie den USA oder Deutschland die Regel; ↗ Spracherhaltungsprogramm, ↗ Sprachwechsel, ↗ Transitionsprogramm. G

Subordination (lat. subōrdinātiō ›Unterordnung‹. Auch: Hypotaxe) – Der Begriff der S. (Unterordnung) kann im Prinzip auf verschiedene Phänomene angewendet werden (z. B. ist ein Attribut seinem Kern untergeordnet, z. B. *das Haus meines Vaters*). Er ist aber nur gebräuchl. in Bezug auf Sätze. Dann bezeichnet S. die Art der Verknüpfung zweier Sätze, wobei der eine Satz syntakt. in den anderen integriert wird. Im Unterschied zur ↗ Satzverbindung (↗ Koordination) wird ein zusammengesetzter Satz mit subordinativer Verknüpfung ↗ Satzgefüge genannt. Die traditionellen Bezeichnungen ↗ ›Hauptsatz‹ (HS) und ↗ ›Nebensatz‹ (NS) werden inzwischen oft abgelehnt, da einerseits ›Nebensatz‹ eine nicht existente ›Nebenordnung‹ suggeriert, andererseits die S. als Verknüpfung keinen HS voraussetzt: Ein sog. NS kann einem anderen NS untergeordnet sein (*Peter sagt, dass er nicht kommen kann, weil seine Mutter krank ist*). Neutraler ist das Begriffspaar ↗ Matrixsatz und ↗ Konstituentensatz. Letzterer ist in einen Matrixsatz eingebettet und nimmt in diesem die Funktion einer Konstituente ein, nach der er zudem klassifiziert werden

kann: (a) Ergänzungssätze fungieren als Subjekt oder Objekt zum Prädikat des Matrixsatzes und sind in dieser Funktion in der Regel obligator.; ein Ausfall des Ergänzungssatzes generiert dann eine ungrammat. Äußerung (*Peter behauptet, dass er krank sei* vs. * *Peter behauptet.*); (b) Angabesätze fungieren als freie ↗ Angaben (↗ Adjunkte) des Matrixsatzes (↗ Adverbialsatz); (c) Attributsätze fungieren als Attribut zu einer Nominalphrase (↗ Relativsatz). – I. d. R. wird die subordinative Verknüpfung im Dt. ausgedrückt durch: (a) eine subordinierende Konjunktion (SKj; auch: Subjunktion), die einen Bestandteil des Konstituentensatzes darstellt und nur mit ihm gemeinsam umgestellt werden kann, oder mit einem Relativpronomen (daraus resultiert Verbendstellung); (b) Verb-1-Stellung bei konjunktionslosen Nebensätzen (*Lebte er alleine/Würde er alleine leben, müsste er seine Freundin nicht erst fragen*); (c) den *zu*-Infinitiv (üblicherweise mit *um, (an)statt* und *ohne* verbunden), (d) den ↗ Konjunktiv oder – im Zuge von Sprachwandelerscheinungen immer häufiger – ↗ Indikativ mit Verb-2-Stellung nach einem ↗ Verbum dicendi (*Kai sagt, er habe/hat das verdient*). – Grundsätzl. kann ein Matrixsatz mehrere gleichrangige Konstituentensätze (*Als er klein war, wünschte Peter oft, dass die Schule ausfällt*) oder ein Konstituentensatz selbst weitere Konstituentensätze aufweisen (›Schachtelsatz‹; z. B. *Peter wünscht, dass die Schulleitung, wenn Schnee gefallen ist, beschließt, dass die Schule ausfällt*). – Anzahl und Form der Ergänzungssätze hängen vom Matrixsatzverb ab, während Angabe- und Attributsätze grundsätzlich frei (und damit syntakt. fakultativ) sind. Es kann innerhalb von subordinierten Sätzen auch koordinative Verknüpfungen geben (*weil sie die Prüfung bestanden hatte und ihre Note feiern durfte*), können umgekehrt auch Satzgefüge miteinander koordiniert werden nach dem Muster Satzgefüge₁ + ↗ Konnektor + Satzgefüge₂. **Lit.** V. Ehrich et al. (Hgg.), Koordination und S. im Dt. Braunschweig 2009 (LBer Sonderheft 16). C, RL

Subordinator ↗ Complementizer

Subphonemische Variante Nicht bedeutungsunterscheidende Variante in der Realisierung eines ↗ Phonems, im Dt. z. B. Zungenspitzen- und Zäpfchen-r [r, ʀ]; ↗ Allophon. PM

Subscriptio ↗ Diplomatik, ↗ Emblem, ↗ Kolophon

Substandard m. Alle Sprachformen und -varietäten, die nicht standardsprachl. sind, v. a. ↗ Dialekte, ↗ Umgangssprachen und ihre Formen. Die Abgrenzung überregionaler umgangssprachl. Formen von den Standardformen ist schwierig, da Letztere stilist. geschichtet sind und auch informellere Bestandteile enthalten. Der Bereich des S. ist Quelle der Erweiterung des Standards. Deshalb und wegen seiner großen prakt. Bedeutung in den meisten Sprachgemeinschaften ist dem S. in letzter Zeit intensives wiss. Interesse geschenkt worden. **Lit.**

G. Holtus & E. Radtke (Hgg.), Sprachl. S. 3 Bde. Tübingen, 1986, 1990. AM

Substantielle Universalien ↗ Universalien

Substantiv (lat. nōmen substantīvum ›Wort, das für sich selbst Bestand hat‹. Auch: Nomen. In Schulgrammatiken auch: Dingwort, Gegenstandswort, Hauptwort, Nennwort. Engl. noun, frz. nom) Zahlenmäßig stärkste ↗ Wortart des Dt., die über die Hälfte seines Wortschatzes ausmacht. S. sind in morpholog. Hinsicht durch ↗ Deklination und damit durch die Kategorien ↗ Genus (Mask., Fem., Neutrum), ↗ Numerus (Singular, Plural) und ↗ Kasus (Nom., Gen., Dat., Akk.) gekennzeichnet. Im Ggs. zu den anderen deklinierbaren Wortarten verfügen S. im Dt. über ein festes Genus und können zusammen mit einem ↗ Artikelwort eine Nominalphrase bilden. Prototypisch bezeichnen S. wahrnehmbare Gegenstände und Personen. Nach Lehmann weist im Vergleich mit den Wortarten ↗ Adjektiv und ↗ Verb das durch Substantive Bezeichnete die größte Zeitstabilität auf, wobei die Verben den Gegenpol mit der geringsten Zeitstabilität darstellen. In semant. Hinsicht können S. unterteilt werden in ↗ Abstrakta (zur Bez. von Nichtgegenständlichem, z.B. *Fleiß, Gesundheit, Bewegung, Angst, Romantik*) und ↗ Konkreta (zur Bez. von Gegenständlichem, z.B. *Bett, Holz, Sokrates*). Konkreta können weiter unterteilt werden in (a) Gattungsbezeichnungen (↗ Appellativum), z.B. *Kind, Tiger, Laubbaum, Bett*, (b) ↗ Stoffbezeichnungen, z.B. *Holz, Gold, Wasser*, (c) Eigennamen, z.B. *Sokrates, Rom, Frankreich*, sowie (d) Sammelbezeichnungen (↗ Kollektivum), z.B. *Familie, Herde, Laub, Gebirge*. Diese semant. motivierte Einteilung hat Folgen für die Kombinierbarkeit der S. mit einem Artikelwort. So treten Abstrakta und Stoffbezeichnungen sowie Eigennamen meist ohne Artikel auf und können i.d.R. nicht mit einem ↗ Numerale (Zahlwort) kombiniert werden. S. können, vor allem wenn es sich um Nominalisierungen von Verben handelt, ↗ Valenz aufweisen. Weitere Subklassen der S. sind ↗ Nomen acti, ↗ Nomen actionis, ↗ Nomen agentis, ↗ Nomen instrumenti, ↗ Nomen loci, ↗ Nomen patientis, ↗ Nomen qualitatis; ↗ Pluraletantum, ↗ Singularetantum. **Lit.** K.-E. Sommerfeld & H. Schreiber, Wörterbuch zur Valenz und Distribution dt. S.e. Tübingen ²1980. – C. Craig (ed.), Noun Classes and Categorization. Amsterdam, Philadelphia 1986. – R. W. Langacker, Nouns and Verbs. Lg. 63, 1987, 53–94. – S. J. Schierholz, Lexikolog. Analysen zur Abstraktheit, Häufigkeit und Polysemie dt. S.e. Tübingen 1991. – M. Krifka, Massennomina. HSK 6, 399–417. – P. Ewald, Konkreta vs. Abstrakta: Zur semant. Subklassifikation dt. S.e. Sprachw. 17, 1992, 259–281. – H.-J. Sasse, Das Nomen – eine universale Kategorie? In: Sprachtypologie und Universalienforschung 46, 1993, 187–221. – J. E. Schmidt, Die dt. S.gruppe und die Attribuierungskomplikation. Tübingen 1993. –

K.-M. Köpcke (Hg.), Funktionale Untersuchungen zur dt. Nominal- und Verbalmorphologie. Tübingen 1994. – E. Meinecke, Das S. in der dt. Gegenwartssprache. Heidelberg 1996. – Ch. Lehmann, Noun. HSK 17, I, 732–757. – W. Thielmann, S. In: L. Hoffmann (Hg.), Hdb. der dt. Wortarten. Bln., N. Y. 2007, 791–822. PT

Substantivgroßschreibung ↗ Groß- und Kleinschreibung

Substantivierung ↗ Nominalisierung, ↗ Wortbildung

Substanz (lat. substantia ›Stoff, Materie, Bleibendes‹) In der ↗ Glossematik die Interpretation der beiden Formen des sprachl. Zeichens dienenden »Welten«. Die S. des Ausdrucks dient der Interpretation der Ausdrucksform, die S. des Inhalts jener der Inhaltsform. Zwar ist die Art der S., die dieser Interpretation zugrundeliegt, unabhängig vom sprachl. Zeichen. Eine Ausdrucksform kann etwa in phonet. oder in graph. S. manifestiert sein. Die S. selbst aber ist insofern von der Form abhängig, als sie lediglich auf der Basis der Form Sinn macht. Nimmt man als Beispiel einer Inhaltssubstanz das Farbenspektrum (↗ Farbbezeichnung), so ist dessen Aufteilung, d.h. seine Formung, nicht naturgegeben, sondern abhängig von den Formen der jeweiligen Spr. Man betrachte das Beispiel Hjelmslevs in der Abb. für das Dän. (, das Dt.) und das Kymr.:

grøn	blå	grå	brun
grün	blau	grau	braun
gwyrdd	glas		llwyd T

Substituendum n. (lat. ›das zu Ersetzende‹) Dasjenige sprachl. Element, welches durch ein ↗ Substitut (↗ Proform) im nachfolgenden Textverlauf ersetzt werden kann, wenn zwischen Bezugselement und Proform ↗ Koreferenz besteht; ↗ Pronominalisierung. Das S. kann hierbei (a) ein Substantiv, (b) eine NP oder (c) eine komplexere Konstituente (Satz, Satzsequenz) sein, z.B. (a) *Karl kam schon um 6 Uhr, er war noch sehr müde*; (b, c) *Der Prozess der Wiedervereinigung der beiden dt. Staaten hat lange gedauert. Das haben sich viele nicht so vorgestellt. Die Gründe dafür sind vielfältig.* SN

Substituens ↗ Substitut

Substitut n. (lat. substitūtum ›das Ersetzende‹. Auch: Substituens) Sprachl. Element, das ein anderes Element derselben Kategorie in einem best. Kontext ersetzen kann. Zwischen S. und dem zu ersetzenden Ausdruck (↗ Substituendum) besteht ↗ Koreferenz; z.B. kann ein Pronomen ein Substantiv oder eine NP derselben grammat. Kategorie ersetzen. In der ↗ Textlinguistik gilt dieses Verfahren als zentral für die Herstellung der ↗ Kohärenz von ↗ Texten; ↗ Proform, ↗ Pronominalisierung. SN

Substitution (lat. substitūtiō ›Ersetzung‹) Ersetzung eines Elementes einer Einheit durch ein anderes

Element. Wird ein Element a durch ein komplexeres Element b substituiert, spricht man von *Expansion*, wird ein Element a durch ein weniger komplexes Element b substituiert, spricht man von *Reduktion*. Die S. ist ein wichtiges Verfahren in mehreren Teilbereichen der Linguistik. (Ortho)graph. entsteht ›Biene‹ aus ›Birne‹ durch Substitution von <r> durch <e>; durch S. von /b/ durch /p/ entsteht /bakpapi:r/ aus /pakpapi:r/; zudem verändert die S. des Morphems {back} durch {pack} die Komposition *Backpapier* zu *Packpapier*. In der Syntax kann von endozentr. und exozentr. S. gesprochen werden. Endozentr. S. liegt dann vor, wenn die beiden sich ersetzenden Elemente von gleicher Kategorie sind (*die schöne Dame > die blonde Dame*). Ist diese Bedingung nicht erfüllt (in der Regel bei Expansion und Reduktion), ist die Rede von exozentr. S. Das spielt eine Rolle z.B. bei der Klassifikation von ↗ Interjektionen: Man nimmt an, dass die Interjektion ›ach‹ satzäquivalent ist und einen Satz strukturell substituieren kann. Im Bereich der Textlinguistik wird der Begriff S. bei einer referenzident. Ersetzung zur Konstituierung von Isotopieketten gebraucht (vgl. Duden Gr⁷, 1906), z.B. *Er setzt sich für die Stellung der Geodäten ein. Die Vermesser wurden in den letzten Jahren immer schlechter bezahlt.* RL

Substitutionsklasse Eine Menge von Elementen bildet eine S., wenn diese Elemente in einer best. Umgebung füreinander substituiert werden können (↗ Substitution). So ist z.B. durch Substitution von ›Himmel‹ in *Der Himmel ist blau* eine Substitutionsklasse für dieses Element zu ermitteln. Für den Fall, dass Kategorien distributionell (↗ Distributionalismus) bestimmt werden, ist eine S. eine ↗ Distributionsklasse. RL, T

Substitutionstest ↗ Kommutationstest

Substrat n. (lat. substrātum ›das Untergestreute‹) Sprachl. Varietät, die die Struktur einer dominanteren Sprachvarietät in einer ↗ Sprachgemeinschaft beeinflusst hat. Substratspr. findet man besonders dort, wo einer Sprachgemeinschaft als Folge polit. oder ökonom. Umstände eine Spr. aufgezwungen wurde; ↗ Sprachwechsel. Der Einfluss des sprachl. S. ist vielfach auslösend für grammat. und lautl. Veränderungen in der dominanten Spr., wenn Sprecher der sozial, polit. oder ökonom. unterlegenen Spr. die Spr. der siegreichen Kultur annehmen. So zeigen die vielen verschiedenen Varietäten des Engl. den Einfluss der jeweiligen Substratspr. (z.B. in Indien, Westafrika); ↗ Adstrat. R

Substrattheorie In der ↗ historisch-vergleichenden Sprachwissenschaft angewandte Theorie, die zur Erklärung der Herkunft von nicht zum ↗ genetischen Erbe einer Spr. gehörenden Elementen beitragen soll. Die S. weist solche Elemente einer selbst ausgestorbenen zweiten Spr. zu, die durch die Objektspr. verdrängt wurde (↗ Sprachwechsel), diese jedoch (als ↗ ›Substrat‹) während eines anzu-

nehmenden ↗ bilingualen Zwischenstadiums in gewissem Maße beeinflussen konnte (↗ Interferenz). Typ. Beispiel sind verschiedene sog. ›vorgriechische‹ Spr. des Ägäisraums, die Spuren im bezeugten ↗ Altgriechischen hinterlassen haben sollen, z.B. ↗ Pelasgisch; ↗ Superstrattheorie. **Lit.** N. Boretzky, Kreolspr.n, Substrate und Sprachwandel. Wicsbaden 1983. – P. S. Ureland (Hg.), Die Leistung der Strataforschung und der Kreolistik. Tübingen 1982. – T. L. Markey & J. A. C. Greppin (eds.), When Worlds Collide. Indo-Europeans and Pre-Indo-Europeans. Ann Arbor, Michigan 1990. – A. Bammesberger, Languages in Prehistoric Europe. Heidelberg 2004. – D. Boutkan, Language Contact: Substratum, Superstratum, Adstratum in Germanic Languages. Amsterdam u.a. 2000. – R. Kontzi, Substrate und Superstrate in den roman. Spr.n. Darmstadt 1982. GP

Subsumption (lat. subsumere ›unterordnen‹. Auch: Subsumtion) Beziehung der Unterordnung zwischen zwei sprachl. Elementen, z.B. bei der Konjunktion zweier Nominalausdrücke durch *als* (bei J. Erben: Sonderfall der engen ↗ Apposition): *Wir bewundern Rudolf als den berühmtesten Deutschdidaktiker Südhessens; Rudolf als berühmtester Deutschdidaktiker Südhessens kann sogar die Rechtschreibung reformieren*, wo *Rudolf* den mit *als* eingeleiteten Nominalausdruck dominiert. G

Subsumptivergänzung In Valenzgrammatiken mitunter vorkommende Bez. für den prädikativen Nominativ; ↗ Prädikativ. G

Subsymbolisch ↗ Konnektionismus

Subsystem ↗ Diasystem, ↗ Varietät, ↗ Sprachsystem

Subtext ↗ Teiltext

Subtraktionsbildung ↗ Rückbildung

Subvokalisation (lat. sub ›unter, unter etw. verborgen‹, vōcālis ›tönend‹) Nicht hörbares (Mit-)Sprechen bzw. die diesem zugrundeliegende muskuläre Aktivität. PM

Suchalgorithmus Ein S. ist ein algorithm. Verfahren zum Auffinden von Informationen, die als Bestandteil einer möglicherweise komplexen Datenstruktur (z.B. Baum, allg. Graph) kodiert sind. Viele Aspekte von Sprachverarbeitungsprozessen lassen sich als Suchprobleme auffassen und mit S. lösen; die grammat. Analyse eines Satzes kann z.B. als Suche nach denjenigen Regeln einer Grammatik definiert werden, mit deren Hilfe der Satz erzeugt werden kann. Ein Suchprozess wird häufig als Durchlaufen eines Graphen (Suchraums) charakterisiert, der Anfangs- und Endzustände hat. Ein Suchprozess ist erfolgreich, wenn ein Pfad gefunden wurde, der von einem Anfangszustand zu dem Endzustand führt, der dem Suchresultat entspricht, und vollständig, wenn alle solche Pfade gefunden wurden. Die beiden wichtigsten Suchstrategien sind die Tiefensuche (*depth-first search*) und die Breitensuche (*breadth-first search*). Bei der Tiefensuche wird ein einmal eingeschlagener Pfad im Suchraum solange fortgesetzt, bis er erfolgreich ist oder sich als falsch erweist, erst danach werden andere Pfade durchsucht. Bei der Breitensuche werden zunächst die jeweils um einen Schritt weiterführenden Kanten aller alternativen Pfade betrachtet, bevor einer von ihnen weiter in der Tiefe durchsucht wird. Wenn es für die Lösung eines Problems hinreichend ist, einen unter möglicherweise mehreren erfolgreichen Pfaden zu finden, ist Tiefensuche i. d. R. effizienter. Wenn der Suchraum durch zusätzliche Heuristiken (z. B. Wahrscheinlichkeitsverteilungen) bewertet ist, kann der am besten bewertete Pfad zuerst verfolgt werden (*best-first search*), oder es werden besonders niedrig bewertete Pfade aus dem Suchprozess ausgeklammert (*beam search*). L

Suchmodell ↗ Worterkennung

Südafrikanisches Englisch (Abk. SAE) Als SAE i. e. S. gilt das von den 1,5 Mio. Weißen engl. Abstammung gesprochene und durch Siedlung in der Kapprovinz (bes. seit 1820) und in Natal (seit 1850) bodenständige ↗ Englisch. Dabei zeigt das weniger geschätzte breite Kap-Engl. Nähe zum S2-Engl. der Buren mit ↗ Afrikaans als S1. Daneben stehen verschiedene Varietäten des Engl. der Inder, der Farbigen und schwarzer Sprechergruppen mit verschiedenen S1. Das SAE gehört wie das ↗ australische Englisch zum südlich geprägten Engl. Neben der starken Prägung durch Natal-Engl. ist der anhaltende Einfluss der brit.-engl. Norm auffallend. Das SAE hat in die Nachbarstaaten bis hin nach Kenia ausgestrahlt. **Lit.** W. Viereck, K. Viereck & H. Ramisch, dtv-Atlas Engl. Spr. Mchn. 2002. GH

Südamerikanische Indianersprachen (Karte im Anhang) Spr. der südamerikan. Eingeborenen. Die Spr. der ursprüngl. Bevölkerung der karib. Inseln werden als ein Teil der s. I. betrachtet. Die Scheide zwischen den ↗ mesoamerikanischen Indianersprachen und den s. I. wird gewöhnl. der südl. Grenze des mesoamerikan. Hochkulturbereichs gleichgestellt (vgl. Kirchhoff 1967); demnach werden die Spr. des östl. Tieflands von Honduras und Nicaragua und die Spr. von Panama und Costa Rica (die Nicoya-Halbinsel ausgenommen) als südamerikan. betrachtet. Die genet. Verschiedenheit der s. I. ist außerordentl. groß. In den Klassifizierungen Loukotkas (1968) und Kaufmans (1990) werden 117 bzw. 118 Sprachfamilien unterschieden. Verschiedene dieser Familien sind völlig ausgestorben. Nach Greenberg (1987) gehören alle süd- und mittelamerikan. und der größere Teil der ↗ nordamerikanischen Indianersprachen zu einer einzigen Sprachgruppe (Amerind). Greenbergs Auffassung der gemeinsamen Herkunft der s. I. gründet sich auf Ähnlichkeiten in grammat. und lexikal. Formen. Typolog. sind die s. I. äußerst verschieden. Die Zahl der s. I. (ca. 500) könnte zur Zeit der Entdeckung Amerikas das Doppelte oder mehr betragen haben.

Auf den karib. Inseln, in der östl. Hälfte Brasiliens, in Zentralargentinien, in Uruguay und in Teilen von Chile, Ecuador, Kolumbien, Peru und Venezuela sind die einheim. Spr. so gut wie ausgelöscht, in vielen Fällen ohne hinreichende Dokumentierung. Häufige Kennzeichen der s. I.: obligator. Angabe der grammat. Pers. des Subj. und des Obj. im Verb; Angabe der Pers. des Besitzers im Subst.; Formunterschied zwischen possessivem und nichtpossessivem Subst.; Objekt- und Subjektinkorporierung; Unterschied zwischen erster Pers. Pl. ↗ exklusiv und ↗ inklusiv (zuweilen im Rahmen eines Vierpersonensystems, wobei der Inklusiv die vierte Pers. bildet; ↗ Aymara-Sprachen); obligator. Verwendung der direkten Rede bei *sagen*; Richtungsangaben im Verb (bes. im ↗ Araukanischen, im Aymara (↗ Aymara-Sprachen), im ↗ Quechua und in den ↗ Guaicurú-Sprachen); Zeitangaben im Subst. (bes. in den ↗ karibischen Sprachen und in den ↗ Tupí-Guaraní-Sprachen). Tonspr. finden sich in bestimmten Teilen des Amazonasgebiets und Zentralamerikas. Beispiele sind einige ↗ Chibcha-Sprachen, das Mundurukú (↗ Tupí-Guaraní-Sprachen), die Mura-Spr., die ↗ Nambikwara-Sprachen, das ↗ Tikuna und die ↗ Tukano-Sprachen. Viele südamerikan. Sprachfamilien bestehen nur aus einer Spr. (*language isolates*) oder aus wenigen gegenseitig nahe verwandten Spr. Die wichtigsten Gruppierungen sind die ↗ arawakischen Sprachen, die ↗ Chibcha-Sprachen, die ↗ karibischen Sprachen, der Makro-Ge-Sprachstamm (↗ Ge-Sprachen), die ↗ Guaicurú-Sprachen, die ↗ Pano-Tacana-Sprachen, die ↗ Tukano-Sprachen und der Tupí-Sprachstamm (↗ Tupí-Guaraní-Sprachen). Von geringerer Ausdehnung und Anzahl sind die Arawan-Spr. (Brasilien), die ↗ Aymara-Sprachen, die ↗ Barbacoa-Sprachen, die Bora-Spr. (Kolumbien, Peru), die Cahuapana-Spr. (Peru), die Harakmbut-Catuquina-Spr. (Brasilien, Peru), die Chapacura-Spr. (Bolivien, Brasilien), die ↗ Chocó-Sprachen, die ↗ Guahibo-Sprachen, die Hibito-Cholón-Spr. (Peru), die ↗ Jívaro-Sprachen, die Lengua-Mascoy-Spr. (Paraguay), die Lule-Vilela-Spr. (Argentinien), die Macu-Puinave-Spr. (Brasilien, Kolumbien), die ↗ Mataco-Sprachen, die ↗ Misumalpan-Sprachen, die Mura-Spr. (Brasilien), die ↗ Nambikwara-Sprachen, die Piaroa-Sáliva-Spr. (Kolumbien, Venezuela), die ↗ Tschon-Sprachen, die ↗ Uru-Chipaya-Sprachen, die ↗ Witoto-Sprachen, die Yagua-Spr. (Peru), die ↗ Yanomamö-Sprachen, die Zamuco-Spr. (Bolivien, Paraguay), die Záparo-Spr. (Peru) und das ↗ Quechua mit seinen vielen Dialekten. Die folgenden Sprachfamilien sind ausgestorben: Charrúa (Argentinien, Uruguay), Cuica-Timote (Venezuela), Diaguita (Argentinien, Chile), Huarpe (Argentinien), Jirajara (Venezuela), Otomaco (Venezuela) und Tallan (Peru). Isolierte oder nicht-klassifizierte Spr.n: Alacaluf oder Qawesqar (Chile), Aikana (Brasilien), Andoque (Kolumbien), ↗ Araukanisch, Awaké oder Arutani (Venezuela), Canichana (Bolivien), Candoshi (Peru), Capixana oder Kanoê (Brasilien), Cayuvava (Bolivien), Cofán (Ecuador, Kolumbien), Hoti (Venezuela, wohl Macu-Puinare-Spr.), Huaurani oder Huao oder Sabela oder Aushiri (Ecuador), Iranxe (Brasilien), Itonama (Bolivien), Koaiá (Brasilien), Kaliana oder Sape (Venezuela), Leco (Bolivien), Macu (Brasilien), Mosetén (Bolivien), Movima (Bolivien), Muniche (Peru), ↗ Páez, Sebundoy oder Kamsá (Kolumbien), Taruma (Guyana), ↗ Tikuna, Tinigua (Kolumbien), Trumai (Brasilien), Urarina oder Simacu oder Itucale (Peru), ↗ Warrau, ↗ Yahgan, Yaruro (Venezuela) und Yuracaré (Bolivien). Ausgestorbene isolierte oder nicht-klassifizierte Spr. sind Andaquí (Kolumbien), ↗ Atacameño, Auishiri (Peru), Betoy (Kolumbien), Chono (Chile), Culli (Peru), Esmeralda (Ecuador), Guamo (Venezuela), Gorgotoqui (Bolivien), Gününaküne (auch: Gününa Yajich oder Gennaken, wohl Tschon-Spr., Argentinien), Humahuaca (Argentinien), Matanawí (Brasilien), Mayna (Peru), ↗ Muchik, Otí (Brasilien), ↗ Puquina, Querandí (Argentinien), Quingnam (Peru), Sanavirón (Argentinien), Sec (Peru), Yurí (Brasilien, Peru), Yurumanguí (Kolumbien) und mehr als zehn wenig dokumentierte Spr. Nordostbrasiliens. **Lit.** W. F. H. Adelaar, unter Mitwirkung von P. C. Muysken, The Languages of the Andes. Cambridge 2004. – L. Campbell, American Indian Languages. The Historical Linguistics of Native America. Oxford 1997. – M. Censabella, Las lenguas indígenas de la Argentina. Una mirada actual. Buenos Aires 1999. – R. M. W. Dixon & A. Y. Aikhenvald (eds.), The Amazonian Languages. Cambridge 1999. – A. Fabre, Manual de las lenguas indígenas sudamericanas. 2 tomos. Mchn., Newcastle 1998. – M. S. González de Pérez & M. L Rodríguez de Montes (eds.) Lenguas indígenas de Colombia. Una visión descriptiva. Bogotá 2000. – E. E. & J. C. Mosonyi, Manual de lenguas indígenas de Venezuela. 2 tomos. Caracas 2000. – D. L. Payne (ed.), Amazonian Linguistics. Studies in Lowland South American Languages. Austin 1990. – A. Tovar & C. L. de Tovar, Catálogo de las lenguas de la América del Sur con clasificaciones, indicaciones tipológicas, bibliografía y mapas. Madrid 1984. AD

Sudanesisches Arabisch Seit im 14. und 15. Jh. arab. Stämme in den Sudan einwanderten, entwickelte sich das s. A. dort immer mehr zur Primärspr. Es dient als Verkehrsspr., da neben dem s. A., das die meisten Bewohner sprechen, über 100 andere Spr. im Sudan existieren. Es gibt viele Gemeinsamkeiten mit den arab. Sesshaftendialekten des Tschad. Im s. A. sind zahlreiche alte morpholog. Unregelmäßigkeiten erhalten. **Lit.** S. Reichmuth, Der arab. Dialekt der Sukriyya im Ostsudan. Hildesheim 1983. WI

Südarabisch Südwestsemitisch, durch das Altsüdarab. (*Epigraphic South Arabian*) und das Neusüdarab. belegt. Das Altsüdarab. ist in meist religiö-

sen Inschriften aus dem 6. Jh. v. bis 6. Jh. n. Chr. in einer sehr schönen, geometr. Schriftart erhalten, die Basisalphabet der äthiop. Schriftart ist. Die wichtigsten altsüdarab. Spr. sind ↗ Sabäisch, Qataban, Minäisch, Hadramaut. Die heutigen neusüdarab. Spr. mit ca. 50 000 Sprechern im Südosten der arab. Halbinsel und auf Sokotra stehen nicht in direkter Nachfolge zum Altsüdarab. und sind starkem Druck durch das ↗ Arabische ausgesetzt. **Lit.** A. Beeston, Sabaic Grammar. Manchester 1984. WI

Südbairisch ↗ Bairisch

Südfränkisch ↗ Ostfränkisch, ↗ Rheinfränkisch

Südgermanisch ↗ Westgermanisch

Südhessisch ↗ Rheinfränkisch

Südkaukasische Sprachen (georg. kartveluri enebi. Auch: Kartwelsprachen, kartwelische Sprachen) Eine der Familien der ↗ kaukasischen Sprachen im Südkaukasus; Karte ↗ Kaukasische Sprachen, im Anhang. Die s. S. sind genetisch sehr eng miteinander verwandt: (a) ↗ Georgisch; (b) ↗ Mingrelisch und ↗ Lasisch (ursprünglich ein zusammenhängendes Dialektkontinuum und manchmal unter dem Bez. ›Sanisch‹ zusammengefasst); (c) ↗ Swanisch. Aus histor. und kulturgeschichtl. Gründen werden die Angehörigen der betreffenden Völker, soweit sie in Georgien leben, als Georgier (i. w. S.) bezeichnet (georg. kartvel-i, -ebi, daher ›Kartwelsprachen‹). Typ. kaukas. Phonemsysteme (↗ kaukasische Sprachen), zahlreiche Konsonantenkomplexe (z. B. georg. brc̣q̇inavs ›glänzt‹), bes. im Georg. (max. 8 Kons. im Anlaut). Die agglutinierende Substantiv- und Adjektivflexion ist relativ uniform (außer im Svan.). 6 (oder mehr) Kasus, Postpositionen, reiches Verbalsystem (mit Formvariation und teilweise Ablaut; Präsens-, Aorist- und Perfektsystem; Modi und Genera verbi ähnlich wie im Altgriech.; teilweise Inklusiv-Exklusiv-Unterscheidung; Präfixe und Suffixe für Pers. und Numerus von Subj., direktes und verschiedene Arten indirekter Obj.; georg. mo-g-c-a-t ›her-2. Pers.-geb(en)-3. Pers.Subj.-Pl.Obj.‹, d. i.: ›er/sie hat es euch gegeben‹; Kausativa; bedeutungsunterscheidende Präverbien; Wortableitung mit Prä- und Suffixen (georg. kart-ul- ›georgisch‹, kartv-el- ›Georgier‹, Sa-kartv-el-o ›Georgien‹, kartv-el-ob-a ›Gesamtheit der Georgier, Georgiertum‹; swan. li-läṭ ›Lieben‹, me-laṭ ›Liebender‹; xexv-ç̌äš ›Frau (und) Mann‹); teilweise ergativische Konstruktion. **Lit.** G. Deeters, Die kartvel. Spr.n. HdO 1./7., 1963, 1–79. – Ders., Das kharthwel. Verbum. Lpz. 1930. – JaNSSSR 4, 15–94. – B. Jorbenadze, The Kartvelian Languages and Dialects. Tbilisi 1991. – ILC 1. – W. Boeder, The South Caucasian Languages. In: Lingua 115, 2005. 5–89. BO

Süd-Mindanao ↗ Philippinische Sprachen

Südostfränkisch ↗ Ostfränkisch

Südrheinfränkisch ↗ Rheinfränkisch

Südsemitisch Die ↗ äthiosemitischen Sprachen und die neusüdarab. Spr. (ca. 100 000 Sprecher im Südosten der arab. Halbinsel und auf Sokotra) gehören zum S. ↗ Altsüdarabisch dagegen gehört nach neueren Forschungen zum ↗ Zentralsemitischen. Im S. lautet das Perfektsuffix mit *-k* an, in den anderen ↗ semitischen Spr. mit *-t*. Reiches System ↗ gebrochener Plurale. Das Diathesensystem der Verben ist weiter systematisiert als in den anderen semit. Spr. **WI**

Südslavisch Zweig des ↗ Slavischen, der das ↗ Bulgarische, ↗ Mazedonische, ↗ Serbokroatische und ↗ Slovenische sowie das heute ausgestorbene ↗ Altkirchenslavische umfasst; Karte ↗ Europäische Sprachen, im Anhang. – Genet. betrachtet ist dieser Zweig am wenigsten homogen, da bedingt durch frühe Siedlungsbewegungen z.B. dt., rumän. und ungar. Bevölkerungsgruppen der ursprüngl. vorhandene Zusammenhalt mit dem ↗ Ostslavischen und ↗ Westslavischen verloren ging. Ein für das S. ausschließlich charakterist. lautgeschichtl. Merkmal ist die in gemeinslav. Zeit (↗ Slavisch) fallende Umwandlung von **órt*, **ólt* am Wortanfang in **rat*, **lat*, z.B. bulg., serbokroat. *raven* ›gleich, eben‹ im Ggs. zu russ. *róvnyj*, tschech. *rovný*. **HA**

Südwestsemitisch ↗ Südarabisch, ↗ äthiosemitische Sprachen

Suffigierung Bez. für ein Wortbildungsverfahren, das durch Anfügen eines finalen Wortbildungsaffixes an eine Basis gekennzeichnet ist, z.B. *zweifelhaft*; ↗ Suffix, ↗ Affix, ↗ Derivation. **ES**

Suffix n. (lat. suffixum ›Angeheftetes‹) Bez. für finale, nicht wortfähige Morpheme ohne lexikal. Bedeutung. S. werden flexionsmorpholog. zur Bildung flektierter Wortformen genutzt, z.B. *Wortes*, *Wörter*. Wortbildungsmorpholog. spezifizieren S̄. ihre B̄asen semant. (*Wörtchen*; ↗ Modifikation, ↗ Diminution) oder sie überführen Wörter von einer Wortart in die andere (*wörtlich*; ↗ Transposition, hier: desubstantivisches Adjektiv). Die Zahl wortbildender S. im Dt. ist verglichen mit derjenigen der ↗ Präfixe groß. Auch hier wurde (wird) der Bestand durch ↗ Entlehnung erweitert. So bilden nicht-native S. gut ausgebaute Wortbildungsparadigmen, z.B. *akzeptieren, akzeptabel, Akzeptanz.* Anders als die Flexionsaffixe bilden die Wortbildungssuffixe keine geschlossene Klasse. Die Auffassungen zum morphemkategorialen Status gebundener Zweitglieder sind wenig einheitl., weil insbes. das Affix-Merkmal fehlender lexikal. Bedeutung oft unterschiedl. gewichtet wird; die finale Konstituente in *Meningitis* ist (wie bei einem Affix) nicht wortfähig, aber (wie bei einem Grundmorphem) Träger lexikal. Bedeutung. Vergleichbare Abgrenzungsprobleme bestehen auch im indigenen Bereich, was ebenso zu umstrittenen terminolog. Erweiterungen bestehender Morphemkategorien geführt hat (↗ Affixoid, ↗ Konfix); ↗ Affix, ↗ Präfix. **ES**

Suffixbildung ↗ Suffigierung

Suffixoid (auch: Halbsuffix) Bez. für eine umstrittene Morphemkategorie, die finale, nicht-wortfähi-

ge Konstituenten mit homophonen freien Grundmorphemen umfasst, z.B. *-frei* in *schulter-, abgas-, jugendfrei*. Im Vergleich zu ihren homophonen freien Entsprechungen unterliegen S. offenkundigen Bedeutungsverengungen (hier in Richtung ↗ privativer Funktion der Zweitglieder), weshalb sie nicht als Varianten der Grundmorpheme aufgefasst werden. Gegen die Klassifizierung als (hier: privatives) Affix spricht die nach wie vor erkennbare etymolog. und semant. Verwandtschaft mit dem Lexem *frei*. Die kategorialen Grenzen zwischen Suffixen, Suffixoiden und Grundwörtern in Komposita sind schwierig zu ermitteln, weshalb die Kategorie auf mehr Ablehnung als Zustimmung stößt; ↗ Affixoid. **Lit.** S. Olsen, Flickzeug vs. abgasarm: Eine Studie zur Analogie in der Wortbildung. In: F. G. Gentry (Hg.), Semper idem et novus. Göppingen 1988, 75–94. – J. Vögeding, Das Halbsuffix ›-frei‹. Tübingen 1981. **ES**

Suffixverbindung Bez. für Resegmentierungsprozesse, die zum Entstehen komplexer Suffixe führen. Die Ursachen der Verschmelzung sind vielfältig: Bildungen wie *Prinzessin, Äbtissin* (vgl. Henzen 1981, 66) sind doppelte ↗ Movierungen, weil die Funktion der originären Suffixe zum Zeitpunkt der Entlehnung nicht durchsichtig war. In einem Teil der Bildungen auf *-erei* (vgl. Fuhrhop 1998, 82) bleibt die Funktion beider originärer Suffixe erhalten (↗ nonina agentis auf *-er* und ↗ nomina loci auf *-ei*), in einem anderen nicht (*Warterei* etc.). S. sind alt, Worstbrock (2005, 382 ff.) verweist auf assimiliertes deverbales lat. ›Stammsuffix‹ *-is* + nominales *-tes*), die gemeinsam Ursprung unseres *-ist*-Suffixes sind. Indigen dt. S. liegen etwa bei Bildungen auf *-haftig, -igkeit* vor, wenn zweifache Suffigierung mit einfachen Suffixen auszuschließen ist, vgl. [[*Traurig*]keit] / [[**Neuig*]keit]. **Lit.** N. Fuhrhop, Grenzfälle morpholog. Einheiten. Tübingen 1998. – A. Fill, Remotivation and Reinterpretation. HSK 17.2, 1615–1625 – W. Henzen, Inhaltsbezogene Wortbildung. In: L. Lipka & H. Günther (Hgg.) Wortbildung. Darmstadt 1981, 55–81. **ES**

Suggestivfrage (engl. leading question, loaded question, suggestive question) (Schein-)↗ Frage, die auf eine zwingend nahegelegte Antwort hinausläuft. Der Fragende suggeriert, dass er nur eine bestimmte, von ihm gewünschte Antwort zu akzeptieren bereit ist, z.B. *Ist es nicht so?*, *Nicht wahr?*; ↗ Refrainfrage. **KN**

Suggestopädie Die S. wird unter die sog. alternative Vermittlungsmethoden gerechnet. Sie zieht für ihre Vorgehensweise neurophysiolog. und gruppenpsychol. Begründungen heran und versucht, die Gehirnkapazität über die Mehrkanaligkeit der Vermittlung (Übersetzungsäquivalente, Erklärungen über Gestik und Mimik) und damit über die Aktivierung beider Hälften des ↗ Gehirns besser auszunutzen. Nach dem Begründer der Methode, dem bulgar. Psychologen G. Lozanov, wird über Suggestion und Entspannung in streng geordneten Phasenabläufen der Lerner schneller dahin geführt, das präsentierte Material zu behalten. Musik- und Entspannungsphasen, eine angstfreie Atmosphäre in angenehmer Umgebung und eine positive emotionale Besetzung der Lehrerrolle sind konstituierende Elemente. Kommerzialisiert wurde die S. als ›Superlearning‹ in v. a. privaten Sprachschulen. **Lit.** R. Baur, Superlearning und S. Bln. u. a. 1990.   GI, KL

Sugurti ↗ Kanuri

Sujá ↗ Ge-Sprachen

Sukuma ↗ Bantusprachen

Sukūn ↗ Arabische Schrift

Sukzess ↗ Determination, ↗ Glossematik

Sukzessivdolmetschen Wenig gebräuchl. Synonym für Konsekutivdolmetschen; ↗ Dolmetscher.   G

Suletinisch ↗ Baskisch

Sumba ↗ Bima-Sumba-Sprachen

Sumerisch Älteste schriftl. überlieferte Spr., Sprachgebiet: Südmesopotamien. Genet. Beziehungen des S. zu anderen Spr. sind nicht nachgewiesen. Früheste Zeugnisse aus Uruk (Warka) IV um 3200 v. Chr. Nach der Begründung der akkad. Herrschaft (ca. 2350) blieb das S. neben dem ↗ Akkad. als (schließlich rein sakrale) Schriftspr. in Gebrauch. Die älteren Denkmäler sind Steininschriften in stilisierten ↗ Piktogrammen, ab ca. 2500 in ↗ Keilschrift mit Änderung der ↗ Laufrichtung und Drehung der Zeichen um 90°. Die s. Wortstämme sind großenteils einsilbig, ebenso die vielen Affixe, die grammat. Beziehungen ausdrücken, was die Entwicklung zur ↗ Silbenschrift bei gleichzeitiger Reduktion des Zeicheninventars (zunächst ca. 1800 verschied. Zeichen, um 3 000 v. Chr. noch ca. 800) begünstigt haben kann. Ergativspr., Verbsystem durch die ↗ Aspektkorrelation geprägt, die Tempuskategorie fehlt, differenziertes Numerussystem. **Lit.** A. Falkenstein, Das Sumer. Leiden 1959. – M.-L. Thomsen, The Sumerian Language. An Introduction to Its History and Grammatical Structure. Kopenhagen 1984.   G

Sumerogramm n. Sumer. Logogramm, das als Fremd- oder Lehnwort bzw. -zeichen in anderen ↗ Keilschriften (z. B. ↗ Akkadisch) i. d. R. mit anderem Lautwert verwendet wurde.   G

Sumo ↗ Misumalpan-Sprachen

Sundanesisch (Eigenbez. basa Sunda) West-↗ austronesische Sprache in West-Java, Indonesien. Isolierte Sprachgruppen-Ebene, 27 Mio. Sprecher; Karte ↗ Austroasiatische Sprachen. Alphabet javan. Ursprungs (Cacarakan). Javan. Silbenschrift ind. Ursprungs oder arab. (Jajawan), heute lat. Schrift. Sprachebenen, v. a. basa kasar ›grobe Spr.‹ und basa lemes ›feine Spr.‹; ↗ Anredeform, ↗ Honorativ. Schriftl. Zeugnisse ab dem 14. Jh., klass. und moderne Literatur; ↗ Indonesisch als offizielle Spr. **Lit.** F. Müller-Gotano, Sundanese. Mchn. 2001.   CE

Superdental ↗ Alveolar

Superessiv m. (lat. superesse ›übrig, vorhanden sein‹) **1.** ↗ Kasus z. B. der finnougr. Spr. mit lokativ.

Kasusbedeutung: ›befindlich auf‹, z. B. ungar. {-on} in a házon ›auf dem Haus‹. – **2.** ↗ Version.   G

Superiorität In der GG eine Beschränkung für die Voranstellung von w-Phrasen in Mehrfachfragen. Danach kann nur die strukturell höchste w-Phrase vorangestellt werden. Eine w-Phrase darf bei Voranstellung nie über eine strukturell über ihr stehende hinwegbewegt werden.   FR

Superlativ m. (lat. superlātiō ›Übertreibung‹ Auch: Höchststufe, Meiststufe, 2. Steigerungsstufe) Innerhalb des Komparationsparadigmas vieler Spr. (z. B. im Dt., Engl., Lat.) Ausdrucksmittel für eine graduelle Differenz zwischen mehr als zwei miteinander verglichenen Werten, bei dem der als S. markierte Wert den höchsten Grad besitzt, z. B. Maja rechnet von allen Kindern am schnellsten; der höchste Berg Hollands ist der Drachenfels. Bleiben die Vergleichswerte ungenannt, drückt die S.form den ↗ Elativ aus. Graduale Modifikation erfolgt durch lexikal. (↗ Steigerungspartikel) und Wortbildungsmittel, z. B. der mit Abstand höchste Berg Hollands, Maja rechnet am allerschnellsten.   G

Superlativadverb Adverb mit superlativ. Form und Bedeutung, z. B. dt. bestens, spätestens.   G

Superlearning ↗ Suggestopädie

Superlineares Merkmal ↗ Suprasegmentales Merkmal

Superordination ↗ Hyperonymie

Superstrat n. (lat. superstrātum ›das Darübergestreute‹) Varietät, die die Struktur einer weniger dominanten Spr. innerhalb einer ↗ Sprachgemeinschaft beeinflusst hat. Ein sprachl. S. ist das Resultat von polit., ökonom. und kultureller Überlegenheit. S.-Einfluss macht sich z. B. in einem erhöhten Gebrauch von ↗ Lehnwörtern bemerkbar; ↗ Substrat, ↗ Adstrat.   R

Superstrattheorie (auch: Entelechialtheorie) Als Gegenstück zur ↗ Substrattheorie geht die S. davon aus, dass sich best. Elemente einer gegebenen Einzelspr. auf Einflüsse (↗ Interferenzen) einer einstmals auf sie einwirkenden dominanten zweiten Spr. zurückführen lassen, die sich aber nicht im Sinne eines ↗ Sprachwechsels durchsetzen konnte und selbst unbezeugt blieb. Typ. Beispiel sind die »medischen« Elemente des ↗ Altpersischen (↗ Altiranische Sprachen). Die Unterscheidung zwischen Superstraten und Substraten hängt davon ab, ob die jeweilige zweite Spr. eine höhere oder eine niedrigere soziale Stellung innehatte (↗ Prestige); vielfach ist die Entscheidung nicht eindeutig möglich wie etwa bei den kelt. Elementen in den germ. Spr.; ↗ Bilingualismus, ↗ Diglossie. **Lit.** ↗ Substrattheorie.   GP

Superstruktur ↗ Makrostruktur

Supersyntax ↗ Textsyntax

Supinstamm ↗ Tempusstamm

Supinum n. (lat. ›Zurückgebogenes‹) Verbalsubstantiv (↗ Gerundium) des Lat., das zwei Formen aufweist: {-um} (Supinum I), {-ū} (Supinum II); sie sind mit Formen der 4. (u-) Deklination formgleich.

Das S. I dient bei Verben der Bewegung der Bez. von Ziel und Zweck des vom Verb bezeichneten Vorgangs, z. B. *Spéctātúm veniúnt, veniúnt specténtur ut ípsae* ›Sie kommen zum Zusehen, und sie kommen, um selber gesehen zu werden‹ (Ovid). Das S. II wird mit Substantiven oder Adjektiven konstruiert, die eine Beurteilung des vom S. Bezeichneten ausdrücken, z. B. *Hoc est incrēdibile dictū* ›Das klingt unglaublich‹, *Horribile est audītū* ›Es ist schrecklich zu hören}. Der Inf. Fut. Passiv geht auf ein S. I zurück, z. B. *Spērō nōs laudātum īrī* ›Ich hoffe, dass man uns loben wird‹. GS

Suppletion (lat. supplēmentum ›Ergänzung‹) S. liegt vor, wenn flektierte Formen eines Wortes nicht durch Anfügen eines ↗ Flexivs, sondern durch Ersetzung des Stamms durch ein ↗ Allomorph gebildet werden, z. B. frz. *aller* (*va-, all-, i-* usw.), engl. *be* (*am, was, were* usw.) oder Dt. *sein* (*bin, bist, sind, war* usw.). Melčuk (2000, 520) sieht in Laut- und Bedeutungswandel die Gründe für die Existenz suppletiver Formen innerhalb ein und desselben Paradigmas; ↗ Heteroklitikon. **Lit.** I. Melčuk, Suppletion. HSK 17.1, 510–522. ES

Suppletiv ↗ Suppletion

Suppletivstamm Bez. für referenzident. ↗ Stammformen eines Flexionsparadigmas, die sich ausdrucksseitig voneinander unterscheiden, z. B. *viel – mehr – meist, bin – sind – war – gewesen* usw.; ↗ Suppletion, ↗ Heteroklitikon. ES

Suppletivverb ↗ Suppletion

Supportvektormaschine (engl. support vector machine. Abk. SVM). Eine SVM ist ein im ↗ Information Retrieval eingesetztes ↗ maschinelles Lernverfahren zur ↗ Textklassifikation. Während der Trainingsphase wird dabei ein Modell (engl. classifier) berechnet, das die Klasse eines beliebigen Objektes vorhersagen kann. Formal gesehen berechnet eine SVM eine Hyperebene in einem hochdimensionalen Raum (↗ Vektorraummodell), welche eine Menge von Objekten (repräsentiert als p-dimensionaler Vektor) so in disjunkte Klassen teilt, dass ein möglichst breiter Bereich frei von Objekten bleibt (engl. large margin classifier). Unterschieden werden lineare Klassifikatoren, die eine Entscheidungslinie zwischen zwei Klassen ziehen, und nicht-linearen Modellen für die Klassifikation in mehrere Klassen. **Lit.** Chr. D. Manning, P. Raghavan & H. Schütze, Introduction to Information Retrieval. Cambridge 2008. Z

Suppositiv m. (lat. supponere ›unterlegen; unterstellen‹) Kategorie des ↗ Modus des Verbs, die in manchen Spr. über ein spezif. morpholog. Paradigma verfügt, z. B. in den ↗ türkischen Sprachen. Der S. wird durch Affixe markiert und drückt aus, dass der Sprechende nur vermutet, dass der im Verbstamm bezeichnete Vorgang stattgefunden hat. G

Supradialektal Ling. Eigenschaften, die für mehr als einen ↗ Dialekt einer Spr. charakterist., also dialektübergreifend sind. G

Supraglottal (lat. supra ›oberhalb‹, griech. γλῶττα (glotta) ›Stimme, Sprache‹) Oberhalb der ↗ Glottis gelegene Strukturen (↗ Ansatzrohr), dort befindliche Verhältnisse/Vorgänge usw.; z. B. s. Luftdruck. PM

Supraphonemisch Mehr als die segmentelle Einheit eines ↗ Phonems betreffend/umfassend. PM

Suprasegmentale Merkmale, Suprasegmentalia Lautübergreifende (↗ Laut) bzw. sich nicht auf die sequentielle Abfolge von ↗ Segmenten beziehende Merkmale (↗ Prosodie) lautsprachl. Äußerungen, die sich signalphonet. im Grundfrequenz- und Intensitätsverlauf sowie in der temporalen Ausprägung einzelner ↗ Segmente und ↗ Pausen äußern. Hierzu gehören die grundfrequenzabhängigen (↗ Ton (1), ↗ Schallanalyse) Erscheinungen (↗ Ton (2), ↗ Tonsprachen) und ↗ Intonation, die grundfrequenz- und/oder intensitätsabhängige (↗ Intensität, ↗ Schallanalyse) ↗ Akzentstruktur (↗ Akzent) sowie die temporale Ausprägung von phonolog. Quantitätsrelationen und ↗ Pausen unter den verschiedenen Akzentausprägungen und unter Variation des Sprechtempos; ↗ Sprechausdruck. **Lit.** D. Crystal & R. Quirk, Systems of Prosodic and Paralinguistic Features in English. The Hague 1964. – G. Heike, Suprasegmentale Analyse. Marburg 1969. – I. Lehiste, Suprasegmentals. Cambridge, Mass. 1970. – B. Möbius, Ein quantitatives Modell der dt. Intonation. Tübingen 1993. PM

Suprasyntax ↗ Textsyntax

Surmiran ↗ Rätoromanisch

Sursilvan ↗ Rätoromanisch

Suruí ↗ Tupí-Guaraní-Sprachen

Survey ↗ Befragung

Surżyk Abwertende Bez. für eine Mischspr. aus ukr. und russ. Elementen, die große Anteile v.a. der ukr. muttersprachl. Bevölkerung in der Alltagskomm. benutzen. S. kann aus purist. Sicht als unerwünschte Folge der Durchsetzung bzw. Dominanz des Russ. in der Ukraine angesehen werden oder aus sozioling. Sicht als Ausdruck einer neutralen Einstellung seiner Sprecher zu einer eher national bzw. eher an Russland orientierten polit. Ausrichtung der Ukraine betrachtet werden. Die Auswirkungen der verstärkten Förderung des Ukr. seit der staatl. Unabhängigkeit 1991 auf die Verwendung des S. bleiben abzuwarten. **Lit.** G. Hentschel u.a. (Hg.), Belorussian Trasjanka and Ukrainian Surżyk. Structural and Social Aspects of their Description and Categorization. Oldenburg 2008. HA

Susu ↗ Mandesprachen

Sutsilvan ↗ Rätoromanisch

Sütterlin-Schrift (auch: Deutsche Schrift) Steilgeformte Musterhandschrift ohne Haar- und Grundstriche nach dem dt. Graphiker L. Sütterlin (1865–1917). Die S.-Schrift wurde 1915 in mehreren dt. Ländern in den Schulen eingeführt und war von 1928–1941 schulische »Ausgangsschrift« in ganz Deutschland; ↗ Schulschrift. G

Svanisch ↗ Swanisch

Svarabhakti ↗ Gleitlaut, ↗ Sprossvokal

SVO-Sprache ↗ Wortstellungstypologie

Swahili (Eigenbez. Kiswahili. Dt. auch: Suaheli) ↗ Bantusprache. Bedeutendste Spr. Ostafrikas, Sprachgebiet: Tansania, Kenia, Ostzaire, Uganda, Teile Südsomalias, Nordmosambiks, Burundis und Ruandas, ca. 80 Mio. Sprecher, zumeist S2. Zahlreiche Dialekte (u. a. Siyu-Pate-Amu, Mvita, Shirazi, Mrima, Unguja), von denen einige, wie das Kingwana und das Katanga-S. in Zaire, erst im 19. bzw. 20. Jh. entstanden sind; Karte ↗ Afrikanische Sprachen, im Anhang. Die frühesten schriftl. Dokumente stammen aus dem 12. Jh. Bis ins 19. Jh. wurde die arab. Schrift verwendet; 1901 offizielle Einführung der lat. Schrift in Tanganyika. Grundlage des Standard-S. (seit 1928) ist der Unguja-Dialekt von Sansibar, zu dessen Förderung 1930 das *Inter-Territorial Language* (S.) *Committee* und 1964 das *Institute of Kiswahili Research* (Dar-es-Salaam) gegründet wurden. – In Tansania ist S. offizielle Spr. (seit 1967), in Kenia Nationalspr. (seit 1970), in Zaire eine der vier Nationalspr. **Lit.** E. O. Ashton, S. Grammar. Ldn. ²1947. – E. C. Polomé, S. Language Handbook. Washington 1967. – W. H. Whiteley, S. The Rise of a National Language. Ldn. 1969.   RE

Swanisch (Eigenbez. lu-šnu (nin); georg. svanuri (ena); zu sw. šwan-är ›Svane-Pl.‹) ↗ Südkaukasische Sprache, ca. 35 000(?) Sprecher. Das Sprachgebiet ist Swanetien, d. h. die Gebirgstäler südöstl. des Elbrus am Oberlauf des Ingur(i) und des Zchenis-Zkali und am Cheledula sowie u. a. (ausgesiedelt) bei Bolnissi. Schriftspr. ist das ↗ Georg.; Karte ↗ Kaukasische Sprachen, im Anhang. **Lit.** V. Topuria, Svanskij jazyk [Das Svan.]. JaNSSSR 4, 77–94. – Ch. Gudjedjiani & M. L. Palmaitis, Upper Svan: Grammar and Texts (= Kalbotyra 37, 4). Vilnius 1986. – J. Gippert, Drei svan. Phonogramme. In: Mitteilungen des Phonogrammarchivs 89, Anzeiger der phil.-hist. Kl. der Österr. Akademie der Wiss. 123, 1986, 8, 187–230. Wien 1987. – K. H. Schmidt, Svan. ILC 1, 473–556. – K. Tuite, Svan. LW-M 139. Mchn. 1997. – A. Oniani, Die s. Sprache [Übers. H. Fähnrich]. Jena 2005.   BO

Swazi ↗ Nguni-Sprachen

Switch-Reference Grammat. Kennzeichnungsverfahren bestimmter Spr., wobei in untergeordneten Sätzen am Prädikatsverb markiert wird, ob sein Subjekt mit dem des übergeordneten Satzes referenzident. ist oder nicht.   GP

Sya ↗ Mandesprachen

Syllabar n. (griech. συλλαβή (syllabē) ›Fessel‹) Inventar der ↗ Schriftzeichen einer ↗ Silbenschrift. Moderne S. sind nach phonolog. Gesichtspunkten (nach den möglichen Konsonant-Vokal-Kombinationen) geordnet, z. B. *ba – be – bi – bo – bu*. Dieses Ordnungsprinzip lag auch der jahrhundertelang geübten Praxis des Syllabierens im abendländ. Erstleseunterricht zugrunde.   G

Syllabem n. (griech. συλλαβή (syllabé) ›Silbe‹) ↗ Emische Einheit von Silbengröße; ↗ Silbe.   PM

Syllabierung Die Zuordnung von aufeinanderfolgenden Einzellauten zu bestimmten ↗ Silben (auch als im Prozess der Ableitung von zugrundeliegenden Formen wiederholt stattfindender phonolog. Vorgang); ↗ Phonologie.   PM

Syllabogramm n. (griech. συλλαβή (syllabē) ›Fessel‹, γράμμα (gramma) ›Schriftzeichen‹) ↗ Schriftzeichen, das mit einem Element des Silbeninventars der betr. Spr. korrespondiert (↗ Silbenschrift). Es ist zu unterscheiden zwischen (a) S. in reinen ↗ Syllabaren, deren graph. Gestalt hinsichtlich der phonolog. und Silbenstruktur arbiträr ist (z. B. in der ↗ westafrikanischen Vai-Silbenschrift), (b) S. in ↗ Alphabetschriften, in denen jedes S. die phonolog. Struktur der repräsentierten Silbe abbildet (z. B. im ↗ Amharischen, wo der Korpus eines Konsonantenzeichens durch Striche und Häkchen modifiziert wird, die den folgenden Vokal repräsentieren) und (c) Pseudosyllabogrammen, die aus ↗ Graphemen bestehen, welche aber im Unterschied zu anderen Alphabetschriften nicht linear, sondern zweidimensional angeordnet sind (z. B. in der ↗ koreanischen Hangul-Schrift).   G

Syllabographie ↗ Silbenschrift

Syllepsis ↗ Zeugma

Syllogismus ↗ Formale Logik

Symbol (griech. σύμβολον (symbolon) ›Merkmal, Kennzeichen‹, lat. symbolum ›Wahrzeichen, Legitimationsmarke; Vertragsbestimmung; Glaubensbekenntnis‹. Engl. symbol, frz. symbole) **1.** (Auch: Sinnbild) Schon in der Antike ist das S. nicht nur ↗ indexikalische Erkennungsmarke (z. B. der Gastfreundschaft durch zwei zusammenpassende Ringhälften), sondern entwickelt auch die Bedeutung ›verabredetes Zeichen‹, speziell i. S. der sinnl. Repräsentation eines abstrakten Begriffs. Dieser S.-Begriff, der bis zur Gegenwart in alltagssprachl. wie auch in bildungssprachl. (theolog., philosoph., rhetor., lit.wiss.) Kontexten dominiert, ist semiot. gesehen i. d. R. mindestens zweistufig angelegt. So bildet etwa das christl. Kreuzsymbol das histor. Golgatha-Kreuz ab (↗ Ikon), das als zentraler Bestandteil der Lehre metonym. auf dieses verweist. V. a. konventionalisierte ↗ Metonymien (z. B. Hammer und Sichel → Marxismus, Ahornblatt → Kanada), ↗ Synekdochen (Löwe → Mut, Judas → Verrat) und ↗ Metaphern (Waage → Gerechtigkeit, Kranz → Jungfräulichkeit) fundieren die symbol. Repräsentation (vgl. Kurz 1982); nur wo der bildhafte Bezug dunkel ist (wie zumeist bei den Flaggenfarben), ist das S. einstufig ↗ arbiträr (s. 2). Da es einen »ideellen Gegenstand« konventionell »vertritt«, rechnet A. Schaff das S. zu den »substitutiven Zeichen«; im Gegensatz zum ebenfalls zweistufigen ↗ Piktogramm (☎, ✈) repräsentiert es abstrakte, oft hochkomplexe, nicht selten gruppenkonstituierende Inhalte und entfaltet im letzteren

Falle mächtige emotionale und appellative, ja »mythenbildende« (Schaff) Potenzen. Neben den konventionellen S., die – bes. bei reduzierter ↗ Ikonizität – einen tradierten »ikonograph. Code« (U. Eco 1972) bilden, gibt es (seit dem 18. Jh.) die Möglichkeit kontextuell generierter S., die bei konkretester Gestaltung des Besonderen in diesem das »unaussprechliche Allgemeine« (Goethe), die Vielfalt hintergründiger »Entsprechungen« (Baudelaire) oder einen »Nebel mögl. Interpretationen« (U. Eco 1985) aufscheinen lassen. **2.** (Auch: symbol. Zeichen) Der für ↗ Semiotik und Ling. wichtigste S.-Begriff geht auf Ch. S. Peirce zurück. Als ›S.‹ benennt er diejenigen ↗ Zeichen, die zum bezeichneten Objekt weder in abbildender (Ikon) noch in realer (↗ Index (1)) Beziehung stehen, sondern in rein konventioneller Beziehung stehen und somit das Saussuresche Merkmal der ↗ Arbitrarität erfüllen. Gelegentl. wird (etwa von Th. A. Sebeok) dem S. zusätzl. ein als intensionale Klasse bestimmtes ↗ Designat zugeschrieben, ein Merkmal, welches aber best. arbiträre Zeichen (z. B. Numeralia, Präpositionen u. a.) nicht erfüllen. Peirce wertet das S. als »genuines« Zeichen höher als die anderen Zeichenklassen, so wie auch F. de Saussure sein arbiträres ↗ bilaterales ↗ Sprachzeichen ins Zentrum der ↗ Semiologie stellt. Allerdings verwirft de Saussure explizit die Bezeichnung ›S.‹, weil er darunter ein S. (1) versteht, »das niemals ganz beliebig ist«. Nicht nur die Sprachzeichen, sondern auch vielerlei kulturspezifische Handlungen (z. B. das Hutabnehmen), Gesten (z. B. bejahendes Nicken), Tanzbewegungen, graph. Zeichen (s. 5) u. v. a. fallen unter den Peirceschen, »technischen« (J. Lyons) S.-Begriff. **3.** Diesen verwendet neben zahlreichen Semiotikern und Linguisten auch K. Bühler, der sich zur »Partei der Nichtromantiker« (Sprachtheorie, S. 182) bekennt. Er spezifiziert mit ihm allerdings nicht eine Zeichenklasse, sondern eine »Sinnfunktion«. Jedes (aktuelle) »komplexe Sprachzeichen« ist zugleich ↗ Symptom, ↗ Signal und S., Letzteres »kraft seiner Zuordnung zu Gegenständen und Sachverhalten«, seiner »Darstellungsfunktion«. **4.** Einen weiteren Begriffsumfang geben dem S. diejenigen Forscher, die es dem Signal (Ch. W. Morris) oder ↗ Anzeichen (S. K. Langer) entgegenstellen mit symbol. (i. S. v. 2) und ikon. Beispielen belegen (u. a. auch C. K. Ogden & I. A. Richards; N. Goodman prägt den Begriff »ikon. S.«). Das entscheidende Kriterium dieses nicht-indexikal. S. ist nicht Arbitrarität oder Konventionalität, sondern die Ablösung vom Realbezug; Morris erklärt das S. behaviorist. als »Ersatz« für ein »synonymes« Umgebungssignal, Langer mentalist. als »Vehikel für die Vorstellung«: »Anzeichen kündigen [dem Subjekt] ihre Gegenstände an, während Symbole es dazu bewegen, ihre Gegenstände sich vorzustellen« (S. 69). Die damit fokussierte, für das menschl. Denken zentrale »symbol. Transformation von Erfahrungsdaten«

nennt J. Piaget »Symbolfunktion«; diese setzt im kindl. Spiel mit individuell ikon. (teils auch »unbewussten«) »S.en« ein und entfaltet sich bis hin zum kollektiv-arbiträren »Zeichen«. All diese Autoren teilen nicht nur einen weiten, sondern auch (s. das Zitat von Langer) einen monolateralen (↗ Zeichen (1)) S.-Begriff, der sich bes. deutl. im ↗ semiotischen Dreieck von Ogden & Richards zeigt, in dem ›S.‹ eindeutig nur die materielle ↗ Zeichengestalt bezeichnet. **5.** In Opposition zu ›Wort‹ werden in Wiss., Technik und Alltag allerlei ↗ Logogramme und ↗ Piktogramme als ›S.‹ bezeichnet, u. a. (a) Kalkülzeichen in Mathematik, formaler ↗ Logik und Ling. (↗ Formelsprache), die sich durch definitor. ↗ Eindeutigkeit und regelhafte Ableitbarkeit (↗ Kalkül) für den Aufbau explizit formalisierender Theorien eignen; dazu gehören u. a. mathemat. (∞, $\sqrt{}$, $+$, $\geq$, $\cap$, $\sum$, $\{$ $\}$), log. ($\forall$, $\neg$, $\wedge$, $\rightarrow$, $\bot$) und linguist. ($\#$, $\rightarrow$, S, VP, Δ, $\bar{X}$, α) Formelzeichen sowie die in ↗ Phonologie und GG eingeführten »komplexen S.«, die N. Chomsky als regelbasierte Merkmalsmenge (notiert in eckigen Klammern) definiert; (b) wiss.-techn. Diagramm- und Beschriftungs-Zeichen (z. B. ▽ für Diode, ⊗ für Lampe, ■ für ›Stop‹) und graf. Kürzel (z. B. ∩ in Landkarten oder auch Computer-»Icons«); (c) spezielle Schrift- und Transkriptionszeichen (&, ©, @, ʃ, ɡ), vgl. das Siglenverzeichnis in diesem Lexikon; ↗ Platzhaltersymbol. **6.** Zahlreiche Arbeiten zur ↗ künstlichen Intelligenz verwenden bei der Simulation kognitiver Prozesse (zumeist regelbasierte) »physikal. Symbolsysteme« (A. Newell). S. sind hier definiert als »konventionelle interne Repräsentationen von Ereignissen außerhalb des Systems« (G. Rickheit & H. Strohner), deren Verarbeitung im System auf physikal. Prozessen beruht. Wird hier schon die Grenze zwischen S. und Signal unscharf, so verfließt sie vollends, wenn man auch die simulierten – mit Sicherheit nicht-konventionellen – neuronalen Repräsentationen im menschl. Gehirn als S. bezeichnet. **Lit.** E. Cassirer, Philosophie der symbol. Formen. 1. Teil: Die Spr. Darmstadt [2]1964. – J. Piaget, Nachahmung, Spiel und Traum. Stgt. 1969. – Chomsky, Aspects. – A. Newell, Physical S. Systems. Cognitive Science 4, 1980, 135–183. – G. Kurz, Metapher, Allegorie, S. Göttingen 1982. – G. Rickheit & H. Strohner, Grundlagen der kognitiven Sprachverarbeitung. Tübingen 1993. – T. Todorov, S.theorien. Tübingen 1995. – D. D. Dobrovol'skij & E. Piirainen, S.e in Spr. und Kultur. Bochum 1997. – N. Goodman, Sprachen der Kunst. Entwurf einer S.theorie. Ffm. [4]2004. – Weitere Lit. ↗ Index, ↗ Semantik, ↗ Semiotik. **RB**

Symbolfeld Von K. Bühler, Sprachtheorie, eingeführte Kategorie zur Bestimmung der Leistung nennender Ausdrücke. Das S. ist situationsentbunden und konstituiert einen für den einzelnen Nenn-Ausdruck jeweils eigenen Bezugsrahmen. Diese Herausbildung vollzieht sich in der Entfaltung des

↗ synsemantischen Umfelds. Bühler entwickelt in seinem S.-Konzept u.a. Ideen, wie sie später in der Kasustheorie der ↗ Funktionalen Grammatik (S. Dik) und der ↗ Valenztheorie wieder vorgetragen wurden (Verbaltrabanten). Die Interpretation des S. als Kontext entspricht Bühlers Auffassung nur bedingt, da die Herauslösung auch die aus dem Kontext umfasst; ↗ Prozedur, ↗ Zeigfeld.   E

Symbolfunktion ↗ Symbol (4)

Symbolisches Zeichen ↗ Symbol (2)

Symbolkarte ↗ Sprachkartographie

Symbolphonetik ↗ Deskriptive Phonetik

Symbolsprache ↗ Symbol (5), ↗ Formelsprache

Symmetrie (griech. συμμετρία (symmetria) ›Ebenmaß‹) **1.** Bez. für eine zweistellige Relation R in einer Menge M, bei der für alle Elemente x, y aus M neben der Relation xRy stets zugleich auch yRx richtig ist; z.B. besteht S. in der Relation ›Geschwister von‹ oder in der Gleichheit x = y und der Gleichheit y = x, nicht aber in der Relation ›kleiner als‹. **2.** ↗ Transformationelle Analyse.   PR

Symmetrisches Anredeverhalten ↗ Reziprok (3)

Symphasisch ↗ Diaphasisch

Symphysisch ↗ Empraktisch

Symploke f. (griech. συμπλοκή ›Verflechtung‹, lat. complexiō) ↗ Rhetorische Figur: Häufung von Erweiterungsfiguren, meist von ↗ Anapher und ↗ Epipher: Wiederholung der gleichen Wörter am Anfang oder Ende zweier oder mehrerer aufeinanderfolgender Verse oder Sätze.   GM

Sympraktisch ↗ Empraktisch

Symptom ↗ Index (1)

Synaloiphe f. (griech. συναλοιφή ›Verschmelzung‹) In der Gräzistik Oberbegriff für ↗ Krasis, ↗ Elision, ↗ Aphärese und ↗ Synizese.   GS

Synapsie f. (griech. σύναψις (synapsis) ›Verbindung‹) In der frz. Linguistik gelegentl. vorkommende Bez. für eine syntakt. zusammengehörende Gruppe von Wörtern mit fester Bedeutung und damit eine Einheit im Grenzbereich zwischen Morphologie und Syntax. Gemeint sind Wortgruppen wie *robe de chambre, claire de lune,* die wie Komposita durch Kombination von Lexemen selbständige Bedeutungsträger bilden. E. Benveniste (1974, 171 ff.) grenzt S. einerseits von Komposita ab, da ihre Bestandteile nicht durch syntakt. Mittel verknüpft werden (z.B. *portefeuille),* und andererseits von Syntagmen, die unfeste Wortgruppen sind und keine lexikal. Einheiten darstellen; ↗ Paralexem. **Lit.** E. Benveniste, Problèmes de linguistique générale Bd. 2. Paris 1974.   ES

Synärese ↗ Kontraktion

Synästhesie (griech. συναίσθησις (synaisthēsis) ›Mitempfinden‹. Engl. synaesthesia, frz. synestésie) **1.** Psych. Phänomen, bei dem ein äußerer Reiz zwei oder mehr Sinneseindrücke simultan auslöst. Synästhetiker hören den Klang von Geigen in Azurblau oder schmecken beim Betasten von Samt Schokolade. Die Mehrfachwahrnehmung geschieht unge-

wollt, bleibt lebenslang konsistent, ist dem Synästhetiker bewusst und kann nicht unterdrückt werden. In Verbindung mit Spr. tritt am häufigsten das Farbensehen von ↗ Buchstaben auf: Der Synästhetiker nimmt jeden Buchstaben immer in einer bestimmten Farbe wahr, auch wenn der Buchstabe schwarz gedruckt ist. Cytowic vermutet, dass die Reizverschmelzung vom limb. System gesteuert wird. Die Gehirnforschung kann S. bislang nicht befriedigend erklären. Befunde deuten auf einen auffälligen Zusammenfall von S. u.a. mit Linkshändigkeit und genet. Prädisposition hin. Erstmals beschrieben wurde S. von John Locke im 17. Jh. Ungefähr 0,004 % aller Menschen sind Synästhetiker. Die meisten halten die Vermischung der Sinne für den Normalfall und sind erstaunt, wenn andere ihre Sinneseindrücke nicht teilen. **Lit.** V. S. Ramachandran & E. M. Hubbard, Synaesthesia: A Window into Perception, Thought and Language. In: Journal of Consciousness Studies 8 (12), 2001, 3–34. – R. E. Cytowic, The Man Who Tasted Shapes. Ldn. 2003. – **2.** Stilmittel, das die Verschmelzung von Sinneswahrnehmungen metaphor. ausnutzt: »Golden wehn die Töne nieder« (Clemens Brentano).   SO

Synchronie (griech. συν (syn) ›mit‹, χρόνος (chronos) ›Zeit‹) Nach F. de Saussure der Zustand einer Spr. in einem gegebenen Zeitraum. Die S. steht begrifflich der ↗ Diachronie gegenüber.   T

Synchronische Sprachwissenschaft (bei F. de Saussure (1857–1913) auch: statische Linguistik) Im Unterschied zur ↗ diachronischen Sprachwissenschaft untersucht die s. S. die Beziehungen, die zwischen verschiedenen sprachl. Zeichen in ein und demselben ↗ Sprachsystem bestehen. Synchron. Beziehungen sind nicht solche innerhalb ein und desselben sprachl. Zeichens, innerhalb der ↗ parole, sondern solche zwischen parole und parole, also Beziehungen innerhalb einer ↗ langue. Als Gegenstand der s. S. nennt de Saussure die Darlegung der grundlegenden Prinzipien jeglichen idiosynchron. (d.h. auf einen bestimmten Zeitraum beschränkten) Sprachsystems, die konstitutiven Faktoren jeglichen Sprachzustands. Die s. S. betrachtet synchrone, d.h. koexistente Verhältnisse innerhalb einer langue als innerhalb eines Zeichensystems. Im Mittelpunkt der s. S. steht die Untersuchung von Systemen sprachl. Zeichen, wobei jedes Zeichen ein Paar von signifikant (↗ Signifikant) und signifié (↗ Signifikat) bildet. – Als Beispiel für synchron. Gesetze findet sich in de Saussures *Cours* z.B.: »Der [altgriech.] Akzent zieht sich niemals weiter als bis zur drittletzten Silbe zurück«. Mit diesem Satz wird – ohne jeglichen Bezug zu früheren oder späteren Sprachzuständen – für die Epoche des Altgriech. etwa gesagt, dass es neben (a) τιμῶ (timō) ›ich ehre‹ mit dem Akzent auf der letzten, (b) τιμῶμεν (timōmen) ›wir ehren‹ mit dem Akzent auf der vorletzten und (c) τιμώμενος (timōmenos) ›geehrter‹ mit dem Akzent auf der drittletzten Silbe keine Verbform gibt mit dem Akzent auf der viert- oder fünftletzten Silbe und dass dies sinngemäß auf alle altgriech. Wortformen zutrifft. **T**

Syndese f. (griech. σύνδεσις (syndesis) ›Verbindung‹) Reihung sprachl. Elemente derselben Kategorie (Wörter, Syntagmen, (Teil-)Sätze), verbunden durch Konjunktionen, z. B. *Das ist eine gemeine und dumme Frage*; *Trinken Sie Bier oder Wein?*; ↗ monosyndetisch, ↗ polysyndetisch; Ggs. ↗ Asyndese. **SN**

Syndetikon n. (griech. συνδεῖν (syndein) ›Zusammenbinden‹. Auch: Direktivum) Von K. Boost (1955, 44 ff.) verwendeter Terminus zur Bez. von trennbaren, ggf. klammerschließenden Verbteilen mit homophonen Präpositionen oder Adverbien (*der Schüler trägt ein Gedicht vor, bringt ein Buch her*). Der Terminus wie sein Synonym ›Direktivum‹ wurden weitestgehend von der Bez. ↗ Verbpartikel verdrängt. **Lit.** K. Boost, Neue Untersuchung zum Wesen und zur Struktur des dt. Satzes. Bln. ⁵1964. **ES**

Syndetische Reihung ↗ Koordination

Synekdoche f. (griech. συνεκδοχή ›Mitverstehen‹) Mittel der uneigentl. Ausdrucksweise, ↗ Tropus: Ersetzung des eigentl. Begriffs durch einen zu seinem Bedeutungsfeld gehörenden engeren oder weiteren Begriff, z. B. steht der Teil für das Ganze (*pars pro toto*, ↗ Partonymie: *Dach* für ›Haus‹) oder seltener das Ganze für den Teil (*totum pro parte*; *ein Haus führen*), die Art für die Gattung (*Brot* für ›Nahrung‹) und umgekehrt, der Rohstoff für das daraus verfertigte Produkt (*Eisen* für ›Schwert‹), der Singular für den Plural (*der Deutsche* für ›das deutsche Volk‹, *die Jugend* für ›die jungen Leute‹; die Grenzen zur nächstverwandten, weitere Bezugsfelder umgreifenden ↗ Metonymie sind fließend. Stilist. dient die S. häufig zur Vermeidung von Wiederholungen desselben Begriffs. **DS**

Synergetische Sprachwissenschaft (griech. συνεργητικός (synergetikos) ›mitarbeitend, helfend‹) **1.** ↗ Inhaltbezogene Sprachwissenschaft. **2.** Auf systemtheoret. Modellen beruhende quantitative Verfahren der Sprachanalyse, die Spr. als selbstregulierendes System auffassen. Diese Verfahren sind prozessorientiert konzipiert und suchen v. a. den Prozess des ↗ Sprachwandels exakt zu erfassen. **Lit.** R. Köhler, Zur ling. Synergetik. Struktur und Dynamik der Lexik. Bochum 1986. **G**

Synesis ↗ Constructio ad sensum

Syngraphem ↗ Interpunktion, ↗ Satzzeichen

Synharmonismus ↗ Vokalharmonie

Synizese f. (spätlat. synizesis < griech. συνίζησις (synizēsis) ›das Zusammenfallen‹) In der antiken ↗ Metrik die Verschmelzung zweier benachbarter, zu verschiedenen ↗ Silben gehörender Vokale zu einer diphthongischen (↗ Diphthong) Silbe. **PM**

Synkategorema ↗ Synsemantikon

Synkope f. (griech. συγκόπτειν (synkoptein) ›zusammenschlagen‹. Auch: Ausstoßung) Wegfall (↗ Elision) eines unbetonten Vokals (im Ggs. zur

↗ Apokope) im Wortinneren, z. B. mhd. *ambet* > nhd. *Amt*; ↗ Metaplasmus. **PM**

Synkretismus ↗ Kasus

Synonym (griech. συνώνυμος (synōnymos) ›gleichnamig, gleichbedeutend‹. Auch: Mehrfachnennung) Ausdrücke, die zueinander in der Relation der ↗ Synonymie stehen. **G**

Synonymengruppe ↗ Wortfeld

Synonymenschub S. liegt vor, wenn ein ↗ Synonym innerhalb einer Gruppe von Synonymen ↗ Bedeutungswandel erfährt, z. B. mhd. *hoch(ge)zīt* (a) ›hohes kirchl. oder weltl. Fest‹; (b) ›höchste Herrlichkeit, Freude‹; (c) ›Vermählungsfeier, Hochzeit, Beilager‹ aufgrund von ↗ Bedeutungsverengung zu nhd. *Hochzeit* ›Vermählungsfeier‹. **G**

Synonymenwörterbuch (engl. dictionary of synonyms, frz. dictionnaire de synonymes) Wb., das ↗ Synonyme verzeichnet; Hilfsmittel beim Schreiben stilist. anspruchsvoller Texte; ↗ Synonymie. **G**

Synonymie (griech. συνωνυμία (synōnymia) ›Namensgleichheit‹. Engl. synonymy, frz. synonymie) Beziehung der Bedeutungs›gleichheit‹ zwischen sprachl. ↗ Zeichen. Die ling. Diskussion über S. ergab divergierende Einschätzungen des Begriffs je nachdem, welche Kriterien für ›Gleichheit‹ angelegt und welche Existenzformen oder Ebenen von Zeichen ins Auge gefasst wurden. Mehrheitl. wurde seit der Antike S. auf der Wortebene untersucht und dann oft die Frage gestellt, ob es als »totale/reine/strikte« S. von Lexemen gebe, die demnach in allen Aktualisierungskontexten frei substituierbar seien. Auch wenn man die Frage auf ↗ Sememe beschränkt, lautet die Antwort für natürl. Spr. mit hoher Sicherheit »Nein«. Aus pragmat. Gründen sind ↗ denotativ synonyme Lexeme ↗ konnotativ differenziert; sie sind u. a. regional (*Brötchen/Schrippe/ Semmel*), gruppensprachl. (*Geld/Kies/Zaster*, *mies/ uncool*, *betrunken/breit*), fachsprachl. (*Schraubenzieher/Schraubendreher*; *Brustkrebs/Mammakarzinom*, *Bildschirm/Monitor*) oder ideolog. (*Freitod/Selbstmord*, *Abtreibung/Abbruch*) markiert sowie unterschiedl. Stil- oder Beziehungsebenen (*Visage/ Fresse/Gesicht/Antlitz*, *Mutter/Mami/Mutti/Mamá/ Muttchen*) zuzuweisen. Bei abstrakteren Lexemen können mit konnotativen auch subtile denotative Differenzen einhergehen (Gauger 1972): z. B. *sich erfreuen/ergötzen/vergnügen/verlustieren*, *Mut/Tapferkeit/Kühnheit/Schneid/Beherztheit*, *dick/beleibt/fett/ feist/korpulent/mollig*. Allein die feinen Unterschiede bei ansonsten größtmögl. Bedeutungsähnlichkeit (↗ Homoionymie) machen die S. interessant für rhetor. Reflexion (seit Aristoteles) und lexikograph. Praxis des »treffenden Wortes« (Synonymenwbb. seit dem 18. Jh). Andererseits zeigt das stilist. Variationsgebot, dass die virtuellen Unterschiede (teil)synonymer Lexeme nicht in allen Kontexten aktualisiert werden; Gauger (1972) spricht von synonym. und nicht-synonym. Kontexten. Von der prädikativen Relevanz der nichtident. Merkmale hängt es ab, ob ident. Merkmale kontextuelle S. (Lyons 1963) herstellen (*meine Tochter – mein Kind*: synonym, falls [+WEIBLICH] kontextuell irrelevant) oder ob z. B. bloße Referenzidentität vorliegt (Mutter zu Sohn: *meine Tochter – deine Schwester*: ↗ extensional äquivalent (↗ Äquivalenz), aber nur unter sehr speziellen Kontextbedingungen auch synonym). Hüllen (2009, 177) geht aus kognitiver Sicht so weit, den Terminus S. ausschließl. der kontextuell erzeugten Identität von ↗ Äußerungsbedeutungen vorzubehalten (ähnl. Murphy 2003). Jedenfalls ermöglicht kontextuelle Abstraktion von Bedeutungsnuancen ↗ Paraphrasen und damit u. a. die Reflexion auf und Erklärung von Bedeutung. Man kann die Sätze *The tiger ate the man* und *The man was eaten by the tiger* (Ziff 1966) bezweifelt deren S. als synonyme Paraphrasen ansehen, insofern die Einzelheiten und Begleitempfindungen des Fressens und Gefressenwerdens kontextuell im Dunkel bleiben. **Lit.** P. Ziff, The Nonsynonymy of Active and Passive Sentences. Phil. Review 75, 1966, 226–232. – J. Lyons, Structural Semantics. Oxford 1969. – H. M. Gauger, Zum Problem der Synonymie. Tübingen 1972. – R. Harris, Synonymy and Linguistic Analysis. Oxford 1973. – D. A. Cruse, Lexical Semantics. Cambridge 1986, Kap. 12. – K. Sparck Jones, Synonymy and Semantic Classification. Edinburgh 1986. – T. Schippan, Lexikologie der dt. Gegenwartsspr. Tübingen 1992. – M. L. Murphy, Semantic Relations and the Lexicon: Antonymy, Synonymy, and other Paradigms. Cambridge 2003. – D. A. Cruse, Synonymy. HSK 21.1, 485–497. – H. Schemann, »Kontext«, »Bild«, »idiomat. S.«. Hildesheim 2003. – W. Hüllen, Networks and Knowledge in Roget's *Thesaurus.* Oxford 2009.   RB

Synsemantikon n. (griech. σύν (syn) ›mit, zusammen‹, σημαίνειν (sēmainein) ›bedeuten‹. Auch: Funktionswort, Leerwort, Strukturwort, Synkategorema) Lexem, das im Ggs. zum ↗ Autosemantikum keine selbständige lexikal., sondern eher abstrakte, grammat. Bedeutung hat und in erster Linie syntakt.-strukturelle Funktionen erfüllt. S. gehören zu geschlossenen Wortklassen wie ↗ Artikel, ↗ Konjunktionen, ↗ Hilfsverben und ↗ Präpositionen.   PT

Synsemantisch (Kunstwort, griech. σημαίνειν (sēmainein) ›bedeuten‹, σύν (syn) ›mit‹) Zunächst von dem Sprachpsychologen A. Marty eingeführter Terminus zur Bez. von ›mitbedeutenden Zeichen‹, die er von den ↗ autosemantischen (»selbstbedeutenden«) unterscheidet: s. Ausdrücke können ihre Funktion nur im Zusammenhang der Rede erfüllen. Beispiele sind Präpositionen und Konjunktionen, finite Verbformen, aber auch *dass-* und Relativ-Sätze. Die Unterscheidung wird bei J. Erben auf »inhaltsarme Formwörter« übertragen, womit er deikt. (*dieser;* ↗ Deixis) oder ↗ anaphorische Ausdrücke (*er*) meint, die er (im Fall der Anapher fälschlicherweise) auf die ↗ Sprechsituation bezieht. – K. Bühler, Sprachtheorie (der z. T. den Martyschen Sprachgebrauch noch fortsetzt), gab dem Ausdruck s. eine neue Bedeutung, indem er ihn im Rahmen seiner (von der Gestaltpsychologie beeinflussten) Umfeld-Lehre verwendet. Sprachl. Zeichen erhalten, sobald sie aus der Sprechsituation entbunden sind, im Symbolfeld ihre Feldwerte; diese sind zugleich vom s. Umfeld mitbestimmt (1965, S. 372). Eine s. abgeschlossene Rede liegt dann vor, wenn Sprachprodukte selbständig oder selbstversorgt sind. Die Konsequenzen für den Aufbau einer grammat. Sprachbeschreibung hat Bühler mehr angedeutet als entwickelt. Die Selbständigkeit des Satzsinnes betrifft sowohl die »Befreiung« von den Umständen der Sprachsituation wie vom »vorausgehenden und nachfolgenden Kontexte« (370). Zum für die s. Selbständigkeit erforderl. Herauslösungsprozess gehört für Bühler sowohl die Angabe von Expositionen, die Herausbildung der »ich‹-›du«-unabhängigen »3. Person« wie »die Kategorie Handlung für das darzustellende selbst« (S. 382). **Lit.** A. Marty, Untersuchungen zur Grundlegung der allgemeinen Grammatik und Sprachphilosophie, I. Halle 1908. – J. Erben, Dt. Grammatik. Ein Abriß. Mchn. ¹²1980.   E

Synstratisch ↗ Diastratisch

Syntagma n. (griech. σύνταγμα ›Zusammengestelltes‹; συν (syn) ›mit‹, τάγμα (tagma) ›Klasse, Ordnung‹) Bei F. de Saussure, Cours, Gruppe von zwei oder mehr aufeinanderfolgenden Einheiten in einer sprachl. Äußerung (↗ parole). Der Terminus *syntagme* wurde in der strukturalist. syntakt. Tradition in Frankreich in einem präzisierten Sinne verwendet: Ein *syntagme* ist nicht nur eine Abfolge von Wörtern, sondern eine Gruppe von syntakt. zusammengehörenden Wörtern, wobei die syntakt. Zusammengehörigkeit mit den Mitteln der Distributions- oder der Konstituentenanalyse festgestellt wird. Es ist nicht erforderlich, dass diese Wörter unmittelbar aufeinanderfolgen: Wichtig ist, dass sie in einem best. Kontexttyp koexistieren. Daher die Terminologie *syntagme nominal, syntagme verbal* etc. für englisch *noun phrase, verb phrase* (NP, VP usw.); ↗ Konstituente, ↗ Satzglied. Auch komplexe Wörter können, sofern sie transparent sind, als S. aufgefasst werden (z. B. *dé-voiler* ›ent-schleiern‹). In diesem Sinne kann man auch ein mit Flexionsendungen versehenes Wort (eine bestimmte »Wortform«) als »grammat. geformtes Syntagma« betrachten (Erben, § 64). – In der frz. Wortbildungsforschung wird oft *syntagme* (z. B. *syntagme nominal,* SN) als neutraler Begriff verwendet, bevor man nicht entschieden hat, ob ein SN ein *mot composé* (zusammengesetztes Wort) ist (z. B. *permis de conduire* ›Führerschein‹; *tasse à thé* ›Teetasse‹; *tasse de thé* ›Tasse Tee‹), bzw. wenn man vermeiden möchte, solche (auseinander geschriebenen) komplexen Ausdrücke als »Wort« zu bezeichnen. Im Deutschen wird *Kugelform* als ↗ Kompositum, *Die*

Form der Kugel als S. bezeichnet. **Lit.** J. Erben, Dt. Grammatik. Mchn. [12]1980.   C

Syntagmatisch ↗ Paradigma, ↗ Syntagma

Syntagmem n. In der ↗ Tagmemik Bezeichnung für Konstruktionen, die aus einer ↗ Kette von ↗ Tagmemen bestehen. Ihre intern nicht notwendigerweise binär aufgebaute Struktur wird mithilfe tagmem. Formeln angegeben.   T

Syntaktik ↗ Semiotik

Syntaktische Funktion ↗ Adverbial, ↗ Objekt, ↗ Prädikat, ↗ Subjekt, ↗ Syntax

Syntaktische Grenze ↗ Barrieren-Theorie

Syntaktische Komponente Im Rahmen der GG jene Teilkomponente des entspr. ↗ Modells, welche die (syntakt.) ↗ Ableitungsgeschichte von Sätzen expliziert. Die s. K. besteht, je nach Konzeption der Sprachtheorie, aus zahlreichen ↗ Transformationen (wie im ↗ Aspekte-Modell) oder aus Operationen und ↗ Beschränkungen, die modular aufeinander bezogen sein können (wie in der ↗ Rektions-Bindungs-Theorie und der ↗ Barrieren-Theorie), oder aus wenigen Prozeduren und Prinzipien, welche Anforderungen der Optimalitätstheorie genügen (wie im ↗ Minimalismus). Den Input der s. K. stellt im Allgemeinen ein modellspezif. konzipiertes Lexikon in Form von Lexikoneinträgen (↗ Basiskomponente) bereit, welche mit Informationen versehen sind, die sich auf ihre mögl. grammat. Umgebungen beziehen (↗ Subkategorisierung, ↗ Selektionsmerkmal). Der Output der s. K. stellt den Input für Komponenten (bzw. Schnittstellen) dar, welche syntakt. Strukturen in semant., phonolog. (je nach Modellvariante morpholog.-phonolog.) Strukturen überführen bzw. semant.-konzeptuell bzw. phonolog.-phonet. weiterverarbeiten. Im Rahmen der ↗ Rektions-Bindungs-Theorie und der Barrieren-Theorie ist auch die ↗ Logische Form zur s. K. zu rechnen, da sie syntakt. Prinzipien formuliert. Im Minimalismus wird angenommen, dass die s. K. als ein universelles komputationelles System C_{HL} (*computational system for human language*) aufzufassen ist, das die einem sprachl. Ausdruck zugrunde liegenden lexikal. Informationen (d. h. den Input aus dem Lexikon) zu Strukturbeschreibungen verarbeitet, die den Anforderungen der sog. Performanzsysteme bzw. der Schnittstellen zu diesen (phonolog. Form und Logische Form) genügen. Hieraus folgt insbes., dass einzelsprachl. Spezifika nicht, wie in der Rektions-Bindungs-Theorie und der Barrieren-Theorie angenommen, als syntakt. geleitete parametr. Variation aufgefasst werden (↗ Parameter), sondern dass hierfür im Wesentl. die Eigenschaften der formalen Merkmale lexikal. Einheiten verantwortl. sind, für welche das C_{HL} sensitiv ist. Charakterist. für alle den Konzeptionen N. Chomskys folgenden Modelle ist, dass generative Eigenschaften nur der s. K. zugebilligt werden; die ↗ phonologische Komponente bzw. die ↗ semantische Komponente besitzt demggü. einen interpretie-

renden bzw. repräsentationellen Status. Je nach Architektur des Modells erhält die s. K. in zu den Konzeptionen N. Chomskys alternativen Modellen divergierende Funktionen, und die phonolog. und semant. Komponenten des Sprachmodells werden als generativ konzipiert, vgl. Jackendoff (2002, Kap. 5). **Lit.** R. S. Jackendoff, Foundations of Language. Oxford 2002.   F

Syntaktische Relation ↗ Adverbial, ↗ Objekt, ↗ Prädikat, ↗ Subjekt, ↗ Syntax

Syntaktische Semantik ↗ Satzsemantik

Syntax f. (griech. σύνταξις (syntaxis) ›Zusammenordnung‹. Veraltet auch: Satzlehre, Fügelehre) Unter S. versteht man diejenige Teildisziplin der Sprachwiss., die sich mit dem Aufbau und den grammat. Eigenschaften von Sätzen auseinandersetzt. ↗ Grammatiktheorien erachten die S. meist als elementar; die Technik ihrer Beschreibung ist dann konstituierend für die Theorie. – In der Geschichte durchlebte der Begriff einige Veränderungen. Die griech. Grammatiker bezeichneten mit ihm den Bau eines bestimmten Satzes, die lat. Grammatiker verstanden unter S. die ↗ Konstruktion eines Satzes. Erst im 18. Jh. verwendete man den Terminus für die Lehre vom Bau der Sätze. S. versucht i. d. R., natürl. Sprachen zu beschreiben. Auf der Basis eines formalisierten mathemat. Systems spricht man hingegen von einer formalen S. (z. B. kann die (formale) Spr. der ↗ Aussagenlogik mit einer formalen S. festgelegt werden). In einer formalen S. ist es möglich, mit der syntakt. Beschreibung keine Bedeutungszuschreibung zu verbinden. Grundsätzl. funktioniert das auch bei natürl. Sprachen, allerdings ist es seit den Anfängen der Beschäftigung mit Grammatik in der Antike ein übliches Ziel, mit der Beschreibung der S. auch die Bedeutung eines Satzes zu beschreiben. – Bereits die griech. Grammatiker kannten eine Unterscheidung zwischen der gänzlich abstrakten syntakt. Struktur und dem mit dieser Struktur verlinkten Ausdruck. Heute könnte man von syntakt. Entitäten auf der einen Seite und morpholog. und phonolog. Entitäten auf der anderen Seite sprechen. Diese Unterscheidung wird traditionell diskutiert; während einige Linguisten großen Wert auf sie legen, wird sie von anderen nicht befolgt. – Heute ist von zwei großen Theoriefamilien zu sprechen, (a) der ↗ Valenz- und ↗ Dependenzgrammatik und (b) der ↗ Phrasenstrukturgrammatik, in deren Format generative Grammatiken (↗ GG) abgefasst sind. Beide Theoriefamilien nehmen unterschiedl., zum Teil auch ident. Traditionen aus der Geschichte der S. in sich auf und haben in den vergangenen Jahrzehnten voneinander profitiert, also zunehmend Konvergenzen entwickelt. Beiden zur Seite zu stellen ist eine nicht in stärkerer Form theoretisierte Version der traditionellen ↗ Schulgrammatik, die einzelne Erkenntnisse verschiedener Theorien mitunter aufgreift, vor allem aber auf den Begriffen des ↗ Satzglieds, des ↗ Attributs und der ↗ Wortarten beruht. Grundlegend für alle Ansätze zur Analyse der Syntax sind die Arbeitsschritte der ↗ Segmentierung, der ↗ Klassifikation und der Erstellung einer ↗ Hierarchie der segmentierten und klassifizierten Bestandteile eines Satzes wie *Die Deutschlehrerin* [SUBJ] / *hört* [PRÄD] / *französische Musik* [OBJ]. – (a) Die Valenz- und Dependenztheorie geht zurück auf L. Tesnière (1959). Die zentrale Unterscheidung wird bei ihm zwischen Aktanten (↗ Ergänzung) und Zirkumstanten (↗ Angabe) gezogen. Wann ein durch Segmentierung ermitteltes Satzglied wie zu klassifizieren ist, hängt dabei von der ↗ Valenz (Wertigkeit) des Verbs ab. Jedes Verb verfügt über eine bestimmte Wertigkeit, die angibt, wie viele Ergänzungen es fordert. Angaben hingegen werden nicht vom Verb gefordert und sind somit auch nicht in die Valenz eingetragen. Das Verb *lesen* z. B. kann sowohl einwertig (*Stefanie liest*) als auch zweiwertig (*Stefanie liest ein Buch*) gebraucht werden. Deshalb ist es sinnvoll, zwischen einer potentiellen Valenz (*lesen*: zweiwertig) und einer realisierten Valenz zu unterscheiden. ↗ Dependenz ist der umfassendere Begriff: Er umfasst neben den Valenzbeziehungen auch andere Abhängigkeitsbeziehungen im Satz, z. B. die eines ↗ Attributs zu seinem ↗ Kopf. Basis dieses Ansatzes ist die Einsicht, ein Satz bestehe nicht allein aus Wörtern, sondern auch aus Beziehungen unsichtbarer Art zwischen diesen. (b) Die Phrasenstrukturgrammatik macht sich die ↗ Konstituentenanalyse zunutze. Auf diese Weise werden die Bestandteile des Satzes (i. d. R.) binär zerlegt. Gerade die graph. Darstellungsweise (↗ Strukturbaum) spiegelt deren Charakter wider: Die Beziehungen zwischen Konstituenten und deren Konstituenten sind als Teil-Ganzes-Beziehungen zu interpretieren. Sätze werden somit hierarch. in immer elementarere Wortgruppen und schließlich in Wörter zerlegt. Der Satz besteht aus den beiden Konstituenten *Kai* und *verursacht einen Elfmeter*, die VP aus den beiden Konstituenten *verursacht* und *einen Elfmeter*. Diese Tradition des amerikan. ↗ Strukturalismus, der eine Analyse der Bedeutung der Konstituenten eines Satzes weitgehend ausgeklammert hat, greift die generative Grammatik auf. Der grundlegende von N. Chomsky eingeleitete Paradigmenwechsel besteht in der Fokussierung der Analyse auf die Sprachproduktion des Sprechers. Die Syntaxtheorie des generativen Ansatzes manifestiert sich in der ↗ X-bar-Theorie. Jede ↗ Phrase XP hat einen Kopf (=X), der ihre Eigenschaften festlegt. Auf Basis dieser grundlegenden Annahme hat auch diese Theorie Modifikationen erfahren. So wird heute das ↗ Determinans und nicht das Nomen als Kopf einer Phrase wie *der Gärtner* (DP) angesetzt; das finite Verb wird interpretiert als bestehend aus V (*verursach-*) und dem Finitheitsmerkmal –*t*, das Kopf einer eigenen Phrase (IP, von *Inflection*; ↗ INFL) ist. Auch der gesamte Satz ist eine Phrase

XP. – Die Hauptunterschiede zwischen den beiden Theoriefamilien resultieren u. a. daraus, dass die Valenztheorie in ihrer Konzeption eine ›flache‹ Syntax ansetzt (der ermittelte Satzbauplan wird nicht weiter analysiert) und keine binäre Analyse vorschreibt. Im generativen Ansatz wird hingegen vollständig binär zerlegt. Daher wurde der Status des ↗ Subjekts zu einem Hauptstreitpunkt. Im Satz *Stefanie liest ein Buch* ist das Subjekt über ↗ Kongruenz mit dem (finiten) Verb verbunden, gleichzeitig steht die Ergänzung im Akkusativ in einer näheren Relation zum Verb als das Subjekt. Dieser Asymmetrie zwischen den einzelnen Konstituenten eines Satzes konnte der generative Ansatz besser gerecht werden, während die Valenztheorie im Subjekt anfangs nur eine zu anderen Komplementen gleichrangige ›Nominativergänzung‹ sah. Neuere dependenztheoret. Arbeiten berücksichtigen den Sonderstatus des Subjekts, das zu den Finitheitsmerkmalen des Prädikats in Relation steht. – Der Austausch und die Diskussion haben dazu geführt, dass beide Theoriefamilien (mittlerweile) von einigen gemeinsamen Annahmen ausgehen: Neben der Sonderstellung des Subjekts sind das die Stellung des Verbs im organisator. Zentrum des Satzes, das Konzept der Valenz insofern, als die Ergänzungen bzw. Komplemente in Relation zum infiniten Verb stehen, daraus folgend auch die Differenzierung zwischen Ergänzungen bzw. Komplementen und Angaben bzw. Adjunkten. – Aufgrund der zentralen Position der Syntax in jeder ↗ Grammatiktheorie sind ständige Weiterentwicklungen existierender Theoriestränge zu erwarten; ↗ Optimalitätstheorie; ↗ Funktionale Grammatik. **Lit.** J. C. A. Heyse, Theoret.-prakt. dt. Schulgrammatik. Hannover 1844 – L. Tesnière, Eléments de syntaxe structurale. Paris 1959. Dt.: Grundzüge der strukturalen Syntax. Hg. und übersetzt von U. Engel. Stuttgart 1980. – N. Chomsky, Aspects. – P. T. H. Matthews, Syntax. Cambridge 1987. – W. Thümmel, Westl. Entwicklungen. HSK 9.1, 130–199. – G. Graffi, 200 Years of Syntax, Amsterdam 2001.   RL

Syntaxtheorie ↗ Syntax

Synthese ↗ Sprachsynthese

›**Synthesis-by-rule‹-Verfahren** ↗ Sprachsynthese

Synthetische Sprache Bezeichnung für Spr., die syntakt. Verhältnisse im Satz mindestens zum Teil durch Affigierung ausdrücken. Zu diesem Klassifikationstyp gehören ↗ flektierende (fusionierende), ↗ agglutinierende und ↗ polysynthetische Sprachen; Ggs. ↗ analytische bzw. ↗ isolierende Sprachen. WR

Syntopisch ↗ Diatopisch

Syriakisch ↗ Neuaramäisch

Syrisch Meistbelegte Sprachform des ↗ Aramäischen. Eine arab. Dynastie in Edessa (heute Urfa) gründete das Königreich Osrhoene, dessen Kanzleispr. S. bis 242 n. Chr. war. Aus dieser Zeit sind ca. 80 Inschriften erhalten. Vom 3. Jh. n. Chr. an entwickelte sich Edessa zu einem christl. religiösen

Zentrum. S. wurde Kirchensprache aller ostaram. Christen. Christolog. Meinungsverschiedenheiten wegen trennten sich 489 n. Chr. die Nestorianer (Nisibis) von den Jakobiten (Edessa), so dass sich zwei verschiedene Sprach- und Schrifttraditionen entwickelten. Vom 7. Jh. an wurde S. durch ↗ Arabisch verdrängt, war aber im 13. Jh. noch weit verbreitet. S. ist bis heute Kirchenspr. der assyr. Christen; Karte ↗ Afrikanische Sprachen, im Anhang.   WI

Syrisch-Libanesisches Arabisch Im Libanon, Syrien und Palästina gesprochenes ↗ Arabisch. /q/ wird in den Stadtdialekten [ʔ], sonst [q] gesprochen, außer in Palästina, wo /q/ > /k/ und /k/ > /tʃ/ wurde. Im Libanon und in Nordsyrien ist /a/ in der Umgebung vorderer Vokale zu /-e/ verschoben, z. B. *ḥaddād* + *īn* > *ḥᵊddēdīn* ›Schmiede‹.   WI

Syrjänisch (Eigenbez. Komi) ↗ Uralische (finn.-ugr.) Sprache, ca. 242 500 Sprecher (70,4 % der Syrjänen). Sprachgebiet: Republik Komi (bes. an den Flüssen Vyčegda, Sysola, Pečora), kleinere Gruppen auf der Kola-Halbinsel und in Westsibirien. Südl. der Republik Komi wird an den Flüssen Kama und In'va das Komi-Permjak. gesprochen, das einen Dialekt des S. darstellt. Die ca. 106 500 Sprecher (70 % der Komi-Permjaken) leben im Autonomen Kreis der Komi-Permjaken und haben eine eigene Literaturspr. In der Republik Komi wird S. als Amtsspr. neben dem Russ. verwendet; Karte ↗ Europäische Sprachen, im Anhang. Die ältesten Denkmäler des s. Schrifttums (sog. altperm. Schrift) stammen aus dem 14. Jh. (Ikonenaufschriften, liturg. Texte u. a.). Entwicklung der s. Schriftspr. seit dem 19. Jh., Standardisierung erst in sowjet. Zeit.   SR

System 1. 2. ↗ Determination. **2.** ↗ Sprachsystem

Systematisch ↗ Zeichengebrauch

Systemische Grammatik (engl. scale-and-category-grammar) Von M. A. K. Halliday (*1925) seit den 1960er Jahren in der Folge von Ansätzen von J. R. Firth (1880–1960) entwickeltes deskriptives Grammatikmodell; es bildet inzwischen die Grundlage für zahlreiche grammat., pragmat. und textuelle Einzelanalysen unterschiedl. Spr. (vgl. ISFLA). Die Grammatik einer Spr. wird in der s. G. als System von Systemen interpretiert, das als offenes Netzwerk symbolisiert wird und simultane bzw. hierarch. geordnete Wahlmöglichkeiten und ihre Bedingungen formalisiert. Das Netzwerk-System, welches mit einer Eingangsbedingung (entry condition) eröffnet wird, spezifiziert, welche Kombinationsmöglichkeiten von Einheiten der Beschreibungsebene zulässig sind. Bspw. bestehen im Dt. für die Größe *Satz* die Wahlmöglichkeiten *abhängig* und *unabhängig*; für unabhängige Sätze bestehen hinsichtl. der Kategorie der ↗ Modalität die Wahlmöglichkeiten *Ind.*, *Konj. I*, *Konj. II* und *Imp.*, für abhängige Sätze besteht die Wahlmöglichkeit *Imp.* hingegen nicht, usw. Die Beschreibung eines Satzes oder jeder anderen ling. Größe ist somit als Sub-

system der Wahlmöglichkeiten explizierbar, welche durch den Satz bzw. die jeweilige ling. Größe realisiert sind. Bspw. ist der Satz *Komm!* als Netzwerk beschreibbar, das durch die Wahlmöglichkeit *Satz: unabhängig – Modus: Imp. – Sing.* definiert wird. Die s. G. geht ferner davon aus, dass die Beziehung zwischen Spr. und außersprachl. Welt durch den Situationskontext gewährleistet wird und expliziert auf drei ›Ebenen‹ (levels) eine umfassende Sprachbeschreibung: auf der Ebene der Form die Grammatik, auf der Ebene der Substanz die Phonetik und Orthographie und auf der Ebene des Situationskontextes die Semantik und Pragmatik. **Lit.** D. Banks (ed.), Text and Texture. Systemic Functional Viewpoints on the Nature and Structure of Text. Paris 2004. – C. Butler, Structure and Function – A Guide to Three Major Structural-Functional Theories. Part 1: Approaches to the Simplex Clause. Amsterdam 2003. – M. A. K. Halliday, An Introduction to Functional Grammar. Ldn. 1994. **Bibl.** ISFLA: International Systemic Functional Linguistics Association: [http://www.isfla.org].   F

Systemlinguistik Bez. für die vornehml. oder ausschließl. an der formalen Seite von Spr. (i. S. der ↗ Langue bzw. ↗ Kompetenz) interessierten ling. Forschungsansätze. Die im ↗ Strukturalismus neutral verwendete Bez. fand eine Abwertung durch die Entwicklung semant.-pragmat. orientierter ling. Forschungsrichtungen und deren Kritik an der S., die beinhaltet, dass dort Probleme der Bedeutung und der Bedingungen des Sprachgebrauchs vernachlässigt und unterschätzt würden. Der Ausdruck S. wird gelegentl. unsachl. und ressentimentgeladen auf Richtungen der Sprachforschung gemünzt, die exakte Methoden und Formalisierungen anstreben (harte Ling.), im Ggs. zu sog. qualitativen Ansätzen (weiche Ling.), die sich Erkenntnisgewinn auf der Basis eher impressionist., der Verpflichtung zu Explikation und Generalisierung enthobener Verfahren erhoffen.   F, G

Systemzwang Bei den Junggrammatikern Resultat der Wirkung der ↗ Analogie, die nach dem ↗ Ökonomieprinzip ↗ Ausgleich und Vereinfachung sprachl. (Teil-)Systeme bewirkt.   G

Szenesprache ↗ Jugendsprache, ↗ Sondersprache

Szenisches Perfekt, szenisches Präsens In narrativen Texten, in denen Prät. und Plq. als »Erzähltempora« (↗ Erzählzeit) vorherrschen, zur Erhöhung der Spannung/Aufmerksamkeit eingeschaltete Präsens- bzw. Perfekt-Formen, z. B. *Das Buch war kaum auf den Markt gekommen, als man den Autor schon mit Prozessen überzieht.*   G

T ↗ INFL

t ↗ Spur

Tabassaranisch (Eigenbez. γumγum čal) ↗ Dag(h)estanische Sprache, westl. von Derbent, ca. 128 000 Sprecher (2002); Schriftspr., kyrill. Schrift; Karte ↗ Kaukasische Sprachen, im Anhang. **Lit.** K. Bouda, Beiträge zur kaukas. und sibir. Sprachwiss. 3. Das T. AKM 24, 1, 1939, 1–122. – M.

Alekseev & S. Šichaliev, Tabasaranskij jazyk. M. 2003. – A. A. Magometov, Tabasaranskij jazyk [Das T.]. Tbilisi 1965. – JRF 1, 418–431.   BO

Tabi ↗ Chari-Nil-Sprachen

Tabuwort (polynes. tapu ›das Unantastbare, stark Gezeichnete‹. Engl. taboo word, frz. mot tabou) Aus religiösen, polit. oder moral. Gründen gemiedener Ausdruck, dessen (öffentl.) Verwendung als unangebracht (schockierend, obszön, nicht polit. korrekt) gilt. T. werden mitunter durch einen ↗ Euphemismus ersetzt, z. B. *alte Jungfer* → *unverheiratete ältere Dame, Altweibersommer* → *sonnige Spätherbsttage.*   G

Tacana ↗ Pano-Tacana-Sprachen

Tachistoskop n. (griech. τάχιστος (tachistos), Superlativ zu ταχύς (tachys) ›schnell‹, σκοπεῖν (skopein) ›betrachten‹) In der Kognitionsforschung verwendetes Gerät, mit dem die Verarbeitungsgeschwindigkeit von visuellem Input (durch entsprechend kurze Reizdarbietung) gemessen werden kann.   ES

Tachygraphie ↗ Noten, ↗ Lateinschrift

Tachysphemie ↗ Poltern

Tadjik ↗ Tadschikisch

Tadschikisch (Eigenbez. zaboni Toğiki, zaboni Dari) Südwestiran. Spr.; ↗ Iranische Sprachen. Sprecherzahl mindestens 10 Mio., Sprachgebiet: Tadschikistan, Usbekistan, Afghanistan (darunter ca. 1,5 Mio. mongolischstämmige Hazara, Minderheiten in Kirgistan, Kasachstan und China; Karte ↗ Iranische Sprachen, im Anhang. Die Schriftspr. ist mit der des ↗ Persischen weitgehend ident.; allerdings wurde sie in der UdSSR 1928/29 auf das lat., 1939/40 auf das kyrill. Alphabet umgestellt. In der Folgezeit hat sich die t. Schriftspr. auch durch umfangreiche lexikal. Übernahmen aus dem Russ. herausdifferenziert. Es gibt Bestrebungen, die schriftsprachl. Einheit mit dem Pers. wiederherzustellen. Im mündl. Sprachgebrauch zerfällt das T. (einschließlich des Dari und der Spr. der Hazara) in eine Vielzahl von Dialekten, die sich in Lautung und Sprechrhythmus, aber auch in Grammatik (Verben) und Lexik deutl. von den Dialekten des Pers. unterscheiden. Eine große Rolle spielt hierbei der Einfluss von Turksprachen (Usbek., Turkmen.), im Fall des Kabul-Persischen auch der des ↗ Pashto.   MI

Tae' ↗ Toraja-Sprachen

TAG ↗ Baumadjunktionsgrammatik

Tagalog (seit 1939 auch: Pilipino, seit 1973 Filipino) West-↗ austronesische Sprache in Zentral- bis Süd-Luzon und der Küstenregion von Mindoro, Philippinen. Mezo-philippin. Sprachgruppe, zentral-philippin. Subgruppe. Bedeutendste ↗ philippinische Sprache mit 14,5 Mio. Muttersprachlern; philippin. Nationalspr., seit Jahrhunderten Medium der ökonom. und histor. einflussreichen Manila-Bucht. Aufnahme von Lehngut aus den benachbarten Spr. Pampango, Sambal und Pangasinan sowie den Hauptkontaktspr. Brunei-Malai., Span. und Engl. 1897 wurde T. als Nationalspr. propagiert; als solche ist es zwar bis heute nicht unumstritten, gleichwohl wird T. von ca. 70 % der philippin. Bevölkerung (gegenüber ca. 25 % 1939) gesprochen oder verstanden dank bilingualer Erziehung und seiner Bedeutung für die Massenmedien. T. steht in starker Konkurrenz zum Engl. – Alte Schrift ind. Ursprungs; lat. Schrift seit der span. Kolonisation. Schriftl. Quellen ab dem 16. Jh., eigenständige Lit. **Lit.** N. Himmelmann jr., Morphosyntax und Morphologie – Die Ausrichtungssuffixe im T. Mchn. 1987. – P. Schachter & F. T. Otanes, Tagalog Reference Grammar. Berkeley 1972. – T. V. Ramos, R. M. Cena, Modern Tagalog. Honolulu 1990. – P. R. Kroeger, Phrase Structure and Grammatical Relations in Tagalog. Stanford 1993. – P. B. Naylor, Subject, Topic, and Tagalog Syntax. In: D. Benett, T. Byron & G. B. Hewitt (eds.), Subject, Voice and Ergativity. Ldn. 1995, 161–201.   CE

Tagging (Automat.) Annotation eines Dokuments, i. d. R. mit Wortartkategorien (part-of-speech tagging, POS tagging); ↗ Tagset.   L

Tagma n. ~men (griech. τάγμα (tagma) ›Aufgestelltes, Reihenfolge‹) In der ↗ Tagmemik etischer Gegenstand, der einem ↗ Tagmem (als ↗ emischem Gegenstand) zugehört. Alle Tagmen ein und desselben Tagmems werden seine ↗ Allotagmen genannt.   T

Tagmatik ↗ Tag

Tagmem n. Bei L. Bloomfield kleinste Einheit einer grammat. Form, betrachtet zusammen mit der zugeordneten Bedeutung. – In der ↗ Tagmemik – nicht notwendigerweise kleinste – Grundeinheit, die ein Paar darstellt, das aus einer ↗ Position (oder einer ↗ Leerstelle) und einem Füllelement (*filler*) besteht. In frühen tagmem. Arbeiten wurde der Terminus Grammem verwendet.   T

Tagmemik Ling. Kern des von K. L. Pike entwickelten allgemeinen Lehrgebäudes, das nicht nur die Grammatik umfasst, sondern das sprachl. und das außersprachl. Verhalten sowie die Gesamtheit der kommunikativen und sozio-kulturellen Zusammenhänge, in denen sich Menschen der Spr. bedienen. Sie steht partiell in der Tradition von L. Bloomfield. – Elementareinheit der grammat. Beschreibung ist das ↗ Tagmem. Aus Tagmemen bauen sich die ↗ Syntagmeme auf, die in sog. tagmem. Formeln dargestellt werden. Bedeutsam für die T. ist die Unterscheidung zwischen etischen und ↗ emischen Einheiten. Mit diesem Begriffspaar unterscheidet sich die T. von anderen Grammatikkonzeptionen, die man dem amerikan. ↗ Strukturalismus zurechnet. Pike wendet sie auf alle Arten der Sprachbeschreibung an. – Grundlegend für die T. ist Pikes Buch *Sprache in Beziehung zu einer integrierten Theorie der Struktur menschl. Verhaltens.* Einführungen bieten W. A. Cook (1969) und K. L. Pike (1982). Eine bibliograph. Übersicht der älteren tagmem. Literatur findet sich bei Pike (1966). **Lit.** K. L. Pike, Language in Relation to a Unified Theory of the Structure of Human Behavior. The Hague 1967, ²1971. – W. A. Cook, Introduction to Tagmemic Analysis. Ldn. u. a. 1969. – K. L. Pike, Linguistic Concepts: an Introduction to Tagmemics. Lincoln 1982. – K. L. Pike, A Guide to Publications Related to Tagmemic Theory. CTL 3, 1966, 365–394.   T

Tagset Die Auszeichnung der Wortarteninformation orientiert sich an verfügbaren Tagsets, welche meist neben der Wortklasse auch semant., syntakt. oder morpholog. Informationen kodieren. Die Größe eines T. kann stark variieren: Für das Engl. liegt mit dem Penn Treebank Tagset ein einheitliches T. mit 37 Wortklassen vor, für das Dt. wird i. d. R. das STTS Tagset (Schiller et al. 1999) mit 54 Wortklassen verwendet bzw. eine Notationsvariante von STTS, die als europäischer Standard für das Dt. gilt (EAGLES 1996). **Lit.** EAGLES Recommendations for the Morphosyntactic Annotation of Corpora. Technical Report. EAG-TCWG-MAC/R, ILC–CRN. Pisa. 1996. – A. Schiller et al., Guidelines für das Tagging dt. Textkorpora mit STTS. Techn. Bericht. Stgt. 1999.   Z

Tahitianisch Ost-↗ austronesische Sprache der Gesellschaftsinseln und einiger Inseln nördl. des Tuamotu-Archipels (Frz. Polynesien). Ost-↗ ozeanische Sprachen; zentral-pazifische Spr.n; polynes. Sprachgruppe; östl.-polynes. Sektion; zentral-östl. Subsektion; Tahitian. Sub-Subsektion. 100 000 Sprecher. ›Lingua franca‹ in Frz. Polynesien neben Frz. als S2.   CE

Taiwan-Sprachen ↗ Formosa-Sprachen

Takana-Sprachen ↗ Pano-Takana-Sprachen

Takelma ↗ Penuti-Sprachen

Takic-Sprachen ↗ Uto-Aztekische Sprachen

Tallan-Sprachen ↗ Südamerikanische Indianersprachen

Talodi-Gruppe ↗ Kordofanische Sprachen

Talyschisch (Eigenbez. Tolyšä zyvon, Toliši) Nordwestiran. Spr.; Karte ↗ Iranische Sprachen, im Anhang. Sprecherzahl wenigstens 130 000 im südöstl. Aserbajdschan (Lenkoran) und im Iran (Provinz Gilan). 1747 wurde ein t. Khanat errichtet, das 1826 vom russ. Zaren annektiert wurde. Versuche in den 1930er Jahren, eine t. Schriftspr. zu schaffen, wurden zugunsten der Durchsetzung des ↗ Aserbajdschanischen als Schriftspr. der Talyschen wieder aufgegeben. Schriftspr. der Talyschen in Gilan ist Pers. Im T. ist die präteritale Ergativstruktur erhalten. **Lit.** B. V. Miller, Talyšskij jazyk [Die t. Spr.]. M. 1953. – I. M. Oranskij, Vvedenie v iranskuju filologiju [Einf. in die iran. Philologie]. M. 1960.   MI

Tamari ↗ Gur-Sprachen

Tamaschek (auch: Tamašek, Tuareg) In Niger, Nordost-Mali, Südalgerien und Mauretanien verbreitete ↗ Berbersprache; knapp 1 Mio. Sprecher; Karte ↗ Afrikanische Sprachen, im Anhang. Im pri-

vaten Bereich noch heute Gebrauch der antiken ↗ Tifinagh-Schrift. Anfang des 20. Jh. lat. basierte Verschriftung, 1966 Standardorthographie. In Niger wird T. in der Erwachsenenalphabetisierung, im Anfängerunterricht und in der Wochenpresse verwendet.   RE

Tama-Sprachen ↗ Chari-Nil-Sprachen

Tamazight ↗ Berbersprache in Zentralmarokko und angrenzendem alger. Gebiet. 2–3 Mio. Sprecher, häufig mehrsprachig (Arab., Frz.). Nur geringe schriftl. Verwendung, zumeist in arab. Schrift, ohne offizielle Funktion.   RE

Tamil In Süd-Indien und Sri Lanka gesprochene ↗ dravidische Sprache; Karte ↗ Indische Sprachen, im Anhang. Älteste der vier dravid. Schriftsprachen. T.-Dialekte werden weitgehend durch Geographie (z. B. Sri Lanka: eher konservativ, Festland-Indien: eher innovativ), Diglossie (formell/informell) und Kaste (brahman./nicht-brahman.) charakterisiert.   WR

Tâna-Schrift ↗ Indische Schriften, ↗ Maledivisch

Tandem Saloppe Bez. für zwei Personen mit unterschiedl. Mutterspr., die sich gegenseitig beim Erwerb der jeweils anderen Spr. informell unterstützen.   SO

Tangale ↗ Tschadische Sprachen

Tano-Sprachen ↗ Kiowa-Tano-Sprachen

Tapeinosis ↗ Schimpfwort

Taracahitic ↗ Uto-Aztekische Sprachen

Tarahumara ↗ Uto-Aztekische Sprachen

Taranaki-Wanganui ↗ Maori

Taraskisch Isolierte ↗ mesoamerikanische Sprache im mexikan. Bundesstaat Michoacán mit ca. 105 000 Sprechern; Karte ↗ Mesoamerikanische Sprachen, im Anhang. Genet. Beziehungen mit anderen Spr. (u. a. zu ↗ Quechua) gelten als unbewiesen. T. besitzt ein Kons.system mit aspirierten Verschlusslauten und eine agglutinierend-polysynthet. Morphologie. Anders als die meisten anderen mesoamerikan. Spr. verfügt T. über Kasusmarkierungen, nicht aber über Pronominalaffixe am Verb. **Lit.** P. Friedrich, Tarascan: From Meaning to Sound. In: M. S. Edmonson (ed.), Linguistics. Supplement to the Handbook of Middle American Indians, vol. 2. Austin 1984, 56–82.   D

Tarnname ↗ Pseudonym

Taroko ↗ Formosa-Sprachen

Tarskisemantik ↗ Modelltheoretische Semantik

Taruma ↗ Südamerikanische Indianersprachen

Taschenbandstimme Intonator. kaum steuerbare ↗ Phonation mittels der Taschenbänder (↗ Kehlkopf) anstelle der Stimmbänder.   PM

Tashlihit ↗ Schilh

Tasmanisch Das Wenige, was über die ausgestorbenen Sprachen Tasmaniens bekannt ist, lässt eine genet. Beziehung zu den ↗ australischen Sprachen plausibel erscheinen.   D

Tastsinn (engl. sense of touch, frz. sense du toucher) Aufnahme von mechan. Reizen durch die

Haut, Mechanorezeption. Der T. ist neben der Thermo- (Temperatur) und Nocirezeption (Schmerz) Teil der Hautsinne (Oberflächensensibilität). Der T. umfasst die Erhebung der Qualitäten Druck, Berührung, Vibration und Kitzelgefühl. Dazu enthält die Haut in unterschiedl. Tiefe verschiedene Mechanorezeptoren, die den jeweiligen spezif. Reiz in elektr. Nervenimpulse umwandeln, welche über afferente (sensible) Nerven dem zentralen Nervensystem (↗ Gehirn) zur weiteren Informationsverarbeitung zugeführt werden. Die Dichte der Mechanorezeptoren ist an den Lippen, Zungen- und Fingerspitzen besonders hoch, so dass dort die höchste Sensibilität besteht. Dies ist notwendig für die Funktion der ↗ Artikulationsorgane und der Hand beim ↗ Schreiben. Beim Lesen der ↗ Blindenschrift (Braille) kommt es auf die Fähigkeit der Fingerbeeren an, räuml. eng beieinanderliegende Punkte taktil zu unterscheiden. Beim Extremfall der ↗ Taubblindheit kann der T. die einzige Möglichkeit zur ersatzweisen Vermittlung sprachl. Kommunikation darstellen. **Lit.** M. Zimmermann, Das somatoviscerale sensor. System. In: R. F. Schmidt, F. Lang & G. Thews (Hgg.), Physiologie des Menschen. Bln., Heidelberg, N. Y. [29]2005, 295–316. GL, GT

Tatarisch (Eigenbez. Tatar têlê) Westtürk. Spr. der ural. Untergruppe; Karte ↗ Türkische Sprachen, im Anhang. Das Wort »Tatar« bezeichnet ursprüngl. einen Mongolenstamm und ging nach der Eroberung Westsibiriens und Südostrusslands durch die Goldene Horde im 13. Jh. auf die kiptschak. Bevölkerung dieses weiten Gebiets und die turksprachigen Nachfolgekhanate in Kasan und auf der Krim (↗ Krimtatarisch) über. Die Tataren waren histor. Mittler zwischen Russland und Mittelasien. Heute bezeichnet T. die Sprache der Kasantataren (Tatar. und Baschkir. Republik und umliegende Gebiete). Als Schriftspr. wurde ↗ Tschagataisch benutzt, erst ab der 2. Hälfte des 19. Jh. auch T. Die Schrift war zunächst arab., 1927 lat., 1939 kyrill. **Lit.** K. Thomsen, Das Kasantatar. und die westsibir. Dialekte. In: Philologiae Turcicae Fundamenta I, Wiesbaden 1959, 407–421. MI

»Täter« Mitunter vorkommende Übersetzung von ↗ Agens, die unpassend ist, auch in Verbindungen wie »täterloses Passiv«, z. B. *Das Publikum wird aufgefordert, das Lokal zu verlassen*, oder »täterabgewandtes Passiv«, z. B. *Die Maus wird von der Katze gefressen*. G

Tatform, Tätigkeitsform ↗ Aktiv

Tätigkeit Der Ausdruck T. wurde in der sowjet. Psychologie (bes. von A. N. Leont'ev) als übergreifender Terminus für eine Sprachkonzeption eingesetzt, in der die Systemkennzeichen aus den Funktionskennzeichen abgeleitet werden. Verschiedene psych. Aspekte von menschl. Aktivitäten werden so auch hinsichtl. der Sprechtätigkeit analyt. und theoret. ernstgenommen wie z. B. Motivation und Ziel; ↗ Kulturhistorische Schule. **Lit.** A. N. Leont'ev, Tätigkeit, Bewußtsein, Persönlichkeit. 1979. – A. A. Leont'ev, Sprache, Sprechen, Sprechtätigkeit. Stgt. 1971. – M. Langner, Rezeption der Tätigkeitstheorie und der Sprechtätigkeitstheorie in der Bundesrepublik Deutschland. DS 12, 1984. – C. Knobloch, Spr. und Sprechtätigkeit. Tübingen 1994. E

Tätigkeitsform ↗ Aktiv
Tätigkeitsnomen ↗ Nomen actionis
Tätigkeitstheorie ↗ Tätigkeit
Tätigkeitsverb ↗ Handlungsverb
Tätigkeitswort ↗ Verb

Tatisch (Eigenbez. tati) Südwestiran. Spr.; Karte ↗ Iranische Sprachen, im Anhang. Sprachgebiet: Halbinsel Apšceron, Dag(h)estan und nordöstl. Aserbajdschan. Die Sprecher des T. sind Moslems, Christen und Juden. In der sowjet. Statistik wurden sie nach Taten und Bergjuden getrennt. Die Sprecherzahl betrug 1989 insgesamt 36066 (= 73% der Taten und Bergjuden), davon 22041 Taten (= 71,9%) und 14025 Bergjuden (= 75,8%). Auffällig ist der unterschiedl. Grad des Spracherhalts in Dag(h)estan (24687 = 80,4% der 30702 Taten und Bergjuden) und in Aserbajdschan (10119 = 64,4% von 15723). In Dag(h)estan ist T. Schriftspr. auf der Basis des bergjüd. Dialekts – vor 1928 in hebr. Schrift, 1928–1938 in lat. Schrift, ab 1938 kyrill. Das T., das auf eine sassanid. Kolonie zurückgeführt wird, ist dem Pers. relativ ähnlich. **Lit.** A. L. Grjunberg, Jazyk severoazerbajdzanskich tatov [Die Spr. der nordaserbajdschan. Taten]. Leningrad 1963. MI

Tatuyo ↗ Tukano-Sprachen

Taubblindheit (engl. deaf blindness) Extremfall unter den Mehrfachbehinderungen, da hier die beiden wichtigsten Sinne für die Sprach- und Denkentwicklung völlig ausfallen bzw. massiv gestört sind. Die beiden Behinderungen addieren sich nicht, sondern potenzieren sich in ihren Auswirkungen. Nur die wenigsten taubblinden Menschen sind gleichzeitig völlig taub und blind. Schon das impliziert eine erhebl. Heterogenität der insgesamt sehr kleinen Population. Sie führt dazu, dass abgestimmt auf den individuellen Einzelfall die gesamten fördertherapeut. Mittel der Blinden- und Hörgeschädigtenpädagogik zum Einsatz kommen können (z. B. ↗ Blindenschrift, ↗ Gebärdensprache, ↗ Handalphabete, Groß- oder taktil erfühlbare Schrift). In den letzten Jahren widmet man sich vermehrt den Möglichkeiten von taktil modifizierter ↗ Gebärdensprache. Die Problematik potenziert sich weiter, weil T. i. d. R. mit weiteren Behinderungen verbunden ist. Besonders dramat. Formen von T. treten bei Kindern mit CHARGE-Syndrom sowie bei Jugendlichen und Erwachsenen mit Usher-Syndrom auf. **Lit.** J. Mesch, Tactil Sign Language. Hamburg 2001. – U. Horsch & A. Scheele (Hgg.): Das CHARGE-Syndrome. Heidelberg 2009. – G. Lemke-Werner & H. Pittroff (Hgg.): T. – Hörsehbehinderung. Würzburg 2009. GT

Taubheit, Taubstummheit ↗ Gehörlosigkeit
»Taubstummensprache« ↗ Gebärdensprache
Tautazismus (griech. ταυτά < τὰ αὐτά (tauta < ta auta) ›dasselbe‹) Abwertender Begriff aus der normativen ↗ Stilistik, der ›Verstöße‹ gegen den lautl. ›Wohlklang‹ bezeichnet, wie sie durch Häufung ähnl. Laute innerhalb eines Wortes oder aufeinanderfolgender Wörter entstehen und die als ›unschöne‹, ›fehlerhaft‹ oder ›hässlich‹ bewertet werden. (»Nur ein Ohrloser wie Jean Paul konnte Jetztzeit erfinden«: E. Engel, Deutsche Stilkunst, 1931). VS
Tautologie f. (griech. ταὐτό < τὸ αὐτό (tauto < to auto) ›dasselbe‹, λόγος (logos) ›Wort‹. Engl. tautology, frz. tautologie) **1.** In der ↗ Rhetorik die Wiederholung gleicher oder synonymer (↗ Synonymie) Wörter/Syntagmen/Gedanken und somit entweder Stilfehler (z. B. *Ich habe bereits schon Stilfehler des Stils korrigiert und verbessert*) oder Verstärkungsfigur: *das Leben leben, immer und immer, immer und ewig*); ↗ Pleonasmus. **2.** (Auch: Diallele) Zirkelschluss, Zirkeldefinition. **3.** (Auch: log. Identität) Von Wittgenstein in die ↗ formale Logik eingeführter Terminus für Aussagen, die aufgrund ihrer semant. Form analyt. und darum in allen mögl. Welten wahr sind: *Junggesellen sind unverheiratet. Die Sonne scheint oder sie scheint nicht*; ↗ Kontradiktion. RB
Tautologischer Infinitiv Im ↗ Jiddischen vorhandene Konstruktion aus einer flektierten Verbform und vorangestelltem Infinitiv desselben Verbs mit verstärkender Funktion, z. B. *wißn weißn sie gornischt* ›sie wissen (überhaupt) nichts‹. **Lit.** B. Simon, Jidd. Sprachgeschichte. Ffm. 1993, 185–187. G
Tautonymie (griech. ταὐτό < τὸ αὐτό (tauto < to auto) ›derselbe‹, ὄνομα (onoma) ›Name‹) Bez. von H. E. Wiegand und H. Henne für systemübergreifende Homonymie – also bei exakter Übereinstimmung der ↗ Signifikanten (im Unterschied zur ↗ Heterosemie) –, z. B. zwischen den standard- und jägersprachl. Lexemen *Blume, Fang, Pass, Schweiß, Spiegel*. **Lit.** ↗ Semasiologie. RB
Tautophonie (griech. ταὐτό < τὸ αὐτό (tauto < to auto) ›dasselbe‹, φωνή (fōnē) ›Stimme‹) Die gleiche Aussprache aufweisend, z. B. engl. *mist* ›(feiner) Nebel‹ und dt. *Mist*, ägypt.-arab. *kalb* ›Hund‹ und dt. *Kalb*. PM
Tautosyllabisch Aufeinanderfolgende, zur gleichen ↗ Silbe gehörige Laute; Ggs. ↗ heterosyllabisch; ↗ isosyllabisch. PM
Tavgi ↗ Uralische Sprachen
Tax (griech. τάξις (taxis) ›Ordnung‹) Im amerikan. ↗ Strukturalismus Bez. für kleinste Elemente der Ausdrucksseite der Spr. auf allen Ebenen der Grammatik, z. B. ↗ Morph, ↗ Phon. G
Taxem n. Bei L. Bloomfield Bez. für ein einfaches Merkmal einer grammat. Organisation (*arrangement*), betrachtet ohne Rücksicht auf eine Bedeutung. *Run!* z. B. weist zwei Taxeme auf: (a) das Segment *run* und (b) die spezif. Intonation, die graph. durch das Ausrufezeichen symbolisiert ist. T

Taxonomie (griech. τάξις (taxis) ›Ordnung‹, -νομία (-nomia) ›Verwaltung‹) Die T. ist die Lehre von den Methoden der Klassenbildung auf der Grundlage von Ähnlichkeitsbeziehungen zwischen den der T. unterworfenen Gegenständen. Mathemat. entwickelt wurde die numer. T. Sie wird hauptsächl. in der Dialektologie angewandt. – Informell wird »T.« von gewissen Linguisten auch pejorativ verwandt, um ling. Verfahren zu charakterisieren, die man dem amerikan. ↗ Strukturalismus zuordnet. T
Taxonomische Grammatik ↗ Phrasenstrukturgrammatik
Taxonomischer Strukturalismus ↗ Distributionalismus
Taxonymie ↗ Hyponymie
Technolekt ↗ Fachsprache
Teda-Daza ↗ Saharanische Sprachen
Teekesselchen Gesellschaftsspiel, bei dem ↗ Homophone auf der Grundlage möglichst phantasievoller Bedeutungsangaben erraten werden müssen (z. B. *Aufzug, Bank, Band*); kein ling. Terminus. G
Teenagersprache ↗ Jugendsprache
Tehuelche ↗ Tschon-Sprachen
Tehuesh ↗ Tschon-Sprachen
Teilbarkeit ↗ Additiv
Teilfrage ↗ Ergänzungsfrage
Teilkategorie Teilbestand einer ling. ↗ Kategorie, z. B. sind Nominativ, Akkusativ, Lativ u. a. T. der ↗ Flexionskategorie bzw. der ↗ Flexionskategorisierung Kasus. G
Teilklasse Teilbestand einer ↗ Klasse von ling. Elementen, z. B. sind die Modalverben eine T. der Klasse der Verben. G
Teilnehmende Beobachtung ↗ Feldforschung, ↗ Ethnographie der Kommunikation
Teilsatz ↗ Konstituentensatz, ↗ Nebensatz
Teilsystem ↗ Diasystem, ↗ Varietät, ↗ Sprachsystem
Teiltext (auch: Subtext) Als T. werden in der ↗ Textlinguistik Sinn-, Funktions- bzw. Handlungseinheiten von ↗ Texten bezeichnet, die in sich relativ abgeschlossen semant.-syntakt. und pragmat. strukturiert sind und zusammen mit anderen T. den Textganze hierarch. gliedern. Betrachtet man den Text als das Ergebnis einer auf best. Ziele ausgerichteten sprachl.-kommunikativen Handlung, so werden mit T. in Bezug auf die Textganzheit Teilziele und Teilinhalte realisiert. Für zahlreiche ↗ Textsorten ist das Vorkommen best. Typen von T. und ihre Abfolge obligator.; ↗ Komposition. P
Teilton ↗ Klang
Teil-von-Beziehung ↗ Meronymie, ↗ Hyperonymie, ↗ Pertinenzrelation
Telefonstimme ↗ Rolle
Telegrammstil Textsorte, in der auf alle inhaltl. nicht unbedingt nötigen Elemente (Funktionswörter, evtl. auch Flexionsformen) verzichtet wird, z. B. *Ankomme Freitag 17 Uhr*. ES
Teleologisch (griech. τέλος (telos) ›Ende, Grenze, Ziel‹) Spekulationen darüber, dass die Entwicklung

von Spr.n bestimmte Ziele und Zwecke verfolge, nennt man t., z. B. die Vorstellung, dass die Sprachentwicklung einem ↗ Ökonomieprinzip folge, oder die Vorstellung, dass das lat. Alphabet das natürl. Ziel (und idealer Endzustand) der Schriftentwicklung sei.   G

Telestichon n. (griech. τέλος (telos) ›Ende‹, στίχος (stichos) ›Vers‹) Schmückende Figur in Gedichten: die am Ende der Verse (oder Strophen) stehenden Buchstaben ergeben, von oben nach unten gelesen, einen bestimmten Sinn, z. B. bei Otfrid von Weißenburg in den Widmungen zu seinem *Evangelienbuch* (um 870); ↗ Akrostichon, ↗ Mesostichon, ↗ Akroteleuton.   SZ

Telisch ↗ Terminativ

Telugu In Süd- und Ost-Indien gesprochene ↗ dravidische Sprache; Karte ↗ Indische Sprachen, im Anhang. Standard-T. hebt sich durch das Vorhandensein von stimmhaften und aspirierten Plosiven von den übrigen dravid. Spr. (einschl. des Nicht-Standard-T.) ab, ein Resultat intensiven Sprachkontakts zu Sanskrit und Prakrit.   WR

Temein ↗ Chari-Nil-Sprachen

Temne ↗ Westatlantische Sprachen

Template ↗ Unifikationsgrammatiken

Template-Theorie ↗ Wortüberlegenheitseffekt

Temporal (lat. tempus ›Zeit‹) Zeitlich, auf ↗ Zeit bezogen. Unter ›temporal‹ i. w. S. werden folgende Bedeutungen subsumiert: (a) Bez. eines Zeitpunkts (Frage: *Wann?*). Diese t. Verortung kann unter Bezug auf den Sprechzeitpunkt (↗ Deixis, z. B. *früher, gestern, jetzt*), auf ein konventionell verbindliches Zeitraster (Kalender, z. B. *am 25. Oktober 2005*) oder auf einen anderen Sachverhalt (relativ, z. B. *vor der Wende, nach der Ernte*) vorgenommen werden. (b) Bez. einer Ereignis- oder Sachverhaltsdauer (Frage: *Wie lange? z. B. lange, drei Stunden lang*). (c) Bez. der Frequenz eines Ereignisses (Frage: *Wie oft? z. B. oft, jeden Sonntag, alle drei Wochen*).   C, RL

Temporaladjektiv Von einem ↗ Temporaladverb abgeleitetes Adjektiv, z. B. *gestrig, vorherig.*   G, SO

Temporaladverb (auch: Zeitadverb. Engl. temporal adverb, adverb of time, frz. adverbe de temps) ↗ Adverb, welches einen Sachverhalt im Zusammenwirken mit dem Tempussystem (↗ Tempus) innerhalb eines Zeitrahmens situiert (auch: Zeitrahmenadverb) bzw. die Dauer eines Geschehens angibt (auch: Zeitdaueradverb). Wie bei den ↗ Satzadverbien ist der Gesamtsatz der ↗ Skopus der T. Im Einzelnen spricht man von: (1) zeitrelativen T. wie (a) *gestern, heute, morgen, nunmehr*, welche relativ zur Sprechzeit interpretiert werden, und (b) solchen wie *anfangs*, die Sachverhalte in Bezug auf kontextuell Gegebenes situieren; (2) durativen T. wie *bislang, fortan*, welche vor- bzw. nachzeitig zu interpretieren sind, wobei die Sprechzeit eingeschlossen sein kann; (3) iterativen (a) wie *erstmals, mehrmals*, die kontextuell gebunden situieren, und (b) solchen T., die ohne Kontextbezug interpretierbar sind. T.

und ↗ Lokaladverbien können aufgrund ihrer weitgehend gleichartigen syntakt. Eigenschaften als ↗ Situierungsadverbien zusammengefasst werden. Da Adverbien wie *zweimal* nicht nur situieren, sondern auch quantifizieren, werden sie bisweilen als ↗ Quantoren (↗ Formator) bezeichnet (Moreno Cabrera 1998). Die durativen und iterativen T. weisen eine unscharfe Grenze zu den aspektuellen Adverbien auf (↗ prädikatsbezogenes Adverb, ↗ Aspektualität). Die Forschung interessiert sich hier dafür, inwieweit ein Adverb (noch) Tempusbedeutung oder (schon) aspektuelle Bedeutung besitzt (Alexiadou 1997, v. d. Auwera 1998, Molinier 1999), und wie dies ggf. festzustellen ist. **Lit.** A. Alexiadou, On Aspectual and Temporal Adverbs. In: I. Philippaki-Warburton et al. (eds.), Themes in Greek Linguistics. Bd. 1. Amsterdam, Philadelphia 1994, 145–152.– J. van der Auwera, Phasal Adverbials in the Languages of Europe. In: Ders. (ed.), Adverbial Constructions in the Languages of Europe. Bln., N. Y. 1998, 25–145. – Eisenberg II. – M. Herweg, Zeitaspekte: Die Bedeutung von Tempus, Aspekt und temporalen Konjunktionen. Wiesbaden 1990. – C. Molinier, Adverbes d'habitude et phrases habituelles. In: M. Plénat et al. (eds.), L'emprise du sens: structures linguistiques et interpretations. Amsterdam 1999, 207–215. – J. C. Moreno Cabrera, Adverbial Quantification. In: J. van der Auwera (ed.), Adverbial Constructions in the Languages of Europe. Bln., N. Y. 1998, 147–185.   SO

Temporalangabe ↗ Temporalbestimmung

Temporalbestimmung (auch: Umstandsbestimmung der Zeit, Zeitbestimmung) Die T. ist eine semant. definierte Subklasse des ↗ Adverbials und wird einen Sachverhalt ↗ temporal. Syntakt. realisiert werden T. im Dt. i. d. R. durch PP (*in drei Wochen*), Adverbien (*lange*), Adverbialsätze (↗ Temporalsatz), gelegentl. auch durch einfache NP (im Akk., *den ganzen Vormittag*). Eine T. kann sich sowohl auf ein N beziehen (*Das Training am Wochenende/damals*) als auch auf eine VP (*Sie trainierte am Wochenende/damals*). Die ↗ Valenzgrammatik unterscheidet zwischen T. im Status einer ↗ Ergänzung (*das Treffen dauerte mehrere Stunden*) und im Status einer ↗ Angabe (*wir spielten den ganzen Abend lang*).   C, RL

Temporaldeixis (lat. temporālis ›zeitlich, zur Zeit gehörig‹, griech. δεικνύναι (deiknynai) ›zeigen‹. Auch: Zeitdeixis) ↗ Deiktischer Ausdruck, der sich auf die zeitl. Dimension der ↗ Sprechsituation bezieht, z. B. *jetzt, dann; heute, gestern, morgen*. Temporaldeixis sind abstrakter als z. B. ↗ Personal- oder Objektdeixis, weil Zeit sich sinnl. Zeighilfen entzieht. Zum temporaldeikt. System gehören auch die »Tempora« der Verben in Spr. wie Deutsch. **Lit.** J. Dittmann, Sprechhandlungstheorie und Tempusgrammatik. Mchn. 1976. – V. Ehrich, Hier und Jetzt. Studien zur lokalen und temporalen Deixis im Dt. Tübingen 1992. – G. Rauh, Tenses as Deictic

Categories. In: dies. (ed.), Essays on Deixis. Tübingen 1983, 229–275. – D. Wunderlich, Tempus und Zeitreferenz im Dt. Mchn. 1970.   E

Temporalergänzung ↗ Temporalbestimmung

Temporalsatz (in Schulbüchern auch: Zeitsatz. Engl. clause of time) Subklasse des ↗ Adverbialsatzes und damit semant. bestimmte Klasse von Nebensätzen, die im ↗ Matrixsatz die Funktion einer ↗ Temporalbestimmung einnehmen. In manchen Spr. (nicht im Dt.) können T. infinit sein, z. B. frz. *Après avoir visité Rome, il partit pour Venise* ›Nachdem er Rom besucht hatte, brach er nach Venedig auf‹. – Da die temporalen Konjunktionen primär dazu dienen, die temporalen Beziehungen zwischen zwei Sachverhalten/Ereignissen zu bestimmen, werden sie i. d. R. eingeteilt in (a) ↗ Gleichzeitigkeit bezeichnende Konjunktionen: Matrixsatz und Konstituentensatz gelten gleichzeitig (*wenn, als, während, solange, sobald, wie* u. a.), (b) ↗ Vorzeitigkeit bezeichnende Konjunktionen: das durch den Konstituentensatz Bezeichnete findet vor dem durch den Matrixsatz Bezeichneten statt (*nachdem, seit, seitdem*), und (c) ↗ Nachzeitigkeit bezeichnende Konjunktionen: das durch den Konstituentensatz Bezeichnete findet nach dem durch den Matrixsatz Bezeichneten statt (*bevor, ehe, bis*). Auch die Tempusformen der Verben helfen, die genauen Zeitverhältnisse auszudrücken, z. B. bei *als* und *wenn*: *Wenn der Vater außer Hause ist,* (= *während*) *toben die Kinder* (Gleichzeitigkeit) vs. *Wenn der Vater die Wohnung verlassen hat, fangen die Kinder an zu toben* (Vorzeitigkeit). Manchen temporalen Konjunktionen können »quantifizierende« Ausdrücke vorausgehen, z. B. *kurz/drei Stunden/unmittelbar/noch bevor sie München verließ.* C

Tempus n. (lat. tempus ›Zeit‹. Engl. tense, frz. temps, temps grammatical) Im Ggs. zur physikal. ↗ Zeit bezeichnet T. stets die grammatikalisierte Wiedergabe von Zeitbezügen, und zwar entweder die grammat. Kategorie (des Verbs) als solche oder einzelne ihrer Bedeutungen (›das Präsens ist ein Tempus‹). Die Tempora einer Spr. bilden ihr Tempussystem, das in den Spr. der Welt unterschiedl. strukturiert ist. Als Universale kann gelten, dass auf ein Ein-Tempus-System (sofern dies begriffl. überhaupt zugelassen ist) zuerst die Differenzierung in ↗ Präsens und ↗ Präteritum folgt. Dieses Zweiersystem ergänzt als nächstes das ↗ Futur zur Dreierstruktur. Schon bei der Realisierung des Dreiersystems (und erst recht bei einer noch weitergehenden Differenzierung) benutzen die modernen idg. Spr. oft analyt. Ausdrucksmittel, z. B. dt. *er wird lesen*, russ. *on búdet čitát'* ›dass.‹. Sprachgeschichtl. ist gerade beim T. eine Wellenbewegung erkannt worden: Systeme differenzieren sich, werden wegen Funktions- und/oder Formenüberlappung vereinfacht, woraufhin andere Formen die entstandenen Lücken besetzen und eine neue Differenzierung eintritt. Eng verknüpft mit der grammat. Kategorie T.

sind die ebenfalls grammat. Kategorie ↗ Aspekt und die eher lexikal. Kategorie der ↗ Aktionsarten, so dass u. U. Abgrenzungsprobleme auftreten können, ob bestimmte Formen als Tempus- oder als Aspektformen zu betrachten sind, etwa im Altgriech. Die Kombination einzelner Tempora mit einem der beiden Aspekte (perfektiver (pf.) und imperfektiver (ipf.) Aspekt) ist gewöhnl. Restriktionen unterworfen, so z. B. im Russ.: die Verwendung des Präsens eines Verbs im pf. Aspekt wird automat. als Futur interpretiert. In den slav. Spr. gilt die Entstehung des Aspektsystems als Reaktion auf geringe Differenzierung im Temporalbereich. Eine Einsicht der neueren Sprachwiss. ist es, dass die sprachl. Strukturierung, wie sie in der grammat. Kategorie T. zum Ausdruck kommt, nicht direkt zur physik. Zeit in Beziehung zu setzen ist, sondern stets auf den Sprechzeitpunkt bezogen werden muss (↗ Aktzeit, ↗ Sprechzeit, ↗ Betrachtzeit) und Relationen zum Ausdruck bringen kann (↗ Vorzeitigkeit, ↗ Gleichzeitigkeit, ↗ Nachzeitigkeit). In komplexen Sätzen ist die Wahl der Tempora oft strengen Regeln unterworfen (↗ consecutio temporum). Den morpho(no)log. Ausdrucksmitteln der Tempora stehen oft wenig spezif. Funktionen gegenüber, die z. T. mit Hilfsbegriffen wie ↗ Präsens historicum erfasst werden. Der Tempuswechsel (z. B. vom ↗ Präteritum ins ↗ Präsens) gilt als Mittel, mit dem der Sprecher in Erzählungen eigene Anteilnahme oder besondere Betonung zum Ausdruck bringen kann, z. B. *Ich fuhr mit 30 die Straße entlang, da rollt doch plötzlich ein Ball auf die Fahrbahn.* **Lit.** E. Koschmieder, Zeitbezug und Spr. Ein Beitrag zur Aspekt- und Tempusfrage. Lpz. 1929. – H. Weinrich, Tempus. Besprochene und erzählte Welt. Stgt. ⁴1985. – D. Wunderlich, T. und Zeitreferenz im Dt. Mchn. 1970. – B. Comrie, Tense. Cambridge 1985. – C. Fabricius-Hansen, Tempus fugit: Über die Interpretation temporaler Strukturen im Dt. Ddf. 1986. – A. Mugler, T. und Aspekt als Zeitbeziehungen. Diss. München 1986. – Ö. Dahl, Tense and Aspect Systems. Oxford 1985. – Th. Vennemann, Tempora und Zeitrelation im Standarddt. Sprachw. 12, 1987, 234–249. – J.-M. Zemb, Spr. und Zeit. Sprachw. 3, 1978, 119–145. – A. Erhart, Zur Entwicklung der Kategorien T. und Modus im Idg. Innsbruck 1985. – E. Leiss, Die Verbalkategorien im Dt. Bln. 1992. – R. Thieroff, Das finite Verb im Dt. Tübingen 1992. – Ders. & J. Ballweg (eds.), Tense Systems in European Languages. Tübingen 1994.   KE

Tempusgebrauch Man unterscheidet zwischen absolutem und relativem T. Der T. im Hauptsatz wird als absolut bezeichnet, da er eine Relation zwischen zwei außerhalb der Spr. liegenden Zeitpunkten herstellt, etwa der ↗ Aktzeit und der ↗ Sprechzeit. Ist die Wahl eines ↗ Tempus auch innersprachl. bedingt, spricht man von relativem T., etwa wenn die zeitl. Relation zu einem in einem anderen Satzteil verbalisierten Sachverhalt ausgedrückt werden soll, z.B. *Nachdem er die Datei gesichert hatte, beendete er das Programm.* Der relative T. hängt deshalb direkt mit der Unterscheidung von ⟋ Vorzeitigkeit, ⟋ Gleichzeitigkeit und ⟋ Nachzeitigkeit zusammen. Nicht Tempora als solche sind absolut oder relativ, doch werden bestimmte Tempora vorwiegend relativ gebraucht, v.a. das ⟋ Plusquamperfekt. **KE**

Tempusstamm In griech. und lat. Grammatiken übl. Bez. für morpholog. unterschiedl. gebildete Verbstämme der einzelnen Tempora. Für das Lat. wird unterschieden zwischen (a) Präsensstamm, auf dem die Formen des Präsens (z.B. *am-ō* ›ich liebe‹), des Imperfekts (*am-ā-bam* ›ich liebte‹), des Futur I (*am-ā-bō* ›ich werde lieben‹), das Partizip Präsens (*am-ā-ns* ›liebend‹), ⟋ Gerundium und ⟋ Gerundivum gebildet werden, (b) Perfektstamm, von dem die Aktivformen des Perfekts (*amā-v-ī* ›ich habe geliebt‹), des Plusquamperfekts (*amā-v-eram* ›ich hatte geliebt‹), des Futur II (*amā-v-erō* ›ich werde geliebt haben‹) und der Infinitiv Perfekt Aktiv (*amā-v-isse* ›geliebt haben‹) gebildet werden sowie (c) Supinstamm, von dem die Passivformen des Perfekts (*amā-t-us sum* ›ich bin geliebt‹, des Plusquamperfekts (*amā-t-us eram* ›ich war geliebt‹), des Futur II, Partizipien, weitere Infinitive und die Supina gebildet werden. Im Griech. kommen dazu Aoriststämme und Futurstämme, die sich nach dem ⟋ genus verbi unterscheiden können. In den modernen ⟋ germanischen Sprachen können bei den ⟋ starken Verben drei T. unterschieden werden (z.B. dt. *gehen, ging, gegangen*; engl. *go, went, gone*, schwed. *gå, gick, gått*; ⟋ Stammformen. **G**

Tempussystem ⟋ Tempus

Tempuswechsel ⟋ Tempus

Tenor ⟋ Sprechausdruck, ⟋ Stimme

Tenuis, pl. Tenues (lat. ›dünn‹) Terminus der antiken Grammatik zur Unterscheidung der stimmlosen Plosive [p, t, k] von den stimmhaften [b, d, g] (⟋ Media) und den ⟋ aspirierten [pʰ, tʰ, kʰ] Plosiven; ⟋ Fortis. **PM**

Tepehua ⟋ Totonakisch

Tepehuan-Sprachen ⟋ Uto-Aztekische Sprachen

Tequistlatekisch ⟋ Hoka-Sprachen

Term m. (lat. *terminus* ›Grenze‹) **1.** In der Systemtheorie und verschiedenen Typen von Logiken (⟋ formale Logik) Bez. für einen Ausdruck eines Systems S, von dem kein anderer Bestandteil wieder Ausdruck von S sein kann. Grundterme sind T., die in S nicht definiert sind, abgeleitete T. werden in S definiert. In der Prädikatenlogik werden Symbole für Prädikate der Form A (x), B (x, y) als T. bezeichnet. **2.** Grundbegriff, Oberbegriff in einem Bezeichnungssystem, das aus Individuenvariablen und -konstanten besteht, z.B. bei physikal. Erscheinungen wie Metallen oder Mineralien. **3.** ⟋ Terminus. **G**

Terminal (lat. *terminus* ›Grenze‹) **1.** Bei der ⟋ Intonation begrenzender ⟋ fallender Tonhöhenverlauf des Aussagesatzes. **2.** ⟋ Konstituentenanalyse. **PM**

Terminales Symbol, Terminalsymbol ⟋ Endsymbol

Terminativ (lat. *termināre* ›begrenzen‹. Auch: grenzbezogen, telisch. Ggs. atelisch, aterminativ, nichtgrenzbezogen) ⟋ Aktionsart, die das Ende bzw. den abgeschlossenen Vollzug des im Verbstamm ausgedrückten Vorgangs oder Zustands markiert, z.B. russ. *časý probíli pólnoc'* ›die Uhr hat Mitternacht geschlagen‹; ⟋ Resultativ. **G, T**

Terminographie ⟋ Terminologiearbeit, ⟋ Terminologie

Terminologie (lat. *terminus* ›Grenze‹, griech. λόγος (logos) ›Wort, Lehre‹) Menge der Fachausdrücke, die innerhalb einer Einzelwiss. im Rahmen der dort maßgebl. Objektbereiche, Methoden und Erkenntnisinteressen (Theorien) exakt definiert sind. Von ihrer mögl. Verwendung in der Alltagsspr. unterscheiden sie sich durch ihre systemat. Explizierbarkeit; vgl. z.B. die Verwendung des Ausdrucks *Funktion* in der Mathematik, in der Sozialpädagogik oder in der Kommunalpolitik. T. entstehen in Prozessen der ⟋ Terminologisierung. Sie beruhen (a) auf gemeinsprachl. Material, das entspr. Definitionen unterworfen wird (z.B. *Kegelstumpf, Halbkreis* in der Geometrie), (b) auf (ggf. hybriden) ⟋ Neologismen (z.B. *Regenbogenhaut, Speicherprotein*), (c) Übernahme fremdsprachiger T. (z.B. *Moun-Neutrino, Charm-Quark*). T. referieren mittels Begriffen, die durch Termini ausgedrückt werden, auf Klassen von Objekten. Die Methoden der Erstellung von T. (Terminographie) und ihrer Vereinheitlichung und Standardisierung (T.normung, z.B. DIN, ISO) sind in T.lehren zusammengestellt, die mitunter als ›T.wiss.‹ firmieren; ⟋ Nomenklatur, ⟋ Terminologielehre, ⟋ Terminus. **Lit.** E. Wüster, Einf. in die Allgemeine T.lehre und das terminolog. Lexikographie. Kopenhagen ²1985. – R. Arntz & H. Picht, Einf. in die T.arbeit. Hildesheim ³1995. – G. Budin & E. Oeser (Hgg.), Beiträge zur T. und Wissenstechnik. Wien 1996. – HSK 14. **G**

Terminologiearbeit (auch: Terminographie) Prakt. Bemühungen um die Entwicklung einer ⟋ Terminologie für ein best. Fachgebiet. **G**

Terminologiebank Einrichtung, die terminolog. Daten sammelt, archiviert und Interessenten zur Verfügung stellt (⟋ Terminologiearbeit). Eine T. unterhält z.B. die *International Standardization Organization* in Wien. **G**

Terminologielehre ⟋ Terminologie

Terminologienormung ⟋ Terminologie

Terminologiewissenschaft ⟋ Terminologie

Terminologisierung Sprachl. Ausdrücke, die durch explizite Definitionen in eine ⟋ Terminologie eingehen, durchlaufen den Prozess der T., z.B. *Mord, Totschlag, Körperverletzung mit Todesfolge* in der Fachspr. des Strafrechts. **G**

Terminus (lat. *terminus* ›Grenze‹. Engl. term, frz. terme) Fachausdruck einer Einzelwiss., der in einer theoriegeleiteten ⟋ Terminologie exakt definiert ist. Ein T. muss innerhalb dieser Terminologie systemat. auf andere Termini beziehbar sein. **G**

Ternateño ↗ Spanisch basierte Kreolsprachen
Territorialprinzip ↗ Personalprinzip
Tertia f. Schriftgrad von 16 p; ↗ Didotsystem. G
Tertium comparationis ↗ Vergleich
Teso ↗ Nilotische Sprachen
Tessaragraph ↗ Graphem
Testverfahren 1. Methode der systemat. Erfassung und Bewertung sprachl. bzw. sprachgebundenen Verhaltens ausgewählter Testpersonen; ↗ Sprachtest. **2.** Verfahren des analyt. Umgangs mit sprachl. Material (↗ operational). In der Sprachwiss. werden T. eingesetzt u. a. zur (a) ↗ Datenerhebung, (b) Kontrolle, Analyse und Auswertung gegebener ↗ Daten, (c) Überprüfung von Hypothesen und Theorien, (d) ↗ Evaluation. Die jeweiligen Vorgaben bedingen recht unterschiedl. Test-Designs im einzelnen, denn die gezielte Informationsbeschaffung muss sich anderer Methoden bedienen als analyt. Prozeduren. Als Gütekriterien für T. gelten (a) Objektivität: sowohl die Durchführung des Tests als auch Auswertung und Beurteilung der Ergebnisse sollen für alle Teilnehmer unter gleichen Bedingungen erfolgen und nicht vom Testleiter abhängig sein; (b) Reliabilität (Zuverlässigkeit): Wiederholungen des Tests (›Re-Test‹) sollen relativ gleichbleibende Ergebnisse liefern; (c) Validität (Gültigkeit): es soll gewährleistet sein, dass der Test das erfasst und misst, was erfasst und gemessen werden soll; (d) Ökonomie: der mit einem T. verbundene Aufwand muss für die Beteiligten akzeptabel sein. **Lit.** B. Spolsky, Tests in Sociolinguistics. HSK 3, II, 1988, 932–940. SK
Tetraphthong m. (griech. τέτρα (tetra) ›vier‹, φθόγγος (fthongos) ›Laut‹: ›vierfacher Laut‹) Langer ↗ Vokal mit artikulator. gleitendem Übergang zwischen vier distinkten, artikulator. und akust., aber zeitl. nicht abgrenzbaren Vokalstellungen; ↗ Monophthong, ↗ Diphthong, ↗ Triphthong. PM
Tetrasyllabum Aus vier ↗ Silben bestehendes Wort. G
Tetum ↗ Timoresisch
Teuthonista (lat. teutonicus ›germanisch‹) **1.** Dt. dialektolog. Zeitschrift (1924–1934), fortgesetzt als *Zeitschrift für Dialektologie und Linguistik*. – **2.** Die in der Zs. T. (1) entwickelte und verwendete ↗ Lautschrift des diakrit. Typs zur ↗ Transkription dt. Dialekte. PM
Teutonistik ↗ Germanistik
Tewa ↗ Kiowa-Tano-Sprachen
Text (lat. textum ›Gewebe, Geflecht‹) **1.** m. T. wird abhängig von der Theorieentwicklung und spezif. Forschungsinteressen unterschiedl. definiert. Bei einer Akzentuierung textinterner (grammat., struktureller) Kriterien (↗ Textgrammatik) gilt der T. als eine durch grammat., vorrangig pronominale Vertextungsmittel verkettete kohärente Folge von Sätzen mit einem relativ abgeschlossen behandelten Textthema, während bei Akzentuierung textexterner (kommunikativer) Aspekte der T. als Produkt sprachl. Handelns mit einer erkennbaren kommuni-

kativen Funktion angesehen wird. Neuere Forschungsansätze verbinden textinterne und textexterne Kriterien und erfassen mit dem Begriff T. das kognitiv, grammat., illokutiv und ggf. prosod. strukturierte Ergebnis einer – mündl. oder schriftl. realisierten – sprachl.-kommunikativen Handlung eines Produzenten, in dem die Bezugnahme auf Kontexte und Adressaten manifestiert ist und das die Basis für kognitiv und intentional strukturierte Handlungen von Rezipienten darstellt. Enge und weite Auslegungen dieses T.-Begriffs unterscheiden sich durch Ausschluss oder Einbeziehung anderer semiot. Systeme, die neben dem Zeichensystem Spr. in T.-Strukturen eingehen, z. B. ↗ Gestik und ↗ Mimik oder ↗ Symbole, Formeln und Abbildungen. **Lit.** ↗ Textlinguistik. P – **2.** f. Schriftgrad von 16 p., Schriftgrad der Gutenbergbibel; ↗ Didotsystem. G
Text Mining Bez. für die Anwendung von sog. Data-Mining-Verfahren (wie z. B. Clustering, Trend-Analyse usw.) auf größere Textmengen mit dem Ziel der Auffindung von vorher nicht bekannten Informationen. Im Gegensatz zu den im ↗ Text Retrieval üblichen Algorithmen wird beim T. keine spezif. Suchanfrage vorausgesetzt, sondern mit i. d. R. statist. Methoden und unüberwachten ↗ maschinellen Lernverfahren nach allgemeinen Strukturen (z. B. Gruppen ähnlicher Dokumente), häufigen Mustern oder auch spezif. Abweichungen in einem Datenbestand gesucht. **Lit.** G. Heyer, U. Quasthof & T. Wittig, T. M.: Wissensrohstoff Text. Herdecke, Bochum 2006. L
Text Retrieval (auch: information retrieval. Abk. IR) Bereich der Informatik, der Verfahren und Systeme entwickelt, die Benutzern bei der inhaltsorientierten Suche nach relevanten Dokumenten aufgrund von Stichwörtern unterstützt. Grundlegend sind hierfür verschiedene T. R.-Modelle (z. B. Boolesches Modell, Verktorraummodell), die eine Bewertungsmethode bereitstellen, mit der bezügl. der gestellten Suchanfrage die potentiell relevanten Dokumente aus einer Gesamtmenge herausgesucht werden. Teilbereiche des T. R. sind (a) die Formulierung von Suchkriterien, (b) die Repräsentation von Dokumenten und ihre Aufbereitung (hierzu zählen z. B. ↗ Textnormalisierung, ↗ Tokenisierung, ↗ Lemmatisierung, Entfernung von ↗ Stoppwörtern und Erkennung von Indextermen), (c) die Bewertung der Trefferge (Ranking) und die Präsentation der Suchergebnisse (Feedback, Visualisierung) sowie (d) die effiziente Indexierung und Suchverfahren. **Lit.** Chr. D. Manning, P. Raghavan & H. Schütze, Introduction to Information Retrieval. Cambridge 2008. Z
Textadverb Unterklasse der ↗ Adverbien mit textordnender Funktion. Der ↗ Skopus der T. erstreckt sich über mindestens zwei Sätze: *Gisela kam in den Biergarten mit. Darüber freute sich Roberto.* Neben den ↗ Konjunktionaladverbien sind die sog.

↗ w-Wörter (auch: ›Fragewörter‹) zu den T. zu rechnen, z. B. *wann, warum, wie, wo.*   SO

Textblock ↗ Absatz

Textdeixis ↗ Deixis

Textem 1. Bez. für die dem konkreten Textexemplar zugrunde liegende abstrakte Basis textstruktureller Eigenschaften. **2.** Bez. für die kleinste Einheit der Beschreibung der Textstruktur, als die eine textuell gebundene, strukturell satzwertige Größe angesehen wird.   P

Textgrammatik (auch: Diskursgrammatik, transphrastische Analyse) Richtung in der ↗ Textlinguistik, deren Forschungskonzeption auf der Hypothese basiert, dass der ↗ Text als Objekt der Ling. als einfache Kombination von Sätzen bestimmt werden kann, zwischen denen kohärente Beziehungen bestehen und ein Text demnach prinzipiell mit dem Instrumentarium der Satzgrammatik beschreibbar ist. Als entscheidendes Argument für die T. diente der Verweis auf transphrast. Erscheinungen, die die Annahme einer ↗ Textsyntax plausibel machten. Das Ziel von Forschungen zur T. bestand im Wesentl. in dem Versuch, syntakt. und semant. Regeln zur Erzeugung und Interpretation sowie Kriterien für die Grammatikalität und Wohlgeformtheit von Texten zu ermitteln. Dieses Ziel der T. wurde in allen entscheidenden Punkten verfehlt.   P

Textkategorisierung (auch: Textklassifikation) Im ↗ Textmining eingesetztes Verfahren, das Dokumente in eine oder mehrere vordefinierte Kategorisierungen (z. B. Spr., Themen, Autor) einteilt. Hierzu werden ling. oder statist. Verfahren (↗ Supportvektormaschine) eingesetzt. Klass. Einsatzgebiete sind z. B. die T. von Emails in benutzerdefinierte Ordner oder von Nachrichtenströmen mithilfe von starren Suchanfragen (↗ Topic Detection and Tracking).   Z

Textklassifikation ↗ Textkategorisierung

Textkohärenz In der ↗ Textlinguistik verwendete Bez. für die lineare und hierarch. Verknüpfung von Sätzen, Satzfolgen und ↗ Teiltexten zur grammat., inhaltl.-themat. und kommunikativ-pragmat. strukturierten Einheit des ↗ Textes, die mit sprachl. Mitteln indiziert, aber auch durch interpretative Prozesse erzeugt werden; ↗ Kohärenz, ↗ Kohäsion.   P

Textkonstituente Als T. gelten im Rahmen strukturbezogener Textauffassungen relationale und strukturelle Minimaleinheiten, die den ↗ Ebenen des ↗ Textes zugeordnet werden können. Sie werden als Funktionselemente angesehen, die spezif. Aufgaben bei der Organisation der Textstruktur übernehmen. Z. B. werden als grammat. T. ↗ Pro-Formen, als pragmat. T. ↗ Illokutionen und als log.-semant. T. ↗ Propositionen angesehen.   P

Textkritik Verfahren zur möglichst getreuen Herstellung der vom Autor beabsichtigten Fassung eines Werkes aus der handschriftl. Überlieferung, die theoret. auf das Autograph oder die diesem nächststehende Überlieferung (Archetyp), die bereits Fehler aufweisen kann, zurückzuführen ist. Grundsätzl.

auszuscheiden sind Fehler und Interpolationen. Neben die Prüfung der Überlieferung tritt die Herstellung eines Textes, der dem Original möglichst nahekommt. Die Abhängigkeiten lassen sich in einem Stammbaum der Hss. darstellen, der bei der Spaltung der Überlieferung nach dem Archetyp ansetzt. Eine mindestens dreifache Spaltung ermöglicht eine sichere Rekonstruktion des Textes, bei nur zweifacher Spaltung können zwei Lesungen (Varianten) zur Wahl stehen. Die Zweige der Überlieferung sind durch gemeinsame Fehler gekennzeichnet. Bei der Überlieferung ma. Gebrauchstexte (Vorlesungskommentare, Kanzleihandbücher usw.) sind oft mehrere Redaktionen zu berücksichtigen, die jeweils eigens zu rekonstruieren sind, falls die Zahl der Überlieferungsträger dies zulässt.   EN

Textlinguistik (auch: Textologie, Translinguistik) Die Struktureigenschaften von ↗ Texten, die Bedingungen ihrer Erzeugung und ihres Zusammenhangs, ihrer sprachl. Variation und ihrer Verarbeitung sind Gegenstand der T. Die Forschungsansätze und -ergebnisse, die unter dem Namen T. heute zusammengefasst werden, sind heterogen. Von einer T. wird erst seit Mitte der 1960er Jahre gesprochen; für die Ling. stellte der Text bis dahin nur eine periphere Erscheinung dar. So etablierte sich die T. anfangs auch in deutl. Abgrenzung zur satzzentrierten ↗ Systemlinguistik, indem sie den Text zum originären sprachl. Zeichen erklärte und Eigenschaften der ↗ Textualität im Rahmen einer ↗ Textgrammatik und einer ↗ Textsemantik in Opposition zum Satz und vorrangig textintern zu erklären suchte. Dabei ging man aus von der Beobachtung, dass sich die semant. und syntakt. Funktionen einer Reihe grammat. Erscheinungen (z. B. die ↗ Pro-Formen) nur über Satzsequenzen hinweg beschreiben lassen. Erst als sich herausstellte, dass die konstitutiven Eigenschaften von Texten weder mit den Mitteln strukturalist. Grammatiken noch mit denen der GG zu erfassen sind (was diese auch nie beabsichtigten), traten neben die grammat. Textmodelle auch semant.-themat. (↗ Textthema, ↗ thematische Progression), funktionale und prozedurale Analysemodelle, verbunden mit Erweiterungen des Textbegriffs. Die T. versucht, die Verzahnung von Oberflächenstrukturen und Textbedeutungen, von grammat., semant. und illokutiven Strukturen, von verbaler und nonverbaler Kommunikation, von sozialen und kognitiven Prozessen und Textstrukturen in Analysemodellen zu erfassen. Die T. koordiniert heute ihre Forschungsinteressen mit anderen ling. Disziplinen, bspw. der ↗ Semiotik, ↗ Psycholinguistik, ↗ Soziologie und ↗ Computerlinguistik. Anwendungsbezogene Relevanz erhält sie insbes. bei der Gestaltung von Internettexten (↗ Hypertextrhetorik).

Lit. K. Adamzik, T. Eine einführende Darstellung. Tübingen 2004. – G. Antos & H. Tietz, Die Zukunft der T. Traditionen, Transformationen, Trends. Tübingen 1977. – K. Brinker, Linguist. Textanalyse.

Eine Einf. in Grundbegriffe und Methoden. Bln. ⁴1997. – M. & W. Heinemann, Grundlagen der T. Interaktion, Text, Diskurs. Tübingen 2002. – HSK 16. – T. Schröder, Die Handlungsstruktur von Texten. Ein integrativer Beitrag zur Texttheorie. Tübingen 2003. – H. Vater, Einführung in die T. Mchn. ³2001. P, SO

Textnormalisierung Vorverarbeitungsschritt in der ling. Textverarbeitung, bei dem die Formatierungsinformation aus idiosynkrat. Textformaten vom eigentl. Inhalt getrennt wird. Der Text kann dann in ein Standardformat wie XML überführt werden. Z

Textoberfläche ↗ Textsemantik

Textologie ↗ Textlinguistik

Textpartitur Von H. Weinrich (1972) eingeführte Bez. für sein Textanalysemodell, das in einer zweidimensionalen Matrix eine formalisierte Fassung des fortlaufenden Textes registriert und kategoriale Zuordnungen der durch die Verben dominierten syntakt. Informationen des Textes erfasst. T.en sollen Einsichten in best. grammat. Struktureigenschaften von Texten und damit Antworten auf die Frage ermöglichen, was Texte zu Texten macht; ↗ Textgrammatik. **Lit.** H. Weinrich, Die T. als heurist. Methode. DU 24, H. 4, 1972, 43–60. P

Textphorik (griech. φορά (fora) ›Tragen‹. Auch: Textverweise) Mit T. wird das syntakt.-semant. System der ↗ anaphorischen und ↗ kataphorischen Verweisung und Verknüpfung von Textelementen bezeichnet, das auf ↗ Koreferenz formal unterschiedl. Ausdrücke und auf ↗ Rekurrenz basiert, durch ↗ Pro-Formen, ↗ Paraphrasen oder wörtl. Wiederholungen realisiert wird und die Grundlage für die Erscheinungen der ↗ Kohäsion und der ↗ Isotopie bildet. P

Textprogression Als T. wird in Analysemodellen der ↗ Textgrammatik die lineare Abfolge der durch Konnektoren verknüpften Elemente und Sequenzen der Textoberfläche bezeichnet und als regelgeleiteter Prozess der semant. und syntakt. Entfaltung eines Informationskerns bzw. eines ↗ Textthemas beschrieben. P

Textraum ↗ Deixis

Textsemantik Sammelbez. für Forschungsansätze in der ↗ Textlinguistik, deren Schwerpunkt die Ermittlung von Bedingungen und Regeln der Konstituierung der Textbedeutung ist, wobei i. d. R. eine semant. ↗ Ebene von Texten angenommen wird (sog. Texttiefenstruktur, semant. Basisstruktur), die sich aus Propositionen und deren Beziehungen zusammensetzt, und der sog. Textoberfläche, d. h. den linear angeordneten Zeichen und ihren syntakt. Beziehungen, zugrunde liegt. Das Hauptinteresse der T. gilt der ↗ Kohärenz und der Konnexität. Zu den Modellen der T. zählen die ↗ Isotopie, die semant. ↗ Makrostruktur und das ↗ Textthema. P

Textsorte (auch: Texttyp) **1.** In der ↗ empirischen Sprachwissenschaft und in anderen Bereichen sprachwiss. Forschung, in denen empir.-experimentell gearbeitet wird, gilt es, die Besonderheiten un-

terschiedl. T. insbesondere hinsichtl. der vorliegenden ↗ Daten bzw. der eingesetzten Formen der ↗ Datenerhebung und der ↗ Notation zu berücksigen, denn häufig sind Ermittlung, Auswertung und Darstellung sprachl. Realien mit sehr spezif. Interaktionsbedingungen verbunden; ↗ Interview, ↗ Elizitierung. SK – **2.** Eine Erscheinungsform von Texten, die durch best. Eigenschaften charakterisiert ist, die nicht für alle Texte zutreffen. Obwohl jede Einzelspr. Benennungen für unterschiedl. T. wie z. B. Brief, Rezension, Unfallprotokoll, Predigt, Erzählung usw. bereitstellt, mit denen die Sprecher der Spr. offensichtl. ein mehr oder weniger intuitives Wissen über Organisationsprinzipien und über die Eignung der jeweiligen T. für best. kommunikative Zwecke verbinden, sind Versuche zur Explikation dieses Wissens in der ↗ Textlinguistik und der ↗ Texttheorie bisher wenig erfolgreich geblieben, weil differenzierende und konstitutive Merkmale von T. auf unterschiedl. ↗ Ebenen der Textstruktur bzw. der ling. Analyse abzubilden sind. Grundlagen zur Lösung dieses Problems müssen im Rahmen einer ↗ Texttypologie erarbeitet werden. Die zahlreichen konkurrierenden Ansätze zur Beschreibung und Differenzierung von T. gehen je nach der zugrunde gelegten Textauffassung (struktur- oder verwendungsorientiert) oder der Anlehnung an Konzepte der Genretheorie oder der ↗ Rhetorik von unterschiedl. Ordnungsprinzipien aus. So werden in Merkmalsmodellen vor allem konventionalisierte bzw. institutionalisierte T. als best. Kombinationen textinterner und -externer Merkmale, wie z. B. [± monologisch], [± dialogisch], [± spontan], [± mündlich], [± Restriktion im Tempusgebrauch], [± Gebrauch der 3. Person] u. ä. beschrieben. Handlungsorientierte Ansätze betrachten T. als typ. Folgen oder Muster sprachl. Handlungen (↗ Illokution), wobei unterschiedl. allgemeine bzw. spezielle konstitutive Bedingungen als Spezifika von T. angenommen werden. In anderen Modellen gelten Einheiten der Komposition, ihre Abfolge und semant. Füllung als für T. determinierend. Bewährt haben sich solche Ansätze vor allem bei der Beschreibung ↗ narrativer und argumentativer T.; die Psychologie der ↗ Textverarbeitung greift auf solche globalen Einheiten zurück, wenn sie T. als kognitive Schemata behandelt, die Informationen über die Art, die Abfolge und die Verknüpfung von semant. unterschiedl. gefüllten Teiltextkategorien enthalten; ↗ Komposition (2), ↗ Makrostruktur. **Lit.** K. Adamzik, Textsorten. Reflexionen und Analysen. Tübingen 2000. – U. Fix (Hg.), Zur Kulturspezifik von Textsorten. Tübingen 2001. P

Textsyntax (auch: Hypersyntax, Makrosyntax, Supersyntax, Suprasyntax) Bez. für einen Forschungsschwerpunkt der frühen ↗ Textlinguistik und ihren Untersuchungsbereich. Die Basis für die Annahme einer T. bildeten ein an den Eigenschaften des Satzes entwickeltes Textverständnis und die damit einhergehende Fixierung auf satzinterne Erscheinungen mit satzgrenzenüberschreitendem Charakter, z. B. ↗ anaphorische und ↗ kataphorische ↗ Pro-Formen, die ↗ Thema-Rhema-Gliederung, die Tempusfolge usw. (Isenberg 1977, 122). Den transphrast. Elementen wurden entscheidende textkonstituierende Eigenschaften zugeschrieben; von ihrer Untersuchung erhoffte man sich Antworten auf die Frage, was einen Text zum Text macht; ↗ Textgrammatik. **Lit.** H. Isenberg, ›Text‹ vs. ›Satz‹. In: F. Daneš & D. Viehweger (Hgg.), Probleme der Textgrammatik II (SG 18). Bln. 1977, 119–146.   P

Texttechnologie (engl. text technology) Forschungsfeld der ↗ Computerlinguistik, das sich mit der Entwicklung und Anwendung von Verfahren der Informationsstrukturierung und der Analyse sowie dem Austausch digitalisierter Texte beschäftigt. Im Zentrum der Forschung steht dabei die Beschreibung semistrukturierter Daten mithilfe von Repräsentationsmodellen (↗ Dokumententypbeschreibung), (standardisierten) Auszeichnungssprachen (↗ Markup Sprachen, ↗ Hypertext) sowie Algorithmen zur effizienten ↗ Informationserschließung bzw. -extraktion. Die T. findet u. a. Anwendung in der Lexikographie bei der Auszeichnung und Vernetzung digitaler Wörterbücher, in der ↗ Korpuslinguistik bei der Anreicherung digitaler ↗ Korpora um ↗ Metadaten und ling. (Mehrfach-) Annotationen sowie im Bereich ↗ Elektronisches Publizieren. Als allgemeine Standards gelten z. B. der ↗ Corpus Encoding Standard, ↗ Text Encoding Initiative und der Unicode-Zeichensatz. **Lit.** H. Lobin, L. Lemnitzer, T. Perspektiven und Anwendungen. Tübingen 2004. – H. Lobin, Computerlinguistik und T. Stgt. 2009.   Z

Textthema Semant. Informationskern eines ↗ Textes, der durch Verdichtungsoperationen (z. B. eine Zusammenfassung) aus der Textoberfläche abgeleitet und mitunter in einer Überschrift manifestiert wird. Das T. gilt als propositionales Verbindungselement der entfalteten Textstruktur (Mikrostruktur) und bildet die oberste Ebene der ↗ Makrostruktur eines Textes.   P

Texttheorie Im Anschluss an S. J. Schmidt (1973) wird die T. als eine wenig einheitl., eher integrative Theorie der Texte, als System miteinander verbundener Teiltheorien verstanden, die auf jeweils spezif. Eigenschaften von Texten bezogen sind. Sie sollen erklären, wie diese Eigenschaften strukturiert sind und welche Textfunktionen sie wahrnehmen. Eine T., die in wesentl. Teilen erst noch zu bilden ist, müsste Theorien über die Mikrostrukturen, über Teiltextbildung und ↗ Komposition (2) sowie über die Produktion und ↗ Textverarbeitung integrieren, die sich ihrerseits wiederum aus zahlreichen Teiltheorien zusammensetzen. Eine solche T. wäre als Basistheorie aller textorientierten Disziplinen, z. B. der ↗ Textlinguistik, anzusehen. **Lit.** S. J. Schmidt, T. Probleme einer Ling. der sprachl. Kommunikation. Mchn. 1973, ²1976.   P

Texttiefenstruktur ↗ Textsemantik

Text-to-Speech-System (Abk. TTS) Sprachtechnolog. System, das für einen schriftl. Eingabetext eine akust. Sprachausgabe produziert. Das automat. Verfahren basiert auf Graphem-Phonem-Umsetzungen (↗ Transkriptionen), einer ling. Analyse (für die Erzeugung des Wortakzents und der Prosodie) sowie der Synthese mithilfe von akust. und phonet. Modellen; ↗ Sprachsynthese.   Z

Texttyp ↗ Textsorte, ↗ Texttypologie

Texttypologie Theoret. Grundlage für die Klassizierung von Texten, die die Vielfalt mögl. Texte auf eine endl. Menge von Texttypen oder ↗ Textsorten reduziert. Die vorliegenden, mehr oder weniger ausgearbeiteten Grundsätze für eine T. akzentuieren als Typologisierungsbasis (voneinander abweichend) Spezifika des formalen Aufbaus von Texten, ihrer semant. Struktur bzw. der Art und des Grades der Explizitheit in der Entfaltung des ↗ Textthemas, ihre kommunikative Funktion bzw. ihre Verwendung in best. gesellschaftl. Handlungsbereichen oder kommunikativen Situationen, oder die Art der Markiertheit des Adressaten. Auch wenn allgemein akzeptiert wird, dass nur Mehrebenenmodelle dem komplexen Phänomen ↗ Text gerecht werden können und demnach die Basis für eine T. bilden müssen, sind die ↗ Textlinguistik, die ↗ Texttheorie und die ↗ Gesprächsanalyse von einer T., die einerseits hinreichend spezif. und andererseits flexibel genug ist, die unterschiedl. Beschreibungsansätze bzw. Perspektiven auf Texte zu integrieren, noch weit entfernt. **Lit.** ↗ Textsorte, ↗ Textlinguistik.   P

Textualität Gesamtheit der konstitutiven Merkmale von Texten, die eine Abgrenzung ggü. Nicht-Texten ermöglichen sollen. Als wichtigste Merkmale der T. werden die ↗ Kohärenz, die Entfaltung eines ↗ Textthemas, die Erschließbarkeit einer kommunikativen Funktion, die relative Abgeschlossenheit und die Komplexität einer Äußerungsfolge angesehen, wobei die Berücksichtigung oder Wichtung bzw. weitere Differenzierung dieser Merkmale im Rahmen unterschiedl. Theorieansätze der ↗ Textlinguistik uneinheitl. erfolgt.   P

Textura f. (lat. ›Gewebe, Geflecht‹. Auch: Mönchsfraktur) Bez. für die got. ↗ Buchschrift, die durch Streckung und gerade Aufrichtung sowie Brechung der Schäfte, seit Anfang des 13. Jh. auch durch die Bogenverbindung einander zugewandter Bögen (z. B. *be*) und den Anschluss des Rund-*r* aus der *or*-Ligatur an die Bogenbuchstaben *b, d, h, p, v, y,* gekennzeichnet ist. Das geschlossen wirkende Schriftbild ist auch durch Haar- und Schattenstriche geprägt. Im 15. Jh. wird die T. vielfach durch die ↗ Bastarda ersetzt, wozu auch die zunehmende Verwendung von Papier, das für das Schreiben von T. weniger geeignet ist, beigetragen hat. Für liturg. Texte und Schulbücher wird T. auch im Frühdruck verwendet.   EN

Textverstehen ↗ Textverarbeitung (2).

Textverweise ↗ Textphorik

tf-idf (tf: Abk. für ›term frequency‹, idf: Abk. für ›inverse document frequency‹) tf-idf ist eine Gewichtungsmethode für Terme beim ↗ Information Retrieval. Die Relevanz oder Bedeutung eines Terms ist umso höher, je öfter er in einem Dokument vorkommt und je niedriger seine Dokumentenhäufigkeit ist (die Anzahl der Dokumente, in denen der Term vorkommt). **Z**

Thai ↗ Sino-Tibetische Sprachen

Thao ↗ Formosa-Sprachen

Thema n. (griech. ϑέμα ›Satz, Thema, Stammwort‹. Auch: Topik, psychologisches Subjekt. Engl. theme, frz. thème) **1.** Von der ↗ Prager Schule eingeführter Terminus zur funktionalen Beschreibung derjenigen Satzteile, über die im Satz etwas ausgesagt wird. Das ↗ Rhema ist der Teil des Satzes, der diese zusätzl. Information bereitstellt. Die ↗ Thema-Rhema-Gliederung bestimmt Satzglieder nach ihrem Informationswert und nicht nach ihrer syntakt. Funktion. Das Th. muss weder das grammat. Subjekt des Satzes sein noch steht es notwendig am Satzanfang (↗ Topikalisierung). Entscheidend ist die durch Kontext, Kommunikationssituation oder Vorerwähnung gegebene Identifizierbarkeit als bekanntes Element im Satz. **2.** In der ↗ Rektions-Bindungs-Theorie Bez. für die ↗ thematische Rolle der Entität, die bewegt oder beeinflusst wird. **Lit.** L. Haegeman, Introduction to Government and Binding Theory. Oxford 1993. **ES**

Thema-Rhema-Gliederung ↗ Funktionale Satzperspektive

Thematische Flexion ↗ Themavokal

Thematische Progression Relation der aufeinanderfolgenden Themen innerhalb eines Textes zu den jeweils vorangehenden und folgenden Thema-Rhema-Einheiten, die den linearen Bedeutungszuwachs konstituiert und damit zur Ausprägung des Textthemas und der ↗ Textkohärenz beiträgt. Nach Art der Themenabfolge unterscheidet Daneš (1970) fünf Typen der Th.P., die im Text i.d.R. kombiniert auftreten. **Lit.** F. Daneš, Zur ling. Analyse der Textstruktur. FoL 4, 1970, 72–78. – Ders., Zur semant. und themat. Struktur des Kommunikats. In: Ders. & D. Viehweger (Hgg.), Probleme der Textgrammatik (SG 9). Bln. 1976, 29–40. **P**

Thematische Relation ↗ Theta-Rolle

Thematische Rolle ↗ Theta-Kriterium, ↗ Theta-Rolle

Themavokal (auch: Kennlaut, Bindevokal. Engl. linking vowel) Bez. für vokalische Einschübe zwischen Stämmen und Flexionen, etwa die ↗ Kennlaute der lat. Deklinationsmuster (ā, ō, i, u, ē) oder der vokalische Einschub zwischen konsonant. endenden Stämmen und konsonant. anlautenden Flexiven (lat. *leg-i-tis, leg-i-mus, leg-unt*). Die T. der klass. Spr. wurden als kompositionale Bindeelemente (Bauer 1998, 406) reanalysiert, z.B. *Agronom* (griech. T.) vs. *Agrikultur* (lat. T.). Sie

sind damit funktional den ↗ Fugen vergleichbar. **Lit.** L. Bauer, Is there a Class of Neoclassical Compounds, and if so is it Productive? In: Linguistics 36/3, 1998, 403–422. **ES**

Theorem (auch: Lehrsatz) Aussage, die in einem wissenschaftl. System aus dessen Grundannahmen abgeleitet werden kann. **SO**

Theoretische Sprachwissenschaft Unter th. S. versteht man im Allgemeinen jenen Zweig der Sprachwiss., in dessen Mittelpunkt heurist. Vorbereitung, Konzeption und Ausarbeitung sprachwiss. Theorien stehen. Th. S. steht – je nach Gesichtspunkt – der empir. oder der angewandten Sprachwiss. zur Seite; ↗ Sprachtheorie. **T**

Theorie ↗ Sprachtheorie

Theorie des Artikulators (TdA) Eine von W. Thümmel auf der Grundlage von Vorarbeiten von B.-N. Grunig entwickelte axiomatisierte Metatheorie der Grammatik, die Elemente verschiedener grammat. Traditionen (u.a. ↗ Dependenzgrammatik, ↗ Phrasenstrukturgrammatik, ↗ Kategorialgrammatik, ↗ Unifikationsgrammatik) in einem einheitl. formalen System rekonstruiert. Die Basis der TdA bildet eine Menge von – jeweils für sich genommen – relativ schwachen Axiomen, die in der einen oder anderen Ausformung von fast allen grammatiktheoret. Traditionen vertreten werden. Durch Kombination der Axiome untereinander bzw. durch die Hinzunahme zusätzl. Annahmen (»Hypothesen«) lassen sich innerhalb der TdA jedoch relativ weitgehende Theoreme ableiten, mit denen durchaus nicht alle übl. grammat. Beschreibungssysteme kompatibel sind. Bekanntestes Beispiel ist das ›Theorem der Erhaltung der Minimaleinheiten‹, das zu best. Verwendungsweisen von ↗ leeren Kategorien, leeren Morphemen (↗ Nullmorphem) u.in. in Widerspruch steht. **Lit.** B.-N. Grunig, Structure sous-jacente: essai sur les fondements théoriques. Lille 1981. – W. Thümmel, Die Architektur der Theorie des Artikulators. In: Forschungsstelle für Artikulationsprozesse (Hg.), Sprachstrukturen und Sprachprozesse. Osnabrück 1996. **L**

Theoriesprache 1. ↗ Metasprache(n), in der (in denen) theoret. Aussagen über objektsprachl. Sachverhalte gemacht werden. **2.** In der Fachsprachenforschung Bez. für die expliziteste, auf die jeweilige Wiss. bezogene, normierte Variante einer ↗ Fachsprache; ↗ Verbrauchersprache, ↗ Werkstattsprache. **G**

Thesaurus (griech. ϑησαυρός ›Schatz(haus)‹ **1.** (Auch: onomasiologisches Wörterbuch, Begriffswörterbuch. Engl. thesaurus, frz. dictionnaire idéologique) Wiss. Wb., das den Anspruch erhebt, den Wortschatz einer Spr., einer Sprachstufe oder eines Autors vollständig zu dokumentieren und zu erläutern, z.B. der *Th. linguae latinae* (1894 ff.) oder das *Goethe-Wb.* **2.** Teil eines Dokumentationssystems, der es ermöglicht, in den dokumentierten Texten einzelne Stichwörter zu finden. **Lit.** G. Wersig,

Th.-Leitfaden: Eine Einf. in das Th.-Prinzip in Theorie und Praxis. Mchn. 1985. – C. Marello, The Th. In: HSK 5.2., 1083–1094.   G

Thesei ↗ Physei

Theta-Bindung (θ (theta): griech. Buchstabe. Abk. für »Themat. Rolle«) **1.** Mechanismus der Sättigung von ↗ Prädikaten; ↗ Theta-Markierung, ↗ Theta-Identifikation. Nach Higginbotham (1985) bindet ↗ DET die Theta-Rolle seines ↗ Nomens (ein einstelliges Prädikat) innerhalb der ↗ Nominalphrase, so dass diese nicht mehr weiter vererbt werden kann. **2.** Reformulierung der ↗ Bindungstheorie in Williams (1994) auf Grundlage themat. Relationen. **Lit.** ↗ Theta-Raster. – E. Williams, Thematic Structure in Syntax. Cambridge, Mass. 1994.   SB

Theta-Identifikation Mechanismus der Sättigung von ↗ Prädikaten; ↗ Theta-Markierung, ↗ Theta-Bindung. Bei adjektivischer Modifikation wird nach Higginbotham (1985) eine Theta-Rolle des ↗ Adjektivs mit der des ↗ Nomens identifiziert. Im Beispiel *gelbe Blume* erhalten wir dadurch die Interpretation *gelb*⟨x⟩ & *blume*⟨x⟩. **Lit.** ↗ Theta-Raster.   SB

Theta-Kriterium Im Rahmen der ↗ Rektions-Bindungs-Theorie und ihrer Folgemodelle (↗ Barrieren-Theorie) postuliertes Prinzip, das besagt, dass jeder ↗ Theta-Rolle genau ein ↗ Argument entsprechen muss und umgekehrt. Dem Th.-K. zufolge werden Sätze wie **Peter schläft Maria* (1 Argument zu viel) oder **Es schlafen* (1 Argument zu wenig, vgl. *Es schlafen die Kinder*) ausgeschlossen. **Lit.** ↗ Theta-Rolle, ↗ Rektions-Bindungs-Theorie, ↗ Barrieren-Theorie.   F

Theta-Markierung Mechanismus der Sättigung von ↗ Prädikaten. Ein Ausdruck ist theta-markiert, wenn er in einer Position steht, an die ein lexikal. ↗ Kopf eine ↗ Theta-Rolle zuweist. Nach Higginbotham (1985) wird z.B. eine Theta-Rolle eines Verbs (↗ Rektion) lokal an dessen ↗ Schwester zugewiesen. Die nicht zugewiesenen Theta-Rollen werden an die nächsthöhere Projektionsebene vererbt und können dort wieder lokal zugewiesen werden. Williams (1994) argumentiert dafür, dass das ↗ Subjekt einen besonderen Status hat. Die Theta-Rolle des Subjekts wird ›extern‹ der VP zugewiesen, die diese vom Verb ererbt hat. Positionen, die theta-markiert sind, werden A-Positionen genannt. Typ. A-Positionen sind der Spezifikator von ↗ IP und das ↗ Komplement des Verbs. Nicht theta-markierte Positionen werden A-quer- (oder A-bar-) Positionen genannt. So sind z.B. der Spezifikator von ↗ CP und die Subjektposition des Verbs *scheinen* A-quer-Positionen. Das Konzept der Th.-M. und der A-quer-Position spielt bei ↗ Bewegungstransformationen und in der ↗ Barrieren-Theorie eine entscheidende Rolle. **Lit.** ↗ Theta-Raster. – E. Williams, Thematic Structure in Syntax. Cambridge, Mass. 1994.   SB

Theta-Raster Teil eines Lexikoneintrags, in dem Anzahl und Art der ↗ Theta-Rollen aufgelistet wer-

den. Das Th.-R. ist das semant. Gegenstück zur syntakt. ↗ Subkategorisierung, enthält im Unterschied zu dieser aber auch Informationen über das ↗ Subjekt. Nach Higginbotham (1985) ist auch die Ereignisvariable Bestandteil des Th.-R. Verben wie *trinken* mit einem syntakt. optionalen direkten Objekt haben z.B. das Th.-R. ⟨Agens, Thema, E⟩ und den Subkategorisierungsrahmen [__ (NP)]. Im Rahmen der GG gibt es darüber hinaus Versuche, die syntakt. Subkategorisierung (kategoriale oder c-Selektion) aus dem Th.-R. (semant. oder s-Selektion) abzuleiten *(canonical structural realization).* **Lit.** ↗ Theta-Rolle. – N. Chomsky, Knowledge of Language. N. Y. 1986. – G. Fanselow & S. Felix, Sprachtheorie. Bd. 2, Tübingen 1987. – J. Grimshaw, Argument Structure. Cambridge, Mass. 1990. – J. Higginbotham, On semantics, LIn 16, 1985, 547–593. – A. von Stechow & W. Sternefeld, Bausteine syntakt. Wissens. Opladen 1988. – T. Stowell, Origins of Phrase Structure. Cambridge, Mass. 1981.   SB

Theta-Rolle (auch: θ-Rolle, nach dem griech. Buchstaben θ ›theta‹ Abk. für ›Themat. Rolle‹. Auch: themat. Relation, ↗ Tiefenkasus) Auf Gruber (1967) zurückgehende, im Rahmen der ↗ Kasusgrammatik ausführl. diskutierte semant. Größe. T.-R. generalisieren semant.-konzeptuelle Eigenschaften des zwischen einem Verb und seinen Ergänzungen bestehenden grammat. Verhältnisses. Die einzelnen T.-R. werden mit Begriffen wie ↗ Agens, ↗ Patiens, ↗ Thema, Quelle, Ziel, ↗ Experiencer, ↗ Instrumental (2) expliziert; z.B. schreibt man in Sätzen wie *Ihm graut vor Eva; Eva ängstigt ihm; Er fürchtet Eva* den syntakt. Einheiten *ihm, er* gleichermaßen die T.-R. *Experiencer* zu. Das Konzept der T.-R. zielt darauf ab, (a) T.-R. in ihrer Anzahl zu begrenzen, (b) die von einzelnen Verben geforderten T.-R. aus ihrer Bedeutung zu erschließen und (c) die syntakt. Realisierung von T.-R. (ggf. aufgrund universaler Prinzipien) vorherzusagen. Im Rahmen der ↗ EST und ihrer Folgemodelle erhielt die Diskussion um T.-R. durch die auf der Basis des ↗ Projektionsprinzips erfolgte Einführung ↗ leerer Kategorien in die syntakt. Strukturbeschreibung eine zentrale Bedeutung: In einer mit ↗ leeren Kategorien versehenen Struktur ist unklar, ob strukturell angesetzte und ggf. mit einer leeren Kategorie besetzte Positionen als Argumente eines Verbs interpretiert werden dürfen oder nicht. Die entspr. Regularitäten werden durch die sog. θ (-R.)-Theorie generalisierend erfasst, auf welche wiederum andere Komponenten (↗ Bindungstheorie, ↗ Kontrolle) bzw. Mechanismen (z.B. ↗ Bewegung) der betreffenden Modelle zurückgreifen: Das sog. θ (-R.)-Kriterium besagt, dass jeder θ-R. genau ein ↗ Argument eines entspr. Prädikats entsprechen muss und umgekehrt. Dem θ (-R.)-Kriterium zufolge sind Sätze wie (a) **Er graut ihm vor Eva* oder (b) **Es schlafen* ausgeschlossen: (a) hat im Ggs. zu *Es* *graut ihm vor Eva* ein Argument zu viel, da *es* keine θ-R. repräsentiert, (b) hat ein Argument zu wenig, da *es* keine θ-R. repräsentiert wie in *Es schlafen die Kinder.* Im Rahmen des ↗ Minimalismus wird das θ (-R.n)-Kriterium durch das Prinzip der vollständigen Interpretation (Principle of Full Interpretation, ↗ Generative Ökonomieprinzipien) ersetzt. **Lit.** M. Baker, Thematic Roles and Syntactic Structure. In: L. Haegeman (ed.), Elements of Grammar. Dordrecht 1997, 73–137. – T. Bhattacharya, E. Reuland & G. Spathas (eds.), Argument Structure. Amsterdam 2007. – H. Park, A Minimalist Approach to Null Subjects and Objects in Second Language Acquisition. Second Language Research, 20.1, 2004, 1–32. – D. Dowty, Thematic Proto-Roles and Argument Selection. Lg. 67, 1991, 547–619. – J. Grimshaw, Argument Structure. Cambridge, Mass. 1990. – J. Gruber, Functions of the Lexicon in Formal Descriptive Grammar. Santa Monica 1967. – H. Härtel, CAUSE und CHANGE: Themat. Relationen und Ereignisstrukturen in Konzeptualisierung und Grammatikalisierung. Bln. 2001. – M. Hummel & R. Kailuweit (Hgg.), Semant. Rollen. Tübingen 2005. – J.-P. Koenig & A. R. Davis, Semantically Transparent Linking in HPSG. In: S. Müller (ed.), Proceedings of the HPSG03 Conference, Michigan State Univ. Stanford 2003, 222–235. – B. Primus, Case and Thematic Roles. Ergative, Accusative and Active. Tübingen 1999. – T. Reinhart, The Theta System. TL 28, 2003, 229–291. **F**

Theta-Rollen-Absorption ↗ Absorption

Theta-Theorie ↗ Theta-Rolle

Thorax ↗ Brust

Thrakisch ↗ Indogermanische Sprachen

Thümmelsches Paradoxon Um Sprachen voneinander und von ihren Varietäten (Dialekten, Soziolekten usw.) unterscheiden zu können, muss geklärt sein, unter welchen Bedingungen ein sprachl. System und die darauf beruhenden Sprachäußerungen »Sprache« heißen sollen. Um diese Bedingungen klären zu können, ist jedoch eine Abgrenzung von anderen Systemen und darauf beruhenden Sprachäußerungen notwendig. Dieser Sachverhalt wird mitunter als Th. P. bezeichnet. **Lit.** W. Thümmel, Kann man Sprachen zählen? OBST 4, 1977, 36–60. **G**

Thüringisch In sich stark gegliederter Dialektverband des ↗ Ostmitteldeutschen. Seine Zusammengehörigkeit definiert sich weniger aus innerer struktureller Eigenständigkeit als aus den Abgrenzungen zu den benachbarten Dialektverbänden des ↗ Nieder- und ↗ Osthessischen im Westen, des ↗ Obersächsischen im Osten, des Oberdt.- ↗ Ostfränkischen im Süden und des Niederdt.-↗ Ostfälischen im Norden. Zu den drei erstgenannten Dialektverbänden weist das Th. breite Interferenzräume auf; das nördl. Th. ist wie das ↗ Nordobersächsisch-Südmärkische als ehemals niederdt. Gebiet zum ↗ Hochdeutschen übergetreten; Karte ↗ Dialekt. Auffällige Unterschiede (bei zahlreichen Gemeinsamkeiten)

zum Nieder- und Osthess.: th. *fund* ›Pfund‹ vs. nieder- und osthess. *pund*; zum Obersächsischen: th. *mache* ›machen (Inf.)‹, *machen* ›machen (1./3. Pers. Plural)‹ vs. obersächs. einheitl. *machen*; zum Ostfränk.: th. *gefuŋə* vs. ostfränk. *gefun(d)ə*, th. Dim.-Suffix {-chen} vs. ostfränk. {-le/-la}. Die Grenze zum Ostfäl. definiert sich durch die (zweite oder hochdt.) ↗ Lautverschiebung. **Lit.** H. Rosenkranz, Der th. Sprachraum. Halle a. S. 1964. – K. Spangenberg, Laut- und Formeninventar th. Dialekte. Bln. 1993. – P. Wiesinger, Die Einteilung der dt. Dialekte. HSK 1, II, 859–862. – Thüring. Wb. Bd. 1 ff. Bln. 1966 ff. **DD**

Thurneysens Gesetz (auch: Spirantendissimilationsgesetz) Von R. Thurneysen (1857–1940) beschriebene Verteilerregel, der zufolge ein Spirant im Got. unmittelbar nach stl. anlautender, unbetonter Silbe sth. (*'hatizis*, *'fastubni*) und nach sth. anlautender, unbetonter Silbe stl. (*'agisis*, *'waldufni*) wurde. Stimmhaftigkeit trat auch bei silbenanlautender Konsonantengruppe mit Halbvokal ein (*'weitwōds*, *'auhjōdus*), Stimmlosigkeit dagegen bei silbenanlautender Konsonantengruppe mit Liquid (*'brōþrahans*, *'niuklahs*). Wie die got. ↗ Auslautverhärtung durchkreuzt T. G. die Wirkung von ↗ Verners Gesetz. Seine Gesetzmäßigkeit wird jedoch wegen zahlreicher Ausnahmen (insbes. in der Alternation von *h* : *g*) in Frage gestellt. **Lit.** W. Braune & F. Heidermanns, Got. Grammatik. Tübingen [20]2004. **RK**

Tibetisch ↗ Sino-Tibetische Sprachen

Tibeto-Burmanische Sprachen ↗ Sino-Tibetische Sprachen

Tief ↗ Hoch

Tiefengrammatik ↗ Tiefenstruktur

Tiefenhypothese In der Psycholing. der 60er Jahre diskutierte Hypothese, dass die Tiefe struktureller Einschachtelungen im Satz bzw. in der Wortgruppe die Zahl von 7 phrasenstrukturellen Ebenen oder Rängen nicht überschreiten dürfe, weil sonst die natürl. Kapazität des Kurzzeitgedächtnisses überschritten wäre; ↗ Gedächtnis. Über das Maß für die Tiefe syntakt. Verzweigungen kann man natürl. (auch in einer ↗ Phrasenstrukturgrammatik) streiten, auch darüber, ob die Kapazität des Kurzzeitgedächtnisses für unverbundene Elemente sich unmittelbar in Restriktionen für diese Verzweigungstiefe verwandeln lässt. Daneben begegnet der Ausdruck T. auch unterminolog. für die (gleichfalls ältere) Ansicht, das relevante Format für die Verarbeitung und Speicherung von Sätzen sei nicht deren ↗ Oberflächenstruktur, sondern eben die (quasi-propositionale) syntakt. ↗ Tiefenstruktur der älteren GG. **KN**

Tiefenkasus Im Gegensatz zu den morpholog. markierten (Oberflächen-) ↗ Kasus (Kasusformen) repräsentieren die T. in der ↗ Kasusgrammatik als Phänomene der grammat. Tiefenstruktur Beziehungen zwischen dem Verb und Nominalphrasen. Diese Beziehungen sind nicht aus den Oberflächen-Kasus-

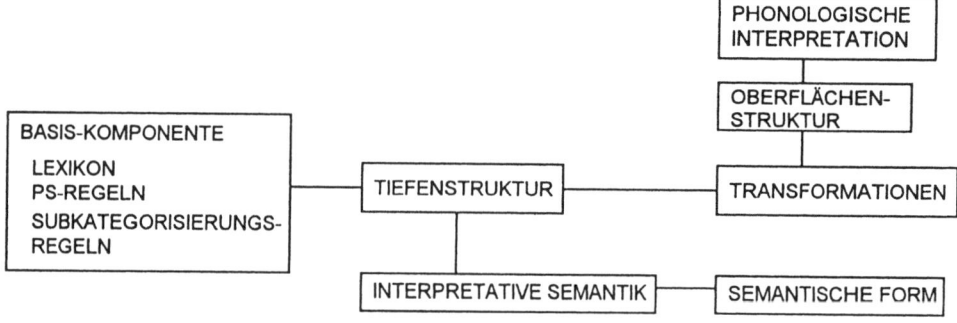

Architektur des Aspektemodells

formen ableitbar und auch weitgehend neutral gegenüber syntakt. Tiefenstruktur-Relationen wie Subjekt, direktes und indirektes Objekt usw. Die (mehrfach revidierte) Liste der T. in Fillmore (1968) umfasste: ↗ Agentiv, ↗ Instrumental, ↗ Dativ, ↗ Faktitiv, ↗ Lokativ, ↗ Objektiv. In jedem Stadium der Theorie-Entwicklung blieben Zahl, Status und Definitionen der T. mehr oder weniger umstritten. Zentral für die Konzeption der Kasusgrammatik sind die Annahmen, (a) dass die T. generalisierende Abstraktionen der individuellen semant. Relationen des konkreten Einzelverbs sind, (b) dass eine zahlenmäßig begrenzte und überschaubare Zahl von T. angesetzt werden kann und (c) dass jeder T. in jedem einfachen Satz nur einmal vorkommen kann. Der Nachweis, dass die T. eine Liste selbständiger, eindeutig abgrenzbarer semant. Relationen darstellen und dass die o.g. Annahmen in der grammat. Beschreibung praktikabel sind, ist bislang trotz des hohen Plausibilitätsgrads dieses Konzepts nicht erbracht worden. Theoret. Versuche zur Überwindung der begriffl. Unschärfe bei der Definition der T. erfolgten (a) durch Postulierung eines rein syntakt. Status der T. und Reduktion ihrer Zahl durch axiomat. Einschränkungen (Starosta); (b) durch die Ableitung der T. aus einem ursprüngl. exklusiv lokalen System von Relationen (lokalist. Ansatz: J. Anderson); (c) durch Anbindung ihrer Definition an die Verbsemantik bzw. an semant. Charakteristika von Sachverhaltstypen (W. Chafe; vgl. Pleines 1977); (d) durch explizite Einbettung der ling. Beschreibung in die kognitive Psychologie und Scenes-and-Frames-Semantik; ↗ Rahmen). Gegenläufig zu den genannten Ansätzen ist auch versucht worden, die Vagheit der T.-Definitionen als den tatsächl. sprachl. Gegebenheiten angemessen zu betrachten und zur Bestimmung der einzelnen T. ledigl. eine weitgefasste Grundbeschreibung anzusetzen (↗ Prototypensemantik), mit der der konkrete Einzelfall mehr oder weniger stark übereinstimmt (sog. Familienähnlichkeit; ↗ Ähnlichkeit (5)). **Lit.** ↗ Kasusgrammatik.   PL

Tiefenstruktur (auch: Basisstruktur, zugrundeliegende Struktur. In der ↗ REST und ↗ Rektions-Bindungs-Theorie: D-Struktur, Abk. für engl. deep structure. Frz. structure profonde) Auf traditionelle Ideen, v.a. auf die Grammatik von Port Royal (17. Jh.) und W. v. Humboldts ↗ Innere Sprachform zurückgehende syntakt. Ebene im Rahmen der GG, die in Chomsky, Aspects, das Konzept der ↗ Kernsätze ablöste. Die T. ist eine syntakt. Struktur, welche alle für ↗ Transformationen wichtigen Informationen wiedergibt. Dies sind einerseits strukturelle Informationen, welche sich auf die hierarch. (und u.U. lineare) Anordnung von Konstituenten beziehen, und andererseits Informationen von Lexikoneinträgen (↗ Basiskomponente), die aus der abstrakten Lexikonkomponente stammen und in der T. als ↗ Endsymbole auftreten. Die T. wird von der Basiskomponente erzeugt, und zwar durch das Zusammenwirken von ↗ Phrasenstrukturregeln (PS-Regeln) und für die betreffenden Lexikoneinträge spezif. Regeln der ↗ Subkategorisierung. In Chomsky, Aspects, ist die T. die Eingabestruktur für transformationelle Operationen einerseits, für die ↗ Interpretative Semantik andererseits, und weist somit drei Schnittstellen auf (vgl. Abb. »Architektur des Aspektemodells«). Das Konzept des ↗ Aspekte-Modells stieß auf Kritik von verschiedenen Seiten, welche erstens in die Entwicklung der ↗ generativen Semantik und in deren Folge in diverse Ansätze der ↗ Kognitiven Linguistik mündete, zweitens in Konzeptionen von ↗ Oberflächensyntaxen, drittens in Revisionen des Modells selbst in Form der ↗ EST, ↗ REST, ↗ Rektions-Bindungs-Theorie und des ↗ Minimalismus sowie in Alternativmodelle (↗ Unifikationsgrammatiken). Die revidierten Versionen EST, REST und Rektions-Bindungs-Theorie basieren auf der Idee, dass die T. ledigl. Informationen über bestimmte Relationen zwischen den Konstituenten repräsentiert, welche auf allen durch ↗ Transformationen erzeugten Ebenen der ↗ Ableitung erhalten bleiben, so dass die semant. Interpretation

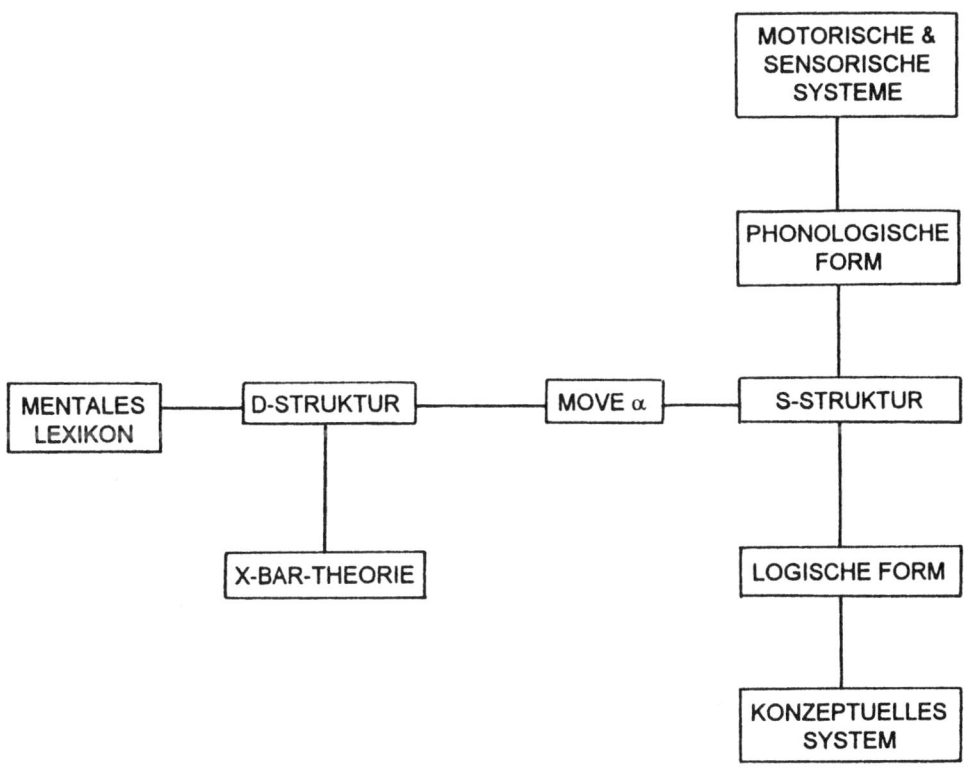

Architektur der Rektions-Bindungs-Theorie

erst nach dem Operieren von Transformationen stattfindet. Semant. und phonolog. Interpretation erhalten hiermit gleichwertigen Status als auf (nun allerdings relativ abstrakten) ↗ Oberflächenstrukturen operierende Komponenten, eine Konzeption, die im Prinzip auch noch für den ↗ Minimalismus gilt. Die in der REST und der Rektions-Bindungs-Theorie D-Struktur genannte T. repräsentiert über die strukturellen Informationen der ↗ X-Bar-Theorie Theta-Strukturen (↗ Theta-Rolle, ↗ Theta-Kriterium), die ↗ Projektionen von ↗ Argumenten darstellen, für welche entspr. Lexikoneinträge spezifiziert werden. Die D-Struktur ist somit die direkte Schnittstelle zur Lexikonkomponente, die ein ↗ mentales Lexikon abbilden soll. Die Korrektheit der erzeugten D-Strukturen wird durch das ↗ Projektionsprinzip, durch generelle Prinzipien und ↗ Beschränkungen der Theorie gewährleistet. Die D-Struktur wird mittels der Transformationskomponente der Syntax, die nur noch aus dem Prinzip ↗ Move α besteht (mit α als Variable für sprachspezif. festzulegende Kategorien), in eine S-Struktur (↗ Oberflächenstruktur) überführt. Die S-Struktur ist die Eingabestruktur für die phonolog. Form (PF) und die ↗ logische Form (LF). PF ist die Schnittstelle zum motor. und sensor. System, LF ist die Schnittstelle zum konzeptuellen System. Die Gesamt-Architektur des Modells ist in Abb. »Architektur der Rektions-Bindungs-Theorie« veranschaulicht. Auf der Grundlage der dem ↗ Mentalismus und dem ↗ Nativismus verpflichteten Philosophie N. Chomskys geht die Rektions-Bindungs-Theorie (ebenso wie der Minimalismus) davon aus, dass die Grammatik einer Einzelspr. eine spezif. Auswahl aus einem genet. determinierten Potential möglicher sprachl. Strukturen trifft, welches in Form von ↗ Parametern erfasst werden soll. Die strukturell mögl. D-Strukturen und die Möglichkeit ihrer transformationellen Veränderung werden durch die ↗ Universalgrammatik begrenzt. Der ↗ Spracherwerb einer Einzelspr. besteht nach dieser Auffassung im Erwerb lexikal. Idiosynkrasien und der Parameter-Spezifikationen (↗ Spracherwerbsmechanismus). Lit. ↗ GG.   F

Tiefensuche ↗ Suchalgorithmus

Tiefenverb ↗ Kasusgrammatik

Tiefstufe ↗ Ablaut, ↗ Abstufung

Tiefton ↗ Hochton

Tiersprache Metaphor. Ausdruck zur Bez. animal. Zeichenbildung und -verwendung. Höhere Gattungen (Arthropoden, Reptilien, Vögel, Säugetiere) bilden bestimmte Verfahren der intra- und interspezif. Kommunikation aus (↗ Zoosemiotik), die sich nach Funktionen und Mitteln voneinander unterscheiden. Funktionen der animal. Kommunikation umfassen Identitätssignale (Mitteilungen über Art, Geschlecht, Alter, ggf. individuelle Merkmale), Zeichen für die Herstellung und Aufrechterhaltung sozialer Beziehungen (z. B. Revierabgrenzung durch die Symbolisierung von Aggressions- oder Verteidigungsbereitschaft, den Ausdruck von Paarungsabsichten, von Schutzsuche oder Schutzgewährung, von Warnung vor Gefahren, von Konkurrenz oder Unterwerfung u. a.) und Mitteilungen über die Beschaffenheit der äußeren Welt (z. B. Hinweise auf Art, Lage, Qualität und Größe von Nahrungsquellen). Die Mittel der T. sind vielfältig und hängen ab von den Ausdrucks- und Perzeptionsmöglichkeiten der einzelnen Art. Am verbreitetsten sind chem. Signalträger (Pheromone), die über Chemorezeptoren (olfaktive, d. h. Riechorgane, und/oder gustative, d. h. Geschmacksorgane) wahrgenommen werden. Taktile Signale (↗ Tastsinn) werden durch Körperkontakt oder die Emission und Aufnahme von Vibrationen übermittelt. Elektr. Signale werden von gewissen Knochenfischen kommunikativ eingesetzt, therm. Signale von manchen Schlangen. Opt. oder visuelle Signale setzen Photorezeptoren (Sehorgane) voraus, die Licht aufnehmen. Manche Insekten- und Fischarten verfügen über körpereigene photophor. Organe (Biolumineszenz). Die Sehkraft vieler Arten (z. B. Raubvögel) übersteigt diejenige des Menschen beträchtlich (im ultravioletten Bereich z. B. bei Bienen, im infraroten Bereich bei sog. Nachttieren). Die visuellen Signale können eingeteilt werden in solche der Orientierung, der Gestalt (z. B. Körperform und -färbung bei Mimikry) und der Bewegung (Körperhaltung, Haltung und Bewegung einzelner Körperteile, z. B. Beine, Schwanz oder Fell, Gesichtsausdruck, Kommunikation durch Blickkontakt; ↗ Augenkommunikation). Akust. Signale können vokal (bei Säugern im Kehlkopf, bei Vögeln in der Syrinx) oder nichtvokal erzeugt werden, z. B. durch Klopfen, Trommeln, Stridulieren (d. h. Aneinanderreiben von Stacheln, Schuppen u. dgl.), bei Insekten auch Erzeugen von Membranschwingungen. Die Perzeption erfolgt durch ein Hörorgan, das auch Richtung und Entfernung der Schallquelle wahrnimmt und die Grenzen des menschl. ↗ Hörfelds z. T. weit überschreitet. Akust. Zeichen in T. sind ↗ autosemantisch, sie haben keine zweite Gliederungsebene (↗ doppelte Artikulation) wie die menschl. Sprache. So ist zwar der Gesang vieler Vogelarten reich differenziert in Töne, phrasenartige Tonfolgen, Strophen und Strophenfolgen, aber ihnen entspricht keine semant.

Differenzierung, d. h. mit *einem* bestimmten Gesangstyp ist jeweils *ein* bestimmter Zeicheninhalt verbunden; ähnl. bei den Gesängen der Wale. Höhere Tiere verfügen oft über Kommunikationssysteme, in denen mehrere Mittel und Funktionen von T. miteinander verbunden sind. So verwenden Wölfe in der intraspezif. Kommunikation visuelle, akust., taktile und olfakt. Signale, deren Zusammenspiel untersucht werden muss, um Einsichten in die T. dieser Art zu erwerben. **Lit.** F. Kainz, Die »Sprache« der Tiere. Stgt. 1961. – K. von Frisch, Tanzspr. und Orientierung der Bienen. Bln. 1965. – P. Ekman (ed.), Darwin and Facial Expression. N. Y. 1973. – H. H. Shorey, Animal Communication by Pheromones. N. Y. 1976. – Th. A. Sebeok & J. Umiker-Sebeok (eds.), Speaking of Apes. N. Y. 1980. – S. R. Anderson, Doctor Dolittle's Delusion: Animals and the Uniqueness of Human Language. New Haven u. a. 2004. – W. A. Hillix & D. M. Rumbaugh, Animal Bodies, Human Minds: Ape, Dolphin, and Parrot Language Skills. N. Y. u. a. 2004. – M. Tomasello, Die Ursprünge der menschl. Kommunikation. Ffm 2009. – P. Baumann, Die Spr. der Tiere. Stgt. 1992. **G**

Tifinagh-Schrift Von den Tuareg (↗ Tamaschek) noch heute verwendete alphabet. Schrift, deren Ursprung ins 6. Jh. v. Chr. zurückreicht (sog. ›libysche Inschriften‹). Die T.-S. wurde auch für Bibelübersetzungen verwendet. Versuche in den 1970er Jahren, eine modifizierte Form der T.-S. auch für die Berbersprachen Algeriens und Marokkos zu verwenden, setzten sich nicht durch. **Lit.** M. Aghali Zakara & J. Drouin, Recherches sur les tifinagh. Comptes rendus du Groupe linguistique d'études chamito-sémitique, 18–23, 1978, 245 ff., 279 ff. **RE**

Tigre ↗ Äthiosemitische Sprache ohne schriftl. Überlieferung mit ca. 600 000 Sprechern in Eritrea und im Sudan. T. steht dem ↗ Ge'ez sehr nahe, die Laryngale sind erhalten. T. wird durch ↗ Arabisch und ↗ Tigrinya stark zurückgedrängt. **WI**

Tigrinya ↗ Äthiosemitische Sprache mit ca. 7 Mio. Sprechern in Eritrea und Tigre, enge Verwandtschaft mit dem ↗ Ge'ez, erst seit dem 2. Weltkrieg Schriftspr. **WI**

Tikuna (auch: Ticuna, Tukuna) Isolierte Spr., Sprachgebiet: die Ufer des Amazonas im Grenzgebiet Brasiliens, Kolumbiens und Perus. Ca. 35 000 Sprecher; Tonspr.; Karte ↗ Südamerikanische Sprachen, im Anhang. **Lit.** A. D. Rodrigues, Línguas brasileiras. São Paulo 1986. – M. E. Montes Rodríguez, Tonología de la lengua ticuna. Bogotá 1995. **AD**

Tilde f. (span. tilde < lat. titulus ›Aufschrift, Überschrift‹) **1.** ↗ Diakritikon in Gestalt einer liegenden Schlangenlinie über dem modifizierten ↗ Buchstaben, im Span. zur Markierung der Palatalität des ñ, z. B. *señor* ›Herr‹, im Portugies. zur Bez. der Nasalität (bei ã, õ, sonst durch folgendes -n-, -m-), z. B. *leão* [liãu] ›Löwe‹, *estações* [iʃtasõiʃ] ›Bahnhöfe‹, im Vietnames. zur Bez. eines Tonhöhenverlaufs. Im Grönländ. wird die T. über ein Vokalgraphem gesetzt, wenn der bezeichnete Vokal lang und der ihm folgende Konsonant ebenfalls lang ist. **2.** Wiederholungszeichen z.B. in Lexika, z.B. *Haustür, ~freund, ~frau.*   G

Tilgung (auch: Eliminierung, Deletion. Engl. deletion, frz. effacement) **1.** Prozess des Wegfallens einer ling. Einheit; Dehnung. PM – **2.** In Chomsky, Aspects, angenommene elementare ⁊ Transformation zur T. von in tieferen Strukturebenen angesetzten Konstituenten. Die T.-Hypothesen unterliegen der Beschränkung durch ⁊ Rekonstruierbarkeit. Verschiedene Konzeptionen von T. wurden in Revisionen des Modells der GG zugunsten genereller Beschreibungsmöglichkeiten aufgegeben; ⁊ EQUI-NP-Deletion, ⁊ Kontrolle.   F

Timbre ⁊ Klangfarbe

Timor-Alor-Pantar-Sprachgruppe   ⁊ Papua-Sprachen

Timoresisch (Eigenbez. Dawan, Atoni) West-⁊ austronesische Sprache von West-Timor (kleine Sunda-Inseln), Indonesien. Timor-Region-Gruppe, Timor-Inseln-Subgruppe; 1,4 Mio. Sprecher. Das T. selbst hat 650000 Sprecher. In Nachbarschaft zu anderen austrones. Spr. wie Tetun, auch Tetum (mit Tetun Dili, auch Dili Tetun, als »lingua franca« in Ost-Timor/Timor Lorosa'e mit kreolischem Charakter; ⁊ Portugiesisch; ca. 350000 Muttersprachler), ferner Kemak, Mambai sowie zu ⁊ Papua-Sprachen in Ost-Timor (Makasai, Fataluku, Bunak). In West-Timor ⁊ Indonesisch als offizielle Spr.; Karte ⁊ Austroasiatische Sprachen. **Lit.** G. Hull, A Morphological Overview of the Timoric Sprachbund. In: Studies in Languages and Cultures of East Timor 4, 2001, 98–205. – C. L. Williams-van Klinken, J. Hajek & R. Nordlinger, Tetun Dili: A Grammar of an East Timorese Language. Canberra 2002.   CE

Tindi ⁊ Dag(h)estanische Sprachen

Tinigua-Sprachen   ⁊ Südamerikanische Indianersprachen

Tinnitus ⁊ Schwerhörigkeit

Tinte (lat. tīncta, tīnctūra ›Färben‹) Bez. für die flüssigen, überwiegend aus organ. Grundstoffen hergestellten Farbstoffe, mit denen die Bewegung des Schreibgeräts auf den ⁊ Beschreibstoffen Papyrus, Pergament und Papier dauerhaft sichtbar gemacht wird und damit die lesbare Wiedergabe von ⁊ Schrift erfolgt. Basis waren im MA meist Galläpfel und Kupfervitriol, die in Wein, Regenwasser oder Essig gelöst wurden, daneben Weißdorn oder Schlehen. Schwarze und bräunliche T., im Spätma. auch graue und gelbliche wurden für die Texte benutzt, zur einfachen Auszeichnung diente *minium* (Ziegelrot). Für kalligraph. Exemplare kamen auch Gold- und Silbertinten zur Anwendung; ⁊ Beschreibstoff, ⁊ Schreibgeräte.   EN

Tirolisch ⁊ Bairisch

Tironische Noten ⁊ Noten

Titelei (engl. front matter, prelims, title pages) Seiten eines Buches vor dem eigentl. Buchtext, in neueren Büchern bestehend aus ⁊ Schmutztitel, Haupttitel (Titelblatt), ggf. Dedikationstitel, Impressum mit Copyrightvorbehalt, Inhaltsverzeichnis, Vorwort, Einleitung. Die T. wird oft auf separat paginiertem Bogen (Titelbogen) gedruckt.   G

Tiv ⁊ Benue-Kongo-Sprachen

Tiwa ⁊ Kiowa-Tano-Sprachen

Tiwi ⁊ Australische Sprachen

Tlapanekisch ⁊ Mesoamerikanische Sprache im mexikan. Bundesstaat Guerrero mit ca. 105000 Sprechern. Die Zugehörigkeit zu den ⁊ Otomangue-Sprachen oder zu den ⁊ Hoka-Sprachen ist strittig. T. ist eine der Spr. Mexikos, bei der Span. als S2 noch wenig verbreitet ist. Es steht typolog. den benachbarten Otomangue-Spr. nahe.   D

Tlingit ⁊ Na-Dene-Sprachen

Tmesis f. (griech. τμῆσις ›Zerschneidung‹) ⁊ Rhetorische Figur: Trennung eines zusammengesetzten Wortes, indem andere Satzglieder dazwischengeschoben werden, z.B. *ob ich schon wanderte …* statt *obschon ich wanderte …* (Psalm 23.4). Die T. ist eine Form des grammat. ⁊ Metaplasmus (der Abweichung von der Sprachnorm); sie ist grammat. bei ⁊ Verbpartikeln, die ursprüngl. Ortsadverbien waren, z.B. *anfangen – ich fange an.*   SE

Toba (auch: Namqom) Zu den ⁊ Guaicuru-Sprachen gehörige Spr., Sprachgebiet: Nordargentinien (Prov. Chaco, Formosa und Salta) und der paraguay. Gran Chaco. Ca. 25000 Sprecher (teilweise zweisprachig). Sprachtyp: präfigierend-suffigierend, Aktivspr., Deklinationsklassen. Ausgedehnte Raumdeixis im Verb; Karte ⁊ Südamerikanische Sprachen, im Anhang. **Lit.** H. E. M. Klein, Una gramática de la lengua toba: morfología verbal y nominal. Montevideo 1978. – Ders., Argentine Indigenous Languages. SAIL, 1985, 691–731. – C. Messineo, Lengua toba (guaycurú). Aspectos gramaticales y discursivos. Mchn. 2003.   AD

Toba-Batak ⁊ Bataksch

ToBI (engl. Akronym für ›tone and break indices‹) Das auf dem Tonsequenzansatz der autosegmentalmetrischen Phonologie basierende phonolog. Modell der Beschreibung der Satzintonation mittels Phrasen- und Grenztönen (H für Hochton, engl. high, L für Tiefton, engl. low) sowie Zäsur- (break) Indices (nach Stärke absteigend nummeriert von 1 bis 4). Im Dt. (GToBI für German ToBI; vgl. Abb.) werden für die durch * markierten Phrasentöne (d.h. des Tons der Silbe mit Nuklearakzent) die folgenden Ausprägungen angesetzt: H* (Hochton (mit fakultativ flachem Anstieg)), L+H* (steil ansteigender Hochton mit Tieftonvorlauf (später Gipfel)), L* (lokales Tonhöhenminimum), L*+H (Tiefton mit folgendem Tonanstieg), H+L* (Tiefton mit vorausgehendem steilen Tonhöhenabfall), H+!H* ((herabgestufter, durch ! markierter) Hochton mit

Gängige nukleare Intonationsmuster des Deutschen und Beispiele für ihre Verwendung (nach Grice & Baumann 2002)

		GToBI	Schematische Kontur	Kontext	Beispiel
Fallend	1a	H*L-%		Neutrale Aussage Neutrale W-Frage	Mein **ZAHN** tut WEH. Wo hast Du den **WA**gen ge**PARKT**?
	1b	L+H*L-%		Kontrastive Feststellung	Schon der Ver**SUCH** ist **STRAF**bar.
Steigend-fallend (später Gipfel)	2	L*+H L-%		Selbstverständliche Feststellung Engagierte oder sarkastische Feststellung	Das **WEISS** ich SCHON! Der Blick ist ja **FA**belhaft!
Steigend	3a	L*H-^H%		Neutrale Entscheidungsfrage Echofrage	Tauschen Sie auch **BRIEF**-MARken? Von wem ich das **HA**be?
	3b	L*L-H%		Empörung Melden am Telefon	**DOCH!** **BEC**ken**BAU**er?
	3c	(L+)H*H-^H%		Anschlussfrage	… oder ist Ihr **BRU**der HIER?
Gleichbleibend	4	(L+)H*H-(%)		Weiterweisende Äußerung Floskelhafte Ausdrücke	**AN**derer-SEITS … Guten **MOR**gen!
Fallend-steigend	5	(L+)H*L-H%		Höfliches Angebot	Mögen Sie **ROG**gen-**BRÖT**chen?
Früher Gipfel	6a	H+!H*L-%		Bestätigung einer bekannten Tatsache	Hab' ich mir schon ge**DACHT**.
	6b	H+L*L-%		Beruhigende oder höfliche Aufforderung	Nun er**ZÄH**le doch MAL!
Stilisierte Herabstufung	7	(L+)H*!H-%		Ausrufe	**BEC**ken**BAU**er!

vorausgehendem Tonhöhenabfall). Die Grenztöne bestimmen den weiteren Intonsverlauf bis zur Grenze der intermediären Phrase (gekennzeichnet durch nachgestelltes –) bzw. der gesamten Intonationsphrase (gekennzeichnet durch nachgestelltes %) im Anschluss an den Phrasenakzent. **Lit.** J. B. Pierrehumbert, The Phonology and Phonetics of English Intonation, Bloomington 1980. – M. Grice & S. Baumann, Dt. Intonation und GToBI. LBer 191, 2002, 267–298.   PM

Tocharisch (engl. tocharian, frz. tokharien) Heute übl. Bez. für eine in zwei Dialekten (Osttochar. = Toch. A; Westtochar. = Toch. B, früher auch Kučisch; frz. koutchéen) im Gebiet des heutigen Xinjiang (Chin. Turkestan) überlieferte ↗ indogermanische Sprache, die einen eigenen idg. Sprachzweig darstellt. Handschriftl. Zeugnisse in Brāhmī-Schrift aus dem 5.–8. Jh., v. a. buddhist. Übersetzungstexte; wenige Inschriften und Gebrauchstexte (Karawanenpässe). **Lit.** E. Sieg, W. Siegling & W. Schulze, T. Grammatik. Göttingen 1931. – W. Krause, Westtochar. Grammatik I. Heidelberg 1952. – W. Krause & W. Thomas, T. Elementarbuch. Heidelberg 1960–1964. – W. Krause, T. HdO, 1./4./3., Leiden, Köln 1971. – D. Q. Adams, A Dictionary of Tocharian B. Amsterdam u. a. 1999.   GP

Tochter (-von-Relation) In einem ↗ Strukturbaum die Relation, welche zwischen einem ↗ Knoten und dem ihn unmittelbar dominierenden Knoten besteht; ↗ Dominanz.   F

Tochteralphabet ↗ Basisalphabet, ↗ Schwesteralphabet

Tochtersprache Bez. für die aus einer gemeinsamen Grundspr. entwickelten Spr. einer gleichen Entwicklungsstufe; z. B. sind die roman. Spr. (Frz., Ital., Span.) T. des (Vulgär-) Lat., die germ. und slav. Spr. sind T. des Idg. ST

Tofalarisch ↗ Tuwinisch

Togorestsprachen ↗ Kwa-Sprachen

Tojolabal ↗ Maya-Sprachen

Tok Pisin ↗ Germanische Sprachen

Tokelau ↗ Ozeanische Sprachen, ↗ Samoanisch

Token ↗ Type-token-Relation

Tokenisierung Verfahren der ↗ Computerlinguistik zur Segmentierung eines Textes in ling. motivierte Einheiten, die Tokens. Als Bestandteil der Vorverarbeitung beinhaltet es die Erkennung komplexer Einheiten (Mehrwortlexeme, Abkürzungen, Zahlenausdrücke und Eigennamen). Ein spezielles Problem der T. ist die Satzgrenzenerkennung. Z

Ton 1. Sinoidale Schwingung (= Pendelschwingung) des Luftdrucks im hörbaren Frequenzbereich (↗ Schall). Auch als Komponenten des ↗ Klangs (↗ Schallanalyse): Partialton, Teilton als Harmonische (auch: Oberton) der Grundfrequenz. – **2.** Phonolog. distinktives auf die ↗ Tonhöhe (Tonstufen, Register-T.) bzw. den Tonhöhenverlauf (Kontur-T.) bezogenes ↗ suprasegmentales Merkmal in den ↗ Tonsprachen. – **3.** Paraling. Merkmal des emotionalen Ausdrucks lautsprachl. Äußerungen (z. B. drohender, erotischer »Unterton«); ↗ nonverbale Kommunikation. PM

Tonaler Akzent ↗ Musikalischer Akzent

Tondano ↗ Sangir-Minahasa-Sprachen

Tonem ↗ Suprasegmentales Ausdrucksmittel, das – bei Zugrundelegung eines tonfähigen Segments S – durch einen bestimmten Tonhöhenverlauf charakterisiert ist und sich von einem anderen derartigen Ausdrucksmittel unterscheidet, das ebenfalls S zur Grundlage hat. Im Norweg. unterscheidet man – bezogen auf das Segment /bœnər/ – *bønner* mit fallender erster Silbe und hoher zweiter Silbe (›Bohnen‹) von *bønder* mit tiefer erster Silbe und hoher zweiter Silbe (›Bauern‹) und entsprechend *fjæren* (fallend-hoch) (›die Feder‹) von *fjæren* (tief-hoch) (›der Strand bei Ebbe‹). Das norweg. Schriftsystem kennt keine systemat. Mittel, die zwei T. zu repräsentieren. T

Tonemik (auch: Tonologie) Die phonolog. (↗ Phonologie) Beschreibung der bedeutungsunterscheidenden Töne; ↗ Ton (2), ↗ Tonem, ↗ Tonsprache. PM

Tonfall ↗ Intonation

Tonga ↗ Tsonga

Tonganisch (Eigenbez. lea faka-Tonga) Ost-↗ austronesische Sprache von Tonga und Niue. Ost-↗ ozeanische Sprachen; zentral-pazifische Spr.n; polynes. Sprachgruppe; tong. Subgruppe mit Tongan. (130 000 Sprecher, davon ein Drittel in Neuseeland, Australien und den USA) und Niue (10 500, davon 70 % in Neuseeland). Daneben Engl. als offizielle Spr., Alphabetisierungsgrad 100 %; Karte ↗ Austro-

nesische Sprachen. **Lit.** J. Broschart, Präpositionen im T.: Zur Varianz und Invarianz des Adpositionsbegriffs. Bochum 1994. – G. Bennardo, A Conceptual Analysis of Tongan Spational Nouns: From Grammar to Mind. Mchn. 2000. CE

Tongische Sprachen ↗ Ozeanische Sprachen, ↗ Tonganisch

Tongruppe ↗ Intonation

Tongruppengrenze ↗ Pause

Tonhöhe (engl. pitch) Die mit der Grundfrequenz eines ↗ Schalls (↗ Schallanalyse) verbundene Wahrnehmungseigenschaft, die musikal. mithilfe der Notenschrift unter Bezugnahme auf den Kammerton a¹ (= 440 Hz) notiert wird. Unter ling. Aspekt auch als ↗ suprasegmentales Merkmal relevant; ↗ Ton (1), (2). PM

Tonhöhenakzent ↗ Akzent, ↗ Tonhöhe

Tonhöhenverlauf ↗ Intonation, ↗ Ton (2), ↗ Tonsprache

Tonisch ↗ Stottern

Tonleiter (auch: Tonskala) Die stufenweise Abfolge von Tönen im Umfang einer Quarte, Quinte, Sexte bzw. am häufigsten einer Oktave in Halb- und Ganztonschritten. PM

Tonmuster ↗ Tonsprache

Tonologie ↗ Tonemik, ↗ Tonsprache

Tonsea ↗ Sangir-Minahasa-Sprachen

Tonsilbe (engl. nuclear stress) ↗ Silbe, die den ↗ Wortakzent trägt. PM

Tonsillen ↗ Mandeln

Tonskala ↗ Tonleiter

Tonsprache Spr., in denen die Tonhöhe bzw. der Tonhöhenverlauf einzelner Silben phonolog. distinktive, lexikal. bedeutungsunterscheidende Funktion besitzt wie z. B. im Norweg., Schwed., Chines., vielen westafrikan. Sprachen, Indianersprachen und Papuasprachen. Nach Pike sind die T. zu unterteilen in solche, bei denen die ↗ Tonhöhe (Tonstufen, Register-Töne) und solche, bei denen der Tonhöhenverlauf (Kontur-Töne) distinktiv ist. Registersysteme besitzen minimal zwei (↗ hoch, ↗ tief; z. B. Zulu) bis maximal vier Tonstufen (z. B. Lushai), während bei Kontursystemen (meist zusätzlich) verschiedene Verlaufsformen ((kurz, lang) ↗ steigend, (kurz, lang) ↗ fallend, steigend-fallend, fallend-steigend; z. B. Mandarin Chin. mit fünf Tönen; hoch, hoch steigend, tief fallend steigend und hoch fallend) und auch Stimmqualitätsmerkmale hinzutreten. **Lit.** V. Fromkin (ed.), Tone. A Linguistic Survey. N. Y. 1978. – A. Weidert, Tonologie. Ergebnisse, Analysen, Vermutungen. Tübingen 1981. – H. v. d. Hulst & K. Snider (eds.), The Phonology of Tone. The Representation of Tonal Register. Bln., N. Y. 1993. PM

Tonstufe ↗ Tonsprache

Tontafel ↗ Beschreibstoff

Tontemboan ↗ Sangir-Minahasa-Sprachen

Top-down (›von oben nach unten gerichtet‹. Auch: Grobstruktur vor Details, zielgesteuert). Bei der top-down-Analyse werden, beginnend mit dem Startsymbol, Hypothesen über mögl. Phrasenstrukturen gebildet und diese bis hin zu den Terminalen expandiert. Für den top-down Ansatz sind links-rekursive Grammatikregeln problemat. Aus Gründen der Effizienz beim ⏶ Parsing werden i. d. R. die beiden Analysestrategien kombiniert; ⏶ Deduktion.   Z

Topic ⏶ Funktionale Satzperspektive, ⏶ Thema

Topic-comment ⏶ Funktionale Satzperspektive

Topic Detection and Tracking (›Themenentdeckung und –verfolgung‹. Abk. TDT) TDT dient der Analyse eines laufenden Nachrichtenstroms im ⏶ Information Retrieval. Hierbei werden die eintreffenden Nachrichten anhand einer statist. Suchanfrage gefiltert und nach Themen klassifiziert. Für ein ggf. neu entdecktes Thema (First Story) wird eine neue Kategorie angelegt. **Lit.** J. Allan, Topic Detection and Tracking: Event-Based Information Organization. Amsterdam 2002.   Z

Topik (griech. τόποι (topoi), lat. locī ›Örter‹ **1.** In der antiken ⏶ Rhetorik (Aristoteles) systemat. Lehre von den Fundstätten der Beweise als Teil der Gedankenfindung (*inventiō*) mithilfe der *locī* (Suchformeln), um zu einer überzeugenden Beweisführung (*argūmentātiō*) in der Rede zu gelangen. In der lat. Rhetorik (Quintilian) bietet die T. ebenfalls Methoden (Suchformeln) des Auffindens von Beweisgründen für die Argumentation. Die Topoi (⏶ Topos) sind nicht die Argumente selbst, sondern die ›Fundstätten‹, an denen man sie auffinden kann. Quintilian teilt die *loci* nach Personen (*locī ā persōnā* ›nach der Person‹, z. B. *genus* ›Geschlecht, Sippe‹, *nātiō* ›Nation‹, *patria* ›Vaterland‹, *sexus* usw.) und Sachen (*locī ā rē* ›nach den Sachen‹, z. B. *ā tōtō* ›insgesamt‹, *ā parte* ›teilweise‹, *ā genere* ›nach der Art‹ usw.) ein. – Die lat. T. erstarrt im MA zu einem Fragekatalog (in Form des Merkverses *quis, quid, ubi, quibus auxiliīs, cūr, quōmodo, quando,* ›wer, was, wo, wodurch, warum, wie, wann‹). – Die antike T. wird im 20. Jh. durch E. R. Curtius als ›Vorratsmagazin‹ wieder entdeckt, in dem man Gedanken auffinden kann. **Lit.** C. Bornscheuer, Topik. Ffm. 1976. – E. Eggs, Argumentation. In: G. Ueding (Hg.), Histor. Wb. der Rhetorik. Bd. 1: A-Bib. Tübingen 1992. VS – **2.** ⏶ Pragmatische Rolle des Gegenstandes, von dem aus ein Geschehen perspektiviert wird; ⏶ Perspektivierung, ⏶ Fokus, ⏶ funktionale Satzperspektive.   WK

Topikalisierung (auch: Vorfeldbesetzung) **1.** Umordnung eines Satz- oder ⏶ Stellungsgliedes aus seiner Position in der ⏶ Grundwortstellung in die erste Position im Satz. Diese Position im Vorfeld (⏶ Feldgliederung, ⏶ Stellungsfeld) ist in der Grundwortstellung unmarkiert und wird vom Subj. eingenommen. T. ist nach Lötscher (1985) möglich für themat. in sich abgeschlossene und einheitl., stark akzentuierte Ausdrücke. Durch T. gerät z. B. das Obj. an den Satzanfang, z. B. *Das Buch wollte ich schon längst einmal lesen.* Bei T. rhemat. Elemente

wird damit gegen die Regel »Thema vor Rhema« (⏶ funktionale Satzperspektive) verstoßen, z. B. *Einen Jux will er sich machen*; ⏶ Kontraststellung. T. und andere Umordnungen von Satzgliedern sind von besonderer pragmat. Bedeutung: sie lenken Aufmerksamkeit auf sich und dienen der Hervorhebung und Kontrastierung. Bei der Rezeption erleichtern sie das Erkennen wichtiger Redeteile, in der mündl. Kommunikation werden sie durch die ⏶ Intonation unterstützt. **2.** T. wird nicht nur zur Bez. von ⏶ Vorstufung auf der linearen Kette der Äußerung verwendet (⏶ Serialisierung), sondern auch zur Bez. von Vorstufung in der syntakt. Hierarchie, z. B. Vorstufung eines direkten Obj. zum unmarkierten Subj. **Lit.** A. Lötscher, Syntakt. Bedingungen der T. DS 13, 1985, 207–229. – J. Jacobs, I-Topikalisierung. LBer 168, 1997, 91–133. – A. Lötscher, T.strategien und die Zeitlichkeit der Rede. In: A. Redder & J. Rehbein (Hgg.), Grammatik und mentale Prozesse. Tübingen 1999, 143–169.   SL

Topikprojektion In der GG eine funktionale Projektion für topikalisierte Elemente am linken Satzrand. Sie soll ermöglichen, die Topic-Comment-Struktur von Sätzen als syntakt. Struktur wiederzugeben.   FR

Topologie (griech. τόπος (topos) ›Ort‹) **1.** (Auch: Satztopologie) Zusammenfassende Bez. für das Studium der ⏶ Wortstellung und der Satzgliedstellung, d. h. der Anordnung der entsprechenden Elemente im Raum (Geschriebenes) oder der Zeit (Gesprochenes); ⏶ Feldgliederung, ⏶ Stellungsfeld. **2.** Analyse der Verteilung von Objekten in Räumen, deren räuml. Beziehungen untereinander und ihrer Bewegungsmöglichkeiten. In der Sprachwiss. werden die sprachl. Mittel untersucht, die den Ausdruck von räuml. Verhältnissen und Beziehungen ermöglichen. Dabei handelt es sich um Vertikalität (*über, oberhalb, auf, herunter* usw.) vs. Horizontalität (*neben, links/rechts* usw.), Innen (z. B. *in, drin, hinaus* usw.) vs. Außen (*bei, an, hinein, um… herum* usw.), Vordergrund (*vor, davor*) vs. Hintergrund (*hinten, hinter*). Einzelne Spr. verfügen dabei über ganz unterschiedl. Mittel. Im Dt. sind es v. a. Präpositionen und Lokaladverbien, aber auch eine Reihe von Verben, die räuml. Lage oder Lageveränderungen ausdrücken (z. B. *fallen, steigen, abstürzen, abbiegen* usw.). Andere Spr. haben ein entwickeltes System von ⏶ Kasus zum Ausdruck von Lage und Bewegungsrichtung, z. B. das Finn.; ⏶ Deixis. **Lit.** E. T. Hall, Die Spr. des Raums. Ddf. 1972. – Chr. Habel et al. (Hgg.), Raumkonzepte in Verstehensprozessen. Tübingen 1989. – W. Abraham, Wortstellung im Dt. In: Dt. Syntax – Ansichten und Aussichten. Hg. L. Hoffmann. Bln., N. Y. 1992, 484–522. – H. Altmann & U. Hofmann, T. fürs Examen. Göttingen 2008. – H. Haarmann, Elementare Wortordnung in den Spr. der Welt. Hamburg 2004.   G

Toponomastik ⏶ Ortsnamenkunde

Toponym ↗ Ortsname
Toponymie ↗ Ortsnamenkunde
Topos m. pl. Topoi (griech. τόπος ›Ort, Stelle‹, lat. locus commūnis ›Gemeinplatz‹) In der antiken ↗ Rhetorik Bez. für eine ›Fundstätte‹ für die Beweisführung *(argūmentātiō)* in öffentl. Reden i. S. von allgemeinen Formprinzipien der Beweisgründe. Als systematisierte Lehre von den Topoi bei Aristoteles ist die ↗ Topik Teil der *inventiō* (Gedankenfindung). Das Verständnis vom T. (ursprüngl.: systemat. Hilfe für die wirksame Gestaltung der Argumentation in der Rede) verändert sich; T. wird eine Bez. für eine vorgeprägte Wendung i. S. von ↗ Klischee, ↗ Stereotyp und Gemeinplatz, was v. a. aus der Kritik an der Rhetorik des Barock (u. a. G. Ph. Harsdörffer, *Poet. Trichter*) resultiert, in der die Topik als »Vorratsmagazin« für poet. Bilder, Embleme oder Motive galt. **Lit.** T. Schirren & G. Ueding (Hgg.), T. und Rhetorik. Ein interdisziplinäres Symposion. Tübingen 2000.   VS
Toraja-Sprachen West-↗ austronesische Sprachen in West-Zentral-Sulawesi (Celebes), Indonesien. Zentral-Sulawesi-Supergruppe; Kaili-Pamona-Subgruppe, mit Kaili (Palu, Ledo) und Pamona (Bare'e), 433 000 Sprecher. Kruyt (1912) hat Kaili (Palu, Ledo) und Pamona »To Radja« genannt, während man heute nur an die Sa'dan Toraja (Tae') weiter südl. denkt; Karte ↗ Austroasiatische Sprachen. Starke Behauptung gegenüber ↗ Indonesisch als offizielle Spr.   CE
Torinesisch ↗ Piemontesisch
Torricelli-Sprachstamm ↗ Papua-Sprachen
Toskanisch Mittelital. Dialekt, auf dem die Standardisierung des Ital. beruht. Die Toskanisierung der nördl. Dialekte Sardiniens und des ↗ Korsischen gehen auf den Einfluss der Seemacht Pisas im MA zurück. Auch der Stadtdialekt Roms (Romanesco) basiert auf dem T. Merkmale: klare Unterscheidung der Vergangenheitstempora (inkl. *passato remoto*), Spirantisierung der intervokalischen stl. Verschlusslaute, sog. *rafforzamento sintattico*, extrem silbenzählend, starker Ausgleich der Verbparadigmen (*fò* für *faccio* etc.). Der heutige florentin. Dialekt hat sich gegenüber dem Standard wesentl. verändert. **Lit.** G. Devoto & G. Giacomelli, I dialetti delle regioni d'Italia. Firenze 1972. – L. Renzi, Fiorentino e italiano: storia dei pronomi personali soggetto. In: F. Albano Leoni (ed.), Italia linguistica: idee, storia, struttura. Bologna 1983, 223–239.   HU
Toskisch ↗ Albanisch
Totalspalte ↗ Lippen-Kiefer-Gaumenspalte
»Tote Sprache« Metaphor. Bez. für Spr., die »ausgestorben« sind, also in der Gegenwart nicht (mehr) als ↗ Muttersprachen fungieren. Lat. und (Alt-)Griech. sind in diesem Sinne t. S., auch wenn sie nach wie vor als ↗ Ausgangssprachen (3.) von Entlehnungen (nicht nur) für das Dt. von hoher Bedeutung sind und das Lat. noch heute zu den großen Schulfremdsprachen gehört.   G

Totonakisch Isolierte ↗ mesoamerikanische Sprache im mexikan. Bundesstaat Veracruz und angrenzenden Gebieten mit ca. 230 000 Sprechern; Karte ↗ Mesoamerikanische Sprachen, im Anhang. Genet. Beziehungen des T. (und des eng verwandten Tepehua) mit anderen Spr. (↗ Makro-Maya-Sprachgruppe) werden überwiegend abgelehnt. T. besitzt ein agglutinierend-polysynthet. Morphologie. Subj., direktes und indirektes Obj. werden im Verb durch ein komplexes, auf einer Personenhierarchie beruhendes Affixsystem koreferiert.   D
Totum pro parte n. (lat. ›das Ganze für das Einzelne‹) Spezielle Form der ↗ Metonymie, die auf der trop. (↗ Tropus) Ersatzbeziehung Teil – Ganzes beruht, z. B. *Leipzig zetert, Berlin zaudert* (statt: *Die Leipziger Politiker, Einwohner* o. ä.); Ggs. *pars pro toto* (lat. ›der Teil für das Ganze‹), z. B. *eigener Herd* für *eigener Haushalt*; ↗ Synekdoche.   VS
Towa ↗ Kiowa-Tano-Sprachen
Trace ↗ Spur
Trachea f. (engl. windpipe, frz. trachée-artère) Luftröhre, Teil der unteren Luftwege. Stark flexible Röhre von 1,3–2,2 cm lichter Weite. Die T. schließt sich nach unten an den ↗ Kehlkopf an und teilt sich beim Erwachsenen nach 10–12 cm an der Bifurkation in die beiden Hauptbronchien. Diese verästeln sich in der ↗ Lunge zum Bronchialbaum und führen die Atemluft zu den Lungenbläschen.   GL
Trägerdativ In Grammatiken des Dt. vorkommende Bez. für Dativobjekte bei Personenbez., die als Träger von Kleidungsstücken charakterisiert sind, z. B. *Der Arzt knöpft dem Verletzten den Mantel auf; Maja schnürt Paul den Schuh; Annette hat sich die Strümpfe zerrissen;* ↗ Pertinenzdativ.   G
Trägerelement ↗ Bestimmungsrelation
Trägersatz ↗ Matrixsatz
Traiectio ↗ Spaltsatz
Transderivationale Regeln ↗ Globale Regeln
Transferenz ↗ Entlehnung
Transferleistung Fähigkeit, einmal Gelerntes auf neue Problemstellungen anzuwenden; ↗ Fremdsprachendidaktik, ↗ Sprachdidaktik.   SO
Transfiguration ↗ Wortartwechsel
Transfix n. (lat. trans ›hinüber‹, lat. figere ›anheften‹) Mehrteiliges ↗ diskontinuierliches Wortbildungsaffix etwa in den ↗ semitischen Sprachen. Eine Konsonantenfolge (↗ Radikal) drückt einen Stamm aus, ein T. spezifiert die konkrete Bedeutung des Wortes im vorgegebenen lexikal. Rahmen. So bedeutet der (nicht wortfähige) Stamm *ktb* im ägypt. Arab. ›schreiben‹, durch entsprechende Transfigierung entstehen etwa *kataba* ›er schrieb‹, *kutiba* ›wurde geschrieben‹, *kitab* ›Buch‹, *kutub* ›Bücher‹, *maktaba* ›Buchhandlung‹. **Lit.** E. Broselow, Tranfixation. HSK 17.1, 552–557.   ES
Transformat ↗ Transformationelle Analyse
Transformation (lat. trānsfōrmāre ›umgestalten‹) Bez. für geordnete syntakt. Operationen, welche sprachl. Strukturen spezif. Form (↗ Analysierbar-

keit) systemat. verändern. Für Z. S. Harris (1952; 1957), der den Begriff T. in die Ling. zum Zwecke der Textanalyse einführte, handelt es sich bei T. um Paraphrasebeziehungen, welche komplexe sprachl. Ausdrücke in weniger komplexe überführen und hierdurch zugleich Klassen von Ausdrücken definieren (vgl. Plötz 1972). Durch die Arbeiten von N. Chomsky gewinnt der T.-Begriff Mitte der 1950er Jahre seine Bedeutung zur Bezeichnung eines systemat. grammat. Mechanismus, der in den generativen Modellen bis Mitte der 1970er Jahre wesentl. für die rekursiven Eigenschaften sprachl. Systeme mitverantwortl. gemacht wird. T. werden hierbei formal in allen Versionen des Modells durch eine ↗ Strukturbeschreibung (SB) und eine ↗ Strukturveränderung charakterisiert; je nach Version des Modells erhalten T. Zusatzspezifikationen wie z. B. die Information, ob sie fakultativ oder obligator. stattfinden oder best. ↗ Beschränkungen unterliegen (vgl. z. B. Huber & Kummer 1974, König 1972). Chomsky (1957) konzipierte T. als strukturerzeugende und strukturverändernde Operationen: Ein System von ↗ Phrasenstrukturregeln erzeugt eine endl. Menge sog. *Kernsätze*, welche mittels T. zu korrekten Sätzen best. Typs transformiert werden. Ziel dieses Grammatik-Modells war es, eine ↗ Chomsky-Grammatik zu repräsentieren, welche die Terminalketten, die Kernsätzen unterliegen, möglichst stark beschränkt. Bspw. leitete die Negations-T. (TNEG) aus dem Kernsatz *John can come* den Nicht-Kernsatz *John can't come* ab. Die Unterscheidung von *singulären* T., welche über einzelne Konstituenten operieren, und *generalisierenden* T., welche einfache Strukturen zu komplexeren Strukturen verbinden, ermöglichte die Erfassung der Rekursivität (↗ Rekursiv); *fakultative* T. bewirkten Bedeutungsveränderungen (wie TNEG), *obligator.* T. erfassten obligator. morpholog. Prozesse wie z. B. die Subj.-Verb-Kongruenz. Im ↗ Aspekte-Modell wird das Konzept der Kernsätze durch die Konzeption der durch T. vermittelten ↗ Tiefenstruktur und ↗ Oberflächenstruktur ersetzt; T. sind hierbei bedeutungserhaltend, was insbes. die Explikation von ↗ Ambiguitäten und synonymen sprachl. Strukturen ermöglichte. Die wesentl. durch Ross (1967) angeregte Diskussion um generalisierbare ↗ Beschränkungen syntakt. Mechanismen führte einerseits zur ↗ Generativen Semantik, für welche T. Beziehungen zwischen semant. Tiefenstrukturen und phonolog. Strukturen formulieren, andererseits zur Konzeption der ↗ EST, ↗ REST, ↗ Rektions-Bindungs-Theorie und ↗ Barrieren-Theorie, für welche die transformationelle Komponente nur noch aus dem in Form zweier Variablen formulierten Prinzip ↗ Move α besteht. In den an Kriterien der ↗ Optimalität und biolog. Perspektiven orientierten Konzeptionen des ↗ Minimalismus (vgl. Chomsky 1995) spielen T. i. S. strukturverändernder Operationen schließl. nur noch eine marginale bzw. keine Rolle mehr (vgl.

Chomsky 2005). **Lit.** N. Chomsky, Syntactic Structures. The Hague 1957. – Ders., Conditions on Transformations. In: S. R. Anderson & P. Kiparsky (eds.), A Fs. for Morris Halle. N. Y. 1973, 232–286. – Ders., Categories and Transformations. In: Ders., The Minimalist Program. Kap. 4. Cambridge, Mass. 1995. – Ders., Three Factors in Language Design. LIn 36, 2005, 1–22. – T. Ebneter, Konditionen und Restriktionen in der GG. Tübingen 1985. – S. Epstein & D. Seely, Transformations and Derivations. Cambridge, UK 2003. – Z. S. Harris, Discourse Analysis. Lg. 28, 1952, 1–30. – Ders., Co-occurrence and Transformations in Linguistic Structure. Lg. 33, 1957, 283–340. – W. Huber & W. Kummer, Transformationelle Syntax des Dt. I. Mchn. 1974. – E. König, Engl. Syntax I/II. Ffm. 1972. – H. Lasnik, Essays on Restrictiveness and Learnability. Dordrecht 1990. – Ders. et al., Syntactic Structures Revisited: Contemporary Lectures on Classic Transformational Theory. Cambridge, Mass. 2000. – J. Ouhalla, Introducing Transformational Grammar: From Principles and Parameters to Minimalism. Ldn. ²1999. – S. Trömel-Plötz (Hg.), Transformationelle Analyse. Die Transformationstheorie von Z. Harris und ihre Entwicklung. Ffm. 1972. – J. R. Ross, Constraints on Variables in Syntax. Cambridge, Mass. 1967 [erschienen als: J. R. Ross, Infinite Syntax. N. Y. 1981]. F

Transformationalismus ↗ Lexikalistische Hypothese

Transformationalistische Hypothese ↗ Lexikalistische Hypothese

Transformationelle Analyse Von Z. S. Harris seit den 50er Jahren entwickeltes Verfahren für die Analyse von Texten. Der Kern besteht in einer Umformung gewisser komplexerer Textstücke in einfachere, als äquivalent betrachtete, um diese wie einfachere zu analysieren. Solche Umformungen nennt Harris ↗ Transformationen. So wird z. B. der Ausdruck *The memorable concerts were recorded in Prades* transformationell analysiert als ›The concerts were memorable: The concerts were recorded in Prades‹. Eine ↗ Transformation setzt eine Passivstruktur in Beziehung zu einer entsprechenden Aktivstruktur: Die Passivtransformation P überführt den Satz S_1 *The Hungarian workers staged a sit-down strike* in den Satz S_2 *A sit-down strike was staged by the Hungarian workers*. P ist auf S_2 nicht anwendbar. Die allgemeine Form von P ist: N_1 v V $N_2 \rightarrow N_2$ v be Ven by N_1 (*I saw him, He was seen by me*). Das Resultat einer Transformation heißt gewöhnlich Transformat. Harris nimmt für Transformationen folgende formalen Eigenschaften an: (a) Reflexivität (Jeder Satz ist Transformat seiner selbst), (b) Symmetrie (Wenn T ein Transformat eines Satzes S ist, dann ist S Transformat von T), (c) Transitivität (Wenn B Transformat von A ist und C Transformat von B, dann ist auch C Transformat von A). **Lit.** Z. S. Harris, Papers in Structural and

Transformational Analysis. Dordrecht 1970. T
Transformationsgeschichte In der GG Bez. für
die Abfolge der ↗ Transformationen, die eine
↗ Oberflächenstruktur von einer ↗ Tiefenstruktur ab-
leiten. Die T. wird durch die ↗ Ableitungsgeschichte
dokumentiert. F
Transformationsgrammatik ↗ GG
Transformationsregel ↗ Transformation
Transformationszyklus ↗ Zyklusprinzip
Transformativ ↗ Inchoativ
Transitionsprogramm (lat. trānsitiō ›Übergang,
Übertritt‹) In der Spracherwerbsforschung Bez. für
Schulkonzepte, in denen Kinder aus Minderheiten
zunächst in allen oder vielen Fächern in ihrer Erst-
sprache (S1) unterrichtet werden. Gleichzeitig er-
halten sie intensiven Unterricht in der Fremd- bzw.
Zweitsprache (S2). Wenn sie die S2 hinreichend
beherrschen, wird die S2 zur Unterrichtssprache.
T. sind in Einwanderungsländern wie Kanada oder
Schweden nicht unübl., in Deutschland eher selten;
↗ Submersionsprogramm. G
Transitiv (lat. trānsitiō ›Hinübergehen, Übergang‹.
Auch: zielend. Abk. tr.) Syntakt. begründete Klasse
von Verben in ↗ Nominativsprachen, die dadurch
bestimmt ist, dass tr. Verben ein obligator. oder
fakultatives direktes (↗ Akkusativ-) Objekt haben,
das bei Passivierung in die Position des Subjekts
rückt, z. B. dt. *Die Kickers schlugen den VfB mit
3 : 2* vs. *Der VfB wurde von den Kickers mit 3 : 2
geschlagen*, lat. *Gaius Gaiam amat* vs. *Gaia Gaio
amātur*. Als weiteres Charakteristikum von tr. Verben im Dt. gilt, dass sie meist ein *werden*-Passiv
(↗ Vorgangspassiv) bilden, was jedoch nicht durchgängig der Fall ist, z. B. *Der VfB ist wieder einmal
(von den Kickers) besiegt*. Sog. ↗ intransitive (itr.)
Verwendung von tr. Verben liegt vor, wenn das
direkte Objekt aktuell nicht realisiert wird, z. B. *Er
liest ein Buch* vs. *Er liest viel*. Bei pseudotransitiven
Verben (↗ mediales Verb) ist Passivierung nicht
möglich, z. B. *Die Flasche fasst drei Liter* vs.
*Drei Liter werden von der Flasche gefasst. Einige
Verben z. B. des Dt. oder des Schwed. sind paarig,
z. B. *drunkna* ›ertränken‹ (tr.) – *dränka* ›ertrinken‹
(itr.), *lägga* ›legen‹ – *ligga* ›liegen‹. In der univer-
salgrammat. Forschung werden Grade von Transitivität diskutiert, die nach dem Vorhandensein verschiedener Transitivitätsfaktoren (z. B. Form der
↗ Negation, ↗ Belebtheit, ↗ Aktionsart) gewichtet
werden; ↗ Ditransitiv. In manchen Spr., z. B. im
Türk., existieren Zusammenhänge zwischen tr., ↗ er-
gativen und ↗ kausativen Verben bzw. Wortbil-
dungselementen. **Lit.** G. Helbig, Rektion, Transiti-
vität/Intransitivität, Valenz, Syn-/Autosemantie.
DaF 15, 1978, 65–78. – J. P. Hopper & S. A. Thomson, Studies in Transitivity. N. Y. 1982. – W. Dros-
sard, Transitivität vs. Intransitivität und Transitivierung vs. Intransitivierung unter typolog. Aspekt.
Köln 1987. – K. Blume, Markierte Valenzen im
Sprachvergleich. Tübingen 2000. – P. J. Hopper &

S. A. Thompson, Transitivity in Grammar and Discourse. Lg. 56.2, 1980, 251–299. G
Transitivierung Ableitung eines ↗ transitiven Verbs
von einer ↗ intransitiven Basis, im Dt. meist mittels
Präfigierung durch {be-} und {er-}, z. B. *beliefern,
bestehlen, erbetteln*. In manchen Spr. kann Intransitivierung durch Affigierung erfolgen, z. B. im
Russ. durch das Reflexivsuffix {-sja}, z. B. im
Schwed. durch das Passiv- bzw. Deponentialsuffix
{-s}, z. B. *kalla* ›rufen‹ – *kallas* ›heißen‹ – *blir
kallat* ›gerufen werden‹. G
Transitiv-intransitives Verb ↗ Labiles Verb
Transkription (auch: Lautschrift, phonetische Umschrift, Umschrift) Wiedergabe der Aussprache von
lexikal. Einheiten oder Texten bzw. tatsächl. vorlie-
gender lautsprachl. Äußerungen in spezieller phonet. ↗ Lautschrift. Zu unterscheiden sind hierbei die
weite T. (engl. *broad transcription*), bei der nur
bedeutungsunterscheidende Lautdifferenzen notiert
werden (= phonolog. T.; meist zwischen Schrägstrichen /.../ notiert; im Dt. hier z. B. Wegfall der
Notierung der vokal. Qualitätsunterschiede bei unterschiedl. Dauer (bzw. umgekehrt), Verzicht auf
die Notierung der /r/-Varianten als ↗ alveolare vs.
↗ uvulare ↗ Vibranten) und *enger* T. (engl. *narrow
transcription*; phonet. T., zwischen eckigen Klammern [...] notiert; im Dt. hier z. B. [iː]-[ɪ], [uː]-[ʊ],
[oː]-[ɔ] vs. weit /iː/-/i/, /uː/-/u/, /oː/-/o/ oder eng [r]-
[ʀ] vs. weit /r/). Eine weitere Unterscheidung ist die
zwischen einer sog. *wörtlichen Darstellung* in kanon. Form (engl. *citation form*; in weiter oder enger
T.), die die phonet. Form der Einzelwörter bei isolierter (Norm-) Aussprache erfasst (wie z. B. in Aus-
sprache-Wörterbüchern) und der Transkription
realer Äußerungen. So ist z. B. die Wiedergabe der
Aussprache von Texten (wie in den Einzelsprach-
beispielen – ›specimen‹ – der ↗ API) meist eine
wörtl. Darstellung unter mehr oder minder starker
Berücksichtigung von ↗ Sandhi-Phänomenen und
regulären Reduktionserscheinungen bei fließender
Rede. **Lit.** W. H. Vieregge, Phonet. T. ZDL, Beiheft 60. Stgt. 1989. – N. Dittmar, T. Bln. ²2004. – B.
Rues, B. Redecker, E. Koch, U. Wallraff & A. P.
Simpson, Phonet. T. des Dt. Tübingen 2007. PM
Translation (lat. trānslātiō ›Versetzung, Verpflan-
zung, Übertragung‹) In der ↗ Dependenzgrammatik
L. Tesnières Operation, die zwischen Grundstrukturen (bei Tesnière ›Struktur des einfachen Satzes‹)
und abgewandelten, komplexen Strukturen vermittelt, wobei Wortartwechsel (↗ Transposition) der
Kern der Operation ist. Tesnière geht in Bezug auf
↗ Autosemantika von vier Grundwortarten aus:
Subst., Adj., Verb. und Adv., entsprechend den Endungen dieser vier Wortarten im ↗ Esperanto symbolisiert als O (Subst.), A (Adj.), I (Verb) und E
(Adv.). Diese vier Wortarten definiert er zunächst
nur nach dem kategorialen Gehalt, der ihnen auch
traditionell zugesprochen wird: Substantive bezeichnen eine Substanz, Verben bezeichnen einen

Vorgang oder Zustand, Adjektive bezeichnen Eigenschaften von Substanzen, Adverbien bezeichnen Eigenschaften eines Geschehens. Wesentl. ist, dass Tesnière den vier Grundwortarten vier originäre syntakt. Funktionen zuordnet: Subst.: Ergänzung (des Prädikats), Adj.: Attribution, Verb: Prädikation, Adv.: Prädikation zu einem Prädikat. Der Umfang dessen, was mit den Basiswortarten und ihren originären syntakt. Funktionen im einfachen Satz ausgedrückt werden kann, ist begrenzt. Durch T. sind jedoch beliebige abgewandelte Strukturen erzeugbar. Denn durch T. kann die originäre syntakt. Funktion jeder der vier Grundwortarten in jede der drei verbleibenden anderen überführt werden, z.B.: (a) *Das blaue Kleid hängt im Schrank* (Adj.), (b) *Das Blaue gefällt mir* (T. des Adj. in ein Subst.), (c) *Das Kleid ist blau* (T. des Adj. in ein Verb), (d) *Das Kleid leuchtet blau* (T. des Adj. in ein Adv.). Eine T. ist in der Regel markiert, d.h. das Hilfsverb *ist* ist ein ⁄ Translativ, das das Adj. *blau* in das Verb *blau sein* überführt. Sie kann jedoch auch unmarkiert bleiben wie beim adverbial gebrauchten Adj. in (d). Bei Substantiven nimmt Tesnière eine weitere Einschränkung der Basiskategorie und Basisfunktion an. Basiskategorie ist für ihn das Subst. im Nom., und zwar mit der Funktion des 1. Aktanten (⁄ Ergänzung). T. in einen anderen Aktanten (den 2. oder 3.) ist damit eine nur funktionale T. (Wechsel allein der Funktion, nicht auch der Wortart), z.B. *Alfred donne le livre à Bernard* ›Alfred gibt Bernard das Buch‹. *à* überführt das Translativ *Bernard* aus der Funktion des 2. in die Funktion des 3. Aktanten. Tesnière unterscheidet ferner zwischen T. 1. Grades und T. 2. Grades. T. 2. Grades ist die Überführung nicht eines einzelnen Wortes, sondern eines Verbalnexus (⁄ Nexus) in eine den Grundwortarten Subst., Adj., Adv. entsprechende syntakt. Funktion, also in die Funktion einer Ergänzung, eines Attributs oder einer Adverbialbestimmung, z.B. (a) *Egon hofft, dass Klara bleibt* (T. in ein Subst.; vgl. *Egon hofft das Beste*), (b) *das Buch, das ich gekauft habe* (T. in ein Adj.; vgl. *das gekaufte Buch*), (c) *Als er das Buch gekauft hatte, ärgerte er sich* (T. in ein Adv.; vgl. *Gestern ärgerte er sich*); ⁄ Junktion, ⁄ Index. **2.** ⁄ Übersetzung. WK

Translation Memory (Abk. TM. Auch: Übersetzungsspeicher) Datenbank, in der Übersetzungseinheiten, d.h. Segmente (Wörter, Satzteile oder ganze Sätze) des Originaltextes zusammen mit korrespondierenden Übersetzungen abgespeichert werden. Hierzu werden die Texte meist auf Satzebene aligniert (⁄ Alignierung). Für die Auswahl von Übersetzungskandidaten wird die Ähnlichkeit von Textsegmenten berechnet (⁄ Text Retrieval), d.h. es wird angezeigt, ob das zu übersetzende Segment exakt mit dem Datenbank-Segment übereinstimmt oder sich von ihm unterscheidet (fuzzy match). Ein T.M. dient zur Unterstützung von Humanübersetzern und sind i.d.R. in Systeme mit weiteren Mo-

dulen (Terminologieverwaltung, bilinguale Wörterbücher, ⁄ Maschinelle Übersetzung) integriert.   Z

Translationswissenschaft ⁄ Übersetzungswissenschaft

Translativ (lat. trānslātum ›versetzt, verlagert‹) **1.** Grammat. Element (⁄ Synsemantikon, grammat. Morphem), das eine ⁄ Translation anzeigt. WK – **2.** (Auch: Mutativ) ⁄ Kasus z.B. der finnougr. Spr. mit der Kasusbedeutung ›Zustandsveränderung, Erwerb einer Eigenschaft‹, z.B. Finn. {-ksi}, z.B. *hän tuli vanhaksi* ›er ist alt geworden‹.   G

Translinguistik ⁄ Textlinguistik

Transliteration (lat. trāns ›hinüber‹, littera ›Buchstabe‹. Auch: Bibliothekstranskription) **1.** Umsetzen eines Textes aus einer ⁄ Schriftart in eine andere, z.B. von japan. (silbischen) Schriftzeichen in eine lat. (alphabet.) Buchstabenfolge oder zwischen kyrill. und lat. geschriebenen Texten. Für die T. bestehen verschiedene internat. und nat. Standardisierungen. – **2.** Manchmal fälschlich synonym zu ⁄ Transkription verwendet.   PM

Transnationale Sprache In der Kommunikation zwischen Sprechern verschiedener Ausgangsspr. verwendete natürl. Spr. (z.B. Frz. in Westafrika, Russ. im Kaukasus, Swahili und Engl. in Ostafrika) in Abgrenzung zu ⁄ Plansprachen (internationalen Spr.) in dieser Funktion; ⁄ Lingua franca.   G

Trans-Neuguinea-Sprachstamm ⁄ Papua-Sprachen

Transnumeral ⁄ Numerus, ⁄ Singulativ

Transparente Bildung ⁄ Motiviertheit

Transphrastische Analyse ⁄ Textgrammatik

Transposition (lat. transpōnere ›hinüberstellen‹. Auch: Wortartwechsel) **1.** In der Wortbildungslehre Bez. für ⁄ Ableitungen, mit denen ein Wechsel der Wortart einhergeht, z.B. ⁄ Nominalisierungen (*Freiheit*, deadjektivisches Subst.), ⁄ Adverbialisierungen (*frei-lich*, deadj. Adv.) und ⁄ Adjektivierungen (*freiheit-lich*, desubst. Adj.). Neben Suffigierungen transponiert auch die ⁄ Zirkumfigierung, die ⁄ Implizite Ableitungen und die ⁄ Konversion. **2.** Phonolog. Transposition ⁄ Metathese.   ES

Trasjanka ⁄ Weißrussisch

Trasmontano ⁄ Portugiesisch

Tree Adjoining Grammar ⁄ Baumadjunktionsgrammatik

Tree Adjunction Grammar ⁄ Unifikationsgrammatiken

Treebank (dt. Baumbank, frz. corpus arboré) Ein mit syntakt. Strukturbäumen und ggf. weiteren Informationen annotiertes ⁄ Korpus. Bekannteste Beispiele sind die Penn Treebank der Univ. von Pennsylvania für das Engl. u. das TIGER-Korpus sowie Tüba-D/Z für das Dt. Treebanks werden v.a. für die Evaluierung und das Training von Sprachanalyse-Werkzeugen, z.B. probabilist. Parsern (⁄ Satzanalyse), eingesetzt.   L

Tree-Pruning-Convention (engl. to prune ›(Bäume) beschneiden‹) Im Rahmen der GG auf der Arbeit von J.R. Ross (1969) basierende metatheoret. Konvention, nach welcher ein nicht verzweigender S-Knoten, der durch eine Transformation entsteht, gestrichen werden kann. Im Rahmen der ↗ Rektions-Bindungs-Theorie entfällt die T.-P.-C. aufgrund der Annahme genereller Ableitungsverfahren. **Lit.** J. R. Ross, A Proposed Rule of Tree-Pruning. In: D. A. Reibel & S. A. Schane (eds.), Modern Studies in English. Englewood Cliffs, NJ 1969, 288–299. F

Tregamī ↗ Dardische Sprachen

Trégiuer ↗ Bretonisch

Trema n. (griech. τρῆμα ›Loch, Würfelpunkt‹. Engl. dieresis) ↗ Diakritikon in Gestalt zweier Punkte über einem Buchstaben: (a) über dem zweiten Vokalgraphem einer Vokalfolge, die zweisilbig realisiert werden soll, z. B. ndl. *patiënt*; (↗ Dihärese); (b) in vielen lat. basierten Graphien zur Erweiterung des Grapheminventars, z. B. *ö, ü* für die gerundeten vorderen Vokale (↗ rund) im Dt., Ungar., Finn., Türk. u. a. (c) Im Russ. bezeichnete das T. über dem *e* (*ë*) die Akzentstelle (ó) und gleichzeitig Palatalisierung des vorhergehenden Konsonanten, z. B. орёлъ [ar'jol'] ›Adler‹ bzw. im Anlaut die ↗ Jotierung, z. B. ёжъ [joʒ'] ›Igel‹. G

Tremulant (lat. tremulans ›zitternd‹) Veraltete Bez. für ↗ Vibrant. G

Trennbares Verb ↗ Partikelverb

Trennungsregel Regel für die Silbentrennung am Zeilenende. G

Trennungsstrich Schriftzeichen, das die Silbentrennung am Zeilenende graph. ausdrückt. G

Treuebeschränkung (engl. faithfulness constraint) Constraint-Familie in der ↗ Optimalitätstheorie, die den Zusammenhang zwischen Input und Output (bzw. mehrerer Outputs) dergestalt regelt, dass in diesen Relationen keine Änderungen hinsichtlich z. B. Merkmalen oder Segmenten zugelassen ist; wie z. B. PARSE (jedes Element der Struktur muss durch einen entsprechenden Knoten dominiert sein), FILL (jeder Knoten muss durch entsprechende Einheiten gefüllt sein). PM

Trial m. (lat. trēs, tria ›drei‹. Auch: Dreizahl) Subkategorie des ↗ Numerus zur Bez. von drei Elementen. Dieser recht seltene Numerus besteht neben ↗ Singular, ↗ Dual und ↗ Plural z. B. im Fidschi (↗ Ozeanische Sprachen). ZA

Triangulation (lat. triangulus ›dreieckig‹) **1.** Anwendung verschiedener Methoden im Forschungsprozess. Werden zur Untersuchung eines sprachl. Phänomens z. B. Verfahren der ↗ Sprachstatistik, aber auch eher qualitative wie ↗ Interview oder ↗ Beobachtung eingesetzt und ihre Ergebnisse abgeglichen, wird dies als T. bezeichnet; ↗ Evaluieren. SK – **2.** In der ↗ Spracherwerbsforschung der Prozess, in dem das Kind fähig wird, seine Aufmerksamkeit gleichzeitig auf einen Interaktionspartner und einen Gegenstand zu richten. T. vollzieht sich zwischen dem 9. und 12. Monat und schafft die Voraussetzung für symbol. Handeln, da ↗ Zeichen sozial konstituiert sind und auf etwas Drittes verweisen. AN

Trichterform ↗ Sprachkarteninterpretation

Trigraph ↗ Graphem

Trikompositum Bez. für das dreigliedrige ↗ Kompositum. In seiner wörtl. Lesart verzichtbarer bis irreführender Terminus, da Komposita aus drei oder mehr Grundmorphemen (*Rot-wein-glas*) morpholog. stets binär strukturiert sind ([[*Rot*][*wein*]]+[*glas*]). Ledigl. einige ↗ Kopulativkomposita (z. B. *schwarz-rot-gold*) sind Komposita, ohne binär segmentierbar zu sein; andere dreigliedrige Wortbildungen sind keine Komposita (↗ Zusammenrückung, ↗ Zusammenbildung); ↗ Rekursivität. ES

Trilingu(al)ismus Person oder Gruppe, die im Alltag drei verschiedene Spr. verwendet; ↗ Bilingualismus. G

Trilingue f. (lat. trēs ›drei‹, lingua ›Sprache‹) Schriftdenkmal, das denselben Text in drei verschiedenen Spr. (und ggf. drei verschiedenen Schriftsystemen) enthält, d. h. dass die drei Versionen dieses Textes Übersetzungen voneinander sind. T. sind für die Entzifferung unbekannter Schriften von unschätzbarem Wert; ↗ Bilingue. Eine berühmte T. ist der *Stein von Rosette*, der die Entzifferung der ägypt. ↗ Hieroglyphen durch Champollion ermöglichte. G

Trio ↗ Karibische Sprachen

Triphthong m. (griech. τρι (tri) ›drei‹, φϑόγγος (fthongos) ›Laut‹: ›dreifacher Laut‹) Langer ↗ Vokal mit artikulator. gleitendem Übergang zwischen drei distinkten, zwar artikulator. und akust., aber zeitl. nicht abgrenzbaren Vokalstellungen, z. B. chin. *biao* ›Uhr‹: im Dt. ledigl. bei finaler R-Vokalisierung z. B. in *Eier* [aɪɐ]; ↗ Monophthong, ↗ Diphthong. PM

Triptotische Flexion (griech. τρίς (tris) ›dreimal‹, πτῶσις (ptōsis), ›(grammat.) Fall, Kasus‹) Flexionstyp im ↗ Arabischen, bei dem drei Kasus durch Endvokale unterschieden sind: Nom. (-u), Gen. (-i) und Akk. (-a). Im Gegensatz dazu unterscheiden Nomina mit diptot. Flexion nur zwischen Nom. (-u) und Gen./Akk. (-a). WI

Trique ↗ Mixtekische Sprachen

Triradikalität ↗ Radikal, ↗ Semitische Sprachen

Trisyllabum n. (griech. τρι (tri) ›drei‹, griech. συλλαβή (syllabē) ›Silbe‹) Während für das Idg. freier Akzent angenommen wird, gilt für das Griech. und das Lat. und andere idg. Spr. histor. Zeit, dass die Akzentstelle nicht über die drittletzte Silbe zurückgehen kann (↗ paenultima, ↗ Proparoxytonon). Dieser Sachverhalt wird als T. oder Dreisilbenakzent bezeichnet. GS

Trivalent ↗ Valenz

Trochäus ↗ Fuß

Trommelfell ↗ Ohr

Tropus m., Trope, f., pl. Tropoi, Tropen (griech. τρόπος (tropos) ›Wendung, Richtung‹) Sprachl. Ausdrucksmittel der uneigentl. Rede, Wörter oder Wendungen, die in einem übertragenen, bildlichen Sinn gebraucht werden, z. B. *Blüte* für *Jugend*. Bei den T. besteht ein semant. Unterschied zwischen Gesagtem und Gemeintem, ursprüngl. zum Zweck der Veranschaulichung. Nach dem Grad der Begriffsverschiebung lassen sich unterscheiden: (a) Grenzverschiebungs-T., bei denen eine sachl. Beziehung zwischen dem Gesagten und Gemeinten besteht, z. B. die ↗ Periphrase (Umschreibung, z. B. *Höllenfürst* für *Teufel*), (b) Sprung-T., bei denen der gemeinte Wortsinn in andere Vorstellungs- oder Bildbereiche überspringt: *Löwe* für *Krieger*. Zur ersten Gruppe gehören (nach dem Grad des Unterschieds zwischen Bezeichnung und Bedeutung) ↗ Emphase, ↗ Periphase, ↗ Antonomasie, ↗ Synekdoche, ↗ Metonymie, ↗ Litotes, ↗ Hyperbel, zur zweiten ↗ Metapher, ↗ Allegorie, ↗ Ironie. Aufgrund des charakterist. Unterschieds von Sagen und Meinen können die T. eine starke Verfremdung darstellen, die in Spannung zum Prinzip der Klarheit (*perspicuitās*) geraten kann. Die Begriffsverschiebungen, die den T. zugrunde liegen, sind ein bedeutendes Mittel der Spracherweiterung und -anpassung. T. tauchen daher in großer Zahl bei der Analyse des Sprachwandels und – als ›tote‹, mechanisierte, habituelle T. – der Umgangsspr. auf (z. B. *Tisch-Bein*). **Lit.** ↗ Rhetorik. DS

Truchmenisch ↗ Turkmenisch

Trukesisch ↗ Ozeanische Sprachen

Trukische Sprachen ↗ Ozeanische Sprachen

Trumai ↗ Südamerikanische Indianersprachen

Tschadische Sprachen Ca. 150 Spr. umfassende Untergruppe der ↗ afroasiatischen Sprachen in der Tschadsee-Region (Niger, Nordnigeria, Nordkamerun, Südtschad). Die bedeutendste T. S. ist das ↗ Hausa mit 30–35 Mio. Sprechern. Von den übrigen T. S. haben Angas, Bura, Goemai, Higi, Margi und Tangale in Nigeria, Matakam (Mafa) in Kamerun und Masa (Kamerun, Tschad) jeweils über 100 000 Sprecher, alle übrigen jeweils zwischen 1 000 und 100 000 Sprecher; Karte ↗ Afrikanische Sprachen, im Anhang. Die T. S. sind ↗ Tonsprachen, teils Genusunterscheidung (fem./mask.), teils ↗ fusionierender, teils ↗ agglutinierender Bau, reiche Verbalflexion und -derivation, Wortstellung SVO; charakterist. sind ↗ Implosive und laterale Frikative. **Lit.** D. Barreteau & P. Newman, Les langues tchadiques. IEL 1978, 291 ff. – P. Newman, A Grammar of Tera. Berkeley 1970. – Weitere Lit. ↗ Hausa. **SSG** Stadt- und Universitätsbibliothek Frankfurt/ M. (30). RE

Tschagataisch (Eigenbez. Čagataj tili) Osttürk. Literaturspr. vom 15. Jh. bis 1921, ↗ Turksprachen. Der Name Tsch. geht zurück auf Tschagatai, den 2. Sohn Tschingis Khans, der bei der Reichsteilung Transoxanien, die Pamirgegend, Ostturkestan, die Dzungarei und das Siebenstromland erhielt. Sein Name ging auf die turksprachigen Nomaden Transoxaniens und im 15. Jh. auf die Bevölkerung des Timuridenreichs über, wo sich das Tsch. als Lit.-sprache herausbildete. In der Folgezeit wurde es zur Lit.sprache für den ganzen mittelasiat. Raum. Man unterscheidet 3 Perioden: Frühtsch. (erste Hälfte des 15. Jh.), klass. Tsch. (zweite Hälfte des 15., erste Hälfte des 16. Jh.), nachklass. Tsch. (zweite Hälfte des 16. bis Beginn des 20. Jh.). In der sowjet. Turkologie wurde Tsch. überwiegend als »Altusbekisch« bezeichnet. Nach der Oktoberrevolution wurde das Tsch. durch die neu entwickelten Nationalsprachen (↗ Usbekisch, ↗ Ujgurisch, ↗ Turkmenisch, ↗ Tatarisch, ↗ Baschkirisch) abgelöst. **Lit.** J. Eckmann, Das Tsch. In: Philologiae Turcicae Fundamenta I, Wiesbaden 1959, 138–160. – A. J. E. Bodrogligeti, A Grammar of Chagatay. Mchn. 2001. MI

Tschamalalisch ↗ Dag(h)estanische Sprachen

Tschechisch (Eigenbez. česki, čeština. Auch: Čechisch. Engl. Czech, frz. tchèque) ↗ Slavische Sprache des ↗ westslavischen Zweigs. Tschech. wird von ca. 10 Mio. Sprechern in Tschechien benutzt. – Eine erste tschech. Lit.spr. entsteht in der 2. Hälfte des 13. Jh.; älteste Zeugnisse (u. a. in Form von onomast. Daten) gehen auf ksl. und lat. Texte ab dem 10. Jh. zurück. Nach der Degradierung zu einer reinen »Bauernspr.«, die durch die vom Habsburger Dynastie verfügte Einführung des Dt. als Schul- und Amtsspr. von Mitte des 17. bis Ende des 18. Jh. ausgelöst wurde, erfuhr die tschech. Lit.spr. ab Beginn des 19. Jh. unter Rückgriff auf ihre frühere Gestalt eine Weiterentwicklung im Zuge der sog. *Tschechischen Nationalen Wiedergeburt*. – Markant für das Tschech. ist die Koexistenz von zwei funktional und z. T. kodespezif. charakterisierbaren Varianten, die sich voneinander deutl. unterscheiden, einer tschech. Hochsprache (*spisovná čeština*), beruhend auf der Lit.spr. mit stilist. Differenzierung, und einer nichthochsprachl. Variante, vornehml. mündl. realisiert mit dem auf einem Interdialekt beruhenden Gemeintschech. (*obecná čeština*) als der wichtigsten Komponente. In letzter Zeit dringt das sich stark mit ↗ Anglizismen anreichernde Gemeintschech. immer mehr in die nichtgesprochenen Funktionsbereiche der tschech. Hochspr. ein. **Lit.** N. Bermel, Register Variation and Language Standards in Czech. Mchn. 2000. – L. A. Janda-Townsend, Czech. Mchn. 2000. – J. Vintr, Das T.: Hauptzüge seiner Sprachstruktur in Gegenwart und Geschichte. Mchn. 2001. – I. Hirschmann, Lehrbuch der t. Spr. Hamburg 2002. HA

Tscheremissisch (Eigenbez. Mari) ↗ Uralische (finn.-ugr.) Sprache, ca. 540 000 Sprecher (80,8 % der Tscheremissen). Sprachgebiet: Mittlere Wolga in der Republik Marij El (*el* ›Land‹), wo T. Amtsspr. neben dem Russ. ist, in der Gegend von Kirov und Nižnij Novgorod (Gor'ki) sowie in der Baschkir. und Tatar. Republik; Karte ↗ Europäische Sprachen, im Anhang. Erste schriftsprachl. Erzeugnisse im 19. Jh. (religiöse Lit.). Gegenwärtig existieren zwei Schriftspr. auf der Basis des wiesen- und des bergtscheremiss. Dialekts. Seit 1995 gilt T. als Amtsspr. neben dem Russ. SR

Tscherkessische Sprachen (Eigenbez. adəɣa-bze, türk. çerkez (dil). Auch: adyg(h)ische Sprachen; früher auch: Zirkass., Cirkass.) ↗ Westkaukasische Sprachen; 2 Dialektgruppen: (a) Niedertscherk. (Kjach., Adyg(h)e.), ca. 129 000 Sprecher (2002) im Kubangebiet (südl. von Krasnodar, nördl. von Maikop) und im Gebiet von Tuapse (nördl. des Schwarzen Meeres). Schriftspr. mit der Bez. Adyg(h)eisch (russ. *adygejskij* (*jazyk*)); arab., lat., seit 1936 kyrill. Schrift mit Zusatzzeichen. (b) Kabard(in). oder Ost- oder Obertscherkess. (Eigenbez. *qeberdej-bze*), insgesamt ca. 507 400 Sprecher (2002) im Gebiet östl. des Terek (»Kleine Kabarda«) und bei Mozdok, sowie westl. des Terek um Nal'čik (»Große Kabarda«) und westl. des Kuban um Beslenej (russ. *čerkezy*); Karte ↗ Kaukasische Sprachen, im Anhang. Schriftspr. (russ. *kabardinskij, kabardino-čerkesskij* (*jazyk*)); lat., seit 1936 kyrill. Schrift mit Zusatzzeichen. Um 1850 gab es etwa 1 Mio. Tscherkessen von der Mündung des Kuban im Westen bis Mosdok im Osten. Nach der russ. Eroberung floh etwa ½ Million in das Osman. Reich, wo heute noch viele Tscherkessen leben: in der Türkei vielleicht ½ Million, im Kosovo bei Prishtinë ca. 200, in Jordanien ca. 30 000, in Syrien ca. 40 000, 2 Dörfer in Israel. **Lit.** G. Deeters, Elementare tscherkess. Texte. Caucasica 11, 1934, 68–83. – M. L. Abitov et al., Grammatika kabardino-čerkesskogo literaturnogo jazyka [Grammatik der kabard.-tscherkess. Literaturspr.]. M. 1957. – G. Rogava & Z. I. Keraševa, Grammatika adygejskogo jazyka [Grammatik des Adyghe.]. Krasnodar, Majkop 1966. – A. H. Kuipers, Phoneme and Morpheme in Kabardian (Eastern Adyghe). 's-Gravenhage 1960. – C. Paris, Système phonologique et phénomènes phonétiques dans le parler besney de Zennun Köyü (Tcherkesse oriental). Paris 1974. – R. Smeets, Studies in West Circassian Phonology and Morphology. Leiden 1984. – C. Paris, West Circassian (Adyghe: Abzakh dialect). ILC 2, 155–260. – J. Colarusso, East Circassian (Kabardian dialect). ILC 2, 261–355. – Ders., A Grammar of the Kabardian Language. Calgary 1992. – J. Colarusso, Kabardian (East Circassian). Mchn. 2006. – M. Höhlig, Kontaktbedingter Sprachwandel in der adygeischen Umgangssprache im Kaukasus und in der Türkei. Mchn. 1999. – JRF 1, 35–52, 137–158   BO

Tschetschenisch (Eigenbez. noχčijn (muo't), russ. čečenskij (jazyk)) ↗ Nachische Sprache (östl. Gebiet bei Groznyj), ca. 1 360 000 Sprecher (2002); Schriftspr., arab., lat., heute kyrill. Schrift mit Zusatzzeichen; Karte ↗ Kaukasische Sprachen, im Anhang. **Lit.** N. F. Jakovlev, Sintaksis čečenskogo literaturnogo jazyka [Syntax der tsch. Literaturspr.]. M.–L. 1940. – Ders., Morfologija čečenskogo jazyka [Morphologie der tsch. Spr.]. Groznyj 1960. – Ju. D. Dešeriev, Čečenskij jazyk [Das Tsch.]. JaNSSSR 4, 190–209. – J. Nichols, Chechen. ILC 4, 1–77. – I. J. Aliroev, Čečenskij jazyk [Das

Tsch.]. M. 1999. – JRF 1, 534–554. – A. G. Matsiev, A Short Grammatical Outline of the Chechen Language. Kensington, Md. 1995.   BO

Tschetschenisch-inguschische Sprachen ↗ Nachische Sprache

Tschiluba ↗ Luba

Tschon-Sprachen (auch: Chon) Argentin. Sprachfamilie (1913 von R. Lehmann-Nitsche festgestellt). Zu den T.-Spr. gehören das ↗ Ona (auch: Selk'nam) und das Haush der Hauptinsel von Tierra del Fuego (Feuerland); ebenfalls die Spr. Südpatagoniens (Tehuelche oder Tsoneka, Tehuesh). Die Einschließung des Gününa Küne (auch: Pampa) Nordpatagoniens ist umstritten. Heute gibt es nur noch einzelne Sprecher des Tehuelche; Karte ↗ Südamerikanische Sprachen, im Anhang. **Lit.** C. Clairis, Las lenguas de la Patagonia. In: B. Pottier (ed.), América Latina en sus lenguas indígenas. Caracas 1983, 219–241. – A. Fernandez Garay, El tehuelche. Una lengua en vías de extinción. Valdivia 1998. **SSG** Ibero-Amerikanisches Institut Berlin (204).   AD

Tschuktschisch-kamtschadalische Sprachen ↗ Paläoasiatische Sprachen

Tschuwaschisch (Eigenbez. čăvas čĕlchi) Bolgartürk. Spr.; ↗ Turksprachen. Sprachgebiet: Tschuwasch. Republik, Minderheiten in Tataristan, Baschkiristan und wolgaabwärts bis Saratov, in Mittelasien und der Ukraine; Karte ↗ Europäische Sprachen, im Anhang. Das Tsch. geht zurück auf die Spr. der turksprachigen Bolgaren, die Ende des 10. Jh. ins Wolga-Kama-Gebiet vordrangen. Es unterscheidet sich – bedingt durch die frühe Trennung und den Einfluss finnougrischer Spr. – stark von den übrigen Turksprachen. Im 13. Jh. gerieten die Tschuwaschen unter die Herrschaft der Goldenen Horde, danach des tatar. Khanats von Kasan, 1551 des Moskauer Fürsten. So wurden sie zunächst islamisiert und danach christianisiert, mit entsprechenden Folgen für die Lexik. Die tsch. Lit.sprache entstand seit dem Ende des 18. Jh. in kyrill. Schrift. Die Schreibweise wurde mehrfach reformiert, das lat. Alphabet fand keine Anwendung. **Lit.** J. Benzing, Das Tsch. In: Philologiae Turcicae Fundamenta I, Wiesbaden 1959, 695–751.   MI

Tsimshian Isolierte ↗ nordamerikanische Sprache, deren Zuordnung zu den ↗ Penuti-Sprachen als nicht gesichert gilt. Sprachgebiet: Küste von British Columbia, Kanada. Ca. 4 000 Sprecher. Varietäten: Küsten-T. (Sm'algyax), südl. T., Nisgha und Gitksian; Karte ↗ Nordamerikanische Sprachen. T. unterscheidet sich von den benachbarten Spr. (↗ Wakash-Sprachen; ↗ Na-Dene-Sprachen) durch ein vergleichsweise einfaches morpholog. System des agglutinierenden Typs, das ↗ Reduplikation intensiv nutzt, und durch ↗ Ergativität. **Lit.** J. G. Mulder, Ergativity in Coast Tsimshian. Berkeley 1994.   D

Tsoneka ↗ Tschon-Sprachen

Tsonga ↗ Bantusprache. Sprachgebiet: Südmosambik, östl. Transvaal (Südafrika) und angrenzendes

Gebiet in Simbabwe, über 3,5 Mio. Sprecher. Hauptdialekte: Ronga, Tonga, Tswa und Inhambe. Getrennte ↗ Verschriftung von Ronga, Tonga und Tswa im lat. Alphabet (um 1900). RE

Tsou ↗ Formosa-Sprachen

Tsowa-Tusch(in)isch ↗ Batsisch

Tswa ↗ Tsonga

Tswana (Eigenbez. Setswana) ↗ Bantusprache, die von ca. 90 % der Bevölkerung von Botswana (ca. 1 Mio.) sowie im angrenzenden Gebiet von Südafrika (bes. Transvaal) gesprochen wird; Karte ↗ Afrikanische Sprachen, im Anhang. Die insges. mehr als 4 Mio. Sprecher sind teilweise in T. alphabetisiert, da T. in Botswana offiziellen Status hat und im Schulunterricht verwendet wird. Die lat. basierte ↗ Verschriftung erfolgte Anfang des 20. Jh. **Lit.** D. T. Cole, An Introduction to T. Grammar, Ldn. 1955. – M. A. Peters & M. M. Tabane, Bibliography of the T. Language. Pretoria 1982. RE

TTR (Abk. von ›type-token-ratio‹) ↗ Type-token-Relation

Tuareg ↗ Tamaschek

Tubu ↗ Saharanische Sprachen

Tukano-Sprachen Südamerikan. Sprachfamilie. Zwei Hauptgruppen: Osttukano, im Grenzgebiet von Brasilien (Flussgebiet des Río Negro) und Kolumbien (Vaupés), und Westtukano, im Grenzgebiet Kolumbiens mit Peru und Ecuador. Osttukano-Spr. sind z. B. Barasana, Cubeo, Desana, Tatuyo, Tuyuca u. v. a. Die wichtigsten Westtukano-Spr. sind Coreguaje, Secoya, Siona und Orejón. Kenntnis mehrerer T.-Spr. (zuweilen bis zu zehn) ist normal unter den östl. Tukano. Merkmale: prosod. Nasalität; distinktive Tonhöhe; Genusunterschied; Karte ↗ Südamerikanische Sprachen, im Anhang. **Lit.** J. Barnes, Tucano. In: R. M. W. Dixon & A. Y. Aikhenvald (eds.), The Amazonian Languages. Cambridge 1999, 207–226. – M. S. González de Pérez & M. L. Rodríguez de Montes (eds.), Lenguas indígenas de Colombia. Una visión descriptiva. Bogotá 2000. – W. & P. Jones, Barasano Syntax. Dallas 1981. – J. D. Kaye, Nasal Hermony in Desano. LIn 2, 1971, 37–56. – H. Ramirez, A fala tukano dos Ye'pâ Masa. Tomo 1: Gramática. Manaus 1997. – K. Stenzel, A Reference Grammar of Wanano. Diss. Univ. of Colorado 2004. AD

Tukuna ↗ Tikuna

Tulama ↗ Oromo

Tule ↗ Kuna

Tulu ↗ Dravidische Sprachen

Tunebo ↗ Chibcha-Sprachen

Tunesisches Arabisch ↗ Maghrebinisches Arabisch

Tungusisch Spr.gruppe, die mit den ↗ Turksprachen und dem ↗ Mongolischen zusammen die Familie der ↗ altaischen Sprachen bildet. Die Spr. dieser Gruppe haben geringe Sprecherzahlen (insges. gut 100 000). Das T. besteht aus einem nördl. (Ewenk., Ewen., Negidal., Manegir., Solon., Orotschon.) und einem südl. Zweig mit zwei Untergruppen: südöstl. (Nanaisch, Oltscha, Orok., Orotsch., Udehe) und südwestl. (Mandschu, Ju-chen); Karte ↗ Paläoasiatische Sprachen, im Anhang. Zur Lit.sprache in mongol. Schrift wurde ab Ende des 16. Jh. das vom Mongol. beeinflusste Mandschu, heute bis auf den Xibe-Dialekt in Xinjiang ausgestorben. Ewenk., Ewen. und Nanaisch sind seit 1931 Schriftspr. (zunächst lat. Schrift, ab 1936/37 kyrill.). Agglutinierend, aber auch Hilfswörter, kein Genus, Wortstellung SOV, Nebensätze nominalisiert oder konverbialisiert (↗ Konverb) innerhalb des Hauptsatzes, Vokalharmonie, einfacher Silbenbau. Die Endungsfolge Plural-Kasus-Possessiv (sowie Kongruenz in der NP im nördl. Zweig) erinnern an das Finn. (zunächst lat. Skorik et al., Mongol'skie, tungusoman'čžurskie i paleoasiatskie jazyki [›Die mongol., tungus.-mandschur. und paläoasiat. Spr.n.‹]. Leningrad 1968 (= JaNSSSR, V). – B. K. Paškov, Man'čžurskij jazyk [‹Die mandschur. Spr.›]. M. 1963. – N. Bulatova & L. Grenoble, Evenki. Mchn. 1999. – A. H. Girfanova, Udeghe. Mchn. 2002. – A. L. Malchukov, Even. Mchn. 1995. SSG Niedersächs. Staats- und Universitätsbibliothek Göttingen (7). MI

Tupí Sammelbezeichnung der den ↗ Tupí-Guaraní-Sprachen zugehörenden Maa. der brasilian. Küstenvölker des 16. Jh. Das Sprachgebiet des Tupinambá, das wichtigste dieser Maa., erstreckte sich von der Gegend Rio de Janeiros bis zum Unterlauf des Amazonas. Das T. war mit dem paraguay. ↗ Guaraní nahe verwandt. Verschiedene Formen des T. wurden während der portugies. Kolonialverwaltung als Umgangsspr. *(linguas gerais)* verwendet, um São Paulo die *língua geral paulista* und am unteren Amazonas die *língua geral amazônica*. Heute besteht nur noch eine Variante der Letzteren (Nheengatu, Geral, Yeral) im Grenzgebiet Brasiliens mit Kolumbien und Venezuela. Sprachtyp: präfigierend-suffigierend; Obj.inkorporation. **Lit.** D. Moore, S. Facundes & N. Pires, Nheengatu (língua geral amazônica), its History and the Effects of Language Contact. In: M. Langdon (ed.), Proceedings of the Meeting of the Society for the Study of the Indigenous Languages of the Americas (Juli 1993). Berkeley 1993, 93–118. – A. D. Rodrigues, Phonologie der Tupinamba-Sprache, Diss. Univ. Hamburg 1959. AD

Tupí-Guaraní-Sprachen Sprachfamilie mit weiter Verbreitung im östl. Teil Südamerikas (bes. in Brasilien, Bolivien, Paraguay, Peru und frz. Guyana); Karte ↗ Südamerikanische Sprachen, im Anhang. Zu den T.-G.-Spr. gehören das ↗ Guaraní, das ↗ Tupí (inkl. Tupinambá), das ↗ Chiriguano, das Sirionó (Bolivien), das Cocama (Peru) das Oyampí (frz. Guyana), das Aché-Guayakí (Paraguay), das Guajajara, das Kamayurá, das Parintintin (Brasilien) u. v. a. Genet. weiter entfernt von den T.-G.-Spr., jedoch trotzdem mit ihnen verwandt, sind die übrigen Spr. des Tupí-Sprachstamms, z. B. Awetí, Cinta Larga, Juruna, Karitiana, Mundurukú, Sateré-

Mawé und Suruí. Rodrigues (1985) hält eine weitere Verwandtschaft des Tupí-Sprachstamms mit den ↗ karibischen Sprachen für wahrscheinl. **Lit.** A. D. Rodrigues, Evidence for Tupi-Carib Relationships. SAIL, 1985, 371–404. – Ders., Línguas brasileiras. São Paulo 1986. – W. Dietrich, More Evidence for an Internal Classification of Tupí-Guaraní Languages. Indiana, Beih. 12. Bln. 1990. – A. S. A. C. Cabral, Contact-Induced Language Change in the Western Amazon. The Non-Genetic Orgin of the Kokama Language. Phil. Diss. Pittsburgh 1995. – W. Dietrich, El idioma chiriguano. Madrid 1986. – R. M. W. Dixon & A. Y. Aikhenvald (eds.), The Amazonian Languages. Cambridge 1999. – C. Jensen, Comparative Tupí Morphosyntax. In: D. C. Derbyshire & G. K. Pullum (eds.), Handbook of Amazonian Languages, vol. 4. Bln. 1998, 487–618. – J. Y. Kakumasu, Urubu-Kaapor. Ebd. vol. 1. Bln. 1986, 326–403. – C. O. Schleicher, Comparative and Internal Reconstruction of the Tupi-Guaraní Language Family. Phil. Diss. Univ. of Wisconsin, Madison. 1998. – L. Seki, Gramática do kamaiurá. Língua tupi-guarani do Alto Xingu. Campinas 2000. **SSG** Ibero-Amerikanisches Institut Berlin (204). AD

Turatea ↗ Makassarisch

Turbodidaktik Spielart der ↗ Fremdsprachendidaktik, in der der Gegenstand des Lernens hinter die Frage, wie der ↗ Fremdsprachenunterricht didakt. und method. gestaltet werden soll, systemat. zurücktritt. Die T. geht davon aus, dass Lernvorgänge unabhängig von den Lerngegenständen geplant und »durchgeführt« werden können, und steht in scharfem Widerspruch zu der Tatsache, dass Fremdspracherwerb – wie jeder ↗ Spracherwerb – im Wesentl. autonom und kaum beeinflussbar über äußeren, z. B. didakt., Maßnahmen verläuft. Die Position der T. ist, wie viele Arbeiten aus der Forschung über den ↗ Zweitspracherwerb zeigen, nicht durch empir. Fakten zu rechtfertigen. Die T. spielt v. a. in den Debatten zwischen Linguisten und Sprachpädagogen über ↗ Deutsch als Fremdsprache und ↗ Deutsch als Zweitsprache eine Rolle; sie kann als Verselbständigung bzw. Banalisierung gewisser Konzepte der ↗ Sprachlehrforschung (auch: Glottodidaktik, Linguodidaktik) interpretiert werden. **Lit.** H. Glück, Das Dt. als Fremdsprache, die Politik und die T.: Konturen eines alten Problems. Germ. Ling. 137/138, 1997, 55–70. G

Turing-Maschine 1936 von dem engl. Mathematiker A. M. Turing (1912–1954) entwickeltes theoret. Modell einer Rechenmaschine, welches in seiner ↗ Komplexität einer Typ-0-Grammatik (↗ Chomsky-Grammatik) entspricht. Z

Turkana ↗ Nilotische Sprachen

Türkisch (Eigenbez. Türk dili, Türkçe) Südwesttürk. Spr.; ↗ Turksprachen. T. ist die Amtssprache der Türkei (über 60 Mio. Einwohner); es wird darüber hinaus von erhebl. Minderheiten auf dem Bal-

kan, in der Ukraine und der Russ. Föderation gesprochen, Karte ↗ Europäische Sprachen, im Anhang. Ca. 3 Mio. Bürger der Türkei leben in Westeuropa. In der Türkei wird die Ermittlung einer realist. Sprecherzahl durch die Staatsdoktrin verhindert, die die Existenz sprachl. und nationaler Minderheiten bis vor kurzem leugnete. Grob geschätzt sind von der Bevölkerungszahl 15 Millionen Kurden, 1,5 Millionen Araber und über 12 Mio. sonstige Minderheiten abzuziehen. Die türk. Staatsbürger in Westeuropa sind im gleichen Verhältnis aufzugliedern. Da T. im Verkehr mit Schulen, Militär und sonstigen staatl. Einrichtungen bis vor kurzem die einzig zugelassene Spr. war, wird es von den meisten Minderheiten als S2 beherrscht. Für einen erhebl. Teil der Kurden trifft auch dies nicht zu. Die Analphabetenrate in der Türkei lag 1985 bei 22,5 % (13,5 % der Männer, 31,8 % der Frauen, gerechnet für alle Altersgruppen ab 6 J.). Auf dem Balkan waren die kulturellen Rechte der Türken in Jugoslawien gesichert. In Bulgarien wurden sie ab Mitte der 1970er Jahre abgebaut (bis hin zur Zwangsbulgarisierung von Namen), was zu Auseinandersetzungen und breiter Abwanderung in die Türkei führte. In Westeuropa gibt es Zeitungen, Rundfunksendungen und Fernsehen auf T. und muttersprachl. Unterricht für türk. Schüler. In Anatolien entwickelte sich das T. vom 13. Jh. an zur Schriftspr. in arab. Schrift. Man unterscheidet Altosman. vom modernem Osman. 1928/29 Einführung der lat. Schrift, wohl unter Einfluss des ↗ neuen türkischen Alphabets. Systemat. Ersatz pers. und arab. Lexik durch »echttürk.« Neuwörter seitens der 1932 von Atatürk begründeten »Türk. Sprachgesellschaft« (Türk Dil Kurumu). **Lit.** J. Deny, L'Osmanli moderne et le Türk de Turquie. In: Philologiae Turcicae Fundamenta I, Wiesbaden 1959, 182–239. – G. Hazai, Kurze Einf. in das Studium der türk. Sprache. Wiesbaden 1978. – H. J. Kissling, Osman.-türk. Grammatik. Wiesbaden 1960. – Tahsin Banguoğlu, Türkçenin Grameri. Ankara 1986. MI

Turkmenisch (Eigenbez. Türkmen dili) Südwesttürk. Spr.; Karte ↗ Türkische Sprachen, im Anhang. Ca. 4 Mio. Sprecher in Turkmenien, in angrenzenden Gebieten Afghanistans und des Iran, in Usbekistan und Tadschikistan. In Russland leben in 18 Dörfern im Gebiet Stawropol Truchmenen, die im 17.–19. Jh. von Mangyschlak über Astrachan eingewandert sind. Als Schriftspr. diente früher das ↗ Tschagataische, ab dem 18. Jh. entstehen lit. Werke in T.; die moderne Schriftspr. bildete sich in sowjet. Zeit heraus (Alphabet bis 1928 arab., bis 1940 lat., danach kyrill.). **Lit.** L. Bazin, Le Turkmène. In: Philologiae Turcicae Fundamenta I, Wiesbaden 1959, 308–317. MI

Turkologie ↗ Turksprachen

Turksprachen Spr.gruppe, die mit dem ↗ Mongolischen und dem ↗ Tungusischen die ↗ altaische Spr.familie bildet. Die T. gliedern sich in (a) Südwesttürk. (Oghus.): ↗ Türkisch, ↗ Gagausisch, ↗ Aserbajdschanisch, ↗ Turkmenisch; (b) Osttürk. (Karluk.): ↗ Usbekisch, ↗ Ujgurisch; (c) Westtürk. (Kiptschak.) mit drei Untergruppen: (c1) die ural. (Kiptschak.-Bulgar.): ↗ Tatarisch, ↗ Baschkirisch, (c2) die pont.-kasp. (Kiptschak.-Oghus.): ↗ Krimtatarisch, ↗ Karaimisch, ↗ Karatschaisch, ↗ Balkarisch, ↗ Kumykisch, (c3) die aral.-kasp. (Kiptschak.-Nogaisch): ↗ Nogaisch, ↗ Kasachisch, ↗ Karakalpakisch (und die nichtiranisierten Dialekte des ↗ Usbekischen); (d) Nordtürk.: ↗ Altaisch (im Altai), Schor., ↗ Chakassisch, ↗ Tuwinisch (nördlich der westl. Hälfte der Mongolei), Karagass. (bei Irkutsk); (e) Nordosttürk: ↗ Jakutisch, Dolgan. (f) Bolgartürk.: ↗ Tschuwaschisch; Karte im Anhang. Das ↗ Kirgisische steht zwischen Kasach., Ujgur. und Altaisch, verbindet also (b), (c) und (d) miteinander. Auch das Altaische weist in seinen südl. Dialekten starke Bezüge zum Osttürk. auf. Abgesehen vom Tschuwasch., das sich früh von den T. getrennt hat, und vom Jakut., das stark vom Mongol. und vom Tungus. beeinflusst ist, sind die T. untereinander so homogen, dass sie in erhebl. Maße gegenseitig verständlich sind. Hierzu trägt neben den ererbten Gemeinsamkeiten auch die jahrhundertelange arab.-pers. Prägung von Wortschatz und Idiomatik bei, die alle T. außer dem nord- und nordosttürk. Spr. durch den Islam erfahren haben. Für die T. in der ehem. UdSSR kommt die Schicht der aus dem oder über das Russ. übernommenen Lexik hinzu. Differenzierend wirkt ab den 1930er Jahren die Tendenz, Neuwörter jeweils ohne Rücksicht auf die übrigen T. zu bilden. Die ältesten türk. Schriftzeugnisse sind Runen-Inschriften an Orchon und Jenissei (8. Jh.). Ihnen folgen altujgur. Handschriften aus Turfan, Xinjiang und Gansu. Diese alttürk. Sprachzeugnisse sind wohl dem Nordtürk. zuzurechnen. Die osttürk. Tradition beginnt im 11. Jh. unter den Karakhaniden, setzt sich im Choresmtürk. des 14. Jh. fort und führt über das ↗ Tschagataische (ab 15. Jh.) zum Usbek. und Ujgur. Schriftzeugnisse für das Südwesttürk. existieren ab dem 13. Jh. (Seldschuk., Altosman., Aserbajdschan.). Vorstufen des heutigen Westtürk. sind belegt im *Codex Cumanicus* (14. Jh.), in mamelukkiptschak. Glossaren, Grammatiken und lit. Werken aus Ägypten (13.-16. Jh.) und in armen.-kiptschak. Denkmälern aus der Ukraine (16.-17. Jh.). Eine Vorstufe des Bolgartürk. ist belegt durch das wolgabolgar. Inschriften des 13./14. Jh. Die Verschriftung der klass. Lit.sprachen Tschagataiisch, Kasach., Tatar., Osman., Aserbajdschan., Krimtatar. erfolgte in arab. Schrift; 1920–1930 Schaffung weiterer Schriftspr. in arab. Schrift; ab 1923 (ausgehend von Baku) Entwicklung, Propagierung und Durchsetzung des ↗ Neuen Türkischen Alphabets auf lat. Grundlage, das 1927–1937 in der UdSSR für die altaischen Spr. vorherrschend wurde; beeinflusst hiervon 1928/29 die Atatürksche Schriftreform in der Türkei. Ab 1936/37

erfolgte in der UdSSR der Übergang zur kyrill. Schrift. Waren die arab. und lat. Verschriftungen auf optimale gegenseitige Lesbarkeit der T. angelegt, so wurde bei den kyrill. Alphabeten durch teilweise willkürl. Differenzierungen das Gegenteil bezweckt. Die Rückkehr zur lat. Schrift ist für einige T. bereits vollzogen. Einheitl. türk. Sprachbau: einfacher Silbenbau, der Konsonantengruppen am Silbenanfang nicht, am Silbenende nur vereinzelt duldet. Opposition ›palatal/velar‹ und darauf basierende ↗ Vokalharmonie, suffixagglutinierende Morphologie, dabei Endungen auf eine Stelle im Syntagma konzentriert, Einsparung des Pluralsuffixes nach Zahlen, am Nomen Endungsreihe: Plural-Possessiv-Kasus, kein Genus, Negation durch Suffix am Verbstamm, Stellungsregel rectum/regens konsequent durchgeführt, daher: Satzstellung SOV, Hilfsverben nach Vollverben, Nebensätze im Hauptsatz (außer bei den Konditionalsätzen, für die es eigene Konjugationsformen gibt, meist nominalisiert oder konverbialisiert; ↗ Konverb). Im nominalen Syntagma Voranstellung aller Attribute (einschließl. der Attributssätze), Postpositionen. – Die Turkologie als die Wissenschaft von den Spr. und der geistigen und materiellen Kultur der T. sprechenden Völker beginnt mit dem auf Arab. verfassten Werk »Diwan-u Luǧat-it-Turk« des Mahmud al-Kaschghari (1073), das Informationen über den Wortschatz verschiedener T., Sprichwörter und Angaben zur Grammatik enthält. In Europa begann die Beschäftigung mit den Türken, bedingt durch das Vorrücken der Osmanen auf dem Balkan, im 15. Jh., die Beschäftigung mit der türk. Spr. im 17. Jh. War im 17. und 18. Jh. das Osman. Reich Hauptgegenstand der europ. Orientalistik, so weitet sich ab Ende des 18. Jh. der Blickwinkel. Es beginnt nun die Erforschung mittelasiat. Turksprachen, der Vergleich der Turksprachen untereinander und im Gefolge der Entwicklung von ↗ Indogermanistik und Finnougristik wird die Frage der Verwandtschaft der T. mit anderen Sprachgruppen aufgeworfen (↗ Altaische Sprachen, ↗ Ural-Altaische Sprachen). Mit der Entzifferung der Orchon-Inschriften 1893 durch W. L. Thomsen (1842–1927) und die Handschriftenfunde ab 1904 in Ostturkistan gewann der Gegenstand der T. histor. Tiefe bis zurück in die vorislam. Epoche. Gleichzeitig ergaben sich Bezüge zu Buddhismusforschung, Indologie und Sinologie. Im 20. Jh. sieht sich insbesondere die sowjet. Turkologie mit der Aufgabe konfrontiert, die Turkvölker Mittelasiens und Osteuropas bei der Schaffung und Entwicklung moderner Schriftspr. zu unterstützen. In Deutschland bildet sich ab Ende der 1960er Jahre als neues Arbeitsfeld der Turkologie der Sprach- und Kulturkontakt türk. Zuwanderer mit der einheimischen Bevölkerung heraus. Aufgrund der geograph. Nähe und der großen Bedeutung der Türkei für Europa einerseits, wegen der durch die Systemgrenze und die russ. Vermittlung bedingten scheinbaren Ferne der übrigen Turkvölker andererseits hat sich in der Praxis lange ein reduzierter Begriff der Turkologie erhalten, der sich als »Wiss. von Lit., Sprache, Kultur und Geschichte der Türkei« umschreiben lässt. Eine auf die Türkei bezogene Einzelphilologie hat zwar sicher ihre Existenzberechtigung, muss aber klar von der Turkologie unterschieden werden, die alle T. erfasst. **Lit.** Philologiae Turcicae Fundamenta. 2 Bde. Wiesbaden 1959, 1965. – N. A. Baskakov et al., Tjurkskije Jazyki [›Die türk. Spr.‹]. JaNSSSR, II. M. 1966. **SSG** Universitätsbibliothek Tübingen (21). MI

Turn (engl. ›das Drankommen, Dransein‹, it is your turn ›du bist dran‹; vgl. ›Turnus‹) Ein dt. Substantiv, das *turn* entspräche, fehlt, so dass der Ausdruck unübersetzt ins Dt. übernommen wurde. Das Ergebnis des »Dranseins« beim Sprechen, das gleichfalls *turn* heißt, wird in der deutschen ling. Literatur als »Sprecherbeitrag« oder »Redebeitrag« bezeichnet und z. T. statt *turn* verwendet. Die Verteilung der Sprecher- bzw. Höreraktivitäten in der ↗ Kommunikation ist, wie besonders durch die Arbeiten der ↗ Konversationsanalyse herausgearbeitet wurde, strikt geregelt, und zwar auch dort, wo dies am wenigsten zu erwarten zu sein scheint, in formlosen alltägl. Gelegenheitsunterhaltungen. Der *turn*-Wechsel wird hier an »turn transition relevance places« in einer interaktiven Abwicklung organisiert, indem Optionen der Beteiligten eröffnet, übernommen oder abgelehnt werden. In anderen Zusammenhängen sind explizite formale Regelungen vorgesehen und z. T. an einzelne Aktanten (z. B. Diskussionsleiter, Lehrer, Richter) delegiert. – Der systemat. Stellenwert von *turn*-Wechsel oder seiner Abwesenheit erlaubt eine Grunddifferenzierung von Diskursarten. Sprachl. Handlungsmuster, in denen *turn*-Wechsel systemat. vorgesehen ist, bilden Sprechhandlungssequenzen (z. B. ↗ Frage-Antwort; Aufgabe-Stellen – Aufgabe-Lösen); solche, bei denen *turn*-Wechsel systemat. nicht vorgesehen ist, bilden Sprechhandlungsfolgen (z. B. Vortrag, Predigt); ↗ Gesprächsanalyse, ↗ Dialog. **Lit.** M. Selting & E. Couper-Kuhlen (eds.), Prosody in Conversation. Interactional Studies. Cambridge 1996. E

Tuscarora ↗ Irokesische Sprachen
Tuvalu ↗ Ozeanische Sprachen, ↗ Samoanisch
Tuwinisch (Eigenbez. Tıva dıl) Nordtürk. Spr.; ↗ Turksprachen. Ca. 250 000 Sprecher in der Tuwin. Republik. Hinzuzurechnen sind die ca. 600 Tofa (Tofalaren, Karagassen) im Gebiet Irkutsk, Kreis Nižneudinsk; Karte ↗ Türkische Sprachen, im Anhang. T. ist stark mongol. beeinflusst. Schriftspr. seit 1930 in lat. Schrift, ab 1942 kyrill. **Lit.** K. H. Menges, Das Sojon. und Karagass. In: Philologiae Turcicae Fundamenta I, Wiesbaden 1959, 640–670. – K. D. Harrison & G. D. Anderson, Tyvan. Mchn 1999. MI
Tuyuca ↗ Tukano-Sprachen
Twang ↗ Artikulationsbasis
Twi ↗ Akan

Two-level-Morphologie ↗ Zweiebenenmorphologie
Txikão ↗ Karibische Sprachen
Typentheorie Bez. für ein von B. Russell (1872–1970) und A. N. Whitehead (1861–1947) entwickeltes log. System. Die T. formuliert als Postulat, dass die Sprach- und Beschreibungsebenen hierarch. gegliedert sein müssen, so dass die erste Ebene die Individuen umfasst, die zweite die Klasse oder Menge aller Individuen, die dritte die Klasse aller Klassen oder Menge aller Mengen (usw.). Jeder Terminus hat seinen eigenen Bedeutungsbereich, nämlich die Menge der Gegenstände, von denen er sinnvoll ausgesagt werden kann. Die Menge oder Klasse hat immer einen höheren Typ als ihre Elemente, so dass es zu der Aussage ›die Menge aller Mengen‹ oder ›Klasse aller Klassen‹ nicht in einem selbstbezüglichen Sinn kommen kann. Mithilfe der T. soll die Antinomie beseitigt bzw. verhindert werden, die sich durch die Selbstreferenz von Klassen oder Mengen ergibt. PR
Type-token-Relation (engl. type ›Art, Typus‹, token ›Zeichen‹. Abk. TTR. Engl. type-token-ratio) Bez. für das quantifizierbare Verhältnis zwischen dem konkreten Vorkommen sprachl. Einheiten (*tokens*) und den von ihnen repräsentierten abstrakten Einheiten (*types*). Für Texte lässt sich ein Quotient ermitteln, der das Verhältnis zwischen der Gesamtzahl der Wörter (*tokens*) und der Anzahl der verschiedenen Wörter (*types*) ausdrückt, z. B. *In Ulm und um Ulm und um Ulm herum* (9 Wörter (*tokens*), aber nur 5 verschiedene *types*). Die T. kann Aufschluss geben über die Differenziertheit eines Wortschatzes, wobei der Umfang der untersuchten Texte zu berücksichtigen ist, denn mit zunehmender Länge sinkt die TTR; ↗ Sprachstatistik. SK
Typikalität ↗ Prototyp
Typikalitätseffekt ↗ Prototyp
Typographie (griech. τύπος ›Abdruck, Zeichen‹, γράφειν (grafein) ›schreiben‹) **1.** Kunst der Gestaltung von Drucklettern. Außer der Gestaltung der einzelnen Buchstabenformen sind dafür auch die Größenverhältnisse der Buchstaben untereinander sowie zwischen ↗ Gemeinen (Kleinbuchstaben) und ↗ Versalen (Großbuchstaben), die Strichstärken, Buchstaben- und Wortabstände sowie die Anordnung und Gruppierung der Zeilen von Bedeutung. Die Bezeichnungen heute noch gebräuchl. Druckschriften überliefern die Namen von Druckern oder Schriftschöpfern, z. B. Bembo, Bodoni, Garamond, Klingspor, Zapf. **2.** Ausstattung und Gestaltung von Druckwerken, vielfach als Synonym für ↗ Buchdruck benutzt. Der typogr. ↗ Punkt wird als Maßeinheit für die Buchstabengröße im ↗ Schriftsatz benutzt; ↗ Didotsystem. EN
Typologie ↗ Sprachtypologie
Typologisch Auf die ↗ Sprachtypologie bezogen. Allgemein auch Bez. für Verfahren des ↗ Sprachvergleichs, bei denen ↗ genetische Fragestellungen unberücksichtigt bleiben. GP

Typometer Maßeinheit in der Typographie (798 p = 133 Nonpareille = 30 cm); ⁊ Didotsystem.   G

Tzeltal ⁊ Maya-Sprachen

Tzotzil ⁊ Maya-Sprachen

Tzutujil ⁊ Quiché-Sprachen, ⁊ Maya-Sprachen

Ubangi-Sprachen Ca. 20 Spr. und Dialektgruppen südöstl. der ⁊ Adamawa-Sprachen, mit denen sie den Adamawa-Ubangi-Zweig der ⁊ Niger-Kongo-Sprachen bilden. Sprachgebiet: Zentralafrikan. Republik sowie angrenzende Gebiete in Kamerun, Kongo, Zaire und Sudan. Über 1 Mio. Sprecher haben das Gbaya, das ⁊ Sango und das Zande (Azande), ca. 0,7 Mio. das Banda, alle übrigen sind zahlenmäßig deutlich kleiner; Karte ⁊ Afrikanische Sprachen, im Anhang. Die U. sind ⁊ Tonsprachen, z. T. mit ⁊ Nominalklassen (Mba-Spr.), z. T. Genus (Zande), z. T. ohne Nominalklassifizierung, (suffigale) Verbalderivation. **Lit.** W. J. Samarin, The Gbaya Language: Grammar, Texts and Vocabularies. L. A. 1966. **SSG** Stadt- und Universitätsbibliothek Frankfurt/M. (30).   RE

Überbrückungsphänomen ⁊ Verzögerungsphänomen

Übercharakterisierung ⁊ Redundanz

Überdachung Der Begriff ›Dialekt‹ ist meistens auf das komplementäre System einer Standardspr. bezogen, die in sämtlichen Teilbereichen voll entwickelt ist und insbesondere über eine ⁊ geschriebene Sprachform verfügt. Unterhalb dieser ›Überdachung‹ kann der Dialekt in diasystem. Schritten (⁊ Diasystem) eine entsprechende Distanz zu dieser überdachenden Spr. entwickeln, sich aber nur in seltenen Fällen verselbständigen; ⁊ Dialektniveau, ⁊ sprachlicher Mehrwert. **Lit.** H. Kloss, Abstandssprachen und Ausbausprachen. In: Theorie des Dialekts. Wiesbaden 1976, 301–322.   K

Überdiskriminierung Bez. eines Übergangsphänomens in Spracherwerbsverläufen, das auf unvollständigem Regelwissen beruht. Lerner (im Erst- wie im Zweit-/Fremdspracherwerb) generieren aus ihrem Umfeld Vorstellungen zur Extension sprachl. Konzepte, die anfangs über- oder unterspezifiziert sind. So mag die Vorstellung eines Kindes zum Konzept HUND zunächst *Dackel* und *Pudel* ausschließen, weil das Kind HUND mit einem Konzept assoziiert hat, das eine gewisse Größe zur Bedingung macht. Ein Lerner des Dt. als Fremdsprache mag das Präsens im Dt. ausschließlich zur grammat. Kennzeichnung eines Gegenwartsbezugs verwenden, selbst wenn die eigene Mutterspr. ebenfalls ein histor. Präsens (⁊ Praesens historicum) hat. In beiden Fällen sind Konzepte überspezifiziert – es liegt Ü. vor. Unterspezifizierte Vorstellungen zur Extension eines Konzepts (⁊ Übergeneralisierungen) treten im ⁊ Spracherwerb häufiger auf, insbesondere im Grammatikerwerb. Die übergeneralisierte Präteritumsregel etwa (*gehen* – **gehte*) ist in dt. Lernersprachen jeder Art anzutreffen.   ES

Übereinzelsprachlich Bez. für sprachl. Einheiten oder ling. Eigenschaften sprachl. Einheiten, deren Existenz in unterschiedl. Einzelspr. festgestellt oder auch nur postuliert wird; ⁊ Cross-linguistic, ⁊ Europäismus, ⁊ Internationalismus.   G

Übergangsmundart Ma. im Grenzbereich zweier (oder mehrerer) Dialektverbände, die Merkmale der jeweils benachbarten, strukturell als eigenständig zu bestimmenden Verbände aufweist und somit keinem Verband eindeutig zuzuweisen ist.   DD

Übergeneralisierung 1. In der ⁊ Spracherwerbsforschung und der ⁊ Sprachdidaktik Bez. für Fehler, die darauf beruhen, dass ein Lernender eine Regel erwirbt, sie aber über deren Geltungsbereich hinaus anwendet, z. B. im DaF-Unterricht bei der Flexion der schwachen Verben Formen wie **sehte, *trinkte*. Ü. gibt es auch im Wortschatzerwerb: das Wort *Apfel* wird z. B. auch für Tomaten verwendet (weil diese ebenfalls rot und rund sind). **2.** ⁊ Hyperkorrektur.   G, SO

Überlappend ⁊ Distribution

Überlappung ⁊ Konversationsanalyse, ⁊ Simultanes Sprechen, ⁊ Unterbrechung

Überlautung ⁊ Explizitlautung

Übername ⁊ Familienname, ⁊ Personenname

Überprüfung (engl. checking) Im Rahmen des ⁊ Minimalismus wird angenommen, dass morpholog. Merkmale in der Syntax überprüft werden müssen (z. B. auf Kongruenz im Falle von ⁊ Phi-Merkmalen). Ü. ist dabei nur in der strukturellen Relation des Spec-Head-Agreement möglich.   FR

Übersetzung (auch: Sprachmittlung, Translation, Übertragung. Engl., frz. translation) Vorgang und Resultat der Wiedergabe sprachl. Ausdrücke (Wörter, Sätze, Texte) einer Sprache A in einer Sprache B. Dies kann im Aufstellen von Wortgleichungen (z. B. dt. *Übersetzer* = engl. *translator* = russ. *perevodčik* = ital. *traduttore*), von Satzgleichungen (z. B. ital. *traduttore traditore* = dt. *Der Übersetzer (ist) ein Verräter*) oder in der Herstellung von größeren Texten bestehen, die in der Sprache B Bedeutung, Sinn und ggf. sprachl. Formen (z. B. bei der Ü. von Lyrik) der Textvorlage rekonstruieren, die prakt. Anforderungen an eine gelungene Ü. hängen vom Genre ab. So stehen bei der Ü. techn., jurist. oder wiss. Texte größtmögl. terminolog. Äquivalenz und »Nähe« zur Vorlage im Vordergrund, während bei der Ü. journalist. oder lit. Texte die Herstellung eines für den Leser oder Hörer nachvollziehbaren »Sinns« wichtiger sein kann; oft spricht man dann von freier Ü. oder Übertragung. **Lit.** V. Kapp, Übersetzer und Dolmetscher. Mchn. [3]1991. – W. Koller, Einf. in die Übersetzungswiss. Mchn. [4]1992. – M. Snell-Hornby et al. (Hgg.), Handbuch Translation. Tübingen 1998. – H. Böhme (Hg.), Ü. und Transformation. Bln., N. Y. 2005. – C. Strosetzki, Ü. Ursprung und Zukunft der Philologie? Tübingen 2008. – W. Büttemeyer, Ü. – Spr. und Interpretation. Ffm. 2000. – J. Renn, Ü. als Medium des

Kulturverstehens und sozialer Integration. Ffm. 2002.   G

Übersetzungsspeicher ↗ Translation Memory

Übersetzungswissenschaft (auch: Translationswissenschaft) Teilgebiet der ↗ angewandten Sprachwiss., die sich mit den besonderen Problemen des Dolmetschens und Übersetzens befasst und gelegentl. von Praktikern als selbständige Disziplin postuliert wird. Ihre Fragestellungen betreffen v. a. die Praxis des Sprachvergleichs, vergleichende Stilistik, Metaphorik und Idiomatik und Kulturvergleiche i. w. S., so dass der Ausdruck Ü. eher als Programm denn als Bez. einer wiss. Disziplin gelten muss; ↗ Dolmetscher, ↗ Übersetzung.   G

Übertragene Bedeutung ↗ Metapher

Übertragung Kontextuelles Merkmal, ↗ Übersetzung

Übertreibung ↗ Hyperbolie

Überwindungseigenschaft ↗ Überwindungsmodus

Überwindungsmodus ↗ Artikulationsmodus, in dem eine kons. Enge- oder Verschlussbildung im ↗ Ansatzrohr durch den Luftstrom überwunden wird.   PM

Ubychisch (Eigenbez. tˁaxá (bze), tscherkess. wəbbəχ (bze)) ↗ Westkaukasische Sprache, die nordöstl. des Schwarzen Meeres, nordwestl. des abchas. Sprachgebiets gesprochen wurde. Alle Ubychen zogen bei der russ. Eroberung 1864 in die Türkei, wo der letzte Sprecher 1992 gestorben ist. **Lit.** G. Charachidze, Ubykh. ILC 2, 357–459.   BO

Udehe ↗ Tungusisch

Udisch ↗ Dag(h)estanische Sprachen

Udmurtisch ↗ Votjakisch

Uduk ↗ Chari-Nil-Sprachen

Ugaritisch Spr. der Stadt Ugarit in Nordsyrien. Aus dem 14.-12. Jh. v. Chr. wurden 1929 in Ras esh-Shamra zahlreiche Texte in alphabet. ↗ Keilschrift ohne Vokalrepräsentation gefunden. Aufgrund der bisherigen Datenlage ist die Zuordnung zum ↗ Kanaanäischen oder ↗ Nordwestsemitischen noch nicht eindeutig zu klären. Die poet. Texte zeigen dem ↗ Althebräischen ähnl. stilist. und literar. Merkmale, die königl. offiziellen Briefe weisen einen ausgefeilten Stil und präzise Orthographie auf. Die Prosatexte haben Aspekt, 4 Modi, die Nomina sind dekliniert nach Genus, Numerus (mit Dual), Kasus, nicht nach ↗ Definitheit und nur teilweise nach ↗ Status. **Lit.** S. Segert, A Basic Grammar of the Ugaritic Language. Berkeley 1984. – J. Tropper, Ugarit. Münster 2002.   WI

Ujgurisch 1. (auch: Altujgurisch) Spr. des Turkstammes der Ujguren, die 745 das Zweite Köktürk. Reich zu Fall brachten und bis zu ihrem Sturz durch die Kirgisen 840 Innerasien beherrschten. Zwei ujgur. Restreiche in Turfan (bis 1209) und in Gansu (»Gelbe Ujguren«, bis 1036) existieren zunächst weiter. Das Altujgur. gehört zu den nordtürk. Sprachen; ↗ Turksprachen. Es lebt fort in der Spr. der ca. 10 000 Gelben Ujguren (Yugur) in Gansu. Unklar ist

die Zuordnung der ca. 70 000 Salaren in Qinghay und Gansu. **Lit.** K. Thomsen, Die Spr. der gelben Uiguren und das Salar. In: Philologiae Turcicae Fundamenta I, Wiesbaden 1959, 564–568. – S. E. Malov, Jazyk Žëltych Ujgurov [‹Die Spr. der gelben Uiguren›]. M. 1967. – **2.** Neuujgurisch (Eigenbez. Ujğur tili) Osttürk. Spr. Ostturkistans; ↗ Turksprachen. Gemeinsam mit dem in Westturkistan beheimateten ↗ Usbekischen ist das U. als Fortsetzung des ↗ Tschagataischen anzusehen. Sprecherzahl über 6 Millionen. Sprachgebiet: Xinjiang, Minderheiten in Kasachstan, Kirgistan und Usbekistan, kleinere Gruppen auch in Afghanistan, Pakistan und Indien; Karte ↗ Türkische Sprachen, im Anhang. Das Neuujgur. geht nicht auf das Altujgur. zurück; der Name »Ujguren« wurde auf einer Konferenz von Vertretern der Neuujgur. sprechenden Bevölkerungsteile Westturkistans 1921 in Taschkent angenommen. Die neuujgur. Schriftspr. entstand ab 1921 (in arab. Schrift) in Russisch-Turkistan; sie wurde ab 1949 auch Schriftspr. der Ujguren in Xinjiang. In der UdSSR 1925 Reform der arab. Schrift, 1930 Übergang zur lat. Schrift, 1946/47 zur kyrill. Schrift; in China reformierte arab. Schrift; der Versuch in den 1970er Jahren, die lat. Schrift einzuführen, wurde 1980 wieder aufgegeben. **Lit.** O. Pritsak, Das Neuuigur. In: Philologiae Turcicae Fundamenta I, Wiesbaden 1959, 525–563.   MI

Ukrainisch (Eigenbez. ukraïns'kyj. Engl. ukrainian, frz. ukrainien, petit-russe. Abk. ukr.) ↗ Slavische Sprache des ↗ ostslavischen Zweigs. Das Ukr. wird von ca. 35 Mio. Sprechern in der Ukraine (vormals Ukr. SSR) benutzt; darüber hinaus von Minderheiten v.a. in Weißrussland, Südostpolen, der Slovakei, den USA und Kanada. ↗ Bilingualismus mit seinen verschiedenen Ausprägungen ist typ. für die Ukraine, da es neben großen Sprechergruppen mit Ukr. als Mutterspr. im Westteil bzw. mit Russ im Ostteil breite Bevölkerungsanteile mit Ukr. bzw. Russ. als Zweitspr. gibt. Das Ukr. ist (neben dem Russ.) seit 1989 Amtsspr. Sprachpolit. Bemühungen seit der Unabhängigkeit 1991 haben v.a. in der Westurkaine dazu geführt, die Omnipräsenz des ↗ Russischen einzudämmen, die bes. im südl. und östl. Landesteil sowie im städt. und im offiziellen Bereich, z.B. in den Medien, in staatl. Organen, im Hochschulwesen und im Kulturleben, nach wie vor eine starke Stellung hat. Ein Spezifikum für die gemischte Situation in der Ukraine ist das ↗ Suržyk. – Das Ukr. unterlag in seiner Geschichte nach einer längeren ksl. orientierten Phase verschiedenen, durch polit. Vorgänge hervorgerufenen Einflüssen seiner Nachbarspr.n, v.a. des ↗ Weißrussischen, ↗ Polnischen und ↗ Russischen (bis hin zum Verbot des Ukr. in der 2. Hälfte des 19. Jh.). Die Herausbildung einer ukr. Lit.spr., die auf der Volksspr. und ihren Dialekten beruht, fällt in die 1. Hälfte des 19. Jh. **Lit.** A. Danylenko & A. S. Vakulenko, Ukrainian. Mchn. 1995. – O. Anhalt-Bösche, Einf. in die ukr. Spr. Wiesbaden 1996. – U. Schweier, Das Ukr. In: P. Rehder (Hg.), Einf. in die slav. Spr.n (mit einer Einf. in die Balkanphilologie). Darmstadt ³1998, 94–109. – S. Amir-Babenko, Lehrbuch der ukr. Spr. Hamburg 1999. – T. P. Troškina, Die ukr. S. – Ukrainskij jazyk. Ffm. 2001. – V. Mokienko, Ukr. In: N. Janich & A. Greule (Hgg.), Spr.kulturen in Europa. Ein internat. Hdb. Tübingen 2002, 316–322. – L. Schubert, Ukr. für Anfänger und Fortgeschrittene. Wiesbaden 2005. – S. Amir-Babenko & F. Pfliegl, Prakt. Kurzgrammatik der ukr. Spr. Hamburg 2005. – J. Besters-Dilger, Language Policy and Language Situation in Ukraine. Ffm. 2009.   HA

Ultima f. (lat. ›die letzte (Silbe)‹) In der Latinistik übl. Bez. für die wortfinale Silbe; ↗ paenultima, ↗ antepaenultima, ↗ Perispomeneon.   GS

Umakzentuierung Veränderung der Akzentposition bzw. Akzentstärke (↗ Akzent) z. B. im Prozess der Derivation (z. B. durch die ›main stress rule‹ in SPE).   PM

Umbrisch ↗ Italische Sprachen

Umbruch ↗ Korrekturzeichen

Umbundu ↗ Bantusprache im südl. Angola, besonders in den Provinzen Huambo und Bié. Über 4 Mio. Sprecher (ca. 35 % der Bevölkerung Angolas); vor 1975 teilw. in U. alphabetisiert; Karte ↗ Afrikanische Sprachen, im Anhang. Ursprüngl. auf das Benguela-Hochland beschränkt, breitete sich das U. im 19. Jh. aufgrund des Handels nach Osten hin stark aus. Lat. basierte ↗ Verschriftung Ende des 19. Jh. Trotz Namensähnlichkeit keine direkte Verwandtschaft mit dem ebenfalls in Angola gesprochenen Kimbundu. **Lit.** J. F. Valente, Gramática U., a lingua do centro de Angola. Lisboa 1964. – Th. C. Schadeberg, A Sketch of U. Köln 1990.   RE

Umfangskasus In R. Jakobsons (1896–1982) Kasusmodell eine der drei Kasusklassen, bestehend aus ↗ Genitiv und ↗ Lokativ, die er durch den Grad, in dem der von U. markierte Objektsausdruck durch die vom Verb ausgedrückte Aktion erfasst ist, charakterisiert; ↗ Randkasus, ↗ Vollkasus.   G

Umfeld ↗ Empraktisch, ↗ Synsemantisch

Umformungsprobe ↗ Verschiebeprobe

Umgangslautung ↗ Explizitlautung

Umgangssprache (engl. colloquial language, frz. langue familière) **1.** Bereich zwischen ↗ Dialekten und ↗ Gemeinsprache bzw. ↗ Hochsprache, mittlerer Bereich dessen, was U. Ammon die »dialektale Stufenleiter« von der niedersten zur höchsten Sprachebene nennt. **2.** Stilschicht, z. B. umgangssprachl. neben familiär, salopp, derb, vulgär, zur Markierung stilist. Werte in der ↗ Lexikographie. U. ist eine mündl., nicht schriftl. fixierte Sprachform. Als Hauptvarietät der ↗ Alltagssprache besetzt die U. viele Bereiche, die früher dialektal besetzt waren; sie wird auch in die Literatur- und ↗ Fachsprachen übernommen. Da U. primär ↗ gesprochene Sprache ist, ist sie eine Sprachform des unmittel-

baren Kontakts. Im 19. Jahrhundert wurde U. weitgehend mit ›gesellschaftl.‹ gleichgesetzt, neuerdings Tendenz zur Bedeutung ›nicht voll gesellschaftsfähige, im alltägl. Umgang übliche Spr.‹. Heute ist die U. die Spr. des Alltagsverkehrs; sie ist weniger schichten- als vielmehr situationsspezif. Ausdrucksweise; die Ausbreitung in die Literaturspr. macht plausibel, warum die Lexikographie sie zunehmend aufnimmt. **Lit.** A. I. Domaschnev, U./Slang/Jargon. HSK 3, I, 308–315. – Ggwdt. – P. v. Polenz, Dt. Sprachgeschichte, Bd. III: 19. und 20. Jh. Bln., N. Y. 1999. – St. Barbour & P. Stevenson, Variation im Dt. Bln., N. Y. 1998.   R

Umgebung ↗ Distribution, ↗ Position

Umklammernde Präposition ↗ Ambiposition

Umlaut (auch: Metaphonie, Periphonie, Primärumlaut, Sekundärumlaut. Engl. vowel mutation) Durch J. Grimm (1785–1863) eingebürgerte Bez. für den Vorgang bzw. das Ergebnis einer regressiven Fernassimilation (↗ Assimilation) des ↗ Vokals (im Ggs. zu einer progressiven Assimilation bei ↗ Vokalharmonie) einer Haupttonsilbe (↗ Akzent) an den Vokal der (unbetonten) Folgesilbe. Als *Primärumlaut* wird der in allen german. Dialekten mit Ausnahme des Got. vorhandene *i*-U. bezeichnet, der durch den Wandel von ahd. kurzem *a* zu *e* unter dem Einfluss von *i, ī* oder *j* (außer vor Konsonantenverbindungen mit *h, r, l* bereits im Ahd. geschrieben, z. B. *gast – gesti* vs. *maht – mahti*) gekennzeichnet ist. Als Sekundärumlaut bezeichnet man den später einsetzenden parallelen Wandel (bei gleichzeitiger Reduktion des den U. auslösenden Vokals der Folgesilbe zu *e*) von *ā* > *æ* (*nāme* > *næme*), *u* > *ü* (*sungīn* > *süngen*), *o* > *œ* (*hohīro* > *hœher*), *uo* > *üe* (*guotī* > *güete*) und (seltener) *ou* > *öu*. Im weiteren Sinn (*a*-U.) bezeichnet man mit U. auch noch andere assimilator. Vokalveränderungen (z. B. im Anord.).   PM

Umlauthemmung Verhinderung des ↗ Umlauts in bestimmter lautl. Umgebung. Der ahd. Primärumlaut unterbleibt auf dem gesamten hdt. Gebiet vor den Konsonantenverbindungen ⟨ht⟩, ⟨hs⟩ und ⟨Kons. + w⟩, im Oberdt. außerdem vor ⟨l + Kons.⟩ und ⟨hh⟩, ⟨ch⟩ (< germ. /k/), meist auch vor ⟨r + Kons.⟩ und (germ.) ⟨h⟩. Während die gesamt-ahd. Fälle später noch umgelautet werden (↗ Sekundärumlaut), bleiben in den oberdt. Dialekten viele Formen ohne Umlaut erhalten.   GZ

Umschreibende Konjugation ↗ Coniugatio periphrastica

Umschreibung ↗ Periphrase

Umschrift ↗ Transkription

Umstandsbestimmung ↗ Adverbial

Umstandsbestimmung der Art und Weise ↗ Modalbestimmung

Umstandsbestimmung der Zeit ↗ Temporalbestimmung

Umstandsbestimmung des Grundes ↗ Kausalbestimmung

Umstandsbestimmung des Ortes ↗ Lokalbestimmung
Umstandsergänzung ↗ Adverbial
Umstandssatz ↗ Adverbialsatz
Umstandswort ↗ Adverb
Umstellprobe ↗ Verschiebeprobe
Umstellung der Quantitäten ↗ Metathesis quantitatum
Umutina ↗ Bororo
Un- Es gibt viele dt. und engl. Termini mit diesem Präfix (z. B. *unbelebt, unsilbisch, uncovered, unchecked*). Sie drücken i. d. R. eine direkte Negation aus und können in diesem Lexikon unter dem entsprechenden Grundwort nachgeschlagen werden. **G**
Unakkusatives Verb Intransitives Verb, das eine ↗ thematische Rolle an ein internes Argument vergibt. Das Subjekt eines u. V. wie *einschlafen* verhält sich wie ein direktes Objekt; z. B. kann das Part. II dieser Verben attributiv verwendet werden, *der eingeschlafene Fuß*. Dies grenzt u. V. gegen ↗ unergative Verben ab. **FR**
Unbestimmt ↗ Definit
Unbestimmtes Fürwort ↗ Indefinitpronomen
Undeterminiertes Verb ↗ Bewegungsverb
Uneingeleiteter Nebensatz (auch: verkappter Nebensatz) Nebensätze (NS) sind im Dt. i. d. R. durch die Endstellung des finiten Verbs charakterisiert sowie dadurch, dass sie durch eine unterordnende Konjunktion (Subjunktion) oder ein Relativpronomen eingeleitet sind. Sätze und satzwertige Einheiten bezeichnet man dann als u. NS, wenn sie NS substituieren, gleichzeitig aber deren charakterist. Merkmal der Einleitung (und daraus folgend auch das Merkmal der Verbendstellung) nicht aufweisen können. U. NS entsprechen den Charakteristika der NS somit nicht in formaler Hinsicht, sondern nur in ihrer semant. Funktion. – U. NS können in Verbzweitstellung auftreten, wenn sie als Obj. eines Verb des Sagens o. ä. (↗ Verbum dicendi) fungieren (*Silke meint, das sei nicht verwerflich*), oder in Verberststellung, wenn sie in semant. Hinsicht bestimmten Adverbialsätzen (↗ Konditionalsatz, ↗ Adversativsatz, ↗ Konzessivsatz) entsprechen, z. B. *Hätte sie das gewusst, hätte sie ihr Verhalten verändert.* Auch die ↗ Infinitivkonstruktion, z. B. *Silke meint, das verschweigen zu können* und ↗ Partizipialkonstruktion, z. B. *Von einer Spaziergängerin abgelenkt, verlor er die Orientierung* werden häufig zu den u. NS gezählt; ↗ Satzwertig. **RL**
Unergatives Verb Intransitives Verb, das eine ↗ thematische Rolle an ein echtes Subjekt vergibt (↗ Agens). Kennzeichnend ist, dass diese Verben keine attributive Verwendung des Part II erlauben, z. B. **der geschriebene Schüler*, was sie von ↗ unakkusativen Verben unterscheidet. **FR**
Unfest ↗ Partikelverb
Unflektierbar (auch: inflexibel) Kriterium bei der Klassifizierung der ↗ Wortarten. Neben ↗ Präpositionen, ↗ Konjunktionen und ↗ Partikeln gehören im

Dt. auch die ↗ Adverbien zu den Unflektierbaren, wobei zu beachten ist, dass ein Teil der Adverbien zumindest graduierbar ist, z. B. *viel-mehr, bald-eher, gern-lieber, oft-öfter*). **ES**
Ungarisch (Eigenbez. Madjar) ↗ Uralische (finn.-ugr.) Sprache, ca. 14–15 Mio. Sprecher, davon etwa 10 Mio. in Ungarn; über 2,5 Mio. Ungarn leben in den Nachbarländern Rumänien (bes. in Siebenbürgen), der Slowakei, Serbien (bes. Wojwodina), der Karpato-Ukraine und Österreich (Burgenland), wo U. in den Wohngebieten der Ungarn als Schul- und Amtsspr. zugelassen ist; ferner in Nordamerika und Australien; Karte ↗ Europäische Sprachen, im Anhang. Ältestes Textdenkmal (Grabrede) um 1200. Aus dem 15. Jh. stammen die für die u. Sprachgeschichte wichtigen Kodices (Übersetzungen religiösen Inhalts). Entwicklung der u. Schriftspr. (Originallit.) seit Beginn des 16. Jh. Erste vollständige Bibelübersetzung 1590. Spracherneuerung im 18. Jh. als Reaktion auf die dominierende Rolle des Lat. und Dt. in der Lit. Erst 1867 wird U. offiziell als Staatsspr. des u. Landesteils der österr.-ungar. Monarchie anerkannt. **Lit.** J. Lotz, Das u. Sprachsystem. Stockholm 1939. – I. Kenesei & M. Vágó & A. Fenyvesi, Hungarian. London, N. Y. 1998. – T. Forgács, U. Grammatik. Wien 2007. **SR**
Ungehemmt ↗ Gehemmt
Ungeradlinige Opposition ↗ Opposition
Ungerundet ↗ Gerundet
Ungespannt ↗ Gespannt
Ungesteuerter Spracherwerb 1. Jeder ↗ Spracherwerb ohne geplante äußere Eingriffe. **2.** V. a. für Migrationssituationen postulierte Variante des ↗ Zweitspracherwerbs, der ohne formelle Unterweisung, d. h. ohne den Besuch einer Lehranstalt, ohne Lehrer und ohne Lehrmittel erfolgt. Der Ausdruck ist unpräzise und irreführend. Auch informeller Spracherwerb ist durch viele Faktoren gesteuert: (a) die Personen, deren Sprachproduktionen dem Lernenden das Material vorgeben, dessen Rezeption Grundlage seines Lernprozesses ist; (b) die Situationen, in denen er solches Material zur Verfügung gestellt bekommt (direkte Kommunikation, Beobachtung der Kommunikation anderer Personen, z. B. beim Fernsehen u. a. m.); (c) die ↗ Register, mit denen der Lernende konfrontiert wird (Kommunikation in der S2 nur am Arbeitsplatz, auf der Straße, in öffentl. Einrichtungen oder Kommunikation in der S2 auch im persönl. Bereich; ↗ Domäne); (d) die Form, in der ihm die S2 präsentiert wird (↗ gesprochene oder ↗ geschriebene Sprachform). **G**
Ungrammatisch U. sind alle Strukturen einer Spr., welche durch den Regelapparat eines Sprachmodells als regelwidrig beschrieben werden (↗ Chomsky-Grammatik). **Lit.** ↗ Akzeptabilität, ↗ Grammatikalität. **F**
Unguja ↗ Swahili
Unification Categorial Grammar ↗ Unifikationsgrammatik

Unifikation (auch: Verträglichkeitsprüfung) Die U. von Merkmalsstrukturen (↗ Merkmalslogik) ist eine mengentheoret. Operation, in der durch eine konjunktive Verknüpfung zweier Merkmalsstrukturen eine neue Merkmalsstruktur gebildet wird, die – sofern verträglich – Informationen der ursprüngl. Merkmalsstrukturen in einer integrierten Merkmalsstruktur darstellen. Das Resultat der U. von M1 und M2 ist die generellste Merkmalsstruktur, die sowohl von M1 als auch von M2 subsumiert wird. Dabei subsumiert M1 genau dann M2, wenn M2 alle Merkmal-Wert Paare von M1 enthält (bzw. noch weitere). Wenn zwei Merkmalsstrukturen widersprüchl. Informationen als Werte enthalten, scheitert die U.   Z

Unifikationsgrammatiken (engl. unification ›Vereinigung‹. Auch: Bay-Area Grammars (Abk. BAG), Unification-based Grammars, Constraint-based Grammars, Information-based Grammars) I. w. S. Bez. für alle formalen Grammatikmodelle, welche die Abgleichung von Merkmalszuweisungen, d. h. Unifikationsprozesse (vgl. Baader & Schulz 1997) involvieren. I. e. S. Bez. für einen seit Ende der 1970er Jahre entwickelten Grammatikmodelltyp, der bis dahin in der maschinellen ↗ Sprachverarbeitung verwendete Grammatikmodelle ablöste und auf der Verwendung von Merkmalsstrukturen (Attribut-Wert-Paaren) beruht, die der Unifikation unterworfen werden. Vertreter dieser Theorien sind z. B. die ↗ Generalized Phrase Structure Grammar (GPSG), die ↗ Head-Driven Phrase Structure Grammar (HPSG), die ↗ Lexical Functional Grammar (LFG), PATR-II (vgl. Shieber et al. 1983), die Categorial Unification Grammar (CUG, vgl. Uszkoreit 1986), die Functional Unification Grammar (FUG), die Unification Categorial Grammar (UCG) und die Tree-Adjunction-Grammar (TAG). In formaler Hinsicht unterscheiden sich diese Modelle u. a. darin, welche Rolle Phrasenstrukturen eingeräumt wird, ob wie in der GPSG Metaregeln verwendet werden oder ob wie in PATR Templates erlaubt sind (vgl. McConnel 1995), welche Merkmalsbündel repräsentieren, die innerhalb anderer Merkmalsbündel aufgerufen werden können. Gemeinsam ist allen U., dass sie ling. Einheiten in Form von Merkmalstrukturen explizieren, die entweder mit den Konstituenten eines Satzes assoziiert werden oder diese ersetzen. Die Information, welche durch Merkmalstrukturen symbolisiert wird, erfasst morpholog., syntakt., semant., phonolog. und teilweise pragmat. Phänomene. Der Prozess der Unifikation dient der Kombination der einzelnen Merkmalstrukturen zu einer Gesamtstruktur. Die besondere Eignung von U. für die maschinelle ↗ Sprachverarbeitung resultiert einerseits aus ihrer formalen Struktur, v. a. jedoch daraus, dass für die Ableitung sprachl. Strukturen die Reihenfolge der einzelnen Arbeitsschritte eine untergeordnete Rolle spielt; ↗ ID/LP-Format. **Lit.** A. Abeillé, Les Nouvelles Syntaxes, Grammai-

res d'unification et analyse du français. Paris 1993. – F. Baader & K. Schulz, Unification Theory – An Introduction. CIS-Ber. 97–103. Mchn. 1997. – C. A. Black, A PC-PATR Implementation of GB Syntax. In: Ders. et al. (eds.), Proceedings of the 1996 General Computer-Assisted Related Language Adaptation Conference, November 14–15. Waxhaw, NC 1996, 97–148. – D. Fajnsztejn & S. Wintner, Highly Constrained Unification Grammars. Journal of Logic, Language and Information 17.3, 2008, 345–381. – T. Götz, Feature Constraint Grammars. Arbeitspapiere des SFB 340, Ber. Nr. 148. Stgt. 2000. – L. Kallmeyer, Underspecification in Tree Description Grammars. Arbeitspapiere des SFB 340, Ber. Nr. 81. Stgt. 1996. – U. Klenk, Formale Spr. HSK 9. – Dies., Generative Syntax. Tübingen 2003. – S. McConnel, PC-PATR Reference Manual. SIL International 1995 [http://www.sil.org/pcpatr/manual/pcpatr.html]. – F. Morawietz & U. Mönnich, A Model-Theoretic Description of Tree Adjoining Grammars. ENTCS 53, 2001. – S. Naumann, Generalisierte Phrasenstrukturgrammatik: Parsingstrategien, Regelorganisation und Unifikation. Tübingen 1988. – S. M. Shieber, An Introduction to Unification-Based Approaches to Grammar. Stanford, CA 1986. – Ders. et al., The Formalism and Implementation of PATR-II. In: B. Grosz & M. Stickel (eds.), Research on Interactive Acquisition and Use of Knowledge. Menlo Park 1983, 39–79. – H. Uszkoreit, Categorial Unification Grammars. Proceedings of COLING 86. Bonn 1986. – J. Wedekind, U. und ihre Logik. Arbeitspapiere des SFB 340, Ber. Nr. 8. Stgt. 1991. – S. Wintner, On the Semantics of Unification Grammars. Grammars. Grammars 6.2, 2003, 145–153.   F

Unikales Morphem (auch: blockiertes Morphem, Pseudomorphem, Pseudoplerem, Quasimorphem, Himbeermorphem. Engl. cranberry morpheme) Bez. für eine nur in einem einzigen Wortbildungsprodukt erhaltene Wortbildungskonstituente, z. B. *Himbeere, Brombeere, Schornstein.* U. K. sind offenkundig Träger lexikal. Bedeutung und damit ↗ Grundmorpheme (*Himbeeren* sind eine best. Art von *Beeren*). Synchron ist aber nicht zu erkennen, was genau *him-, schorn-* oder *brom-* bedeutet. Wird auf die Segmentierung dieser ↗ teilmotivierten Bildungen verzichtet, wie häufig bei entspr. Verbstämmen (*verlieren, vergessen*), erübrigt sich die Kategorie: *Himbeere, Brombeere* etc. sind dann Sekundärstämme.   ES

Unilateral (lat. ūnus ›eins‹, laterālis ›seitlich‹) Nur ein Element oder einen Aspekt erfassende Betrachtung oder Untersuchung, z. B. nehmen Verbgrammatiken Determinationsbeziehungen (und Determiniertheitsbeziehungen) zwischen finitem Verb und allen anderen Satzgliedern an; ↗ Bilateral.   G

Unitary Base Hypothesis Von M. Aronoff (1976, 48) formulierte Wortbildungsregel, nach der Wortbildungsaffixe funktional insofern restringiert sind, als sie nur Basen einer lexikal. Kategorie (verbal oder nominal) zulassen. Entsprechend nimmt Aronoff an, dass deverbale und denominale Ableitung mit etwa *-able* (*fashionable, acceptable*) mit grundsätzl. zu unterscheidenden Wortbildungsregeln operieren, d.h. zwei zu unterscheidende Affixe anzunehmen sind. Ein Problem hier ist die ⁊ Analogie, denn diese sorgt für Funktionserweiterungen: Viele ursprüngl. ausschließl. denominale Suffixe lassen verbale Basen zu, ohne dass die Operationen andere wären (vgl. etwa Plank 1981, 43–65). **Lit.** M. Aronoff, Word Formation in a Generative Grammar. Cambridge, Mass. 1976. – I. Plag, Morphological Productivity. Bln. 1999, 45–47. – F. Plank, Morpholog. (Ir-)Regularitäten. Tübingen 1981. ES

Unitiv ⁊ Soziativ 1.

Univerbierung Sammelbez. für unterschiedl. Prozesse, welche syntakt. Einheiten in morpholog. Einheiten überführen. Im Kernbereich sind damit Wörter mit phrasalem Aufbau (*Katz-und-Maus-Spiel;* ⁊ Phrasenkompositum), Ableitungen von Wortgruppen (*schwerhörig;* ⁊ Zusammenbildung), Inkorporationen regierter Elemente (*Appetithemmer;* ⁊ Rektionskompositum) oder Verschmelzungen benachbarter Wörter (*zugrunde;* ⁊ Zusammenrückung) gemeint. Gemein ist diesen Lexemen nur ihr Aufbau, der an denjenigen von Einheiten oberhalb der Ebene Wort erinnert, sowie der Umstand, dass die Wortbildungsprozesse, durch die genannten Lexeme entstanden sind, in der Literatur sehr uneinheitl. benannt werden. Der Terminus U. ist hier als Hyperonym zur Bez. unterschiedl. syntakt. generierter Einheiten zu verstehen und nur eine der denkbaren Möglichkeiten einer systemat. Erfassung der fraglichen Prozesse. ES

Universalalphabet Inventar alphabet. ⁊ Schriftzeichen, das mit der Absicht erstellt ist, jede beliebige Spr. auf seiner Basis verschriften zu können. Die Inventare von U. sind i.d.R. umfangreicher als solche »natürl.« ⁊ Schriftsysteme bzw. ⁊ Schriftarten. Ein Beispiel für ein U. ist ⁊ API. Im Rahmen der Phonetik und einzelner Philologien (der Afrikanistik, der Orientalistik) sind v.a. im 20. Jh. eine Reihe von U. vorgeschlagen worden. **Lit.** J.A. Kemp (ed.), Richard Lepsius' Standard Alphabet for Reducing Unwritten Languages and Foreign Graphic Symbols to an Uniform Orthography in European Letters. Amsterdam 1981. G

Universalgrammatik (lat. grammatica ūniversālis) Zunächst Name einer besonders im 17. und 18. Jh. verbreiteten Gattung grammat. Werke mit dem Anspruch, das allen Spr. notwendig Gemeinsame zu beschreiben und meist auch philosoph. (später: psycholog.) zu begründen. Oft auch ⁊ allgemeine Grammatik oder philosoph. Grammatik bzw. Sprachlehre genannt. Mit der Institutionalisierung der histor.-vergleichenden Sprachforschung im 19. Jh. verlor die U. an Reputation, da sich die Ansicht von der wesentl. Verschiedenheit und ›Einma-

ligkeit‹ der Einzelspr. durchsetzte. In der synchron-strukturalist. Sprachforschung des 20. Jh. hielt sich diese Auffassung zunächst insgesamt (trotz gegenteiliger Tendenzen etwa in der ⁊ Glossematik L. Hjelmslevs (1899–1965), bei A. Marty (1847–1914) oder in der ⁊ Sprachpsychologie). Herausragende U. sind: in Frankreich die sog. *Grammatik von Port Royal* (1660) von A. Arnauld (1612–1694) und C. Lancelot (1616–1695) nebst ihren zahlreichen späteren Bearbeitungen (v.a. von N. Beauzée, 1717–1789), in England J. Harris *Hermes* (1756) und in Deutschland J.W. Meiners *Versuch einer an der menschl. Spr. abgebildeten Vernunftlehre* (1781). In der Geschichte der U. gibt es mehrere Möglichkeiten, die Universalität der postulierten grammat. Kategorien (meist handelt es sich um Satz- und Wortartenlehre) zu begründen: (a) aus den allgemeinen Notwendigkeiten des Denkens und Urteilens (in der aristotel. Tradition; vgl. Arens 1984), mit denen alle Spr. verknüpft sein sollen; (b) aus dem Begriff der Spr. oder der sprachl. Darstellung (apriorische U.); (c) aus dem empir. Vergleich der Einzelspr.; (d) aus den notwendigen Funktionen des Sprechens und Verstehens als einer von den Strukturen der Einzelspr. relativ unabhängigen Aktivität. Im Umkreis der Generativen Grammatik Chomskys wird U. als Bez. für ein angeborenes System von Restriktionen für die Struktur natürlicher Spr. gebraucht (⁊ Kerngrammatik), das im Prozess des empir. Spracherwerbs lediglich nach einigen Parametern fixiert und um einzelsprachl. ›markierte‹ Irregularitäten erweitert werden muss; ⁊ Mentalismus, ⁊ Nativismus. In der eher funktionalist. U. (Coseriu, Seiler, Lehmann) werden die universalen Eigenschaften weniger in den formalen und potentiellen Eigenschaften, Kategorien und Strukturoptionen der Einzelspr. und eher in den allgemeinen Funktionen und Notwendigkeiten des Sprechens und Verstehens lokalisiert. **Lit.** H. Arens, Aristotle's Theory of Language and its Tradition. Amsterdam, Philadelphia 1984. – N. Chomsky, Regeln und Repräsentationen. Ffm. 1981. – Weitere Lit. ⁊ Mentalismus, ⁊ Nativismus, ⁊ Allgemeine Grammatik. KN

Universalien (lat. ūniversālis ›allgemein‹) Eigenschaften und Merkmale, die allen ⁊ natürlichen Sprachen gemeinsam sind (bzw. Annahmen über solche Eigenschaften), Aussagen, die sich auf alle natürl. Spr. beziehen (⁊ Universalgrammatik, ⁊ Sprachtypologie). Die grammat. Praxis geht immer von der Existenz universaler Eigenschaften der Spr. aus, wenn sie allg. Begriffe wie »Nomen«, »Verb«, »Satz«, »Phonem« zur Beschreibung benutzt, auch und gerade dann, wenn sie den Anspruch erhebt, jede Spr. in ihrem eigenen Recht darzustellen und jeweils spezif. Formen und Realisationen dieser Begriffe zu unterscheiden. Lange Zeit bestand der ›praktische‹ Universalismus der Grammatikographie darin, alle Spr. in das traditionelle Beschreibungsgerüst der überlieferten spätlat.

Terminologie zu zwingen. Heute gibt es an der Existenz von U. kaum Zweifel. Höchst strittig ist aber deren Ort, Bedeutung und Implikation: Gehören U. in die biolog.-neurolog. Ausstattung der Menschen, in den Bereich der grammat. Strukturen und Formensysteme selbst oder in deren (an sich höchst variable) Zuordnung zu allgemeinen Funktionen und Aufgaben des Sprechens (kognitive Konzeptualisierung und kommunikative Vermittlung von »Sinn«)? Chomsky (1969) unterscheidet zwischen substantiellen und formalen U. dergestalt, dass substantielle U. Aussagen über Elemente und Eigenschaften sind, die notwendig in allen Spr. vorkommen (etwa: Alle Phonemsysteme können mithilfe einer kleinen Zahl universeller distinktiver Merkmale beschrieben werden); formale U. dagegen spezifizieren notwendige Eigenschaften des theoret. grammat. Beschreibungs- und Erklärungssystems. Sie gehören daher eigentlich nicht zur Spr., sondern zur Sprachtheorie (vgl. Coseriu 1975). Ein Großteil der einfachen U. ist trivial oder zirkulär: Alle Spr. haben Ausdruck und Inhalt, Grammatik und Lexikon, Wörter und Sätze etc. Solche U. spiegeln lediglich den Umstand, dass wir eben nur Zeichensysteme »Sprachen« nennen, die über diese Eigenschaften verfügen. Sie sagen nichts über die spezif. Ausprägung oder über die Bedeutung dieser Eigenschaften. Interessanter sind implikative U. (Greenberg 1963/66), Beziehungen zwischen best. Struktureigenschaften von Einzelspr., die theoret. postuliert und in zahlreichen Spr. empir. festgestellt werden können, z.B.: Alle Spr., die über ein differenziertes Tempussystem verfügen, unterscheiden zuerst zwischen einem Gegenwarts- und einem Vergangenheitstempus; erst dann folgt ein Zukunftstempus, so dass gilt: Jede Spr. mit Futur hat auch ein Präteritum, aber nicht umgekehrt (↗ Tempus); viele vermutete Wortstellungsuniversalien sind von dieser Art (vgl. Lehmann 1978). Wenig hilfreich sind am Schreibtisch ersonnene U., die dann mit Beispielen aus Spr. illustriert werden, die dem Linguisten zufällig bekannt sind. Im Unterschied dazu basiert Greenbergs U.-Konzept auf beobachtbaren Korrelationen zwischen strukturellen Eigenschaften der Einzelsprachen. Ausgehend von der unmarkierten Abfolge der wichtigsten Satzglieder (Subjekt, Objekt, Verb) in einzelnen Spr. ermittelt Greenberg induktiv, welche weiteren morphosyntakt. Eigenschaften mit den Stellungstypen und miteinander hoch korrelieren und welche (fast) gar nicht zusammen vorkommen; ↗ relationale Typologie. Grundsätzlich ist die Grammatik jeder Spr. einmalig und gleicht keiner anderen. Auch wer die Kategorien »Nomen« und »Verb« für universal hält, wird keinesfalls abstreiten, dass die morphosyntakt. und grammat.-semant. ›Ausprägung‹ dieser Kategorien in jeder Spr. anders ist (vgl. Seiler & Premper 1991). Es ist empir. und theoret. Frage, wann statt verschiedener ›Ausprägungen‹ der gleichen

Kategorie unterschiedl. Kategorien angesetzt werden müssen. Dagegen ist die Frage nach den definierenden Kriterien für »Nominalität« oder »Verbalität« unmittelbar relevant für die Frage der U.: Wer nämlich seine Kategorien von den ausdrucksseitigen (morphosyntakt.) Details der Einzelspr. her definiert, der bestreitet ihre Universalität, und wer ihre Universalität behauptet, der muss eine Definitionsebene aufsuchen, die von den ausdrucksseitigen Ausprägungen relativ unabhängig ist. In der Geschichte des U.-Gedankens ist die Universalität sprachl. Kategorien meist log. oder psycholog. in den allg. Gesetzen des menschl. Denkens verankert worden oder aber ontolog. in den invarianten Gegebenheiten der sprachl. bezeichneten Außenwelt (↗ Universalgrammatik). Indessen verfügen natürl. Spr. als allgemeine Darstellungstechniken weder über eindeutige Beziehungen zum dargestellten Denken noch zur dargestellten außersprachl. Wirklichkeit. Da Sprechen »Darstellung *für andere*« ist, braucht gerade das, was dem Denken aller Sprecher gemeinsam ist, in der Darstellungstechnik nicht konsistent berücksichtigt zu werden. Vielfach werden U. daher bezogen auf notwendig allgemeine Teilhandlungen, Dimensionen, Prozeduren und Operationen des Sprechens »für andere« (etwa bei Coseriu, Seiler, Ch. Lehmann). Als invariant gelten bei diesen Autoren demnach nicht die Strukturen und Baumuster der Grammatik selbst, sondern die darstellungstechn. Probleme, die in jeder Spr. gelöst werden müssen, und die allgemeinen Prinzipien, denen die Lösung folgt. Laut Coseriu (1975) können die U. der Spr. (langage) drei Ebenen betreffen: die Ebene des Sprechens (als einer Aktivität, die relativ unabhängig von der Einzelspr. betrachtet werden kann), die historische Ebene der Einzelsprachen selbst und die Ebene des Textes. **Lit.** G. Brettschneider & Ch. Lehmann (Hgg.), Wege zur U.forschung. Tübingen 1980. – Chomsky, Aspects. – B. Comrie, Language Universals and Linguistic Typology: Syntax and Morphology. Oxford 1981. – E. Coseriu, Die sprachl. (und die anderen) Universalien. In: B. Schlieben-Lange (Hg.), Sprachtheorie. Hamburg 1975, 127–162. – Ders., Über die Wortkategorie (»partes orationis«). In: Formen und Funktionen. Studien zur Grammatik. Tübingen 1987, 24–44. – G. v. d. Gabelentz, Die Sprachwiss. Lpz. 1891. – J. H. Greenberg (ed.), Universals of Language. Cambridge, Mass. 1963. – Ders. et al. (eds.), Universals of Human Language. 4 vols. Stanford 1978. – Ch. Lehmann, Der Relativsatz. Tübingen 1984. – W. P. Lehmann (ed.), Syntactic Typology. Austin 1978. – H. Seiler (Hg.), Language Universals Series (= LUS; Arbeiten aus dem Umkreis des Kölner UNITYP-Projekts). Tübingen 1982 ff. – Ders. & W. Premper (Hgg.), Partizipation: Das sprachl. Erfassen von Sachverhalten. Tübingen 1991. KN

Universalienforschung Erforschung und Beschreibung derjenigen Eigenschaften, die allen natürlichen Sprachen gemeinsam sind; ↗ Sprachtypologie, ↗ Universalien, ↗ Universalgrammatik. **KN**

Universalpragmatik Von J. Habermas eingeführte sozio-philosoph. Interpretation der ling. ↗ Pragmatik. Sie unterliegt freilich der Gefahr, stillschweigend Strukturen der eigenen Kommunikationsgruppe als vermeintliche Universalien zu behandeln und so eine umfassende Analyse des sprachl. Handelns eher einzuschränken als anzuleiten. **Lit.** J. Habermas, Theorie des kommunikativen Handelns. Ffm. ⁴1987. **E**

Universalschrift Bez. für ↗ Begriffsschriften und ↗ Pasigraphien, die mit der Absicht erstellt wurden, jede beliebige Spr. bzw. »Sprache an sich« schreiben zu können; ↗ Visible Speech. Teilweise orientierten sich die Entwürfe für U. an log.-philosoph. Modellen, die eine eindeutige Modellierung alles real Erfahrbaren in Klassen von Gegenständen, Sachverhalten und Vorgängen zu bieten schienen (z. B. A. Eckhardts »Sinnschrift Safo«, die Bliss-Symbole), teilweise strebten sie ledigl. an, für eine konkrete Spr. bzw. eine allgemeine Grundspr. er-Universalsprache (↗ Plansprache) ein geeignetes ↗ Schriftsystem zu entwickeln (i. d. R. in lat. ↗ Schriftart). **Lit.** ↗ Begriffsschrift, ↗ Pasigraphie. **G**

Universalsprache 1. ↗ Plansprache. **2.** Im Rahmen der ↗ rationalistischen Sprachphilosophie wurde der Gedanke einer U. entwickelt. Die dafür grundlegende Annahme ist, dass sich durch eine begrenzte Zahl sprachl. Zeichen die Gesamtheit der Denkinhalte und ihre Struktur erschöpfend bezeichnen lassen, wenn diese sprachl. Zeichen nur nach bestimmten allgemeingültigen Regeln verknüpft werden. Das Ziel einer wahrhaft vollkommenen Spr. müsse darin bestehen, die natürl. Hierarchie der Begriffe in einem System von Zeichen zum adäquaten Ausdruck zu bringen, nämlich einfache Ideen durch einfache Zeichen und komplexe Vorstellungen durch entsprechende Kombination solcher Zeichen auszudrücken. Eine derart allgemeine Grundspr. ersetzt die Besonderheit der kulturell verschiedenen Einzelspr. Da die Zeichen im Kalkül in einem eigenständigen System organisiert werden, kommt ihnen eine Unabhängigkeit gegenüber der Bezugnahme auf mögl. Gegenstände zu. **PR**

Unmarkiert ↗ Markiertheitstheorie

Unmotiviertheit ↗ Arbitrarität

Unpersönliche Konstruktionen (engl. impersonal constructions, frz. constructions impersonnelles) Konstruktionen mit einem unpersönl. Subj. (3. Pers. ntr. des Personalpronomens), in welchen ein syntakt. Subj. kein semant. Subj. kodiert, u. a. Konstruktionen mit einem unpersönl. Verb wie in *es donnert* oder *es gibt nichts*, oder Passivkonstruktionen wie *es wird gelacht*. Zur Problematik der semant.-konzeptuellen Kategorie ›Unpersönlichkeit‹ und ihrer Verbindung mit lexikal.-konstruktionellen Aspekten vgl. Nikula (2006); ↗ Impersonalia, ↗ Pro-Drop-Parameter. **Lit.** J. Barðdal, The Semantics of the Impersonal Construction in Icelandic,

German and Faroese: Beyond Thematic Roles. In: W. Abraham, Focus on Germanic Typology. Bln. 2004, 101–130. – E. Hentschel, »es« war einmal ein Subjekt. Linguistik online 13.1, 2003, 137–160. – G. H. Hrafnbjargarson, Oblique Subjects and Stylistic Fronting in the History of Scandinavian and English. The Role of IP-Spec. Diss. Univ. Aarhus 2004. –S. Mohr, Clausal Architecture and Subject Positions: Impersonal Constructions in the Germanic Languages. Diss. Stgt. 2004. – H. Nikula, U. K. HSK 25.2, 913–920. – A. Ogawa, Wie grenzen u. K. an persönl. an? Eine kontrastiv-typolog. Studie. In: Japan. Ges. für Germanistik (Hg.), Grammat. Kategorien aus sprachhistor. und typolog. Perspektive. Kyoto 2001. –A. Siewierska (ed.), Impersonalization From a Subject-Centred vs. Agent-Centred Perspective. Transactions of the Philological Society 106.2, 2008. – M. B. Smith, The Conceptual Structure of German Impersonal Constructions. JGL 17.2, 2005, 79–140. – P. Svenonius (ed.), Subjects, Expletives, and the EPP. Oxford 2002. **F**

Unpersönliches Subjekt ↗ Unpersönliche Konstruktionen

Unpersönliches Verb ↗ Impersonale

Unproduktiv Im Wortsinn gebrauchter Terminus, der Wortbildungsmittel (*dar-*, *ge-* etc.) oder Wortbildungsmuster (↗ implizite Ableitung, ↗ Rückbildung) bezeichnet, die nicht mehr zur Bildung neuer Wörter zur Verfügung stehen. I. d. R. geht Unproduktivität mit Undurchsichtigkeit der betreffenden Wortbildungstypen oder -morpheme einher; ↗ Idiomatisierung. **ES**

Unregelmäßiges Verb ↗ Starkes Verb

Unterbegriff ↗ Hyponym, ↗ Hyponymie

Unterbrechung (engl. interruption) **1.** In der Systematik des Sprecherwechsels (↗ turn) nicht vorgesehener Sprecherwechsel, der an einer für den Übergang des Rederechts an den bisherigen Hörer nicht relevanten Stelle (engl. *transition relevance place*) erfolgt, z. B. mitten in einem Satz des aktuellen Sprechers. Bei einem Streit um das Rederecht erfolgt gleichzeitiges Sprechen, also eine Überlappung (*overlap*). – Von diesen Formen ist zu unterscheiden die U. des Kommunikationsflusses insgesamt, indem ein Interaktant I, der eigentl. dran wäre, keinen Sprecherbeitrag liefert, so dass eine Lücke (*gap*) entsteht. Diese kann innerhalb der Sprecheräußerung eintreten, wenn I z. B. Wortfindungsprobleme hat. Für diese Fälle stehen verschiedene sprachl. Verfahren zur Verfügung, um die U. zu bearbeiten, insbes. expeditive ↗ Prozeduren mit Verwendung der Interjektionen *äh* oder *na*, aber auch Teile des ↗ Reparatur-Apparats. Die U. kann aber auch an einer Übergangsstelle entstehen, indem eine im Handlungsmuster sich anschließende Option durch den potentiellen Sprecher nicht wahrgenommen wird. In diesem Fall erhält die Abwesenheit einer sprachl. Handlung häufig selbst einen kommunikativen Stellenwert (Schweigen als Form der Kommunikation). **2.** ↗ Feministische Linguistik. **3.** ↗ Hiatus, ↗ Pause. E

Unterführungszeichen ↗ Anführungszeichen
Unterkiefer ↗ Kiefer
Unterlänge ↗ Grundlinie
Unterlippe ↗ Lippe
Unterordnung ↗ Subordination, ↗ Subsumption
Unterrichtssprache ↗ Schulsprache (1)
Untersatz ↗ Formale Logik
Unterscheidungskraft ↗ Prototyp
Unterspezifikation Phonolog. Beschreibungsmethode, die davon ausgeht, dass nicht alle ↗ distinktiven Merkmale in der ↗ zugrundeliegenden Form spezifiziert werden müssen, sondern z. T. durch Regeln ableitbar sind. Bei der kontrastiven U. können Segmente dabei bezügl. beider Merkmalswerte spezifiziert werden bzw. werden nur die Merkmalsausprägungen spezifiziert, die nicht durch unabhängig motivierte Regeln hergeleitet werden können. Bei der radikalen U. kann jeweils nur ein Merkmalswert spezifiziert sein bzw. werden ausgehend von der Idee der universellen Markiertheit je eines Merkmalswertes nur die markierten Merkmalswerte spezifiziert. Nichtspezifizierte Merkmalswerte werden jeweils durch sog. Default-Regeln (↗ Default) eingefügt. **Lit.** Phonology 5, 1984. PM
Unterton ↗ Ton
Untertreibung ↗ Litotes
Untrennbar ↗ Partikelverb
Unverträglichkeitsprobe (auch: Exklusionsprobe, Kontaktprobe) ↗ Operationales Verfahren zur Ermittlung und ↗ Beschreibung der Form und syntakt. Funktion sprachl. Einheiten. In Verbindung mit anderen analyt. Proben (z. B. ↗ Austauschprobe, ↗ Verschiebeprobe) ergibt die U. z. B., dass in einem ↗ Satz, abhängig von gewisser Struktur, (a) gewisse syntakt. Positionen unverbunden immer nur einfach besetzt werden können (**Sabine sie wohnt lebt in Freiburg Krefeld*), denn die austauschbaren Einheiten zeigen durch ihre Unverträglichkeit, dass sie funktionsgleich sind, während (b) gegeneinander austauschbare, aber kontaktfähige Einheiten unterschiedl. Funktionen erfüllen (*Sabine trank / gestern / mit mir / im Café Einstein / drei Tassen Kaffee*). SK
Unvollendet ↗ Imperfektiv
Unvollendete Zukunft ↗ Futur I
Unziale f. (lat. ūnciālis ›einen Zoll lang‹) Aus ↗ Capitalis und Majuskelkursive gebildete Majuskelschrift, zu deren runden Formen der ↗ Beschreibstoff Pergament und die Einführung der Feder an Stelle des Rohrs beigetragen haben. Die von Hieronymus geprägte Bezeichnung *litterae unciales* wurde erst von Mabillon auf die jetzt als U. bezeichnete Schrift bezogen, die vom späten 4. bis ins 8. Jh. hinein als Hauptschriftart für christl. Texte verwendet wurde. Sie dürfte im 2. Jh. n. Chr. in Rom entstanden sein. Die röm. U. wurde in England weiterentwickelt und durch Missionare wieder nach Italien zurückgebracht; ↗ Lateinschrift. **Lit.** J. O. Tjäder, Der Ur-

sprung der Unzialschrift. Baseler Zsf. für Geschichte und Altertumskunde 74, 1974, 9–40. EN
UPSID (Akronym für *UCLA Phonological Segment Inventory Database*) Datenbank der phonolog. Inventare von 451 Einzelspr., ausgewogen nach dem Grad der Sprachverwandtschaft (je eine Spr. auf dem Verwandtschaftsgrad entsprechend der westgerman. Unterfamilie innerhalb der indoeurop. Sprachfamilie). **Lit.** I. Maddieson, Patterns of Sounds. Cambridge 1984. PM
Ural-Altaische Sprachen Zusammenfassende Bez. für die ↗ uralischen und die ↗ altaischen Sprachen. Die Annahme einer Urverwandtschaft zwischen dem ↗ Finnischen und den ↗ Turksprachen geht auf W. Schott (1807–1889) zurück. Die beobachtbare Verwandtschaft beschränkt sich auf strukturelle Übereinstimmungen: einfache Silbenstruktur, Vokalharmonie, Suffixagglutination, Fehlen des Genus sowie SOV-Stellung in einem großen Teil der fragl. Spr. Eine genet. Verwandtschaft ist demgegenüber nicht nachweisbar. – **Lit.** W. Schott, Über das altaische oder finn.-tatar. Sprachengeschlecht. Berlin 1849. – B. Collinder, Hat das Uralische Verwandte? Stockholm 1965. **SSG** Altaische Sprachen: Niedersächsische Staats- und Universitätsbibliothek Göttingen (7). MI
Uralische Sprachen Zusammenfassende Bez. für die finn.-ugr. und samojed. Spr., deren Verwandtschaft spätestens seit Beginn des 20. Jh. als gesichert gilt. Dagegen ist die vielfach angenommene Verwandtschaft der u. Spr. mit den ↗ altaischen Sprachen nach wie vor hypothet. Die Spaltung der u. Spr. in die finn.-ugr. und samojed. Zweig wird in das 4. Jt. v. Chr. angesetzt. Die finn.-ugr. Völker sind von ihrer Urheimat, die westl. des Urals zwischen Wolga und Kama vermutet wird, im Norden Europas bis nach Skandinavien und im Süden bis zum Karpatenbecken vorgedrungen. Im Laufe ihrer Geschichte sind sie in Spr. und Kultur überwiegend von ie. Völkern wie Iranern, Balten, Germanen und Slawen (Russen), in den östl. Gebieten auch von Turkvölkern beeinflusst worden. – Das Finn.-Ugr. zerfällt in die Sprachgruppen Ostseefinn. (engl. *Balto-Finnic languages:* ↗ Finnisch, ↗ Karelisch, Veps., ↗ Estnisch, Ingr., Liv., Vot.), ↗ Lappisch, Wolgafinn., ↗ Mordvinisch, ↗ Tscheremissisch, Perm. (↗ Syrjänisch, ↗ Votjakisch) und Ugr. Das Ugr. gliedert sich in das Obugr. (↗ Ostjakisch, ↗ Vogulisch) und das ↗ Ungarische. Die v. a. in der Tundrazone Russlands und Westsibiriens verbreiteten samojed. Spr. gliedern sich in zwei Gruppen: Zum Nordsamojed. gehören ↗ Jurakisch, Enz. und Tavgi (Nganasan.), zum Südsamojed. Selkup. sowie einige ausgestorbene Spr. im Sajan-Gebirge (Sajan-Samojed.), wo auch die Heimat der ursamojed. Sprachgemeinschaft vermutet wird; Karten ↗ Europäische Sprachen, ↗ Paläoasiatische Sprachen, beide im Anhang. – Von den ural. Völkern verfügen nur die Ungarn, Finnen und Esten über längere schrift-

sprachl. Traditionen. Bei den übrigen in Russland lebenden kleineren Völkern stammt das älteste Schrifttum größtenteils erst aus dem 19. Jh. Einige Spr. blieben bis ins 20. Jh. schriftlos. Für die meisten ural. Völker Russlands wurden in sowjet. Zeit im Zusammenhang mit der Bekämpfung des Analphabetentums neue ↗ Schriftsprachen geschaffen, anfänglich meist auf der Basis des lat., später des kyrill. Alphabets. Bei der Wiedergabe von Begriffen des modernen Lebens spielen Entlehnungen aus dem Russ. eine bedeutende Rolle. Von den Angehörigen der ural. Völker Russlands, die ihre Mutterspr. als S1 sprechen, beherrscht mehr als die Hälfte das Russ. als S2. – Die u. Spr. haben synthet.-agglutinierenden Bau und sind formunifizierend, d. h. ein Suffix ist Träger nur einer best. grammat. Funktion. Auf phonolog. Ebene sind die meisten Spr. durch ↗ Vokalharmonie (Palatalharmonie), die Korrelation der ↗ Quantität bei den Vokalen und die der ↗ Palatalität bei den Konsonanten gekennzeichnet. Konsonantenwechsel ist bes. im Ostseefinn. und Lapp. ausgeprägt, Vokalwechsel ist für das Obugr. typisch. Der Akzent liegt meist auf der ersten Silbe und hat keine bedeutungsunterscheidende Funktion. Es gibt kein Genus und mit Ausnahme des Ungar. keinen Artikel. Aus den ural. Grundkasus ↗ Lokativ, ↗ Ablativ und ↗ Lativ entwickelten sich einzelsprachl. differenziertere Kasussysteme wie z. B. im Ungar. und Finn., wo zwischen inneren und äußeren Lokalkasus unterschieden wird (ungar. *a ház-ban* ›im Haus‹, *a ház-on* ›auf dem Haus‹). Alle u. Spr. haben Sg. und Pl., das Lapp., Obugr. und Samojed. auch ↗ Dual. Zum Ausdruck der Possessivität dienen Suffixe, die histor. auf die entsprechenden Personalpronomina zurückgehen. Die Markierung des bestimmten Objekts erfolgt durch besondere Konjugationsformen (objektive Konjugation) im Mordvin., Ugr. und Samojed. Passiv im Finn. (unpersönl.) und Obugr. (persönl.). Neben der affirmativen vielfach negative Konjugation mit Negationsverb (finn. *en lue, et lue* usw. ›ich-neg. lesen‹ ›ich lese nicht‹, ›du-neg. lesen‹ ›du liest nicht‹). Bevorzugte Satzgliedstellung SOV im Obugr. und Samojed., SVO im Ostseefinn. und Mordvin. In den meisten u. Spr. Gebrauch von Kopulativverben. Mit Ausnahme des Ostseefinn. keine Kongruenz zwischen attr. Adj. und Bezugswort. Subordination mithilfe von infiniten Verbformen (primär) und Konjunktionen (sekundär). – Die Finnougristik als die Wiss. von den Spr. und der geistigen und materiellen Kultur der ural. Völker wurde im 18. Jh. mit sprachvergleichenden Arbeiten der Ungarn J. Sajnovics (*Demonstratio idioma Hungarorum et Lapponum idem esse* ›Beweis, dass die Spr. der Ungarn und Lappen dieselbe ist‹; Kopenhagen 1770) und S. Gyarmathi (*Affinitas linguae Hungaricae cum linguis Finnicae originis grammatice demonstrata* ›Die Verwandtschaft des Ungar. mit den Sprachen finn. Ursprungs anhand der Grammatik demonstriert‹; Göttingen 1799) begründet. Im 19. Jh. wurde die Entwicklung der Finnougristik vorwiegend durch Forscher in Ungarn (J. Budenz, P. Hunfalvy) und Finnland (M. A. Castrén, A. Ahlqvist) bestimmt. In der Gegenwart gewinnen die Forschungen von Vertretern der in Russland lebenden ural. Völker zunehmend an Bedeutung, bes. auf dem Gebiet der Dialcktologie. Auch in anderen europ. Ländern sowie in den USA und in Japan sind neue Lehr- und Forschungsstätten für Uralistik entstanden. **Lit.** Gy. Décsy, Einf. in die finn.-ugr. Sprachwiss. Wiesbaden 1965. – P. Hajdú & P. Domokos, Die u. Spr. und Literaturen. Budapest 1987. – D. Sinor (ed.), The Uralic Languages. Leiden, N. Y., Kopenhagen, Köln 1988. – Jazyki mira: Ural'skie jazyki [Die Sprachen der Welt: Uralische Sprachen]. M. 1993. – D. Abandolo (ed.), The Uralic Languages. Ldn., N. Y. 1998. – H. H. Bartens, Die finn.-ugr. Minoritätsvölker in Europa. Hamburg 2000. **SSG** Finno-Ugrische Sprachen: Niedersächsische Staats- und Universitätsbibliothek Göttingen (7). SR

Uranoschisis ↗ Gaumenspalte

Urarina ↗ Südamerikanische Indianersprachen

Urartäisch Im armen. Bergland vom 9.–7. Jh. v. Chr. dokumentierte Spr., die weder zur idg. noch zur semit. Sprachfamilie gehört. Nach Djakonov und Starostin ist sie zusammen mit dem ↗ Hurritischen zur nordostkaukas. (↗ nachische Sprachen, ↗ dagestanische Sprachen) Sprachgruppe zu stellen. Das U. ist epigraph. belegt durch Herrscherinschriften in neuassyr. ↗ Keilschrift mit geringen Abweichungen. Die Entzifferung war durch das Auffinden zweier ↗ Bilinguen (u.-assyr.) erleichtert; ↗ Altanatolische Sprachen. **Lit.** G. A. Melikišvili, Urartskie klinoobraznye nadpisi [U. keilschriftl. Inschriften]. M. 1960. – I. M. Diakonoff, Hurrisch und U. – M. L. Chačikjan, Churritskij i urartskij jazyki [Die hurrit. und die u. Spr.]. Erevan 1985. G

Urdeutsch ↗ Voralthochdeutsch

Ürdinger Linie ↗ Rheinischer Fächer

Urdū Als ↗ indoarische Sprache Staatsspr. Pakistans und eine der wichtigsten Schriftspr. Indiens (der Muslime und auch vieler Nicht-Muslime in Uttar Pradesh, Bihar, Maharashtra, Andhra Pradesh, Karnataka); Karte ↗ Indische Sprachen, im Anhang. Ab dem 16./17. Jh. n. Chr. kam in Südindien eine ↗ Hindustānī-Variante unter der Bezeichnung Dakhinī als höf. Literaturspr. unter Verwendung der arab.-pers. Schrift in Gebrauch. In Nordindien wurde das Hindustāni ab dem 18. Jh. zum Medium höf. Literatur, wobei hier das Vorbild der pers. lit. Tradition sich nicht nur in der Schrift, sondern auch durch die Übernahme zahlreicher Lehnwörter auswirkte. Diese neugeschaffene Schriftspr. wurde zunächst Rexta, seit dem 19. Jh. Urdū genannt; ↗ Hindī; ↗ Kharī bolī. – R. L. Schmidt, Urdu. In: G. Cardona & Dh. Jain (eds.), The Indo-Aryan Languages. Ldn., N. Y. ²2007, 286–350. FZ

Urgermanisch (auch: Protogermanisch) Bez. für die früheste, nicht direkt bezeugte Phase des ↗ Germanischen nach der Ausgliederung aus dem Idg. Das U. ist weitgehend nur durch Rekonstruktion zu ermitteln. Rückschlüsse auf das U. lassen die von antiken Schriftstellern überlieferten Einzelwörter sowie die ältesten germ. Lehnwörter in den frühen Nachbarspr., bes. dem Finn., ziehen. Für diese erschlossene gemeinsame Grundform aller germ. Spr. wird relative sprachl. Einheitlichkeit, aber nicht unbedingt völlige Dialektfreiheit angenommen. Für die vorliterar. Phase des Germ. wird von manchen Forschern die Bez. *Gemeingermanisch* bevorzugt, die daneben aber als Bez. für eine auf das U. als die früheste Phase folgende Periode der weiteren dialektalen Aufgliederung gebraucht wird. Eine genauere zeitl. Eingrenzung des U. ist allenfalls auf die vorchristl. Zeit möglich. **Lit.** W. Streitberg, U. Grammatik. Heidelberg 1900. – H. Hirt, Hdb. des U. 3 Bde. Heidelberg 1931–34. – F. van Coetsem & H. L. Kufner (Hgg.), Toward a Grammar of Proto-Germanic. Tübingen 1972. – D. A. Ringe, From Proto-Indo-European to Proto-Germanic. A Linguistic History of English. Bd. 1. Oxford 2006. **GR**

Urhobo ↗ Benue-Kongo-Sprachen

Urindogermanisch ↗ Indogermanische Sprachen

Urkundenlehre ↗ Diplomatik

Urkundenschrift Für die Verwendung in Urkunden (↗ Diplomatik) bestimmte Variante von Schriftarten, die vor allem kursive Elemente wegen der Beschleunigung der Schreibgeschwindigkeit, besonders betonte ↗ Ober- und ↗ Unterlängen und das diplomat. Kürzungszeichen aufweist. Zu den älteren Urkundenschriften gehören die *litterae caelestēs* (›himmlische Schriftzeichen‹) der byzantin. Kaiserkanzlei, eine Abart der Minuskelkursive, und die diplomat. Minuskel, deren Entstehung mit dem Kanzler Ludwigs des Deutschen, Heberhard, in Verbindung gebracht wird. **EN**

Urkundensprache ↗ Geschäftssprache

Urnordisch Spr. der frühen Runeninschriften im älteren 24-typigen Futhark (↗ Runen), traditionell als frühestbelegte Stufe des ↗ Nordgermanischen angesetzt. Das Früh-U. (200–550) zeigt in seiner Phonologie und Morphologie ggü. dem ↗ Urgermanischen nur wenige Unterschiede wie etwa *a*-Umlaut in *horna* < **hurna^n*. Die meisten Charakteristika des U. setzen sich sowohl im Nordgerm. als auch im ↗ Westgermanischen fort, weshalb U. oft als *Nordwestgermanisch* bezeichnet wird. Dagegen zeigt das Spät-U. (550–800) zunehmend den Übergang zum ↗ Altnordischen mit Verlust anlautender Halbvokale; ↗ Synkope, ↗ Brechung, ↗ Umlaut. **Lit.** H. F. Nielsen, The Early Runic Language of Scandinavia. Heidelberg 2000. **RK**

Urslavisch ↗ Slavisch

Ursprache ↗ Glottogonie, ↗ Sprachursprung

Ursprungskasus ↗ Tiefenkasus

Urteilssatz ↗ Assertion, ↗ Satzbauplan

Uru-Chipaya-Sprachen (auch: Uruquilla) Isolierte Sprachfamilie. Zu den U.-C.-Spr. gehören die (nahezu ausgestorbenen) Spr. der Uru-Indianer, die die südl. Ufer des Titicaca-Sees in Peru und Bolivien bewohnten. Das Chipaya wird gesprochen in einem einzelnen Dorf auf der bolivian. Hochebene (Altiplano), ca. 2 000 Sprecher. Der oft behaupteten Verwandtschaft der U.-C.-Spr. mit der Nachbarspr. ↗ Puquina liegt ein Missverständnis zugrunde. Überwiegend suffigierend mit komplizierter Genuskonkordanz. Zahlreiche Lehnwörter aus dem Aymara (↗ Aymara-Sprachen); Karte ↗ Südamerikanische Sprachen, im Anhang. **Lit.** W. F. H. Adelaar, unter Mitwirkung von P. C. Muysken, The Languages of the Andes. Cambridge 2004. – R. M. Cerrón-Palomino, El chipaya o la lengua de los hombres del agua. Lima 2006. – K. Hannß, Uchumataqu, the Lost Language of the Urus of Bolivia. Leiden 2008. – P. C. Muysken, El uchumataqu (Uru) de Irohito. Observaciones preliminares. Revista Lengua 12, La Paz 2001, 75–86. **SSG** Ibero-Amerikanisches Institut Berlin (204). **AD**

Usbekisch (Eigenbez. Ŭzbek tili. Auch: Özbekisch, Uzbekisch) Osttürk. Spr. Westturkistans; ↗ Turksprachen. Ca. 20 Mio. Sprecher in Usbekistan und seinen Nachbarländern; Karte ↗ Türkische Sprachen, im Anhang. Das U. gliedert sich in vier Dialektgruppen: (a) Kiptschak-Usbek. (eher zum Westtürk. gehörig), (b) Nord-Usbek., (c) Südusbek. (iranisierte und halbiranisierte Dialekte), (d) turkmenisiertes Usbek. Als Schriftspr. war früher das ↗ Tschagataische in Gebrauch, das von einheimischen Autoren oft als »Altusbek.« in Anspruch genommen wird. 1923 wurde die arab. Schrift reformiert. 1929 wurde eine Schriftspr. in lat. Schrift eingeführt, die lautl. vom Nordusbek., grammat. aber vom iranisierten Dialekt von Taschkent ausging. Bei Einführung der kyrill. Schrift (1939/40) wurde auch lautl. auf Taschkent-Usbek. umgestellt. In Afghanistan ist weiter die arab. Schrift in Gebrauch. **Lit.** S. Wurm, Das Özbek. In: Philologiae Turcicae Fundamenta I, Wiesbaden 1959, 489–524. – A. von Gabain, Özbek. Grammatik. Lpz., Wien 1945. – A. Raun, Basic Course in Uzbek. Bloomington, Den Haag 1969. **MI**

Usuelle Bedeutung (lat. ūsus ›Gebrauch‹. Engl. usual meaning, frz. sens usuel) H. Pauls Bez. für die ↗ lexikalische Bedeutung (2) unter den Aspekten ihrer überindividuellen Geltung in der Sprachgemeinschaft und ihres Wandels durch wiederholte identische Modifikationen der ↗ okkasionellen Bedeutung. **Lit.** ↗ Bedeutungswandel. **RB**

Usuelle Bildung (lat. ūsus ›Gebrauch‹) Die Beziehungen von Wortbildungskonstituenten zueinander lassen unterschiedl. Interpretationen der Bedeutung des Wortbildungsprodukts zu. Ein *Hosenträger* z.B. könnte eine Person bezeichnen, die Hosen trägt. Die häufigere, in Wörterbüchern und im Bewusstsein der Sprecher (↗ Mentales Lexikon) verzeichnete Lesart ist eine andere: Das Kleidungsstück *Hosenträger* ist eine U. B.   ES

Usus m. (lat. ›(übliche) Verwendung, Gebrauch‹) In der ↗ Soziolinguistik und in Grammatikmodellen, die sprachl. Variation (z. B. die ↗ Varietätengrammatik) zu erfassen suchen, Bez. für eine Ebene sprachl. Konventionen, die schwächer als ↗ Regeln und ↗ Sprachnormen und im Ggs. zu jenen weder explizit festgelegt noch den Sprechenden bewusst sind, jedoch als charakterist. und »normal« für das Sprachverhalten eines durchschnittl. Mitglieds einer ↗ Sprachgemeinschaft gelten.   G

Uto-Aztekische Sprachen ↗ Nordamerikanische Sprachgruppe mit ca. 2 Mio. Sprechern. Gliederung (in Auswahl, von Nord nach Süd): Im Südwesten der USA (Nevada und angrenzende Staaten) angesiedelt sind Spr. des Numic-Zweiges (ca. 7 000) wie Shoshone oder die Paiute-Spr., in Kalifornien Spr. des nahezu ausgestorbenen Takic-Zweiges wie Cahuilla und Luiseño. Einen eigenen Zweig bildet das ↗ Hopi in New Mexico. In Arizona und im Norden Mexikos findet sich der Pimic-Zweig (ca. 30 000) mit Pima-Pagago und den Tepehuan-Spr. In Mexiko gibt es drei Zweige der u.-a. Spr.: Taracahitic (ca. 140 000) mit Yaqui, Mayo und Tarahumara, Corachol (ca. 50 000) mit Cora und Huichol sowie als südlichsten und sprecherreichsten Zweig Aztecan (↗ Nahuatl); Karten ↗ Nordamerikanische Sprachen, ↗ Mesoamerikanische Sprachen, beide im Anhang. Typolog. sind kennzeichnend: einfache Phonemsysteme mit einer Verschlussreihe, elaborierte agglutinierende Verbmorphologie, überwiegend Verbendstellung, vielfach Verbendungen, die Identität oder Verschiedenheit der Subjekte aufeinander bezogener Sätze kennzeichnen; ↗ Switch Reference. **Lit.** R. W. Langacker (ed.), Studies in Uto-Aztecan Grammar. 4 vols. Arlington, Texas 1977 ff. – S. Steele, Uto-Aztecan: An Assessment for Historical and Comparative Linguistics. LNA, 444–544. – W. Miller, Sketch of Shoshone, a Uto-Aztecan Language. HNAI–L, 693–720.   D

Utrum n. (lat. uter ›einer (von beiden)‹. Auch: lat. nomen commūne ›gemeinsamer Name‹, communia) Das ↗ Genus commune (gemeinsames Geschlecht), engl. *common gender*; russ. *óbščij rod*) ist in den slav. Spr. eine Gruppe von Personenbezeichnungen mit zweifachem Geschlecht. Das sind z. B. im Russ. etwa 200 Wörter, deren Genus nicht festgelegt ist, sondern sich nach dem natürl. Geschlecht der bezeichneten Person richtet, wie *tovarišč* ›Genosse/Genossin‹, *pedagog* ›Lehrer/Lehrerin‹, *sirota* ›weibl./männl. Waise‹. In der Lit. wird das Thema kontrovers diskutiert; unbestritten ist die Existenz einer eigenen Klasse von Utra nach dem fem. Flexionsparadigma. Mask. flektierte Utra werden entweder den Utra zugerechnet, die durch Zugehörigkeit zu verschiedenen Kongruenzklassen charakterisiert sind, oder man betrachtet sie als Maskulina,

bei denen das natürl. Geschlecht die Form des Prädikats bestimmt, z. B. *Továrišč Ivanóv stal prekrásnym pedagógom* ›Genosse Ivanov wurde ein ausgezeichneter Lehrer‹, *Továrišč Ivanóvna stála prekrásnym pedagógom* ›Genossin Ivanova wurde eine ausgezeichnete Lehrerin‹. Schon in den 1920er Jahren hat es hier vor aller Sprachkritik der ↗ feministischen Linguistik Versuche gegeben, bis dahin ausschließl. für Männer geltende Berufsbezeichnungen durch Feminisierung bzw. Neutralisierung zu verändern. – Bezogen auf das Ndl. und die nordgerm. Spr. ist U. einfach der Name für ein Genus, das das frühere Fem. und Mask. zusammenfasst; es bezeichnet ein zweifaches Genus. Im Standardndl. erfolgte seit dem 17. Jh. ein allmählicher Abbau der Kasusendungen: alle Personenbezeichnungen gehören hier dem genus commune an, z. B. *de oude man – hej, de oude vrouw – zej*; aber Neutrum *het oude huis – het*; (›der alte Mann – er; die alte Frau – sie, das alte Haus – es‹) entsprechend dän. *den gamle manden – han, den gamle kvinde – hun, det gamle hus – det*; schwed. *den gamla mannen – han, den gamla kvinnan – hon, det gamla huset – det*. Während bei den Nomina ↗ Geschlechtsabstraktion vorliegt, erfolgt eine ↗ Geschlechtsspezifikation nur über die Pronomina, die Wortbildung und adjektivische Modifikation. **Lit.** M. Hellinger, Kontrastive feminist. Ling. Mchn. 1990. – H. Glück, Der Mythos von dem Frauenspr. OBST 9, 1979, 52–95. SL

Uvula f. (dt. Zäpfchen) In der Mittellinie vom weichen ↗ Gaumen ausgehender, in Ruhe nach unten hängender, zäpfchenförmiger, von Schleimhaut überzogener Muskelanteil; ↗ Velum.   GL

Uvular, Uvularlaut (auch: Zäpfchenlaut) An der ↗ Uvula als ↗ Artikulationsstelle bzw. mit dieser als ↗ artikulierendem Organ gebildeter kons. Sprachlaut (im Dt. z. B. die /r/-Varianten des u. Vibranten [ʀ] bzw. des u. Frikativs [χ]).   PM

Uzbekisch ↗ Usbekisch

Vädda-Kreol ↗ Singhalesisch

Vage ↗ Ambig

Vagheit (engl. vagueness) **1.** Was soll man halten von der Zeugenaussage: *Die charmante Gastgeberin trug ein grünes Abendkleid*, wenn eine andere Zeugin die Gastgeberin als *überdreht* und ihr Kleid als *blaues Cocktailkleid* beschreibt? Bei derartigen Äußerungen, deren ↗ Wahrheitswert nicht eindeutig zu bestimmen ist, kann man mit Pinkal (1985, 1991) von »semant. Unbestimmtheit« sprechen, die sich wiederum unterteilen lässt in V. und ↗ Ambiguität (↗ Homonymie, ↗ Polysemie). Ambige Ausdrücke haben konkurrierende Interpretationen (*sauer* ist entweder eine Geschmacksqualität oder ein Gemütszustand), vage Ausdrücke dagegen koexistierende gegensätzl. Präzisierungen: Ein Türkisfarbton kann mit gleichem Recht als *blau* oder *grün* bezeichnet werden; die Aussage *Sie ist erwachsen* kann zugleich in biolog. Hinsicht wahr und in sozialer unzutreffend sein. Die Unsicherheit, ob man eine 100 Meter hohe Bodenerhebung als *Hügel* oder *Berg* und ob man einen 1,70 Meter großen Mann als *mittelgroß* bezeichnen soll, zeigt, dass zumeist »verschwommene Ränder« von Lexembedeutungen (↗ Semem) für semant. V. verantwortl. sind. Diese Unschärfe resultiert daraus, dass alltagssprachl. Lexeme i. d. R. nicht definitor., sondern fokal (↗ Prototyp), d. h. an klaren Fällen in Standardsituationen gelernt und in solchen zumeist auch verwendet werden. Die durch terminolog. Festlegungen nur zu verringernde, nicht aber zu beseitigende (Russell 1923) Abgrenzungstoleranz ermöglicht jedoch eine flexible Anpassung virtueller Zeichen an unterschiedl. ↗ Referenten, ↗ Kontexte und Exaktheitsanforderungen (vgl. Naess 1975). Dass ein zweckentsprechender Gebrauch von Wörtern zumeist nicht behindert, oft sogar erleichtert wird, wenn ihre »Anwendung« »nicht überall von Regeln begrenzt [ist]«: diese Einsicht hat Wittgenstein (1953, 77) der Klage der ↗ analyt. Sprachphilosophie über die V. der Alltagsspr. entgegengehalten. Das ist auch bei den Vertretern der wahrheitsfunktionalen Semantik akzeptiert, die dennoch versuchen, semant. V. exakt zu modellieren (Übersicht bei Pinkal 1991): mit »Supervaluationssemantiken« oder Mitteln mehrwertiger oder metr. ↗ Logiken, u. a. der ↗ »fuzzy logic« (Zadeh 1965, Lakoff 1973, Keefe 2002). **2.** Pragmat. V. wird gegenwärtig in gesprächsbezogenen Untersuchungen intensiv diskutiert. Pragmat. vage Äußerungen sind nicht unentscheidbar, sondern unter-informativ. Jede Aussage kann mit oder ohne Sprecherabsicht vage sein, wenn sie relevante Aspekte des verhandelten Sachverhalts unterschlägt oder nicht expliziert. Dies kann über die Inhalte geschehen, aber auch über spezif. sprachl. Mittel, mit denen Sprecher ihre Äußerungen zu entpräzisieren vermögen: z. B. ↗ Hyperonyme, »Allerweltswörter« (*Dings, Sache*), generelle Pronomina (*man, so was*), abschwächende Adverbien (*etwa, ungefähr*), ↗ Heckenausdrücke und Abkürzungsformeln (*und so, oder so, und all das*); ↗ Hyperbolik. Seit den 1970er Jahren wurden derartige Mittel, oft krit. oder apologet., beschrieben; mit dem Buch ↗ Vague Language von J. Channell (1994) jedoch ist »VL« avanciert zu einem »central aspect of the communicative competence of the native speaker«. Die daran anschließenden Untersuchungen (u. a. Cutting 2007) widmen sich insbes. den positiven sozialen Funktionen, die die Verwendung »vager Sprache« erfüllen kann: Stärkung der Gruppe (Abschwächung des Autoritätsanspruchs, Betonung geteilten Wissens, informelles Sprechen); Gesichtswahrung (Verdecken von Erinnerungs- und Wissenslücken); Deeskalation von Konflikten; Schonung, Beruhigung oder Ermunterung des Adressaten. **3.** In der ↗ kognitiven Linguistik spricht man zuweilen von V. bei Lexemen, deren Verwendungen zwar semant. Differenzen aufweisen (z. B. *laufen* bezogen auf die unterschiedliche Fortbewegung von Zwei- und

Vierfüßern), aber nicht als Aktualisierung einer virtuellen ↗ Polysemie, sondern als kontextuelle Spezifizierung eines »vagen«, weil merkmalsarmen Signifikats. Damit ist aber nichts anderes umschrieben als die relative Merkmalsarmut aller virtuellen Sprachzeichen; denn auch wenn sich merkmalsreiche ↗ aktuelle Bedeutungen zu polysemen Sememen verfestigt haben, werden diese wiederum »vage« erscheinen gegenüber ihren kontextuell spezifizierten Verwendungen (z. B. die verschiedenen Arten einer *laufenden* Nase). **Lit.** B. Russell, Vagueness. The Australasian Journal of Psychology and Philosophy 1, 1923, 84–92. – L. Wittgenstein, Philosoph. Untersuchungen (1953). Ffm. 1977. – L. Zadeh, Fuzzy Sets. Information and Control 8, 1965, 338–353. – G. Lakoff, Hedges: A Study in Meaning Criteria and the Logic of Fuzzy Concepts. Journ. of Philosophical Logic 2, 1973, 458–508. – A. Naess, Kommunikation und Argumentation. Kronberg/Ts. 1975. – B. Rieger (Hg.), Empirical Semantics. Bochum 1980. – N. Fries, Ambiguität und V. Tübingen 1980. – M. Pinkal, Logik und Lexikon – Die Semantik des Unbestimmten. Bln., N. Y. 1985. – Ders., V. und Ambiguität. HSK 6, 250–269. – Th. Ballmer & M. Pinkal (eds.), Approaching Vagueness. Amsterdam 1983. – E. W. Schneider, Variabilität, Polysemie und Unschärfe der Wortbedeutung. 2 Bde. Tübingen 1988. – S. Wichter, Signifikantgleiche Zeichen. Tübingen 1988. – J. Helmbrecht, Universalität und V. semant. Funktionen. Mchn. 1998. – J. Channell, Vague Language. Oxford 1994. – F. Brisard et al., Processing Polysemous, Homonymous, and Vague Adjectives. In: H. Cuyckens & B. Zawada (eds.), Polysemy in Cognitive Linguistics. Amsterdam 1997, 261–284. – R. Keefe (ed.), Vagueness. A Reader. Cambridge, Mass. 2002. – J. Cutting (ed.), Vague Language Explored. Basingstoke u. a. 2007. Weitere Lit. ↗ Polysemie. RB

Vai ↗ Mandesprachen

Vai-Schrift ↗ Westafrikanische Schriftsysteme

Vakat n. (engl. blank page, blind print, blind sheet, white sheet) Leere Seite oder ↗ Spalte in einem Buch; ↗ Schimmel. G

Valenz f. (lat. valēre ›wert sein‹. Auch: Fügungspotenz, Fügungswert, Stelligkeit, Stellenplan, Wertigkeit) Kernbegriff in ↗ Valenzgrammatiken, der zunächst den Umstand bezeichnet, dass in der Umgebung eines Wortes bzw. einer Wortklasse nicht beliebige, sondern vielfach nur best. syntakt. Einheiten bzw. Klassen von syntakt. Einheiten mögl. sind. I. w. S. ist die Valenz eines Wortes jedoch die Gesamtheit der Kombinationsmöglichkeiten des betreffenden Wortes. Seine potentiellen syntakt. Umgebungen werden in Valenzgrammatiken als vom gegebenen Wort (dem Valenzträger) determiniert aufgefasst. Valenzträger sind Wörter mit prädikativer Funktion, insbesondere Verben, aber auch Adjektive und deverbale oder deadjektivische Substantive. Diese Determination sucht man dadurch zu modellieren, dass man in ↗ Valenzwörterbüchern Informationen über die mögl. syntakt. Umgebungen im Lexikoneintrag des V.trägers notiert. Eine Grundunterscheidung ist die nach ↗ Ergänzungen und ↗ Angaben. Ergänzungen sind in best. Weise Restriktionen unterworfen. Sie können unter der Bedingung, dass die ↗ Grammatikalität eines Satzes aufrechterhalten wird, oft nicht beliebig weggelassen werden, und sie können nicht beliebig in ihrer morpholog.-syntakt. Form verändert werden. Angaben sind beliebig weglassbar bzw. hinzufügbar und in ihrer morpholog.-syntakt. Form unabhängig vom Valenzträger veränderbar. Sie sind ›frei‹. Der spezif. V.eintrag im Lexikon ist also der Eintrag über mögl. bzw. notwendige Ergänzungen. Das sind u. a. Informationen über die Zahl der Ergänzungen. Man spricht von nullwertigen (*avalenten*), einwertigen (*monovalenten*), zweiwertigen (*divalenten*), dreiwertigen (*trivalenten*) und ggf. höherwertigen Wörtern (V.trägern), insbesondere Verben, entsprechend der Zahl der potentiellen Ergänzungen (quantitative V.). Z. B. ist *schlafen* einwertig (*Emil schläft*), *betrachten* zweiwertig (*Er betrachtet ein Foto*), *geben* dreiwertig (*Emil gibt Egon das Buch*). Im Allgemeinen versucht man, die Zahl der Ergänzungen auf maximal drei zu reduzieren. Es gibt jedoch auch Konzepte, in denen wesentl. mehr Ergänzungen zugelassen sind. So kann man *tragen* in *Er trägt ihr den Koffer zum Bahnhof* als vierwertig ansehen und *fahren* in *Er fährt die Sachen mit dem Auto von Berlin über Potsdam nach Brandenburg* als sechswertig. Zur V. gehören ferner (unter der Bez. »qualitative V.«) die morpholog.-syntakt. Form der Ergänzungen (↗ Subklassenspezifik), ihre kategorialen semant. Merkmale (↗ Selektionsbeschränkung) sowie die ↗ semantischen und ↗ pragmatischen Rollen der Ergänzungen. Die Eigenschaft der V. wurde vor allem am Verb systemat. beschrieben. Vom Verb wurde der V.begriff auch auf andere Wortarten übertragen, insbesondere auf die Hauptwortarten Adjektiv und Substantiv, und zwar v. a. von Verben oder Adjektiven abgeleitete Substantive. Die Valenz wird vom Verb oder Adjektiv nach bestimmten und zu beschreibenden Regularitäten auf das Substantiv vererbt (Valenzvererbung oder ↗ Argumentvererbung), aber auch auf Adverbien, Präpositionen und Konjunktionen. Inwieweit man Kombinationseigenschaften von sog. Hilfswörtern (z. B. von Hilfsverben, Präpositionen und Konjunktionen) als V. fasst, hängt davon ab, welchen Status Hilfswörter im jeweiligen valenzgrammat. Modell zugewiesen erhalten. Z. B. können die ↗ Translative und ↗ Junktive der Tesnièreschen ↗ Dependenzgrammatik nicht als V.träger angesehen werden. Abhängig von der Erklärungsgrundlage für V. als Eigenschaft eines Wortes, seine syntakt. Umgebung zu determinieren, spricht man von syntakt., semant., log.-semant. und pragmat. V. Der Begriff der V. geht in seiner

heutigen Form im Wesentl. auf L. Tesnière zurück. Er verglich das Zusammengehen eines Verbs mit einer bestimmten Anzahl von Ergänzungen mit der V. eines Atoms (zu Vorläufern vgl. Welke 1965, Baum 1976). Aus Tesnières DG entwickelte sich die ↗ Valenzgrammatik. Der Begriff der V. hat einen engen Bezug zur modernen ↗ Prädikatenlogik (Kalkül mehrstelliger Prädikate, ↗ Relationslogik). Das Verhältnis zwischen V.träger (Verb) und Ergänzung entspricht demnach dem log. Verhältnis von Prädikat und Argument. Ein Prädikat ist einstellig bis n-stellig. Es hat entsprechend 1…n ↗ Argumente. Für die Argumente gibt es entsprechende ↗ Leerstellen. ›Argument‹, ›Stelligkeit‹, ›Stellenplan‹, ›Argumentenpotential‹, ›Leerstelle‹ sind Termini, die in der V.grammatik in Anlehnung an die Logik gebraucht werden. Die Probleme, die im Konzept der V. thematisiert werden, werden in anderen modernen Grammatiktheorien z. T. unter ähnl., z. T. unter anderen Voraussetzungen erörtert, so in der ↗ Kasusgrammatik, in der GG (↗ Theta-Theorie, ↗ Thematische Rolle, Prädikat-Argument-Struktur), in der Universal Grammar, der ↗ Lexical Functional Grammar und der ↗ Funktionalen Grammatik in den Niederlanden. **Lit.** ↗ Valenzgrammatik. WK

Valenzerweiterung Erweiterung der Zahl der Ergänzungen einer Wortform (Verbform) gegenüber einer zugrunde gelegten Wortform (Verbform). Geht man z. B. davon aus, dass *Emil repariert das Fahrrad* die Valenz von *reparieren* wiedergibt, so stellt der freie Dativ in *Emil repariert Egon das Fahrrad* eine Erweiterung der Valenz dar. WK

Valenzgrammatik Grammatikmodell, das auf L. Tesnière (↗ Dependenzgrammatik) aufbaut und den Begriff der ↗ Valenz zur Grundlage der Modellierung nimmt. V. wurde zunächst vor allem in Deutschland innerhalb der germanist. Ling. entwickelt. Anknüpfungspunkt war neben der DG Tesnières der Begriff des ↗ Satzbauplanes, der aus der ↗ Inhaltbezogenen Grammatik stammt. Mit dem Begriff der Valenz wurde der Anteil des Verbs am Aufbau von Satzbauplänen erfasst, ein Gesichtspunkt, der bereits bei H. Glinz eine wesentl. Rolle gespielt hatte. Valenz wurde in den Grammatiken von Erben, Grebe und Brinkmann mit dem Konzept des Satzbauplans verbunden. Im Anschluss wurden seit der Mitte der 1960er Jahre die Grundlagen der heutigen V. entwickelt. Das Interesse resultiert zum einen daraus, dass sich die V. für eine Didaktisierung im FU als zugänglicher erwiesen hat als z. B. die GG. ↗ Valenzwörterbücher, die ein Hauptergebnis der empir. Forschung zur V. darstellen, sind i. d. R. auf den FU bezogen. Syntakt. Strukturen werden in der V. als vom jeweiligen ↗ Valenzträger determiniert aufgefasst. Trotz der anfängl. Bezüge zur inhaltbezogenen Grammatik wurde die V. zunächst hauptsächl. als autonome Syntax postuliert, d. h. Valenz wurde als eine ausschließl. formal-syntakt. Erscheinung angesehen. Helbig z. B. spricht zunächst nur von der »Valenz und Distribution der Verben«. Er wendet sich vom Standpunkt des Distributionalismus aus gegen Inkonsequenzen bei Tesnière und definiert Valenz als Ergänzungsbedürftigkeit streng formal-syntakt. Daraus resultiert die hervorgehobene Rolle, die in seiner Konzeption den verschiedenen Proben (Tests) zur Unterscheidung von ↗ Ergänzungen und ↗ Angaben zukommt. Ergänzungen werden bei Helbig aufgrund der Ergänzungsbedürftigkeit von Valenzträgern (Verben) von Angaben unterschieden. Zum anderen wird zwischen obligator. und fakultativen Ergänzungen unterschieden. Das bedingt die Annahme einer Ebene der syntakt. Tiefenstruktur, auf der Ergänzungen obligator. (bei Helbig ›notwendig‹) sind, und die Annahme einer Ebene der syntakt. Oberflächenstruktur, auf der Ergänzungen obligator. oder fakultativ sind. Gegen diesen Ansatz hat sich ebenfalls vom Standpunkt einer autonomen Syntax u. a. Engel gewandt. Er geht bei der Definition der Valenz nicht vom Kriterium der Obligatorik, sondern vom Kriterium der ↗ Subklassenspezifik aus. Einen anderen Ansatz verfolgen seit Beginn ihrer Arbeit zur V. Welke und Bondzio. Sie gehen von einem semant. fundierten Valenzbegriff aus. Seit längerem ist die Einbeziehung der Semantik der dominierende Standpunkt innerhalb der V. Hinzu sind Bemühungen gekommen, auch pragmat. Aspekte einzubeziehen. Man spricht von syntakt., semant. und pragmat. Valenz und meint damit, dass Valenz unter einem log. (log.-semant.) Aspekt (↗ Prädikat-Argument-Struktur), einem semant. (semant. ↗ Selektionsbeschränkungen), einem pragmat. (↗ Perspektivierung) und einem formal-syntakt. Aspekt (formale Realisierung von log., semant. und pragmat. Aspekten der Valenz in der syntakt. Struktur eines gegebenen Satzes) betrachtet werden kann. Parallel zur Ausweitung der Gesichtspunkte, unter denen man Valenz konzipiert, erfolgte eine Übertragung des Gesichtspunktes der Valenz vom Verb auf andere Wortarten. Grundsätzl. sind das solche Wortarten, denen man im log. Sinne eine prädizierende Funktion zuschreiben kann. Die V. wurde auch diachron angewandt zur Beschreibung diachroner Prozesse und histor. Sprachzustände (z. B. valenzgrammat. orientierte lat. Grammatiken). ↗ Valenzwörterbücher schufen Verbindungen zur ↗ Lexikologie, ↗ Phraseologie und ↗ Lexikographie. Innerhalb der germanist. Sprachwiss. gibt es neben Deutschland wichtige Zentren der V. in anderen Ländern; besonders in der Auslandsgermanistik spielt sie eine Rolle, jedoch wird auch in anderen Philologien international zur V. gearbeitet. **Lit.** G. Helbig, Probleme der Valenz- und Kasustheorie. Tübingen 1992. – K. Welke, Einführung in die Valenz- und Kasustheorie. Lpz. 1988. – H.-W. Eroms, Syntax der dt. Spr. Bln., N. Y. 2000. – V. Ágel, Valenztheorie. Tübingen 2000. – HSK 25. – K. Welke, Dt. Syntax funktional. Perspektiviertheit syntakt. Strukturen.

Tübingen 2002. – Th. Herbst & K. Götz-Votteler, Valency. Theoretical, Descriptive and Cognitive Issues. Bln., N. Y. 2007. – Th. Herbst & S. Schüller, Introduction to Syntactic Analysis. A Valency Approach. Tübingen 2008. – K. Welke, Valenztheorie und Konstruktionsgrammatik. ZGL 37, 2009. **WK**

Valenzreduktion Reduzierung der Zahl der Ergänzungen gegenüber einer zugrunde gelegten Wortform. Z. B. kann man das Passiv gegenüber dem Aktiv als eine Valenzreduktion ansehen, z. B. *Emil öffnet die Tür – Die Tür wird geöffnet; Die Leute arbeiten – Es wird gearbeitet – Hier wird gearbeitet.* Analog kann man sog. Applikativkonstruktionen als V. ansehen (z. B. *Er hat ihm das Buch gestohlen. – Er hat ihn bestohlen*) sowie das Verhältnis von ↗ Kausativ und Antikausativ, vgl. *Die Mutter kocht die Suppe* vs. *Die Suppe kocht.* **WK**

Valenzstruktur In ↗ Valenzgrammatiken die Struktur eines Satzes, die sich aus der Gesamtheit der Einzelvalenzen seiner Wörter ergibt. Als wesentl. Unterschied der V. (und auch der ↗ Dependenzstruktur) gegenüber der Konstituentenstruktur (↗ Phrasenstruktur) gilt, dass das Subjekt die Sonderstellung verliert, die es in der traditionellen Grammatik und in der Konstituentenstruktur (im X'-Schema der ↗ X-Bar-Theorie als ↗ Spezifikator der Inflektionsphrase; ↗ INFL) innehat. Es gilt dort neben den Objekten und gewissen Adverbialbestimmungen als eine der ↗ Ergänzungen des Verbs. Für die graph. Darstellung wird i. d. R. der ↗ Abhängigkeitsbaum gewählt. **Lit.** ↗ Valenzgrammatik. **WK**

Valenztheorie ↗ Valenzgrammatik

Valenzträger Wort, um dessen ↗ Valenz es in einem gegebenen Zusammenhang geht. Da man nicht annimmt, dass alle Wörter die Eigenschaft der Valenz haben, ist in der ↗ Valenzgrammatik die Frage wichtig, welche Wörter V. sein können; Wörter, die keine V. sind, genießen in Valenzgrammatiken wenig Aufmerksamkeit. **WK**

Valenzwörterbuch Lexikograph. Darstellung der ↗ Valenz von Wörtern, insbesondere Verben. V. sind ein Hauptarbeitsgebiet der ↗ Valenzgrammatik. Es gibt einsprachige und zweisprachige V. **Lit.** H. Schumacher u. a., VALBU – V. dt. Verben. Tübingen 2004. **WK**

Validation ↗ Evaluieren

Validität ↗ Operational, ↗ Testverfahren

Vallader ↗ Rätoromanisch

Valuativ ↗ Zeichengebrauch

Vandalisch ↗ Wandalisch

Vannetais ↗ Bretonisch

Variabilität Phonet. Veränderlichkeit z. B. innerhalb eines vokal. Lautsegments. Unter diesem Gesichtspunkt sind einfache ↗ Vokale konstant, ↗ Diphthonge variabel. **PM**

Variable f. (lat. *variābilis* ›veränderlich‹) Veränderliche, instabile Größe; Ggs. ↗ Konstante. In Formalisierungen aller Art sind V. diejenigen Zeichen, die nicht etwas Konkretes, empir. Vorliegendes bezeichnen, sondern ↗ Leerstellen besetzen, die wechselnde Werte annehmen können, d. h. dass in die Position von V. unterschiedl. Individuen, Eigenschaften, Relationen usw. eingesetzt werden können. Man erhält z. B. bei der Bearbeitung empir. Daten unterschiedl. Ergebnisse je nachdem, welche der untersuchten Klassen von Gegenständen man als V. und welche als Konstanten einsetzt.　　　G

Variablenregel ↗ Variationslinguistik

Variante f. (lat. varius ›verschiedenartig‹) **1.** Realisierung einer ling. Einheit in einer konkreten Äußerung. In der Phonologie gelten die ↗ Allophone als phonet. V. voneinander; sie können in kombinatorischer oder freier ↗ Distribution stehen; z. B. sind die stl. Plosive des Dt. in den Positionen #__V (…) # und # (…) V__# stets aspiriert, in allen anderen Positionen nicht aspiriert; ↗ subphonemische Variante. In der Morphologie kann man ↗ Allomorphe als V. eines ↗ Morphems auffassen, z. B. die Pluralmorphe des Dt.; z. B. *Tisch-e, Frau-en, Reifen-ø.* usw.; ↗ Allotax. Lexikolog. Varianten voneinander sind z. B. Mitglieder eines ↗ Wortfelds (oder Bedeutungsfelds), d. h. Mengen partiell synonymer Lexeme; z. B. die Lexeme *sterben, verscheiden, erfrieren, verhungern, abkratzen, den Löffel abgeben* usw. V. von ›Zuendegehen des Lebens‹. In der Stilistik ist in diesem Fall von ›gehobenen‹, ›neutralen‹, ›umgangssprachl.‹, ›vulgären‹ V. eines Wortes die Rede. **2.** In der ↗ Soziolinguistik, der ↗ Sprachsoziologie und der ↗ vergleichenden Sprachwissenschaft spricht man von Dialekten, Soziolekten u. a. ↗ Varietäten einer Spr. als V. dieser Spr., z. B. von den lokalen V. des Rätoroman. **3.** Schriftzeichenvariante ↗ Allograph, ↗ Buchstabenvariante, ↗ Schrift (1), ↗ Schriftzeichen. **4.** Bedeutungsvariante, ↗ Aktuelle Bedeutung, ↗ Lexikalische Bedeutung, ↗ Semantisches Merkmal.　　　G

Variationslinguistik Die V. widmet sich der Beschreibung und Erklärung sprachl. Variation (mit verschiedenen theoret. und method. Ansätzen). U. Weinreich (1926–1967) hat auf der Grundlage des taxonom. Strukturalismus den Ausdruck »Diasysteme« vorgeschlagen, die verschiedene Varietäten beschreibungstechn. zu einem einzigen System verbinden. Die Methode wurde besonders in der Phonologie angewandt. Dabei werden die Phonemsysteme der verschiedenen Varietäten in einer Formel zusammengefasst, wobei die Zugehörigkeit eines Phonems zu einem der Systeme durch einen Index ausgedrückt wird. Phonet. annähernd ident. Phoneme der beteiligten Systeme werden zusammengefasst und verschieden indiziert, während phonet. deutl. unterschiedene, aber noch einigermaßen ähnl. Phoneme durch einen Bruchstrich voneinander getrennt sind. Doppelte Tilden zeigen phonolog. Oppositionen an, die in den beteiligten Systemen existieren, einfache Tilden Oppositionen, die nur in einem davon auftreten, z. B. beim Vergleich der schwäb. und der standarddt. Kurzvokale:

$$1 = \text{Schwäbisch}$$

$$//a_{12} \sim \frac{\varepsilon_1 \sim e_1}{\varepsilon_2} \sim \ \sim \frac{\mathcal{O}_1 \sim e_1}{\mathcal{O}_2 \sim \text{œ}_2} \sim \ \sim \frac{i_1}{I_2\ Y_2} \sim \ \sim u_{12}//$$

$$2 = \text{Standarddeutsch}$$

Ein Problem besteht darin, welche Einheiten beider (oder mehrerer) Systeme sich jeweils entsprechen sollen (gleicher Bruchstrich). Das vage Kriterium der Ähnlichkeit wird nicht strukturell begründet. – Generell hat die V. das Problem, die Einheitlichkeit einer ↗ Variablen, die verschiedene ↗ Varianten (Werte) umfasst, zu definieren. Die i. d. R. unterstellte semant. oder distributionelle Gleichartigkeit ist oft zweifelhaft. – Labov hat versucht, die Wahl einzelner Varianten aus einer Variablen in Abhängigkeit vom ling. und außerling. Kontext in Form von *Variablenregeln* zu fassen. In Anlehnung an die GG wird jede Variante jeweils durch eine generative Regel erzeugt, die hier aber auch Angaben enthält, mit welcher Wahrscheinlichkeit welche Variante in welchem Kontext auftritt. Die Wahrscheinlichkeit in verschiedenen Kontexten wird empir. nach der Häufigkeit des Auftretens ermittelt. Die Wahrscheinlichkeitsangaben können auch in das Regelwerk ganzer Grammatiken eingebaut werden; man nennt solche Grammatiken *probabilistisch.* Der Gedanke, Variablenregeln könnten die ling. ↗ Kompetenz i. S. Chomskys präzisieren, wurde aufgegeben, da die Fragestellungen in beiden Fällen grundverschieden sind (grammat. Strukturen gegenüber Häufigkeit des Vorkommens). Die Ermittlung und Angabe der spezif. Kontexte für die Wahrscheinlichkeiten bei den Variablenregeln ist mathemat. anspruchsvoll, und es wurden verschiedene Lösungsmodelle vorgeschlagen (Additions-, Multiplikations-, log.-lineares Modell); ↗ Varietätengrammatik. Wie Varianten verschiedener Variablen koexistieren (in Texten gleichzeitig vorkommen), wurde von DeCamp in Form von *Implikationsskalen* untersucht. Der Grundgedanke ist, dass das Vorkommen von Variante A_1 (der Variablen A) das Vorkommen von Variante B_1 (aus Variable B) impliziert. In den empir. Untersuchungen hat sich allerdings gezeigt, dass nur selten strikte Implikationsbeziehungen vorliegen; eher korrelieren Varianten verschiedener Variablen hoch positiv und können dann u. U. zu einem System zusammengefasst werden. Den Fall mehrerer solcher »koexistierender Systeme« hat v. a. Thelander untersucht. – Bei vordefinierten (bekannten) Dimensionen ling. Variation (z. B. Dialekt – Standardvarietät) lässt sich die Nähe zum einen oder anderen Extrem (Pol) der Variation auch in Zahlen ausdrücken, gemäß der Auftretenshäufigkeit von Varianten des einen oder des anderen Extrems (vgl. die Messmethode für das »Dialektniveau« von Ammon). **Lit.** U. Weinreich, Is a Structural Dialectology Possible? Word 10, 1954, 388–400. – W. Labov, Contraction, Deletion and Inherent Variability. Lg. 45, 1969, 715–762. – D. Sankoff & H. J. Cedergren (eds.), Variation Omnibus. Edmonton 1981. – C.-J. Bailey, Variation and Linguistic Theory. Arlington 1973. – N. Dittmar, Sozioling. Ffm. 1973. – W. Klein, Variation in der Spr. Kronberg 1974. – W. Klein & N. Dittmar, Developmental Grammars. Bln., Heidelberg, N. Y. 1979. – D. DeCamp, Implicational Scales and Sociolinguistics. Linguistics 73, 1971, 30–40. – U. Ammon, Dialekt und Einheitsspr. in ihrer sozialen Verflechtung. Weinheim, Basel 1973. – R. Fasold & R. Shuy (eds.), Analyzing Variation in Language. Washington D. C. 1975. – M. Thelander, Analysis of Coexistent Systems. HSK 3, II, 1007–1014. – S. Barbour & P. Stevenson, Variation im Dt. Bln. 1998. – Sociolinguistica 17, 1998. – W. Labov, Quantitative Analysis of Linguistic Variation. HSK 3, I, 6–21. – U. Ammon, H. Bickel, J. Ebner u. a., Variantenwörterbuch des Dt. Bln., N. Y. 2004. **AM**

Varietät f. (lat. varietās ›Verschiedenheit‹. Auch: Subsystem) Teil einer ganzen Spr., die in aller Regel eine größere Zahl von V. umfasst, z. B. ↗ Dialekte, eine ↗ Standardvarietät. Die Gesamtheit aller V. einer Spr. wird auch ihre »Architektur« genannt (E. Coseriu); ↗ Existenzformen der Sprache. **Lit.** G. Berruto, Sprachvarietät – Sprache. HSK 3. 1, 188–195. **AM**

Varietätengrammatik ↗ Variationslinguistik

Vatersname ↗ Familienname

Vedisch (engl. vedic, frz. védique) Bez. für die älteste überlieferte Sprachform des ↗ Altindischen, in der die Textsammlung des Veda, die Grundlage der hinduist. Religion, abgefasst ist. Das V. zeichnet sich gegenüber dem »klass.« ↗ Sanskrit als der normierten jüngeren Sprachform des Altind. durch gewisse lautl. Erscheinungen (freier Wortakzent) sowie einen reicheren Formenbestand aus, der es dem ↗ Altiranischen und dem Griech. besonders nahe rückt. **Lit.** J. Wackernagel & A. Debrunner, Altind. Grammatik. Göttingen 1896–1957. – A. A. Macdonell, Vedic Grammar. Strasbourg 1910. – Ders., A Vedic Grammar for Students. Oxford ⁴1955. – K. Hoffmann, Aufsätze zur Indoiranistik. Wiesbaden 1975–1989. – M. Mayrhofer, Etymolog. Wb. des Altindoar. Heidelberg 1986. – A. Lubotsky, A Rgvedic Word Concordance. New Haven/Conn. 1997. **GP**

Vejnachische Sprachen ↗ Nachische Sprachen

Vektorraummodell (engl. vector space model. Abk. VSM) Statist.-algebraisches ↗ Information Retrieval-Modell, in dem Dokumente als Punkte in einem hochdimensionalen Vektorraum repräsentiert werden. Dabei wird der Vektorraum durch die in den Dokumenten enthaltenen Terme aufgespannt und jedem Term gemäß seiner Vorkommenshäufigkeit ein Gewicht zugeordnet. Da sowohl Dokumente als auch Suchanfragen in dem IR-Modell als Vektoren ausgedrückt werden, können mithilfe der Cosinus-Ähnlichkeit zwischen den beiden Vektoren

relevante Dokumente bestimmt werden. **Lit.** R. Baeza-Yates & B. Ribeiro-Neto, Modern Information Retrieval. N. Y. 1999. **Z**

Velar, Velarlaut (lat. vēlum ›Segel‹. Auch: Gaumensegellaut) Am ↗ Velum als ↗ Artikulationsstelle mit dem Zungenrücken als ↗ artikulierendem Organ gebildeter Konsonant, z. B. die dt. ↗ Plosive [g], [k] und der ↗ Frikativ [x]. Bei weiter nach hinten verlagerter Artikulationsstelle auch: postvelar. **PM**

Velarisierung (auch: Senkung) Prozess bzw. Ergebnis der zungenhöhensenkenden ↗ Assimilation eines hellen (hohen bis mittleren Vorderzungen-) Vokals an einen ↗ Velar. **PM**

Velarlabial ↗ Labiovelar

Velum n. (lat. vēlum palāti ›Gaumensegel‹. Auch: weicher Gaumen) Hinterer, muskulär und bindegewebig aufgebauter, beweglicher Anteil des ↗ Gaumens. **GL**

Ventriloquist ↗ Bauchredner

Vepsisch ↗ Uralische Sprachen

Veralten ↗ Archaismus

Verb (lat. verbum ›Wort‹, Übersetzung von griech. ῥῆμα (rhēma) ›Rede, Aussage‹. In Schulgrammatiken auch: Aussagewort, Tätigkeitswort, Zeitwort. Engl. verb, frz. verbe) Wortart mit einem vielfältigen Formenrepetoire und einem breiten Funktionsspektrum. Das ↗ finite V. steht im Kern des ↗ Prädikats (↗ INFL) und ist im Dt. durch die Beziehung der ↗ Kongruenz mit dem ↗ Subjekt, durch die determinierende Beziehung der ↗ Rektion (oder ↗ Valenz) mit dem ↗ Objekt (den Objekten) verbunden. V. bezeichnen zeitlich dimensionierte Abläufe, näml. Handlungen, Tätigkeiten, Vorgänge, Zustände und Prozesse. – Die Morphologie des dt. V. (das verbale Paradigma, die ↗ Konjugation) teilt mit der nominalen ↗ Flexion (↗ Deklination) die ↗ Kategorisierungen (↗ Person und ↗ Numerus. Dazu tritt die Flexion nach ↗ Tempus, ↗ Modus und ↗ genus verbi. Eine finite V.form wird also durch fünf Flexionsmerkmale (Einheitenkategorien) beschrieben, z. B. *tränkest* durch 2. Ps. Sg. Prät. Konj. Akt. Im Konjugationsparadigma stehen den synthet. Formen, die aus genau einer ↗ Wortform bestehen, die analyt. Formen gegenüber, in denen sich ↗ Hilfsverben mit ↗ infiniten Formen eines ↗ Vollverbs verbinden, näml. bei den sog. ›zusammengesetzten Tempusformen‹ (Perf., Plq., Futur I und II) und bei den Formen des ↗ Passivs. Zu den infiniten Formen rechnet man die Formen des ↗ Infinitivs (Präs. vs. Perf., Akt. vs. Pass., ›reiner‹ Inf. vs. *zu*-Inf.), die ↗ Partizipien I und II und das ↗ Gerundiv, die wie Adj. flektieren, wenn sie nominal verwendet werden; das Part. I wird fast ausschließl. als Attribut verwendet. Ob der ↗ Imperativ zum Verbparadigma gerechnet werden soll, ist umstritten. Für das Dt. unterscheidet man die ↗ starken V. (st. V.) von den ↗ schwachen V (sw. V.) und den unregelmäßigen V. Die st. V. haben Stammflexion, sie weisen nach im Prät. und beim Part. II., einige auch bei den Personalformen im

Präs. Vokalwechsel auf (↗ Ablaut), mitunter auch Konsonantenwechsel (grammat. Wechsel; ↗ Vernersches Gesetz), z.B. *helfen (hilfst, hilft), half, geholfen.* Die sw. V. flektieren mit dem Suffix *-t-* (sog. Dentalsuffix). Die unregelmäßigen V. haben Stammflexion wie die st.V. und suffigale Flexion wie die sw. V., z.B. *denken, beginnen.* Viele st. V. gehören zum hochfrequenten Kernwortschatz und sind häufig Ableitungsbasis, z.B. *trinken, ertrinken, betrinken, zutrinken, austrinken* usw. Neu gebildete V. und verbale Lehnbildungen konjugieren stets schwach. – Aufgrund unterschiedl. syntakt. Funktionen unterscheidet man zwischen ↗ Vollverb, ↗ Hilfverb, ↗ Modalverb und ↗ Kopula. Nach Anzahl und Kookkurrenz der regierten ↗ Objekte (↗ Ergänzung) unterscheidet man das ↗ absolute V. (z.B. *lachen, lesen*) vom ↗ relativen V. (mit obligator. Objekten, z.B. *danken, geben, zweifeln*), weiterhin das ↗ transitive V. (obligator. Objekt im Akk., passivfähig) vom ↗ intransitiven V., das ↗ reflexive V. (Subj. und Obj. sind koreferent) vom ↗ reziproken V. In ↗ Valenzgrammatiken unterscheidet man nach der Wertigkeit (↗ Valenz) nullwertige (z.B. *es stinkt*), einwertige (z.B. *X lacht*), zweiwertige (*X liebt Y*) und dreiwertige V. (*X reicht Y Z*); in manchen Konzepten gibt es sogar vier- und fünfwertige V. Dem Konzept des nullwertigen V. liegt die Annahme zugrunde, dass das Pronomen *es* kein ›richtiges‹ Subjekt sei; ↗ Subjektlosigkeit, ↗ Unpersönliche Konstruktion. Schließlich gibt es vielerlei Gruppierungsversuche nach semant. Gesichtspunkten, z.B. nach ↗ Handlungsverb, ↗ Vorgangsverb, ↗ Zustandsverb, ↗ Witterungsverb, ↗ Ereignisverb, im Hinblick auf unterschiedl. Aktionsarten, von denen im Dt. ledigl. die ↗ intensiv-iterative ein (schwach ausgeprägtes) morpholog. Paradigma hat (*lachen – lächeln, schütten – schütteln*), und im Hinblick auf ↗ Aspekt, wo für das Dt. das ↗ Progressiv diskutiert wird. **Lit.** Th. Ballmer & W. Brennenstuhl, Dt. V.en. Eine sprachanalyt. Untersuchung des dt. Verbwortschatzes. Tübingen 1986. – H. Schumacher (Hg.), V.en in Feldern. Valenzwb. zur Syntax und Semantik dt. V.en. Bln., N. Y. 1986. – C. Fabricius-Hansen, V.klassifikation. HSK 6, 692–709. – G. Helbig & W. Schenkel, Wb. zur Valenz und Distribution dt. V.en. Tübingen ⁸1991. – R. Thieroff, Das finite V. im Dt. Tempus, Modus, Distanz. Tübingen 1992. – E. Leiß, Die Verbalkategorien des Dt. Ein Beitrag zur Theorie der sprachl. Kategorisierung. Bln., N. Y. 1992. – K.-M. Köpcke (Hg.), Funktionale Untersuchungen zur dt. Nominal- und Verbalmorphologie. Tübingen 1994. – R. Thieroff & J. Ballweg (eds.), Tense Systems in European Languages. Tübingen 1994. – G. Zifonun u. a., Grammatik der dt. Spr. Bln., N. Y. 1997, 1681–1920. – J. Darski, Bildung der Verbformen im Standarddt. Tübingen 1999. – H. Weinrich, Textgrammatik der dt. Spr. Hildesheim u. a. ²2003, 183–316. – Eisenberg I, 184–208.   G

Verb des Sagens ↗ Verbum dicendi
Verba contracta In griech. Grammatiken werden bei Verben, deren ↗»Vokalstock« auf -ε, -α, -o auslautet, »Stockauslaut« und ↗ Themavokal kontrahiert, z.B. ποιέ-εις (poie-eis) > ποιεῖς (poieis) ›du machst‹; ↗ Kontraktion.   GS
Verba iudicalia ↗ Genitivus criminis
Verba liquida (lat. liquidum ›fließend‹) In der Gräzistik Bez. für Verben, deren Stammauslaut eine ↗ Liquida ist.   GS
Verba muta (lat. mutum ›stumm‹) In der Gräzistik Bez. für Verben, deren Stammauslaut eine ↗ Muta ist.   GS
Verba pura Bez. für german. Verben der Ablautklassen ē und ō mit vokal. auslautender Wurzel, die beim Übergang ins Ahd. in die schwache Konjugation gerieten, z.B. *dräen* ›drehen‹, *bluoen* ›blühen‹.   G
Verba vocalia In der Gräzistik Bez. für griech. Verben, deren »Stockauslaut« ein Vokal ist, z.B. παιδεύ-ω (paideuō) ›ich erziehe‹.   GS
Verbadverbial Im Unterschied zum ↗ Satzadverbial ein Adverbial, das sich auf ein Verb oder eine VP und nicht auf einen Satz insgesamt bezieht.   G
Verbal 1. Sprachl. Äußerungen werden im Ggs. zu nichtsprachl. kommunikativen Akten als v. bezeichnet (↗ Verbalisierung), auch alltagssprachl. z.B. in Wendungen wie *verbale Auseinandersetzung.* **2.** Auf die Kategorie Verb bezogener Sachverhalt, z.B. *Verbalgenus, Verbalphrase.*   G
Verbalabstraktum ↗ Abstraktum, das von einem Verbstamm abgeleitet ist, z.B. *Versuchung, Vermutung.*   G
Verbaladjektiv ↗ Gerundiv
Verbaladverb ↗ Gerundium
Verbalaspekt ↗ Aspekt
Verbalcharakter Bez. für semant. Grundeigenschaften einfacher Verben, die im Hinblick auf eine ↗ Aktionsart unspezifiziert sind, z.B. *schlafen.* Eine Aktionsartspezifizierung bewirkt bei ihnen eine semant. Modifikation, die ihren V. aber i.d.R. nicht verändert, z.B. *einschlafen, ausschlafen, durchschlafen, verschlafen;* ↗ additiv.   G
Verbale Klammer ↗ Satzklammer
Verbale Zusammensetzung ↗ Verbalkompositum
Verbales Repertoire (engl. linguistic repertoire, verbal repertoire, frz. repertoire linguistique) Gesamtheit der sprachl. Ressourcen und Varietäten, die einem Mitglied einer ↗ Sprachgemeinschaft zur Verfügung stehen. Die sprachl. Ressourcen umfassen alle Spr., Dialekte, ↗ Register, ↗ Funktionalstile und Sprachformen, die gebraucht werden. In multilingualen Sprachgemeinschaften spielt die Auswahl einer Varietät eine genauso große Rolle wie die Auswahl von lexikal. Einheiten in monolingualen Gemeinschaften, denn durch die Auswahl von Sprachvarietäten wird ↗ soziale Bedeutung produziert. Als das Konzept des v. R. in den 1960er Jahren eingeführt wurde (durch J. J. Gumperz), mar-

kierte dies einen bedeutenden Einschnitt in der Ling.: weg von der Analyse einzelner Spr. oder Dialekte hin zur Analyse der Spr. von Gruppen, die sich kontext- und situationsabhängig ausdrücken. Das Konzept des v. R. trug so wesentl. dazu bei, sprachl. Heterogenität als regelgerichtet zu erfassen, die soziale Bedeutung der Sprachenwahl zu beschreiben, Sprachveränderungen zu verstehen und den Zusammenhang zwischen Spr. und Sozialstruktur zu erhellen. **Lit.** S. Gal, Linguistic Repertoire. HSK 3, I, 286–292. – J. J. Gumperz & D. Hymes, Directions in Sociolinguistics. The Ethnography of Communication. N. Y. 1972. – J. J. Gumperz, Discourse Strategies. N. Y. u. a. 1982. R

Verbalgenus ↗ Genus verbi

Verbalgruppe ↗ Verbalphrase

Verbalinspiration (lat. verbum ›Wort‹, īnspīrāre ›einhauchen‹) In der Dogmatik der ↗ Buchreligionen Bez. für den Glaubenssatz, dass die jeweilige heilige ↗ Schrift direkt und ↗ wörtlich von Gott geoffenbart sei und Gott den jeweiligen Text (Thora, Neues Testament, Koran) durch den Mund bzw. die Feder des/der jeweiligen Propheten und Apostel kundgetan habe. Im Islam bezieht sich die V. für viele Theologen auch auf ihre sprachl. Form, was zur Folge hat, dass das Arab. des Korans als geheiligt (↗ heilige Sprache) gilt und von den Menschen nicht verändert werden darf, d. h. keinem ↗ Sprachwandel unterworfen sein darf. In der protestant. Theologie ist die V. seit langem Diskussionsgegenstand und unterschiedl. aufgefasst worden; z. B. unterschied der seinerzeit einflussreiche schwäb. Pietist Joh. Albr. Bengel (1687–1752) zwei Grade der V., nämlich der V. der Propheten, die Gottes Wort als seine Schreiber strikt wörtl. mitteilen, und der V. der Apostel, die den Sinn des Gotteworts so gut kennen, dass sie als seine Sekretäre einigermaßen frei formulieren dürfen. G

Verbalisierung 1. Bez. für Verben, die durch ↗ Ableitung von Wörtern anderer Wortart gebildet werden, etwa *hageln* (desubstantivisch), *reinigen* (deadjektivisch). ↗ Explizite Ableitungen sind selten, selbst das Beispiel *hageln* könnten als ↗ Konversion aufgefasst werden, die im Übrigen das produktivste V.verfahren ist (*trocknen, kränken* etc.). Unstrittig leisten Lehnsuffixe V., da sie nicht mehr nur an gebundene, entlehnte Stämme angefügt werden können. So ist *informieren* keine V., da die Basis keiner Wortart angehört (↗ Konfix), *buchstabieren* dagegen schon, da hier ein Subst. abgeleitet wird. Auch ↗ Präfixe sind mittelbar an V. beteiligt, da viele deadjektivische und desubstantivische Verben (*ver-einsam-en*, *ent-blöß-en*) nur präfigiert verbalisiert werden; ↗ Präfixkonversion, ↗ Zirkumfigierung. **Lit.** Fleischer & Barz WB², 305–316. ES – **2.** Nicht strikt terminologisiert i. S. von Versprachlichung, Aussprechen oder Niederschreiben von Gedachtem. G

Verbalklammer ↗ Satzklammer, ↗ Satzrahmen

Verbalkompositum (auch: verbale Zusammensetzung) Im Kernbereich Bez. für morpholog. komplexe Verben, deren Konstituenten verbal sind. I. d. R. ist ein V. ein ↗ Kopulativkompositum mit entsprechend koordinierten Konstituenten (*bohrfräsen* etc.), seltener ein ↗ Determinativkompositum mit entsprechend subordinierten Initialkonstituenten (*schwingschleifen* etc.). Bedeutend zahlreicher sind morpholog. komplexe Verben ohne initiales Verb, etwa *stillsitzen*, *abdrehen*, *zusammenstauchen*, *staubsaugen*, *wehklagen*. Auch diese werden häufig wegen der wortfähigen Konstituenten und dem verbalen ↗ Kopf als V. bezeichnet. Allerdings gibt es gute Gründe, bei vielen dieser Erstglieder Kategorienwechsel anzunehmen; ↗ Partikelverb. Bei anderen mag die Struktur kompositional erscheinen, die Entstehung legt aber eine andere Analyse nahe: Vor dem Verb *staubsaugen* muss der *Staubsauger* existiert haben, *wehklagen* ist ein sekundäres Verb, das nicht zusammengesetzt ist, sondern eine Ableitung der Basis *Wehklage*. Beide Bildungstypen werden gelegentl. – wenig präzise – als ↗ Pseudokomposita bezeichnet; der Terminus ↗ Rückbildung scheint angemessener. ↗ Univerbierung, ↗ Rektionskompositum. ES

Verbalnomen ↗ Gerundium, ↗ Nomen actionis, ↗ Supinum

Verbalparadigma ↗ Gesamtheit der Flexionsformen des Verbs einer Spr. und der sie steuernden ↗ Flexionskategorien bzw. ↗ Flexionskategorisierung; ↗ Konjugation. G

Verbalphrase (Abk. VP, *v*P) Phrase, als deren ↗ Kopf ein Verb gilt, z. B. [VP [*ihm* [*etwas* [*klauen*]]]]. Im Allgemeinen wird angenommen, dass die VP eine unmittelbare Konstituente der Größe *Satz* (S) ist; z. B. nimmt Chomsky, Aspects (94) eine Phrasenstrukturregel wie S → NP + AUX + VP an. Im Rahmen der ↗ Barrieren-Theorie und der ↗ X-Bar-Theorie wird angenommen, dass die VP aus einem Verb (V⁰) und seinen syntakt. Komplementen (nicht-nominativischen ↗ Ergänzungen) besteht, das als solche selbst ↗ Komplement der Kategorie ↗ INFL (I⁰) ist und mit dieser eine *Inflectional Phrase* (IP) bildet; das Subj. eines Satzes ist dementspr. nicht in der VP selbst enthalten (das Subj. gilt als *externes Argument* von V⁰, während Objekte als *interne Argumente* gelten). Ausgehend von Beobachtungen zu Phänomenen der ↗ Bindung und des ↗ Skopus in sog. Doppel-Objekt-Konstruktionen (mit ↗ ditransitiven Verben wie *geben, beschuldigen,* z. B. [VP [*ihm*ᵢ [*sein*₁ *Auto* [*klauen*]]]] usw.) schlug man im Rahmen des ↗ Minimalismus eine Analyse der VP vor, die ein phonet. nicht realisiertes Verb *v* postuliert (*light verb*, ›leichtes Verb‹; zur Diskussion des Begriffs vgl. Butt (2003)); *v* ist Kopf einer sog. *kleinen v*P und semant. gesehen ein komplexes Prädikat mit universal beschränkter Semantik (abhängig von dem betreffenden indirekten Objekt werden semant. Spezifikationen wie z. B. CAUSE oder BECOME angenommen): [$_{vP}$ [externes Argument] [$_{v'}$ *v* [$_{VP}$ [direktes Obj.] [$_{V'}$ Verb [indirektes Obj.]]]]]. Dieser Vorstellung entsprechend besitzt ein Satz wie *Mary gave a book to John* die Struktur *Mary$_k$* [$_{vP}$ t$_k$ [$_{v'}$ *gave$_i$*+v^0 [$_{VP}$ [$_{DP}$ *a book*] [$_{V'}$ t$_i$ [$_{PP}$ *to John*]]]]]; vgl. Harley 1995, Müller 2004, Sternefeld 2005, Folli & Harley 2007; zur Diachronie ditransitiver Verben Willems & Pottelberge 1998; zur Darstellung in der ⤣ Head-Driven Phrase Structure Grammar (HPSG) Beermann 2001. Im Rahmen der ⤣ Generalized Phrase Structure Grammar (GPSG) wird die VP als Kategorie V2[-SUBJ] beschrieben; da in der GPSG Sätze als ⤣ Projektionen des Verbs kategorisiert werden, handelt es sich bei der Kategorie Satz auch in der GPSG um eine VP i. w. S. **Lit.** D. H. Beermann, Verb Semantics and Ditransitivity – A Constraint-Based Approach to Double Object Constructions in German. In: E. Anagnostopoulou & M. v. Oestendorp (eds.), 20 Years Grammatica Modellen. Amsterdam 2001. – M. Butt, The Light Verb Jungle. Harvard WPL 9, 2003, 1–49. – L. Cirko, Untersuchungen zur Distribution und Konfigurationalität dt. Verbalphrasen. Convivium 1997, 349–371. – R. Folli & H. Harley, Causation, Obligation, and Argument Structure: on the Nature of Little v. LIn 38.2, 2007, 197–238. – H. Harley, Subjects, Events and Licensing. Diss. MIT Cambridge, Mass. 1995. – G. Müller, Verb-Second as vP-First. JCGL 7, 2004, 179–234. – W. Sternefeld, Syntax. Eine merkmalbasierte generative Beschreibung des Dt. Tübingen ^{3}2009. – K. Willems & J. van den Pottelberge, Geschichte und Systematik des adverbalen Dativs im Dt. Eine funktional-ling. Analyse des morpholog. Kasus. Bln. 1998. – Weitere Lit. ⤣ INFL, ⤣ Scrambling, ⤣ X-Bar-Theorie.   F

Verbalprädikat ⤣ Prädikat
Verbalstamm ⤣ Stamm
Verbalstil ⤣ Nominalstil
»Verbalstock« In der Gräzistik übl., eher didakt. als systemat. begründete Bez. für »den allen Formen eines Verbums zugrundeliegenden Bestandteil des Verbalstammes. Er *kann* mit der Wurzel ident. sein« (Zinsmeister § 113). Das Gemeinte ist weder mit ⤣ Stamm noch mit ⤣ Wurzel ident.; vgl. griech. παυ- (»V.«), παυε/-ο (Präs.-Stamm), ›aufhören‹; entsprechend wird der Auslaut des »V.« als »Stockauslaut« bezeichnet; er ist für die Einteilung der Verbklassen von Bedeutung. **Lit.** H. Zinsmeister, Griech. Grammatik. I. Teil. Laut- und Formenlehre. Mchn. 1954.   GS
Verbalsubstantiv ⤣ Gerundium, ⤣ Nomen actionis, ⤣ Supinum
Verbatim ⤣ Wörtlich
Verbativergänzung In dt. Valenzgrammatiken mitunter vorkommende Bez. für den Objektsprädikativ; ⤣ Prädikativ.   G
Verbendstellung ⤣ Stellungsfeld, ⤣ Wortstellung
Verberst ⤣ Stellungstyp

Verbletzt ⤣ Stellungstyp
Verbmodus ⤣ Modus
Verbpartikel ⤣ Verbzusatz
Verbrauchersprache (auch: Verteilersprache) In der Forschung über ⤣ Fachsprachen Bez. für eine wenig standardisierte, auf die Bedürfnisse der nichtfachl. Kommunikation bezogene, kaum normierte Variante einer Fachspr., die z. B. in Gesprächen zwischen Verkäufern und Kunden verwendet wird; ⤣ Theoriesprache, ⤣ Werkstattsprache.   G
Verbsituation ⤣ Additiv
Verbspezifik ⤣ Subklassenspezifik
Verbstellung ⤣ Wortstellung
Verbum curandi (lat. cūrāre ›Sorge tragen‹) In der Altphilologie Bez. für eine semant. bestimmte Gruppe von Verben, die ein »Besorgtsein« ausdrücken (z. B. *cūrāre, efficere* ›bewirken‹ u. a.) und Matrixverben von Begehr- oder Finalsätzen sind (eingeleitet mit der Konj. *ut* ›damit‹ bzw. *nē* ›damit nicht‹, z. B. lat. *Videant cōnsulēs nē quid rēs pūblica dētrīmentī capiat* ›Die Konsuln sollen zusehen, dass das Gemeinwesen keinen Schaden nimmt‹ (Cicero, In Catilinam).   GS
Verbum defectivum (lat. dēfectīvus ›unvollständig‹) In der Altphilologie Bez. für Verben, deren Paradigma unvollständig ist. (a) Verben, von denen nur einzelne Formen existieren, z. B. lat. *āiō* ›ich sage‹, *inquit* ›er/sie sagt‹, *quaesō* ›ich bitte‹ u. a. (b) Verben, die nur in einem ⤣ Tempusstamm realisiert sind, z. B. nur im Perfektstamm lat. *coepī* ›ich habe angefangen‹ (mit perfektischer Bedeutung; *incipere* ›anfangen‹ ist nur im Präsensstamm realisiert), *meminī* ›ich erinnere mich‹, *ōdī* ›ich hasse‹ mit präsentischer Bedeutung.   GS
Verbum deponens ⤣ Deponens
Verbum dicendi (lat. dicere ›sagen‹) Bez. für Verben bzw. Phraseologismen, die eine Sprech- oder Denktätigkeit bezeichnen und Matrixverben zu Konstituentensätzen sind, in denen das Gesagte oder Gedachte ausgedrückt wird, z. B. *sagen, denken, schreiben, vermuten, der Meinung sein* u. a. In dt. Grammatiken werden sie mitunter als »Verben des Sagens« bezeichnet.   G, GS
Verbum finitum ⤣ Finites Verb
Verbum impediendi (lat. impedīre ›hindern‹) In der Altphilologie Bez. für eine semant. bestimmte Gruppe von Verben bzw. Phraseologismen, die ein »Hindern« ausdrücken, z. B. lat. *prohibēre* ›verhindern‹, *deterrēre* ›abschrecken‹, *obstāre* ›im Wege stehen‹ u. a. Sie sind Matrixverben von Begehr- oder Finalsätzen, die ausdrücken, dass das in ihnen Bezeichnete nicht geschehen möge, daher eingeleitet mit *nē, quīn, quōminus* ›dass nicht‹ (im Dt. mit ›dass‹ wiederzugeben), z. B. lat. *Cicerō Catilīnam impedīvit, quīn rei pūblicae nocēret* ›Cicero hinderte Catilina daran, dem Staat Schaden zuzufügen‹; *Prohibendum est, nē māiōr poena quam culpa sit* ›Man muss sich davor hüten, dass die Strafe größer ausfällt als die Schuld‹.   GS

Verbum infinitum ↗ Infinites Verb
Verbum meteorologicum ↗ Witterungsverb
Verbum movendi (lat. movere ›bewegen‹) In der Altphilologie Bez. für Verben, die Bewegungen ausdrücken, z. B. *ire* ›gehen‹, *mittere* ›schicken‹.   GS
Verbum postulandi (lat. postuläre ›fordern‹) In der Altphilologie Bez. für eine semant. bestimmte Gruppe von Verben, die ein »Streben« oder »Fordern« ausdrücken (z. B. *ōrāre, petere* ›bitten‹, *optāre* ›wünschen‹, *permittere* ›erlauben‹ u. a.) und Matrixverben von Begehr- oder Finalsätzen sind (eingeleitet mit der Konj. *ut* ›damit‹ bzw. *nē* ›damit nicht‹), z. B. lat. *Rogō hortorque tē, nē dēfatīeris nēve animō cadās* ›Ich bitte und ermahne dich, dass du nicht müde wirst und nicht verzagst‹.   GS
Verbum proprium ↗ Metapher
Verbum sentiendi (lat. sentīre ›fühlen‹) Bez. für eine semant. bestimmte Gruppe von Verben, die Sinneswahrnehmungen (z. B. *sehen, hören*) oder geistige Aktivitäten (z. B. *meinen, glauben, wissen, vergessen*) ausdrücken. In dt. Grammatiken werden sie mitunter als »Wahrnehmungsverben« oder »Empfindungsverben« bezeichnet.   G, GS
Verbum substantivum (lat. ›Verb, das für sich allein (be)steht‹. Auch: Existenzverb, Seinsverb) Bez. der lat. Grammatik für das ↗ Verb lat. *esse* ›sein‹, wenn es nicht als ↗ Kopula, sondern als ↗ Vollverb verwendet wird in Konstruktionen mit der Bedeutung des Daseins (lat. *substantia*) im Sinne von ›vorhanden sein, existieren, sich befinden‹, z. B. *sunt quī* ›es gibt Leute, die …‹.   PT
Verbum timendi (timēre ›fürchten‹) In der Altphilologie Bez. für eine semant. bestimmte Gruppe von Verben bzw. Phraseologismen, die »Furcht« oder den Wunsch ausdrücken, dass das im Konstituentensatz Bezeichnete nicht geschehen möge. V. t. sind z. B. lat. *verērī, timēre, metuere* ›fürchten‹, *pertimēscere* ›in Angst geraten‹, *perīculum est* ›es besteht die Gefahr‹ u. a.). Sie sind Matrixverben von Begehr- oder Finalsätzen (eingeleitet mit der Konj. *nē* ›(im Dt.) damit‹ bzw. *ut nōn* (*nē nōn*) ›(im Dt.) damit nicht‹), z. B. lat. *Perīculum est, nē circumveniāmur* ›es besteht die Gefahr, dass wir in Bedrängnis geraten‹ < *Nē circumveniāmur! Perīculum est* ›Hoffentlich geraten wir nicht in Bedrängnis! Doch dazu besteht die Gefahr‹.   GS
Verbvalenz ↗ Valenz des Verbs. Gelegentl. vereinfachend synonym zu Valenz gebraucht, da die Eigenschaft der Valenz zunächst am Verb beobachtet und auch am intensivsten beschrieben worden ist.   WK
Verbzusatz (auch: Präverb, Verbpartikel, ↗ Syndetikon) Bez. für trennbare Erstglieder komplexer Verben wie *an-, krank-, hinschreiben*. Diese neutrale Bez. ist mit Bedacht gewählt, denn V. unterscheiden sich deutl. von anderen morpholog. Einheiten: V. stehen als klammerschließende Elemente allein (Er *schreibt* etwas *auf*), was an syntakt. Einheiten erinnert und diese Elemente von Präfixen und Kompositionsgliedern gleichermaßen unterscheidet. Ande-

rerseits bilden sie morpholog. Einheiten (*aufschreiben, aufgeschrieben* usw.), zu denen parallele präpositionale (*an-, auf-, unter-, überschreiben*), adjektivische (*krankschreiben*) oder adverbiale (*hinschreiben*) Lexeme existieren, was an ↗ Bestimmungswörter in Komposita erinnern. Der Terminus V. signalisiert somit nur ›trennbares Erstglied‹, ohne damit Zugehörigkeit zu morpholog. (Präfix, Partikel) oder syntakt. Kategorien zu suggerieren. In Teilbereichen machen die jüngeren Rechtschreibreformen aus trennbaren Verben Simplizia (*Eis laufen* etc.), was letztlich den Bestand an V. reduzieren würde; ↗ Verbpartikel, ↗ Präfixverb, ↗ Partikelverb, ↗ Verbalkomposition, ↗ Satzklammer. **Lit.** Eisenberg I, 264–269.   ES
Verbzweit ↗ Stellungstyp
Verdeutschen ↗ Eindeutschen
Verdiktiv ↗ Sprechaktklassifikation
Verdumpfung Mit einer dumpferen Vokalqualität verbundener phonet.-phonolog. Prozess der Vokalverschiebung bzw. Rundung wie z. B. von [α] zu [O]oder [o] zu [u].   PM
Vererbung ↗ Argumentvererbung, ↗ Kopf, ↗ Perkolieren
Vererbungsnetzwerk In der Forschung über ↗ Künstliche Intelligenz verbreitetes Modell zur strukturierten und redundanzarmen Repräsentation von Informationsbeständen. V. eignen sich v. a. für die Repräsentation von Mengen von Gegenständen, die sich in Ober- und Unterklassen organisieren lassen, wobei alle Elemente einer Unterklasse best. Merkmale ihrer Oberklasse(n) teilen. Im einfachsten Fall ist ein V. eine (z. B. als Baum darstellbare) Taxonomie, bei der jede Unterklasse alle Merkmale ihrer Oberklasse trägt sowie jene spezif. Eigenschaften, die sie von den anderen Unterklassen unterscheiden. Erbt eine Unterklasse Eigenschaften von verschiedenen Oberklassen, spricht man von *multipler* Vererbung. V. werden vor allem im Bereich der Lexikonrepräsentation und zur Modellierung von Konzepten verwendet. **Lit.** D. S. Touretzky, The Mathematics of Inheritance Systems. Los Altos, Cal. 1986.   L
Vergangenheit (auch: Präteritum) **1.** Mit ↗ Zukunft und ↗ Gegenwart Teil der physikal., objektiven ↗ Zeit. Die Abgrenzung zur Gegenwart ist in der Umgangsspr. nicht eindeutig, zumal V. auch im übertragenen Sinne gebraucht werden kann. In der sprachwiss. Analyse des ↗ Tempusgebrauches spricht man davon, dass die ↗ Aktzeit hier vor der ↗ Sprechzeit liegt. **2.** In der Sprachwiss. als Synonym für ↗ Präteritum oder als Sammelbegriff für alle Vergangenheitstempora (↗ Präteritum, ↗ Imperfekt, ↗ Perfekt, ↗ Aorist, ↗ Plusquamperfekt) und deren Verwendung terminologisiert. Im ling. Sprachgebrauch »steht« oder »ist« ein Satz in der V., wenn in ihm entsprechende grammat. Formen vorkommen.   KE
Vergewisserungsfrage Variante der ↗ Entscheidungsfrage, bei der der Fragende eine bestätigende

Antwort erwartet und dies sprachl. kodieren kann, im Dt. durch die Partikeln *doch, doch wohl*, z. B. *Sie haben doch Zeit für mich?, Du wirst doch wohl kommen?*   G

Vergleich (auch: Metrisierung) Herstellung einer Korrelation zwischen zwei oder mehreren (Eigenschaften von) Gegenständen oder Sachverhalten, bezogen auf eine gemeinsame Eigenschaft (*tertium comparātiōnis*), im Dt. in ↗ Vergleichssätzen in der Konjunktion *so... wie* kodiert.   G

Vergleichende Sprachwissenschaft (engl. comparative linguistics, frz. linguistique comparée) Überbegriff für alle sprachwiss. Disziplinen, die sich mit dem Vergleich mehrerer Einzelspr. beschäftigen. Heute werden gemeinhin drei Abarten der V. S. unterschieden: (a) die auf ↗ genetische Fragestellungen abzielende ↗ historisch-vergleichende Sprachwissenschaft, die selbst zahlreiche Einzeldisziplinen hervorgebracht hat (z. B. ↗ Indogermanistik, ↗ Semitistik); (b) die eng mit der empir. ↗ Universalienforschung verknüpfte ↗ Sprachtypologie; (c) die v. a. auf die Problematik des ↗ Spracherwerbs ausgerichtete ↗ kontrastive Linguistik; ↗ Sprachvergleich. **Lit.** R. Sternemann & K. Gutschmidt, Einf. in die V. S. Bln. 1989.   GP

Vergleichspartikel Bisweilen vorkommende, irreführende und rein semant. motivierte Bez. für *als* und *(so...) wie*, die in Konstruktionen ausgedrückt werden: *Karo läuft schneller als der Blitz, Karo läuft schnell wie der Blitz, Karo läuft so schnell wie Tina.* Sinnvoller ist eine Zuordnung dieser Lexeme zu den ↗ Präpositionen, wie sie viele Grammatiken vornehmen. Zwar üben *als* und *(so...) wie* keine Rektion aus, dies gilt jedoch auch für die anderen als Präpositionen etablierten Lexeme (z. B. *pro* in *pro Nase*). Wie es für Präpositionen übl. ist, fungieren *als* und *(so...) wie* als Ausdrücke für Relationen zwischen unterschiedl. Größen.   SO

Vergleichssatz ↗ Komparativsatz

Vergleichsstufe ↗ Komparativ

Vergrößerungsform ↗ Augmentativbildung

Verhältnisergänzung ↗ Präpositionalobjekt

Verhältnissatz ↗ Proportionalsatz

Verhältniswort ↗ Präposition

Verhörer Falsche Interpretation einer Sprachlautfolge durch einen Hörer. Die Analyse von V. spielt eine Rolle bei der Entwicklung von Hypothesen über die Parameter der ↗ Worterkennung (z. B. werden akzenttragende Silben besser erkannt als Nebentonsilben, Vokale besser als Konsonanten).   G

Verhüllung ↗ Euphemismus

Verifizieren ↗ Falsifizieren

Verkappter Nebensatz ↗ Uneingeleiteter Nebensatz

Verkehrssprache 1. Gesprochene Ausgleichssprache in frühnhd. Zeit, im Gegensatz zur geschriebenen ↗ Geschäftssprache. Der ostmd. V. wurde von der Mundartforschung (Th. Frings) eine wichtige

Rolle bei der Herausbildung des ↗ Neuhochdeutschen zugeschrieben; ↗ Frühneuhochdeutsch. MO – **2.** (Auch: Mittlersprache) Sprachform, die zur Kommunikation zwischen Menschen bzw. Gruppen von Menschen dient, deren S1 verschieden sind. Diese Definition schließt ein, dass sie u. U. auch als S1 gebraucht werden können und dass ihre verkehrssprachl. Funktion unterschiedl. sein kann; ↗ Lingua franca.   R

Verkettung (auch: Verknüpfung, Konkatenation. Engl. concatenation, frz. concaténation) In der GG Prozess und Ergebnis einer systemat. linearen Aneinanderreihung ling. Kategorien. V. werden in der GG in der ↗ Basiskomponente der Grammatik durch ↗ Ersetzungsregeln erzeugt und durch Symbole wie + oder → dargestellt, z. B. VP → NP + V.   F

Verkleinerung ↗ Diminution

Verkleinerungsform ↗ Diminutivum

Verknüpfung ↗ Verkettung

Verknüpfungsregel ↗ Ersetzungsregel

Verkürzter Nebensatz ↗ Infinitivkonstruktion, ↗ Partizipialgruppe

Verlan Frz. ›Geheimspr.‹, die reguläre Wörter in Silben zerlegt und deren Anordnung umkehrt bzw. dann phonolog. adaptiert. Der Terminus *verlan* entsteht aus *l'envers*; vgl. auch *français* zu *cefran*. HU

Verlaufsform ↗ Progressiv (1)

Verlaufsweise ↗ Aktionsart

Verlernen ↗ Fossilierung

Verlesung ↗ Versprecher

Vernakular ↗ Alltagssprache

Vernakulum n. (lat. vernāculum ›inländisch, einheimisch‹) Spr. ohne Standardvarietät, ↗ Umgangssprache, gelegentl. auch gleichgesetzt mit ↗ Volkssprache. In der Soziolog. Bez. für die indigene Sprachvarietät einer Sprachgemeinschaft, z. B. das Ruhrgebietsv., das V. von Liverpool (*Scouse*). ↗ Pidginsprachen werden gelegentlich Kontaktvernakulare genannt.   R

Verneinung ↗ Negation

Vernersches Gesetz Bez. für das von dem dän. Philologen K. Verner (1846–1896) 1875 erkannte Gesetz, das besagt: Die nach der Ersten Lautverschiebung (↗ Grimmsches Gesetz) im Germ. vorhandenen stl. Frikative f, $\not p$, χ, χ^u, s sind noch in urgerm. Zeit im Inlaut und Auslaut in sth. Umgebung zu den entsprechenden sth. Frikativen $\eth$, $\not d$, g, g^u, z geworden, wenn der unmittelbar vorhergehende Vokal nicht den ursprüngl. Akzent, d. h. Betonung in den Wortakzent trug; z. B. idg. *pətḗr* > got. *fadar* ›Vater‹, idg. *bhrātēr* > got. *brōþar* ›Bruder‹. Dabei entwickelte sich idg. *t* (pətḗr) zum sth. Frikativ *đ* (*fađar*), da der Akzent dem Dental folgte. Idg. *t* (bhrātēr) wurde hingegen gemäß der ersten Lautverschiebung zum stl. Frikativ *þ* (*brōþar*), da der Wortakzent dem *t* unmittelbar vorausging. Das V. G. zeigt sich bes. im Paradigma starker Verben, da der Akzent im Präs., Prät. Sg. auf der Stammsilbe, im Prät. Pl. und Part. Prät. auf der Endung lag. Im Flexionsparadigma starker Verben wechseln die Konsonanten *f – b, d – t, h – g, s – r* (↗ Rhotazismus), was als *grammatischer Wechsel* bezeichnet wird, z. B. *ziehen – gezogen*. Die Wirksamkeit des Gesetzes fällt in die Zeit des Urgerm., in der die erste Lautverschiebung schon eingetreten, der Wortakzent aber noch nicht festgelegt war.   ST

Vers m. (lat. versus ›Linie, Zeile‹ sowie lat. vertere ›kehren, wenden, drehen‹) In Form einer Druckzeile hervorgehobene Sprecheinheit, die rhythm. geprägt ist. Im Unterschied zur ↗ Prosa sind Verse in Länge und Abfolge von betonten und unbetonten Silben stärker festgelegt; ↗ Metrik (Verslehre). Die synonyme Verwendung von V. und ↗ Strophe entstammt der Tradition des Kirchenlieds, in dem ein vertonter Bibelvers einer Strophe entspricht. Den V. kennzeichnet ein ↗ Metrum sowie eine im Schriftbild durch das Zeilenende repräsentierte Endpause (Zäsur).   VS

Versakzent ↗ Iktus

Versal m., ~en (auch: Versalie f., ~n. Engl. cap, capital letter, upper-case letter) Großbuchstabe in ↗ Satzschriften; Ggs. ↗ Gemeine.   G

Versalie ↗ Versal

Versalschrift ↗ Satzschrift, die ausschließlich aus ↗ Versalen besteht.   G

Verschiebeprobe (auch: Umstellprobe, Stellungsprobe, Wortstellungstransformation, Umstellungstransformation, Permutation) ↗ Operationales Verfahren zur Ermittlung und Beschreibung syntakt. Einheiten und Strukturen. Bei der V. wird die Reihenfolge der einzelnen Elemente des Satzes (Wörter, Wortgruppen, Teilsätze) systemat. verändert, wobei die resultierende Fügung grammat. korrekt sein muss, die umstellbaren Einheiten nicht verändert werden »und auch der Gesamtsinn nicht völlig verloren geht« (H. Glinz, Die innere Form des Deutschen. Bern ⁶1973, 85). An dem Satz *Ute lebt seit fünf Jahren mit ihrem Mann in Frankreich* lassen sich z. B. folgende Umstellungen vornehmen: *Seit fünf Jahren lebt…, Mit ihrem Mann lebt…,* oder auch *…mit ihrem Mann seit fünf Jahren in Frankreich* u. a., nicht aber z. B. **Fünf lebt…* In Verbindung mit anderen analyt. Proben (z. B. ↗ Austauschprobe, ↗ Weglassprobe) kann dieses Verfahren dazu dienen, (a) satz- und satzgliedwertige Einheiten abzugrenzen, denn diese sind i. d. R. isoliert verschiebbar (permutabel), (b) Stellungsregeln aufzudecken, z. B. die Abfolge von Objekten, oder der Stellung des finiten Verbs verschiedene ↗ Satzarten zu unterscheiden, (d) syntakt. Mehrdeutigkeiten (↗ Ambiguität) aufzulösen (vgl. z. B. *Er liebte die Frau in Ägypten*), (e) satzübergreifende, d. h. textstrukturelle Verbindungen (↗ Textlinguistik) aufzuzeigen.   SK

Verschleifung ↗ Amalgamierung

Verschlusslaut ↗ Plosiv

Verschmelzungsform 1. Über Klitisierung (↗ Enklise, ↗ Proklise) zustandegekommene Verschmelzung einer Präposition und eines bestimmten Arti-

kels, z. B. *am, ins, zur,* die bevorzugt bei Einsilbigkeit und einfacher ↗ Silbenkoda der Präposition sowie bei semant. Singularität des Ausdrucks entsteht. V. sind im heutigen Deutsch bei gener. Lesart obligator. (↗ generisch (3)), die Definitheit des Ausdrucks ist dann neutralisiert: *Ich gehe zum Friseur.* Einmaligkeit bzw. besondere Vertrautheit eines Objekts oder kontextuell eindeutige Bezugspunkte erfordern ebenfalls die V.: *zum Mond fliegen.* Liegen eine idiomatisierte und eine nicht-idiomatisierte Lesart des Ausdrucks vor, besetzt die V. die idiomatisierte, die volle Form die nicht-idiomatisierte Lesung: *am Rande (der Tagung)* vs. *an dem Rand (des Beckens).* Komplett idiomatisierte Ausdrücke verlangen V.: *jdn. übers Ohr hauen.* **Lit.** F. Schmöe, Fahr zur Hölle. Über Verschmelzungen aus Präposition und bestimmtem Artikel und ihre Grammatikalisiertheit. NPhM 2, 2004, 209–230. **2.** ↗ Amalgamierung.   SO

Verschriftung (auch: Schriftschaffung) Schaffung eines ↗ Schriftsystems für eine ↗ schriftlose Sprache (a) im Wege einer Schrifterfindung, d. h. ohne bewussten Bezug auf ein bereits existierendes Schriftsystem (so bei den histor. frühesten V. des ↗ Sumerischen, ↗ Ägyptischen und ↗ Chinesischen, bei den ↗ meso-amerikanischen Schriften u. a.); moderne Schrifterfindungen sind z. B. die ↗ Alaskaschrift, die Schriften der ↗ Cree und der ↗ Cherokee, einige ↗ afrikanische Schriften. (b) Durch die Adaptation eines existierenden Vorbilds und Schaffung eines passenden Schriftsystems auf seiner Basis (Schriftentlehnung); dies ist der Regelfall. Auf diese Weise verbreiteten sich die heute dominierenden Schriftarten (lat., kyrill., arab.) über die Erde. I. d. R. werden dabei Modifikationen (Erweiterungen oder Reduktionen des Inventars, Uminterpretationen) am vorbildl. Schriftsystem vorgenommen. So ist z. B. das Vokalbuchstabeninventar der griech.-lat. Schriftart für die meisten der auf ihrer Basis verschrifteten Spr. zu wenig differenziert (*a, e, i o, u, y*) und wurde auf vielfache Weise erweitert, z. B. durch Tremata (z. B. dt. *ä, ö, ü,* russ. *ë*), Akzentzeichen (z. B. frz. *é, è ê;* ↗ Diakritika), aber durch die Schaffung neuer ↗ Schriftzeichen, z. B. aksl.-kyrill. я, э, ю, ш, ж, ь, ъ u. a. Die verbreiteten Termini *Schriftschaffung* und *Alphabetschaffung* sind in Bezug auf moderne Fälle von V. insoweit irreführend, als sie fast immer eine V. auf der Grundlage eines bereits existierenden Schriftsystems meinen. **Lit.** J. Berry, The Making of Alphabets. 1958. Abgedruckt in: J. A. Fishman (ed.), Readings in the Sociology of Language. Den Haag, Paris 1968, 737–753. – Ders., The Making of Alphabets Revisited. In: J. A. Fishman (ed.), Advances in the Creation and Revision of Writing Systems. Den Haag 1977, 3–16. – A. Schmitt, Entstehung und Entwicklung von Schriften. Köln, Wien 1980. – LR, Bd. 1–5.   G

Version f. (lat. vertere ›wenden, hinwenden‹) Kategorie des ↗ Modus des Verbs, die in manchen Spr.

über ein spezif. morpholog. Paradigma verfügt, z. B. in den ⌐ süd- und ⌐ westkaukasischen Sprachen, in denen V. in Verbindung mit Personalaffixen markiert wird. Die V. charakterisiert eine Verbalhandlung als auf das Agens (subjektive V., z. B. georg. *i-šen-eb-s* ›er baut es für sich selbst‹) oder eine andere Person (objektive V., z. B. georg. *m-i-šen-eb-s* ›er baut es für mich‹, *u-šen-eb-s* ›er baut es für ihn‹) gerichtet. Weiterhin existiert z. B. im Georg. eine superessive V. (⌐ Superessiv), mit der ausgedrückt wird, dass die im Verbstamm ausgedrückte Handlung auf die Oberseite oder -fläche eines Objekts gerichtet ist. Mitunter wird durch Affixe ausgedrückt, dass eine Verbalhandlung ausdrücklich nicht auf eine Person gerichtet ist (neutrale V., z. B. georg. *a-šen-eb-s* ›er baut es‹). Im Dt. wird die Funktion der V. (⌐ Benefaktiv) durch die Präpositionen *für, zugunsten* bzw. *gegen* oder den ⌐ Pertinenzdativ ausgedrückt.   G

Verslehre ⌐ Metrik

Versprecher (engl. speech error, slip of the tongue) Alltägliche Fehlleistungen beim Reden, Hören, Lesen, Schreiben, die seit den Pionierarbeiten R. Meringers (1895; 1908) mit dem Ziel untersucht werden, Aufschluss über die psych. Organisation des Sprechprozesses zu bekommen. War es noch Meringers Ziel, die allgemeinen Gesetze des Sprachwandels zu erkennen (V. galten ihm als ein Element des Sprachwandels), so interessiert sich die neuere V.forschung ganz überwiegend für die Schlussfolgerungen, die man aus den V. über die Organisation des Sprechens ziehen kann. Typische V. sind: (a) Antizipationen, bei denen sich ein Redesegment (Laut, Lautfolge, Silbe) ›vordrängt‹, z. B. *Frischers Fritz…*; (b) Vertauschungen, bei denen zwei Segmente die Stelle wechseln (die eigentlichen *spoonerisms*, z. B. *You have tasted the whole worm* statt *You have wasted the whole term*; es muss jedoch bei solchen Vertauschungen kein Witz oder neuer Sinn entstehen); (c) Retentionen, bei denen ein bereits geäußertes Segment ein ähnliches in der Folge verdrängt, z. B. *Fischers Fritz frischt…*; (d) Auslassungen; (e) Kontaminationen, bei denen zwei Wörter oder zwei Konstruktionen miteinander vermischt werden, z. B. *Eine Krähe wäscht die andere.* Viel schwieriger als die Typologie der V., die im Wesentl. seit Meringer gleich geblieben ist, ist die Zurechnung der einzelnen Fehler auf bestimmte Phasen oder Stadien in der Planung, Organisation und Ausführung des Sprechprozesses. Vielfach sind Lautvertauschungen aufgrund der bei ihnen beobachtbaren Muster als Evidenz für die psych. Realität der Phoneme genommen worden; die Tatsache, dass Segmentvertauschungen nur Elemente betreffen, die benachbart (und an gleichgewichtigen Akzentuierungsstellen) stehen, ist als Evidenz für die Erstreckung syntakt. Planung genommen worden. Auch morpholog. Folgerungen sind aus V. bereits gezogen worden. Die sparsamste Erklärung ist frei-

lich die, dass alle V. allein im motor.-artikulator. Programm, d. h. peripher, begründet sind. Die umfassendste Erklärung ist die freudian., die in allen V. (wie auch in anderen Fehlleistungen) ein Zeugnis und Symptom verdrängter oder unterdrückter Regungen sieht. Die sprachpsycholog. Erklärungsversuche liegen gewöhnlich zwischen diesen beiden Extremen. **Lit.** R. Meringer & K. Mayer, Versprechen und Verlesen. Eine psycholog.-ling. Studie. Stgt. 1895 (Neudruck mit einer Einleit. von A. Cutler & D. Fay, Amsterdam 1978). – S. Freud, Zur Psychopathologie des Alltagslebens. Wien 1901. – V. Fromkin (ed.), Speech Errors as Linguistic Evidence. The Hague 1973. – Dies. (ed.), Errors in Linguistic Performance. N. Y. 1980. – A. Cutler, Speech Errors: A Classified Bibliography. Bloomington 1982. – H. Leuninger, Reden ist Schweigen, Silber ist Gold. Gesammelte V. Zürich 1993. – N. Wiedenmann, V. und die Versuche zu ihrer Erklärung. Trier 1992.   KN

Verständigungssprache (auch: ⌐ Lingua franca, Brückensprache) Spr., die Personen unterschiedl. S1 zur Verständigung dient. Sie kann S1 eines der Kommunikanden sein (asymmetr. Verwendung); oft ist sie jedoch Fremdspr. für alle Beteiligten.   AM

Verständlichkeit Besonders im Rahmen der psycholog. ⌐ Textlinguistik untersucht man die Bedingungen, die für die V. von Texten und Sätzen verantwortlich sind. Die V. von Texten ist nicht unbedingt eine Funktion der V. der Sätze, aus denen sie bestehen. Über das bloße ⌐ Sprachverstehen hinaus benötigt man allgemeines Sozial- und Weltwissen, einen Bezugsrahmen oder ein ⌐ Schema, das den einzelnen Teilen der Information Sinn und Zusammenhalt verleiht, oft auch Fach- oder Spezialwissen. Was weiterhin über die Bedingungen und Faktoren der V. bekannt ist, reicht kaum über den gesunden Menschenverstand hinaus: Kurze Sätze, prägnante, verständl. Ausdrücke, übersichtl. Gliederung und Organisation, Veranschaulichung und Verbildlichung abstrakter Zusammenhänge, keine Über- oder Unterforderung des Rezipienten usw., all das ist der V. förderl., während die gegenteiligen Merkmale eher hinderl. sind. V. ist keine Eigenschaft von Texten an sich, vielmehr ist V. eine Beziehungsfunktion, die das Vorwissen des Rezipienten einschließt. – In der ⌐ Sprachsoziologie spielt der Begriff der ⌐ gegenseitigen Verständlichkeit als Kriterium für den Status von Varietäten eine Rolle. **Lit.** G. Antos & G. Augst, Textoptimierung: das Verständlichmachen von Texten als ling., psycholog. und prakt. Problem. Ffm. 1989. – I. Langer et al., Sich verständlich ausdrücken. München ⁵1993. – B. U. Biere, Der Einfluss der Textlinguistik auf die prakt. Verständlichkeitsforschung. HSK 16, I, 859–870.   KN

Verstehen (engl. comprehension) V. ist selbstverständliches Ziel aller sprachl. Kommunikation und

Voraussetzung für das Gelingen sprachl. Handlungen. Sprachverstehen ist immer ein Gradphänomen, die Tiefe des V. ist eine hochvariable Größe; ↗ Verständlichkeit, ↗ Sprachwahrnehmung, ↗ Sprachverstehen. KN

Versteinerung ↗ Fossilierung

Versuchsperson ↗ Experiment

Verteilersprache ↗ Verbrauchersprache

Verteilung ↗ Distribution

Verteilungszahl ↗ Distributiva

Vertex m. (lat. ›Drehpunkt, Spitze‹) Unterer spitzer Winkel einiger lat. Buchstaben, z. B. bei *V, W, N*; ↗ Apex. G

Verträglichkeit ↗ Kompatibilität

Verträglichkeitsprüfung ↗ Unifikation

Vervielfältigungszahl ↗ Numerale

Verwaltungssprache (auch: Behördensprache) Diejenige(n) Spr.(n), in der bzw. denen in einem polit. Gemeinwesen die Administration vollzogen wird, Spezialfall der ↗ Amtssprache (1), der ↗ Geschäftssprache und der ↗ Staatssprache im Unterschied zur ↗ Gerichtssprache. Die innere V. ist bzw. sind diejenige(n) Spr.(n), die innerhalb einer Administration bzw. zwischen verschiedenen Einrichtungen einer Administration verwendet wird bzw. werden (z. B. Dt. in Deutschland), die äußere V. diejenige(n) Spr.(n), die von den Behörden im äußeren Dienstverkehr mit den Bürgern verwendet werden (muss bzw. müssen); in Deutschland sind neben dem Dt. das Dän. im Kreis Flensburg und das Sorb. im Osten Brandenburgs und Sachsens äußere V. G

Verwandtschaftsbezeichnungen (engl. kinship terms, frz. noms de parenté) Subst., dessen lexikal. Bedeutung die Beziehung der Verwandtschaft zwischen Personen enthält, z. B. (1. Grad) *Mutter, Eltern, Schwester, Tochter*; (2. Grad) *Tante, Neffe, Cousine*; (3. Grad) *Großonkel, Cousin 2. Grades* usw. V. drücken neben dem Grad der Verwandtschaft i. d. R. auch Sexus und die Position in der Generationenfolge aus (z. B. *Urenkel*). G

Verweiselement ↗ Korrelat

Verweisform ↗ Proform

Verweisraum ↗ Deixis

Verzögerungsphänomene (auch: Überbrückungsphänomene. Engl. hesitation phenomena, frz. marques d'hésitation) V. gehören zu den Verfahren, die den Formulierungsvorgang eines Sprechers für den Hörer durchsichtig machen. Durch V. wird Zeit gewonnen und der Vorgang der Rezeption erleichtert. V. sind die sog. leeren ↗ Pausen, gefüllte Pausen, lautl. Dehnungen und Wiederholungen, gest.-mim. Verfahren und nichtsprachl.-akust. Signale wie Pusten und Schnaufen. V. sind zwar nicht immer auch für die Gliederung und den Sprecherwechsel relevant; Gliederungs- und *turn-taking*-Signale haben jedoch häufig Überbrückungsfunktion oder sind von V. begleitet. In der ↗ Soziolinguistik werden V. sehr unterschiedl. gedeutet, eher negativ

als Anzeichen mangelnder Sprachbeherrschung und Unsicherheit, eher positiv als Anzeichen für differenzierte Sprachbeherrschung, bei der die Auswahlmöglichkeiten des Sprechers Verzögerungen bewirken. SL

Verzweigung ↗ Linksverzweigende Konstruktion, ↗ Mehrfachverzweigende Konstruktion, ↗ Rechtsverzweigende Konstruktion

Verzweigungsdiagramm ↗ Strukturbaum

Verzweigungsregel ↗ Ersetzungsregel

Vetativ ↗ Prohibitiv

Vhe ↗ Gbe

Vibrant m. (lat. vibrāre ›schwingen‹. Engl. rolled consonant, trill. Auch: gerollter Laut, intermittierender Verschluss, Schwinglaut, Schwirrlaut, Zitterlaut) Kons. ↗ Artikulationsmodus bzw. (normalerweise stimmhafter) Sprachlaut, der durch mehrfache intermittierende kurzzeitige Verschlussbildung durch elast. schwingende Artikulatoren auf der aerodynam. Grundlage des Bernoulli-Effekts (↗ Phonation) gekennzeichnet ist (bilabial [ʙ], apikal [r], uvular [ʀ]). Im Dt. sind der apikale und der uvulare V. (bzw. auch der stimmhafte velare bzw. uvulare ↗ Frikativ) lokale bzw. individuelle Varianten desselben ↗ Phonems /r/. Postvokalisch vor Folgekonsonanten und wortfinal erscheint /r/ im Dt. vokalisiert als [ɐ]. Bei nur einfacher kurzzeitiger Verschlussbildung entsteht ein ↗ Tap. PM

Vieldeutig ↗ Ambig

Vielsprachig ↗ Polyglott (1).

Vierter Fall Veraltete Bez. für ↗ Akkusativ. G

Vierwertiges Verb ↗ Relatives Verb

Vietnamesisch Nationalspr. Vietnams und neben Khmer prominenteste Spr. der ↗ Mon-Khmer-Gruppe der ↗ austroasiat. Spr. V. hat sich unter chines. Einfluss zu einer Tonspr. mit 6 Tönen, 11 Vokalphonemen und einer komplexen Silbenstruktur entwickelt. Über tausend Jahre chines. Herrschaft brachten eine Vielzahl chines. Lehnwörter und ein logograph. Schriftsystem, woraus sich im 12. Jh. eine demot. Schrift für Dichtungszwecke entwickelte, nach Vietnam. Erst 1910 wurde das sinovietnams. System durch ein eigenes lat. Alphabet (Quoc-ngu) abgelöst, das Töne durch Diakritika markiert. Als typolog. isolierende Spr. drückt V. syntakt. Verhältnisse durch Wortstellung sowie Modifikatoren (statt Affixe) für Tempus und Diathese aus. Wichtigste morpholog. Mittel sind Reduplikation und Komposition. WR

Virgel ↗ Komma

Visible Speech (engl. ›sichtbares Sprechen‹) 1. Auf A. M. Bell (engl. Phonetiker und Gehörlosenpädagoge, 1819–1905) in *V. S. Universal alphabetics of selfinterpreting letters for writing of all languages in one alphabet* (London 1867) entwickeltes Notationssystem (sog. analphabet. ↗ Lautschrift), das mithilfe nichtalphabet. graph. Zeichen Quantität und Qualität artikulierter Spr. darzustellen versucht; ↗ Universalschrift. Zu den V.-Verfahren können heute auch Verfahren der reproduzierbaren Visualisierung von ↗ Gebärdensprache u. ä. gerechnet werden; ↗ Notation, ↗ Transkription. PM, SK – **2.** Nach R. K. Potter, G. A. Kopp & H. Green »V. S.« (N. Y. 1953) das Verfahren der Darstellung der spektralen Struktur des akust. Sprachsignals (↗ akustische Phonetik) im ↗ Sonagramm. PM

Visuelle Dichtung ↗ Konkrete Dichtung

Visuelle Interaktion ↗ Augenkommunikation

Vitalkapazität ↗ Atemvolumen

Vocoder (Akronym für voice coder) Von H. Dudley an den Bell-Laboratorien entwickelte, 1939 vorgestellte Apparatur zur Analyse/Resynthese gesprochener Sprache in/aus reduzierte(r) Übertragungsinformation: Das akust. Signal wird durch eine Filterbank analysiert, übertragen werden nur die Werte der einzelnen Filter, aus denen durch Modulation einer neuen Rohschallquelle beim Empfänger das Sprachsignal zurückgewonnen wird. PM

Vocoid ↗ Contoid

Vogulisch (auch: Mansisch. Eigenbez. Man'śi) ↗ Uralische (finn.-ugr.) Sprache, ca. 3100 Sprecher (37 % der Vogulen). Sprachgebiet: Zwischen Ural und unterem Ob, bes. an den Flüssen Sosva und Konda. Die Mehrheit der Sprecher lebt im Autonomen Kreis der Chanten und Mansen; Karte ↗ Paläoasiatische Sprachen, im Anhang. Regional ist V. Schulspr. in der Unterstufe. Eine ↗ Schriftspr. ist in den 30er Jahren entstanden (zuerst meist Schulbücher, heute auch eine kleine Originallit.). Grundlage ist der nördl. Dialekt an der Sosva, wo die Mehrheit der Vogulen lebt. SR

Vokabel (lat. vocābulum ›Bezeichnung, Name‹) Alltagssprachl. Bez. für Lexeme und Phraseologismen (»Wörter und Wendungen«), insbes. solche, die im ↗ Fremdsprachunterricht das Lernpensum der einzelnen Lektionen eines Lehrwerks darstellen. V. werden dann mündl. oder schriftl. in sog. »V.tests« abgefragt, einschlägige Fehler werden als »V.fehler« angestrichen. Vielfach wird der vorgesehene fremdsprachl. Wortschatz nach Abschluss der Lehrbuchphase in sog. »Wortkunden« oder »Grundwortschätzen« zusammengefasst und zur Repetition empfohlen. G

Vokabelspurt (engl. vocabulary spurt) Phase der frühkindl. Sprachentwicklung (etwa vom beginnenden 3. bis zum vollendeten 4. Lebensjahr), die durch einen vergleichsweise raschen Aufbau einiger Bereiche des ↗ Wortschatzes geprägt ist. Grundlage könnte der Erwerb (oder – je nach zugrunde liegender ↗ Spracherwerbstheorie – die Aktivierung) einfacher Kategorien sein, die im Wesentl. dieselben zu sein scheinen wie diejenigen, welche die ↗ Merkmalssemantik annimmt (z. B. [+] belebt, [-] menschlich [+] vier Beine = HUND). Mit dem mögl. Zugriff auf Kategorien und auf distinktive Merkmale dürfte dann die Fähigkeit zur strukturierten Verarbeitung (=Vokabellernen) zunehmen. Beendet wird

diese Phase vermutl. durch kognitive Kapazitätsengpässe, die der beginnende Syntaxerwerb mit sich bringt. Die Existenz einer Phase des extensiven Wortschatzerwerbs, die gefolgt wird von einer Phase extensiven Syntaxerwerbs, wird verschiedentl. infrage gestellt. Auch die Frage, was den V. ggf. auslöst und beendet, ist nicht abschließend geklärt. **Lit.** A. Münch, Der V. Erklärungsansätze der neueren Psychcholing. In: H. Feilke, K. P. Kappest & C. Knobloch (Hgg.), Siegener Papiere zur Aneignung sprachl. Strukturformen 15, 2005. ES

Vokabular ↗ Wortschatz

Vokal (lat. vōcālis ›tönend‹. In Schulbüchern auch: Selbstlaut. Engl. vowel, frz. voyelle) Haupt- ↗ Artikulationsmodus bzw. Sprachlaut, der artikulator. durch eine freie Passage im ↗ Ansatzrohr gekennzeichnet ist. Artikulator. an der Lage des höchsten Zungenpunktes orientierte Beschreibungsparameter sind die Zungenposition (vorn, zentral, hinten) und die Zungenhöhe (Grundeinteilung in: hoch, halbhoch, mittelhoch, halbtief, tief) sowie zusätzlich die Lippenrundung (in den meisten Spr. sind die Vorderzungen- und zentralen V. im unmarkierten Fall ungerundet, nichttiefe Hinterzungenvokale gerundet; vgl. Abb. links bzw. rechts: die Punkte markieren die ↗ Kardinalvokale). V. sind normalerweise stimmhaft (Ausnahme: Flüstern). Weitere einzelsprachl. relevante Unterscheidungen beziehen sich auf die Dauer (kurz [a], lang [a:], evtl. mit weiteren Stufen; auf das Merkmal ↗ [gespannt] (↗ geschlossene (enge) vs. offene (weite) Variante, die im Dt. mit der Dauer korreliert, z. B. [i:] vs. [ɪ], [u:] vs. [ʊ]), die Nasalierung (z. B. frz. [a] vs. [ã])

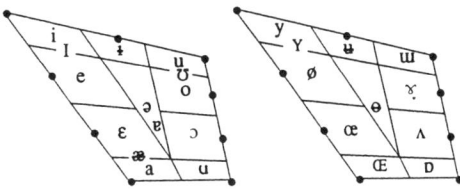

Die Vokale in der Darstellung des Vokalvierecks

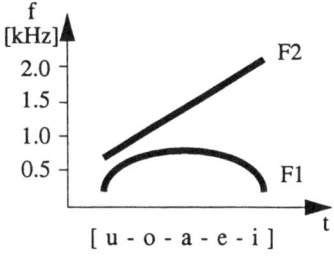

Die akustische Formantstruktur der Vokale

sowie die Stimmqualität. Als ⁊ Silbenkerne sind die V. Träger der ⁊ suprasegmentalen Merkmale wie des ⁊ Akzents und der ⁊ Intonation sowie (in den ⁊ Tonsprachen) des ⁊ Tons. Akust. sind die V. durch die Lage ihrer im ⁊ Sonagramm als schwarze Balken erkennbaren Formanten (⁊ akustische Phonetik) gekennzeichnet, die die durch die geometr. Form des ⁊ Ansatzrohres bedingten Resonanzeigenschaft widerspiegeln (wobei der erste Formant (F1) negativ mit der Zungenhöhe korreliert ist, der zweite (F2) positiv mit der Zungenposition von hinten nach vorn), s. Abb. ›Die akust. Formantstruktur der V.‹. **Lit.** T. Chiba & M. Kajiyama, The Vowel, its Nature and Structure. Tokyo 1941. – C. G. M. Fant, Acoustic Theory of Speech Production. Den Haag 1961. – D. Jones, An Outline of English Phonetics. Cambridge ⁹1969. – P. Ladefoged, The Nature of Vowel Quality. In: Three Areas in Experimental Phonetics. Ldn. 1967, 50–142. – P. Ladefoged, Vowels and Consonants. Malden, Mass., Oxford 2001. – G. Ungeheuer, Elemente einer akust. Theorie der V.artikulation. Bln. 1962. PM

Vokalabschwächung ⁊ Zentralisierung
Vokaldreieck ⁊ Vokalviereck
Vokalfarbe ⁊ Klangfarbe
Vokalharmonie (auch: Synharmonismus) I. w. S. artikulationserleichternder assimilator. Prozess der Vokalangleichung (⁊ Brechung, ⁊ Umlaut), i. e. S. progressiv assimilator. Angleichung der Vokale der Suffixe an den Vokal des Stammes (z. B. türk. Pl. /-ler,-lar/ in *evler* ›die Häuser‹, *atlar* ›die Pferde‹ bzw. innerhalb des Stammes (z. B. dt. *Zucker*, ungar. *cukor*). PM
Vokalisch ⁊ Phonolog. distinktives Merkmal, in PSA und SPE (auch: silbisch) binär [± vok] neben konsonantisch [± kons], das artikulator. durch eine offene Passage des ⁊ Ansatzrohres, akust. durch klare ⁊ Formant-Struktur definiert ist. Es dient der Unterscheidung von ⁊ Vokalen [+ vok, – kons], echten ⁊ Konsonanten [– vok, + kons] und ⁊ Halbvokalen und Glides [– vok, – kons] (sowie in PSA Liquiden [+ vok, + kons]; ⁊ Liquida). PM
Vokalisierung 1. Prozess bzw. Ergebnis des Lautwandels von ⁊ Konsonant zu ⁊ Vokal (z. B. V. des finalen postvokal. /r/ im Dt. zu [ɐ], z. B. /fater/ – [faːtɐ]. PM **2.** Hilfszeichen in der ⁊ arabischen Schrift und der hebr. ⁊ Quadratschrift über oder unter der Schriftlinie, die die Vokale bezeichnen. Da Vokale nicht konsistent bezeichnet werden, wurde für beide Schriften ein System der V. entwickelt, das für die ⁊ Quadratschrift auf einem Punktsystem basiert und deshalb auch als *Punktierung* bezeichnet wird. WI
Vokalismus ⁊ Vokalsystem
Vokalität In der Forschung über ⁊ Schriftlichkeit Bez. für ein Frühstadium der ⁊ Alphabetisierung, in dem Texte üblicherweise laut (vor-) gelesen werden. G
Vokalschwächung ⁊ Zentralisierung

Vokalschwund ⁊ Absorption
Vokalsenkung ⁊ Brechung
Vokalsystem (auch: Vokalismus) Phonet. bzw. phonolog. (⁊ Phoneminventar, ⁊ Phonemsystem) Inventar der in einer Spr. vorkommenden ⁊ Vokale, wobei deren Anzahl zwischen den Spr. (minimal drei) stark variiert. Im Schema ist das dt. V. (nach K. Kohler, German. JIPA 20, 1990, 48–50) im Raster der Kardinalvokale abgebildet (links ⁊ Monophthonge, gerundete Vorderzungenvokale gekennzeichnet durch ungefüllte Kreise; rechts ⁊ Diphthonge). PM

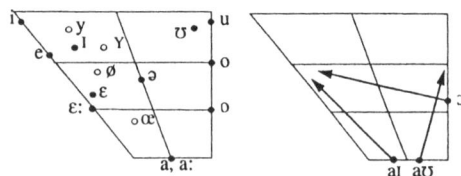

Das Vokalsystem des Deutschen

Vokaltimbre ⁊ Klangfarbe
Vokalverdumpfung ⁊ Zentralisierung
Vokalverlust ⁊ Absorption
Vokalviereck Schemat. artikulator.-akust. definierte Abbildung des durch die ⁊ Kardinalvokale begrenzten Vokalraumes von vorne geschlossen [i] bis vorne offen [a] und hinten offen [ɑ] sowie von dort bis hinten geschlossen [u]. Bei Nicht-Unterscheidung der vorderen und hinteren [a]-Varianten auch: Vokaldreieck. Abb. ⁊ Vokal. PM
Vokalwechsel ⁊ Ablaut
Vokativ (lat. vocāre ›rufen‹. Auch: Anredefall, Ruffall) In einigen Spr. besondere morpholog. Markierung der nominalen Anrede einer Person. Der V. drückt weder syntakt. Beziehungen noch adverbiale Charakterisierungen aus und kann deshalb nicht als ⁊ Kasus i. e. S. gelten. Er hat appellative Funktion und ist eher als Adressierungsmodus zu betrachten. Beispiele für V.morpheme sind lat., rumän. {-e}, z. B. lat. *domine, domnule*, georg. {-o}, z. B. *batono*, ukrain. {-e}, z. B. *páne* ›mein Herr!‹; ⁊ Anrede-nominativ. G
Vokoid ⁊ Contoid
Volapük (vol < engl. world ›Welt‹, pük < engl. to speak ›sprechen‹, wörtl. ›Weltsprech‹) 1879 in der Zs. *Sionsharfe* von dem Konstanzer Prälaten Joh. Martin Schleyer (1831–1912) »aus reiner Libe zur vilgeplagten und zerklüfteten Menschheit« veröffentlichtes ⁊ Plansprachenprojekt. In Lexik und Grammatik an keiner bestimmten Einzelspr. orientiert (V. ist stark agglutinierend aufgebaut), war es der histor. erfolgreichste Versuch, das aprior. Prinzip (⁊ Plansprache) zu verwirklichen. Nach bedeutenden Anfangserfolgen (große Kongresse, lebhafte Lit.produktion, 1889 V.-Akademie in Paris) rascher

Niedergang. Viele V.-Anhänger schlossen sich nach 1890 der ↗ Esperanto-Bewegung an.   G

Volitiv (lat. velle ›wollen‹) **1.** Als v. werden verbale und prädikative Ausdrücke bezeichnet, die Wünsche, Absichten, Hoffnungen, Bitten, Befehle und anderes auf künftige erstrebte oder denkbare Zustände, Sachverhalte oder Ereignisse Bezogenes ausdrücken, z.B. *Der Autor hofft auf/wünscht/erstrebt/erfleht/fordert ein höheres Honorar; Es ist erstrebenswert/nützlich/von Vorteil, mit dem Rauchen aufzuhören.* **2.** ↗ Modus.   G

Völkerpsychologie Von H. Steinthal (1823–1899) und M. Lazarus (1824–1903) in der Mitte des 19. Jh. begründete Richtung der Psychologie, die sich mit der psych. Hervorbringung, Erhaltung und Entwicklung gesellschaftl.-kultureller Gebilde befasste. Die V. steht in der Tradition von J. G. Herder (1744–1803), W. v. Humboldt (1767–1835) und G. W. F. Hegel (1770–1831). Die typ. Gegenstände der V. waren Sprache, Sitte, Mythos, Recht, Religion, Kunst. Das reale Problem kollektiver und für den einzelnen verbindl. psych.-gesellschaftl. Produkte wurde durch Hypostasierungen wie »Volksgeist« oder »Volksseele« überspielt. Als zwischen 1900 und 1920 W. Wundts (1832–1920) vielbändige V. erscheint, ist der Höhepunkt des öffentl. Interesses an diesem Gebiet bereits überschritten. Unklar war (und blieb) die Grenze, die zwischen individualpsycholog. Erscheinungen (bei Wundt konsequenterweise überwiegend die physiolog. Psychologie) und Erscheinungen, die gesellschaftl. Wechselwirkung der Individuen voraussetzen, gezogen werden sollte. Für die Sprachpsychologie des 19. Jh. ist der Anspruch, eine V. zu geben, nicht eingelöst worden: Meist folgt auf die Beteuerung, dass Spr. ein Phänomen der V. sei, eine Durchführung, die auf diesen Umstand wenig Rücksicht nimmt. Das Erbe der V. haben später Kultursemiotik und Ethnopsychologie, teils auch die Volkskunde, übernommen. **Lit.** C. Knobloch, Geschichte der psycholog. Sprachauffassung in Deutschland von 1850 bis 1920. Tübingen 1988.   KN

Volksetymologie (auch: Pseudoetymologie, Remotivation. Engl. folk, popular etymology, frz. étymologie populaire) Semant. Umdeutung eines entlehnten oder veralteten Wortes (Remotivierung) in Unkenntnis seiner ↗ Etymologie, häufig durch lautl. Ähnlichkeit bedingt, z.B. *Gelichter* < mhd. *gelîch* ›gleich‹ < ahd. *lehtar* ›Gebärmutter‹: ›Personen gleicher Art‹; *Hals- und Beinbruch* < jidd. *hazloche un broche* ›Glück und Segen‹; *ratzekahl* < frz. *radical* ›ganz und gar‹. **Lit.** K. G. Andresen, Über dt. V. Lpz. [7]1919. – G. Antos, Laien-Linguistik. Tübingen 1996. – H. Olschansky, V. Tübingen 1996. – Dies., Täuschende Wörter. Kleines Lexikon der V.n. Stgt. 2004.   G

Volksgeist ↗ Völkerpsychologie

Volkslinguistik (engl. folk linguistics) Annahmen von Sprechern über ihre Spr. und deren Gebrauch, Struktur und Funktionieren. Solche allgemeinen Ansichten sind wegen ihres intuitiven Charakters selbstverständl., offensichtl. und werden nicht hinterfragt. Sprecher haben meist eine genaue Vorstellung von dem, was sprachl. richtig oder falsch, häßlich oder schön ist, was innerhalb einer Situation kontextangemessen ist oder nicht; ↗ axiologisch. Dieses Wissen ist in Volkstaxonomien, in Wertetafeln des »gesunden Menschenverstandes«, angelegt; ↗ Sprachbewusstsein. Soziolinguisten versuchen, diese Taxonomien zu erforschen.   R

Volksname ↗ Ethnonym

Volksseele ↗ Völkerpsychologie

Volkssprache ↗ Dialekte koexistieren mit einer Standardvarietät, wohingegen eine V. nicht durch eine Standardvarietät »überdacht« ist. Dialekte sind gegenüber der Standardvarietät heteronom (z.B. die heutigen engl. und dt. Dialekte), wohingegen V. nicht-heteronom sind (z.B. die mittelalterl. dt. und engl. Dialekte). Der Unterschied zwischen beiden ist beträchtlich, auch in sozialer Hinsicht. Dialekte beschränken sich nicht selten auf die unteren sozialen Schichten, V. erstrecken sich oft über alle gesellschaftl. Schichten und finden sich im Gegensatz zu Ersteren vor allem in vorindustriellen Gesellschaften.   R

Vollaut ↗ Ostslavisch

Vollendet ↗ Perfektiv

Vollendete Gegenwart ↗ Perfekt

Vollendete Vergangenheit ↗ Plusquamperfekt

Vollendete Zukunft ↗ Futur II

Vollkasus In R. Jakobsons (1896–1982) Kasusmodell eine der drei Kasusklassen, bestehend aus ↗ Nominativ und ↗ Akkusativ; Ggs. ↗ Randkasus. G

Vollstufe ↗ Ablaut

Vollverb (engl. full verb, lexical verb) Verb, das selbständig als ↗ Prädikat fungieren kann. Das V. hat im Gegensatz zum ↗ Hilfsverb lexikal. Inhalt. Die Unterscheidung zwischen Voll- und Hilfsverben und die Termini selbst sind umstritten.   G, WR

Vollwort ↗ Autosemantikum

Voltaische Sprachen ↗ Gursprachen

Voluntativ Klasse von sprachl. Formen, die in semant.-pragmat. Hinsicht einen Willen des Sprechers ausdrücken; ↗ Modus, ↗ Modalität.   F

Voralthochdeutsch (früher: urdeutsch) Bez. für die erschlossenen Laute und Formen im hochdt. Raum, die der ahd. schriftl. Überlieferung, besonders der zweiten ↗ Lautverschiebung, vorausgehen (aus der Zeit vor 500/600). **Lit.** H. Penzl, Vom Urgerm. zum Nhd. Grundlagen der Germanistik, 16. Bln. 1975. – St. Sonderegger, Ahd. Spr. und Lit., Bln, N. Y. [3]2003.   ST

Voraussetzung ↗ Präsupposition

Vorauswirkend ↗ Progressiv

Vordersatz ↗ Implikation

Vorderzungenlaut ↗ Lingual

Vorfeld ↗ Feldgliederung, ↗ Satzklammer, ↗ Stellungsfeld

Vorfeldbesetzung ↗ Topikalisierung

Vorgänger Eine Konstituente x_1 ist V. einer Konstituente x_2, wenn x_2 notwendig auf x_1 folgt. So sind Präpositionen V. von Nominalphrasen (z. B. *an die Wand, an der Wand*) oder von Präpositionalphrasen (z. B. *bis an den Rand*), Artikel sind V. von Nominalen. Entsprechendes gilt für die Relation *Nachfolger;* ↗ Adjazenz.   G

Vorgängerrelation ↗ Privilegierung

Vorgangsart ↗ Aktionsart

Vorgangspassiv (auch: werden-Passiv) Bez. für werden-Passivkonstruktionen (z. B. *Das Haus wird zerstört*) sowie die gleichberechtigten Varianten mit ↗ Rezipientenpassiv (z. B. *Sie bekommt ihre Schuhe geputzt*), im Ggs. zu den mit *sein* gebildeten Formen des ↗ Zustandspassivs (z. B. *Das Haus ist zerstört*). Im Engl., Frz. oder Lat. fehlt diese Unterscheidung. V. wird häufig gleichbedeutend mit ↗ Passiv überhaupt verwendet. Das V. steht auch in Opposition zum gelegentl. sogar so genannten (Handlungs-) Aktiv und ist verbale Ausdrucksform zur vorgangs- oder geschehensbezogenen Perspektive eines an sich gleichen Sachverhalts. Anstelle des Agens einer Handlung gerät im Passiv das Patiens in die privilegierte Position des grammat. Subjekts im Satz. Das V. ist von den meisten ↗ transitiven Verben bildbar, die eine Handlung oder Tätigkeit bezeichnen. Das Agens der Handlung wird in eine meist mit *von* oder *durch* angeschlossene fakultative Präpositionalphrase zurückgestuft, die in mehr als 80 % der Sätze weggelassen wird. Bei ↗ intransitiven Verben ist nur subjektlose sog. unpersönl. Passivbildung in der 3. Pers. Sg. mögl., z. B. *Jetzt wird aber geschlafen.*   SL

Vorgangssatz ↗ Satzbauplan

Vorgangsverb (engl. dynamic verb) Semant. bestimmte Teilklasse des ↗ Verbs. V. bezeichnen Vorgänge, welche den Referenten des Subjektausdrucks betreffen, aber kein ↗ Agens aufweisen, z. B. *wachsen, fallen, erröten.* Sie sind meist ↗ intransitiv und können kein unpersönl. Passiv bilden (**hier wird* *gefallen, *es wird erröten*).   G

Vorgegenwart ↗ Perfekt

Vorgermanisch Bez. der frühen Periode des ↗ Germanischen, die sich von der folgenden urgerm. Periode durch ein Bündel sprachl. Merkmale abgrenzt, vor allem durch die erst im ↗ Urgermanischen erfolgte Akzentneuerung. Das V. hat den variablen Akzent des ↗ Indogermanischen. V. und Urgerm. sind verbunden durch die Eigenschaften, die das Germ. von anderen idg. Sprachen unterscheidet. Eine zeitl. Eingrenzung des V. ist allenfalls vage auf die Zeit 1000–500 v.Chr. mögl. **Lit.** W. Streitberg, Urgerman. Grammatik. Heidelberg 1900. – H. Hirt, Hdb. des Urgerman. 3 Bde. Heidelberg 1931– 34. – F. van Coetsem & H. L Kufner (Hgg.), Toward a Grammar of Proto-Germanic. Tübingen 1972. ST

Vorkommen (auch: Okkurrenz) Sei x ein beliebiger Gegenstand, z. B. ein Wort, und y eine beliebige Struktur, z. B. eine Satzstruktur, dann sagt man, es gebe ein V. von x in y genau dann, wenn es in y mindestens ein z derart gibt, dass z = x. Beispiel: Das phonolog. Wort /arm/ hat in *Lieber arm dran als Arm ab* zwei V.   T

Vorlesen ↗ Leselehre

Vorn ↗ Hinten

Vorname (engl. forename, christian name, first name, given name, frz. prénom) Sprachübergreifend der individualisierende Eigenname einer Person, der sie von anderen Personen desselben ↗ Familiennamens unterscheidet; Letzterer bildet in Mitteleuropa gemeinsam mit dem V. den Gesamtnamen. Bei mehreren V. wird i. d. R. einer als Rufname gewählt, doch kommen auch Doppel-V. vor (z. B. *Karlheinz, Anneliese*). Manche V. haben Voll- und Kurzformen (z. B. *Margarethe* vs. *Marga, Grete*) oder Koseformen (*Gretchen, Gritli*). Im Dt. stammen die V. meist aus dem german. Erbwortschatz (häufig Komposita oder Adj.-Subst.-Verbindungen, z. B. *-heid, -gund(e), -mut, -wig*), aus dem Griech. (z. B. *Dorothee, Theophil*), aus dem Lat. (*Claudia, Julius*), aus der bibl. Tradition des AT (z. B. *David, Susanne*) und des NT (z. B. *Paul, Magdalena*), der kirchl. Tradition (Heiligennamen wie *Benedikt, Agnes*, Neubildungen wie *Gotthilf, Bringfriede, Leberecht*) und aus anderen Spr. (z. B. *Sigurd, Sandra* (< *Alessandra*), *Kevin, Mischa, Gwendolyn*). **Lit.** W. Seibicke, V.n *²*1991. – W. Burkart, Neues Lexikon der V.n. Bergisch-Gladbach *³*1995. – E. Eichler et al. (Bearb.), Personennamen I: Einzelnamen und V.n. HSK 11, II, Kap. XI.   G

Vorrangrelation ↗ Privilegierung

Vorratszeichen ↗ Warenzeichenrecht

Vorsilbe ↗ Präfix

Vorstellungsraum ↗ Deixis

Vorurteil ↗ Stereotyp

Vorvergangenheit ↗ Plusquamperfekt

Vorverlagerte Zungenwurzel ↗ Advanced tongue root

Vor-Vorfeld ↗ Feldgliederung

Vorwärtsweisend ↗ Kataphorisch

Vorzeitigkeit (engl. antecedent action, frz. action antérieure, antériorité) Mit ↗ Gleichzeitigkeit und ↗ Nachzeitigkeit eine der drei denkbaren Relationen zwischen zwei Zeitpunkten oder Zeitstufen (↗ Zeit). Üblicherweise verwendet zur Bez. des Verhältnisses der in Haupt- und Nebensatz ausgedrückten Vorgänge, z. B. *Als sie zur Schiffslände kamen, hatte das Boot bereits abgelegt.* Im Dt. erfolgt die Kennzeichnung der vorzeitigen Handlung im ↗ Temporalsatz typischerweise durch ein Plusquamperfekt, der übergeordneten Handlung durch das Präteritum.   KE

Vorzukunft ↗ Futur II

VOS-Sprache ↗ Wortstellungstypologie

VOT (Voice onset time) ↗ Aspiration, ↗ Plosiv

Votisch ↗ Uralische Sprachen

Votjakisch (Eigenbez. Udmurt) ↗ Uralische (finn.-ugr.) Sprache, ca. 520 000 Sprecher (69,6 % der Votjaken). Sprachgebiet: Republik Udmurtien (zwischen den Flüssen Vjatka und Kama) sowie in den angrenzenden Gebieten; Karte ↗ Europäische Sprachen, im Anhang. In Udmurtien wird V. als Amtsspr. neben dem Russ. verwendet. Die ersten Bücher in V. erschienen im 19. Jh., Entwicklung einer einheitl. Schriftspr. erst in sowjet. Zeit.　SR

vP ↗ Verbalphrase

VP ↗ Verbalphrase

VSO-Sprache ↗ Wortstellungstypologie

Vulgarismus Als vulgär, obszön, schamverletzend, »prollig« bewerteter Ausdruck, dessen Verwendung kommunikative Normen verletzt und Sanktionen nach sich ziehen kann. In manchen altersspezif. (z. B. Schulhöfe, Musikszene, Kasernen) und sozialen Milieus (z. B. Gefängnisse, Fernfahrerkneipen) ist die Verwendung von V. hingegen prestigebesetzt.　G

Vulgärlatein Der Begriff V. entsteht in der roman. Philologie des 19. Jh. und gründet auf der Ciceronischen Bezeichnung *vulgāris sermō* (›Volkssprache‹). Unter V. versteht man sowohl das Sprechlatein der klass. Epoche (belegt z. B. durch die Ausführungen Ciceros, auch durch seine Briefe) als auch die in postklass. Zeit häufiger werdenden Belege (Wandinschriften) etwa in den Antibarbari; so liefert der Appendix Probi eine Liste von »korrekten« und umgangssprachl. Formen in Gegenüberstellung (z. B. *auricula nōn oricla*). Daneben hat das V. in den einzelnen Provinzen aufgrund von Sozialstruktur und Substrateinflüssen spezielle Ausprägungen erfahren, so wie in Rom selbst der Einfluss der anderen ↗ italischen Sprachen und Dialekte spürbar ist. In den ↗ romanischen Sprachen, die sich vorwiegend vom V. ableiten, gibt es auch die Notwendigkeit, nichtbelegte Formen zu rekonstruieren; so kann für ital. *potere*, span. *poder*, frz. *pouvoir* ›können‹ nur ein vulgärlat. *potere den Ausgangspunkt bilden, nicht aber das klass.-lat. *posse*. **Lit.** V. Väänänen, Introduction au latin vulgaire. Paris 1963. – C. H. Grandgent, An Introduction to Vulgar Latin. Boston 1907 (repr. N. Y. 1962). – G. Rohlfs, Sermo vulgaris latinus Vulgärlatein. Lesebuch. Tübingen 1956.　HU

w-Wort ↗ Fragewort

Wabenkarte ↗ Sprachkartographie

Wachi ↗ Pamir-Sprachen

Wachstafel ↗ Beschreibstoff

Wahlfrage ↗ Doppelfrage

Wahrheitsbedingungen-Semantik ↗ Modelltheoretische Semantik

Wahrheitstafel ↗ Wahrheitswert

Wahrheitswert (engl. truth value) Den W. einer Aussage festzustellen, bedeutet ihre Beurteilung nach ›wahr‹ oder ›falsch‹ (Zweiwertigkeitsprinzip). Das Postulat der Wahrheitsdefinitheit legt fest, dass jede Aussage, die keine Indikatoren enthält (wie *ich, du, hier, jetzt*; ↗ Deixis), entweder wahr oder falsch ist. In der ↗ Aussagenlogik werden die W.

mithilfe von W.tafeln wiedergegeben. Der W. einer komplexen Aussage ist bestimmt durch die W. ihrer Teilaussagen. Bestimmung der W.e:

(a) Negation: eine Aussageform p ist genau dann wahr (w), wenn non-p falsch (f) ist:

p	·	non-p ($\neg$ p)
w	·	f
f	·	w

(b) Konjunktion: die Verknüpfung zweier Aussageformen p und q mittels Konjunktion ist genau dann wahr, wenn p und q beide wahr sind, ansonsten falsch:

p	q	·	p und q (p $\wedge$ q)
w	w	·	w
w	f	·	f
f	w	·	f
f	f	·	f

(c) Adjunktion oder nicht-ausschließende Disjunktion: genau dann wahr, wenn von zwei Aussageformen p und q mindestens eine oder beide zusammen wahr sind:

p	q	·	p oder q (p $\vee$ q)
w	w	·	w
w	f	·	w
f	w	·	w
f	f	·	f

(d) Implikation: genau dann falsch, wenn in der Aussageform *wenn p, dann q* die Aussage q als falsch, p aber als wahr gilt, sonst immer wahr, auch wenn p falsch, q aber wahr ist oder p und q beide falsch sind:

p	q	·	p impliziert q (p $\supset$ q)
w	w	·	w
w	f	·	f
f	w	·	w
f	f	·	w

(Die umgangssprachl. Formulierung *wenn – dann* legt die Auffassung nahe, dass bei einer derartigen Kombination zweier Teilsätze die Wahrheit des zweiten Satzes vom Inhalt des ersten abhängig ist. Für die Implikation ist dagegen nicht der Inhalt, sondern einzig der W. der Teilsätze von Bedeutung.)

(e) Äquivalenz: genau dann wahr, und nur dann, wenn p und q beide wahr oder beide falsch sind, also denselben W. haben:

p	q	·	p äquivalent q (p $\equiv$ q)
w	w	·	w
w	f	·	f
f	w	·	f
f	f	·	w

Die Wahrheitswerttafel dient der Aussagenlogik zur Definition der (Satz-)Operatoren: *nicht, und, oder, impliziert, genau dann – wenn (gdw.)*. In komplexeren Verknüpfungen von Teilsätzen ist bei der symbol. Darstellung zu beachten, dass den Operatoren eine unterschiedl. Bindungsstärke zugewiesen ist. In der Reihenfolge der abnehmenden Stärkegrade dargestellt: ↗ Negation, ↗ Konjunktion, ↗ Adjunktion (↗ Disjunktion), ↗ Implikation, ↗ Äquivalenz (vgl. in der Mathematik: Multiplikation geht vor Addition – hier: Negation geht vor Konjunktion usw.). **PR**

Wahrheitswerterhalt ↗ Inferenz
Wahrnehmung ↗ Perzeption, ↗ Sprachwahrnehmung
Wahrnehmungsverb ↗ Verbum sentiendi
Waigalī ↗ Dardische Sprachen
Waika ↗ Yanomamö-Sprachen
Waimiri-Atroarí ↗ Karibische Sprachen
Waiwai ↗ Karibische Sprachen
Wakash-Sprachen ↗ Nordamerikanische Sprachgruppe an der Küste von British Columbia, Kanada. W.-S. sind u. a. Kwak'wala oder Kwakiutl (ca. 500) und Nootka (ca. 500); Karte ↗ Nordamerikanische Sprachen, im Anhang. Sie haben mit den benachbarten ↗ Salish- und Chemakum-Spr. typolog. viele Gemeinsamkeiten. Die genet. Zusammenfassung dieser Sprachgruppen zur Mosan-Gruppe wird heute überwiegend abgelehnt. Kennzeichnend sind umfangreiche und komplizierte Konsonantensysteme verbunden mit Neigung zu Konsonantenclustern. Vokale haben einigen Analysen zufolge nicht Phonemstatus, sondern sind morphophonem. im Silbengipfel mit Schwa oder als Vokal realisierte Kons. Im Nootka gibt es keine Nasale. Die W.-S. sind gute Beispiele für den ↗ polysynthetischen Sprachtyp, wobei das Morpheminventar, das z. T. mehrere hundert Affixe umfasst, nicht klar in Derivation und Flexion geschieden werden kann. Hinsichtl. der grammat. Dimension Raum wird stark ausdifferenziert. Evidentialität ist eine wichtige Kategorie; ↗ evidentiell. Die Unterscheidung zwischen Verben und Nomina ist wenig ausgeprägt, da eine prädikative Verwendung in Erstposition des Satzes eher themat. als semant. bestimmt ist. **Lit.** W. H. Jacobsen, Wakashan Comparative Studies. LNA, 766–791. – K. W. Whistler, Focus, Perspective, and Inverse Person Marking in Nootkan. In: J. Nichols & A. C. Woodbury (eds.), Grammar Inside and Outside the Clause. Cambridge 1985, 227–265. – W. H. Jacobsen, Noun and Verb in Nootkan. In: The Victoria Conference on Northwestern Languages, 1976. Victoria 1979, 83–155. **SSG** Staats- und Universitätsbibliothek Hamburg (18). **D**
Walachisch ↗ Moldauisch, ↗ Rumänisch
Walisisch ↗ Kymrisch
Wållo ↗ Oromo
Wallonisch ↗ Französisch
Walmatjari ↗ Australische Sprachen
Walser ↗ Alemannisch

Wandalisch (auch: Vandalisch) Altgerman. Dialekt des zu den Ostgermanen zählenden Volks der Wandalen. Das W. ist nur spärlich bezeugt (vor allem Namenüberlieferung); ↗ Germanisch, ↗ Ostgermanisch. **MO**
Wandel ↗ Sprachwandel, ↗ Analogie
Wandschi ↗ Pamir-Sprachen
Waray ↗ Philippinische Sprachen
Warenname ↗ Produktname
Warenzeichen (engl. brand, trademark, frz. griffe, marque de fabrique) Warenkennzeichen, die die Waren eines bestimmten Unternehmens individualisieren, um es – ebenso wie die kraft Verkehrsgeltung geschützte Ausstattung – von gattungsgleichen Waren der Konkurrenzunternehmen zu unterscheiden. Zusammen mit den Dienstleistungsmarken werden sie auch mit dem Oberbegriff *Marke* bezeichnet. Die Unterscheidungs- und Herkunftsfunktion der Marke sind rechtl. geschützt; darüber hinaus besitzt sie im Wirtschaftsleben noch eine Vertrauens- oder Garantiefunktion (die Marke verbürgt eine bestimmte Güte der Ware) und eine Werbefunktion. Warenzeicheninhaber kann jede natürl. oder jurist. Person, eine oHG oder eine KG sein, sofern diese Rechtsträger einen Geschäftsbetrieb haben. Entsprechend seiner Zweckbestimmung muss das W. als Grundvoraussetzung für seinen Schutz Unterscheidungskraft besitzen. Das W. muss *selbständig* (selbständig erfassbar als etwas vom Wesen der Ware oder ihrer Verpackung begrifflich Verschiedenes) und *einheitlich* (mit einem Blick überschaubarer Gesamteindruck) sein. Zulässig sind Wortzeichen, Bildzeichen und Mischzeichen (Kombinationszeichen aus Wort und Bild) bzw. zusammengesetzte Zeichen aus gleichartigen Bestandteilen. Plast. Zeichen sind nur zweidimensional eintragungsfähig, Hörzeichen sind nur in den USA geschützt. Geruchs-, Geschmacks- und Tastzeichen sind nirgendwo eintragbar. Das W. kann z. B. als Hauptzeichen eines Unternehmens oder auch als Zweitzeichen für best. Waren oder Warengruppen benutzt werden. Es ist immer an die best. Waren gebunden, für die es in der Zeichenrolle eingetragen ist. Der Schutzinhalt des W. beruht danach auf zwei Säulen: der Gleichartigkeit der Ware und der Verwechslungsgefahr. Das Benutzungsrecht des Markeninhabers beschränkt sich auf die Waren oder Dienstleistungen der angemeldeten Art, während sich sein Verbietungsrecht auch auf Waren- und Dienstleistungen erstreckt, die mit den eingetragenen Waren lediglich gleichartig sind. Das Verbietungsrecht gewährt einen Anspruch auf Unterlassung und Schadensersatz bei widerrechtl. Benutzung in ident. Form oder in ident. Gestalt für den Fall der Verwechslungsgefahr. Das Verbietungsrecht gibt dem Inhaber der prioritätsälteren Marke darüber hinaus aber auch die Möglichkeit, gegen die Eintragung einer für gleiche oder gleichartige Waren oder Dienstleistungen angemeldeten jünge-

ren Marke mit dem Widerspruch vorzugehen bzw. sich nach der Eintragung mit einer Löschklage zu wehren. **Lit.** ↗ Warenzeichenrecht. SM

Warenzeichenrecht Das W. enthält die Regelungen für die ↗ Warenzeichen und sonstige Warenkennzeichnungen (Dienstleistungsmarken und Ausstattung). In der Bundesrepublik wurde das Warenzeichengesetz am 2. 1. 1968 (BGBl. I, 29) neugefasst und zuletzt am 7. 3. 1990 (BGBl. I, 422) geändert. Das Warenzeichengesetz gilt auch im Beitrittsgebiet; der Einigungsvertrag enthält hierzu einige Übergangsbestimmungen (Anlage I, Kapitel III, Sachgebiet E). Herkunftszeichen gab es in Deutschland als Familien- oder Verbandszeichen, Haus- und Hofmarken schon seit alter Zeit; Eintragungen sind für das 15. Jahrhundert nachweisbar. Ihr rechtl. Schutz wurde in Preußen Mitte des 19. Jh. eingeführt. Für Warenzeichen kennt das dt. Recht das Eintragungsprinzip: das ausschl. Recht zum Gebrauch entsteht erst durch die Eintragung des Zeichens in die im Patentamt geführte Zeichenrolle, wobei allerdings für die Priorität des Warenzeichenschutzes der Zeitpunkt des Eingangs der Anmeldung maßgebend ist. Im Eintragungsverfahren wird die Zeichenanmeldung einer förml. und sachl. Prüfung unterzogen. Die Eintragung wird abgelehnt, wenn sich die Eintragung auf ein Freizeichen, ein Hoheitszeichen, amtl. Prüfzeichen oder eine nicht unterscheidungskräftige, anstößige oder irreführende Darstellung bezieht. Im Aufgebotsverfahren wird die Anmeldung öffentl. bekannt gemacht. Die Eintragung ist später im Warenzeichenblatt zu veröffentlichen. Die Eintragung wirkt konstitutiv: erst durch sie erwirbt der Markeninhaber das ausschl. Recht zur Benutzung der Marke gegenüber Dritten. Ein Dritter kann sich gegen die Eintragung mit dem Widerspruchsverfahren oder der Löschungsklage zur Wehr setzen. Die Löschung eines Zeichens kann aus zeichenrechtl. oder sachl. rechtl. Gründen, insbesondere aus Gründen des Wettbewerbs erfolgen. Über die zeichenrechtl. Löschungsgründe entscheidet das Patentamt bzw. das Bundespatentgericht im Amtslöschungsverfahren, im Übrigen die ordentl. Gerichte. Die Schutzdauer des Warenzeichens beträgt 10 Jahre vom Anmeldetag an; sie kann unbegrenzt verlängert werden. Eine fünfjährige Nichtbenutzung des Zeichens kann seine Löschungsreife bewirken. Mit Vorrats- oder Abwehrzeichen soll die Zeichenrolle nicht verstopft werden können. **Lit.** W. Hefermehl, W. Mchn. 1985. – A. Lötscher, Von Ajax bis Xerox. Ein Lexikon der Produktnamen. Zürich, Mchn. 1987. – R. Busse et al., Warenzeichengesetze. Bln., N. Y. ⁶1990. – W. Althammer, Warenzeichengesetz. Köln u. a. ²1979. – H. Eichmann & A. Kur (Hgg.), Designrecht. Praxishandbuch. Baden-Baden 2009. – M. Stöckel (Hg.), Handbuch Markenrecht. Bln. 2003. – K. Gallert, Markenzeichen auch semiot. Sicht. Ffm. 1998. SM

Warlpiri ↗ Australische Sprachen

Warrau (auch: Warao) Isolierte Spr. im Orinoco-Delta (Delta Amacuro, Ostvenezuela); Karte ↗ Südamerikanische Sprachen, im Anhang. Ca. 25 000 Sprecher. **Lit.** H. A. Osborn, Warao. IJAL 32, 1966, 108–123, 253–261; 33, 1976, 46–64. – E. E. & J. C. Mosonyi, Manual de lenguas indígenas de Venezuela, tomo 1. Caracas 2000, 116–83. – A. Romero-Figueroa, A Reference Grammar of Warao. Mchn. 1997. AD

Waunana ↗ Choco-Sprachen

Wayana ↗ Karibische Sprachen

W-Bewegung ↗ Bewegung

Web als Korpus (engl. Web as Corpus) Nutzung des Web als ↗ Sprachressource sowohl für die ↗ Korpuslinguistik als auch für neue NLP-Anwendungen (z. B. im Bereich des ↗ Text Mining, in ↗ Frage-Antwort Systemen, im Web-Crawling). Vorteile sind seine Aktualität und Größe, die freie Verfügbarkeit, die Linkstruktur (↗ Hypertext) und die Multilingualität. **Lit.** A. Kilgarriff & G. Grefenstette, Introduction to the Special Issue on the Web as Worpus. Computational Linguistics, Cambridge, Mass. 2003 Z

Wechsel ↗ Sprachwechsel, ↗ Grimmsches Gesetz, ↗ Vernersches Gesetz

Wechselbezügliches Pronomen ↗ Reziprokpronomen

Wechselbezügliches Verb ↗ Reziprokverb

Wechselpräposition ↗ Präposition, die mit unterschiedl. semant. Bezügen zwei unterschiedl. Kasus regiert, im Dt. einige lokale Präpositionen, z. B. *auf, neben, unter* sowohl mit dem Dat. (↗ lokal nach ↗ Zustandsverben, z. B. *Das Buch liegt auf/neben/unter dem Tisch*) als auch mit dem Akk. (↗ direktional nach ↗ Tätigkeitsverben, z. B. *Sie legt das Buch auf/neben/unter den Tisch*). Von den W. zu unterscheiden ist schwankender Kasusgebrauch nach einigen Präpositionen (z. B. *wegen des Staus* vs. *wegen dem Stau*), die auf Normlockerungen bzw. -unsicherheiten beruhen. SO

Wechselrede ↗ Dialog

Wechselseitig ↗ Reziprok

Wechselwort ↗ Pronomen

Weglassprobe (auch: Abstrichmethode, Abstrichprobe, Eliminierung, Reduktionsprobe) ↗ Operationales Verfahren zur Ermittlung und Beschreibung (a) der grammat. notwendigen Elemente eines Satzes, (b) dessen syntakt. Struktur und (c) der ↗ Valenz des Verbs. Durch systemat. Eliminieren einzelner Wörter bzw. Wortgruppen lässt sich in Verbindung mit anderen analyt. Proben (z. B. ↗ Austauschprobe, ↗ Verschiebeprobe) das syntakt. Minimum eines Satzes ermitteln (↗ Satzbauplan), können ↗ Satzglieder abgegrenzt und in ihrer Funktion bestimmt sowie die notwendigen ↗ Ergänzungen des Verbs von den freien ↗ Angaben unterschieden werden. Maßgabe der schrittweisen Reduktion eines vollständigen Satzes ist, dass der jeweilige Rest grammat. korrekt sein muss und die verbgebundene

Aussage nicht verändert wird; so kann der Satz *Anna kaufte gestern in der Stadt zwei Eimer Farbe* reduziert werden auf *Anna kaufte Farbe.* SK

Weiblich ⁊ Feminin

Weicher Gaumen ⁊ Velum

Weichheitszeichen Das Graphem ⟨ь⟩ der ⁊ Kirillica, das als separates Buchstabenzeichen in den Alphabeten des ⁊ Russischen, ⁊ Ukrainischen, ⁊ Weißrussischen und ⁊ Bulgarischen (mit einzelsprachspezif. Unterschieden in seiner Verteilung) sowie einigen nichtslav. Spr. auf dem Gebiet der früheren Sowjetunion benutzt wird. Es repräsentiert in den slav. Spr. keinen eigenständigen Laut, sondern symbolisiert, indem es nur in der Verbindung kons. Graphem ⟨K + ь⟩ vorkommt, die Palatalisiertheit (Weichheit, ⁊ Palatalisierung) als eine besondere, u. U. phonolog. relevante Eigenschaft der kons. Laute; vgl. z. B. russ. *брать* /brat'/ ›nehmen‹ vs. *брат* /brat/ ›Bruder‹. Vor dem kons., nur als »weicher« (palataler) Laut vorkommenden Phonem /j'/, das dort kein eigenes Graphem symbolisiert wird, wirkt es im Russ. zusätzl. als Silbentrenner, z. B. *семья* /s'em'-j'a/ ›Familie‹ (⁊ Härtezeichen). Die Transkription in lat. Schriftarten erfolgt durch den Apostroph (ʼ), z. B. russ. *брать – brat',* ukr. *льон – l'on.* In phonolog. Transkriptionen für ältere Sprachzustände des Slav. repräsentiert /ь/ den heute geschwundenen vorderen Halbvokal, z. B. urslav. **dьnь* ›Tag‹. HA

Weigthed average branching factor ⁊ Perplexität

Weinachische Sprachen ⁊ Nachische Sprachen

Weißrussisch (Eigenbez. belarùski. Auch: Belorussisch. Engl. Byelorussian, White Russian, frz. biélorusse, blanc-russe) ⁊ Slavische Sprache des ⁊ ostslavischen Zweigs. Das W. wird in der Republik Weißrussland (vormals: Weißruss. SSR) benutzt; darüber hinaus von Minderheiten u. a. in Polen, Litauen und Lettland. W. wird von ca. 7 Mio. Sprechern als Muttersprache bezeichnet, jedoch weit weniger verwenden es tatsächl., v. a. im familiären Kreis. Die funktionalen Domänen des W. sind einem starken Druck durch das ⁊ Russische ausgesetzt. Es ist ggü. dem W. mit einem höheren ⁊ Prestige ausgestattet und wurde 1995 als zweite, tatsächl. jedoch fast ausschließlich verwendete ⁊ Amtssprache eingeführt. Dies hat dazu geführt, dass es eine (größere) Sprechergruppe mit Russ. als Muttersprache und eine Gruppe bilingualer Sprecher mit Russ. und W. gibt. Darüber hinaus existiert eine v. a. im städt. Raum und im sozial niederen städt. Milieu verbreitete Mischspr., die abfällig als *trasjanka* (›schlechtes, weil mit Stroh gestrecktes Viehfutter‹) bezeichnet wird. – Die heutige w. Lit.sprache entsteht nach der Verdrängung früherer Lit.traditionen am Ende des 18. Jh. durch das Poln. bzw. das Russ. erst gegen Ende des 19. Jh. – Die hohe Toleranz, die das W. ggü. Entlehnungen v. a. aus dem Poln. und Russ. zeigt, sein großer Anteil an zweisprachigen Benutzern, die immer stärker um sich greifende

Tendenz zur Dialektisierung und Provinzialisierung, insbes. aber die 1994 erfolgte Einführung des Russ. mit seiner ohnehin starken Stellung als zweite Amtsspr. und seine durch staatl. Lenkung durchgesetzte (fast) ausschließl. Verwendung in zentralen Bereichen (Bildungsinstitutionen, Medien, Verwaltung) engen das Funktionsspektrum des W. stark ein und gefährden damit zusehends seine Eigenständigkeit. In jüngster Zeit wird die Verwendung des W. verstärkt zum Identifikationssymbol für die polit. Opposition. **Lit.** H. Bieder, Das W. In: P. Rehder (Hg.), Einf. in die slav. Spr.n (mit einer Einf. in die Balkanphilologie). Darmstadt 1998, 110–125. – K. Gutschmidt, Sprachpolitik und sprachl. Situation in Weißrussland seit 1989. In: B. Panzer (Hg.), Die sprachl. Situation in der Slavia seit der Wende. Ffm. 2000, 67–84. – H. Bieder, Die w. Standardspr. am Ende des 20 Jh. In: L. N. Zybatow (Hg.), Sprachwandel in der Slavia: die slav. Spr.n an der Schwelle zum 21. Jh. Ein internat. Hdb. Teil 1. Ffm. 2000, 653–664. – K. Gutschmidt, W. In: N. Janich & A.Greule (Hgg.), Sprachkulturen in Europa. Ein internat. Hdb. Tübingen 2002, 329–335. – N. B. Mečkovskaja, Belorusskij jazyk: sociolingvističeskie očerki. [›W.: sozioling. Studien‹] Mchn. 2003. – S. Heyl, Lehrbuch der w. Spr. Hamburg 2004. – M. Scharlaj, Das W. zwischen Sprachkontakt und Sprachverdrängung. Mchn. 2008. – G. Hentschel u. a. (Hg.), Belorussian Trasjanka and Ukrainian Suržyk. Structural and Social Aspects of their Description and Categorization. Oldenburg 2008. HA

Weißruthenisch Ältere (veraltete) Bez. für ⁊ Weißrussisch. HA

Weiterführender Nebensatz Dieser uneinheitl. verwendete Begriff ist häufig intuitiv definiert. Zu den w. NS werden gelegentl. ⁊ adversative *während*-Sätze, *so dass*-Sätze, ›redesituierende Gliedsätze‹ (z. B. *wie es scheint*), manchmal auch temporale *um zu*-Sätze (*Er verlässt das Haus, um zum Fußball zu fahren*) gezählt. In der Regel wird der Begriff aber auf ⁊ Relativsätze angewendet, im Falle eines (a) ›ganz lockeren‹ Verhältnisses zu seinem Bezugselement (*Wir wollten unsere Lehrerin besuchen, die aber nicht zu Hause war*; Duden Gr⁷, 1664) oder (b) für Relativsätze ohne Bezugselement im Matrixsatz (*Florian ist mit dem Motorrad gekommen, was mich sehr gefreut hat; Anke hat die Vorlesung besucht, was sie wirklich nicht hätte tun müssen*). In diesem Fall ist die Definition am deutlichsten: Die grammat. Funktion in Bezug auf den Matrixsatz ist schwer zu fassen; vielmehr entsteht der Eindruck, der Matrixsatz als Ganzes werde durch das Relativpronomen wieder aufgenommen. Die w. N. sind ohne Bedeutungsveränderung durch paratakt. Konstruktionen zu ersetzen: *Florian ist mit dem Motorrad gekommen, das hat mich sehr gefreut.* Daher wurden sie auch als ›formal subordiniert‹, aber ›inhaltlich koordiniert‹ beschrieben (Helbig 1983). **Lit.**

G. Helbig, Die uneingeleiteten Nebensätze im Dt. Studien zur dt. Syntax 1. Lpz. 1983. C, RL

Welamo (Wolayta, Welayta) ⌐ Omotische Sprachen

Wellentheorie Gegen Ende des 19. Jh. im Widerstreit mit der ⌐ Stammbaumtheorie aufgekommenes Denkmodell, wonach sich sprachl. Veränderungen gleichsam wie Wellen über Raum und Zeit hinweg ausbreiten und so allmählich zur Diversifikation von Einzelspr. führen. Die W. versucht der Tatsache gerecht zu werden, dass sich unter ⌐ genetisch verwandten Spr. enger benachbarte im Allgemeinen ähnlicher sind als weniger eng benachbarte. Als eine jüngere Abart der W. lassen sich heutige Theorien zur sog. ⌐ lexikalischen Diffusion auffassen. **Lit.** H. Schuchardt, Der Vokalismus des Vulgärlat. 3. Lpz. 1868. – J. Schmidt, Die Verwandtschaftsverhältnisse der idg. Spr. Weimar 1872. – H. Goebl, Stammbaum und Welle. ZS 2, 1983, 3–44. GP

Wellerismus ⌐ Sprichwort

Welsch Histor. Bezeichnung für die roman. Spr.n (und Völker: *Welsche*), v. a. für das Ital. und die Italiener; spätestens seit dem 18. Jh. mit abwertender Nebenbedeutung (auch als Verb: *welschen* ›unverständl. sprechen‹). Das Wort geht zurück auf den kelt. Stammesnamen *Volcae*, german. **walha*- mit der Adjektivableitung **walhisk*-. Das Etymon ist enthalten in den Komposita *Walnuss* und ⌐ *Kauderwelsch*, in einigen geograph. Namen (z. B. *Walchensee*, *Walensee*, *Wallonie*, *Wallachei*), auch im Engl. (*Wales*, *Welsh*, *Cornwall*) und in regionalen Schimpfwörtern (z. B. *Welschgickel*); ⌐ Churwelsch. G

Weltalphabet ⌐ Pasigraphie

Welt-auf-Wort-Ausrichtung ⌐ Direktive

Weltbild-Theorien ⌐ Inhaltbezogene Grammatik, ⌐ Innere Sprachform, ⌐ Sapir-Whorf-Hypothese

Welthilfsprache ⌐ Plansprache

Weltlautschriftverein ⌐ API

Weltschrift ⌐ Pasigraphie

Weltsprache Spr., die weltweit verwendet wird. Gewöhnlich ist eine Spr. gemeint, die weltweit von einer beträchtl. Anzahl von Personen verwendet wird, was derzeit nur auf das Engl. zutrifft und zu früheren Zeiten auf überhaupt keine Spr. zutraf. Je nach Abschwächung der Bedingung (z. B. nur Gelernt-Werden in den Schulen oder Hochschulen der meisten Länder) können auch andere Spr. als W. betrachtet werden (Frz., Span., Dt.). Gelegentl. wird der Terminus auch auf Spr. bezogen, die nur als W. geplant sind (⌐ Plansprachen), ohne als solche verwendet zu werden (z. B. ⌐ Esperanto); ⌐ Internationale Sprache. **Lit.** A. de Swaan, Words of the World. The Global Language System. Cambridge 2001. – D. Crystal, English as a Global Language. Cambridge ²2003. AM

Weltwissen ⌐ Satzsemantik, ⌐ Semantik

Wemfall ⌐ Dativ

Wendisch Histor. Bez. der slav. Adstratsprachen des Dt., v. a. für das ⌐ Sorbische und das ⌐ Slovenische. W. geht zurück auf den Volksnamen der ger-

man. Veneter. Seit dem 19. Jh. hat die Bez. abwertende Bedeutung. G

Wendung ⌐ Phraseologismus

Wenfall ⌐ Akkusativ

Wenkerbogen ⌐ Wenker-Sätze

Wenker-Sätze G. Wenker (1852–1911) bildete für seine ⌐ Dialektdatenerhebungen 40 ›volkstümlich‹ geformte Sätze, die die Gewährspersonen in ›ihren‹ Dialekt übersetzen sollten. Die Sätze erhielten ca. 550 sprachl. Probleme vor allem auf der Lautebene. Die Antworten auf den eingesandten Fragebogen (⌐ Dialektdatenerhebung) wurden auf Karten übertragen (⌐ Sprachatlas). Der 1. Satz lautet: »Im Winter fliegen die trockenen Blätter durch die Luft«. **Lit.** W. Mitzka, Hdb. zum dt. Sprachatlas. Marburg 1952. K

Wenn-Satz ⌐ Konditionalsatz

Werbesprache Sammelbegriff für Sprachformen, die intentional handlungsanweisend für den Rezipienten sind. Ein großer Teil werbesprachl. Äußerungen ist immer noch persuasiv, ausgerichtet auf eine erwünschte (Kauf-)Handlung. Daneben finden sich informative Elemente, die über das Produkt/die Dienstleistung Auskunft geben. Die sprachl. Mittel der W. sind vielschichtig, allgemeines Kennzeichen sind Funktions- und Adressatenbezogenheit. Abhängig sind die sprachl. Formen von der Textsorte, die sie realisieren. Kurze Texte (Schlagzeile, Slogan) erfordern andere als Werbebriefe, Prospekte oder ganzseitige Zeitschriftanzeigen. Häufig stehen die sprachl. Elemente in enger Beziehung zu visuellen Elementen. Das Bild auf einem Plakat oder einer Anzeige ist oft der Aufhänger, wird von einer (kurzen) sprachl. Äußerung ledigl. unterstützt. Manche Fernsehspots verzichten ganz auf gesprochene Sprache, erzielen akust. Wirkung ledigl. durch Musik. Rhetor. und wortspielerische Elemente erfreuen sich bei den Machern von W. großer Beliebtheit, da damit aufmerksamkeitsheischende, überraschende Effekte ausgelöst werden (*Katzen würden whiskas kaufen*: Tiernahrung; *Kuck mal, Konica*: Kamerawerbung, *unkaputtbar*: Mehrweg-Plastikflaschen). Psycholog. gesehen appelliert die W. an Leitbilder (*Kenner kaufen …*), (*Jung sein mit …*), eth. (*ein gutes Gewissen durch …*) und moral. Instanzen (*unserer Umwelt zuliebe …*) sowie allgemein an das Prestige. Der Vorwurf der Manipulation ist schon früh gemacht worden (V. Packard) und wird immer wieder aktualisiert (V. Eicke). W. wirkt durch ihre kreativen Ideen durchaus sprachbildend (*Weck-Glas, Bahn-Card, Disney-Land*), bestärkt aber auch manches Stereotyp (*Deutschland ist schön*: Brauereiwerbung). Das Artifizielle ihrer Machart und ihre massenhafte Verbreitung bringen es mit sich, dass W. heute einen ungleich höheren Einfluss auf die ⌐ Umgangssprache hat als z. B. die Poesie und dass sie zugleich als facettenreiches Abbild des gegenwärtigen Sprachgebrauchs fungiert. **Lit.** V. Packard, Die geheimen Verführer. Ddf.

1962. – R. Römer, Die Sprache der Anzeigenwerbung. Ddf. 1968 (danach mehrere revidierte Neuauflagen). – A. Sahihi & H. Buchmann, Kauf mich. Werbewirkung durch Sprache und Schrift. Weinheim 1987. – V. Eicke, Die Werbelawine. Angriff auf unser Bewußtsein. Mchn. 1991. – A. Zielke, Beispiellos ist beispielhaft. Überlegungen zur Analyse und zur Kreation des kommunikativen Codes von Werbebotschaften. Pfaffenweiler 1991. – Ggwdt., Kap. 9. S

Werden-Passiv ↗ Vorgangspassiv

Werfall ↗ Nominativ

Werkstattsprache In der Fachsprachenforschung Bez. für eine weniger explizite, auf die Bedürfnisse techn.-handwerkl. Produktionsprozesse bezogene, nicht streng normierte Variante einer ↗ Fachsprache; ↗ Theoriesprache, ↗ Verbrauchersprache. G

Werkzeugfall ↗ Instrumental

Wernicke-Aphasie (auch: sensorische Aphasie. Engl. Wernicke's aphasia) Die nach ihrem Entdecker, dem dt. Psychiater Carl Wernicke (1848–1905), benannte ↗ Aphasie ist die auf Hirnläsionen – z. B. durch Durchblutungsstörungen (Sauerstoffmangel, Schlaganfall) oder Schädel-Hirntrauma – in der ersten und zweiten Windung des Schläfenlappens der Großhirnrinde (↗ Gehirn), dem ↗ Wernickeschen Feld, zurückzuführen. Bei der W.-A. ist im Gegensatz zur ↗ Broca-Aphasie, das ↗ Sprachverstehen extrem gestört. Bei gut erhaltener Artikulation, Prosodie und Sprechgeschwindigkeit kommt es jedoch zu zahlreichen, vom intendierten Wort z. T. stark abweichenden phonemat. und semant. ↗ Paraphasien, unverständl. ↗ Neologismen sowie zu bis zur Unverständlichkeit entstellten Satzstrukturen (↗ Paragrammatismus), so dass die Kommunikationsfähigkeit stark eingeschränkt ist. **Lit.** ↗ Broca-Aphasie. GL, GT

Wernickesches Feld (auch: sensorische Sprachregion) Nach dem dt. Psychiater Carl Wernicke (1848–1905), dem Entdecker ihrer Bedeutung für die Sprachwahrnehmung benannte Region der Großhirnrinde (↗ Gehirn) in der ersten und zweiten Windung des Schläfenlappens. Eine Schädigung dieses Rindenareals, beispielsweise durch Durchblutungsstörung (Sauerstoffmangel, Schlaganfall) oder Schädel-Hirntauma, führt zu einer ↗ Wernicke-Aphasie (früher: sensorische ↗ Aphasie); ↗ Paragrammatismus. GL

Wertbereich ↗ Funktion

Wertigkeit ↗ Valenz

Wertung 1. In der Phonologie: Betrachtung einer phonet. engen Lautverbindung (z. B. die dt. ↗ Diphthonge oder ↗ Affrikaten) als ein Phonem (↗ monophonematische Wertung) bzw. mehrere Phoneme (↗ biphonematische, ↗ polyphonematische Wertung). **2.** ↗ Axiologisch. PM

Wertwort ↗ Inhaltsanalyse

Weser-Rheingermanisch (auch: Rhein-Wesergermanisch) Im Rahmen der archäolog. Gliederung der Germanen in den ersten nachchristl. Jahrhunderten in Nord-, Nordsee-, Weser-Rhein-, Elb- und Oder-Weichsel-Germanen werden die Weser-Rhein-Germanen den Istväonen der bei Tacitus bezeugten myth. Gliederung gleichgesetzt. Die ab dem 7./8. Jh. bezeugten Stammesdialekte der Franken werden als W.-R. (Istväon.) verstanden. Eindeutig w.-rh. sprachl. Merkmale fehlen. – **Lit.** ↗ Westgermanisch. B

Wesfall ↗ Genitiv

Westafrikanische Schriftsysteme Im 19. und 20. Jh. in verschiedenen Gebieten Westafrikas von einzelnen Personen entwickelte ↗ Schriftsysteme zur ↗ Verschriftung der jeweils eigenen Spr. Am einflussreichsten war die 1833 in Liberia entstandene und mit einigen Modifikationen bis heute lebendige Vai-Schrift, eine Silbenschrift mit 212 Zeichen. Die rund 100 Jahre später entwickelten Silbenschriften der Mende (Sierra Leone, 1921), Loma (Liberia, um 1935) und Kpelle (Liberia, um 1935) sind von der Vai-Schrift inspiriert worden, möglicherweise auch die phonet. Schrift der Bassa (Liberia, um 1925). Weitere W. sind die urspr. aus 510 Zeichen bestehende und später auf 80 Zeichen reduzierte Silbenschrift der Bamum (Kamerun, um 1903), die Bagam-Silbenschrift (Kamerun, um 1910), die Silbenschrift der Bete (Elfenbeinküste, 1956) sowie die für religiöse Zwecke entwickelte Oɓɛri Okaime-Alphabet (Ostnigeria, um 1930). **Lit.** D. Dalby, A Survey of the Indigenous Scripts of Liberia and Sierra Leone. African Language Studies 8, 1967, 1–51. – Ders., The Indigenous Scripts of West Africa and Surinam. African Language Studies 9, 1967, 156–197. RE

Westafrikanisches Englisch Bez. für verschiedene in anglophonen Ländern Westafrikas verwendete Varietäten des ↗ Englischen als Zweitsprache. GH

Westatlantische Sprachen (frz. Groupe Sénégalo-Guinéen) Westlichste Gruppe der ↗ Niger-Kongo-Sprachen. Umfasst ca. 40 Spr. zwischen dem Senegalfluss und Liberia; Karte ↗ Afrikanische Sprachen, im Anhang. Die zahlenmäßig größte Spr. dieser Gruppe, das ↗ Ful, erstreckt sich entlang des Sahelgürtels von Nordsenegal bis in die Rep. Sudan. Abgesehen von Ful (10 Mio.), ↗ Wolof (6 Mio. S1- und S2-Sprecher), Serer (1 Mio.) und Temne (1 Mio.) werden die W. S. jeweils nur von zwischen ca. 1 000 und wenigen 100 000 Sprechern gesprochen. Die genet. Einheit aller zu den W. S. gerechneten Spr. ist wiederholt angezweifelt worden, da die lexikal. Gemeinsamkeiten im Grundwortschatz sehr gering sind. Die Zusammenfassung zu einer gemeinsamen Gruppe erfolgte ursprüngl. eher aufgrund der geograph. Verteilung und typolog. Ähnlichkeiten. So finden sich in allen W. S. ↗ Nominalklassen und verbale Derivationssuffixe. Mehrere dieser Spr. weisen ferner Anlautpermutation auf, d. h. einen grammat., nicht phonet. bedingten initialen Konsonantenwechsel. Die Anzahl der Nominalklassen reicht von drei (Nalu) bis zu knapp 40 (Kobiana-Gruppe). **Lit.** W. A. A. Wilson, Atlantic. NCL 1989, 81–104. – S. Sauvageot, Description synchronique d'un dialecte Wolof: Le parler du dyolof. Dakar 1965. – H. Labouret, La langue des Peuls ou Foulbé. Dakar 1952. – Y. Sylla, Grammaire moderne du Pulaar. Dakar 1982. – D. W. Arnott, The Nominal and Verbal Systems of Fula. Oxford 1970. – H. Jungraithmayr & A. Abu-Manga, Einführung in die Ful-Sprache. Bln. 1989. **SSG** Stadt- und Universitätsbibliothek Frankfurt/M. (30). RE

Western-Desert-Sprachen ↗ Australische Sprachen

Westfälisch Dialektverband innerhalb des ↗ Niederdeutschen in Westfalen und angrenzenden Gebieten; grenzt mit Interferenzzonen im Süden an das mitteldt. ↗ Mittelfränkische und ↗ Niederhessische, im Westen an das ↗ Niederfränkische (bzw. die ndl. Standardsprache), im Osten an das ↗ Ostfälische und im Norden an das ↗ Nordniederdeutsche; Karte ↗ Dialekt. Das W. gilt als konservativ. Mit dem Ostfäl. und dem Nordniederdt. teilt es im Unterschied zum »Ostniederdt.« den Einheitsplural beim Verb auf *-t* (*wi, gi, se mak(e)t* ›wir, ihr, sie machen‹, deshalb mit diesen auch unter der Bezeichnung »Westniederdt.« zusammengefasst. Als strukturelle Unterscheidungsmerkmale zu den benachbarten ndt. Dialektverbänden des Nordniederdt. und Ostfäl. können insbesondere gelten: die Bewahrung von zwei langen *a*-Lauten für Dehnungs-*a* (mnd. *a* in offener Silbe) und mnd. *â* (z. B. w. *ma:ken* ›machen‹, *ša:p* ›Schaf‹ vs. sonst *må:ken, šå:p*) und die sog. »w. Brechung« der altsächs. Kurzvokale in offener Silbe (z. B. *wiʊtən* ›wissen‹, *eʊtən* ›essen‹, *koʊkən* ›kochen‹). Das W. ist aufgrund der Entwicklung der Langvokalsysteme, insbesondere der mhd. *ê* und *ô*, binnengegliedert in das Münsterländ., Südwestfäl. und Ostwestfäl. **Lit.** P. Wiesinger, Die Einteilung der dt. Dialekte. HSK 1, II, 872–879. – J. Macha u. a. (Hgg.), Rhein.-westfäl. Sprachgeschichte. Köln u. a. 2000. – Westfäl. Wb., Lieferung 1 ff. Neumünster 1973 ff. DD

Westfränkisch ↗ Fränkisch

Westgermanisch Gegenüber Nord- und Ostgerman. abgrenzende zusammenfassende Bez. für die german. Spr. ↗ Englisch, ↗ Friesisch, ↗ Niederländisch und ↗ Deutsch sowie Bezeichnung für ihre hypothet. gemeinsame Vorstufe (etwa bis zum 5. Jh.). Als besonderes sprachl. Kennzeichen gilt die (sog.) westgerman. Konsonantengemination. Eine w. Spracheinheit ist aber aus vielen Gründen umstritten und durch die Annahme einer früheren Dreigliederung in ↗ Nordseegermanisch, ↗ Weser-Rheingermanisch und ↗ Elbgermanisch ersetzt worden. Die Entstehung der sog. w. Spr. ist somit nicht mehr eine Frage der Ausgliederung aus einer w. Einheit als vielmehr die Frage des Zusammenwachsens z. B. des Dt. im Sinne des Hochdt. aus hauptsächl. weser-rheingerman. und elbgerman. Dialekten. **Lit.** St. Sonderegger, Grundzüge dt. Sprachge-

schichte. Bd. I. Bln., N. Y. 1979. – St. Krogh, Die Stellung des Altsächs. im Rahmen der germ. Spr.n. Göttingen 1996. – A. Quak, Franken, § 2. Sprache. In: RGA, Bd. 9, 374–380. – W. Wegstein, Die spachgeograph. Gliederung des Dt. in histor. Sicht. In: HSK ²2, III, 2229–2252. – R. Hildebrandt, Der Beitrag der Sprachgeographie zur Sprachgeschichtsforschung. In: HSK ²2, I, 495–519. – H. Beck, Die german. Spr.n der Völkerwanderungszeit. In: HSK ²2, I, 979–993. B

Westgotisch Bez. für die Spr. des ostgerm. Stammes der Westgoten, die vom Schwarzen Meer über den Balkan, Italien und Südfrankreich nach Spanien zogen und dort das w. Reich gründeten. Das ↗ Gotische war vermutl. entsprechend den Stämmen der Ost- und Westgoten (Ostrogothae, Visigothae) in zwei Dialekte geteilt, über deren sprachl. Differenzierung jedoch wenig bekannt ist. Das im 4. Jh. auf dem Balkan gesprochene W. gilt als Grundlage der got. ↗ Bibelübersetzung durch den w. Bischof Wulfila. Durch Romanisierung der Westgoten nach dem Fall des iber. Reiches (711) ist das W. ausgestorben. **Lit.** ↗ Gotisch. – J. M. Piel & D. Kremer, Hispanogot. Namenbuch. Heidelberg 1976. GR

Westgotische Schrift ↗ Nationalschriften

Westkaukasische Sprachen (auch: nordwestkaukasische Sprachen, abchasisch-tscherkessische Sprachen) Genet. miteinander verwandt und grammat. einander ähnliche Spr., eine der Familien der ↗ kaukasischen Sprachen im Nordwestkaukasus; Karte ↗ kaukasische Sprachen, im Anhang: (a) ↗ Abchasisch und ↗ Abasa (zwei Gruppen einander sehr nahestehender, lautlich verschiedener Dialekte), (b) ↗ Ubychisch, (c) ↗ Tscherkessisch. Agglutinierend, wenige Kasus im Tscherkess., fast keine im Abchas., Possessivpräfixe, extrem ↗ polysynthetisches Verb (Person, Numerus, teilweise Genus (Klasse) der Aktanten; Kategorien ↗ dynamisch vs. statisch, Transitivität, Kausativum, Potentialis, Negation usw.: abchas. *y-lə-s-ró-ró-ta-wa-yt* ›3. Pers. Subj. Sache – 3. Pers. indir. Obj. Fem. – 1. Pers. indir. Obj. – 3. Pers. Pl. Agens-Kausativ-geb(en)-dynam.-finit.-Präs.‹, d. i.: ›sie lassen es mich ihr geben‹), ergativ. Satzkonstruktion, Unterordnung durch Partizipien und adverbiale Verbformen. **Lit.** JaNSSSR IV, M. 1967, 95–183. – ILC 2. – G. Hewitt, North West Caucasian. Lingua 115, 2005, 91–45. BO

Westkuschitisch ↗ Omotische Sprachen

Westmitteldeutsch Sammelbez. der westl. Dialektgruppe des ↗ Mitteldeutschen; umfasst die Dialektverbände des ↗ Mittelfränkischen, ↗ Rheinfränkischen und des ↗ Mittelhessischen sowie mit Vorbehalt (wegen ihrer starken Einbindung in ostmitteldt. Zusammenhänge) das ↗ Nieder- und das ↗ Osthessische. Die traditionelle Grenzziehung zum ↗ Ostmitteldeutsch durch die *Pund/Fund*-Isoglosse im Grenzraum zwischen dem Niederhess. und dem ↗ Thüringischen verläuft, ignoriert die starken strukturellen Zusammenhänge des hess.-thüring. Übergangsgebiets im Vokalismus und sollte daher nicht weiter zur Definition des W. herangezogen werden; Karte ↗ Dialekt. **Lit.** H. Beckers, W. LGL ²1980, 468–473. – P. Wiesinger, Die Einteilung der dt. Dialekte. HSK 1, II, 826–829. DD

Westniederdeutsch ↗ Nordniederdeutsch, ↗ Westfälisch, ↗ Ostfälisch

Westnordisch Westl. Zweig des ↗ Nordgermanischen, vom ↗ Ostnordischen durch eine Reihe von Archaismen getrennt. Im Altwestnord. setzt sich das Gemein-↗ Altnordische ohne große Veränderungen fort. Hauptzeuge mit reicher lit. Überlieferung ist das sprachl. konservative Altisländ. Ggü. dem Ostnord. ist das W. offener für Vokalsenkungen. So ist der *a*-Umlaut umfassender durchgeführt als im Ostnord., der Diphthong germ. *eu*, urnord. *iu* wird vor Apikalen zu *jó* (aisl. *bjóða* ›bieten‹ vs. altschwed. *biuða*, neuschwed. *bjuda*), das Negationspräfix germ. *un-* zu *ó-* gesenkt (ostnord. *ū-*). Das W. umfasst heute Nynorsk (Neunorweg.; ↗ Norwegisch), Färing. und Isländ. **Lit.** HSK 22. RK

Westoberdeutsch ↗ Alemannisch

Westostfurche ↗ Benrather Linie

West-Pañjāb-Sprachen (auch: Lahndā) Von drei in Pakistan gesprochenen ↗ indoarischen Sprachen gebildete Gruppe. Poṭhohārī (im nördl. Teil der Provinz Punjab), Hindkō (im äußersten Nordwesten der Provinz Punjab und den angrenzenden Gebieten), Sirāikī (im südwestl. Teil der Provinz Punjab); Karte ↗ Indische Sprachen, im Anhang. Die beiden erstgenannten Spr. sind schriftlos und haben keinen offiziellen Status, Sirāikī wird seit dem 18. Jh. in bescheidenem Ausmaß als Schriftspr. verwendet. Die verwendete Schrift ist eine modifizierte Variante des in Pakistan gebräuchlichen arab. Alphabets. Früher wurde v. a. zu kommerziellen Zwecken die Laṇḍā-Schnellschrift verwendet; ↗ Indische Schriften. FZ

West-Papua-Sprachstamm ↗ Papua-Sprachen

Westslavisch (engl. West Slavonic, frz. slave occidental) Zweig des ↗ Slavischen, der häufig (eher aus geograph. Gründen) weiter unterteilt wird in eine Lechisch genannte Gruppe mit dem ↗ Polnischen, dem ↗ Sorbischen, dem heute ausgestorbenen ↗ Elbslavischen oder ↗ Polabischen sowie dem Ostseeslavischen oder Pomoranischen (slav. *po* ›an‹, *more* ›Meer‹ = ›Küstenanwohner‹), bestehend aus dem ↗ Kaschubischen und dem Slovinz. (ebenfalls ausgestorben), in eine weitere Gruppe, bestehend aus dem ↗ Tschechischen und dem ↗ Slovakischen, sowie in eine dritte, zwischen beiden liegende Gruppe, bestehend aus den beiden Varianten des ↗ Sorbischen; Karte ↗ Europäische Sprachen, im Anhang. – Lautgeschichtl. kann das W. vollumfänglich durch die Bewahrung der Kons.gruppen [dl], [tl] ausgegrenzt werden, die im ↗ Ostslavischen und ↗ Südslavischen vereinfacht worden sind, vgl. poln., sorb. *mydło*, tschech. *mýdlo*, slovak. *mydlo* ›Seife‹ im Ggs. z. B. zu russ. *mýlo* ›dass.‹. HA

Wetterverb ↗ Witterungsverb

W-Frage ↗ Ergänzungsfrage

Wheeler'sches Gesetz ↗ Dreimorengesetz

Wichita ↗ Caddo-Sprachen

Widerspiegelungstheorie ↗ Abbildtheorie

Wiederaufnahme ↗ Rekurrenz

Wiederholungszahl ↗ Numerale

Wiegendruck ↗ Inkunabel

Wienerisch Ausgleichssprache (↗ Halbmundart) Wiens und seiner Umgebung auf der Basis des Mittelbair. im Dialektverband des ↗ Bairischen. In der Lexik beeinflusst von den zahlreichen zugewanderten Wienern fremder Muttersprache. **Lit.** E. Kranzmayer, Wien, das Herz der Maa. Österreichs. In: Fs. Höfler, Wien 1968, 339–349. – P. Wehle, Sprechen Sie W.? Wien u. a. 1980. DD

Wiewort ↗ Adjektiv

Wilde Kinder ↗ Wolfskinder

Willkürlichkeit ↗ Arbitrarität

Wintelers Gesetz Von M. Heyne geprägt, benannt nach Jost Winteler (s. Grimm, DWb. VIII, Sp. 1569). Es lautet:»Stämme (oder wurzeln) auf die fortis *k* können, wenn sie durch iteratives -*azz*- = got. -*atj*- erweitert werden, nach schwund des vokals der ableitungssilbe, umstellung der gutturalen fortis und des zz (= tz, z) erleiden und weiterhin das so entstandene *zk* in *tsch* verwandeln.« (PBB 14, 456); Bsp.: *rucken* + *azzen* > *ruckazzen* > *ruzken* > *rutschen*. H. Paul (Dt. Grammatik, Bd. 1, Halle 1916, S. 351) billigt ihm keine allgemeine Gültigkeit zu. DD

Wintu ↗ Penuti-Sprachen

Wirklichkeitsform ↗ Indikativ

Wirkungsbereich ↗ Skopus

Wissen (engl. knowledge) ›Master term‹ und Grundbegriff der kognitiven Psychologie (↗ Kognition). Nach den Vorstellungen vieler kognitiver Psychologen ist W., sein Erwerb, seine Organisation, die verschiedenen Arten des W. wichtigster Gegenstand der Psychologie. Die Ausdehnung des W.begriffs über seine Alltagsbedeutung hinaus impliziert z. B. für den Bereich der Spr., dass nicht nur explizites, deklaratives (d. i. tatsächl. abfragbares) W. in Betracht gezogen wird, sondern auch implizites W., dessen Vorhandensein ledigl. aus bestimmten beobachtbaren Verhaltensweisen erschlossen werden kann (aus dem Sprechen, Verstehen, Beurteilen der ↗ Grammatikalität von Sätzen usw.). Zum sprachl. W. zählt nach Coseriu (1988) neben dem techn. (auf Grammatik und Lexikon einer Einzelspr. beschränkten) W. auch noch das allgemeine Redewissen, das einzelsprachübergreifende Regularitäten des Sprechens systematisiert, und das textuelle Wissen, das die gesamten Umgangserfahrungen der Sprecher mit Textarten, -sorten, -aufbauprinzipien umfasst. Alle Arten des W. werden zwar im Umkreis der einzelsprachl. Redetechniken realisiert, sind aber von dieser teilweise unabhängig, d. h. sie müssen beim Übergang von einer zu einer anderen natürl. Spr. nicht neu gelernt werden. Denkbar und wichtig sind aber auch andere Unterscheidungen im sprachl. W.: so unterscheidet sich das unmittelbar operative sprachl. W. von den bewussten Ressourcen (↗ Sprachbewusstsein) der Kontrolle und Beurteilung des Gesprochenen. In der Ling. gelten auch vielfach die Strukturebenen des Sprachsystems (Phonologie, Morphologie, Syntax, Semantik; die Pragmatik ist in ihrer Zugehörigkeit zum Sprachsystem vielfach strittig) als Arten des sprachl. W. Äußerst strittig ist auch die Frage nach dem Erwerb des sprachl. W. Während die Anhänger der GG es für überwiegend angeboren halten (↗ Mentalismus, ↗ Nativismus), gibt die Mehrzahl der anderen psycholinguist. Schulen dem Lernprozess mehr Raum, zumal es bei allem wirkl. ›gekonnten‹ menschl. Verhalten keine Möglichkeit gibt, zwischen ›angeboren‹ und ›durch Übung automatisiert‹ zu unterscheiden. Wie alle ›master terms‹ ist auch der Begriff des (sprachl.) W. letztl. eher eine Induktionsidee als ein definitor. klares Konzept. **Lit.** E. Coseriu, Sprachkompetenz. Tübingen 1988. KN

Wissensbasiertes System In der Forschung über ↗ Künstliche Intelligenz verwendeter informeller Begriff zur Charakterisierung solcher Computerprogramme, die zur Problemlösung auf Informationsbestände zurückgreifen, die Alltags- oder Expertenwissen repräsentieren. Im Gegensatz zu einem Programm, das eine Ausgabe unmittelbar durch Anwendung von Prozeduren auf eine Eingabe erzielt, wird bei einem W. S. eine Wissensbasis verwendet, die i. d. R. aus komplexen strukturierten Daten besteht, die z. B. mit ↗ Suchalgorithmen und ↗ Inferenzmaschinen ausgewertet werden. Eine wichtige Variante zu W. S. stellen Expertensysteme dar; auch Systeme zur ↗ Sprachverarbeitung sind i. d. R. wissensbasiert. L

Wissenschaftssprache Natürl. Spr., in der wiss. Erkenntnisse gewonnen, formuliert, veröffentlicht und rezipiert werden. Die Verwendung einer Spr. in der Funktion einer W. setzt einen breiten Ausbau (↗ Ausbausprache) voraus, der ↗ Terminologien und geeignete grammat. Mittel bereitstellt. Viele Spr. sind nicht oder nur eingeschränkt als W. verwendbar; es wird dann in der Forschung und in den höheren Stufen des Bildungswesens auf internationale W. zurückgegriffen. Das Dt. entwickelte sich im 18. und 19. Jh. auf Kosten des Lat. zu einer umfassend einsetzbaren W. Diesen Status hat es im 20 Jh. wieder verloren. Es ist heute noch in bestimmten Wissensgebieten W. (z. B. Jura, einige Geisteswiss., Theologie), wurde aber v. a. in den Naturwiss. vom Engl. abgelöst. **Lit.** U. Ammon, Ist Dt. noch internationale W.? Englisch auch für die Lehre an den deutschsprachigen Hochschulen. Bln., N. Y. 1998. – F. Debus u. a. (Hgg.), Dt. als W. im 20. Jh. Vorträge des Internat. Symposiums vom 18./19. Januar 2000. Stgt. 2000. – W. Roggausch (Hg.), Dt. als W. Bonn 2007. G

Wissensrepräsentation (engl. knowledge representation) Teilgebiet der ↗ Künstlichen Intelligenz, in dem untersucht wird, wie Alltags- und Expertenwissen so repräsentiert werden kann, dass intelligente Handlungen und Schlussfolgerungen möglichst effektiv unterstützt werden. Wichtige Repräsentationsformalismen sind z. B. ↗ Logiken und ↗ Vererbungsnetzwerke. L

Witoto Südamerikan. Sprachfamilie, Sprachgebiet: Ufer des Putumayos im Grenzgebiet von Kolumbien und Peru. Mögl. Verwandtschaft mit den benachbarten Bora-Spr. Einzelspr. sind Mïnïca Huitoto, Murui Huitoto, Ocaína; Karte ↗ Südamerikanische Sprachen, im Anhang. **Lit.** Sh. Burtch, Diccionario Huitoto-Murui. Yarinacocha 1983. – R. P. Aschmann, Proto Witotoan. Dallas 1993. – M. S. González de Pérez & M. L. Rodríguez de Montes (eds.), Lenguas indígenas de Colombia. Una visión descriptiva. Bogotá 2000. **SSG** Ibero-Amerikanisches Institut Berlin (204). AD

Witterungsverb (auch: Verbum meteorologicum, Wetterverb) Semant. definierte Subklasse der Wortart ↗ Verb, die Witterungserscheinungen bezeichnet, z. B. *regnen, schneien, hageln, donnern, stürmen*. Im Dt. treten diese Verben mit dem Subjektspronomen *es* auf, das jedoch semant. leer ist, da ein Urheber dieser Witterungsvorgänge nicht benannt werden kann. In morphosyntakt. Hinsicht kommt diesen Verben daher eine einstellige ↗ Valenz zu, in semant. Hinsicht sind die W. nullwertig; ↗ unpersönliches Verb, ↗ Ereignisverb. PT

Wiyot ↗ Makro-Algonkin-Sprachgruppe

Wohlgeformtheit ↗ Akzeptabilität, ↗ Grammatikalität

Wohlgeformtheitsbedingungen ↗ Beschränkungen

Wohlklang ↗ Euphonie

Wohnstättenname ↗ Familienname

Wolayta (Welamo) ↗ Omotische Sprachen

Wolfskinder (auch: Wilde Kinder) In Isolation (Gefangenschaft, freier Natur) aufgewachsene Kinder (Mythos: von Wölfen aufgezogen, z. B. die Gründer Roms), die eines Tages in menschl. Gemeinschaft auftauchen. Für die Wiss. sind sie von besonderem Interesse, weil man sich von einer Analyse ihres Entwicklungsstands beim Eintritt in die Gesellschaft und ihrer weiteren Entwicklungsmöglichkeiten Aufschluss darüber verspricht, welche menschl. Fähigkeiten angeboren und welche durch Erfahrung erworben sind. Berühmtes W.: Kaspar Hauser; er erwarb als einziges N. voll ausgebaute Spr. einschl. der Schriftspr. Besonders gut dokumentiert ist Entwicklung und Erziehung des W. Viktor v. Aveyron. **Lit.** S. Curtiss, Genie: a Psycholinguistic Study of a Modern-Day »Wild Child«. N. Y. 1977. – J. Hörisch (Hg.), Ich möchte ein solcher werden wie … Materialien zur Sprachlosigkeit des Kaspar Hauser. Ffm. ⁴1994. – L. Malson u. a., Die wilden Kinder. Ffm. ¹²1999. AN

»Wolfsrachen« ↗ Lippen-Kiefer-Gaumenspalte

Wolgabolgarisch ↗ Turksprachen
Wolgafinnisch ↗ Uralische Sprachen
Wolof (auch: Dyolof, Jolof) Zahlenmäßig größte der ↗ westatlantischen Sprachen mit ca. 9 Mio. Sprechern; Sprachgebiet: Senegal (ca. 40 % der Bevölkerung hat W. als S1, weitere 40 % als S2), Gambia und Südmarokko (vor allem als S2). In Senegal hat das W. mit weiteren fünf einheim. Spr. einen Status als Nationalspr.; Karte ↗ Afrikanische Sprachen, im Anhang. Eine lat. basierte ↗ Verschriftung erfolgte Anfang des 19. Jh.; der Alphabetisierungsgrad ist jedoch relativ gering, da in Senegal in allen offiziellen Funktionen das Frz. gefördert wird.   RE
Word Grammar Monostratale Grammatiktheorie ohne Transformationen. Syntakt. Abhängigkeiten werden als Abhängigkeiten zwischen Wörtern erfasst. Für grammat. Funktionen werden explizite Bezeichnungen (Subjekt, Objekt) verwendet. Morphosyntakt. Merkmale werden nur im Bereich der Flexion benutzt. Semant. Konzepte werden als Prototypen angenommen, nicht als fest umrissene Kategorien. W.G. zieht keine klare Grenze zwischen Bereichen sprachl. Wissens wie »Lexikon«, »Grammatik« etc., sondern sieht Spr. als Wissensnetzwerk in Anlehnung an die neurokognitive Ling. Ebenso wird keine Grenze zwischen sprachinternen und sprachexternen Faktoren gezogen, so dass bspw. auch sozioling. Wissen als Teil der W.G. erscheint. **Lit.** D. Hudson, Word Grammar. Oxford 1984.   FR
Wort (auch: Lex, Lexem, Formativ. Engl. word, frz. mot) Intuitiv gut erfassbare, doch theoret. schwer zu definierende Grundeinheit des ↗ Wortschatzes. Die wichtigsten bisher vorgeschlagenen Definitionskriterien sind: (a) orthograph. Kriterien: Als W. gilt eine Buchstabensequenz, die zwischen zwei Leerzeichen (Spatien) auftritt und selbst kein Leerzeichen enthält. Diese Definition kann jedoch nur in verschrifteten Spr. angewendet werden und dort auch nur auf Spr. mit alphabet. Schriftsystem, das Leerzeichen verwendet (in Europa erst seit ca. 1000 n. Chr.). Nach diesem Kriterium wären z.B. im Dt. *Hört auf!* oder *Komm mit!* jeweils zwei W., *Aufhören!* oder *Mitkommen!* aber jeweils nur ein W. Letztlich wird der Wortstatus hier von veränderbaren Regeln der ↗ Getrennt- und Zusammenschreibung abhängig gemacht. (b) Morpholog. Kriterien: W. ist eine minimale freie Form, d.h. eine kleinste Einheit, die selbständig anstelle eines Satzes auftreten kann, z.B. als Antwort auf eine Frage. Nach diesem Kriterium kann eine Reihe von W. nicht als solche gewertet werden, wie z.B. Konjunktionen und bestimmte Partikeln. Außerdem können W. ihrerseits wieder aus W. zusammengesetzt sein, wie z.B. *Fremdsprache* oder *Hals-Nasen-Ohren-Arzt.* (c) Semant. Kriterien: W. sind die kleinsten Einheiten, denen eine Bedeutung zugeordnet werden kann. Dieses Kriterium erfasst jedoch nicht W., sondern ↗ Morpheme, genauer gesagt: freie Morpheme als kleinste selbständige bedeutungstragende

sprachl. Einheiten. (d) Syntakt. Kriterien: W. sind die kleinsten sprachlichen Einheiten, die innerhalb eines Satzes verschiebbar sind. Häufig können W. innerhalb eines Satzes jedoch nur zusammen verschoben werden, wie etwa Artikel, Adjektiv und Nomen einer ↗ Nominalphrase. Auch das Kriterium, dass W. durch nichts unterbrochen werden können, trifft nicht auf alle W. zu, vgl. etwa *Weltkonferenz* und *Weltfrauenkonferenz*. Die Schwierigkeiten bei der Definition von W. führen z.B. Wurzel (2000) dazu, graduelle Übergänge zwischen W. und syntakt. Phrasen anzunehmen. Zu unterscheiden ist in jedem Fall das W. als Basiseinheit des Lexikons, das ↗ Lexem oder lexikal. Wort (»Wörterbuchwort«), bei dem die verschiedenen Flexionsformen des W. unberücksichtigt bleiben, und das W. als grammat. W., das als flektiertes W. bestimmte grammat. Merkmale wie Kasus, Numerus, Tempus etc. aufweist. So repräsentieren *Frau* und *Frauen* dasselbe Lexem, doch es handelt sich um verschiedene grammatische W. bzw. ↗ Wortformen. In morpholog. Hinsicht lassen sich einfache und zusammengesetzte W. unterscheiden (↗ Simplex, ↗ Derivatum, ↗ Kompositum, ↗ Wortbildung), in semant. Hinsicht ↗ Autosemantika und ↗ Synsemantika. Aufgrund morpholog., semant. und syntakt. Eigenschaften können W. in ↗ Wortarten klassifiziert werden. Aufgrund semant. Gemeinsamkeiten können W. zu ↗ Wortfeldern zusammengestellt werden, aufgrund gleicher Herkunft zu ↗ Wortfamilien. **Lit.** H. Bergenholtz & J. Mugdan, Einf. in die Morphologie. Stgt. 1979. – Th. Schippan, Lexikologie der dt. Gegenwartsspr. Tübingen 1992. – J. Aitchison, Words in the Mind. Oxford [2]1994, dt.: ›Wörter im Kopf‹. Tübingen 1997. – G.A. Miller, Wörter: Streifzüge durch die Psycholinguistik. Ffm. 1995. – L. Bauer, Word. HSK 17, I, 247–257. – W. Wurzel, Was ist ein Wort? In: R. Thieroff et al. (Hgg.), Dt. Grammatik in Theorie und Praxis. Tübingen 2000, 29–42. – Eisenberg I. – C. Knobloch & B. Schaeder, Das W. In: L. Hoffmann (Hg.), Hdb. der dt. Wortarten. Bln., N.Y. 2007, 21–50.   PT
Wortakzent ↗ Akzent
Wortart (auch: Wortklasse, Redeteil. Engl. word class, frz. classe de mot, partie du discours) W. sind aus der Klassifizierung des Wortschatzes nach grammat. Gesichtspunkten hervorgegangene Gruppen von Wörtern, die über (weitgehend) gleichartige grammat. Eigenschaften verfügen. Diese grammat. Gliederung des Wortschatzes ist eine immanente Eigenschaft jeder natürl. Spr. W. dienen u.a. dazu, einen semant. Inhalt für unterschiedl. syntakt. Positionen verfügbar zu machen, also die lexikal. Ressourcen optimal zu nutzen. Die W. sind nach wie vor vieldiskutierte Größen des Sprachsystems, da ihrer Einteilung in der Forschung höchst unterschiedl. Kriterien zugrunde gelegt werden und die Divergenz in den method. Voraussetzungen und theoret. Vorentscheidungen oft keinen Vergleich

der Untersuchungsresultate zulässt. So mahnt Ramat (1999, 162) an, zwischen Bedeutung und semant.-pragmat. Funktion eines sprachl. Ausdrucks einerseits und seinem vom Sprachsystem bereitgestellten syntakt. Potential andererseits klar zu unterscheiden. Weiterhin stellt die übereinzelsprachl. Variation ein Hindernis für das Verständnis und die Untersuchung von W. dar. Uneinigkeit besteht v. a. darin, welche Kriterien als konstitutiv für die Etablierung von W. gelten sollen. Einteilungen nach der Semantik der Wörter haben sich zumindest für flektierende Spr. wie das Dt. als ungeeignet erwiesen, da sich (a) die Semantik erst in der Syntax manifestiert, (b) W. semant. heterogen sind (Verben bezeichnen bspw. nicht nur Handlungen und Tätigkeiten), (c) eine bestimmte Bedeutung durch unterschiedl. Wortklassen ausdrückbar ist (das ⁊ Hausa bspw. verfügt kaum über Adjektive, drückt Eigenschaften aber vielfältig aus). Daher herrscht mittlerweile die Überzeugung vor, dass morphosyntakt. Merkmale für die Gliederung in W. am angemessensten sind. So wird z. B. für das Dt. zunächst zwischen flektierbaren und nicht flektierbaren W. unterschieden und anschließend eine Feinabstimmung nach dem jew. syntakt. Potential durchgeführt: Flektierbare W. sind ⁊ Substantive, ⁊ Adjektive, ⁊ Verben, ⁊ Pronomina, ⁊ Artikel, ⁊ Numeralia. Unflektierbare sind ⁊ Adverbien, ⁊ Partikeln, ⁊ Konjunktionen, ⁊ Präpositionen. Diese Einteilung entspricht größtenteils der bereits in der Antike (z. B. Dionysios Thrax, ca. 200 v. Chr.) vorgenommenen Klassifizierung der W. Bei der Klassifizierung des Wortschatzes nach W. machen v. a. die sog. ›kleinen‹ W. die größten Probleme (z. B. Adverbien, Partikeln), da sie über weniger morphosyntakt. Eigenpotential verfügen und gleichzeitig unterschiedl. syntakt. Funktionen übernehmen. So werden die Unflektierbaren zuweilen als ⁊ Papierkorbkategorie zusammengefasst. Gliederungen, bei denen nicht alle Wörter disjunkt in homogene Klassen einzuteilen sind, liegen in der Natur des Gegenstandes begründet; insofern ist, wie Plank (1984, 489) bemerkt, nicht der Gegenstand als auch Quelle der Probleme, sondern dessen Handhabung. Bspw. kann ein Wort zu zwei Wortarten gehören (*bis* ist Konjunktion und Präposition). Außerdem muss ein Wort nicht alle Kriterien erfüllen, da nicht alle Kriterien gleich wichtig sind und schwache Eigenschaften u. U. ignoriert werden können (Plank 1984, 499). Hier hat die Prototypentheorie (⁊ Prototypensemantik) entscheidend zum Verständnis der W. beigetragen: Manche Lexeme sind ›gute‹, zentrale Vertreter ihrer Kategorie, indem sie das gesamte Spektrum des Verwendungspotentials ausschöpfen, andere stehen eher am Rand der Kategorie. Zwei zentrale Motive für die Beschäftigung mit W. sind deren Schärfung als ling. Beschreibungsbegriffe sowie das Erarbeiten einer Basis für übereinzelsprachl. Vergleiche, wie es im Rahmen der

⁊ Sprachtypologie versucht wird. W. übereinzelsprachl. festzulegen ist bislang nicht gelungen. **Lit.** E. Coseriu, Über die Wortkategorien (›partes orationis‹). In: Ders., Formen und Funktionen. Studien zur Grammatik. Tübingen 1987, 24–44. – G. Helbig (Hg.), Beiträge zur Klassifizierung der W. Lpz. 1977. – F. Plank, 24 grundsätzl. Bemerkungen zur W.frage. LBer 73, 4, 1984, 489–520. – P. Ramat, Linguistic Categories and Linguist's Categorization. In: Linguistics 31, 1, 1999, 157–180. – H.-J. Sasse, Syntactic Categories and Subcategories. HSK 9, I, 646–686. – P. M. Vogel & B. Comrie (eds.), Approaches to the Typology of Word Classes. Bln., N. Y. 2000. – L. Hoffmann (Hg.), Hdb. der dt. Wortarten. Bln. u. a. 2007. SO

Wortartwechsel (auch: Transfiguration, Transposition, implizite Wortableitung, Wortklassenwechsel) Die Überführung eines Lexems von einer Wortart in eine andere im Rahmen der ⁊ Wortbildung wird als W. bezeichnet: *siegen* (Verb) > *Sieg* (Substantiv), *Hamster* (Substantiv) > *hamstern* (Verb). Ein Sonderfall ist die ⁊ Konversion, bei der der W. ohne formale Veränderung vor sich geht (ausgenommen die Großschreibung): *essen* > *das Essen*. **Lit.** P. M. Vogel, Wortarten und Wortartenwechsel. Zu Konversion und verwandten Erscheinungen im Dt. und anderen Spr. Bln. u. a. 1996. – C. Knobloch (Hg.), Wortarten und Grammatikalisierung. Bln. 2005. SO

Wortatlas ⁊ Sprachatlas

Wortbedeutung ⁊ Lexikalische Bedeutung

Wortbedeutungslehre ⁊ Semasiologie

Wortbestand ⁊ Wortschatz

Wort-Bildschrift In der älteren Schriftlinguistik Bez. für ⁊ Piktographien (⁊ Ideographien), in denen unmittelbare Korrelationen zwischen Zeichengestalten (stilisierten Bildern) und Zeichenbedeutungen, nicht jedoch festliegenden sprachl. Einheiten (Wörtern) bestanden. G

Wortbildung (engl. word formation, frz. formation des mots) Gebiet der Sprachwiss., das sich mit dem Aufbau zusammengesetzter Wörter befasst. Neben Prägung (⁊ Neologismus) und ⁊ Entlehnung ist W. die dritte und im Dt. produktivste Möglichkeit, den Wortschatz zu erweitern. Hierzu steht ein begrenztes, wenngleich erweiterbares Inventar sprachl. Zeichen zur Verfügung und eine begrenzte Zahl von Möglichkeiten, diese Zeichen zu kombinieren. Die Lehre von der Wortbildung beschreibt sowohl (a) die Konstituenten als auch (b) ihre Kombinationsmöglichkeiten. (a) Die kleinste Einheit der Wortbildung ist das ⁊ Morphem. Es bezeichnet nicht weiter zerlegbare Bedeutungsträger wie *Haus* oder *Hof*. Diese ⁊ Simplizia sind semant. Kerne (Träger lexikal. Bedeutungen), sie unterscheiden sich damit grundsätzl. von Wortbildungsaffixen (etwa in *häuslich*, *höfisch*), die nur in W. (⁊ Ableitungen) vorkommen und weniger eine Bedeutung als vielmehr eine Funktion haben (hier: Wortartwechsel; ⁊ Transposition). Zwischen bedeutungstragenden ↗ freien Grundmorphemen und funktionstragenden ↗ Affixen existiert eine Reihe schwer zu fassender Elemente (↗ Affixoid, ↗ Konfix). Weiterhin gibt es eine große Zahl von Morphemen ohne lexikal. Bedeutung und ohne klare morpholog. Funktion, nämlich die ↗ morphologischen Reste, die ↗ Fugen und die ↗ Infixe. Schließlich existieren Wörter, die formal aus Morphemen bestehen und dennoch nicht in der Weise zerlegbar sind, dass den einzelnen Konstituenten jeweils Bedeutungen oder ggf. Funktionen zugewiesen werden können (↗ Idiomatisierung wie *Haushalt*). Dass Konstituenten ihrerseits Konstituenten enthalten können, liegt auf der Hand (*Haus*[[-*hof*][*meister*]]). Dennoch wird innerhalb der im Großen und Ganzen strukturalist. geprägten ↗ synchronen W. (↗ Strukturalismus) grundsätzl. binär segmentiert, bis zur Ebene der Morpheme. (b) Mit der Beteiligung bestimmter Morpheme korrelieren entsprechende ↗ Wortbildungsmuster: Kombinationen von Grundmorphemen sind ↗ Komposita, Kombinationen von Grundmorphemen und Affixen sind ↗ Derivationen, Wortbildungen ohne hinzugefügte Wortbildungselemente sind ↗ Konversionen. In allen drei Bereichen gibt es Abweichungen, die ggf. zur Annahme andersartiger Wortbildungstypen führen. So sind ↗ Univerbierungen Kombinationen freier Grundmorpheme, aber keine Komposita. ↗ Präfigierungen verbaler Stämme sind nicht notwendig Derivationen (↗ Präfixkonversion). W. ohne hinzugefügte W.elemente sind nicht notwendig Konversionen (↗ Implizite Ableitung). Liegen Konversionen, Derivationen oder Kompositionen vor, sind alle weiteren Subklassifizierungen relationaler Art: In ↗ endozentrischen Komposita ist die finale Konstituente Kopf und Kern, was für ↗ exozentrische Komposita nicht gilt. In Präfigierungen sind die Affixe weder Kopf noch Kern, in Suffigierungen sind Suffixe nur Kopf, durch syntakt. Konversion werden Modifizierer in syntakt. Phrasen zu Köpfen derselben (*das schöne Haus* ↗ *das Schöne ~~Haus~~*). Morphosyntakt. Relationen determinieren häufig Wortbildungsregularien, insbesondere in der verbalen (↗ Objektinkorporation) oder deverbalen (↗ Argumentvererbung) W., aber auch in morpholog. Strukturen, die die Verhältnisse in Nominalphrasen abbilden (↗ Phrasale Ableitung, ↗ Phrasale Komposition, ↗ Zusammenbildung). Auch die ↗ Semantik ist nicht ohne Einfluss auf die W. als ling. Disziplin, denn in Ableitungen sind die Affixfunktionen auch semant. beschreibbar, etwa durch Überführung von morpholog. in syntakt. Strukturen, die semant. Funktionen offenbaren (*Häuslein* ›kleines Haus‹ = ↗ Diminutivum). Neben morphosyntakt. und semant. Beschreibung bleibt die etymolog. Beschreibung von W. wichtig. Hier ist die ›Wortgebildetheit‹ – die Frage, wie heute existente Wortformen auf ältere Wortschatzbestände zurückzuführen sind – zentral. Wortbildungsmorpholog. Fragestellungen

zu Lexemen älterer Sprachstände sind grundsätzl. mit demselben Instrumentarium beschreibbar. So stehen auch hier Fragen nach Art und Zahl semant. bestimmter Wortbildungsmuster (= ↗ Wortbildungstypen) im Vordergrund, nach wortartspezif. Besonderheiten, die heute etwa im verbalen Bereich sehr ausgeprägt sind: So spielt in der W. der Verben des Dt. das insgesamt produktivste Muster (↗ Determinativkompositum) kaum eine Rolle, dafür aber spezif. verbale Verfahren, nämlich ↗ Partikelbildungen und Sondermuster wie Univerbierungen. Die jüngere synchrone Forschung zur W. befasst sich daher überwiegend mit den Regeln und Restriktionen, denen W. unterliegt, den peripheren Mustern oder ebensolchen Morphemkandidaten, dem Spannungsfeld von Entlehnung und W., mit Sonderformen der Wortbildung wie den ↗ Kürzungen oder mit ↗ Korpusanalysen, die teilweise überraschende Tendenzen in der Erweiterung unseres Wortschatzes offenbaren. **Lit.** L. Bauer, English Word-Formation. Cambridge 1993. – E. Donalies, Die W. des Dt. Tübingen ^{2}2005. – Duden Gr^8. – Eisenberg I. – S. Eschenlohr, Vom N. zum V.: Konversion, Präfigierung und Rückbildung im Dt. Hildesheim 1999. – Fleischer & Barz WB^2. – Ggwdt.^{2} – HSK 17 – M. Lohde, W. des modernen Dt. Tübingen 2006. – H. Marchand, The Categories and Types of Present-Day English Word-Formation. Mchn. ^{2}1969. – F. Simmler, Morphologie des Dt. Berlin 1998.   ES

Wortbildungsaffix ↗ Wortbildungsmorphem

Wortbildungselement ↗ Wortbildungsmorphem

Wortbildungslehre ↗ Wortbildung

Wortbildungsmodell ↗ Wortbildungsmuster

Wortbildungsmorphem (auch: Formativ) Bez. für ↗ Affixe, die in der Wortbildung zur ↗ Modifikation (*dumm* ↗ *dümmlich*) oder ↗ Transposition (*dumm* ↗ *Dummheit*) ihrer ↗ Ableitungsbasen verwendet werden; ↗ Affix, ↗ Derivation.   ES

Wortbildungsmuster (auch: Wortbildungsmodell, Wortbildungstyp) Im Wortsinn gebrauchter Terminus für die Verfahren, die einer Spr. zur Bildung neuer Wörter zur Verfügung stehen. Im Dt. sind das im Kernbereich ↗ Komposition, ↗ Derivation und ↗ Konversion einschließl. der jeweiligen Subtypen. Vorschläge zur Unterscheidung von W., Wortbildungsmodellen und -typen haben sich nicht durchgesetzt, die Termini werden i.d.R. synonym gebraucht. Nach Fleischer & Barz (1995, 53–57) sind Wortbildungsmodelle – anders als Wortbildungstypen – produktive Verfahren. Der Terminus W. impliziert keine Festlegungen dieser Art. **Lit.** Fleischer & Barz WB^2.   ES

Wortbildungsregel Bez. für die Kombinationsmöglichkeiten und strukturellen Restriktionen, die die Verwendbarkeit von Wortbildungsmustern einer Spr. determinieren. W. sind u.U. sehr detailliert (vgl. etwa die negativ konnotierten Vorgangskollektiva wie *Pfeiferei*, *Drängelei* usw.; Erben 2006, 51).

Selbst bei den produktivsten Suffixen finden sich Restriktionen, z. B. die nach Eisenberg (2006, 278) blockierte Bildung von Abstrakta auf -*ung* bei echten Dativverben, z. B. *landen > Landung, fehlen > *Fehlung*). In generativen Ansätzen zur Wortbildung sind W. zentral (vgl. etwa ⁊ Unitary Base Hypothesis). W. meint aber nicht notwendig Restriktionen, der Terminus wird mitunter auch als Synonym für ⁊ Wortbildungstyp verwendet. **Lit.** Eisenberg I, 278 f. – J. Erben, Einf. in die dt. Wortbildungslehre. Berlin ⁵2006. – Fleischer & Barz WB², 56 f. ES

Wortbildungstyp ⁊ Wortbildungsmuster

Wortblindheit ⁊ Lese-Rechtschreibschwäche

»Worten der Welt« ⁊ Inhaltbezogene Grammatik

»Wörter und Sachen« Sprachwiss. Schule der Zeit um 1900, die den Zusammenhang zwischen materieller Kultur und sprachl. Bezeichnungen ins Zentrum ihrer Untersuchungen stellte und v. a. dialektolog. mit sachkundl. und volkskundl. Untersuchungen (heute würde man sagen: mit der ⁊ »Ethnographie der Kommunikation«) verband. Ihre Erkenntnisse wurden publiziert in *Wörter und Sachen – Kulturhistor. Zs. für Sprach- und Sachforschung* (Heidelberg 1909 ff.). **Lit.** R. Meringer, Wörter und Sachen. IF 16, 1904/05, 101–196 und 17, 1904/05, 100–166. – H. Schuchardt, Sachen und Wörter. Anthropos 7, 1912, 827–839. G

Wörterbuch (Abk. Wb. Engl. dictionary, frz. dictionnaire) Nachschlagewerk, das einen best. Zustand einer Spr. lexikograph. erfasst und zum angemessenen Gebrauch des Wortschatzes anleitet. Wbb. sind wichtige Hilfsmittel bei der Herstellung und Rezeption von Texten, beim Übersetzen sowie beim Spracherwerb. Allgemeine Sprachwbb. enthalten ein (alphabet, nach Sachgruppen, nach Wortstämmen usw.) geordnetes Wörterverzeichnis. Die Einträge enthalten oft Angaben zu ling. Merkmalen der gebuchten lexikal. Einheiten (⁊ Lemma), z. B. zu Aussprache und Betonung, zur Orthographie, zur Grammatik (z. B. Flexion, Genus, Rektion), zur Etymologie, zur Bedeutung, zu stilist. und pragmat. Besonderheiten, zu ⁊ Kollokationen, vielfach auch Beispiele und Belege für die Verwendung. Man unterscheidet (a) ein-, zwei- und mehrsprachige Wbb., (b) Groß-, Hand-, Klein- bzw. Taschenwbb., (c) allgemeine Wbb. und Spezialwbb. (z. B. Aussprache-, Fremdwörter-, Dialekt-, Rechtschreib-, Stil-, Rechts-, Synonymenwbb., botan., medizin, usw. Wbb.), (d) histor. Wbb. (z. B. Wb. des Ahd., des Mittelpers.), (e) nach der Adressatengruppe Wbb. für Wissenschaftler, Techniker, Praktiker, Schüler, Touristen usw. Älteste Zeugnisse der Lexikographie des Dt. sind der *Abrogans* und andere lat.-ahd. ⁊ Glossare des 8. und 9. Jh. **Lit.** HSK 5. **Bibl.** P. Kühn, Dt. Wbb. Eine systemat. Bibliographie. Tübingen 1978. – M. Cop, Bibliography of Dictionary Bibliographies. HSK 5, III, 3169–3177. G

Wörterbuchforschung (auch: Metalexikographie) Bez. für Versuche, die ⁊ Lexikographie, also die Praxis des Wörterbuchmachens, zu einem ling. Forschungsgegenstand zu erheben. Der terminolog. Aufwand steht in einem Missverhältnis zum Erkenntnisgewinn; so wird z. B. unterschieden zwischen Metasachlexikographie (Objekt: Sachwb.), Metafachlexikographie (Objekt: Fachwb.) und der Metasprachlexikographie, die sich der Lexikographie im Allgemeinen widmet und behauptet, eine »Theorie der Lexikographie« sei wünschenswert und möglich; ⁊ Sprachtheorie. **Lit.** Lexicographica. Internat. Jb. für Lexikographie. Tübingen 1985 ff. – HSK 5. – H. E. Wiegand, W. 1. Teilbd. Bln. 1998. – **Bibl.** H. E. Wiegand, Bibliographie zur W. von 1945 bis zur Gegenwart. In: GermL 87–90, 1986, Hildesheim 1988, 627–821. – L. Zgusta (with the assistance of Donna M. T. Cr. Farina), Lexicography Today. An Annoted Bibliography of the Theory of Lexicography. Tübingen 1988. – **Zs.** International Journal on Lexicography. Oxford 1988 ff. G

Wörterbuchwort ⁊ Lemma, ⁊ Wort

Worterkennung (engl. word recognition) Prozess der Auffassung und Identifikation zuvor schon bekannter Wörter in Laut oder Schrift. W. ist das wohl am besten erforschte Gebiet im Rahmen der Forschung zur ⁊ Sprachwahrnehmung. Bis in die 60er Jahre beschränkte sich die Forschung aus techn. Gründen auf die Untersuchung der visuellen W. mithilfe des ⁊ Tachistoskops. Inzwischen ist auch die auditive W. Gegenstand umfangreicher Untersuchungen. Zu den Methoden der Forschung gehört neben der kurzfristigen bzw. gestörten Reizdarbietung die Aufgabe, gleiche bzw. verschiedene Reize zu untersuchen, den visuellen Reiz möglichst schnell zu benennen, sowie insbesondere das lexikal. Entscheidungsexperiment, in dem die Versuchsperson möglichst rasch entscheiden muss, ob eine dargebotene Laut- oder Buchstabenfolge ein Wort ist oder nicht. Auf der Grundlage der W. interagiert die Sprachwahrnehmung mit dem ⁊ mentalen Lexikon. Zu den elementaren Effekten bei der W. gehört, dass Aufwand und Erkennungszeit durch vorherige Darbietung anderer Information (meist anderer Wörter) erheblich verringert werden kann (sog. *priming-Effekt*). Die wichtigsten Modelle der W. sind: (a) das *Logogen-Modell*, bei dem die mental repräsentierten Wörter (Logogene) durch alle Arten von wortbezogener Information näher an die Aktivierungsschwelle gehoben werden, bis ein Kandidat die Schwelle überschreitet; (b) *Suchmodelle*, bei denen der (lautl. oder schriftl.) Input auf Phonem- oder Graphembasis in einem aktiven Suchprozess mit den gespeicherten Wörtern verglichen wird; (c) das *Kohortenmodell*, bei dem der Input zunächst eine ganze ›Kohorte‹ von Wörtern aktiviert, die mit dem gleichen Lautsegment beginnen, und dann in einer zweiten Phase diese Kohorte ›von unten‹ durch den Fortgang der Inputanalyse und

›von oben‹ durch die Wahrscheinlichkeiten der Diskursrepräsentation so lange verkleinert wird, bis nur ein Wortkandidat übrigbleibt. Das Kohortenmodell bezieht sich auf W. in fortlaufend ↗ gesprochener Sprache. Alle Modelle müssen der Tatsache Rechnung tragen, dass selbst einsilbige Wörter (ohne Kontexthilfen!) u.U. identifiziert werden, bevor der Artikulationsvorgang beendet ist. **Lit.** W. Marslen-Wilson (ed.), Lexical Representation and Process. Cambridge, Mass. 1989. – S. E. Lively u.a., Spoken Word Recognition. In: M. A. Gernsbacher (ed.), Handbook of Psycholinguistics. San Diego 1994, 265–301. – J. Aitchison, Wörter im Kopf. Eine Einf. in das mentale Lexikon. Tübingen 1997. KN

Wortfamilie (auch: Wortsippe. Engl. word family, frz. famille des mots) Gruppe von Wörtern, die etymolog. miteinander verwandt sind. Im Dt. basiert diese Verwandtschaft meist auf Ablautbeziehungen (↗ Ablaut), d.h. Variation des Stammvokals und grammat. Wechsel. Der etymolog. Zusammenhang einer W. ist allerdings oft nicht mehr durchsichtig. Im Dt. ermöglicht die ↗ Wortbildung, dass W. oft Hunderte von Lexemen umfassen, z.B. zum Stamm *seh-* (ahd. *sehan*) z.B. *sehen, Versehen, Fernsehen, Sicht, Gesicht, Vorsicht, unsichtbar, rücksichtslos, Sichtvermerk, seltsam* (ursprüngl. ›selten gesehen‹) usw. W. werden in W.wbb. gesammelt (als »Wortnester«) und kommentiert. **Lit.** G. Augst, Wort – W. – W.wb. In: F.-J. Berens & R. Wimmer (Hgg.), Wortbildung und Phraseologie. Tübingen 1997, 89–113. – G. Augst et al., W.wb. der dt. Gegenwartssprache. Tübingen 1998. G

Wortfamilieneffekt (engl. family effect) Begriff aus der ↗ Psycholinguistik: Die Größe der ↗ Wortfamilie ist wesentl. für die mentale Verarbeitung von ↗ Wortschatz. In lexikal. Entscheidungsexperimenten reagieren die Probanden um so schneller auf ein Wort, je mehr Mitglieder die entsprechende Wortfamilie hat. Der W. liefert Evidenz dafür, dass sich die Aktivierung von Wörtern im ↗ mentalen Lexikon über Bahnen morpho-semant. Ähnlichkeit bewegt. SO

Wortfamilienwörterbuch ↗ Wortfamilie

Wortfeld (auch: Bedeutungsfeld, Begriffsfeld, Sachfeld, lexikal. Feld, Sinnbezirk. Engl. lexical field, frz. champ lexical) Der von J. Trier (1931) geprägte Begriff W. gilt innerhalb der roman. Sprachwiss. als zentrales Paradigma der strukturellen lexikal. Semantik, als *structure fondamentale du lexique* (Geckeler 1997, 93). Im Ggs. zur ↗ Wortfamilie, bei der ein gleicher bzw. ähnl. Stamm die Zusammengehörigkeit verschiedener Wörter bzw. ↗ Lexeme begründet, handelt es sich beim W. um eine Menge von partiell synonymen Lexemen, welchen ein gleicher bzw. ähnl. Inhalt bzw. Bedeutungskern zugeschrieben wird. So bilden z.B. die Lexeme *sterben, verscheiden, erfrieren, verhungern, abkratzen* u.a. das W. ›Zuendegehen des Lebens‹, die Lexeme *laufen, rennen, wandern, pil-*

gern, spazieren, schlendern u.a. das W. ›Fortbewegung‹. In Fällen, in denen es sich um eine Menge gleichgearteter und/oder gleichfunktionaler Gegenstände bzw. Sachen handelt, spricht man bisweilen auch von ›Sachfeld‹, z.B. beim W. ›Sitzmöbel‹: *Stuhl, Hocker, Schemel, Sessel, Bank, Sofa* u.a. Grundgedanke der Theorie vom W. ist die Hypothese, dass (a) sich der gesamte Wortschatz einer Spr. in Felder ordnen lässt (Prinzip der Ganzheit), dass (b) die zu einem Feld gehörenden Lexeme dessen Bedeutungsspektrum lückenlos abdecken (Prinzip der Lückenlosigkeit), dass (c) die Lexeme eines Feldes eine Hierarchie bilden (Prinzip der hierarch. Ordnung) und dass (d) sich die Bedeutungen der Lexeme eines Feldes wechselseitig bestimmen (Prinzip der wechselseitigen Bedeutungsbestimmung). Gängige Methode zur Ordnung und Differenzierung von W. ist die Merkmalanalyse, wie sie z.B. von Baumgärtner (1967), Hundsnurscher (²1971) oder Coseriu (1979) vorgeführt wird. So wird z.B. das bedeutungsunspezif. Lexem *sterben* spezifiziert durch die Merkmale ›durch Mangel an Nahrung‹ (*verhungern*), ›durch Mangel an Flüssigkeit‹ (*verdursten*), ›durch Mangel an Luft‹ (*ersticken*), ›durch Mangel an Blut‹ (*verbluten*) oder durch die Merkmale ›durch Einwirkung von Kälte‹ (*erfrieren*), ›durch Einwirkung von Hitze‹ (*verbrennen*). So umstritten auf der einen Seite die Methoden und Ergebnisse der bisherigen W.theorie sind, so kommt ihr auf der anderen Seite das Verdienst zu, einen wichtigen Beitrag zur Aufdeckung und Beschreibung der zwischen den Einheiten des Wortbestandes bestehenden semant. Beziehungen geleistet zu haben, die auch in neueren Semantiktheorien aufgegriffen werden (vgl. Firzlaff & Kunz 1996). Hierbei ist ein starker Wandel der W.konzeptionen zu beobachten: von einem klar umgrenzten, als Wortmosaik gedachten Sinnbezirk (Trier 1973, 50) zu flexibleren Explikationen zwecks Erfassung komplexerer semant. Strukturen unter Berücksichtigung hierarch. semant. Beziehungen; ↗ Onomasiologie, ↗ Semantik, ↗ Synonymie. **Lit.** A. E. Backhouse, The Lexical Field of Taste: Semantic Study of Japanese Taste Terms. Cambridge 1994. – K. Baumgärtner, Die Struktur des Bedeutungsfeldes. In: Satz und Wort im heutigen Dt. Ddf. 1967, 165–197. – E. Coseriu, Lexikal. Solidaritäten. In: Poetica 1, 1967, 293–303. – Ders., Zur Vorgeschichte der strukturellen Semantik: Heyses Analyse des W. ›Schall‹. In: Ders., Sprache – Strukturen und Funktionen. Tübingen 1979, 149–159. – B. Firzlaff & D. S. Kunz, Discourse Semantics Meets Lexical Field Semantics. In: COLING 16, Copenhagen 1996, 382–387. – H. Geckeler, Strukturelle Semantik und W.theorie. Mchn. 1971. – Ders., Le Champ Lexical, Structure Fondamentale du Lexique. In: U. Hoinkes & W. Dietrich (Hgg.), Panorama der Lexikal. Semantik. Tübingen 1997, 93–103. – F. Hundsnurscher, Neuere Methoden der

Semantik. Tübingen ²1971. – G. L. Karcher, Kontrastive Untersuchung von W. im Dt. und Engl. Ffm. 1979. – P. R. Lutzeier, Wort und Feld. Tübingen 1981. – Ders. (Hg.), Studien zur W.theorie. Tübingen 1993. – C. Radünzel, Das W. ›Behinderter‹ im Dt. und seine russ. Entsprechungen. Bern 1998. – L. Schmidt (Hg.), W.forschung. Zur Geschichte und Theorie des sprachl. Feldes. Darmstadt 1973. – H. Schumacher (Hg.), Verben in Feldern. Valenzwb. zur Syntax und Semantik dt. Verben. Bln. 1986. – S. Soennecken, Misogynie oder Philogynie? Philolog.-theolog. Untersuchungen zum W. ›Frau‹ bei Augustinus. Bern 1993. – P. Storjohann, Diachronic Constrastive Lexical Field Analysis of Verbs of Human Locomotion in German and English. Bern 2003. – L. Sylvester, Studies in the Lexical Field of Expectation. Amsterdam 1994. – J. Tóth (Hg.), Quo vadis W.forschung? Bern 2004. – J. Trier, Der dt. Wortschatz im Sinnbezirk des Verstandes. Die Geschichte eines sprachl. Feldes. Heidelberg 1931. – Ders., Aufsätze und Vorträge zur W.theorie. Darmstadt 1973.　　　　F

Wortfeldtheorie ↗ Inhaltbezogene Grammatik, ↗ Wortfeld

Wortfindungsstörung Bez. für Sprachstörungen, deren Symptome Stocken im Redefluss oder Satzabbrüche (↗ Anakoluth) sind. Der betroffenen Person fehlt ein best. in der Satzplanung vorgesehenes Wort, und sie weicht aus in Floskeln, Paraphrasen, Beschreibungen von Eigenschaften oder Gebrauch des gemeinten Objekts oder in pantomim. Darstellungen. Die W. ist das klass. Symptom der amnest. ↗ Aphasie.　　　　G

Wortfolge ↗ Wortstellung

Wortform Flektierte Form eines Wortes, die für bestimmte grammat. Merkmale gekennzeichnet ist. Z.B ist *(des) Kindes* die Form für den Genitiv Sg. des Substantivs *Kind*, *gelaufen* ist die Form für das Part. II des Verbs *laufen*. Die zu einem ↗ Wort bzw. ↗ Lexem gehörigen W. bilden ein ↗ Paradigma. PT

Wortformbildung ↗ Flexion

Wortfrage ↗ Ergänzungsfrage

Wortgebrauch ↗ Sprachgebrauch

Wortgenerator ↗ Applikativ-generative Grammatik

Wortgeographie ↗ Dialektgeographie, ↗ Dialektwörterbuch

Wortgeschichte ↗ Etymologie

Wortgleichung 1. Vergleichende Zusammenstellung von Wortstämmen und ↗ Wurzeln unterschiedl. Spr. W. erlauben es, Verwandtschaftsbeziehungen lautl., lexikal. und morpholog. Art festzustellen, z. B. nhd. *Vater*: altind. *pitá*, tochar. *pācar, pācer*, griech. πατήρ (patēr), lat. *pater*, altir. *athir*, frz. *père*, ital. *padre*, schwed. *far*; ↗ Etymologie. **2.** In Lehrbüchern für Fremdspr. und Lernwbb. Listen von semant. äquivalenten Lexemen in zwei oder mehreren Spr., die das Vokabellernen erleichtern. G

Wortgrenze Im Dt. durch ↗ Spatien gekennzeichnete Ränder von Wörtern, wobei diese Definition trennbare Wörter (etwa: ↗ Partikelverben (›er *schreibt* den Brief *ab*‹) oder mehrgliedrige ↗ Konjunktionen ›*weder* er *noch* sie …‹)) unberücksichtigt lässt. Es ist nur bedingt mögl., W. über Intonationsmuster zu ermitteln, vgl. *Friedrichshagen* und *Friedrichs Wagen* mit ident. (Phrasen)-Akzent. Wortgrenzen semant. zu definieren (ein bezeichnetes Konzept = ein Wort) würde Kompositakonstituenten zu Wörtern machen. Wortgrenzen zu definieren ist schwierig, weil das ↗ Wort schwierig zu definieren ist. **Lit.** L. Bauer, Word. HSK 17/1, 247–257. – W. U. Wurzel, Was ist ein Wort? In: R. Thieroff et al. (Hgg.), Dt. Grammatik in Theorie und Praxis. Tübingen 2000, 31–42.　　ES

Wortgruppe ↗ Syntagma

Wortgruppenlexem (auch: Phraseolexem) Lexikalisierter satzgliedwertiger ↗ Phraseologismus mit oder ohne ↗ Idiomatizität (z. B. Verb-, Substantiv-, Adjektiv- und Adverbidiome sowie ↗ Funktionsverbgefüge); ↗ Idiom, ↗ Phraseologismus.　　KR

Worthypothesengraph (engl. word lattice) In der ↗ Spracherkennung verwendeter ↗ gerichteter Graph zur Repräsentation derjenigen Wortfolge, die die gegebenen akust. Beobachtungen am besten erklärt. Ein W. wird verwendet, wenn keine eindeutige Wortkette erzeugt werden kann und stattdessen alle mögl. Wortkandidaten für die Weiterverarbeitung genutzt werden sollen.　　Z

Wortkarte ↗ Sprachatlas, ↗ Dialektgeographie

Wortklasse ↗ Wortart

Wortkreuzung ↗ Kontamination

Wortkunde ↗ Lexikologie (2)

Wort-Lautschrift In der älteren Schriftlinguistik Bez. für ↗ logographische ↗ Schriftarten, in denen mittels ↗ Phonetisierung (↗ Rebus) der Zusammenhang zwischen Zeichengestalten (stilisierten Bildern) und Zeichenbedeutungen zertrennt wird und die Bedeutung eines Zeichens nicht mehr aus seiner Zeichengestalt erschlossen werden kann. So wird z. B. das ägypt.-hierogylph. Piktogramm für *Schwalbe* mit dem Lautwert [w-r] verwendet für ein homophones *gut*, das sumer. Piktogramm für *Baum, Holz* mit dem Lautwert [mu] für die Homophone *Name* und *mein* [-mu].　　G

Wortlehre ↗ Lexiologie (2)

Wörtlich (lat. verbātim, engl. literally) Nichtmetaphor., von mögl. ↗ Konnotationen und ↗ Idiomatisierungen freie Bedeutung von Ausdrücken. Im alltagssprachl. Gebrauch vielfach in der Bedeutung des direkten Zitierens, z. B. *Wörtlich sagte der Polizeisprecher, dass …* Das Spiel mit w. Bedeutungen ist ein wichtiges Verfahren der Satire und der Parodie, z. B. in den Eulenspiegel-Geschichten und vielen Werken von K. Valentin (etwa: die graph. Darstellung eines »springenden Punktes«). In der Theologie der ↗ Buchreligionen ist der exeget. Streit um w. vs. »eigentl.« Bedeutung unterschiedl. interpretierbarer Textstellen traditionsreich; ↗ Verbalinspiration.　　G

Wörtliche Rede ↗ Direkte Rede
Wortmischung ↗ Kontamination
Wortnest ↗ Wortfamilie
Wortneuschöpfung ↗ Neologismus
Wortnische (auch: semantische Nische) In der ↗ Inhaltbezogenen Grammatik L. Weisgerbers Bez. für mithilfe ident. Wortbildungsmittel gebildete Mitglieder derselben semant. Klassen, etwa Berufsbez. auf -*er* wie *Bäcker, Lehrer, Schneider* usw. Werden zur Bildung derartiger Sammelbez. Wortbildungsmittel verwendet (*Bäcker, Künstler, Doktor, Hauptmann, Monteur*), bilden diese gemeinsam einen ↗ Wortstand. Die Terminologie wird heute selten verwendet, die Strukturierung von Wortschatz ↗ semantischen Feldern dagegen hat in didakt. Kontexten Bestand. **Lit.** H. Glinz, Das Wort im Kontext verschiedener Sprach- und Grammatiktheorien. HSK 21/1, 129–138.   ES
Wortordnung ↗ Wortstellung
Wortpaar ↗ Zwillingsformel
Wortparadigma ↗ Lexem
Wortphonologie ↗ Phonologie, die sich auf die Aussprache der isoliert gesprochenen Wörter (Lexeme) bezieht im Ggs. z. B. zu dem morphembasierten syntakt. Ansatz der ↗ generativen Phonologie, aber auch im Ggs. zu der ↗ Satz- und Realisationsphonologie, die die phonolog. Prozesse bei der Realisation von Wörtern in fließender Rede untersucht.   PM
Wortschatz (auch: Lexik, Lexikon, Vokabular, Wortbestand. Engl. vocabulary, frz. vocabulaire) Gesamtheit der Wörter (↗ Lexem) einer Spr. zu einem best. Zeitpunkt. Es ist jedoch method. schwierig, Wörter zu zählen, z. B. wegen der Möglichkeiten der ↗ Wortbildung, wegen der Rolle der ↗ Fachsprachen, der ↗ Sondersprachen, der ↗ Dialekte, des ↗ Sprachwandels (sind *Otorhinolaryngologie, chillen, Pänz, pönen, sömmern* Wörter des heutigen Dt.?). Quantitative Aussagen derart, das Nhd. habe einen W. von etwa 500 000 Einheiten, sind deshalb mit Vorsicht aufzunehmen. Der Umfang des ›allgemein gebräuchl.‹ W. des Nhd. wird auf 75 000 Einheiten geschätzt, der W. eines durchschnittl. Sprachbenutzers auf 6 000 bis 10 000, wobei zwischen aktiver (kleinerer W.) und passiver (größerer W.) Sprachbeherrschung unterschieden werden muss. Das *Deutsche Wörterbuch* der Brüder Grimm enthält etwa 500 000 Lemmata, das große Wb. der Gegenwartsspr. bis zu 200 000, der Rechtschreibduden etwa 120 000. Für den ↗ Spracherwerb ist das Konzept des ↗ Grundwortschatzes von Bedeutung, dem Annahmen darüber zugrunde liegen, welcher W. für elementare Kommunikation unverzichtbar ist (z. B. enthalten Lehrpläne für Grundschulen etwa 800 Wörter). Der W. einer Spr. lässt sich gliedern (a) nach Entwicklungsstufen (z. B. ahd., mhd. frühnhd., nhd.), (b) nach der Herkunft (Erbwort, Lehnwort, Fremdwort), (c) nach der ↗ Wortbildung, (d) nach der Gebrauchshäufigkeit (↗ Frequenzwörterbuch, ↗ Grundwortschatz), (e)

nach regionalen und sozialen Aspekten (↗ Standardsprache, ↗ Alltagssprache, ↗ Umgangssprache, ↗ Dialekt, ↗ Soziolekt), nach der Verbreitung und Spezialisierung (↗ Sondersprache, ↗ Fachsprache) u. a.; ↗ Lexikologie, ↗ Lexikographie, ↗ Sprachgeschichte, ↗ Wörterbuch. **Lit.** F. Dornseiff, Der dt. W. nach Sachgruppen. Bln. ⁷1970. – E. Schwarz, Kurze dt. Wortgeschichte. Darmstadt 1967. – M. D. Stepanowa, Methoden der synchronen W.analyse. Mchn. 1973. – O. Reichmann, Germanist. Lexikologie. Stgt. ²1982. – H. H. Munske et al. (Hgg.), Dt. W. Bln. 1988. – I. Pohl & H. Ehrhardt (Hgg.), Wort und W. Tübingen 1995.   G
Wortschatzanalyse ↗ Lexikologie
Wortschatzarbeit ↗ Terminologiearbeit
Wortschatzarmut ↗ Lexikalisch-semantische Störung
Wortschöpfung ↗ Neologismus
Wortschrift ↗ Logographie
Wortsemantik ↗ Lexikalische Bedeutung, ↗ Lexikalische Semantik
Wort-Silbenschrift In der älteren Schriftlinguistik Bez. für ↗ Logographien, in denen mehrdeutigen ↗ Piktogrammen durch ↗ Determinative (die z. B. im Sumer. einsilbig waren) eine fixe Bedeutung zugewiesen wird, wodurch sie zu ↗ Logogrammen werden; ↗ Silbenschrift.   G
Wortsippe ↗ Wortfamilie
Wortspaltung ↗ Dublette (2)
Wortspiel (engl. play on words, pun, frz. jeu de mots, calembour) Allgemeinsprachl., vortheoret. Bez. für witzigen, geistreichen, sarkast., aber auch kalauernden Umgang mit ↗ homophonen, ↗ homonymen, ↗ homographen Wörtern oder Ausdrücken. Einige lit. Kleinformen beruhen auf Techniken des W., z. B. ↗ Aphorismus, Echogedicht, ↗ Paronomasie u. a., viele Witze und Anekdoten sowie die Technik des Schüttelreims (z. B. »Im Ameisenhaufen wimmelt es / der Aff' frisst nie Verschimmeltes«; W. Busch). Die Techniken des W. sind vielfältig, Beispiele sind die Auflösung von Komposita bzw. Ableitungen (z. B. »Eifersucht ist eine Leidenschaft, die mit Eifer sucht, was Leiden schafft«: Fr. Schleiermacher), Buchstabenumstellungen (Beispiele ↗ Anagramm, ↗ Paragramm), leichte Änderungen der lautl. oder graph. Gestalt (z. B. »… macht fromme Mädchen zu Bettschwestern«: K. Kraus), Kontaminationen (»Famillionär«: H. Heine), Akzentverlagerung (»das Wort *Familienbande* hat einen Beigeschmack von Wahrheit«: K. Kraus), »Wörtlichnehmen« (»die Presse, die sich den Kopf der Welt dünkt und doch nur ihr Schreihals ist«: K. Kraus), Vergleiche (»Das Verhältnis der Linguisten zur Literatur gleicht der Kinderliebe von Kidnappern«: B. Schleppey) u. v. a. **Lit.** F. J. Hausmann, Studien zu einer Ling. des W. Tübingen 1974.   G
Wortstamm ↗ Stamm, ↗ Stamm-Morphem
Wortstand Von L. Weisgerber (1899–1985) geprägter Terminus, der Gruppen semant. zusammengehö-

riger motivierter Wortbildungskonstruktionen unterschiedl. formaler Bildungsweise bezeichnet, z. B. Berufsbez. wie *Bäcker, Hauptmann, Monteur,* ornative Verben wie *beflügeln, vergolden, salben.* W. meint Bildungen mit gleicher inhaltl. Funktion, aber unterschiedl. Bildungsweise. ↗ Wortnischen sind demgegenüber Gruppen von Bildungen, die neben einer gemeinsamen inhaltl. Ausrichtung auch eine gleiche Bildungsweise haben, z. B. Berufsbez. wie *Lehrer, Fischer, Maler,* die mithilfe des Suffixes {-er} gebildet sind. W. umfasst die Gesamtheit der in die gleiche inhaltl. Richtung weisenden Wortnischen. **Lit.** L. Weisgerber, Grundzüge der inhaltbezogenen Grammatik. Ddf. ⁴1971. – Ders., Vierstufige Wortbildungslehre. MU 74, 1964, 33–43. ST

Wortstellung (auch: Serialisierung, Satzgliedfolge, Topologie, Wortfolge. Engl. word order, frz. ordre des mots) Die W. gehört zu den zentralen Gebieten der Syntax, wird allerdings in vielen Grammatiken recht kurz abgehandelt. Basis für viele Grammatiken bilden die von Engel (1970) erarbeiteten Wortstellungsregularitäten. Genau genommen sind die Ausdrücke »Wortfolge« und »Satzgliedfolge« irreführend, da es meist um Wortgruppen geht und auch Nicht-Satzglieder (z. B. Attribute) den gleichen Regeln folgen. Engel (1991) spricht daher von »Folgeregeln« für den Satz und nennt die betroffenen Elemente »Folgeelemente«. Man versteht unter W. die Satzgliedfolge und die Abfolge der Wörter in der Nominalgruppe, die einerseits grammat. Regeln folgen, andererseits aber auch durch die Wortbedeutungen, die Mitteilungsabsichten der Sprechenden, die damit zusammenhängende Intonation und durch die Situation beeinflusst sind; ↗ Topikalisierung. Zur Beschreibung der Regularitäten der W. in dt. Sätzen werden i. d. R. drei Satztypen nach der jeweiligen Position des finiten Verbs unterschieden, das beim ↗ Stirnsatz (*Kommt Oma endlich?*) in erster (↗ Spitzenstellung, Verberststellung, V_1), beim ↗ Kernsatz in zweiter (*Oma kommt gleich*; Verbzweitstellung, V_2) und beim ↗ Spannsatz (..., *weil Oma kommt*) in letzter Position (Verbletztstellung, V_{letzt}) steht. I. d. R. wird – meist implizit – die W. des ↗ Deklarativsatzes (Aussagesatzes) als Grund-W. aufgefasst, von der die W. der anderen Satztypen abgeleitet ist. Für diese ↗ Grundwortstellung werden drei Felder angesetzt, Vorfeld, Mittelfeld und Nachfeld; ↗ Feldgliederung, ↗ Stellungsfeld. Im Prinzip sind sechs verschiedene Positionen voneinander zu unterscheiden, weil das zusammengesetzte Verb als Normalform der Verbkomplexes angenommen werden muss. Finite und infinite Verbform sind i. d. R. topolog. voneinander getrennt, sie bilden eine ↗ Satzklammer und eröffnen ein Mittelfeld. Der finiten Form gehen eine Position für eine (fakultative) koordinierende Konjunktion und das sogenannte Vorfeld voraus. Auf den infiniten Verbteil folgt das Nachfeld, dessen Status umstritten ist. Oft wird die Besetzung des Nachfeldes als Verstoß gegen

die Grund-W. aufgefasst, was sich in Bezeichnungen wie ↗ Ausklammerung und ↗ Nachtrag niederschlägt. Beschreibungsprobleme bestehen v. a. für das Mittelfeld, das eigentl. Hauptfeld des Satzes, da hier i. d. R. eine Satzgliedfolge vorhanden ist, während in Vor- und Nachfeld typischerweise nur ein Satzglied steht. Hier spielen neben grammat. auch pragmat. Faktoren eine Rolle. Die dt. Wortstellung gilt als Paradebeispiel für die Notwendigkeit, Pragmatik in der Grammatik zu berücksichtigen. Die W.–Regularitäten innerhalb der Nominalgruppe werden in den Grammatiken weniger ausführlich behandelt als die der Satzgliedfolge, meist aber in Bezug auf und in Analogie dazu. **Lit.** U. Engel, Regeln zur Wortstellung. Forschungsberichte des IdS, 5. Tübingen 1970, 7–148. – Ders., Dt. Grammatik. Heidelberg ²1991. – J. Rehbein, Zur Wortstellung im komplexen dt. Satz. In: L. Hoffmann (Hg.), Dt. Syntax. Bln. 1992, 523–574. – M. Reis (Hg.), W. und Informationsstruktur. Tübingen 1993. – B. Haftka (Hg.), Was determiniert W.variation? Opladen 1994. – B. Primus, Dependenz und Serialisierung: Das Dt. im Sprachvergleich. In: E. Lang & G. Zifonun (Hgg.), Dt. – typolog. Bln. 1996, 57–91. – A. Siewierska (ed.), Constituent Order in the Languages of Europe. Bd. 1. Bln. 1998. **Bibl.** B. Haftka, Dt. W. (SBS 31). Heidelberg 1999. SL

Wortstellungstransformation ↗ Verschiebeprobe

Wortstellungstypologie Die W., die auf J. Greenberg (1963) zurückgeht, beruht auf der Auswertung zahlreicher Spr. hinsichtlich ihrer ↗ Grundwortstellung. Spr. werden z. B. als VSO-Spr. (V(erb) S(ubj.) O(bj.)) oder als SOV-Spr. charakterisiert, woraus sich für die betreffende Spr. mit hoher Wahrscheinlichkeit die Stellung anderer Elemente im Satz vorhersagen lässt; z. B. finden sich bei VSO-Spr. überwiegend Präpositionen und vor dem Bezugsnomen stehende Adj., bei SOV-Spr. dagegen Postpositionen und nachstehende Adj. Die W. wurde z. T. scharf kritisiert und kann nur als grobes Indiz für eine typolog. Charakterisierung dienen, nicht zuletzt, weil sowohl das Konzept der Grundwortstellung wie auch die Universalität von ↗ Subjekt und ↗ Objekt umstritten sind; ↗ relationale Typologie. **Lit.** J. H. Greenberg, Some Universals of Grammar with Particular Reference to the Order of Meaningful Elements. In: Ders. (ed.), Universals of Language. Cambridge, Mass. 1963, 73–113. – M. S. Dryer, The Greenbergian Word Order Correlations. Lg. 68, 1992, 81–138. – B. Primus, Word Order Typology. In: HSK 20, II, 855–872. D

Wortstellungsuniversalien ↗ Universalien

Wortstruktur ↗ Wortsyntax

Wortsyntax (engl. word syntax) I. w. S. Bez. für die Anwendung syntakt. Beschreibungsverfahren für die Explikation von Wortstrukturen (*Wort* i. S. von ›syntakt. Minimaleinheit‹). I. e. S. Bez. für die von Selkirk (1982) entwickelte Erfassung der Wortstruktur mittels einer kontextfreien Phrasenstrukturgrammatik. Die W. erfasst Generalisierungen, die syntakt.-semant. wie morpholog. Phänomene gleichermaßen betreffen; z. B. verfügt die Wortbildung *Nierenbehandlung* mit der syntakt. Phrase *die Nieren behandeln* über die Gemeinsamkeit, dass *Nieren* in beiden Fällen als Obj. des Wortstammes {*behandl*} interpretiert werden kann. Im Rahmen der ↗Rektions-Bindungs-Theorie werden entsprechende Generalisierungen mit den Sub-Komponenten der ↗X-Bar-Theorie (welche durch Regeln wie $X^n \rightarrow Y^n\ X^{af}$; $X^w \rightarrow Y^w\ X^w$ auf Affixe [af] und Wurzeln [n] erweitert wird), mit einer Theorie über ↗Theta-Rollen und mit Prinzipien der Vererbung (↗Perkolation, ↗Projektion) erfasst. Zur Darstellung wortsyntakt. Phänomene im Rahmen des ↗Minimalismus vgl. z. B. Di Sciullo (2003; 2005); zu theoret. Alternativen ↗Distributed Morphology. **Lit.** A. M. Di Sciullo & E. Williams, On the Definition of Word. Cambridge, Mass. 1987. – Dies. (eds.), Asymmetry in Grammar. Vol. 2: Morphology, Phonology, Acquisition. Amsterdam 2003. – Dies., Asymmetry in Morphology. Cambridge, Mass. 2005. – E. Selkirk, The Syntax of Words. Cambridge, Mass. 1982. – J. Meibauer, Phrasenkomposita zwischen W. und Lexikon. ZS 22.2, 2003, 153–188. – R. Wiese, A Two-Level Approach to Mmorphological Structure. JGL 20.3, 2008, 243–274.   F

Worttrenner In vielen ↗Schriftarten vorhandenes Zeichen zur Markierung von ↗Wortgrenzen. Dabei kann es sich um ein besonderes graph. Zeichen handeln, z. B. ein spezielles Schriftzeichen in den Keilschriften des ↗Elamitischen und des ↗Altpersischen, um Punkte und Striche, z. B. in lat. und slav. Handschriften des MA, oder um das worttrennende Spatium, ↗Leerzeichen. In der ↗kanaanitischen Schrift wurden Wortgrenzen durch Punkte und Satzgrenzen durch Striche markiert. In alphabet. Schriftarten werden auch Schriftzeichenvarianten zur Markierung von Wortgrenzen verwendet, z. B. in den Schriftarten des ↗Arabischen und des ↗Hebräischen; im griech. Alphabet gibt es für /s/ die Differenzierung zwischen wortinitialem und -internem σ und finalem ς.   G

Worttrennung ↗Silbentrennung

Wortüberlegenheitseffekt Psycholinguist. Befund von J. McKeen Catell (1860–1944), demzufolge die Worterkennung nicht durch sukzessive Verarbeitung einer linearen Kette von Zeichen geprägt ist. Wörter werden vielmehr als Einheiten verarbeitet, nicht als Buchstabenketten, was später als Template-Theorie terminologisiert wurde. Erklärbar ist der W. dadurch, dass mit jeder aufgenommenen Information große Mengen potentiell gesuchter Einträge im ↗Mentalen Lexikon aktiviert werden, so dass i. d. R. die Analyse eines Wortteils für die Worterkennung ausreicht. Wie groß der erfasste Wortteil sein muss, kann mit sog. Gating-Experimenten getestet werden. Die Vorstellung von als

Ganzem erfassten Wörtern besteht fort, wofür auch die Messung von ↗Augenbewegungen beim Lesen deutl. Hinweise liefern. **Lit.** J. Aitchison, Wörter im Kopf. Tübingen 1997, 32. – H. Günther, Histor.-systemat. Aufriss der psycholog. Leseforschung. HSK 10/2, 918–931. – G. A. Miller, Wörter. Heidelberg 1993, 145–147. – A. Pollatsek & M. Lesch, The Perception of Words and Letters. HSK 10/2, 957–971.   ES

Wortverdopplung ↗Iteration
Wortverschmelzung ↗Kontamination
Wortwanderung ↗Peregrinismus
Wortwarte Von L. Lemnitzer im Jahr 2000 begründete Netzressource, die ↗Neologismen in Internetausgaben großer Zeitungen sammelt und dokumentiert, um »die Entwicklung des dt. Wortschatzes zu beobachten und darüber zu berichten«. Seit 2010 ist die W. an der Berlin-Brandenburgischen Akademie der Wissenschaften angesiedelt.   G
Wortwurzel ↗Wurzel
Wortzeichen ↗Logogramm, ↗Warenzeichen, ↗Interpunktion
Wu ↗Chinesisch
Wunschform ↗Optativ
Wunschname ↗Satzname
Wunschsatz ↗Optativ, ↗Heischesatz
Wurzel (engl. *root*, frz. *racine*) In der Sprachwiss. sehr uneinheitl. verwendeter Terminus. **1.** Die ↗diachrone Sprachwissenschaft nutzt W. als Bez. für Ursprungsformen eines ↗Etymons, etwa die für den Bestand rekonstruierter idg. W., die heute in den idg. Spr. identifizierbar sind. **2.** In der Wortbildungsmorphologie ist W. die Bez. für einen morpholog. einfachen (nicht abgeleiteten und wortfähigen) ↗Stamm (↗Simplex) oder die Bez. für alle lexikal. Bedeutungsträger, die als Basen von Ableitungen verwendet werden. **3.** In der Flexionsmorphologie ist W. die Bez. für Zitierformen (↗Grundform), die etwa in unregelmäßigen Verbparadigmen nicht denjenigen ↗Stammformen entsprechen, die gewöhnlich als Zitierformen verwendet werden (›gehen‹: *gehe*, *ging*, *gegangen* aber: ›wollen‹: *will*, *wollte*, *gewollt*). **Lit.** G. Grewendorf, F. Hamm & W. Sternefeld, Spachl. Wissen. Ffm. 1987, 265. – Eisenberg I, 219.   ES

Wurzelbetonung Mehrsilbige Wortformen, bei denen der Akzent auf den Vokal der ↗Wurzel fällt, haben W.   G
Wurzeldeterminativ In der ↗Indogermanistik verbreitete Bez. für meist einkonsonantige Elemente, die – meist ohne erkennbare funktionale Belastung – mehr oder weniger gleichbedeutende Wortwurzeln lautlich differenzieren; vgl. z. B. die Wurzelansätze *g^heu-* (in griech. χέω (kheō) < χέϝω (khéu-ω) ›gießen‹) und *g^heud-* (got. *giutan*, dt. *gießen*). **Lit.** P. Persson, Studien zur Lehre von der Wurzelerweiterung und Wurzelvariation. Upsala 1891.   GP
Wurzelflexion ↗Innenflexion
Wurzelisolierend sind ↗isolierende Sprachen.   G

Wurzelkonsonant In einem Wortparadigma, das ↗ Konsonantenwechsel aufweist, derjenige (diejenigen) Konsonant(en), den (die) die ↗ Wurzel enthält (enthalten). G

Wurzelnomen (auch: Simplex, Wurzelsubstantiv) Bez. für ein morpholog. einfaches Substantiv, d.h. ein Nomen wie *Buch* oder *Haus*, das neben dem ↗ Stamm-Morphem keine weiteren Morpheme enthält; ↗ Simplex. ES

Wurzelsilbe In einer mehrsilbigen Wortform diejenige Silbe, die die ↗ Wurzel repräsentiert. G

Wurzelsprache ↗ Amorphe Sprache, ↗ Isolierende Sprache

Wurzeltransformation (engl. root transformation) Im Rahmen der GG auf Emonds (1976) zurückgehende Bez. für ↗ Transformationen, die nicht auf eingebettete Sätze angewendet werden dürfen. **Lit.** J. E. Emonds, A Transformational Approach to English Syntax. N. Y. 1976. – J. B. Hooper & S. A. Thompson, On the Applicability of Root Transformation. LIn 4, 1977, 465–497. F

Wurzelverb ↗ Starkes Verb

Wurzelvokal In einem Wortparadigma, das Vokalwechsel (↗ Ablaut) aufweist, derjenige Vokal, den die ↗ Wurzel enthält. G

Wurzelwort In griech. und lat. Grammatiken übl. Bez. für Lexeme, bei denen ↗ Flexive unmittelbar an die ↗ Wurzel treten, z.B. griech. ĭ-μεν (imen) ›wir gehen‹, lat. *ūt-or* ›ich benutze‹; ↗ Stamm-Morphem. G, GS

Würzwort ↗ Modalpartikel

w-Wort (auch: Fragewort) Der Begriff w-Wort ist kein streng linguistischer; er bezeichnet Wörter unterschiedl. ↗ Wortart, meist ↗ Adverbien und ↗ Pronomina, die mit ›w‹ beginnen und entweder als Fragewort (*Wann beginnt der Film?*) oder als (Relativ-)Pronomen fungieren: *Nur wer mitspielt, kann gewinnen*; *die Art, wie er argumentierte, konnte niemanden überzeugen.* Ob die Schnittstelle zwischen formaler und funktionaler (interrogativer, relativer) Ähnlichkeit zufälliger Natur ist, kann vom aktuellen Stand der Forschung her noch nicht entschieden werden. Indizien weisen darauf hin, dass es im Wortschatz noch an anderen Stellen morpholog. Netze gibt, in denen bestimmte ↗ Morphe an funktionale oder semant. Merkmale gebunden sind, bspw. *d-*/[demonstrativ] oder *r-*/[Bewegung]. SO

Wyandot ↗ Irokesische Sprachen

Xasonke ↗ Manding

Xavante (auch: Akwẽ) Südamerikan. Spr. der Sprachfamilie der ↗ Ge-Sprachen. Ca. 9600 Sprecher im brasilian. Staat Mato Grosso. Nur dialektale Unterschiede zur Spr. der Xerente (A'wẽ) des Staates Goiás; Karte ↗ Südamerikanische Sprachen, im Anhang. **Lit.** A. D. Rodrigues, Línguas brasileiras. São Paulo 1986. – R. M. W. Dixon & A. Y. Aikhenvald (eds.), The Amazonian Languages. Cambridge 1999. AD

X-Bar-Theorie (engl. bar ›Balken‹) Zur Beschränkung kontextfreier ↗ Phrasenstrukturregeln auf der Basis der Vorarbeiten zu syntakt. Komplexitätsstufen von Z. S. Harris (1951) im Rahmen der GG seit N. Chomsky (1970) entwickelte Subtheorie. Die X-B.-T. stellt eine generalisierende Explikation der verschiedenen syntakt. Beziehungen zwischen dem ↗ Kopf einer Konstruktion und modifizierenden, spezifizierenden und ergänzenden syntakt. Einheiten dar und zweitens (unter der Voraussetzung einiger weiterer Annahmen, vgl. Riemsdijk 1998) endozentr. Konstruktionen (↗ Kopf). Die X-B.-T. macht u. a. die folgenden teils kontrovers diskutierten Grundannahmen: 1. Alle syntakt. Phrasen haben prinzipiell denselben Strukturaufbau; 2. Für jede Phrase kann eine und nur eine syntakt. Minimaleinheit identifiziert werden, welche den Kopf dieser Phrase bildet; 3. Zwischen Kopf und Phrase gibt es syntakt. relevante Zwischenstufen; 4. Alle Nicht-Köpfe sind ↗ maximale Projektionen; 5. Maximale Projektionen haben dieselbe Bar-Anzahl; 6. Nur Nicht-Köpfe sind optional. Nach der X-B.-T. sind die Kategorien ↗ Verbalphrase (VP), ↗ Nominalphrase (NP), ↗ Adjektivphrase (AP) und ↗ Präpositionalphrase (PP) nach universellen Strukturprinzipien aufgebaut, die mittels verschiedener Typen von Merkmalkomplexen beschrieben werden können: (a) die kategorialen Merkmale (C(ategorial)-features) [±N(ominal)], [±V(erbal)] bestimmen die syntakt. Kategorie eines Kopfes; im Allgemeinen wird unterschieden zwischen Nomen = [+N, –V], Verben = [–N, +V], Adjektiven = [+N, +V] und Präpositionen = [–N, –V]; (b) eine unterschiedl. Anzahl von *bars* symbolisiert den Komplexitätsgrad syntakt. Einheiten; z. B. NP = N'', AP = A'' usw. (bzw. durch hochgestellte Ziffern, N^2, V^2 usw., gekennzeichnet). Somit können generelle Prinzipien über den Phrasen-Aufbau mit den Variablen X und *bar* explizit werden; insbes. gilt $X^n \rightarrow [\ldots X^{n-1} \cdots]$, wodurch ↗ Expansionen wie z. B. $VP \rightarrow A + PP$ oder $NP \rightarrow V$ ausgeschlossen werden. Während in frühen X.-B.-T.-Varianten die Komplexität syntakt. Kategorien relativ unbeschränkt war, nimmt man seit der ↗ Barrieren-Theorie im Allgemeinen eine maximale Projektion von 2 *bars* an. Eine maximale Projektion (XP) expandiert in eine Spezifikator-Konstituente (SpecX) und X', X' expandiert in den Kopf der Phrase (X^0) und sein Komplement (eine YP) XP → SpecX + X', X' → X^0 + YP. Dies erlaubt die Explikation der Komplexitätsstufen mittels zweier binärer Merkmale (L(evel)-features), [±proj(ected)], [±max(imal)]: N^0 = [–proj, –max], N^1 = [+proj, –max], N^2 = [+proj, +max]. Die Unterscheidung zwischen ↗ funktionalen Kategorien und lexikal. Kategorien erlaubt weitere Generalisierungen hinsichtl. der syntakt. Kategorien ↗ Satz (S), ↗ Determinansphrase (DP) und Inflectional Phrase (IP), ↗ INFL) einerseits, VP, NP, PP und AP andererseits: Nominalphrasen und Verbalphrasen können generalisierend als ↗ Komplemente funktionaler Kategorien wie u. a. ↗ DET bzw. INFL erfasst werden. Dementspr. werden X-Bar-Kategorien neben C- und L-Merkmalen durch einen dritten Merkmalskomplex definiert, der sich auf ihren lexikal. bzw. funktionalen Status bezieht, die sog. F-Merkmale (F(unctional)-features) [±f(unktional)] und [[±g(rammatikal.)], welche auch die Spezifikation sog. semi-lexikal. Kategorien erlauben: Lexikal. Kategorien werden als [–f, –g] aufgefasst, funktionale Kategorien als [+f, +g], semi-lexikal. Kategorien, zu welchen z.B. ↗ Klassifikatoren oder ↗ Quantoren oder best. Konjunktionen (vgl. ↗ Conjunction Phrase) gerechnet werden könnten, können mit den beiden Merkmalkombinationen [–f, +g] bzw. [+f, –g] expliziert werden. Im Rahmen des ↗ Minimalismus werden einige zentrale Grundannahmen der X-B.-T. zugunsten sog. *bare phrase structures* (vgl. Chomsky 1995) und einer (schon auf Muysken (1982) zurückgehenden) relationalen Auffassung von Projektionen (vgl. Chomsky 1995) aufgegeben (zur Kritik der X-B.-T. vgl. schon Kornai & Pullum 1990; zur weiterführenden Argumentation vgl. Hornstein et al. 2005, Kap. 6, Sternefeld 2005): Eine maximale Projektion (in der X-B.-T. X^2) wird im Minimalismus als eine *nicht weiter projizierende Kategorie* aufgefasst, und eine minimale Projektion (in der X-B.-T. X^0) als eine syntakt. Einheit, die aus dem Lexikon stammt; als einzige weitere (in der X-B.-T. X^1) zugelassene syntakt. Einheit ergibt sich eine Projektion, *die weder minimal noch maximal ist*. Dies erlaubt eine Anpassung an minimalist. (und optimalitätstheoret.) Erfordernisse, wie z.B. die Vermeidung leerer Zwischenstufen von Projektionen (z.B. ist *Noam* in *Noam kommt* unter dieser Voraussetzung zugleich eine minimale und eine maximale Projektion, und es erübrigt sich die Annahme einer Zwischenprojektion X^1). Die Einführung sog. leichter Köpfe (*light heads*) und Shell-Projektionen, deren Symbolisierung als x bzw. xP erfolgt (vgl. Radford 2000), ermöglicht Generalisierungen über die syntakt. Realisierung von Argumenten innerhalb verschiedener Phrasentypen (↗ Verbalphrase, ↗ Nominalphrase). **Lit.** A. Carnie, Syntax: A Generative Introduction. Malden, MA 2007. – Ders., Constituent Structure. Oxford 2008. – R. A. Chametzky, Phrase Structure: From GB to Minimalism. Oxford 2000. – N. Chomsky, Remarks on Nominalization. In: R. A. Jacobs & P. S. Rosenbaum (eds.), Readings in English Transformational Grammar. Waltham 1970, 184–221. – Ders., The Minimalist Program. Cambridge, Mass. 1995. – B. Citko, Missing Labels. Lingua 118.7, 2008, 907–944. – Z. S. Harris, Methods in Structural Linguistics. Chicago 1951. – N. Hornstein et al., Understanding Minimalism. Cambridge 2005. – R. S. Jackendoff, X'-Syntax: A Study of Phrase Structure. Cambridge, Mass. 1977. – A. Kornai & G. Pullum, The X'-Bar

Theory of Phrase Structure. Lg. 66, 1990, 24–50. – O. Jungen & H. Lohnstein, Einf. in die Grammatiktheorie. Mchn. 2006. – A. Radford, NP Shells. Essex Research Reports in Linguistics 33, 2000, 2–20. – M. Speas, Phrase Structure in Natural Language. Dordrecht 1992. – E. Stark & U. Wandruszka (Hg.), Syntaxtheorien – Modelle, Methoden, Motive. Tübingen 2003. – W. Sternefeld, Syntax. Eine merkmalbasierte generative Beschreibung des Dt. Ms. Tübingen 2005. – F. Stuurman, Phrase Structure Theory in GG. Dordrecht 1985. – G. Webelhuth, Government and Binding Theory and the Minimalist Program. Oxford 1995. – J. Zwarts, X-Bar-Syntax and X-Bar-Semantics. Diss. Univ. Utrecht 1992 – Weitere Lit. ↗ Kopf, ↗ Projektionsprinzip.   F

Xenismus (griech. ξένος (xenos) ›fremd, Fremder‹) Nicht streng terminologisierte Bez. für Ausdrücke einer Spr., die aus anderen Spr. entlehnt und wenig integriert sind; ↗ Fremdwort, ↗ Exotismus. G

Xerente ↗ Ge-Sprachen

Xhosa Mit dem ↗ Zulu eng verwandte südl. ↗ Bantusprache mit aus den ↗ Khoisansprachen entlehnten ↗ Schnalzlauten; Sprachgebiet: östl. Südafrika, bes. Kap-Provinz und Transkei; Karte ↗ Afrikanische Sprachen, im Anhang. Die ca. 7 Mio. Sprecher sind z. T. in Xh. alphabetisiert. Eine lat. basierte ↗ Verschriftung erfolgte bereits Anfang des 19. Jh.; die orthograph. Konventionen sind jedoch seither wiederholt modifiziert worden. Die beträchtl. schriftl. Lit. umfasst neben originären Werken in Xh. auch Übers. aus dem Engl. **Lit.** J. A. Louw & J. B. Jubase, Handbook van Xh. Johannesburg 1963. – J. A. Louw, The Development of Xh. and Zulu as Languages. LR 2, 1983, 371–392.   RE

Xiang ↗ Chinesisch

Xikrin ↗ Kapayó

XML ↗ Mark-up-Sprache

Xokleng ↗ Ge-Sprachen

X-Ray Microbeam ↗ Artikulatorische Phonetik

Yabutí-Sprachen ↗ Südamerikanische Indianersprachen

Yagnōbī ↗ Iranische Sprachen, ↗ Sogdisch

Yagua-Sprachen ↗ Südamerikanische Indianersprachen

Yahgan (auch: Yamana) Isolierte Spr. der ursprüngl. Einwohner des südl. Teils von Tierra del Fuego (›Feuerland‹, Insel Navarino, Chile); Karte ↗ Südamerikanische Sprachen, im Anhang. Unter den wenigen Überlebenden in Villa Ukika gibt es heute (2010) noch eine gute Sprecherin des Y. Das Y. wurde bekannt durch die Arbeit des engl. Missionars Th. Bridges (1842–1898). Die Morphologie des Y., bes. die verbale Derivation, ist äußerst reich und komplex, seine Wortbildung ist präfigierend-suffigierend, zahlreiche engl. Lehnwörter. **Lit.** Th. Bridges, Yamana-English: A Dictionary of the Speech of Tierra del Fuego. Mödling 1933. – M. Gusinde, Die Feuerland-Indianer II: Die Yamana. Mödling

1937. – C. Clairis, Indigenous Languages of Tierra del Fuego. SAIL 1985, 753–783. AD

Yakima ⁊ Penuti-Sprachen

Yakutisch ⁊ Jakutisch

Yamana ⁊ Yakgan

Yaminahua ⁊ Pano-Tacana-Sprachen

Yana ⁊ Hoka-Sprachen

Yanam ⁊ Yanomamö-Sprachen

Yanomamö-Sprachen (auch: Shiriana, Waika) Sprachfamilie im Grenzgebiet Brasiliens (Roraima) und Venezuelas (Amazonas). Zu den Y.-S. gehören vier nahe verwandte Spr.: Yanam (od. Ninam), Yanomam, Yanomamï (oder Guaharibo) und Sanïma. Gesamtzahl der Sprecher ca. 14 000; Karte ⁊ Südamerikanische Sprachen, im Anhang. **Lit.** D. Borgman, Sanumá. In: D. C. Derbyshire & G. K. Pullum (eds.), Handbook of Amazonian Languages, Vol. 2. Bln., N. Y. 1990, 17–248. – R. M. W. Dixon & A. Y. Aikhenvald (eds.), The Amazonian Languages. Cambridge 1999. – E. Migliazza, Yanomama Grammar and Intelligibility. Phil. Diss. Indiana Univ.1972. – H. Ramirez, Iniciação a língua yanomama. Boa Vista 1994. **SSG** Ibero-Amerikanisches Institut Berlin (204). AD

Yao ⁊ Sino-Tibetische Sprachen

Yaqui ⁊ Uto-Aztekische Sprachen

Yaruro ⁊ Südamerikanische Indiansprachen

Yerkish ⁊ Zoosemiotik

Yerwa ⁊ Kanuri

Yidgha ⁊ Pamir-Sprachen

Yokuts ⁊ Penuti-Sprachen

Yoruba Früher den ⁊ Kwa-Sprachen zugerechnete ⁊ Benue-Kongo-Sprache mit mehr als 24 Mio. S1- und einigen Mio. S2-Sprechern; Sprachgebiet: vor allem im südwestl. Nigeria, aber auch in Benin (ca. 0,5 Mio.) und in Togo; Karte ⁊ Afrikanische Sprachen, im Anhang. Die Standardform (ca. 20 Dialekte) basiert auf dem Dialekt von Oyo. In Nigeria, wo es neben ⁊ Hausa und ⁊ Igbo zu den drei größten Nationalspr. zählt, wird es in Rundfunk, Schulunterricht und der reichhaltigen zeitgenöss. Lit. verwendet. Seit der lat. basierten ⁊ Verschriftung im 19. Jh. erschienen zahlreiche Publikationen in Y. **Lit.** I. C. Ward, Introduction to the Y. Language. Cambridge 1952. – E. C. Rowlands, Teach Yourself Y. Sevenoaks 1969. – **Bibl.** L. O. Adewole, The Y. Language. Published Works and Doctoral Dissertations, 1843–1986. Hamburg 1987. RE

Yuchi ⁊ Makro-Sioux-Sprachgruppe

Yucpa ⁊ Karibische Sprachen

Yue ⁊ Chinesisch

Yukatekisch (oft auch: Maya) ⁊ Maya-Sprache in Mexiko (Halbinsel Yucatán) und Belize, mit ca. 800 000 Sprechern. Varietäten: Y. i. e. S., Lacandon, Mopan, Itza; Karte ⁊ Mesoamerikanische Sprachen, im Anhang. In vorspan. Zeit wurde die ⁊ Maya-Schrift verwendet, in der Kolonialzeit entstanden Texte unter Verwendung des lat. Alphabets, wobei die Tradition der Dorfchroniken noch vereinzelt

fortgesetzt wird. Heute spielt Schriftlichkeit keine nennenswerte Rolle. Y. ist im Verbreitungsgebiet Mehrheitsspr., jedoch mit Span. als allgemein verbreiteter S2 und mit zahlreichen span. Lehnwörtern (z. B. Zahlen ab 4 oder 5). **Lit.** R. W. Blair, Yucatec Maya Noun and Verb Morpho-Syntax. Diss. Bloomington 1964. – G. Bevington, Maya for Travellers and Students. Austin, Texas 1995. D

Yuma-Sprachen ⁊ Hoka-Sprachen

Yup'ik ⁊ Eskimo

Yuracaré ⁊ Südamerikanische Indiansprachen

Yurí ⁊ Südamerikanische Indiansprachen

Yurok ⁊ Makro-Algonkin-Sprachgruppe

Yurumanguí ⁊ Südamerikanische Indiansprachen

Zachurisch ⁊ Dag(h)estanische Sprachen

Zaghawa ⁊ Saharanische Sprachen

Zahl 1. Zum System der Zahlwörter ⁊ Numerale. **2.** Zu den grammat. Kategorien ⁊ Singular, ⁊ Dual, ⁊ Plural usw. ⁊ Numerus. **3.** In den meisten idg. und semit. Spr. basiert das System der Z. auf der Basis 10, wahrscheinl. beruhend auf der anatom. Voraussetzung der zehn Finger des Menschen. In manchen Spr. sind Reste eines quinären Systems (Basis 5) vorhanden. Das Vigesimalsystem (Basis 20) liegt den Z. der Mayas und der Azteken zugrunde. Es ist auch im Numeralsystem einiger idg. Spr. belegt, z. B. ir. *fiche*, breton. *ugent* ›20‹, ir. *da fiche* (*da* ›zwei‹), breton. *daou-ugent* (*daou* ›zwei‹) ›40‹ usw.; im Engl. *one score* ›20‹, *two scores* ›40‹, *three scores* ›60‹ usw.; im frz. ist *quatre-vingt* (vier – zwanzig) ›80‹ Relikt eines noch im 17. Jh. bestehenden Vigesimalsystems. Das Sexagesimalsystem (Basis 60) war die Basis der sumer. Z.; bei den Babyloniern und Assyrern blieb es in den Wiss. im Gebrauch. In der Astronomie hat es sich bei den Griechen und den Arabern gehalten und ist heute in der Geometrie (Kreis- und Winkelberechnung), in der Zeitmessung und in der Nautik üblich. Reste eines Duodezimalsystems (Basis 12) liegen vor z. B. in den dt. Zahlwörtern *Dutzend* ›12‹, *Schock* ›144‹ (= 12^2). **Lit.** I. R. Hurford, Language and Number. The Emergence of a Cognitive System. Oxford 1987. – J. Grozdanovic (Hg.), Indo-European Numerals. Bln. 1988. – G. Ifrah, Universalgeschichte der Zahlen. Ffm. 1989. G

Zahladjektiv ⁊ Numerale

Zahladverb Semant. definierte Subklasse der ⁊ Adverbien, die ein ⁊ Numerale enthalten. Z. wie *erstens, zweitens* können aufgrund ihrer textgliedernden Funktion zu den ⁊ Textadverbien gerechnet werden. Zu den Z. gehören auch Bildungen aus einem Numerale und *mal*: *zweimal, hundertmal*. Sie beziehen sich auf das Prädikat und gehören daher zu den ⁊ prädikatsbezogenen Adverbien. SO

Zählbarkeit Als zählbar gelten Nomen, die formalgrammat. einen ⁊ Plural bilden können, z. B. *ein Apfel* vs. *fünf Äpfel*. Prinzipiell können außersprachl. Entitäten als zählbar bzw. diskret oder als nicht-diskrete Vielheit (Masse) aufgefasst werden (z. B.

Regenguss vs. *Regen*); ↗ Mengensubstantiv. Letztere ist nicht quantitativ summierbar, d. h. dass kein Plural gebildet werden kann; ↗ Sortenplural.　　ZA

Zahlwort ↗ Numerale

Zählwort (auch: Artbestimmer, Malwort) Wortklasse z. B. des Chines., die bei den meisten Nomina in der Funktion eines ↗ Determinativs obligator. auftritt, wenn ein Numerale, ein Demonstrativ- oder Interrogativpronomen vorhergeht. Z. sind in funktionaler Hinsicht den Artikelwörtern u. a. Nominalklassenmarkern vergleichbar. Das Z. gibt einen Hinweis auf die semant. Qualität des Bezugsnomens, z. B. *shān* (1. Ton) ›Berg‹ und ›Hemd‹ kann differenziert werden durch die Z. *tso* ›Ort, Sitz‹ bzw. *kien* ›Kleidungsstück‹, also *i tso shan* ›ein Berg‹, *i kien shan* ›ein Hemd‹. Es gibt etwa 300 solcher Z. im Chines.; ↗ Klassifikator.　　G

Zahlzeichen ↗ Ziffer

Zahn (engl. tooth, frz. dent) Die Zähne (lat. *dēntēs*) sind im ↗ Kiefer verankert und dienen primär der Nahrungsaufnahme. Sie sind strukturell gleich gebaut: Der Kern des Z. wird vom Zahnbein gebildet, die das Zahnfleisch überragende Zahnkrone ist von hartem Zahnschmelz überzogen. Die Zahnwurzel ist in der ↗ Alveole des Kieferknochens verankert. Im Inneren des Zahnbeines befindet sich die Zahnhöhle. Diese ist mit Zahnpulpa ausgefüllt, die in Bindegewebe eingebettet Nervenfasern und Blutgefäße zur Versorgung des Z. führt. Die Schneidezähne haben eine meißelförmige Zahnkrone und dienen dem Abbiss, die tief verankerten Eckzähne dem Halten und Reißen, während die mit breiter Zahnkrone versehenen Backen- und Mahlzähne dem Zerkleinern der Speisen dienen. Neben ihrer Funktion bei der Nahrungsaufnahme dienen die Zahnreihen bei der ↗ Artikulation der Zunge bzw. der Unterlippe als Widerlager; ↗ Artikulationsstelle, ↗ Dental.　　GL

Zahndamm ↗ Alveolen

Zahnlaut ↗ Dental

Zamuco-Sprachen ↗ Südamerikanische Indianersprachen

Zande ↗ Ubangi-Sprachen

Záparo-Sprachen ↗ Südamerikanische Indianersprachen

Zäpfchen ↗ Uvula

Zäpfchenlaut ↗ Uvular

Zapotekische Sprachen Zweig der ↗ Otomangue-Sprachen. Sprachgebiet: östl. Oaxaca in Mexiko; Karte ↗ Mesoamerikanische Sprachen, im Anhang. Unter Zapotek. (ca. 480 000 Sprecher) i. e. S. werden mehrere Spr. und Dialekte subsumiert, unter Zapotecan-Spr. weiterhin Chatino. Die zapotek. Hieroglyphenschrift (spätestens ab 300 v. Chr.) ist nur ansatzweise entziffert. Aus dem 16. und 17. Jh. existieren histor.-administrative Texte in lat. Schrift, heute gibt es Schriftlichkeit v. a. im Rahmen regionaler Folklore. **Lit.** S. A. Marlett, Some Aspects of Zapotecan Clausal Syntax. Workpapers of the Summer Institute of Linguistics 29, 1985, 83–154.　　D

Zarma ↗ Songhai

Zäsur (lat. caesūra ›Einschnitt‹) Metr. Einschnitt innerhalb eines Verses.　　PM

Zauberwort Alltagssprachl. Bez. für die lexikal. Bedingung der Möglichkeit einer erwünschten Handlung: wenn das Z. geäußert wird, gerät der erwünschte Zustand in greifbare Nähe oder verpflichtet Gleichgesinnte auf das in ihm ausgedrückte Programm. In der sprachl. Sozialisation von Kindern ist im Dt. *bitte* das prominenteste Z., in polit. Diskursen sind es die jeweiligen »Fahnenwörter«; ↗ Historische Semantik.　　G

Zayse ↗ Omotische Sprachen

Zaza ↗ Kurdisch

Zeichen (engl. sign, frz. signe) **1.** Ein Buch über Z. muss sich mit *allem* beschäftigen, sagt U. Eco (1977, 15), denn alles sinnl. Wahrnehmbare kann als Z. fungieren, wenn es sich (a) durch die Möglichkeit alternativer Wahlen als informationshaltiges ↗ Signal (4) erweist und wenn ihm (b) diese ↗ Information interpretativ zugeordnet ist. Ecos Charakterisierung des Z. als »signifikantes Signal« (1972) korrespondiert mit der Z.-Definition von Ch. S. Peirce: Dieser bestimmt das Z. als Ergebnis eines Prozesses der ↗ Semiose, der einen materiellen Z.-Ausdruck (»representamen«) einem Bezugsobjekt (»object«) zuordnet vermittels eines emotional, aktional oder kognitiv interpretierenden Aktes (»interpretant«). Der ›Interpretant‹ macht die Z.struktur zu einer unauflösl. »triad.« Relation, der alle bloß »dyad.« wirkenden physikal., chem., biolog. Signale (4) (Impulse, Reize) nicht genügen. Dennoch ist die »untere Schwelle« (Eco) des Z., also die Grenze zwischen kausal-mechan. und interpretierender Informationsvermittlung, schwer zu bestimmen, wenn man über den Bereich menschl. »Interpreten« hinausschaut; die obige Bedingung (b) wurde bewusst neutral formuliert, weil die ↗ Zoosemiotik die Tiersignale unter die Z. subsumiert. – Bezogen auf den Menschen ist der Peircesche Z.-Begriff weit genug: Er umfasst nicht-intentionale, d. h. nur durch Rezipienten interpretativ konstituierte »natürl. Z.« (A. Schaff), oft »Anzeichen« genannt und dann zuweilen nicht als Z. anerkannt (G. Bentele & I. Bystrina), sowie intentional von Emittenten produzierte und kommunizierte »künstl. oder eigentl. Z.« (Schaff); er umfasst ferner die drei von Peirce unterschiedenen »Typen des Objektbezugs«: ↗ Index (1) (»realer«, u. a. kausaler Bezug), ↗ Ikon (Ähnlichkeitsbezug) und ↗ Symbol (2) (konventioneller Bezug). Diese drei Z.typen sind allerdings weder disjunkt noch lassen sie sich eindeutig der Dichotomie intentional vs. nicht-intentional zuordnen. Doch lässt sich feststellen, dass ↗ Sprachzeichen prinzipiell intentional und symbol. sind, Letzteres auch dann, wenn es sich um ↗ Interjektionen wie *ach* oder ↗ Onomatopoetika wie *kikeriki* handelt. Die obenstehende Tabelle soll die typolog. Möglichkeiten verdeutlichen; sie ist durch

Beispiele	Intent.	Index	Ikon	Symb.	Spr.
Rauch, Ohnmacht	–	+	–	–	–
Fußspuren, Schatten, Fieber[1], Husten[1]	–	+	+	–	–
Warnlämpchen, Hinweisgesten	+	+	–	–	–
Puppen, Porträts, ikon. Gesten	+	–	+	–	–
Wetterhähne, Sanduhren, Totenmasken	+	+	+	–	–
Erkennungs-Z.[2], Hinweispfeile Deiktika, Interjektionen, Emphase	+	+	–	+	– +
Messinstrumente, metonym. Symbole (1)[3] emotional-bildhafte Ausdrücke	+	+	+	+	– +
Schaltpläne, metaphor. Symbole (1)[4] Onomatopoetika	+	–	+	+	– +
Fahnen, Signale (1)[5], »Gut«-Geste Appellativa, Synsemantika	+	–	–	+	– +

[1] ikon. hinsichtl. der Intensität [2] z.B. durchbrochener Ring [3] z.B.: christl. Kreuz
[4] z.B. Waage für Gerechtigkeit [5] z.B. Ampel, Startschuss o. Ä.

drei Anmerkungen zu ergänzen: (a) Alle intentionalen Z. sind zugleich Indices des Emittentenbezugs; sie indizieren nicht nur die Existenz des Emittenten, sondern auch manche seiner Eigenschaften und Kommunikationsmotive. (b) Die +/–-Eintragungen in der Tabelle wären in einer realist. Beschreibung z. T. durch Skalen zu ersetzen; dies gilt insbesondere für die indexikal. und ikon. Anteile der Sprachzeichen, v. a. auf deren höheren Rängen (s. u.); also etwa lexikal. Skalen, die von indexikal. Z. wie *au* oder ikon. Z. wie *miau* über *Scheißwetter* und *Bilderbuch* bis zum rein symbol. Z. *Ehre* reichen. (c) Den hier eingeordneten Kategorien ⁊ Symbol (1) und ⁊ Signal (1) verleiht A. Schaff den Rang eigenständiger Z.-Typen, und zwar aufgrund ihrer gruppenkonstitutiven bzw. handlungsauslösenden Funktionen. – Andere teils konkurrierende, teils ergänzende Z.typologien (z. B. nach dem ⁊ Kanal der ⁊ Kommunikation, Th. Sebeok 1979, 48, oder dem ⁊ Signifikationsmodus, Ch. W. Morris ²1955) können hier nicht referiert werden. 2. Intentionale Z. werden für drei Funktionen gebraucht, die K. Bühler als »semant. Funktionen des Sprachzeichens« festgestellt hat (⁊ Bühlersches Organonmodell): Sie dienen – mit unterschiedl. Gewichtung – zum »Ausdruck« »der Innerlichkeit des Senders«, zum »Appell«, d. h. zur Verhaltenssteuerung des Hörers, und zur »Darstellung« von »Gegenständen und Sachverhalten«, Letzteres zu den Zwecken kognitiver Repräsentation und kommunikativer Übermittlung. Indexikal. und ikon. Z. können diese Funktionen auf dem Hintergrund allgemeiner Interpretationsprinzipien als ›Einmal- oder Erst-Z.‹ ausüben, werden aber zumeist bekannte Z.-Muster aktualisieren. Symbol. Z. sind dagegen notwendig an die Existenz von Z.-Mustern gebunden, die den arbiträren Bezug zwischen »representamen« und »object« konventionell festlegen; die Einmaligkeit der kommunikativen Nachricht kann hier nur durch ⁊ Textualität, d. h. durch die Einmaligkeit komplexer Kombinations- und Kontextualisierungsprozesse gesichert werden. Dieser grundlegende Unterschied zwischen virtuellen Z. (Z.-Mustern, »types«) und aktuellen Z.

(»tokens«; ⁊ Type-token-Relation) wurde in der älteren Semiotik zwar gesehen, aber nicht zureichend beschrieben. Peirce spricht ihn an mit der Unterscheidung von Quali(täts)-, Sin(gularitäts)- und Legi-Z. (d. h. Konventions-Z.) und bestimmt die Aktualisierung eines Legi-Z. zu Recht als Sin-Z., begreift dieses jedoch als bloße »Replika« des Legi-Z.; Morris fasst den Unterschied gründlicher, indem er zwischen den Signifikationsmodi der virtuellen Z.typen und den Arten des ⁊ Zeichengebrauchs keine 1 : 1-Entsprechung annimmt. Die tiefgreifenden Veränderungen, denen virtuelle Z. bei der kommunikativen ⁊ Aktualisierung vor allem in ihrer ⁊ Bedeutung unterliegen (⁊ Aktuelle Bedeutung), wurden zuerst von Vertretern der ⁊ Genfer Schule thematisiert, sodann im Zusammenhang satzsemant. und textling. Forschungen herausgearbeitet. 3. Morris leitet aus der triad. Relation der Semiose drei Dimensionen ab, die zugleich drei Teildisziplinen der Semiotik begründen: ⁊ Syntaktik, ⁊ Semantik und ⁊ Pragmatik. Die deutliche Erweiterung gegenüber Peirces Z.-Modell liegt in der syntakt. Dimension, welche die Beziehungen eines Z. zu anderen Z. als grundsätzl. Bedingung seiner Z.funktion modelliert. Dies kann zweierlei bedeuten: (a) Morris selbst denkt in seinen Beispielen in erster Linie an syntagmat. Relationen (⁊ Syntagma): die meisten Z.typen, insbesondere aber Sprachzeichen werden in Kombination mit anderen Z. aktualisiert dergestalt, dass sie sich wechselseitig in ihrer Bedeutung determinieren und in ›hierarch.‹ Stufung komplexere Z. konstituieren, die in bestimmten Fällen emergente, d. h. nicht additiv errechenbare Bedeutungskomponenten entfalten. Eine solche Stufung begegnet schon in der Begriffs-Trias Rhema, Dicent und Argument, mit der die Peirce die log. Unterscheidung von Begriff, Aussage und Schluss semiot. zu generalisieren versucht: Ein »Rhema« ist ein Wort oder die Zeichnung eines Fahrrades; ein »Dicent« ist ein als wahr behaupteter Satz oder ein Verkehrsschild ›Fahrradweg!‹; ein »Argument« ist ein log. Kurztext. Für alle komplexeren Z.ränge stellt das Spr.- und Textwissen teils fertige Einheiten (z. B. Komposita, Phraseolexeme, Routineformeln, Witze), teils syntakt. Regeln und textuelle Muster bereit, die bei steigender Komplexität zunehmend mehr Spielraum für die innovative Gestaltung einmaliger Text-Z. eröffnen. Auch die (sprachl. und viele nicht-sprachl.) Minimal-Z. sind syntakt. geformt, und zwar aus nicht-signifikativen Elementen, die zu kleinen, geschlossenen Signalsystemen gehören; A. Martinet spricht deshalb von der ⁊ doppelten Artikulation der Spr. (Ebene der ⁊ Moneme und der ⁊ Phoneme). (b) Quer zu den syntagmat. Relationen stehen Z.einheiten beliebigen Ranges in paradigmat. Relationen (⁊ Paradigma) zu Z.einheiten des gleichen Ranges, die in einem gegebenen syntagmat. Kontext ihre mögl. Alternativen sind:

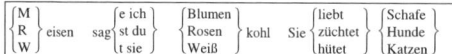

Virtuelle Z. gehören grundsätzl. in den Zusammenhang von (Teil-)Systemen, in die sie, wie F. de Saussure für die Sprachzeichen gezeigt hat, nicht als schon fertige Einheiten eintreten, sondern innerhalb derer sie sich durch ⁊ Opposition zu ihren ›Nachbarn‹ konstituieren; ein /m/, dem kein /n/ und /ŋ/ gegenübersteht, ist kein labialer Nasal, sondern einfach ein Nasal; ein ☺, zu dem es kein ☹ oder ⊗ als Alternative gibt, ist kein Smiley, sondern einfach ein Gesicht. De Saussure, Cours, nimmt an, dass die Einzelspr. (⁊ Langue) diffuse Vorstellungsmassen durch arbiträre (⁊ Arbitrarität) Zuordnung von ⁊ Signifikanten, d. h. psych. »Lautbildern«, in ⁊ Signifikate, d. h. Vorstellungseinheiten, gliedert. Daraus folgen zwei Annahmen: (a) Die Bedeutung jedes Z. wird begrenzt durch seinen »Wert« in der Langue; sie ist nicht ablösbar von ihren einzelsprachl. paradigmat. Relationen (⁊ Synonymie, ⁊ Antonymie, ⁊ Hyponymie). (b) Das Signifikat ist untrennbar an den Signifikanten gebunden; Sprachzeichen sind einzelsprachl. ⁊ bilaterale Einheiten. Damit steht das Saussuresche Z.-Modell im Gegensatz zum ›monolateralen‹ Z.-Modell der Peirce-Morris-Tradition; in dieser ist das meinte »repräsentamen« ein monolaterales Z., insofern es im Gefüge seiner triad. Relationen über sich selbst hinausweist auf externe »Objekte«, »Interpretanten«, »Gedanken« etc.; ⁊ Semiotisches Dreieck. Das bilaterale Z.-Modell entspricht besser der einzelsprachl. ⁊ Bedeutungsstruktur lexikal. Z. und bildet in der differenzierteren Version von L. Hjelmslev die Grundlage für die europäische ⁊ strukturelle Semantik. Seine Gefahr liegt in einer mögl. ›Reifizierung‹ der Bedeutung; zudem ist nicht klar, inwieweit es mögl. ist, seine Geltung über den Bereich der Sprachzeichen hinaus auszudehnen, so wie dies U. Eco tut, der in seiner die Gesamtheit der Kulturphänomene umfassenden Z.theorie den Ansatz de Saussures mit dem Peirceschen Gedanken der potentiell »unendl. Semiose« sich wechselseitig interpretierender Z. verbindet. **4.** Z.-Systeme werden nicht für den Tag und selten zum Zwecke einsamer Selbstgespräche erfunden. Gebunden an die Existenz von Gruppen, an deren differenzierte und i. d. R. sich wandelnde kognitive und kommunikative Bedürfnisse, sind Z.systeme tendenziell und Sprachzeichensysteme prinzipiell auf funktionale Variation, lektale Differenzierung (⁊ Dialekt, ⁊ Soziolekt) und histor. Wandel angelegt; selbst Singvögel und Wale haben bekanntl. ihre ›Dialekte‹. Die Bedeutungsstrukturen sprachl. Z. sind also im Rahmen eines ⁊ Diasystems, das seinen Benutzern eine Vielfalt von ⁊ Varietäten koexistent zur Verfügung stellt, erhebl. reicher, als ein stat.-synchroner Systembegriff dies erwarten lässt. Aus histor. und fachl.

Teilbedeutungen sowie aus der Menge ›stilist. Dubletten‹, die denotativ, d. h hinsichtl. der Sachbez. synonym sind, sich jedoch konnotativ, d. h. hinsichtl. ihrer Herkunft und Gebrauchssituation sowie der damit verbundenen sozialen Wertungen unterscheiden (⁊ Konnotation (2)), können die Sprachbenutzer schöpfen, um die Aussage ihrer Text-Z. den individuellen Anforderungen der Situation und ihrer kommunikativen Intentionen stilist. anzupassen. **Lit.** Ch. S. Peirce, Phänomen und Logik der Z. (1903). Ffm. ³1998. – U. Eco, Z. Einf. in einen Begriff und seine Geschichte. Nachdr. Ffm. 2004. – G. Abel, Sprache, Z., Interpretation. Ffm. 1999. – Ders., Z. der Wirklichkeit. Ffm. 2004. – E. Walther, Z. Aufsätze zur Semiotik. Weimar 2002. – T. Pruiksen, Medialität und Z. Würzburg 2007. – Weitere Lit. ⁊ Semiotik, ⁊ Semiotisches Dreieck.   RB

Zeichenausdruck ⁊ Signifikant

Zeichengebrauch (engl. sign usage) Ch. W. Morris unterscheidet vier »primäre« Arten des (pragmat.) Z., denen alle zweckbezogenen Zeichenverwendungen zu subsumieren sind: informativ, valuativ, inzitiv (Handlungen anregend) und systemisch (»Interpretanten« organisierend, d. h. textstrukturierend). Damit sind zugleich die primären Verwendungen der ⁊ Signifikationsmodi und Zeichentypen benannt, doch gibt es zwischen Signifikation und Gebrauch keine eindeutige Entsprechung; man kann Designatoren nicht-informativ verwenden, mit Appreziatoren Handlungen anregen usw. Morris ordnet ferner den Arten des Z. unterschiedl. Arten wirkungsbezogener Adäquatheit zu. **Lit.** Ch. W. Morris, Signs, Language, and Behavior. N. Y. ²1955. Dt.: Zeichen, Spr. und Verhalten. Ddf. 1973.   RB

Zeichengestalt ⁊ Signifikant

Zeicheninhalt ⁊ Signifikant

Zeichenkodierung (engl. (character) encoding) Darstellung von elementaren ⁊ Schriftzeichen mithilfe eines Kodierungsmodells. Als Schriftzeichen gelten abstrakte ⁊ Zeichen wie Buchstaben, Ziffern, Interpunktionszeichen, Akzente, graph. Symbole, ideograph. Zeichen, Leerzeichen, Tabulatoren usw. Bei der Z. wird ein abstraktes Zeichen in eine alphanumer. Zahl (bzw. direkt in ein konkretes Bitmuster) umgewandelt, um es für den Computer verarbeitungsfähig zu machen. Es existieren verschiedene Methoden, um ein Zeichen in einen Code umzuwandeln (z.B. ASCII, ISO-8859, Unicode). Aufgrund der Vielzahl von Textzeichen und nationalen Kodierungen veröffentlicht das Unicode-Konsortium fortlaufend neue Definitionen für alle Zeichen sämtlicher Sprachen. Als Standardkodierung hat sich die Unicode-Kodierung UTF-8 bzw. UTF-16 etabliert.   Z

Zeichenkörper ⁊ Signifikant

Zeichenrecht ⁊ Warenzeichenrecht

Zeichenrolle ⁊ Warenzeichen, ⁊ Warenzeichenrecht

Zeichensatz ⁊ Schriftsatz

Zeichensetzung ⁊ Interpunktion

Zeichensprache 1. Umgangssprachl. Bez. für die ⁊ Gebärdensprache Gehörloser. **2.** ⁊ Plains-Zeichensprache. GT

Zeichentheorie ⁊ Semiotik

Zeichenträger ⁊ Signifikant

Zeichenwissenschaft ⁊ Semiotik

Zeig(e)wort ⁊ Deixis

Zeigfeld Von K. Bühler eingeführtes theoret. Konzept, um die Spezifik der Funktionsweise deikt. Ausdrücke (⁊ Deixis) zu bestimmen. Sprachliche Handlungen haben eine eigene Origo, einen Mittelpunkt des Ich-Jetzt-Hier, von dem aus ein System von Verweisungen als Orientierung der Hörer-Aufmerksamkeit möglich ist. Die dem Z. zugehörigen Ausdrücke werden denen des ⁊ Symbolfeldes gegenübergestellt. – Die Analyse des Z. wird von Bühler auch auf komplexere Verweisräume ausgedehnt, wobei aber zum Teil, bes. bei seiner Behandlung der ⁊ Anapher, nur noch analoghaft argumentiert wird, weil eine übergreifende Systematik durch Verkürzung des handlungstheoret. Ansatzes fehlt. – Die Metapher des Feldes wird bei Bühler unterschiedlich und dadurch diffus eingesetzt (vgl. sein »Vierfelderschema« von ⁊ Sprechhandlung und Sprachwerk, ⁊ Sprechakt (1) und Sprachgebilde) im Axiom (C) der »Prinzipien der Sprachforschung« (Bühler, Sprachtheorie, 48 ff.), aber auch beim Reden vom ⁊ synsemantischen vom. Umfeld). Die Feld-Metapher ist deutlich von gestalttheoret. Überlegungen beeinflusst. Ihre Verwendung bei Bühler steht im Spannungsfeld zwischen seiner vorwiegend zeichenzentrierten Verfahrensweise und den eigentl. handlungstheoret. Analyseansätzen. – Eine systemat. handlungstheoret. Weiterentwicklung führt zum Konzept der sprachl. ⁊ Prozeduren. In ihm wird das Feld-Konzept als sprachl. Strukturkonzept gefasst und über das Bühlersche Zweifelder-System von Spr. hinaus erweitert, um die unterschiedl. Funktionalität sprachl. Formen für verschiedene sprachinterne und sprachexterne Handlungszwecke zu erfassen. – Neben dem Z. und dem ⁊ Symbolfeld werden so das Lenkfeld, das Malfeld und das operative Feld unterschieden. E

Zeile (engl. line, frz. ligne) Komplexe Einheit der ⁊ geschriebenen Sprachform in ⁊ Schriften mit horizontaler Anordnung der ⁊ Schriftzeichen bzw. der graph. Wörter. In rechtsläufigen ⁊ Schriftarten sind die Schriftzeichen von links nach rechts angeordnet (z.B. im Lat.), in linksläufigen von rechts nach links (z.B. im Arab.); ⁊ Schriftrichtung. Die Zeilenanordnung ist in fast allen Schriftarten vertikal von oben nach unten mit Zeilensprüngen, d.h. dass Zeilenanfänge und Zeilenenden an den entgegengesetzten Seiten des Schriftträgers lokalisiert sind außer in sog. Boustrophedon-Inschriften, die keinen Zeilensprung, sondern einen ständigen Wechsel der Schriftrichtung von Zeile zu Zeile aufweisen. G

Zeilensprung ⁊ Augenbewegung beim Lesen, ⁊ Saccade, ⁊ Zeile

Zeit Zu unterscheiden sind die physikal. oder objektive Zeit und deren Versprachlichung durch grammatikalisierte (⁊ Tempus) oder lexikal. Mittel. Dass das Phänomen der Zeit naturwiss. nicht restlos geklärt ist, ist für sprachwiss. Belange unerheblich, da die Z. in der Anschauung und Vorstellung des Menschen kontinuierl. und linear abläuft und genau diese Anschauung in der Spr. wiedergegeben wird, nicht die »objektive« Natur der Z. (vgl. auch die Vorstellung von einer »Zeitachse«). Der Mensch gliedert die physikal. Z. gewöhnlich in ⁊ Vergangenheit, ⁊ Gegenwart und ⁊ Zukunft (*gestern – heute – morgen*). Werden Zeitbezüge in Form einer grammat. Kategorie (des Verbs – *Zeitwort!*) ausgedrückt, spricht man sprachwiss. vom ⁊ Tempus, vgl. z.B. *du schreibst* vs. *du schriebst* vs. *du hast geschrieben* vs. *du wirst schreiben*. Mit lexikal. Mitteln lässt sich leicht ein direkter Bezug zu einem Abschnitt der physikal. Zeit herstellen, z.B. *Im Jahre 863 schufen Kyrill und Method die glagolitische Schrift*. Grammat. Zeitbezüge sind, vor allem in komplexen Sätzen, in einem innersprachl. Koordinatensystem zu interpretieren, das u.a. durch die Begriffe ⁊ Sprechzeit, ⁊ Aktzeit, ⁊ Betrachtzeit sowie ⁊ Vorzeitigkeit, ⁊ Gleichzeitigkeit und ⁊ Nachzeitigkeit konstituiert wird. Die Gleichsetzung von ⁊ Präsens und ⁊ Gegenwart, von ⁊ Präteritum und ⁊ Vergangenheit bzw. ⁊ Futur und ⁊ Zukunft ist in ihm nur noch ein – freilich häufiger – Spezialfall (gekennzeichnet u.a. durch Sprechzeit = Betrachtzeit = Aktzeit), histor. vermutlich allerdings auch der Ursprung des Tempussystems. **Lit.** E. Koschmieder, Zeitbezug und Spr. Ein Beitrag zur Aspekt- und Tempusfrage. Lpz. 1929. – H. Weinrich, Tempus. Besprochene und erzählte Welt. Stgt. ⁴1985. – D. Wunderlich, Tempus und Zeitreferenz im Dt. Mchn. 1970. – B. Comrie, Tense. Cambridge 1985. – J.-M. Zemb, Sprache und Zeit. Sprachwiss. 3, 1978, 119–145. – W. Abraham & Th. Janssen (Hgg.), Tempus – Aspekt – Modus. Die lexikal. und grammat. Formen in den germ. Spr. Tübingen 1989. – **Bibl.** R. Brons-Albert, Kommentierte Bibliographie zur Tempusproblematik. Trier 1978. KE

Zeitadverb ⁊ Temporaladverb

Zeitbestimmung ⁊ Temporalbestimmung

Zeitdaueradverb ⁊ Temporaladverb

Zeitdeixis ⁊ Temporaldeixis

Zeitenfolge ⁊ Consecutio temporum

Zeitrahmenadverb ⁊ Temporaladverb

Zeitrelation ⁊ Zeit

Zeitsatz ⁊ Temporalsatz

Zeitsystem ⁊ Zeit

Zeitungssprache Kein ling. Terminus. In der Kommunikationswiss. bezeichnet Z. Eigenschaften von Texten, die in Zeitungen abgedruckt sind, was kein geeignetes Kriterium für die Identifikation einer besonderen ⁊ Varietät oder eines besonderen ⁊ Registers »Z.« oder »Pressesprache« ist. G, SO

Zeitwort ⁊ Verb

Zentral 1. Mittlerer Wert des artikulator. Parameters (↗ artikulatorische Phonetik) der Zungenlage bei der Vokalproduktion (↗ Vokal). – **2.** (Auch: median, sagittal) Entlang der Mittelebene des ↗ Ansatzrohres in Längsrichtung; ↗ diffus.   PM

Zentral-auditive Verarbeitungs- und Wahrnehmungsstörungen (ZAVWS) ↗ Auditive Verarbeitungs- und Wahrnehmungsstörungen (AVWS)

Zentralhessisch ↗ Mittelhessisch

Zentralisierend In der Sprachtypologie Bez. für Spr., bei denen das Prädikatsverb als zentrales Element des Satzes die Anordnung und morpholog. Ausprägung sämtlicher anderen Satzglieder steuert und dominiert.   GP

Zentralisierung (auch: Schwächung, Vokalabschwächung, Vokalschwächung, Vokalverdumpfung) Verlagerung der Zungenlage bei der Vokalartikulation (↗ artikulatorische Phonetik, ↗ Vokal) in den mittleren Bereich in Richtung ↗ Schwa-Laut [ə] wie z. B. bei den unbetonten Vokalen im Engl. oder dem unbetonten *e* in dt. Endsilben.   PM

Zentralsemitisch In neueren Einteilungen der ↗ semitischen Sprachen eingeführte Kategorie, um die Gemeinsamkeiten des ↗ Arabischen mit dem ↗ Nordwestsemitischen (und dem ↗ Altsüdarabischen) im Gegensatz zum ↗ Südsemitischen darzustellen. Die Basis für diese Einteilung bilden der Imperfektbasis /qtVl/ gegenüber /qattVl/ und die Imperfektendung *-na* für die 3. Pers. Pl. fem.   WI

Zentralsudanische Sprachen Ca. 20 Spr. umfassende Untergruppe der ↗ nilo-saharanischen Sprachen, die sich einerseits in die Sara-Bongo-Bagirmi-Gruppe (auch: Chari-Spr.), andererseits in die Moru-Mangbetu-Gruppe gliedert. Sprachgebiet: Enklaven in Tschad, Zentralafrikan. Republik, Zaire, Sudan und Uganda. 2–3 Mio. Sprecher, wovon ca. 1 Mio. auf das Sara (Sar) entfallen. Jeweils mehrere 100 000 Sprecher haben das Lugbara, das Mangbetu und das Bale; Karte ↗ Afrikanische Sprachen, im Anhang. Die Z. sind ↗ Tonsprachen, die Wortstellung dient häufig der Aspektunterscheidung (SVO: ↗ perfektiv, SOV: ↗ imperfektiv), Kasus- und Lokalrelationen werden durch Postpositionen gekennzeichnet. **Lit.** J. Larochette, Grammaire des dialectes mangbetu et medje. Tervuren 1958. **SSG** Stadt- und Universitätsbibliothek Frankfurt/M. (30).   RE

Zentralvokal ↗ Schwa-Laut

Zentrifugal 1. Vom Zentrum (des Sprachsystems) zu seiner Peripherie strebend, z. B. Wortbildungsmuster, die zu einem Zeitpunkt t_1 ↗ produktiv sind, zu t_2 noch aktiv, zu t_3 ↗ unproduktiv. G – **2.** Zentrifugale Valenz ist die Valenz eines Valenzträgers bezüglich seiner Ergänzungen; ↗ Zentripetal. WK – **3.** In der ↗ Sprachsoziologie Bez. für Bestrebungen, eine Varietät, die als Variante (↗ Dialekt) einer Sprache gilt, als klar vom diesem »Zentrum« unterscheidbare Varietät abzugrenzen (z. B. Schweizerdeutsch) oder als selbständige Spr. zu etablieren (z. B. ↗ Moldauisch oder ↗ Karelisch in der ehema-

ligen UdSSR). G – **4.** (Auch: elativisch) In der russischsprachigen Ling. häufig für die morpholog. markierte ›Ausrichtung‹ einer Verbalhandlung weg von einem ›Zentrum‹, das mit dem handelnden Subjekt ident. sein kann (Ggs. ↗ zentripetal, auch: illativisch); vgl. z. B. abchas. *a-t-cara* ›hinausjagen‹ ggü. *a-ta-cara* ›hineinjagen‹.   GP

Zentripetal 1. Von der Peripherie (des Sprachsystems) zu seinem Zentrum strebend, z. B. Wortbildungsmuster, die zu einem Zeitpunkt t_1 ↗ unproduktiv sind, zu t_2 aktiv, zu t_3 ↗ produktiv. G – **2.** Zentripetale Valenz ist der Valenzbezug einer Ergänzung auf den dazugehörigen Valenzträger; ↗ Zentrifugal (2)   WK

Zentrum ↗ Endozentrische Konstruktion, ↗ Kettenanalyse, ↗ Peripherie

Zerebral ↗ Retroflex

Zesisch ↗ Dag(h)estanische Sprachen

Zessativ ↗ Modus

Zetazismus ↗ Assibilierung

Zeugma n. (griech. ζεῦγμα ›Joch, Zusammengefügtes‹. Auch: Syllepsis) ↗ Rhetorische Figur der Worteinsparung, Sonderform der ↗ Ellipse: Zuordnung eines Satzgliedes (Wortes) zu zwei (oder mehr) syntakt. oder semant. verschiedenen Satzteilen; unbeabsichtigt gesetzt als grammat. Verstoß oder Stilfehler gewertet. Man unterscheidet: (a) syntakt. Z. (auch: Adnexio): ein Satzglied wird auf zwei (oder mehr) nach Genus, Numerus oder Kasus inkongruente Satzteile bezogen, obwohl es nur zu einem passt und eigentl. neu gesetzt werden müsste: *ich gehe meinen Weg, ihr* (*geht*) *den euren*; »Entzahnte Kiefern schnattern und das schlotternde Gebein« (Goethe, »An Schwager Kronos«). (b) Semant. Z.: ein Satzglied wird auf zwei Wörter oder Satzteile bezogen, die entweder verschiedenen Sinnsphären angehören oder in eigentl. und metaphor. Bedeutung verstanden werden müssen, z. B. *Er warf die Zigarre in den Aschenbecher und einen Blick aus dem Fenster*; »Er saß ganze Nächte und Sessel durch« (Jean Paul, »Siebenkäs«); wird oft in scherzhafter oder verfremdender Absicht verwendet.   SE

Zezura ↗ Shona

Zhu|ˈhõã ↗ Khoisan-Sprachen

Ziehkette ↗ Schub

Zielend ↗ Transitiv

Zielgesteuert ↗ Top-down

Zielgröße ↗ Akkusativ, ↗ Tiefenkasus

Zielpol Z. und Ausgangspol sind in der Terminologie von E. Drach (1940) die beiden Elemente im dt. Satz, die sich für die Umklammerung anderer Elemente öffnen. Umklammern können die Teile des verbalen Gefüges, die entweder aus den zusammengesetzten Formen des Verbs, aus Vollverb + Nomen oder Vollverb + Infinitiv eines anderen Vollverbs oder aus Vollverb + Adverb bestehen; ↗ Satzklammer, ↗ Spreizstellung. In Nebensätzen bilden Konjunktion oder Relativpronomen den Ausgangspol, das gesamte Verbgefüge den Z. **Lit.** E. Drach, Grundgedanken der dt. Satzlehre. Nachdruck der 3. Auflage. 1940.   SL

Zielsprache Spr., in die aus einer ⁊ Ausgangssprache übersetzt oder gedolmetscht wird. Auch Bez. für eine Spr., die im FU gelernt wird (in dieser Bedeutung Zs.-Titel).   G

Ziffer (mittellat. cifra < arab. sifr < Sanskr. śūnya ›leer, Null‹. Auch: Zahlzeichen. Engl. figure, number, numeral, frz. ⁊ chiffre) Z. gehören als Inventar von ⁊ Begriffszeichen zum Inventar der ⁊ Schriftzeichen von ⁊ Schriftsprachen. Sie dienen der Schreibung der ⁊ Zahlen. Das System der Z. hängt histor. mit dem System der Zahlwörter (Ordinalzahlen; ⁊ Numerale, ⁊ Zahl) einzelner Spr. zusammen. Die frühesten mesopotam. gegenständl. Zähl- und Rechenverfahren des 6. bis 4. Jt. v. Chr. beruhten auf Zählsteinen bzw. tönernen Bullen (kleinen Kugeln, Kegeln, Eiern in besiegelten Tongefäßen); sie dienten der Buchführung und gelten als wichtigste Vorläufer der ⁊ Schrift (Schmandt-Besserat). In der nordwestsemit. und griech. Antike wurden Buchstaben mit best. Diakritika als Z. verwendet, wobei die Position eines Buchstabens in der ⁊ Alphabetreihe für seinen Zahlwert maßgeblich war. Die röm. Z. (I ›1‹, V ›5‹, X ›10‹, L ›50‹, C ›100‹, D ›500‹, M ›1 000‹) gelten in der Altphilologie als uminterpretierte Schriftzeichen griech.-etrusk. Provenienz; Ifrah (1989, 163–183) hat die Hypothese plausibel gemacht, dass es sich um ein älteres autochthones Z.system handelt, dessen Genese mit der Technik des Kerbens erklärbar ist. Man unterscheidet zwischen (a) additiven Z.systemen (die Position der einzelnen Z. ist frei, der Zahlwert ergibt sich aus ihrer Addition), (b) hybriden Z.systemen (die Koeffizienten der Zahlzeichen entsprechen teilweise Potenzen der Basis) und (c) Positionssystemen (der Zahlwert ergibt sich aus den Positionen der Z. im geschriebenen Zahlausdruck, z. B. 118 vs. 811), zu denen das ind.-arab. Z.system gehört (erster Beleg aus dem 6. Jh. n. Chr., Nordwestindien), in dem die Zahl Null mathemat. von ausschlaggebender Bedeutung ist. Dieses System hat sich heute weltweit durchgesetzt, auch wenn die Gestalten der einzelnen Z. in unterschiedl. Schriftsystemen unterschiedl. sind. »Die ind. Zahlschrift [gehört] zu den wichtigsten Entdeckungen der Menschheit, die sich im Verlauf der Jhh. so weit ausgebreitet hat, dass sie inzwischen zur einzigen wirklichen Weltspr. geworden ist« (Ifrah 1989, 511). **Lit.** D. Schmandt-Besserat, Les plus anciens précurseurs de l'écriture. Pour la Science 10, 1978, 12–22. – Dies., The Envelopes that Bear the First Writing. In: Technology and Culture 21, 1980, 257–385. – G. Ifrah, Universalgeschichte der Zahlen. Ffm. 1989.   G

Zigeunerdialekte ⁊ Romani, ⁊ Indoarische Sprachen

Zimbrisch Nur noch einzelörtlich gesprochene altbair. Ma. in den im MA besiedelten »Sieben und Dreizehn Gemeinden« in den Lessin. Alpen nördl.

von Verona in Italien. Durch die fehlende Überdachung durch die dt. Standardspr. hatte sich eine rudimentäre eigene Schriftlichkeit entwickelt. **Lit.** B. Wurzer, Die dt. Sprachinseln in Oberitalien. Bozen ⁴1977. – M. Hornung, Die sog. z. Maa. der Sieben und Dreizehn Gemeinden in Oberitalien. In: Dies., Die dt. Sprachinseln in den Südalpen. Hildesheim u. a. 1994, 19–43. – H. Tyroller, Grammat. Beschreibung des Z. in Lusern. Stgt. 2003. – J. A. Schmeller, Sogenanntes Cimbrisches Wb. Wien 1855.   DD

Zinken m. (lat. sīgnum ›Zeichen‹. Auch: Gaunerzinken) ⁊ Piktogramme, gegenständl. Symbole und parasprachl. Zeichen, die von Trägergruppen des ⁊ Rotwelschen (Bettlern, Strafgefangenen, Räubern, Landstreichern u. a.) zur geheimen, Nichteingeweihten unzugängl. Verständigung verwendet wurden. Die ältesten dt. Belege finden sich in *Der Mordbrenner Zeichen und Losungen, etwa bey Dreyhundert und viertzig ausgeschickt* (Nürnberg 1540). Neben den graph. Z. (der wichtigsten Gruppe) stehen die *Jadzinken* oder *Kenzinken* (Handzeichen) und die phon. Z. (Nachahmung von Geräuschen und Tierstimmen u. a., Schnalzen, Räuspern, Husten u. a., Klopfalphabete (*Hakesen*) in Gefängnissen). Graph. Z. wurden v. a. im Freien (an Mauern, Bäumen, auf der Erde usw.), oft an speziellen Zinkplätzen, aber auch in geschlossenen Räumen wie Hausfluren, Wirtshäusern, Gefängnissen, »Abtritten und anderen eklen Orten« (Avé-Lallement, II, 49) mittels geeigneter Schreibverfahren angebracht. Sie dienten der Organisation lebensprakt. wichtiger Dinge, z. B. der Selbstidentifikation durch (oft aufwendig gezeichnete) Gaunerwappen, dem Hinweis auf gute oder schlechte Bedingungen für die Berufsausübung, der Warnung vor Gefahren, der Angabe von Zeitpunkten und Reisewegen, dem Einberufen von Treffen usw. **Lit.** F. Chr. B. Avé-Lallement, Das dt. Gaunertum. 2. Teil, Kap. 13–20, 27–33. Lübeck 1858. Reprint Wiesbaden o. J. – H. Streicher, Die graph. Gaunerzinken (Kriminolog. Abh., 5). Wien 1928. (Auszug (mit Abb.) in: Künstlerhaus Bethanien (Hg.), Wohnsitz: Nirgendwo. Vom Leben und Überleben auf der Straße. Bln. 1982, 20–27.) – K. Bühler-Oppenheimer, Zeichen, Marken, Zinken. Stgt. 1971. – H. Friesen, Räuberbanden. Diebestouren, Gaunerzinken und Bockreiter. Duisburg 1992.   G

Zipfsches Gesetz Als Z. G. wurde vor allem die Gleichung F × R = C (vereinfacht) bekannt, in die der amerikan. Philologe G. K. Zipf (1902–50) den schon früher erkannten Zusammenhang brachte, dass zwischen der Häufigkeit des Vorkommens von Wörtern in Texten und der Ordnung dieser Wörter nach der Häufigkeit eine relativ konstante Beziehung festgestellt werden kann. Schon eine einfache statist. Auswertung von Texten (⁊ Sprachstatistik) ergibt, dass Wörter unterschiedl. häufig vorkommen. Werden die Wörter nun nach ihrem ausgezählten Vorkommen in absteigender Reihenfolge aufgelistet, so zeigt sich, dass das Produkt aus dem Rang (R) in dieser Liste und der ausgezählten Häufigkeit (F; ⌐ Frequenz) annähernd konstant (C) ist. Obwohl das Z. G. modifiziert wurde (so z. B. von B. Mandelbrot, der u. a. die Länge der ausgewerteten Texte einrechnete) und für viele Spr. unterschiedl. Textsorten und Verfasser nachgewiesen werden konnte, greift es zuverlässig nur bei Wörtern mittlerer Häufigkeit. **Lit.** G. K. Zipf, The Psycho-Biology of Language. Cambridge 1935. – B. Mandelbrot, Théorie mathématique de la loi d'Estoup-Zipf. Paris 1957. – H. Guiter & M. V. Arapov (eds.), Studies on Zipf's Law. Bochum 1982. **SK**

Zirkumfix n. (lat. circum ›um etwas herum‹, lat. fīgere ›anheften‹)**1.** Zweigliedriges ⌐ diskontinuierliches Wortbildungsaffix, dessen Bestandteile links und rechts vom verbalen Stamm stehen, den es ableitet (*Ge-sing-e*). In der Wortbildungslehre spricht man hier von kombinierter Ableitung. **2.** Bez. für ein zweigliedriges ⌐ diskontinuierliches Flexionsaffix, etwa bei der dt. Partizipienbildung (*ge-sung-en*). Die Bildung komplexer Verben durch gleichzeitige Prä- und Suffigierung nominaler Stämme (*ver-blöd-en*, *ver-trottel-n*) wird meist nicht zu den Zirkumfigierungen gezählt, um die Grenze von Flexion und Wortbildung aufrechterhalten zu können; ⌐ Präfixkonversion. **ES**

Zirkumflex m. (lat. circumflexum ›kreisförmig Gebogenes‹. Engl. circumflex, frz. circonflexe) Auf den alexandrin. Gelehrten Aristophanes von Byzanz (ca. 220 v. Chr.) zurückgehendes, seit dem 2. Jh. n. Chr. im Griech. systemat. verwendetes ⌐ Diakritikon in der Gestalt eines nach oben weisenden Winkels über dem modifizierten Buchstaben, entstanden aus einer Kombination von ⌐ Akut und Gravis. Er kann dienen zur Bez. (a) eines Tonhöhenverlaufs, z. B. im Vietnames.; (b) etymolog. Verhältnisse, z. B. im Frz., wo der Z. öfter das Ausfallen eines ⟨s⟩ nach einem Vokalgraphem bezeichnet, z. B. *hôpital* ›Hospital‹, *bête* < lat. bestia ›Tier‹; (c) Quantitätsverhältnissen, z. B. im Grönländ., wo der Z. über einem Vokalgraphem das korrespondierende Vokalphonem als kurz und den folgenden Konsonanten als lang markiert. Im Türk. markiert der Z. Langvokale, z. B. *alem* [a'lɛm] ›Fahne‹ vs. *âlem* [a:'lɛm] ›Welt‹, *dahı* [dahɨ] ›auch, noch‹ vs. *dâhi* [da:hi:] ›Genie‹, aber auch (d) der Palatalisierung des vorhergehenden Konsonanten (v. a. in arab. und pers. Wörtern), z. B. *kâse* [k'a:sɛ] ›Suppenteller‹ *lâzım* [l'a:zɨm] ›nötig‹; (e) der Vokalqualität, z. B. frz. ê [ɛ] vs. e [ə], rumän. *â* [ə] vs. *a* [a], *i* [i] vs. *î* [ɨ]; (f) zur Homonymendifferenzierung, z. B. frz. *sûr* ›sicher‹ vs. *sur* ›auf, über‹. (g) In der Gräzistik Bez. für die ⌐ Tilde; (h) in der Indogermanistik zur Markierung von Überlängen. (k) Im ⌐ Esperanto wird der Z. anstelle des ⌐ Haček verwendet. **G**

Zirkumposition (auch: Circumposition, umklammernde Präposition, Klammer-Präposition) Sub-

klasse der Wortart ⌐ Präposition bzw. ⌐ Adposition. Z. sind mehrgliedrig und umschließen die von ihnen regierte Ergänzung, z. B. *um (des lieben Friedens) willen.* **PT**

Zischlaut ⌐ Sibilant
Zitierform ⌐ Grundform
Zitterlaut ⌐ Vibrant

Zoosemiotik (griech. ζῷον (zōon) ›Lebewesen Tier‹) Studium animal. Zeichenbildung und -verwendung, animal. Kommunikationssysteme (⌐ Primatensprache, ⌐ Tiersprache) im Unterschied zur *Anthroposemiotik*, die die spezif. menschl. Kommunikationssysteme studiert. Die *Humansemiotik* umfasst ein anthroposemiot. (⌐ Sprache) und ein zoosemiot. (⌐ paralinguistische, ⌐ nonverbale, ⌐ proxemische u. a. Ausdruckssysteme) Teilgebiet. Die Z. ist nur bedingt ein Forschungsgegenstand der Sprachwiss. und auf die Ergebnisse v. a. der Ethologie (Verhaltensforschung) und der Biologie angewiesen. Die *Zoosemantik* untersucht die Bedeutung und die Objektbeziehung animal. Zeichen, die *Zoosyntax* ihre raumzeitl. Situierung und die Regeln für ihre Kombination, die *Zoopragmatik* die Faktoren, Bedingungen und Wirkungen animal. Zeichengebrauchs. Propriozeptive Kommunikation (auch: Autokommunikation) liegt vor, wenn ein Organismus zugleich Sender und Empfänger einer Nachricht ist, die der reflektierte Schall enthält (z. B. im Fall der Echoortung bei Fledermäusen oder Delphinen). Kommunikation zwischen Exemplaren einer Art wird als intraspezif. Kommunikation bezeichnet, diejenige zwischen Exemplaren verschiedener Arten als interspezif. Kommunikation (in Fällen wie Symbiosen, Parasitismus, Mimikry, Aggressions- und Verteidigungsritualen u. a.). Intraspezif. Kommunikation setzt voraus, dass alle Mitglieder der Art denselben Kode und dieselben Regeln seiner Verwendung kennen (sei es als angeborenes Vermögen, sei es erlernt, sei es durch Training einer angeborenen Disposition). Sie ist entweder unidirektional (z. B. bei Bienen, wo die getanzte Nachricht über eine Futterquelle keine zeichenhafte, sondern eine prakt. Reaktion zur Folge hat) oder symmetr. und potentiell dialogisch (z. B. Kontaktaufnahmerituale bei Hunden). Neben dem animal. Signal spielt oft der Kontext eine signifikative Rolle, etwa der Stand der Sonne (z. B. bei den Richtungs- und Entfernungsangaben von Bienen) oder die relative Position der kommunizierenden Tiere zueinander und im Wahrnehmungsfeld (z. B. Nähe des Baus, des Nests, einer Nahrungsquelle, anderer Artgenossen). Wesentl. Unterschiede der animal. zur menschl. Kommunikation sind das Fehlen der ⌐ doppelten Artikulation, die Situationsgebundenheit (Unmöglichkeit reflexiver oder metasprachl. Kommunikation) und die rudimentär entwickelte Dialogfähigkeit. Ein elaboriertes Modell von 16 Bestimmungsmerkmalen (*design features*) für die Spezifika animal. und menschl. Kommunikation hat Hockett (1963) entwickelt; es wurde von Thorpe (1972) für neun Tierarten und mehrere menschl. Kommunikationsverfahren (die ↗ geschriebene Sprachform, die ↗ Gebärdensprache von amerikan. Gehörlosen (ASL) und ↗ paralinguistische Mittel) überprüft, wobei sich vielfach lediglich graduelle Unterschiede zeigten. **Lit.** ↗ Tiersprache. G

Zoque ↗ Mixe-Zoque-Sprachen

Zugehörigkeitsadjektiv ↗ Relationsadjektiv

Zugrundeliegende Form Allgemein die phonolog. Form eines Lexems, wie sie vor jedweder Anwendung einer phonolog. Regel gegeben ist; ↗ Unterspezifikation. PM

Zugrundeliegende Struktur ↗ Tiefenstruktur

Zukunft 1. Mit ↗ Vergangenheit und ↗ Gegenwart Teil der physikal., objektiven ↗ Zeit. In der Umgangsspr. ist die Abgrenzung zwischen ↗ Gegenwart und Z. nicht ganz eindeutig, da in der menschl. Anschauung die Gegenwart nicht punktuell aufgefasst wird, sondern eine Ausdehnung hat. Außerdem kann Z. auch im übertragenen Sinne verwendet werden, z. B. *Das papierlose Büro ist noch Zukunft.* – In der sprachwiss. Analyse des ↗ Tempusgebrauches spricht man davon, dass die ↗ Aktzeit nach der ↗ Sprechzeit liegt. **2.** In der Sprachwiss. als Synonym für ↗ Futur (in der Regel: ↗ Futur I, sofern in der jeweiligen Spr. mehr als eine Futurform existiert). KE

Zulu Mit dem ↗ Xhosa eng verwandte ↗ Bantusprache im östl. Südafrika, v. a. in Natal und angrenzenden Gebieten; Karte ↗ Afrikanische Sprachen, im Anhang. Eine der offiziellen Spr.n Südafrikas. Wie das Xhosa weist auch das Z. mehrere aus den ↗ Khoisansprachen entlehnte ↗ Schnalzlaute auf. Die ca. 9 Mio. Sprecher (überwiegend S1, aber auch S2) sind teilweise in Z. alphabetisiert. Lat. basierte ↗ Verschriftung Mitte des 19. Jh. Beträchtl. schriftl. Lit. – Doke (1954) zählt neben den Z.varianten von Zululand und Natal auch die in Transvaal und Simbabwe gesprochenen Ndebele-Varietäten (ca. 1,5 Mio. Sprecher) sowie die in Malawi und Tansania gesprochenen Reste des Ngoni zum Z. Das Ndebele von Simbabwe weist allerdings eine eigene Schrifttradition auf. **Lit.** C. M. Doke, The Southern Bantu Languages. Ldn. 1954. – Ders., Z. Syntax and Idiom. Ldn., Cape Town 1955. – J. A. Louw, The Development of Xhosa and Z. as Languages. LR 2, 1983, 371–382. RE

Zuname ↗ Familienname

Zunge (lat. lingua, griech. γλῶσσα (glōssa), engl. tongue, frz. langue) Die Z. ist ein kräftiges und extrem bewegl., dabei hochsensibles muskuläres Organ. Sie ist Sitz des Geschmackssinnes. Die Z. baut sich aus den äußeren und den inneren Z.muskeln auf. Erstere entspringen von der Innenseite des Unterkieferknochens, vom Z.bein sowie von einem spitzen Fortsatz der Schädelbasis. Sie strahlen in den Z.körper ein und verflechten sich dreidimensional. Dort gehen sie in die inneren Z.muskeln über,

die die Formveränderungen der Z. ermöglichen. Im äußeren Bau der Z. unterscheidet man den Z.körper mit der Z.spitze (lat. *apex linguae*; ↗ apikal) und den Z.grund (oder Z.wurzel, lat. *rādīx linguae*). Letzterer ist in den Rachen (↗ Pharynx) gerichtet und bei geöffnetem Mund nicht sichtbar. Der Z.rücken (lat. *dorsum linguae*; ↗ dorsal) umfasst die Oberseite von der Z.spitze bis zum Beginn des Z.grundes. Er geht am Z.rand (lat. *margō linguae*), in der sprachwiss. Literatur *corōna linguae* (auch: Z.kranz, Z.saum; ↗ koronal), in die Unterfläche (lat. *faciēs īnferior*) über. Hier findet sich in der Mittellinie das Zungenbändchen (lat. *frēnulum*). – Die Z.schleimhaut beherbergt die Papillen, Oberflächenstrukturen von fadenförmigem (*P. fīlifōrmēs*), pilzförmigem (*P. fungifōrmēs*), warzenförmigem (*P. vallātae*) oder gerieffeltem (*P. foliātae*) Feinbau. Sie geben der Z. die rauhe oder samtige Oberfläche und bergen die Geschmacksknospen. Diese dienen an unterschiedl. Stellen der Z. der Erfassung der Qualitäten sauer, salzig, süß und bitter. Darüber hinaus ist die Z. reich an sensiblen Strukturen des ↗ Tastsinnes. – Die Z. ist in alle Richtungen des Raumes extrem beweglich und vermag aufgrund der hohen Sensibilität diese Bewegungen fein zu regulieren. Die Z. dient sowohl der Nahrungsaufnahme (Kauen und Saugen) und dem Geschmackssinn wie auch der Lautbildung (↗ Artikulation) als ↗ artikulierendes Organ. **Lit.** ↗ Mund. GL

Zungenbändchen ↗ Zunge

Zungenbrecher Wortfolge, oft in Vers- bzw. Strophenform, die extreme phonet. Schwierigkeiten aufweist und bei schnellem Sprechen viele ↗ Versprecher bewirkt. Das Aufsagen von Z.n ist ein beliebtes Kinder- und Gesellschaftsspiel, z. B. dt. *in Ulm, um Ulm und um Ulm rum*, schwäb. *s'leit a Gledsle Blei/glei bei Blaobeira/bei Blaobeira glei/leit a Gledsle Blei.* G

Zungenhöhe ↗ Artikulatorische Phonetik, ↗ Vokal

Zungenlage ↗ Artikulatorische Phonetik, ↗ Vokal

Zungenlaut ↗ Lingual

Zungenposition ↗ Artikulator. Phonetik, ↗ Vokal

Zungenrand ↗ Zunge

Zungenreden ↗ Glossolalie

Zungenrücken ↗ Zunge

Zungensaum ↗ Zunge

Zungenspitze ↗ Zunge

Zungenspitzenlaut ↗ Apikal

Zuni Isolierte ↗ nordamerikanische Sprache in New Mexico, USA; ca. 6 000 Sprecher, wird z. T. der ↗ Makro-Penuti-Sprachgruppe zugerechnet; Karte ↗ Nordamerikanische Sprachen, im Anhang. **Lit.** S. Newman, Sketch of the Z. Language. HNAI–L, 483–506. D

Zusammenbildung Bez. für meist dreigliedrige Lexeme mit ambiger Wortbildungsstruktur. So ist strukturell nicht zu entscheiden, ob *Schwarzfahrer* ↗ Deverbativum (zu *schwarzfahren*) oder ↗ Rektionskompositum (aus *Fahrer* und *schwarz*) ist. Ein weiterer Terminus wie Z. löst dieses Problem nicht. Deshalb scheint eine Beschränkung der Z. ausschließl. auf die Fälle, in denen weder ↗ Derivation noch ↗ Komposition mögl. ist, sinnvoll. So existieren in mehrgliedrigen Bildungen wie *mehrgliedrig* oder *dreidimensional* keine wortfähigen ↗ Ableitungsbasen [*Mehrglied*] oder entsprechende kompositionale ↗ Grund- oder ↗ Bestimmungswörter [[*Mehrglied*][*gliedrig*]]. Hier liegt Ableitung einer Wortgruppe und damit eine Form der ↗ Univerbierung vor, die distinktive Merkmale zu Komposita und Derivationen gleichermaßen aufweist. Der Gebrauch des Terminus bleibt indes uneinheitl., einen Überblick bietet Simmler (1998, 407–411). **Lit.** F. Simmler, Morphologie des Dt. Bln. 1998.   ES

Zusammengesetzte Verbform ↗ Analytische Verbform

Zusammengesetzter Satz ↗ Subordination

Zusammenrückung (auch: ↗ Univerbierung. Engl. non lexicalized compound) Uneinheitl. verwendete Bez. für Wortbildungsprodukte, deren Gemeinsamkeit allenfalls darin besteht, dass sie deutl. Kennzeichen syntakt. Einheiten bewahrt haben. So entspricht die an sich schon systemwidrige Binnenflexion einiger nominaler Z. (vgl. *Hohepriester* [Nom. Sg.], *Hohenpriesters* [Gen. Sg.]) der Formenbildung attributiver Adjektive in entsprechenden ↗ Syntagmen. Neben diesen isolierten Bildungen existiert eine Vielzahl sekundärer Präpositionen (*aufgrund*, *mithilfe* usw.), deren Wortbildungsstruktur ebenfalls eine Klassifizierung als ↗ Kompositum ausschließt. ↗ Rechtsköpfigkeit bedingt wortkategoriale Festlegungen des Wortbildungsprodukts durch die Wortart finaler Konstituenten. Dennoch sind *aufgrund* usw. keine Substantive, *inwiefern* usw. keine Adjektive, was ein Zusammenwachsen ursprüngl. getrennter syntakt. Einheiten – eben Z. – signalisiert. Auch Umkategorisierungen vom Satzglied oder gar Satz zum Wort werden gelegentl. zu den Z. gestellt. ↗ Phrasale Komposita unterscheiden sich aber signifikant von den hier geschilderten Fällen, so dass der Terminus Z. neben einer Reihe anderer als Kohyponym diverser Univerbierungsprozesse sinnvoll zu sein scheint. **Lit.** E.-M. Heinle, Die Z. In: H. Wellmann (Hg.), Synchrone und diachrone Aspekte der Wortbildung im Dt. Heidelberg 1993, 65–78. – Eisenberg I, 232–235.   ES

Zusammenschreibung ↗ Getrennt- und Zusammenschreibung

Zusammensetzung ↗ Komposition, ↗ Kompositum

Zusammenziehung ↗ Kontamination, ↗ Kontraktion

Zusatz ↗ Apposition

Zustandsakkusativ Z. bezeichnet im ↗ Arabischen eine Nominalform in indeterminiertem Akk., die einen mit der Verbhandlung gleichzeitigen Zustand angibt, z.B. *qāmat ʾilayhi bākiyatan* ›sie trat weinend auf ihn zu‹.   WI

Zustandspassiv (auch: sein-Passiv) Erst von H. Glinz (1952) als selbständige Form neben das dt. *werden*-Passiv oder ↗ Vorgangspassiv gestellte Form des ↗ Passivs, z.B. *Das Essen ist gemacht* vs. *Das Essen wird gemacht*. Für die meisten Verben gilt, dass das Z. formal und semant. eng auf das ↗ Vorgangspassiv bezogen ist und ›Zustand‹ als ›Ergebnis einer Handlung‹ aufzufassen ist, z.B. *Die Briefe sind geschrieben*, aber nicht *Die Kinder sind gelobt. Ein Z. ist nur bildbar von ↗ transitiven, nicht-durativen Verben. Eine Ausnahme sind intransitive Verben mit Patiens im Dativ, wie z.B. *Ist euch damit gedient?* Das Z. wird als Form des ↗ Passivs, aber auch als tendenziell vom Vorgangspassiv unabhängige, nicht ableitbare Konstruktion angesehen. Es markiert den Übergang zwischen dem Perfekt des Vorgangspassiv (*Das Essen ist gemacht worden*) und ↗ Kopulasätzen mit adjektivischem Prädikatsnomen, die das Perfekt mit *geworden* bilden, z.B. *Sie ist krank (geworden)*. Formal besteht Ähnlichkeit mit Formen des Perfekt Aktiv, z.B. *Der Apfel ist gereift*; aber **Der Apfel wird gereift*. Leiss (1992) hält die Klassifizierung als Z. für eine Übergeneralisierung aufgrund von Daten allein der dt. Sprache. Auf der Basis des Sprachvergleichs fordert sie, sämtl. Konstruktionen im Dt. mit *sein* + Partizip II einheitl. in die Übergangskategorie ↗ Resultativum einzuordnen. **Lit.** J. Bobillon et al. (Hgg.), Das Passiv im Dt. Tübingen 1976. – H. Glinz, Die innere Form des Dt. Bern 1952. – E. Leiss, Die Verbalkategorien des Dt. Bln. 1992.   SL

Zustandsreflexiv Analog zum ↗ Zustandspassiv werden Kopulasätze mit Partizipien einiger reflexiver Verben mit dem Prädikativum als Z. bezeichnet, z.B. *Maja ist verliebt*, was als Resultat von *Maja verliebt sich* verstanden werden kann. Im Unterschied zum Zustandspassiv, bei dem die Aktanten von Subjekt und Objekt ggü. dem korrespondierenden Aktivsatz vertauscht werden, ist der Aktant des Subjekt eines Z. ident. mit dem der korrespondierenden Reflexivkonstruktion, z.B. *Rolf schreibt das Protokoll – Das Protokoll ist (von Rolf) geschrieben* (Zustandspassiv) ggü. *Rolf rasiert sich – Rolf ist rasiert* (Z.).   G

Zustandssatz Im ↗ Arabischen drückt der Z. Angaben über den Ort oder den Zustand eines Aktanten aus, die den Hintergrund zur folgenden Handlung darstellen. Der Z. ist durch die Struktur (*wa-* ›und‹ – Subj. – Imperfekt) gekennzeichnet (sonst VSO-Stellung), z.B. *ʾaqbalū wa-ġamāmatun tuẓilluhū* ›sie kamen heran, eine Wolke beschattete ihn‹.   WI

Zustandsverb (auch: statisches, statives Verb) Bez. für eine semant. bestimmte Teilklasse des Verbs. Z. haben das Merkmal [+statisch]. Sie bezeichnen einen stabilen Zustand, z.B. *sein, wissen, besitzen, bleiben, wohnen, verstehen*. Z. sind i.d.R. nicht passivfähig (**Bescheid wird von ihr gewusst*, aber: *Hier wird nicht gehaust, sondern gewohnt*) und können i. d. R. nicht im Imperativ verwendet werden (*Weiß Bescheid!, Besitz ein Haus!*, aber: *Bleib mir vom Hals!, Versteh mich doch endlich!*). G

Zuwendgröße ↗ Dativ

Zwecksatz ↗ Finalsatz

Zweialphabetschrift ↗ Satzschriften, die beide Alphabetreihen (↗ Gemeine und ↗ Versale) umfassen; ↗ Einalphabetschrift. G

Zweideutig ↗ Ambig

Zwei-Ebenen-Morphologie (engl. two level morphology. Auch: Two-level-Morphologie) Ein von K. Koskenniemi in den 80er Jahren entwickeltes morpholog. Beschreibungsmodell, das auf endl. Maschinen beruht. Z. eignet sich insbes. für die Beschreibung der Morphophonologie ↗ agglutinierender Sprachen und verbindet traditionelle ling. Notationskonzepte der ↗ generativen Phonologie mit einer effizienten computerling. Implementierungsstrategie. Die Z. ist die verbreitetste Variante der auf Arbeiten von Kaplan und Kay zurückgehenden *finite state phonology* und wurde für die Repräsentation nicht-konkatenativer Strukturen (z. B. die Morphophonologie arab. Verben) auf *n* Ebenen verallgemeinert. Die Z. wird wegen ihrer hohen Effizienz in Produkten der ↗ Sprachtechnologie eingesetzt. **Lit.** K. Koskenniemi, A General Computational Model for Word-Form Recognition and Production. Proc. 10th. Int. Conf. on Comp. Ling. 1984, 178ff. L

Zwei-Ebenen-Semantik (auch: Zwei-Stufen-Semantik. Engl. two-level-approach) Bez. eines von M. Bierwisch und E. Lang entwickelten sprachtheoret. Ansatzes, der im Gegensatz zur »holist.« Semantik von R. Jackendoff (1983) und R. W. Langacker (1988) sprachl. Bedeutungen und Einheiten des konzeptuellen Systems »modular« auseinanderhält, um dann beschreiben zu können, wie deren Interaktion die semant. Interpretation sprachl. Äußerungen konstituiert. Danach haben komplexe sprachl. Ausdrücke eine »grammat. determinierte«, d. h. aus den »Lexikoneinträgen« und der grammat. Struktur kompositionell (↗ Frege-Prinzip) erzeugte »semant. Form« (SF); diese sprachgebundene Systembedeutung wird im Äußerungskontext auf die Ebene sprachunabhängiger, »konzeptueller Strukturen« (CS) abgebildet und dort durch kontextuell einschlägige Anschauungs- und Wissenselemente zur Äußerungsbedeutung präzisiert und angereichert. So wird z. B. ein und dieselbe SF des Syntagmas *Vor seinen Augen ...* unterschiedl. konzeptuell konkretisiert in den beiden Fortsetzungen: *... trug er eine Binde* und: *... geschah der Unfall.* – Die an Bierwischs und Langs Arbeiten anschließende Diskussion hat v. a. zu einer Relativierung der strikten Trennung der sprachl. und konzeptuellen »Kenntnissysteme« geführt. Dabei gibt es – u. a. wegen der Verborgenheit der konzeptuellen Struktur – mehr offene Fragen als Antworten; immerhin herrscht inzwischen ein gewisser Konsens darüber,

das sprachl. Kenntnissystem (sofern es nicht in holist. Tradition überhaupt geleugnet wird; Ziem 2008) als spezifisches Subsystem des konzeptuellen anzusehen: zwar als Submodul mit eigenen Strukturen und Prinzipien, aber doch ernstgenommen in seiner wissenstradierenden und kognitionsstimulierenden Funktion. **Lit.** M. Bierwisch, Semant. und konzeptuelle Repräsentationen lexikal. Einheiten. In: R. Růžička & W. Motsch (Hgg.), Untersuchungen zur Semantik. Bln. 1983, 61–99. – Ders. & E. Lang (eds.), Dimensional Adjectives: Grammatical Structure and Conceptual Interpretation. Bln. 1989. – M. Schwarz, Kognitive Semantiktheorie und neuropsycholog. Realität. Tübingen 1992. – E. Lang, Semant. vs. konzeptuelle Struktur: Unterscheidung und Überschneidung. In: M. Schwarz (Hg.), Kognitive Semantik. Tübingen 1994, 25–40. – J. R. Taylor, The Two-level-approach to Meaning. LBer 149, 1994, 3–26. – R. Meyer, Probleme von Z.-E.-S.en. In: Kognitionswiss. 4, 1994, 32–46. – C. Maienborn, Situation und Lokation. Die Bedeutung lokaler Adjunkte von Verbalprojektionen. Tübingen 1996. – M. Schwarz, Einebenen-Ansatz vs. Mehrebenen-Ansatz. HSK 21.1, 277–283. – A. Ziem, Frames und sprachl. Wissen. Bln., N. Y. 2008. – Weitere Lit. ↗ Semantik. RB

Zweifache Gliederung ↗ Doppelte Artikulation

Zweifeldertheorie ↗ Bühlersches Organonmodell, ↗ Prozedur, ↗ Symbolfeld, ↗ Zeigfeld

Zweig ↗ Kante

Zweigliedriger Satz Satz, der als binäre Kombination von ↗ Subjekt und einem potentiell komplexen ↗ Prädikat beschrieben wird, z. B. *Silke | spielt gerne im Orchester.* Die Bez. kann einmal im Unterschied zum ↗ eingliedrigen Satz verwendet werden, darüber hinaus im Ggs. zum drei- oder mehrgliedrigen Satz, der von Grammatikern angenommen wird, welche die binäre Zerlegung des Satzes in Subjekt und Prädikat ablehnen (z. B. *Silke | spielt | gerne | im Orchester*). **Lit.** V. Admoni, Der dt. Sprachbau. L. 1966, 223 ff. C, RL

Zwei-Moren-Gesetz ↗ Mittelindische Sprachen

Zweischriftig ↗ Bilingue

Zweisilbig ↗ Bisyllabisch

Zweisprachigkeit ↗ Bilingualismus

Zweistellig ↗ Binär

Zwei-Stufen-Semantik ↗ Zwei-Ebenen-Semantik

Zweistufenmodell ↗ Applikativ-generative Grammatik

Zweite Lautverschiebung ↗ Lautverschiebung

Zweite Vergangenheit Veraltete Bez. für das ↗ Perfekt. G

Zweiter Fall Veraltete Bez. für ↗ Genitiv. G

Zweitsprache (auch: L 2) Eine Spr., die Menschen nach der ↗ Muttersprache oder ↗ Erstsprache erwerben. AN

Zweitspracherwerb Erwerb einer Zweitsprache (S2) im Kindes-, Jugend- oder Erwachsenenalter nach dem Abschluss des Erstspracherwerbs (der in einer, aber auch mehreren Spr. erfolgen kann: man spricht dann von zwei- oder mehrsprachigem Erstspracherwerb). Zu den Differenzen und Gemeinsamkeiten von Erstspracherwerb und Z. sind viele Modelle entwickelt und Spekulationen vorgetragen worden, z.B. die ↗ Identitätshypothese, wonach sie im Wesentl. gleichartig verlaufen, die ↗ Kontrastivhypothese, wonach sie im Wesentl. verschiedenartig verlaufen, und einige zwischen den Extremen vermittelnde Positionen; ↗ Interimsprache. Nach den äußeren Bedingungen, unter denen Z. erfolgt, wird unterschieden zwischen ↗ gesteuertem und ↗ ungesteuertem Zweitspracherwerb. Fremdspracherwerb (↗ Fremdsprachenunterricht) und Z. werden i.d.R. dadurch voneinander abgegrenzt, (a) dass Z. höhere biograph. Bedeutung für den Lernenden besitzt, z.B. in Migrationssituationen, bei einem längeren Aufenthalt im Zielland oder als Gegenstand der Berufsausübung (↗ Sprachberuf); (b) dass Fremdspracherwerb stets gesteuert erfolgt, Z. hingegen oft ungesteuert; (c) dass Fremdspracherwerb in Z. übergeht, wenn ein Niveau erreicht ist, das selbständiges, mehrere ↗ Register umfassendes und nicht auf eingeübte Situationen und Themen beschränktes Kommunizieren in der S2 erlaubt. Zu den Faktoren, die Z. steuern (z.B. Motivation, lebensprakt. Bedeutung des Z., sprachl. und nichtsprachl. Vorkenntnisse, Lebens- und Lernumstände, strukturelle und kulturelle Distanz von S1 und S2), zum Erwerb einzelner sprachl. Muster, zur Erwerbssequenz in verschiedenen Sprachenpaaren und zu den kognitiven, affektiven, sozialen und ling. Implikationen des Z. ist eine Vielzahl empir. Studien verfertigt worden, die viele Detailfragen plausibel klären, ohne jedoch Generalisierungen zu erlauben. Von der Erforschung des Z. erwartet v.a. die ↗ Fremdsprachendidaktik Lösungsvorschläge für ihr Problem, Spracherwerbsprozesse optimal zu planen, zu steuern und zu organisieren. Dieser Erwartung gegenüber ist eine gewisse Skepsis am Platze: dass Sprachen lernbar sind, ist evident, ob sie jedoch lehrbar sind, ist keineswegs klar. **Lit.** E. Apeltauer (Hg.), Gesteuerter Z. Voraussetzungen und Konsequenzen für den Unterricht. Mchn. 1987. – H. Wode, Psycholing. Eine Einf. in die Lehr- und Lernbarkeit von Spr.n. Mchn. 1988. – H. Glück, Dt. als Fremdsprache und Dt. als Z. – eine Bestandsaufnahme. ZFF 2, 1, 1991, 12–63. – W. Klein, Z. Eine Einf. Ffm. ³1992. – R. Ellis, The Study of Second Language Acquisition. Oxford 1994. – M.S. Smith, Second Language Acquisition: Theoretical Foundations. Ldn. 1994. – W. Klein, Die Lehren des Z. In: N. Dittmar et al. (Hgg.), Grammatik und Diskurs/Grammatica e Discorso. Tübingen 1999, 278–292. – H. Bickes (Hgg.), Erst- und Zweitspracherwerb. Paderborn 2009. – B. Ahrenholz, Dt. als Zweitsprache. Baltmannsweiler ²2010. – R. Zellerhoff, Didaktik der Mehrsprachigkeit. Ffm. 2009. – K. Knapp et al. (eds.), Handbook of Foreign Language Communication and Learning. Bln., N.Y. 2009. – Netzressource: http://www.zweitspracherwerb.com/.   **G**

Zweiundsiebzig Sprachen Nach ma. Auffassung Zahl der Spr. (und Völker), die als Resultat der Sprachverwirrung beim Turmbau von ↗ Babel (Gen. 11, 1–9) in die Welt gekommen sind. Die Zahl 72 (in der jüd. Tradition nur 70) ergibt sich aus der Völkertafel in Gen. 10, die die Nachkommenschaft der Söhne Noahs, Sem (*šem* ›Name, Ruhm‹), Ham (*xam* ›Sonnenbrand‹) und Japhet (›Ausbreitung‹) aufführt und geograph. lokalisiert. Die semit. Völker und Spr. wurden in Vorderasien, die hamit. im Süden, die japhetit. im Osten, Norden und Westen der bekannten Welt angesiedelt. Im Laufe des MA und der frühen Neuzeit erfuhr diese Völkertafel viele Um- und Neuinterpretationen, weil jede christl. Nation von Armenien bis Portugal und Island sich darin wiederfinden wollte. Dabei ist eine deutl. Vorliebe für den japhetit. Zweig feststellbar. Nach der christl. Lehre wird diese Sprachverwirrung im Pfingstwunder überwunden. – Die Fiktion von einem japhetit. Sprachzweig ist in N. Ja. Marrs ↗ Stadialtheorie (auch: japhetit. Sprachtheorie) im 20. Jh. noch einmal terminolog. zentral geworden; ↗ Marrismus. **Lit.** A. Borst, Der Turmbau von Babel. 6 Bde. Stgt. 1957–1963.   **G**

Zweiwertig ↗ Binär, ↗ Valenz

Zweiwertiges Verb ↗ Relatives Verb

Zweiwertigkeitsprinzip ↗ Wahrheitswert

Zweiwortphase Phase im ↗ Spracherwerb, in der die Äußerungen eines Kindes aus zwei Wörtern bestehen, z.B. *Mama weg!*; folgt auf die ↗ Einwortphase.   **AN**

Zweizahl ↗ Dual

Zwerchfell ↗ Diaphragma

Zwiebelfisch (engl. pie, pied type) Druckfehler, der dadurch zustandekommt, dass in einem gesetzten Text fälschl. einer oder mehrere Buchstabe(n) aus anderen Satzschriften stehen, z.B. Zw**ie**belfisch. **2.** Titel von Sprachglossen in der Zs. ›Der Spiegel‹.   **G**

Zwielaut ↗ Diphthong

Zwillingsformel (auch: Binomiale, Paarformel, Wortpaar, Zwillingsform. Engl. binomial, frz. expression binomiale) Besonderer Strukturtypus der ↗ Phraseologismen. Die Z. weisen folgende Struktur auf: (a) zwei verschiedene Wörter (fast ausnahmslos) der gleichen Wortart, verknüpft durch *und* oder *oder* und oft mit Alliteration oder Endreim (z.B. *Haus und Hof*, *über kurz oder lang*, *dann und wann*) und (b) zwei ident. Wörter, verknüpft durch Konj. oder Präp. (z.B. *durch und durch*, *Schlag auf Schlag*); ↗ Konsoziation.   **KR**

Zwischenname ↗ Gentilname

Zwischensatz Innerhalb eines Satzgefüges ein Teilsatz (oder eine diesem gleichwertige Konstruktion, z.B. satzwertiger Infinitiv, satzwertiges Partizip), der im Mittelfeld des Satzes steht, in den er eingefügt wird, z.B. *Wir fuhren, als es hell wurde, in den Wald.*

Im Ggs. zur ⁊ Parenthese ist der Z. syntakt. nicht selbständig; ⁊ Feldgliederung, ⁊ Stellungsfeld. SL

Zwischensprache ⁊ Interlingua, ⁊ Noematik

Zwischenwelt ⁊ Inhaltbezogene Grammatik

Zyklische Domäne ⁊ Zyklusprinzip

Zyklizität Im Rahmen des ⁊ Minimalismus Annahme über zulässigen Aufbau von Phrasen. Die Forderung nach Z. beim Phrasenaufbau besagt, dass innerhalb einer Phrase keine Bewegung stattfinden darf und dass Bewegung immer zum Aufbau weiterer Struktur führen muss. FR

Zyklus ⁊ Zyklusprinzip

Zyklusprinzip (griech. κύκλος (kyklos) ›Kreis‹. Engl. cyclic principle, frz. principe cyclique) Im Rahmen der GG angenommene Beschränkung für die wiederholte Anwendung von Operationen (z. B. ⁊ Transformationen). Das Z. besagt, dass Regeln für die Ableitung grammat. Strukturen von dem zuunterst auftretenden Bereich über den nächst höheren bis zum obersten Bereich ablaufen müssen; die entsprechenden Bereiche für die Anwendung von Regeln werden zykl. Domänen genannt; die Menge der auf eine zykl. Domäne angewendeten Regeln heißt (Transformations-)Zyklus. In der Syntax sind möglicherweise z. B. ⁊ Nominalphrasen (⁊ Determinansphrasen) und Sätze (⁊ COMP-Position) universale zykl. Domänen. In der ⁊ EST und ⁊ REST wird das Z. v. a. für syntakt. und semant. Regeln aus generellen Bedingungen, insbes. über ⁊ Spuren (⁊ ECP) abgeleitet, vgl. Freidin (1978); zu Genera-

lisierungsbestrebungen in der Phonologie vgl. Kiparsky (1982), zur Integration in den ⁊ Minimalismus vgl. Abels (2003), Müller (2004), Fanselow (2005), Pesetsky & Fox (2005); ⁊ Subjazenz.

Lit. K. Abels, Successive Cyclicity, Anti-Locality, and Adposition Stranding. Diss. Univ. Connecticut 2003. – C. Aguero-Bautista, Cyclicity and the Scope of Wh-Phrases. Diss. MIT Cambridge, Mass. 2001. – S. Epstein & D. Seely, Rule Applications as Cycles in a Level-Free Syntax. In: Dies. (eds.), Derivation and Explanation in the Minimalist Program. Oxford 2002. – G. Fanselow, Cyclic Phonology-Syntax-Interaction: Movement to First Position in German. Arbeitspapiere des SFB 632, Ber. Nr. 1. Potsdam 2005. – R. Freidin, Cyclicity and the Theory of Grammar. LIn 9, 1978, 519–549. – R. S. Kayne, French Syntax: The Transformational Cycle. Cambridge, Mass. 1975. – P. Kiparsky, From Cyclic Phonology to Lexical Phonology. In: H. v. d. Hulst & N. Smith (eds.), The Structure of Phonological Representation. Dordrecht 1982, 131–175. – H. Lasnik, Conceptions of the Cycle. In: L. Lai-Shen (ed.), Wh-Movement on the Move. Cambridge 2005. – G. Müller, Verb-Second as vP-First. JCGL 7, 2004, 179–234. – D. Pesetsky & D. Fox, Cyclic Linearization of Syntactic Structure. In: K. É. Kiss (ed.), Theoretical Linguistics [Special Issue: Object Shift in Scandinavian] 2005. – M. Rezac, Elements of Cyclic Syntax: Agree and Merge. Diss. Univ. of Toronto 2004. F

Bildquellenverzeichnis

Aus: Bellwood, P.: Man's conquest of the Pacific. Auckland 1978   78, 486, 490

Aus: Bellwood, P.: The Polynesians. Prehistory of the Island People. London 1987   77

Aus: Campbell, G. L.: Handbook of Scripts Alphabets. London/New York: Routledge 1997   54, 312

Aus: Comrie, B.: The World's Major Languages. London/Sydney 1987   262

Aus: Dialektologie. Handbuch zur deutschen und allgemeinen Dialektforschung. Berlin: de Gruyter Verlag   148

Jost Gippert, Frankfurt   farbige Sprachkarten im Anhang

Aus: Habermann, G.: Stimme und Sprache. Stuttgart: Thieme Verlag   327, 328

Landesverband der Gehörlosen Hamburgs e.V.   259

Sebastian Kempgen, Bamberg   34, 253, 332, 371

Aus: Krause, W.: Runen. Berlin: De Gruyter Verlag [2]1970   574

Bernd Pompino-Marschall, Berlin   48 (3 Abb.), 49 (3 Abb.), 60, 70 (2 Abb.), 175, 192, 318, 356, 479, 508, 511, 576, 577, 578 (3 Abb.), 755 (2 Abb.), 756

Rudolf Post, Universität Freiburg, Arbeitsbereich Badisches Wörterbuch   566

Anhang:
Sprachkarten

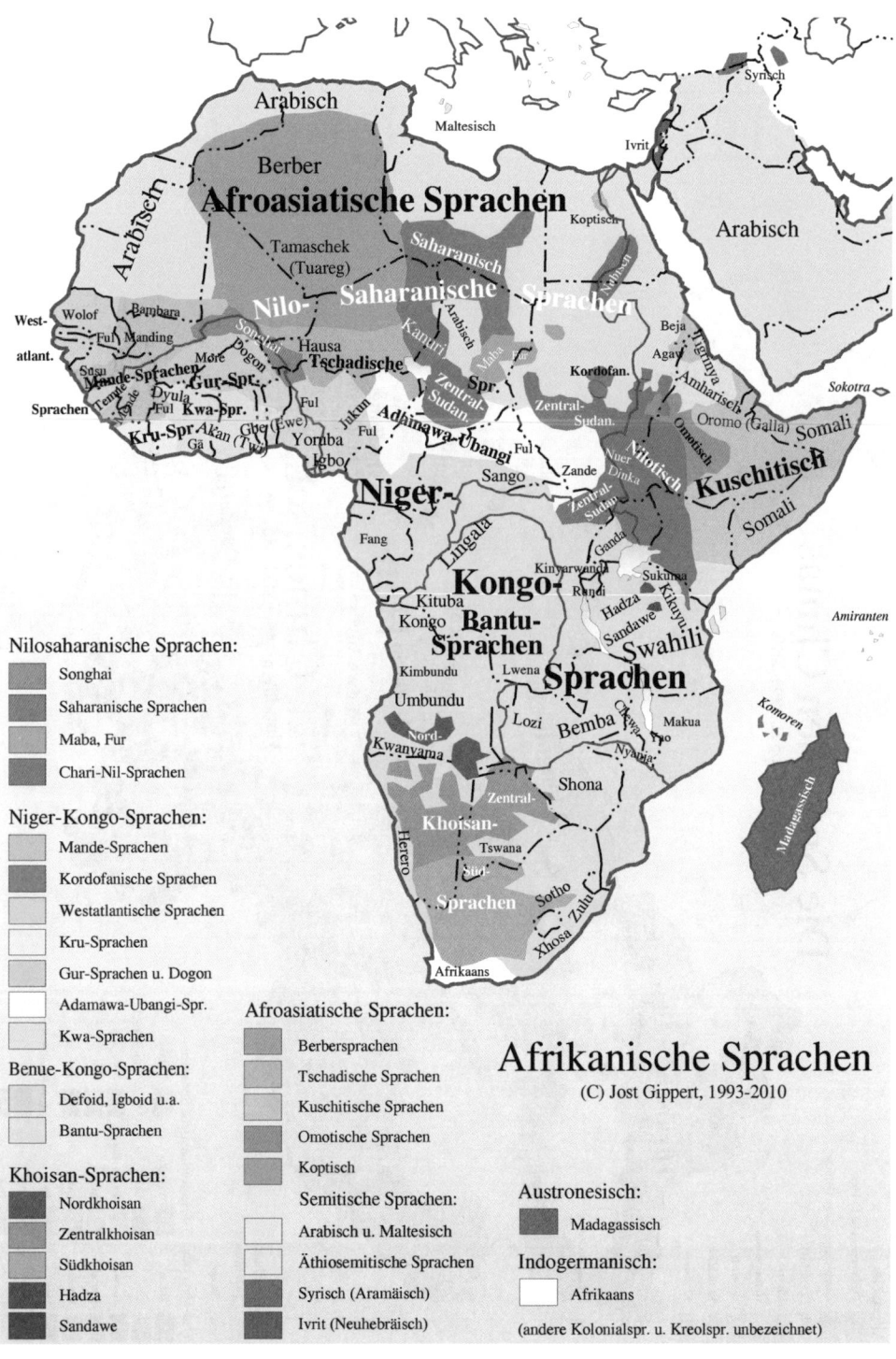

Afrikanische Sprachen
(C) Jost Gippert, 1993-2010

Nilosaharanische Sprachen:
- Songhai
- Saharanische Sprachen
- Maba, Fur
- Chari-Nil-Sprachen

Niger-Kongo-Sprachen:
- Mande-Sprachen
- Kordofanische Sprachen
- Westatlantische Sprachen
- Kru-Sprachen
- Gur-Sprachen u. Dogon
- Adamawa-Ubangi-Spr.
- Kwa-Sprachen

Benue-Kongo-Sprachen:
- Defoid, Igboid u.a.
- Bantu-Sprachen

Khoisan-Sprachen:
- Nordkhoisan
- Zentralkhoisan
- Südkhoisan
- Hadza
- Sandawe

Afroasiatische Sprachen:
- Berbersprachen
- Tschadische Sprachen
- Kuschitische Sprachen
- Omotische Sprachen
- Koptisch

Semitische Sprachen:
- Arabisch u. Maltesisch
- Äthiosemitische Sprachen
- Syrisch (Aramäisch)
- Ivrit (Neuhebräisch)

Austronesisch:
- Madagassisch

Indogermanisch:
- Afrikaans

(andere Kolonialspr. u. Kreolspr. unbezeichnet)

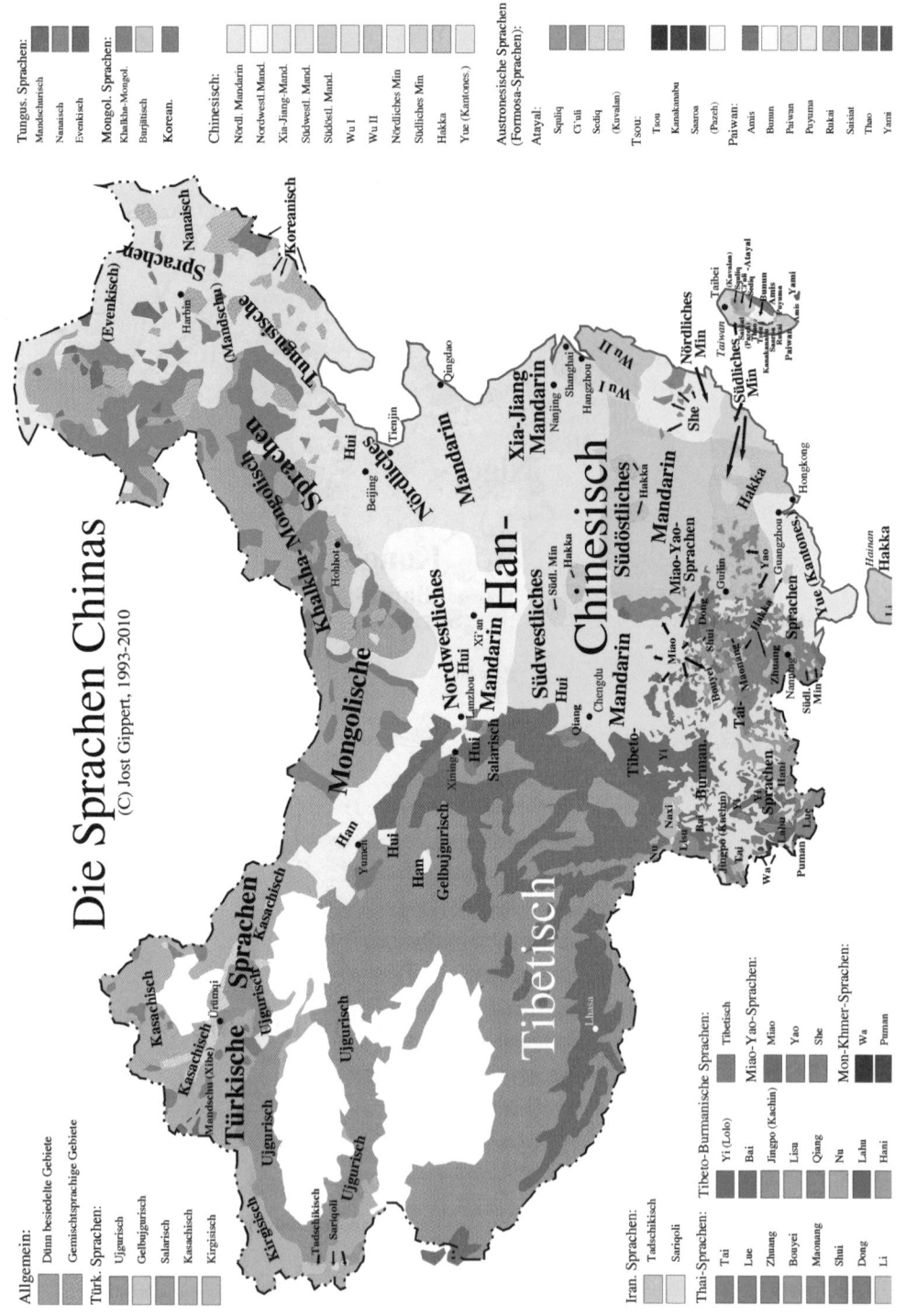

Die Sprachen Chinas
(C) Jost Gippert, 1993-2010

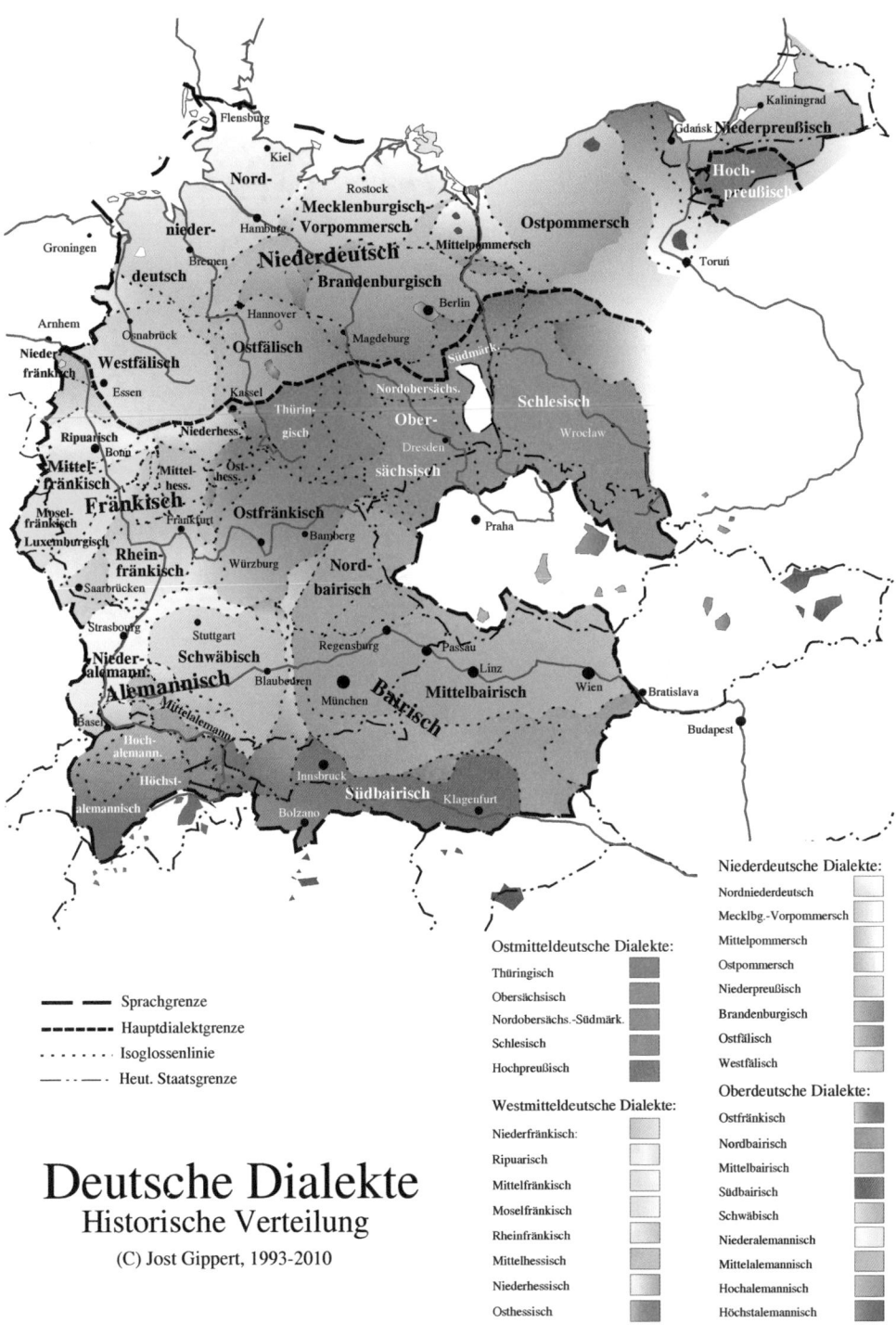

Sprachgrenze

Hauptdialektgrenze

Isoglossenlinie

Heut. Staatsgrenze

Deutsche Dialekte
Historische Verteilung
(C) Jost Gippert, 1993-2010

Ostmitteldeutsche Dialekte:

Thüringisch

Obersächsisch

Nordobersächs.-Südmärk.

Schlesisch

Hochpreußisch

Westmitteldeutsche Dialekte:

Niederfränkisch:

Ripuarisch

Mittelfränkisch

Moselfränkisch

Rheinfränkisch

Mittelhessisch

Niederhessisch

Osthessisch

Niederdeutsche Dialekte:

Nordniederdeutsch

Mecklbg.-Vorpommersch

Mittelpommersch

Ostpommersch

Niederpreußisch

Brandenburgisch

Ostfälisch

Westfälisch

Oberdeutsche Dialekte:

Ostfränkisch

Nordbairisch

Mittelbairisch

Südbairisch

Schwäbisch

Niederalemannisch

Mittelalemannisch

Hochalemannisch

Höchstalemannisch

Idg. Sprachen:

German. Sprachen

Roman. Sprachen

Slav. Sprachen   Nichtidg. Sprachen:

Balt. Sprachen   Ural. / Finnougr. Sprachen

Indoiran. Sprachen   NW-Kauk. Sprachen

Kelt. Sprachen   SW-Kauk. Sprachen

Griechisch   Semit. Sprachen

Albanisch   Türk. Sprachen

Baskisch

Die Sprachen Europas

(C) Jost Gippert, 1993-2010

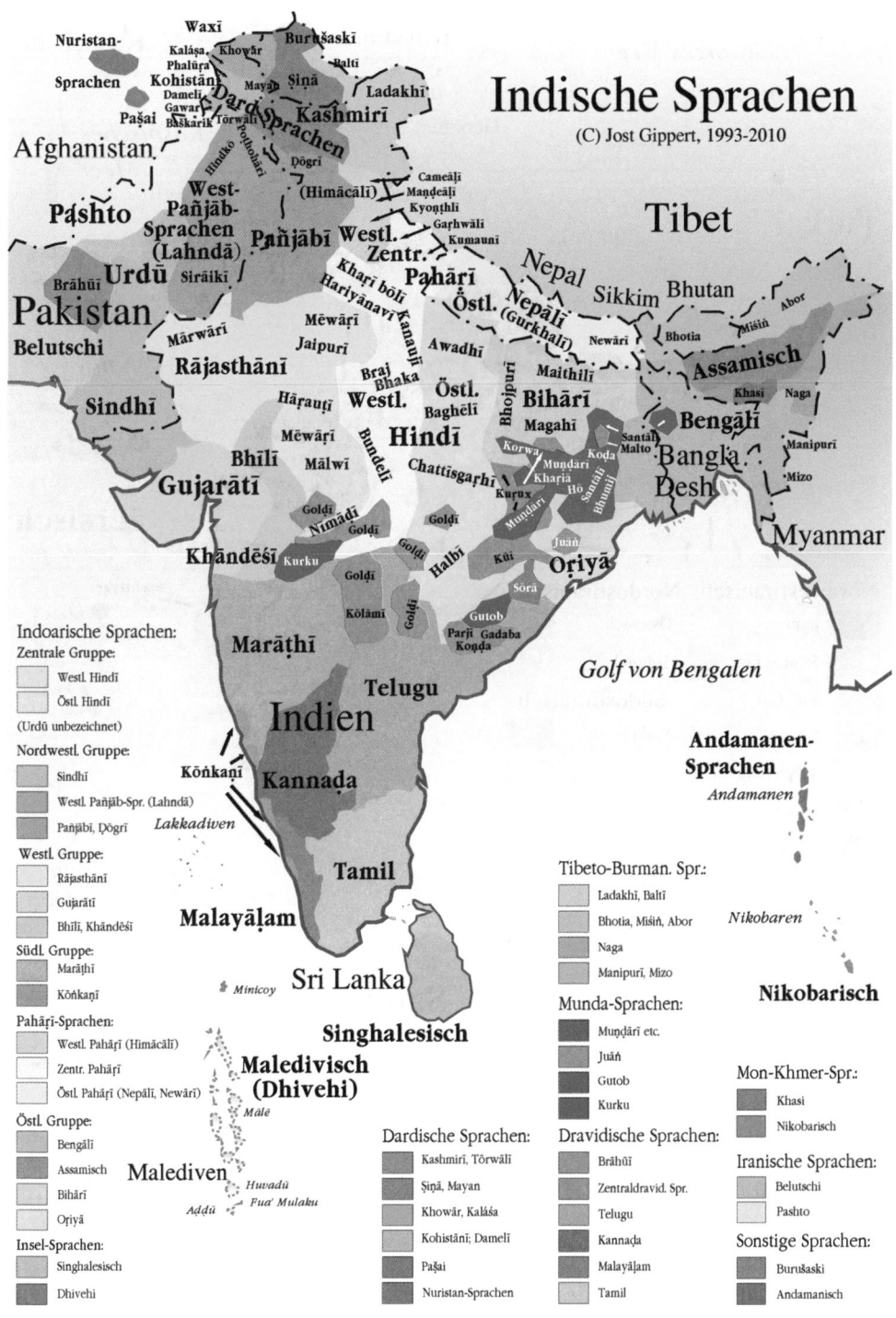

Indische Sprachen

(C) Jost Gippert, 1993-2010

Indoarische Sprachen:

Zentrale Gruppe:
- Westl. Hindī
- Östl. Hindī

(Urdū unbezeichnet)

Nordwestl. Gruppe:
- Sindhī
- Westl. Pañjāb-Spr. (Lahndā)
- Pañjābī, Ḍōgrī

Westl. Gruppe:
- Rājasthānī
- Gujarātī
- Bhīlī, Khāndēśī

Südl. Gruppe:
- Marāṭhī
- Kōṅkaṇī

Pahāṛī-Sprachen:
- Westl. Pahāṛī (Himācālī)
- Zentr. Pahāṛī
- Östl. Pahāṛī (Nepālī, Newārī)

Östl. Gruppe:
- Bengālī
- Assamisch
- Bihārī
- Oṛiyā

Insel-Sprachen:
- Singhalesisch
- Dhivehi

Dardische Sprachen:
- Kashmīrī, Tōrwālī
- Ṣiṇā, Mayan
- Khowār, Kalāśa
- Kohistānī; Damelī
- Paṣai
- Nuristan-Sprachen

Tibeto-Burman. Spr.:
- Ladakhī, Baltī
- Bhotia, Miśiṅ, Abor
- Naga
- Manipurī, Mizo

Munda-Sprachen:
- Muṇḍārī etc.
- Juáṅ
- Gutob
- Kurku

Dravidische Sprachen:
- Brāhūī
- Zentraldravid. Spr.
- Telugu
- Kannaḍa
- Malayāḷam
- Tamil

Mon-Khmer-Spr.:
- Khasi
- Nikobarisch

Iranische Sprachen:
- Belutschi
- Pashto

Sonstige Sprachen:
- Burušaski
- Andamanisch

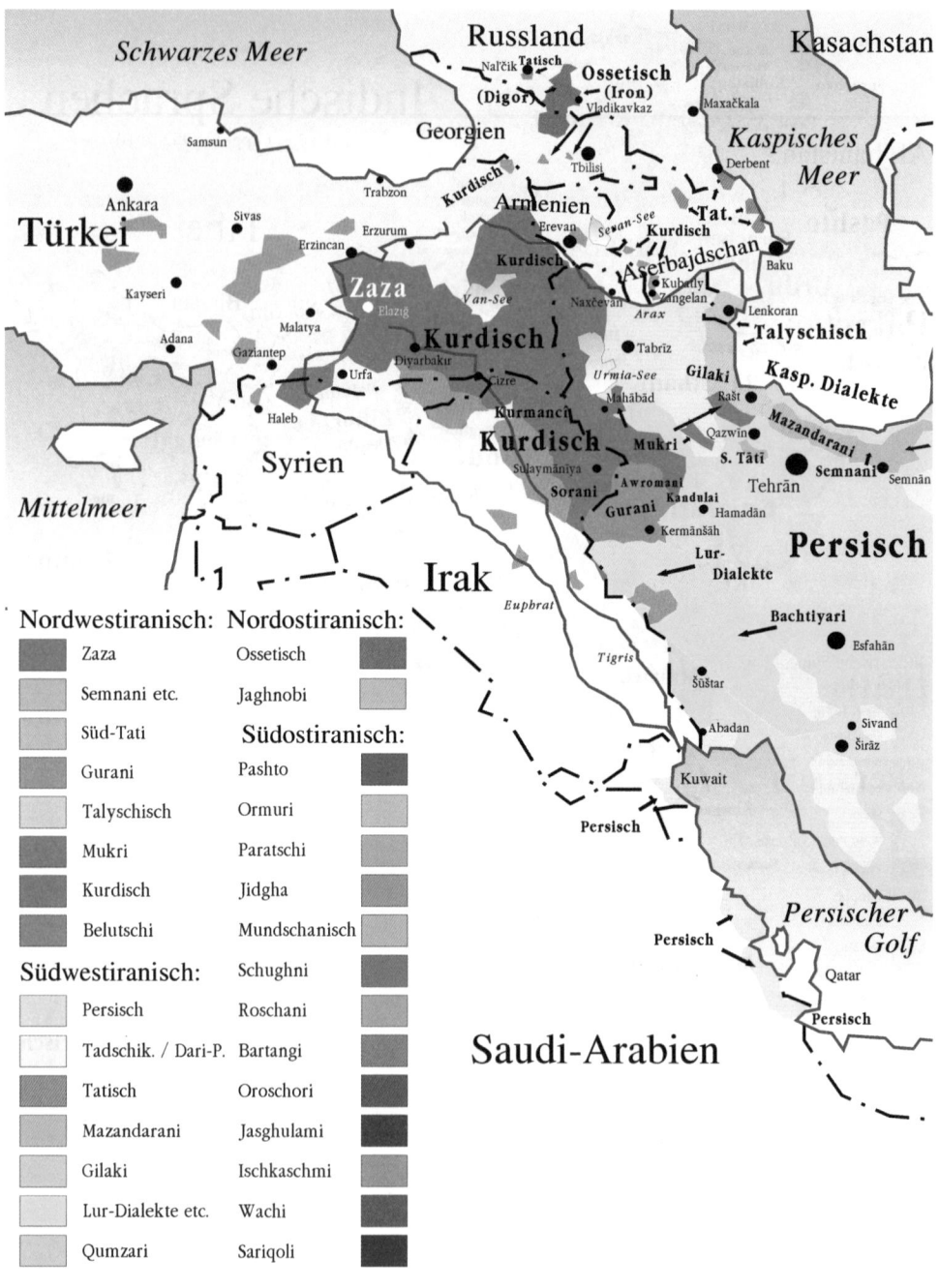

Nordwestiranisch:

- Zaza
- Semnani etc.
- Süd-Tati
- Gurani
- Talyschisch
- Mukri
- Kurdisch
- Belutschi

Südwestiranisch:

- Persisch
- Tadschik. / Dari-P.
- Tatisch
- Mazandarani
- Gilaki
- Lur-Dialekte etc.
- Qumzari

Nordostiranisch:

- Ossetisch
- Jaghnobi

Südostiranisch:

- Pashto
- Ormuri
- Paratschi
- Jidgha
- Mundschanisch
- Schughni
- Roschani
- Bartangi
- Oroschori
- Jasghulami
- Ischkaschmi
- Wachi
- Sariqoli

Iranische Sprachen

(C) Jost Gippert, 1993-2010

Kaukasische Sprachen

(C) Jost Gippert, 1993-2010

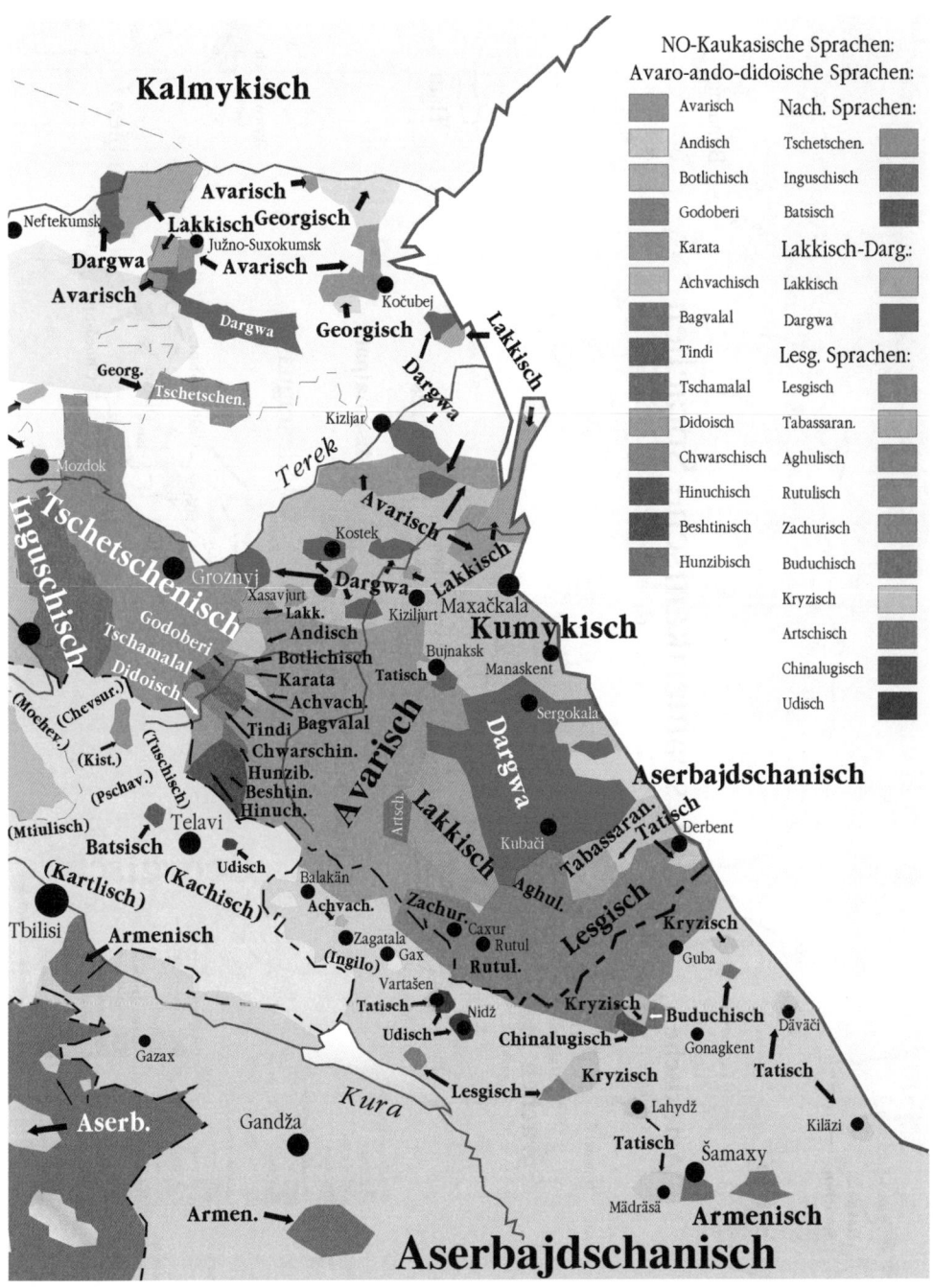

Kalmykisch

Neftekumsk

Avarisch
Lakkisch Georgisch
Južno-Suxokumsk
Dargwa Avarisch
Avarisch
Kočubej
Dargwa
Georgisch

Georg.
Tschetschen.
Lakkisch
Dargwa
Kizljar
Terek
Mozdok

Avarisch

Kostek

Tschetschenisch
Inguschisch
Groznyj
Xasavjurt Dargwa Lakkisch
Lakk. Maxačkala
Godoberi Andisch Kiziljurt
Tschamalal Botlichisch Bujnaksk Kumykisch
Didoisch Karata Manaskent
(Mochev. (Chevsur.) Tatisch
(Tuschisch) Achvach.
(Kist.) Tindi Bagvalal Sergokala
Chwarschin. Avarisch Dargwa
(Pschav.) Hunzib.
Beshtin. Aserbajdschanisch
(Mtiulisch) Hinuch.
Batsisch Telavi Artsch. Lakkisch Kubači
Udisch Tabassaran. Tatisch
(Kartlisch) (Kachisch) Balakän Aghul. Derbent
Achvach.
Tbilisi Armenisch Zachur. Lesgisch
Zagatala Caxur Rutul. Kryzisch
(Ingilo) Gax Guba
Gazax Vartašen Kryzisch
Tatisch Nidž Buduchisch Däväči
Udisch Chinalugisch Gonagkent Tatisch
Kryzisch
Lesgisch Kura Lahydž Kiläzi
Aserb. Gandža Tatisch Šamaxy
Mädräsä Armenisch
Armen.
Aserbajdschanisch

NO-Kaukasische Sprachen:
Avaro-ando-didoische Sprachen:

		Nach. Sprachen:
	Avarisch	
	Andisch	Tschetschen.
	Botlichisch	Inguschisch
	Godoberi	Batsisch
	Karata	Lakkisch-Darg.:
	Achvachisch	Lakkisch
	Bagvalal	Dargwa
	Tindi	Lesg. Sprachen:
	Tschamalal	Lesgisch
	Didoisch	Tabassaran.
	Chwarschisch	Aghulisch
	Hinuchisch	Rutulisch
	Beshtinisch	Zachurisch
	Hunzibisch	Buduchisch
		Kryzisch
		Artschisch
		Chinalugisch
		Udisch

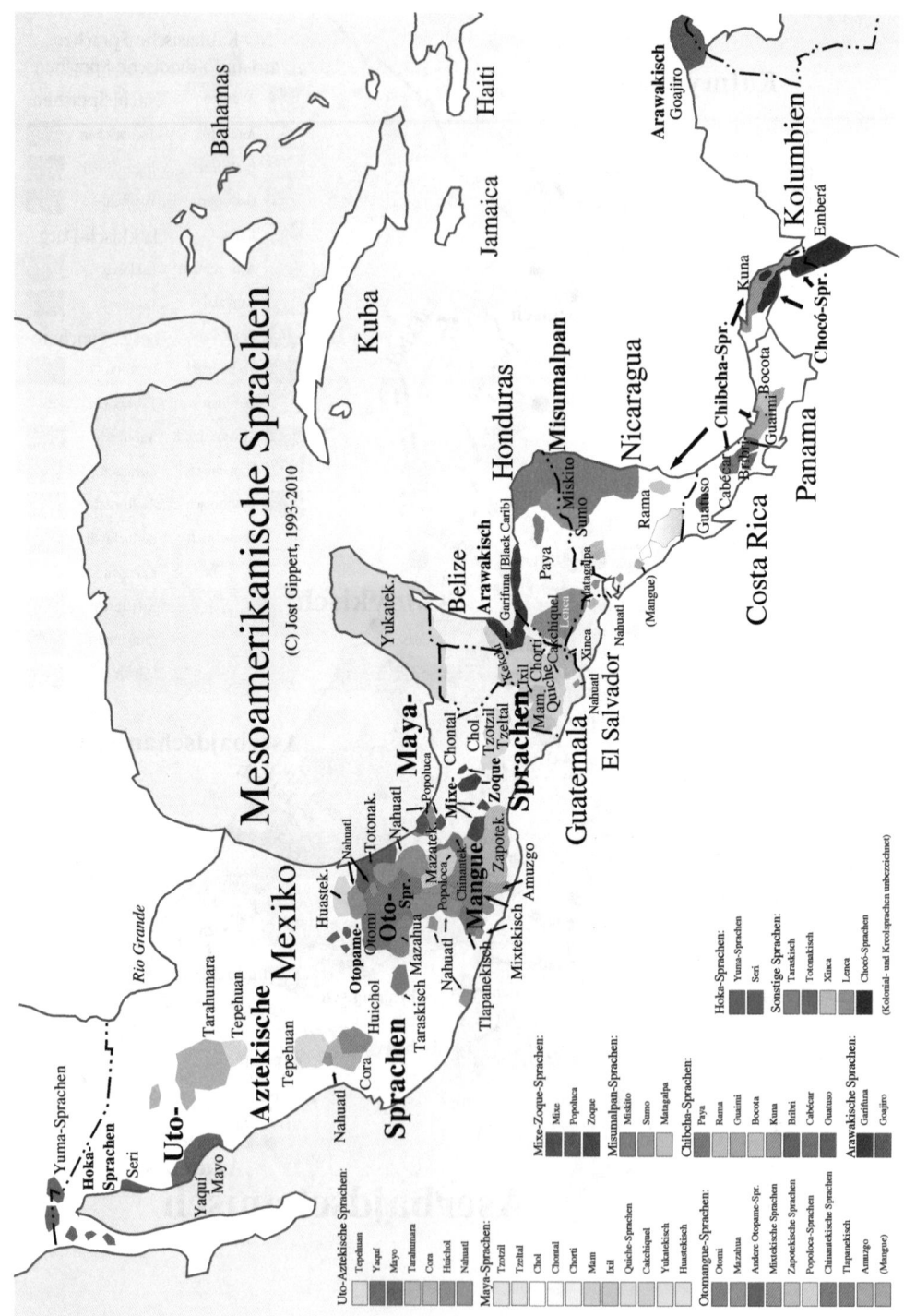

Mesoamerikanische Sprachen

(C) Jost Gippert, 1993–2010

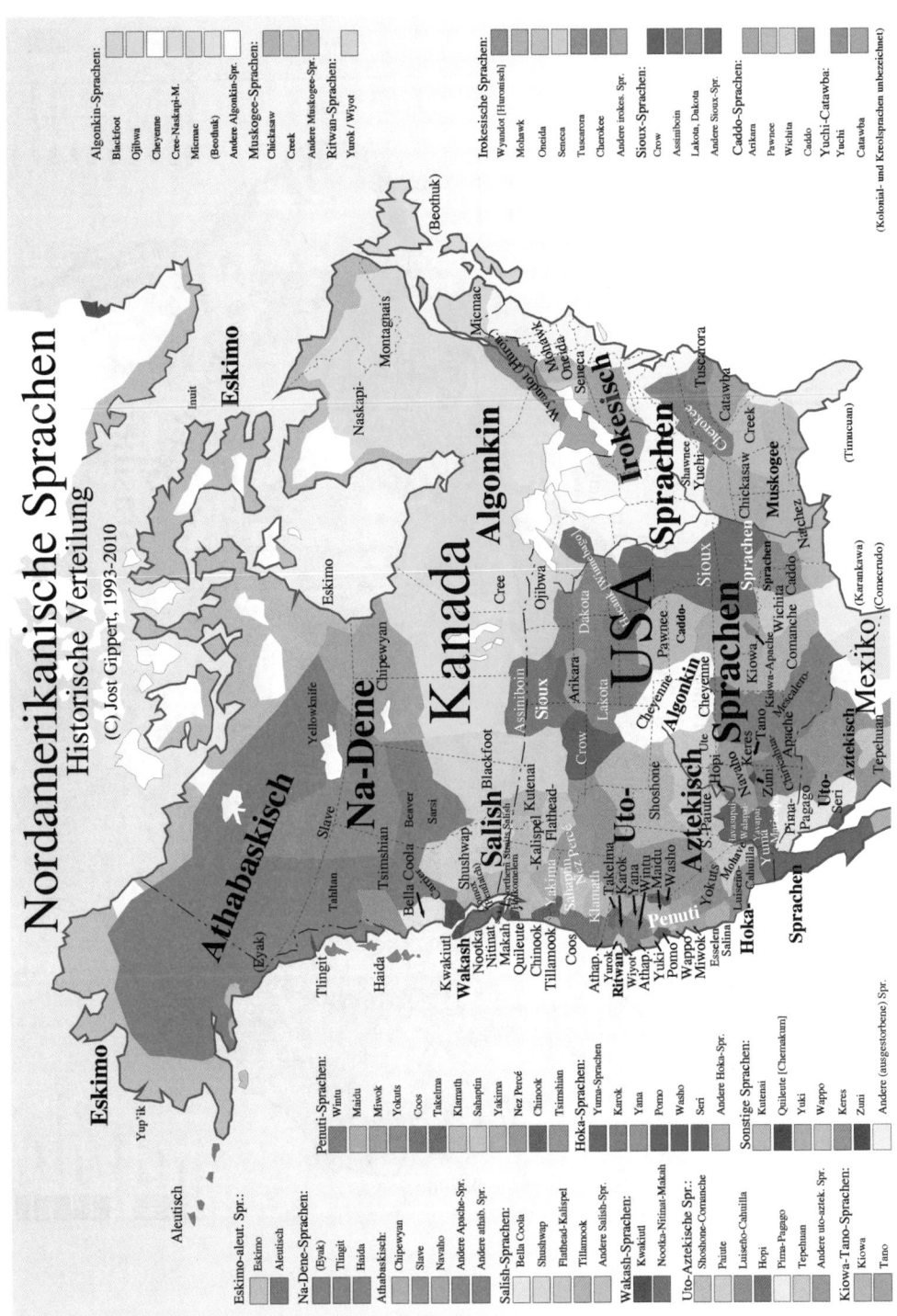

Nordamerikanische Sprachen
Historische Verteilung
(C) Jost Gippert, 1993–2010

Algonkin-Sprachen:
Blackfoot
Ojibwa
Cheyenne
Cree-Naskapi-M.
Micmac
(Beothuk)
Andere Algonkin-Spr.

Muskogee-Sprachen:
Chichasaw
Creek
Andere Muskogee-Spr.

Ritwan-Sprachen:
Yurok / Wiyot

Irokesische Sprachen:
Wyandot (Huronisch)
Mohawk
Oneida
Seneca
Tuscarora
Cherokee
Andere irokes. Spr.

Sioux-Sprachen:
Crow
Assiniboin
Lakota, Dakota
Andere Sioux-Spr.

Caddo-Sprachen:
Arikara
Pawnee
Wichita
Caddo

Yuchi-Catawba:
Yuchi
Catawba

(Kolonial- und Kreolsprachen unberücksichtigt)

Eskimo-aleut. Spr.:
Eskimo
Aleutisch

Na-Dene-Sprachen:
(Eyak)
Tlingit
Haida

Athabaskisch:
Chipewyan
Slave
Navaho
Andere Apache-Spr.
Andere athab. Spr.

Penuti-Sprachen:
Wintu
Maidu
Miwok
Yokuts
Coos
Takelma
Klamath
Sahaptin
Yakima
Nez Percé
Chinook
Tsimshian

Salish-Sprachen:
Bella Coola
Shushwap
Flathead-Kalispel
Tillamook
Andere Salish-Spr.

Wakash-Sprachen:
Kwakiutl
Nootka-Nitinat-Makah

Uto-Aztekische Spr.:
Shoshone-Comanche
Paiute
Luiseño-Cahuilla
Hopi
Pima-Pagago
Tepehuan
Andere uto-aztek. Spr.

Kiowa-Tano-Sprachen:
Kiowa
Tano

Hoka-Sprachen:
Yuma-Sprachen
Karok
Yana
Pomo
Washo
Seri
Andere Hoka-Spr.

Sonstige Sprachen:
Kutenai
Quileute (Chemakum)
Yuki
Wappo
Keres
Zuni
Andere (ausgestorbene) Spr.

810

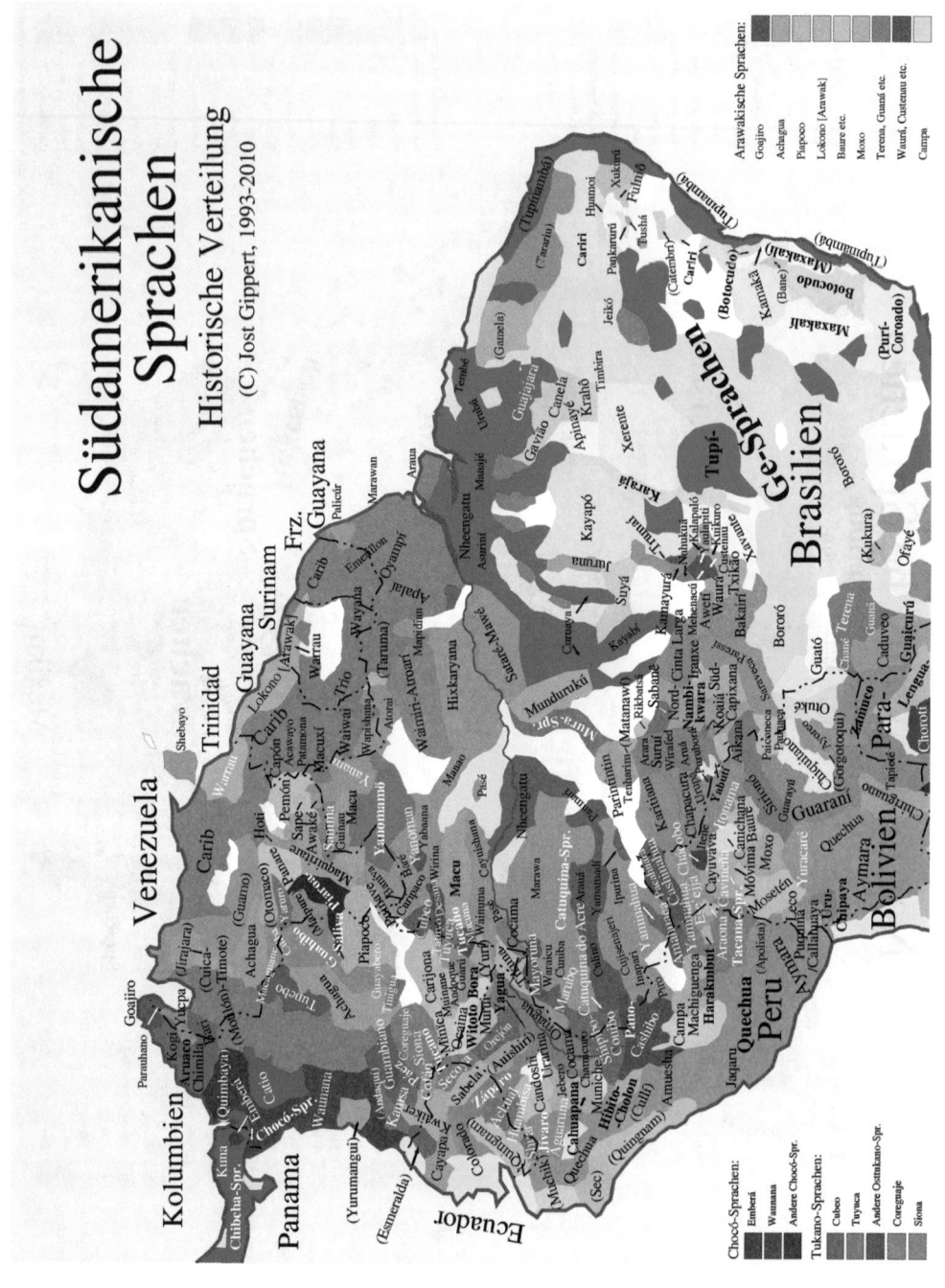

Südamerikanische Sprachen

Historische Verteilung

(C) Jost Gippert, 1993-2010

Arawakische Sprachen:
Goajiro
Achagua
Piapoco
Lokono (Arawak)
Baure etc.
Moxo
Terena, Guaná etc.
Waurá, Custenau etc.
Campa

Chocó-Sprachen:
Emberá
Waunana
Andere Chocó-Spr.

Tukano-Sprachen:
Cubeo
Tuyuca
Andere Osttukano-Spr.
Coreguaje
Siona

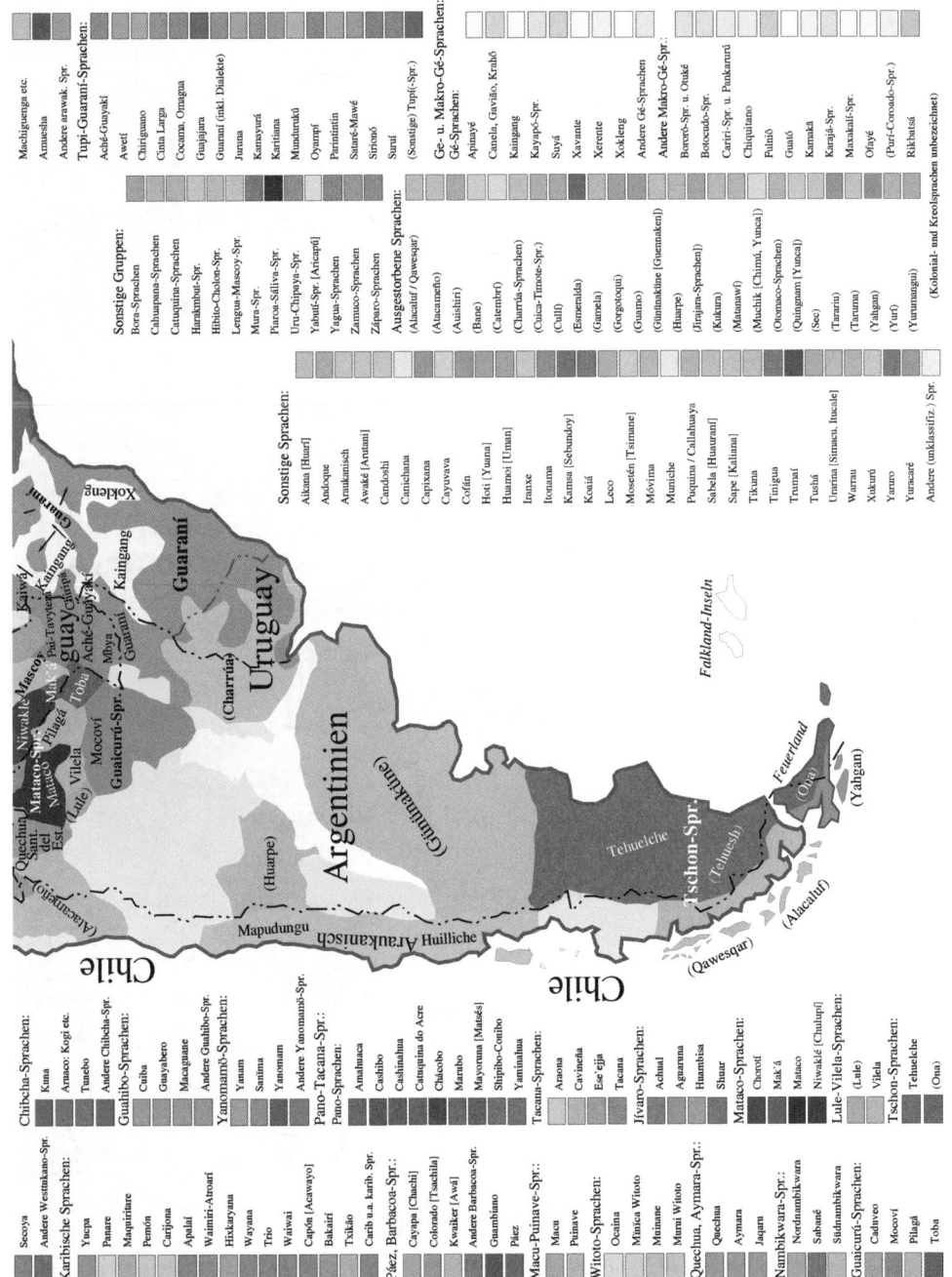

Chibcha-Sprachen:
- Kuna
- Arauco: Kogi etc.
- Tunebo
- Andere Chibcha-Spr.

Karibische Sprachen:
- Yucpa
- Panare
- Maquiritare
- Pemón
- Carijona
- Apalaí
- Waimirí-Atroarí
- Hixkaryana
- Wayana
- Trío
- Waiwai
- Capón [Acawayo]
- Bakairí
- Txikão
- Carib u.a. karib. Spr.

Páez, Barbacoa-Spr.:
- Cayapa [Chachi]
- Colorado [Tsachila]
- Kwaiker [Awá]
- Andere Barbacoa-Spr.
- Guambiano
- Páez

Macu-Puinave-Spr.:
- Maca
- Puinave

Witoto-Sprachen:
- Ocaina
- Minica Witoto
- Muinane
- Murui Witoto

Quechua, Aymara-Spr.:
- Quechua
- Aymara
- Jaqaru

Nambikwara-Spr.:
- Nordnambikwara
- Sabané
- Südnambikwara

Guaicurú-Sprachen:
- Cadiveo
- Mocoví
- Pilagá
- Toba

Secoya
Andere Westtukano-Spr.

Guahibo-Sprachen:
- Cuiba
- Guayabero
- Macaguane
- Andere Guahibo-Spr.

Yanomamö-Sprachen:
- Yanam
- Sanima
- Yanomam
- Yanomami
- Andere Yanomamö-Spr.

Pano-Tacana-Spr.:
Pano-Sprachen:
- Amahuaca
- Cashibo
- Cashinahua
- Catuquina do Acre
- Chácobo
- Marubo
- Mayoruna [Matsés]
- Shipibo-Conibo
- Yaminahua

Tacana-Sprachen:
- Araona
- Cavineña
- Ese ejja
- Tacana

Jívaro-Sprachen:
- Achual
- Aguaruna
- Huambisa
- Shuar

Mataco-Sprachen:
- Chorotí
- Mak'á
- Mataco
- Niwaklé [Chulupí]

Lule-Vilela-Sprachen:
- (Lule)
- Vilela

Tschon-Sprachen:
- Tehuelche
- (Ona)

Sonstige Gruppen:
- Bora-Sprachen
- Cahuapana-Sprachen
- Catuquina-Sprachen
- Harákmbut-Spr.
- Hibito-Cholon-Spr.
- Lengua-Mascoy-Spr.
- Mura-Spr.
- Piaroa-Sáliva-Spr.
- Uru-Chipaya-Spr.
- Yabutí-Spr. [Aricapú]
- Yagua-Sprachen
- Zamuco-Sprachen
- Záparo-Sprachen

Ausgestorbene Sprachen:
- (Alacaluf / Qawesqar)
- (Atacameño)
- (Auishiri)
- (Bane)
- (Catembri)
- (Charrúa-Sprachen)
- (Cuica-Timote-Spr.)
- (Culli)
- (Esmeralda)
- (Gamela)
- (Gorgotoqui)
- (Guamo)
- (Güinau̯ktine [Guenmaken])
- (Huarpe)
- (Jirajaru-Sprachen)
- (Kukura)
- (Matanawí)
- (Muchik [Chimú, Yuncal])
- (Otomaco-Sprachen)
- (Quingnam [Yuncal])
- (Sec)
- (Tarairiú)
- (Taruma)
- (Yahgan)
- (Yurí)
- (Yurumanguí)

Sonstige Sprachen:
- Aikaná [Huarí]
- Andoque
- Arauakanisch
- Awaké [Arutani]
- Candoshi
- Canichana
- Capixana
- Cayuvava
- Cofán
- Hoti [Yuana]
- Huaori [Uman]
- Irantxe
- Kamsa [Sebundoy]
- Koaiá
- Leco
- Moseten [Tsimane]
- Móvima
- Muniche
- Puquina / Callahuaya
- Sabela [Huaorani]
- Sape [Kaliana]
- Tikuna
- Tinigua
- Trumaí
- Tushá
- Urarina [Simacu, Itucale]
- Warrau
- Xukurú
- Yaruro
- Yuracaré
- Andere (unklassifiz.) Spr.

Machiguenga etc.
Amuesha
Andere arawak. Spr.

Tupi-Guarani-Sprachen:
- Aché-Guayakí
- Awetí
- Chiriguano
- Cinta Larga
- Cocama, Omagua
- Guajajara
- Guaraní (inkl. Dialekte)
- Juruna
- Kamayurá
- Karitiana
- Munduruku
- Oyampi
- Parintintin
- Satéré-Mawé
- Sirionó
- Surui
- (Sonstige) Tupí-Spr.

Ge- u. Makro-Gé-Sprachen:
Gé-Sprachen:
- Apinayé
- Canela, Gavião, Krahô
- Kaingang
- Kayapó-Spr.
- Suyá
- Xavante
- Xerente
- Xokleng
- Andere Gé-Sprachen
- Andere Makro-Gé-Spr.
- Bororó-Spr. u. Otuké
- Botocudo-Spr.
- Carirí-Spr. u. Pankaruru
- Chiquitano
- Fulniô
- Guató
- Kamakã
- Karajá-Spr.
- Maxakalí-Spr.
- Ofayé
- (Purí-Coroado-Spr.)
- Rikbatsi

(Kolonial- und Kreolsprachen unbezeichnet)

Karaimisch

Litauen

Russland

Weißrussland

Ukraine

Tschuwaschisch

Rumänien

Tatarisch **Tatarisch**

Gagausisch Moldawien

Bulgarien

Tschuwaschisch **Baschkirisch**

Krimtatarisch

Schwarzes

Meer

Truchmen.

Karatschaisch

Nogaisch

Kasachisch

Türkisch Georgien

Kasachstan

Türkei

Kumykisch

Balkarisch

Kasp.

Armenien

Aserbajdschan

Karakalpakisch

Usbekistan

Meer

Kirgistan

Aser-

Turkmenistan

Usbekisch

bajdschanisch

Kirgisisch

Turkmenisch

Tadschikistan

Chaladsch

Afscharisch

Chorasan-

Türkisch

Iran

Afghanistan

Kaschgaisch

Afscharisch

Pakistan Indien

Türkische Sprachen

(C) Jost Gippert, 1993-2010

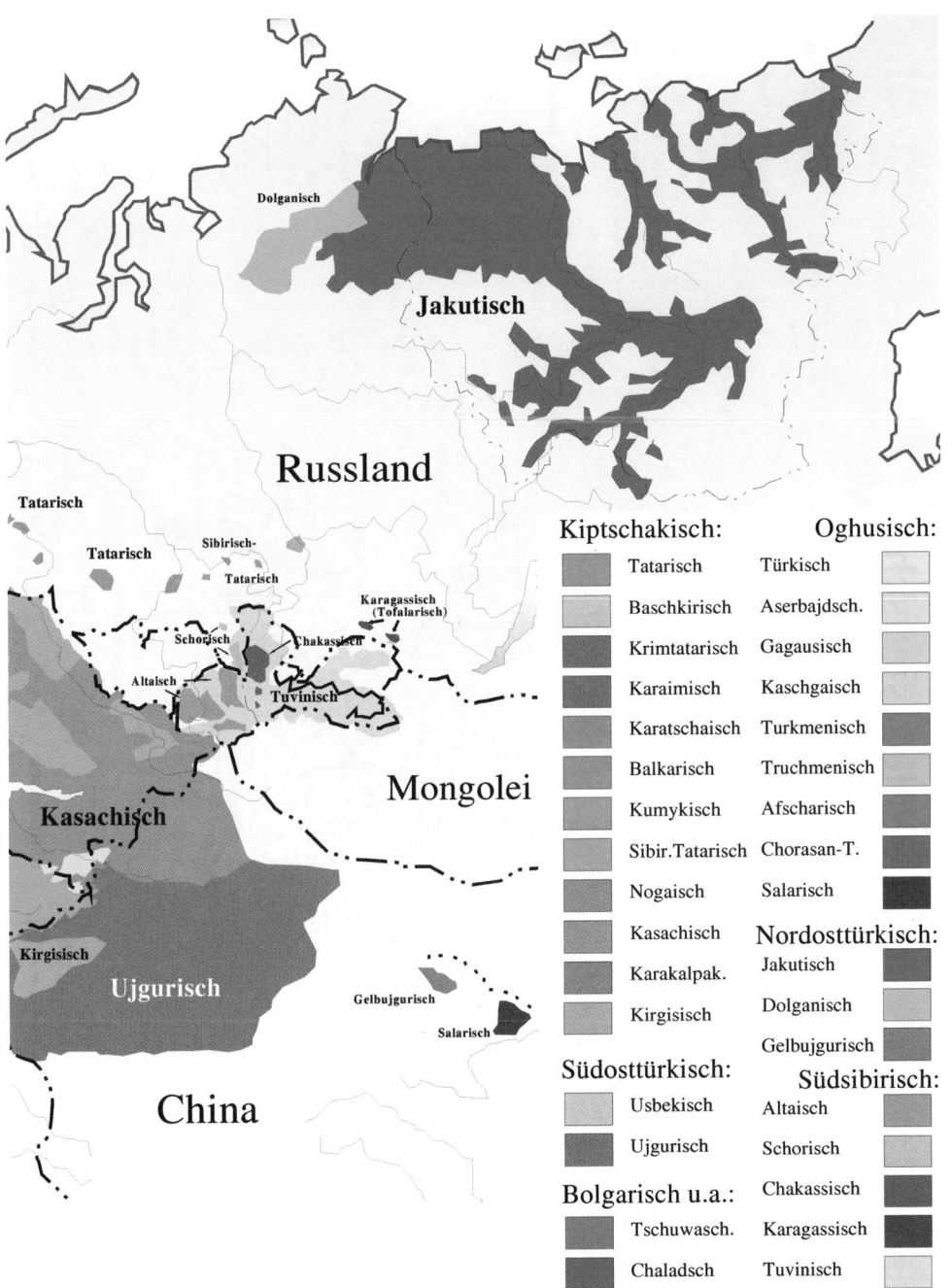

Kiptschakisch:

Tatarisch
Baschkirisch
Krimtatarisch
Karaimisch
Karatschaisch
Balkarisch
Kumykisch
Sibir.Tatarisch
Nogaisch
Kasachisch
Karakalpak.
Kirgisisch

Südosttürkisch:

Usbekisch
Ujgurisch

Bolgarisch u.a.:

Tschuwasch.
Chaladsch

Oghusisch:

Türkisch
Aserbajdsch.
Gagausisch
Kaschgaisch
Turkmenisch
Truchmenisch
Afscharisch
Chorasan-T.
Salarisch

Nordosttürkisch:

Jakutisch
Dolganisch
Gelbujgurisch

Südsibirisch:

Altaisch
Schorisch
Chakassisch
Karagassisch
Tuvinisch

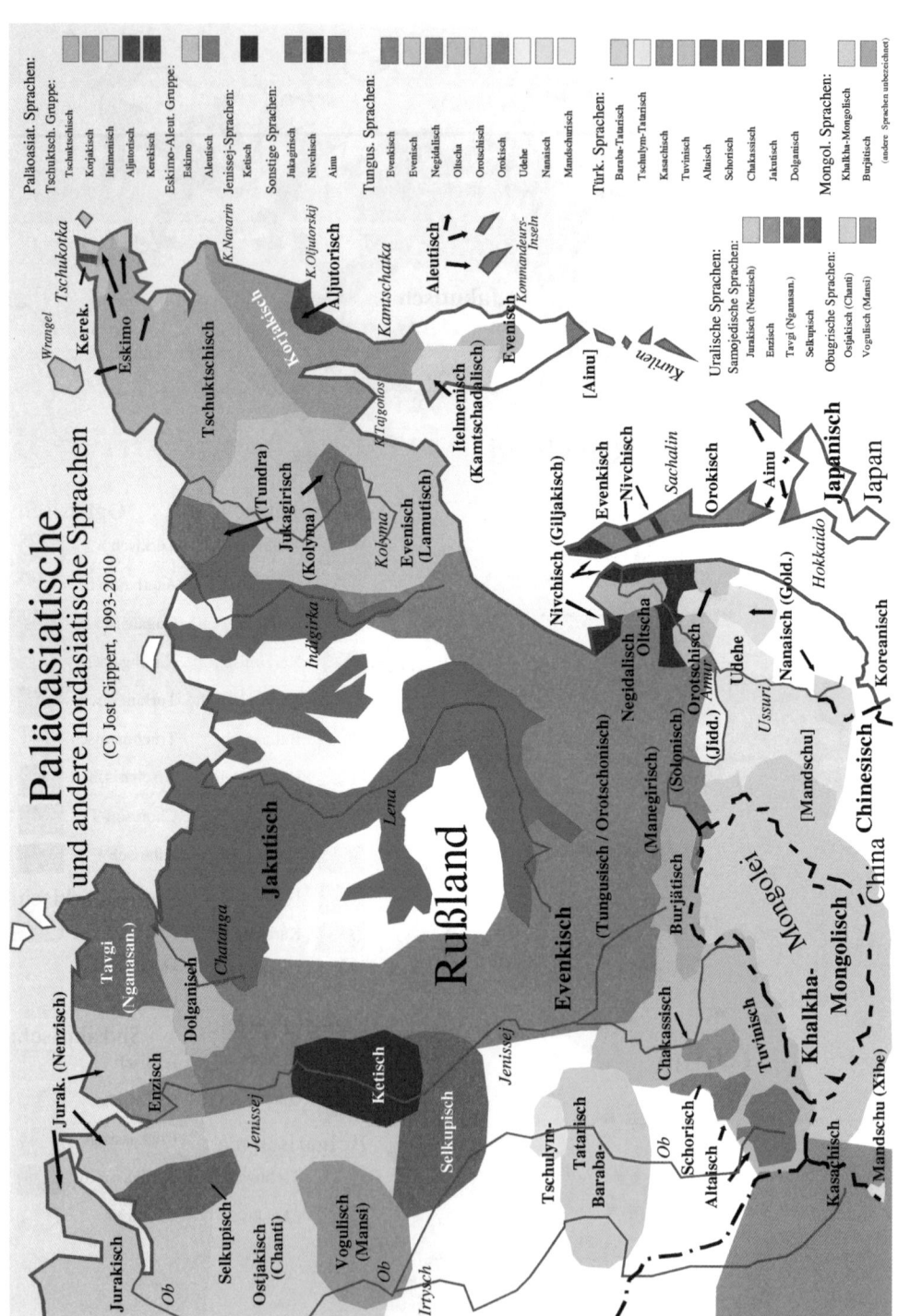

Paläoasiatische
und andere nordasiatische Sprachen

(C) Jost Gippert, 1993-2010

Paläoasiat. Sprachen:
Tschuktsch. Gruppe:
Tschuktschisch
Korjakisch
Itelmenisch
Aljutorisch
Kerekisch
Eskimo-Aleut. Gruppe:
Eskimo
Aleutisch
Jenissej-Sprachen:
Ketisch
Sonstige Sprachen:
Jukagirisch
Nivchisch
Ainu

Tungus. Sprachen:
Ewenkisch
Ewenisch
Negidalisch
Oltscha
Orotschisch
Orokisch
Udehe
Nanaisch
Mandschurisch

Türk. Sprachen:
Baraba-Tatarisch
Tschulym-Tatarisch
Kasachisch
Tuwinisch
Altaisch
Schorisch
Chakassisch
Jakutisch
Dolganisch

Mongol. Sprachen:
Khalkha-Mongolisch
Burjätisch

(andere Sprachen unbezeichnet)

Uralische Sprachen:
Samojedische Sprachen:
Jurakisch (Nenzisch)
Enzisch
Tavgi (Nganasan.)
Selkupisch
Obugrische Sprachen:
Ostjakisch (Chanti)
Vogulisch (Mansi)